10th Edition

Brealey

재무관리의 이해

PRINCIPLES OF CORPORATE FINANCE

Richard A. Brealey
Stewart C. Myers
Franklin Allen

10th Edition

Brealey

재무관리의 이해

PRINCIPLES OF CORPORATE FINANCE

남상구 옮김

McGraw-Hill Education Korea

Principles of Corporate Finance, 10th Edition

Korean Language Edition Copyright © 2013 by McGraw-Hill Education Korea, Inc.
All rights reserved. No part of this publication may be reproduced or distributed in any form or by any means, or stored in a database or retrieval system, without prior written permission of the publisher.

1 2 3 4 5 6 7 8 9 10 MHE-KOREA 20 13

Original: Principles of Corporate Finance, 10th Edition
By Richard A. Brealey / Stewart C. Myers / Franklin Allen
ISBN 978-0-07-353073-4

Korean ISBN : 978-89-6055-288-3 93320

Printed in Korea

Brealey 재무관리의 이해 10판

발 행 일 / 2013년 1 월 30 일 1쇄
저 자 / Richard A. Brealey, Stewart C. Myers, Franklin Allen
역 자 / 남상구
발 행 처 / 한국 맥그로힐(주)
주 소 / 서울시 마포구 서교동 376-12 지우 B/D 2F
전 화 / (02)325-2351
발 행 인 / 김진수
등록번호 / 제 10-1734호(1999.3.29)

ISBN: 978-89-6055-288-3

판 매 처 / ㈜지필미디어 문의 / 02) 362-4504
판매정가 / 40,000원

※ 잘못된 책은 바꾸어 드립니다.
※ 이 책은 한국 맥그로힐(주)이 한국어판에 대한 출판, 판매의 독점계약에 의해 발행한 것이므로 내용, 사진, 그림 등의 전부나 일부의 무단 복제 및 무단 전사를 금합니다.
※ 역자와의 합의 하에 인지는 생략합니다.

저자 소개

▶▶▶ 리처드 A. 브릴리(Richard A. Brealey)

런던 비즈니스 스쿨(LBS)의 재무학 교수. 유럽재무학회(EFA) 회장과 미국재무학회(AFA) 이사를 역임하였다. 영국 학술원 회원이며, 영국은행 총재 특별 자문관과 여러 금융기관의 이사로 봉직해 왔다. 브릴리 교수의 다른 대표적인 저서로는 『보통주의 위험과 수익률 입문(*Introduction to Risk and Return from Common Stocks*)』이 있다.

▶▶▶ 스튜어트 C. 마이어스(Stewart C. Myers)

MIT 슬론(Sloan) 경영대학원의 재무석좌교수[Robert C. Merton(1970) Professor of Finance]. 미국재무학회(AFA) 회장과 전국경제연구조사국(National Bureau of Economic Research, NBER) 연구원을 역임하였다. 핵심연구 영역은 자본조달결정과 가치평가기법, 자본비용, 그리고 경영에 대한 정부규제의 재무적 측면 등이다. 마이어스 박사는 엔터지 주식회사(Entergy Corporation)와 브래틀그룹(Brattle Group, Inc.)의 이사이며, 재무 컨설턴트로도 활발하게 활동하고 있다.

▶▶▶ 프랭클린 앨런(Franklin Allen)

펜실베이니아대학 와튼스쿨(Wharton School)의 재무석좌교수(Nippon Life Professor of Finance). 미국재무학회(AFA)와 서부 재무학회, 재무연구회 회장을 역임하였다. 그의 핵심연구 영역은 재무혁신과 자산 버블, 재무시스템의 비교, 재무위기 등이다. 스웨덴 중앙은행(Sveriges Riksbank)의 자문관으로도 활동하고 있다.

저자 서문

이 책은 기업재무의 이론과 실무를 설명한다. 재무관리자가 그들 업무의 실무적인 사항을 완전하게 알아야 할 이유는 굳이 설명할 필요가 없지만, 현실적이고 세상물정에 밝은 경영자가 왜 성가시게 이론을 공부해야 하는가에 대해서는 자세히 설명할 필요가 있겠다.

경영자들은 일상적인 문제를 어떻게 다루어야 하는지를 경험에서 배운다. 그러나 가장 훌륭한 경영자들은 또한 변화에도 반응할 수 있어야 한다. 그렇게 하기 위해서는 유서 깊은 경험법칙 이상이 필요하다. 기업과 금융시장이 왜 지금과 같이 움직이는가 하는 이유를 이해해야 한다. 달리 말하면 재무 **이론**이 필요하다.

이것이 겁주는 것으로 들리는가? 결코 그렇지 않다. 좋은 이론은 우리 주변 세상에서 일어나는 일을 이해할 수 있도록 도와준다. 이론은 시대가 변하고 새로운 문제를 분석해야 할 때 올바른 질문을 하도록 도와준다. 이론은 또한 걱정할 필요가 없는 일은 무엇인가를 말해준다. 이 책을 통하여 우리는 경영자들이 실무적인 문제를 해결하기 위해 재무 이론을 어떻게 활용하는가를 보여준다.

물론 이 책에 설명된 이론이 완전하고 전면적인 것은 아니다 — 그런 이론은 없다. 기업이 무엇을 해야 하는가에 대해 재무경제학자들 사이에 의견이 일치하지 않는 몇 가지 잘 알려진 논쟁이 있다. 우리는 이러한 논쟁을 얼버무리지 않았다. 우리는 각각의 주장에 대해 주된 줄거리를 기술하고 우리가 어느 쪽에 서 있는가를 이야기하려고 한다.

이 책의 많은 부분은 재무관리자가 무엇을 하고, 왜 그렇게 하는지를 이해하는 데 관련되어 있다. 그러나 우리는 또한 재무관리자가 기업가치를 증가시키기 위해 무엇을 해야 하는가도 이야기하고자 한다. 재무관리자들의 행동에는 숨겨진 이유가 있을 수 있다는 것은 인정하지만, 이론적으로 보면 그들이 잘못 하고 있는 부분에서는 그것을 짚고 넘어갈 것이다. 요약하면, 우리는 공정하려고 노력하지만 비평에는 사정을 두지 않을 것이다.

여러분은 이 책을 통해 현대 재무이론의 세계에 처음 접하게 되었을지 모르겠다. 그렇다면 여러분은 처음에는 새로운 아이디어를 얻으려고, 다음에는 재무이론이 어떻게 실무에 적용되는가를 이해하려고, 그리고 때로는 희망사항이기는 하지만 재미로 이 책을 읽을 것이다. 그러나 궁극적으로는 여러분은 그냥 공부만 하는 것이 아니라 재무적 의사결정을 내리는 위치에 있게 될 것이다. 그 시점에서는 이 책을 참고자료나 지침서로 활용할 수 있을 것이다.

제10판에서 달라진 점

우리는 이 책의 전판들이 성공적이었던 사실을 자랑스럽게 생각하며, 제10판을 더 나은 책으로 만들기 위해 최선을 다했다.

제10판에서 새로워진 것은 무엇인가? 먼저, 몇몇 기본적인 장들을 다시 쓰고 새롭게 했다. 내용은 대부분 같지만 개정된 장들은 좀 더 단순해지고 흐름이 더 나아졌다. 이들 장은 또한 더 많은 **실제의 예**를 포함하고 있다.

- **제1장**은 이 판에서는 "기업의 목표와 지배구조"라고 제목을 붙였다. 여러 잘 알려진 회사들의 자본투자와 자금조달 결정에 관한 최근의 예들을 통해 재무관리를 소개한다. 왜 가치 극대화가 재무 목표로서 타당한가를 설명한다. 마지막으로 경영자와 종업원들이 기업가치를 증가시키기 위해 힘을 합쳐 함께 일하고 윤리적으로 행동하도록 격려하는 데 필요한 지배구조와 인센티브 시스템을 살펴본다.

- **제2장**은 9판의 제2장과 3장을 합친 것이다. 이 장에서는 현재가치가 어떻게 계산되는가로 바로 들어간다. 우리 생각으로는 이 장의 새로운 설명방식이 더 잘 정리되었고 이해하기 쉬운 것 같다.
- **제3장**에서는 채권의 가치평가를 소개한다. 이 장의 내용들은 순서를 조정하고 단순화하였다. 이 장은 채무불이행 가능성이 없는 채권에 초점을 맞추지만 또한 회사 부채와 채무불이행 위험의 소개도 포함한다. (회사 부채와 채무불이행 위험에 관해서는 제23장에서 더 자세히 논의한다.)
- 단기 및 장기 재무계획은 **제29장**으로 합쳐졌다. 재무계획을 두 장에 걸쳐 다루는 것은 어색하고 비효율적인 것으로 생각한다.
- **제28장**은 전적으로 재무분석에 할애하였다. 이것은 재무관리 과목에서 이 주제를 좀 더 일찍 다루기 원하는 강사들에게 편리하다. 재무제표와 재무비율이 실존하는 기업(Lowe's)의 가치와 수익성, 효율성, 그리고 재무적 건전성을 들추어내는 데 어떻게 도움을 줄 수 있는지 설명한다.

2007년에 시작된 **신용위기**는 잘 기능하는 금융시장의 중요성과 금융시장이 제대로 기능하지 않을 때 일어나는 문제를 극적으로 보여주었다. 어떤 사람들은 위기가 현대 재무학의 교훈들을 반증하는 것이라고 한다. 그렇지만 이와는 반대로 우리는 신용위기가 잠을 깨우는 모닝콜, 즉 좋은 지배구조 시스템과 적절한 경영자 인센티브, 사리에 맞는 자본구조, 효율적인 위험관리의 중요성을 포함한 기본 원리를 기억하라는 경고라고 믿는다.

대리인 비용과 좋은 지배구조의 중요성에 관한 제1장의 논의를 시작으로 우리는 **이 책 전체를 통해 신용위기의 예와 논의**를 추가하였다. 신용위기의 결과로 다른 장들도 상당한 개정이 필요했다. 여기에는 다음 장들이 포함된다. **제12장**은 임원의 보상을 논의한다. **제13장**의 시장효율성 개관은 자산 버블에 관한 논의의 확장을 포함한다. **제14장**의 금융기관에 관한 절에서는 신용위기의 원인과 진행을 다룬다. **제23장**에서는 AIG의 몰락을 논의한다. **제30장**에서는 신용위기가 단기금융시장 펀드에 미친 영향에 주목한다.

이 책의 초판은 1981년에 출간되었다. 기본적인 원리는 그때나 지금이나 같지만, 지난 30년 동안 이론과 실무에 있어 중요한 변화들이 일어났다. 재무학의 연구는 재무관리자가 무엇을 해야 하는가보다는 그들이 실무에서 무엇을 하는지를 이해하고 해석하는 데 더욱 초점을 맞추어 왔다. 달리 말하면 재무학은 덜 규범적이고 더욱 실증적이 되었다. 예를 들어 기업의 자본투자 관행과 배당 및 자본조달 정책에 관한 면밀한 조사연구가 이루어져 왔다. 이런 조사연구를 개관하고 이들이 대립하는 이론들에 어떤 해결의 실마리를 던져주는가를 살펴본다.

많은 재무결정이 20~30년 전보다도 덜 분명해 보인다. 높은 배당을 지급하는 것이 항상 좋은지 아니면 항상 나쁜지, 기업이 더 많이 아니면 더 적게 차입하는 것이 좋은지 묻는 것은 더 이상 타당성이 없다. 올바른 대답은 '경우에 따라 다르다.'이다. 그러므로 우리는 서로 다른 여러 정책의 장점과 단점을 설명하고자 한다. 우리는 "재무관리자가 재무정책을 수립할 때 어떤 질문을 해야 하는가?"라고 물어본다. 예를 들어 **제16장**에서 배당결정을 논의할 때 이런 강조점의 변천을 알게 될 것이다.

이 판은 이전 판들의 변화를 기반으로 한다. 재무관리자는 그 어느 때보다 더 국제적인 환경에서 일하기 때문에 재무관리나 금융시장과 금융기관의 국제적 차이에 친숙해져야 한다는 점을 인식한다. **제27장**(국제위험관리)과 **33장**(세계 각국의 지배구조와 기업통제)은 **전적으로 국제적 이슈에 할애되었다.** 또한 다른 장에서는 국가 간의 비교나 미국 이외 국가의 예를 사용하는 기회가 많아졌다. 이런 자료들이 더 넓어진 재무환경을 더 잘 이해할 수 있게 해 주고, 전 세계의 많은 독자들에게 유용하기를 바란다.

초등학교 1학년도 알고 있듯이 더하는 것이 빼는 것보다 쉽다. 새로운 주제에 길을 열어 주기 위해서는 적절한 가지치기가 필요했다. 삭제한 부분이 눈에 띄지 않기를 바라기 때문에 어떤 자료들을 잘라냈는지는 말하지 않겠다.

배우기 쉽게 하기

이 책의 각 장은 도입부와 요약, 그리고 주석이 딸린 더 읽어야 할 문헌 목록을 포함한다. 더 읽어야 할 문헌의 가능성 있는 후보의 목록은 엄청나게 많다. 모든 중요한 논문을 나열하기보다는 우리는 주로 조사 논문이나 일반적인 교과서를 나열하였다. 더 구체적인 참조는 각주로 옮겨 놓았다.

각 장에는 **기본문제**, 수치 및 개념적 주제에 관한 **중급문제**, 그리고 몇몇 **도전문제**가 있다. 홀수 번호 기본문제의 해답은 책 맨 끝의 부록에 실려 있다.

타당성이 인정되는 장에서는 **실시간 데이터분석(Real-Time Data Analysis)** 절을 추가하였다. 이 절은 새로운 데이터분석 문제와 함께 이전 판에서 접했던 웹 프로젝트도 일부 모아두었다. 이들 연습은 독자들을 몇몇 유용한 웹사이트들과 친숙하게 만들어 주고 웹으로부터 데이터를 어떻게 내려 받아서 처리하는지를 설명하려는 것이다. 많은 데이터분석 문제들은 독자들이 맥그로힐과 독점 파트너 관계인 **Standard & Poor's Educational Version of Market Insight**로부터 내려 받을 수 있는 재무 데이터를 이용한다.

이 책에는 또한 장 말미에 10개의 **미니 케이스(mini-case)**가 포함되어 있다. 이들 케이스에는 사례분석의 길잡이가 되는 구체적인 질문이 들어 있다. 미니 케이스의 답은 이 책의 웹사이트에서 강사들에게 제공된다.

엑셀과 같은 스프레드시트 프로그램은 수많은 재무 계산에 맞춤형으로 개발되어 있다. 여러 장들에는 **가장 유용한 재무 함수**를 소개하는 글상자가 포함되어 있으며 몇몇 간단한 연습문제를 제공한다. 엑셀 함수의 키를 사용하여 어떻게 함수를 찾아서 데이터를 입력하는가를 보여준다. 우리는 이 접근법이 각 함수의 공식을 암기하는 것보다 훨씬 간단하다고 생각한다.

이 책의 많은 표들도 스프레드시트 형태로 나타냈다. 이 경우에는 이 책의 웹사이트로부터 해당 '온라인(live)' 스프레드시트를 구할 수 있다. 독자들은 이들 온라인 스프레드시트를 이용하여 표에 필요한 계산을 더 잘 이해하고, 기초 데이터의 변화가 미치는 영향을 볼 수 있을 것이다. 또한 각 장 끝의 문제들을 스프레드시트에 연결시켜 놓았다.

이 책의 마지막은 재무 용어의 해설로 마감하였다.

이 책의 34개 장은 11개의 부로 나누어져 있다. 제1부부터 3부까지는 가치평가와 자본투자결정을 다룬다. 여기에는 포트폴리오 이론과 자산가격결정 모형, 그리고 자본비용도 포함된다. 제4부에서 8부까지는 배당정책, 자본구조, 옵션(실물옵션 포함), 기업 부채, 그리고 위험관리 등을 다룬다. 제9부는 재무분석과 계획, 그리고 운전자본관리를 다룬다. 제10부에서는 합병과 인수, 기업구조조정, 그리고 세계 각국의 기업지배구조를 다루고, 제11부는 결론이다.

강사들은 강의주제를 선별하여 다른 순서로 강의하기 원할 수도 있다. 그래서 이 책은 주제들을 몇 가지의 논리적인 순서로 소개할 수 있도록 쓰여 있다. 예를 들어 재무분석과 계획에 관한 장들을 가치평가와 자본투자에 관한 장들보다 먼저 읽는 데 아무런 어려움이 없을 것이다.

감사의 글

많은 사람들이 이 책의 이전 판에 도움이 되는 비평을 해 주고, 이 판을 준비하는 데 도움을 주었다. 이들은 MIT의 Faiza Arshad, Aleijda de Cazenove Balsan, Kedran Garrison, Robert Pindyck, Gretchen Slemmons; London Business School의 Elroy Dimson, Paul Marsh, Mike Staunton, Stefania Uccheddu; Brattle Group의 Lynda Borucki, Michael Barhum, Marjorie Fischer, Larry Kolbe, Michael Vilbert, Bente Villadsen, Fiona Wang; 그리고 University of Maryland의 Alex Triantis; University of Washington의 Adam Kolasinski; Duke University의 Simon Gervais; The Bank for International Settlements의 Michael Chui; University of Southern California의 Pedro Matos; Hitotsubashi

University의 Yupana Wiwattanakantang; University of Pennsylvania의 Nickolay Gantchev, Tina Horowitz, 그리고 Chenying Zhang; Harvard University의 Julie Wulf; Tykhe Capital의 Jinghua Yan; Moody's Investor Service의 Roger Stein; EVA Dimensions의 Bennett Stewart; 그리고 Towers Perrin의 James Matthews 등이다.

우리는 이번 개정 과정에서 매우 가치 있고 통찰력 있는 논평과 제안을 해 준 강사들에게도 감사를 표하고 싶다.

Neyaz Ahmed *University of Maryland*
Anne Anderson *Lehigh University*
Noyan Arsen *Koc University*
Anders Axvarn *Gothenburg University*
Jan Bartholdy *ASB, Denmark*
Penny Belk *Loughborough University*
Omar Benkato B*all State University*
Eric Benrud *University of Baltimore*
Peter Berman *University of New Haven*
Tom Boulton *Miami University of Ohio*
Edward Boyer *Temple University*
Alon Brav *Duke University*
Jean Canil *University of Adelaide*
Celtin Ciner *University of North Carolina, Wilmington*
John Cooney *Texas Tech University*
Charles Cuny *Washington University, St. Louis*
John Davenport *Regent University*
Ray DeGennaro *University of Tennessee, Knoxville*
Adri DeRidder *Gotland University*
William Dimovski *Deakin University, Melbourne*
David Ding Nanyang *Technological University*
Robert Duvic *University of Texas at Austin*
Alex Edmans *University of Pennsylvania*
Susan Edwards *Grand Valley State University*
Robert Everett *Johns Hopkins University*
Frank Flanegin *Robert Morris University*
Zsuzanna Fluck *Michigan State University*
Connel Fullenkamp *Duke University*
Mark Garmaise *University of California, Los Angeles*
Sharon Garrison *University of Arizona*
Christopher Geczy *University of Pennsylvania*
George Geis *University of Virginia*
Stuart Gillan *University of Delaware*
Felix Goltz *Edhec Business School*
Ning Gong *Melbourne Business School*
Levon Goukasian *Pepperdine University*
Gary Gray *Pennsylvania State University*
C. J. Green *Loughborough University*
Mark Griffiths *Thunderbird, American School of International Management*
Re-Jin Guo *University of Illinois, Chicago*
Ann Hackert *Idaho State University*
Winfried Hallerbach *Erasmus University, Rotterdam*
Milton Harris *University of Chicago*
Mary Hartman *Bentley College*
Glenn Henderson *University of Cincinnati*
Donna Hitscherich *Columbia University*
Ronald Hoffmeister *Arizona State University*
James Howard *University of Maryland, College Park*
George Jabbour *George Washington University*
Ravi Jagannathan *Northwestern University*
Abu Jalal *Suffolk University*
Nancy Jay *Mercer University*
Kathleen Kahle *University of Arizona*
Jarl Kallberg *NYU, Stern School of Business*
Ron Kaniel *Duke University*
Steve Kaplan *University of Chicago*
Arif Khurshed *Manchester Business School*
Ken Kim *University of Wisconsin, Milwaukee*
C. R. Krishnaswamy *Western Michigan University*
George Kutner *Marquette University*
Dirk Laschanzky *University of Iowa*
David Lins *University of Illinois, Urbana*
David Lovatt *University of East Anglia*

Debbie Lucas *Northwestern University*
Brian Lucey *Trinity College, Dublin*
Suren Mansinghka *University of California, Irvine*
Ernst Maug *Mannheim University*
George McCabe *University of Nebraska*
Eric McLaughlin *California State University, Pomona*
Joe Messina *San Francisco State University*
Dag Michalson *Bl, Oslo*
Franklin Michello *Middle Tennessee State University*
Peter Moles *University of Edinburgh*
Katherine Morgan *Columbia University*
Darshana Palkar *Minnesota State University, Mankato*
Claus Parum *Copenhagen Business School*
Dilip Patro *Rutgers University*
John Percival *University of Pennsylvania*
Birsel Pirim *University of Illinois, Urbana*
Latha Ramchand *University of Houston*
Rathin Rathinasamy *Ball State University*
Raghavendra Rau *Purdue University*
Joshua Raugh *University of Chicago*
Charu Reheja *Wake Forest University*
Thomas Rhee *California State University, Long Beach*
Tom Rietz *University of Iowa*
Robert Ritchey *Texas Tech University*
Michael Roberts *University of Pennsylvania*
Mo Rodriguez *Texas Christian University*
John Rozycki *Drake University*
Frank Ryan *San Diego State University*
Marc Schauten *Eramus University*
Brad Scott *Webster University*
Nejat Seyhun *University of Michigan*
Jay Shanken *Emory University*
Chander Shekhar *University of Melbourne*
Hamid Shomali *Golden Gate University*
Richard Simonds *Michigan State University*
Bernell Stone *Brigham Young University*
John Strong *College of William & Mary*
Avanidhar Subrahmanyam *University of California, Los Angeles*
Tim Sullivan *Bentley College*
Shrinivasan Sundaram *Ball State University*
Chu-Sheng Tai *Texas Southern University*
Stephen Todd *Loyola University, Chicago*
Walter Torous *University of California, Los Angeles*
Emery Trahan *Northeastern University*
Ilias Tsiakas *University of Warwick*
Narendar V. Rao *Northeastern University*
David Vang *St. Thomas University*
Steve Venti *Dartmouth College*
Joseph Vu *DePaul University*
John Wald *Rutgers University*
Chong Wang *Naval Postgraduate School*
Kelly Welch *University of Kansas*
Jill Wetmore *Saginaw Valley State University*
Patrick Wilkie *University of Virginia*
Matt Will *University of Indianapolis*
Art Wilson *George Washington University*
Shee Wong *University of Minnesota, Duluth*
Bob Wood *Tennessee Tech University*
Fei Xie *George Mason University*
Minhua Yang *University of Central Florida*
Chenying Zhang *University of Pennsylvania*

이 목록은 틀림없이 불완전한 것이다. 우리는 런던경영대학원(London Business School)과 MIT의 슬론경영대학원(Sloan School of Management), 펜실베이니아대학(University of Pennsylvania) 와튼스쿨(Wharton School)의 우리 동료들에게 얼마나 많은 신세를 졌는지 잘 안다. 많은 경우 이 책에 나온 아이디어들은 우리의 것인 만큼이나 그들로부터 나온 것이기도 하다.

또한 우리는 이 책의 작업을 한 맥그로힐/어윈(McGraw-Hill/Irwin)의 모든 사람에게 감사하고 싶다. 그들은 발행인 미쉘 재니체크(Michele Janicek); 관리 편집인 로리 코터스(Lori Koetters); 개발 편집인 크리스티나 코벨리스(Christina Kouvelis); 선임 마케팅 매니저 멜리사 코프린(Melissa Caughlin); 마케팅 전문가 제니퍼 젤린스키(Jennifer Jelinski); 개발편집인 II 카렌 피셔(Karen Fisher); 디자이너 로리 엔트링거(Laurie Entringer); 선임 생산 관리인 마이클 맥코믹(Michael McCormick); 그리고 미디어 프로젝트 매니저 수 롬바디(Sue Lombardi) 등이다.

마지막으로 우리는 우리의 아내들, 다이애나(Diana)와 모린(Maureen), 그리고 샐리(Sally)에게 끊임없는 감사를 보낸다. 그들은 우리와 결혼할 때 기업재무원론(*The Principles of Corporate Finance*)과도 결혼한다는 것을 알지 못했을 것이다.

리처드 브릴리(Richard A. Brealey)
스튜어트 마이어스(Stewart C. Myers)
프랭클린 앨런(Franklin Allen)

역자 소개

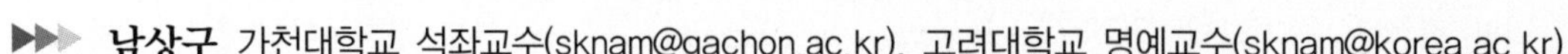

▶▶▶ **남상구**_가천대학교 석좌교수(sknam@gachon.ac.kr), 고려대학교 명예교수(sknam@korea.ac.kr)

약력_서울대학교를 졸업하고 미국 펜실베이니아 대학 와튼스쿨(University of Pennsylvania, Wharton School)에서 재무학 전공으로 박사학위를 받았다. 미국 휴스턴대학(University of Houston)에서 교수로 재직했으며, 귀국 후 고려대학교 경영대학 교수를 역임하고 현재는 가천대학교 석좌교수로 재직하고 있다. 고려대학교에서는 연구교류처장과 경영대학장 및 경영대학원장, 그리고 교무부총장을 역임했다. 그밖에도 미국 미시간대학의 Visiting Scholar, 하와이대학과 일본 아오야마 카쿠인대학 등의 객원교수를 지냈다.

현재_한국재무학회와 한국금융학회, 한국경영학회, 그리고 한국 FP학회 회장을 역임했다. 한국거래소 공익이사와 한국기업지배구조개선센터(현 기업지배구조원) 원장을 역임했으며, SK텔레콤 사외이사 겸 감사위원장, 하나금융지주 사외이사로도 활동했다. 현재도 채권금융기관조정위원장과 공적자금관리위원장으로 활동하고 있다.

주된 연구 분야_기업재무, 투자론, 증권시장 등이다.

주요 저서와 역서_투자론(1990), 증권시장(1991), 투자론(2002, 2008), 재무관리(2003), 기본투자론(2002, 2004, 2007, 2012), 핵심재무관리(2009, 2011) 등이 있다.

역자 서문

좋은 책은 시대를 뛰어넘어 우리에게 감동을 준다. 이 책의 원저『*Principles of Corporate Finance*』도 그런 책이다. 1981년 처음 출간된 후 벌써 10판이 발간되었다. 판을 거듭할수록 내용이 새로워지고 저자들의 번득이는 혜안이 책 곳곳에 배어 나온다. 많은 재무관리 교과서들이 이 책을 참고로 한 것은 전혀 놀라운 일이 아니다.

저자들은 이 책 전반을 통해 자칫 어렵고 딱딱하게 느껴질 수 있는 재무관리의 복잡한 내용들을 쉽고 재미있게 풀어나가는 혁신적인 시도를 하였다. 수식과 증명, 분석으로 가득했던 과거의 책들은 가장 총명한 학생들조차도 답답하고 두렵게 만들었다. 이런 내용들을 때로는 이야기하듯이, 때로는 현실세계에서 찾은 적절한 사례를 통해 쉽게 풀어나간 것은 이 책이 처음 시도한 것이다. 이러한 혁신은 성공적이었고, 이제는 재무관리는 물론 투자론이나 경제학 등 다른 분야에서도 널리 채택되고 있다.

이 책은 어려운 재무이론들을 상식수준에서 접근하려고 노력한다. 이 책을 읽는 데는 모국어와 더하기, 빼기, 곱하기, 나누기만 알면 된다는 저자들의 말은 약간은 과장처럼 들리지만 이 책이 의도하는 바를 쉽게 짐작할 수 있게 한다. 그렇다고 이 책이 재무관리의 중요한 내용들을 그 어느 것 하나 빠뜨린 것은 없다. 그래서 이 책은 재무관리를 처음 접하는 사람들에게는 올바른 입문서가 되고, 재무 전문가나 실무자에게는 좋은 지침서가 될 것이다.

역자가 이 책의 초판을 처음 접했던 것은 미국 휴스턴대학에서 신출내기 교수로 있을 때였다. 그 당시의 다른 교과서들과는 달리 까다로운 개념과 이론들을 쉽고 재미있게 풀어나가는 저자들의 기지에 때로는 감탄하고 때로는 전율을 느끼며 이 책으로 공부하고, 가르치고 또 참고해 온 것이 어느덧 30년이 훌쩍 지났다.

좋은 책을 널리 읽히게 하고 싶은 것은 아마도 교수들이 공통적으로 가지는 직업병인 것 같다. 이 책이 그런 책이다. 그러나 영어가 모국어가 아닌 사람들에게 이 책은 여전히 부담스럽게 느껴진다. 그래서 많은 사람들에게 읽히게 하겠다는 단순한 일념으로 이 책을 우리말로 펴내기로 했다. 이전에도 이 책의 번역판을 출간했으나 오역이나 미흡한 부분이 많았고, 이 책의 자매판인 핵심재무관리와 기본재무관리의 번역판이 출간되기도 했다. 그러나 '원론'의 방대한 분량 때문에 엄두를 못 내고 있다가 이번에 McGraw-Hill Korea의 배려로 번역을 완성하게 되었다. 원서에 충실했지만 때로는 영어와 우리말의 미묘한 차이에서 오는 한계로 원서의 가치를 충분히 살리지 못했을까 염려된다. 앞으로 계속 보완하고 개선해 나갈 것을 약속드린다.

이 책을 통해 많은 사람들이 재무관리를 공부하고 전문지식을 넓혀 우리 사회에 수준 높은 재무전문가들이 많아지고 지식 경쟁력이 높아지기를 기대한다. 이는 오랜 시간 번역작업을 해 온 역자에게도 큰 보람일 것이다.

이 책을 펴내는 데 많은 분들의 도움을 받았다. 출판을 맡아준 McGraw-Hill Korea의 이강록 차장, 송은영 차장, 그리고 편집과 교정을 맡아주신 여러 분께 감사드린다. 끝으로 이 책이 나오기까지 인내와 성원을 보내준 가족들에게 감사한다.

2013. 1.

남상구

차례

PART 5
배당정책과 자본구조 449

기업의 목표와 지배구조

이 책은 기업이 수행하는 재무 의사결정에 관한 것이다. 이런 의사결정이 어떤 것이며, 기업은 이를 어떻게 달성하는지 설명하면서 이 책을 시작하려고 한다.

기업은 현금흐름과 이익을 발생시키는 실물자산에 투자한다. 일부 실물자산은 공장과 생산설비 등과 같은 유형자산이며 다른 자산은 상표와 특허권 같은 무형자산이다. 기업은 차입하거나, 이익을 유보하여 현금흐름을 재투자하거나, 주주에게 주식을 추가로 매각하여 이들 자산의 취득에 필요한 자금을 조달한다. 따라서 기업의 재무관리자는 두 가지 광범위한 재무 문제에 직면한다. 첫째, 어떤 투자를 할 것인가? 둘째, 투자에 필요한 자금은 어떻게 조달할 것인가? 투자결정은 자금을 집행하는 일이고, 자본조달결정은 자금의 조달과 관련된 것이다.

대기업에는 수많은 주주가 있다. 이 주주들은 부와 위험 회피도, 투자기간 등 많은 점에서 서로 다르다. 그렇지만, 주주들은 보통 같은 재무 목표에 동의한다는 것을 알게 된다. 주주들은 재무관리자가 기업가치와 현재 주가를 증가시켜주기를 원한다.

따라서 재무관리의 성공 비결은 가치를 증가시키는 것이다. 이것은 말로는 쉽지만 실전에는 별로 도움이 되지 않는다. 재무관리자에게 가치를 증가시키라고 하는 것은 마치 주식 투자자에게 "싸게 사서 비싸게 팔라"고 충고하는 것과 다름없다. 문제는 그것을 어떻게 할 것인가이다.

드물기는 하지만 단순히 책만 읽어 보고서도 쉽게 할 수 있는 일이 더러 있다. 그러나 재무관리는 그런 종류의 일이 아니다. 이것이 왜 재무학을 공부할 가치가 있는가 하는 이유이다. 사람들은 모두 판단력과 경험, 창조성, 그리고 약간의 행운이 요구되는 분야에서 일하기를 원한다. 이 책은 이런 요소 중 그 어느 것도 보장해 주지 못한다. 그러나 이 책은 좋은 재무 의사결정에 필요한 개념을 다루며, 현대 재무학의 갖가지 도구들을 사용하는 방법을 보여준다.

먼저 기본적인 교환관계를 살펴보는 것으로 이 장을 시작한다. 기업은 새로운 자산에 돈을 투자하거나 아니면 그 돈을 주주에게 돌려줄 수 있다. 주주는 다시 이 돈을 금융시장에서 투자할 수 있다. 주주가 스스로 벌 수 있는 것보다 기업이 더 높은 수익을 얻을 수 있을 때만 재무관리자는 가치를 부가할 수 있다. 그래서 주주들의 기업 **외부** 투자기회가 **내부** 투자의 기준이 된다. 그러므로 재무관리자는 주주가 기업에 제공하는 자본의 **기회비용**을 참고로 한다.

기업의 성공 여부는 모든 관리자와 종업원이 가치를 증가시키기 위해 일하도록 얼마나 잘 통제하는가에 달렸다. 따라서 좋은 기업지배구조 시스템이 적절한 유인 및 보상체계와 결합하여 가치를 증가시키는 데 모든 이해관계자가 협력하도록 어떻게 격려하는가를 먼저 살펴본다.

좋은 지배구조와 적절한 유인은 불법적이거나 비윤리적인 방법으로 주가를 올리려는 유혹을 막아준다. 신중한 주주는 가능한 최대 주가를 바라는 것이 아니라 정직한 최대 주가를 원한다.

이 장에서는 이 책 전체에 걸쳐, 다양한 환경에서 여러 가지 형태로 반복되는 세 가지 주제를 소개한다.

1. 가치 극대화
2. 기회자본비용
3. 유인과 지배구조의 중요성

1.1 기업의 투자와 자본조달결정

사업을 영위하기 위해 기업은 여러 종류의 **실물자산(real asset)**을 필요로 한다. 이들 자산은 하늘에서 공짜로 떨어지는 것이 아니다. 모두 돈을 주고 사야 한다. 필요한 돈을 조달하기 위해 기업은 실물자산과 그 자산이 발생시키는 현금흐름에 대한 청구권을 발행한다. 이러한 청구권을 **금융자산(financial asset)** 또는 **증권(security)**이라고 한다. 은행융자를 예로 들어 보자. 은행은 기업에 현금을 제공하고 금융자산을 받는다. 이 금융자산은 회사가 차입금과 이자를 상환하겠다는 약속이다. 그러나 통상적인 은행융자는 증권이 아니다. 왜냐하면, 은행융자는 은행이 보유하고 있을 뿐 금융시장에서 매각하거나 거래하지 않기 때문이다.

두 번째 예로 회사채를 보자. 기업은 채권에 대한 이자를 지급하고 만기에 원금을 상환하겠다는 약속을 하면서 투자자에게 채권을 판다. 이 채권은 금융자산이며 또한 증권이다. 왜냐하면 이것은 금융시장의 많은 투자자가 보유하며, 거래되기 때문이다. 증권은 주식과 채권, 그리고 엄청나게 많은 종류의 특화된 증권을 포함한다. 제3장에서 채권을, 주식은 4장에서 설명한다.

따라서 다음과 같이 정의할 수 있다.

투자결정 = 실물자산의 구매
자본조달결정 = 금융자산의 매각

그러나 이 등식은 너무 단순하다. 투자결정은 이미 보유하고 있는 자산을 운용하고, 이익이 줄어들면 자산 운용을 중지하고 처분할 때를 결정하는 일을 포함한다. 회사는 또한 투자 위험을 관리하고 통제해야 한다. 자본조달결정은 오늘 현금을 조달하는 것뿐만 아니라 과거에 자본조달에 공헌한 은행과 채권자, 주주에게 진 채무를 이행하는 것도 포함한다. 예를 들어 기업은 만기가 된 부채를 상환해야 한다. 만약 상환할 수 없으면 지급불능이 되고 파산하게 된다. 회사는 언젠가는 주주에게 현금을 지급해야 한다.[1)]

좀 더 구체적인 예를 살펴보자. 표 1.1에 9개 회사가 나와 있다. 그 중 4개는 미국 기업이지만 5개는 미국 기업이 아니다. 글락소스미스클라인(GlaxoSmithKline)의 본부는 런던에, LVMH[2)]는 파리에, 쉘(Shell)은 헤이그에, 도요타(Toyota)는 나고야에, 레노보(Lenovo)는 베이징에 있다. 독자들에게 이미 익숙한 대형 공개기업을 선택하였다. 여러분은 아마도 보잉(Boeing) 제트기를 타고 여행해 보았을 것이고, 월마트(Wal-Mart)에서 쇼핑했을 것이며, 웰스파고(Wells Fargo)의 ATM을 이용해봤을 것이다.

1) 기업의 소유자를 '지분보유자(shareholder)' 또는 '주주(stockholder)'라고 하며 같은 의미를 지닌다. 이 책에서는 필요에 따라 이를 바꾸어가며 사용한다. 또한 기업(corporation)도 '회사(company, firm, business)'와 바꾸어가며 사용한다.

2) LVMH(Moët Hennessy Louis Vuitton)는 향수와 화장품, 포도주와 주류, 시계와 기타 패션 및 사치품을 판매한다.

회사(2008년 매출: 단위 $10억)	최근의 투자(자본예산)결정	최근의 자본조달결정
보잉($61)	$100억 이상의 비용을 예상하고 787 드림라이너 항공기 생산 시작	보잉의 영업활동으로 인한 현금흐름으로 부채 일부를 상환하고 $28억 어치의 주식을 재매입할 수 있었음
쉘($458)	멕시코 만의 심해 유전과 가스전에 $15억 투자	2008년 주식을 재매입하여 주주에게 $131억을 돌려줌
도요타(¥26,289)	2008년 미시간 주에 새로운 엔지니어링 및 안전 시험 설비 개소	배당으로 ¥4,310억을 주주에게 돌려줌
글락소스미스클라인(£24)	2008년 신약의 연구개발에 £37억 사용	R&D 비용을 주로 약품 판매에서 생긴 현금흐름을 재투자하여 조달함
월마트($406)	2008년 브라질의 90개 신규 매장에 $10억 이상을 투자할 계획 발표	2008년 5년 만기와 30년 만기 채권을 발행하여 $25억을 조달함
유니언 퍼시픽($18)	2007년 315대의 새로운 기관차 취득	기관차에 대한 투자를 주로 장기 리스로 조달함
웰스파고($52)	2008년 와코비아(Wachovia) 은행을 $151억에 매수	주식을 교환하여 매수
LVMH(€17)	스페인 양조회사 보데가 뉴맨시아 텀스(Bodega Numanthia Termes)를 매수	2007년 6년 만기 채권을 발행하여 3억 스위스 프랑을 조달
레노보($16)	2,000개 이상의 도시를 포괄하도록 소매점 체인 확장	여러 은행에서 5년 동안 $4억을 차입

표 1.1 주요 공개기업의 최근 투자 및 자본조달결정의 예.

투자(자본예산)결정

표 1.1의 두 번째 열은 각 기업의 최근 투자결정을 예시하고 있다. 이런 투자결정은 **자본예산(capital budgeting)** 또는 **자본지출(capital expenditure, CAPEX)** 결정이라고도 하는데, 이는 대기업 대부분이 승인된 주요 투자안의 목록을 연간 예산에 나열하기 때문이다. 표 1.1에서 월마트의 새 점포나 유니언 퍼시픽(Union Pacific)의 새 기관차와 같은 일부 투자들은 실체가 있는 유형자산의 매입과 관련되어 있다. 그러나 기업은 무형자산에 대한 투자도 필요하다. 무형자산은 연구개발(R&D), 광고와 마케팅을 포함한다. 예를 들어, 글락소스미스클라인과 다른 주요 제약회사는 신약 개발을 위한 R&D에 매년 수십억 달러를 투자한다. 이 회사들은 또한 기존 제품의 마케팅에도 투자한다.

오늘의 자본투자는 미래의 수익을 발생시킨다. 수익은 먼 미래에 발생하는 것이 보통이다. 보잉은 드림라이너가 첫 상업적 서비스를 시작한 후 30년 이상 수익을 발생시킬 것이라고 믿었기 때문에 드림라이너의 설계, 시험, 생산에 $100억 이상을 투자하였다. 이러한 현금흐름은 보잉의 막대한 초기 투자를 회수하고, 투자에 대해 적절한 수익률을 제공해야만 한다. 보잉이 현금을 회수하는 데 더 오래 기다려야 한다면 요구하는 수익률도 더 높아질 것이다. 따라서 재무관리자는 투자안의 누적 수익뿐만 아니라 수익이 발생하는 시점에도 주의를 기울여야 한다. 또한 이러한 수익은 대부분 확실하지 않다. 새로운 투자안은 엄청난 성공이거나 비참한 실패가 될 수도 있다.

물론 모든 투자가 보잉의 드림라이너처럼 먼 미래에 수익을 발생시키는 것은 아니다. 어떤 투자안은 단기에 결과를 얻는다. 예를 들어 크리스마스 휴일이 다가옴에 따라, 월마트는 창고와 소매점에 상품을 준비하는 데 약 $400억을 지출한다. 이 회사는 그 후 몇 개월 동안 상품이 판매되면서 재고 투자액을 회수한다.

물론 재무관리자가 주요 투자결정을 혼자 수행한다고 생각해서는 안 된다. 재무관리자는 생산과 판매, 그리고 다른 부서의 기술자 및 관리자와 팀을 이루어 일한다. 또한 재무관리자가 매일 수십억 달러짜리 투자를 하는 것은 아니다. 대부분의 투자는 트럭이나 기계, 컴퓨터 구매와 같이 단순하고 소소한 규모이다. 기업은 매년 수많은 소규모 투자를 수행한다. 소규모 투자의 누적 액수는 표 1.1에서와 같이 가끔 있는 대규모 투자금액만큼 많을 때도 있다.

자본조달결정

표 1.1의 세 번째 열은 각 기업의 최근 자본조달결정을 보여준다. 기업은 주주나 채권자에게서 돈(현금)을 조달한다. 차입한다면 채권자는 현금을 제공하고 기업은 정해진 이자와 원금을 상환할 것을 약속한다. 주주가 현금을 제공하는 경우 주주는 고정된 수익을 얻는 것이 아니라 주식을 보유하며, 따라서 미래 이익과 현금흐름 일부를 받는다. 주주는 자기자본 조달에 기여한 지분 투자자(*equity investor*)이다. 부채와 자기자본 조달 중에서 선택하는 것을 **자본구조(capital structure)** 결정이라고 한다. 여기서 자본(*capital*)은 기업의 장기 자본조달의 원천을 말한다.

대기업이 이용할 수 있는 자본조달 방법은 거의 무한하다. 가령 기업이 차입하기로 결정한다고 하자. 이 회사는 은행에서 차입해야 하는가? 투자자들이 거래할 수 있는 채권을 발행해야 하는가, 아니면 단지 1년 동안만 빌릴 것인가, 아니면 20년 동안 빌려야 하는가? 20년 동안 빌린다면 이자율이 하락할 때 조기 상환할 수 있는 권리를 보유해야 하는가? 파리에서 유로로 빌리고 상환할 것인가, 아니면 뉴욕에서 달러로 빌려야 하는가? 표 1.1에서 프랑스 기업 LVMH는 스위스 프랑 대신에 달러나 유로로 빌릴 수도 있었다.

기업은 자기자본을 두 가지 방법으로 조달한다. 첫째, 신주를 발행한다. 신주를 매입하는 투자자는 기업의 미래 현금흐름과 이익 일부를 받는 대가로 현금을 지급한다. 둘째, 기업은 기존 자산에서 발생한 현금을 새로운 자산에 투자한다. 이 경우 기업은 기존 주주를 대신해서 재투자하는 것이다. 신주는 발행하지 않는다.

기업이 기존 자산에서 발생한 현금을 모두 재투자하지 않으면 어떻게 되는가? 회사는 미래 투자를 위해 현금을 보유하거나, 주주에게 현금을 나눠준다. 표 1.1에서 2008년 도요타가 $43억에 해당하는 ￥4,310억의 현금배당을 지급했음을 알 수 있다. 같은 해에 쉘은 $131억을 자사주 매입으로, $98억을 현금배당으로 지급하였다. 배당을 지급하거나 자사주를 매입하는 결정을 배당결정(*payout decision*)이라고 하며 제16장에서 다룬다.

몇 가지 이유로 자본조달결정은 투자결정보다 덜 중요하다. 재무관리자는 "가치는 재무상태표의 자산 쪽(차변)에서 발생한다."고 말한다. 사실 때때로 가장 성공적인 기업은 가장 단순한 자본조달 전략을 가지고 있다. 마이크로소프트(Microsoft)를 예로 들어보자. 이 회사는 세계에서 가장 가치 있는 기업 중 하나이다. 2008년 말에 마이크로소프트 주식은 주당 $19.44에 거래되었다. 발행주식은 약 89억 주가 있었다. 따라서 마이크로소프트의 총 시장가치(*market capitalization, market cap*)는 $19.44 × 89 = $1,730억이었다. 이 시장가치는 어디서 왔는가? 이것은 마이크로소프트의 제품 개발과 브랜드, 그리고 전 세계에 걸친 고객기반, 연구개발, 수익성 있는 미래 투자를 할 수 있는 능력에서 온 것이다. 이 가치는 복잡한 자본조달에서 온 것이 아니다. 마이크로소프트의 자본조달 전략은 매우 단순하다. 부채라고 할 만한 것이 없으며 대부분의 투자는 내부유보한 현금으로 조달한다.

자본조달결정은 좋은 투자결정과 비교할 때 가치를 많이 증가시키지 못하지만 어리석은 결정을 하거나 갑자기 나쁜 뉴스를 만나면 가치가 손상될 수 있다. 예를 들어 부동산 재벌 샘 젤(Sam Zell)이 2007년에 시카고 트리뷴(*Chicago Tribune*)을 매수하였을 때 이 신문은 약 $80억의 추가 부채를 갖게 되었다. 이는 바보 같은 결정은 아니었지만, 결과적으로 치명적이었다. 2008년의 불황으로 광고 수입이 줄어들면서 트리뷴은 더는 부채를 감당할 수 없었다. 2008년 12월 이 신문은 자산 $76억과 부채 $129억을 안은 채 파산을 신청하였다.

사업이란 본질적으로 위험하기 때문에 재무관리자는 위험을 인식하고 이들을 적절히 관리해야 한다. 예를 들어 부채를 사용하는 데는 이점이 있지만, 지나치게 많은 부채는 시카고 트리뷴처럼 기업을 파산하게 할 수도 있다. 기업은 불황이나, 상품가격과 이자율, 환율의 변동으로, 또는 정치적 상황 때문에 어려움에 부닥칠 수 있다. 그러나 제26장과 27장에서 설명하겠지만 이러한 위험의 일부는 헤지하거나 보험에 들 수 있다.

주식회사란 어떤 조직인가?

지금까지 '기업'에 대해 언급하였다. 너무 많이 나가기 전에 기본적인 정의부터 먼저 해야겠다. 자세한 사항은 이후의 장에서 설명한다.

주식회사(corporation)는 법적인 실체이다. 법률적인 관점에서 주식회사는 주주가 소유한 법률상 인간(법인)이다. 법인으로서 주식회사는 계약을 맺을 수 있고 사업을 운영하며, 돈을 빌리거나 빌려주고, 소송의 주체나 대상이 될 수 있다. 한 주식회사는 다른 주식회사를 인수하여 두 사업을 합병할 수 있다. 주식회사는 세금을 낸다. 그러나 투표는 할 수 없다!

미국에서 법인은 주법에 따라 정관(*articles of incorporation*)에 근거하여 설립된다. 정관은 사업의 목적과 지배구조, 또 회사가 어떻게 운영되는가를 규정한다.[3] 예를 들어 정관은 이사회(*board of directors*)의 구성과 역할을 규정한다. 주식회사의 이사들은 최고경영진을 선출하고 이들에게 조언하며, 합병과 배당의 지급 같은 기업의 행위를 승인한다.

주식회사는 주주들이 소유하고 있지만, 회사는 법적으로 주주들과는 별개의 개체이다. 따라서 주주는 **유한책임(limited liability)**을 진다. 유한책임은 주주들이 회사의 부채에 대해 개인적으로 책임을 지지 않는다는 것을 의미한다. 미국 금융회사인 리먼 브러더스(Lehman Brothers)가 2008년에 파산했을 때 아무도 주주에게 리먼의 막대한 부채를 보전하기 위해 돈을 더 내라고 요구하지 않았다. 주주는 회사에 투자한 금액을 모두 잃을 수 있지만, 더 이상은 잃지 않는다.

주식회사는 표 1.1에 나열된 회사와 같이 유명한 다국적 기업일 필요는 없다. 여러분도 수고할 용의가 있으면 동네의 배관공사 도급자 이발소도 주식회사로 조직할 수 있다.[4] 그러나 일반적

3) 미국에서 주식회사는 'Corporation,' 'Incorporated,' 'Inc.'라는 표시가 붙는다. 예를 들어 US Airways Group, Inc.가 있다. 영국에서는 공개 주식회사에 'plc(public Limited Corporation)'가 붙는다. 프랑스 기업은 접미사 'SA(Société Anonyme)'가, 독일에서는 'GmbH(Gesellschaft mit beschränkter Haftung)'나 'AG(Aktiengesellscaft)'가 붙는다.

4) 자신의 이익을 위해 사업을 하는 개인을 개인회사(sole proprietorship)라고 한다. 소규모 지역 기업은 합명회사(partnership)나 전문직업인회사(professional corporation, PC)로 조직되기도 한다. 기업조직의 다른 형태에 관해서는 제14장에서 다룬다.

으로 주식회사는 규모가 크거나 성장을 갈망하는 기업이다.

주식회사가 처음 설립될 때는 회사의 경영자와 몇몇 동조자 등 소수의 주주가 회사 주식을 보유하게 된다. 이때는 주식이 시장에서 공개적으로 거래되지 않고 회사는 **폐쇄적으로 소유**(*closely held*)된다. 나중에 회사가 성장하여 추가로 자본을 조달하기 위해 새로 주식을 발행하면 그 주식은 뉴욕증권거래소(New York Stock Exchange)와 같은 공개시장에서 거래된다. 이런 회사들을 **공개기업**(*public companies*)이라고 한다. 미국에서 잘 알려진 회사의 대부분은 널리 주식이 분산된 공개기업이다. 그러나 일부 국가에서는 대규모 회사들이 아직도 폐쇄적인 형태로 남아 있는 것도 흔한 일이며, 많은 공개기업도 몇 명의 투자자들에 의해 움직이는 일도 있다. 후자와 같은 기업으로는 피아트(Fiat), 포르쉐(Porsche), 베네통(Benetton), 보쉬(Bosch), IKEA, 스와치 그룹(Swatch Group)과 같이 잘 알려진 이름도 있다.

대형 공개기업에는 수많은 주주가 있다. 이들은 회사를 소유하지만, 기업을 직접 경영하거나 통제할 수 없다. 이 **소유와 통제의 분리**(*separation of ownership and control*)는 회사에 영속성을 부여한다. 경영자가 그만두거나 해고당하더라도 주식회사는 계속 존속할 수 있다. 오늘날의 주주들은 회사의 운영에 지장을 주지 않으면서도 자신의 보유주식 전부를 새로운 투자자에게 양도할 수 있다. 주식회사는 원칙적으로 영원히 존재할 수 있으며 실제로도 여러 세대에 걸쳐 살아남는 회사도 있다. 가장 오래된 주식회사 중 하나로 허드슨 베이 컴퍼니(Hudson's Bay Company)를 들 수 있는데, 이 회사는 1670년에 설립되어 북부 캐나다와 영국 간 모피 무역을 수행하여 수익을 창출했었다. 이 회사는 아직도 캐나다의 선도적인 소매 체인 중 하나로 건재하다.

소유와 경영의 분리는 단점도 있을 수 있다. 왜냐하면, 경영자와 이사가 주주의 이익이 아니라 자신의 이익을 위해 행동할 기회를 제공하기 때문이다. 이 문제는 이 장의 뒤에서 살펴본다.

1.2 재무관리자의 역할과 기회자본비용

재무관리자는 무슨 일을 하는가? 이 간단한 질문은 여러 가지로 대답할 수 있다. 먼저 재무관리자라는 직책부터 살펴보자. 규모가 큰 회사는 대부분 **최고재무책임자(chief financial officer, CFO)**를 임명하여 모든 재무관련 직원의 업무를 감독한다. CFO는 재무정책과 기업의 전반적인 경영계획에 깊이 관여하며, 대표이사나 다른 최고경영자들과 항상 서로 접촉한다. CFO는 기업의 가장 중요한 재무 업무의 대변자이며, 이익 성과와 예측을 투자자와 언론에 설명한다.

CFO 아래에는 보통 **경리담당자(treasurer)**와 **감사관(controller)**이 있다. 경리담당자는 회사의 단기자금 관리, 외환거래, 자본조달, 은행 업무 등을 담당한다. 감사관은 재무제표의 작성, 회사의 내부 회계업무 관리, 세금 문제 등을 담당한다. 규모가 매우 큰 기업은 세무 담당 변호사와 회계사, 계획과 예측 전문가, 종업원 퇴직연금으로 적립한 자금의 투자를 책임지는 관리자 등 특화된 많은 재무관리자를 둔다.

재무적 결정은 재무 전문가에게만 한정되지 않는다. 예를 들어 최고경영자는 주요 투자안에 서명해야 한다. 그러나 신제품 생산라인을 설계하는 엔지니어가 관여하기도 한다. 왜냐하면 이런

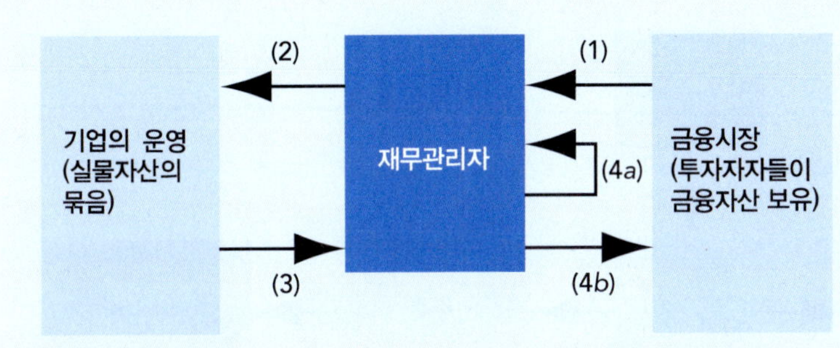

그림 1.1
금융시장과 기업운영 간 현금의 흐름. (1) 투자자들에게 금융자산을 발행하여 현금 조달, (2) 기업의 운영과 실물자산 취득에 현금 사용, (3) 기업의 운영에 의한 현금 발생, (4*a*) 현금 재투자, (4*b*) 투자자에게 현금 반환.

설계는 회사가 보유할 실물자산을 결정하기 때문이다. 이 엔지니어는 또한 그가 최선이라고 생각하는 설계를 제안하기까지 많은 설계를 기각한다. 이렇게 기각하는 것도 또한 투자결정이다. 이것도 다른 실물자산에 투자하지 **않기로** 한 의사결정에 해당하기 때문이다.

이 책에서는 **재무관리자**라는 용어를 '투자결정과 자본조달결정을 책임지는 사람'이라는 뜻으로 사용한다. 이 용어는 종종 집합적으로 이런 결정에 참여하는 모든 관리자를 뜻하기도 한다.

직책을 넘어 역할을 생각해 보자. 재무관리자의 기본적인 역할은 무엇인가? 그림 1.1이 한 가지 답을 제공한다. 이 그림은 투자자로부터 기업으로, 그리고 다시 투자자로 이어지는 현금의 흐름을 추적한 것이다. 흐름은 기업이 현금을 조달하기 위해 증권을 발행하면서부터 시작된다(그림에서 화살표 1). 현금은 회사의 운영에 사용되는 실물자산(투자안)을 취득하는 데 쓰인다(화살표 2). 그러고 나서 기업이 잘 운영되면 실물자산이 현금유입을 발생시킨다(화살표 3). 이 현금은 재투자되거나(화살표 4a) 증권을 취득했던 투자자들에게 되돌아간다(화살표 4b). 물론 화살표 4a와 4b 사이의 선택은 화살표 1에서 현금을 조달할 때 한 약속에 의해 제한된다. 예를 들어 화살표 1에서 기업이 은행에서 돈을 빌렸다면 4b 단계에서는 그 대출금과 이자를 상환해야 한다.

표 1.1에서 화살표 4*a*와 4*b*의 예를 볼 수 있다. 글락소스미스클라인은 이익을 재투자하여(화살표 4*a*) 신약의 연구개발에 필요한 자금을 조달하였다. 쉘은 자사주를 매입하여(화살표 4*b*) 주주에게 현금을 되돌려주기로 하였다. 쉘은 대신 현금배당으로 돈을 지급할 수도 있었다.

재무관리자가 기업과 외부 투자자 사이에서 어떤 역할을 하는가 주목하라. 한편으로 재무관리자는 좋은 투자결정을 하여 기업의 운영을 관리하도록 도와준다. 다른 한편으로는 주주뿐만 아니라 은행 같은 금융기관 및 뉴욕증권거래소와 같은 금융시장과도 거래한다.

투자의 교환관계

이제 그림 1.2를 보자. 이 그림은 기업 투자결정의 기본적인 교환관계를 보여준다. 기업은 제안된 투자 프로젝트(실물자산)를 가지고 있다. 회사가 프로젝트에 필요한 자금을 보유하고 있다고 하자. 재무관리자는 이 프로젝트에 투자할 것인가를 결정하려고 한다. 재무관리자가 투자하지 않기로 결정한다면 회사는 이 현금을 주주에게 배당으로, 말하자면 추가 배당으로 지급할 수 있다(그림 1.2에서 투자와 배당 화살표는 그림 1.1에서 화살표 2와 4*b*이다).

재무관리자가 기업 소유자, 즉 주주의 이익을 위해 행동한다고 가정하자. 주주들은 재무관리

그림 1.2
회사는 현금을 유보하여 재투자하거나 투자자에게 돌려줄 수 있다. (화살표는 가능한 현금흐름이나 이전을 나타낸다.) 현금이 재투자될 때 기회비용은 주주 스스로 금융자산에 투자하여 얻을 수 있는 기대수익률이다.

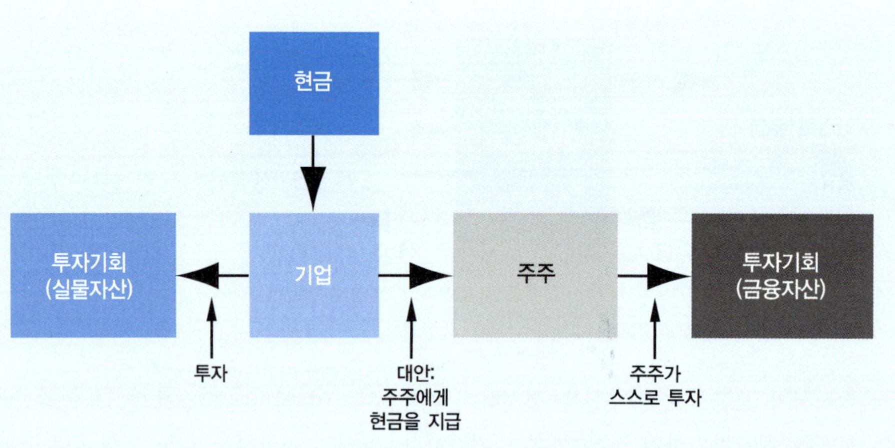

자가 어떻게 하기를 원할 것인가? 그 답은 투자안(프로젝트)의 수익률과 주주가 금융시장에서 투자하여 벌 수 있는 수익률에 달렸다. 투자안의 수익률이 주주가 직접 투자하여 벌 수 있는 수익률보다 높으면 주주는 투자안에 찬성할 것이다. 투자안이 주주가 스스로 벌 수 있는 것보다 낮은 수익률을 제공한다면 주주는 투자안을 기각하고 현금을 배분하는 데 찬성할 것이다.

그림 1.2는, 예를 들어 월마트가 새로운 소매점에 투자하는 결정에 적용할 수 있다. 월마트가 2012년에 새 소매점 10개를 개장하는 데 필요한 현금을 갖고 있다고 하자. 이 회사는 새 점포를 열거나 투자안을 취소하고 대신 이 돈을 주주에게 나눠줄 수도 있다. 현금을 배분한다면 주주는 직접 투자할 수 있을 것이다.

월마트의 새 소매점 프로젝트가 미국 주식시장의 평균 정도로 위험하며, 주식시장에서는 투자에 대해 10% 기대수익률을 제공한다고 하자. 새 점포가 약 20%의 우월한 수익률을 제공한다면, 월마트 주주는 월마트가 현금으로 새 점포에 투자하기를 원할 것이다. 새 점포가 단지 5% 수익률만을 제공한다면 주주는 새 점포가 아니라 현금으로 받기를 원한다. 이 경우 재무관리자는 투자안을 기각해야 한다.

제안된 기업의 투자가 주주들이 주식시장(또는 다른 금융시장)에서 스스로 벌 수 있는 것보다 높은 수익률을 제공한다면 주주는 이 투자를 환영하고 주가는 상승할 것이다. 그러나 기업이 열등한 수익률을 얻는다면 주주는 야유를 보내고 주가는 하락할 것이다. 주주는 스스로 투자할 수 있도록 돈을 되돌려 달라고 요구한다.

이 예에서 월마트의 새 점포가 수용할 수 있는 최소 수익률은 10%이다. 이 최소 수익률을 기준율(*hurdle rate*) 또는 자본비용(*cost of capital*)이라 한다. 이것은 사실 **기회자본비용(opportunity cost of capital)**이다. 왜냐하면, 이것은 주주가 금융시장에서 활용할 수 있는 투자 기회에 달렸기 때문이다. 기업이 새 투자안에 현금을 투자하게 되면 주주는 그 현금을 스스로 투자할 기회를 상실한다. 기업은 기회자본비용보다 더 많이 벌 수 있는 모든 투자안을 채택함으로써 가치를 증대시킨다.

기회자본비용은 제안된 투자안의 위험에 따라 달라진다는 사실에 유의하라. 왜 그런가? 이는 단지 주주가 위험 회피적이기 때문이 아니다. 이는 또한 주주가 직접 투자할 때는 위험과 수익률을 교환하기 때문이다. 미국 국채와 같이 가장 안전한 투자는 수익률이 낮다. 더 높은 기대수익률을 갖는 투자, 예를 들어 주식시장에서의 투자는 더 위험하고 때로는 고통스러운 손실을 안겨준다. (예를 들어 미국 주식시장은 2008년에 38% 하락하였다.) 다른 투자는 더 위험하다. 예를 들어 하이테크 성장 주식은 더 높은 수익률이 예상되지만 훨씬 더 변동적이다.

또한 기회자본비용은 일반적으로 회사가 은행이나 채권에 지급하는 이자율이 아니다. 회사가 위험한 투자를 하면 기회비용은 투자자가 금융시장에서 같은 위험 수준의 투자를 할 때 얻을 수 있는 기대수익률이다. 위험한 증권의 기대수익률은 보통 기업이 차입하는 이자율보다 훨씬 높다.

재무관리자는 기업의 투자안에 대한 기회자본비용을 측정하기 위해 금융시장에 주의를 기울인다. 안전한 투자에 대해서는 안전한 부채 증권의 현재 이자율을 통해서 기회자본비용을 알 수 있다. 위험한 투자에 대해서는 기회자본비용을 추정해야 한다. 이에 대해서는 7장에서 살펴본다.

기회자본비용을 추정하는 것은 주식과 채권 또는 다른 금융시장이 정상적으로 작동하고 있다고 하더라도 재무관리에서 가장 어려운 일 중 하나다. 이러한 시장이 제대로 작동하지 않으면 자본비용을 정확히 측정하는 것은 일시적으로 전혀 불가능할 수도 있다.

미국이나 대부분의 선진국 금융시장은 거의 항상 잘 작동하지만 마치 다음 시에 나오는 작은 소녀처럼 되기도 한다. "금융시장은 착할 때는 너무 착하지만, 못될 때는 고약하게 나빠진다."[5] 2008년의 금융시장은 무서웠다. 증권 가격은 흥분한 티거(역주: "아기곰 푸"에 나오는 호랑이)처럼 뛰어다녔다. 심지어 일부 투자 수단은 일시적으로 시장이 사라져 버렸다. 금융시장이 더는 프로젝트의 가치나 기회자본비용의 좋은 기준을 제공하지 못했다. 그해는 재무관리자가 스스로 결정해야 하는 해였다.

다음 장을 시작할 때 투자결정과 기회자본비용의 좀 더 구체적인 예를 든다.

1.3 기업의 목표

주주는 경영자가 시장가치를 극대화하기 원한다

월마트에는 약 30만 명 이상의 주주가 있다. 이 주주들이 활발하게 경영에 참여할 방법은 없다. 이것은 뉴욕 시를 시민회의로 운영하려는 것과 같을 것이다. 권한을 전문 경영자에게 위임할 필요가 있다. 그러나 월마트의 경영자는 어떻게 모든 주주가 만족하는 의사결정을 할 수 있는가? 어떤 주주도 정확히 서로 같지 않다. 그들은 나이와 취미, 부(富), 투자기간, 위험 수용도, 투자 전략이 모두 다르다. 기업의 운영을 전문 경영자에게 위임하는 것은 주주들이 일치된 목표를 가질 때만 쓸모가 있다. 다행히 거의 모든 주주가 동의할 수 있는 자연스러운 재무 목표가 있다. 그것은 주주

5) 이는 롱펠로의 시 한 구절이다.

한 꼬마 여자애가 있었는데,
앞이마 한가운데
작은 뽀글머리가 하나 있었네.
그 애는 착할 때는
너무 착했지만,
못됐을 때는 고약하게 나빠졌다네.

들의 회사에 대한 투자의 현재 시장가치를 극대화하는 것이다.

영리하고 능력 있는 경영자라면 회사 주식의 현재 가치와 주주의 부를 증가시키는 의사결정을 해야 한다. 부를 증가시키는 것은 주주가 원하는 어떠한 목표에도 부합할 수 있다. 주주는 돈을 자선단체에 기부할 수도 있고 현란한 나이트클럽에서 마구 써버릴 수도 있다. 주주는 그 돈을 저축할 수도 있고 지금 소비할 수도 있다. 주주들은 개인적인 취향이나 목표가 무엇이든지 간에 모두 자신이 보유한 주식이 더 가치가 있을 때 더 많은 일을 할 수 있다.

주주의 부를 극대화하는 것은 주주가 잘 작동하는 금융시장에 참여할 수 있을 때 타당한 목표이다.[6] 금융시장은 그들이 위험을 분담하고 저축을 시간에 걸쳐 이동시킬 수 있도록 한다. 금융시장은 주주에게 저축과 투자 계획을 관리할 유연성을 주기 때문에, 기업의 재무관리자에게는 한 가지 과업, 즉 기업가치를 증가시키는 일을 남겨놓는다.

기업의 주주명부에는 보통 위험 회피형 투자자와 위험 감내형 투자자가 함께 있다. 위험 회피형 투자자는 이렇게 말한 것으로 기대할지 모른다. "물론, 가치를 극대화하라. 그러나 위험이 큰 프로젝트에는 너무 많이 투자하지 마라." 대신 그들은 이렇게 말한다. "기대수익률이 위험에 대한 보상보다 높기만 하면 위험한 투자안도 좋다. 회사가 내 취향과 비교하여 너무 위험한 투자를 하면 나는 투자 포트폴리오를 조정하여 좀 더 안전하게 만들 것이다." 예를 들어 위험 회피형 주주는 자신의 포트폴리오를 미국 국채와 같은 안전한 자산으로 좀 더 이동시킬 수 있다. 그들은 위험한 기업의 주식을 팔고 더 안전한 회사의 주식을 살 수도 있다. 만약 위험한 투자가 시장가치를 증가시킨다면, 이는 떠나는 주주에게도 위험한 투자를 기각하는 것보다 더 이익이 된다.

기본적 결과

주주의 부를 극대화하는 목표는 이론과 실무에서 널리 인정되고 있다. 왜 그런가를 이해하는 것이 중요하다. 재무관리자가 기업의 소유자인 주주의 이익을 위해 행동한다고 가정하고 이 주장을 단계별로 살펴보자.

1. 모든 주주는 다음 세 가지를 원한다.
   a. 가능한 한 더 부자가 되고 싶어 한다. 즉 현재의 부를 극대화하려 한다.
   b. 빌려서 현재 소비하거나, 저축하여 나중에 소비하는 것과 같이 자신이 원하는 시점에서 소비하기 위해 부를 이동시킬 수 있기를 바란다.
   c. 소비 계획의 위험 특성을 선택할 수 있기를 원한다.

2. 그러나 주주들은 재무관리자의 도움 없이도 가장 좋은 소비의 시간 패턴을 달성할 수 있다. 경쟁적인 자본시장에 자유로운 접근이 가능하다면 주주들은 스스로 이를 달성할 수 있다. 주주들은 또한 더 위험하거나 덜 위험한 증권에 투자함으로써 소비의 위험 특성을 조정하거나 선택할 수 있다.

6) 여기서 '금융시장'은 경제의 금융 부문을 말한다. 엄격히 말하자면 "잘 작동하는 금융시장과 금융기관에 참여"라고 해야 한다. 많은 투자자가 주로 금융기관, 예를 들어 은행과 보험회사, 뮤추얼펀드와 거래한다. 금융기관은 다시 주식과 채권 시장을 포함한 금융시장에 참여한다. 이 금융기관들은 개인투자자들 편에서 금융중개기관으로서 역할을 한다.

3. 그렇다면 재무관리자는 어떻게 주주들을 도울 수 있을까? 여기에는 단지 한 가지 길밖에 없다. 그들의 부를 증가시키는 것이다. 이것은 기업의 시장가치와 주식의 현재 가격을 증가시키는 것을 의미한다.

경제학자들은 이런 가치 극대화 원칙에 열정과 일반성을 부여했다. 이 장을 이해하고 나서 부록을 보라. 부록에는 또 다른 예가 있다. 이 예는 단순하지만, 가치 극대화 원칙이 공식적인 경제 논리에서 어떻게 도출되었는가를 예시한다.

주주들이 더 가난해지는 것보다 부자가 되는 것을 원한다고 하였다. 그러나 경영자는 때로 주주가 다른 목표를 갖는 것처럼 말하기도 한다. 예를 들어 경영자는 자신이 할 일이 '이익극대화'라고 말할 수 있다. 이 말은 일견 그럴듯하게 들린다. 어쨌든 주주들은 이익을 내는 회사를 소유하고 싶어 하지 않겠는가? 그렇지만 액면 그대로만 본다면, 이익극대화는 기업의 목표로 적절하지 않다. 여기에는 다음 두 가지 이유가 있다.

1. 이익을 극대화한다면 어느 해 이익을 말하는가? 기업은 유지보수나 직원 훈련에 대한 지출을 줄여서 당기 이익을 증가시킬 수 있다. 그러나 이런 지출은 장기적인 가치를 증가시킬 수도 있다. 주주는 경영자가 먼 장래의 이익을 희생하면서까지 내년도 이익을 높이는 것을 원치 않는다.
2. 회사는 배당을 줄이고 이를 재투자하여 내년도 이익을 증가시킬 수 있다. 회사가 투자에서 낮은 수익률밖에 올리지 못한다면 이런 재투자는 주주의 이익에 반하는 일이 된다.

경영자는 주주의 이익을 돌보아야 하는가?

경영자를 주주의 대리인이라고 설명하였다. 그러나 이는 또 다른 의문을 제기한다. 경영자가 주주들의 이기적인 이해를 위해 행동하는 것이 반드시 바람직한가? 주주를 위해서라면 경영자가 약자와 무능력자들을 짓밟으면서까지 탐욕스러운 용병처럼 행동해야 한다는 뜻인가?

이 책의 대부분은 기업의 가치를 높이는 재무정책에 할애되어 있다. 그러나 이들 정책 중 그 어느 것도 약자와 무능력자를 짓밟으며 질주하라고 요구하지는 않는다. 대부분은 잘하는 것(가치극대화)과 착하게 하는 것 사이에서 아무런 충돌도 생기지 않는다. 수익성이 높은 회사는 만족하는 고객과 충성심 강한 종업원을 가진 그런 회사이다. 불만스러운 고객과 언짢아하는 종업원이 많은 회사는 결국 이익이 줄어들고 주가는 내려가게 될 것이다.

잘 자리 잡은 기업 대부분은 고객과의 장기적인 관계를 구축하고 공정한 거래와 재무적 정직성을 확립함으로써 가치를 증가시킬 수 있다. 명성을 훼손하는 일이 생기면 그 대가는 엄청나다. 두 가지 예를 들어 본다.

마켓타이밍 스캔들 2003년에 뮤추얼펀드 산업은 마켓타이밍(market timing) 스캔들에 휩싸였다. 마켓타이밍이란 세계 각지 증권시장의 폐장 시간이 서로 다르다는 사실을 이용한 거래이다. 일본시장이 폐장한 동안 미국 시장에서 주가가 강하게 상승하면 다음날 아침 아시아 증권시장이 개장할 때 일본 주가도 상승할 가능성이 크다. 따라서 미국 주가가 오르기 전에 책정된 가격으로 일본주식에 투자할 수 있는 투자자는 상당한 이익을 얻게 된다. 미국의 펀드관리회사들은 이런 거래를 허용해서는 안 된다고 법으로 금지되어 있다. 퍼트넘(Putnum) 투자회사가 일부 투자자들에게 마켓타이밍 거래를 허용했다는 사실이 알려지고서 퍼트넘에는 $1억의 벌금이 부과되었고, $1,000만의 보상금도 내야 했다. 그러나 더 큰 비용은 퍼트넘의 명성이 손상된 것이었다. 스캔들이 밝혀졌을 때 대규모 자금이 인출되고 두 달 만에 펀드에서 $300억이 유출되었다. 투자된 자산의 약 1%를 연간 관리비(산업 평균과 비슷함)로 부과한다면, 퍼트넘에서 발생한 자금 유출은 회사에 매년 약 $3억의 손실을 가져다준 것과 같다.

기업의 목표가 주주 부의 극대화라고 할 때 무슨 일이든지 괜찮다는 의미는 아니다. 법 때문에 경영자는 눈에 띄게 부정직한 결정을 하기 어렵다. 그러나 대부분의 경영자는 단순히 문자 그대로 법조문이나 계약서를 지키는 데만 관심이 있지는 않다. 다른 일상사와 마찬가지로 기업과 금융에도 불문율이 있다. 이러한 규칙은 일상적인 금융거래를 가능하게 한다. 왜냐하면, 거래 일방은 상대방이 거래의 약속을 지킬 것이라고 믿어야 하기 때문이다.[7)]

물론 때때로 신뢰가 잘못된 대상에게 주어지는 경우도 있다. 허풍쟁이와 사기꾼은 종종 시장 호황 뒤에 숨을 수 있다. "썰물이 되어야만 누가 벌거벗고 헤엄을 쳤는지를 알 수 있다."[8)] 2008년 썰물이 되었을 때 많은 사기가 드러났다. 악명 높은 예가 뉴욕 금융업자 버나드 매도프(Bernard Madoff)가 운영한 폰지 사기(Ponzi scheme)였다.[9)] 개인과 기관은 2008년 이 사기가 드러나기까지 $650억을 투자하였다. (매도프가 이 돈으로 무엇을 했는지는 명확하지 않지만, 이 중 많은 부분이 뛰어난 투자 성과를 올렸다는 인상을 주려고 이 사기에 처음 투자한 투자자들에게 지급되었다.) 돌이켜 생각해 보면 투자자들은 매도프나 그에게 투자하라고 조언한 투자상담사들을 믿지 말아야 했었다.

매도프의 폰지 사기는 일생에 한 번 있을까 말까 한 사건이었다.[10)] 2008년 위기에 투자자가 손해 본 돈의 대부분은 정직하게 손실을 보았다. 위기가 다가오는 것을 알아챈 투자자나 투자 관리자는 거의 없었다. 위기가 닥쳤을 때 거기서 빠져나올 방법은 거의 없었다.

기업은 주주 또는 모든 이해관계자 중 누구를 위해 경영해야 하는가?

기업은 주주뿐만 아니라 모든 **이해관계자**를 위해 경영되어야 한다는 말을 종종 듣는다. 다른 이해관계자들에는 종업원과 고객, 납품업자, 그리고 회사의 사무실과 공장이 위치한 지역사회 등이 모두 포함된다.

기업의 목표가 무엇인지에 관해서는 나라마다 견해가 아주 다르다. 미국, 영국, 그리고 다른 영미(앵글로-색슨) 국가에서는 주주 가치의 극대화라는 개념이 주된 재무 목표로 폭넓게 받아들

7) L. Guiso, L. Zingales, and P. Sapienza, "Trusting the Stock Market," *Journal of Finance* 63(December 2008), pp. 2557~2600을 보라. 이 저자들은 개인의 신뢰 부족이 주식시장 참여를 심각하게 저해한다는 것을 보였다. '신뢰의 부족'은 사기를 당한다는 주관적인 두려움을 의미한다.

8) 이 말은 워런 버핏이 버크셔 해서웨이(Berkshire Hathaway)의 주주에게 보낸 2008년 3월 연차보고서에서 인용하였다.

9) 폰지 사기는 1920년에 투자자들에게 믿을 수 없는 높은 수익을 약속하고 투자회사를 세운 찰스 폰지(Charles Ponzi)에서 이름을 따왔다. 그에게는 곧 뉴잉글랜드에 있는 투자자들로부터 자금이 몰려들어 3시간 만에 $1백만을 모았다. 폰지는 조달한 돈에서 겨우 약 $30만 투자하고 나중에 가입한 투자자가 낸 돈의 일부분으로 먼저 가입한 투자자에게 많은 배당을 지급하였다. 몇 개월 만에 이 사기는 들통나고 폰지는 5년 형을 선고받았다.

10) 폰지 사기는 자주 나타난다. 그러나 아무도 매도프만큼의 규모나 기간은 아니었다.

여지고 있다.

다른 나라들에서는 근로자의 이익을 훨씬 더 강하게 앞세운다. 예를 들어 독일에서는 대기업의 근로자들이 감독이사회의 이사를 절반까지 선임할 수 있다. 그 결과 근로자들은 기업지배구조에 상당히 중요한 역할을 하며, 주주에 대한 관심은 상대적으로 낮다.[11] 일본의 경영자들은 종업원이나 고객의 이익을 주주의 이익과 같은 수준이거나 오히려 더 먼저 생각한다. 예를 들어 도요타(Toyota)의 경영철학은 "사람과 사회, 글로벌 환경과 세계경제의 요구 간에 균형을 유지하기 위해 노력함으로써 안정적인 장기 성장을 실현하며, 고객과 주주, 종업원, 그리고 사업 파트너를 포함하는 우리의 모든 이해관계자와 함께 성장하는 것"이다.[12]

그림 1.3은 5개국의 대기업 최고경영자들을 인터뷰한 결과를 요약하고 있다. 일본과 독일, 그

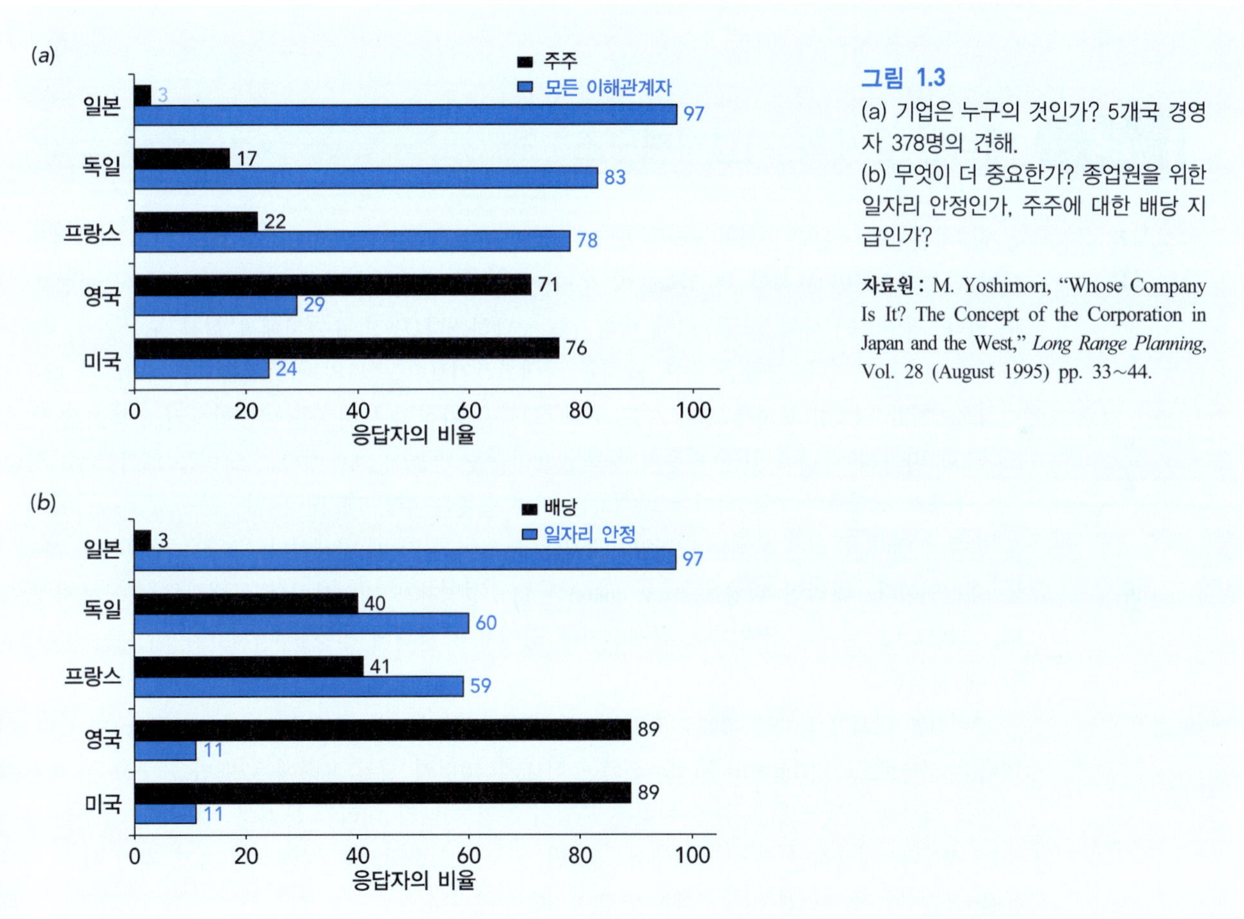

그림 1.3
(a) 기업은 누구의 것인가? 5개국 경영자 378명의 견해.
(b) 무엇이 더 중요한가? 종업원을 위한 일자리 안정인가, 주주에 대한 배당 지급인가?

자료원 : M. Yoshimori, "Whose Company Is It? The Concept of the Corporation in Japan and the West," *Long Range Planning*, Vol. 28 (August 1995) pp. 33~44.

---

11) 독일의 은행가인 Carl Fürstenberg가 한 말은 독일의 경영자들이 주주를 어떻게 생각하는가에 대한 극단적인 견해를 잘 나타내고 있다. "주주들은 바보 같고 뻔뻔스러운 사람들이다. 그들은 그 돈으로 무엇을 할 것인가에 대한 효과적인 통제 수단도 없이 자신의 돈을 다른 사람에게 주어 버리기 때문에 바보 같고, 그런 바보스러움의 대가로 배당을 요구하기 때문에 뻔뻔하다는 것이다." M. Hellwig가 "On the Economics and Politics of Corporate Finance and Corporate Control", X. Vives, ed., *Corporate Governance*(Cambridge, UK: Cambridge University Press, 2000), p. 109에서 인용.

12) 도요타 연차보고서, 2003, p. 10.

리고 프랑스의 최고경영자들은 기업이 모든 이해관계자를 위해 경영되어야 한다고 생각하는 반면, 미국과 영국의 최고경영자들은 주주가 먼저라고 말한다. 일자리 안정과 배당 지급 간의 선택에 관해서는 일본의 거의 모든 최고경영자와 독일과 프랑스 경영자 대다수가 일자리 안정이 우선해야 한다고 믿는다. 이와는 대조적으로 미국과 영국의 최고경영자들은 배당이 먼저라고 생각한다.

그러나 자본시장이 점차 세계화되어감에 따라 모든 국가의 기업들은 주주를 위한 부의 창출을 기업의 주된 목표로 채택하도록 압력을 받아 왔다. 다임러 크라이슬러(Daimler Chrysler)와 도이체 방크(Deutsche Bank)를 포함한 많은 독일 회사들이 회사의 주된 목표는 주주를 위한 부의 창출이라고 선포하였다. 일본에서는 아직 이 방향으로의 움직임이 덜하다. 예를 들어 도요타의 회장은 회사가 주주의 이익을 추구하는 것은 무책임한 일이라고 비판하였다. 그럼에도 불구하고, 도요타 주식의 총 시장가치는 GM과 포드의 시장가치보다 훨씬 높다. 어쩌면 이들 목표 간에는 심각한 이해의 충돌이 없는지도 모른다.

1.4 대리인 문제와 기업지배구조

공개기업에서의 소유와 경영의 분리를 강조하였다. 소유주(주주)는 경영자가 하는 일을 이사회를 통해서 간접적으로만 통제할 수 있다. 이 분리는 필요하지만 위험하다. 독자는 쉽게 이 위험을 알 수 있다. 경영자는 사치스러운 회사 비행기를 구매하거나 멋진 유원지에서 회사 모임을 가지려는 유혹을 받을 수 있다. 그들은 주주 가치를 극대화하기보다는 자리의 안전을 더 염려하기 때문에 매력적이지만 위험한 투자를 피할 수도 있다. 그들은 자신의 보너스를 극대화하기 위하여 일할 수도 있고, 따라서 결함이 있는 비우량 주택담보대출을 만들어 재판매하는 노력을 배가할 수 있다.

주주와 경영자의 목표 사이에 존재하는 이런 충돌은 주인-대리인 문제(*principal-agent problem*)를 만들어 낸다. 대리인 문제는 대리인이 주인을 위하여 일할 때 발생한다. 주주는 주인이고, 경영자는 대리인이다. **대리인 비용(agency costs)**은 (1) 경영자가 기업가치의 극대화를 추구하지 않을 때, 그리고 (2) 주주가 경영자를 감시하거나 경영자의 행위에 영향을 미치고자 비용을 지불해야 할 때 발생한다.

이러한 대리인 문제는 때때로 터무니없는 행동을 불러온다. 예를 들어 타이코(Tyco)의 CEO인 데니스 코즐로프스키(Dennis Kozlowski)는 아내의 40번째 생일 파티에 $2백만을 쓰고 이 비용의 절반을 회사에 부담시켰다. 물론 이것은 불법일 뿐만 아니라 대리인 문제의 극단적인 경우를 보여주는 것이다. 정상적인 사업 거래에서 대리인 문제는 일반적으로 경영자가 자기 것이 아닌 회사 돈을 쓰는 데 좀 더 신중히 생각하지 않을 때 발생한다.

비우량 주택담보대출 밀어붙이기: 미쳐 날뛴 가치극대화인가, 아니면 대리인 문제인가?

2007~2009년 경제위기[13]는 서브프라임(*subprime*) 위기로 시작되었다. '서브프라임(비우량)'이란 신용도가 낮은 주택 매입자에게 주택저당대출을 해준 것을 말한다. 이 대출 중 일부는 이자와 원금을 내기가 매우 어려운, 경험이 없는 매입자에게 주어졌다. 일부 대출은 부동산 가격이 계속 상승하는 쪽에 내기를 건 기회주의적인 매입자에게 이루어졌다. 그러나 부동산 가격은 급격히 하락하였고 수많은 주택 구입자들이 채무불이행에 빠졌다.

우선 왜 많은 은행과 주택저당대출(모기지) 회사들이 이러한 대출을 해주었는가? 한 가지 이유는 이런 대출을 주택저당대출 유동화증권(mortgage-backed security)으로 재포장하여 다른 은행과 기관투자가에게 이익을 내고 팔 수 있었기 때문이다. (모기지 유동화증권과 기타 자산 유동화증권은 제24장에서 다룬다.) 뒤돌아보면, 이 비우량 주택저당대출 유동화증권의 매수자 또한 경험이 없었고 너무 많은 돈을 지급하였다. 2007년 주택 가격이 하락하고 채무불이행이 증가하면서 이러한 증권의 가격은 급락했다. 메릴린치(Merrill Lynch)는 주택저당대출 유동화증권에서 $500억의 손실을 보고 뱅크 오브 아메리카(Bank of America)에 강제로 넘어갔다. 시티그룹(Citigroup)과 와코비아 은행(Wachovia Bank) 같은 다른 주요 금융기관도 거액의 손실을 기록하였다.

서브프라임 위기에 관해서는 할 말이 많지만 더 이상의 논의는 제13장과 14장으로 미룬다. 지금으로서는 그저 비우량 대출을 처음 시작하여 이익을 보고 재판매한 은행과 주택저당대출회사에 대해 생각해 보자. 뒤돌아 보면 그들은 고객에게 고통스러운 손실을 안겨 줄 결함이 있는 상품을 판매한 것이다. 이 회사들이 정말로 가치 극대화를 추구한 것인가? 아마도 그들은 가치를 극대화하려고 하였지만, 주택 가격 전망을 극도로 오판한 것일 수 있다. 그러나 우리는 이 회사들이 막대한 액수의 서브프라임 대출을 시작한 전략이 나쁜 결과로 끝날 가능성이 크다는 것을 알았을 가능성이 크다고 생각한다. 서브프라임 대출 시장에서 가장 공격적으로 활동한 회사 중 하나인 워싱턴 뮤추얼(Washington Mutual)은 서브프라임 대출의 진정한 위험이 알려지자마자 곧 파산하였다. 워싱턴 뮤추얼의 주주들이 회사의 전략을 이해했다면 분명히 여기에 동의하지 않았을 것이다.

서브프라임 주택저당대출 위기에서 이런저런 비난이 많았지만, 그 일부는 서브프라임 주택저당대출을 적극적으로 장려하고 재판매한 경영자들에게 돌아가야 한다. 그들이 주주의 이익을 위해 행동했는가, 아니면 게임이 끝나기 전에 두툼한 보너스를 챙기려고 하면서 그들 자신의 이익을 위해 행동했는가? 경영자들이 서브프라임 주택저당대출을 장려하는 데 단기적으로 이기적인 이해가 없었더라면 자신의 행동에 대해 훨씬 더 깊이 고민했을 것이라고 우리는 생각한다. 만약 그렇다면 이 혼란은 가치 극대화가 미쳐 날뛴 것이 아니라 주로 대리인 문제였다. 대리인 문제는 경영자가 주주의 이익이 아니라 자신의 이익을 위해 행동할 때 발생한다.

13) 저자들이 이 장을 쓸 때는 2009년 초였다. 이 책의 다음 판에서 2007~2010년 또는 2007~2011년의 금융위기라고 하지 않았으면 좋겠다.

좋은 기업지배구조는 대리인 문제를 완화한다

대리인 문제와 실제로 이 문제를 어떻게 완화시킬 수 있는가에 관해서는 뒤에서 다시 논의한다. 예를 들어 제12장에서는 경영자와 주주의 이해관계를 일치하도록 해주는 고위경영진의 보상체계를 다룬다. 지금으로서는 그저 주주의 주머니와 경영자의 마음이 서로 가까워지도록 보장해주는 좋은 **기업지배구조(corporate governance)**의 몇 가지 특징을 나열해 본다.

법적 및 규제 요구조건 경영자는 투자자의 이익을 위해 책임 있게 행동할 법적인 의무가 있다. 예를 들어 미국 증권거래위원회(Securities and Exchange Commission, SEC)는 일관성과 투명성을 보증하기 위해 공개기업의 회계와 보고 기준을 정하고 있다. SEC는 내부자 거래, 즉 일반 투자자에게 알려지지 않은 정보를 이용하여 주식을 사고파는 것을 금지한다.

보상 계획 경영자는 주주가 이익을 얻으면 함께 높은 수익을 받고 그렇지 않으면 가치가 없게 되는 성과급 제도를 통해 보상받는다. 예를 들어 사무용 소프트웨어 대기업인 오라클(Oracle Corporation)의 CEO인 래리 엘리슨(Larry Ellison)은 2007년에 $6천만~7천만으로 추정되는 보상을 받았다. 이 금액의 아주 적은 부분($1백만)만이 급료였다. $6백만 이상의 훨씬 더 많은 금액이 보너스와 성과급이었고 대부분은 부여받은 주식과 옵션이었다. 이 옵션은 오라클의 주가가 2007년 수준보다 떨어지면 가치가 없지만, 주가가 상승하면 매우 가치가 있는 형태로 설계되었다. 게다가 오라클의 설립자로서 엘리슨은 이 회사 주식을 10억 주 이상 보유하고 있다. 다른 보상 계획이라면 엘리슨이 얼마나 열심히 일할 것인가를 아무도 확실히 말할 수 없다. 그러나 한 가지는 분명하다. 그는 회사의 성공과 시장가치의 증가에 개인적으로 큰 이해가 걸려 있다.

이사회 이사회는 주주들이 선출하며 주주를 대표할 책임이 있다. 이사회는 종종 최고경영진의 수동적 지지자로 묘사된다. 그러나 2001~2002년의 기업 스캔들에 따른 대응으로 말미암아 시계추는 좀 더 독립적인 쪽으로 기울었다. 사베인스-옥슬리법(Sarbanes-Oxley Act, SOX)은 기업이 더욱 독립적인 이사, 즉 경영자가 아닌 이사나 경영진과 관계가 없는 이사를 더 많이 선임하도록 요구하였다. 그 덕분에 현재는 이사회의 과반수를 독립적인 이사로 구성하게 되었다. 이제 이사회는 CEO 없이도 회의를 연다. 또한 연금기금과 헤지펀드와 같은 기관투자가는 기업 성과를 감시하고 기업지배구조의 변화를 제안하는 데 더 적극적이 되었다.

이전과 비교하여 최근 들어 더 많은 최고경영자가 해고된 것은 그리 놀랍지 않다. 그들 중에는 제너럴 모터스(General Motors)와 메릴린치(Merrill Lynch), 스타벅스(Starbucks), 야후(Yahoo!), AIG, 패니 메이(Fannie Mae), 모토로라(Motorola)의 CEO도 포함되어 있다. 전통적으로 경영진에 대해 보다 우호적인 미국 이외 지역의 이사회도 성과가 나쁜 경영자를 대체하는 데 적극적이 되었다. 최근 최고경영자를 쫓아낸 기업으로는 왕립 스코틀랜드 은행(Royal Bank of Scotland)과 UBS, PSA 푸조 시트로앵(PSA Peugeot Citroen), 레노보, 삼성, 올드 뮤추얼(Old Mutual), 스위스 리(Swiss Re) 등이 있다.

감시 이사회만이 경영자를 감시하는 것은 아니다. 경영자는 전문가의 감시를 받는다. 즉 이들의 행동은 이 회사 주식을 사거나 보유하거나 팔도록 투자자에게 조언하는 증권분석가에 의해 감시받는다. 회사에 융자를 해준 은행도 경영자를 세밀히 감시한다.

기업인수 가치를 극대화하는 데 지속적으로 실패한 회사는 자연스럽게 다른 기업이나 기업 사냥꾼의 인수 대상이 된다. '사냥꾼'은 성과가 나쁜 기업을 매수하여 구조조정하는 데 전문화된 사적 투자기금이다.

기업인수는 성장이 느리고 잉여 시설용량을 가진 산업에서 일반적이다. 예를 들어 1990년 냉전이 끝났을 때 방위산업은 극적으로 위축되었다. 이에 따라 합병의 파도가 뒤따랐다. 기업인수(takeover)는 제31장에서, 그리고 기업매수(buyout)는 32장에서 다루기로 한다.

주주들의 압력 기업 성과가 좋지 않고, 경영자가 과업을 완수하도록 하는 데 이사회가 충분히 공격적이지 않다고 생각하면 주주는 자신의 목소리를 반영하기 위해 이사회에 대표를 선출하고자 한다. 예를 들어 2008년 억만장자 주주 행동주의자인 칼 아이칸(Carl Icahn)은 야후가 마이크로소프트의 인수 시도를 거절하였을 때 야후의 이사들이 주주의 이익을 위해 행동하지 않는다고 느꼈다. 따라서 그는 야후 주식에 $6,700만를 투자하여 자신과 뜻이 맞는 친구 두 명을 야후 이사회에 들어가게 하였다.

또한 불만이 있는 주주는 주식을 팔고 다른 데 투자하는 '월스트리트 워크(Wall Street Walk)'를 택한다. 이것은 강력한 메시지를 보낼 수 있다. 아주 많은 주주가 빠져나가면 주가는 급락하게 된다. 이것은 최고경영자의 명성과 보상에 손상을 입힌다. 최고경영자의 보상 중 많은 부분이 스톡옵션에서 나오는데, 주가가 상승하면 돈이 되지만 주가가 정해진 수준보다 하락하면 아무런 가치가 없어진다. 따라서 주가가 하락하는 것은 경영자의 개인적인 부에 직접적인 영향을 준다. 주가가 상승하는 것은 주주와 경영자 모두에게 좋다.

기업 활동이 시시한 일과 사소한 관리의 연속이라는 인상을 받지 않기를 바란다. 절대 그렇지 않다. 실제 기업재무는 개인과 기업의 이해를 조화시키면서, 즉 단순히 각 개인의 몫이 아니라 전체 파이의 가치를 증가시키기 위해 모든 사람이 함께 일하도록 진화해 왔기 때문이다. 미국 주요 기업의 최고경영자는 주주의 이해를 소홀히 하거나 부주의하지 않는다. 오히려 성과를 내라는 압력이 강하다. 앞에서는 미국와 영국, 그리고 다른 '영미' 경제권에서의 기업지배구조를 짧게 개괄적으로 설명하였다. 지배구조는 나라마다 다르게 작동하지만 여러 나라의 지배구조를 조사하는 일은 것은 제33장까지 미룬다. 그러나 중간 장들에서 여러 차례 대리인 문제와 지배구조를 다룰 것이다.

요약

기업은 두 가지 주요한 재무 의사결정을 해야 한다. 첫째, 어떤 투자를 해야 할 것인가? 둘째, 이 투자에 필요한 자금을 어떻게 조달할 것인가? 첫 번째 결정은 투자결정이며, 두 번째는 자본조달결정이다.

기업을 소유한 주주는 경영자가 기업의 총 가치와 현재 주가를 극대화하기를 원한다. 금융시장이 주주에게 저축과 투자 계획을 관리할 수 있도록 유연성을 준다면 주주는 모두 가치 극대화 목표에 동의할 수 있다. 물론 부의 극대화 목표는 비윤리적 행위를 정당화하지 않는다. 주주는 가능한 최대 주가를 원하

Visit us at www.mhhe.com/bma

는 것이 아니라 정직한 최대 주가를 원한다.

재무관리자는 기업가치를 어떻게 증가시킬 수 있는가? 주로 좋은 투자결정을 통해서이다. 자본조달 결정도 가치를 증가시킬 수 있지만 잘못되면 가치를 감소시킬 수도 있다. 그러나 통상적으로 가치를 증가시키는 기업과 그렇지 않은 기업을 하는 것은 투자의 수익성이다.

투자결정에는 교환관계가 존재한다. 기업은 현금을 투자할 수도 있고 주주에게 배당으로 돌려줄 수도 있다. 기업이 현금을 지급하지 않고 투자하기로 하면 주주는 금융시장에서 직접 투자할 기회를 잃는다. 따라서 그들이 포기하는 수익을 기회자본비용이라 한다. 기업이 투자하여 기회자본비용보다 더 높은 수익률을 올릴 수 있다면 주주는 갈채를 보내고 주가는 상승한다. 기업이 기회자본비용보다 더 낮은 수익률로 투자하면 주주는 야유를 보내고 주가는 하락한다.

경영자가 가치를 극대화하는 특별한 유전자를 가진 것은 아니다. 그들은 자신의 개인적인 이익을 고려하며 이것이 외부 주주들과 이해의 잠재적 충돌을 불러온다. 이 충돌을 주인-대리인 문제라고 한다. 결과적으로 발생하는 가치의 손실을 대리인 비용이라고 한다.

기업지배구조는 경영자와 주주의 이해를 일치시키는 것을 돕는다. 따라서 경영자는 기업의 가치에 많은 주의를 기울인다. 예를 들어 경영자는 주주를 대표하는 이사회에 의해 임명되고 때로는 해고된다. 경영자는 스톡옵션의 부여와 같은 유인제도(incentive scheme)로 격려된다. 스톡옵션은 주가가 상승할 때만 큰돈이 된다. 기업의 성과가 나쁘면 기업인수의 대상이 될 가능성이 커진다. 기업인수가 이루어지면 보통 새로 경영진을 꾸린다.

다음 세 주제를 기억하라. 이 책 전반에 걸쳐 이들을 반복해서 만나게 될 것이다.

1. 가치 극대화
2. 기회자본비용
3. 유인과 지배구조의 중요성

연습문제

기본문제

1. 다음 문장을 읽어 보라. "회사는 일반적으로 (*a*) 자산을 취득한다. 이들 자산은 (*b*)와 같은 유형자산과 (*c*)와 같은 무형자산을 모두 포함한다. 자산취득에 대해 대가를 지급하기 위해 기업은 (*d*)와 같은 (*e*) 자산을 발행한다. 어떤 자산을 취득할 것인가 하는 결정을 (*f*) 또는 (*g*) 결정이라고 한다. 자금을 어떻게 조달할 것인가는 보통 (*h*) 결정이라고 한다." 다음 용어 중 알맞은 말을 골라 괄호 안에 넣어라.

금융, 상표명, 실물, 임원용 비행기, 자본조달, 자본예산, 채권, 투자

2. 다음 중 실물자산은 어느 것이며, 어느 것이 금융자산인가?

a. 주식
b. 개인적인 차용증서
c. 상표권
d. 공장
e. 미개발 토지
f. 당좌예금의 잔고
g. 경험 많고 열심히 일하는 판매직원
h. 회사채

Visit us at www.mhhe.com/bma

3. 용어 문제. 다음 용어들의 차이를 설명하라.
   a. 실물자산과 금융자산
   b. 자본예산과 자본조달 결정
   c. 폐쇄적으로 소유된 회사와 공개기업
   d. 유한책임과 무한책임
4. 다음 중 주식회사에 적용되는 말은 어느 것인가?
   a. 무한책임
   b. 유한한 존속기간
   c. 회사 운영에 지장을 주지 않고도 소유권의 이전이 가능하다.
   d. 소유구조에 영향을 주지 않고 경영자를 해고할 수 있다.
5. 다음 설명 중 감사관(controller)보다는 경리담당자(treasurer)를 정확하게 설명한 것은 어느 것인가?
   a. 기업의 여유 현금을 투자하는 책임을 진다.
   b. 주식 발행을 준비하는 책임을 진다.
   c. 회사의 세무 업무를 책임진다.

중급문제

6. 대기업 대부분은 소유와 경영이 분리되어 있다. 이러한 분리의 주된 의미는 무엇인가?
7. F&H Corp.는 사양 산업에 많은 투자를 계속해 왔다. 다음은 F&H의 CFO가 한 연설 중에서 일부를 발췌한 것이다.

   > F&H를 경영하고 있는 우리는 일부 줏대 없는 투자자들과 정보를 갖지 못한 증권분석가들이 천천히 증가하는 이익과 배당에 대해 불평하는 것을 물론 알고 있다. 이들 확신에 찬 회의론자들과 달리 우리는 경쟁하는 디지털 방식의 제품에도 불구하고 기계식 인캐뷸레이터(encabulator)의 장기 수요를 확신하고 있다. 따라서 우리는 전체 인캐뷸레이터 시장에서 점유율을 유지하기 위해 투자하기로 하였다. F&H는 엄격한 CAPEX 승인 절차를 갖고 있으며 투자에 대해 약 8%의 수익률을 자신한다. 이것은 F&H가 보유하는 현금보유에서 버는 것보다 훨씬 낫다.

   이 CFO는 단기 미국 국채에 잉여 현금을 투자하는 것을 계속하여 설명하였다. 이 채권은 거의 완전히 무위험이며 겨우 4% 수익률을 제공하였다.
   a. 인캐뷸레이터 사업의 8% 예상 수익률이 단기 미국 국채의 안전한 4% 수익률보다 분명히 더 나은가? 왜 그런가, 아니면 그렇지 않은가?
   b. F&H의 기회자본비용이 4%인가? 원칙적으로 CFO는 자본비용을 어떻게 결정해야 하는가?
8. 재무관리자가 주주를 위하여 여러 가지 일을 하는 것을 상상해 볼 수 있다. 예를 들면 관리자들은 다음과 같은 일을 할 것이다.
   a. 실물자산에 투자하여 가능한 한 주주의 부를 증가시킨다.
   b. 기업의 투자 계획을 수정하여 주주가 특정한 소비 시간 패턴을 달성할 수 있도록 도와준다.
   c. 주주의 위험 선호도에 맞추어 고위험 혹은 저위험의 자산을 선택한다.
   d. 주주가 수입과 지출의 균형을 맞출 수 있게 도와준다.

   그러나 잘 작동하는 자본시장에서 주주들은 이 목표 중에서 오직 한 가지에만 투표할 것이다. 어느 것을 선택할 것인가? 그 이유는 무엇인가?
9. Espinoza 여사는 이미 은퇴한 상태이고, 지난날의 투자에서 소득을 얻고 있다. Liu 씨는 미래를

Visit us at www.mhhe.com/bma

위해 저축하길 원하는 젊은 간부 사원이다. 두 사람 모두 Scaled Composite, LLC의 주주이다. 이 회사는 개인들의 우주여행을 위한 *SpaceShipOne*을 만들고 있다. 이 투자의 회수는 아주 먼 미래에나 가능할 것이다. 이 투자가 Liu 씨에게 양(+)의 순현가를 제공한다고 가정하자. 그렇다면, 이 투자가 왜 Espinoza 여사에게도 좋은 것인지 설명하라.

10. 어떤 금융기관이 금융 스캔들에 연루되었다면 기업가치는 벌금이나 합의금보다 더 많이 떨어질 것인가, 아니면 더 적게 떨어질 것인가? 그 이유를 설명하라.

11. 왜 경영자가 주주의 이해에 맞추어 행동할 것으로 기대하는가? 그 이유를 제시하라.

12. 많은 기업이 다른 기업이 자신을 인수하는 것을 어렵게 하거나 비용이 더 많이 들게 하는 방어수단을 고안해 왔다. 그러한 방어수단이 기업의 대리인 문제에 어떠한 영향을 미치는가? 상당한 방어수단을 가진 기업의 경영자가 자신의 이익보다 주주의 이익을 위해 더 잘 행동할 것 같은가? 경영자가 그러한 방어수단을 만들려고 할 때 주가는 어떻게 될 것으로 예상하는가?

부록

순 현재가치 규칙의 기초

잘 작동하는 금융시장은 서로 다른 투자자가 가치를 극대화하는 목표에 합의할 수 있도록 해준다고 하였다. 이 아이디어는 매우 중요하기 때문에 더 자세히 검토하는 것이 좋겠다.

자본시장이 어떻게 현재와 미래 소비에 대한 선호를 조화시키는가? 가령 선호체계가 전혀 다른 두 투자자가 있다고 하자. 투자자 A를 미래를 위해 저축하려는 개미, 투자자 G를 내일 일은 전혀 생각하지 않고 오늘의 덧없는 놀이에 모든 것을 소비하려는 베짱이라고 생각하자. 두 투자자는 현금으로 정확히 $100,000의 종잣돈을 갖고 있다고 하자. G는 이 돈을 오늘 모두 소비하기로 하고 A는 이 돈을 금융시장에서 투자하려고 한다. 이자율이 10%라면 A는 지금부터 1년 후 1.10 × $100,000 = $110,000를 갖게 된다. 물론 많은 다른 중간적인 전략이 있다. 예를 들어 A나 G가 차이를 줄여서 오늘 $50,000를 소비하고 나머지 $50,000를 10%에 투자할 수 있다. 그러면 내년에 1.10 × $50,000 = $55,000를 갖게 된다. 모든 가능성은 그림 1A.1의 청색 선으로 나타난다.

이 예에서 A는 소비를 연기하기 위해 금융시장을 이용하였다. 그러나 시장은 소비를 미리 앞당기기는 데도 이용할 수 있다. 손에 $100,000를 지금 갖는 대신 이 두 투자자가 연말에 $110,000를 받기로 되어 있다고 가정하자. 이 경우 A는 기다려서 수입이 생길 때 소비하는 것에 만족할 것이다. G는 그의 미래 소득을 바탕으로 차입하여 오늘 소비하기를 원한다. 10% 이자율에서 G는 $110,000/1.10 = $100,000를 빌려서 소비할 수 있다. 따라서 금융시장은 사람들에게 소득과 소비 시점을 분리할 수 있게 해주는 일종의 타임머신이 된다. 이자율이 10%일 때 A와 G는 모두 현금 $100,000를 지금 갖거나, 연말에 $110,000를 갖는 것에 만족한다. 그들은 현금흐름의 시점에 상관하지 않는다. 그들은 오늘 가장 큰 가치(이 예에서 $100,000)를 가진 현금흐름을 선호할 뿐이다.

Visit us at www.mhhe.com/bma

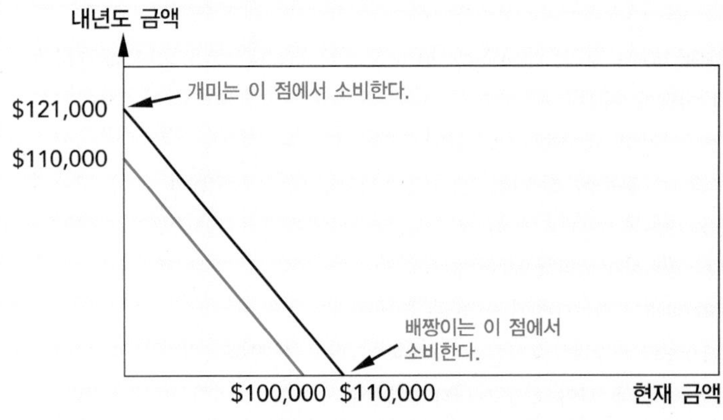

그림 1A.1
청색 선은 개미와 베짱이가 자본시장에 $100,000를 투자할 때 가능한 소비 패턴을 보여준다. 검은 선은 그들이 친구의 회사에 투자할 때 가능한 소비 패턴을 보여준다. 베짱이가 미래 소득을 바탕으로 돈을 빌릴 수만 있다면 회사에 투자하여 둘 모두 더 나아진다.

실물자산에 투자하기 실제로는 개인도 금융시장에 투자하는 것에만 제한되지 않는다. 그들도 공장이나 기계설비, 그리고 다른 부동산을 살 수 있다. 예를 들어 A와 G가 친구가 세운 새 회사에 그들의 $100,000를 투자할 기회를 갖게 되었다고 하자. 이것은 내년에 한 번의 확실한 수입 $121,000을 가져다 줄 것이다. A는 분명히 이 회사에 투자하는 데 만족할 것이다. 이것은 그가 금융시장에 $100,000를 투자하여 얻을 수 있는 $110,000보다 더 많은 $121,000를 연말에 소비할 수 있도록 해준다. 그러나 1년 후보다 지금 현금을 원하는 G는 어떤가? 그도 역시 투자하는 것에 만족할 것이다. 이 투자안의 미래 수익을 근거로 돈을 빌릴 수 있기 때문이다. 10% 이자율일 때, G는 $110,000를 빌릴 수 있어, 추가로 $10,000를 오늘 소비할 수 있다. A와 G 모두 친구 회사에 투자하여 더 좋아진다. 이 투자는 그들의 부를 증가시킨다. 이것은 그들을 그림 1A.1의 청색 선에서 검은 선으로 이동하게 한다.

핵심적인 가정 A와 G가 새 회사에 투자하기로 합의할 수 있는 핵심적인 조건은 둘 다 잘 작동하고 경쟁적인 자본시장에 접근할 수 있다는 것이다. 그들은 이런 자본시장에서 같은 이자율로 빌리거나 빌려줄 수 있다. 주주들이 경쟁적인 자본시장에 동등하게 접근할 수 있다면 시장가치 극대화라는 목표는 타당하다.

잘 작동하는 자본시장이 존재하지 않을 때 이 법칙이 잘 맞지 않게 되는 이유는 쉽게 알 수 있다. 예를 들어 투자자 G가 미래 소득을 담보로 쉽게 빌릴 수 없다고 가정하자. 이 경우 투자자는 새 회사에 투자하는 것보다 오늘 현금을 소비해 버리는 것을 더 선호할 수도 있다. 만약 투자자 A와 G가 같은 회사의 주주라면 A는 기업이 투자하는 것을 바라지만 G는 더 많은 현재 배당을 원할 것이다.

자본시장이 완전하다고 무조건 믿는 사람은 아무도 없다. 이 책의 뒷부분에서 재무 의사결정에서 세금의 차이, 거래비용, 그리고 다른 불완전성 등을 고려해야 하는 몇 가지 경우를 논의할 것이다. 그러나 다른 한편으로 자본시장이 대체로 잘 작동하고 있다는 연구 결과들을 살펴볼 것이다. 이 경우 주주 부의 극대화는 기업의 타당한 목표가 된다. 지금으로서는 시장의 불완전성 문제를 대충 살펴본 것으로 충분하며, 난파선에 탄 경제학자들처럼 그저 구명조끼가 있다고 가정하고 안전하게 해안으로 헤엄쳐 나가기로 한다.

문제

1. 그림 1A.1에 그려진 수치 예제를 다시 보라. 이자율이 20%라고 가정하라. 개미(A)와 베짱이(G)가 모두 $100,000로 시작한다면 어떻게 하겠는가? 그들은 친구 회사에 투자하겠는가? 그들은 돈을 빌리겠는가, 빌려주겠는가? 그들은 언제 얼마를 소비하겠는가?
2. 그림 1A.1과 같은 그림을 그려 이 질문에 답하라. Casper Milktoast는 기간 0(현재)과 기간 1(내년)의 소비에 쓸 수 있는 $200,000를 가지고 있다. Casper는 각 기간에 정확히 같은 금액의 돈을 소비하고 싶어 한다. 이자율은 8%이며, 위험은 없다.
   a. Casper는 얼마를 투자해야 하며, 각 기간에 얼마를 소비할 수 있는가?
   b. Casper가 $200,000까지 10%의 무위험 수익률로 투자할 기회를 얻었다고 하자. 이자율은 8%에 머물러 있다. Casper는 어떻게 해야 하는가? 각 기간에 얼마를 소비할 수 있는가?

Visit us at www.mhhe.com/bma

현재가치의 계산

기업의 주주는 가치 극대화와 정직한 최대 주가를 원한다. 이 목표를 달성하기 위해 기업은 취득하는 데 드는 비용보다 가치가 더 높은 실물자산에 투자해야 한다. 이 장에서는 자산가치를 어떻게 평가하고 투자를 어떻게 하는가를 이해하는 첫 단계를 배운다.

자산가치를 추정하는 일이 별로 어렵지 않은 사례가 있다. 예를 들어, 감정평가사를 고용하여 부동산의 가치를 추정하는 경우이다. 창고를 하나 소유하고 있다고 가정해 보라. 감정평가사가 제시하는 부동산 가치의 추정치는 건물의 실제 거래 가격에서 몇 퍼센트 이상 벗어나지 않는 정확한 값일 가능성이 크다. 부동산 시장에서는 끊임없이 거래가 일어난다. 감정평가사들이 주로 의존하는 것은 유사한 부동산의 최근 시세이다. 그러므로 부동산 가치평가 문제는 부동산이 거래되는 활발한 시장이 있으면 아주 단순해진다.[1] 정형화된 공식적인 가치평가 이론은 필요하지 않다. 시장에서 일어나는 일을 그냥 받아들이면 된다.

그러나 그보다는 더 깊이 들어갈 필요가 있다. 첫째, 활발한 시장에서 자산가치가 어떻게 정해지는지를 아는 것은 매우 중요하다. 감정평가사의 말을 그대로 믿는다고 하더라도 창고가 왜 $2백만의 가치가 있으며, 그 이상도 이하도 아닌지를 이해해야 한다. 둘째, 기업의 자산 대부분은 거래가 자주 일어나지 않는 자산이다. 월스트리트저널의 광고란을 찾아보라. 용광로를 판다는 광고를 찾아보기는 아마 어려울 것이다.

이 장은 먼저 간단한 수치 예로 출발한다. 내년에 이익을 남기고 팔 수 있기를 기대하면서 사무실 건물을 짓는 투자안에 투자할 것인가? 순 현재가치가 양(+)이면 분명히 그렇게 해야 한다. 즉 새 건물의 오늘 가치가 투자에 필요한 금액을 초과한다면 이 투자는 해야 한다. 양(+)의 순 현재가치(순현가)는 투자수익률이 기회자본비용, 즉 금융시장에서 투자하여 얻을 수 있는 것보다 크다는 것을 의미한다.

다음으로, 현재가치 계산의 몇 가지 간편셈 공식을 살펴본다. 일정한 현금흐름을 영구적으로 발생시키는 투자(**영구연금: perpetuity**)와 한정된 기간 일정한 현금흐름을 발생시키는 투자(**연금: annuity**)를 어떻게 평가하는지 설명한다. 또한 계속 성장하는 현금흐름이 발생하는 투자에 대해서도 살펴본다. 이 공식들을 개인의 재무 의사결정에 적용하는 예를 보인다.

이자율이라는 용어는 아주 단순하게 들리지만 실제로는 다양한 방법으로 정의될 수 있다. 고시된 이자율과 실제, 즉 실효 이자율의 차이를 설명하면서 이 장을 마친다.

이 내용을 공부하고 나면 현재가치의 계산 방법을 배우는 과정에서 투입한 정신적 노력에 대해 어느 정도 보상을 받을 수 있을 것이다. 이 새로운 도구들을 다음 두 장에서 채권과 주식 평가에 적용해 본다. 그 다음에는 기업의 투자결정에 관해 실무 수준으로 자세하게 다룬다.

단순화를 위해 이 장의 문제들은 모두 달러로 표시되어 있다. 그러나 그 개념과 계산 방법은 유로나 엔, 또는 다른 통화에서도 모두 같다.

1) 말할 필요도 없이, 이 세상에는 감정사들이 평가하기 거의 불가능한 재산도 있다. 예를 들어 타지마할, 파르테논 신전이나 윈저 성과 같은 재산의 잠재적인 거래 가격을 아는 사람은 아무도 없다.

2.1 미래가치와 현재가치

미래가치 계산

돈은 투자해서 이자를 벌 수 있다. 여러분이 오늘의 $100와 연말의 $100 가운데 선택해야 한다면 당연히 오늘의 $100를 선택하여 이자를 받으려고 할 것이다. 재무관리자가 돈은 시간가치(*time value*)를 갖는다고 말할 때, 또는 "오늘 $1는 내일 $1보다 더 가치가 있다."와 같이 가장 기본적인 재무원칙을 인용할 때는 모두 똑같은 이야기를 하는 것이다.

여러분이 지금 은행에 $100를 예금하고 있고, 은행은 현재 예금에 대해 연 7% 이자를 지급하고 있다고 가정하자. 그러면 첫해에 $0.07 \times \$100 = \$7$의 이자를 벌게 되므로, 투자 가치는 연말에 $107가 된다.

$$\text{1년 후 투자가치} = \$100 \times (1 + r) = 100 \times 1.07 = \$107$$

투자를 함으로써 당신은 오늘 $100를 소비할 기회를 포기하고 다음 해 $107를 소비할 기회를 얻는다.

이 돈을 두 번째 해에도 은행에 예금해 두면 $0.07 \times \$107 = \$7.49$의 이자를 벌게 되므로, 투자 가치는 $114.49로 커진다.

$$\text{2년 후 투자가치} = \$107 \times 1.07 = \$100 \times 1.07^2 = \$114.49$$

오늘		2년 후
$100	$\times 1.07^2$ →	$114.49

두 번째 해에는 초기 투자액($100)과 전년도의 이자($7) 모두에 대해 이자를 번다는 것에 주목하라. 그러므로 부(富)는 복리(*compound rate*)로 증가하며 이렇게 번 이자를 **복리이자(compound interest)**라고 한다.

당신이 $100를 t년 동안 투자한다면 그 투자는 7% 복리로 계속 성장하여 $\$100 \times (1.07)^t$가 될 것이다. 이자율이 r이면 $100 투자의 미래가치(future value)는 다음과 같다.

$$\$100\text{의 미래가치} = \$100 \times (1 + r)^t$$

이자율이 높을수록 저축은 더 빨리 증가한다. 그림 2.1은 이자율이 단지 몇 %만 높아지더라도 미래의 부에는 놀라운 일이 일어난다는 것을 보여준다. 예를 들어 10%로 투자된 $100는 20년 후에 $\$100 \times (1.10)^{20} = \$672.75$로 증가한다. 그러나 만약 5%로 투자된다면 단지 $\$100 \times (1.05)^{20} = \$265.33$에 불과할 것이다.

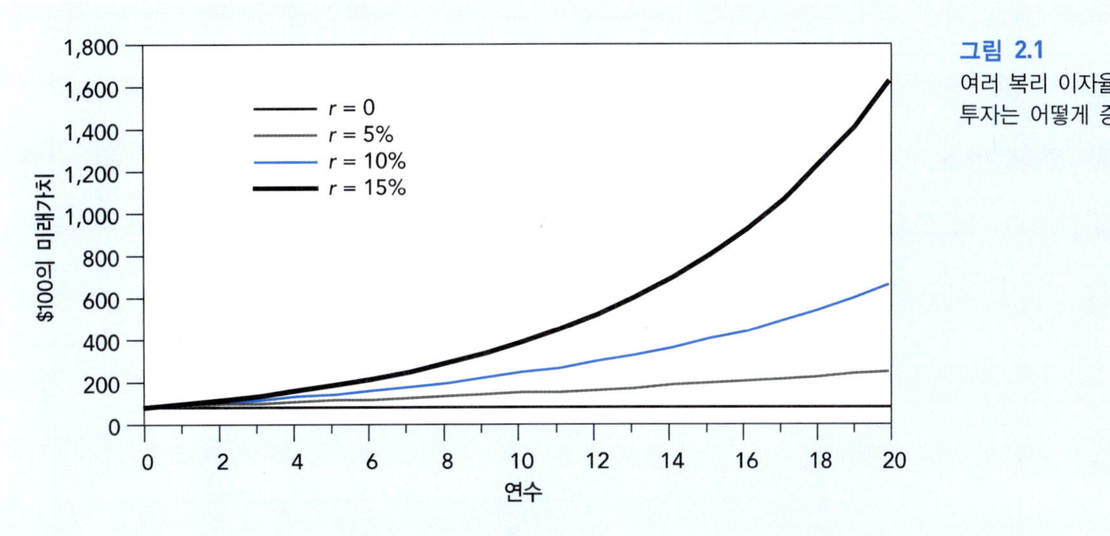

그림 2.1
여러 복리 이자율에서 $100 투자는 어떻게 증가하는가.

현재가치 계산

$100를 2년 동안 7%로 투자하면 $\$100 \times 1.07^2 = \$114.49$의 미래가치가 된다는 것을 보았다. 이것을 달리 생각하여 2년 후에 $114.49를 만들려면 **지금** 얼마를 투자해야 하는가? 다른 말로 하면 이 $114.49의 **현재가치(present value, PV)**는 얼마인가?

우리는 이미 $100가 답이라는 것을 안다. 그러나 답을 모르거나 잊었다면 미래가치 계산을 역으로 하여 미래 지급금(payoff)을 $(1.07)^2$으로 나누면 된다.

$$\text{현재가치} = \text{PV} = \frac{\$114.49}{(1.07)^2} = \$100$$

오늘		2년 후
	←	
$100	$\div 1.07^2$	$114.49

일반적으로, t기 후에 C_t 달러의 미래 현금흐름을 받는다고 하자. 이 미래 지급금의 현재가치는 다음과 같다.

$$\text{현재가치} = \text{PV} = \frac{C_t}{(1+r)^t}$$

때로는 이 현재가치 공식을 다르게 표한 것을 볼 수 있다. 미래 수입금을 $(1+r)^t$으로 나누는 대신 수입금에 $1/(1+r)^t$을 곱하여 같은 값을 구할 수 있다. 이 $1/(1+r)^t$을 **할인계수(discount factor)**라 한다. 이것은 t년 말에 받게 되는 $1의 현재가치를 나타낸다. 예를 들어 이자율이 7%일 때, 2년 할인계수는 다음과 같다.

$$\text{DF}_2 = 1/(1.07)^2 = 0.8734$$

그림 2.2
미래 현금흐름 $100의 현재가치. 돈을 오래 기다려 받을수록 현재가치는 작아진다.

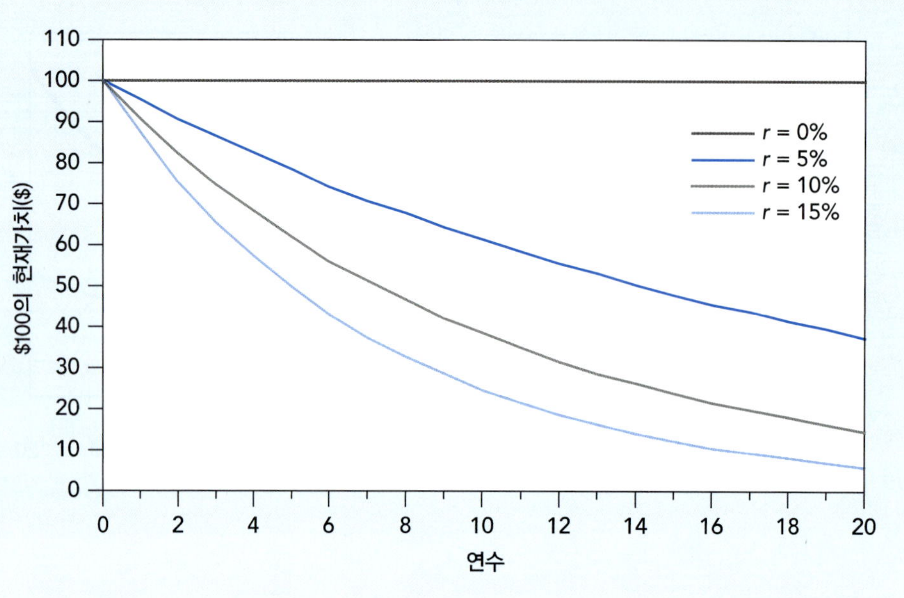

투자자는 2년 후 받게 되는 $1에 대해 오늘 기꺼이 $0.8734를 지급할 것이다. 2년 후 받게 되는 $1가 지금 $0.8734의 가치가 있다면 2년 후 $114.49의 현재가치는 다음과 같다.

$$\text{현재가치} = \mathrm{DF}_2 \times C_2 = 0.8734 \times 114.49 = \$100$$

돈을 받을 때까지 오래 기다릴수록 이 돈의 현재가치는 낮아진다. 이는 그림 2.2에 나타나 있다. 이자율의 매우 작은 변동이 먼 장래의 현금흐름 가치에 매우 큰 영향을 준다는 것에 주목하라. 이자율이 5%일 때 20년 후 $100의 현재가치는 $37.69이다. 이자율이 10%로 증가한다면, 미래 현금흐름의 현재가치는 약 60%가 줄어든 $14.86로 감소한다.

투자기회의 현재가치 계산

어떤 투자기회가 채택할 만한가를 어떻게 결정하는가? 당신이 사무실 건물을 신축할 것을 고려하는 작은 회사를 소유하고 있다고 가정하자. 땅을 사고 건물을 짓는 총 비용은 $370,000이다. 그러나 부동산 전문가는 지금부터 1년 후에는 사무실 공간이 부족할 것이며, 건물을 $420,000에 팔 수 있을 것으로 예상한다. 단순화를 위해 이 $420,000가 확실하다고 가정한다.

이 현금흐름의 현재가치(PV)가 투자액 $370,000보다 크면 이 프로젝트에 투자해야 한다. 미국 국채의 이자율이 연간 r = 5%라고 하자. 그러면 사무실 건물의 현재가치는 다음과 같다.

$$\mathrm{PV} = \frac{420{,}000}{1.05} = \$400{,}000$$

이 수익률 r을 **할인율(discount rate)**, **기준율(hurdle rate)**, 또는 **기회자본비용(opportunity cost of capital)**이라고 한다. 이를 기회비용이라고 하는 이유는 투자자들이 금융시장에서 증권에 투자하는 대신 이 프로젝트에 투자함으로써 포기해야 하는 수익률이기 때문이다. 앞의 예에서는 미국 국채에 투자하여 확실히 5%를 얻을 수 있기 때문에 기회비용은 5%이다. 현재가치는 미래 현금흐름을 이 기회비용으로 할인하여(*discounting*) 구한다.

어떤 이유로, 땅을 사서 건물을 짓기 시작하자마자 이 프로젝트를 팔기로 한다고 가정하자. 얼마에 팔 수 있을까? 이것은 아주 쉬운 질문이다. 이 투자는 1년 후에 확실히 $420,000의 가치를 갖게 될 것이기 때문에 지금 $400,000의 현재가치를 가져야 한다. 이는 미래에 같은 지급금을 얻기 위해 투자자가 지금 지급해야 하는 비용과 같다. 당신이 $400,000 이상으로 팔려고 한다면 아무도 사려고 하지 않을 것이다. 왜냐하면, 이 자산은 국채에서 얻을 수 있는 5%보다 낮은 기대수익률을 제공하기 때문이다. 물론, 언제라도 이 자산을 더 낮은 가격에 팔 수도 있다. 그렇지만 시장가격보다 낮은 가격에 팔 이유는 없다. 현재가치 $400,000는 사는 사람이나 파는 사람 모두 만족할 수 있는 유일한 가격이다. 그러므로 이 자산의 현재가치는 바로 시장가격이기도 하다.

순 현재가치

지금 사무실 건물은 $400,000의 가치가 있다. 그렇다고 해서 바로 $400,000만큼 더 부자가 되는 것은 아니다. 이미 $370,000를 투자했기 때문에 **순 현재가치(net present value, NPV)**는 $30,000이다. 순 현재가치(순현가)는 총 현재가치에서 투자에 소요되는 금액을 뺀 값이다.

$$\text{NPV} = \text{PV} - \text{개발 투자금액} = 400{,}000 - 370{,}000 = \$30{,}000$$

다시 말하면, 사무실 건물 개발은 그 소요 비용보다 더 가치가 있다. 이 투자는 가치에 순 기여를 하며, 따라서 투자자의 부를 증가시킨다. NPV를 계산하는 공식은 다음과 같다.

$$\text{NPV} = C_0 + C_1/(1 + r)$$

여기서 0 시점(즉, 오늘)의 현금흐름 C_0는 통상 음수라는 사실을 기억하자. 다시 말해 C_0는 투자금액이며, 따라서 현금유출이다. 이 예에서는 $C_0 = -\$370{,}000$이다.

현금흐름이 여러 시점에서 발생할 때는 시간과 각 현금흐름의 가치를 보여주는 시간선(time line)을 그려보는 것이 도움이 된다. 그림 2.3은 사무실 개발투자의 시간선을 보여준다. 이 그림은 할인율이 5%라고 가정하고 현재가치를 계산한 것이다.

위험과 현재가치

앞의 예에서는 사무실 개발 투자안에 관해 다소 비현실적인 가정을 했다. 부동산 전문가는 사무실 건물의 수익성에 관해 확신할 수는 없다. 미래 현금흐름은 최상의 예상치일 뿐 확실한 것은 아니다.

만약 현금흐름이 불확실하다면 앞의 NPV 계산은 잘못된 것이다. 투자자들은 $400,000어치의 미국 국채를 사들여 1년 후에는 $420,000를 확보할 수 있다. 그러므로 아무도 같은 금액으로는 미래가치가 불확실한 건물을 사려고 하지 않을 것이다. 투자자들의 관심을 끌려면 팔려는 제시

그림 2.3
사무실 개발의 NPV를 보여주는 계산.

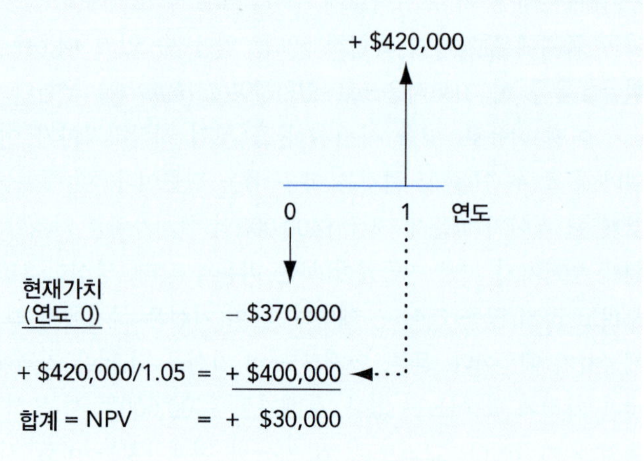

가격을 낮추어야 할 것이다.

여기서 재무이론의 두 번째 기본 원칙을 이끌어낸다. 안전한 $1는 위험한 $1보다 더 가치 있다. 투자자 대부분은 수익률을 희생하지 않고도 위험을 피할 수 있다면 그렇게 하려고 한다. 그렇다고 해도 현재가치나 기회자본비용의 개념은 위험한 투자의 경우에도 여전히 타당한 개념이다. 투자의 수익금을 동등한 투자기회가 제공하는 수익률로 할인하는 것은 여전히 적절하다. 그러나 이 경우에는 동등한 투자기회의 기대 수익금과 기대 수익률을 고려해야 한다.[2)]

모든 투자의 위험한 정도가 다 같은 것은 아니다. 사무실 건물을 개발하는 것은 국채를 사는 것보다는 위험하지만 새로 바이오 벤처사업을 시작하는 것보다는 위험이 낮다. 프로젝트가 주식시장에서 투자하는 것과 같은 정도로 위험하며, 주식 투자의 기대수익률이 12%라고 가정하자. 이 경우에는 12%가 기회자본비용이 된다. 이것은 투자자가 사무실 건물에 투자함으로써 동등한 위험을 갖는 증권에 투자하지 못하기 때문에 포기하는 수익률이다.

이제 $r = 12\%$로 NPV를 다시 계산해 보자.

$$\text{PV} = \frac{420{,}000}{1.12} = \$375{,}000$$

$$\text{NPV} = \text{PV} - 370{,}000 = \$5{,}000$$

사무실 건물은 아직도 가치를 증가시키는 데 도움이 된다. 그러나 부의 증가는 사무실 건물의 미래가치가 무위험이라고 가정한 첫 번째 계산에서보다는 적다.

따라서 사무실 건물의 가치는 현금흐름의 시점과 위험에 따라 결정된다. 수입금 $420,000는 즉시 실현할 수 있다면 그만한 가치를 가진다. 그러나 건물 투자안이 국채처럼 위험이 없으면 지급을 1년 후로 미룰 때 그 가치는 $20,000 감소하여 $400,000가 된다. 만약 건물 투자안이 주식투자와 같은 정도의 위험을 가진다면 이 위험 때문에 건물의 현재가치는 $25,000 더 감소하여

2) '기대'라는 말은 제9장에서 자세히 정의한다. 지금은 기대 수입금을 낙관적이지도 비관적이지도 않은 현실적인 예측 정도로 생각하자. 이것은 기대 수입금의 예측치가 평균적으로 정확하다는 의미이다.

$375,000가 된다.

불행히도 자산가치를 시간과 위험에 대해 조정하는 일은 위의 예보다 훨씬 복잡하다. 그래서 이 두 가지 영향을 분리해서 다루기로 한다. 대체로 제2~6장까지는 현금흐름이 확실하게 알려진 것으로 취급하거나, 위험을 어떻게 정의하고 측정하는지는 생각하지 않고 단순히 기대수익률과 기대 현금흐름을 사용하여 위험 문제를 피해간다. 금융시장이 위험을 어떻게 해결해 나가느냐를 이해하는 문제는 제7장에서 다룬다.

현재가치와 수익률

사무실 건물 건설은 투자에 드는 비용보다 더 큰 가치를 가지기 때문에 현명한 일이다. 이 투자안이 얼마나 가치가 있는지 알아내기 위해, 동일한 수입금을 달성하려면 얼마를 증권에 직접 투자해야 하는지도 알아보았다. 이것이 투자안의 미래 수입금을 동일 위험 증권의 수익률, 즉 위의 예에서 전체 증권시장이 제공하는 수익률로 할인하는 이유이다.

이 결과를 다르게 할 수도 있다. 이 부동산 투자는 수익률이 기회자본비용보다 높아서 채택할 만한 가치가 있다. 사무실 건물 투자의 수익률은 단순히 초기 지출에 대한 수익금(profit)의 비율이다.

$$\text{수익률} = \frac{\text{수익금}}{\text{투자금액}} = \frac{420{,}000 - 370{,}000}{370{,}000} = 0.135, \text{ 즉 } 13.5\%$$

자본비용은 증권에 투자하지 못하게 되어 상실하는 수익률이다. 사무실 건물 투자안이 주식 투자와 같은 정도의 위험을 갖는다면 이 투자 탓에 기회를 상실한 수익률은 12%이다. 사무실 건물의 수익률 13.5%는 기회비용 12%보다 높아서 이 투자안은 실행해야 한다.

따라서 자본투자를 위한 다음 두 의사결정 기준은 같은 것이다.[3)]

- 순 현재가치 기준(*net present value rule*). 양(+)의 순 현재가치를 가진 투자안을 채택한다.
- 수익률 기준(*rate of return rule*). 기회자본비용보다 높은 수익률을 제공하는 투자안을 채택한다.[4)]

여러 기간 현금흐름의 현재가치 계산

현재가치의 한 가지 장점은 현재가치가 모두 현재의 금액으로 표시되기 때문에 이를 모두 합산할 수 있다는 것이다. 즉 현금흐름 (A + B)의 현재가치는 현금흐름 A의 현재가치와 현금흐름 B의 현재가치를 합한 것과 같다.

여러 해에 걸친 일련의 현금흐름을 평가한다고 하자. 현재가치를 더하는 규칙은 총 현재가치

---

3) 이 두 기준이 정말 같은 것인지 스스로 확인할 수 있다. 다시 말해, 만약 $50,000/$370,000의 수익률이 r보다 크다면 순 현재가치 − $370,000 + [$420,000/(1 + r)]은 빈드시 0보다 거야 한다.

4) 두 기간 이상에 걸쳐 현금흐름이 발생할 때 두 기준은 서로 충돌할 수 있다. 이 문제는 제5장에서 논의한다.

를 다음과 같이 나타낼 수 있다는 것이다.

$$\mathrm{PV} = \frac{C_1}{(1+r)} + \frac{C_2}{(1+r)^2} + \frac{C_3}{(1+r)^3} + \cdots + \frac{C_T}{(1+r)^T}$$

이를 **할인 현금흐름(discounted cash flow, DCF)** 공식이라고 한다. 이 공식을 간단하게 나타내면 다음과 같다.

$$\mathrm{PV} = \sum_{t=1}^{T} \frac{C_t}{(1+r)^t}$$

여기서 Σ는 합계를 나타내는 기호이다. 순 현재가치(NPV)를 구하려면 최초의 현금흐름(보통은 음수)을 더한다.

$$\mathrm{NPV} = C_0 + \mathrm{PV} = C_0 + \sum_{t=1}^{T} \frac{C_t}{(1+r)^t}$$

예제 2.1 ● 여러 기간 현금흐름의 현재가치

부동산 전문가가 예상을 수정하였다. 그는 건물을 2년 동안 매년 \$20,000에 세를 놓을 것을 제안하면서, 2년 후에는 건물을 \$400,000에 팔 수 있을 것으로 예상한다. 따라서 이제 두 미래 현금흐름, 즉 첫해 말에 C_1 = \$20,000와 2년째 말에 C_2= (20,000 + 400,000) = \$420,000의 현금흐름이 있다.

당신 재산의 현재가치는 C_1의 현재가치에 C_2의 현재가치를 더한 것이다. 그림 2.4는 첫해 현금흐름의 가치가 $C_1/(1+r)$=20,000/1.12=\$17,900이고, 둘째 해 현금흐름의 가치는 $C_2/(1+r)^2$ = 420,000/1.12^2 = \$334,800라는 것을 보여준다. 따라서 현재가치를 더하는 규칙은 투자안의 총 현재가치가 다음과 같다는 것을 말해준다.

그림 2.4
수정된 사무실 투자안의
NPV를 보여주는 계산.

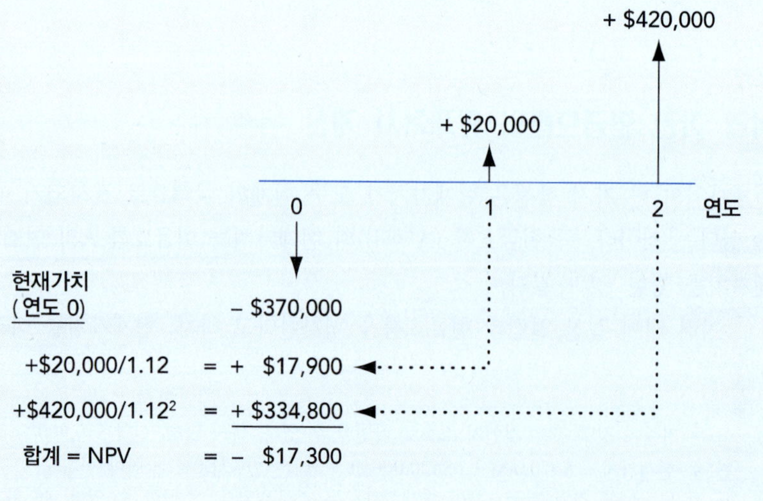

$$PV = \frac{C_1}{1+r} + \frac{C_2}{(1+r)^2} = \frac{20,000}{1.12} + \frac{420,000}{1.12^2} = 17,900 + 334,800 = \$352,700$$

안타깝게도 사무실 건물은 이제 비용보다 가치가 낮다. NPV는 음(−)이다.

$$NPV = \$352,700 - \$370,000 = -\$17,300$$

투자자는 아마도 첫해 말에 매각하는 원래 계획으로 되돌아가야 할 것이다.

예제 2.1에서 2-기간 계산은 계산기로 몇 번의 키 조작만 하면 된다. 실제 문제는 훨씬 복잡할 수 있다. 따라서 재무관리자는 보통 현재가치 계산에 특화된 재무용 계산기나 컴퓨터 스프레드시트 프로그램에 의존한다. 이 장 말미에 있는 글상자는 할인 문제를 푸는 데 사용할 수 있는 몇 가지 유용한 엑셀 함수를 소개한다. 추가로 이 책의 웹사이트(**www.mhhe.com/bma**)는 재무용 계산기나 엑셀 스프레드시트를 사용하여 시작해 볼 수 있는 부록을 담고 있다. 거기에는 여러 가지 할인 문제에 사용할 수 있는 표도 포함되어 있다.

기회자본비용

당신은 사무실 건물에 투자하면서 주식시장에서 12% 기대수익률을 벌 기회를 포기하였다. 따라서 기회자본비용은 12%이다. 기대 현금흐름을 기회자본비용으로 할인하는 것은 금융시장에서 투자자들이 비슷한 미래 현금흐름을 제공하는 증권에 얼마를 기꺼이 지급하려는가를 묻는 것과 같다. 앞의 계산은 투자자가 연도 1에 $20,000와 연도 2에 $420,000의 현금흐름을 제공하는 투자에 대해서는 단지 $352,700만 지불해야 한다는 것을 보여준다. 따라서 사무실 건물에 그 금액 이상을 내지 않을 것이다.

자본비용을 논의하는 데 한 가지 혼동이 생길 수 있다. 한 은행가가 접근하여 이렇게 말한다. "귀사는 부채를 거의 사용하지 않는 안전하고 좋은 사업체입니다. 우리 은행은 당신에게 사무실 건물에 필요한 $370,000를 8%에 빌려주려고 합니다." 이는 자본비용이 8%라는 의미인가? 그렇다면 이 투자안은 투자할 가치가 있을 것이다. 자본비용이 8%이면 PV는 $20,000/1.08 + 420,000/1.08^2 = \$378,600$이고 $NPV = \$378,600 - \$370,000 = +\$8,600$이다.

그러나 이것은 옳지 않은 생각이다. 첫째, 대출 이자율은 투자안의 위험과는 아무 관련이 없다. 그것은 단지 회사 기존 사업의 건전성을 반영한 것일 뿐이다. 둘째, 대출을 받든 안 받든 상관없이 회사는 여전히 사무실 건물 투자와 주식시장에서 동일한 위험을 갖는 주식 투자 중에서 선택해야 한다. 주식시장 투자는 더 낮은 비용으로 사무실 건물과 동일한 기대 수입금을 제공할 수도 있다. 회사나 그 주주들이 8% 이자율로 대출받아 더 높은 수익률로 투자할 수 있다면, 8%로 $370,000를 대출받아 사무실 건물에 투자하는 재무관리자는 현명한 것이 아니라 멍청한 것이다. 이것이 주식으로부터의 기대수익률 12%가 이 투자안의 기회자본비용이 되어야 하는 이유이다.

2.2 현재가치 계산의 간편셈 — 영구연금과 연금

영구연금의 가치를 계산하는 방법

때로는 현재가치 계산을 쉽게 하는 간단한 방법이 있다. 몇 가지 예를 살펴보자.

가끔, 영국과 프랑스 사람들은 서로 의견 충돌이 심하여, 어떤 때는 전쟁까지 한 적도 있다. 양국 간의 몇 차례 전쟁이 끝나고 나서 영국 정부는 전비 조달을 위해 발행했던 여러 종류의 부채를 통합하여(consolidate) 이른바 콘솔(Consol)이라는 새로운 채권을 발행하였다. 콘솔은 **영구연금(perpetuity)**이다. 이 채권은 원금상환 의무는 없지만, 영구적으로 매년 고정된 수입을 제공한다. 영국 정부는 아직도 오래전에 발행했던 콘솔에 이자를 지급하고 있다. 영구연금의 연간 수익률은 약정된 연간 지급금을 현재가치로 나눈 것과 같다.

$$\text{수익률} = \frac{\text{현금흐름}}{\text{현재가치}}$$

$$r = \frac{C}{\text{PV}}$$

이 공식을 변형하여 할인율 r, 현금흐름 C가 주어질 때 영구연금의 현재가치를 구할 수 있다.[5)]

$$\text{PV} = \frac{C}{r}$$

지금은 2030년이다. 당신은 그동안 사업에서 엄청난 성공을 거두어 억만장자가 되었다. 오래전에 대학에서 재무관리 과목을 공부했던 것이 참으로 다행이다. 당신도 우리의 영웅 빌 게이츠와 워런 버핏의 발자취를 따르기로 했다. 세계 곳곳에서 말라리아는 아직도 커다란 골칫거리이다. 당신은 질병 퇴치를 위한 연구를 지원하는 재단을 설립하여 말라리아와 다른 전염병을 박멸하는 데 힘을 보태려고 한다. 목표는 다음 해부터 시작하여 매년 \$10억씩을 영구히 제공하는 것이다. 만약 이자율이 10%이면 당신은 지금 \$100억을 마련해야 한다.

$$\text{영구연금의 현재가치} = \frac{C}{r} = \frac{\$10\text{억}}{0.1} = \$100\text{억}$$

---

5) 이는 현재가치 공식을 통해 확인할 수 있다.

$$\text{PV} = \frac{C}{1+r} + \frac{C}{(1+r)^2} + \frac{C}{(1+r)^3} + \cdots$$

$C/(1+r) = a$, $1/(1+r) = x$라고 하면 (1) $\text{PV} = a(1 + x + x^2 + \cdots)$
양변에 x를 곱하면 다음을 얻는다. (2) $\text{PV}x = a(x + x^2 + \cdots)$
(1)에서 (2)를 빼면 $\text{PV}(1-x) = a$, 따라서 a와 x를 대입하면

$$\text{PV}\left(1 - \frac{1}{1+r}\right) = \frac{C}{1+r}$$

양변에 $(1+r)$을 곱하고 다시 정리하면 다음과 같다.

$$\text{PV} = \frac{C}{r}$$

영구연금 공식에 관해서는 두 가지 주의할 점이 있다. 첫째, 얼른 보면 단일 지급금의 현재가치와 혼동할 수 있다. 연말의 지급금 $1는 $1/(1 + r)$의 현재가치를 가진다. 영구연금의 가치는 $1/r$이다. 이 둘은 전혀 다른 것이다.

둘째, 영구연금 공식은 1년 후부터 시작되는 지급금의 가치를 계산하는 것이다. 그러므로 재단은 $100억의 기금으로부터 1년 후에 첫 번째 지급금을 받을 수 있다. 만약 지금부터 바로 돈을 지급하려면 기금에 $10억을 더 출연해야 한다.

때때로 몇 년 후에 지급을 시작하는 영구연금의 가치를 계산해야 한다. 예를 들어 당신이 연간 $10억을 기부하는데, 지금부터 4년 후에 첫 번째 지급을 한다고 하자. 연도 3에 이 기부금은 일 년 후 지급을 시작하는 보통 영구연금이 된다. 따라서 영구연금 공식은 3년 후 기부금이 $\$10/r = 10/0.1 = \$100$억임을 알려준다. 그러나 이것도 그 정도로 가치가 있지 않다. 오늘의 가치를 구하려면 3년 할인계수 $1/(1+r)^3 = 1/(1.1)^3 = 0.751$을 곱해야 한다. 따라서 이 '지연된' 영구연금은 $\$100$억 $\times\ 0.751 = \$75.1$억의 가치가 있다. 전체 계산은 다음과 같다.

$$\text{PV} = \$10억 \times \frac{1}{r} \times \frac{1}{(1+r)^3} = \$10억 \times \frac{1}{0.10} \times \frac{1}{(1.10)^3} = \$75.1억$$

연금의 가치를 계산하는 방법

연금(annuity)이란 정해진 기간 동안 매년 고정된 금액을 지급하는 자산을 말한다. 매번 같은 금액을 상환하는 주택대출금, 할부신용계약(installment credit agreement) 등이 연금의 가장 흔한 예이다. 다음 장에서 보는 채권의 지급이자도 연금이다.

그림 2.5는 연금의 가치평가 과정을 단순화한 것이다. 세 투자안의 지급금과 가치를 보여준다.

행 1 첫 번째 행은 1년도부터 시작하여 매년 현금흐름 $1을 영원히 제공하는 투자안을 나타낸다. 이 영구연금의 현재가치는 $1/r$이라는 것을 이미 알고 있다.

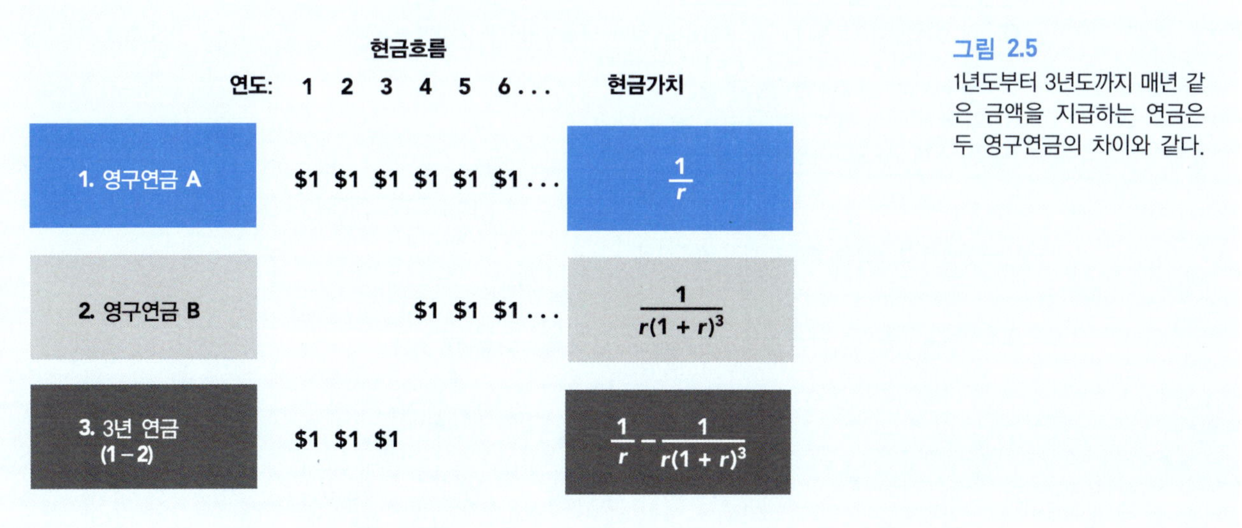

그림 2.5 1년도부터 3년도까지 매년 같은 금액을 지급하는 연금은 두 영구연금의 차이와 같다.

행 2 이제 두 번째 행의 투자안을 보자. 이 투자안도 매년 현금흐름 \$1을 영원히 제공하지만 4년도부터 시작한다. 이 투자안은 위에서 보았던 지연된 영구연금과 같다. 이 투자안은 4년도 초, 즉 3년도 말 기준으로 첫해 말에 지급이 시작되는 보통 영구연금이 된다. 따라서 3년도 말에 $1/r$의 가치를 가지게 될 것이므로 그 현재가치는 다음과 같다.

$$\text{PV} = \frac{1}{r(1+r)^3}$$

행 3 행 1과 2의 두 영구연금 모두 4년도 이후부터는 같은 현금흐름을 제공한다. 두 투자안의 유일한 차이는 첫 번째 영구연금은 1년도부터 3년도까지도 매년 같은 금액의 현금흐름을 제공한다는 점이다. 다시 말해, 두 영구연금의 차이는 3년간의 연금이다. 행 3은 이 연금의 현재가치가 행 1의 영구연금의 가치에서 행 2의 지연된 영구연금의 가치를 뺀 것과 같다는 것을 보여준다.[6)]

$$3\text{년 연금의 PV} = \frac{1}{r} - \frac{1}{r(1+r)^3}$$

제1차년도부터 t년도까지 매년 \$1씩 지급하는 연금의 현재가치를 계산하는 일반 공식은 다음과 같다.

$$\text{연금의 현재가치} = \frac{1}{r} - \frac{1}{r(1+r)^t}$$

이 식은 일반적으로 t년 연금계수(annuity factor)라고 한다.[7)] 공식을 외우는 일은 다른 사람의 생일을 기억하는 일만큼이나 어렵다. 그렇지만 연금이 지금 바로 시작하는 영구연금과 지연된 영구연금 간의 차이와 같다는 것을 기억하기만 하면 별 어려움이 없을 것이다.

---

6) 첫 번째 원칙으로부터 이를 계산할 수 있다. 유한등비수열 (1) $\text{PV} = a(1 + x + x^2 + \dots + x^{t-1})$의 합을 계산해야 한다. 여기서 $a = C/(1 + r)$, $x = 1/(1 + r)$이다.
양변에 x를 곱하면 (2) $\text{PV}x = a(x + x^2 + \dots + x^t)$가 된다.
(1)에서 (2)를 빼면 $\text{PV}(1 - x) = a(1 - x^t)$이다.
이 식에 a와 x를 대입하면,

$$\text{PV}\left(1 - \frac{1}{1+r}\right) = C\left[\frac{1}{1+r} - \frac{1}{(1+r)^{t+1}}\right]$$

양변에 $(1 + r)$을 곱하고 다시 정리하면,

$$\text{PV} = C\left[\frac{1}{r} - \frac{1}{r(1+r)^t}\right]$$

7) 사람에 따라서는 다음 공식이 직관적으로 더 이해하기 쉽다고 한다.

$$\text{연금의 현재가치} = \frac{1}{r}\left[1 - \frac{1}{(1+r)^t}\right]$$

$\frac{1}{r}$ ↑ 영구연금 공식; 1 ↑ 내년에 시작하는 \$1; $\frac{1}{(1+r)^t}$ ↑ $t+1$ 시점에 시작하는 \$1을 차감

예제 2.2 ● 할부계약의 비용 계산

대부분의 할부계약은 매 기간 일정 금액을 내야 한다. 티뷰론자동차(Tiburon Autos)가 도요타(Toyota) 신형 차에 대해 '부담 없는 할부'를 제안하고 있다. 계약금 없이 앞으로 5년간 매 연말에 $5,000을 지급해야 한다면 새 차를 사는 데는 실제로 얼마의 비용이 드는가?

먼저, 초보적인 방법으로 계산해 보자. 이자율이 7%라고 하면 이들 지급금의 현재가치는 $20,501이다. 그림 2.6의 시간선은 각 현금흐름의 가치와 총 현재가치를 보여준다. 그러나 연금 공식이 일반적으로 훨씬 빠르다.

$$PV = 5{,}000\left[\frac{1}{0.07} - \frac{1}{0.07(1.07)^5}\right] = 5{,}000 \times 4.100 = \$20{,}501$$

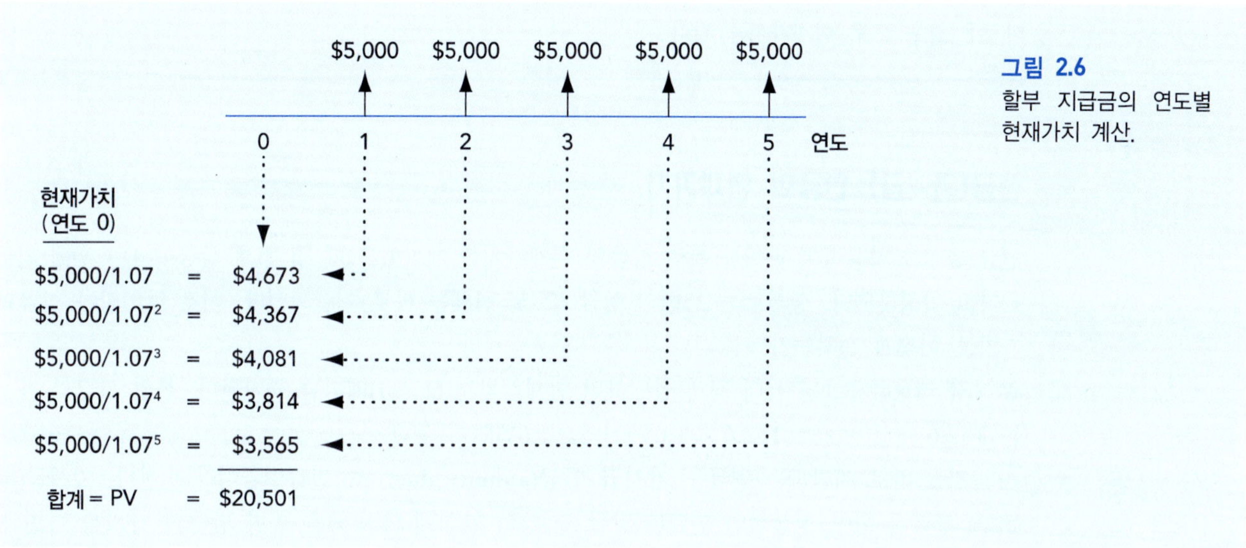

그림 2.6
할부 지급금의 연도별 현재가치 계산.

예제 2.3 ● 복권 당첨

오하이오 출신의 기계공 13명이 돈을 모아서 파워볼(Powerball)이라는 복권을 샀는데 운 좋게 당첨되어 $2억 9,570만의 기록적인 상금을 타게 되었다. (사실 이 그룹은 본래 14명이었는데 14번째 구성원은 마지막 순간에 이탈하여 자기가 선택한 번호를 샀다.) 아마도 이들은 엄청난 축하와 덕담과 함께 여러 자선단체로부터 많은 기부 요청을 받았을 것이다. 이에 대해 당첨자들은 상금이 진짜로 $2억 9,570만 가치가 있는 것은 아니라고 말할 수 있다. 이 상금은 앞으로 25년간에 걸쳐 매년 $1,182만 8천씩 나누어 지급된다. 첫 번째 상금이 1년 후에 지급된다고 가정하면 이 상금의 가치는 얼마인가? 당시 이자율은 5.9%였다.

이 상금은 25년짜리 연금과 같다. 이 연금을 평가하려면 단순히 $1,182만 8천에 25년 연금계수를 곱하면 된다.

$$\text{PV} = 1{,}182.8 \times 25\text{년 연금계수}$$
$$= 1{,}182.8 \times \left[\frac{1}{r} - \frac{1}{r(1+r)^{25}}\right]$$

이자율이 5.9%이면 연금계수는 다음과 같다.

$$\left[\frac{1}{0.059} - \frac{1}{0.059(1.059)^{25}}\right] = 12.9057$$

현금 지급금의 현재가치는 $11,828 × 12.9057 = $152.6백만으로 온 세상을 떠들썩하게 했던 데 비하면 훨씬 적지만 그래도 여전히 괜찮은 금액이다.

복권 운영기관은 일반적으로 당첨자들에게 동등한 일시금을 받아가라고 권유한다. 이 예에서는 당첨자들이 $2억 9,570만의 상금을 25년에 나누어 받거나, $1억 5,260만을 일시금으로 받을 수도 있다. 두 경우 모두 현재가치는 같다.

선급(기시급) 연금의 현재가치

연금 공식을 사용하여 파워볼 복권 상금의 현재가치를 계산했을 때 첫 번째 상금이 1년 후에 지급된다고 가정하였다. 실제로는 25번의 상금 중 첫 번째는 바로 지급되었다. 이로 말미암아 상금의 가치는 어떻게 변하는가?

각 지급금을 1년씩 더 적게 할인하면 현재가치는 $(1 + r)$배만큼 증가한다. 복권 상금의 가치는 $152.6 \times (1 + r) = 152.6 \times 1.059 =$ $161.6백만이 된다.

지금 바로 시작하는 연금을 **기시급 연금(annuity due)**, 즉 선급연금이라고 한다. 기시급(期始給) 연금은 항상 정상적인 연금(기말급 연금)의 가치에 $(1 + r)$을 곱한 만큼의 가치를 가진다.

연간 지급금의 계산

연금계산 문제는 처음 접하면 매우 혼란스러울 수 있다. 그러나 조금만 연습하면 이 문제는 아주 단순해진다. 예제 2.4에서는 현재가치가 주어질 때 매 기간의 지급금을 구하려면 연금 공식을 사용해야 한다.

예제 2.4 ● 주택저당대출의 상환금

가령, 은행에서 $250,000의 주택저당대출(mortgage)을 받았다고 하자. 은행은 이 대출을 앞으로 30년 동안 매년 같은 금액으로 나누어 상환하라고 요구한다. 따라서 상환계획은 연 상환금의 총 현재가치가 $250,000와 같아지도록 설정하여야 한다.

$$PV = \text{연간 대출상환금} \times 30\text{년 연금계수} = \$250,000$$
$$\text{연간 대출상환금} = \$250,000/30\text{년 연금계수}$$

이자율이 12%라고 가정하면,

$$30\text{년 연금계수} = \left[\frac{1}{0.12} - \frac{1}{0.12(1.12)^{30}}\right] = 8.055$$

$$\text{연간 대출상환금} = 250,000/8.055 = \$31,037$$

주택저당대출은 **상각대출**(*amortizing loan*)의 한 예이다. 여기서 '상각한다'는 말은 정기적인 상환금 일부는 대출금의 이자를 갚는 데 쓰이고, 나머지는 원금을 갚는 데 충당한다는 뜻이다.

표 2.1은 다른 상각대출을 예시하고 있다. 이 예는 4년 동안 매년 일정 금액을 상환하는 이자율 10%의 $1,000 대출이다. 대출금을 상환하기 위한 연 지급금은 $315.47이다. 다시 말하면 $1,000를 4년 연금계수로 나누면 $315.47가 된다. 첫해 말의 이자비용은 $1,000의 10%, 즉 $100이다. 첫 번째 지급금 중 $100는 이자로 지급되고, 나머지 $215.47로 대출 원금을 상환, 즉 '상각(amortize)'하여 대출금 잔액은 $784.53가 된다.

다음 해에는 대출금 잔액이 적어져서 이자비용은 $78.45로 낮아진다. 그러므로 $315.47 −78.45 = $237.02를 대출금 상각에 충당할 수 있다. 대출금이 누진적으로 상환되기 때문에 시간이 지남에 따라 지급금 중 이자로 지급되는 부분은 점차 작아지고, 대출 원금을 상환하는 데 쓰이는 부분은 커진다. 이렇게 되면 4년도 말에는 대출금 잔액은 0이 된다.

연도	연초 잔액	잔액에 대한 연말 이자	연말 총 지급금	대출 상각액	연말 잔액
1	$1,000.00	$100.00	$315.47	$215.47	$784.53
2	784.53	78.45	315.47	237.02	547.51
3	547.51	54.75	315.47	260.72	286.79
4	286.79	28.68	315.47	286.79	0

표 2.1 상각대출의 예. 만약 10%의 이자율로 $1,000를 빌리면 대출금 상환을 위해서는 앞으로 4년 동안 연간 대출상환금 $315.47를 내야 한다.

연금의 미래가치

때로는 일정한 지급금 흐름의 미래 가치를 계산해야 할 때가 있다.

예제 2.5 ● 저축으로 호화 요트 사기

당신은 조만간 호화 요트를 하나 사려는 꿈을 갖고 있다. 예를 들어 40피트짜리 베네토(Beneteau)면 아주 안성맞춤이겠다. 그렇지만 이를 위해서는 상당한 금액을 저축해야 한다. 당신은 일단 일을 시작하면 연소득에서 $20,000씩은 저축할 수 있고, 이 저축에서 8%의 이자를 벌 수 있을 것으로 예상한다. 앞으로 5년 후에는 얼마의 돈을 쓸 수 있을까?

이와 같은 저축계획은 일정 수준의 현금흐름, 즉 연금에 해당한다. 앞에서 연금의 현재가치를 계산하는 쉬운 공식이 있음을 알았다. 그렇다면 틀림없이 연금의 미래가치를 계산하는 유사한 공식도 있을 것이다.

먼저 저축의 현재가치가 얼마인지 생각해 보자. 앞으로 5년간 매년 $20,000씩 저축하려고 한다. 따라서 이 5년 연금의 현재가치는 다음과 같이 구해진다.

$$\begin{aligned} \text{PV} &= \$20{,}000 \times 5\text{년 연금계수} \\ &= \$20{,}000 \times \left[\frac{1}{0.08} - \frac{1}{0.08(1.08)^5}\right] = \$79{,}854 \end{aligned}$$

이제, 이 $79,854를 투자하면 5년 후에는 얼마가 될까 생각해 보자. 간단하다. 단순히 $(1.08)^5$을 곱해 주기만 하면 된다.

$$5\text{년도 말의 가치} = \$79{,}854 \times 1.08^5 = \$117{,}332$$

이 $117,000라면 꽤 괜찮은 요트를 살 수 있을 것 같다.

예제 2.5에서는 먼저 연금의 현재가치를 계산하고, 이 현재가치에 $(1 + r)^t$을 곱하여 연금의 미래가치를 계산하였다. 앞으로 t년 동안 매년 $1씩 지급하는 연금의 미래가치를 계산하는 일반 공식은 다음과 같다.

$$\begin{aligned} \text{연금의 미래가치} &= \text{매년 \$1 연금의 현재가치} \times (1 + r)^t \\ &= \left[\frac{1}{r} - \frac{1}{r(1 + r)^t}\right] \times (1 + r)^t = \frac{(1 + r)^t - 1}{r} \end{aligned}$$

2.3 또 다른 간편셈 — 증액 영구연금과 증액 연금

증액 영구연금

앞 절에서는 일정한 금액의 연속되는 현금흐름의 가치를 어떻게 평가하는가를 배웠다. 그러나 때로는 매 기간 일정한 비율로 증가하는 현금흐름의 가치를 평가해야 하는 경우를 만난다. 말라리아와 다른 전염성 질병 퇴치를 위해 $100억을 기부하기로 한 계획을 다시 생각해 보자. 불행하게도 기부자는 직원의 연봉이나 다른 비용의 증가에 대해서는 미처 생각하지 못했다. 연봉과 기타 비용은 1년도부터 시작하여 평균 4% 비율로 증가할 것으로 보인다. 따라서 기부자는 매년 $10억을 영구히 제공하는 것이 아니라 1년도에는 \$10억, 2년도에는 1.04 × \$10억 등의 현금을 제공해야 한다. 비용의 증가율을 g라고 하면 이러한 일련의 현금흐름, 즉 증액 영구연금(growing perpetuity)의 현재가치는 다음과 같이 나타낼 수 있다.

$$\begin{aligned}\text{PV} &= \frac{C_1}{1+r} + \frac{C_2}{(1+r)^2} + \frac{C_3}{(1+r)^3} + \cdots \\ &= \frac{C_1}{1+r} + \frac{C_1(1+g)}{(1+r)^2} + \frac{C_1(1+g)^2}{(1+r)^3} + \cdots\end{aligned}$$

다행히도 이러한 등비수열의 합을 계산하는 간단한 공식이 있다.[8] 만약 r이 g보다 크면 복잡해 보이는 이 계산식을 다음과 같이 단순화시킬 수 있다.

$$\text{증액 영구연금의 현재가치} = \frac{C_1}{r-g}$$

그러므로 만약 기부자가 연봉의 증가율에 보조를 맞춰서 영구적으로 기부금을 제공하고자 한다고 한다면 현시점에 적립해야 할 금액은 다음과 같다.

$$\text{PV} = \frac{C_1}{r-g} = \frac{\$10\text{억}}{0.10 - 0.04} = \$166.67\text{억}$$

이 증액 영구연금 공식은 제4장에서 다시 만날 것이다. 제4장에서 성숙하고 서서히 성장하는 기업의 주식을 평가하는 데 이 식을 사용한다.

증액 연금

당신은 지금 이 지역의 한 골프클럽에 회원으로 가입하려고 한다. 내년의 연회비는 \$5,000이지만 \$12,750로 3년간의 회비를 한꺼번에 낼 수 있다. 어느 쪽이 유리한가? 그 답은 앞으로 3년 동안 회비가 얼마나 빨리 오를 것인가에 달렸다. 예를 들어 연회비는 연말에 내며, 매년 6%씩 증가할 것으로 예상한다고 하자. 할인율은 10%이다.

이것은 매년 $g = 0.06$의 성장률로 증가하는 3년간의 현금흐름의 현재가치를 계산하는 문제이다. 물론 각 연도의 현금흐름을 계산하고 이를 10%의 할인율로 할인하면 된다. 그보다 나은 대안은 앞 절에서 일반적인 연금 공식을 도출할 때 사용했던 기법을 사용하는 것이다. 이는 그림 2.7에 예시되어 있다. 첫 번째 행은 1년도에는 \$1, 2년도에는 \$1 × $(1 + g)$, 3년도에는 \$1 × $(1 + g)^2$ 등의 현금흐름을 제공하는 영구연금을 보여준다. 이 증액 영구연금은 다음의 현재가치를 가진다.

---

8) 이 경우에는 무한등비수열의 합을 계산해야 한다. $a = C_1/(1+r)$, $x = (1+g)/(1+r)$라고 하면 증액 영구연금의 현재가치는 $\text{PV} = a(1 + x + x^2 + \cdots)$이다. 각주 5에서 이러한 수열의 합은 $a/(1-x)$임을 이미 알고 있다. 이 공식에 a, x를 대입하면,

$$\text{PV} = \frac{C_1}{r-g}$$

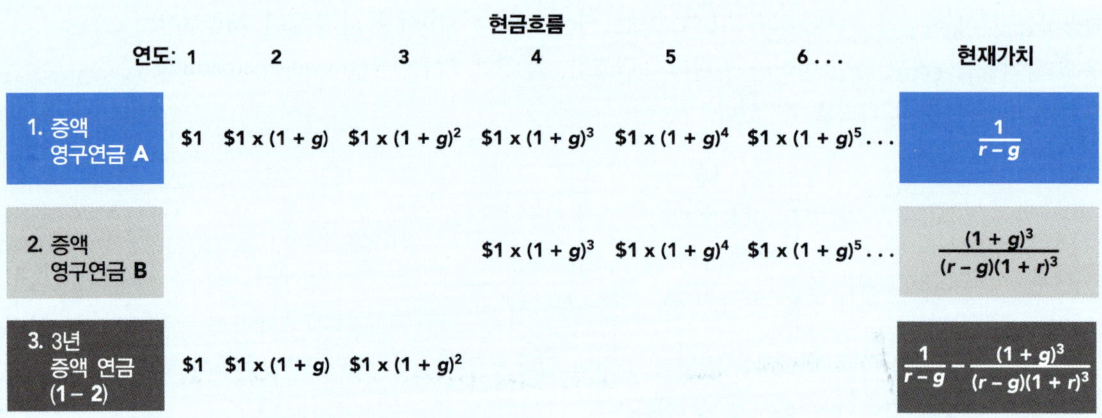

현금흐름

연도:	1	2	3	4	5	6...	현재가치
1. 증액 영구연금 A	\$1	$\$1 \times (1+g)$	$\$1 \times (1+g)^2$	$\$1 \times (1+g)^3$	$\$1 \times (1+g)^4$	$\$1 \times (1+g)^5 \ldots$	$\frac{1}{r-g}$
2. 증액 영구연금 B				$\$1 \times (1+g)^3$	$\$1 \times (1+g)^4$	$\$1 \times (1+g)^5 \ldots$	$\frac{(1+g)^3}{(r-g)(1+r)^3}$
3. 3년 증액 연금 (1 – 2)	\$1	$\$1 \times (1+g)$	$\$1 \times (1+g)^2$				$\frac{1}{r-g} - \frac{(1+g)^3}{(r-g)(1+r)^3}$

그림 2.7
성장률 g로 증가하는 3년간 현금흐름은 두 증액 영구연금의 차이와 같다.

$$PV = \frac{\$1}{(r-g)}$$

두 번째 줄은 4년도에 $\$1 \times (1+g)^3$으로 시작하는 증액 영구연금을 보여준다. 이 증액 영구연금의 현재가치는 3년도에 $\$1 \times (1+g)^3/(r-g)$의 현재가치를 가지게 되며, 따라서 오늘의 현재가치는 다음과 같이 주어진다.

$$PV = \frac{\$1}{(r-g)} \times \frac{(1+g)^3}{(1+r)^3}$$

세 번째 줄은 두 증액 영구연금의 차이이며, 이는 곧 1년도에 \$1에서 시작하여 매년 g의 비율로 증가하는 3년간의 현금흐름, 즉 증액 연금(growing annuity)을 나타낸다. 이 현금흐름의 현재가치는 두 증액 영구연금 현재가치의 차이이다.

$$PV = \frac{\$1}{(r-g)} - \frac{\$1}{(r-g)} \times \frac{(1+g)^3}{(1+r)^3}$$

앞의 골프클럽 회원 가입의 예에서 연회비의 현재가치는 다음과 같다.

$$\begin{aligned} PV &= [1/(0.10-0.06) - (1.06)^3/(0.10-0.06)(1.10)^3] \times \$5{,}000 \\ &= 2.629 \times \$5{,}000 = \$13{,}146 \end{aligned}$$

현금 \$12,750를 구할 수만 있다면 지금 3년 치 연회비를 내는 편이 더 유리하다.

공식이 너무 많으면 소화하기 어렵다. 이 정도에서 멈추고 나머지는 독자에게 남겨둔다. 지금까지 설명한 공식들은 표 2.2에 나와 있다.

33. 연간 복리 계산하는 할인율이 5.5%이다. 매년 $50,000을 지급하는 12년짜리 연금의 현
계산하려고 한다. 다음 각 경우의 PV를 계산하라.
  a. 연금 지급액은 1년 간격으로 지급된다. 첫 번째 연금은 지금부터 1년 후에 지급된
  b. 첫 번째 연금이 지금부터 6개월 후에 지급된다. 이어지는 연금 지급액은 1년 간격
  급된다(즉 18개월째, 30개월째 등).

34. 친애하는 재무 상담자님,

저와 제 아내는 현재 62세로 3년 후에는 은퇴하려고 생각하고 있습니다. 은퇴 후 우리는 연금기금으로부터 매월 세후 $7,500를 받고, 또 사회보장제도에서 세후 $1,500을 받을 예 다. 불행하게도 우리의 매달 생활비는 $15,000나 됩니다. 우리의 사회적 책무 때문에 더 절약은 어렵습니다.

우리 부부에게는 등급이 높은 면세 지방채 뮤추얼펀드에 투자해 놓은 $1백만이 있습니다. 의 수익률은 3.5%입니다. 우리 부부는 이 펀드에서 매년 얼마씩 찾아 연금기금과 사회보장 부터 받는 소득과 매달 생활비와의 차액을 충당하려고 합니다. 돈이 다 고갈되기까지 몇 년 돈을 찾을 수 있을까요?

Marblehead, MA
Luxury Challenged

찾은 돈은(1년 단위) 보통예금에 넣어 둔다고(즉 이자는 없다) 가정하라. 이 부부는 월 단위로 족액을 충당하여야 한다.

35. 당신 회사의 지질학자가 뉴욕 웨스트체스터 카운티에서 작은 유전을 발견하였다. 이 유전은 첫해 C_1 = $200만의 현금흐름을 제공할 것으로 예상한다. 이 유전과 비슷한 정도의 위험한 주식에 투 할 때 r = 12%의 기대수익률을 벌 수 있을 것으로 예상한다. 따라서 기회자본비용은 12%이 현재가치는 얼마인가? 물론 그 답은 첫해 이후에 발생하는 현금흐름의 크기에 달렸다. 다음 경 에 현재가치를 계산하라.
  a. 현금흐름이 커지거나 작아지지 않고 영원히 계속될 것으로 예상한다.
  b. 현금흐름이 커지거나 작아지지 않고 20년 동안만 계속될 것으로 예상한다.
  c. 현금흐름이 물가상승 때문에 연간 3%씩 증가하면서 영원히 계속될 것으로 예상한다.
  d. 현금흐름이 물가상승 때문에 연간 3%씩 증가하면서 20년 동안만 계속될 것으로 예상한다.

도전문제

36. 두 가지 유용한 경험법칙이 있다. '72의 법칙(rule of 72)'이란 불연속 복리에서 어떤 투자의 가치 가 두 배로 증가하려면 대략 72/이자율(%)의 시간이 필요하다는 것이다. '69의 법칙'은 연속 복리 에서는 투자 가치가 두 배로 증가하는 데 정확히 69.3/이자율(%)의 시간이 걸린다는 것이다.
  a. 1년 단위 복리 이자율이 12%일 때 '72의 법칙'을 사용하여 투자금액이 두 배가 되는 데 걸리 는 시간을 계산하라. 그리고 정확한 계산도 해 보라.
  b. '69의 법칙'을 증명할 수 있는가?

37. 엑셀 스프레드시트를 사용하여 자신의 연금계수표(annuity table)를 작성하라.

38. 내년도에 $2백만의 현금수익을 창출할 송유관을 소유하고 있다. 송유관의 운영비용은 무시할 만하 고 송유관은 아주 장기간 사용될 것으로 예상한다. 하지만 선적된 원유량이 감소하고 있어 현금흐 름은 연간 4%의 감소가 예상된다. 할인율은 10%이다.
  a. 송유관에서 발생하는 현금흐름이 영구적으로 지속한다고 가정할 때 현금흐름의 현재가치는 얼

c. 1년 할인계수와 2년 할인계수가 이와 같이 주어졌을 때 2년 연금계수를 계산하라.
d. 3년간 매년 $10의 PV가 $24.65라면 3년 연금계수는 얼마인가?
e. 문제 (c)와 (d)에 대한 답에서 3년 할인계수를 계산하라.

14. 총 $800,000의 비용이 들어가는 공장이 있다. 공장은 운영비용 차감 후 10년간 매년 $170,000의 현금유입이 발생할 것으로 보고 있다. 기회자본비용이 14%일 때 공장의 순 현재가치는 얼마인가? 5년도 말에 공장의 가치는 얼마가 되겠는가?

15. 총 비용이 $380,000이고, 아래와 같은 현금흐름을 제공하는 기계가 있다.

연	1	2	3	4	5	6	7	8	9	10
현금흐름($1,000)	50	57	75	80	85	92	92	80	68	50

자본비용이 12%라면 이 기계의 NPV는 얼마인가?

16. Mike Polanski는 현재 30세이며 내년 연봉은 $40,000이 될 것으로 예상한다. Mike는 60세에 퇴직하기까지 연봉이 매년 5%의 일정한 성장률로 꾸준히 증가할 것으로 예상한다.
  a. 할인율이 8%일 때 미래 연봉의 PV는 얼마인가?
  b. 만약 Mike가 매년 연봉의 5%를 저축하여 8%의 이자율로 투자한다고 할 때 60세까지 저축된 금액은 얼마나 되겠는가?
  c. Mike는 이 저축을 앞으로 20년간 같은 액수로 나누어 쓰려고 한다. 매년 쓸 수 있는 금액은 얼마인가?

17. 총 $400,000의 비용이 드는 공장이 있다. 공장은 운영비용 차감 후 1년도에 $100,000, 2년도에 $200,000, 3년도에는 $300,000의 현금유입이 발생할 것으로 예상하고 있다. 기회자본비용은 12%이다. NPV를 계산하라.

Visit us at www.mhhe.com/bma

18. Halcyon Lines는 $8백만의 신규 벌크선의 구매를 고려하고 있다. 예상수입은 연간 $5백만이며 운영비용은 $4백만이다. 선박의 주요 수리비용 $2백만이 5년도와 10년도 이후에 필요할 것으로 예상한다. 15년도 이후 선박은 $150만에 고철로 매각될 것으로 예상한다. 할인율이 8%일 때 선박의 NPV를 계산하라.

19. 아침식사용 시리얼회사의 경연대회에서 우승함에 따라 다음과 같은 상금 중에서 하나를 선택할 수 있게 되었다.
  a. 즉시 지급하는 $100,000
  b. 5년도 말에 $180,000
  c. 매년 $11,400씩의 영구적 지급
  d. 10년 동안 매년 $19,000
  e. 내년도에 $6,500을 지급하고 이후 영구적으로 매년 5%씩 지급액 증가

  이자율이 12%라면 가장 유리한 상금은 어느 것인가?

20. Siegfried Basset 씨는 현재 65세로 앞으로 12년은 더 살 것으로 예상한다. 그는 $20,000의 연금을 투자하여 사망 시까지 매년도 말에 일정한 수입을 얻기 원한다. 이자율이 8%라면 Basset 씨가 매년 받을 것으로 예상하는 수입은 얼마인가?

21. David와 Helen Zhang은 5년 후에 레저용 보트를 사려고 저축하고 있다. 보트를 사는 데는 $20,000가 필요하고, 저축에서 매년 10%의 수익을 얻을 수 있다면 1년도에서 5년도까지 매년 말에 적립해야 할 금액은 얼마인가?

22. Kangaroo Autos는 $10,000의 새 차를 사는 데 무이자 신용대출을 제공하고 있다. 즉 계약금 $1,000과 이후 30개월 동안 매달 $300을 낸다. 근처의 Turtle Motors는 무이자 신용대출은 제공

하지 않지만 차의 가격 $10,000 중에서 $1,000을 할인해 준다고
어떤 회사가 더 나은 조건을 제시하고 있는가?

23. 2.1절에서 이자율이 5%, 10%, 15%일 때 사무실 건물 신축사업의
수직축이 NPV이고 수평축이 할인율인 그래프를 완성하라. 투자안의
(근사치)은 얼마인가? 답을 확인하라.

24. 이자율이 7%일 때 다음 세 투자의 가치는 얼마인가?

a. 매년 말에 $100씩 영구연금으로 지급하는 투자
b. 매년 초에 $100씩 영구연금으로 지급하는 투자
c. 연중 균일하게 매년 $100씩 영구적으로 지급하는 투자

25. 2.2~2.4절을 다시 보라. 이자율이 10%가 아니라 8%라면 자선가가
기 위해 적립해야 할 금액은 얼마인가?

a. 매년도 말에 $10억씩 영구연금으로 지급
b. 최초 연도 말에 $10억을 지급하고 이후 연 4%로 증가하는 영구
c. 20년 동안 매년도 말에 $10억을 지급
d. 20년 동안 연중 균일하게 매년 $10억을 지급

26. 현시점에 연간 복리 이자율 15%로 100을 투자한다면 20년 말에 소유
연속 복리 이자율이 15%라면 얼마인가?

27. 다음과 같은 광고를 보았다고 하자. "앞으로 10년 동안 매년 $100을
로 매년 $100을 드립니다." 이 계약이 공정한 거래라면 이자율은 얼마

28. 다음 투자 중 어느 것을 선호하는가?

a. 연 복리 이자율 12%를 지급하는 투자
b. 반년 복리 이자율 11.7%를 지급하는 투자
c. 연속 복리 이자율 11.5%를 지급하는 투자

1년과 5년, 20년 뒤 각 투자의 가치를 계산하라.

29. 최초 지급액 $100,000과 6개월 단위로 9번의 반년 지급금 $100,000을
다. 연간 할인율이 8%일 때 리스 지급금의 현재가치는 얼마인가?

30. 몇 년 전 *Wall Street Journal*은 매사추세츠 주 복권 당첨자가 파산하여
소식을 전하였다. 당첨금은 $9,420,713로 19년에 걸쳐 분할 지급된다. (원
만 당첨자는 이미 최초 지급액을 받았다.) 파산법정은 당첨금은 최고가 입
며 매각대금은 채권자들에게 상환하는 데 사용되어야 한다고 판결하였다.

a. 이자율이 8%일 때 당첨금 입찰에 얼마를 제시하겠는가?
b. Enhance 재보험회사가 $420만을 제시했다는 보도가 있었다. 엑셀을 사
하는 수익률을 계산하라.

31. 앞으로 8년 동안 매년도 말에 $70,000을 지급해야 하는 주택담보대출이 있

a. 이들 지급금의 현재가치는 얼마인가?
b. 연도별로 대출금 잔액, 이자 지급액, 그리고 대출금 잔액의 감소분을

32. 퇴직까지 35년이 남았다고 예상하면 $2백만의 저축이 적립되어 있을 것이다.
직 후 15년을 더 산다고 할 때 이 저축으로 유지될 연간 비용수준은 얼마
불행히도 물가상승률은 퇴직금의 가치를 잠식할 것이다. 물가상승률을 4%
실질 소비수준을 유지하기 위한 소비 계획을 작성하라.

마인가?

b. 송유관이 20년 후에 철거된다면 송유관에서 발생하는 현금흐름의 현재가치는 얼마인가?

실시간 데이터분석

많은 웹사이트가 개인의 재무 의사결정에 도움이 되는 계산기를 제공한다. www.smartmoney.com과 finance.yahoo.com이 좋은 예이다. (주의: 두 계산기 모두 연 이자율은 월 이자율을 12배 한 것이다.)

1. 상각대출 당신이 10%의 이자율로 30년 만기 $200,000의 주택담보대출을 받았다고 하자.

a. 매월 총 지급액은 얼마인가?
b. 첫 달 지급액 중 얼마가 대출 원금을 감소시키는 데 사용되는가?
c. 2년 후 지급액의 얼마가 대출 원금을 감소시키는 데 사용되는가?

www.smartmoney.com의 개인 재무 페이지에 들어가서 주택담보대출 계산기를 사용하여 답을 확인해 볼 수 있다.

2. 연금 계획 당신이 20년 후 은퇴할 때까지 $200만을 저축해야 한다. 당신은 현재 $200,000을 저축하고 있다. 목표를 달성하기 위해 매년 얼마를 저축해야 하는가? finance.yahoo.com에 있는 저축 계산기를 찾아서 답을 확인해 보라.

3. 2006년에 인디애나 주는 75년 동안 동서 유료 도로를 운영하고 유지할 면허를 판매하였다. 그렇게 하기 전에 면허의 가치를 추정하는 자문보고서를 의뢰하였다. 이 보고서는 www.in.gov/ifa/files/TollRoadFinancialAnalysis.pdf에서 찾아볼 수 있다. 이 책의 웹사이트 www.mhhe.com/bma에서 유료 도로의 예상 현금흐름 스프레드시트를 내려받아 다음 물음에 대답하라. (주의: 현금흐름은 매 10년 단위로 보고되었다. 정보가 더 있는 경우를 제외하고는 현금흐름이 이 10년 동안 균일하게 발생한다고 임의로 가정하였다.)

a. 6% 할인율로 이 면허의 현재가치를 계산하라. (주의: 우리는 매년 정확한 현금흐름 예측치를 갖고 있지 않기 때문에 계산한 값이 자문보고서의 수치와 약간 다를 것이다.)
b. 자문인은 할인율을 인디애나 주 채권의 이자율로 선택하였다. 이것이 올바른 기준이라고 생각하는가? 왜 그런가 아니면 그렇지 않은가?
c. 더 높은 할인율을 사용한다면 면허의 가치는 어떻게 변하는가?

채권평가

새로운 공장이나 기계에 투자하려면 돈이 필요하다. 그것도 아주 많은 돈이 필요할 때가 자주 있다. 기업은 이익을 내부유보하고 축적하여 투자비용을 충당할 수도 있지만, 종종 투자자로부터 추가 자금을 조달해야 한다. 기업이 추가로 보통주를 발행하지 않기로 한다면 현금을 차입하여야 한다. 짧은 기간만 돈이 필요하면 은행에서 빌릴 수도 있다. 그러나 장기 투자에 필요한 돈이라면 기업은 일반적으로 장기 부채인 채권을 발행한다.

기업만이 채권을 발행하는 것은 아니다. 중앙 정부와 지방 정부도 채권을 팔아서 자금을 조달한다. 기업이나 지방정부는 채권을 상환할 현금이 부족할 위험이 항상 있다. 그러나 정부채권(국채)에 투자한 투자자는 정시에 약속된 금액 전부가 지급될 것으로 확신할 수 있다.

이 장은 정부채권이 어떻게 평가되는가와 정부가 차입할 때 지급하는 이자율에 초점을 맞춘다. 이 이자율을 기업의 자본비용과 혼동하지 마라. 기업이 채택하는 투자안은 거의 항상 위험하기 때문에 투자자들은 안전한 국채보다는 이러한 투자안에 대해서 더 높은 수익률을 요구한다. (제7장에서 투자자들이 위험한 자산에 대해 요구하는 추가 수익률을 살펴본다.)

국채 시장은 매우 크다. 2009년 2월 말 현재 투자자는 약 $6.6조의 미국 정부채권을 보유하고 있었으며, 추가로 미국 정부기관이 $4.3조의 채권을 보유하였다. 채권시장은 고도로 세련되어 있다. 채권 거래인은 작은 가격 차이에도 대량으로 채권을 사고판다. 이 책이 전문적인 채권 거래인을 위한 것은 아니지만, 회사 채무를 관리하는 데 관여할 사람이라면 채권평가의 역학 이상을 알아야 한다. 재무관리자는 경제신문의 채권 면을 이해하고 채권 거래인이 고시하는 현물 이자율 또는 만기수익률이 무엇을 의미하는가를 알아야 한다. 그들은 왜 단기 이자율이 일반적으로 장기 이자율보다 낮은가(때때로 더 높다.)와 장기 채권의 가격이 이자율 변동에 더 민감한 이유를 알고 있다. 그들은 실질(물가상승에 조정된) 이자율과 명목(화폐) 이자율을 구별하고, 미래 물가상승이 이자율에 어떤 영향을 미칠 것인가를 예상할 수 있다. 이 장에서 이 모든 주제를 다룬다.

회사는 정부와 같이 낮은 이자율로 차입할 수 없다. 정부채권의 이자율은 모든 이자율의 기준이 된다. 그러나 정부채권의 이자율이 올라가거나 내려가면 회사채 이자율도 거의 비례적으로 변한다. 따라서 재무관리자는 정부채권의 이자율은 어떻게 결정되고 이자율이 변하면 어떻게 되는가를 이해해야 한다.

회사채는 국채보다 더 복잡한 증권이다. 기업은 부채를 상환할 돈이 부족할 수 있기 때문에, 투자자들은 채무불이행 위험에 대해 염려한다. 회사채는 또한 국채보다 유동성이 낮다. 이들은 쉽게 사거나 팔기 어렵다. 특히 많은 양이거나 짧은 기간이라면 더 그렇다. 일부 회사채는 차입자에게 일찍 상환할 수 있는 선택권을 준다. 일부는 회사의 보통주와 교환할 수도 있다. 이러한 복잡성이 모두 비슷한 만기를 가진 국채와 회사채 수익률 간의 '스프레드(spread)'에 영향을 준다.

이 장에서는 회사부채만 소개한다. 좀 더 자세한 내용은 제23장과 24장에서 살펴본다.

3.1 현재가치 공식을 이용한 채권평가

채권을 보유하면 일련의 고정된 현금을 지급받을 권리가 있다. 채권이 만기가 될 때까지 매년 이자를 받고 만기가 되면 마지막 이자와 채권의 **액면가(face value)**를 받게 된다. 채권의 액면가를 **원금(principal)**이라고 한다.

국채를 평가하러 잠깐 파리로 여행하자

카페와 레스토랑, 그리고 세련된 밤 문화 때문이 아니라면 파리로 가는 이유는 무엇인가? 그 이유는 1년에 한 번 이자를 지급하는 가장 단순한 형태의 채권으로부터 시작하려고 하기 때문이다.

프랑스 정부는 OAT(Obligations Assimilables du Trésor의 줄인 말; 프랑스 국채)라는 장기채권을 발행한다. 이 채권은 유로(euro, €)로 이자와 원금을 지급한다. 예를 들어 2008년 12월 만기가 2012년 12월인 액면가 €100의 8.5% OAT를 사기로 했다고 하자. 그러면 만기가 될 때까지 12월마다 0.085 × 100 = €8.50의 이자를 받는다. 이 금액을 채권의 **액면이자(coupon)**라고 한다.[1)] 2012년에 채권이 만기가 되면 정부는 마지막 이자 €8.50와 액면가 €100의 원금을 지급한다. 첫 번째 액면이자는 1년 후인 2009년 12월에 지급한다. 따라서 이 채권에서 얻는 현금 지급금은 다음과 같다.

현금흐름(€)			
2009	**2010**	**2011**	**2012**
€8.50	€8.50	€8.50	€108.50

이 지급금의 현재가치는 얼마인가? 이는 기회자본비용에 달렸다. 이 경우에는 다른 유로 표시 정부부채 증권이 제공하는 수익률과 같다. 2008년 12월, 다른 프랑스 중기 국채는 약 3.0% 수익률을 제공하였다. 이것은 8.5% OAT를 살 때 포기해야 하는 수익률이다. 따라서 8.5% OAT를 평가하기 위해 현금흐름을 3.0%로 할인해야 한다.

$$PV = \frac{8.50}{1.03} + \frac{8.50}{1.03^2} + \frac{8.50}{1.03^3} + \frac{108.50}{1.03^4} = €120.44$$

채권가격은 보통 액면가의 백분율로 나타낸다. 따라서 8.5% OAT의 가격은 120.44%로 고시되었다.

이제 채권을 평가하는 간단한 방법을 알았을 것이다. OAT는 두 개의 투자 패키지와 같다. 첫 번째 투자는 4년간 매해 €8.50의 이자를 지급하는 것이고, 두 번째는 만기에 €100의 액면가를 지급하는 것이다. 따라서 채권의 가치는 2장에서 공부한 연금 공식을 사용하여 이자 지급금을 평가하고, 여기에 마지막 지급금의 현재가치를 더하여 구할 수 있다.

$$\begin{aligned} PV(\text{채권}) &= PV(\text{이자 지급금의 연급}) + PV(\text{마지막 지급금인 원금}) \\ &= (\text{이자} \times \text{ 4년 연금계수}) + (\text{마지막 지급금} \times \text{할인계수}) \\ &= 8.50\left[\frac{1}{0.03} - \frac{1}{0.03(1.03)^4}\right] + \frac{100}{(1.03)^4} = 31.59 + 88.85 = €120.44 \end{aligned}$$

1) 채권은 이표(coupon)가 붙어서 발행되기도 하였다. 이자를 받으려면 이표를 뜯어서 채권 발행자에게 제시해야 하였다. **소지자 채권**(*bearer bond*)의 경우에는 아직도 그렇다. 이 채권은 채무에 대한 권리의 유일한 증거가 채권 그 자체이다. 세계적으로 많은 지역에서 아직 소지자(무기명) 채권이 발행되고 있으며, 익명으로 투자하기를 원하는 투자자에게 인기가 있다. 다른 형태는 **등록 채권**(*registered bond*)이다. 이 채권은 채권 소유자가 장부에 등록되고, 이자는 자동으로 발송된다. OAT는 등록 채권이다.

그러므로 채권은 연금 패키지(이자 지급금)와 한 번의 마지막 지급금(액면가 상환)으로 평가할 수 있다.[2)]

OAT의 현재가치를 계산하는 데 3% 이자율을 사용하였다. 채권 평가를 다른 식으로 생각해 볼 수도 있다. 채권가격이 120.44%라면 이자율은 얼마인가? 투자자가 채권을 매입한다면 얼마의 수익률을 얻는가? 이 물음에 답하려면 다음 식에서 y값을 찾아야 한다.

$$120.44 = \frac{8.50}{1+y} + \frac{8.50}{(1+y)^2} + \frac{8.50}{(1+y)^3} + \frac{108.50}{(1+y)^4}$$

수익률 y를 이 채권의 **만기수익률(yield to maturity)**이라고 한다. 이 채권의 현재가치는 3% 할인율에서 €120.44라는 것을 이미 알기 때문에 만기수익률은 3.0%인 것이 틀림없다. 채권을 120.44%에 사서 만기까지 보유한다면 매년 3.0%의 수익을 얻을 것이다.

만기수익률은 왜 8.5% 액면이자율보다 작은가? 이것은 액면가가 단지 €100인 채권에 €120.44를 지급하기 때문이다. 채권을 만기까지 보유한다면 €20.44를 잃게 된다. 한편, 네 번 연간 €8.50의 현금 지급금을 얻는다. [투자에 대한 즉각적인, **직접수익률**(*current yield*, =액면이자/채권가격)은 8.50/120.44 = 0.071, 즉 7.1%이다]) 만기수익률은 채권 가치가 만기까지 계속 하락하는 것과 이자 지급금에서 얻는 수익률을 혼합한 것이다.

만기수익률을 계산하는 유일한 일반적인 방법은 시행착오법(trial and error)이다. 먼저 이자율을 하나 짐작하여 채권 지급금의 현재가치를 계산한다. 현재가치가 실제 가격보다 크면 짐작한 이자율이 너무 낮은 것이며, 더 높은 이자율로 다시 시도해야 한다. 더 실제적인 해법은 스프레드시트 프로그램이나 수익률을 계산하도록 특별히 프로그램된 계산기를 사용하는 것이다. 이 장 말미에 있는 글상자에서 만기수익률을 계산하는 엑셀 함수와 채권 분석가에게 유용한 다른 몇 가지 엑셀 함수를 열거하였다.

미국으로 다시 가보자: 반년 이자와 채권가격

프랑스 정부처럼 미국 재무성도 정기적으로 새로운 채권을 경매하여 자금을 조달한다. 이런 채권 중 일부는 만기가 20년 또는 30년이나 된다. **노트**(*note*)라고 하는 중기 채권은 만기가 10년이거나, 그보다 짧다. 또한 재무성은 일 년 안에 만기가 되는 단기 채권도 발행한다. 이를 **재정증권**(*Treasury bill*)이라 한다. 재무성 채권과 노트, 재정증권은 **고정소득 증권시장**(*fixed-income market*)에서 거래된다.

미국 중기 국채의 예를 살펴보자. 2007년에 재무성은 2012년에 만기가 되는 4.875% 노트를 발행하였다. 이 노트는 '2012년 4.875s(4.875s of 2012)'라 한다. 미국 장기와 중기 국채는 액면가가 $1,000이다. 투자자가 2012년 4.875s(액면이자율 4.875%인 보통 채권)를 보유하고 있다면 채권이 만기가 될 때 재무성은 $1,000을 상환한다. 또한 정기적으로 이자를 받을 수 있는데 프랑스 채권과 달리 미국 장기 및 중기 국채의 이자는 **반년마다 지급된다**.[3)] 따라서 2012년 4.875s는 6개

2) 또한 €8.50의 3년 연금에 €108.50의 마지막 지급액의 합으로 평가할 수도 있다.

3) 이자 지급 횟수는 나라마다 다르다. 예를 들어 대부분 유로 채권은 이자를 연 단위로 지급하지만, 영국과 캐나다, 일본에서는 채권 이자를 통상 반년마다 지급한다. 한국에서는 국고채는 반년, 회사채는 보통 분기마다 이자를 지급한다.

월마다 액면가의 4.875/2 =2.4375%의 이자를 지급한다.

미국 장기와 중기 국채, 재정증권은 증권거래소에서는 살 수 없다. 이들 채권은 사거나 팔려고 하는 가격을 고시하는 딜러들의 네트워크를 통해 거래된다. 예를 들어 2009년에 만기가 2012년인 4.875s를 사기로 했다고 하자. 투자자는 컴퓨터 화면에서 현재 가격을 확인하고 있는 중개인에게 전화한다. 투자자가 그 가격에 사고 싶다면 중개인은 채권 딜러에게 연락하여 거래를 성사시킨다.

재무성 채권의 매매 가격은 경제신문과 웹사이트에 매일 실린다. 그림 3.1은 월스트리트저널 웹페이지에서 발췌한 재무성 채권 일부의 가격을 보여준다. 2012년 2월에 만기가 되는 4.875% 국채의 항목을 보자. **팔자가격(asked price)** 110:25는 투자자가 딜러에게서 이 채권을 매입할 때 지불해야 하는 가격이다. 이 가격은 소수점이 아니라 1/32 단위로 고시된다. 따라서 채권가격 110:25는 채권이 110 + 25/32, 즉 액면가의 110.78125%에 거래된다는 것을 의미한다. 이 채권의 액면가는 $1,000이므로 채권을 하나 사는 데는 $1,107.8125가 든다.[4)]

사자가격(bid price)은 투자자가 딜러에게 채권을 팔 때 받게 되는 가격이다. 딜러는 사자와 팔자 스프레드(*spread*)를 수입으로 얻는다. 이 2012년 4.875s 채권의 스프레드는 단지 1/32, 즉 채권 가치의 0.03%에 불과하다는 데 주목하라.

그림 3.1의 다음 열은 전일 대비 가격 변화를 나타낸다. 이 4.875% 채권의 가격은 14/32가 상승하였다. 마지막으로 "팔자 수익률(Ask Yld)" 열은 **팔자가격 만기수익률(asked yield to maturity)**을 보여준다. 이자가 반년마다 지급되므로 미국 채권의 수익률은 보통 반년 복리수익률로 고시된다. 따라서 이 4.875% 채권을 팔자가격에 사서 만기까지 보유한다면 1.2006%의 반년 복리수익률을 얻게 된다. 이는 6개월 동안에는 1.2006/2 = 0.6003%의 수익률과 같다.

그림 3.1
2009년 2월 월스트리트저널에서 발췌한 재무성 채권 호가.

자료원 : *The Wall Street Journal* 웹사이트, **www.wsj.com.**

만기	액면이자율	사자가격	팔자가격	변화	팔자 수익률
2011 Feb 15	4.750	104:00	104:01	unch.	0.6651
2011 Feb 15	5.000	108:16	108:18	+5	0.6727
2012 Feb 15	**4.875**	**110:24**	**110:25**	**+14**	**1.2006**
2013 Feb 15	3.875	109:27	109:29	+24	1.3229
2014 Feb 15	4.000	111.19	111:21	+30	1.5664
2015 Feb 15	4.000	111:20	111:23	+34	1.9227
2016 Feb 15	4.500	115:03	115:04	+59	1.9856
2017 Feb 15	4.625	115:20	115:21	+65	2.4555
2018 Feb 15	3.500	107:14	107:15	+64	2.5646
2019 Feb 15	2.750	100:23	100:25	+63	2.6622
2020 Feb 15	8.500	147:19	147:21	+83	3.2976

4) 고시된 채권가격을 고시가격[(*flat*(또는 *clean*) *price*]이라고 한다. 채권 매입자가 실제로 내는 가격은 매매가격[*full*(*dirty*) price] 가격이라고 한다.) 채권 매매가격은 고시가격에 매도자가 직전 이자 지급 이후 기간의 경과로 이미 얻은 이자를 더한 것이다. 이 경과이자(*accrued interest*)를 계산하는 정확한 방법은 채권 종류에 따라 다르다. 수익률을 계산하는 데는 고시가격을 사용해야 한다.

이제 프랑스 국채의 평가에서 했던 현재가치 계산을 다시 해보자. 미국 채권은 액면가가 $1,000이고 이자는 반년마다 지급되며, 고시 수익률은 반년 복리수익률임을 알면 된다.

다음 표에 2012년 4.875s의 현금지급금이 주어져 있다.

현금흐름($)					
2009.8	**2010.2**	**2010.8**	**2011.2**	**2011.8**	**2012.2**
$24.375	$24.375	$24.375	$24.375	$24.375	$1,024.375

투자자가 0.6003%의 반년 수익률을 요구한다면 이 현금흐름의 현재가치는 다음과 같다.

$$PV = \frac{24.375}{1.006003} + \frac{24.375}{1.006003^2} + \frac{24.375}{1.006003^3} + \frac{24.375}{1.006003^4} + \frac{24.375}{1.006003^5} + \frac{1024.375}{1.006003^6} = \$1107.95$$

이 채권은 $1,107.95, 즉 액면가의 110.795%의 가치가 있다.

채권가치 평가를 다른 방법으로 할 수도 있다. 가격이 주어졌을 때 만기수익률은 얼마인가? 스스로 시도해보라. 만기수익률이 $y = 0.006003$임을 알 수 있다. 이것은 만기까지 6번의 반년 기간에 벌 수 있는 반년 수익률이다(놀라운 일은 아니다). 수익률은 $2 \times 0.006003 = 0.012006$, 즉 1.2006%의 연간 수익률로 **보고된다는** 것을 기억하라. R%의 만기수익률이 보고되었다면, 반년마다 받은 현금흐름을 할인하는 반년 할인율로 $y = R/2$%를 사용해야 한다는 것을 기억하라.

3.2 채권가격은 이자율에 따라 어떻게 변하는가?

그림 3.2는 1900년부터 2008년까지 10년 만기 미국 국채[5)]의 만기수익률을 보여준다. 수익률이 얼마나 많이 변동하는가에 주목하라. 예를 들어 연방준비제도이사회의 의장인 폴 볼커(Paul Volcker)가 물가를 억제하기 위해 긴축정책을 채택했을 때인 1979년 이후 이자율은 급격히 상승하였다. 2년 내에 10년 만기 국채의 이자율은 9%에서 15.8%의 연중 최고점으로 상승하였다. 이를 투자자들이 안전한 미국 국채로 피난한 2008년과 비교해 보라. 그해 연말에 장기 국채의 이자율은 겨우 2.2%였다.

채권 이자율이 변하면 채권가격도 변한다. 예컨대 투자자가 2012년 4.875s에 대해 위에서 사용한 0.6003% 수익률 대신 4%의 반년 수익률을 요구한다고 하자. 이 경우 가격은 다음과 같아진다.

$$PV = \frac{24.375}{1.04} + \frac{24.375}{1.04^2} + \frac{24.375}{1.04^3} + \frac{24.375}{1.04^4} + \frac{24.375}{1.04^5} + \frac{1024.375}{1.04^6} = \$918.09$$

이자율이 높아지면 채권가격은 더 낮아진다.

채권가격과 이자율은 **항상** 반대 방향으로 움직인다. 만기수익률은 채권의 이자율 측정치인데

5) 앞으로는 특별히 언급하지 않으면 장기 채권(bond)과 중기 채권(note)을 구별하지 않고 '채권(bond)'이라고 한다. 또한 장기 채권은 마지막 지급일이 다가옴에 따라 만기가 짧아진다. 따라서 20년 후에 거래되는 30년 만기 채권은 새로운 10년 만기 중기 채권(액면이자율이 같다고 가정)과 가격이 같아진다.

그림 3.2
10년 만기 미국 채권의 이자율.

채권가격을 설명하는 할인율로 정의된다. 채권가격이 하락할 때 이자율(즉 만기수익률)은 상승한다. 이자율이 상승하면 채권가격은 하락한다. 한 불운한 TV 전문평론가가 이렇게 읊조린 것이 생각난다. "최근 장기 이자율의 하락은 다음 한두 주에 걸쳐 장기 채권의 가격이 상승할 것을 의미한다." 당연히 채권가격은 이미 올라버렸다. 여러분은 이 전문가의 실수를 반복하지 않을 것으로 믿는다.

그림 3.3의 청색 선은 여러 서로 다른 이자율에 대해 앞의 4.875% 채권의 가치를 보여준다. 만기수익률이 떨어지면 채권가격은 상승하는 것을 알 수 있다. 연간 수익률이 채권의 액면이자율(4.875%)과 같으면 채권은 정확히 액면가에 거래된다. 수익률이 4.875%보다 높아지면 채권은 액면가보다 할인되어 거래된다. 수익률이 4.875%보다 낮아지면 채권은 할증되어 거래된다.

그림 3.3
이자율의 함수로서의 채권가격. 장기 채권의 가격은 단기 채권보다 이자율 변동에 더 민감하다.

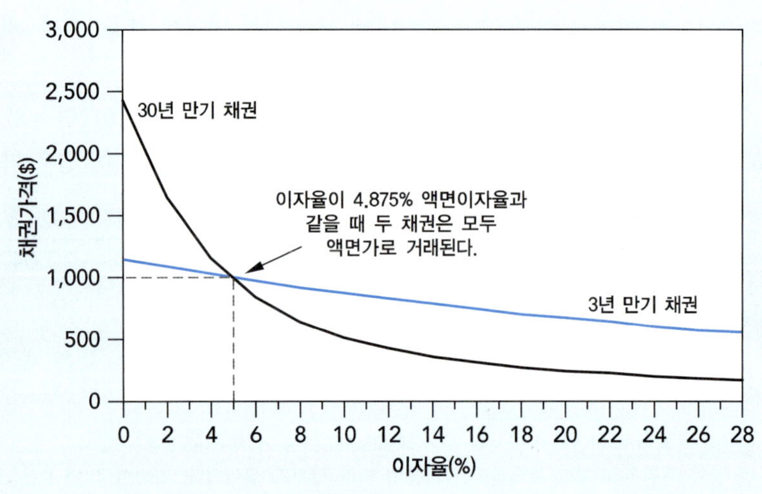

채권 투자자는 시장 이자율이 떨어져서 채권가격이 상승하기를 바란다. 운이 나빠 이자율이 상승하면 채권 가치는 하락한다.

이자율의 변화는 금방 다가오는 현금흐름의 가치에는 조금밖에 영향을 미치지 못하지만 먼 미래 현금흐름의 가치에는 훨씬 더 큰 영향을 갖는다. 따라서 장기 채권의 가격은 단기 채권보다 이자율 변화에 더 크게 영향을 받는다. 그림 3.3의 두 곡선을 비교해 보라. 청색 선은 3년 만기 4.875% 중기 채권의 가격이 이자율에 따라 어떻게 변하는가를 보여준다. 검은 선은 30년 만기 4.875% 채권의 가격 변화를 보여준다. 만기 30년의 채권은 3년 만기 채권보다 이자율 변동에 훨씬 더 민감하다.

듀레이션과 변동성

이자율 변동은 단기 채권보다 장기 채권의 가격에 더 큰 영향을 준다. 그러나 '장기'와 '단기'는 무엇을 말하는가? 만기가 30년인 이표채(coupon bond)는 1년도부터 30년도까지 매년 이자를 지급한다. 따라서 이런 채권을 30년 만기 채권이라고 말하는 것은 다소 오해의 소지가 있다. 각 현금흐름까지의 평균 시간은 30년보다 짧다.

예제 3.1 ● 어느 것이 더 장기 채권인가?

스트립(strip)은 만기에 원금을 상환하지만, 도중에 이자 지급은 없는 특별한 형태의 재무성 채권이다. 스트립은 **무이표채**(*zero-coupon bond*)라고도 한다. (다음 절에서 스트립에 대해 더 자세히 다룬다.)

2015년 2월에 만기가 되는 스트립과 같은 날 만기가 되는 두 이표채를 생각해 보자. 표 3.1은 만기수익률이 연 2%라고 가정하고 이 세 국채의 가격 계산을 보여준다. 각 채권 현금흐름의 시간 패턴을 살펴보고 가격이 계산되는 방법을 검토하라.

세 국채 중 어느 것이 가장 장기 투자인가? 이들은 물론 만기가 2015년 2월로 같다. 그러나 채권 현금 지급금의 **시점**은 다르다. 두 이표채는 스트립보다 더 빨리 현금을 지급한다. 따라서 스트립은 실효 만기가 가장 길다. 또한 4% 채권은 상대적으로 더 많은 현금흐름을 액면가가 지급되는 만기에 지급하기 때문에 4% 채권의 **평균** 만기는 11¼% 채권보다 더 길다. 11¼이 가장 짧은 평균 만기를 갖는다. 왜냐하면, 이 채권 현금 지급액의 더 많은 부분이 마지막 액면가를 지급하기 전에 이자로 지급되기 때문이다.

	가격(%)	현금 지급액(%)			
채권	**2009.2**	**2009.8**	**2010.2 . . .**	**. . . 2014.8**	**2015.2**
2015년 만기 스트립	88.74	0	0 . . .	. . . 0	100.00
2015년 만기 4% 채권	111.26	2.00	2.00 . . .	. . . 2.00	102.00
2015년 만기 11¼% 채권	152.05	5.625	5.625 . . .	. . . 5.625	105.625

표 3.1 2009년 2월에 세 국채의 현금흐름과 가격을 비교. 만기수익률은 2%로 가정.
주: 세 채권의 만기는 모두 2015년 2월이다.

투자자와 재무관리자는 **듀레이션(duration)**으로 채권의 평균 만기를 계산한다. 듀레이션은 이자율 변동에 대한 채권가격의 노출(exposure) 정도를 측정하기 때문에 이들은 듀레이션을 추적한다. 듀레이션은 창안자의 이름을 따서 맥컬리 듀레이션(*Macaulay duration*)이라고도 한다.

듀레이션은 채권의 각 지급금을 받기까지 시간의 가중평균이다. 이때 시간은 미래 연도 1, 2, 3, 등등을 마지막 만기일까지 확장한 것이다. 각 연도의 가중치는 그 시점에서 받은 현금흐름의 현재가치를 채권의 총 현재가치로 나눈 것이다.

$$\text{듀레이션} = \frac{1 \times \text{PV}(C_1)}{\text{PV}} + \frac{2 \times \text{PV}(C_2)}{\text{PV}} + \frac{3 \times \text{PV}(C_3)}{\text{PV}} + \cdots + \frac{T \times \text{PV}(C_T)}{\text{PV}}$$

표 3.2는 2012년에 만기가 되는 프랑스 OAT의 듀레이션 계산을 보여준다. 첫째, 세 번의 연간 이자 지급금 €8.50와 마지막 이자와 액면가 지급금 €108.50의 가치를 계산한다. 물론 이들 지급금의 현재가치를 더하면 채권가격 €120.44가 된다. 그 다음 각 현금흐름의 현재가치를 가격으로 나눈 비율을 계산하고 각 비율에 현금흐름의 연도를 곱한다. 그 결과를 합하면 3.60년의 듀레이션이 된다.

표 3.3은 2015년 2월 만기의 11¼% 미국 재무성 채권에 대해 같은 계산을 보여준다. 각 현금 지급금의 현재가치는 2% 만기수익률을 사용하여 계산한다. 다시 각 현금흐름의 현재가치를 가격으로 나눈 비율을 계산하고, 각 비율에 연도를 곱한다. 이 계산은 표 3.2의 계산보다 훨씬 많은 것 같다. 이는 마지막 만기일이 2012년이 아니라 2016년이고 이자가 반년마다 지급되기 때문이다. 따라서 표 3.3에서는 추적할 날짜가 4개가 아니라 12개이다. 그래서 11¼ 채권의 듀레이션은 4.83년이다.

표 3.1의 다른 두 채권의 듀레이션 계산은 독자에게 맡긴다. 2015년 4% 채권의 듀레이션은 5.43년으로 커짐을 알 것이다. 스트립의 듀레이션은 정확히 6년으로 만기와 같다. 액면이자가 없기 때문에 스트립의 가치는 전부 연도 6의 원금 지급에서 나온다.

투자자와 재무관리자는 이자율이 변할 때 채권가격이 어떻게 변동하는가를 측정하기 위해 듀레이션을 추적한다고 하였다. 이러한 목적을 위해 수정 듀레이션(*modified duration*), 즉 변동성을 사용하는 것이 최선이다. 이것은 듀레이션을 (1 + 만기수익률)로 나눈 것이다.

$$\text{수정 듀레이션} = \text{변동성}(\%) = \frac{\text{듀레이션}}{1 + \text{만기수익률}}$$

연도(t)	1	2	3	4	
현금 지급금(C_t)	€8.50	€8.50	€8.50	€108.50	
3%일 때의 PV(C_t)	€8.25	€8.01	€7.78	€96.40	PV = €120.44
총 가치에 대한 비율 [PV(C_t)/PV]	0.069	0.067	0.065	0.800	
연도×총 가치에 대한 비율 [$t \times$ PV(C_t)/PV]	0.069	0.133	0.194	3.202	**합계 = 듀레이션** = 3.60

표 3.2 2012년 만기가 되는 프랑스 OAT의 듀레이션 계산. 만기수익률은 연 3%이다.

날짜	2009. 8	2010. 2	2010. 8	2011. 2	···	2013. 8	2014. 2	2014. 8	2015. 2	
연도(t)	0.5	1.0	1.5	2.0	. . .	4.5	5.0	5.5	6.0	
현금 지급금(C_t)	5.63	5.63	5.63	5.63	. . .	5.63	5.63	5.63	105.625	
2%일 때의 PV(C_t)	5.57	5.51	5.46	5.41	. . .	5.14	5.09	5.04	93.74	PV = 152.05
총 가치에 대한 비율 [PV(C_t)/PV]	0.0366	0.0363	0.0359	0.0355	. . .	0.0338	0.0335	0.0332	0.6165	
연도 × 총 가치에 대한 비율 [t × PV(C_t)/PV]	0.0183	0.0363	0.0539	0.0711	. . .	0.1522	0.1674	0.1824	3.6988	합계 = 듀레이션 = 4.83
듀레이션 (연) = 4.83										

표 3.3 2015년 만기가 되는 11¼% 재무성 채권의 듀레이션 계산. 만기수익률은 연 2%이다.

수정 듀레이션은 수익률이 1% 포인트 변화할 때 채권가격의 백분율 변화를 측정한다.[6] 이 식을 표 3.2의 OAT 채권에 적용해 보자. 이 채권의 수정 듀레이션은 듀레이션/(1 + 수익률) = 3.60/1.03 = 3.49%이다. 이것은 만기수익률의 1% 변화는 채권가격을 3.49% 변하게 한다는 것을 의미한다.

이 예측을 확인해 보자. 만기수익률이 0.5% 상승하거나 하락한다고 해보자.

만기수익률	가격	변화(%)
3.5%	118.37	− 1.767
3.0	120.44	—
2.5	122.57	+ 1.726

만기수익률 2.5%와 3.5%에서 가격의 총 차이는 1.767 + 1.726 = 3.49%이다. 따라서 이자율이 1% 변화하면 예상했던 대로 채권가격은 3.49% 변화한다는 것을 의미한다.

표 3.3의 11¼% 미국 국채의 수정 듀레이션은 4.83/1.02 = 4.74%이다. 다시 말하면 만기수익률의 1% 변화는 채권가격의 4.74% 변화를 가져온다. 표 3.1에 있는 다른 채권의 수정 듀레이션은 더 크다. 이것은 가격이 이자율 변동에 더 많이 노출되어 있다는 것을 의미한다. 예를 들어 스트립의 수정 듀레이션은 6/1.02 = 5.88%이다.

듀레이션(또는 수정 듀레이션)이 이자율 위험의 간편한 측정치인 이유를 알 수 있다. 예를 들어 투자 관리자는 위험이 지나치게 커지지 않도록 채권 포트폴리오의 듀레이션을 정기적으로 조정한다.[7]

6) 다시 말하면, 만기수익률 변화에 대한 채권가격의 도함수는 $dPV/dy = -$듀레이션$/(1+y) = -$수정 듀레이션이다.

7) 포트폴리오의 듀레이션은 포트폴리오에 속한 각 채권의 듀레이션을 가중평균한 것이다. 각 채권의 가중치는 그 채권에 투자한 포트폴리오의 비중이다. 시간이 흐르고 이자율이 변함에 따라 포트폴리오 관리자는 듀레이션을 다시 계산해야 한다는 것을 유의하라.

3.3 이자율의 기간구조

제2장에서 현재가치 계산방법을 설명할 때 각 기간 현금흐름의 가치를 계산하는 데 같은 할인율을 사용하였다. 하나의 만기수익률 y를 채권의 모든 미래 현금흐름을 할인하는 데 사용할 수 있다. 여러 가지 목적으로, 하나의 할인율을 사용하는 것은 충분히 수용할 수 있는 근사법이다. 그러나 또한 단기 이자율이 장기 이자율과 다르다는 것을 인식해야 할 경우도 있다.

단기와 장기 이자율 간의 관계를 **이자율의 기간구조(term structure of interest rates)**라고 한다. 그림 3.4의 예를 살펴보자. 이 그림은 서로 다른 두 해의 기간구조를 보여준다. 2000년 기간구조는 하향하고 있어서 장기 이자율이 단기 이자율보다 낮다. 1992년의 형태는 그 반대로 장기 채권은 단기 채권보다 이자율이 더 높다. 이제 기간구조를 측정하는 방법을 배우고 왜 장기와 단기 이자율이 다른가를 이해할 필요가 있다.

첫해 말에 $1를 지급하는 단순한 대출을 생각하자. 이 대출의 현재가치는 1년 이자율 r_1으로 현금흐름을 할인하여 구한다.

$$PV = 1/(1+ r_1)$$

이자율 r_1을 1년 **현물이자율(spot rate)**이라 한다. 2년째 말에 $1를 지급하는 대출의 현재가치는 2년 현물이자율 r_2로 할인하여야 한다.

$$PV = 1/(1+ r_2)^2$$

첫해의 현금흐름은 오늘의 1년 현물이자율로 할인하고 둘째 해의 현금흐름은 오늘의 2년 현물이자율로 할인한다. 일련의 현물이자율 r_1, r_2 등은 이자율 기간구조를 나타내는 한 가지 방법이다.

이제 연도 1과 2의 말 모두에서 $1를 지급하는 대출이 있다고 하자. 현물이자율이 다르다면, 즉 r_1 = 3%와 r_2 = 4%라면, 현재가치 계산에 두 개의 할인율이 필요하다.

$$PV = \frac{1}{1.03} + \frac{1}{1.04^2} = 1.895$$

그림 3.4
장기와 단기 이자율이 항상 평행하게 움직이지는 않는다. 1992년 9월과 2000년 4월 사이에 미국 단기 이자율은 장기 이자율이 하락하였는데도 급격히 올랐다.

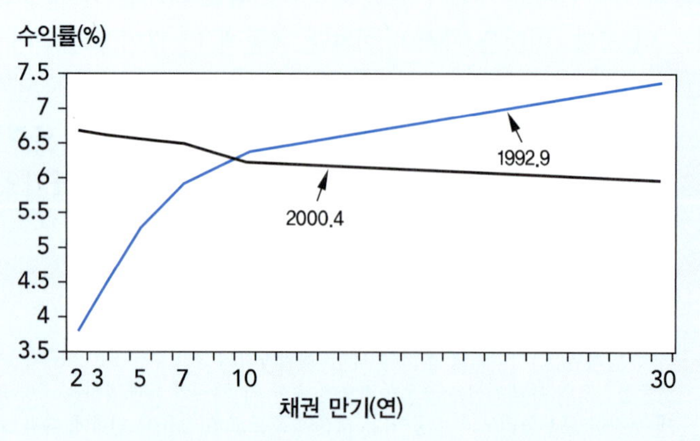

일단 PV = 1.895를 알면 올바른 값을 제공해 주는 하나의 할인율을 구할 수 있다. 즉 다음 식에서 *y*를 구해 만기수익률을 계산할 수 있다.

$$PV = 1.895 = \frac{1}{(1+y)} + \frac{1}{(1+y)^2}$$

이렇게 해서 3.66%의 만기수익률을 얻는다. 일단 수익률을 알면 이를 사용하여 다른 2년 연금을 평가할 수 있다. 그러나 가격을 알 때까지 만기수익률을 알 수는 없다. 가격은 시점 1과 2에 대한 현물이자율에 의해 결정된다. 현물이자율이 먼저이며, 만기수익률은 채권가격이 정해진 뒤에 결정된다. 이것이 왜 전문가들이 현물이자율을 확인하고 현금흐름이 발생한 시점의 현물이자율로 각 현금흐름을 할인하는가 하는 이유이다.

현물이자율과 채권가격, 일물일가의 법칙

일물일가의 법칙(*law of one price*)은 잘 작동하는 시장에서는 같은 상품은 같은 가격에 거래되어야 한다는 것이다. 따라서 같은 날 발생하는 모든 안전한 현금 지급금은 같은 현물이자율로 할인해야 한다.

표 3.4는 일물일가의 법칙이 국채에 어떻게 적용되는지를 보여준다. 이 표는 네 개의 국채를 보여주는데 모두 연간 이자 지급을 가정한다. 맨 위는 듀레이션이 가장 짧은 연도 2에 만기가 되는 8% 이표채이며, 맨 아래는 듀레이션이 가장 긴 4년 만기 스트립이다. 물론 스트립은 만기에만 현금을 지급한다.

	연도(t)					
	1	2	3	4	채권가격 (PV)	만기수익률 (y, %)
현물이자율	0.035	0.04	0.042	0.044		
할인계수	0.9662	0.9246	0.8839	0.8418		
채권 A(8% 액면이자):						
지급금(C_t)	$80	1,080				
PV(C_t)	$77.29	998.52			$1,075.82	3.98
채권 B(11% 액면이자):						
지급금(C_t)	$110	110	1,110			
PV(C_t)	$106.28	101.70	981.11		$1,189.10	4.16
채권 C(6% 액면이자):						
지급금(C_t)	$60	60	60	1,060		
PV(C_t)	$57.97	55.47	53.03	892.29	$1,058.76	4.37
채권 D(스트립):						
지급금(C_t)				$1,000		
PV(C_t)				$841.78	$841.78	4.40

표 3.4 일물일가의 법칙을 국채에 적용한 예.

Visit us at www.mhhe.com/bma

현물이자율과 할인계수는 각 열의 맨 위에 있다. 일물일가의 법칙은 투자자들은 위험이 없는 $1은 그것이 채권 A, B, C, D 중 어디서 얻어졌든 상관없이 같은 가치로 평가한다고 주장한다. 표 3.4에서 이 법칙이 성립하는지 확인해 보라.

각 채권은 현금흐름 각각의 현재가치를 더하여 평가된다. 총 PV를 계산하면 이것이 곧 채권 가격이다. 그런 후에만 만기수익률을 계산할 수 있다.

채권의 만기가 길어짐에 따라 만기수익률이 어떻게 증가하는지에 주목하라. 현물이자율의 기간구조가 우상향(upward-sloping)이기 때문에 만기수익률은 만기가 길어짐에 따라 증가한다. 만기수익률은 현물이자율의 복잡한 평균이다.

현물이자율을 우회하여 빠르고 종합적인 이자율 척도를 원하는 재무관리자는 신문 경제면에서 만기수익률을 찾아본다. 또한 그들은 현물이자율을 그래프로 그려 놓은 기간구조 대신 만기수익률을 그려 놓은 **수익률 곡선**(*yield curve*)을 참조하기도 한다. 한 채권의 만기수익률을 이용하여 거의 같은 이자와 만기를 가진 다른 채권을 평가할 수도 있다. 그들은 6% 만기수익률을 참조하면서 "앰퍼샌드은행은 3년 대출에 6%를 부과할 것이다"라고 대강 말할 수도 있다.

이 책에서는 채권 투자자가 요구하는 수익률을 개괄하는 데 만기수익률을 사용한다. 그러나 현물이자율이 같지 않을 때는 이 척도가 갖는 한계를 이해해야 한다.

기간구조 측정하기

현물이자율 r_t를 t시점에 한 번만 이자를 지급하는 채권의 이자율로 생각할 수 있다. 이미 앞에서 그 예를 본 것처럼 그런 단순한 채권이 실제로 있다. 이것을 **스트립 채권(stripped bond)** 또는 **스트립(strip)**이라고 한다. 미국 재무성은 요청에 따라 정상적인 이표채를 한 번만 현금을 지급하는 미니 채권의 묶음으로 쪼갠다. 앞의 2012년 만기 4.875% 채권은 각가 $24.375를 지급하는 6개의 반년 액면이자 스트립과 $1,000를 지급하는 원금 스트립으로 교환할 수 있다. 2009년 2월 액면이자 스트립 패키지는 $143.83의 비용이 들었고, 원금 스트립은 $964.42의 비용이 들어서 총 비용은 $1,108.25였다. 이는 4.875% 채권을 하나 사는 데 드는 비용보다 단지 몇 센트 더 비쌌다. 이것은 전혀 놀라운 일이 아니다. 두 투자는 같은 현금 지급금을 제공하기 때문에 거의 같은 가격으로 거래되어야 한다.

스트립의 가격을 이용하여 이자율 기간구조를 측정할 수 있다. 예를 들어 2009년 2월에 10년 만기 스트립의 비용은 $714.18이었다. 투자자는 2019년 2월에 한 번의 $1,000 지급금을 기대한다. 투자자는 10년 후 $1의 약속에 대해 $0.71418을 지급할 용의가 있었다. 따라서 10년 할인계수는 $DF_{10} = 1/(1 + r_{10})^{10} = 0.71418$이므로 10년 현물이자율은 $r_{10} = (1/0.71418)^{0.10} - 1 = 0.0342$, 즉 3.42%였다. 그림 3.5에서 1년부터 10년까지 현물이자율의 기간구조를 그리는 데 여러 가지 다른 만기의 스트립 가격을 사용했다. 2009년에는 투자자들이 1년 대출보다 10년 대출에 훨씬 더 높은 이자율을 요구했다는 것을 알 수 있다.

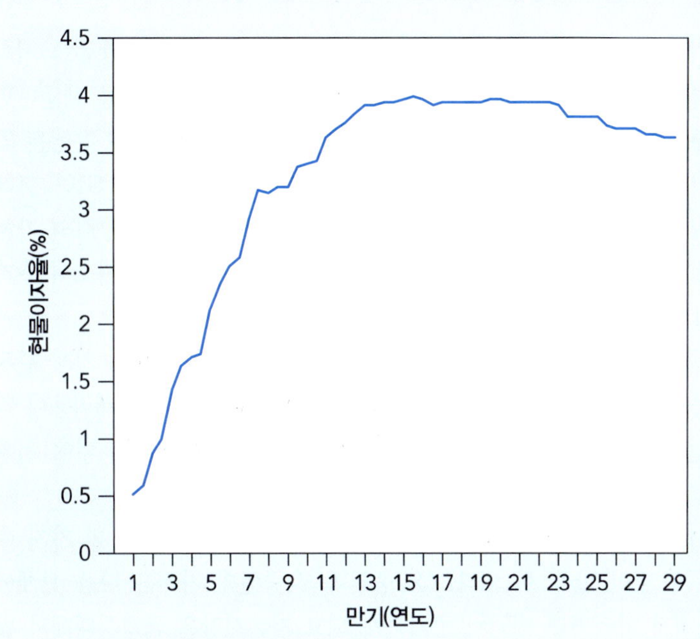

그림 3.5
2009년 2월 미국 국채 스트립의 현물이자율.

왜 먼 미래로 갈수록 할인계수는 감소하는가 — 돈 찍는 기계 여담

제2장에서 돈은 오래 기다려야 할수록 현재가치는 감소한다는 것을 보았다. 다시 말하면, 2년 할인계수 $DF_2 = 1/(1 + r_2)^2$은 1년 할인계수 $DF_1 = 1/(1 + r_1)$보다 작다. 하지만 기간마다 이자율이 서로 다를 수 있을 때도 반드시 그렇게 될까?

1년 현물이자율 r_1은 20%이고 2년 현물이자율 r_2가 7%라고 가정하면 1년 할인계수는 $DF_1 = 1/1.20 = 0.833$이고 2년 할인계수는 $DF_2 = 1/1.07^2 = 0.873$이다. 이 경우 모레 받을 $1가 내일 받을 $1보다 반드시 가치가 작아 보이지 않는다.

그러나 이 예에는 무언가 착오가 있다. 이런 이자율로 돈을 빌리고 투자할 수 있다면 하룻밤에 백만장자가 될 수 있을 것이다. 그런 '돈 찍는 기계(money machine)'가 어떻게 작동하는가를 살펴보자. 이와 같은 투자기회를 최초로 발견한 사람이 홍길동이라고 하자. 홍길동은 먼저 1년 만기 국채 스트립을 0.833 × $1,000 = $833에 산다. 이제 홍길동은 이 투자에서 즉시 확실한 이익을 얻는 방법이 있다는 것을 안다. 논리는 다음과 같다. 내년에 이 스트립은 그 다음 해에 재투자할 수 있는 $1,000을 상환한다. 홍길동은 그 시점에서 형성될 이자율이 얼마가 될지는 모르지만, 그 돈을 당좌예금에 넣어 두기만 해도 2년도 말에 $1,000를 확실히 확보할 수 있다는 것을 안다. 그러므로 다음 단계로 홍길동은 은행에 가서 $1,000의 현재가치에 상당하는 금액을 빌린다. 이자율이 7%라면 이 금액의 현재가치는 $PV = 1{,}000/(1.07)^2 = \$873$이다.

따라서 홍길동은 $873을 빌려서 $830를 투자하고 쉽게 $43의 수익을 얻는다. 만약 그 돈이 얼마 안 된다고 생각된다면, 더 많이 빌려서 더 많이 투자하여 더 많은 이익을 얻을 수 있다는 것에 주목하라. 예를 들어 홍길동이 $21,778,584를 빌려서 $20,778,584를 투자하면, 그는 백만장

자가 될 것이다.[8)]

물론 이 이야기는 완전히 허구이다. 현재의 자본시장에서는 그런 투자기회가 오랫동안 지속될 수 없다. 만약 은행이 1년 만기 연 20%의 예금을 인수하고 2년 만기 7%의 대출을 해준다면 백만장자가 되고자 하는 소액 투자자들과 억만장자가 되고자 하는 백만장자들의 쇄도로 은행은 곧 파산할 것이다. 그렇지만 이 이야기는 두 가지 교훈을 준다. 첫 번째 교훈은 내일의 $1는 모레의 $1보다 절대로 가치가 작을 수 없다는 것이다. 다시 말해서 1년도(DF_1) 말에 받는 $1의 가치는 2년도($DF_2$) 말에 받는 $1보다 작을 수가 없다. 2-기간 대출에는 1-기간 대출보다 다소의 추가 이득이 반드시 존재한다. 즉 $(1 + r_2)^2$은 $1 + r_1$보다 작을 수 없다.

두 번째 교훈은 더 일반적이며 다음과 같은 격언으로 요약될 수 있다. "돈 찍는 기계 같은 것은 존재하지 않는다." 돈 찍는 기계의 기술적인 용어는 **차익거래(arbitrage)**이다. 거래비용이 적은 잘 작동하는 자본시장에서는 차익거래 기회가 생겨도 이를 이용하려는 투자자들에 의해 거의 순간적으로 제거된다.

이 책의 뒷부분에서 차익거래 기회의 부재(*absence*)를 이용하여 증권 가격에 대한 몇 가지 유용한 성질을 증명한다. 즉 다음과 같이 말할 수 있다. "X 증권과 Y 증권의 가격은 다음 관계에 있어야 한다. 그렇지 않으면 잠재적 차익거래 이익이 존재하게 되고 자본시장은 균형상태에서 벗어나게 된다."

3.4 기간구조 설명하기

그림 3.5의 기간구조는 우상향이었다. 2009년 2월에 장기 이자율은 3.5%보다 높았다. 단기 이자율은 1% 이하였다. 왜 모든 사람들이 장기 채권을 사지 않는가? 짧은 만기로 투자하는(바보 같은?) 투자자는 누구인가?

2009년 2월에 1년 만기 미국 국채 포트폴리오를 보유하고 있다고 하자. 낮은 이자율에도 이런 포트폴리오를 보유하기로 한 이유로는 세 가지가 있을 수 있다.

1. 단기 이자율이 미래에 더 높아질 것으로 믿는다.
2. 이자율 변동에 대한 장기 채권의 더 큰 노출을 염려한다.
3. 미래 물가상승률이 더 높아질 위험을 염려한다.

이제 이러한 이유를 하나씩 검토해 보자.

기간구조의 기대이론

당신이 1년 만기 국채 포트폴리오를 갖고 있다고 가정하자. 지금부터 1년 후 국채가 만기가 되었

8) 이것은 홍길동의 이익을 과장한 것이다. 금융거래에는 적더라도 항상 비용이 있다. 예를 들어 홍길동은 은행 대출에 대한 담보로 1년 만기 스트립을 이용할 수 있지만, 은행은 비용을 충당하기 위해 대출 이자율을 7% 이상 부과해야 할 것이다.

을 때 여기서 얻는 수입금을 다음 1년 동안 다시 투자하여 그 시점에서의 채권시장 이자율을 얻을 수 있다. 다음 해 이자율이 첫해의 낮은 수익률을 상쇄할 만큼 높을 수도 있다. 종종 미래 이자율이 상승할 것으로 예상할 때 우상향하는 기간구조를 관찰하게 된다.

예제 3.2 ● 기대와 기간구조

1년 이자율 r_1이 5%이고 2년 이자율 r_2가 7%라고 하자. 1년 동안 $100를 투자하면 투자금은 100 × 1.05 = $105로 커진다. 2년 동안 이 돈은 100×1.07^2 = $114.49로 증가한다. 둘째 해에 얻는 추가 수익률은 $1.07^2/1.05 - 1 = 0.090$, 즉 9.0%이다.[9)]

1년이 아니라 2년 동안의 투자에서 추가로 9%를 얻는 데 만족하겠는가? 그 답은 다가오는 해에 이자율이 어떻게 변할 것으로 예상하는가에 달렸다. 1년 후에 1년 만기 채권의 수익률이 9% 이상일 것이라고 확신한다면 1년 만기 채권에 투자하는 것이 더 나을 것이다. 미래 1년 이자율이 정확히 9.0%라고 예상한다면 2년 만기 채권을 사거나, 1년 동안 투자하고 나서 다음 해 다시 단기 이자율로 재투자하거나 차이가 없을 것이다.

모든 사람이 이처럼 생각한다면 2년 이자율은 1년 또는 2년 동안 투자하는 데 모두가 똑같이 만족하도록 조정된다. 따라서 2년 이자율은 오늘 1년 이자율과 다음 해 1년 이자율에 대한 대중의 예측을 모두 포함한다.

예제 3.2에서 예시한 것이 기간구조의 **기대이론(expectation theory)**이다. 이 이론은 균형상태에서 짧은 만기 채권에 연속적으로 투자하는 것은 한 번 긴 만기 채권에 투자하는 것과 같은 기대수익률을 제공해야 한다고 주장한다. 이런 경우에만 투자자는 단기와 장기 채권을 모두 보유하려 할 것이다.

기대이론에 의하면 우상향하는 기간구조의 유일한 이유는 투자자들이 단기 이자율이 상승할 것이라고 예상하기 때문이라는 것이다. 하락하는 기간구조의 유일한 이유는 투자자가 단기 이자율이 하락할 것으로 예상하기 때문이다.

단기 이자율이 장기 이자율보다 많이 낮으면 장기보다는 단기로 차입하려고 한다. 기대이론은 그런 고지식한 전략은 별 소용이 없음을 시사한다. 단기 이자율이 장기보다 낮으면 투자자는 이자율이 상승할 것이라고 기대하는 것이다. 기간구조가 우상향할 때는 투자자들이 미래 이자율 상승을 과대 추정하고 있을 때만 단기 차입으로 돈을 벌 수 있을 것이다.

기대이론은 언뜻 보기에도 기간구조를 완전히 설명하지 못한다는 것을 알 수 있다. 예를 들어 1900~2008년 기간을 돌아보면, 장기 미국 국채의 수익률이 단기 재정증권 수익률보다 평균적으로 약 1.5% 포인트 높다는 것을 알 수 있다. 단기 이자율은 투자자가 기대했던 것보다 낮았다. 그러나 투자자는 장기 채권을 보유하는 데 약간의 추가 수익률을 요구하였고, 평균적으로 그것을

9) 추가로 1년을 더 대출하는 데 대한 추가 이자율을 **선도이자율**(*forward rate of interest*)이라고 한다. 이 예에서 선도이자율은 9.0%이다. 홍길동의 차익거래 예에서 선도이자율은 음(−)이었다. 실제 세계에서는 선도이자율이 음(−)이 될 수는 없다. 가장 낮을 때가 0이다.

얻었던 것으로 보인다. 그렇다면 기대이론은 첫 걸음일 뿐이다.

요즈음 기대이론을 액면 그대로 믿는 사람은 많지 않다. 그러나 대부분 경제학자는 미래 이자율에 대한 기대가 기간구조에 중요한 영향을 미친다고 믿는다. 예를 들어 시장 해설자들이 6개월 이자율이 3개월 이자율보다 높다고 말하는 것을 들으면, 시장은 연방준비제도이사회가 이자율을 올릴 것으로 예상한다고 결론을 내릴 것이다. 이러한 논리에 대한 증거가 있다. 1950년부터 2008년까지 매달 이자율 변화를 예측하기 위하여 3개월 대출과 6개월 대출의 이자율 차이를 사용하였다고 하자. 평균적으로 기간구조가 가파를수록 이자율이 더 많이 상승하였다는 것을 알 수 있다. 따라서 기대이론이 진실의 전부는 아니라도 일부는 포함하는 것으로 보인다.

위험의 도입

기대이론에서 빠진 것은 무엇인가? 가장 분명한 답은 '위험'이다. 미래 이자율 수준을 확신할 수 있다면 단순히 가장 높은 수익률을 제공하는 전략을 선택할 것이다. 그러나 예측을 확신하지 못한다면 약간의 수익을 포기하더라도 덜 위험한 전략을 선택할 수도 있다.

장기 듀레이션 채권의 가격은 단기 채권보다 더 변동성이 크다는 것을 기억하라. 이자율의 급격한 상승은 쉽게 장기 채권의 가격을 30% 또는 40% 낮출 수도 있다.

일부 투자자에게는 장기 듀레이션 채권의 이런 추가 변동성은 관심의 대상이 아니다. 예를 들어 장기 부채를 가진 연금기금과 생명보험 회사는 장기 채권에 투자하여 미래 수익을 확정하기를 원할 수도 있다. 그러나 이런 장기 채무를 갖지 않은 투자자에게는 장기 채권의 변동성이 추가 위험을 부과한다. 이런 투자자는 더 높은 수익률로 보상받을 때만 장기 채권을 보유하려고 한다. 이때 기간구조는 우상향하게 된다. 물론 이자율이 떨어질 것으로 예상하면 기간구조는 우하향(downward-sloping)할 수 있지만, 여전히 장기로 빌려주는 투자자에게 보상이 주어진다. 그러나 장기 채권의 위험에 대한 추가 보상은 덜 가파른 하향 기울기로 나타날 것이다.

물가상승과 기간구조

지금부터 20년 후 은퇴를 대비해 저축한다고 하자. 다음 전략 중 어느 것이 더 위험한가? 1년 만기 국채에 연속적으로 투자하는 것과 20년 만기 스트립에 한 번 투자하는 것. 그 답은 미래 물가상승에 대해 얼마나 확신하는가에 달렸다.

20년 만기 채권을 사면 이 기간 말에 얼마를 갖게 될지는 알지만, 이 돈으로 얼마나 살 수 있을지는 알지 못한다. 지금은 물가상승이 별로 없다고 하더라도 10년 또는 15년 후 어떻게 될지 누가 알겠는가? 스트립을 사서 20년 만기 이자율에 묶이는 것은 물가상승에 대한 불확실성 때문에 매우 위험하다. 이것이 2009년의 투자자들이 당면한 문제였다. 이때는 미국이 지속적인 디플레이션을 맞게 될지, 아니면 막대한 정부 차입 때문에 급속한 물가상승을 가져오게 될지를 아무도 확신할 수 없었다.

물가상승 위험은 단기 채권에 연속적으로 투자하여 줄일 수 있다. 우리는 미래 단기 이자율을 알지 못한다. 그러나 미래 이자율이 물가상승을 반영한다는 것은 잘 안다. 물가상승이 발생하면 더 높은 이자율로 재투자할 수 있을 것이다.

물가상승이 장기 투자자에게 중요한 위험의 원천이라면 차입자는 투자자들이 장기간 빌려주도록 추가 유인을 제공해야 한다. 이것이 물가상승이 특히 불확실할 때 가파른 우상향 기간구조가 나타나는 이유이다.

3.5 명목 이자율과 실질 이자율

이제 물가상승과 이자율의 관계를 좀 더 자세히 살펴볼 때이다. 연말에 $1,100을 한 번 지급하는 1년 만기 채권에 $1,000을 투자한다고 하자. 현금흐름은 확실하지만, 정부는 이 돈으로 얼마나 많이 살 수 있을지는 약속하지 않는다. 상품과 서비스 가격이 10% 이상 높아진다면 살 수 있는 상품으로 볼 때 오히려 손해다.

몇 가지 지수가 일반적인 물가수준을 나타내는 데 사용된다. 가장 잘 알려진 것은 소비자물가지수(Consumer Price Index), 즉 CPI이다. 이것은 전형적인 가정의 구매 품목에 대해 지급해야 하는 금액을 측정한다. 한 해의 CPI에서 다음 해 CPI로의 변화로 물가상승률을 측정한다.

그림 3.6은 1900년 이래 미국의 물가상승률을 보여준다. 인플레이션은 제1차 세계대전 말에 최고치를 나타냈는데 이때 물가상승률은 21%에 달했다. 이 숫자는 2008년 짐바브웨(Zimbabwe)의 하이퍼 인플레이션과 비교하면 별것 아니다. 물가가 너무 빨리 올라서 50조 짐바브웨 달러짜리 지폐로 겨우 빵 한 덩어리를 살 수 있었다.

가격은 상승하기도 하지만 하락할 수도 있다. 미국은 대공황 때 심각한 **디플레이션**(*deflation*)을 경험했는데 3년 동안 물가가 24%나 하락하였다. 최근에는 홍콩의 소비자 물가가 1999년에서 2004년 사이의 6년 동안 거의 15%가 하락하였다.

1900년과 2008년 사이에 미국의 **평균** 물가상승률은 3.1%였다. 그림 3.7에서 보는 바와 같이 주요 국가 중에서 미국은 인플레이션을 통제하는 데 거의 상위권이었다. 전쟁으로 상처받은 국가들은 일반적으로 매우 높은 인플레이션을 경험하였다. 예를 들어 1900년 이래 이탈리아와 일본의

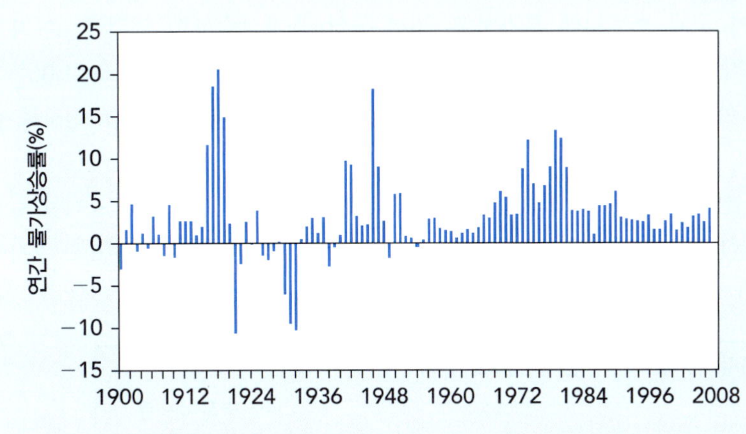

그림 3.6
1900~2008년까지 미국의 연간 물가상승률.

자료원 : E. Dimson, P. R. Marsh, and M. Staunton, *Triumph of the Optimists: 101 Years of Investment Returns* (Princeton, NJ: Princeton University Press, 2002), 저자들로부터 업데이트받음.

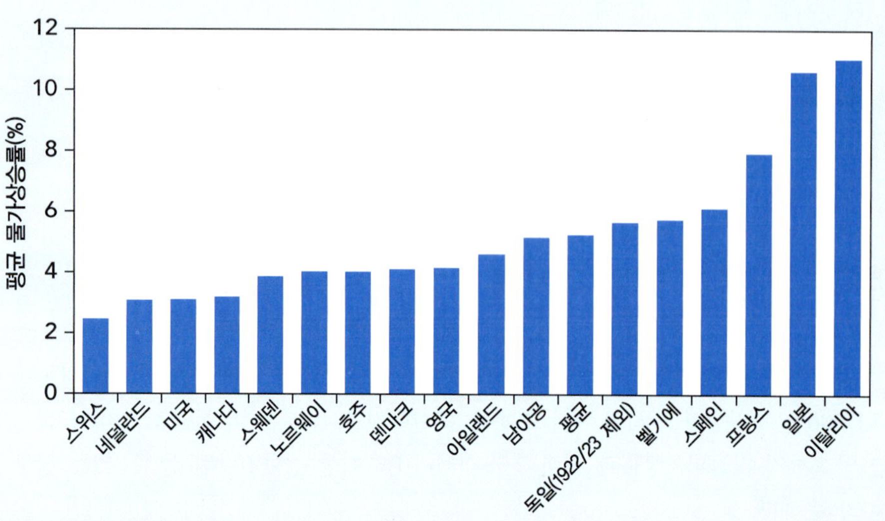

그림 3.7
1900~2008년까지 17개국의 평균 물가상승률.

자료원: E. Dimson, P. R. Marsh, and M. Staunton, *Triumph of the Optimists: 101 Years of Investment Returns* (Princeton, NJ: Princeton University Press, 2002), 저자들로부터 업데이트받음.

물가상승률은 연평균 약 11%였다.

경제학자와 재무관리자들은 현재(current) 또는 **명목**(*nominal*) 화폐와 불변(constant) 또는 실질(*real*) 화폐를 대비시켜 이야기한다. 예를 들어 1년 만기 채권에서 얻은 **명목** 현금흐름은 $1,100이다. 그러나 상품가격이 이 해에 6% 상승하면 같은 돈으로 내년에는 지금 살 수 있는 것보다 6% 적은 상품을 살 수 있다. 따라서 연말에 $1,100로는 현재의 1,100/1.06 = $1,037.74만큼 상품을 살 수 있다. 채권의 명목 수익은 $1,100이지만 실질 수익은 $1,037.74에 불과하다.

미래 시점 t에서 명목 현금흐름을 실질 현금흐름으로 바꾸는 공식은 다음과 같다.

$$\text{실질 현금흐름 } t = \frac{\text{명목 현금흐름 } t}{(1 + \text{물가상승률})^t}$$

예를 들어 20년 만기 국채 스트립에 투자하고 20년 동안 물가상승률이 연평균 6%라고 하자. 이 스트립은 마지막 해에 $1,000을 지급하지만, 지급액의 실질 가치는 $1{,}000/1.06^{20}$ = $311.80이 될 것이다. 이 예에서 오늘 $1의 구매력은 20년 뒤에는 $0.31을 약간 넘는 정도로 감소한다.

이 예는 명목 현금흐름에서 실질 현금흐름을 구하는 방법을 보여준다. 명목 이자율에서 실질 이자율을 구하는 것도 비슷하다. 채권 딜러가 채권 수익률이 10%라고 할 때는 명목 이자율로 호가하는 것이다. 이 수익률은 투자한 돈이 얼마나 빨리 증가할 것인가를 말해준다.

현재 달러로 투자	1년 후 달러로 받음	결과
$1,000 →	$1,100	10% **명목** 수익률

그러나 기대 인플레이션이 6%라면 연말에는 처음보다 3.774%만 더 나아진다.

현재 달러로 투자	1년 후 달러의 기대 실질 가치	결과
$1,000 →	$1,037.74 (= 1,100/1.06)	3.774% 기대 **실질** 수익률

따라서 "이 채권은 10%의 명목 수익률을 제공한다" 또는 "이 채권은 3.774% 기대 실질 수익률을 제공한다"고 할 수 있다.

실질 수익률을 계산하는 공식은 다음과 같다.

$$1+ r_{\text{실질}} = (1+ r_{\text{명목}})/(1 + \text{인플레이션율})$$

이 예에서는 $1 + r_{\text{실질}} = 1.10/1.06 = 1.03774$이다.[10)]

물가연동 채권과 실질 이자율

채권 대부분은 미국 재무성 채권과 같다. 이들은 정해진 **명목** 이자율을 약속한다. 투자자가 받게 되는 **실질** 이자율은 불확실하며, 인플레이션에 따라 달라진다. 물가상승률이 기대했던 것보다 높게 나타나면 채권의 실질 수익률은 예상보다 더 낮아질 것이다.

실질 수익률을 **확정하는** 좋은 방법이 있다. 지급금이 물가상승에 연동되어 있는 **물가연동 채권**(*indexed bond*)을 사는 것이다. 물가연동 채권은 몇십 년 동안 많은 나라에서 발행되었다. 그러나 미국에서는 재무성이 TIPS(Treasury Inflation-Protected Securities)라는 물가연동 채권을 발행하기 시작한 1997년까지는 거의 알려지지 않았다.[11)]

TIPS의 실질 현금흐름은 미리 정해지며, 명목 현금흐름(이자와 원금)은 CPI가 상승함에 따라 증가한다.[12)] 예를 들어 미국 재무성이 20년 만기 3% TIPS를 액면가 $1,000과 같은 가격으로 발행한다고 하자. 첫해에 CPI가 10% 상승하였다면 채권의 이자 지급금은 $30에서 $30 \times 1.10 =$ $33으로 10% 증가한다. 그리고 만기에 받는 원금 또한 $1,000 × 1.10 = $1,100으로 증가한다. 이자와 액면가의 구매력은 $33/1.10 = $30과 $1,100/1.10 = $1,000으로 일정하다. 따라서 발행 가격에 이 채권을 산 투자자는 3%의 실질 이자율을 번다.

2009년 2월 장기 TIPS의 수익률은 약 1.7%였다. 이는 **실질** 만기수익률이다. 이 수익률은 투자 덕분에 추가로 살 수 있는 재화를 나타낸다. TIPS의 1.7% 수익률은 일반 국채의 명목 수익률보다 약 1.0% 낮다. 연간 물가상승률이 1.0%보다 높으면 장기 TIPS를 보유하는 것이 더 높은 수익을 올릴 것이다. 물가상승률이 1.0%보다 낮으면 명목 채권을 보유하는 편이 더 유리하다.

---

10) 일반적인 어림셈은 $r_{\text{실질}} = r_{\text{명목}} -$ 인플레이션율이다. 이 예에서 이것은 $r_{\text{실질}} = 0.10 - 0.06 = 0.04$, 즉 4%이다. 이것은 진정한 실질 이자율 3.774%에 비해 그리 나쁜 근사치는 아니다. 그러나 인플레이션율이 높을 때는 완전한 공식을 사용하는 것이 좋다.

11) 물가연동 채권이 1997년 이전에 미국에서 전혀 안 알려진 것은 아니다. 예를 들어 1780년 미국 혁명군은 "5부셸의 옥수수와 68⁴⁄₇파운드의 쇠고기, 10파운드의 양모, 16파운드의 구두창 가죽"의 가치를 갖는 물가연동 채권으로 보상받았다.

12) 물가하락(디플레이션)이 있으면 역전된다. 이 경우 이자 지급액과 원금은 하향 조정된다. 그러나 미국 정부는 채권이 만기가 될 때 적어도 원래 액면가는 지급할 것을 보장한다.

실질 이자율의 결정 요인

실질 이자율은 사람들이 저축[13]하려는 성향(자본의 공급)과 정부와 기업이 제공하는 생산적 투자 기회(자본의 수요)에 달렸다. 예를 들어 전반적으로 투자기회가 많아진다고 하자. 기업은 더 좋은 투자안을 갖게 되고 현재 이자율 수준에서 이전보다 더 많이 투자하려고 한다. 따라서 기업이 투자를 원하는 추가 금액만큼 개인이 더 저축하게 하려면 이자율이 상승해야 한다.[14] 반대로 투자기회가 줄어든다면 실질 이자율은 하락할 것이다.

따라서 실질 이자율은 경제 전체의 저축과 투자의 균형에 좌우된다.[15] 전체적인 저축성향과 관련된 요인은 전체적인 부(부유한 사람은 보통 더 많이 저축하기 때문), 부의 불균등한 배분(균등한 배분은 저축 대부분을 차지하는 부자들이 더 적어진다는 것을 의미한다), 그리고 높은 중년 비율(젊은이는 저축할 필요가 없고 노인은 저축하려고 하지 않는다–"죽을 때 가져갈 수 없다") 등이다. 마찬가지로 투자성향은 산업 활동 수준과 주요 기술 진보와 관련되어 있다.

실질 이자율은 변하기는 하지만 점진적으로 변한다. 이는 1982년 이래 영국 정부가 발행한 물가연동 채권을 보면 알 수 있다. 그림 3.8에서 붉은색 선은 이 채권의 실질 만기수익률이 상대적으로 좁은 범위에서 변동해 왔음을 보여준다. 반면에 국채의 명목 수익률(검은 선)은 크게 하락하였다.

그림 3.8
붉은색 선은 영국 정부가 발행한 장기 물가연동 채권의 실질 수익률을 보여준다. 검은 선은 장기 명목 채권의 수익률이다. 실질 수익률이 명목 수익률보다 훨씬 더 안정적임에 주목하라.

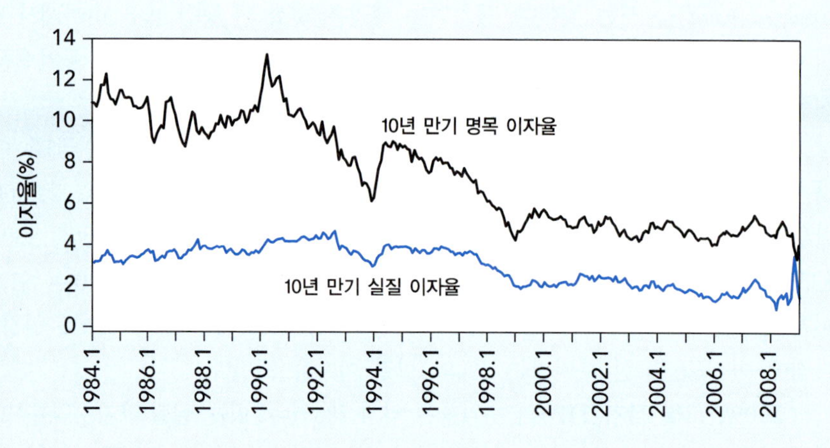

13) 저축의 일부는 간접적으로 이루어진다. 예를 들어 독자가 IBM 주식 100주를 보유하고 있고 IBM이 주당 $1.00을 내부 유보한다면, IBM이 투자자 대신 $100을 저축하는 것이다. 또한 정부는 도로, 병원 등등에 투자하기 위해 세금을 올림으로써 강제로 저축하게 한다.

14) 이자율이 상승하면 투자자가 더 많이 저축한다고 가정한다. 꼭 그래야 하는 것은 아니다. 이자율이 높아지면 저축이 감소할 수 있는 극단적인 예가 있다. 앞으로 20년 후 자녀의 대학 학자금으로 현재 물가로 $50,000이 필요하다고 하자. 이 부담을 감당하기 위해 오늘 얼마를 저축해야 하는가? 답은 20년 후 실질 비용 $50,000의 현재가치, 즉 $50{,}000/(1 + \text{실질 이자율})^{20}$이다. 실질 이자율이 높아질수록 현재가치는 낮아지며 더 적게 저축해도 된다.

15) 단기와 중기 실질 이자율은 중앙은행의 통화정책에 의해서도 영향을 받는다. 중앙은행은 때때로 물가상승률이 높을 때도 단기 명목 이자율을 낮게 유지한다. 그 결과 실질 이자율은 음(−)이 될 수도 있다. 그러나 명목 이자율이 음(−)이 되면 투자자는 그냥 현금을 보유할 수 있기 때문에 명목 이자율은 음(−)이 될 수 없다. 현금은 항상 무이자이며 음(−)의 이자보다 유리하다.

인플레이션과 명목 이자율

인플레이션 전망이 명목 이자율에 어떠한 영향을 주는가? 경제학자 어빙 피셔(Irving Fisher)는 다음과 같이 대답하였다. 소비자가 오늘의 사과 100개나 1년 후 103개에 똑같이 만족한다고 하자. 이 경우 실질 또는 '사과' 이자율은 3%이다. 사과 가격이 (예컨대) 개당 $1로 일정하다면 오늘 $100을 받거나 연말에 $103을 받거나 똑같이 만족할 것이다. 이 추가 $3은 연말에 사과를 현재보다 3% 많이 살 수 있게 해준다.

그러나 이제 사과 가격이 개당 $1.05로 5% 증가할 것으로 예상한다고 하자. 이 경우 우리는 1년 후 $103을 받기로 약속하고 오늘 $100을 포기하는 것에 만족하지 **못한다**. 1년 후 사과 103개를 사려면 1.05 × $103 = $108.15를 받아야 한다. 다시 말하면 명목 이자율은 기대 인플레이션율만큼 높아져서 8.15%가 되어야 한다.

이것이 피셔의 이론이다. 기대 물가상승률의 변화는 같은 비율로 **명목** 이자율의 변화를 가져올 것이다. 이것은 실질 요구수익률에는 영향을 주지 않는다. 명목 이자율과 기대 인플레이션율을 연관시키는 식은 다음과 같다.

$$1+r_{\text{명목}}=(1+r_{\text{실질}})(1+i)$$

여기서 $r_{\text{실질}}$은 소비자가 요구하는 실질 이자율이며 i는 기대 인플레이션율이다. 이 예에서 인플레이션에 대한 전망으로 $1+r_{\text{명목}}$은 1.03 × 1.05 = 1.0815로 상승하게 된다.

실질 이자율이 물가상승률에 영향을 받지 않는다는 피셔의 주장에 모든 경제학자가 다 동의하지는 않는다. 예를 들어 물가 변동이 산업 활동 수준의 변동과 관련되어 있다면, 물가가 상승하는 상황에서는 오늘 사과 100개를 잃은 데 대한 보상으로 1년 후에는 103개보다 더 많이 또는 더 적게 원할 수 있다.

이자율과 기대 물가상승률의 과거 행태를 보여줄 수 있으면 좋겠지만, 그 대신 차선책으로 그림 3.9에 영국과 미국, 독일의 **실제** 물가상승률과 재정증권(단기 정부 부채) 수익률을 그려 놓았다. 1953년 이래 재정증권의 수익률은 일반적으로 물가상승률보다 약간 높았다. 각 나라의 투자자는 이 기간에 1~2%의 평균 실질 수익률을 얻었다.

물가상승률과 재정증권의 관계를 보자. 그림 3.9는 투자자가 물가상승률이 높을 때는 대체로 높은 이자율을 요구하였다는 사실을 보여준다. 따라서 피셔 이론은 적어도 재무관리자에게 유용한 어림셈 방법을 제공하는 것으로 보인다. 기대 인플레이션율이 변하면 이에 따른 이자율 변동이 있으리라 생각해도 좋을 것이다. 다시 말하면 단기 투자를 반복하는 전략은 불확실한 물가상승에 대해 약간의 방어책이 된다.

3.6 회사채와 채무불이행 위험

지금까지 우리는 미국 재무성 채권에 초점을 맞춰왔다. 그러나 연방정부가 유일한 채권 발행자는

그림 3.9
영국과 미국, 독일의 재정증권 수익률과 물가상승률(1953~2008).

자료원: E. Dimson, P. R. Marsh, and M. Staunton, *Triumph of the Optimists: 101 Years of Investment Returns* (Princeton, NJ: Princeton University Press, 2002), 업데이트는 저자가 제공하였다.

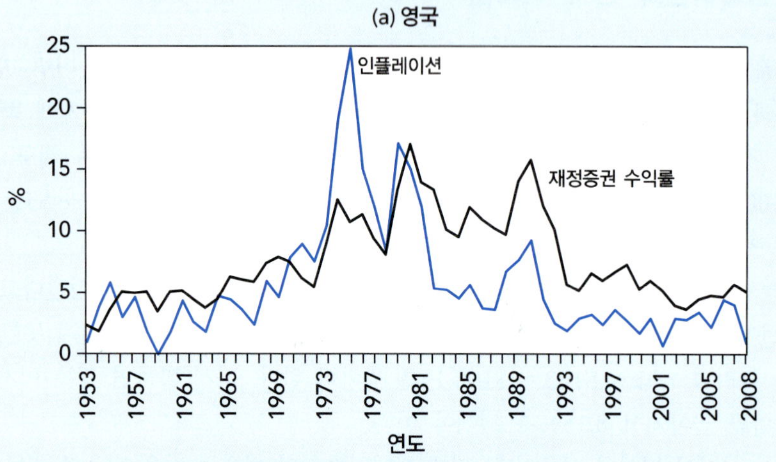

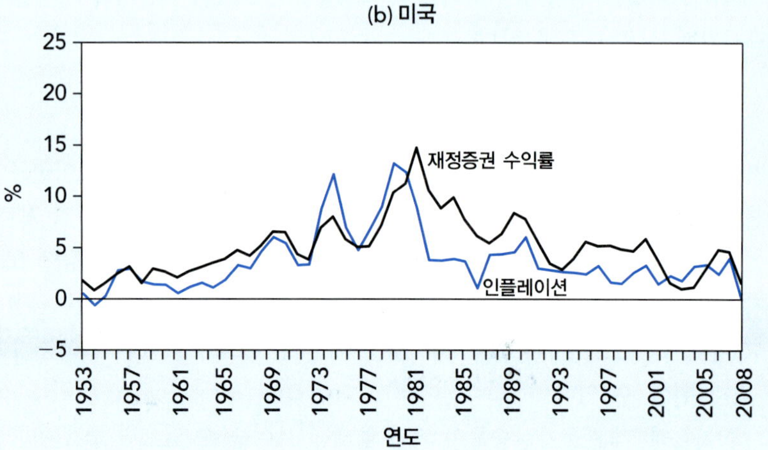

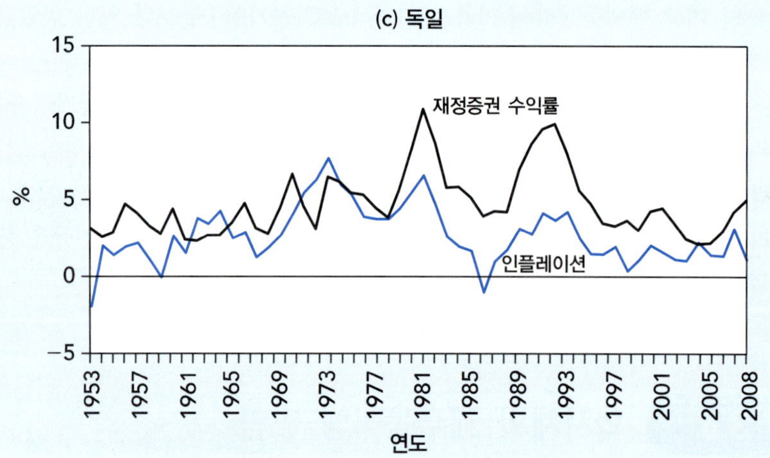

아니다. 주 정부와 지방 정부도 채권을 매각하여 돈을 차입한다.[16] 기업도 마찬가지다. 많은 외국 정부와 기업들도 또한 미국에서 차입한다. 동시에 미국 기업들은 외국에서 채권을 발행하여 달러를, 또는 외국 통화를 차입할 수 있다. 예를 들어 그들은 런던에서 달러 표시 채권을 발행하여 전 세계 투자자들에게 매각할 수 있다.

국가 정부는 파산하지 않는다. 그들은 더 많은 돈을 찍어내기만 하면 된다. 그러나 다른 나라의 돈을 찍어낼 수는 없다.[17] 따라서 외국 정부가 달러를 빌릴 때는 투자자들은 미래 위기가 오면 그 나라 정부가 부채를 상환할 충분한 달러를 갖지 못할 수도 있다는 것을 염려한다. 이러한 염려는 채권가격과 만기수익률에 반영된다. 예를 들어 2008년 우크라이나 환율의 폭락은 그 나라가 외국 부채를 상환하는 데 드는 비용을 증가시켰다. IMF로부터의 구제금융에도 채권 보유자는 우크라이나 정부가 이전에 발행한 달러 표시 채권을 상환할 수 있을까 염려하였다. 2009년 초에 우크라이나 국채의 약정 수익률(promised yield)은 미국 국채보다 25% 포인트 높은 수준으로 상승하였다.

회사는 재무적 곤경에 처하면 채권에 대한 채무를 불이행할 가능성이 있다. 따라서 회사채 보유자들에게 약속된 지급금은 최선의 시나리오를 나타낸다. 회사는 약속한 현금흐름보다 많은 돈을 절대 지급하지 않지만 어려운 시기에는 덜 지급하기도 한다.

대부분의 회사채에 대한 안전도는 무디스(Moody's)와 스탠더드 앤드 푸어스(Standard & Poor's), 피치(Fitch)가 제공하는 채권등급으로 판단할 수 있다. 표 3.5는 채권등급을 높은 순서부터 제시하고 있다. 예를 들어 무디스의 가장 높은 등급 채권은 Aaa(또는 'triple A') 채권이라 한다. 그 다음에 Aa('double A'), A, Baa 채권 등의 순서이다. Baa와 그 이상으로 평가된 채권을 **투자등급(investment grade)**이라고 한다. 반면에 Ba 또는 그 이하 등급을 받은 채권은 투기등급, 고수익채권, 또는 **정크본드(junk bond)**라 한다.

높은 등급을 받은 채권이 채무를 불이행하는 경우는 드물다. 그러나 투자등급 채권이 채무를 불이행할 때 그 충격은 상당히 크다. 예를 들어 2001년 5월 월드컴(WorldCom)은 $118억의 투자등급 채권을 판매하였다. 그러나 약 1년 후 월드컴은 파산하였고, 채권 보유자들은 투자액의 80% 이상을 잃었다. 이들 채권자는 투자등급을 부여한 평가기관을 좋아하지 않았을 것이다.

무디스	스탠더드 앤드 푸어스와 피치
Aaa	AAA
Aa	AA
A	A
Baa	BBB
Ba	BB
B	B
Caa	CCC
Ca	CC
C	C

표 3.5 채권 등급 표. Baa/BBB나 그 이상의 높은 등급을 받은 채권은 투자등급이다. 더 낮은 등급의 채권은 고수익채권 또는 정크본드라 한다.

예상하는 바와 같이 회사채 수익률은 채권 등급에 따라 변한다. 그림 3.10은 미국 국채와 비교한 회사채의 추가 수익률을 보여준

16) 지방자치단체 채권(*municipal bond*)에는 특별한 세제 혜택이 부여된다. 즉 주와 지방정부 채권의 이자에 대해서는 연방 소득세가 면제된다. 결과적으로 투자자는 이 채권을 더 낮은 수익률에도 받아들일 수 있다.

17) 미국 정부는 달러를, 일본 정부는 엔을 찍어낼 수 있다. 그러나 유로 지역에 있는 정부는 자국의 통화를 찍어내는 사치를 부릴 수 없다. 예를 들어 2008년 신용위기 동안 투자자는 그리스 정부가 자국의 유로 표시 부채를 상환하지 못할까 염려하였다. 한때 그리스 채권은 같은 독일 국채보다 3% 이상 수익률이 높았다.

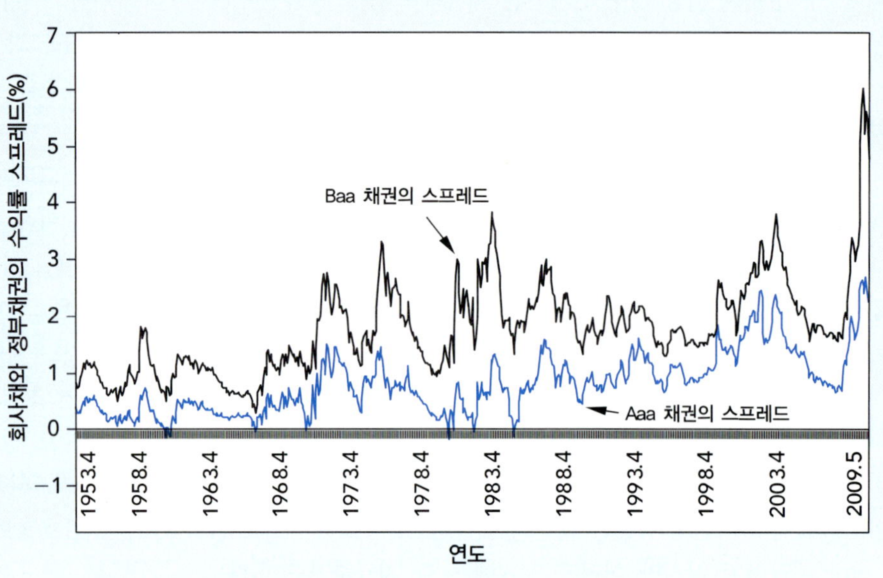

그림 3.10
회사채와 10년 만기 재무성 채권의 수익률 스프레드.

다. 안전도가 떨어짐에 따라 수익률 차이가 증가함을 볼 수 있다.

예를 들어 2008년에 시작된 신용위기에는 수익률 스프레드가 극적으로 커졌다. 표 3.6은 2008년 12월 스탠더드 앤드 푸어스의 신용등급으로 표본 회사채를 구분했을 때의 가격과 수익률을 보여준다. 제너럴 모터스(General Motors) 채권의 수익률은 50%를 넘었다. 이것은 군침이 도는 수익률로 보인다. 그러나 투자자들은 GM이 파산할 것 같고 채권 투자자가 돈을 회수할 수 없을 수도 있다는 것을 예상하였다.

표 3.6에 만기수익률은 채무불이행 확률과 채무불이행이 발생하면 채권 보유자가 회수할 수 있는 금액, 그리고 유동성(*liquidity*)에 따라 결정된다. 회사채는 국채보다 유동성이 낮다. 회사채는 거래하기가 더 어렵고 비용이 들며, 특히 많은 양을 거래하려고 하거나 짧은 시간에 거래하려면 더 그렇다. 많은 투자자가 유동성을 가치 있다고 생각하며 유동성이 낮은 채권에 대해 더 높은 이자율을 요구한다. 유동성 부족이 회사채와 국채 수익률의 차이를 부분적으로 설명해준다.

발행기업	액면이자율(%)	만기	S&P 등급	가격(액면가의 백분율)	만기수익률
Pfizer	4.65%	2018	AAA	104.00%	4.12%
Wal-Mart	6.75	2023	AA	111.45	5.60
DuPont	6	2018	A	101.97	5.73
ConAgra	9.75	2021	BBB	111.00	8.30
Woolworth	8.50	2022	BB	93.99	9.30
Eastman Kodak	9.20	2021	B	70.00	14.46
General Motors	8.8	2021	CCC	16.66	56.78

표 3.6 2008년 12월 회사채 표본의 가격과 수익률.

자료원: FINRA의 TRACE 서비스에 보고된 채권 거래: **http://cxa.marketwatch.com/finra/BondCenter.**

채권 평가

엑셀과 같은 스프레드시트 프로그램은 다양한 채권 평가 문제를 풀 수 있는 내장 함수들을 제공한다. 이 함수들은 엑셀 툴바의 *fx*를 클릭하여 찾을 수 있다. 사용하고 싶은 함수를 클릭하면 엑셀은 필요한 입력 자료를 요청한다. 함수 상자의 왼쪽 아래에 있는 "도움말"을 누르면 이 함수의 사용방법을 예제로 보여준다.

다음은 채권 평가 문제에 유용한 함수들의 목록과 자료를 입력할 때 기억해야 할 몇 가지 사항들이다.

- **PRICE**: 만기수익률을 알 때 채권가격
- **YLD**: 채권가격을 알 때 만기수익률
- **DURATION**: 채권의 듀레이션
- **MDURATION**: 채권의 수정 듀레이션(또는 변동성)

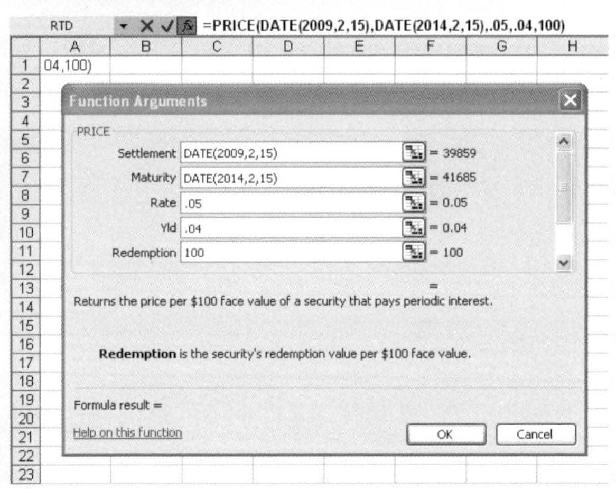

주의사항

- 이 함수들의 모든 입력값은 직접 숫자로 입력하거나 숫자를 포함하는 셀의 주소로 입력할 수 있다.
- 수익률과 이자는 소수점, 예를 들어 3%는 0.03으로 입력해야 한다.
- 결제일(settlement)은 증권에 대한 지급이 이루어진 날이다. 만기(maturity)는 만기일이다. 이 날짜들은 엑셀 함수를 사용하여 직접 입력할 수 있다. 예를 들어 2009년 2월 15일은 DATE(2009, 02, 15)로 입력할 수 있다.
- PRICE와 YLD 함수는 함수 입력 상자에서 밑으로 스크롤하여 이자 지급횟수를 입력해야 한다. 연간 지급은 1을, 반년 지급은 2를 입력하라.
- PRICE와 YLD 함수는 'basis(날짜 계산 기준)'를 입력하라고 한다. 이것은 빈칸으로 놔두어도 된다. ("도움말"을 참조하라.)

스프레드시트 문제

다음 문제는 이 함수들을 연습하려는 것이다.

3.1 (PRICE) 2009년 2월 2020년 만기 8.5% 국채의 수익률이 3.2976%이었다(그림 3.1 참조). 채권가격은 얼마였는가? 수익률이 4%로 오르면 가격은 어떻게 되겠는가?

3.2 (YLD) 같은 날 2018년 만기 3.5% 국채의 가격은 107:15였다(그림 3.1 참조). 만기수익률은 얼마였는가? 가격이 110:00이라면 만기수익률은 어떻게 되겠는가?

3.3 (DURATION) 이 8.5% 국채의 듀레이션은 얼마였는가? 만기수익률이 4%로 상승하면 듀레이션은 어떻게 변하는가? 그 이유를 설명할 수 있는가?

3.4 (MDURATION) 이 8.5% 국채의 수정 듀레이션은 얼마였는가? 액면이자율이 7.5%라면 수정 듀레이션은 어떻게 변하는가?

회사채의 변형

대부분의 회사채는 앞에서 살펴본 정부채권과 비슷하다. 다시 말해 이들은 만기까지 매년 정해진 명목상 이자를 지급하고 만기에는 액면가를 상환한다. 그렇지만 회사채에는 이와는 다른 다양한 형태도 존재한다. 다음은 두 가지 예이다.

변동금리 채권 일부 회사채는 **변동금리**로 발행된다. 변동금리 채권(floating-rate bond)은 지급이자가 현재 시장금리의 어떤 척도와 연계되어 있다. 즉 이자율이 1년에 한 번씩 현행 단기 국채 이자율 + 2%와 같이 설정될 수 있다. 따라서 재정증권 이자율이 연초에 6%라면 그해 채권 이자율은 8%로 정해진다. 이러한 계약은 채권 액면이자율은 항상 현행 시장이자율과 비슷해진다는 것을 의미한다.

전환사채 전환사채(convertible bond)를 매입하면 나중에 채권을 정해진 수의 보통주로 교환할 것인가를 선택할 수 있다. 예를 들어 $1,000의 액면가로 발행된 전환사채는 회사 주식 50주로 전환될 수 있다. 전환사채는 회사 주식 가격의 상승에 참여할 기회를 제공하기 때문에, 투자자는 전환사채의 좀 더 낮은 이자율을 받아들인다.

여기서는 정부채권과 회사채 간의 차이를 대충 살펴보았을 뿐이다. 더 자세한 내용은 제23장과 24장을 포함하여 뒤의 장들에서 논의한다. 지금으로서는 이 정도로 충분하다.

요약

채권은 단순히 장기 부채이다. 채권을 보유한 사람은 정기적인 이자(**액면이자**) 지급과 만기에 액면가(**원금**)를 받을 권리가 있다. 미국에서 채권의 액면이자는 보통 반년마다 지급되지만 다른 나라에서는 1년에 한 번 지급되기도 한다.

채권의 가치는 현금 지급금을 현물이자율로 할인한 것과 같다. 예를 들어 10년 만기 연간 5% 액면이자율을 갖는 채권의 가치는 다음과 같다.

$$\text{PV}(\text{액면가의 \%}) = \frac{5}{(1+r_1)} + \frac{5}{(1+r_2)^2} + \cdots + \frac{105}{(1+r_{10})^{10}}$$

이 계산은 매 기간 서로 다른 현물이자율을 사용한다. 만기에 따른 현물이자율의 그림은 이자율의 기간구조를 보여준다.

현물이자율은 스트립의 가격을 이용하여 가장 편하게 계산할 수 있다. 스트립은 도중에 이자를 지급하지 않고 만기에만 액면가를 한 번 지급하는 채권이다. 미래 시점 t에 만기가 되는 스트립의 가격은 할인계수와 그 시점의 현금흐름에 대한 현물이자율을 나타낸다. 그 시점에 있는 다른 모든 안전한 현금지급액은 같은 현물이자율로 평가된다.

투자자와 재무관리자는 채권의 만기수익률을 사용하여 장래 수익률을 나타낸다. 10년 만기 5% 채권의 만기수익률을 계산하려면 다음 식을 y에 대해 풀어야 한다.

$$\text{PV}(\text{액면가의 \%}) = \frac{5}{(1+y)} + \frac{5}{(1+y)^2} + \cdots + \frac{105}{(1+y)^{10}}$$

만기수익률은 현물이자율이 다르더라도 모든 현금 지급금을 같은 이자율로 할인한다. 채권의 만기수익률은 채권가격이나 현재가치를 알아야만 계산할 수 있다는 것에 주의하라.

채권의 만기는 마지막 지급금을 받는 시기를 말해 준다. 또한 각 현금 지급금의 **평균** 시점을 아는

Visit us at www.mhhe.com/bma

채권	만기(년)	액면이자($)	가격($)
A	3	0	751.30
B	4	50	842.30
C	4	120	1,065.28
D	4	100	980.57
E	3	140	1,120.12
F	3	70	1,001.62
G	2	0	834.00

32. 매년 같은 금액을 영원히 지급하는 채권의 듀레이션은 (1 + 수익률)/수익률이다. 증명하라.

33. 배당이 일정한 비율로 영원히 성장할 것으로 기대되는 보통주의 듀레이션은 얼마인가?

34. a. 다음 국채에 내포된 현물과 선도 이자율은 얼마인가? 1년 만기 스트립의 가격은 93.46%이다. 단순화를 위해 지급은 연간으로 한다고 가정한다. (힌트: 2년도에만 현금 지급을 하도록 이 채권들의 매입 매도 포지션을 조합할 수 있는가? 3년도에만 지급하도록 할 수 있는가?)

만기(년)	액면이자(%)	가격($)
4	2	94.92
8	3	103.64

b. 4% 액면이자를 갖는 3년 만기 채권이 95.00%에 거래된다. 여기 이익을 얻을 기회가 있는가? 그렇다면 이것을 어떻게 이용하겠는가?

35. 표 3.4를 한 번 더 보라.

a. 채권가격을 알지만, 현물이자율을 모른다고 하자. 현물이자율을 계산하는 방법을 설명하라. (힌트: 네 개의 모르는 현물이자율이 있으므로 식이 네 개 필요하다.)

b. 채권 C를 균형가격 $1,058.76이 아니라 $1,040에 대량으로 살 수 있다고 하자. 추가 위험을 부담하지 않고 많은 돈을 벌 방법을 보여라.

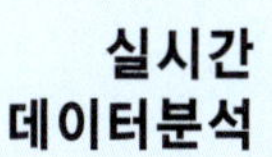

실시간 데이터분석

1. 월스트리트저널(**www.wsj.com**)과 파이낸셜 타임스(*Financial Times*)(**www.ft.com**)의 웹사이트는 시장 자료의 훌륭한 원천이다. 당신은 이들에 익숙해져야 한다. **www.wsj.com**을 이용하여 다음 물음에 답하라.

a. 이자 스트립의 가격을 찾아라. 이 가격들을 이용하여 기간구조를 그려라. 기대이론이 맞는다면 지금부터 3년 후 기대 1년 이자율은 얼마인가?

b. 3년 또는 4년 만기 채권을 찾아서 같은 현금흐름을 주는 이자와 원금 스트립 묶음을 구성하라. 일물일가의 법칙은 이 묶음을 사는 데 드는 비용이 채권의 비용과 매우 근사해야 한다고 예상한다. 그런가?

c. 액면이자가 낮은 장기 국채를 찾아서 듀레이션을 계산하라. 이제 비슷한 만기와 높은 액면이자를 갖는 다른 채권을 찾아라. 어느 것의 듀레이션이 더 긴가?

d. 10년 만기 명목 국채와 TIPS의 수익률을 찾아보라. 물가상승률이 연평균 2%가 될 것으로 확신한다면 어떤 채권이 더 높은 실질 수익률을 주겠는가?

2. **www.smartmoney.com**에 들어가서 'Living Yield Curve'를 찾아라. 이것은 수익률 곡선의 그림을 보여준다. 오늘의 수익률 곡선은 과거의 수익률 곡선과 어떻게 다른가? 단기 이자율은 장기 이자율보다 더 많이 움직이는가?

Visit us at www.mhhe.com/bma

04 Chapter

가치 PART 1

보통주의 가치

재무전문가로 사는 데는 직업 재해(occupational hazard)가 따른다는 점을 경고해야겠다. 한 가지 위험은 칵테일 파티에서 주식 투자로 큰돈을 벌 수 있는 자기만의 비법을 설명하려고 날뛰는 사람들로 둘러싸이는 일이다. 금융위기의 몇 안 되는 좋은 점 중 하나는 이런 짜증스러운 사람들이 일시적으로 동면에 들어간다는 점이다.

이 책에서는 거래의 위험이 과장되게 느껴질 수도 있다. 요지는 우월한 투자성과를 보장하는 손쉬운 방법이 없다는 것이다. 이 책 뒷부분에서, 잘 기능하는 자본시장에서는 증권가격의 변화는 본질적으로 예측할 수 없다는 것을 보일 것이다. 이 장에서 설명하는 현재가치 개념을 이용한 보통주 평가 방법이 곧 성공투자로 가는 열쇠를 약속하는 것은 아니다. 단순히 이 아이디어가 어떤 투자는 왜 다른 대안보다 더 높게 평가되는가를 이해하는 데 도움이 된다고 믿는다.

왜 이런 데 신경을 써야 하는가? 주식가치를 알려면 신문에서 주가를 찾아보면 되지 않는가? 불행히도 이 방법이 항상 가능하지는 않다. 예를 들어 성공적인 기업의 설립자를 생각해 보자. 지금은 모든 주식을 보유하고 있지만 다른 투자자에게 주식을 매각하여 기업을 공개할 것을 고려하고 있다. 설립자는 자기 회사의 주식이 얼마에 팔릴 수 있는가를 추정할 필요가 있다.

경영자가 주식이 어떻게 평가되는지를 이해해야 하는 또 다른 중요한 이유가 있다. 기업이 주주 이익을 위해 행동한다면 주주의 가치를 증가시키는 투자를 해야 한다. 이를 위해서는 먼저 주식가치를 결정하는 것이 무엇인지 이해해야 한다.

주식을 어떻게 거래하는지 알아보는 것으로 이 장을 시작한다. 그런 다음 주식 평가의 기본 원리와 기대수익률을 추정할 때 할인 현금흐름(discounted-cash-flow, DCF) 모형을 사용하는 방법을 설명한다.

이 원리들은 성장주와 수익주(income stock)의 기본적인 차이를 보여준다. 성장주는 단지 성장만 하는 것이 아니다. 성장주는 미래 투자에서 자본비용보다 높은 수익을 얻을 것으로 기대된다. 성장과 우월한 수익률의 **결합**이 성장주의 높은 주가이익비율(price earnings ratio)을 만들어 낸다. 이 장에서는 성장주와 수익주의 주가이익비율이 다른 이유를 설명한다. 마지막으로 DCF 모형이 개별 주식뿐만 아니라 기업 전체를 평가하는 데도 적용될 수 있음을 보인다.

추가 경고: 모든 사람이 보통주가 위험하다는 것과 어떤 주식은 다른 주식보다 더 위험하다는 것을 안다. 투자자는 기대수익률이 위험에 비례할 때만 주식에 투자할 것이다. 그러나 이 장에서는 위험과 기대수익률의 관계에 대해서는 거의 이야기하지 않는다. 위험에 관한 더 자세한 이야기는 제7장에서 시작한다.

4.1 주식은 어떻게 거래되는가?

제너럴 일렉트릭(GE)은 발행주식이 약 106억 주이고 약 60만 명의 주주들이 있다. 주주 중에는 수백만 주를 보유한 대형 연금기금과 보험회사도 있고, 단지 몇 주만을 보유한 개인들도 있다. 당신이 GE 주식 한 주만 갖고 있다면 이 회사의 0.00000001%를 소유하고, GE 이익에서 같은 비율의 작은 부분에 대해서만 청구권을 갖는다. 물론 더 많은 주식을 보유할수록 회사에 대한 '몫(share)'은 더 커진다.

GE가 추가로 자금을 조달하려고 할 때는 차입하거나 투자자에게 신주를 팔아서 조달할 수 있다. 새로운 자금을 조달하기 위해 신주를 발행하는 일은 **발행시장**(*primary market*)에서 일어난다. 그러나 주식 발행은 상대적으로 드물게 일어나며, GE 주식 거래의 대부분은 투자자들이 기존 주식을 사고파는 증권거래소에서 일어난다. 증권거래소는 이미 발행된 주식을 위한 시장이며 **유통시장**(*secondary market*)이라고 한다.

미국의 두 주요 증권거래소는 뉴욕증권거래소(NYSE)와 나스닥(Nasdaq)이다. 두 거래소는 증권거래 산업을 놓고 활발히 경쟁하며, 자신이 더 우수한 거래시장임을 그만큼 활발히 홍보한다. 이들이 취급하는 물량은 막대하다. NYSE에서는 평균적인 거래일 기준으로 약 2,800개 기업의 주식, 거의 28억 주가 거래된다.

NYSE와 나스닥 외에도 *ECN*(*electronic communication network*)이라고 하는 컴퓨터 네트워크가 있는데 이들 네트워크는 거래자들을 서로 연결해 준다. 규모가 큰 미국 기업은 런던거래소와 파리의 유로넥스트(Euronext) 거래소와 같은 외국 거래소에서도 거래된다. 동시에 많은 외국 기업 주식이 미국 거래소에 상장되어 있다. 예를 들어 도요타(Toyota), 로열 더치 쉘(Royal Dutch Shell), 캐나다 퍼시픽(Canadian Pacific), 타타 자동차(Tata Motors), 노키아(Nokia), 브라질 텔레콤(Brasil Telecom), 중국 동방항공(China Eastern Airlines)과 다른 400개 이상의 기업 주식도 NYSE에서 거래된다.

오랫동안 GE 주식을 보유한 존스(Jones) 여사가 더는 이 주식을 보유하고 싶지 않다고 하자. 그녀는 이 회사 주식을 더 많이 보유하고 싶어 하는 브라운(Brown) 씨에게 NYSE를 통해 주식을 팔 수 있다. 이 거래는 단순히 기업의 부분적인 소유권을 한 투자자에게서 다른 투자자로 이전한다. 주식은 신규로 발행되지 않고, GE는 보통 이러한 거래가 일어났는지 상관하지도 않으며 심지어 알지도 못한다.

존스 여사와 브라운 씨는 GE 주식을 자신이 직접 사거나 팔지 않는다. 대신 그들의 주문은 중개회사(증권회사, brokerage firm)를 통해야 한다. 빨리 팔고 싶어 하는 존스 여사는 중개인에게 지금 받을 수 있는 최선의 가격에 주식을 팔라는 **시장가 주문**(*market order*)을 낼 수 있다. 한편, 브라운 씨는 중개인에게 GE 주식을 사려는 가격 한도를 제시할 수도 있다. 이 **지정가 주문**(limit order)이 즉시 체결되지 못하면 체결될 때까지 거래소의 주문장(limit order book)에 기록된다.

NYSE에서 거래할 때 브라운 씨와 존스 여사는 거대한 경매시장(auction market)에 참여하는 것이다. 이 시장에서는 거래소가 지정한 시장조성인(market maker)이 수많은 투자자의 주문을 연결해 준다. 도쿄 증권거래소와 런던 증권거래소, 독일 증권거래소(Deutsche Börse)와 같은 세계 대부분의 주요 거래소는 경매시장 형태로 조직되어 있다. 그러나 이 경우 경매인은 컴퓨터이다.[1] 이는 저녁 뉴스에 등장하는 거래장(floor)도 없고, 거래를 시작하기 위해 종을 울릴 필요도 없다는 것을 의미한다.

나스닥은 경매시장이 아니다. 나스닥에서는 모든 거래가 주식을 사고팔려고 기다리고 있는

1) NYSE에서는 아직 거래장에서 얼굴을 맞대고 거래가 이루어지지만, 컴퓨터를 이용한 거래가 급속히 확대되고 있다. 2006년 NYSE는 전자거래시스템인 Archipelago와 합병하여 공개기업으로 변모하였다. 다음 해 NYSE는 유럽의 전자거래시스템인 Euronext와 합병하여 이름을 NYSE Euronext로 바꿨다.

전문적인 딜러(dealer) 중 하나와 투자자 간에 이루어진다. 주식거래에는 딜러시장이 상대적으로 드물다. 그러나 많은 다른 금융상품의 거래에는 딜러가 활발하게 개입한다. 예를 들어 채권은 대부분 딜러시장에서 거래된다.

주식 거래가격은 일간지에 게제된다. 월스트리트저널의 웹사이트(**www.wsj.com**)가 2009년 3월 어느 날 GE의 거래를 어떻게 기록하고 있는지 보자.

52주				
고가	저가	거래량	종가	변동
38.52	5.93	216,297,410	9.62	0.05

이날 투자자들은 총 2억 1,600만 주의 GE 주식을 거래했다는 것을 알 수 있다. 이날 폐장 때 GE 주식은 주당 $9.62에 거래되었으며, 전일 종가보다 $0.05 상승하였다. GE의 발행주식이 106억 주이므로 투자자들은 이 주식의 총 가치를 $1,020억으로 평가하고 있다.

주식을 사는 것은 위험한 일이다. GE의 주가는 2001년 약 $60에서 최고치를 기록하였다. 이 주식을 $60에 산 불운한 투자자는 2009년 3월에 와서는 투자액의 84%를 잃었다. 물론 칵테일 파티에서는 그런 사람을 만나지 못한다. 그들은 침묵을 지키거나 아니면 아예 초대받지도 못한다.

NYSE와 나스닥에서 일어나는 거래는 대부분 보통주 거래이다. 그러나 다른 증권도 거래된다. 이외에도 투자자는 한 번의 거래로 주식 포트폴리오를 사거나 팔 수 있는 수백 개의 상장지수 펀드(*exchange-traded funds*, ETF) 중에서 선택할 수도 있다. ETF로는 S&P 500을 포함하여 몇 가지 스탠더드 앤드 푸어스 주식시장 지수를 추적하는 포트폴리오인 SPDR(Standard & Poor's Depository Receipts, 즉 'spiders')가 있다. 이 외에도 다우존스산업평균을 추적하는 DIAMONDS, 나스닥 100 지수를 추적하는 QUBES 또는 QQQQ와 특정 산업이나 상품을 추적하는 ETF 등이 있다. 또한 증권 포트폴리오에 투자한 폐쇄형 뮤추얼펀드 주식도 살 수 있다.[2] 이들 중에는 특정 국가의 주식 포트폴리오에 투자한 국가 펀드, 예를 들어 멕시코와 칠레 펀드 등도 있다.

4.2 보통주는 어떻게 평가되는가?

GE 주식의 가치를 알아내는 것이 단순한 문제처럼 들릴 수 있다. 매 분기마다 회사는 자산과 부채 가치를 보여주는 재무상태표를 발표한다. 2008년 말 GE의 모든 자산(공장과 기계, 원재료 재고, 은행 예금 등)의 장부가치는 $7,980억이었다. GE의 부채(은행에 빚진 돈, 지급 기일이 된 세금 등)는 $6,930억에 달해, 자산과 부채 가치의 차이는 $1,050억이었다. 이것이 GE 자기자본의 장부가치(book value of equity)이다.

2) 폐쇄형 뮤추얼펀드(*closed-end* mutual funds)는 거래소에서 거래되는 주식을 발행한다. 개방형(*open-end*) 펀드는 거래소에서 거래되지 않는다. 개방형 펀드의 투자자는 직접 이 펀드와 거래한다. 이런 펀드는 투자자에게 신주를 발행하고, 투자금의 회수를 원하는 투자자에게는 펀드에서 주식을 상환한다.

장부가치란 투자자를 안심시키는 확정적 숫자라 할 수 있다. 미국에서 가장 큰 회계법인 중 하나인 KPMG는 매년 GE의 재무보고서가 미국에서 일반적으로 인정된 회계원칙(보통 GAAP이라고 함)에 따라, 모든 중요한 관점에서 이 회사의 재무 상황을 잘 나타내고 있다는 의견을 발표한다. 그러나 GE의 재무상태표에 보고된 자산가치는 원래의(즉 '역사적') 원가에서 감가상각 충당금을 뺀 것과 같다. 이것이 오늘 이들 자산을 얼마에 팔 수 있는가에 대한 좋은 지침은 아닐 것이다. GE는 여러 투자안에 투자할 자금을 조달할 때 투자안들이 투자에 드는 비용보다 더 가치 있다고 판단하였다. 이것이 옳았다면 주식은 장부가치보다 더 높은 가격에 거래되어야 한다.

비슷한 주식으로 가치평가

재무분석가는 기업을 평가해야 할 때 종종 비슷한 기업들을 확인하는 것으로 시작한다. 그러고 나서 이들은 투자자들이 이들 기업의 자산이나 이익 $1에 대해 얼마를 지불하려고 하는가를 검토한다. 이것을 종종 **비슷한 주식에 의한 가치평가**(*valuation by comparables*)라고 한다. 예를 들어 표 4.1을 보라. 숫자 중 첫 번째 열은 잘 알려진 일부 기업의 시장가치 대 장부가치 비율을 보여준다. 시장가치가 일반적으로 장부가치보다 크다는 점에 유의하라. 두 가지 예외가 있다. GE 주식의 시장가치는 정확히 장부가치와 같고 다우케미컬(Dow Chemical) 주식은 장부가치보다 상당히 낮다.

숫자의 두 번째 열은 경쟁 기업의 시장가치 대 장부가치 비율을 보여준다. 예를 들어 첫 열에서 전형적인 대형 제약회사의 주식은 장부가치의 세 배로 거래된다는 것을 볼 수 있다. 따라서 존슨 앤드 존슨(Johnson & Johnson) 주식의 시장가치를 모른다면 이것도 또한 장부가치의 세 배로 거래될 것으로 추정할 수 있다. 이 방법은 실제 시장 주가 $52보다 약간 낮은 $46로 주가를 추정한다.

다른 방법은 투자자들이 다른 제약회사 주식의 $1 이익에 대해 얼마를 지불하려고 하는가를

	시장가치 대 장부가치 비율		주가이익비율	
	회사	경쟁기업*	회사	경쟁기업*
Johnson & Johnson	3.4	3.0	11.3	10.9
PepsiCo	6.4	3.0	15.6	12.9
Campbell Soup	9.0	4.6	8.8	11.3
Wal-Mart	3.0	2.1	14.6	13.4
Exxon Mobil	2.9	1.2	7.6	5.3
Dow Chemical	0.5	3.0	12.5	10.6
Dell Computer	4.5	3.7	7.9	11.1
Amazon	11.2	2.7	46.9	22.2
McDonald's	4.4	3.1	14.1	13.6
American Electric Power	1.1	1.1	8.1	11.0
GE	1.0	1.7	4.6	8.8

표 4.1 표본 기업과 경쟁기업들의 시장가치 대 장부가치 비율과 P/E 비율(2009년 3월).
* 경쟁기업 비율은 비율 중앙값이다.

보는 것이다. 표 4.1의 첫 번째 행은 이들 주식의 전형적인 주가이익(*P/E*) 비율이 10.9라는 것을 보여준다. 존슨 앤드 존슨 주식도 이와 비슷한 P/E 비율로 거래되어야 한다고 가정하면, 이 주식의 가치는 2009년 3월의 실제 주가보다 약간 낮은 $50의 가치가 있다고 추정할 수 있다.

비슷한 주식에 의한 평가는 존슨 앤드 존슨에 잘 적용된다. 그러나 표 4.1에 있는 모든 기업이 다 그렇지는 않다. 예를 들어 아마존(Amazon) 주식이 비슷한 닷컴 주식과 같은 비율로 거래된다고 단순히 가정하면 크게 차이가 난다. 주가 대 장부가치 비율과 P/E 비율은 같은 산업에 속한 기업에서도 주식마다 상당히 차이가 난다. 왜 그런가를 이해하려면 좀 더 깊이 들어가서 주식의 시장가치를 결정하는 요인들을 살펴볼 필요가 있다.

주가의 결정 요인

제2장에서 미래 현금흐름을 어떻게 평가하는가를 설명하였다. 주식의 현재가치를 구하는 DCF 공식은 다른 자산의 현재가치를 구하는 공식과 같다. 자본시장에서 비슷한 위험을 갖는 증권에서 벌 수 있는 수익률로 현금흐름을 할인한다. 주주는 배당의 흐름 형태로 회사에서 현금을 받는다. 따라서

$$\text{PV}(\text{주식}) = \text{PV}(\text{기대 미래 배당})$$

처음 보면 이 식은 의외로 생각된다. 투자자가 주식을 살 때는 보통 배당뿐만 아니라 자본이득(capital gain)도 얻기를 기대한다. 왜 이 현재가치 공식은 자본이득에 관해서는 아무런 언급도 하지 않는가? 그러나 지금부터 설명하는 것처럼 이 식에는 전혀 모순이 없다.

오늘의 가격

보통주 소유자에게 돌아가는 현금흐름은 두 가지 형태가 있다. (1) 현금배당과 (2) 자본이득 또는 손실이다. 주식의 현재 가격이 P_0, 연말 기대 가격이 P_1, 주당 기대 배당이 DIV_1이라고 하자. 투자자가 다음 해 동안 이 주식에서 기대하는 수익률은 주당 기대 배당 DIV_1에 주당 기대 가격상승 $P_1 - P_0$를 더한 값을 연초 가격 P_0로 나눈 것으로 정의된다.

$$\text{기대수익률} = r = \frac{\text{DIV}_1 + P_1 - P_0}{P_0}$$

풋내기전자 주식이 주당 $100($P_0 = 100$)에 거래된다고 하자. 투자자는 다음 해 $5 현금배당 ($\text{DIV}_1 = 5$)을 기대한다. 주주들은 이 주식이 1년 후 $110($P_1 = 110$)에 팔릴 것으로 기대한다. 다음과 같이 기대수익률은 15%이다.

$$r = \frac{5 + 110 - 100}{100} = 0.15, \text{ 즉 } 15\%$$

한편, 투자자의 배당과 가격에 대한 예측치, 그리고 위험수준이 같은 다른 주식의 기대수익률을 알면 이 주식의 오늘 가격을 예측할 수 있다.

$$가격 = P_0 = \frac{\mathrm{DIV}_1 + P_1}{1 + r}$$

풋내기전자의 경우 $\mathrm{DIV}_1 = 5$이고 $P_1 = 110$이다. 풋내기전자의 기대수익률 r이 15%라면 오늘 가격은 $100이어야 한다.

$$P_0 = \frac{5 + 110}{1.15} = \$100$$

이 계산에서 할인율 r은 정확히 얼마인가? 이것을 **시장 자본화율(market capitalization rate)** 또는 **자기자본비용(cost of equity capital)**이라 하며, 기회자본비용의 다른 이름이다. 이는 풋내기전자 주식과 동일한 위험을 갖는 다른 증권의 기대수익률로 정의된다.

풋내기전자보다 안전한 주식도 있고, 더 위험한 주식도 있다. 거래되는 수많은 주식 중 본질적으로 위험이 같은 그룹이 있다. 이 그룹을 풋내기전자의 **위험 클래스**(*risk class*)라고 하자. 이 위험 클래스의 모든 주식은 같은 기대수익률을 제공하도록 가격이 결정된다.

풋내기전자의 위험 클래스에 속한 다른 증권들이 모두 같은 15%의 기대수익률을 제공한다고 하자. 이 경우 풋내기전자 주식의 적정 가격은 주당 $100이다. 사실은 이것은 유지될 수 있는 유일한 가격이다. 풋내기전자 주가가 $P_0 = \$100$보다 높으면 어떻게 될까? 이 경우 투자자는 다른 증권으로 투자를 변경하고 이 과정에 풋내기전자의 주가를 낮추게 된다. P_0가 $100보다 낮으면 과정은 반대가 된다. 투자자들이 이 주식을 사려고 몰려들어 가격은 $100로 올라간다. 따라서 각 시점에서 **같은 위험 클래스의 모든 증권은 같은 기대수익률을 제공하도록 가격이 형성된다.** 이것이 잘 작동하는 자본시장의 균형조건이며, 또한 상식이다.

그렇다면 내년 가격은 어떻게 결정되는가?

오늘의 주가 P_0를 배당 DIV_1과 내년의 기대 가격 P_1으로 설명하였다. 미래 주가를 직접 예측하기는 쉽지 않다. 내년 가격이 어떻게 결정되는가를 생각해 보라. 주가 공식이 맞으면 다음 식이 성립해야 한다.

$$P_1 = \frac{\mathrm{DIV}_2 + P_2}{1 + r}$$

즉 투자자는 지금부터 1년 후에 2년도의 배당과 2년도 기말 주가를 바라본다는 것이다. 따라서 DIV_2와 P_2를 예측하여 P_1을 예측할 수 있으며, P_0를 DIV_1과 DIV_2, P_2로 나타낼 수 있다.

$$P_0 = \frac{1}{1+r}(\mathrm{DIV}_1 + P_1) = \frac{1}{1+r}\left(\mathrm{DIV}_1 + \frac{\mathrm{DIV}_2 + P_2}{1+r}\right) = \frac{\mathrm{DIV}_1}{1+r} + \frac{\mathrm{DIV}_2 + P_2}{(1+r)^2}$$

풋내기전자를 보자. 투자자가 첫해 말에 주가가 상승할 것으로 예상하는 그럴듯한 이유는 둘째 해에 더 높은 배당과 더 많은 자본이득을 기대하기 때문이다. 예를 들어, 오늘 투자자들이 2년도에 $5.50의 배당과 $121의 주가를 예상한다고 하자. 이는 1년도의 기말 주가가 다음과 같이

$110임을 의미한다.

$$P_1 = \frac{5.50 + 121}{1.15} = \$110$$

오늘 가격은 원래의 공식으로 다음과 같이 계산할 수 있다.

$$P_0 = \frac{\text{DIV}_1 + P_1}{1 + r} = \frac{5.00 + 110}{1.15} = \$100$$

아니면, 확장된 공식으로 계산할 수도 있다.

$$P_0 = \frac{\text{DIV}_1}{1 + r} + \frac{\text{DIV}_2 + P_2}{(1 + r)^2} = \frac{5.00}{1.15} + \frac{5.50 + 121}{(1.15)^2} = \$100$$

오늘의 가격을 두 해 동안의 예상 배당(DIV_1과 DIV_2)과 둘째 해 말의 예상 주가(P_2)를 더한 것에 연결하였다. 이제 P_2를 $(\text{DIV}_3 + P_3)/(1 + r)$로 대신하고 오늘의 가격을 3년간 예상 배당(DIV_1과 DIV_2, DIV_3)에 3년째 말의 기말 예상 주가(P_3)를 더한 것과 연결한다. 이처럼 차례로 가격 P_t를 소거하여 원하는 만큼 미래로 갈 수 있다. 이 마지막 기간을 H라 하자. 이렇게 하면 다음과 같이 일반 주가 공식을 얻는다.

$$\begin{aligned} P_0 &= \frac{\text{DIV}_1}{1 + r} + \frac{\text{DIV}_2}{(1 + r)^2} + \cdots + \frac{\text{DIV}_H + P_H}{(1 + r)^H} \\ &= \sum_{t=1}^{H} \frac{\text{DIV}_t}{(1 + r)^t} + \frac{P_H}{(1 + r)^H} \end{aligned}$$

$\sum_{t=1}^{H}$ 기호는 1년도에서 H년도까지 할인한 배당금의 합을 나타낸다.

표 4.2는 배당이 10% 복리로 증가할 것으로 예상한다고 가정하고 풋내기전자의 예를 다양한 투자기간에 대해 계산해 본 것이다. 기대 가격 P_t는 매년 같은 비율로 증가한다. 표의 각 줄은 서로 다른 H에 대해 이 공식을 적용한 것이다. 그림 4.1은 이 표를 그림으로 나타낸 것이다. 각 막대는 평가기간 말까지 배당의 현재가치와 평가기간 말 주가의 현재가치를 보여준다. 평가기간이 길어짐에 따라 현재가치에서 배당 흐름이 차지하는 비율이 더 커지지만, 배당과 평가기간 말 주가의 총 현재가치는 $100로 항상 일정하다.

얼마나 먼 기간까지 내다볼 수 있는가? 원칙적으로 평가기간 H는 무한히 멀어질 수 있다. 보통주는 수명이 다해 없어지지 않는다. 파산이나 합병 같은 기업 위험을 제외하고는 보통주는 영원하다. 그림 4.1의 마지막 막대처럼 H가 무한대에 접근하면 기간 말 주가의 현재가치는 0에 가까워진다. 따라서 기간 말 주가는 완전히 잊어버리고 현재 주가를 현금배당의 영원한 흐름의 현재가치로 나타낼 수 있다. 이를 보통 다음과 같이 나타낸다.

$$P_0 = \sum_{t=1}^{\infty} \frac{\text{DIV}_t}{(1 + r)^t}$$

	기대 미래가치		현재가치		
평가기간	배당(DIV_t)	주가(P_t)	누적 배당	미래 주가	계
0	—	100	—	—	100
1	5.00	110	4.35	95.65	100
2	5.50	121	8.51	91.49	100
3	6.05	133.10	12.48	87.52	100
4	6.66	146.41	16.29	83.71	100
10	11.79	259.37	35.89	64.11	100
20	30.58	672.75	58.89	41.11	100
50	533.59	11,739.09	89.17	10.83	100
100	62,639.15	1,378,061.23	98.83	1.17	100

표 4.2 풋내기전자에 주식 평가 공식을 적용하기.

가정:

1. 배당은 연 10%씩 복리로 증가한다.
2. 자본화율은 15%이다.

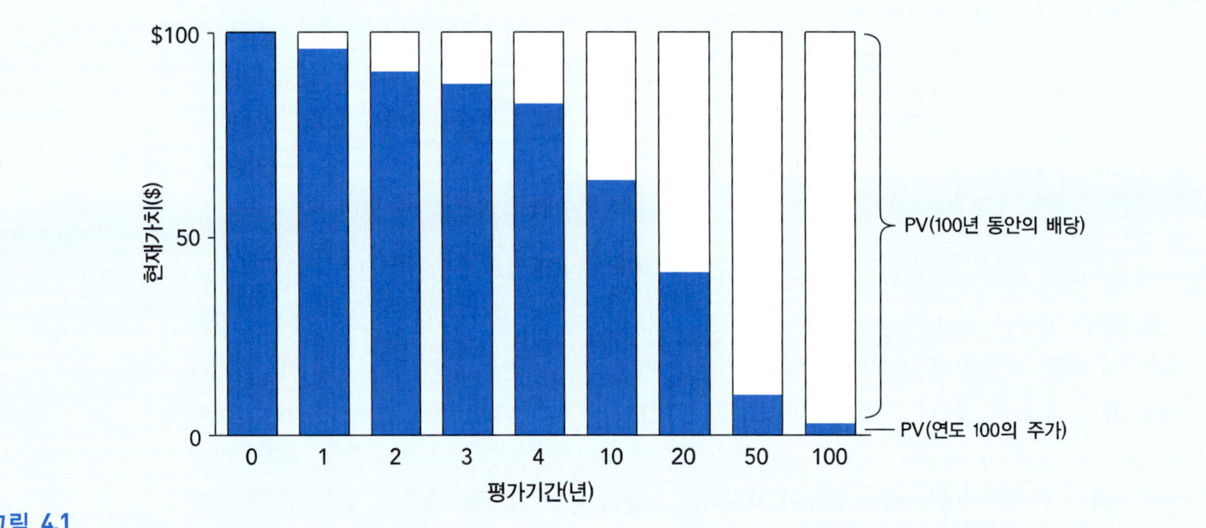

그림 4.1

투자기간이 멀어짐에 따라 미래 주가의 현재가치(청색 부분)는 감소하지만, 배당 흐름의 현재가치(흰색 부분)는 증가한다. 총 현재가치(미래 주가와 배당)는 일정하다.

여기서 ∞는 무한대를 의미한다.

이 주가의 현재가치에 대한 할인 현금흐름(DCF) 공식은 모든 다른 자산의 현재가치에 대해서도 동일하게 적용된다. 현금흐름(여기서는 배당 흐름)을 같은 위험을 갖는 증권이 자본시장에서 벌 수 있는 수익률로 할인한다. 어떤 사람들은 DCF 공식이 자본이득을 무시하기 때문에 받아들이기 어렵다고 한다. 그러나 이 공식은 모든 시점의 주가는 다음 기간의 기대 배당과 자본이득 모두에 의해 결정된다는 가정에서 도출되었다는 사실을 기억하라.

주식가치가 할인된 주당 이익 흐름의 합과 같다고 말하는 것은 옳지 않다는 데 주의하라. 이익의 일부가 새로운 공장과 장비 그리고 운전자본에 재투자되기 때문에 이익은 일반적으로 배당보다 크다. 이익을 할인하는 것은 투자의 보상(더 커진 미래 배당)은 인정하면서 희생(작아진 현재 배당)은 고려하지 않는 것이다. 올바른 공식은 주식가치는 주당 배당 흐름을 할인한 것과 같다고 하는 것이다.

요즈음 많은 성장기업은 배당을 지급하지 않는다. 회사로 유보되지 않는 모든 현금은 자사주를 매입하는 데 사용된다. 예를 들어 시스코(Cisco)를 보자. 시스코는 한 번도 배당을 한 적이 없다. 그렇지만 $1,000억의 시장가치를 가진 성공적인 기업이다. 이것이 배당할인 모형과 어떻게 일관성을 갖는가?

시스코의 주주가 현금배당을 받기를 전혀 기대할 수 없거나 다른 기업에 인수당하지 않을 것이라면[3] 사실상 주가를 설명하기는 어렵다. 그러나 시스코의 수익성 있는 투자기회는 미래 어느 시점에서 점차 사라지게 되어서 지불하고 있는 회사는 배당으로 지급될 수 있는 현금을 풀어놓게 될 것이다. 주주들이 이 회사에 지불하고 있는 $1,000억은 이러한 전망으로 설명된다.

4.3 자기자본비용 추정하기

제2장에서 기본적인 현재가치 공식의 단순화된 모습들을 보았다. 이들이 주식가치에 관해 어떤 통찰력을 제공하는지 살펴보자. 기업의 배당이 일정한 비율로 성장한다고 하자. 이것이 해마다 배당이 추세에서 벗어나지 않는다는 의미는 아니다. 이는 단지 기대 배당이 일정한 비율로 성장한다는 것을 의미한다. 이러한 투자는 제2장에서 평가했던 증액 영구연금의 다른 예이다. 현재가치를 구하려면 첫해 현금흐름을 할인율과 성장률의 차이로 나누어야 한다.

$$P_0 = \frac{\text{DIV}_1}{r - g}$$

이 공식은 기대성장률 g가 할인율 r보다 작을 때만 유효하다. g가 r에 가까워짐에 따라 주가는 무한히 커진다. 성장이 실제로 영원하다면 분명히 r은 g보다 커야 한다.

증액 영구연금 공식은 P_0를 다음 해의 기대 배당 DIV_1과 예상 성장 추세 g, 같은 위험을 갖는 다른 증권의 기대수익률 r로 설명한다. 이 공식을 다음과 같이 변형하여 DIV_1과 P_0, g로부터 r의 추정치를 얻을 수 있다.

$$r = \frac{\text{DIV}_1}{P_0} + g$$

기대수익률은 **배당수익률**(DIV_1/P_0)에 배당의 기대성장률(g)을 더한 것과 같다.

3) 시스코가 인수된다면 시스코 주주에게 가는 모든 현금 지급금은 매우 많은 배당이라고 할 수 있다.

이 두 공식은 "주가는 미래 기대 배당의 현재가치와 같다"[4]는 일반적인 말보다는 훨씬 사용하기가 쉽다. 실제 예를 들어 보자.

DCF 모형을 사용하여 가스와 전기 요금 결정하기

미국에서 지역 전기회사나 가스회사가 부과하는 가격은 주 위원회에서 규제한다. 규제기관은 소비자 가격을 낮게 유지하면서 공익기업들이 적절한 수익을 얻도록 허용하려고 한다. 그러나 얼마가 적절한가? 보통 r을 회사의 보통주에 대한 시장 자본화율로 해석한다. 공익기업 자기자본의 적정한 수익률은 자본비용, 즉 그 공익기업의 보통주와 동일한 위험을 갖는 증권이 제공하는 수익률이다.[5]

이 수익률 추정치의 작은 변동은 고객에게 부과되는 가격과 기업의 이익에 큰 영향을 미칠 수 있다. 따라서 공익기업과 규제기관 모두 자본비용을 정확히 추정하기 위해 노력한다. 회사와 규제기관은 공익기업이 일정률성장 DCF 모형을 적용하기에 안성맞춤인 성숙하고 안정적인 회사라는 것을 안다.[6]

지역 천연가스 공급 회사인 노스웨스트 천연가스(Northwest Natural Gas)의 자기자본비용을 추정하고 싶다고 하자. 이 회사 주식은 2009년 초에 주당 \$42.45에 거래되고 있었다. 다음 해의 배당금은 주당 \$1.68로 예상된다. DCF 공식의 첫 항을 계산하는 것은 간단하다.

$$\text{배당수익률} = \frac{\text{DIV}_1}{P_0} = \frac{1.68}{42.45} = 0.040, \text{ 즉 } 4.0\%$$

어려운 부분은 기대 배당성장률 g를 추정하는 것이다. 한 가지 방법은 각 회사의 전망을 조사하는 애널리스트의 견해를 참조하는 것이다. 그러나 애널리스트들이 자리를 내놓는 위험을 무릅쓰고 배당을 예측하는 일은 드물며, 보통 앞으로 5년 정도의 성장률을 예측한다. 이 추정치는 장기 기대 성장경로에 관한 단서를 제공한다. 노스웨스트의 경우 2009년에 애널리스트들은 연간 성장률을 6.1%로 예측하였다.[7] 이것은 배당수익률과 함께 자기자본비용 추정치를 제공한다.

$$r = \frac{\text{DIV}_1}{P_0} + g = 0.040 + 0.061 = 0.101, \text{ 즉 } 10.1\%$$

---

4) 이 공식은 1938년 Williams에 의해 개발되었고 Gordon과 Shapiro에 의해 재발견되었다. J. B. Williams, *The Theory of Investment Value*(Cambridge, MA: Harvard University Press, 1938)와 M. J. Gordon and E. Shapiro, "Capital Equipment Analysis: The Required Rate of Profit," *Management Science* 3(October 1956), pp. 102~110 참조.

5) 이것은 1944년 미국 대법원 명령 "[규제 기업] 주주의 수익률은 같은 위험을 갖는 다른 기업의 투자 수익률과 같아야 한다"에 대한 일반적인 해석이다. *Federal Power Commission v. Hope Natural Gas Company*, 302 U.S. 591 at 603.

6) 여기에는 많은 예외가 있다. 예를 들어 Pacific Gas & Electric(PG&E)은 북부 캘리포니아에서 서비스를 제공하는데, 2000년 캘리포니아의 에너지 위기가 전기 도매가격을 천정부지로 올릴 때까지만 해도 이 회사는 성숙하고 안정적인 기업이었다. PG&E는 이 가격 상승을 소매 고객에게 전가하는 계획을 승인받지 못했다. 이 회사는 2000년에 \$35억을 손해보았고, 2001년에 파산을 선언해야 했다. PG&E는 2004년 파산에서 회생하였지만, 이 회사가 다시 일정률 성장 DCF 모형에 적합한 기업이 되기까지는 좀 더 기다려야 할 것이다.

7) 이 계산에서는 이익과 배당이 같은 비율 g로 영원히 성장한다고 예측한다. 이 장 뒤에서 이 가정을 어떻게 완화하는가를 보일 것이다. 성장률은 Value Line과 IBES가 예측한 평균 이익성장률에 근거하고 있다. IBES는 애널리스트들의 예측을 수집하여 평균을 낸다. Value Line은 자사 애널리스트들의 예측 자료를 발간한다.

장기 성장률을 추정하는 다른 방법은 주당 이익(EPS)에 대한 배당의 비율인 **배당성향 (payout ratio)**에서 출발하는 것이다. 노스웨스트의 경우 배당성향은 60%로 예측되었다. 다른 말로 하면 매년 이 회사는 주당 이익의 40%를 내부 유보한다.

$$\text{내부유보율} = 1 - \text{배당성향} = 1 - \frac{\text{DIV}}{\text{EPS}} = 1 - 0.60 = 0.40$$

또한 노스웨스트의 주당 장부가치에 대한 주당 이익의 비율은 약 11%였다. 이것이 **자기자본 이익률(return on equity, ROE)**이다.

$$\text{자기자본이익률} = \text{ROE} = \frac{\text{EPS}}{\text{주당 장부가치}} = 0.11$$

노스웨스트가 장부가치의 11%를 벌고 이익의 40%를 재투자하면 장부가치는 0.40 × 0.11 = 0.044, 즉 4.4%씩 증가한다. 주당 이익과 배당도 또한 4.4%씩 증가한다.

$$\text{배당성장률} = g = \text{내부유보율} \times \text{ROE} = 0.40 \times 0.11 = 0.044$$

이것은 시장 자본화율의 두 번째 추정치를 제공한다.

$$r = \frac{\text{DIV}_1}{P_0} + g = 0.040 + 0.044 = 0.084, \text{ 즉 } 8.4\%$$

노스웨스트의 자기자본비용 추정치가 타당해 보인다 하더라도 한 기업의 주식을 일정률성장 DCF 모형으로 분석하는 것은 분명히 위험한 일이다. 첫째, 일정한 미래 성장에 대한 기본 가정은 기껏해야 근사치에 불과하다. 둘째, 이것이 수용할 수 있는 근사치라고 하더라도 g를 추정할 때 어쩔 수 없이 오류가 포함된다.

노스웨스트의 자기자본비용이 이 회사만의 고유한 특성이 아니라는 것을 기억하라. 제대로 작동하는 자본시장에서는 투자자들이 노스웨스트와 동일한 위험 클래스에 있는 모든 증권의 배당을 정확히 같은 할인율로 할인한다. 그러나 한 주식에 대한 r의 추정치에는 '잡음(noise)'이 포함되어 있으며 오류가 따른다. 한 기업의 자기자본비용 추정치에 너무 많은 가중치를 주지 않는 것이 좋은 습관이다. 비슷한 기업의 표본을 모으고, 각각에 대해 r을 추정하여 평균을 낸다. 이 평균은 의사결정에서 좀 더 신뢰할 수 있는 기준이 된다.

표 4.3의 오른쪽에서 두 번째 열은 노스웨스트와 7개 다른 가스공급회사의 DCF 자기자본비용 추정치를 보여준다. 이들은 모두 일정률성장 DCF 모형이 적용되는 성숙하고 안정된 기업이다. 자기자본비용 추정치에 변동이 있다는 점을 주목하라. 변동의 일부는 위험의 차이를 반영하고, 일부는 잡음이다. 평균 추정치는 10.2%이다.

표 4.4는 DCF 자기자본비용 추정치의 다른 예, 즉 2009년 미국 철도회사의 예를 보여준다.

이런 종류의 추정치는 그 근거가 되는 장기 예측치 정도로만 쓸 만하다. 예를 들어 몇몇 연구는 증권 분석가들도 행동학적 편의(behavioral bias)를 가지며, 그들의 예측은 과도하게 낙관적인

회사	배당수익률	장기 성장률	DCF 자기자본비용	다단계 DCF 자기자본비용*
AGL Resources Inc.	6.8%	5.0%	11.8%	11.9%
Laclede Group Inc.	4.2	2.2	6.4	8.6
Nicor	6.1	5.2	11.3	11.2
Northwest Natural Gas Co.	4.0	6.1	10.1	9.2
Piedmont Natural Gas Co.	4.6	6.9	11.5	10.1
South Jersey Industries Inc.	3.7	7.4	11.1	9.2
Southwest Gas Corp.	4.7	6.6	11.3	10.1
WGL Holdings Inc.	4.6	3.5	8.0	9.2
		평균:	10.2%	9.9%

표 4.3 2009년 초 지역 가스공급회사의 자기자본비용 추정치. 장기 성장률은 증권 분석가의 예측에 근거한다. 다단계 DCF 모형에서 5년 후 성장률은 점차로 국내총생산(GDP)의 장기 성장률 추정치로 조정된다고 가정하였다.

* 장기 GDP 성장은 4.9%로 예측됨.

자료원: The Brattle Group, Inc.

회사	배당수익률	장기 성장률	DCF 자기자본비용	다단계 DCF 자기자본비용*
Burlington Northern Santa Fe	2.2%	11.0%	13.2%	7.9%
CSX	2.4	14.9	17.3	8.9
Norfolk Southern	3.4	12.1	15.5	9.7
Union Pacific	2.1	12.2	14.2	7.9
		평균:	15.1%	8.6%

표 4.4 2009년 중반 미국 철도회사의 자기자본비용 추정치. 장기 성장률은 증권 분석가의 예측에 근거한다. 다단계 DCF 모형에서 5년 후 성장률은 점차로 국내총생산(GDP)의 장기 성장률 추정치로 조정된다고 가정하였다.

* 장기 GDP 성장은 4.9%로 예측됨.

자료원: The Brattle Group, Inc.

경향이 있다고 주장한다. 그렇다면 자기자본비용의 DCF 추정치는 참값보다 더 높은 추정치로 간주해야 한다.

일정률성장 모형에 도사린 위험

단순한 일정률성장 DCF 모형은 매우 유용한 어림셈이지만 그 이상은 아니다. 많은 재무분석가가 천진하게 이 공식을 신뢰하여 어리석은 결론에 도달하였다.

하나의 주식만 분석하여 r을 추정하기는 어렵다는 점을 강조하였다. 같은 위험을 갖는 많은 증권의 표본을 사용하라. 이것조차도 잘 되지 않을 수 있다. 그러나 적어도 애널리스트에게 도전의 기회를 줄 수는 있다. 왜냐하면, 한 증권을 이용하여 r을 추정할 때 생기는 피할 수 없는 오류가 광범위한 표본에서는 서로 상쇄되기 때문이다.

또한 현재 성장률이 높은 기업에 이 공식을 적용하려는 유혹에 넘어가지 마라. 그런 성장이 영원히 유지되는 일은 거의 없지만, 일정률성장 DCF 공식은 이것이 가능하다고 가정한다. 이런 잘못된 가정은 r을 과대 추정하게 한다.

변동 성장률을 갖는 DCF 가치평가 $DIV_1 = \$0.50$와 $P_0 = \$50$인 그로스-테크(Growth-Tech, Inc.)를 생각해 보자. 이 회사는 이익의 80%를 내부유보해 왔으며 자기자본이익률(ROE)은 25%였다. 이것은 과거에 배당성장률이 다음과 같았다는 것을 의미한다.

$$\text{배당성장률} = \text{내부유보율} \times \text{ROE} = 0.80 \times 0.25 = 0.20$$

미래 장기 성장률 g도 또한 0.20과 같다고 가정하려는 유혹이 따른다. 이는 요구수익률이 다음과 같다는 의미이다.

$$r = \frac{0.50}{50.00} + 0.20 = 0.21$$

그러나 이는 바보 같은 짓이다. 극단적인 물가상승기를 제외한다면 어떤 기업도 연 20%의 성장을 영원히 계속할 수 없다. 궁극적으로 수익성은 떨어지고 기업은 투자를 줄이게 된다.

현실 세계에서는 자기자본이익률은 시간이 가면서 점점 하락한다. 그러나 단순화를 위해 3년도에 자기자본이익률이 갑자기 16%로 떨어진다고 가정하자. 이 회사는 이익의 50%만을 내부유보하는 것으로 대응한다. 그러면 g는 $0.50 \times 0.16 = 0.08$로 하락한다.

표 4.5는 무슨 일이 일어나는지를 보여준다. 그로스-테크는 1년도에 $10.00의 주당 장부가치로 시작한다. 이 회사는 $2.50를 벌어 50센트를 배당으로 지급하고 $2를 내부유보한다. 그 결과 이 회사는 2년도를 $10 + 2 = $12의 장부가치로 시작한다. 같은 ROE와 배당성향으로 1년이 지나고서 이 회사는 $14.40의 자기자본으로 3년도를 시작한다. 그러나 ROE는 0.16으로 하락하고 이 회사는 $2.30밖에 벌지 못한다. 배당성향의 증가로 배당은 $1.15로 늘어나지만 내부유보는 단지 $1.15에 그친다. 따라서 후속 이익과 배당의 성장률은 8%로 떨어진다.

이제 일반적인 DCF 공식을 사용할 수 있다.

	연도			
	1	**2**	**3**	**4**
장부가치 자기자본	10.00	12.00	14.40	15.55
주당 이익(EPS)	2.50	3.00	2.30	2.49
자기자본이익률(ROE)	0.25	0.25	0.16	0.16
배당성향	0.20	0.20	0.50	0.50
주당배당(DIV)	0.50	0.60	1.15	1.24
배당성장률(%)	—	20	92	8

표 4.5 그로스-테크의 예상 이익과 배당. 3년도의 변화를 주목하라. ROE와 이익은 하락하고 배당성향은 증가하여 배당은 많이 증가한다. 그러나 이익과 배당의 후속 성장률은 연 8%로 하락한다. 자기자본의 증가는 배당으로 지급되지 않은 이익과 같다는 데 주목하라.

$$P_0 = \frac{\text{DIV}_1}{1+r} + \frac{\text{DIV}_2}{(1+r)^2} + \frac{\text{DIV}_3 + P_3}{(1+r)^3}$$

투자자는 3년도에 그로스-테크의 배당이 연간 8%씩 성장할 것으로 본다. 따라서 일정률성장 공식을 사용하여 P_3를 계산할 수 있다.

$$P_3 = \frac{\text{DIV}_4}{r - 0.08}$$

$$P_0 = \frac{\text{DIV}_1}{1+r} + \frac{\text{DIV}_2}{(1+r)^2} + \frac{\text{DIV}_3}{(1+r)^3} + \frac{1}{(1+r)^3} \times \frac{\text{DIV}_4}{r - 0.08}$$

$$= \frac{0.50}{1+r} + \frac{0.60}{(1+r)^2} + \frac{1.15}{(1+r)^3} + \frac{1}{(1+r)^3} \times \frac{1.24}{r - 0.08}$$

P_0가 \$50가 되는 r값을 찾으려면 시행착오법을 사용해야 한다. 이처럼 좀 더 현실적인 예측으로 얻어진 r은 약 0.099로 '일정률성장' 추정치 0.21과는 크게 다르다.

그로스-테크의 현재가치 계산에서는 2단계 DCF 평가 모형을 사용하였다. 첫 단계(연도 1과 2)에서 이 회사는 수익성이 매우 높고(ROE = 25%) 이익의 80%를 내부유보한다. 장부가치와 이익, 배당은 연 20%씩 증가한다. 두 번째 단계는 3년도부터 시작하는데 수익성과 내부유보는 감소하며, 이익은 8% 장기 성장률로 안정된다. 배당은 3년도에 \$1.15로 증가하며 역시 8%씩 성장한다.

성장률은 여러 가지 이유로 변한다. 때로는 기업이 전례 없이 수익성이 높아서가 아니라 수익성이 낮은 상태를 벗어나 회복하면서 단기적으로 성장률이 높아지기도 한다. 표 4.6은 피닉스사(Phoenix Corp.)의 예상 이익과 배당을 보여준다. 이 회사는 거의 파산하였다가 점차 재무건전성을 회복하고 있다. 이 회사의 자기자본은 4%의 그저 그런 성장률로 증가하고 있다. 제1차년도의 ROE는 겨우 4%여서 피닉스는 배당으로 지급할 현금을 남기지 않고 이익을 모두 재투자해야 한다. 제2차년도와 3차년도에 수익성이 좋아지면서 더 많은 배당을 지급할 수 있다. 마지막으로 제4년도에 피닉스는 자기자본과 이익, 그리고 배당이 모두 연 4%씩 증가하는 안정적인 성장으로 들어간다.

자기자본비용이 10%라고 가정하자. 피닉스 주식은 주당 \$9.13의 가치가 있어야 한다.

	연도			
	1	2	3	4
연초의 장부가치 자기자본	10.00	10.40	10.82	11.25
주당이익(EPS)	0.40	0.73	1.08	1.12
자기자본이익률(ROE)	0.04	0.07	0.10	0.10
주당 배당(DIV)	0	0.31	0.65	0.67
배당성장률(%)	—	—	110	4

표 4.6 피닉스의 예상 이익과 배당. 이 회사는 수익성(ROE)이 회복됨에 따라 배당을 시작하고 증가시킬 수 있다. 장부가치의 증가는 배당으로 지급되지 않은 이익과 같다는 점에 주목하라.

$$P_0 = \underbrace{\frac{0}{1.1} + \frac{0.31}{(1.1)^2} + \frac{0.65}{(1.1)^3}}_{\text{PV(첫 단계 배당)}} + \underbrace{\frac{1}{(1.1)^3} \times \frac{0.67}{(0.10 - 0.04)}}_{\text{PV(두 번째 단계 배당)}} = \$9.13$$

이와 같은 방식으로 3~4단계의 평가모형도 개발할 수 있다. 예를 들어 표 4.3과 4.4의 가장 오른쪽은 지역 가스공급회사와 철도회사의 자기자본비용의 다단계 DCF 추정치를 나타낸다. 이 경우 표에 보고된 장기 성장률은 영원히 계속되지 않는다. 5년 후 각 회사의 성장률은 점차 국내총생산(GDP)의 추정 장기 성장률로 조정된다. 결과적으로 가스공급회사의 자기자본비용 추정치는 단순한 영구성장 모형에서 추정한 것과 매우 비슷하다. 철도회사의 추정치는 상당히 다르다.

보통주를 평가하거나 자기자본비용을 추정하는 데 사용하는 DCF 공식에 대해 두 가지 더 경고를 해야겠다. 첫째, 배당 추정치가 회사의 이익 및 요구 투자액과 일관성을 갖도록 표 4.5와 4.6 같은 간단한 스프레드시트를 작성하는 것이 좋다. 둘째, 시장이 주식가치를 옳게 평가하는가 시험해 보려고 DCF 평가 공식을 사용하는 일을 조심하라. 이 주식가치에 대한 추정치가 시장 추정치와 다르다면 이것은 아마도 적절치 않은 배당 추정치가 사용되었기 때문일 것이다. 이 장의 맨 앞에 주식시장에서 돈 버는 손쉬운 방법에 대해 말한 것을 기억하라. 그런 방법은 없다.

4.4 주가와 주당 이익의 관계

투자자는 성장주(*growth stock*)와 수익주(*income stock*)를 구별한다. 성장주를 사는 투자자는 주로 자본이득을 기대하며 내년 배당보다는 미래 이익의 증가에 관심을 가진다. 수익주는 주로 현금배당 때문에 매입한다. 이러한 구별이 의미가 있는가 보자.

먼저 전혀 성장하지 않는 기업을 상상해 보라. 이 회사는 이익을 전혀 내부유보하지 않고 단순히 일정한 배당 흐름을 제공한다. 이런 주식은 제2장에서 설명한 영구채권을 닮았다. 영구채권의 수익률은 연간 현금흐름을 현재가치로 나눈 것과 같다. 이 주식의 기대수익률은 연간 배당을 주가로 나눈 것(즉 배당수익률)과 같다. 모든 이익이 배당으로 지급되므로 기대수익률은 주당 이익을 주가로 나눈 것(즉 이익–주가 비율)과도 같다. 예를 들어 주당 배당이 $10이고 주가가 $100이라면, 기대수익률은 다음과 같다.

$$\begin{aligned} \text{기대수익률} &= \text{배당수익률} &&= \text{이익–주가 비율} \\ &= \frac{\text{DIV}_1}{P_0} &&= \frac{\text{EPS}_1}{P_0} \\ &= \frac{10.00}{100} &&= 0.10 \end{aligned}$$

이 주식의 가격은 다음과 같다.

$$P_0 = \frac{\text{DIV}_1}{r} = \frac{\text{EPS}_1}{r} = \frac{10.00}{0.10} = 100$$

성장하는 기업의 기대수익률도 역시 이익-주가 비율과 같을 수 있다. 핵심은 이익이 시장 자본화율과 같은 수익률로 재투자되는가이다. 예를 들어 이 회사가 내년에 갑자기 주당 $10를 투자할 기회를 얻는다고 하자. 이것은 $t = 1$에서 배당이 없다는 것을 의미한다. 이 회사는 앞으로 매년 투자안에서 주당 $1을 벌 것이며, 배당은 주당 $11로 증가할 수 있을 것으로 기대한다.

이 투자기회가 기존 사업과 같은 위험을 갖는다고 하자. 그러면 현금흐름을 10%로 할인하여 제1년도의 순 현재가치를 구할 수 있다.

$$\text{제1년도의 주당 순현재가치} = -10 + \frac{1}{0.10} = 0$$

따라서 이 투자기회는 기업가치에 아무런 공헌을 하지 못한다. 이 회사의 장래 수익률은 기회자본비용과 같다.

이 투자안을 채택하는 결정이 회사 주가에 어떤 영향을 미치는가? 명백히 아무 영향도 없다. 제1년도의 무배당 때문에 생기는 가치의 감소는 이후 증가하는 배당으로 인한 가치의 증가로 정확히 상쇄된다. 그러므로 이 경우도 역시 시장 자본화율은 이익-주가 비율과 같다.

$$r = \frac{\text{EPS}_1}{P_0} = \frac{10}{100} = 0.10$$

표 4.7은 새로운 투자안이 발생시키는 현금흐름에 대해 여러 가지 가정을 하면서 앞의 예를 반복한다. 새로운 투자안의 NPV가 0일 때만 다음 해 기대 이익 EPS_1으로 측정된 이익-주가 비율이 시장 자본화율(r)과 같다는 점에 주의하라. 이것은 매우 중요한 포인트이다. 재무관리자는 종종 이익-주가 비율을 시장 자본화율과 혼동하여 잘못된 재무결정을 한다.

일반적으로 주가는 무성장 정책일 때 평균 이익을 자본화한(capitalized) 가치에, **성장기회의 현재가치(present value of growth opportunities, PVGO)**를 더한 것으로 생각할 수 있다.

$$P_0 = \frac{\text{EPS}_1}{r} + \text{PVGO}$$

따라서 이익-주가 비율은 다음과 같다.

투자안 수익률	증분 현금흐름(C)	1년도의 투자안 NPV[a]	0년도의 주가에 대한 투자안의 영향[b]	0년도 주가 (P_0)	$\frac{\text{EPS}_1}{P_0}$	r
0.05	$0.50	−$ 5.00	−$4.55	$ 95.45	0.105	0.10
0.10	1.00	0	0	100.00	0.10	0.10
0.15	1.50	+ 5.00	+ 4.55	104.55	0.096	0.10
0.20	2.00	+ 10.00	+ 9.09	109.09	0.092	0.10

표 4.7 제1년도에 서로 다른 수익률로 $10를 추가 투자할 때 주가에 미치는 영향. 투자안이 음(−)의 NPV를 가질 때 이익-주가 비율은 r을 과대평가하며, 양(+)의 NPV를 가질 때는 과소평가한다.

[a] 투자안은 $10.00($\text{EPS}_1$)가 든다. $\text{NPV} = -10 + C/r$, 여기서 $r = 0.10$.

[b] NPV는 1년도에 계산된다. P_0에 대한 영향을 구하려고 1년 동안 $r = 0.10$으로 할인한다.

$$\frac{\text{EPS}}{P_0} = r\left(1 - \frac{\text{PVGO}}{P_0}\right)$$

이 비율은 PVGO가 양(+)이라면 r을 과소 추정하고 PVGO가 음(−)이라면 과대 추정한다. 기업 음(−)의 순 현재가치를 갖는 투자안을 억지로 채택하는 경우는 거의 없으므로 후자의 경우는 별로 있을 것 같지 않다.

풋내기전자 성장기회의 현재가치 계산

앞의 예에서는 배당과 이익이 모두 증가할 것으로 기대하였다. 그러나 이 성장은 주가에 전혀 공헌하지 못했다. 이런 의미에서 이 주식은 '수익주'이다. 주당 이익의 증가를 기업 성과와 같은 것으로 보지 마라. 이익을 시장 자본화율 r보다 낮은 수익률로 재투자하면 회사 이익은 증가하지만, 주식가치는 확실히 감소한다.

이제 잘 알려진 성장주 풋내기전자로 돌아가자. 풋내기전자의 시장 자본화율 r이 15%임을 기억할 것이다. 이 회사는 첫해에 배당으로 $5를 지급하고, 그 후 배당은 연 10%씩 영원히 증가할 것으로 예상한다. 풋내기전자의 주가를 계산하기 위해 단순화된 일정률성장 공식을 사용한다.

$$P_0 = \frac{\text{DIV}_1}{r - g} = \frac{5}{0.15 - 0.10} = \$100$$

풋내기전자의 주당 이익을 $\text{EPS}_1 = \$8.33$라고 하자. 이 회사의 배당성향은 0.6이다.

$$\text{배당성향} = \frac{\text{DIV}_1}{\text{EPS}_1} = \frac{5.00}{8.33} = 0.6$$

다시 말하면 이 회사는 1 − 0.6, 즉 이익의 40%를 내부유보한다. 풋내기전자의 장부가치 자기자본에 대한 이익의 비율이 ROE = 0.25라고 가정하자. 이것으로 성장률 10%가 설명된다.

$$\text{성장률} = g = \text{내부유보율} \times \text{ROE} = 0.4 \times 0.25 = 0.10$$

이 회사가 무성장 정책을 택한다면 풋내기전자 주당 이익의 자본화 가치는 다음과 같다.

$$\frac{\text{EPS}_1}{r} = \frac{8.33}{0.15} = \$55.56$$

그러나 우리는 풋내기전자 주식가치가 $100임을 알고 있다. 이 $44.44의 차이는 투자자가 성장기회에 대해 지불하는 금액이다. 이 숫자를 설명할 수 있는지 살펴보자.

풋내기전자는 매해 이익의 40%를 내부유보하여 새로운 자산에 투자한다. 첫해에 이 회사는 25%의 영구적인 자기자본이익률로 $3.33를 투자한다. $t = 2$부터는 투자에서 발생하는 현금이 매년 $0.25 \times 3.33 = \$0.83$이다. $t = 1$에서 이 투자의 순 현재가치는 다음과 같다.

$$\text{NPV}_1 = -3.33 + \frac{0.83}{0.15} = \$2.22$$

풋내기전자가 2년도에는 1년도보다 10% 많은($g = 0.10$을 기억하라) \$3.67를 투자한다는 것을 제외하면 모든 것이 같다. 따라서 $t = 2$에서 투자의 순 현재가치는 다음과 같다.

$$\text{NPV}_2 = -3.67 + \frac{0.83 \times 1.10}{0.15} = \$2.44$$

따라서 풋내기전자 주주에게 돌아가는 지급금(payoff)은 (1) 회사가 성장하지 않는다면 현금으로 지급될 수 있는 일정한 이익흐름과 (2) 앞으로 매년 양(+)의 NPV를 제공하는 각 투자기회의 티켓 묶음으로 나타낼 수 있다. 주식가치의 첫 번째 구성요소는 다음과 같다.

$$\text{일정한 이익흐름의 현재가치} = \frac{\text{EPS}_1}{r} = \frac{8.33}{0.15} = \$55.56$$

첫 번째 티켓은 $t = 1$에 \$2.22 가치를 가지며 두 번째는 $t = 2$에 $\$2.22 \times 1.10 = \$2.44$의 가치가 있다. 세 번째는 $t = 3$에서 $\$2.44 \times 1.10 = \$2.69$이다. 이들은 이 티켓의 예상 현금 가치이다. 매년 10%씩 성장하는 미래 현금가치 흐름을 평가하는 방법은 이미 알고 있다. 예상 배당을 예상 티켓 가치로 대체하여 일정률성장 DCF 공식을 사용한다.

$$\text{성장기회의 현재가치} = \text{PVGO} = \frac{\text{NPV}_1}{r - g} = \frac{2.22}{0.15 - 0.10} = \$44.44$$

이제 모든 것이 확인된다.

$$\begin{aligned}
\text{주가} &= \text{일정한 이익 흐름의 현재가치} \\
&\quad + \text{성장기회의 현재가치} \\
&= \frac{\text{EPS}_1}{r} + \text{PVGO} \\
&= \$55.56 + \$44.44 \\
&= \$100
\end{aligned}$$

풋내기전자는 어째서 성장주인가? 이 회사가 매년 10%씩 확장하기 때문이 아니라 미래 투자의 현재가치가 주가의 상당한 부분(약 44%)을 차지하기 때문이다.

오늘의 주가는 현재와 미래 자산의 수익력에 대한 투자자의 기대를 반영한다. 구글(Google)을 보자. 모든 이익은 새로운 투자로 재투자되며 주식은 당기 주당 이익 \$13.31의 26배에 거래된다. 구글의 기존 사업의 이익이 실질가치로 일정할 것으로 예상한다고 하자. 이 경우 사업의 가치는 실질 이익을 실질 자기자본비용 7.4%로 나눈 것과 같다.

$$\text{기존 자산의 PV} = 13.31/0.074 = \$180$$

그러나 이 책을 쓸 때 구글의 주가는 \$344이다. 따라서 투자자는 구글의 미래 투자기회의 가치를 $344 - 180 = \$164$로 평가하는 것으로 보인다. 구글은 성장주이다. 왜냐하면, 주가의 약 50%는 투자자가 이 회사의 미래 투자기회에 대한 가치로 평가한 것이기 때문이다.

4.5 할인 현금흐름에 의한 사업 평가

투자자들은 일상적으로 주식을 사고판다. 기업은 종종 사업 전체나 사업의 주요 지분을 사고판다. 예를 들어, 2009년 뉴욕타임스는 보유 중인 보스턴 레드삭스 야구팀의 지분을 매각하기 위해 골드만삭스(Goldman Sachs)를 고용했다고 발표하였다. 뉴욕타임스와 골드만삭스, 그리고 잠재적인 구매자는 모두 이 사업의 가치를 적정하게 추정하였는가를 확신하기 위해 수많은 밤을 지새웠을 것이다.

이 장에서 설명한 할인 현금흐름 공식이 주식뿐만 아니라 전체 사업에도 적용될 수 있는가? 물론이다. 주당 배당을 예측하든 사업의 총 잉여 현금흐름을 예측하든 전혀 상관이 없다. 오늘의 가치는 항상 미래 현금흐름을 기회자본비용으로 할인한 것과 같다.

연결기 사업의 평가

기성산업이 당신 회사의 연결기(concatenator) 제조부문을 사려고 한다는 소문이 있다. 당신 회사는 제값을 받을 수만 있다면 빠르게 성장하는 이 부문을 기꺼이 팔 용의가 있다. 문제는 진정한 현재가치가 얼마인가를 산정하는 것이다.

표 4.8은 연결기 사업의 **잉여 현금흐름(free cash flow, FCF)** 예측을 보여준다. 잉여 현금흐름은 회사가 성장에 필요한 모든 투자비용을 지출한 후 투자자에게 지급될 수 있는 현금 액수이다. 보는 바와 같이 잉여 현금흐름은 급속히 성장하는 사업에서는 음(−)일 수 있다.

표 4.8은 주당 자기자본과 자기자본이익률, 그리고 사업의 성장률에 대한 가정을 근거로 그로스-텍의 주당 이익과 배당을 예측한 표 4.5와 비슷하다. 연결기 사업에서도 자산과 수익성(이 경우 자산에 대한 세후 영업이익으로 측정), 그리고 성장에 대해 가정한다. 연간 20%의 높은 성장률로 시작하여, 두 단계를 지나고 나서 장기적으로는 적당한 6% 성장률로 떨어진다. 성장률은 자산

	연도									
	1	2	3	4	5	6	7	8	9	10
자산가치	10.00	12.00	14.40	17.28	20.74	23.43	26.47	28.05	29.73	31.51
이익	1.20	1.44	1.73	2.07	2.49	2.81	3.18	3.36	3.57	3.78
투자액	2.00	2.40	2.88	3.46	2.69	3.04	1.59	1.68	1.78	1.89
잉여 현금흐름	−0.80	−0.96	−1.15	−1.39	−0.20	−0.23	1.59	1.68	1.79	1.89
전 기간 대비 이익성장률 (%)	20	20	20	20	20	13	13	6	6	6

표 4.8 연결기 제조부문의 잉여 현금흐름 예측(단위 $백만). 연도 1~6에서 급속한 확장으로 필요한 추가 투자가 이익을 초과하기 때문에 잉여 현금흐름은 음(−)이다. 잉여 현금흐름은 6년도 이후 성장이 둔화할 때 양(+)이 된다.

주:

1. 시작할 때 자산가치는 $1,000만이다. 이 사업에 필요한 자산은 처음에 연간 20%씩 성장하고, 이후 13%로, 마지막에는 6%로 성장한다.
2. 수익성(이익/자산가치)은 12%로 일정하다.
3. 잉여 현금흐름은 이익에서 순 투자액을 뺀 값이다. 순 투자액은 총 자본 지출에서 감가상각비를 뺀 것과 같다. 이익은 감가상각비를 뺀 값으로 계산된다는 데 주목하라.

을 확장하는 데 필요한 추가 투자를 결정하고, 수익성은 이 사업이 제공하는 이익을 결정한다.[8)]

표 4.8의 마지막 줄 다음에 있는 잉여 현금흐름은 기업의 이익에서 새 투자 지출을 뺀 것이다. 잉여 현금흐름은 1년도에서 6년도까지 음(−)이다. 연결기 사업은 모기업에 음(−)의 배당을 지급한다. 이것은 내놓는 것보다 더 많은 현금을 흡수한다는 뜻이다.

이것이 나쁜 징조인가? 꼭 그렇지는 않다. 이 사업은 수익성이 없기 때문이 아니라 너무 빨리 성장하기 때문에 현금 부족이 생긴다. 이 사업이 기회자본비용보다 더 많이 번다면 급속한 성장은 좋은 소식이지 나쁜 소식이 아니다. 이 사업이 우월한 수익을 주기만 한다면 기성산업은 다음 해 연결기 사업에 $80만을 추가로 투자하는 데 만족할 것이다.

평가 방식

사업의 가치는 일반적으로 **평가기간**(H) 동안 잉여 현금흐름의 할인가치에 사업의 평가기간 말 예상 가치를 현재가치로 할인한 값을 더해 계산한다. 즉

$$\text{PV} = \underbrace{\frac{\text{FCF}_1}{1+r} + \frac{\text{FCF}_2}{(1+r)^2} + \cdots + \frac{\text{FCF}_H}{(1+r)^H}}_{\text{PV(잉여 현금흐름)}} + \underbrace{\frac{\text{PV}_H}{(1+r)^H}}_{\text{PV(평가기간 말 가치)}}$$

물론 연결기 사업은 이 기간 후에도 계속된다. 그러나 매년 잉여 현금흐름을 무한정 예측하는 것은 현실적이지 않다. PV_H는 기간 $H+1$, $H+2$ ⋯ 등의 잉여 현금흐름을 나타낸다.

평가기간은 임의로 선택하는 경우가 많다. 흔히 10년 기간이 사용되는데 이는 단지 10이라는 숫자가 우수리 없이 딱 떨어지는 숫자이기 때문이다. 연결기 사업의 성장은 7년도 이후 장기 추세로 낮아지므로 6년도를 평가기간 말로 사용할 수도 있다.

평가기간 말 가치의 추정

평가기간 말 가치를 추정하기 위한 몇 가지 공식 또는 어림셈 방법이 있다. 먼저 일정률성장 DCF 공식을 시도해 보자. 표 4.8에서 계산한 7년도의 잉여 현금흐름과 6%로 예상되는 장기 성장률, 그리고 컨설턴트가 10%라고 말한 할인율이 필요하다. 따라서

$$\text{PV(평가기간 말 가치)} = \frac{1}{(1.1)^6}\left(\frac{1.59}{0.10 - 0.06}\right) = 22.4$$

가까운 기간의 잉여 현금흐름의 현재가치는 다음과 같다.

$$\begin{aligned}\text{PV(현금흐름)} &= -\frac{0.80}{1.1} - \frac{0.96}{(1.1)^2} - \frac{1.15}{(1.1)^3} - \frac{1.39}{(1.1)^4} - \frac{0.20}{(1.1)^5} - \frac{0.23}{(1.1)^6} \\ &= -3.6\end{aligned}$$

---

8) 표 4.8은 순투자를 보여준다. 이는 총 투자에서 감가상각비를 뺀 값이다. 기존 자산을 대체하는 투자는 감가상각비로 충당되며, 순투자는 성장에 기여한다고 가정한다.

그러므로 이 사업의 현재가치는 다음과 같이 계산된다.

$$\begin{aligned} PV(\text{사업}) &= PV(\text{잉여 현금흐름}) + PV(\text{평가기간 말 가치}) \\ &= -3.6 \qquad\qquad\qquad + 22.4 \\ &= \$18.8\text{백만} \end{aligned}$$

이제 다 됐는가? 이 계산과정은 완벽해 보이지만 사업가치의 119%가 평가기간 말 가치에 달렸다는 것은 좀 신경 쓰이는 일이 아닌가? 게다가 잠깐 확인해 보아도 가정이 조금만 바뀌면 평가기간 말 가치가 크게 변할 수 있다는 것을 금방 알 수 있다. 예를 들어 장기 성장률이 6%가 아니라 8%라면, 이 사업의 가치는 \$18.8백만에서 \$26.3백만으로 증가한다.[9)]

다시 말하면 할인 현금흐름 방식의 사업평가가 기계적으로는 완전하지만 실제로는 잘못되기가 쉽다는 것이다. 현명한 재무관리자는 다른 방법으로 평가기간 말 가치를 계산하여 이 결과를 확인하려고 노력한다.

P/E 비율에 근거한 평가기간 말 가치 현재의 회사 규모와 위험, 성장 전망이 6년도의 연결기 사업에 대한 전망과 거의 같은 성숙한 제조기업의 주가를 관찰할 수 있다고 가정하자. 또한 이들 회사는 약 11의 주가이익비율로 거래되고 있다고 하자. 그러면 성숙한 연결기 사업의 주가이익비율도 마찬가지로 11이 될 것으로 추정할 수 있다. 이는 다음을 의미한다.

$$PV(\text{평가기간 말 가치}) = \frac{1}{(1.1)^6}(11 \times 3.18) = 19.7$$

$$PV(\text{사업}) = -3.6 + 19.7 = \$16.1\text{백만}$$

시장가치-장부가치 비율에 근거한 평가기간 말 가치 성숙한 제조기업 표본의 시장가치-장부가치 비율이 1.4에 몰려 있다고 하자. (시장가치-장부가치 비율은 주가를 주당 장부가치로 나눈 것이다.) 제6년도에 연결기 사업의 시장가치-장부가치 비율이 1.4라면,

$$PV(\text{평가기간 말 가치}) = \frac{1}{(1.1)^6}(1.4 \times 23.43) = 18.5$$

$$PV(\text{사업}) = -3.6 + 18.5 = \$14.9\text{백만}$$

이 두 계산의 약점을 쉽게 찾을 수 있다. 장부가치는 종종 기업 자산의 진정한 가치를 제대로 측정하지 못한다. 급속한 물가상승이 있을 때 장부가치는 실제 자산가치에 훨씬 못 미치거나, 종종 연결기 디자인의 특허와 같은 중요한 무형자산을 완전히 빠뜨린다. 이익은 물가상승과 자의적인 회계방법의 선택으로 왜곡될 수 있다. 마지막으로 진짜 비슷한 표본기업을 발견하기가 어렵다.

그러나 할인 현금흐름의 목적이 시장가치를 추정하는 데, 즉 투자자들이 주식이나 사업에 지불

9) 장기 성장률이 6%가 아니라 8%라면 7기간 자산의 2%가 추가로 연결기 사업으로 내부유보되어야 한다. 이것은 잉여 현금흐름을 \$1.06백만으로 \$0.53백만만큼 감소시킨다. 따라서

$$PV(\text{평가기간 말 가치}) = \frac{1}{(1.1)^6}\left(\frac{1.06}{0.10 - 0.08}\right) = \$29.9$$

$$PV(\text{사업}) = -3.6 + 29.9 = \$26.3\text{백만}$$

하려는 값을 추정하는 데 있음을 기억하라. 투자자들이 비슷한 기업에 실제로 내는 금액을 직접 관찰할 수 있다면 그것은 귀중한 증거이다. 이를 사용할 방법을 생각해 보라. 한 가지 방법은 주가이익비율 또는 시장가치-장부가치 비율에 근거하여 비슷한 기업을 평가하는 것이다. 기술적으로 사용된다면 어림셈 방법은 때때로 복잡한 할인 현금흐름의 계산보다 더 낫다.

현실성의 추가 확인

사업을 평가하는 다른 방법도 있다. 이것은 주가이익비율과 성장기회의 현재가치에 대해 배웠던 것에 바탕을 둔다.

안정적으로 성장하는 첫해를 찾아서 평가기간을 정하지 않고 산업이 경쟁적 균형에 들어갈 시기를 예상하여 평가기간을 정한다고 하자. 연결기 사업에 정통한 운영관리자에게 다음과 같이 물을 수 있다.

> 조만간 당신이나 경쟁자 모두 주요 신규 투자를 할 때 같은 입장에 있을 것이다. 당신은 핵심 사업에서는 여전히 우월한 수익을 올릴 수 있다. 그러나 신제품을 도입하거나 기존 제품의 판매를 확장하려 할 때는 당신만큼이나 영리하고 효율적인 경쟁자들의 강한 저항을 불러오게 될 것이다. 그 시기가 언제쯤 될 것인가 현실적인 추정을 해보라.

'그 시점'은 후속 성장기회의 현재가치인 PVGO가 0이 되는 시점이다. 아무튼, 투자에서 자본비용보다 더 많이 벌 것으로 기대할 수 있을 때만 PVGO는 0보다 크다. 경쟁 상대가 따라잡으면 그런 낙관적인 전망은 사라진다.

이미 아는 바와 같이 어떤 기간의 현재가치는 다음 기간 이익의 자본화 가치에 PVGO를 더한 것과 같다.

$$\mathrm{PV}_t = \frac{\text{이익}_{t+1}}{r} + \mathrm{PVGO}$$

그렇지만 PVGO = 0이라면 어떻게 될까? 평가기간 말 H에서의 가치는 다음과 같다.

$$\mathrm{PV}_H = \frac{\text{이익}_{H+1}}{r}$$

다시 말해, 경쟁 상대가 따라잡으면 PVGO가 사라지기 때문에 주가이익비율은 $1/r$과 같아진다.[10)]

제9년도부터는 경쟁 상대에게 따라잡힐 것으로 예상한다고 하자. 제8년도의 평가기간 말 가치는 9년도 이후 무한정 계속되는 일정한 이익 흐름의 현재가치로 계산할 수 있다. 이렇게 얻어지

10) 다시 말하면 평가기간 말 가치를 이익이 평가기간 이후 성장하지 않는 것으로 하고 계산할 수 있다. 왜냐하면, 성장은 가치를 증가시키지 않기 때문이다. '무성장'은 무엇을 의미하는가? 연결기 사업이 실질가치 기준으로(물가상승에 조정된) 자산과 이익을 유지한다고 하자. 그러면 정상 이익은 물가상승률로 성장할 것이다. 이렇게 하면 일정률성장 공식으로 되돌아가게 된다. 기간 $H+1$의 이익은 $r-g$로 나누어 평가된다. 여기서 g는 물가상승률과 같다.
우리는 연결기 예를 단순화하였다. 많은 돈이 걸려 있는 실제 평가에서는 투자로 말미암은 성장뿐만 아니라 물가상승률에 따른 성장도 추적해야 한다. 다음 논문을 참조하라. M. Bradley and G. Jarrell, "Expected Inflation and The Constant Growth Valuation Model," Journal of Applied Corporate Finance 20(Spring 2008), pp. 66~78.

는 연결기 사업의 가치는 다음과 같다.[11)]

$$\text{PV(평가기간 말 가치)} = \frac{1}{(1+r)^8}\left(\frac{\text{기간 9의 이익}}{r}\right)$$

$$= \frac{1}{(1.1)^8}\left(\frac{3.57}{0.10}\right)$$

$$= \$16.7\text{백만}$$

$$\text{PV(사업)} = -2.0 + 16.7 = \$14.7\text{백만}$$

이제 기성산업이 연결기 사업에 대해 지급해야 하는 금액의 네 가지 추정치가 있다. 이들 추정치는 평가기간 말 가치를 추정하는 네 가지 다른 방법을 반영한다. 많은 경우 경영자는 PVGO가 사라질 것으로 예상하는 시점으로 기간을 맞추는 마지막 방법에 가장 많은 가중치를 두지만, 가장 좋은 방법은 없다. 마지막 방법은 경영자에게 조만간 경쟁 상대가 따라잡을 것이라는 사실을 기억하도록 해준다.

연결기 사업에 대해 계산된 가치는 \$14.7백만에서 \$18.8백만으로 약 \$4백만의 차이가 있다. 범위의 폭이 불안하기는 하지만 유별난 것은 아니다. 할인 현금흐름 공식은 시장가치만 추정하며, 추정치는 예상과 가정이 달라짐에 따라 변한다. 경영자는 실제 거래가 일어날 때까지 시장가치를 확실히 알 길이 없다.

요약

이 장에서는 새로 알게 된 현재가치 지식을 사용하여 보통주의 시장가치를 살펴보았다. 주식가치는 같은 위험을 가진 다른 증권에서 받을 것으로 예상하는 수익률로 현금흐름을 할인한 것과 같다.

보통주는 정해진 만기가 없다. 보통주의 현금 지급은 무한한 배당흐름으로 구성된다. 보통주의 현재가치는 다음과 같이 계산한다.

$$PV = \sum_{t=1}^{\infty} \frac{DIV_t}{(1+r)^t}$$

그러나 투자자가 배당만을 위해 보통주를 산다고 가정한 것은 아니다. 사실은 투자자가 상대적으로 짧은 투자기간을 가지며, 배당과 자본이득을 모두 기대하고 투자한다는 가정으로 시작하였다. 따라서 가치평가 기본 공식은 다음과 같이 나타낼 수 있다.

11) 이 계산에서 세 가지를 추가로 고려한다. 첫째, 연도 7과 8의 유입이 이제 포함되기 때문에 기간 말 이전 잉여 현금흐름의 PV는 −\$2.0백만으로 개선된다. 둘째, 9년도까지 경쟁 상대가 실제로 따라잡는다면 표 4.8에 나온 10년도의 이익은 9년도의 투자에 대해 12% 수익을 포함하기 때문에 너무 높다. 경쟁은 단지 10%의 자본비용만을 허용한다. 셋째, 9년도의 이익을 자산 \$29.73의 12%인 \$3.57로 가정한다. 그러나 경쟁으로 새로운 투자에 대한 수익률뿐만 아니라 기존 자산에 대한 수익률도 하락할 수도 있다. 즉 9년도의 이익은 단지 \$2.97(\$29.73의 10%)가 될 수도 있다. 연습문제 26은 이러한 가능성을 살펴본다.

Visit us at www.mhhe.com/bma

$$P_0 = \frac{\text{DIV}_1 + P_1}{1 + r}$$

이것은 시장균형 조건이다. 이 조건이 성립하지 않으면 주식은 과대평가되거나 과소평가되며 투자자는 이를 사거나 팔려고 몰려들 것이다. 매입자나 매도자들은 기본 평가 공식이 성립하도록 가격을 조정해 나갈 것이다.

제2장에서 설명한 증액 영구연금 공식도 사용하였다. 배당이 일정한 비율 g로 영원히 성장할 것으로 예상되면 주가는 다음과 같이 계산된다.

$$P_0 = \frac{\text{DIV}_1}{r - g}$$

때로는 이 식을 변형하여 P_0와 DIV_1, g의 추정치가 주어질 때 시장 자본화율 r을 추정하는 데 사용할 수 있다.

$$r = \frac{\text{DIV}_1}{P_0} + g$$

그러나 이 식은 영구적인 일정률 배당성장이라는 매우 엄격한 가정에 의존한다는 것을 기억하라. 이는 성숙하고 위험이 작은 기업에는 수용할 수 있는 가정일 수 있다. 그러나 많은 기업에서 단기 성장률은 계속 유지할 수 없을 만큼 높다. 이 경우에는 2단계 DCF 식을 사용할 수 있다. 가까운 기간의 배당을 예측하고 평가하며, 일정률성장 DCF 식은 장기의 시작 시점에서 주식가치를 예측하는 데 사용한다. 그 뒤 가까운 기간의 배당과 미래 주식가치를 현재가치로 할인한다.

일반적인 DCF 공식은 이익과 성장기회에 대한 식으로 변형할 수 있다.

$$P_0 = \frac{\text{EPS}_1}{r} + \text{PVGO}$$

비율 EPS_1/r은 회사가 무성장 정책을 택할 때의 주당 이익을 할인한 값이다. PVGO는 회사가 성장하기 위해 집행하는 투자의 순 현재가치이다. 성장주는 PVGO가 EPS의 할인된 가치에 비해 상대적으로 큰 주식이다. 대부분 성장주는 급속히 확장하는 기업의 주식이다. 그러나 확장 그 자체가 높은 PVGO를 창출하는 것은 아니다. 중요한 것은 새로운 투자의 수익성이다.

보통주 평가를 위해 사용한 식을 전체 사업을 평가하는 데 사용할 수도 있다. 이 경우 주당 배당을 할인하는 것이 아니라 이 사업이 발생시키는 잉여 현금흐름 전체를 할인한다. 보통 2단계 DCF 모형이 사용된다. 평가기간 말 가치를 예측하여 할인하고, 잉여 현금흐름의 가치에 더한다. 이 합계가 사업의 가치이다.

사업을 평가하는 것은 원칙적으로는 간단하지만 실제로는 쉽지 않다. 타당한 평가기간 말 가치를 예측하는 것은 특히 어렵다. 보통 평가기간 이후에는 평균적인 장기 성장을 가정한다. 이는 이 기간 말에 증액 영구연금 DCF 공식을 사용할 수 있도록 한다. 평가기간 말 가치는 또한 평가기간 말에 '정상적인' 주가이익비율 또는 시장가치-장부가치 비율을 가정하여 계산할 수 있다.

앞 장들에서 가치평가의 기본 원칙에 대한 지식과 할인하는 방법을 알았을 것이다. 이제 우리는 보통

Visit us at www.mhhe.com/bma

주가 어떻게 평가되고 시장 자본화율이 어떻게 추정되는가를 안다. 이제 5장의 자본예산결정이라는 좀 더 특수한 분석에서 이 모든 지식을 적용할 수 있다.

더 읽어야 할 문헌

기업 평가에 대한 포괄적인 개관에 대해서는 다음 책을 보라.

T. Koller, M. Goedhart, and D. Wessels, *Valuation: Measuring and Managing the Value of Companies*, 4th ed.(New York: Wiley, 2005)

*Leibowitz*와 Kogelman은 *PVGO*를 "*franchise factor*"라고 부른다. 그들은 이를 자세히 분석한다.

M. L. Leibowitz and S. Kogelman, "Inside the P/E Ratio: The Franchise Factor," *Financial Analysts Journal* 46(November-December 1990), pp. 17~35.

연습문제

기본문제

1. 맞는가, 틀리는가?
  a. 동일한 위험 클래스에 있는 모든 주식은 같은 기대수익률을 제공하도록 가격이 형성된다.
  b. 주식가치는 미래 주당 배당의 현재가치와 같다.

2. 다음 문장에 간단히 답하라.
"주가가 미래 배당의 현재가치와 같다고? 그건 엉터리야. 내가 아는 모든 투자자는 자본이득을 기대한다."

3. 회사 X는 주당 $5의 연말 배당을 지급할 것으로 기대된다. 배당 지급 후 주식은 $110에 거래될 것으로 예상한다. 시장 자본화율이 8%라면 현재 주가는 얼마인가?

4. 회사 Y는 이익을 조금도 내부유보하지 않으며, 주당 $5의 일정한 배당흐름을 지급할 것으로 예상한다. 현재 주가가 $40이라면 시장 자본화율은 얼마인가?

5. 회사 Z의 주당 이익과 배당은 매년 5%씩 무한히 성장할 것으로 예상한다. 다음 해 배당이 $10이고 시장 자본화율이 8%이라면 현재 주가는 얼마인가?

6. 회사 Z-프라임은 하나를 제외하고는 모든 면에서 Z와 같다. 회사의 성장은 4년도 이후 멈출 것이다. 5년도와 그 이후 회사는 모든 이익을 배당으로 지급할 것이다. Z-프라임의 주가는 얼마인가? 다음 해 EPS는 $15로 가정하라.

7. 회사 Z(연습문제 5번 참조)가 모든 이익을 배당으로 지급한다면 주당 $15의 일정한 배당흐름을 유지할 수 있을 것이다. 시장은 성장기회를 주당 얼마의 가치가 있다고 평가하는가?

8. 세 투자자를 생각해 보자.
  a. 싱글 씨는 1년을 투자한다.
  b. 더블 씨는 2년을 투자한다.
  c. 트리플 씨는 3년을 투자한다.
각 투자자가 회사 Z(연습문제 5번 참조)에 투자한다고 하자. 각각 연 8%의 수익률을 얻을 것으로 기대한다는 것을 보여라.

9. 맞는가, 틀리는가? 설명하라.
  a. 주식가치는 미래 주당 이익의 할인 현금흐름과 같다.
  b. 주식가치는 이 회사가 성장하지 않을 때 주당 이익의 PV에 미래 성장기회의 NPV를 더한 것과 같다.

10. 어떤 조건에서 주식의 시장 자본화율 r이 이익-주가 비율 EPS_1/P_0와 같은가?

11. 재무관리자는 '잉여 현금흐름'으로 무엇을 나타내는가? 잉여 현금흐름은 어떻게 계산되는가? 간단

Visit us at www.mhhe.com/bma

히 설명하라.

12. 사업의 '평가기간 말 가치'는 무엇을 의미하는가? 이것은 어떻게 추정하는가?

13. 평가기간 말을 양(+)의 NPV 투자기회가 없어지는 시점으로 정한다고 하자. 평가기간 말 가치는 어떻게 계산하는가? (힌트: PVGO = 0일 때 P/EPS 비율은 어떻게 되는가?)

중급문제

14. *Wall Street Journal*의 최신호에서 "NYSE-Composite Transactions"를 보라.

a. IBM 주식의 최근 가격은 얼마인가?

b. IBM 주식의 연간 배당 지급액과 배당수익률은 얼마인가?

c. IBM이 연간 배당을 $1.50으로 바꾼다면 수익률은 얼마가 되는가?

d. IBM 주식의 P/E는 얼마인가?

e. P/E를 사용하여 IBM의 주당 이익을 계산하라.

f. IBM의 P/E가 ExxonMobil보다 높은가 낮은가?

g. P/E가 차이가 나는 이유는 무엇인가?

Visit us at www.mhhe.com/bma

15. 다음 해 풋내기전자의 배당이 $10이고 매년 5%씩 성장할 것으로 기대된다고 가정하고 표 4.2를 다시 작성하라. 자본화율은 15%이다.

16. 다음 세 주식을 생각해 보자.

a. 주식 A는 주당 $10의 배당을 영원히 지급할 것으로 기대된다.

b. 주식 B는 내년에 $5의 배당을 지급하고 연 4%씩 영원히 성장할 것으로 기대된다.

c. 주식 C는 내년에 $5의 배당을 지급할 것으로 기대된다. 그 후 배당은 5년 동안(즉 6년도까지) 연간 20%씩 성장하고 이후에는 성장하지 않을 것으로 예상한다.

각 주식에 대한 시장 자본화율이 10%라면 어떤 주식이 가장 가치 있는가? 자본화율이 7%라면 어떤가?

17. Pharmecology는 주당 $1.35를 배당으로 지급하려고 한다. 이 회사는 성숙기업이지만 미래 EPS와 배당은 연간 2.75%로 예상되는 물가상승과 함께 성장할 것으로 기대된다.

a. Pharmecology의 현재 주가는 얼마인가? 명목 자본비용은 9.5%이다.

b. 예상 실질 배당과 실질 할인율을 사용하여 (a)를 다시 하라.

18. 기업 Q의 자기자본이익률(ROE)은 14%이다. 이 회사는 이익의 절반을 현금배당으로 지급한다(배당성향 = 0.5). 현재 주당 장부가치는 $50이다. Q가 이익을 재투자함에 따라 주당 장부가치는 성장한다.

ROE와 배당성향이 다음 4년 동안 일정하다고 가정하자. 이후 경쟁 탓에 ROE는 11.5%로 하락하고 배당성향은 0.8로 증가한다. 자본비용은 11.5%이다.

a. 내년도 Q의 EPS와 배당은 얼마인가? 연도 2, 3, 4, 5와 후속 기간에 EPS와 배당은 어떻게 성장하는가?

b. Q의 주당 가치는 얼마인가? 이 값은 4년도 이후 배당성향과 성장률에 따라 어떻게 달라지는가?

19. Mexican Motors의 주식은 주당 200페소에 거래된다. 내년 배당은 8.5페소이다. 증권 분석가는 다음 5년 동안 연간 7.5%의 이익 증가를 예측한다.

a. 이익과 배당이 영원히 7.5%로 성장할 것으로 기대된다고 가정하자. 투자자는 얼마의 수익률을 기대하는가?

b. Mexican Motors는 장부가치에 대해 일반적으로 약 12%(ROE = 0.12)를 벌고 이익의 50%를 배당으로 지급한다. 이 회사가 같은 ROE와 배당성향을 장기적으로 유지한다고 가정하자. g에

Visit us at www.mhhe.com/bma

는 어떤 의미가 있는가? r에 대해서는? (a)에 대한 답을 수정해야 하는가?

20. Phoenix Corp.는 최근 경기 후퇴로 비틀거렸다. 그러나 곧 회복하였다. EPS와 배당은 2017년 이후 급속히 성장하였다.

	2017	2018	2019	2020	2021
EPS($)	0.75	2.00	2.50	2.60	2.65
배당($)	0	1.00	2.00	2.30	2.65
배당성장률(%)	—	—	100	15	15

물론 2020년과 2021년의 수치는 예상치이다. 2019년 Phoenix의 현재 주가는 $21.75이다. Phoenix의 회복은 2021년에 완성될 것이며 EPS와 배당 성장은 더 이상 없을 것이다.

증권 분석가는 Phoenix 주식의 다음 해 수익률을 다음과 같이 예상한다.

$$r = \frac{\text{DIV}}{P} + g = \frac{2.30}{21.75} + 0.15 = 0.256, \text{ 약 } 26\%$$

증권 분석가의 예상에서 무엇이 잘못되었는가? 다음 해 실제 기대수익률은 얼마인가?

21. 주주의 요구수익률을 결정하는 다음 각 식은 상황에 따라 옳을 수도 있고 틀릴 수도 있다.

a. $r = \frac{\text{DIV}_1}{P_0} + g$

b. $r = \frac{\text{EPS}_1}{P_0}$

각 식이 잘못된 답을 줄 수 있다는 것을 보여주는 간단한 수치 예를 만들고 왜 오류가 생기는가를 설명하라. 이 식이 올바른 답을 주는 다른 간단한 수치 예를 만들어라.

22. Alpha Corp.의 이익과 배당이 연 15%씩 성장하고 있다. Beta Corp.의 이익과 배당은 연 8%씩 성장하고 있다. 이 회사들의 자산과 이익, 주당 배당은 현재(시점 0) 정확히 같다. 그러나 PVGO는 Beta Corp. 주가의 더 많은 부분을 설명한다. 이것이 어떻게 가능한가? (힌트: 가능한 설명이 하나 이상 있다.)

23. 표 4.5에 있는 그로스-테크의 재무예측을 다시 보라. 이번에는 기회자본비용이 12%임을 안다고 가정하자(본문에서 계산된 숫자 0.099는 버려라). 그로스-테크의 주가를 모른다고 가정하라. 다른 것은 본문에 있는 가정을 따른다.

a. 그로스-테크 주식의 가치를 계산하라.

b. 이 가치의 얼마가 3년도의 예상 가격 P_3의 할인가치를 반영하는가?

c. P_3의 얼마가 3년도 이후 성장기회의 현재가치(PVGO)를 나타내는가?

d. 경쟁자가 4년도까지 그로스-테크를 따라잡아서 4년도와 그 이후 이루어지는 모든 투자에 대해 자본비용만을 벌 수 있다고 가정한다. 이 가정에서 지금 그로스-테크 주식은 얼마의 가치가 있는가? (필요하다면 추가로 가정하라.)

24. Compost Science Inc. (CSI)는 보스턴의 오수 침전물을 비료로 전환하는 사업을 하고 있다. 이 업종은 그 자체가 수익성이 있지는 않다. 그러나 CSI를 이 업종에 남아 있게 하려고 시 자치위원회는 CSI가 투자에서 10% 수익률을 올리기에 충분한 금액을 지급하기로 동의하였다. 연말에 CSI는 $4 배당을 지급할 것으로 예상한다. 이 회사는 이익의 40%를 재투자하고 1년에 4%씩 성장해왔다.

Visit us at www.mhhe.com/bma

a. CSI가 이러한 성장 추세를 계속한다고 가정하자. $100에 주식을 매입할 때 장기 기대수익률은 얼마인가? $100 주가 중 어느 정도가 성장기회의 현재가치에서 기인하는가?

b. 이제 시 자치위원회는 CSI가 케임브리지 오수도 함께 취급하도록 하는 계획을 발표하였다. 따라서 CSI의 공장은 5년 동안 점차 확장될 것이다. 이는 CSI가 5년 동안 이익의 80%를 재투자해야 함을 의미한다. 그러나 6년도부터 시작하여 다시 이익의 60%를 배당으로 지급할 수 있을 것이다. 이러한 발표가 이루어지고 CSI에 대한 영향이 알려진다면 CSI 주가는 얼마가 되겠는가?

25. Permian Partners(PP)는 서부 텍사스의 오래된 유전에서 석유를 생산한다. 2009년에 연 180만 배럴을 생산하였다. 그러나 생산은 예측 가능한 미래에 연 7%씩 감소하고 있다. 생산원가와 운송비, 관리비는 배럴당 $25에 달한다. 2009년에 평균 유가는 배럴당 $65였다.

PP의 발행주식 수는 7백만 주이다. 자본비용은 9%이다. PP의 순이익은 모두 배당으로 지급된다. 단순화를 위해 이 회사는 영원히 영업하며 배럴당 비용은 $25로 일정하다고 가정한다. 또한 세금은 무시한다.

a. PP 주식의 PV는 얼마인가? 유가가 2010년 배럴당 $60로, 2011년에 배럴당 $55로, 2012년에 배럴당 $50로 떨어질 것으로 예상한다. 2012년 이후 유가의 장기 추세는 연 5%씩 성장한다고 가정한다.

b. PP의 EPS/P 비율은 얼마이며 왜 자본비용 9%와 같지 않은가?

eXcel
Visit us at
www.mhhe.com/bma

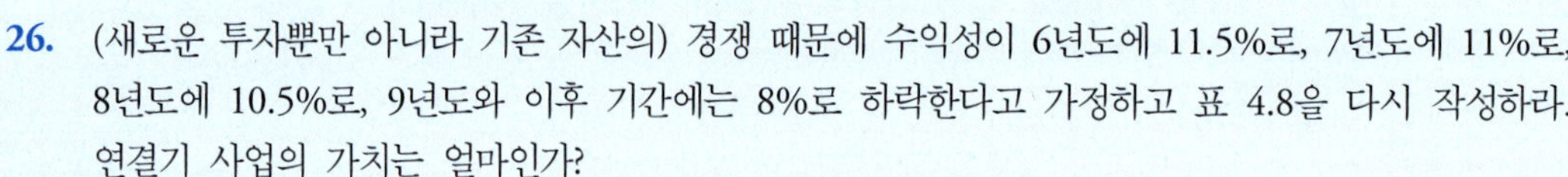

26. (새로운 투자뿐만 아니라 기존 자산의) 경쟁 때문에 수익성이 6년도에 11.5%로, 7년도에 11%로, 8년도에 10.5%로, 9년도와 이후 기간에는 8%로 하락한다고 가정하고 표 4.8을 다시 작성하라. 연결기 사업의 가치는 얼마인가?

도전문제

27. 일정률성장 DCF 공식

$$P_0 = \frac{\text{DIV}_1}{r - g}$$

는 때로 다음과 같이 쓴다.

$$P_0 = \frac{\text{ROE}(1 - b)\text{BVPS}}{r - b\text{ROE}}$$

여기서 BVPS는 주당 장부가치이며, b는 내부유보율, ROE는 BVPS에 대한 주당 이익의 비율이다. 이 식을 사용하여 ROE가 변할 때 주가–장부가치 비율이 어떻게 변하는가를 보여라. ROE = r일 때 주가–장부가치 비율은 어떻게 되는가?

28. 포트폴리오 관리자는 종종 관리하는 펀드의 일정 비율을 받는다. 당신이 5%의 배당수익률 (DIV_1/P_0)을 주는 $1억 규모의 주식 포트폴리오를 관리한다고 가정하자. 배당과 포트폴리오 가치는 일정한 비율로 성장할 것으로 예상한다. 이 포트폴리오를 관리하는 연간 수수료는 포트폴리오 가치의 0.5%이며 매년 말에 계산된다. 당신이 지금부터 영원히 이 포트폴리오를 계속 관리한다고 가정하자. 이 관리 계약의 현재가치는 얼마인가? 당신이 4% 수익률로 주식에 투자한다면 이 계약의 가치는 어떻게 변할까?

29. 표 4.8을 근거로 평가한 연결기 부문을 발행주식이 1백만 주인 독립된 회사 Concatco로 분리하여

Visit us at www.mhhe.com/bma

매각한다고 가정하자. 각 주식은 얼마에 팔리겠는가? 대답하기 전에 1년도에서 6년도까지 음(−)의 잉여 현금흐름이 있음에 주의하라. 이 현금흐름의 PV는 −$360만이다. 이 부족분은 가까운 장래에 추가로 발행되는 주식으로 조달되어야 한다. 또한 단순화를 위해 $360만은 10% 이자를 벌고 표 4.8의 음(−)의 잉여 현금흐름을 충당하는 데 충분하다고 가정한다. Concatco는 1년도에서 6년도까지 배당을 지급하지 않고 7년도부터 모든 잉여 현금흐름을 배당으로 지급한다.

이제 발행주식 1백만 주의 주당 가치를 계산하라. 그 답을 간단히 설명하라. (힌트: 기존 주주가 1백만 주를 소유하고 있는데 $360만의 자본조달 필요를 충당하기 위해 발행한 신주를 산다고 가정하라. 다른 말로 하면 $360만은 기존 주주의 지갑에서 직접 나온다. 주당 가치는 얼마인가? 이제 대신 $360만은 새로운 투자자에게서 온다고 가정하라. 그는 공정한 가격에 주식을 산다. 답이 변하는가?)

실시간 데이터분석

주요 증권거래소는 훌륭한 웹사이트를 유지한다. NYSE 사이트(**www.nyse.com**)와 나스닥 사이트(**www.nasdaq.com**)를 보라. 이들의 거래 시스템에 대한 많은 자료를 찾을 수 있으며 호가와 다른 자료도 볼 수 있다.

1. **www.nyse.com**으로 가서 *NYSE MarkeTrac*을 찾아 DJIA 시세 테이프(ticker tape)를 클릭하라. 이것은 다우존스산업평균(Dow Jones Industrial Average)에 속한 주식의 거래 상황을 보여준다. GE에서 멈춰라. 최근 가격과 배당수익률, P/E 비율은 얼마인가?

www.mhhe.com/edumarketinsight에 있는 Standard & Poor's Market Insight Database나 finance.yahoo.com의 자료를 사용하여 다음 물음에 답하라.

2. General Mills, Inc.와 Kellogg Co.를 찾아보라. 이 회사의 종목코드(ticker symbol)는 GIS와 K이다. STANDARD &POOR'S

a. 각 회사의 현재 배당수익률과 주가이익비율(P/E)은 얼마인가? 이 수익률과 P/E를 식품 산업과 주식시장 전체의 평균과 비교하면 어떤가? (주식시장은 S&P 500 지수로 나타낸다.)

b. 지난 5년간 각 회사의 주당 이익(EPS)과 배당의 성장률은 얼마인가? 이 성장률이 먼 미래에도 계속될 수 있는 안정적인 추세를 반영하는가?

c. 이들 회사 주식에 일정률성장 DCF 평가 모형을 적용하는 것이 타당한가? 왜 그런가, 아니면 왜 그렇지 않은가?

3. 다음 회사들을 찾아보라. Intel(INTC)과 Dell Computer(Dell), Dow Chemical(DOW), Harley Davidson(HOG), Pfizer, Inc.(PFE). 각 회사에서 "Financial Highlights"와 "Company Profile"을 보라. 이들 회사의 주가이익비율이 크게 다르다는 점을 주목하라. 이 차이에 대해 어떤 설명이 가능한가? 어떤 것을 성장주(높은 PVGO)로, 어떤 것을 수익주로 분류하겠는가? STANDARD &POOR'S

Visit us at www.mhhe.com/bma

미니 케이스

Reeby Sports

2001년 George Reeby는 고품질 스포츠 장비를 판매하는 조그만 우편 주문 회사를 설립하였다. 초창기 이래 Reeby Sports는 안정적으로 성장했으며 지속적으로 이익을 냈다. 이 회사는 주식 2백만 주를 발행하였으며 이 모두는 George Reeby와 그의 다섯 자녀가 소유하고 있다.

몇 달 동안 George는 지금이 회사를 공개할 때인가를 고민하고 있다. 기업공개는 투자 일부분을 현금화할 수 있도록 해주며 장래에 회사가 확장하고자 할 때 자금조달을 쉽게 할 것이다.

그러나 주식은 얼마의 가치가 있는가? George의 첫 번째 생각은 회사의 재무상태표를 보는 것이다. 자기자본의 장부가치는 $2,634만 달러로 주당 $13.17임을 알 수 있다. 주가가 $13.17이면 P/E 비율은 6.6이다. 이는 Reeby의 더 큰 경쟁자 Molly Sports의 P/E 비율 13.1보다 매우 낮다.

George는 장부가치가 주식의 시장가치에 대한 좋은 지침이 되지 않을 수도 있다고 판단했다. 그는 딸 Jenny를 생각했다. 그녀는 투자은행에서 일한다. 그녀는 확실히 이 주식이 얼마의 가치가 있는가를 알 것이다. 그는 딸이 일을 마친 9시 이후나 일을 시작하기 전인 다음날 6시에 전화하기로 하였다.

전화하기 전에 George는 회사 수익성에 대한 기본 자료를 메모한다. 초기 손실에서 회복하고 나서 회사는 추정된 자본비용 10%보다 높은 수익률을 얻었다. George는 회사가 다음 6~8년 동안 매우 안정적으로 성장할 수 있다고 확신한다. 사실 그는 두 자녀가 많은 배당을 지급하라고 요구하여 회사의 성장률이 지난 몇 년 동안 약간 주춤했다고 느낀다. 아마도 회사가 공개되면 배당을 낮추고 더 많은 돈을 사업에 유보할 수 있을 것이다.

평가기간에는 약간 의문이 있다. 경쟁은 증가하고 있으며 그날 아침 Molly Sports도 우편 주문 부서를 만들 계획을 발표하였다. George는 다음 6년 정도 이후 이 회사가 가치 있는 투자기회를 찾기가 어려울 수도 있다는 점을 염려한다.

George는 Jenny가 Reeby Sports의 가치에 대한 최종 결과를 내놓기 전에 사업 전망에 대해 더 많은 것을 알아야 한다고 생각한다. 그러나 Jenny가 예비적으로 주당 가치를 계산하는 데는 이 정보로 충분하기를 바란다.

	2002	2003	2004	2005	2006	2007	2008	2009	2010	2011E
주당 이익($)	−2.10	−0.70	0.23	0.81	1.10	1.30	1.52	1.64	2.00	2.03
배당($)	0.00	0.00	0.00	0.20	0.20	0.30	0.30	0.60	0.60	0.80
주당 장부가치($)	9.80	7.70	7.00	7.61	8.51	9.51	10.73	11.77	13.17	14.40
ROE(%)	−27.10	−7.1	3.0	11.6	14.5	15.3	16.0	15.3	17.0	15.4

문제

1. Jenny가 Reeby Sports의 배당 지급금을 예측하고 주식가치를 추정하는 일을 도우라. 하나의 수치로 한정할 필요는 없다. 예를 들어 두 개의 수치를 계산할 수도 있다. 하나는 6년도에 수익성 있는 투자기회가 감소한다는 가정에서이고, 다른 하나는 8년도에 감소한다는 가정에서이다.
2. Reeby 주식가치 추정치의 얼마가 성장기회의 현재가치에서 오는가?

Visit us at www.mhhe.com/bma

05 Chapter

가치 PART 1

순 현재가치와 기타 투자 평가기준

회사의 주주들은 당연히 가난하기보다는 부자가 되고 싶어 한다. 그래서 그들은 비용보다 가치가 큰 모든 투자안에 기업이 투자해 주기를 바란다. 투자안의 가치와 비용의 차이를 **순 현재가치**(*net present value, NPV*)라고 한다. 기업이 양(+)의 NPV를 갖는 모든 투자안에 투자하고 음(−)의 NPV를 갖는 투자안을 기각하는 것이 주주에게 가장 크게 이득이 된다.

순 현재가치 기준을 다시 검토하면서 이 장을 시작한다. 그런 다음 기업이 투자안을 평가할 때 고려할 수 있는 다른 척도들을 살펴본다. 처음 두 가지 척도는 회수기간(payback)과 회계적 이익률(book return of rate)인데 이것은 주먹구구식(rules of thumb) 방법보다 크게 나을 게 없지만 계산하기 쉽고 의사 전달도 편하다. 세상에는 주먹구구 방식을 쓸 수 있는 일도 더러 있지만, 엔지니어가 100층짜리 건물을 설계할 때는 좀 더 정확한 방식이 필요하며, 재무관리자가 상당한 자본투자 결정을 할 때도 주먹구구식보다 더 나은 기준이 필요하다.

회사는 종종 투자안의 NPV를 계산하는 대신에 주주가 자본시장에서 같은 위험을 갖는 투자에서 얻을 수 있는 수익률과 이 투자안에 투자하여 얻을 수 있는 기대수익률을 비교한다. 기업은 주주가 스스로 벌 수 있는 것보다 더 높은 수익률을 제공하는 투자안을 선택한다. 이 수익률 기준은 바르게 사용한다면 항상 기업가치를 증가시키는 투자안을 확인할 수 있다. 그러나 부주의하면 이 기준에는 몇 가지 함정이 따른다.

기업이 한정된 자본을 가지고 있을 때 대처하는 방법을 알아보면서 이 장을 마친다. 이것은 두 가지 문제를 일으킨다. 하나는 계산 문제이다. 간단한 경우에는 투자한 단위 금액당 NPV가 가장 큰 투자안을 선택한다. 그러나 여러 대안 중에서 가려내는 데는 좀 더 정교한 기법들이 필요하다. 다른 문제는 자본할당이 정말로 존재하는가와 자본할당 때문에 순 현재가치 기준이 맞지 않게 되는가를 판단하는 것이다. 짐작하는 대로 NPV는 적절하게만 해석하면 최종적인 승리자다.

5.1 기본의 복습

베지트론(Vegetron)의 최고재무책임자(CFO)는 새로운 사업에 $1백만을 투자하는 투자안 X를 분석할 방법을 고민하고 있다. CFO가 당신의 생각을 물어왔다.

당신의 반응은 다음과 같을 것이다. "첫째, 투자안 X가 그 경제적 수명기간 동안 발생시키는 현금흐름을 예측해야 합니다. 둘째, 적절한 기회자본비용(r)을 결정하십시오. 이것은 시간가치와 투자안 X의 위험을 반영해야 합니다. 셋째, 이 기회자본비용을 사용하여 투자안의 미래 현금흐름을 할인하십시오. 할인된 현금흐름의 합을 현재가치(PV)라고 합니다. 넷째, PV에서 $1백만의 투자금액을 빼서 순 현재가치(NPV)를 계산하십시오. 현금흐름을 C_0, C_1 등등이라고 하면 NPV는 다음과 같습니다.

$$\text{NPV} = C_0 + \frac{C_1}{1+r} + \frac{C_2}{(1+r)^2} + \cdots$$

NPV가 0보다 크면 투자안 X에 투자해야 합니다."

그러나 베지트론의 CFO는 당신의 그런 총명함에는 감동하지 않는다. 그는 왜 NPV가 그렇게 중요한가를 묻는다.

당신의 대답: "베지트론 주주에게 무엇이 최선인가를 생각해 봅시다. 그들은 가능한 한 베지트론 주식의 가치를 높여주기를 원합니다."

"지금 베지트론의 총 시장가치(주당 가격 × 발행주식 수)는 $1천만입니다. 이것은 투자안 X에 투자할 수 있는 현금 $1백만을 포함한 것입니다. 베지트론의 다른 자산과 기회의 가치는 $9백만입니다. 이 $1백만을 현금으로 보유하고 투자안 X를 기각하는 것이 나은가, 아니면 이 현금을 소비하여 투자안을 채택하는 것이 나은가를 결정해야 합니다. 새로운 투자안의 가치를 PV라 합시다. 그러면 선택은 다음과 같습니다.

	시장가치($백만)	
자산	투자안 X 기각	투자안 X 채택
현금	1	0
기타 자산	9	9
투자안 X	0	PV
	10	9 + PV

투자안의 현재가치 PV가 $1백만보다 크다면, 즉 순 현재가치가 양(+)이라면 투자안 X는 분명히 가치가 있는 것입니다."

CFO: "투자안 X의 PV가 실제로 베지트론의 시장가치에 반영된다는 것을 어떻게 아는가?"

당신의 대답: "새로운 독립기업 X를 설립한다고 합시다. 이 회사의 유일한 자산은 투자안 X입니다. 기업 X의 시장가치는 얼마입니까?"

"투자자는 기업 X가 지급할 배당을 예측하고 이 배당을 같은 위험수준의 증권에 대한 기대수익률로 할인합니다. 우리는 주가가 예상 배당의 현재가치와 같다는 것을 알고 있습니다."

"투자안 X가 유일한 자산이므로 회사 X가 지급할 것으로 기대하는 배당 지급금은 정확히 투자안 X에서 기대하는 현금흐름입니다. 게다가 투자자가 기업 X의 배당을 할인할 때 사용하는 할인율은 투자안 X의 현금흐름을 할인할 때 사용해야 하는 할인율과 정확히 같습니다."

"기업 X가 완전히 가상적이라는 데 동의합니다. 그러나 투자안 X가 채택되면 베지트론 주식을 보유하는 투자자는 실제로 투자안 X와 이 회사의 다른 자산으로 구성된 포트폴리오를 갖게 됩니다. 다른 자산은 분리된 사업일 때 $9백만의 가치가 있다는 것을 압니다. 자산가치는 서로 더할 수 있으므로 투자안 X의 가치를 독립된 사업으로 계산하면 포트폴리오 가치를 쉽게 계산할 수 있습니다."

"투자안 X의 현재가치를 계산하는 것은 기업 X의 보통주가 자본시장에서 평가되는 과정을 똑같이 반복하는 것입니다."

CFO: "내가 이해 못하는 한 가지는 할인율은 어디에서 오는가 하는 것이야."

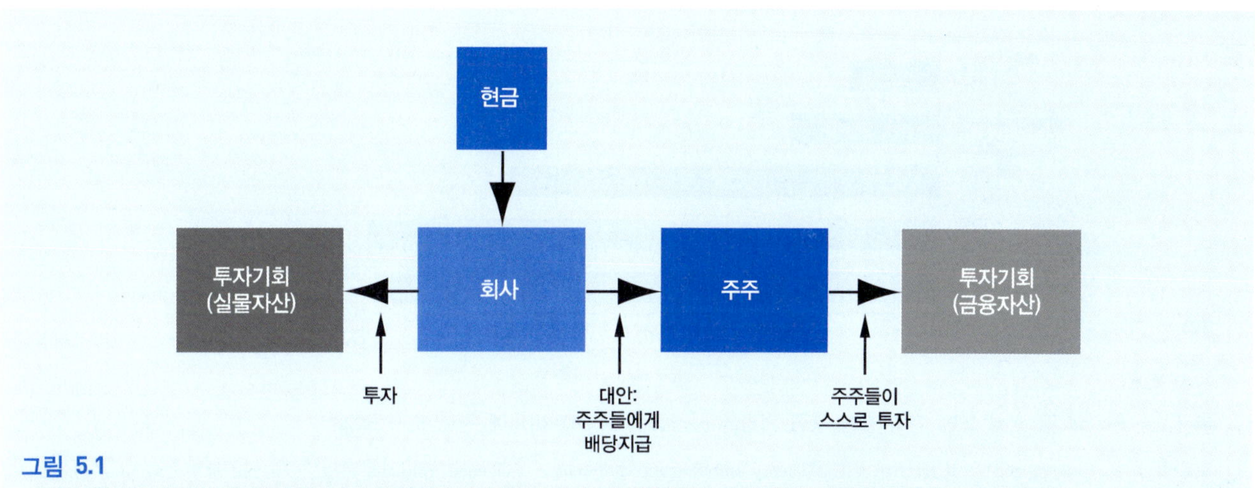

그림 5.1
기업은 현금을 유보하여 재투자하거나 투자자에게 돌려줄 수 있다. (화살표는 가능한 현금흐름이나 이전을 나타낸다.) 현금이 재투자될 때 기회비용은 주주가 금융자산에 투자하여 얻을 수 있는 기대 수익률이다.

당신의 대답: "물론 할인율을 정확히 측정하기는 어렵습니다. 그러나 우리가 측정하려고 하는 것이 무엇인가를 아는 것은 쉽습니다. 할인율은 자본시장이 아닌 곳에서 투자할 때의 기회비용입니다. 다시 말하면 회사는 이 투자안을 채택하는 대신 주주에게 현금을 지급하고 주주가 그 돈을 금융자산에 투자하도록 할 수 있습니다."

"이 교환관계를 생각해 보십시오(그림 5.1). 이 투자안을 채택하는 기준이 되는 기회비용은 주주가 스스로 투자하여 벌 수 있는 수익률입니다. 투자안의 현금흐름을 금융자산의 기대수익률로 할인하는 것은 투자자가 그 투자안에 얼마를 기꺼이 지불하려고 하는가를 측정하는 것입니다."

베지트론의 CFO가 묻는다. "그렇지만 어떤 금융자산을 말하는가? 투자자가 IBM 주식에서 12% 수익을 기대한다고 해서 수익률이 13%인 도깨비전자 주식을 사야 한다는 의미는 아니지 않은가?"

당신의 대답: "기회비용 개념은 같은 위험을 갖는 자산을 비교할 때만 타당합니다. 일반적으로, 검토하고 있는 투자안과 동일한 위험을 갖는 금융자산을 찾아내서 그 자산의 기대수익률을 추정하고, 이 수익률을 기회비용으로 사용해야 합니다."

순 현재가치의 경쟁자

CFO에게 투자안의 NPV를 계산해보라고 조언했다면 당신은 아마 많은 동조자를 만났을 것이다. 오늘날 기업의 75%가 투자안을 결정할 때 항상 또는 거의 항상 순 현재가치를 계산한다. 그러나 그림 5.2에서 보는 바와 같이 NPV가 기업이 사용하는 유일한 기준은 아니다. 회사는 종종 투자안의 매력도를 한 가지 이상의 방법으로 측정한다.

기업의 약 ¾이 투자안의 내부수익률(IRR)을 계산하는데 이것은 NPV를 사용하는 것과 거의 같은 비율이다. IRR 기준은 NPV의 가까운 친척으로 이를 적절히 사용하면 같은 답을 얻는다. 그러므로 IRR 기준과 이를 사용할 때 무엇을 조심해야 하는지를 이해할 필요가 있다.

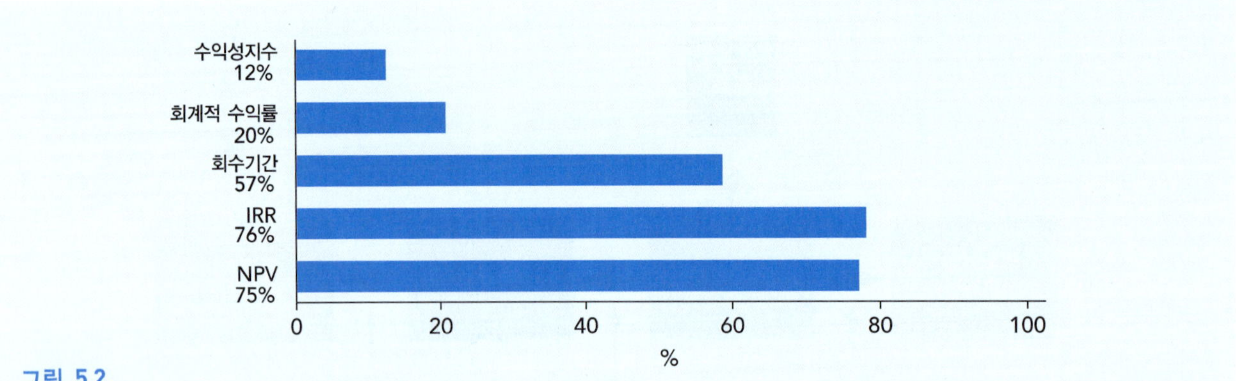

그림 5.2

투자안을 평가할 때 항상 또는 거의 항상 특정 기법을 사용하는 CFO의 비율에 관한 조사 결과.

자료원: J. R. Graham and C. R. Harvey, "The Theory and Practice of Finance: Evidence from the Field," *Journal of Financial Economics* 61 (2001), pp. 187~243, © 2001 Elsevier Science의 허락을 얻어 인용함.

이 장의 많은 부분이 IRR 기준을 설명하는 데 관련되어 있다. 그러나 먼저 투자안의 매력도를 측정하는 다른 두 척도를 보자. 투자안의 회수기간(payback)과 회계적 이익률(book rate of return)이다. 곧 알게 되겠지만 두 척도는 분명히 결함이 있다. 투자결정을 할 때 이들 기준에만 의존하는 기업은 거의 없다. 그러나 기업들은 엉터리 투자안과 한계 투자안을 구별하는 데 도움을 얻기 위해 이들 기준을 보조적인 척도로 사용한다.

이 장 뒤에서 또 한 가지 투자 척도, 즉 수익성지수(profitability index)를 살펴본다. 그림 5.2에서 알 수 있는 바와 같이 이 척도는 자주 사용되지는 않는다. 그러나 어떤 환경에서는 이 척도가 특별한 장점이 있다.

NPV에 관해 기억해야 할 세 가지 요점

다른 기준들을 살펴보면서 다음과 같은 순 현재가치 기준의 주요 특징을 기억하는 것이 좋다. 첫째, NPV 기준은 **오늘의 $1가 내일 $1보다 더 가치 있다는** 점을 인식한다. 오늘 $1는 투자하여 즉시 이자를 벌 수 있기 때문이다. **화폐의 시간가치를** 인식하지 않는 그 어떤 투자기준도 타당할 수 없다. 둘째, 순 현재가치는 전적으로 투자안의 **예상 현금흐름과 기회자본비용에만** 의존한다. 경영자의 기호나 회계방법의 선택, 회사 기존 사업의 수익성, 다른 독립적인 투자안의 수익성에 의해 영향을 받는 투자기준은 좋지 않은 결정을 내리게 한다. 셋째, **현재가치는 모두 오늘의 화폐로 측정되므로 서로 더할 수 있다.** 두 투자안 A와 B가 있다면 둘을 조합한 투자의 순 현재가치는 다음과 같이 계산할 수 있다.

$$\text{NPV}(A + B) = \text{NPV}(A) + \text{NPV}(B)$$

이 가산 특성은 중요한 의미가 있다. 투자안 B가 음(−)의 NPV를 갖는다고 하자. 이를 투자안 A에 덧붙인다면 결합 투자안 (A+B)는 A 자체보다 낮은 NPV를 갖는다. 따라서 나쁜 투자안(B)이 좋은 투자안과 한 묶음으로 되어 있다고 해서 그것을 채택하는 경우는 없을 것이다. 다른 척도는 이런 특성을 가지고 있지 않다. 조심하지 않으면 좋은 투자안과 나쁜 투자안의 묶음이 좋은 투자안 자체보다 더 좋다고 속을 수도 있다.

NPV는 회계적 이익률이 아니라 현금흐름에 달렸다

순 현재가치는 오로지 투자안의 현금흐름과 기회자본비용에만 의존한다. 회사가 주주에게 경영성과를 보고할 때는 단순히 현금흐름만 보여주지는 않는다. 회사는 장부상, 즉 회계적 이익과 회계장부상의 자산도 보고한다.

재무관리자는 때때로 이 숫자를 제안된 투자안의 회계적(장부상) 이익률을 계산하는 데 사용한다. 다시 말해, 회사가 취득하려고 하는 자산의 장부가치에 대한 회계적 이익의 비율을 살펴본다.

$$\text{회계적 이익률} = \frac{\text{회계적 이익}}{\text{장부상 자산가치}}$$

현금흐름과 장부상 이익은 크게 다를 때가 자주 있다. 예를 들어 회계사는 어떤 현금 유출은 **자본투자**(*capital investment*)라고 하고, 어떤 것은 **영업비용**(*operating expense*)이라고 한다. 영업비용은 각 연도의 소득에서 바로 차감되지만, 자본 지출은 회사의 재무상태표에 기록하고 여러 기간에 걸쳐 감가상각해 나간다. 연간 감가상각비는 매년 소득에서 차감된다. 따라서 회계적 이익률은 회계사가 자본투자로 취급하는 항목과 이들이 얼마나 빨리 상각되는가에 따라 달라진다.[1]

투자안의 우수성은 회계사가 현금흐름을 어떻게 분류하는가에 따라 달라지지는 않는다.[2] 오늘날 회계적 이익률을 근거로 투자결정을 하는 기업은 거의 없다. 그러나 경영자는 회사 주주들이 수익성의 회계적 척도에 상당한 관심을 둔다는 사실을 잘 안다. 당연히 경영자들은 주요 투자안이 회사의 회계적 이익률에 어떤 영향을 줄 것인가에 대해 생각하고 또 염려한다. 회사의 회계적 이익률을 감소시키는 투자안은 상위 경영자에 의해 좀 더 주의 깊게 검토된다.

여기서 그 위험성을 알 수 있다. 회계적 이익률은 진정한 수익성의 좋은 척도가 아니다. 이것은 회사의 모든 활동을 **평균한** 것이다. 과거 투자의 평균 수익성은 통상 새로운 투자의 올바른 기준이 되지 못한다. 예외적으로 운이 좋고 성공적인 회사를 생각해 보자. 이 회사의 평균 회계적 이익률이 주주의 기회자본비용 12%의 두 배인 24%라고 하자. 모든 **새로운** 투자안이 24%나 그 이상을 벌어야 한다고 요구하는가? 명백히 그렇지 않다. 이것은 수익률이 12%와 24% 사이에 있는 많은 양(+)의 NPV 투자기회를 간과한다는 것을 의미한다.

재무성과의 회계적 척도를 좀 더 자세히 검토하는 제12장과 28장에서 회계적 이익률에 대해 다시 살펴본다.

---

1) 이 장의 미니 케이스는 회계적 이익률이 어떻게 계산되는가와 회계적 이익과 투자안 현금흐름의 차이에 대한 간단한 예를 들고 있다. 이 주제에 대한 이해를 새롭게 하려면 미니 케이스를 읽어라. 더 좋은 것은 미니 케이스의 계산을 직접 해보는 것이다.

2) 물론 세금 목적으로 사용되는 감가상각 방법은 NPV를 계산하는 데 고려해야 할 현금에 영향을 미친다. 감가상각과 세금 문제는 다음 장에서 다룬다.

5.2 회수기간

가끔 다음과 같은 말을 들은 적이 있을 것이다. “우리는 현재 매주 $6, 즉 1년에 약 $300를 빨래방에서 소비하고 있다. 세탁기를 $800에 산다면 세탁기는 3년 이내에 제값을 하게 된다. 세탁기는 살 가치가 있다.” 당신은 방금 회수기간 기준에 대해 들은 것이다.

투자안의 **회수기간(payback period)**은 누적 현금흐름이 초기 투자액과 같아지는 데 걸리는 햇수이다. 세탁기의 회수기간은 3년 미만이다. **회수기간 기준**은 투자안의 회수기간이 정해진 채택기간(cutoff period)보다 짧으면 채택해야 한다고 한다. 예를 들어 채택기간이 4년이라면 이 세탁기는 기준에 맞는 것이고, 채택기간이 2년이라면 그렇지 못한 것이다.

예제 5.1 ● 회수기간 기준

다음 세 투자안을 살펴보자.

	현금흐름($)					
투자안	C_0	C_1	C_2	C_3	회수기간(년)	10%일 때 NPV
A	−2,000	500	500	5,000	3	+2,624
B	−2,000	500	1,800	0	2	−58
C	−2,000	1 800	500	0	2	+50

투자안 A는 $2,000의 초기 투자($C_0 = -2{,}000$)가 있고 나서 3년 동안 현금유입이 발생한다. 기회자본비용은 10%이다. 투자안 A는 +$2,624의 NPV를 갖는다.

$$\text{NPV(A)} = -2{,}000 + \frac{500}{1.10} + \frac{500}{1.10^2} + \frac{5{,}000}{1.10^3} = +\$2{,}624$$

투자안 B는 $2,000의 초기 투자가 필요하며, 1년도에 $500, 2년도에 $1,800의 현금유입이 발생한다. 10%의 기회자본비용에서 투자안 B는 −$58의 NPV를 갖는다.

$$\text{NPV(B)} = -2{,}000 + \frac{500}{1.10} + \frac{1{,}800}{1.10^2} = -\$58$$

세 번째 투자안 C는 다른 두 투자안과 같은 초기 투자가 필요하며, 첫 기간 현금흐름이 더 크다. 이 투자안은 +$50의 NPV를 갖는다.

$$\text{NPV(C)} = -2{,}000 + \frac{1{,}800}{1.10} + \frac{500}{1.10^2} = +\$50$$

순 현재가치 기준에 의하면 투자안 A와 C를 채택하고 투자안 B를 기각해야 한다.

이제 각 투자안이 얼마나 빨리 초기 투자액을 회수하는지를 보자. 투자안 A는 $2,000의 투자비용을 회수하는 데 3년이 걸린다. 투자안 B와 C는 단지 2년이 걸린다. 이 회사가 2년의 채택기간으로 회수기간 기준을 적용하면 투자안 B와 C만 채택된다. 3년 이상의 채택기간으로 회수기간 기준을 적용하면 세 투자안 모두 채택한다. 따라서 채택기간에 관계없이 회수기간 기준은 순 현재가치 기준과 다른 답을 준다.

예제 5.1에 예시된 것과 같이 회수기간 기준이 왜 잘못된 답을 줄 수 있는지 알 수 있다.

1. 회수기간 기준은 채택기간 이후의 모든 현금흐름을 무시한다. 채택기간이 2년이면 회수기간 기준은 3년도의 현금유입 크기에 관계없이 투자안 A를 기각한다.
2. 회수기간 기준은 채택기간 이전의 모든 현금흐름에 같은 가중치를 둔다. 회수기간 기준은 투자안 B와 C는 같은 정도로 매력적이라고 한다. 그러나 C의 현금흐름이 좀 더 일찍 발생하므로 C가 모든 할인율에서 더 큰 순 현재가치를 갖는다.

회수기간 기준을 사용하기 위해 기업은 적절한 채택기간을 정해야 한다. 투자안의 수명에 관계없이 같은 채택기간을 사용한다면 많은 좋지 않은 단기 투자안을 채택하고, 많은 좋은 장기 투자안은 기각하게 된다.

회수기간 기준에 대해서는 좋게 말할 것이 별로 없다. 그런데 왜 많은 기업이 이 기준을 계속 사용하고 있는가? 고위 관리자들이 회수기간 이후의 모든 현금흐름을 중요하지 않다고 믿는 것은 절대 아니다. 여기에는 세 가지 설명이 있을 수 있다. 첫째, 회수기간은 어떤 투자안의 수익성에 대해 소통하는(*communicate*) 가장 단순한 방법이기 때문이다. 투자안을 결정하려면 기업의 모든 부서 사람들이 토론과 협상을 해야 하므로, 모든 사람이 이해할 수 있는 척도를 갖는 것이 중요하다. 둘째, 큰 기업의 관리자들은 빨리 이익을 내면 자신의 승진이 좀 더 빠를 수 있다고 믿기 때문에 짧은 회수기간을 갖는 투자안을 더 좋아할 수도 있다. 이 같은 추론으로 우리는 경영자의 목표와 주주의 목표를 일치시킬 필요성에 대해서 논의한 제1장을 다시 돌아보게 된다. 마지막으로 자본에 대한 접근이 제한된 가족 기업의 소유자들은 미래 자금조달 능력에 대해 염려한다. 이러한 염려 때문에 장기 투자안이 더 큰 NPV를 가지더라도 빠른 회수기간을 갖는 투자안을 더 선호하게 된다.

할인 회수기간

때때로 기업은 회수기간을 계산하기 전에 현금흐름을 할인한다. 세 투자안에 대한 할인 현금흐름은 다음과 같다.

할인 현금흐름($)						
투자안	C_0	C_1	C_2	C_3	할인 회수기간 (년)	20%일 때 NPV
A	−2,000	500/1.10 = 455	$500/1.10^2$ = 413	$5,000/1.10^3$ = 3,757	3	+2,624
B	−2,000	500/1.10 = 455	$1,800/1.10^2$ = 1,488		—	−58
C	−2,000	1,800/1.10 = 1,636	$500/1.10^2$ = 413		2	+50

할인 회수기간 기준(*discounted payback rule*)은 투자안이 순 현재가치로 볼 때 타당한 투자안이 되려면 얼마나 계속되어야 하는가를 묻는다. 투자안 B에서 현금유입의 가치는 절대로 초기 투자액을 넘지 못하며, 할인 회수기간 기준에서는 항상 기각된다. 따라서 할인 회수기간 기준은 절대로 음(−)의 NPV 투자안을 채택하지는 않는다. 그렇지만 여전히 채택기간 이후의 현금흐름은 고려하지 않기 때문에 A와 같은 좋은 장기 투자안이 기각될 위험이 있다.

할인 회수기간이 긴 투자안을 자동으로 기각하는 대신 많은 관리자는 이 척도를 경고의 신호로 사용한다. 관리자들은 할인 회수기간이 긴 투자안을 생각해보지도 않고 기각하지는 않는다. 대신, 투자안이 먼 미래에 현금을 창출하는 능력에 대해 과도하게 낙관적이지 않았는가를 점검한다. 그들은 설비가 정말로 수명이 그토록 긴가, 또는 경쟁자가 시장에 진입하여 투자안의 현금흐름을 감소시키지 않겠는가를 확인한다.

5.3 내부(할인 현금흐름) 수익률

회수기간과 회계적 이익률은 특정한 상황에서 사용되는(ad hoc) 척도이지만 내부수익률은 좀 더 훌륭한 계보를 갖고 있으며, 많은 재무 교과서에서 추천하고 있다. 우리가 내부수익률의 결점을 길게 논의하는 것은 결점이 더 많아서가 아니라 그것이 덜 분명하기 때문이다.

제2장에서 순 현재가치 기준은 수익률로도 나타낼 수 있다고 하였다. 이는 다음 기준으로 연결된다. "기회자본비용을 초과하는 수익률을 제공하는 투자기회를 채택하라." 이 말은 제대로만 해석한다면 절대적으로 옳다. 그러나 장기 투자안에서는 해석이 항상 쉬운 것은 아니다.

한 기간 후에 수입금이 한 번만 발생하는 투자안의 올바른 수익률을 정의하는 데는 모호함이 없다.

$$\text{수익률} = \frac{\text{수입금}}{\text{투자액}} - 1$$

다른 방법으로는 투자안의 NPV식을 써 놓고 NPV = 0이 되도록 하는 할인율을 찾을 수도 있다.

$$\text{NPV} = C_0 + \frac{C_1}{1 + \text{할인율}} = 0$$

이것은 곧 다음을 의미한다.

$$\text{할인율} = \frac{C_1}{-C_0} - 1$$

물론 C_1은 수입금이고 $-C_0$는 요구되는 투자액이다. 따라서 위의 두 식은 정확히 같은 의미이다. $NPV=0$으로 만드는 할인율이 또한 수익률이기도 하다.

투자안에서 여러 기간에 걸쳐 현금흐름이 발생할 때 수익률 계산은 어떻게 하는가? 답은 한 기간 투자안에 대한 정의를 이용하는 것이다. 투자안의 내부수익률은 NPV를 0으로 하는 할인율이다.

이 할인율을 **할인 현금흐름(DCF) 수익률** 또는 **내부수익률(internal rate of return, IRR)**이라고 한다. 내부수익률은 재무에서 자주 사용된다. 이것은 편리한 척도일 수 있지만, 또한 오해를 일으키는 척도일 수 있다. 따라서 이것을 어떻게 계산하고 또 어떻게 바르게 사용하는지를 알아야 한다.

IRR 계산하기

내부수익률은 NPV = 0으로 만드는 할인율로 정의한다. 이는 T년 동안 지속하는 투자안의 IRR을 구하려면 다음 식을 풀어 IRR을 구해야 한다는 뜻이다.

$$\text{NPV} = C_0 + \frac{C_1}{1+\text{IRR}} + \frac{C_2}{(1+\text{IRR})^2} + \cdots + \frac{C_T}{(1+\text{IRR})^T} = 0$$

IRR의 실제 계산은 시행착오 방법으로 한다. 예를 들어 다음 현금흐름을 제공하는 투자안을 생각해 보자.

현금흐름($)		
C_0	C_1	C_2
−4,000	+2,000	+4,000

내부수익률은 다음 식에서 계산되는 IRR이다.

$$\text{NPV} = -4{,}000 + \frac{2{,}000}{1+\text{IRR}} + \frac{4{,}000}{(1+\text{IRR})^2} = 0$$

임의로 0의 할인율을 시도해 보자. 이 경우 NPV는 0이 아니고 +$2,000이다.

$$\text{NPV} = -4{,}000 + \frac{2{,}000}{1.0} + \frac{4{,}000}{(1.0)^2} = +\$2{,}000$$

NPV는 양(+)이다. 따라서 IRR은 0보다 커야 한다. 다음 단계는 50% 할인율을 넣어본다. 이 경우 순 현재가치는 −$889이다.

$$\text{NPV} = -4{,}000 + \frac{2{,}000}{1.50} + \frac{4{,}000}{(1.50)^2} = -\$889$$

이제 NPV는 음(−)이다. 따라서 IRR은 50%보다 작아야 한다. 그림 5.3은 할인율이 달라지는 데 따른 순 현재가치의 변화를 그렸다. 이 그림에서 28%의 할인율이 우리가 원하는 0의 순 현재가치를 준다는 것을 볼 수 있다. 따라서 IRR은 28%이다.

손으로 계산해야 한다면 IRR을 계산하는 가장 쉬운 방법은 그림 5.3과 같은 그래프에 할인율과 NPV의 조합을 서너 점 그리고 이 점들을 부드러운 선으로 연결한다. 그러고 나서 NPV = 0인 할인율을 읽는다. 물론 컴퓨터나 특별히 프로그램된 계산기를 사용하는 것이 더 빠르고 정확하다. 대부분의 재무관리자는 이렇게 한다. 이 장 끝 부분에 있는 유용한 스프레드시트 함수 글상자에서 여기에 필요한 엑셀 함수를 설명한다.

그림 5.3
이 투자안은 $4,000의 비용이 들고 1년도에 $2,000, 2년도에 $4,000의 현금유입을 제공한다. NPV를 0으로 만드는 할인율인 내부수익률(IRR)은 28%이다.

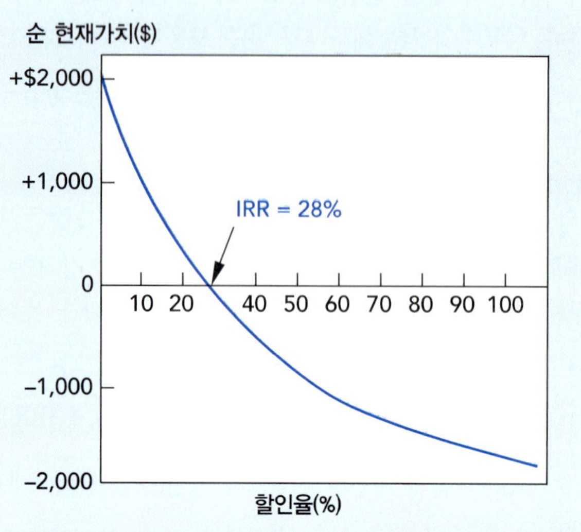

어떤 사람은 내부수익률과 기회자본비용이 둘 다 NPV 식에서 할인율로 나타나기 때문에 혼동한다. 내부수익률은 투자안 현금흐름의 크기와 시기만으로 정해지는 **수익성의 척도**(*profitability measure*)이다. 기회자본비용은 투자안이 얼마의 가치를 가지는가 계산하기 위해 사용하는 **수익성의 표준**(*standard of profitability*)이다. 기회자본비용은 자본시장에서 결정된다. 이것은 평가하려는 투자안과 같은 정도의 위험을 가진 다른 자산이 제공하는 기대수익률이다.

IRR 기준

내부수익률 기준(*internal rate of return rule*)은 기회자본비용이 내부수익률보다 작으면 투자안을 채택한다. 그림 5.3을 다시 보면 이 생각의 논리를 알 수 있다. 기회자본비용이 IRR 28%보다 작으면 이 투자안은 기회자본비용으로 할인할 때 양(+)의 NPV를 갖는다. IRR과 같으면 투자안의 NPV는 0이다. IRR보다 크다면 이 투자안은 음(−)의 NPV를 갖는다. 투자안의 IRR과 기회자본비용을 비교하는 것은 실질적으로는 투자안이 양(+)의 NPV를 갖는가를 묻는 것이다. 이것은 지금의 예에서만 적용되는 것은 아니다. **투자안의 *NPV*가 할인율의 완만한 감소함수이면 항상** 이 기준은 순 현재가치 기준과 같은 답을 준다.

많은 기업은 투자안의 평가기준으로 순 현재가치보다는 내부수익률을 사용하기를 더 선호한다. 이는 다소 유감스러운 일이다. 제대로 나타내면 두 기준에는 공식적으로 동등하다고 하더라도 내부수익률 기준에는 몇 가지 함정이 도사리고 있다.

함정 1 — 차입인가 대출인가?

할인율이 증가함에 따라 모든 현금흐름이 다 NPV가 작아지는 것은 아니다. 다음 투자안 A와 B를 생각해 보자.

현금흐름($)				
투자안	C_0	C_1	IRR	10%일 때 NPV
A	−1,000	+1,500	+50%	+364
B	+1,000	−1,500	+50%	−364

각 투자안은 50%의 IRR을 갖는다(다시 말하면 −1,000 + 1,500/1.50 = 0과 + 1,000 − 1,500 / 1.50 = 0).

이것이 두 투자안은 똑같이 매력적이라는 의미인가? 분명히 그건 아니다. 처음에 $1,000을 지급하는 A의 경우, 50%에 돈을 빌려주고 있다. 처음에 $1,000을 받는 B의 경우는 50%에 돈을 빌리고 있다. 돈을 빌려줄 때는 높은 수익률을 원하고 빌릴 때는 낮은 수익률을 원한다.

투자안 B에 대해 그림 5.3과 같은 그래프를 그리면 할인율이 증가함에 따라 NPV가 증가한다는 것을 알 수 있다. 명백히 내부수익률 기준은 위에서 말한 바와 같이 이 경우에는 적용되지 않는다. 기회자본비용보다 작은 IRR을 찾아야 한다.

함정 2 — 여러 개의 내부수익률

헴슬리 아이언(Helmsley Iron)은 호주 서부에 새로운 노천광산 개발을 제안하고 있다. 이 광산에는 A$30억의 초기 투자가 필요하다. 다음 9년 동안 연간 A$10억의 현금유입이 발생할 것으로 기대된다. 그 기간 말에 회사는 A$65억의 정리 비용을 부담할 것이다. 따라서 이 투자안의 현금흐름은 다음 표와 같다.

현금흐름(A$)				
C_0	C_1	. . .	C_9	C_{10}
−3	1		1	−6.5

헴슬리는 이 투자안의 IRR과 NPV를 다음과 같이 계산한다.

IRR(%)	10%일 때 NPV
+3.50과 19.54	A$2억 5,300만

NPV = 0이 되게 하는 할인율이 두 개 있다는 점에 주목하라. 즉 다음 두 식이 각각 성립한다.

$$\text{NPV} = -3 + \frac{1}{1.035} + \frac{1}{1.035^2} + \cdots + \frac{1}{1.035^9} - \frac{6.5}{1.035^{10}} = 0$$

$$\text{NPV} = -3 + \frac{1}{1.1954} + \frac{1}{1.1954^2} + \cdots + \frac{1}{1.1954^9} - \frac{6.5}{1.1954^{10}} = 0$$

다시 말하면 이 투자안은 3.50%와 19.54%, 두 개의 IRR을 갖는다. 그림 5.4는 이런 사실을 보여준다. 할인율이 증가함에 따라 NPV는 처음에 상승하고 나중에는 감소한다. 그 이유는 현금흐름의 부호가

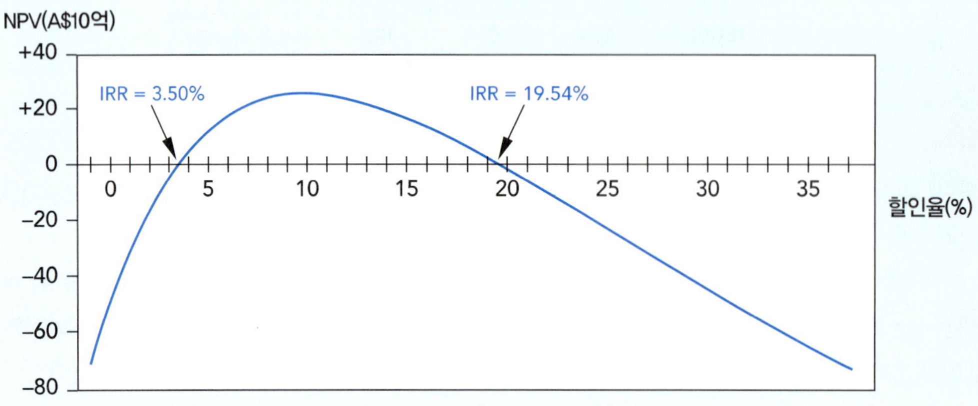

그림 5.4
헴슬리 아이언 광산은 2개의 내부수익률을 갖는다. 할인율이 +3.50%와 +19.54%일 때 NPV = 0이다.

두 번 바뀌었기 때문이다. 현금흐름의 부호가 바뀌는 만큼의 많은 내부수익률이 있을 수 있다.[3)]

때때로 조업을 중지하거나 정리하는 비용이 엄청나게 많이 들 수 있다. 필립스 페트롤륨(Phillips Petroleum)은 노르웨이 해안의 석유채굴 시설을 제거하기 위하여 $10억을 지출해야 할 것으로 추정하였다. 원자력 발전소를 해체하는 데 $3억이 넘는 비용이 들 수 있다. 이런 투자는 현금흐름이 양(+)에서 음(−)으로 변하는 명백한 예이지만 그 밖에도 회사가 나중의 비용 지출을 계획해야 하는 다른 많은 경우를 생각할 수 있다. 선박은 수리를 위해 주기적으로 도크에 들어가야 하고, 호텔은 전면 개조를 해야 할 필요가 생기며, 기계 부품을 대체해야 하는 것 등이다.

현금흐름의 부호가 두 번 이상 바뀔 것으로 예상할 때마다 보통 두 개 이상의 IRR이 나타난다.

때로는 내부수익률이 없는 때도 있다. 예를 들어 다음 표의 투자안 C는 어떤 할인율에서도 모두 양(+)의 순 현재가치를 갖는다.

현금흐름($)					
투자안	C_0	C_1	C_2	IRR(%)	10%일 때 NPV
C	+1,000	−3,000	+2,500	없음	+339

수많은 IRR 기준의 변안은 이러한 경우를 위해 고안되었다. 그러나 그런 기준들은 적절하지 않을 뿐만 아니라 불필요하다. 왜냐하면 간단한 해결 방법은 순 현재가치를 사용하는 것이기 때문이다.[4)]

3) 데카르트의 '부호의 법칙'에 의하면, 다항식은 부호의 변화가 있는 만큼 많은 해가 있을 수 있다.

4) 때때로 기업들은 현금흐름의 부호 변화가 단 한 번만 남을 때까지 나중의 현금흐름을 자본비용으로 할인하여 복수의 할인율 문제를 피해 나간다. **수정 내부수익률**(*modified internal rate of return,* MIRR)은 이러한 수정된 흐름으로 계산할 수 있다. 앞의 예에서 수정 IRR은 다음과 같이 계산된다.

1. 5년도에 후속 현금흐름의 현재가치를 계산한다.

$$\text{연도 5의 PV} = 1/1.1 + 1/1.1^2 + 1/1.1^3 + 1/1.1^4 - 6.5/1.1^5 = -0.866$$

2. 후속 현금흐름의 현재가치를 5년도 현금흐름에 더한다.

$$C_5 + \text{PV(후속 현금흐름)} = 1 - 0.866 = 0.134$$

함정 3 — 상호배타적인 투자안

기업은 종종 같은 일을 하거나 같은 설비를 사용하는 몇 가지 방법 중에서 하나를 선택해야 할 때가 있다. 다시 말해 **상호배타적인 투자안(mutually exclusive projects)** 중에서 하나를 선택해야 한다. 여기서도 역시 IRR 기준은 잘못된 결정을 가져올 수 있다.

다음 표의 투자안 D와 E를 보자.

	현금흐름($)			
투자안	C_0	C_1	IRR(%)	10%일 때 NPV
D	−10,000	+20,000	100	+ 8,182
E	−20,000	+35,000	75	+11,818

투자안 D는 수동제어 기계장치이고, 투자안 E는 같은 장치이지만 컴퓨터 제어장치가 부착된 모델이다. 둘 다 좋은 투자안이지만 E가 더 큰 NPV를 가지며, 따라서 더 좋은 대안이다. 그러나 IRR 기준으로 선택해야 한다면 D가 더 높은 IRR을 갖기 때문에 D를 선택해야 한다. IRR 기준을 따르면 100%의 수익률을 올린다는 만족을 얻겠지만, NPV 기준을 따른다면 $11,818만큼 더 부자가 될 수 있다.

이런 때에는 증분 흐름의 내부수익률을 살펴봄으로써 IRR 기준을 곤경에서 구할 수 있다. 그 방법은 이렇다. 첫째, 더 작은 투자안(예에서 D)을 생각해 보자. 이 투자안의 IRR은 100%로 10% 기회자본비용을 훨씬 초과한다. 따라서 D는 채택할 수 있다. 이제 E에 추가로 $10,000를 투자할 가치가 있는가를 물어보자. D 대신 E를 선택할 때 증분 흐름은 다음과 같다.

	현금흐름($)			
투자안	C_0	C_1	IRR(%)	10%일 때 NPV
E − D	−10,000	+15,000	50	+3,636

증분 투자의 IRR은 50%이며, 이 또한 10% 기회자본비용을 훨씬 초과한다. 따라서 투자안 D보다 투자안 E를 선택해야 한다.5)

증분 비용을 살펴보지 않으면 IRR은 규모가 다른 투자안의 순위를 매기는 신뢰할 만한 방법이 되지 못한다. 이것은 또한 시점이 다른 현금흐름 형태를 나타내는 투자안의 서열을 매기는 데도 믿을 만하지 못하다. 예를 들어 회사가 투자안 F 또는 G를 채택할 수 있지만 둘 다 채택할 수는 없다고 하자(잠시 H는 무시한다).

---

3. 이제 현금흐름의 부호가 단 한 번만 변하므로 수정된 현금흐름은 하나의 수익률, 13.7%를 갖는다.

$$NPV = -3 + 1/1.137 + 1/1.137^2 + 1/1.137^3 + 1/1.137^4 + 0.134/1.137^5 = 0$$

수정 IRR 13.7%은 자본비용보다 더 크므로[그리고 초기 현금흐름은 음(−)이다], 이 투자안은 자본비용으로 평가할 때 양(+)의 NPV를 갖는다.

물론 이럴 때 IRR 기준을 포기하고 투자안의 NPV를 계산하는 것이 더 쉽다.

5) 그러나 갈수록 태산일 경우도 있다. 증분 현금흐름은 부호가 몇 번 변할 수 있다. 이 경우 여러 개의 IRR이 나타날 수 있고, 결국 NPV를 사용할 수밖에 없게 된다.

	현금흐름($)								
투자안	C_0	C_1	C_2	C_3	C_4	C_5	등등	IRR(%)	10%일 때 NPV
F	−9,000	+6,000	+5,000	+4,000	0	0	. . .	33	3,592
G	−9,000	+1,800	+1,800	+1,800	+1,800	+1,800	. . .	20	9,000
H		−6,000	+1,200	+1,200	+1,200	+1,200	. . .	20	6,000

그림 5.5
투자안 F의 IRR은 투자안 G보다 크다. 그러나 투자안 F의 NPV는 할인율이 15.6%보다 클 때만 더 크다.

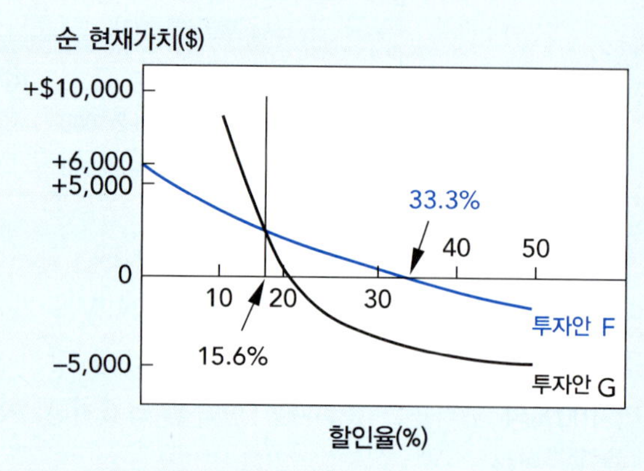

투자안 F가 IRR은 더 높지만, 영구연금인 투자안 G가 NPV는 더 크다. 그림 5.5는 왜 두 기준이 다른 결과를 나타내는가를 보여준다. 청색 선은 각기 다른 할인율에서 투자안 F의 순 현재가치를 나타낸다. 할인율 33%에서 순 현재가치가 0이므로 이것이 투자안 F의 내부수익률이다. 마찬가지로 검은색 선은 여러 할인율에서 투자안 G의 순 현재가치를 보여준다. 투자안 G의 IRR은 20%이다. (투자안 G의 현금흐름은 영원히 계속된다고 가정한다.) 그러나 기회자본비용이 15.6%보다 작은 한 투자안 G가 더 큰 NPV를 갖는다.

IRR이 잘못된 결과를 주는 이유는 투자안 G가 총 현금유입은 더 크지만, 발생 시점이 더 늦기 때문이다. 따라서 할인율이 낮을 때는 G가 더 큰 NPV를 갖지만, 할인율이 높을 때는 F가 더 큰 NPV를 갖는다. (그림 5.5에서 두 투자안은 할인율이 15.6%일 때 같은 NPV를 갖는다.) 두 투자안의 내부수익률을 보면 할인율이 20%일 때 G의 NPV가 0이고 (IRR = 20%) F는 양(+)의 NPV를 갖는다. 따라서 기회자본비용이 20%이면 투자자는 단기 투자안 F에 더 큰 가치를 둘 것이다. 그러나 이 예에서는 기회자본비용이 20%가 아니라 10%이다. 따라서 투자자는 수명이 긴 투자안에 상대적으로 더 높은 가격을 지불할 것이다. 자본비용이 10%라면 투자안 G는 $9,000의 NPV를 제공하지만, 투자안 F에서는 단지 $3,592의 NPV를 얻을 수 있을 뿐이다.[6)]

이것은 저자들이 좋아하는 예이다. 우리는 이 예에 대한 수많은 경영자의 반응을 살펴보았다. F와 G 중에 선택해야 할 때 많은 사람이 F를 선택한다. 그 이유는 투자안 F의 빠른 회수기간 때문으로 보인다. 다시 말하면 그들은 F를 채택하면 H와 같은 나중 투자안을 채택할 수 있다고 믿

6) 종종 순 현재가치와 내부수익률 기준 간의 선택은 재투자 수익률 가정에 따라 달라진다는 말을 듣는다. 이것은 틀린 말이다. 다른 **독립적인** 투자의 예상 수익률이 투자결정에 영향을 주어서는 **절대로** 안 된다.

는다. (H는 F에서 나온 현금흐름으로 자본을 조달할 수 있다는 점에 주목하라.) 반면에 G를 선택하면 H에 투자할 충분한 자금이 없다. 다시 말해 경영자들은 은연중에 **자본부족**(*shortage of capital*)이 F와 G 간의 선택을 강요한다고 가정한다. 이 묵시적인 가정을 분명히 밝히면 경영자들은 보통 자본부족이 없을 때는 G가 더 낫다고 인정한다.

그러나 자본 제약을 고려하면 두 가지 의문이 더 생긴다. 첫 번째 의문은 G보다 F를 선호하는 경영자 대부분이 추가 자본조달의 어려움이 없는 기업에서 일하고 있다는 점에서 생긴다. 예컨대 자본이 한정되어 있다는 이유로 IBM의 경영자가 F를 선택할 이유가 있는가? IBM은 F나 G 중 어느 것이 선택되는가에 상관없이 더 많은 자본을 조달하여 투자안 H를 채택할 수 있다. 따라서 H는 F와 G의 선택에 영향을 주지 않아야 한다. 이 의문에 대한 답은 대기업은 보통 자본예산을 각 부서와 하위 부서에 회사의 기획과 통제 시스템의 일부로 부과한다는 점에서 찾을 수 있을 것 같다. 이 시스템은 복잡하고 번거로워서 예산을 쉽게 변경할 수 없으며, 따라서 중간 관리자들은 자본예산을 실질적인 제약조건으로 인식하게 된다.

둘째 의문은 다음과 같다. 실제적이든 스스로 부과한 것이든 간에 자본 제약이 있다면 투자안의 서열을 매기는 데 꼭 IRR을 사용해야 하는가? 대답은 '아니다'이다. 이 경우 문제는 자본 제약을 만족하게 하면서 가장 큰 순 현재가치를 갖는 투자안 묶음을 찾는 것이다. IRR 기준은 이 묶음을 찾아내지 못한다. 다음 절에서 설명하는 바와 같이 그렇게 할 수 있는 유일한 실제적이고 일반적인 방법은 선형계획법을 사용하는 것이다.

투자안 F와 G 중에 선택해야 할 때 순 현재가치를 비교하는 것이 가장 쉽다. 그러나 IRR 기준을 사용하고 싶다면 증분 현금흐름의 내부수익률을 봐야 한다. 이 절차는 위에서 보인 것과 정확히 같다. 첫째, 투자안 F가 만족스러운 IRR을 갖는다는 것을 확인한다. 그리고 G에 대한 증분 투자의 수익률을 살펴본다.

	현금흐름($)								
투자안	C_0	C_1	C_2	C_3	C_4	C_5	등등	IRR(%)	10%일 때 NPV
G − F	0	−4,200	−3,200	−2,200	+1,800	+1,800	. . .	15.6	+5,408

G로부터 얻은 증분 현금흐름의 IRR은 15.6%이다. 이는 기회자본비용보다 크므로 F보다는 G를 채택해야 한다.[7)]

함정 4 — 여러 개의 기회자본비용이 있으면 어떻게 되는가?

우리는 기회자본비용이 모든 현금흐름 C_1, C_2, C_3, 등등에 대해 같다고 가정하여 자본예산에 대한 논의를 단순화하였다. 순 현재가치를 계산하는 가장 일반적인 식을 기억하라.

$$\text{NPV} = C_0 + \frac{C_1}{1 + r_1} + \frac{C_2}{(1 + r_2)^2} + \frac{C_3}{(1 + r_3)^3} + \cdots$$

7) F와 G는 같은 10% 자본비용을 갖기 때문에 증분 현금흐름의 IRR이 10%보다 큰가, 작은가를 비교하여 두 투자안 중에서 선택할 수 있다. 그러나 F와 G가 위험이 달라서 다른 자본비용을 갖는다고 하자. 이 경우 증분 현금흐름의 IRR이 적절한가를 평가하는 단순한 기준은 없다.

다른 말로 하면 C_1을 1년 기회자본비용으로 할인하고, C_2를 2년 기회자본비용으로 할인한다. 나머지도 마찬가지다. IRR 기준은 IRR이 기회자본비용보다 크면 투자안을 채택하라고 한다. 그러나 기회비용이 여러 개 있다면 어떻게 하나? IRR을 r_1, r_2, r_3, …과 비교하는가? 실제로 IRR과 비교할 만한 숫자를 얻으려면 이들 기회비용의 복잡한 가중평균을 계산해야 할 것이다.

이것이 자본예산에서 무엇을 의미하는가? 이는 하나 이상의 기회자본비용이 있으면 IRR 기준에 문제가 생길 수 있음을 의미한다. 많은 기업이 묵시적으로 장기와 단기 이자율의 차이가 없다고 가정하고 IRR을 사용한다. 기업들은 우리가 지금까지 이 문제를 비켜간 것과 같은 이유로 그렇게 한다. 그것은 단순함 때문이다.[8)]

IRR에 대한 판결

지금까지 IRR을 사용할 때 잘못될 수 있는 네 가지 예를 보았다. 그러나 회수기간이나 회계적 이익률에는 훨씬 지면을 적게 할애하였다. 이것은 IRR이 다른 두 척도보다 더 나쁘다는 것을 의미하는가? 완전히 반대이다. 회수기간이나 회계적 이익률의 결점을 설명하는 것은 별 의미가 없다. 이들은 자주 잘못된 결론을 내리게 하는 임시변통의 척도임이 분명하다. IRR 기준은 훨씬 더 훌륭한 계보를 갖고 있다. 이것은 NPV보다는 사용하기가 쉽지 않지만, 바르게만 사용하면 NPV와 같은 결과를 준다.

요즘 회수기간이나 회계적 이익률을 투자안 평가의 주된 방법으로 사용하는 대기업은 거의 없다. 대부분 할인 현금흐름, 즉 'DCF'를 사용하지만 많은 기업에서 DCF는 NPV가 아니라 IRR을 의미한다. 초기에 현금유출이 있고 이후 일련의 현금유입이 있는 '정상적인' 투자안은 단순히 채택/기각 결정을 위해 내부수익률을 사용하는 데는 아무런 어려움이 없다. 그러나 재무관리자는 함정 3에 대해 더 많이 염려해야 한다. 재무관리자가 모든 가능한 투자안을 다 알 수는 없다. 투자안 대부분은 현장관리자가 제안한다. 회사가 비재무관리자에게 투자안의 IRR을 먼저 검토하도록 하면 이들은 가장 큰 NPV보다는 가장 높은 IRR을 갖는 투자안을 찾게 된다. 이는 또한 회사가 관리자에게 IRR이 더 높아지게 투자안을 수정하도록 권장하는 꼴이 된다. IRR이 높은 투자안의 전형적인 형태는 무엇인가? 그것은 선행 투자가 거의 필요 없는 단기 투자안이다. 그러한 투자안은 기업가치를 그렇게 많이 증가시키지 못할 수도 있다.

왜 그렇게 많은 기업이 내부수익률에 깊은 관심을 보이는지 알 수 없지만, 이는 경영진이 보고된 예측치를 신뢰하지 않는다는 사실을 반영하는 것이 아닌가 생각한다. 두 공장 관리자가 각각 새로운 투자안을 가져온다고 하자. 두 투자안 모두 회사의 8% 자본비용에서 양(+)의 NPV $1,400를 갖는다. 그러나 경영자는 투자안 A를 채택하고 B를 기각하기로 결정한다. 이 결정은 비합리적인가?

두 투자안의 현금흐름과 NPV는 다음 표에 나와 있다. 두 제안이 같은 NPV를 갖는다 할지라도 투자안 A는 $9,000의 투자가 필요하고 B는 $9백만의 투자가 필요하다. $9,000를 투자하여 $1,400을 벌어들이는 것은 분명히 매력적인 제안이다. 그리고 이는 A의 IRR이 거의 16%인 사실

---

8) 제9장에서 단기와 장기 현금흐름에 같은 할인율을 사용하는 것이 잘못된 결과를 가져올 수 있는 예를 볼 것이다.

에서 잘 나타난다. 그러나 $1,400을 벌려고 $9백만을 투자하는 것은 공장 관리자의 예측치가 확실할 경우에만 실행할 가치가 있다. 투자안 B에는 오류를 용인할 만한 여유가 거의 없다. 시간과 돈을 들여 현금흐름 예측을 확인할 수는 있지만 정말로 그런 수고를 할 가치가 있는가? 경영자 대부분은 IRR을 검토해 보고 자본비용이 8%일 때 8.01%의 수익률을 제공하는 투자안은 시간을 들여 고민할 가치가 없다고 결정해 버린다.

대안으로, 경영자는 투자안 A가 즉시 채택할 가치가 있는 명백한 승자라고 결론을 내릴 수 있지만 투자안 B의 경우에는 기다렸다가 1년 후에 이 결정이 좀 더 명확해지는가를 보는 것이 합리적일 수도 있다.[9] 경영자는 자본비용보다 높은 IRR을 기준율(hurdle rate)로 설정해 놓고 B와 같은 투자안에 대한 결정을 연기한다.

	현금흐름($천)					
투자안	C_0	C_1	C_2	C_3	8%일 때 NPV	IRR(%)
A	−9.0	2.9	4.0	5.4	1.4	15.58
B	−9,000	2,560	3,540	4,530	1.4	8.01

5.4 자원 제약이 있을 때 자본투자의 선택

자본예산 방법에 대한 앞의 논의는 기업이 양(+)의 순현가를 갖는 모든 투자안을 채택하면 주주의 부가 가장 커진다는 주장에 전적으로 의존하고 있다. 그러나 회사가 그러한 모든 투자안을 채택할 수 없도록 하는 투자계획상의 제한이 있다고 하자. 경제학자들은 이것을 자본할당(*capital rationing*)이라고 한다. 자본을 할당해야 할 때 가용자원의 범위에서 가능한 한 가장 큰 순현가를 제공하는 투자안 묶음을 선택하는 방법이 필요하다.

쉬운 자본할당 문제

간단한 예로 시작하자. 기회자본비용이 10%이고 다음과 같은 투자기회가 있다.

	현금흐름($백만)			
투자안	C_0	C_1	C_2	10%일 때 NPV
A	−10	+30	+5	21
B	−5	+5	+20	16
C	−5	+5	+15	12

9) 제22장에서 양(+)의 NPV 투자안을 연기하는 것이 회사에 도움이 되는 경우를 간단히 설명한다. 투자안이 확실히 돈이 될 때(투자안 A) 일반적으로 즉시 투자하여 현금흐름을 얻는 것이 좋다. 그러나 한계 투자안(투자안 B)의 경우 기다렸다가 상황을 보는 것이 더 타당하다.

세 투자안 모두 채택할 만하다. 그러나 이 회사는 쓸 돈이 $1천만으로 제한되어 있다. 이 경우 투자안 A 또는 투자안 B와 C 둘 중에 투자할 수 있지만 세 투자안에 모두 투자할 수는 없다. 개별적으로는 B와 C가 투자안 A보다 작은 순현가를 갖지만, 같이 투자하면 더 큰 순 현재가치를 가지게 된다. 여기서 우리는 순현가 기준으로만 투자안을 선택할 수는 없다. 자본이 제약될 때는 주어진 자금으로 가장 큰 수익을 얻는 데 초점을 맞추어야 한다. 다른 말로 하면 초기 투자액의 달러당 순현가가 가장 큰 투자안을 선택해야 한다. 이 비율을 **수익성지수(profitability index)**라고 한다.[10)]

$$\text{수익성지수} = \frac{\text{순현재가치}}{\text{투자액}}$$

세 투자안의 수익성지수는 다음과 같이 계산된다.[11)]

투자안	투자액($백만)	NPV($백만)	수익성지수
A	10	21	2.1
B	5	16	3.2
C	5	12	2.4

투자안 B의 수익성지수가 가장 높고 C가 그 다음으로 높다. 따라서 예산 한도가 $1천만이므로 두 투자안을 모두 채택해야 한다.[12)]

불행히도 이런 단순한 순위 매기기는 한계가 있다. 가장 심각한 한계 중 하나는 둘 이상의 자원이 할당되어야 할 때 적용할 수 없다는 점이다.[13)] 예를 들어 회사가 연도 0과 1에서 각각 $1천만씩을 조달할 수 있고, 투자할 수 있는 투자안 목록이 다음 해에 시작되는 투자안 D까지 포함하는 것으로 확장된다고 하자.

	현금흐름($백만)				
투자안	C_0	C_1	C_2	10%일 때 NPV	수익성지수
A	−10	+30	+5	21	2.1
B	−5	+5	+20	16	3.2
C	−5	+5	+15	12	2.4
D	0	−40	+60	13	0.4

10) 투자안의 지출이 둘 이상의 기간에 걸쳐 있으면 분모는 지출의 현재가치가 되어야 한다. 어떤 기업은 수익성지수를 계산할 때 편익(benefit)이나 비용을 할인하지 않는다. 이러한 기업에 대해서는 가능한 한 이야기하지 않는 것이 좋겠다.

11) 때로는 수익성지수를 초기 투자액에 대한 현재가치의 비율, 즉 PV/투자액으로 정의한다. 이 척도는 **편익-비용 비율**(*benefit-cost ratio*)이라 한다. 편익-비용 비율을 계산하려면 각 수익성지수에 단순히 1.0을 더한다. 투자안의 순위는 변하지 않는다.

12) 투자안의 수익성지수가 양(+)이면 이 투자안은 양(+)의 NPV를 갖는다. 따라서 기업은 자본 제약이 없을 때도 투자안을 선택할 때 때때로 수익성지수를 사용한다. 그러나 IRR처럼 수익성지수는 상호배타적인 투자안 중에서 선택할 때 잘못 판단하게 할 수 있다. 예를 들어 (1) $100를 투자하여 수입금의 현재가치가 $200인 투자안과 (2) $1백만을 투자하여 수입금의 현재가치가 $150만인 투자안 중에서 선택해야 한다고 하자. 처음 투자안이 더 높은 수익성지수를 갖지만 둘째 투자안으로 더 큰 부자가 될 수 있다.

13) 일부 돈이 남게 될 때에도 이 방법을 적용할 수 없다. 약간 낮은 수익성지수를 갖는 투자안을 채택하는 것을 포함한다 할지라도 모든 이용 가능한 자금을 소비하는 것이 더 나을 것이다.

한 가지 방법은 투자안 B와 C를 채택하는 것이다. 그러나 이렇게 하면 기간 1에 예산 한도를 넘게 되기 때문에 D를 채택할 수 없다. 다른 방법은 기간 0에서 투자안 A를 채택하는 것이다. 이것은 B와 C의 조합보다 더 작은 순현가를 갖지만, 기간 1에 $3천만의 양(+)의 현금흐름을 제공한다. 이 현금흐름이 $1천만 예산에 더해지면 다음 해 D를 채택할 수 있게 된다. A와 D는 B와 C보다 수익성지수는 낮지만 총 순현가는 더 크다.

이 예에서 수익성지수에 의한 순위가 실패한 원인은 두 기간 각각에서 자원 제약이 있기 때문이다. 사실 투자안 선택에 어떤 형태이든 다른 제약이 있다면 이 순위결정 방법은 부적절하다. 이것은 두 투자안이 상호배타적이거나 한 투자안이 다른 투자안에 종속적이면 적용할 수 없다는 것을 의미한다.

예를 들어 올해와 내년에 시작하는 여러 투자안을 가지고 있다고 하자. 매해 투자할 수 있는 금액에 제한이 있다. 투자안 알파와 베타를 모두 채택할 수 없을 수도 있다. (두 투자안 모두 같은 부지의 땅이 있어야 한다.) 그리고 델타에 투자하지 않으면 투자안 감마에 투자할 수 없다. (감마는 단순히 델타에 종속된 추가 투자안이다.) 이 모든 제약을 만족하고 가장 큰 NPV를 가져다 주는 투자안의 묶음을 찾아야 한다.

이 문제를 다루는 한 가지 방법은 모든 가능한 투자안의 조합을 검토하는 것이다. 각 조합에 대해 먼저 투자안들이 제약조건을 만족하는가를 확인한다. 그리고 순 현재가치를 계산한다. 그보다는 선형계획(linear programming, LP) 기법이 그러한 조합을 찾아내도록 특별히 고안되었다는 사실을 인식하는 것이 더 현명하다.[14)]

자본할당 모형의 사용

선형계획 모형은 자원 제약이 있는 자본예산 문제를 풀기에는 안성맞춤으로 보인다. 그런데 왜 이것이 이론과 실무에서 널리 수용되지 않는가? 한 가지 이유는 이러한 모형은 매우 복잡해질 수 있다는 것이다. 둘째, 모든 복잡한 장기 계획 도구에서와 마찬가지로 좋은 자료를 얻기가 어렵다는 일반적인 문제가 있다. 빈약한 자료에는 비용이 많이 드는 복잡한 방법을 적용할 가치가 없다. 더구나 이러한 모형은 모든 미래 투자기회가 알려졌다는 가정에 근거한다. 현실에서는 투자 아이디어를 발견하는 일은 계속 진행되는 과정이다.

가장 심각한 염려는 자본이 제약된다는 기본적 가정에 있다. 자본조달을 논의할 때 대기업 대부분은 자본할당 문제가 없고, 적절한 조건으로 많은 돈을 조달할 수 있다는 것을 알게 될 것이다. 그럼 왜 많은 기업의 사장들은 부하에게 자본에 제약이 있다고 하는가? 사장의 말이 맞는다면 자본시장은 심각하게 불완전하다. 그렇다면 NPV를 극대화해서 무슨 소용이 있는가?[15)] 자본이 할당되지 않는다면 선형계획법을 사용할 필요가 없고, 자본이 할당된다면 확실히 그것을 사용해서는 안 된다고 말하고 싶을 것이다. 그러나 그것은 너무 성급한 판단이다. 이 문제를 좀 더 신중하게 살펴보자.

---

14) 웹사이트 **www.mhhe.com/bma**에서 선형계획법을 이용하여 앞의 예에서 네 투자안 중 어떻게 선택할 수 있는가를 알 수 있다.

15) 제1장에서 NPV 기준을 도출하기 위해 완전 자본시장을 가정해야 했다는 것을 기억하라.

연성 할당 많은 기업의 자본 제약은 '연성(soft)'이다. 이것은 자본시장에 불완전성이 없다는 사실을 반영한다. 대신 이런 종류의 제한은 경영자가 재무 통제의 보조 수단으로 채택한 일시적인 것이다.

일부 야심찬 부서 관리자는 습관적으로 투자기회를 과장한다. 그러한 투자안이 현실적으로 가치 있는가를 일일이 구별하려고 애쓰는 대신 본부는 부서별로 지출할 수 있는 금액에 제한을 두고 각 부서가 스스로 우선순위를 정하도록 하는 것이 더 간단하다는 것을 안다. 이때 예산 한도는 왜곡된 현금흐름을 다루는 대략적이지만 효과적인 방법이다. 또 다른 경우에 경영자는 매우 빠른 기업 성장이 경영자와 조직에 감당할 수 없는 부담을 줄 수 있다고 생각할 수도 있다. 그러한 제약을 명시적으로 계량화하기는 어려워서 예산 한도를 대용 수단으로 사용할 수 있다.

이런 자본 제약은 자본시장의 어떠한 비효율성과도 관계가 없기 때문에 자본 제약이 있을 때 순 현재가치를 극대화하기 위해 부서에서 선형계획법 모형을 사용하는 데는 아무런 모순도 없다. 한편 부서의 현금흐름 예측이 심각히 왜곡되어 있을 때는 정교한 투자안 선택 절차는 별 의미가 없다.

자본이 할당되지 않는다 하더라도 다른 자원이 할당될 수 있다. 경영자의 시간과 숙련된 노동력, 또는 비싼 장비의 이용 가능성은 종종 회사 성장의 중요한 제약이 된다.

경성 할당 연성 할당은 기업에 비용을 발생시키지 않는다. 자본 제약이 너무 심하여 손해를 입게 된다면(매우 큰 NPV를 갖는 투자안이 간과된다는 의미에서) 기업은 더 많은 돈을 조달하여 이 제약을 완화해야 한다. 그러나 더 많은 돈을 조달할 수 없다면 어떻게 될까? 즉 '경성 할당(*hard rationing*)'이 있다면 어떻게 될까?

경성 할당은 시장 불완전성을 의미한다. 그렇다고 해서 자본예산의 기준으로서 순 현재가치를 버려야 한다는 의미는 아니다. 그것은 불완전성의 본질에 달렸다.

애리조나 아쿠아컬쳐(Arizona Aquaculture, Inc., AAI)는 은행에서 빌릴 수 있는 만큼 빌렸다. 그러나 이 회사는 여전히 좋은 투자기회를 가지고 있다. AAI가 주식을 발행할 수 있는 이상 경성 할당이 아니다. 그러나 주식 발행을 못할 수도 있다. 설립자와 대주주는 회사에 대한 통제권을 잃을까 두려워 주식 발행을 거부할 것이다. 주식 발행은 비용이 많이 드는 관료주의(red tape)나 법적인 문제를 가져올 수도 있다.[16)]

이것이 NPV 기준을 무력화하지는 않는다. AAI의 주주는 차입하거나 빌려주거나, 주식을 팔거나 살 수 있다. 주주들은 증권시장에 자유로이 접근할 수 있다. 주주들이 보유한 포트폴리오 형태는 AAI의 자본조달이나 투자 결정과는 무관하다. AAI가 주주들을 돕는 유일한 방법은 그들을 더 부자로 만드는 것이다. 따라서 AAI는 가장 큰 순 현재가치를 갖는 투자안 묶음에 이용 가능한 현금을 투자해야 한다.

회사와 자본시장 간의 장벽만이 유일한 시장 불완전성인 한 순 현재가치 기준은 문제가 없다. 중요한 것은 회사 주주들이 잘 작동하는 자본시장에 자유로이 접근할 수 있다는 점이다.

불완전성이 주주의 포트폴리오 선택을 제한한다면 순 현재가치 기준은 적용할 수 없다. 네바

16) AAI에 많은 개인적인 부가 '묶여 있는' 대주주는 실질적으로 자본시장과 격리되어 있을 수도 있다. NPV 기준이 다른 주주에게는 타당하더라도 그러한 주주에게는 타당하지 않을 수도 있다.

내부수익률

엑셀과 같은 스프레드시트 프로그램은 내부수익률 문제를 풀 수 있는 내장 함수들을 제공한다. 이 함수들은 엑셀 툴바의 *fx*를 눌러 찾을 수 있다. 사용하고 싶은 함수를 클릭하면 엑셀은 필요한 입력을 요구한다. 함수 상자의 왼쪽 아래에 있는 '도움말'을 누르면 이 함수의 사용방법을 예제로 보여준다.

다음은 채권 평가 문제에 유용한 함수들 목록과 자료를 입력할 때 기억해야 할 몇 가지 사항들이다.

- **IRR**: 정기적으로 발생하는 일련의 현금흐름의 내부수익률
- **XIRR**: IRR과 같지만, 부정기적으로 발생하는 현금흐름에 대한 내부수익률

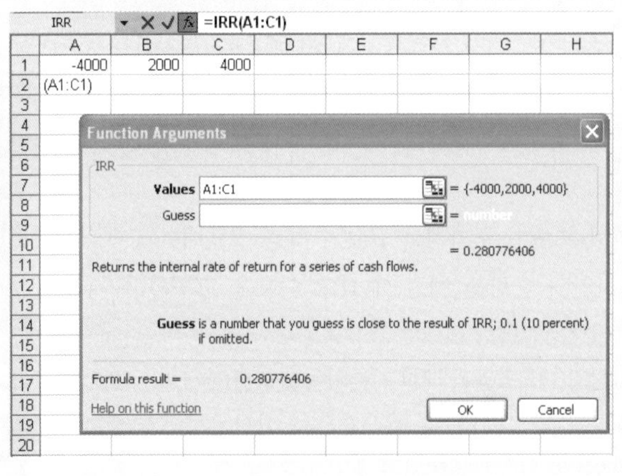

주의사항:

- 이 함수들은 입력값을 포함하는 셀의 주소로 입력해야 한다.
- IRR 함수는 여러 개의 IRR이 있어도 하나만 계산한다.

스프레드시트 문제

다음 문제들은 이 함수들을 연습하려는 것이다.

5.1 (IRR) 5.3절의 투자안 F와 G의 IRR을 확인하라.

5.2 (IRR) 다음 현금흐름을 갖는 투자안의 IRR은 얼마인가?

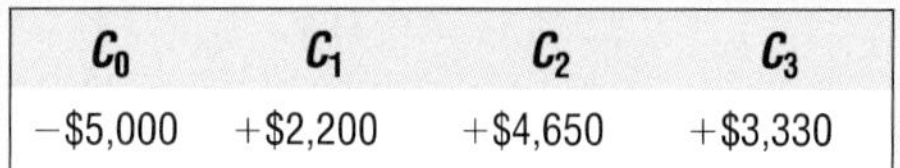

C_0	C_1	C_2	C_3
−$5,000	+$2,200	+$4,650	+$3,330

5.3 (IRR) 이제 이 함수를 사용하여 5.3절에 나온 헴슬리 아이언의 광산 투자안의 IRR을 계산하라.

5.4 (XIRR) 다음 현금흐름을 갖는 투자안의 IRR은 얼마인가?

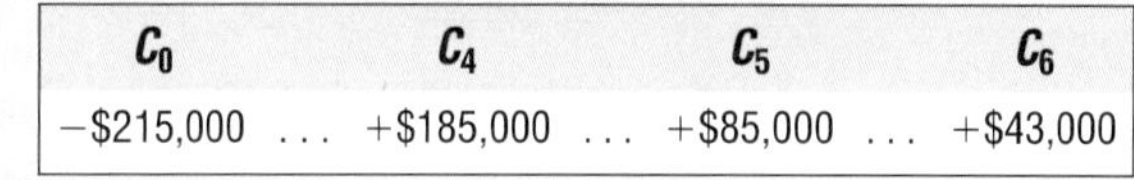

C_0		C_4		C_5		C_6
−$215,000	...	+$185,000	...	+$85,000	...	+$43,000

(다른 모든 현금흐름은 0이다.)

다 아쿠아컬처(Nevada Aquaculture, Inc., NAI)는 설립자 알렉산더 터보트(Alexander Turbot)가 혼자서 소유하고 있다고 하자. 터보트 씨는 현금이나 신용이 남아있지 않다. 그는 영업을 확장하는 것이 NPV가 큰 투자라고 확신하고 있다. 그는 주식을 팔려고 하지만 사막에서의 수산 양식업 전망에 회의적인 장래 투자자는 터보트 씨가 생각하는 회사가치보다 훨씬 적은 값을 제시한다. 터보트 씨에게는 자본시장이 거의 존재하지 않는다. 그에게는 시장 기회자본비용으로 장래 현금흐름을 할인하는 것은 거의 의미가 없다.

요약

회사가 순 현재가치 기준을 사용하도록 설득하려면 왜 다른 기준이 올바른 결론을 내리게 하지 않는가를 설명해야 한다. 이것이 이 장에서 세 가지 다른 투자기준을 살펴본 이유이다.

어떤 기업은 투자안의 회계적 이익률을 검토한다. 이 경우 회사는 어떤 현금지출이 자본적 지출인가를 결정하고 이 지출을 상각하기 위한 적절한 비율을 선택한다. 회사는 투자의 장부가치에 대한 장부상 이익의 비율을 계산한다. 요즘 회계적 이익률로만 투자결정을 하는 기업은 거의 없다. 그러나 주주는 기업 수익성의 회계적 척도에 관심이 있으며, 따라서 일부 관리자는 회사의 회계적 이익률에 나쁜 영향을 주는 투자안을 색안경을 끼고 본다.

일부 기업은 투자결정에 회수기간 기준을 사용한다. 다시 말하면 그들은 어떤 정해진 기간 내에 초기 투자액을 회수하는 투자안만 채택한다. 회수기간은 임시방편의 기준이다. 이것은 회수기간 내 현금흐름의 타이밍을 무시하고, 그 후의 현금흐름은 아예 무시해 버린다. 따라서 기회자본비용을 전혀 고려하지 않는다.

내부수익률(IRR)은 투자안의 NPV가 0이 될 때의 할인율로 정의된다. 이것은 유용한 척도이며 재무에서 널리 쓰인다. 그래서 이를 계산하는 방법을 알아야 한다. IRR 기준은 기회자본비용보다 높은 IRR을 제공하는 투자안을 채택해야 한다고 말한다. 순 현재가치처럼 IRR 기준은 할인 현금흐름에 바탕을 둔 기법이다. 따라서 적절히 사용하면 올바른 답을 준다. 문제는 잘못 적용하기 쉽다는 것이다. 네 가지 유의할 점이 있다.

1. **차입 또는 대출?** 투자안이 양(+)의 현금흐름 뒤에 음(−)의 현금흐름을 발생시키면 NPV는 할인율이 증가함에 따라 같이 증가한다. 그러한 투자안은 IRR이 기회자본비용보다 작으면 채택해야 한다.
2. **여러 개의 IRR.** 현금흐름의 부호가 두 번 이상 바뀌면 이 투자안은 여러 개의 IRR을 갖거나 전혀 없을 수도 있다.
3. **상호배타적인 투자안.** IRR 기준은 경제적 수명이나 초기 투자액의 규모가 다른 상호배타적인 투자안의 순위를 잘못 매길 수 있다. 상호배타적인 투자안의 순위를 매길 때 IRR 사용을 고수하려면 각 증분 투자에 대해 IRR을 살펴보아야 한다.
4. **가까운 시점의 현금흐름에 대한 자본비용은 먼 시점의 현금흐름에 대한 자본비용과 다를 수 있다.** IRR 기준은 투자안의 IRR과 기회자본비용을 비교해야 한다. 때로는 1년도 현금흐름의 기회자본비용과 2년도 현금흐름의 기회자본비용 등등은 서로 다를 수 있다. 이 경우 투자안의 IRR을 평가하는 단순한 기준은 없다.

NPV 기준을 개발함에 있어서는 회사가 비용보다 더 가치 있는 모든 투자안을 채택하여 주주의 부를 극대화할 수 있다고 가정하였다. 그러나 자본이 엄격히 제한된다면 양(+)의 NPV를 갖는 모든 투자안을 채택하는 것이 불가능하다. 자본이 단지 한 기간만 할당되면 단순한 기준을 따르면 된다. 각 투자안의 수익성지수를 계산하라. 이것은 투자안의 투자액 달러당 순 현재가치이다. 다음으로, 자본이 고갈될 때까지 가장 높은 수익성지수를 갖는 투자안을 선택하라. 불행히도 자본이 두 기간 이상 할당되거나 다른 제약이 있다면 이 방법은 실패한다. 유일한 일반적 해법은 선형계획법이다.

경성 할당은 항상 시장 불완전성, 즉 기업과 자본시장 간의 장벽을 반영한다. 이 장벽이 주주가 잘 작동하는 자본시장에 자유로이 접근할 수 없다는 것을 의미한다면 순 현재가치의 기초는 무너진다. 다행히 경성 할당은 미국 기업에는 드물다. 그러나 많은 기업이 연성 자본할당을 사용한다. 즉 기업은 재무계획과 통제의 한 수단으로서 스스로 한계를 설정한다.

Visit us at www.mhhe.com/bma

더 읽어야 할 문헌

자본예산 과정을 개관한 논문으로 다음을 보라.

J. Graham and C. Harvey, "How CFOs Make Capital Budgeting and Capital Structure Decisions," *Journal of Applied Corporate Finance* 15 (spring 2002), pp. 8~23.

연습문제

기본문제

1. a. 다음 각 투자안의 회수기간은 얼마인가?

	현금흐름($)				
투자안	C_0	C_1	C_2	C_3	C_4
A	−5,000	+1,000	+1,000	+3,000	0
B	−1,000	0	+1,000	+2,000	+3,000
C	−5,000	+1,000	+1,000	+3,000	+5,000

b. 2년을 채택기간으로 하여 회수기간 기준을 사용한다면 어떤 투자안을 채택하는가?

c. 3년의 채택기간을 사용한다면 어떤 투자안을 채택하는가?

d. 기회자본비용이 10%라면 어떤 투자안이 양(+)의 NPV를 갖는가?

e. "회사가 모든 투자안에 대해 하나의 채택기간을 사용한다면 너무 많은 단기 투자안을 채택할 것이다." 맞는가, 틀리는가?

f. 이 회사가 할인 회수기간 기준을 사용한다면 음(−)의 NPV를 가진 투자안을 채택할 수도 있는가? 양(+)의 NPV를 갖는 투자안을 기각하는가? 설명하라.

2. 투자안의 내부수익률(IRR)을 정의하는 식을 써라. 실무에서는 IRR을 어떻게 계산하는가?

3. a. 할인율 0, 50, 100%에서 다음 투자안의 순 현재가치를 계산하라.

현금흐름($)		
C_0	C_1	C_2
−6,750	+4,500	+18,000

b. 이 투자안의 IRR은 얼마인가?

4. 다음 현금흐름을 갖는 투자안에 참여할 기회가 있다.

현금흐름($)		
C_0	C_1	C_2
+5,000	+4,000	−11,000

내부수익률은 13%이다. 기회자본비용이 10%라면 이 제안을 받아들이겠는가?

5. 다음 현금흐름을 갖는 투자안을 보자.

C_0	C_1	C_2
−100	+200	−75

a. 이 투자안은 몇 개의 내부수익률을 갖는가?

Visit us at www.mhhe.com/bma

b. 다음 중 어느 것이 이 투자안의 IRR인가?
(i) −50% (ii) −12% (iii) +5% (iv) +50%

c. 기회자본비용이 20%이다. 이 투자안이 매력적인가? 간단히 설명하라.

6. 투자안 Alpha와 Beta를 보자.

현금흐름($)				
투자안	C_0	C_1	C_2	IRR(%)
Alpha	−400,000	+241,000	+293,000	21
Beta	−200,000	+131,000	+172,000	31

기회자본비용은 8%이다.

Alpha 또는 Beta를 채택할 수 있으나 둘 다 채택할 수는 없다고 하자. IRR 기준을 사용하여 선택하라. (힌트: Alpha의 증분 투자는 얼마인가?)

7. 다음 투자기회가 있지만 단지 $90,000만 투자에 이용할 수 있다고 하자. 어떤 투자안을 채택해야 하는가?

투자안	NPV	투자액($)
1	5,000	10,000
2	5,000	5,000
3	10,000	90,000
4	15,000	60,000
5	15,000	75,000
6	3,000	15,000

중급문제

8. 다음 투자안을 보자.

현금흐름($)						
투자안	C_0	C_1	C_2	C_3	C_4	C_5
A	−1,000	+1,000	0	0	0	0
B	−2,000	+1,000	+1,000	+4,000	+1,000	+1,000
C	−3,000	+1,000	+1,000	0	+1,000	+1,000

a. 기회자본비용이 10%라면 어떤 투자안이 양(+)의 NPV를 갖는가?

b. 각 투자안의 회수기간을 계산하라.

c. 채택기간이 3년이라면 회수기간 기준을 사용할 때 어느 투자안이 채택되는가?

d. 각 투자안의 할인 회수기간을 계산하라.

e. 채택기간이 3년이라면 할인 회수기간 기준을 사용할 때 어느 투자안이 채택되는가?

9. 다음 설명에 대한 반응은 무엇인가?

a. "나는 IRR 기준을 좋아한다. 나는 이를 이용하여 할인율을 정하지 않고도 투자안의 서열을 매길 수 있다."

b. "나는 회수기간 기준을 좋아한다. 최소 회수기간이 짧기만 하면 이 기준은 회사가 경계선상에

Visit us at www.mhhe.com/bma

있는 투자안을 확실히 채택하지 않도록 한다. 이것은 위험을 줄인다."

10. 다음 투자안의 IRR(또는 여러 개의 IRR)을 계산하라.

C_0	C_1	C_2	C_3
−3,000	+3,500	+4,000	−4,000

이 투자안은 어떤 범위의 할인율에서 양(+)의 NPV를 갖는가?

11. 다음 두 상호배타적인 투자안을 생각해 보자.

	현금흐름($)			
투자안	C_0	C_1	C_2	C_3
A	−100	+60	+60	0
B	−100	0	0	+140

a. 할인율 0, 10, 20%에서 각 투자안의 NPV를 계산하라. 이를 Y축에 NPV와 X축에 할인율을 표시한 그래프로 그려라.

b. 각 투자안 IRR의 근삿값은 얼마인가?

c. 어떤 조건에서 투자안 A를 채택하는가?

d. 할인율 0, 10, 20%에서 증분 투자(B − A)의 NPV를 계산하라. 이를 그래프로 그려라. 증분 투자의 IRR이 기회자본비용보다 작을 때 A를 채택한다는 것을 보여라.

12. Giant Enterprises의 회장 Cyrus Clops는 두 투자안 중에서 선택해야 한다.

	현금흐름($ 천)			
투자안	C_0	C_1	C_2	IRR(%)
A	−400	+250	+300	23
B	−200	+140	+179	36

기회자본비용은 9%이다. Clops는 IRR이 더 높은 B를 택하고 싶다.

a. Clops에게 왜 이것이 올바른 방법이 아닌지 설명하라.

b. 그에게 최선의 투자안을 선택하기 위해 IRR을 수정하는 방법을 보여라.

c. 그에게 이 투자안이 더 큰 NPV를 갖는 것을 보여라.

13. Titanic Shipbuilding Company는 작은 화물선을 건조하는 취소할 수 없는 계약을 가지고 있다. 배를 건조하기 위해 다음 2년 동안 각 연말에 $250,000를 현금으로 지출해야 한다. 이 회사는 3년째 말에 $650,000의 대금을 받는다. 이 회사는 추가 근무조를 투입하여 건조 기간을 단축할 수 있다. 이 경우 첫해 말에 $550,000와 다음 해 말에 $650,000의 현금 유입이 있다. IRR 기준을 사용하여 이 회사가 추가 근무조를 투입해야 하는 기회자본비용의 (근사) 범위를 보여라.

14. 5.3절에서 투자안 D와 E를 다시 보자. 이 투자안들이 상호배타적이고 기회자본비용이 10%라고 가정하자.

a. 각 투자안의 수익성지수를 계산하라.

b. 더 나은 투자안을 선택하는 데 수익성지수 기준이 어떻게 사용될 수 있는가를 보여라.

15. Borghia Pharmaceuticals는 자본적 지출에 $1백만을 할당하였다. $1백만 예산 내에서 다음 투자안 중 어느 것을 채택해야 하는가? 시장가치로 볼 때 예산 제약은 이 회사에 얼마의 비용이 되는가?

Visit us at www.mhhe.com/bma

각 투자안의 기회자본비용은 11%이다.

투자안	투자액($천)	NPV($천)	IRR(%)
1	300	66	17.2
2	200	−4	10.7
3	250	43	16.6
4	100	14	12.1
5	100	7	11.8
6	350	63	18.0
7	400	48	13.5

도전문제

16. 어떤 사람은 확고히, 심지어는 열정적으로, 각 투자안의 현금흐름이 투자안의 IRR로 재투자될 수 있다면 IRR에 의해 투자안의 서열을 매기는 것이 좋다고 믿는다. 그들은 또한 NPV 기준이 "현금흐름이 기회자본비용으로 재투자된다고 가정한다"고 말한다. 이 말을 주의 깊게 생각하라. 이 말이 맞는가? 이 말이 도움되는가?

17. 연습문제 10번의 투자안 현금흐름을 다시 보자. 5.3절의 각주 4에 정의된 수정 IRR(MIRR)을 계산하라. 자본비용은 12%라고 가정한다.

이제 MIRR 개념에 대해 다음 변형을 시도하라. C_1과 C_2에 x를 곱한 것이 (−) C_3와 같은 현재가치를 갖도록 분수 x를 구하라.

$$xC_1 + \frac{xC_2}{1.12} = -\frac{C_3}{1.12^2}$$

MIRR을 다음 식의 해로 정의한다.

$$C_0 + \frac{(1-x)C_1}{1+\text{IRR}} + \frac{(1-x)C_2}{(1+\text{IRR})^2} = 0$$

이제 두 MIRR이 있다. 어느 것이 더 의미가 있는가? 만약 결정할 수 없다면 MIRR의 유용함에 대해 어떻게 결론 내리겠는가?

18. 다음 자본할당 문제를 보자.

투자안	C_0	C_1	C_2	NPV
W	−10,000	−10,000	0	+6,700
X	0	−20,000	+5,000	+9,000
Y	−10,000	+5,000	+5,000	+0
Z	−15,000	+5,000	+4,000	−1,500
가능한 자본조달 규모	20,000	20,000	20,000	

이 문제를 선형계획 프로그램으로 만들고 이를 풀어라.

부분 투자, 즉 $0 \le x \le 1$를 허용할 수 있다. 자본 제약에 대한 잠재가격(shadow price)[17]을 계산하고 해석하라.

17) 잠재가격은 제약의 증분 변화에 대한 목적함수의 증분 변화이다.

Visit us at www.mhhe.com/bma

미니 케이스

베지트론의 CFO가 다시 부른다

(이 이야기의 첫 번째 일화는 5.1절에 나와 있다.)

그날 오후 늦게 베지트론 CFO는 걱정스러울 정도로 혼돈상태에 빠져 당신 사무실로 급히 들어왔다. 그가 설명하기를 베지트론이 분말 광석 더미에서 수산화지르코늄을 추출하기 위해 건설할 발효 탱크의 설계 변경에 대한 마지막 순간의 제안이 문제라는 것이다. CFO는 표준 저온 설계에 대한 예상 수입과 비용, 이익, 회계적 이익률의 인쇄물(표 5.1)을 가져왔다. 베지트론의 기술자는 대안으로 7년이 아니라 5년의 더 짧은 기간에 수산화지르코늄 대부분을 추출할 고온 설계를 제안했다. 고온 방법에 대한 예측은 표 5.2에 있다.[18)]

CFO: 왜 기술자들은 항상 마지막 순간에 와서 낙관적인 생각을 하지? 그러나 고온 프로세스가 좋아 보인다는 것은 인정해야 해. 이건 회수기간이 더 빠르고, 수익률은 첫해를 제외하고는 매년 베지트론의 9% 자본비용보다 높아. 어디 보자, 이익은 연간 $30,000야. 평균 투자액은 자본지출 $400,000의 절반, 즉 $200,000야. 따라서 평균 수익률은 30,000/200,000, 즉 15%이야. 기준율 9%보다 훨씬 높아. 저온 프로세스의 평균 수익률은 그렇게 좋지 않아. 단지 28,000/200,000, 즉 14%밖에 되지 않아. 물론 이 투자를 더 빨리 상각한다면 저온 투자안에서 더 높은 수익률을 얻을 수 있을 거야. 그렇게 해야 한다고 생각하는가?

당신: 장부상 회계 수치에 너무 집착해서는 안 됩니다. 장부상 이익은 베지트론이나 그 투자자에게 가는 현금흐름과는 다릅니다. 회계적 이익률은 진정한 수익률의 척도가 아닙니다.

CFO: 그러나 사람들은 항상 회계 수치를 사용하잖아. 우리는 투자자에게 연간 보고서 형태로 그것을 발표해야 해.

당신: 회계 수치는 나름대로 여러 타당한 용도가 있지만, 자본투자결정에는 타당한 근거가 아닙니다. 현금흐름이 변하지 않아도 회계 방법의 변화가 회계적 이익이나 이익률에 큰 영향을 줄 수 있습니다.

한 가지 예를 들어 보겠습니다. 회계사가 저온 프로세스에 대한 자본투자를 7년이 아니라 6년 동안 상각한다고 하면, 감가상각이 커지므로 연도 1에서 6까지 이익이 줄어듭니다. 7년도의 감가상각이 0이 되므로 이익은 올라갑니다. 그러나 감가상각은 현금유출이 아니므로 연도별 현금흐름에는 영향을 주지 않습니다. 이것은 단순히 투자안의 수명기간 동안 현재 자본지출의 횟수를 분산시키는 회계사의 수단일 뿐입니다.

CFO: 그러면 현금흐름을 어떻게 구하는가?

당신: 이 경우는 쉽습니다. 감가상각이 스프레드시트(표 5.1과 5.2)에서 유일한 비현금 항목이므로 이를 계산에서 제외하면 됩니다. 현금흐름은 매출액 빼기 영업비용입니다. 고온 프로세스의 연간 현금흐름은 다음과 같습니다.

$$\text{현금흐름} = \text{수입} - \text{영업비용} = 180 - 70 = 110, \text{ 즉 } \$110{,}000$$

CFO: 결과적으로 감가상각은 비현금 회계적 비용이므로 감가상각을 다시 더한 거군.

당신: 맞습니다. 이것을 다음과 같이 할 수도 있습니다.

---

18) 단순화를 위해 세금은 무시한다. 제6장에서 세금에 대해 자세히 논의한다.

Visit us at www.mhhe.com/bma

	연도						
	1	2	3	4	5	6	7
1. 매출액	140	140	140	140	140	140	140
2. 영업비용	55	55	55	55	55	55	55
3. 감가상각비*	57	57	57	57	57	57	57
4. 순이익	28	28	28	28	28	28	28
5. 연초 장부가치†	400	343	286	229	171	114	57
6. 회계적 이익률(4 ÷ 5)	7%	8.2%	9.8%	12.2%	16.4%	24.6%	49.1%

표 5.1 저온 수산화지르코늄 추출에 대한 손익계산서와 회계적 이익률($천).

* 반올림됨. 7년 동안 정액법 감가상각은 400/7 = 57.14, 즉 연간 $57,140.
† 자본적 지출은 연도 0에 $400,000이다.

	연도				
	1	2	3	4	5
1. 매출액	180	180	180	180	180
2. 영업비용	70	70	70	70	70
3. 감가상각비*	80	80	80	80	80
4. 순이익	30	30	30	30	30
5. 연초 장부가치†	400	320	240	160	80
6. 회계적 이익률(4 ÷ 5)	7.5%	9.4%	12.5%	18.75%	37.5%

표 5.2 고온 수산화지르코늄 추출에 대한 손익계산서와 회계적 이익률($천).

* 5년 동안 정액법 감가상각은 400/5 = 80, 즉 연간 $80,000.
† 자본적 지출은 연도 0에 $400,000이다.

$$\text{현금흐름} = \text{순이익} + \text{감가상각} = 30 + 80 = 110, \text{ 즉 } \$110{,}000$$

CFO: 그렇군. 이제 모두 생각났네. 그러나 누군가 자네 앞에 회계적 이익률을 내놓는다면 그것도 중요해 보이지 않겠는가?

당신: 어느 투자안이 더 좋은지 분명하지 않습니다. 고온 프로세스는 덜 효율적인 것 같습니다. 이것은 영업비용이 많이 들고 투자안 수명기간 동안 총수입은 더 적습니다. 그러나 1년도에서 5년도까지 더 많은 현금흐름을 발생시킵니다.

CFO: 아마 이 두 프로세스는 재무적 관점에서 보면 똑같이 좋을지도 몰라. 그렇다면, 우리는 최종 순간에 바꾸기보다는 저온 프로세스를 계속 고수하는 게 좋겠네.

당신: 각 프로세스에 대해 현금흐름을 계산하고 NPV를 계산해야 합니다.

CFO: OK. 그렇게 하지. 30분 후에 돌아오겠네. 그리고 각 투자안의 진짜 DCF 수익률을 보고 싶네.

문제

1. 표 5.1과 5.2에 보고된 회계적 이익률은 자본투자결정에 유용한 자료인가?
2. 각 프로세스의 NPV와 IRR을 계산하라. 어느 것을 추천하겠는가? CFO에게 설명할 준비를 하라.

Visit us at www.mhhe.com/bma

06 Chapter

가치 PART 1

순 현재가치 기준으로 투자결정하기

보잉은 2003년 후반 787 드림라이너(Dreamliner)의 생산과 판매 계획을 발표하였다. 이 결정으로 보잉과 협력사들은 3백만 제곱피트의 추가 시설을 포함하여 $100억의 자본을 투자해야 하였다. 그러나 생산을 지연시킨 기술적인 사소한 문제를 제외하면 보잉은 이 투자에서 많은 수익을 얻을 것으로 보인다. 이 책을 쓰는 2009년 8월까지 보잉은 865대의 드림라이너 주문을 받아 역사상 가장 성공적인 비행기 출시 중 하나로 기록되었다.

보잉과 같은 기업은 어떻게 새로운 항공기의 출시를 결정하는가? 우리는 원칙적인 답을 안다. 회사는 투자안의 현금흐름을 예측하고 이를 기회자본비용으로 할인하여 그 투자안의 NPV를 얻는다. 양(+)의 NPV를 갖는 투자안은 주주의 부를 증가시킨다.

그러나 이러한 현금흐름 예측이 은쟁반에 곱게 담겨 오지는 않는다. 첫째, 회사의 경영자는 수많은 기본적인 문제에 먼저 답해야 한다. 회사가 얼마나 빨리 비행기를 생산할 수 있는가? 매년 몇 대의 비행기가 얼마에 팔릴 것 같은가? 새로운 생산 시설에 얼마를 투자해야 하는가? 예상 생산비는 얼마인가? 이 모델은 얼마나 오래 생산될 것인가? 투자기간 말에 공장과 장비는 어떻게 될까?

이러한 예측은 완전히, 그리고 정확히 확인되고 결합하여 하나의 현금흐름 예측을 만들어 낸다. 이를 위해 세금과 운전자본의 변화, 물가상승, 유형자산의 투자기간 말 잔존가치를 조심스럽게 추적해야 한다. 재무관리자는 숨겨진 현금흐름을 찾아야 하고 현금흐름처럼 보이지만 실제로는 아닌 회계 항목을 조심스럽게 제거해야 한다.

이 장의 첫 번째 과제는 투자안의 현금흐름을 확인하는 방법을 알아보는 것이다. 그러고 나서 자본투자 분석의 현실적이고 완전한 예를 살펴본다.

이 장의 끝에 가서는 재무관리자가 서로 다른 경제적 수명을 가진 공장과 설비에 대한 투자를 선택할 때 현재가치를 어떻게 적용해야 하는가를 살펴본다. 예를 들면 수명이 5년인 기계 Y와 10년인 Z 중에서 결정해야 한다고 가정하자. Z가 두 배나 오래가므로 Y의 수명기간 동안 투자와 운영비의 현재가치는 당연히 Z보다 작다. 이것은 Y가 더 좋은 선택이라는 뜻인가? 물론 아니다. 이러한 형태의 문제를 해결하는 방법은 현금흐름의 현재가치를 **등가 연간 흐름**(*equivalent annual flow*), 즉 자산을 사서 운영하는 데 드는 연간 총 현금으로 변환하는 것이다.

6.1 순 현재가치 기준 적용하기

많은 투자안이 새 생산 시설에 많은 초기 투자를 해야 한다. 그러나 대형 투자는 종종 무형자산의 취득을 포함한다. 예를 들어 정보기술, 즉 IT(컴퓨터와 소프트웨어, 통신)에 대한 주요 은행의 지출을 생각해 보자. 이런 투자안은 수억 달러가 소요된다. 그러나 이 비용의 많은 부분이 시스템 설계와 프로그래밍, 시험, 훈련과 같은 무형자산에 투입된다. 제약회사 연구개발 투자의 엄청난 지출을 생각해 보자. 가장 큰 제약회사 중 하나인 화이자(Pfizer)는 2008년 R&D에 $79억을 지출했다. 새로운 처방약 하나를 출시하는 데 드는 R&D 비용만도 $8억으로 추정되었다.

IT와 R&D 같은 무형자산에 대한 지출은 새로운 공장과 장비에 대한 지출과 같은 투자이다. 각 경우 회사는 미래 이익 흐름의 발생을 기대하면서 오늘 지출을 하는 것이다. 이상적으로는 기업은 유형자산이든 무형자산이든 관계없이 모든 자본투자에 같은 기준을 적용해야 한다.

어떤 자산이라도 미래 현금흐름의 할인가치가 당면한 비용을 초과하면 그 자산에 대한 투자는 부를 창출한다는 것을 보았다. 그러나 지금까지는 무엇을 할인할 것인가의 문제에 대해서는 그럴듯한 말로 얼버무려 왔다. 이 문제를 만나게 되면 세 가지 일반적인 규칙을 고수해야 한다.

1. 오직 현금흐름만이 중요하다.
2. 항상 증분기준으로 현금흐름을 추정하라.
3. 물가상승은 일관성 있게 다루어라.

이 규칙들을 각각 차례대로 살펴본다.

규칙 1: 오직 현금흐름만이 중요하다

첫 번째이자 가장 중요한 점은 순 현재가치는 미래 현금흐름에 달렸다는 것이다. 현금흐름은 아주 간단한 개념이다. 그것은 단순히 받은 돈과 지급한 돈의 차이이다. 그럼에도, 많은 사람이 현금흐름을 회계적 이익과 혼동한다.

손익계산서는 회사의 성과가 얼마나 좋은가를 보여주려는 것이다. 따라서 회계사들은 '들어온 돈'과 '나간 돈'에서 시작하지만, 회계적 이익을 얻으려고 이러한 투입요소(input)를 두 가지 중요한 방법으로 조정한다. 첫째, 회계사들은 회사와 고객이 청구서 대금을 지급하는 시기보다는 벌어들인(*earned*) 시점을 기준으로 이익을 보여주려고 한다. 두 번째는, 회계사들은 현금유출을 두 가지 범주로 분류한다. 당기 비용(current expense)과 자본적 비용(capital expense)이 그것이다. 이익을 계산할 때 당기 비용은 공제하지만, 자본적 비용은 공제하지 않는다. 물론 여기에는 그럴 만한 이유가 있다. 회사가 대규모 자본투자에 많은 돈을 지출한다면 비록 큰돈이 문밖으로 나간다 할지라도 이 회사의 성과가 나쁘다고 결론 내리지 않을 것이다. 따라서 회계사는 그해 이익을 계산할 때 자본적 비용을 차감하지 않고 이를 몇 년에 걸쳐 감가상각한다.

이러한 조정의 결과로 이익에는 어떤 현금흐름은 포함되지만 어떤 것은 제외되며, 아예 현금흐름도 아닌 감가상각비 때문에 이익이 줄어든다. 통상적인 회계자료를 실제의 돈, 즉 상품을 살 수 있는 돈으로 다시 전환하기가 항상 쉬운 것만은 아니다. 만약에 무엇이 현금흐름인지가 미심쩍다면, 그냥 단순히 들어온 돈을 더하고 빠져나가는 돈을 차감하라. 확인해 보지도 않고 회계자료의 기계적인 조작으로 현금흐름을 알아낼 수 있다고 가정하지는 마라.

항상 세후(after-tax) 기준으로 현금흐름을 추정하라. 어떤 회사들은 세금을 차감하지 않는다. 이런 회사는 기회자본비용보다 높은 할인율로 세전 현금흐름을 할인함으로써 이런 실수를 상쇄하려고 한다. 불행히도 할인율을 조정하는 신뢰할 만한 공식은 없다.

또한 일을 착수할 때나 부채가 생겼을 때가 아닌, 오직 현금흐름이 발생할 때만 현금흐름이 기록되도록 특별히 신경을 써야 한다. 예를 들어 세금은 회사 장부에 납세 채무가 기록되는 날짜가 아니라 실제 세금 납부일부터 할인해야 한다.

규칙 2: 항상 증분기준으로 현금흐름을 추정하라

투자안의 가치는 투자안 채택 이후부터 발생하는 모든 증분(incremental) 현금흐름에 달렸다. 어느 현금흐름이 포함되어야 하는지를 결정할 때 다음과 같이 몇 가지 주의해야 할 점이 있다.

평균 수입을 증분 수입과 혼동하지 말라 경영자 대부분은 당연히 나쁜 투자안에 투자하기를 망설인다. 예를 들어 경영자는 손해 보는 부서에 추가로 투자하는 것을 달가워하지 않는다. 그러나 이따금 현재 손실을 보는 투자안의 증분 NPV가 확실히 양(+)이 되는 전화위복의 기회를 만날 수도 있다.

반대로, 우량 투자에 추가로 투자하는 것이 항상 타당한 것만은 아니다. 과거에 놀라운 이익 실적을 기록한 부서는 이미 좋은 기회를 다 소진했을 수도 있다. 감상적인 요소를 고려하지 않고 생각한다면, 20년 된 경주마를 사려고 많은 돈을 내지는 않을 것이다. 그 말이 경주에서 몇 번 우승을 거두었는가, 또는 우승을 거둔 경주마를 몇 마리 낳았는가는 아무런 상관이 없다.

평균과 증분 수익의 차이점을 설명해 주는 또 다른 예가 있다. 철도 교량을 급히 수리할 필요가 있다고 가정해 보자. 교량이 있으면 철도는 계속 운영할 수 있고, 그렇지 않으면 운영할 수 없다. 이럴 때 수리 작업의 성과는 철도를 운영하는 데서 나오는 모든 혜택이다. 이와 같은 투자의 증분 NPV는 아주 클 것이다. 물론, 이러한 혜택은 모든 다른 비용과 차후의 모든 수리비를 뺀 것이어야 한다. 만약 그렇지 않으면, 회사는 수익성이 없는 철도를 조각조각 다시 건설하는 우를 범할 수도 있다.

모든 부수적인 효과를 포함하라 투자안이 회사의 나머지 사업 부분에 대해 갖는 효과를 고려하는 것이 중요하다. 예를 들어 소니(Sony)가 비디오 게임기의 새로운 버전인 플레이스테이션 4를 출시하려 한다고 가정하자. 신제품에 대한 수요는 거의 확실히 소니의 기존 게임기 판매를 잠식할 것이다. 이 부수적인 효과는 증분 현금흐름에 고려되어야 한다. 물론 소니는 기존 제품 라인에 대한 경쟁사의 위협이 점차 증대되기 때문에 신제품을 출시해야 한다고 생각할 수도 있다. 새로운 플레이스테이션을 생산하지 않더라도 기존 게임기 매출이 현재 수준에서 지속한다는 보장이 없다. 기존 게임기의 매출은 조만간 감소할 것이다.

때로는 새로운 투자안이 회사의 기존 사업에 도움이 된다. 일리노이 주 피오리아에서 시카고 오헤어 공항으로 새로운 단거리 항로를 개설할 것을 고려하는 항공사를 생각해 보자. 독립적으로 생각할 때 새 항로는 음(−)의 NPV를 나타낼지 모른다. 그러나 이 새로운 항로가 오헤어 공항에서 나가는 다른 교통 수요를 유발해서 가져올 추가적인 영업을 고려한다면 이것은 매우 가치 있는 투자가 될 수 있다.

오늘 매출을 예측하고 나중에 들어올 판매 후 현금흐름을 인식하라 재무관리자는 투자로 발생하는 모든 증분 현금흐름을 예측해야 한다. 때로는 이러한 증분 현금흐름이 수십 년 지속된다. GE가 새로운 제트엔진을 설계하고 생산하는 경우, 먼저 엔진 판매에서 현금흐름이 발생하고 그 후 서비스와 부품에서 현금흐름이 발생한다. 제트엔진은 한 번 팔리면 30년 이상 사용된다. 이 기간에 서비스와 대체부품의 매출은 엔진 판매 가격의 7배에 달할 것이다. 2008년 GE의 엔진 서비스 부분의

매출은 $68억이었지만 엔진 판매의 매출은 $52억이었다.[1)]

많은 제조 기업은 제품이 판매되고 난 후 발생하는 수입에 의존한다. 컨설팅 회사 엑센추어(Accenture)는 제조 기업에서 서비스와 부품이 보통 매출액의 약 25%와 이익의 50%를 차지한다고 추정한다.

필요한 운전자본을 잊지 마라 **순 운전자본(net working capital,** 간단하게 운전자본이라고도 함)은 회사의 단기 자산과 단기부채의 차이를 말한다. 주요 단기 자산은 현금과 외상매출금(고객이 아직 지급하지 않은 금액), 원재료와 완성품의 재고자산 등이다. 주요 단기부채는 외상매입금(회사가 아직 지급하지 않은 청구서들)이다. 투자안 대부분은 운전자본에 대한 추가 투자를 발생시킨다. 그러므로 이 투자를 현금흐름 예측에 반영해야 한다. 마찬가지로 투자안이 끝날 때는 일반적으로 투자의 일부를 회수할 수 있다. 이것은 현금유입으로 취급된다. 이 장 후반부에 운전자본 투자에 대한 수치 예를 살펴본다.

기회비용을 포함하라 자원의 비용은 아무런 현금 유출입이 없을 때도 투자결정에 중요한 의미를 가질 수 있다. 예를 들어 어떤 새로운 제조공장을 운영하는 데 $100,000에 매각할 수 있는 대지를 사용한다고 가정해 보자. 이 자원은 공짜가 아니다. 여기에는 기회비용이 발생하는데, 이 경우 기회비용이란 투자안을 기각하고 그 자원을 처분하거나 어떤 다른 생산적인 용도에 활용할 때 회사를 위해 창출할 수 있는 현금을 말한다.

이 예는 '투자안 채택 전과 후(before versus after)'에 기초하여 투자안을 판단하지 않도록 주의를 환기시키고 있다. 더 적절한 비교는 '자원 보유 혹은 미보유(with or without)'이다. 투자안 채택 전과 후를 비교하는 경영자는 회사가 전과 후에 그 대지를 계속 소유하고 있다는 이유로 이 대지에 아무런 가치를 부여하지 않을 수도 있다.

전	투자안 채택	후	현금흐름, 채택 전 대 채택 후
회사가 대지 소유	→	회사가 여전히 대지 소유	0

적절한 비교인 보유 혹은 미보유는 다음과 같다.

보유	투자안 채택	후	현금흐름, 투자안 채택
회사가 대지 소유	→	회사가 여전히 대지 소유	0

미보유	투자안 기각	후	현금흐름, 투자안 기각
회사가 대지 소유	→	회사가 $100,000에 대지 매도	$100,000

1) P. Glader, "GE's Focus on Services Faces Test," *The Wall Street Journal*, March 3, 2009, p. B1. 엑센추어의 추정치는 이 기사에서 가져왔다.

두 가지 가능한 '채택 후'를 비교함으로써, 회사가 투자안을 채택하면 $100,000을 포기하게 된다는 사실을 알 수 있다. 대지를 매각하지 않고 회사에 $100,000 가치가 있는 다른 용도로 활용할 때도 이러한 추론은 여전히 타당성을 지닌다.

때로는 기회비용을 추정하기가 매우 어려울 수도 있다. 그러나 자원이 자유로이 거래될 수 있는 곳에서는 기회비용은 단순히 시장가격과 같다. 왜 그럴까? 기회비용과 시장가격은 다를 수 없다. 만약에 회사에 그 대지가 지니는 가치가 시장가격보다 낮으면, 회사는 그 대지를 팔 것이다. 반면에, 개개의 투자안에서 대지 사용에 따른 기회비용은 그 대지를 대체하기 위해 동일한 대지를 사는 데 들어가는 비용을 초과할 수 없다.

매몰원가는 잊어라 매몰원가(sunk cost)는 엎질러진 물과 같다. 그것은 이미 지나버린 돌이킬 수 없는 유출이다. 매몰원가는 과거의 것이기 때문에 투자안을 채택하느냐 기각하느냐의 결정에 따라 영향을 받지 않는다. 그래서 매몰원가는 무시되어야 한다.

예를 들어 록히드(Lockheed)가 트라이스타(TriStar) 항공기의 개발을 계속 추진하기 위해 은행대출금에 대한 연방정부의 보증을 얻으려고 하였다. 록히드와 이 회사의 후원자들은 이미 거의 $10억이 소요된 투자안을 포기하는 것은 어리석은 행동이라고 주장하였다. 몇몇 록히드 비판자들은 투자된 $10억에 대해 만족스러운 수익 전망을 전혀 제시하지 못하는 투자안을 계속 추진해나가는 것 또한 똑같이 어리석다고 반박하였다. 두 집단 모두가 **매몰원가 오류**(*sunk-cost fallacy*)라는 잘못을 범하였다. 이미 써버린 $10억은 회수될 수 없고, 그래서 아무런 관련이 없다.

배분된 간접비에 유념하라 회계사의 목표는 투자분석가의 목표와 항상 일치하지는 않는다는 점은 이미 언급하였다. 이에 해당하는 경우가 간접비의 배분 문제이다. 간접비는 감독자의 급여와 지대, 난방비, 전기료와 같은 항목을 포함한다. 간접비는 어떤 개개의 투자안과 연관성을 갖지 않을 수도 있다. 그러나 어찌 되었든 간에 간접비는 지급되어야 한다. 그러므로 회계사가 회사의 투자안에 비용을 할당할 때는 통상적으로 간접비가 부과된다. 증분 현금흐름 원칙은 투자안을 평가할 때 오직 투자안 때문에 초래되는 추가 비용만을 포함해야 한다는 것이다. 투자안은 추가 간접비를 발생시킬 수도 있고, 그렇지 않을 수도 있다. 회계사가 배분한 간접비가 실제로 발생한 추가 비용이라고 가정하는 데는 매우 신중해야 한다.

잔존가치를 기억하라 투자안이 끝날 때 공장과 장비를 팔거나 회사의 다른 사업에 자산을 재배치할 수 있다. 장비가 팔리면 판매 가격과 장부가치의 차이에 대해 세금을 내야 한다. (세금을 제외한) 잔존가치는 양(+)의 현금흐름이 된다.

어떤 투자안은 상당한 폐쇄 비용이 발생한다. 이 경우 마지막 현금흐름은 음(−)이 될 수 있다. 예를 들어 광산 기업 FCX는 미래 뉴멕시코 광산의 매립과 폐쇄 비용으로 $4억 3천만 이상을 책정하였다.

규칙 3: 물가상승은 일관성 있게 다루어라

제3장에서 지적하였듯이, 이자율은 주로 실질가치보다는 **명목가치**로 나타낸다. 예를 들어 8% 국

채를 사면, 정부는 매년 $80의 이자를 지급하기로 약속한다. 그러나 이 $80로 무엇을 살 수 있는지는 약속하지 않는다. 투자자는 수용 가능한 이자율을 결정할 때 물가상승을 고려해야 한다.

만약 할인율이 명목가치로 표시되어 있다면 일관성을 유지하기 위해 현금흐름도 명목가치로 추정되어야 하는데, 이때 판매 가격과 인건비, 재료비 등의 추세를 고려해야 한다. 이는 단순히 가정된 하나의 물가상승률을 현금흐름의 모든 구성요소에 적용하는 이상의 고려가 필요하다. 예를 들어 작업시간당 인건비는 보통 생산성 향상으로 소비자물가지수보다 더 빠르게 증가한다. 그러나 감가상각 절세효과는 물가상승과 함께 증가하지 않는다. 미국 세법은 자산의 원래 비용만을 감가상각할 수 있도록 허용하고 있기 때문에 절세효과는 명목가치로 일정하다.

물론 실질 할인율로 실질 현금흐름을 할인해도 문제는 없다. 사실 이것은 물가상승률이 높고 변동적인 나라에서는 표준적인 방법이다. 실질과 명목 할인이 올바르게 적용되면 항상 같은 현재가치를 나타냄을 보여주는 간단한 예가 있다.

어떤 회사가 보통 명목가치로 현금흐름을 예측하고 15%의 명목 할인율로 할인한다고 가정하자. 그러나 이 특별한 경우에는 아래와 같이 실질가치, 즉 지금의 달러로 투자안의 현금흐름이 주어져 있다.

실질 현금흐름($천)			
C_0	C_1	C_2	C_3
−100	+35	+50	+30

할인율 15%로 이러한 실질 현금흐름을 할인하는 것은 일관성이 없다. 이 경우에는 두 가지 대안이 있다. 현금흐름을 명목가치로 다시 표시하고 15%로 할인하거나, 할인율을 실질가치로 다시 표시하고 그 할인율을 사용하여 실질 현금흐름을 할인한다.

물가상승이 연 10%로 추정된다고 하자. 그러면 현재의 달러로 $35,000인 1년도의 현금흐름은 1년도의 달러로는 35,000 × 1.10 = $38,500가 될 것이다. 마찬가지로 2년도의 현금흐름은 $50,000 \times (1.10)^2 = \$60,500$가 된다. 다른 연도에 대해서도 이처럼 적용한다. 만약 15%의 명목 할인율로 이러한 명목 현금흐름을 할인하면, 순 현재가치는 다음과 같다.

$$\text{순현재가치} = -100 + \frac{38.5}{1.15} + \frac{60.5}{(1.15)^2} + \frac{39.9}{(1.15)^3} = 5.5, \text{ 즉 } \$5{,}500$$

현금흐름 예측치를 명목가치로 전환하는 대신 다음 관계식을 이용하여 할인율을 실질 할인율로 바꿀 수 있다.

$$\text{실질 할인율} = \frac{1 + \text{명목 할인율}}{1 + \text{물가상승률}} - 1$$

이 예에서 이 관계식은 다음과 같이 주어진다.

$$\text{실질 할인율} = \frac{1.15}{1.10} - 1 = 0.045, \text{ 즉 } 4.5\%$$

이제 실질 할인율로 실질 현금흐름을 할인하면 바로 앞에서처럼 순현가는 $5,500이다.

$$NPV = -100 + \frac{35}{1.045} + \frac{50}{(1.045)^2} + \frac{30}{(1.045)^3} = 5.5,\ 즉\ \$5,500$$

이 모든 것이 전하는 의미는 아주 단순하다. 명목 현금흐름은 명목 할인율로 할인하고, 실질 현금흐름은 실질 할인율로 할인하라는 것이다. 절대로 실질 현금흐름과 명목 할인율, 또는 명목 현금흐름과 실질 할인율을 혼합하지 마라.

6.2 예—IM&C사의 비료공장 투자안

인터내셔널 멀치 앤 컴포스트사(International Mulch and Compost Company, IM&C)의 새로 임명된 재무관리자가 구아노(guano, 바다 새의 똥, 주로 인산질 비료로 사용됨)를 정원용 비료로 판매하는 제안서를 분석하고 있다. [IM&C사의 광고캠페인 계획은 시골 신사가 채소 다발을 들고 걸어 나오면서 "내 모든 걱정은 구아노와 함께 사라진다(All my troubles have guano way)."라고 노래하는 것이다.][2)]

표 6.1에 예측치가 주어졌다.[3)] 이 투자안은 공장과 기계(첫째 행)에 $10백만의 투자를 해야 한다. 이 기계는 분해하여 7년도에 $1.949백만(첫째 행, 7번째 열)의 추정 순수입으로 매각할 수 있다. 이 금액은 공장의 잔존가치에 대한 예측치이다.

		기간							
		0	1	2	3	4	5	6	7
1	투자자본	10,000							−1,949[a]
2	감가상각 누계		1,583	3,167	4,750	6,333	7,917	9,500	0
3	연말 장부가치	10,000	8,417	6,833	5,250	3,667	2,083	500	0
4	운전자본		550	1,289	3,261	4,890	3,583	2,002	0
5	장부가치 합계(3 + 4)		8,967	8,122	8,511	8,557	5,666	2,502	0
6	매출액		523	12,887	32,610	48,901	35,834	19,717	
7	매출원가[b]		837	7,729	19,552	29,345	21,492	11,830	
8	기타 비용[c]	4,000	2,200	1,210	1,331	1,464	1,611	1,772	
9	감가상각비		1,583	1,583	1,583	1,583	1,583	1,583	0
10	세전 이익(6 − 7 − 8 − 9)	−4,000	−4,097	2,365	10,144	16,509	11,148	4,532	1,449[d]
11	세금(세율 35%)	−1,400	−1,434	828	3,550	5,778	3,902	1,586	507
12	세후 이익(10 − 11)	−2,600	−2,663	1,537	6,593	10,731	7,246	2,946	942

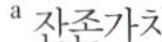
표 6.1 IM&C의 구아노 투자안—물가상승을 반영하고 정액 감가상각을 가정한 추정치(단위: $천).

[a] 잔존가치
[b] 매출원가에 감가상각비가 포함되지 않아 통상의 손익계산서 양식과 다르다. 감가상각비는 분리하여 나타내었다(9번째 행 참조).
[c] 연도 0과 1은 투자안 시작 비용이며, 연도 1~6은 일반관리비용이다.
[d] 잔존가치와 투자안 말 장부가치 $500의 차이는 세금부과 대상이 되는 이익이다.

2) 실례! ("have guano way"는 "have gone away"와 발음이 비슷함.)
3) 표 6.1과 6.2, 6.3, 6.4, 6.5, 6.6의 "온라인(live)" 엑셀 버전은 이 책의 웹사이트 **www.mhhe.com/bma**에서 구할 수 있다.

표 6.1을 준비한 사람이 누구든지 간에 그 사람은 자본투자의 잔존가치를 앞의 예측치보다 낮은 \$500,000으로 가정하고 6년에 걸쳐 감가상각하였다. 여기서는 정액 감가상각(*straight-line depreciation*)을 가정하였다. 이 방식에서 연간 감가상각은 최초 투자금액에서 잔존가치를 뺀 값(\$9.5백만)의 일정한 비율과 같다. 감가상각할 수 있는 수명을 T라고 한다면, t년도의 정액 감가상각비는 다음과 같다.

$$t\text{년도의 감가상각비} = 1/T \times \text{상각 대상 금액} = 1/6 \times 9.5 = \$1.583\text{백만}$$

표 6.1의 행 6부터 행 12까지는 구아노 프로젝트의 약식 손익계산서를 보여준다.[4] 이것이 현금흐름을 추정하기 위한 출발점이 될 것이다. 이 표의 모든 항목은 명목 금액이다. 다시 말하면 IM&C의 경영자는 가격과 원가에 대한 물가상승의 가능성 있는 영향을 고려하였다.

표 6.2는 표 6.1에 주어진 투자와 이익 자료에서 현금흐름 예측치를 도출한다. 투자안의 순현금흐름은 다음 세 항목을 더한 것이다.

$$\begin{aligned}\text{순현금흐름} &= \text{자본 투자 또는 처분에서 발생한 현금흐름}\\ &+ \text{운전자본의 변화에서 발행한 현금흐름}\\ &+ \text{영업 현금흐름}\end{aligned}$$

이들 항목은 각각 표에 나와 있다. 행 1은 초기 자본투자와 투자안이 끝났을 때 장비의 추정 잔존가치를 보여준다. 예상한 바와 같이 잔존가치가 기계의 감가상각된 가치보다 크면 이 차이에 대해서는 세금을 내야 한다. 따라서 행 1의 잔존가치는 세금을 내고 난 잔액이다. 이 표의 행 2는 운전자본의 변화를 보여주고 나머지 행은 투자안의 영업 현금흐름을 계산한다.

영업 현금흐름을 계산할 때 감가상각비를 빼지 않았다는 데 주의하라. 감가상각은 회계상의 항목이다. 이것은 기업이 내는 세금에 영향을 주지만 실제로 감가상각비로 돈이 나가는 것은 아니다. 영업 현금흐름은 단순히 들어온 돈에서 나간 돈을 뺀 것이다.[5]

$$\text{영업 현금흐름} = \text{매출액} - \text{현금 비용} - \text{세금}$$

예를 들어 구아노 투자안의 6년도 영업 현금흐름은 다음과 같다.

$$\text{영업 현금흐름} = 19{,}717 - (11{,}830 + 1{,}772) - 1{,}586 = 4{,}529$$

IM&C는 이 유형의 투자안에 대한 명목 기회자본비용을 20%로 추정한다. 모든 현금흐름을

---

4) 매출원가에서 감가상각비를 분리시켜서 통상적 손익계산서 형식과 차이가 있다.

5) 영업 현금흐름을 계산하는 몇 가지 방법이 있다. 예를 들어 세후 이익에 감가상각비를 더한다.

$$\text{영업 현금흐름} = \text{세후 이익} + \text{감가상각비}$$

따라서 구아노 투자안의 6년도 영업 현금흐름은 다음과 같다.

$$\text{영업 현금흐름} = 2{,}946 + 1{,}583 = 4{,}529$$

다른 방법으로는 감가상각비가 없다고 가정하고 세후 이익을 계산하고 나서 감가상각 충당금 때문에 발생하는 세금 절약액을 더한다.

$$\text{영업 현금흐름} = (\text{매출액} - \text{비용}) \times (1 - \text{세율}) + (\text{감가상각비} \times \text{세율})$$

따라서 구아노 투자안의 6년도 영업 현금흐름은 다음과 같다.

$$\text{영업 현금흐름} = (19{,}717 - 11{,}830 - 1{,}772) \times (1 - 0.35) + (1{,}583 \times 0.35) = 4{,}529$$

		기간							
		0	1	2	3	4	5	6	7
1	자본 투자와 처분	−10,000	0	0	0	0	0	0	1,442[a]
2	운전자본의 변화		−550	−739	−1,972	−1,629	1,307	1,581	2,002
3	매출액	0	523	12,887	32,610	48,901	35,834	19,717	0
4	매출원가	0	837	7,729	19,552	29,345	21,492	11,830	0
5	기타 비용	4,000	2,200	1,210	1,331	1,464	1,611	1,772	0
6	세금	−1,400	−1,434	828	3,550	5,778	3,902	1,586	
7	영업 현금흐름(3 − 4 − 5 − 6)	−2,600	−1,080	3,120	8,177	12,314	8,829	4,529	
8	순현금흐름(1 + 2 + 7)	−12,600	−1,630	2,381	6,205	10,685	10,136	6,110	3,444
9	현재가치(20%)	−12,600	−1,358	1,654	3,591	5,153	4,074	2,046	961
10	순현재가치 =	+3,520	(행 9의 합)						

표 6.2 IM&C의 구아노 투자안—정액 감가상각을 가정한 현금흐름 분석 초안($천).

[a] 잔존가치 $1,949에서 잔존가치와 투자기간 말 장부가치의 차이에 대한 세금 $507을 차감한 금액.

Visit us at www.mhhe.com/bma

할인하여 합산하면 구아노 투자안은 대략 $3.5백만의 순현가를 제공할 것으로 보인다.

$$\text{NPV} = -12{,}600 - \frac{1{,}630}{1.20} + \frac{2{,}381}{(1.20)^2} + \frac{6{,}205}{(1.20)^3} + \frac{10{,}685}{(1.20)^4} + \frac{10{,}136}{(1.20)^5} + \frac{6{,}110}{(1.20)^6} + \frac{3{,}444}{(1.20)^7} = +3{,}520,\ \text{즉 } \$3{,}520{,}000$$

투자와 자본조달 결정의 분리

구아노 투자안에 대한 지금까지의 분석은 투자안이 어떤 방법으로 자본을 조달하는지는 전혀 신경 쓰지 않고 있다. IM&C는 일부를 부채로 조달할 수도 있다. 그러나 이 회사가 그렇게 하더라도, 여기서는 필요한 투자액에서 부채 금액을 빼지 않을 뿐만 아니라, 이자와 원금 지급을 현금유출로 인식하지도 않을 것이다. 모든 현금유출은 주주에게서 나오고, 현금유입 또한 주주에게 돌아가는 것으로 처리하여 투자안이 마치 전부 자기자본으로 조달된 것처럼 분석한다.

투자결정에 대한 분석을 자본조달결정과 분리시키기 위해 이런 방식으로 문제에 접근한다. 그러나 이것이 자본조달결정이 무시되어도 괜찮다는 뜻은 아니다. 투자안의 가치에 대한 자본조달 결정의 영향을 어떻게 인식하는가는 19장에서 설명한다.

운전자본 투자

이제 여기서 중요하게 짚고 넘어가야 할 점이 있다. 표 6.2의 행 2에서 투자안의 초기와 중반에 운전자본이 증가하는 것을 볼 수 있다. 여러분은 아마 운전자본이 무엇이고, 그것이 왜 증가하는지 궁금할 것이다.

운전자본은 회사나 사업, 투자안과 관련된 단기 자산에 대한 순투자를 나타낸다. 운전자본의 가장 중요한 구성요소는 **재고자산**과 **외상매출금**, **외상매입금**이다. 제2년도에 구아노 투자안의 운전자본 필요금액은 다음과 같다.

$$\text{운전자본} = \text{재고자산} + \text{외상매출금} - \text{외상매입금}$$
$$\$1{,}289 = 635 + 1{,}030 - 376$$

운전자본은 왜 증가하는가? 여기 몇 가지 가능성이 있다.

1. 손익계산서에 기록된 매출액은 구아노 출하로 받은 실제 현금을 과대 계상하고 있다. 왜냐하면 매출액은 증가하지만, 고객들이 대금지급을 지연시키기 때문이다. 그러므로 외상매출금은 증가한다.
2. 정제과정을 거친 구아노를 제대로 숙성하는 데는 몇 달이 걸린다. 그러므로 예상 매출액이 증가함에 따라 더 많은 재고자산이 숙성 창고에 보관되어야 한다.
3. 만약 구아노 생산에 사용했던 원재료와 서비스에 대한 지급이 지연되면, 상쇄 효과가 발생한다. 이 경우 외상매입금이 증가할 것이다.

제2년도에서 3년도로 갈 때 추가 운전자본 투자는 다음과 같다.

$$\begin{matrix}\text{추가} \\ \text{운전자본 투자}\end{matrix} = \begin{matrix}\text{재고자산의} \\ \text{증가}\end{matrix} + \begin{matrix}\text{외상매출금의} \\ \text{증가}\end{matrix} - \begin{matrix}\text{외상매입금의} \\ \text{증가}\end{matrix}$$
$$\$1{,}972 = 972 + 1{,}500 - 500$$

제3년도의 더욱 상세한 현금흐름 추정은 표 6.3과 같이 나타낼 수 있다.

운전자본은 투자안 현금흐름을 추정할 때 가장 흔한 혼동의 원인 중 하나이다. 가장 흔한 실수는 다음과 같다.

1. **운전자본을 통째로 잊어버림.** 절대로 이 함정에 빠지지 않기를 바란다.
2. **운전자본이 투자안 수명기간 동안 변할 수 있다는 것을 잊어버림.** 1년 동안 $100,000의 상품을 팔았는데 고객은 6개월 늦게 대금을 지급한다고 하자. 그러면 $50,000의 미수금 청구서를 갖게 된다. 이제 가격을 10% 올리면 매출액은 $110,000로 증가한다. 고객이 계속 6개월 늦게 지급하면 미수금 청구서는 $55,000로 증가하고, 추가로 $5,000의 운전자본을 투자해야 한다.
3. **투자안이 끝나면 운전자본이 회수된다는 사실을 잊어버림.** 투자안이 끝나면 재고자산은 줄어들고 (희망사항이지만) 모든 미수금 청구서는 결제되며, 운전자본에 투자한 돈은 회수된다. 이것은 현금유입이다.

현금흐름		손익계산서상 추정자료		순운전자본의 변화
현금유입	=	매출	−	외상매출금 증가
$31,110	=	32,610	−	1,500
현금유출	=	매출원가, 기타 비용, 세금	+	(재고자산 − 외상매입금) 증가
$24,905	=	(19,552 + 1,331 + 3,550)	+	(972 − 500)
		순현금흐름 = 현금유입 − 현금유출		
		$6,205 = 31,110 − 24,905		

표 6.3 IM&C의 구아노 투자안의 3차년도 현금흐름 추정 명세서($천).

운전자본의 변동을 걱정하는 대신 다른 대안이 있다. 고객에게서 들어오는 돈을 더하고 납품업자에게 나가는 돈을 빼면 직접 현금흐름을 추정할 수 있다. 재고자산으로 보유한 상품에 소비한 현금을 포함하여 생산에 소요된 모든 현금을 공제한다. 다시 말하자면,

1. 만약 각 연도의 매출액을 그해 고객에게서 받은 현금으로 대체하면, 외상매출금을 고려할 필요가 없다.
2. 만약 매출원가를 인건비와 재료비, 기타 생산비에 대한 현금 지급액으로 대체하면, 재고자산이나 외상매입금을 계속 추적할 필요가 없다.

그래도 세금을 추정하려면 추정 손익계산서를 작성해야 할 것이다.

현금흐름과 운전자본 간의 연계에 관해서는 제30장에서 훨씬 더 자세히 논의한다.

감가상각에 관한 추가 사항

감가상각은 비현금 비용이다. 감가상각이 중요한 유일한 이유는 과세소득을 감소시킨다는 것이다. 감가상각은 감가상각비와 한계세율을 곱한 만큼의 연간 **절세효과**(*tax shield*)를 제공한다.

$$\begin{aligned}\text{절세효과} &= \text{감가상각비} \times \text{세율} \\ &= 1{,}583 \times 0.35 = 554,\ \text{즉 } \$554{,}000\end{aligned}$$

절세효과의 현재가치(6년 동안 $554,000)는 20% 할인율을 적용하면 $1,842,000이다.

만약 IM&C사가 절세효과를 보다 빠른 시일에 얻을 수 있다면 그 가치는 더 높아질 것이다. 다행히도 세법은 기업이 그렇게 할 수 있도록 허용하고 있다. 즉 세법은 **가속상각**(*accelerated depreciation*)을 허용한다.

세금목적 감가상각에 관한 미국의 현행 규칙은 수정 가속원가회복방식(Modified Accelerated Cost Recovery System, MACRS) 감가상각을 도입한 1986년의 세제개혁법(Tax Reform Act)에 의해 정해졌다. 표 6.4는 세금목적 감가상각표를 요약하고 있다. 각각의 회복기간에 대해 하나씩 총 6가지의 일정이 있다. 대부분 산업설비는 5년과 7년 기간 범주로 분류된다. 상황을 단순하게 하려고 구아노 투자안에 대한 모든 투자는 5년 자산에 포함된다고 가정한다. 그러므로 IM&C는 자산이 투자에 투입되자마자 첫해에 상각 가능한 투자액의 20%를 감가상각할 수 있다. 그 후 2년도에는 상각 가능한 투자액의 32%를 감가상각할 수 있고, 그 후에도 이처럼 상각표에 따라 감가상각한다. 구아노 투자안의 절세금액은 다음 표와 같다.

	연도					
	1	2	3	4	5	6
세금목적 감가상각비 (MACRS 백분율 × 상각대상 투자액)	2,000	3,200	1,920	1,152	1,152	576
절세효과 (감가상각비 × 세율, T_c = 0.35)	700	1,120	672	403	403	202

이 절세효과의 현재가치는 정액법을 사용할 때보다 약 $331,000가 더 많은 $2,174,000이다.

	회복기간 범주에 의한 세금목적 감가상각률 조견표						
	연수	3년	5년	7년	10년	15년	20년
1	01	33.33	20.00	14.29	10.00	5.00	3.75
2	02	44.45	32.00	24.49	18.00	9.50	7.22
3	03	14.81	19.20	17.49	14.40	8.55	6.68
4	04	7.41	11.52	12.49	11.52	7.70	6.18
5	05		11.52	8.93	9.22	6.93	5.71
6	06		5.76	8.92	7.37	6.23	5.28
7	07			8.93	6.55	5.90	4.89
8	08			4.46	6.55	5.90	4.52
9	09				6.56	5.91	4.46
10	10				6.55	5.90	4.46
11	11				3.28	5.91	4.46
12	12					5.90	4.46
13	13					5.91	4.46
14	14					5.90	4.46
15	15					5.91	4.46
16	16					2.95	4.46
17	17~20						4.46
18	21						2.23

표 6.4 수정 가속원가회복방식(MACRS) 감가상각에서 허용되는 세금목적 감가상각률 (수치는 상각 대상 투자금액의 백분율로 나타냈음).

eXcel
Visit us at
www.mhhe.com/bma

주:
1. 첫해에는 자산이 6개월만 활용된다고 가정하므로 세금목적 감가상각률은 더 낮다.
2. 부동산은 주거용은 27.5년, 비주거용은 31.5년에 걸쳐 정액 상각한다.

표 6.5는 구아노 투자안이 IM&C의 장래 세금에 미칠 영향을 다시 계산한 것이며, 표 6.6은 수정된 세후 현금흐름과 현재가치를 보여주고 있다. 이번에는 물가상승뿐만 아니라 세금에 대한 현실적 가정을 함께 고려했다. 물론 표 6.2보다 더 큰 NPV를 보여준다. 표 6.2는 가속상각의 현재가치 증가분을 무시하였기 때문이다.

표 6.5에 도사리고 있는 또 한 가지 문제가 있다. 미국에는 가속상각이나 다른 세금특례(*tax preference*) 조항의 절세효과를 제한하거나 연기시킬 수 있는 대체 최저한세(*alternative minimum tax*)

		기간							
		0	1	2	3	4	5	6	7
1	매출액[a]		523	12,887	32,610	48,901	35,834	19,717	
2	매출원가[a]		837	7,729	19,552	29,345	21,492	11,830	
3	기타 비용[a]	4,000	2,200	1,210	1,331	1,464	1,611	1,772	
4	감가상각		2,000	3,200	1,920	1,152	1,152	576	
5	세전 이익(1 − 2 − 3 − 4)	−4,000	−4,514	748	9,807	16,940	11,579	5,539	1,949[b]
6	세금(35%)[c]	−1,400	−1,580	262	3,432	5,929	4,053	1,939	682

표 6.5 IM&C의 구아노 투자안에 대한 세금 납부액($천).

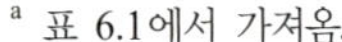

[a] 표 6.1에서 가져옴.
[b] 세금계산의 편의를 고려하여 감가상각 후 잔존가치는 0임. IM&C는 $1,949의 잔존가치에 대해 세금을 낸다.
[c] IM&C가 구아노 투자안에 대한 세금 손실을 이용하여 타 투자안의 이익에 대해 세금을 적게 낸다고 가정하면 음(−)의 세금 지급은 현금유입이다.

		기간							
		0	1	2	3	4	5	6	7
1	자본 투자와 처분	−10,000	0	0	0	0	0	0	1,949
2	운전자본의 변화		−550	−739	−1,972	−1,629	1,307	1,581	2,002
3	매출액[a]	0	523	12,887	32,610	48,901	35,834	19,717	0
4	매출원가[a]	0	837	7,729	19,552	29,345	21,492	11,830	0
5	기타 비용[a]	4,000	2,200	1,210	1,331	1,464	1,611	1,772	0
6	세금[b]	−1,400	−1,580	262	3,432	5,929	4,053	1,939	682
7	영업 현금흐름(3 − 4 − 5 − 6)	−2,600	−934	3,686	8,295	12,163	8,678	4,176	−682
8	순현금흐름(1 + 2 + 7)	−12,600	−1,484	2,947	6,323	10,534	9,985	5,757	3,269
9	현재가치(20%)	−12,600	−1,237	2,047	3,659	5,080	4,013	1,928	912
10	순현금흐름 =	3,802	(행 9의 합)						

표 6.6 IM&C의 구아노 투자안—수정된 현금흐름 분석($천).

[a] 표 6.1에서 가져옴.
[b] 표 6.5에서 가져옴.

가 있다. 여기서 최저한세를 깊이 살펴보지는 않는다. 그러나 적어도 최저한세에 해당하는지를 점검하지 않은 채 자본예산 분석에 서명하는 일은 없도록 분명히 기억해 두어야 한다.

세금에 관한 유의사항

미국의 모든 대기업은 별도의 두 가지 회계장부를 가지고 있다. 하나는 주주들을 위한 것이고 다른 하나는 국세청(Internal Revenue Service)에 보고하는 것이다. 주주를 위한 장부에서는 정액 감가상각법을 사용하고, 납세용 장부에서는 가속상각을 사용하는 것이 일반적이다. 미국의 국세청(IRS)은 이러한 관행에 반대하지 않는다. 이렇게 하면 전부 가속상각을 사용할 때보다 회사의 보고된 이익이 더 높아진다. 납세용 장부와 주주 보고용 장부 사이에는 그 밖에도 다른 많은 차이점이 있다.[6)]

재무분석가는 자신이 보는 장부가 어느 것인지 기억해야 한다. 자본예산에서는 오직 납세용 장부만이 중요하지만, 외부 분석가는 주주용 장부만을 이용할 수 있다.

투자안 분석

다시 복습해 보자. 앞에서 우리는 구아노 투자안의 분석에 착수했다. 이 투자안에 대한 약식 재무상태표와 손익계산서로 출발하여 일련의 현금흐름을 예측하였다. 그다음 가속상각을 고려하여 현금흐름과 NPV를 다시 계산해야 했었다.

단 두 번의 NPV 계산만으로 문제를 해결할 수 있기에 운이 좋았다. 실제 상황에서는 종종 모든 실수와 모순을 없애려고 여러 차례 계산하게 된다. 그런 다음 다른 대안을 분석한다. 예를

6) 주주 보고용 장부와 납세용 장부를 분리하는 것이 전 세계적으로 공통된 것은 아니다. 가령 일본의 경우, 주주에게 보고된 세금은 정부에 낸 세금과 같아야 하며, 프랑스와 여러 유럽 국가에서도 마찬가지이다. 한국에서도 이중장부는 허용되지 않는다.

들어 더 큰 또는 더 작은 투자안으로 가야 하는가? 도매상을 통해서, 아니면 직접 소비자에게 비료를 판매하는 것이 좋겠는가? 계획된 노스다코타 남부의 100,000제곱피트의 숙성고 대신에 사우스다코타 북부에 90,000제곱피트의 숙성고를 지어야 하는가? 각 경우 선택은 가장 큰 NPV를 제공하는 투자안이어야 한다. 때때로 대안이 금방 분명해지지 않는다. 예를 들어 이 계획에는 두 대의 비싼 고속 포장 설비가 필요할 수 있다. 그러나 구아노 수요는 계절적이어서 기본 수요에 대처하고자 하나의 고속 설비를 설치하고, 여름 수요에 대비하여 좀 느리지만 더 싼 설비 두 대를 설치하는 것이 나을 수도 있다. 순현가를 비교해보기 전에는 뭐라고 말할 수 없다.

또한 "~하면 어떻게 될까(what if)?"라는 질문을 던져야 한다. 만약 물가상승이 통제에서 벗어나게 되면 어떻게 될까? 기술적 문제 때문에 시작이 지연되면 어떻게 될까? 만약 정원사들이 천연제품인 구아노보다 화학비료를 선호한다면 어떻게 될까? 경영자는 예상하지 못했던 좋지 않은 일이 어떻게 NPV에 나쁜 영향을 미칠 수 있는가를 더 잘 이해하기 위해 여러 가지 기법을 사용한다. 예를 들어 **민감도 분석**(*sensitivity analysis*)을 해볼 수 있다. 이것은 한 변수에 대한 나쁜 소식이 투자안에 얼마나 큰 영향을 주는가를 보려는 것이다. 또한 여러 가지 **시나리오**(*scenario*)를 작성하여 NPV에 대한 각각의 효과를 추정한다. **손익분기 분석**(*break-even analysis*)이라고 하는 다른 기법은 매출액이 예상보다 얼마만큼 떨어지면 투자안이 적자로 돌아서는가를 살펴보는 것이다.

제10장에서는 각각의 'what if' 기법을 사용하는 연습을 한다. 투자안 분석이 한두 번 NPV를 계산하는 것보다 훨씬 더 복잡하다는 것을 알게 될 것이다.[7)]

다른 나라에서 다른 통화로 NPV를 계산하기

구아노 투자안은 미국 기업에 의해 미국에서 착수되었다. 그러나 자본투자의 원칙은 세계 어디서나 같다. 예를 들어 한국 기업 PSY화학의 경우를 생각해 보자. 이 회사는 한국에서 ₩100억 투자를 할 비슷한 기회를 맞고 있다. 무엇이 달라지는가?

1. PSY화학은 일련의 현금흐름을 예측해야 한다. 그러나 이 경우에는 투자안의 현금흐름이 한국 통화인 원(₩)으로 표시된다.
2. 현금흐름을 예측할 때 이 회사는 가격과 비용이 한국의 물가상승률에 영향을 받을 것이라는 점을 인식해야 한다.
3. PSY화학이 투자안에서 얻는 이익은 한국 법인세율에 따라 세금이 부과된다.
4. PSY화학은 한국의 감가상각 제도에 따라야 한다. 다른 많은 나라와 마찬가지로 한국은 기업이 두 가지 감가상각 방법, 즉 정액법과 정률법 중 하나를 선택하도록 한다. 정률법은 체감잔액법(declining balance system)의 일종이다. 한국에서는 건축물은 정액법으로 상각해야 하며, 그 외의 기계장비 등은 두 방법 중에서 선택할 수 있다. 광산용 설비는 생산량비례법도 사용할 수 있다. PSY화학이 가속상각 방법인 정률법을 더 선호한다고 하자. 장비의 내용연수를 6년이라고 하면 상각률은 39.3%가 된다.

7) 그때까지 책의 웹사이트 **www.mhhe.com/bma**에서 구아노 투자안에 대한 '온라인(live)' 스프레드시트를 보고 NPV가 매출의 부족이나 기대하지 않았던 비용의 상승으로 어떻게 변하는지를 보면서 남보다 앞서 나갈 수도 있다.

$$정률법\ 상각률 = 1 - \left(\frac{잔존가치}{취득원가}\right)^{\frac{1}{내용연수}} = 1 - 0.05^{\frac{1}{6}} = 0.393$$

PSY화학은 매년 상각대상금액의 39.3%를 상각한다. (현행 한국 법인세법에서 정률법 상각률은 잔존가치를 5%로 가정하고 계산하며, 이 금액은 마지막 해에 상각한다.) 따라서 PSY화학은 첫 해에 100 × 0.393 = ₩39.3억을 상각하고 장비의 잔존가액은 100 − 39.3 = ₩60.7억으로 줄어든다. 제2년도에는 60.7 × 0.393 = ₩23.855억을 상각하고 잔존가액은 60.7 − 23.855 = ₩36.845억으로 줄어든다. 이런 식으로 계속 상각하면 6년도 말에는 잔존가액으로 ₩5.015억이 남게 되는데 이 금액은 6년도에 추가로 한꺼번에 상각한다. 따라서 매년 PSY화학의 감가상각비는 다음과 같이 계산된다.

	연도					
	1	2	3	4	5	6
연초 장부가치(억)	100	60.7	36.845	22.365	13.576	8.262
감가상각비(억)	100 × 0.393 = 39.3	60.7 × 0.393 = 23.855	36.845 × 0.393 = 14.480	22.365 × 0.393 = 8.789	13.576 × 0.393 = 5.314	8.262
연말 장부가치(억)	100 − 39.3 = 60.7	60.6 − 23.855 = 36.845	36.845 − 14.480 = 22.365	22.365 − 8.789 = 13.576	13.576 − 5.314 = 8.262	8.262 − 8.262 = 0

한국에서는 일반적으로 수명기간 도중에 감가상각 방법을 변경하지 않는다. 그러나 독일에서는 처음 정률법을 쓰다가 나중에 정액법으로 바꿀 수 있다. 미국의 MACRS 감가상각도 사실상 나중에 정액법으로 바뀌는 정률법의 다른 한 예이다.

6.3 투자 시기

투자안이 양(+) NPV를 갖는다는 사실이 지금 이 투자안을 시작하는 것이 최선이라는 뜻은 아니다. 나중에 시작하는 것이 더 가치가 있을 수도 있다.

최적 투자시기의 문제는 현금흐름이 확실하다면 어렵지 않다. 먼저 다른 투자 시작 시점(t)을 검토하고, 이 날짜 각각의 순 미래가치를 계산하라. 그 뒤 이 순 미래가치를 현재로 할인하여 어떤 대안이 기업의 현재가치에 가장 큰 공헌을 하는가를 찾으라.

$$t\text{시점에서 시작할 때 투자의 순 현재가치} = \frac{t\text{시점의 순 미래가치}}{(1+r)^t}$$

예를 들어 접근이 어려운 넓은 삼림지를 가지고 있다고 하자. 벌목을 하려면 접근로와 다른 시설에 상당한 투자를 해야 한다. 오래 기다릴수록 많은 투자가 필요하다. 한편 목재 가격은 기다릴수록 상승할 것이고, 나무는 점차 감소하는 비율이지만 계속 자란다.

서로 다른 미래 시점에 벌목하는 대안의 각 시점에서 순 현재가치가 다음과 같다고 하자.

	벌목하는 해					
	0	**1**	**2**	**3**	**4**	**5**
순 미래가치($천)	50	64.4	77.5	89.4	100	109.4
전년도에서 가치 변화(%)		+28.8	+20.3	+15.4	+11.9	+9.4

보는 바와 같이 벌목을 연기할수록 더 돈이 된다. 그러나 우리의 관심은 투자의 순 현재가치, 즉 기업의 오늘 가치에 대한 공헌도를 극대화하는 날짜에 있다. 따라서 벌목의 순 미래가치를 오늘로 할인해야 한다. 적절한 할인율이 10%라고 하자. 제1년도에 벌목하면 순 현재가치는 $58,500이다.

$$\text{제1년도에 벌목할 때 NPV} = \frac{64.4}{1.10} = 58.5\text{, 즉 \$58,500}$$

다른 벌목 시점의 순 현재가치는 다음과 같다.

	벌목하는 해					
	0	**1**	**2**	**3**	**4**	**5**
순 현재가치($천)	50	58.5	64.0	67.2	68.3	67.9

최적 벌목 시점은 NPV를 극대화하는 시점인 4년도이다.

제4년도 이전에는 목재의 순 미래가치는 연간 10% 이상 증가한다. 가치의 이득이 투자안에 묶이는 자본비용보다 크다. 제4년도 이후에는 가치의 이득이 여전히 양(+)이지만 자본비용보다 작다. 따라서 벌목을 더 늦추는 것은 주주의 부를 감소시킨다.[8)]

투자 시기 문제는 미래 현금흐름을 확실히 알 수 없을 때는 훨씬 복잡해진다. 불확실한 상황에서 투자 시기 문제는 제10장과 22장에서 다시 살펴본다.

6.4 등가 연간 현금흐름

NPV를 계산할 때 매년의 미래 현금흐름을 현재 시점의 달러(또는 유로나 다른 적절한 통화단위)로 나타낸 총액가치로 변환한다. 그러나 때로는 계산을 역으로 하는 것이 더 편리하다. 즉 현재 투자액을 등가인 일련의 미래 현금흐름으로 변환시키는 것이다. 다음 예를 보자.

---

8) 벌목 예는 투자 시기에 대한 올바른 아이디어를 전달하지만 실무상의 요점을 간과하고 있다. 나무를 일찍 벌목할수록 두 번째 나무가 빨리 성장하기 시작한다. 따라서 두 번째 나무의 가치는 언제 첫 번째 벌목을 하는가에 달렸다. 더 복잡하고 현실적인 문제는 다음 두 방법 중 하나로 해결할 수 있다.

1. 어린 나무와 오래된 나무의 다른 성장률을 고려하여, 일련의 벌목의 현재가치를 극대화하는 벌목 시기를 찾는다.
2. 첫 번째 벌목에 대한 수익의 일부로서 나무를 베어낸 땅의 미래 시장가치를 계산하여 위의 계산을 반복한다. 벌목한 땅의 가치는 모든 후속 벌목의 현재가치를 포함한다.

벌목한 땅의 가치를 추정할 수 있으면 두 번째 해법이 훨씬 간단하다.

캘리포니아 정유공장의 혼합 휘발유 생산에 대한 투자

1990년대 초 캘리포니아 공기자원위원회(California Air Resources Board, CARB)는 혼합 휘발유(reformulated gasoline, RFG)에 대한 '2단계' 요구 사항을 계획하기 시작하였다. RFG는 자동차에서 배출되는 오염을 줄이도록 고안된 엄격한 명세서에 맞춰 만들어진 혼합 휘발유이다. CARB는 이러한 명세서를 작성하기 위해 정유업자와 환경보호론자, 기타 이해관계자들과 상의했다.

2단계 요구 사항에 대한 개요가 알려지면서 정유업자는 캘리포니아 정유공장을 최신 시설로 개량하는 데 상당한 자본투자가 요구된다는 사실을 인식하게 되었다. 이러한 투자가 휘발유의 소매가격에 어떤 의미가 있는가? 한 정유업자는 다음과 같이 물을 수도 있다. "우리 회사가 2단계 요구를 충족하기 위해 정유공장을 최신 시설로 개량하는 데 $400백만을 투자한다고 가정해 보자. 그 비용을 회수하기 위해 매년 얼마의 추가 매출을 올려야 하는가?" 우리가 이 정유업자를 도울 수 있는지 살펴보도록 하자.

자본투자가 $400백만이고 실질(물가상승 조정) 자본비용이 7%라고 가정하자. 새로운 설비는 25년 동안 사용할 수 있고, 원료비와 운영비는 변화시키지 않는다고 가정하자.

정유공장은 $400백만의 투자금액을 회수하기 위해 얼마만큼의 추가 수입을 올려야 하는가? 답은 간단하다. 단순히 $400백만와 같은 현재가치를 가진 25년 연금을 찾으면 된다.

$$\text{연금의 현재가치} = \text{연금 지급액} \times \text{25년 연금계수}$$

자본비용이 7%일 때 25년 연금계수는 11.65이다.

$$\$400\text{백만} = \text{연금 지급액} \times 11.65$$
$$\text{연금 지급액} = \text{연간 } \$34.3\text{백만}$$ [9]

이러한 연금을 **등가 연간 현금흐름(equivalent annual cash flow)**이라고 한다. 이것은 자본비용을 포함하여 투자에 들어간 자본투자액을 투자의 경제적 수명기간에 회수하기에 충분한 연간 현금흐름이다. 이 예에서 $400백만의 초기 투자를 회수하려면 정유업자는 다음 25년 동안 매년 $34.3백만의 추가 매출을 달성해야 한다.

등가 연간 현금흐름은 편리하고, 때로는 필수적인 재무 수단이 된다. 다른 예를 보자.

수명이 긴 설비와 짧은 설비 중에서 선택

두 기계 A와 B 중에 선택해야 한다고 가정해 보자. 두 기계는 서로 다르게 설계되었지만 같은 생산 능력을 갖추고 같은 일을 한다. 기계 A는 가격이 $15,000이고 3년 동안 가동할 수 있다. 기계

9) 단순화를 위해 세금은 무시했다. 세금은 이 계산에서 두 가지 방법으로 고려할 수 있다. 첫째, $400백만의 투자는 감가상각 절세효과를 발생시킨다. 이 절세효과를 다루는 가장 쉬운 방법은 절세금액의 현재가치를 계산하고 최초 지출액에서 빼면 된다. 만약 감가상각 절세금액의 현재가치가 $83백만이면, 등가 연간비용은 $400 − 83 = $317백만이라는 세후 투자기준으로 계산된다. 둘째, 연금 지급액은 세후 기준이다. 실제로 $34.3백만의 세후 수입을 얻으려면 정유회사는 세금을 내고 $34.3백만이 남을 만한 세전 수입을 얻어야 한다. 세율이 35%라면, 필요한 세전 수입은 34.3/(1 − 0.35) = $52.8백만 달러이다. 세후 수치를 (1 2 세율)로 나누면 어떻게 '세전 액수'가 되는지에 주목하자.

A의 연간 운전비용은 $5,000이다. 기계 B는 가격이 $10,000인 경제적인 모델이지만 2년 동안만 가동할 수 있고, 연간 운전비용이 $6,000이다. 이들 비용은 모두 실질 현금흐름이다. 즉 비용은 불변 구매력 달러로 예측한 것이다.

이 두 기계는 정확히 똑같은 제품을 생산하기 때문에 둘 중에서 선택하는 유일한 방법은 비용에 근거하는 것이다. 비용의 현재가치를 계산한다고 가정하자.

비용의 현재가치가 더 낮은 기계 B를 선택해야 하는가? 반드시 그렇지는 않다. 왜냐하면, B는 A보다 1년 일찍 새로운 기계로 대체되어야 하기 때문이다. 다시 말하면, 미래 투자결정의 시기는 오늘 A나 B 중 어느 것을 선택하는지에 달렸다.

비용($천)					
기계	C_0	C_1	C_2	C_3	6%일 때 PV($천)
A	+15	+5	+5	+5	28.37
B	+10	+6	+6		21.00

그러므로 3년(연도 0과 1, 2)에 걸쳐 $21,000의 총 PV(비용)가 발생하는 기계가 4년 동안(연도 0에서 년도 3까지) $28,370의 PV(비용)가 필요한 경쟁 모델보다 반드시 더 좋은 것은 아니다. 정확한 비교를 위해서는 총 PV(비용)를 연간 비용, 즉 등가 연간비용으로 전환해야 한다. 기계 A의 경우에는 연간 비용이 10.61, 즉 매년 $10,610가 된다.

비용($천)					
기계	C_0	C_1	C_2	C_3	6%일 때 PV($천)
기계 A	+15	+5	+5	+5	28.37
등가 연간비용		+10.61	+10.61	+10.61	28.37

기계 A 수명기간의 총비용과 똑같은 현재가치를 가진 3년 연금을 찾아내어 등가 연간비용을 계산하였다.

$$\text{연금의 현재가치} = \text{기계 A 비용의 PV} = 28.37$$
$$= \text{연금 지급액} \times \text{3년 연금계수}$$

실질 자본비용이 6%일 때, 3년 연금계수는 2.673이다. 따라서 연금 지급액은 다음과 같다.

$$\text{연금 지급액} = \frac{28.37}{2.673} = 10.61$$

기계 B에 대한 계산도 이와 비슷하다.

비용($천)				
기계	C_0	C_1	C_2	6%일 때 PV($천)
기계 B	+10	+6	+6	21.00
등가 연간비용		+11.45	+11.45	21.00

기계 A가 더 좋은 선택이다. 왜냐하면, 기계 A의 등가 연간비용이 더 적기 때문이다. (기계 B는 $11,450인 데 비하여 기계 A는 $10,610이다.)

기계 A와 B의 등가 연간비용을 연간 임대료로 생각할 수도 있다. 생산을 실질적으로 책임진 공장장이 재무관리자에게 기계 A를 임대해 주도록 요청한다고 가정해 보자. 제1년도에 시작되는 세 번의 똑같은 임대료가 있을 것이다. 이 세 번의 임대료는 0년도에서 기계 A의 원가와 1년도부터 3년도까지 기계를 운전하는 데 드는 비용 모두를 충당해야 한다. 따라서 재무관리자는 기계 A의 총 PV(비용)인 $28,370만큼 가치가 있도록 임대료를 정해야 한다. 재무관리자는 기계 A의 등가 연간비용과 같은 임대료를 계산해 낼 것이라는 사실을 알 수 있다.

서로 다른 경제적 수명을 가진 공장과 설비 중에서 선택할 때 따라야 하는 규칙은 가장 저렴한 임대료, 즉 가장 낮은 등가 연간비용을 가진 자산을 선택하는 것이다.

등가 연간 현금흐름과 물가상승

앞에서 계산한 등가 연간비용은 예측된 **실질** 비용과 6%의 **실질** 할인율에 기초한 **실질** 연금이다. 물론, 연금을 명목가치로 다시 나타낼 수도 있다. 예상 물가상승률이 5%라고 가정해 보자. 연금의 첫 현금흐름에 1.05를 곱하고, 두 번째 현금흐름은 $(1.05)^2 = 1.1025$를 곱하며, 세 번째도, 네 번째도 같은 식으로 계산한다.

		C_0	C_1	C_2	C_3
A	실질 연금		10.61	10.61	10.61
	명목 현금흐름		11.14	11.70	12.28
B	실질 연금		11.45	11.45	
	명목 현금흐름		12.02	12.62	

여전히 B는 A보다 열등하다는 점에 주목하라. 물론 명목 및 실질 현금흐름의 현재가치는 서로 같다. 단지 실질 연금은 실질 할인율로, 동등한 명목 현금흐름은 일관성 있게 명목 할인율로 할인한다는 것을 기억하라.10)

기계 A와 B의 경우와 같이 매 기간의 비용을 간단히 비교하기 위해 등가 연간비용을 사용할 때는 실질가치로 계산할 것을 강력히 추천한다.11) 그러나 실제로 기계를 공장장이나 다른 누구에게라도 임대해 줄 때는 임대료가 물가상승에 '연동하도록(indexed)' 명시해야 한다. 만약 물가상승이 연간 5% 선에서 지속되고 임대료가 이에 비례하여 증가하지 않는다면 임대료의 실질가치는 하락할 것이며, 기계를 사고 운영하는 데 들어가는 총비용을 회수하지 못하게 될 것이다.

---

10) 명목 할인율은 다음과 같다.

$$\begin{aligned} \text{명목 할인율} &= (1 + \text{실질 할인율})(1 + \text{물가상승률}) - 1 \\ &= (1.06)(1.05) - 1 = 0.113, \text{ 즉 } 11.3\% \end{aligned}$$

이 할인율로 명목 연금을 할인하면 6%로 실질 연금을 할인하는 것과 현재가치가 같다.

11) 등가 연간 현금흐름을 일정한 **명목** 연금으로 계산하지 **마라**. 이 방법은 물가상승이 높을 때는 진정한 등가 연간 현금흐름의 순위를 잘못 부여할 수도 있다. 이에 대한 예는 이 장의 끝에 있는 도전문제 32번을 보라.

등가 연간 현금흐름과 기술적 변화

지금까지는 한 가지 간단한 규칙을 사용했다. 즉, 서로 다른 기간 혹은 시간 패턴을 가진 두 번 이상의 현금유출은 그 현재가치를 등가 연간 현금흐름으로 변환하여 서로 비교할 수 있다. 실질가치로 비용을 계산해야 한다는 것을 꼭 기억하라.

이처럼 단순한 규칙이라면 그것이 완전히 일반적일 수는 없다. 예를 들어 기계 B와 비교하여 기계 A를 평가할 때, 이 기계에 부과하는 적정 임대료는 $10,610 대 $11,450으로 계속 유지될 것이라고 암묵적으로 가정하였다. 이는 기계를 사고 운영하는 데 드는 실질 비용에 변동이 없는 경우에만 가능할 것이다.

상황이 위와 같지 않다고 가정해 보자. 기술의 발전으로 새 기계를 사고 운영하는 데 드는 비용이 실질가치로 보아 매년 20% 감소한다고 가정하자. 이러면 비용이 더 적게 드는 신품 기계의 미래 소유자는 새 기계의 임대료를 20%씩 줄일 수 있을 것이다. 그리고 구 기계의 소유자는 이 삭감된 금액에 맞출 수밖에 없을 것이다. 그러므로 이제는 다음과 같이 물어야 한다. 만약에 실질 임대료가 연간 20%씩 하락한다면, 각 기계를 임대하는 데 필요한 비용은 얼마가 될까?

제1년도의 임대료를 임대료$_1$, 2년도의 임대료를 임대료$_2$라고 하면, 임대료$_2$ = 0.8 × 임대료$_1$이다. 임대료$_3$은 0.8 × 임대료$_2$, 또는 0.64 × 임대료$_1$이다. 각 기계의 소유자는 비용의 현재가치를 보충하기 위해 임대료를 충분히 높게 책정할 필요가 있다. 기계 A의 경우는 다음과 같다.

$$\text{기계 A 임대료의 PV} = \frac{\text{임대료}_1}{1.06} + \frac{\text{임대료}_2}{(1.06)^2} + \frac{\text{임대료}_3}{(1.06)^3} = 28.37$$

$$= \frac{\text{임대료}_1}{1.06} + \frac{0.8(\text{임대료}_1)}{(1.06)^2} + \frac{0.64(\text{임대료}_1)}{(1.06)^3} = 28.37$$

$$\text{임대료}_1 = 12.94\text{, 즉 \$12,940}$$

기계 B의 경우는 다음과 같다.

$$\text{기계 B 임대료의 PV} = \frac{\text{임대료}_1}{1.06} + \frac{0.8(\text{임대료}_1)}{(1.06)^2} = 21.00$$

$$\text{임대료}_1 = 12.69\text{, 즉 \$12,690}$$

이제 두 기계의 장점은 역전된다. 기술 발전이 새로운 기계의 실질 비용을 감소시킬 것으로 예상한다면 3년도에 기계 A로 낡은 기술에 발목이 잡히기보다는 오히려 기계 수명이 짧은 B를 구매하는 것이 도움이 된다.

다른 복잡한 문제를 상상해 볼 수 있다. 아마도 1년도에 훨씬 낮은 등가 연간비용을 갖는 기계 C가 나올 것이다. 그렇다면, 1년도에 기계 B를 팔거나 폐기하는 것을 고려할 필요가 있다. (이 의사결정은 다음에 자세히 다룰 것이다.) 재무관리자는 각 기계가 무엇으로 대체될 수 있는가에 대해 상세히 검토하지 않고서는 현 시점(연도 0)에서 기계 A와 B 중에서 선택할 수 없다.

등가 연간 현금흐름을 비교하는 것은 결코 기계적인 작업이 아니다. 항상 비교 과정에서 암묵적으로 내포된 가정을 생각해 보라. 마지막으로, 왜 등가 연간 현금흐름이 필요한지를 먼저 기억하여야 한다. 그 이유는 기계 A와 B가 미래의 서로 다른 시점에서 대체된다는 것이다. 그러므로 두 기계 중에서 선택하는 것은 미래 투자결정에 영향을 준다. 만약 후속 의사결정이 최초의 선택에 (예를 들어 어느 기계도 대체되지 않기 때문에) 영향을 받지 않는다면 미래의 의사결정을 고려할 필요가 없다.[12)]

등가 연간 현금흐름과 세금 지금까지는 세금에 관해서는 언급하지 않았다. 운영비는 세금공제가 가능하며, 자본투자는 감가상각 절세효과를 가져온다는 사실을 인식하고, 기계 A와 B의 수명기간 동안 비용은 세후 기준으로 계산되어야 한다는 점을 분명히 알아야 한다.

기존 기계의 대체 시기 결정하기

앞의 예는 각 기계의 수명을 정해진 것으로 간주하고 있다. 실제로는 어떤 설비의 대체 시점은 물리적 마모보다는 경제적 동기를 반영한다. 설비를 언제 대체할지는 사람이 결정해야 한다. 기계가 사람을 위해 결정하는 경우는 거의 없다.

흔한 문제가 하나 있다. 내년에 $4,000, 그 다음 해에 $4,000의 순 현금유입을 가져올 것으로 기대하는 구 기계를 가동하고 있다. 그 후 이 기계는 수명을 다하게 된다. 구 기계는 새로운 기계로 대체될 수 있다. 새 기계는 $15,000이지만 더 효율적이며, 3년 동안 매년 $8,000의 현금유입을 제공할 것이다. 설비를 지금 교체해야 하는지, 아니면 1년을 더 기다려야 하는지를 알고 싶다.

이 경우에는 새로운 기계의 NPV와 등가 연간 현금흐름, 즉 같은 순 현재가치를 갖는 3년 만기의 연금을 계산해 볼 수 있다.

	현금흐름($천)				
	C_0	C_1	C_2	C_3	6%일 때 NPV($천)
새 기계	− 15	+8	+8	+8	6.38
등가 연간 현금흐름		+2.387	+2.387	+2.387	6.38

다시 말하면, 새로운 기계의 현금흐름은 매년 $2,387씩 들어오는 연금과 같다. 이와 같이 어느 시점에서 매년 $2,387을 가져오는 새로운 기계로 구 기계를 대체할지를 질문할 수 있다. 문제가 이렇게 표현되면 해답은 명료하다. 구 기계가 매년 $4,000의 현금흐름을 발생시키는 한, 누가 매년 단지 $2,387의 현금흐름만 가져오는 새 기계를 설치하려고 하겠는가?

잔존가치를 이 계산에 포함하는 것은 간단한 문제이다. 현재 잔존가치가 $8,000이며, 다음 해에는 $7,000가 된다고 가정하자. 만약 기다렸다가 기계를 팔 경우, 다음 해에는 어떻게 되는지 알아보자. 한편으로는 $7,000을 얻지만 다른 한편으로는 현재의 잔존가치와 이 돈의 1년 동안 수익을 합한 것만큼 잃게 된다. 즉 8,000 × 1.06 = $8,480이다. 순 손실은 8,480 − 7,000 = $1,480이 되며, 이는 운영 이득을 부분적으로 상쇄한다. 아직은 기계를 대체하지 말아야 한다.

12) 그러나 두 기계가 비록 교체되지 않더라도, 기계 B는 가동되지 않고, 기계 A가 가동될 연도 3에 기계 A가 창출하는 추가 매출을 고려하여야 한다.

이러한 비교 논리는 이 새로운 기계가 이용 가능한 여러 대안 중 가장 좋은 것이며, 최적 시점에 대체되어야 한다고 가정함을 기억하라.

초과 시설용량의 비용 중앙 집중적 정보시스템(컴퓨터 서버와 기억장치, 소프트웨어, 통신 링크)을 가진 기업은 그 시설을 어떻게 사용할 것인가에 대해 많은 제안서를 접하게 된다. 최근 설치된 시스템은 초과 시설용량을 갖는 경향이 있다. 현재 그 시스템을 사용하는 한계비용이 무시할 정도로 작아서 경영자는 종종 그 시설을 새로운 용도로 사용할 것을 권장한다. 그러나 곧 시스템의 부하는 빠르게 증가하여 경영자가 애초에 권장했던 그 용도를 그만두게 하든지 아니면 계획보다 몇 해 빨리 다른 컴퓨터 시스템으로 바꾸는 투자를 해야 하는 정도가 된다. 만약 여분의 시설을 사용하는 데 적절한 수수료가 부과된다면 이런 문제는 피할 수 있다.

기존 정보시스템을 엄청나게 많이 사용해야 하는 새로운 투자안이 있다고 하자. 이 투자안을 채택하게 되면 더욱 성능이 좋은 새로운 시스템의 구매 시기를 4년도에서 3년도로 앞당겨야 한다. 이 새로운 시스템은 내용연수가 5년이며, 6%의 할인율을 적용할 때 구매 및 운영비의 현재가치는 $500,000이다.

새로운 시스템 비용의 현재가치 $500,000을 5년 동안 매년 $118,700의 등가 연간비용으로 변환하는 것으로 시작해 보자.[13)] 물론 다시 새 시스템이 노후화되면 다른 시스템으로 교체할 수 있다. 그래서 우리는 매년 $118,700의 미래 정보시스템 비용을 예상할 수 있다. 만약 새로운 투자안에 착수하면 일련의 비용은 4년도부터 발생한다. 그러나 그 투자안을 시작하지 않는다면 일련의 비용은 5년도부터 발생한다. 그러므로 새 투자안은 4년도에 $118,700의 추가 비용을 발생시킨다. 이는 $118{,}700/(1.06)^4$의 현재가치, 즉 약 $94,000가 된다. 이 비용은 새로운 투자안에 부과하는 것이 적절하다. 이를 인식하면, 투자안의 NPV는 음수(−)가 될 수도 있다. 만약 그렇다면, 지금 이 투자안을 착수하였다가 기존 시스템의 초과 시설용량이 없어지는 나중에 포기하는 것이 가치가 있는지를 여전히 확인해야 한다.

요약

지금까지의 현재가치 계산은 일상적인 일이었다. 그러나 현금흐름 예측은 결코 일상적인 일이 아니다. 다음은 실수를 피할 수 있게 도와주는 확인 목록이다.

1. 이익이 아니라 현금흐름을 할인하라.
   a. 감가상각은 현금흐름이 아니라는 것을 기억하라(세금에 영향을 줄 수 있다 하더라도).
   b. 세후 현금흐름에 집중하라. 세금목적 감가상각과 주주에게 보고하기 위한 감가상각의 차이에 주의하라.
   c. 투자안 현금흐름에서 부채 이자와 부채를 상환하는 비용은 배제하라. 이는 투자결정과 자본조달결정을 분리할 수 있도록 한다.
   d. 운전자본에 대한 투자를 기억하라. 매출이 증가함에 따라 기업은 운전자본에 추가로 투자해야

13) 5년 동안 매년 $118,700을 6%로 할인한 현재가치는 $500,000이다.

Visit us at www.mhhe.com/bma

한다. 투자안이 끝나면 이 투자는 회수된다.

e. 난방과 조명 등에 배분된 간접비에 주의하라. 이것은 이 투자안의 증분비용을 반영하지 않을 수도 있다.

2. 투자안의 증분 현금흐름, 즉 투자할 때와 투자를 하지 않을 때 현금흐름의 차이를 추정하라.

a. 회사의 다른 제품의 판매에 미치는 영향과 같은 투자안의 모든 간접 효과를 포함하라.

b. 매몰원가는 잊어라.

c. 투자안을 채택하지 않으면 매각할 대지의 가치와 같은 **기회비용**을 포함하라.

3. 물가상승을 일관성 있게 취급하라.

a. 현금흐름이 명목가치로 추정되었다면 명목 할인율을 사용하라.

b. 실질 현금흐름은 실질 이자율로 할인하라.

자본 투자안을 평가하는 이러한 원리는 전 세계적으로 동일하지만 투입요소와 가정은 나라와 통화별로 다르다. 예를 들어 한국에서 수행된 투자안의 현금흐름은 달러가 아닌 원화로 표시되며, 한국에서 적용하는 세금공제 후의 금액으로 예측한다.

구아노 투자안을 평가할 때 일련의 미래 현금흐름을 현재가치라는 하나의 척도로 변환하였다. 때로는 계산을 역으로 하여 이 현재가치를 일련의 연간 현금흐름으로 변환하는 것이 도움이 된다. 예를 들어 서로 다른 수명을 가진 두 기계 중에서 선택할 때는 등가 연간 현금흐름을 비교해야 한다. 그렇지만 등가 연간 현금흐름을 실질가치로 계산하고 필요하다면 기술적 변화에 대해 조정하는 것을 잊지 마라.

연습문제

기본문제

1. 새로운 제조 공장에 대한 투자 여부를 결정할 때 아래 항목 중에서 어느 것을 증분 현금흐름으로 취급해야 하는가? 토지는 회사가 소유하고 있지만, 기존 건물은 철거해야 한다.

a. 토지와 기존 건물의 시장가치

b. 기존 건물의 철거비용과 토지정리비용

c. 지난해 설치한 새 진입도로의 비용

d. 새로운 설비에 소요된 임원의 시간 때문에 생긴 다른 제품의 이익 손실

e. 사장의 제트기를 임대하는 비용의 일부

f. 새 공장의 미래 감가상각비

g. 새 공장의 감가상각에 따른 회사 세금의 절감

h. 원재료 재고에 대한 최초 투자

i. 새 공장의 기술 설계에 이미 소요된 비용

2. Art Deco 씨는 1년 후부터 $100,000을 받을 것이다. 이것은 명목 흐름인데, 그는 8%의 명목 할인율로 할인한다.

$$PV = \frac{100,000}{1.08} = \$92,593$$

물가상승률은 4%이다.

실질 등가 현금흐름과 실질 할인율을 사용하여 Deco 씨 지출의 PV를 계산하라. (그가 한 것과 정확히 같은 답을 얻어야 한다.)

3. 맞는가, 틀리는가?

Visit us at www.mhhe.com/bma

a. 한 투자안의 감가상각 절세효과는 실제 미래 물가상승률에 달렸다.

b. 투자안의 현금흐름은 이 투자안에 자금을 조달할 때 발생한 모든 차입에 대한 이자를 고려하여야 한다.

c. 미국에서 세무기관에 보고한 이익은 주주에게 보고한 이익과 반드시 일치해야 한다.

d. 가속상각은 가까운 시기의 투자안 현금흐름을 감소시키기 때문에 투자안의 NPV를 감소시킨다.

4. 표 6.4에 나타난 감가상각 절세효과의 현재가치는 회복기간 범주에 따라 어떻게 변하는가? 일반적인 답을 하라. 그리고 5년과 7년 기간 범주의 감가상각 절세효과의 현재가치를 계산하여 그 답을 확인하라. 세율은 35%이고, 할인율은 10%이다.

5. 다음 표는 4년의 투자안 수명 동안 운전자본의 주요 성분을 보여준다.

	2010	2011	2012	2013	2014
외상매출금	0	150,000	225,000	190,000	0
재고자산	75,000	130,000	130,000	95,000	0
외상매입금	25,000	50,000	50,000	35,000	0

순 운전자본과 운전자본 투자로 인한 현금유입과 현금유출을 계산하라.

6. 공장과 설비에서 상호배타적 투자안을 평가할 때, 재무관리자는 투자안의 등가 연간비용을 계산하고 이를 기초로 투자의 우선순위를 정한다. 이것이 왜 필요한가? 왜 단순히 투자의 NPV를 비교하지 않는가? 간단히 설명하라.

7. 어느 대학 기숙사의 냉난방시설은 설치비용이 $1.5백만이고, 매년 운영비용은 $200,000이다. 이 시스템의 수명은 25년이다. 실질 자본비용이 5%이고, 이 대학은 세금을 내지 않는다. 등가 연간비용은 얼마인가?

8. 기계 A와 B는 상호배타적이고, 다음과 같은 실질 현금흐름이 발생할 것으로 기대된다.

	현금흐름($천)			
기계	C_0	C_1	C_2	C_3
A	−100	+110	+121	
B	−120	+110	+121	+133

실질 기회자본비용은 10%이다.

a. 각 기계의 NPV를 계산하라.

b. 각 기계의 등가 연간 현금흐름을 계산하라.

c. 어느 기계를 사야 하는가?

9. 기계 C는 5년 전에 $200,000의 가격으로 샀고, 연간 $80,000의 현금흐름을 창출한다. 이 기계는 잔존가치가 없지만, 앞으로 5년을 더 사용할 수 있다. 이 회사는 지금이나 5년 후에 기계 C를 B로 대체할 수 있다(연습문제 8 참조). 언제 대체해야 하는가?

중급문제

10. 표 6.6의 순현금흐름을 실질가치로 다시 나타내라. 다시 나타낸 현금흐름을 실질 할인율로 할인하라. 20%의 명목 이자율과 10%의 예상 물가상승률을 가정하자. NPV는 +3,802, 즉 $3,802,000로 변함이 없어야 한다.

Visit us at www.mhhe.com/bma

11. CSC는 인캡슐레이터(encapsulator)를 생산하는 새 투자안을 평가하고 있다. 공장과 설비에 신규 투자는 $500,000이다. 첫해 제품의 매출액은 $200,000, 원가는 $100,000로 예상된다. 둘 다 물가 상승에 따라 매년 10%씩 증가할 것으로 예상한다. 이익은 35% 세율로 세금이 매겨진다. 운전자본은 원자재 재고로 구성되며 다음 해 매출액의 20%로 예상한다.

이 투자안은 5년간 지속하며, 투자기간 말 설비의 잔존가치는 없다. 설비는 세금 목적으로 5년간 정액법으로 상각할 수 있다. 명목 할인율이 15%라면 이 투자안의 순 현재가치는 실질 현금흐름으로 계산하든 명목 현금흐름으로 계산하든 같다는 것을 보여라.

12. 1898년에 Simon North 씨는 철도 화물차의 차고로 임대했던 자기 땅에 장례식장을 짓겠다고 발표했다. (지역신문은 영구차보다 화물차를 먼저 생각하지 않는 North 씨를 칭찬했다.) 이 땅의 지대 수입은 부동산 세금을 거의 충당하지 못하지만, 땅의 가치는 $45,000으로 평가되었다. North 씨는 이 땅에 대한 여러 제안을 거절하고, 만약에 어떤 이유로 장례식장을 못 짓는다면 계속 임대할 계획이었다. 그래서 그가 장례식장의 NPV를 분석할 때 이 땅의 가치를 지출에 포함하지 않았다. 이것이 올바른 절차인가? 설명하라.

13. 다음 문장은 모두 참이다. 이 문장들이 왜 일관성이 있는지 설명하라.
   a. 어떤 회사가 신제품을 도입하거나 기존 제품 생산을 확장할 때, 순 운전자본 투자는 보통 중요한 현금유출이다.
   b. 모든 현금 유입과 유출의 시기를 자세히 명기할 수 있다면, 순 운전자본의 변화에 대한 예측은 필요하지 않다.

14. Ideal China의 경리담당자인 T. Potts 여사에게 한 가지 문제가 있다. 회사가 $400,000에 새로운 가마를 하나 주문하였다. 이 금액 중 $50,000은 설치비용이다. Potts 여사는 미국 국세청(IRS)이 이 비용을 세금 공제되는 당기 비용으로 취급하도록 허용하는지 아니면 자본투자로 취급하도록 하는지 모른다. 후자는 5년의 MACRS 세금목적 감가상각 조견표를 이용하여 $50,000을 감가상각할 수 있다. IRS의 결정은 가마의 세후 비용에 어떤 영향을 미치는가? 세율은 35%이고, 기회자본비용은 5%이다.

15. Better Mousetraps는 연구개발에 $300만을 투자하여 새로운 덫을 개발하였다. 이 투자안은 장비에 $600만의 초기 투자가 필요하다. 이 장비는 잔존가치가 0으로 5년에 걸쳐 정액법으로 상각되기는 하지만, 5년 후 투자안이 끝날 때 $50만에 판매될 수 있다. 회사는 일상적인 운전자본이 다음 해 예상 매출의 10% 수준으로 유지되어야 한다고 믿고 있다. 덫 한 개에 $1.50의 생산비가 들 것으로 추정하며, 개당 $4에 판매할 수 있다고 예상한다. (판매 비용은 없다.) 예상 매출은 다음 표에 제시되어 있다. 회사의 세율은 35%이고, 투자안에 대한 요구수익률은 12%이다. 투자안의 NPV는 얼마인가?

연도	0	1	2	3	4	5
판매량(백만 개)	0	0.5	0.6	1.0	1.0	0.6

16. 어떤 투자안은 $100,000의 초기 투자를 해야 하며, 5년 동안 매년 $26,000의 세전 현금유입이 있을 것으로 예상한다. 회사 A는 상당한 누적 세금손실을 입었기 때문에 가까운 장래에는 세금을 내지 못할 것 같다. 회사 B는 35%의 법인세율로 세금을 내며, 5년 MACRS 세금목적 감가상각 조견표를 이용하여 세금목적으로 투자를 감가상각할 수 있다. 기회자본비용을 8%로 가정하자. 그리고 물가상승은 무시하자.
   a. 각 회사의 투자안 NPV를 계산하라.

Visit us at www.mhhe.com/bma

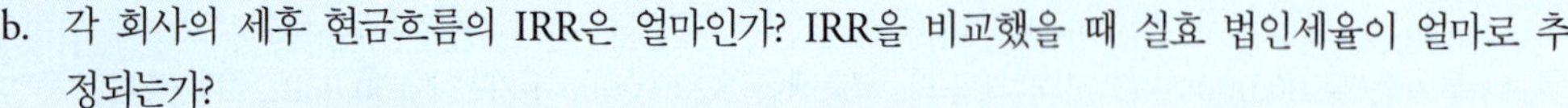

b. 각 회사의 세후 현금흐름의 IRR은 얼마인가? IRR을 비교했을 때 실효 법인세율이 얼마로 추정되는가?

eXcel
Visit us at
www.mhhe.com/bma

17. **www.mhhe.com/bma**에서 표 6.1과 6.5, 6.6의 '온라인' 엑셀 스프레드시트 버전을 보고 다음 물음에 답하라.

a. IM&C가 7년 MACRS 세금목적 감가상각 일정을 사용해야 한다면 구아노 프로젝트의 NPV는 어떻게 변하는가?

b. 새롭게 공학적으로 추정해 보니 자본투자가 $1천만 이상, 아마 $1천500만 정도일 가능성이 커졌다. 한편, 자본비용 20%는 비현실적으로 높으며 진정한 자본비용은 약 11%로 추정된다. 이러한 대안 가정에서도 이 투자안이 역시 매력적인가?

c. $1천500만 자본투자와 11% 자본비용 가정을 유지한다. 매출액과 매출원가, 순 운전자본이 매년 10%씩 증가한다면 어떻게 될까? NPV를 다시 계산하라. (주: 수정된 매출액과 원가, 운전자본 예상을 표 6.1의 스프레드시트에 입력하라.)

18. 부품제조업자는 현재 1년에 200,000단위를 생산한다. 이 회사는 다른 외부공급자에게서 뚜껑 하나당 $2 가격으로 부품 뚜껑을 사들인다. 공장 관리자는 사는 것보다 만드는 것이 더 싸다고 믿는다. 뚜껑을 제조하는 직접 비용은 한 개에 $1.50으로 추정된다. 필요한 기계는 $150,000이 들고 10년간 사용할 수 있다. 세금 목적으로는 7년의 감가상각 일정을 이용하여 이 투자를 감가상각할 수 있다. 공장 관리자는 운영에 $30,000의 추가 운전자본이 필요하다고 추정하지만, 이 돈은 10년도 말에 회수가 가능하므로 무시해도 된다고 주장한다. 회사가 35%의 법인세를 내고 기회자본비용이 15%라면, 공장 관리자의 제안을 지지하겠는가? 필요한 추가 가정을 명확히 설명하라.

19. Reliable Electric이 현존 생산라인의 대부분을 대체하는 새로운 공업용 전기 모터를 생산하는 계획을 검토하고 있다. 획기적인 연구 결과 Reliable은 경쟁자보다 2년 앞서는 위치를 차지하게 되었다. 이 투자 제안은 표 6.7에 요약되어 있다.

a. 표의 주석을 자세히 읽어보아라. 어느 항목이 타당한가? 어느 항목이 타당하지 않은가? 왜 그런가?

b. 타당한 표 6.7을 작성하기 위해 어떤 추가 정보가 필요한가?

c. 그와 같은 표를 작성하고 NPV를 다시 계산하라. 필요하면 추가적인 가정을 하라.

20. Marsha Jones는 자신의 코네티컷 농장에서 쓰려고 중고 메르세데스(Mercedes) 말 수송차를 샀다. 가격은 $35,000이다. 목표는 말 수송차의 임대비용을 절약하는 것이다.

Marsha는 하루에 $200와 마일당 $1.00를 더한 가격으로 2주마다 수송차를 임대해 왔다. 대부분 운행길이는 총 80이나 100마일이다. Marsha는 보통 운전자에게 $40의 팁을 준다. 새로운 수송차를 이용하는 경우 연료비와 유지관리비로 마일당 약 $0.45만 내면 된다. 이 수송차에 대한 보험료는 1년에 $1,200이다.

Marsha의 말 Nike가 은퇴할 때인 8년 후 수송차의 가치는 아마도 (실질가치로) $15,000일 것이다. 이 수송차는 양(+)의 NPV 투자안인가? 명목 할인율은 9%, 예상 물가상승률은 3%로 가정하자. Marsha의 수송차는 사업이나 금융투자가 아닌 개인적 지출이기 때문에 세금은 무시해도 된다.

21. United Pigpen은 고단백질 돼지고기 식품을 생산하는 계획을 고려하고 있다. 이 투자안은 기존 창고를 사용할 것이고, 그 창고는 현재 이웃 회사에 임대하고 있다. 창고의 다음 해 임대료는 $100,000인데, 그 후 임대료는 매년 4%의 물가상승과 같은 비율로 계속 상승할 것으로 예상하고 있다. 창고를 이용하는 것 외에 이 계획은 장치와 설비에 $120만의 투자를 계획하고 있다. 이것은 세금목적으로 10년에 걸쳐 정액법으로 감가상각할 수 있다. 그런데 Pigpen은 8년도 말에 이 투자

Visit us at www.mhhe.com/bma

	2009	2010	2011	2012~2019
1. 자본지출	−10,400			
2. 연구개발비	−2,000			
3. 운전자본	−4,000			
4. 매출액		8,000	16,000	40,000
5. 운영비용		−4,000	−8,000	−20,000
6. 제조간접비		−800	−1,600	−4,000
7. 감가상각비		−1,040	−1,040	−1,040
8. 지급이자		−2,160	−2,160	−2,160
9. 이익	−2,000	0	3,200	12,800
10. 세금	0	0	420	4,480
11. 순현금흐름	−16,400	0	2,780	8,320
12. 순현재가치 = +13,932				

표 6.7 Reliable Electric의 제안된 투자안의 현금흐름과 현재가치($천). 연습문제 19번을 보라.

주:

1. 자본지출: 새로운 기계에 대해 $8백만, 창고확장을 위해 $2.4백만. 현재 이 공간의 절반만 필요하지만 총 확장비용이 이 투자안에 부과되었다. 새로운 기계는 기존 공장의 건물에 설치되므로, 부지와 건물에 들어가는 비용은 없다.
2. 연구개발비: 2008년에 $1.82백만이 지출되었다. 이 수치는 연간 10%의 물가상승률로 조정하고 있다. 즉 1.82 × 1.1 = $2백만
3. 운전자본: 재고자산의 초기 투자
4. 매출액: 이 수치는 2010년에 2,000대, 2011년에 4,000대, 2012년부터 2019년까지 매년 10,000대의 모터를 판매하는 것으로 가정하고 있다. 대당 초기 가격 $4,000은 실질가치로 일정하게 유지될 것으로 예상한다.
5. 운영비용: 이는 직접비와 간접비를 모두 포함한다. 간접비(난방, 조명, 동력, 부가 급부 등)는 직접 노무비의 200%를 가정한다. 대당 운영비용은 $2,000로 실질가치에서 일정할 것으로 예측된다.
6. 제조간접비: 마케팅과 관리비용, 수입의 10%로 가정한다.
7. 감가상각비: 10년간 정액 상각
8. 지급이자: 이 회사의 15% 현행 차입이자율로 자본지출과 운전자본에 대해 부과된다.
9. 이익: 매출액에서 연구개발비와 운영비용, 제조간접비, 감가상각비, 지급이자의 총액을 차감한 것이다.
10. 세금: 이익의 35%. 그러나 이익은 2009년에 손실이다. 이 손실은 다음 연도로 이월되고 2011년 세금납부 가능한 이익에서 공제된다.
11. 순현금흐름: 이익에서 세금을 차감한 것과 같다고 가정한다.
12. 순 현재가치: 15%의 할인율을 적용한 순현금흐름의 NPV

안을 마무리하려고 하는데, 8년도에 장치와 설비를 $40,000에 다시 팔 것으로 예상한다. 마지막으로, 이 투자안은 $350,000에 해당하는 초기 운전자본 투자를 해야 한다. 그 이후 운전자본은 1년도부터 7년도까지 매년 매출액의 10%로 예측되고 있다.

1년도에 돈육식품의 매출액은 $420만으로 예상된다. 그 이후 매출액은 매년 5% 정도씩 증가할 것인데, 이는 물가상승률보다 조금 더 높은 수준이다. 제조원가는 매출액의 90%를 차지할 것으로 예상하는데, 이익은 35%로 세금이 매겨진다. 자본비용은 12%이다. Pigpen 투자안의 NPV는 얼마인가?

22. Hindustan Motors는 인도에서 1948년 이래 Ambassador를 생산하고 있다. 이 회사의 웹사이트는 Ambassador가 "신뢰성과 넓은 공간, 안락함 등으로 인도의 모든 세대에게 가장 인기 있는 차가 되었다."고 설명한다. Hindustan은 이제 중국에서 이 차를 생산할 것을 검토하고 있다. 이는 40억 인민폐의 초기 투자가 필요하다.[14] 공장은 1년 후 생산을 시작할 것이다. 이 공장은 5년간 가동될

Visit us at www.mhhe.com/bma

14) 인민폐(RMB)는 중국 화폐이다.

것이며 투자기간 말에 실질가치로 5억 인민폐의 잔존가치를 가질 것이다. 이 공장은 1년에 10,000대의 차를 생산할 것이다. 이 차는 첫해에 대당 65,000인민폐에 팔 수 있을 것이고 그 후 가격은 매년 4%씩 상승할 것으로 예상한다. 대당 원자재는 첫해에 18,000인민폐가 들고 이 원가는 매년 3%씩 증가할 것으로 예상한다. 이 공장의 총 인건비는 첫해에 11억 인민폐로 예상되며 그 후 매년 7%씩 증가할 것이다. 공장을 건설할 땅은 매년 3억 인민폐의 정해진 임대료를 연초에 지급하는 것으로 5년 동안 임대할 수 있다. 이러한 투자안에 대한 Hindustan의 명목 할인율은 12%이다. 예상 물가상승률은 5%이다. 이 공장은 5년간 정액법으로 감가상각할 수 있으며 이익은 25% 세율로 세금이 매겨진다. 달리 언급하지 않은 모든 현금흐름은 매년도 말에 발생한다고 가정하라. 이 공장의 NPV는 얼마인가?

23. IM&C사의 사례에서(6.2절 참조), 우리는 이 투자안의 손실을 다른 부문의 과세대상 이익을 상계하는 데 사용할 수 있다고 가정했다. 손실이 차기로 이월되어 투자안의 미래 과세 이익을 상쇄한다고 가정하자. 투자안의 NPV는 어떻게 변할 것인가? 세금 공제를 즉시 활용할 수 있는 것의 가치는 얼마인가?

24. 생산기술의 발전에 따라서 United Automation은 제분기계 두 대 중 한 대를 매각할 수 있다. 두 기계가 똑같은 역할을 하지만, 각 기계의 나이는 다르다. 새 기계는 지금 $50,000의 가격으로 팔 수 있다. 이 기계의 운전비용은 매년 $20,000이지만, 5년이 지나고 나서는 $20,000의 수리비가 든다. 그 후 10년도에 최종적으로 $5,000의 가격으로 팔리게 될 때까지 이 기계의 운전비용은 $30,000일 것이다.

현 기계는 현재 $25,000의 가격으로 팔 수 있다. 만약 그 기계를 계속 유지할 경우, $20,000의 수리비가 즉시 필요하다. 5년도에 $5,000의 가격으로 팔게 될 때까지 매년 운전비용은 $30,000일 것이다.

두 기계는 세금목적으로 완전히 감가상각되었다. 회사는 35%로 세금을 낸다. 현금흐름은 실질가치로 예측되었다. 실질 자본비용은 12%이다. United Automation은 어느 기계를 팔아야 하는가? 답의 근거가 되는 가정을 설명하라.

25. 저에너지 전구는 보통 $3.50 정도 하는데, 수명은 9년이며 전기료는 연간 약 $1.60이 소요된다. 우리가 아는 전통적인 전구는 $0.50로 더 싸다. 그러나 겨우 1년 정도만 사용할 수 있고 전기료는 약 $6.60가 소요된다. 실질 할인율이 5%라면 두 제품의 등가 연간비용은 얼마인가?

26. Hayden Inc.는 4년 전에 $20,000의 가격으로 구입한 여러 대의 복사기를 갖고 있다. 현재 유지비용은 연간 $2,000인데, 2년도 말에 수선유지 계약이 끝나며, 그 이후 연간 유지비용은 $8,000로 증가할 것이다. 이 기계들은 현재 $8,000의 재판매 가치를 갖고 있지만, 2년도 말에 그 기계들의 가치는 $3,500으로 떨어질 것이다. 6년도 말에 가서는 그 기계의 가치는 완전히 사라지고 폐기처분될 것이다.

Hayden은 기본적으로 같은 작업을 하는 새 기계로 원래의 복사기를 대체하려고 한다. 이 기계들의 가격은 $25,000이며, 매년 $1,000으로 8년의 유지보수 계약을 맺을 수 있다. 8년 말에 가서는 이 기계들의 가치가 완전히 사라져 폐기처분될 것이다.

기계들은 7년 MACRS를 이용하여 감가상각되며, 세율은 35%이다. 단순화를 위해 물가상승률은 0으로 가정한다. 실질 자본비용은 7%이다. Hayden은 언제 이 복사기들을 대체해야 하는가?

eXcel
Visit us at
www.mhhe.com/bma

27. 6.4절의 처음으로 다시 돌아가 보자. 거기서 우리는 캘리포니아에서의 휘발유 생산에 대한 등가 연간비용을 계산하였다. 자본투자는 $400백만이었다. 이 금액은 표 6.4에서 10년 MACRS 일정으로 세금목적으로 감가상각된다고 가정하자. 캘리포니아 주 세금을 포함한 한계세율은 39%이고,

Visit us at www.mhhe.com/bma

자본비용은 7%이다. 물가상승은 없다. 정유장치 개량은 25년의 경제적인 수명을 갖는다.

a. 세후 등가 연간비용을 계산하라. (힌트: 감가상각 절세효과의 현재가치를 초기 투자에 대해 상계하는 것이 가장 쉽다.)

b. 이 등가 연간비용을 보충하기 위하여 휘발유 소매 고객들은 얼마의 추가 부담을 해야 하는가? (주: 더 높아진 소매가격으로 인한 추가 이익에는 세금이 매겨진다.)

28. Borstal Company는 같은 작업을 하지만 수명이 다른 두 기계 중 한 대를 선택해야 한다. 이 두 기계는 다음과 같은 비용을 갖고 있다.

연도	기계 A	기계 B
0	$40,000	$50,000
1	10,000	8,000
2	10,000	8,000
3	10,000 + 대체	8,000
4		8,000 + 대체

이 비용은 실질가치로 표시되었다.

a. 당신이 Borstal의 재무관리자라고 가정하자. 이 기계 또는 다른 기계를 구입하여 이 기계의 경제적 수명 동안 생산관리자에게 임대한다면, 연간 임대료로 얼마를 청구해야 할 것인가? 6%의 실질 할인율을 가정하고 세금을 무시한다.

b. Borstal은 어느 기계를 사야 하는가?

c. 당신이 (a)에서 도출한 임대료는 단지 가상적인 수단이다. 이것은 등가 연간비용을 계산하고 해석하는 한 가지 방법이다. 실제로 기계 중 한 대를 사들여 생산관리자한테 임대하는 것을 가정하자. 매년 8%의 물가상승이 꾸준히 있다면 실제로 미래 각 연도에 얼마의 임대료를 청구해야 할 것인가? (주: (a)에서 계산된 임대료는 실질 현금흐름이다. 물가상승을 보상하려면 임대료를 올려야 한다.)

29. 연습문제 28번의 계산을 다시 보자. 기술의 변화로 연 10%씩 비용을 절감할 수 있을 것으로 예상한다. 1년도에 기계 A와 B보다 구입비와 운영비를 10% 절감할 수 있는 새 기계가 나올 것이다. 2년도에는 비용을 10% 더 절감할 수 있는 새 기계가 나올 것이다. 이러한 현상은 계속될 것이다. 이것이 기계 A와 B의 등가 연간비용을 어떻게 변화시킬 것인가?

30. 사장전용 제트기는 충분히 활용되지 않고 있다. 당신은 다른 임원들이 이 제트기를 이용하면 연간 겨우 $20,000의 직접 운영비를 증가시킬 것이지만, 연간 항공료는 $100,000을 절감할 수 있다고 판단하고 있다. 한편, 이 제트기의 이용 증가로 4년도가 아닌 3년도 말에 제트기를 바꿀 필요가 있다고 예상한다. 새로운 제트기의 가격이 $1.1백만인데 수명은 6년이다(현재의 낮은 이용률을 가정). 회사가 세금을 내지 않는다고 가정하자. 모든 현금흐름은 실질가치로 예측되었다. 실질 자본비용은 8%이다. 다른 임원들이 이 제트기를 이용할 수 있도록 사장을 설득해야 하는가?

도전문제

31. 실효세율의 한 가지 측정방법은 세전과 세후 현금흐름의 IRR 간의 차이를 세전 IRR로 나눈 것이다. 예를 들어 세전 현금흐름 C를 영구적으로 발생시키는 투자 I를 생각해 보자. 세전 IRR은 C/I이고 세후 IRR은 $C(1 - T_C)/I$이다. 여기서 T_C는 법정세율이다. 그리고 실효세율을 T_E라고 하면, 다음과 같이 나타낼 수 있다.

Visit us at www.mhhe.com/bma

$$T_E = \frac{C/I - C(1 - T_C)/I}{C/I} = T_C$$

이 사례에서 실효세율과 법정세율은 같다.

a. 6.2절에서 나온 구아노 프로젝트에 대한 T_E를 계산하라.

b. 실효세율은 감가상각 스케줄에 의해 어떻게 좌우되는가? 물가상승률에 의해 어떻게 달라지는가?

c. 모든 초기 투자금액이 세금목적을 위한 비용으로 취급되는 투자안을 생각해 보자. 예를 들어 미국에서는 R&D와 마케팅 지출액이 언제나 비용으로 처리된다. 이것은 세금목적 감가상각을 하지 않는다. 이러한 투자안에 대한 실효세율은 얼마인가?

32. 등가 연간비용을 실질가치로 계산해야 한다고 경고하였지만, 왜 그렇게 해야 하는지는 충분히 설명하지 않았다. 이 문제는 그 이유를 보여줄 것이다.

("수명이 긴 설비와 짧은 설비 중에서 선택"에서) 기계 A와 B의 현금흐름을 다시 생각해 보자. 구매와 운전 비용의 현재가치는 각각 28.37(A는 3년에 걸쳐서)과 21.00(B는 2년에 걸쳐서)이다. 실질 할인율은 6%이고 물가상승률은 5%이다.

a. 각각 28.37과 21.00의 현재가치를 가진 3년과 2년의 일정한 명목 연금을 계산하라. 왜 이 연금들은 등가 연간비용의 현실적 추정치가 아닌지를 설명하라. (힌트: 실제 수명기간 동안 기계의 임대료는 물가상승에 비례하여 증가함.)

b. 물가상승률이 25%로 상승한다고 가정하자. 실질 이자율은 6%에 머물고 있다. 일정한 명목 연금을 다시 계산하라. 기계 A와 B의 순위가 변함에 주의하라. 그리고 왜 변하는지를 설명하라.

eXcel
Visit us at
www.mhhe.com/bma

33. 2005년 12월 Mid-American Energy는 세계에서 가장 큰 풍력발전소 하나를 전력망에 연결하였다. 이것은 \$3억 8,600만이 들었고 터빈 257개에 360.5메가와트의 총용량을 가졌다. 바람 속도는 변동한다. 대부분 풍력발전소는 시설 용량의 평균 약 35%로 운영될 것으로 예상한다. 이 경우 전기 가격이 메가와트시(mWh)당 \$55일 때 이 투자안은 첫해에 \$6,080만(즉 0.35 × 8,760시간 × 360.5 mW × \$55/mWh)의 수입을 얻는다. 유지비와 다른 비용의 합리적인 추정치는 첫해에 약 \$1,890만이다. 그 후 매출액과 비용은 물가상승과 함께 연간 약 3%씩 증가할 것이다.

전통적인 발전소는 20년 MACRS로 상각할 수 있다. 그들의 이익은 35%로 과세된다. 이 투자안이 20년 동안 계속되고 자본비용이 12%라고 가정하자. 재생 가능한 에너지원을 장려하기 위해 정부는 풍력발전소에 몇 가지 세금 혜택을 준다.

a. Mid-American의 투자가 양(+)의 NPV 사업이 되려면 세금 혜택은 (만약 있다면) 얼마나 커야 하는가?

b. 일부 풍력발전소 운영자는 35%가 아니라 30%의 용량 계수를 가정한다. 이 낮은 용량 계수는 양(+)의 NPV를 어떻게 변화시키는가?

Visit us at www.mhhe.com/bma

미니 케이스

New Economy Transport(A)

New Economy Transport Company(NETCO)는 태평양 북서부와 알래스카에 있는 항구 간의 화물과 여객을 수송하기 위해 1955년에 설립되었다. 2008년에 이르러 회사 선단은 4척의 선박으로 성장했고,

그중 하나가 *Vital Spark*라는 마른 화물용 작은 선박이다.

*Vital Spark*는 25년이 되었고 낡아서 전반적인 수리가 매우 필요하다. 재무담당 이사인 Peter Handy는 다음과 같은 지출이 필요한 제안서를 건네받았다.

엔진과 발전기의 분해수리	$340,000
레이더와 다른 전자설비의 교체	75,000
선체와 상부 구조물의 수리	310,000
페인트 칠과 기타 수리	95,000
	$820,000

Handy 씨는 이 모든 지출이 세금목적으로 7년 MACRS 방식으로 감가상각할 수 있다고 예상한다.

NETCO의 최고기술자인 McPhail 씨는 수리 후 운영비용을 다음과 같이 추정하고 있다.

연료비	$ 450,000
인건비와 부가 급여	480,000
유지비	141,000
기타	110,000
	$1,181,000

이 비용은 일반적으로 연 2.5%로 예상되는 물가상승과 함께 증가한다.

NETCO의 장부상에 *Vital Spark*가 단지 $100,000의 순 가치로 기재되어 있지만, 많은 여분의 부품과 함께 '있는 그대로' 팔더라도 아마 $200,000을 받을 수 있을 것이다. 여분 부품 재고의 장부가치는 $40,000이다. *Vital Spark* 매각은 판매 가격과 장부가치의 차이에 대한 즉각적인 납세 의무를 발생시킬 것이다.

최고기술자는 신제품 엔진과 통제시스템의 설치를 건의하였다. 이 계획에는 $600,000의 추가비용[15)]이 소요된다. 이 추가 장비는 실질적으로 *Vital Spark*의 성능에 영향을 미치지 않지만, 다음과 같이 연간 연료비와 인건비, 관리비용의 감소를 가져올 것이다.

연료비	$ 400,000
인건비와 부가 급여	405,000
유지비	105,000
기타	110,000
	$1,020,000

*Vital Spark*를 전면 수리하면 몇 달 동안 운항을 못한다. 수리된 배는 다음 해에 상업 서비스를 재개할 것이다. 과거 경험에 의하여 Handy 씨는 이 배가 다음 해에 약 $140만의 매출을 발생시키고 그 이후 매출은 물가상승에 따라 증가할 것이라고 믿는다.

*Vital Spark*를 영원히 사용할 수는 없다. 전면 수리를 하더라도 이 배의 내용연수는 아마도 단지 10년이나 기껏해야 12년이다. 퇴역할 때 잔존가치는 무시할 만하다.

NETCO는 성숙 산업에 속해서 보수적으로 자금이 조달된 기업이다. 이 회사는 정상적으로 자본투자를 11% 자본비용으로 평가한다. 이것은 실질이 아니라 명목 할인율이다. NETCO의 세율은 35%이다.

15) 이 추가 투자는 7년 기간의 MACRS를 적용한다.

Visit us at www.mhhe.com/bma

문제

1. 새로운 엔진과 통제시스템을 설치할 때와 하지 않을 때, *Vital Spark*의 제안된 전면 수리의 NPV를 계산하라. 계산을 하려면 이 배의 남은 경제적 수명기간에 대해 모든 세후 비용을 보여주는 스프레드시트를 준비해야 한다. 감가상각 절세효과와 물가상승에 대한 가정에 특별히 주의하라.

New Economy Transport(B)

*Vital Spark*가 전면적인 분해수리를 해야 한다는 것은 더는 의심할 여지가 없다. 그러나 Handy 씨는 새로운 선박의 구매를 고려하지 않고서 계속 진행하는 것은 현명하지 못하다고 느끼고 있다. 위스콘신 주 소재 조선소인 Cohn and Doyle이 새로운 설계도를 갖고 NETCO에 접근했다. 이 새로운 설계는 광범위하게 자동화된 항해와 동력 통제시스템인 Kort nozzle과 승무원을 위한 더욱 쾌적한 숙박 시설을 갖추고 있다. 새로운 선박의 추정된 연간 운영비용은 다음과 같다.

연료비	$380,000
인건비와 부가 급여	330,000
유지비	70,000
기타	105,000
	$885,000

새로운 선박의 매우 복잡하고 정교한 장치를 조종하려면 선원들의 추가적인 훈련이 필요하다. 이에 소요되는 훈련비용은 내년에 $50,000가 소요될 것이다.

새로운 선박에 대한 추정 운영비용은 *Vital Spark*와 같을 것으로 가정하고 있다. 그렇지만 이 새로운 선박은 몇몇 항로에서는 더 많은 화물을 적재할 수 있어 추가 비용을 빼고도 연간 $100,000 정도의 추가적인 매출을 창출할 수 있다. 더 나아가 새로운 선박은 20년 이상의 내용연수를 갖고 있다.

Cohn and Doyle은 $3,000,000의 고정 가격으로 새로운 선박의 공급을 제안했는데, 절반은 즉시 결제하고 나머지 절반은 내년에 인도할 때 결제한다.

Handy 씨는 *Vital Spark*가 Cook Inlet(알래스카의 지명)을 따라 통통거리며 내려갈 때 앞 갑판으로 나왔다. "녹슨 오래된 배." 그는 중얼거렸다. "그러나 이 배는 결코 우리를 실망시키지 않았다. 나는 Cohn and Doyle이 대체 선박을 짓는 동안 이 배를 내년까지 유지할 수 있을 거라고 확신한다. 이 배가 계속 운항하도록 여유 부품을 사용할 수 있다. 대체 선박이 도착하면 이 배를 장부가치로 팔거나 폐기처분할 수 있다."

"그러나 새 배와 오래된 *Vital Spark*의 NPV를 어떻게 비교하는가? 20년 NPV 스프레드시트를 만들 수는 있다. 그러나 이 대체 선박이 2023년 또는 2028년에 어떻게 사용될 것인가 잘 모르겠다. 아마도 전면 수리하여 *Vital Spark*를 운영하는 총비용을, 제안된 대체 선박을 사서 운영하는 비용과 비교할 수 있을 것이다."

문제

1. (a) *Vital Spark*를 전면 수리하여 12년 더 사용하는 것과 (b) 제안된 대체 선박을 사들여 20년 동안 운영하는 것의 등가 연간비용을 계산하고 비교하라. 이 대체 선박의 연간 비용이 같거나 더 낮다면 Handy 씨는 어떻게 해야 하는가?
2. 이 대체 선박의 등가 연간비용이 *Vital Spark*보다 더 크다고 하자. 이 경우 Handy 씨는 어떤 추가 정보를 구해야 하는가?

Visit us at www.mhhe.com/bma

07 Chapter

위험 PART 2

위험과 수익률의 개요

앞의 6개 장에서는 위험 문제를 직접 언급하지 않고 그럭저럭 지나갈 수 있었다. 그러나 이제는 다르다. 이제 더는 "기회자본비용은 투자안의 위험에 따라 달라진다."라는 등의 모호한 설명으로는 만족할 수 없다. 위험은 어떻게 정의하고, 위험과 기회자본비용이 어떻게 연결되며, 재무관리자가 실제 상황에서 어떻게 위험에 대처할 수 있는가 등에 대해 알아야 한다.

이 장에서는 이 중 첫 번째 과제에 집중하고, 다른 두 과제는 제8장과 9장으로 넘긴다. 지난 100년간의 자본시장 수익률 자료를 요약하는 것으로부터 논의를 시작한다. 그런 다음 투자 위험에 대해 살펴보고, 분산투자로 어떻게 위험을 감소시킬 수 있는지를 알아본다. 또한 개별 증권의 위험을 측정하는 표준적인 척도인 베타의 개념을 도입한다.

이 장의 주제는 포트폴리오 위험과 증권 위험, 그리고 분산투자이다. 대부분은 개인투자자의 관점에서 문제에 접근한다. 그러나 이 장의 끝에서는 문제를 다시 되돌려서 기업이 추구하는 목표로서 분산투자가 과연 이치에 맞는지를 살펴본다.

7.1 자본시장 1세기 역사의 교육

재무분석가들에게는 엄청나게 많은 양의 증권 가격과 수익률 자료가 주어진다. 미국 주식과 채권, 옵션, 상품선물의 가격에 관한 데이터베이스가 널리 보급되어 있고, 외국 증권에 관해서도 많은 자료가 있다. 여기서는 다음과 같은 세 종류의 미국 증권 포트폴리오의 성과를 분석한 딤슨과 마쉬, 그리고 스톤튼(Dimson, Marsh, and Staunton)의 연구에 초점을 맞추어 논의를 전개한다.[1)]

1. 재정증권(Treasury bill), 즉 만기가 1년 미만인 미국 정부 발행 부채증권의 포트폴리오[2)]
2. 미국 국채의 포트폴리오
3. 미국 보통주 포트폴리오

이들 투자 대안에는 서로 다른 정도의 위험이 있다. 재정증권은 투자자들이 택할 수 있는 가장 안전한 투자 수단이다. 재정증권에는 채무불이행의 위험이 없다. 재정증권의 짧은 만기는 재정증권 가격이 비교적 안정적임을 의미한다. 실제로, 석 달 동안 자금을 빌려주려고 하는 투자자는 재정증권을 사들여 확실한 수입금을 확보할 수 있다. 그러나 이 경우에도 투자자는 확실한 실질 수익률을 확보하지는 못한다. 물가상승에 대한 불확실성이 남아있기 때문이다.

1) E. Dimson, P. R. Marsh, and M. Staunton, *Triumph of the Optimists: 101 Years of Investment Returns* (Princeton, NJ: Princeton University Press, 2002) 참조.

2) 재정증권은 1919년 이후부터 발행되었다. 그전에는 상업어음(commercial paper)의 이자율을 금리지표로 사용하였다.

장기 국채로 옮겨 가면 투자자는 이자율 변동에 따라 가격이 변하는 자산을 취득하게 된다. (채권가격은 이자율이 올라갈 때 하락하며, 이자율이 떨어질 때는 상승한다.) 국채에서 주식으로 옮겨가는 투자자는 이제 기업의 부침에 대해 직접적인 부담을 안게 된다.

그림 7.1은 투자자가 1900년 초에 위의 세 가지 포트폴리오에 각각 $1를 투자하고 배당이나 이자수입을 모두 같은 포트폴리오에 재투자했다고 가정할 때 투자자금이 얼마나 성장했는가를 보여준다.[3] 그림 7.2는 포트폴리오 **실질** 가치의 증가를 보여준다는 점 이외에는 그림 7.1과 같다. 여기서는 명목가치에 대해서만 초점을 맞춘다.

포트폴리오의 투자 성과는 우리의 직관적인 위험 순위와 일치한다. 가장 안전한 투자안, 즉 재정증권에 투자한 $1은 2008년 말에 $71로 증가했는데 이것은 겨우 인플레이션을 따라가기에 충분할 정도이다. 장기 국채에 투자한 $1은 $242를 가져다주었다. 주식은 그들만의 다른 부류에 속한다. 미국 대기업 주식에 $1을 투자한 투자자는 $14,276을 받을 수 있었다. 또한 1900년부터 2008년까지 기간에 걸쳐 매년 이들 포트폴리오의 연간 수익률을 계산할 수 있다. 이 수익률은 그해 동안 받은 배당이나 이자와 같은 현금 수입과 실현된 자본이득 또는 손실을 모두 반영한 것이다. 각 포트폴리오의 109년간의 연평균 수익률은 표 7.1에 요약되어 있다.

1900년부터 재정증권은 가장 낮은 평균 수익률인 4.0%의 **명목** 수익률, 또는 1.1%의 **실질** 수익률을 제공했다. 다시 말하면 이 기간의 평균 물가상승률이 연간 약 3%였다는 뜻이다. 주식이 역시 최대의 승자이다. 주요 기업들의 주식은 평균 11.1%의 명목 수익률을 제공하였다. 주식투자의 위험을 부담함으로써 투자자는 재정증권 수익률보다 연간 11.1 − 4.0 = 7.1%를 초과하는 **위험프리미엄**을 얻었다.

왜 이렇게 긴 기간에 걸쳐 평균 수익률을 측정하는지 궁금할 것이다. 그 이유는 주식의 연간 수익률은 변동이 심하여 단기간에 걸친 평균은 의미가 없기 때문이다. 역사적 수익률로부터

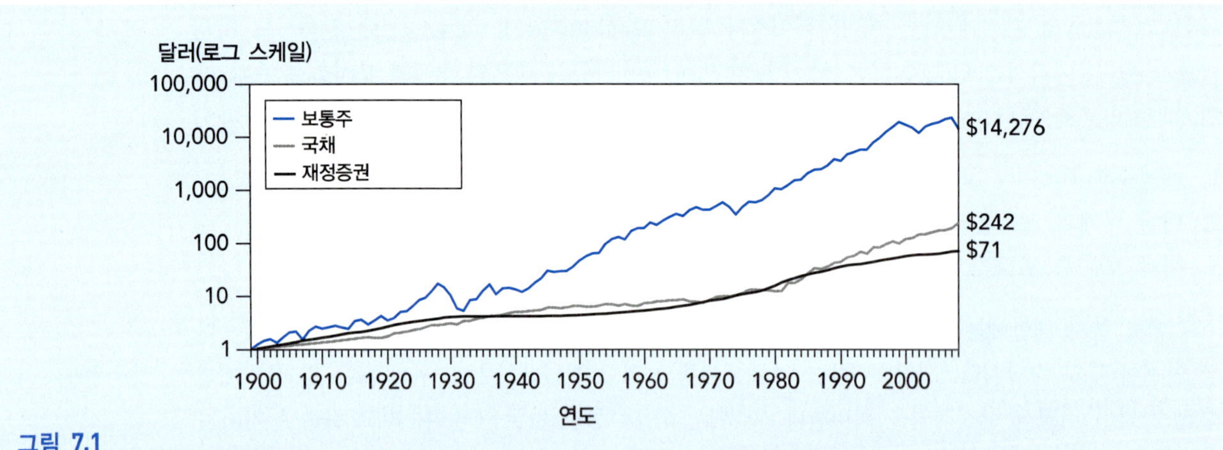

그림 7.1
1900년 초에 투자한 $1가 2008년 말까지 얼마나 성장했는가(단, 배당과 이자수입은 모두 재투자된다고 가정).

자료원 : E. Dimson, P. R. Marsh, and M. Staunton, *Triumph of the Optimists: 101 Years of Investment Returns* (Princeton, NJ: Princeton University Press, 2002). 업데이트 자료는 저자들이 제공함.

3) 포트폴리오 가치는 로그 척도로 그려져 있다. 만약 그렇지 않았다면 두 개 주식 포트폴리오의 만기 가치는 그림의 천장을 뚫고 올라갔을 것이다.

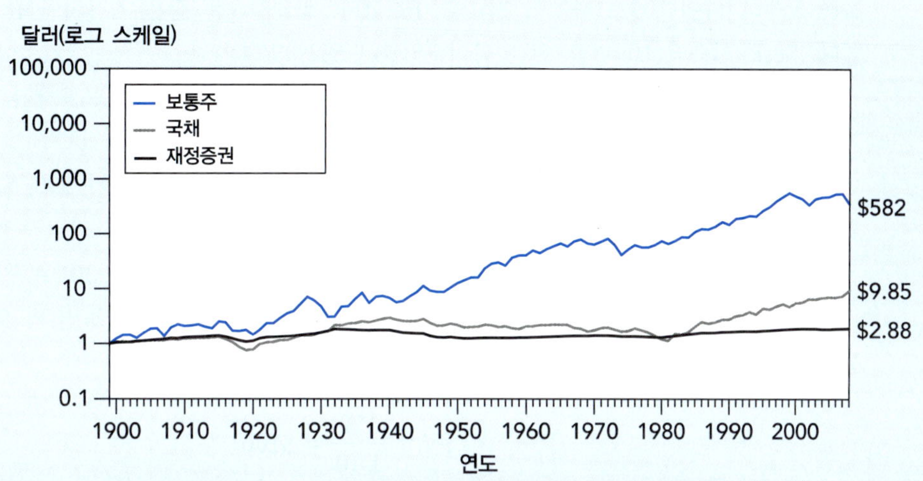

그림 7.2

1900년 초에 투자한 $1가 실질가치 기준으로 2008년 말까지 얼마나 성장했는가(단, 배당과 이자수입은 모두 재투자된다고 가정). 그림 7.1과 비교해 보고, 물가상승이 어떻게 투자자에게 제공되는 수익률의 구매력을 감소시키는지 주목하라.

자료원 : E. Dimson, P. R. Marsh, and M. Staunton, *Triumph of the Optimists: 101 Years of Investment Returns*(Princeton, NJ: Princeton University Press, 2002). 갱신 자료는 저자들이 제공함.

	연평균 수익률		
	명목	실질	평균 위험프리미엄 (재정증권 대비 초과수익률)
재정증권	4.0	1.1	0
국채	5.5	2.6	1.5
보통주	11.1	8.0	7.1

표 7.1 1900~2008년간 미국 재정증권과 국채, 그리고 보통주의 평균 수익률(수치는 연간 %).

자료원 : E. Dimson, P. R. Marsh, and M. Staunton, *Triumph of the Optimists: 101 Years of Investment Returns*(Princeton, NJ: Princeton University Press, 2002). 갱신 자료는 저자들이 제공함.

얻는 한 가지 직관은, 수익률은 아주 긴 기간에 걸쳐 조사해야 한다는 것이다.[4)]

산술평균과 연간 복리수익률

표 7.1에 주어진 평균 수익률은 산술평균임에 유의하자. 다시 말하면 단순히 109년간의 연간 수익

4) 이 기간이 정말로 대표적인지, 그리고 평균값이 몇몇 비정상적으로 높거나 낮은 수익률 때문에 왜곡되지는 않았는지 확신할 수 없다. 평균값 추정치의 신뢰성은 일반적으로 **표준오차**(*standard error*)로 측정한다. 예를 들면 주식에 대한 평균 위험프리미엄 추정치의 표준오차는 1.9%이다. **진정한** 평균이 추정치 7.1%로부터 표준오차의 두 배 안의 범위에 있을 확률이 95%이다. 다시 말하면 진정한 평균이 3.3%에서 10.9% 사이에 있다고 말하면 맞을 확률이 95%라는 뜻이다. **기술적 주석**: 평균값의 표준오차는 표준편차를 표본 수의 제곱근으로 나눈 값이다. 이 예에서 표준편차는 20.2%이므로 표준오차는 $20.2/\sqrt{109} = 1.9$이다.

률을 모두 더하여 109로 나누어 평균을 구하였다. 산술평균은 같은 기간의 연간 복리수익률보다 높다. S&P 지수의 109년간 연간 복리수익률은 9.2%였다.5)

과거 투자의 산술평균과 복리수익률의 올바른 사용에 관해서는 종종 오해가 있다. 그래서 여기서 잠시 멈추어서 오해를 풀기 위한 예를 들어본다.

빅 오일(Big Oil) 주식의 주가가 $100라고 가정하자. 연말에 주가가 $90, $110, $130이 될 확률이 각각 1/3로 똑같다. 그러므로 수익률은 각각 −10%와 +10%, 그리고 +30%이며(빅 오일은 배당을 지급하지 않는다고 가정함.), 기대수익률은 ⅓(−10 + 10 + 30) = +10%이다.

이 과정을 거꾸로 거슬러 가서 기대 현금흐름을 기대수익률로 할인하면 빅 오일 주식의 가치는 다음과 같이 얻어진다.

$$PV = \frac{110}{1.10} = \$100$$

따라서 기대수익률 10%는 빅 오일 주식의 기대 현금흐름을 할인하는 데 적용하는 적정한 할인율이다. 이것은 또한 빅 오일과 같은 정도의 위험을 갖는 투자에 대한 기회자본비용이기도 하다.

이제 장기간에 걸쳐 빅 오일 주식의 수익률을 관찰한다고 가정하자. 확률이 변하지 않는다면 전 기간의 1/3 동안은 수익률이 −10%일 것이고, 다음 1/3 기간은 +10%, 그리고 나머지 1/3 기간은 +30%일 것이다. 이들 연간 수익률의 산술평균은 다음과 같이 +10%이다.

$$\frac{-10 + 10 + 30}{3} = +10\%$$

그러므로 산술평균 수익률은 빅 오일 주식과 비슷한 정도의 위험을 갖는 투자에 대한 기회자본비용을 정확하게 측정하고 있다.6)

빅 오일 주식의 연평균 복리수익률7)은 다음과 같이 8.8%로서 기회자본비용보다 낮다.

$$(0.9 \times 1.1 \times 1.3)^{1/3} - 1 = 0.088, \text{ 즉 } 8.8\%$$

만약 투자자들이 자본시장에서 10%의 기대수익률을 얻을 수 있다면 8.8%의 기대수익률을 제공하는 투자안에는 투자하려 하지 않을 것이다. 그와 같은 투자안의 순현가는 다음과 같이 −1.1이 된다.

---

5) 이는 계산식 $(1 + r)^{109} = 14{,}276$으로부터 계산되었는데 이때 r의 값은 0.092이다. **기술적 주석:** 수익률이 로그정규분포를 따를 때 연간 복리수익률은 산술평균 수익률에서 분산의 절반을 뺀 값이다. 예를 들어 미국 시장 수익률의 연간 표준편차는 약 20%이었다. 그러므로 분산은 0.20^2, 즉 0.04이다. 연간 복리수익률은 따라서 산술평균 수익률보다 0.04/2 = 0.02, 즉 2% 낮다.

6) 산술평균은 1년짜리 현금흐름의 기회자본비용으로서는 적절하지만, 그보다 더 긴 기간의 현금흐름에는 맞지 않다는 말을 가끔 듣는다. 이를 확인해 보자. 예를 들어 2년도에 $121의 현금흐름을 예상하고 있다고 하자. 지금부터 1년 후 투자자들은 이 현금흐름을 10%(가능한 수익률의 산술평균)로 할인하여 가치를 평가한다. 다시 말해 투자자들은 1년도 말에 주어진 기대 현금흐름에 대해 기꺼이 $PV_1 = 121/1.10 = \$110$를 낼 용의가 있다는 뜻이다. 그러나 우리는 1년도에 $110를 지급하는 자산을 어떻게 평가하는지 이미 알고 있다. 즉 10%의 기회자본비용으로 할인하면 된다. 그러므로 $PV_0 = PV_1/1.10 = 110/1.10 = \$100$이다. 이 예는 현금흐름의 타이밍과는 상관없이 산술평균(위의 예에서 10%)이 기회자본비용의 올바른 척도라는 사실을 보여준다.

7) 연간 복리수익률은 **기하평균 수익률**(*geometric average*)이라고도 한다.

$$\text{NPV} = -100 + \frac{108.8}{1.1} = -1.1$$

교훈: 자본비용은 역사적 수익률 혹은 위험프리미엄으로부터 연간 복리수익률이 아니라 산술평균을 사용하여 추정한다.[8)]

역사적 실증자료를 사용하여 자본비용 추정하기

스탠더드 앤드 푸어스(Standard & Poors) 종합주가지수와 같은 정도의 위험 수준을 가진(어떻게 알았는지는 묻지 마라) 어떤 투자안이 있다고 하자. 주가지수가 모든 위험 증권을 포함하고 있지는 않기 때문에 다소 느슨한 표현이기는 하지만, 우리는 이것을 **시장포트폴리오**(*market portfolio*)와 같은 위험을 가진다고 말한다. 이 투자안의 예상 현금흐름을 할인하는 데는 어떤 할인율을 적용해야 할 것인가?

한 가지 분명한 것은 이 경우에는 현재 시장포트폴리오의 기대수익률을 사용해야 한다는 것이다. 즉 이 수익률은 투자자들이 지금 제안된 투자안에 투자함으로써 희생해야 하는 수익률이다. 이 시장수익률을 r_m이라고 하자. r_m을 추정하는 한 가지 방법은 미래에도 과거와 같은 패턴이 반복될 것이며, 투자자는 표 7.1의 평균값과 같은 '정상적인' 수익률을 얻을 것으로 기대한다고 가정하는 것이다. 이 경우에는 r_m을 과거의 평균 시장수익률인 11.1%로 설정한다.

불행히도 이 방법은 맞지 않다. 시간이 흐름에 따라 r_m은 안정적이지 않을 것이다. 시장수익률은 무위험 이자율(r_f)에 위험프리미엄을 합한 값이라는 것을 기억하자. 우리는 r_f 그 자체가 변동한다는 사실을 알고 있다. 예를 들어 1981년에 재정증권의 이자율은 약 15%였다. 투자자들이 그해 단지 11.1%의 수익률을 얻으려고 주식을 보유했다고 믿기는 어렵다.

투자자가 받을 것으로 기대하는 수익률을 추정하는 좀 더 합리적인 방법은 재정증권의 이자율에 표 7.1에 주어진 연평균 위험프리미엄인 7.1%를 더하는 것이다. 예를 들어 2009년 초 재정증권의 이자율은 비정상적으로 낮은 0.2%였다. 여기에 평균 위험프리미엄을 더하면 다음을 얻는다.

$$\begin{aligned} r_m(2009) &= r_f(2009) + \text{정상적인 위험프리미엄} \\ &= 0.002 + 0.071 = 0.073, \text{ 즉 } 7.3\% \end{aligned}$$

여기서 중요한 가정은 정상적이고 안정적인 시장포트폴리오의 위험프리미엄이 있기 때문에 미래의 기대 위험프리미엄은 과거의 평균 위험프리미엄으로 측정할 수 있다는 것이다.

백 년간의 자료로도 시장 위험프리미엄을 정확하게 측정할 수는 없다. 그뿐만 아니라 오늘의 투자자들이 50년 혹은 100년 전의 투자자들이 요구했던 것과 같은 정도로 위험에 대한 보상을

8) 이 예에서 우리는 −10, +10, +30%의 수익률이 발생할 확률이 같다는 사실을 알고 있다고 가정하였다. 기대수익률의 불확실성이 미치는 영향에 관한 분석은 다음 논문을 참조하라. I. A. Cooper, "Arithmetic Versus Geometric Mean Estimators: Setting Discount Rates for Capital Budgeting," *European Financial Management* 2(July 1996), pp. 157~167, 그리고 E. Jaquier, A. Kane, and A. J. Marcus, "Optimal Estimation of the Risk Premium for the Long Run and Asset Allocation: A Case of Compounded Estimation Risk," *Journal of Financial Econometrics* 3(2005), pp. 37~55. 미래 수익률을 먼 미래까지 예측할 때 역사적 산술평균은 상향 편의(bias)를 갖는다. 그러나 이 편의는 대부분의 기업재무 응용에서는 작을 것이다.

요구하는지도 확신할 수 없다. 이 모든 것이 위험프리미엄이 정말 얼마나 되는지에 대해 논란의 여지를 남겨놓고 있다.[9]

많은 재무관리자와 경제학자들은 장기 역사적 수익률이 우리가 지금 사용할 수 있는 대안 중에서는 가장 좋은 척도라고 믿고 있다. 또 어떤 사람들은 본능적인 직관에 근거하여 주식을 보유하도록 투자자들을 설득하기 위해 그렇게 높은 위험프리미엄을 제공할 필요는 없다고 주장한다.[10] 예를 들어 최고재무책임자(CFO)들을 대상으로 한 설문조사에서는 CFO들이 역사적 평균보다 몇 퍼센트 정도 낮은 시장 위험프리미엄을 기대하는 것으로 나타났다.[11]

기대 시장 위험프리미엄이 역사적 평균값보다 작다고 믿는다면, 역사는 미국의 투자자들에게 기대 이상으로 관대했으며(높은 수익률을 실현했다는 의미), 이런 행운이 되풀이되기는 어려울 것이라고 또한 믿을 것이다. 과거의 역사가 오늘날 투자자들이 요구하는 위험프리미엄을 과대평가하고 있을지도 모른다는 생각에는 다음과 같은 두 가지 이유가 있다.

첫 번째 이유 1900년 이래 미국은 세계에서 가장 번창한 나라 중 하나이다. 다른 경제권들은 전쟁 혹은 민간 소요사태 때문에 침체하거나 붕괴되었다. 미국 시장의 주식 수익률에 초점을 맞추면 투자자들의 기대에 관한 왜곡된 견해를 갖게 될지 모른다. 역사적 평균치는 미국이 지나치게 운이 좋은 나라 중 하나였을 수도 있다는 가능성을 간과하고 있다.[12]

그림 7.3은 이 문제에 대해 해결의 실마리를 제공한다. 이 그림은 17개국의 시장수익률 자료를 분석한 딤슨과 마쉬, 그리고 스톤튼의 종합적인 연구에서 따온 것인데, 1900년부터 2008년까지 기간에 각국의 평균 위험프리미엄을 보여주고 있다. 미국의 투자자들이 특별히 운이 좋았다고 할 만한 증거는 없다. 미국의 수익률은 거의 정확히 평균에 속한다.

그림 7.3에서 보면 덴마크의 주식이 최하위이다. 덴마크 시장의 위험프리미엄은 4.3%에 불과했다. 최고는 이탈리아로, 위험프리미엄이 10.2%에 이른다. 국가 간의 이러한 차이는 위험의 차이를 반영하는 것일 수도 있다. 예를 들어 이탈리아 시장의 주식들은 특히 변동성이 커서 투자자들이 이에

---

9) 몇몇 의견 차이는 단순히 위험프리미엄이 여러 가지 방법으로 정의된다는 사실을 반영하는 것이다. 어떤 사람들은 주식 수익률과 장기 채권 수익률의 평균 차이로 측정한다. 또 다른 사람들은 주식의 복리 성장률과 이자율의 차이로 측정한다. 설명한 바와 같이 이는 자본비용의 적정한 척도가 아니다.

10) 이 본능적인 직관에는 근거가 있다. 시장에서 얻는 높은 위험프리미엄은 투자자들이 극도로 위험회피적임을 의미한다. 만약 이것이 맞는다면 주가가 내려가서 부가 감소할 때 투자자들은 소비를 줄여야 한다. 그러나 실증적 증거는 주가가 내려갈 때 투자자들은 이전과 거의 같은 비율로 지출한다. 이는 심한 위험회피 및 높은 시장 위험프리미엄 이론과 조화를 이루기 어렵다. 이 주식 프리미엄 수수께끼(equity premium puzzle)에 대해 활발히 연구가 진행되었다. R. Mehra, "The Equity Premium Puzzle: A Review," *Foundations and Trends in Finance®* 2(2006), pp. 11~81, 그리고 R. Mehra, ed., *Handbook of the Equity Risk Premium*(Amsterdam: Elsevier Handbooks in Finance Series, 2008) 참조.

11) 그런 설문조사의 반응을 정확하게 해석하기는 어렵다. 가장 잘 알려진 조사로는 Duke 대학과 잡지 〈*CFO*〉가 매분기 공동으로 시행하고 **www.cfosurvey.org**에 발표하는 설문조사 결과가 있다. 조사 시작 이후 CFO들은 평균적으로 미국 주식에 대한 10년간의 투자가 10년 만기 미국 국채보다 3.7%의 초과 수익률을 달성할 것으로 예상하였다. 그러나 응답자들은 이 질문을 연간 **복리수익률**의 예측치를 묻는 것으로 해석하는 것처럼 보였다. 이 경우 **재정증권**을 초과하여 상응하는 기대 (산술평균) 위험프리미엄은 2~3% 높아져서 약 6%에 이를 것으로 보고 있다. 이 설문조사에 관해서는 J. R. Graham and C. Harvey, "The Long-Run Equity Risk Premium," *Finance Research Letters* 2 (2005), pp. 185~194 참조.

12) 이 가능성은 P. Jorion and W. N. Goetzmann에 의해 제시되었다. "Global Stock Markets in the Twentieth Century," *Journal of Finance* 54(June 1999), pp. 953~980 참조.

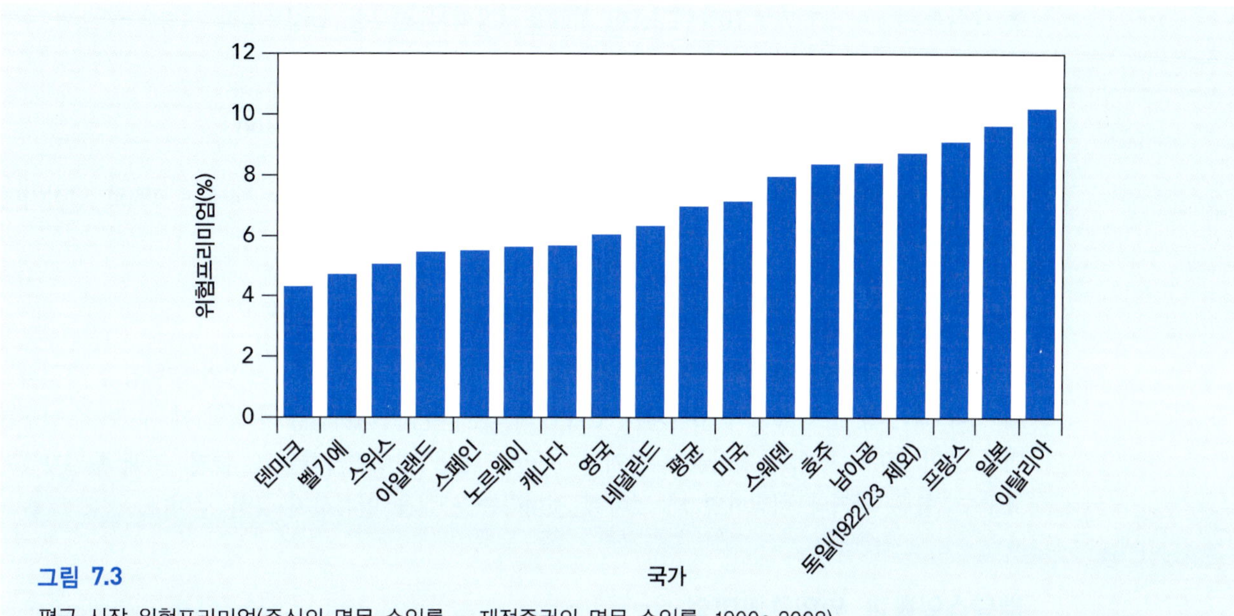

그림 7.3

평균 시장 위험프리미엄(주식의 명목 수익률 – 재정증권의 명목 수익률, 1900~2008).

자료원: E. Dimson, P. R. Marsh, and M. Staunton, *Triumph of the Optimists: 101 Years of Investment Returns*(Princeton, NJ: Princeton University Press, 2002). 갱신 자료는 저자들이 제공함.

대한 보상으로 더 높은 수익률을 요구했을지도 모른다. 그러나 투자자들의 기대에 대한 정확한 추정치를 얻는 것이 얼마나 어려운 것인가를 기억해야 한다. 그래서 기대 위험프리미엄이 모든 나라에서 같다고 결론을 내리더라도 아마 크게 틀리지 않을지도 모른다.[13)]

두 번째 이유 지난 수년 동안 미국 시장에서 주가는 배당이나 이익의 증가를 앞질러 갔다. 예를 들면 1950년과 2000년 사이에 미국 시장의 배당수익률은 7.2%에서 1.1%로 떨어졌다. 투자자들이 배당수익률의 이와 같은 급격한 하락을 예상했을 것 같지는 않다. 그렇다면, 이 기간의 실제 수익률 중 일부분은 예상치 않은 것일 수도 있다.

어떤 사람들은 21세기로 넘어오면서 배당수익률이 낮아진 것은 신경제가 우리를 번영의 황금기로 인도하고 이익이 치솟을 것이라는 낙관론을 반영한다고 믿는다. 반면에 다른 사람들은 낮은 배당수익률의 원인을 시장 위험프리미엄이 낮아진 결과로 돌린다. 아마도 뮤추얼펀드의 성장으로 개인투자자들이 위험 일부를 분산하기 쉽게 되었고, 연금기금이나 다른 금융기관들도 기금 일부를 외국에서 투자하여 위험을 낮출 수 있다는 사실을 알게 되었다. 투자자들이 과거보다 위험의 많은 부분을 제거할 수 있다면 낮은 수익률로도 만족할 수 있었을 것이다.

위험프리미엄이 작아지면 어떻게 주가가 상승하는지 알아보기 위해 어떤 주식이 내년도에 \$12의 배당($\mathrm{DIV}_1 = 12$)을 지급할 것으로 예상한다고 가정해 보자. 주식의 배당수익률은 3%이고, 배당은 7%의 성장률로 무한정 증가할 것($g = 0.07$)으로 예상된다. 그러므로 투자자가 기대하는

13) 여기서 우리는 명목 시장수익률과 명목 이자율의 차이에 관심이 있다. 때때로 실질 위험프리미엄, 즉 실질 시장수익률과 실질 이자율의 차이를 볼 것이다. 물가상승률이 i라면 실질 위험프리미엄은 $(r_m - r_f)/(1+i)$이다. 높은 물가상승률을 경험한 이탈리아와 같은 나라에는 이 실질 위험프리미엄이 명목 프리미엄보다 상당히 낮을 것이다.

총 수익률은 $r = 3 + 7 = 10\%$이다. 이 자료를 4장에서 공부한 일정률성장 모형에 넣으면 주식 가치를 계산할 수 있다.

$$PV = DIV_1/(r - g) = 12/(0.10 - 0.07) = \$400$$

이제 투자자들이 요구수익률을 $r = 9\%$로 낮춘다고 상상해 보라. 배당수익률은 2%로 떨어지며, 주식 가치는 올라간다.

$$PV = DIV_1/(r - g) = 12/(0.09 - 0.07) = \$600$$

따라서 요구수익률이 10%에서 9%로 떨어지면 주가는 50% 상승한다. 과거의 수익률을 측정하는 데 이와 같은 주가 상승분이 포함되어 있다면 우리는 위험프리미엄을 추정할 때 두 번의 실수를 범한 셈이 된다. 첫째, 투자자들의 과거의 요구수익률을 과대평가하였고, 둘째, 미래 투자자들의 요구수익률은 과거와 비교하면 더 낮아질 것이라는 사실을 인식하지 못한 셈이다.

배당수익률과 위험프리미엄

투자자들이 요구하는 수익률이 낮아지고 있었다면 과거의 수익률은 위험프리미엄을 과대평가한다. 이런 문제를 완전히 극복할 수는 없지만 제2장에서 논의한 일정률성장 모형을 사용하여 위험프리미엄에 관한 단서를 얻을 수 있다. 만약 주가가 배당의 성장과 같이 증가할 것으로 기대하면 기대 시장수익률은 배당수익률 더하기 기대 배당성장률, 즉 $r = DIV_1/P_0 + g$이다. 1900년 이후 미국 시장에서의 배당수익률은 평균 약 4.3%였다. 배당의 연간 성장률은 평균적으로 약 5.3%였다. 이 배당성장률이 투자자들의 기대를 대표한다면 이 기간의 기대 시장수익률은 $DIV_1/P_0 + g = 4.3 + 5.3 = 9.6\%$, 즉 무위험 이자율보다 5.6% 높다. 이는 표 7.1에 주어진 실현된 위험프리미엄보다 1.5%가 낮은 값이다.[14)]

1900년 이후 배당수익률은 평균 4.3%였다. 그러나 그림 7.4에서 보는 바와 같이 배당수익률은 변동이 아주 심했다. 1917년 말에 9.0%이던 배당수익률이 2000년에 와서는 단 1.1%로 떨어졌다. 재무관리자들은 흔히 배당수익률이 낮아진 2000년과 같은 해에는 자본비용이 상대적으로 싸졌다고 말한다. 정말 그런가? 회사는 배당수익률의 이와 같은 변동을 반영하여 자본비용을 조정해야 하는가?

그림 7.4의 배당수익률 변동에는 단지 두 가지 이유만 있음에 주목하라. 한 가지 이유는 때로는 투자자들이 미래의 배당성장률 g에 관해 지나치게 낙관적이거나 비관적이었다는 것이다. 다른 이유는 요구수익률 r이 지나치게 높거나 낮았다는 것이다. 배당수익률을 연구한 경제학자들은 주가 변동은 배당성장률과는 거의 관련이 없다고 결론짓고 있다. 이들 경제학자가 맞는다면 배당수익률의 수준은 투자자들의 요구수익률에 관해 무언가를 제시해 주고 있다고 생각할 수 있다.

14) E. F. Fama and K. R. French, "The Equity Premium," *Journal of Finance* 57(April 2002), pp. 637~659 참조. Fama와 French는 특히 후반기에 대해서는, 심지어 더 낮은 위험프리미엄을 제시하고 있다. 이 차이는 부분적으로는 위험프리미엄을 시장수익률과 기업어음 수익률의 차이로 정의했다는 사실을 반영한다. 표 7.1에서 사용한 이자율은 1900~1918 기간을 제외하고는 모두 미국 재정증권 수익률이다.

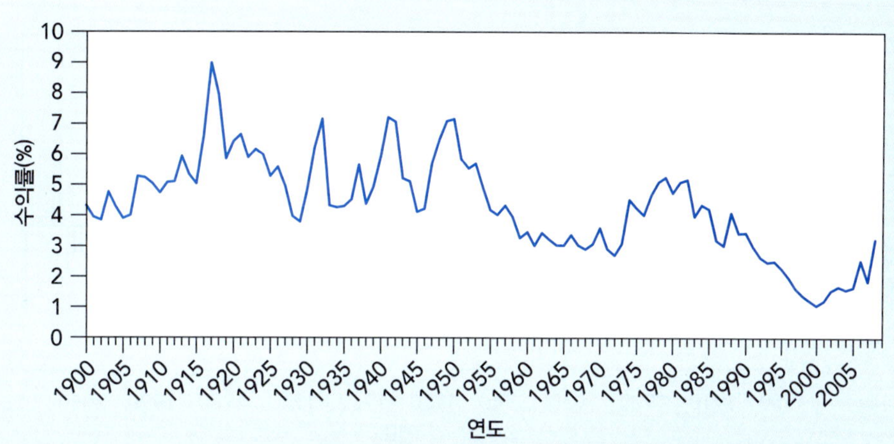

그림 7.4

1900~2008년 미국 시장의 배당수익률.

자료원: R.J. Shiller, "Long Term Stock, Bond, Interest Rate and Consumption Data since 1871," **www.econ.yale.edu/~shiller/data.htm**. 허락을 얻어 게재함.

사실은 이것이 맞는 것 같다. 배당수익률의 하락은 앞으로 몇 년 동안 투자자들이 기대하는 위험프리미엄의 하락을 예고하는 것으로 보인다. 그러므로 배당수익률이 상대적으로 낮을 때는 회사가 내년 혹은 앞으로 몇 년 동안 요구수익률의 추정치를 낮추는 것이 정당화될 수도 있다. 그러나 배당수익률의 변화는 앞으로 10년 혹은 20년의 위험프리미엄에 관해서는 거의 아무것도 말해주지 못한다. 장기 투자의 할인율을 추정할 때, 회사는 한 해 한 해의 배당수익률 변화는 무시해도 무방하다.

이 논쟁으로부터 오직 한 가지 확실한 결론을 얻는다. 투자자들이 기대하는 수익률이 얼마인지를 알고 있다고 하는 사람은 아무도 믿지 마라. 역사는 약간의 단서를 제공할 수는 있지만 궁극적으로 투자자들이 평균적으로 자신들이 기대한 것을 얻었는지는 스스로 판단해야 한다. 많은 재무경제학자는 역사적 증거에 의존하여 약 7.1%의 위험프리미엄을 큰 무리 없이 받아들이고 있다. 나머지 다른 학자들은 그보다는 약간 낮은 수치를 사용한다. 이 책의 저자들(Brealey와 Myers, Allen)은 이 문제에 관해 어떤 공식적인 견해가 있지는 않지만, 미국의 시장 위험프리미엄이 5~8% 사이의 범위라고 보는 것이 합당하다고 믿는다.

7.2 포트폴리오 위험의 측정

이제 우리는 두 가지 벤치마크를 가지고 있다. 우선, 안전한 투자안의 할인율을 알고 있다. 그리고 평균적인 위험을 갖는 투자안에 대한 할인율의 추정치를 알고 있다. 그러나 우리는 아직 이런 단순한 경우에 속하지 않는 자산에 대한 할인율을 어떻게 측정해야 할지는 알지 못한다. 이를 위해서는 (1) 위험을 어떻게 측정할 것인가, (2) 부담하는 위험과 이에 대해 요구하는 위험프리미엄 간에

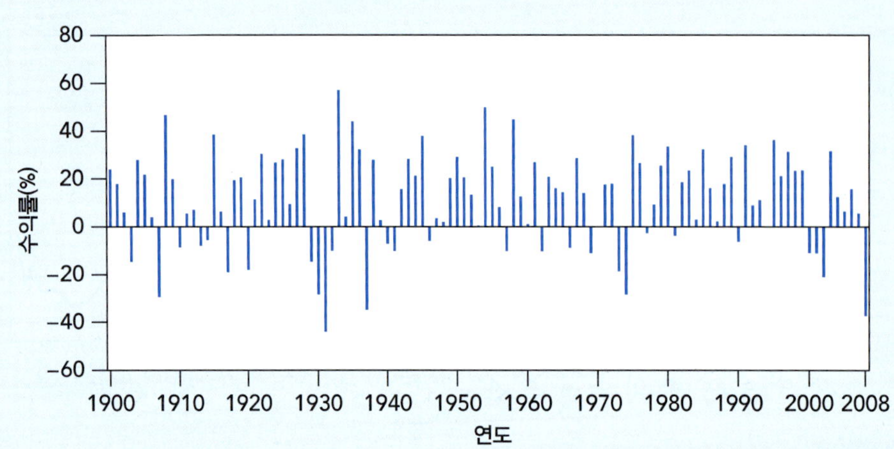

그림 7.5
주식시장은 수익성이 높지만, 매우 변동이 심하다.

자료원 : E. Dimson, P. R. Marsh, and M. Staunton, *Triumph of the Optimists: 101 Years of Investment Returns*(Princeton, NJ: Princeton University Press, 2002), 갱신 자료는 저자들이 제공함.

는 어떤 관계가 있는가에 대해 알아야 한다.

그림 7.5는 미국 주식의 지난 109년간의 연간 수익률을 보여준다. 연도별 수익률의 변동은 놀라울 정도로 크다. 가장 높았던 연간 수익률은 1933년의 57.6%인데, 이는 1929~1932 기간의 주식시장 붕괴의 부분적인 회복이라고 볼 수 있다. 그러나 연간 25% 이상 손실을 경험한 해도 5번이나 있었으며, 가장 나빴던 해는 1931년의 −43.9%였다.

이 자료를 보여주는 다른 한 가지 방법은 도수분포도 또는 히스토그램을 그리는 것이다. 그림 7.6이 이런 히스토그램을 보여주고 있는데, 여기서는 연도별 수익률의 변동성이 넓게 '확산 정도(spread)'로 나타난다.

분산과 표준편차

확산 정도를 나타내는 표준적인 통계 척도는 **분산(variance)** 또는 **표준편차(standard deviation)**이다. 시장수익률의 분산은 기대수익률로부터의 편차 제곱의 기대값이다. 다시 말하면,

$$(\tilde{r}_m)\text{의 분산} = (\tilde{r}_m - r_m)^2 \text{의 기대값}$$

여기서 $\tilde{r}_m$은 실제 수익률이고 r_m은 기대수익률이다.[15] 표준편차는 단순히 분산의 제곱근이다.

$$\tilde{r}_m\text{의 표준편차} = \sqrt{\text{분산}(\tilde{r}_m)}$$

15) 또 한 가지 기술적 주석: 관찰된 수익률의 표본으로부터 분산을 추정할 때는 편차의 제곱을 합하고 이를 $N-1$로 나눈다. 여기서 N은 관측치의 수이다. N 대신 $N-1$로 나누는 것은 자유도의 손실에 대해 교정하려는 것이다. 공식은 다음과 같다.

$$\text{분산}(\tilde{r}_m) = \frac{1}{N-1}\sum_{t=1}^{N}(\tilde{r}_{mt} - r_m)^2$$

여기서 $\tilde{r}_{mt}$는 t기간의 시장수익률이고, r_m은 $\tilde{r}_{mt}$의 평균값이다.

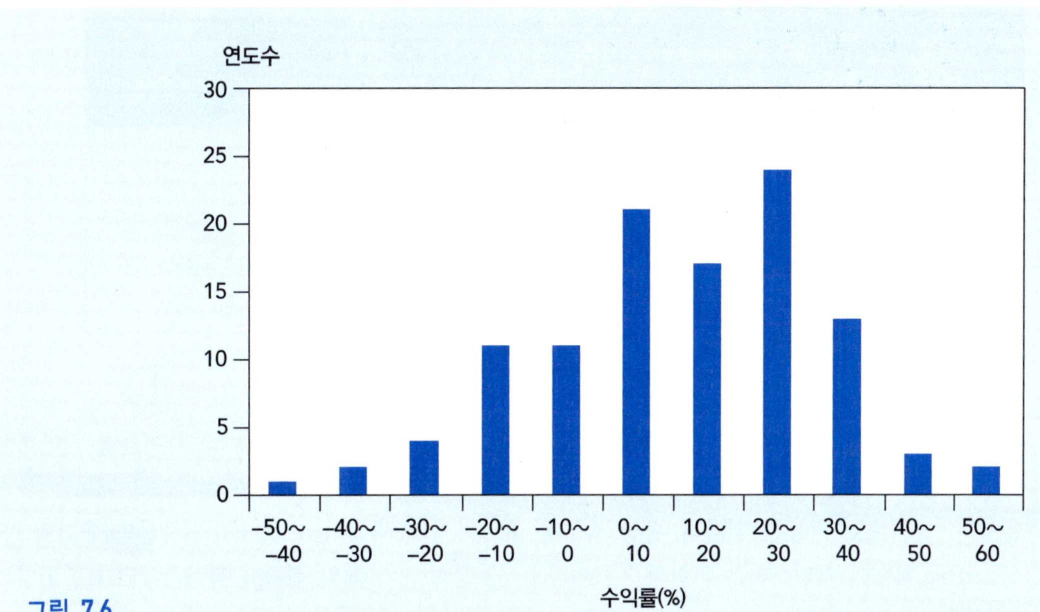

그림 7.6
미국 주식시장의 1900~2008년 기간 연간 수익률의 히스토그램. 주식 투자수익률의 분포가 넓게 확산되어 있음을 보여준다.

자료원: E. Dimson, P. R. Marsh, and M. Staunton, *Triumph of the Optimists: 101 Years of Investment Returns*(Princeton, NJ: Princeton University Press, 2002),
갱신 자료는 저자들이 제공함.

일반적으로 표준편차는 σ^2로, 분산은 σ^2으로 표시한다.

표준편차와 분산을 어떻게 계산하는지 간단한 예를 하나 들어보자. 다음과 같은 게임을 할 기회가 주어졌다고 가정하자. 현금 $100을 투자하는 것으로 게임을 시작한다. 두 개의 동전을 던진다. 앞면이 나오면 초기 잔액에 20%를 더한 값을 받고, 뒷면이 나오면 초기 잔액에서 10%를 뺀 값을 받는다. 확률이 같은 다음 네 가지 결과가 생긴다.

- 앞면 + 앞면: 40% 이득
- 앞면 + 뒷면: 10% 이득
- 뒷면 + 앞면: 10% 이득
- 뒷면 + 뒷면: 20% 손실

이 게임에서 40%의 이득을 얻을 확률은 1/4, 즉 25%이며, 10%의 이득을 얻을 확률은 2/4, 즉 50%, 그리고 20%의 손실을 볼 확률은 1/4, 즉 25%이다. 이 게임의 기대수익률은 가능한 결과의 가중평균치이다. 즉

$$\text{기대수익률} = (0.25 \times 40) + (0.5 \times 10) + (0.25 \times -20) = +10\%$$

표 7.2는 수익률의 분산이 450임을 보여준다. 표준편차는 450의 제곱근, 즉 21이다. 표준편차는 수익률과 단위가 같으므로 이 게임의 변동성은 21%라고 말할 수 있다.

불확실성을 정의하는 한 가지 방법은 실제로 일어나는 것보다 더 많은 일이 일어날 수 있다

(1) 수익률 ($\tilde{r}$)	(2) 기대수익률로부터의 편차 ($\tilde{r}-r$)	(3) 편차 제곱 $(\tilde{r}-r)^2$	(4) 확률	(5) 확률 × 편차 제곱
+40	+30	900	0.25	225
+10	0	0	0.5	0
−20	−30	900	0.25	225
			분산 = $(\tilde{r}-r)^2$의 기댓값 = 450	
			표준편차 = $\sqrt{분산} = \sqrt{450}$ = 21	

표 7.2 동전 던지기 게임: 분산과 표준편차의 계산.

고 말하는 것이다. 동전 던지기 게임에서처럼 모든 가능한 결과와 각각이 나타날 확률을 기록하여 어떤 자산의 위험을 완전하게 표현할 수 있다. 실제로는 이와 같은 방법은 번거롭고 때로는 불가능하다. 그러므로 가능한 결과의 확산 정도를 요약하기 위해 분산이나 표준편차를 사용한다.[16)]

이들 척도는 자연스러운 위험의 지표이다.[17)] 동전 던지기 게임 결과가 확실하다면 표준편차는 0이었을 것이다. 어떤 일이 일어날지 모르기 때문에 실제 표준편차는 양(+)의 값이다.

첫 번째 게임과 같으나 앞면은 35%의 이득을 얻고, 뒷면은 25%의 손실을 보는 또 다른 게임을 생각해 보자. 역시 같은 확률을 갖는 네 가지 결과가 생긴다.

- 앞면 + 앞면: 70% 이득
- 앞면 + 뒷면: 10% 이득
- 뒷면 + 앞면: 10% 이득
- 뒷면 + 뒷면: 50% 손실

이 게임의 기대수익률은 첫 번째 게임과 마찬가지로 10%이다. 그러나 표준편차는 42% 대 21%로 첫 번째 게임의 두 배이다. 이 척도에 따르면 두 번째 게임은 첫 번째 게임보다 두 배 위험하다.

변동성의 측정

원칙적으로 어떠한 주식 혹은 채권의 포트폴리오라 할지라도 위에서 설명한 과정에 의해 변동성을 추정할 수 있다. 발생 가능한 결과를 확인하고 각각의 결과에 확률을 배정하고 나서 위에서 설명한 절차대로 계산하면 된다. 그러나 확률은 어디에서 얻는가? 신문에서는 찾을 수 없다. 신문은 증권의 전망에 대해 확실한 언급을 회피하는 방법을 잘 아는 듯하다. "채권 가격이 양쪽 어느 방향으로든 크게 움직일 것 같다."라는 제목의 기사를 본 적도 있다. 주식 중개인들도 거의 같다. 중개

16) 두 척도 중 어느 것을 사용하는가는 전적으로 편리성의 문제이다. 표준편차는 수익률과 같은 단위로 계산되기 때문에 표준편차를 사용하는 것이 일반적으로 더 편리하다. 그러나 우리가 어떤 요인(factor)에 기인하는 위험의 비율을 논의할 때는 분산을 기준으로 이야기하는 것이 혼란이 적다.

17) 제8장에서 설명하는 것과 같이 수익률이 정규분포를 이루는 경우 표준편차와 분산은 위험의 올바른 척도가 된다.

인은 시장 전망을 묻는 투자자의 질문에 대해 다음과 같은 말로 답할 것이다.

> 시장은 지금 바닥을 다지는 시기로 보입니다. 경기 회복이 계속된다는 가정에서 우리는 중기적으로 보수적인 견해를 유지합니다. 시장은 지금부터 1년 후 20% 상승할 수도 있습니다. 물가상승률이 낮은 상태로 유지된다면 더 높은 상승도 가능합니다. 다른 한편으로는…

수수께끼 같은 계시로 충고해 주기는 했지만, 확률에 관해서는 아무런 단서도 제공해 주지 못했다.

대부분 재무분석가는 과거의 변동성을 관찰하는 것으로 분석을 시작한다. 물론 지난 일을 돌아보는 데는 위험이 없다. 그러나 역사적으로 높은 변동성을 보인 포트폴리오가 미래에 가장 예측하기 어려운 성과를 보일 것이라고 가정하는 것은 타당한 일이다.

앞에서 언급한 세 가지 포트폴리오의 1900~2008년 기간에 관찰된 연간 표준편차와 분산은 다음 표와 같다.[18]

포트폴리오	표준편차(σ)	분산(σ^2)
재정증권	2.8	7.7
국채	8.3	69.3
주식	20.2	406.4

예상대로 재정증권이 가장 변동성이 작고, 주식이 가장 변동성이 큰 증권이다. 국채는 그 중간이다.

동전 던지기 게임과 주식시장을 두 가지 대체 투자안으로 비교해 보는 것은 매우 흥미롭다. 주식시장은 연평균 수익률 11.1%와 20.2%의 표준편차를 나타내고 있다. 반면에 동전 던지기 게임은 10%의 평균 수익률과 21%의 표준편차를 보이고 있다. 이는 주식시장보다 수익률은 약간 낮지만 거의 같은 표준편차이다. 같이 동전 던지기 게임을 하는 친구가 주식시장의 대략적인 모습을 제공했을지도 모른다.

그림 7.7은 같은 109년 동안 17개국 주식시장의 표준편차를 비교하고 있다. 캐나다 시장의 표준편차가 가장 낮은 17.0%이다. 그러나 대부분 국가는 표준편차가 20%대 전반에 몰려 있다.

물론 1세기 이상의 긴 기간에 시장 변동성이 같은 수준에 머물러 있으리라고 믿을 이유는 없다. 예를 들어 독일, 이탈리아, 일본 등의 국가들은 제2차 세계대전 전후의 기간에 비해 훨씬 안정적인 시장과 경제를 가지고 있다.

그림 7.8은 미국 시장의 변동성이 장기적으로 증가하거나 줄어드는 추세에 있지 않다는 것을 보여준다.[19] 대신 안정적인 기간과 변동성이 큰 기간이 모두 있었다. 2005년은 비정상적으로 안

---

18) 채권의 위험도를 논의할 때는 그 기간과, 실질 수익률인지 명목 수익률인지를 명시해야 한다는 점에 유의하라. 장기 국채의 **명목** 수익률은 만기까지 보유하는 투자자에게는 절대적으로 확실하다. 다시 말하면 이는 인플레이션을 무시한다면 위험이 없는 수익률이다. 정부는 부채를 상환하기 위해 화폐를 발행할 수 있기 때문이다. 그러나 미래 화폐의 구매력이 얼마일지는 아무도 모르기 때문에 정부 채권의 실질 수익률은 불확실하다.

채권수익률은 연간 수익률이다. 이들 수익률은 연간 채권가격 변화와 이자수입을 합친 총수입을 반영한다. 장기 채권의 **1년** 수익률은 실질 수익률과 명목 수익률 **모두** 위험에 노출된다.

19) 이들 추정치는 **주간** 수익률로부터 얻어졌다. 주간 변동성에 52를 곱하여 연간 변동성으로 변환한다. 즉 주간 분산은 연간 분산의 1/52이다. 증권 또는 포트폴리오를 오래 보유할수록 더 높은 위험을 부담해야 한다.

이와 같은 변환방법은 일련의 주간 수익률은 서로 독립적임을 가정한다. 제13장에서 설명하는 바와 같이 사실

그림 7.7

세계 증권시장의 위험(연간 수익률의 표준편차, 1990~2008).

자료원: E. Dimson, P. R. Marsh, and M. Staunton, *Triumph of the Optimists: 101 Years of Global Investment Returns* (Princeton, NJ: Princeton University Press, 2002), 갱신 자료는 저자들이 제공함.

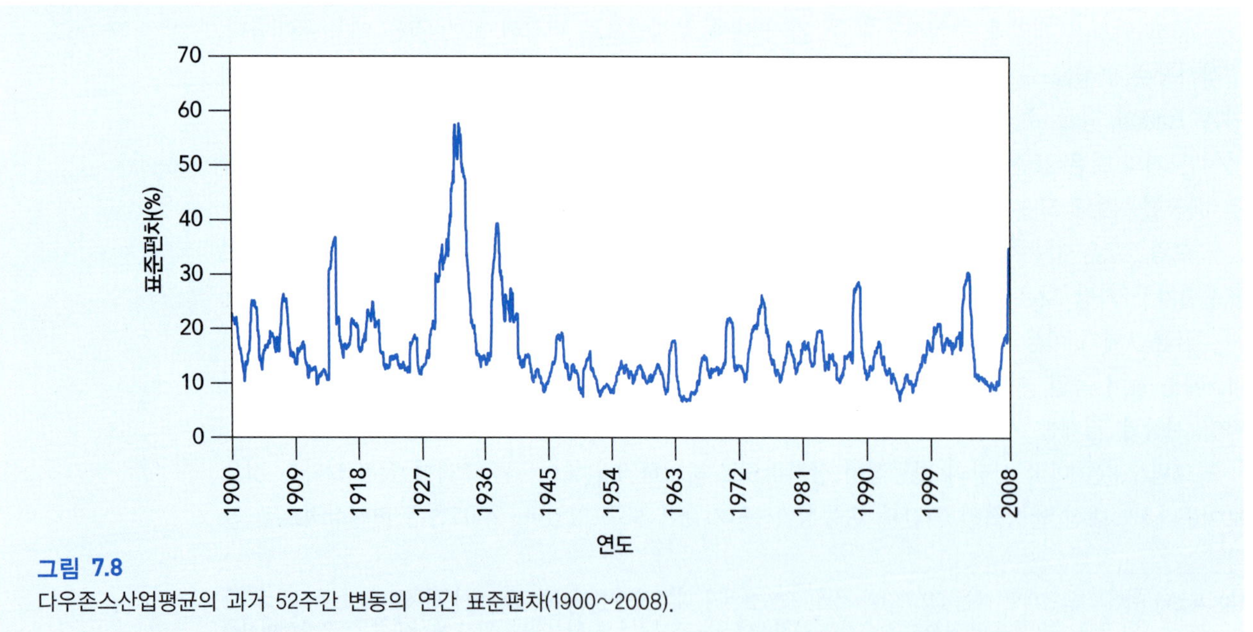

그림 7.8

다우존스산업평균의 과거 52주간 변동의 연간 표준편차(1900~2008).

정적인 해였다. 수익률의 표준편차가 장기 평균의 절반보다 낮은 9%에 불과하였다. 2008년의 표

이는 괜찮은 가정이다.

분산은 대략 증권이나 포트폴리오 수익률을 측정하는 기간에 비례하기 때문에 표준편차는 기간의 제곱근에 비례한다.

준편차는 34%로 약 네 배 높았다.

일, 주, 월과 같이 더 짧은 기간의 시장 변동성은 극단적으로 높을 수 있다. '암흑의 월요일(Black Monday)'이라고 알려진 1987년 10월 19일에는 시장지수가 단 하루 동안 23%나 하락했다. 암흑의 월요일을 전후한 1주간의 표준편차는 연간으로 환산하면 89%에 이르렀다. 다행히도 몇 주 후 변동성은 정상적인 수준으로 다시 낮아졌다.

2008년 10월과 11월에 금융위기가 정점에 있을 때 미국의 시장 표준편차는 대략 연 70%에 달하였다. 이 책을 쓰는 2009년 8월에는 표준편차가 25%로 다시 하락하였다.[20]

앞에서 미국 위험프리미엄의 타당한 정상 범위를 5~8%라고 하였다. 이 위험프리미엄은 아마도 금융위기의 결과로 증가하였을 것이다. 경제가 회복되고 시장 변동성이 낮아져서 위험프리미엄이 정상으로 다시 하락하기를 바란다.

분산투자가 어떻게 위험을 낮추는가?

우리는 개별 증권이나 증권의 포트폴리오에 대해서도 똑같이 변동성 척도를 계산해 낼 수 있다. 물론 특정한 회사의 100년간의 변동성 수준은 시장포트폴리오의 100년 변동성 수준에 비해 별다른 관심을 끌지 못한다. 왜냐하면, 1세기 전과 똑같은 영업위험에 당면하는 회사는 아마 드물 것이기 때문이다.

표 7.3은 잘 알려진 10개 주식의 최근 5년 동안의 표준편차를 보여준다.[21] 이들 표준편차가 커 보이는가? 당연히 그래야 한다. 시장포트폴리오의 표준편차는 이 기간에 약 13%였다. 개별 주식 각각은 더 큰 변동성을 가졌다. 아마존(Amazon) 주식은 시장포트폴리오보다 4배 이상 변동이 심하다.

다른 나라의 몇몇 잘 알려진 주식과 그 주식이 거래되고 있는 시장의 표준편차를 나타내는 표 7.4를 보라. 이들 주식 중 일부는 다른 주식보다 변동성이 훨씬 크다. 그러나 여기서도 역시 개별 주식의 변동성이 시장 지수의 변동성보다 크다는 것을 알 수 있다.

이 사실은 매우 중요한 의문을 제기한다. 시장포트폴리오는 개별 주식으로 구성되어 있다. 그렇다면, 왜 시장포트폴리오의 변동성은 구성요소들의 변동성 평균과 같지 않은가? 그 해답은 분산

주식	표준편차(σ)	주식	표준편차(σ)
Amazon	50.9	Boeing	23.7
Ford	47.2	Disney	19.6
Newmont	36.1	Exxon Mobil	19.1
Dell	30.9	Campbell Soup	15.8
Starbucks	30.3	Johnson & Johnson	12.5

표 7.3 2004.1~2008.12 기간의 미국 주요 주식의 표준편차(수치는 연간 %).

20) 2008년과 2009년의 표준편차는 Chicago Board Options Exchange(CBOE)가 발행한 시장 변동성의 VIX 지수이다. 제21장에서 VIX 지수를 설명한다. 현재 VIX 지수는 **finance.yahoo** 또는 CBOE 웹사이트에서 확인할 수 있다.

21) 이들 표준편차 역시 월간 수익률 자료로부터 계산되었다.

	표준편차(σ)			표준편차(σ)	
	주식	시장		주식	시장
BP	20.7	16.0	LVMH	20.6	18.3
Deutsche Bank	28.9	20.6	Nestlé	14.6	13.7
Fiat	35.7	18.9	Nokia	31.6	25.8
Heineken	21.0	20.8	Sony	33.9	16.6
Iberia	35.4	20.4	Telefonica de Argentina	58.6	40.0

표 7.4 2004.1~2008.12 기간의 주요 외국 주식 및 시장지수의 표준편차(수치는 연간 %).

투자가 위험을 낮춘다는 것이다.

약간의 분산투자라도 상당한 변동성의 감소를 가져온다. 2002~2007년 기간에 무작위로 추출한 1-주식과 2-주식, 그리고 5-주식 포트폴리오 등등의 표준편차를 계산하여 비교한다고 가정하자. 그림 7.9에서 볼 수 있는 바와 같이 분산투자는 수익률의 변동성을 거의 절반으로 줄여준다. 이 혜택의 대부분을 상대적으로 적은 수의 주식에서 얻을 수 있다는 점에 주목하라. 증권의 수가 20 또는 30 종목 이상으로 늘어나도 분산투자의 개선 효과는 많이 늘어나지 않는다.[22)]

서로 다른 주식의 주가가 정확히 같이 움직이지는 않기 때문에 분산투자는 효과가 있다. 통계

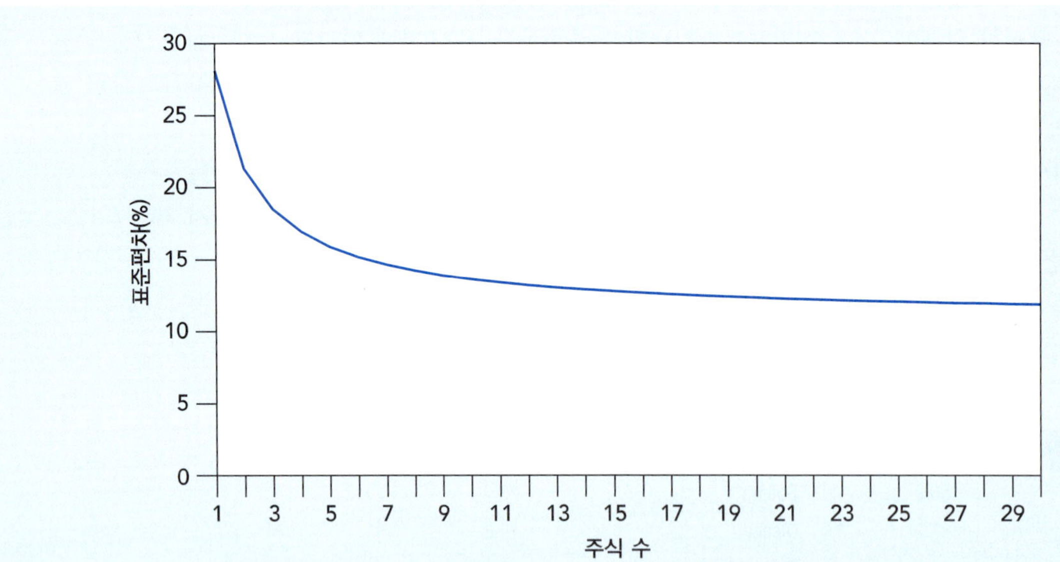

그림 7.9
서로 다른 수의 증권으로 구성되는 포트폴리오의 평균 위험(표준편차). 주식은 NYSE에서 2002~2007년 사이에 거래되던 주식에서 무작위로 추출하였다. 분산투자로 처음에는 위험이 빠르게 감소하다가 이후 느려짐에 주목하자.

22) 최근 들어 주식들은 개별적으로는 위험이 더 커졌지만 서로 같이 움직이는 경향은 적어졌다는 증거가 있다. 결과적으로 분산투자의 효과는 더 커졌다. J. Y. Campbell, M. Lettau, B. G. Malkiel, and Y. Xu, "Have Individual Stocks Become More Volatile? An Empirical Exploration of Idiosyncratic Risk," *Journal of Finance 56*(February 2001), pp. 1~43 참조.

학자들이 주가변동은 완전한 상관관계를 갖지 않는다고 말하는 것도 같은 의미이다. 예를 들어 그림 7.10을 보자. 이 그림은 2008년 12월까지 60개월 동안 스타벅스(Starbucks, 맨 위쪽 선)와 델(Dell, 아래쪽 선) 주식의 가격을 보여준다. 표 7.3에서 본 바와 같이 이 동안 두 주식의 월간 수익률 표준편차는 약 30%였다. 두 주식이 상당한 부침이 있었지만, 정확히 같이 움직이지는 않았다. 종종 델의 가치 감소는 스타벅스 주가의 상승으로 상쇄되었다.[23] 그래서 두 주식에 나누어 투자하면 투자 가치의 월별 변동성이 감소한다. 그림 7.10의 가운데 선을 보면, 델과 스타벅스에 같은 비율로 투자한 포트폴리오는 수익률이 중간 정도가 되는 달이 훨씬 많아지고 극단적인 수익률은 훨씬 적어졌을 것이라는 점을 알 수 있다. 두 주식에 분산투자하면 수익률의 표준편차를 대략 연 20%로 감소시켰을 것이다.

분산투자로 제거할 수 있는 위험을 **고유위험(unique risk)**이라고 부른다.[24] 고유위험은 개별 회사를 둘러싼 위험의 많은 부분이 그 회사 및 직접적인 경쟁자에게 고유한 것이라는 사실로부터 온다. 그러나 얼마나 분산을 잘하느냐에 관계없이 투자자가 피할 수 없는 위험이 있다. 이런 위험을 일반적으로 **시장위험(market risk)**이라고 한다.[25] 시장위험은 모든 기업을 위협하는 경제 전반에 걸친 위험이 존재한다는 사실로부터 오는 것이다. 이것이 주식들이 서로 같이 움직이는 경향을 보이는 이유이다. 이것은 또한 투자자들이 아무리 많은 주식을 보유하고 있어도 시장 불확실성에 노출될 수밖에 없는 이유이기도 하다.

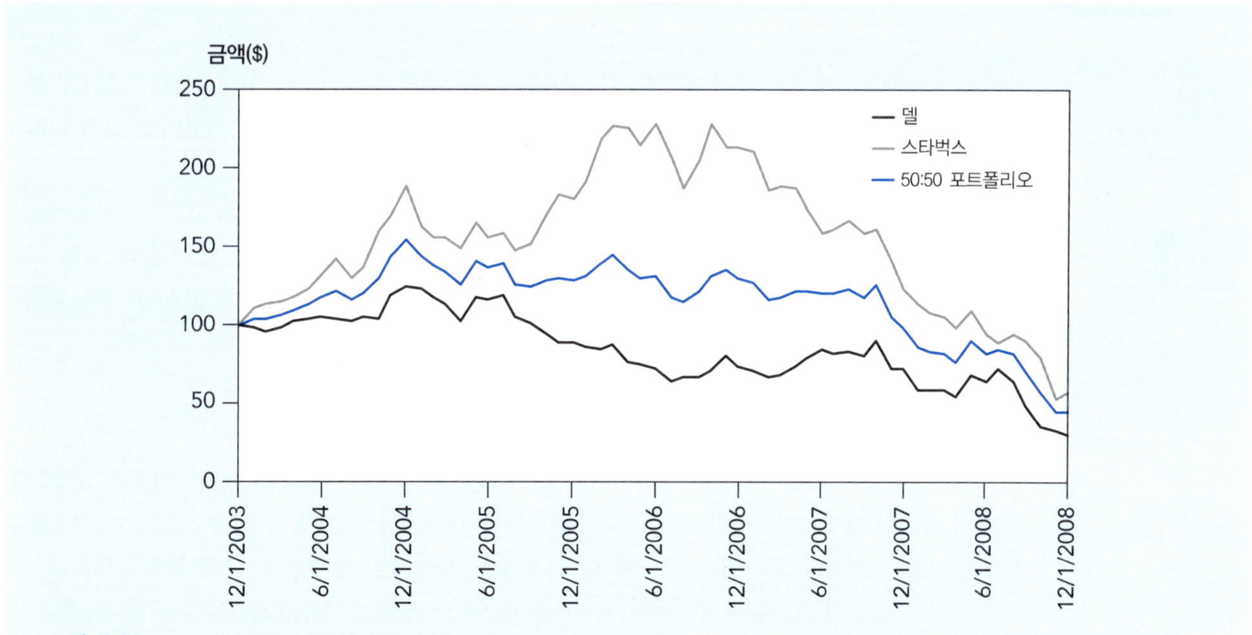

그림 7.10
델과 스타벅스에 반반씩 투자한 포트폴리오의 가치는 개별 종목 하나하나보다 변동성이 작다. 초기 투자액은 $100로 가정한다.

23) 이 기간 두 주식의 상관계수는 대략 0.29였다.

24) 고유위험은 비체계적위험(*unsystematic risk*), 특정위험(*specific risk*), 또는 분산가능 위험(*diversifiable risk*)이라고 한다.

25) 시장위험은 체계적위험(*systematic risk*) 또는 분산불가능 위험(*undiversifiable risk*)이라고도 한다.

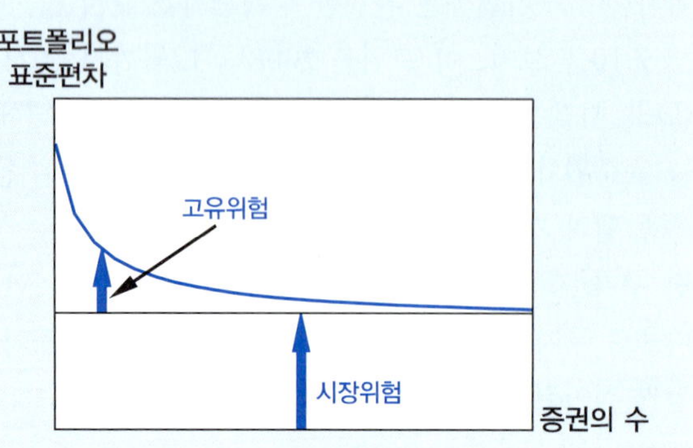

그림 7.11
분산투자는 고유위험을 제거한다. 그러나 분산투자로도 제거할 수 없는 위험이 있다. 이를 **시장위험**이라고 한다.

그림 7.11에서는 위험을 고유위험과 시장위험의 두 부분으로 나누었다. 하나의 주식에만 투자한다면 고유위험이 아주 중요하다. 그러나 투자자가 20종목 이상의 주식으로 구성되는 포트폴리오를 갖는다면 분산투자의 효과는 대부분 달성한 셈이다. 비교적 잘 분산된 포트폴리오에는 오직 시장위험만이 문제가 된다. 그러므로 분산투자를 하는 투자자에게는 불확실성의 주된 원천은 시장이 상승하거나 하락하여 투자자의 포트폴리오를 시장과 함께 움직이게 하는 것이다.

7.3 포트폴리오 위험의 계산

지금까지는 분산투자가 어떻게 위험을 감소시키는가에 대해 직관적으로 설명하였다. 그러나 분산투자의 효과를 완전하게 이해하려면 개별 증권의 위험에 따라 포트폴리오의 위험이 어떻게 달라지는가를 알 필요가 있다.

투자자의 포트폴리오가 총 투자자금의 60%를 캠벨 수프(Campbell Soup) 주식에 투자하고 나머지는 보잉(Boeing) 주식에 투자하여 구성되었다고 하자. 투자자는 앞으로 1년 동안 캠벨 수프 주식은 3.1%, 그리고 IBM 주식은 9.5%의 수익률을 가져다줄 것으로 기대하고 있다. 포트폴리오의 기대수익률은 단순히 개별 주식 기대수익률의 가중 평균치이다.[26] 즉,

$$\text{포트폴리오의 기대수익률} = (0.60 \times 3.1) + (0.40 \times 9.5) = 5.7\%$$

포트폴리오의 기대수익률을 계산하기는 쉽다. 어려운 부분은 포트폴리오의 위험을 계산하는 일이다. 과거의 캠벨 수프 주식 수익률의 표준편차는 15.8%이고, 보잉은 23.7%였다. 이 수치들은 미래의 가능한 결과가 확산되는 정도에 대한 훌륭한 예측치로 생각된다. 그렇다면 포트폴리오의 표준편차는 두 주식 표준편차의 가중평균치, 즉 $(0.60 \times 15.8) + (0.40 \times 23.7) = 19.0\%$라고 가정하고 싶을 것이다. 그러나 이 계산은 두 주식의 주가가 완전히 하나로 묶여서 같이 움직일 때만

26) 이를 확인해 보자. 투자자가 $60을 캠벨 수프 주식에 투자하고 보잉 주식에 $40을 투자했다고 가정하자. 캠벨 수프 주식 보유로부터 기대되는 수익은 $0.031 \times 60 = \$1.86$이고, 보잉 주식 보유의 기대 수익은 $0.095 \times 40 = \$3.80$이다. 따라서 포트폴리오의 기대 수익은 $1.86 + 3.80 = \$5.66$이다. 그러므로 포트폴리오의 수익률은 $5.66/100 = 0.057$, 즉 5.7%이다.

맞는다. 그렇지 않을 때는 분산투자가 위험을 이 값보다 작게 줄여준다.

두 주식으로 구성되는 포트폴리오의 위험을 계산하는 정확한 과정은 그림 7.12에 주어져 있다. 네 개의 상자 안에 각각 숫자를 채워 넣어야 한다. 왼편의 위쪽 상자를 완성하기 위해서는 주식 1 수익률의 분산(σ_1^2)에 그 주식에 투자한 비율의 제곱(x_1^2)을 곱한다. 마찬가지로 오른쪽 아래 상자를 채우려면 주식 2 수익률의 분산(σ_2^2)에 그 주식에 투자한 비율의 제곱(x_2^2)을 곱한다.

이들 대각선상의 상자에 들어갈 항목은 주식 1과 주식 2의 분산에 따라 정해진다. 다른 두 상자에 들어갈 항목은 두 주식 간의 **공분산(covariance)**에 따라 결정된다. 공분산이란 두 주식이 '같이 움직이는(covary)' 정도를 나타내는 척도이다. 공분산은 상관계수 ρ_{12}와 두 표준편차의 곱으로 나타낼 수 있다.[27)]

$$\text{주식 1과 주식 2의 공분산} = \sigma_{12} = \rho_{12}\sigma_1\sigma_2$$

대체로 주식들은 함께 움직이려는 경향을 보인다. 이 경우 상관계수 ρ_{12}는 양(+)이며, 따라서 공분산 ρ_{12} 역시 양(+)의 값이다. 주식의 미래 전망이 서로 아무런 상관이 없으면 상관계수와 공분산은 모두 0이다. 만약 주식들이 서로 반대 방향으로 움직이려는 경향을 보이면 상관계수와 공분산은 음(−)일 것이다. 분산을 투자비율의 제곱으로 곱하는 것과 마찬가지로 공분산도 두 주식에 투자한 비율 x_1과 x_2의 곱으로 가중치를 주어야 한다.

네 개의 상자를 완성했으면 이들 네 개 항목을 합해 포트폴리오 분산을 구한다.

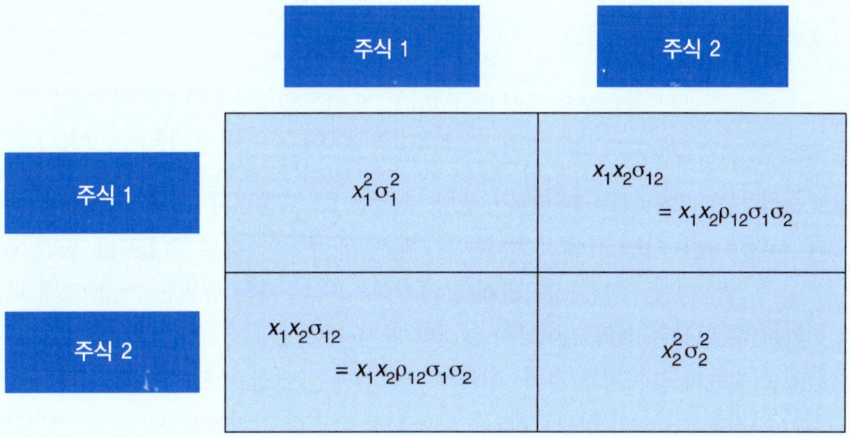

	주식 1	주식 2
주식 1	$x_1^2\sigma_1^2$	$x_1x_2\sigma_{12} = x_1x_2\rho_{12}\sigma_1\sigma_2$
주식 2	$x_1x_2\sigma_{12} = x_1x_2\rho_{12}\sigma_1\sigma_2$	$x_2^2\sigma_2^2$

그림 7.12
두 주식으로 구성된 포트폴리오의 분산은 이들 4개 상자 안의 항들을 모두 합한 것이다. 여기서 x_1, x_2 = 주식 1과 2에 투자된 비율; σ_1^2, σ_2^2 = 주식 수익률의 분산; σ_{12} = 수익률 간의 공분산($\rho_{12}\sigma_1\sigma_2$); ρ_{12} = 주식 1과 2 수익률의 상관계수.

27) 공분산을 정의하는 다른 방법은 다음과 같다.

$$\text{주식 1과 2의 공분산} = \sigma_{12} = (\tilde{r}_1 - r_1) \times (\tilde{r}_2 - r_2)\text{의 기대값}$$

어떤 증권의 그 자체와의 공분산은 바로 분산임에 주목하자. 즉

$$\sigma_{11} = (\tilde{r}_1 - r_1) \times (\tilde{r}_1 - r_1)\text{의 기대값}$$
$$= (\tilde{r}_1 - r_1)^2\text{의 기대값} = \text{주식 1의 분산} = \sigma_1^2$$

$$\text{포트폴리오의 분산} = x_1^2\sigma_1^2 + x_2^2\sigma_2^2 + 2(x_1x_2\rho_{12}\sigma_1\sigma_2)$$

포트폴리오의 표준편차는 물론 분산의 제곱근이다.

이제 캠벨 수프와 보잉 주식의 자료를 넣어보자. 앞에서 설명한 바와 같이 두 주식이 완전하게 같이 움직이면 포트폴리오의 표준편차는 두 주식 표준편차의 중간 40% 지점에 있을 것이다. 상관계수 $\rho_{12} = +1$을 가정하고 상자들을 채워 넣어서 이를 확인해 보자.

	캠벨 수프	보잉
캠벨 수프	$x_1^2\sigma_1^2 = (0.6)^2 \times (15.8)^2$	$x_1x_2\rho_{12}\sigma_1\sigma_2$ $= (0.6) \times (0.4) \times 1 \times (15.8) \times (23.7)$
보잉	$x_1x_2\rho_{12}\sigma_1\sigma_2$ $= (0.6) \times (0.4) \times 1 \times (15.8) \times (23.7)$	$x_2^2\sigma_2^2 = (0.4)^2 \times (23.7)^2$

포트폴리오의 분산은 이 항목들의 합계이다.

$$\begin{aligned}\text{포트폴리오의 분산} &= [(0.6)^2 \times (15.8)^2] + [(0.4)^2 \times (23.7)^2] \\ &\quad + 2(0.6 \times 0.4 \times 1 \times 15.8 \times 23.7) \\ &= 359.5\end{aligned}$$

표준편차는 $\sqrt{359.5} = 19\%$, 즉 15.8과 23.7의 중간 40% 지점이다.

캠벨 수프와 보잉 주식이 완전히 하나로 묶여서 같이 움직이지는 않는다. 과거 자료를 참고하면 두 주식의 상관계수는 약 0.18이다. $\rho_{12} = 0.18$로 설정하고 같은 과정을 되풀이하면 포트폴리오의 분산은 다음과 같다.

$$\begin{aligned}\text{포트폴리오의 분산} &= [(0.6)^2 \times (15.8)^2] + [(0.4)^2 \times (23.7)^2] \\ &\quad + 2(0.6 \times 0.4 \times 0.18 \times 15.8 \times 23.7) = 212.1\end{aligned}$$

표준편차는 $\sqrt{212.1} = 14.6\%$가 된다. 위험은 두 표준편차 15.8%와 23.7%의 중간 40% 지점보다 작다. 사실 이는 캠벨 수프 주식 하나에만 투자할 때의 위험보다 약간 작다.

두 주식이 음(−)의 상관관계를 가질 때 분산투자의 효과는 가장 크게 나타난다. 불행하게도 이와 같은 현상은 거의 일어나지 않지만 단지 예를 들고자 캠벨 수프와 보잉 주식이 음(−)의 상관관계를 갖는다고 가정해 보자. 어차피 비현실적인 가정을 할 바에는 아주 극단적으로 가서 두 주식이 완전한 음(−)의 상관관계($\rho_{12} = -1$)를 가진다고 가정해 보자. 이 경우 포트폴리오의 분산은 다음과 같다.

$$\begin{aligned}\text{포트폴리오의 분산} &= [(0.6)^2 \times (15.8)^2] + [(0.4)^2 \times (23.7)^2] \\ &\quad + 2(0.6 \times 0.4 \times (-1) \times 15.8 \times 23.7) = 0\end{aligned}$$

완전한 음(−)의 상관관계가 존재할 때는 위험을 완전히 제거할 수 있는 특정한 포트폴리오 전략(특정한 포트폴리오 투자 비중으로 표시됨)이 항상 존재한다.[28] 안타깝게도 주식들 사이에 완전한 음(−)의 상관관계는 없다.

28) 보잉 주식의 표준편차가 캠벨 수프 주식의 표준편차보다 약 1.5배이므로 위험을 완전히 제거하려면 캠벨 수프 주식에 1.5배 더 많이 투자해야 한다.

포트폴리오의 위험을 계산하는 일반 공식

포트폴리오의 위험을 계산하는 방법은 3개 또는 그 이상의 주식으로 구성되는 포트폴리오에 대해서도 쉽게 확장할 수 있다. 단순히 더 많은 수의 상자를 채워 넣어야 할 뿐이다. 대각선상에 있는 각각의 상자, 즉 그림 7.13의 음영된 부분에는 투자비율의 제곱으로 가중치가 주어진 분산이 들어간다. 다른 상자 각각은 한 쌍의 증권 간의 공분산을 각 증권에 투자한 비율의 곱으로 가중치를 준 항들이 들어간다.[29)]

분산투자의 극한점

그림 7.13에서 투자자가 포트폴리오에 증권을 추가할 때 공분산은 얼마나 더 중요해지는가? 두 개의 주식만 있을 때는 분산 상자나 공분산 상자는 그 수가 같았다. 더 많은 증권이 포함되면 공분산의 수가 분산의 숫자보다 훨씬 더 많아진다. 그래서 잘 분산된 포트폴리오의 변동성은 주로 공분산을 반영하는 것이다.

N개의 주식에 같은 비율로 투자한 포트폴리오가 있다고 상상해 보자. 따라서 각 주식에 투자

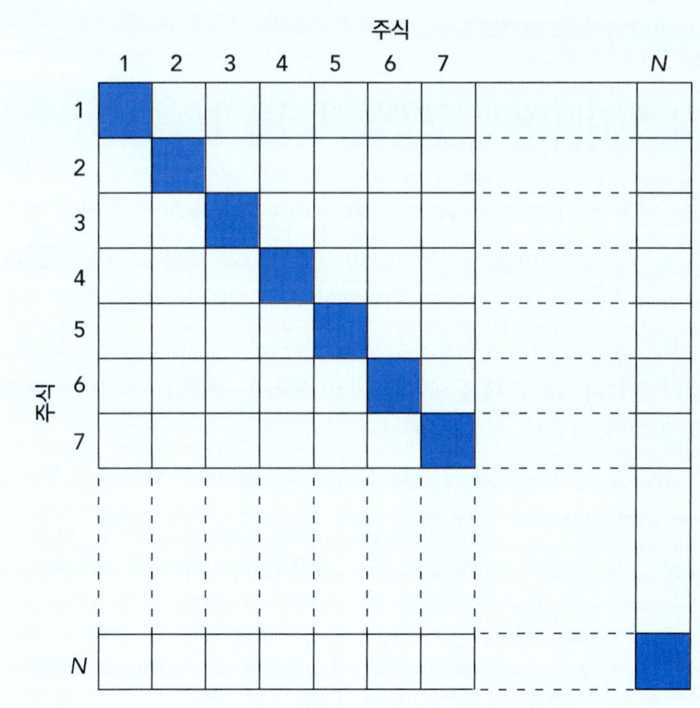

그림 7.13
N-주식 포트폴리오의 분산을 계산하려면 오른쪽과 같은 행렬 안에 자료를 입력해야 한다. 대각선 셀에는 분산 항($x^2\rho^2$), 그 외의 셀에는 공분산 항($x_ix_j\sigma_{ij}$)이 들어간다.

29) '모든 상자 합하기'를 공식으로 나타내면 다음과 같다.

$$\text{포트폴리오 분산} = \sum_{i=1}^{N}\sum_{j=1}^{N} x_i x_j \sigma_{ij}$$

만약 $i = j$이면 σ_{ij}는 바로 주식 i의 분산이다.

한 비율은 $1/N$이다. 그러므로 각각의 분산 상자에는 분산과 $(1/N)^2$을 곱한 값이 들어가고, 각각의 공분산 상자에는 공분산과 $(1/N)^2$을 곱한 값이 들어간다. 모두 N개의 분산 상자와 $N^2 - N$개의 공분산 상자가 있다. 그러므로 포트폴리오의 분산은 다음과 같이 주어진다.

$$\begin{aligned}\text{포트폴리오의 분산} &= N\left(\frac{1}{N}\right)^2 \times \text{평균 분산} \\ &\quad + (N^2 - N)\left(\frac{1}{N}\right)^2 \times \text{평균 공분산} \\ &= \frac{1}{N} \times \text{평균 분산} + \left(1 - \frac{1}{N}\right) \times \text{평균 공분산}\end{aligned}$$

N이 증가함에 따라($1/N$은 작아짐) 포트폴리오의 분산은 점차 평균 공분산으로 접근함에 주목하라. 만약 평균 공분산이 0이라면 매우 많은 수의 증권을 보유함으로써 모든 위험을 제거할 수 있을 것이다. 그러나 불행하게도 주식은 독립적이 아니라 서로 같이 움직인다. 그러므로 투자자들이 실제로 투자할 수 있는 주식 대부분은 양(+)의 공분산이라는 거미줄로 묶여 있다. 그렇기 때문에 분산투자의 혜택에는 한계가 있다. 이제 우리는 그림 7.11에 그려져 있는 시장위험의 정확한 의미를 이해할 수 있게 되었다. 시장위험은 분산투자가 최대로 이루어지고 나서 남아 있는 위험의 바닥(최소값)인 평균 공분산이다.

7.4 개별 자산은 포트폴리오 위험에 어떤 영향을 미치는가?

앞에서 미국 시장의 10개 주식의 변동성 자료를 제시한 바 있다. 아마존(Amazon) 주식이 가장 높은 표준편차를 나타냈고, 존슨 앤드 존슨(Johnson & Johnson) 주식의 표준편차가 가장 낮았다. 투자자금을 모두 아마존 주식에 투자했다면 발생 가능한 수익률의 확산 범위는 존슨 앤드 존슨 주식에 투자했을 때보다 4배 더 넓었을 것이다. 그러나 이는 별로 흥미로운 일이 아니다. 현명한 투자자는 계란을 한 바구니에 담지 않는다. 투자자들은 분산투자로 위험을 낮춘다. 그러므로 투자자들은 각 주식이 포트폴리오의 위험에 미치는 영향에 관심을 두게 된다.

이제 이 장의 주요 주제 중 하나를 끌어내 보자. **잘 분산투자된 포트폴리오의 위험은 그 포트폴리오에 포함된 증권들의 시장위험에 따라 결정된다.** 만약 다른 어떤 방법으로도 이 문장을 외울 수 없다면 아예 이마에 새기고 다녀라. 이 주제는 이 책에서 가장 중요한 아이디어 중 하나이다.

시장위험은 베타로 측정한다

개별 증권이 잘 분산투자된 포트폴리오의 위험에 얼마나 공헌하는가를 알려면 그 증권 하나만 분리해서 위험을 생각해서는 안 된다. 이때는 개별 증권의 시장위험을 측정해야 한다. 시장위험을 측정하는 일은 시장 움직임에 대해 그 개별 증권이 얼마나 민감한가를 측정하는 일로 압축된다. 이 민감도를 **베타**(β)라고 한다.

베타가 1.0보다 큰 주식은 시장 전체의 움직임을 증폭시키는 경향이 있다. 베타가 0과 1.0 사이에 있는 주식은 시장 전체의 움직임과 같은 방향으로 움직이지만, 시장의 변화보다는 작게 움직이는 경향이 있다. 물론 여기서 시장이란 모든 주식으로 구성된 포트폴리오를 말한다. 그러므로 '평균적인' 주식은 1.0의 베타를 가진다. 표 7.5는 우리가 앞에서 살펴본 잘 알려진 10개 주식의 베타를 보여준다.

2004년 1월부터 2008년 12월까지의 5년 기간에 델(Dell) 주식은 1.41의 베타를 나타냈다. 만약 미래의 움직임도 과거와 비슷하다면 이는 **평균적으로** 시장이 1% 상승할 때 델 주가는 추가로 1.41% 상승한다는 것을 의미한다. 시장이 2% 하락할 때는 델의 주가는 추가로 $2 \times 1.41 = 2.82\%$ 하락할 것이다. 그러므로 델의 수익률과 시장수익률 간의 관계를 하나의 직선으로 나타내면 그 선은 기울기가 1.41이 될 것이다. 그림 7.14를 참조하라.

물론 델 주식 수익률이 시장수익률과 완전한 상관관계를 갖는 것은 아니다. 이 회사는 고유위험도 있기 때문에 실제 수익률은 그림 7.14의 직선 주변에 흩어져 나타나게 된다. 가끔은 시장수익률이 올라갈 때 이 주식의 수익률은 내려가기도 하고, 그 반대일 때도 있다.

표 7.5에 있는 10개 주식 중 델은 가장 베타가 높은 주식 중 하나이다. 캠벨 수프 주식은 반대쪽 극단에 있다. 캠벨 수프 주식 수익률과 시장수익률 간의 관계를 나타내는 선은 기울기가 완만하여 0.30밖에 되지 않는다. 높은 표준편차를 가진 주식들은 대부분 베타도 역시 크다. 그러

주식	베타(β)	주식	베타(β)
Amazon	2.16	Disney	0.96
Ford	1.75	Newmont	0.63
Dell	1.41	Exxon Mobil	0.55
Starbucks	1.16	Johnson & Johnson	0.50
Boeing	1.14	Campbell Soup	0.30

표 7.5 2004.1~2008.12 기간 중 미국 주요 주식의 베타.

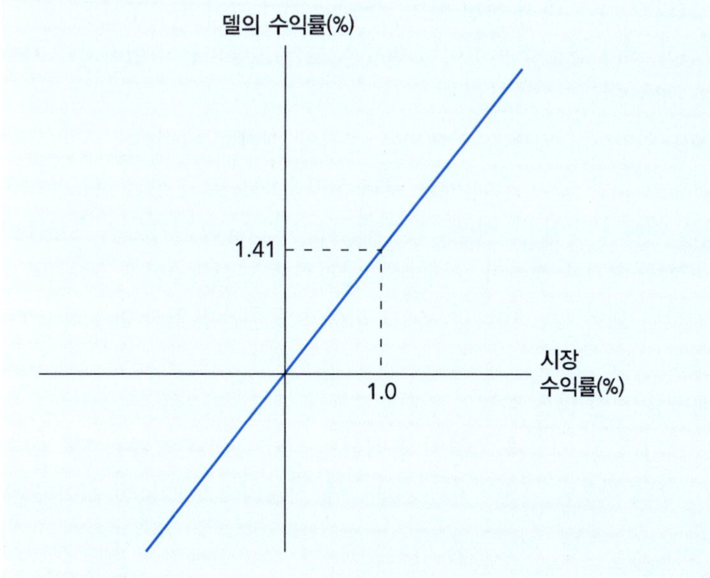

그림 7.14
시장수익률이 1% 변동할 때 델 주식의 수익률은 평균적으로 1.41% 변한다. 그러므로 베타는 1.41이다.

표 7.6
2004.1~2008.12 기간 중 외국 주식 표본의 베타(베타는 각 주식의 해당 국내시장에 대한 수치임).

주식	베타(β)	주식	베타(β)
BP	0.49	LVMH	0.86
Deutsche Bank	1.07	Nestlé	0.35
Fiat	1.11	Nokia	1.07
Heineken	0.53	Sony	1.32
Iberia	0.59	Telefonica de Argentina	0.42

나 항상 그런 것은 아니다. 예를 들어 상대적으로 높은 표준편차를 가진 뉴몬트(Newmont) 주식은 표 7.5에서 베타가 낮은 오른쪽 열에 속해 있다. 뉴몬트 주식은 그 자체만으로는 위험한 투자이지만 잘 분산된 포트폴리오의 위험에 영향을 끼치는 정도는 작은 편이다.

미국 주식의 수익률이 시장수익률의 변동으로부터 어떻게 영향을 받는가를 측정할 수 있는 것과 마찬가지로 다른 나라 주식들이 그 나라 시장의 움직임으로부터 어떻게 영향을 받는가를 측정할 수 있다. 표 7.6은 외국 주식 표본의 베타를 보여주고 있다.

왜 증권 베타가 포트폴리오 위험을 결정하는가?

개별 증권의 위험과 포트폴리오 위험에 대해 두 가지 아주 중요한 요점을 다시 정리해 보자.

- 시장위험은 잘 분산된 포트폴리오의 위험을 대부분 설명한다.
- 개별 증권의 베타는 시장의 움직임에 대한 그 증권의 민감도를 측정한다.

우리의 논의가 어디로 향하고 있는지는 쉽게 알 수 있다. 포트폴리오 관점에서 보면 증권의 위험은 베타로 측정된다. 곧바로 이런 결론으로 옮겨갈 수 있겠지만 그러기보다는 먼저 그 이유를 설명하는 것이 좋겠다. 여기서는 직관적으로 설명하였으며, 좀 더 기술적인 설명은 각주 31에 있다.

바닥은 어디인가? 포트폴리오 수익률의 표준편차가 그 포트폴리오에 포함된 증권의 수에 따라 어떻게 달라지는가를 보여주는 그림 7.11을 다시 한번 보자. 증권의 수가 많아져서 분산투자가 더 잘 이루어지면 포트폴리오의 위험은 점차 감소하는데 이런 현상은 모든 고유위험이 없어지고 시장위험이라는 바닥만 남을 때까지 계속된다.

그렇다면 바닥(최저점)은 어디인가? 그 바닥은 선택되는 증권의 베타에 달렸다.

전체 시장에서 무작위로 선택된 많은 수의 주식(예를 들면 500종목)으로 구성된 포트폴리오를 만들었다고 하자. 우리가 얻는 것은 무엇일까? 시장 그 자체거나 시장과 아주 가까운 포트폴리오일 것이다. 이 포트폴리오의 베타는 1.0일 것이며, 시장과의 상관관계 또한 1.0이다. 시장의 표준편차가 20%(1900~2008년 기간의 대략 평균치)라면 포트폴리오의 표준편차 역시 20%가 된다. 이는 그림 7.15에 나와 있다.

한편, 우리가 1.5의 평균 베타를 가진 많은 주식의 집단으로부터 포트폴리오를 구성했다고 하자. 이 경우도 역시 고유위험은 거의 없고 시장과 똑같이 움직이는 500 주식 포트폴리오를 얻을 수 있다. 그러나 이렇게 구성된 포트폴리오의 표준편차는 30%, 즉 시장의 1.5배가 될 것이다.[30]

30) 베타가 1.5인 500 주식 포트폴리오는 약간의 고유위험을 갖는다. 왜냐하면, 이 포트폴리오는 높은 베타 주식에 지나

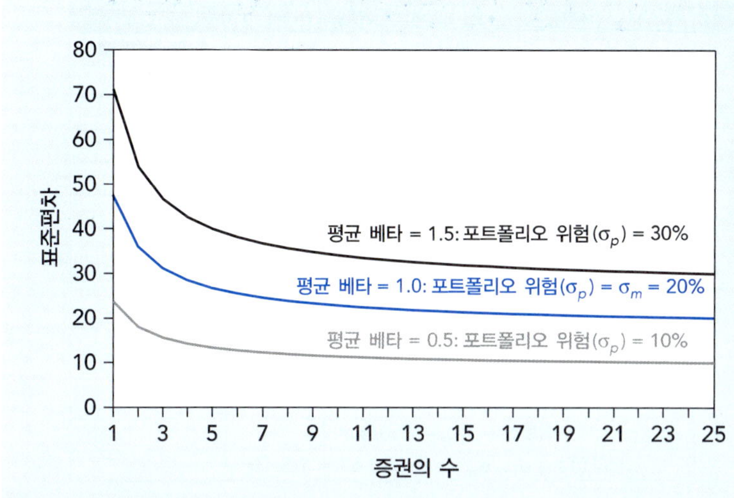

그림 7.15
청색 선은 무작위로 선정한 잘 분산투자된 포트폴리오는 β = 1이 되며, 표준편차는 시장과 같아짐(이 경우에는 20%)을 보여준다. 위쪽의 검은 선은 β = 1.5인 잘 분산투자된 포트폴리오의 표준편차는 약 30%, 즉 시장의 1.5배임을 보여준다. 아래쪽의 회색 선은 β = 0.5인 잘 분산투자된 포트폴리오의 표준편차가 약 10%, 즉 시장의 절반임을 보여준다.

베타 1.5를 가진 잘 분산된 포트폴리오는 모든 시장 움직임을 50% 증폭시켜서 결국은 시장위험의 150%를 갖게 된다. 그림 7.15의 위쪽 선이 이 경우를 보여준다.

물론 베타가 0.5인 주식들로 같은 실험을 반복하면 시장위험의 절반 정도로만 위험한 잘 분산된 포트폴리오를 얻을 수 있다. 그림 7.15에서 이 경우도 볼 수 있다.

지금까지 논의의 일반적인 요점을 정리하면 다음과 같다. 잘 분산된 포트폴리오의 위험은 포트폴리오의 베타에 비례하고, 포트폴리오의 베타는 그 포트폴리오에 포함된 증권들의 평균 베타와 같다. 이는 포트폴리오 위험이 각 증권의 베타에 의해 결정된다는 것을 보여준다.

베타의 계산 통계학자들은 주식 i의 베타를 다음과 같이 정의한다.

$$\beta_i = \sigma_{im}/\sigma_m^2$$

여기서 σ_{im}은 주식 i의 수익률과 시장수익률 간의 공분산이고, σ_m^2은 시장수익률의 분산이다. 공분산과 분산 간의 이 비율이 포트폴리오 위험에 대한 주식의 공헌도를 측정한다는 사실이 밝혀졌다.[31)]

치게 집중되어 있기 때문이다. 이 포트폴리오의 실제 표준편차는 30%보다 약간 높다. 이 사실이 걱정스럽다면 안심해도 좋다. 제8장에서는 차입해서 시장포트폴리오에 투자하는 방법으로 완전히 분산된 베타 1.5의 포트폴리오를 구성할 수 있다는 것을 볼 것이다.

31) 왜 그런지 이해하기 위해 그림 7.13으로 되돌아가 보자. 그림 7.13에 있는 상자의 각 행은 특정 증권의 포트폴리오 위험에 대한 공헌도를 나타낸다. 예를 들어 주식 1의 공헌도는 다음과 같다.

$$x_1x_1\sigma_{11} + x_1x_2\sigma_{12} + \cdots = x_1(x_1\sigma_{11} + x_2\sigma_{12} + \cdots)$$

여기서 x_i는 주식 i에 투자한 비중이며, σ_{ij}는 주식 i와 j 간의 공분산이다(주: σ_{ii}는 주식 i의 분산이다). 다시 말해 포트폴리오의 위험에 대한 주식 1의 공헌도는 주식 1과 포트폴리오에 포함된 모든 주식 간의 평균 공분산에다 보유 규모(x_1)의 상대적 크기를 곱한 값과 같다. 이를 좀 더 간결하게 쓰면, 포트폴리오 위험에 대한 주식 1의 공헌도는 주식 1과 전체 포트폴리오 간의 공분산(σ_{1p})에 보유 규모(x_1)를 곱한 값이다.

위험에 대한 주식 1의 상대적 공헌도를 알려면 포트폴리오 분산으로 나누기만 하면 된다. 즉 $x_1(\sigma_{1p}/\sigma^2_p)$이 된다. 다시 말하면 이는 보유 규모($x_1$)와 포트폴리오에 대한 상대적 베타($\sigma_{1p}/\sigma^2_p$)의 곱과 같다.

어떤 포트폴리오에 대한 주식의 상대적 베타도 단순히 주식과 포트폴리오의 공분산을 포트폴리오의 분산으로 나

(1)	(2)	(3)	(4)	(5)	(6)	(7)
월	시장 수익률	Anchovy Q 수익률	평균 시장수익률 로부터 편차	평균 Anchovy Q 수익률로부터 편차	평균 시장수익률 로부터 편차 제곱	평균 수익률 로부터 편차의 곱 (열 4×5)
1	−8%	−11%	−10	−13	100	130
2	4	8	2	6	4	12
3	12	19	10	17	100	170
4	−6	−13	−8	−15	64	120
5	2	3	0	1	0	0
6	8	6	6	4	36	24
평균	2	2		Total	304	456
			분산 = σ_m^2 = 304/6 = 50.67			
			공분산 = σ_{im} = 456/6 = 76			
			베타 (β) = σ_{im}/σ_m^2 = 76/50.67 = 1.5			

표 7.7 시장수익률의 분산과 시장과 앤쵸비 퀸 수익률 간의 공분산 계산. 베타는 분산과 공분산 간의 비율이다(즉, $\beta = \sigma_{im}/\sigma_m^2$).

Visit us at www.mhhe.com/bma

실제 계산방법을 보여주는 간단한 예를 살펴보자. 표 7.7의 두 번째와 세 번째 열은 특정한 6개월 기간의 시장수익률과 앤초비 퀸(Anchovy Queen) 주식의 수익률을 보여준다. 이 표에서 알 수 있는 바와 같이 두 투자 모두 2%의 평균 수익률을 제공하지만 앤초비 퀸 주식은 시장 움직임에 특히 민감하다. 시장이 상승할 때 더 많이 올라가고, 시장이 내려갈 때는 더 많이 내려간다.

제4열과 5열은 매월 수익률 평균으로부터의 편차를 보여준다. 시장 분산을 계산하려면 시장수익률의 편차 제곱의 평균을 계산한다(6열). 주식 수익률과 시장수익률 간의 공분산을 계산하려면 두 편차의 곱을 평균한다(7열). 베타는 시장수익률의 분산에 대한 공분산의 비율, 즉 76/50.67 = 1.50이다. 앤초비 퀸과 같은 베타를 가진 잘 분산된 주식 포트폴리오는 시장보다 1.5배인 변동성을 갖는다.

7.5 분산투자와 가치가산성

분산투자는 위험을 감소시키며, 따라서 투자자들에게 타당한 일이다. 그렇다면 분산투자가 회사에도 똑같이 이치에 맞는 일인가? 즉 잘 분산된 회사는 그렇지 않은 회사보다 투자자들에게 더 매력적인가? 만약 그렇다면 우리는 매우 당혹스러운 결과를 얻게 된다. 만약 분산투자가 기업의 타당한 목표라면 각각의 투자안은 회사 자산의 포트폴리오에 대한 잠재적인 공헌도라는 관점에서 분석되어야 한다. 분산된 꾸러미의 가치는 각 부분의 합계보다 더 크다. 그러므로 현재가치를 그냥 더하

누어 계산할 수 있다. 어떤 주식의 시장포트폴리오에 대한 상대적 베타를 구하려면 단순히 시장포트폴리오와 공분산을 시장의 분산으로 나누면 된다.

$$\text{시장포트폴리오에 대한 상대적 베타 (또는, 단순히 베타)} = \frac{\text{시장과의 공분산}}{\text{시장의 분산}} = \frac{\sigma_{im}}{\sigma_m^2}$$

는 것은 이제는 맞지 않다.

분산투자가 좋다는 것은 의심의 여지가 없지만 그렇다고 회사도 분산투자를 해야 한다는 의미는 아니다. 만약 투자자들이 여러 종류의 증권을 보유할 수 없다면 투자자들은 기업이 대신 분산투자해 주기를 바랄 것이다. 그러나 투자자들은 스스로 분산투자를 할 수 있다.[32] 오히려 어떤 면에서는 개인투자자들이 기업보다 훨씬 쉽게 분산투자를 할 수 있다. 개인은 철강회사에 투자했다가도 곧 팔고 나올 수 있지만, 회사는 그렇게 할 수 없다. 개인은 단지 철강회사 주식을 사고파는 데 수수료를 내야 할 뿐이지만 회사가 다른 철강회사를 인수하거나 철강 사업을 새로 시작하는 데 드는 비용과 시간을 한번 생각해 보라.

이 논의를 어느 방향으로 끌고 가려는지 짐작할 수 있을 것이다. 만약 투자자들이 스스로 분산투자를 할 수 있다면 투자자들은 분산투자를 하는 기업에 대해 어떠한 덤(*extra*)도 내려 하지 않을 것이다. 투자자들이 증권투자에서 적당히 넓은 범위의 선택을 할 수 있다면, 각각의 공장에 개별적으로 투자할 수 없다고 해서 더 적은 값을 내려고 하지도 않을 것이다. 그러므로 미국과 같이 규모가 크고 경쟁적인 자본시장을 가진 국가에서는 분산투자가 기업가치에 보탬이 되거나 가치를 감소시키지 않는다. 총 가치는 부분의 합과 같다.

이 결론은 기업재무에서 매우 중요하다. 이는 현재가치 가산성을 정당화하기 때문이다. **가치 가산성**(*value additivity*)의 개념은 너무나 중요하기 때문에 여기서 공식적인 정의를 내린다. 자본시장에서 A 자산과 B 자산의 가치가 각각 PV(A)와 PV(B)로 정해지면 이 두 자산만을 보유하는 회사의 시장가치는 다음과 같다.

$$PV(AB) = PV(A) + PV(B)$$

A, B, C 세 개의 자산을 보유하는 회사는 PV(ABC) = PV(A) + PV(B) + PV(C)의 가치를 가지며, 이 법칙은 어떤 수의 자산에 대해서도 똑같이 적용된다.

지금까지 우리는 직관적 논의에 의존하여 가치가산성에 대해 설명하였다. 그러나 이 개념은 여러 가지 다른 방법으로 정식으로 증명할 수 있다.[33] 가치가산성의 개념은 널리 받아들여지는 듯하다. 이는 수많은 경영자가 별생각 없이 수천 개의 현재가치를 더하는 관행을 보면 알 수 있다.

요약

자본시장 역사를 살펴보면 투자수익률은 투자자들이 부담한 위험에 따라 달라진다는 사실을 알 수 있다. 한쪽 극단으로 미국 재정증권과 같이 매우 안전한 자산은 109년 동안 4.0%의 연평균 수익률을 제공했다. 우리가 살펴본 가장 위험한 증권은 보통주였다. 주식시장은 평균 11.1%의 수익률을 제공했는데, 이는 안전한 이자율보다 7.1% 높은 프리미엄을 주었다.

이는 기회자본비용에 대한 두 가지 벤치마크를 제공한다. 안전한 투자안을 분석할 때는 현재의 무위

32) 개인투자자가 분산투자를 할 수 있는 가장 간단한 방법 중 하나는 잘 분산투자된 포트폴리오를 보유한 뮤추얼펀드를 사는 일이다.

33) 제31장의 부록을 참고하는 것도 좋겠다. 이 부록은 분산투자와 가치 가산성을 합병의 관점에서 논의한다.

Visit us at www.mhhe.com/bma

험 이자율로 할인한다. 평균적인 위험을 가진 투자안을 분석할 때는 평균적인 보통주의 기대수익률로 할인한다. 역사적인 자료에 의하면 이 수익률은 무위험 이자율보다 7.1% 높다고 한다. 그러나 많은 재무관리자와 경제학자는 더 작은 값을 선택한다. 그렇지만 이런 단순한 경우에 속하지 않는 수많은 자산이 남아 있다. 이들 자산을 다루려면 먼저 위험을 측정하는 방법을 배워야 한다.

위험은 포트폴리오 관점에서 가장 잘 판단될 수 있다. 투자자 대부분은 계란을 전부 한 바구니에 담지 않는다. 즉 투자자들은 분산투자를 한다. 그러므로 어떤 증권의 실질적인 위험은 그 증권만 따로 떼어 조사해서는 제대로 판단할 수 없다. 증권 수익률에 대한 불확실성의 일부는 그 증권을 다른 증권과 함께 포트폴리오로 만들어서 분산시킬 수 있다.

투자에서 위험이란 미래의 수익률이 예측 불가능함을 의미한다. 발생 가능한 결과가 퍼지는 정도는 일반적으로 표준편차로 측정한다. 스탠더드 앤드 푸어스의 종합주가지수로 대표되는 **시장포트폴리오**의 표준편차는 대략 연 15~20% 정도이다.

대부분의 개별 주식은 이보다 더 큰 표준편차를 가진다. 그러나 이들 주식 변동성의 상당 부분은 분산투자를 통해 제거할 수 있는 **고유위험**이다. 그러나 분산투자가 **시장위험**을 없애지는 못한다. 분산된 포트폴리오라도 여전히 시장의 전반적인 수준에서 일어나는 변동성에 노출되어 있다.

잘 분산된 포트폴리오에 대한 개별 증권의 공헌도는 그 증권이 시장 하락으로부터 어느 정도 영향을 받는지에 달렸다. 시장에 대한 이와 같은 민감도를 **베타**(β)라고 한다. 베타는 시장이 1% 추가로 변동할 때 투자자들이 예상하는 개별 주가의 변화폭을 측정한다. 모든 주식의 평균 베타는 1.0이다. 베타가 1보다 큰 주식은 대체로 시장 움직임보다 훨씬 민감하며, 베타가 1보다 낮은 주식은 시장 움직임에 대해 현저하게 둔감하다. 잘 분산된 포트폴리오의 표준편차는 그 베타에 비례한다. 그러므로 베타가 2.0인 주식에 투자한 분산 포트폴리오는 베타가 1.0인 분산 포트폴리오보다 두 배의 위험을 가진다.

이 장의 한 가지 주제는 **투자자**에게 분산투자가 바람직하다는 것이다. 그러나 이것이 **기업**도 분산투자를 해야 한다는 뜻은 아니다. 투자자들이 자신의 계좌를 통해 분산투자를 할 수 있다면 기업의 분산투자는 중복되는 일이 된다. 분산투자는 기업의 가치에 영향을 주지 않기 때문에 명시적으로 위험을 고려해도 현재가치는 서로 더할 수 있다. 이와 같은 **가치가산성** 덕분에 자본예산에서 순현가 기준은 불확실성하에서도 여전히 바르게 작동한다.

이 장에서는 여러 가지 공식을 소개하였다. 이들 공식은 책 뒷면지에 정리되어 있다. 이를 찾아보고 공식들을 잘 이해했는지 확인해야 한다. 9장 거의 마지막 부분에서 주식과 포트폴리오의 위험을 측정하는 데 유용한 엑셀 함수들을 정리한다.

더 읽어야 할 문헌

1900년 이후 시장수익률에 대한 국제적인 실증 자료는 다음을 보라.

E. Dimson, P. R. Marsh, and M. Staunton, *Triumph of the Optimists: 101 Years of Global Equity Returns* (Princeton University Press, 2002). 더 최근 자료는 **www.tinyurl.com/DMSyearbook**의 The Credit Suisse Global Investment Returns Yearbook에서 구할 수 있다.

*Ibbotson Yearbook*은 1926년 이후 미국 시장에서의 증권의 성과에 대한 매우 소중한 기록이다.

Ibbotson Stocks, Bonds, Bills, and Inflation 2009 Yearbook(Chicago, IL: Morningstar, Inc., 2009).

주식 위험프리미엄에 대한 유용한 문헌으로는 다음을 참조하라.

B. Cornell, *The Equity Risk Premium: The Long-Run Future of the Stock Market*(New York: Wiley, 1999).

W. Goetzmann, and R. Ibbotson, *The Equity Risk Premium: Essays and Explorations*(Oxford

Visit us at www.mhhe.com/bma

University Press, 2006).

R. Mehra (ed.), *Handbook of Investments: Equity Risk Premium 1*(Amsterdam, North-Holland, 2007).

R. Mehra and E. C. Prescott, "The Equity Risk Premium in Prospect," in *Handbook of the Economics of Finance*, eds, G. M. Constantinides, M. Harris, and R. M. Stulz(Amsterdam, North-Holland, 2003).

연습문제

기본문제

1. 다음과 같은 확률과 지급액을 갖는 게임이 있다. 게임 한 번에 드는 비용이 $100이므로, 게임당 순이익은 게임의 수익에서 $100을 뺀 값이다.

확률	지급액	순이익
0.10	$500	$400
0.50	100	0
0.40	0	−100

이 게임의 기대 현금흐름과 기대수익률은 얼마인가? 또한 수익률의 분산과 표준편차를 구하라.

2. 다음 표는 미국 주식시장의 명목 수익률과 물가상승률을 보여준다.

eXcel
Visit us at www.mhhe.com/bma

a. 시장수익률의 표준편차는 얼마인가?

b. 평균 실질 수익률을 계산하라.

연도	명목 수익률(%)	물가상승률(%)
2004	+12.5	+3.3
2005	+6.4	+3.4
2006	+15.8	+2.5
2007	+5.6	+4.1
2008	−37.2	+0.1

3. 뮤추얼펀드의 뛰어난 매니저인 Diana Sauros는 2003~2007년의 호황기에 다음과 같은 수익률을 올렸다. 비교를 위해 시장수익률이 주어져 있다.

Visit us at www.mhhe.com/bma

	2003	2004	2005	2006	2007
Sauros 여사	+39.1	+11.0	+2.6	+18.0	+2.3
S&P 500	+31.6	+12.5	+6.4	+15.8	+5.6

Sauros 여사의 평균 수익률과 표준편차를 계산하라. 이 척도들을 보아 그녀는 시장보다 좋은 성과를 얻었는가, 나쁜 성과를 얻었는가?

4. 맞는가, 틀리는가?

a. 투자자는 다각화된 회사가 덜 위험하기 때문에 선호한다.

b. 만약 주식들이 완전한 양(+)의 상관관계를 가진다면, 분산투자는 위험을 줄이지 못한다.

c. 많은 수의 증권으로 분산투자를 하면 위험은 완전히 제거할 수 있다.

d. 분산투자는 자산들이 서로 상관이 없을 때만 효과를 나타낸다.

Visit us at www.mhhe.com/bma

e. 표준편차가 작은 주식은 큰 주식보다 포트폴리오 위험에 적게 공헌한다.
f. 잘 분산된 포트폴리오에 대한 영향은 주식의 시장위험에 달렸다.
g. 2.0의 베타를 갖는 잘 분산된 포트폴리오는 시장포트폴리오보다 2배 위험하다.
h. 2.0의 베타를 갖는 잘 분산되지 않은 포트폴리오는 시장포트폴리오보다 2배 위험하다.

5. 다음 중 어느 상황에서 두 주식에 분산하여 투자함으로써 위험을 가장 많이 줄일 수 있는가?
a. 두 주식이 완전한 상관관계를 갖는다.
b. 상관관계가 없다.
c. 크지 않은 음(−)의 상관관계를 갖는다.
d. 완전한 음(−)의 상관관계를 갖는다.

6. 세 개의 주식으로 구성된 포트폴리오의 분산을 계산하려면 9개의 칸을 사용해야 한다.

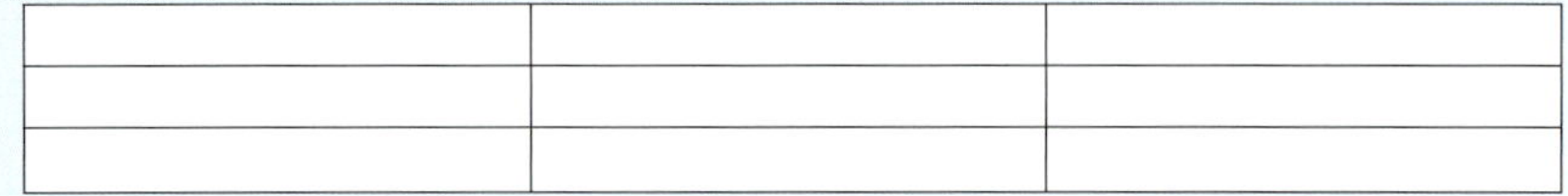

이 장에서 사용한 기호와 같은 기호(예를 들면 x_1=주식 1의 투자비중, σ_{12}=주식 1과 2의 공분산)를 사용하여 9개의 칸을 채워라.

7. 시장수익률의 표준편차가 20%라고 가정하자.
a. 베타가 1.3인 잘 분산된 포트폴리오 수익률의 표준편차는 얼마인가?
b. 베타가 0인 잘 분산된 포트폴리오 수익률의 표준편차는 얼마인가?
c. 잘 분산된 포트폴리오가 15%의 표준편차를 갖는다. 베타는 얼마인가?
d. 잘 분산되지 않은 포트폴리오가 20%의 표준편차를 갖는다. 이 베타에 대해 무엇을 말할 수 있는가?

8. 10개 주식에 같은 금액을 투자한 포트폴리오가 있다. 다섯 개 주식은 1.2의 베타를 가지고, 나머지 주식은 1.4의 베타를 가지고 있다. 포트폴리오의 베타는 얼마인가?
a. 1.3
b. 포트폴리오가 완전하게 분산투자되어 있지 않기 때문에 1.3보다 크다.
c. 분산투자는 베타를 낮추기 때문에 1.3보다 작다.

9. 표 7.8의 각 주식의 베타는 얼마인가?

	시장수익률이 다음과 같을 때의 주식 수익률	
주식	**−10%**	**+10%**
A	0	+20
B	−20	+20
C	−30	0
D	+15	+15
E	+10	−10

표 7.8 연습문제 9번 참조.

중급문제

10. 다음 표는 1929년과 1933년 사이의 물가상승률과 주식시장 및 재정증권의 수익률이다.

Visit us at www.mhhe.com/bma

연도	물가상승률	주식시장 수익률	재정증권 수익률
1929	−0.2	−14.5	4.8
1930	−6.0	−28.3	2.4
1931	−9.5	−43.9	1.1
1932	−10.3	−9.9	1.0
1933	0.5	57.3	0.3

a. 각 연도의 주식시장 실질 수익률은 얼마인가?

b. 평균 실질 수익률은 얼마인가?

c. 각 연도의 위험프리미엄은 얼마인가?

d. 평균 위험프리미엄은 얼마인가?

e. 위험프리미엄의 표준편차는 얼마인가?

11. 다음 문장은 위험하거나 잘못되었다. 왜 그런지 설명하라.

a. 미국의 장기 국채는 언제나 절대적으로 안전하다.

b. 모든 투자자는 채권보다 주식을 선호한다. 왜냐하면 주식은 더 높은 장기 수익률을 제공하기 때문이다.

c. 주식시장의 미래 수익률을 예측하는 가장 실질적인 방법은 5년 혹은 10년간의 과거 수익률 평균을 구하는 것이다.

12. 안정적인 경주마를 소유하는 Hippique사는 체형은 근사하지만, 혈통은 분명하지 않은 신비한 검은 종마에 투자하였다. 일부 말 전문가들은 이 말이 선망의 대상인 Prix de Bidet에서 우승할 것으로 예상한다. 그러나 다른 사람들은 이 말은 목장으로 보내야 한다고 주장한다. 이는 Hippique의 주주에게 위험한 투자인가? 설명하라.

13. Lonesome Gulch Mines의 연간 표준편차는 42%, 베타는 +0.10이다. Amalgamated Copper는 연간 표준편차가 31%, 베타가 +0.66이다. 분산투자를 하는 투자자에게는 왜 Lonesome Gulch가 더 안전한 투자인지 설명하라.

14. Hyacinth Macaw는 자금의 60%를 주식 I에 투자하고, 나머지를 주식 J에 투자하였다. 주식 I 수익률의 표준편차는 10%이고, J는 20%이다. 다음 가정에 따라 이 포트폴리오 수익률의 분산을 구하라.

eXcel
Visit us at www.mhhe.com/bma

a. 두 주식 수익률의 상관계수는 1.0이다.

b. 상관계수 0.5

c. 상관계수 0

15. a. 총 100개 주식으로 구성되는 포트폴리오의 위험을 계산하기 위해 몇 개의 분산과 공분산 항을 계산해야 하는가?

b. 모든 주식이 30%의 표준편차와 0.4의 상관관계를 갖는다고 가정하자. 서로 다른 50개 주식에 같은 금액을 투자한 포트폴리오의 표준편차는 얼마인가?

c. 이러한 주식으로 구성된 완전히 분산된 포트폴리오의 표준편차를 계산하라.

16. 일반적인 주식 수익률의 표준편차가 연간 0.4(즉 40%)라고 가정하자. 각 주식 한 쌍의 상관계수는 약 0.3이다.

a. 포트폴리오에 2개, 3개, … 10개의 주식을 포함하고 각 주식에 같은 비중으로 투자한 경우 수익률의 분산과 표준편차를 계산하라.

Visit us at www.mhhe.com/bma

상관관계									
	BP	**Canadian Pacific**	**Deutsche Bank**	**Fiat**	**Heineken**	**LVMH**	**Nestlé**	**Tata Motors**	**표준편차**
BP	1	0.19	0.23	0.20	0.34	0.30	0.16	0.09	22.2%
Canadian Pacific		1	0.43	0.31	0.39	0.34	0.17	0.40	23.9
Deutsche Bank			1	0.74	0.73	0.73	0.49	0.68	29.2
Fiat				1	0.66	0.64	0.47	0.53	35.7
Heineken					1	0.64	0.51	0.50	18.9
LVMH						1	0.52	0.60	20.8
Nestlé							1	0.43	15.4
Tata Motors								1	43.0

표 7.9 8개 주식 수익률의 표준편차와 상관계수.

주: 상관계수와 표준편차는 각국 통화기준 수익률을 사용하여 계산하였다. 다시 말해, 투자자는 환율위험으로부터 보호받는다고 가정한다.

b. 이 결과를 가지고 그림 7.11과 같은 그래프를 그려라. 분산 불가능한 시장위험은 얼마나 큰가?

c. 각 주식 간의 상관계수가 0일 경우를 가정하고 위의 문제를 다시 풀어 보라.

17. 표 7.9는 8개 각기 다른 나라 주식의 표준편차와 상관계수를 보여준다. 각 주식에 동일한 비중으로 투자한 포트폴리오의 분산을 구하라.

18. 당신의 별난 고모인 Claudia가 당신에게 Canadian Pacific 주식 $50,000과 현금 $50,000을 남겼다. 고모의 유언은 주식을 1년간 팔지 말 것이며, $50,000의 현금은 표 7.9의 주식 중 하나에 모두 투자하라고 한다. 이러한 제약 조건에서 가장 안전하게 만들 수 있는 포트폴리오는 어떤 것인가?

19. 음(−)의 베타를 가지는 회사는 실제 있다고 해도 아주 드물다. 그러나 $\beta = -0.25$를 갖는 회사가 있다고 가정하자.

a. 전체 시장이 5% 상승하였다면 이 주식의 수익률이 어떻게 변할 것으로 예상하는가? 만약 5% 하락하였다면 어떠한가?

b. 잘 분산된 주식 포트폴리오에 $1백만을 투자하였다. 이제 추가로 $20,000의 유산을 상속받았다. 다음의 어떤 행위가 가장 안전한 전체 포트폴리오 수익률을 제공하는가?

i. $20,000를 재정증권에 투자($\beta = 0$)

ii. $20,000를 $\beta = 1$인 주식들에 투자

iii. $20,000를 $\beta = -0.25$인 주식에 투자

그 이유를 설명하라.

20. 다음과 같은 특징을 가진 두 자산 A와 B로 포트폴리오를 구성한다.

주식	기대수익률	표준편차	상관계수
A	10%	20%	0.5
B	15	40	

Visit us at www.mhhe.com/bma

투자자가 기대수익률 12%를 요구한다면 포트폴리오의 투자비중은 어떻게 되는가? 포트폴리오의 표준편차는 얼마인가?

도전문제

21. 다음 표는 Dell과 McDonald's의 위험 특성에 관한 역사적 자료이다.

	Dell	McDonald's
β(베타)	1.41	0.77
수익률의 연간 표준편차(%)	30.9	17.2

시장수익률의 표준편차가 15%라고 가정하라.

a. Dell 수익률과 McDonald's 수익률의 상관계수는 0.31이다. Dell에 절반, 나머지를 McDonald's에 투자한 포트폴리오의 표준편차는 얼마인가?

b. 투자자금의 1/3을 Dell에, 1/3을 McDonald's에, 그리고 나머지 1/3을 재정증권(Treasury bill)에 투자한 포트폴리오의 표준편차는 얼마인가?

c. 포트폴리오의 투자자금 50%를 차입하여 Dell과 McDonald's에 같은 비율로 투자하였다면, 즉 투자자가 총금액의 50%만을 내고 나머지를 중개인에게 빌렸다면 이 포트폴리오의 표준편차는 얼마인가?

d. Dell과 같이 베타가 1.41인 주식 100개로 구성된 포트폴리오의 표준편차는 대략 얼마인가? McDonald's의 경우는 어떠한가? (힌트: 문제 (d)는 매우 간단한 계산만 필요로 한다.)

22. 재정증권의 수익률이 6%이고, 기대 시장 위험프리미엄이 8.5%라고 하자. 재정증권 수익률의 표준편차는 0이고, 시장수익률의 표준편차는 20%이다. 포트폴리오 위험을 구하는 공식을 사용하여 재정증권과 시장에 서로 다른 비율로 투자한 포트폴리오들의 표준편차를 계산하라. (주: 한 수익률의 표준편차가 0일 경우 두 수익률 간의 공분산은 반드시 0이다.) 기대수익률과 표준편차의 그래프를 그려라.

23. 표 7.9에 있는 각 주식에 같은 금액을 투자하여 구성한 포트폴리오에 대한 각 주식의 상대적인 베타를 구하라.

Visit us at www.mhhe.com/bma

실시간 데이터분석

다음 문제에 필요한 자료를 finance.yahoo.com이나 Standard & Poor's Market Insight 웹사이트 (www.mhhe.com/edumarketinsight)에서 내려받을 수 있다. "Monthly Adjusted Prices" 스프레드시트를 보라. 엑셀 함수에 대한 정보는 9장 거의 끝 부분에 있는 유용한 스프레드시트 함수 글상자를 보라.

STANDARD &POOR'S

1. Coca-Cola(KO)와 Citigroup(C), Pfizer(PFE)의 최근 3년 치 월간 조정 주가를 스프레드시트로 내려받아라.

a. 월간 수익률을 계산하라.

b. 이 수익률의 월간 표준편차를 계산하라(7.2절 참조). 엑셀 함수 STDEVP를 사용하여 답을 확인하라. 12의 제곱근을 곱하여 연간 표준편차를 구하라.

c. 엑셀 함수 CORREL을 사용하여 각 쌍의 월간 수익률 간의 상관계수를 계산하라. 어떤 쌍이 분산투자로 가장 큰 이득을 얻는가?

Visit us at www.mhhe.com/bma

d. 세 회사에 같은 비중으로 투자한 포트폴리오의 수익률 표준편차를 계산하라.

STANDARD &POOR'S

2. 표 7.5의 회사 각각의 최근 5년간 월별 조정 주가와 S&P 500 지수를 스프레드시트에 내려받아라.

a. 월간 수익률을 계산하라.

b. 엑셀 함수 SLOPE를 사용하여 각 주식의 베타를 계산하라. 'y' 열은 회사 수익률(종속변수)을, 'x' 열은 시장수익률(독립변수)을 나타낸다.

c. 계산된 베타는 표 7.5의 베타에 비해 어떻게 변했는가?

3. Fidelity와 같은 대형 뮤추얼펀드는 다양한 펀드를 제공한다. 이것에는 특정 산업에 특화한 섹터 펀드(*sector fund*)와 단순히 시장지수에 투자한 지수 펀드(*index fund*)도 있다. **www. fidelity.com**에 들어가서 먼저 Fidelity Spartan 500 Index Fund의 수익률 표준편차를 찾아라. 이 펀드는 S&P 500을 복제하는 펀드이다. 이제 다른 섹터 펀드의 표준편차를 찾아라. 이 값들은 지수 펀드의 표준편차보다 큰가, 작은가? 이것을 어떻게 해석하겠는가?

Visit us at www.mhhe.com/bma

포트폴리오 이론과 자본자산 가격결정모형

제7장에서 위험의 측정 문제를 이해할 수 있게 되었다. 지금까지의 줄거리는 다음과 같다.

주식시장은 그 나타날 수 있는 결과가 넓게 퍼져 있기 때문에 위험하다. 넓게 확산되어 있는 정도를 측정하는 일반적인 척도는 표준편차 또는 분산이다. 주식의 위험은 두 부분으로 나눌 수 있다. 그 주식에만 한정된 **고유위험**, 즉 분산 가능한 위험과 시장 전반의 변화와 관련된 **시장위험**이 있다. 투자자들은 잘 분산된 포트폴리오를 보유함으로써 고유위험을 제거할 수 있지만, 시장위험은 제거할 수 없다. 완전히 분산투자된 포트폴리오의 위험은 **모두** 시장위험이다.

완전히 분산투자된 포트폴리오의 위험에 대한 개별 주식의 공헌도는 시장변화에 대한 그 주식의 민감도에 달렸다. 이 민감도를 흔히 베타라고 한다. 베타가 1.0인 증권은 평균적인 시장위험을 가진다. 즉, 이런 주식으로 구성된 잘 분산된 포트폴리오는 시장지수와 같은 표준편차를 가진다. 베타가 0.5인 증권은 시장보다 위험이 작으며, 이런 증권으로 구성된 잘 분산된 포트폴리오는 시장 움직임보다 절반 정도만 움직이려는 경향을 보인다. 표준편차도 시장의 절반이다.

이 장에서는 앞에서 얻은 이런 새로운 지식을 더 발전시켜 나간다. 먼저 경쟁적인 경제 안에서 위험과 수익을 연결하는 선도적인 이론을 제시하고, 주식투자에서 투자자들이 요구하는 수익률을 측정하는 데 이런 이론이 어떻게 적용될 수 있는가를 본다. 가장 널리 사용되는 이론은 앞 장에서 소개한 개념을 바탕으로 개발된 자본자산 가격결정모형(capital asset pricing model, CAPM)이다. 이 이론으로 논의를 시작한다. 또한 차익거래가격결정모형 또는 요인모형이라고 알려진 그 밖의 다른 모형들에 대해서도 살펴본다. 제9장에서는 이런 개념들이 실제 자본예산 상황에서 위험에 대처하는 데 재무관리자에게 어떻게 도움을 줄 수 있는가를 알아본다.

8.1 마코위츠와 포트폴리오 이론의 탄생

제7장에서 논의한 개념의 대부분은 1952년에 쓰인 해리 마코위츠(Harry Markowitz)의 논문으로 거슬러 올라간다.[1] 마코위츠는 포트폴리오 분산투자라는 통상적인 관행에 주의를 환기시키면서 서로 같이 움직이지 않는 주식들을 선택하면 왜 포트폴리오 수익률의 표준편차가 낮아지는가를 정확히 보여 주었다. 마코위츠는 거기서 멈추지 않고 포트폴리오 구축의 기본적인 원리를 개발하였다. 이 기본원리는 위험과 수익률 간의 관계에 관해 쓰인 수많은 저술의 바탕이 되었다.

1988년부터 2008년까지 IBM 주식의 일별 수익률의 히스토그램을 보여주는 그림 8.1을 보자. 이 히스토그램 위에 종 모양의 정규분포를 포개 놓았다. 이것은 흔히 관찰되는 전형적인 결과이다. 즉, 아주 짧은 간격으로 과거 수익률을 측정하면 어떤 주식이라도 그 결과는 정규분포에 거

1) H. M. Markowitz, "Portfolio Selection," *Journal of Finance* 7(March 1952), pp. 77~91.

그림 8.1
IBM의 일별 가격변동은 대략 정규분포를 이룬다. 이 그림은 1988년에서 2008년에 걸친 것이다.

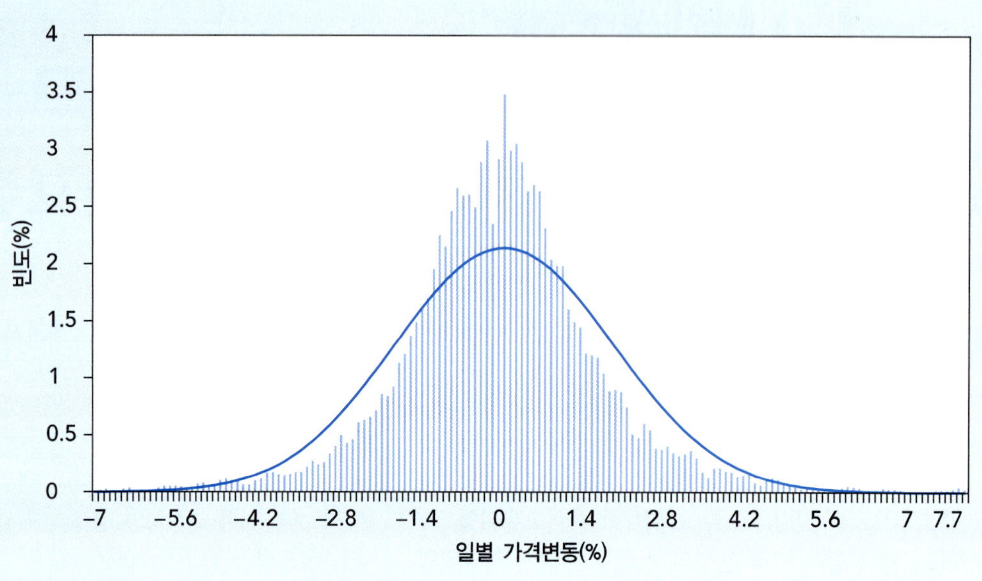

의 가깝다.[2)]

정규분포는 두 개의 숫자로 완전하게 정의할 수 있다. 그 하나는 평균 또는 기대값이고, 다른 하나는 분산 또는 표준편차이다. 이제 제7장에서 왜 기대수익률과 표준편차를 계산하는 방법을 설명했는지 알 수 있을 것이다. 이 숫자들은 그저 마음대로 선정한 척도가 아니다. 만약 수익률이 정규분포를 이룬다면 기대수익률과 표준편차는 투자자가 의사결정을 할 때 고려해야 하는 단 두 개의 척도이다.

그림 8.2는 세 투자로부터 얻을 수 있는 발생 가능한 수익률의 분포를 나타낸 것이다. 투자안 A와 B는 모두 10%의 기대수익률을 제공하지만, A가 훨씬 더 넓게 분포하고 있다. A의 표준편차는 15%이지만 B는 7.5%이다. 투자자 대부분은 불확실성을 싫어하기 때문에 A보다는 B를 선호한다.

이제 투자안 B와 C를 비교해 보자. 이번에는 두 투자안 모두 같은 표준편차를 가지고 있다. 그러나 기대수익률은 C가 20%이지만 B는 10%에 불과하다. 투자자 대부분은 높은 기대수익률을 원하기 때문에 B보다는 C를 선호한다.

주식을 조합하여 포트폴리오 만들기

지금 어느 투자자가 캠벨 수프 주식에 투자할 것인지 아니면 보잉 주식에 투자할 것인지를 고민하고 있다고 하자. 캠벨 수프 주식의 기대수익률은 3.1%이지만 보잉 주식은 9.5%의 기대수익률을 제공한다. 두 주식의 과거 변동성 자료를 살펴본 결과, 캠벨 수프와 보잉의 표준편차는 각각

2) 만약 수익률을 긴 간격으로 측정하면 분포는 한쪽으로 비스듬하게 기울어질 것이다. 예를 들어 투자자는 100% 이상의 수익률을 경험할 수는 있지만 −100% 미만의 수익률은 없다. 예컨대 1년 단위의 수익률 분포는 **로그정규**분포에 가까워진다. 정규분포와 마찬가지로 로그정규분포도 평균과 표준편차로 그 속성을 완전하게 나타낼 수 있다.

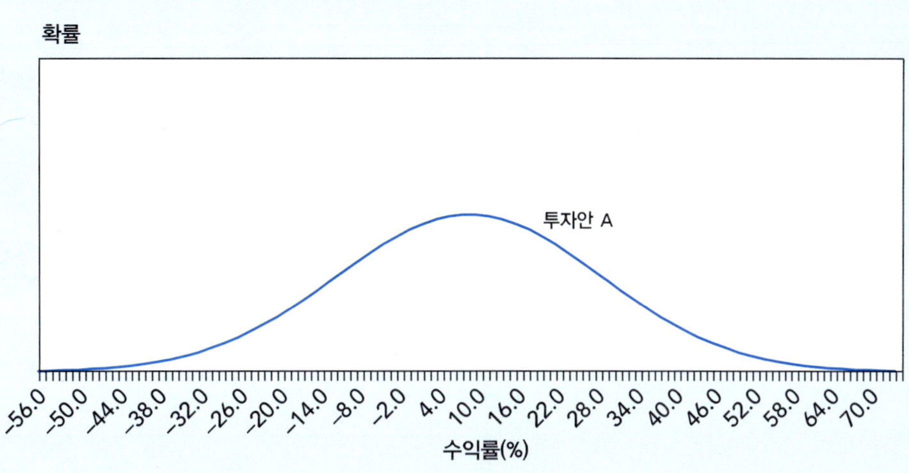

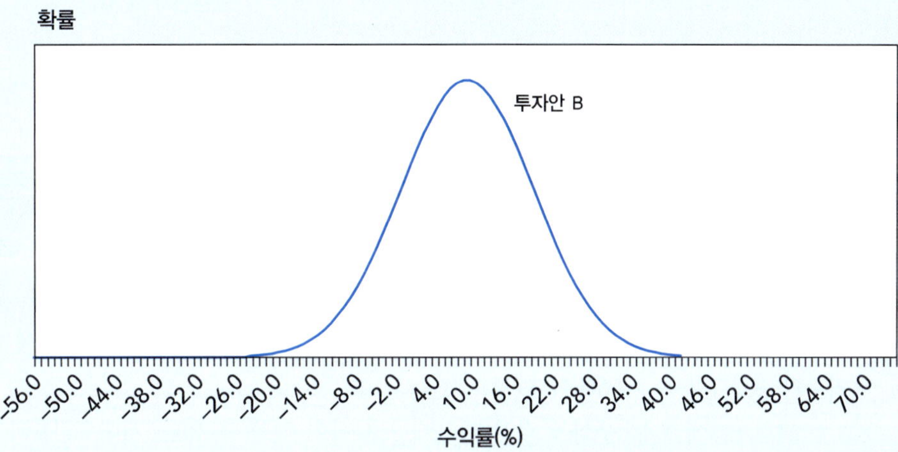

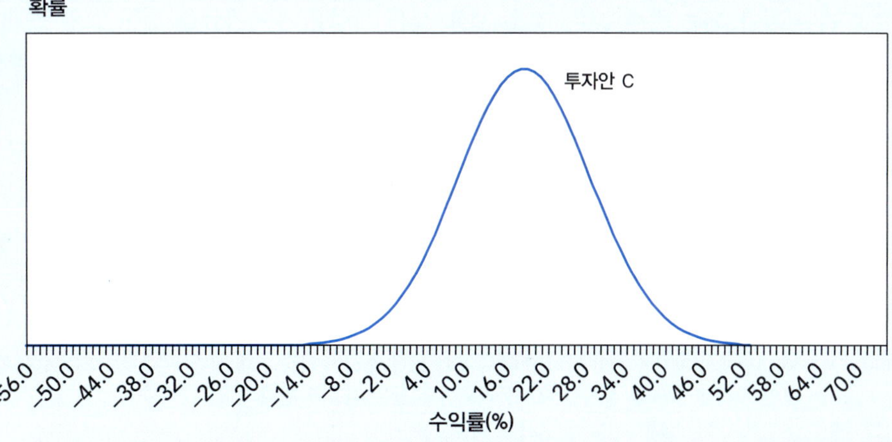

그림 8.2

투자안 A와 B는 다 같이 10%의 기대수익률을 가지지만 A의 발생 가능한 수익률이 더 넓게 퍼져 있기 때문에 A가 B보다 더 위험하다. 확산되는 정도는 표준편차로 측정한다. 투자 대안 A의 표준편차는 15%이고 B는 7.5%이다. 투자자 대부분은 A보다는 B를 선호한다. 투자안 B와 C는 모두 같은 표준편차를 가지고 있지만, C가 더 높은 기대수익률을 제공한다. 투자자 대부분은 B보다 C를 선호한다.

그림 8.3
그림의 곡선은 두 주식을 서로 다른 조합으로 보유할 때 기대수익률과 표준편차가 어떻게 변하는가를 보여준다. 예를 들어 총 자금의 40%를 보잉에 투자하고 나머지를 캠벨 수프에 투자한다면 기대수익률은 5.7%이다. 이는 두 주식 기대수익률의 중간 40% 지점이다. 표준편차는 14.6%로 두 주식 표준편차 사이의 40% 지점보다 작다. 이는 분산투자가 위험을 낮추기 때문이다.

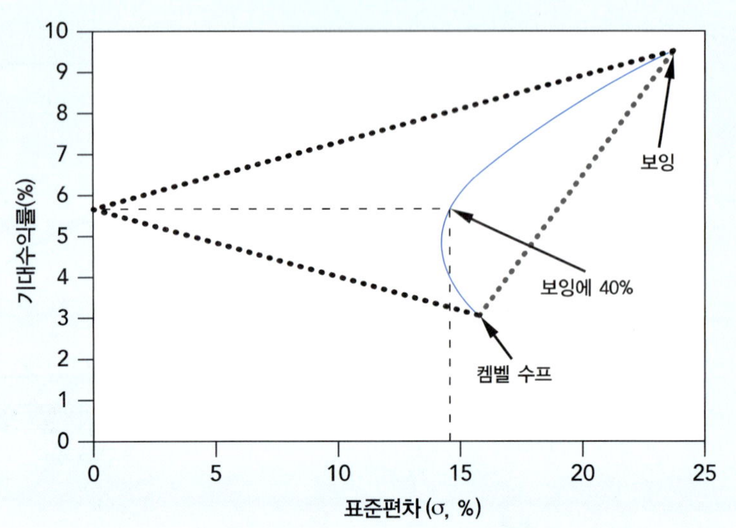

15.8%와 23.7%로 생각된다. 보잉 주식은 더 높은 기대수익률을 제공하지만, 더 위험하다.

그러나 투자자가 한 주식에만 투자를 한정할 이유는 없다. 예를 들어 제7.3절에서 총 투자자금의 60%를 캠벨 수프 주식에 투자하고 나머지 40%를 보잉 주식에 투자하면 어떻게 되는가를 분석하였다. 이 포트폴리오의 기대수익률은 5.7%인데 이것은 단순히 두 주식 기대수익률의 가중평균이다. 이 포트폴리오의 위험은 어떤가? 분산투자 효과 덕분에 포트폴리오 위험은 개별 주식 위험의 평균보다 낮다는 사실을 우리는 이미 잘 알고 있다. 실제로 과거 경험에 의하면 이 포트폴리오의 표준편차는 14.6%이다.[3)]

그림 8.3에는 두 주식을 각각 다르게 조합하여 얻을 수 있는 기대수익률과 위험을 곡선으로 그려 놓았다. 이 중에서 가장 좋은 조합은 어느 것인가? 그것은 투자자의 취향에 따라 다르다. 빨리 부자가 되는 쪽에 모든 것을 걸고 싶은 사람은 투자자금을 전부 보잉 주식에 투자하는 것이 가장 좋다. 좀 더 평화로운 삶을 원한다면 자금 대부분을 캠벨 수프 주식에 투자하는 편이 낫다. 그러나 위험을 최소화하려면 보잉 주식에도 조금은 투자해야 한다.[4)]

제7장에서 분산투자의 이득은 주식들의 상관관계가 얼마나 높은가에 달렸다는 것을 보았다. 다행히도 과거 경험으로 보면 캠벨 수프와 보잉의 수익률 간에는 단지 작은 양(+)의 상관관계가 있다($\rho = +0.18$). 주식들이 정확히 같이 움직인다면($\rho = +1$) 분산투자를 해도 전혀 이득이 없다. 이를 그림 8.3에서 회색 점선으로 볼 수 있다. 그림의 검은 점선은 두 번째 극단적인

3) 제7.3절에서 지적한 바와 같이 캠벨 수프와 보잉 주식 수익률 간의 상관계수는 약 0.18이다. 캠벨 수프 주식에 60%, 보잉 주식에 40%를 투자한 포트폴리오의 분산은 다음과 같다.

$$\begin{aligned}\text{분산} &= x_1^2\sigma_1^2 + x_2^2\sigma_2^2 + 2x_1x_2\rho_{12}\sigma_1\sigma_2 \\ &= [(0.6)^2 \times (15.8)^2] + [(0.4)^2 \times (23.7)^2] + 2(0.6 \times 0.4 \times 0.18 \times 15.8 \times 23.7) \\ &= 212.1\end{aligned}$$

포트폴리오의 표준편차는 $\sqrt{212.1} = 14.6\%$이다.

4) 최소 위험을 갖는 포트폴리오는 캠벨 수프 주식에 73.1%를 투자하는 것이다. 그림 8.3에서는 어느 주식에도 음(−)의 투자는 할 수 없다고 가정한다. 즉 공매(short sale)는 배제한다.

			효율적 포트폴리오 – 각 주식에 배정된 비율		
주식	기대수익률	표준편차	A	B	C
Amazon	22.8%	50.9%	100	10.9	
Ford	19.0	47.2		11.0	
Dell	13.4	30.9		10.3	
Starbucks	9.0	30.3		10.7	3.6
Boeing	9.5	23.7		10.5	
Disney	7.7	19.6		11.2	
Newmont	7.0	36.1		9.9	10.2
Exxon Mobil	4.7	19.1		9.7	18.4
Johnson & Johnson	3.8	12.5		7.4	33.9
Campbell Soup	3.1	15.8		8.4	33.9
포트폴리오 기대수익률			22.8	10.5	4.2
포트폴리오 표준편차			50.9	16.0	8.8

표 8.1 10개 주식으로 구성된 효율적 포트폴리오의 예.

주 : 주식 수익률의 표준편차와 상관계수는 2004년 1월과 2008년 12월 기간의 월간 수익률 자료로부터 추정하였다. 효율적 포트폴리오는 공매가 금지된다는 가정 아래 계산된 것이다.

(그리고 같은 정도로 비현실적인) 경우를 보여준다. 이 경우는 두 주식의 수익률이 완전 음(−)의 상관관계를 갖는다($\rho = -1$). 이 경우에는 포트폴리오가 위험이 전혀 없을 것이다.

실제로는 투자자가 단지 두 주식에만 투자하지는 않는다. 예를 들어 표 8.1의 첫 번째 열에 있는 10개 주식으로 포트폴리오를 만들 수 있다. 각 회사의 전망을 분석한 결과 두 번째 열에 있는 수익률 예측치를 얻었다. 아마존의 전망이 가장 낙관적이어서 22.8%의 수익률을 예상한다. 다른 한편으로 존슨 앤드 존슨의 전망은 조심스러워서 3.8%의 수익률을 예상한다. 지난 5년간의 자료를 사용하여 각 주식의 위험(3열)과 한 쌍의 주식 수익률 간의 상관관계를 추정하였다.[5)]

이제 그림 8.4로 가보자. 각각의 다이아몬드 표시는 서로 다른 개별 주식이 제공하는 수익률과 위험의 조합을 나타낸다. 예를 들어 아마존 주식(A로 표시)은 가장 큰 표준편차와 가장 높은 기대수익률을 제공한다. 이 주식은 그림의 오른쪽 위에 표시되어 있다.

주식 10개를 서로 다른 비율로 조합하여 투자자들이 얻을 수 있는 위험과 수익률 선택의 폭을 더욱 넓힐 수 있다. 실제로 그림 8.4의 음영된 부분 어느 곳이라도 선택할 수 있다. 그렇다면, 음영된 부분 중 어느 곳이 가장 좋은 선택인가? 먼저 투자의 목표가 무엇인가를 생각해야 한다. 어느 방향으로 가고 싶은가? 그 답은 명백하다. 투자자는 위쪽(기대수익률을 높임)으로, 그리고 왼쪽(위험을 낮춤)으로 옮겨가고 싶어 한다. 갈 수 있는 데까지 가면 궁극적으로는 굵은 실선 위에 있는 포트폴리오들을 얻게 된다. 마코위츠는 이들 포트폴리오를 **효율적 포트폴리오(efficient portfolio)**라고 불렀다. 이들 포트폴리오는 위험의 크기가 주어질 때 가장 높은 기대수익률을 제공한다.

5) 모두 45개의 상관계수가 있기 때문에 표 8.1에는 이들을 모두 나열하지는 않았다.

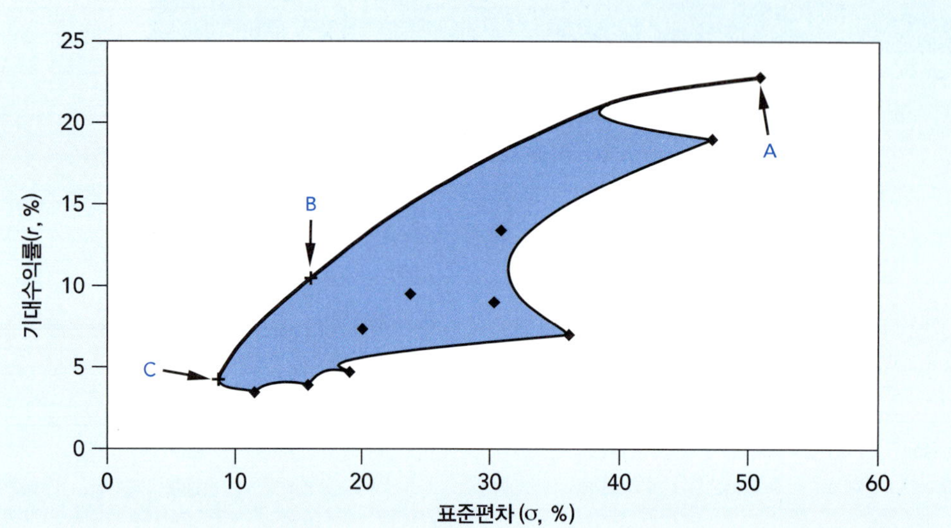

그림 8.4
각각의 다이아몬드 표시는 표 8.1에 있는 10개 주식의 기대수익률과 표준편차를 나타낸다. 음영된 부분은 이들 주식에 나누어 투자할 때 기대수익률과 표준편차의 가능한 조합을 보여준다. 높은 기대수익률을 좋아하고 큰 표준편차는 싫어한다면 굵은 선에 있는 포트폴리오를 선호할 것이다. 이들이 효율적 포트폴리오이다. 표 8.1에 있는 3개의 효율적 포트폴리오(A, B, C)를 그림에 표시하였다.

여기서는 효율적 포트폴리오의 집합을 직접 계산하지는 않을 것이지만 이를 어떻게 계산하는지는 알아 둘 필요가 있겠다. 제5.4절에서 다룬 자본할당 문제를 생각해 보자. 거기에서는 제한된 금액의 자본을 활용하여 가장 높은 NPV를 얻을 수 있는 투자안의 조합을 찾으려 했다. 여기서는 정해진 투자자금으로 주어진 표준편차에 대해 가장 높은 기대수익률을 얻고자 한다. 원칙적으로 두 문제는 여기저기를 뒤져보고 두드려 보는 방법으로 풀어낼 수 있다. 그러나 이것은 그저 원칙일 뿐이다. 자본할당의 문제를 푸는 데는 선형계획법(linear programming)을 사용할 수 있었다. 포트폴리오 문제를 풀려면 선형계획법의 변형인 **2차 계획법**(*quadratic programming*)을 사용해야 한다. 기대수익률과 표준편차, 그리고 각 쌍 간의 상관관계가 주어져 있을 때 컴퓨터를 이용하여 표준적인 2차 계획법으로 효율적 포트폴리오 집합을 계산할 수 있다.

이런 효율적 포트폴리오 중 3개가 그림 8.4에 표시되어 있다. 이 포트폴리오들의 구성은 표 8.1에 요약되어 있다. 포트폴리오 A가 가장 높은 기대수익률을 제공한다. A는 아마존 한 주식에만 투자하여 얻어진 것이다. 포트폴리오 C의 위험이 가장 낮다. 표 8.1에서 알 수 있는 바와 같이 이 포트폴리오는 가장 작은 표준편차를 가진 존슨 앤드 존슨과 캠벨 수프 주식에 많이 투자하고 있다. 그러나 이 포트폴리오는 뉴몬트 주식이 개별적으로는 아주 위험한데도 불구하고 상당한 비율로 보유하고 있다. 그 이유는 무엇인가? 과거의 실증자료에 의하면 뉴몬트와 같은 금광 주식의 성공 여부는 다른 주식과는 거의 상관관계가 없어서 추가적인 분산효과를 제공하기 때문이다.

표 8.1은 또한 중간 정도의 기대수익률과 위험을 가진 세 번째 효율적 포트폴리오의 구성도 보여주고 있다.

물론 대규모 투자펀드는 수천 종목의 주식 중에서 선택할 수 있기 때문에 더 넓은 범위의 위

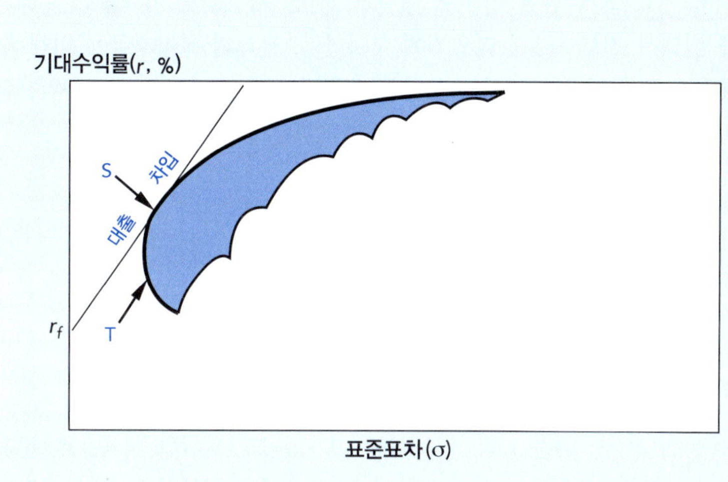

그림 8.5
차입과 대출은 투자 가능한 범위를 확장해 준다. 만약 투자자가 포트폴리오 S에 투자하고 무위험 이자율 r_f로 차입하거나 대출해 준다면 r_f와 S를 잇는 직선상의 어느 점이라도 선택할 수 있다. 이는 어떤 주어진 위험 수준에 대해서도 단순히 개별 주식에 투자하는 것보다 더 높은 기대수익률을 제공한다.

험과 수익률 조합을 얻을 수 있다. 이 선택들은 그림 8.5의 깨진 계란 모양으로 그려진 음영된 부분으로 표시되어 있다. 여기에도 효율적 포트폴리오들의 집합은 굵은 곡선으로 그려져 있다.

차입과 대출의 도입

이제 또 다른 가능성을 도입한다. 투자자가 무위험 이자율 r_f로 돈을 빌리거나 빌려줄 수 있다고 가정해 보자. 투자자금 일부를 재정증권에 투자하고(즉 빌려 주고) 나머지를 주식 포트폴리오 S에 넣는다면 투자자는 그림 8.5에서 r_f와 S를 잇는 직선상의 모든 기대수익률과 위험 조합을 만들어 낼 수 있다. 차입은 단순히 음(−)의 대출이기 때문에 투자자는 무위험 이자율 r_f로 차입하여 이 돈과 본래의 투자자금을 합쳐 포트폴리오 S에 투자함으로써 투자 가능한 범위를 S의 오른쪽으로 확장할 수 있다.

수치를 넣어 보자. 포트폴리오 S는 기대수익률 15%와 표준편차 16%를 가지고 있다고 하자. 재정증권은 5%의 이자율(r_f)을 제공하며, 위험이 없다(즉 표준편차가 0이다). 만약 투자자금의 절반을 포트폴리오 S에, 그리고 나머지 절반을 5%의 이자율로 빌려 준다면 이 투자의 기대수익률은 S의 기대수익률과 재정증권 이자율의 중간이 될 것이다.

$$r = (^1/_2 \times \text{S의 기대수익률}) + (^1/_2 \times \text{이자율})$$
$$= 10\%$$

표준편차 역시 S와 재정증권 표준편차의 중간이다.[6)]

$$\sigma = (^1/_2 \times \text{S의 표준편차}) + (^1/_2 \times \text{재정증권의 표준편차})$$
$$= 8\%$$

6) 이를 확인하고 싶다면 2-주식 포트폴리오의 표준편차를 계산하는 식을 써 보면 된다.

$$\text{표준편차} = \sqrt{x_1^2\sigma_1^2 + x_2^2\sigma_2^2 + 2x_1x_2\rho_{12}\sigma_1\sigma_2}$$

이제 증권 2가 위험이 없는 경우, 즉 $\sigma_2 = 0$인 경우 어떻게 되는지를 보라.

또는 투자자가 위험을 무릅쓰고 크게 한탕 하기로 했다고 하자. 재정증권 이자율로 본래의 투자자금과 같은 금액의 돈을 빌려서 전부 포트폴리오 S에 투자한다. 본래의 투자자금에 비해 두 배의 자금을 S에 투자한 셈이지만 빌린 돈에 대해서는 이자를 **지급**해야 하기 때문에 기대수익률은 다음과 같다.

$$\begin{aligned} r &= (2 \times \text{S의 기대수익률}) - (1 \times \text{이자율}) \\ &= 25\% \end{aligned}$$

그리고 이 투자의 표준편차는 다음과 같다.

$$\begin{aligned} \sigma &= (2 \times \text{S의 표준편차}) - (1 \times \text{재정증권의 표준편차}) \\ &= 32\% \end{aligned}$$

그림 8.5에서 보면 자금을 일부 빌려 줄 때는 r_f와 S 사이에 있게 되고, 무위험 이자율로 돈을 빌리면 가능성을 S 바깥으로 확장하게 된다는 것을 알 수 있다. 투자자가 선택하는 위험 수준이 얼마든지 간에 포트폴리오 S와 차입 또는 대출을 조합하여 투자하는 것이 가장 높은 기대수익률을 얻을 수 있다. 따라서 S는 **가장 좋은** 효율적 포트폴리오이다. 예를 들어 T와 같은 다른 포트폴리오를 보유해야 할 아무런 이유가 없다.

만약 그림 8.5와 같은 효율적 포트폴리오의 그래프를 가지고 있다면 가장 좋은 포트폴리오를 찾는 일은 아주 쉽다. 세로축 상의 r_f에서 시작해서 효율적 포트폴리오들의 굵은 곡선을 향해 그릴 수 있는 가장 기울기가 가파른 직선을 그리면 된다. 이 선은 굵은 선에 접하게 될 것이다. 접점에 있는 효율적 포트폴리오는 다른 모든 포트폴리오보다 좋다. 이 포트폴리오는 위험프리미엄 대 표준편차의 **비율**이 가장 크다는 데 주목하라. 위험프리미엄과 표준편차 간의 비율을 **샤프 비율**(*Sharpe ratio*)이라고 한다.

$$\text{샤프 비율} = \frac{\text{위험프리미엄}}{\text{표준편차}} = \frac{r - r_f}{\sigma}$$

투자자들은 이 샤프 비율을 추적하여 포트폴리오 매니저의 위험조정 성과(risk-adjusted performance)를 측정한다. (이 장의 끝에 있는 미니 케이스를 참조하라.)

이제 투자자의 포트폴리오 문제를 두 단계로 분리할 수 있다. 먼저 주식 포트폴리오 중 가장 좋은 포트폴리오를 선택한다. 이 예에서는 S 포트폴리오이다. 둘째, 이 포트폴리오를 차입이나 대출과 조합하여 특정 투자자의 취향에 맞는 위험 노출(exposure to risk)을 만들어 낸다. 그러므로 각 투자자는 단지 두 개의 벤치마크 포트폴리오, 즉 위험한 포트폴리오 S와 무위험 대출(혹은 차입)에 투자해야 한다.

그렇다면, 포트폴리오 S는 어떤 모습일까? 만약 어떤 투자자가 경쟁자들보다 더 우수한 정보를 가지고 있다면 그 투자자는 저평가되어 있다고 생각되는 주식을 포트폴리오에 더 많이 포함하려 할 것이다. 그러나 경쟁적인 시장에서는 한 사람이 좋은 아이디어를 독점하기 어렵다. 그렇다면, 굳이 다른 사람과 다른 주식 포트폴리오를 보유할 이유가 없다. 다시 말하면 시장포트폴리오를 보유하는 것이 가장 좋다. 이것이 바로 많은 전문투자자가 시장지수 포트폴리오에 투자하며, 다른 투자자 대부분도 잘 분산된 포트폴리오를 보유하는 이유이다.

8.2 위험과 수익률의 관계

제7장에서 몇몇 투자안의 수익률을 살펴보았다. 가장 위험이 낮은 투자는 미국 재정증권이다. 재정증권의 수익률은 정해져 있기 때문에 시장에서 무슨 일이 일어나든지 영향을 받지 않는다. 다시 말해 재정증권은 0의 베타를 가진다. 또한 훨씬 더 위험한 투자안, 즉 주식으로 구성되는 시장포트폴리오에 대해서도 생각해 보았다. 이 포트폴리오는 평균 시장위험을 가지며, 베타는 1.0이다.

현명한 투자자라면 그냥 재미삼아 위험을 부담하지는 않는다. 그들은 진짜 돈으로 게임을 하는 것이다. 그러므로 투자자는 재정증권보다는 시장포트폴리오에서 더 높은 수익률을 요구한다. 시장수익률과 이자율의 차이를 **시장 위험프리미엄**(*market risk premium*)이라고 한다. 1900년 이래 시장 위험프리미엄($r_m - r_f$)은 연평균 약 7.1% 정도이다.

그림 8.6에는 시장포트폴리오와 재정증권의 기대수익률과 위험을 그려 놓았다. 재정증권은 베타가 0이고 위험프리미엄도 0임을 알 수 있다.[7] 시장포트폴리오는 베타가 1.0이며, 위험프리미엄은 $r_m - r_f$이다. 이 결과는 기대 위험프리미엄에 대한 두 개의 벤치마크를 제공한다. 그러나 베타가 0 또는 1.0이 아닌 경우 기대 위험프리미엄은 얼마인가?

1960년대 중반 윌리엄 샤프(William Sharpe)와 존 린트너(John Lintner) 그리고 잭 트레이너(Jack Treynor) 등 세 사람의 경제학자가 이 의문에 대한 답을 제시하였다.[8] 그 답은 **자본자산 가격결정모형(capital asset pricing model, CAPM)**이라는 이론으로 알려졌다. 이 모형이 주는 메

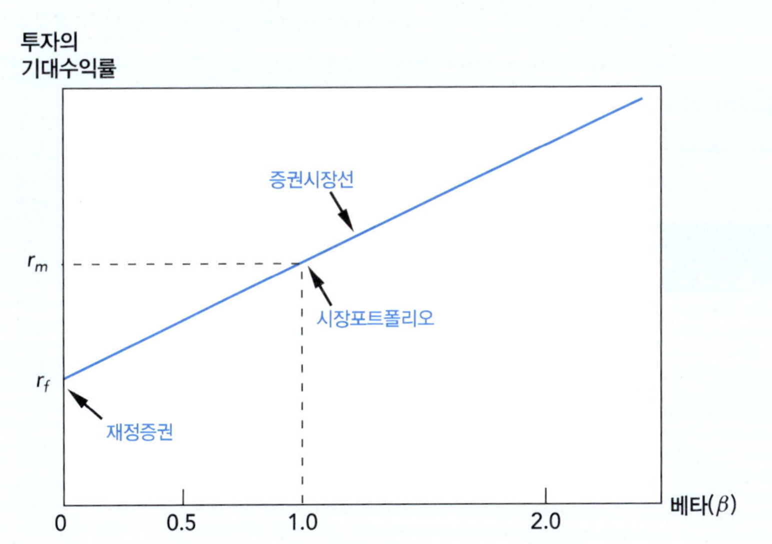

그림 8.6
자본자산 가격결정모형에 의하면 각 투자 대안의 기대 위험프리미엄은 베타에 비례한다. 이는 각 투자안이 재정증권과 시장포트폴리오를 잇는 증권시장선 상에 놓여 있어야 한다는 의미이다.

7) 위험프리미엄이란 투자 대안의 기대수익률과 무위험 이자율 간의 차이임을 기억하라. 재정증권은 그 차이가 0이다.

8) W. F. Sharpe, "Capital Asset Prices: A Theory of Market Equilibrium under Conditions of Risk," *Journal of Finance* 19 (September 1964), pp. 425~442, 그리고 J. Lintner, "The Valuation of Risk Assets and the Selection of Risky Investments in Stock Portfolios and Capital Budgets," *Review of Economics and Statistics* 47(February 1965), pp. 13~37. Treynor의 논문은 출판되지 않았다.

시지는 놀랍고도 단순하다. 경쟁적인 시장에서 기대 위험프리미엄은 베타에 비례하여 변한다는 것이다. 이는 모든 투자안이 그림 8.6에서 **증권시장선(security market line)**이라고 하는 위로 기울어진 직선상에 놓여 있어야 함을 의미한다. 그러므로 베타가 0.5인 어떤 투자안에 대한 기대 위험프리미엄은 기대 시장 위험프리미엄의 절반이다. 베타가 2인 투자안의 기대 위험프리미엄은 기대 시장 위험프리미엄의 두 배이다. 이 관계는 다음과 같이 쓸 수 있다.

$$\text{주식의 기대 위험프리미엄} = \text{베타} \times \text{기대 시장 위험프리미엄}$$
$$r - r_f = \beta(r_m - r_f)$$

기대수익률의 추정치

이 공식이 어떻게 얻어지는가를 살펴보기 전에 어떤 특정한 주식으로부터 투자자들이 얻고자 하는 수익률이 얼마인가를 알아내는 데 이 공식을 사용해 보자. 이를 위해서는 β와 r_f, 그리고 $r_m - r_f$ 등 세 개의 수치가 필요하다. 표 7.5에는 10개 주식의 베타 추정치가 주어져 있다. 2009년 2월 재정증권 이자율은 약 0.2%였다.

시장 위험프리미엄은 어떤가? 앞 장에서 지적한 바와 같이 $r_m - r_f$를 정확하게 측정할 수는 없다. 과거 경험에 비추어 볼 때 이 값은 약 7.1% 정도인 것 같다. 그러나 많은 경제학자나 재무관리자는 위험프리미엄이 이보다 더 낮을 것으로 예측하고 있다. 이 예에서는 7%를 사용하자.

표 8.2는 이 숫자들을 종합하여 각 주식의 기대수익률을 보여주고 있다. 표본 중에서 베타가 가장 높은 주식은 아마존이다. 아마존의 기대수익률 추정치는 15.4%이다. 가장 낮은 베타를 가진 주식은 캠벨 수프이다. 이 주식의 기대수익률 추정치는 2.4%로 재정증권의 이자율보다 2.2%가 높다. 이 기대수익률은 효율적 프론티어(frontier; 역주: 효율적 포트폴리오의 집합)를 그려내기 위해 표 8.1에서 가정한 가상적인 수익률 예측과 같지 않다는 데 주의하라.

신규 자본투자에 대한 할인율을 알아내려고 자본자산 가격결정모형을 사용할 수도 있다. 예

주식	베타(β)	기대수익률 $[r_f + \beta(r_m - r_f)]$
Amazon	2.16	15.4
Ford	1.75	12.6
Dell	1.41	10.2
Starbucks	1.16	8.4
Boeing	1.14	8.3
Disney	0.96	7.0
Newmont	0.63	4.7
Exxon Mobil	0.55	4.2
Johnson & Johnson	0.50	3.8
Campbell Soup	0.30	2.4

표 8.2 2009년 2월 현재 투자자들이 기대하는 수익률의 추정치는 자본자산 가격결정모형에 따라 계산된 것이다. 이자율 r_f는 0.2%, 기대 위험프리미엄 $r_m - r_f$는 7%로 가정하였다.

를 들어 델이 생산용량을 늘리는 제안을 분석한다고 하자. 예측된 현금흐름을 할인하는 데 어떤 할인율을 사용해야 하는가? 표 8.2에 의하면 투자자들은 델과 같은 위험을 갖는 사업에 대해서는 10.2%의 수익률을 기대하고 있다. 그러므로 같은 사업에 대한 추가적인 투자의 자본비용은 10.2%이다.[9)]

실무에서 할인율을 선택하는 일은 절대 쉽지 않다. (어쨌든, 단순히 공식에 숫자를 대입하면서 많은 봉급을 받기를 기대할 수는 없는 일이다.) 예를 들어 회사의 차입으로 말미암은 추가적인 위험에 대해 어떻게 조정하는가를 알아야 한다. 또한 장단기 이자율 차이도 고려해야 한다. 2009년 초에 단기 이자율은 기록적으로 낮았고, 장기 이자율보다 훨씬 낮았다. 투자자가 단기에는 상당히 낮은 주식 수익률 전망에 만족하였지만, 장기 수익률로는 거의 확실히 표 8.2에 있는 값보다 높은 수익률을 요구하였을 가능성이 있다.[10)] 만약 그렇다면 단기 이자율에 근거한 자본비용은 장기 투자안에는 부적절할 것이다. 이러한 미세한 문제에 대한 조정은 뒤에서 다시 논의한다.

자본자산 가격결정모형의 검토

포트폴리오 선택의 기본적인 원칙을 다시 한번 복습해 보자.

1. 투자자들은 높은 기대수익률과 낮은 표준편차를 선호한다. 주어진 표준편차에 대해 가장 높은 기대수익률을 갖는 주식 포트폴리오를 **효율적 포트폴리오**라고 한다.
2. 투자자가 무위험 이자율로 돈을 빌리거나 빌려줄 수 있다면 하나의 효율적 포트폴리오가 다른 모든 포트폴리오보다 우수하다. 이 포트폴리오는 표준편차 대비 가장 높은 위험프리미엄 비율을 제공한다(그림 8.5에서 포트폴리오 S). 위험 회피형 투자자는 투자금액 일부분을 이 효율적 포트폴리오에 투자하고 나머지는 무위험 자산에 투자한다. 위험 감내형 투자자는 투자자금 전부를 이 포트폴리오에 투자하거나 돈을 빌려서 이 포트폴리오에 더 많이 투자할 수도 있다.
3. 가장 좋은 효율적 포트폴리오의 구성은 기대수익률과 표준편차, 그리고 상관관계에 대한 투자자의 평가에 따라 결정된다. 만약 더 우월한 정보가 없다면 각 투자자는 다른 모든 사람과 같은 포트폴리오를 보유하게 된다. 다시 말해, 모든 투자자는 시장포트폴리오를 보유할 것이다.

이제 개별 주식의 위험으로 되돌아가 보자.

4. 한 주식만 따로 분리해서 주식의 위험을 평가해서는 안 되며, 개별 주식의 위험은 포트폴리오 위험에 대한 공헌도로 평가해야 한다. 이 공헌도는 포트폴리오 가치 변화에 대한 그 주식의 민감도를 측정한다.
5. 시장포트폴리오의 가치 변화에 대한 주식의 민감도를 **베타**라고 한다. 베타는 시장포트폴리오의 위험에 대한 개별 주식의 증분 공헌도를 측정한다.

이제 모든 투자자가 시장포트폴리오를 보유하고, 베타가 시장포트폴리오 위험에 대한 각 증권의

9) 공장과 설비에 투자하는 대신 회사는 주주들에게 그 돈을 되돌려 줄 수 있음을 잊지 말자. 투자의 기회비용은 투자자가 금융자산을 사들여 얻을 것으로 기대하는 수익률이다. 기대수익률은 그 자산의 시장위험에 따라 결정된다.

10) 표 8.2의 추정치는 또한 투자자들이 2009년의 비정상적인 시장 변동성에 대한 보상으로 높은 단기 위험프리미엄을 요구한다면 단기에서조차도 너무 낮을 것이다.

그림 8.7
균형상태에서는 어느 주식도 증권시장선 아래에 놓여 있을 수 없다. 예를 들어 주식 A를 사는 대신 투자자는 투자자금 일부를 대출해 주고 그 나머지를 시장포트폴리오에 투자하는 것이 더 낫다. 마찬가지로 주식 B를 사는 대신 투자자들은 자금을 차입하여 시장포트폴리오에 투자하는 것을 더 선호한다.

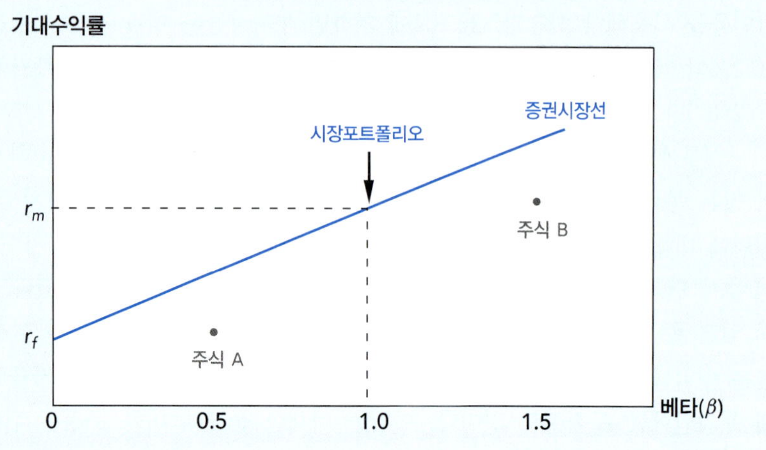

공헌도를 측정한다면 투자자들이 요구하는 위험프리미엄이 베타에 비례한다는 사실은 별로 놀라운 일이 아니다. 이것이 바로 CAPM이 말해 주는 사실이다.

주식이 증권시장선 상에 있지 않으면 어떻게 되는가?

그림 8.7에서 주식 A를 마주치게 되었다고 상상해 보라. 그 주식을 살 것인가? 그러지 않기를 바란다.[11] 만약 투자자가 베타가 0.5인 투자를 원한다면 투자자금의 절반을 재정증권에 그리고 나머지 반을 시장포트폴리오에 투자하여 더 높은 기대수익률을 얻을 수 있다. 만약 모든 투자자가 주식의 미래 전망에 대해 견해를 같이한다면 A의 기대수익률이 다른 데서 얻을 수 있는 수익률과 같아질 때까지 A의 가격은 내려가야 한다.

그림 8.7에서 주식 B는 어떤가? 투자자들은 이 주식의 높은 기대수익률에 매력을 느끼는가? 현명한 투자자라면 그렇지 않을 것이다. 본래의 투자자금 $1당 50센트씩 빌려서 이 돈을 모두 시장포트폴리오에 투자하게 되면 같은 베타에 대해 더 높은 기대수익률을 얻을 수 있다. 모든 투자자가 이러한 평가에 동의한다면 주식 B의 가격은 유지될 수 없다. B의 기대수익률이 차입과 시장포트폴리오 투자의 조합에서 얻는 기대수익률과 같아질 때까지 B의 가격은 내려가야 한다.[12]

요점은 다음과 같다. 투자자는 시장포트폴리오와 무위험 대출의 조합을 보유함으로써 언제나 기대 위험프리미엄 $\beta(r_m - r_f)$을 얻을 수 있다. 그러므로 잘 작동하는 시장에서는 아무도 $\beta(r_m - r_f)$보다 작은 기대 위험프리미엄을 갖는 주식은 보유하려 하지 않는다. 그렇다면 다른 가능성은 없는가? 더 높은 기대 위험프리미엄을 제공하는 주식은 없는가? 다시 말하면 그림 8.7에서 증권시장선보다 위에 놓여 있는 주식은 없는가? 만약 투자자가 모든 주식을 선택한다면 이것은 곧 시장포트폴리오가 된다. 그러므로 주식은 **평균적으로** 증권시장선 상에 놓일 것이다. 어떤 주식이라도 직선의 아래에 있지 않기 때문에 어떤 주식도 직선 위에 놓여 있을 수도 없다. 그러므로 모든 주식은 증권시장

11) 물론 이 주식을 팔려고 하지 않는다면 말이다.
12) A 또는 B에만 투자하는 것은 어리석다. 분산되지 않은 포트폴리오를 갖게 된다.

선 상에 놓여 있어야 하며, 다음 식과 같은 위험프리미엄을 제공해야 한다.

$$r - r_f = \beta(r_m - r_f)$$

8.3 자본자산 가격결정모형의 타당성과 역할

어떤 경제이론 모형도 결국은 현실을 단순화한 것이다. 우리 주변에서 일어나는 현상을 설명하려면 단순화가 필요하다. 그러나 한편으로는 그 모형을 얼마만큼 신뢰할 수 있는가도 알아야 한다.

사람들 사이에 폭넓은 합의가 있는 것부터 시작해 보자. 먼저 투자자가 위험을 부담할 때는 추가적인 수익을 요구한다는 사실에 시비를 걸 사람은 극히 드물다. 이것이 평균적으로 주식 수익률이 재정증권 수익률보다 높은 이유이다. 만약 주식이 재정증권과 같은 수익률을 제공한다면 누가 주식에 투자하겠는가? 아무도 하지 않을 것이다.

둘째, 투자자들은 원칙적으로 분산투자로 제거할 수 없는 위험을 걱정하는 것으로 보인다. 그렇지 않다면 두 회사가 위험을 분산하기 위해 합병을 할 때마다 주식 가격이 상승하는 현상을 발견해야 한다. 또한 다른 회사의 주식에 투자하는 투자회사의 가치는 그 회사가 보유한 주식의 가치보다 더 높은 현상이 나타나야 한다. 그러나 이 두 가지 현상 중 어느 것도 실제로 관찰되지 않는다. 단지 위험을 분산하기 위한 합병은 주가를 올리지 못하며, 투자회사는 자신이 보유한 주식의 가치보다 더 높게 평가되지 않는다.

자본자산 가격결정모형은 단순한 방법으로 이런 아이디어를 구현한다. 이 때문에 재무관리자들은 위험이라는, 뭐라고 꼭 집어 말하기 어려운 개념을 이해하는 데 이 모형이 편리한 도구라고 생각한다. 재무관리자 중 거의 3/4이 이 모형을 사용하여 자본비용을 추정하고 있다.[13] 또한 경제학자들은 다른 방법으로 증명할 수 있는데도 불구하고 재무학의 중요한 개념을 설명하는 데 자본자산 가격결정모형을 자주 사용한다. 그렇다고 해서 자본자산 가격결정모형이 최종적인 진실이라고 할 수는 없다. 나중에 알게 되겠지만 자본자산 가격결정모형은 여러 가지 만족스럽지 못한 요인들을 가지고 있다. 이 장의 뒷부분에서 자본자산 가격결정모형 이외의 다른 대체 이론들에 대해서도 살펴볼 것이다. 이들 대체 이론 중 어느 하나가 궁극적으로 가장 좋은 이론으로 밝혀질지, 또는 그 외에도 아직은 세상에 나오지 않았지만 위험과 수익을 설명하는 더 나은 모형들이 있는지는 아무도 모른다.

자본자산 가격결정모형의 검증

열 명의 투자자들이 1931년 어느 날 월스트리트의 한 주점에 모여 후손들을 위한 투자신탁펀드를 설립하기로 합의했다고 상상해 보자. 각 투자자는 각기 다른 전략을 추구하기로 하였다. 첫 번째

13) R. J. Graham and C. R. Harvey, "The Theory and Practice of Corporate Finance: Evidence from the Field," *Journal of Financial Economics*, 61 (2001), pp. 187~243. 설문조사에 참여한 많은 경영자는 자본비용을 추정하는 데 한 가지 이상의 방법을 사용한다고 답하였다. 경영자들의 73%가 자본자산 가격결정모형을 사용한다고 답하였지만 39%가 주식의 역사적 평균 수익률을, 그리고 34%는 자본자산 가격결정모형과 그 밖의 위험요인을 함께 사용한다고 답하였다.

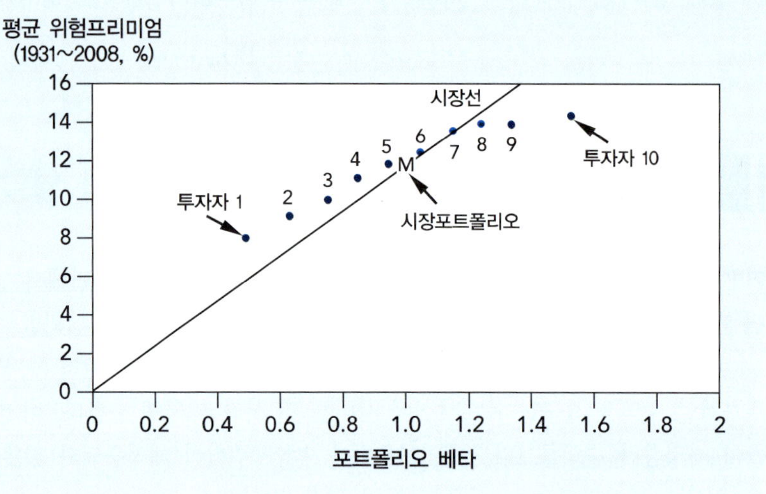

그림 8.8
자본자산 가격결정모형에 의하면 모든 투자의 기대 위험프리미엄은 증권시장선 상에 놓여 있어야 한다. 각각의 점들은 베타가 다른 포트폴리오들의 실제 평균 위험프리미엄을 나타낸다. CAPM이 예측하는 것과 같이 베타가 높은 포트폴리오는 더 높은 평균 수익률을 제공하였다. 그러나 고(高) 베타 포트폴리오들은 증권시장선 아래에 놓여 있고, 저(低) 베타 포트폴리오들은 증권시장선보다 위에 위치한다. 10개 포트폴리오 수익률에 맞게 선을 그리면 시장선보다 '평평해'진다.

자료원 : F. Black, "Beta and Return," *Journal of Portfolio Management* 20(Fall 1993), pp. 8~18. © 1993 Institutional Investor. 승인을 받아 전재. 계산을 갱신해 준 Adam Kolasinski에게 감사한다.

투자자는 뉴욕증권거래소 주식 중 베타가 가장 낮은 하위 10%를 사기로 하였고, 두 번째 투자자는 그다음으로 베타가 낮은 10%에 속하는 주식을 사기로 했다. 이런 방식으로 열 번째 투자자는 베타가 가장 높은 주식들을 사기로 하였다. 그뿐만 아니라 이들은 매년 말에 모든 뉴욕증권거래소 주식의 베타를 다시 추정하여 약속한 규칙에 따라 포트폴리오를 재구성하기로 계획하였다.[14] 그리고는 진심으로 서로에게 행운을 빌며 헤어졌다.

그동안 이들 10명의 투자자는 모두 세상을 떠났다. 그러나 그 후손들이 2009년 초 월스트리트의 같은 주점에서 다시 만나 투자 포트폴리오의 성과를 비교해 보기로 합의하였다. 그림 8.8은 투자 포트폴리오들의 성과가 어떠했는지를 보여준다. 투자자 1의 포트폴리오는 시장포트폴리오보다 훨씬 덜 위험하다는 것이 밝혀졌다. 이 포트폴리오의 베타는 고작 0.49에 지나지 않았다. 그러나 투자자 1은 가장 낮은 수익률, 즉 무위험 이자율보다 8.0% 높은 수익률을 실현하였다. 반대편의 극단적인 경우 투자자 10의 포트폴리오는 베타가 1.53이었는데 이는 투자자 1의 포트폴리오에 비해 3배나 큰 값이다. 그러나 투자자 10은 동시에 가장 높은 수익률, 즉 평균적으로 이자율보다 연간 14.3%나 높은 수익률로 보상받았다. 이 77년 기간에 수익률은 확실히 베타와 함께 증가하였다.

그림 8.8에서 알 수 있는 바와 같이 동일한 77년 기간에 시장포트폴리오는 이자율보다 11.8% 높은 평균 수익률을 제공하였으며,[15] 물론 그 베타는 1.0이었다. CAPM은 위험프리미엄이 베타에 비례하여 증가할 것으로 예측한다. 그래서 각 포트폴리오의 수익률은 그림 8.8에서 위로 경사진 모양의 증권시장선 위에 놓여 있어야 한다. 시장이 11.8%의 위험프리미엄을 제공했으므로 0.49의 베타를 가진 투자자 1의 포트폴리오는 약 5.8% 정도의 위험프리미엄을 제공해야 하

14) 베타는 직전 60개월 동안의 자료로 추정하였다.
15) 그림 8.8에서 '시장포트폴리오'에 포함된 주식들은 동일가중치(equally-weighted)를 적용하였다. 소기업의 주식은 대기업 주식의 수익률보다 더 높은 수익률을 제공하였으므로 동일가중 지수에 대한 위험프리미엄은 가치가중 지수(value-weighted index)의 경우보다 높다. 이것이 그림 8.8의 시장 위험프리미엄 11.8%와 표 7.1에 보고된 프리미엄 7.1%가 차이를 나타내는 하나의 이유이다.

며, 베타가 1.53인 투자자 10의 포트폴리오는 18.1%의 프리미엄을 제공해야만 한다. 큰 베타를 가진 주식들이 작은 베타의 주식보다 성과가 좋기는 하지만 그 차이는 CAPM이 예측하는 것만큼 크지 않다는 사실을 알 수 있다.

그림 8.8은 CAPM을 대체로 지지하기는 하지만 비평가들은 증권시장선의 기울기가 최근에 와서는 특히 더 평평해졌다고 말한다. 예를 들어 그림 8.9는 1966년과 2008년 사이에 10명의 투자자가 얼마나 잘했는가를 보여준다. 누가 한턱내야 할지는 분명하지 않다. 수익률은 베타가 가장 높은 두 포트폴리오를 제외하면 중요한 예측에는 CAPM과 대체로 일관성을 가진다. 고베타 포트폴리오라는 롤러코스터를 탔던 투자자 10은 이 기간에 시장보다 오히려 낮은 수익률을 기록하였다. 물론 1966년 이전에는 이 선의 기울기가 더 가팔랐다. 이 사실도 역시 그림 8.9에 잘 나타나 있다.

어떻게 된 일인가? 이에 대해서는 뭐라고 딱 잘라 말하기 어렵다. 자본자산 가격결정모형의 옹호자들은 이 모형이 기대수익률에 관한 것이라는 점을 강조한다. 하지만, 시장에서는 실제 수익률을 관찰할 수 있을 뿐이다. 실제 주식 수익률은 투자자들의 기대를 반영하기는 하지만 또한 많

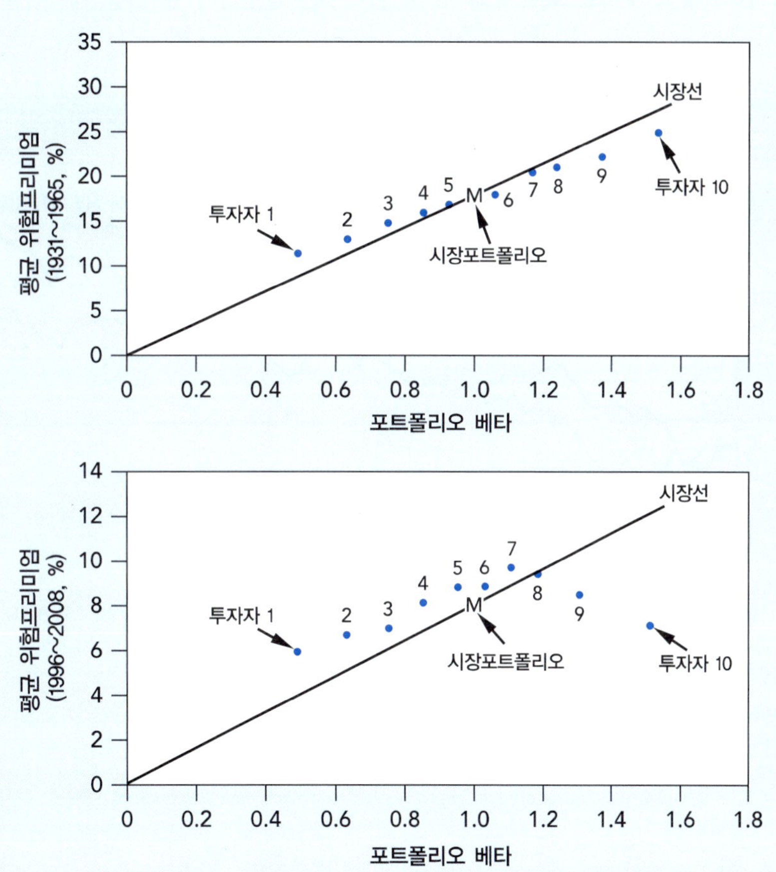

그림 8.9
베타와 실제 평균 수익률 간의 관계는 1960년대 중반 이후 훨씬 약화되었다. 특히 베타가 가장 높은 주식들의 수익률이 나빴다.

자료원: F. Black, "Beta and Return," *Journal of Portfolio Management* 20(Fall 1993), pp. 8~18. 1993 Institutional Investor. 승인을 받아 전재. 계산을 갱신해 준 Adam Kolasinski에게 감사한다.

은 노이즈(잡음), 즉 투자자들이 평균적으로 자신이 기대하는 수익률을 얻었는가를 알기 어렵게 만드는 예기치 않은 일들의 끊임없는 흐름을 포함하고 있다. 이런 잡음 때문에 이 모형이 어떤 특정한 기간에서 다른 기간에서보다 더 잘 맞는가를 판단하는 일이 불가능해진다.16) 우리가 할 수 있는 최선의 방법은 그럴듯한 자료가 존재하는 가장 긴 기간에 걸쳐 모형을 검증하는 것이다. 그렇게 하면 단순한 형태의 CAPM이 예측하는 것보다 완만하기는 하지만 기대수익률은 틀림없이 베타에 비례해서 증가한다는 사실을 시사하는 그림 8.8로 되돌아가게 된다.17)

CAPM은 두 번째 전선에서도 공격을 받았다. 최근에 와서 수익률이 베타와 비례해서 증가하지 않고 오히려 다른 척도들과 관련된 것으로 드러났다. 예를 들어 그림 8.10의 검은 선은 소기업 주식과 대기업 주식 수익률 간의 누적 차이를 보여주고 있다. 이 선은 시가총액이 가장 작은 주식을 사고 시가총액이 가장 큰 주식을 팔았다면 투자자의 부가 어떻게 변했는가를 보여준다. 시가총액이 작은 주식이 항상 성과가 좋았던 것은 아니다. 그러나 긴 기간에 걸쳐서 그런 주식을 보유한 투자자들은 상당히 높은 수익을 얻었다. 1926년 이래 두 그룹 수익률 간의 차이는 연평균 3.6%였다.

이제 그림 8.10의 청색 선을 보자. 이 선은 가치주(value stock)와 성장주(growth stock) 수익률 간의 누적 차이를 보여 주고 있다. 가치주는 장부가치 대 시장가치 비율이 높은 주식으로 정의

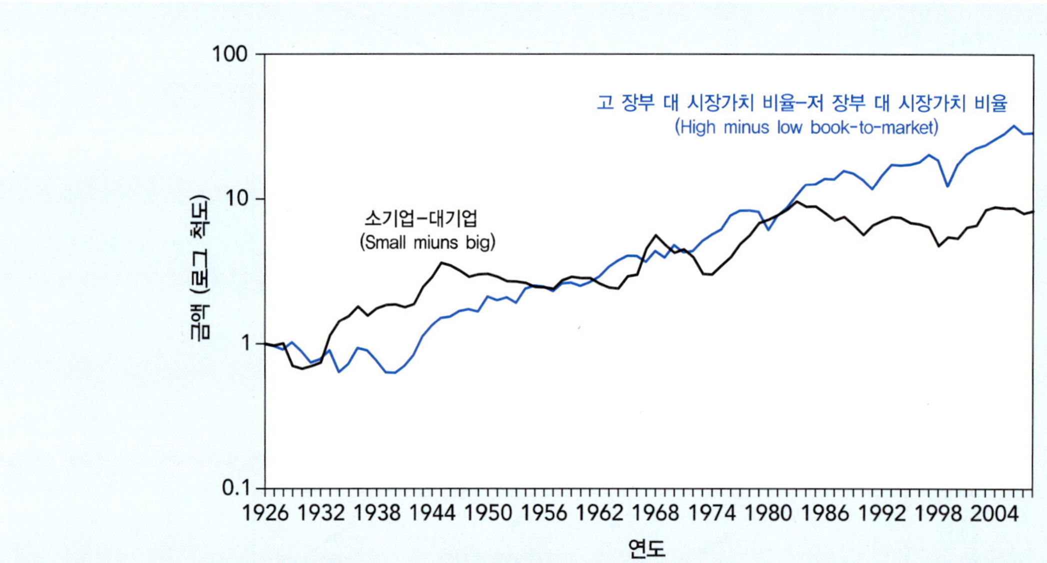

그림 8.10

검은 선은 소형주와 대형주 수익률 간의 누적 차이를 나타낸다. 붉은 선은 장부가치가 높은 주식(즉 가치주)과 낮은 주식(즉 성장주) 수익률 간의 누적 차이를 보여주고 있다.

자료원 : Kenneth French의 웹사이트 **mba.tuck.dartmouth.edu/pages/faculty/ken.french/data_library.html**. 승인을 받아 사용함.

16) 모형의 검증에 따르는 두 번째 문제는 시장포트폴리오가 주식, 채권, 선물, 부동산뿐만 아니라 인적 자본(human capital) 등 모든 자산을 포함해야 한다는 것이다. 대부분의 시장지수는 단지 보통주의 표본만을 포함하고 있다.

17) 여기서 '단순한 형태'라고 말하는 것은 Fisher Black이 차입에 대한 제한이 있다면 기대수익률과 베타 간에는 양(+)의 관계가 존재해야 하지만 증권시장선의 기울기는 덜 가팔라질 것임을 보여 주었기 때문이다. F. Black의 논문 "Capital Market Equilibrium with Restricted Borrowing," *Journal of Business* 45(July 1972), pp. 444~455를 참조하라.

하며, 성장주는 장부가치 대 시장가치 비율이 낮은 주식을 의미한다. 가치주가 성장주보다 더 높은 장기 수익률을 제공함에 주목하라.[18] 1926년 이래 가치주와 성장주 수익률 간의 연평균 차이는 5.2%였다.

그림 8.10은 기대수익률의 차이는 단지 베타에 기인한다는 CAPM 이론과는 잘 맞지 않는다. 투자자들은 베타가 감지하지 못한 시가총액이 작은 주식과 가치주의 위험을 고려하는 것으로 보인다.[19] 예를 들어 가치주를 보자. 이들 중 많은 주식은 회사가 심각한 어려움에 부닥쳐 있었기 때문에 장부가치 이하로 거래되었다. 만약 경제가 예기치 않게 나빠졌다면 이들 회사는 그냥 붕괴하였을지 모른다. 그래서 불황기에 자신의 직장도 같이 걸려 있는 투자자들은 이들 주식을 특히 위험한 것으로 간주하여 높은 수익률의 형태로 보상을 요구했을 수도 있다. 이것이 사실이라면 단순한 형태의 CAPM은 전체적인 진실을 나타낼 수 없다.

이런 발견으로 CAPM이 얼마나 심각하게 손상을 입었는지는 알기 어렵다. 주식 수익률과 기업규모, 그리고 장부 대 시장 가치 비율 사이의 관계는 잘 정리되어 있다. 그러나 만약 오랫동안 열심히 뒤져보면 과거에 잘 통용되었을 만한 몇몇 전략을 우연히 발견하게 될 수도 있다. 이런 종류의 일을 흔히 '자료 뒤지기(data-mining)' 또는 '자료 기웃거리기(data-snooping)'라고 한다. 규모효과와 장부 대 시장효과가 단순히 자료 뒤지기의 우연한 결과인지도 모른다. 만약 그렇다면 이들 현상은 발견되고 나서 곧 사라져야 한다. 이것이 사실이라는 몇몇 증거가 있다. 그림 8.10을 다시 보면, 지난 25년 동안 소기업 주식이 높은 성과를 보인 것과 거의 같은 빈도로 낮은 성과를 나타내고 있음을 알 수 있을 것이다.

CAPM에 대한 증거가 학자들이 생각했던 것보다 설득력이 약하다는 사실에는 의심의 여지가 없다. 그러나 의심의 여지없이 CAPM을 부정하기도 어렵다. 사용 가능한 자료와 통계학 이론이 최종적인 답을 줄 가능성은 매우 낮기 때문에 CAPM 이론의 타당성(plausibility)은 실증적인 '사실'과 비교·검토될 수밖에 없다.

자본자산 가격결정모형의 가정

자본자산 가격결정모형은 우리가 지금까지 자세히 설명하지 않았던 몇 가지 가정에 바탕을 두고 있다. 예를 들어 미국 재정증권에 대한 투자는 위험이 없다고 가정하였다. 재정증권은 채무불이행의 가능성은 거의 없지만, 실질 수익률을 보장하지는 못한다. 물가상승의 불확실성은 항시 존재한다. 다른 한 가지 가정은 투자자들이 대출할 때와 같은 이자율로 차입할 수 있다는 것이다. 일반적으로 차입이자율은 대출이자율보다 높다.

---

18) Fama와 French는 규모효과와 장부 대 시장 효과를 활용하도록 설계된 포트폴리오의 수익률을 계산하였다. E. F. Fama and K. R. French, "The Cross-section of Expected Stock Returns," *Journal of Financial Economics* 47(June 1992), pp. 427~465 참조. 이들 포트폴리오의 수익률을 계산하는 과정에서 Fama와 French는 장부 대 시장 비율이 높은 주식과 낮은 주식을 비교할 때 기업규모의 차이를 통제하였다. 마찬가지로 소기업과 대기업 주식을 비교할 때는 장부 대 시장 비율의 차이를 통제하였다. 방법론의 상세한 내용과 규모와 장부 대 시장 요인에 대해 갱신된 수익률은 Kenneth French의 웹사이트 **mba.tuck.dartmouth.edu/pages/faculty/ken.french/data_library.html**을 참조하라.

19) 소기업 주식을 사고 대기업 주식을 판 투자자는 약간의 위험을 부담한다. 이 포트폴리오의 베타는 0.28이었을 것이다. 그러나 이는 수익률의 차이를 설명하기에는 충분하지 않다. 가치주와 성장주 포트폴리오의 수익률과 베타 사이에는 단순한 관계가 존재하지 않는다.

가정 중 많은 부분이 결정적으로 중요한 것은 아니라는 사실이 밝혀졌다. 약간의 밀고 당기기를 통해 이런 문제들을 다룰 수 있도록 자본자산 가격결정모형을 수정할 수 있다. 정말로 중요한 개념은 투자자들이 자신의 투자자금을 한정된 수의 벤치마크 포트폴리오에 투자하는 것으로 만족한다는 사실이다. (기본적인 CAPM에서는 이들 벤치마크가 재정증권과 시장포트폴리오이다.)

이처럼 수정된 CAPM에서도 기대수익률은 여전히 시장위험에 달렸지만, 시장위험의 정의는 벤치마크 포트폴리오의 성격에 따라 달라진다. 실제로는 이들 대체 자본자산 가격결정모형 중 어느 것도 표준적인 형태의 모형보다 폭넓게 사용되지는 않는다.

8.4 몇 가지 대체 이론

자본자산 가격결정모형에서는 투자자들이 오로지 미래 부(wealth)의 크기와 불확실성에만 관심이 있는 것으로 설정한다. 그러나 이는 지나치게 단순화된 발상이다. 예를 들어 투자자가 어떤 특정한 생활수준에 익숙해져 있을 수도 있다. 그래서 한번 부자였던 사람에게는 미래에 닥칠 가난이 특히 참기 어려운 일이다. 행동심리학자들의 연구에 따르면 투자자들은 단순히 현재 보유하는 부(富)의 가치만 생각하는 것이 아니라 자신이 했던 과거의 투자가 이익을 실현하고 있는가에 관심을 둔다는 것이다. 아무리 적더라도 이득은 그 자체로 추가적인 만족의 원천이 된다. 자본자산 가격결정모형은 투자자들이 주식 매수 가격을 기억하고 주가가 올라 이익을 얻으면 우쭐해 하고 손해를 볼 때는 의기소침해 할 가능성을 전혀 고려하지 않는다.[20]

차익거래가격결정이론

자본자산 가격결정이론은 투자자가 효율적 포트폴리오를 어떻게 구성하는가로 시작한다. 스티븐 로스(Stephen Ross)의 **차익거래가격결정이론(arbitrage pricing theory, APT)**은 전혀 다른 관점에서 얻어진 것이다. 이 이론은 어느 포트폴리오가 효율적인가를 묻지 않는다. 그 대신 이 모형은 각 주식의 수익률은 어디에나 영향을 미치는 거시경제적인 영향, 즉 '요인'과 그 회사에만 고유한 사건, 즉 '노이즈(잡음)'에 의해 결정된다는 가정에서 출발한다. 나아가, 증권의 수익률은 다음과 같은 단순한 관계에 따라 정해진다고 가정한다.

$$\text{수익률} = a + b_1(r_{\text{요인}1}) + b_2(r_{\text{요인}2}) + b_3(r_{\text{요인}3}) + \cdots + \text{잡음}$$

이 이론은 '요인'들이 무엇인가에 대해서는 구체적으로 이야기하지 않는다. 석유가격 요인이나 이자율 요인 등 여러 가지가 있을 수 있다. 시장포트폴리오의 수익률도 하나의 요인일 수는 있지만, 반드시 그렇지 않을 수도 있다.

20) 제13장에서 손해회피 현상에 대해 다시 논의한다. 이 현상이 자산 가격결정에 시사하는 의미는 다음 논문을 참조하라. S. Benartzi and R. Thaler, "Myopic Loss Aversion and Equity Premium Puzzle," *Quarterly Journal of Economics* 110(1995) pp. 75~92; N. Barberies, M. Huang, and T. Santos, "Prospect Theory and Asset Prices," *Quarterly Journal of Economics* 116(2001), pp. 1~53.

어떤 주식은 다른 주식들보다 특정한 요인에 더욱 민감하다. 예컨대 엑슨모빌은 코카콜라보다 석유가격 요인에 더욱 민감하다. 만약 요인 1이 석유가격의 예상치 않은 변화를 나타낸다면 엑슨모빌 주식의 b_1이 더 클 것이다.

개별 주식에는 두 가지의 위험 원천이 있다. 첫 번째는 분산투자로 제거할 수 없는 전반적인 거시경제적 요인으로부터 발생하는 위험이고, 두 번째는 그 회사에만 고유한 여러 사건으로부터 오는 위험이다. 분산투자가 고유위험을 제거해 주기 때문에 분산투자를 하는 투자자는 주식을 사거나 파는 결정을 할 때 이런 위험은 무시할 수 있다. 주식의 기대 위험프리미엄은 요인 위험, 즉 거시경제적 위험에 영향을 받으며, 고유위험에는 영향을 받지 않는다.

차익거래가격결정이론에 의하면 주식의 기대 위험프리미엄은 각 요인과 관련된 기대 위험프리미엄과 그 주식의 각 요인에 대한 민감도(b_1, b_2, b_3 등)에 따라 결정되어야 한다. 그러므로 공식은 다음과 같다.[21)]

$$\begin{aligned}\text{기대 위험프리미엄} &= r - r_f \\ &= b_1(r_{\text{요인}1} - r_f) + b_2(r_{\text{요인}2} - r_f) + \cdots\end{aligned}$$

이 공식에서는 다음 두 가지 점을 강조하고 있다는 데 주목하라.

1. 공식에서 각각의 b(요인 민감도)를 0으로 놓으면 기대 위험프리미엄은 0이 된다. 각 거시경제 요인에 대해 0의 민감도를 가지도록 구성된 분산 포트폴리오는 본질적으로 위험이 없으며, 따라서 무위험 이자율을 제공하도록 가격이 매겨져야 한다. 만약 이 포트폴리오가 더 높은 수익률을 제공한다면 투자자는 무위험 이자율로 차입해서 포트폴리오에 투자함으로써 위험이 없는(또는 '차익거래') 이익을 얻을 수 있다. 만약 이 포트폴리오가 무위험 이자율보다 더 낮은 수익률을 제공한다면 투자자는 위의 전략을 반대로 구사하여 차익거래 이익을 얻을 수 있다. 즉 '민감도가 0인 분산 포트폴리오를 팔고 그 돈을 재정증권에 투자하면 된다.
2. 예컨대 요인 1에 노출되도록 구성된 분산 포트폴리오는 그 요인에 대한 민감도에 직접적으로 비례하는 위험프리미엄을 제공할 것이다. 예를 들어 투자자가 요인 1에만 영향을 받는 두 개의 포트폴리오 A와 B를 구성했다고 하자. 포트폴리오 A가 B보다 요인 1에 대해 두 배 더 민감하다면 포트폴리오 A는 두 배의 위험프리미엄을 제공해야 한다. 그러므로 투자자금을 둘로 나누어 재정증권과 이 포트폴리오에 반씩 투자하여 새로 만들어진 포트폴리오는 요인 1에 대해 포트폴리오 B와 같은 민감도를 가질 것이며, 따라서 같은 위험프리미엄을 제공할 것이다.

   차익거래가격결정 공식이 맞지 않는다면 어떻게 될까? 예를 들어 재정증권과 포트폴리오 A의 조합으로 구성된 포트폴리오가 더 높은 수익률을 제공한다고 생각해 보자. 이 경우 투자자는 포트폴리오 B를 팔고 그 돈으로 재정증권과 포트폴리오 A의 조합을 사서 차익거래 이익을 얻을 수 있다.

앞에서 설명한 차익거래는 고유위험이 모두 제거된 잘 분산된 포트폴리오에 적용된다. 그러

21) 투자자들이 별로 걱정하지 않는 거시경제 요인이 있을 수도 있다. 예를 들어 일부 거시경제학자들은 통화 공급량은 별로 상관이 없으며, 따라서 투자자들은 물가상승에 대해서는 크게 걱정을 하지 않는다고 믿는다. 이런 요인들은 위험프리미엄을 수반하지 않으며, 따라서 기대수익률을 설명하는 APT 공식에서는 없어진다.

나 차익거래가격결정 관계가 잘 분산된 포트폴리오에 대해 성립한다면 이 관계는 일반적으로 개별 주식에 대해서도 성립해야 한다. 각 주식은 포트폴리오 위험에 대한 공헌도에 상응하는 기대수익률을 제공해야 한다. APT에서 이 공헌도는 거시경제 요인의 예상치 않았던 변화에 대한 주식 수익률의 민감도에 따라 결정된다.

자본자산 가격결정모형과 차익거래가격결정이론의 비교

자본자산 가격결정모형과 마찬가지로 차익거래가격결정이론도 기대수익률이 경제 전반에 걸친 영향에서 발생하는 위험에 따라 결정되며, 고유위험에는 영향을 받지 않는다는 점을 강조한다. 차익거래가격결정이론의 요인을 공통적인 영향에 좌우되는 경향을 보이는 특정한 포트폴리오를 대표하는 것으로 생각할 수 있다. 이들 포트폴리오의 기대 위험프리미엄이 시장 베타에 비례한다면 차익거래가격결정이론과 자본자산 가격결정모형은 같은 해답을 제공할 것이다. 그러나 그 외에는 그렇지 않다.

두 이론을 어떻게 비교할 수 있는가? 차익거래가격결정은 매력적인 특성이 있다. 예를 들어 자본자산 가격결정모형에서 중심적인 역할을 하는 시장포트폴리오는 차익거래가격결정이론에서는 나타나지 않는다.[22] 그러므로 시장포트폴리오를 측정하는 문제를 걱정할 필요가 없고, 원칙적으로 위험자산의 일부 표본에 대한 자료만 있더라도 차익거래가격결정이론을 검증할 수 있다.

불행하게도 얻는 것이 있으면 잃는 것도 있다. 모든 거시경제 위험을 시장포트폴리오라고 하는 잘 정의된 하나의 요인으로 압축하는 자본자산 가격결정모형과는 달리 차익거래가격결정이론은 내재하는 요인들이 무엇인가에 대해서는 아무것도 알려 주지 않는다.

세 요인 모형

APT 공식을 다시 한번 보자. 기대수익률을 추정하려면 먼저 다음과 같이 세 단계를 거쳐야 한다.

1단계: 주식 수익률에 영향을 미칠 만한 적당하게 적은 수의 거시경제 요인을 확인한다.
2단계: 각각의 요인에 대한 기대 위험프리미엄($r_{요인1} - r_f$ 등)을 추정한다.
3단계: 각 주식의 요인 민감도(b_1, b_2 등)를 측정한다.

이 과정보다 간단한 방법은 소기업 주식과 장부 대 시장 가치 비율이 높은 주식이 평균보다 높은 수익률을 제공함을 보여 주는 파마와 프렌치(Fama and French)의 연구 결과를 활용하는 것이다. 이 연구 결과는 단순히 우연한 일치일 수도 있다. 그러나 이 요인들이 회사의 수익성과 관련이 있고, 단순한 CAPM에서는 발견하지 못한 위험 요인을 찾아냈을지도 모른다는 증거가 있다.[23]

투자자들이 정말로 이들 요인에 대한 노출을 부담하는 대가로 추가적인 수익을 요구한다면 다음과 같이 차익거래가격결정이론에서와 거의 같은 기대수익률 척도를 얻는다.

22) 물론 시장포트폴리오가 하나의 요인으로 나타날 수는 있지만, 이것이 차익거래 가격결정이론의 필연적인 결과는 아니다.
23) E. F Fama and K. R. French, "Size and Book-to-Market Factors in Earnings and Returns," *Journal of Finance* 50 (1995), pp. 131~155.

$$r - r_f = b_{\text{시장}}(r_{\text{시장 요인}}) + b_{\text{규모}}(r_{\text{시장 요인}}) + b_{\text{장부 대 시장}}(r_{\text{장부 대 시장 요인}})$$

이 식은 일반적으로 파마-프렌치의 세 요인 모형이라고 알려졌다. 이 모형을 사용하여 기대수익률을 추정하는 것은 차익거래가격결정이론을 적용하는 것과 같다. 한 가지 예를 보자.[24)]

1단계: 요인의 확인 파마와 프렌치는 기대수익률을 결정하는 것으로 보이는 세 가지 요인을 이미 확인하였다. 이들 각각의 요인에 대한 수익률은 다음과 같다.

요인	척도
시장요인	(시장지수 수익률) - (무위험 이자율)
규모요인	(소기업 주식 수익률) - (대기업 주식 수익률)
장부 대 시장요인	(장부 대 시장 가치가 높은 주식의 수익률) - (장부 대 시장 가치가 낮은 주식의 수익률)

2단계: 각 요인에 대한 위험프리미엄의 추정 시장 위험프리미엄으로 7%를 사용한다. 역사적 자료로부터 다른 두 요인의 위험프리미엄에 관한 단서도 얻을 수 있다. 앞에서 본 바와 같이 1926년과 2008년 기간에 소형주와 대형주 간의 수익률 차이는 연간 약 3.6%였으며, 장부 대 시장 가치 비율이 높은 주식과 낮은 주식 간의 수익률 차이는 연간 약 5.2%였다.

3단계: 요인 민감도의 추정 어떤 주식은 다른 주식들보다 세 요인의 수익률 변동에 더욱 민감하다. 이는 표 8.3의 앞 세 열에 있는 숫자들을 보고 알 수 있다. 이 숫자들은 2008년 12월까지 60개월에 걸친 10개 산업그룹의 요인 민감도 추정치를 보여준다. 예를 들어 장부 대 시장 요인 수익률의 1% 증가는 컴퓨터 주식의 수익률을 0.87% 감소시키지만, 공익회사 주식의 수익률은 0.77% 증가시키는 것을 알 수 있다. 다시 말해, 가치주(장부 대 시장 비율이 높은 주식)가 성장주(장부 대 시장 비율이 낮은 주식)보다 성과가 좋을 때는 컴퓨터 주식은 상대적으로 성과가 나쁘며, 공익 주식은 상대적으로 좋다.

일단 요인 민감도의 추정치를 얻은 다음에는 이 추정치와 기대 요인수익률을 곱하고 그 결과를 더하면 되는 간단한 일이다. 예를 들어 컴퓨터 주식의 기대 위험프리미엄은 $r - r_f = (1.43 \times 7) + (0.22 \times 3.6) - (0.87 \times 5.2) = 6.3\%$이다. 2008년에 투자자들이 기대한 수익률을 계산하려면 약 0.2%인 무위험 이자율을 더하면 된다. 그러므로 세 요인 모형은 2008년의 컴퓨터 주식 기대수익률이 $0.2 + 6.3 = 6.5\%$였음을 시사한다.

이 수치들을 자본자산 가격결정모형을 사용하여 추정한 위험프리미엄(표 8.3의 마지막 열)과 비교해 보라. 컴퓨터 주식의 기대수익률 추정치는 CAPM보다 세 요인 모형에서 훨씬 낮다. 왜 그런가? 그 주된 이유는 컴퓨터 주식이 장부 대 시장 요인에 대한 노출이 상대적으로 낮은(−0.87) 성장주이기 때문이다. 세 요인 모형은 성장주에 대해 낮은 기대수익률을 보인다. 그러나 장부 대 시장 가치 비율이 높은 자동차와 건설회사와 같은 가치주에는 높은 값을 보인다.

24) 세 요인 모형은 Fama와 French에 의해 여러 산업의 자본비용을 추정하는 데 처음으로 사용되었다. E. F. Fama and K. R. French, "Industry Costs of Equity," *Journal of Financial Economics* 43 (1997), pp. 153~193 참조. Fama와 French는 CAPM이나 APT 형태의 모형을 사용하여 투자자들이 기대하는 수익률을 추정하는 데 수반되는 부정확성을 강조하고 있다.

	세 요인 모형				
	요인 민감도				CAPM
	$b_{시장}$	$b_{규모}$	$b_{장부\ 대\ 시장}$	기대수익률*	기대수익률**
자동차	1.51	0.07	0.91	15.7	7.9
은행	1.16	−0.25	0.72	11.1	6.2
화학	1.02	−0.07	0.61	10.2	5.5
컴퓨터	1.43	0.22	−0.87	6.5	12.8
건설	1.40	0.46	0.98	16.6	7.6
식품	0.53	−0.15	0.47	5.8	2.7
석유 및 가스	0.85	−0.13	0.54	8.5	4.3
제약	0.50	−0.32	−0.13	1.9	4.3
통신	1.05	−0.29	−0.16	5.7	7.3
공익사업	0.61	−0.01	0.77	8.4	2.4

표 8.3 Fama-French 세 요인 모형과 CAPM을 사용하여 산출한 일부 산업의 주식 기대수익률의 추정치.

* 기대수익률은 무위험 이자율에 (요인 민감도 × 요인 위험프리미엄)을 더한 것과 같다. 즉 $r_f + (b_{시장} \times 7) + (b_{규모} \times 3.6) + (b_{장부\ 대\ 시장} \times 5.2)$.

** $r_f - \beta(r_m - r_f)$, 즉 $r_f + \beta \times 7$로 추정. β는 단순 회귀분석으로 추정했으며, 따라서 다중 회귀분석으로 추정한 $\beta_{시장}$ 값과는 차이가 있을 수 있다.

요약

포트폴리오 선택의 기본 원칙은 투자자들이 포트폴리오의 기대수익률은 높이고 수익률의 표준편차는 낮추려고 노력하는 것으로 요약된다. 주어진 표준편차에 대해 가장 높은 기대수익률을 제공하는 포트폴리오 또는 주어진 기대수익률에 대해 가장 낮은 표준편차를 갖는 포트폴리오를 **효율적 포트폴리오**(*efficient portfolio*)라고 한다. 어느 포트폴리오가 효율적인가를 알려면 각 주식의 기대수익률과 표준편차, 두 주식 간의 상관관계의 정도를 알아야 한다.

보통주만 보유하도록 제한된 투자자는 자신의 위험에 대한 성향에 알맞은 효율적 포트폴리오를 선택해야 한다. 그러나 무위험 이자율로 차입과 대출을 할 수 있는 투자자는 자신의 위험에 대한 태도와는 상관없이, 우선 주식 포트폴리오 중에서 **가장 좋은** 포트폴리오를 선택해야 한다. 다음으로, 주식에 얼마만큼을 투자할 것인가를 결정하여 전체적인 포트폴리오의 위험을 결정할 수 있다. 가장 좋은 효율적 포트폴리오는 주어진 표준편차 대비 가장 높은 비율의 기대 위험프리미엄을 제공하는 것이다.

다른 사람과 같은 기회와 정보를 가진 투자자에게 최선의 포트폴리오는 다른 사람들이 생각하는 가장 좋은 포트폴리오와 같을 것이다. 다시 말하면 투자자는 시장포트폴리오와 무위험 대출(혹은 차입)의 조합에 투자해야 한다.

포트폴리오 위험에 대한 개별 주식의 증분 공헌도는 포트폴리오 전체 가치의 변화에 대한 그 주식의 민감도로 측정된다. 시장포트폴리오의 위험에 대한 개별 주식의 증분 공헌도를 베타로 측정한다. 이것이 자본자산 가격결정모형(CAPM)의 바탕을 이루는 기본 개념이다. CAPM은 각 증권의 기대 위험프리미엄은 그 베타와 비례해서 증가해야 한다고 주장한다.

Visit us at www.mhhe.com/bma

$$\text{기대 위험프리미엄} = \text{베타} \times \text{시장 위험프리미엄}$$
$$r - r_f = \beta(r_m - r_f)$$

CAPM은 위험과 수익률의 관계를 설명하는 가장 잘 알려진 모형이다. 이 모형은 타당성이 있고 또 광범위하게 사용되지만, 결코 완전한 것은 아니다. 장기적으로 볼 때 수익률은 베타와 관련되어 있다. 그러나 그 관계는 CAPM이 예측하는 것만큼 강하지는 않다. 다른 요인들이 오히려 1960년대 중반 이후의 수익률을 더 잘 설명하는 것으로 보인다. 소기업 주식과 주가보다 장부가치가 큰 주식들은 CAPM이 찾아내지 못한 위험을 반영하는 것으로 보인다.

차익거래가격결정이론은 위험과 수익률에 관해 대체 이론을 제공한다. 이 이론은 주식의 기대 위험프리미엄은 주식 수익률에 영향을 미치는 몇 가지 전반적인 거시경제 요인에 대한 노출에 따라 결정된다고 주장한다.

$$\text{기대 위험프리미엄} = b_1(r_{\text{요인}1} - r_f) + b_2(r_{\text{요인}2} - r_f) + \cdots$$

여기서 b는 요인에 대한 개별 증권의 민감도를, 그리고 $(r_{\text{요인}} - r_f)$는 이 요인에 노출된 투자자들이 요구하는 위험프리미엄을 나타낸다.

차익거래가격결정이론은 이런 요인들이 무엇인가에 대해서는 이야기하지 않는다. 이 이론은 경제학자들에게 통계학 도구를 이용하여 미지의 목표물을 찾아 사냥에 나서기를 요구한다. 파마와 프렌치는 다음과 같은 세 개의 요인을 제안하였다.

- 시장포트폴리오 수익률과 무위험 이자율 간의 차이
- 소형주와 대형주 수익률 간의 차이
- 장부 대 시장 가치 비율이 높은 주식과 낮은 주식 수익률 간의 차이

파마와 프렌치의 세 요인 모형에서는 각 주식의 기대수익률은 그 주식의 세 요인에 대한 노출 정도에 따라 결정된다.

위험과 수익률을 설명하는 각기 다른 이론들은 각자의 지지자들을 확보하고 있다. 그러나 재무경제학자들은 두 가지 기본적인 아이디어에 관해서는 모두 동의한다. (1) 투자자들은 위험을 부담하는 데 대해 추가적인 수익을 요구하며, (2) 투자자들은 분산투자로 제거할 수 없는 위험에 주로 관심을 둔다.

제9장 거의 끝 부분에 주식과 포트폴리오의 위험을 측정하는 데 유용한 일부 엑셀 함수를 설명하였다.

더 읽어야 할 문헌

*Markowitz*의 원래 이론과 아주 기발한 단순화된 이론을 설명하는 포트폴리오 선택에 관한 많은 교과서가 있다. 예를 들어 다음을 참조하라.

E. J. Elton and M. J. Gruber: *Modern Portfolio Theory and Investment Analysis*, 7th ed. (New York: John Wiley & Sons, 2007).

자본자산 가격결정모형에 관한 후속 논문들은 엄청나게 많다. 자본자산 가격결정모형의 실증검증에 관한 논문만 해도 수십 편이 넘는다. *Fisher Black*의 논문은 아주 읽기 편한 한 가지 예이다. 이 이론에 관한 논쟁은 점차 강경해지는 경향이 있다. 훌륭하지만 다소 읽기 어려운 두 논문으로는 *Campbell*의 문헌조사 논문과 *Cochrane*의 책을 참조하라.

F. Black, "Beta and Return," *Journal of Portfolio Management*, 20(Fall 1993), pp. 8~18

Visit us at www.mhhe.com/bma

J. Y. Campbell, "Asset Pricing at the Millenium," *Journal of Finance* 55(August 2000), pp. 1515~1567.

J. H. Cochrane, *Asset pricing, revised ed.*(Princeton, NJ: Princeton University Press, 2004).

연습문제

기본문제

1. 다음은 네 투자안의 수익률과 표준편차이다.

	수익률	표준편차
재정증권	6%	0%
주식 P	10	14
주식 Q	14.5	28
주식 R	21	26

다음 포트폴리오의 표준편차를 계산하라.

a. 재정증권에 50%, 주식 P에 50% 투자

b. 주식 Q와 R에 각각 50%, 주식 간의 상관관계는 다음과 같다.
- 완전한 양(+)의 상관관계
- 완전한 음(−)의 상관관계
- 상관관계 없음

c. 상관계수를 0.5라 가정하고, 주식 Q와 R에 대해서 그림 8.3과 같은 그림을 그려보라.

d. 주식 Q는 R보다 수익률은 낮지만, 표준편차는 더 크다. 이는 주식 Q의 가격이 너무 높거나 R의 가격이 너무 낮다는 것을 의미하는가?

2. 합리적 투자자는 다음 투자안 쌍 중에서 어느 것을 선호하는가? (다음 투자안들만 주어진다고 가정)

a. 포트폴리오 A $r = 18\%$, $\sigma = 20\%$
포트폴리오 B $r = 14\%$, $\sigma = 20\%$

b. 포트폴리오 C $r = 15\%$, $\sigma = 18\%$
포트폴리오 D $r = 13\%$, $\sigma = 8\%$

c. 포트폴리오 E $r = 14\%$, $\sigma = 16\%$
포트폴리오 F $r = 14\%$, $\sigma = 10\%$

3. 7.1과 7.2절의 장기 증권 수익률 자료를 이용하여 시장포트폴리오의 샤프 비율을 계산하라.

4. 그림 8.11은 가능한 기대수익률과 표준편차 조합의 범위를 보여준다.

a. 어느 그림이 잘못 그려졌는가? 왜 그런가?

b. 효율적 포트폴리오의 집합은 어느 것인가?

c. 이자율을 r_f라고 할 때 최적 주식 포트폴리오를 X로 표시하라.

5. a. 다음 위험 포트폴리오를 그래프 위에 그려라.

	포트폴리오							
	A	B	C	D	E	F	G	H
기대수익률(r, %)	10	12.5	15	16	17	18	18	20
표준편차(σ, %)	23	21	25	29	29	32	35	45

Visit us at www.mhhe.com/bma

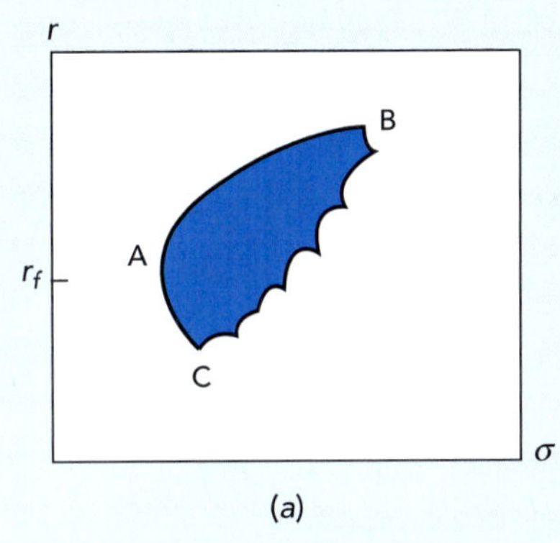

(a)

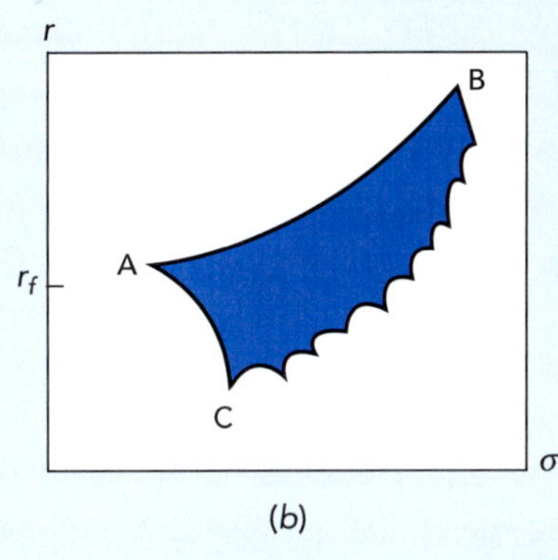

(b)

그림 8.11
연습문제 4번 참조.

b. 이들 포트폴리오 중 다섯 개는 효율적이고 셋은 그렇지 않다. 어떤 것들이 비효율적인가?
c. 이자율 12%로 차입과 대출을 할 수 있다고 가정하자. 이 포트폴리오 중 어느 것이 가장 높은 샤프 비율을 갖는가?
d. 당신이 25%의 표준편차를 감내할 준비가 되어 있다고 가정하자. 차입이나 대출을 할 수 없다면 가능한 최대 수익률은 얼마인가?
e. 만약 12%의 이자율로 차입 혹은 대출할 수 있고 25%의 표준편차를 감내할 준비가 되어 있다면 최적 전략은 무엇인가? 당신이 얻을 수 있는 최대 기대수익률은 얼마인가?

6. 재정증권의 이자율이 4%가 아니고 6%였다고 하자. 시장의 기대수익률은 10%라고 하자. 표 8.2의 베타를 사용하라.
a. 델의 기대수익률을 계산하라.
b. 이 주식들 중 가장 높은 기대수익률을 찾아라.
c. 이 주식들 중 가장 낮은 기대수익률을 찾아라.
d. 이자율이 4%가 아니라 6%라면 포드는 더 높은 기대수익률을 제공하는가 아니면 더 낮은 기대수익률을 제공하는가? 시장의 기대수익률은 10%에 머물러 있다고 가정하라.
e. 이자율이 8%라면 엑슨모빌은 더 높은 기대수익률을 제공하는가 아니면 더 낮은 기대수익률을 제공하는가?

7. 맞는가, 틀리는가?
a. 베타가 음(−)인 투자안을 찾았다면, CAPM은 이 투자안의 기대수익률이 이자율보다 낮을 것임을 암시한다.
b. 베타가 2.0인 투자안의 기대수익률은 시장의 기대수익률보다 두 배 정도 높다.
c. 어떤 주식이 증권시장선 아래에 위치한다면, 이 주식은 과소평가되었다.

8. 세 요인 APT 모형을 생각해 보자. 각 요인과 이들 요인에 대한 위험프리미엄은 다음과 같다.

요인	위험프리미엄
GNP의 변화	5%
에너지 가격 변화	−1
장기 이자율 변화	+2

다음 주식들의 기대수익률을 계산하라. 단, 무위험 이자율은 7%이다.
a. 수익률이 세 요인과 관련이 없는 주식
b. 각 요인에 평균적으로 연관된 주식(즉, 각 요인에 대해 $b = 1$)

Visit us at www.mhhe.com/bma

c. 에너지 요인에 대한 노출은 높지만($b = 2$), 다른 두 요인에 대한 노출은 0인 단일 업종의 에너지 주식

d. 이자율과 GNP의 변화에 대해서는 평균 민감도를 갖지만, 에너지 요인에 대해서는 $b = -1.5$의 음(−)의 관계를 갖는 알루미늄 회사의 주식. (이 알루미늄 회사는 에너지 집약적이고 에너지 가격 상승 시 손해를 입는다.)

중급문제

9. 맞는가, 틀리는가? 필요에 따라 설명하라.

a. 투자자는 수익률의 변동성이 더 큰 주식에 대해 더 높은 기대수익률을 요구한다.

b. CAPM은 베타가 0인 유가증권은 0의 기대수익을 제공할 것으로 예측한다.

c. 재정증권에 $10,000, 시장포트폴리오에 $20,000을 투자하면 그 베타는 2.0이 된다.

d. 투자자는 수익률이 거시경제적 위험에 많이 노출된 주식에 대해서는 더 높은 기대수익률을 요구한다.

e. 투자자는 수익률이 주식시장 변동에 매우 민감한 주식에 대해 더 높은 기대수익률을 요구한다.

10. 8.1절의 캠벨 수프와 보잉에 관한 계산으로 돌아가 보자. 상관계수가 $\rho_{12} = 0$이라고 가정하고, x_1과 x_2에 다른 값을 넣어 포트폴리오의 기대수익률과 표준편차를 다시 계산하라. 그림 8.3과 같이 기대수익률과 표준편차의 가능한 조합의 범위를 그려보라. $\rho_{12} = +0.5$에 대해서도 위의 계산을 반복해 보라.

eXcel
Visit us at
www.mhhe.com/bma

11. Mark Harrywitz는 두 주식 X와 Y에 투자하려고 한다. 그는 X로부터 12%, Y로부터 8%의 수익률을 기대한다. X의 수익률 표준편차는 8%이고, Y는 5%이다. 두 수익률 간의 상관계수는 0.2이다.

a. 다음 포트폴리오의 기대수익률과 표준편차를 계산하라.

포트폴리오	X의 투자비율(%)	Y의 투자비율(%)
1	50	50
2	25	75
3	75	25

b. X와 Y로 구성된 포트폴리오의 집합을 그려라.

c. Harrywitz 씨는 5%의 이자율로 차입과 대출을 할 수 있다고 가정하자. 투자 기회가 어떻게 바뀌는지를 그림에서 보여라. 차입과 대출을 할 수 있다면 주식 포트폴리오는 X와 Y에 어떤 비율로 투자되어야 하는가?

12. Ebenezer Scrooge는 총 투자자금 중 60%를 주식 A에, 그리고 나머지를 주식 B에 투자했다. 각 주식의 전망에 대한 평가는 다음과 같다.

	A	B
기대수익률(%)	15	20
표준편차(%)	20	22
수익률 간의 상관계수	0.5	

a. 포트폴리오의 기대수익률과 표준편차를 구하라.

b. 상관계수가 0이거나 −0.5였다면 답이 어떻게 변할까?

c. Scrooge 씨의 포트폴리오는 주식 A에만 투자했을 때보다 성과가 더 좋은가, 아니면 더 나쁜가,

Visit us at www.mhhe.com/bma

또는 어느 쪽인지 말하기 어려운가?

13. 제7장 연습문제 3번을 다시 보라. 각 연도의 무위험 이자율은 다음과 같았다.

	2003	2004	2005	2006	2007
이자율(%)	1.01	1.37	3.15	4.73	4.36

a. Sauros 여사의 포트폴리오와 시장수익률의 평균과 표준편차를 계산하라. 이 값을 사용하여 이 포트폴리오와 시장포트폴리오의 샤프 비율을 계산하라. 이 척도로 보면 Sauros 여사가 시장보다 성과가 좋았는가, 나빴는가?

b. 이제 시장포트폴리오와 무위험 대출의 조합을 보유할 때 이 기간에 벌 수 있었을 평균 수익률을 계산하라. 이 조합이 Sauros 여사의 포트폴리오와 같은 베타를 갖는다는 것을 확인하라. 이 포트폴리오의 평균 수익률이 더 높은가 낮은가?

14. 표 7.5를 다시 보아라.

a. 디즈니에 40%를, 엑슨모빌에 60%를 투자한 포트폴리오의 베타는 얼마인가?

b. 이 주식들의 전망에 대해 우월한 정보가 없다면 이 포트폴리오에 투자하겠는가? 같은 기대수익률과 작은 위험을 갖는 다른 포트폴리오를 고안하라.

c. 이제 아마존에 40%를, 델에 60%를 투자한 포트폴리오에 대해 (a)와 (b)를 반복하라.

15. 재정증권의 이자율이 4%이고, 시장포트폴리오의 기대수익률은 12%이다. 자본자산 가격결정모형에 기초하여 다음에 답하라.

a. 그림 8.6과 유사하게 기대수익률이 베타에 따라 어떻게 변하는지를 보여주는 그래프를 그려라.

b. 시장 위험프리미엄은 얼마인가?

c. 베타가 1.5인 투자안의 요구수익률은 얼마인가?

d. 베타가 0.8인 투자안이 9.8%의 기대수익률을 제공한다면 이 투자안은 양(+)의 NPV를 갖는가?

e. 시장이 주식 X로부터 11.2%의 수익률을 기대한다면 이 주식의 베타는 얼마인가?

16. Percival Hygiene은 1천만 달러를 장기 회사채에 투자했다. 이 회사채 포트폴리오의 연간 기대수익률은 9%이고, 표준편차는 10%이다.

Percival의 재무상담사인 Amanda Reckonwith는 Standard & Poor's 500 지수와 거의 같이 움직이는 지수 펀드에 투자하라고 추천한다. 이 지수는 14%의 기대수익률과 16%의 표준편차를 갖는다.

a. Percival이 모든 자금을 지수 펀드와 재정증권의 조합에 투자한다고 가정하자. 그렇게 한다면 포트폴리오 위험의 변화 없이 기대수익률을 증가시킬 수 있는가? 재정증권 이자율은 6%이다.

b. Percival은 회사채 포트폴리오와 지수 펀드에 같은 금액을 투자하면 더 좋은 성과를 보일 수 있었는가? 회사채 포트폴리오와 지수 펀드의 상관관계는 +0.1이다.

17. Epsilon Corp.는 사업을 확장할 것인가를 평가하고 있다. 이 투자안의 현금흐름 예측은 다음과 같다.

연도	현금흐름($백만)
0	−100
1~10	+15

Visit us at www.mhhe.com/bma

이 회사의 기존 자산이 1.4의 베타를 갖는다. 무위험 이자율은 4%이고 시장포트폴리오의 기대수익률은 12%이다. 이 투자안의 NPV는 얼마인가?

18. APT에 관해서 맞는가, 틀리는가?

a. APT 요인들은 분산 가능한 위험을 반영하지 않는다.

b. 시장수익률은 APT 요인이 될 수 없다.

c. APT 요인을 명확하게 밝혀주는 이론은 없다.

d. 만약 관련 요인이 예측할 수 없이 변한다면, APT 모형은 타당하기는 하지만 별 쓸모가 없게 된다.

19. 다음과 같은 단순화된 APT 모형을 보자.

요인	기대 위험프리미엄
시장	6.4%
이자율	−0.6
수익률 스프레드	5.1

다음 주식들의 기대수익률을 계산하라. $r_f = 5\%$로 가정하라.

	요인 위험 노출		
	시장	이자율	수익률 스프레드
주식	(b_1)	(b_2)	(b_3)
P	1.0	−2.0	−0.2
P^2	1.2	0	0.3
P^3	0.3	0.5	1.0

20. 연습문제 19번을 다시 보라. 주식 P, P^2와 P^3에 같은 비율로 투자한 포트폴리오를 생각해 보자.

a. 포트폴리오의 요인 위험 노출은 얼마인가?

b. 포트폴리오의 기대수익률은 얼마인가?

21. 다음 표는 Fama-French 세 요인에 대한 4개 주식의 민감도를 보여준다. 이자율이 0.2%, 시장에 대한 기대 위험프리미엄은 7%, 규모 요인의 기대 위험프리미엄은 3.6%, 장부 대 시장 요인의 기대 위험프리미엄은 5.2%라 가정하고, 각 주식의 기대수익률을 추정하라.

	Boeing	Johnson & Johnson	Dow Chemical	Microsoft
시장	0.66	0.54	1.05	0.91
규모	1.19	−0.58	−0.15	−0.04
장부 대 시장	−0.76	0.19	0.77	−0.40

도전문제

22. 각주 4에서 최소 위험 포트폴리오는 캠벨 수프에 73.1%를, 그리고 보잉에 26.9%를 투자하는 것이라고 하였다. 이를 증명하라. (힌트: 이를 위해서는 약간의 미적분학 지식이 필요하다.)

23. 8.1절에서 계산한 효율적 포트폴리오의 집합을 다시 보자.

Visit us at www.mhhe.com/bma

a. 이자율이 10%라면 네 개의 효율적 포트폴리오 중 어느 것을 보유해야 하는가?
b. 포트폴리오에 대해 보유 주식 각각의 베타를 구하라. (힌트: 만일 포트폴리오가 효율적이라면 보유 주식 각각의 기대 위험프리미엄은 그 포트폴리오에 대한 주식의 베타에 비례한다.)
c. 이자율이 5%라면 (a)와 (b)에 대한 답이 어떻게 달라질 것인가?

24. 다음 문제는 APT를 예시한다. 전반적인 거시경제 요인이 단지 두 개만 있다고 가정하자. 투자안 X와 Y, 그리고 Z는 이 두 요인에 다음과 같은 민감도를 갖고 있다.

투자	b_1	b_2
X	1.75	0.25
Y	−1.00	2.00
Z	2.00	1.00

요인 1에 대한 기대 위험프리미엄이 4%이고, 요인 2는 8%라고 가정한다. 재정증권은 위험프리미엄이 없다.

a. APT에 따르면 세 주식의 위험프리미엄은 각각 얼마인가?
b. 당신이 X $200와 Y $50를 사고, Z $150를 팔았다고 가정하자. 두 요인 각각에 대한 포트폴리오의 민감도를 구하라.
c. 당신이 X $80와 Y $60를 사고, Z $40를 판다고 가정하자. 두 요인 각각에 대한 포트폴리오의 민감도를 구하라. 기대 위험프리미엄은 얼마인가?
d. 마지막으로 X $160와 Y $20를 사고, Z $80를 판다고 가정하자. 두 요인 각각에 대한 포트폴리오의 민감도를 구하라. 그리고 기대 위험프리미엄은 어떻게 되는가?
e. 요인 1에만 0.5의 민감도를 갖는 펀드를 구성하는 두 가지 가능한 방법을 제시하라. (힌트: 한 포트폴리오는 재정증권 투자를 포함한다.) 그리고 이 두 투자안의 위험프리미엄을 비교하라.
f. APT가 타당하지 않고, X가 8%의 위험프리미엄을 제공하며, Y는 14%, 그리고 Z는 16%의 위험프리미엄을 제공한다고 가정하자. 각 요인에 대하여 민감도가 0이고 양(+)의 위험프리미엄을 갖는 투자안을 고안해 보라.

실시간 데이터분석

STANDARD &POOR'S

다음 문제에 필요한 자료를 finance.yahoo.com이나 Standard & Poor's Market Insight 웹사이트(www.mhhe.com/edumarketinsight)에서 내려받을 수 있다("Monthly Adjusted Prices" 스프레시트 참조).

표 8.1의 효율적 포트폴리오를 구할 때 우리는 투자자들이 공매 포지션[즉 음(−)의 투자]을 가질 수 없다고 가정하였다. 이 책의 웹사이트(**www.mhhe.com/bma**)에는 공매 포지션이 가능할 때의 효율적 포트폴리오를 구하는 엑셀 프로그램이 있다. (이 프로그램을 제공해 준 Simon Gervais에게 감사한다.) 다음 질문에 답하는 데 엑셀 함수 SLOPE, STDEV, CORREL이 특별히 유용하다.

1. a. 표 8.1의 10개 주식으로 구성된 효율적 포트폴리오를 보라. 공매 가능성이 투자자에게 주어지는 선택의 폭을 어떻게 개선하는가?
b. 다른 10개 주식의 10년 치 월간 수익률을 내려받아 엑셀 프로그램에 입력하라. 각 주식의 타당한 기대수익률을 입력하여 효율적 포트폴리오를 찾아라.

2. 저위험 주식을 찾아보라. 아마 엑슨모빌이나 켈로그가 좋은 후보일 것이다. 가장 최근 3년의 월간 주식 수익률을 사용하여 이들 주식의 베타가 1.0보다 훨씬 낮은지 확인하라. 같은 기간 주식과

Visit us at www.mhhe.com/bma

S&P 500의 연간 표준편차, 그리고 주식과 S&P 500 수익률 간의 상관계수를 추정하라. CAPM이 타당하고, 시장수익률은 12%, 무위험 수익률이 5%라고 가정하고 이들 주식의 기대수익률을 예측하라.

a. 그림 8.5와 같이 저위험 주식과 시장에 투자한 포트폴리오의 위험과 수익률 조합을 보여주는 그래프를 그려라. 주식 투자비율을 0부터 100%까지 다양하게 변화시켜 보라.
b. 투자자가 5%의 이자율로 차입과 대출을 할 수 있다고 가정하자. 저위험 주식과 시장의 조합에 투자하겠는가? 아니면 단순히 시장에만 투자하겠는가? 설명하라.
c. 당신이 예상한 주식 수익률이 (b)에서 사용한 CAPM 수익률보다 5% 포인트만큼 높다고 가정하자. 이처럼 더 높게 예측된 수익률로 (a)와 (b)를 다시 계산하라.
d. 고위험 주식을 찾아 (a)와 (b)를 다시 해 보라.

3. 표 8.2의 최근 60개월 월간 수익률을 사용하여 베타를 다시 계산하라. 현재의 무위험 수익률과 7%의 시장 위험프리미엄을 사용하여 CAPM 식으로부터 기대수익률을 다시 계산하라. 기대수익률이 표 8.2의 값에서 어떻게 변하는가?

미니 케이스

존과 마샤의 포트폴리오 선택

장면: 존(John)과 마샤(Marsha)는 제9장의 미니 케이스에 나온 일이 있기 몇 년 전에 맨해튼 시내에 있는 자그마한 프랑스 식당에서 서로 손을 잡고 앉아 있다. 마샤는 선물시장 거래인이다. 존은 대형 연금기금에서 $1억 2,500만의 주식 포트폴리오를 관리하고 있다. 두 사람은 지금 막 주 요리로 스테이크, 후식으로 파이를 시켰다. 존은 희미한 촛불 아래서 월스트리트저널의 금융면을 읽고 있다.

존: 와! 감자 선물이 상한가야. 우리 감자 그라탕 하나 더 시킬까? 자기, 유로 대출의 선도이자율은 헤지했어?

마샤: 제발 그 신문 좀 치울 수 없어? (존이 마지못해 신문을 접는다.) 자기 사랑해! 나랑 결혼해 줄래?

존: 나도 자기 사랑해! 그렇지만 나에 관해 알아야 할 일이 있어. 아무에게도 말하지 않았던 일이야.

마샤: (걱정스러운 표정으로) 그게 뭔데?

존: 나는 말이야, 아무래도 장롱 속에 갇혀 사는 지수 추종자(indexer)인가 봐.

마샤: 그게 무슨 소리야? 왜?

존: 나의 포트폴리오 수익률은 언제나 S&P 500 시장지수를 따라 움직이는 것 같아. 어떤 때는 내가 조금 낫고, 또 어떤 때는 조금 못해. 그렇지만 내 수익률과 시장수익률 간의 상관관계는 90%가 넘어.

마샤: 그게 뭐가 잘못됐어? 자기 고객들은 분산투자된 대형주 포트폴리오를 원하잖아. 당연히 자기 포트폴리오는 시장을 따라 움직이겠지.

존: 내 고객들은 왜 그냥 지수 펀드(index fund)를 사지 않는지 몰라. 왜 내게 수수료를 내고 있지? 내가 과연 적극적인 관리를 통해 가치를 부가하는 걸까? 나는 열심히 노력해. 그렇지만 나는 결국 지수 추종자가 되고 말아.

Visit us at www.mhhe.com/bma

마샤: 걱정하지 마. 자기는 분명히 가치를 부가하는 거야. 자기는 지금 증권시장에서 제일가는 애널리스트잖아.

존: 확실히 과대평가되었거나 저평가된 주식을 찾기는 정말 어려워. 몇몇 주식에 대해서는 나도 확실히 아는 게 있지만 말이야.

마샤: 자기가 언젠가 Pioneer Gypsum 주식이 왜 살 만한 가치가 있는지 설명한 적이 있어. 또 Global Mining 주식은 적극적으로 추천한 종목이잖아.

존: 그렇지, Pioneer 주. (코트 안주머니에서 뭔가 꺼낸다.) 주가는 $87.50이야. 내가 추정하기에는 기대수익률이 11%, 연간 표준편차는 32% 정도인 것 같아.

마샤: 고작 11%야? 자기는 지금 시장수익률을 12.5%로 보고 있잖아?

존: 맞아. 나는 지금 시장 위험프리미엄은 7.5%, 무위험 이자율은 5%로 보고 있어. 그래서 12.5%야. 그렇지만 Pioneer의 베타는 0.65밖에 안 돼. 오늘 아침에 30,000주를 사려고 했어. 그런데 그만뒀어. 아무래도 분산투자로 가야 할 것 같아.

마샤: 현대 포트폴리오 이론(Modern Portfolio Theory, MPT)을 활용해 본 적 있어?

존: MPT? 그건 별로 실용적이지 못해. 책에서야 그럴듯하지. 다섯 개나 열 개 종목으로 구성되는 효율적 프론티어를 보여줄 수는 있어. 그렇지만 나는 수백, 아니 수천 종목 중에서 선택해야 해. 어디서 1,000개 주식에 대한 자료를 얻어? 분산과 공분산 추정치만 해도 백만 개야!

마샤: 사실은 50만 개지. 대각선 위의 공분산은 대각선 아래의 공분산과 같으니까 말이야. 그래 자기가 맞아. 대부분의 추정치는 때 지난 것이거나 쓰레기 같은 것들이야.

존: 기대수익률은 말할 것도 없고. 쓰레기가 들어가면 나오는 것도 쓰레기지.

마샤: 그렇지만 자기야, 1,000개의 포트폴리오 투자비율을 일일이 계산할 필요는 없잖아. 한 줌 정도만 하면 돼. 요령은 이런 거야. 우선 S&P와 같은 벤치마크를 선택하고 그걸 증권 1이라고 해. 지수 추종자라면 결국 그쪽으로 가게 되잖아. 그다음으로 자기가 정말 잘 안다고 생각하는 주식 몇 개를 골라. 예를 들면 Pioneer 주식을 증권 2라고 하고, Global 주식을 증권 3 등등. 그러고 난 다음 금융전문가로서의 상상력을 동원하면 돼.

존: 알겠어. 적극적인 관리란 벤치마크 포트폴리오의 일부를 팔고, 그 돈으로 Pioneer와 같은 특정한 주식에 투자한다는 뜻이지. 그렇지만 Pioneer 주식이 진짜로 포트폴리오 성과를 개선해 주는지 어떻게 알지? 그렇다 치더라도 얼마나 많이 투자해야 하지?

마샤: 그저 샤프 비율을 극대화하기만 하면 돼, 자기야.

존: 이제 알았어! 정답은 예스야!

마샤: 질문이 뭐였는데?

존: 자기 나랑 결혼하자고 했지? 답은 예스야! 신혼여행은 어디로 갈까?

마샤: 나는 호주로 가고 싶어. 시드니 선물거래소를 꼭 가보고 싶거든.

문제

1. 표 8.4는 Pioneer 주식과 Global 주식에 관한 존의 분석 자료를 다시 정리해 놓은 것이다. Pioneer 주식과 시장지수에 일부분씩 투자하여 구성된 포트폴리오의 기대수익률, 위험프리미엄, 그리고 표준편차를 계산하라. (표에 주어진 베타와 표준편차로부터 필요한 입력자료를 계산할 수 있다.) 시장 벤치마크에 Pioneer 주식을 추가하면 샤프 비율이 개선되는가? 존은 Pioneer 주식과 시장지수에 각각 얼마씩 투자해야 하는가?
2. Global Mining 주식에 대해서도 같은 계산을 반복하라. 이 경우 존은 어떻게 해야 하는가? Global 주식은 S&P 지수에서 0.75%를 차지하고 있다고 가정하라.

Visit us at www.mhhe.com/bma

	Pioneer Gypsum	Global Mining
기대수익률	11.0%	12.9%
표준편차	32%	20%
베타	0.65	1.22
주가	$87.50	$105.00

표 8.4 Pioneer 주식과 Global 주식에 관한 존의 분석자료.

Visit us at www.mhhe.com/bma

위험과 자본비용

위험과 기대수익률을 연결하는 현대 이론이 개발되기 훨씬 이전부터 현명한 재무관리자들은 자본예산을 편성할 때 위험에 대한 조정을 해왔다. 다른 조건이 같을 때 위험이 큰 투자안은 안전한 투자안보다 가치가 작다는 사실을 알고 있었다. 이것은 상식이다. 그러므로 재무관리자들은 위험이 큰 투자안에는 더 높은 수익률을 요구하거나, 투자안의 현금흐름을 더 보수적으로 추정한 결과를 바탕으로 의사결정을 하였다.

오늘날 회사 대부분은 새로운 투자안에 대한 위험조정 할인율의 벤치마크로 **회사 자본비용**(*company cost of capital*)을 사용한다. 회사 자본비용은 기업의 전체 영업과 같은 위험을 갖는 투자에 대한 올바른 할인율이다. 더 위험한 투자안에 대해서는 기회자본비용이 회사 자본비용보다 높아야 한다. 더 안전한 투자안에 대해서는 기회자본비용이 더 낮아야 한다.

회사 자본비용은 통상 가중평균 자본비용으로 계산한다. 즉, 회사 자본비용은 회사의 부채와 주식에 대해 투자자들이 요구하는 평균 수익률이다. 가중평균 자본비용을 추정할 때 가장 어려운 부분은 회사의 주식 투자자들이 기대하는 수익률을 알아내는 일이다. 많은 기업이 자본자산 가격결정모형(CAPM)에서 해답을 찾는다. CAPM에 의하면 기대수익률은 무위험 이자율에 베타와 시장위험프리미엄에 따라 결정되는 위험프리미엄을 더한 것이다.

앞 장에서는 CAPM을 설명하였지만, 베타를 추정하는 방법은 설명하지 않았다. 신문에서 베타를 찾거나, 며칠 동안 주가 변동을 추적하여 베타를 알아낼 수는 없다. 그러나 주식과 시장 수익률의 역사적 자료에서 유용한 통계적 추정치를 얻을 수 있다.

이제 당신이 특정 투자안에 책임을 지고 있다고 하자. 이 투자안의 위험이 평균 정도인지, 아니면 평균 이하나 이상인지를 어떻게 알 수 있는가? 투자안의 현금흐름이 평균적인 투자안보다 경기변동에 더 민감한지 덜 민감한지를 확인해 볼 것을 제안한다. 또한 투자안의 고정 영업비가 많은지 적은지(영업 레버리지가 큰지 작은지), 그리고 미래 많은 투자가 필요한지를 확인해 보라.

투자안의 자본비용은 오직 시장위험에만 달렸다는 것을 기억하라. 분산 가능한 위험은 투자안의 현금흐름에 영향을 줄 수 있지만, 자본비용을 증가시키지는 않는다. 또한 할인율에 마음대로 가공요소를 더하지 마라. 예를 들면 안정적이지 않은 지역에 투자할 때 종종 할인율에 가공요소를 더한다.

위험은 투자안마다 다르다. 그뿐만 아니라 시간이 지나면서 투자안의 위험이 달라질 수도 있다. 예를 들어 어떤 투자안은 나중보다 시행 초기에 위험이 더 크다. 그러나 재무관리자는 보통 미래의 전체 기간에 걸쳐 투자안의 위험이 같다고 가정하고, 미래의 모든 현금흐름에 하나의 위험조정 할인율을 적용한다. 확실성 등가(certainty equivalent) 개념을 사용하여 시간이 지나면서 위험이 어떻게 변할 수 있는가를 예시하는 것으로 이 장을 마친다.

9.1 회사 자본비용과 투자안 자본비용

회사 자본비용(company cost of capital)은 회사의 모든 기발행 증권으로 구성되는 포트폴리오의 기대수익률로 정의한다. 이것은 회사 자산에 대한 투자의 기회자본비용이며, 따라서 회사의 평균적인 위험을 갖는 투자안에 적절한 할인율이다.

회사가 부채를 사용하지 않는다면 회사 자본비용은 단순히 회사 주식에 대한 기대수익률이다. 존슨 앤드 존슨(Johnson & Johnson, J&J)을 비롯한 많은 성공적인 대기업이 이 특별한 경우에 잘 맞는다. 표 8.2에서 J&J 보통주에 대해 투자자들은 3.8%의 수익률을 요구하는 것으로 추정하였다. 만약 J&J가 기존 사업의 확장을 생각하고 있다면 예상 미래 현금흐름을 3.8%로 할인하는 것이 타당할 것이다.[1)]

그러나 새로운 투자안이 회사의 기존 사업보다 더 위험하거나 덜 위험하다면 회사 자본비용은 정확한 할인율이 아니다. 각 투자안은 원칙적으로 그 투자안 자체의 기회자본비용(opportunity cost of capital)으로 평가되어야 한다. 이것이 제7장에서 소개한 가치가산성(value additivity)의 분명한 의미이다. 자산 A와 B로 구성된 회사는 기업가치를 다음과 같이 쓸 수 있다.

$$\text{기업가치} = PV(AB) = PV(A) + PV(B)$$
$$= \text{개별 자산가치의 합계}$$

여기서 PV(A)와 PV(B)는 자산 A와 B를 주주들이 직접 투자할 수 있는 별개의 독립된 작은 회사로 간주하고 평가한 값이다. 투자자들은 자산 A의 예상 현금흐름을 A의 위험을 반영한 할인율로 할인하여 A의 가치를 평가한다. 자산 B는 그 자산의 위험을 반영한 할인율로 할인하여 평가한다. 두 할인율은 일반적으로 다르다. 만약 자산의 현재가치가 그 자산을 취득하는 회사의 정체성에 따라 달라진다면 현재가치는 서로 더할 수 없을 것이다. 현재가치는 서로 더할 수 있다는 것을 우리는 이미 잘 알고 있다. (J&J와 도요타에 각각 $1백만씩 투자하여 구성한 포트폴리오를 생각해 보자. 합리적인 투자자라면 이 포트폴리오의 가치가 정확히 $2백만이라고 말하지 않겠는가?)

만약 회사가 세 번째 투자안 C에 투자하려 한다면 C 투자안 역시 하나의 작은 회사처럼 평가해야 한다. 즉 회사는 C의 현금흐름을 투자자들이 C에 별도로 투자할 때 요구하는 기대수익률로 할인하여야 한다. **기회자본비용은 그 자본이 투자되어 어떻게 사용되는가에 따라 결정된다.**

우리는 아마 너무 명백한 것을 말하고 있는지 모르겠다. J&J를 생각해 보라. 이 회사는 2008년에 $640억의 매출액을 올린 포괄적인 헬쓰캐어 및 소비자 용품 회사이다. J&J는 밴드에이드(Band-Aid®) 밴드와 타이레놀, 피부보호 및 유아용품과 같은 잘 팔리는 소비자 용품을 보유하고 있다. 이 회사는 또한 생명공학 연구개발과 같은 훨씬 투기적인 사업에도 많은 투자를 하고 있다. 베이비 로션의 새로운 생산라인이 생명공학 R&D 투자와 똑같은 자본비용을 갖겠는가? 생명공학 R&D의 자본비용을 추정하기가 어렵다는 것을 인정하지만, 우리는 두 개의 자본비용이 같지 않다고 생각한다.

각 투자안의 위험을 베타로 측정한다고 하자. 그러면 J&J는 그림 9.1에서 기대수익률을 위험에 연관시키는 우상향하는 증권시장선보다 위에 있는 모든 투자안을 채택해야 한다. 투자안의

1) 3.8%가 매우 작은 숫자로 생각된다면 2009년에 단기 이자율이 역사적으로 낮았다는 것을 상기하라. 장기 이자율은 더 높아서, J&J는 미래 여러 연도에 발생할 현금흐름에 대해서는 아마도 더 높은 할인율을 사용하였을 것이다. 우리는 이 장 뒷부분에서 이를 구별할 것이다. 우리는 또한 J&J가 전액 자기자본으로 조달되었다고 단순화하였다. J&J의 시장가치 부채비율은 매우 낮지만 0은 아니다. 부채로 자본을 조달하는 것과 가중평균 자본비용은 다음에서 논의한다.

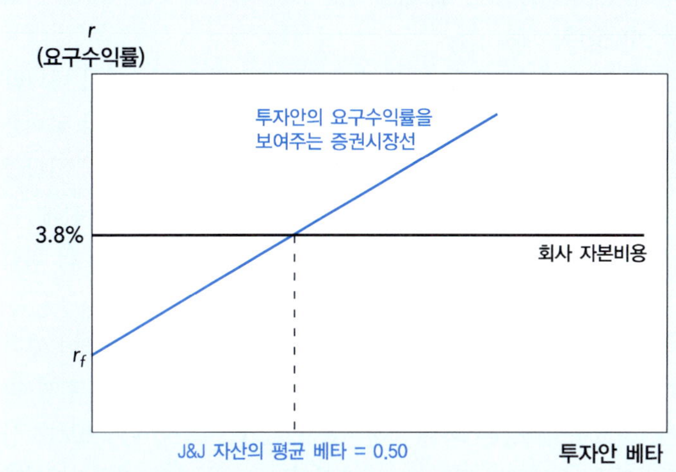

그림 9.1
회사 자본비용 기준과 자본자산 가격결정모형의 요구수익률 비교. J&J의 회사 자본비용은 약 3.8%이다. 투자안의 베타가 0.50이라면 이는 올바른 할인율이다. 일반적으로 올바른 할인율은 투자안의 베타가 커짐에 따라 높아진다. J&J는 요구수익률과 베타를 연결하는 증권시장선보다 더 높은 수익률을 제공하는 투자안은 모두 채택해야 한다.

위험이 크면 J&J는 위험이 작을 때보다 더 높은 기대수익률을 요구한다. 이것은 회사 자본비용 기준과는 다르다. 회사 자본비용 기준은 투자안이 회사 자본비용보다 높은 수익률을 제공하기만 하면 위험과 상관없이 모든 투자안을 채택한다는 것이다. 이 기준은 그림 9.1의 수평인 자본비용선 위에 있는, 즉 3.8%보다 높은 수익률을 주는 모든 투자안을 채택하라고 한다.

J&J가 아주 안전한 투자안에서 매우 위험한 투자안과 똑같은 수익률을 요구한다는 것은 바보 같은 생각이다. J&J가 회사 자본비용 기준을 사용한다면 수많은, 위험이 작은, 좋은 투자안은 기각하고, 위험이 큰 좋지 않은 많은 투자안을 채택하게 될 것이다. 다른 회사가 J&J보다 회사 자본비용이 낮다고 해서 J&J가 기각한 투자안을 채택하는 것이 정당화될 수 있다고 생각하는 것 또한 어리석은 일이다.

절대음감과 자본비용

진정한 자본비용은 투자안을 시행하는 회사가 아니라 그 투자안 자체의 위험에 따라 결정된다. 그렇다면, 왜 회사 자본비용을 추정하는 데 그렇게 많은 노력을 기울이는가?

여기에는 두 가지 이유가 있다. 첫째, 많은 (아마 대부분의) 투자안은 평균 위험, 즉 회사의 다른 자산들 평균보다 더 높지도 낮지도 않은 위험을 가지는 것으로 취급할 수 있다. 이들 투자안에 대해서는 회사 자본비용이 올바른 할인율이다. 둘째, 회사 자본비용은 위험이 현저히 크거나 작은 투자안의 할인율을 정하는 데 유용한 출발점이 된다. 각 투자안의 자본비용을 처음부터 새로 추정하는 것보다는 회사 자본비용에 얼마를 더하거나 빼는 것이 훨씬 쉽다.

좋은 음악적인 비유가 있다. 절대음감을 갖지 못한 우리 대부분은 어떤 높낮이로 노래하기 전에 중간 도와 같이 잘 정의된 기준점이 필요하다. 한 곡조쯤 멋지게 뽑을 수 있는 사람이라면 상대적인 음높이를 제대로 맞출 수는 있다. 사업가들은 적어도 그들이 익숙한 산업분야에서는 상대적 위험에 관해 뛰어난 직관을 가지고 있지만, 절대적인 위험이나 요구수익률에 대해서는 그렇지 못하다. 그래서 사업가들은 회사 전체의 자본비용을 벤치마크로 정한다. 회사 자본비용은 회사가 수행하는 모든 투자안에 대해 올바른 할인율이 될 수는 없지만, 위험이 더 크거나 낮은 새로운 사업에 대해서는 이를 조정하여 사용할 수 있다.

그러나 현실적으로 많은 대기업이 회사 자본비용을 단지 벤치마크로만 활용하는 것이 아니라 모든 투자안의 만능(all-purpose) 할인율로 사용하고 있다는 사실을 인정해야 한다. 위험의 차이를 객관적으로 측정하는 일은 어렵다. 또한 재무관리자들은 가능한 한 회사 안에서 다른 부서 사람들과의 다툼을 피하려고 한다. [이런 대화를 상상해 보라. "우리 투자안이 당신들 것보다 안전해! 할인율을 낮춰야 해!" "무슨 소리야! 당신들 투자안은 무방비 콜옵션(naked call option)보다 더 위험해!"][2)]

그래서 회사가 하나의 회사 자본비용을 사용할 수밖에 없을 때는 위험 조정은 할인율이 아니라 투자안의 현금흐름으로 넘어간다. 최고경영자들은 위험이 매우 큰 투자안에 대해서는 훨씬 더 보수적인 현금흐름 예측을 요구한다. 최고경영자들은 회사 자본비용으로 계산된 NPV가 0보다 상당히 크지 않은 이상 위험이 큰 투자안을 승인하지 않는다. 대략적이고 판에 박힌 위험조정이라 할지라도 아무것도 하지 않는 것보다는 훨씬 낫다.

부채와 회사 자본비용

회사 자본비용은 '회사가 발행한 모든 증권으로 구성되는 포트폴리오의 기대수익률'로 정의한다. 이 포트폴리오는 자기자본뿐만 아니라 부채도 포함한다. 따라서 자본비용은 **부채비용**(이자율)과 **자기자본비용**(회사 주주들이 요구하는 기대수익률)의 혼합으로 추정할 수 있다.

예를 들어 회사의 시장가치 재무상태표가 다음과 같다고 가정하자.

자산 가치	100	부채(D) 자기자본(E)	30(7.5%) 70(15%)
자산 가치	100	기업가치(V)	100

부채와 자기자본의 가치가 합쳐져서 기업가치가 되며($D + E = V$), 기업가치와 자산의 가치는 같다. 이 수치들은 장부(회계적)가치가 아니라 시장가치이다. 일반적으로 자기자본의 시장가치는 장부가치보다 상당히 크다. 따라서 시장가치 부채비율 D/V는 종종 장부가치 재무상태표에서 계산된 부채비율보다 훨씬 작다.

부채비용 7.5%는 이 회사의 부채를 보유한 투자자들의 기회자본비용이다. 자기자본비용 15%는 이 회사 주식을 보유한 투자자들의 기회자본비용이다. 둘 다 회사 자본비용, 즉 이 회사 자산에 투자할 때의 기회비용의 척도는 아니다. 부채비용은 회사 자본비용보다 낮다. 왜냐하면, 부채가 자산보다 안전하기 때문이다. 자기자본비용은 회사 자본비용보다 높다. 부채가 있는 회사의 자기자본은 자산보다 더 위험하기 때문이다. 자기자본은 이 회사의 잉여 현금흐름에 대한 직접적인 청구권이 아니다. 이것은 부채를 갚고 남는 잔여 청구권이다.

2) '무방비' 콜옵션이란 기초 주식 또는 다른 옵션의 반대(헤징) 포지션 없이 옵션만 사는 것을 말한다. 옵션은 제20장에서 살펴본다.

회사 자본비용은 부채비용이나 자기자본비용과 같지 않으며, 그 둘을 혼합한 것이다. 이 회사 부채 100%와 자기자본 100%로 구성된 포트폴리오를 샀다고 하자. 그러면 회사의 자산 모두를 소유한 것이다. 회사의 잉여 현금흐름을 다른 사람과 나눌 필요가 없다. 회사가 지급하는 모든 돈을 받게 된다.

이 가상적인 포트폴리오의 기대수익률이 회사 자본비용이다. 기대수익률은 부채비용(r_D = 7.5%)과 자기자본비용(r_E = 15%)의 가중평균이다. 가중치는 이 회사의 부채와 자기자본의 상대적인 시장가치이다. 즉 $D/V = 30\%$와 $E/V = 70\%$이다.[3)]

$$\begin{aligned}\text{회사 자본비용} &= r_D \mathrm{D/V} + r_E \mathrm{E/V} \\ &= 7.5 \times 0.30 + 15 \times 0.70 = 12.75\%\end{aligned}$$

회사 자본비용의 혼합된 척도를 **가중평균 자본비용(weighted average cost of capital)** 또는 **WACC**('whack'로 발음한다)라고 한다. 그러나 WACC를 계산하는 일은 이 예에서 보듯이 약간 복잡하다. 예를 들어 법인은 이자비용에 대해 세금공제를 받기 때문에 세후 부채비용은 $(1 - T_c)r_D$가 된다. 여기서 T_c는 한계 법인세율이다. $T_c = 35\%$라고 하자. 그러면 세후 $WACC$는 다음과 같다.

$$\begin{aligned}\text{세후 WACC} &= (1 - T_c) r_D D/V + r_E E/V \\ &= (1 - 0.35) \times 7.5 \times 0.30 + 15 \times 0.70 = 12.0\%\end{aligned}$$

이 장 뒷부분에서 세후 WACC의 다른 예를 살펴본다. 제19장에서 이 문제를 한층 자세히 다룬다. 그러나 여기서는 WACC를 계산할 때 가장 어려운 부분인 자기자본비용의 추정을 살펴본다.

9.2 자기자본비용의 측정

가중평균 자본비용을 계산하려면 자기자본비용을 추정해야 한다. 이를 위해 자본자산 가격결정모형(CAPM)을 사용하기로 하였다. 많은 회사가 그렇게 한다. 앞 장에서 살펴본 바와 같이 대부분의 미국 대기업은 자기자본비용을 추정하는 데 CAPM을 사용한다.[4)] 이 모형은 다음과 같다.

$$\text{주식의 기대수익률} = r_f + \beta(r_m - r_f)$$

이제는 베타를 추정해야 한다. 베타를 어떻게 추정하는지 알아보자.

---

3) 이 가상적인 포트폴리오의 30%와 70% 가중치는 장부가치가 아니라 시장가치에 근거하고 있음을 상기하라. 이제 그 이유를 알 수 있다. 포트폴리오가 다른 장부 가중치로 구성된다면, 예컨대 50-50이라면, 이 포트폴리오 수익률은 자산 수익률과 같지 않을 것이다.

4) 물론 CAPM이 위험과 기대수익률에 관한 최종적인 이론은 아니다. 그러나 이 장에서 설명하는 원칙과 과정은 Fama-French의 세 요인 모형 등과 같은 다른 이론에도 똑같이 적용될 수 있다(제8.4절 참조).

베타의 추정

원칙적으로는 회사 주식의 미래 베타를 알아야 한다. 그러나 점쟁이가 아닌 이상 과거 자료를 찾아볼 수밖에 없다. 예를 들어 그림 9.2에서 왼쪽 위의 산포도(scatter diagram)를 보라. 각각의 점은 어느 특정한 달의 아마존 주식 수익률과 시장수익률을 나타낸다. 이 그림은 1999년 1월에 시작하여 2003년 12월까지 걸쳐 있기 때문에 모두 60개의 점이 있다.

왼쪽의 두 번째 그림은 디즈니 주식에 대한 같은 그림이고, 세 번째는 캠벨 수프의 그림이다. 각 그림에서 점들에 가장 잘 맞는 선을 그었다. 이 선의 기울기가 바로 베타의 추정치이다.[5] 이 기울기는 시장지수가 1% 변화할 때 주가가 평균적으로 얼마나 변동하는가를 말해 준다.

오른쪽 그림은 2008년 12월에 끝나는 이어지는 기간의 같은 세 주식에 대한 같은 그림이다. 첫째 기간에서 둘째 기간 사이에 기울기가 조금 변하기는 했지만, 캠벨 수프의 베타가 아마존의 베타보다 훨씬 작으며, 디즈니의 베타는 두 베타의 중간쯤이라는 데는 의심의 여지가 없다. 미래 베타를 예측하기 위해 각 주식의 과거 베타를 사용한다면 그리 많이 틀리지는 않을 것이다.

각 주식의 총 위험 중 일부분만이 시장 움직임에서 오는 것이다. 나머지는 기업에 고유한 분산 가능한 위험이다. 그림 9.2에서 점들이 회귀선 주위에 흩어져 나타나는 것은 바로 이 고유위험 때문이다. **결정계수**(R^2)는 주식 수익률의 총 분산 중에서 시장 움직임으로 설명할 수 있는 부분을 측정한다. 예를 들어 2004년부터 2008년까지 디즈니의 R^2는 0.395이다. 다시 말하면 디즈니의 위험 중 약 40%가 시장위험이었고, 60%는 분산 가능한 위험이었다. 디즈니 주식의 분산은 383이었다.[6] 그러므로 주식 수익률의 분산 중 시장에 기인하는 부분은 $0.4 \times 383 = 153$이고, 분산 가능한 수익률의 분산은 $0.6 \times 383 = 230$이라고 할 수 있다.

그림 9.2에 나온 베타 추정치는 그저 추정치일 뿐이다. 이 추정치는 60개 특정한 달의 주식 수익률을 바탕으로 한 것이다. 수익률에 내재해 있는 잡음(noise)은 진정한 베타를 불분명하게 만들 수 있다.[7] 그러므로 통계학자들은 측정오차가 존재할 가능성을 나타내려고 추정 베타의 **표준오차**(*standard error*)를 계산한다. 그러고 나서 추정된 값에다 2 × 표준오차를 더하거나 뺀 **신뢰구간**(*confidence interval*)을 정한다. 예를 들어 가장 최근 기간 디즈니의 추정 베타는 표준오차가 0.16이었다. 그러므로 디즈니 베타의 신뢰구간은 $0.96 \pm 2 \times 0.16$이다. 디즈니의 **진정한** 베타가 0.64와 1.28 사이에 있다고 하면 맞을 확률이 95%이다. 캠벨 수프의 베타는 같은 정도로 신뢰할 수 있지만, 아마존의 베타는 신뢰도가 낮다는 점에 주목하라.

보통은 위의 단순한 계산보다는 더 많은 정보를 가지게 된다. (그래서 더 분명히 확신할 수 있게 된다.) 예를 들어 캠벨 수프의 추정 베타는 두 연속된 5년 기간에 1보다 훨씬 낮았고, 아마존의 추정 베타는 두 기간에서 1보다 훨씬 높았다. 그렇기는 하지만 개별 주식의 베타를 추정할 때

---

5) 주식 **수익률**을 시장 수익률에 대해 회귀분석해야 함에 주목하라. 주가의 변화율과 시장지수의 **변화율**을 회귀분석해도 매우 유사한 결과를 얻을 것이다. 그러나 때때로 분석전문가들이 주가 **수준**을 지수의 **수준**에 대해 회귀분석하는 실수를 범하여 말도 안 되는 결과를 얻기도 한다.

6) 이는 연간 값이다. 월간 분산에 12를 곱하여 연간 분산으로 환산한다(7장의 각주 18 참조). 표준편차는 $\sqrt{383} = 19.6\%$이다.

7) 한두 달에 극단적인 수익률이 있으면 베타 추정치는 왜곡된다. 이것은 2004~2008년 기간의 추정치에 잠재된 문제이다. 그림 9.2에서 보듯이 시장이 16% 넘게 하락한 달(2008년 10월)이 있었다. 각 주식의 이 달 성과는 베타 추정치에 과도한 영향을 준다. 이때 통계학자들은 극단적인 관찰치에 가중치를 낮게 두거나 아예 이들을 제거하기도 한다.

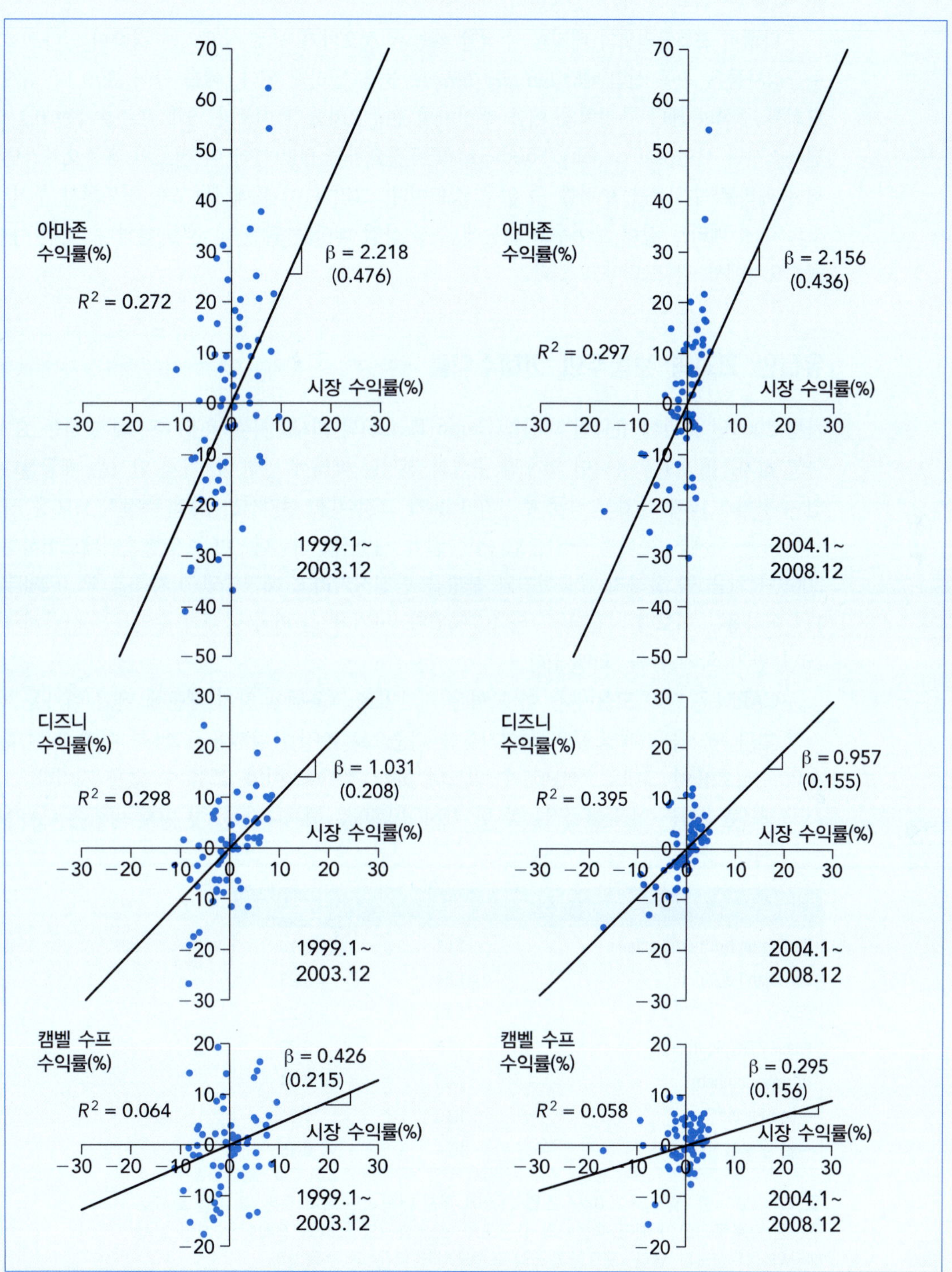

그림 9.2

1999년 1월부터 2003년 12월까지(왼쪽 그림)와 2004년 1월부터 2008년 12월까지(오른쪽 그림) 기간에 과거 수익률 자료를 사용하여 세 주식의 베타를 추정하였다. 베타는 맞춤선의 기울기이다. 두 기간 모두 아마존이 가장 높은 베타를 나타냈으며, 캠벨 수프의 베타가 가장 낮았다는 점에 주목하라. 베타 아래 괄호 안의 숫자는 표준오차이다. 표준오차는 베타 추정치의 가능한 오차 범위를 나타낸다. 총 위험 중에서 시장 움직임에 기인하는 부분은 R^2로 표시되어 있다.

는 항상 큰 폭의 오차가 발생한다.

다행히 포트폴리오의 베타를 추정할 때는 추정오차가 서로 상쇄되는 경향이 있다.[8] 그래서 재무관리자들은 종종 산업 베타(*industry beta*)로 눈을 돌리게 된다. 예를 들어 표 9.1은 6개 대형 철도회사 주식의 베타 추정치와 이들 추정치의 표준오차를 보여준다. 5개 표준오차는 0.2 이상이다. 캔자스시티 서던(Kansas City Southern)의 표준오차는 0.29인데 이 정도의 표준오차라면 그 철도회사 베타로 수익률을 추정할 수 없을 정도이다. 그러나 이 표에서는 6개 철도회사 주식 포트폴리오의 추정 베타도 같이 보여주고 있는데 추정 산업 베타는 훨씬 더 믿을 만하다. 이런 사실은 작은 표준오차에서 잘 드러나고 있다.

유니언 퍼시픽 보통주의 기대수익률

가령 2009년 초반에 유니언 퍼시픽(Union Pacific)의 회사 자본비용을 추정해 달라는 요청을 받았다고 하자. 표 9.1은 유니언 퍼시픽 주식의 진정한 베타에 관한 두 가지 단서를 제공한다. 직접적인 추정치 1.16과 산업의 평균 추정치 1.24가 그것이다. 여기서는 직접 추정치 1.16을 사용한다.[9]

다음 과제는 무위험 수익률로 어떤 값을 사용하느냐이다. 미국 연방준비제도이사회(FRB)는 2009년 처음 몇 달까지 금융위기와 불황을 반전시키려고 재정증권 이자율을 약 0.2%로 낮췄다. 1년 이자율은 이보다 약간 높은 약 0.7%였다. 만기가 긴 미국 국채의 수익률은 상당히 더 높아서 20년 만기 국채가 약 3.3%였다.

CAPM은 단기 모형이다. 이 모형은 기간별로 적용해야 하기 때문에 단기 이자율 자료가 있어야 한다. 문제는 3개월 무위험 이자율을 기준으로 추정한 할인율 0.2%를 미래 10년 혹은 20년 후의 현금흐름에 그대로 적용할 수 있느냐 하는 것이다. 아마 그럴 수 없을 것이다.

재무관리자는 이 문제를 둘 중 한 가지 방법으로 헤쳐나간다. 첫 번째 방법은 CAPM 공식에

	베타	표준오차
Burlington Northern Santa Fe	1.01	0.19
Canadian Pacific	1.34	0.23
CSX	1.14	0.22
Kansas City Southern	1.75	0.29
Norfolk Southern	1.05	0.24
Union Pacific	1.16	0.21
산업 포트폴리오	1.24	0.18

표 9.1 2004년 1월부터 2008년 12월 기간에 걸친 대형 철도회사 표본 및 이들 회사로 구성된 포트폴리오의 베타 추정치와 표준오차. 포트폴리오 베타의 정확성은 개별 회사 베타의 정확성보다 높다. 포트폴리오의 표준오차가 낮은 데 주목하라.

8) 관측치들이 서로 독립적이라면 추정 평균 베타의 표준오차는 포트폴리오에 포함된 주식 수의 제곱근에 비례하여 감소한다.

9) 유니언 퍼시픽의 베타가 다른 철도회사의 평균 베타보다 작은 한 가지 이유는 이 회사의 부채비율이 평균 이하라는 것이다. 제19장에서 부채비율의 차이에 대해 베타를 조정하는 방법을 설명한다.

서 단순히 장기 무위험 이자율을 사용하는 것이다. 이 방법을 사용하면 시장위험프리미엄은 시장수익률과 장기 국채 수익률의 평균 차이로 다시 정의해야 한다.[10]

두 번째 방법은 시장위험프리미엄을 시장수익률과 단기 재정증권 이자율 간의 차이로 정의하는 일반적인 정의를 유지한다. 그러나 이제 투자안의 수명 동안 재정증권을 보유하는 것의 기대수익률을 예측해야 한다. 제3장에서 투자자들은 재정증권이 아닌 장기 채권을 보유할 때 위험프리미엄을 요구한다는 것을 알았다. 표 7.1은 지난 1세기에 걸쳐 이 위험프리미엄이 평균적으로 약 1.5%임을 보여준다. 따라서 재정증권 투자로부터 기대하는 장기 수익률의 대략적이지만 그럴듯한 추정치를 얻으려면 장기 국채의 현재 수익률에서 1.5%를 빼면 된다. 이 예에서는 다음과 같이 구할 수 있다.

$$\begin{aligned}\text{재정증권의 장기 기대수익률} &= \text{장기 채권 수익률} - 1.5\% \\ &= 3.3 - 1.5 = 1.8\%\end{aligned}$$

이는 재정증권의 미래 평균 기대수익률에 대한 그럴듯한 추정치이다. 그래서 예에서는 이 수익률을 사용하기로 한다.

유니언 퍼시픽 예로 다시 돌아가서, 시장위험프리미엄으로 7%를 사용한다고 하자. 그러면 유니언 퍼시픽의 자기자본비용은 다음과 같이 약 9.9%가 된다.

$$\begin{aligned}\text{자기자본비용} = \text{기대수익률} &= r_f + \beta(r_m - r_f) \\ &= 1.8 + 1.16 \times 7.0 = 9.9\%\end{aligned}$$

유니언 퍼시픽의 세후 가중평균 자본비용

이제 유니언 퍼시픽의 2009년 초 세후 WACC를 계산할 수 있다. 이 회사의 부채비용은 약 7.8%였다. 법인세율이 35%일 때 세후 부채비용은 $r_D(1 - T_C) = 7.8 \times (1-0.35) = 5.1\%$였다. 전체 기업가치에 대한 부채의 비율은 D/V = 31.5%였다. 따라서

$$\begin{aligned}\text{세후 WACC} &= (1 - T_c)r_D D/V + r_E E/V \\ &= (1 - 0.35) \times 7.8 \times 0.315 + 9.9 \times 0.685 = 8.4\%\end{aligned}$$

CFO가 이상의 추정치에 동의한다면 유니언 퍼시픽은 전체 자본비용을 8.4%로 정해야 한다.

경고 부채비용은 항상 자기자본비용보다 작다. WACC 공식은 두 비용을 혼합한다. 그러나 이 공식은 위험하다. 왜냐하면, 비싼 자기자본 대신 싼 부채를 사용하면 평균 자본비용은 줄어들기 때문이다. 그러나 일이 그런 식으로 되지는 않는다! 부채비율 *D/V*가 커짐에 따라 남은 자기자본의 비용도 같이 증가하여 더 싼 부채의 외관상 이점을 상쇄한다. 우리는 제17장에서 이러한 상쇄 현상이 어떻게, 또 왜 일어나는가를 본다.

---

10) 이 방법은 증권시장선의 절편을 높아지게 하고 시장위험프리미엄을 낮아지게 한다. '더 평평한' 증권시장선을 사용하는 것이 아마도 역사적 자료에 더 잘 맞는다. 이 자료에 의하면 베타에 대한 평균 수익률의 기울기가 CAPM이 예상한 것만큼 가파르지 않았다. 그림 8.8과 8.9를 보라.

그러나 이자는 세금이 공제되는 비용이기 때문에 부채는 절세효과를 갖는다. 이것이 세후 WACC 공식에서 세후 부채비용을 사용하는 이유이다. 부채와 세금에 대해서는 제18장과 19장에서 훨씬 더 자세히 다룬다.

유니언 퍼시픽의 자산 베타

세후 WACC는 회사 자산의 평균 위험에 달렸다. 그러나 이것은 또한 세금과 자본조달 방법에 따라서도 달라진다. 투자안의 위험을 직접 측정하면 생각하기가 더 쉽다. 이 직접적인 척도를 **자산 베타**(asset beta)라고 한다.

자산 베타는 부채 베타(β_D)와 자기자본 베타(β_E)의 혼합으로 계산한다. 유니언 퍼시픽은 $\beta_E = 1.16$이고, $\beta_D = 0.3$[11]으로 가정한다. 가중치는 부채와 자기자본의 조달 비율로 $D/V = 0.315$와 $E/V = 0.685$이다.

$$\text{자산 베타} = \beta_A = \beta_D(D/V) + \beta_E(E/V)$$
$$\beta_A = 0.3 \times 0.315 + 1.16 \times 0.685 = 0.89$$

자산 베타를 계산하는 것은 가중평균 자본비용을 계산하는 것과 비슷하다. 부채와 자기자본 가중치 D/V와 E/V를 사용하는 것이 같다. 또한 논리도 같다. 한 회사의 부채 100%와 자기자본 100%로 구성된 포트폴리오를 샀다고 하자. 그러면 이 회사 자산을 전부 소유하는 것이고 이 포트폴리오의 베타는 자산의 베타와 같다. 포트폴리오의 베타는 물론 부채와 자기자본 베타의 가중평균이다.

이 자산 베타는 유니언 퍼시픽 철도 사업의 평균 위험 측정치이다. 이것은 유용한 벤치마크이지만 한계가 있다. 모든 철도 투자가 평균적인 위험을 갖는 것은 아니다. 예컨대 철도 네트워크를 행성(行星) 간 통신용 안테나로 사용하는 사업을 처음 시작하는 경우라면 처음부터 쓸 만한 자산 베타는 아예 있지도 않을 것이다.

투자안이나 사업의 위험이 평균적이지 않다고 생각될 때 이들의 자본비용에 대해 어떤 정보를 근거로 판단하겠는가? 이것이 다음 주제이다.

9.3 투자안 위험 분석하기

석탄광산 회사가 상업용 부동산, 예를 들어 본사로 사용할 새 건물에 투자하는 데 따르는 위험을 평가한다고 하자. 석탄광산 회사의 자산 베타는 도움이 되지 않는다. 부동산의 베타를 알아야 한다. 다행히 상업용 부동산 포트폴리오가 거래된다. 예를 들어 상업용 부동산에 특화한 부동산 투자

11) 왜 부채 베타는 양(+)인가? 두 가지 이유가 있다. 첫째, 부채 투자자는 채무불이행 위험을 염려한다. 경제가 호황에서 불황으로 바뀌면 회사채 가격은 국채에 비해 하락한다. 따라서 채무불이행 위험은 부분적으로 거시경제적 그리고 시장 위험이다. 둘째, 모든 채권은 이자율과 물가상승의 불확실성에 노출되어 있다. 장기 이자율과 물가상승이 변동적이고 불확실할 때는 국채도 양(+)의 베타를 갖는다.

신탁(Real Estate Investment Trusts, REITs)의 수익률에서 자산 베타를 추정할 수 있다.[12] 제안된 사무실 건물의 거래되는 비교 대상으로 REITs를 볼 수 있다. 부동산 가격지수 또는 상업용 부동산의 매매나 평가액을 바탕으로 분석한 수익률을 살펴볼 수도 있다.[13]

특정 사업에 대한 자본비용을 정하려고 하는 회사는 보통 그 사업에만 집중적으로 투자한 기업을 찾는다. **집중투자(*pure play*)** 기업은 한 가지 활동에만 특화된 공개기업이다. 예를 들어 J&J가 이 회사의 제약 사업에 대한 자본비용을 추정하려 한다고 하자. 이 회사는 Band-Aid® 밴드나 유아용 파우더와 같은 소비재에 분산투자하지 않은 제약 회사의 평균 자산 베타 또는 자본비용으로부터 이를 추정할 수 있다.

전체 회사 자본비용은 **복합기업(*conglomerate*)**에는 거의 쓸모가 없다. 복합기업은 관련이 없는 여러 사업에 다각화하였기 때문에 산업에 고유한 자본비용을 고려해야 한다. 따라서 복합기업은 관련 산업의 집중투자 기업을 찾는다. 예를 들어 리처드 브랜슨(Richard Branson)의 버진 그룹(Virgin Group)을 보자. 이 그룹은 항공사(Virgin Atlantic), 그리고 음악과 책, 영화의 소매점(Virgin Megastores)을 포함하여 다른 여러 기업으로 구성되어 있다. 다행히 집중투자 항공사와 집중투자 소매점이 많이 있다. 방법은 버진의 사업체들과 가장 비슷한 영업 위험을 갖는 비교 기업을 선택하는 것이다.

때로는 좋은 비교 기업이 없거나 특정 투자안에 잘 맞지 않을 때도 있다. 이런 경우는 분명히 재무관리자가 판단을 해야 한다. 이런 판단을 해야 하는 관리자들에게 다음과 같은 세 가지를 제안한다.

1. **자산 베타의 결정요인을 생각해 보라.** 베타 그 자체를 알 수는 없어도 고(高)베타 또는 저(低)베타 자산의 특징은 관찰할 수 있다.
2. **분산 가능한 위험에 속지 마라.**
3. **가공요소를 피하라.** 제안된 투자에서 일이 잘못될 가능성을 상쇄하기 위해 할인율에 가공요소(fudge factor)를 추가하고 싶은 유혹에 빠져들지 마라. 먼저 현금흐름 예측치를 조정하라.

자산 베타의 결정요인

경기순환(cyclicality) 사람들은 직관적으로 위험을 이익 또는 현금흐름의 변동성과 연관시킨다. 그러나 이 변동성의 많은 부분이 분산 가능한 위험을 반영한다. 금맥을 찾는 외로운 탐사자는 극단적으로 불확실한 미래 수익을 기다린다. 이들이 크게 성공하느냐가 시장 포트폴리오의 성과에 따라 결정될 가능성은 별로 없다. 금맥을 찾는다고 하더라도 이들은 시장위험을 크게 부담하지는 않는다. 그러므로 금 찾기 투자는 아주 높은 표준편차를 갖지만, 베타는 상대적으로 작다.

정말 문제가 되는 것은 회사 이익과 모든 실물자산에 대한 총체적인 이익 간의 관계가 얼마

---

12) REITs는 부동산에 투자하는 투자 펀드이다. 제안된 사무실 건물과 비슷한 상업용 부동산에 투자하는 REITs를 조심스럽게 확인해야 한다. 또한 아파트와 쇼핑센터, 삼림지와 같은 다른 형태의 부동산에 투자하는 REITs가 있다.

13) D. Geltner, N. G. Miller, J. Clayton, and P. Eichholtz, *Commercial Real Estate Analysis and Investments*, 2nd ed. (South-Western College Publishing, 2006). 23장 참조.

나 강한가 하는 것이다. 이는 이익 베타(*earnings beta*) 혹은 현금흐름 베타(*cash-flow beta*)로 측정할 수 있다. 이들은 증권 수익률의 변화 대신 이익 또는 현금흐름의 변화를 사용한다는 점 이외에는 실제 베타와 유사하다. 이익 베타 혹은 현금흐름 베타가 큰 회사는 자산 베타도 역시 클 것으로 예상한다.

이는 주기성이 있는 회사, 즉 매출액과 이익이 경기순환과 밀접하게 관련된 회사는 베타가 높은 경향이 있다는 의미이다. 그러므로 그 성과가 경제 전체의 성과와 밀접하게 관련된 투자에는 더 높은 수익률을 요구해야 한다. 경기순환적인 산업의 예로는 항공사, 호화로운 휴양지와 식당, 건설, 철강 등이 있다. (철강 수요의 많은 부분이 건설과 자본투자에 달렸다.) 덜 경기순환적인 산업으로는 식품과 담배, 그리고 J&J의 유아 제품과 같은 확실한 소비자 제품 등이 있다. MBA 프로그램은 다른 예이다. 왜냐하면, 취업이 힘들 때는 경영대학원에서 1~2년을 보내는 것이 더 쉬운 선택이기 때문이다. 불황에는 MBA 프로그램에 지원이 증가한다.

영업 레버리지 변동비에 비해 고정비가 많은 생산 설비는 영업 레버리지(*operating leverage*)가 높다고 말한다. 영업 레버리지가 높다는 것은 그만큼 위험이 크다는 것을 뜻한다. 그 의미를 살펴보자.

자산에서 발생하는 현금흐름은 매출액과 고정비, 그리고 변동비로 나눌 수 있다.

$$\text{현금흐름} = \text{매출액} - \text{고정비} - \text{변동비}$$

산출물의 양에 따라 결정되는 비용이 변동비이다. 예로는 원자재 비용, 판매수수료, 일부 인건비나 유지보수 비용 등이 있다. 고정비는 자산이 활발하게 사용되거나 노는 것에 상관없이 발생하는 현금 지출이다. 예컨대 재산세나 고정임금계약 근로자들의 노임 등이다.

자산의 현재가치도 같은 방법으로 나눌 수 있다.

$$PV(\text{자산}) = PV(\text{매출액}) - PV(\text{고정비}) - PV(\text{변동비})$$

또는

$$PV(\text{매출액}) = PV(\text{고정비}) + PV(\text{변동비}) + PV(\text{자산})$$

고정비를 받는 사람은 마치 투자안의 채권자와 같다. 다시 말해 이들은 단순히 정해진 금액을 지급받는다. 자산에서 나오는 순 현금흐름을 받아가는 사람은 마치 주주와 같다. 이들은 고정비를 지급하고 난 후 얼마가 되든 나머지를 받는다.

이제 자산 베타가 매출액 및 비용 베타와 어떻게 관련되어 있는가를 알 수 있다. PV(매출액)의 베타는 구성요소 베타의 가중평균이다.

$$\beta_{\text{매출액}} = \beta_{\text{고정비}}\frac{PV(\text{고정비})}{PV(\text{매출액})} + \beta_{\text{변동비}}\frac{PV(\text{변동비})}{PV(\text{매출액})} + \beta_{\text{자산}}\frac{PV(\text{자산})}{PV(\text{매출액})}$$

고정비 베타는 거의 0이 되어야 한다. 누구든 고정비를 받는 사람이라면 고정된 현금흐름을 받는 것과 같다. 매출액과 변동비는 같은 기초 변수, 즉 산출량에 반응하기 때문에 베타는 거의 같아야 한다. 그러므로 $\beta_{\text{변동비}}$에 $\beta_{\text{매출액}}$을 대입하여 자산 베타에 대해 풀 수 있다. $\beta_{\text{고정비}}$는 0으로 가정했다는 것을 기억하라. 따라서 PV(매출액) − PV(변동비) = PV(자산) + PV(고정비)이다.[14)]

$$\beta_{자산} = \beta_{매출액} \frac{PV(매출액) - PV(변동비)}{PV(자산)}$$
$$= \beta_{매출액} \left[1 + \frac{PV(고정비)}{PV(자산)} \right]$$

따라서 매출액의 경기순환성이 주어지면($\beta_{매출액}$에 반영) 자산 베타는 그 투자안의 현재가치에 대한 고정비 현재가치의 비율에 비례한다.

이제 같은 종류의 투자안에 사용되는 여러 가지 대체 설계나 기술의 상대적인 위험을 판단할 수 있는 어림셈 방법을 얻었다. 다른 조건이 같다면 투자안 가치에 대한 고정비 비율이 높은 투자안의 베타가 더 크다. 실증연구 결과는 영업 레버리지가 높은 회사들이 실제로 큰 베타를 가진다는 사실을 확인해 준다.[15)]

고정비를 생산비로 해석했지만, 고정비는 다른 형태, 예컨대 미래 투자지출로 나타날 수도 있다. 전력회사가 대형 발전소를 건설하기로 했다고 하자. 이 발전소는 건설하는 데 몇 년이 걸리며 이 비용은 고정된다. 영업 레버리지 공식이 여전히 적용되지만 PV(고정비)에 PV(미래 투자)가 포함된 형태이다. 따라서 투자 약속은 발전소의 자산 베타를 증가시킨다. 물론 PV(미래 투자)는 공장이 건설되면서 감소하고 공장이 완성되고 가동되면 사라진다. 따라서 발전소의 자산 베타는 단지 건설 중에만 일시적으로 높아진다.

기타 위험 원천 지금까지는 현금흐름에서 오는 위험에 초점을 맞추었다. 그런데 이 현금흐름 위험이 전부는 아니다. 투자안의 가치는 기대 현금흐름을 위험조정 할인율 r로 할인한 값과 같다. 무위험 이자율이나 시장위험프리미엄이 변동하면 r도 변할 것이기 때문에 투자안의 가치도 변한다. 장기 현금흐름을 가진 투자안은 단기 현금흐름을 갖는 투자안보다 할인율 변동에 더 많이 노출된다. 그러므로 이런 투자안은 영업 레버리지나 경기순환성이 높지 않다고 하더라도 큰 베타를 가지게 된다.[16)]

자산의 상대적인 위험을 정확하게 추정하기를 바랄 수는 없지만 훌륭한 재무관리자라면 어떤 투자안이든 여러 각도에서 검토하고, 위험에 관한 단서를 찾으려 노력한다. 이들은 높은 시장위험이 경기순환적인 사업이나 고정비가 많은 투자안, 그리고 할인율의 시장 전체적인 변화에 민감한 투자안의 특징임을 잘 안다. 이들은 경제에 영향을 미치는 주요 불확실성과 이런 불확실성이 투자안에 어떠한 영향을 미치는가를 고려한다.

---

14) 제10장에서 영업 레버리지도(DOL)의 회계적 척도를 설명한다. 이는 'DOL = 1 + 고정비/이익'으로 정의된다. DOL은 매출액의 1% 변화에 대한 이익의 백분율 변화를 측정한다. 여기서 PV와 베타로 표현한 DOL을 도출한다.

15) 다음 논문들을 참조하라. B. Lev, "On the Association between Operating Leverage and Risk," *Journal of Financial and Quantitative Analysis* 9(September 1974), pp. 627~642와 G. N. Mandelker and S. G. Rhee, "The Impact of the Degrees of Operating and Financial Leverage on Systematic Risk of Common Stock," *Journal of Financial and Quantitative Analysis* 19(March 1984), pp. 45~57.

16) J. Y. Campbell and J. Mei, "Where Do Betas Come From? Asset Price Dynamics and the Sources of Systematic Risk," *Review of Financial Studies* 6(Fall, 1993), pp. 567~592 참조. Cornell은 투자안 위험에 대한 듀레이션의 영향을 논의하였다. B. Cornell, "Risk, Duration and Capital Budgeting, New Evidence on Sme Old Questions," *Journal of Business* 72(April 1999), pp. 183~200.

분산 가능한 위험에 속지 마라

이 장에서는 위험을 기업이나 산업 또는 투자안의 자산 베타로 정의하였다. 그러나 일상적인 용법에서 '위험'은 단순히 '나쁜 결과'를 의미한다. 사람들은 투자안의 위험을 잘못될 가능성이 있는 일의 목록으로 생각한다. 예를 들어 보자.

- 석유 탐사를 하는 지질학자가 석유가 나오지 않을 위험을 걱정한다.
- 제약회사의 과학자가 신약이 수용할 수 없는 부작용이 나올 것을 염려한다.
- 공장 관리자가 생산라인이 제대로 작동하지 않아 적용한 신기술의 변경과 수리에 돈이 많이 들 것을 염려한다.
- 통신회사 CFO가 통신위성이 우주 파편에 손상을 입을 위험을 염려한다. (2009년 이리듐 위성이 러시아의 수명이 다한 코스모스 2251 위성과 충돌하여 둘 다 산산조각이 났다.)

이런 위험은 모두 분산 가능하다는 점에 주목하라. 예를 들어 이리듐과 코스모스의 충돌은 확실히 베타가 0인 사건이었다. 이러한 위험은 자산 베타에 영향을 주지 않으며 투자안의 할인율에 영향을 주지 않아야 한다.

때로 재무관리자는 이러한 위험을 보상하려고 할인율을 올린다. 이것은 타당하지 않다. 분산 가능한 위험은 자본비용을 증가시켜서는 안 된다.

예제 9.1 ● 발생 가능한 나쁜 결과 고려하기

투자안 Z는 1차년도에 $1백만으로 예상되는 단 한 번의 현금흐름을 발생시킨다. 이 투자안의 위험은 10%의 회사 자본비용으로 할인하기에 알맞은 평균적인 수준으로 생각된다.

$$\text{PV} = \frac{C_1}{1+r} = \frac{1{,}000{,}000}{1.1} = \$909{,}100$$

그런데 이 투자에 필요한 기술개발이 계획보다 늦어지고 있음을 알게 되었다. 회사 엔지니어들은 이 기술이 잘 작동할 것으로 확신하기는 하지만 그렇지 않을 가능성도 조금은 있다고 인정한다. 투자안 Z의 내년 현금흐름이 0일 가능성도 약간은 있지만, 여전히 **가장 가능성이 큰** 결과는 $1백만으로 보고 있다.

이 투자안의 전망은 이제 기술개발에 대한 우려로 먹구름이 드리워졌다. 이 투자안의 현재가치는 새로운 우려가 생기기 전에 계산했던 $909,100보다 낮은 게 틀림없다. 그러나 얼마나 낮은가? 올바른 값을 제공해 줄 **어떤 특정한** 할인율(10% + 가공요소)이 있겠지만, 이 할인율이 얼마인지는 알 수 없다.

이때는 투자안 Z의 현금흐름 예상액 $1백만을 재고하는 것이 좋다. 투자안의 현금흐름은 모든 가능한 결과에 대해 유리하든 불리하든 정당한 가중치를 부여한 **불편**(*unbiased*) 예상치여야 한다. 불편 예측을 하는 경영자들은 평균적으로 옳은 결정을 한다. 어떤 때는 예상치가 실제보다 높을 수도 있고, 어떤 때는 낮을 수도 있지만 이런 오류는 많은 투자안을 다루면서 평균해서 없어진다.

가끔은 현금흐름이 0이 될 수도 있기 때문에 Z와 같은 투자안의 현금흐름을 $1백만으로 예상한다면 평균적인 현금흐름은 과대평가될 것이다. 이들 0의 현금흐름은 현금흐름 예측에 '반영되어야' 한다.

많은 투자안에서 가장 가능성이 큰 현금흐름은 역시 불편 예측치(unbiased forecast)이다. 만약 다음과 같은 확률을 가진 세 가지 가능한 결과가 있다면 불편 예측치는 $1백만이다. (불편 예측치는 확률 가중 현금흐름의 합계이다.)

가능한 현금흐름	확률	확률 가중 현금흐름	불편 예측치
1.2	0.25	0.3	
1.0	0.50	0.5	1.0, 즉 $1백만
0.8	0.25	0.2	

이는 투자안 Z의 처음 전망을 기술한 것이다. 그러나 기술적 불확실성 때문에 현금흐름이 0일 가능성이 10%가 된다면 불편 예측치는 다음과 같이 $900,000으로 낮아진다.

가능한 현금흐름	확률	확률 가중 현금흐름	불편 예측치
1.2	0.225	0.27	
1.0	0.45	0.45	0.90, 즉 $900,000
0.8	0.225	0.18	
0	0.10	0.0	

현재가치는 다음과 같다.

$$\text{PV} = \frac{0.90}{1.1} = 0.818, \text{ 즉 } \$818{,}000$$

관리자들은 종종 주요 투자안에 명시적인 확률을 붙여서 가능한 현금흐름의 범위를 계산해 보기도 한다. 제10장에서 더욱 자세하고 정교한 예를 제시하고 이를 논의하기로 한다. 그러나 결과와 확률의 범위가 명시적으로 주어지지는 않더라도 관리자는 좋은 결과와 나쁜 결과, 그리고 가장 가능성이 큰 결과를 생각해 볼 수 있다. 나쁜 결과가 좋은 결과보다 많을 때는 다시 균형이 맞추어질 때까지 현금흐름 예상치를 낮추어야 한다.

첫 번째 단계는 투자안 현금흐름의 불편 예측치를 얻으려고 최선을 다하는 것이다. 불편 예측치는 시장위험뿐만 아니라 분산 가능한 위험도 포함하여 모든 위험을 반영한다. 두 번째 단계는 **분산투자한** 투자자들이 그 투자안을 평균적인 투자안보다 더 위험하다고 혹은 덜 위험하다고 생각하는가를 고려해야 한다. 이 단계에서는 오직 시장위험만이 중요하다.

할인율 결정에 가공요소 피하기

투자안 Z를 다시 생각해 보자. 우리는 기술이 실패할 가능성을 고려하여 이 투자안의 현금흐름 예상치를 $1,000,000에서 $900,000으로 줄였다. 이 투자안의 PV는 $909,100에서 $818,000으로 감소하였다. 할인율에 가공요소를 추가하고 원래 예상치 $1,000,000을 할인하여 올바른 답을 얻을 수도 있었을 것이다. 그러나 가공요소를 구하려면 가능한 현금흐름을 충분히 생각해야 한다. 현금흐름을 올바로 예상한다면 가공요소는 필요하지 않다.

할인율에 가공요소를 추가하는 것은 이것이 미래 현금흐름에 대해 명확히 생각하는 것을 방해하므로 위험하다. 다음은 그 한 가지 예이다.

예제 9.2 ● 낙관적인 예상 수정하기

EZ[2] Corp.의 CFO는 투자안의 현금흐름 예상이 거의 항상 낙관적인 것을 알고 고민하고 있다. 예상치는 평균적으로 10% 높았다. 따라서 EZ[2]의 WACC 12%에 10%를 더한 22%로 이를 보상하기로 결정한다.17)

현금흐름 예상에 10% 상향 편의(upward bias)가 있다는 CFO의 판단이 옳았다고 하자. 할인율에 그냥 10%를 더해도 되는가?

투자안 ZZ는 15년 동안 지속하는 매년 $1,000의 일정한 현금흐름 예상치를 갖는다. 표 9.2의 첫 두 행은 이러한 예상치와 12%에서 할인한 PV를 보여준다. 행 3과 4는 10% 줄어든 올바른 예상치와 PV를 보여주며, PV 또한 (당연히) 10% 줄어든다(행 5). 행 6은 수정되지 않은 예상치를 22%로 할인할 때의 PV를 보여준다. 마지막 행 7은 행 2의 조정하지 않은 PV와 비교할 때 할인율이 22%인 경우 PV의 감소를 백분율로 보여준다.

행 5는 낙관주의를 올바로 수정한 것(10%)을 보여준다. 행 7은 10% 가공요소를 할인율에 더할 때 무슨 일이 일어나는가를 보여준다. 첫해 현금흐름에 대한 영향은 CFO가 예상한 것보다 2% 낮은, 약 8%의 PV 감소이다. 그러나 나중에는 현재가치가 10%보다 훨씬 많이 줄어든다. 그 이유는 가공요소가 22% 할인율에서 복리 계산되기 때문이다. 연도 10과 15까지 PV의 감소는 57%와 72%로 처음 시작할 때 편의 10%보다 훨씬 크다.

CFO는 편의가 표 9.2의 행 7에서 보는 바와 같이 누적된다고 생각했을까? 그가 이러한 질문을

연도	1	2	3	4	5	...	10	...	15
1. 처음 현금흐름 예측	$1,000.00	$1,000.00	$1,000.00	$1,000.00	$1,000.00	...	$1,000.00	...	$1,000.00
2. PV(할인율 12%)	$ 892.90	$ 797.20	$ 711.80	$ 635.50	$ 567.40	...	$ 322.00	...	$ 182.70
3. 수정된 현금흐름 예측	$ 900.00	$ 900.00	$ 900.00	$ 900.00	$ 900.00	...	$ 900.00	...	$ 900.00
4. PV(할인율 12%)	$ 803.60	$ 717.50	$ 640.60	$ 572.00	$ 510.70	...	$ 289.80	...	$ 164.40
5. PV 수정	−10.0%	−10.0%	−10.0%	−10.0%	−10.0%	...	−10.0%	...	−10.0%
6. 22%로 할인한 처음 예상	$ 819.70	$ 671.90	$ 550.70	$ 451.40	$ 370.00	...	$ 136.90	...	$ 50.70
7. 22% 할인율에서 PV '수정'	−8.2%	−15.7%	−22.6%	−29.0%	−34.8%	...	−57.5%	...	−72.3%

표 9.2 투자안 ZZ의 처음 현금흐름 예측(행 1)은 너무 낙관적이다. 예상치와 PV는 10% 줄여야 한다(행 3과 4). 그러나 할인율에 10% 가공요소를 추가하는 것은 PV를 10%보다 훨씬 많이 줄이게 된다(행 6). 가공요소는 편의를 과도하게 수정하고 장기 투자안에 불리하게 작용한다.

17) 이 CFO는 저자들의 두 번째 법칙을 무시하고 있다. 이 법칙은 다음 장에서 다룬다.

했을지 의문이다. 처음에 그가 옳았고 진정한 편의가 10%라면 할인율에 10% 가공요소를 더하는 것은 PV를 저평가한다. 또한 가공요소는 장기 투자안을 회수기간이 빠른 투자안보다 훨씬 나쁘게 보이도록 한다.[18]

국제 투자안의 할인율

이 장에서는 미국에서의 투자에 집중하였다. 제27장에서 국제적으로 이루어지는 투자에 대해 좀 더 논의한다. 여기서는 단순히 개발도상국에서 투자할 때 할인율에 가공요소를 더하는 것에 대해 경고해야겠다. 그러한 가공요소는 실무에서 너무 자주 볼 수 있다.

개도국 시장이 더 변동적이라는 것은 맞다. 그러나 미국이나 유럽 그리고 다른 선진국에 있는 투자자에게 이 위험의 많은 부분은 분산 가능하다. 개도국에서의 투자가 더 많이 잘못될 수 있다는 것도 맞다. 정치적으로 불안한 나라에서 특히 더 그렇다. 몰수가 발생한다. 때때로 정부는 국제적인 투자자에게 채무를 불이행한다. 따라서 손실 위험을 충분히 생각하고 현금흐름 예측치에 가중치를 주는 것이 특히 중요하다.

일부 국제적인 투자안은 적어도 부분적으로 이러한 손실 위험으로부터 보호된다. 예를 들어 어떤 정부가 그 지역에 있는 IBM 자회사를 몰수하여도 거의 아무것도 얻을 것이 없다. 왜냐하면, 이 자회사는 IBM 상표와 제품, 고객관계가 없으면 거의 가치가 없기 때문이다. 사적 소유의 유료도로는 더 유혹적인 대상이다. 유료도로는 그 지역 정부가 유지하고 운영하기가 상대적으로 쉽기 때문이다.

9.4 확실성 등가—위험조정의 또 다른 방법

실제 자본예산에서는 하나의 위험조정 할인율을 모든 미래 현금흐름에 적용하게 된다. 이것은 투자안의 위험이 시간에 따라 변하지 않고 언제나 일정하다고 가정하는 것이다. 회사가 노출된 위험은 계속해서 변하기 때문에 이런 가정이 정확히 맞지 않다는 것은 이미 잘 알고 있다. 이는 위험을 다루는 데 상당히 어려운 문제를 제기한다. 그러나 이런 어려움을 피할 수 있는 한 가지 방법이 있다. 기대 현금흐름을 **확실성 등가(certainty equivalent)**로 변환하는 방법이 바로 그것이다. 먼저 확실성 등가가 무엇인가를 보여주는 예를 살펴본다. 그 뒤, 하나의 위험조정 할인율로 미래 현금흐름을 할인할 때 정말로 가정하는 것이 무엇인지 알기 위해 투자에 대한 보상에 확실성 등가를 사용한다. 또한 위험이 시간에 따라 변하여 일반적인 할인을 적용할 수 없는 투자안에도 적용한다. 이런 노력은 제20장과 21장에서 옵션을 공부할 때와 26장에서 선도 및 선물가격을 다룰 때 더욱 크게 보상받는다. 옵션가격결정 공식은 확실성 등가를 할인하는 것이다.

18) 낙관적인 편의는 가까운 현금흐름보다 먼 현금흐름에 더 나쁠 수 있다. 그렇다면 CFO는 편의의 시간에 따른 형태를 명확히 하고 이에 따라 현금흐름 예상치를 조정해야 한다.

확실성 등가에 의한 가치평가

현재가치의 개념을 설명하기 위해 제2장에서 사용했던 간단한 부동산 투자 문제를 다시 생각해 보자. 앞으로 1년 후에 \$420,000에 매각할 사무실 건물을 신축하려고 한다. 이 현금흐름은 불확실하며, 시장 전체와 같은 위험을 갖기 때문에 베타는 1이다. $r_f = 5\%$이고, $r_m - r_f = 7\%$로 주어지면 이 투자안은 무위험 이자율 5%가 아니라 $5 + 1 \times 7 = 12\%$로 할인해야 한다. 그러면 현재가치는 $420{,}000/1.12 = \$375{,}000$이다.

한 부동산 회사가 연말에 이 건물을 정해진 가격으로 사겠다는 제안을 해 왔다고 하자. 이 보증계약으로 건물 투자안의 지급금에 대한 모든 불확실성이 제거되기 때문에 투자자는 불확실한 지급금 \$420,000보다 낮은 가격을 받아들일 수 있을 것이다. 그러나 얼마나 낮아야 하는가? 건물 투자안이 \$375,000의 현재가치를 가지고 있고, 이자율이 5%라면 다음과 같은 관계가 성립한다.

$$\text{PV} = \frac{\text{확실한 현금흐름}}{1.05} = 375{,}000$$

$$\text{확실한 현금흐름} = \$393{,}750$$

다시 말하면, 확실한 현금흐름 \$393,750은 불확실한 기대 현금흐름 \$420,000와 동일한 현재가치를 가진다. 이 \$393,750의 현금흐름을 **확실성 등가 현금흐름**(*certainty-equivalent cash flow*)이라고 한다. 지급금의 지연과 부동산 가격의 불확실성을 보상하려면 $420{,}000 - 375{,}000 = \$45{,}000$의 수익이 필요하다. 이 차이의 일부분은 화폐의 시간가치에 대한 보상이다. 그 나머지($\$420{,}000 - 393{,}750 = \$26{,}250$)는 예측된 \$420,000의 현금흐름에 내재해 있는 위험을 보상하기 위해 값을 깎은 것이다.

이 예제는 위험한 현금흐름을 평가하는 두 가지 방법을 예시하고 있다.

방법 1: r_f보다 높은 **위험조정 할인율**(*risk-adjusted discount rate*) r로 위험한 현금흐름을 할인하라.[19] 위험조정 할인율은 시간과 위험 두 요소 모두에 대해 조정한 것이다. 이는 그림 9.3에서 시계방향으로 예시되어 있다.

방법 2: 확실성 등가를 찾아서 무위험 이자율 r_f로 할인하라. 이 방법을 사용할 때는 위험 현금흐름과 교환할 수 있는 최소한의 **확실한** 지급금이 얼마인지 알아야 한다. 이를 **확실성 등가**(*certainty equivalent*)라 부르며, CEQ로 표기한다. CEQ는 안전한 현금흐름과 가치가 같으므로 무위험 이자율로 할인한다. 확실성 등가 방법은 위험과 시간에 대해 각각 **별도의** 조정을 하는 것이다. 이는 그림 9.3에서 반시계방향으로 예시되어 있다.

기간 1의 현금흐름의 PV를 나타내는 다음 두 식은 같은 것이다.[20]

---

19) 음(−)의 베타를 가진 자산은 r이 r_f보다 작을 수도 있다. 그러나 기업이 보유하는 자산의 베타는 거의 모든 경우 양(+)이다.

20) CEQ_1은 자본자산 가격결정모형에서 바로 계산할 수 있다. 확실성 등가 형태의 CAPM에서 현금흐름 C_1의 확실성 등가는 $C_1 - \lambda \operatorname{cov}(\tilde{C}_1, \tilde{r}_m)$이다. $\operatorname{cov}(\tilde{C}_1, \tilde{r}_m)$은 불확실한 현금흐름 $\tilde{C}_1$과 시장수익률 $\tilde{r}_m$ 간의 공분산이다. 람다(λ)는 위험의 시장가격 척도이다. 이는 $(r_m - r_f)/\sigma_m^2$으로 정의한다. 예를 들어 $(r_m - r_f) = 0.08$이고 시장수익률의 표준편차가 $\sigma_m = 0.20$이면 $\lambda = 0.08/0.20^2 = 2$이다. 이 책의 웹사이트(**www.mhhe.com/bma**)에서는 CAPM 공식이 어떻게 확실성 등가 형태로 바뀔 수 있는지를 보여준다.

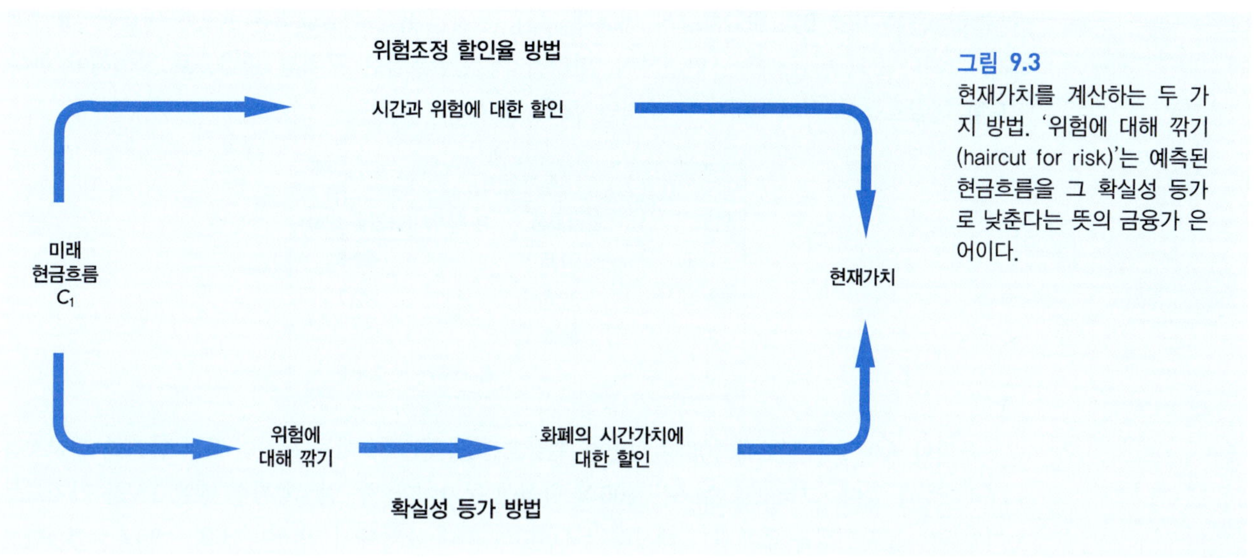

그림 9.3
현재가치를 계산하는 두 가지 방법. '위험에 대해 깎기(haircut for risk)'는 예측된 현금흐름을 그 확실성 등가로 낮춘다는 뜻의 금융가 은어이다.

$$\mathrm{PV} = \frac{C_1}{1 + r} = \frac{\mathrm{CEQ}_1}{1 + r_f}$$

현금흐름이 2년, 3년 혹은 t년 이후에 발생한다면 다음과 같이 쓸 수 있다.

$$\mathrm{PV} = \frac{C_t}{(1 + r)^t} = \frac{\mathrm{CEQ}_t}{(1 + r_f)^t}$$

수명이 긴 자산에 단일 위험조정 할인율을 사용할 수 있는 경우

이제 현재가치를 계산하는 데 일정한 위험조정 할인율을 사용하는 의미를 알아보자.

두 개의 간단한 투자안이 있다. 투자안 A는 앞으로 3년 동안 매년 \$100백만 현금흐름을 제공할 것으로 기대된다. 무위험 이자율은 6%, 시장위험프리미엄은 8%, 그리고 투자안 A의 베타는 0.75이다. 그러므로 투자안 A의 기회자본비용은 다음과 같다.

$$\begin{aligned} r &= r_f + \beta(r_m - r_f) \\ &= 6 + 0.75(8) = 12\% \end{aligned}$$

각각의 현금흐름을 12%로 할인하면 현재가치는 다음과 같다.

투자안 A		
연도	현금흐름	현재가치(할인율 12%)
1	100	89.3
2	100	79.7
3	100	71.2
	총 현재가치	240.2

이 수치들을 투자안 B의 현금흐름과 비교해 보자. 투자안 B의 현금흐름은 A보다 작다는 데 주목하라. 그러나 B의 현금흐름은 안전하며, 따라서 이 현금흐름은 무위험 이자율로 할인해야 한다. 연도별 현금흐름의 현재가치는 두 투자안 모두 같다.

투자안 B		
연도	현금흐름	현재가치(할인율 6%)
1	94.6	89.3
2	89.6	79.7
3	84.8	71.2
	총 현재가치	240.2

투자안 A는 1차 연도에 100의 위험한 현금흐름을 갖는다. 이는 투자안 B의 안전한 현금흐름 94.6과 PV가 같다. 그러므로 94.6은 100의 확실성 등가이다. 두 현금흐름이 같은 PV를 가지므로 투자자들은 불확실성을 없애기 위해서라면 1년도의 기대 소득에서 기꺼이 100 − 94.6 = 5.4만큼을 포기할 수 있을 것이다.

A는 2차 연도에 100의 위험한 현금흐름을 가지며, B의 안전한 현금흐름은 89.6이다. 이번에도 두 현금흐름은 모두 같은 PV를 갖는다. 그러므로 2년도에서 불확실성을 제거하려면 투자자들은 100 − 89.6 = 10.4의 미래 소득을 포기할 준비가 되어 있어야 한다. 제3차 연도에 불확실성을 제거하려면 투자자들은 기꺼이 100 − 84.8 = 15.2의 미래 소득을 포기할 것이다.

투자안 A를 평가하기 위해 각각의 현금흐름을 같은 위험조정 할인율 12%로 할인하였다. 이제 미래 현금흐름에 같은 할인율을 적용하는 것이 무엇을 의미하는지 알 수 있다. 일정한 할인율을 사용하면 위험조정을 할 때 실질적으로 나중의 현금흐름에서는 더 큰 금액을 빼는 셈이 된다.

연도	투자안 A의 예측 현금흐름	확실성 등가	위험조정 금액
1	100	94.6	5.4
2	100	89.6	10.4
3	100	84.8	15.2

두 번째 현금흐름은 2년간 시장위험에 노출되기 때문에 첫 번째보다 더 위험하다. 제3년차 현금흐름은 3년간 시장위험에 노출되기 때문에 더욱 위험하다. 이러한 위험 증가는 일정한 비율로 낮아지는 확실성 등가에 반영된다.

그러므로 일련의 현금흐름에 일정한 위험조정 할인율을 사용하는 것은 미래 기간에 위험이 일정 비율로 누적된다고 가정하는 것이다.

흔한 실수

먼 미래의 현금흐름은 더 위험하기 때문에 일찍 발생하는 현금흐름보다 더 높은 할인율로 할인해야 한다는 주장도 있다. 그러나 이것은 아주 잘못된 생각이다. 각 연도의 현금흐름에 동일한 위험조정 할인율을 사용한다는 의미는 먼 미래의 현금흐름은 더 많은 금액을 차감하여 위험조정을 한다는 것이다. 그 이유는 할인율이 기간당 부담하는 위험을 보상하기 때문이다. 현금흐름이 멀리 있으면 있을수록 기간의 수가 많아지며, 총 위험조정은 더 커진다.

수명이 긴 자산에 단일 위험조정 할인율을 사용할 수 없는 경우

때로는 단일 위험조정 할인율을 사용하는 것이 문제가 되는 경우가 있다. 예를 들어 이 책 후반부에서 옵션 평가에 대해 살펴본다. 옵션의 위험은 계속 변하기 때문에 확실성 등가 방법을 사용해야 한다.

저자 중 한 사람이 분석 요청을 받은 실제 투자제안서를, 다소 과장되지만 위장하고 단순화하여 살펴보자. 베지트론(베지트론)의 연구팀이 전자걸레를 발명하였다. 회사는 시험생산과 마케팅에 들어갈 준비가 되어 있다. 예비 단계는 1년이 걸리고 $125,000의 비용이 든다. 경영진은 시험생산과 마케팅이 성공할 가능성이 50% 정도라고 생각하고 있다. 성공적이면 베지트론은 $1백만의 공장을 지을 계획이며, 이 덕분에 영구히 계속되는 연간 $250,000의 세후 기대 현금흐름이 발생할 것이다. 시험생산이 성공적이지 못하면 투자안은 폐기된다.

기대 현금흐름은 다음과 같다($1,000 단위).

$$\begin{aligned} C_0 &= -125 \\ C_1 &= 50\%\ \text{확률의}\ -1{,}000\text{과}\ 50\%\ \text{확률의}\ 0 \\ &= 0.5(-1{,}000) + 0.5(0) = -500 \\ C_t,\ t = 2,3,\ldots &= 50\%\ \text{확률의}\ 250\text{과}\ 50\%\ \text{확률의}\ 0 \\ &= 0.5(250) + 0.5(0) = 125 \end{aligned}$$

경영진은 소비재에는 별로 경험이 없으며, 이 투자안은 위험이 매우 큰 것으로 생각하고 있다.[21] 그러므로 이 투자안의 현금흐름은 베지트론의 정상적인 기준 할인율 10%보다 더 높은 25%로 할인한다.

$$\text{NPV} = -125 - \frac{500}{1.25} + \sum_{t=2}^{\infty} \frac{125}{(1.25)^t} = -125,\ \text{즉}\ -\$125{,}000$$

이 투자안은 수행할 가치가 없는 것으로 보인다.

그러나 첫해의 실험에서 위험 대부분이 해소될 수 있다면 경영자의 분석은 비판의 여지가 있다. 만약 시험생산 단계가 실패로 판명되면 위험은 완전히 해소된다. 즉 이 투자안은 아무런 가치가 없는 것이 확실하다. 반대로 시험생산이 성공적이라면 그 후로는 정상적인 위험만 남아 있을 것이다. 이는 베지트론이 1년 후에 정상적인 위험을 갖는 투자안에 투자할 기회를 얻을 가능성이 50%라는 뜻이며, 이때는 정상적인 할인율 10%를 적용하는 것이 타당하다. 그러므로 회사가 $1.5백만 순현가의 투자안에 $1백만을 투자할 기회를 얻을 가능성이 50%이다.

시험생산과 마케팅

→ 성공 → $\text{NPV} = -1{,}000 + \dfrac{250}{0.10} = +1{,}500$ (50% 확률)

→ 실패 → $\text{NPV} = 0$ (50% 확률)

21) 이는 큰 시장위험을 의미하며, 25%와 10%의 차이는 낙관적인 현금흐름 예측을 상쇄시키기 위해 도입한 가공요소가 아니라고 가정한다.

유용한 스프레드시트 함수

주식과 시장 위험 추정하기

엑셀과 같은 스프레드시트 프로그램은 위험 척도를 계산하는 데 유용한 내장 함수들을 제공한다. 이 함수들은 엑셀 툴바의 *fx*를 눌러 찾을 수 있다. 사용하고 싶은 함수를 클릭하면 엑셀은 필요한 입력을 요구한다. 함수 상자의 왼쪽 아래에 있는 '도움말'을 누르면 이 함수의 사용방법을 예제로 보여준다.

여기 주식과 시장 위험을 추정하는 데 유용한 함수 목록이 있다. 이 함수들의 입력값은 숫자나 숫자를 포함하는 셀의 주소로 입력할 수 있다.

1. **VARP**와 **STDEVP**: 7.2절에서 본 것처럼 일련의 숫자들의 분산과 표준편차를 계산한다.
2. **VAR**와 **STDEV**: 관찰치 표본에서 분산을 추정할 때(이것이 보통임) 자유도의 손실에 대해 수정해야 한다고 각주 15에서 지적하였다. VAR과 STDEV는 수정된 척도를 제공한다. 큰 표본에서는 VAR와 VARP가 비슷하다.
3. **SLOPE**: 주식이나 포트폴리오의 베타를 계산하는 데 유용하다.
4. **CORREL**: 어떤 두 투자의 수익률 상관관계를 계산하는 데 유용하다.
5. **RSQ**: R 제곱은 상관계수를 제곱한 것이며 시장에 의해 설명되는 주식 수익률의 분산 비율을 측정하는 데 유용하다.
6. **AVERAGE**: 어떤 일련의 숫자의 평균을 계산한다.

베타 추정치의 표준오차를 알고 싶다면 **도구**(*Tools*) 메뉴로 가서 **분석 도구**(*Data Analysis*)와 **회귀분석**(*Regression*)을 차례로 클릭하여 좀 더 자세한 통계량을 구할 수 있다.

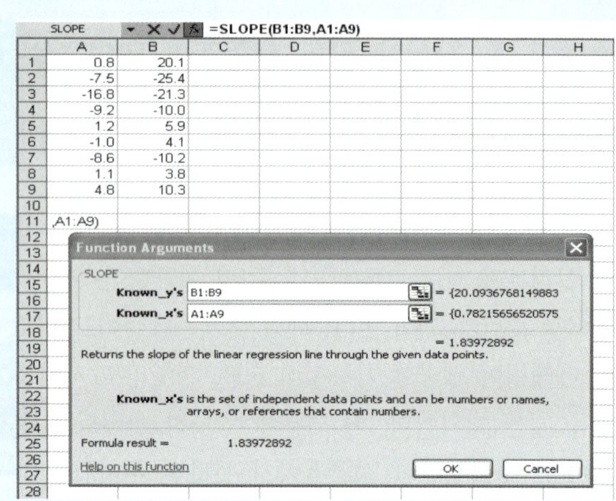

스프레드시트 문제

다음 문제들은 이 함수들을 연습하려는 것이다.

1. (VAR와 STDEV) 잘 알려진 주식 두 개를 선택하여 최근 61개월의 수정주가를 **finance.yahoo.com**에서 내려받아라. 각 주식의 월간 수익률을 계산하라. 이제 VAR와 STDEV를 사용하여 각 주식 수익률의 분산과 표준편차를 구하라. 분산에 12를 곱하고 표준편차에 12의 제곱근을 곱하여 연 단위로 환산하라.
2. (AVERAGE와 VAR, STDEV) 이제 매달 두 주식을 같은 비율로 보유하는 포트폴리오의 연률화된 분산과 표준편차를 계산하라.
3. (SLOPE) Standard & Poor's 지수(부호가 GSPS임)를 같은 기간에 대해 내려받아라. 각 주식과 포트폴리오의 베타를 구하라. (주: 주식 수익률을 Y 값으로, 시장수익률을 X 값으로 입력해야 한다.) 포트폴리오 베타는 두 주식의 베타 평균보다 큰가, 작은가?
4. (CORREL) 두 주식 수익률의 상관계수를 계산하라. 이 척도와 각 주식의 분산을 사용하여 두 주식에 같은 비율로 투자한 포트폴리오의 분산을 계산하라. (어떻게 하는지를 다시 기억하려면 7.3절을 다시 읽어라.) 포트폴리오 분산을 직접 계산할 때와 같은 답을 얻는지 확인하라.
5. (RSQ) 두 주식 각각에 대해 시장지수가 설명하는 분산의 비율을 계산하라. 결과가 예상과 일치하는가?
6. 분석 도구 메뉴 밑의 회귀분석을 이용하여 각 주식과 포트폴리오의 베타를 계산하라. (여기서 베타는 변수 X의 계수라고 한다.) 추정치가 있는 셀의 오른쪽으로 표준오차를 보라. 주식 베타 추정치의 신뢰구간은 얼마인가? 포트폴리오 베타 추정치의 신뢰구간은 얼마인가?

그러므로 이 투자안은 $t = 0$에서 $125,000의 투자에 대해 $t = 1$에 0.5(1,500) + 0.5(0) = 750, 즉 $750,000의 기대 지급금을 제공하는 것으로 간주할 수 있다. 물론 이 지급금의 확실성 등가는 $750,000보다 작다. 그러나 그 차이가 아주 큰 경우에만 투자안을 거부하는 것이 정당화될 수 있다. 예를 들어 확실성 등가가 예상 현금흐름의 절반이라고 하고(극도로 큰 현금흐름 깎기), 무위험 이자율이 7%라고 하면 이 투자안은 $225,500의 가치가 있다.

$$\text{NPV} = C_0 + \frac{\text{CEQ}_1}{1 + r}$$

$$= -125 + \frac{0.5(750)}{1.07} = 225.5, \text{ 즉 } \$225{,}500$$

이 결과는 $125,000 투자에 대한 보상으로 그리 나쁘지 않다. 미래의 모든 현금흐름을 25%로 할인했을 때 얻었던 음(−)의 NPV에 비하면 커다란 변화이다.

요약

제8장에서는 위험자산을 평가하는 기본원칙을 설명하였다. 이 장에서는 이들 원칙을 자본투자안을 평가할 때 어떻게 응용하느냐를 보았다.

투자안이 회사의 기존 자산과 같은 시장위험을 갖는다고 하자. 이 경우에는 투자안의 현금흐름을 **회사 자본비용**으로 할인할 수 있다. 회사 자본비용은 회사의 부채와 자기자본 모두로 구성된 포트폴리오의 요구수익률과 같다. 이는 보통 세후 **가중평균 자본비용**(세후 WACC)으로 계산한다. 즉 세후 부채비용과 자기자본비용의 가중평균이다. 가중치는 부채와 자기자본의 상대적인 시장가치이다. 부채비용은 이자가 세금 공제되는 비용이므로 세후 기준으로 계산한다.

세후 WACC를 계산할 때 가장 어려운 부분은 자기자본비용을 추정하는 것이다. 대개 공개기업은 자기자본비용을 추정하는 데 자본자산 가격결정모형을 사용한다. 일반적으로 보통주와 시장의 과거 수익률에서 자기자본 베타를 추정하고 비슷한 기업의 평균 베타를 통하여 이 추정치를 확인한다.

세후 WACC는 회사의 기존 사업과 같은 시장위험을 가지는 투자안의 할인율로는 맞다. 그러나 많은 회사가 모든 투자안의 할인율로 세후 WACC를 사용한다. 이는 위험한 방식이다. 이 방식을 원칙적으로 따른다면 고위험 투자안을 너무 많이 채택하고 저위험 투자안을 너무 많이 기각하게 된다. 중요한 것은 **투자안의 위험**이다. 진정한 자본비용은 자본이 사용되는 용도에 따라 결정된다.

따라서 관리자는 특정 투자안의 위험이 평균보다 크거나 작은 이유를 이해해야 한다. 투자안의 베타를 직접 추정할 수 없을 때에도 종종 베타가 큰 투자안과 작은 투자안의 특성을 확인할 수 있다. 예를 들어 투자안의 현금흐름이 전체 경제의 성과에서 얼마나 영향을 받는지 알아볼 수 있다. 경기순환적 투자안은 일반적으로 베타가 큰 투자안이다. 또한 투자안의 영업 레버리지를 살펴볼 수도 있다. 고정비는 베타를 증가시킨다.

분산 가능한 위험에 속지 마라. 분산 가능한 위험은 자산 베타나 자본비용에 영향을 주지 않는다. 나쁜 결과의 가능성은 현금흐름 예측에 포함해야 한다. 또한 투자안의 미래 성과를 염려하여 할인율에 가공요소를 더하지 않도록 조심하라. 가공요소는 제대로 맞아들어가지 않으며 장기 투자안을 심각하게

Visit us at www.mhhe.com/bma

저평가한다.

넘어야 할 산이 하나 더 있다. 투자안 대부분은 여러 해에 걸쳐 현금흐름을 발생시킨다. 회사들은 일반적으로 이들 현금흐름을 할인하는 데 같은 위험조정 할인율을 사용한다. 그렇게 하면 묵시적으로 미래로 멀리 갈수록 누적 위험이 일정한 비율로 증가한다고 가정한다. 이 가정은 통상적으로는 타당성이 있다. 투자안의 미래 베타가 일정한 경우, 즉 기간당 위험이 일정하면 이 가정은 정확하게 맞는다.

그러나 때로는 예외가 법칙이 된다. 위험이 분명하게 안정적으로 증가하지 않는 투자안을 항상 눈여겨보아야 한다. 이런 때에는 투자안을 같은 할인율을 무리 없이 적용할 수 있는 부분들로 나누어야 한다. 혹은 투자안의 현금흐름에 각각 별도의 위험조정을 할 수 있는 확실성 등가 DCF 모형을 사용하여야 한다.

앞쪽의 "유용한 스프레드시트 함수"의 글상자는 주식과 시장위험을 측정하는 데 유용한 엑셀 함수들을 제공한다.

더 읽어야 할 문헌

*Michael Brennan*은 이 장에서 다룬 주제에 대해 유용하지만 상당히 어려운 서베이 논문을 작성하였다.

M. J. Brennan, "Corporate Investment Policy," *Handbook of the Economics of Finance, Volume 1A, Corporate Finance*, eds. G. M. Constantinides, M. Harris, and R. M. Stulz (Amsterdam: Elsevier BV, 2003).

연습문제

기본문제

1. 만약 회사가 모든 투자안을 평가하는 데 자사의 회사 자본비용을 사용한다면, 이 회사는 고위험 투자안의 가치를 저평가하겠는가, 고평가하겠는가?
2. 어떤 회사가 무위험 부채로 40%의 자금을 조달하고 있다. 이자율이 10%이고, 기대 시장위험프리미엄은 8%, 주식의 베타는 0.5이다. 회사 자본비용은 얼마인가? 세율이 35%라고 할 때 세후 WACC는 얼마인가?
3. 표 9.2의 오른쪽 윗부분을 보라. 아마존의 수익률 중 시장 움직임에 의해 설명되는 부분은 얼마나 되는가? 고유위험, 혹은 분산 가능한 위험의 비율은 얼마나 되는가? 분산 가능한 위험은 그림에서 어떻게 나타나는가? 베타 추정의 가능한 오차 범위는 얼마인가?
4. 다음 용어를 정의하라.
   a. 부채비용
   b. 자기자본비용
   c. 세후 WACC
   d. 자기자본 베타
   e. 자산 베타
   f. 비교되는 집중투자 회사
   g. 확실성 등가
5. EZCUBE Corp.는 장기 채권으로 50%, 보통주로 50% 조달되었다. 부채 증권의 베타는 0.15이다. 자기자본 베타는 1.25이다. 이 회사의 자산 베타는 얼마인가?
6. 많은 투자안이 분산 가능한 위험에 노출된다. 이 문장에서 '분산 가능한'은 무엇을 의미하는가? 투자안 평가에서 분산 가능한 위험은 어떻게 고려하는가? 이들은 완전히 무시해야 하는가?
7. John Barleycorn은 자기 회사의 세후 WACC를 단지 8%로 추정한다. 그럼에도, 그는 투자안 지지

Visit us at www.mhhe.com/bma

자들의 낙관적인 편의를 상쇄하고 자본예산 과정에 '규율'을 부과하기 위해 회사 전체적인 할인율을 15%로 설정한다. Barleycorn 씨가 투자안 지지자들에 대해 옳다고 하자. 이 지지자들은 사실 평균적으로 7% 낙관적이다. 할인율을 8%에서 15%로 올리는 것이 이 편의를 상쇄하는가?

8. 다른 조건이 같다면 어떤 투자안이 더 큰 자산 베타를 갖겠는가? 왜 그런가?

a. 투자안 A의 판매 사원은 고정된 연간 급여를 받는다. 투자안 B의 판매 사원은 수수료만 받는다.

b. 투자안 C는 1등급만 있는 항공사이다. 투자안 D는 수요가 확실한 아침식사용 시리얼 생산이다.

9. 맞는가, 틀리는가?

a. 회사 자본비용은 모든 투자안에 올바른 할인율이다. 왜냐하면, 위험이 큰 일부 투자안은 위험이 작은 다른 투자안으로 상쇄되기 때문이다.

b. 먼 현금흐름은 가까운 현금흐름보다 더 위험하다. 따라서 장기 투자안은 더 높은 위험조정 할인율을 사용해야 한다.

c. 할인율에 가공요소를 더하는 것은 회수기간이 빠른 투자안과 비교할 때 장기 투자안을 저평가한다.

10. 어떤 투자안이 1년도에 $110, 2년도에 $121의 예상 현금흐름을 가지고 있다. 이자율이 5%이고, 추정된 시장위험프리미엄이 10%이며, 투자안 베타는 0.5이다. 만약 일정한 위험조정 할인율을 사용한다면,

a. 투자안의 현재가치는 얼마인가?

b. 1년도와 2년도의 확실성 등가 현금흐름은 얼마인가?

c. 1년도와 2년도의 기대 현금흐름에 대한 확실성 등가 현금흐름의 비율은 얼마인가?

중급문제

11. Okefenokee 부동산 회사 보통주의 총 시장가치는 $6백만이고, 부채의 총 가치는 $4백만이다. 재무담당자는 이 회사 주식의 베타는 현재 1.5라고 추정하고 있으며, 시장의 기대 위험프리미엄은 6%이다. 재정증권 수익률은 4%이다. 편의상 Okefenokee의 부채는 무위험이고 이 회사는 세금을 내지 않는다고 가정한다.

a. Okefenokee 주식의 요구수익률은 얼마인가?

b. 이 회사의 자본비용을 구하라.

c. 이 회사 현재 사업의 확장에 대한 할인율을 구하라.

d. 이 회사가 선글라스를 생산하는 산업으로 다각화를 하려고 한다고 하자. 차입금을 사용하지 않는 선글라스 제조사의 베타가 1.2일 때, Okefenokee의 새로운 사업의 요구수익률을 구하라.

12. Nero Violins는 다음과 같은 자본구조로 되어 있다.

증권	베타	총 시장가치 ($백만)
부채	0	$100
우선주	0.20	40
보통주	1.20	299

a. 이 회사의 자산 베타는 얼마인가? (힌트: 이 회사의 모든 증권 포트폴리오의 베타는 얼마인가?)

b. CAPM이 옳다고 가정하자. 이 회사가 자본구조의 변화 없이 기존 사업을 확장하는 투자에 대한 할인율은 얼마인가? 무위험 이자율은 5%, 시장위험프리미엄은 6%로 가정한다.

Visit us at www.mhhe.com/bma

13. 다음 표는 잘 알려진 캐나다 주식 두 개의 위험을 추정한 것이다.

	표준편차(%)	R^2	베타	베타의 표준오차
Toronto Dominion Bank	25	0.25	0.82	0.18
Canadian Pacific	28	0.30	1.04	0.20

a. 각 주식의 위험 중 시장위험과 고유위험이 차지하는 비율은 얼마인가?
b. Toronto Dominion의 분산은 얼마인가? 고유위험의 분산은 얼마인가?
c. Canadian Pacific 베타의 신뢰구간은 얼마인가?
d. 만약 CAPM이 맞는다면, Toronto Dominion의 기대수익률은 얼마인가? 무위험 이자율이 5%, 기대 시장수익률은 12%로 가정한다.
e. 다음 해에 시장수익률이 0이라고 하자. 그렇다면, Toronto Dominion의 기대수익률은 얼마인가?

14. 다음과 같은 Golden Fleece Financial의 정보가 주어져 있다.

장기부채	\$300,000
현재의 YTM($r_{부채}$)	8%
보통주 주식 수	10,000
주가	\$50
주당 장부가치	\$25
주식의 기대수익률($r_{자기자본}$)	15%

Golden Fleece의 회사 자본비용을 구하라. 세금은 무시한다.

15. 앞의 표 9.1의 Burlington Northern Santa Fe를 다시 보자.
a. CAPM으로부터 회사와 산업의 베타 추정치를 사용하여 Burlington의 자기자본비용을 구하라. 두 답은 얼마나 차이가 나는가? 무위험 이자율은 5%, 시장위험프리미엄은 7%로 가정하라.
b. Burlington의 진정한 베타가 산업 평균이 아니라고 확신할 수 있는가?
c. 어떤 상황에서 Burlington에게 회사 자본비용을 개별 베타 추정치에 근거하여 계산하도록 조언할 수 있는가?

16. 산업 자산 베타를 추정하는 데 어떤 종류의 회사가 필요한가? 그러한 기업은 어떻게 추정하는가? 절차를 단계별로 설명하라.

17. Binomial Tree Farm의 자본조달에는 \$5백만의 은행융자가 포함되어 있다. 이 회사의 보통주는 Binomial의 사업보고서에 \$667만으로 나와 있다. 발행주식은 50만 주이며 현재 Wichita 증권거래소에서 주당 \$18에 거래된다. WACC나 자산 베타를 계산할 때 어떤 부채비율을 사용해야 하는가? 설명하라.

18. 연평균 \$2천만의 매출액을 올리는 영구 인캐뷸레이터(encabulator) 기계를 운영하고 있다. 원재료비는 매출액의 50%이며, 이 비용은 모두 변동비이다. 즉 비용은 항상 매출액의 일정 비율이다. 다른 영업비용은 없다. 자본비용은 9%이고, 회사의 장기 차입이자율은 6%이다.

Studebaker Capital 회사로부터 10년 동안 연간 \$1천만의 가격으로 원재료를 공급하겠다는 고정가격 계약을 제안받았다.

a. 이 고정가격 계약에 합의하면 인캐뷸레이터 기계의 영업 레버리지와 경영 위험에 어떤 일이

Visit us at www.mhhe.com/bma

일어나겠는가?

b. 고정계약을 하는 경우와 그렇지 않은 경우, 인캐뷸레이터 기계의 현재가치를 계산하라.

19. Mom and Pop Groceries는 Central Antarctic Republic에 1년치 식품을 보냈다. 식품대금 $250,000은 기차로 납품이 완료되는 1년 후 시점에 지급될 것이다. 불행하게도 그 나라에는 쿠데타가 일어날 가능성이 크며, 이 경우 지급은 이루어지지 않을 것이다. 따라서 Mom and Pop의 재무관리자는 이 회사의 자본비용인 12%가 아니라 40%의 할인율을 사용하여 지급금을 할인하기로 하였다.

a. 정치적 위험을 상쇄하기 위해 40%의 할인율을 사용하는 것은 어떤 점이 잘못된 것인가?

b. 지급금 $250,000은 쿠데타의 확률이 25%일 때 실제로 얼마의 가치가 있는가?

20. 한 석유 회사가 현재 석유를 생산하는 지역에서 새로운 유정을 시추하고 있다. 새 유정에서 기름이 나오지 않을 확률은 20%이다. 만약 새 유정에서 원유가 생산된다 하더라도 생산량에 대한 불확실성은 여전히 남아 있다. 새로운 유정에서 하루 1,000배럴밖에 생산되지 않을 확률은 40%이고, 하루 5,000배럴을 생산할 확률은 60%이다.

a. 새로운 유정에서 얻을 수 있는 연간 현금 매출액을 추정하라. 미래 원유 가격은 배럴당 $50로 가정한다.

b. 지질학자는 원유가 생산되지 않을 확률을 상쇄하기 위해 현금흐름을 30%로 할인할 것을 권유하였다. 석유회사의 일반적인 자본비용은 10%이다. 이 제안이 타당한가? 왜 그런지 간단히 설명하라.

21. 투자안이 다음과 같은 예상 현금흐름을 가지고 있다.

현금흐름($천)			
C_0	C_1	C_2	C_3
−100	+40	+60	+50

투자안의 추정 베타는 1.5이다. 시장수익률 r_m은 16%, 무위험 이자율 r_f는 7%이다.

a. 기회자본비용과 투자안의 현재가치를 구하라. (각 현금흐름에 같은 할인율을 적용하라.)

b. 각 연도의 확실성 등가 현금흐름은 얼마인가?

c. 각 연도의 확실성 등가 현금흐름과 기대 현금흐름의 비율은 얼마인가?

d. 이 비율이 낮아지는 이유를 설명하라.

22. McGregor 위스키 회사는 다이어트 스카치를 시장에 내놓으려 하고 있다. 제품은 처음 2년간 남부 캘리포니아에서 시험판매될 것이며, 그 초기 비용은 $50만이다. 이 시험 출시에서는 아무런 이익도 얻지 못할 것으로 예상하지만, 소비자 선호를 알 수 있게 될 것이다. 이 제품에 대한 수요가 만족스러울 확률은 60%이다. 이 경우 McGregor는 $5백만을 투자하여 전국적으로 스카치를 출시할 것이고, 영구적으로 연간 $70만의 이익을 기대할 수 있다. 만약 수요가 만족스럽지 않을 때에는 출시 계획은 취소될 것이다.

소비자 선호를 알게 되면, 제품은 평균 정도의 위험을 갖게 되므로, McGregor는 투자에 대해 12%의 수익을 기대한다. 그러나 초기 시험 출시 단계에서는 훨씬 더 위험한 투자일 것으로 생각되므로 McGregor는 초기 투자에 대해 20%의 수익을 요구하고 있다.

이 다이어트 스카치 투자안의 NPV는 얼마인가?

Visit us at www.mhhe.com/bma

도전문제

23. 고위험(고베타)의 미래 현금유출에 대한 가치를 평가한다고 하자. 고위험은 높은 할인율을 의미한다. 그러나 할인율이 높을수록 현재가치는 작아진다. 이것은 현금유출에 대한 위험이 클수록 걱정을 덜 해도 된다는 것처럼 들린다. 이것이 맞을 수 있는가? 현금흐름의 부호가 적절한 할인율에 영향을 미치는가? 설명하라.

24. 한 석유 회사의 경영자가 $1천만을 한 개 또는 두 개의 유정에 투자하는 것을 검토하고 있다. 유정 1은 10년 동안 연간 $3백만 가치의 석유를 생산할 것으로 기대되며, 유정 2는 15년 동안 연간 $2백만 가치를 생산할 것으로 기대된다. 이것은 실질(물가상승에 조정된) 현금흐름이다.

석유를 생산하는 유정의 베타는 0.9이다. 시장위험프리미엄은 8%, 명목 무위험 이자율은 6%, 그리고 기대 물가상승률은 4%이다.

이 두 유정은 기존에 석유가 발견된 지역을 개발하는 것이다. 불행히도 개발에서 석유가 생산되지 않는 확률은 여전히 각각 20%이다. 석유가 생산되지 않으면 현금흐름은 0이며, $1천만 투자는 전액 손실이 된다.

세금은 무시하고, 필요한 경우 추가적인 가정을 하라.

a. 개발된 유정에서 발생하는 현금흐름의 올바른 할인율은 얼마인가?

b. 석유 회사의 경영자는 석유가 생산되지 않을 경우를 상쇄시키기 위해 실질 할인율에 20%를 더할 것을 제안하였다. 각 유정의 NPV를 이 조정된 할인율로 계산하라.

c. 두 유정의 NPV가 얼마라고 할 수 있는가?

d. 두 유정의 올바른 NPV를 계산하기 위해 더할 수 있는 하나의 가공요소가 있는가? 설명하라.

실시간 데이터분석

다음 문제에 필요한 자료를 finance.yahoo.com이나 Standard & Poor's Market Insight 웹사이트 (www.mhhe.com/edumarketinsight)에서("Monthly Adjusted Prices" 스프레드시트를 보라) 내려 받을 수 있다.

1. 표 8.2의 회사들을 다시 보자. 두 연속된 5년 기간에 대해 월간 수익률을 계산하라. 엑셀의 SLOPE 함수를 사용하여 각 하위 기간의 베타를 계산하라. 각 회사의 베타는 얼마나 안정적인가? 이 베타를 사용하여 CAPM에서 기대수익률을 추정했다고 하자. 추정치가 기간마다 크게 변하는가?

STANDARD &POOR'S

2. 식품회사 표본을 살펴보자. 예를 들어 Campbell Soup(CPB), General Mills(GIS), Kellogg(K), Kraft Foods(KFT), Sara Lee(SLE)를 선택해 보자.

a. 5년간 월간 수익률과 엑셀의 SLOPE와 RSQ 함수를 사용하여 각 회사의 베타와 R^2를 구하라.

b. 매달 수익률을 평균하여 주식을 동일 비중으로 포함하는 포트폴리오의 월간 수익률을 구하라. 다음으로, 이 포트폴리오 수익률을 이용하여 산업 베타를 구하라. 이 포트폴리오의 R^2는 개별 주식의 평균 R^2와 비교해 볼 때 어떤 차이가 있는가?

c. CAPM을 사용하여 식품 산업의 평균 자기자본비용($r_{자기자본}$)을 구하라. 현재의 이자율(9.2절 참조)과 시장위험프리미엄의 합리적인 추정치를 사용하라.

Visit us at www.mhhe.com/bma

미니 케이스

존스 패밀리(Jones Family) 주식회사

장면: 맨해튼에 있는 평범한 가정집 거실의 이른 아침. 현대식 가구들 틈에 월스트리트저널(*Wall Street Journal*)과 파이낸셜타임즈(*Financial times*)가 여기저기 흩어져 있다. Alan Greenspan과 George Soros의 친필 사인이 있는 사진들이 눈에 잘 띄게 진열되어 있다. 창밖으로는 멀리 허드슨 강이 보인다. John Jones는 컴퓨터 단말기에 앉아 샤도네이를 마시며 인터넷을 통해 일본 엔을 거래하고 있다. 그의 아내 Marsha가 들어온다.

마샤: 저 왔어요, 여보. 아! 역시 집이 최고야. 트레이딩 플로어는 아주 부산했지만 지루했고, 거래도 별로 없었어요, 하지만 전 우리 구리 광산의 내년도 생산분에 대한 헤지거래를 했어요. 괜찮은 선물계약 패키지를 좋은 가격에 살 수가 없어서 상품스왑 계약을 맺었어요.

존은 대답이 없다.

마샤: 여보, 무슨 일 있어요? 또 엔화를 팔고 있어요? 엔화는 몇 주 동안 계속 손해 보고 있잖아요.

존: 음… 맞소. 골드만삭스(Goldman Sachs) 외환 조찬모임에 가지 않았어야 했소. 하지만 어떡하든 곤경을 벗어나야겠소. 당신이 상품선물거래를 하느라 밖에 나가 있는 동안 나는 공분산과 효율적인 위험-수익률 교환관계를 계산하느라고 온종일 집안에 처박혀 있었소. 당신은 화려하고 재미있는 일은 다 하고 있잖아.

마샤: 걱정하지 마세요, 여보. 곧 좋아질 거예요. 우리는 분기에 한 번씩만 가장 효율적인 보통주 포트폴리오를 다시 계산하면 되잖아요. 그러면 차입 리스로 돌아갈 수 있잖아요.

존: 당신은 거래만 하면 되지만 난 모든 걱정거리를 다 떠안고 있어. 현재 우리 리스회사는 적대적 인수 위협을 받고 있소. 난 부채비율이 너무 낮다는 것을 알고 있었는데 당신은 포이즌 필(poison pill)을 삽입하는 것을 잊어버렸지 않소. 그리고 당신은 음(−)의 NPV 투자를 결정했지!

마샤: 어떤 투자 말이에요?

존: 그 시추정(wildcat oil well) 말이오. 또 오래된 Sourdough 지역의 유정(油井)도 있잖아. 유정은 $5백만의 비용이 들어갈 것 같소! 석유가 나오기는 하는 거야?

마샤: 여보, Sourdough 지역 유정은 좋았잖아요, 당신 엔 거래 자금은 어디서 나온 거예요? 틀림없이 석유가 나올 거야. 지질학자들이 말하는데 실패할 확률은 30%밖에 안 된대.

존: 석유가 나온다고 해 봤자 고작 하루 150배럴밖에 안 될 거야.

마샤: 그건 하루에 150배럴이라는 거죠. 1년은 365일이에요, 여보.

존과 마샤의 10대 아들 조니가 방으로 뛰어 들어온다.

조니: 저에요. 아빠, 엄마! 학교에서 무슨 일이 있었는지 알아맞혀 보세요! 저 학교에서 파생상품 팀에 가입했어요. 나도 이제 시카고옵션거래소(CBOE)에 견학 갈 수도 있게 됐어요. (잠시 분위기를 살피면서) 무슨 일 있어요?

존: 엄마가 또 음(−)의 NPV 투자를 했어. 알래스카 북단에 있는 시추정 말이야.

조니: 걱정하지 마세요, 아빠. 엄마가 저에게 말했어요. 어제 NPV 계산을 하려고 했지만 기업재무 숙제로 정크본드의 채무불이행 확률 계산을 끝내야 했어요. (가방에서 재무용 계산기를 꺼내 들고) 어디 보자. 하루 150배럴 곱하기 365일 곱하기 배럴당 $50, 로스앤젤레스로 인도하면…, 연간

Visit us at www.mhhe.com/bma

$270만이 나오네요.

존: 그건 내년의 $270만이잖아. 그것도 석유가 나온다고 가정하면 말이지. 생산량은 매년 5%씩 감소할 거야. 그리고 알래스카에서 로스앤젤레스까지 석유를 수송하려면 송유관 회사와 유조차 회사에 배럴당 $10씩 지급해야 해. 우리는 지금 심각한 영업 레버리지 문제를 안은 거야.

마샤: 그렇지만 우리 회사 에너지 컨설턴트는 유가 상승을 예상하고 있어요. 유가가 인플레이션과 같이 상승한다면 배럴당 유가는 거의 연 2.5% 상승할 거예요. 유정은 적어도 15년 이상 계속 석유를 생산할 수 있을 거예요.

조니: 부도 확률 숙제를 마치고 NPV를 계산해 보도록 하죠. 이자율은 6%입니다. 베타는 0.8, 시장 위험프리미엄은 7%로 하면 되겠죠?

마샤: 그래, 조니. 그렇지만 고정 운송비가 염려된다.

존: (한숨을 쉬면서 일어난다.) 어쨌든, 멋진 가족 식사나 할까? Four Seasons에 우리가 항상 찾는 테이블을 예약해 두었어.

모두 나간다.

아나운서: 시추정은 정말 음(−)의 NPV일까요? 존과 마샤는 적대적 인수에 맞서야 하나요? 조니의 파생상품 팁은 블랙-숄즈(Black-Scholes) 모형, 아니면 이항모형을 사용할까요? 존스 패밀리 주식회사의 다음 에피소드를 기다려 봅시다.

물론 당신이 존스 가족의 인생을 부러워할 필요는 없지만, 이 책의 후반부에서는 선물계약에서 이항옵션 가격결정까지 그들의 행동방식에 관해 배울 것이다. 그동안 조니의 NPV 분석을 따라 해보라.

문제

1. 석유시추가 실패할 확률과 운송비, 생산 감소, 그리고 예상되는 유가 상승 등을 고려하여 시추정의 NPV를 계산하라. 유정 개발사업이 양(+)의 NPV 투자로 전환되려면 언제까지 생산을 계속해야 하는가? 세금과 기타 사항은 무시하라.
2. 이제 영업 레버리지를 고려하라. 생산량은 알려졌고, 비용은 고정되었다고 가정할 때 운송비는 어떻게 평가해야 하는가? 운송비가 생산량에 비례한다면 답은 어떻게 바뀔 것인가? 생산량의 예상치 않은 변동은 베타가 0이며, 분산 가능하다고 가정하라. (힌트: 존스 석유회사는 우수한 신용등급을 가지고 있다. 이 회사의 장기 차입이자율은 7%에 불과하다.)

Visit us at www.mhhe.com/bma

투자안 분석

자본예산을 설명한 지금까지의 내용을 읽으면서 투자안을 채택하고 기각하는 선택이 그저 간단한 문제라고 생각할 수도 있다. 일련의 현금흐름을 예측하고, 올바른 할인율을 선택하여 순 현재가치를 기계적으로 계산하면 된다. 그러나 주주를 위해 가치를 창출하는 투자안을 찾는 일은 절대로 이런 기계적인 작업으로만 끝나지 않는다. 그래서 이 장에서는 기업이 투자결정을 할 때 성공 가능성을 높이는 방법을 살펴보려고 한다.

투자 제안은 조직 내의 여러 부서에서 나온다. 회사에는 모든 투자안을 일관성 있게 평가할 수 있는 절차가 필요하다. 이 장의 첫 번째 과제는 기업이 자본투자의 계획과 예산을 어떻게 개발하고, 특정 투자안을 어떻게 승인하며, 또한 투자안이 예상대로 성과를 내는지 어떻게 확인하는가를 살펴보는 것이다.

경영자가 투자 제안을 받았을 때 현금흐름 예측을 액면 그대로 받아들이지는 않는다. 대신 경영자는 투자안이 왜 그렇게 되어야 하며, 잘못될 수 있는 것은 무엇인가를 이해하려고 한다. 머피(Murphy)의 법칙 "잘못될 가능성이 있는 것은 모두 잘못된다."와 오라일리(O'Reilly)의 따름정리, "일어날 수 있는 최악의 순간에 일어난다."를 기억하라.

일단 투자안이 왜 그렇게 되어야 하는가를 알면 성공 가능성을 높이려고 투자안의 내용을 바꿀 수 있을 것이다. 일이 실패할 수 있는 이유를 이해한다면 이 실패의 원인을 제거하려고 노력할 가치가 있는가를 결정할 수 있다. 아마도 시장조사를 더 많이 하면 소비자가 어떻게 받아들일 것인가에 대한 의문을 없앨 수 있을 것이다. 추가적인 시추공은 철광석 매장량에 대해 더 나은 정보를 제공할 것이며, 실험을 더 많이 하면 용접의 내구성을 확인할 수 있을 것이다.

만약 투자안이 정말로 음(-)의 NPV를 갖는다면 그것은 빨리 확인할수록 더 낫다. 추가 분석 없이 일을 추진할 가치가 있다고 판단한다고 하더라도 나중에 일이 잘못되어 놀라고 싶지는 않다. 또한 위험 신호와 그 신호에 따라 취할 수 있는 행동이 무엇인지 알기 원한다.

이 장의 두 번째 과제는 경영자가 투자안의 중요한 가정을 확인하고 무엇이 잘못될 수 있는가를 알아보려고 **민감도 분석**(*sensitivity analysis*)과 **손익분기 분석**(*break-even analysis*), **몬테칼로 시뮬레이션**(*Monte Carlo simulation*)을 어떻게 사용하는가를 보는 것이다. 이러한 기법은 무슨 마술이 담겨 있는 것이 아니라, 단지 컴퓨터를 이용한 상식일 뿐이다. 이런 기법을 사용하는 데 면허가 필요한 것은 아니다.

할인 현금흐름 분석은 통상적으로 기업이 자산을 수동적으로 보유한다고 가정하며, 투자안이 성공적이면 확장하고, 그렇지 않으면 중지할 기회는 무시한다. 그렇지만 현명한 경영자들은 투자를 고려할 때 이러한 기회를 인식한다. 그들은 성공을 최대한 활용하고 실패의 비용을 줄이는 방법을 찾으며, 이러한 유연성을 가진 투자안에 대해서는 그만한 대가를 치를 준비가 되어 있다. 미래가 펼쳐질 때 투자안을 수정할 기회를 **실물옵션**(*real option*)이라 한다. 이 장의 마지막 절에서는 몇 가지 중요한 실물옵션을 설명하고, 미래의 가능한 선택을 분명히 나타내는 데 **의사결정나무**(*decision tree*)를 어떻게 사용하는가를 보인다.

10.1 자본투자 과정

고위 경영자에게는 미래 투자 지출에 대해 어느 정도 사전경고가 필요하다. 그래서 대부분의 대기업에서 투자 과정은 연간 **자본예산(capital budget)**, 즉 내년도 투자안의 목록을 작성하는 것으로부터 시작한다.

기업 대부분은 공장에서 투자안을 제안하고 사업부 관리자가 이를 검토하도록 한다. 그 후 각 사업부에서 올라온 투자안을 고위 경영자와 계획담당 직원들이 검토하도록 한다. 물론 중간 관리자가 모든 가치 있는 투자안을 인식할 수는 없다. 예를 들어 공장 A와 B의 관리자가 그 공장을 폐쇄하고 새로운 공장 C에 생산을 통합했을 때의 잠재적 경제성을 알 것이라고 기대할 수는 없다. 사업부 관리자는 공장 C를 제안할 수도 있다. 사업부 1과 2는 전사적인 정보시스템을 위해 자신이 보유한 컴퓨터를 포기하는 데 적극적이지 않을 것이다. 이런 제안은 상위 관리자, 예를 들어 회사의 최고정보관리자(chief information officer)로부터 나올 것이다.

종종 서로 모순되는 가정이 투자 제안에 슬며시 끼어들어 간다. 예를 들어 가구부서 관리자는 주택 신규착공에 낙관적이지만 가정용 설비부서 관리자는 비관적이라고 가정하자. 가구부서는 새로운 시설에 상당 규모의 투자를 밀어붙이고 가정용 설비부서는 긴축 계획을 제안할 수 있다. 두 관리자가 주택 신규착공에 대한 추정에 합의하고 그에 따라 투자 제안을 할 수 있다면 더 좋을 것이다. 많은 회사가 주택 신규착공이나 원자재 가격과 같이, 회사 사업에 중요한 특별한 항목의 예측뿐만 아니라 물가상승률과 국내 총생산의 증가와 같은 경제지표에 관해서도 먼저 합의된 예측치를 설정하고 자본예산 과정을 시작하는 이유가 바로 이것이다. 이러한 예측은 자본예산의 기초로 사용된다.

자본예산을 작성하는 일은 경직되고 관료적인 작업이 아니다. 많은 주고받기와 밀고 당기기가 있다. 사업부 관리자는 공장 관리자와 협상을 하고 사업부의 투자안 목록을 세밀하게 조정한다. 또한 최종 자본예산은 회사의 전략적 계획을 반영해야 한다. 전략적 계획은 하향식(top-down)이며, 회사가 경쟁 우위를 갖는 사업을 찾으려고 한다. 또한 처분하거나 중지해야 할 사업을 확인하려고 한다.

회사의 자본투자 선택은 사업의 상향식과 하향식 측면, 즉 자본예산과 전략적 계획을 모두 반영해야 한다. 상향식(bottom-up) 자본예산의 작업 대부분을 하는 공장과 사업부 관리자는 나무는 보고 숲은 보지 못할지도 모른다. 전략적 계획을 세우는 사람은 나무를 하나하나 보지 않기 때문에 숲의 모습을 잘못 볼 수도 있다.

투자안 승인과 예측 편의의 문제

자본예산을 최고경영자와 이사회가 승인하면 이는 이듬해의 공식적인 계획이 된다. 그러나 이것이 구체적인 투자안에 대한 최종적인 승인은 아니다. 대부분의 회사는 각 투자 제안에 대해 **지출요청서(appropriation request)**를 요구한다. 이 요청서에는 자세한 예측과 할인 현금흐름 분석, 그리고 이를 뒷받침할 수 있는 자료가 포함된다.

많은 투자안은 고가의 가격표를 달고 다닌다. 이들 투자안은 10년에서 20년 후 회사 사업의 형태를 결정한다. 지출요청서에 대한 마지막 승인은 최고경영자가 하는 것이 일반적인 경향이다. 회사들은 부서 관리자가 승인할 수 있는 투자안의 규모에 상한선을 설정해 둔다. 흔히 이런 상한선은 놀라울 정도로 낮다. 예를 들어 연간 $4억을 투자하는 대기업이 $500,000을 초과하는 모든 투자안에 대해서 최고경영자의 승인을 받도록 요구하기도 한다.

중앙 집중화된 의사결정은 문제를 일으키기도 한다. 고위 경영자는 수많은 투자안의 자세한 정보를 처리할 수 없고, 투자안의 제안자가 제시한 예측치에 의존해야만 한다. 현명한 경영자는 이런 예측이 과연 현실성이 있는가를 염려해야 한다는 것을 금방 알아차린다.

예측이 의식적으로 부풀려지지 않았더라도 오류가 있을 수 있다. 예를 들어 사람은 대부분 자신의 예측을 지나치게 확신하는 경향이 있다. 거의 확실히 일어나리라 생각하는 사건도 실제로는 발생 확률이 80%밖에 되지 않을 수 있으며, 불가능하다고 믿는 사건도 20% 확률로 일어날 수도 있다. 따라서 투자안의 위험은 과소평가된다. 투자안이 채택되도록 하는 데 열중한 사람은 투자안의 현금흐름을 예측할 때 좋은 쪽을 보는 경향이 있다. 이러한 지나친 낙관주의는 재무예측에서 공통된 특징인 것으로 보인다. 정부도 역시 지나친 낙관주의로 시달린다. 아마도 민간부문보다 더 심할 것이다. 원래 예상되었던 것보다 실제로는 비용이 덜 들었다는 새로운 댐이나 고속도로 또는 군용 비행기에 대해 들어본 적이 있는가?

공장 또는 부서 관리자가 투자 제안을 내놓을 때는 투자안의 좋은 면에 치중할 것으로 예상할 수 있다. 이것이 전부 나쁜 것은 아니다. 심리학자들은 낙관주의와 자신감이 노력과 참여도, 인내를 증가시키는 경향이 있다고 강조한다. 문제는 매년 수많은 지출요청서가 고위 관리자에게 올라온다는 것이다. 모두가 본질적으로 연합한 세력에 의해 제출되고, 투자안을 수용하도록 설득하려고 고안된 서류들이다. 대안이 될 만한 투자계획은 초기 단계에서 이미 걸러졌다.

아마도 편의(bias)를 완전히 없앨 수는 없을 것이다. 그러나 고위 관리자는 편의를 조장하지 않도록 조심해야 한다. 예를 들어 관리자가 가장 수익성 있는 부서가 아니라 가장 큰 부서를 갖는 것이 성공이라고 생각한다면, 진심으로 양(+)의 순현가를 갖는다고 믿어지지 않는 대형 확장 투자안을 제안할 것이다. 또는 새 공장 관리자가 이익을 즉시 증가시키라는 압력을 받는다면 순현가를 희생해서라도 회수기간이 빠른 투자안을 제안하려는 유혹을 받을 것이다.

때때로 고위 관리자는 자본지출의 기준율(hurdle rate)을 올려서 편의를 상쇄시키려 한다. 진정한 자본비용이 10%라고 하자. 그러나 CFO는 10%도 벌지 못하는 투자안의 비율이 높은 데 좌절한다. 그래서 CFO는 투자안 제안자에게 15% 할인율을 사용하라고 지시한다. 다시 말하면 예측 편의를 상쇄하기 위해 5%의 가공요소(fudge factor)를 추가한다. 그러나 이것은 소용없는 일이며, 절대로 문제를 해결해 주지 못한다. 브릴리와 마이어스, 앨런(Brealey, Myers, and Allen)의 두 번째 법칙[1]이 그 이유를 설명한다. 이 법칙은 다음과 같다. 제안된 투자안이 회사의 기준율에서 양(+)의 순현가를 갖는 비율은 기준율과는 독립적이다.

이 법칙은 농담 삼아서 하는 추론이 아니다. 이 법칙은 대형 석유회사에서 검증되었다. 이 회

1) 첫 번째 법칙은 없다. 우리는 '두 번째 법칙'이 더 듣기 좋다고 생각한다. 세 번째 법칙도 있다. 그것은 다른 장에서 나온다.

사의 자본예산 담당자는 투자 제안의 예상 수익성에 대한 조심스러운 통계를 내고 있었다. 투자안의 약 85%가 양(+)의 순현가를 가지는 것으로 나타났다. (나머지 15%는 다른 이유, 예를 들면 환경기준을 맞추기 위한 목적으로 제안되었다.) 실망스러운 이익을 보인 여러 분기를 거친 후 어느 해 최고경영자는 더 엄격한 재무규율이 필요하다고 생각하여 회사의 기준율을 몇 % 포인트 증가시켰다. 그러나 다음 해 양(+)의 순현가를 갖는 투자 제안의 비율은 바위처럼 단단히 85%에 머물러 있었다.

예측 현금흐름의 편의를 염려한다면 유일한 해법은 예측치를 주의 깊게 분석하는 것이다. 자본비용에 가공요소를 추가하지 마라.[2)]

사후감사

대다수 기업은 투자안이 운영되기 시작한 직후 **사후감사(postaudit)**를 시행하여 대형 투자안의 진행을 계속 점검한다. 사후감사는 고쳐야 할 문제를 확인하고 예측의 정확성을 점검하며, 투자안이 집행되기 전에 제기해야 할 질문을 제시한다. 사후감사는 주로 투자가 다음 단계에 이르렀을 때 관리자들이 일을 더 잘하도록 도와줌으로써 이익을 가져온다. 사후감사 후에 감사관은 "우리는 생산 직원에게 필요한 추가 훈련을 예상했어야 했는데"라고 말할지도 모른다. 다음 투자 제안이 접수될 때 훈련은 그에 걸맞은 관심을 받을 것이다.

사후감사가 투자안의 모든 비용과 편익을 측정할 수 없을지도 모른다. 이 투자안을 나머지 사업부문과 분리하는 것이 불가능할 수도 있다. 당신이 이제 막 지방에 있는 가게에 상품배달 서비스를 하는 트럭회사를 인수하였다고 가정하자. 당신은 화물을 추적하고 트럭 시간표를 편성할 수 있는 맞춤 소프트웨어를 설치하여 서비스를 개선하기로 한다. 또한 배송센터를 만들고 5대의 새로운 디젤 트럭을 사들인다. 1년 후 소프트웨어 투자에 대한 사후감사를 시행한다. 이것이 적절히 작동하고 있는가를 확인하고 구매와 설치, 운영의 실제 비용을 확인한다. 그러나 어떻게 증분 현금흐름을 확인하는가? 이 소프트웨어가 없었다면 추가로 소모되었을 연료나, 상실하고 말았을 추가 적재량에 대한 기록이 전혀 없다. 서비스가 좋아졌다고 입증할 수도 있다. 그러나 이 개선의 얼마만큼이 새로운 트럭에서 왔으며 얼마만큼이 배송센터에서, 그리고 얼마만큼이 소프트웨어에서 왔는가? 성공의 유일한 의미 있는 척도는 운송사업 전체에 관한 것이다.

10.2 민감도 분석

불확실성은 미래에 실제로 일어나는 것보다 실제로 일어날 가능성이 있는 상황이 더 많다는 것을

2) 가공요소를 자본비용에 추가하는 것은 회수기간이 빠른 투자안에 우호적으로 작용하고, 낮은 수익률을 갖지만, 더 큰 순현가를 갖는 장기 투자안에 불리하다. 할인율에 5% 가공요소를 추가하면 투자안의 첫 번째 현금흐름의 예측치와 현재가치를 대략 5% 줄이는 것과 같다. 가공요소가 할인율로 복리 계산되기 때문에 앞으로 10년 후 현금흐름의 현재가치에 대한 영향은 훨씬 더 크다. 가공요소는 2년에서 3년 정도의 투자안에는 큰 부담이 아니다. 그러나 10 또는 20년 투자안에는 큰 부담이 된다.

의미한다. 현금흐름 예측을 해야 할 때마다 우리는 다른 무슨 일이 일어날 수 있는가를 알려고 노력해야 한다.

당신이 일본 오사카에 있는 오토바이사(Otobai Company)의 경리담당자라고 하자. 이 회사는 시내에서 사용할 수 있는 전동스쿠터의 생산과 판매를 고려하고 있다. 회사 관계자들은 표 10.1과 같은 현금흐름 예측치를 작성하였다. 기회자본비용 10%에서 순현가는 0보다 크므로, 이 계획은 추진할 가치가 있는 것으로 보인다.

$$\text{NPV} = -150 + \sum_{t=1}^{10} \frac{30}{(1.10)^t} = +¥34.3\text{억}$$

결정을 내리기 전에 당신은 이러한 예상을 깊이 고려하여 투자안의 성공이나 실패를 결정하는 주요 변수를 식별하려고 한다. 마케팅부서는 다음과 같이 매출액을 추정한 것으로 나타났다.

판매 대수 = 신제품의 시장점유율 × 스쿠터 시장의 규모
= 0.1 × 1백만 = 100,000대
매출액 = 판매 대수 × 대당 가격
= 100,000 × 375,000 = ¥375억

생산부서는 단위당 변동비를 ¥300,000으로 평가하였다. 계획된 수량은 해마다 10만 대이므로, 총 변동비용은 ¥300억이다. 고정비는 연간 ¥30억이다. 최초 투자액은 10년 동안 정액법으로 상각할 수 있으며, 이익은 50%의 세율로 과세한다.

이런 것들이 당신이 알아야 할 중요한 사항인 것 같다. 그러나 확인되지 않은 변수들도 찾아야 한다. 아마도 특허 문제가 있거나, 스쿠터 배터리를 재충전할 충전소에 투자할 필요가 있을지도 모른다. 종종 가장 큰 위험은 이러한 알려지지 않은 미지수(*unknown* unknowns) 또는 과학자들이 "unk-unks"로 부르는 요인에서 발생한다.

알려지지 않은 미지수를 찾지 못한 상태에서(의심의 여지없이 그런 것은 나중에 발견될 것이다) 시장규모와 시장점유율 등등에 대해 **민감도 분석(sensitivity analysis)**을 한다. 이를 위해 마케팅과 생산 부서 직원들에게 관련 변수에 대한 낙관적인 추정치와 비관적인 추정치를 제공해 주도록 요구한다. 이 추정치들은 표 10.2의 왼쪽 열에 나열되어 있다. 오른쪽은 그러한 변수들이 한 번에 하나씩 낙관적이거나 비관적인 값을 가질 때 그 투자안의 순현가가 어떻게 변하는지를 보여준다. 이 투자안은 결코 확실한 게 아닌 것 같다. 가장 위험한 변수는 시장점유율과 단위당 변동비

		연도 0	연도 1~10
1	투자액	150	
2	매출액		375
3	변동비		300
4	고정비		30
5	감가상각비		15
6	세전이익		30
7	세금		15
8	순이익		15
	영업 현금흐름		30
	순 현금흐름	−150	30

표 10.1 오토바이의 전동스쿠터 투자안에 대한 예비 현금흐름 예측(단위: ¥억).

가정:
1. 투자액은 10년 동안 정액법으로 상각한다.
2. 이익은 50% 세율로 과세한다.

표 10.1~10.5까지 실제 엑셀 버전은 이 책의 웹사이트 **www.mhhe.com/bma**에서 이용 가능하다.

변수	범위 비관적	범위 기대치	범위 낙관적	NPV(¥억) 비관적	NPV(¥억) 기대치	NPV(¥억) 낙관적
시장규모(만)	90	100	110	11	34	57
시장점유율	0.04	0.10	0.16	−104	34	173
대당 가격(엔)	350,000	375,000	380,000	−42	34	50
대당 변동비(엔)	360,000	300,000	275,000	−150	34	111
고정비(억 엔)	40	30	20	4	34	65

표 10.2 전동스쿠터 투자안의 민감도 분석을 하고자 각 변수를 가장 낙관적인 값과 비관적인 값을 차례로 놓고 투자안의 NPV를 다시 계산한다.

Visit us at www.mhhe.com/bma

이다. 만약 시장점유율이 단지 0.04밖에 안 된다면(그리고 모든 다른 변수들은 예상한 대로라면) 투자안은 −¥104억의 순현가를 가진다. 만약 단위당 변동비용이 ¥360,000이라면(그리고 모든 다른 변수들은 예상한 대로라면) 투자안은 −¥150억의 NPV를 가진다.

정보의 가치

이제 회사가 ¥150억을 투자하기 전에 불확실성 일부를 없앨 수 있는지 확인할 수 있다. 단위당 변동비용에 대한 비관적인 수치에는 특정 기계가 설계대로 작동하지 않아서 단위당 ¥20,000의 추가 비용이 드는 다른 방법으로 운영되어야 할지 모른다는 생산부서의 염려가 부분적으로 반영되어 있다고 하자. 이런 일이 일어날 가능성은 1/10 정도에 불과하다. 그러나 만약 일어난다면 단위당 ¥20,000의 추가 비용 때문에 세후 현금흐름은 다음 액수만큼 감소한다.

$$\begin{aligned}&\text{판매 대수} \times \text{단위당 추가 비용} \times (1 - \text{세율})\\&= 100{,}000 \times 20{,}000 \times 0.50 = ¥10\text{억}\end{aligned}$$

이것은 투자안의 순현가를 다음 액수만큼 감소시킨다.

$$\sum_{t=1}^{10} \frac{10}{(1.10)^t} = ¥61.4\text{억}$$

스쿠터 투자안의 순현가는 +34.3 − 61.4 = −¥27.1억이 되어 적자가 된다. 스쿠터 디자인을 상대적으로 조금 변화시키면 새로운 기계가 필요하지 않을 수도 있다. 또는 ¥1천만을 들여 미리 기계를 검사하면 기계가 제대로 작동하는가를 알 수 있어 이런 문제를 해결할 수도 있다. NPV가 ¥61.4억 하락할 가능성 10%를 피하고자 ¥1천만을 투자하는 것은 분명히 수지맞는 일이다. 회사는 −0.1 + 0.10 × 61.4 = +¥6.04억을 벌게 된다.

한편, 시장규모에 관한 추가 정보의 가치는 작다. 이 투자안은 시장규모를 비관적으로 가정하더라도 받아들일 만하므로, 만약 이 변수를 잘못 추정하였더라도 문제가 될 것 같지는 않다.

민감도 분석의 한계

민감도 분석은 결국 투자안의 주요 변수들로 현금흐름을 표시하고, 이 변수들을 잘못 추정했을 때의 결과를 계산하는 것이다. 이는 관리자에게 중요 변수들을 식별할 수 있게 하며, 추가 정보가 가장 유용한 변수를 알려주고, 부적절한 예측을 찾아내는 데 도움을 준다.

민감도 분석의 한 가지 단점은 항상 약간 모호한 결과를 준다는 것이다. 예를 들어 낙관적 또는 비관적의 정확한 의미는 무엇인가? 마케팅부서는 이 용어들을 생산부서와는 다른 의미로 해석할지도 모른다. 지금부터 10년 후, 수백 개의 투자안이 진행되고 나서, 뒤돌아보면 생산부서의 비관적 극단치가 종종 마케팅부서의 극단치를 2배나 초과하였음을 알게 될지도 모른다. 그러나 지금부터 10년 후에 발견할 수 있는 것들은 지금 아무 도움이 되지 않는다. '비관적'과 '낙관적'이란 용어를 사용할 때 실제값이 비관적인 수치보다 더 나쁠, 또는 낙관적인 수치보다 더 좋을 가능성이 단지 10%라는 의미라고 정의할 수는 있다. 그렇지만 가능한 결과의 완전한 확률분포에 관한 예측자의 생각을 이끌어 내기는 절대 쉽지가 않다.[3)]

민감도 분석의 또 다른 문제는 관련 변수들이 서로 연관되었을 가능성이 있다는 것이다. 시장규모 증가의 효과를 분리하여 살펴보는 것이 무슨 의미가 있는가? 만약 시장규모가 예상을 초과한다면 수요는 예상했던 것보다 더 많아질 것이고 단위당 가격은 더 높아질 것이다. 그리고 왜 가격상승의 효과를 분리하여 보아야 하는가? 만약 물가상승으로 가격이 예상한 범위의 상한선을 넘는다면 비용 또한 상승할 가능성이 크다.

때때로 분석가들은 관련 변수들을 대충 서로 독립되도록 정의하여 이러한 문제들을 우회할 수 있다. 그러나 한 번에 하나씩 분석하는 민감도 분석에 지나치게 의존할 수는 없다. 표 10.2의 정보로부터 투자안의 총 현금흐름에 대한 예상치, 낙관적인 수치, 비관적인 수치를 얻는 것은 불가능하다.

시나리오 분석

만약 변수들이 서로 관련되어 있다면 몇 개의 그럴듯한 시나리오를 고려하는 것이 도움이 될 수도 있다. 예를 들어 회사의 경제분석가는 세계 유가가 크게 오를 가능성을 우려한다. 이의 직접적인 효과는 전기를 사용하는 수송 수단의 이용을 촉진하는 것이다. 2007년 유가 상승 후 소형 자동차가 대중화하였던 것으로 보아 유가가 20% 상승하면 스쿠터 시장의 3%를 추가로 점유할 수 있을 것이라는 추정이 가능하다. 한편, 경제분석가들은 고유가가 세계 경기침체를 촉진하는 동시에 물가상승을 자극하게 될 것이라고 믿는다. 이 경우 시장규모는 약 80만 대 정도이고, 가격과 비용은 둘 다 처음 추정했던 것보다 15% 높아질 수도 있다. 표 10.3은 이 고유가와 경기침체의 시나리오는 결과적으로 새로운 벤처사업에 도움이 될 것이라는 것을 보여준다. 투자안의 순현가는 ¥64억으로 증가할 것이다.

재무관리자들은 종종 **시나리오 분석(scenario analysis)**이 더 유용하다는 사실을 잘 안다. 시나리오 분석은 재무관리자들이 여러 가지 변수들의 일관성 있는 조합을 검토해 볼 수 있도록 해준

3) 이것이 의심스럽다면, 몇 가지 간단한 실험을 해보라. 텔레비전을 고치는 사람에게 TV가 적어도 1년 더 작동할 확률을 말해 보라고 하라. 또는 다음 주에 받을 전화 통화 수에 대한 주관적 확률을 작성해 보라. 이것은 쉬울 것이다. 한번 해보라.

	현금흐름(연도 1~10, ¥억)		
	기본 상태	고유가와 경기 침체 상태	
1 매출액	375	449	
2 변동비	300	359	
3 고정비	30	35	
4 감가상각비	15	15	
5 세전이익	30	40	
6 세금	15	20	
7 순이익	15	20	
8 순 현금흐름	30	35	
현금흐름의 PV	184	214	
순 현재가치	34	64	
		가정	
	기본 상태	고유가와 경기 침체 상태	
시장 규모(만)	100	80	
시장 점유율	0.10	0.13	
대당 가격(엔)	375,000	431,300	
대당 변동비(엔)	300,000	345,000	
고정비(¥억)	30	35	

표 10.3 전동스쿠터 투자안의 NPV가 고유가와 세계 경기침체에 어떻게 영향을 받는가.

다. 보통 예측자들은 절대적으로 낙관적이거나 비관적인 값을 예측하기보다는 특정 시나리오에서 매출액이나 비용을 추정하는 것을 더 선호한다.

손익분기 분석

어떤 투자안의 민감도 분석을 하거나 여러 시나리오를 검토하는 것은, 만약 판매 대수나 비용이 예측했던 것보다 더 나빠지면 문제가 얼마나 심각해지는가를 파악하려는 것이다. 관리자들은 이 문제를 다르게 표현하여, 판매가 얼마나 부진해지면 투자안이 손해를 보기 시작하는가 묻는 것을 더 선호한다. 이것을 **손익분기 분석(break-even analysis)**이라 한다.

표 10.4의 왼쪽 부분에 연간 판매 대수를 다르게 가정하여 전동스쿠터 투자안의 매출액과 비용을 나타냈다.[4] 표의 오른쪽 부분에는 이 매출액과 비용을 할인하여 현금유입의 현재가치와 현금

유입		유출						
		연도 0	연도 1~10					
판매 대수 (천 대)	매출액 (연도 1~10)	투자액	변동비	고정비	세금	유입의 PV	유출의 PV	NPV
0	0	150	0	30	−22.5	0	196	−196
100	375	150	300	30	15	2,304	2,270	34
200	750	150	600	30	52.5	4,608	4,344	265

표 10.4 판매 대수에 관한 여러 가정에서 전동스쿠터 투자안의 NPV(별도의 언급이 없으면 단위는 ¥억).

Visit us at
www.mhhe.com/bma

4) 투자안이 손실을 본다면 이 손실은 회사의 다른 영업부문에 대한 세금을 감소시키는 데 사용될 수 있다. 이 경우 투자안은 세금절약 효과를 갖는다. 세금 현금유출이 0보다 작다.

유출의 현재가치를 보여준다. 물론 순 현재가치는 이 값들의 차이이다.

회사가 스쿠터를 하나도 생산하지 않는다면 순현가가 0보다 많이 작다는 것을 알 수 있다. 만약 (예상대로) 회사가 10만 대의 스쿠터를 팔면 순현가는 겨우 0보다 크다. 그리고 20만 대를 판다면 0보다 훨씬 크다. 순현가가 0이 되는 점은 분명히 10만 대보다 약간 아래이다.

그림 10.1에서 연간 판매 대수에 대한 여러 가정에서 현금 유입과 유출의 현재가치를 그렸다. 85,000대가 판매될 때, 두 선은 서로 교차한다. 이 점은 투자안이 0의 순현가를 갖는 점이다. 판매 대수가 85,000대보다 많으면 투자안은 양(+)의 순현가를 가진다.[5)]

재무관리자들은 종종 현재가치보다는 회계적 이익으로 손익분기점을 계산한다. 표 10.5는 스쿠터의 세 가지 판매 수준에서 오토바이사의 세후 이익을 보여준다. 그림 10.2는 다시 한 번 판매 대수에 대하여 매출액과 비용을 보여준다. 그러나 이번에는 이야기가 다르다. 그림 10.2는 회계적 이익을 기준으로 할 때 60,000대가 손익분기점임을 보여준다. 현재가치를 기준으로 한 그림 10.1에서는 85,000대에서 손익이 없는 상태임을 보여준다. 왜 이런 차이가 발생하는가?

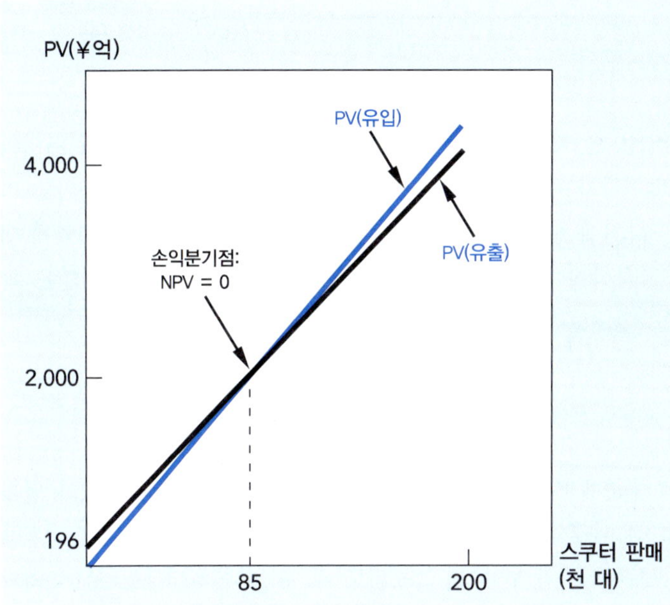

그림 10.1
판매 대수에 대한 여러 가정에서 오토바이사의 현금 유입과 유출의 현재가치를 보여주는 손익분기도. 판매 대수가 85,000대일 때 NPV는 0이다.

판매 대수 (천 대)	매출액 (1~10년)	변동비	고정비	감가상각비	세금	총비용	세후 이익
0	0	0	30	15	−22.5	22.5	−22.5
100	375	300	30	15	15	360	15
200	750	600	30	15	52.5	697.5	52.5

표 10.5 판매 대수에 관한 여러 가정에서 전동스쿠터 투자안의 회계적 이익(별도의 언급이 없으면 단위는 ¥억).

Visit us at www.mhhe.com/bma

5) 또한 등가 연간 비용과 매출액을 그려서 손익분기 판매 대수를 계산할 수도 있다. 물론 손익분기점은 85,000대로 같을 것이다.

그림 10.2
때로는 손익분기도는 회계적 수치를 기준으로 작성된다. 매출이 60,000대일 때 세후 이익은 0이다.

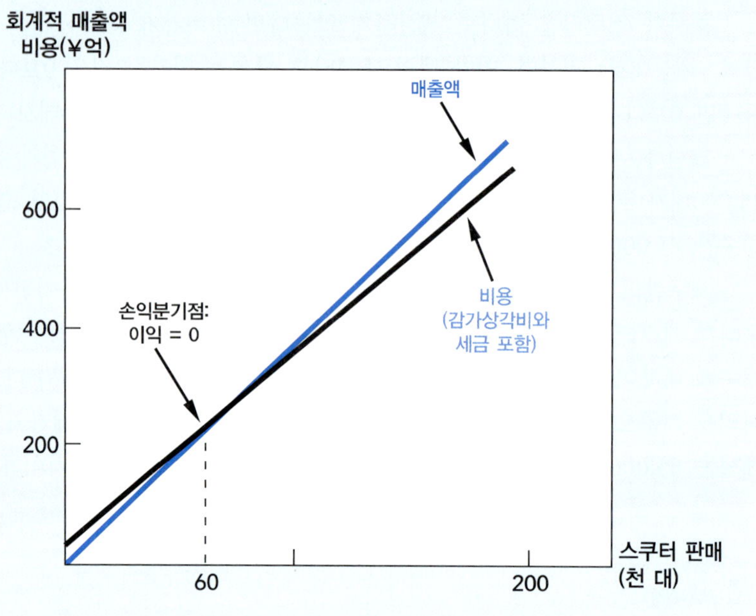

우리가 회계적 이익으로 이 작업을 할 때는 최초 투자액을 회수하기 위하여 해마다 ¥15억의 감가상각비를 공제한다. 만약 오토바이사가 해마다 60,000대를 판매한다면 매출액은 운영비를 지급하고 ¥150억의 초기 지출을 회수하기에 충분할 것이다. 그러나 이 매출액으로는 ¥150억에 대한 기회자본비용까지 지급하기에는 충분하지 않을 것이다. 회계적 숫자로 손익이 0인 투자안은 확실히 음(−)의 순현가를 갖는다.

영업 레버리지와 손익분기점

투자안의 손익분기점은 비용이 판매 수준에 따라 변하는 정도에 달렸다. 전동스쿠터의 인기가 떨어진다고 하자. 나쁜 소식은 오토바이사의 매출액이 예상보다 준다는 것이다. 그러나 변동비도 감소한다는 점을 위안으로 삼는다. 한편, 오토바이사가 한 대의 스쿠터도 팔 수 없다 하더라도 ¥150억의 초기 투자를 해야 하며 매년 ¥30억의 고정비를 지출해야 한다.

오토바이사의 총비용이 ¥330억으로 고정되었다고 하자. 그러면 투자안은 매출액이 단지 3%만 하락(375억 엔에서 364억 엔으로)해도 음(−)의 NPV로 바뀌게 된다. 따라서 비용이 주로 고정비라면 매출액의 하락은 수익성에 더 크게 영향을 주며 손익분기점은 높아진다. 물론 고정비의 비중이 크다는 것이 항상 나쁜 것은 아니다. 비용이 고정된 기업은 수요가 적을 때 성과가 나쁘지만, 호황기에는 대박을 터뜨린다.

고정비가 많은 기업은 높은 **영업 레버리지(operating leverage)**를 갖는다고 한다. 영업 레버리지는 보통 현금흐름[6]보다는 회계적 이익으로 정의된다. 이는 매출액의 1% 변화에 대해 이익이

6) 제9장에서 현금흐름과 현재가치로 나타낸 영업 레버리지 척도를 개발하였다. 이 척도를 이용하여 베타가 영업 레버

영업 레버리지가 높은 산업		영업 레버리지가 낮은 산업	
산업	DOL	산업	DOL
철강	2.20	전기	0.56
철도	1.99	식품	0.79
자동차	1.57	의류	0.88

표 10.6 미국 대기업의 산업별 추정 영업 레버리지도.

주: DOL은 1998~2008년 기간의 Standard & Poor's 지수에 포함된 기업의 매출액 변화에 대한 이익 변화 비율의 중앙값으로 추정하였다.

몇 퍼센트 변하는가로 측정한다. 따라서 **영업 레버리지도(degree of operating leverage, DOL)**는 다음과 같다.

$$\text{DOL} = \frac{\text{이익의 백분율 변화}}{\text{매출액의 백분율 변화}}$$

다음의 간단한 공식[7]은 DOL이 세전 이익의 비율로서 (감가상각비를 포함한) 기업의 고정비에 어떻게 연관되어 있는가를 보여준다.

$$\text{DOL} = 1 + \frac{\text{고정비}}{\text{이익}}$$

오토바이사의 스쿠터 투자안의 경우

$$\text{DOL} = 1 + \frac{(3 + 1.5)}{3} = 2.5$$

스쿠터 투자안 매출액의 1% 감소는 이익의 2.5% 감소를 가져올 것이다.

이제 표 10.6을 보자. 이 표는 일부 미국 대기업에서 매출액의 변화에 대해 이익이 얼마나 변하는가를 보여준다. 예를 들어, 철강회사 매출액의 1% 감소는 이익을 2.20% 줄어들게 한다. 이는 철강회사의 영업 레버리지가 2.20이라고 추정할 수 있다는 것을 의미한다. 따라서 철강 주식은 그에 따른 큰 베타를 가질 것으로 예상할 수 있으며 실제로도 그렇다.

10.3 몬테칼로 시뮬레이션

민감도 분석은 한 번에 하나의 변수가 변할 때 효과를 검토할 수 있게 해준다. 여러 시나리오에서

리지에 영향을 받는다는 것을 보였다.

7) DOL의 이 식은 다음과 같이 도출할 수 있다. 매출액이 1% 증가하면 변동비도 또한 1% 증가하고 이익은 0.01 × (매출액 − 변동비) = 0.01 × (세전 이익 + 고정비)만큼 증가한다. 이제 DOL의 정의를 다시 보자.

$$\begin{aligned}\text{DOL} &= \frac{\text{이익의 백분율 변화}}{\text{매출액의 백분율 변화}} = \frac{(\text{이익의 변화})/(\text{이익})}{0.01} \\ &= 100 \times \frac{\text{이익의 변화}}{\text{이익}} = 100 \times \frac{0.01 \times (\text{이익} + \text{고정비})}{\text{이익}} \\ &= 1 + \frac{\text{고정비}}{\text{이익}}\end{aligned}$$

투자안을 살펴보는 것은 한정된 수의 가능한 변수 조합에 대해서만 영향을 검토할 수 있다. 이에 비해 **몬테칼로 시뮬레이션(Monte Carlo simulation)**은 모든 가능한 조합을 검토할 수 있는 수단이다. 그러므로 이것은 투자안 결과의 전체 분포를 조사할 수 있게 해준다.

당신이 몬테칼로에 있는 도박꾼이라고 상상해 보라. 확률 법칙에 대해서는 아무것도 모르지만(잠깐 게임을 하는 도박꾼들은 거의 모른다), 한 친구가 당신에게 룰렛 게임을 하는 복잡한 전략을 제안했다. 이 친구는 실제로 그 전략을 시험해 보지는 않았지만, 바퀴가 50번 돌 때마다 **평균적으로** 2½%의 수익이 얻어질 것으로 확신하고 있다. 이 친구는 룰렛이 50번 회전할 때마다 낙관적으로 추정할 때 이익을 얻을 가능성이 55%, 비관적으로 추정할 때 손해를 볼 가능성이 50%라고 주장한다. 이들 추정이 실제로 맞는가를 어떻게 알 수 있겠는가? 쉽지만 비용이 많이 드는 방법은 게임을 시작하여 50회전마다 결과를 기록하는 것이다. 말하자면 50회전을 100번 한 후 결과의 도수분포를 그리고, 평균과 상한, 하한을 계산한다. 만약 결과가 좋아 보이면 그때 본격적으로 게임을 시작할 수 있을 것이다.

다른 대안은 컴퓨터로 룰렛 바퀴와 전략을 모의실험하는 것이다. 말하자면 컴퓨터를 이용하여 임의의 숫자를 추출하여 바퀴가 회전한 결과를 정하고, 그 후 특정한 도박 전략을 따를 때 손해나 이익이 얼마인가를 계산할 수 있다.

이것이 몬테칼로 시뮬레이션의 한 예이다. 자본예산에서는 도박 전략을 투자안의 모형으로 대체하고, 룰렛 바퀴를 투자안이 실행되는 세계의 모형으로 대체한다. 전동스쿠터 투자안에 이런 방법이 어떻게 적용되는지 살펴보자.

전동스쿠터 투자안의 시뮬레이션

1단계: 투자안을 모형화하기 시뮬레이션의 첫 번째 단계는 투자안의 정확한 모형을 컴퓨터에 제시하는 것이다. 예를 들어 스쿠터 투자안의 민감도 분석은 다음과 같은 현금흐름의 암묵적 모형에 기초하고 있다.

현금흐름 = (매출액 − 비용 − 감가상각비) × (1 − 세율) + 감가상각비
매출액 = 시장규모 × 시장점유율 × 단위당 가격
비용 = (시장규모 × 시장점유율 × 단위당 변동비) + 고정비

이 투자안 모형은 우리가 위에서 설명한 단순한 민감도 분석에 필요한 자료 전부이다. 그러나 전체 투자안을 모의실험하기를 원한다면 변수들이 어떻게 연관되어 있는지 생각해야 한다.

예를 들어 첫 번째 변수인 시장규모를 생각해 보자. 마케팅부서는 이 투자안 수명의 첫해에 시장규모를 100만 대라고 추정했다. 그러나 회사는 상황이 어떻게 될지 확실히는 모른다. 실제 시장규모는 이 부서의 예측오차만큼 기대치에 못 미치거나 초과할 수도 있다.

연도 1의 시장규모 = 연도 1의 예상 시장규모 × (1 + 연도 1의 예측오차)

회사는 예측오차가 0일 것으로 기대하지만, 결과는 0보다 크거나 작게 나타날 수도 있다. 예를 들어 실제 시장규모가 110만 대로 나타난다고 가정하자. 이것은 10%, 즉 +0.1의 예측오차를

의미한다.

$$\text{연도 1의 시장규모} = 100 \times (1 + 0.1) = 110\text{만}$$

둘째 해에도 꼭 같은 방법으로 시장규모를 나타낼 수 있다.

$$\text{연도 2의 시장규모} = \text{연도 2의 예상 시장규모} \times (1 + \text{연도 2의 예측오차})$$

그러나 이쯤에서 연도 2의 예상 시장규모가 연도 1에 일어난 일에 의해 어떻게 영향을 받는가를 검토해야 한다. 연도 1에 스쿠터 판매가 예상보다 적으면 다음 해에도 계속 적을 가능성이 크다. 연도 1에 매출이 기대에 못 미치면 연도 2의 판매 예측을 그 부족한 양만큼 적게 수정한다고 가정하자. 그러면

$$\text{연도 2의 예상 시장규모} = \text{연도 1의 실제 시장규모}$$

이제 연도 2의 시장규모를 이전 해의 실제 시장규모 더하기 예측오차로 나타낼 수 있다.

$$\text{연도 2의 시장규모} = \text{연도 1의 시장규모} \times (1 + \text{연도 2의 예측오차})$$

같은 방법으로 연도 3의 예상 시장규모를 연도 2의 시장규모로 나타낼 수 있으며, 그 후 연도도 계속하여 같은 방법으로 나타낼 수 있다.

이상의 식들은 다른 기간 사이의 상호 연관성을 어떻게 나타낼 수 있는가를 보여준다. 그렇지만 다른 **변수** 간의 상호 연관성도 인정해야 한다. 예를 들어 전동스쿠터의 가격은 시장규모와 함께 상승할 것으로 보인다. 이것이 유일한 불확실성이고 시장규모 10% 증가가 3%의 가격상승을 가져온다고 하자. 그러면 첫해의 가격을 다음과 같이 모형화할 수 있다.

$$\text{연도 1의 가격} = \text{연도 1의 예상가격} \times (1 + 0.3 \times \text{연도 1의 시장규모 예측오차})$$

그리고 시장규모의 변동이 가격에 영구적인 영향을 미친다면 둘째 해의 가격을 다음과 같이 정의할 수 있다.

$$\begin{aligned}\text{연도 2의 가격} &= \text{연도 2의 예상가격} \times (1 + 0.3 \times \text{연도 2의 시장규모 예측오차}) \\ &= \text{연도 1의 실제가격} \times (1 + 0.3 \times \text{연도 2의 시장규모 예측오차})\end{aligned}$$

각 기간의 판매 가격을 모든 이전 기간의 (예측오차를 포함하여) **실제** 판매 가격에 어떻게 연관시켰는지 주목하라. 여기서도 시장규모에서와 같은 형태의 연관 관계를 사용하였다. 이 연관 관계는 예측오차가 누적된다는 것을 의미한다. 오차는 시간이 흐른다고 없어지지 않는다. 따라서 불확실성은 시간이 흐름에 따라 **증가한다**. 더 먼 미래를 예측할수록 실제 가격 또는 시장규모는 원래 예측에서 더 멀어질 것이다.

이 투자안의 완전한 모형은 시장규모, 가격, 시장점유율, 대당 변동비, 고정비 등 각 변수에 대한 방정식을 모두 포함한다. 변수 간에 단지 몇 가지의 상호 의존성만 있다고 하더라도 결과적으로 매우 복잡한 방정식 목록을 갖게 된다.[8] 방정식 목록이 투자안에 대해 이해할 수 있게 해 준다

8) 상호 의존성을 구체적으로 기술하는 것은 시뮬레이션에서 가장 어렵고 중요한 부분이다. 투자안 현금흐름의 모든 요소가 연관성이 없다면, 시뮬레이션은 거의 필요 없다.

면, 이는 아마도 그리 나쁜 일은 아닐 것이다. 모형을 만드는 것은 마치 시금치와 같다. 그 맛은 별로 좋아하지 않을지 모르지만, 건강에는 좋은 것이다.

2단계: 확률을 구체적으로 정하기 도박 전략을 모의실험하는 절차를 기억하는가? 첫 단계는 전략을 구체적으로 정하는 것이었고, 다음 단계는 룰렛 바퀴에 숫자를 지정하는 것이었다. 셋째 단계는 이 숫자들을 임의로 선택하고 컴퓨터를 이용하여 전략의 결과를 계산하는 것이었다.

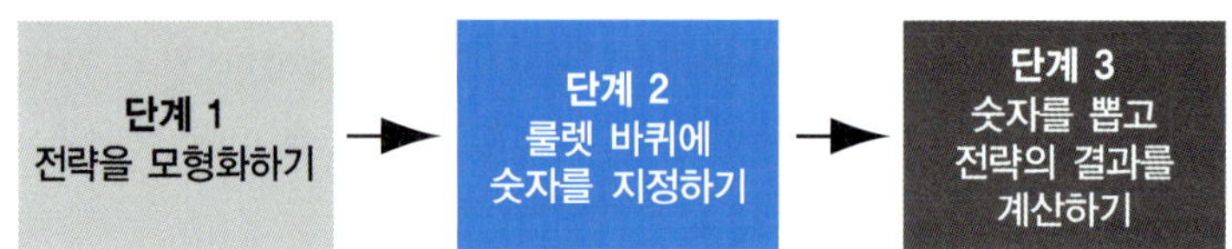

이 단계는 전동스쿠터 투자안에도 같다.

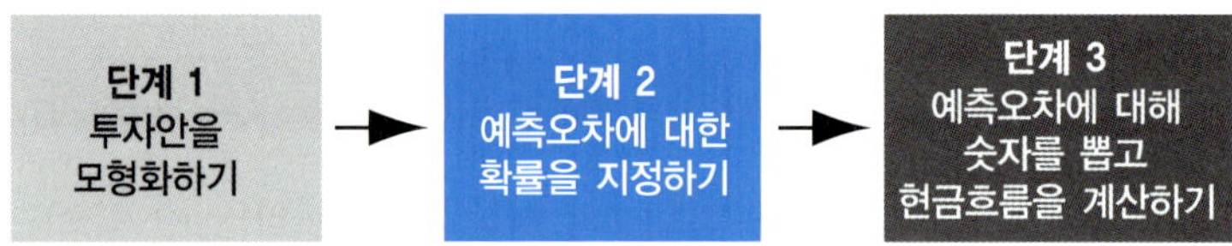

시장규모를 예측할 때 가능한 오차를 구체적으로 어떻게 정할 것인가에 대해 생각해 보라. 당신은 시장규모가 스쿠터 100만 대일 것으로 예상한다. 분명히 너무 많거나 적게 추정했다고는 생각하지 않는다. 그래서 기대 예측오차는 0이다. 한편, 마케팅부서가 가능한 추정치의 범위를 알려 준다. 시장규모는 적게는 85만 대에서 많게는 115만 대가 될 수 있다. 그러므로 예측오차는 0의 기대값과 ±15%의 범위를 갖는다. 만약 마케팅부서가 가능한 결과의 최저치와 최고치를 제대로 주었다면, 실제 시장규모는 거의 확실히 이 범위 내의 어떤 값을 가질 것이다.[9)]

이는 시장규모 문제를 해결해 준다. 이제 우리는 모형에 있는 다른 변수들 각각에 대해서도 같은 방식으로 예측오차의 추정치를 선택해야 한다.

3단계: 현금흐름을 시뮬레이션하기 컴퓨터는 이제 예측오차의 분포에서 표본을 추출하여 각 기간의 최종 현금흐름을 산출하고, 그것을 기록한다. 여러 번 반복하고 나서 투자안 현금흐름의 확률분포에 대한 정확한 추정치들을 얻기 시작한다. 여기서 정확하다는 것은 모형과 예측오차의 확률분포가 정확한 정도까지 정확하다는 뜻이다. "쓰레기가 들어가면 쓰레기가 나온다"라는 GIGO(garbage- in garbage-out)의 원리를 기억하자.

그림 10.3은 전동스쿠터 투자안의 실제 시뮬레이션 결과의 일부를 보여준다.[10)] 결과에서 양(+)의 왜도(skewness)를 주목하라. 매우 작은 값보다 매우 큰 값의 발생 가능성이 더 크다. 시간이

9) '거의 확실히'는 '그 시점의 99%'를 의미한다고 가정하자. 예측오차가 정규분포를 따른다면 이 정도의 확실성은 ±3 표준편차의 범위를 요구한다.
물론 다른 분포도 사용될 수 있다. 예를 들어 마케팅부서는 85~115만 대 사이의 시장규모를 같은 정도로 가능성이 있다고 볼 수도 있다. 이런 경우 모의실험은 예측오차의 균일분포(uniform distribution)가 필요하다.

10) 이는 Crystal Ball™ 소프트웨어의 실제 결과이다. 시뮬레이션은 연간 예측오차가 정규분포를 따른다고 가정하고 10,000회 시행하였다. 이 시뮬레이션을 시행해 준 Christopher Howe에게 감사한다. 오토바이 투자안을 모의실험하는 엑셀 프로그램은 Marek Jochec이 제공하였다. 이는 웹사이트 www.mhhe.com/bma에서 이용 가능하다.

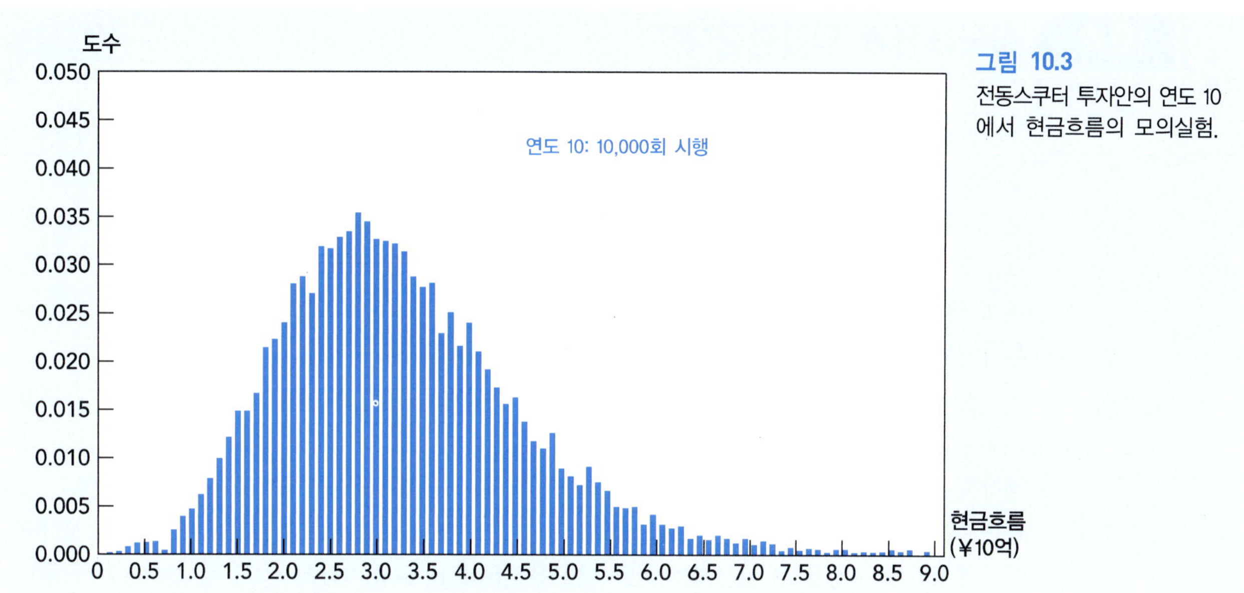

그림 10.3
전동스쿠터 투자안의 연도 10에서 현금흐름의 모의실험.

지남에 따라 예측오차가 누적될 때 이것은 일반적이고 현실적이다. 왜도 때문에 평균 현금흐름은 가장 가능성 있는 결과보다 약간 더 크다. 다른 말로 하면 분포의 꼭짓점 약간 오른쪽이다.[11)]

4단계: 현재가치 계산하기 투자안 현금흐름의 분포가 기대 현금흐름을 더 정확히 계산할 수 있도록 해줄 것이다. 마지막 단계에서는 이 기대 현금흐름을 할인하여 현재가치를 구해야 한다.

시뮬레이션은 때로는 비용이 많이 들고 복잡하지만 예측자가 불확실성과 상호 의존성을 직시하도록 하는 분명한 장점이 있다. 일단 시뮬레이션 모형을 수립하고 나면 현금흐름 불확실성의 주요 원천을 분석하고, 판매나 비용의 예측을 개선하기 위해 이 불확실성을 얼마나 줄일 수 있는가를 살펴보는 것은 간단하다. 또한 이 투자안을 수정하였을 때의 효과도 알아볼 수 있다.

시뮬레이션은 세상의 온갖 골칫거리를 치료하는 만병통치약처럼 들릴지 모른다. 그러나 언제나 그렇듯이 얻는 것이 있으면 그 대가를 지급해야 한다. 때때로 얻는 것보다 더 많은 대가를 치르기도 한다. 이는 단순히 모형을 만드는 데 소요된 시간과 돈의 문제만은 아니다. 우리가 아무리 정직하려고 하더라도 변수 간의 상호관계와 관련된 확률분포를 추정하는 것은 대단히 어렵다. 또한 자본예산에서 예측자들은 편견으로부터 완전히 벗어나기 어려우며, 시뮬레이션의 바탕이 되는 확률분포에도 커다란 편의가 있을 수 있다.

실제로는 현실을 제대로 나타내 주는 시뮬레이션은 매우 복잡할 것이다. 따라서 의사결정자는 경영과학자나 컨설턴트에게 모형을 만드는 업무를 맡길 수도 있다. 이 경우 비록 모형을 만든 사람들은 자신의 창작물을 이해한다고 할지라도 의사결정자들은 이를 잘 이해할 수가 없고, 그 결과 모형을 신뢰할 수가 없을 위험이 존재한다. 이것은 흔한 일이지만 아이러니한 경험이다.

11) 현금흐름 예측을 이용할 때, 기대값과 가장 가능성 있는 값(최빈값)의 차이를 염두에 두라. 현재가치는 기대 현금흐름에 근거를 둔다. 즉 가능한 미래 현금흐름을 확률로 가중평균한 것이다. 가능한 결과의 분포가 그림 10.3과 같이 오른쪽으로 꼬리가 치우친 분포라면 기대 현금흐름은 가장 가능성 있는 현금흐름보다 더 크다.

10.4 실물옵션과 의사결정나무

투자안을 평가하기 위해 할인 현금흐름(DCF)을 사용할 때, 우리는 묵시적으로 회사가 자산을 수동적으로 보유한다고 가정한다. 그러나 경영자는 바보짓을 하라고 봉급을 받는 것이 아니다. 새로운 투자안에 투자한 경영자는 뒤로 물러앉아 미래에 일이 어떻게 진행되는지 그저 보고만 있지 않는다. 일이 잘되면 투자를 확대할 것이고, 일이 잘못되면 투자안을 축소하거나 아예 전체를 포기하게 될 것이다. 이런 방식으로 쉽게 수정할 수 있는 투자안은 이러한 유연성을 제공하지 못하는 투자안보다 더 가치가 있다. 전망이 불확실할수록 이러한 유연성은 더 가치가 있다.

이것이 당연하게 들릴지 모르지만, 민감도 분석과 몬테칼로 시뮬레이션은 투자안을 수정할 기회를 인정하지 않는다는 점에 주목하라.[12] 예를 들어 오토바이사의 전동스쿠터 투자안을 다시 생각해 보자. 현실 세계에서는 투자안이 잘못되면 회사는 손실을 줄이려고 투자를 포기한다. 그렇다면 최악의 결과는 민감도 분석과 시뮬레이션이 보여주는 것만큼 파괴적이지는 않을 것이다.

투자안을 수정할 수 있는 선택권을 **실물옵션(real option)**이라고 한다. 경영자들이 이러한 기회를 설명할 때 꼭 '실물옵션'이란 용어를 사용하지는 않는다. 예를 들어 경영자들은 이를 투자안을 쉽게 수정할 수 있는 '무형의 이점'이라고 한다. 그러나 주요 투자 제안을 검토할 때, 종종 이 무형의 옵션은 의사결정의 중요한 요소이다.

확장옵션

페덱스(FedEx)와 같은 장거리 항공화물 사업은 매일 많은 양의 상품을 이동시켜야 한다. 그래서 에어버스(Airbus)가 A380 초대형기의 출시 지연을 발표했을 때 페덱스는 거래처를 보잉으로 돌려 15대의 777 화물기를 주문하고 2009~2011년 사이에 이를 인도받기로 하였다. 사업이 계속 확장된다면 페덱스는 더 많은 비행기가 필요할 것이다. 그러나 2006년에 페덱스는 추가로 확실한 주문을 하기보다는 미리 정해진 가격에 15대의 비행기를 추가로 살 수 있는 옵션을 얻음으로써 보잉의 생산라인에 자리를 확보하였다. 이 옵션은 페덱스가 사업을 확장한다고 약속한 것은 아니지만 그렇게 할 수 있는 유연성을 제공한다.

그림 10.4는 페덱스의 확장옵션(expansion option)을 간단한 **의사결정나무(decision tree)** 형태로 보여준다. 우리는 이것을 페덱스와 운(運) 간의 게임으로 생각할 수 있다. 네모는 회사의 행동이나 결정을 나타낸다. 원은 운에 의해 나타나는 결과를 보여준다. 이 경우 단 하나의 결과만 있다. 이때 운은 항공운송 수요와 페덱스의 수송능력 요구를 나타낸다. 페덱스는 이제 옵션을 행사하여 추가로 777을 살 것인가를 결정한다. 여기서 미래의 결정은 쉽다. 수요가 많고, 회사가 사업을 수익성 있게 운영할 수 있다면 비행기를 산다. 수요가 적으면 페덱스는 비행기 구매를 포기하고, 페덱스를 위해 준비해 두었던 비행기를 다른 고객에게 파는 문제는 보잉의 몫으로 남게 된다.

투자안이 제공하는 이런 추가 옵션 때문에 가치가 더 높아지는 많은 다른 투자안들을 생각할

12) 어떤 시뮬레이션 모형은 정책을 변화시킬 가능성을 인정한다. 예를 들어 제약회사가 R&D 결정을 분석하는 시뮬레이션을 할 때는 각 단계에서 개발을 포기할 가능성을 인정한다.

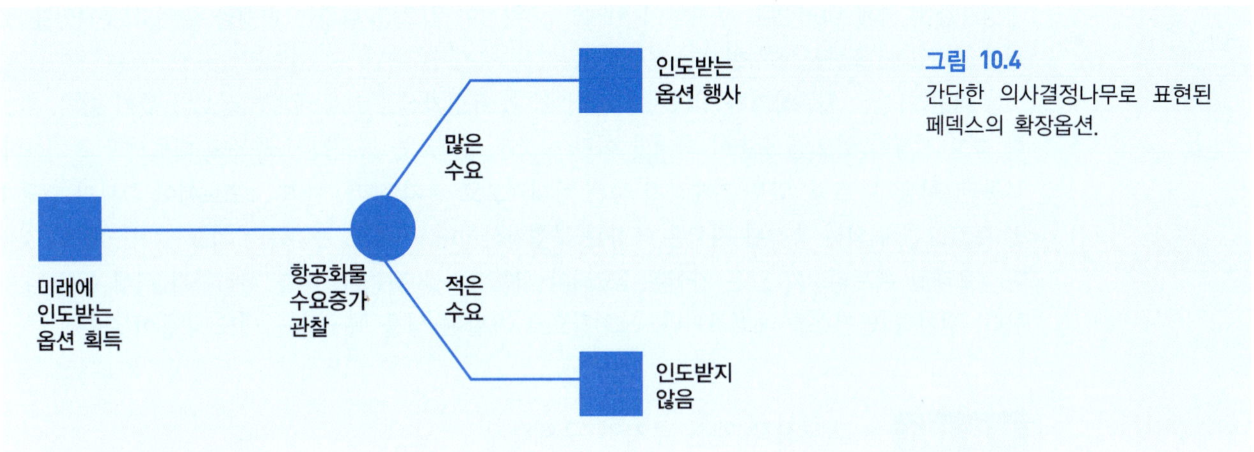

그림 10.4 간단한 의사결정나무로 표현된 페덱스의 확장옵션.

수 있다. 예를 들어,

- 새로운 투자안을 시작할 때, 기업은 있을 수 있는 디자인상의 문제를 해결하고 시장을 점검하기 위해 종종 파일럿 프로그램으로 시작한다. 먼저 파일럿 프로그램을 평가하고 그 후 충분한 규모로 확장할 것인가를 결정한다.
- 공장을 디자인할 때, 두 번째 생산라인의 미래 비용을 줄이려고 여분의 토지나 바닥 공간을 확보하는 것은 의미가 있다.
- 4차선 고속도로를 건설할 때 6차선 교량을 건설하여, 교통량이 기대한 것보다 많아지면 나중에 도로를 6차선으로 바꿀 수 있도록 하는 것은 이득이 될 수 있다.
- 해안에 석유나 가스전을 위한 생산 플랫폼을 만들 때 회사는 보통 충분한 갑판 공간을 확보한다. 빈 갑판이 지금은 비용이 더 들지만, 나중에 추가 설비를 설치할 비용을 줄인다. 예를 들어 빈 갑판 공간은 석유나 가스 가격이 높아져 투자를 정당화한다면 수상 부유 설비를 설치할 옵션을 제공할 수 있다.

이러한 확장옵션은 재무상태표에 기록된 자산에는 나타나지 않는다. 그러나 경영자와 투자자들은 그런 옵션이 있다는 것을 잘 알고 있다. 예를 들어 제4장에서 성장기회의 현재가치(PVGO)가 회사의 보통주 가치에 어떻게 공헌하는가를 보았다. PVGO는 미래 투자의 예상 총 현재가치와 같다. 그러나 PVGO를 투자하고 나서 확장할 수 있는 옵션의 가치로 생각하는 것이 더 좋다. 회사가 반드시 성장을 해야 하는 것은 아니다. 결과적으로 양(+)의 순현가 투자안 수가 많게 나타나면 투자를 늘릴 수 있고, 적게 나타나면 속도를 늦출 수도 있다. 투자안을 미래 기회에 맞춰 수정할 수 있는 유연성이야말로 PVGO를 가치 있게 만드는 요인 중 하나다.

포기옵션

확장할 수 있는 옵션이 가치가 있다면 중지하는 결정은 어떤가? 투자안은 자산이 오래되어 수명이 다할 때까지 계속되는 것은 아니다. 투자안을 끝내는 결정은 보통 저절로 이루어지는 것이 아니라 경영자들에 의해 내려진다. 투자안이 이제는 수익성이 없으면 회사는 손실을 줄이고 투자안을 포기할 수 있는 옵션을 행사한다.

어떤 자산은 처분하기가 상대적으로 더 쉽다. 유형자산은 보통 무형자산보다 팔기 쉽다. 활발한 중고 시장이 있으면 도움이 되지만 이런 시장은 실제로는 표준화된 품목에 대해서만 존재한다. 부동산, 항공기, 트럭, 일부 기계장치 등은 상대적으로 팔기 쉽다. 한편 소프트웨어 회사의 연구개발 프로그램에 의해 축적된 지식은 특화된 무형자산이며, 아마도 큰 처분가치를 갖지는 못할 것이다. [오래된 매트리스와 같은 자산은 음(−)의 처분가치를 갖는다. 이를 처리하기 위해 돈을 내야 한다. 원자력 발전소를 폐쇄하거나, 노천광으로 개발된 땅을 복구하는 데도 비용이 든다.]

예제 10.1 ● 외부장착 엔진 투자안 구제하기

새로운 투자안이나 벤처에 처음 투자할 때, 관리자는 포기할 수 있는 옵션을 인식해야 한다. 예를 들어 외부장착 방켈(Wankel) 엔진 모터의 생산을 위한 두 가지 기술 중 하나를 선택해야 한다고 하자.

1. 기술 A는 방켈 엔진에 필요한 복잡한 모양의 틀을 낮은 비용으로 대량 생산하기 위해 맞춤 디자인된 컴퓨터로 제어되는 기계를 사용한다. 그러나 외부장착 방켈 엔진이 팔리지 않으면 이 장비는 가치가 없다.
2. 기술 B는 표준 기계장치를 사용한다. 노무비가 훨씬 더 많이 들지만, 엔진이 팔리지 않아도 기계는 $17백만에 팔 수 있다.

편의상 기술 A와 B에 대한 초기 자본지출이 같다고 가정하자. 첫해 수요가 많으면 기술 A는 $24백만의 수익을 준다. 수요가 적으면 기술 A의 수익은 $16백만이다. 이 수익을 생산 첫해의 투자안 현금흐름에 모든 후속 현금흐름의 현재가치를 더한 것으로 생각하라. 기술 B를 채택할 때의 수익은 $22.5백만과 $15백만이다.

	외부장착 엔진을 생산할 때 수익($백만)	
	기술 A	기술 B
많은 수요	$24.0	$22.5
적은 수요	16.0	15.0*

(*첫해 현금흐름 $1.5백만과 첫해의 PV $13.5백만으로 구성됨)

신제품의 DCF 분석에서는 기술 A가 더 나아 보인다. 왜냐하면, 이 기술은 계획된 생산량을 가장 낮은 비용으로 생산하도록 고안되었기 때문이다. 그러나 회사가 새로운 외부장착 엔진이 시장에서 살아남을지 실패할지를 확신하지 못한다면, 기술 B의 유연성이 이점이 있다는 것을 알 수 있다. 기술 B를 채택하고 엔진이 성공하지 못하면 첫해 현금흐름 $1.5백만의 현금흐름을 얻고 공장과 설비를 $17백만에 파는 것이 더 낫다.

그림 10.5는 예제 10.1을 의사결정나무로 나타낸다. 포기옵션은 기술 B의 오른쪽 네모에 나타난

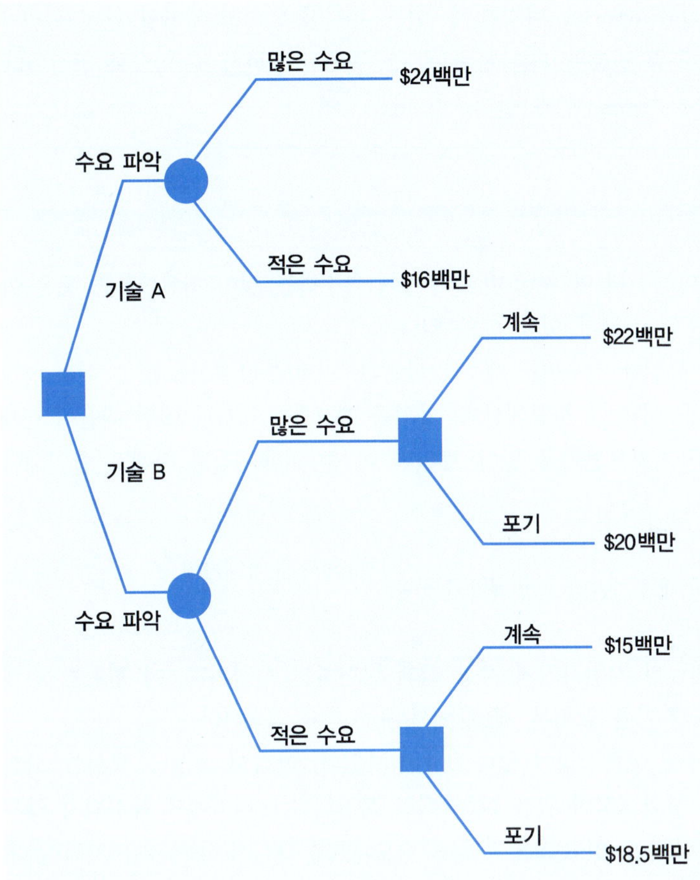

그림 10.5
방켈 외부장착 엔진 투자안의 의사 결정나무. 기술 B는 수요가 적을 때 투자안을 포기하고 $18.5백만을 회수하도록 해 준다.

다. 결정은 분명하다. 수요가 많으면 계속하고, 그렇지 않으면 처분한다. 따라서 기술 B에 의한 수익은 다음과 같다.

많은수요 → 계속 생산 → $22.5백만 가치가 있는 사업 소유
적은수요 → 자산을 파는 옵션을 행사 → 수익 1.5 + 17 = $18.5백만을 받음

기술 B는 보험 기능을 제공한다. 외부장착 엔진의 판매가 실망스러우면 투자안을 포기하고 $18.5백만을 회수할 수 있다. 기술 B를 사용하는 투자안의 총 가치는 포기하지 않을 때의 DCF 가치에 자산을 $17백만에 팔 수 있는 옵션의 가치를 더한 것이다. 이 포기옵션을 가치 있게 생각하는 것은 유연성의 가치를 평가하는 것이다.

생산옵션

기업이 새로운 투자를 시작할 때 일반적으로 나중에 이 투자안을 수정하기 원할 가능성에 대해 생각한다. 지금은 모든 사람이 둥근 말뚝을 좋아하지만, 그러나 누가 알겠는가, 내일은 각진 말뚝이 대유행일 수도 있다. 이런 때에는 다양한 모양의 말뚝을 생산할 수 있는 유연성을 제공하는 공

장이 필요하다. 마찬가지로, 투입물(input)을 변경할 수 있는 유연성에 미리 투자할 가치가 있을 수도 있다. 예를 들어 발전소는 종종 연료를 기름과 천연가스 중에서 전환할 수 있도록 건설된다. 이러한 기회를 생산옵션(*production option*)이라 한다.

투자시기옵션

투자안이 양(+)의 NPV를 갖는다는 사실이 지금 바로 투자에 착수하는 것이 최선이라는 뜻은 아니다. 나중에 착수하는 것이 좀 더 가치가 있을 수도 있다.

투자시기(timing)의 결정은 확실한 경우에는 매우 간단하다. 먼저 투자결정을 하는 여러 시점(t)을 검토하여 이 시점 각각의 순 미래(그 시점에서의) 가치를 계산한다. 그 뒤 어떤 대안이 현재의 회사 가치에 가장 큰 증가를 가져오는가를 알아 보려면 이 순 미래가치를 현재로 할인해야 한다.

$$\text{시점 } t\text{에서 착수할 때 투자안의 순 현재가치} = \frac{\text{시점 } t\text{에서 순 미래가치}}{(1+r)^t}$$

투자에 착수할 최적일은 지금의 기업가치에 가장 크게 공헌하는 시점이다. 이 절차는 언제 목재를 벌목하는 것이 가장 유리한가를 살펴본 제6장에서부터 이미 익숙하다.

목재 벌목 예에서 현금흐름에 불확실성이 없다고 가정하였다. 따라서 옵션을 행사할 최적 시점을 알았다. 투자시기옵션은 불확실성이 있을 때는 훨씬 복잡하다. $t = 0$에서 착수되지 않은 투자기회가 $t = 1$에서 더 매력적일 수도 있고 그렇지 않을 수도 있다. 확실히 아는 것은 거의 없다. 나중에 더 뜨거워질 가능성이 있다고 하더라도 쇠가 뜨거운 지금 두드리는 것이 아마 더 나을지도 모른다. 다른 한편으로는 조금만 더 기다린다면 좀 더 많은 정보를 얻고 나쁜 실수를 피할 수 있을지도 모른다. 이것이 종종 경영자가 단지 한계적으로만 순현가가 양(+)인 투자안에 바로 투자하지 않는 이유이다. 기다려서 배우는 것이 많다.

의사결정나무에 추가하여

제20장과 21장에서 옵션 평가이론을 공부한 후 제22장에서 실물옵션으로 다시 돌아올 것이다. 여기서는 의사결정나무를 좀 더 자세히 살펴보고 이 장을 마친다.

의사결정나무는 자본 투자안에 포함된 실물옵션을 설명하기 위해 널리 사용된다. 그러나 의사결정나무는 실물옵션이 처음으로 명확히 인식되기 훨씬 전부터 이미 투자안 분석에서 사용되었다. 의사결정나무는 투자안의 위험과 미래 의사결정이 투자안의 현금흐름에 어떻게 영향을 미치는지 이해하는 데 도움이 될 수 있다. 옵션 평가이론을 전혀 배우지 않았거나 사용한 적이 없다 할지라도 의사결정나무는 여러분의 재무 도구세트에 이미 들어가 있다.

의사결정나무가 투자안 분석에서 어떻게 사용되는지를 이해하는 가장 좋은 방법은 예제를 자세히 따라 해보는 것이다.

예제 10.2 ● 제약회사 R&D의 의사결정나무

신약 개발 프로그램은 몇십 년 동안 지속될 수 있다. 보통 전망 있는 몇 가지 화합물을 찾아내려고 수백만 종류의 화합물을 시험한다. 그 뒤 이 화합물은 몇 단계 투자를 거쳐서 식품의약국(FDA)의 승인을 얻어야 한다. 그런 후에야 신약을 상업적으로 판매할 수 있다. 그 단계는 다음과 같다.

1. **제1단계 임상시험.** 실험실시험과 임상시험이 끝나고 나서 신약은 적은 표본수의 인간에게 안전성과 용량을 시험한다.
2. **제2단계 임상시험.** 신약의 유효성(예상대로 작용하는가?)과 잠재적으로 해로운 부작용이 있는가를 테스트한다.
3. **제3단계 임상시험.** 신약의 유효성을 확인하고 해로운 부작용을 제거하기 위하여 더 많은 사람에게 시험한다.
4. **출시 준비.** FDA 승인을 획득하면 생산시설과 초기 마케팅에 투자한다. 일부 임상시험은 계속된다.
5. **상업적 출시.** 회사는 마케팅과 판매에 많은 초기 투자를 하고 신약을 대중에게 판매하기 시작한다.

일단 신약이 성공적으로 출시되면, 판매는 보통 이 약의 특허 보호기간이 만료되고 경쟁자가 같은 화학 화합물의 복제약을 가지고 시장에 진입할 때까지 약 10년간 지속된다. 이 약은 특허가 끝나고 나서도 계속 판매되겠지만 판매량과 이익은 훨씬 적어진다.

FDA가 승인한 약의 상업적 성공 여부는 크게 다르다. '대박'인 약의 출시 시점에서 PV는 평균적인 약의 PV보다 5~10배 정도 크다. 몇 개의 대박 신약이 대규모 제약회사 이익의 대부분을 차지한다.[13)]

어떤 회사도 대박이 **확실한** 약의 R&D 투자를 망설이지는 않는다. 그러나 그것은 출시가 되고 나서야 확실히 알 수 있다. 회사가 대박이 날 것으로 예상했는데 경쟁회사가 더 좋은 약을 먼저 출시하는 예도 있다.

때로는 FDA가 약을 승인하고 용도를 제한하기도 한다. 어떤 약은 효과적이지만 제한된 범위의 환자들에게만 처방할 수 있다. 어떤 약은 훨씬 널리 처방될 수 있다. 따라서 제약회사 R&D 프로그램 관리자는 임상적인 성공의 확률과 상업적인 성공의 확률을 평가해야 한다. 신약은 임상시험에서 실패하거나, 예를 들어 심각한 부작용이 있거나, 또는 이익에 대한 전망이 나쁘면 폐기된다.

그림 10.6은 이러한 의사결정을 예시하는 의사결정나무이다. 신약이 제1단계 임상시험을 통과했다고 가정한다. 이제 제2단계 임상시험에 $18백만을 투자해야 한다. 이 시험은 2년이 걸린다. 성공 확률은 44%이다.

임상시험이 성공적이면 관리자는 이 약의 상업적인 잠재력을 알게 된다. 상업적인 잠재력은 이 약이 얼마나 널리 사용될 수 있는가에 달렸다. 출시 시점에서 예상된 PV는 FDA가 승인한 사용 범위에 달렸다. 이 PV는 의사결정나무의 가장 오른쪽에 나와 있다. 신약이 널리 사용될 수 있어 대박이 날 때 NPV = $700백만이다. 가장 가능성이 있는 평균적인 경우는 NPV = $300백만이고, 약의 사용 범위가 극도로 제한적이어서 수요가 부진할 때 NPV = $100백만이다.[14)] NPV는 마케팅에 투자하고

13) 터푸츠 신약개발 연구 센터(Tufts Center for the Study of Drug Development, **http://csdd.tufts.edu**)의 웹사이트는 제약회사 R&D의 비용과 위험에 대해 많은 정보를 제공한다.

14) 가장 가능성이 있는 경우는 평균 결과가 아니다. 왜냐하면 제약 사업에서 PV는 위쪽으로 꼬리가 긴 분포이다. 평균 PV는 $0.25 \times 700 + 0.5 \times 300 + 0.25 \times 100$ = $350백만이다.

난 후 출시 시점의 수익이다. 약이 FDA에서 승인된다면 출시는 제3단계 임상시험이 시작되고 3년이 걸린다. 대박일 경우와 평균적일 경우, 수요가 부진할 때의 확률은 각각 25%, 50%, 25%이다.

제3단계 임상시험과 출시 전 기간에 $130백만의 추가 R&D 투자가 필요하다. (단순화를 위해 제3단계와 출시 전을 하나로 묶었다.) FDA의 승인 및 출시의 확률은 80%이다.

이제 그림 10.6에서 이 투자를 평가해 보자. 무위험 이자율을 4%, 시장 위험프리미엄을 7%로 가정한다. FDA가 승인한 신약이 0.8의 자산 베타를 갖는다면 기회자본비용은 $4 + 0.8 \times 7 = 9.6\%$이다.

이제 나무의 오른쪽에서 왼쪽으로 계산해 간다. 제3단계 임상시험이 시작할 때 NPV는 다음과 같다.

$$\text{NPV(대박)} = -130 + 0.8 \times \frac{700}{(1.096)^3} = +\$295\text{백만}$$

$$\text{NPV(평균)} = -130 + 0.8 \times \frac{300}{(1.096)^3} = +\$52\text{백만}$$

$$\text{NPV(수요 부진)} = -130 + 0.8 \times \frac{100}{(1.096)^3} = -\$69\text{백만}$$

수요가 적을 때 NPV는 −$69백만으로 음(−)이어서, 이때는 제3단계 시작 시점에서 $130백만 투자를 해서는 안 된다. 3년 후 $100백만의 수익이 있을 80% 확률에 $130백만을 투자해도 소용없다. 따라서 의사결정나무에서 이 시점의 R&D 프로그램 가치는 −$69백만이 아니라 0이다.

이제 제3단계 임상시험의 초기 투자결정의 NPV를 계산하자. 2년 후 수익은 이 약이 대박일 경우, 평균적일 경우, 수요가 부진할 경우에 따라 달라진다. NPV = +$295백만일 가능성이 25%, NPV = +$52백만일 가능성이 50%, NPV = 0일 가능성이 25%이다. 이 NPV는 제2단계 임상시험이 성공적일 경우에만 달성된다. 성공할 가능성이 44%이고 실패할 가능성이 56%이다. 초기 투자액은 $18백만이다. 따라서 NPV는 다음과 같다.

$$\begin{aligned}\text{NPV} &= -18 + 0.44 \times \frac{0.25 \times 295 + 0.5 \times 52 + 0.25 \times 0}{(1.096)^2} \\ &= -18 + 37 = +\$19\text{백만}\end{aligned}$$

따라서 이 약이 출시될 가능성이 겨우 33%(0.44 × 0.75 = 0.33, 즉 33%)에 불과하더라도 제2단계 임상시험 R&D는 투자할 가치가 있다.

임상시험에서 실패할 위험이나 신약이 이익을 발생시키지 못할 위험을 상쇄하려고 9.6% 할인율을 올리지 않았다는 점에 주목하라. 신약의 유효성에 대한 관심과 나타날 수 있는 부작용, 사용 범위는 분산 가능한 위험이며, 분산투자한 이 회사 주주들에게는 이 R&D 투자안의 위험을 증가시키지 않는다. 현금흐름 예측에서 이러한 사항을 주의 깊게 고려해야 한다. 그림 10.6의 의사결정나무는 성공과 실패의 가능성과 결과가 좋거나 나쁠 가능성도 추적한다.[15)]

그림 10.5와 10.6은 모두 포기옵션(abandonment option)의 예이다. 그러나 아직 명시적으로 투자를 옵션으로 모형화하지는 않았기 때문에 NPV 계산은 불완전하다. 포기옵션을 어떻게 평가하는지 제22장에서 논의한다.

15) 출시 시점 PV에 수반되는 시장위험은 9.6%의 할인율에 인식되어 있다.

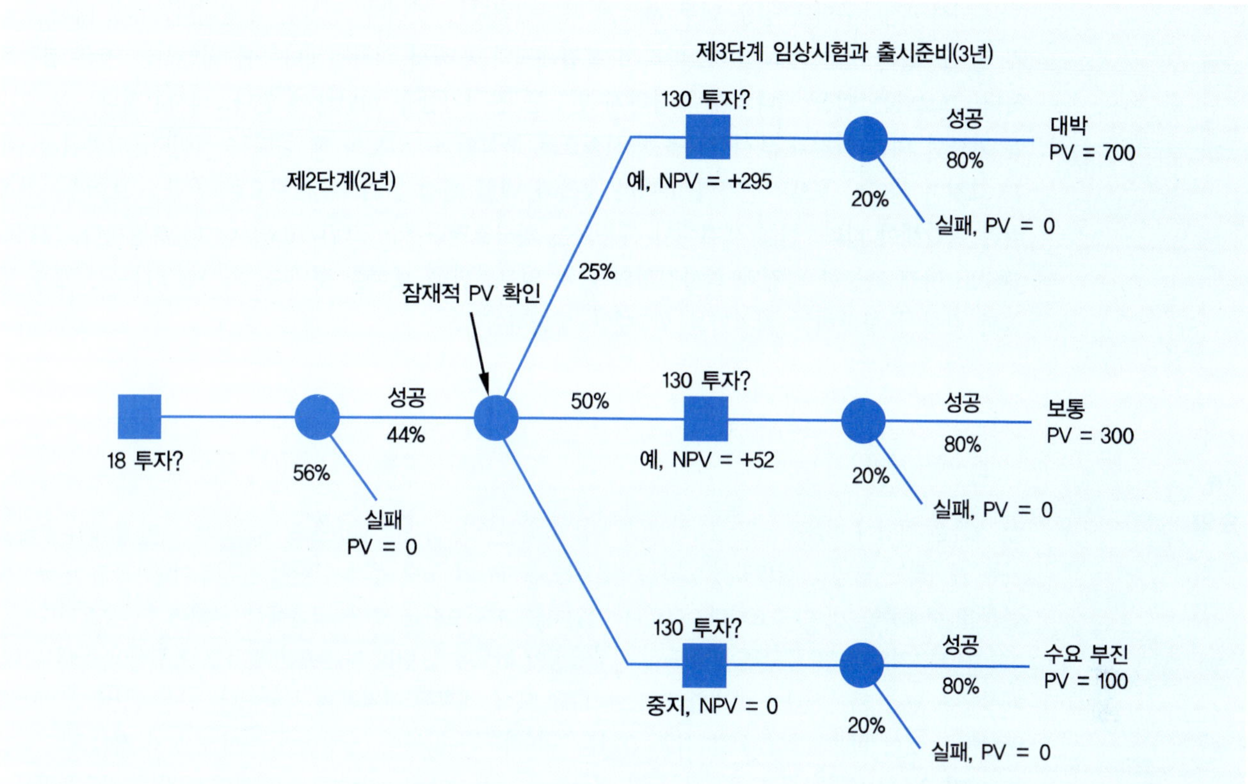

그림 10.6

제약회사 R&D의 단순화된 의사결정나무. 후보 약은 제2단계 임상시험에서 $18백만 투자가 필요하다. 임상시험이 성공적이면(확률 44%) 회사는 이 약의 사용 범위를 알게 되고 상업적으로 출시할 때 이 약의 PV 예상치를 갱신한다. 제3단계 임상시험과 출시 준비에 필요한 투자 지출은 $130백만이다. 제3단계와 출시 전 시험이 성공할 확률은 80%이다.

Visit us at www.mhhe.com/bma

의사결정나무의 장점과 단점

모든 현금흐름 예측은 기업의 미래 투자와 운영 전략에 대한 몇 가지 가정에 의존한다. 이런 가정은 흔히 암묵적이다. 의사결정나무는 관련된 전략을 밖으로 드러나게 해준다. 오늘 결정과 내일 결정 간의 관계를 보여줌으로써 의사결정나무는 재무관리자가 가장 큰 순 현재가치를 갖는 전략을 찾을 수 있도록 도와준다.

그림 10.6의 의사결정나무는 현실을 단순화한 것이다. 예를 들어 이 나무를 대박이나 중간 정도의 가능성을 포함하는 더 넓은 범위의 NPV를 포함하도록 확장할 수도 있다. NPV에 대한 정보가 제3단계의 시작 시점이 아니라 조금씩 도달하도록 할 수도 있다. 투자결정을 제1단계 시험에서 하고 제3단계와 출시 전 시험 단계를 분리할 수도 있다. 이러한 사건과 결정을 포함하는 새로운 의사결정나무를 그릴 수도 있다. 얼마나 빨리 원과 사각형, 그리고 가지가 늘어나는지 금방 알 수 있을 것이다.

의사결정나무의 단점은 너무 빠르게 복잡해진다는 것이다. 인생은 복잡하다. 이에 대해 우리가 할 수 있는 것은 거의 없다. 따라서 복잡해진다고 해서 의사결정나무를 비난하는 것은 불공평하다. 그보다는 일을 지나치게 복잡하게 만드는 분석가들을 비난해야 한다. 의사결정나무의 요점은 가능한 미래 사건과 의사결정을 명시적으로 분석할 수 있도록 해 준다는 점이다. 의사결정나무는 그것이 얼마나 포괄적인가가 아니라 오늘과 내일 결정 간의 가장 중요한 연결을 보여주는가에 따라 판단해야 한다. 현실 세계에서 사용되는 의사결정나무는 그림 10.6보다 더 복잡하다. 그러나 그것도 미래 가능한 사건과 의사결정의 단지 일부분만을 보여줄 뿐이다. 의사결정나무는 포도 넝쿨과 같아서 활발히 가지치기를 할 때만 생산적이다.

요약

앞 장들은 기업이 현금흐름을 예측하고 투자안의 위험을 반영하는 할인율로 이를 할인하여 투자안의 순현가를 계산하는 방법을 설명하였다. 최종 결과는 투자안이 주주 부에 공헌하는 정도이다. 할인 현금흐름 분석을 이해하는 것은 중요하다. 그러나 할인하는 능력보다는 좋은 자본예산 관행이 더 중요하다.

첫째, 기업은 질서 있는 방법으로 의사결정이 되도록 일련의 자본예산 절차를 확립해야 한다. 기업 대부분은 연간 자본예산을 준비한다. 이는 다음 해에 계획된 투자안의 목록이다. 자본예산에 투자안을 포함하는 것이 비용지출을 위한 최종 승인을 의미하지는 않는다. 공장이나 부서가 투자 제안을 진행할 수 있기 전에 보통 자세한 예측과 할인 현금흐름 분석, 이를 뒷받침하는 정보를 포함한 지출요청서를 제출해야 한다.

자본 투자안의 제안자들은 종종 미래 현금흐름을 과장하고 위험을 작게 이야기한다. 따라서 기업은 정직하고 열린 토론을 장려해야 한다. 또 투자안이 회사의 전략 계획에 적합한가와 일관성 있는 근거를 바탕으로 하고 있는가를 확실하게 하는 절차가 필요하다. (이러한 절차에 낙관적 예측을 상쇄하려고 투자안의 기준율에 가공요소를 더하면 안 된다.) 나중에 투자안이 운영되기 시작하고서 사후감사가 뒤따를 수 있다. 사후감사는 수정이 필요한 문제를 인식하고 기업이 실수에서 배우는 데 도움이 된다.

좋은 자본예산 관행은 투자 제안에 포함된 주요 불확실성을 확인하는 것이다. 이러한 불확실성을 알면, 위험을 줄이려고 투자안을 수정하는 방법을 알 수 있거나 투자안이 가치 있는가를 확인하기 위한 추가 탐색이 필요하다고 할 수도 있다.

기업이 투자안의 성공에 위협이 되는 요소들을 확인하고 평가하는 데 사용하는 몇 가지 방법이 있다. 첫째는 **민감도 분석**이다. 이것은 경영자가 각 예측이나 현금흐름을 발생시키는 가정을 살펴보고, 관련 변수의 낙관적인 값과 비관적인 값에서 순현가를 다시 계산한다. NPV의 결과 범위가 넓으면 투자안은 이 변수에 '민감하다.' 특히 비관적일 때 더욱 민감하다.

민감도 분석은 종종 **손익분기 분석**으로 이어진다. 이것은 주요 변수의 손익분기 값을 확인한다. 경영자가 판매량의 감소에 관심이 있다고 하자. 그러면 경영자는 투자안의 손익이 같아지는(NPV = 0) 판매량을 계산하여 판매량이 그보다 줄어들 확률을 고려한다. 추천하고 싶지는 않지만, 손익분기 분석은 회계적 이익으로도 계산한다.

민감도 분석과 손익분기 분석은 쉽다. 이들은 투자안의 성공과 실패에 정말 중요한 예측과 가정을 확인한다. 그러나 중요 변수가 한 번에 하나씩 변하지는 않는다. 예를 들어 원자재 가격이 예상보다 높을

Visit us at www.mhhe.com/bma

때 판매 가격도 역시 높을 것이다. 이에 대한 논리적 대응 방안은 **시나리오 분석**이다. 이것은 몇몇 변수가 한꺼번에 변할 때 NPV에 대한 효과를 살펴본다.

시나리오 분석은 제한된 수의 변수 조합을 살펴본다. 통째로 모든 가능한 조합을 보려면 **몬테칼로 시뮬레이션**을 해야 한다. 이 경우에는 투자안의 재무모형을 만들고 현금흐름을 결정하는 각 변수의 확률분포를 구체화해야 한다. 그러고 난 후 컴퓨터에 각 변수에 대해 난수를 추출하여 현금흐름 결과를 계산하도록 지시한다. 실제로 미래 현금흐름의 완전한 분포를 발생시키기 위해 컴퓨터에 이런 일을 수만 번 하라고 명령한다. 이러한 분포를 갖게 되면 기대 현금흐름과 투자안 위험을 더 잘 다룰 수 있다. 이 분포가 어떤 영향을 받는지 보려고 투자안의 전망이나 변수들의 범위를 바꾸어 실험할 수도 있다.

자본예산에 관한 기초적인 논문들은 때로는 경영자가 투자결정을 하면 이제 할 일 없이 뒤로 물러나 앉아 현금흐름이 어떻게 되는가를 지켜본다는 인상을 준다. 실제로는 회사들은 끊임없이 운영을 수정한다. 현금흐름이 예상보다 좋다면 투자안은 확장될 것이다. 현금흐름이 나쁘면 축소하거나 전부 포기한다. 투자안을 수정할 수 있는 선택권을 **실물옵션**이라고 한다. 이 장에서 우리는 실물옵션의 주요 범주를 소개하였다. **확장옵션**과 **포기옵션**, **투자시기옵션**, **생산의 유연성**을 주는 옵션 등.

훌륭한 경영자는 투자안을 평가할 때 실물옵션을 고려한다. 실물옵션과 그 현금흐름에 대한 영향을 요약하는 한 가지 간단한 방법은 **의사결정나무**를 이용하는 것이다. 먼저 투자안에 일어날 수 있는 것과 의사결정자가 취할 수 있는 주요 대책을 확인한다. 그러고 나서 미래에서 현재로 거꾸로 작업하여, 각 경우에 의사결정자가 어떤 행동을 취해야 하는가를 생각할 수 있다.

의사결정나무는 실물옵션이 투자안의 현금흐름에 미치는 영향을 확인할 수 있도록 도와준다. 그러나 우리는 실물옵션을 어떻게 평가하는가의 문제는 회피하였다. 옵션평가방법을 터득하고 난 후 제22장에서 이 주제로 다시 돌아온다.

더 읽어야 할 문헌

실물옵션에 대한 너무 기술적이지 않은 세 참고문헌은 다음과 같다.

A. Dixit and R. Pindyck, "The Options Approach to Capital Investment," *Harvard Business Review*, 73: (May-June 1995), pp. 105~115.

W. C. Kester, "Today's Options for Tomorrow's Growth," *Harvard Business Review*, 62: (March-April 1984), pp. 153~160.

A. Triantis and A. Borison, "Real Options: State of the Practice," *Journal of Applied Corporate Finance* 14(Summer 2001), pp. 8~24.

연습문제

기본문제

1. 맞는가, 틀리는가?
   a. 자본예산이 승인되면 관리자가 예산에 포함된 어떤 투자안도 진행할 수 있도록 허용된다.
   b. 자본예산과 투자안 승인은 주로 '상향식'으로 개발된다. 전략 계획은 '하향식' 과정이다.
   c. 투자안 지지자는 지나치게 낙관적인 경향이 있다.
2. 다음 활동이나 문제가 자본예산 과정을 어떻게 왜곡하거나 중단시킬 수 있는가를 설명하라.
   a. 투자안 지지자들의 과도한 낙관주의
   b. 산업과 거시경제 변수의 일관성 없는 예측
   c. 상향식 과정으로만 조직된 자본예산
3. 다음 용어나 절차를 정의하고 간단히 설명하라.

Visit us at www.mhhe.com/bma

a. 민감도 분석
b. 시나리오 분석
c. 손익분기 분석
d. 몬테칼로 시뮬레이션
e. 의사결정나무
f. 실물옵션
g. 포기 가치
h. 확장 가치

4. 맞는가, 틀리는가?
a. 민감도 분석은 자산 베타가 0인 투자안에는 필요 없다.
b. 민감도 분석은 투자안의 성공에 가장 중요한 변수들을 확인하는 데 사용할 수 있다.
c. 단지 한 변수가 불확실하다면 민감도 분석이 투자안의 현금흐름과 NPV의 '낙관적인' 값과 '비관적인' 값을 준다.
d. 투자안의 손익분기 매출은 손익분기점이 회계적 이익이 아니라 NPV로 정의될 때 더 높다.
e. 비용의 많은 부분이 고정비일 때 위험은 감소한다.
f. 몬테칼로 시뮬레이션은 현금흐름 예측을 돕는 데 사용할 수 있다.

5. 관리자가 이미 투자안의 현금흐름을 추정하고 NPV를 계산하였으며 표 10.2에서 보여준 것과 같은 민감도 분석을 하였다고 가정하자. 투자안 현금흐름의 몬테칼로 시뮬레이션을 하는 데 필요한 추가 단계를 열거하라.

6. 맞는가, 틀리는가?
a. 의사결정나무는 실물옵션을 확인하고 묘사하는 것을 도울 수 있다.
b. 확장옵션은 PV를 증가시킨다.
c. 높은 포기 가치는 PV를 감소시킨다.
d. 투자안이 양(+)의 NPV를 가지면, 회사는 항상 즉각 투자해야 한다.

7. 할인율을 더 높게 설정하는 것이 상향 편의가 있는 현금흐름 예측을 치료하는 방법이 아닌 이유를 설명하라.

중급문제

8. 새로운 투자안의 초기 아이디어부터 투자안을 완성하고 운영을 시작하기까지 자본예산 과정을 추적하는 개요 또는 흐름도(flowchart)를 그려라. 새 차단기에 대한 아이디어는 Modern Language Corporation의 해체 부서의 공장관리자에게서 나왔다고 가정하라.

여기 개요나 흐름도에서 고려해야 할 몇 가지 질문이 있다. 누가 처음 제안을 준비할 것인가? 이 제안에 어떤 정보를 담을 것인가? 누가 이것을 평가할 것인가? 어떤 승인이 필요한가? 누가 승인할 것인가? 기계를 구매하고 설치하는 데 처음 예상보다 40%가 더 든다면 어떻게 될까? 이 기계가 마침내 설치되고 운전될 때 무슨 일이 일어날까?

9. 제5.3절의 투자안 F와 G의 현금흐름을 다시 보라. 자본비용은 10%로 가정한다. 이러한 종류 투자안의 예상 현금흐름은 평균 8%씩 과장된다. 즉 각 투자안의 각 현금흐름 예상치를 8%씩 줄여야 한다. 그러나 게으른 재무관리자는 투자안 지지자와 논쟁하기 싫어서 그들에게 18% 할인율을 사용하도록 지시한다.
a. 이 투자안의 진정한 NPV는 얼마인가?
b. 18% 할인율에서 NPV는 얼마인가?

Visit us at www.mhhe.com/bma

c. 어떤 환경에서 18% 할인율이 올바른 NPV를 주는가? (힌트: 더 먼 현금흐름에서는 상향 편의가 더 심각할 수 있는가?)

10. 다음 시나리오에서 전동스쿠터 투자안의 NPV는 얼마인가?

시장규모	110만
시장점유율	0.1
대당 가격	¥400,000
대당 변동비	¥360,000
고정비	¥20억

11. 오토바이사의 직원은(제10.2절 참조) 전동스쿠터 투자안에 대해 다음과 같은 수정된 추정치를 제안하였다.

eXcel
Visit us at
www.mhhe.com/bma

	비관적	기대치	낙관적
시장규모	80만	100만	120만
시장점유율	0.04	0.1	0.16
대당 가격	¥300,000	¥375,000	¥400,000
대당 변동비	¥350,000	¥300,000	¥275,000
고정비	¥50억	¥30억	¥10억

(**www.mhhe.com/bma**에서 이용 가능한) '온라인' 스프레드시트를 사용하여 민감도 분석을 하여라. 이 투자안에서 중요한 불확실성은 무엇인가?

12. 오토바이사는 전동스쿠터를 생산하는 다른 방법을 고려하고 있다(제10.2절 참조). 이 방법은 ￥150억의 추가 투자가 필요하며 대당 ￥40,000씩 변동비를 줄인다. 다른 가정은 표 10.1을 따른다.

a. 이 새 계획의 NPV는 얼마인가?

b. 그림 10.1의 형식을 따라 이 새 계획의 손익분기도를 그려라.

c. 손익분기도를 어떻게 해석할 것인가를 설명하라.

d. 이제 오토바이사의 경영자가 제10.2절의 전동스쿠터 투자안의 손익이 같아지는 점에서 대당 변동비를 알고 싶어 한다고 하자. 투자안의 이익이 0이 되는 비용과 NPV가 0이 되는 비용을 계산하라. 초기 투자는 ￥150억이라고 가정하라.

e. DOL을 다시 계산하라.

13. Rustic Welt Company는 구두창 만드는 오래된 기계를 좀 더 신형 장비로 대체할 것을 고려하고 있다. 새 장비는 $9백만이 든다(기존 장비의 잔존가치는 0이다). 새 기계의 매력은 현재 한 구두창 당 $8 수준인 제조비용을 $4로 줄일 것으로 예상된다는 점이다. 그러나 다음 표가 보여주는 바와 같이 미래 판매와 새 기계의 성능에 대해서 약간의 불확실성이 있다.

	비관적	기대치	낙관적
판매량(백만 개)	0.4	0.5	0.7
새 기계를 사용할 때 제조원가(개당 달러)	6	4	3
새 기계의 경제적 수명(년)	7	10	13

할인율이 12%라고 가정하고 이 대체 결정에 대한 민감도 분석을 하라. Rustic Welt는 세금을 내

Visit us at www.mhhe.com/bma

지 않는다.

eXcel
Visit us at
www.mhhe.com/bma

14. 오토바이사의 매년 기대 변동비가 ¥330억이고 고정비는 0이라고 하자. 이것이 영업 레버리지도를 어떻게 바꾸겠는가? 이제 전체 비용 ¥330억이 모두 고정비라고 하고 영업 레버리지를 다시 계산하라.

15. 영업 레버리지는 종종 매출의 1% 증가가 감가상각 후 이익이 몇 퍼센트 증가하는가로 측정된다.

a. 판매 대수가 100,000대라고 가정하고(제10.2절 참조) 전동스쿠터 투자안의 영업 레버리지를 계산하라.

b. 이제 이 숫자가 1 + (감가상각비를 포함한 고정비/세전 이익)과 같음을 보여라.

c. 판매 대수가 200,000대라면 영업 레버리지는 더 높아지는가, 낮아지는가?

16. 제9.4절의 베지트론 전기걸레 투자안을 다시 보자. 시험이 실패하고 베지트론이 이 투자안을 계속 추진한다면, $1백만 투자로 1년에 겨우 $75,000을 얻는다. 베지트론의 문제를 의사결정나무로 나타내라.

17. 이 책의 웹사이트(**www.mhhe.com/bma**)에는 오토바이사 투자안의 현금흐름을 모의실험하는 엑셀 프로그램이 있다. 이 프로그램을 사용하여 이 투자안을 둘러싼 주요 불확실성이 무엇인지를 살펴보라. 좀 더 분석을 하면 이 변수 중 하나의 불확실성을 효과적으로 제거할 수 있다고 하자. 어느 변수에 가장 유용하게 적용될 수 있겠는가?

18. 다음 각 경우의 실물옵션을 설명하라.

a. Deutsche Metall은 주요 공장 확장을 연기한다. 이 확장은 할인 현금흐름 기준으로 양(+)의 NPV를 갖는다. 그러나 최고 경영자는 계속하기 전에 제품 수요에 대한 더 나은 예측치를 얻기 원한다.

b. Western Telecom은 특별히 유럽 시장에 맞도록 디자인된 디지털 스위칭 장비를 생산하기로 한다. 이 투자안은 음(−)의 NPV를 갖지만, 급속히 성장하고 잠재적으로 매우 수익성 있는 시장에서 강한 위치를 유지할 필요가 있다는 전략적인 이유로 정당화된다.

c. Western Telecom은 새로운 디지털 스위치를 생산하는 완전히 통합되고 자동화된 생산라인을 거부한다. 이 회사는 표준화된 덜 비싼 장비에 의존하고 있다. 자동화된 생산라인은 할인 현금흐름 계산에 의하면 전반적으로 더 효율적이다.

d. Mount Fuji Airways는 화물기에서 여객기로 또는 그 반대로 재빨리 전환할 수 있는 특수 장비를 갖춘 점보기를 산다.

19. 그림 10.6의 의사결정나무를 다시 보라. 다음 가능한 결과로 확장한다.

- 대박: PV = $15억, 5% 확률
- 평균 이상: PV = $7억, 20% 확률
- 평균: PV = $3억, 40% 확률
- 평균 이하: PV = $1억, 25% 확률
- 쪽박: PV = $4천만, 10% 확률

의사결정나무를 다시 그려라. 제2단계 임상시험에 $18백만 투자가 아직 양(+)의 NPV를 갖는가?

20. 그림 10.6의 예를 다시 보라. R&D 팀은 확대된 제2단계 임상시험에 $20백만을 추가로 투자할 것을 제안하였다. 그 목적은 이 약이 액체가 아니라 단순한 흡입제로 사용될 수 있음을 증명하는 것이다. 성공적이라면 사용 범위가 확대되고 대박일 때 PV는 $10억으로 증가할 것이다. 성공 확률은 변하지 않는다. **www.mhhe.com/bma**에서 그림 10.6의 '온라인' 엑셀 스프레드시트 버전을 보라. 추가로 $20백만 투자를 할 가치가 있는가? 제3단계 임상시험의 성공 확률이 75%로 하락한다면 답이 변하는가?

Visit us at www.mhhe.com/bma

도전문제

21. Magna Charter는 미국 남동부 지역에 회사 중역들을 위한 항공 서비스를 제공하려고 Agnes Magna가 새로 설립한 회사이다. 설립자는 회사 전용 비행기를 정당화할 수는 없지만, 때때로 전용 비행기가 필요한 회사들에서 이미 충분한 전세기 수요가 있을 것으로 생각한다. 그러나 이 벤처 사업은 확실한 것이 아니다. 첫해에 수요가 적을 가능성이 40%이다. 수요가 적다면 이어지는 해에도 적을 확률이 60%이다. 한편, 초기 수요가 많으면 수요가 많게 유지될 가능성이 80%이다. 당면한 문제는 어떤 종류의 비행기를 살 것인가를 결정하는 것이다. 터보 프로펠러기는 $550,000이다. 피스톤 엔진기는 단지 $250,000이지만 공간이 좁다. 게다가 피스톤 엔진기는 구형 디자인이어서 급속히 상각될 가능성이 크다. Magna 여사는 내년에는 중고 피스톤 비행기를 단돈 $150,000에 살 수 있을 것으로 믿고 있다.

표 10.7은 연도 1과 2에 두 비행기에서 발생하는 수익이 수요의 형태에 따라 달라지는 것을 보여준다. 예를 들어, 두 해에 모두 수요가 많다면 터보기는 2년도에 $960,000의 수익을 줄 것이다. 1년도에 수요가 많지만 2년도에 수요가 적다면 2년도에 터보기의 수익은 단지 $220,000이다. 둘째 해의 수익을 그해 현금흐름과 이어지는 기간에 현금흐름의 2년도 가치를 합한 것으로 생각하라. 또한 이 현금흐름을 확실성 등가로 생각하라. 따라서 이것은 무위험 이자율 10%로 할인할 수 있다.

여기서 Magna 여사는 좋은 방안을 하나 생각해 낸다. 피스톤 비행기로 시작하여 첫해에 수요가 적으면, 작고 상대적으로 비싸지 않은 비행기를 보유하면서 상태를 관망할 수 있다. 한편, 첫해에 수요가 많으면 두 번째 피스톤 비행기를 단지 $150,000에 살 수 있다. 이 경우 수요가 계속 많으면 두 피스톤 비행기에서 2년도 수익은 $800,000가 될 것이다. 그러나 2년도에 수요가 감소하면 수익은 단지 $100,000가 될 것이다.

a. Magna Charter의 선택을 보여주는 의사결정나무를 그려라.
b. Magna Charter가 피스톤 비행기를 사고 첫해 수요가 많게 나타나면 확장해야 하는가?
c. (b)에 대한 답을 보고, Magna 여사에게 지금 터보기와 피스톤 비행기 중 어느 것을 사라고 권하겠는가?
d. 확장옵션이 없다면 피스톤 비행기 투자의 NPV는 얼마인가? 확장옵션이 가져오는 추가 가치는 얼마인가?

22. 제6.2절의 구아노 투자안을 다시 보라. Crystal Ball™ 소프트웨어를 사용하여 물가상승에 대한 불확실성이 이 투자안의 현금흐름에 어떤 영향을 주는지 시뮬레이션하라.

터보 프로펠러기의 수익				
1년도 수요	**많음(0.6)**		**적음(0.4)**	
1년도 수익	$150		$30	
2년도 수요	**많음(0.8)**	**적음(0.2)**	**많음(0.4)**	**적음(0.6)**
2년도 수익	$960	$220	$930	$140
피스톤 엔진기의 수익				
1년도 수요	**많음(0.6)**		**적음(0.4)**	
1년도 수익	$100		$50	
2년도 수요	**많음(0.8)**	**적음(0.2)**	**많음(0.4)**	**적음(0.6)**
2년도 수익	$410	$180	$220	$100

표 10.7 Magna 여사의 항공 서비스의 가능한 수익. (모든 값은 단위가 천이다. 괄호 안은 확률이다.)

Visit us at www.mhhe.com/bma

미니 케이스

Waldo County

Waldo County는 잘 알려진 부동산 개발업자인데 많은 시간 일을 했고, 자기 직원들도 그렇게 하기를 바랐다. 그래서 George Chavez는 긴 여름 주말을 맞아 막 놀러 가려고 할 때, 사장의 전화를 받고도 놀라지 않았다.

County는 좋은 장소를 본능적으로 잘 찾아내는 것으로 성공을 거두었다. 그는 모든 계획 모임의 중요 대목마다 "장소! 장소! 장소!"라고 외치곤 하였다. 그렇지만 재무는 그의 장기가 아니었다. 이번에는 메인 주를 향해 남동쪽으로 가는 여행자를 끌어들이기 위한 새로운 $9천만짜리 아웃렛 몰(outlet mall)에 대한 수치를 George에게 검토시켰다. "월요일까지 검토하게." 그는 George에게 자료를 건네며 말했다. "나는 Bar Harbor에 있는 집에 있겠네. 필요하면 연락하게."

George의 첫 번째 임무는 투자안의 매출액과 비용을 요약하는 것이었다. 그 결과가 표 10.8에 있다. 쇼핑몰의 수입은 두 가지 원천에서 나온다는 것을 주목하라. 회사는 소매업자에게 그들이 점유하는 공간에 대해 연간 임대료를 부과하고 추가로 각 상점의 총매출에 대해 5%를 받는다.

몰을 짓는 데 3년이 걸릴 것으로 예상하였다. 건축비용은 3년 후부터 15년간 정액법으로 상각할 수 있다. 회사의 다른 개발과 마찬가지로 몰은 최고로 튼튼히 지어져 17년도까지는 재건축할 필요가 없다. 땅은 그 가치를 유지할 것으로 예상하며 세금 목적으로 상각될 수 없다.

건축비와 수입, 운영유지비, 부동산 세금 등은 모두 연간 2%로 예상되는 물가상승률과 비례하여 상승할 것으로 예상한다. 회사 세율은 35%이고 명목 자본비용은 9%이었다.

George는 먼저 투자안이 재무적으로 타당성이 있는가를 검토하기로 하였다. 그 뒤 잘못될 수 있는 것들을 살펴보기로 하였다. 사장은 확실히 좋은 소매 투자안에 대한 후각을 가지고 있다. 그러나 그가 절대로 틀리지 않는 것은 아니다. Salome 투자안은 가게 매출이 예상보다 40%나 적어서 큰 손실을 보았다. 여기서 그런 일이 일어나면 어떻게 하지? George는 매출이 예측에 얼마나 못 미쳐야 투자안이 적자가 나는지 생각하였다.

물가상승은 불확실성의 또 다른 요소다. 어떤 사람들은 장기 물가상승률이 0이라고 이야기하지만, George는 물가상승이, 말하자면 10%로 뛴다면 어떻게 될 것인가를 또한 생각한다.

세 번째 관심은 건축비가 예상을 초과하고 필요한 구획정리와 환경 승인 때문에 지연될 가능성이다.

표 10.8 Downeast Tourist Mall의 실질가치 기준 예상 수입과 비용(단위: $백만).

	연도					
	0	1	2	3	4	5~17
투자액:						
땅	30					
건축비	20	30	10			
운영비:						
임대료				12	12	12
소매매출의 몫				24	24	24
영업과 유지비	2	4	4	10	10	10
부동산 세금	2	2	3	4	4	4

Visit us at www.mhhe.com/bma

George는 건축비가 25% 초과하는 경우와 땅의 매입에서 건축이 시작될 때까지 12개월까지 지연되는 경우들을 보아왔다. 그는 이 시나리오가 투자안의 수익성에 미치는 영향을 검토해야 한다고 결정하였다.

"야, 이거 재미있겠는데." George는 주말에 Old Orchard 해변에 가려고 하는 Waldo의 비서 Fifi에게 소리쳤다. "나는 몬테칼로도 해봐야겠어."

"Waldo 씨는 몬테칼로에 한 번 갔어요." Fifi가 대답하였다. "룰렛 테이블에서 큰 돈을 잃었어요. 나라면 그걸 기억나게 하진 않겠어요. 그에게 최종 결과만을 보여줘요. 돈을 벌 것인가 손해 볼 것인가? 그게 가장 중요한 거죠."

"OK, 몬테칼로는 아니야." George는 동의하였다. 그러나 그는 스프레드시트를 작성하고 시나리오를 돌리는 것으로 충분하지 않다는 것을 안다. 그는 County 씨에게 결과를 어떻게 요약하고 설명할 것인가를 생각해야 했다.

문제

1. 표 10.8의 예상치가 주어졌을 때 이 투자안의 NPV는 얼마인가?
2. 이 투자안의 민감도 분석과 시나리오 분석을 하라. 이러한 분석이 투자안의 위험과 잠재적 가치에 대해 무엇을 보여주는가?

Visit us at www.mhhe.com/bma

11 Chapter

투자와 전략, 그리고 경제적 지대

할인현금흐름(discounted cash flow, DCF)에 관해 공부한 경영자를 망치 든 어린애와 같다고 하는 이유는 무엇인가? 답: 망치를 든 어린애에게는 모든 것이 못으로 보이기 때문이다(무조건 두드려 박으려 함).

이 말은 경영자가 DCF의 계산에 초점을 맞추기만 하고 모든 투자결정의 기본이 되는 예측을 무시해서는 안 된다는 뜻이다. 고위 경영자에게는 끊임없이 자본 지출에 필요한 자금 요청이 쇄도한다. 이런 요청에는 항상 투자안이 양(+)의 NPV를 갖는다는 것을 보여주는 자세한 DCF 분석이 첨부되어 있다.[1] 그런데 경영자는 단지 예측 오차의 결과로 생긴 양(+)의 NPV와 정말로 0보다 큰 NPV를 어떻게 구별할 수 있는가? 이를 위해 경제적 이익의 가능성 있는 원천에 대해 몇 가지 탐색적인 질문을 해볼 것을 제안한다.

좋은 투자결정을 내리기 위해서는 자사의 경쟁우위에 대해 알아야 한다. 이곳이 바로 기업전략과 금융이 만나는 곳이다. 좋은 전략은 기업이 자사가 보유한 자산과 성장기회로부터 최대의 가치를 창출할 수 있도록 해 준다. 좋은 전략을 찾는 일은 우리 회사가 경쟁사와 비교해서 어떤 위치에 있으며, 우리 회사가 치고 나갈 때 경쟁기업이 어떻게 반응할지를 이해하는 데서 출발한다. 이와 같은 경쟁 환경 속에서 자사의 현금흐름 예측은 현실적인가? 경쟁자들의 행동이 우리 회사 투자의 NPV에 어떤 영향을 미칠 것인가?

이 장의 첫 번째 절은 자본예산에서 만나는 일반적인 함정, 그 중에서도 특히 이미 시장가치를 알고 있어서 DCF 계산이 필요 없는데도 굳이 DCF를 적용하려는 경향을 살펴본다. 둘째 절은 모든 양(+)의 NPV 투자의 밑바닥에 깔려있는 **경제적 지대**(*economic rent*)를 다룬다. 셋째 절은 가글 블래스터(gargle blaster) 생산 회사인 마빈엔터프라이즈(Marvin Enterprises)가 급진적인 새로운 상품의 도입을 어떻게 분석하는가를 설명하는 사례연구를 보여준다.

11.1 먼저 시장가치에 주목하라

회사가 계획하고 있는 투자안의 관련자들에게 그들의 솔직한 예측을 제시해 보도록 설득했다고 하자. 이들 예측은 편의가 없다(unbiased)고 하더라도 여전히 오차를 포함하고 있을 가능성이 있다. 일부 오차는 0보다 크고, 나머지는 0보다 작을 것이다. 평균 오차는 0이겠지만 이것은 별로 위안이 되지 않는다. 정말로(*truly*) 수익성이 우월한 투자안만을 채택해야 하기 때문이다.

예를 들어 다양한 계열의 사업을 운영하여 얻는 현금흐름 추정치를 대충 적어보면 어떻게 될까 생각해 보자. 아마도 절반 정도는 양(+)의 NPV를 갖는 것처럼 나타나는 것을 알게 될 것이다. 이는 분석자가 개인적으로 점보제트기를 조종하거나 동전 세탁기 체인을 운영하는 데 우월한 기술을 갖고 있기 때문이 아니라 현금흐름을 추정할 때 부주의로 우연하게 큰 오차가 포함되었기 때문

1) 또 다른 수수께끼가 있다. 투자안이 양(+)의 NPV를 갖기 때문에 제안되었는가, 아니면 제안되었기 때문에 양(+)의 NPV를 갖는가? 답을 맞춰도 상은 없다.

일 수 있다. 더 많은 투자안에 대해 깊이 생각해 볼수록 엄청나게 가치 있어 보이는 투자안을 발견할 가능성이 더 높아진다.

어떻게 하면 예측 오차가 참된 정보를 압도하는 것을 막을 수 있는가? 먼저 시장가치(market value)에 주목할 것을 제안한다.

캐딜락 자동차와 스타 영화배우

다음 비유는 여기서 의미하는 바를 설명하는 데 도움이 된다. 이 지역의 캐딜락(Cadillac) 딜러가 특별한 제안을 했다. 일금 $55,001에 새 캐딜락뿐만 아니라 당신이 가장 좋아하는 스타와 악수할 수 있는 기회까지 주겠다는 것이다. 그렇다면 유명 스타 배우와 악수하는 데 얼마를 지불하는 것인가?

이 문제를 푸는 데는 가능한 두 가지 접근방법이 있다. 캐딜락의 캠샤프트와 안으로 숨는 창문 와이퍼, 그리고 다른 여러 사양들을 평가하여 캐딜락의 가치가 $56,000인 것으로 추단한다. 이는 딜러가 고객이 스타 배우와 악수하도록 주선해 주는 데 기꺼이 $999를 지불하겠다는 것으로 보인다. 다른 방법으로는, 캐딜락의 시장 가격이 $55,000인 것을 알아내고, 따라서 고객이 스타와 악수하는 데 $1을 지불하는 것이라 생각할 수도 있다. 캐딜락 자동차 시장이 경쟁적으로 유지되는 이상 두 번째 방법이 더 적절하다.

증권 애널리스트가 회사 주식을 평가할 때는 매번 비슷한 문제에 부딪힌다. 애널리스트는 시장에 이미 알려진 회사에 관한 정보를 고려해야 할 뿐만 아니라, 또한 자신에게만 알려진 정보도 같이 평가해야 한다. 여기서 시장에 이미 알려진 정보는 캐딜락이며, 사적 정보는 스타 배우와 악수하는 것이다. 투자자들은 일반적으로 알려진 정보는 이미 평가하고 있다. 그러므로 증권 애널리스트가 이런 정보를 재차 평가할 필요는 없다. 애널리스트는 주식의 시장 가격에서 출발하여 자신이 가지고 있는 사적 정보를 평가하는 데 집중할 수 있다.

일반인들은 본능적으로 $55,000의 캐딜락 시장가치를 그대로 받아들이지만 재무관리자는 투자에 따른 모든 비용과 이로부터 얻는 효용을 일일이 세고 평가하도록 훈련을 받아왔다. 따라서 이들은 자신의 의견으로 시장의 의견을 대체하려고 한다. 불행히도 이런 접근 방법은 오류의 가능성을 증가시킨다. 많은 자본 자산(capital asset)은 경쟁적인 시장에서 거래된다. 따라서 시장 가치를 출발점으로 삼아서 이들 자산이 어째서 경쟁자들보다는 자신이 관리할 때 더 높은 수익을 낼 수 있는가 생각해 보는 것이 일리가 있는 일이다.

예제 11.1 ● 새 백화점 사업에 투자하기

어느 회사가 백화점 사업에 투자할 기회를 잡았다. 나중에 백화점을 팔 때 받을 수 있는 매도가격을 포함하여 백화점 각 점포로부터의 기대 현금흐름의 현재가치를 추정하였다. 회사가 추정치를 작성할 때는 상당한 주의를 기울였음에도 불구하고 각 백화점 점포의 예상 매도가격이 결론에 크게 영향을 미친다는 것을 알게 되면서 이 회사는 당혹스럽게 되었다. 경영자는 특별히 부동산에 관한 전문성은 없지만 자신의 투자결정이 의도적이지 않게 미래의 부동산 가격에 대한 가정에 따라 결정적으로 좌우된다는 사실을 발견하였다.

재무관리는 이런 사실을 인식하면서 항상 다음과 같은 질문을 하여 새로운 백화점을 열 것인가 하는 결정을 검토한다. "부동산은 공정하게 가격이 형성된다고 가정하자. 이 자산이 다른 용도로 사용되는 것보다 우리의 백화점 사업에 가장 적합하다는 증거는 무엇인가?" 다시 말해, 어떤 자산이 나보다는 다른 사람에게 더 가치가 있다면 그들을 상대로 그 자산을 사겠다고 입찰하는 일은 조심하라.

백화점 사업 문제를 좀 더 자세히 살펴보자. 새 백화점 점포는 $1억의 비용이 든다고 하자.[2] 이 점포는 앞으로 10년 동안 매년 $8백만의 세후 현금흐름을 발생시킬 것으로 예측한다. 부동산 가격은 매년 3%씩 상승할 것으로 추정된다. 따라서 10년도 말에 부동산의 기대 가격은 $100 \times (1.03)^{10}$ = $134백만이다. 할인율 10%를 적용하면 제안된 백화점 사업은 다음과 같이 $1백만의 NPV를 갖는다.

$$\text{NPV} = -100 + \frac{8}{1.10} + \frac{8}{(1.10)^2} + \cdots + \frac{8 + 134}{(1.10)^{10}} = \$1\text{백만}$$

이 NPV가 부동산의 최종 가치에 얼마나 민감한가에 주목하라. 예를 들어 최종 가치가 $124백만이면 이 사업의 NPV는 −$5백만임을 의미한다.

이런 분석을 할 때는 사업을 두 부분, 즉 빌딩을 매입하는 부동산 자회사와 이를 임대하고 운영하는 소매 자회사로 나누어 생각해 보는 것이 좋다. 그러고는 부동산 자회사가 얼마만큼의 임대료를 부과해야 하는지 계산해 보고, 소매 자회사는 그만한 임대료를 지불할 수 있는지를 검토해 본다.

때로는 부동산 거래로부터 공정한 시장임대료(market rental)를 추정할 수 있다. 예를 들어 최근에 비슷한 소매 공간이 연간 $1천만에 임대된 것을 알았다. 이 경우에는 앞에서 계획한 백화점 사업이 이 장소에는 매력적이지 않다고 결론지을 수 있다. 일단 이 장소를 확보하고 나서 이를 $1천만에 임대해 주는 편이 $8백만밖에 벌지 못하는 백화점 사업에 사용하는 것보다 더 낫다.

한편 이 재산을 임대해 주고 연간 $7백만밖에 받을 수 없다고 가정해 보자. 그러면 백화점은 이 금액을 부동산 자회사에 지불하고도 여전히 순 영업 현금흐름 $8 − 7 = $1백만을 벌 수 있다. 그러므로 백화점을 여는 편이 지금으로서는 부동산을 가장 잘 활용하는 일이다.[3]

이것이 미래에도 역시 이 부동산을 가장 잘 사용하는 것인가? 소매 이익이 임대료 증가를 좇아갈 수 있는가에 따라 그렇지 않을 수도 있다. 부동산 가격과 임대료가 매년 3%씩 증가할 것으로 예상된다고 가정하자. 부동산 자회사는 제2차 연도에 $7 × 1.03 = $7.21백만, 제3차 연도에는 $7.21 × 1.03 = $7.43백만을 부과해야 한다.[4] 그림 11.1은 백화점 수입이 제5차 연도 이후의 임대료를 충당할 수 없음을 보여준다.

이 예측이 맞는다면 백화점의 경제적 수명은 단 5년이다. 이 기간 이후부터는 이 부동산은 다른 용도에 사용하는 것이 좀 더 가치가 있다. 주어진 장소에서 백화점 사업을 하는 것이 장기적으로 가장 좋은 사용 방법이라고 고집스럽게 믿는다면 이는 백화점 점포에서 나오는 수입의 잠재적인 성장을 무

2) 단순화를 위해 $1억의 비용은 전부 부동산에 투자된다고 가정한다. 현실에서는 내부시설, 정보 시스템, 교육훈련 그리고 시작 비용에도 상당한 투자가 있어야 한다.

3) 공정한 시장임대료는 부동산을 두 번째로 잘 사용했을 때 생기는 이익과 같다.

4) 이 임대료 수입 흐름은 부동산 자회사에 10%의 투자수익률을 가져다준다. 매년 이 회사는 7%의 '배당'과 3%의 자본이득을 얻는다. 연간 3% 성장은 제10차 연도 말에 자산 가치를 $134백만으로 증가시킬 것이다.
성장하는 임대료 수입의 현재가치는($r = 0.10$일 때) 다음과 같다.

$$\text{PV} = \frac{7}{r - g} = \frac{7}{0.10 - 0.03} = \$100\text{백만}$$

이 PV는 재산의 초기 시장가치이다.

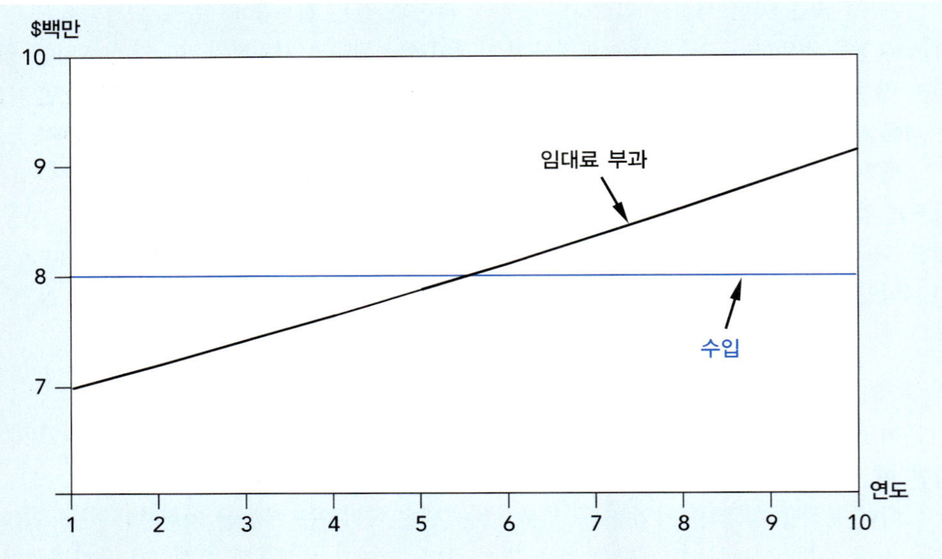

그림 11.1
제6차 연도부터는 백화점 수입이 임대료를 충당하지 못한다.

시하고 있는 것이다.[5)]

예제 11.1에서 예시한 바와 같이 한 가지 일반적인 논점이 있다. 자본투자 결정을 할 때는 항상 어떤 내기를 걸고 있는가를 생각하라. 앞의 백화점 예는 적어도 두 가지 내기를 포함하고 있다. 하나는 부동산 가격에 대한 내기이고, 다른 하나는 회사가 백화점을 성공적으로 운영할 능력에 대한 내기이다. 그러나 이는 다른 대안 전략을 제시한다. 예를 들어 미래 부동산 가격을 낙관적으로 본다고 하더라도 형편없는 백화점 투자를 하는 것은 바보짓이다. 이 경우에는 부동산을 매입해서 가장 높은 가격을 부르는 사람에게 임대해 주는 것이 더 낫다. 그 역도 성립한다. 부동산 가격에 대한 비관적인 전망이 수익성 있는 백화점 사업의 추진을 막아서는 안 된다. 이때는 부동산을 팔고 그것을 다시 임차(*rent*)해서 백화점 사업을 하는 편이 더 낫다. 이 투자결정에서는 먼저 "부동산 가격이 공정하게 매겨진다고 가정한다면 이 장소에서 백화점을 열어야 하는가?"를 따져보고, 그 다음으로 부동산 사업에 뛰어들 것인가를 결정함으로써 두 가지의 내기를 분리하는 것이 좋다.

시장가격이 더 나은 의사결정을 하는 데 어떻게 도움을 줄 수 있는가에 대한 다른 예를 보자.

예제 11.2 ● 금광 개발

킹슬리 솔로몬(Kingsley Solomon)은 새 금광을 개발하는 투자안을 검토하고 있다. 솔로몬은 이 광산을 개발하는 데 $4억이 들고 향후 10년 동안 매년 0.1백만 온스의 금을 생산할 수 있으며, 채광과 정련 후 온스당 $480의 비용이 들것이라고 추정하고 있다. 추출비용은 상당히 정확하게 예측할 수

5) 다른 가능성은 부동산 임대료와 가치가 매년 3%보다 낮게 성장할 것으로 예상되는 것이다. 그러나 이 경우에는 부동산 자회사가 $1억의 부동산 투자를 정당화하기 위해 제1차 연도에 $7백만 이상의 임대료를 부과해야 할지도 모른다(각주 4 참조). 이는 백화점 사업을 더욱 더 매력적이지 않게 만들 수 있다.

있지만 솔로몬 씨는 미래의 금값에 대해서는 별로 확신이 없다. 최선의 추측은 현재 온스당 $800 수준에서 매년 5%씩 상승할 것이라는 것뿐이다. 할인율이 10%라면 이 투자안은 −$70백만의 NPV를 가져온다.

$$\begin{aligned} \text{NPV} &= -400 + \frac{0.1(840 - 480)}{1.10} + \frac{0.1(882 - 480)}{(1.10)^2} + \cdots + \frac{0.1(1303 - 480)}{(1.10)^{10}} \\ &= -\$70\text{백만} \end{aligned}$$

따라서 금광 투자안은 기각된다.

불행히도 솔로몬 씨는 시장이 제공하는 정보를 제대로 살펴보지 않았다. 금 1온스의 현재가치(PV)는 얼마인가? 금 시장이 적절히 작동한다면 금 1온스의 현재가치는 분명히 현재의 가격인 온스당 $800일 것이다. 금은 그 자체로서 어떤 수입도 가져다주지 않기 때문에 이 $800는 미래 기대 금값의 할인된 가치이다.6) 광산이 총 1백만 온스를(10년 동안 매년 10만 온스) 생산할 것으로 예상되기 때문에 수입 흐름의 현재 가치는 $1 × 800 = $800백만이다.7) 상대적으로 확실한 추출비용에 대한 적절한 할인율을 10%라고 가정한다. 따라서

$$\text{NPV} = -\text{초기 투자} + \text{PV 수입} - \text{PV 비용} = -400 + 800 - \sum_{t=1}^{10} \frac{0.1 \times 480}{(1.10)^t} = \$105\text{백만}$$

결과적으로 킹슬리 솔로몬의 광산개발은 그렇게 나쁜 내기인 것 같지 않다.8)

6) 금 1온스에 투자하는 것은 배당을 지급하지 않는 주식에 투자하는 것과 같다. 투자자의 수익은 완전히 자본이득의 형태로 주어진다. 제4.2절을 다시 보라. 그곳에서 우리는 오늘의 주가 P_0는 내년의 기대 배당과 주가, DIV_1와 P_1, 그리고 자본의 기회비용 r에 따라 결정된다는 것을 보였다.

$$P_0 = \frac{\text{DIV}_1 + P_1}{1 + r}$$

그러나 금에 대해서는 $\text{DIV}_1 = 0$, 따라서

$$P_0 = \frac{P_1}{1 + r}$$

말로 표현하면, **오늘 가격은 내년 가격의 현재 가치이다.** 따라서 현재가치를 구하기 위해 P_1이나 r을 알 필요가 없다. 또한 $\text{DIV}_2 = 0$이므로

$$P_1 = \frac{P_2}{1 + r}$$

그리고 P_0는 다음과 같이 나타낼 수 있다.

$$P_0 = \frac{P_1}{1 + r} = \frac{1}{1 + r}\left(\frac{P_2}{1 + r}\right) = \frac{P_2}{(1 + r)^2}$$

일반적으로

$$P_0 = \frac{P_t}{(1 + r)^t}$$

이 식은 배당을 지급하지 않고, 완전 시장에서 거래되며 저장 비용이 들지 않는 모든 자산에 대해 성립한다. 금이나 주식의 저장 비용은 자산 가치에 비해서 매우 적다.

또한 미래 시점에 보장된 금의 인도는 현재 금을 보유하고 있는 것과 같다고 가정한다. 이것이 꼭 맞는 것은 아니다. 제26장에서 살펴보겠지만 현재 보유하고 있는 금은 약간의 '편의 수익률(convenience yield)'을 제공할 수 있다.

7) 추출률(extraction rate)은 변하지 않는다고 가정한다. 추출률이 변할 수 있다면 솔로몬 씨는 금값이 높을 때는 산출을 증가시키고, 하락하면 감소시킬 수 있는 가치 있는 운영옵션(operating option)을 갖는 것이다. 운영옵션이 중요한 경우, 광산을 평가하기 위해서 옵션가격결정 기법이 필요하다. 제22장 참조.

8) 앞의 백화점 예에서처럼 솔로몬 씨는 두 가지 내기를 걸고 있다. 하나는 금을 낮은 비용으로 채굴할 수 있는 자신의 능력이고, 다른 하나는 금값이다. 솔로몬 씨가 정말로 금이 과대평가되었다고 믿는다고 가정하자. 금값에 대해 별도의 내기를 걸 수 있는 이상 금값에 관한 자신의 견해가 비용이 적게 드는 금광 운영을 못하도록 막지 않아야 한다. 예를 들어 광산의 산출물을 팔기 위한 장기 계약을 할 수도 있을 것이고, 또는 금 선물(futures)을 팔 수도 있을 것이다(선물은 제26장에서 설명한다).

예제 11.2에서 본 솔로몬의 금은 다른 어떤 사람의 금과도 동일하다. 따라서 이를 분리해서 평가하려고 시도하는 것은 별 의미가 없었다. 금 판매가의 현재가치(PV)를 주어진 것으로 간주함으로써 솔로몬 씨는 핵심적인 문제에 초점을 맞출 수가 있었다. 즉 이 모험사업이 가치가 있을 정도로 추출비용이 충분히 낮은가? 이에 대한 답은 또 다른 기본적인 진실을 가져다준다. 즉 다른 사람들이 이미 수익성을 가지고 어떤 재화나 서비스를 생산하고 있고, 누군가 (솔로몬 씨처럼) 이를 좀 더 싸게 생산할 수 있다면 투자가 좋은 결과로 이어질 것인가를 확인하기 위해 굳이 NPV 계산을 할 필요는 없다.

킹슬리 솔로몬의 광산에 대한 예는 다소간 특별하다는 것을 인정한다. 금과 달리 대부분의 상품은 단지 투자 목적으로만 보유하지는 않는다. 따라서 현재의 가격이 미래 가격의 현재가치와 같다고 자동적으로 가정할 수는 없다.[9]

그러나 이 문제를 해결할 수 있는 또 다른 방법이 있다. 가령 지금 새로운 구리(copper) 광산에 투자할 것을 검토하고 있는데 어떤 사람이 고정된 가격으로 광산의 미래 산출물을 사겠다고 제안해왔다고 하자. 이 제안을 받아들인다면 — 그리고 구매자가 완전히 믿을만하다면 — 광산에서 얻는 수입은 확실하고, 그 현금흐름은 무위험 이자율로 할인할 수 있다.[10] 이렇게 되면 제9장의 논의로 돌아갈 수 있다. 제9장에서는 PV를 계산하는 데 두 가지 방법이 있다고 설명하였다.

- 기대 현금흐름을 추정하고 이 흐름의 위험을 반영한 할인율로 할인한다.
- 위험한 현금흐름과 동일한 가치를 갖는 확실한 현금흐름의 크기를 추정한다. 그러고 나서 이 **확실성 등가**(*certainty-equivalent*) 현금흐름을 무위험 이자율로 할인한다.

고정가격 수입을 무위험 이자율로 할인한다면 이는 광산의 산출물을 평가할 때 확실성 등가 방법을 사용하는 것이다. 그렇게 함으로써 두 가지 이득을 얻는다. 첫째로 미래 광물 가격을 추정할 필요가 없으며, 다음으로 위험한 현금흐름을 할인할 적절한 할인율에 대해 염려할 필요가 없다.

그러나 여기 의문이 하나 있다. 미래 산출물을 팔기로 오늘 동의할 수 있는 최소 고정가격은 얼마인가? 다른 말로 하면 확실성 등가는 얼마인가? 다행히도 많은 상품에 대해서는 활발한 시장이 있어서 회사들이 미래에 구리나 다른 상품을 사고파는 가격을 오늘 고정시킬 수 있다. 이런 시장을 **선물시장**(*futures market*)이라고 하며, 제26장에서 다룬다. 선물가격은 확실성 등가이며, 일간 신문에서 찾아볼 수 있다. 그래서 광산 산출물의 현재가치를 계산하기 위하여 구리 가격을 공들여 예측할 필요가 없다. 시장이 이미 그 일을 해 놓았다. 우리는 단지 신문에 실린 구리 선물가격을 사용하여 미래 수입을 계산하고, 이 수입을 무위험 이자율로 할인하면 된다.

물론 실제로는 모든 일이 교과서에서 설명하는 것처럼 그렇게 쉽지는 않다. 조직된 선물거래

---

9) 현재와 미래 상품 가격의 관계에 대한 좀 더 일반적인 지침은 호텔링(Hotelling)에 의해 제시되었다. 호텔링은 어떤 광물을 채굴하는데 규모에 대한 수익률이 일정하다면 광물 가격에서 추출비용을 뺀 값의 기대 상승률은 자본비용과 같아야 한다고 지적하였다. 기대 상승률이 더 빠르다면 모든 사람이 추출을 연기할 것이고, 만약 느리다면 모든 사람이 지금 자원을 개발하기 원할 것이다. 호텔링의 원리를 검토한 논문으로는 S. Devarajan and A, C. Fisher, "Hotelling's 'Economics of Exhaustible Resources': Fifty Years Later," *Journal of Economic Literature* 19 (March 1981), pp. 65~73을 참조하라.

10) 산출물의 양(*volume*)은 정해졌다고(또는 시장 위험을 조금도 갖지 않는다고) 가정한다.

소의 거래는 주로 다음 해 정도에 인도될 것에 한정된다. 그러므로 신문은 이 기간을 넘어서 팔 수 있는 산출물의 가격은 보여주지 못한다. 그러나 재무 경제학자들은 선물시장에서의 가격을 이용하여 구매자가 좀 더 먼 인도물에 대해 지급하기로 동의할 수 있는 금액을 추정하는 기법을 개발했다.[11)]

금과 구리 생산자의 두 예는 재무론의 보편적인 원칙을 예시하는 것이다.

자산의 시장가치를 알고 있다면 적어도 분석의 시작점으로 **그것을 활용하라.**

11.2 경제적 지대와 경쟁 우위

자본비용을 초과하는 이윤을 **경제적 지대**(*economic rent*)라고 한다. 경제학 입문 과목에서는 장기 경쟁으로 경제적 지대는 사라진다고 가르치고 있다. 즉 장기 경쟁적 균형에서는 어떤 경쟁자도 확장을 통해 투자로부터 자본비용 이상의 수익을 얻지 못한다. 경제적 지대는 산업이 아직 균형상태에 도달하지 못했거나 한 회사가 다른 경쟁자들이 가지고 있지 않은 가치 있는 무언가를 가지고 있을 때 얻어진다.

기대하지 않게 수요가 갑자기 증가하고 어떤 회사가 경쟁자들보다 생산 능력을 빠르고 저렴하게 확장할 수 있다고 가정하자. 다른 회사들이 힘들게 추격해 오는 동안 적어도 일시적으로는 이와 같은 행운은 경제적 지대를 가져다 줄 것이 거의 틀림없다.

어떤 종류의 경쟁 우위는 오랫동안 지속된다. 이런 경쟁 우위에는, 예를 들어 특허나 전매특허 기술, 존경받는 브랜드 이름에 내재된 명성, 고객이 따라올 수 없는 규모의 경제, 경쟁자들이 진입하기 어려운 보호된 시장, 경쟁자들이 쉽게 복제할 수 없는 전략적 자산 등이 포함된다.

전략적 자산의 한 예를 살펴본다. 철도와 트럭회사의 차이를 생각해 보자. 트럭 사업을 시작하기는 쉽지만 장거리 철도를 새로 부설하는 일은 거의 불가능하다.[12)] 주(州) 간을 잇는 철도노선은 전략적 자산이다. 이들 자산을 통해 철도회사들은 2005년부터 2007년 사이 물동량이 급증하고 에너지 가격이 치솟았을 때 수입과 이익을 빠르게 증가시킬 수 있었다. 디젤유의 높은 비용이 철도보다 연료 효율이 낮은 트럭의 경우 더 부담스러웠다. 그래서 높은 에너지 가격이 철도에 경쟁 우위를 가져다주었다.

기업전략은 경쟁 우위의 원천을 찾아 이를 활용하는 데 목표를 두고 있다. 항상 그렇듯이 문제는 이를 어떻게 달성하느냐 하는 것이다. 존 케이(John Kay)는 기업에 자신만의 독특한 역량, 즉 앞으로 확보했으면 하는 역량이 아니라 지금 현재 보유하고 있는 역량을 찾아내라고 충고한다. 그런 다음 그 역량으로 가장 높은 부가가치를 만들어낼 수 있는 제품시장을 찾아야 한다. 이런 역

11) 제26장을 읽은 후 다음 논문들을 검토하라. E. S. Schwartz, "The Stochastic Behavior of Commodity Prices: Implications for Valuation and Hedging," *Journal of Finance* 52 (July 1997), pp. 923~973과 A. J. Neuberger, "Hedging Long-Term Exposures with Multiple Short-Term Contracts," *Review of Financial Studies* 12(1999), pp. 429~459.

12) 다코타, 미네소타와 이스턴 철도회사가 석탄을 와이오밍에서 미국 중부지방으로 수송하기 위해 새로운 노선을 구축하겠다고 제안했다. 그러나 철도의 건설은 정부 보조금을 필요로 한다.

량은 고객이나 공급자와의 오래된 관계, 또는 종업원의 기술과 경험, 브랜드 이름과 명성, 혁신 능력 등으로부터 얻어진다.[13)]

마이클 포터(Michael Porter)는 어떤 산업이 지속 가능한 경제적 지대를 제공할 수 있는가를 결정하는 산업구조의 다섯 측면[즉 '다섯 가지 힘(five forces)']을 제시하였다.[14)] 이들 다섯 가지 힘은 기존 경쟁자들 간의 경합, 새로운 경쟁의 가능성, 대체 산업의 위협, 공급자와 고객 양쪽 모두의 협상력 등이다.

글로벌 경쟁이 증가하면서 기업은 산업구조에 의존하여 손쉽게 높은 수익률을 제공할 수 없게 되었다. 그러므로 경영자들은 경쟁 우위를 확보하기 위해서는 회사가 그 산업 안에(*within*) 속해 있는지 확인해야 한다. 마이클 포터는 이를 달성할 수 있는 세 가지 방법을 제안하고 있는데 이들은 비용 리더십, 제품 차별화, 특별한 시장 니치(niche)에 대한 집중 등이다.[15)]

오늘날의 세계에서는 비용 리더십과 제품 차별화, 그리고 집중 등을 여러 가지로 혼합한 성공적인 전략이 그 산업 안에서 독특한 위치를 개발하는 데 핵심 요소인 것으로 보인다.[16)] 예를 들어 이케아(IKEA)라는 회사를 생각해 보자. 이 회사는 세 가지 전략의 요소들을 모두 혼합해서 사용하고 있다. 이 회사는 비용이 적게 드는 국가에서 가구를 생산하고, 고객이 직접 가구를 운반하고 조립하게 함으로써 비용을 낮춘다. 스칸디나비아 풍의 독특한 디자인을 채택하고 자사의 모든 제품을 창고형 매장에 직접 전시함으로써 차별화한다. 이 회사는 또한 전형적으로 젊고 가격에 민감한 고객 그룹에 초점을 맞춘다.

사업전략과 재무가 어떻게 서로를 강화시키는지를 알 수 있다. 자사의 경쟁력에 관해 분명한 이해를 가지고 있는 경영자는 정말로 양(+)의 NPV를 가진 투자안과 그렇지 않은 투자안을 더 잘 구별할 수 있다. 그러므로 양(+)의 NPV를 가진 것처럼 보이는 투자안을 접했을 때는 그것을 액면 그대로 받아들여서는 안 된다. 그 결과가 현금흐름을 예측할 때 생기는 단순한 추정 오류를 반영한 것일 수도 있다. 현금흐름 추정의 이면을 조사해 보고, **경제적 지대의 원천을 찾도록 노력하라.** 회사가 어떤 특별한 우위를 가지고 있다고 믿는 경우에만 새로운 투자안이 보여주는 양(+)의 NPV도 믿을 수 있을 것이다.

경쟁우위를 고려하는 것은 단순한 실수로 생긴 음(−)의 NPV 계산을 찾아내는 데에도 도움을 줄 수 있다. 예를 들어 회사가 성장하는 시장에서 수익성 있는 제품을 최소비용으로 생산할 수 있다면 회사는 시장에 맞추어 투자를 확장해야 한다. 이런 확장안이 음(−)의 NPV를 나타낸다면 이는 아마도 실수 때문일 것이다.

다음으로 경쟁 포지션에 관한 회사의 분석이 이번 투자의 NPV가 양(+)이라는 사실을 어떻게 확인시켜주는가를 보여주는 예를 살펴보려고 한다. 그러나 그보다 먼저 투자분석이 어떻게 음(−)의 NPV 거래를 찾아내고 값비싼 실수를 피하게 해주었는가 하는 다른 예를 살펴보자.

---

13) John Kay, *Why Firms Succeed*(New York: Oxford University Press, 1995).

14) M. E. Porter, *Competitive Strategy: Techniques for Analyzing Industries and Competitors*(New York: The Free Press, 1980) 참조.

15) M. E. Porter, *Competitive Advantage: Creating and Sustaining Superior Advantage*(New York: The Free Press, 1985) 참조.

16) R. M. Grant, *Contemporary Strategy Analysis*, 4th ed.(Oxford: Blackwell, 2002), p. 248.

예제 11.3 ● 한 회사가 어떻게 $1억의 실수를 모면했는가

미국의 한 화학제품회사가 기존 공장을 변경하여 전 세계 시장에서 공급부족 상태에 있는 특제품 폴리존(polyzone)을 생산하려 하고 있다.17) 현재의 원재료와 완성품 가격을 보면 이 확장은 매우 수익성이 있는 것 같다. 표 11.1은 경영진이 작성한 분석의 요약판을 보여준다. 판매 가격과 원재료 비용 간의 스프레드는 일정하다고 가정한 데 주목하라. 주어진 스프레드를 기준으로 회사의 자본비용 8%로 계산한 NPV는 약 $64백만이다. 이는 $100백만 지출에 비하면 그렇게 나쁘지 않다.

그런데 좀 의문이 생기기 시작한다. 운송비용에 대한 지출을 주목하라. 이 투자안의 원재료의 일부는 화학물 상품이고, 주로 유럽에서 수입해 온다. 그리고 폴리존 생산의 많은 부분이 다시 유럽으로 수출되었다. 게다가 미국 회사는 잠재적인 유럽 경쟁자들보다 장기적 기술우위를 갖지 못하였다. 한발 앞선 출발은 했을지 모르지만 그것만으로 양(+)의 NPV를 만들어 내기에 정말로 충분한가?

원재료와 완성품 간 가격 스프레드의 중요성에 주목하라. 표 11.1의 분석은 앞으로 10년 동안 이 스프레드가 폴리존 1파운드당 $1.20로 일정할 것으로 예측하였다. 이는 틀림없이 잘못된 것이다. 유럽의 생산자들은 미국 회사가 부담하는 운송비용을 부담하지 않으므로 미국 회사보다 더 큰 NPV를 예측하고 이에 따라 시설을 확장할 것이다. 경쟁이 증가하면 스프레드는 차츰 줄어들 것이 거의 확실하다. 그래서 미국 회사는 **경쟁적 스프레드**(*competitive spread*), 즉 유럽 경쟁자들의 NPV가 0이 되는 생산 용량의 스프레드를 계산하기로 결정하였다. 표 11.2는 경영진의 분석을 보여준다. 다른 조건들이 일정하다면 이렇게 계산된 파운드당 $0.95의 스프레드는 폴리존 시장에서 최선의 장기(*long-run*) 예측치이다.

미국 생산자는 선두주자로서 가지는 이점은 얼마나 될까? 경쟁자들이 가격 스프레드를 $0.95로 끌어내리기까지는 얼마나 걸릴까? 경영진의 최선의 추정은 5년이었다. 경영진이 작성한 표 11.3은 예측된 가격 스프레드 이외에는 표 11.1과 동일하다. 이 가격 스프레드는 제5차 연도가 시작할 때 $0.95로 줄어든다. 이렇게 되면 NPV는 0보다 작아진다.

	연도 0	연도 1	연도 1	연도 3~10
투자	100			
생산(연간 백만 파운드)	0	0	40	80
스프레드(파운드당 달러)[a]	1.20	1.20	1.20	1.20
순 수입	0	0	48	96
생산 비용[b]	0	0	30	30
운송비[c]	0	0	4	8
기타 비용	0	20	20	20
현금흐름	−100	−20	−6	38
NPV(할인율 = 8%) = $63.56백만				

표 11.1 미국 화학회사의 폴리존 생산을 위한 투자안의 NPV계산(특별히 언급한 경우를 제외하고는 $백만 단위).

Visit us at www.mhhe.com/bma

주: 단순화를 위해 인플레이션과 세금은 없다고 가정한다. 10년 후 공장과 설비는 잔존가치가 없다.
[a]생산능력은 연간 8천만 파운드이다.
[b]생산이 시작된 이후의 생산비는 파운드당 $0.375이다(4천만 파운드만 생산되는 제2차 연도에는 파운드당 $0.75이다).
[c]유럽 항구까지의 운송비는 파운드당 $0.1이다.

17) 이것은 실제 이야기이다. 그러나 무고한 사람을 보호하기 위하여 이름과 자세한 내용은 변경하였다.

	연도 0	연도 1	연도 1	연도 3~10
투자	100			
생산(연간 백만 파운드)	0	0	40	80
스프레드(파운드당 달러)	0.95	0.95	0.95	0.95
순 수입	0	0	38	76
생산 비용	0	0	30	30
운송비	0	0	0	0
기타 비용	0	20	20	20
현금흐름	−100	−20	−12	+26
NPV(할인율 = 8%) = 0				

표 11.2 유럽생산자에게 경쟁적 가격 스프레드는 얼마인가? 폴리존 파운드당 약 $0.95이다. 유럽생산자들은 운송비를 부담하지 않는다는 데 유의하라. 표 11.1와 비교하라(특별히 언급한 경우를 제외하고는 $백만 단위).

Visit us at www.mhhe.com/bma

	연도 0	연도 1	연도 2	연도 3	연도 4	연도 5~10
투자	100					
생산(연간 백만 파운드)	0	0	40	80	80	80
스프레드(파운드당 달러)	1.20	1.20	1.20	1.20	1.10	0.95
순 수입	0	0	48	96	88	76
생산 비용	0	0	30	30	30	30
운송비	0	0	4	8	8	8
기타 비용	0	20	20	20	20	20
현금흐름	−100	−20	−6	38	30	18
NPV(할인율 = 8%) = −9.8						

표 11.3 미국 회사의 폴리존 투자의 NPV 재계산(특별히 언급한 경우를 제외하고는 $백만 단위). 유럽 생산자들의 확장 때문에 5년째에 가서 경쟁적 가격 스프레드가 형성된다면 미국 생산자의 NPV는 −$9.8백만으로 하락한다. 표 11.1과 비교하라.

Visit us at www.mhhe.com/bma

제2차 연도가 아니라 제1차 연도에 생산이 시작될 수 있다면, 또는 지역 시장이 확장될 수 있어서 운송비를 줄일 수 있다면, 이 투자안을 살릴 수도 있을 것이다. 그러나 투자분석이 표 11.1에서 멈추지 않았음에도 불구하고 이러한 변화는 실현 가능하지 않았고, 투자안은 취소되었다.

이는 경제적 지대의 원천을 충분히 고려하는 것이 중요하다는 완벽한 예이다. 어떤 장기적인 경쟁 우위 없는 양(+)의 NPV는 의심스럽다. 회사가 신제품 생산이나 기존 제품 생산의 확장에 투자를 고려할 때는 가장 위험한 경쟁자들과 비교하여 회사가 갖는 이점이나 단점이 무엇인지를 구체적으로 확인해야 한다. 회사는 경쟁자의 관점에서 NPV를 계산해야 한다. 경쟁자의 NPV가 0보다 훨씬 크게 나타난다면 회사는 가격(또는 가격 스프레드)이 하락할 것으로 예상하고 이에 따라 제안된 투자안을 평가하는 것이 좋다.

11.3 예제 — 신기술을 활용하기로 한 마빈 엔터프라이즈의 결정

경제적 지대를 예측하는 데 관련된 문제를 예시하기 위해 시간을 몇 년 앞으로 뛰어넘어 마빈 엔터프라이즈(Marvin Enterprises)가 신기술을 활용하기로 한 결정을 살펴보자.[18)]

최근에 가장 예상치 못한 발전 중 하나는 완전히 새로운 산업의 괄목할 만한 성장이었다. 2032년까지 가글 블래스터(gargle blaster)의 연간 매출은 총 $16.8억 또는 $240백만 단위였다. 이 회사의 시장점유율은 단지 10%에 불과했지만 마빈 엔터프라이즈사는 지난 10년 동안 가장 괄목할 만한 성장을 한 기업 중 하나였다. 마빈사는 이 산업에 늦게 뛰어들었지만 가글 블래스터 제조에 사용되는 유전공학 공정을 통제하는 데 집적 미세회로를 사용하는 기술을 처음으로 개발하였다. 이 개발로 생산자들은 가글 블래스터의 값을 $9에서 $7로 낮출 수 있었으며, 이에 따라 시장규모가 극적으로 커지게 되었다. 그림 11.2의 추정 수요 곡선은 이러한 가격 하락에 수요가 얼마나 민감하게 반응하는가를 보여준다.

표 11.4는 구기술과 신기술의 비용구조를 요약해서 보여준다. 신기술을 보유한 기업들은 초기 투자에서 20%를 벌지만 1세대 장비를 보유한 기업들은 연속적인 가격하락으로 큰 타격을 입었다. 마빈사의 투자는 모두 2028년의 신기술이었으므로 회사는 이 기간 동안 특별히 유리한 입장이었다.

마빈사의 새로운 개발에 관한 소문이 얼마 동안 나돌았고 2033년 1월에 와서 이 회사 주식의 총 시장가치는 $460백만으로 높아졌다. 이 시점에서 마빈사는 또 다른 획기적인 기술적 약진을 발표하기 위한 기자회견을 열었다. 경영진은 이 회사의 돌연변이 뉴런과 관련된 새로운 3세대 공정이 자본 비용은 $10로, 그리고 제조비용을 단위당 $3로 줄일 수 있게 해 준다고 주장하였다. 마빈사는 생산용량을 1억 단위 증가시킬 거대한 $10억의 확장 계획에 착수함으로써 이 발명을 적

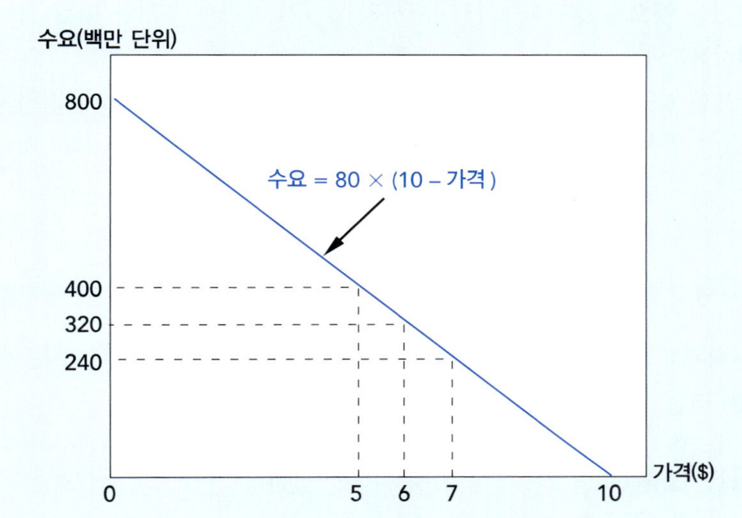

그림 11.2
가글 블래스터의 수요 '곡선'은 가격이 $1 하락할 때마다 8천만 단위의 수요 증가가 있음을 보여준다.

18) 자신이 작성한 사례를 개조하여 이 예를 만들도록 허용해 준 Stewart Hodges에게 감사한다. 또한 가글 블래스터(*gargle blasters*)란 용어를 사용하도록 허용해 준 BBC에 감사한다.

	용량 (백만 단위)				
기술	산업	마빈사	단위당 자본비용	단위당 제조비용	단위당 잔존가치
제1세대(2020)	120	—	17.50	5.50	2.50
제2세대(2028)	120	24	17.50	3.50	2.50

표 11.4 마빈사가 확장 계획을 발표하기 전 가글 블래스터 산업의 규모와 비용구조.

주: 판매가격은 단위당 $7이다. 한 단위는 한 개의 가글 블래스터를 말한다.

극 활용하려고 했다. 회사는 12개월 이내에 완전 가동될 것으로 예상하였다.

이 개발을 계속 추진할 것인가 결정하기 전에 마빈사는 새로운 투자의 효과에 대해 자세한 계산을 하였다. 기본적인 가정은 다음과 같다.

1. 자본비용은 20%이다.
2. 생산 시설의 물리적 수명은 무한하다.
3. 수요 곡선과 각 기술의 비용은 변하지 않는다.
4. 예상되는 장래에 4세대 기술이 나올 가능성은 없다.
5. 2023년에 폐지된 법인세는 재도입되지 않는다.

마빈사의 경쟁자들은 다양한 정도의 관심을 가지고 이 뉴스를 맞이하였다. 경쟁자들 중 어느 한 회사라도 신기술을 확보하기까지는 5년 정도 걸릴 것이라는 것이 일반적으로 일치된 의견이었다. 다른 한편으로 많은 사람들은 마빈사의 새로운 공장이 감가상각이 끝난 기존 공장과 경쟁할 수 없을 것이라는 생각으로 스스로를 위로하였다.

당신이 마빈사의 재무관리자라고 가정해 보자. 확장 결정에 동의할 것인가? 또한 더 큰 또는 더 작은 규모의 확장이 더 나았을 것으로 생각하는가? 마빈사의 발표가 주가에 영향을 미칠 것이라는 데 대해서는 어떻게 생각하는가?

여러분에게는 선택이 주어져 있다. 지금 바로 이 문제에 대해 저자들이 제시하는 답을 읽어볼 수도 있다. 그보다는 여기서 잠시 멈춰서 먼저 스스로 답을 작성해 본다면 훨씬 더 많은 것을 배울 수 있을 것이다. 시도해 보라.

가글 블래스터의 가격 예측

지금까지는 모든 자본예산 문제에서 항상 일단의 현금흐름 예측치가 주어졌다. 지금 검토하는 사례에서는 독자가 이 예측치를 직접 도출해야 한다.

첫 번째 문제는 가글 블래스터의 가격이 어떻게 될 것인가를 결정하는 것이다. 마빈사의 새 사업은 산업 전체의 생산용량을 340백만 단위로 증가시킬 것이다. 그림 11.2의 수요곡선에서 산업 전체가 이만한 양의 가글 블래스터를 팔 수 있으려면 가격이 $5.75로 하락해야 한다는 것을 알 수 있다.

$$\text{수요} = 80 \times (10 - \text{가격})$$
$$= 80 \times (10 - 5.75) = 340\text{백만 단위}$$

가격이 $5.75로 하락한다면 2020년 기술을 가진 회사들은 어떻게 되는가? 이런 회사들 역시 투자결정을 해야 한다. 즉 산업에 계속 남아있을 것인가, 아니면 대당 $2.50의 잔존 가치로 장비를 팔고 떠날 것인가? 자본의 기회비용이 20%이면 산업에 남아 있는 경우의 NPV는 다음과 같다.

$$\text{NPV} = -\text{투자} + \text{PV}(\text{가격} - \text{제조비용})$$
$$= -2.50 + \frac{5.75 - 5.50}{0.20} = -\$1.25/\text{단위}$$

따라서 2020년형 장비를 보유한 현명한 회사는 장비를 파는 것이 더 낫다는 것을 알게 된다. 이들 장비가 처음에 얼마가 들었든, 얼마만큼 감가상각이 되었든지 간에 그 장비를 운영하여 대당 $1.25를 손해 보는 것보다는 대당 $2.50에 장비를 파는 것이 더 이익이다.

생산용량이 줄어들면서 가글 블래스터의 공급은 감소하고 가격은 상승할 것이다. 가격이 $6가 되었을 때 균형에 도달한다. 이 점에서 2020년형 장비는 0의 NPV를 갖는다.

$$\text{NPV} = -2.50 + \frac{6.00 - 5.50}{0.20} = \$0/\text{단위}$$

가격이 $6가 되려면 얼마만큼의 생산용량이 매각되어야 하는가? 이는 수요곡선을 보면 확인할 수 있다.

$$\text{수요} = 80 \times (10 - \text{가격})$$
$$= 80 \times (10 - 6) = 320\text{백만 단위}$$

따라서 마빈사의 확장으로 인해 단위당 가격은 $6에서 안정되고, 1세대 생산자들은 생산용량을 2천만 단위 줄이게 된다.

그러나 5년 후면 마빈사의 경쟁자들도 3세대 공장을 건설할 위치에 있게 된다. 이 공장들이 양(+)의 NPV를 갖는 한 회사들은 생산용량을 증가시킬 것이고, 이는 다시 한 번 가격을 떨어뜨릴 것이다. 가격이 $5로 떨어지면 새로운 균형에 도달하게 된다. 이 점에서 새로운 3세대 설비는 0의 NPV를 갖게 되며, 기업들이 더 이상 설비를 확장할 유인이 없어진다.

$$\text{NPV} = -10 + \frac{5.00 - 3.00}{0.20} = \$0/\text{단위}$$

다시 수요곡선을 보면 $5의 가격에서 산업 전체는 총 400백만 단위의 가글 블래스터를 팔 수 있다는 것을 알 수 있다.

$$\text{수요} = 80 \times (10 - \text{가격}) = 80 \times (10 - 5) = 400\text{백만 단위}$$

그러므로 이 3세대 기술의 효과로 산업 전체의 매출은 2032년의 240백만 단위에서 5년 후에는 400백만 단위로 증가한다. 그러나 이런 급속한 성장이 실패에 대한 보호막이 될 수는 없다. 제5차 연도 말까지 1세대 장비밖에 확보하지 못한 회사들은 더 이상 제조비용을 회수할 수 없으며, 산업에서 강제로 축출 당하게 된다.

마빈사의 새로운 확장의 가치

제3세대 기술의 도입으로 가글 블래스터의 가격이 향후 5년 동안은 $6로, 그 이후에는 $5로 하락할 것이라는 것을 보았다. 이제 마빈사의 새로운 공장에서 얻어지는 기대 현금흐름을 정할 수 있다.

	연도 0 (투자)	연도 1~5 (수입-제조비용)	연도 6, 7, 8 … (수입-제조비용)
대당 현금흐름($)	−10	6 − 3 = 3	5 − 3 = 2
1억 대의 현금흐름 ($백만)	−1,000	600 − 300 = 300	500 − 300 = 200

이 현금흐름을 20%로 할인하면 다음과 같다.

$$\text{NPV} = -1{,}000 + \sum_{t=1}^{5} \frac{300}{(1.20)^t} + \frac{1}{(1.20)^5}\left(\frac{200}{0.20}\right) = \$299\text{백만}$$

투자를 계속하기로 한 마빈사의 결정은 옳은 것으로 보인다. 그러나 우리가 잊었던 것이 있다. 투자안을 평가할 때는 모든 증분 현금흐름(incremental cash flow)을 고려해야 한다. 시설을 확장하기로 한 마빈사의 결정의 한 가지 효과는 기존 2028 공장의 가치를 감소시킨다는 것이다. 마빈사가 신기술에 투자하지 않기로 결정하였다면 가글 블래스터의 가격은 마빈사의 경쟁자들이 5년 후 가격을 낮추기 시작할 때까지는 $7로 유지될 것이다. 따라서 마빈사의 결정으로 가격은 즉시 $1 하락한다. 이것은 2028년 설비의 현재가치를 다음과 같이 감소시킨다.

$$24\text{백만} \times \sum_{t=1}^{5} \frac{1.00}{(1.20)^t} = \$72\text{백만}$$

마빈사의 투자결정은 그 자체만 따로 고려했을 때는 $299백만의 NPV를 가진다. 그러나 이 결정은 또한 기존 설비의 가치를 $72백만 감소시킨다. 따라서 마빈사 사업의 순 현재가치는 $299 − 72 = $227백만이다.

대체 확장 계획

마빈사의 확장은 양(+)의 NPV를 갖지만 이 회사는 규모가 더 크거나 더 작은 공장을 짓는 것이 나을 수도 있다. 앞에서와 같은 계산을 통해서 이를 확인할 수 있다. 먼저 추가적인 생산용량이 가글 블래스터의 가격에 어떤 영향을 미칠 것인가를 추정할 필요가 있다. 그러고 나서 새로운 공장 설비의 순 현재가치와 기존 설비의 현재가치의 변화를 계산할 수 있다. 마빈사 확장 계획의 총 NPV는 다음과 같다.

$$\text{총 NPV} = \text{신 설비의 NPV} + \text{기존 설비의 PV의 변화}$$

이 계산 결과는 그림 11.3에 그려져 있다. 이 그림에서 총 NPV가 더 크거나 작은 규모의 확장에 의해 어떻게 영향을 받는지 볼 수 있다.

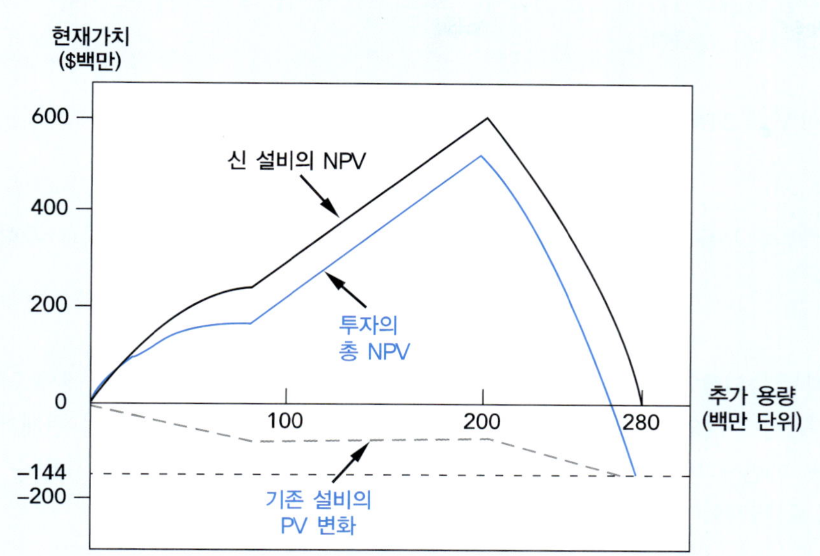

그림 11.3
대체 확장 계획의 순 현재가치에 대한 영향. 마빈사의 1억 단위 확장은 $227백만의 총 NPV를 갖는다. (총 NPV = 신 설비의 NPV + 기존 설비의 PV의 변화 = 299 − 72 = 227) 총 NPV는 마빈사가 2억 대의 새로운 설비를 지을 때 극대화된다. 마빈사가 280백만 대의 신 설비를 지으면, 총 NPV는 $144백만이 된다.

2038년에 신기술이 보편적으로 보급되면 기업들은 총 280백만 단위의 신 설비를 구축할 것이다.[19] 그러나 그림 11.3은 마빈사가 그렇게까지 확장하는 것은 어리석은 일이라는 것을 보여준다. 마빈사가 2033년에 280백만 대의 신 설비를 추가한다면 신 설비에서 생기는 현금흐름의 할인가치는 0이 되고, 뿐만 아니라 구 설비의 가치를 $144백만 감소시키게 된다. NPV를 극대화하기 위해 마빈사는 200백만 대의 생산용량을 새로 구축해야 하고, 2022년형 설비를 보유한 제조업자를 축출하기 위해 가격을 $6보다 조금 아래로 설정해야 한다. 따라서 자유경쟁에서보다 산출은 더 적어지며, 가격은 더 높아진다.[20]

마빈사 주식의 가치

마빈사의 발표가 이 회사 보통주의 가치에 미치는 영향을 생각해 보자. 마빈사는 24백만 단위의 2세대 생산용량을 보유하고 있다. 제3세대 기술이 없다면 가글 블래스터의 가격은 $7에서 유지되며, 마빈사의 기존 설비는 다음의 가치가 있다.

$$\begin{aligned} PV &= 24\text{백만} \times \frac{7.00 - 3.50}{0.20} \\ &= \$420\text{백만} \end{aligned}$$

19) 2038년에 총 산업 생산용량은 4억 단위가 될 것이다. 이 중 1억 2천만 단위는 2세대 생산설비이고, 나머지 2억 8천만 단위는 3세대 설비이다.

20) 모든 고객이 가글 블래스터에 대해 동일한 가격을 지불해야 한다고 가정하고 있음에 주목하라. 마빈사가 각 고객에게 그들이 지불하고자 하는 최고 가격을 부과할 수 있다면 산출은 자유경쟁에서와 동일할 것이다. 그러한 직접적인 가격차별은 불법이며, 어쨌든 간에 강제하기가 어렵다. 그러나 기업들은 고객을 차별화하는 간접적인 방법을 찾는다. 예를 들어 점포들은 종종 불편한 거리에 살고 있는 고객에게 가격 할인과 마찬가지인 무료 배달 서비스를 제공한다.

마빈사의 신기술은 가글 블래스터의 가격을 처음에는 \$6로, 5년 후에는 \$5로 낮춘다. 따라서 기존 설비의 가치는 다음과 같이 하락한다.

$$PV = 24\text{백만} \times \left[\sum_{t=1}^{5} \frac{6.00 - 3.50}{(1.20)^t} + \frac{5.00 - 3.50}{0.20 \times (1.20)^5} \right]$$
$$= \$252\text{백만}$$

그러나 신 설비는 주주의 부를 \$299백만 증가시킨다. 따라서 마빈사의 발표 후 이 회사 주식의 가치는 다음과 같다.

$$252 + 299 = \$551\text{백만}$$[21]

이것이 바로 제4장에서 논의했던 내용의 한 예이다. 발표 이전에 마빈사의 주식은 시장에서 \$460백만으로 평가되었다. 이 수치와 기존 설비의 가치 간의 차이는 마빈사의 성장 기회의 현재가치(PVGO)를 나타낸다. 마빈사의 발표 이전에도 시장은 마빈사가 업계의 선두 자리를 유지할 수 있는 능력을 \$4천만으로 평가했다. 발표 후 PVGO는 \$299백만으로 상승했다.[22]

마빈 엔터프라이즈의 교훈

마빈 엔터프라이즈는 단지 공상과학소설의 일부일 수도 있다. 그러나 이 회사가 직면한 문제는 매우 현실적이다. 인텔(Intel)이 새로운 마이크로프로세서의 개발을 고려할 때나 젠자임(Gentzyme)이 신약 개발을 고려할 때는 언제나 마빈사와 정확히 같은 문제에 직면하게 된다. 여기서는 경영자가 일단의 현금흐름 예측치를 보고 받았을 때 검토해야 하는 그런 종류의 질문들을 예시하려고 노력하였다. 물론 미래를 정확히 예측할 수 있는 경제적 모형은 없다. 마빈사가 가격을 \$6 이상으로 유지할 수도 있다. 경쟁자들이 2038년에 신 설비를 보유하는 것을 별로 달가워하지 않을 수도 있다. 이 경우에는 마빈사의 설비 확장은 더 수익성이 높을 것이다. 그러나 그런 가능성에 \$10억을 걸겠는가? 그렇게 생각되지는 않는다.

투자에서는 가끔 예상 밖의 좋은 일 때문에 자본비용보다 훨씬 더 많이 벌 때가 있다. 이런 뜻밖의 일은 자본비용보다 더 높은 수익을 얻을 수 있는 일시적인 추가 투자기회를 만들어 낼 수 있다. 그러나 예상할 수 있고 좀 더 길게 지속되는 지대(rent)는 자연스럽게 경쟁 생산자들의 진입을 유발한다. 이것이 바로 미래에 무한한 경제적 지대의 흐름을 예상하는 투자안에 대해서는 한 번쯤 의심을 해봐야 하는 이유이다. 경쟁으로 인해 NPV가 0이 되는 시점을 추정해 보라. 그리고 그것이 자사 상품의 가격에 어떤 의미를 갖는지 생각해 보라.

많은 회사들이 경제에서 주요 성장 부문을 찾아서 이 영역에 투자를 집중하려고 노력한다.

---

21) 확장에 필요한 자금을 조달하기 위해 마빈사는 \$10억어치의 신주를 발행해야만 할 것이다. 따라서 마빈사 주식의 총 가치는 \$15억 5천 1백만으로 증가할 것이다. 그러나 새로 자금을 투자하는 투자자들은 \$10억 어치의 주식을 받는다. 따라서 발표 후 마빈사의 구주의 가치는 \$5억 5천 1백만이다.

22) 마빈사가 5년 이내에 다시 확장할 것이라고 투자자들이 기대한다면 이 회사 주식의 시장가치는 \$5억 5천 1백만 보다 더 클 것이다. 달리 말하면 확장 후 PVGO는 여전히 0보다 클 수 있다. 투자자들은 마빈사가 경쟁자들보다 한발 앞서 나가거나 이 회사의 특별한 기술을 다른 분야에 성공적으로 적용할 것이라고 기대할 수도 있다.

성장과 수익성에 대한 워런 버핏(Warren Buffett)의 생각

과거로 돌아가서 금세기 초에 미국을 변화시킨 두 산업을 살펴보는 것은 무척 교훈적일 것으로 생각된다. 자동차와 항공 산업이 그것이다. 먼저 자동차를 보자. 미국에서 운영되었던 승용차와 트럭 생산회사에 관한 총 70페이지의 자료 중 한 페이지를 보면 한때 미국에는 버샤이어(Bershire)와 오마하(Omaha)라는 자동차가 있었다. 자연스럽게 이들 회사에 주목하게 된다. 또한 다른 회사들의 전화번호부도 있다.

모두 살펴보면 사람들의 생활에 엄청난 영향을 미친 이 산업에는 적어도 2,000종류의 자동차가 있었던 것으로 보인다. 자동차 산업 초창기에 이 산업이 어떻게 발전할지 미리 알았다면 우리는 "여기 부자가 되는 길이 있다."고 말했을 것이다. 그렇다면 1990년대에 와서 자동차 산업은 어떻게 진보했는가? 수그러들 줄 모르는 기업 대량학살을 거친 후 산업은 세 개의 자동차 회사로 재편되는 데까지 왔다. 그러나 이들이 투자자들에게 모범으로 삼을 만한 걸작인 것은 아니다. 자동차 산업은 미국 사회에 엄청난 영향을 끼쳤고, 예상한 일은 아닐지라도, 투자자에게도 엄청난 영향을 준 산업이었던 것은 사실이다. 그런데 때로는 이러한 엄청난 변화를 가져오는 사건에서 패배자들을 생각해 내는 것이 훨씬 쉬울 때가 있다. 자동차가 처음 등장했을 때 우리는 이 산업의 중요성을 알 수 있었지만 그래도 우리를 부자로 만들어 줄 회사를 찾아내는 일은 여전히 어렵다는 것도 알았다. 그러나 그 당시에 우리는 돈을 벌 수 있는 분명한 결정을 할 수 있었다. 그것은 바로 말(horse)을 공매도(short)하는 것이었다. (때로는 문제를 거꾸로 뒤집어 보는 것이 좋을 때가 있다.) 솔직히 말해 나는 버핏가(家)가 이 기간 전체 동안 말을 공매도하지 않은 것에 실망한다. 이는 정말 변명의 여지가 없는 일이다. 네브래스카(Nebraska)에서 살면 말을 빌리고, '숏 스퀴즈(short squeeze; 공매 포지션을 커버하기 위한 매수와 이로 인한 가격 급등)'를 피하기는 아주 쉽다는 것을 잘 안다.

- 미국 말의 수
- 1900: 2천1백만
- 1998: 5백만

자동차 이외에도 금세기 첫 4반세기 동안 정말 세상을 바꾸어 놓은 또 다른 발명품은 비행기였다. 이 산업의 밝은 미래는 투자자들의 군침을 흘리게 했을 것이다. 과거로 돌아가서 비행기 제조업자를 살펴보면 1919~1939년 기간에 약 300개 회사가 있었지만 지금은 한 줌도 안 되는 회사들만 생존하고 있다는 사실을 알 수 있다. 그때 만들어진 비행기들 중에는 — 우리는 틀림없이 그 시대의 실리콘 밸리에 있었다 — 네브라스카(Nebraska)와 오마하(Omaha)라는 비행기가 있었는데 이들은 지금은 가장 충성스러운 네브래스카인도 더 이상 신뢰하지 않는다.

항공사들의 실패는 또 어떤가? 과거 20년 동안 파산을 신청한 129개 항공사 목록을 보자. 콘티넨털(Continental)은 이 목록에 두 번이나 올라갈 정도로 민첩하였다. 1992년 현재 — 그 이후로 상태가 개선되기는 했지만 — 실제로 미국의 모든 항공사들이 항공시대의 초창기 이래 벌어들인 돈은 아무것도 없었다. 확실히 0이었다.

모든 것을 종합해 볼 때 우리가 만약 1903년 오빌 라이트(Orville Wright; 미국 최초의 비행기 제작자)가 첫 비행을 한 키티 호크(Kitty Hawk)에 있었다면 그 비행기를 격추해 버렸던 것이 어쩌면 더 선견지명과 애국심이 충만한 일— 이는 미래의 자본가들의 몫이다— 이었을 것이다. 요지는 칼 마르크스(Karl Marx)조차도 자본가들에게 오빌이 한 것만큼 많은 손해를 끼치지는 못했을 것이란 점이다.

우리의 삶을 극적으로 바꾸어 놓았지만 동시에 미국 투자자에게 전혀 보상을 해 주지 못했던 또 다른 화려한 산업에 대해 길게 늘어놓고 싶지 않다. 예를 들면 라디오와 텔레비전 제조업이 그것이다. 그러나 우리는 이들 산업에서 교훈을 끌어낼 수 있다. 투자의 핵심은 어떤 산업이 사회에 얼마나 많은 영향을 미칠 것인가, 또는 그 산업이 얼마나 성장할 것인가를 평가하는 것이 아니라, 어떤 회사의 경쟁 우위와 이런 경쟁 우위가 얼마나 오래 지속될 것인가를 결정하는 것이다. 넓고 계속 유지할 수 있는 해자(성 둘레로 돌려 판 참호)를 갖는 제품이나 서비스가 투자자에게 보상을 가져다 줄 수 있는 것이다.

자료원: C. Loomis, "Mr. Buffett on the Stock Market," *Fortune* (November 22, 1999), pp. 110~115.

그러나 1세대 가글 블래스터 생산자의 슬픈 운명은 기존 설비가 기술의 변화에 의해 얼마나 빨리 진부화되는지를 보여준다. 회사가 신기술의 선두에 있을 때는 성장 산업에 속하는 것은 즐거운 일이다. 그러나 성장 산업은 기술적 낙오자에게는 무자비하다.

그러므로 경제의 고성장 분야로 우르르 몰려가는 투자자 무리를 그냥 좇아가서는 안 된다. 1990년대 후반의 '신경제(new economy)' 시기에 명멸했던 닷컴회사들의 운명을 생각해 보라. 낙관주의자들은 정보혁명(information revolution)으로 인하여 회사들이 유래 없이 빠르게 성장할 수 있는 기회가 열린다고 주장했다. 비관론자들은 전자상거래(e-commerce)에서 경쟁이 치열해지고, 경쟁은 정보혁명의 이익이 주로 고객에게 돌아가도록 할 것이라고 지적하였다. 앞쪽의 "실무에서 배우는 재무" 글상자는 워런 버핏(Warren Buffett)이 쓴 기사에서 추출한 내용인데 빠른 성장이 그 자체만으로 우월한 이익을 보장해 주지 않는다는 점을 강조하고 있다.

좋은 투자 기회가 존재하지 않는다고 말하려는 것이 아니다. 예를 들면, 기업이 과거에 투자를 했기 때문에 미래에 적은 비용으로 확장할 수 있는 옵션을 가질 수 있었고, 이로 인해 좋은 투자기회가 생기는 것은 흔히 있는 일이다. 이런 회사는 단지 생산라인을 하나 증설하는 것만으로 산출을 증가시킬 수 있지만 경쟁사들은 완전히 새로운 공장을 건설해야 한다.

마빈사의 예는 또한 투자안의 증분 현금흐름을 추정할 때 그 투자안이 회사의 다른 부문에 미치는 영향까지도 포함해야 한다는 사실을 상기시킨다. 지금 바로 신기술을 도입함으로써 마빈사는 기존 설비의 가치를 $7천2백만 감소시키게 된다.

때로는 기존 설비에서 손실이 신기술에서 얻는 이익을 완전히 상쇄할 수도 있다. 이것이 우리가 때때로 기술적으로 앞선 안정된 회사가 계획적으로 신제품 도입 속도를 늦추는 것을 관찰하게 되는 이유이다. 그러나 경쟁자들에게 기회를 열어준다면 이는 아주 위험한 게임이 될 수 있다. 예를 들어 바슈롬(Bausch & Lomb)은 오랜 기간에 걸쳐 콘텍트렌즈 분야의 지배적 생산자였고, 매일 세척해야 하는 유리 콘택트렌즈 제품에서 많은 이익을 얻었다. 이 회사는 기존 사업에서 높은 수익을 얻고 있었기 때문에 일회용 렌즈를 도입하는 데 소극적이었다. 이것이 경쟁자들에게 기회를 열어주었고, 존슨앤존슨(Johnson & Johnson)이 일회용 렌즈를 도입할 수 있게 했다.

마빈사의 경제적 지대는 이 회사의 비용과 한계 생산자의 비용 간의 차이와 같다. 한계 2020세대 설비의 비용은 제조비용에다 장비를 처분하지 않을 때의 기회비용을 더한 것이다. 따라서 2020년형 설비의 잔존가치가 더 높다면 마빈사의 경쟁자들은 더 높은 비용을 부담하게 되고, 마빈사는 더 높은 지대(rent)를 벌 수 있다. 여기서는 잔존가치를 주어진 것으로 간주하였다. 그러나 잔존가치는 구식 가글 블래스터 설비를 다른 자산으로 대체해서 얻는 비용 절감에 따라 달라진다. 잘 기능하는 경제에서는 자산은 선택된 산출물 집합을 생산하는 데 드는 총 비용을 최소화할 수 있도록 사용될 것이다. 어떤 자산에서 얻어지는 경제적 지대는 그 자산이 퇴출되었을 때 부담해야 하는 총 추가 비용과 같다.

마빈사가 확장 계획을 발표했을 때 많은 1세대 설비 소유자들은 마빈사가 그들의 감가상각이 끝난 설비와 경쟁할 수 없다고 믿으며 안도하였다. 그들의 안도는 잘못된 것이었다. 과거의 상각 정책에 관계없이 1세대 장비로 계속 생산하는 것보다는 폐기하는 것이 더 이익이다. 재무상태표(대차대조표) 상의 수치들이 거친 경제 현실에서 회사를 보호해줄 수 있을 것이라고는 기대하지 마라.

요약

훌륭한 재무관리자는 양(+)의 NPV 투자안을 찾아 집행하려고 한다. 재무관리자는 조심스럽게 NPV를 계산한다. NPV가 양(+)으로 나타나는 데는 두 가지 이유가 있다. (1) 회사가 투자안으로부터 정말로 경제적 지대를 벌 것으로 기대하거나 (2) 현금흐름 예측에 편의(bias)나 오차(error)가 있기 때문이다. 훌륭한 재무관리자는 이런 '가짜 양(+)의 NPV' 투자안을 경계하고 회사가 분명한 경쟁 우위를 가진 분야에 투자함으로써 성공 가능성을 높이려 노력한다. 재무관리자는 기업전략에 조심스럽게 주의를 기울이게 되는데, 회사 특유의 능력을 찾아내고 경제적 지대를 벌 수 있는 시장에서 그 전략을 전개한다. 재무관리자는 경쟁 우위가 없고 경제적 지대가 얻어지기 어려운 분야에서는 확장을 피한다. 훌륭한 재무관리자는 경쟁자들의 시장 진입이나 확장이 미래의 가격을 낮출 것인가를 검토하지 않고서는 현재의 유리한 제품가격이 미래에도 계속 유지될 것으로 예측하지 않는다.

마빈 엔터프라이즈의 사례는 지대(rent)의 원천과 이것이 투자안의 현금흐름과 순 현재가치를 어떻게 결정하는가를 예시한다.

마빈 엔터프라이즈에 대한 계산을 포함하여 어떤 현재가치 계산도 오류의 가능성이 있다. 그것이 현실이다. 대부분의 자본 투자안을 평가할 다른 그럴듯한 방법은 없다. 그러나 금이나 부동산, 원유, 선박, 그리고 비행기와 같은 자산과 주식이나 채권과 같은 금융자산은 충분히 경쟁적인 시장에서 거래된다. 이런 자산의 시장가치를 안다면, **그것을 활용하라.** 적어도 분석의 시작점으로는 말이다.

더 읽어야 할 문헌

다음 논문들은 자본 투자와 전략에 관해 논의하고 있다.

P. Barwise, P. Marsh, and R. Wensley, "Must Finance and Strategy Clash?" *Harvard Business Review*, September－October 1989, pp. 2~7.

M. Porter, "What Is Strategy?" *Harvard Business Review*, November－December 1996, pp. 61~78.

S. C. Myers, "Finance Theory and Financial Strategy," *Midland Corporate Finance Journal* 5 (Spring 1987), pp. 6~13. Reprinted from *Inerfaces*(January－February 1984).

다음 책은 경제적 지대와 양(+)의 NPV를 어떻게 확인하느냐에 관해 설명하고 있다.

S. Woolley, *Sources of Value*, Cambridge University Press, 2009.

연습문제

기본문제

1. 맞는가 틀리는가?
   a. 자본의 기회비용을 버는 회사는 경제적 지대(economic rent)를 벌고 있다.
   b. 양(+)의 NPV 사업에 투자하는 회사는 경제적 지대를 벌 것으로 기대한다.
   c. 재무관리자는 자사가 경제적 지대를 벌 수 있는 분야를 찾아내려고 노력해야 한다. 왜냐하면 그런 분야에서 양(+)의 NPV 투자안이 발견될 가능성이 크기 때문이다.
   d. 경제적 지대는 자본 설비를 운영하는 데 드는 연간 등가 비용이다.
2. 오목한 전기 계량기에 대한 수요가 급속히 확장하고 있다. 그러나 이 산업은 매우 경쟁적이다. 전기 계량기 공장을 짓는 데는 $5천만이 들며, 이 공장은 연간 500,000대를 생산할 수 있다. 생산비는 대당 $5이며, 변하지 않을 것으로 기대된다. 이 기계는 무한한 물리적 수명을 가지며 자본비용은 10%이다. 전기 계량기의 경쟁 가격은 얼마인가?
   a. $5　　b. $10　　c. $15

Visit us at www.mhhe.com/bma

3. 두 사람의 투자자가 시 외곽에 있는 빌딩을 매입하려고 한다. 빌딩을 매입한 후에는 타코 팰리스(Taco Palace) 식당을 차려 운영하려고 한다. 두 사람은 장래 이 지역의 부동산 가격에 대해 매우 낙관적이다. 파트너 중 한 사람이 큰 양(+)의 NPV를 보여주는 현금 흐름 예측을 제시하였다. 이 계산은 10년 후 건물을 팔 것으로 가정하고 있다.

   계속 진행하기 전에 추가로 어떤 계산을 해야 하는가?

4. 1년 후 인도되는 구리 가격은 런던 금속거래소에서 톤당 $3,450이다(주: 지불은 구리가 인도될 때 이루어진다). 무위험 이자율은 0.5%이며, 기대 시장수익률은 8%이다.
   a. 내년에 100,000톤의 구리를 생산하여 판매할 것으로 예상한다고 가정하자. 이 산출물의 PV는 얼마인가? 판매는 연말에 이루어진다고 가정하라.
   b. 구리의 베타가 1.2라면 연말에 구리의 기대 가격은 얼마인가? 확실성 등가 가격은 얼마인가?

5. 신 모델의 상용 비행기는 구 모델보다 연료소비에서 훨씬 효율적이다. 경쟁사들이 신형 항공기를 취항시킬 때 구형 항공기를 운항하는 항공사가 어떻게 돈을 벌 수 있는가? 간단히 설명하라.

중급문제

6. 상당히 활발한 중고 시장이 있는 자산에 투자를 고려하고 있다고 하자. 구체적으로 회사는 델타항공(Delta Airline)이고 자산은 널리 사용되는 비행기인 보잉757이다. 중고 시장의 존재는 문제를 원칙적으로 어떻게 단순화시키는가? 이 단순화가 실제로 실현될 수 있다고 생각하는가? 설명하라.

7. 표준형 상용 제트기의 대부분에는 활발하고 경쟁적인 리스(즉 임대) 시장이 있다. 주요 국내선과 국제선 항공사들이 운항하고 있는 비행기들은 이들 항공사가 소유하고 있는 것이 아니라 몇 달에서 몇 년 동안 임대되고 있다.

   그러나 감마항공사(Gamma Airline)는 라틴아메리카항공사(Latin American Airline)에서 방금 퇴역한 두 대의 장거리 DC-11을 보유하고 있다. 감마항공은 이들 비행기를 활용하여 애크런(Akron)에서 옐로나이프(Yellowknife)를 잇는 잠재적으로 수익성이 큰 새 항로를 개발하는 것을 고려하고 있다. 터미널 시설, 훈련 그리고 광고에 상당한 투자가 요구된다. 일단 시작하면 감마항공은 적어도 3년간은 이 항로를 운영해야 한다. 문제를 더 복잡하게 만드는 것은 감마항공의 국제선 부문 관리자는 울란바토르(Ulan Bator)에 위치한 감마항공의 새 허브를 통과하는 교통량의 증가가 예상되기 때문에 이들 비행기를 애크런-옐로나이프 항로에 배치하는 것을 반대하고 있다.

   이 제안된 애크런-옐로나이프 투자안을 어떻게 평가하겠는가? 분석에서 필요한 절차를 자세히 보여라. 비행기 임대 시장이 어떻게 고려되어야 하는지 설명하라. 투자안이 매력적이라면 국제선 담당 관리자에게는 어떻게 대응하겠는가?

8. 금의 현재 가격이 온스당 $650이라고 가정하자. 핫샷 컨설턴트(Hotshot Consultants)는 금값이 앞으로 2년 동안 평균 12%씩 증가할 것이라고 조언하였다. 그 후로는 성장률이 장기 추세인 연간 3%로 낮아질 것이다. 향후 8년 동안 생산되는 금 1백만 온스의 가격은 얼마인가? 금값은 베타가 0이고 무위험 수익률은 5.5%라고 가정한다.

9. 앞서 미국 철도회사가 소유한 주(州) 사이를 잇는 철도는 2005년부터 2007년 사이에 수익의 증가를 가져다 준 '전략적 자산(stratigic asset)'이라고 하였다. 어떤 상황에서 이들 자산이 경제적 지대를 가져 올 것으로 기대하는가? 철도회사는 다른 철도회사뿐만 아니라 트럭회사와도 경쟁하고 있다는 사실을 명심하라. 트럭회사는 유연성을 포함하여 다른 이점을 가지고 있다.

Visit us at www.mhhe.com/bma

10. 중요 특허를 획득한 덕분에 회사는 이제 북미 지역에서 barkelgasser(BG)에 대한 독점 생산권을 갖게 되었다. 연간 200,000 BG의 생산에 필요한 설비는 $2천5백만의 즉각적인 자본 지출을 필요로 한다. 생산비는 BG 한 단위당 $65로 추정된다. BG 마케팅 관리자는 앞으로 5년 후 특허가

Visit us at www.mhhe.com/bma

종료되기까지는 총 200,000대가 대당 $100에 (실질가치로) 팔릴 수 있다고 자신한다. 이 마케팅 관리자는 그 후 판매 가격이 얼마가 될지에 대해서는 짐작하지 못한다.

BG 투자안의 NPV는 얼마인가? 실질 자본비용은 9%라고 가정한다. 또한 문제를 간단히 하기 위해 다음을 가정한다.

- BG를 만드는 기술은 변하지 않는다. 자본 및 생산비용은 실질 가치 기준으로 일정하게 유지된다.
- 경쟁자들도 이 기술을 알고 있으며 특허가 종료되자마자, 즉 제6차 연도에는 시장에 진입할 수 있다.
- 회사가 즉시 투자를 개시한다면 12개월 후, 즉 연도 1에는 완전 가동을 시작할 수 있다.
- 세금은 없다.
- BG 생산 설비는 12년간 사용할 수 있다. 내용연수가 끝나면 잔존가치는 없다.

11. 만약 기술적 진보가 새 BG 생산설비의 비용을 연간 3%씩 줄인다면 연습문제 10에서의 답은 어떻게 변하겠는가?

따라서 연도 1에 지어지는 신 설비는 $25(1 − 0.03) = $24.25백만의 비용이 든다. 연도 2에 지어지는 설비는 $23.52백만의 비용이 든다. 대당 생산비용은 $65로 같다고 가정하자.

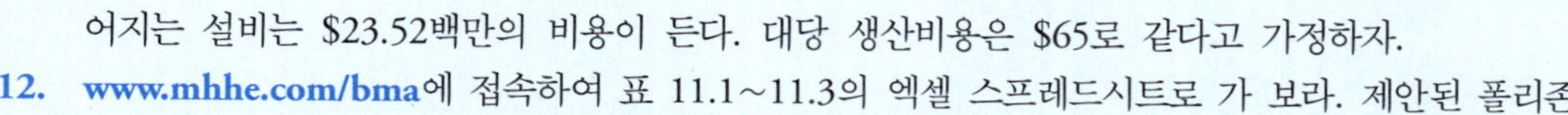

12. **www.mhhe.com/bma**에 접속하여 표 11.1~11.3의 엑셀 스프레드시트로 가 보라. 제안된 폴리존 투자안의 NPV를 다음의 각 가정에서 재평가하라. 각 경우에 올바른 경영 결정은 무엇인가?

a. 연도 4의 스프레드가 파운드당 $1.2로 유지된다.

b. 미국 화학 회사는 연도 2가 아니라 연도 1에 4천만 파운드의 폴리존 생산을 시작할 수 있다.

c. 미국 회사는 연간 생산비를 $25백만으로 줄일 수 있는 기술적 진보를 이루었다. 경쟁자의 생산비는 변하지 않는다.

13. 사진 연구소들은 사진 필름에서 사용된 은(silver)을 회수하여 재활용한다. Stikine River Photo는 Telegraph Creek에 있는 자사 연구소에 사용할 개선된 장비의 구매를 고려중이다. 회사가 보유한 정보는 다음과 같다.

- 장비는 $10만이고, 운영하는 데는 연간 $8만이 든다.
- 이 장비의 경제적 수명은 10년이지만 5년 동안 직선법으로 상각할 수 있다(제6.2절을 보라).
- 이 장비는 매년 5,000온스의 은을 추가로 회수한다.
- 은은 온스당 $20에 팔린다. 과거 10년 동안 은 가격은 실질가치로 매년 4.5%씩 상승하였다. 은은 활발하고 경쟁적인 시장에서 거래된다.
- Stikine의 한계 세율은 35%이다. 미국 세법을 가정한다.
- Stikine 회사의 자본비용은 실질 가치로 8%이다.

새 장비의 NPV는 얼마인가? 필요한 추가 가정을 하라.

14. 캠브리지(Cambridge) 오페라 협회는 12월(2013년)의 기금 모금 무도회에 쓸 독특한 상을 생각해 냈다. 20개의 상이 배부될 것인데 각각의 상은 소지자에게 2014년 12월 31일에 협회가 주는 상금을 받을 자격을 주는 티켓이다. 상금은 2014년 12월 31일 스탠더드 앤 푸어스(Standard and Poor's)의 주가지수를 2014년 6월 30일 지수와 비교한 비율에 $100를 곱하여 결정된다. 따라서 지수가 2014년 6월 30일 1,000이고 2014년 12월 31일에 1,200이라면 지불액은 $100 × (1,200/1,000) = $120이 된다.

무도회가 끝난 후 티켓이 거래되는 암시장이 생겨났다. 2014년 1월 1일에 티켓은 얼마에 팔릴까? 2014년 6월 30일에는 어떤가? 무위험 이자율은 연간 10%라고 가정한다. 또한 캠브리지 오페라 협회는 2014년 말에 부채를 지급할 능력이 있으며, 실제로 티켓에 대한 상금을 지불할 것이라고 가정한다. 필요하다면 다른 가정도 하라.

티켓의 지불액이 스탠더드 앤 푸어스(S&P) 지수가 아니라 다우 존스(Dow Jones) 산업지수에 따른다면 티켓의 가치가 달라지는가?

15. 뉴저지 북부에 있는 대형 건물을 평가해 달라는 요청을 받았다. 가치 평가는 파산에 따른 정산(settlement)에 필요하다. 아래의 사실이 주어져 있다.

- 이 정산은 건물 가치가 철도회사가 그 건물을 비우고, 최고의 그리고 최선의 비철도 용도, 즉 창고로 매각할 때 받을 수 있는 순 현금 수입(*net cash proceed*)의 PV와 같을 것을 요구한다.
- 건물의 감정가는 $1백만이다. 이 수치는 뉴저지에 있는, 창고로 사용되거나 사용될 수 있는 비슷한 건물 중 한 표본의 최근 실제 판매가에 근거한다.
- 지금 이 건물을 창고로 임대한다면 매년 $80,000을 받을 수 있다. 이 현금흐름은 현금으로 지급하는 영업비용과 매년 $50,000의 부동산 세금을 납부한 후 계산한 것이다.

총 임대료	$180,000
영업비용	50,000
부동산세	50,000
순 수익	$80,000

총 임대료, 영업비용, 그리고 부동산세는 확실하지 않지만 물가상승에 따라 증가할 것으로 예상된다.

- 철도 장비를 치우고 건물을 창고로 사용할 수 있도록 준비하는 데 1년의 기간과 $200,000이 든다. 이 $200,000은 지금 바로 투자해야 한다.
- 이 건물은 창고로 이용할 수 있게 준비될 때 시장에 내 놓게 된다. 부동산 상담사는 이러한 종류의 건물은 시장에 나온 후 팔리기까지 평균적으로 1년이 걸린다고 말한다. 그러나 철도회사는 팔려고 기다리는 동안 건물을 창고로 임대할 수 있다.
- 부동산 투자에 대한 자본의 기회비용은 실질가치로 8%이다.
- 부동산 상담사는 뉴저지 북부에서 비슷한 건물의 판매 가격이 실질가치 기준으로 과거 10년 동안 매년 평균 2%씩 하락해왔다는 점에 주목하고 있다.
- 매도 시점에 철도회사는 5%의 판매 수수료를 지불한다.
- 철도회사는 소득세는 내지 않지만 재산세는 납부해야 한다.

도전문제

Visit us at www.mhhe.com/bma

16. 폴리실래빅 산(polysyllabic acid)의 제조업은 경쟁적인 산업이다. 대부분 공장은 연간 100,000톤을 생산한다. 운영비는 톤당 $0.90이고 판매 가격은 톤당 $1이다. 100,000톤 공장은 $100,000이 들며 무한한 수명을 갖는다. 현재 $60,000의 처분가치는 다음 2년 동안 $57,900으로 감소할 것으로 예상된다.

Phlogiston사는 폴리실래빅 산을 제조하는 새로운 저비용 공정을 채용한 공장에 $100,000을 투자할 것을 제안하였다. 이 공장은 기존 공장과 같은 용량을 가지지만 운영비는 톤당 $0.85이다. Phlogiston은 이 공정의 채용으로 경쟁사보다 2년 앞서 간다고 추정한다. 그러나 연도 2 전에는 이 회사도 어떤 추가 공장을 건설할 수 없다. 또한 이 회사는 다음 2년 동안은 수요가 부진할 것 같고, 따라서 새 공장은 일시적으로 과도한 설비를 갖게 한다고 믿는다.

세금이 없고 자본비용이 10%라고 가정한다.

a. 연도 2 말까지 장래 산의 수요 증가로 Phlogiston 공정을 채용한 새로운 공장을 몇 개 건설하

Visit us at www.mhhe.com/bma

는 것이 필요할 것이다. 이러한 공장의 예상되는 NPV는 얼마인가?

b. 이것이 연도 3과 그 이후 폴리실래빅 산의 가격에 의미하는 바가 무엇인가?

c. 당신은 연도 2에 기존 설비가 처분될 것이라고 예상하는가? 처분가치가 $40,000 또는 $80,000이라면 당신의 답은 어떻게 달라지는가?

d. United Alchemists사의 산 공장은 완전히 감가상각되었다. 이 회사는 연도 2 이후에 공장들을 수익성 있게 운영할 수 있는가?

e. Acidosis사는 작년에 $100,000에 새 공장을 매입하였고 1년에 $10,000씩 장부가격을 낮추고 있다. 이 회사는 연도 2에 이 공장을 처분해야 하는가?

f. Phlogiston사 사업의 NPV는 얼마이겠는가?

17. 세계 항공 시스템은 항로 X와 Y로 구성되어 있다. 각각은 10대의 비행기를 필요로 한다. 이 항로들은 세 가지 형태의 비행기가 취항할 수 있다 — A, B, 그리고 C. 5대의 A형, 10대의 B형, 10대의 C형 비행기가 사용될 수 있다. 이 비행기들은 다음과 같은 운영비를 제외하고는 동일하다. 비행기는 5년의 내용연수와 $1백만의 잔존가치를 가진다.

비행기 소유자는 비행기를 직접 운영하지 않고 이들을 운영사에 임대한다. 소유자는 그들의 임대수입을 극대화하기 위해 경쟁적으로 행동한다. 그리고 운영사는 운영비를 최소화하려고 한다. 항공운임은 또한 경쟁적으로 결정된다.

자본비용은 10%라고 가정한다.

a. 어떤 비행기가 어떤 항로에 사용되겠는가, 그리고 각 비행기는 얼마의 가치가 있는가?

b. A형 비행기 숫자가 10대로 증가한다면 비행기 사용 방법이 어떻게 되겠으며 각 비행기의 가격은 어떻게 되겠는가?

c. A형 비행기 숫자가 15대로 증가한다면 어떻게 되겠는가?

d. A형 비행기 숫자가 20대로 증가한다면 어떻게 되겠는가?

필요한 추가 가정은 무엇이든지 기술하라.

	연간 운영비용($백만)	
비행기 형태	항로 X	항로 Y
A	1.5	1.5
B	2.5	2.0
C	4.5	3.5

18. 세금은 비용이다. 따라서 세율의 변화는 소비자 가격, 투자안 수명 그리고 기존 기업의 가치에 영향을 줄 수 있다. 다음 문제는 이를 보여준다. 또한 '사업에 좋게' 보이는 세금 변화가 항상 기존 기업의 가치를 증가시키지는 않는다는 것을 보여준다. 사실 새로운 투자 유인이 소비자 수요를 증가시키지 않는다면 이 투자는 기존 설비를 진부화함으로써만 작용할 수 있다.

부콜릭 산(bucolic acid)의 제조업은 경쟁적인 업종이다. 수요는 안정적으로 증가하고 있다. 그리고 새 공장은 일정하게 개설되고 있다. 새 공장에 투자하여 얻는 기대 현금흐름은 다음과 같다.

	0	1	2	3
1. 초기투자	100			
2. 총 수입		100	100	100
3. 현금 영업비용		50	50	50
4. 세금목적 감가상각		33.33	33.33	33.33
5. 과세 소득		16.67	16.67	16.67
6. 세금(@40%)		6.67	6.67	6.67
7. 순 이익		10	10	10
8. 세후 잔존가치				15
9. 현금흐름(7 + 8 + 4 − 1)	−100	+43.33	+43.33	+58.33
NPV(@20%) = 0				

가정

1. 세금 목적의 감가상각은 3년 동안 직선법으로 한다.
2. 세전 잔존가치는 연도 3에 25이고 자산을 연도 2에 처분한다면 50이다.
3. 잔존 가치에 대한 세금은 잔존 가치와 장부가치 간의 차이에 대해 40%이다.
4. 자본 비용은 20%이다.

a. 1년 된 설비의 가치는 얼마인가? 2년 된 설비는?

b. 이제 정부가 세금 목적의 감가상각을 연도 1에 100% 상각할 수 있도록 변경하였다고 가정하자. 이것이 기존 1년과 2년 된 설비의 가치에 어떤 영향을 주는가? 기존 설비는 계속해서 원래의 세금 목적 감가상각 일정에 따라야 한다.

c. 이제 기존 설비가 3년보다는 2년 되었을 때, 이를 처분하는 것이 타당한가?

d. 법인세가 완전히 폐지된다면 당신의 답은 어떻게 변하는가?

미니 케이스

Ecsy-Cola[23)]

국제적인 청량음료 대기업인 Ecsy-Cola의 지역 관리자인 Libby Flannery는 중앙아시아에 대한 그녀의 투자 계획을 검토하고 있었다. 그녀는 2013년에 구 소련공화국이었던 Inglistan에 Ecsy-Cola를 출시할 것을 고려해왔다. 이 계획은 2012년에 병입공장(bottling plant)을 세우고 그곳에 물류 시스템을 세우는 데 $2천만의 자본 지출을 필요로 한다. 고정비(제조, 물류 그리고 마케팅을 위한)는 2012년부터 매년 $3백만이 든다. 이는 연간 200백만 리터를 생산해 판매하는 데 충분할 것이다 — Inglistan에 있는 모든 남자, 여자와 어린이가 주당 네 병을 마시기에 충분하다! 그러나 더 작은 규모의 공장을 세우면 비용이 약간은 절약될 것이다. 수입 관세와 지역 내 운송비 때문에 국경 내에서 모든 생산을 해야 한다.

생산과 물류 변동비는 리터당 12센트이다. 회사 정책은 명목 달러 기준으로, 지역 세금을 내고 자

23) 이 주제를 제안해 준 Anthony Neuberger에게 감사한다.

Visit us at www.mhhe.com/bma

본 조달 비용을 공제하지 않은 상태에서 25%의 수익률을 요구한다. 판매 수입은 리터당 35센트로 예측되었다.

병입공장은 거의 영원히 계속된다. 그리고 모든 대당 비용과 수입은 명목가치 기준으로 일정할 것으로 예상된다. 세율은 30%이고, Inglistan 법인세법에서는 자본지출은 4년 동안 직선법 기준으로 상각할 수 있다.

이러한 모든 투입은 상당히 명확했다. 그러나 Flannery 여사는 매출을 예측하려고 머리를 짜냈다. Ecsy-Cola는 '1-2-4' 규칙이 대부분의 새로운 시장에서 적용된다는 것을 발견하였다. 판매는 전형적으로 2년째에 두 배가 되고 3년째에 다시 두 배가 되며, 그 후에는 거의 일정하다. Libby의 최선의 추정은 그녀가 즉각 시작한다면 Inglistan에서 최초의 판매는 2014년에 1,250만 리터이고, 2016년과 이후에는 5천만으로 증가할 것이다.

Flannery 여사는 1년을 기다리는 것이 더 나은가를 염려하고 있었다. 청량음료 시장은 이웃 나라들에서는 급속히 성장하고 있었다. 그리고 1년 후에 그녀는 Ecsy-Cola가 Inglistan에서 성공할 것인가에 대해 훨씬 더 정확한 감을 잡을 수 있을 것이다. 이것이 성공하지 못하여 판매가 2천만 리터 아래에서 멈추면 아마도 대형 투자는 정당화되지 못할 것이다.

Flannery 여사는 Ecsy-Cola의 강력한 경쟁자인 Sparky-Cola가 시장에 진입하지 않을 것이라고 가정해왔다. 그러나 지난 주 그녀가 Kapitaliste 호텔의 로비에서 Sparky-Cola의 그녀의 상대역을 맞닥뜨렸을 때 충격을 받았다. Sparky-Cola는 Ecsy-Cola와 비슷한 비용을 예상할 것이다. Ecsy-Cola가 시장에 진입한다면 Sparky-Cola는 어떻게 반응할 것인가? 이 회사도 또한 진입하기로 결정할 것인가? 그렇다면 이것이 Ecsy-Cola 투자안의 수익성에 어떤 영향을 줄 것인가?

Flannery 여사는 투자를 1년 연기하는 것에 대해 다시 생각했다. Sparky-Cola가 Inglistan 시장에 관심이 있다고 가정하자. 이것은 연기하는 것과 즉각적인 행동 어느 쪽에 도움이 될까? 아마도 Ecsy-Cola는 Sparky-Cola가 투자안을 발전시킬 기회를 갖기 전에 계획을 발표해야 할 것이다. Inglistan 투자안은 이날 이후 더 복잡해지고 있었다.

문제

1. 이 경우에 나타난 입력 자료를 사용하여 제안된 투자안의 NPV를 계산하라. 이 NPV는 미래 판매량에 얼마나 민감한가?
2. 투자를 결정하기 전에 1년을 기다리는 것의 장점과 단점은 무엇인가? (힌트: 수요가 높게 나타나고 Sparky-Cola도 또한 투자한다면 어떻게 되는가? Ecsy-Cola가 즉시 투자하고 Sparky-Cola에 1년 앞서 시작한다면 어떻게 되는가?)

Visit us at www.mhhe.com/bma

대리인 문제와 보상, 그리고 성과 측정

지금까지는 양(+)의 NPV를 갖는 자본투자를 확인하는 기준과 절차에 초점을 맞추었다. 기업이 모든 (그리고 단지) 양(+)의 NPV 투자안을 선택한다면 기업 가치는 극대화된다. 그러나 회사의 경영자는 정말로 가치를 극대화하기 바라는가?

경영자는 자신의 개인적인 이해를 자동적으로 외부 투자자의 재무 목표와 같도록 맞추는 특별한 유전자를 갖고 있지 않다. 그렇다면 주주들은 최고경영자가 자신만의 보금자리를 가꾸거나 자신의 도끼를 날카롭게 갈지 않는다는 것을 어떻게 보장할 수 있는가? 그리고 최고경영자는 중간 관리자와 종업원들이 양(+)의 NPV 투자안을 찾기 위해 가능한 한 열심히 노력한다는 것을 어떻게 확신할 수 있는가?

여기서 우리는 제1장에서 처음 제기되었던 주체-대리인 문제로 다시 돌아간다. 주주는 궁극적인 주체이며, 최고경영자는 주주의 대리인이다. 한편 중간 관리자와 종업원은 최고경영자의 대리인이다. 따라서 최고재무책임자(chief financial officer, CFO)를 포함한 고위 관리자는 주주에 대해서는 대리인인 동시에 회사의 나머지 종업원에게는 주체이다. 문제는 가치 극대화를 위해 모든 사람들을 다함께 일하도록 만드는 것이다.

이 장에서는 기업이 이런 문제를 어떻게 극복하려고 노력하는가를 요약한다. 두 가지 주된 주제를 다룬다.

- **유인**: 경영자와 종업원들이 회사의 가치를 증가시켰을 때 이에 대해 적절히 보상받는다는 것을 확신시키기
- **성과측정**: 부가가치를 측정할 수 있기 전에는 이에 대한 보상을 할 수 없다. 보상하는 것을 얻게 되고, 측정해야 보상할 수 있기 때문에 우리는 결국 측정하는 것을 얻게 된다.

대체 성과 척도에 대해 설명한다. 여기에는 경제적 부가가치도 포함된다. 표준적인 회계적 소득이나 수익률 안에 도사리고 있는 편의(bias)를 파헤친다. 마지막으로 우리는 불편한 진실에 직면하게 된다. 즉 아마도 대부분의 공개기업은 NPV를 희생하더라도 단기 주당이익(earnings per share, EPS)을 현상대로 유지하거나 증가시키려는 것 같다.

12.1 유인과 보상

최고재무책임자(CFO)를 포함한 최고위 경영자는 관리자와 종업원들이 양(+)의 NPV 투자안을 찾아 투자하도록 올바른 유인(incentive)을 가질 수 있게 해야 한다. 금방 알게 되겠지만 대규모 기업에서 모든 사람이 올바른 유인을 가지기는 매우 어렵다. 그렇다면 이런 어려움을 우회(bypass)해서 CFO나 그 직속 직원들이 직접 중요한 투자결정을 내리면 안 되는가?

적어도 다섯 가지 이유 때문에 이렇게 우회하는 것으로는 일이 잘 안 된다. 첫째, 최고위 경영자는 매년 수천 가지의 투자안을 분석해야 한다. 각각의 투자안에 대해 현명한 선택을 할 수 있을 만큼 충분히 내용을 파악하는 것은 불가능하다. 최고위 경영자는 실무 수준에서 분석한 내용에 의존해야만 한다.

둘째, 자본 투자안의 설계(*design*)는 최고위 경영자가 미처 파악하지 못하는 투자결정을 포함

하고 있다. 새로 공장을 짓는 제안을 생각해 보자. 이 공장 건설 계획을 입안한 관리자는 그 위치를 결정해야 했다. 관리자가 숙련된 노동자 풀에 가까이 접근하기 위해 좀 더 비싼 장소를 선택했다고 하자. 이는 숙련공들을 확보하여 추가적인 현금흐름을 만들어 내겠다는 (예를 들어 훈련비용이 적게 든다.) 일종의 투자결정이다. 이런 추가 투자가 멀리 떨어져 있는 장소에 싸게 공장을 짓는 것과 비교해 추가적인 NPV를 만들어 내는가? CFO가 어떻게 이런 사실을 알 수 있는가? CFO에게는 검토는 했지만 투자안의 후원자들이 거부했던 모든 대체 투자안을 다 조사할 시간이 없다.

셋째, 수많은 자본 투자는 자본예산에 나타나지 않는다. 이들은 연구개발, 종업원 훈련, 시장을 확장하거나 만족한 고객들을 붙잡아 두기 위한 마케팅 지출 등을 포함한다.

넷째, **작은 결정도 쌓이면 커진다**. 영업 관리자는 매일 투자결정을 내린다. 추가적인 원자재 재고를 유지해서 재고부족으로 곤란을 당할 걱정을 하지 않을 수도 있다. 캔자스의 퀘일시티에 위치한 공장의 관리자는 지게차 한 대가 더 필요하다고 결정할 수 있다. 유휴 기계 도구나 매각할 수도 있었던 빈 창고를 계속 보유하기로 결정기도 한다. 이들은 큰 결정은 아니다($25,000이나 $50,000 정도의 투자). 그러나 이런 결정이 수천 개 모이면 큰 지출이 될 수 있다.

다섯째, CFO도 하위 관리자들을 괴롭혀 온 것과 똑같은 유혹에 빠질 수 있다.

이제 자본 투자에서의 유인과 대리인 문제를 검토해 본다.

자본예산에서의 대리인 문제

한 가지 확실한 것은 완벽한 유인 시스템은 없다는 것이다. 그러나 어떤 시스템이 제대로 작동하지 않을지는 쉽게 알 수 있다. 주주가 재무관리자에게 고정 급여, 즉 보너스나 스톡옵션이 없이 매달 정해진 $X만 지급하기로 결정했다고 가정하자. 이 관리자는 주주의 대리인으로서 회사가 선택할 수 있는 모든 양(+)의 NPV 투자안을 찾아서 투자할 것을 지시받는다. 관리자가 그렇게 하려고 성실하게 노력할 수도 있다. 그러나 관리자는 한편 다양한 유혹적인 대안에 직면하게 될 것이다.

열심히 노력하지 않음 정말로 가치 있는 투자안을 찾아서 투자하는 일은 많은 노력을 필요로 하며, 많은 압박을 받는 활동이다. 재무관리자는 게으름을 피우고 싶어질 것이다.

특권적 소비 우리의 가상적인 재무관리자는 보너스를 받지 않는다. 그저 매달 $X를 받을 뿐이다. 그러나 관리자는 어떻게 해서든 보너스를 받아갈 것이다. 이런 보너스는 현금은 아니지만 스포츠 행사 티켓이나 지나치게 풍족한 사무실 공간, 사치스러운 휴양지에서 모임을 가지는 것 등과 같은 형태를 띤다. 경제학자들은 이런 비금전적인 보상을 **사적 이득**(*private benefits*)이라고 한다. 보통 사람들은 이를 경영자의 **특권적 소비**(*perk*, perquisite의 줄임말)이라고 부른다.[1)]

제국 건설 다른 조건이 같다면 관리자는 작은 사업보다는 큰 사업을 운영하는 것을 더 좋

1) 경영자의 특권적 소비가 모두 부당하거나 비효율적인 것은 아니다. 회사의 제트기가 CEO나 CFO가 공항에서 허비하는 주당 서너 시간의 시간을 절약한다면 좋은 투자일 수 있다. 또한 어떤 대기업들은 안전 문제로 CEO가 반드시 회사 전용 제트기를 이용하도록 요구한다. 라잔과 울프는 모든 경영자 특권적 소비를 관리상의 낭비로 취급하는 것은 옳지 않다고 주장한다. R. Rajan and J. Wulf, "Are Perks Purely Managerial Excess?" *Journal of Financial Economics* 79(January 2006), pp. 1~33 참조.

야한다. 작은 사업에서 큰 사업으로 옮겨가는 것은 양(+)의 NPV를 가져다주지 않을 수도 있다. 관리자들은 또한 자신의 제국을 해체하기를 꺼린다. 즉 투자를 회수하기 꺼린다.

참호 구축 투자 관리자 Q가 두 가지의 확장 계획을 고려하고 있다고 하자. 한 계획은 관리자에게 특별한 기술을 요구하는데 우연히 관리자 Q가 이런 기술을 보유하고 있다. 다른 계획은 단지 일반적인 관리자를 필요로 한다. Q가 어떤 계획을 선호할지는 짐작이 간다. 기존 관리자가 보유한 기술을 필요로 하거나 보상하도록 계획된 투자안은 참호 구축 투자(*entrenching investment*)라고 불린다.[2]

참호 구축 투자와 제국 건설은 과잉 투자(overinvestment), 즉 NPV가 0으로 떨어지는 점을 넘어서 집행하는 투자의 전형적인 증상이다. 과잉 투자에 대한 유혹은 회사가 현금을 많이 보유하고 있지만 투자기회는 한정되었을 때 가장 크게 나타난다. 마이클 젠센(Michael Jensen)은 이를 잉여 현금흐름(*free-cash-flow*)의 문제라고 부른다.[3]

위험 회피하기 관리자가 단지 고정된 급료만 받는다면 위험한 투자안에서 얻는 결과를 나누어 가질 수 없다. 그러나 만약 투자안이 실패로 끝나면 관리자는 직장에서 해고당할 수도 있다. 이 경우 관리자의 관점에서는 안전한 투자안이 위험한 것보다 더 낫다.[4] 그러나 때로는 위험한 투자안이 더 큰 양(+)의 NPV를 가진 투자일 수 있다.

고정 급료를 받는 관리자가 항상 이런 모든 유혹을 피하기는 어려울 것이다. 그 결과로 생기는 가치의 손실이 바로 대리인 비용(agency cost)이다.

감시

대리인 비용은 두 가지 방법, 즉 관리자의 노력과 행동을 감시(monitoring)하거나 관리자가 궤도를 벗어날 때 이를 간섭함으로써 줄일 수 있다.

감시는 노골적인 특권적 소비과 같은 아주 명백한 대리인 비용을 막아주며, 관리자가 직무에 충분한 시간을 투입하고 있는가를 확인할 수 있다. 그러나 감시는 시간과 돈이 든다. 일부의 감시는 거의 항상 할 만한 가치가 있는 일이다. 그러나 감시에 추가로 소요되는 $1이 대리인 비용에서 추가로 $1을 감소시키지 못하게 되면서 감시는 곧 한계에 도달한다. 모든 투자와 마찬가지로 감시도 수확체감의 원리가 작용한다.

일부 대리인 비용은 가장 철저한 감시로도 막을 수가 없다. 주주가 자본 투자결정을 감시하기로 한다고 가정하자. 최고경영자가 승인한 자본예산이 (1) 회사가 선택할 수 있는 모든 양(+)의 NPV 투자 기회를 포함하며, (2) 어떤 투자안도 제국 건설이나 참호 구축 투자로 인해 음(−)의

2) A. Shleifer and R. W. Vishny, "Management Entrenchment: The Case of Manager-Specific Investments," *Journal of Financial Economics* 25(November 1989), pp. 123~140.

3) M. C. Jensen, "Agency Costs of Free Cash Flow, Corporate Finance and Takeovers," *American Economic Review* 76 (May 1986), p. 323~329.

4) 때때로 관리자는 지나치게 큰 위험을 감수하려는 유혹에 빠질 수도 있다. 지역 본부가 기대하지 못했던 손실을 입었다고 하자. 지역 관리자는 해고당할 처지에 놓인다. 이에 대응하여 관리자는 가능성은 낮지만 크고 빠른 보상이 기대되는 위험한 전략을 구사한다. 이런 전략이 성공하면 관리자의 자리는 안전하다. 실패하면 잃을 것도 없다. 왜냐하면 관리자는 어쨌든 해고당했을 것이기 때문이다.

NPV를 갖지 않는다는 것을 주주는 어떻게 확신할 수 있는가? 경영자는 분명히 외부자들보다 회사의 미래 전망에 대해 더 잘 안다. 주주가 스스로 모든 투자안과 NPV의 목록을 작성할 수 있다면 경영자는 전혀 필요가 없을 것이다!

실제로 감시를 하는 사람은 누구인가? 궁극적으로 이는 주주의 책임이다. 그러나 대규모의 공개기업에서는 감시는 주주에 의해 선출되고 주주의 이익을 대표하는 이사회(board of directors)에 위임된다. 이사회는 최고경영자와 공식적이거나 비공식적으로 정기적인 모임을 갖는다. 주의 깊은 이사들은 회사의 전망과 성과, 그리고 최고경영자의 강점과 약점에 대해 많은 것을 알게 된다.

이사회는 또한 독립적인 회계사를 고용하여 회사의 재무제표를 감사(audit)한다. 감사 결과 아무런 문제가 없다면 감사인은 재무제표가 회사의 재무 상태를 적절하게 나타내고 있으며, 일반회계기준(Generally Accepted Accounting Principle, GAAP)에 따르고 있다는 의견을 제출한다.

문제가 발견되면 감사인은 협상을 통해 가정이나 절차를 변경하려고 한다. 경영자는 거의 항상 이에 동의하게 된다. 왜냐하면 받아들일 만한 변경이 이루어지지 않으면 감사인은 **한정 의견**(*qualified opinion*)을 제출할 것이기 때문이다. 이는 회사와 주주에게 나쁜 소식이다. 한정 의견은 경영자가 무엇인가 숨기고 있다는 것을 의미하며, 이는 투자자들의 신뢰를 손상시킨다.

한정 의견은 나쁜 소식일지 모른다. 그러나 탐지되지 않은 회계 부정을 투자자들이 알게 되었을 때는 훨씬 더 큰 대가를 지불할 수도 있다. 2004년 1월 거대한 스위스의 고용 알선회사인 아데코(Adecco)는 자사의 북미지역 영업에서 중요한 회계 부정을 발견했다고 발표하였다. 다음날 아데코의 주가는 40% 하락하고 회사의 시가총액은 $50억이 날아가 버렸다.

채권자도 감시를 한다. 회사가 대규모의 은행 대출을 받으면 은행은 회사의 자산과 이익, 현금흐름 등을 추적한다. 대출을 보호하기 위한 감시를 함으로써 은행은 주주의 이익도 함께 보호한다.[5)]

감시의 위임은 소유구조가 널리 분산되어 있을 때 특히 중요하다. 지배 주주가 있다면 일반적으로 지배 주주가 최고경영자를 잘 지켜볼 것이다. 그러나 주주의 수가 많고 각각의 지분이 작을 때는 개인 투자자는 감시하는 데 많은 시간과 비용을 들일 수 없다. 각 주주는 이 임무를 다른 사람에게 넘겨서 다른 사람의 노력에 무임승차하려고 한다. 그러나 모든 사람이 다 다른 사람이 해 주기를 바란다면 이 일은 이루어지지 않는다. 즉 주주에 의한 감시는 강력하거나 효과적이지 않게 된다. 경제학자들은 이런 현상을 **무임승차 문제**(*free-rider problem*)라고 부른다.[6)]

무임승차 문제가 심각해지면 감시의 위임이 유일한 해결책일 수 있다. 그러나 위임은 그 자체의 대리인 문제가 있다. 예를 들어 많은 이사회 이사들은 CEO의 오랜 친구들로서 도움이나 자문 등으로 CEO에게 빚을 지고 있을 수도 있다. 이들 이사가 CEO를 해고하거나 CEO의 행동을 아주 깊이 조사해서 알아내기를 꺼리는 것은 이해할 수 있는 일이다. 회계감사 회사 역시 이해상충이 있을 수 있다. 예를 들어 많은 사람들은 엔론(Enron)의 회계감사 회사였던 아서앤더슨(Arther

---

5) 채권자와 주주의 이익이 항상 일치하는 것은 아니다 — 제18장을 보라. 그러나 채권자를 만족시킬 수 있는 회사의 능력은 보통 주주에게도 좋은 소식이다. 특히 채권자가 감시를 할 수 있는 좋은 위치에 있을 때는 더욱 그렇다. C. James, "Some Evidence on the Uniqueness of Bank Loans," *Journal of Financial Economics* 19(December 1987), pp. 217~235 참조.

6) 무임승차 문제는 분산된 주주들에 의한 모든 감시를 배제하는 것처럼 보인다. 그러나 투자자들은 회사를 조사할 다른 이유가 있다. 주주들은 저평가된 회사를 사고 고평가된 회사를 팔아서 자신의 보통주 포트폴리오에서 돈을 벌기를 원한다. 이를 위해 그들은 회사의 성과를 조사해야 한다.

Anderson)이 만약 엔론에 대한 컨설팅 서비스로 상당한 수수료를 벌지 않았다면 회계감사에서 훨씬 더 엄격했을 것이라고 믿는다. 만약 감사인이 스스로의 복안을 가지는 경향이 있다면 우리는 닥터 수스(Dr. Seuss)의 꿀벌 감시 문제에 봉착한다.

아! 사람들의 다양한 직업들!
서편 저 멀리 호치-호치 부근에,
호치-호치 꿀벌 감시자라는 직업이 있다.
이 사람이 하는 일은 감시…
두 눈을 부릅뜨고 게으름 피는 꿀벌을 감시하는 일.
감시당하는 꿀벌은 더 열심히 일할 거야!

그래서 감시자는 지켜보고, 또 지켜본다.
그러나 이런 감시에도 불구하고
꿀벌은 조금도 더 열심히 일하지 않았다.

그래서 어떤 이가 말했다.
"우리의 꿀벌 감시자는 도대체
꿀벌 감시를 열심히 하지 않았어.
또 다른 호치-호치가 감시자를 감시해야 해.
우리에게 필요한 것은
꿀벌 감시자의 감시자!"[7)]

엔론의 실패에 대한 반응으로 사베인스-옥슬리법((Sarbanes-Oxley Act)은 감사인의 행위를 감시하기 위해 회계감독위원회(Public Company Oversight Board)라고 하는 꿀벌 감시 감시자를 설립하였다. 이 법은 또한 회계감사 법인이 같은 회사에 대해 회계감사와 컨설팅 서비스를 동시에 제공하는 것을 금지하였다.[8)]

경영자 보상

감시는 필연적으로 불완전하기 때문에, 유능한 경영자를 끌어들이고 그들에게 올바른 유인을 주기 위한 보상 계획이 설계되어야 한다.

그림 12.1은 각 나라의 보상 수준을 비교하고 있다. 그림 12.2는 미국에서 CEO 보상의 성장을 보여 준다. 세 가지 특징이 두드러지게 나타난다.

1. 미국은 임원의 연봉이 현저하게 높다. 미국의 CEO들은 독일 CEO의 3배 이상, 그리고 일본 CEO의 10배 가까운 연봉을 받는다.
2. 미국의 CEO 보상은 닷컴 붐 이후 2001년과 신용위기를 겪은 2008~2009년 기간 동안 줄어

7) Dr. Seuss, *Did I Ever Tell You How Lucky You Are?* (New York: Random House, 1973), pp. 26~28.
8) 사베인스-옥슬리법은 회계감사 법인이 고객에게 회계감독위원회가 규정한 공정성 보증의견(fairness opinion), 보험계리 서비스(actuarial service), 투자은행 서비스(investment banking service), 경영 기능(management functions), 법률 서비스(legal service) 등의 서비스를 제공하는 일을 금지한다.

그림 12.1

2008년 대기업의 CEO 보상의 중위 값. 미국 기업의 보상은 상대적으로 높고, 성과에 따라 크게 달라진다.

자료를 제공해준 타워스 페린(Towers Perrin)에 감사드린다.

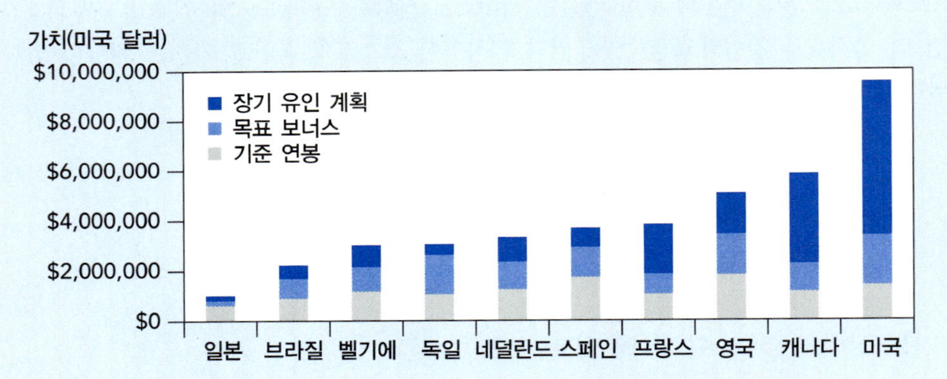

그림 12.2

미국 CEO 보상의 성장. 성장은 대부분 주식과 옵션의 교부(grants)로 이루어졌다.

자료원: Execucomp.

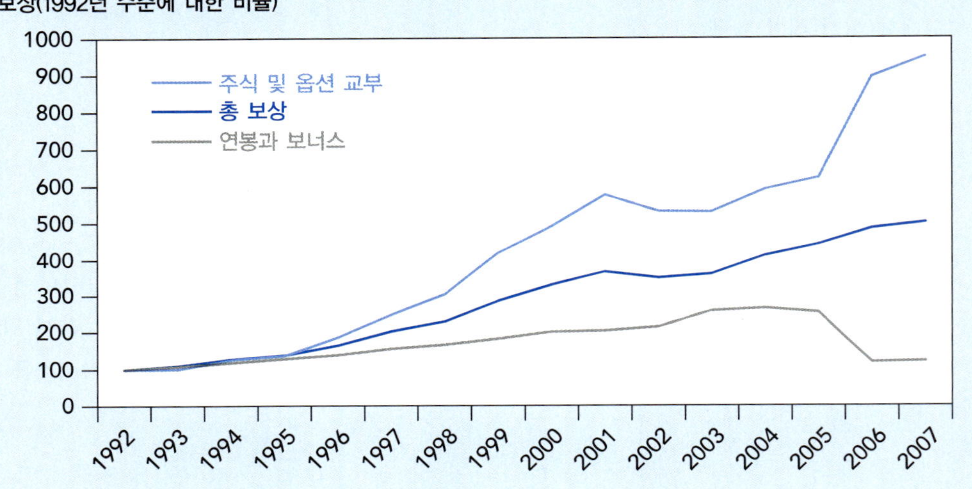

들기는 했지만 대부분의 경우 강한 상향 추세를 유지했다.

3. 미국에서 CEO 보상의 큰 부분을 차지하는 것은 성과급 보너스, 스톡옵션, 그리고 기타 장기 인센티브 등이며, 이런 경향은 점점 더 커지고 있다.

먼저 보상 패키지의 규모를 살펴보고, 다음으로 그 내용을 보자.

CEO에 대한 높은 수준의 보상은 틀림없이 CEO가 더 열심히 일하도록 고무시킨다. 또한 이는 (더욱 중요하게는) 장래 CEO가 되려고 노력하는 하위 경영자들에게 매력적인 당근을 제공한다. 그러나 '지나치게 높은' 보수, 특히 그저 그런 성과에 대한 지나친 보수에 대해서는 우려가 널리 확산되고 있다. 예를 들어 로버트 나델리(Robert Nardelli)는 홈디포(Home Depot)를 떠나면서 $2억 1천만을 받았고, 헨리 멕키널(Henry McKinnel)은 파이저(Pfizer)를 그만 둘 때 거의 $2억을 받았다. 두 사람 모두 회사를 떠날 때 회사는 곤란을 겪고 실적이 나쁜 상태였다. 신문 헤드라인 기사에서 뭐라고 썼을지 상상해 보라.

2008년 들어 정부로부터 구제금융을 받아 살아난 은행들의 고위 경영자들이 넉넉한 보너스를 받아 간 것으로 밝혀지면서 이런 헤드라인 기사는 훨씬 더 비판의 강도가 높아졌다. 메릴린치(Merrill Lynch)는 서둘러 $36억의 보너스를 지급했는데 그중 $1억 2천1백만은 불과 네 사람의 임원들에게 지급된 것이었다. 이는 뱅크오브아메리카(Bank of America)가 납세자들의 돈으로 쓰러져 가는 이 회사를 사기로 결정하기 불과 며칠 전에 일어난 일이었다. 포브스(Forbes)지는 이에 대해 "얼간이들을 위한 보너스"라는 헤드라인으로 기사를 썼다.

탐욕으로 신용위기를 초래한 은행 임원들에게 납세자들의 돈으로 보너스를 지급했다는 견해가 널리 확산되면서 정부가 은행 임원들의 보상에 고삐를 잡아야 한다는 요구가 이어졌다. 프랑스에서는 사르코지 대통령이 2009년에는 국가의 보조를 받은 은행은 보너스를 지급하지 않을 것이라고 발표했다. 독일 정부는 구제금융을 받은 은행 임원들의 보수 한도를 50만 유로($63만)로 설정했다. 미국의 오바마 행정부는 '예외적인 지원(exceptional assistance)'을 받는 회사 고위 임원들의 봉급을 감독하는 '봉급 황제(pay czar)'를 임명하였다. 미국 의회 역시 구제금융을 받은 은행 고위 임원들의 봉급에 한도를 설정하였다. 인센티브 보상은 총 급여의 1/3로 제한되었고, 회사가 정부의 지원을 받는 기간 동안은 현금화할 수 없는 주식으로만 지급하도록 했다. 은행은 또한 이직하는 임원들에게 거액의 보너스를 지급하지 못하도록 하였다.

이들 제한은 정부의 지원을 받는 은행들이 '과도한(excessive)' 봉급을 지급하지 못하도록 하기 위한 것이다. 그러나 보상을 의회의 속박 아래 묶어 놓은 것은 위험한 일이다. 임원 보수의 2/3를 성과와는 관계가 없도록 요구하는 것이 어떻게 합리적일 수 있는가? 어째서 모든 인센티브 보상이 제한된 주식의 형태로만 지급되어야 하는가?

성과가 좋지 않은 경영자가 정당화되기 어려운 큰 보상을 받아 간 경우는 쉽게 찾아 볼 수 있다. 그러나 더 일반적인 문제가 있는 것은 아닌가? 아마도 높은 수준의 보수가 단순히 재능 있는 사람이 부족하다는 사실을 반영하고 있는지 모른다. 어쨌든 많은 보수를 받는 것은 CEO뿐만이 아니다. 일류 프로 운동선수들의 보수도 똑같이 침이 넘어갈 정도이다. 2007년 뉴욕 양키즈의 제이슨 지암비, 데릭 지터, 알렉스 로드리게스 등은 각각 $2천만 이상의 연봉을 받았다. 양키즈 구단은 게임을 승리로 이끌고 야구장을 가득 메워줄 스타들에게 높은 봉급을 지급할 가치가 있다고 믿었음에 틀림없다.

만약 스타 경영자들이 야구선수만큼이나 구하기 어렵다면 회사는 CEO의 재능에 대해 충분한 보수를 지급할 필요가 있을지 모른다. 예컨대 우월한 CEO 한 사람이 시가총액이 $100억인 대기업의 가치와 주가를 1% 높여줄 수 있다고 하자. 시가총액 $100억의 1%는 $1억이다. 만약 CEO가 자기 역할을 다한다면 예컨대 연봉 $2천만의 보상은 수지맞는 계약일 수 있다.[9)]

경영자 보수에 관해 별로 관대하지 않은 설명도 있다. 이 견해는 CEO와 이사회의 다른 이사들 간의 끈끈한 연결관계를 강조한다. 이사들이 CEO와 아주 가까우면 보상 패키지(compensation package)를 정할 때 엄하게 하기 어렵게 된다. 때로는 이사들이 주주들에게는 별로 혜택이 제공되

9) 개바익스와 란디어(Gabaix and Landier)는 높은 CEO의 보수는 꾸준히 증가하는 기업 가치와 경영자 재능을 확보하기 위한 경쟁의 자연스러운 결과라고 주장한다. X. Gabaix and A. Landier, "Why Has CEO Pay Increased So Much?" *Quarterly Journal of Economics* 123(February 2008), pp. 49~100 참조.

지 않는 추가 지급을 승인하기도 한다. 총 $2천억 규모의 합병을 통해 인수되었던 독일 회사 마네스만(Mannesmann)의 예를 보자. 계약이 마무리되었을 때 마네스만의 이사회는 회사 임원들에게 호의로 $7천4백만의 보수를 지급하기로 결정하였다. 독일 연방 검찰은 6명의 이사들을 충실의무의 위반과 회사 자산의 보존 실패 혐의로 고발하였다. 결국 법정 밖에서 합의로 조정되기는 했지만 이 사건은 이사들이 보상 수준을 정할 때 재산의 청지기가 아니라 자신이 스스로 영주로 행세하려는 유혹에 빠질 위험성을 잘 보여주었다.

대부분의 회사에서는 임원의 보수를 정하는 것은 이사회 내에 설치된 보상위원회의 책무이다. 이 위원회는 진공상태에서 운영되는 것은 아니다. 보상위원회는 보통 경쟁회사의 평균 보상에 상당한 비중을 둔다. 문제는 이사회가 평균보다 낮은 수준의 보상 패키지를 승인하는 일은 드물다는 것이다. 그러나 모든 회사가 자사의 CEO에게 평균 이상의 보상을 해 주려고 한다면 평균은 점차 올라갈 것이다.[10)]

CEO가 자신의 보상을 결정하는 데 부당한 영향력을 행사할 위험 때문에 영국, 스웨덴, 호주, 네덜란드 등 일부 국가에서는 임원의 보수 결정에 주주들이 투표할 수 있도록 하고 있다. 대부분의 경우 투표는 구속력이 없다.[11)] 그러나 제약업계의 초대형 기업인 글락소스미스클라인(GraxoSmithKline)의 주주들이 최고경영자의 새로운 보상 패키지를 부결시키면서 이사회의 보상위원회 위원 세 사람이 교체되고, 보수 패키지는 재협상하였다. 로열 더치 쉘(Royal Dutch Shell)과 로열 스코틀랜드은행 그룹(Royal Bank of Scotland Group)을 포함한 몇몇 다른 영국 회사의 주주들도 보상 패키지를 부결시켰다.

경영자 보수 수준에 관해서는 두 가지 견해가 있다. 하나는 경영자의 보수는 경쟁이 치열한 경영자 재능 시장에서 약간의 거리를 두는(arms-length) 계약관계의 결과로 보는 것이며, 다른 하나는 열악한 지배구조와 허약한 이사회 때문에 과도한 보수를 지급한다는 것이다. 두 가지 견해 모두에 대해서는 지지하는 증거와 반대의 증거가 있다. 예를 들어 최근에 보상이 급격히 증가한 것은 CEO뿐만이 아니다. 회사 전속 변호사, 스포츠 스타, 인기 연예인 등도 모두 약간의 거리를 두는 협상으로 보수가 결정되기는 하지만 국민소득 중에서 자신들의 몫을 크게 증가시켰다.[12)] 그러나 재능 있는 사람의 부족이라는 논리는 보수의 현격한 차이를 설명하지는 못한다. 예를 들어 GM의 CEO(GM이 파산을 선고하기 2년 전인 2007년에 약 $1천6백만의 보상을 받음)와 도요타의 CEO(약 $1백만의 보상), 또는 이라크전의 미군 사령관 페트라우스 장군(약 $18만)을 비교해 보자. GM의 CEO가 가장 높은 가치를 창출했다거나 가장 어렵고 중요한 일을 했다고 주장하기는 어렵다.

---

10) 비자크와 레몬(Bizjak, Lemmon), 나빈(Naveen) 등은 대부분의 회사들은 보수 수준을 경쟁회사들의 중위 값과 같거나 그 이상으로 정하며, 일부 회사는 그보다 훨씬 높게 책정한다는 사실을 발견하였다. 예를 들어 코카콜라와 IBM은 보수 수준을 경쟁회사 그룹에서 상위 1/4에 속하도록 하고 있다. J. M. Bizjak, M. L. Lemmon, and L. Naveen, "Has the Use of Peer Groups Contributed to Higher Pay and Less Efficient Compensation?" *Journal of Financial Economics* 90(November 2008), pp. 152~168 참조.

11) 네덜란드의 경우에는 주주 투표가 구속력이 있다.

12) S. N. Kaplan and J. D. Rauh, "Wall Street and Main Street: What Contributes to the Rise in the Highest Incomes?" *Review of Financial Studies*, forthcoming 참조.

인센티브 보상

보상의 크기보다는 보상의 구도가 어떻게 짜여지는가가 더욱 중요할 수 있다. 보상 패키지는 경영자가 주주의 부를 극대화하도록 구성되어야 한다.

보상은 투입(예를 들어 경영자의 노력)이나 산출(경영자의 의사결정 결과로 생긴 소득이나 부가가치)에 기준을 둘 수 있다. 그러나 투입은 측정하기가 매우 어렵다. 외부 투자자가 노력을 어떻게 관찰할 것인가? 경영자가 정시에 출근하는가 확인할 수는 있다. 그러나 일한 시간만으로는 진정한 노력을 측정하지 못한다. (경영자가 어렵고 중압감에 시달리는 선택에 직면하고 있는가, 아니면 일상적인 회의나 출장, 또는 서류 작업으로 시간을 때우고 있는가?)

노력은 관찰하기 어렵기 때문에 보상은 산출, 즉 증명이 가능한 결과에 기준을 두고 정해져야 한다. 어려운 점은 산출이 경영자의 공헌뿐만 아니라 경영자의 통제 밖에 있는 다른 많은 사건에도 좌우된다는 점이다. 경영자의 공헌을 분리할 수 없는 이상 우리는 어려운 교환관계(trade-off)에 직면한다. 경영자에게 고강도의 인센티브를 부여하여 회사가 좋아지면 경영자도 높은 성과를 내게 되고, 회사의 성과가 낮을 때는 경영자도 나쁜 성과를 얻도록 하고자 한다. 그런데 회사가 경기 침체기에는 항상 어려움을 겪는 경기 의존적인 사업에 종사한다고 가정하자. 고강도 인센티브 때문에 경영자는 자신의 잘못도 아닌 경기 사이클 위험을 강제로 부담하게 된다.

경영자가 부담해야 하는 위험에는 한계가 있다. 그래서 절충이 필요하다. 회사는 경영자의 보수를 성과와 연결 짓기는 하지만 기업 가치의 변동은 경영자와 주주가 공동으로 부담한다. 경영자는 자신의 통제 밖에 있는 위험의 일부를 부담하고, 주주는 경영자가 기업 가치를 극대화하는 데 실패할 때 대리인 비용의 일부를 부담한다. 따라서 어느 정도의 대리인 비용은 피할 수 없다.

오늘날 전 세계 대부분의 기업은 임원의 보수를 부분적으로 주가 성과와 연결 짓는다.[13] 이런 보상은 일반적으로 주식 옵션, 제한 주식(restricted stock; 수년 간 의무적으로 보유해야 하는 주식), 성과주(performance shares; 회사가 이익 또는 다른 목표를 달성했을 때 한해 부여하는 주식) 등 세 가지 형태 중 하나로 주어진다.

주식옵션은 경영자에게 미래에 자사 주식을 고정된 행사가격으로 살 수 있는 권리(의무는 아님)를 준다. 통상적으로 행사가격은 주식옵션이 부여되는 날의 주가와 같게 설정된다. 회사의 경영 상태가 좋아져서 주가가 오르면 경영자는 주식을 매입해서 주가와 행사가격의 차이만큼 이익을 얻을 수 있다. 만약 주가가 떨어지면 옵션을 행사하지 않고, 주가가 회복되기를 바라거나 다른 방법으로 보상을 받으려고 한다. (만약 주가가 회복되지 않으면 경영자에게 새로 옵션을 부여하거나 본래 옵션의 행사가격을 낮추어주기도 한다.)

주식옵션은 회사가 당장 보상비용을 인식하지 않고도 주식옵션을 부여할 수 있도록 허용한 미국의 회계 규칙 때문에 인기가 더 높아졌다. 이 회계 규칙은 회사가 옵션을 부여한 날의 주가와 행사가격의 차이로 옵션을 평가하도록 허용하였다. 그러나 행사가격은 거의 항상 옵션 부여일의 주가와 같게 설정된다. 그러므로 그 차이는 0이고, 주식옵션의 평가가치도 0이다. (제20장과 21장

13) 중국과 일본, 인도, 한국 등은 예외적인데 이들 국가에서 아직도 이런 인센티브제도를 시행하고 있는 대기업은 소수에 불과하다. Towers Perrin, *Equity Incentives Around the World*, 2008, **www.towersperrin.com** 참조.

에서 실제 옵션을 어떻게 평가하는가를 설명한다.) 그러므로 회사는 비용을 기록하지 않고 따라서 회계적 이익의 감소 없이 많은 옵션을 부여할 수 있다. 자연히 회계사나 투자자들은 이 규칙에 대해 우려한다. 부여하는 옵션의 양이 증가할수록 이익은 점점 더 과대 계상되기 때문이다. 수년간의 논쟁 끝에 2006년 이 회계 규칙이 개정되었다. 미국 회사들은 현재 임원 주식옵션을 더 현실적으로 평가하고, 이를 보상비용으로 차감해야 한다.

옵션은 또한 미국에서는 세제상의 혜택이 있다. 1994년 이후 $1백만 이상의 보상은 비현실적인 것으로 간주되어 소득공제가 인정되지 않는다. 그러나 주식옵션의 형태로 주어지는 보상에 대해서는 아무런 제한이 없다.

보상을 주가와 연계시키는 데 따르는 이점은 쉽게 생각해 볼 수 있다. 경영자가 기업 가치를 극대화하기 위해 열심히 일하면 경영자는 주주와 자기 자신 모두에게 이득을 가져다준다. 그러나 옵션 또는 제한 주식을 통한 보상은 적어도 네 가지의 결함을 가지고 있다. 먼저, 지급금은 시장에 대한 상대적인 변화나 동일 산업에 속한 다른 회사 주가의 변화와는 무관하게 자사 주가의 절대치에 따라 결정된다. 그러므로 경영자는 강제로 시장위험 또는 산업위험을 부담하게 된다. 이는 경영자의 통제 밖에 있다. 상대적인 주가 성과에 기준을 두는 보상은 논리적으로 일리가 있으나 실제로는 거의 찾아볼 수 없다.

두 번째 어려운 문제는 다음과 같다. 회사의 주가는 투자자들의 기대에 달려있기 때문에 수익률은 회사가 투자자들의 기대에 대해 상대적으로 얼마나 좋은 성과를 올리느냐에 따라 결정된다. 예컨대 회사가 탁월한 새 경영자의 선임을 발표했다고 하자. 주가는 회사 성과의 개선에 대한 기대로 뛰어 오른다. 만약 신임 경영자가 투자자들이 기대하는 것과 정확히 같은 좋은 성과를 올리면 주식은 단지 정상적인 수익률만 달성할 것이다. 이 경우 경영자가 일을 시작한 이후의 주식 수익률과 연관된 보상체계는 경영자의 특별한 공헌을 인식하지 못한다.

셋째, 인센티브 계획은 나쁜 소식을 감추거나 이익을 조작하여 주가를 끌어 올리려는 유혹에 빠지게 하는 경향이 있다. 경영자는 가치 있는 투자 프로젝트라고 하더라도 그것이 단기적으로는 이익을 낮춘다면 이를 연기하려는 유혹에 빠지는 경향이 있다. 이 문제는 이 장의 끝에서 다시 논의한다.

넷째, 일부 보상체계는 과도한 위험추구(risk-taking)를 유발한다. 가령 $1억을 벌거나 잃을 수 있는 거래가 있다. 경영자는 지금 이 거래를 거부하려고 한다. 그러나 경영자는 자신이 보유하고 있는 주식옵션을 생각해 보고 자신이 손해 볼 일은 없다고 생각한다. 거래가 성립하면 주가는 오를 것이며, 주식옵션은 큰돈이 된다. 만약 거래가 성립하지 않으면 아무것도 잃은 것이 없다. 단지 다음 거래가 나타날 때까지 기다리면 된다.

제1장에서 서브프라임 위기가 상당 부분 대리인 문제라고 했는데 이 경우는 잘못 설계된 인센티브 체계 때문에 은행 CEO가 엄청난 위험을 부담하도록 조장한 것이다. 해결책은 인센티브 보상을 없애는 것이 아니라 경영자들이 잘못된 결정의 비용을 더 많이 부담하도록 만드는 것이다. 예를 들어 2008년 스위스은행 UBS는 이 문제를 해결하기 위해 새로운 보수체계를 채택했다. 인센티브 지급금은 길게는 5년 동안 은행이 유보하도록 하였다. 만약 그 동안 경영자 또는 거래자의 성과가 나쁘면 앞서 합의했던 지급금은 몰수된다.

12.2 성과의 측정과 보상: 잔여소득과 EVA

공개기업의 거의 모든 최고경영자들은 부분적으로 회사의 주가 성과에 따른 보상 패키지를 가지고 있다. 그러나 그들의 보상은 또한 이익의 증가나 다른 회계적 성과 측정치도 포함한다. 하위 경영자들의 보상 패키지는 보통 회계적 측정치에 더 많이 의존하고 주식 수익률에는 적게 영향을 받는다.

회계적 성과 측정치에는 두 가지 이점이 있다.

1. 회계적 성과 측정치는 투자자의 기대에 대한 상대적 성과가 아니라 절대적 성과에 기준을 둔다.
2. 회계적 성과 측정치는 단지 하나의 부서 또는 공장만 책임을 지는 하위 경영자의 성과 측정을 가능하게 한다.

보상을 회계적 이익과 연계하는 것은 또한 몇 가지 명백한 문제를 일으킨다.

첫째, 회계적 이익은 부분적으로 경영진의 통제범위 안에 있다. 예를 들어 보수가 가까운 미래의 이익에 따라 정해지는 경우 관리자들은 유지 보수나 직원 훈련 등과 같은 일을 축소시킬 수 있다. 이것은 가치를 증가시키는 처방이 아니다. 그러나 빠른 승진을 바라는 야심찬 관리자는, 장기적인 문제는 그의 후임자에게 남겨두고, 단기 이익을 뽑아내려는 유혹을 받는다.

둘째, 회계적 이익과 수익률은 진정한 수익성의 측정치로서 심하게 편의(bias)될 수 있다. 여기서는 이 문제를 잠시 무시하고 다음 절에서 다시 살펴본다.

셋째, 이익의 성장이 반드시 주주에게 더 낫다는 것을 의미하지는 않는다. 양(+)의 수익률을 갖는 어떤 투자안이라도(1% 또는 2%이면 된다) 궁극적으로는 이익을 증가시킬 것이다. 그러므로 경영자들은 이익의 성장을 극대화하라는 말을 들으면 부지런하게 1% 또는 2% 수익률을 제공하는 투자안에 투자할 것인데 이런 투자는 가치를 파괴한다. 그러나 주주들은 이익의 성장 그 자체를 바라는 것은 아니며, 1% 또는 2% 수익에 만족하지 않는다. 주주들은 양(+)의 NPV 투자안, 오직 양(+)의 NPV 투자안만을 원한다. 주주들은 기대 수익률이 자본비용을 초과할 때만 투자하기를 원한다.

표 12.1을 보라. 이 표는 회사의 퀘일시티(Quayle City) 컨페뷰레이터(confabulator) 공장의 요약 손익계산서와 대차대조표를 보여준다. 이 공장의 수익률이 자본비용보다 높았는가를 판단하는 두 가지 방법이 있다.

순 투자수익률 장부상 투자수익률(ROI)은 단순히 자산의 순(감가상각 후) 장부가치에 대한 세후 영업이익의 비율이다.[14] 제5장에서 우리는 장부상의 ROI를 자본투자의 기준으로 적합하지 않은

---

14) 투자는 공장을 운영하는 데 필요한 순 운전자본(유동자산에서 유동부채 차감)도 포함하고 있음에 유의하라. 투자는 또한 순 자산 또는 공장에 투자한 순 자본이라고 부르기도 한다. 'ROI'라고 말하기는 하지만 '자본수익률(return on capital, ROC)'이라고 하기도 한다. 때로는 표 12.1에서 보는 바와 같이 자산수익률(return on asset, ROA)은 순 운전자본을 포함한 자산에 대한 수익률로 정의하지만 때때로 유동자산은 포함하고 유동부채는 차감하지 않은 총자산에 대한 수익률을 말하기도 한다. 보고된 ROI, ROC, ROA 등을 검토할 때는 각각의 정의를 확인하는 것이 좋다.

소득		자산	
매출액	$550	순 운전자본†	$80
매출원가*	275	부동산, 공장 및 장비 투자	1,170
판매 및 일반 관리비	75	누적 감가상각비 차감	360
	200	순 투자	810
세금(35%)	70	기타 자산	110
순 소득	$130	총 자산	$1,000

표 12.1 퀘일시티(Quayle City) 컴페뷰레이터 공장의 요약 소득 및 자산 상태표(단위: $백만).

*감가상각비 포함
†유동자산 − 유동부채

것으로 거부하였으며, 실제로 지금은 단지 소수의 회사만이 이를 자본투자의 기준으로 사용한다. 그러나 경영자들은 종종 ROI를 자본비용과 비교하여 한 부서나 공장의 성과를 평가한다.

당신이 퀘일시티 공장의 성과를 평가해야 한다고 하자. 표 12.1에서 보는 바와 같이 회사는 퀘일시티 공장에 $10억을 투자하였고, 이 공장에서 나오는 순 이익은 $130백만이다. 따라서 이 공장은 130/1,000 = 0.13 즉, 13%의 투자수익률(ROI)을 얻는다.[15] 자본비용이 (예컨대) 10%라면 이 공장의 활동은 주주의 가치를 증가시킨다. 순 수익률은 13−10 = 3%이다. 자본비용이 (예컨대) 20%라면 주주는 $10억을 다른 곳에 투자하는 것이 더 나을 것이다. 이 경우 순 수익률은 13 − 20 = −7%로 0보다 낮다.

잔여소득 또는 경제적 부가가치(EVA®)[16] 두 번째 방법은 주주의 순 수익금을 계산한다. 이것은 자본비용을 차감한 후 이익이 얼마인가를 계산한다.

회사가 이익을 계산할 때는 수입에서 시작하여 그 뒤에 임금, 원재료비, 간접비, 그리고 세금과 같은 비용을 뺀다. 그러나 보통 빼지 않는 비용이 한 가지 있다. 바로 자본비용이다. 감가상각을 허용하는 것은 사실이지만 투자자들은 투자의 회수에 만족하지는 않는다. 투자자들은 또한 투자에 대한 수익을 기대한다. 제10장에서 지적한 바와 같이 회계적 이익의 관점에서 손익분기점에 있는 사업은 실제로는 손실을 보고 있다. 그런 사업은 자본비용을 충당하는 데 실패하고 있는 것이다.

순 공헌가치를 판단하려면 본사와 회사의 주주들이 이 공장에 공헌한 자본비용을 공제할 필요가 있다. 예를 들어 자본비용이 10%라고 가정하자. 그러면 퀘일시티 공장에 대한 자본비용은 금액으로 0.10 × $1,000 = $100백만이다. 따라서 순 이득은 $130 − 100 = $30백만이다. 이것은

15) 이익은 세금은 제하고 지급 이자는 차감하지 않고 계산된다는 점에 유의하라. 이 공장은 전액 자기자본으로 조달된 것으로 가정하고 평가된다. 이는 표준 관행이다(제6장을 보라). 이것은 투자와 자본 조달 결정을 분리하는 데 도움이 된다. 이 공장에서 얻어지는 부채 조달의 세제상 이득은 공장의 이익이나 현금흐름에서가 아니라 할인율에서 반영된다. 자본비용은 세후 가중평균 자본비용, 즉 WACC이다. WACC는 제9장에서 잠깐 소개했고, 제17장과 제19장에서 더 자세히 설명한다.

16) EVA는 컨설팅 회사인 스턴-스튜어트(Stern-Stewart)가 사용하기 시작한 용어인데, 이 회사는 잔여소득의 이 측정치를 널리 보급하고 사용하도록 하는 데 많은 노력을 기울였다. 스턴-스튜어트의 승인을 얻어 이후부터는 저작권 기호를 생략한다.

경영자가 열심히 일해서(또는 운이 좋아서) 주주의 부를 그만큼 증가시킨 것이다.

투자자가 요구하는 수익금을 빼고 남는 순 소득을 **잔여소득**(*residual income*), 또는 **경제적 부가가치**(*economic value added*, EVA)라고 한다. 공식은 다음과 같다.

$$\begin{aligned}\text{잔여소득} &= \text{벌어들인 소득} - \text{요구된 소득} \\ &= \text{벌어들인 소득} - \text{자본비용} \times \text{투자액}\end{aligned}$$

이 예에서 EVA를 계산하면 다음과 같다.

$$\text{EVA} = \text{잔여소득} = 130 - (0.10 \times 1{,}000) = +\$30\text{백만}$$

그러나 자본비용이 20%라면 EVA는 −$70백만일 것이다.

순 투자수익률(return on investment)과 EVA는 같은 질문에 초점을 맞추고 있다. 투자수익률이 자본비용과 같을 때 순 수익과 EVA는 모두 0이다. 그러나 순 수익률은 퍼센트로 표시되고 회사의 규모를 무시한다. EVA는 사용된 자본의 액수를 고려하며, 창출된 부가가치의 액수이다.

*EVA*란 용어는 컨설팅 회사인 스턴-스튜어트(Stern-Stewart)에 의해 대중화되었다. 그러나 잔여소득의 개념은 상당 기간 동안 이미 사용되어왔다.[17] 스턴-스튜어트의 고객이 아닌 많은 회사들이 이 개념을 경영자의 성과를 측정하고 보상하는 데 사용한다.

다른 컨설팅 회사들은 자신들만의 잔여소득 척도를 가지고 있다. 맥킨지사(McKinsey & Company)는 **경제적 이익**(*economic profit*, EP) 개념을 사용하고 있는데 이는 투자된 자본에 투자수익률과 자본비용의 차이를 곱한 것으로 정의한다. 이는 잔여소득을 측정하는 다른 방법이다. 퀘일시티 공장의 경우 자본비용이 10%이면 경제적 이익은 EVA와 같다.

$$\begin{aligned}\text{경제적 이익(EP)} &= (\text{ROI} - r) \times \text{투자된 자본} \\ &= (0.13 - 0.10) \times 1{,}000 = \$30\text{백만}\end{aligned}$$

제28장에서는 몇몇 잘 알려진 회사의 EVA를 살펴본다. 그러나 EVA의 가장 값진 기여는 회사 안에서 일어난다. EVA는 경영자와 종업원들이 단순히 이익을 증대시키는 것이 아니라 가치를 증가시키는 데 집중하도록 만든다.

EVA의 장단점

장점부터 시작하자. EVA, 경제적 이익, 그리고 다른 잔여소득의 척도는 성과를 측정하는 데 있어서 이익이나 이익 성장보다 분명히 더 낫다. 많은 EVA를 창출하는 공장이나 부서는 주주를 위한 가치와 함께 경영자에 대한 칭찬도 같이 창출해야 한다. EVA는 또한 성과가 좋지 않은 사업 부문을 조명해 줄 수도 있다. 어떤 부서가 양(+)의 EVA를 얻는 데 실패한다면 경영진은 이 부문의 자산이 다른 곳에서 더 잘 활용될 수 있지 않은지 예리한 질문에 직면하게 될 것이다.

17) EVA는 개념적으로 일부 회계 학자들에 의해 오랫동안 지지되어 온 잔여소득 척도와 같은 것이다. 예로는 R. Anthony, "Accounting for the Cost of Equity," *Harvard Business Review* 51(1973), pp. 88~102와 "Equity Interest-Its Time Has Come," *Journal of Accountancy* 154(1982), pp. 76~93을 보라.

EVA는 경영자에게 다음과 같은 메시지를 보낸다. 이익의 증가가 자본비용을 충당하기에 충분할 때만 투자하라. 이는 이해하기 쉬운 메시지이다. 그래서 EVA는 인센티브 보상 체계로서 조직 내 하부까지 깊숙이 활용될 수 있다. 이것은 최고경영자에 의한 명시적인 감시를 대체한다. 공장이나 부서 관리자에게 자본을 낭비하지 말라고 지시하고 이를 잘 따르고 있는가를 평가하려고 하는 대신에 EVA가 그들의 조심스럽고 사려 깊은 투자결정을 보상해 준다. 물론 하위 관리자의 보상을 경제적 부가가치에 연계하려고 한다면 그들에게 EVA에 영향을 미치는 결정에 대한 권한을 주어야 한다. 따라서 EVA의 사용은 위임된 의사결정을 의미한다.

EVA는 운영 관리자에게 자본비용을 **볼 수 있도록** 해 준다. 공장 관리자는 (a) 이익을 증가시키거나 (b) 사용된 자본을 **감소시켜서** EVA를 개선할 수 있다. 따라서 충분히 활용되지 않는 자산은 쓸어내서 처분해 버리게 된다.

잔여소득 척도를 도입하면 투입되는 자산이 놀랍게 감소하는데 이는 한두 개의 대규모 자본투자회수(disinvestment) 결정이 아니라 수많은 작은 규모의 투자회수에서 오는 것이다. 어바(Ehrbar)는 허먼밀러회사(Herman Miller Corporation) 재봉사의 말을 인용해 다음과 같이 말했다.

> [EVA]는 자산(asset)조차도 비용을 갖는다는 것을 깨닫게 해 준다. … 우리는 필요할 때까지 테이블 위에 옷감 더미를 놓아두곤 했다. … 그 옷감은 어쨌든 우리가 사용할 것이니까 옷감을 사서 그곳에 쌓아 둔다고 해서 누가 상관하겠는가? 이제는 아무도 과도한 옷감을 가지고 있지 않다. 재봉사들은 단지 오늘 일할 것만 가지고 있다. 그리고 이는 우리가 공급선과 거래하는 방법을 변화시켰는데 지금은 [공급자들이] 옷감을 좀 더 자주 배달해 주도록 한다.[18)]

경영자의 보상을 수익성과 연계시키려고 한다면 EVA를 사용하는 것이 투입된 자본비용을 고려하지 않는 회계적 이익을 사용하는 것보다 분명히 낫다. 그렇다면 EVA의 한계는 무엇인가? 여기서 우리는 주식 기반(stock-based)의 성과척도를 괴롭혀 온 의문으로 다시 돌아간다. 낮은 EVA가 잘못된 경영의 결과인지 아니면 경영자의 통제 밖에 있는 요인의 결과인지 어떻게 판단할 것인가? 조직 속으로 더 깊숙이 들어갈수록 관리자들의 독립성은 낮아지고 그래서 그들의 기여를 측정하는 데는 문제가 더 커진다.

회계적 성과척도의 두 번째 한계는 그 척도의 근거가 되는 데이터에 있다. 다음 절에서 이 문제를 살펴본다.

12.3 회계적 성과척도의 편의

회계적 성과척도를 사용할 때는 회계자료가 정확하기를 바라는 편이 좋다. 불행하게도 회계자료가 항상 정확한 것은 아니며, 종종 편의(bias)되어 있다. EVA나 다른 회계적 성과척도를 적용할 때는 따라서 손익계산서와 대차대조표(재무상태표)에 대한 조정이 필요하다.

예를 들어 제약회사 연구 프로그램의 수익성을 측정하는 데 따르는 어려움을 생각해 보자.

---

18) A. Ehrbar, *EVA: The Real Key to Creating Wealth*,(New York: John Wiley & Sons, Inc., 1998), pp. 130~131.

제약회사 연구 프로젝트는 신약을 개발하여 당국의 최종 승인을 얻고 최초의 수입이 발생하기까지 통상 10년에서 12년 정도 걸린다. 이는 책임을 맡은 관리자가 모든 것을 잘 하더라도 10년 내지 12년간의 확실한 손실을 의미한다. 막대한 자본 지출이 수반되지만 초기 운영에서는 낮거나 심지어 음(−)의 이익이 발생하는 신생 벤처기업에도 비슷한 문제가 있다. 물론 나중의 영업이익과 현금흐름이 충분히 높으면 이런 투자가 음(−)의 NPV를 의미하는 것은 아니다. 그러나 투자 프로젝트가 양(+)의 NPV를 향해 정상적으로 진행된다고 하더라도 초창기의 EVA 또는 ROI는 음(−)일 수 있다.

이들 경우 문제는 EVA나 ROI가 아니라 회계 데이터에 있다. 제약 관련 R&D 프로그램은 회계적 손실을 나타낼 수 있다. 일반회계기준(generally accepted accounting principles)은 R&D 비용을 당기 비용으로 처리하도록 요구하고 있기 때문이다. 그러나 경제적 관점에서 볼 때는 이런 비용은 투자이지 비용이 아니다. 만약 신규 사업 제안이 시행 초기에는 회계적 손실을 예측하지만 그럼에도 불구하고 양(+)의 NPV를 보여준다면 시행 초기의 손실은 실제로는 하나의 투자이다. 즉 이는 사업이 본 궤도에 올라갔을 때 더 큰 현금흐름을 창출하기 위해 집행하는 현금 지출이다.

예제: 노드헤드(Nodhead) 슈퍼마켓의 수익성 측정

슈퍼마켓 체인은 새 점포를 짓고 설비를 갖추는 데 많은 투자를 한다. 한 체인의 지역 관리자가 노드헤드(Nodhead)에 있는 새 점포에 $1백만을 투자할 것을 제안하려고 한다. 추정 현금흐름은 다음과 같다.

	연도						
	1	2	3	4	5	6	6차 연도 이후
현금흐름(단위: $1,000)	100	200	250	298	298	297	0

물론 실제 슈퍼마켓은 6년 이상 지속된다. 그러나 이 숫자들은 한 가지 중요한 의미에서 현실적이다. 새 점포가 상당한 단골 고객을 확보하는 데 2~3년이 걸릴 수도 있다. 따라서 아무리 좋은 위치에서도 첫 몇 해 동안은 현금흐름이 낮다.

자본의 기회비용은 10%로 가정한다. 자본비용 10%에서 노드헤드 점포의 NPV는 0이다. 이것은 받아들일 만한 투자안이지만 특별히 좋은 것은 아니다.

$$\text{NPV} = -1{,}000 + \frac{100}{1.10} + \frac{200}{(1.10)^2} + \frac{250}{(1.10)^3} + \frac{298}{(1.10)^4} + \frac{298}{(1.10)^5} + \frac{297}{(1.10)^6} = 0$$

NPV = 0일 때 이 현금 흐름의 진정한 (내부) 수익률 역시 10%이다.

표 12.2는 점포의 6년 수명에 걸쳐 정액법(직선법) 감가상각을 가정했을 때 점포의 예측된 **장부상 수익성**을 보여준다. 장부상 ROI는 처음 2년 동안은 진정한 수익률보다 더 낮고 이후에는 더 높다.[19] EVA는 또한 처음 2년 동안 음(−)으로 시작하여 양(+)으로 돌아서고 제6차 연도까지

19) 장부상 ROI의 오류는 항상 끝에서 발목을 잡는다. 이 회사가 몇 년 동안 투자안의 수익률을 과장하게 만드는 감가

	연도					
	1	2	3	4	5	6
현금흐름	100	200	250	298	298	297
연초 장부가치	1,000	834	667	500	333	167
연말 장부가치	834	667	500	333	167	0
장부상 감가상각	167	167	167	167	167	167
장부상 소득	−67	33	83	131	131	130
장부상 ROI	−0.067	0.040	0.125	0.263	0.394	0.782
EVA	−167	−50	17	81	98	114

표 12.2 제안된 노드헤드(Nodhead) 점포의 예상 장부상 소득과 ROI, EVA. 장부상 ROI와 EVA는 처음 두 해 동안은 저평가되었고 그 후로는 과대평가되었다.

주: 몇몇 연간 수치에는 사소한 반올림 오차가 있다.

eXcel
Visit us at www.mhhe.com/bma

꾸준히 성장한다. 이는 전형적인 결과이다. 회계적 소득은 투자안 또는 사업이 초창기일 때는 너무 낮고, 사업이 성숙하면서 너무 높아지기 때문이다.

이쯤에서 지역 관리자는 무대에 올라가 다음과 같은 독백을 한다.

> 노드헤드 점포는 괜찮은 투자이다. 그러나 투자가 실행된다면 나는 내년 성과 평가에서 별로 좋게 보이지 않을 것이다. 그리고 내가 러셋(Russet), 그레이브스타인(Gravestein), 쉬프노즈(Sheepnose) 등에서 새로운 점포를 추진한다면 어떻게 될까? 이들 점포의 현금 흐름 형태는 거의 똑같다. 나는 실제로 내년에 손실을 보는 것으로 보일 수도 있다. 내가 관리하는 점포들이 새로운 네 점포의 초기 손실을 충당할 만큼 충분히 수익을 올리지 못할 것이다.
> 물론 새 슈퍼마켓이 처음에는 손실을 본다는 것은 누구나 다 안다. 이런 손실은 예산에 포함될 것이다. 나의 상사는 이해할 것이다 — 내 생각에는. 그러나 내 상사의 상사는 어쩔 것인가? 이사회에서 내 관할 구역의 수익성에 관해 날카로운 질문을 한다면 어떻게 될까? 나는 더 나은 이익을 내도록 많은 압력을 받는다. 북쪽 지역 관리자인 파멜라 퀸스(Pamela Quince)는 양(+)의 EVA를 창출하여 보너스를 받았다. 그녀는 확장에 많은 돈을 쓰지 않았다.

지역 관리자는 서로 상충되는 신호를 받고 있다. 한편으로 그는 좋은 투자안을 찾아서 제안하라는 말을 듣고 있다. 좋다는 것은 할인 현금흐름으로 정의된다. 다른 한편으로 그는 또한 장부상 이익을 높이라고 압력을 받는다. 그러나 장부상 이익이 진정한 이익의 척도가 아니기 때문에 두 목표는 상충된다. 즉각적인 장부상 이익에 대한 압력이 커질수록 지역 관리자는 좋은 투자안을 간과하거나, 장기 투자안이 더 높은 NPV를 가진다고 해도 그보다는 빨리 회수되는(quick-payback) 투자안을 선호하려는 유혹을 받게 된다.

경제적 수익성의 측정

수익성은 원칙적으로는 어떻게 측정해야 하는가에 대해 잠시 생각해 보자. 계속 거래되는 보통주

상각 방법을 선택한다면 이는 또한 다른 기간에는 수익률을 저평가해야 한다. 사실 투자안의 IRR은 일종의 장부상 수익률의 평균으로 생각할 수 있다. 그러나 이것은 단순평균이 아니다. 가중치는 IRR로 할인된 투자안의 장부가치이다. J. A. Kay, "Accountants, Too Could Be Happy in a Golden Age: The Accountant's Rate of Profit and the Internal Rate of Return," *Oxford Economic Papers* 28(1976), pp. 447~460 참조.

에 대해 진정한 또는 경제적 수익률을 계산하는 것은 매우 쉽다. 단순히 그 해에 받은 현금(배당)을 기록하고 그 해의 가격 변화를 더한 다음 초기 가격으로 나눈다.

$$수익률 = \frac{현금\ 수령액 + 가격\ 변화}{초기\ 가격} = \frac{C_1 + (P_1 - P_0)}{P_0}$$

이 수익률 산식의 분자(현금흐름 더하기 가치의 변화)는 **경제적 소득**이라고 부른다.

경제적 소득 = 현금흐름 + 현재 가치의 변화

현재가치의 모든 감소는 **경제적 감가상각(economic depreciation)**을 나타내며, 현재가치의 모든 증가는 음(−)의 경제적 감가상각을 나타낸다. 따라서

경제적 소득 = 현금흐름 − 경제적 감가상각

이 개념은 어떤 자산에도 적용된다. 수익률은 현금흐름 더하기 자산가치의 변화를 초기 가치로 나눈 것과 같다.

$$수익률 = \frac{C_1 + (\mathrm{PV}_1 - \mathrm{PV}_0)}{\mathrm{PV}_0}$$

여기서 PV_0과 PV_1은 연도 0과 연도 1의 말에 사업의 현재가치를 나타낸다.

경제적 소득을 측정하는 데 있어서 유일하게 힘든 부분은 현재가치를 계산하는 것이다. 자산이 활발하게 거래된다면 시장가치를 관찰할 수 있다. 그러나 공장, 부서 또는 자본 투자 프로젝트의 주식이 주식시장에서 거래되는 경우는 거의 없다. 회사 자산 전체의 시장가치를 관찰할 수는 있지만 그 중 어느 한 가지도 하나씩 따로 분리해서 관찰하기는 어렵다.

회계사들이 현재가치를 측정하려고 시도하는 일조차 드물다. 대신에 회계사들은 순 장부가치(book value, BV)를 제공해 준다. 장부가치란 역사적 비용에서 어떤 임의의 방법에 따라 계산된 감가상각을 뺀 것이다. 장부상 감가상각과 경제적 감가상각이 다르다면(같은 경우는 드물다) 장부상 수익률은 진정한 수익률을 측정하지 못한다. (사실, 회계사들이 진정한 수익성을 측정하려고 시도해야만 하는지조차 명확하지 않다. 회계사들이 주관적인 가치 추정치에 심하게 의존하지 않고는 그렇게 할 수 없을 것이다. 아마도 회계사들은 객관적인 정보를 제공하는 데 집착해야 하고, 가치의 추정은 경영자와 투자자에게 맡겨야 할 것이다.)

노드헤드 점포의 경제적 소득과 수익률을 예측하는 것은 어렵지 않다. 표 12.3은 이 계산 내용을 보여준다. 현금흐름 예측에서 1~6기간 초의 현재가치를 예상할 수 있다. 현금흐름에서 경제적 감가상각을 빼면 경제적 소득이 된다. 수익률은 경제적 소득을 기초 가치로 나눈 것과 같다.

물론 이것은 예측이다. 실제의 미래 현금흐름과 가치는 더 높거나 낮을 것이다. 표 12.3은 투자자가 이 점포의 6년간 수명 동안 매년 10%를 벌 것으로 기대한다는 것을 보여준다. 달리 말하면 투자자는 이 자산을 보유함으로써 매년 자본의 기회비용을 벌 것으로 기대한다.

	연도					
	1	2	3	4	5	6
현금흐름	100	200	250	298	298	297
연초의 PV	1,000	1,000	900	740	516	270
연말의 PV	1,000	900	740	516	270	0
경제적 감가상각	0	100	160	224	246	270
경제적 소득	100	100	90	74	52	27
수익률	0.10	0.10	0.10	0.10	0.10	0.10
EVA	0.00	0.00	0.00	0.00	0.00	0.00

표 12.3 제안된 노드헤드 점포의 예상 경제적 소득과 수익률 및 EVA. 경제적 소득은 현금흐름에 경제적 감가상각을 뺀 것과 같다. 수익률은 경제적 소득을 연초에 가치로 나눈 것과 같다. EVA는 소득에서 자본비용 곱하기 기초의 가치를 뺀 것이다.

주: 일부 연간 수치에는 사소한 반올림 오차가 있다.

eXcel
Visit us at
www.mhhe.com/bma

현재가치와 경제적 소득을 사용하여 계산된 EVA는 노드헤드 투자안의 수명기간 동안 해마다 0이라는 점에 주목하라. 예를 들어 제2차 연도에서 EVA는 다음과 같이 0이 되어야 한다.

$$\text{EVA} = 100 - (0.10 \times 1{,}000) = 0$$

투자안의 진정한 수익률은 자본비용과 같아야 하기 때문이다. EVA는 소득이 경제적 소득과 같고 자산 가치가 정확히 측정된다면 항상 올바른 신호를 준다.

장기적으로 편의는 사라지는가?

노드헤드 점포에 대한 예측이 정확하다고 하더라도 ROI와 EVA는 편의(bias)되어 있을 것이다. 이 지역이 오래된 점포와 신규 점포가 섞여서 정상상태(定常狀態; steady state)에 들어가면서 오류가 장기적으로 서로 상쇄되어 사라진다면 이것은 심각한 문제가 아닐 수도 있다.

이런 오류는 정상상태에서도 서로 상쇄되어 사라지지 않은 것으로 밝혀졌다. 표 12.4는 1년에 한 점포씩을 연 슈퍼마켓 체인의 정상상태 장부상 ROI와 예상 EVA를 보여준다. 단순화를 위해 회사가 새로 사업을 시작하고 각 점포의 현금흐름은 노드헤드 점포와 같다고 가정한다. 그러므로 각 점포의 진정한 수익률은 10%이고, 진정한 EVA는 0이다. 그러나 표 12.4에서 보는 바와 같이 정상상태 장부상 ROI와 추정 EVA는 진정한 수익성을 과대평가한다.

따라서 장기적으로도 여전히 문제는 남아있다. 오류의 정도는 이 사업이 얼마나 빨리 성장하는가에 달렸다. 앞에서는 성장률이 0인 하나의 정상상태를 살펴보았다. 정상상태 성장률이 5%인 다른 회사를 생각해 보자. 이런 회사는 첫 해에 $1,000를 투자하고, 다음 해에 $1,050를, 셋째 해에는 $1,102.50 등등을 투자할 것이다. 분명히 더 빠른 성장은 오래된 투자안에 비해 상대적으로 더 많은 새로운 투자안을 시행한다는 의미이다. 낮은 장부상 ROI와 외견상 음(−)의 EVA를 가지는 시작한 지 얼마 안 되는 투자안에 더 높은 가중치가 주어질수록 사업의 외견상 수익성은 더 낮아진다.[20]

20) 표 12.4의 정상상태 분석을 각기 다른 성장률에 대해서도 반복할 수 있다. 성장률이 내부수익률보다 낮으면 장부상 소득이 경제적 소득을 과대평가하며, 성장률이 내부수익률을 초과하는 경우에는 경제적 소득을 과소평가하는 것으로 밝혀졌다. 성장률과 내부수익률이 정확히 같으면 편의는 사라진다.

	연도					
	1	2	3	4	5	6
점포의 장부상 소득[a]						
1	−67	33	83	131	131	130
2		−67	33	83	131	131
3			−67	33	83	131
4				−67	33	83
5					−67	33
6						−67
총 장부상 소득	−67	−33	50	181	312	443
점포의 장부가치						
1	1,000	834	667	500	333	167
2		1,000	834	667	500	333
3			1,000	834	667	500
4				1,000	834	667
5					1,000	834
6						1,000
총 장부가치	1,000	1,834	2,501	3,001	3,334	3,501
모든 점포의 장부상 ROI	−0.067	−0.018	0.020	0.060	0.094	0.126[b]
EVA	−166.73	−216.79	−200.19	−118.91	−20.96	92.66[c]
						▲
						정상상태

표 12.4 노드헤드 점포와 유사한 점포군의 일장부상 ROI. 정상상태 장부상 ROI는 10%의 경제적 수익률을 과대평가한다.

[a]장부상 소득 = 현금흐름 − 장부상 감가상각
[b]정상상태 장부상 ROI
[c]정상상태 EVA
주: 일부 연간 수치에는 사소한 반올림 오차가 있다.

Visit us at
www.mhhe.com/bma

회계적 수익성 척도의 편의는 어떻게 할 것인가?

회계적 척도로 수익성을 판단하는 데 따르는 위험은 앞의 예에서 분명히 알 수 있다. 사전 경고는 곧 사전 대비이다. 그러나 단순히 "조심하라"고 하는 것 이상의 충고는 할 수 있겠다.

회사가 개별 공장이나 부서에 대해 수익성 기준을 설정하는 것은 자연스러운 일이다. 이 기준은 이상적으로는 각 공장이나 부서에 대한 투자의 기회자본비용(opportunity cost of capital)이어야 한다. 이것이 EVA의 전체 요점이다. 즉 실제 수익을 자본비용과 비교하는 것이다. 그러나 성과를 투자수익률 또는 EVA로 측정한다면 이들 척도에는 회계적 편의가 있음을 인정해야 한다. 이상적으로는 재무관리자가 EVA나 순 ROI를 계산하기 전에 회계적 편의를 확인하고 이를 제거해야 한다. 이들 척도를 실행하는 경영자나 컨설턴트는 장부상 소득을 경제적 소득에 가깝게 조정하도록 노력해야 한다. 예를 들어 R&D 지출을 비용이 아니라 투자로 기록하거나 R&D 지출을 자산으로 표시하는 대체 대차대조표(재무상태표)를 작성할 수도 있다.

회계적 편의(accounting bias)는 제거하기 힘들기로 악명이 높다. 그래서 많은 기업들은 "이 제품 부서가 작년에 자본비용보다 더 벌었는가?"라고 묻지 않고 "이 제품 부서의 장부상 ROI가 이 제품 산업에서 성공적인 회사의 전형적인 수치인가?"라고 묻게 된다. 기초가 되는 가정은 (1)

다른 제품 제조회사들도 비슷한 회계 절차를 사용한다는 점과 (2) 성공적인 제품 회사들은 자본비용을 번다는 것이다.

성과척도에서 편의를 줄일 수 있는 간단한 회계 변경이 있다. 이런 편의들은 모두 경제적 감가상각을 사용하지 않는 데서 온다는 것을 기억하라. 따라서 경제적 감가상각으로 변경하면 어떤가? 그렇게 하지 않는 주된 이유는 각 자산의 현재가치를 매년 재평가해야 한다는 것이다. 이렇게 하려고 할 때 생기는 혼돈을 상상해 보라. 투자가 이루어질 때 회계사들이 왜 감가상각 계획을 설정하고 그것을 고수하는지 이해할 수 있다. 그러나 왜 감가상각 계획의 선택을 직선법과 같은 낡은 대기 프로그램으로 제한하는가? 적어도 왜 기대 경제적 감가상각과 대응되는 감가상각 형태를 명시하지 않는가? 예를 들어 노드헤드 점포는 표 12.3에서와 같은 기대 경제적 감가상각 계획에 따라 상각할 수 있을 것이다. 이렇게 함으로써 어떠한 구조적 편의도 피할 수 있을 것이다. 이는 어떤 법이나 회계 기준도 위반하지 않는다. 이 방법은 간단하고 효과적이어서 회사들이 이를 채택하지 않는 이유를 설명하기 어렵다.[21)]

이익과 이익 목표

앞에서 설명한 편의는 회계부정 때문에 생기는 것은 아니다. 이 문제는 일반회계기준(GAAP)에 내재해 있다. 물론 회계부정에 대해서도 우려해야 한다. 우리는 이미 주식옵션 때문에 경영자가 어떻게 보고된 이익을 좋게 보이게 하여 주가를 띄우려고 회계방식의 선택을 만지작거리도록 유혹을 받는가에 관해 이야기했다.

그러나 더 심각한 문제가 있다. 공개기업의 CEO는 끊임없이 감시를 받는다. 감시의 많은 부분은 이익에 초점이 맞추어져 있다. 증권 애널리스트들은 주당 이익(EPS)을 예측한다. 투자자, 증권 애널리스트, 전문 포트폴리오 매니저 등은 회사가 그 예측을 충족하거나 넘어서는가를 지켜보면서 기다린다. 예측을 충족하지 못하는 것은 커다란 실망을 안겨줄 수 있다.

증권 애널리스트와 포트폴리오 매니저에 의한 감시는 대리인 문제를 억제하는 데 도움을 준다. 그러나 CEO들은 'EPS의 포학성'과 주식시장의 명백한 근시안성(short-sightedness)에 대해 불평한다. [영국 사람들은 이를 단기주의(*short-termism*)라고 부른다.] 물론 주식시장이 체계적으로 근시안적인 것은 아니다. 만약 주식시장이 근시안적이라면 성장 기업이 실제 시장에서 관찰되는 것과 같이 높은 주가이익비율로 팔리지 못할 것이다.[22)] 그럼에도 불구하고 지속적이고 예측 가능한 이익 성장을 만들어내도록 CEO들에게 주어지는 압력은 대단하다.

CEO들은 이런 압력에 대해 불평하는데 이에 대해 무언가 대처하고 있는가? 불행히도 400명의 고위 경영자들을 조사한 그래함과 하비, 라즈고팔(Graham, Harvey, Rajgopal)에 의하면 이에

21) 이 과정은 몇몇 저자들에 의해 제안되었다. 예를 들어 Zvi Bodie, "Compound Interest Depreciation in Capital Investment," *Harvard Business Review* 60(May–June 1982), pp. 58~60 참조.

22) 제4장으로부터 주가이익비율(price-earnings ratio)은 회사가 가치 있는 성장기회(PVGO)를 가지고 있지 않은 이상 $1/r_E$와 같다는 점을 상기하자. 여기서 r_E는 자기자본비용이다. PVGO가 높을수록 이익–주가비율(earnings-price ratio)은 낮고, 주가이익비율은 높아진다. 그러므로 성장 기업의 관찰된 높은 주가이익비율은(그럴듯한 $1/r_E$의 추정치보다 훨씬 높음) 투자자들이 큰 PVGO를 예측하고 있음을 의미한다. 그러나 PVGO는 미래의 긴 기간에 걸쳐 집행된 투자에 달려있다. 투자자들이 상당한 PVGO를 인식한다면 체계적으로 근시안적이 될 수 없다.

대한 답은 "예"인 것 같다.[23] 대부분의 경영자들은 회계적 이익은 투자자에게 보고되는 단 한 가지 가장 중요한 수치라고 말한다. 대부분의 경영자들은 회사의 운영과 투자를 조정하여 이익을 관리한다고 인정하였다. 예를 들어 80%는 이익 목표를 달성하는 데 필요하다면 기꺼이 자유재량의 R&D 지출, 광고, 또는 유지비용 등을 줄일 용의가 있다고 하였다. 많은 경영자들은 또한 양(+)의 NPV 프로젝트에 대한 투자를 연기하거나 거부할 준비가 되어 있었다. 기업이 정말로 이익을 관리한다는 충분한 증거가 있다. 예를 들어 디조지, 파텔, 제크하우저(DeGeorge, Patel, Zeckhauser) 등은 이익 발표에 관한 대규모 표본을 연구하였다.[24] 주당 이익은 애널리스트들의 예측을 충족하거나 넘어섰지만 그 금액은 단지 몇 센트 정도인 현상이 놀라울 정도로 규칙적 패턴으로 나타났다. CFO들은 상황이 좋을 때는 나중에 써먹을 수 있도록 이익을 쌓아두고 보수적으로 보고하는 것으로 나타났다. 법칙은 애널리스트를 만족시킬 수 있을 정도로 충분히 좋은 결과를 보고하도록 하고, 가능하다면 어려운 시기를 대비하여 조금은 숨겨두라는 것이다.[25]

이런 조정으로 얼마만큼의 가치가 상실되는가? 건강하고 이익을 내는 회사의 경우에는 광고비를 약간 늘이거나 투자 개시를 몇 달 늦춘다고 해서 크게 손상을 입지는 않는다. 그러나 단순히 이익을 관리하기 위해 기본적인 주주 가치를 희생하는 것은 찬성할 수 없다. 우리가 이익을 관리하는 것을 비난할 수는 있지만 실제로는 CEO나 CFO가 군중들로부터 이탈하기는 매우 어렵다. 그래험과 그의 공저자들은 이를 다음과 같이 설명한다.[26]

> 잘 운영되고 있는 안정적인 회사는 약간 상황이 나쁜 연도일지라도 '수치를 만들어' 낼 수 있어야 한다는 것이 일반적인 믿음이다. 시장은 회사가 이익 목표를 달성하거나 약간 초과할 것으로 기대하기 때문이다. 평균적으로 회사들은 정확히 그렇게 하고 있으며, 문제는 회사가 이를 달성하지 못할 때 발생한다. … 시장은 회사가 기대를 충족하지 못하는 것은 잠재적으로 심각한 문제를 드러내고 있다고 가정할지도 모른다. (왜냐하면 회사가 벼랑 끝에 너무 가깝게 와서 이익을 낼만큼 돈을 벌지 못하는 것이 분명하기 때문이다. …) 한 CFO가 말한 것과 같이 "사람들은 바퀴벌레 한 마리를 보고나면 당장 벽 뒤에 수백 마리가 숨어 있을 것으로 가정한다."

그러므로 비록 1센트나 2센트밖에 안 된다고 하더라도 회사의 이익이 기대치에 못 미칠 때 왜 주가가 급격히 떨어지는지를 바퀴벌레 이론으로 설명할 수 있다.

물론 비공개기업은 이익 관리에 대해 걱정할 필요가 없다. 이것이 점차 많은 기업이 주식을 전부 사들여서 비공개기업으로 전환하는 현상을 설명해 준다. (비공개기업으로의 전환에 관해서는 제32장과 33장에서 논의한다.) 분기별 이익 보고를 할 필요가 없고 지배구조가 느슨한 일부 다른 국가에서는 장기적으로 투자하기가 쉽다. 그러나 이런 기업들은 더 많은 대리인 문제를 축적한다. 이런 교환관계(trade-off)에 대한 간단명료한 답이 있었으면 좋겠다.

---

23) J. R. Graham, C. R. Harvey, and S. Rajgopal, "The Economic Implications of Corporate Financial Reporting," *Journal of Accounting and Economics* 40(2005), pp. 3~73.

24) F. Degeorge, J. Patel, and R. Zeckhauser, "Earnings Management to Exceed Thresholds," *The Journal of Business* 72(January 1999), pp. 1~33.

25) 때때로 회사는 운영을 조정하는 대신 회계 규칙을 왜곡하여 이익 목표를 충족시킨다. 예를 들어 2009년 GE에 이전 연도 수년간의 회계 부정에 대해 $5천만의 벌금이 부과되었다. SEC는 GE가 1995년부터 2004년까지 매 분기마다 애널리스트들의 이익 목표를 충족하거나 넘어섰으나 고위 회계 담당자가 수치가 좋게 보이도록 하여 애널리스트들의 이익 기대치에 미달하는 것을 피하려는 부당한 결정을 승인하였다고 주장하였다.

26) Graham, Harvey, and Rajgopal, *op. cit.*, p. 29.

요약

자본 투자결정은 대체로 분권화되어야 한다. 그래서 대리인 문제는 불가피하다. 공장 또는 부문 관리자가 느슨하게 일하고 위험을 회피하거나 또는 제국건설 또는 참호구축을 위한 투자를 할 유혹에 빠질 수도 있다. 물론 고위 경영자들도 역시 유사한 유혹에 노출되어 있다.

대리인 문제는 감시와 인센티브의 조합으로 경감된다. 예를 들면 주주들은 최고경영층의 감시를 이사회나 회사 장부를 감사하는 회계사들에게 위임한다.

경영자가 주주 가치를 극대화하도록 고무시키기 위해 보상의 큰 부분은 통상적으로 회사의 성과에 연계된다. 전형적으로 성과와 관련된 보수는 주식 또는 주식옵션과 회계적 수익성 척도의 혼합으로 구성된다. 미국은 최고경영층에 대한 높은 보상 수준과 보수가 성과에 연계된 정도에 있어서 예외적이다.

경영자와 주주의 이해를 일치시키려면 경영자에게 주식이나 주식옵션을 주는 것은 일리가 있다. 그러나 이것이 완전한 해결책은 아니다. 적어도 세 가지 이유가 있다. 첫째, 주가는 기업 고유의 성과만이 아니라 시장과 산업의 발전에 따라 영향을 받는다. 그러므로 주식이나 옵션에 의한 보상은 경영자를 자신의 통제 밖에 있는 위험에 노출시킨다. 둘째, 오늘날의 주가는 이미 경영자의 기대 미래 성과를 반영한다. 그러므로 우월한 성과가 예상되면 그것은 우월한 주식시장 수익률로 보상받지는 못한다. 셋째, 경영자 보상의 지나치게 많은 부분을 주가에 연결시키는 것은 경영자를 예컨대 보고되는 주당 이익을 조작하여 주가를 부추기려는 유혹에 빠지게 만든다.

회사 내부에서 더 아래로 내려갈수록 주가와 관리자의 노력이나 결정 간의 연결은 약해진다. 그러므로 보수의 더 많은 부분이 회계적 소득에 따라 정해진다. 회계사들은 자본비용을 비용으로 인식하지 않기 때문에 회계적 소득을 증가시키는 것이 반드시 가치를 증가시키는 것과 같지는 않다. 많은 회사들이 그래서 보상을 순 투자수익률(순 ROI)이나 경제적 부가가치(EVA)와 연결시킨다. 순 ROI는 통상적인 ROI와 자본비용의 차이이다. EVA와 다른 잔여소득 척도는 투입된 자본의 비용을 차감한다. 이 비용은 경영자와 종업원들이 불필요한 자산을 처분하고, 추가적인 이익이 자본비용을 초과하는 경우에만 새로운 자산을 취득하도록 압박한다.

물론 EVA나 장부상 투자수익률(ROI)과 같은 어떠한 회계적 수익성 척도도 이익과 사용된 자본의 정확한 척도에 따라 결정된다. 회계 데이터에 조정이 이루어지지 않는 한 이들 척도는 새로운 자산의 진정한 수익성을 과소평가하고, 오래된 자산의 수익성은 과대평가할 수도 있다.

원칙적으로 해결책은 쉽다. EVA와 ROI는 진정한 소득, 즉 경제적 소득을 사용하여 계산해야 한다. 경제적 소득은 현금흐름에서 경제적 감가상각(즉 자산의 현재가치 감소분)을 뺀 것과 같다. 불행하게도 소득을 계산할 때마다 회계사들에게 각 자산의 현재가치를 다시 계산해 달라고 요구할 수는 없다. 그러나 적어도 회계사들이 왜 장부상 감가상각 계획을 경제적 감가상각의 전형적인 패턴과 대응시키려고 노력하지 않는지 의문을 제기하는 것은 정당한 것으로 보인다.

더 절박한 문제는 CEO와 CFO가 원만한 성장을 유지하고 이익 목표를 충족하기 위해, 적어도 단기적으로는, 이익에 지나치게 많은 주의를 기울인다는 점이다. 그들은 타당치 않은 회계 처리를 통해서가 아니라 운영과 투자 계획을 비틀어서 이익을 관리한다. 예를 들어 경영자들이 투자안의 초기 비용을 다음 회계 연도로 넘기기 위해 양(+)의 NPV 투자안을 몇 개월간 연기할 수도 있다. 이런 행동으로 얼마나 많은 가치가 상실되는지는 분명하지 않다. 그러나 어떠한 가치 손실이라도 그것은 유감스러운 것이다.

Visit us at www.mhhe.com/bma

더 읽어야 할 문헌

현행 경영자 보상체계는 다음 논문에서 논의하고 있다.

K. J. Murphy, "Executive Compensation," in O. Ashenfelter and D. Cards(eds.), *Handbook of Labor Economics*(North-Holland, 1999).

R.K. Aggarwal, "Executive Compensation and Incentives," in B. E Eckbo(ed.), *Handbook of Empirical Corporate Finance*(Amsterdam: Elsevier/North-Holland, 2007), Chapter 7.

B. J. Hall and K. J. Murphy, "The Trouble with Stock Options," *Journal of Economic Perspectives* 17(Summer 2003), pp. 49~70.

다음 조사연구는 임원 보상이 과도하였다고 주장한다. 이는 부분적으로는 약한 기업지배구조 때문이다.

L. Bebchuk and J. Fried, *Pay without Performance: The Unfulfilled Promise of Executive Compensation*(Cambridge, MA: Harvard University Press, 2005).

M. C. Jensen, K. J. Murphy, and E. G. Wruck, "Remuneration: Where We've Been, How We Got to Here, What Are the Problems, and How to Fix Them," 2004, at **www.ssrn.com**, posted July 12, 2004.

Journal of Applied Corporate Finance 2005년 가을 편에서는 임원 보수와 기업지배구조에 초점을 맞추고 있다.

다음 논문의 이익과 기업 보고에 관한 조사연구 증거는 읽어 볼 가치가 있다.

J. R. Graham, C. R. Harvey, and S. Rajgopal, "The Economic Implications of Corporate Financial Reporting," *Journal of Accounting and Economics* 40 (2005), pp. 3~73.

*EVA*의 읽기 쉬운 설명은 다음을 보라.

A. Ehrbar: EVA: The Real Key to Creating Wealth, John Wiley & Sons, Inc., New York, 1998.

J. M. Stern and J. S. Shiely, *The EVA Challenge—Implementing Value-added Change in an Organization*(New York: John Wiley & Sons, 2001).

연습문제

기본문제

1. 맞는가 틀리는가?
   a. 미국의 CEO들은 다른 나라의 CEO들보다 훨씬 더 많은 보수를 받는다.
   b. 미국 CEO 보상의 많은 부분은 주식옵션 교부에서 온다.
   c. 주식옵션 교부는 경영자에게 통상 5년 동안 연간 간격으로 일정한 수의 주식을 준다.
   d. 현행 미국의 회계 규칙은 주식옵션 교부의 가치를 보상비용으로 인식하도록 요구한다.
2. 다음을 정의하라. (a) 자본 투자에서 대리인 비용, (b) 사적 편익, (c) 제국 건설, (d) 무임승차 문제, (e) 견고히 하는 투자안, (f) 위임된 감시.
3. 감시만으로는 자본 투자에서 대리인 비용을 완전히 제거할 수 없다. 그 이유를 간단히 설명하라.
4. 다음은 경제적 부가가치, 즉 EVA에 대한 몇 가지 질문이다.
   a. EVA는 %로 또는 금액으로 표현되는가?
   b. EVA를 계산하는 공식을 써라.
   c. EVA와 잔여소득 간에 차이가 있다면 무엇인가?
   d. EVA의 요점은 무엇인가? 왜 회사들은 이것을 사용하는가?
   e. EVA의 효율성은 회계적 소득과 자산의 정확한 측정에 의존하는가?
5. Modern Language Division은 $20백만의 순 자산에서 $1.6백만을 벌었다. 자본비용은 11.5%이다. 순 투자수익률과 EVA를 계산하라.

Visit us at www.mhhe.com/bma

6. 빈 칸을 메우라.
"주어진 해에 어떤 투자안의 경제적 소득은 이 투자안의 ______에서 그의 ______ 감가상각을 뺀 것과 같다. 장부상 소득은 전형적으로 투자안의 수명에서 초기일 때는 경제적 소득보다 ____고 수명에서 나중일 때는 경제적 소득보다 ____다."
7. 실제로 공개기업의 경영자들은 어떻게 단기 이익 목표를 충족하는가? 회계 부정의 방법으로?

중급문제

8. 전형적인 보상과 유인 계약을 (a) 최고경영자, 예를 들어 CEO 또는 CFO, 그리고 (b) 공장 또는 부서 관리자에 대해 비교하라. 중요한 차이는 무엇인가? 당신은 그것을 설명할 수 있는가?
9. 모든 공장과 부서 관리자들이 다른 유인이나 보너스 없이 — 단지 정해진 급료만 받는다고 가정하자.
   a. 자본 투자 결정에서 나타날 수 있는 대리인 문제를 설명하라.
   b. 관리자의 보상을 EVA에 연결하는 것이 이 문제를 어떻게 줄일 수 있겠는가?
10. 누가 미국의 공기업 최고경영진을 감시하는가? (이 장에서 네 가지 형태의 감시를 언급했다.)
11. 실무적으로 경영자의 보상은 노력이 아니라 결과에 따라 정해져야 한다고 하였다. 왜 그런가? 노력에 대해 보상하지 않는 것은 어떤 문제를 가져 오는가?
12. 최고경영자의 보상을 회사 보통주의 수익률에 연결하는 보상 체계에 대한 몇 가지 질문이다.
   a. 오늘 주가는 투자자의 미래 성과에 대한 기대에 달렸다. 이것이 어떤 문제를 발생시키는가?
   b. 주식 수익률은 경영자의 통제 밖의 요인, 예를 들면 이자율 변화나 원자재 가격 등에 달렸다. 이것이 심각한 문제일 수 있는가? 그렇다면 당신이 부분적인 해결책을 제안할 수 있는가?
   c. 주식 수익률에 의존하는 보상 체계는 회계적 소득이나 ROI에 달려있지 않다. 이것이 장점인가? 왜 그런가? 또는 그렇지 않은가?
13. 당신은 Androscoggin Copper 이사회의 보상위원회 위원장이다. 컨설턴트가 CEO를 위한 두 가지 주식옵션 패키지를 제안했다.
   a. 행사가격이 오늘 주가로 고정된 전통적인 주식옵션 플랜
   b. 행사가격이 다른 구리 광산회사 주식 포트폴리오의 미래 시장가치에 따라 정해지는 대안 플랜

   이 플랜은 Androscoggin의 주가가 경쟁회사보다 좋은 성과를 달성했을 때만 CEO에게 보상한다. 두 번째 플랜은 CEO에 대해 더 높은 기준을 설정한다. 주식 수는 전통적인 플랜의 경우보다 더 많다. 각 플랜에서의 교부 주식 수는 두 플랜의 현재가치가 같아지도록 조정되었다고 가정한다. 당신이라면 어느 플랜을 지지하겠는가? 설명하라.
14. 표 12.5는 Androscoggin Copper의 Rumford 제련소에 대한 요약 손익계산서와 대차대조표를 보여준다.
   a. 이 공장의 EVA를 계산하라. 자본비용은 9%라고 가정한다.
   b. 표 12.5가 보여주는 바와 같이 이 공장은 Androscoggin의 장부에 $48.32백만으로 기록되어 있다. 그러나 이것은 현대적 디자인이어서 다른 구리 회사에 $95백만에 판매될 수 있다. 이 사실이 당신의 EVA 계산을 어떻게 바꿀 것인가?
15. Herbal Resources는 애완동물의 건강 보조식품을 생산하는, 작지만 수익성 있는 회사이다. 이는 하이테크 산업이 아니다. Herbal의 이익은 주로 고양이에게 알레르기를 일으키지 않는 특허받은 효소 덕분에 평균적으로 세후 $1.2백만 정도이다. 이 특허는 8년간 유효하며 Herbal은 특허권에 대해 $4백만을 제안받았다.

   Herbal의 자산은 $2백만의 운전자본과 자산과 공장, 장비 등의 $8백만을 포함한다. 이 특허는 Herbal의 장부에 나타나지 않는다. Herbal의 자본비용이 15%라면 EVA는 얼마인가?

Visit us at www.mhhe.com/bma

2011년 손익계산서		자산(2011. 12. 31)	
매출액	$56.66	순운전자본	$ 7.08
원자재비용	18.72		
영업비용	21.09	공장 및 설비투자	69.33
감가상각	4.50	차감누적 감가상각	21.01
과세소득	12.35	순 공장 및 설비	48.32
세금(@35%)	4.32		
순이익	$ 8.03	총 자산	$55.40

표 12.5 럼포드제련소의 요약 재무제표. 연습문제 14를 보라(단위: $백만).

16. 맞는가, 틀리는가? 간단히 설명하라.
    a. 장부상 수익성 측정치는 개별 자산에 대한 진정한 수익성의 편의된 측정치이다. 그러나 이러한 편의는 회사들이 오래된 자산과 새로운 자산을 균형 있게 보유한다면 '사라진다.'
    b. 장부상 수익성에서 체계적 편의는 회사들이 예상 경제적 감가상각과 일치하는 감가상각 계획을 사용한다면 피할 수 있을 것이다. 그러나 피할 수 있더라도 이렇게 하는 회사는 거의 없다.

17. 다음 투자안을 생각해 보자.

	기간			
	0	1	2	3
순 현금흐름	−100	0	78.55	78.55

내부수익률은 20%이다. 기회 자본비용을 20%로 가정했을 때의 NPV는 정확히 0이다. 각 연도의 기대 경제적 소득과 경제적 감가상각을 계산하라.

18. 제11장에서 설명된 바와 같은 폴리존 생산 투자에 대한 연도별 장부상 그리고 경제적 수익성을 계산하라. 표 11.2에서 보여준 현금 흐름과 경쟁적 가격차를 사용하라.

eXcel
Visit us at
www.mhhe.com/bma

폴리존을 생산하는 성숙한 회사에 대해서 정상상태 장부상 수익률(ROI)은 얼마인가? 성장과 경쟁적 가격차는 없다고 가정하라.

19. 웹사이트 **www.mhhe.com/bma**는 노드헤드 투자안의 수익성을 계산하는 엑셀 프로그램을 포함하고 있다. 노드헤드의 새 슈퍼마켓에서 현금흐름은 다음과 같다고 가정하자.

	연						
	0	1	2	3	4	5	6
현금흐름($천)	−1,000	+298	+298	+298	+138	+138	+140

a. 경제적 감가상각을 다시 계산하라. 이는 가속 상각인가 감속 상각인가?
b. 투자안 수명의 매해마다 '진정한' 수익률과 장부상 ROI 간의 관계를 보여주는 표 12.2와 12.3을 다시 작업하라.

20. 웹사이트 **www.mhhe.com/bma**는 노드헤드 투자안의 수익성을 측정하는 엑셀 프로그램을 포함하고 있다. 정상상태(steady-state) 성장률을 연 10%로 가정하고 표 12.4를 다시 작성하라. 당신의 답은 환상적인 일반원리를 예시해 줄 것이다. 즉 경제적 수익률과 정상상태 성장률이 같을 때 장부상 수익률은 경제적 수익률과 동일하다.

Visit us at www.mhhe.com/bma

도전문제

Visit us at www.mhhe.com/bma

21. 다음 현금흐름을 갖는 자산을 생각해 보자.

	연			
	0	1	2	3
현금흐름($백만)	−12	+5.20	+4.80	+4.40

이 자산은 직선법의 감가상각을 한다. 따라서 이 투자안에 대해 연도 1과 2, 3에서 매년 $4백만을 상각한다. 할인율은 10%이다.

a. 경제적 감가상각이 장부상 감가상각과 같다는 것을 보여라.
b. 장부상 수익률이 매년 같다는 것을 보여라.
c. 투자안의 장부상 수익률이 진정한 수익률과 같다는 것을 보여라.

Visit us at www.mhhe.com/bma

22. 앞의 노드헤드 예에서 진정한 감가상각은 감속 상각이었다. 항상 이렇지는 않다. 예를 들어 표 12.6은 평균적으로 보잉 737의 가치가 나이에 따라 어떻게 변하는지를 보여준다.[27] 표 12.6은 이 비행기 수명의 여러 시점에서 시장 가치와 10% 수익을 얻기 위해 매년 필요한 현금흐름을 보여준다(예를 들어 당신이 737을 $19.69백만에 연도 1의 초에 사서 1년 후 그것을 팔았다면 당신의 총 수익은 17.99 + 3.67 − 19.69 = $1.97백만, 구매 비용의 10%이다).

많은 항공사들은 그들 비행기를 15년 동안, 잔존가치가 역사적 원가의 20%와 같도록 직선법으로 상각한다.

a. 이 비행기의 수명기간 동안 매해마다 경제적 그리고 장부상 감가상각을 계산하라.
b. 매년 진정한 그리고 장부상 수익률을 비교하라.
c. 어떤 항공사가 매년 정해진 수의 보잉 737에 투자했다고 가정하자. 정상상태 장부상 수익률은 진정한 수익률을 과대 또는 과소평가하는가?

표 12.6
기령에 따른 1987년 1월의 보잉 737의 추정 시장가치와 10%의 진정한 수익률을 제공하는 데 필요한 현금흐름(단위: $백만).

연도 초	시장가치	현금흐름
1	19.69	
2	17.99	$3.67
3	16.79	3.00
4	15.78	2.69
5	14.89	2.47
6	14.09	2.29
7	13.36	2.14
8	12.68	2.02
9	12.05	1.90
10	11.46	1.80
11	10.91	1.70
12	10.39	1.61
13	9.91	1.52
14	9.44	1.46
15	9.01	1.37
16	8.59	1.32

27) 이 추정치를 제공해준 데 대해 Mike Staunton에게 감사한다.

Visit us at www.mhhe.com/bma

효율적 시장과 행동재무학

지금까지는 거의 전적으로 재무상태표(대차대조표)의 왼쪽(차변), 즉 기업의 자본 투자결정에 초점을 두고 살펴보았다. 지금부터는 재무상태표의 오른쪽(대변)으로, 즉 자본투자에 소요되는 자본을 조달하는 문제로 관심을 옮겨간다. 개략적으로 말해, 돈을 어떻게 사용하는지는 이미 배웠고, 이제는 이 돈을 어떻게 조달하는지를 공부하려고 한다.

물론 자본예산을 논의하는 과정에서 자본조달 문제를 완전히 무시한 것은 아니었다. 예를 들어 가중평균 자본비용의 개념을 소개하였다. 그러나 대부분의 경우 자본조달 문제는 간과하고 미래 현금흐름을 할인하는 데 기회자본비용의 추정치를 사용하였다. 우리는 자본비용이 자본조달 방법에 따라 어떻게 영향을 받는지는 묻지 않았다.

이제 문제의 방향을 바꾼다. 기업의 현재 실물자산 포트폴리오와 미래 투자전략을 주어진 것으로 간주하고 최선의 자본조달전략을 결정한다. 예를 들면,

- 기업은 이익의 대부분을 사업에 재투자해야 하는가, 아니면 주주에게 현금으로 나누어 주어야 하는가?
- 돈이 필요한 경우 기업은 주식을 발행해야 하는가, 아니면 차입해야 하는가?
- 단기로 차입할 것인가, 아니면 장기로 차입해야 하는가?
- 일반 장기 채권을 발행하여 차입해야 하는가, 아니면 전환채권(즉 채권 소유자가 주식으로 전환할 수 있는 채권)을 발행하여 차입해야 하는가?

기업이 선택할 수 있는 자본조달 방법은 셀 수 없을 만큼 많다.

기업의 자본예산결정을 일정하게 유지하는 목적은 자본조달결정과 자본예산결정을 분리하는 데 있다. 엄밀히 말해, 이것은 자본예산결정과 자본조달결정이 **독립적**이라고 가정하는 것이다. 여러 환경에서 이것은 타당한 가정이다. 기업은 일반적으로 한 증권을 재매입하고 대신 다른 증권을 발행함으로써 기업의 자본구조를 자유롭게 변경할 수 있다. 이 경우 특정 투자안을 특정 자금 원천과 연계할 필요는 없다. 기업은 먼저 어느 투자안을 채택할 것인지 생각하고, 그다음에 자금을 어떻게 조달할 것인지 생각해도 된다.

때때로 자본구조결정은 투자안의 선택에 의해 영향을 받기도 하며, 그 반대의 경우도 있다. 이 경우에는 투자와 자본조달결정을 함께 고려해야 한다. 자본조달과 투자결정이 상호작용하는 경우에 대한 논의는 제19장으로 미룬다.

투자결정과 자본조달결정을 대비하는 것으로 이 장을 시작한다. 두 결정 모두 목표는 같다. 즉 NPV를 극대화하는 것이다. 그러나 양(+)의 NPV를 갖는 자본조달 기회를 찾기는 일반적으로 매우 어렵다. 자본조달결정을 지혜롭게 하더라도 가치를 증대시키기 어려운 이유는 자본시장이 효율적이기 때문이다. 이것이 의미하는 바는 투자자들 사이의 치열한 경쟁 때문에 이익을 얻을 기회는 점차 사라지고, 부채와 자기자본 증권이 공정하게(fairly) 평가된다는 것이다. 이 말이 포괄적인 이야기로 들린다고 생각한다면 그건 맞는 말이다. 이 장에서 효율적 시장 가설을 설명하고 평가하는 데 주력하는 것은 바로 이 때문이다.

왜 우리가 증권과 발행절차에 관한 가장 기초적인 지식을 갖기도 전에 개념적인 문제로 자본조달 논의를 시작하는지 의아하게 생각할 수 있다. 이처럼 논의를 전개하는 이유는 우리가 올바른 문제 제기 방법을 알지 못하면 자본조달결정은 엄청나게 복잡한 것으로 보이기 때문이다. 여러분이 이런 혼동을 피하려고 기업 자본조달의 통속적 논의를 지배해 온 잘못된 통념의 세계로 도피해 버리지 않을까 염려된다. 우리가 효율적 시장 가설을 이해해야 하는 이유는 이 가설이 **보편적인** 사실이기 때문이 아니라, 올바른 문제 제기를 하도록 이끌어 주기 때문이다.

효율적 시장 가설은 제13.2절에서 더 조심스럽게 정의한다. 이 가설은 투자자가 이용 가능한 정보에 따라 강도가 다르다. 제13.2~13.4절에서는 효율적 시장 가설을 지지하는 증거와 반대의 증거를 살펴본다. 이 가설을 '지지하는' 증거가 다수이기는 하지만 수년간에 걸쳐 풀리지 않는 많은 이례현상이 보고되

었다.

또한 합리적이고 효율적인 시장의 지지자들이 **버블**(*bubble*)을 설명하기 어려운 시기가 있다. 십 년마다 버블이 생기는 것 같다. 1980년대 일본의 부동산과 주식시장 버블과, 1990년대 기술주 버블, 최근 서브프라임 위기를 일으킨 부동산 버블 등이 있었다. 버블에 대한 비난의 일부는 가장 합리적인 사람들조차도 병에 걸리게 만드는 유인과 대리인 문제 때문이다. 특히 다른 사람의 돈을 투자할 때 더욱 그렇다. 그러나 버블은 행동심리학자들이 잘 정리해 놓은 비합리적 행동의 패턴을 반영하기도 한다. 여기서는 **행동재무학**과 이것이 효율적 시장 가설에 던지는 도전의 주요 특징을 설명한다.

이 장은 시장 효율성에 대한 여섯 가지 교훈으로 끝을 맺는다.

13.1 항상 순현가로 귀결된다

투자결정과 자본조달결정을 분리하는 것이 유익하지만, 이들을 결정하는 기준에는 기본적인 유사성이 있다. 공작기계를 사는 결정과 채권을 매각하는 결정은 각각 위험자산의 가치를 평가하는 일과 관련되어 있다. 한 자산은 실물자산이고 다른 자산은 금융자산이라는 것은 중요하지 않다. 두 경우 모두 순 현재가치를 계산하게 된다.

차입의 순현가(*net present value of borrowing*)라는 용어는 다소 생소하게 들릴 수도 있다. 그러나 다음 예는 이것이 무엇을 의미하는지 설명하는 데 도움이 된다. 중소기업 진흥 정책의 일부로 정부가 어느 회사에 $100,000을 3% 이자율로 10년 동안 대출해 줄 것을 제안한다. 이것은 기업이 1연도부터 10연도까지 매년 $3,000의 이자를 지급할 의무가 있고, 마지막 해에는 원금 $100,000을 갚을 책임이 있다는 뜻이다. 이 제안을 받아들여야 하는가?

통상적인 방법으로 이 대출 계약의 순현가를 계산할 수 있다. 한 가지 다른 점은 첫 번째 현금흐름이 양(+)이고 나중의 현금흐름은 음(−)이라는 것이다.

$$\begin{aligned} \text{NPV} &= \text{차입금액} - \text{이자지급액의 현재가치} \\ &\quad - \text{대출상환금액의 현재가치} \\ &= +100{,}000 - \sum_{t=1}^{10} \frac{3{,}000}{(1+r)^t} - \frac{100{,}000}{(1+r)^{10}} \end{aligned}$$

여기서 우리가 모르는 유일한 변수는 기회자본비용 r이다. 대출에 의해 발생한 부채의 가치평가는 다음과 같이 추론할 수 있다. 정부 대출은 금융자산이다. 이는 매년 $3,000의 이자를 지급하고 $100,000을 최종 상환할 것을 약속한 증서이다. 이 증서가 자본시장에서 자유로이 거래되는 경우 얼마에 팔 수 있을까? 이 증서는 미래 현금흐름을 회사가 발행한 다른 증권이 제공하는 수익률 r로 할인한 현재가치로 팔릴 것이다. r을 결정하는 데 필요한 것은 다음 질문에 답하는 것이다. 즉 회사가 정부로부터 차입하지 않고 자본시장에서 직접 돈을 조달하는 경우 지급해야 하는 이자율은 얼마인가?

이 이자율을 10%로 가정하자. 그러면

$$\text{NPV} = +100{,}000 - \sum_{t=1}^{10} \frac{3{,}000}{(1.10)^t} - \frac{100{,}000}{(1.10)^{10}}$$
$$= +100{,}000 - 56{,}988 = +\$43{,}012$$

물론 공정한 이자율이 10%일 때 3%로 차입하는 것이 유리한 거래라는 것은 계산해 볼 필요도 없다. 그러나 NPV 계산은 이 기회가 얼마만큼 가치를 갖는지를($43,012) 알려 준다.[1] NPV 계산은 또한 투자결정과 자본조달결정의 본질적 유사성을 분명히 설명해 준다.

투자결정과 자본조달결정의 차이

어떤 면에서는 투자결정이 자본조달결정보다 단순하다. 증권의 종류와 자본조달전략은 수백 가지가 넘는다. 이런 많은 종류의 증권과 전략 중 중요한 몇 가지는 꼭 알아야 하며, 자본조달 관련 용어에 익숙해져야 한다. 여러분은 예비 사업설명서(red herrings), 추가배정 옵션(greenshoes), 책임 주간사회사(bookrunner) 등과 같은 사항에 대해 배워야 한다. 이들 각 용어의 이면에는 재미있는 이야기들도 곁들여져 있다.

한편 자본조달결정이 투자결정보다 훨씬 수월한 면이 있기도 하다. 첫째, 자본조달결정은 투자결정처럼 최종적인 성격을 갖지는 않는다. 자본조달결정은 번복하기가 상대적으로 좀 더 쉽다. 즉 자본조달결정의 포기가치(abandonment value)가 더 높다는 뜻이다. 둘째, 현명한 자본조달전략으로 돈을 벌기는 더 힘들다. 이는 양(+)의 순현가 투자전략보다 양(+)의 순현가 자본조달전략을 찾기가 더 어렵다는 것을 의미한다.

기업이 투자결정을 고려할 때, 반드시 완전하고 경쟁적인 시장을 가정하지는 않는다. 기업은 지리적으로 같은 지역에서, 같은 사업에 전문화하고 있는 단지 소수의 경쟁자를 만날 뿐이다. 그리고 기업은 경쟁자와 비교하여 우위를 제공하는 특별한 자산을 소유하고 있을 수도 있다. 흔히 이러한 자산은 특허나 전문지식, 명성과 같은 무형자산이다. 이런 무형자산은 더 많은 이익을 창출하고 양(+)의 순현가를 갖는 투자안을 발견할 기회를 제공한다.

금융시장에서 경쟁 상대는 자본을 조달하기 위하여 뉴욕과 런던, 여타 금융센터를 찾는 주, 지방, 연방 정부뿐만 아니라 자금을 구하는 다른 많은 기업이다. 자본을 제공하는 투자자들은 비교적 많으며 그들은 현명하다. 돈은 인재를 끌어들인다. 금융에 대해 잘 모르는 사람은 종종 자본시장이 분할된(*segmented*) 것으로, 즉 서로 다른 영역으로 나뉘어 있다고 생각한다. 그러나 자본은 이 영역 사이를 빠르게 이동한다. 일반적으로 기업은 그들이 발행한 증권이 공정하게 가격이 결정된다고 가정해야 한다. 그래서 지금부터 이 장의 주된 주제, 즉 효율적 자본시장에 관한 논의를 시작한다.

1) 여기서 차입에 따른 세금효과는 무시하기로 한다. 이는 제18장에서 설명한다.

13.2 효율적 자본시장이란?

놀라운 발견: 가격변동은 무작위적이다

중요한 아이디어가 흔히 그렇듯이, 효율적 자본시장의 개념도 우연한 발견에서 생겨났다. 1953년 영국의 통계학자 모리스 켄달(Maurice Kendall)이 영국 왕립통계학회지에 주식과 상품 가격의 행태에 관해 논란이 분분한 논문을 발표했다.[2] 켄달은 가격변동에서 어떤 규칙적인 주기를 발견할 것으로 기대했으나, 놀랍게도 주기는 존재하지 않았다. 각 시리즈는 "마치 일주일에 한 번 확률의 신이 무작위로 한 숫자를 뽑아서, 이 숫자를 현재 가격에 더해 다음 주의 주가를 결정하는 것처럼 '표류하는' 것"같이 보였다. 다시 말해서, 주식과 상품 가격은 **랜덤워크**(*random walk*)를 따르는 것 같았다.

'랜덤워크'의 의미를 확실히 알지 못한다면, 다음 사례를 생각해 보라. 게임을 할 돈 $100을 받아, 매 주말 동전을 던진다. 동전의 앞면이 나오면 투자금액의 3%를 따고, 뒷면이 나오면 2.5%를 잃는다. 따라서 첫 주말에 자본은 $103.00이거나 $97.50가 된다. 둘째 주말에 다시 동전을 던진다. 일어날 결과는 다음 그림과 같다.

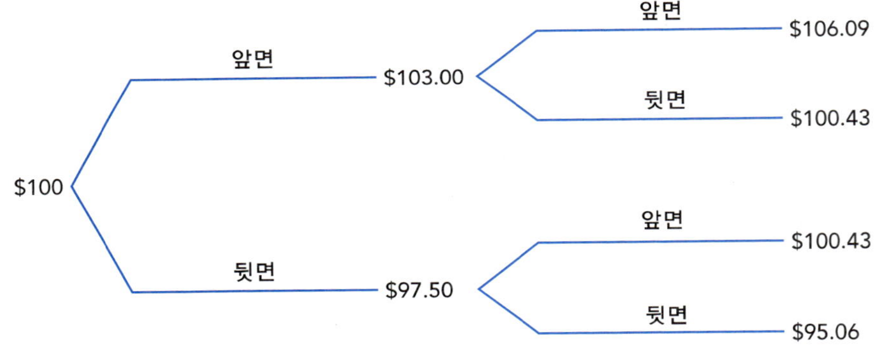

이 과정은 매주 0.25%의 양(+)의 표류(drift)를 보이는 랜덤워크이다.[3] 가치의 연속되는 변화가 서로 독립적이기 때문에 이 과정은 랜덤워크이다. 즉 매 주초의 가치나 이전 기간에 무엇이 나왔는가에 상관없이, 매주 어떤 사건이 일어날 확률은 같다.

만약 주가변동에 어떠한 패턴도 존재하지 않는다는 사실이 믿기 어려우면, 그림 13.1의 두 차트를 보라. 이 두 개의 차트 중 하나는 5년 동안 동전 던지기 게임을 한 결과를 보여주고 있고, 다른

---

2) M. G. Kendall, "The Analysis of Economic Time Series, Part I. Prices," *Journal of the Royal Statistical Society* 96 (1953), pp. 11~25 참조. 켄달의 아이디어가 전적으로 새로운 것은 아니었다. 이 아이디어는 프랑스의 박사과정 학생이었던 루이 바쉘리에(Louis Bachelier)가 53년 전에 쓴, 거의 잊혀진 학위 논문에서 이미 제안되었다. 같은 논문에 실린 바쉘리에의 무작위 과정에 대한 수리적 이론의 개발은 충돌하는 가스 분자의 무작위적 브라운 운동에 관한 그 유명한 아인슈타인(Einstein)의 연구보다 5년 앞서 이루어졌다. L. Bachelier, *Théorie de la Speculation*(Paris: Gauthiers-Villars, 1900) 참조. A. J. Boness가 영어로 번역한 논문이 다음 책에 수록되었다. P. H. Cootner(ed.), *The Random Character of Stock Market Prices*,(Cambridge, MA: M.I.T. Press, 1964), pp. 17~78.

3) 이 표류는 기대 결과와 같다. (1/2)(3) + (1/2)(−2.5) = 0.25%.

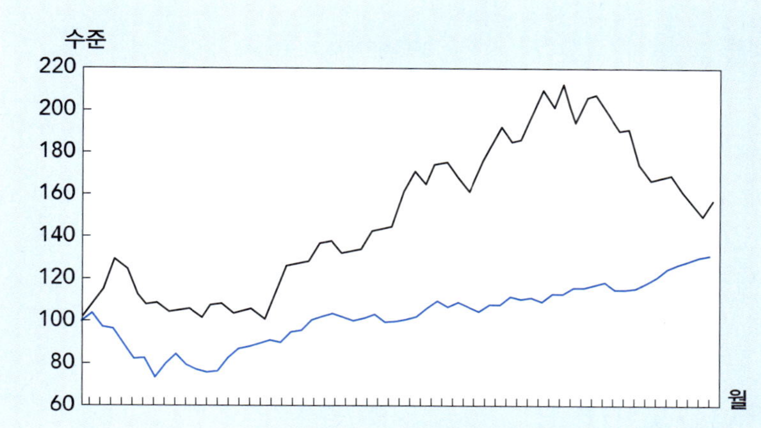

그림 13.1
이 차트는 5년 동안 S&P 지수와 5년 동안 동전 던지기 게임의 결과를 보여준다. 이 두 가지를 구별할 수 있는가?

하나는 5년 동안 S&P 지수의 실제 성과를 보여준다. 어느 것이 어느 것인지 구별할 수 있는가?[4)]

모리스 켄달이 주가가 랜덤워크를 따른다고 주장한 것은 동전 던지기 게임에서 손익이 서로 독립적인 것과 마찬가지로 주가변동도 서로 독립적이라는 의미이다. 그림 13.2는 마이크로소프트와 BP, 필립스(Philips), 소니 등 네 주식에 대해 이런 사실을 보여주고 있다. 각 패널은 연속되는 날의 주가변동을 보여준다. 마이크로소프트 패널의 4사분면(southeast quadrant; 우측 하단 사분면)의 작은 원 안의 점은 주가가 3% 상승하고 나서 3%의 하락이 있던 날의 쌍이다. 만약 주가가 한 번 상승하고 나서 하락하는 규칙적인 경향이 있다면, 4사분면에 많은 점이 있게 되고 1사분면(우측 상단 사분면)에는 거의 없을 것이다. 얼핏 보더라도 주가 움직임에는 패턴이 거의 없음이 명백하다. 이러한 사실은 당일 주가와 다음날 주가 간에 상관계수를 계산해 봄으로써 더욱 자세히 검정할 수 있다. 만약 가격변동이 한 방향으로 지속한다면 상관계수는 양(+)일 것이고, 아무런 관련성이 없다면 상관계수는 0이 될 것이다. 우리 사례에서 마이크로소프트 주식의 연속적인 가격변동 간의 상관관계는 −0.019였다. 가격이 상승하고 나서 하락하는 경향은 거의 무시할 수 있을 정도이다.[5)] 필립스도 이 상관계수가 −0.030으로 음수(−)이다. 그러나 BP와 소니는 상관계수가 +0.004와 +0.026으로 각각 양(+)이다. 이들 경우에도 가격이 상승하고서 다음날에 또 가격상승이 뒤따르는 경향은 무시할 정도로 작다.

그림 13.2는 네 주식 모두 연속되는 주가변동이 실질적으로 상관관계가 없음을 시사하고 있다. 오늘의 가격변동은 내일 일어날 가격변동에 대해 거의 아무런 실마리도 제공하지 못했다. 이러한 사실이 놀라운가? 만약 그렇다면, 앞에서의 결과가 사실이 아니고 마이크로소프트의 주가변동이 앞으로 여러 달 동안 지속된다고 상상해 보자. 그림 13.3은 예측 가능한 사이클의 한 예를 보여준다. 마이크로소프트의 주가가 지난 달 $20일 때 상승을 시작하여 다음 달에는 $40까지 올라

4) 그림 13.1의 청색 선이 2002년 2월부터 2007년 2월까지 실제 S&P 지수를 보여준다. 검은 선은 일련의 누적된 난수(random number)이다. 물론 여러분 중 50%는 바르게 추측하였을 것이다. 그러나 이것도 단지 추측일 뿐이다.

5) 연속적인 관찰치 간의 상관계수를 **자기상관계수**(*autocorrelation coefficient*)라 한다. 자기상관계수 −0.019는 마이크로소프트 주가가 어제 평균보다 1% 오르면 오늘의 가격변동에 대한 최선의 예측은 평균보다 0.019% 내린다는 것을 의미한다.

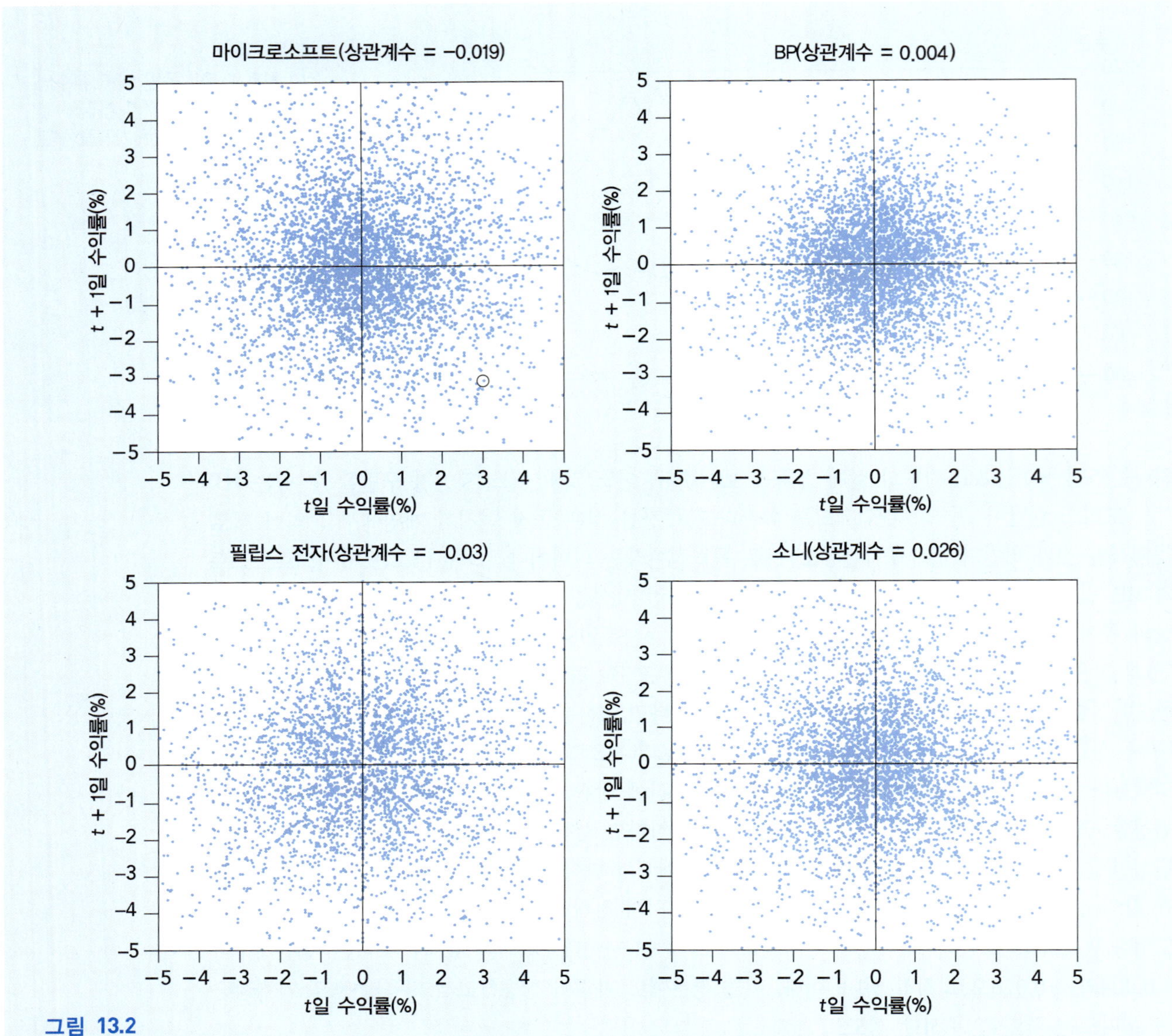

그림 13.2

각 점은 1990년 1월과 2009년 5월 사이의 두 연속적인 날에 대한 주식 수익률의 쌍을 보여주고 있다. 마이크로소프트에서 원 안의 점은 +3% 수익률과 그 다음날 −3%의 일일 수익률을 나타낸다. 산포도는 연속되는 날의 수익률 간에 어떤 유의한 관계도 없음을 보여주고 있다.

갈 것으로 예상한다. 투자자들이 이러한 노다지를 인식하게 되면 어떤 일이 일어날까? 그 결과는 자기파괴적이다. 왜냐하면 마이크로소프트의 주가가 현재 $30로 헐값이므로, 투자자들은 이 주식을 사려고 몰려들 것이다. 투자자들은 이 주식이 정상적인 수익률을 제공할 만큼 가격이 오른 경우에만 매입을 멈출 것이다. 따라서 어떤 사이클이 분명하게 예상되기만 하면 투자자들은 거래를 통해 즉시 이런 사이클을 제거해 버린다.

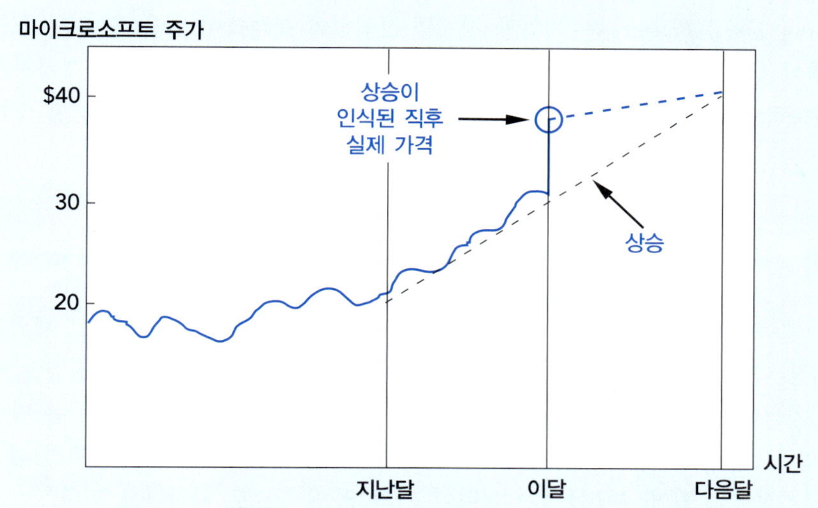

그림 13.3
사이클은 투자자들에 의해 인식되자마자 스스로 파괴되고 있다. 주식 가격은 기대 미래 가격의 현재가치로 즉시 상승한다.

시장 효율성의 세 가지 형태

이제 경쟁적인 시장에서는 왜 가격이 랜덤워크를 따르게 되는지 알 수 있을 것이다. 만약 과거의 가격변동을 이용하여 미래 가격변동을 예측할 수 있다면, 투자자는 쉽게 이익을 얻게 된다. 그러나 경쟁적인 시장에서는 쉽게 이익을 얻는 일은 지속될 수 없다. 투자자들이 과거 가격에 담긴 정보를 이용하려 함에 따라 가격은 즉시 조정되고, 과거의 가격 움직임을 분석하여 얻는 높은 수익은 금방 사라지게 된다. 결과적으로 과거 가격에 관한 모든 정보는 내일의 주가가 아니라 오늘의 주가에 반영된다. 가격 패턴은 이제는 존재하지 않으며, 한 기간의 가격변동은 다음 기간의 가격변동과는 독립적이게 된다. 다시 말해, 주가는 랜덤워크를 따르게 된다.

경쟁적인 시장에서 오늘 주가에는 과거 가격에 담긴 정보가 이미 반영되어 있다. 그렇다면 왜 거기서 그치는가? 만약 시장이 경쟁적이라면, 오늘 주가는 투자자가 이용할 수 있는 모든 정보를 반영해야 하지 않을까? 만약 그렇다면 증권 가격은 공정하게 결정될 것이며, 증권 수익률 예측은 불가능할 것이다. 그러한 시장에서는 아무도 우월한 수익을 얻지 못한다. 정보를 더 많이 모으는 것도 별로 도움이 되지 않는다. 모든 이용 가능한 정보는 이미 오늘 주가에 반영되어 있기 때문이다.

경제학자들은 종종 시장 효율성을 세 가지 수준으로 정의한다. 이것은 증권 가격에 반영된 정보의 정도에 따라 구별된다. 첫 번째 수준에서, 가격은 과거의 가격 기록에 포함된 정보를 반영한다. 이를 **약형의 효율성**(*weak form efficiency*)이라 한다. 시장이 약한 의미에서 효율적이라면 과거 수익률을 연구함으로써 높은 이익을 지속적으로 달성하기는 불가능하다는 뜻이다. 가격은 랜덤워크를 따른다.

두 번째 수준의 효율성은 현재의 가격이 과거 가격 정보를 모두 반영할 뿐만 아니라 경제신문이나 인터넷에서 얻을 수 있는 것과 같은 공개된 다른 모든 정보(public information)를 반영한다고 주장한다. 이것을 **준강형의 효율성**(*semistrong form efficiency*)이라 한다. 만약 시장이 이러한 의미에서 효율적이라면 가격은 지난 분기의 이익과 신주 발행, 두 기업의 합병 제안 등의 발표와 같은 공개 정보에 즉각적으로 조정된다.

강형의 효율성(*strong form efficiency*)은 기업과 경제를 끊임없이 분석하여 얻을 수 있는 모든 정보가 가격에 반영되어 있다는 것이다. 그러한 시장에서는 운 좋은 투자자와 운 나쁜 투자자가 있을 수는 있지만, 지속적으로 시장을 능가하는 수익을 올리는 우월한 투자관리자를 발견할 수는 없을 것이다.

효율적 시장: 증거

모리스 켄달의 발견 이후 수년 동안 재무 학술지들은 효율적 시장 가설을 검증한 논문으로 채워졌다. 약형의 효율적 시장 가설을 검증하기 위해 연구자들은 증권 가격에서 어떤 패턴을 발견할 수 있다고 주장하는 투자자들이 주로 사용하는 몇몇 거래규칙의 수익성을 측정했다. 연구자들은 마이크로소프트와 BP, 필립스, 소니 주식의 수익률에서 패턴을 찾을 때 설명한 것과 같은 통계적 검정을 사용하였다. 전 세계적으로 일별 수익률에는 패턴이 거의 없는 것으로 나타나고 있다.

준강형의 효율적 시장 가설을 분석하기 위해 연구자들은 증권 가격이 이익이나 배당의 발표, 공개매수(takeover) 소식, 거시경제 정보 등과 같은 여러 가지 뉴스에 얼마나 빨리 반응하는지를 측정했다.

연구자들이 발견한 것을 살펴보기에 앞서 뉴스 발표가 주식가격에 미치는 영향을 어떻게 분리할지를 설명해야 한다. 가령 공개매수가 처음 발표되었을 때 목표기업의 주가가 어떻게 반응하는지 알아야 한다고 가정해 보자. 첫 시도로, 단순히 발표 시점까지 목표기업 주가의 평균 수익률과 이후 시점의 평균 수익률을 계산해 볼 수 있다. 많은 목표기업 표본의 일별 수익률을 보면 평균적인 발표 효과가 분명해진다. 발표일 전후로 전반적인 시장 움직임에 따른 영향(contamination)은 크지 않을 것이다. 왜냐하면 일별 시장수익률은 평균하면 매우 작기 때문이다.[6] 그러나 주별이나 월별 수익률로 갈수록 잠재적인 시장의 영향은 증가한다. 따라서 일반적으로 시장 움직임에 대해 조정을 해야 한다. 예를 들어 단순히 시장수익률을 빼는 방법이 있다.

$$\text{조정된 수익률} = \text{주식 수익률} - \text{시작지수 수익률}$$

제8장에서 베타에 근거한 정밀한 수정 방법을 제시한 바 있다. (시장수익률을 빼는 것은 목표기업의 베타가 1.0이라고 가정하는 것이다.) 이 조정 식을 **시장모형**(*market model*)이라고 한다.

$$\text{주식의 기대수익률} = \alpha + \beta \times \text{시장지수 수익률}$$

알파(α)는 시장지수가 변하지 않을 때, 주가가 평균적으로 어느 정도 변하였는지를 나타낸다. 베타(β)는 시장지수가 매 1% 변할 때 주가가 추가로 어느 정도 변동하는지를 나타낸다.[7] 시장수익

6) 예를 들어 시장수익률이 연 12%라고 하자. 일 년에 250거래일이 있다면 평균 일간 수익률은 $(1.12)^{1/250} - 1 = 0.00045$, 즉 0.045%이다.

7) α와 β를 측정할 때 주가가 정상적으로 움직였다고 생각하는 기간을 선택하는 것이 중요하다. 만약 사용된 수익률이 비정상적이었다면, α와 β의 추정치는 투자자들이 기대한 수익률을 추정하는 데 사용할 수 없다. 예방 수단으로 기대수익률의 추정치가 타당한가를 스스로 자문해 보라. 비정상수익률의 추정방법은 다음 논문에 분석되어 있다. A. C. MacKinlay, "Event Studies in Economics and Finance," *Journal of Economic Literature* 35(1997), pp. 13~39와 S.P.

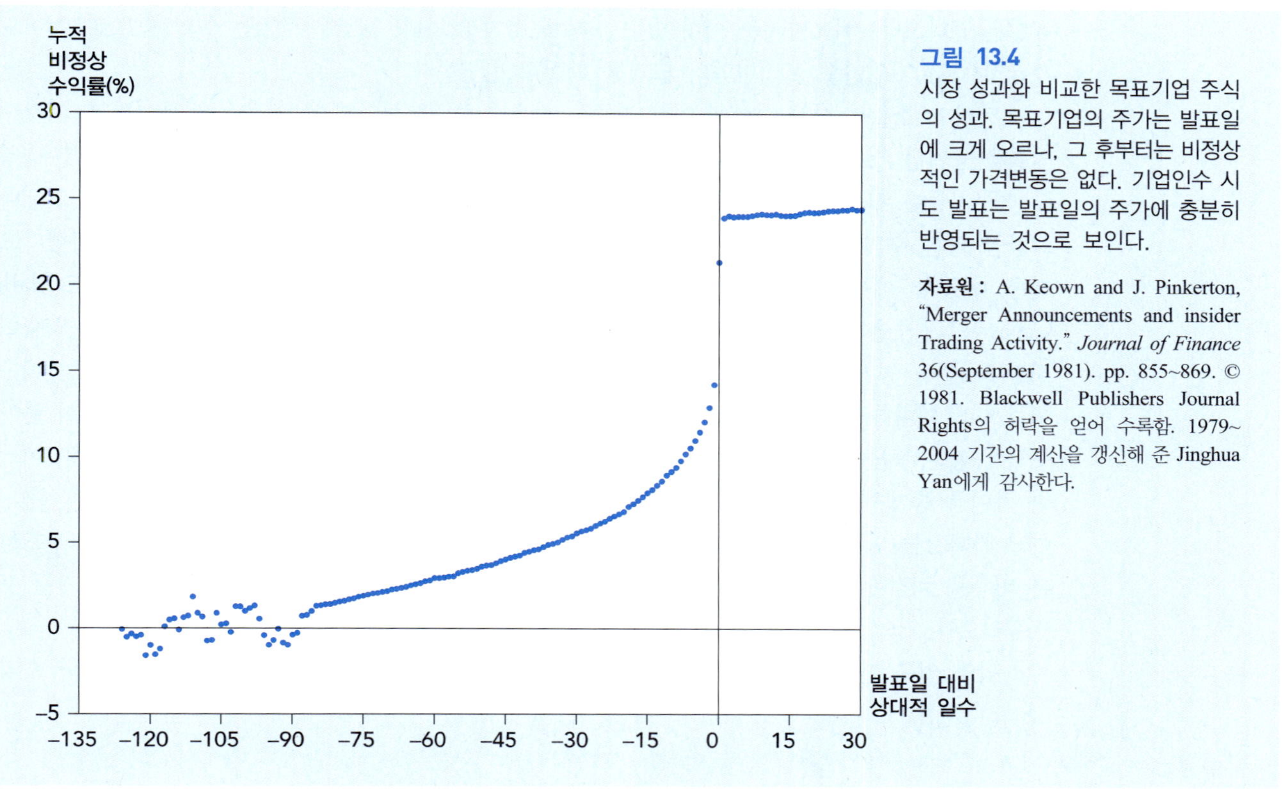

그림 13.4
시장 성과와 비교한 목표기업 주식의 성과. 목표기업의 주가는 발표일에 크게 오르나, 그 후부터는 비정상적인 가격변동은 없다. 기업인수 시도 발표는 발표일의 주가에 충분히 반영되는 것으로 보인다.

자료원 : A. Keown and J. Pinkerton, "Merger Announcements and insider Trading Activity." *Journal of Finance* 36(September 1981). pp. 855~869. © 1981. Blackwell Publishers Journal Rights의 허락을 얻어 수록함. 1979~2004 기간의 계산을 갱신해 준 Jinghua Yan에게 감사한다.

률이 $\tilde{r}_m$인 달에 이 주식이 $\tilde{r}$의 수익률을 제공한다고 하자. 이 경우 이달의 **비정상수익률**(*abnormal return*)은 다음과 같다.

$$\text{주식의 비정상 수익률} = \text{주식의 실제 수익률} - \text{주식의 기대수익률}$$
$$= \tilde{r} - (\alpha + \beta\tilde{r}_m)$$

비정상수익률은 기업에 고유한 뉴스만을 반영한다.[8)]

그림 13.4는 뉴스 발표가 비정상수익률에 어떤 영향을 미치는지를 보여준다. 이 그래프는 기업인수 시도의 대상이었던 거의 17,000개 표본기업의 비정상수익률을 보여준다. 인수기업은 보통 거래를 성사시키기 위해 상당한 **인수 프리미엄**(*takeover premium*)을 지급해야 한다. 따라서 인수 시도가 발표되자마자 인수 대상 기업의 주가는 상승한다. 그림 13.4는 인수 발표일(그래프에서 날짜 0임) 전후로 인수 대상 기업 주식 수익률의 평균적인 형태를 보여준다. 투자자가 점차 인수가 다가오고 있다는 사실을 알게 되면서 주가는 발표일 이전에 상승한다. 발표일에는 주가가 극적으로 상승한다.[9)] 주가 조정은 즉각적이고 완전하다. 공식 발표일에 가격이 큰 폭으로 상승하고서 움

Kothari and J.B. Warner, "Econometrics of Event Studies," in B. E. Eckbo(ed.), *The Handbook of Empirical Corporate Finance*(Amsterdam: Elsevier/North-Holland, 2007), Chapter 1.

8) 비정상수익률은 종종 제8장에서 본 Fama-French의 3요인 모형을 이용하여 계산된다. 주식 수익률은 시장수익률과 소기업과 대기업 주식 수익률의 차이, 장부 대 시장 가치 비율이 높은 기업과 낮은 기업 수익률의 차이에 조정된다.

9) 인수 발표 이전에 인수 대상 기업을 알 수 있다면 큰 이익을 얻을 수 있다. 그러나 내부정보를 이용하여 거래하는 것은 불법이며 교도소에 가게 될 수도 있다.

직임은 끝나고 주가는 다시는 의미 있는 변동을 하지 않는다. 새로운 주가는 그날 중으로 (적어도 평균적으로) 기업인수 프리미엄의 크기를 확실히 반영한다.

강형의 효율적 시장 가설에 대한 검증은 전문적 증권분석가의 추천 종목을 분석하고, 시장수익률을 능가할 것으로 예측되는 뮤추얼펀드 혹은 연금기금의 성과를 살펴봄으로써 이루어졌다. 일부 연구자들은 전문 증권분석가나 연금기금의 성과가 다소 우월하다는 사실을 발견하였다. 그러나 그만큼 많은 수의 연구자가, 전문적으로 운영되는 펀드가 관리비용을 충분히 보상하지 못했다고 결론 내렸다. 예를 들어 미국 뮤추얼펀드 대표본의 평균 수익률을 조사한 마크 카하트(Mark Cahart)의 연구를 갱신한 그림 13.5를 살펴보자. 이 그림에서 몇몇 연도에는 뮤추얼펀드 수익률이 시장수익률을 능가하고 있으나 약 2/3는 그 반대라는 것을 알 수 있다. 그림 13.5의 비교는 매우 어설프다. 왜냐하면 뮤추얼펀드는 낮은 베타 주식 혹은 대기업 주식 등과 같이 시장의 특정 분야 주식에 전문화하는 경향이 있으며, 이들은 평균 이하의 수익률을 가져다줄 수 있기 때문이다. 이러한 차이를 통제하기 위해 각 펀드를 유사한 증권으로 구성된 기준 포트폴리오와 비교해야 한다. 마크 카하트는 이런 차이를 통제하고 같은 분석을 하였으나 그 결과는 변함이 없었다. 이 펀드들은 비용을 차감한 후의 수익률이 기준 포트폴리오보다 낮았으며, 비용을 차감하기 전에는 기준 포트폴리오와 거의 유사했다.

만약 일부 펀드매니저들이 다른 사람들보다 특별히 영리하지도 않으면서 남보다 뛰어난 수익

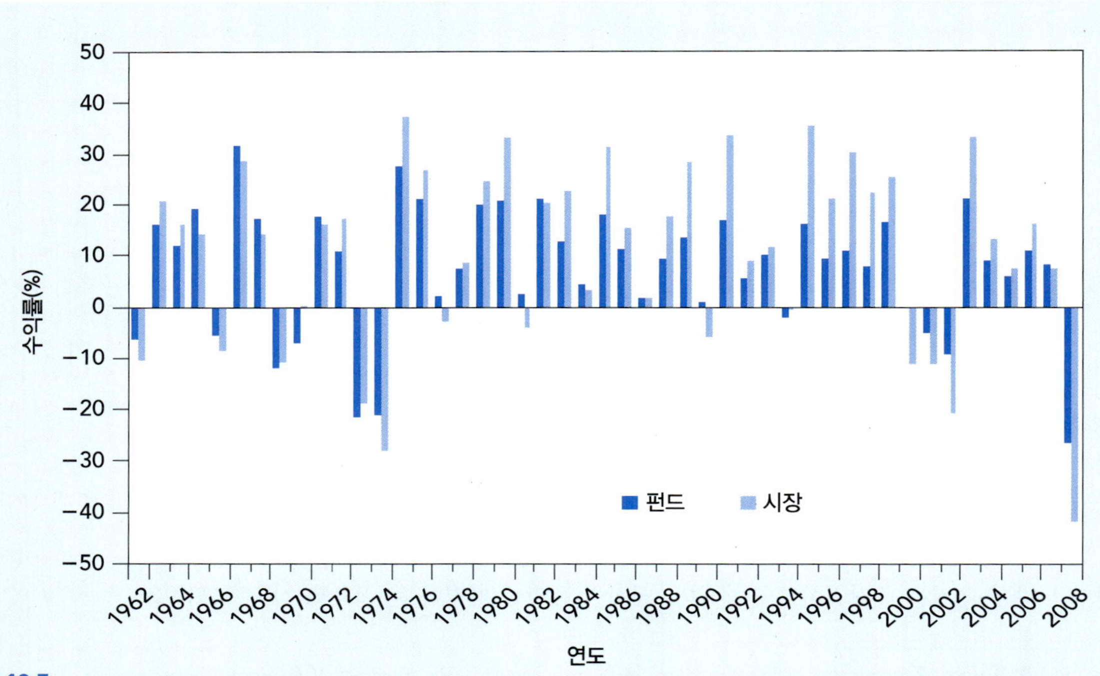

그림 13.5
미국 뮤추얼펀드 대표본과 시장지수의 연평균 수익률(1962~2008). 뮤추얼펀드가 거의 2/3의 연도에서 시장보다 성과가 낮음을 주목하라.

자료원: M. M. Carhart, "On Persistence in Mutual Fund Performance." Journal of Finance 52(March 1997), pp. 57~82. © 1997. Blackwell Publishers. 계산을 갱신해 준 Jinghua Yan에게 감사한다.

률을 올린다면 놀라울 것이다. 그러나 우수한 매니저를 식별하기는 쉽지 않아 보인다. 어느 해 최고의 성과를 낸 매니저들도 다음 해에 성과가 나쁠 가능성은 다른 사람들과 같다.[10)]

효율적 시장에 대한 이러한 증거는 많은 전문투자자나 개인투자자에게 시장보다 우월한 성과를 추구하는 것을 포기하도록 만들었다. 그들은 단순히 최대한 분산투자를 하고 포트폴리오 관리 비용을 최소화하는 '지수 매입(buy the index)'을 한다. 개인투자자는 **인덱스펀드**(*index fund*)를 살 수 있다. 이것은 주식시장 지수를 추적하는 뮤추얼펀드이다. 이것은 관리를 활발히 하지 않아 비용이 매우 낮다. 예를 들어 S&P 500 지수를 추적하는 뱅가드(Vanguard) 500 지수 펀드의 관리 수수료는 2009년에 연간 0.18%였다. ($100,000가 넘는 투자에는 연간 0.09%이다.) 이 펀드의 크기는 $730억이었다.

지수에 얼마만큼 투자하는가? 100%는 아니다. 모든 투자자가 지수 펀드를 보유한다면 아무도 정보를 수집하지 않고 주가는 새로운 정보가 들어와도 이에 반응하지 않을 것이다. 효율적 시장은 정보를 수집하고 이를 이용해 이익을 얻으려는 영리한 투자자가 필요하다. 비용을 들여 정보를 모으려는 동기를 부여하려면 가격이 모든 정보를 반영해서는 안 된다.[11)] 정보를 수집하는 비용이 다시 회수될 만큼 얼마간의 이익은 있어야 한다. 그러나 거래되는 증권의 총 시장가치에 비하여 비용은 적으며, 금융시장은 여전히 거의 완전하게 효율적일 수 있다.

13.3 시장 효율성에 반하는 증거

거의 예외 없이 초기 연구자들은 효율적 시장 가설이 현실을 아주 잘 설명한다고 결론 내렸다. 증거가 매우 강력해서 이 가설을 부정하는 결과를 보여주는 연구는 의심스러운 것으로 간주되었다. 그러나 결국에 가서는 재무학회지 독자들은 똑같은 메시지를 듣는 데 실증을 느끼게 되었고, 의문을 제기하는 논문들이 오히려 흥미를 불러일으켰다. 곧 이어서 학회지들은 투자자들이 이익을 얻는 데 아직 활용하지 못했던 이례현상(anomaly)에 관한 증거로 가득 차게 되었다.

이례현상이란 정확히 무엇인가? 지금까지 우리는 시장 효율성을 돈 벌 기회가 없다는 것과 연결해 왔다. 좀 더 정확히 말해보자. 효율적 시장에서는 위험조정 후의 기회자본비용보다 더 큰(또는 더 작은) 기대수익률을 얻는 것이 불가능하다. 이것은 모든 증권이 미래 현금흐름(C_t)과 기회자본비용(r)을 바탕으로 하는 기본적 가치(fundamental value)로 거래된다는 것을 의미한다.

$$P = \sum_{t=1}^{\infty} \frac{C_t}{(1 + r)^t}$$

10) B. G. Malkiel, "Returns from Investing in Equity Mutual Funds 1971 to 1991," Journal of Finance 50(June 1995), pp. 549~572를 보라. 다음 논문에는 좋은 성과가 지속된다는 정반대되는 증거도 있다. R. Kosowski, A. Timmerman, R. Wermers, and H. White, "Can Mutual Fund 'Stars' Really Pick Stocks? New Evidence from a Bootstrap Analysis," Journal of Finance 61(December 2006), pp. 255~2595. 또 M. J. Gruber, "Another Puzzle: The Growth in Actively Managed Mutual Funds," Journal of Finance 51(July 196), pp. 783~810도 보라.

11) S. J. Grossman and J. E. Stiglitz, "On the Impossibility of Informationally Efficient Markets," *American Economic Review* 70(June 1980), pp. 393~408 참조.

가격이 기본적 가치와 같으면 기대수익률은 기회자본비용보다 더 높지도 낮지도 않을 것이다. 그러나 주가가 기본적 가치와 다르면, 투자자는 주가가 너무 높으면 팔고 너무 낮으면 사서 기회비용보다 더 높은 수익을 얻을 수 있다.

제4장의 보통주 가치에 대한 논의에서 이 원칙을 기억할 것이다. 이 원칙은 정상적인 기대수익률이 얼마인가 알지 못하면 우월한 수익률을 확인할 수 없다는 것이다. 따라서 시장이 효율적인가 확인하려면 위험과 기대수익률 간의 관계를 구체화한 자산가격결정모형을 채택해야 한다. 따라서 시장 효율성의 검증은 효율성과 자산가격결정모형의 결합검증이다. 자산가격결정모형의 어떠한 검증도 그 모형과 시장 효율성의 결합검증이다.

가장 일반적으로 사용되는 자산가격결정모형은 CAPM이다. 제8장에서 소규모 기업 주식의 수익률이 비정상적으로 높은 사실을 포함하여 CAPM이 명백하게 맞지 않는 경우를 일부 지적하였다. 예를 들어 그림 8.10을 다시 보자. 이것은 소기업 주식과 대기업 주식 수익률 간의 누적 차이를 보여준다. 1926년 이후 시장가치가 가장 작은 기업들의 주식은 시장가치가 가장 큰 기업들보다 성과가 훨씬 좋았다.

이것은 몇 가지 중 하나(또는 그 이상)를 의미할 수 있다. 첫째, 투자자들이 단순한 자본자산가격결정모형에서 고려되지 않는 다른 어떤 위험요인에 대한 보상으로 소기업에 더 높은 기대수익률을 요구했을 수 있다.

둘째, 소기업의 뛰어난 성과는 단순히 우연한 일치일 수 있다. 즉 자료에서 흥미 있는 패턴을 발견하기 위해 많은 연구자가 노력한 결과 얻어진 발견일 수 있다. 우연 일치 이론(coincidence theory)을 지지하는 증거와 반대하는 증거가 있다. 소기업 효과가 널리 퍼진 현상이라고 믿는 사람들은 다른 많은 나라에서도 소기업 주식이 더 높은 수익률을 제공하였다는 사실을 지적한다. 한편 그림 8.10에서 1981년에 소기업 효과가 처음 발표되자마자 곧바로 사라졌다는 사실을 알 수 있다. 아마도 투자자들은 1981년 이전에는 소기업 주식의 수익률을 저평가했었으나 가격이 잘못 정해졌다는 사실이 확인되자마자 이 기업들의 주가를 올렸을 수 있다.

셋째, 소기업 효과는 효율적 시장 이론의 중요한 예외일 수 있다. 즉 이는 수십 년 기간에 걸쳐 일관성 있게 뛰어난 이익을 얻을 기회를 투자자들에게 제공한 한 가지 예외이다. 만약 그러한 이례현상이 쉽게 이익을 얻을 기회를 제공한다면, 많은 투자자가 이 기회를 이용하려 할 것이다. 그러나 많은 투자자가 이러한 이례현상을 이용하려고 시도하였으나, 그렇게 하여 부자가 되기는 매우 어려운 것으로 밝혀졌다. 가령, 시장의 이례현상에 대해 아마 누구보다도 잘 아는 리처드 롤(Richard Roll) 교수는 다음과 같이 고백하고 있다.

> 지난 10년 동안 나는 '비효율성(inefficiencies)'이 암시하는 거래규칙에 따라 실제로 꽤 많은 돈을 거래하여 가장 가능성 있어 보이는 '비효율적 현상들' 중의 많은 것을 이용하려고 시도해 보았다. … 나는 아직 비용을 차감하고 나서 매입보유전략(buy-and-hold strategy)보다 높은 이익을 얻는 거래규칙을 하나도 발견하지 못했다.[12)]

---

12) R. Roll, "What Every CFO Should Know about Scientific Progress in Financial Economics: What Is Known and What Remains to be Resolved," *Financial Management* 23(Summer 1994), pp. 69~75.

투자자들은 새로운 정보에 느리게 반응하는가?

지금까지는 소기업 효과를 살펴보았으나, 다른 수수께끼와 이례현상도 많이 있다. 이러한 수수께끼와 이례현상 중 일부는 주가의 단기 행태와 관련되어 있다. 예를 들어 1월의 수익률은 다른 달에 비해 더 높게 나타나고, 주중 다른 요일에 비해 월요일에 낮게 나타나며, 일간 수익률의 대부분은 하루 중 시작과 끝 시점에서 실현되고 있다.

이러한 단기 패턴에서 돈을 벌 기회를 얻으려면 한 눈은 컴퓨터 스크린에, 다른 한 눈은 연간 보너스에 관심을 두는 전문 거래자가 되어야 한다. 만약 당신이 기업의 재무관리자라면 주가의 이러한 단기 패턴이 흥미를 끄는 수수께끼가 될 수는 있지만, 기업이 어떤 투자안을 채택하며, 자금은 어떻게 조달할 것인가 하는 중요한 재무의사결정을 바꾸지는 않을 것이다.

기업 재무관리자는 몇 달 또는 몇 년 동안 지속되는 가격 오류에 더 관심을 둬야 한다. 더 오래가는 비효율성의 두 가지 사례를 보자.

이익발표 수수께끼 익발표 수수께끼(earnings announcement puzzle)는 그림 13.6에 요약되어 있다. 이 그림은 1972~2001년 사이 예기치 않게 높은 또는 낮은 순이익 발표 후 주식의 성과를 보여주고 있다. 가장 높은 순이익을 발표한 10%의 주식은 가장 나쁜 뉴스를 발표한 10%의 주식에 비해 이익발표 후 6개월에 걸쳐 매월 약 1% 이상 높은 성과를 보이고 있다. 투자자들은 이익발표에 제대로 반응하지 않고 있다가 더 많은 정보가 도달해야만 그 의미를 충분히 인식하게 되는 것으로 보인다.

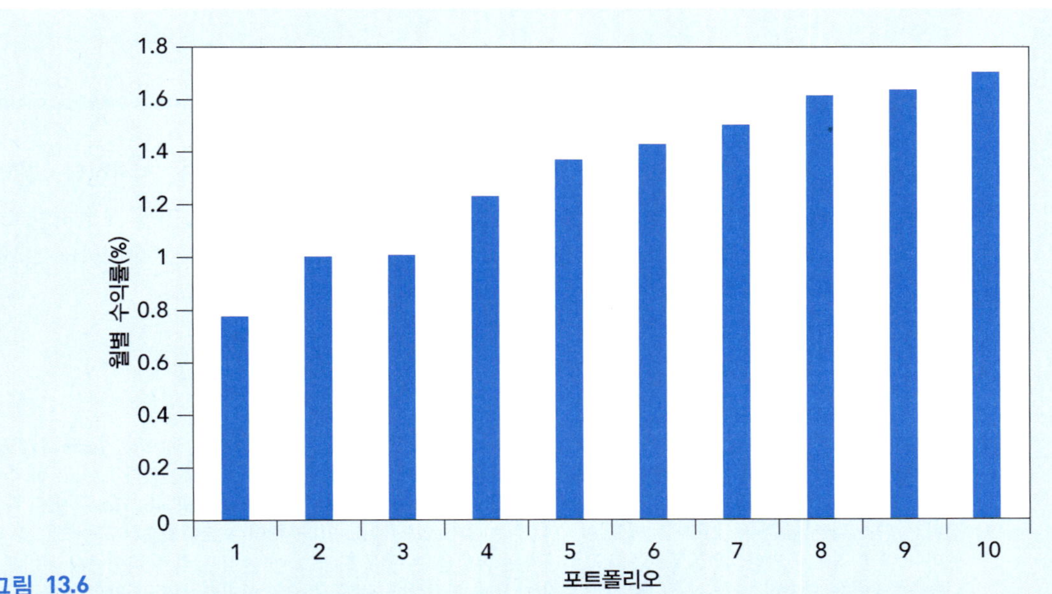

그림 13.6
1972~2001년 동안 분기 이익 발표 후 6개월간 기업 주식의 평균 수익률. 가장 우수한 이익 뉴스를 가진 주식의 10%(포트폴리오 10)는 가장 나쁜 뉴스를 발표한 기업의 주식(포트폴리오 1)에 비해 매달 약 1% 더 나은 성과를 보였다.

자료원: T. Chordia and L. Shivajumar, "Inflation Illusion and the Post-earnings Announcement Drift," *Journal of Accounting Research* 43 (2005), pp. 521~556.

신주발행 수수께끼 기업이 공개적으로 주식을 발행할 때, 투자자들은 통상적으로 그 주식을 사려고 몰려든다. 운이 좋아 발행주식을 배정받은 투자자들은 평균적으로 즉시 자본이득을 얻는다. 그러나 연구자들은 이러한 초기 자본이득이 종종 손실로 돌아서는 경우가 있음을 발견하였다. 예를 들어 신규공모 주식(initial public offering, IPO)을 발행 때마다 곧바로 산 뒤 그 주식을 5년 동안 보유한다고 가정하자. 1970~2007년 기간에 이들 주식의 연평균 수익률은 비슷한 규모의 기업 주식으로 구성한 포트폴리오의 수익률보다 3.8% 낮았다.

이런 장기적인 이례현상에 대한 연구는 아직도 배심원들의 평결을 기다리고 있다. 가령 신주발행 수수께끼를 보자. 과거 30년 동안 대부분의 신주발행은 높은 시장가치와 한정된 장부자산을 가진 성장주와 관련되어 있었다. 신주의 장기 성과를 규모와 장부 대 시장가치 비율의 관점에서 서로 대응되는 포트폴리오와 비교하면 성과의 차이는 거의 절반으로 줄어든다.[13] 그래서 신주발행 수수께끼는 변장한 장부 대 시장가치 수수께끼로 밝혀질 수도 있다.[14]

신주발행 수수께끼와 같은 이례현상은 부적절한 자산가격결정모형 때문이라고 생각할 수도 있다. 그래서 많은 사람은 이례현상이 반드시 시장 효율성에 반하는 설득력 있는 증거가 아닐 수도 있다고 주장한다. 그러나 쉽게 간과할 수 없는 몇몇 비효율성의 예가 있다. 한 가지 예는 정확히 같은 현금흐름에 대해 청구권을 갖지만 두 개의 증권으로 분리되어 거래되는 '샴쌍둥이'이다. 쉘(Shell)이 2005년 7월 두 회사를 합병하기 전, 네덜란드 회사인 로열 더치 석유회사(Royal Dutch Petroleum)와 영국 회사인 쉘 트랜스포트 앤 트레이딩(Shell Transport & Trading, T&T)은 석유 대기업의 이익을 정해진 비율로 나누어 가지는 샴쌍둥이었다. 두 회사는 같은 현금흐름을 나눠 갖기 때문에 주가는 정확히 함께 움직일 것으로 예상하였다. 그러나 그림 13.7에서 보는 바와 같이 두 주식 가격은 때로는 상당히 차이가 있었다.[15]

버블과 시장 효율성

샴쌍둥이와 같은 사례는 개별 주식의 가격이 일관되지 않을 수 있다는 것을 시사한다. 전체적인 주가가 더 이상 기본적 가치로 정당화될 수 없는 경우도 있는가? 잠시 후 증거를 보겠지만 그보다 먼저 보통주를 평가하고 주가가 비합리적인가를 판단하는 것이 얼마나 어려운 일인가에 유의해야 한다.

13) 신주 발행의 성과가 장기적으로 낮은 것이 R. Loughran and J. Ritter, "The New Issues Puzzle," *Journal of Finance* 50(1995), pp. 23~51에 언급된다. 이 수치는 Jay Ritter의 웹사이트에서 최신 내용으로 보고되고 있다. 그리고 이 수익률은 기업규모와 장부-대-시장가치를 고려한 대응 포트폴리오의 성과와 비교된다(**bear.cba.ufl.edu/ritter** 참조).

14) 장기 성과가 나쁜 데는 세금효과 외에도 아직 다른 이유가 있을 수도 있다. IPO 포트폴리오는 극단적으로 수익이 좋거나 나쁜 경우가 많다. IPO 포트폴리오 투자자는 손실을 본 종목을 팔고 이 손실을 다른 이익에서 차감하며, 이익이 난 종목은 단순히 이를 계속 보유함으로써 세금을 연기한다. IPO 주식은 이러한 세금 전략의 좋은 도구이다. 따라서 세금에 정통한 투자자는 IPO 주가를 올릴 수도 있다.

15) 샴쌍둥이의 가격에 대한 증거는 다음을 보라. K. A. Froot and E. Dabora, "How Are Stock Prices Affected by the Location of Trade?" *Journal of Financial Economics* 53(August 1999), pp. 189~216. 좀 더 최근 자료로는 다음을 보라. A. De Jong, L. Rosenthal, and M. A. Van Dijk, "The Risk and Return of Arbitrage in Dual Listed Companies," *Review of Finance* 13(2009), pp. 495~520.

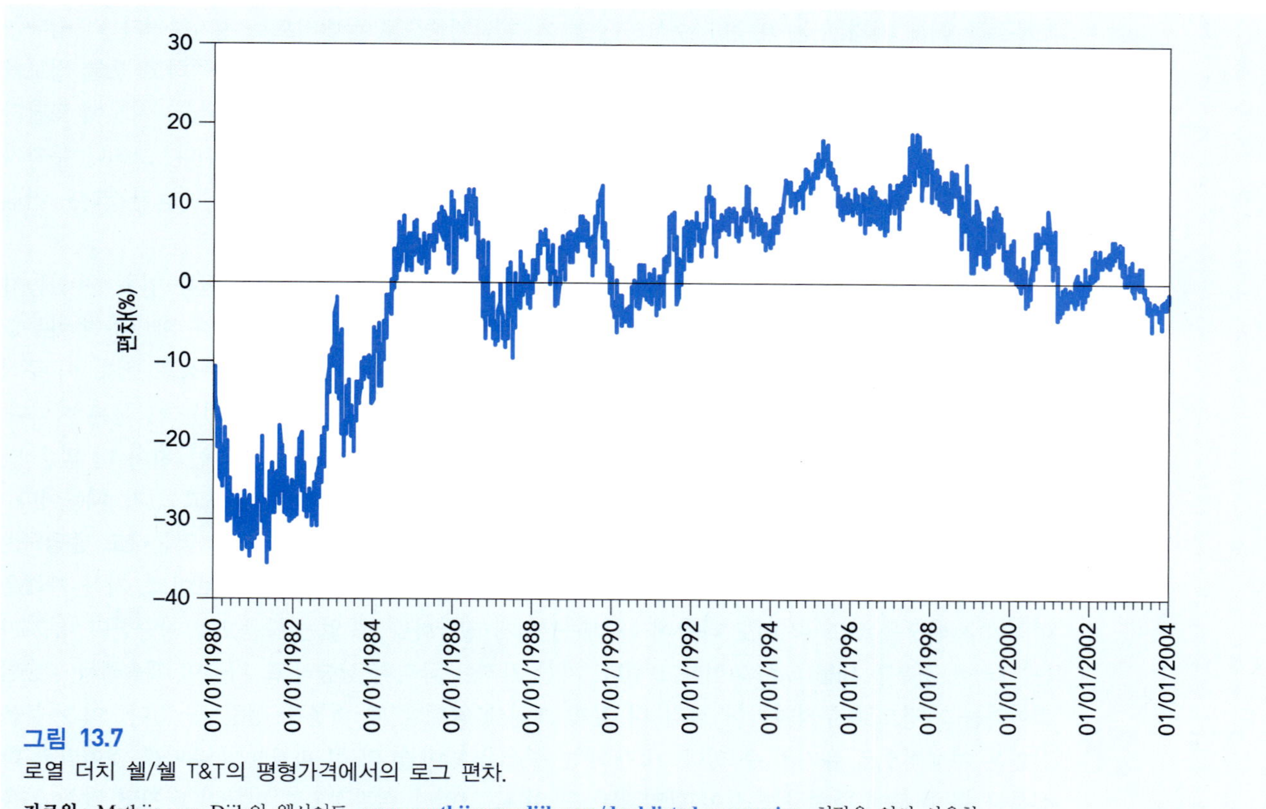

그림 13.7
로열 더치 쉘/쉘 T&T의 평형가격에서의 로그 편차.
자료원: Mathijs van Dijk의 웹사이트, **www.mathijsavandijk.com/dual-listed-companies**. 허락을 얻어 사용함.

예를 들어 2009년 5월에 S&P 종합지수를 구성하는 주식의 가격이 공정하게 결정되었는가를 확인하고 싶다고 하자. 첫 단계로 제4장에서 소개한 일정률성장 공식을 사용할 수 있다. 2009년에 이 지수에 포함된 회사들이 지급한 연간 배당은 약 $2,170억에 달했다. 이 배당이 연 4.1%의 비율로 안정적으로 성장할 것으로 기대되고, 투자자는 7.2%의 수익률을 요구하였다고 하자. 일정률 성장 공식으로 보통주의 가치를 계산하면 다음과 같다.

$$\text{PV 보통주} = \frac{\text{DIV}}{r-g} = \frac{217}{0.072-0.041} = \$7\text{조}$$

이 값은 2009년 5월 이들 주식의 대략적인 가치와 같다. 그러나 이 수치를 얼마나 믿을 수 있는가? 예상 배당성장률이 단지 연간 3.6%였다고 하자. 그렇다면 보통주의 가치는 다음과 같이 줄어든다.

$$\text{PV 보통주} = \frac{\text{DIV}}{r-g} = \frac{217}{0.072-0.036} = \$6\text{조 } 280\text{억}$$

다시 말하면 배당성장 예측을 단지 0.5% 포인트 수정하는 것만으로도 보통주 가치의 약 14% 하락을 가져올 수 있다.

보통주를 평가하는 일은 매우 어려워서 다음 두 가지 중요한 결과가 생긴다. 첫째, 투자자는 보통주를 어제 가격 또는 비슷한 주식의 오늘 가격을 기준으로 상대적으로 평가하기가 더 쉽다는 것을 안다. 다시 말하면 투자자들은 일반적으로 어제 주가를 올바른 것으로 간주하고 오늘 정보를 근거로 가격을 상향 또는 하향 조정한다. 정보가 큰 기복 없이 평탄하게(smoothly) 시장에 도달하면 시간이 지남에 따라 투자자는 점차로 오늘 가격 수준이 옳다고 확신하게 된다. 그러나 투자자가 어제 가격을 기준으로 삼는 데 확신이 없다면 새로운 기준이 설정될 때까지는 혼란스러운 거래와 급격한 가격변동이 있을 수 있다.

둘째, 시장 효율성 검증은 대부분 **상대** 가격에 관련된 것이며, 손쉽게 이익을 얻을 수 있는가에 초점을 맞춘다. 주식이 **올바르게 평가되는가**를 검증하는 것은 거의 불가능하다. 왜냐하면 아무도 진정한 가치를 정확하게 측정할 수 없기 때문이다. 예를 들어 허쉬(Hershey) 주식을 보자. 이 주식은 2009년 4월 $36에 거래되었다. 이것이 진정한 가치라는 것을 증명할 수 있는가? 물론 아니다. 그러나 허쉬 주가가 스머커(Smucker)의 주가($39)와 크게 다르지 않을 것이라는 편이 더 믿을 만하다. 두 기업은 비슷한 이익과 주당 배당, 그리고 비슷한 성장 전망을 보이고 있기 때문이다.

시장 수준이 기본적 가치(fundamentals)와 일관성을 갖는다고 또는 갖지 않는다고 **증명하는** 것은 불가능하다. 그러나 때때로 투자자들은 투기적 광풍에 휩싸이는 것처럼 보이고, 자산 가격은 이익이나 배당을 보고 (적어도 나중에 볼 때는) 쉽게 정당화할 수 없는 수준으로 상승한다. 투자자는 그러한 경우를 **버블(*bubble*)**이라고 한다. 자산 가격이 급격히 상승하고, 가격이 **계속해서** 상승할 것이라는 가정으로 투자자들이 점점 더 깊게 게임에 참여할 때 버블은 생길 수 있다. 이 버블은 잠깐은 자체적으로 유지될 수 있다. 내가 파는 주식을 받아줄 더 큰 바보들이 뒤따를 것이라고 확신하는 한 버블에 참여하는 것이 합리적일 수 있다. 그러나 결과적으로 버블이 터지면 많은 돈을 잃게 될 것이라는 점을 잊지 말아야 한다.[16]

일본 버블이 좋은 예다. 닛케이(Nikkei) 225 지수는 1985년 초에서 1989년 12월 사이에 약 300% 상승하였다. 1990년 초 이자율이 급격히 상승하고서 주가는 하락하기 시작하였다. 10월까지 닛케이지수는 최고치의 절반으로 하락하였다. 2009년 3월에도 닛케이지수는 아직 19년 전 최고치의 80% 수준이었다.

일본 주가의 폭등은 땅값의 더 큰 상승에 대응된다. 지엠바와 슈워츠(Ziemba and Schwartz)에 의하면 도쿄 왕궁의 수백 에이커는 부근의 토지 가격으로 평가했을 때 캐나다 또는 캘리포니아의 땅 전체만큼 가치가 높았다.[17] 그러나 그 뒤 부동산 버블도 또한 터졌다. 2005년까지 일본 6대 도시의 땅값은 최고치의 13%로 곤두박질쳤다.

이러한 버블은 일본에만 한정되지 않는다. 20세기 말을 향해 가면서 기술주 투자자들은 보유 주식의 가치가 엄청나게 상승하는 것을 지켜보았다. 나스닥 종합지수(Nasdaq Composite Index)는 첨단기술 주식에 많은 가중치를 두었는데 1995년 초부터 최고점인 2000년 3월까지 580%가 올랐다. 그 후 시작만큼 빨리 상승도 끝났다. 2002년 10월에 나스닥 지수는 최고치에서 78% 하락하였다.

일부 가장 큰 이득과 손실은 닷컴(dot.com) 주식에서 발생했다. 예를 들어 야후(Yahoo!) 주식

---

16) 버블이 반드시 비합리적인 것은 아니다. M. Brunnermeier, *Asset Pricing under Asymmetric Information: Bubbles, Crashes, Technical Analysis, and Herding*(Oxford: Oxford University Press, 2001)을 보라.

17) W. T. Ziemba and S. L. Schwartz, Invest Japan(Chicago, IL: Probus Publishing Co., 1992), p. 109 참조.

은 1996년 4월에 거래되기 시작하여 4년간 1,400%가 상승하였다. 이 무모한 시기에 일부 기업은 단순히 회사 이름에 '닷컴(dot.com)'을 붙여서 주가를 올릴 수 있다는 것을 알았다.[18)]

일본과 닷컴 버블을 되돌아보면 투자자에게 합리적인 수익률을 제공하는 데 미래 현금흐름으로 충분하다고 믿기는 어렵다.[19)] 이것이 사실이라면 효율적 시장 이론에 두 가지 중요한 예외가 있게 된다.

13.4 행동재무학

왜 가격은 기본적 가치에서 이탈하는가? 일부 학자들은 행동심리학에서 그 답을 찾을 수 있다고 믿는다. 사람들은 100% 시간 동안 100% 합리적이지는 않다. 이것은 투자자의 위험에 대한 태도와 확률을 평가하는 방식에서 나타난다.

1. 위험에 대한 태도. 심리학자들은 사람들이 위험한 결정을 내릴 때 손실을 보는 것을 특히 싫어하는 현상을 관찰하였다. 투자자는 현재 보유자산의 가치에만 관심을 두는 것이 아니라 자신의 투자가 이익이 났는지, 아니면 손해가 났는지를 되돌아본다. 예를 들어 지금 보유한 IBM 주식을 $10,000에 팔 때, 이 주식을 이전에 $5,000에 샀다면 아주 기분이 좋을 것이지만 $11,000에 샀다면 훨씬 덜 행복해 할 것이다. 이러한 관찰을 바탕으로 전망이론(*prospect theory*)이 나왔다.[20)] 전망이론에서는 (a) 투자자는 자산을 사고 나서 또는 보유자산을 마지막으로 평가하고 나서 이익이 났는지 또는 손실이 났는지에 따라 그 결과에 대한 평가를 달리한다. 그리고 (b) 투자자는 매우 작은 손실의 가능성도 아주 싫어하여 이에 대한 보상으로 높은 수익을 원한다.

손실의 아픔은 그 손실 이전에 또 다른 손실이 있었는가에 따라 달라진다. 투자자들은 한번 손실을 경험하면 또다시 손실을 보지 않으려고 많은 신경을 쓰게 된다. 반대로 도박사는 내기에 이겼을 때 더 쉽게 큰 내기를 하는 것으로 알려져 있다. 그래서 투자자들은 예상하지 못한 높은 수익률을 경험하고 나서는 주식시장 침체의 위험을 감당할 준비가 훨씬 더 잘되어 있다.[21)] 만약 약간의 손실을 보게 되면, 적어도 그해에 주가가 올랐다는 것으로 위안을 삼는다.

제7장과 8장에서 포트폴리오 이론을 논의할 때, 투자자들은 오로지 미래에만 관심이 있는 것으로 묘사하였고 과거의 이득이나 손실은 언급하지 않았다. 중요한 것은 투자자의 현재 부와

18) P. R. Rau, O. Dimitrov and M. Cooper, "A Rose.com by Any Other Name," *Journal of Finance* 56(2001), pp. 2371~2388.

19) 일본 주가를 분석한 것으로 K. French and J. M. Poterba, "Were Japan Stock Prices Too High?" *Journal of Financial Economics* 29(October 1991), pp. 337~364를 보라. 닷컴 기업 주가에 대한 더 많은 예는 E. Ofek and M. Richardson, "The Valuation and Market Rationality of Interest Stock Prices," *Oxford Review of Economic Policy* 18(Autumn 2002), pp. 265~287을 보라.

20) 전망이론은 D. Kahneman and A. Tversky, "Prospect Theory: An Analysis of Decision under Risk," *Econometrica* 47(1979), pp. 263~291에서 처음 제시되었다.

21) 이 효과는 R. H. Thaler and J. Johnson, "Gambling with the House Money and Trying to Break Even: The Effects of Prior Outcomes on Risky Choice," *Management Science* 36(1990), pp. 643~660에 설명되어 있다. 주식 수익률에 대한 전망이론의 의미는 다음 논문에서 탐구되었다. N. Barberis, M. Huang, and T. Santos, "Prospect Theory and Asset Prices," *Quarterly Journal of Economics* 116(February 2001), pp. 1~53.

미래에 부의 위험과 기대값이었다. 현재는 같은 수준의 부를 가진 두 사람이지만 니콜라스(Nicholas)는 자신의 투자가 흑자상태이기 때문에 우쭐대고, 니콜라(Nichola)는 투자가 적자를 보이고 있어서 의기소침해 할 가능성을 인정하지 않았다.

2. **확률에 대한 믿음.** 투자자 대부분은 확률이론에 대해 깊은 지식을 가지고 있지 않아서 불확실한 사건의 확률을 계산하는 데 체계적 실수를 범할 수 있다. 심리학자들은 사람들이 미래에 나타날 수 있는 결과를 판단할 때 흔히 몇 가지 비슷한 상황에서 일어났던 일들을 되돌아보는 경향이 있음을 발견했다. 결과적으로 그들은 몇 가지 최근 사건에 너무 큰 가중치를 두게 된다. 예를 들어 투자자는 어떤 투자관리자가 3년 동안 연속해서 시장보다 앞섰기(beat the market) 때문에 특별히 능력이 있다고 판단하거나, 3년 동안 주가가 급속히 상승하였기 때문에 주식시장에 투자하면 미래 이익도 좋을 것으로 판단하기도 한다. 이 투자자는 3년의 경험으로는 기대수익에 대해 거의 아무것도 알 수 없다는 사실을 생각하지 않는다.

   대부분의 사람은 지나치게 **보수적**이다. 즉 새로운 증거를 봐도 믿음을 쉽게 바꾸려 하지 않는다. 사람들은 올바른 방향으로 믿음을 갱신하는 경향이 있지만, 그 변화의 크기는 합리적인 것보다 작다.

   또 다른 체계적 편의는 **과신**(*overconfidence*)이다. 우리 대부분은 스스로 평균 이상의 운전자라고 믿고 있다. 그리고 대부분 투자자는 주식을 선택하는 데 있어 자신이 평균 이상이라고 생각한다. 서로 거래하는 두 명의 투기자는 양쪽 모두가 그 거래로부터 이익을 볼 수는 없는데도 거래를 계속하려고 한다. 왜냐하면 거래에서 제물이 되거나 잘 속는 쪽은 자기가 아니라 다른 사람이라고 확신하기 때문이다. 과신은 사람들이 자신의 판단을 확실하다고 표현하는 데서 나타난다. 그들은 미래가 자신이 생각한 대로 나타날 확률을 끊임없이 과대평가하고, 생각한 대로 나타나지 않을 확률은 과소평가한다.

이러한 행동적 특성이 일본과 닷컴 버블을 설명하는 데 도움이 된다는 것을 알 수 있다. 가격 상승은 미래에 대한 낙관주의를 만들고 추가 수요를 자극하였다. 투자자들이 더 많은 이익을 볼수록 그들은 자신의 관점에 대해 더 확신하게 되고, 앞으로 몇 달 동안 그렇게 좋지 않을 위험을 더 기꺼이 부담하려고 하였다.

차익거래의 한계

아마추어 투자자가 때때로 비이성적 과열(irrational exuberance)에 빠져들 수 있다는 것은 어렵지 않게 믿을 수 있다.[22] 그러나 많은 돈을 관리하는 고집이 센 전문투자자들도 많이 있다. 왜 이들조차 그토록 비싼 가격에서 빠져나와 주가를 공정한 가치로 내려가도록 하지 않는가? 한 가지 이유는 **차익거래의 한계**(*limits to arbitrage*)가 있기 때문이다. 즉 합리적인 투자자가 시장 비효율성을 활용하는 데 한계가 있다는 것이다.

22) '비이성적 과열'이라는 용어는 연방준비제도 이사회 전 의장인 앨런 그린스펀(Alan Greenspan)이 닷컴 붐을 묘사하기 위해 만들었다. 이는 또한 이 붐을 연구한 로버트 쉴러(Robert Shiller)의 책 제목이기도 하다. R. Shiller, *Irrational Exuberance*(New York City: Broadway Books, 2001)를 보라.

엄격히 말해서 **차익거래**는 어떤 위험도 없이 우월한 수익을 보장하는 투자전략을 의미한다. 실무적으로 차익거래는 시장 비효율성을 이용하여 가격이 기본적 가치로 돌아갈 때 우월한 수익을 얻는 전략으로 느슨하게 정의한다. 그러한 전략은 보상이 클 수 있지만, 위험이 아주 없는 경우는 거의 없다.

효율적 시장에서는 가격이 궤도를 벗어나면 차익거래가 이를 다시 궤도에 올려놓는다. 차익거래자는 저평가된 증권을 사고(그래서 가격을 올리고) 고평가된 증권을 판다(가격을 낮춘다). 차익거래자는 낮은 가격에 사고 높은 가격에 팔아서 가격이 기본적 가치에 수렴하기를 기다려서 이익을 얻는다. 따라서 차익거래를 흔히 **수렴거래**(*convergence trading*)라고도 한다.

실무에서 차익거래는 생각보다 어렵다. 거래비용이 매우 많이 들 수 있으며, 어떤 거래는 실행하기가 어렵다. 예를 들어 기존 포트폴리오에 포함되어 있지 않지만, 가격이 과도하게 높은 증권을 발견했다고 하자. 이런 주식은 '비싸게 팔고' 싶다. 그러나 지금 보유하고 있지 않은 주식을 어떻게 팔 것인가? **공매**(*sell short*)를 할 수밖에 없다.

주식을 공매하려면 투자자의 포트폴리오에서 주식을 빌려서 팔고 가격이 내려갈 때까지 희망을 품고 기다린다. 나중에 주가가 내려가면 팔았던 가격보다 낮은 가격에 주식을 되살 수 있다. 그러나 예상이 빗나가 주가가 상승하면 빌린 주식을 대여자에게 상환하기 위하여 조만간 이 주식을 높은 가격에 되사야 할 것이다. (따라서 손실을 본다.) 그러나 예상이 맞고 가격이 내려가면 주식을 재매입하여 매도와 매입 가격 간의 차이를 챙기고 빌린 주식을 상환한다. 말로는 쉽지만, 공매도는 비용과 수수료를 지급해야 하고 어떤 경우에는 빌릴 주식을 구할 수 없다.[23)]

공매의 위험은 2008년의 극적인 예에서 볼 수 있었다. 자동차 산업의 전망이 암담할 때 많은 헤지펀드는 폭스바겐(Volkswagen, VW) 주식을 더 낮은 가격에 되살 수 있다고 전망하고 공매하기로 하였다. 그 뒤 포르쉐(Porsche)가 폭스바겐 주식 74%를 실효적으로 통제하고 있었다는 놀라운 발표가 있었다. 추가로 20%는 니더작센(Lower Saxony) 주가 보유하고 있기 때문에 공매자가 되살 수 있는 주식이 충분하지 않았다. 그들이 원래 상태를 회복하려고 애를 씀에 따라 폭스바겐 주가는 이틀 만에 €209에서 €1,005의 높은 가격으로 상승하여 폭스바겐이 회사를 세상에서 가장 가치 있는 회사로 만들었다. 주가가 급속히 하락하였지만, **숏 스퀴즈**(*short squeeze;* **상환압력**)에 빠진 이들 공매자는 큰 손해를 보았다.

폭스바겐의 예는 차익거래의 가장 중요한 한계가 가격이 수렴하기 전에 더 벌어질 위험이라는 것을 보여준다. 따라서 차익거래자는 좋아지기 전에 훨씬 나빠질 수 있는 상태를 견딜 만한 배짱과 자원이 있어야 한다. 그림 13.7의 로열 더치와 쉘 T&T의 상대 가격을 다시 보자. 로열 더치가 평형가격(parity)보다 약 12% 아래일 때인 1980년의 어느 전문 자금관리자를 생각해 보자. 오랜 기다림이 있었다. 이 포지션에서 처음으로 조금이나마 이익을 보게 된 것은 1983년이었다. 그때까지 잘못된 가격은 더 악화되고 다시는 좋아지지 않았다. 로열 더치는 1981년 중반에 평형가격보다 30% 이상 떨어졌다. 따라서 자금관리자는 그해 '차익거래' 전략에서 상당한 손실을 보고해야 했다.

---

23) 증권사는 빌려주기에 적당한 주식을 확인하고 공매도자가 이용하도록 한다. 빌려줄 수 있는 주식의 공급은 제한된다. 주식을 빌리는 수수료를 내야 하고, 주가가 상승해서 공매도자가 주식을 재매입하여 상환하는 것이 불가능할 때 대여자를 보호하기 위하여 담보를 맡겨야 한다. 공매도자가 이 담보에서 시장 이자율을 벌 수 있다면 비용이 없지만 때로는 더 낮은 이자율밖에 벌 수 없다.

자금관리자는 회사에서 쫓겨나 중고차 판매원으로 새 직장을 찾아야 했을지도 모른다.

1998년 롱텀캐피탈(Long Term Capital Management, LTCM)의 파산은 수렴거래의 위험을 보여준 또 다른 사례이다. 1990년대 가장 크고 가장 수익성 있는 헤지펀드 중 하나인 LTCM은 유럽 여러 나라의 종전 통화가 유로로 대체되면서 이들 국가의 이자율이 서로 수렴할 것이라고 믿었다. LTCM은 이 수렴에서 이익을 얻고자 대규모 포지션을 취했다. 다른 가격 불일치를 이용하기 위한 거대한 포지션도 같이 취했다. 그러나 러시아 정부가 1998년 10월 부채 지급의 일부에 대해 지급유예(moratorium)를 선언하여 금융시장에 큰 소동이 일었고, LCTM이 운명을 걸었던 여러 가격 불일치가 갑자기 훨씬 더 커졌다.[24] LTCM은 매일 수억 달러씩 손해를 보았다. LTCM의 채권 은행단이 남은 자산을 인수하고 나머지도 차례대로 청산하도록 하는 뉴욕 연방은행의 조처가 내려졌을 때 이 펀드의 자본은 거의 사라지고 없었다.

LTCM의 갑작스런 공중분해도 2000년대 헤지펀드 산업의 급속한 성장을 막지는 못했다. 헤지펀드가 차익거래의 한계를 극복하고 LTCM이 빠져들었던 문제를 피할 수 있다면 시장은 좀 더 효율적이 될 것이다. 완전한 효율성을 요구하는 것은 아마도 너무 많은 것을 요구하는 것일지 모른다. 차익거래 전략의 위험이 기대수익률에 비해 너무 크다면 가격은 정상에서 벗어날 수 있다.

유인 문제와 서브프라임 위기

가격이 기본적 가치에서 벗어나게 만드는 내재된 편의(bias)와 잘못된 생각을 가진 개인투자자는 차익거래의 한계에 빠져들게 된다. 또한 기본적 가치에 합리적으로 초점을 맞추는 것을 방해하는 유인 문제(incentive problem)도 있을 수 있다. 미국의 서브프라임(비우량 주택저당대출) 위기를 잠시 살펴보면서 이를 예시하도록 한다.

미국의 주택 가격이 하락할 것으로 예상한 사람은 거의 없었다. 1930년대 대공황 이래 미국의 평균 주택 가격은 하락한 적이 없다. 그러나 2005년 이코노미스트지(紙)는 부동산 가격의 전반적인 상승을 조사한 후 다음과 같이 경고하였다.

> 선진국 경제에서 주거용 부동산의 총 가치는 지난 5년 동안 $30조 이상 상승하여 $70조를 넘어섰다. 이들 나라의 GDP를 합한 금액의 100%에 해당하는 상승이었다. 이것은 이전의 모든 주택 가격 상승을 초라하게 할 뿐만 아니라 1920년대 후반 전 세계 주식시장 버블(GDP의 55%)보다 더 크다. 다시 말하면 이것은 역사상 가장 큰 버블로 보인다.[25]

얼마 안 되어 버블은 붕괴하였다. 2009년 3월에 이르러 미국 주택 가격은 2006년 최고치에서 거의 1/3이 하락하였다.[26]

그러한 폭등과 붕괴가 어떻게 발생할 수 있는가? 부분적으로 은행과 신용평가기관, 다른 금융

---

24) 러시아 부채 지급유예 선언은 예상되지 않았고 일반적이지 않았다. 왜냐하면 이 부채가 최근에 조달되었으며 루블(*roubles*) 표시 부채였기 때문이다. 러시아 정부는 루블을 발행하여 부채를 상환하기보다는 채무불이행을 선택하였다.

25) "In come the waves," *The Economist*, June 16, 2005.

26) 주택가격의 하락이 서브프라임 위기로 이어질 것을 예상한 투자자는 큰 이익을 얻을 수 있었다. 예를 들어 헤지펀드 매니저인 John Paulson은 2007년에 최종적으로 $37억을 벌었다. (*Financial Times*, January 15, 2008과 June 18, 2008).

기관 모두가 유인을 왜곡했기 때문이다. 부동산 매입은 보통 은행에서 부동산 담보대출로 자금을 조달한다. 미국의 대부분 지역에서 차입자는 부동산 담보대출에 대한 채무를 이행하지 않을 때 상대적으로 작은 페널티만을 받는다. 부동산 가격이 하락하면 그들은 단순히 채무를 회피해 버리면 된다. 그러나 가격이 오르면 돈을 번다. 따라서 차입자는 기꺼이 큰 위험을 부담하려고 한다. 특히 매입 가격 중에서 자기 돈으로 조달해야 하는 부분이 작을 때는 더욱 그렇다.

부동산 가격이 크게 하락하면 은행은 왜 채무를 이행하지 않을 사람에게 돈을 빌려주려고 하는가? 차입자는 대체로 이득을 얻기 때문에 그들은 주택저당대출을 받으려고 기꺼이 은행에 매력적인 초기 수수료를 내려고 하였다. 은행은 주택저당대출을 다시 포장하여 주택담보채권 유동화증권(mortgage-backed security, MBS)으로 판매하여 다른 누군가에게 채무불이행 위험을 전가할 수 있었다. 많은 MBS 매입자는 이것을 안전한 투자라고 생각하였다. 왜냐하면 신용평가기관이 그렇게 평가했기 때문이다. 그러나 나중에 신용등급이 크게 잘못된 것으로 드러났다. (등급 평가기관은 또 다른 대리인 문제를 발생시켰다. 이 기관은 발행자에게서 돈을 받고 MBS를 평가하고, 또 MBS 발행에 대해 조언하였기 때문이다.)

'다른 누군가'는 정부였다. 많은 서브프라임 주택저당대출은 FNMA와 FMAC('Fannie Mae'와 'Freddie Mac')에 매각되었다. 이들은 특별한 이점을 갖는 사적 기업이었다. 즉 정부가 신용을 뒷받침하였다. (이 뒷받침은 본래는 암묵적이었지만 패니와 프레디가 곤경에 처한 2008년 재빨리 명시적으로 바뀌었다. 미국 재무성이 두 회사를 인수하였다.) 따라서 이들 기업은 인위적으로 낮은 이자율로 차입하여 주택저당대출 시장에 자금을 공급할 수 있었다.

금융위기에도 서브프라임 MBS를 보유한 대형 은행들이 '파산하면 곤란할 정도로 너무 컸기' 때문에 정부는 낚시에 걸려 있었다. 따라서 원래 유인 문제, 주택 구매자들이 많은 주택저당대출을 받고 부동산 가격이 높아지기를 바라는 유혹은 결코 바로 잡히지 못했다. 정부는 위기 전에 패니와 프레디를 통제하여 위험을 줄일 수 있었을 텐데 그렇게 하지 않았다.

대리인 문제와 유인 문제는 부동산에서만 생기는 것은 아니다. 이 문제들은 금융 서비스 산업에 널리 퍼져 있다. 미국과 다른 많은 나라에서 사람들은 돈을 투자하기 위해 연금기금과 뮤추얼 펀드와 같은 금융기관에 참여한다. 이들 기관은 투자자의 대리인이지만 대리인의 유인이 항상 투자자의 이해와 같지는 않다. 부동산에서처럼 이들 대리인 관계는 가격을 왜곡시키며 잠재적으로 버블을 발생시킨다.[27)]

13.5 시장 효율성의 여섯 가지 교훈

효율적 시장 가설은 차익거래가 어떤 이익 기회도 재빨리 제거하여 시장가격을 공정한 가치로 되돌릴 것이라는 점을 강조한다. 행동재무학 전문가는 손쉽게 이익을 얻을 수는 없다고 하면서 차익거래는 비용이 들고 때로는 서서히 작동하기 때문에 실제 가격이 공정한 가치에서 벗어나는 현상이 지속될 수 있다고 주장한다.

27) F. Allen, "Do Financial Institutions Matter?" *Journal of Finance* 56(2001), pp. 1165~1175를 보라.

수수께끼를 정리하는 데는 시간이 걸릴 것이다. 그러나 재무관리자는 적어도 처음에는 월스트리트에 공짜 점심은 없다고 가정해야 한다.

"공짜 점심은 없다(no free lunch)"는 원칙은 시장 효율성에 관한 다음 여섯 가지 교훈을 준다. 이 교훈을 살펴보고 나서 시장 비효율성이 재무관리자에게 어떤 의미가 있는지 생각해 본다.

교훈 1: 시장은 기억력이 없다

약형의 효율적 시장 가설은 일련의 과거 가격변화가 미래 가격변화에 대한 어떠한 정보도 포함하고 있지 않다고 주장한다. 경제학자들은 이 아이디어를 더욱더 간결하게 표현하여 시장은 기억력이 없다고 말한다. 그러나 재무관리자들은 종종 그렇지 않은 것처럼 행동하는 것 같다. 예를 들면, 재무관리자들은 비정상적인 가격 상승이 있고 나서는 부채보다는 자기자본의 형태로 자본조달하기를 선호한다.[28] 이 생각은 가격이 높을 때 시장을 최대한 활용한다는 것이다. 이와 유사하게 재무관리자들은 종종 가격이 하락한 후에는 주식 발행을 꺼리며 주가의 재반등을 기다리는 경향이 있다. 그러나 시장은 기억력이 없으며, 재무관리자들이 의존하는 사이클이 존재하지 않는다는 것은 이미 잘 알려진 사실이다.[29]

가끔 재무관리자는 자기 회사 주식이 과대평가되어 있다거나 과소평가되어 있다는 것을 암시하는 내부정보를 갖고 있을 수 있다. 예를 들어 내부자는 알고 있으나 시장이 모르는 좋은 뉴스가 있다고 가정하자. 주가는 그 뉴스가 밖으로 드러날 때 급격히 상승할 것이다. 그러므로 기업이 현재 가격으로 주식을 매각한다면 기존 주주의 희생으로 새로운 투자자들에게 주식을 싸게 파는 셈이 된다.

당연히 재무관리자는 유리한 내부정보를 가지고 있을 때는 새로운 주식 매각을 주저하게 된다. 그러나 이러한 정보는 주가의 내력과는 아무런 관계가 없다. 자사 주식이 1년 전 주가의 절반 수준에서 거래될 수도 있지만, 회사는 주식이 여전히 과대평가되어 있다는 것을 암시하는 특별한 정보를 갖고 있을 수 있다. 또는 주가가 지난해 가격의 2배일지라도 여전히 저평가되어 있을 수도 있다.

교훈 2: 시장가격을 믿어라

효율적 시장에서는 가격을 믿을 수 있다. 왜냐하면 가격은 각 증권의 가치에 관해 이용 가능한 모든 정보를 반영하고 있기 때문이다. 이는 효율적 시장에서는 대부분 투자자가 지속적으로 우월한 수익률을 달성할 방법이 없다는 것을 의미한다. 그렇게 하려면 투자자가 다른 어떤 사람보다도 더 많은 정보를 가져야 하며, 모든 사람보다 더 많이 알아야 한다. 이 메시지는 기업의 환율정책과 부채의 매입이나 매각을 책임진 재무관리자에게 중요하다. 만약 재무관리자가 환율변동 또는 이자율

28) P. Asquith and D. W. Mullins, Jr., "Equity Issues and Offering Dilution," *Journal of Financial Economics* 15 (January-February 1986), pp. 16~89과 (영국에 대해서는) P. R. Marsh, "The Choice between Debt and Equity: An Empirical Study," *Journal of Finance* 37(March 1982), pp. 121~144 참조.

29) 높은 주가가 확대된 투자기회와 이들 새로운 투자에 자본조달이 필요하다는 사실을 시장에 알리는 것이라면, 역사적으로 주가가 높을 때 기업들이 총체적으로 더 많은 자금을 조달할 것으로 기대된다. 그러나 이는 왜 기업들이 이러한 때에 부채보다는 자기자본을 발행하여 추가 현금을 조달하는 것을 선호하는지는 설명하지 못한다.

변동 예측에서 다른 사람들보다 더 영리하다는 믿음을 바탕으로 회사를 운영한다면 그는 손에 잡기 어려운 도깨비불 같은 시장변화에 따라 끊임없이 재무정책을 바꿔야 할 것이다.

회사 자산은 기업의 투자 역량에 대한 경영자의 믿음에 의해 직접적으로 영향을 받을 수도 있다. 예를 들어 경영자가 단순히 주식이 과소평가되었다고 생각하기 때문에 다른 기업을 살 수도 있다. 약 절반 정도의 경우, 나중에 분석해 보면 인수된 기업의 주식이 저평가된 것으로 판명될 것이다. 그러나 나머지 절반은 주식이 과대평가된 것이다. 평균적으로 가치는 정확할 것이며, 따라서 인수기업은 인수비용을 제외하면 공정한 게임(fair game)을 하는 셈이다.

교훈 3: 상세 정보를 읽어라

만약 시장이 효율적이라면 가격은 이용 가능한 모든 정보를 반영한다. 그러므로 가격에 담긴 정보를 읽는 법을 배울 수만 있다면, 증권 가격은 미래에 대해 많은 것을 알려 줄 것이다. 예를 들어 회사 증권에 대한 시장의 평가 역시 그 회사의 전망에 관해 중요한 정보를 제공할 수 있다. 만약 회사 채권이 평균보다 훨씬 높은 수익률을 제공하면 이 회사가 아마도 어려움에 부닥쳐 있을 것으로 추론할 수 있다.

다른 예를 보자. 투자자들이 다음 해에 이자율이 오를 것으로 확신한다고 하자. 이 경우 투자자들은 장기로 돈을 빌려주기보다는 다음 해까지 기다릴 것이다. 오늘 장기 자금을 차입하기를 원하는 기업은 더 높은 이자율이라는 유인을 제공해야 할 것이다. 다시 말해, 장기 이자율은 1년 이자율보다 높아야 한다. 그러므로 장기 이자율과 단기 이자율의 차이는 투자자들이 미래의 단기 이자율이 어떻게 될 것으로 예상하는지를 말해 주고 있다.

다음 페이지의 글상자는 시장 가격이 대통령 선거와 날씨, 또는 신제품의 수요와 같이 다양한 문제에 대해 어떻게 투자자의 생각을 나타내는지를 보여준다.

교훈 4: 재무적 환상은 없다

효율적 시장에서 재무적 환상(financial illusion)은 없다. 투자자들은 현실적으로 기업의 현금흐름과 자신이 받을 수 있는 현금흐름의 몫에 관심을 둔다. 그러나 재무관리자들은 투자자들이 재무적 환상이 있다고 가정하는 것처럼 보이는 경우가 있다.

예를 들어 일부 기업은 아주 독창적인 방법으로 주주에게 보고되는 이익을 조작하기도 한다. 이런 조작은 '창조적 회계(creative accounting)', 즉 보고된 이익을 안정화하고 증가시키는 회계 방법을 통해 이루어진다. 짐작컨대 경영자들은 주주들이 그 수치를 액면 그대로 받아들일 것으로 믿기 때문에 이런 수고를 아끼지 않는 것 같다.[30]

기업이 보고되는 이익에 영향을 미칠 수 있는 한 가지 방법은 재고에서 나가는 상품의 원가

30) 투자자들이 이익조작(earnings manipulation)에 의해 기만당하지 않는다는 실증에 대한 논의는 다음 논문을 참조하라. R. Watts, "Does It Pay to Manipulate EPS?" in J. M. Stern and D. H. Chew, Jr. (eds.), *The Revolution in Corporate Finance*(Oxford: Basil Blackwell, 1992).

예측 시장

투자자들은 주식시장에서 자신이 좋아하는 주식에 내기를 걸 수 있다. 이제는 예측 시장(prediction market)을 통해 거의 모든 것에 내기할 수 있게 되었다. 이 시장은 뉴욕시에 내릴 눈의 양과 조류 인플루엔자의 발생, 대형 지진의 발생과 같은 다양한 이슈에 대해 거래 참여자들의 집단적 예측을 보여준다.

예측 시장은 주요 선물거래소 Iowa Electronic Market(**www.biz.uiowa.edu/iem**)과 Intrade(**www.intrade.com**) 등과 같은 수많은 작은 온라인 거래소에서 개설된다. 한 예로 2008년 미국 대통령 선거를 살펴보자. 당신은 버락 오바마(Barack Obama)에 대한 계약(contract) 하나를 사서 그의 당선에 내기를 걸 수 있다. 오바마 계약 하나는 그가 대통령이 되면 $1을 지급하고 안 되면 꽝이다. 만일 당신이 예비선거에서 오바마의 승리 확률이 55%라고 생각한다면 그의 계약에 대해 $0.55까지 지불하려고 할 것이다. 또한 오바마의 당선 가능성에 대해 상대적으로 비관적인 사람은 당신에게 그의 계약을 팔면 득이 될 것이다. 왜냐하면 그 매도는 최종적으로 오바마가 낙선하면 이익으로 나타나기 때문이다. 많은 참가자가 계약을 사고팔게 되면서 계약의 시장가격은 시장 참여자의 통합적인 지혜를 나타낸다.

Iowa Electronic Market의 아래 그림을 보자. 이 그림은 2008년 6월에서 11월까지 백악관을 향한 두 경쟁자의 계약 가격을 보여준다. 9월 초에 공화당 전당대회 이후 매케인(McCain) 계약의 가격은 $0.47의 최고치가 되었다. 그 후 시장은 매케인이 승리할 가능성이 지속적으로 하락함을 보여준다.

예측 시장의 참가자들은 예측할 때 말만 하는 것이 아니라 돈을 투자한다. 따라서 이 시장의 예측 정확성은 주요 여론조사에 필적한다. 일부 기업은 직원들의 의견을 종합하기 위해 내부 예측시장을 만들었다. 예를 들어 구글은 제품 출시일과 G메일 사용자 수, 그리고 다른 전략적인 질문에 대한 내부 시장을 운영한다.*

*구글의 경험은 다음 논문에서 분석되었다. B. Cowgill, J. Wolfers, and E. Zitzewit, "Using Prediction Markets to Track Information Flows: Evidence from Google," working paper, Dartmouth College, January 2009.

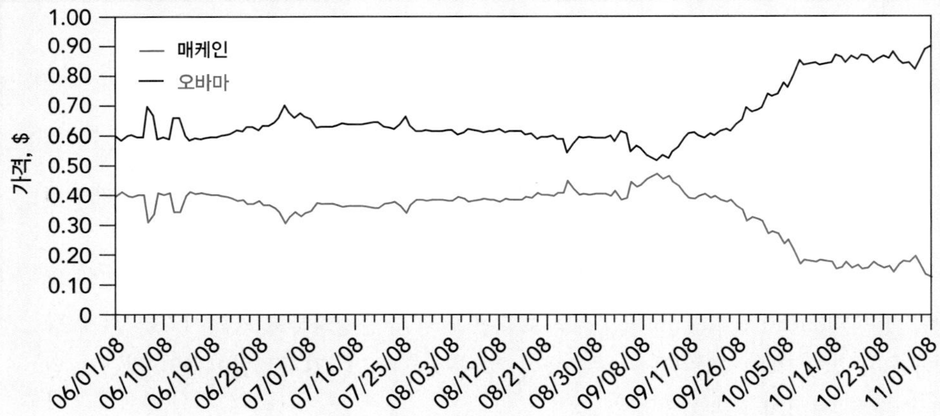

계산 방법을 바꾸는 것이다. 기업은 두 방법 중 하나를 선택할 수 있다. 선입선출법(FIFO)은 기업이 재고로 잡은 첫 번째 상품의 원가를 먼저 공제하지만 후입선출법(LIFO)은 창고에 도착한 가장 최근 상품의 원가부터 먼저 공제한다. 물가상승률이 높을 때는 먼저 사들인 상품의 원가가 나중에 사들인 상품의 원가보다 작을 것이다. 그래서 FIFO에 의해 계산된 이익은 LIFO로 산출한 이익보다 크게 나타난다.

만약 이것이 단지 표시만의 문제였다면, LIFO에서 FIFO로 바꾸는 데 아무런 폐해가 없다. 그러나 국세청(IRS)은 주주에게 보고하기 위해 사용한 것과 같은 방법으로 기업의 세금을 계산해야 한다고 주장한다. 그래서 LIFO를 사용하면 분명히 순이익이 감소하지만 당장 낼 세금도 또한 감소한다.

만약 시장이 효율적이라면, LIFO가 이익을 감소시킬지라도, 투자자들은 LIFO로 변경하는 것을 환영할 것이다. 이 문제를 연구한 비들과 린달(Biddle and Lindahl)은 이것이 정확히 맞는다고 결론을 내리고 있다. 즉 LIFO로의 변경은 주가의 비정상적인 상승과 관련되어 있다는 것이다.[31] 주주들은 숫자 뒤에 숨겨져 있는 것을 보고, 세금절약 규모에 관심이 있는 것 같다.

교훈 5: 스스로 할 수 있는 대안

효율적 시장에서 투자자들은 그들 자신도 똑같이 잘할 수 있는 일에 대해서는 다른 사람에게 대가를 지급하지 않으려 한다. 앞으로 알게 되겠지만, 기업의 자본조달에 관한 많은 논쟁은 개인이 기업의 재무결정을 얼마나 잘 복제할 수 있는가에 초점을 맞추고 있다. 예를 들어 기업은 종종 다각화를 통해 더 안정적인 기업을 만들 수 있다는 것을 근거로 합병을 정당화한다. 그러나 만약 투자자들이 양쪽 기업의 주식을 모두 소유할 수 있다면, 왜 기업이 다각화하는 것에 고마워해야 하는가? 기업이 다각화하는 것보다 투자자들이 스스로 다각화하는 편이 훨씬 쉽고 비용도 적게 든다.

재무관리자는 부채를 발행할 것인지 아니면 보통주를 발행할 것인지에 대해 생각할 때도 같은 질문을 해볼 필요가 있다. 기업이 부채를 발행하면 재무 레버리지를 만들게 된다. 그 결과 주식은 더 위험해질 것이며, 이 때문에 더 높은 기대수익률을 제공해야 할 것이다. 그러나 주주는 기업이 부채를 발행하지 않아도 스스로 재무 레버리지를 만들 수 있다. 즉 주주들은 자신의 계정으로 자금을 차입할 수 있다. 그러므로 재무관리자가 직면하는 문제는 기업이 개인 주주들보다 더 저렴하게 부채를 발행할 수 있느냐를 판단하는 일이다.

교훈 6: 한 주식을 보고 모든 주식을 안다

상품에 대한 수요 탄력성(elasticity of demand)은 가격이 1% 올라갈 때 수요량의 변화율을 측정한다. 만약 어떤 상품이 가까운 대체재를 가지면, 탄력성은 큰 음(−)의 값을 가질 것이다. 그렇지 않다면 수요 탄력성은 0에 가깝다. 예를 들어 일상 생활용품인 커피는 −0.2의 수요 탄력성을 갖는다. 이는 커피 가격이 5% 증가하면 판매량이 $-0.2 \times 0.05 = -0.01$만큼 변함을 의미한다. 다시 말해서, 5%의 가격 상승은 수요를 단지 1% 정도 감소시킨다. 그 대신 소비자들은 다른 상표의 커피를 아주 가까운 대체재로 생각하는 것 같다. 따라서 특정 상표에 대한 수요 탄력성은 예컨대

31) G. C. Biddle and F. W. Lindahl, "Stock Price Reactions to LIFO Adoptions: The Association between Excess Returns and LIFO Tax Savings," *Journal of Accounting Research* 20(Autumn 1982, Part 2), pp. 551~588.

−2.0 정도일 수도 있다. 폴저스(Folgers)의 가격에 비해 상대적으로 맥스웰하우스의 가격이 5% 상승하면 수요는 10% 감소한다.

투자자들은 주식이 갖는 어떤 독특한 특성 때문에 주식을 사는 것이 아니다. 그들이 주식을 사는 이유는 위험에 대해 공정한 수익률을 제공할 것이란 전망 때문이다. 이는 매우 유사한 상표의 커피처럼 주식들도 거의 완전한 대체재임을 의미한다. 그러므로 한 기업의 주식에 대한 수요는 매우 탄력적이다. 만약 어떤 기업의 미래 수익률이 위험과 비교하여 너무 낮으면, 아무도 그 주식을 보유하기를 원치 않을 것이다. 반대로 위험과 비교하여 수익률이 높으면 모두가 경쟁적으로 그 주식을 사려고 몰려들 것이다.

주식을 대량으로 매각하고 싶다고 가정하자. 수요는 탄력적이기 때문에 주식을 팔려면 가격을 아주 조금만 낮춰도 될 것으로 생각하게 될 것이다. 불행히도 반드시 그렇지는 않다. 주식을 팔려고 하면, 다른 투자자들은 그들이 모르는 무엇인가를 상대방이 알고 있기 때문에 주식을 팔려 한다고 의심할 수도 있다. 따라서 그들은 주식 가치에 대한 평가를 하향 조정한다. 수요는 여전히 탄력적이지만 수요곡선 전체가 아래로 이동한다. 탄력적 수요라는 말이 대규모 매도 또는 매입이 있더라도 주가가 전혀 변하지 않는다는 의미는 아니다. 수요가 탄력적이라는 것은 사적 정보를 갖고 있지 않다는 점을 다른 사람들에게 확신시킬 수 있는 경우에만 시장가격에 가까운 가격으로 대량의 주식을 매각할 수 있다는 것을 의미한다.

여기서 다시 현실과는 분명히 반대되는 사실을 만난다. 전화회사와 전기회사, 여타 공익기업이 소비자에게 부과하는 요금을 결정하는 규제위원회는 종종 기업에 가격압박(price pressure)에 대한 보상으로 현저하게 높은 이익을 허용하였다. 여기서 압박이란 새로운 주식을 투자자들에게 매각할 때 발생할 것으로 예상하는 주가의 하락이다. 그러나 가격압박의 증거를 찾으려 했던 폴 애스퀴스와 데이비드 뮬린스(Paul Asquith and David Mullins)는 공익기업이 새로 주식을 발행할 때 주가는 평균적으로 단지 0.9%만 하락하는 데 그쳤음을 발견했다.[32] 제15장에서 주식발행을 논의할 때 가격압박의 주제를 다시 살펴본다.

시장이 효율적이지 않으면 어떻게 될까? 재무관리자를 위한 시사점

앞의 여섯 가지 교훈은 효율적 시장에서 얻은 것이다. 시장이 효율적이지 않으면 재무관리자는 어떻게 해야 하는가? 답은 그 비효율성의 본질에 달렸다.

거래 기회 — 그것이 정말로 비금융 기업을 위한 것인가? 회사 경리담당자의 부하 직원이 고정소득 증권이나 상품 시장에서 헤지펀드가 수렴거래에서 활용할 수 있을 정도의 가격오류(mispricing)를 알아냈다고 하자. 경리담당자는 부하 직원이 이 수렴거래를 하도록 승인해야 하는가? 대부분의 경우 대답이 '아니다'여야 한다. 첫째, 이 회사는 헤지펀드나 다른 투자자를 괴롭히는 것과 똑같은 차익거래의 한계에 직면한다. 둘째, 이 회사는 아마도 수렴거래를 하는 일에서 경쟁 우위가 없을 것이다.

32) P. Asquith and D. W. Mullins, "Equity Issues and Offering Dilution," *Journal of Financial Economics* 15(January-February 1986), pp. 61~89 참조.

1994년 초 프록터 앤 갬블(Procter & Gamble, P&G)이 공매도로 $1억 2백만을 손해 본 것은 하나의 값비싼 예이다. 1993년 P&G의 경리담당 직원은 이자율이 안정적일 것이라고 믿고, 차입 비용을 줄이는 조치에 들어가기로 하였다. 그들은 이 일에 전문가인 뱅커스 트러스트(Bankers Trust)와 P&G의 거래를 성사시켰다. 물론 공짜 점심은 없었다. 이자율을 낮추는 대가로 P&G는 이자율이 급격히 상승하면 뱅커스 트러스트에 응분의 보상을 하기로 합의하였다. 1994년 초 이자율은 극적으로 상승하였다. P&G는 낚시에 걸렸다.

그 뒤 P&G는 뱅커스 트러스트가 거래를 왜곡하였다고(P&G가 결코 과부나 고아로서 투자한 것은 아니므로 이는 당혹스러운 주장이다.) 뱅커스 트러스트를 상대로 소송을 제기하였다.

이 소송이 정당한 것인가에 대해서는 말하기 어렵다. 결과적으로 이 사건은 조정으로 마무리되었다. 그러나 P&G가 고정소득 증권 시장에서 거래할 때의 경쟁자를 생각해 보라. 이 회사의 경쟁자는 모든 주요 투자은행과 LTCM과 같은 헤지펀드의 거래데스크, 그리고 고정소득 증권 관리자를 포함한다. P&G는 고정소득 증권 시장에서 특별한 통찰력이나 경쟁적인 이점을 가지고 있지 않았다. 이 회사가 개입한 거래에서 양(+)의 NPV를 기대할 분명한 이유가 없었다. 그런데 이 회사는 왜 그런 거래를 했는가? P&G는 새 소비자 시장에서 경쟁적인 이점이 없다면 그런 시장에 진입하는 투자는 절대로 하지 않았을 것이다.

기업은 경제적 초과이윤의 원천이 되는 경쟁 우위를 확인할 수 없다면 투자해서는 안 된다. 시장 비효율성은 수렴거래에서 경제적 초과이윤을 가져다줄 수도 있다. 그러나 이런 초과이윤을 추구하는 데 경쟁적인 우월성을 가진 기업은 거의 없다. 일반적인 법칙으로, 비금융 기업은 금융시장에서 투기를 통해서는 평균적으로 아무것도 얻지 못한다. 기업이 헤지펀드를 모방하려고 해서는 안 된다.[33]

자사 주가가 잘못 결정되면 어떻게 할까? 재무관리자는 미래 이자율에 대해서는 특별한 정보를 갖고 있지 못하지만 자기 회사의 주식 가치에 대해서는 분명히 어떤 특별한 정보를 가지고 있을 수 있다. 그러므로 강형의 시장 효율성은 항상 성립하지는 않는다. 가끔 재무관리자는 외부 투자자들이 갖지 못한 정보를 갖는다. 투자자가 경영자와 같은 정보를 가질 수도 있다. 그러나 이런 정보에 느리게 반응하거나 행동학적 편의로 영향을 받기도 한다.

때때로 경영자가 다음과 같이 생각하는 경우를 만난다.

> 맞아! 우리 주식은 분명히 과대평가되어 있어 이는 우리가 자본을 싸게 조달하여 투자안 X에 투자할 수 있다는 것을 의미해. 이렇게 높은 주가는 아마도 투자안 X에 대한 투자를 정당화할 수 없는 우리 경쟁자와 비교하면 큰 이점을 주는 것이야.

그러나 이런 논리는 타당하지 않다. 주식이 정말로 과대평가되었다면 경영자는 추가로 주식을 발행하고 그 돈으로 다른 증권에 투자하여 현재 주주들에게 도움을 줄 수 있다. 그러나 주식을 발행해서 조달한 자금으로 자본시장에서 벌 수 있는 것보다도 낮은 수익률을 제공하는 투자안에 투자해서는 안 된다. 그런 투자안은 음(−)의 NPV를 가질 것이다. 어떤 경우에도 음(−)의 NPV

---

33) 물론 예외의 가능성은 있다. 허쉬(Hershey)와 네슬레(Nestlé)는 코코아 선물시장에서 확실한 거래자이다. 주요 석유회사는 아마도 에너지 시장과 관련된 특별한 기술과 지식을 가지고 있을 것이다.

투자안에 투자해서는 안 된다. 회사는 시장에서 주식을 살 수 있지만, 효율적 시장에서는 그러한 매입은 항상 0의 NPV를 제공한다.

그 역은 어떤가? 주식이 **과소평가**되었다는 것을 안다고 가정하자. 이 경우 추가로 '싼' 주식을 발행하여 공정하게 가격이 매겨진 다른 주식에 투자하는 것은 분명히 현재 주주에게 이득이 되지 않는다. 주가가 정상보다 매우 낮다면, 새로운 투자자에게 낮은 가격으로 회사 주식을 발행하는 것보다는 양(+)의 NPV 투자안에 투자할 기회를 포기하는 것이 더 이익이 될 수도 있다. 회사 주가가 정상보다 낮다고 믿는 재무관리자는 당연히 추가로 주식을 발행하기를 꺼린다. 그들은 대신 부채를 발행하여 투자에 필요한 자금을 조달할 수 있다. 이 경우 시장 비효율성은 기업의 자본조달 선택에 영향을 미치지만, 실물투자에는 영향을 미치지 않는다.

회사가 버블에 빠졌다면 어떻게 할까? 일생에 한 번쯤은 1990년대 말의 닷컴 가격폭등과 같이 주가가 버블에 휩쓸릴 수 있다. 투자자들이 열광적으로 회사 주가를 올리는 데 경영자가 이에 동참하지 않기는 어렵다.[34] 한편 버블에 **빠진** 재무관리자는 매우 어려운 개인적, 윤리적 도전에 직면한다. 재무관리자는 고공 행진하는 주가를 '나무라기' 원치 않으며 특히 보너스와 스톡옵션 성과가 주가에 달렸을 때는 더욱 그렇다. 나쁜 소식은 덮어버리고 좋은 소식을 내보내려는 유혹은 매우 강할 것이다. 버블이 오래갈수록 나중에 버블이 터졌을 때의 손해는 더 커진다. 부풀려진 주가를 유지하기 위해 교묘한 회계나 현혹하는 공시에 의존한 재무관리자에게는 버블이 터졌을 때 아마도 소송과 교도소가 기다리고 있을 것이다.

기업의 주가가 버블에 휩쓸릴 때 CEO와 재무관리자는 주식을 돈으로 사용하여 다른 회사를 인수하려는 유혹을 받는다. 한 극단적인 예는 AOL이 닷컴 버블이 한창인 2000년에 타임 워너(Time Warner)를 인수한 것이다. AOL은 전통적인 닷컴 기업이었다. 이 회사 주식은 1995년 말 $2.34에서 1999년 말 $75.88로 상승하였다. 타임 워너 주가도 또한 이 기간에 상승하였다. 그러나 $18.94에서 $72.31로 올랐다. 1995년 AOL의 총 시장가치는 타임 워너의 일부에 불과하였으나 1998년에는 타임 워너를 따라잡았다. 1999년 말까지 AOL의 발행주식은 $1,730억의 가치가 있었고 타임 워너는 $950억이었다. AOL은 인터넷 버블이 꺼지기 전에 이 인수를 마무리 지으려고 노력하였다. AOL-타임 워너 주식은 곤두박질쳤지만 안전한 파트너를 찾지 못했던 닷컴 회사 주식만큼은 아니었다.[35]

요약

스페인의 바르셀로나 증권거래소의 수호신은 희망의 여신(Nuestra Señora de la Esperanza)이다. 그녀는 우리의 완벽한 후원자이다. 왜냐하면 우리는 모두 투자할 때 더 높은 수익률을 바라기 때문이다. 그러나

34) J. C. Stein, "Rational Capital Budgeting in an Irrational World," *Journal of Business* 69(October 1996), pp. 429~455를 보라.

35) Pavel and Qi Lu는 다른 많은 기업이 주식 인수에서 이익을 얻을 수 있었다는 증거를 제공한다. "Do Stock Mergers Create Value for Acquirers?" *Journal of Finance* 64(June 2009), pp. 1061~1097.

Visit us at www.mhhe.com/bma

투자자들 사이의 경쟁은 효율적 시장을 만들어 내는 경향이 있다. 그러한 시장에서 가격은 새로운 정보를 신속하게 반영하므로 지속적으로 높은 수익률을 올리기는 어렵다. 물론 우리는 희망을 가진다. 그러나 우리가 효율적 시장에서 합리적으로 기대할 수 있는 것은 화폐의 시간가치와 우리가 감수하는 위험을 보상하는 데 충분한 수익률이다.

효율적 시장 가설은 세 가지 다른 형태를 보인다. 약형의 가설은 가격이 일련의 과거 주가에 포함된 모든 정보를 효율적으로 반영한다고 주장한다. 이 경우 단순히 주가의 패턴을 살펴봄으로써 뛰어난 수익률을 올리기는 불가능하다. 다시 말해서, 가격변동은 무작위적이다. 준강형의 가설은 가격이 모든 공개된 정보를 반영한다고 주장한다. 이것이 의미하는 바는 단지 신문을 읽고, 회사의 연차보고서를 살피는 것 등으로 지속적으로 높은 수익률을 얻는 것이 불가능함을 의미한다. 강형의 가설은 주가가 이용 가능한 모든 정보를 효과적으로 반영한다고 주장한다. 이 가설은 뛰어난 정보를 발견하기 어렵다는 것을 말해준다. 왜냐하면 우수한 정보를 찾는 과정에서 수천 또는 수만 명의 활동적이면서도 영리하고 욕심 많은 투자자와 경쟁해야 하기 때문이다. 이 경우 우리가 할 수 있는 최선은 증권 가격이 공정하게 결정된다고 가정하고 어느 날 희망의 여신이 우리의 겸손함을 보상해 줄 것으로 기대하는 것이다.

1960년대와 1970년대에 이 주제에 대한 모든 논문은 시장이 효율적이라는 증거를 새로 찾아내는 것처럼 보였다. 그러나 사람들은 같은 메시지를 듣는 데 싫증이 났고, 있을 수 있는 예외를 찾기 원했다. 1980년대와 1990년대에는 점점 더 많은 이례현상과 수수께끼가 발견되었다. 또한 2000년대의 부동산 버블과 1990년대의 닷컴 버블을 포함한 버블은 시장이 항상, 그리고 어디에서나 효율적인가에 의문을 던졌다.

차익거래의 한계는 자산 가격이 기본적 가치에서 벗어나는 이유를 설명할 수 있다. 투자자의 행동을 해석할 때 심리적인 증거에 의존하는 행동재무학은 시장 효율성에서 벗어나는 많은 현상과 일관성이 있다. 행동재무학은 투자자가 매우 작은 손실도 꺼리며, 특히 최근 투자수익률이 실망스러울 때는 더욱 그렇다고 말한다. 투자자는 미래를 예측할 때 최근 몇 가지 사건에 너무 많이 의존한다. 그들은 자신의 예상을 지나치게 확신하고 새로운 정보에 늦게 반응하기도 한다.

인간의 행동에는 변덕과 편의가 많다. 따라서 행동재무학은 아직 가공되지 않은 재료로 가득 차 있다. 그러나 어떤 수수께끼나 이례현상이 변덕과 편의, 그리고 때늦은 지혜의 조합으로 설명될 수 있다면 우리가 지금까지 배운 것은 무엇인가? 행동재무학 연구는 정보를 제공하고 흥미를 자아내지만 몇 개의 간략한 모형으로 시장 효율성에서 벗어난 현상 대부분을 설명할 수 있는 단계에 와 있지는 않다.

증권 발행 또는 매입과 관련된 업무를 하는 기업 경리담당자에게는 효율적 시장 이론이 분명한 의미가 있다. 그러나 어떤 의미에서 보면, 효율적 시장 이론은 답을 주기보다는 많은 질문을 제기한다. 효율적 시장이 존재한다는 것은 재무관리자에게 자본조달 문제를 방관하라는 의미는 아니다. 그것은 단지 분석의 출발점을 제공할 뿐이다. 이제 주요 자본조달결정을 볼 시간이다.

더 읽어야 할 문헌

Malkiel의 책은 시장 효율성에 관한 읽기 쉬운 책이다. Fama는 이 주제에 대해 고전적인 두 논문을 썼다.

B. G. Malkiel, *A Random Walk Down Wall Street*, 8th ed. (New York: W. W. Norton, 2004).

E. F. Fama: "Efficient Capital Markets: A Review of Theory and Empirical Work," *Journal of Finance*, 25: (May 1970), pp. 383~417.

E. F. Fama: "Efficient Capital Markets: II," *Journal of Finance*, 46: (December 1991), pp. 1575~1617.

Visit us at www.mhhe.com/bma

행동재무학에 관한 많은 유용한 저술이 있다.

N. Barberis and R. H. Thaler, "A Survey of Behavioral finance," in G. M. Constantinides, M. Harris, and R. M. Stulz(eds.), *Handbook of the Economics of Finance*(Amsterdam: Elsevier Science, 2003).

M. Baker, R.S. Ruback, and J. Wurgler, "Behavioral Corporate finance," in B. E. Eckbo(ed.), *The Handbook of Empirical Corporate Finance*(Amsterdam: Elsevier/North- Holland, 2007), chapter 4.

R. J. Shiller: "Human Behavior and the Efficiency of the Financial System," in J. B. Taylor and M. Woodford(eds.), *Handbook of Macroeconomics, North-Holland*, Amsterdam, 1999.

A. Shleifer: Inefficient Markets: *An Introduction to Behavioral Finance*(Oxford: Oxford University Press), 2000.

R. H. Thaler(ed.), *Advances in Behavioral Finance*(New York: Russell Sage Foundation), 1993.

시장 효율성에 대한 일부 서로 충돌하는 견해는 다음을 보라.

G. W. Schwert, "Anomalies and Market Efficiency," in G. M. Constantinides, M. Harris, and R. M. Stulz(eds.), *Handbook of the Economics of Finance*(Amsterdam: Elsevier Science, 2003).

M. Rubinstein, "Rational Markets: Yes or No? the Affirmative Case?" *Financial Analysts Journal* 57(May–June 2001), pp. 15~29.

B. G. Malkiel, "The Efficient Market Hypothesis and Its Critics," *Journal of Economic Perspectives* 17(winter 2003), pp. 59~82.

R. J. Shiller, "From Efficient Markets Theory to Behavioral Finance," *Journal of Economic Perspectives* 17(Winter 2003), pp. 83~104.

E. F. Fama and K. R. French, "Dissecting Anomalies," *Journal of Finance* 63(August 2008), pp. 1653~1678.

버블 현상은 다음 책에서 논의하고 있다.

M. Brunnermeiser, *Asset Pricing under Asymmetric Information: Bubbles, Crashes, Technical Analysis, and Herding*(Oxford: Oxford University Press, 2001).

R. J. Shiller, *Irrational Exuberance*, 2nd ed. (Princeton, NJ: Princeton University Press, 2005).

연습문제

기본문제

1. 다음의 문장 중 (있다면) 어느 것이 맞는가? 주가는 마치 연속적인 가치가 다음 중 어느 하나처럼 움직이는 것으로 나타난다.

a. 난수이다.

b. 규칙적인 사이클을 따른다.

c. 차이가 난수이다.

2. 빈칸을 채워라.

효율적 시장 가설은 세 가지 형태가 있다. 주식 수익률의 무작위성 검정은 _____형의 가설에 대한 증거를 제공한다. 잘 공표된 뉴스에 대한 주가의 반응을 검정한 것은 _____형에 대한 증거를 제공한다. 그리고 전문적으로 관리된 기금의 성과에 대한 검정은 _____형에 대한 증거를 제공한다. 시장 효율성은 투자자들 사이의 경쟁 결과로 생긴다. 많은 투자자가 주식을 더 정확히 평가하는

Visit us at www.mhhe.com/bma

데 도움이 되는 회사 영업에 관한 새로운 정보를 찾는다. 이러한 탐색은 가격이 이용 가능한 모든 정보를 확실히 반영하게 하는 데 도움이 된다. 다시 말해, 그것은 _____의 시장 효율성을 유지하는 데 도움을 준다. 다른 투자자들은 과거 주가에서 반복되는 패턴을 찾아 남보다 우월한 이익을 올리려고 연구한다. 이러한 연구는 가격이 과거 주가에 담긴 이용 가능한 모든 정보를 확실히 반영하게 하는 데 도움이 된다. 다시 말해 그것은 _____형의 시장 효율성을 유지하는 데 도움을 준다.

3. 맞는가, 틀리는가? 효율적 시장 가설은 다음을 가정한다.
   a. 세금이 없다.
   b. 완벽한 예측이 가능하다.
   c. 연속적 가격변동은 서로 독립적이다.
   d. 투자자들은 비합리적이다.
   e. 거래비용이 없다.
   f. 예측은 편의가 없다.
4. 맞는가, 틀리는가?
   a. 자본조달결정은 투자결정보다 번복하기가 쉽지 않다.
   b. 검정 결과, 연속적인 가격 변화 사이에는 거의 완전한 음(−)의 상관관계가 있었다.
   c. 준강형의 효율적 시장 가설은 가격이 공개적으로 이용 가능한 모든 정보를 반영한다고 말한다.
   d. 효율적 시장 내에서 각 주식의 기대수익률은 같다.
5. United Futon 보통주의 60개월 월별 수익률을 분석하니 베타가 1.45이며 알파는 월 −0.2%임을 보고하고 있다. 한 달 뒤 시장은 5% 상승하고, United Futon은 6% 오른다. Futon의 비정상수익률은 얼마인가?
6. 맞는가, 틀리는가?
   a. 증권분석가와 투자자에 의한 분석은 시장을 효율적으로 유지하는 데 도움을 준다.
   b. 심리학자들에 의하면 사람이 일단 손해를 보면 앞으로 발생할 손해 가능성에 더 느긋해진다고 한다.
   c. 심리학자들은 사람들이 예측할 때 최근 사건들에 너무 큰 가중치를 두는 경향이 있다는 것을 관찰했다.
   d. 만약 효율적 시장 가설이 맞는다면, 경영자들은 보고할 이익을 부풀리는 창조적인 회계에 의해 주가를 올릴 수 없게 된다.
7. Geothermal 주식회사는 방금 이익이 전년도보다 20% 높아졌다는 좋은 소식을 접했다. 대부분 투자자는 25%의 이익증가를 기대하고 있다. 새 뉴스를 발표하면 Geothermal의 주가는 오를 것인가? 떨어질 것인가?
8. 여기 다시 시장 효율성의 여섯 가지 교훈이 있다. 각 교훈이 재무관리자와 관련이 있다는 것을 보여주는 예를 제시하라.
   a. 시장은 기억력을 갖고 있지 않다.
   b. 시장가격을 믿어라.
   c. 상세 정보를 읽어라.
   d. 재무적 환상은 없다.
   e. 스스로 할 수 있는 대안
   f. 한 주식을 보고 모든 주식을 안다.
9. 시장 효율성에 의문을 제기하는 연구 결과나 사건의 예를 두세 가지 들어라. 그 이유를 간단히 설명하라.

Visit us at www.mhhe.com/bma

중급문제

10. 다음 논평에 대해 어떻게 대응하겠는가?

a. "효율적 시장, 설마 존재할까! 난 미친 짓을 하는 많은 투자자를 알아."

b. "효율적 시장? 헛소리야! 난 주식시장에서 큰돈을 번 사람을 최소한 12명은 알고 있어."

c. "효율적 시장 이론의 문제점은 투자자의 심리를 무시했다는 거야."

d. "모든 한계에도, 기업가치를 평가하는 최고의 안내자는 기록된 장부가치이다. 그것은 일시적인 유행에 의해 좌우되는 시장가치보다 훨씬 더 안정적이다."

11. 다음 논평에 대해 대응하라.

a. "주식에 투자하는 것은 룰렛게임을 하는 것과 같다는 의미가 있는 랜덤워크 이론은 자본시장에 대한 강력한 도전이다."

b. "만약 모든 사람이 주가 차트를 그려서 돈을 벌 수 있다고 믿으면 주가 변화는 무작위로 발생하지 않는다."

c. "랜덤워크 이론은 사건들이 무작위로 일어난다는 것을 의미한다. 그러나 많은 사건이 무작위로 일어나지 않는다. 오늘 비가 온다면, 내일 또 비가 올 상당한 가능성이 있다."

12. 다음 중 어떤 관찰이 시장 비효율성을 나타내고 있는가? 이 관찰이 효율적 시장 가설의 약형, 준강형, 강형 형태 중 어느 것을 반박하고 있는지 설명하라.

a. 면세 지방채는 과세대상이 되는 국채보다 낮은 세전 수익을 제공한다.

b. 경영자들은 자기 회사의 주식을 사들여 우월한 수익을 얻는다.

c. 한 분기의 시장 수익률과 그다음 분기의 총이익 변화 사이에는 양(+)의 관계가 있다.

d. 최근 유별나게 상승한 주식은 미래에도 계속 오를 것이라는 논쟁의 여지가 있는 증거가 있다.

e. 인수 대상 기업의 주가는 합병 발표 전 기간에 오르는 경향이 있다.

f. 예상치 않게 많은 이익을 올린 회사의 주식은 이익 발표 후 수개월 동안 높은 수익률을 나타낸다.

g. 아주 위험한 주식은 안전한 주식보다 평균적으로 높은 수익률을 제공한다.

13. 여기 2009년 4월까지 60개월 동안 Intel과 Conagra의 알파와 베타가 있다. 알파는 월간 백분율로 표현된다.

	알파	베타
Intel	−0.57	1.08
Conagra	−0.46	0.65

이 추정치가 비정상수익률을 계산하는 데 어떻게 쓰이는지 설명하라.

14. "만약 효율적 시장 가설이 맞는다면 연금기금 관리자는 아마도 핀으로 포트폴리오를 선택하는 것이 나을 것이다." 이것이 그렇지 않은 이유를 설명하라.

15. 두 재무관리자, 알파와 베타는 5년 동안의 S&P 종합지수의 실제 성과를 보여주는 차트를 관찰하며 심사숙고하고 있다. 각 관리자의 회사는 내년 언젠가는 보통주 신주를 발행할 필요가 있다.

알파: 우리 회사는 바로 발행할 것이다. 주식시장 사이클이 분명히 올라갈 만큼 올라가 있다(최고점). 그리고 다음은 거의 확실히 내려갈 것이다. 지금 발행하여 적절한 가격을 받는 것이 좋을 것이다.

베타: 당신은 다소 성급하다. 우리는 기다릴 것이다. 시장이 지난 몇 년 동안 어느 방향으로도 가고 있지 않다는 것이 사실이다. 그러나 수치는 분명하게 기본적인 상승 추세를 보여 주고 있다. 시장은 지금 새로운 꼭대기로 올라가는 중이다.

Visit us at www.mhhe.com/bma

월	(A) 시장수익률	(B) Executive Cheese 수익률	(C) Paddington Beer 수익률
2007. 5	2.7	−3	1.6
6	−0.2	2.3	−0.8
7	−3.8	−5.1	0.3
8	−0.9	−0.7	−1.6
9	2.6	3.1	2.8
10	3.9	13	2.1
11	−4.3	−2.1	−6
12	0.4	6.2	−1.7
2008. 1	−8.9	−4	−5
2	0.1	0.4	−0.4
3	−3.1	−2.1	−2
4	6.8	4.6	3.2
5	−0.6	−0.3	0.4
6	−7.1	−12.7	−7.3
7	−3.8	1.1	−4.1
8	4.2	7.2	2.3
9	−13.0	−18.1	−8.7
10	−10.7	−6.2	−12
11	−2.0	0.5	−4.2
12	3.4	4.7	2.7
2009. 1	−6.4	−8.1	−0.4
2	−7.7	−2.1	−9.4

표 13.1
연습문제 18번을 보라.
월간 수익률(%).

당신은 알파와 베타에게 무슨 말을 해 주겠는가?

16. 효율적 시장 가설은 다음 두 진술에 대하여 무엇을 말하겠는가?

a. “나는 단기 이자율이 장기 이자율보다 약 1% 낮은 걸 알았어. 그러므로 우리는 단기 자금을 빌려야 한다.”

b. “나는 일본의 이자율이 미국보다 낮은 걸 알았어. 그러므로 우리는 미국 달러보다는 일본 엔을 빌리는 게 좋을 거야.”

17. Fama와 French는 소규모 기업의 평균 주식 수익률이 ‘대규모’ 기업의 평균 수익률보다 유의하게 더 높다는 것을 보인다. 이 결과를 어떻게 설명하겠는가? 이 결과가 시장 효율성을 부정하는가? 간단히 설명하라.

18. 표 13.1의 (A) 열은 영국 FTSE 100 지수(2007.5~2009.2)의 월간 수익률을 보여준다. (B)와 (C) 열은 두 회사 Executive Cheese와 Paddington Beer의 주식 수익률을 보여준다. 두 회사 모두 2009년 2월에 이익을 발표하였다. 이익발표달 동안 두 주식의 평균 비정상수익률을 계산하라.

19. 1997년 5월 15일, 쿠웨이트 정부는 BP 주식 1억 7천만 주(시가 약 $20억)를 팔려고 내놓았다. 골드만 삭스(Goldman Sachs)는 영국에서 주식시장이 폐장되고 나서 이 사실을 알게 되었고, 주식에 입찰할 것인지 결정하는 데 1시간이 주어졌다. 그들은 주당 710.5펜스($11.59)를 제시하기로

Visit us at www.mhhe.com/bma

했고, 쿠웨이트는 받아들였다. 그래서 골드만 삭스는 구매자를 찾아 나섰다. 그들은 전 세계 500명의 기관 및 개인투자자들을 찾아서 모든 주식을 주당 716펜스($11.70)에 되팔았다. 이 거래는 다음날 아침 영국 주식거래소가 열리기 전에 완료되었다. 골드만 삭스는 $1,500만을 하룻밤 사이에 벌어들였다.[36]

이 거래는 시장 효율성에 대해 무엇을 말하는가? 논하라.

20. 유인 문제와 대리인 문제가 증권의 잘못된 가격결정 또는 버블에 어떻게 공헌할 수 있는가를 설명하라. 예를 들어라.

21. 많은 해설자가 서브프라임 위기를 '비이성적 과열'로 비난하였다. 당신의 견해는 어떤가? 간단히 설명하라.

도전문제

22. "강형의 효율적 시장 가설은 허튼소리다. 뮤추얼펀드 X를 보라. 이것은 지난 10년 동안 매년 우월한 성과를 올렸다." 이 말을 하는 사람은 요점을 아는가? 어느 해 X가 우연히 우월한 성과를 가질 확률이 50%라고 가정하자.
    a. X가 유일한 펀드라면 과거 10년 동안 매년 우월한 성과를 달성할 확률을 계산하라.
    b. 이제 미국에 10,000개가 넘는 뮤추얼펀드가 있다는 것을 안다. 10,000개 펀드 중 적어도 1개가 10년 연속 우월한 성과를 올릴 확률은 얼마인가?

23. 일부 극단적인 버블은 붕괴하고 나서 뒤돌아보면 분명해 보인다. 그러나 버블을 어떻게 정의하겠는가? 좋은 소식이 오고 주가가 상승한 이후에, 나쁜 소식이 오고 주가가 하락한 많은 예가 있다. 버블을 주가의 정상적인 오르내림과 구분하는 기준과 절차를 세울 수 있는가?

실시간 데이터분석

STANDARD &POOR'S

finance.yahoo.com이나 Market Insight 데이터베이스(www.mhhe.com/edumarketinsight)에서 최근 5년간 5개 미국 주식의 일별 가격을 내려 받아라.

그림 13.2처럼 각 주식의 연속적인 수익률의 산포도를 그려라. 연속적인 수익률의 자기상관계수를 계산하라. 어떤 일관된 패턴을 찾을 수 있는가?

36) "골드만 삭스가 BP 주식 매각으로 $1,500만을 단숨에 벌다." *The Wall Street Journal*, May 16, 1997, p. A4.

Visit us at www.mhhe.com/bma

기업 자본조달의 개관

지금부터 장기 자본조달결정에 대한 분석을 시작한다. 이 일은 제25장에 이르기 전에는 완수할 수 없다. 이 장은 기업의 자본조달에 관한 입문편이다. 이 장에서는 뒤에서 보다 자세히 다루게 될 여러 가지 광범위한 주제에 대해 개략적으로 고찰하고자 한다.

먼저 기업의 자본조달 원천에 관한 총합 자료를 살펴보면서 이 장을 시작한다. 새로운 투자에 필요한 자금의 많은 부분은 기업이 유보하여 재투자하는 이익에서 조달된다. 나머지는 새로운 부채 혹은 자본증권(debt or equity securities)을 매각하여 조달한다. 이러한 자본조달 패턴은 여러 가지 흥미로운 의문을 불러일으킨다. 기업은 부채나 자기자본을 새로 발행하기보다는 오히려 내부 자본조달에 지나치게 많이 의존하지는 않는가? 미국 기업들의 부채비율은 위험할 정도로 높은 것은 아닌가? 자본조달 패턴에 주요 선진국 간의 차이는 없는가?

이 장에서의 두 번째 과제는 부채와 자기자본의 주요 특징을 살펴보는 것이다. 채권자와 주주들은 서로 다른 **현금흐름권**(*cash flow rights*)과 **통제권**(*control rights*)을 갖는다. 채권자들은 현금흐름에 대해 우선적 청구권을 가진다. 왜냐하면 채권자들은 이자와 원금에 대해 확정된 현금지급을 약속받기 때문이다. 주주들은 채권자들에게 지급을 완료하고 난 후 남는 현금을 받는다. 한편 주주들은 채권자들에 대한 약속을 지키는 한 기업에 대한 완전한 통제권을 가진다. 주주들은 기업의 소유자로서 기업이 어떤 자산을 구입하며, 자산을 매입하는 데 필요한 자금은 어떻게 조달하고, 자산을 어떻게 활용할 것인가에 대해 궁극적인 통제권을 갖는다. 물론 대규모 공개기업의 경우 주주들은 이러한 결정을 이사회에 위임하며, 이사들이 최고경영진을 지명한다. 이런 경우 **실질적인** 통제는 종종 기업 경영진에게 주어진다.

자본조달의 원천을 단순히 부채와 자기자본으로 구분하는 것은 기업이 발행하는 부채의 여러 유형을 대강 얼버무리는 것이 된다. 따라서 우리는 주요 부채의 유형을 간단히 소개함으로써 부채와 자기자본에 대한 논의를 끝맺고자 한다. 또한 흔하지 않은 자기자본의 형태인 우선주에 대해서도 잠시 설명한다.

2007년 여름 시작된 금융위기는 건전한 금융시장과 금융기관의 중요성을 다시 한번 증명하였다. 최근의 금융위기를 되돌아보고, 주요 금융기관들을 소개한다. 기업자본조달과 일반 경제에 있어서 금융기관이 수행하는 역할에 대해서도 살펴본다.

14.1 기업 자본조달의 형태

기업은 장기 자산(주로 부동산, 공장, 설비)과 순 운전자본(유동자산 − 유동부채)에 투자한다. 그림 14.1은 미국 기업이 이런 투자에 필요한 현금을 어디서 조달하고 있는지를 보여준다. 투자자금의 상당히 많은 부분이 내부에서 창출되고 있음을 알 수 있다. 다시 말해, 투자자금은 기업이 감가상각으로 남겨 둔 현금흐름과 유보이익(배당으로 지급되지 않은 이익)에서 조달되고 있다.[1] 주주들

1) 그림 14.1에서 내부에서 창출된 현금은 유보이익에 감가상각을 더하여 계산하였다. 감가상각은 현금유출이 없는 비용이다. 그래서 유보이익은 투자 가능한 현금흐름을 실제보다 적게 나타내고 있다.

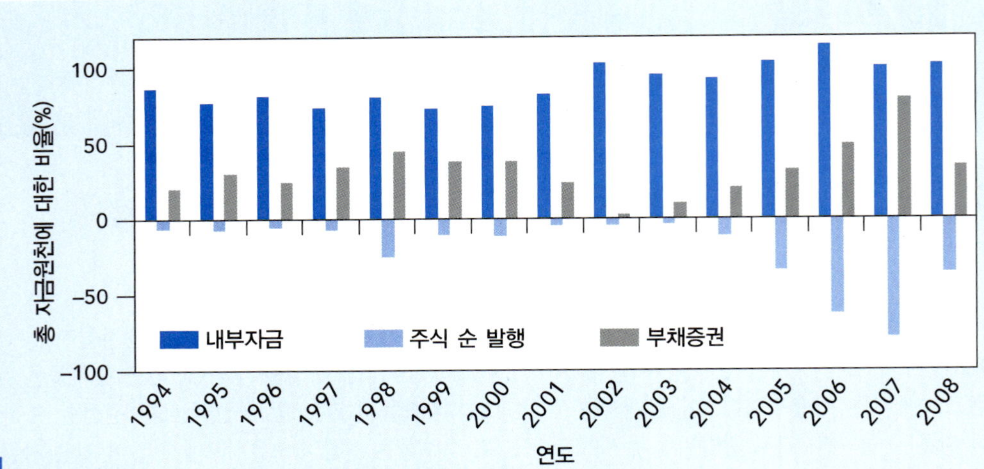

그림 14.1
총 금액에 대한 비율로 표시한 미국 비금융회사의 자본조달 원천.

자료원: Board of Govermors of the Federal Reserve System, Division of Research and Statistics, Flow of Funds Accounts Table F.102 at **www.federalreserve.gov/releases/z1/current/data.htm**.

은 기업이 양(+)의 NPV 투자안을 보유하고 있는 한 그 돈이 기업에 재투자되어도 좋다고 생각한다. 모든 양(+)의 NPV 지출은 주주 가치를 높이기 때문이다.

대부분의 자금을 내부조달 현금에 의존하는 것은 비단 미국 기업뿐만이 아니다. 예를 들어 독일, 일본, 영국 등의 국가에서는 내부 현금흐름이 기업자본조달의 2/3를 차지한다.

때로는 내부 현금흐름만으로 투자를 충분히 감당할 수 있다. 그러나 그렇지 않은 경우가 더 많으며, 기업은 재정적자(financial deficit)에 당면하게 된다. 재정적자를 메우기 위해 기업은 배당을 줄여서 유보이익을 증가시키거나 외부 투자자들로부터 새로 부채나 자기자본을 조달해야 한다. 그래서 기업은 두 가지 기본적인 자본조달결정에 직면한다. 이익금 중 얼마를 주주들에게 지급하고, 얼마를 기업 내부에 재투자해야 하는가? 그리고 부족한 자금 중 얼마를 주식발행 대신 차입으로 조달할 것인가? 그래서 기업은 배당정책(제16장)과 부채정책(제17장과 18장)이 필요하다.

그림 14.1에서 미국의 주식발행을 살펴보자. 모든 연도에서 순 발행은 음수(−)이다. 이는 주식발행으로 조달된 현금이 이미 발행된 주식의 재매입을 통해 주주들에게 지급된 현금보다 적다는 뜻이다. (기업은 자사의 주식을 되사들이거나 인수나 합병 과정에서 다른 회사의 주식을 매입하여 소각할 수 있다.) 현금 배당과 주식 재매입 간의 선택은 배당정책의 또 다른 측면이다.

미국에서 주식 재매입은 2006년과 2007년에 특히 많았는데 이 때문에 당해 연도의 순 주식발행이 크게 음수(−)를 나타냈다. 그림 14.1은 음(−)의 주식발행이 거의 전부 차입으로 상쇄되고 있음을 보여준다. 전체적으로 보면 미국 기업들은 주식에서 차입으로 자본조달 원천을 옮기고 있다.

기업은 내부자금에 지나치게 많이 의존하는가?

앞에서 살펴본 바와 같이 기업은 평균적으로 투자에 필요한 현금의 대부분을 내부자금(유보이익과 감가상각)으로 충당하고 있다. 내부 자본조달이 주식과 부채 발행에 의한 외부 자본조달보다 더 편리한 것으로 보인다. 그러나 일부 관찰자들은 경영자들이 외부 자본조달을 기피하는 성향을 가지는데 이는 비합리적이거나 이기적인 이유 때문이 아닌가 우려한다. 편안한 자리보전을 바라는 경영자는 위험하지만 양(+)의 NPV를 갖는 프로젝트라 할지라도 새로운 주식발행과 잠재적 투자자들로부터 곤혹스러운 질문을 야기한다면 그런 프로젝트를 포기하려는 유혹을 받게 된다. 아마도 경영자들은 저항이 가장 적은 쪽을 선택하고, '자본시장의 규율(discipline of capital market)'을 피해가려는 것 같다.

경영자들을 게으름뱅이로 비치게 하려는 것은 아니다. 내부에서 창출된 자금에 의존하고자 하는 데는 몇 가지 그럴 만한 이유가 있다. 예를 들면, 신규 증권발행의 비용을 피할 수 있다. 더구나 새로운 주식발행은 통상 투자자들에게는 나쁜 소식이다. 왜냐면 투자자들은 신주발행 결정을 미래의 더 낮은 이익 또는 더 높은 위험을 신호하는 것으로 보고 걱정하기 때문이다.[2] 만약 주식발행이 비용이 많이 들고 투자자들에게 나쁜 신호를 전달한다면, 새로운 주식발행을 요구하는 프로젝트에 대해서는 보다 신중한 검토를 해야 하는 것은 당연한 일이다.

기업은 얼마나 많이 빌리는가?

자본조달에서 부채와 자기자본의 믹스(mix)는 산업별로, 기업별로 크게 다르다. 부채비율은 또한 특정 기업에서도 기간별로 변동한다. 이런 변동성은 어쩔 수 없는 현실이다. 한결같고, 신이 만들어 준 그런 부채비율은 없다. 만약 있다고 해도 그 비율은 변할 것이다. 그러나 몇몇 통계치를 살펴보는 것은 그리 나쁘지 않은 일이다.

표 14.1은 미국 제조업체의 총합적인 재무상태표(대차대조표)를 보여준다. 미국의 모든 제조업체를 합쳐 하나의 거대한 기업으로 만들면 표 14.1과 같은 대차대조표를 작성할 수 있다. 자산과 부채는 장부가치, 즉 회계적 가치로 기록되어 있다. 이 수치는 일반적으로 시장가치와는 다르지만 그래도 유익하다. 기업은 $1조 3,850억의 장기부채를 가지고 있고, 자기자본은 $2조 7,750억이다. 총 장기자본(장기부채 + 자기자본)에 대한 장기부채의 비율은 따라서 $1,385/($1,385 + $2,775) = 0.33이다.[3]

물론 표 14.1은 단지 스냅샷에 불과하다. 부채가 많아지고 자기자본이 적어지는 것이 장기적인 추세인가? 그림 14.2에서 보여주는 바와 같이 그 답은 부분적으로 부채비율을 어떻게 측정하느냐에 달렸다. 장부가치 기준으로 보면 지난 1990년까지 부채비율은 점차 증가해 왔으나 그 이후에는 기업들이 부채를 상환하면서 부채비율은 낮아지기 시작했다. 그러나 시장가치를 기준으로 하면 그림은 전혀 달라진다. 1999년까지 계속된 주식시장 호황으로 장기부채는 자기자본의 시장가치보다 느리게 증가하였다. 그러나 이런 추세는 2000~2003년 기간과 2008년의 주식시장 하락기

2) 경영자들은 내부자로서의 통찰력을 가지며, 주가가 자신들에게 유리하게 보일 때, 즉 외부 투자자들보다 덜 낙관적일 때, 자연스럽게 주식을 발행하려는 유혹을 받는다. 외부 투자자들은 이를 알아차리고 발행주식이 발표 이전의 가격보다 할인되어 발행될 때만 새로운 주식을 매입한다.

3) 이 부채비율은 과소평가되었을 수도 있다. 왜냐하면 '기타 장기 부채'는 일부 부채와 동등한 청구권을 포함하고 있기 때문이다.

자산		$10억	부채		$10억
유동자산[a]		$2,037	유동부채[a]		$1,578
고정자산	$2,749		고정부채	$1,385	
감가상각 차감	1,459		기타 고정부채[b]	1,105	
순 고정자산		1,291	총 고정부채[b]		2,490
기타 장기 자산		3,515	자기자본		2,775
총자산		$6,843	부채와 자기자본 합계		$6,843

표 14.1 2008년 4사분기, 미국 제조업체의 총합 대차대조표(수치는 $10억).

[a] 자산과 부채의 자세한 구분은 표 30.1 참조.
[b] 이연세금과 몇몇 기타 항목 포함.

자료원: U.S. Census Bureau, *Quarterly Report for Manufacturing, Mining and Trade Corporations*, 2008 (www.census.gov/csd/qfr).

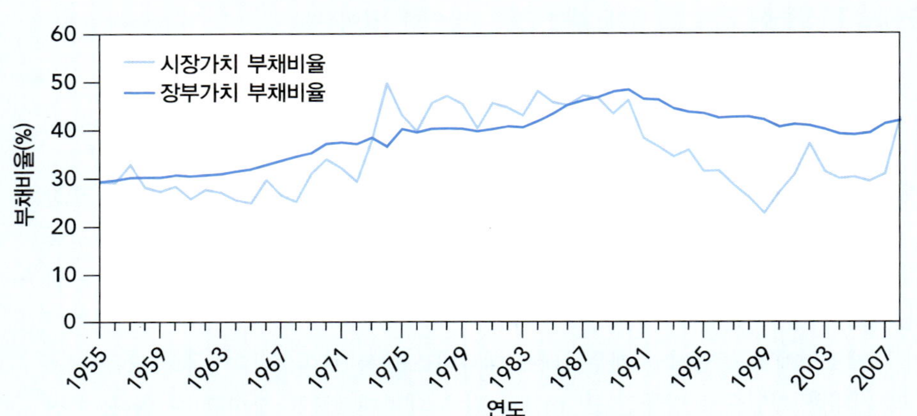

그림 14.2
비금융 기업부문의 총 자본(부채 + 자기자본)에 대한 부채의 비율(1955~2008/2분기).

자료원: Board of Govermors of the Federal Reserve System, Division of Research and Statistics, Flow of Funds Accounts Table F.102 at www.federalreserve.gov/releases/z1/current/data.htm.

에 역전되었다.

장부가치 기준 부채비율이 50년 전에 비해 높아졌다고 걱정해야 하는가? 높은 부채비율은 심각한 경제 불황이 닥칠 때 더 많은 기업들이 재무적 곤경에 빠질 수 있음을 시사하는 것은 사실이다. 그러나 모든 기업이 어느 정도까지는 이러한 위험을 안고 경영하고 있으며, 위험이 적다고 반드시 더 좋다는 것은 아니다. 최적 부채비율을 찾아내는 일은 최적 제한속도를 찾는 것과 같다. 시속 30마일에서 일어나는 사고가 시속 60마일일 때의 사고보다는 통상 덜 위험하다는 점에는 동의할 수 있다. 그렇다고 해서 모든 도로의 제한속도를 30마일로 설정할 수는 없다. 속도는 위험과 함께 이점도 갖고 있다. 부채도 마찬가지다. 제18장에서 다시 논의한다.

국제비교 미국 기업은 일반적으로 외국의 많은 상대기업 보다는 부채가 적은 것으로 알려져 왔다. 1950년대와 1960년대까지만 해도 이것은 사실이었다. 그러나 지금은 확실치 않다.

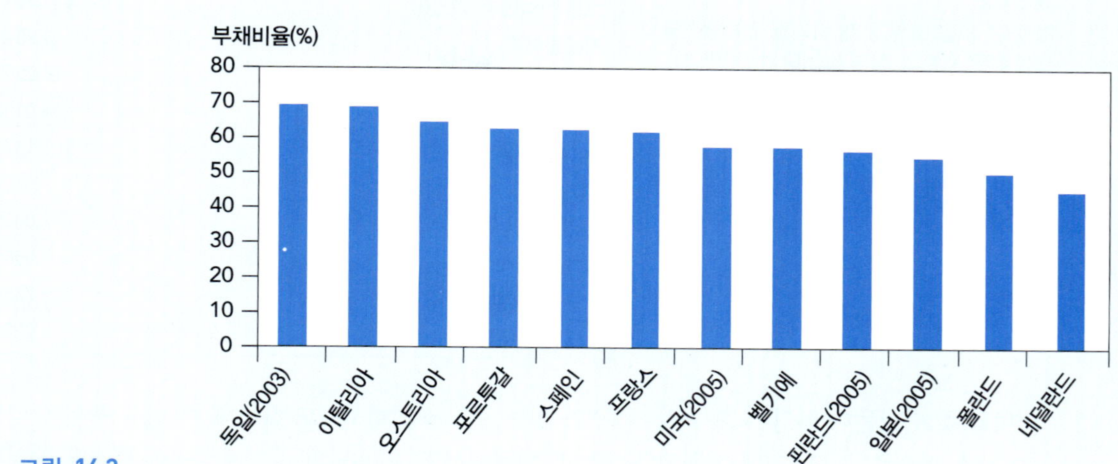

그림 14.3

2006년도 제조업체의 총 부채와 총 자본 간의 비율.

자료원: European Union Bach database of harmonized company accounts. © European Communities, 1995~2006.

기업 부채비율을 국제적으로 비교하는 일은 회계방법의 차이 때문에 모호해진다. 그러나 유럽연합은 대략적으로나마 미국 기업의 부채비율이 어느 정도 위치에 있는지를 나타내 주는 조화계정(harmonized account) 데이터베이스를 구축하였다. 그림 14.3은 표본 국가들의 제조업체에 대해 장기부채와 총 장기자본 간의 비율을 비교하고 있다. 그림에서 알 수 있는 바와 같이 독일과 이탈리아가 가장 높은 부채비율을 갖고 있으며, 미국은 대략 중간 정도이다.

14.2 보통주

지금부터 기업이 발행하는 부채와 지분증권(equity)을 간략히 훑어보자. 하니웰 인터내셔널(Honeywell International)의 보통주가 어떻게 기록되어 있는지를 보여주는 표 14.2에서 시작한다.

회사가 발행할 수 있는 최대 주식 수를 수권주식 수 또는 **수권자본**(*authorized share capital*)이라고 한다. 하니웰의 수권주식 수는 20억 주이다. 만약 회사가 수권주식 수를 늘이려면 주주총회의 동의를 얻어야 한다. 2008년 12월 현재 하니웰은 이미 9억 5,800만 주를 발행하였으며, 따라서 주주들의 추가적인 승인 없이도 10억 주 이상을 더 발행할 수 있다.

발행된 주식은 대부분 투자자들이 보유하고 있다. 이런 주식은 발행주식 또는 **사외주**(*issued and outstanding*)라고 한다. 그런데 하니웰은 투자자들로부터 2억 2,300만 주를 되사들였다. 이렇게 재매입한 주식은 소각하거나(canceled), 다시 매각할 때까지 회사가 금고계정(treasury)으로 보유하게 된다. 이런 금고주(treasury share)는 **사내주**(*issued but not outstanding*)라고 한다.

발행주식은 액면가로 회사 장부에 기입된다. 하니웰의 주식 한 주는 $1.00의 액면가를 가지기 때문에 발행주식의 총 장부가액은 958백만 × $1.00 = $958백만이다. 액면가는 거의 경제적

표 14.2
2008년 12월 31일 현재 하니웰 인터내셔널의 보통주주 지분의 장부가치(단위: 백만 $).

자료원: Honeywell International, *Annual Reports*.

보통주(액면가 $1.00)	$ 958
자본잉여금	3,994
이익잉여금	16,250
금고주	(14,015)
순 자기자본	$ 7,187
주:	
수권주식 수	2,000
총 발행주식 수	958
사외주(발행주식)	735
자사주(금고주)	223

의미를 갖지 않는다.[4] 일부 회사들은 액면가 없는 주식을 발행하기도 하는데 이 경우 주식은 임의로 정한 값으로 회계계정에 기입된다. (참고: 한국에서도 2008년의 상법개정으로 무액면 주식의 발행이 가능해졌다.)

투자자에게 매각되는 신규발행 주식의 가격은 거의 항상 액면가를 초과한다. 액면가와 매각가격의 차이는 추가납입자본(additional paid-in capital) 또는 자본잉여금으로 회계장부에 기입된다. 그래서 만약 하니웰이 주당 $40로 10만 주를 추가로 매각하였다면 자본금 계정은 100,000 × $1.00 = $100,000 증가하며, 자본잉여금 계정은 100,000 × $39.00 = $3,900,000만큼 증가한다.

하니웰은 이익의 일부를 배당으로 지급하였다. 나머지 이익은 회사 안에 유보하여 새로운 투자를 위해 사용된다. 유보이익의 누적금액은 $16,250백만이다.

보통주 계정의 다음 항목은 회사가 주식 재매입에 지출한 금액을 보여준다. 주식 재매입으로 주주의 지분은 $14,015백만 감소했다.

하니웰의 2008년 12월 현재 순 자기자본은 $7,187백만이다. 이는 주당 7,187/735 = $9.78이다. 그러나 2008년 12월 하니웰의 주식은 주당 약 $35에 거래되고 있었다. 그래서 하니웰 발행주식의 시가총액은 735백만 × $35 = $25,725백만이며, 이는 장부가액보다 약 $180억 더 많다.

기업의 소유권

기업은 보통주주(common stockholders)들이 소유한다. 이들 보통주의 일부는 개인투자자들이 직접 소유하고 있으나, 훨씬 더 많은 부분은 은행, 연기금, 보험회사, 뮤추얼펀드 등 **금융기관(financial institution)**들이 소유하고 있다. 예를 들어 그림 14.4를 보면 미국에서는 약 50%의 보통주를 금융기관이 소유하고 있으며, 그 중에서도 연금기금과 뮤추얼펀드가 각각 20%씩 보유하고 있음을 알 수 있다.

주주들이 기업을 소유한다는 것은 무슨 뜻인가? 기업이 다른 형태의 증권은 전혀 발행하지 않았을 경우 그 의미는 분명하다. 보통주만으로 자금을 조달하고, 주식은 전부 회사의 CEO가 소유하고 있는 가장 간단한 경우의 기업을 생각해 보자. 이 행운의 소유경영자(owner-manager)는 기

4) 일부 국가에서는 기업이 액면가 이하로 주식을 발행하는 것을 허용하지 않고 있으며, 액면가는 전통적으로 낮게 설정되고 있다.

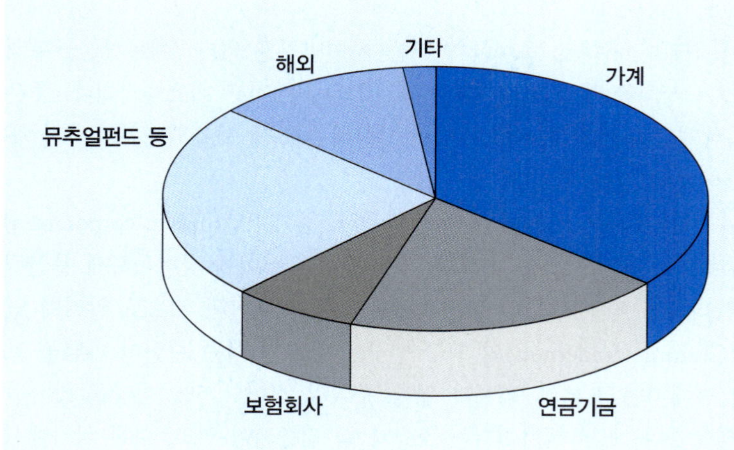

그림 14.4
기업 주식 보유 현황(2008년 4분기).

자료원: Board of Governors of the Federal Reserve System, Division of Research and Statistics, Flow of Funds Accounts Table L.213 at **www.federalreserve.gov/releases/z1/current/data.htm**.

업이 창출하는 모든 현금흐름을 받고 또한 회사의 모든 투자와 운영에 관한 결정을 내린다. 이 소유경영자는 완전한 **현금흐름권**(*cash-flow rights*)과 **통제권**(*control rights*)을 모두 갖는다.

이러한 권리는 기업이 자금을 차입하면서 곧바로 분할되어 재분배된다. 예를 들어 은행에서 대출을 받는 경우, 기업은 은행에 정기적으로 이자를 지급할 것과 만기에는 원금을 상환한다는 약속을 한다. 은행은 현금흐름에 대하여 제한적이기는 하지만 우선적인 권리를 가지게 된다. 잔여 현금흐름에 대한 권리는 주주들에게 남겨진다. 그래서 보통주는 회사 자산과 현금흐름에 대한 **잔여 청구권**(*residual claim*)이다.

은행은 일반적으로 기업이 할 수 있는 일과 할 수 없는 일을 제한함으로써 자신의 청구권을 보호한다. 예를 들어 은행은 기업의 미래 차입을 제한하며, 기업이 자산을 매각하거나 지나치게 많은 배당금을 지급하는 것을 금지한다. 따라서 주주들의 통제권은 제한된다. 그러나 대출계약을 맺었다고 해도 은행이 기업을 효율적으로 운영하는 데 필요한 경영활동이나 투자결정에 관해서는 제한을 하거나 어떤 결정도 내릴 수 없다. (변호사들이 아무리 열심히 노력하더라도 모든 가능한 우발적인 상황을 다 포함하는 계약서는 절대로 작성할 수 없다.)[5] 보통주의 소유자는 이러한 결정에 대한 통제권을 보유한다. 예를 들어 기업이 제품의 판매가격을 인상하는 것, 영구직 대신 임시 직원을 고용하는 것, 새로운 공장을 할리우드(Hollywood) 대신 마이애미 해변(Miami Beach)에 건설하는 것 등의 선택을 들 수 있다.[6]

물론 기업 소유권은 바뀔 수 있다. 만약 기업이 은행에 약속한 금액을 지급하지 못할 경우 파산하게 된다. 기업이 일단 파산법정의 '보호' 아래 들어가면 주주들의 현금흐름권과 통제권은 엄격하게 제한을 받으며, 심한 경우에는 완전히 무효화될 수도 있다. 구제 또는 구조조정 계획이 실행되지 않는 한 은행이 기업의 새로운 주인이 되고, 현금흐름권과 통제권을 가지게 된다. (파산에

5) 그래서 이론경제학자들은 **불완전 계약**(*imperfect contract*)의 중요성을 강조한다. 요지는 기업의 경영과 관련된 계약은 불완전해야 하며, 어느 누군가가 나머지 통제권을 행사하여야 한다는 것이다. 다음 문헌을 참조하라. O. Hart, *Firms, Contract, and Financial Structure,* (Oxford: Oxford University Press, 1995).

6) 물론 은행 경영자는 특정 결정이 현명하지 못하다거나 심지어 미래 대출을 삭감하겠다고 위협할 수는 있다. 그렇지만 은행은 이러한 결정을 내릴 어떤 권한도 갖고 있지 않다.

관해서는 제32장에서 논의한다.)

잔여 현금흐름권과 잔여 통제권이 하나로 묶여야 한다는 자연법칙은 없다. 예를 들어 부채 소유자가 모든 의사결정을 내리는 상황을 상상해 볼 수 있다. 그러나 이것은 비효율적이다. 좋은 의사결정의 혜택은 주로 주주들에게 돌아가기 때문에 기업의 자산이 어떻게 사용되는지에 대한 통제권은 주주들에게 주는 것이 이치에 맞는 일이다.

지금까지는 한 사람의 주주가 소유하는 기업에 초점을 맞췄다. 공개기업(public corporation)은 수많은 주주들에 의해 소유된다. 기업의 소유는 수십만 명의 주주들 사이에 광범위하게 분산될 수도 있다. 미국 기업들은 다른 나라의 경우보다 더 광범위하게 소유가 분산된 것으로 알려져 있다. 그러나 클리포드 홀더니스(Clifford Holderness)의 최근 연구에 따르면 이는 사실이 아님을 보여준다. 이 연구에서는 미국의 공개기업 표본의 96%가 발행 주식의 적어도 5% 이상을 소유한 주요 주주들을 가지고 있음이 밝혀졌다. 일부 국가에서는 소유가 더 집중되어 있고, 다른 국가에서는 집중의 정도가 덜하다. 미국은 중간쯤이다.[7)]

소유가 널리 분산된 기업에서도 여전히 주주들이 현금흐름에 대한 권리를 가지며, 기업의 업무에 대한 궁극적인 통제권을 가진다. 그러나 실제로는 이러한 통제권은 **이사회**(*board of directors*) 구성을 위한 이사의 지명, 그리고 합병결정과 같은 주요 과제에 대해 직접 또는 위임하여 투표할 수 있는 권한에 국한되고 있다. 많은 주주들은 애써 투표하려 하지 않는다. 일반적으로 소수주주들은 매우 적은 수의 주식만 소유하고 있기 때문에 자신의 투표가 결과에 거의 영향을 미치지 않을 것으로 생각한다. 문제는 모든 주주들이 이와 같이 생각하게 되면 효과적인 통제권을 스스로 포기하는 셈이며, 경영자는 마음 놓고 자신의 이익을 추구하는 행동을 하게 된다.

투표절차

대부분의 회사에서는 **다수결투표제**(*majority voting*)로 주주들이 이사를 선임한다. 이 경우 각 이사는 개별적으로 한 사람씩 선출하며, 주주는 자신이 소유한 각 주식에 대해 한 표의 투표권을 행사할 수 있다. 만약 회사가 **집중투표제**(*cumulative voting*)를 허용하고 있으면 이사들은 한꺼번에 선출되며, 주주는 모든 투표권을 한 사람의 후보자에게 집중하여 할당할 수 있다.[8)] 집중투표제는 소수주주들이 자신의 이익을 대표하는 이사를 보다 쉽게 선출할 수 있도록 해 준다. 이런 이유 때문에 일부 주주행동주의자들은 적극적으로 집중투표제에 대한 캠페인을 벌이고 있다.

대부분의 쟁점에서는 투표자의 단순 과반수가 승리 여부를 결정하는 데 충분하다. 그러나 때때로 회사 정관이 몇몇 중요한 결정은 **초다수**(*supermajority*), 예컨대 투표 가능자의 75%를 얻도록 요구하는 경우도 있다. 예를 들어 합병을 승인하는 데는 초다수 투표가 필요하다.

---

7) R. La Porta, F. Lopez-de-Silanes, and A. Shleifer, "Corporate Ownership around the World," *Journal of Finance* 54(1999), pp. 471~517와 C. Holderness, "The Myth of Diffuse Ownership in the United States," *Review of Financial* Studies 22(April 2009), pp. 1377~1408 참조.

8) 예를 들어 선출할 이사가 5명이며, 주주가 100주를 소유하고 있다고 하자. 주주는 총 500(5 × 100 = 500)표의 투표권을 갖게 된다. 다수결투표제에서는 주주가 어느 한 후보에게 최대 100표를 던질 수 있다. 그러나 집중투표제에서는 자신이 선출하고자 하는 후보자에게 500표를 '집중하여' 투표할 수 있다.

주주들이 투표하게 되는 의안들은 거의 다툼이 일어나지 않는다. 특히 대규모 공개기업의 경우는 더욱 그렇다. 그러나 때때로 일단의 외부 주주들이 회사의 실질적인 통제권을 확보하기 위해 기존 경영진이나 이사들과 **위임장 경쟁**(*proxy contest*)을 벌이는 일이 생긴다. 그러나 위임장 경쟁은 외부 주주들에게 불리하다. 왜냐하면 내부자들은 자신의 입장을 설명하고 지지를 얻는 데 드는 모든 비용을 회사 돈으로 지급할 수 있기 때문이다.

차등의결권 주식과 사적 혜택

일반적으로 기업은 보통주라는 한 종류의 주식을 발행하며, 각각의 주식은 하나의 투표권을 갖는다. 그러나 때때로 기업은 두 종류(class)의 주식을 발행하기도 하는데 이들 주식은 투표권이 서로 다르다. 예를 들어 구글(Google)이 처음으로 주식을 공개했을 때 창업자들은 회사 통제권을 포기하고 싶지 않았고, 그래서 두 종류의 주식을 발행하였다. 일반투자자들에게 매각한 A주식은 주당 하나의 투표권이 주어진 데 비해 창업자들이 보유한 B주식은 10배나 많은 투표권을 행사할 수 있다. 두 종류의 주식은 동일한 현금흐름권을 갖지만 통제권은 서로 다르다. (참고: 한국에서는 이와 같은 차등의결권 주식은 발행할 수 없다.)

두 종류의 주식이 있을 때 추가적인 투표권을 가진 주주는 성과가 부진한 경영진을 교체할 수 있으며, 주주 가치를 증대시키는 투자안이나 경영정책을 채택하도록 경영자에게 압력을 가할 수도 있다. 그러나 두 종류의 주식 모두 동일한 현금흐름권을 갖고 있는 이상 모든 주주는 그러한 변화로부터 동일한 혜택을 받게 된다. 그렇다면 왜 우월한 투표권을 가진 주식은 통상적으로 프리미엄을 받고 팔리는가? 유일하게 생각해 볼 수 있는 이유는 이런 주식의 소유자에게는 **사적 혜택**(*private benefits*)이 주어진다는 것이다. 가령 대량 투표권이 있는 주식의 소유자는 자신이 지지하는 후보를 이사로 선출할 수 있고, 회사가 제공하는 특권적 소비(perquisite)를 누릴 수 있다. (회사 제트기로 버뮤다로 여행하는 것은 어떤가?) 또한 이런 주식은 기업인수에서 특별한 협상력을 가질 수 있다. 다른 회사가 이런 주식을 보유하고 있는 경우에는 그 투표권을 이용하여 사업적 우위를 확보하는 데도 영향을 미칠 수 있다. 이런 이유 때문에 더 많은 투표권을 갖는 주식이 더 높은 가격으로 팔리게 된다.

일부 국가에서는 기업 통제권에 따르는 혜택이 훨씬 더 큰 것으로 보인다. 예를 들어 타티아나 네노바(Tatiana Nenova)는 두 종류의 주식발행이 허용된 국가들을 대상으로 조사하였다.[9] 미국에서는 투자자들이 우월한 투표권을 얻기 위해 평균적으로 기업가치의 2%까지 프리미엄을 지불하고 있는 데 비해 이탈리아에서는 이 프리미엄이 29%, 멕시코에서는 36%나 되었다. 이들 두 국가에서는 지배주주들이 커다란 사적인 이익을 얻고 있는 것으로 보인다. 뉴스 속의 재무 글상자에서는 우월한 투표권을 놓고 스위스에서 일어난 분쟁에 관해 설명하고 있다.

한 종류의 주식만 있는 경우에도 소수주주들은 불리한 입장에 처할 수 있다. 기업의 현금흐름과 잠재적 가치가 경영진이나 대량의 주식을 소유하고 있는 한 두 사람의 지배주주에게로 부당하

9) T. Nenova, "The Value of Corporate Voting Rights and Control: A Cross-Country Analysis," *Journal of Financial Economics* 68(June 2003) pp. 325~352.

투표권 경쟁

이코노미스트(*Economist*)지는 "얼마 전까지만 해도 스위스에서 주주들에게 우호적인 회사는 스위스 제독만큼이나 드물었다. 기업인수 방어수단(anti-takeover defence) 뒤에 안전하게 숨어서 대부분의 경영자들은 오만한 태도로 주주를 대했다."고 보도하였다. 그러나 이코노미스트는 이러한 태도가 변화하고 있다는 하나의 고무적인 징조를 인지하였다. 이것은 UBS(Union Bank of Switzerland)가 지분 소유자의 권한을 변경하려는 제안서였다.

UBS는 두 종류의 주식을 발행하였다. 하나는 소지자 주식(bearer share)으로 무기명이고, 다른 하나는 등록 주식(registered share)으로 기명이다. 스위스에서는 무기명식이 더 높은 평가를 받기 때문에 통상적으로 소지자 주식은 프리미엄이 붙어 거래되었다. UBS의 소지자 주식은 여러 해 동안 프리미엄이 붙어 거래되었다. 그러나 두 종류의 주식 간에는 또 하나의 중요한 특징이 있었다. 등록 주식은 소지자 주식에 동일한 금액을 투자하는 경우와 비교하여 다섯 배의 투표권을 가지고 있었다. 아마도 이 특성에 매력을 느낀 투자회사 BK비전(BK Vision)은 등록 주식에 대하여 대규모 포지션을 쌓기 시작했으며, 이로 인해 등록 주식의 가격이 소지자 주식에 비해 38%의 프리미엄을 갖는 수준까지 상승하였다.

이 시점에서 UBS는 두 종류의 주식을 합칠 계획을 발표하였는데 만일 성사되면 등록 주식은 소지자 주식이 되면서 우월한 투표권을 잃게 된다. 그리고 나면 UBS의 모든 주식은 동일한 가격으로 거래되기 때문에 UBS의 발표로 소지자 주식의 가격은 상승하고 등록 주식의 가격은 하락하였다.

BK비전의 사장인 마틴 에브너(Martin Ebner)는 이러한 변경이 아무런 보상도 없이 등록 주주로부터 투표권의 일부를 빼앗는 것이라고 불평하면서 이런 변경에 반대했다. 분쟁은 우월한 투표권을 가진 주식의 가치에 대한 문제를 부각시켰다. 만약 투표권이 모든 주주의 이익을 확보하기 위해 사용된다면 주식은 프리미엄을 붙여 매각해서는 안 된다. 그러나 만약 우월한 투표권을 가진 주식의 소유자가 그들 자신만을 위한 이익을 확보하고자 한다면, 프리미엄이 발생할 것이다.

많은 관찰자들에게 UBS의 제안은 어느 한 그룹의 주주들이 다른 주주들의 희생으로 이익을 취하는 것을 방지하고 기업 가치를 극대화하려는 공동 목적으로 모든 주주를 연합하려는 환영할 만한 시도로 받아들여졌다. 다른 사람들에게 이는 권리를 빼앗아 가기 위한 시도를 의미했다. 어떤 경우이든 이 제안에 대한 논쟁은 완전히 해결되지는 못했다. UBS가 그 후 곧 다른 스위스 은행인 SBC와 합병하기로 합의했기 때문이다.

게 빼돌려질 수 있기 때문이다. 미국에서는 법으로 소수주주를 착취로부터 보호하고 있지만 다른 나라의 소수주주들도 항상 이렇게 잘 대접받는 것은 아니다.[10)]

재무경제학자들은 때때로 소수주주에 대한 착취를 터널링(*tunneling*)이라고 한다. 지배주주가 회사로 통하는 터널을 뚫어 스스로 회사 자산에 대한 통제권을 확보한다. 러시아 스타일의 터널링을 살펴보자.

10) 국제적으로 지배주주들이 자신의 지위를 유리하게 활용할 기회가 서로 다른 점에 대해서는 다음 논문에서 논의하고 있다. S. Johnson et al., "Tunnelling," *American Economic Review* 90(May 2000), pp. 22~27.

예제 14.1 ● 소수주주에 대한 습격

사기극이 어떻게 이루어지는지 파악하기 위해서는 먼저 **주식병합**(*reverse stock split*)을 이해해야 한다. 주식병합은 대량의 저가 주식을 가진 회사가 주로 사용하는데 단순히 기존의 주식 여러 개를 하나로 결합하여 주식 수를 줄이는 것이다. 가령 주주들은 현재 소유하고 있는 3주 대신에 2주의 새로운 주식을 받는다. 모든 지분이 같은 비율로 감소되는 한 어느 누구도 그런 변화에 의해 이익이나 손실을 입지 않는다.

그러나 한 러시아 기업의 대주주는 주식병합을 이용하여 회사 자산을 약탈할 수 있는 기발한 방법을 생각해 냈다. 이 대주주는 기존 주주들이 현재 보유한 136,000주당 한 주의 새로운 주식을 받자고 제안하였다.[11)]

왜 대주주가 '136,000'이라는 숫자를 선택했는가? 두 명의 소수주주는 각각 136,000주 이하의 주식만을 소유하고 있었기 때문에 결과적으로 새로 발행되는 주식 1주도 받을 수 없었기 때문이다. 대신 소수주주들은 보유주식의 액면가에 해당하는 금액을 현금으로 지급받았으며, 대주주는 회사 전체를 송두리째 소유할 수 있게 되었다. 다른 여러 회사의 대주주들도 이 방법에 크게 고무되어 소수주주들을 몰아내기 위해 유사한 주식병합을 제안했다.

이런 뻔뻔스런 착취는 미국이나 다른 많은 나라에서는 허용되지 않는다.

위장 자기자본

보통주는 주식회사(corporation)가 발행한다. 그러나 소수의 지분증권(equity securities)은 주식회사가 아니라 합명회사나 신탁에 의해 발행된다. 몇 가지 간단한 예를 살펴보자.

합명회사 플레인스 올 아메리칸 파이프라인(Plains All American Pipeline LP)은 미국과 캐나다에서 원유 파이프라인을 소유하고 있는 **상장 합자회사**(*master limited partnership*)이다. 투자자는 뉴욕증권거래소에서 이 합자회사의 단위 지분(units)을 살 수 있으며, 그러면 투자자는 플레인스 올 아메리칸의 **유한책임사원**(*limited partner*)이 된다. 유한책임사원이 입을 수 있는 최대 손실은 그 기업에 투자한 금액이다.[12)] 이런 점이나 대부분의 다른 점에 있어서 합명회사(partnership)의 단위 지분은 일반 회사의 주식과 유사하다. 단위 지분(units)은 사업의 이익을 공유하고 수시로 현금배분(배당과 같음)을 받는다.

합명회사는 법인세를 내지 않는다. 모든 이익과 손실은 책임사원(partner) 개인의 세무신고로 바로 전가된다. 이런 세제상 혜택을 상쇄시키는 것은 합명회사의 여러 가지 한계점들이다. 예를 들어 법은 합명회사를 단순히 개인의 자발적 협회(voluntary association)로 간주한다. 합명회사의 사원과 마찬가지로 합명회사는 유한한 수명을 갖게 된다. 반면에 주식회사는 회사의 원래 주주들

11) 주식병합은 단순 다수결로 승인할 수 있었기 때문에 이 제안은 무난히 통과되었다.

12) 조합은 유한책임사원에게만 유한책임을 부여할 수 있다. 조합은 무한책임을 지는 한 명 이상의 책임사원을 갖고 있어야 한다. 그러나 책임사원(general partner)은 주식회사일 수 있다. 이는 조합과 궁극적으로 책임사원을 소유하고 있는 인격체 사이에 유한책임의 보호막을 설치하는 것이다.

이 생존하는 것보다 오래 존속하는 독립적인 '법인(legal person)'이다.

투자신탁과 부동산투자신탁(REITs) 알래스카의 북쪽 사면에 위치한 프루도 만(Prudhoe Bay)에 매장되어 있는 석유의 일부를 소유하고 싶은가? 바로 브로커에게 전화해서 프루도 베이 로열티 트러스트(Prudhoe Bay Royalty Trust)의 단위 지분을 조금 사면 된다. 영국석유회사(BP)는 이 신탁을 설립하였고, BP는 프루도 베이 수익에 대한 자사 지분에서 나오는 생산에 대한 로열티 이권(royalty interest)을 신탁회사에 넘겨주었다. 석유가 생산됨에 따라 각각의 신탁 단위 지분은 수익에 대한 자신의 몫(share)을 받는다.

이 신탁(trust)은 단일 자산을 소극적으로 소유한다. 이 경우 단일 자산은 프루도 베이의 생산으로부터 발생하는 수익(revenue)에 대한 BP의 권리이다. 소극적일 수 없는 운영사업체들은 신탁 형태로는 거의 설립되지 않는다. 물론 이 경우에도 예외가 있는데 **부동산투자신탁**(*real estate investment trusts*) 또는 *REITs*["리츠(reets)"로 발음]가 대표적인 예이다.

REITs는 상업 부동산에 대한 일반 대중의 투자를 촉진하기 위해 고안되었다. 이런 REITs로는 쇼핑센터 REITs, 사무실빌딩 REITs, 아파트 REITs 그리고 부동산개발업자에 대한 대출을 전문으로 하는 REITs 등이 있다. REIT '지분(share)'은 마치 보통주처럼 거래된다. REITs는 소유자에게 이익의 95% 이상을 지급하는 이상 세금이 부과되지 않는다. 한편 소유자는 배당에 대해 부과되는 어떤 세금이라도 이를 납부해야 한다. 그러나 REITs는 부동산투자에만 엄격히 제한된다. 자그마한 공장을 설립해 놓고 그것을 REITs라고 부른다고 해서 세금을 회피할 수는 없다.

우선주

투자자들이 '주식(stock)' 또는 '지분증권(equity)'을 이야기할 때는 일반적으로 보통주(common stock)를 의미한다. 그러나 하니웰은 최대 4천만 주까지 **우선주(preferred stock)**를 발행할 수 있는 권리를 받았는데 우선주도 역시 자기자본의 일부이다. 그 이름에도 불구하고 우선주는 기업이 필요로 하는 자금 중 단지 작은 일부분만을 조달해 주며, 앞으로의 논의에서도 많은 시간을 할애하지 않을 것이다. 그러나 우선주는 합병이나 다른 특별한 상황에서 자본조달을 위한 유용한 방법이 될 수 있다.

부채와 마찬가지로 우선주는 일반적으로 투자자들에게 고정된 배당을 지급할 것을 약속한다. 회사가 우선배당(preferred dividend)을 지급하지 않을 수는 있다. 그러나 이 경우에는 보통 주주들에게도 배당을 지급하지 못한다. 대부분의 우선주는 **누적적 우선주**(*cumulative preferred stock*)이다. 이는 회사가 과거의 모든 우선배당을 지급한 이후라야만 보통 주주에게 단 한 푼이라도 배당할 수 있다는 뜻이다. 회사가 우선배당을 지급하지 못하면 일반적으로 우선 주주들이 일부 투표권을 얻는데, 이렇게 함으로써 보통 주주들은 우선 주주들과 기업의 통제권을 나누어 가지게 된다. 이사들은 우선주에 대한 배당을 지급하지 못하면 회사가 투자자들에게 좋지 않은 기업으로 낙인찍힌다는 점을 잘 알고 있기 때문에 우선주에 대한 배당을 지급하지 않는 결정을 쉽게 내리지 못한다.

14.3 부채

회사가 자금을 차입할 때는 정기적으로 이자를 지급하고 만기가 되면 원금을 상환한다는 약속을 한다. 그러나 이런 채무는 유한책임이다. 만약 주주들이 기꺼이 회사 자산을 채권자에게 넘겨줄 생각이 있다면, 주주들은 부채를 부도처리(default) 할 권리를 갖는다. 회사 자산의 가치가 부채금액보다 적다면 주주들은 분명히 이런 선택을 할 것이다.[13)]

채권자들은 회사의 소유자가 아니기 때문에 통상적으로 어떤 투표권도 갖지 못한다. 기업의 이자 지급금은 비용으로 인정되어 과세 소득에서 공제된다. 따라서 이자는 세전(*before-tax*) 소득에서 지급된다. 반면에 보통주와 우선주에 대한 배당은 세후(*after-tax*) 소득으로부터 지급된다. 그러므로 정부는 실질적으로 부채 사용에 대해 세금 보조금을 제공하고 있는 셈이다. 자기자본에 대해서는 이런 혜택을 제공하지 않는다. 부채와 세금 문제에 관해서는 제18장에서 자세히 논의할 것이다.

기업 지분(corporate equity)의 대부분은 금융기관이 소유하고 있다. 그림 14.5는 기업의 채권도 역시 금융기관이 대부분을 소유하고 있음을 보여주고 있다. 이 경우 가장 큰 보유분(stake)을 가진 것은 보험회사이다.[14)]

부채는 다양한 형태를 가진다

재무관리자는 부채증권에 관해서는 당황스러울 정도로 많은 선택에 직면하게 된다. 예를 들어 표 14.3을 보자. 이 표는 하니웰이 자금을 차입한 여러 가지 방법을 보여준다. 하니웰은 또한 대차대조표에 나타나지 않는 다른 많은 협정을 맺고 있을지도 모른다. 가령 회사는 더 많은 단기 은행대

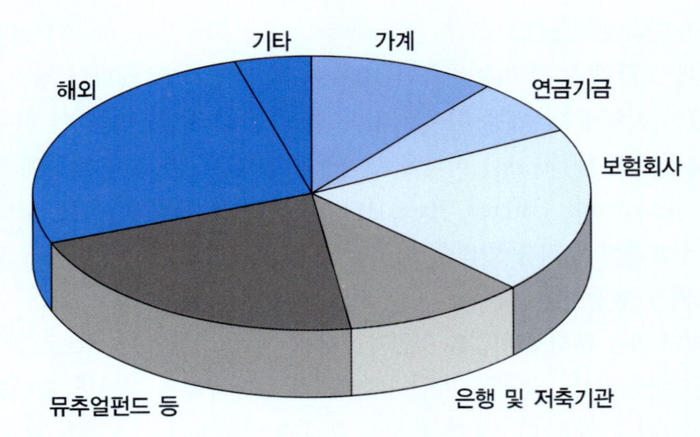

그림 14.5
미국 및 외국 기업이 발행한 채권의 보유 현황 (2008년 4분기).

자료원: Board of Governors of the Federal Reserve System, Division of Research and Statistics, Flow of Funds Accounts Table L. 212 at **www.federalreserve.gov/releases/z1/current/data.htm**.

13) 실제로는 자산의 양도가 그리 간단하지만은 않다. 때때로 기업에는 서로 다른 청구권을 가진 수천 명의 채권자가 있을 수 있다. 양도의 관리는 보통 파산법정으로 넘어간다(제32장 참조).

14) 그림 14.5는 은행대출과 같은 단기 부채는 포함하지 않는다. 기업에 의해 발행된 거의 모든 단기 부채는 금융기관이 보유하고 있다.

표 14.3
대기업은 서로 다른 많은 증권을 발행한다. 이 표는 2008년 12월 현재 하니웰의 재무상태표(대차대조표)에 기록된 부채 증권의 일부를 보여주고 있다.

은행대출
기업어음
중기 채권
무보증 회사채
변동금리 채권
무이표 채권
배수(무이표) 채권
산업개발채권

출을 쓸 수 있도록 하는 신용한도(lines of credit)를 설정할 수도 있다. 뿐만 아니라 회사는 고정금리 외화대출을 변동금리의 부채로 전환하는 스왑계약을 체결하였다.

독자들은 아마도 스왑이나 변동금리의 부채가 무엇인지 궁금할 것이다. 우선은 마음을 편히 갖자. 기업 부채의 다양한 특성에 관해서는 이 책의 후반부에서 설명하기로 한다. 여기서는 단지 각 기업이 발행하는 부채증권의 믹스(mix)가 다음과 같은 여러 문제에 대한 재무관리자의 반응을 나타내고 있다는 점에 주목하자.

1. **단기로 자금을 차입할 것인가, 아니면 장기로 차입할 것인가?** 만약 회사가 단순히 크리스마스 계절에 앞서 재고의 일시적 증가를 위해 자금을 조달해야 한다면 단기 은행대출을 이용하는 것이 합리적일 것이다. 그러나 석유 정제시설의 확장을 위해 현금을 지급해야 한다면 어떤가? 정제시설은 15~20년 동안 끊임없이 가동될 것이다. 이런 경우에는 장기 채권을 발행하는 것이 보다 적절하다.[15]

   어떤 대출은 꾸준히 정기적으로 상환해야 한다. 다른 경우에는 전체 대출이 만기에 상환된다. 가끔 차입자가 대출을 조기에 상환하는 선택권을 가지는 경우도 있고, 채권자가 곧바로 상환하도록 요구하기도 한다.

2. **부채는 고정금리로 발행할 것인가, 아니면 변동금리인가?** 장기 채권에 대한 지급이자, 즉 액면이자(쿠폰)는 통상적으로 발행시점에 고정된다. 장기 이자율이 10%일 때, 액면가 $1,000의 채권을 발행하면 회사는 앞으로 이자율이 어떻게 변동하든지 상관없이 연 $100을 계속 지급해야 한다.

   대부분의 은행대출과 일부 채권은 변동(*floating*) 이자율로 제공된다. 예를 들어 각 기간에 있어 이자율은 LIBOR(London Interbank Offered Rate)보다 1% 높게 책정될 수도 있다. LIBOR는 주요 국제은행들이 상호간에 달러를 빌려줄 때의 이자율이다. LIBOR가 변하면, 모든 다른 대출에 대한 이자율 역시 변동한다.

3. **자국 통화로 차입할 것인가, 아니면 다른 통화로 차입할 것인가?** 많은 미국 기업은 외국으로부터 자금을 차입한다. 종종 기업은 해외에서도 달러를 차입하지만(외국투자자들은 상당한 달러를 보유하고 있다) 해외 사업체를 가진 기업은 외국통화 표시로 부채를 발행하기로 결정을 할 수

15) 기업이 미래에 대한 자신감을 전달하기 바란다면, 장기 프로젝트에 필요한 자금을 단기 부채로 조달하는 방안을 선택할 수 있다. 투자자들은 이익이 감소할 것으로 예상되는 경우, 부채의 첫 만기가 도래했을 때 새로 대출을 받지 못할 위험을 감수하면서까지 기업이 단기 부채 사용을 선택하지는 않을 것이라고 추론한다. D. Diamond, "Debt Maturity Structure and Liquidity Risk," *Quarterly Journal of Economics* 106(1991), pp. 709~737.

있다. 외화가 필요한 경우에는 그 나라 통화로 직접 차입하는 것이 합리적일 것이다.

국제채권은 통상 국제은행의 런던지점에서 발행되고 있기 때문에 이런 채권을 전통적으로 **유로채권(eurobond)**이라고 하며, 부채는 **유로통화(eurocurrency)** 부채라고 한다. 유로채권은 달러, 엔, 또는 기타 어떤 통화로도 표시가 가능하다. 불행하게도, 유럽연합의 단일 통화가 창설되었을 때 이를 유로(*euro*)라 부르게 되었다. 그래서 유로채권(국제적으로 매각되는 채권)과 유로표시 채권을 혼동하기 쉽다.

4. 채권자에게 어떤 약속을 해야 하는가? 채권자는 자신의 채권을 가능한 한 안전하게 만들려고 한다. 그러므로 채권자는 자신의 부채증권이 다른 부채에 비해 우선순위가 높을 것을 요구한다. 부도가 발생하는 경우 선순위(*senior*) 부채증권은 우선적으로 변제 받을 수 있다. 후순위(*junior*) 또는 하위(*subordinated*) 부채증권의 소유자는 모든 선순위 부채증권 소유자에 대한 상환을 완료한 후에야 비로소 변제 받을 수 있다(모든 부채증권 소유자가 우선주나 보통주 주주들에 비해서는 앞선 순위를 갖기는 하지만).

기업은 또한 특정 채권자의 보호를 위해 자산의 일부를 특별히 구분하여 따로 예치해 놓을 수도 있다. 그런 부채는 담보되어(*secured*) 있다고 하며, 따로 설정해 둔 자산을 담보(*collateral*)라고 한다. 그래서 소매상은 은행대출에 대해 재고나 받을 어음을 담보로 제공한다. 만약 소매상이 대출금을 상환하지 못하면 은행은 그 담보를 확보하여 부채를 갚는 데 쓸 수 있다.

통상적으로 기업은 대출받은 자금을 잘 활용할 것이며, 지나친 위험부담은 하지 않을 것이라는 점을 채권자에게 확신시킨다. 예를 들어 적당한 정도로 차입하는 기업은 목에 찰 정도로 부채를 사용하는 기업보다는 곤경에 처할 확률이 낮다. 그래서 차입자는 추가로 발행할 수 있는 부채규모를 제한하는 데 합의한다. 채권자들은 회사가 곤경에 처했을 때 부채상환에서 다른 사람들이 우선순위를 가로채가지나 않을까 걱정한다. 그래서 기업은 기존 부채증권의 보유자보다 선순위인 새로운 부채를 발행하지 않을 것이며, 다른 채권자들을 위해 회사 자산을 따로 담보로 설정하지 않을 것을 약속한다.

5. 일반사채를 발행할 것인가, 아니면 전환사채를 발행해야 하는가? 기업은 종종 채권 소유자에게 다른 증권으로 전환할 수 있는 옵션을 부여하는 증권을 발행한다. 이러한 선택권은 증권 가치에 상당한 영향을 미친다. 가장 극적인 예는 **신주인수권(warrant)**인데 이는 바로 옵션이다. 신주인수권, 또는 워런트의 소유자는 정해진 날 이전에 정해진 가격으로 정해진 수만큼의 회사 주식을 매입할 수 있다. 신주인수권과 채권은 종종 함께 매각된다.

전환사채(convertible bond)는 그 소유자에게 채권을 미리 정해진 수만큼의 회사 주식으로 전환할 수 있는 옵션을 부여한다. 전환채권 소유자는 발행기업의 주가가 급등하여 큰 이익을 남기고 채권을 주식으로 전환할 수 있기를 바란다. 그러나 만약 주가가 급락한다면 전환할 의무는 없으며, 그냥 채권 소유자로 남아 있으면 된다.

다른 이름의 부채

부채(*debt*)라는 말은 아주 단순하게 들릴지 모르지만 기업은 실제로 수상쩍을 정도로 부채와 유사하지만 회계장부에는 다르게 기재하는 많은 약속을 한다. 이런 위장된 부채 중에는 쉽게 찾아낼 수 있는 것도 있다. 예를 들어 외상매입금은 단순히 이미 구입한 상품에 대한 지급의무이므로 단기 부채나 마찬가지이다.

분명하게 나타나지 않는 채무도 있다. 예를 들어 회사가 돈을 빌려서 새 설비를 구입하는 대신 장기로 임대하거나 **리스(lease)**할 수도 있다. 이 경우 회사는 설비 소유자에게 일련의 리스료를 지급하기로 약속한다. 이는 대출금의 원리금을 상환해야 하는 의무와 꼭 같다. 회사 형편이 어려워지더라도 대출금 이자를 갚지 않을 수 없는 것처럼 리스료를 지급하지 않을 수는 없다.

위장 부채의 또 다른 예가 있다. 2008년 말 하니웰은 종업원들에게 은퇴 후의 건강관리와 생명보험 혜택을 약속했는데 그 금액이 무려 $170억에 달했다. 그러나 하니웰은 이 약속을 지키는 데 쓰기 위해 고작 $85억만 적립하고 있었다. **재원이 확보되지 않은(*unfunded*)** 채무가 $85억에 이르렀다.

이런 채무가 반드시 비밀스럽거나 부정직하다는 것은 아니다. 이들 채무는 재무상태표(대차대조표)에 분명하게 기록되어 있고, 주석에 설명되어 있다. 그러나 때때로 회사들은 차입을 얼마나 하는지 투자자들이 알지 못하게 하려고 무척 애를 쓴다. 예를 들어 엔론(Enron)은 **특수목적회사(*special-purpose entities, SPE*)**를 설립하는 방법으로 $6억 5,800만을 차입했는데 자회사가 주식과 부채로 현금을 조달하여 이를 모회사의 부채를 갚는 데 썼다. 이렇게 조달된 부채는 엔론의 재무상태표(대차대조표) 어디에도 기록되지 않았다.

다양성은 바로 생활의 묘미

앞에서 기업 증권을 분류하는 여러 측면을 살펴보았다. 이런 다양성은 재무관리자에게 증권을 설계함에 있어 많은 선택권을 부여한다. 투자자들에게 그 증권의 매력을 확신시킬 수만 있다면 기업은 스웨덴 크로노르(kronor) 표시의 전환채권, 후순위 채권, 변동금리 채권 등 아무 것이라도 마음대로 발행할 수 있다. 단순히 기존 증권의 속성들을 결합하기보다는 전혀 새로운 증권을 만들어 낼 수도 있다. 예를 들어 석탄회사가 석탄 가격에 따라 지급금액이 변동하는 전환채권을 발행하는 경우도 상상해 볼 수 있다. 우리는 아직 그런 채권을 들어본 적이 없지만 이는 완전히 합법적이다. 누가 알겠는가? 조만간 그런 증권이 투자자들 사이에 상당한 관심을 불러일으킬지도 모를 일이다.

기업이 발행하는 증권의 엄청난 다양성을 생각해 보면 부채와 자기자본의 특성을 모두 수용한 혼성물(hybrid)을 접하게 되는 것은 전혀 놀라운 일이 아니다. 때로는 부채와 자기자본을 나누는 선을 긋는 일은 무척 어렵다. 예를 들어 월간 소득 우선주(monthly income preferred stock, MIPS)는 우선주로 재포장된 하위 부채(subordinated debt)이다. MIPS는 발행회사의 대차대조표에서는 자기자본으로 취급되지만 국세청(Internal Revenue Service, IRS)은 우선 배당을 세금공제가 가능한 이자로 취급한다.[16] MIPS는 세금 목적으로는 부채이지만 그 외에는 자기자본이다.

재무관리자는 증권을 뭐라고 부르든지 상관하지 않는다. 단지 그 증권이 어떻게 기능하는가에만 신경을 쓴다. ("이름이 뭐 대순가? 장미는 다른 이름으로 불러도 여전히 달콤한 향기가 나는

16) P. Irvine and J. Rosenfeld, "Raising Capital Using Monthly Income Preferred Stock: Market Reaction and Implications for Capital Structure Theory," *Financial Management* 29(Summer 2000), pp. 5~20 참조.

걸.")[17] 그러나 증권을 부채와 자기자본으로 분류하는 것은 회계나 세금 목적으로는 상관이 있다. 때때로 분류는 매우 어려울 수 있다. "부채는 안전하고, 자기자본은 위험하다"고 말하는 것은 별로 도움이 안 된다. 안전한 자기자본(예컨대 최우량 회사가 발행한 우선주)이나 위험한 부채(정크본드)의 수많은 예가 있기 때문이다. 자기자본은 부채에 대한 청구권이 충족된 후 사업의 상방 또는 하방 성과에 참여하는 잔여 청구권(residual claim)이라는 점을 기억하는 것은 도움이 된다. 자기자본은 잔여 현금흐름권과 잔여 통제권을 갖는다. 부채는 현금흐름에 대해 가장 먼저 청구권을 가지지만 이러한 청구권은 한계가 있다. 부채는 사업의 상방 성과에는 참여할 수 없다. 회사가 부도가 나서 부채 조항을 위반하지 않는 한 부채는 통제권이 없다.

14.4 금융시장과 금융기관

이상으로 기업이 발행하는 증권에 대한 간단한 여행을 마친다. 이것은 마치 5일 만에 12개의 성당을 구경한 느낌일 것이다. 그러나 후반의 여러 장에서 심사숙고와 분석을 위한 충분한 시간이 있을 것이다. 여기서는 기업의 증권이 거래되는 시장과 증권을 보유하고 있는 금융기관으로 초점을 옮겨 간략히 살펴보기로 한다.

주식회사는 주식이나 채권 같은 금융자산을 매각함으로써 자금을 조달한다고 설명했다. 이렇게 함으로써 기업은 보다 많은 현금을 보유하게 되고 일반 투자자들은 보다 많은 주식과 채권을 소유하게 된다. 이렇게 발행되는 증권은 발행신주(*primary issue*)라고 하며, 이들 증권은 **발행시장(primary market)**에서 매각된다. 그러나 금융시장은 기업의 현금 조달을 돕는 것 외에도 투자자들이 상호간에 주식 또는 채권을 거래할 수 있도록 해 준다. 가령 와타나베(Watanabe) 양은 자신이 보유한 소니(sony) 주식을 매각하여 얼마간의 현금을 조달하기로 결정하며, 동시에 하시모토(Hashimoto) 씨는 그의 저축을 소니에 투자하는 결정을 내릴 수 있다. 그래서 그들은 거래를 한다. 그 결과는 단순히 한 사람으로부터 다른 사람에게로 소유권이 이전되는 것이다. 이러한 거래는 기업의 현금, 자산, 혹은 운영에는 아무런 영향을 미치지 않는다. 이러한 증권의 매입과 매도는 유통거래(*secondary transactions*)라고 하며, **유통시장(secondary market)**에서 일어난다.

일부 금융자산이 거래되는 시장은 다른 금융자산의 시장보다 덜 활발하다. 예를 들어 기업이 은행으로부터 자금을 차입하면 은행은 금융자산(이자와 함께 대출을 상환하겠다는 약속)을 취득하게 된다. 은행은 때때로 대출 패키지를 다른 은행에게 매각하기도 하지만 일반적으로 은행은 차입자가 대출금을 상환될 때까지 대출을 계속 보유한다. 다른 금융자산은 정기적으로 거래된다. 주식과 같은 일부 금융자산은 뉴욕, 런던, 혹은 도쿄의 증권거래소와 같은 조직화된 거래소에서 거래된다. 다른 경우에는 조직화된 거래소가 없으며, 금융자산은 딜러 네트워크를 통해 거래된다. 이런 시장을 장외(*over-the-counter, OTC*)시장이라고 한다. 예를 들어 대부분의 국채와 회사채는 장외시장에서 거래된다.

일부 금융시장은 기업이 현금을 조달하는 대신 위험을 관리하는 데 이용되기도 한다. 이들

17) *Romeo and Juliet*, Act II, Scene 2.

시장에서는 기업이 파생증권을 매입하거나 매도할 수 있다. 파생증권의 지급금은 다른 증권이나 상품의 가격에 따라 결정된다. 예를 들어 초콜릿 생산업자가 코코아 가격의 상승이 걱정되면 파생증권 시장을 활용하여 미래에 필요한 코코아를 고정된 가격으로 매입할 수 있다.

2007~2009년의 금융위기

2007~2009년[18] 기간의 금융위기는 많은 의문을 불러 일으켰지만 한 가지 의문은 확실하게 해결했다. 금융시장과 금융기관이 중요하다는 것이다. 금융시장과 금융기관이 제대로 작동하기를 멈추면서 전 세계는 글로벌 리세션(경기침체)으로 빠져들었다.

미국의 경우 리세션은 1930년대의 대공황 이후 최악이었다. 그러나 금융위기는 수많은 다른 나라에도 들이닥쳤다. 카멘 라인하트와 케네스 로고프(Carmen Reinhart and Kenneth Rogoff)는 선진 국가에서 일어난 18번의 전후(postwar) 금융위기와 개발도상국의 여러 번의 위기, 그리고 두 번의 역사적 에피소드 등을 조사하였다.[19] 저자들은 체계적인 은행 위기는 전형적으로 신용 붐(credit boom)과 자산가격 버블 후에 뒤따라 왔다. 위기의 결과는, 평균적으로, 6년간에 걸친 35%의 실질적인 주택 가격 하락이었다. 주가는 3년 반 동안에 걸쳐 55% 하락하였다. 생산은 2년에 걸쳐 9% 하락하였고, 실업은 4년간 7% 증가하였다. 정부 부채는 위기 이전 수준에 비해 86% 늘어났다.

위기는 항상 아주 고약한 놀람으로 다가왔다. 경영자나 투자자, 그리고 정책입안자들은 수많은 이전의 위기를 무시해 버린다. ("과거를 기억하지 못하는 자들은 과거를 반복할 운명에 처한다.")[20] 그들은 자기 나라는 다르다거나 또는 지금은 과거와 다르다고 생각하는 것 같다.

2007~2009년의 위기는 소수의 몇 가지 경제적 사건 때문이라고 할 수는 없다. 그러나 몇몇 원인이 되는 요소를 찾을 수는 있다. 우선 2000년의 기술주 버블 이후 미국 연방은행과 다른 나라의 중앙은행들이 채택한 통화완화정책을 들 수 있다. 동시에 아시아 경제권의 대규모 국제수지 흑자는 다시 미국 국채와 다른 부채증권에 투자되었다. 이 또한 느슨한 신용의 원인이 되었다.

낮은 이자율과 손쉬운 신용은 미국뿐만 아니라 영국, 아일랜드, 스페인을 포함한 여러 나라에서 주택 가격의 극적인 상승에 불을 지폈다. 주택 가격은 2006년에 정점에 도달했고, 그 후 다시 떨어지기 시작했다.

많은 서브프라임 모기지는 함께 포장되어 은행에 재매각되었다. 주택 가격이 하락하면서 투자자들은 점차 이들 은행이 입은 손실에 대해 걱정하기 시작했다. 8월에 와서 은행들은 기간이 며칠 이상만 되어도 상호간의 대출을 꺼리게 되었고, 중앙은행은 대량의 유동성을 투입할 수밖에 없었다. 대출자들은 통상적으로는 안전하고 일상적인 거래에 대해서도 점점 더 많은 담보를 요구하

---

18) 이 장을 집필한 시기는 2009년 7월이었다. '2007~2009'년이 지나치게 낙관적인 것이 아니기를 바란다.

19) C. Reinhart and K. Rogoff, "The Aftermath of Financial Crises," *American Economic Review* 99(May 2009), pp. 466~472. 저자들은 선진국의 18번의 전후 금융위기 중에서 특히 "상위 5번의 위기(1977년의 스페인, 1987년의 노르웨이, 1991년의 핀란드, 1991년의 스웨덴, 그리고 1992년의 일본)"를 강조하였다. 신흥시장 에피소드는 1997~1998년의 아시아 위기(인도네시아, 말레이시아, 그리고 필리핀), 1998년의 컬럼비아, 그리고 2001년의 아르헨티나이다. 역사적 에피소드는 1899년의 노르웨이와 1929년의 미국이다.

20) 이 속담은 여러 가지 변형(버전)이 있다. 여기서는 미국 철학자 조지 산타야나(George Santayana)를 인용하였다.

게 되었다.

2007년 가을 동안 서브프라임 모기지를 유동화한 부채의 가격은 계속 하락하였다. 2008년 3월 연방은행은 베어스턴스(Bear Sterns)를 J.P. 모건(J.P. Morgan)과의 합병을 주선하여 위기로부터 구제하였다. 제이피모건을 거래에 끌어들이는 데는 공적 자금과 보증이 필요했다.

2008년 동안 금융시스템, 특히 은행은 엄청난 압력에 시달리게 되었지만 실물경제는 크게 영향을 받지 않았다. 이런 현상은 2008년 9월 정부가 리만브라더스(Lehman Brothers)를 구제하지 않으면서 바뀌었다. 리만브라더스의 파산은 투자자들과 다른 금융기관에게 커다란 손실을 의미한다. 더욱 중요하게는 투자자와 금융기관들이 모든 대차대조표에는 위험이 도사리고 있을 수도 있다고 걱정하게 되었다. 이런 공포는 많은 부분 정당화되었다. 예를 들어 AAA 등급의 보험회사인 AIG가 채권의 부도에 대한 보험으로 엄청난 위험에 노출되어 있는 것으로 밝혀졌다. 미국 재무성이 AIG를 구제하는 데는 약 $850억이 들어갔다.

2009년 1분기에 와서는 미국과 다른 많은 나라의 경제활동은 빠르게 하강하고 있었다. 실업률은 극적으로 증가하였다. 국제무역이 침체되면서 일본이나 독일 등과 같은 수출 기반의 경제는 특히 심각한 타격을 받았다. 이는 대공황 이후 최악의 세계적인 위기였다.

금융기관의 역할

앞에서는 금융기관이 설계된 대로 기능을 하지 못할 때 생기는 결과를 설명하였다. 여기서는 금융기관이 어떻게 작동해야 하는지 설명해야 한다. 금융기관은 어떤 기능을 수행해야 하는가?

금융기관은 수많은 개인의 저축을 모아서 이를 대출이나 금융시장에 재투자하는 **금융중개기관**(*financial intermediaries*)으로서의 역할을 한다. 예를 들어 은행은 예금을 받거나 부채증권 또는 보통주를 매각하여 자금을 조달한다. 그런 다음 은행은 기업과 개인에게 자금을 빌려준다. 물론 은행은 비용을 보전하고 예금자와 다른 투자자들에게 보상을 할 수 있을 만큼 충분한 이자를 부과하여야 한다.

은행과 유사기관인 저축대부회사(savings and loan companies)는 가장 친숙한 중개기관이다. 그러나 보험회사나 뮤추얼펀드 같은 수많은 다른 중개기관도 있다. 미국에서는 기업의 장기 자본조달에 있어서는 보험회사가 은행보다 더 중요하다. 보험회사는 기업의 주식과 채권에 대규모로 투자하며, 종종 기업에 직접 장기대출을 한다. 이러한 대출을 위한 자금의 대부분은 보험증권의 매각으로 조달한다. 가령 주택에 대한 화재보험증권을 매입한다고 하자. 그러면 보험계약자는 보험회사에 현금을 지불하게 되며, 보험회사는 그 자금을 금융시장에 투자한다. 이러한 거래에서 보험계약자는 금융자산(보험증권)을 획득한다. 이런 자산에 대해서는 이자는 받을 수 없지만 화재가 발생하는 경우 보험회사는 보험증권에 약정한 손실까지 보전할 의무가 있다. 이것이 투자에 대한 수익이다. 물론 보험회사는 하나가 아니라 수천 개의 증권을 발행한다. 보통은 화재의 발생은 결국 평균에 도달하게 되므로 보험회사로서는 보험증권 소유자 전체 그룹에 대해서는 예측 가능한 의무만 지게 된다.

왜 금융중개기관은 제조기업과 다를까? 첫째, 금융중개기관은 특별한 방법으로, 예를 들어 예금을 받거나 보험증권을 판매함으로써 자금을 조달한다. 둘째, 금융중개기관은 주식, 채권, 사업체나 개인에 대한 대출 등과 같은 **금융자산**(*financial assets*)에 투자한다. 이와는 대조적으로 제조기업의 주요 투자대상은 공장과 설비 같은 **실물자산**(*real assets*)이다. 그래서 중개기관은 한 종류의 금융자산(주식, 채권 등)으로부터 현금흐름을 조달하여 그 현금흐름을 다른 종류의 금융자산(은행예금, 보험증권 등)으로 재포장한다. 중개기관은 투자자들이 이런 새로운 패키지의 현금흐름이 본원증권(original security)의 현금흐름보다 더 매력적인 것으로 생각하기를 바란다.

금융중개기관은 여러 방면으로 개인의 복지와 경제의 유연한 기능에 기여하고 있다. 몇 가지 사례를 살펴보도록 하자.

지불수단(payment mechanism) 모든 대금을 현금으로만 지불해야 한다면 생활이 얼마나 불편할까 생각해 보라. 다행히도 당좌예금, 신용카드, 그리고 전자이체 등은 개인과 기업이 지역적으로 멀리 떨어져 있더라도 빠르고 안전하게 대금을 보내고 받을 수 있도록 해준다. 은행은 지불서비스의 가장 분명한 제공자이지만 은행들만이 이 업무를 수행하는 것은 아니다. 예를 들어 화폐시장 뮤추얼펀드(money-market mutual fund)의 주식을 구입하면, 투자자의 돈은 다른 사람들의 돈과 합해져 안전한 단기 증권을 매입하는 데 사용된다. 그러면 투자자는 마치 은행예금을 갖고 있는 것처럼 이 뮤추얼펀드 투자를 바탕으로 수표를 발행할 수 있다.

차입과 대출(borrowing and lending) 거의 모든 금융기관은 저축된 자금이 그것을 가장 잘 활용할 수 있는 사람들에게 전달될 수 있도록 하는 일을 한다. 그래서 만약 존스(Jones) 양이 지금 당장 필요한 것보다 더 많은 돈을 가지고 있고 앞으로 닥칠 좋지 않은 때를 대비해 저축하기를 원한다면 존스 양은 은행의 저축예금에 돈을 맡길 수 있다. 만약 스미스(Smith) 씨가 새로운 자동차를 구입하고 대금은 나중에 지급하고자 한다면 은행으로부터 돈을 빌릴 수 있다. 대출자와 차입자는 모두 현금이 들어오는 대로만 써야 하는 경우보다는 더 만족할 것이다. 물론 개인들만이 현금을 조달해야 하는 것은 아니다. 수익성 있는 투자기회를 가지고 있는 기업 역시 은행으로부터 자금을 차입하거나 아니면 새로운 주식이나 채권을 매각하여 자금을 조달하려 할 것이다. 때때로 정부 또한 적자 재정을 운영하는데, 이때는 대량의 부채증권을 발행하여 필요한 자금을 조달한다.

원칙적으로 잉여 현금을 가진 개인이나 기업은 현금이 부족한 사람을 찾아 신문광고를 낼 수도 있고 인터넷을 찾아 볼 수도 있을 것이다. 그러나 자금 대부자와 차입자를 연결하는 데는 은행과 같은 금융중개기관을 이용하는 것이 더 값싸고 편리하다. 예를 들어 은행은 자금을 차입하려는 사람의 신용도 조사와 대출된 자금의 사용을 감시할 수 있는 시스템을 갖추고 있다. 여러분은 인터넷을 통해 접촉한 낯선 사람에게 돈을 빌려 줄 수 있겠는가? 그보다는 은행에 돈을 빌려주고, 은행이 그 돈으로 무엇을 할 것인지를 결정하도록 하는 것이 보다 안전할 것이다.

은행은 당좌예금 고객에게 자금을 즉시 인출할 수 있게 해 주는 동시에 기업과 개인에게는 장기 대출을 해 주고 있는 점에 주목하자. 은행의 채무(예금)와 대부분의 자산(대출) 간의 이러한 불일치는 예금자의 수가 충분히 많을 때에만 가능하다. 왜냐하면 은행은 예금자들이 모두 동시에 자금을 인출하지는 않을 것이라고 거의 확신할 수 있기 때문이다.

위험의 공동부담(pooling risk) 금융시장과 금융기관은 기업이나 개인이 위험을 공동으로 부담할 수 있도록 해 준다. 예를 들어 보험회사는 자동차 사고나 주택 화재의 위험을 서로 나누어 부담하는 것을 가능하게 한다. 다른 하나의 예를 보자. 가령 투자할 돈이 조금밖에 없다고 하자. 그러면 한 회사의 주식밖에 살 수 없을 것인데 만약 그 회사가 파산하면 투자금액을 전부 날리게 된다. 일반적으로 보통주나 기타 증권 등으로 구성된 분산된 포트폴리오에 투자하는 뮤추얼펀드의 주식을 매입하는 것이 더 낫다. 이 경우에는 증권가격이 전반적으로 하락하는 위험에만 노출된다.

금융시장의 기본적 기능은 전 세계에 걸쳐 동일하다. 그래서 유사한 기관이 이러한 기능을 수행하기 위해 출현했다는 것은 놀라운 일이 아니다. 거의 모든 나라에서 은행이 예금을 받고, 대출을 하며, 지불제도를 감시하는 것을 알 수 있을 것이다. 또한 생명보험회사와 사고에 대비해 보호 기능을 제공하는 보험회사를 접하게 될 것이다. 만약 그 나라가 상대적으로 번창하다면, 사람들의 저축을 관리해 주기 위해 연기금과 뮤추얼펀드와 같은 다른 기관도 설립되어 있을 것이다.

물론 기관의 구조(institutional structure)에 있어서는 차이가 있다. 은행을 예로 들어보자. 증권시장이 상대적으로 덜 발달된 많은 나라에서는 은행이 금융산업에서 훨씬 더 지배적인 역할을 수행한다. 은행은 종종 미국의 은행이 수행하는 역할보다 더 광범위한 활동을 한다. 예를 들어 은행은 산업체에 대해 대규모의 지분을 소유하기도 한다. 그러나 이는 미국에서는 일반적으로 허용되지 않는다.

요약

재무관리자는 두 가지의 광범위한 재무적 의사결정에 직면한다.

1. 내부적으로 조달된 현금흐름의 얼마만큼을 사업에 재투자하여야 하는가? 얼마만큼을 현금배당이나 주식 재매입으로 주주들에게 지급해야 하는가?
2. 어느 정도까지 자기자본 대신 부채로 자본조달을 해야 하는가?

이들 질문에 대한 답은 기업의 배당정책과 부채정책(debt policy)에 따라 좌우된다.

그림 14.1은 기업이 자금을 조달하고 사용하는 방법을 요약하고 있다. 그림을 다시 한 번 보고 수치에 대한 감을 가지도록 하자. 내부에서 창출된 현금은 투자자금의 주요 원천임에 주목하라. 차입 또한 상당하다. 그러나 순 자기자본 발행은 음수(−)이다. 즉 주식 재매입(자사주 매입)이 주식발행보다 많았다.

보통주는 가장 단순한 형태의 자본조달이다. 보통 주주들은 회사를 소유한다. 주주들은 모든 현금흐름과 회사 부채를 상환한 후 남는 자산을 모두 차지한다. 그러므로 보통주는 잔여 청구권이다. 사업의 상방과 하방 성과 모두에 참여한다. 부채는 현금흐름에 대해 맨 먼저 청구권을 가지지만 이 청구권은 제한이 있다. 부채는 회사가 부도를 내거나 부채 조항을 위반하지 않는 이상 어떤 통제권도 갖지 못한다.

우선주는 또 다른 형태의 자기자본 조달이다. 우선주는 고정된 배당을 약속한다. 그러나 이사회가 배당을 지급하지 않기로 결정하면 우선주주들은 이에 대항하지 못한다. 회사가 보통주에 대한 배당을 지급하기 전에 우선주에 대한 배당을 먼저 지급해야 한다.

부채는 가장 중요한 외부 자본조달의 원천이다. 채권이나 다른 기업 부채의 소유자는 이자지급과 원금의 상환을 약속받는다. 만약 기업이 이러한 지급금을 지급할 수 없으면 부채 투자자들은 회사가 돈을 지급하도록 소송을 하거나 파산을 신청할 수 있다. 파산은 채권자들이 회사를 넘겨받아 회사 자산을 매각하거나 또는 새로운 경영진을 선임하여 회사를 계속 운영한다는 것을 의미한다.

Visit us at www.mhhe.com/bma

세무 당국은 이자 지급금을 비용으로 취급하므로 기업은 과세소득을 계산할 때 이자를 과세소득에서 공제할 수 있음을 주목하라. 이자는 세전 소득에서 지급되지만 배당과 유보이익은 세후 소득으로부터 나온다.

미국의 장부상 부채비율은 2차 대전 후 기간 동안 일반적으로 증가했다. 그러나 미국의 부채비율이 다른 주요 산업화 국가의 비율보다 두드러지게 높은 것은 아니다.

부채증권(debt instruments)의 다양성은 거의 끝이 없다. 부채증권은 만기, 이자율(고정 혹은 변동), 통화, 우선순위, 담보, 그리고 부채가 주식으로 전환될 수 있느냐에 따라 서로 다르다.

기업의 부채와 주식의 대부분은 은행, 보험회사, 연기금, 뮤추얼펀드 등과 같은 금융기관이 소유하고 있다. 2007~2009년의 위기는 이러한 기관들이 수행하는 중대한 역할을 극적으로 보여주었다. 금융기관은 기업 투자뿐만 아니라 부동산과 기타 자산 투자의 대부분에 대한 자본조달을 해 준다. 금융기관은 지불 수단을 운영하고 있으며, 개인이 포트폴리오를 관리하고 분산할 수 있게 해 주고, 기업이 위험을 관리할 수 있게 도와준다.

더 읽어야 할 문헌

미국과 다른 주요 산업국가의 재무구조를 비교하는 유용한 논문은 다음과 같다.

R. G. Rajan and L. Zingales: "What Do We Know about Capital Structure? Some Evidence from International Data," *Journal of Finance*, 50:1421~1460(December 1995).

주주와 채권자 사이의 통할권과 현금흐름에 대한 권한의 배분에 대한 논의를 위해서는 다음의 논문을 참고하라.

O. Hart: *Firms, Contracts, and Financial Structure*, Oxford University Press, Oxford, 1995.

로버트 머튼(*Robert Merton*)은 아래의 논문에서 금융기관의 기능에 대한 아주 잘 개관하고 있다.

R. Merton: "A Functional Perspective of Financial Intermediation," *Financial Management*, 24: 23~41 (Summer 1995).

2009년 겨울호 저널 오브 파이낸셜 퍼스펙디브스(*Journal of Financial Perspectives*)에는 2007~2009년의 위기에 관한 논문이 여러 편 발표되었다. 다음 논문도 참조하라.

V. V. Acharya and M. W. Richardson, eds., *Restoring Financial Stability*(Hoboken, NJ: John Wiley & Sons, 2009).

다음 저작들은 금융위기를 더 일반적으로 다루고 있다.

F. Allen and D. Gale, *Understanding Financial Crises*(Oxford: Oxford University Press, 2007).

C. Reinhart and K. Rogoff, "The Aftermath of Financial Crises," *American Economic Review* 99 (May 2009), pp. 466~472.

C. M. Reinhart and K. Rogoff, *This Time Is Different: Eight Centuries of Financial Folly* (Princeton: Princeton University Press, 2009).

연습문제

기본문제

1. 맞는가, 틀리는가?

a. 미국의 비금융법인에 의해 발행된 순주식은 거의 모든 해에 있어 적지만 양(+)이다.

b. 미국기업의 대부분의 자본투자는 유보이익과 재투자된 감가상가액에 의해 조달되고 있다.

c. 미국에서의 부채비율은 지난 50년에 걸쳐 일반적으로 증가해 왔다.

2. Alfred Cake사의 수권주식 수는 100,000주이다. 현재 자기자본은 기업의 장부에 다음 표와 같이 나타나 있다.

Visit us at www.mhhe.com/bma

보통주(액면가 $0.50)	$40,000
자본잉여금	10,000
이익잉여금	30,000
자기자본	80,000
금고주(2,000주)	5,000
순 자기자본	$75,000

a. 얼마나 많은 주식이 발행되었는가?
b. 발행된 주식은 얼마나 되는가?
c. (a)와 (b)에 대한 당신의 답에서의 차이를 설명하라.
d. 주주들의 승인 없이 얼마나 더 많은 주식이 발행될 수 있는가?
e. Alfred Cake사가 한 주당 $2로 주식을 10,000주 발행한다고 가정하자. 표의 수치 중 어느 것이 변화될까?
f. 대신에 회사가 한 주당 $5로 주식을 5,000주를 되사들였다고 가정해 보자. 표의 수치 중 어느 것이 변화될까?

3. 선임해야 할 이사가 10명이다. 어느 한 주주는 80주를 소유하고 있다. 이 주주가 (a) 다수결 투표제도에서 가장 선호하는 한 후보에게 투표할 수 있는 최대의 투표수는 얼마인가? 그리고 (b) 집중투표제도에서의 최대 투표수는 얼마인가?

4. 다음 용어를 사용하여 빈칸을 채워라.
변동이자율(floating rate), 보통주(common stock), 전환 가능한(convertible), 후순위(subordinated), 우선주(preferred stock), 선순위(senior), 신주인수권(warrant).
a. 만약 부도가 났을 때, 대출자가 기업의 일반 채권자보다 순위가 뒤에 놓인다면, 그의 혹 그녀의 대출은 (   )의 것이라고 한다.
b. 많은 은행대출에 대한 이자는 이자의 (   )에 기초되고 있다.
c. (   )채권은 발행기업의 주식과 교환될 수 있다.
d. (   )은 그것의 소유자에게 미리 결정된 가격으로 발행회사의 주식을 살 권리를 부여하고 있다.
e. (   )에 대한 배당은 기업이 (   )에 대한 배당을 지급하지 않는다면 지급될 수 없다.

5. 맞는가, 틀리는가?
a. 미국에서는 대부분의 주식이 개인 투자자들에 의해 소유되고 있다.
b. 보험회사는 금융중개회사이다.
c. 조합에 대한 투자는 공개적으로 거래될 수 없다.

중급문제

6. 12008년 Pfizer회사는 120억 주의 수권 보통주를 보유하고 있었다. 그 중에 발행된 주식은 88억 6,300만 주이며, 67억 7,460만 주는 사외주(outstanding)로 남아있다(백만 단위로 반올림한 수치). 이 기업의 자기자본 구성은 다음과 같다.

Visit us at www.mhhe.com/bma

보통주	$ 443
자본잉여금	70,283
이익잉여금	44,148
금고주	(57,391)

a. 각 주식의 액면가는 얼마인가?
b. 매각 주식의 평균가격은 얼마인가?
c. 얼마나 많은 주식이 재매입되었는가?
d. 주식을 재매입했을 때의 평균가격은 얼마인가?
e. Pfizer회사 보통주의 순 장부가치는 얼마인가?

7. Inbox Software사는 2007년에 창립되었다. 이 회사의 창립자는 보통주 50만 주를 $200만으로 팔려고 내놓았다. 주식의 액면가는 $0.10이다.
a. 창립 후 다음 날 Inbox사의 자기자본계정(표 14.2에서와 같이)을 구성하라. 회사의 설립을 위해 소요된 법률 또는 행정비용은 무시하라.
b. 2년간 운영한 후, Inbox는 $12만의 이익을 창출하였으며, 배당금은 지급하지 않았다. 이 시점에서 자기자본은 얼마인가?
c. 3년 후에 회사는 한 주당 $5로 추가로 100만 주를 팔았다. 그 해 동안 $25만을 벌어들였고 배당금 지급은 없었다. 자기자본 계정은 얼마인가?

8. 표 14.2를 보라.
a. 하니웰사가 주당 $30에 추가로 주식 5,000만 주를 발행했다고 가정해보자. 이 발행 이후 회사의 자기자본을 보여주는 표 14.2를 재구성하라.
b. 하니웰사가 뒤이어 주당 $35로 주식 2,000만 주를 다시 사들였다고 가정해 보자. 이 추가적 변화의 효과를 보여주도록 표 14.2를 다시 구성하라.

9. East사가 투표권 있는 주식과 투표권이 없는 주식을 발행했다고 가정하자. 투자자들은 투표권이 있는 주식의 소유자가 회사의 무능한 경영자를 투표로 경질시키기 위해 그들의 힘을 사용하기를 바라고 있다. 당신은 투표권이 있는 주식이 더 높은 가격으로 팔릴 수 있다고 기대하는가? 그 이유를 설명하라.

10. 2007년 Beta회사가 $76만의 총수익을 올렸다.
a. $100만의 부채와 보통주의 조합으로 자금을 조달하였다고 가정하자. 이 부채의 이자율은 10%이고, 법인세율은 35%이다. 이자 및 법인세 지급 후 보통주주에게 어느 정도의 이익을 줄 수 있겠는가?
b. 이제 앞에서와는 달리 Beta회사가 $100만의 우선주와 보통주의 조합을 통해 자금을 조달했다고 가정해 보자. 우선주에 대한 배당수익률은 8%이고, 법인세율은 역시 35%이다. 우선주에 대한 배당금 및 법인세 지급 후 보통주 주주에게 어느 정도의 이익을 줄 수 있겠는가?

11. 인터넷으로 어느 한 미국회사에 대한 재무제표를 찾아서 회사가 발행한 부채의 형태를 보여주는 표 14.3과 같은 표를 구성해 보라. 어떤 협정으로 미래에 더 많은 자금을 차입하는 것이 가능할까? (힌트: 이 질문에 대답하기 위해서는 회계장부에 대한 주석에 주목할 필요가 있다.)

12. 다음의 특징 중 어느 것이 회사채의 가치를 증가시키는가? 어떤 특징이 회사채의 가치를 감소시키는가?
a. 차입자가 만기 이전에 대출을 갚을 수 있는 옵션을 갖고 있다.

Visit us at www.mhhe.com/bma

b. 이 채권은 주식으로 전환가능하다.
c. 이 채권은 부동산에 대한 담보에 의해 보증된다.
d. 이 채권은 후순위이다.

13. 2007년 여름 시작된 금융위기의 주요 사건을 보여주는 연대표(time line)를 그려보라. 위기가 끝난 것은 언제인가? 이 질문에 답하기 전에 더 읽어야 할 문헌의 일부 저작들을 검토하는 것이 좋겠다.

14. 앞에서 금융위기의 여러 원인을 언급하였다. 당신은 다른 원인을 찾을 수 있겠는가? 이 질문에 답하기 전에 더 읽어야 할 문헌의 일부 저작들을 검토하는 것이 좋겠다.

도전문제

15. Pickwick Paper사의 주주들이 5명의 이사를 선출하려고 한다. 발행주식 수는 20만 주이다. 회사가 (a) 다수결 투표제, (b) 집중투표제를 채택하고 있는 경우 주주가 적어도 한 명의 이사를 선출할 수 있기 위해서는 얼마나 많은 주식을 소유해야 하는가?

실시간 데이터분석

STANDARD &POOR'S

1. 웹사이트 **www.mhhe.com/edumarketinsight**에서 스탠더드 앤드 푸어스(Standard & Poor's)의 마켓 인사이트(market insight) 데이터베이스의 데이터를 사용하여 최근 연도에서 특정 일반기업을 골라 그림 14.1과 같은 자본조달 비율을 작성해 보라.

2. 웹사이트 **www.federalreserve.gov/releases/z1/current/default.htm**은 비농업회사들의 자금 원천과 총합 재무상태표(대차대조표)에 관한 데이터를 제공한다. 최근 연도의 표 F.102를 보라. 회사가 필요로 했던 현금 중 얼마의 비율이 내부적으로 창출되었고 얼마가 금융시장에서 조달되었는가? 이는 일반적인 형태인가? 이제 '신주 발행(new equity issue)'을 보자. 회사들은 평균적으로 주식을 새로 발생하는가, 아니면 주식을 재매입하는가?

3. 미국 제조기업의 총합 재무상태표는 웹사이트 **www.census.gov/ecom/qfr**에서 구할 수 있다. 최근 연도의 재무상태를 찾아보라. 장기 부채 대 장기 부채와 자기자본 합계의 비율은 얼마인가? 전체 장기 채무 대 장기 채무 자기자본 합계의 비율은 얼마인가?

Visit us at www.mhhe.com/bma

기업은 어떻게 증권을 발행하는가?

제11장에서 우리는 마빈사(Marvin Enterprises)를 만나보았다. 이 회사는 21세기 들어 가장 눈부신 성장을 이룩한 기업 중 하나이다. 이 회사는 고등학교를 중퇴한 마빈 형제, 조지 마빈(George Marvin)과 밀드레드 마빈(Mildred Marvin), 그리고 그들의 절친한 친구 찰스(칩) 노튼(Charles P. (Chip) Norton)이 설립한 회사이다. 회사를 설립하기 위해 이 세 사람의 기업가는 자신들의 저축과 은행으로부터 받은 개인적 대출에 의존했다. 그러나 급속한 성장으로 인해 회사는 가능한 한도까지 자금을 차입했고, 더 많은 자기자본이 필요하게 되었다. 이제 막 설립된 개인회사에 대한 지분투자는 일반적으로 **벤처캐피탈**(*venture capital*)이라고 한다. 이와 같은 벤처캐피탈은 투자기관들이나 부유한 개인들이 주로 제공하는데 그들은 미래의 수익을 기대하면서 아직 확인되지 않은 회사를 지원할 준비가 되어 있다. 이 장의 첫 번째 절에서는 마빈사와 같은 기업들이 어떻게 벤처캐피탈을 조달하는지에 대해 설명한다.

벤처캐피탈 조합들은 성장 기업들이 주식을 공개할 수 있을 만큼 커지기 전에 거쳐야 하는 힘겨운 풋내기 기간을 잘 넘길 수 있도록 도와주는 것을 목표로 한다. 마빈과 같은 성공적인 회사에는 보다 광범위한 자본 원천을 찾아내야 하고, 그래서 보통주의 신규공모를 결정해야 할 시점이 찾아온다. 이 장의 다음 절에서는 그러한 주식발행에 어떤 요소들이 관련되어 있는지에 대해 살펴본다. 주식발행을 증권거래위원회(SEC)에 등록하기 위해 거쳐야 할 과정을 설명하고, 발행 주식을 매입하여 투자대중에게 되파는 인수기관(underwriter)을 소개한다. 또한 새로 발행되는 주식은 일반적으로 발행 이후에 거래되는 가격보다 낮은 수준에서 팔린다. 왜 그런지를 이해하기 위해 경매 절차에 관한 내용을 간략하게 살펴볼 필요가 있다.

어떤 회사든 신규공모가 그 회사의 마지막 주식발행이 되는 경우는 거의 없다. 제14장에서 기업은 끊임없이 재정적자에 당면하고 이를 여러 가지 증권을 매도하여 극복하고 있음을 알았다. 이미 정착된 회사들이 어떻게 추가로 자본을 끌어들이는지에 대해서도 살펴본다. 이 과정에서 또 다른 의문에 직면하게 된다. 기업이 새로운 주식발행을 발표하면 일반적으로 주가가 떨어진다는 점이다. 이에 대한 설명은 투자자들이 그 발표로부터 해석하는 정보에서 찾을 수 있음을 시사한다.

만약 주식이나 채권이 공개 매각되면 그 증권은 증권시장에서 거래할 수 있다. 그러나 어떤 경우에는 투자자들이 증권을 계속 소유하기를 원하며, 매각할 수 있는지에 대해서는 관심이 없다. 이러한 경우에는 공모의 이득이 거의 없으므로 회사는 증권을 한두 개의 금융기관들에 직접 매각할 수도 있다. 이 장의 끝부분에서 기업이 어떻게 사모(private placement)를 실시하는지에 대해 설명한다.

15.1 벤처캐피탈

2022년 4월 1일 마빈사의 설립을 축하하기 위해 조지 마빈과 밀드레드 마빈은 자신들의 연구실(자전거 창고로도 같이 사용되고 있었음)에서 칩 노튼과 만났다. 이 세 사람의 기업가들은 개인저축과 은행 대출금으로 $100,000을 조달하여 신설회사의 주식 1백만 주를 사들였다. 이 시작단계 투자(*zero-stage investment*)에서 회사의 자산은 은행에 예치되어 있는 $90,000($10,000는 회사

설립에 필요한 법적 및 기타 비용으로 사용되었음)과 새로운 제품인 가정용 가글블래스터(gargle blaster; 소설적인 허구의 음료수)에 대한 아이디어가 전부였다. 그때까지만 해도 매우 값비싼 호기심일 뿐이었지만 조지 마빈은 가글블래스터가 극소 유전공학적 기술을 이용하여 상업적으로 생산될 수 있다는 것을 최초로 깨달은 사람이었다.

마빈사 은행계좌의 잔고는 설계와 실험 등의 과정이 진행되면서 계속 줄어들어 바닥을 드러내기 시작했다. 현지 은행들은 마빈의 아이디어를 충분한 담보로 여기지 않아서 다른 곳으로부터 자기자본의 수혈이 필요해졌다. 꼭 필요한 첫 번째 단계는 **사업계획서**(*business plan*)를 준비하는 일이었다. 계획서는 구상된 제품, 제품을 선보일 잠재적 시장, 제품 생산에 필요한 기술, 그리고 성공을 위해 필요한 자원(시간, 돈, 고용인, 공장, 그리고 각종 설비)에 대해 설명하고 있는 기밀 문서였다.

대부분의 기업가들은 자기 회사를 홍보하기 위해 회사에 대해 꽤나 그럴듯한 말들을 만들어 낼 수 있다. 그러나 벤처캐피탈리스트를 설득하기란 풋내기 작가의 데뷔작을 출판시키는 일만큼이나 어렵다. 마빈사 경영진은 말로만 하는 것이 아니라 돈을 투자할 준비가 되어 있다는 사실을 강조할 수 있었다. 경영진은 자신들의 저축을 전부 걸었을 뿐만 아니라 할 수 있는 한도까지 담보대출을 받았다. 이는 사업에 대한 경영진의 믿음을 잘 **전달해**(*signaled*) 주었다.

퍼스트 메리엄 벤처파트너스(First Meriam Venture Parners)사는 마빈사의 사업구상 발표에 좋은 인상을 받았고, 주당 $1로 신규 주식 1백만 주를 사기로 결정했다. 이 **제1단계**(*first-stage*)의 자본조달 후에 이 회사의 대차대조표(재무상태표)는 다음과 같아졌다.

마빈사의 제1단계 대차대조표(시장가치 기준, $백만)

신규 자기자본에 의한 현금	$1	$1	벤처캐피탈로부터의 신규 자기자본
기타 자산(대부분 무형자산)	1	1	사업가 소유의 당초 자기자본
가치	$2	$2	가치

퍼스트 메리엄이 마빈의 주식에 대해 주당 $1씩 지불하기로 합의했다는 사실은 사업가들의 당초 주식 지분을 $1백만으로 평가하였다는 뜻이다. 이는 사업가들의 원래 아이디어와 회사에 대한 그들의 헌신의 가치를 추정한 것이다. 이 추정치가 맞다면 사업가들은 본래의 투자금 $100,000에 대해 $900,000의 서류상의 이익(paper gain)을 얻은 것을 자축할 수 있을 것이다. 그 대신 이에 대한 대가로 사업가들은 회사에 대한 소유권의 절반을 포기하고, 퍼스트 메리엄의 대리인들을 회사 이사진으로 받아들였다.[1)]

새로운 사업의 성공은 경영자들이 회사에 쏟아 붓는 시간과 노력에 결정적으로 영향을 받는다. 그러므로 벤처캐피탈 회사들은 경영자들을 열심히 일하게 만드는 강한 동기를 부여하는 계획을 짜내려고 노력한다. 이는 앞서 제1장과 12장에서 논의했던 내용을 다시 떠올리게 한다. 이 두

1) 벤처캐피탈 투자자들이 반드시 이사진의 다수를 요구하는 것은 아니다. 이는 예컨대 사업이 어느 정도 성숙하였으며 지분이 얼마인가에 달렸다. 흔히 이루어지는 타협은 이사진의 자리를 회사 설립자들과 외부에서 온 투자가들 사이에서 동등하게 배정하는 방식이다. 양측은 한두 명의 이사를 추가로 선임하여 찬반 동수일 경우 의결권을 행사하도록 합의한다. 벤처캐피탈 회사가 회사 이사진의 다수를 차지하고 있든지 그렇지 않든지 간에 벤처캐피탈 회사가 조용한 협력자인 경우는 거의 없다. 벤처캐피탈 회사가 여러 사항들에 대해 내리는 판단과 계약이 상대적으로 많은 경험을 쌓지 못한 경영진에게는 종종 유용한 것으로 판명되었다.

장에서 우리는 기업의 주주(주체)는 어떻게 경영자(대리인)가 기업 가치를 극대화하기 위해 열심히 일하도록 하는 유인(incentive)을 제공하는가를 설명하였다.

만약 마빈의 경영진들이 빈틈없는 고용계약과 고액의 봉급을 요구했더라면 벤처캐피탈을 조달하는 일은 쉽지 않았을 것이다. 오히려 마빈의 경영팀은 별로 많지 않은 봉급을 받는 데 동의하였다. 그들은 주가가 상승하는 경우에만 돈을 벌 수 있었다. 만약 마빈이 실패하면 경영진들은 아무것도 받지 못한다. 퍼스트 메리엄은 실제로 우선주(*preferred stock*)를 매입하였는데 이 우선주는 마빈사가 신규 공모에서 성공을 거두거나 또는 지속적으로 목표 수준 이상의 수익을 거둘 경우에 보통주로 자동적으로 전환되도록 설계되어 있었다. 그러나 만약 마빈사가 파산한다면 퍼스트 메리엄이 회사의 잔존 재산에 대해 첫 번째 청구권을 가진다. 이 때문에 회사 경영진의 이해관계(stake)는 더욱 커졌다.[2)]

벤처캐피탈리스트가 설립한 지 얼마 안 되는 신생 기업에 그 회사가 필요로 하는 자금을 한꺼번에 주는 경우는 거의 없다. 각 단계에서 벤처캐피탈리스트는 다음의 주요 단계로 넘어가기에 충분한 금액만을 제공한다. 따라서 시제품의 설계와 시험이 끝나는 2024년 봄이 되면 마빈사는 시험 생산과 테스트 마케팅에 필요한 추가자금을 요청한다. 마빈사가 제2단계(*second-stage*)에서 조달한 자금은 총 $4백만이었는데, 이 중 $150만은 이 회사의 원래 후원자인 퍼스트 메리엄으로부터 조달되었고 나머지 $250만은 다른 두 개의 벤처캐피탈리스트 조합과 부유한 개인 투자가들로부터 조달되었다. 제2단계를 거친 후의 대차대조표는 다음과 같다.

마빈사의 제2단계 대차대조표(시장가치 기준, $백만)

신규 자기자본에 의한 현금	$4	$4	제2단계의 신규 자기자본
고정자산	1	5	제1단계에서의 자기자본
기타 자산(대부분 무형자산)	9	5	사업가 소유의 당초 자기자본
가치	$14	$14	가치

제2단계 자금지원을 받은 후의 가치는 $1천4백만이 되었다. 퍼스트 메리엄은 원래의 투자 $100만을 $500만으로 평가했으며, 회사 설립자들은 추가적으로 $4백만의 서류상 이익을 실현하였다.

이것이 마치 돈 찍는 기계(money machine)처럼 들리기 시작하지 않았는가? 그것은 나중에 생각해 보았을 때만 그렇다. 제1단계에서는 마빈이 제2단계로 진입할 수 있을지조차도 확실하지 않았다. 만약 시제품이 성공적이지 못했다면 퍼스트 메리엄은 추가 자금지원을 거부했을 것이고, 이는 실질적으로 사업을 중단시켰을 수도 있다.[3)] 그렇지 않으면 제2단계에서 원래보다 불리한 조건으로 더 적은 금액만을 지원했을 것이다. 이사회는 조지와 밀드레드, 그리고 칩을 해고하고 다른 사람을 고용하여 사업을 개발하려고 했을 수도 있다.

제14장에서 주주들과 대출자들은 현금흐름권과 통제권에서 차이가 있다는 점을 지적하였다.

2) 여기서는 교환관계(trade-off)가 있다는 점에 주목하자. 마빈사의 경영진은 계란을 전부 한 바구니에 담도록 요구받고 있다. 이는 경영자가 열심히 일하도록 압력을 넣기도 하지만 분산시켜서 피할 수 있는 위험을 부담해야 한다는 의미이기도 하다.

3) 만약 퍼스트 메리엄이 제2단계 투자를 거부했더라면 다른 투자자를 찾아 그 자리를 대신하도록 설득하는 일은 엄청나게 어려웠을 것이다. 다른 외부의 투자자들은 퍼스트 메리엄보다 마빈에 대한 정보가 부족한 것을 알며, 퍼스트 메리엄의 투자 거부를 마빈의 어두운 앞날을 말해 주는 조짐으로 해석했을 것이다.

주주들은 다른 증권 보유자들에게 지급을 완료한 후 남는 모든 현금흐름에 대한 권리를 갖는다. 또한 주주들은 회사가 돈을 어떻게 사용할 것인지를 결정한다. 대출자가 개입하여 회사를 통제할 수 있는 것은 회사가 채무불이행(default) 상태인 경우에 한한다. 신생 기업이 벤처캐피탈을 조달하는 경우 일반적으로 현금흐름권과 통제권은 별도로 협상한다. 벤처캐피탈 회사는 사업의 운영방법에 대해 의견을 개진하기를 원하고, 이사회의 의석과 상당한 투표권을 요구한다. 벤처캐피탈리스트는 만약 사업이 좋은 성과를 올리면 이들 권한들의 일부를 양도하는 데에 동의할 수도 있다. 그러나 성과가 좋지 못하면 벤처캐피탈리스트는 자동적으로 사업이 어떻게 운영되어야 하며, 현재 경영진들을 교체할지에 대해 보다 더 강한 발언권을 갖게 된다.

마빈사의 경우에는 운 좋게도 모든 것이 순조롭게 진행되었다. 제3단계인 **메자닌 파이낸싱**(*mezzanine financing*)이 이루어졌고,[4] 본격적인 제품 생산이 계획대로 시작되었으며, 가글블래스터는 전 세계 음악 평론가들로부터 호평을 받았다. 마빈사는 2028년 2월 3일 기업을 공개하였다. 일단 회사의 주식이 거래되기 시작하자 퍼스트 메리엄과 회사 설립자들이 벌었던 서류상 이익은 대체 가능한 실제의 부(富)로 전환되었다. 이러한 신규공모에 대해 논의하기 전에 오늘날의 벤처캐피탈 시장을 간단히 살펴보자.

벤처캐피탈 시장

이제 막 설립된 대부분의 신생회사들은 처음에는 가족 자금과 은행 대출금에 의존한다. 이런 회사 중 일부는 **엔젤투자자**(*angel investors*)라고 하는 부유한 개인들이 제공하는 지분투자의 도움으로 꾸준히 성장하기도 한다. 그러나 마빈사와 같은 수많은 풋내기 회사들은 전문적인 벤처캐피탈 회사로부터 자본을 조달한다. 이러한 전문적인 벤처캐피탈 회사들은 다양한 투자가들로부터 자금을 모으고, 투자 가치가 있는 갓 설립된 회사들을 물색하고, 그 다음으로 이런 회사들이 성장하기 위해 노력하는 과정에서 협력하며 일한다. 인텔(Intel)이나 존슨앤존슨(Johnson & Johnson) 등과 같은 일부 대규모 기술 기업들은 신생 혁신기업에 자기자본을 제공함으로써 기업 벤처사업가(corporate venturers)로서의 역할을 담당한다.

그림 15.1은 변동하는 벤처캐피탈 투자의 수준을 보여준다. 현기증 나게 투자가 활발했던 2000년에 벤처캐피탈 펀드들은 $1천억 이상을 투자했었으나 닷컴 붐이 끝나면서 벤처캐피탈 투자는 침체를 겪게 되었다.

대부분의 벤처캐피탈 펀드들은 대략 10년 정도의 고정된 수명을 가진 개인합자회사(limited private partnership)의 형태로 조직된다. 연금기금(pension fund)이나 다른 투자자들도 합자회사이다. 관리회사는 무한책임사원(general partner)이며, 투자를 집행하고 감시하는 책임을 진다. 이에 대한 대가로 관리회사는 고정된 수수료를 받으며 이익을 분배받는데, 이를 **캐리드 인터레스트**(*carried interest*), 또는 성과 수수료라고 부른다.[5] 이들 벤처캐피탈 합자회사는 종종 유사한 회사

4) 메자닌 파이낸싱이 반드시 제3단계에서 이루어지는 것은 아니다. 제4 혹은 제5의 단계에서 이루어질 수도 있다. 여기에서 주목할 점은 처음부터 관여하는 벤처캐피탈리스트와는 달리 메자닌 투자자는 뒤늦게 합류한다는 것이다.

5) 전형적인 협정은 관리회사가 2%의 수수료에 더하여 이익의 20%를 받는 것이다.

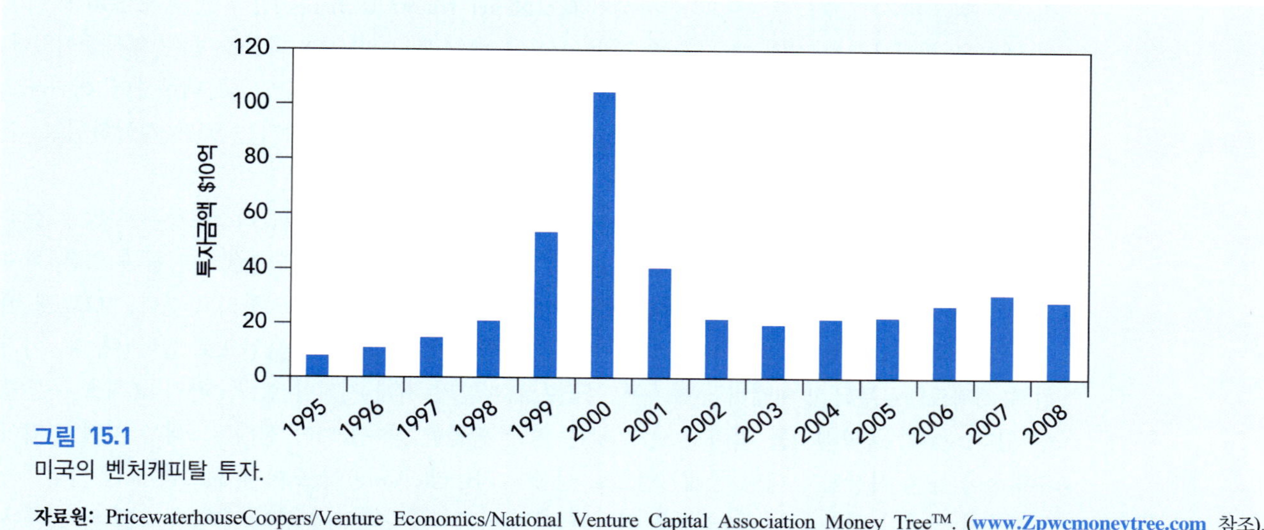

그림 15.1
미국의 벤처캐피탈 투자.

자료원: PricewaterhouseCoopers/Venture Economics/National Venture Capital Association Money Tree™. (**www.Zpwcmoneytree.com** 참조). ©2009 PricewaterhouseCoopers.

끼리 한데 뭉쳐 곤경에 처한 기업에 자금을 제공하거나 공개기업 전체나 특정 부문을 통째로 사서 상장을 폐지한다. 이런 일을 일반적으로 **사모펀드 투자**(*private equity investing*)라고 한다.

벤처캐피탈 회사는 수동적인 투자자가 아니다. 이들 회사는 평가하기가 어려운 신생 하이텍 회사에 전문화하고, 그 회사들을 면밀히 감시하려는 경향을 가진다. 벤처캐피탈 회사는 또한 자사가 투자하고 있는 회사에 지속적인 조언을 해주며, 종종 고위 경영진을 선임하는 데 중요한 역할을 한다. 벤처캐피탈 회사의 판단과 접촉은 아직 초기 단계에 머물러있는 사업체들에 매우 소중하며, 그들이 제품을 보다 신속하게 시장에 내놓을 수 있도록 도와준다.[6]

벤처캐피탈리스트들은 두 가지 방법으로 투자로부터 현금을 회수한다. 일반적으로 신규 사업이 일단 실적을 쌓으면 그 사업을 다른 대기업에 팔아넘길 수도 있다. 그러나 많은 기업가들은 기업 관료주의(corporate bureaucracy)에 쉽게 적응하지 못하며, 그래서 차라리 보스로 남기를 선호한다. 이러한 경우 회사는 마빈과 같이 기업공개를 결정할 수도 있다 그렇게 함으로써 원래의 후원자들이 주식을 매도하여 통제권은 원래의 사업가들에게 넘겨주고 자신들은 투자를 '현금화(cash out)' 할 수 있는 기회를 제공한다. 따라서 번창하는 벤처캐피탈 시장은 나스닥(Nasdaq)과 같이 빠른 속도로 성장하는 신생 기업들의 주식을 전문적으로 거래하는 활발한 증권거래소를 필요로 한다.[7]

1990년대 후반 유럽의 벤처캐피탈시장은 새로운 유럽 증권거래소의 형성으로 크게 도움을 받았다. 이 거래소는 나스닥을 모방하여 만들었고, 빠르게 성장하는 신생 기업의 주식 거래를 전문

6) 신생 기업들을 지원해주는 벤처캐피탈리스트의 역할에 관한 실증 자료는 다음의 논문을 참조하라. T. Hellman and Manju Puri, "The Interaction between Product Market and Financial Strategy: The Role of Venture Capital," *Review of Financial Studies* 13(2000), pp. 959~984; S. N. Kaplan and P. Stromberg, "Contracts, Characteristics and Actions: Evidence from Venture Capitalist Analyses," *Journal of Finance* 59(October 2004), pp. 2177~2210.

7) 이 주장은 다음의 논문에서 보다 구체적으로 개발되었다. B. Black and R. Gilson, "Venture Capital and the Structure of Capital Markets: Banks versus Stock Markets," *Journal of Financial Economics* 47(March 1998), pp. 243~277.

적으로 취급한다. 프랑크푸르트의 신시장거래소(Neuer Markt exchange)는 3년 만에 300개 이상의 새로운 회사를 상장시켰는데 그 중 절반 이상이 벤처캐피탈회사의 지원을 받은 회사들이었다. 그러나 이 거래소는 하이텍 회사인 컴로드(Comroad)가 $9,400만의 수입 중 대부분이 허위라고 밝힌 스캔들로 인해 큰 타격을 받았다. 닷컴 붐이 꺼지면서 신시장의 주가는 95% 하락하였고, 결국 거래소는 문을 닫게 되었다.

신생 기업 중 크게 성장하는 회사는 매우 드물다. 그러나 벤처캐피탈리스트들은 수많은 실패는 잊어버리고 페덱스(Federal Express, FedEx), 제넨테크(Genentech), 인텔(Intel) 등과 같은 회사의 창업 초기에 참여했던 투자자들의 성공담을 기억하면서 제정신을 유지하려고 한다. 제1단계 벤처캐피탈 투자 10건당 고작 두세 건의 사업만이 성공적이고 자립적인 사업으로 살아남는다. 이러한 통계자료들로부터 벤처캐피탈 투자를 성공으로 이끌기 위해 지켜야 할 두 가지 규칙을 추론할 수 있다. 첫째, 불확실성을 겁내지 말고 낮은 성공 확률을 받아들여야 한다. 그러나 어떤 기업이 수익성이 높은 시장에서 대형 공개기업으로 성장할 **가능성**(*chance*)이 보이지 않으면 그런 사업에는 투자하지 말아야 한다. 성공하는 경우 상당한 이익을 제공한다면 가능성이 낮은 투자를 하는 것은 어리석은 일이다. 둘째, 손실을 줄여야 한다. 가능성이 없는 기업은 초기에 확인하고, 경영진을 교체하는 등의 방법으로 문제를 해결할 수 없을 때에는 귀중한 돈을 실패한 사업에 잇따라 투자해서는 안 된다.

그렇다면 벤처캐피탈 투자는 얼마나 성공적인가? 새롭게 시작하는 사업들의 가치를 월스트리트저널(*Wall Street Journal*)에서는 찾아볼 수 없으므로 확신을 가지고 이 질문에 대답하기는 어렵다. 그러나 수많은 벤처캐피탈 펀드의 성과를 추적한 **벤처이코노믹스**(*Venture Economics*)의 계산에 따르면 2008년 말까지의 20년 기간 동안 이런 펀드의 투자자들은 비용을 제하고 연평균 17%의 수익률을 얻은 것으로 나타났다.[8] 이 수치는 그들이 대규모 공개기업의 주식에 투자하여 얻은 수익률보다 연간 약 10% 높은 것이다. 이것이 벤처캐피탈 투자에 따르는 추가적인 위험을 충분히 보상해 주는지는 알 수 없다.

15.2 신규공모

회사가 성장하여 더 많은 자금이 필요한 시기가 되면 회사는 주식을 **신규공모(initial public offering)**, 즉 **IPO**하기로 결정한다. 이런 공모는 부분적으로는 **신규발행**(*primary offerings*), 즉 회사가 필요로 하는 추가 자금을 마련하기 위해 새로운 주식을 발행하는 것이다. 또한 공모는 부분적으로 **구주매출**(*secondary offerings*)로 이루어지기도 한다. 즉 투자회사들과 회사 창립자들은 자신이 소유하고 있는 주식의 일부를 자본시장에 내다 판다.

구주매출이 소규모의 미성숙 기업에만 국한된 것은 아니다. 예를 들어 1998년에 듀퐁(Du Pont)

8) 1979~1997년의 기간에 대해 연구한 Gompers과 Lerner는 더 높은 수익들을 발견하였다. P.A. Gompers and J. Lerner, "Risk and Reward in Private Equity Investments: The Challenge of Performance Assesment," *Journal of Private Equity*, Winter 1997, pp. 5~12.

은 자사가 소유하고 있는 코노코(Conoco) 주식 중 상당 부분을 $44억에 매각하였다. 가장 큰 규모의 IPO 중 일부는 정부가 보유하고 있는 공기업 지분을 시장에서 매각할 때 발생한다. 예를 들어 영국 정부는 보유하고 있던 영국 가스회사(British Gas) 주식을 매각하여 $90억을 조달하였고, 일본 정부에 의해 이루어진 1985년의 일본통신(Nippon Telegraph & Telephone) 지분 12.5%의 구주매출은 $150억을 벌어들였다. 이들 두 건의 주식 발행도 2006년의 중국 공상은행(Industrial and Commercial Bank of China) IPO에 비하면 대단한 것도 아니다. 중국 정부는 이 IPO로 $220억을 조달하였다.

회사는 새로 자본을 조달하거나 기존 주주들이 보유한 주식을 매각하기 위해 IPO를 한다. 그러나 그림 15.2에서 보는 바와 같이 IPO를 하는 데는 여러 가지 다른 이점이 있다. 예를 들어 주식의 시장가격은 회사 실적을 쉽게 평가할 수 있는 잣대를 제공해 주고, 경영진에게 스톡옵션으로 보상해 주는 계획을 가능하게 한다. 회사에 대한 정보가 더 폭넓게 알려지기 때문에 자금의 원천을 다양화하고, 차입금을 조달하는 데 드는 비용을 절감할 수 있다.

회사 주식이 시장에서 공개적으로 거래되면 많은 이점이 있는 것은 사실이지만 그렇다고 모든 기업이 다 기업공개를 하려 할 것이라는 선입견을 가져서는 안 된다. 많은 국가에서는 대기업들이 개인 소유인 상태로 남아있다. 예를 들어 이탈리아와 영국의 경제 규모는 비슷하지만 이탈리아에는 상장기업이 영국의 1/10에 지나지 않는다.

미국에서조차 많은 회사들이 상장하지 않고 사기업으로 남아있다. 이런 회사들 중에는 백텔(Bechtel), 카길(Cargill), 그리고 리바이스트라우스(Levi Strauss) 등의 대기업도 포함된다. 또한 미국에서 주식발행 과정이 일방통행식이라고 생각해서는 안 된다. 종종 공개기업이 거꾸로 사적 소

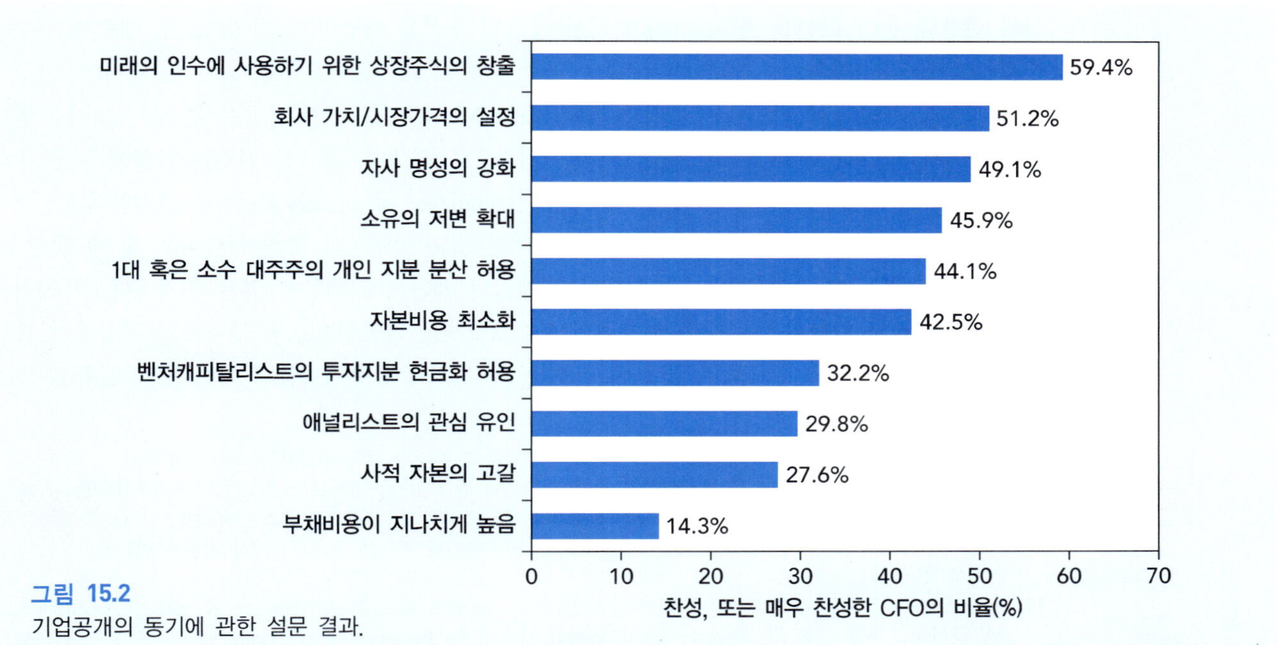

그림 15.2
기업공개의 동기에 관한 설문 결과.

자료원: J. C. Brau and S. E. Fawcett, "Evidence on What CFOs Think about the IPO Process: Practice, Theory and Managerial Implications," *Journal of Applied Corporate Finance* 18 (Summer 2006), pp. 107~117. ©2006 Blackwell Publishers.

유(privately owned) 상태로 되돌아가기도 한다. 한 가지 극단적인 예로는 식품서비스회사인 아라마크(Aramark)가 있다. 이 회사는 1936년에 설립된 사기업인데 1960년에 처음으로 기업을 공개했다. 1984년에 경영자 차입매수(management buyout)로 이 회사는 다시 사기업이 되었고, 2001년 두 번째로 기업공개를 할 때까지 사기업으로 남아 있었다. 그러나 이런 상태는 오래 가지 않았다. 기업공개 5년 후 아라마크는 차입매수의 표적이 되어 다시 사기업으로 바뀌었다.

경영자들은 종종 공개기업을 운영하는 데 따르는 관료적 형식주의(red tape)와 주주들과의 의사소통에 드는 비용 때문에 분노한다. 이런 불평은 사베인스-옥슬리법(Sarbanes-Oxley Act) 제정 이후 더욱 높아졌다. 이 법은 원래 엔론과 월드컴의 몰락을 가져 온 기업 스캔들의 재발을 막기 위한 것이었다. 그러나 다음 "뉴스 속의 재무" 글상자에서 설명하는 바와 같이 현실적으로는 소규모 공개기업의 공시 부담을 증가시키고 사기업으로의 전환을 부추기는 결과가 되고 말았다.[9)]

신규공모 준비

마빈사가 어떻게 기업공개를 준비했는지 살펴보자. 2028년 이 회사는 2세대 생산기술을 실행하기 위해 더 많은 자본이 필요한 단계까지 성장하였다. 동시에 회사의 설립자들은 보유 지분의 일부를 매각하려고 하였다.[10)] 지난 몇 달 동안 하이텍 회사들의 IPO가 쏟아져 나왔고, 이런 주식은 일반적으로 아주 잘 팔렸다. 그러므로 마빈의 경영진은 투자자들이 자사 주식에 대해서도 똑같이 높은 관심을 가질 것이라고 생각했다.

경영진의 첫 번째 과업은 **인수기관**(*underwriter*)을 선정하는 일이었다. 인수기관은 새로운 주식발행의 금융 산파역을 담당한다. 통상 인수기관은 세 가지 역할을 담당한다. 먼저 기업에 공모절차와 금융에 관한 조언을 하고, 그리고 나서 발행된 주식을 매입하고, 마지막으로 대중에 인수한 주식을 다시 매각한다.

약간의 논의 후에 마빈사는 클라인 메릭(Klein Merrick)을 주간사 인수기관으로, 그리고 골드만 스탠리(Goldman Stanley)를 공동간사 인수기관으로 정했다. 클라인 메릭은 발행된 모든 주식을 인수한 후 이를 투자대중에 재매각할 인수단(syndicate of underwriters)을 결성한다.

IPO를 관리할 주간사로 클라인 메릭을 선택한 것은 마빈사가 주식발행 이후 몇 주 동안 자사 주식에 대한 활발한 시장을 유지하겠다는 메릭의 제안서에 영향을 받은 결과이다.[11)] 메릭은 또한 마빈사의 사업설명서에 대한 본격적인 분석보고서를 배포함으로써 투자자의 지속적인 관심을 불러일으킬 계획도 가지고 있었다.[12)] 마빈은 이 보고서가 투자자들의 자사 주식 보유를 촉진

9) 또한 '상장폐지(going dark)'를 통해 규제와 보고의 부담을 낮추는 기업의 숫자가 늘어나고 있다.

10) 퍼스트 메리엄 역시 투자지분을 현금화하기 원했다. 그러나 벤처캐피탈 회사는 일반적으로 기업이 IPO를 할 때 보유 지분을 매각하는 것은 투자자들에게 나쁜 신호를 보낸다고 믿는다. 그러므로 퍼스트 메리엄은 IPO 후 상당 기간 동안 기다렸다가 보유 지분을 매각하든가, 아니면 퍼스트 메리엄 펀드의 투자자들에게 지분을 배분하려는 계획을 가지고 있었다.

11) 평균적으로 주간사 인수회사는 IPO 후 60일 동안 주식 거래량의 40~60%를 담당한다. K. Ellis, R. Michaely, and M. O'Hara, "When the Underwriter Is the Market Maker: An Examination of Trading in the IPO Aftermarket," *Journal of Finance* 55(June 2000), pp. 1039~1074 참조.

12) 공모 후 40일은 대기기간(*quiet period*)으로 지정된다. 메릭이 회사의 평가를 시작하려면 이 기간 이후까지 기다려야 한다. 조사 자료에 의하면 인수회사를 선정함에 있어서 회사는 후속 분석보고서를 제공할 능력에 상당한 중요성을

사기업으로의 전환에 대한 충동

최근 미국에서는 회사들이 사기업으로 전환하는 붐이 일었다. 다음 월스트리트저널 기사는 공개기업에 대한 규제의 부담 때문에 이런 붐이 일어났다고 주장한다.

사모 자기자본(private equity)의 강세는 적어도 부분적으로는 공개시장을 에워싸고 있는 문제들의 직접적인 결과이다. 공개기업에서 사적 기업으로 전환하는 일은 오래 걸리고, 비용이 많이 들며, 주주들을 불쾌하게 만들 수 있다(종종 소송으로 이어진다). 그럼에도 불구하고 수많은 회사들이 기꺼이 이런 일에 돌입한다는 사실은 그들이 얼마나 절실하게 공개기업에 대한 규제의 부담을 벗어나고 싶어하는지 잘 말해주고 있다.

일부 회사에 사베인스-옥슬리(Sarbanes-Oxley)법은 마지막 지푸라기였다. 특히 소규모 기업에는 회계감사와 보고 요건이 새로운 비용을 부과하게 되었다. 증권거래위원회(Securities and Exchange Commission, SEC)는 사복스(Sarbox)법의 개선을 약속했지만 소규모 회사들에 이 규칙을 면제해 주지는 않을 것이라고 시사하였다. SEC는 사복스법이 발효되기 직전인 2002년 6월 30일 이후 191개 공개기업(거래 금액으로는 $1,460억)이 사기업으로 전환했음을 보여주는 국제전략 및 투자그룹(International Strategy & Investment Group)의 데이터를 한번 고려는 해볼 것이라고 하였다. 미국주주협회(American Shareholders Association)의 집행이사인 대니얼 클리프턴(Daniel Clifton)은 "커다란 움직임은 사복스법이 발효된 직후에 일어났지만 금액으로는 크게 증가하지 않았는데 이는 주로 소규모 회사들이 사기업으로 전환했음을 시사하는 것"이라고 말했다.

클리프턴은 또한 공개기업의 치솟는 규제 비용을 조사했는데 1999년 규제 비용은 시가총액(market capitalization)의 4.8%이던 것이 2002년에 와서는 9.9%로 증가했음을 발견하였다. 이들 비용은 그 후 약간 낮아졌다. 그러나 이런 비용은 준법비용에 충당할 자원이 적은 소규모 회사들에게는 이중의 재앙이다. "이런 비용 때문에 소규모 회사들은 성장에 필요한 투자에 돈을 쓸 수 없다"라고 클리프턴은 말했다.

분기별 이익이 대한 무자비한 압력은 또한 일부 경영자들이 피하고 싶어하는 포학 행위이다. 이러한 목표는 경영자들에게 책임을 묻는 데 사용된다. 그러나 월스트리트의 기대를 충족하지 못하는 유능한 임원이나 예기치 않았던 어려움을 만난 불운한 임원들조차도 일시적인 주가 하락에 대한 주주들의 소송으로 큰 타격을 받을지 모른다고 걱정해야 한다. 부즈 앨런 해밀턴(Booz Allen Hamilton)의 최근 조사에 따르면 2005년 한 해 세계 2,500개 대규모 기업의 CEO 중 15.3%가 회사를 떠났는데 이것은 우연이 아닐지 모른다. 이들 중 많은 사람들이 장기적 관점에서의 경영이라는 호사를 누릴 수 있는 사적 기업으로 떠났다.*

* "Hot Topic: Going Private," *The Wall Street Journal*, June 3, 2006, p. A.7. ©2006 Dow Jones & Company, Inc.

할 것으로 기대하였다.

주간사 인수기관 클라인 메릭과 여러 법률회사 및 회계법인들과 함께 마빈사는 미국 증권거래위원회(SEC)의 승인을 받기 위해 **유가증권 발행신고서(registration statement)**를 준비한다.[13)]

둔다. L. Krigman, W. H. Shaw, and K. L. Womack, "Why Do Firms Switch Underwriters?" *Journal of Financial Economics* 60(May - June 2001), pp. 245~284 참조.

13) 유가증권의 매각에 관한 규정들은 대부분 1933년도에 제정된 증권법(Securities Act)에서 연유하고 있다. SEC는 오로지 기업내용공시(disclosure)에 관해서만 관여할 수 있고, 정당한 기업내용공시가 이루어진 경우에는 주식발행을 막을 권한이 전혀 없다. 일부 공모는 등록이 면제된다. 이러한 공모들로는 소기업에 의해 이루어지는 주식발행과 만기가 9개월 이내인 차입증권의 발행 등이 있다.

이 신고서는 자본조달계획, 회사의 연혁, 현재의 사업, 그리고 앞으로의 계획에 관한 정보를 담고 있는 세부적이면서도 약간은 거추장스러운 서류이기도 하다.

유가증권 발행신고서에서 가장 중요한 부분은 **사업설명서(prospectus)**의 형태로 투자자들에게 배포된다. 이 장의 부록에는 마빈사 주식의 최초 공모를 위한 사업설명서를 재현해 놓았다. 실제 사업설명서는 각 주제에 대해 더 세부적으로 들어가지만, 부록의 예를 통해 이러한 문서들을 특징짓는 가치 있는 정보와 함께 중복되는 자격 요건들이 뒤섞여 있는 혼합물이 어떤 것인지 대강 감을 잡을 수 있을 것이다. 마빈의 사업설명서는 또한 SEC가 어떤 식으로 투자자들이 주식매입에 따르는 위험(사업설명서의 "특정 고려사항" 참조)을 경계한다고 주장하는지도 예시한다. 일부 투자자들은 만약 각각의 사업설명서를 주의 깊게 읽어 본다면 새로 발행되는 주식을 감히 한 주도 사지 않을 것이라는 농담도 한다.

SEC에 주식 발행을 등록하는 일 외에도 해야 할 일이 또 있다. 마빈사는 주식발행이 각 주(州)에서의 증권매각을 규제하는 이른바 **주증권법**(*blue sky law*)에 위반되지 않는지 점검해야 했다.[14] 마빈은 또한 새로 발행되는 자사의 주식이 나스닥(Nasdaq) 거래소에서 매매될 수 있도록 준비하였다.

마빈사 주식의 매각

유가증권 발행신고서가 승인을 기다리는 동안 마빈사와 인수기관들은 발행가격(issue price)을 결정하기 시작했다. 첫 번째로 마빈의 주요 경쟁사 주식의 주가이익비율(price-earnings ratio)을 알아보았다. 그 다음에 제4장과 11장에서 설명한 것과 유사한 할인현금흐름 계산을 여러 번 실시하였다. 대부분의 증거 자료들은 주당 시장가격이 $74~76 범위임을 나타내고 있었으며, 따라서 회사는 이 잠정적인 수치를 예비 사업설명서에 포함시켰다.[15]

마빈과 클라인 메릭은 잠재적인 투자가들과의 의견교환을 위해 **투자설명회**(*road show*)를 주선하였다. 잠재적 투자자는 대부분 뮤추얼펀드와 연기금의 매니저들과 같은 기관투자가들이다. 투자자들은 발행주식에 대한 반응과 함께 인수기관에 얼마만큼의 주식을 매입하려는지에 대한 의사를 전달한다. 어떤 투자자들은 자신이 지불할 용의가 있는 최대의 가격을 제시하기도 하고, 또 다른 투자자들은 발행 가격이 얼마든 상관없이 단순히 마빈사에 얼마만큼의 돈을 투자하기를 원한다는 의사만 전달한다. 펀드매니저들과의 논의를 통해 클라인 메릭은 잠재적 주문에 대한 수요예측(build up a book)이 가능하게 되었다.[16] 펀드매니저들은 자신이 한 말에 구속당하지는 않지만,

14) Apple Computer Inc.가 주식을 공개한 1980년에, 매사추세츠 주 정부는 이 주식발행은 위험 부담이 너무 크다고 보고 개인 투자가들에 대한 주식 매각을 금지하였다. 주 정부는 발행된 주식이 모두 팔리고 주가가 오르고 나서야 마음이 누그러지면서 주식 거래에 대한 제제를 완화시켰다. 말할 필요도 없이, 이 조치는 매사추세츠 주 투자가들의 환호를 받지는 못했다.

주 정부는 보통 인정된 인수기관을 통해 이루어지는 정직한 회사의 유가증권 발행은 막지 않는다. 이 예를 인용하는 이유는 유가증권거래에 대한 각 주의 법이 가지는 잠재적 힘에 대해 설명하고, 인수기관들이 그러한 법의 내용을 신중하게 따르는 이유를 예시하기 위한 것이다.

15) 회사는 SEC가 유가증권 발행신고서를 승인하기 이전이라도 예비적인 사업설명서[**예비 사업설명서**(*red herring*)라고 함]를 배포하도록 허용된다.

16) 그러므로 주간사 인수기관은 종종 **북러너**(*bookrunner*), 즉 사무간사회사라고도 한다.

만약에 그들이 인수기관들의 신뢰를 얻어 우대 투자자 목록에 오르고 싶다면 자신이 표명한 관심을 철회하지 않도록 조심해야 한다는 사실을 잘 알고 있다. 인수기관 역시 모든 투자자를 똑같이 대우해 줄 필요는 없다. 마빈사의 주식을 꼭 매입하려고 했던 일부 투자자들은 결과적으로 자신에게 배분된 몫이 예상보다 적어 실망하기도 한다.

SEC로부터 허가가 떨어지자마자 마빈사와 인수기관들은 발행가격을 확정하기 위한 만남을 가졌다. 투자가들은 회사가 설명하는 내용에 관해 상당히 높은 관심을 나타냈고, 주당 $76 이상을 지불할 준비가 되어 있음이 분명했다. 마빈사의 경영자는 가능한 한 가장 높은 가격을 책정하려는 유혹을 받고 있었으나 인수기관은 이 문제에 대해 좀 더 신중했다. 만약 투자자들의 수요를 과대추정한다면 인수기관은 매각되지 않은 주식을 떠안아야 할 상황이 올 수도 있다. 뿐만 아니라 투자자들이 주식을 사도록 유인하기 위해서는 주가를 어느 정도의 저가발행은 필요하다는 주장도 하였다. 그래서 마빈사와 인수기관은 발행주식 가격을 1주당 $80로 타협하였다. 잠재적 투자자들은 제시 가격이 예비 사업설명서에서 제안했던 $74~76보다 높다는 사실에 고무되었고, 인수기관이 발행 주식에 대해 상당한 관심을 확인한 것으로 믿었다.

마빈사의 인수기관들은 회사로부터 단지 900,000주의 주식만을 사겠다고 약속했음에도 불구하고 투자자들에게는 1,035,000주의 주식을 팔기로 결정하였다. 이 때문에 인수기관들은 135,000주 또는 발행 주식의 15%가 모자라게 되었다. 만약 마빈사의 주식이 투자자들 사이에서 별로 인기가 없어서 발행가격보다 낮게 거래되었다면 인수업자들은 시장에서 이 주식을 되사들일 수 있었을 것이다. 그렇게 하는 것은 주가를 안정시키고, 추가로 매각한 주식으로부터 이익을 얻을 수 있었을 것이다. 결과적으로는 투자자들이 서로 마빈 주식을 사려 몰려들었고, 첫 거래일이 끝나갈 무렵에는 주당 $105에 거래가 이루어지고 있었다. 만약 $105에 주식을 다시 매입해야 한다면 인수기관들은 큰 손해를 입었을 것이다. 그러나 마빈사는 인수기관들이 회사로부터 추가로 135,000주를 매입할 수 있도록 하는 **초과배정옵션**(*greenshoe option*)을 부여하였다. 인수기관들이 손실에 대한 두려움 없이 투자가들에게 추가로 주식을 팔 수 있도록 보장해 준 것이다.

인수기관

마빈사의 인수회사들은 발행회사로부터 **총액인수**(*firm commitment*) 방식으로 신주를 인수하여 일반투자자에게 매각할 준비가 되어 있었다. 그러므로 인수회사는 신규발행 주식이 인기가 없는 경우 원하지 않는 주식을 떠안을 위험을 감수한다. 때때로 신규공모 주식이 특별히 위험이 높다고 생각되는 경우 인수회사는 **모집주선**(*best effort*) 방식으로만 인수업무를 취급한다. 모집주선 방식에서는 인수회사가 최선을 다해 신주발행을 도와주지만 전체 물량을 다 팔아 주겠다는 보증은 하지 않는다.[17)]

성공적인 인수를 위해서는 자본조달 능력과 풍부한 경험이 필요하다. 마빈사의 인수를 담당한 회사들의 이름은 물론 가공적인 것이다. 그러나 표 15.1에서 보는 바와 같이 인수업무는 주요 투자은행(investment bank)과 대형 상업은행들이 지배하고 있다. 국제적으로 발행되는 증권을 인

17) 이에 대한 대안으로는 '**전부가 아니면 전무**(*all-or-none*)' 방식이 있다. 이 경우에 공모가격으로 주식 전부를 매각하든가 아니면 계약이 취소된다. 주식을 발행하는 회사는 한 푼도 자금을 조달하지 못한다.

표 15.1
선도적인 주간사 인수회사(2008.1~ 2008.12). 금액은 해외 주식발행과 채권발행을 포함한다.

자료원: Thomson Reuters(www.thomsonreuters.com). © 2008 Thomson Reuters.

	발행 금액($10억)	발행 건수
J.P. 모건	$455	1,210
바클레이즈 캐피탈	401	1,041
시티그룹	309	986
도이체방크	309	807
메릴린치	241	852
골드만 삭스	228	584
모건스탠리	220	661
RBS	214	712
크레딧 스위스	205	682
UBS	204	867

수하는 데는 외국의 투자자들과 금융기관들도 깊숙이 관여한다.

증권인수가 항상 재미 보는 일은 아니다. 2008년 4월 영국 은행인 HBOS는 주주들에게 주당 £2.75의 가격으로 보유주식 5주에 대해 신주 2주씩을 배정하겠다고 제안했다.[18] 이 발행업무를 맡은 인수회사인 모건스탠리(Morgan Stanley)와 드레스너 클라인워트(Dresdner Kleinwort)는 8주 후 주주들이 원치 않는 주식은 얼마라도 자신들이 매입하겠다고 보증하였다. 이 제안을 했을 당시 HBOS의 주가는 약 £5였기 때문에 인수회사들은 이 약속을 지킬 필요가 없을 것으로 확신하고 있었다. 불행하게도 인수회사들은 그 해 소용돌이치는 은행주 시장을 간과했다. 은행 주주들은 자신들이 제공하는 자금이 대부분 채권자와 예금자를 구제하는 데 쓰일 것으로 우려했다. 신주 발행 8주 후에 HBOS 주가는 발행가격 이하로 떨어졌다. 인수회사들은 9억 3,200만 주, 금액으로는 £36억의 원치 않는 주식을 떠안게 되었다.

회사는 한 번 IPO를 하고 말지만 인수회사는 같은 일을 계속 해야 한다. 그래서 현명한 인수회사는 신주 인수가 자신의 명성이 걸려 있는 일로 생각하며, 모든 사실 관계가 투자자들에게 공정하게 제공되지 않으면 그 주식을 취급하려 하지 않는다. 따라서 신주 발행이 잘못되면, 인수회사가 신주를 지나치게 과장하고 '선관주의의무(due diligence)'를 다하지 못했다고 비난을 받게 된다. 예를 들어 1999년 12월 소프트웨어 회사 리눅스(Va Linux)는 주당 $30의 가격으로 기업을 공개했다. 그 다음 날 거래가 시작되었을 때 주가는 $299로 치솟았다. 그러나 곧이어 주가가 가라앉기 시작하더니 2년도 못가서 $2 밑으로 떨어졌다. 몹시 화가 난 리눅스 주주들은 인수회사를 고소하면서 사업설명서가 "실질적으로 허위(materially false)"라고 불평하였다. 2000년 닷컴 주식의 몰락과 함께 다른 많은 하이텍 IPO의 투자자들이 인수회사를 고소하면서 수많은 인수회사들이 똑같은 어려움을 당했다. 더욱 당황스러운 일은 다음의 글상자에서 설명하는 바와 같이 일부 유명 인수회사들이 '스피닝(spinning)'에 연루된 것으로 드러난 사실이다. 스피닝이란 인기 있는 신주를 중요한 우대 고객회사의 경영자들에게 우선 배정하는 관행을 말한다. 그래서 인수회사의 신주에 대한 보증은 이제 더 이상 지난날처럼 값어치가 있어 보이지 않는다.

---

18) 이런 방식을 **주주배정 유상증자**(*right issue*)라고 한다. 주주배정 유상증자에 관해서는 이 장의 후반부에서 설명한다.

스캔들로 큰 타격을 입은 투자은행업계

투자은행들에 있어 1999년은 기막히게 좋았던 한 해로 보였다. 투자은행들은 거의 기록에 가까운 건수의 IPO에 대한 인수업무를 담당했을 뿐만 아니라 매각한 주식은 거래 첫 날 평균 72% 뛰어 올라 인수회사들은 고객들부터 감사의 인사를 받았다. 똑같은 인수회사들이 불과 3년 만에 체면을 잃고 말았다. 뉴욕 주 검찰총장인 엘리어트 스피처(Eliot Spitzer)의 수사 결과 붐이었던 시기에 일어난 비윤리적이고 부끄러운 행위의 연대기가 밝혀졌다.

닷컴 주식시장 붐이 일어나면서 투자은행 애널리스트들은 자신이 분석하고 있는 주식에 대한 프로모터의 역할을 자임하기 시작했다. 이 과정에서 그들은 고액연봉을 받는 유명인사가 되었다. 닷컴 IPO의 초기 가격상승은 인수회사의 애널리스트에 의한 부추김에 힘입은 바 크다. 이들은 때때로 사적으로는 과대평가되어 있다고 생각하는 주식을 강하게 추천하였다. 한 슈퍼스타 인터넷 애널리스트는 내부 이메일을 통해 자신이 투자자들에게 추천한 주식을 '쓸모없는 물건(junk)' 또는 '쓰레기 조각(piece of crap)'으로 생각하는 것으로 밝혀졌다. 많은 경우 이 주식들은 정말로 쓰레기였으며, IPO를 주선했던 인수회사들은 얼마 안 가서 부풀려진 가격으로 주식을 매입하여 불만이 가득한 투자자들로부터 소송을 당했다.

더구나 많은 경우 인수회사들은 주요 기업고객 CEO들의 개인 계좌에 인기 있는 우량주를 배정했다는 사실이 밝혀지면서 더 깊은 곤경에 빠져들었다. 이들 주식은 시장에서 되팔아서[이를 '돌린다(spun)'고 함] 바로 이익을 챙겼다. 업계의 선두인 통신회사의 다섯 고위 임원들이 한 은행이 주선한 IPO 주식의 배정으로 총 $2,800만의 이익을 얻은 것으로 밝혀졌다. 같은 기간 이 은행은 이들 다섯 통신회사로부터 $1억 이상의 일감을 받았다. 엘리어트 스피처는 이런 수지맞는 특권적 소비(perks)는 미래 일감 확보를 위해 회사가 제공한 것이며, 따라서 그 이익은 회사 임원들이 아니라 주주들에게 돌아가야 한다고 주장하였다. 곧이어서 다른 여러 회사의 고위 임원들도 불만으로 가득 찬 주주들로부터 인기가 높은 신규공모 주식으로부터 주머니에 챙긴 이익을 회사에 반환하라는 요구에 직면하게 되었다.

투자은행업계를 파도 속으로 삼켜버린 이들 스캔들은 은행들이 $14억의 돈을 지급하는 결과를 가져왔으며, 투자은행 업무와 연구분석 업무를 분리하고 독립적인 컨설턴트를 고용하며, 독립적인 연구업무 서비스 제공자를 선임하기로 합의하기에 이르렀다. 그러나 이런 사실의 폭로는 또한 윤리적 기준과 종업원들을 파렴치한 행위로 떠밀어 넣는 압력에 관한 걱정스러운 의문을 야기하였다.

신주발행 비용

마빈사의 인수회사는 세 가지 역할을 수행한다고 설명하였다. 주식발행에 대한 자문과, 신주의 인수, 그리고 발행주식을 투자자에게 매각하는 일 등이다. 이러한 서비스에 대한 대가로 인수회사는 **스프레드**(*spread*)의 형태로 보수를 받는다. 다시 말하면, 인수회사는 투자자들에게 매각하는 **공모가격**(*offering price*)보다 낮은 가격으로 주식을 살 수 있다.[19] 인수단의 주간사인 클라인 메릭은 이 스프레드의 20%를 받았다. 스프레드의 다른 25%는 신주를 매입한 인수회사들에 지급되었다. 나

19) 위험부담이 더 큰 주식발행을 맡을 때는 인수회사가 현금이 아닌 다른 형태로 추가 보수를 받는다. 예를 들어 나중에 추가로 주식을 살 수 있는 옵션 등이 있다.

머지 55%는 청약사무를 취급한 회사들에 돌아갔다.

마빈 주식에 대한 인수 스프레드는 투자자들로부터 조달된 총금액의 7%에 달했다. 인수회사가 부담하는 비용의 많은 부분은 고정적이기 때문에 주식발행 규모가 증가하면 스프레드의 비율은 떨어질 것으로 기대한다. 이는 부분적으로는 사실이다. 예를 들어 $5백만 규모의 신규공모는 10%의 스프레드를 필요로 하는 반면 $3억 신규발행에 대한 스프레드는 5% 선에서 그칠 수도 있다. 그러나 첸과 리터(Chen and Ritter)는 $2천만에서 $8천만 사이에 있는 거의 모든 신규공모의 스프레드는 정확히 7%에 이르고 있다는 사실을 발견하였다[20]. 이렇게 규모가 다른 주식발행의 비용이 모두 같다는 것은 믿을 수 없는 일이기 때문에 스프레드가 7%에 몰려 있는 현상은 커다란 수수께끼이다.[21]

인수 수수료 이외에도 마빈사의 신주발행은 상당한 비용이 들어간다. 유가증권 발행신고서와 사업설명서의 준비를 위해서 인수회사와 자문관들뿐만 아니라 경영, 법률적 자문 및 회계사들의 도움이 필요하다. 또한 회사는 새 증권을 등록하는 데 드는 수수료, 인쇄비, 우편요금, 그리고 기타 비용도 별도로 부담해야 한다. 마빈사 사업설명서 첫 페이지에서 보는 바와 같이(이 장의 "부록" 참조) 이런 사무비용이 $82만, 즉 총 금액의 1%가 넘게 들었다.

신규공모주의 저가발행

마빈사의 신규공모 주식발행은 또 다른 면에서 많은 비용이 든다. 공모가격은 일반적으로 발행증권의 진정한 가치보다 낮게 책정되기 때문에 신주를 매입하는 투자자는 회사의 원래 주주들의 희생으로 이를 싸게 산 것이다.

이런 **저가발행**(*underpricing*)의 비용은 감추어져 있지만 현실적으로는 엄연히 존재한다. 일반적으로 신규공모의 저가발행비용은 모든 다른 발행비용을 초과한다. 회사가 주식을 공개할 때 투자자들이 얼마에 주식을 매입하려는지 가늠하는 일은 항상 인수회사에 있어 매우 어려운 과제이다. 어떤 경우에는 인수회사의 판단이 엄청나게 빗나간다. 예를 들어 이베이(eBay) IPO의 사업설명서가 처음으로 발간되었을 때, 인수회사는 이베이가 주당 $14~16에 350만 주를 매각할 수 있을 것이라고 말했다. 그러나 이베이의 웹 기반 경매시스템의 인기가 너무 높아서 인수회사는 발행가격을 $18로 높였다. 다음 날 아침 증권회사 창구에는 이베이 주식을 사려는 사람들로 홍수를 이루었다. 그 날 450만 주가 넘게 거래되었고, 주가는 $47.375로 마감되었다.

물론 이베이의 주식발행은 예외적인 경우이다.[22] 연구자들은 발행가격에 주식을 매입하는 투자자들은 평균적으로 첫 거래 후 얼마 동안 아주 높은 수익률을 실현하고 있음을 발견하였다. 예를 들어 미국에서 1960년과 2006년 사이에 이루어진 약 12,000건의 신주발행을 분석한 한 연구

20) H. C. Chen and J. R. Ritter, "The Seven Percent Solution," *Journal of Finance* 55(June 2000), pp. 1105~1132 참조.

21) Chen과 Ritter는 이와 같은 고정 스프레드는 인수시장이 경쟁적이지 못하다는 사실을 시사하는 것이라고 주장했고, 법무성은 고정 스프레드가 가격고정(price-fixing)의 증거인지 조사에 착수했다. Robert Hansen은 시장이 경쟁적이 아니라는 주장에 동의하지 않는다. R. Hansen, "Do Investment Banks Compete in IPOs?: The Advent of the Seven Percent Plus Contract," *Journal of Financial Economics* 59(2001), pp. 313~346 참조.

22) 그러나 이베이의 주식발행이 최고 기록은 아니다. 이 방면의 최고 기록은 리눅스가 보유하고 있다.

에서는 평균 16.9%의 저가발행 현상이 발견되었다.[23)]

그림 15.3은 신규공모가 저가발행으로 이루어지고 있는 것은 비단 미국뿐만 아니라는 사실을 보여준다. 중국에서는 신규공모 주식을 사들여서 얻은 평균수익률이 165%를 넘었다.[24)]

주주들이 시가보다 낮은 가격에 주식을 팔고 싶지 않을 것이라고 생각할지 모르겠다. 그러나 많은 투자은행과 기관투자자들은 저가발행이 발행회사의 이해관계와 부합한다고 주장한다. 신규공모에서 낮게 매겨진 공모가격은 나중에 주식이 시장에서 거래될 때 회사의 주가를 올려주고, 따라서 추가로 자본을 조달할 때 회사의 입장을 강화시켜준다는 것이다.

신주발행이 저가에 이루어지는 또 다른 이유가 있다. 미술품 경매장에서 어떤 그림을 성공적으로 낙찰받았다고 하자. 과연 기뻐해야 할까? 아마도 당신이 바랐던 것처럼 이제 그림의 주인이 된 것은 기쁜 일이지만 경매에 참여했던 다른 모든 사람들은 그 그림이 당신이 생각했던 만큼의 가치는 없다고 생각한 것이 분명하다. 다시 말해 경매에서 성공했다는 것은 너무 높은 값을 지불했다는 뜻이다. 이런 문제를 흔히 **승자의 저주**(*winner's curse*)라고 한다. 경매에서 최고 입찰가를

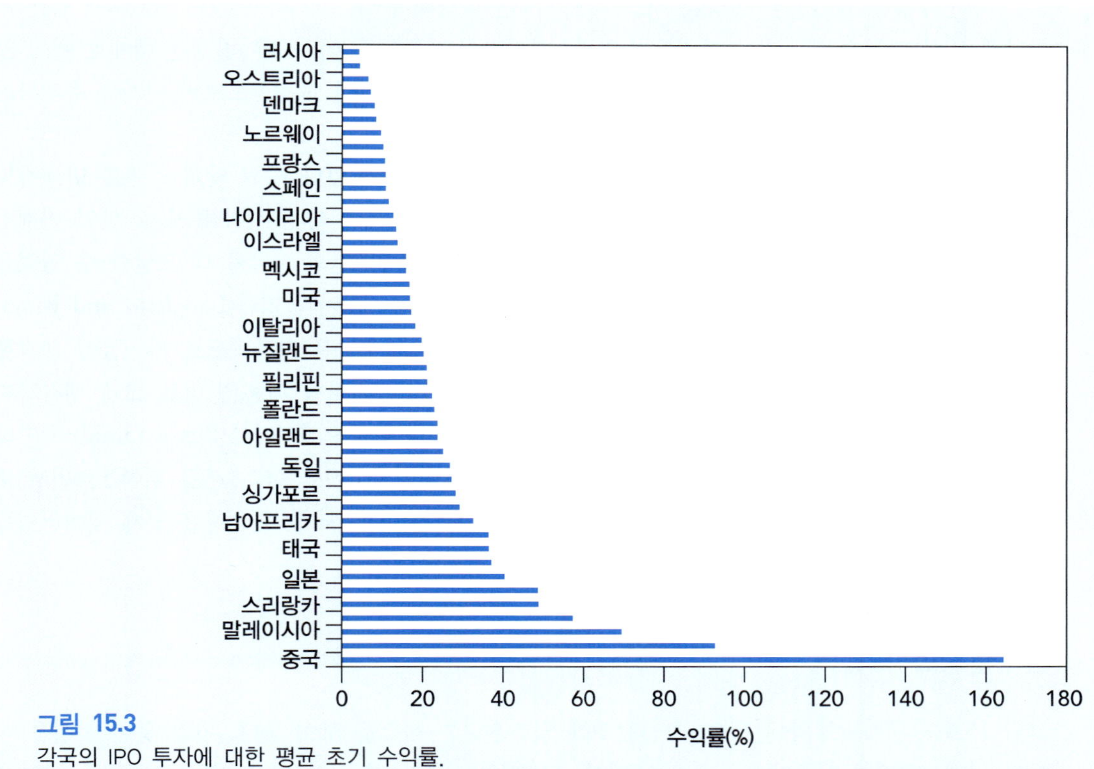

그림 15.3
각국의 IPO 투자에 대한 평균 초기 수익률.

자료원: T. Loughran, J. R. Ritter, and K. Rydqvist, "Initial Public Offerings: International Insights," Pacific Basin Finance Journal 2(1994), pp. 165~199, extended and updated on **bear.cba.ugl.edu/ritter**. © 1994 Elsevier Science. Reprinted with permission.

23) 이 수치는 발행 후 첫 거래일의 동일가중 평균 수익률이며, **http://bear.cba.ufl.edu/ritter**에 실려 있는 자료로 계산되었다. 제13장에서 본 바와 같이 이러한 초기 이득은 계속 유지되지 못하며, 최초공모 후 5년이 지나면 IPO 주식은 시장수익률보다 낮은 성과를 보인다는 실증적 증거가 있다.

24) 중국 시장의 수익률은 국내 투자자들 사이에서만 거래되는 A주식에 대한 수익률이다.

부른 사람은 거의 틀림없이 물건의 가치를 과대평가했을 가능성이 높으며, 이런 문제가 있다는 사실을 깨닫지 못하는 한 구매자들은 평균적으로 과도한 금액을 지불할 것이다. 만약 입찰자들이 이런 위험을 인식한다면 입찰가를 낮출 가능성이 크다.

이와 같은 문제가 주식발행에서도 일어난다. 예를 들어 신주발행이라면 가리지 않고 모두 청약한다고 가정해 보자. 아무도 원치 않는 인기 없는 주식을 매입하는 일은 쉽다. 그러나 발행주식이 아주 매력적이라면 인수회사는 모든 투자자들을 만족시킬 수 있을 만큼 충분한 수량을 보유하고 있지 못하며, 따라서 투자자는 원하는 만큼의 주식을 배정받지 못할 것이다. 그 결과 투자자의 돈벌이 전략은 완전히 실패로 돌아갈 수 있다. 현명한 사람이라면, 평균적으로 주식발행이 상당히 저가에 이루어지고 있는 경우에만 그 게임에 참여할 것이다. 그렇다면 여기서 새로운 주식발행이 저가에 이루어지는 현상의 합리적 근거를 찾을 수 있다. 어느 주식발행이 많은 사람들의 관심을 끌고 있는지 분간하지 못하는 정보 없는 투자자들은 승자의 저주에 노출되어 있다. 발행회사와 인수기관은 이런 사실을 잘 알고 있으며, 정보를 갖지 못한 투자자들을 끌어들이기 위해서는 평균적으로 저가발행을 해야 한다.[25)]

이런 주장은 저가발행 현상을 어느 정도까지는 설명해 준다. 그러나 이것이 100%가 넘는 저가발행을 설명할 수 있는지는 분명하지 않다. 회의적인 사람들은 이런 저가발행은 대체로 원치 않는 주식을 떠맡을 위험을 줄이고 우대고객들에게는 더 많은 주식을 배정함으로써 인기를 유지하려는 인수회사들의 이해에 부합하는 것이라고 주장한다.

만약 이들 회의론자의 말이 맞는다면 발행회사가 실제 가치보다 훨씬 낮게 신주를 발행하도록 요구하는 저가발행에 반기를 들고 나올 법하다. 이베이의 예를 다시 생각해 보자. 만약 이베이가 $18이 아니라 $47.375로 350만 주를 매각했더라면 $1억 3백만의 자금을 더 조달할 수 있었을 것이다. 왜 이베이의 기존 주주들이 화를 내며 날뛰지 않는가? 로란과 리터(Loughran and Ritter)는 이는 행동심리학적으로 설명될 수 있다고 주장한다. 즉 주주들은 마음속으로 자신들이 생각했던 것보다 훨씬 부자라는 사실을 알게 된 만족감에 비하면 저가발행 비용은 별로 크게 생각하지 않다는 것이다. 이베이의 최대주주는 창업자이자 회장인 피에르 오미디아르(Pierre Omidyar)인데 그는 당시 1,520만 주를 보유하고 있었다. 주가가 상장 첫날 $18에서 $47.375로 뛰어오르면서 오미디아르의 재산은 $4억 4,700만이 늘어났다. 오미디아르는 아마 저가발행비용은 금세 잊어버렸을 것이다.[26)]

신주발행의 과열기

그림 15.4는 저가발행의 정도는 해마다 크게 달라진다는 사실을 보여 준다. 닷컴 붐이 절정을 이루고 있던 1999년 신주발행으로 $650억이 조달되었고, IPO의 상장 첫날 평균 수익률은 72%에

25) 만약 투자자들이 시장가격이 어떻게 될지 아는 경우에는 승자의 저주가 사라질 것이라는 점에 주목하라. 한 가지 방법은 증권이 발행되기 전에 미리 그 증권의 거래를 허용하는 것이다. 이 시장은 미국에서는 **비공개시장**(*gray market*)이라고 하며, 부채발행에서는 아주 보편적이다. 투자자들은 비공개시장에서의 가격을 관찰할 수 있으며, 실제 주식발행에서는 과도하게 높은 가격을 지불하지 않을 것이라는 확신을 가질 수 있다.

26) T. Loughran and J. Ritter, "Why Don't Issuers Get Upset about Leaving Money on the Table in IPOs?" *Review of Financial Studies* 15(2002), pp. 413~443.

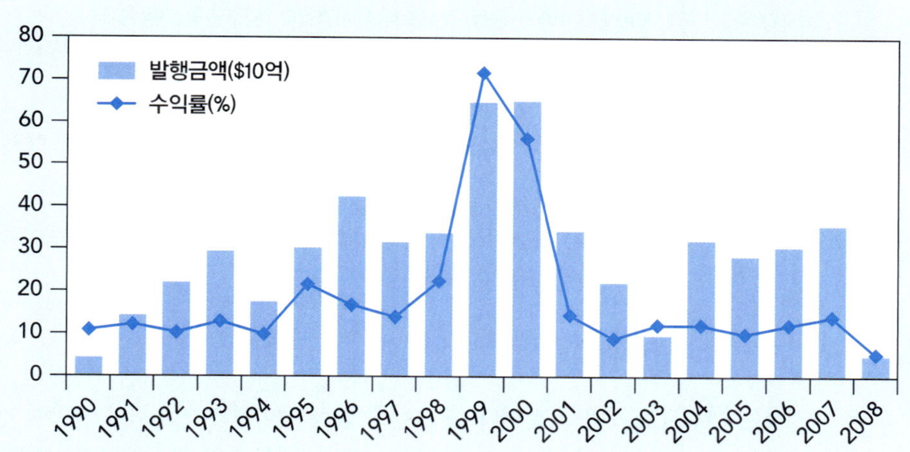

그림 15.4

미국 시장의 IPO 금액과 상장 첫 날의 평균 수익률(1990~2008).

자료원: J. Ritter, "Some Factoids about the 2008 IPO Market," February 6, 2009, **bear.cba.ufl.edu/ritter**.

달했다. 그 해 저가발행으로 인해 거의 $370억이 발행기업으로 흘러가지 못한 셈이다. 그러나 많은 신주들이 침체에 빠지면서 저가발행 규모도 작아졌다. 2008년에는 고작 21건의 IPO만 있었고, 거래 첫 날 평균 수익률은 보잘것없는 6.4%에 불과했다.

일부 관찰자들은 투자자들이 과도한 낙관주의에 빠지기 쉽고, 발행기업은 이런 시기에 맞추어 IPO를 하기 때문에 신주발행이 과열되는 시기가 나타난다고 믿는다. 다른 관찰자들은 자본비용의 하락이나 경제전망의 개선으로 잠자고 있던 신규 투자가 갑자기 수익성을 가지게 된다는 사실을 강조한다. 이런 시기에는 기업가들이 서둘러 투자에 필요한 자금을 조달하려 한다는 것이다.[27)]

15.3 신주발행의 다른 방법

표 15.2는 미국에서 주식의 신규공모를 시행하는 데 거쳐야 할 주요 절차들을 간략하게 보여준다. 마빈사의 신주 발행은 거의 모든 측면에서 전형적인 신규공모의 모습을 띠고 있다. 특히 미국에서 이루어지는 신규공모는 대부분의 경우 **수요예측**(*bookbuilding*) 방식을 사용한다. 이 수요예측 방식은 인수회사가 예측되는 수요에 관한 정보를 장부에 기록하고 이 정보를 이용하여 발행가격을 결정하는 방법이다.

수요예측 방식은 어떤 면에서 경매와 유사하다. 잠재적 매입자가 주어진 가격에 얼마의 주식을 매입하려고 한다는 의사를 나타내기 때문이다. 그러나 이런 의사는 구속력이 없고 단지 신주의 가격

27) 이런 설명의 예로는 다음을 참조하라. A. P. Ljungqvist, V. Nanda, and R. Singh, "Hot Markets, Investor Sentiment, and IPO Pricing," *Journal of Business* 79(July 2006), pp. 1667~1702; L. Pastor and P. Veronesi, "Rational IPO Waves," *Journal of Finance* 60(2005), pp. 1713~1757.

1. 회사가 주 간사회사(bookrunner)와 공동 간사회사를 지명한다. 인수단을 구성한다.
2. 인수업자와의 합의 내용은 스프레드(중규모 IPO의 경우 통상 7%)와 초과배정옵션(전형적으로 인수업자가 매입 주식의 수를 15% 증가시킬 수 있도록 허용)을 포함한다.
3. 발행할 주식을 SEC에 등록하고 예비 사업설명서(red herring)를 발행한다.
4. 잠재적 투자자에게 발행주식을 마케팅하기 위한 투자설명회(road show)를 주선한다.
5. SEC가 유가증권 등록을 승인한다. 회사와 인수기관이 발행가격에 합의한다.
6. 인수기관이 주식을 배정한다(통상적으로 초과배정 포함).
7. 거래가 시작된다. 인수기관은 시장에서 주식을 매입하거나 초과배정옵션을 행사하여 매도포지션을 해소한다.
8. 주 인수기관은 주식의 유동성을 높이는 시장조성을 하고, 연구조사 자료를 제공한다.

표 15.2 미국의 주식 신규공모 발행(IPO)과 관련된 주요 단계.

을 고정하는 지침으로 사용될 뿐이다. 수요예측 방식의 이점은 인수회사가 발행 신주의 가격을 정하는 데 가장 도움이 되는 입찰자에게 우선권을 주고, 그들에게 저가발행의 형태로 보상을 해 줄 수 있다는 점이다.[28] 수요예측 방식에 비판적인 사람들은 1990년에 있었던 이 방식의 남용을 지적하고, 인수회사가 누구에게 주식을 배정하는가를 결정할 수 있게 하는 방식의 위험성을 강조한다.

수요예측 방식은 전 세계적으로 빠른 속도로 인기를 얻고 있지만 이 이외에도 신주를 발행하는 여러 가지 방법이 있다. 한 가지 대안으로 공개경매(open auction) 방식이 있다. 이 경우에는 투자자들이 몇 주를 사려고 하는지와 그 가격을 표시한 입찰서를 제출하도록 초청받는다. 그리고 증권은 최고 입찰가를 부른 사람에게 매각된다. 미국 재무성을 포함한 대부분의 정부 기관들은 경매를 통해 정부 채권을 매각한다. 미국에서는 지난 2009년까지 10년 동안 보통주의 경매는 전체 IPO의 단 1%에 불과했다. 그러나 2004년 구글(Google)이 경매로 매각된 전 세계 최대 규모의 신규공모를 통해 $17억을 조달하면서 사람들을 깜짝 놀라게 했다.[29]

경매방식의 지지자들은 경매가 새로 발행되는 주식을 매각하는 보편적인 방식으로 사용되었던 프랑스, 이스라엘, 그리고 일본 등의 국가들을 예로 든다. 일본은 특히 흥미로운 경우이다. 일본에서는 투자은행들이 인기 있는 IPO를 정부 관료들에게 배정한 사실이 밝혀지기 전까지만 해도 수요예측 방식이 널리 사용되었다. 1989년 일본 재무성은 이 스캔들에 대한 반응으로 미래의 모든 IPO는 경매에 붙이기로 규정하였다. 그 결과 저가발행 현상이 현저하게 줄었다. 그러나 1997년 이러한 제한은 폐지되었고 수요예측 방식이 다시 인기를 얻으면서 저가발행 수준도 증가했다.[30]

경매의 형태

어떤 정부가 4백만 개의 채권을 경매에 붙이고자 하고, 이 경매에 대해 3명의 장래 매입자들이 입찰 의향서를 제출한다고 가정해보자. A 투자자는 1백만 개의 채권에 대해서 한 채권당 $1,020으로

28) L. M. Benveniste and P. A. Spindt, "How Investment Bankers Determine the Offer Price and Allocation of New Issues," *Journal of Financial Economics* 24(1989), pp. 343~362; and F. Cornelli and D. Goldreich, "Bookbuilding and Strategic Allocation," *Journal of Finance* 56(December 2001), pp. 2337~2369 참조.

29) Google의 신주 발행에 이어서 2005년에는 Morningstar사가 경매방식으로 $1억 4천만의 주식을 매각했다.

30) T. Kaneko and R. Pettway, "Auctions versus Bookbuilding of Japanese IPOs," *Pacific Basin Journal* 11(2003), pp. 439~462.

입찰하고, B 투자자는 3백만 개의 채권에 대해 한 채권당 $1,000로 입찰하고, C 투자자는 2백만 개의 채권에 대해 $980으로 입찰한다. 가장 높은 가격 2개를 부른 A 투자자와 B 투자자에게 발행된 모든 채권이 낙찰되고, C 투자자는 빈손으로 남겨진다. 입찰을 성사시킨 A와 B 투자자는 얼마를 지불하는가?

이에 대한 답은 매각이 **차별가격 경매**(*discriminatory auction*)와 **단일가격 경매**(*uniform-price auction*) 중 어느 방식으로 이루어지는가에 따라 달라진다. 차별가격 경매에서는 모든 낙찰자들은 자신이 제출한 입찰가를 지불해야 한다. 이 경우 A 투자자는 $1,020을 지불하고, B 투자자는 $1,000을 지불한다. 단일가격 경매에서는 A와 B 투자자 모두가 $1,000을 지불하는데 이는 최저가 낙찰자(투자자 B)가 제출한 가격이다.

앞의 사례에서 보면 단일가격 경매에서 받은 수익금(proceeds)이 차별가격 경매에서 받은 수익금보다 낮을 것으로 여겨질 것이다. 그러나 이렇게 생각하는 것은 단일가격 경매가 승자의 저주로부터 더 안전하게 보호해 준다는 사실을 간과하고 있다. 현명한 입찰 참여자들은 단일가격 경매의 경우 실제 가격보다 높은 가격을 불러도 손해가 거의 없으나 차별가격 경매의 경우 섣불리 높은 가격을 불렀다가는 감수해야 할 잠재적 손해가 매우 크다는 것을 알고 있다.[31) 그래서 경제학자들은 단일가격 경매가 결과적으로 더 큰 수익금을 가져온다고 주장한다.[32)]

미국 재무성의 채권 매각은 차별가격 경매의 형태로 이루어졌는데 그렇게 함으로써 성공적인 매입자들이 자신이 제시한 입찰가를 지불하도록 하였다. 그러나 1998년 미국 정부는 단일가격 경매 형태로 전환하였다.[33)]

15.4 공개기업의 증권발행

대부분의 회사에서 신규공모가 그 회사의 마지막 주식발행이 되는 경우는 거의 없다. 회사가 성장함에 따라 신규공모에 이어서 추가로 채권과 주식을 발행할 가능성이 크다. 공개기업은 일반투자자에게 증권을 공모발행하거나 기존 주주들을 대상으로 주주배정 유상증자를 통해 새로 증권을 발행할 수 있다. 미국에서 발행되는 거의 모든 부채나 주식 발행에 사용되는 일반 공모(general cash offer) 방식을 먼저 설명한 다음 다른 나라에서 보통주 발행에 널리 사용되는 주주배정 유상증자에 대해 설명한다.

31) 더욱이 단일가격 경매에서 정해지는 가격은 B의 견해뿐만 아니라, A의 견해에 의해서도 좌우된다(예를 들어 A가 입찰가로 $1,020가 아니라 $990를 제안했다면 A와 B 모두 각 채권당 $990을 지불했을 것이다.). 단일가격 경매는 A와 B 견해의 이점을 모두 수용하므로 '승자의 저주'를 줄여준다.

32) 경매는 때때로 사전에 통보받지 않은 자들도 비경쟁적 입찰(noncompetitive bid)에 참여할 수 있도록 허락함으로써 승자의 저주를 줄여준다. 이러한 비경쟁적 입찰에서 입찰자들은 수량에 대해서만 입찰하고 가격은 입찰하지 않는다. 예를 들어 미국 재무성 경매에서 투자자들은 비경쟁적 입찰을 할 수 있고, 입찰한 양을 전부 배정받는다.

33) 미국에서의 단일가격 경매에 대한 경험은 이 방식이 정말로 승자의 저주 문제를 줄여주고 매도자에게 높은 가격을 실현시켜 준다는 점을 시사한다. D. Goldreich, "Underpricing in Discriminatory and Uniform-Price Auctions, "*Journal of Financial and Quantitative Analysis* 42(June 2007), pp. 443~466 참조.

일반 공모

미국에서는 회사가 채권이나 주식을 일반 공모할 때는 처음으로 기업을 공개할 때와 비슷한 절차들을 다시 밟게 된다. 다시 말해 회사는 SEC에 발행주식을 등록하고,[34] 그 다음에 인수회사(혹은 인수단)에 증권을 매각하고, 인수회사는 이를 다시 일반투자자에게 매각한다. 발행가격이 확정되기 전에 인수회사는 마빈사의 신규공모 때처럼 증권에 대한 수요예측을 한다.

SEC 규정 415호는 대기업이 향후 3년 동안의 재무계획에 대해서는 하나의 유가증권 발행신고서만 제출해도 되도록 허용한다. 회사는 자금이 필요하거나 만족스러운 가격으로 증권을 발행할 수 있다고 생각하면 아무 때라도 간단한 추가 문서작업만으로 실제 증권발행을 할 수 있다. 이를 **일괄등록제도**(*shelf registration*)라고 부른다. 이는 유가증권 발행신고서를 '선반 위에 올려놓았다가' 필요할 때마다 내려서 사용한다는 의미에서 붙여진 이름이다.

재무관리자가 일괄등록 방식을 어떻게 활용할 수 있을지 생각해 보라. 내년쯤에 회사가 최대 $2억까지의 새로운 장기 부채가 필요할 것이라고 가정하자. 회사는 $2억의 증권발행을 위해 발행신고서를 제출한다. 그러면 회사는 $2억의 채권발행에 대한 사전승인을 얻게 되지만 단 한 푼도 당장 발행해야 할 의무는 없다. 뿐만 아니라 어떤 특정 인수회사와 반드시 같이 일해야 하는 것도 아니다. 발행신고서에 함께 일하고자 하는 인수회사를 써넣기도 하지만 굳이 이들 인수회사와 함께 일하지 않아도 된다.

이제 회사는 편한 마음으로 필요한 만큼의 채권을 조금씩 나누어 발행할 수 있다. 인수회사가 $1천만을 투자할 준비가 되어 있는 보험회사를 찾았다고 하자. 당장 전화가 요란하게 울릴 것이다. 인수회사가 8.5%의 이자율로 채권 $1천만을 사겠다고 제안한다. 만약 조건이 괜찮다고 생각되면 약간의 서류상 절차를 거치기만 하면 계약이 성사된다. 인수회사는 이 채권을 다소 높은 가격에 보험회사에 되팔아 중개업자로서의 이익을 얻게 된다.

또 다른 가능한 거래 방법이 있다. 이자율이 일시적으로 낮아진 좋은 기회가 찾아왔다고 하자. 발행할 채권 $1억에 대한 입찰을 받는다. 어떤 입찰은 단독으로 움직이는 대형 투자은행들이 접수한 것일 수도 있고, 또 다른 입찰들은 특정 목적을 가지고 임시로 조직된 조합으로부터 들어온 것일 수도 있다. 그러나 여기서 입찰이 누구로부터 들어오는지는 중요한 문제가 아니다. 가격조건이 맞으면 그 중에서 가장 좋은 조건의 입찰을 받아들이기만 하면 된다.[35]

일괄등록제도가 허용되는 기업이라 할지라도 모든 회사가 실제로 공모를 할 때마다 이 제도를 채택하는 것은 아니다. 때때로 회사들은 전통적 경로를 통해 대규모의 발행을 한꺼번에 시행함으로써 더 좋은 조건의 계약을 따낼 수 있다고 믿는다. 특히 발행될 증권이 흔치 않은 내용을 포함하고 있거나, 회사가 투자은행으로부터 조언이나 발행승인을 받을 필요가 있다고 느낄 때는 이와 같이 전통적인 방법을 택한다. 그 결과 일괄등록제도는 다양한 일반 회사채 발행에 비해 보통주나 전환증권을 발행할 때는 그다지 잘 사용되지 않는다.

---

34) 2005년 SEC는 '잘 알려진 발행 기업(well-known seasoned issuer, WKSI)'이라는 회사 범주를 신설하였다. 이들 회사는 일부 등록요건을 면제받는다.

35) 이 두 가지 거래는 **신속 인수**(*accelerated underwriting*)의 예이다. 이런 종류의 증권발행을 잘 설명한 내용은 다음 논문을 참조하라. B. Bortolotti, W. Megginson, and S. B. Smart, "The Rise of Accelerated Seasoned Equity Underwritings," *Journal of Applied Corporate Finance*, 20(Summer 2008), pp. 35~57.

국제 증권발행

기업은 종종 국내 시장에서 차입하는 대신 외국에서 채권을 발행한다. 이 경우 채권발행은 그 나라의 법규에 따라야 한다.

두 번째 대안은 **유로본드**(*eurobond*)를 발행하는 것인데 이는 일단의 국제 은행들이 채권을 인수하여 동시에 여러 나라의 투자자들에게 매각하는 방식이다. 차입하는 기업은 발행증권에 대한 자세한 설명을 담은 사업설명서를 제출해야 한다. 인수회사는 잠재적 투자자들로부터 수요예측을 하고, 이를 바탕으로 가격을 정하여 매각한다. 아주 큰 규모의 발행은 **글로벌 본드**(*global bond*)로 발행되기도 한다. 글로벌 본드란 발행 채권의 일부는 국제시장에서 매각하고, 나머지는 국내시장에 매각하는 것을 말한다.

주식 또한 해외시장에서 매각할 수 있다. 실제로 일부 회사의 주식은 자국 시장에서는 전혀 거래되지 않는다. 예를 들어 2009년 중국의 온라인 게임회사인 창유닷컴(Changyou.com)은 미국에서 신규공모로 $1억 2천만을 조달하였다. 이 회사 주식은 중국 내에서는 거래되지 않는다. 이 회사는 아마도 해외에 상장하는 것이 주가를 더 높게 받을 수 있고, 더 활발한 후속 거래가 이루어질 것으로 생각한 듯하다.

전통적으로 뉴욕증권시장은 이런 증권발행의 자연 발생적인 본거지이다. 그러나 최근에 와서는 많은 회사들이 런던이나 홍콩에 주식을 상장하기를 더 선호한다. 이 때문에 많은 미국의 논평가들은 더 유연한 규제시스템을 가지고 있고 기업 관련 소송이 적은 다른 금융센터에 비해 뉴욕시장이 경쟁우위를 잃어가고 있다고 걱정한다.

일반 공모의 비용

기업이 일반 공모를 실시할 때는 항상 상당히 많은 관리비용이 발생한다. 또한 기업은 투자자들로부터 받을 것으로 예상되는 가격보다 낮은 가격에 증권을 인수회사에 매각함으로써 인수회사를 보상하여야 한다. 표 15.3은 2008~2009년 사이에 실시되었던 일부 인수스프레드(underwriting spread)를 보여준다.

부채증권(debt security)에 대한 스프레드는 보통주의 스프레드보다 낮은데, 많은 경우 1%보다 낮은 데 주목하라. 대규모 발행은 적은 규모의 발행보다 스프레드가 낮은 경향이 있다. 이는 부분적으로는 증권을 매각하는 데 고정비용이 발생하며, 대규모의 발행은 주로 대기업에 의해 이루어지는데 이들 대기업은 잘 알려져 있고, 인수회사가 모니터링하기 쉽다는 사실 때문이다. 그러므로 작은 회사가 무시할 만한 비율의 스프레드로 대규모 발행을 할 수 있다고 생각하면 안 된다.[36)]

그림 15.5는 2004년과 2008년 사이에 시행되었던 수천 건의 발행에 들어간 총 발행 비용(스프레드에 관리비용을 합친 것)에 대해 연구한 내용을 요약하고 있다.

---

36) 이 점은 다음 논문에서 강조하고 있다. O. Altinkilic and R. S. Hansen, "Are There Economies of Scale in Underwriting Fees? Evidence of Rising External Financing Costs," *Review of Financial Studies* 13(Spring 2000), pp. 191~218.

형태	회사	발행금액 ($백만)	인수기관 스프레드(%)
보통주:			
IPO	American Water Works	$1,250	7.0%
IPO	Rosetta Stone	129.4	7.0
IPO	Energy Recovery	119.0	7.0
IPO	Arc Sight	61.2	7.0
IPO	Heritage-Crystal Clean	22.0	7.0
유상증자	Ford Motor	1,425	3.00
유상증자	Express Scripts	1,403	1.68
유상증자	Newmont Mining	1,110	1.17
유상증자	American Express	500	3.30
유상증자	Brookdale Senior Living	143	4.75
부채:			
2.25% 글로벌 채권, 2011	Hewlett-Packard	$1,000	0.15%
3.2% 글로벌 채권, 2014	Wal-Mart Stores	1,000	0.35
8% 글로벌 채권, 2014	Starwood Hotel & Resorts	500	1.38
3% 선순위 전환사채, 2012	Newmont Mining	450	2.50
11.75% 글로벌 채권, 2016	Mariner Energy	300	1.91

표 15.3 선별된 발행증권의 총 인수스프레드. 스프레드는 총수익의 백분율이다.

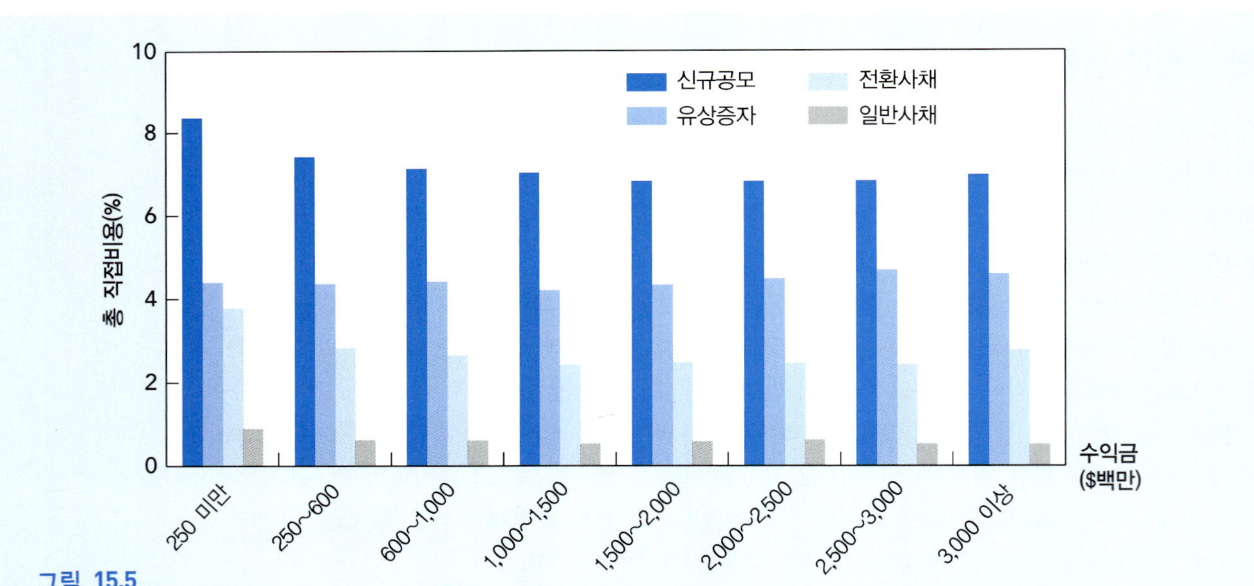

그림 15.5
총 수익의 백분율로서의 총 직접비용. 신규공모(IPO), 유상증자(SEO), 전환사채 그리고 일반사채에 대한 총 직접비용은 인수회사의 스프레드와 기타 직접비용으로 구성되어 있다.

자료원: 계산을 담당한 Nickolay Gantchev에게 감사한다. 이 계산으로 I. Lee, S. Lochhead, J. R. Ritter, and Q. Zhao, "The Costs of Raising Capital," Journal of Financial Research 19(Spring 1996), pp. 59~74의 표가 업데이트되었다.

주식발행에 대한 시장 반응

보통주의 유상증자에 관해 연구한 경제학자 대부분은 신주발행 발표는 주가를 떨어뜨리는 결과를 가져온다는 사실을 발견하였다. 미국에서 이루어지는 일반 기업의 주식발행은 약 3%의 주가 하락을 가져온다. 이런 사실이 그리 대단하게 들리지 않을지도 모른다. 그러나 시장가치의 하락폭은 평균적으로 주식발행으로 조달하는 신규자금의 거의 1/3에 달한다.

도대체 어찌된 일인가? 한 가지 견해는 추가공급에 대한 전망이 단순히 주가를 하락시킨다는 것이다. 반면에, 주가의 하락폭이 주식발행 규모와 비례하여 커진다는 증거는 없다. 사실과 더 잘 부합하는 다른 설명이 가능하다.

한 레스토랑 체인의 최고재무책임자(CFO)가 매우 낙관적인 사업전망을 하고 있다고 하자. CFO의 생각으로는 회사의 주가가 너무 낮다. 그럼에도 불구하고 회사는 신설된 북 캘리포니아 주[37]로 사업을 확장하는 데 필요한 자금을 마련하기 위해 주식을 발행하려고 한다. 어떻게 해야 할까? 선택할 수 있는 모든 방안들은 각기 나름대로의 결점을 가지고 있다. 주식을 발행한다면 기존 주주들의 희생으로 새로운 주주들이 혜택을 보게 된다. 만약 투자자들이 CFO와 똑같이 낙관적인 전망을 가진다면 주가는 올라갈 것이고, 새로운 주주들에게 매각되는 주식은 싼 값이라는 사실이 분명해진다.

CFO가 미래에 대한 장밋빛 전망을 다른 사람에게도 설득할 수만 있다면 공정한 가격으로 새로운 주식을 발행할 수 있을 것이다. 그러나 일이 그리 쉽지만은 않다. CEO나 CFO들은 낙관적인 전망을 할 때는 매우 신중을 기한다. 그래서 단지 "나는 낙관적으로 생각합니다"라고 발표를 하는 것만으로는 거의 효과가 없다. 그러나 사업계획과 이익예측에 대한 상세한 정보를 제공하는 데는 많은 비용이 들며, 또한 경쟁사들을 도와주는 꼴이 된다.

CFO는 회사의 주가가 회복될 때까지 계획했던 확장 규모를 줄이거나 연기할 수도 있다. 이 방법 또한 비싼 대가를 치루어야 한다. 그러나 만약에 주가가 극도로 저평가되어 있고 주식발행이 자본조달의 유일한 원천이라면, 아마도 이 방법이 합리적일 수도 있다.

CFO가 자기 회사 주식이 과대 평가되어 있다고 생각한다면 상황은 정반대가 된다. 회사가 주식을 높은 가격에 발행하면 새로운 주주들의 희생으로 기존 주주들이 혜택을 보게 된다. 경영자는 현금이 막 은행에 새로 입금되었다고 하더라도 아마 주식을 발행하려고 할 것이다.

당연히 투자자들은 바보가 아니다. 투자자들은 경영자가 주식이 과대평가되었다고 생각할 때 주식을 발행하고, 미래 전망이 낙관적이면 주식발행을 연기하거나 아예 취소해 버릴 가능성이 크다는 사실을 잘 안다. 그러므로 주식발행 발표가 나면 거기에 맞추어 주가를 내려 버린다. 그러므로 새로 주식이 발행될 때 일어나는 주가하락은 공급의 증가와는 아무런 관계가 없으며, 신주발행이 전달하는 신호에 따른 것이다.[38]

코네트와 터래니안(Cornett과 Tehranian)은 이런 점을 제대로 증명해 주는 자연스러운 실험

37) 북 캘리포니아 주는 캘리포니아 주로부터 분리되어 2016년 미국의 52번째 주가 되었다.

38) 이 설명은 다음 논문에 제시되었다. S. C. Myers and N. S. Majluf, "Corporate Financing and Investment Decisions When Firms Have Information That Investors Do Not Have," *Journal of Financial Economics* 35(1994), pp. 99~122.

을 고안해냈다.[39] 그들은 상업은행의 주식발행 사례를 고찰해 보았다. 이러한 발행 중 일부는 은행감독기구가 설정한 자기자본기준을 충족하기 위해 필요한 조치였다. 나머지는 회사의 다양한 목적을 위해 자본을 조달하려고 설계된 통상적이고 자발적인 주식발행이었다. 자발적인 주식발행에 비해 꼭 필요한 주식발행의 경우에는 주가 하락폭이 훨씬 적었다. 이는 충분히 일리가 있는 일이다. 만약 주식발행이 경영자의 재량 밖에 있다면 발행 공표는 회사 전망에 관한 경영자의 견해에 대해서는 어떠한 정보도 전달하지 못한다.[40]

대부분의 재무경제학자들은 이제 주식발행 발표에 따른 주가하락을 정보효과로 해석하며, 추가 공급이 가져온 결과로 보지 않는다.[41] 우선주나 부채의 발행은 어떤가? 이들 발행도 회사의 미래 전망에 관해 정보를 전달할 가능성이 높은가? 비관적 견해를 가진 경영자는 투자자들이 나쁜 소식을 알기 전에 채권을 발행하고 싶은 충동을 느낄 것이다. 그러나 가격이 높게 책정된 채권을 팔아서 주주를 위해 얼마만큼의 수익을 올릴 수 있는가? 아마도 1~2% 정도일 것이다. 비관적인 경영자는 우선주나 채권보다는 보통주 발행 쪽을 선택할 유인이 더 크다. 그러므로 회사가 우선주나 채권 발행을 공표할 때는 감지할만한 주가하락은 일어나지 않는다.[42]

그러나 적어도 한 가지 의문점이 더 남아 있다. 제13장에서 살펴본 바에 따르면 주식을 발행하는 회사들의 장기 성과는 표준 이하이다. 주식발행 **후**에 이런 회사들의 주식을 매입한 투자자의 수익률은 다른 비슷한 회사의 주식에 투자한 수익률보다 더 낮았다. 이러한 결과는 신규공모와 유상증자의 경우 모두 성립한다.[43] 투자자들은 주식발행 회사들의 정보가 전달하는 이점을 충분히 파악하지 못한 것으로 보인다. 만약 그렇다면, 이는 효율적 시장 이론에 반하는 예외가 있다는 말이다.

주주배정 유상증자

일반 투자자대중을 상대로 주식을 발행하는 대신 회사는 간혹 기존 주주들에게 먼저 우선권을 준다. 이와 같이 이루어지는 발행은 **주주할당 발행**(*privileged subscription*) 또는 **주주배정 유상증자**(*rights issue*)라고 한다. 미국에서는 주주배정 유상증자가 거의 대부분 폐쇄형 투자회사에 국한되어 실시된다. 그러나 유럽이나 아시아에서는 주주배정 유상증자가 일반적이며, 많은 나라에서는 의무적으로 주주배정 방식으로 주식을 발행해야 한다.

우리는 이미 주주배정 유상증자의 예를 하나 살펴보았다. 인수회사들에 넘어간 영국의 은행

---

39) M. M. Cornett and H. Tehranian, "An Examination of Voluntary versus Involuntary Issuances by Commercial Banks," *Journal of Financial Economics* 35(1994), pp. 99~122.

40) '비자발적 발행자'도 결정을 내리긴 했다. 그들은 주식발행을 포기하고 규정상의 자본기준을 충족하지 못할 위험을 감내할 수도 있었다. 이와 같은 잠재적 위험을 가진 회사들은 주식발행을 할 가능성이 더 크다. 그러므로 Cornett와 Tehranian이 비자발적인 주식발행에서도 주가하락 현상을 발견한 것은 놀라운 일이 아니다.

41) 또 다른 가능한 정보효과가 있다. 배당금의 예상치 못한 증가는 투자자들에게 회사가 그들이 생각했던 것보다 더 많은 수익을 올리고 있다는 사실을 말해주듯이 새로운 주식발행은 정반대의 의미를 가질 수 있다. 그러나 이 효과는 왜 채권발행 공표가 비슷한 주가 하락을 유발하지 않는지는 설명해 주지 못한다.

42) L. Shyman-Sunder, "The Stock Price Effect of Risky vs. Safe Debt" *Journal of Financial and Quantitative Analysis* 26(1991년 12월호), pp. 549~558 참조.

43) 예를 들어 T. Loughran and J.R. Ritter, "The New Issues Puzzle," *Journal of Finance* 50(March 1995), pp. 23~51을 보라. Jay Ritter의 웹사이트는 **bear.cba.ufl.edu/ritter**이다.

인 HBOS에 의한 주식발행이다. 또 다른 주식발행을 좀 더 자세히 살펴보자. 2009년 유럽의 광산 회사인 엑스트라타(Xstrata)는 석탄 채굴회사인 프로데코(Prodeco)의 인수를 위해 £41억의 자금을 조달할 필요가 있었다. 이 회사는 기존 주주들에게 현재의 보유주식 1주당 2주의 신주를 매입할 수 있는 권리를 부여하여 자금을 조달하였다. 신주의 가격은 주당 £2.10로 매겨졌는데 이는 발표 이전의 주가인 £6.23에 비해 66%나 낮은 것이었다.

주주배정 유상증자가 시행되기 바로 직전에 당신이 £6.23의 가치가 있는 엑스트라타 주식 1주를 보유하고 있다고 상상해 보라. 엑스트라타의 제안으로 당신은 2 × £2.10 = £4.20의 추가 지출로 신주 2주를 살 수 있는 권리를 받는다. 이 제안을 받아들이면 당신의 주식 보유는 3주로 늘어나고, 투자 가치는 £6.23 + £4.20 = £10.43만큼 증가한다. 그러므로 유상증자 후 각 주식의 가치는 이제 더 이상 £6.23가 아니라 이보다 훨씬 낮은 £10.43/3 = £3.48가 된다. 이 가격을 **권리락 가격**(*ex-rights price*)이라고 한다.

신주를 £2.10에 살 수 있는 권리의 가치는 얼마인가? 답은 £3.48 − £2.10 = £1.38이다.[44] 주당 실제 가치가 £3.48인 주식을 £2.10에 살 수 있는 투자자라면 이 권리에 대해 기꺼이 £1.38을 지불할 것이다.[45]

엑스트라타가 다른 다양한 조건으로도 똑같은 금액의 자본을 조달할 수 있음은 분명하다. 예를 들어 두 배의 가격(£4.20)으로 절반의 주식(1주)만 발행할 수도 있다. 이 경우 주식발행 이전에 엑스트라타 주식 1주를 보유하고 있다면 신주 1주를 £4.20에 청약할 수 있는 권리를 가진다. 이로써 투자자는 2주를 보유하게 되며 보유주식의 총 가치는 £6.23 + £4.20 = £10.43, 주당 가치는 £10.43/2 = £5.215가 된다. 이 새로운 조건에서는 권리락 주가는 이전보다 더 높다. 그러나 3주가 아니라 2주의 주식만 보유하게 된다. 보유 주식의 총 가치는 같다. 신주를 £4.20에 살 수 있는 권리를 팔고 싶다고 하자. 투자자들은 이 권리를 사는 데 £1.015를 지불하려고 할 것이다. 그런 다음 £4.20를 지불하고 £5.215의 가치가 있는 엑스트라타 신주를 사게 된다.

엑스트라타의 주주들에게는 신주발행 제안을 받아들일지 결정하는 데 6주의 시간이 주어졌다. 그동안 주가가 발행가 이하로 떨어지면 주주들은 신주를 매입할 유인이 전혀 없다. 이런 이유 때문에 주주배정 유상증자를 실시하는 회사는 일반적으로 인수회사들이 남겨진 주식을 매입하도록 틀을 짜놓는다. 예를 들어 도이치방크(Deutsche Bank)와 J.P. 모건(J.P. Morgan)은 매각되지 않은 엑스트라타 주식을 발행가 £2.10으로 매입하기로 합의하였다. 인수회사들이 매각되지 않은 주식을 떠안는 일은 흔치 않다. 그러나 앞에서 본 HBOS 주식발행의 경우와 같이 아주 큰 부담을 떠맡을 수도 있다.

이 예는 회사가 성공적으로 신주를 모두 팔 수만 있다면 주주배정 유상증자에 있어서 발행가격

44) 실제로는 투자자는 이보다 약간 높은 값을 지불할 것이다. 왜냐하면 주식을 강제로 사야 하는 것은 아니며, 자신이 이를 선택할 수 있기 때문이다. 실제로는 이런 옵션은 이미 내가격 상태가 되어 있고, 만기가 짧기 때문에 그 가치는 통상 무시할 정도로 작다.

45) 미국과 유럽의 주주배정 유상증자 사이에는 사소하지만 잠재적으로 혼란을 가져올 수 있는 차이가 있다. 엑스트라타의 경우 주주들은 보유 주식 1주당 2개의 신주인수권(right)을 부여받았다. 신주인수권 하나로는 신주 1주를 매입할 수 있다. 미국에서는 유사한 신주발행의 경우 주주에게 보유 주식 1주당 4개의 신주인수권이 부여된다. 그러나 주주는 신주 1주를 사기 위해 두 개의 신주인수권이 필요하며, 따라서 각 신주인수권의 가치는 비례적으로 낮아진다. 독자들은 종종 신주인수권의 가치를 계산하는 공식을 접할 것이다. 주식발행이 미국 방식인가 유럽 방식인가를 확인하라.

은 전혀 상관이 없다는 점을 설명해 준다. 그러나 일반 공모의 경우는 그렇지 않다. 만약에 회사가 시장이 받아들일 수 있는 가격 이하로 신주를 발행한다면 이는 기존 주주들의 희생으로 새로운 주주들이 이득을 얻는 것이다. 일반 공모는 전형적으로 전일 종가에서 약 3% 정도 할인한 가격으로 발행되기 때문에[46] 저가발행은 크게 염려할 문제가 아니다. 그러나 이런 비용은 주주배정 유상증자를 통해 완전히 피할 수 있으므로 회사들이 왜 일반 공모를 선호하는지는 여전히 수수께끼이다.

15.5 사모와 공모

회사가 공모를 시행할 때는 그 발행증권을 SEC에 등록해야 할 의무를 지닌다. 그런데 회사는 사적으로 증권을 발행함으로써 많은 비용이 드는 이런 절차들을 피할 수 있다. 사모(*private placement*)를 성립시키는 것이 무엇인지는 까다롭지만 SEC는 사모에 의해 발행되는 증권은 35명 이하의 충분한 정보를 소유하고 기업을 평가할 수 있는 투자자들(knowledgeable investors)에게 매각되어야 한다고 요구한다.

사모가 지니는 단점들 중 하나는 투자자가 한번 사들인 증권은 쉽게 되팔 수 없다는 것이다. 그러나 생명보험회사와 같은 기관투자자들은 장기간 동안 회사채에 엄청나게 많은 돈을 투자하지만 그것의 시장성(marketability)에 대해서는 신경을 쓰지 않는다. 따라서 거래가 활발하게 이루어지고 있는 사모시장은 회사채를 중심으로 진화하였다. 흔히 이 부채는 기업과 대부자 사이에서 직접적으로 협상이 이루어진다. 그러나 만약 발행 규모가 너무 커서 한 기관이 감당하기 어려우면 회사는 일반적으로 투자은행을 고용하여 사업설명서를 작성하고 잠재적인 매입자들을 찾아내려고 한다.

예상하는 바와 같이 공모보다는 사모를 시행하는 것이 비용이 적게 든다. 이러한 사실은 소규모의 증권 발행을 하고자 하는 회사들에 특히 유리하다.

1990년도에 SEC는 규칙 144A를 채택했는데 이 규정은 미등록 증권(unregistered securities)들을 매입하고, 거래를 할 수 있는 사람에 대한 제한을 완화했다. 이 규정은 대형 금융기관들(자격을 갖춘 기관 매입자(*qualified institutional buyers*)가 자기들끼리 미등록 증권을 거래할 수 있도록 허용하고 있다. 규칙 144A는 유동성을 증가시키고 이자율과 사모에 드는 발행비용을 낮출 목적으로 도입되었다. 이 규칙은 대체로 미국에서의 등록 요건 때문에 단념하고 있는 외국 기업들을 겨냥하여 만들어진 것이었다. SEC는 이런 회사들은 미국의 대형 금융기관들이 자유롭게 거래할 수 있는 미등록 주식과 채권을 발행할 기회를 환영할 것이라고 주장하였다.

규칙 144A에 의한 발행이 매우 인기가 높은 것이 증명되었고, 특히 외국 발행인들 사이에서 더욱 그렇다. 또한 규칙 144A에 의해 발행된 증권에 대한 유통거래(secondary trading)의 규모가 점점 커지고 있다.

---

46) S. A. Corwin, "The Determinant of Underpricing for Seasoned Equity Offers," *Journal of Finance* 58(October 1993), pp. 2249~2279, S. Maola and T. Loughran, "Discounting and Clustering in Seasoned Equuity Offering Price," *Journal of Financial and Quantitative Analysis* 39(March 2004), pp. 1~23 참조.

요약

이 장에서는 기업이 증권을 발행할 때 거쳐야 할 다양한 절차를 요약했다. 먼저 신생기업이 어떻게 벤처캐피탈을 조달하여 첫 번째의 주식 공모발행 시점까지 성장해 나가는지를 살펴보았다. 그 다음으로 기업이 일반 공모를 통해 어떻게 추가적인 주식발행을 하는지에 대해서도 살펴보았다. 마지막으로 사모의 절차에 대해서도 검토해 보았다.

개요를 다시 요약하는 일은 언제나 쉽지 않다. 대신 자본조달 방법에 대한 결정을 내려야 하는 재무관리자가 꼭 염두에 두어야 할 가장 중요한 몇 가지 사항을 상기해 보기로 한다.

- **규모가 클수록 비용이 낮다.** 증권발행에는 규모의 경제가 있다. 필요한 자금 $1억을 조달할 때 이를 한꺼번에 조달하는 것이 두 번으로 나누어 하는 것보다 비용이 적게 든다. 따라서 회사는 보통 증권발행을 하나로 묶어서 실행한다. 이는 대규모의 발행이 정당화될 때까지 단기 자본조달에 의존해야 한다는 의미로 해석될 수 있다. 아니면, 훗날 또 다시 증권을 발행하는 일을 피하기 위해 현시점에서 필요한 자금규모를 초과하는 주식발행을 추진해야 한다는 의미일 수도 있다.
- **저가발행에 유의하라.** 저가발행은 기존 주주들에게는 알려지지 않은 비용이다. 다행히 이런 현상은 통상 최초로 주식을 시장에서 매각하는 회사들에 한해서만 심각한 문제가 된다.
- **신규공모에서는 승자의 저주가 심각한 문제일 수 있다.** 신규공모에서 잠재 투자자들은 다른 사람들이 그 주식을 어떻게 평가할 것인지 잘 모르고 지나치게 높은 가격으로 너무 많은 주식을 배정받게 될까봐 걱정한다. 발행 절차를 신중하게 설계한다면 승자의 저주를 줄일 수도 있다.
- **주식발행은 주가를 떨어뜨릴 수도 있다.** 주가에 대한 압박 정도는 변한다. 그러나 미국의 일반기업의 경우에는 기존 주가의 하락이 조달되는 자금의 상당한 비율에 이른다. 이러한 가격압박은 시장이 주식발행 회사의 사정을 파악하는 정보 때문에 일어난다.
- **우량회사들의 채권발행에서는 일괄등록제도가 적합하다.** 일괄등록제도는 새로운 발행을 준비하는 데 걸리는 시간을 줄여주고, 유연성을 증가시키고 인수비용을 낮출 수 있다. 이 제도는 투자은행을 바꾸려고 하는 대기업의 채권발행에 가장 적합한 방식인 듯하다. 이례적으로 위험부담이 크거나 복잡한 증권발행이나 투자은행과 가까운 관계를 유지함으로써 혜택을 얻을 수 있는 중소기업에 의한 증권발행에는 대기업의 경우와는 달리 이 방식이 그다지 적합하지 않다.

더 읽어야 할 문헌

메트릭(*Metrick*), 메긴슨(*Megginson*), 곰퍼스(*Gompers*), 그리고 곰퍼스와 러너(*Gompers and Lerner*)는 벤처캐피탈 산업의 개관을 제공한다. 살만(*Sahlman*)은 벤처캐피탈 계약의 형태를 살펴보았다.

A. Metrick, *Venture Capital and the Finance of Innovation*(New York: John Wiley & Sons, 2006).

W. L. Megginson, "Toward a Global Model of Venture Capital?" *Journal of Applied Corporate Finance* 16(Winter 2004), pp. 89~107.

P. Gompers, "Venture Capital," in B. E. Eckbo(ed.), *Handbook of Corporate Finance: Empirical Corporate Finance*(Amsterdam: Elsevier/North Holland, 2007).

P. Gompers and J. Lerner, "The Venture Capital Revolution," *Journal of Economic Perspectives* 15(Spring 2001), pp. 145~168.

W. A. Sahlman, "Aspects of Financial Contracting in Venture Capital," *Journal of Applied Corporate Finance*(Summer 1988), pp. 23~26.

Visit us at www.mhhe.com/bma

다음 4개 논문은 증권의 신규발행과 관련된 포괄적인 조사연구이다.

B. E. Eckbo, R. W. Masulis, and Ø. Norli, "Security Offerings: A Survey," in B. E. Eckbo(ed.), *Handbook of Corporate Finance: Empirical Corporate Finance*(Amsterdam: Elsevier/North-Holland, 2007).

A. P. Ljungqvist, "IPO Underpricing," in B. E. Eckbo(ed.), *Handbook of Corporate Finance: Empirical Corporate Finance*(Amsterdam: Elsevier/ North-Holland, 2007).

J. R. Ritter, "Investment Banking and Securities Issuance," in G. M. Constantinides, M. Harris, and R. Stulz(eds), *Handbook of Economics of Finance*(Amsterdam: Elsevier Science, 2003).

T. Jenkinson and A. Ljungqvist, *Going Public: The Theory and Evidence on How Companies Raise Equity Finance*, 2nd ed(Oxford: Oxford University Press, 2001).

아래의 두 논문은 *IPO*에 관한 유용한 논문이다.

R. G. Ibbotson, J. L. Sindelar, and J. R. Ritter: "The Market's Problems with the Pricing of Initial Public Offerings," *Journal of Applied Corporate Finance*, 7(Spring 1994), pp. 66~74.

L. M. Benveniste and W. J. Wilhelm, Jr.: "Initial Public Offerings: Going by the Book," *Journal of Applied Corporate Finance* 10(Spring 1997), pp. 98~108.

다음은 경매의 설계에 관해 소개한 유용한 논문이다.

P. Milgrom, "Auctions and Bidding: A Primer," *Journal of Economic Perspectives* 2(1989), pp. 3~22.

연습문제

기본문제

1. 다음 제시된 각각의 발행 방법에 대해 두 가지의 발행 형태를 함께 열거했다. 제시된 발행 방법에 대해 채택하기에 더 적절한 발행 형태를 선택하라.

a. 주주배정 유상증자(최초공모 발행/이미 공개적으로 거래되는 주식의 추가 매각)
b. 규칙 144A 발행(국제적 채권 발행/외국 기업에 의한 미국 채권 발행)
c. 사모(기존주식의 발행/제조업체에 의한 채권 발행)
d. 일괄등록제도(최초공모/대형 제조업체에 의한 채권 발행)

2. 다음 각 용어는 그 아래에 제시되어 있는 사건 중 하나와 관련이 있다. 서로 관련이 있는 용어와 사건끼리 짝지어라.

a. 모집 주선
b. 수요예측
c. 일괄등록제도
d. 규칙 144A

사건:

A. 투자자들은 인수회사에 신규발행에서 몇 주를 매입하고자 하는지 의사표시를 한다. 이렇게 언급된 내용들은 주가를 결정하는 데 도움을 주기 위해 사용된다.
B. 인수기관은 오로지 발행된 주식을 매각하기 위한 목적만으로 자신이 져야 할 책임을 인정하고 이행한다.
C. 일부 발행은 등록되지 않으나 자격 있는 기관매입자 사이에서 자유로이 거래가 된다.
D. 같은 증권의 여러 군(tranche)은 같은 등록 아래에서 매각될 수 있다. ('트랑쉐'라는 것은 대규모 발행의 일부분을 가리킨다.)

Visit us at www.mhhe.com/bma

3. 다음의 각 용어가 지니고 있는 의미를 설명하라.
   a. 벤처캐피탈(venture capital)
   b. 수요예측(book building)
   c. 인수 스프레드(underwriting spread)
   d. 유가증권발행신고서(registration statement)
   e. 승자의 저주(winner's curse)
4. 둘씩 짝지어져 있는 다음의 발행 방법 중 어느 것이 비례적으로 보다 낮은 인수와 행정비용을 수반할 가능성이 높은가?
   a. 대규모 발행/소규모 발행
   b. 채권 발행/보통주 발행
   c. 신규공모/후속 주식 발행
   d. 채권의 소규모 사모/채권의 소규모 일반 공모
5. 맞는가, 틀리는가?
   a. 벤처캐피탈리스트들은 전형적으로 첫 번째 단계의 자본조달에서 개발에 필요한 모든 비용을 지원해준다. 두 번째 단계의 자본조달은 최초공모에서 발행된 주식을 통해 이루어진다.
   b. 대기업들의 주식은 각기 다른 여러 국제적 거래소들에 상장되어 거래될 수 있다.
   c. 회사가 주식의 신규발행을 시행할 것임을 발표할 때에 일반적으로 주가는 떨어진다. 이러한 사실에 대한 원인은 발행을 시행키로 한 결정에 의해 유출된 정보에서 찾을 수도 있다.
6. 공모의 시행과 사모의 주선 중 한 가지를 선택해야 한다. 각 경우의 발행은 10년 만기 채권에 대한 액면가 $1천만에 해당한다. 각 경우에 대한 데이터는 다음과 같다.
   - **공모**: 채권에 대한 이자율은 8.5%이고, 채권은 액면가로 발행된다. 인수 스프레드는 1.5%이고, 이외의 다른 비용은 $8만이다.
   - **사모**: 사모에 대한 이자율은 9%이지만, 총 발행 비용은 단지 $3만에 그칠 것이다.

   a. 회사가 들인 비용에 비하여 벌어들인 순이익의 정도를 비교하라.
   b. 다른 조건들이 모두 같다는 전제하에서 어느 것이 보다 나은 거래인가?
   c. 이 두 종류의 발행 중 하나를 택하기 전에 이자율과 발행 비용 이외에 고려하고자 하는 요소들로는 어떤 것들이 있는가?
7. 어소시에이티드 맥주회사(Associated Breweries)는 무연 맥주를 시장에 출시할 계획을 세우고 있다. 이 모험적 계획(venture)을 실행에 옮기는 데 필요한 자금을 마련하기 위해 보유 주식 2주당 신주 1주를 주당 $10에 매각하는 주주배정 유상증자의 시행을 제안한다(현재 이 기업은 1주당 $40인 기 발행주식 100,000주를 보유하고 있다). 새로운 자본이 상당한 수익을 올리기 위해 투자되었다고 가정하고 다음 사항들에 해당하는 수치를 말해보라.
   a. 신주의 수
   b. 새로운 투자금액의 규모
   c. 발행 후 기업의 총 가치
   d. 발행 후 총 주식의 수
   e. 발행 후의 주가
   f. 신주 하나를 살 수 있는 권리의 가격

중급문제

8. 다음에는 용어 관련 퀴즈가 더 있다. 다음을 간단히 설명하라.

Visit us at www.mhhe.com/bma

a. 0(시초) 단계 대 첫 번째나 두 번째 단계의 자본조달
b. 캐리드 인터레스트(carried interest)
c. 주주배정 유상증자(rights issue)
d. 순회 투자설명회(road show)
e. 모집주선 발행(best efforts offer)
f. 자격 있는 기관 구매자(qualified institutional buyer)
g. 주(州) 증권법(blue-sky law)
h. 추가배정 옵션(greenshoe option)

9. a. "신호가 값비쌀 때에만 그 신호를 신뢰할 수 있다." 마빈사의 주식에 기꺼이 투자하고자 하는 경영진의 의지가 신뢰할 수 있는 신호였던 이유를 설명하라. 종국에는 필요했을 벤처캐피탈의 일부만을 받아들이고자 했던 경영진의 의향 또한 신뢰할 만한 신호였는가?

b. "경영 간부들이 증가한 여가 시간과 업무상 필요한 이사진의 전용 제트기 등의 형태로 보상을 받을 때, 이에 따른 비용은 주주들이 부담한다." 퍼스트 메리엄사의 자본조달에 대한 종합대책이 이 문제를 어떻게 해결하고자 했는지를 설명하라.

10. 영국에서 시행되는 보통주에 대한 신규공모에서는 주식이 공모(offer for sale)에 의해서 매각된다. 빈(Bean) 씨는 이렇게 하여 매각된 주식들은 평균적으로 약 9% 정도 저가 발행되고 있다는 사실을 파악하고 있었고, 몇 년 동안 각 발행마다 발행되는 주식의 일정량을 신청하는 정책을 따르고 있었다. 그러므로 그는 이러한 정책이 이익을 내지 못하여 실망하고 혼란스러워하고 있다. 그에게 왜 이 정책이 이익을 내지 못하였는지를 설명하라.

11. 회사의 주식 발행에 드는 비용보다 채권 발행에 드는 비용이 더 낮은 이유가 무엇일까? 가능한 이유들을 나열해 보라.

12. 보통주의 발행이 주가 하락의 원인이 될 수 있는 세 가지 이유가 있다. 그 세 가지 이유로 (a) 주가의 하락은 추가 공급을 소화해내기 위해 필요하기 때문이며, (b) 발행은 그것이 완전히 소화될 때까지 일시적 가격 압박을 일으키기 때문이다. 그리고 (c) 경영진은 주주들이 알고 있지 못하는 정보를 보유하고 있기 때문이다. 이러한 이유들에 대해 더 상세하게 설명하라. 이 이유들 중 어느 것이 가장 그럴듯한가? 당신이 선택한 이유가 옳은지를 검정할 수 있는 방법이 있는가?

13. 다음에 제시된 경우를 보여주는 간단한 예를 구성해 보라.

a. 기존의 주주들은 시가보다 낮은 가격으로 신주의 현금공모가 이루어질 때 형편이 더욱 나빠진다.
b. 기존의 주주들은 새로운 주주들이 그들의 권리를 이행하길 바라지 않는데도 불구하고 회사가 시가보다 낮은 가격에 신주에 대한 주주배정 유상증자를 실시해도 형편이 더욱 나빠지지 않는다.

14. 2001년에 Pandora Box사는 이미 소유하고 있는 주식 4주당 신주 1주를 주당 €5에 매각하는 유상증자를 실시했다. 발행이 있기 전에 공모에 내놓은 주식 수는 1천만 주에 달했고, 주당 가격은 €6였다.

a. 새로 조달한 자금의 총 액수는 얼마인가?
b. 신주 1주를 살 수 있는 권리의 가치는 얼마인가?
c. 신주 발행 후의 주가를 얼마로 예상하고 있는가?
d. 주주들이 권리를 이행하고자 할 마음이 없기 전에 회사의 전체적 가치는 어느 정도 떨어질 수 있는가?

15. 연습문제 14는 Pandora Box가 시행한 주주배정 유상증자에 대한 세부적 사항들을 포함하고 있다. 이 회사가 주당 €4에 신주를 발행하기로 결정했다고 가정하자. 같은 금액의 자금을 조달하기 위해

Visit us at www.mhhe.com/bma

몇 주의 주식을 매각해야 하는가? 연습문제 14의 (b)~(d) 문제에 대한 답을 구하기 위해 다시 계산하라. 회사가 1주당 €5보다 낮은 €4에 주식을 발행하더라도 주주들의 형편은 더 나빠지지 않고 똑같이 좋은 상태를 유지할 것이라는 사실을 증명하라.

16. 가령 신주를 €4의 가격으로 주주배정 유상증자로 발행하는 대신(연습문제 15 참조) €4로 일반 공모하기로 결정했다고 하자. 기존 주주들은 여전히 이전과 같이 좋은 입장인가? 설명하라.

17. 마빈사의 사업설명서를 예시한 이 장 끝의 부록을 참조하여 다음 물음에 답하라.
  a. 신주에 대한 수요가 예상하지 않게 높다면 인수회사는 얼마나 많은 신주를 추가로 매입할 수 있는가?
  b. 1차 발행으로 매각할 수 있는 주식의 수는 얼마인가? 2차 발행에서는 얼마의 주식을 매각할 수 있는가?
  c. IPO 1일 후 마빈 주식은 $105에 거래되었다. 저가발행의 정도는 얼마인가? 마빈 주식의 저가발행 정도는 미국의 다른 IPO의 평균 저가발행 정도와 비교하여 어떤가?
  d. 마빈사의 신주발행에는 인수비용, 관리비용, 조가발행 등 세 가지 비용이 발생한다. 마빈사 주식발행의 총 비용은 금액으로 얼마인가?

18. 최근에 시행되었던 최초공모에 대한 사업설명서를 구하라. 거기에 나타나있는 발행 비용을 (a) 마빈사의 발행 비용과 (b) 표 15.3에 나타나 있는 발행비용과 비교해 보아라. 어떤 점들에서 차이가 나는가? 차이가 나는 이유를 설명할 수 있는가?

도전문제

19. a. 벤처캐피탈 회사들은 왜 각 단계별로 자금을 지원하기를 선호하는가? 만약 당신이 마빈사 경영진이었다면 이런 조건에 만족했을 것인가? 나중에 생각해 보면 퍼스트 메리엄은 각 단계별로 자금을 제공함으로써 이익을 보는가, 손해를 보는가?
  b. 퍼스트 메리엄이 마빈사에 더 많은 자금을 투자할 수 있었던 가격은 미리 정해지지 않았다. 그러나 마빈사는 사전에 정해진 가격에 더 많은 주식을 살 수 있는 옵션을 줄 수도 있었다. 그렇게 하는 것이 더 좋았을까?
  c. 두 번째 단계에서 마빈사는 퍼스트 메리엄보다 더 낫다고 여겨지는 다른 벤처캐피탈 회사의 도움으로 필요한 자금을 조달하려 했을 수도 있다. 이러한 경우가 발생하는 것을 막기 위해 벤처캐피탈 회사들은 때때로 새로운 자본 발행에 대해 우선적 거부권을 요구한다. 이러한 조건으로 발행할 것을 추천하겠는가?

20. 단일가격경매와 차별가격경매 사이의 차이점을 설명하라. 유가증권을 매각하고자 할 때 이 두 가지 경매 방식 중 어느 것을 택할 것이며, 왜 그 방식을 나머지 방식보다 더 선호하는가?

21. 다음에 Pisa건설회사의 최근 재무자료가 나타나 있다.

주가	$40	기업의 시장가치	$400,000
주식 수	10,000	주당 이익	$4
장부상 자기자본	$500,000	투자 수익률	8%

Pisa는 여태껏 있었던 여러 기업들의 실적과 비교해 보았을 때 그리 눈부신 성과를 올린 것은 아니다. 그러나 회사는 유망한 시장으로 사업을 확장하는 데 필요한 자금 $80,000을 확보하기 위해 신주를 발행하려고 한다. Pisa의 재무담당 고문은 주식발행은 별로 좋지 못한 방법이라고 생각한다. 다른 여러 이유들 중에서도 "1주당 장부가치보다 낮은 가격에서 이루어지는 주식 매각은 주가를 떨어뜨릴 뿐만 아니라 주주들의 부를 감소시킬 수도 있다."는 이유에서 별로 좋지 못한 방법이라고

Visit us at www.mhhe.com/bma

여긴다. 그들은 이러한 주장을 증명하기 위해 다음과 같은 예를 들었다. "신주 2,000주를 주당 $40에 발행하고 이에 따른 수익금은 투자에 사용한다고 가정하자. (발행비용은 고려 사항에서 제외하라.) 투자에 따른 수익이 변하지 않는다고 가정하라. 그렇다면,

$$\text{순 장부가치} = \$580,000$$
$$\text{총 수익} = 0.08(580,000) = \$46,400$$
$$\text{주당 이익} = \frac{46,400}{12,000} = \$3.87$$

그러므로 EPS는 하락하고, 주당 장부가치도 하락하고, 주가도 역시 비례적으로 $38.70으로 하락할 것이다."

수치 예시에서 암묵적으로 내포하고 있는 가정들에 특별한 주의를 기울이면서 이 주장을 평가해 보라.

실시간 데이터분석

웹사이트 **www.hoovers.com** 또는 **biz.yahoo.com/ipo**에 들어가서 최근의 IPO를 찾아보고 에드가(Edgar) 데이터베이스를 이용하여 사업설명서(prospectus)를 찾으라. (**finance.yahoo.com**에서 회사를 찾아서 SEC의 공적 기록 링크를 이용하는 것이 가장 쉬운 방법일 것이다. 어떤 경우든 최종 사업설명서를 찾는 일은 시행착오의 문제이다.) 이 회사 IPO를 마빈사와 비교해보라. 예를 들어 기존 주주들은 어떤 사람들인가? 이 회사는 더 많은 자본을 조달하고 있었는가, 아니면 기존 주주들이 주식을 매각하고 있었는가? 인수비용과 기타 비용은 마빈사와 비교하여 어떤가? 인수기관은 초과배정옵션을 가졌는가? 발행주식은 저가발행되었는가? (여기서는 Yahoo! 웹사이트가 도움이 될 것이다.) 그렇다면 저가발행 때문에 회사로 흘러들어가지 못한 돈은 얼마나 되었는가?

부록

Marvin사의 신주 발행의 사업설명서[47)]

사업설명서(PROSPECTUS)
900,000주
마빈사(Marvin Enterprise Inc.)
보통주(액면가 $0.10)

이 공모를 통하여 발행되는 900,000주의 보통주 중에서 500,000주는 회사가 매각하고, 나머지 400,000주는 매각 주주(Selling Stockholders)들이 매각한다. "주요 주주 및 매각 주주" 참조. 회사는 매각 주주들에 의해 매각된 주식으로부터 생긴 이익에서는 아무것도 받지 않는다.

이 공모가 있기 전에는 보통주가 거래될 수 있는 공개시장이 여태껏 존재하지 않았다. **이 증권들은 높은 수준의 위험을 지니고 있다. "특정 고려사항(certain considerations)"을 보라.**

이 증권들은 증권 거래 위원회로부터 승인을 받거나 안 받지도 않았으며 위원회는 이 사업 설명서

47) 대부분의 사업 설명서는 마빈사의 사업 설명서와 비슷한 내용을 담고 있으나 훨씬 더 상세하게 내용을 다루고 있다. 마빈사의 재무제표는 생략했다.

Visit us at www.mhhe.com/bma

가 지닌 정확성이나 타당성 여부에 대한 판정을 아직 내리지 않았다. 이와 다른 내용을 담고 있는 모든 발표는 형사범이 된다.

	일반투자자 가격	인수 할인	회사 수익금	매각 주주 수익금[1]
주당	$80.00	$5.60	$74.40	$74.40
합계[2]	$72,000,000	$5,040,000	$37,200,000	$29,760,000

[1]회사가 지급할 총 $820,000으로 추정되는 비용 차감 전. 이 중 $455,555는 회사가 지급할 것이며, $364,445는 매각 주주가 지급할 것이다.
[2]회사와 매각 주주는 전적으로 초과배정에 대비하기 위해 인수기관에 신규공모 가격에서 인수 디스카운트 차감한 가격으로 최대 135,000 주까지 추가로 매입할 수 있는 옵션을 부여하였다.

보통주는 인수기관들에 의한 수취와 수락이 이루어지는 사전 매각으로 공모된다. 그리고 인수기관들 받은 주문을 그것의 전체 또는 일부 범위에서 거절하고 사전 통보없이 공모를 철회, 취소하거나 변경할 수 있는 권리가 있다.

(주) 클라인 메릭 2028년 2월 3일

그 어느 누구도 여기에 특별히 언급된 내용 외에 이 사업설명서에 포함된 공모와 관련된 정보를 제공하거나 설명을 할 권한을 가지고 있지 않다. 그러나 만약 이와 같은 정보가 제공되거나 설명이 있으면, 그것들이 담고 있는 내용을 신뢰해서는 절대 안 된다. 이 사업 설명서는 그것과 관련된 등록된 증권들 이외에는 어떠한 증권에 대한 발행도 포함하고 있지 않으며 그러한 발행이 불법으로 여겨지는 사법권에 있는 사람을 대상으로 한 발행도 포함하고 있지 않다. 이 사업설명서가 아무 때나 유포된다는 것은 사업설명서에 포함된 정보가 그것의 작성일 후의 모든 시점에 대해서도 올바른 내용을 담고 있다는 의미는 아니다.

이 발행과 관련하여 인수기관들은 초과할당을 하거나 아마도 달리 공개시장에서 널리 형성되고 있는 시가보다 높은 수준에서 발행기업의 보통주 시가를 안정시키거나 유지시켜주는 거래에 영향을 줄 수 있다. 이와 같은 안정화 작업은 개시된 후, 어느 시점에서든 중지될 수 있다.

사업설명서 요약(Prospectus Summary)

다음에 나오는 요약된 정보는 이 사업설명서의 다른 부분에서 나오는 상세한 정보와 재무제표에 의해 그 전체가 인정을 받고 있다.

발행(The Offering)

회사에 의해 발행된 보통주 500,000주
판매 주주들에 의해 발행된 보통주 400,000주
발행 후 남게 될 보통주 4,100,100주

수익의 사용(Use of Proceeds)

새로운 제조시설들의 구축과 운영자본을 마련하는 데에 쓰인다.

회사(The Company)

마빈 주식회사는 내수용으로 가글블래스터를 고안하고 제조하여 시장 판매전략을 수립한다. 회사

Visit us at www.mhhe.com/bma

의 제조시설은 통합된 극소 회로를 도입하여 구강청정제를 제조하는 데에 사용되는 유전공학 과정들을 관리하고 조정한다.

회사는 2022년 델라웨어에서 설립되었다.

수익의 사용(Use of Proceeds)

이 발행을 통해 벌어들인 순이익은 $36,744,445에 이를 것으로 예상된다. 순이익 중 대략 $2천7백만은 회사의 주요 제조시설들의 확장을 위한 자본조달을 위해 사용될 것이다. 나머지 수익은 운영자본으로 사용될 것이다.

특정 고려사항(Certain Considerations)

보통주에 투자할 때에는 높은 위험 수준을 포함한다. 다음에 나오는 요소들은 회사를 평가하는 데에 있어서 신중히 고려되어야 한다.

상당한 자본이 필요하다. 회사는 확장 정책을 계속적으로 추진시키기 위해 추가적 자본조달을 필요로 한다. 회사는 자기네 회사가 채권자와의 관계가 좋다고 믿으나 미래에도 추가적 자본조달이 가능할 수 있을지에 대한 확신이 없을 수 있다.

특허(licensing) 확장된 제조시설들은 새로운 발성용 구강청정제의 생산에 사용될 것이다. 미국 식약청(U.S Food and Drug Administration, FDA)의 자문위원회는 이 제품에 대해 미국시장에 내놓을 수 있는 허가를 내리도록 권하였지만 FDA의 총위원회에 의해서는 아직 확실한 결정이 내려지지 않았다.

배당정책(Dividend Policy)

회사는 자기 회사의 보통주에 대한 현금 배당을 지불하지 않았고 그리고 가까운 장래에 보통주에 대한 배당금이 지불될 것이라고는 예상하지 않는다.

경영진(Management)

다음 표는 회사의 이사들, 최고 간부들, 그리고 핵심 종업원들에 대한 정보를 보여주고 있다.

이름	나이	직위
George Marvin	32	사장, CEO, 이사
Mildred Marvin	28	경리담당관, 이사
Chip Norton	30	부장

George Marvin — 조지 마빈은 2022년에 이 회사를 설립한 자로서 설립일로부터 현재까지 회사의 최고경영자로 재임하고 있다. 이전에 가글블래스터 연구소의 소장을 지냈으며 최근에는 Confrérie des gargarisateurs에 정식 가입하였다.

Mildred Marvin — 밀드레드 마빈은 2022년부터 지금까지 이 회사에 의해 고용되어 있다.

Chip Norton — 노튼 씨는 2022년부터 줄곧 총지배인직을 지냈다. 그는 Amalgamated Blasters 주식 회사에서 부사장을 지냈다.

Visit us at www.mhhe.com/bma

회사 경영 간부들의 보수(Executive Compensation)

다음에 나오는 표는 경영 간부들이 2027년도에 있었던 그들의 활동과 업적에 대해 받은 금전적 보수를 보여준다.

이름	역할	현금 보상액
George Marvin	사장, CEO	$300,000
Mildred Marvin	경리담당관	220,000
Chip Norton	부장	220,000

특정 거래(Certain Transactions)

2023년과 2026년 사이에 퍼스트 메리엄 벤처파트너스는 여러 번에 걸쳐 총 $850만을 마빈사에 투자했다. 이 투자와 관련하여, 퍼스트 메리엄 벤처파트너스는 회사의 비용으로 증권거래위원회에 등록한 보통주의 주권을 가질 수 있는 권리를 포함하여 1933년의 증권법에 따라 등록 허가를 받을 권리까지 부여받았다.

주요 주주 및 매각 주주(Principal and Selling Stockholders)

다음에 나오는 표는 이 사업 설명서에 명시된 날 현재 회사의 의결권 보통주식에 대한 실질주주권에 관한 특정 정보를 보여주고 있다. 실질주주는 두 부류로 나뉜다. 첫 번째 부류는 의결권 보통주식의 5% 이상을 소유하고 있는 것으로 회사측에서 알고 있는 사람들이다. 두 번째 부류는 의결권 보통주식을 소유함으로써 이익을 보는 이사들이다. 달리 언급이 없는 이상, 각 소유자는 그가 소유하고 있는 주식들에 대한 단독 의결권과 처분 권한을 지닌다.

	보통주				
	공모 전 실절 소유자 주식			공모 후 실절 소유자 주식[1]	
실질 소유자 이름	주식 수	%	매각 예정 주식수	주식 수	%
George Marvin	375,000	10.4	60,000	315,000	7.7
Mildred Marvin	375,000	10.4	60,000	315,000	7.7
Chip Norton	250,000	6.9	80,000	170,000	4.1
First Meriam Venture Partners	1,700,000	47.2	—	1,700,000	41.5
TFS Investors	260,000	7.2	—	260,000	6.3
Centri-Venture Partnership	260,000	7.2	—	260,000	6.3
Henry Pobble	180,000	5.0	—	180,000	4.4
Georgina Sloberg	200,000	5.6	200,000	—	—

[1]인수기관의 초과배정 옵션이 행사되지 않는다고 가정.

보호예수 약정

보통주의 보유자는 사업설명서 발행일 이후 180일간의 기간 동안 클라인 메릭의 사전 동의 없이

Visit us at www.mhhe.com/bma

사업설명서에 명시된 경우 이외에는 주식을 매도하거나, 담보로 제공하거나, 또는 다른 방법으로 처분하지 않기로 인수기관과 합의하였다.

자본 주식에 대한 설명(Description of Capital Stock)

회사의 수권자본 주식은 10,000,000주의 의결권 보통주식으로 구성되어 있다. 이 사업 설명서에 명시된 날 현재, 보통주식에 대한 소유자로서 10명이 기록되어 있다. 회사의 대출금 계약 조건 중 한 조건 아래에 대출자의 필체로 쓰여진 승인장 없이는 순이익으로부터의 배당을 제외하고는 보통주식에 대한 현금 배당금을 지불하지 않을 것이다.

인수(Underwriting)

인수계약에서 언급된 협약조건과 상황 하에서 회사는 다음 표에 이름이 열거된 인수기관 개개에 주식을 팔기로 동의했으며, 그리고 클라인 메릭사가 대표로서 일해주고 있는 각 인수기관은 다음 이름의 맞은 편에 표시된 주식의 수를 회사로부터 개별적으로 구입하기로 합의했다.

인수기관	매입예정 주식수
Klein Merrick, Inc.	300,000
Goldman Stanley	300,000
Medici Bank	100,000
Canary Wharf Securities	100,000
Bank of New England	100,000

이 인수계약에서 명시되어 있는 협약 조건들과 상황의 영향을 받는 여러 인수기관들은 만약 그와 같은 어떤 주식이 구입된다면, 여기서 제공된 모든 주식을 구입하기로 동의했다. 어떤 인수기관에 의해 증권인수 불이행의 사태가 벌어지는 특정 상황의 경우에, 불이행을 하지 않은 인수기관들의 구입에 대한 약정 수가 증가될 수 있거나, 인수 계약이 끝날 수도 있다.

그 기업의 보통주를 위한 공개 시장은 존재하지 않는다. 대중에게 발행될 때 책정된 보통주의 가격은 회사와 인수기관들 사이에서 이루어진 협상에 의해 결정되었다. 그리고 다른 여러 사항들 중에서도 보통주의 가격은 회사의 재무 및 운영 내력과 상태, 회사의 전망과 일반적으로 회사가 속해 있는 산업 분야의 전망, 회사의 경영진 그리고 이 회사와 비슷한 사업을 영위하고 있는 회사들에 대한 증권의 시가 등과 같은 여타 사항을 기초로 하여 정해졌다.

법적 문제

사업 계획서에 의해 발행된 보통주의 합법성은 회사를 위해서는 Dodson과 Fogg에 의해, 인수기관들을 위해서는 Kenge와 Carboy에 의해 내려지고 있다.

전문가들

회사의 통합재무제표도 독립 회계법인사인 Hooper Firebrand 보고서의 신뢰 속에 포함되었다. 이 회계법인은 감사와 회계에 있어서의 숙련된 전문가로서의 법인의 권한이 부여되어 있다.

재무제표

[본문 및 표는 생략]

Visit us at www.mhhe.com/bma

배당정책

회사는 배당을 지급하거나 자사주를 재매입함으로써 주주에게 현금을 돌려줄 수 있다. 이 장에서는 회사가 배당지급의 형태와 지급금액을 어떻게 결정하는지를 설명하고, 배당정책(payout policy)이 기업가치에 어떤 영향을 미치는가에 관한 논란이 분분한 문제를 살펴본다.

당신이 지금 당장 필요하지 않은 주당 $1의 현금을 보유한 기업의 주식을 갖고 있다고 하자. 이 회사는 현금을 계속 보유하거나 주당 $1의 추가 현금배당을 지급할 수 있다. 이 결정이 중요한가? 처음에는 직관적으로 아니라고 말해야 한다. 배당으로 주당 $1를 지급받지만 동시에 각 주식의 가치는 $1씩 줄어든다. 당신의 부(富)는 영향을 받지 않는다.

그러나 기업이 현금을 보유하는 데는 이유가 있다. 주당 $1이 여윳돈이 아니라면 어떻게 되는가? 이것이 투자를 위해 챙겨둔 돈이라고 하자. 그러면 배당을 추가로 지급한다는 것은 투자안의 취소를 의미할 수 있다. 배당정책은 또한 투자결정이 될 수도 있다.

기업이 주당 $1을 지급하고 이 현금을 차입으로 대체한다고 하자. 배당결정은 또한 차입결정이 될 것이다.

배당정책을 충분히 이해하려면 배당결정을 투자와 자본조달 결정과 분리해야 한다. 투자와 차입이 정해졌다면 현금배당의 변화는 신주 발행이나 자사주 매입으로 상쇄되어야 한다. 예를 들어 많은 현금을 배당으로 지급하는 기업은 투자에 필요한 현금을 조달하기 위해 주식발행을 계획해야 한다는 것을 안다. 배당을 지급하지 않는 기업은 대신 자사주를 매입하는 데 현금을 사용할 것이다.

따라서 우리는 많고 적은 현금배당과 보통주의 발행이나 재매입 사이의 교환관계(trade-off)를 주의해서 분석하려고 한다. 적어도 세 가지 이유로 교환관계는 처음에 생각한 것보다 더욱 흥미롭다. 첫째, 배당의 변화는 회사의 수익성에 대한 정보를 투자자에게 전달한다. 둘째, 배당은 자본이득보다 더 높은 세율로 과세된다. 셋째, 투자자는 현금이 풍부한 기업이 양(+)의 NPV 투자가 더 이상 없어서 경영자의 특권적 소비(perks)나 좋지 않은 투자안에 현금을 써 버리지 않을까 염려한다. 많은 현금배당은 그러한 염려를 줄이는 한 가지 방법이다.

이 장은 배당에 관한 사실과, 배당과 자사주 매입이 어떻게 일어나는가를 설명하는 것으로 시작한다.

16.1 배당에 관한 사실

기업은 두 가지 방법으로 주주에게 현금을 지급할 수 있다. 배당을 지급하거나, 이미 발행된 주식 일부를 다시 사들이는 것이다. 최근에는 배당지급과 자사주 매입(또는 주식 재매입이라고 함)이 이익의 많은 부분을 차지한다.

주주에게 현금을 돌려주는 주된 방법은 여전히 배당이지만, 많은 기업이 배당을 전혀 지급하지 않는다. 미국에서 배당을 지급하는 기업의 비율은 1980년 64%에서 2007년 52%로 떨어졌다.[1)] 무배당 기업 중 일부는 과거에는 배당을 지급했지만 어려운 시기를 겪으면서 현금을 보존해

1) 미국의 제조 기업 중 배당을 지급하는 기업의 비율은 더욱 낮다. 다음 논문을 참조하라. E. Fama and K. French,

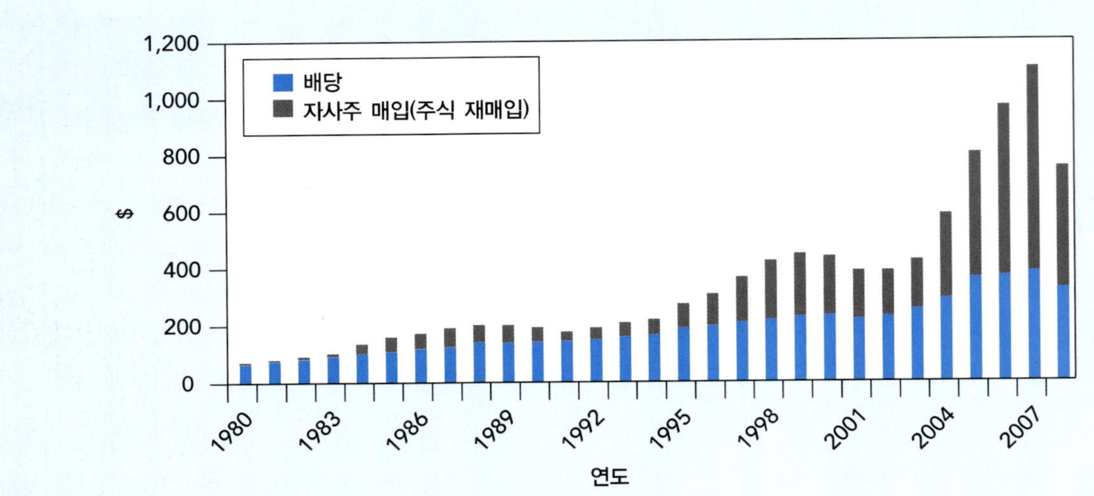

그림 16.1
1980~2008년 사이 미국에서의 배당과 자사주 매입(수치는 $10억 단위).

자료원: Standard and Poor's Compustat.

야만 하였다. 근래에 많은 신생 성장기업들이 기업을 공개했고, 이들 회사는 배당을 지급하지 않는다. 여기에는 선 마이크로시스템스(Sun Microsystems), 시스코(Cisco), 아마존(Amazon), 구글(Google)과 같이 귀에 익은 기업들과 최고의 수익성에 아직 도달하지는 못했지만, 빠르게 성장하는 수많은 소기업이 있다.

그림 16.1에서 보는 바와 같이 1983년 이전에는 자사주 매입이 상당히 드물었지만, 그 이후로는 점차 흔해졌다. 기록적인 자사주 매입이 있었던 2007년에는 미국 기업 28개사 각각이 $50억 이상의 자사주를 매입하였다. 엑슨모빌(ExxonMobil)은 $310억, 마이크로소프트는 $280억, IBM은 $190억, GE는 $140억을 재매입하였다.

16.2 기업은 배당지급과 자사주 매입을 어떻게 실행하는가?

배당과 자사주 매입(stock repurchase) 사이의 선택을 논의하기 전에 먼저 주주에게 돈이 흘러가는 과정을 살펴보자.

미국 등 많은 나라에서 기업의 배당금은 이사회에서 결정한다. 배당 공표에는 특정한 기준일(*record date*)에 등록된 모든 주주에게 지급이 이루어진다고 명시한다. 그리고 일주일 정도 지나면 주주에게 배당금 수표를 우송한다. 주식은 대개 기준일 이전 2영업일까지는 배당부(*with dividend*

"Disappearing Dividends: Changing Characteristics or Lower Propensity to Pay?" *Journal of Financial Economics* 60 (2001), pp. 3~43. 유럽에서 배당을 지급하는 기업의 비율이 가장 눈에 띄게 하락한 국가는 독일이다. 다음 논문을 참조하라. D. J. Denis and I. Osobov, "Why Do Firms Pay Dividends? International Evidence on the Determinants of Dividend Policy," Journal of Financial Economics 89(July 2008), pp. 62~82.

또는 *cum dividend*) 가격에, 그 후에는 **배당락**(*ex dividend*) 가격으로 거래된다. 배당락일(ex-dividend date)에 주식을 샀다면 기준일 이전에 회사 장부에 주주로 등재되지 않으며, 배당을 받을 자격이 없다.

그림 16.2는 이러한 일련의 과정을 보여준다. 엑슨모빌은 2009년 4월 15일에 분기 배당금이 주당 $0.42라고 발표하였다. 5월 13일을 기준으로 회사 장부에 등록된 모든 주주에게 이 금액이 지급된 날짜는 6월 10일이었다. 이틀 전인 5월 11일부터 주식은 배당락 가격에 거래되기 시작하였다. 바로 그날 주식을 산 사람들은 기준일까지 매입 사실이 회사 주주명부에 등재되지 않으며, 배당을 받을 자격을 갖추지 못한다. [참고: 미국에서는 배당이 먼저 확정되고 이에 따라 배당락이 이루어진다. 한국에서는 미국과는 달리 주주총회에서 배당이 확정되는 것이 원칙이다. 주주총회에 참여할 주주권의 확정을 위해 결산일을 기준으로 주주명부가 폐쇄되기 때문에 이 날짜가 배당 기준일이 되며, 따라서 배당락은 결산일(기준일) 이전에 일어난다. 즉 주주총회에서 배당이 확정되기 전에 배당락이 먼저 일어나게 된다. 이 때문에 투자자 보호에 허점이 생길 수 있으므로 주식배당(뒤에서 설명)의 경우에는 이를 미리 공표하도록 하고 있다. 그러나 2008년의 상법 개정으로 한국에서도 정관에 정함이 있는 경우 이사회에서 배당을 결정할 수 있게 되었다. 이에 따라 배당제도에 따른 혼란이 해소되고 기업의 배당 관행에도 많은 변화가 올 것으로 예상된다.]

기업들이 마음대로 배당 수준을 결정하는 것은 아니다. 브라질이나 칠레와 같은 일부 국가에서는 법규에 의해 이익의 **최소** 비율 이상을 의무적으로 배당해야 한다. 반대로, 과도한 배당으로 자신이 빌려준 대출금 상환에 어려움이 있지 않을까 염려하는 채권자들은 배당제한 조항을 부과하기도 한다. 미국에서는 채권자를 보호하도록 주 법률이 과도한 배당 지급을 하지 못하도록 규정하기도 한다. 예를 들어 기업은 보통 발행주식의 액면가로 정의되는 법정 자본금(legal capital) 이상을 배당으로 지급할 수 없다.[2)]

대부분의 미국 기업은 분기마다 **정기 현금배당**(*regular* cash dividend)을 지급하지만, 가끔은 일시적인 **특별 배당**(*extra* or *special dividend*)으로 보완하기도 한다. 많은 기업이 주주에게 자동배당재투자기금(automatic dividend reinvestment plan, DRIP) 가입을 권유한다. 신주는 보통 시장 가격에서 5% 할인된 가격에 발행된다. 때로는 배당금 총액의 10% 이상이 이러한 기금에 재투자

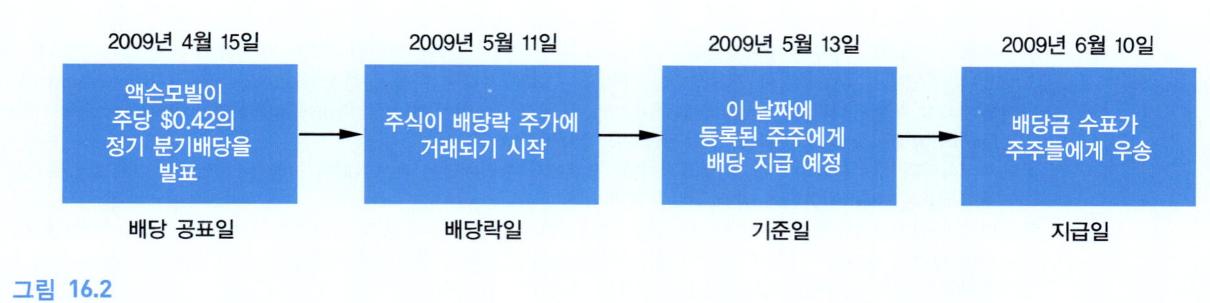

그림 16.2
배당 지급 과정의 예시.

2) 액면가가 없는 경우에는 주식발행으로 받은 금액 전부 또는 일부가 법정 자본금으로 정의된다. 광산회사처럼 소멸성 자산을 가진 기업들은 법정 자본금을 배당으로 지급하는 것이 허용되기도 한다.

되기도 한다.[3)]

배당이 항상 현금으로만 지급되는 것은 아니다. 기업들은 종종 **주식배당**(*stock dividend*)을 실시한다. 예를 들어 기업이 5%의 주식배당을 하면, 주주 각자에게 현재 소유한 100주당 5주를 추가로 교부한다. 주식배당은 주식분할(stock split)과 본질적으로 같다. 이 두 가지는 기업의 자산이나 이익, 기업가치에는 영향을 미치지 않으면서 발행주식 수를 증가시킨다. 따라서 둘 다 주당 가치는 감소한다.[4)] 이 장에서는 현금배당에 초점을 맞춘다.

기업은 어떻게 자사주 매입을 하는가?

기업은 주주에게 배당을 지급하는 대신 자사주를 매입하는 데 현금을 사용할 수도 있다. 이렇게 재취득한 주식은 회사가 보유하며, 현금이 필요할 때는 다시 매각한다. 주식을 재매입하는 네 가지 주된 방법은 다음과 같다. 가장 보편적인 방법은 다른 일반 투자자와 마찬가지로, 기업이 공개시장에서 자사주를 사들일 계획이라고 발표하는 것이다.[5)] 때때로 기업들은 주식공개매수(tender offer)를 이용하여, 통상 시장가격보다 20% 이상 높은 수준의 정해진 가격에 일정 수량의 자사주를 매입하겠다고 제안한다. 주주들은 이러한 제안에 응할지를 결정하게 된다. 세 번째 방법은 **역경매**(*Dutch auction*)를 이용하는 방식이다. 이 경우 기업은 자사주 매입이 가능한 일련의 가격대를 제시한다. 주주들이 각 가격대에 팔고자 하는 수량을 적어 제출하면, 회사는 희망 수량의 주식을 살 수 있는 최저 가격을 산출한다.[6)] 마지막으로, 주요 주주와 직접 협상하여 자사주를 매입할 수도 있다.

16.3 기업은 어떻게 배당을 결정하는가?

2004년 많은 고위급 임원들을 대상으로 기업의 배당정책에 대한 조사가 실시되었다.[7)] 그림 16.3은 임원들의 반응을 다시 정리한 것이다. 세 가지 특징이 두드러진다.

1. 경영자들은 곧 되돌릴 수밖에 없는 배당 변경을 꺼린다. 그들은 배당금 인상을 취소해야만 하는 상황에 대해 특히 염려하며, 필요하다면 신규로 자금을 조달해서라도 배당금 수준을 유지하려 한다.

---

3) 때로는 기업들은 주주들이 배당금을 재투자하도록 할 뿐만 아니라, 할인된 가격에 주식을 추가로 살 수 있도록 허용한다. 가난뱅이에서 부자로 재탄생하는 재미있는 실제 사례는 다음 문헌을 참조하라. M. S. Scholes and M. A. Wolfson, "Decentralized Investment Banking: The Case of Dividend-Reinvestment and Stock-purchase Plans," *Journal of Financial Economics* 24(September 1989), pp. 7~36.

4) 주식배당과 주식분할의 구분은 형식적이다. 장부에서 주식배당은 유보이익이 자본금 계정으로 이체되어 표시되고, 주식분할은 주당 액면가의 감액으로 표시된다.

5) 미국 증권거래위원회(SEC) 규칙 10b-18은 재매입하는 기업을 주가 조작 혐의로 기소하지 않도록 하고 있다. 이 규칙의 채택이 재매입이 급속히 증가한 한 가지 이유이다. 그러나 공개시장 재매입은 몇 가지 제한이 있다. 예를 들어 재매입은 일일 거래량의 낮은 비율을 초과할 수 없다.

6) 이는 15.3절에서 설명한 단일가격 경매의 또 다른 예이다.

7) A. Brav, J. R. Graham, C. R. Harvey, and R. Michaely, "Payout Policy in the 21st Century," *Journal of Financial Economics* 77(September 2005), pp. 483~527 참조. 이 논문은 오래전에 실시한 다음의 배당정책에 대한 일련의 고전적인 인터뷰 내용을 재조사한 것이다. J. Lintner, "Distribution of Incomes of Corporations among Dividends, Retained Earnings, and Taxes," *American Economic Review* 46(May 1956), pp. 97~113.

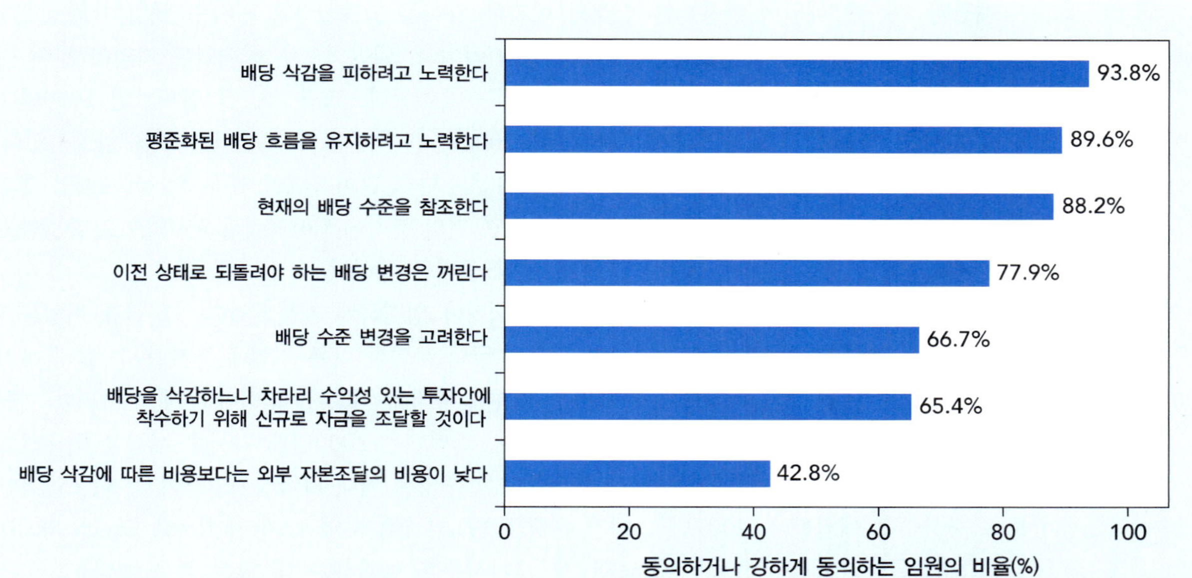

그림 16.3

2004년 실시된 재무 담당 임원 대상 조사는 기업이 배당 삭감을 꺼리며, 일련의 지급금을 평준화시킨 수준에서 유지하려 노력함을 말해준다.

자료원: A. Brav, J. R. Graham, C. R. Harvey, and R. Michaely, "Payout Policy in the 21st Century, Journal of Financial Economics 77(September 2005), pp. 483~527. © 2005 Elsevier Science, used with permission.

2. 경영자들은 배당 삭감의 위험을 피하고자 배당을 '평준화(smooth)'한다. 결과적으로 이익 규모가 장기적으로 지속 가능한 수준으로 변동하고 나서야 배당 변경이 뒤따른다. 일시적인 이익 변동은 배당 지급에 별다른 영향을 미치지 않는다.
3. 경영자들은 배당금의 절대적인 크기보다는 배당 변경에 더 많은 관심을 둔다. 따라서 작년 배당금이 $1이었다가 올해 $2를 지급하는 것은 중요한 재무적 의사결정이지만, 작년에도 $2를 지급했다면 특별한 일이 아니다.

자사주 매입은 특별배당(bumper dividend)과 같은 것이지만, 전통적인 배당을 대체하지는 못한다. 2007년에 배당을 지급한 기업들의 2/3 이상이 자사주 매입을 병행하였다. 대규모 잉여 현금이 축적된 기업들, 또는 자기자본을 부채로 대체하여 자본구조를 변경하고자 하는 기업들은 자사주를 사들일 가능성이 크다. 그래서 어느 한 해에 대대적으로 자사주를 매입한 기업은 다음 해에는 전혀 매입하지 않을 수도 있다.

자사주 매입과 달리 배당은 일시적인 이익을 배분하기에 합당한 방법으로 간주하지 않는다. 그러므로 자사주를 매입하는 기업의 다수는 현금을 사용하여 배당을 올려서 그 수준을 유지해야 하는 부담을 지려 하지 않는다.[8)]

8) 예로 다음 논문을 참조하라. R. Dittmar and A. Dittmar, "Stock Repurchase Waves: An Examination of the Trends in Aggregate Corporate Payout Policy," working paper, University of Michigan at Ann Arbor, February 2004.

배당과 자사주 매입이 활용되는 방식의 이러한 차이를 고려할 때, 자사주 매입이 배당보다 훨씬 더 변동성이 크다는 사실은 전혀 놀라운 일이 아니다. 일반적으로 재매입은 기업이 잉여 현금을 축적하게 되는 호황기에는 늘어나고 침체기에는 줄어든다. 그림 16.1을 살펴보면 1990년대 초반에 자사주 매입이 크게 줄었다가, 2000년과 2002년 사이에 또다시 줄어든 것을 알 수 있다. 2008년 금융위기의 심도가 분명해지면서 자사주 매입은 다시 많이 감소하였다. (항상 재매입 챔피언인 엑슨모빌조차도 2009년 5월 자사주 매입을 1년 전의 분기에 $80억에서 $50억으로 줄인다고 발표하였다.) 배당 또한 감소하였으나 그렇게 많이 줄지는 않았다.

최근까지 여러 나라에서 자사주 매입이 금지되거나 엄격하게 제한되었다. 그 결과 기업들은 축적된 거액의 현금을 주주들에게 돌려주어 직접 현금이 부족한 다른 기업에 투자할 수 있게 하기보다는 수익률이 매우 낮은 사업에 투자하려는 유혹에 빠지게 되었다. 그러나 이제는 이러한 제한들이 많이 제거되었다. 예를 들어 일본은 1995년에, 스웨덴은 2000년에 자사주 매입을 허용하였고, 독일은 1998년에 자사주 매입 제한을 완화했다.[9] 수많은 거대 다국적기업들이 이제는 엄청난 규모로 자사주를 매입한다. 2007년 스페인 은행 BBVA와 BP, 로열 더치 쉘(Royal Dutch Shell), 글락소스미스클라인(Glaxo Smith Kline)은 모두 자사주를 매입하는 데 많은 돈을 썼다.

16.4 배당과 자사주 매입의 정보효과

일부 국가에서는 기업이 제공하는 정보를 그대로 믿기 어렵다. 비밀주의에 대한 열망과 조직을 겹겹으로 구성하는 경향은 자산과 이익 관련 수치를 거의 믿을 수 없게 만든다. 창의적인 회계(회계부정) 때문에 미국 기업도 상황이 별로 더 나을 게 없다고 말하는 사람들도 있다.

그러한 세상에 사는 투자자라면 겨우 수지를 맞추는 기업과 정말로 큰돈을 버는 기업을 어떻게 구별해 내는가? 단서 중 하나가 배당이다. 투자자가 경영진의 마음을 읽을 수는 없지만, 경영자의 행동에서 뭔가를 알아낼 수는 있다. 투자자는 많은 이익을 보고하고 배당도 많이 지급하는 기업은 행동으로 그것을 증명하고 있다는 사실을 안다. 투자자들이 왜 **배당에 담긴 정보**(*information content of dividends*)를 가치 있다고 생각하고, 기업의 보고된 이익이 적절한 배당정책으로 뒷받침되지 않으면 믿으려 하지 않는지 이해할 수 있다.

물론 기업은 이익을 과장하고, 현금을 긁어모아 후한 배당을 지급함으로써 단기적으로는 투자자를 속일 수 있다. 그렇지만 충분한 돈을 벌지 못하는 기업은 지급할 현금이 충분치 않기 때문에 장기적으로 투자자를 속이기는 어렵다. 배당을 뒷받침할 현금유입 없이 많은 배당을 지급하려 한다면 그 기업은 결국 투자 규모를 축소하거나 투자자로부터 추가로 부채나 자기자본을 조달해야 한다. 결과적으로 이 모두는 비용이 많이 든다. 그러므로 대부분의 경영자들은 배당을 지급할 충분한 현금유입이 있을 것이라고 확신할 때까지는 배당을 증가시키지 않는다.

배당 변경이 미래뿐만 아니라 현재 수익성에 대한 정보도 전달하는가? 증거는 명확하지 않다.

9) 여러 나라에서의 자사주 매입 관행에 대한 조사로는 다음 자료를 참조하라. International Organization of Securities Commissions(IOSCO), "Report on Stock Repurchase Programs," February 2004, www.iosco.org.

몇몇 연구자들은 배당 증가가 이익 성장률의 상승을 예측하지 못한다는 것을 발견했다. 그렇지만 처음으로 배당을 지급한 회사들에 초점을 맞춘 힐리와 팔레푸(Healey and Palepu)는 배당이 지급된 연도에 이익이 평균적으로 43% 증가함을 발견하였다. 만약 경영자들이 이를 일시적인 횡재라고 생각했다면 현금 지급을 약속하는 데 매우 조심스러웠을 것이다. 그러나 그 뒤 이익이 계속 증가한 것으로 보아 그들은 장래에 대해 확신할 만한 충분한 이유를 가진 것 같았다.[10)]

투자자들은 분명히 배당 증가에 안도하는 것으로 보인다. 배당 증가가 발표되면 애널리스트들은 대개 그해 이익 전망치를 높인다.[11)] 따라서 배당 증가는 주가 상승을 촉발하고 배당 감소는 주가 하락을 불러온다는 것이 그리 놀라운 일은 아니다. 예를 들어 힐리와 팔레푸가 연구한 배당 개시 사례에서는 배당 발표가 4%의 비정상적인 주가 상승으로 이어졌다.[12)]

투자자들은 배당의 수준(level)에 대해서는 크게 놀라지 않지만, 배당 변경(*change*)을 이익의 지속 가능성에 대한 중요 지표로 생각하고 더 신경을 쓴다는 점에 주목하라.

일부 다른 나라에서는 투자자들이 배당 변경에 영향을 덜 받는 것으로 보인다. 예를 들어 일본에서는 기업과 주요 주주 사이의 관계가 매우 밀접하여, 투자자와 정보를 좀 더 쉽게 공유할 수 있다. 결과적으로 일본 기업은 이익이 감소할 때 배당을 감소시키는 경향이 더 크지만, 투자자들은 미국에서만큼 민감하게 주가를 낮추지 않는다.[13)]

그러나 모든 배당 감소가 나쁜 소식이라고 생각하지는 마라. 다음 페이지의 글상자는 2009년에 투자자들이 어떻게 J.P. 모건(J.P. Morgan)이 발표한 극적인 배당 삭감을 지지했는가를 설명한다.

자사주 매입의 정보효과

자사주 매입 역시 배당과 마찬가지로 주주에게 현금을 돌려주는 수단이다. 그러나 배당과는 달리 자사주 매입은 일회성 사건인 경우가 많다. 그래서 자사주 매입 프로그램을 발표하는 기업은 장기적으로 더 많은 돈을 벌어서 더 많은 현금을 배분해야 한다는 부담을 지지 않는다. 따라서 자사주 매입 프로그램 발표에 담긴 정보는 배당 지급에 담긴 정보와는 다르다.

회사는 잉여 현금이 쌓여 있는 경우, 또는 자기자본을 부채로 대체하고자 할 때에 주식을 재매입한다. 주주는 회사가 특권적 소비(perks)나 수익성 없는 투자에 잉여 현금을 낭비하는 것보다 그것을 지급하는 편이 훨씬 더 안심이 된다. 또한 주주는 많은 금액의 부채를 가진 기업은 현금을 낭비할 가능성이 적다는 점을 잘 안다. 코멘트와 자렐(Comment and Jarrell)의 연구는 공개시장에

10) P. Healey and K. Palepu, "Earnings Information conveyed by Dividend Initiations and Omissions," *Journal of Financial Economics* 21(1988), pp. 149~175. 배당 발표에 정보가 없음을 발견한 연구의 예로는 다음 논문 참조. G. Grullon, R. Michaely, and B. Swaminathan, "Are Dividend Changes a Sign of Firm Maturity?" *Journal of Business* 75(July 2002), pp. 387~424.

11) A. R. Ofer and D. R. Siegel, "Corporate Financial Policy, Information, and Market Expectations: An Empirical Investigation of Dividends," *Journal of Finance* 42(September 1987), pp. 889~911.

12) 평균 수익률 4%는 시장수익률에 조정한 것이다. Healey와 Palepu는 배당 지급을 중단한 기업에 대해서도 연구하였다. 이 경우에는 발표 시점의 비정상 주가 하락률이 평균 9.5%였고, 다음 4분기에 걸쳐 이익이 줄어들었다.

13) 다음 논문은 일본 기업집단(keiretsu)들의 배당정책을 분석하였다. K. L. Dewenter and V. A. Warther, "Dividends, Asymmetrical Information, and Agency Conflicts: Evidence from a Comparison of the Dividend Policies of Japanese and U.S. Firms," *Journal of Finance* 53(June 1998), pp. 879~904.

좋은 소식: J.P. 모건이 배당을 5센트로 깎다

2009년 2월 23일 J.P. 모건은 분기 배당을 주당 38¢에서 5¢로 깎았다. 이 삭감은 투자자들을 놀라게 했지만, 이 은행의 주가는 오히려 약 5% 상승하였다.

보통 배당 삭감이나 누락은 나쁜 소식이다. 왜냐하면 이럴 경우 투자자들은 기업에 문제가 있다고 추론하기 때문이다. 투자자는 배당 삭감을 현금이나 이익이 줄어드는 신호로 간주한다. 그리고 보통은 그들이 옳다. 경영자는 삭감이 나쁜 소식으로 취급될 것이라는 점을 안다. 따라서 경영자들은 보통 나쁜 소식이 충분히 누적되어 어떤 행동을 취할 수밖에 없을 때까지 삭감을 연기한다. 예를 들어 제네럴 모터스(General Motors)는 2007년에 $390억, 2008년에 $310억의 손실을 보았는데, 주당 25¢의 분기 배당을 계속 지급하다가 2008년 6월에서야 배당을 0으로 삭감했다.

그러나 J.P. 모건은 상대적으로 강한 상태에서 행동하였다. 다른 대형 미국 은행들이 엄청난 손실을 발표할 때도 이 회사는 이익을 내고 있었다. 이 회사의 CEO 제임스 디몬(James Dimon)은 배당 삭감으로 한 해에 $50억을 절약할 수 있으며 그 돈으로 최악의 불황에 대비하겠다고 설명하였다. 이것은 "은행을 부실자산 구제 프로그램(Troubled Asset Relief Program)으로 정부에서 받은 $250억을 더 빨리 상환할 수 있는 상태로 가져갈 것"이라고 설명하였다. J.P. 모건은 돈을 받을 것을 권고 받았지만 그 돈이 필요하지 않았다고 말했다.

따라서 투자자는 이 배당 삭감을 재무적 곤경이 아니라 자신감의 신호로 해석하였다.

자료원: R. Sidel and M. Rieker, "J.P. Morgan Makes 87% Cut in its Dividend to a Nickel," *The New York Times*, February 24, 2009, pp. C1, C3.

서 자사주 매입 계획의 발표를 살펴보았는데, 자사주 매입은 평균적으로 2%의 비정상적인 가격 상승을 가져왔다.[14)]

자사주 매입은 또한 경영자의 미래에 대한 확신을 신호로 전달하는 데 사용되기도 한다. 경영자가 자사 주식이 상당히 저평가되어 있다고 믿는다고 하자. 경영자가 현재 주가보다 20% 높은 가격에 발행주식의 1/5을 재매입할 준비가 되어 있다고 발표하면서 이 가격에는 자신이 보유한 주식은 절대로 팔지 않을 것이라고 말한다. 투자자들은 분명히 경영자가 믿는 주가 수준이 현재 시가보다 20% 이상 높은 수준이라고 결론을 내릴 것이다.

기업이 현재 가격보다 높은 가격으로 주식을 재매입하겠다고 발표한 경우, 고위 경영진과 이사들은 통상적으로 자기 주식을 계속 보유할 것을 약속한다.[15)] 그러므로 연구자들이 시가 이상으로 주식을 재매입한다는 발표가 큰 폭의 주가 상승, 즉 평균적으로 약 11% 상승을 가져온다는 사실을 발견한 것은 그리 놀라운 일이 아니다.[16)]

14) R. Comment and G. Jarrell, "The Relative Signalling Power of Dutch-Auction and Fixed Price Self-Tender Offers and Open-Market Share Repurchase," *Journal of Finance* 46(September 1991), pp. 1243~1271. 다음 논문은 자사주 매입을 발표한 해에는 우월한 성과가 지속한다는 증거를 발견하였다. D. Ikenberry, J. Lakonishok, and T. Vermaelen, "Market Underreaction to Open Market Repurchases," *Journal of Financial Economics* 39(October 1995), pp. 181~208.

15) 평균적으로, 경영자들은 보유 주식을 유지할 뿐만 아니라, 자사주 매입 발표 이전에 보유 주식 수를 증가시키기도 한다. 다음 논문을 참조하라. D. S. Lee, W. Mikkelson, and M. M. Partch, "Managers' Trading around Stock Repurchases," *Journal of Finance* 47(December 1992), pp. 1947~1961.

16) Comment and Jarrell, 전게서 참조.

16.5 배당에 관한 논쟁

앞서 살펴본 바와 같이 배당 변화는 미래에 대한 경영진의 믿음과 관련된 정보를 전달할 수 있고, 그래서 주가에도 영향을 미친다. 그러나 이러한 주가 변동은 다른 채널을 통해 미래 이익에 관한 정보가 새나오면서 결국에는 어떻게든 일어날 것이다. 그렇다면 배당 변화는 단순히 주식 가치에 대한 정보를 전달한다기보다는 주식 가치 자체를 변동시키는 것은 아닐까?

경제학의 한 가지 재미있는 특징은 서로 반대되는 견해를 두 가지뿐만 아니라 세 가지도 수용할 수 있다는 것이다. 배당정책에서도 그렇다. 보수적 그룹인 우파는 투자자가 더 많은 배당을 좋아한다고 주장하고, 좌파는 배당이 자본이득보다 세율이 높아서 고배당 정책은 가치를 감소시킨다고 믿는다. 중간에 있는 중도파는 배당정책은 아무런 상관이 없다고 주장한다.

완전 자본시장에서 배당정책은 아무 관련이 없다

중도파는 1961년 밀러와 모딜리아니(Miller and Modigliani, 보통 'MM'이라고 부름)를 시작으로 결성되었는데, MM은 세금이나 거래비용, 다른 시장 불완전성이 없는 세계에서는 배당정책의 무관련성이 성립함을 증명하는 논문을 발표하였다.[17] MM은 다음과 같이 주장하였다. 기업이 투자 계획을 확정하였다고 하자. 이 투자에 필요한 돈은 보유 현금과 추가 차입, 그리고 미래 이익을 재투자하여 조달할 계획을 세운다. 남는 잉여 현금은 배당으로 지급될 예정이다.

이제 투자정책이나 자본조달정책의 변경 없이 배당을 증가시켜 총 지급규모를 증대시키면 어떻게 되는지 생각해 보자. 어디선가 추가로 돈이 들어와야 한다. 회사의 차입규모가 정해져 있다면, 추가 배당금에 소요될 자금을 조달할 수 있는 유일한 방법은 주식을 조금 더 발행하는 것이다. 새로운 주주들은 회사가 비용에 걸맞은 가치를 가진 주식을 제공하는 경우에만 돈을 내고 신주를 매입하려 한다. 그렇지만 회사의 자산과 이익, 투자기회, 그래서 시장가치까지 모두가 불변인데, 회사는 어떻게 그렇게 할 수 있을까? 답은 기존 주주에서 새로운 주주에게로 **가치 이전**(*transfer of value*)이 있어야만 한다는 것이다. 새로운 주주들은 배당 변경이 발표되기 이전과 비교하면 주당 가치가 낮아진 신주를 보유하게 되고, 구 주주들은 보유 주식에 대해 자본손실(capital loss)을 입게 된다. 구 주주들이 부담하는 자본손실의 크기는 바로 그들이 받는 추가 배당금과 정확하게 상쇄된다.

그림 16.4는 이러한 가치 이전이 어떻게 발생하는지를 보여준다. 가상 회사는 전체 기업가치 중 1/3을 배당으로 지급하며, 이를 위해 신주를 매각하여 자금을 조달한다. 구 주주가 부담하는 자본손실은 빨간색 상자의 크기가 줄어드는 것으로 표시하였다. 그렇지만 그 자본손실은 신규로 조달된 자금(검은 상자)이 자신들에게 배당금으로 지급되기 때문에 정확히 상쇄된다.

추가 배당을 받고 그만큼 자본손실을 부담하는 것이 구 주주에게 어떤 차이가 있는가? 구 주

17) M. H. Miller and F. Modigliani: "Dividend Policy, Growth and the Valuation of Shares," *Journal of Business* 34(October 1961), pp. 411~433. MM의 주장은 1938년 다음 책에서 예견되었다. J. B. Williams, *The Theory of Investment Value*(Cambridge, MA: Harvard University Press, 1938). 또한 MM과 비슷한 증명이 다음 논문에서 개발되었다. J. Lintner, "Dividends, Earnings, Leverage and Stock Prices and the Supply of the Capital to Corporations," *Review of Economics and Statistics* 44(August 1962), pp. 243~269.

주들이 현금을 확보하는 유일한 방법이 배당이라면 그럴지도 모른다. 그러나 효율적인 자본시장이 있는 한, 그들은 주식을 팔아 현금을 마련할 수 있다. 따라서 구 주주는 많은 배당을 지급하도록 경영자를 설득하거나, 아니면 보유 주식의 일부를 팔아서 현금을 마련할 수가 있다. 두 경우 모두 구 주주에게서 신 주주로 가치 이전이 일어난다. 유일한 차이는 전자는 기업 주식의 주당 가치가 낮아져서 가치 이전이 일어나고, 후자는 구 주주의 보유주식 수가 감소하는 것으로 생긴다는 점이다. 그림 16.5는 두 대안을 비교하고 있다.

투자자가 현금을 확보하는 방법에 배당만 있는 것은 아니므로 고배당 기업의 주식에 더 높은 가격을 지불하지 않을 것이다. 그러므로 기업은 배당정책에 신경 쓸 필요가 없다. 기업은 배당이 자사의 투자결정과 자본조달결정의 부산물로서 변동하도록 내버려 둘 수 있다.

그림 16.4
이 회사는 기업가치의 1/3을 배당으로 지급하며, 신주 매각으로 자금을 조달한다. 새로운 주주로의 가치 이전은 배당 지급액과 같은 크기이다. 총 기업가치는 영향을 받지 않는다.

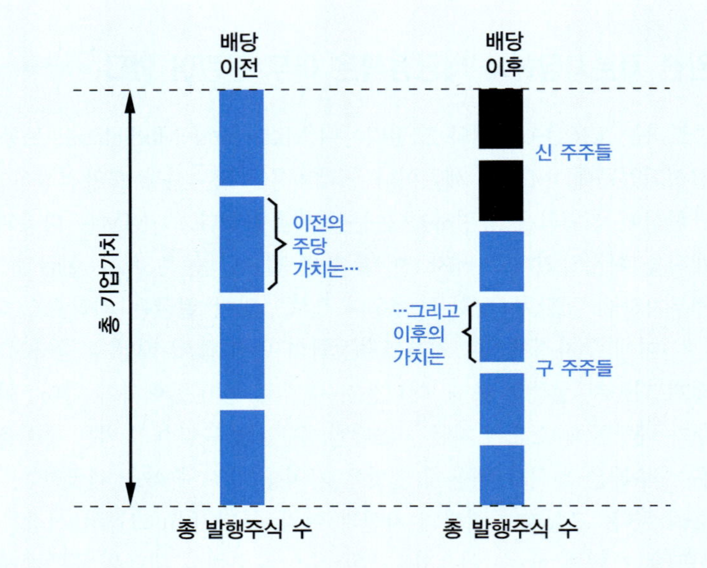

그림 16.5
구 주주들을 위해 현금을 조달하는 두 가지 방법. 각각의 경우 현금 수령액은 구 주주들의 기업에 대한 청구권의 가치 감소에 의해서 상쇄된다. 기업이 배당을 지급하면 기업 자산을 기초로 발행된 주식의 수가 많아져서 주당 가치가 떨어진다. 구 주주가 보유주식 일부를 매각하면 주당 가치는 같지만, 구 주주는 더 적은 수의 주식을 보유하게 된다.

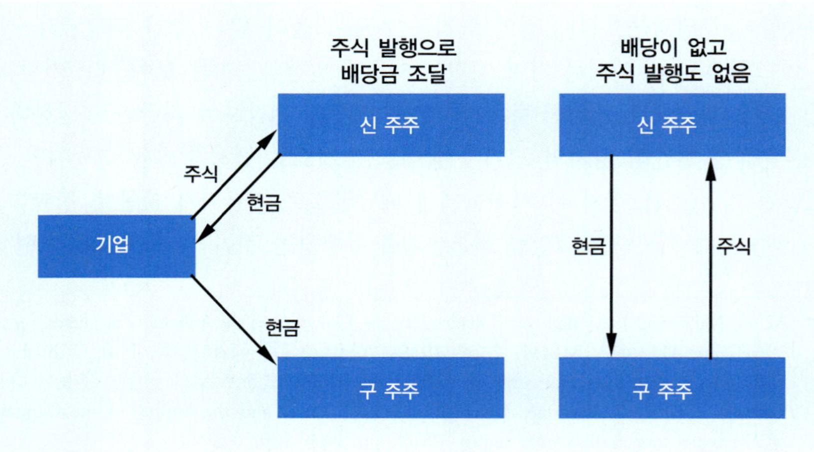

배당의 무관련성 — 예시

현재 다음과 같은 재무상태표(대차대조표)를 가진 래셔널 데미컨덕터(Rational Demiconductor, 이하 RD)의 사례를 살펴보자.

래셔널 데미컨덕터의 시장가치 재무상태표

현금 (투자를 위해 $1,000 보유)	1,000	0	부채
고정자산	9,000	10,000 + NPV	자기자본
투자기회($1,000 소요)	NPV		
총 자산가치	$10,000 + NPV	$10,000 + NPV	기업가치

RD는 $1,000이 소요되는 투자안을 위해 따로 마련한 현금 $1,000을 가지고 있다. 그 투자안이 얼마나 매력적인지는 모르기 때문에 그냥 NPV라고 기록한다. 투자안에 착수하고 나면 투자안의 가치는 $1,000 + NPV가 될 것이다. 재무상태표는 시장가치 기준으로 작성되었음에 주의하라. 자기자본은 발행주식(outstanding shares)의 시장가치와 같다(주가 × 발행주식 수). 이것이 반드시 장부가치와 같은 것은 아니다.

이제 RD가 현금을 사용하여 주주들에게 $1,000을 배당으로 지급하였다. 그들이 입은 혜택은 바로 지출할 수 있는 현금 $1,000이다. 거기에는 분명히 비용이 따른다. 이 현금은 공짜가 아니다.

배당을 위한 자금은 어디에서 왔는가? 가장 가까운 자금의 원천은 물론 RD의 현금계정이다. 그러나 이 현금은 투자안을 위해 따로 마련해 둔 것이다. 우리는 배당정책이 주주의 부에 미치는 영향을 분리시키려 하기 때문에 회사는 투자안을 계속하여 진행한다고 가정한다. 이는 $1,000의 현금이 새로 조달되어야 함을 의미한다. 부채발행이 될 수도 있고 주식발행이 될 수도 있다. 지금은 배당정책에 대해서만 살펴보기 때문에 부채와 자기자본 간의 선택에 대한 논의는 제17장과 18장으로 미룬다. 그래서 RD는 배당을 위해 $1,000의 주식을 발행하여 자금을 조달하게 된다.

이제 배당이 지급된 이후의 재무상태표를 보면, 신주가 발행되었고 투자도 시작되었다. RD의 투자정책과 차입정책은 배당정책에 의해 영향을 받지 않기 때문에 전반적인 시장가치는 $10,000 + NPV에서 변하지 않아야만 한다.[18] 신 주주들이 공정한 가격을 지불한다면 그 값이 $1,000인 것도 우리는 이미 알고 있다. 이제 하나 남은 미지수는 구 주주들이 보유한 주식의 가치이다. 이것은 다음과 같아야 함을 쉽게 알 수 있다.

$$\begin{aligned}\text{구 주주의 주식 가치} &= \text{회사의 가치} - \text{신주의 가치} \\ &= (10{,}000 + \text{NPV}) - 1{,}000 \\ &= \$9{,}000 + \text{NPV}\end{aligned}$$

구 주주들은 $1,000의 현금배당을 받았고, $1,000의 자본손실이 발생하였다. 배당정책은 상관이 없다.

RD는 왼손으로 $1,000을 지급하고 오른손으로 이를 다시 받는 방법으로 현금을 재순환시킨 것뿐이다. 그 덕분에 주주들이 더 부유해진다고 생각하는 것은 요리사에게 부엌 온도를 낮추려면 냉장고 문을 열어 두라고 권유하는 것과 마찬가지이다.

18) RD의 가치에 영향을 미치는 다른 모든 요인은 불변이라고 가정한다. 이는 꼭 필요한 가정은 아니지만, MM 이론의 증명을 단순하게 만든다.

물론, 이 증명에서는 세금과 발행비용, 다른 다양하고 복잡한 관계들을 무시하고 있다. 이러한 문제에 대해서는 곧이어 살펴볼 것이다. 이 증명에서 정말 결정적인 가정은 신주가 공정한 가격에 매각된다는 것이다. 현금 $1,000을 조달하기 위해 매각된 주식은 실제로 $1,000의 값어치를 가져야만 한다.[19] 다시 말해서, 효율적 자본시장을 가정하였다.

주가의 계산

우리는 래셔널 데미컨덕터(RD)의 신주가 공정한 가격에 팔릴 수 있다고 가정해 왔다. 그러면 그 가격은 얼마이며, 몇 주를 발행해야 하는가?

배당지급 전에 이 회사의 발행주식이 1,000주이고 투자안의 NPV는 $2,000이라고 가정하자. 그러면 구주는 총 $10,000 + NPV = $12,000의 가치가 있다. 그리고 주당 가격은 $12,000/1,000 = $12가 된다. 회사가 배당을 지급하고 자본조달을 완료하고 나서 이 구주의 가치는 $9,000 + NPV = $11,000이다. 이는 주당 $11,000/1,000 = $11가 된다. 다시 말하면 구주의 가격은 주당 $1, 즉 배당 지급액만큼 하락한다.

이제 신주를 보자. 확실히 주식발행 이후 신주는 다른 주식과 같은 가격에 팔려야 한다. 다시 말해서 $11로 평가되어야 한다. 신 주주가 공정한 가치를 받는다면, 회사는 필요한 $1,000을 조달하기 위해 $1,000/$11, 즉 신주 91주를 발행해야 한다.

자사주 매입

만약 회사의 투자정책과 차입정책이 일정하게 유지된다면, 현금배당의 증가는 주식발행으로 상쇄되어야 한다. 실질적으로 주주들은 보유주식 일부를 팔아 추가 배당금만큼을 조달하는 것이다. 따라서 주가는 추가 배당금을 정확하게 상쇄할 만큼 하락한다.

이 과정을 뒤로 거슬러 갈 수도 있다. 투자정책과 차입정책이 정해져 있는 경우, 배당금의 감소만큼 발행주식 수를 줄이거나 이전에 발행했던 주식을 재매입하여 균형을 맞추어야 한다. 그렇지만 앞으로 가는 방법이 주주의 부에 아무런 영향도 없다면, 뒤로 가는 방법도 마찬가지로 영향이 없어야 할 것이다. 다른 수치 예를 통해 이 점을 확인해 보자.

기술적 발견으로 말미암아 RD의 새 투자안이 양(+)의 NPV인 사업이 아니라 분명히 손실을 보게 됨이 밝혀졌다고 하자. 경영진은 이 투자안을 포기하고 이를 위해 준비해 두었던 $1,000은 주당 $1의 추가 배당으로 지급한다고 발표하였다. 배당 지급 후의 재무상태표는 다음과 같다.

래셔널 데미컨덕터의 시장가치 재무상태표

현금	$ 0	$ 0	부채
기존의 고정자산	9,000	9,000	자기자본
새 투자안	0		
총 자산가치	$ 9,000	$ 9,000	총 기업가치

19) '구' 주주들이 NPV가 양(+)인 투자안의 모든 이익을 가져간다. 신 주주는 다만 공정한 수익률을 요구한다. 그들은 NPV가 0인 투자를 하는 것이다.

발행주식 수가 1,000주이므로 배당 지급 이전의 주가는 $10,000/1,000 = $10이고, 지급 후의 주가는 $9,000/1,000 = $9이다.

RD가 배당 대신 $1,000로 자사주를 매입하면 어떨까? 회사가 주식에 공정한 가격을 지급한다면 $1,000으로 $1,000/$10 = 100주를 사들이게 된다. 그러면 남은 900주는 900 × $10 = $9,000이 된다.

예상대로, 현금배당에서 자사주 매입으로 바꾸는 것은 주주의 부에 영향을 주지 않는다. 주주들은 현금배당 $1을 받지 못하지만 $9가 아닌 $10 가치가 있는 주식을 보유하게 된다.

자사주를 매입할 때 가치 이전은 주식을 팔지 않은 주주 쪽으로 일어난다. 그들은 현금배당을 받지 못하지만, 더 많은 회사 지분을 소유하게 된다. 결과적으로 그들은 래셔널 데미컨덕터의 $1,000 배분 중에서 자신들의 몫을 사용하여 동료 주주의 지분 일부를 매수하는 것이다.

자사주 매입과 가치평가

자사 주식을 재매입한 회사의 자기자본 가치를 평가하는 것은 혼란스러울 수 있다. 간단한 예를 살펴보자.

X사의 발행주식 수는 100주이다. 이 회사는 매년 $1,000씩 벌며, 모두 배당으로 지급한다. 따라서 주당 배당금은 $1,000/100 = $10이다. 투자자들은 배당이 영구히 지속할 것으로 예상하며, 10% 수익률을 요구한다. 이 경우 주당 가치는 $PV_{주식}$ = $10/0.10 = $100이다. 발행주식이 100주이므로 자기자본의 총 시장가치는 $PV_{자기자본}$ = 100 × $100 = $10,000이다. 주주에게 가는 총 배당 지급액을 할인하면 같은 결론에 이를 수 있음에 유의하자($PV_{자기자본}$ = $1,000/0.10 = $10,000).[20)]

이제 회사가 1년도에 현금배당을 지급하는 대신 그 돈으로 공개시장에서 자사 주식을 재매입할 것이라고 발표하였다고 하자. 주주에게 가는 총 기대 현금흐름(배당금과 자사주 매입에서 받는 현금)은 $1,000으로 불변이다. 따라서 자기자본 가치의 합계는 여전히 $1,000/0.10 = $10,000이다. 이는 1년도에 자사주 매입에서 받은 $1,000의 가치($PV_{재매입}$= $1,000/1.1 = $909.1), 그리고 2년도에 시작되는 연간 $1,000 배당금의 가치[$PV_{배당금}$ = $1,000/(0.10 × 1.1) = $9,091]로 구성된다. 주당 가치는 이전과 마찬가지로 $10,000/100 = $100이다.

이제 회사에 보유 주식을 되팔 계획인 투자자를 생각해 보자. 이들은 10%의 투자수익률을 요구할 것이다. 따라서 기업이 주식을 되사는 기대 가격은 오늘의 주가보다 10%가 높은 $110일 것이 틀림없다. 회사가 자사주를 되사는 데 지출하는 $1,000은 $1,000/$110 = 9.09주를 사기에 충분한 금액이다.

발행주식 수는 100주에서 시작하여 9.09주를 되사고 90.91주가 남았다. 남은 주식에서는 주당 $1,000/90.91 = $11의 배당 흐름을 기대할 수 있다. 따라서 주주들은 재매입 후 10% 적은 수의 주식을 보유하지만, 주당 이익과 주당 배당금은 10% 더 많다. 재매입이 이루어지지 않은 오

20) 전체 자기자본 가치를 평가할 때, 미래에 기업이 추가로 주식을 발행할 것으로 예상하는 경우, 투자자들의 주식 매입비용을 포함하는 경우에만 이들 주식에 대한 배당 지급금도 포함해야 한다는 것을 기억하자. 제19장 참조.

늘 1주를 보유한 투자자는 1년도에는 배당을 받지 못하지만 1년 후부터는 $11을 기대할 수 있다. 따라서 주당 가치는 11/(0.1 × 1.1) = $100이다.

이 예제는 몇 가지 요점을 설명해 준다. 첫째, 다른 조건이 같다면 현금배당 대신 주식을 재매입하는 결정은 기업가치에 영향을 주지 않는다. 둘째, 자기자본의 전체 가치를 평가할 때에는 배당으로 지급될 현금과 자사주 매입에 쓰일 현금 모두를 포함해야 한다. 셋째, 주당 현금흐름을 산출하는 경우, 예상되는 주당 배당금 및 재매입으로 받을 현금 모두를 포함하면 중복계산이 된다(보유 주식을 되판다면 이후의 배당은 받을 수 없다). 넷째, 배당 지급 대신에 자사주를 매입하는 기업은 발행주식 수는 감소하지만, 주당 이익과 배당이 그만큼 증가한다.

16.6 우파

MM은 배당정책이 주주의 부에 영향을 주지 않기 때문에 이는 관련이 없다고 말하였다. 배당이 마음대로 변하거나 불규칙적이어야 한다고 말하지는 않았다. 예를 들어 배당은 기업의 수명 주기에 따라 변할 것이다. 시작한 지 얼마 안 되는 성장기업은 투자에 필요한 현금흐름을 극대화하기 위해 배당을 전혀 지급하지 않거나, 하더라도 아주 적게 지급할 것이다. 기업이 성숙하여감에 따라 양(+)의 NPV 투자기회가 점점 사라져 가고 성장은 늦춰진다. 주주에게 지급할 현금이 많아진다. 어떤 시점에서 기업은 정기 배당을 지급할 것을 약속한다. 또한 자사주를 사들일 수도 있다. 기업의 연륜이 높아지면서 수익성 있는 성장기회가 사라지고 배당은 훨씬 많아지게 될 것이다.

물론 MM은 절대적으로 완전하고 효율적인 자본시장을 가정하였다. MM의 세계에서는 모든 사람이 합리적인 최적주의자(optimizer)이다. 배당의 우파들은 현실세계의 불완전성 때문에 배당성향이 높은 것이 낮은 것보다 낫다고 주장한다. 예를 들어 배당성향이 높은 주식을 원하는 타고난 단골이 있다고 주장한다. 일부 금융기관에서는 정평 있는 배당기록이 없는 주식은 보유하지 못하도록 법적으로 금지되어 있다.21) 신탁기금과 기부금기금(endowment fund)의 경우 자본이득은 '원금의 증식'으로 간주되지만, 배당은 소비 가능한 '수입'으로 간주하므로 고배당 주식을 선호한다.

생계에 쓰일 안정적인 현금의 원천으로 주식 포트폴리오를 선택한 노인과 같이 자연스러운 단골 투자자 계층도 존재한다.22) 원칙적으로, 이런 현금은 배당을 전혀 지급하지 않는 주식에서도 쉽게 얻을 수 있다. 투자자가 자신의 보유 주식 일부를 때때로 조금씩 매각하면 된다. 그렇지만 주주가 3개월마다 1주씩 파는 것보다는 회사에서 분기마다 배당 수표를 우송하는 편이 더 단순하고 비용도 저렴하다. 정기 배당은 투자자의 거래비용과 불편을 상당히 줄여 준다.23)

21) 대부분의 대학은 기부 재산에서 나온 자본이득을 법적으로 자유롭게 지출할 수 있지만, 보통은 배당과 이자 수입으로 감당할 수 있을 만큼의 적당한 비율로 지출을 제한한다.

22) 예로 다음 논문 참조. J. R. Graham and A. Kumar, "Do Dividend Clienteles Exist? Evidence on Dividend Preferences of Retail Investors," *Journal of Finance* 61(June 2006), pp. 1305~1336과 M. Baker, S. Nagel and J. Wurgler, "The Effect of Dividends on Consumption," *Brookings Papers on Economic Activity*(2007), pp. 277~291.

23) 많은 배당을 옹호하는 사람들은 한발 더 나아가 정기 배당은 주주들이 '일시적으로 낮은' 가격으로 주식을 팔아야 할 위험을 줄여 준다고 주장할 수도 있다. 물론 결국에 가서는 기업이 배당에 필요한 자금을 조달하기 위해 주식을 발행해야만 하겠지만, (옹호론에 따르면) 회사는 주식을 매각하기에 좋은 시점을 선택할 수 있다. 만약 기업들이 정말

마이크로소프트의 배당 노다지

돈을 쌓아 두는 것이 당혹스러워지는 시점이 있다. … 세계 최대 소프트웨어 기업으로 성장하였고, 매달 $10억씩 현금을 창출해 내는 마이크로소프트(Microsoft)는 몇 년 전에 이러한 시기를 거쳤다. 마침내 7월 20일 이 문제의 해결에 착수하였다.

해결책은 사상 최대 규모인 $750억을 여러 가지 형태로 주주에게 되돌려 주는 것이었다. 한 큰 덩어리 $320억은 12월에 일회성 배당으로 지급될 것이다. 일부는 앞으로 4년에 걸쳐 $300억 가치의 자사주를 매입할 예정이다. 세 번째로 현재의 배당을 두 배로 늘려서 연간 주당 €32를 분기별로 지급한다. 설립된 지 아직 30년이 되지 않았고, 2003년 1월 첫 배당을 발표한 기업치고는 나쁘지 않은 내용이다.

이 결정은 업계에서 마이크로소프트의 역할과 미래 전망에 대한 마이크로소프트의 성숙한 분석으로 매우 인상적이었다.

자료원: "An End to Growth" *The Economist*, July 24, 2004, p. 61. © 2004 The Economist Newspaper Group, Inc. 허락을 얻어 게재함. 추가 게재는 금지됨 (**www.economist.com**).

일부 학자들은 왜 사람들이 주식 일부를 팔기보다는 정기 배당을 선호하는지를 행동심리학을 이용하여 설명한다.[24] 이들이 말한 바로는 우리는 모두 유혹에 약하다. 우리 중 일부는 살찌는 음식을 갈망하고 일부는 술을 간절히 원하기도 한다. 우리는 의지력으로 이러한 욕망을 통제하려 하지만, 이는 고통스러운 투쟁일 수 있다. 대신에 스스로 ('초콜릿 줄이기'나 '와인은 식사 때만'과 같이) 단순한 규칙을 정해두는 것이 편할 수도 있다. 이처럼 배당소득만 소비한다는 규칙을 만들어서 원금에서 얼마만큼 빼내야 하느냐 하는 곤란한 결정을 비켜갈 수도 있다.

배당정책과 투자정책, 그리고 경영진의 인센티브

우파의 주장을 지지하는 가장 설득력 있는 주장은 아마도 주주에게 돈을 지급하는 것이 경영자가 자금을 남용하거나 낭비하지 못하도록 한다는 것이다.[25] 회사에 풍부한 잉여 현금이 있지만, 수익성 있는 투자기회는 거의 없다고 하자. 주주들은 경영자가 유보이익을 현명하게 지출할 것으로 믿지 않을 수도 있으며, 돈이 수익성 있는 분야가 아니라 경영자의 제국 건설에 사용되지 않을까 우려한다. 이 경우 투자자들이 더 많은 배당이나 자사주 매입을 요구하는 것은 그것이 자신들에게 가치가 있어서가 아니라, 보다 사려 깊고 가치 지향적인 투자정책을 장려하기 위해서일 수도 있다.

위의 글상자는 마이크로소프트가 어떻게 해서 기업 역사상 최대의 현금배당을 발표하게 되었

로 이렇게 하고, 또 만약 성공한다면, 두 번의 대단한 가정을 통해서, 고배당 기업의 주주들은 사실 공짜로 큰 것을 얻는 것이다.

24) H. Shefrin and M. Statman, "Explaining Investor Preference for Cash Dividends," *Journal of Financial Economics* 13(June 1984), pp. 253~282 참조.

25) M. Rozeff, "Growth, Beta and Agency Costs as Determinants of Dividend Payout Ratios," *Journal of Financial Research* 5(1982), pp. 249~259와 F. Easterbrook, "Two Agency Cost Explanations of Dividends," *American Economic Review* 74(1984), pp. 650~659, 특히 M. Jensen, "Agency Costs of Free Cash Flow, Corporate Finance, and Takeovers," *American Economic Review* 76(May 1986), pp. 323~329를 보라.

는지를 설명한다. 2004년이 되기까지 이 회사의 투자기회는 계속 줄어들었고, 그래서 마이크로소프트가 산더미 같은 현금을 지급하여 투자자들은 크게 만족해했다.

성숙한 기업이 기꺼이 많은 배당을 지급하려고 하는 것은 미국과 다른 선진국 경제에서 기업 지배구조가 잘 작동하고 있다는 것을 보여준다. 그러나 많은 개발도상국 경제에서는 지배구조가 제대로 작동하지 않아 경영자와 주주의 이해가 밀접하게 일치하지 않는다. 지배구조가 약한 곳에서는 배당성향이 더 낮다.[26)]

16.7 세금 문제와 급진 좌파

배당정책 좌파의 신조는 단순하다. 배당이 자본이득보다 더 무겁게 과세되는 한, 기업들은 가능한 한 최소한의 현금배당을 지급해야 한다는 것이다. 사용할 수 있는 현금은 유보하거나 자사주 매입에 사용해야 한다.

분배 정책을 이런 식으로 바꾸면 기업은 배당을 자본이득으로 변형시킬 수 있다. 이 재무적 연금술이 더 낮은 세금을 만들어 낸다면 세금을 내는 모든 투자자가 환영할 것이다. 이것이 좌파가 낮은 배당성향을 주장하는 기본 요점이다.

배당이 자본이득보다 더 무겁게 과세된다면 투자자들은 배당수익률이 낮은 주식을 더 값어치 있게 생각할 것이다. 다시 말해서, 배당보다는 자본이득의 형태로 수익률을 제공하는 증권에 대해서는 더 낮은 세전(*pretax*) 수익률을 받아들일 것이다. 표 16.1은 이를 예시하고 있다. 기업 A와 B의 주식은 위험이 같다. 투자자들은 내년에 A는 주당 $112.50가 될 것으로 예상한다. B의 주가

	기업 A(무배당)	기업 B(고배당)
내년 주가	$112.50	$102.50
배당금	$0	$10.00
세전 총수익	$112.50	$112.50
오늘 주가	$100	$97.78
자본이득	$12.50	$4.72
세전 수익률	$100 \times \left(\frac{12.5}{100}\right) = 12.5\%$	$100 \times \left(\frac{14.72}{97.78}\right) = 15.05\%$
배당은 40% 과세	$0	$0.40 \times 10 = \$4.00$
자본이득은 20% 과세	$0.20 \times 12.50 = \$2.50$	$0.20 \times 4.72 = \$0.94$
세후 총소득 (배당 + 자본이득 − 세금)	$(0 + 12.50) - 2.50 = \$10.00$	$(10.00 + 4.72) - (4.00 + 0.94) = \$9.78$
세후 수익률	$100 \times \left(\frac{10}{100}\right) = 10.0\%$	$100 \times \left(\frac{9.78}{97.78}\right) = 10.0\%$

표 16.1 배당이 자본이득보다 더 무겁게 과세되는 경우 배당정책 변경에 따른 효과. 고배당 주식(기업 B)이 같은 세후 수익률을 제공하려면 더 낮은 가격에 거래되어야만 한다.

26) R. La Porta, F. Lopez-de-Silanes, A. Shleifer, and R. W. Vishny, "Agency Problems and Dividend Policies around the World," *Journal of Finance* 55(February 2000), pp. 1~34 참조.

는 $102.50에 머물 것으로 예상하지만 $10의 배당이 있을 것으로 추정되므로, 세전 지급액의 합계는 같은 $112.50이다.

그러나 B의 주가는 A의 주가보다 낮게 거래되어서 더 높은 세전 수익률을 제공한다. 이유는 분명하다. A의 수익률은 자본이득의 형태로 얻어지기 때문에 투자자들은 A를 선호한다. 표 16.1은 배당은 40%, 자본이득은 20% 세율로 과세된다고 가정할 때 A와 B는 투자자들에게 같은 정도로 매력적임을 보여준다. 두 주식은 세후 기준으로 같은 10%의 수익률을 제공한다. A와 B의 주가 차이는 투자자들이 B를 사들여 부담하는 추가적인 세금의 현재가치와 정확하게 일치한다.[27)]

B의 경영진은 $10 배당을 포기하고 남은 자금을 자사주 매입에 사용하면 추가적인 세금 부담을 줄일 수 있다. 이 새로운 정책이 발표되자마자 주가는 $100으로 상승할 것이다.

왜 조금이라도 배당을 지급하는가?

회사가 주주에게 매우 큰 일회성 현금 지급을 할 때는 일반적으로 배당을 일시적으로 많이 증가시키기보다는 자사주 매입을 선택한다. 그러나 배당에 대한 세율이 자본이득보다 높으면 왜 회사는 단 한 번이라도 현금배당을 지급하는 것일까? 현금이 주주에게 배분되어야 한다면 자사주 매입이 항상 가장 좋은 방법이 아닌가? 좌파의 주장은 단지 저배당을 요구하는 것이 아니라, 자본이득에 세제상의 이점이 있는 이상 항상 **무배당**을 주장하는 것으로 보인다.

그렇게까지 주장하는 좌파는 거의 없다. 배당을 없애고 정기적으로 주식을 재매입하는 기업은 국세청(IRS)이 자사주 매입 프로그램을 배당으로 간주하고 그에 따라 세금을 매긴다. 이것이 재무관리자가 주주의 세금을 줄여주기 위해 자사주 매입을 한다고 발표하지 않는 이유이다. 차라리 다른 이유를 댄다.[28)]

그럼에도, 저배당 진영은 시장이 저배당 정책을 갖는 기업에 보상해 준다고 주장해 왔다. 그들은 배당을 지급하고, 그 결과 때때로 주식을 발행해야 하는 기업들은 심각한 잘못을 범하고 있다고 주장한다. 이러한 기업은 본질적으로 모두 주식을 발행하여 배당을 조달하고 있다. 이런 회사들은 적어도 주식발행이 필요 없는 수준까지 배당을 줄여야 한다. 이는 주주에게 세금을 줄여주며, 또한 주식발행 비용을 줄여준다.[29)]

배당과 세금에 관한 실증적 증거

투자자에게 세금 문제가 중요함을 부정하기는 어렵다. 채권시장을 보면 알 수 있다. 주정부 채권에

---

27) Michael Brennan은 완전시장에 세금이 도입되면 어떻게 되는지를 모형으로 증명하였다. 그 결과 자본자산 가격결정 모형은 여전히 성립하지만, **세후** 기준으로 성립함을 발견하였다. 그러므로 A와 B의 베타가 같다면, 이들은 같은 세후 수익률을 제공하게 된다. 세전 수익률과 세후 수익률의 차이는 투자자 세율의 가중평균에 의해 결정된다. M. J. Brennan, "Taxes, Market Valuation and Corporate Financial Policy," *National Tax Journal* 23(December 1970), pp. 417~427 참조.

28) 아마 "우리 주식은 좋은 투자 대상이다." 또는 "우리는 다른 기업을 인수하는 대가로 지급할 주식을 확보하려 한다"고 말할 것이다. 이러한 논리에 대해 어떻게 생각하는가?

29) 이런 비용은 상당한 금액에 달할 수 있다. 제15장, 특히 그림 15.5를 참조하라.

대한 이자는 면세이므로 낮은 세전 수익률로 거래된다. 연방정부 채권에 대한 이자는 세금이 매겨지므로 더 높은 세전 수익률에 거래된다. 채권 투자자들이 주식시장에서 투자할 때 세금을 전혀 무시할 것 같지는 않다.

과거에 세금이 미국 투자자들의 주식 선택에 영향을 미쳤다는 실증적 증거가 있다.[30] 세금 부담이 덜한 기관투자가는 배당수익률이 높은 주식을 보유하는 경향이 있고, 개인투자자들은 배당수익률이 낮은 주식을 선호한다. 더욱이, 배당수익률이 낮은 주식을 선호하는 경향은 고소득 개인에게서 상당히 두드러진다. 그럼에도 이들 투자자에게도 세금은 이차적인 고려사항에 불과하며, 높은 세율이 적용되는 개인이 상당한 양의 배당지급 주식을 보유하는 것을 막지는 못하는 것으로 보인다.

투자자들이 세금에 대해 염려한다면, 배당의 세금 부담이 높을 때 기업은 배당을 증가시키는 것을 재고할 것으로 예상한다. 미국 재무관리자 중 1/5 정도만이 회사의 배당결정에 투자자의 세금이 중요한 영향을 미친다고 언급하였다. 한편 기업들은 때때로 투자자에 대한 과세 방식의 중대한 변동에 반응하기도 한다. 예를 들어 1987년 호주에서 국내 투자자들의 배당에 대한 세금 부담을 사실상 없애는 세법을 도입하자 기업들은 배당을 올리는 데 더 적극적이 되었다.[31]

세금 문제에 대한 고려가 중요하다면 고배당 주식은 저가에 거래되어 표 16.1에서처럼 더 높은 수익률을 제공한다는 역사적 경향을 나타낼 것으로 기대된다. 불행히도 이러한 효과는 측정하기 어렵다. 예를 들어 주식 A가 $100에 거래되고 $5의 배당이 기대된다고 하자. 따라서 기대 수익률은 5/100 = 0.05, 즉 5%이다. 지금 회사에서 특별이익과 $10의 배당을 발표하였다. 사후적으로 보면 A의 실제 배당수익률은 10/100 = 0.10, 즉 10%이다. 기대하지 않은 이익의 증가로 A의 주가도 상승한다면, 실제 배당수익률이 높을 때 실제 (투자)수익률도 높아지는 현상을 관찰하게 될 것이다. 그러나 이런 현상이 기대 배당수익률이 높을 때 기대 (투자)수익률이 높아졌는가에 대해 아무것도 말해 주지 못한다. 배당정책의 효과를 측정하려면 투자자가 기대한 배당을 추정할 필요가 있다.

두 번째 문제점은 높은 배당수익률이 무엇을 의미하는지는 아무도 자신 있게 말하지 못한다는 것이다. 예를 들어 공익기업 주식은 대개 높은 배당수익률을 제공한다. 그러면 높은 배당수익률은 1년 내내 그런 것인가, 아니면 배당이 지급된 그달이나 그날에만 높은 것인가? 아마도 1년 중 대부분 기간에서 배당수익률은 0이고 높은 세율이 적용되는 투자자에게도 완벽한 보유 대상이었을 것이다.[32] 물론 고세율의 투자자들은 배당이 지급되는 날에는 주식을 보유하지 않으려 하고, 주식을 일시적으로 증권회사에 매각할 수도 있다. 증권회사는 배당과 자본이득에 같은 세율을 적용받기 때문에 배당이 지급되는 기간에 대하여 주식 보유에 따르는 추가 수익률을 요구하지 않는다.[33] 만약 주주들이 배당 지급 시점에 서로에게 주식을 자유롭게 건네줄 수 있다면 우리는 어떤

---

30) 예로 다음 논문을 참조하라. Y. Grinstein and R. Michaely, "Institutional Holdings and Payout Policy," *Journal of Finance* 60(June 2005). pp. 1389~1426, 그리고 J. R. Graham and A. Kumar, "Do Dividend Clienteles Exist? Evidence on Dividend Preferences of Retail Investors," *Journal of Finance*(June 2006), pp. 1305~1336.

31) K. Pattenden and G. Twite, "Taxes and Dividend Policy under Alternative Tax Regimes," *Journal of Corporate Finance* 14(2008), pp. 1~16.

32) 1년에 250 거래일이 있다고 하자. 분기별로 배당을 지급하는 주식에 대해 생각해 보자. 우리는 그 주식이 4 거래일에는 높은 배당수익률을 제공하지만, 나머지 246일에는 배당수익률이 0이라고 말할 수도 있다.

33) 주식을 다른 회사에 팔아서, 이 회사가 배당을 '획득하고' 그 주식을 다시 팔 수도 있다. 기업은 다른 기업에서 받은 배당금 중 30%에 대해서만 세금을 내기 때문에 자연스럽게 배당의 구매자가 된다. (기업 간 배당에 대한 세금 문제는 뒤에 다시 언급한다.)

세금효과도 관찰할 수 없어야 한다.

수많은 연구자들이 이 문제와 씨름하면서 투자자들이 배당수익률이 높은 주식에 대하여 더 높은 수익률을 요구하는지를 측정하려고 고심했다. 그들의 발견은 '배당은 나쁘다' 학파에 제한된 위안을 준다. 왜냐하면 대부분 연구자는 배당수익률이 높은 주식이 높은 수익률을 제공한다고 시사해 왔기 때문이다. 그러나 추정된 세율은 연구마다 크게 다르다. 예를 들어 리첸버거와 라마스와미(Litzenberger and Ramaswamy)는 투자자들이 주식 가격을 매길 때 배당소득은 14~23% 정도의 추가 세율을 부담하는 것으로 간주한다고 결론 내렸지만, 다른 방법론을 적용한 밀러와 숄즈(Miller and Scholes)는 세율 차이는 4%로 무시할 만한 수준이라고 보고하였다.[34)]

배당과 자본이득에 대한 과세

배당의 효과를 측정하고자 하는 이들 연구의 대다수는 배당과 자본이득에 대한 과세 사이에 커다란 차이가 존재하던 1986년 이전의 시기를 회고하는 것이므로 현재보다는 과거의 관계에 더 관심을 둔다.[35)] 이 책을 쓴 2009년에 배당과 자본이득에 대한 최고세율은 모두 15%였다.[36)]

그러나 세법이 자본이득에 계속해서 혜택을 주는 한 가지 방법이 있다. 배당에 대한 세금은 즉시 내야 하지만, 자본이득에 대한 세금은 주식 매도로 자본이득이 실현되는 시점까지 연기시킬 수 있다. 주주는 주식을 팔고 자본이득세(capital gains tax)를 낼 시점을 선택할 수 있다. 더 오래 지연시킬수록 자본이득세 납부의무의 현재가치는 작아진다.[37)]

이 모든 세금에서 자유로운 수많은 금융기관에는 배당과 자본이득 사이의 구분이 별로 중요하지 않다. 따라서 배당보다 자본이득을 선호하거나, 반대로 배당을 더 선호할 이유가 없다. 예를 들어 연금기금(pension fund)은 비과세이다. 이들 기금은 $3조 이상의 보통주를 보유하므로 미국 주식시장에서 엄청난 영향력을 가진다. 오직 주식회사만이 세금을 이유로 배당을 선호한다. 주식회사는 수취 배당금의 30%에 대해서만 법인세를 낸다. 그러므로 대기업이 수취한 배당금에 대한 실

34) R. H. Litzenberger and K. Ramaswamy, "The Effect of Dividends on Common Stock Prices: Tax Effects or Information Effects," *Journal of Finance* 37(May 1982), pp. 429~443와 M. H. Miller and M. Scholes, "Dividends and Taxes: Some Empirical Evidence," *Journal of Political Economy* 90(1982), pp. 1118~1141 참조. Merton Miller는 다음 논문에서 실증 논문들을 광범위하게 정리하였다. "Behavioral Rationality in Finance: The Case of Dividends," *Journal of Business* 59(October 1986), pp. S451~S468.

35) 1986년의 세제개혁법(Tax Reform Act)으로 배당과 자본이득에 대한 세율이 같아졌다. 1992년에는 다시 차이가 벌어지기 시작하였다.

36) 이러한 세율은 2003년의 일자리와 성장을 위한 세금감면법(*Jobs and Growth Tax Relief Reconciliation Act*)에 의해 설정되었으며, 2010년까지 연장하여 적용된다. 매입 연도에 실현된 자본이득과 보유한 지 61일 미만인 주식에서 받은 배당에는 일반 소득세가 부과됨에 유의하라.

37) 증권을 팔면 매도가격과 처음 산 가격, 즉 **베이시스**(*basis*) 간의 차이에 대해서만 자본이득세를 내게 된다. 그래서 2002년에 $20(베이시스)에 사고 2009년 $30에 팔았다면, 주당 $10의 자본이득이 생기고 세금은 세율 15%가 적용된 주당 $1.5이다.

이제 이 투자자가 매도를 1년간 연기하기로 하였다고 하자. 이자율이 5%라면, 2009년을 기준으로 세금의 현재가치는 1.50/1.05 = $1.43로 떨어진다. 따라서 **실효** 자본이득세율은 14.3%이다. 매도를 연기하면 할수록 실효세율은 더욱 줄어든다.

투자자의 상속자는 아무런 과세대상 이득을 인식하지 않고 베이시스를 '올리게' 되므로 투자자가 팔기 전에 사망하면 실효세율은 0이 된다. 투자자가 사망한 시점에도 주가는 $30이라고 하자. 상속자는 $30에 팔고 베이시스가 $30이라고 주장하여 세금을 내지 않을 수 있다. 자본이득 $10은 완전하게 세금을 회피하게 된다.

효세율은 (한계 법인세율) 35%의 30%, 즉 10.5%이다. 그렇지만 실현된 자본이득의 총액에 대해서는 35%의 세금을 내야 한다.

이러한 세금규칙이 배당정책에 대해 시사하는 바는 아주 단순하다. 대다수 투자자에게는 자본이득이 유리하지만, 과거 20년이나 30년 전에 비하면 그렇게 많이 유리하지는 않다.[38] 따라서 현금배당을 최소화해야 한다는 좌파의 주장은 과거보다 설득력이 약하다.

다른 세제

미국에서 주주의 수입은 두 번 과세된다. 기업에서 법인세로 한 번, 그리고 다시 주주에게 소득세 또는 자본이득세로 한 번 과세된다. 이러한 두 단계 과세를 예시하는 표 16.2에는 회사가 모든 이익을 배당으로 지급하는 경우 주주의 세후 수익률을 보여준다. 회사가 세전에 주당 $100을 번다고 가정하면, 0.35 3 100 = $35를 법인세로 내게 된다. 나머지 $65는 배당으로 지급되고 여기에 두 번째 세금이 부과된다. 예를 들어 배당에 대한 세율이 15%인 주주는 0.15 3 65 = $9.75의 세금을 낸다. 비과세 연금기금이나 자선단체만이 $65를 모두 가질 수 있다.

이와는 전혀 다른 세제에서 운영되는 회사들도 물론 배당을 규칙적으로 지급한다. 예를 들어 독일에서는 법인세 단계의 세금에 대한 보상으로 개인의 배당소득 절반에 대해서만 과세한다.

호주와 뉴질랜드 같은 국가에서는 주주의 소득이 두 번 과세되지 않는다. 예를 들면 호주에서는 배당에 대해 세금을 내지만 이 세금에서 회사가 지급한 법인세 중 자신의 몫에 해당하는 금액을 차감한다. 이를 **귀속세제**(*imputation tax system*)라고 한다. 표 16.3은 귀속세제가 어떻게 작동하는지를 보여준다. 한 호주 회사가 주당 A$100의 세전 이익을 얻는다고 가정하자. 법인세로 30%를 지급하고 이익은 주당 A$70이다. 회사는 이제 A$70의 배당을 발표하고, 각 주주에게 이 금액의 수표와 함께 회사가 주주를 대신하여 A$30을 이미 지급하였다는 세액공제 증명서를 동봉하여 보낸다. 따라서 주주는 총액 70 + 30 = A$100을 배당으로 받고 A$30은 세금으로 낸 것으로 간주한다. 주주의 세율이 30%라면 더는 내야 할 세금이 없으며, A$70을 배당으로 갖는다. 주주가 45%의 최고 개인세를 낸다면 A$15의 세금을 추가로 내야 한다. 세율이 15%라면(호주 연금기금에 대한 세율) 주주는 30 − 15 = A$15의 **환급금**(*refund*)을 받는다.[39] (참고: 한국에서는 소수주주가 받는 소액의 현금배당에 대해서는 15.4%의 분리과세로 세금 부담을 낮추어 주고 있으나, 이

표 16.2 미국에서 주주의 이익은 두 번 과세된다. 이 예는 법인세 납부 후 모든 이익이 소득세율이 가장 높은 투자자에게 현금배당으로 지급된다고 가정한다(단위는 주당 $).

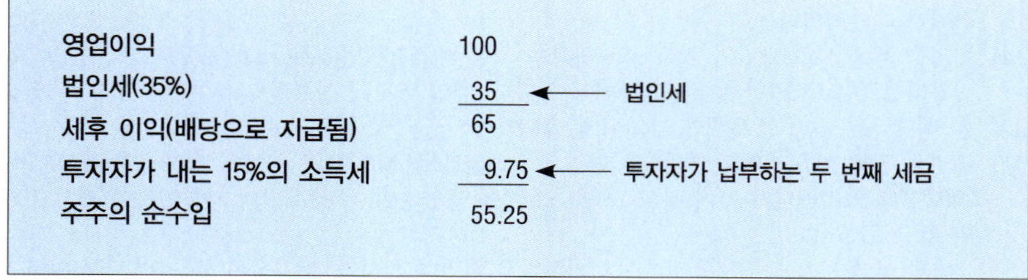

영업이익	100	
법인세(35%)	35	← 법인세
세후 이익(배당으로 지급됨)	65	
투자자가 내는 15%의 소득세	9.75	← 투자자가 납부하는 두 번째 세금
주주의 순수입	55.25	

38) 앞서 2004년에 마이크로소프트가 어떤 방법으로 $320억의 특별배당을 선언했는지를 설명하였다. 배당 지급에 대해 지금도 상당한 세제상의 불이익이 지속되었다면, 그렇게 했을까? 우리는 아니라고 생각한다.

39) 호주에서 주주는 지급되는 법인세의 총액에 대해 세액공제를 받는다. 다른 나라에서는 세액 공제율이 법인세율보다 낮다. 이러한 나라의 세제는 호주와 미국 세제 중간에 있는 것으로 생각할 수 있다. (한국도 마찬가지이다.)

	소득세율		
	15%	**30%**	**45%**
영업이익	100	100	100
법인세($T_c = 0.30$)	30	30	30
세후 이익	70	70	70
법인세 공제 전 배당	100	100	100
소득세	15	30	45
법인세 지급 세액 공제	−30	−30	−30
주주의 세금	−15	0	15
주주의 순수입	85	70	55

표 16.3 호주에서와 같은 귀속세제에서 주주는 회사가 낸 법인세에 대해 세액공제를 받는다(수치는 주당 A$).

경우에도 이 중과세는 피할 수 없다. 대주주가 받는 배당이나 4,000만 원 이상의 금융소득에 대해서는 누진세로 종합과세 하는데, 이때는 배당소득에 대해 부분적으로 귀속세제를 적용하여 세액공제를 인정하고 있다. 호주에서와 같이 법인이 낸 세금 전액을 공제해 주는 것이 아니라 최저 법인세율 13%만 공제해 준다. 예를 들어 주주가 87원의 배당을 받았다면 법인이 이미 13원의 세금을 낸 것으로 간주한다. 이는 배당금의 약 13/87 ≒ 15%에 해당한다. 따라서 개인 소득세를 계산할 때는 배당금에 15%를 더한 소득에 대해 세금을 계산한 다음, 배당금의 15%를 다시 세금에서 공제한다. 배당을 지급하는 회사는 거의 전부 25%의 세율을 적용받기 때문에 13%만 공제하는 한국의 현행 제도는 부분적으로만 귀속세제를 인정하는 것이다.)

귀속세제에서도 백만장자는 배당에 대해 개인 세금을 더 내야 한다. 이 개인 세금이 자본이득에 대해 내는 세금보다 더 많다면 백만장자는 회사가 이익을 분배하지 않기를 원할 것이다. 그 반대라면 그들은 배당을 선호한다.[40] 세율이 낮은 투자자는 이 문제에 대해서는 입장이 확실하다. 회사가 배당을 지급한다면 이 투자자는 회사가 지급한 초과 세금에 대해 국세청에서 세금 환급을 받게 되며, 따라서 높은 배당성향을 선호한다.

표 16.3을 다시 보고 법인세가 0이라면 어떻게 될까 생각해 보자. 세율이 15%인 주주는 여전히 A$85를 갖게 되며, 세율이 45%인 주주는 마찬가지로 A$55를 받는다. 따라서 귀속세제에서는 회사가 이익을 전부 배당으로 지급할 때 실질적으로는 단 한 번의 세금, 즉 주주에 대한 세금만이 부과된다. 국세청은 회사를 통해 이 세금을 받고 나서 주주에게 부족한 세금을 요구하거나 초과한 금액을 돌려준다.[41]

16.8 중도파

밀러와 블랙, 그리고 숄즈(Miller, Black, and Scholes)로[42] 대표되는 중도파는 기업가치는 배당정

40) 호주는 자본이득과 배당에 대한 세율이 같다. 그러나 12개월 이상 보유하는 증권에 대해서는 자본이득의 절반에 대해서만 과세한다.

41) 이는 배당으로 지급되는 이익에만 해당한다. 유보이익은 법인세 과세 대상이다. 주주는 자본이득의 형태로 유보이익의 혜택을 얻는다.

42) F. Black and M. S. Scholes, "The Effects of Dividend Yield and Dividend Policy on Common Stock Prices and

책에 영향을 받지 않는다고 주장한다. 다른 두 진영과는 달리 이들은 배당의 공급은 수요에 따라 자유롭게 조절된다고 강조한다. 만약 배당지급을 변경하여 주가를 올릴 수 있다면 기업들은 분명히 그렇게 했을 것이다. 아마도 단지 배당 지급액을 올리거나 내리는 것만으로 가치를 증가시킬 수 있다고 믿는 기업이 없기 때문에 배당은 지금과 같은 수준일 것이다.

이러한 '공급론(supply argument)'은 저배당을 선호하는 단골 고객의 존재와 모순되지 않는다. 이러한 투자자들은 필요하다면 저배당 주식에 프리미엄을 지급할 준비가 되어 있을 것이다. 그렇지만 아마도 그럴 필요가 없을 것이다. 충분히 많은 수의 기업들이 이미 이들 고객의 존재를 알고 저배당 정책으로 전환하였다. 그렇다면 이제 새로 저배당 정책으로 전환하려는 기업에는 아무런 인센티브가 없다. 마찬가지로 고배당을 선호하는 투자자도 있겠지만, 이들 투자자 역시 이미 알맞은 주식들을 보유하고 있다. 연금기금과 다른 면세 기관투자가들과 같은 제3의 투자자 집단은 자본이득보다 배당을 더 선호할 이유가 없다. 이들은 기꺼이 저배당 주식과 고배당 주식 모두 보유하며, 회사의 배당정책은 자신들이 각 주식에 부여하는 가치에 영향을 주지 못한다. 이 경우 우리는 배당정책이 가치에 영향을 주지 않는 MM의 세계로 다시 돌아오게 된다.[43)]

중도파는 기업들이 투자자가 배당을 원한다고 믿지 않으면 그렇게 많은 금액의 배당을 공급하지 않을 것이라고 강조한다. 그러나 이는 여전히 수수께끼로 남아 있다. 심지어는 배당에 상당한 세제상의 불이익이 있던 시절에도 수많은 투자자가 고배당 주식을 보유하기를 좋아했음이 분명하다. 왜 그럴까? 중도파의 반응은 세금제도에는 주주들이 배당에 대한 세금을 피하는 데 이용할 수 있는 수많은 구멍이 항상 존재한다고 주장하는 것이었다. 예를 들어 보통주에 직접 투자하는 대신 세제상의 혜택을 더 많이 받는 연금기금이나 보험회사를 통해서 투자할 수 있다. 그렇지만 배당금의 많은 부분이 부자들에게 정기적으로 지급되어 그들의 과세대상 소득에 포함되는 것으로 보아 이것이 이야기의 전부인지는 분명하지 않다.[44)]

배당에 대한 세율이 더 높다 하더라도 미국 회사들이 배당을 지급하는 또 다른 이유가 있을 수 있다. 낮은 배당을 지급하는 회사는 세율이 높은 개인에게 더 매력적이고, 높은 배당을 지급하는 회사는 연금기금이나 다른 비과세 기관들의 지분율이 높다. 이런 금융기관은 세련된 투자자들이다. 그들은 투자한 회사를 주의 깊게 모니터링하고 성과가 좋지 않은 경영자에게는 압력을 가한다. 성공적이고 잘 운영되는 회사는 금융기관을 투자자로 가져도 상관하지 않는다. 그러나 성과가 나쁜 회사들은 덜 세련되고 좀 더 다루기 쉬운 주주를 선호할 것이다.

이제 논점이 어디로 향하는지 알 수 있을 것이다. 잘 운영되는 회사는 자신의 가치를 신호하려 한다. 이들은 까다로운 요구가 많은 금융기관의 지분율이 높다는 것으로 신호를 보낼 수 있다. 어떻게 그렇게 할 수 있을까? 배당을 많이 지급하면 된다. 그 결과 경영진을 감시하는 데 시간과

Returns," *Journal of Financial Economics* 1(May 1974), pp. 1~22; M. H. Miller and M. S. Scholes, "Dividends and Taxes," *Journal of Financial Economics* 6(December 1978), pp. 333~364; M. H. Miller, "Behavioral Rationality in Finance: The Case of Dividends," *Journal of Business* 59(October 1986), pp. S451~S468.

43) 베이커와 우글러(Baker and Wurgler)는 배당에 대한 수요가 변할 수 있다고 주장한다. 이 점이 주가에 반영되는 경우, 기업은 수요 변화에 맞게 자신의 배당정책을 조절한다. 그래서 고객의 이동은 기업의 배당성향 변동으로 나타나게 된다. M. Baker and J. Wurgler, "A Catering Theory of Dividends," *Journal of Finance* 59(June 2004), pp. 1125~1165 참조.

44) 예로 다음 문헌 참조. F. Allen and R. Michaely, "Payout Policy," in G. Constantinides, M. Harris, and R. Stulz (eds.), *Handbook of the Economics of Finance: Corporate Finance*(Amsterdam: North-Holland, 2003).

노력을 들일 준비가 된 기관투자가들이 투자한다면, 세금을 내는 주주들도 이런 고배당에 반대하지 않는다.[45]

배당정책과 기업의 수명주기

MM은 배당정책이 주주 가치에 영향을 주지 않는다고 하였다. 주주 가치는 기업의 미래 성장기회를 포함한 투자정책에 의해 영향을 받는다. 제18장에서 보겠지만 부채와 자기자본의 선택과 같은 자본조달정책도 또한 가치에 영향을 줄 수 있다.

MM의 분석에서 배당은 다른 재무정책의 잔여 결정이며, 부산물이다. 기업은 투자와 자본조달결정을 해야 하며, 그 뒤 남는 현금을 지급한다. 따라서 배당은 기업의 수명주기에 따라 변한다.

MM은 완전하고 합리적인 세계를 가정했지만, 이 장에서 논의한 많은 복잡함이 배당의 수명주기를 강화한다. 수명주기 이야기를 살펴보자.[46]

시작한 지 얼마 안 되는 성장기업은 수익성 있는 투자기회를 많이 가지고 있다. 이 시기에는 모든 영업 현금흐름을 유보하고 재투자하는 것이 효율적이다. 기업이 차입하거나 주식을 발행하여 현금을 조달해야 하는데 왜 현금을 투자자에게 지급하는가? 현금을 유보하면 증권을 발행하는 비용을 피할 수 있고 주주의 세금도 최소화한다. 투자자는 낭비적인 과도한 투자를 염려하지 않는다. 왜냐하면 투자기회가 좋고 경영자의 보상이 주가와 연계되어 있기 때문이다.

기업이 성숙해가면서 양(+)의 NPV 투자안이 현금흐름에 비해 적어진다. 기업은 현금을 축적하기 시작한다. 이제 투자자는 과도한 투자나 지나친 특권적 소비(perks)를 염려하기 시작한다. 투자자는 경영자에게 현금을 지급하라고 압력을 넣는다. 조만간 경영자는 동의한다. 그렇지 않으면 주가는 침체한다. 주주에게 지급은 자사주 매입으로 할 수도 있지만, 정기 현금배당을 시작하는 것이 더 강력하고 확실한 금융 규율(financial discipline)의 신호를 보낸다. 금융 규율을 약속하는 것은 배당의 세금 비용을 압도할 수 있다. (중도파는 현금배당을 지급할 때 세금 비용은 그렇게 많이 들지 않을 것이며, 배당과 자본이득에 대한 개인세율이 같은 최근의 미국에서 특히 더 그렇다고 주장한다.) 또한 정기 배당은 일부 투자자, 예를 들어 생계비를 배당에 의존하는 퇴직자들에게도 매력적일 것이다.

기업이 연륜이 쌓여감에 따라 주주는 점점 더 많은 지급을 요구한다. 지급은 더 많은 배당이나 더 많은 자사주 매입으로 이루어진다. 때때로 지급은 기업인수의 형태로 이루어진다. 주주들은 주식을 모두 팔고, 기업의 새로운 소유자는 자산을 팔고 구조조정을 통해 현금을 창출한다. 기업인수는 제32장에서 자세히 논의할 것이다.

---

45) 이 신호 주장은 다음 논문에서 개발되었다. F. Allen, A. E. Bernardo, and I. Welch, "A Theory of Dividends Based on Tax Clienteles," *Journal of Finance* 55(December 2000), pp. 2499~2536.

46) 여기서는 H. DeAngelo, L. DeAngelo, and D. Skinner, "Corporate Payout Policy," *Foundations and Trends in Finance* 3(2008), pp. 95~287에서 나온 이론을 따른다.

요약

경영자가 배당을 결정할 때 그들의 주된 관심은 주주에게 투자에 대해 '공정한' 금액을 지급하는 데 있는 것으로 보인다. 그러나 대부분의 경영자는 배당 삭감을 아주 싫어하며, 계속 유지할 자신이 없으면 배당을 증가시키려 하지 않는다.

배당 지급의 대안으로 회사는 자사주를 재매입할 수도 있다. 최근에는 많은 기업이 많은 양의 자사주를 재매입해 왔다. 그러나 재매입은 일반적으로 배당을 대체하지 못한다. 대신 재매입은 주주에게 잉여 현금을 돌려주거나, 자기자본을 축소하거나, 자기자본을 부채로 대체하는 용도로 사용된다.

회사의 투자정책과 자본구조가 일정하다면, 배당정책은 현금배당과 보통주의 발행 또는 재매입 사이의 교환관계를 반영해야 한다. 회사는 성장에 필요한 정도의 이익만을 유보하고 나머지는 현금으로 배당해야 하는가? 아니면 배당을 증가시키고 나서 (조만간에) 자기자본의 부족분을 메우려고 주식을 발행해야 하는가? 아니면 배당을 낮추고 그 현금으로 주식을 재매입해야 하는가?

우리가 이상적으로 단순하고 완전한 세상에 산다면, 그 선택은 시장 가치에 아무 영향을 주지 않기 때문에 문제가 되지 않는다. 논쟁은 결함이 있는 현실세계에서 배당정책의 영향에 집중된다. 투자자 대다수는 고배당이 주가를 높인다고 믿는다. 투자자들은 아마도 원금을 얼마만큼 빼내서 소비할지를 스스로 결정하기보다는 배당소득만을 소비한다는 스스로 정한 규율을 원할 수도 있다. 경영자들이 잉여 현금을 현명하게 쓰지 못하는 경우, 투자자들은 종종 회사에 배당을 증가시키도록 압력을 행사하는 것이 아닌가 생각된다. 이 경우 투자자들은 배당 그 자체가 좋아서가 아니라, 경영자가 기업을 좀 더 빈틈없이 경영하기를 원하기 때문에 배당 증가가 주가 상승으로 이어질 수도 있다.

가장 명백하고 심각한 시장 불완전성은 배당과 자본이득에 대해 다르게 적용되는 세금이다. 과거 미국에서는 배당을 자본이득보다 훨씬 더 무겁게 과세하였다. 2003년에 배당과 자본이득 모두에 대해 최고세율이 15%로 정해졌지만, 자본이득은 계속해서 한 가지 우위를 가진다. 자본이득이 실현될 때까지는 세금을 내지 않는다. 배당에 더 무겁게 과세한다면 세율이 높은 투자자들은 주로 저배당 주식을 보유하려 할 것이기 때문에 고배당 주식은 투자자들에게 더 높은 세전 수익률이라는 보상을 제공할 것으로 예상한다.

이러한 견해는 훌륭한 이론적 근거가 있다. 이는 미국에서 배당에 상당한 조세 불이익이 존재하던 시절에 총 수익률은 세금 차이를 반영하였다는 실증적 증거들에 의해 지지된다. 이 이론의 약점은 투자자들이 그렇게 거액의 세금을 내는데도 왜 회사들이 그런 거액을 계속해서 배당하느냐는 의문을 설명하지 못하는 것이다.

배당정책에 관한 세 번째 견해는 회사의 행동이 투자자의 선호를 반영한다는 것에서 시작한다. 회사가 상당한 배당을 지급한다는 사실은 투자자가 이를 원한다는 가장 좋은 증거이다. 배당의 공급이 정확히 배당 수요를 맞춘다면 배당정책을 바꿈으로써 시장 가치를 더 높일 수 있는 회사는 없다.

이러한 논쟁에 대해 교조적(dogmatic)이기는 어렵다. 투자정책과 차입이 일정하게 고정된 경우, 배당정책에 대한 주장은 대부분이 돈을 이 주머니에서 저 주머니로 옮기는 것에 관한 것이다. 이러한 옮기기로 상당한 세금의 차이가 발생하지 않는 한, 배당금 총액 또는 배당과 재매입 사이의 선택에 의해 기업가치가 큰 영향을 받지는 않을 것이다. 배당결정에 대한 투자자의 주된 관심은 경영자의 행동에 대해 읽을 수 있는 정보인 것으로 보인다.

최종적인 결론이 하나가 있다면 이는 배당이 기업의 수명주기에 따라 변한다는 것이다. 젊은 성장기업은 현금배당을 지급하지 않고 자사주 매입도 거의 하지 않는다. 이들 기업은 수익성 있는 투자기회를

Visit us at www.mhhe.com/bma

가지고 있다. 이들은 내부에서 발생한 현금흐름으로 가능한 한 많이 이들 투자에 자금을 조달한다. 기업이 성숙해감에 따라 수익성 있는 투자기회는 현금흐름과 비교하면 줄어든다. 투자자들은 경영자가 너무 많은 잉여 현금을 과도하게 투자할 것을 우려하기 때문에 기업에 압력을 가한다. 주가 침체에 대한 위협으로 경영자는 자사주 매입이나 현금배당을 통해 현금을 배분한다. 정기 현금배당을 약속하는 것은 금융 규율을 강하게 신호하는 것이 된다.

더 읽어야 할 문헌

다음 논문은 배당정책에 대한 문헌들을 포괄적으로 정리하고 있다.

F. Allen and R. Michaely, "Payout Policy," in G. Constantinides, M. Harris, and R. Stulz(eds.), *Handbook of the Economics of Finance: Corporate Finance*(Amsterdam: North-Holland, 2003).

H. DeAngelo, L. DeAngelo, and D. Skinner, "Corporate Payout Policy," *Foundations and Trends in Finance* 3(2008), pp. 95~287.

다음 논문은 배당정책에 대한 경영자의 태도를 설문조사한 최근 논문이다.

A. Kalay and M. Lemmon, "Payout Policy," in B. E. Eckbo(ed.), *Handbook of Empirical Corporate Finance*(Amsterdam: Elsevier/North-Holland, 2007), Chapter 10.

A. Brav, J. R. Graham, C. R. Harvey, and R. Michaely, "Payout Policy in the 21st Century," *Journal of Financial Economics* 77(September 2005), pp. 483~527.

연습문제

기본문제

1. 2009년에 J. M. Smucker는 주당 $0.35의 정기 분기 배당을 지급하였다.

a. 다음 일련의 날짜를 각각 연결하라.

(A1) 2009년 7월 17일	(B1) 기준일
(A2) 2009년 8월 11일	(B2) 지급일
(A3) 2009년 8월 12일	(B3) 배당락일
(A4) 2009년 8월 14일	(B4) 최종 배당부일
(A5) 2009년 9월 1일	(B5) 발표일

b. 이 중 주가가 대략 배당금 정도 하락할 것 같은 날은 어떤 날인가? 왜 그런가?

c. 8월 말에 Smucker의 주가는 $52였다. 배당수익률은 얼마인가?

d. 2009년 주당 순이익이 $4.56라면 배당성향은 몇 %인가?

e. 이 회사가 2009년에 10% 주식배당을 하였다면 예상되는 주가 하락은 얼마인가?

2. 기업들의 전형적인 배당정책에 대한 몇 가지 '사실(facts)'이 있다. 어떤 것이 맞고 어떤 것이 틀리는가?

a. 기업들은 해마다 자본지출 필요액을 보고 배당을 결정한 다음 남은 현금을 분배한다.

b. 경영자와 투자자들은 배당 액수보다는 배당 변경에 더 관심을 두는 것처럼 보인다.

c. 이익이 예기치 않게 한두 해 높아지면, 경영자들은 배당을 일시적으로 증가시키곤 한다.

d. 상당한 규모로 주식을 재매입하는 기업은 보통 현금배당을 그 정도 감소시켜 자금을 충당한다.

3. a. Wotan이 1,000주를 보유한 어떤 회사가 방금 주당 $2에서 $2.5로 배당 증가를 발표하였다. 주가는 현재 $150이다. Wotan이 이 증가한 현금의 소비를 원하지 않는다면 증가한 배당금을 상쇄하기 위해 무엇을 해야 하는가?

b. Brunhilde가 1,000주를 보유한 어떤 회사에서 주당 $8에서 $5로 배당 감소를 방금 발표하였

Visit us at www.mhhe.com/bma

다. 주가는 현재 $200이다. 만약 Brunhilde가 현재 소비를 계속 유지하기 원한다면 감소한 배당금을 상쇄하기 위해 무엇을 해야 하는가?

4. Patriot Games의 발행주식 수는 500만 주이다. 사장은 회사가 많은 현금을 보유하고 있으므로 연간 배당을 주당 $6에서 $8로 증가시키자고 제안하였다. 투자와 자본구조에 대한 사장 계획에 동의한다면, 배당 증가의 결과로 이 회사는 그 밖에 무엇을 해야 하는가?

5. House of Haddock의 발행주식 수는 5,000주이고 주가는 $140이다. 이 회사는 내년에 주당 $20의 배당금을 지급할 것으로 예상하며, 그 후 배당금은 연 5%씩 영원히 증가할 것으로 예상한다. 사장인 George Mullet는 지금 예상 밖의 발표를 하였다. 차후 현금의 반은 배당에, 나머지 반은 자사주 매입에 사용될 것이라고 하였다.
   a. 발표 전과 후 이 회사의 총 가치는 얼마인가? 주당 가치는 얼마인가?
   b. 회사에 주식을 되팔지 않고 그대로 보유하려는 투자자에게 예상되는 주당 배당 흐름은 얼마인가? 이 주당 배당 흐름을 할인하여 주식 가치를 평가하라.

6. House of Herring, Inc.의 주요 재무자료는 다음과 같다.

2015년 주당 이익	$5.50
발행주식 수	4천만
목표 배당성향	50%
예정된 주당 배당	$2.75
2015년 말 주가	$130

House of Herring은 2016년 1월 초에 모든 배당금을 지급할 예정이다. 모든 법인세와 개인세는 2014년에 폐지되었다.
   a. 다른 조건이 같다면, 예정된 배당이 지급되고 나서 House of Herring의 주가는 얼마가 될까?
   b. 배당을 취소하고 그 돈을 자사주 매입에 쓴다고 발표한다고 하자. 발표일에 주가는 어떻게 될까? 투자자들은 이 회사의 발표 이후 전망에 대해 아무것도 모른다고 가정하면, 이 회사는 몇 주를 재매입해야 하는가?
   c. 이 회사가 주당 $5.50로 배당을 증가시키고 배당으로 지급될 추가 현금을 충당하기 위해서 신주를 발행한다고 가정한다. 배당부와 배당락 주가는 얼마인가? 새로 발행될 주식의 수는? 역시 투자자들은 House of Herring의 전망에 대한 발표로부터 아무것도 알 수 없다고 가정하자.

7. 다음 질문에 두 번 답하라. 한 번은 현재 세법에서, 또 한 번은 자본이득과 배당 세율이 같다고 가정하고 평가해 보라.
   모든 투자에서 제공하는 세전 기대수익률은 같다고 가정한다. 같은 위험을 가진 두 주식 Hi와 Lo를 고려하자. Hi 주식은 많은 배당금과 적은 기대 자본이득을 제공한다. Lo 주식은 적은 배당금과 많은 기대 자본이득을 제공한다. 다음 중 어떤 투자자들이 Lo 주식을 선호하겠는가? 다음 중 어떤 투자자들이 Hi 주식을 선호하겠는가? 상관하지 않는 투자자는 누구인가? (매입한 주식은 1년 후에 매각한다고 가정한다.)
   a. 연금기금
   b. 개인
   c. 법인 기업
   d. 자선기금
   e. 증권 딜러

Visit us at www.mhhe.com/bma

중급문제

8. 월스트리트저널의 최신호에서 "Dividend News"를 보고 정기 배당을 발표한 회사 하나를 선택하라.
   a. 그 회사는 정기 배당금을 얼마나 자주 지급하는가?
   b. 배당금은 얼마인가?
   c. 배당금을 받으려면 언제까지 주식을 등록해야 하는가?
   d. 배당금 지급은 얼마 뒤에 이루어지는가?
   e. 주가를 조사하고 연간 배당수익률을 계산하라.
9. 어떤 유형의 회사가 당기 이익에서 상대적으로 높거나 낮은 비율을 분배할 것으로 생각하는가? 어떤 회사가 상대적으로 높거나 낮은 주가이익비율(PER)을 갖는다고 예상하는가?
   a. 위험이 큰 회사
   b. 순이익이 예상 외로 감소한 회사
   c. 순이익 하락이 예상되는 회사
   d. 가치 있는 미래 투자기회를 가진 성장하는 회사
10. Little Oil의 발행주식 100만 주의 총 시장가치는 $2,000만이다. 이 회사는 내년에 $1백만의 배당을 지급할 것으로 예상하며, 이후 배당 지급액은 해마다 5%씩 영원히 성장할 것으로 예상한다. 따라서 예상되는 배당금은 두 번째 해에 $105만, 세 번째 해에 $110.5만 등등이다. 그런데 이 회사는 배당 흐름에 따라 주가가 달라진다는 말을 듣고 다음 해 배당을 $2백만으로 높일 것이며 추가 현금은 주식 발행으로 즉각 조달될 것이라고 발표하였다. 그 후 해마다 지급되는 총액은 전에 예측된 대로, 두 번째 해에 $110.5만이고 계속 해마다 5%씩 증가할 것이다.
    a. 1년도의 신주 발행 가격은 얼마인가?
    b. 이 회사는 몇 주를 발행해야 하는가?
    c. 이러한 신주에 기대되는 배당 지급액은 얼마인가? 1년도 이후에 구 주주에게 지급되는 금액은 얼마인가?
    d. 현재 주주에게 돌아가는 현금흐름의 현재가치는 여전히 $2,000만임을 보여라.
11. 제16.5절에서 MM의 배당 무관련 이론은 신주가 공정한 가격에 발행된다는 가정에서 증명된다고 말했다. 연습문제 10번을 다시 보자. 신주가 1년도에 주당 $10에 발행되었다고 가정하자. 누가 손해 보고 이익을 보는지 보여라. 배당정책은 여전히 무관련한가? 왜 그렇거나 그렇지 않은가?
12. 다음 문장을 평가하라. "나는 필요한 현금을 충당하기 위해 주식을 팔 수 있지만, 이는 시장이 바닥일 때 파는 것을 의미할 수도 있다. 회사가 정기 현금배당을 지급한다면 투자자들은 그 위험을 피할 수 있다."
13. 제16.5절에 있는 RD 사례의 첫 번째 재무상태표를 보고 답하라. 다시 현금배당 $1,000을 지급하기 위해 현금을 사용하고, 투자에 필요한 현금을 충당하기 위해 주식 발행을 계획하였다. 그러나 주식이 발행되기 전에 대재앙이 발생했다. 새로운 오염 규제가 제조비용을 증가시켜 RD의 현재 사업 가치가 절반인 $4,500으로 줄어들었다. 그러나 새로운 투자기회의 현재가치는 영향을 받지 않는다. 배당정책이 여전히 무관련함을 보여라.
14. "많은 회사가 주당순이익(EPS)을 증가시키기 위해 자사주를 매입한다. 예를 들어 상태가 다음과 같은 회사가 있다고 가정하자.

Visit us at www.mhhe.com/bma

순이익	$1천만
재매입 전 주식 수	1백만
주당 이익	$10
주가이익비율	20
주가	$200

이 회사는 이제 주당 $200에 20만 주를 재매입한다. 발행주식 수는 80만 주로 감소하고 주당 이익은 $12.5로 증가한다. 주가이익비율이 20에 머물러 있다고 가정한다면, 주가는 $250으로 올라야 한다." 이 논리가 맞는지 설명하라.

15. Hors d'Age Cheeseworks는 10년 이상 해마다 주당 $4의 정기 현금배당을 지급해 왔다. 이 기업은 이익을 모두 배당으로 지급하고 있으며 성장을 기대하지 않는다. 발행주식 10만 주는 주당 $80에 거래되고 있다. 이 회사는 다음 연도 배당에 충분한 현금을 보유하고 있다.

    Hors d'Age가 현금배당을 0으로 축소하기로 하고, 대신에 자사주 매입을 발표한다고 하자.

    a. 즉각적인 주가 반응은 어떻게 되겠는가? 세금은 무시하고, 이 재매입 프로그램이 영업의 수익성이나 경영 위험에 관한 정보를 전혀 전달하지 않는다고 가정한다.
    b. Hors d'Age는 몇 주를 사들이는가?
    c. 과거와 현재 배당정책에 따른 미래 주가를 예측하고 비교하라. 최소한 1, 2, 3년도에 대해 예측하고 비교하라.

16. *Los Angeles Times*는 주식 재매입에 대한 기사에서 다음과 같이 말하였다.
    "점점 더 많은 기업이 오늘날 최상의 투자대상은 자사임을 발견하고 있다." 이 견해에 대해 논하라. 회사의 전망과 그 회사의 주가는 재매입이 바람직한 정도에 어떻게 영향을 미치는가?

17. 다음 문장에 대해 간단하게 논평하라.

    a. "주주들이 배당을 증가시키도록 항상 압력을 가하는 미국 기업과는 달리, 일본 기업들은 이익 중 훨씬 적은 부분을 지급하므로 자본비용이 낮다."
    b. "지급해야 할 새로운 배당 흐름이 생기는 새로운 자본과는 달리, 유보이익은 비용이 없다."
    c. "어떤 회사가 배당 지급 대신에 주식을 재매입한다면, 주식 수는 감소하고 주당 순이익은 올라간다. 그러므로 자사주 매입은 배당 지급보다 항상 선호되어야 한다."

18. Formaggio Vecchio는 주당 $1의 정기 분기 배당을 발표했다.

    a. 배당 지급을 반영하여 주가는 언제 하락할까 — 기준일, 배당락일, 지급일?
    b. 세금이 없다고 가정해 보자. 주가는 얼마만큼 하락할 것인가?
    c. 이제 모든 투자자는 배당금에 30%를, 자본이득에 0의 세금을 낸다고 가정하자. 주가는 얼마만큼 하락할 것인가?
    d. 마지막으로, 증권 딜러는 배당과 자본이득 모두에 세금을 내는 것을 제외하고는 모든 것이 (c)와 같다고 가정하자. (c)에 대한 답이 어떻게 변할 것인가? 설명하라.

19. 연습문제 18번을 참조하라. 세금은 없으며, 배당 발표 직후의 주가는 $100이라고 하자.

    a. 100주를 소유하고 있다면 투자 가치는 얼마인가? 배당 지급은 당신의 부에 어떤 영향을 미치는가?
    b. 이제 Formaggio Vecchio가 배당 지급을 취소하고, 자사 주식의 1%를 주당 $100에 재매입한다고 발표하였다고 하자. 당신은 즐거워하겠는가 아니면 하품이 나오겠는가? 설명하라.

20. 주식 A와 B 둘 다 주당 $100에 거래되며 10%의 세전 수익률을 제공한다. 그런데 A 회사는 수익률

Visit us at www.mhhe.com/bma

이 오로지 배당 소득의 형태이다. (이 회사는 해마다 주당 $10의 배당을 정기적으로 지급한다.) 반면에 B 회사는 수익률이 오로지 자본이득의 형태이다. (해마다 10%씩 주가가 상승한다.) 배당금과 자본이득 모두 30%의 세금이 부과된다고 가정하자. A 주식의 세후 수익률은 얼마인가? 2년 후에 팔게 될 투자자에게 B 주식의 세후 수익률은 얼마인가? 10년 후에 파는 경우의 세후 수익률은?

21. a. The Horner Pie Company는 $1의 분기 배당을 지급한다. 배당락일에 $0.9만큼의 주가 하락이 예상된다고 하자. 당신이 i) 비과세 투자자이거나, ii) 일반 소득에 40%, 자본이득에 16%의 한계세율을 부담하는 투자자라면, 배당락일과 배당부일 중 어느 날 주식을 사겠는가?

b. 배당락 행태에 대한 연구에서 Elton과 Gruber[47]는 주가가 평균적으로 배당금의 85%만큼 하락한다고 추정한다. 자본이득세율이 소득세율의 40%라고 가정한다면 Elton과 Gruber의 연구 결과는 투자자들의 한계 소득세율에 대해 무엇을 의미하는가?

c. Elton과 Gruber는 또한 고배당 주식과 저배당 주식이 배당락에 따른 가격 하락 폭에 차이가 있음을 관찰하였다. 배당성향을 기준으로 어느 쪽의 주가 하락폭이 더 크다고 예상하는가?

d. 투자자들은 배당락일 전후에 주식을 자유롭게 거래할 수 있다는 사실이 Elton과 Gruber의 연구에 대한 당신의 해석을 바꾸게 하는가?

e. 배당 소득과 자본이득에 대한 세율이 동일해진 2009년에 Elton과 Gruber의 검증을 반복한다고 하자. 결과가 어떻게 변할 것으로 예상하는가?

22. 중도파는 고/중/저 배당성향 주식의 공급이 이미 투자자의 수요를 만족하도록 조정되었기 때문에, 배당정책은 중요하지 않다고 주장한다. 후한 배당을 원하는 투자자들은 원하는 만큼 배당을 지급하는 주식을 보유한다. 자본이득을 원하는 투자자들은 배당성향이 낮은 주식을 보유한다. 그러므로 배당성향이 높은 기업이 배당성향이 낮은 기업으로, 또는 그 역으로 변화하여도 이득을 얻을 수 없다.

정부가 자본이득세율은 그대로 두고 배당세율을 내린다고 가정하자. 이러한 변화 이전에 배당의 공급은 투자자의 수요와 일치하였다고 가정하자. 세제 변화가 미국 기업들이 지급하는 현금배당 총액, 그리고 고배당과 저배당 기업의 비율에 영향을 줄 것으로 예상하는가? 배당 공급 조정이 모두 완료되고 나서도 배당정책은 여전히 무관련한가? 설명하라.

도전문제

23. "배당정책은 무관련하다" 그리고 "주가는 미래 기대 배당금의 현재가치이다."(4장 참조.) 이 두 문장에 대해 생각해 보자. 이들은 모순되게 들린다. 이 문제는 두 문장이 완전한 일관성을 가짐을 보이려고 출제되었다.

Charles River Mining Corporation의 현재 주가는 $50이다. 내년도 주당 이익과 배당은 각각 $4와 $2이다. 투자자들은 연 8%의 영속적인 성장을 기대한다. 투자자들은 $r = 12\%$의 기대수익률을 요구한다.

주가 계산을 위해 일정률성장 모형(perpetual-growth model)을 사용할 수 있다.

$$P_0 = \frac{\text{DIV}}{r - g} = \frac{2}{0.12 - 0.08} = 50$$

Charles River Mining이 100% 배당성향 정책으로 바꾸고, 성장에 필요한 자금은 주식을 발행

47) E. J. Elton and M. J. Gruber, "Marginal Stockholders' Tax Rates and the Clientele Effect," *Review of Economics and Statistics* 52(1970), pp. 68~74.

Visit us at www.mhhe.com/bma

하여 조달한다고 발표하였다고 하자. 일정률성장 모형을 사용하여 현재 주가가 변하지 않음을 보여라.

24. "기업이 배당을 지급하면 투자자들은 배당금 총액에 대해 세금을 부담해야 한다. 대신에 자사주 매입으로 현금을 배분하면 총액이 아닌, 자본이득에 대해서만 세금을 부담한다. 그러므로 배당과 자본이득에 대한 세율이 같다고 해도, 항상 배당 지급보다는 자사주 매입을 선호한다." 이 주장이 맞지 않는 쉬운 예를 제시하라. (자본이득이 연기될 수 있다는 사실은 무시하라.)

25. '배당은 선(善)'이라는 데 집착하는 학파에서는 고배당 주식의 주가이익비율이 평균 이상인 경향이 있다고 지적하곤 한다. 이러한 증거는 설득력이 있는가? 논하라.

26. 세상에는 다음과 같은 세율이 적용되는 세 가지 유형의 투자자들만 존재한다고 가정하자.

	개인	주식회사	기관
배당	50%	5%	0%
자본이득	15	35	0

개인은 $800억 어치의 주식을, 주식회사는 $100억 어치를 투자하고 있다. 나머지 주식은 기관이 보유한다. 세 집단 모두 단순히 세후 소득 극대화를 추구한다.

이들 투자자는 다음과 같이 세전 배당금을 제공하는 세 가지 종류의 기업 중에서 선택할 수 있다.

	저배당	중간 배당	고배당
배당	$5	$5	$30
자본이득	15	5	0

이러한 지급금은 영원히 지속할 것으로 기대된다. 저배당 주식의 시가총액은 $1,000억, 중간 배당 주식의 시가총액은 $500억, 고배당 주식의 시가총액은 $1,200억이다.

a. 주가를 결정하는 한계 투자자(marginal investor)는 누구인가?

b. 한계 투자자 집단은 12%의 세후 수익률을 요구한다고 하자. 고/중/저 배당 주식의 주가는 얼마인가?

c. 각 투자자 집단별로 세 가지 유형의 주식 세후 수익률을 계산하라.

d. 각 투자자 집단별로 보유한 주식의 금액은 얼마인가?

Visit us at www.mhhe.com/bma

17 Chapter

부채정책은 중요한가?

기업의 기본적인 자원은 자산에서 생기는 일련의 현금흐름이다. 기업이 전액 보통주로 자본을 조달한 경우, 모든 현금흐름은 주주의 것이다. 기업이 부채와 자기자본 증권을 발행한 경우, 현금흐름은 둘로 나뉜다. 하나는 채권자에게 가는 상대적으로 안전한 흐름이고, 다른 하나는 주주에게 가는 좀 더 위험한 흐름이다.

기업의 부채와 자기자본의 조합을 자본구조(capital structure)라고 한다. 물론, 자본구조는 '부채 대 자기자본'만의 문제는 아니다. 다양한 성격을 지닌 부채들이 존재하며, 자기자본에도 보통주와 우선주라는 최소한 두 가지 형태의 자기자본이 있다. 추가로 전환사채(convertible bonds)와 같은 혼합증권도 있다. 기업은 수십 종류의 증권을 여러 가지로 조합하여 발행할 수도 있다. 기업은 자사의 시장가치를 극대화하는 특정 조합을 찾으려고 시도한다.

이러한 시도는 해볼 만한 가치가 있는가? 우리는 특정 조합이 다른 모든 조합보다 더 호소력이 있지 **않을** 가능성도 고려해야 한다. 아마도 정말 중요한 결정은 기업의 자산에 관한 결정이며, 자본구조결정은 단지 지엽적인 것, 즉 관심을 둬야 하지만 염려할 필요는 없는 문제이다.

완전 자본시장에서 배당정책이 중요하지 않음을 보인 모딜리아니와 밀러(Modigliani and Miller, MM)는 완전 자본시장에서 자본조달결정도 역시 중요하지 않음을 보였다. 그들의 유명한 '명제 1'은 회사가 현금흐름을 여러 흐름으로 나누는 것만으로는 전체 증권의 총 가치를 변화시킬 수 없다고 말한다. 따라서 기업의 투자결정이 이미 내려진 이상 자본구조는 기업가치와 관련이 없다.

MM의 명제 1은 투자결정과 자본조달결정을 완전히 분리할 수 있도록 한다. 이는 기업이 자본 지출에 필요한 자금이 어디서 조달되는가를 염려하지 않고, 제5~12장에서 다룬 자본예산 절차를 적용할 수 있음을 의미한다. 이들 장에서는 모두 자기자본으로 조달되었다고 가정하고 자금의 원천에 대해서는 생각하지 않았다. MM이 옳다면 이는 전적으로 올바른 접근방법이다. 기업이 부채와 자기자본을 조합하여 자금을 조달한다면, 기업의 전체적인 자본비용은 전부 자기자본으로 자금을 조달한 기업의 자기자본비용과 정확히 같을 것이다.

우리는 실무적으로는 자본구조가 중요하다고 믿는다. 그럼에도, 이 장 전체를 MM의 주장에 할애한다. MM 이론이 성립하는 조건들을 충분히 이해하지 못하면, 어떤 자본구조가 왜 다른 것보다 나은지 완전히 이해할 수 없을 것이다. 재무관리자는 자신이 접하게 될 모든 종류의 시장 불완전성에 대해 알 필요가 있다.

예를 들어 기업은 특정 고객층의 투자자들이 웃돈을 주고도 기꺼이 사려고 하는 어떤 새로운 증권을 개발하여 기업의 전체적인 시장가치를 증대시킬 수도 있다. (그렇지만, 그러한 재무혁신은 모방이 쉬워서 가치의 증가는 몇몇 최초 발행자들에게만 국한될 것이다.)

제18장에서는 세금과 파산비용, 재무적 곤경, 복잡한 부채 계약을 맺고 이행하는 비용, 정보 불완전성으로 야기되는 차이, 부채가 경영자의 인센티브에 미치는 영향 등 중요할 수 있는 시장 불완전성에 대해 자세히 분석한다. 제19장에서는 그러한 (특히 세금과 같은) 불완전성이 가중평균 자본비용과 기업가치에 어떠한 영향을 미치는지를 알아본다.

17.1 경쟁적이고 세금이 없는 경제에서 재무 레버리지의 효과

재무관리자는 투자자에게 전체적으로 가장 호소력 있는 증권의 조합, 즉 기업의 시장가치를 극대화하는 조합을 찾아내려고 노력한다. 이 문제를 다루기 전에 기업가치를 극대화하는 정책이 또한 주주의 부를 극대화하는지를 확인해 보아야 한다.

왑샷 광업(Wapshot Mining Company)의 부채와 자기자본의 시장가치를 각각 D와 E로 표기하자. 왑샷의 주식 1,000주는 주당 $50에 거래된다. 따라서

$$E = 1{,}000 \times 50 = \$50{,}000$$

왑샷은 또한 $25,000을 차입하여, 발행 증권의 총 시장가치 V는 다음과 같다.

$$V = D + E = \$75{,}000$$

왑샷의 주식을 부채 사용 기업의 주식(*levered equity*)이라고 한다. 주주는 **재무레버리지(financial leverage)**, 즉 부채 사용(*gearing*)의 혜택과 비용을 모두 가지게 된다. 왑샷이 추가로 $10,000을 차입하여 주주에게 주당 $10의 특별배당을 지급함으로써 '부채비율을 증가(lever up)'시킨다고 가정하자. 이는 왑샷의 자산에 영향을 주지 않고 자기자본을 부채로 대체한다.

특별배당이 지급되고 나서 왑샷의 자기자본 가치는 얼마일까? 이때 미지수는 E와 V, 2개이다.

기존 부채	$25,000	$35,000 = D
신규 부채	$10,000	
자기자본		? = E
기업가치		? = V

V가 전과 같이 $75,000이라면, E는 $V - D = 75{,}000 - 35{,}000 = \$40{,}000$이어야 한다. 주주는 특별배당 $10,000을 정확히 상쇄하는 자본손실을 입는다. 그러나 자본구조가 변화한 결과로 V가, 이를테면 $80,000로 증가한다면, $E = \$45{,}000$이 되고 주주는 $5,000을 번다. 일반적으로 자본구조의 변화 때문에 생기는 V의 증가나 감소는 모두 회사의 주주에게 귀속된다. 기업의 시장가치를 극대화하는 정책이 주주에게도 최선이라고 결론지을 수 있다.

이 결론은 두 가지 중요한 가정에 의존한다. 첫째, 왑샷은 배당정책을 무시할 수 있다. 둘째, 자본구조의 변화 후에 기존 부채와 신규 부채를 합한 값어치(*worth*)는 $35,000이다.

배당정책은 관련이 있을 수도, 없을 수도 있지만, 여기서 제16장의 논의를 반복할 필요는 없다. 우리는 단지 자본구조의 변화가 때로는 중요한 배당정책 결정으로 이어진다는 점을 인식하기만 하면 된다. 아마도 왑샷이 현금배당을 하면 비용 또는 혜택이 따르는데, 이는 재무레버리지의 증가로 얻어지는 모든 혜택에 더해 추가로 고려해야 한다.

기존 부채와 신규 부채의 가치가 $35,000라는 두 번째 가정은 문제가 없어 보인다. 그러나 이것이 틀릴 수도 있다. 아마도 신규 차입은 기존 부채의 위험을 증가시켰을 것이다. 기존 부채의 소유자가 증가한 위험을 보상하는 높은 이자율을 요구할 수 없다면, 그들의 투자 가치는 감소한다.

이 경우 회사의 전체 가치는 불변일지라도, 왑샷의 주주는 기존 부채 소유자의 희생을 대가로 이익을 본다.

그러나 이는 제18장에서 다룰 문제를 미리 본 것이다. 이 장에서는 어떤 부채의 발행도 기존 부채의 시장가치에 영향을 주지 않는다고 가정한다.

모딜리아니와 밀러의 등장

재무관리자가 기업가치를 극대화하는 증권의 조합을 찾고 싶어 한다고 받아들이자. 이는 어떻게 이루어지는가? MM은 재무관리자가 이런 문제를 염려하지 않아도 된다고 말한다. 완전시장에서는 어떠한 증권의 조합도 다른 조합과 차이가 없다. 기업가치는 자본구조의 선택에 영향을 받지 않는다.[1)]

영업이익의 흐름이 같고 자본구조만 다른 두 기업을 상상해 보면 이를 확인할 수 있다. 기업 U는 부채가 없다. 따라서 자기자본의 총 가치 E_U는 전체 기업가치 V_U와 같다. 한편, 기업 L은 부채를 사용한다. 그러므로 이 기업의 주식 가치는 기업가치에서 부채의 가치를 뺀 값이다. $E_L = V_L - D_L$.

이제 어느 기업에 투자할지 생각해 보자. 큰 위험을 피하려 한다면, 부채가 없는 기업 U의 보통주를 매입하면 된다. 예를 들어 U 주식의 1%를 사면, 투자금액은 $0.01V_U$이고, 전체 이익의 1%에 대해 권리를 가진다.

투자금액	투자수익
$0.01V_U$	$0.01 \times$ 영업이익

이제 이것을 기업 L의 부채와 자기자본 모두를 같은 비율로 사는 전략과 비교해 보자. 투자금액과 투자수익은 다음과 같다.

	투자금액	투자수익
부채	$0.01D_L$	$0.01 \times$ 이자
자기자본	$0.01E_L$	$0.01 \times$ (영업이익 − 이자)
합계	$0.01(D_L + E_L)$ $= 0.01V_L$	$0.01 \times$ 영업이익

두 전략은 같은 결과인 기업 영업이익의 1%를 제공한다. 일물일가의 법칙(law of one price)에 따르면, 잘 작동하는 시장에서 같은 현금흐름을 제공하는 두 투자안은 가격이 같아야만 한다. 그러므로 $0.01V_U$는 $0.01V_L$과 같아야 한다. 즉 부채가 없는 기업의 가치는 부채가 있는 기업의 가치와

1) F. Modigliani and M. H. Miller, "The Cost of Capital, Corporation Finance and the Theory of Investment," *American Economic Review* 48(June 1958), pp. 261~297. MM의 기본적인 주장은 1938년 J. B. Williams의 견해와 일치하며, David Durand의 주장과도 어느 정도 비슷하다. 다음 문헌 참조. J. B. Williams, *The Theory of Investment Value*(Cambridge, MA: Harvard University Press, 1938), 그리고 D. Durand, "Cost of Debt and Equity Funds for Business: Trends and Problems of Measurement," in *Conference on Research in Business Finance*(New York: National Bureau of Economic Research, 1952).

같아야만 한다.

투자자가 약간 더 위험을 부담할 용의가 있다고 가정하자. 투자자는 **부채 사용**(*levered*) 기업의 발행 주식 1%를 사기로 하였다. 투자금액과 투자수익은 다음과 같다.

투자금액	투자수익
$0.01E_L$	0.01 × (영업이익 − 이자)
$= 0.01(V_L - D_L)$	

다른 투자 대안도 있다. 투자자가 자신의 계좌로 $0.01D_L$을 차입하고 **무부채**(*unlevered*) 기업의 주식 1%를 사는 것이다. 이 경우 차입으로 바로 $0.01D_L$의 현금 유입(*inflow*)이 생기지만, 기업 L이 지급하는 이자의 1%에 해당하는 금액을 차입금에 대한 이자로 지급해야 한다. 그러므로 투자금액과 투자수익은 다음과 같다.

	투자금액	투자수익
차입	$-0.01D_L$	− 0.01 × 이자
자기자본	$0.01V_U$	0.01 × 영업이익
합계	$0.01(V_U - D_L)$	0.01 × (영업이익 − 이자)

이 경우에도 역시 두 전략은 이자 차감 후 영업이익의 1%인 같은 지급금을 제공한다. 그러므로 두 투자안의 투자금액은 같아야 한다. $0.01(V_U - D_L)$은 $0.01(V_L - D_L)$과 같으며, 따라서 V_U도 V_L과 같아야 한다.

세상이 위험을 싫어하는 겁쟁이나 모험을 좋아하는 용사로 가득 찼는가는 중요하지 않다. 무부채 기업 U의 가치는 부채 사용 기업 L의 가치와 같아야 한다는 데 모두 동의할 것이다. 투자자들이 자신의 계좌로 기업과 같은 조건으로 차입하거나 대출할 수 있는 한, 투자자들은 기업의 어떤 자본구조 변화에 따른 효과도 '없었던 것'으로 만들 수 있다. 이것이 유명한 MM의 명제 1의 바탕이다. "기업의 시장가치는 자본구조와 독립적이다."

가치 보존의 법칙

부채정책이 무관련하다는 MM의 주장은 놀랍도록 단순한 아이디어를 응용한 것이다. 우리가 두 현금흐름 A와 B를 갖고 있다면, $A + B$의 현재가치는 A의 현재가치와 B의 현재가치를 합한 것과 같다. 우리는 자본예산과 관련된 논의에서, 결합된 두 자산의 현재가치는 각 자산을 분리하여 고려한 현재가치의 합과 같다는 **가치가산성**의 원칙(principle of *value additivity*)을 알게 되었다.

지금은 자산을 결합하는 것이 아니라 쪼개고 있는 것이다. 그러나 가치가산성은 반대 방향으로도 잘 작동한다. 하나의 현금흐름을 우리가 원하는 만큼 잘게 나눌 수 있다. 부분의 가치를 합하면 항상 나누기 전의 가치와 같다. (물론 나누는 과정에서 흐름이 전혀 상실되지 않는다고 가정한다. 파이를 나누는 사람이 조금씩 집어 먹으면, "파이의 가치는 나누는 방법과 독립적이다."라고 말할 수 없다.)

이것이 바로 **가치 보존의 법칙**(*law of conservation of value*)이다. 자산가치는 자산에 대한 청구권의 특성과 관계없이 유지된다. 즉 명제 1: 기업가치는 재무상태표(대차대조표)의 **차변**(*left-hand side*)에 있는 실물 자산에 의해 결정되며, 자산 매입을 위해 발행된 부채와 자기자본의 비율에 의해 결정되는 것이 아니다.

가장 단순한 아이디어가 넓은 응용 범위를 갖는 경우가 많다. 예를 들어 우선주 또는 보통주를 발행할 것인가, 아니면 둘을 조합할 것인가를 선택할 때에도 가치 보존의 법칙을 적용할 수 있다. 이 법칙은 완전 자본시장을 가정하고 기업의 투자와 영업 정책이 정해진 경우, 이 선택은 기업가치와 관련이 없음을 의미한다. 자기자본 '파이'(우선주와 보통주를 합한)의 전체 가치가 고정되어 있다면, 기업의 소유자(보통 주주)는 그 파이가 어떻게 나누어지는지 염려하지 않는다.

이 법칙은 기업이 발행한 부채 증권들의 **조합**(*mix*)에도 적용된다. 장기와 단기 부채, 담보부와 무담보부 부채, 선순위와 후순위 채무, 그리고 전환과 비전환 부채 사이의 선택은 모두 기업의 전체 가치에 영향을 주지 않는다.

자산의 결합이나 분할은 그 자체가 투자자의 선택에 영향을 주지 않는 한 기업가치에 영향을 주지 않는다. 자본구조가 선택에 영향을 주지 않음을 보이는 과정에서 우리는 묵시적으로 개인투자자도 회사와 마찬가지로 같은 무위험 이자율로 빌리거나 빌려줄 수 있다고 가정하였다. 만약 그렇다면 개인은 기업 자본구조의 변화에 따른 어떤 영향도 원상태로 되돌릴 수 있다.

현실 세계에서 기업의 부채는 무위험이 아니며, 국채 금리가 적용되지도 않는다. 어떤 사람들의 처음 반응은 이 사실 하나만으로도 MM의 명제를 무효로 만든다는 것이다. 이는 자연스러운 실수인데, 그러나 부채에 위험이 있을 때도 자본구조는 관련이 없을 수 있다.

회사가 돈을 빌릴 때는 그 상환을 **보증**(*guarantee*)하지 않는다. 회사는 자산가치가 채무보다 큰 경우에만 부채를 완전히 상환한다. 그러므로 회사의 주주는 유한책임을 진다.

대다수의 개인도 유한책임으로 차입하고 싶어 한다. 그러므로 **부채 사용 기업의 주식 공급이 수요를 충족하기에 불충분하다면**,[2] 그들은 부채 사용 기업의 주식에 약간의 프리미엄을 지급할 준비가 되어 있다. 그러나 부채 사용 기업이 발행한 보통주는 문자 그대로 수천 종목이 있다. 그러므로 부채를 발행한다고 해서 투자자들이 그 회사 주식에 프리미엄을 지급할 것 같지는 않다.[3]

명제 1의 예제

맥베스 세제(Macbeth Spot Removers)는 자본구조를 재검토하고 있다. 표 17.1은 회사의 현재 상태를 보여준다. 이 회사는 부채가 없으며, 모든 영업이익을 보통주 주주에게 배당으로 지급한다(아직 세금이 없다고 가정한다). 주당 기대 이익과 배당은 $1.50이다. 그러나 이 수치는 결코 확실한

2) 물론 개인들도 선택에 따라 유한책임을 만들어 낼 수 있다. 다시 말하면 기업 X의 자산가치가 일정 금액보다 큰 경우에만 부채를 완전히 상환해야 한다고 채권자와 채무자가 합의할 수도 있다. 부채 사용 기업의 주식에 투자하면 좀 더 쉽게 유한책임을 확보할 수 있기 때문에 아마도 개인들이 그런 계약을 맺지는 않을 것이다.

3) 모든 투자자가 완전히 분산투자된 포트폴리오를 갖는다면 자본구조는 역시 무관련하다. 이 경우 투자자는 기업이 제공하는 모든 위험 증권(부채와 주식 모두)을 소유한다. 모든 위험 증권을 소유한 사람은 현금흐름이 여러 증권 사이에 어떻게 나누어지는지 염려하지 않는다.

표 17.1 맥베스 세제는 전액 자기자본으로 자금을 조달하였다. 이 회사는 영원히 매년 $1,500의 이익을 기대하지만, 이 이익은 확실하지 않다. 이 표는 영업이익에 대한 여러 가정에서 주주의 수익률을 보여준다. 세금은 없다고 가정한다.

자료				
주식 수	1,000			
주가	$10			
주식의 시장가치	$10,000			
결과				
영업이익($)	500	1,000	**1,500**	2,000
주당 이익($)	0.50	1.00	**1.50**	2.00
주식 수익률(%)	5	10	**15**	20
			기대 결과	

표 17.2 맥베스 세제는 이자율 10%에 부채 $5,000을 조달하고, 500주를 재매입할지를 검토하고 있다. 이 표는 영업이익에 대한 여러 가지 가정에서 주주의 수익률을 보여준다.

자료				
주식 수	500			
주가	$10			
주식의 시장가치	$5,000			
부채의 시장가치	$5,000			
10%일 때 이자	$500			
결과				
영업이익($)	500	1,000	**1,500**	2,000
지급이자($)	500	500	**500**	500
당기순이익($)	0	500	**1,000**	1,500
주당 이익($)	0	1	**2**	3
주식 수익률(%)	0	10	**20**	30
			기대 결과	

것은 아니다. 이 수치는 $1.50보다 많을 수도 적을 수도 있다. 주가는 $10이다. 이 회사는 영원히 일정 수준의 이익 흐름을 창출할 것으로 예상하므로 주식에 대한 기대수익률은 이익-주가비율(earnings-price ratio)인 1.50/10.00 = 0.15, 즉 15%이다.

이 회사 사장인 맥베스 여사는 회사의 부채와 자기자본이 같은 비율일 때 주주의 부가 증가할 것이라는 결론에 도달하였다. 따라서 그녀는 10% 이자율에 $5,000의 부채를 발행하여 그 돈으로 자사주 500주를 재매입하자고 제안하였다. 맥베스 여사는 이 제안을 뒷받침하기 위해 영업이익에 대한 여러 가지 가정에서 상황을 분석하였다. 계산 결과는 표 17.2에 나와 있다.

레버리지가 주당 이익에 어떤 영향을 미치는지 더 명확히 알기 위해 맥베스 여사는 그림 17.1을 작성하였다. 검은 선은 전액 자기자본으로 조달한 현재 상태에서 영업이익에 따라 주당 이익이 어떻게 변하는지를 보여준다. 청색 선은 부채와 자기자본의 비율이 같을 때 주당 이익이 어떻게 변하는지를 보여준다. 따라서 이는 표 17.2의 자료를 그래프로 그린 것이다.

맥베스 여사는 다음과 같이 추론한다. "레버리지 효과는 분명히 기업의 영업이익에 달렸다. 영업이익이 $1,000보다 크면 주주의 수익률은 레버리지에 의해 증가한다. 영업이익이 $1,000보다 적으면 수익률은 레버리지에 의해 감소한다. 영업이익이 정확히 $1,000인 경우, 수익률은 영향을

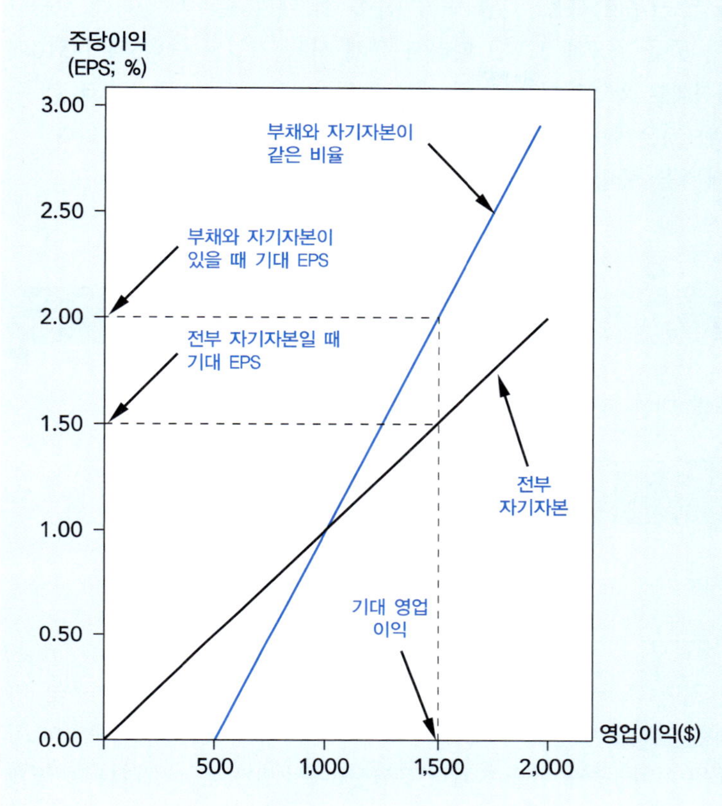

그림 17.1
영업이익이 $1,000보다 높을 때, 차입은 맥베스의 주당 이익(EPS)을 증가시키고 영업이익이 $1,000보다 적을 때는 EPS를 감소시킨다. 기대 EPS는 $1.5에서 $2로 증가한다.

받지 않는다. 이 점에서 자산의 시장가치에 대한 수익률은 10%이고, 이는 정확히 부채의 이자율과 같다. 따라서 자본구조 결정은 영업이익을 얼마로 전망하는가로 귀결된다. 손익분기점인 $1,000 이상의 영업이익이 예상되므로 $5,000의 부채를 발행하는 것이 주주에게 가장 도움이 될 것으로 믿는다."

맥베스 세제의 재무관리자로서 당신은 다음과 같이 대답한다. "우리 회사의 이익이 $1,000보다 많으면, 레버리지가 주주에게 도움이 될 것이라는 데 동의합니다. 그러나 사장님의 주장은 주주들이 스스로 자신의 계좌로 차입하는 대안을 가지고 있다는 사실을 무시하고 있습니다. 예를 들어 투자자가 $10을 빌리고 부채가 없는(무부채) 맥베스의 주식 2주를 $20에 산다고 가정합시다. 이 경우 자신의 돈은 $10만 있으면 됩니다. 투자에 대한 수익은 표 17.3과 같이, 영업이익에 따라

	영업이익($)			
	500	1,000	1,500	2,000
2주에 대한 이익($)	1	2	**3**	4
10% 이자 차감($)	1	1	**1**	1
투자의 순이익($)	0	1	**2**	3
$10 투자의 수익률(%)	0	10	**20**	30
			기대 결과	

표 17.3 개인투자자는 맥베스의 레버리지를 복제할 수 있다.

변합니다. 이는 투자자가 부채가 있는(부채 사용) 기업 주식 1주를 살 때의 결과와 정확히 같습니다. (표 17.2와 17.3의 마지막 두 줄을 비교해 보라.) 따라서 부채 사용 기업의 주식 역시 $10에 매매되어야만 합니다. 우리가 계획대로 차입하더라도, 이 때문에 투자자들이 이전에 스스로 할 수 없었던 일을 새로 할 수 있게 된 것은 아닙니다. 따라서 이는 가치를 증가시키지 않습니다."

당신의 주장은 MM이 명제 1을 증명할 때 사용한 논리와 정확히 같다.

17.2 재무위험과 기대수익률

이제 맥베스 주식의 기대수익률에 대한 명제 1의 시사점을 생각해 보자.

	현재 자본구조: 전액 자기자본	제안된 자본구조: 부채와 자기자본이 같음
주당 기대 순이익($)	1.50	2.00
주가($)	10	10
주식의 기대수익률(%)	15	20

레버리지는 주당 순이익(EPS)의 기대 흐름을 증가시키지만, 주가는 올리지 못한다. 그 이유는 기대 이익흐름의 변화는 이익에 대한 할인율의 변화에 의해 정확하게 상쇄되기 때문이다. 주식의 기대수익률(영구연금의 기대수익률은 이익－주가 비율과 같다)은 15%에서 20%로 상승한다. 어떻게 그렇게 되는지 살펴보자.

맥베스 자산의 기대수익률 r_A는 기대 영업이익 나누기 회사 증권의 전체 시장가치와 같다.

$$\text{자산의 기대수익률} = r_A = \frac{\text{기대 영업이익}}{\text{모든 증권의 시장가치}}$$

우리는 완전 자본시장에서 기업의 차입결정이 영업이익 또는 증권의 전체 시장가치에 영향을 주지 않음을 알고 있다. 그러므로 차입결정 역시 기업 자산의 기대수익률 r_A에 영향을 주지 않는다.

투자자가 기업의 부채와 자기자본을 모두 보유한다고 하자. 이 투자자는 기업의 모든 영업이익에 대해 권리를 가지므로, 포트폴리오의 기대수익률은 바로 r_A이다.

포트폴리오의 기대수익률은 개별 보유 자산의 기대수익률의 가중평균과 같다. 따라서 기업의 모든 증권으로 구성된 포트폴리오의 기대수익률은 다음과 같다.

$$\begin{aligned}\text{자산의 기대수익률} &= (\text{부채 비율} \times \text{부채의 기대수익률}) \\ &\quad + (\text{자기자본 비율} \times \text{자기자본의 기대수익률})\end{aligned}$$

$$r_A = \left(\frac{D}{D+E} \times r_D\right) + \left(\frac{E}{D+E} \times r_E\right)$$

이 공식은 물론 제9장에서 익숙해진 바로 그 식이다. 전체적인 기대수익률 r_A를 **회사 자본비용**(*company cost of capital*) 또는 **가중평균 자본비용**(*weighted-average cost of capital*, WACC)이라고

부른다.

이 식을 다시 정렬하면 부채 사용(levered) 기업의 자기자본 기대수익률 r_E에 대한 공식이 된다.

자기자본의 기대수익률 = 자산의 기대수익률
+ (자산의 기대수익률 − 부채의 기대수익률)
× 부채−자기자본 비율

$$r_E = r_A + (r_A - r_D)\frac{D}{E}$$

명제 2

MM의 명제 2는 다음과 같다. 부채 사용 기업의 보통주 기대수익률은 시장가치로 나타낸 부채 대 자기자본 비율(D/E)에 비례해서 증가한다. 증가율은 기업의 모든 증권 포트폴리오의 기대수익률 r_A와 부채의 기대수익률 r_D 간의 차이에 달렸다. 기업이 부채가 없다면 $r_E = r_A$임에 주목하자.

맥베스 세제에 대해 이 식을 확인해 볼 수 있다. 차입결정 전에는 다음과 같다.

$$r_E = r_A = \frac{\text{기대 영업이익}}{\text{모든 증권의 시장가치}}$$
$$= \frac{1{,}500}{10{,}000} = 0.15\text{, 즉 } 15\%$$

기업이 차입계획을 실행에 옮기더라도, 자산의 기대수익률 r_A는 여전히 15%이다. 따라서 자기자본의 기대수익률은 다음과 같다.

$$r_E = r_A + (r_A - r_D)\frac{D}{E}$$
$$= 0.15 + (0.15 - 0.10)\frac{5{,}000}{5{,}000} = 0.20\text{, 즉 } 20\%$$

기업이 부채를 사용하지 않으면 자기자본 투자자는 r_A의 수익률을 요구하였다. 기업이 부채를 사용하면 그들은 위험이 커진 데 대한 보상으로 $(r_A - r_D)D/E$의 프리미엄을 요구한다.

MM의 명제 1에 따르면 재무 레버리지는 주주의 부에 영향을 주지 못한다. MM의 명제 2에 의하면 기업의 부채/자기자본 비율이 높아짐에 따라 주주에게 돌아올 것으로 기대되는 수익률도 증가한다. 레버리지가 증가하면 기대수익률이 높아지는데 어떻게 주주가 레버리지에 무관심할 수 있는가? 그 답은 모든 기대수익률의 증가분이 위험의 증가와 그에 따른 주주의 **요구**수익률 상승으로 정확하게 상쇄된다는 것이다.

맥베스의 부채와 자기자본 구성 비율을 같게 만들면 주식의 위험이 어떻게 되는지 살펴보자. 표 17.4는 영업이익이 하락할 때 주주가 받는 수익이 어떻게 달라지는지를 보여준다.

부채와 자기자본의 구성 비율은 주주가 부담하는 위험의 **총액**에는 영향을 주지 않는다. 영업이익이 \$1,500에서 \$500로 감소한다고 하자. 전액 자기자본으로 조달할 때 주당 이익은 \$1 하락한다. 발행주식 수는 1,000주이므로, 총 주당 이익은 \$1 × 1,000 = \$1,000 하락한다. 부채가 50%일 경

영업이익이 다음처럼 하락하면		$1,500에서	$500로	변화
무부채:	주당 순이익	$1.50	$0.50	−$1.00
	수익률	15%	5%	−10%
부채가 50%:	주당 순이익	$2.00	0	−$2.00
	수익률	20%	0	−20%

표 17.4 재무 레버리지는 맥베스 주식의 위험을 증가시킨다. 영업이익이 $1,000 감소할 때, 전액 자기자본으로 조달한 경우에는 주당 순이익(EPS)이 $1 하락하지만, 50%를 부채로 조달한 경우 $2 하락한다.

우, 영업이익이 $1,000 감소하면 주당 이익은 $2 감소한다. 그러나 발행주식 수가 500주뿐이므로 자기자본에 귀속되는 이익은 전액 자기자본일 경우와 같이 $2 × 500 = $1,000 하락한다.

그러나 부채–자기자본의 선택은 **비율로 계산한**(*percentage*) 수익률의 차이를 확대시킨다. 기업이 전액 자기자본으로 조달하였다면 영업이익 $1,000 감소로 주당 수익률은 10% 감소한다. 기업이 연간 $500의 고정금리 이자를 지급하는 무위험 부채를 발행한다면, 영업이익 $1,000의 감소로 주당 수익률은 20% 감소한다. 다시 말해서, 이 레버리지의 효과는 맥베스 주가의 변동을 두 배로 확대시킨다. 재금융(refinancing) 이전의 회사 베타가 얼마였든 재금융 후부터는 이전보다 2배로 커진다.

이제 우리는 투자자들이 왜 부채 사용 기업의 자기자본에 대해 더 높은 수익률을 요구하는지 알 수 있다. 요구수익률은 단순히 증가한 위험에 대응하여 상승한다.

예제 17.1 ● 레버리지와 자기자본 비용

제9장의 수치 예제를 다시 검토해 보자. 우리는 다음과 같은 시장가치 재무상태표를 갖는 기업을 살펴 보았다.

자산가치	100	부채(D)	30	r_D = 7.5%일 때
		자기자본(E)	70	r_E = 15%일 때
자산가치	100	기업가치(V)	100	

전체적인 자본비용은 다음과 같다.

$$r_A = r_D \frac{D}{V} + r_E \frac{E}{V}$$
$$= \left(7.5 \times \frac{30}{100}\right) + \left(15 \times \frac{70}{100}\right) = 12.75\%$$

기업이 기존 사업과 동일한 위험을 가진 투자안에 투자할 것을 고려한다면, 이 투자안의 기회자본비용은 기업의 자본비용과 같은 12.75%이다.

만약 기업이 10만큼 부채를 더 발행하고, 그 자금으로 자기자본을 10만큼 재매입하면 어떻게 되는가? 수정된 시장가치 재무상태표는 다음과 같다.

자산가치	100	부채(D)	40
		자기자본(E)	60
자산가치	100	기업가치(V)	100

재무구조의 변경은 부채와 자기자본으로 구성된 꾸러미(package)로 가는 현금흐름의 총액이나 위험에는 영향을 미치지 않는다. 그러므로 투자자들이 재금융 이전의 전체 꾸러미에 대해 12.75%의 수익률을 요구하였다면, 이후의 기업 자산에 대해서도 12.75%의 수익률을 요구하여야만 한다.

재무구조의 변경은 부채와 자기자본의 전체 꾸러미에 대한 요구수익률에 영향을 주지는 않지만, 개별 증권에 대한 요구수익률에는 확실히 영향을 미친다. 기업은 이전보다 더 많은 부채를 가지기 때문에, 부채 소유자가 더 높은 이자율을 요구할 가능성이 크다. 부채에 대한 기대수익률이 7.875%로 상승하였다고 가정하자. 이제 자산에 대한 기대수익률을 산출하는 기본적인 공식을 다음과 같이 쓰고, r_E에 대해 풀면 자기자본의 수익률 $r_E = 16.0\%$이다.

$$r_A = r_D \frac{D}{V} + r_E \frac{E}{V}$$
$$= \left(7.875 \times \frac{40}{100}\right) + \left(r_E \times \frac{60}{100}\right) = 12.75\%$$

부채 증가에 따른 채권자의 위험 증가는 채권자가 요구하는 수익률의 상승으로 이어진다(r_D는 7.5%에서 7.875%로 상승). 레버리지 증가에 따른 자기자본의 위험 증가는 주주가 요구하는 수익률의 상승으로 이어진다(r_E는 15%에서 16%로 상승). 부채와 자기자본의 가중평균 수익률은 여전히 12.75%로 변하지 않는다.

$$r_A = (r_D \times 0.4) + (r_E \times 0.6)$$
$$= (7.875 \times 0.4) + (16 \times 6) = 12.75\%$$

대신 기업이 부채를 전액 상환하여 자기자본으로 바꿨다고 하자. 이 경우 모든 현금흐름은 주주에게 귀속된다. 기업 자본비용 r_A는 12.75%에 머물 것이며, r_E 역시 12.75%일 것이다.

자본구조 변경은 베타에 어떤 영향을 미치는가?

지금까지는 자본구조 변경이 기대수익률에 미치는 영향에 대해 살펴보았다. 이제 베타에 대한 영향을 살펴보자.

주주와 채권자는 모두 기업의 현금흐름에 대해 일정한 몫을 가지며, 위험의 일정 부분을 부담한다. 예를 들어 기업 자산이 가치가 없어지는 경우 주주나 채권자에게 지급할 현금이 없을 것이다. 그러나 채권자는 주주보다 훨씬 작은 위험을 부담한다. 대형 블루칩 기업 부채의 베타는 통상 0.1~0.3의 범위에 있다.

당신이 기업의 모든 증권을 포트폴리오로 보유하는 경우에는 누구와도 현금흐름을 나누지 않을 것이다. 위험 역시 누구와도 공유하지 않으며 모든 위험을 혼자서 부담할 것이다. 그러므로 기업 자산의 베타는 기업의 모든 부채와 자기자본으로 이루어진 포트폴리오의 베타와 같다.

이 가상 포트폴리오의 베타는 바로 부채 베타와 자기자본 베타의 가중평균이다.

$$\beta_A = \beta_{\text{포트폴리오}} = \beta_D \frac{D}{V} + \beta_E \frac{E}{V}$$

예제로 다시 돌아가자. 자본재조달 이전에 부채 베타가 0.1이고 자기자본 베타는 1.1이라면 가상 포트폴리오의 베타는 다음과 같다.

$$\beta_A = \left(0.1 \times \frac{30}{100}\right) + \left(1.1 \times \frac{70}{100}\right) = 0.8$$

재금융 이후에는 어떻게 되는가? 전체 꾸러미의 위험은 영향을 받지 않지만, 부채와 자기자본 모두 더 위험해졌다. 부채의 베타가 0.2로 높아졌다고 하자. 새로운 자기자본의 베타를 구하면 다음과 같다.

$$\beta_A = \beta_{\text{포트폴리오}} = \beta_D \frac{D}{V} + \beta_E \frac{E}{V}$$

$$0.8 = \left(0.2 \times \frac{40}{100}\right) + \left(\beta_E \times \frac{60}{100}\right)$$

$$\beta_E = 1.2$$

이 예는 차입이 재무레버리지(financial leverage), 즉 부채사용(gearing) 효과를 어떻게 만들어 내는지를 보여준다. 재무레버리지는 기업 자산의 기대수익률이나 위험에는 영향을 주지 않지만, 보통주의 위험을 끌어올린다. 주주들은 이 **재무위험**(*financial risk*)에 상응하는 높은 수익률을 요구한다.

이제 자산 베타를 어떻게 **부채가 없을 때의** 상태로 되돌리는지(unlever), 즉 관찰된 β_E에서 β_A를 찾아낼 수 있는지 알 수 있다. 자기자본 베타를 예컨대 1.2라고 하자. 그리고 부채의 베타, 예컨대 0.2와 시장가치에 대한 부채와 자기자본의 비율인 (E/V)와 (D/V)를 알아야 한다. 전체 가치 V에서 부채가 차지하는 비중이 40%라면 부채가 없을 때의 자산 베타는 다음과 같다.

$$\beta_A = \left(0.2 \times \frac{40}{100}\right) + \left(1.2 \times \frac{60}{100}\right) = 0.8$$

이는 앞의 예를 거꾸로 돌린 것이다. 다음 기본 관계를 기억하라.

$$\beta_A = \beta_{\text{포트폴리오}} = \beta_D\left(\frac{D}{V}\right) + \beta_E\left(\frac{E}{V}\right)$$

MM의 명제들은 높아진 레버리지가 자기자본의 기대수익률과 위험을 모두 증가시킨다고 경고한다. 그러나 레버리지가 주주 가치를 증대시키지는 않는다. 맥베스 예제를 공부하면서 이제 이 점이 분명해졌을 것이다. 새로운 장비를 리스하는 결정이나 연금 계획에 충분한 자금을 공급하지 못하는 것과 같은 숨겨진 레버리지 변화에도 주의해야 한다. 자기자본의 기대수익률이 증가한 결과를 주주 가치를 추가로 창출한 것으로 해석해서는 안 된다.

17.3 가중평균 자본비용

MM 이전에 재무 전문가들은 부채정책에 대해 어떻게 생각했을까? 그들의 생각이 그다지 명확하지 않았다는 것을 지나고 나서 알았기에 뭐라고 하기는 어렵다.[4] 그러나 MM에 대한 반응으로 '전통적인' 입장이 생겨났다. 이를 이해하려면 가중평균 자본비용(weighted-average cost of capital, WACC)으로 돌아가야 한다.

그림 17.2는 부채비용과 자기자본비용, 가중평균 자본비용에 대한 MM 명제의 시사점들을 요약하고 있다. 그림에서는 부채가 적을 때 채권은 본질적으로 무위험이라고 가정한다. 그러므로 r_D는 D/E와 독립적이며, D/E가 높아짐에 따라 r_E는 선형(linearly)으로 증가한다. 기업이 차입을 늘림에 따라 채무불이행 위험이 증가하고 기업은 더 높은 금리를 지급하라는 압박을 받게 된다. 명제 2의 예측을 따르면 이런 현상이 발생하면 r_E의 증가 속도가 줄어든다. 이는 그림 17.2에도 나와 있다. 기업이 부채를 더 많이 가질수록, r_E는 추가 차입에 대해 덜 민감해진다.

왜 D/E가 상승함에 따라 그림 17.2에서 r_E의 기울기가 줄어드는가? 기본적으로 위험한 부채의 소유자가 기업의 경영위험 일부를 부담하기 때문이다. 기업이 차입을 늘일수록 더 많은 위험이 주주로부터 채권자에게 이전된다.

두 가지 경고

때때로 자본조달결정의 목표를 '전체적인 시장가치를 극대화하는 것'이 아니라 '가중평균 자본비용

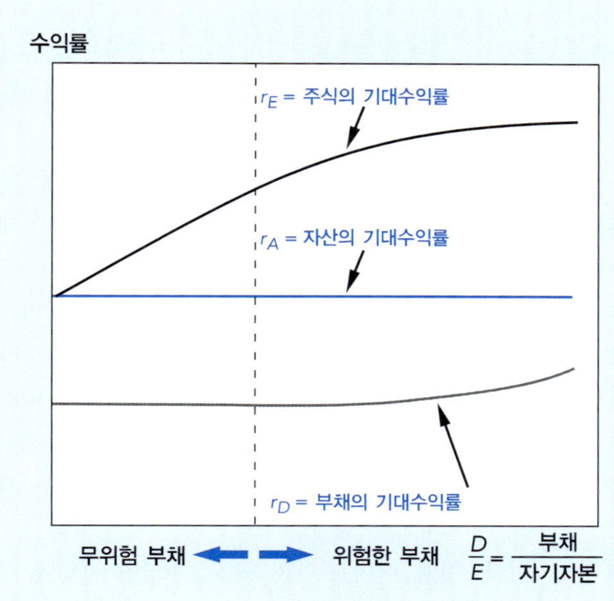

그림 17.2
MM의 명제 2. 부채가 위험이 없는 한 자기자본의 기대수익률 r_E는 부채-자기자본 비율에 따라 선형으로 상승한다. 그러나 레버리지가 부채의 위험을 증가시키면 채권자들은 부채에 더 높은 수익률을 요구한다. 이 때문에 r_E의 증가율은 낮아진다.

4) 20년 후의 재무경제학자들은 브릴리, 마이어스, 그리고 앨렌(Brealey, Myers, and Allen)의 맹점과 미숙한 논리에 대해 이야기할지도 모른다. 또는 그들은 우리를 전혀 기억하지 못할 수도 있다.

을 최소화하는 것'이라고 표현하기도 한다. MM의 명제 1이 성립한다면, 이 둘은 동등한 목표이다. MM의 명제 1이 성립하지 않는다 하더라도, 영업이익이 자본구조와 독립적이기만 하면 기업가치를 극대화하는 자본구조는 또한 가중평균 자본비용을 최소화한다. 가중평균 자본비용은 기업의 모든 증권의 시장가치에 대한 기대수익률임을 기억하자. 영업이익이 일정하다면, 기업가치를 증가시키는 것이라면 그 무엇이든지 가중평균 자본비용을 감소시킨다. 그러나 영업이익도 같이 변한다면 모든 가능성은 열려 있다.

제18장에서는 재무 레버리지가 영업이익에 몇 가지 방식으로 영향을 미칠 수 있음을 보인다. 그러므로 기업가치 극대화가 항상 가중평균 자본비용 최소화와 같은 것은 아니다.

경고 1 주주는 경영자가 기업가치를 증가시키기를 원한다. 그들은 가중평균 자본비용이 낮은 회사를 소유하는 것보다는 부유해지는 데 더 관심이 있다.

경고 2 가중평균 자본비용을 최소화하려는 노력은 다음과 같은 논리적 모순을 조장하는 것과 같다. 어떤 사람이 "주주는 채권자보다 높은 기대수익률을 요구할 자격이 있다. 그러므로 부채는 더 값싼 자본조달원이다. 차입을 늘림으로써 가중평균 자본비용을 줄일 수 있다."고 말했다고 하자. 그러나 추가 차입으로 주주들이 더 높은 기대수익률을 요구한다면 그렇게 되지 않는다. MM의 명제 2에 의하면 가중평균 자본비용이 정확히 일정한 수준을 유지할 만큼 자기자본비용 r_E는 높아진다.

우리가 만나는 논리적인 모순은 이것만이 아니다. 이 장 끝의 중급문제 15번에 예를 두 가지 더 보였다.

부채사용 기업 주식의 수익률 — 전통적인 입장

가중평균 자본비용의 최소화라는 목표가 종종 틀리거나 혼동을 준다면 굳이 이를 언급하는 이유가 무엇인지 의아할 것이다. 그 이유는 전통주의자들이 이 목표를 받아들이고 이를 바탕으로 자신들의 논리를 전개하기 때문이다.

방금 설명한 논리적 모순은 차입이 증가할 때 주주가 요구하는 기대수익률 r_E는 상승하지 않거나 아주 느리게 상승한다는 가정에 바탕을 둔다. 논증을 위해 이것이 맞다고 하자. 그러면 부채 대 자기자본 비율이 상승함에 따라 가중평균 자본비용 r_A는 감소해야 한다.

그림 17.3은 전통주의자들의 주장을 설명하고 있다. 그들은 적당한 정도의 재무레버리지는 자기자본의 기대수익률 r_E를 증가시킬 수도 있지만, MM의 명제 2에서 예측하는 정도는 아니라고 주장한다. 그러나 무책임하게 과다 차입한 기업의 r_E는 MM의 예측보다 빠르게 상승한다. 따라서 가중평균 자본비용은 처음에는 감소하다 다시 상승한다. WACC는 중간 정도의 부채비율에서 최저점에 도달한다. 영업이익이 차입의 영향을 받지 않는 경우, 가중평균 자본비용의 최소화는 기업가치 극대화와 같은 뜻임을 기억하라.

이 관점을 지지하는 두 가지 주장이 전개되었다. 첫째, 아마도 투자자들은 적당한 차입에 의한 재무위험은 인식하지 못하거나 크게 문제 삼지 않지만, 부채가 '과도'해지면 갑자기 관심을 두게 된다는 것이다. 그렇다면, 적당한 부채를 가진 기업의 투자자는 위험 수준 대비 더 낮은 수익률

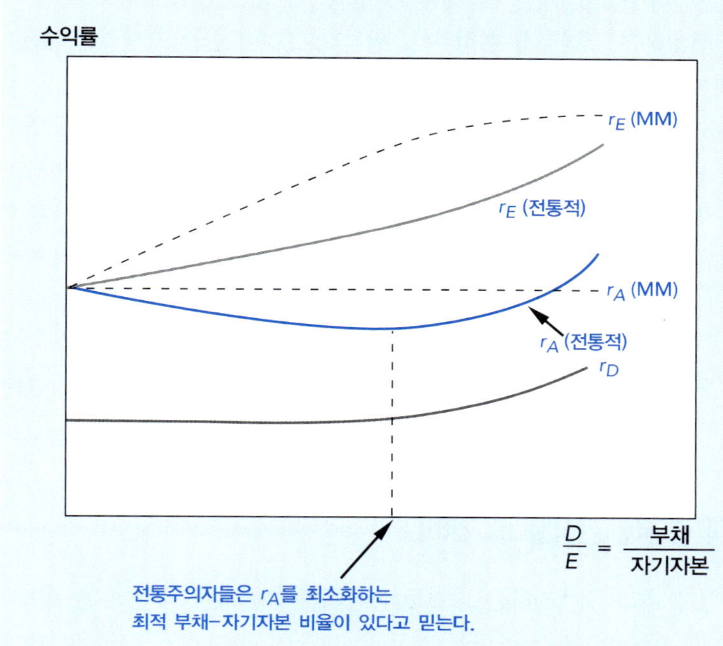

그림 17.3
점선은 레버리지가 자기자본의 기대수익률 r_E와 가중평균 자본비용 r_A에 미치는 영향에 대한 MM의 관점을 보여준다(그림 17.2 참조). 실선은 전통주의자의 관점을 보여준다. 전통주의자들은 차입이 처음에는 r_E를 MM의 예상보다 더 느리게 상승시키지만, 과도하게 차입하면 r_E가 급등한다고 주장한다. 그렇다면, 적절한 규모의 부채를 사용해 가중평균 자본비용을 최소화할 수 있다.

을 받아들일 수도 있다.

이 논리는 순진해 보인다.[5] 두 번째 주장이 더 낫다. 이들은 완전 자본시장에서는 MM의 논리가 성립하지만, 실제 시장은 불완전하다고 주장한다. 불완전성 때문에 기업의 차입이 투자자들에게 값진 서비스를 제공할 수도 있다. 그렇다면 부채 사용 기업의 주식은 완전시장에서의 이론적인 가치 대비 할증된 가격에 거래될 것이다.

기업이 개인보다 저렴한 금리로 차입할 수 있다고 하자. 그렇다면 차입을 원하는 투자자는 부채가 있는 기업의 주식을 보유하여 간접적으로 차입하는 것이 더 유리하다. 그들은 자신이 부담하는 경영위험과 재무위험을 충분히 보상하지 않는 기대수익률이라도 기꺼이 받아들일 것이다.

기업이 정말 더 낮은 금리에 차입하는가? 바로 뭐라고 말하기는 어렵다. 주택저당대출 금리는 높은 등급의 회사채 금리와 거의 비슷하다.[6] 증권회사의 신용대출(margin debt, 투자자의 주식을 담보로 증권회사에서 차입함)은 단기 융자로 기업이 은행에 내는 금리와 별 차이가 없다.

일부 개인투자자들이 부담하는 상대적인 고금리는 주로 소액을 대출하고 관리하는 데 드는 대여자의 비용이 많이 들기 때문이다. 차입에도 규모의 경제가 있다. 소액 투자자 그룹은 기업을 통해 차입하면 대출규모를 키우고 거래비용을 절감하게 되어 정말로 더 좋아질 수도 있다.[7]

5) 첫 번째 주장은 재무위험과 채무불이행 위험에 대한 혼동을 반영한다. 채무불이행은 차입이 적당할 때는 심각한 위협이 아니다. 기업이 '지나치게 멀리' 갈 때만 주주는 이 점을 염려한다. 그러나 주주는 채무불이행 위험이 거의 없는 경우에도, 수익률의 변동성 증가와 높아진 베타의 형태로 재무위험을 부담한다.

6) 저자 중 한 사람은 AAA 장기 채권 수익률보다 ½% 포인트 낮은 금리에 주택저당대출을 받은 적이 있다.

7) 심지어 이럴 때에도 개인 계좌로 차입하는 데 대한 대안이 있다. 투자자들은 자신의 저축예금에서 인출할 수도 있고, 채권 투자의 일부를 매각할 수도 있다. 저축(lending)의 감소가 투자자의 재무상태표와 위험 상태에 미치는 영향은 차입(borrowing)의 증가와 정확하게 일치한다.

그런데 이 유형의 투자자들이 다수이고, 자본시장에서 차지하는 부의 총액도 많다고 하자. 이는 개인 차입보다 기업 차입을 선호하는 고객층을 형성한다. 원칙적으로 이 단골 고객층은 부채가 있는 기업의 주식에 대해 기꺼이 프리미엄을 내려 한다.

그렇지만 반드시 프리미엄을 지급해야 하는 것은 아니다. 영리한 재무관리자들은 아마도 오래 전에 이 점을 간파하고 그들의 욕구에 맞추어서 자본구조를 바꾸었을 것이다. 자본구조를 바꾸는 일은 어렵거나 비용이 많이 들지 않는다. 그러나 이제 이 고객층이 만족했다면 더는 부채사용 기업의 주식에 프리미엄을 낼 필요가 없다. 이런 고객층을 처음으로 간파한 재무관리자들만이 여기서 이득을 취하게 된다.

어쩌면 기업 레버리지 시장은 자동차 시장과 비슷하다. 미국인은 수백만 대의 자동차가 필요하며 기꺼이 대당 수천 달러씩 지불할 용의가 있다. 그렇다고 이 사실이 지금 자동차 산업에 뛰어들면 부자가 될 수 있음을 의미하지는 않는다. 당신은 적어도 80년은 늦었다.

오늘의 불만족 고객층은 이색 증권에 관심을 둘 것이다

지금까지는 기업가치가 자본조달에 따라 정해진다는 그럴듯한 사례를 확인하는 데 별다른 진척이 없었다. 그러나 앞의 예는 영리한 재무관리자가 무엇을 찾고 있는지 예시해 준다. 그들은 불만족(*unsatisfied*) 고객층, 즉 특별한 종류의 금융상품을 원하지만 시장 불완전성 때문에 그것을 얻거나 싼값에 살 수 없는 투자자들을 찾는 것이다.

기업이 창의적으로 자본구조를 설계하여 그러한 고객층의 욕구를 충족시키는 어떤 재무 서비스를 제공할 수 있다면 그것은 MM의 명제 1에 어긋난다. 그 서비스가 새롭고 독특하거나, 기업이 기존 서비스를 다른 기업이나 금융기관보다 싸게 제공하는 방법을 발견해야만 이것이 가능하다.

이제 이렇게 다양한 종류의 부채와 부채사용 기업의 주식이 있는데도 불만족 고객층이 존재할까? 그것은 의심스러운 일이다. 그러나 이색적인 증권을 고안하여 그에 대한 잠재적인 수요를 발견할 수는 있을 것이다.

다음 몇몇 장에서 기업과 금융기관이 고안해 낸 수많은 신형 증권들을 만나게 될 것이다. 이들 증권은 기업의 기본 현금흐름을 투자자에게 좀 더 매력적이라고 생각되는 방법으로 재포장한다. 그러나 이러한 새로운 증권을 고안해 내는 일은 쉽지만, 이를 사려고 달려드는 투자자를 찾는 것은 더 어렵다.

불완전성과 기회

자본시장의 가장 심각한 불완전성은 종종 정부가 만들어 낸다. MM의 명제 1을 위배하도록 하는 불완전성은 또한 돈 버는 기회를 만들어낸다. 기업과 금융기관은 불완전성에 낙담한 투자자층에 다가가는 방법을 찾을 것이다.

여러 해 동안 미국 정부는 저축예금에 지급하는 금리에 상한선을 설정하였다. 이는 예금 쟁탈 경쟁을 제한하여 저축기관들을 보호하려는 것이다. 예금자들이 더 높은 수익률을 찾아 저축기관들이 감당할 수 없을 정도의 예금인출 사태를 일으키지 않을까 하는 우려가 있었다.

이러한 규제는 기업과 금융기관들이 금리 상한을 적용받지 않는 새로운 저축상품을 고안할 기회를 만들었다. 그러한 발명 중 하나로 1974년 7월 시티은행(Citicorp)이 처음으로 내놓은 **변동금리 채권**(*floating-rate note*, FRN)은 개인투자자들에게 호소력 있는 조건을 가지고 있었다. 변동금리 채권은 이자 지급액이 단기 금리와 '연동'되는 중기 부채 증권이다. 예를 들어 시티은행의 채권은 반년마다 지급되는 이자를 계산하는 데 사용되는 액면금리(coupon rate)가 같은 기간의 재정증권 수익률보다 1% 높게 설정되었다. 그러므로 시티은행 채권의 소유자는 변동하는 금리로부터 보호받는다. 시티은행은 금리가 상승하면 반년마다 더 큰 액수의 수표를(물론 이자율이 하락할 때는 더 적은 금액의 수표를) 보냈기 때문이다.

시티은행은 분명히 불만에 차있던 투자자층을 발견하였고, 첫 번째 공모에서 $6억 5천만을 조달할 수 있었다. 이 발행 성공은 시티은행이 자본구조를 변경하여 가치를 증가시킬 수 있음을 보여주었다. 그러나 다른 기업들도 재빨리 시티은행을 모방했고, 5개월이 안 되어 추가로 $6억 5천만의 변동금리 채권을 발행하였다. 1980년대 중반까지 약 $430억의 변동금리 채권이 발행되었고, 이제 변동금리 부채는 어디서나 볼 수 있는 상품이다.

금리 규제는 또한 금융기관이 단기금융시장펀드(money-market fund, MMF)를 발행하여 가치를 창출할 기회를 제공하였다. 이것은 재정증권과 상업어음, 그리고 다른 신용등급이 높은 단기 부채 증권에 투자하는 뮤추얼펀드(mutual fund)이다. 자금이 수천 달러밖에 안 되는 예금자도 MMF를 통해서 이러한 상품에 투자하고, 언제든지 돈을 찾을 수 있다. 따라서 이 펀드는 시장금리와 거의 같은 이자를 지급하는 당좌예금이나 저축예금과 마찬가지다. 이 MMF는 엄청나게 인기가 있어서 2009년에 이르러서는 잔고가 $3.7조로 증가하였다.[8)]

금리 상한이 철폐되기 오래전에는 대부분 이득은 개인투자자에게 새로운 증권을 발행하는 데서 나왔다. 고객이 마침내 만족하게 되면 (정부가 새로운 불완전성을 만들 때까지) MM의 명제 1이 회복된다. 이 이야기가 주는 교훈은 다음과 같다. 만족하지 못한 고객을 찾아내면 즉시 무언가 행동으로 옮기라. 그렇지 않으면 자본시장이 진화하여 당신에게서 그 고객을 빼앗아 갈 것이다.

이는 실제로 경제 전체에 대한 격려의 메시지이다. MM이 옳다면 여러 종류의 증권에 대한 투자자들의 수요는 최소 비용으로 충족된다. 자본비용은 단지 경영위험만을 반영할 것이다. 자본은 회사의 자본구조와 관계없이 양(+)의 NPV를 갖는 투자안이 있는 기업으로 흘러들어 갈 것이다. 이것은 효율적인 결과이다.

17.4 세후 가중평균 자본비용 마무리하기

MM이 남긴 메시지는 단순하다. 기업이 자사의 부채와 자기자본 증권의 조합을 변경하면, 이들 증권의 기대수익률과 위험은 변하지만, 기업의 전체적인 자본비용은 변하지 않는다.

8) MMF가 완전히 안전하지는 않다. 2008년에 Reserve Primary Fund는 보유하고 있던 Lehman Brothers 부채에 대해 큰 손실을 봤고, $1에 대해 97센트만 지급하여 '$1 이하로 가치가 떨어진(break the buck)' 역사상 두 번째 MMF가 되었다.

이제 이 메시지가 깔끔하고 단순하다고 생각한다면 바로 맞췄다. 다음 두 장에서는 까다로운 문제들을 분석한다. 그렇지만 한 가지 까다로운 문제는 여기서 다룬다. 기업 차입금에 지급한 이자는 과세소득에서 공제된다. 따라서 **세후**(*after-tax*) 부채비용은 $r_D(1-T_c)$이다. 여기서 T_c는 기업의 한계 법인세율이다. 기업이 평균적인 위험을 갖는 투자안을 할인하는 경우 앞서 계산했던 회사 자본비용을 사용하지 않는다. 기업은 세후 부채비용을 사용하여 세후 가중평균 자본비용을 계산한다.

$$\text{세후 WACC} = r_D(1-T_c)\frac{D}{V} + r_E\frac{E}{V}$$

이 공식은 제9장에서 간단히 소개하였다. 제9장에서는 유니언 퍼시픽(Union Pacific)의 가중평균 자본비용을 추정하는 데 이 식을 사용하였다. 2009년에 유니언 퍼시픽의 장기 차입 금리는 r_D = 7.8%였고, 자기자본비용 추정치는 r_E =9.9%였다. 법인세율 35%에서 세후 부채비용은 $r_D(1-T_c) = 7.8(1-0.35) = 5.1\%$였다. 총 기업가치에 대한 부채 비율은 $D/V = 31.5\%$였다. 따라서

$$\begin{aligned}\text{세후 WACC} &= r_D(1-T_c)\frac{D}{V} + r_E\frac{E}{V}\\ &= (1-0.35)\times 7.8 \times 0.315 + 9.9 \times 0.685 = 8.4\%\end{aligned}$$

MM의 명제 2는 **세금이 없을 때** 회사 자본비용은 부채의 액수에 관계없이 같다고 한다. 그러나 이자 지급액에 절세효과가 있을 때 세후 WACC는 부채가 증가하면서 감소한다. 이것은 그림 17.4에 나와 있다. 이 그림은 유니언 퍼시픽의 WACC가 부채-자기자본 비율이 변함에 따라 어떻게 달라지는가를 보여준다.

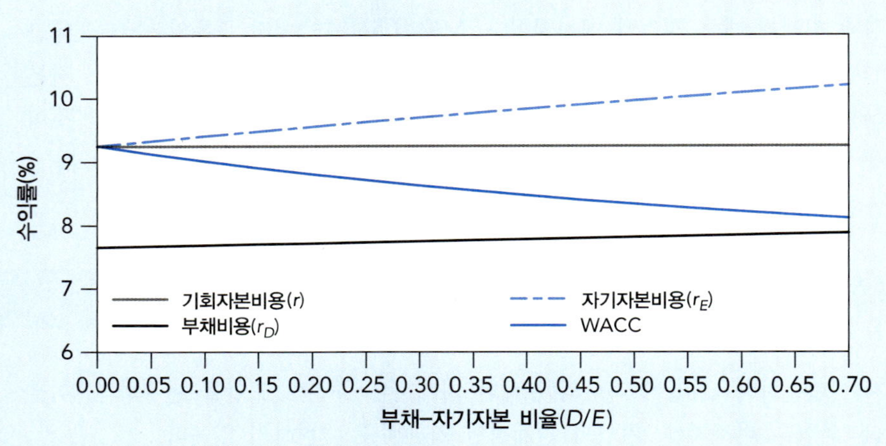

그림 17.4
부채-자기자본 비율이 달라질 때 유니언 퍼시픽의 세후 WACC의 추정치. 그림에서는 부채비율이 31.5%일 때(부채-자기자본 비율 46%와 같음) 차입이자율 r_D = 7.8%에서 r_E = 9.9%라고 가정한다. 부채-자기자본 비율이 높아지면 부채 이자율도 높아진다고 가정하고 있음에 유의하자.

요약

기업의 실물자산을 모두 인수하여 한 묶음의 증권으로 투자자들에게 매각하는 재무관리자를 생각해 보자. 어떤 재무관리자는 가장 간단한 묶음인 전액 자기자본 조달을 선택한다. 어떤 재무관리자는 수십 가지의 부채와 자기자본 증권을 발행한다. 문제는 기업의 시장가치를 극대화하는 특정한 조합을 찾는 것이다.

모딜리아니와 밀러(MM)의 유명한 명제 1은 어떠한 조합도 다른 조합보다 더 낫지 않다고 말한다. 기업의 전체 시장가치(모든 증권의 가치)는 자본구조와 독립적이다. 차입하는 기업은 투자자에게 좀 더 복잡한 증권 메뉴를 제공한다. 그러나 투자자들은 하품으로 반응한다. 그 메뉴는 중복된다. 투자자는 모든 자본구조 변경을 복제하거나 '없었던 일'로 만들 수 있다. 투자자가 직접 그만큼 쉽고 저렴하게 차입할 수 있다면, 왜 간접적인 차입에, 즉 부채사용 기업의 주식을 보유하는 데 추가로 비용을 내야만 하는가?

MM은 차입이 주주의 기대수익률을 증가시킨다는 데 동의한다. 그러나 차입은 그 기업 주식의 위험도 증가시킨다. MM은 위험 증가가 기대수익률의 증가와 정확히 상쇄되어 주주가 더 좋아지거나 나빠지지 않음을 증명하였다.

명제 1은 매우 일반적인 결과이다. 이는 부채–자기자본의 교환관계만이 아니라 어떠한 자본조달 수단의 선택에도 적용된다. 예를 들어 MM은 장기와 단기 부채 사이의 선택은 기업가치에 영향을 미치지 않는다고 말할 것이다.

명제 1의 공식적인 증명은 전적으로 완전 자본시장의 가정에 의존한다. MM에 반대하는 '전통주의자들(traditionalist)'은 시장 불완전성 때문에 어떤 투자자들에게는 개인적인 차입이 지나치게 비용이 들고, 위험하고 불편하다고 주장한다. 이는 부채가 있는 기업의 주식에 프리미엄을 지급하려는 자생적인 고객층을 만든다. 전통주의자들은 기업이 이 프리미엄을 얻도록 차입해야 한다고 말한다.

그러나 이 주장은 완전하지 않다. 부채사용 기업 주식의 고객층이 있을 수는 있지만, 그것으로 충분하지 않다. 이 고객은 만족하지 않은 상태이어야 한다. 이미 투자할 수 있는 부채가 있는 수많은 기업이 있다. 아주 다양한 형태의 부채와 자기자본에도 만족하지 않는 고객이 아직도 있을까? 우리는 이것이 의문이다.

재무관리자가 아직 충족되지 않은 수요를 발견하고, 어떤 새롭고 다른 것을 발행하여 그 수요를 충족시킨다면 명제 1은 성립하지 않는다. MM과 전통주의자들 사이의 논쟁은 이렇게 하는 것이 어려운가, 아니면 쉬운가 하는 것이다. 우리는 MM의 관점으로 기운다. 만족하지 않은 고객을 발견하고 그들의 욕구를 충족시키는 색다른 증권을 고안하는 것은 재미는 있지만 이기기 어려운 게임이다.

MM이 옳다면, 기업이 발행한 모든 증권의 포트폴리오에 대한 기대수익률인 전체적인 자본비용은 기업이 자본조달을 위해 발행한 증권들의 조합과 관계없이 일정하다. 전체적인 자본비용을 회사 자본비용 또는 가중평균 자본비용(WACC)이라고 부른다. MM은 WACC가 자본구조에 따라 달라지지 않는다고 말한다. 그렇지만 MM은 상당히 많은 까다로운 문제들을 가정을 통해 무시하였다. 그 첫 번째 골칫거리는 세금이다. 부채 이자가 세액 공제되므로 세후 이자율로 WACC를 산출하는 경우, 부채비율이 높아짐에 따라 WACC는 하락한다. 다음 두 개의 장에서는 세금과 또 다른 골칫거리에 대해 더 살펴본다.

더 읽어야 할 문헌

*Journal of Economic Perspective*의 1988년 가을호에서 *Modigliani*와 *Miller*가 쓴 논문은 *MM*의 명제들을 재검토하고 평가한다. *Financial Management*의 1989년 여름 호는 "*Reflections on the MM Propositions 30 Years Later*"란 제목으로 세 편의 논문을 더 싣고 있다.

금융혁신에 대한 두 문헌조사 논문은 다음과 같다.

K. A. Karow, G. R. Erwin, and J. J. McConnell, "Survey of U.S. Corporate Financing

Visit us at www.mhhe.com/bma

Innovations: 1970~1977," *Journal of Applied Corporate Finance* 12(Spring 1999), pp. 58~69.

P. Tufano, "Financial Innovation," in G. M. Constantinides, M. Harris, and R. Stulz(eds.), *Handbook of the Economic of Finance*, Vol 1A(Amsterdam: Elsevier/North-Holland, 2003).

*Miller*는 다음 논문에서 *MM*의 명제들에 대해 재검토한다.

M. H. Miller, "The Modigliani-Miller Propositions after Thirty Years," *Journal of Applied Corporate Finance* 12(Spring 1989), pp. 6~18.

*MM*의 주장에 회의적인 견해는 다음 논문에 있다.

S. Titman, "The Modigliani-Miller Theorem and the Integration of Financial Markets," *Financial Management* 31(Spring 2002), pp. 101~115.

연습문제

기본문제

1. Kraft 여사는 시장가치로 주당 $2인 Copperhead Corporation 보통주 5만 주, 즉 총 $10만어치를 보유하고 있다. 이 회사는 현재 다음과 같이 자본을 조달하였다.

	장부가치
보통주(8백만 주)	$2백만
단기부채	$2백만

Copperhead는 이제 보통주를 발행하여 $1백만의 단기부채를 상환한다고 발표하였다. Kraft 여사가 정확히 이전과 같은 비율의 이익을 확실히 얻으려면 어떤 행동을 취할 수 있는가?

2. Spam Corp.는 보통주만으로 자금이 조달되었으며 베타는 1.0이다. 이 회사는 일정 수준의 이익과 배당 흐름을 영구적으로 발생시킬 것으로 기대된다. 이 주식의 주가이익비율은 8이며 자기자본비용은 12.5%이다. 현재 주가는 $50이다. 이 회사는 보통주의 절반을 재매입하고 같은 가치의 부채로 대체하기로 하였다. 부채는 무위험으로 금리는 5%이다. 이 회사는 법인세가 면제된다. MM이 옳다고 가정하고 자본재조달 이후에 대하여 다음 항목을 계산하라.

a. 자기자본비용

b. 전체적인 자본비용(WACC)

c. 주가이익비율(PER)

d. 주가

e. 주식의 베타

3. Northern Sludge의 보통주와 부채는 각각 $5천만과 $3천만으로 평가된다. 투자자들은 현재 보통주에는 16%의 수익률을, 부채에 대해서는 8%의 수익률을 요구한다. Northern Sludge가 $1천만의 보통주를 추가로 발행한 돈으로 부채를 상환한다면, 주식의 기대수익률은 어떻게 되겠는가? 자본구조의 변화는 부채의 위험에 영향을 주지 않으며 세금이 없다고 가정하자.

4. 맥베스 세제가 $2,500의 부채를 발행한 돈으로 주식 250주를 재매입한다고 가정하자.

a. 이제 주당 순이익과 주식 수익률이 영업이익에 따라 어떻게 변하는지 보이도록 표 17.2를 다시 작성하라.

b. 맥베스 자산의 베타가 0.8이고 부채에 위험이 없다면 차입이 증가하고 나서 주식의 베타는 얼마인가?

Visit us at www.mhhe.com/bma

5. 맞는가, 틀리는가?
   a. MM의 명제들은 왜곡을 가져오는 세금이나 다른 불완전성이 없는 완전 자본시장을 가정한다.
   b. MM의 명제 1은 기업의 차입이 주당순이익(EPS)을 높이지만, 주가이익비율(PER)은 감소시킨다고 말한다.
   c. MM의 명제 2는 차입과 함께 자기자본비용이 상승하며, 이 상승률은 기업가치 대비 부채의 비율인 D/V에 비례한다고 말한다.
   d. MM의 명제 2는 차입 증가가 부채의 금리에 영향을 주지 않는다고 가정한다.
   e. 파산 위험이 없는 경우 차입은 재무위험과 자기자본비용을 증가시키지 않는다.
   f. 부채를 선호하는 이유를 가진 투자자층이 존재하는 경우 차입은 기업가치를 증가시킨다.
6. 제17.1절로 돌아가자. 투자은행들이 맥베스 여사에게, 새로운 부채 발행은 위험하므로 채권자는 무위험 수익률보다 2.5% 높은 12.5%의 수익률을 요구할 것이라고 알려주었다.
   a. r_A와 r_E는 얼마인가?
   b. 부채가 없는 회사 주식의 베타는 0.6이라고 가정하자. 자본구조가 변한 후에 β_A와 β_E, β_D는 얼마가 될 것인가?
7. 그림 17.5에서 두 빈 그래프를 보라. 그래프 (*a*)에는 MM이 옳다고 가정하고, 재무 레버리지와 (i) 부채와 자기자본에 대한 수익률, (ii) 가중평균 자본비용 간의 관계를 그려라. 그러고 나서 그래프 (*b*)에는 전통주의자들이 옳다고 가정하고 그려라.
8. Gaucho Services는 자기자본비용 14%에 전액 자기자본으로 조달하여 출범하였다. 이 회사가 다음의 시장가치 자본구조로 자본재조달한다고 가정하자.

부채(*D*)	45%	$r_D = 9.5\%$일 때
자기자본(*E*)	55%	

MM의 명제 2를 사용하여 새로운 자기자본비용을 계산하라. Gaucho는 한계세율 T_c = 40%로 세금을 낸다. Gaucho의 세후 가중평균 자본비용을 계산하라.

중급문제

9. 기업 A와 B는 자본구조만 다르다. A는 30% 부채와 70% 자기자본으로, B는 10% 부채와 90% 자기자본으로 조달되었다. 두 기업의 부채는 위험이 없다.
   a. Rosencrantz는 A의 보통주 1%를 갖고 있다. Rosencrantz에게 같은 현금흐름을 주는 다른 투자 꾸러미는 무엇인가?
   b. Guildenstern은 B의 보통주 2%를 갖고 있다. Guildenstern에게 같은 현금흐름을 주는 다른 투

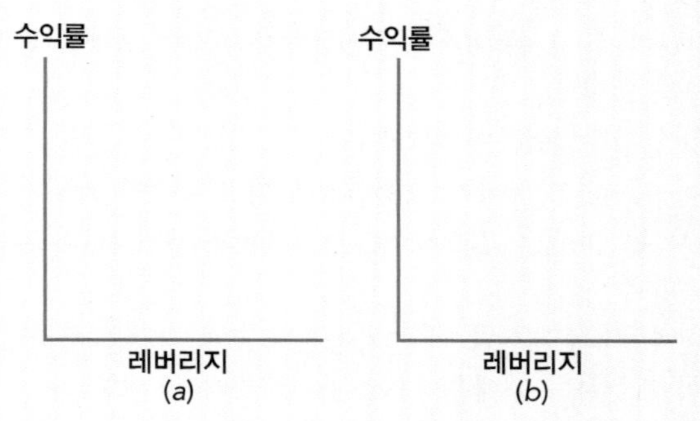

그림 17.5
연습문제 7번 참조.

Visit us at www.mhhe.com/bma

자 꾸러미는 무엇인가?

c. 기업 A의 총 가치가 B의 총 가치보다 작다면 Rosencrantz와 Guildenstern 모두 B의 보통주에 투자하지 않음을 보여라.

10. 다음은 한 5행 속요(limerick)이다.

옛날에 Carruthers라는 이름의 남자가 있었네.
그는 놀라운 젖통을 가진 암소들을 키웠네,
그는 말했네, "멋지지 않니?
암소들은 한 젖꼭지에서 크림을 주고,
다른 젖꼭지들에서 스킴 밀크를 주네!"

Carruthers 씨의 암소와 기업의 자본조달결정의 유사성은 무엇인가? MM의 명제 1이 적절하게 수정된다면, Carruthers 씨의 암소의 가치에 대해 무엇을 말해 주는가? 설명하라.

11. Executive Chalk는 모두 보통주로 자본을 조달하였으며 주당 $10의 시장가격에 주식 2,500만 주를 발행하였다. 이제 추가로 $1억 6천만의 부채를 발행한 돈으로 보통주를 재매입하려 한다고 발표하였다.

a. 이 발표는 주식의 시장가격에 어떠한 영향을 미치는가?
b. 새로 발행하는 $1억 6천만의 부채로 보통주 몇 주를 재매입할 수 있는가?
c. 자본구조 변경 후 기업의 시장가치(자기자본+부채)는 얼마인가?
d. 자본구조 변경 후 부채비율은 얼마인가?
e. 누가 이익을 얻고 손해를 보는가?

이제 다음 문제를 풀어보자.

12. Executive Cheese는 시장가치가 $1억인 부채와 주가가 $10인 발행주식 1,500만 주를 갖고 있다. 이제 추가로 부채 $6천만을 발행한 돈으로 보통주를 재매입한다고 발표하였다. 채권자는 커진 위험에 주목하여 기존 부채의 가치를 $7천만으로 하향 조정하였다.

a. 이 발표는 주식의 시장가격에 어떠한 영향을 미치는가?
b. 새로 발행하는 부채 $6천만으로 보통주 몇 주를 재매입할 수 있는가?
c. 자본구조 변경 후 기업의 시장가치(자기자본+부채)는 얼마인가?
d. 자본구조 변경 후 부채비율은 얼마인가?
e. 누가 이익을 얻고 손해를 보는가?

13. Hubbard's Pet Foods는 보통주 80%와, 채권 20%로 자금을 조달하였다. 보통주의 기대수익률은 12%이고 채권 금리는 6%이다. 채권은 채무불이행 위험이 없다고 가정하고, 여러 가지 부채-자기자본 비율에 대해, Hubbard 보통주의 기대수익률(r_E)과 보통주와 채권의 묶음에 대한 기대수익률(r_A)을 보이는 그래프를 그려라.

14. "MM은 더 많이 빌릴 때 더 높은 이자율을 지급해야 한다는 사실을 완전히 무시한다." 이것이 정당한 반대인지 신중히 설명하라.

15. 다음 주장에서 무엇이 잘못되었는지 지적하라.

a. "기업이 더 많이 차입하고 부채가 위험해짐에 따라 주주와 채권자는 모두 더 높은 수익률을 요구한다. 따라서 부채비율을 감소시키면 부채비용과 자기자본비용을 모두 줄일 수 있어 모든 사람을 이롭게 할 수 있다."
b. "적당한 차입은 재무적 곤경이나 파산 가능성에 크게 영향을 주지 않는다. 결과적으로 적당한 차입은 주주들이 요구하는 기대수익률을 증가시키지 않는다."

Visit us at www.mhhe.com/bma

16. 다음 문장은 틀리거나 적어도 오해를 내포하고 있다. 각 경우에 그 이유를 설명하라.
   a. "10%의 DCF 수익률을 제공하는 자본투자 기회는 8% 이자율에 100% 부채로 조달될 수 있다면 매력적인 투자안이다."
   b. "기업이 부채를 더 많이 발행할수록 더 높은 금리를 지급해야 한다. 이는 기업들이 보수적인 부채 수준에서 영업해야만 하는 하나의 중요한 이유이다."
17. 당신은 투자자에게 매력적인 어떤 새로운 종류의 부채를 개발할 수 있는가? 왜 그것들이 발행되지 않는다고 생각하는가?
18. 일정 수준의 영업이익을 낼 것으로 예상하는 기업을 생각해 보자. 레버리지가 증가할수록 다음 항목이 어떻게 되는가?
   a. 자기자본의 시장가치 대 이자 공제 후 이익의 비율
   b. (i) MM이 옳을 때, 그리고 (ii) 전통주의자가 옳을 때, 기업의 시장가치 대 이자 공제 전 이익의 비율
19. Archimedes Levers는 부채와 자기자본을 혼합하여 자본을 조달하였다. 자본비용에 대해 다음 정보를 갖고 있다.

r_E = __	r_D = 12%	r_A = __
β_E = 1.5	β_D = __	β_A = __
r_f = 10%	r_m = 18%	D/V = 0.5

   빈칸을 채워라.
20. 연습문제 19번을 다시 보라. 이제 Archimedes는 부채를 재매입하고 자기자본을 발행하여 D/V=0.3이 되도록 한다고 가정하자. 차입 축소로 r_D는 11%로 하락한다. 다른 변수들은 어떻게 변하는가?
21. Omega Corporation의 발행주식 수는 1,000만 주이고 현재 주당 $55에 거래된다. 주주의 기대수익률은 12% 정도로 추정된다. 이 회사는 7%의 금리에 장기 채권도 발행하였다. 이 회사의 한계세율은 35%이다.
   a. Omega의 세후 WACC는 얼마인가?
   b. Omega가 전혀 부채를 사용하지 않는 경우 WACC는 얼마나 높아지는가? [힌트: 이 문제에서 기업 전체적인 베타(β_A)는 부채 이자가 세금공제되기 때문에 절약되는 세금이나 자본구조에 영향을 받지 않는다고 가정할 수 있다.]
22. Gamma Airlines의 자산 베타는 1.5이다. 무위험 금리는 6%이고 시장 위험프리미엄은 8%이다. 자본자산 가격결정모형이 옳다고 가정한다. Gamma의 한계세율은 35%이다. 부채가 없을 때에 시작하여 D/E = 1.0까지 구간에서 부채-자기자본 비율 D/E의 함수로, Gamma의 자기자본비용과 세후 WACC를 그림으로 그려라. Gamma의 부채는 D/E = 0.25까지 무위험이라고 가정한다. 그러고 나서 금리는 D/E = 0.5에 6.5%, D/E = 0.8에 7%, D/E = 1.0에 8%로 상승한다. 연습문제 21번에서처럼, 부채 이자의 절세효과나 자본구조 변경으로 기업 전체적인 베타(β_A)는 영향을 받지 않는다고 가정한다.

도전문제

23. 다음 세 장의 표를 고려하라. ________이 회장으로 선출되면 표 A는 $10을 지급한다. 표 B는 ________이 선출되면 $10을 지급한다. 표 C는 어느 쪽도 선출되지 않으면 $10을 지급한다. (빈칸을 채워라.) 세 표가 $10의 현재가치보다 낮은 값에 팔리겠는가, 더 높은 값에 팔리겠는가? 표를

Visit us at www.mhhe.com/bma

파는 경매를 하라. MM의 명제 1에 대한 시사점은 무엇인가?

24. 사람들은 슈퍼마켓에서 볼 수 있는 여러 가지 예로 MM의 명제 1의 아이디어를 전달하곤 한다. 예를 들어 "파이의 가치는 어떻게 나누어지는가에 따라 달라지지 않는다." 또는 "치킨 한 마리의 값은 다리 두 개, 두 날개, 두 가슴살 등등을 사서 하나로 합친 비용과 같다."

실제로 명제 1은 슈퍼마켓에서 적용되지 않는다. 분리하여 산 조각을 합친 파이보다 조각 내지 않은 전체 파이에 대해 덜 낼 것이다. 슈퍼마켓은 잘라진 닭에 대해 더 많이 청구한다. 왜? 어떤 비용이나 불완전성 때문에 명제 1이 슈퍼마켓에서 실패하게 되는가? 이 비용 또는 불완전성이 미국이나 세계 자본시장에서 증권을 발행하는 기업에 중요할 것으로 보이는가? 설명하라.

25. 새로운 증권 설계로 특허를 받을 수 있다고 하자.[9)] 특허권자는 새로운 설계의 사용을 제한하거나 사용 대가로 로열티를 부여할 수 있다. 이러한 특허는 MM의 자본구조 무관련 이론에 어떤 영향을 미치는가?

9) 현재까지 증권 설계는 특허를 받을 수 없지만, 다른 재무적 응용들은 특허의 보호를 받아왔다. 다음 문헌 참조. J. Lerner, "Where Does State Street Lead? A First Look at Finance Patents," *Journal of Finance* 57(April 2002), pp. 901~930.

Visit us at www.mhhe.com/bma

기업은 얼마나 빌려야 하는가?

제17장에서 거래비용이 없고 불완전성도 없는, 잘 기능하는 자본시장에서 부채정책은 거의 중요하지 않음을 알았다. 그러나 이 결론을 그대로 실무 지침으로 받아들이는 재무관리자는 거의 없다. 부채정책이 중요하지 않다면 이에 대해 염려할 필요도 없다. 자본조달결정은 아래 사람에게 위임해도 상관없다. 그러나 재무관리자는 부채정책에 대해 염려한다. 이 장에서는 그 이유를 설명한다.

부채정책이 완전히 무관련하다면 실제 부채비율은 기업별로 그리고 산업별로 무작위적으로 달라야 한다. 그러나 대부분의 항공사와 공익산업, 은행, 부동산개발회사들은 부채에 아주 많이 의존한다. 그리고 철강이나 알루미늄, 화학, 석유, 광업과 같은 자본 집약적인 산업에서도 많은 기업이 그렇다. 한편 제약회사나 광고대행사들은 대부분 자기자본으로 자본을 조달하며, 그렇지 않은 회사를 찾기 어렵다. 급속히 성장하는 기업은 빠른 확장으로 엄청난 자본이 필요한데도 부채를 많이 사용하지 않는다.

이러한 패턴의 차이는 부분적으로 앞 장에서 아직 논의하지 못하고 남겨둔 여러 가지 요인으로 설명할 수 있다. 앞 장에서는 세금을 거의 무시했다. 파산은 비용이 적게 들고, 빠르고, 고통이 없다고 가정했다. 실제로는 그렇지 않다. 최종적으로 법적 파산을 피한다 하더라도 재무적 곤경과 관련된 비용이 있다. 우리는 회사 증권소유자들 간에 이해가 충돌할 가능성을 무시했다. 예를 들면 신규 부채를 발행하거나 투자전략에 따라 회사가 좀 더 위험한 산업으로 진입할 때 '기존' 채권자들에게 어떤 일이 생길지 고려하지 않았다. 새로운 증권을 발행하여 현금을 조달할 때 자기자본보다 부채를 선호한다는 정보 문제를 무시했다. 또한 경영자의 투자와 배당 결정에서 재무레버리지의 인센티브 효과를 무시하였다.

이제는 이 모든 것을 고려한다. 먼저 세금을 고려하고, 파산과 재무적 곤경 비용을 고려한다. 그러고 나서 이해의 충돌과 정보, 인센티브 문제를 살펴본다. 궁극적으로는 부채정책이 중요함을 인정해야만 할 것이다.

그러나 우리는 제17장에서 매우 주의 깊게 발전시킨 MM 이론을 버리지는 않을 것이다. 우리는 MM의 통찰력에 세금과 파산, 재무적 곤경 비용, 그리고 다른 다양한 까다로운 문제들의 영향을 결합한 이론으로 나아간다. 그러나 자본시장의 비효율성에 근거한 전통적인 관점으로 되돌아가지는 않을 것이다. 대신에 잘 기능하는 자본시장이 세금과 이 장에서 다루는 다른 요인들에 어떻게 반응하는지 알아보려고 한다.

18.1 법인세

한국이나 미국을 비롯한 많은 나라의 법인세제에서는 부채에 의한 자본조달은 중요한 이점이 있다. 기업이 지급하는 이자는 세금이 공제되는 비용이다. 배당과 유보이익은 그렇지 않다. 따라서 채권자에게 돌아가는 수익은 기업 수준에서는 세금을 피해간다.

표 18.1은 부채가 없는 기업 U와 8% 이자율로 $1,000을 빌린 기업 L의 요약 손익계산서를 보여준다. L의 세금은 U보다 $28 적다. 이것이 L의 부채가 제공하는 **절세효과**(*tax shield*)이다. 결과적으로 정부가 L의 이자비용 중 35%를 지급한다. L이 채권자와 주주에게 지급할 수 있는 총

	기업 U의 손익계산서	기업 L의 손익계산서
이자와 세전 이익	$1,000	$1,000
채권자에게 지급되는 이자	0	80
세전 이익	1,000	920
세금 35%	350	322
주주에게 가는 순이익	$ 650	$ 598
채권자와 주주에게 가는 총이익	$0 + 650 = $650	$80 + 598 = $678
이자 절세효과(0.35 × 이자)	$0	$28

표 18.1 이자의 세금공제는 채권자와 주주에게 지급될 수 있는 총이익을 증가시킨다.

이익은 이 금액만큼 증가한다.

절세효과는 가치 있는 자산일 수 있다. L의 부채가 고정되어 있고 영구적이라고 가정하자. (즉 이 회사는 현재의 부채가 만기가 되면 같은 금액을 재조달하여 영원히 만기를 연장하기로 한다.) 그러면 L은 매년 $28의 현금흐름이 영원히 계속될 것으로 기대한다. 이 현금흐름의 위험은 L이 운영하는 자산의 위험보다 작을 것이다. 절세효과는 법인세율[1]과 이자비용을 충당하기 위한 L의 이윤창출 능력에 달렸다. 법인세율은 매우 안정적이다. L이 이자비용 이상의 이익을 올릴 능력도 어느 정도 확실하다. 그렇지 않으면 8%에 빌릴 수 없을 테니까. 그러므로 절세효과는 상대적으로 낮은 할인율로 할인해야 한다.

그러나 얼마로 해야 하는가? 일반적인 가정은 절세효과의 위험은 이를 발생시키는 이자 지급액의 위험과 같다는 것이다. 따라서 기업의 부채 소유자가 요구하는 기대수익률인 8%로 할인하게 된다.

$$\text{PV(절세효과)} = \frac{28}{0.08} = \$350$$

사실상 정부가 L의 채무 $1,000의 35%를 책임진다.

이러한 가정에서 절세효과의 현재가치는 부채의 수익률 r_D와 독립적이다. 이것은 법인세율 T_c에 차입금액 D를 곱한 것과 같다.

$$\begin{aligned}\text{지급이자} &= \text{부채의 수익률} \times \text{차입액}\\ &= r_D \times D\end{aligned}$$

$$\begin{aligned}\text{PV(절세효과)} &= \frac{\text{법인세율} \times \text{지급이자}}{\text{부채의 기대수익률}}\\ &= \frac{T_c r_D D}{r_D} = T_c D\end{aligned}$$

1) 항상 평균세율이 아닌 한계세율을 사용한다. 가속 감가상각과 다른 세금조정 때문에 평균세율은 대개 한계세율보다 훨씬 낮다. 대기업에는 보통 법정세율이 한계세율로 취급된다. 이 장을 쓰는 시점인 2009년 미국의 법정세율은 35%였다. 그러나 실효 한계세율은 법정세율보다 낮을 수 있다. 미래의 과세이익을 확신하기 어려운, 위험이 큰 소규모 기업은 특히 더 그렇다.

물론 기업이 일정 금액을 영구히 차입할 계획이 없거나,[2] 이자 절세효과를 활용할 과세소득이 충분하지 못하다면, PV(절세효과)는 더 작아진다.[3]

이자 절세효과는 주주지분의 가치에 어떻게 공헌하는가?

MM의 명제 1은 파이의 가치는 파이를 나누는 방법과는 아무런 상관이 없다고 말하는 것과 같다. 그 파이는 기업 자산이고 조각은 부채와 자기자본에 대한 청구권이다. 파이의 크기를 일정하게 유지한다면 부채 가치 $1의 증가는 자기자본 가치 $1의 감소를 의미한다.

그러나 실제로는 정부의 몫인, 세 번째 조각이 있다. 표 18.2를 보라. 확장 재무상태표의 왼쪽에는 **세전**(*pretax*) 자산가치가, 오른쪽에는 정부 몫의 세금이 부채로 인식되어 있다. MM은 여전히 파이의 가치, 이 경우 세전 자산가치는 조각내기로 변하지 않는다고 말할 것이다. 그러나 정부의 몫을 줄이기 위한 기업의 모든 노력은 분명히 주주의 부를 증가시킨다. 회사가 할 수 있는 한 가지는 돈을 빌려서 세금을 줄이고, 표 18.1과 같이 부채와 자기자본 투자자에게 돌아가는 현금흐름을 증가시키는 것이다. **세후**(*after-tax*) 기업가치(정상 시장가치 재무상태표에서 표시된 부채와 자기자본 가치의 합)는 PV(절세효과)만큼 증가한다.

머크의 자본구조 바꾸기

머크(Merck)는 상대적으로 장기 부채를 별로 사용하지 않는 성공적인 대기업이다. 표 18.3(a)는 2008년 12월 머크의 장부가치와 시장가치 재무상태표를 보여준다.

정상 재무상태표(시장가치)

자산	부채 및 자본
자산가치 (세후 현금 흐름의 현재가치)	부채 자기자본
총자산	총 가치

확장 재무상태표(시장가치)

자산	부채 및 자본
세전 자산가치 (세전 현금흐름의 현재가치)	부채 정부의 청구권 (미래 세금의 현재가치) 자기자본
총 세전 가치	총 세전 가치

표 18.2 정상과 확장 시장가치 재무상태표. 정상 재무상태표에서 자산은 세후 개념으로 평가된다. 확장 재무상태표에서 자산은 세전 개념으로 평가되며, 정부의 세금 청구권의 가치는 대변에 인식된다. 이자 절세효과는 정부의 청구권을 감소시키기 때문에 가치가 있다.

2) 이 예제에서는 부채 규모가 일정하고 시간에 대해 안정적이라고 가정한다. 자연스러운 대체 가설은 부채 대 기업가치의 비율이 고정되어 있다는 것이다. 이 비율이 정해져 있으면 기업가치가 변동함에 따라 부채 규모와 이자 절세효과의 크기도 변동한다. 그런 경우, 추정 이자 절세효과를 부채비용으로 할인할 수 없다. 이 문제에 대해서는 다음 장에서 자세히 다룬다.

3) L의 이익이 미래 연도의 이자를 충당하지 못해도 절세효과가 꼭 사라지는 것은 아니다. L은 그 손실을 뒤로 소급해서, 최대 과거 2년간 낸 세금의 합계까지 환급받을 수 있다. 연속되는 손실 때문에 환급받을 수 있는 기 납부 세금이 없다면 손실을 미래로 이월시켜서 다음 해의 세금을 절약하는 데 사용할 수도 있다.

표 18.3(a) 머크의 2008년 12월 요약 재무상태표(단위: $백만).

주:
1. 순 운전자본과 장기부채, 기타 장기부채의 시장가치는 장부가치와 같다. 자기자본의 시장가치 = 발행주식 수 × 2008년 12월 종가이다. 장기자산의 시장가치와 장부가치의 차이는 자기자본의 시장가치와 장부가치의 차이와 같다.
2. 이자 절세효과의 현재가치는 고정된 영구적인 부채와 세율 35%를 가정한다.

장부가치

순운전자본	$ 4,986.2	$ 3,943.3	장기부채
		10,175.4	기타 장기부채
장기자산	27,890.8	18,758.3	자기자본
총자산	$32,877.0	$32,877.0	총 가치

시장가치

순운전자본	$ 4,986.2	$ 3,943.3	장기부채
PV(절세효과)	1,380.2	10,175.4	기타 장기부채
장기자산	72,680.6	64,928.3	자기자본
총자산	$79,047.0	$79,047.0	총 가치

표 18.3(b) $10억 규모의 부채를 추가로 조달하여 자기자본을 대체했을 때 머크의 재무상태표(단위: $백만).

장부가치

순운전자본	$ 4,986.2	$ 4,943.3	장기부채
		10,175.4	기타 장기부채
장기자산	27,890.8	17,758.3	자기자본
총자산	$32,877.0	$32,877.0	총 가치

시장가치

순운전자본	$ 4,986.2	$ 4,943.3	장기부채
PV(절세효과)	1,730.2	10,175.4	기타 장기부채
장기자산	72,680.6	64,278.3	자기자본
총자산	$79,397.0	$79,397.0	총 가치

머크의 자본구조를 전적으로 책임지는 재무관리자가 $10억을 영구적으로 빌려서 이 돈으로 주식을 재매입하기로 하였다.

표 18.3(b)는 새로운 재무상태표이다. 장부가치 기준으로는 그저 장기 부채 $10억 증가와 자기자본 $10억 감소일 뿐이다. 그러나 새로운 부채에 대한 이자의 35%만큼 세금이 적어지므로 머크의 자산가치는 증가해야 한다. 다시 말해서, 머크는 $T_cD = 0.35 \times$ $10억 = $3.5억인 PV(절세효과)의 증가를 경험하게 된다. 세금 문제 이외에는 MM 이론이 성립한다면, 기업가치는 $3.5억만큼 증가하여 $793.97억이 된다. 머크의 자기자본은 $642.78억의 가치를 가진다.

이제 재무관리자가 $10억 규모의 주식을 재매입하면, 머크의 자기자본 가치는 $6.5억 하락할 뿐이다. 따라서 머크의 주주는 $3.5억을 벌었다. 하루 벌이로는 그리 나쁘지 않다.[4)]

MM과 세금

우리는 지금 막 법인세를 반영하여 수정한 MM의 명제 1을 도출하였다.[5)] 새로운 명제는 다음과 같다.

4) 채권이 공정한 가격에 매각되기만 하면, 절세효과의 모든 혜택은 주주의 차지임에 주목하자.

5) MM의 원래 논문에서도 이자 절세효과를 인식하고 있다. F. Modigliani and M. H. Miller, "The Cost of Capital, Corporation Finance and the Theory of Investment," *American Economic Review* 48(June 1958), pp. 261~296. 표 18.3(*b*)에서 사용된 평가 방법은 그들의 1963년 논문에 나와 있다. "Corporate Income Taxes and the Cost of Capital: A Correction," *American Economics Review* 53(June 1963), pp. 433~443.

$$\text{기업가치} = \text{전액 자기자본으로 조달되었을 때 가치} + \text{PV(절세효과)}$$

영구 부채인 특별한 경우에는 다음과 같다.

$$\text{기업가치} = \text{전액 자기자본으로 조달되었을 때 가치} + T_c D$$

우리의 머크에 대한 가상의 재무적 수술은 이 '수정(corrected)' 이론에 내재하는 문제점들을 완벽하게 보여준다. 이 $3.5억이 너무 쉽게 생긴 것이다. 돈 찍는 기계 따위는 없다는 법칙에 어긋나는 것 같다. 그리고 머크의 주주가 $49.34억의 부채 덕분에 더 부자가 된다면 $59.43억 또는 $159.43억은 왜 안 되는가? 머크는 부채가 얼마일 때 멈춰야 하는가? 우리의 공식은 D가 증가하면 기업가치와 주주의 부도 계속 증가함을 의미한다. 최적 부채정책은 당혹스러울 정도로 극단적이다. 모든 기업은 100% 부채로 자본조달을 해야만 한다.

MM은 이에 대해 그렇게 열광적이지는 않았다. 극단적인 부채비율에까지 이 공식이 적용될 것이라고는 아무도 기대하지 않았다. 우리 계산이 이자 절세효과의 가치를 과대평가한 데는 몇 가지 이유가 있다. 첫째, 부채가 고정적이고 영구적이라는 생각이 잘못되었다. 기업의 부채 수용능력은 이익과 기업가치의 변동에 따라 계속해서 변한다. 둘째, 많은 기업의 한계세율은 35%보다 낮다. 셋째, 절약할 미래 이익이 없다면 이자 절세효과를 활용할 수 없다. 어떤 기업도 이를 절대적으로 확신할 수 없다.

그러나 이러한 어떤 지적도 왜 머크와 같은 기업이 낮은 부채비율을 유지하면서도 생존하고 또 번성하는지 설명하지 못한다. 머크의 재무관리자들이 그저 호기를 놓치고 있다고 생각하기는 어렵다.

기업이 갑작스럽게 불리한 충격을 입을 때에는 물론 보수적인 부채정책이 크게 안심이 된다. 머크에 그러한 충격이 온 것은 큰 성공을 거뒀던 진통제 바이옥스(Vioxx)가 일부 환자에게 심장병 위험을 증대시킨다는 것이 점점 더 명확해졌을 때인 2004년 9월이었다. 머크가 바이옥스를 시장에서 철수시킬 때에는 수십억 달러에 달하는 미래 매출을 포기하고 거의 $50억에 달하는 법적 비용을 지출하거나 이에 대비해야만 하였다. 그러나 회사의 신용등급은 악화되지 않았고, 연구개발을 포함한 모든 투자를 집행하고 정기 배당을 유지하기에 충분한 현금흐름을 보유하였다. 그렇다면 바이옥스로 말미암은 손실 이후에도 머크가 그렇게 재무적으로 튼튼했다면, 손실이 있기 이전의 부채정책은 극단적으로 보수적이었던 것은 아닌가? 왜 이 회사는 [표 18.3(b)에서처럼] 수십억 달러를 더 차입하여 주주에게 가는 과세대상 순이익을 세액공제가 되는 이자로 대체할 기회를 흘려버렸을까?

우리는 자신을 막다른 골목으로 몰아넣는 주장을 펴온 것 같다. 그러나 두 개의 출구가 보인다.

1. 아마도 미국의 법인세와 개인소득세를 더 자세하게 검토하면 절세효과의 현재가치를 상쇄하는, 기업 차입의 세제상 불이익을 발견할 것이다.

2. 차입하는 기업은 아마도 파산비용과 같은 다른 비용들을 부담할지 모른다.

이제 이 두 가지 탈출구를 살펴보자.

18.2 법인세와 개인소득세

개인소득세가 도입되면 기업의 목표는 더 이상 회사의 법인세를 최소화하는 것이 아니다. 기업은 이익에 대해 지급하는 모든 세금의 현재가치를 최소화하려고 노력해야 한다. "모든 세금"에는 채권자와 주주가 내는 개인소득세도 포함된다.

그림 18.1은 레버리지에 의해 법인세와 개인소득세가 어떻게 영향을 받는가 보여준다. 기업의 자본구조에 따라 영업이익 $1은 부채 이자로, 또는 자기자본 소득(배당이나 자본이득)으로 투자자에게 돌아간다. 즉 소득 $1은 그림 18.1의 어느 쪽 가지(branch)든 따라서 투자자에게 돌아갈 수 있다.

그림 18.1은 이자에 대한 개인소득세율 T_p와 자기자본 소득에 대한 실효 개인소득세율 T_{pE}를 구별하고 있음에 주목하라. 주주가 실현한 배당과 자본이득의 조합에 따라 T_{pE}는 T_p보다 상당히 낮을 수도 있다. 현재 (2009년) 미국에서 배당과 자본이득에 대한 최고 한계세율은 15%이지만, 이자소득을 포함한 기타 소득에 대한 최고 세율은 35%이다. 또한 자본이득세(*capital gains taxes*)는 주식 매각 시점까지 연기될 수 있으므로, 실효 최고 자본이득세율은 15%보다 낮은 것이 보통이다. (참고: 한국에서는 일반 투자자들의 자본이득에는 아예 세금이 없다.)

기업의 목표는 세후 이익을 극대화하도록 자본구조를 조정하는 것이어야 한다. 그림 18.1에서 $(1 - T_p)$가 $(1 - T_{pE}) \times (1 - T_c)$보다 클 때는 차입이 더 유리하고, 그렇지 않으면 더 불리하다. 자기자본 대비 부채의 상대적 세금 이점(*relative tax* advantage)은 다음과 같다.

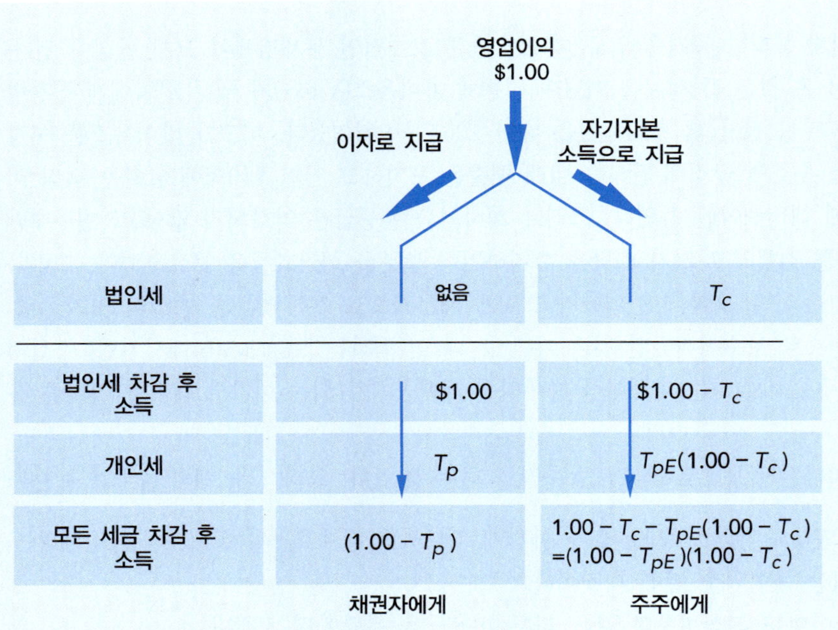

그림 18.1
이 회사의 자본구조는 영업이익이 이자 또는 자기자본 소득으로 지급될지를 결정한다. 이자는 개인에게만 과세된다. 자기자본 소득은 회사와 개인 모두에게 과세된다. 그러나 자기자본 소득의 개인세율 T_{pE}는 이자 소득의 개인세율보다 낮을 수 있다.

$$\text{부채의 상대적 세금 이점} = \frac{1 - T_p}{(1 - T_{pE})(1 - T_c)}$$

이는 두 가지 특별한 경우를 생각하게 한다. 첫째, 부채와 자기자본 소득에 대한 실효 개인세율이 같다고 하자. 즉 $T_{pE} = T_p$일 때 상대적 이점은 단지 법인세율에만 달려 있다.

$$\text{상대적 이점} = \frac{1 - T_p}{(1 - T_{pE})(1 - T_c)} = \frac{1}{1 - T_c}$$

이 경우에는 개인소득세는 잊어도 좋다. 기업 차입의 세금 이점은 정확히 MM의 계산과 같다.[6] MM은 개인세가 없다고 가정할 필요가 없었다. 부채와 세금에 대한 그들의 이론은 부채와 자기자본에 대한 세율이 같을 것을 필요로 할 뿐이다.

두 번째 특별한 경우는 법인세와 개인세가 서로 상쇄되어 부채정책이 무관련해지는 경우다. 그 조건은 다음과 같다.

$$1 - T_p = (1 - T_{pE})(1 - T_c)$$

이는 법인세율 T_c가 개인소득세율 T_p보다 낮고, 동시에 자기자본 소득에 대한 실효세율 T_{pE}가 작은 경우에만 성립한다. 머튼 밀러(Merton Miller)는 이자와 배당에 대한 미국의 세율이 지금보다 훨씬 높았던 시기에서 이런 상황을 조사하였지만, 여기서 그의 분석을 자세히 살펴보지는 않을 것이다.[7]

어떤 경우이든 우리는 간단하고 실용적인 의사결정 규칙을 개발한 것으로 보인다. 기업의 자본구조를 조정하여 그림 18.1에서 영업이익이 세금이 최소가 되는 쪽 가지를 따라가도록 하면 된다. 불행히도 이것은 말처럼 간단하지 않다. 예를 들어 T_{pE}는 얼마인가? 대기업의 주주 명부에는 연금기금이나 대학 기부금 재단과 같은 면세 투자자뿐만 아니라 백만장자도 포함되어 있을 것이다. 아주 다양한 세금 계층이 뒤섞여 있다. 이는 이자에 대한 개인소득세 T_p도 마찬가지이다. 대기업의 '전형적인' 채권자는 면세되는 연금기금이지만, 세금을 내는 수많은 투자자도 회사 부채를 소유한다.

어떤 투자자들은 다른 사람보다 훨씬 더 기꺼이 회사 부채를 살지도 모른다. 예를 들면 연금기금은 채권을 보유해도 아무 문제가 없다. 그들은 개인소득세에 관해서는 염려하지 않는다. 그러나 세금을 내는 투자자들은 채권 보유를 더욱 꺼리며, 높은 이자율로 보상받는 경우에만 그렇게 하려고 할 것이다. 이자에 대해 35%의 최고 세율을 적용받는 투자자들은 특히 채권 보유를 꺼릴 것이다. 그들은 보통주나 지방정부가 발행한 면세 채권을 선호할 것이다.

부채의 순 세금 이점을 측정하기 위해 기업은 한계(*marginal*) 투자자, 즉 채권과 자기자본을

---

6) 물론 개인소득세는 기업의 이자 절세효과의 금액을 감소시키지만, 개인소득세 납부 후의 현금흐름에 대한 적절한 할인율도 낮아진다. 개인이 r_D의 개인세 전 수익률로 빌려 주기를 원한다면 그들은 $r_D(1-T_p)$의 개인소득세 후 수익률도 받아들일 것이다. 여기서 T_p는 개인소득세의 한계세율이다. 따라서 영구 부채의 절세효과의 개인소득세 차감 후 가치는 다음과 같이 계산할 수 있다.

$$\text{PV(절세효과)} = \frac{T_c \times r_D D \times (1 - T_p)}{r_D \times (1 - T_p)} = T_c D$$

그래서 이전의 기업가치 공식으로 되돌아간다.

$$\text{기업가치} = \text{전액 자기자본으로 조달되었을 때 가치} + T_c D$$

7) M. H. Miller, "Debt and Taxes," *Journal of Finance* 32(May 1977), pp. 261~276.

소유하는 데 따른 만족도가 같은 투자자가 부담하는 세율을 알아야 한다. 이 때문에 세금혜택을 정확한 수치로 계산하기는 어렵지만, 그래도 어림잡아 계산할 수는 있다. 머크처럼 배당을 지급하는 대기업을 생각해 보자. 머크의 배당성향은 평균 65% 정도이므로 $1당 $0.65는 배당으로, $0.35는 자본이득으로 받게 된다. 최고 세율을 부담하는 한계 투자자는 이자에 35%, 배당과 자본이득에 15%를 낸다고 하자. 자본이득을 연기하여 실현하면 실효 자본이득세는 절반으로 줄어든 15/2 = 7.5%라고 가정하자. 그러므로 머크의 보통주에 투자하면 자기자본 소득 $1당 세금은 T_{pE} = (0.65 × 15) + (0.35 × 7.5) = 12.4%이다.

이제 그림 18.1에서 두 가지 각각에 대해 $1의 이익에 대한 효과를 계산할 수 있다.

	이자	자기자본
세전 이익	$1.00	$1.00
법인세 차감 $T_c = 0.35$	0	0.35
법인세 차감 후 이익	1.00	0.65
개인세 $T_p = 0.35$와 $T_{pE} = 0.124$	0.35	0.081
모든 세금 차감 후 이익	$0.65	$0.569
	부채의 이점 = $0.081	

부채 조달의 이점은 $1당 약 $0.08이다.

여기에서 계산은 어림셈이라는 점을 강조하고자 한다. 그러나 자기자본 이익의 상대적으로 낮은 개인소득세율을 반영하면 부채의 세금 이점이 어떻게 줄어드는지 살펴보는 것은 흥미롭다.

대다수 재무관리자는 적어도 기업의 절세효과를 거의 확실하게 활용할 수 있는 기업에는 기업 차입에 어느 정도 세금 이점이 존재한다고 믿는다. 절세효과의 혜택을 볼 수 없는 기업에는 아마도 약간의 세금 불이익이 있을 것이다.

기업들은 이자 절세효과를 충분히 이용하는가? 존 그레이엄(John Graham)은 그렇지 않다고 주장한다. 그의 추정치를 보면 전형적인 납세 기업이 여전히 보수적인 수준 이내에서 부채비율을 올려 기업가치의 7.5%를 추가시킬 수 있다고 주장한다.[8] 이것은 결코 하찮은 변화가 아니다. 따라서 재무관리자들은 여전히 손쉬운 절세 기회를 놓치고 있는지도 모른다. 아니면 재무관리자들은 이를 상쇄하는 차입 증대에 따른 다른 불이익을 생각하고 있는지도 모른다. 이제 두 번째 탈출구를 살펴보자.

18.3 재무적 곤경의 비용

재무적 곤경(financial distress)은 채권자에게 한 약속이 깨지거나 지키기 어려울 때 발생한다. 종종 재무적 곤경은 파산(bankruptcy)으로 이어진다. 때때로 이는 살얼음판에서 스케이트를 타는 것

8) 개별 기업에 대한 Graham의 추정치는 미래 이익의 불확실성과 이자 이외의 절세효과 존재를 반영한다. 다음 문헌 참조. J. R. Graham, "How Big Are the Tax Benefits of Debt?" *Journal of Finance* 55(October 2000), pp. 1901~1941.

과 같다.

앞으로 살펴보겠지만 재무적 곤경은 비용이 많이 든다. 투자자들은 부채사용 기업이 재무적 곤경에 빠질 수도 있음을 알고, 이에 대해 염려한다. 그 염려는 부채사용 기업의 증권의 현재 시장가치에 반영된다. 따라서 기업가치는 다음과 같이 세 부분으로 나누어진다.

$$\text{기업가치} = \text{전액 자기자본으로 조달되었을 때의 가치} + \text{PV(절세효과)} - \text{PV(재무적 곤경 비용)}$$

재무적 곤경 비용은 곤경 발생 확률과 곤경에 처했을 때 부담하는 비용의 크기에 달렸다.

그림 18.2는 세금 혜택과 곤경 비용 사이의 교환관계가 어떻게 최적 자본구조를 결정하는지를 보여준다. 기업이 더 많이 빌리면 초기에는 PV(절세효과)가 증가한다. 적당한 수준의 부채에서는 재무적 곤경의 확률이 낮다. 따라서 PV(재무적 곤경 비용)은 작고 세금 혜택이 지배적이다. 그러나 어느 점에 이르면 추가 차입에 따른 재무적 곤경 확률이 급속히 높아진다. 재무적 곤경 비용이 기업가치 중 상당한 부분을 차지하기 시작한다. 또한 기업이 법인세 절감에서 얻는 이익을 확신할 수 없다면 추가 부채에서 나오는 세금 혜택은 점차 작아지고 결국 사라질 것이다. 추가 차입에 따른 절세효과의 현재가치가 곤경 비용의 현재가치 증가로 정확히 상쇄될 때 이론적인 최적점에 도달한다. 이를 자본구조의 **교환관계 이론**(*trade-off theory*)이라고 한다.

재무적 곤경 비용에는 몇 가지 항목이 있다. 이제 이러한 비용들을 알아보고 무엇이 이런 비용을 발생시키는지 살펴보자.

파산비용

기업 파산에 대해 좋은 이야기는 거의 듣지 못했을 것이다. 그러나 세상의 거의 모든 일에는 좋은

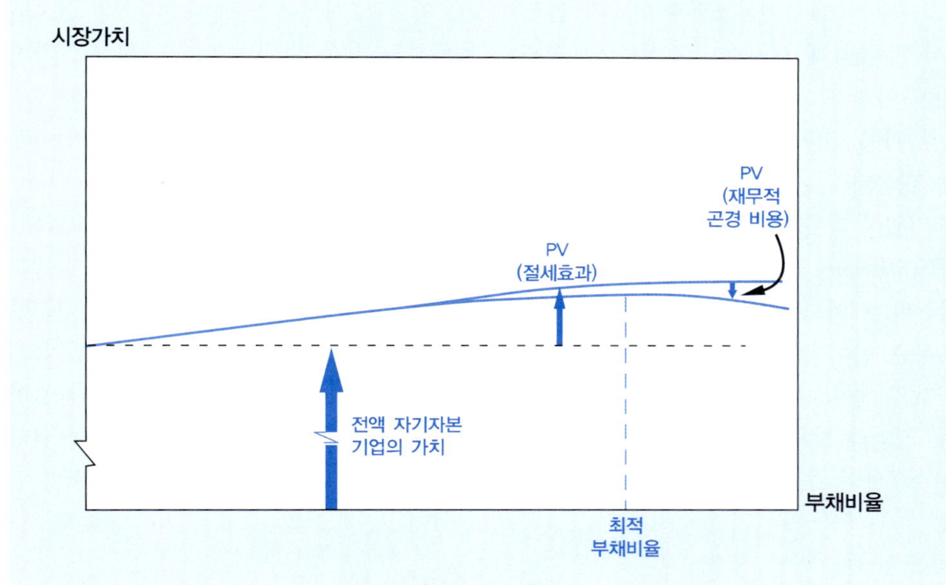

그림 18.2
기업가치는 전액 자기자본으로 조달되었을 때의 가치 더하기 PV(절세효과) 빼기 PV(재무적 곤경 비용)과 같다. 자본구조의 교환이론에 따르면 경영자는 기업가치를 극대화하는 부채비율을 선택해야 한다.

점도 있다. 주주가 **채무를 불이행할 권리**(*right to default*)를 행사하면 기업 파산이 일어난다. 이런 권리는 가치가 있다. 기업이 곤경에 빠지면, 유한책임을 지는 주주들은 모든 곤란한 문제를 채권자에게 남겨두고 그냥 떠나버릴 수 있다. 과거의 채권자들이 새로운 주주가 되고, 기존 주주들은 빈손으로 돌아선다.

우리 법체계에서 기업의 모든 주주는 자동으로 **유한책임**(*limited liability*)의 특권을 누린다. 그렇지 않다고 가정해 보자. 자산과 영업이 같은 두 기업이 있다고 하자. 두 기업은 모두 부채를 갖고 있으며, 내년에 각각 $1,000의 원리금을 상환하기로 약속하였다. 그러나 그 중 한 기업, 에이스유한회사(Ace Limited)만이 유한책임이다. 다른 기업, 에이스무한회사(Ace Unlimited)는 그렇지 않다. 주주들은 회사의 부채에 대해 개인적으로 책임을 진다.[9]

그림 18.3은 다음 해 이들 두 기업의 채권자와 주주에게 돌아가는 발생 가능한 지급금(payoff)을 비교하고 있다. 유일한 차이는 다음 해의 자산가치가 $1,000보다 적을 때 발생한다. 다음 해 각 회사의 자산가치는 $500라고 하자. 에이스유한회사는 채무불이행을 선언하고, 주주들은 떠난다. 주주에게 돌아가는 지급금은 없다. 채권자는 가치가 $500인 자산을 갖는다. 그러나 에이스무한회사의 주주는 빠져나갈 수가 없다. 그들은 자산가치와 채권자의 청구권 간의 차이인 $500를 채권자에게 건네주어야만 한다. 무슨 일이 있더라도 부채는 상환된다.

에이스유한회사가 파산으로 간다고 가정하자. 물론 주주들은 기업가치가 그 정도로 작다는 데 실망할 것이다. 그러나 이는 자본조달과 관련이 없는 영업의 문제이다. 영업성과가 부진할 때 파산할 권리, 즉 채무불이행의 권리는 가치 있는 특권이다. 그림 18.3에서와 같이 에이스유한회사의 주주는 에이스무한회사의 주주보다 더 유리한 입장이다.

이 예는 파산비용에 대해 사람들이 자주 범하는 실수를 잘 보여준다. 파산은 기업의 장례식이라고 여겨진다. 추모자들(채권자들과 특히 주주들)은 현재 비참한 상태의 기업을 본다. 그들은 자신들의 증권이 과거에 얼마나 가치가 있었고 지금은 얼마나 가치가 없는가를 생각한다. 게다가 그들은 파산비용으로 사라진 가치를 생각한다. 이것은 잘못이다. 자산가치의 감소는 정말 슬퍼해야 할 일이다. 그러나 이것이 자본조달과 반드시 연관된 것은 아니다. 파산은 단지 자산가치의 감소로 채무불이행이 일어날 때 채권자가 기업을 인수하도록 허락하는 법적 장치일 뿐이다. 파산은 가치 감소의 원인이 아니라 그 결과이다.

원인과 결과를 뒤바꾸지 않도록 조심하라. 사람이 죽었을 때 유언의 집행이 사망의 원인이라고 말하지는 않는다.

파산을 기업이 채무를 불이행하였을 때 채권자가 기업을 인수하도록 하는 법적 장치라고 하였다. **파산비용**(*bankruptcy costs*)은 이러한 장치를 사용하는 비용이다. 그림 18.3에는 파산비용이 전혀 나타나지 않는다. 에이스유한회사만이 채무를 불이행하고 파산할 수 있다는 점을 주목하라. 그러나 자산가치에 무슨 일이 일어나든지 관계없이 에이스유한의 채권자와 주주에게로 가는 가치를 합친(*combined*) 것은 에이스무한의 채권자와 주주에게로 가는 가치를 합친 것과 항상 같다. 따라서 지금 (올해) 두 기업의 전체 시장가치는 같아야만 한다. 물론 에이스유한의 주식은 채무불이행 권리 때문에 에이스무한의 주식보다 더 가치가 있다. 에이스유한의 부채는 그만큼 가치가 작다.

---

9) 에이스무한회사는 합명회사이거나 개인회사로 유한책임을 제공하지 않는다.

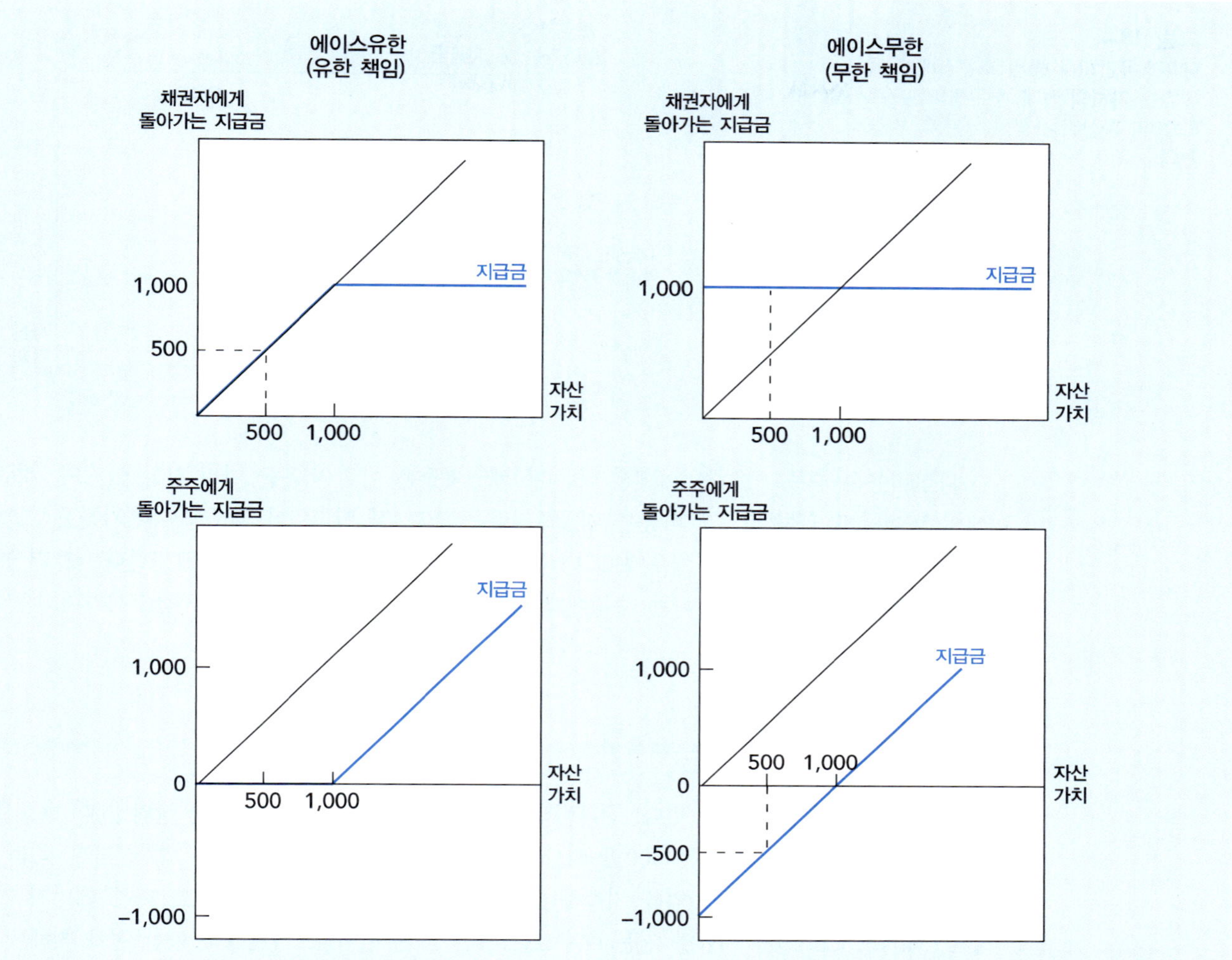

그림 18.3

다른 조건이 모두 같은 유한책임과 무한책임 회사의 비교. 두 회사의 자산가치가 $1,000보다 작으면, 에이스유한회사의 주주는 채무불이행을 선언하고 채권자가 자산을 인수한다. 에이스무한회사의 주주는 계속해서 자산을 보유하지만, 채권자에게 지급하기 위해 자기 호주머니를 털어야 한다. 주주와 채권자 둘에게 가는 몫의 합계는 두 회사에서 동일하다.

이 예에서 현실을 엄밀히 나타내려고 하지는 않았다. 법원이나 변호사와 관련된 모든 것이 공짜가 아니다. 에이스유한이 채무를 불이행하는 경우, 재판과 변호사 비용이 $200라고 하자. 이 수수료는 에이스유한 자산의 잔존가치에서 지급된다. 따라서 자산가치가 $500라면 채권자는 $300만 갖게 된다. 그림 18.4는 이 파산비용을 빼고 다음 해 채권자와 주주에게 돌아가는 총 지급금을 보여준다. 에이스유한은 위험한 부채를 발행함으로써, 채무불이행이 일어나는 경우 변호사와 법원에 기업에 대한 청구권을 준 것이다. 기업의 시장가치는 이 청구권의 현재가치만큼 감소한다.

증가한 레버리지가 재무적 곤경 비용의 현재가치에 어떠한 영향을 주는지는 쉽게 알 수 있다. 에이스유한이 차입을 늘리면, 채무불이행 가능성과 변호사의 청구권 가치도 증가한다. 이는 PV(재무적 곤경 비용)을 증가시키고 에이스유한의 현재 시장가치를 감소시킨다.

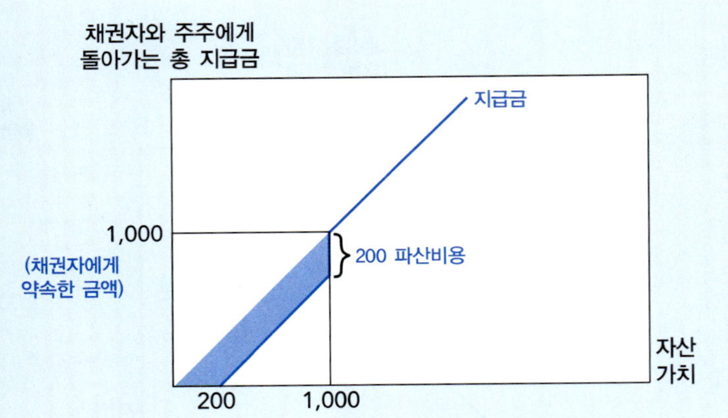

그림 18.4
에이스유한회사 증권 소유자에게 돌아가는 가치의 합계. 채무불이행으로 $200의 파산비용(청색 부분)이 발생한다.

파산비용은 주주의 호주머니에서 나온다. 채권자들은 이런 비용을 미리 알고 있으며, 채무불이행이 일어나면 자신들이 그 비용을 지급하리라는 것도 잘 안다. 이 때문에 채권자들은 기업이 아직 채무불이행을 하지 않은 경우에도, 더 높은 이자의 형태로 미리 보상을 요구한다. 즉 더 높은 약정 금리를 요구하게 된다. 이는 주주에게 돌아갈 가능성이 있는 지급금을 감소시키며, 주식의 현재 시장가치를 감소시킨다.

파산비용에 관한 증거

파산비용은 빠르게 증가할 수 있다. 유나이티드 항공(United Airlines)은 파산 상태일 때 변호사와 회계사, 컨설턴트들에게 $3억 5,000만 이상을 지급하였다.[10] 엔론(Enron)은 법률, 회계, 기타 전문 서비스 비용으로 거의 $10억을 지출하는 기록을 세웠다. 곤경을 겪었던 또 다른 에너지 기업 미란트(Mirant Corp.)가 지급한 전문 수수료는 약간 나은 편이다. 미란트의 파산 절차 첫해에 수수료로 들어간 지출은 $1억 2,000만에서 $1억 4,000만 사이였다.[11]

엄청난 액수로 보이지만, 기업의 자산가치에서 차지하는 비중은 그리 높지 않다. 로렌스 와이스(Lawrence Weiss)는 1980년부터 1986년까지 파산한 31개 기업을 조사한 결과 평균 비용은 장부상 총 자산가치의 3% 정도, 파산 전년도 시장가치 자기자본의 20% 정도임을 발견하였다. 안드라데와 카플란(Andrade and Kaplan)은 곤경에 처해 있고 부채를 많이 사용하는 기업의 표본에서 재무적 곤경 비용의 추정치는 곤경 전 시장가치의 10~20%에 달한다고 하였다. 그렇지만 이 비용이 재무적 곤경 때문인지, 파산으로 가게 된 경영상의 실패 때문인지를 구분하기 어려웠다.[12]

10) "Bankruptcy Lawyers Flying High: Airlines' Woes Mean Big Paydays For Consultants and Law Firms; Partner's $177,000 Bill for August," *The Wall Street Journal*, October 21, 2005, p. C.1.

11) "Enron Bankruptcy Specialist to File for Additional Payment; On Top of $63.4 Million, 'Success Fee' to Be Sought of Additional $25 Million," *The Wall Street Journal*, September 3, 2004, p. A.2, 그리고 "Mirant Bankruptcy Legal Fees Seen Topping $120 Million," Reuters, January 20, 2004.

12) 파산비용에 대한 선구적 연구로는 J. B. Warner, "Bankruptcy Costs: Some Evidence," *Journal of Finance* 26(May 1977), pp. 337~348이 있다. 또한 L. A. Weiss, "Bankruptcy Resolution: Direct Costs and Violation of Priority of Claims," *Journal of Financial Economics* 27(October 1990), pp. 285~314과, E. I. Altman, "A Further Investigation

파산비용이 자산가치에서 차지하는 비중은 대기업보다 소기업에서 더 크다. 파산에는 유의한 규모의 경제가 있다. 예를 들어 영국에서 작은 규모의 파산을 연구한 프랭크스와 수스만(Franks and Sussman)은 (법적 및 회계적) 수수료와 다른 비용이 기업을 청산해서 얻는 금액의 약 20~40%를 차지한다고 하였다.[13)]

직접 파산비용과 간접 파산비용

지금까지는 **직접적인**(*direct*) 파산비용(즉 법적 비용과 관리비용)에 관해 논의하였다. 그런데 거의 측정이 불가능한 간접비용도 존재한다. 그러나 간접비용의 중요성을 말해주는 엄청나게 많은 증거가 있다.

파산 기업을 관리하기는 쉽지 않다. 자산의 매각이나 새로운 장비에 투자하는 것과 같은 수많은 일상적인 의사결정에 대해서도 파산 법정의 동의가 있어야 한다. 아무래도 시간과 노력이 든다. 최악은 기업의 장기적인 번영에는 거의 관심이 없고 자신에게 지급될 현금만을 원하는 채권자들이 회사를 개혁하고 재생시킬 제안을 훼방한다.

때로는 문제가 역전된다. 파산 법정이 회사를 계속기업으로 유지되기를 간절히 바란 나머지 음(−)의 NPV 활동을 허용하기도 한다. 1989년에 이스턴 항공이 파산 법정의 '보호'에 들어갔을 때, 회사에는 아직도 가치 있고 수익성 있는 노선과 비행기나 공항 설비처럼 매각 가능한 자산들이 있었다. 채권자에게는 신속한 청산으로 모든 부채와 우선주를 갚는 데 충분한 현금을 확보했더라면 가장 좋았을 것이다. 그러나 파산 담당 판사는 비용이야 어떻든 이스턴 항공의 비행기를 계속 운항시키고 싶어 해서, 엄청난 영업손실을 메우기 위해 많은 자산을 매각하도록 허용하였다. 2년 후 결국 이스턴 항공이 문을 닫았을 때는 파산 정도가 아니라 관리비조차도 지급할 수 없는 상태였다. 채권자의 몫으로 거의 아무것도 남지 않았고, 법률비용을 지급할 현금도 부족하였다.[14)]

직접 파산비용과 간접 파산비용의 합이 어느 정도인지는 아무도 모른다. 우리는 그 액수가 상당할 것이고, 특히 그 과정이 길고 복잡한 대기업에는 더욱 그러리라 생각한다. 채권자가 파산을 강행하는 것을 몹시 꺼린다는 점이 아마도 가장 좋은 증거일 것이다. 원론적으로 그들은 고민을 끝내고 가능한 한 빨리 자산을 확보하는 편이 나을 것이다. 그러나 채권자들은 기업이 어려운 기간을 넘기고 성장하기를 바라는 마음에서 종종 채무불이행을 간과한다. 채권자들은 어느 정도는 파산비용을 회피하려고 그렇게 한다. 오래된 재무 속담이 있다. "$1,000을 빌리면 빚쟁이를 얻는다. $1천만을 빌리면 동업자를 얻게 된다."

---

of the Bankruptcy Cost Question," *Journal of Finance* 39(September 1984), pp. 1067~1089, 그리고 G. Andrade and S. N. Kaplan, "How Costly Is Financial(not Economic) Distress? Evidence from Highly Leveraged Transactions that Became Distressed," *Journal of Finance* 53(October 1998), pp. 1443~1493 참조.

13) J. Franks and O. Sussman, "Financial Distress and Bank Restructuring of Small to Medium Size UK Companies," *Review of Finance* 9(2005), pp. 65~96. Karin Thornburg는 스웨덴 파산 시스템이 소규모 기업에는 상당히 효율적이라는 것을 발견하였다. "Bankruptcy Auctions: Costs, Debt Recovery and Firm Survival," *Journal of Financial Economics* 58(December 2000), pp. 337~368 참조.

14) L. A. Weiss and K. H. Wruck, "Information Problems, Conflicts of Interest, and Asset Stripping: Chapter 11's Failure in the Case of Eastern Airlines," *Journal of Financial Economics* 48(1998), pp. 55~97 참조.

채권자는 절대적인 우선권을 갖지 못하게 될 것을 염려하여 파산을 꺼릴 수도 있다. 절대적 우선권(*absolute priority*)이란 주주가 $1라도 받기 전에 채권자가 전액을 상환받음을 의미한다. 때로는 재조직(reorganization) 협상을 통해서 채권자가 전액을 상환받지 않았음에도 주주에게 주는 위로금을 포함하여 모두에게 조금씩 준다. 때로는 다른 청구권이 나타난다. 예를 들어 2009년 크라이슬러(Chrysler)가 파산하고 나서, 인디애나 주는 크라이슬러 채권에 투자한 지역 연금기금의 편에서 (성공하지 못했지만) 소송을 제기하였다. 이 기금은 파산 기업의 자산을 피아트(Fiat)에 파는 조건에 대해, 자신은 달러당 $0.29를 받지만, 자신보다 후순위 청구권은 더 많이 받는다고 심하게 불평하였다. 그러나 크라이슬러의 파산은 특별한 경우였다. 심각한 불황 속에서 수만 명의 직장을 보호하려고 애를 쓴 미국 정부가 파산 절차 진행에서 중요한 역할을 하였다.

파산 절차에 대해서는 제32장에서 더 자세히 다룬다.

파산 없는 재무적 곤경

어려움에 처한 모든 기업이 파산으로 가는 것은 아니다. 기업이 부채 이자를 충당할 정도의 현금을 긁어모을 수 있다면, 몇 년이고 파산을 지연시킬 수 있다. 나중에 기업이 회복하여 부채를 상환하면 파산도 함께 피할 수 있다.

그러나 재무적 곤경의 징조만으로도 위협받는 기업에는 큰 비용이 들 수도 있다. 고객과 납품업체는 오래 생존하지 못할 가능성이 있는 기업과 거래하기를 상당히 꺼린다. 고객들은 중고로 팔 때 가격과, 서비스와 대체 부품이 계속 제공될 것인가 염려한다. (파산을 향해 치닫고 있는 자동차 회사에서 새 차를 사겠는가?) 납품업자들은 외상으로 거래하기를 꺼리고, 자사 제품에 대해 현금을 요구할 것이다. 잠재적 종업원은 계약을 맺지 않으려 하며, 기존 직원들은 다른 직장을 알아보려고 책상을 빠져나간다.

부채가 많고 그때문에 재무위험이 크면 기업은 경영위험을 줄이려고 하는 것으로 보인다. 루이기 징갈레스(Luigi Zingales)는 1970년대 말의 트럭 운수산업 규제완화 이후 미국의 트럭 운수 회사들의 운명을 조사하였다.[15] 규제완화는 경쟁과 구조조정의 물결을 촉발시켰다. 생존을 위해서는 신규 투자와 운영효율성이 필요하였다. 징갈레스는 새로운 경쟁 환경에서 살아남을 확률은 보수적으로 자금을 조달한 트럭회사일수록 높았음을 발견하였다. 부채가 많은 기업은 게임에서 탈락할 확률이 높은 경향이 있었다.

부채와 인센티브

기업이 어려움에 부닥치면 채권자와 주주는 모두 회사가 회복되기를 원하지만, 다른 점에서는 이해가 충돌할 수도 있다. 재무적 곤경의 시기에 증권 보유자들은 정당과 비슷해서, 대의는 공유하지만, 구체적인 이슈 하나하나에 대해서는 쓸데없는 다툼을 벌인다.

---

15) L. Zingales, "Survival of the Fittest or the Fattest? Exit and Financing in the Trucking Industry," *Journal of Finance* 53(June 1998), pp. 905~938.

이러한 이해의 충돌이 적절한 영업과 투자, 자본조달결정을 방해하면 재무적 곤경 비용은 커진다. 주주는 기업의 전체적 시장가치 극대화라는 일반적인 목적을 포기하는 대신에 좀 더 편협한 이기적인 이익을 추구하려는 유혹을 받는다. 주주는 채권자의 비용으로 게임을 하려는 유혹을 느낀다. 이제 그러한 게임이 어떻게 재무적 곤경 비용으로 이어지는지 예시해 보자.

다음은 서큘러 파일 회사(Circular File Company)의 장부가치 재무상태표이다.

서큘러 파일 회사(장부가치)

순운전자본	$ 20	$ 50	발행 채권
고정자산	80	50	보통주
총자산	$100	$100	총 가치

주식 1주와 채권 1장만 발행되었다고 가정한다. 주주는 경영자이기도 하다. 채권자는 다른 사람이다.

다음 시장가치 재무상태표에서 서큘러 부채($50)의 액면가치가 기업의 총 시장가치($30)보다 높으므로 분명히 재무적 곤경의 상황이다.

서큘러 파일 회사(시장가치)

순운전자본	$20	$25	발행 채권
고정자산	10	5	보통주
총자산	$30	$30	총 가치

오늘이 부채 만기라면 서큘러의 소유자는 채무를 이행하지 못하고 기업은 파산에 이른다. 그러나 사실은 지금부터 1년 후가 채권 만기이고, 서큘러가 1년을 그럭저럭 버티기에 충분한 현금이 있으며, 채권자는 그 이전에 '문제를 제기'하거나 파산을 강요할 수 없다고 하자.

1년의 유예기간은 서큘러 주식이 왜 여전히 가치 있는지를 설명한다. 소유자는 기업이 부채를 상환하고도 돈이 남아 기업을 구할 수 있는 행운에 내기를 걸게 된다. 이 내기는 도박에 가깝다. 원칙적으로는 기업가치가 $30에서 $50 이상으로 증가할 때만 이 내기에서 승리한다.[16] 그러나 소유자에게는 비밀 무기가 있다. 그는 투자와 영업 전략을 통제한다.

위험의 전가: 첫 번째 게임

서큘러에 $10의 현금이 있다고 하자. 다음과 같은 투자기회가 생겼다.

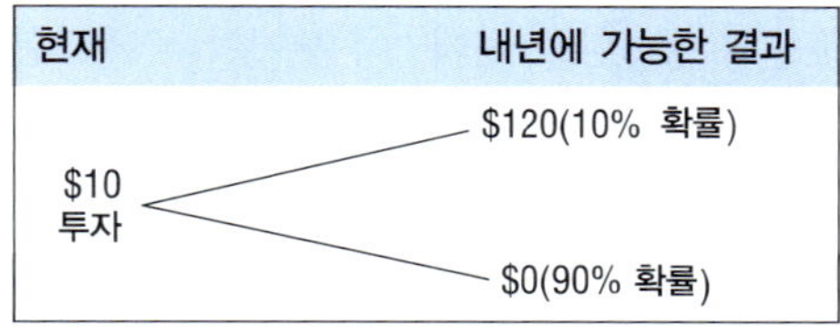

이는 무모한 도박이며, 아마도 형편없는 투자안일 것이다. 그러나 소유자가 어떻게든 이를 채택하

16) 여기서 주주가 내기에 지급할 공정한 가격이 $5인가를 어떻게 계산하는지에는 관심이 없다. 이 문제는 위험 부채를 논의하는 제23장에서 다룬다.

려는 이유를 알 수 있다. 왜 끝까지 한번 버텨보지 않겠는가? 어찌되든 서큘러는 파산할 가능성이 크다. 따라서 소유자는 본질적으로 채권자의 돈으로 내기하는 것이다. 그러나 투자안이 성공하면 전리품 대부분을 소유자가 차지한다.

투자안의 NPV는 −$2이지만 어쨌든 투자된다고 가정하자. 따라서 기업가치는 $2 감소한다. 서큘러의 새로운 재무상태표는 다음과 같을 것이다.

서큘러 파일 회사(시장가치)

순운전자본	$10	$20	발행 채권
고정자산	18	8	보통주
총자산	$28	$28	총 가치

기업가치는 $2 하락하지만, 채권가치가 $5 하락했기 때문에 소유자는 $3을 번다.17) 채권을 지켜주던 현금 $10은 이 경우 $8의 가치만 있는 매우 위험한 자산으로 대체된다.

따라서 게임은 서큘러 채권자의 돈으로 진행되었다. 게임은 다음과 같은 일반적인 논점을 잘 드러내 준다. 경영위험이 증가하면 부채사용 기업의 주주가 이익을 본다. 엄격하게 주주의 처지에서 (채권자의 이익에 반해서) 행동하는 재무관리자는 안전한 투자안보다 위험한 것을 더 좋아한다. 그들은 NPV가 음(−)인 위험한 투자안마저 채택할지도 모른다.

이러한 왜곡된 자본예산 전략은 기업과 전체 경제에 막대한 비용을 안긴다. 왜 이 비용을 재무적 곤경과 연관시키는가? 게임의 유혹은 채무불이행의 가능성이 클 때 매우 강하기 때문이다. 엑슨모빌(Exxon Mobil)과 같은 우량기업은 NPV가 음(−)인 도박에는 절대 투자하지 않을 것이다.

자기자본 출자 거부하기: 두 번째 게임

주주가 즉각적이고 속 좁은 이기심을 갖고 행동할 때 어떻게 기업의 전체적인 시장가치를 감소시키는 투자안을 채택할 수 있는가를 살펴보았다. 이는 저지름의 오류(errors of commission)이다. 이해의 충돌은 또한 게으름의 오류(errors of omission)를 불러일으킬 수도 있다.

서큘러가 현금을 조금도 마련하지 못해서 그 무모한 게임을 할 수 없다고 하자. 대신에 좋은 기회가 나타났다. 비용이 $10이고 현재가치가 $15로 NPV = +$5인 상대적으로 안전한 자산이 있다.

이 투자안 자체로는 서큘러를 구원하지 못하지만, 올바른 방향으로 한걸음 나가는 것이다. 그러므로 서큘러가 새로 $10 가치의 주식을 발행하여 투자를 진행할 것으로 예상할 수 있다. 본래의 소유주에게서 $10을 받고 2주를 발행했다고 하자. 이 투자안은 채택된다. 새로운 재무상태표는 다음과 같다.

서큘러 파일 회사(시장가치)

순운전자본	$20	$33	발행 채권
고정자산	25	12	보통주
총자산	$45	$45	총 가치

17) 이 $5 하락은 계산한 값이 아니다. 우리는 그저 그럴듯한 가정을 하고 있을 뿐이다. 계산에 필요한 도구들은 제21장과 22장에 나온다.

총 기업가치는 $15 상승한다(새로운 자본금 $10와 NPV $5). 서큘러의 채권가치는 이제 $25가 아니라 $33이라는 데 유의하자. 기업의 자산에 새롭고 안전한 자산 $15가 포함되기 때문에 채권자는 $8의 자본이득을 얻는다. 채무불이행 확률은 낮아지고, 채무불이행이 발생했을 때 채권자가 받는 가치는 커진다.

주주는 채권자가 얻는 만큼 잃는다. 자기자본 가치는 $15가 아니라, $15 − $8 = $7 상승한다. 소유자는 새로운 자기자본 $10을 투입하지만, 시장가치는 $7 증가에 그친다. 투자는 기업에 이득이 되지만 소유자에게는 이득이 아니다.

이 예는 다시 한 번 일반적인 논점을 제시해 준다. 경영위험이 일정하게 유지되는 경우, 모든 기업가치의 증가는 채권자와 주주들이 공유한다. 투자안의 이익을 채권자와 나누어 가져야 하므로 **주주**에게는 모든 투자기회의 가치가 감소한다. 따라서 NPV가 양(+)인 투자기회를 포기하더라도 새로 자기자본을 투입하지 않는 것이 주주 자신에게 이익이 된다.

이 문제는 이론적으로 부채가 있는 모든 기업에 영향을 주지만, 기업이 재무적 곤경에 처해 있을 때 가장 심각하다. 채무불이행 확률이 높을수록 채권자는 기업가치를 증가시키는 투자안으로부터 더 많은 이익을 얻는다.

세 가지 다른 게임, 간단히 보기

다른 게임과 마찬가지로 다음 세 게임의 유혹은 기업이 재무적 곤경에 처해 있을 때 특히 커진다.

현금 챙겨 도망가기(cash in and run) 주주들은 재무적 곤경에 처한 기업에 돈을 투입하기를 꺼리고, 예컨대 현금배당의 형태로 돈을 찾아가는 것을 좋아한다. 주가는 배당금보다 적게 하락하는데 그 이유는 기업가치 감소분을 채권자와 나누어 부담하기 때문이다. 이 게임은 '자기자본 출자 거부하기'를 역으로 하는 행동이다.[18)]

시간 벌기(playing for time) 기업이 재무적 곤경에 처하면 채권자들은 그 기업을 청산하여 잔존가치를 확보하려 할 것이다. 자연히 주주들은 가능한 한 이를 지연시키려 한다. 이렇게 하는 데는 여러 가지 교활한 방법들이 있다. 예를 들면 당해 영업성과를 더 좋게 보이려고 문제의 진정한 심각성을 감추도록 회계 방법을 변경하거나, 곧바로 회복할 것이라는 잘못된 희망을 부추기거나, 유지보수비와 연구개발비 등을 줄이는 것이다.

미끼로 유혹하여 바꿔치기(bait and switch) 이 게임이 꼭 재무적 곤경 상황에서만 행해지는 것은 아니지만 빨리 곤경으로 들어가는 방법이다. 회사는 상대적으로 안전한 액수의 부채를 발행하는 보수적인 정책으로 시작한다. 그 후 갑자기 정책을 변경하여 부채를 아주 많이 발행한다. 그러면 회사의 모든 부채는 위험해지고, '구' 채권자들은 자본손실을 입는다. 채권자들의 자본손실은 곧 주주의 이익이 된다.

미끼로 유혹하여 바꿔치기의 가장 극적인 사례는 1988년 10월 RJR 나비스코(RJR Nabisco)

18) 재무적 곤경이나 파산을 예상하고 주주나 경영자가 돈을 빼낸다면 파산 법정은 이 지급금을 **사해적 재산의 양도**(*fraudulent conveyance*)로 간주하고 이 돈을 기업과 채권자에게 되돌려주도록 할 수 있다.

의 경영진이 자사를 **차입매수**(*leveraged buy-out,* LBO)하겠다는 발표이다. 이로써 회사는 기존 주주에게서 주식을 사들여 '비상장 기업'으로 바꾸는 거래로 '돌입했다.' 차입매수 비용은 대부분 부채로 조달되었다. 새로운 비상장기업은 극도로 높은 부채비율을 갖고 출범하게 될 것이다.

나비스코에는 시장가치로 약 $24억이나 되는 부채가 있었다. LBO 계획 발표로 부채의 시장가치는 $2억 9,800만만큼 하락하였다.[19)]

게임에 드는 비용

성인들 사이에 합의로 이루어지는 게임이라면 왜 반대하는가? 그 이유는 게임을 하게 되면 투자와 영업에서 나쁜 결정을 하게 되기 때문이다. 이 좋지 않은 의사결정이 차입의 대리인 비용(*agency cost*)이다.

기업이 더 많이 빌릴수록 (재무관리자는 주주의 이익을 위해 행동한다고 가정할 때) 게임의 유혹도 커진다. 장래에 나쁜 결정을 할 확률이 커지면 투자자는 기업의 현재 시장가치를 낮게 평가한다. 하락한 가치는 주주의 호주머니에서 나온다. 따라서 유혹을 피하는 것이 궁극적으로 주주에게 이익이다. 이렇게 하는 가장 쉬운 방법은 기업의 부채가 안전하거나 거의 안전한 정도로 차입을 제한하는 것이다.

은행과 기타 채권자들도 재무에 관한 한 바보가 아니다. 그들은 이 게임이 자신들의 희생으로 실행될 가능성을 인지하고, 대출금을 제한하거나 기업의 활동에 제약을 가하는 방식으로 자신을 보호한다.

예제 18.1 ● 케첩 여사가 신용할당에 직면하다

새로 시작하는 기업인 헨리에타 케첩(Henrietta Ketchup)은 다음과 같은 결과를 제공하는 두 투자안을 가지고 있다.

	투자액	결과	결과의 확률
투자안 1	−12	+15	1.0
투자안 2	−12	+24	0.5
		0	0.5

투자안 1은 확실하고 매우 수익성이 높다. 투자안 2는 위험하며, 좋지 않은 투자안이다. 케첩 여사는 이제 거래 은행에 가서 $10의 현재가치를 대출해 달라고 요청한다. (나머지 돈은 그녀의 지갑에서 나온다.) 은행은 수익이 다음과 같이 나누어질 것으로 추정한다.

	은행의 기대수익	케첩 여사의 기대수익
투자안 1	+10	+5
투자안 2	(0.5 × 10) + (0.5 × 0) = +5	0.5 × (24 − 10) = +7

19) 이 숫자를 제공해 준 Paul Asquith에게 감사한다. RJR 나비스코는 이 회사의 경영진이 아닌 다른 LBO 컨소시엄에 의해 결국 비상장 기업이 되었다.

케첩 여사가 투자안 1을 받아들이면, 은행 부채는 확실히 전액 상환된다. 그녀가 투자안 2를 택한다면, 상환될 가능성은 50%이고 은행의 기대 수입은 겨우 $5이다. 불행히도 케첩 여사는 투자안 2를 택하려 할 것이다. 일이 잘되면 그녀가 이익의 대부분을 차지하고, 잘못되면 손실 대부분을 은행이 부담한다. 케첩 여사가 빌린 돈으로 도박을 하지 않을 것이라고 은행을 설득하지 못한다면 은행은 대출 규모를 제한할 것이다.[20]

예제 18.1에서 케첩 여사는 은행에 그녀의 의도를 어떻게 이해시킬 수 있을까? 확실한 답은 은행에게 잠재적으로 위험한 결정에 대한 거부권을 주는 것이다. 기업의 부채를 뒷받침하는 계약에 숨겨진 모든 불리한 조건들은 궁극적으로 경제적 논리에 따른 것들이다. 부채 계약서는 종종 배당이나 주주에게 부를 이전하는 것과 다름없는 행위들을 제한한다. 예를 들어 기업이 순이익보다 많이 배당하지 못하게 하고, 추가로 차입하는 것을 제한한다. 또 다른 예로, 기존 채권 계약서에서 지급이자에 대한 순이익 비율이 2.0을 초과하는 경우에만 장기 부채를 추가로 발행하는 것을 허용한다.

일부 기업은 채권자의 동의 없이는 자산의 매각이나 중요한 투자 지출을 하지 못하도록 제한받는다. 회계처리 방법을 분명히 밝히고 채권자에게 기업의 회계장부와 재무예측 자료 열람권을 부여하면 시간 벌기의 위험이 줄어든다.

물론 숨겨진 불리한 조건이 어떻게든 위험 부채를 발행하려는 기업에 대한 완전한 해결책이 되지는 못한다. 이러한 조건 그 자체에도 비용이 수반된다. 돈을 지키려고 돈을 써야 한다. 복잡한 부채 계약이 단순한 계약보다 협상 비용이 더 많이 드는 것은 당연한 사실이다. 이후 채권자가 기업 성과를 감시하는 데도 더 큰 비용이 든다. 채권자는 예상되는 감시비용(monitoring cost)에 대해 더 높은 이자율의 형태로 보상을 요구한다. 따라서 부채의 또 다른 대리인 비용인 감시비용은 궁극적으로 주주가 부담하게 된다.

숨겨진 불리한 조건의 가장 심각한 비용은 아마도 영업과 투자 결정에 대한 제한에서 나온다. 예를 들어 위험 전가 게임을 막기 위한 시도는 동시에 기업이 좋은 투자기회를 선택하는 것을 방해할 수도 있다. 적어도 채권자의 의심을 없애느라 중요한 투자가 지연된다. 어떤 경우에는 순 현재가치가 양(+)인 투자안을, 위험이 크다는 이유로 채권자가 거부하기도 한다. 사실 채권자들도 자신을 위한 게임, 즉 좋은 투자안을 포기하더라도 기업이 현금이나 위험이 작은 자산에 안주하도록 강요하려는 유혹을 받는다.

지금까지 논의한 게임들이 전혀 일어나지 않도록 부채 계약에 모두 명시할 수는 없다. 그렇게 하려는 시도는 모두 절망적일 만큼 비용이 많이 들 뿐만 아니라, 결국에는 실패하게 되어 있다. 인간의 상상력은 잘못될 모든 가능성을 인지하기에 충분하지 않다. 그러므로 계약은 항상 **불완전**(*incomplete*)하다. 우리는 이전에는 전혀 생각하지도 못했던 차원에서 발생하는 일로 항상 놀라곤 한다.

경영자나 주주는 제약이 없으면 항상 유혹에 굴복한다는 인상을 남기지 않았기를 바란다. 일반

20) 케첩 여사가 투자안 2를 선택할지도 모른다고 은행이 의심하면 부채 이자율을 올리려 할 수도 있다. 이 경우 케첩 여사는 투자안 2를 채택하지 않으려 할 것이다. (고약한 투자안으로 그들 모두를 만족하게 할 수는 없다.) 그러나 투자안 1을 채택할 생각이라면, 케첩 여사 또한 높은 금리를 부담하지 않으려 한다. (그녀는 무위험 이자율에 더 적게 빌리는 편이 나을 것이다.) 따라서 단순히 이자율을 올리는 것은 답이 아니다.

적으로 그들은 페어플레이라는 의미뿐만 아니라 실질적인 이유로도 스스로 절제한다. 채권자를 희생시키는 대가로 오늘 주식에서 크게 한몫 보려는 기업이나 개인은 다음번 차입에서는 냉대를 받을 것이다. 철저한 사기꾼과 극도의 재무적 곤경에 처한 기업만이 공격적인 게임에 참여한다. 기업은 곤경에 처하여 게임을 할 유혹에 노출되기를 바라지 않기 때문에 차입을 엄격하게 제한한다.

곤경 비용은 자산의 유형에 따라 변동한다

전액 저당 잡힌, 중심가의 큰 호텔이 당신 회사의 유일한 자산이라고 하자. 불황이 와서 객실 이용률이 떨어지고 저당 대출금을 갚을 수가 없다. 채권자는 호텔을 인수하여 새로운 소유주와 경영자에게 매각한다. 당신 주식은 휴지조각이 되었다.

파산비용은 얼마인가? 아마도 이 예에서는 매우 적을 것이다. 물론 호텔의 가치는 당신이 희망하는 것보다 훨씬 작다. 그러나 그것은 손님이 없기 때문이지 파산 때문은 아니다. 파산은 호텔 그 자체에 손해를 주지 않는다. 직접적인 파산비용은 법률 수수료와 부동산 수수료, 채권자가 일을 처리하는 데 드는 시간 같은 항목으로 제한된다.

우리가 위의 한탄강호텔 이야기를 풋내기전자(제4장 참조)의 경우에도 똑같이 반복한다고 하자. 기초 실물자산을 제외하고는 모든 것이 같다. 풋내기전자는 부동산기업이 아니라 첨단기술 기업, 즉 가장 가치 있는 자산이 신기술과 투자기회, 종업원의 인적 자본 등으로 구성된 성장기업이다.

풋내기전자에 문제가 생기면, 주주들은 회사의 성장기회에 추가로 돈을 투자하는 것을 꺼릴 것이다. 투자 실패는 한탄강호텔과 같은 부동산 기업보다는 풋내기전자에 훨씬 더 심각할 것이다.

풋내기전자가 부채에 대한 채무를 이행하지 못하면 채권자는 자산을 매각하여 현금화하기가 훨씬 어려움을 알게 된다. 자산 대부분을 차지하는 무형자산은 계속기업의 일부일 때만 가치가 있다.

풋내기전자가 채무불이행과 재조직을 통해 계속기업으로 유지될 수 있을까? 그것은 결혼 케이크를 세차기에 넣어 씻으려는 것만큼 희망이 없지는 않겠지만, 수많은 심각한 어려움이 있을 것이다. 첫째, 회사가 재무적 곤경에 처하지 않았을 때보다 핵심 인력의 이탈 가능성이 더 커진다. 이 회사 제품이 계속 서비스될지 의심하는 고객에게는 특별 보증이 주어져야 할 것이다. 신제품과 기술에 공격적인 투자가 어려워진다. 기업이 모험적인 투자에 새로 자금을 투입하는 것이 그들에게도 이익이 된다고 여러 유형의 채권자를 확신시켜야 한다.

좋은 상업용 부동산과 같은 일부 자산은 거의 상처를 입지 않고 파산과 재조직을 통과할 수 있다.[21] 다른 자산의 가치는 상당히 감소할 것이다. 계속기업으로서 기업의 건전성과 관련된 무형자산, 예를 들어 기술과 인적 자원, 상표 이미지 등에서 손실이 가장 크다. 이러한 이유 때문에 기업가치가 연구개발의 계속적인 성공에 달린 제약업종과 인적 자원에 의존하는 많은 서비스 산업

21) 1989년 록펠러(Rockefeller) 일가는 맨해튼 요지에 있는 대형 빌딩인 록펠러 센터 지분의 80%를 미쯔비시 부동산회사(Mitsubishi Estate Company)에 $14억에 매각하였다. 부동산투자신탁회사(REIT)인 록펠러 센터(Rockefeller Center Properties)는 이 부동산을 담보로 $13억의 저당 채무(REIT의 유일한 자산)를 갖고 있었다. 그러나 임대와 사용률이 예상에 도달하지 못했고, 1995년까지 미쯔비시는 약 $6억의 손실을 보았다. 그리고 나서 미쯔비시는 떠나고 록펠러 센터는 파산하였다. 이는 일련의 복잡한 책략과 협상으로 이어졌다. 그러나 이 때문에 록펠러 센터 자산의 가치가 감소하였는가? 파산 때문에 센터 재산의 일부인 라디오시티뮤직홀(Radio City Music Hall)의 가치가 조금이라도 감소했는가? 우리는 그렇지 않다고 생각한다.

은 부채비율이 낮다. 또한 마이크로소프트와 구글처럼 수익성이 높은 성장기업들이 주로 자기자본으로 자금을 조달하는 이유를 이해할 수 있다.

이들 예의 교훈은 다음과 같다. **차입이 문제를 일으킬 가망성만 생각하지 말라. 문제가 생겼을 때 손상될 가치에 대해서도 생각하라.**

엔론의 한탄강호텔? 엔론(Enron)은 1990년대에 가장 매혹적이고, 빨리 성장하는 (분명히) 수익성 높은 기업 중 하나였다. 이 회사는 미국과 외국에서 전력시장의 규제완화를 선도하였고, 전력생산과 송배전, 가스 파이프라인, 통신 네트워크, 그리고 다양한 벤처사업에 투자하였다. 의욕이 넘치는 에너지 유통회사를 설립하기도 하였다. 정점에 있었을 때 엔론의 보통주 시가총액은 $600억을 넘어섰다. 2001년 말에 가서 엔론은 파산하고 주식은 아무런 가치도 없어졌다.

돌아보면 엔론은 앞에서 설명한 수많은 게임을 벌였다. 이 회사는 공격적으로 차입한 부채를 '특수목적 법인(special purpose entities, SPE)'에 숨겨두었다. 이 SPE는 회사의 보고된 이익을 과장하는 한편 더 위험한 투자를 하면서 시간 벌기 게임을 하는 데도 이용되었다. 거품이 터지자 남은 자산은 거의 없었다.

애당초 $600억은 존재하지도 않았기 때문에 엔론의 붕괴가 정말로 $600억의 가치를 파괴한 것은 아니었다. 그러나 이는 재무적 곤경 비용의 진수를 보여주었다. 엔론의 에너지 유통사업에 초점을 맞춰보자. 이 사업은 겉보기처럼 그렇게 수익성이 높지 않았지만, 그래도 가치 있는 자산이었다. 엔론은 전기와 천연가스, 기타 상품의 미래 가격과 수량을 확정하는 계약을 사고팔기를 원하는 에너지 도매업자와 대형 수요자들에게 중요한 서비스를 제공하였다.

엔론이 재무적 곤경에 처해 있고 아마도 파산을 향해 가고 있음이 명백해졌을 때 이 회사에 무슨 일이 일어났는가? 사라져 버렸다. 거래량은 즉시 0이 되었다. 엔론이 제 역할을 다하는 거래상대방이 되기에는 너무 거리가 있음이 명백해졌기 때문에 어떤 고객도 엔론과 새로운 거래를 하지 않으려 했다. 거래량이 없으면 유통사업도 없다. 엔론의 유통사업은 한탄강호텔의 유형자산보다는 풋내기전자와 더 비슷했다.

엔론의 유통사업의 가치는 엔론의 신용도에 달렸었다. 보수적인 자본조달로 이러한 가치를 보호해야만 했었다. 사라진 가치 대부분은 엔론의 공격적인 차입에서 그 이유를 찾을 수 있다. 그러므로 이 상실된 가치는 재무적 곤경 비용이었다.

자본구조의 교환관계 이론

재무관리자는 기업의 부채-자기자본 결정을 이자의 절세효과와 재무적 곤경 비용 간의 교환관계로 생각한다. 물론 이자 절세효과가 얼마나 가치 있고, 어떤 재무적 곤경이 가장 위협적인가에 대해서는 논란이 있지만, 이러한 의견 불일치는 주제를 변형한 것일 뿐이다. 그림 18.2는 부채-자기자본의 교환관계를 보여준다.

이 자본구조의 **교환관계 이론**(*trade-off theory*)은 목표 부채비율(target debt ratio)이 기업마다 다를 수 있음을 인정한다. 안전한 유형자산과 절약할 수 있는 많은 과세대상 이익이 있는 기업은 높은 목표 비율을 가져야 한다. 위험하고, 무형자산을 갖는 수익성이 없는 기업은 주로 자기자본조달에 의존해야만 한다.

자본구조 조정에 비용이 들지 않는다면 각 기업은 항상 목표 부채비율을 유지할 것이다. 그러나 최적 비율로 조정하는 데는 시간과 비용이 든다. 기업이 목표 자본구조에서 이탈하게 만드는 무작위적인 사건들을 즉각 상쇄시킬 수는 없다. 따라서 같은 목표 부채비율을 갖는 기업들 사이에서도 실제 부채비율이 무작위적인 차이를 보이게 된다.

대체로 이 자본구조 선택에 대한 교환관계 이론은 위안이 되는 이야기를 들려준다. 가능하면 많은 부채를 가져야 한다는 MM 이론과는 달리 극단적인 예측을 피하고 적당한 부채비율을 합리화시킨다. 재무관리자에게 목표 부채비율이 있느냐고 물으면, 종종 목표가 부채비율로 정해지지 않고 부채 등급으로 정해지기는 하지만, 보통 "예"라고 답할 것이다. 예를 들어 기업은 채권등급을 A로 유지하도록 자본구조를 관리한다. 비율이든 등급이든, 목표는 교환관계 이론과 일관성을 가진다.[22)]

그러나 실제로 그런가? 자본구조의 교환관계 이론은 실제로 기업들이 어떻게 행동하는가를 설명할 수 있는가?

답은 "예"와 "아니오" 모두 가능하다. "예" 측면에서 교환관계 이론은 여러 산업별로 자본구조가 다른 현상을 잘 설명한다. 예를 들어 자산이 위험하고 주로 무형인 첨단기술 성장기업은 일반적으로 부채를 상대적으로 거의 사용하지 않는다. 항공사는 자산이 유형이고 상대적으로 안전하기 때문에 많이 차입할 수 있고 또 실제로 그렇게 한다.[23)]

"아니오" 측면에서는 교환관계 이론이 설명할 수 없는 것이 몇 가지 있다. 이것은 가장 성공적인 일부 기업들이 거의 부채를 사용하지 않고도 번성하는 이유를 설명하지 못한다. 머크(Merck)를 생각해 보자. 이 회사는 표 18.3(a)에서와 같이 거의 전액 자기자본으로 조달하였다. 머크의 가장 가치 있는 자산은 무형자산인 제약 연구개발의 성과임을 인정하자. 우리는 무형자산과 보수적인 자본구조가 함께 간다는 것도 잘 안다. 그렇지만 머크는 엄청난 거액의 법인세를 내면서(2008년에 약 $20억), 가장 높은 신용등급을 유지하고 있다. 이 회사는 재무적 곤경의 가능성을 조금도 염려하지 않고 거액을 차입하여 수천만 달러를 절약할 수 있다.

머크는 실제 자본구조에 대한 아주 이상한 사실을 보여준다. 가장 수익성이 높은 기업이 보통 가장 적게 빌린다.[24)] 여기서 교환관계 이론은 맞지 않는다. 정확히 반대되는 예측을 하기 때문이다. 교환관계 이론에서 많은 이익은 더 많은 부채조달 한도와 더 많은 절약할 수 있는 과세 대상 소득을 의미하고, 따라서 더 높은 목표 부채비율을 의미한다.[25)]

---

22) J. Graham and C. Harvey, "The Theory and Practice of Corporate Finance: Evidence from the Field," *Journal of Financial Economics* 60(May/June 2001), pp. 187~244 참조.

23) 모든 항공사가 안전하다는 말은 아니다. 많은 항공사가 그렇지 않다. 항공사는 못하지만, 비행기는 부채를 지탱해 줄 수 있다. 올빼미 항공사가 부도가 나면 이 회사의 비행기를 다른 회사가 운항하여도 가치가 유지된다. 중고 비행기를 취급하는 잘 작동하는 중고시장이 있다. 따라서 비행기를 담보로 한 부채는 살얼음판 위를 (그리고 어둠 속을) 나는 항공사에 대출되어도 잘 보전될 수 있다.

24) 예를 들어 Wald는 국제 비교에서 기업 자본구조의 단 하나의 가장 중요한 요인은 수익성임을 발견하였다. J. K. Wald, "How Firm Characteristics Affect Capital Structure: An International Comparison," *Journal of Financial Research* 22(Summer 1999), pp. 161~187 참조.

25) 여기서 부채는 기업 자산의 장부가치 또는 대체가치에서 차지하는 비중을 의미한다. 수익성 있는 기업은 시장가치에서 차입이 차지하는 비중이 크지 않을 것이다. 더 높은 수익성은 더 큰 시장가치뿐만 아니라 차입할 유인이 커진다는 것을 의미한다.

일반적으로 공개기업은 세금 때문에 자본구조를 변화시키지는 않는다.[26] 그리고 기업의 시장 가치에서 이자 절세효과의 현재가치가 차지하는 비중을 알아내기도 어렵다.[27] 또한 같은 산업에 속한 기업들의 부채비율이 큰 차이를 보이며 그 차이는 장기적으로 유지된다. 이는 교환관계 이론이 중요하다고 하는 속성을 통제하고 나서도 그렇다.[28]

교환관계 이론의 "아니오" 측면에서 마지막 요점은 다음과 같다. 오늘날 부채비율은 1900년대 초기보다 높지 않다. 그때는 소득세율이 0이거나 낮았다. 다른 선진국에서 부채비율은 미국과 같거나 더 높다. 이 중 여러 나라에서 이자 절세효과의 가치를 없애는 귀속세제를 채택하고 있다.[29]

이 중 어떤 것도 교환관계 이론을 부정하지 않는다. 조지 스티글러(George Stigler)가 강조한 바와 같이 이론은 상황 증거에 의해 기각되지 않는다. 이론은 이론으로 반박해야 한다. 그래서 이제 자본조달 문제에 관한 완전히 다른 이론을 살펴본다.

18.4 자본조달 선택의 우선순위

우선순위 이론(pecking-order theory)은 경영자들이 기업의 전망과 위험, 가치에 대해 외부 투자자들보다 더 잘 안다는 의미의 멋진 용어인 **비대칭 정보**(*asymmetric information*)로부터 시작된다.

경영자는 분명히 투자자들보다 더 많이 안다. 경영자의 발표로 말미암은 주가 변화를 관찰하면 이것이 증명된다. 기업이 정기 배당의 증가를 발표하면 주가는 보통 상승한다. 투자자들은 배당 증가를 미래 이익에 대한 경영자의 자신감의 표시로 해석하기 때문이다. 다시 말하면 배당 증가는 경영자로부터 투자자에게 정보를 전달한다. 이는 경영자가 더 많은 것을 아는 경우에만 일어난다.

비대칭 정보는 내부와 외부 자본조달 간의 선택, 그리고 새로운 부채와 주식 발행 간의 선택에 영향을 미친다. 이는 투자자금이 처음에는 주로 재투자한 이익인 내부자금으로 조달되며, 그러고 나서 신규 부채를 발행하고, 마지막으로 신주를 발행하는 **우선순위**(*pecking order*)로 이어진다. 신주 발행은 기업의 부채조달 한도가 소진되었을 때, 즉 재무적 곤경 비용의 위협이 기존의 채권

26) Mackie-Mason은 세금을 내는 기업은 세금을 내지 않는 기업보다 (자기자본에 비해서) 부채를 더 많이 조달하는 경향이 있음을 발견하였다. 이는 세금이 자본조달결정에 영향을 미침을 보여준다. 그러나 이것이 꼭 교환관계 이론을 지지하는 증거는 아니다. 제18.2절을 다시 보고 법인세와 개인세가 상쇄되어 부채정책이 무관련한 특별한 경우에 주목하자. 이 경우 세금을 내는 기업은 부채에 순 세금이득이 없음을 안다. 기업의 이자 절세효과는 기업의 부채 투자자가 내는 세금으로 상쇄된다. 그러나 적자를 보고 있고, 이자 절세효과의 혜택을 보지 못하는 기업에는 자기자본이 유리하다. J. Mackie-Mason, "Do Taxes Affect Corporate Financing Decisions?" *Journal of Finance* 45(December 1990), pp. 1471~1493 참조.

27) E. F. Fama and K. R. French의 연구에서는 1965년에서 1992년까지 2,000개 기업을 조사한 결과 이자 절세효과가 기업가치에 도움이 된다는 증거를 발견하지 못했다. "Taxes, Financing Decisions and Firm Value," *Journal of Finance* 53(June 1998), pp. 819~843 참조.

28) M. L. Lemmon, M. R. Roberts, and J. F. Zender, "Back to the Beginning: Persistence and the Cross-Section of Corporate Capital Structure," *Journal of Finance* 63(August 2008), pp. 1575~1608.

29) 제16.7절에서 호주의 귀속세제에 대해 설명하였다. 다시 표 16.3을 보자. 호주 기업이 이자로 A$10를 지급한다고 하자. 이는 법인세를 A$3.00만큼 감소시키는 동시에 주주가 받는 세액공제를 A$3.00만큼 감소시킨다. 최종 세금은 기업이나 주주 중 누가 차입하였는가와 관계가 없다.

그림 18.1을 호주 제도에 대해 다시 그려서 이를 확인할 수 있다. 법인세율 T_c는 상쇄된다. 모든 세금을 낸 후의 소득은 투자자의 세율에만 의존하기 때문에 기업 차입에 따른 특별한 이득은 없다.

자와 재무관리자에게 계속적인 불면증을 가져올 때 의존하는 최후의 보루이다.

곧 이어서 우선순위 이론에 대해 더 자세히 살펴볼 것이다. 그보다 먼저, 비대칭 정보가 있을 때 재무관리자는 왜 보통주보다 부채 발행을 선호하게 되는가를 알아야 한다.

비대칭 정보가 있을 때 부채와 주식의 발행

바깥세상에서 볼 때 예로 든 두 기업 스미스 앤 컴퍼니(Smith & Company)와 존스사(Jones, Inc.)는 같다. 두 회사 모두 좋은 성장기회를 가진 성공적인 기업이다. 그러나 두 기업에는 위험이 있으며, 투자자들은 경험상 현재의 예상과는 다른 결과가 자주 일어난다고 알고 있다. 두 회사의 현재 기대 주가는 $100이지만, 진정한 가치는 더 높거나 낮을 수도 있다.

	스미스	존스
진정한 가치는 더 높을 수도 있다.	$120	$120
현재 최선의 추정치	100	100
진정한 가치는 더 낮을 수도 있다.	80	80

이제 두 기업 모두 자본투자를 위해 투자자에게서 신규로 자금을 조달할 필요가 있다고 하자. 채권이나 주식 둘 중 하나를 발행할 수 있다. 어떤 선택을 할 것인가? 한 재무관리자는 다음과 같이 생각할 수 있다.

> 주식을 주당 $100에 팔아? 웃기는 일이야! 최소한 $120의 가치가 있어. 지금 주식을 발행하면 새로운 투자자에게 공짜 선물을 주는 셈이다. 의심 많은 주주들이 회사의 진정한 가치를 알아주었으면 좋겠어. 새로운 공장 덕분에 우리 생산비는 세계에서 가장 낮을 것이다. 기자와 증권 애널리스트들에게 장밋빛 전망을 설명하였지만, 별로 믿기지 않는 모양이다. 음, 그렇다면 선택은 분명해. 우리는 저평가된 주식 대신 부채를 발행할 거야. 부채 발행으로 발행 수수료도 절약할 수 있을 거야.

다른 재무관리자는 생각이 다르다.

> 버팔로 버거는 한동안 히트 상품이었지만, 유행이 시드는 듯하다. 즉석식품 사업부가 새로 좋은 상품을 찾아내지 못하면 지금부터는 내리막이다. 수출시장이 지금은 좋지만, 시베리아의 신설 목장들과 어떻게 경쟁해 나간단 말인가? 기자와 증권 애널리스트들에게 단기적으로 좋은 뉴스들을 알려주었더니 다행히도 주가는 꽤 좋게 유지됐다. 이제 주식을 발행할 때다. 중요한 투자가 진행 중인데 왜 부채를 늘려서 걱정거리를 보태겠는가?

물론 외부 투자자는 재무관리자의 마음을 읽을 수 없다. 읽을 수 있다면 한 주식은 $120에, 다른 주식은 $80에 거래될 것이다.

낙관적인 재무관리자는 투자자들에게 그저 사실을 알려주기만 하면 될 텐데 왜 그렇게 하지 않는 것일까? 그러면 그 회사는 공정한 조건에 주식을 팔 수 있고, 그래서 자기자본보다 부채를 선호하거나 또는 그 반대로 해야 할 이유가 없을 것이다.

이것이 그렇게 쉽지 않다. (두 기업 모두 낙관적인 홍보물을 발행하고 있음에 주목하자.) 투자자들에게는 그저 말로만 해서는 안 된다. 그들을 설득해야만 한다. 그러려면 새로운 기술과 상품 디자인, 마케팅 계획 등등에 대한 내부 정보를 포함하여 회사의 계획과 전망을 자세하게 정리해 설명해 주어야 한다. 이렇게 하려면 기업에는 상당한 비용이 들며, 경쟁사에는 가치 있는 정보가 된다. 무엇 때문에 문제를 일으키겠는가? 매출액과 이익 정보가 알려지면 투자자는 곧바로 알게 된다. 그런 동안에 낙관적인 재무관리자는 부채를 발행하여 성장에 필요한 자본을 조달할 수 있다.

이제 두 가지 언론 발표가 있다고 가정하자.

> 존스사는 $1억 2천만의 5년 만기 선순위 채권을 발행할 것이다.

> 스미스사는 오늘 120만 주의 보통주 신주 발행 계획을 발표하였다. 이 회사는 $1억 2천만을 조달할 것으로 예상한다.

합리적인 투자자인 당신은 금방 두 가지를 알게 된다. 첫째, 존스사의 재무관리자는 낙관적이고 스미스사의 재무관리자는 비관적이다. 둘째, 스미스사의 재무관리자는 투자자가 주당 $100을 지불하리라 생각하는 바보다. 주식 매각 **시도**는 그 주식이 가치가 작음을 분명히 말해준다. 스미스사는 확실히 주당 $100가 아닌, $80 정도에 주식을 매각할 수 있을 것이다.[30]

영리한 재무관리자는 이를 미리 염두에 둔다. 최종 결과는? 스미스사와 존스사는 결국 부채를 발행한다. 존스사의 재무관리자는 낙관적인데 저평가된 가격에 자기자본을 발행하고 싶지 않으므로 부채를 발행한다. 영리하지만 비관적인 스미스사 재무관리자의 주식 발행 시도는 주가 하락으로 이어지고, 주식 발행의 모든 장점이 사라지므로 결국 부채를 발행한다. (주식 발행은 즉시 경영자의 비관적인 생각을 알려주게 된다. 대부분 경영자는 기다리는 것을 선호한다. 부채를 발행하면 나쁜 소식은 다른 채널을 통해서 더 늦게 흘러나오게 된다.)

스미스사와 존스사의 이야기는 비대칭 정보가 어떻게 주식보다 부채 발행에 유리하게 작용하는지를 보여준다. 경영자는 투자자보다 더 많은 정보를 갖고 있으며 두 그룹이 모두 합리적이라면, 차입할 수 있는 기업은 모두 신주보다는 부채를 발행하려 할 것이다. 다시 말하면 부채 발행이 우선순위가 더 높다.

문자 그대로 해석하면 이러한 논리는 주식 발행 가능성을 배제하는 것처럼 보인다. 비대칭 정보가 항상 중요한 것은 아니며, 다른 힘이 작용하기도 하기 때문에 반드시 그렇지는 않다. 예를 들어 스미스사가 이미 부채가 많아서 더 많이 차입할 경우 재무적 곤경을 무릅써야 한다면, 보통주를 발행하는 것도 타당하다. 이 경우 주식 발행 발표가 완전히 나쁜 소식은 아닐 것이다. 발표는 재무적 곤경에 대한 경영자의 우려를 부각시키기 때문에 여전히 주가 하락 요인이긴 하지만, 주가 하락이 꼭 발행이 현명하지 못한 일이거나 실현 불가능함을 의미하지는 않는다.

첨단기술의 고성장기업 역시 신뢰받는 보통주 발행자가 될 수 있다. 그러한 기업의 자산은 주로 무형이고, 파산이나 재무적 곤경 비용이 아주 크다. 그래서 보수적인 자본조달이 필요하다. 급속히 성장하면서 보수적인 부채비율을 유지하는 유일한 방법은 주식 발행이다. 투자자가 이러한 이유로 주식이 발행되는 것을 이해한다면, 스미스사의 재무관리자가 당면했던 유형의 문제는

---

30) 스미스사는 $80으로도 발행에 성공하지 못할지도 모른다. 계속해서 $80에 발행하려고 노력하면 투자자들은 그보다 가치가 없다고 확신하게 된다.

훨씬 심각성이 적다.

이런 예외를 제외하면, 비대칭 정보는 신주 발행보다는 부채 조달이 압도적인 현상을 설명할 수 있다. 적어도 성숙한 공개기업에 대해서는 그렇다. 부채 발행은 자주 있지만 주식 발행은 드물다. 주식시장이 매우 정보 효율적인 미국에서도 외부 자본조달 중 많은 부분이 부채로 조달된다. 잘 발달하지 못한 주식시장을 가진 나라에서는 주식 발행이 더 어렵다.

앞의 어떤 논리도 기업이 높은 부채비율을 향해 매진해야 한다는 말은 아니다. 단지 주식 발행보다는 이익 재투자로 자기자본을 증대시키는 편이 더 좋다는 뜻일 뿐이다. 사실 내부에서 창출된 자금이 풍부한 기업은 어떤 종류의 증권도 발행할 필요가 없고, 그래서 발행비용과 정보 문제를 완전하게 피해 나갈 수 있다.

자본조달 우선순위의 시사점

기업 자본조달의 우선순위 이론(*pecking-order theory*)은 다음과 같다.

1. 기업은 내부 자본조달을 선호한다.
2. 기업은 배당의 갑작스런 변화를 피하려 하고, 목표 배당성향을 투자기회에 맞춰 조정한다.
3. 잘 변하지 않는 배당정책에 수익성과 투자기회의 예측 불가능한 변동을 더하면, 내부에서 조달된 현금흐름이 자본지출보다 많을 때도 있고 적을 때도 있다. 더 많다면 기업은 부채를 상환하거나 시장성 있는 증권에 투자한다. 더 적다면 기업은 먼저 현금계좌에서 인출하거나 시장성 있는 증권을 매각한다.
4. 외부 자본조달이 요구되면, 기업은 먼저 아주 안전한 부채를 발행한다. 즉 부채로 시작하여, 아마도 전환사채와 같은 혼합증권을, 그 다음으로 어쩌면 최후의 수단으로 주식을 발행한다.

이 이론에서는 잘 정의된 목표 부채 – 자기자본의 조합이 없다. 왜냐하면 내부와 외부 두 종류의 자기자본이 있는데 하나는 가장 우선순위가 높고 하나는 가장 낮기 때문이다. 각 기업의 관찰된 부채비율은 외부 자본조달에 대한 누적된 요구를 반영한다.

우선순위 이론은 왜 가장 수익성이 높은 기업이 일반적으로 적게 빌리는지를 설명해 준다. 목표 부채비율이 낮아서가 아니라 외부 자금이 필요하지 않기 때문이다. 수익성이 덜한 기업은 자본 투자계획에 충분한 내부자금이 없어서, 그리고 부채가 외부 자금본조달에서 우선순위가 가장 높아서 부채로 조달한다.

우선순위 이론에서는 이자 절세효과의 매력은 부차적이라고 가정한다. 부채비율은 배당과 실물 투자기회에 필요한 현금을 뺀 내부 현금흐름에 불균형이 있으면 변한다. 투자기회가 제한적이고 수익성이 높은 기업은 부채비율을 낮추려고 한다. 투자기회가 내부 창출 자금보다 많은 기업은 더 많이 빌리게 된다.

이 이론은 동일 산업 내에서 수익성과 재무레버리지가 역의 관계인 현상을 설명한다. 기업들이 일반적으로 동일 산업의 성장률을 따라잡으려고 투자한다고 하자. 그러면 한 산업 내의 투자율은 비슷할 것이다. 배당성향이 고정적이라면 가장 수익성이 낮은 기업은 내부 자금이 적은 만큼 더 많이 차입하게 된다.

교환관계 이론 대 우선순위 이론 — 최근의 검증 결과

라잔과 징갈레스(Rajan and Zingales)는 1995년에 캐나다와 프랑스, 독일, 이탈리아, 일본, 영국, 미국에 있는 대기업의 부채와 자기자본 선택에 관한 논문을 발표하였다. 라잔과 징갈레스는 개별 기업의 부채비율은 다음 네 가지 주요 요인에 따라 결정되는 것으로 보인다고 보고하였다.[31)]

1. **기업규모**(*size*). 대기업의 부채비율이 더 높은 경향이 있다.
2. **유형자산**(*tangible asset*). 고정자산 대 총자산의 비율이 높은 기업은 더 높은 부채비율을 갖는다.
3. **수익성**(*profitability*). 수익성이 높은 기업일수록 부채비율이 낮다.
4. **주가 대 장부가치**(*market to book*). 주가 대 장부가치 비율이 높은 기업일수록 부채비율이 낮다.

이러한 결과는 교환관계 이론과 우선순위 이론 모두에 좋은 소식이다. 교환관계 이론의 지지자들은 유형자산으로 이루어진 대기업들은 재무적 곤경에 덜 노출되어 있고 더 많이 차입할 것으로 예상한다고 말한다. 그들은 주가 대 장부가치 비율을 성장기회의 척도로 해석하고, 성장기업은 높은 재무적 곤경 비용에 직면할 수 있고 차입을 적게 할 것으로 기대된다고 주장한다. 우선순위 옹호론자들은 수익성의 중요성을 강조하면서, 수익성이 높은 기업은 내부 자본조달에 의존할 수 있기 때문에 부채를 적게 사용한다고 주장한다. 그들은 주가 대 장부가치 비율을 또 다른 수익성 척도로 해석한다.

우리는 두 개의 경쟁적인 이론을 가진 것으로 생각되며, 두 이론은 모두 옳다! 이는 안이한 결론이 아니다. 그래서 최근 연구에서는 어느 한 이론이 우월해지는 환경을 알아내기 위한 경주를 시도하였다. 공개 채권시장에 접근할 수 있는 성숙기의 대기업에는 우선순위 이론이 가장 잘 맞는 것으로 보인다. 이런 기업들은 자기자본(주식)을 거의 발행하지 않는다. 이들은 내부 자본조달을 선호하며, 투자 자금이 필요하면 부채시장으로 간다. 소형의 신생 성장기업들은 외부 자본조달이 필요하면 자기자본 발행에 의존할 가능성이 더 크다.[32)]

부채비율에는 **시장 타이밍**(*market timing*)의 누적 효과가 반영되어 있다는 실증적 증거도 존재한다.[33)] 시장 타이밍은 행동재무학의 한 가지 예이다. 투자자들이 (1990년대 말처럼) 가끔 비이성적으로 들뜨고, 때로는 비이성적으로 낙담한다고 하자. 재무관리자들의 견해가 투자자들보다 안

---

31) R. G. Rajan and L. Zingales, "What Do We Know about Capital Structure? Some Evidence From International Data," *Journal of Finance* 50(December 1995), pp. 1421~1460. 개발도상국에서도 동일한 네 가지 요인이 있는 것으로 보인다. L. Booth, V. Aivazian, A. Demirguc-Kunt, and V. Maksimovic, "Capital Structure in Developing Countries," *Journal of Finance* 56(February 2001), pp. 87~130 참조.

32) L. Shyam-Sunder and S. C. Myers는 80년대 대기업 표본에서 우선순위 가설이 교환관계 가설보다 우월함을 발견하였다. "Testing Static Trade-off against Pecking Order Theories of Capital Structure," *Journal of Financial Economics* 51(February 1999), pp. 219~244 참조. M Frank와 V. Goyal은 1990년대에는 특히 소기업에서, 우선순위 가설의 성과가 저하되었음을 발견하였다. 다음 문헌 참조. "Testing the Pecking Order Theory of Capital Structure," *Journal of Financial Economics* 67(February 2003), pp. 217~248. 다음 문헌 역시 참조. E. Fama and K. French, "Testing Trade-off and Pecking Order Predictions about Dividends and Debts," *Review of Financial Studies* 15(Spring 2002), pp. 1~33과 M. L. Lemmon and J. F. Zender, "Debt Capacity and Tests of Capital Structure Theories," *Journal of Financial and Quantitative Analysis* 45(October 2010), pp. 1161~1187.

33) M. Baker and J. Wurgler, "Market Timing and Capital Structure," *Journal of Finance* 57(February 2002), pp. 1~32.

포드는 모든 재무적 여유를 현금으로 바꿨다

2006년 포드 자동차 회사(Ford Motor Company)는 새 CEO 앨런 멀러리(Alan Mulally)를 영입했는데 그는 전면적인 구조조정을 시작하였다. 이 회사는 비용을 줄이고 효율성을 개선하고, 제품을 혁신해야 했다. 이것은 막대한 투자였지만 부채를 조달할 수 있었다. 이 회사는 구조조정에 필요한 돈을 최대한 확보하기 위해 가능한 한 많이 차입하기로 하였다.

2006년 12월 포드는 $50억의 선순위 전환채권을 발행하였다. 또한 $70억의 7년 만기 융자와 $115억의 5년 만기 회전신용(revolving credit) 융자를 받았다. 모두 합하여 $235억이었다.

포드는 회사의 거의 모든 자산, 미국 부동산과 공장, 장비, 그리고 포드 신용회사(Ford Credit)에 대한 자기자본 투자, 포드의 국외 자회사, 포드의 상표명과 로고를 포함한 상표권을 저당 잡혀 이 돈을 빌릴 수 있었다.

왜 포드는 한꺼번에 모든 재무적 여유를 사용하기로 했을까? 첫째, 2006년에는 상대적으로 좋은 조건으로 부채를 조달할 수 있었다. 둘째, 멀러리는 미국 자동차 산업의 구조조정 프로그램의 역사를 알았음이 틀림없다. 이러한 시도의 일부는 실패하였고, 일부는 부분적으로 성공하였다. 그러나 어느 것도 포드와 GM, 크라이슬러의 경쟁적인 문제를 해결하지 못했다. 이 회사들은 규모가 줄어들었지만 크게 나아지지는 못하였다.

그래서 멀러리는 포드의 경영자와 종업원에게 경종을 울린 것이었다. "우리는 가능한 모든 현금을 조달하였다. 이것이 회사를 개혁할 마지막 기회이다. 실패한다면 포드는 사라진다."

우리가 글을 쓰는 2009년에 포드는 파산으로 간 GM과 크라이슬러를 뒤따르지 않았다. 심각한 불황으로 손해를 보았지만, 아직 새로운 모델을 출시하고 있다. 포드는 살아남을 것 같다.

정적이라면, 주가가 지나치게 높은 경우에는 주식을 발행하고 주가가 너무 낮으면 채권 발행으로 전환하여 이점을 활용할 수 있다. 주가가 아주 높았던 기록이 있는 행운의 기업들은 부채는 더 적게, 주식은 더 많이 발행하여 결국은 부채비율이 낮아진다. 이런 행운이 없고 인기도 없는 기업들은 주식 발행을 회피하며, 결국은 부채비율이 높아진다.

시장 타이밍은 왜 기업들이 주가 상승이 있고 나서 주식을 발행하며, 전체적인 주식 발행이 강세장에 집중되고 약세장에서는 급감하는지를 설명할 수 있다.

기업 자본조달 정책에 대한 다른 행동학적 설명이 있다. 예를 들어 버트란드와 쇼어(Bertrand and Schoar)는 개별 CEO와 CFO, 그리고 다른 최고경영자의 경력을 추적하였다. 그들의 개인적인 '스타일'은 이 기업 저 기업으로 옮겨갈 때마다 유지되었다.[34] 예를 들어 나이 든 CEO는 좀 더 보수적이어서 부채비율을 낮게 유지하려는 경향이 있었다. MBA 학위를 가진 CEO는 좀 더 공격적인 경향이 있었다. 일반적으로 재무결정은 기업의 성질이나 경제적 여건에 달린 것이 아니라 최고경영자의 개성에 달렸다.

34) M. Bertrand and A. Schoar, "Managing with Style: The Effect of Managers on Firm Policies," *Quarterly Journal of Economics* 118(November 2003), pp. 1169~1208.

재무적 여유의 명암

다른 조건이 같다면, 우선순위가 높은 것이 낮은 것보다 좋다. 외부 자기자본이 필요해서 자본조달 우선순위를 따른 기업은 과다한 부채를 가지게 되거나, 경영자가 공정하다고 생각하는 가격에 주식을 매각할 수 없어서 좋은 투자기회를 포기할 수도 있다.

다시 말하면 **재무적 여유**(*financial slack*)는 가치가 있다. 재무적 여유를 갖는다는 것은 현금, 시장성 유가증권, 즉시 처분 가능한 실물자산을 갖고 있거나, 부채시장이나 은행 융자에 쉽게 접근할 수 있음을 의미한다. 쉽게 접근할 수 있으려면 기본적으로 잠재적인 채권자가 기업의 부채를 안전한 투자로 여길 정도로 보수적인 자본조달이 필요하다.

장기적으로, 기업가치는 재무적 결정보다는 자본투자결정과 경영 의사결정에 더 많이 의존한다. 그러므로 기업은 충분한 재무적 여유를 가져서 좋은 투자안이 있으면 빨리 자금을 확보할 수 있기를 바란다. 재무적 여유는 NPV가 양(+)인 성장기회를 많이 가진 기업에 더욱 가치가 있다. 이는 성장기업이 대개 보수적인 자본구조를 갖고자 하는 또 다른 이유이다.

물론 재무적 여유는 그것을 사용하려고 할 때만 가치가 있다. 앞쪽의 글상자를 보라. 이 글은 포드가 한 번의 대규모 부채 발행으로 재무적 여유를 어떻게 다 써버렸는가를 설명한다.

재무적 여유에는 어두운 측면도 있다. 너무 많으면 경영자가 돈을 쉽게 생각하고, 주주에게 지급되어야 할 현금을 자신의 특권적 소비(perks)를 확장하거나 제국을 건설하는 데(empire-building) 쓰게 될 가능성이 크다. 다른 말로 하면 재무적 여유는 대리인 문제를 더욱 악화시킬 수 있다.

마이클 젠센(Michael Jensen)은 충분한 여유 현금흐름(또는 불필요한 재무적 여유)을 갖는 경영자는 성숙 사업이나 분별없는 기업인수에 너무 많은 현금을 투자하는 경향이 있다고 강조하였다. "문제는 경영자가 자본비용보다 낮은 데 투자하거나 조직 비효율성에 낭비하기보다는 현금을 토해내도록 어떻게 동기를 부여하는가이다."라고 젠센은 말했다.[35)]

그것이 문제라면 부채가 답일 수도 있다. 예정된 원리금 지급은 기업의 계약상 의무이다. 부채는 기업이 현금을 지급하도록 한다. 아마도 가장 좋은 부채 수준은 부채를 지급하고 난 후 모든 양(+)의 NPV 투자안에 투자하면 한 푼도 남지 않을 정도의 돈을 은행에 현금으로 남기는 것이다.

우리는 이 정도로 세밀한 조정을 추천하지는 않지만, 이 아이디어는 타당하고 중요하다. 부채는 과잉투자의 유혹을 받는 경영자를 통제할 수 있다. 또한 부채는 운영 효율성을 개선하도록 압력을 가할 수도 있다. 이 주제는 제32장에서 다시 다룬다.

최적 자본구조 이론이 있는가?

아니다. 즉 수많은 기업의 부채와 자기자본 선택을 결정하는 모든 요인을 포함할 수 있는 하나의 이론은 없다. 대신 특정 기업의 자산과 영업, 환경에 따라 다소간 도움이 되는 몇 가지 이론들이 있다.

---

35) M. C. Jensen, "Agency Costs of Free Cash Flow, Corporate Finance and Takeovers," *American Economic Review* 26(May 1986), pp. 323~329.

다시 말하면, 긴장을 풀어라: 최적 부채비율에 대한 마법의 공식을 찾느라 시간을 낭비하지 마라. 또한 가치 대부분은 재무상태표의 차변, 즉 기업의 영업과 자산, 성장기회에서 온다는 것을 기억하라. 자본조달은 덜 중요하다. 물론 자본조달은 왜곡되면 가치를 급속히 줄일 수 있다. 그러나 당신은 그렇게 하지 않을 것이다.

실무에서 자본조달 선택은 이 장에서 논의한 요인의 상대적인 중요성에 따라 달라진다. 어떤 경우에는 세금을 줄이는 것이 주된 목표이다. 따라서 리스로 자본을 조달하는 기업에서는 높은 부채비율이 발견된다(제25장 참조). 장기 리스는 종종 세금을 줄이려는 거래이다. 개발된 상업용 부동산에서도 높은 부채비율이 발견된다. 예를 들어 현대식 도심 사무실 건물은 믿을 만한 임차인에게 임대된다면 안전하고 돈벌이가 되는 자산이다. 파산비용이 적으므로 부채를 많이 사용하여 세금을 줄이는 것이 타당하다.

소규모 성장기업에는 이자 절세효과가 재무적 여유를 갖는 것보다 덜 중요하다. 수익성 있는 성장기회는 투자시기가 되었을 때 자본을 조달할 수만 있다면 가치가 있다. 재무적 곤경의 비용은 크다. 그래서 성장기업이 주로 자기자본으로 자금을 조달하려고 하는 것은 놀랍지 않다.

성숙한 공개기업은 종종 우선순위 이론을 따른다. 이들 기업은 정보 문제가 대규모 주식 발행을 억제하여 투자에 필요한 자금을 유보이익으로 조달하는 것을 선호한다. 이들 기업은 투자에 필요한 자금이 유보이익으로 부족할 때 부채를 발행하고, 이익이 투자기회보다 많으면 부채를 상환한다.

조만간 기업의 영업은 성장기회가 없어지는 시점에 이르게 된다. 이 경우 기업은 많은 액수의 부채를 발행하여 자기자본을 줄이고 투자를 억제하여 투자자에게 현금을 지급할 수도 있다. 기업은 자발적으로 부채비율을 높이거나 인수되어 부채비율이 높아질 수 있다.

이들 예가 전부는 아니지만, 생각이 깊은 CEO가 자본조달전략을 어떻게 세우는가를 조금은 알려준다.

요약

Visit us at www.mhhe.com/bma

이 장의 과제는 자본구조가 왜 중요한가를 보이는 것이었다. 우리는 자본구조가 무관련하다는 MM의 명제 1을 버리지 않았다. 그것에 더 보탰다. 그러나 최적 자본구조에 대한 어떤 단순하고 보편적인 이론에 도달하지는 못했다.

교환관계 이론은 이자 절세효과와 재무적 곤경 비용을 강조한다. 기업가치는 다음과 같이 나누어진다.

전액 자기자본으로 조달될 때 가치 + PV(절세효과) − PV(재무적 곤경 비용)

이 이론에 의하면, 기업은 PV(절세효과)의 가치가 증분 기준으로 PV(재무적 곤경 비용)의 증가에 의해 정확히 상쇄될 때까지 부채를 증가시켜야만 한다.

재무적 곤경 비용은 다음과 같이 나눌 수 있다.

1. 파산비용
   a. 법률 및 회계 수수료와 같은 직접비용

b. 청산이나 재조직 중인 기업을 경영하는 데 따르는 어려움을 반영하는 간접비용

2. 파산 직전의 재무적 곤경 비용

a. 기업의 신뢰성에 대한 의구심 때문에 영업이 비틀거릴 수 있다. 고객과 납품업자들은 내년에는 없을지도 모를 기업과의 거래를 꺼릴 것이다. 핵심 인력은 이탈의 유혹을 받는다. 부채가 과도한 기업은 제품시장 경쟁력이 낮을 것 같다.

b. 재무적 곤경에 처한 기업의 채권자와 주주의 이해가 충돌하여 운영과 투자 결정이 잘못될 수 있다. 자신의 이익만을 위해 행동하는 주주는 전체 기업가치를 감소시키는 "게임"을 하여 채권자의 희생으로 이익을 얻을 수 있다.

c. 부채 계약에 숨겨진 불리한 조건들은 이러한 게임을 막고자 고안되었다. 그러나 이 숨겨진 불리한 조건은 부채 계약을 작성하고, 감독하고, 강제하는 비용을 증가시킨다.

이자 절세효과의 가치는 법인세만을 고려한다면 쉽게 계산할 수 있다. 이 경우 차입의 절세효과는 한계 법인세율 T_c 곱하기 이자 지급액 $r_D D$이다. 절세효과는 보통 차입이자율로 할인하여 가치를 계산한다. 정해진 액수의 영구 부채의 경우에는 다음과 같다.

$$\text{PV}(\text{절세효과}) = \frac{T_c r_D D}{r_D} = T_c D$$

그러나 법인세는 이야기의 일부일 뿐이다. 투자자가 자기자본에서 얻는 소득(배당과 자본이득)보다 이자 소득에 더 높은 세율로 세금을 낸다면, 기업의 이자 절세효과는 부분적으로 투자자가 내는 더 많은 세금으로 상쇄된다. 배당과 자본이득에 대한 미국의 세율이 (최대 15%로) 낮아 기업 차입의 세제상 이점이 줄어들었다.

교환관계 이론은 재무적 곤경 비용과 차입의 세금 이점 사이의 득실을 비교한다. 기업은 기업가치를 극대화하는 목표 자본구조를 선택한다고 가정한다. 안전한 유형자산과 절세 가능한 과세소득이 많은 기업은 높은 목표 비율을 가져야 한다. 위험한 무형자산을 갖는 수익성 없는 기업은 주로 자기자본 조달에 의존해야 한다.

이 자본구조 이론은 여러 산업 간의 자본구조 차이를 성공적으로 설명한다. 그러나 한 산업 내에서 가장 수익성 높은 기업이 가장 보수적인 자본구조를 갖는 일반적인 현상을 잘 설명하지는 못한다. 교환관계 이론에서 수익성이 높다는 것은 부채조달 한도가 크고, 이 한도를 활용할 강한 법인세 유인이 있음을 의미한다.

경쟁이론인 우선순위 이론에 의하면 기업은 가능하면 내부 자본조달을 이용하며, 외부 자본조달이 필요하면 자기자본보다는 부채를 선택한다. 이는 동일 산업 안에서 수익성이 낮은 기업이 더 많이 차입하는 이유를 설명한다. 그들이 높은 목표 부채비율을 가져서가 아니라 외부 자본조달을 더 많이 필요로 하며, 내부 자본조달이 소진되면 다음 우선순위는 부채이기 때문이다.

우선순위는 비대칭 정보의 결과이다. 경영자는 자기 회사에 대해 외부 투자자들보다 더 많이 안다. 주가가 너무 낮다고 믿을 때는 주식 발행을 꺼린다. 주가가 공정한 가격이거나 고평가되어 있을 때 발행하려고 한다. 투자자는 이를 알고 주식 발행 결정을 나쁜 소식으로 해석한다. 이는 주식 발행 발표에 주가가 하락하는 일반적인 현상을 설명한다.

이러한 정보 문제들이 중요할 때는 부채가 자기자본보다 좋다. 낙관적인 경영자는 저평가된 자기자본보다는 부채를 선호할 것이고 비관적인 경영자는 선례를 따르도록 압력을 받을 것이다. 우선순위 이론은

Visit us at www.mhhe.com/bma

부채조달 한도가 소진되고 재무적 곤경이 위협으로 다가오는 경우에만 자기자본을 발행한다고 예측한다.

우선순위 이론은 재무적 여유의 가치를 강조한다. 충분한 여유가 없으면 기업은 낮은 우선순위에 묶이게 되고 저평가된 주식을 발행하거나, 차입하여 재무적 곤경의 위험을 부담하거나, 양(+)의 NPV 투자기회를 포기해야 한다.

그러나 재무적 여유에는 어두운 측면도 있다. 잉여 현금이나 신용은 경영자가 과도하게 투자하거나, 안이하고 호화로운 기업 라이프스타일을 조장하도록 유혹한다. 유혹에 빠지거나 빠질 가능성이 크면, 높은 부채비율이 도움될 수도 있다. 높은 부채비율은 기업이 현금을 토해 내거나, 경영자와 조직이 더 효율적이 되려고 노력하도록 자극한다.

더 읽어야 할 문헌

자본구조에 대한 연구 논문은 매우 많다. 여기서는 가장 중요하고 흥미 있는 논문 몇 개만 인용한다. 다음 두 편의 문헌조사 논문은 폭넓게 개관하고 있다.

M. Harris and A. Raviv, "The Theory of Capital Structure," *Journal of Finance* 46(March 1991), pp. 297~355.

S. C. Myers, "Financing of Corporations," in G. M. Constantinides, M. Harris, and R. Stulz (eds.), *Handbook of the Economics of Finance*(Amsterdam: Elsevier North-Holland, 2003).

Journal of Applied Corporate Finance 2005년 겨울호에는 실무에서 자본구조결정에 관한 여러 편의 논문을 싣고 있다.

다음 논문은 자본구조에 대한 최고재무관리자의 견해를 조사하였다.

J. Graham and C. Harvey, "How Do CFOs Make Capital Budgeting and Capital Structure Decisions?" *Journal of Applied Corporate Finance* 15(Spring 2002), pp. 8~23.

연습문제

기본문제

1. 이자 절세효과의 현재가치를 종종 T_cD로 나타낸다. 여기서 D는 부채 규모이고 T_c는 한계 법인세율이다. 어떤 가정에서 이 현재가치가 옳은가?

2. 다음은 United Frypan Company(UF)의 장부가치와 시장가치 재무상태표이다.

장부가치				시장가치			
순운전자	$ 20	$ 40	부채	순운전자본	$ 20	$ 40	부채
장기자산	80	60	자기자본	장기자산	140	120	자기자본
	$100	$100			$160	$160	

세금이 있을 때도 MM 이론이 성립한다고 가정하자. 성장 기회는 없으며 $40의 부채는 영구적이라고 예상된다. 40%의 법인세율을 가정한다.

a. 기업가치 중 얼마만큼이 부채로 말미암은 절세효과에 의해 설명되는가?

b. 기업이 $20를 더 빌려서 주식을 재매입한다면 UF의 주주는 얼마만큼 이익인가?

3. 법인세율 $T_c = 0.35$이고, 개인세율 $T_p = 0.35$이지만, 모든 자기자본 소득은 자본이득으로 발생하여 세금을 완전히 회피할 수 있다면($T_{pE} = 0$), 기업 부채의 상대적인 세금 이점은 얼마인가? 기업이 모든 자기자본 소득을 세율이 15%인 현금배당으로 지급하기로 하였다면 상대적인 세금 이점은 어떻게 변하는가?

Visit us at www.mhhe.com/bma

4. "절약할 (과세) 이익이 없으면 기업이 이자 절세효과를 활용할 수 없다." 이 문장은 부채정책에 대해 무엇을 시사하는가? 간략하게 답하라.
5. 이 문제는 재무적 곤경에 대한 당신의 이해를 시험한다.
   a. 파산비용은 무엇인가? 이러한 비용들을 정의하라.
   b. "기업은 전혀 파산하지 않고도 재무적 곤경 비용을 부담할 수 있다." 이것이 어떻게 일어날 수 있는지 설명하라.
   c. 채권자와 주주 사이의 이해 충돌이 어떻게 재무적 곤경 비용을 발생시킬 수 있는지 설명하라.
6. 2009년 2월 29일 PDQ Computers는 파산을 선언하였다. 주가는 $3.00에서 $0.50로 하락하였다. 발행주식 수는 1,000만 주이다. 이는 파산비용이 1,000만 × (3.00 − 0.50) = $2,500만임을 의미하는가? 설명하라.
7. 최적 자본구조에 대한 전통적인 이론에 의하면 차입에 따른 재무적 곤경의 발생 가능한 비용과 이자 절세효과는 교환관계에 있다. 이 이론은 회계적 수익성과 회계적 목표 부채비율 사이의 관계를 어떻게 예측하는가? 이론의 예측은 현실과 일치하는가?
8. Rajan and Zingales는 여러 나라에서 부채비율이 차이를 보이는 이유를 설명한다고 생각되는 네 가지 변수를 확인하였다. 이들은 무엇인가?
9. 비대칭 정보는 왜 기업이 외부 자본조달에서 보통주 발행보다는 차입하게 하는가?
10. 빈칸을 채우라. 우선순위 이론에 의하면,
   (a) 기업의 부채비율은 ________에 의해 결정된다.
   (b) ___________ 때문에, 부채비율은 과거 수익성에 의존한다.
11. 어떤 종류의 기업에 재무적 여유가 더 가치 있는가? 차입한 금액을 주주에게 지급하여, 재무적 여유를 감소시켜야 하는 상황이 있는가? 설명하라.

중급문제

12. 다음 세 건의 부채 발행에 의해 발생하는 이자 절세효과의 현재가치를 계산하라. 법인세만을 고려한다. 한계세율은 $T_c = 0.35$이다.
   a. 8% 금리에 1년 만기 $1,000
   b. 8% 금리에 5년 만기 $1,000. 만기까지 원금이 상환되지 않는다고 가정하라.
   c. 7% 금리에 영구채 $1,000
13. 연방정부의 재정 적자를 줄이려는 노력의 하나로 의회는 이자와 배당에 대한 최고 개인세율을 35%로 높였지만, 실현된 자본이득에 대한 세율은 15%를 유지한다고 가정하자. 법인세율은 35%를 유지한다. (a) 모든 자본이득이 즉각 실현될 때, 그리고 (b) 자본이득이 영원히 미뤄질 때, 부채와 자기자본에서 얻는 소득에 대해서 지급되는 총 법인세와 개인세를 계산하라. 자본이득은 자기자본에서 얻는 소득의 절반이라고 가정한다.
14. "MM 주장의 문제는 사람들이 개인소득세에서 이자를 공제할 수 있다는 사실을 무시한 것이다." 이자와 자기자본에 대한 개인세율이 같다면 왜 이것이 반론이 아닌가를 보여라.
15. 18.1절의 머크의 예를 다시 보라. 머크가 장기 부채를 $100억으로 증가시켰다고 하자. 증가한 부채는 주식 재매입에 사용된다. 새로운 자본구조에서 표 18.3(*b*)를 다시 작성하라. 표의 가정들이 옳다면 머크 주주의 가치 증가분은 얼마인가?
16. 18.3절에서는 시간 벌기와 현금 들고 도망가기, 미끼로 유혹하여 팔기라는 세 가지 게임에 대해 간단히 언급하였다.

각 게임에 대해 주주가 채권자의 희생으로 어떻게 이익을 얻는지를 보여주는 (위험 전가 게임의

Visit us at www.mhhe.com/bma

예처럼) 간단한 수치 예를 만들어라. 그러고 나서 이 게임들을 하고자 하는 유혹이 어떻게 재무적 곤경 비용으로 이어질 수 있는지 설명하라.

17. 자산의 유형이 다른 실제 기업 몇 개를 조사하라. 재무적 곤경이 있을 때 각 기업은 어떤 운영상의 어려움을 만나겠는가? 자산들은 가치를 얼마나 잘 유지할까?

18. 서큘러 파일의 시장가치 재무상태표로 되돌아가자.

순운전자본	$20	$25	**발행 채권**
고정자산	10	5	**보통주**
총자산	$30	$30	**총 가치**

다음 행동에서 누가 이익을 얻고 누가 손해를 보는가?

a. 서큘러는 현금 $5를 긁어모아 배당으로 지급한다.

b. 서큘러는 운영을 중단하고 고정자산을 매각하며, 순운전자본을 현금 $20로 바꾼다. 불행히도 고정자산은 중고시장에서 겨우 $6에 매각되었다. 현금 $26는 재정증권에 투자된다.

c. 서큘러는 NPV = 0이고 투자액이 $10인, 받아들일 만한 투자기회를 만난다. 회사는 투자안에 소요되는 자금을 차입하려 한다. 신규 부채는 우선순위 등등에서 기존 부채와 동일한 증권이다.

d. NPV = +$2인 새 투자안은 우선주를 발행하여 조달된다고 가정하자.

e. 채권자들은 서큘러에 회복할 기회를 주고자 자신들의 대출 만기를 1년에서 2년으로 연장하는 데 동의하였다.

19. Salad Oil Storage(SOS) Company는 시설의 많은 부분을 장기 부채로 조달하였다. 심각한 채무불이행 위험이 있지만, 아직 궁지에 몰리지는 않았다. 다음에 대해 설명하라:

a. 자기자본 발행으로 자본조달된 양(+)의 NPV 투자안에 투자하면 왜 SOS의 주주는 손실을 볼 수 있는가?

b. 현금으로 조달된 음(−)의 NPV 투자안에 투자하면 왜 SOS의 주주는 이익을 볼 수 있는가?

c. 대규모 현금배당을 하면 왜 SOS의 주주는 이익을 볼 수 있는가?

20. a. 회사가 재무적 어려움에 부닥쳤을 때 채권 계약에 숨겨진 불리한 조건으로 누가 이익을 보는가? 한 문장으로 답하라.

b. 채권이 발행될 때 채권 계약에 숨겨진 불리한 조건으로 누가 이익을 보는가? 회사가 (i) 배당지급, 추가 차입 등등에 대해 표준적인 제한을 가하는 채권 발행과 (ii) 최소한의 제약을 두지만, 금리가 훨씬 높은 채권 발행 중에서 하나를 선택한다고 가정하자. (i)과 (ii)의 금리가 채권자로서는 공정하다고 가정하자. 회사는 어떤 채권을 발행할 것으로 예상하는가? 그 이유는?

21. "주식 발행을 발표하면 평균적으로, 발행대금의 30%만큼 발행 기업의 가치가 하락한다는 놀라운 현상을 발견하였다. 이러한 발행의 대가는 인수은행의 스프레드와 발행 사무비용이 무색할 정도로 크다. 이는 보통주 발행비용을 극단적으로 높게 만든다."

a. 당신은 $1억의 주식 발행을 심사숙고하고 있다. 과거 경험에 의해서, 주식 발행을 발표하면 주가는 3% 하락하고 회사의 시장가치는 조달금액의 30%만큼 하락할 것으로 예상한다. 한편, $4천만의 양(+)의 NPV를 가진다고 믿어지는 투자안에 소요되는 자금을 충당하려면 추가적인 자기자본이 필요하다. 발행을 진행해야 하겠는가?

b. 주식 발행 발표로 말미암은 시장가치 하락은 인수은행의 스프레드와 같은 의미가 있는 발행비용(*issue cost*)인가? 이 문제의 지문에 답하라.

Visit us at www.mhhe.com/bma

문항 (b)에 대한 응답을 설명하기 위한 수치 예제로 문항 (a)에 대한 답을 이용하라.

22. Ronald Masulis[36]는 주식을 부채로 또는 그 반대로 교환하는 제안(exchange offer)이 주가에 미치는 영향을 분석하였다. 이는 기업이 투자자가 보유하는 기존 증권을 새로 발행된 증권으로 교환하자고 제안하는 것이다. 따라서 부채비율을 더 높이려는 기업은 기존 주식을 새로운 부채로 교환하자고 제안할 수 있다. 좀 더 보수적인 자본구조로 변하고 싶은 기업은 기존 부채 증권을 신주로 교환하자고 제안할 수 있다.

    Masulis는 자기자본을 부채로 교환하는 것은 좋은 소식(발표하면 주가가 상승했다)이며, 부채를 자기자본으로 교환하는 것은 나쁜 소식임을 발견하였다.

    a. 이러한 결과들은 자본구조의 교환관계 이론과 일치하는가?
    b. 결과들은 투자자가 (i) 주식 발행 발표는 나쁜 소식으로, (ii) 주식 재매입은 좋은 소식으로, (iii) 부채 발행은 뉴스가 아니거나 잘해야 약간 실망을 주는 것으로 간주한다는 실증적 증거와 일치하는가?
    c. Masulis의 결과를 어떻게 설명하겠는가?

23. 케첩 여사의 투자안(예제 18.1 참조)에서 가능한 수입은 불변이지만, 이제 투자안 2가 $24를 제공할 확률은 40%이고 $0를 제공할 확률은 60%이다.

    a. 은행이 $10의 현재가치를 빌려준다면 은행과 케첩 여사에게 가는 기대 수입을 다시 계산하라. 케첩 여사는 어떤 투자안을 채택하겠는가?
    b. 케첩 여사가 투자안 1을 채택하도록 유도하기 위해 은행이 빌려줄 수 있는 최대 금액은 얼마인가?

24. 일부 기업의 부채–자기자본 목표는 부채비율이 아니라 기발행 채권의 목표 채권 등급으로 표현된다. 목표 비율이 아니라 목표 등급을 설정하는 것의 장단점은 무엇인가?

도전문제

25. 대다수 재무관리자는 자기 회사 장부가치 재무상태표에서 부채비율을 측정한다. 재무경제학자들은 시장가치 재무상태표에서 나온 비율들을 강조하는 경향이 있다. 원칙적으로 볼 때, 옳은 척도는 어느 것인가? 교환관계 이론은 장부가치와 시장가치 레버리지 중 어느 것을 설명하려고 하는가? 우선순위 이론에서는 어떠한가?

26. 교환관계 이론은 재무적 곤경의 위협에 달렸다. 그러나 왜 공개기업이 재무적 곤경에 처해야 하는가? 이 이론에 의하면 기업은 그림 18.2의 곡선 위쪽 부분에서 운영해야 한다. 물론 시장 움직임이나 영업 환경 때문에 높은 부채비율을 갖게 되고 곡선의 오른편 하강하는 쪽에 갈 수도 있을 것이다. 그러나 이 경우 왜 기업은 주식을 발행하여 부채를 줄이고 최적 부채비율로 되돌아가지 않는가?

    회사가 주식을 발행하지 않는 이유, 또는 재무적 곤경을 피할 수 있을 만큼 충분한 주식을 충분히 신속하게 발행하지 않는 이유는 무엇인가?

---

36) R. W. Masulis, "The Effects of Capital Structure Change on Security Prices: A Study of Exchange Offers," *Journal of Financial Economics* 8(June 1980), pp. 139~177, 그리고 "The Impact of Capital Structure Change on Firm Value," *Journal of Finance* 38(March 1983), pp. 107~126.

Visit us at www.mhhe.com/bma

실시간 데이터분석

STANDARD & POOR'S

다음 문제에 필요한 자료를 Standard & Poor's Market Insight 웹사이트(www.mhhe.com/edumarketinsight)에서 내려받을 수 있다.

1. Market Insight 데이터베이스에서 머크를 찾아라.
   a. 가장 최근의 재무정보를 이용하여 장부가치와 시장가치 재무상태표를 다시 작성하라. 표 18.3과 같은 양식을 사용하라.
   b. 과거 5년간 머크의 장기 부채와 부채비율을 추적하라. 어떻게 변해왔는가? 머크는 안정적인 목표 부채비율을 가지고 있다고 생각하는가? 우선순위 자본조달의 증거를 찾을 수 있는가?
   c. 머크는 자사주 재매입에 얼마를 지출하였는가? 교환관계 이론은 머크처럼 보수적으로 자금을 조달하는 기업들이 재매입을 할 것으로 예측하는가?

STANDARD & POOR'S

2. Market Insight 데이터베이스에서 회사 서너 개를 선택하라. 이 기업들은 과세대상 이익을 소진하기 전에 얼마나 더 빌릴 수 있는가 추정하라.

STANDARD & POOR'S

3. Market Insight 데이터베이스에서 수십 개의 산업 조사보고서를 구할 수 있다. 몇몇 산업에 대한 산업 조사보고서 마지막 부분에 있는 재무제표들을 잘 점검하라. Autos and Auto Parts와 Broadcasting and Cable TV, Department Stores and Trucking에서 출발하여 관심 있는 몇 개의 산업을 추가할 것을 권고한다. 산업별로 가장 규모가 큰 기업 몇 개의 부채-자본 비율(debt-to-capital ratio)과 산업 평균 비율을 구하라. 산업 평균 비율의 차이를 설명할 수 있겠는가?

Visit us at www.mhhe.com/bma

자본조달과 기업평가

제5장과 6장에서 자본 투자안을 평가하는 4단계 과정을 설명하였다.

1. 투자안이 전액 자기자본으로 조달되었다고 가정하고 세후 현금흐름을 예측한다.
2. 투자안의 위험을 평가한다.
3. 기회자본비용을 추정한다.
4. 기회자본비용을 할인율로 사용하여 NPV를 계산한다.

이 과정에는 전혀 문제가 없지만, 지금부터는 이 과정을 확장하여 자본조달결정으로 생기는 가치를 포함할 수 있도록 한다. 여기에는 두 가지 방법이 있다.

1. **할인율을 조정한다.** 이자 절세효과의 가치를 반영하여 할인율을 낮춘다. 이는 가장 일반적인 접근방법인데 보통은 세후 가중평균 자본비용(after-tax WACC)의 형태로 실행된다. 세후 WACC는 제9장과 17장에서 이미 설명했지만, 이 장에서는 이를 어떻게 계산하고 또 사용하는지에 관해 한층 더 많은 지침을 제공한다.
2. **현재가치를 조정한다.** 전액 자기자본으로 조달되었다고 가정하고 회사나 투자안의 기본상태(base-case) 가치를 추정하는 데서 출발하여, 자본조달의 영향에 대해 이 기본상태 가치를 조정한다.

조정 현재가치(APV)
= 기본상태 가치 + 자본조달 부수효과의 가치

자본조달의 부수효과를 확인하여 평가하고 나면 APV의 계산은 이제 덧셈과 뺄셈에 불과하다.

이 장은 실제 응용 방법에 관한 내용이다. 첫 번째 절에서는 세후 WACC를 설명하고 도출하며, 이를 사용하여 투자안이나 기업을 평가한다. 제19.2절에서는 더 복잡하고 현실적인 평가문제를 다룬다. 제19.3절은 몇 가지 요긴한 문제해결 요령, 즉 입력 자료를 어떻게 추정하고 경영위험이나 자본구조가 변할 때 WACC를 어떻게 조정하는가에 대한 힌트를 제공한다. 제19.4절은 APV 방법으로 다시 돌아간다. APV의 근거가 되는 아이디어는 아주 간단하지만, 자본조달결정의 모든 부수효과를 추적하는 일은 꽤 까다로울 수 있다. 끝으로 논의의 요점과, 경영자나 학생들이 종종 혼란스러워하는 몇 가지 문제를 명확히 설명하는 질의응답으로 이 장을 마친다. 부록에서는 중요한 특수문제, 즉 안전한 현금흐름의 세후 평가를 다룬다.

19.1 세후 가중평균 자본비용

제2장부터 6장까지 가치평가와 자본예산 문제를 다루었다. 이들 장에서 자본조달 문제는 거의 언급하지 않았다. 실제로 가장 간단한 자본조달 방법, 즉 전액 자기자본으로 자본조달 하는 방법을 가정하고 모든 문제를 취급하였다. 다시 말해 자본조달결정은 무관련하다는 모딜리아니-밀러(Modigliani-Miller, MM)의 세계를 가정한 것이다. 엄격한 MM의 세계에서는 기업들이 마치 전액 자기자본으로 자본을 조달한 것으로 생각하고 실제의 투자안을 분석할 수 있다. 실제 자본조달 계획은 나중에 해결해도 되는 상세 부분에 불과하다.

MM의 가정에서는 돈을 어떻게 쓸 것인가 하는 결정과 자금을 어떻게 조달할 것인가 하는 결정을 분리할 수 있다. 이제 투자결정과 자본조달결정이 서로 상호작용을 하여 완전하게 서로 분리할 수 없을 때의 자본예산결정을 다시 생각해 보자.

자본조달과 투자 결정이 상호작용을 하는 한 가지 이유는 세금 때문이다. 지급이자는 법인세 공제혜택을 받는다. 세후(*after-tax*) 가중평균 자본비용을 설명한 제9장과 17장으로 다시 돌아가 보자.

$$\text{WACC} = r_D(1 - T_c)\frac{D}{V} + r_E\frac{E}{V}$$

여기서 D와 E는 각각 회사 부채와 자기자본의 시장가치이며, $V = D + E$는 기업의 총 시장가치, 그리고 r_D와 r_E는 부채와 자기자본의 자본비용, T_c는 한계 법인세율이다.

WACC 공식은 **세후** 부채비용 $r_D(1 - T_c)$를 사용하고 있음에 주목하라. 이것은 세후 WACC에서 이자 절세효과의 가치를 반영하는 방법이다. 또한 WACC 공식의 변수들은 전체 기업을 기준으로 설정한 것임에 주목하라. 그 결과 이 공식은 투자안을 수행하는 기업과 꼭 닮은 투자안에 대해서만 올바른 할인율을 제공한다. 즉 이 공식은 '평균적인' 투자안에 대해서만 적용된다. 기업의 기존 자산 평균보다 더 안전하거나 더 위험한 투자안에는 맞지 않는다. 또한 투자안의 채택이 기업의 부채비율을 증가시키거나 감소시키는 경우에도 맞지 않는다.

WACC는 기업의 **현재** 특성에 기준을 둔 것인데, 경영자는 미래 현금흐름을 할인하는 데 이를 사용한다. 기업의 경영위험과 부채비율이 항상 일정하게 유지되는 한 별 문제가 없다. 그러나 경영위험과 부채비율이 변할 것으로 예상되면 현금흐름을 WACC로 할인하는 것은 대략적으로만 맞는다.

예제 19.1 ● 상그리아의 WACC 계산하기

상그리아(Sangria)는 미국에 본사를 둔 회사로서 이 회사의 제품은 스트레스 없는 행복한 라이프스타일을 증진시키는 데 목표를 두고 있다. 상그리아의 WACC를 계산해 보자. 이 회사의 장부가치와 시장가치 재무상태표(대차대조표)는 다음과 같다.

상그리아(장부가치, $백만)

자산 가치	$1,000	$ 500	**부채**
		500	**자기자본**
	$1,000	$1,000	

상그리아(시장가치, $백만)

자산 가치	$1,250	$ 500	**부채**
		750	**자기자본**
	$1,250	$1,250	

상그리아의 재무상태표에서 자기자본의 시장가치는 현재의 주가($7.50)에 발행주식 수 1억 주를 곱하여 계산하였다. 이 회사는 지금까지 잘 해왔고 장래 전망도 밝다. 따라서 주가는 장부가치 이상(주당 $7.50 대 $5.00)으로 거래된다. 상그리아의 부채 발행 이후 금리는 안정적이었고, 따라서 부채의 장부

가치와 시장가치는 동일하다.

상그리아의 부채비용(현재 부채와 모든 신규 차입의 이자율[1])은 6%이고, 자기자본비용(상그리아 주식에 투자한 투자자들이 요구하는 기대수익률)은 12.4%이다.

시장가치 재무상태표는 자산 가치가 $1,250백만임을 보여준다. 물론 회사 자산은 그 자체로 거래되지 않기 때문에 시장가치를 직접 관찰할 수는 없다. 그러나 이들 자산이 채권자와 주주에게 얼마나 가치가 있는지는 알고 있다($500 + 750 = $1,250백만). 이 가치는 시장가치 재무상태표 좌변에 기록되어 있다.

그러면 왜 장부가치 재무상태표를 작성했는가? 그 위에 커다란 X자를 그리려는 것이다. 이제 장부가치 재무상태표 위에는 커다란 X자를 그어 버리자.

가중평균 자본비용을 추정할 때는 과거 투자가 아니라 현재의 가치와 미래에 대한 기대에 관심을 둔다. 상그리아의 진정한 부채비율은 장부상의 비율 50%가 아니라 40%이다. 왜냐하면 자산 가치가 $1,250백만이기 때문이다. 자기자본비용 $r_E = 0.124$는 현재 시장가격인 주당 $7.50에 주식을 샀을 때의 기대수익률이다. 이는 주당 장부가치에 대한 수익률이 아니다. 이제 더는 $5로 상그리아 주식을 살 수 없다.

상그리아는 지속적으로 수익을 올리고 있고 35%의 한계세율로 세금을 낸다. 이것으로 상그리아의 WACC를 계산하는 데 필요한 모든 입력 자료가 준비되었다. 이들 입력 자료를 요약하면 다음과 같다.

부채비용(r_D)	0.06
자기자본비용(r_E)	0.124
한계세율(T_C)	0.35
부채비율(D/V)	500/1,250 = 0.4
자기자본비율(E/V)	750/1,250 = 0.6

이 회사의 WACC는 다음과 같이 계산한다.

$$\text{WACC} = 0.06 \times (1 - 0.35) \times 0.4 + 0.124 \times 0.6 = 0.090, \text{ 즉 } 9.0\%$$

이것이 WACC를 계산하는 방법이다. 이제 상그리아가 WACC를 어떻게 사용하는지 알아보자.

예제 19.2 ● 상그리아의 WACC를 사용하여 투자안 평가하기

상그리아의 양조기술자들이 $12.5백만을 투자하여 영구적으로 사용할 수 있는 분쇄기를 건설하자고 제안한다. 이 설비는 (편의상) 절대 망가지지 않고, 영구적인 이익 흐름, 즉 세전 기준으로 연간 $1.731백만의 현금흐름을 발생시킨다. 투자안은 평균적인 위험을 가지기 때문에 WACC를 사용할 수 있다. 세후 현금흐름은 다음과 같다.

1) 항상 최신 이자율(만기수익률)을 사용하라. 회사가 최초로 부채를 발행했을 때의 이자율이나 부채 장부가치의 액면 이자율을 사용해서는 안 된다.

세전 현금흐름	\$1.731백만
세율 35%	0.606
세후 현금흐름	C = \$1.125백만

주: 이 세후 현금흐름은 영구 분쇄기 투자안 때문에 늘어난 부채의 이자 절세효과는 고려하지 않고 있다. 제6장에서 설명한 바와 같이 표준적인 자본예산 관행은 투자안이 전액 자기자본으로 조달된 것으로 가정하고 세후 현금흐름을 계산한다. 그러나 이자 절세효과를 무시해서는 안 된다. 여기서는 세후 부채비용을 기준으로 계산한 상그리아의 WACC로 투자안의 현금흐름을 할인한다. 이자 절세효과의 가치는 증가된 세후 현금흐름이 아니라 더 낮아진 할인율로 나타난다.

분쇄기는 $C = \$1.125$백만의 영구 현금흐름을 발생시킨다. 따라서 NPV는 다음과 같다.

$$\text{NPV} = -12.5 + \frac{1.125}{0.09} = 0$$

NPV = 0라는 것은 겨우 받아들일 수 있는 투자안이라는 뜻이다. 매년 \$1.125백만의 연간 현금흐름은 투자수익률 9%(1.125/12.5 = 0.09)에 해당하는데 이는 상그리아의 WACC와 정확히 같다.

투자안의 NPV가 0이면 자기자본 투자자의 수익률은 자기자본비용 12.4%와 정확히 같아야 한다. 상그리아 주주는 실제로 영구 분쇄기에 대한 투자에서 12.4%의 수익률을 기대할 수 있다는 것을 확인하자.

상그리아가 이 투자안을 하나의 소규모 회사로 설립한다고 가정하자. 이 회사의 시장가치 재무상태표는 다음과 같다.

영구 압착기(시장가치, \$백만)			
자산 가치	\$ 12.5	\$ 5.0	부채
		7.5	자기자본
	\$ 12.5	\$ 12.5	

주주에게 돌아가는 기대 소득을 계산한다.

$$\text{세후 이자} = r_D(1 - T_c)D = 0.06 \times (1 - 0.35) \times 5 = 0.195$$
$$\text{자기자본의 기대 소득} = C - r_D(1 - T_c)D = 1.125 - 0.195 = 0.93$$

투자안의 이익은 일정하고 영구적이다. 따라서 자기자본의 기대수익률은 자기자본에서 얻는 기대 소득을 자기자본 가치로 나눈 것과 같다.

$$\text{자기자본의 기대수익률} = r_E = \frac{\text{자기자본에서 얻는 기대 소득}}{\text{자기자본 가치}}$$
$$= \frac{0.93}{7.5} = 0.124\text{, 즉 } 12.4\%$$

자기자본의 기대수익률은 자기자본비용과 정확히 같기 때문에 투자안의 NPV가 0이라는 것은 타당하다.

가정의 재검토

영구 분쇄기의 현금흐름을 상그리아의 WACC로 할인할 때 다음과 같이 가정하였다.

- 투자안의 영업위험은 상그리아의 다른 자산의 위험과 같으며, 투자기간 전반에 걸쳐 같은 상태로 유지된다.
- 투자안의 총 가치에 대한 부채비율은 상그리아의 전체 자본구조와 같으며, 투자기간 전반에 걸쳐 같은 비율을 유지한다.

이 두 가정의 중요성은 쉽게 알 수 있다. 영구 분쇄기 투자안이 상그리아의 다른 자산보다 영업위험이 더 크거나 투자안의 채택으로 회사 부채비율에 영구적이고 상당한 정도의 변화가 온다면[2] 상그리아의 주주들은 이 투자안으로부터 기대되는 수익률 12.4%로는 만족하지 못할 것이다.

지금까지 영구 현금흐름을 제공하는 투자안에 대해서만 WACC 공식을 예시하였다. 그러나 회사가 차입을 조정하여 장기간에 걸쳐 일정한 부채비율을 유지한다면 이 공식은 어떤 형태의 현금흐름에도 똑같이 적용된다.[3] 만약 회사가 이와 같은 차입정책을 유지하지 않는다면 WACC는 단지 근사적으로만 맞는다.

---

2) WACC를 사용할 때는 부채 대 총 가치 비율의 일시적이고 작은 변화는 염려할 필요가 없다. 상그리아의 경영자가 지금 바로 분쇄기를 건설하려고 편의상 $12.5백만을 빌리기로 하였다고 하자. 이것이 반드시 회사의 장기 자본조달 정책이 바뀌었다는 뜻은 아니다. 분쇄기 투자안이 단지 $5백만의 부채밖에 감당할 수 없다면, 회사는 부채를 상환하여 전체적인 부채비율을 40%로 낮추어야 할 것이다. 예를 들어 차후의 투자안은 부채를 적게 사용하고 자기자본을 더 많이 사용하여 투자자금을 조달하게 된다.

3) 이는 다음과 같이 증명할 수 있다. 세후 기대 현금흐름을 $C_1, C_2, \ldots, C_T$로 나타낸다. 전액 자기자본으로 자금을 조달한다면 이들 현금흐름은 기회자본비용 r로 할인한다. 그러나 여기서는 회사가 부채로 일부 자금을 조달했을 때의 현금흐름을 평가해야 한다.

투자안 종료 직전 기간의 가치평가에서부터 시작하자. 즉 $V_{T-1} = D_{T-1} - E_{T-1}$. 채권자와 주주에게 돌아가는 지급금은 현금흐름과 이자 절세효과를 합친 것이다. 채권자와 주주에게 지급되는 총 기대수익은 다음과 같다.

$$T\text{기간의 기대 현금 지급금} = C_T + T_c r_D D_{T-1} \quad (1)$$

$$= V_{T-1}\left(1 + r_D \frac{D_{T-1}}{V_{T-1}} + r_E \frac{E_{T-1}}{V_{T-1}}\right) \quad (2)$$

부채비율은 $L = D/V$로 일정하다고 가정한다. 위의 식을 V_{T-1}에 대해 풀면 다음을 얻는다.

$$V_{T-1} = \frac{C_T}{1 + (1 - T_c)r_D L + r_E(1 - L)} = \frac{C_T}{1 + \text{WACC}}$$

같은 논리가 V_{T-2}에도 적용된다. 직전 기간의 지급금에는 V_{T-1}도 포함된다는 사실에 유의하라.

$$T-1\text{ 기간의 기대 현금 지급금} = C_{T-1} + T_c r_D D_{T-2} + V_{T-1}$$

$$= V_{T-2}\left(1 + r_D \frac{D_{T-2}}{V_{T-2}} + r_E \frac{E_{T-2}}{V_{T-2}}\right)$$

$$V_{T-2} = \frac{C_{T-1} + V_{T-1}}{1 + (1 - T_c)r_D L + r_E(1 - L)} = \frac{C_{T-1} + V_{T-1}}{1 + \text{WACC}} = \frac{C_{T-1}}{1 + \text{WACC}} + \frac{C_T}{(1 + \text{WACC})^2}$$

같은 방법을 0 시점까지 반복해서 적용하면 다음 결과를 얻는다.

$$V_0 = \sum_{t=1}^{T} \frac{C_t}{(1 + \text{WACC})^t}$$

19.2 사업의 평가

재무관리자는 근무시간 대부분을 투자안의 평가와 자본조달, 그리고 회사가 좀 더 효율적으로 운영되도록 하는 일에 몰두한다. 기업을 한 덩어리로 평가하는 일은 투자자와 금융시장의 몫으로 남는다. 그러나 언젠가는 재무관리자도 회사 전체의 가치가 얼마나 되는지를 자기 나름대로 생각해야 할 때가 온다. 이런 때에는 머지않아 중요한 결정을 해야 한다. 예를 들어보자.

- A 회사가 B 회사를 공개매수 하려고 한다면 A 회사의 재무관리자는 A 회사가 경영할 때 합병회사 A + B의 가치는 얼마나 될지 판단해야 한다. B 회사가 공개기업이 아니어서 시장에서 형성된 주가를 알 수 없는 경우 이 일은 특히 어렵다.
- 만약 C 회사가 사업 일부를 팔려고 잠재적인 매수자와 협상을 하려면 그 사업부문의 가치가 얼마나 되는지 알아야 한다.
- 회사를 공개할 때 투자은행은 주식 발행가격을 정하려면 기업이 얼마나 가치가 있는지 평가해야 한다.

더구나 증권회사나 투자회사의 수많은 애널리스트는 저평가된 회사를 찾으려는 희망을 품고 거의 매일 이 일에 몰두한다. 많은 애널리스트가 여기서 논의하는 평가 도구를 사용하고 있다.

제4장에서 전체 기업을 평가하는 첫 단계를 통과했다. 그때는 회사가 전액 자기자본으로 자본조달을 한다고 가정하였다. 이제 회사가 부채와 자기자본을 혼합하여 자본조달을 하고 부채비율은 대략 일정할 것으로 예상할 때 회사를 평가하는 데 WACC를 어떻게 사용할 수 있는가를 설명한다. 단순히 회사를 하나의 커다란 투자안으로 간주하면 된다. 회사의 현금흐름을 추정하고(가장 어려운 작업) 이를 할인하여 현재가치를 구하면 된다. 그러나 다음 세 가지 중요한 점을 기억하도록 해야 한다.

1. WACC로 할인하려면 회사 현금흐름은 자본 투자안의 현금흐름을 추정하는 것과 같은 방법으로 추정해야 한다. 지급이자를 차감해서는 안 된다. 세금은 마치 회사가 전액 자기자본으로 조달된 것처럼 계산해야 한다. (WACC 공식에서 세후 부채비용을 사용하고 있기 때문에 절세효과의 가치를 무시하는 것은 아니다.)
2. 대부분 투자안과는 달리 회사는 잠재적으로 영원한 사업체이다. 그렇다고 해서 지금부터 영원까지 매년 현금흐름을 예측해야 한다는 의미는 아니다. 재무관리자는 보통 중기 정도의 평가기간에 대해 현금흐름을 예측하고, 이 현금흐름에다 평가기간 말의 최종가치(terminal value)를 더해준다. 최종가치란 평가기간 이후에 발생하는 모든 현금흐름의 현재가치를 말한다. 최종가치를 평가하는 일은 상당한 주의를 요한다. 이는 종종 회사 가치의 많은 부분을 차지하기 때문이다.
3. WACC로 현금흐름을 할인하는 것은 회사의 영업과 자산을 함께 평가하는 것이다. 만약 회사의 자기자본, 즉 보통주의 가치를 평가하는 것이 목표라면 부채의 가치를 차감하는 것을 잊어서는 안 된다.

한 가지 예를 들어보자.

리오회사의 평가

상그리아가 리오회사(Rio Corporation)를 인수하고 싶어 한다. 리오 역시 쾌적하고 행복한 라이프스타일을 증진시키는 사업을 하고 있다. 리오는 바비큐와 와인, 그리고 일광욕을 활용하여 브라질 다이어트라고 하는 특수 체중감량 프로그램을 개발하였다. 리오는 3개월 안에 리우데자네이루의 이파네마 해변이나 코파카바나 해변에 가도 잘 어울릴 만한 날씬한 몸매를 만들어 줄 것을 약속한다. 그러나 해변으로 달려가기 전에 상그리아는 리오를 인수하는 데 얼마를 지불해야 할 것인가를 결정하는 일부터 먼저 해결해야 한다.

리오는 미국 회사이다. 이 회사는 상장회사가 아니어서 평가의 근거가 될 만한 주식 가격을 알 수 없다. 리오의 발행주식 수는 150만 주이고, $36백만의 부채를 가지고 있는데 부채의 장부가치와 시장가치는 같다. 리오는 상그리아와 같은 사업에 종사하고 있기 때문에 경영위험도 같으며, 상그리아와 같은 비율의 부채를 감당할 수 있다고 가정한다. 즉 이 경우 상그리아의 WACC를 그대로 사용할 수 있다.

첫 번째 과제는 리오의 **잉여 현금흐름**(*free cash flow*, FCF)을 추정하는 일이다. 잉여 현금흐름이란 회사가 성장을 위한 투자를 모두 집행하고 나서 투자자들에게 지급할 수 있는 현금을 말한다. 잉여 현금흐름은 회사가 전액 자기자본으로 자본조달을 한다고 가정하고 계산한다. 잉여 현금흐름을 세후 WACC로 할인하면 리오의 총 가치(부채 + 자기자본)가 얻어진다. 자기자본 가치를 구하려면 부채 가치 $36백만을 차감해야 한다.

평가기간(*valuation horizon*) H까지 각 연도의 잉여 현금흐름과 평가기간 말의 사업가치(PVH)를 예측한다. 각 연도의 잉여 현금흐름과 평가기간 말 가치를 할인하여 현재가치를 계산한다.

$$\mathrm{PV} = \underbrace{\frac{\mathrm{FCF}_1}{1+\mathrm{WACC}} + \frac{\mathrm{FCF}_2}{(1+\mathrm{WACC})^2} + \cdots + \frac{\mathrm{FCF}_H}{(1+\mathrm{WACC})^H}}_{\text{PV (잉여 현금흐름)}} + \underbrace{\frac{\mathrm{PV}_H}{(1+\mathrm{WACC})^H}}_{\text{PV (평가기간 말 가치)}}$$

물론 사업은 평가기간 이후에도 계속된다. 그러나 연도별 현금흐름을 무한정 예측하는 것은 실용적이지 않다. $H+1$, $H+2,\cdots$ 등 기간에 발생하는 잉여 현금흐름의 H 시점에서의 가치는 PV_H로 대신한다.

잉여 현금흐름과 순이익은 같지 않다. 둘 사이에는 다음과 같은 중요한 차이가 있다.

- 순이익은 주주들에게 돌아가는 소득으로 지급이자를 공제하고 계산하는 반면, 잉여 현금흐름은 지급이자를 공제하지 않고 계산한다.
- 순이익은 감가상각비를 포함한 각종 비현금 비용을 차감하고 계산한다. 그러므로 잉여 현금흐름을 계산할 때는 감가상각비를 다시 더해 주어야 한다.
- 손익계산서에는 자본지출과 운전자본 투자를 비용으로 계상하지 않지만 이런 지출은 잉여 현금흐름을 감소시킨다.

고성장하는 회사는 이익이 날 때에도 잉여 현금흐름이 음(−)이 될 수 있다. 영업으로 얻는 현금흐름보다 투자가 더 많기 때문이다. 회사나 주주들에게 다행스러운 일은 음(−)의 잉여 현금흐름은 일반적으로 일시적인 현상이라는 것이다. 성장이 둔화하면서 잉여 현금흐름은 양(+)으로 돌아서고, 과거 투자로부터 보상이 들어오기 시작한다.

표 19.1은 리오의 잉여 현금흐름을 예측하는 데 필요한 정보를 정리한 것이다. 통상적으로 사용하는 방법에 따라 먼저 매출을 예측한다. 지난 해 리오의 매출은 $8,360만이었다. 최근 연도에 리오의 매출은 연간 5%에서 8% 사이의 성장을 보였다. 이에 따라 리오의 매출은 앞으로 3년간 매년 7%로 성장할 것으로 예측하고, 4년도부터 6년도까지는 4%, 7년도부터는 3%씩 성장할 것으로 예측한다.

표 19.1에 있는 현금흐름의 다른 구성요소는 매출 예측을 근거로 작성한 것이다. 예를 들어 비용은 1년도에는 매출액의 74%로 예측하고, 그 이후에는 점진적으로 76%까지 증가할 것으로 예상한다. 이는 리오의 경쟁사들이 점차 추격해 오는 데 따른 마케팅 비용의 증가를 반영한 것이다.

매출액의 증가는 고정자산과 운전자본에 추가적인 투자를 요구할 것이다. 리오의 순 고정자산은 현재 매출액 $1당 약 $0.79이다. 리오가 잉여 설비가 있지 않고, 현재의 설비로는 생산을

		최근 연도	예측치						
		0	1	2	3	4	5	6	7
1	매출액	83.6	89.5	95.8	102.5	106.6	110.8	115.2	118.7
2	매출원가	63.1	66.2	71.3	76.3	79.9	83.1	87.0	90.2
3	EBITDA(1−2)	20.5	23.3	24.4	26.1	26.6	27.7	28.2	28.5
4	감가상각	3.3	9.9	10.6	11.3	11.8	12.3	12.7	13.1
5	세전 이익(EBIT)(3−4)	17.2	13.4	13.8	14.8	14.9	15.4	15.5	15.4
6	법인세	6.0	4.7	4.8	5.2	5.2	5.4	5.4	5.4
7	세후 이익(5−6)	11.2	8.7	9.0	9.6	9.7	10.0	10.1	10.0
8	고정자산 투자	11.0	14.6	15.5	16.6	15.0	15.6	16.2	15.9
9	운전자본 투자	1.0	0.5	0.8	0.9	0.5	0.6	0.6	0.4
10	잉여 현금흐름(7 + 4 − 8 − 9)	2.5	3.5	3.2	3.4	5.9	6.1	6.0	6.8
	PV(잉여 현금흐름), 연도 1~6	**20.3**							
	PV(평가기간 말 가치)	**67.6**					6년도의 평가기간 말 가치	113.4	
	PV(회사)	**87.9**							
	가정								
	매출액 성장률, %	6.7	7.0	7.0	7.0	4.0	4.0	4.0	3.0
	원가(매출액에 대한 비율)	75.5	74.0	74.5	74.5	75.0	75.0	75.5	76.0
	운전자본(매출액에 대한 비율)	13.3	13.0	13.0	13.0	13.0	13.0	13.0	13.0
	순고정자산(매출액에 대한 비율)	79.2	79.0	79.0	79.0	79.0	79.0	79.0	79.0
	감가상각(고정자산 대비)	5.0	14.0	14.0	14.0	14.0	14.0	14.0	14.0
	법인세율, %	35.0							
	WACC, %	9.0							
	장기성장률 예측치, %	3.0							
	고정자산과 운전자본								
	총 고정자산	95.0	109.6	125.1	141.8	156.8	172.4	188.6	204.5
	감가상각 충당금 차감	29.0	38.9	49.5	60.8	72.6	84.9	97.6	110.7
	순고정자산	66.0	70.7	75.6	80.9	84.2	87.5	91.0	93.8
	순운전자본	11.1	11.6	12.4	13.3	13.9	14.4	15.0	15.4

표 19.1 잉여 현금흐름 예측과 리오의 회사 가치($백만).

Visit us at
www.mhhe.com/bma

더 늘릴 수 없다면 매출 증가와 함께 고정자산 투자는 늘어날 수밖에 없다. 그러므로 매출액 $1 증가는 $0.79의 고정자산 투자를 증가시킨다고 가정하고, 운전자본 역시 매출액과 비례하여 증가한다고 가정한다.

표 19.1에서 리오의 잉여 현금흐름은 세후 이익에다 감가상각비를 더하고 투자금액을 차감하여 계산하였다. 투자는 지난해 (총) 고정자산 금액과 운전자본에서 변동과 같다. 예를 들어 1년도의 잉여 현금흐름은 다음과 같이 계산한다.

$$\begin{aligned}\text{잉여 현금흐름} &= \text{세후 이익} + \text{감가상각비} - \text{고정자산 투자} - \text{운전자본 투자}\\ &= 8.7 + 9.9 - (109.6 - 95.0) - (11.6 - 11.1) = \$3.5\text{백만}\end{aligned}$$

평가기간 말 가치의 추정

첫 6년 동안 매년 현금흐름을 예측한다. 그 후 리오의 매출액은 7년도를 시작으로 안정적인 장기 성장률로 낮아질 것으로 예상한다. 1년도부터 6년도까지 현금흐름의 현재가치를 구하고자 9% WACC로 현금흐름을 할인한다.

$$PV = \frac{3.5}{1.09} + \frac{3.2}{1.09^2} + \frac{3.4}{1.09^3} + \frac{5.9}{1.09^4} + \frac{6.1}{1.09^5} + \frac{6.0}{1.09^6} = \$20.3\text{백만}$$

이제 7년도 이후 현금흐름의 가치를 알아내야 한다. 제장에서 평가기간 말 가치를 추정하는 몇 가지 방법을 보았다. 여기서는 일정률성장 DCF 모형을 사용한다. 이를 위해서는 7년도의 잉여 현금흐름 예측치가 필요한데, 이는 장기 성장률을 연 3%로 가정하여 표 19.1의 마지막 열에 계산되어 있다.[4] 잉여 현금흐름은 $680만이다. 그러므로 평가기간 말 가치는 다음과 같다.

$$PV_H = \frac{FCF_{H+1}}{WACC - g} = \frac{6.8}{0.09 - 0.03} = \$113.4\text{백만}$$

$$0\text{ 시점에서의 PV} = \frac{1}{1.09^6} \times 113.4 = \$67.6\text{백만}$$

이제 사업 전체를 평가하는 데 필요한 모든 정보를 얻었다.

$$\begin{aligned}PV(\text{회사}) &= PV(1\sim6\text{년도의 현금흐름}) + PV(\text{평가기간 말 가치})\\ &= \$20.3 + 67.6 = \$87.9\text{백만}\end{aligned}$$

이것이 리오의 총 가치이다. 자기자본의 가치를 알려면 단순히 부채의 가치를 빼주면 된다.

$$\text{자기자본의 총 가치} = \$87.9 - 36.0 = \$51.9\text{백만}$$

주당 가치를 계산하려면 발행주식 수로 나누어 준다.

---

4) 6년도부터 7년도 사이에는 기대 잉여 현금흐름이 약 14% 증가하는 데 유의하라. 이는 매출 증가가 4%에서 3%로 둔화하면서 필요한 투자가 줄어들기 때문이다. 그러나 일단 회사가 안정 성장기로 접어들면 매출과 투자, 그리고 잉여 현금흐름 모두 3%의 성장률로 증가한다. 일정률성장 DCF 공식에서 첫 번째 현금흐름은 다음 해에 발생하는데 이 예에서는 7년도임을 기억하자. 7년도 이후에는 안정성장률 3%로 성장이 계속된다. 그러므로 평가기간 공식에 3% 성장률을 사용해도 무방하다.

$$\text{주당 가치} = 51.9/1.5 = \$34.60$$

그러므로 상그리아는 리오 주식 1주당 $34.60까지 지불할 수 있다.

이제 리오의 가치에 대한 추정치를 얻었다. 그렇지만 이 수치를 얼마나 믿을 수 있는가? 향후 6년간의 현금흐름에서 오는 가치는 전체의 1/4도 채 안 된다. 그 나머지는 모두 평가기간 말 가치이다. 더구나 이 평가기간 말 가치는 가정이 조금만 달라져도 크게 변할 수 있다. 예를 들어 장기 성장률을 3% 대신 4%로 가정하면 리오는 높은 성장을 지탱하기 위해 더 많은 투자를 해야 하지만 회사 가치는 $87.9백만에서 $89.9백만으로 증가한다.

제4장에서 현명한 경영자라면 여기서 그치지 않는다는 점을 강조하였다. 경영자들은 비교 가능한 회사를 찾아 주가이익배수(price-earning multiple)와 주가 대 장부가치 비율을 비교하여 계산 결과를 확인한다.[5]

현금흐름을 예측할 때는 종종 숫자에 홀려서 기계적으로 계산하기 쉽다. 전략적인 관점을 갖는 것이 중요하다. 매출액 예측치는 경쟁사가 어떻게 반응할 것인지에 관한 예상과 일관성이 있는가? 예측한 비용은 현실적인가? 수치의 배경이 된 가정을 자세히 검토하여 이들 수치가 타당한지 확인해야 한다. 평가기간 말 가치를 구성하는 성장률과 수익성 가정에 특히 조심하라. 평가대상 사업이 무한정 성장하고 계속해서 자본비용보다 높은 수익률을 얻을 것으로 가정해서는 안 된다.[6] 만약 그렇다면 회사로 봐서는 아주 좋은 일이지만 경쟁사가 그냥 보고만 있지 않을 것이다.

또한 사업을 계속하는 것보다 중단하는 것이 더 가치가 있는지도 확인해야 한다. 때로는 회사의 **청산가치**(*liquidation value*)가 계속기업으로서의 가치보다 높은 때도 있다. 현명한 재무분석가는 때때로 놀고 있거나 충분히 활용되지 않지만 다른 사람에게 팔면 훨씬 가치가 높은 자산을 찾아내기도 한다. 이들 자산을 잠재적인 매도 가격으로 계산하고 나머지 사업은 이들 자산을 빼고 평가할 수도 있다.

WACC와 지분 현금흐름법

리오를 평가할 때 회사가 전액 자기자본으로 자금을 조달한다는 가정에서 현금흐름을 예측하고, WACC를 사용하여 현금흐름을 할인하였다. 이자 절세효과의 가치는 WACC 공식에 반영된다. 그러고 나서 회사의 총 가치에서 부채의 가치를 차감하여 자기자본 가치를 알아낸다.

회사 자기자본의 가치를 계산하는 일이라면 회사 현금흐름을 WACC로 할인하는 방법 이외에도 분명한 대안이 있다. 즉 지급이자를 차감하고 난 후 **자기자본**(지분)에 돌아가는 현금흐름을 자기자본비용으로 할인하는 방법이다. 이를 **지분 현금흐름**(*flow-to-equity*)법이라고 한다. 회사 부채 비율이 일정하게 유지된다면 지분 현금흐름법은 앞에서 설명한 것처럼 현금흐름을 WACC로 할인하고 부채 가치를 차감하는 것과 같은 답을 제공할 것이다.

5) 4.5절 참조.
6) 표 19.1은 평가기간 말 가치가 장기 성장률로 계속 증가한다고 가정하고 있기 때문에 이 점에서 지나치게 낙관적이다. 이는 리오가 평가기간 6년도 이후에도 가치 있는 성장기회(PVGO)를 가진다는 점을 의미한다. 더 복잡한 스프레드시트라면 예컨대 7년도에서 10년도까지 중간 성장단계를 추가하고, 수익성도 경쟁적인 수준으로 점진적으로 낮추었을 것이다. 이 장 말미에 있는 연습문제 26번을 참조하라.

지분 현금흐름법이 간편해 보인다. 만약 부채와 자기자본으로 조달하는 비율이 회사 수명 기간 전반에 걸쳐 거의 일정하게 유지된다면 이 방법이 실제로도 간편하다. 그러나 자기자본비용은 회사의 레버리지에 따라 달라진다. 다시 말하면, 자기자본비용은 경영위험뿐만 아니라 재무위험에 따라 달라진다. 만약 재무레버리지가 크게 변할 것으로 예상하면 지분 현금흐름을 현재의 자기자본비용으로 할인해서는 올바른 답을 얻지 못할 것이다.

19.3 WACC의 실제 응용

WACC 계산을 위한 몇 가지 요령

상그리아는 하나의 자산과 두 가지 자본조달 원천을 가진 것으로 생각하였다. 그러나 실제 회사의 시장가치 재무상태표는 훨씬 더 많은 항목을 갖는다. 예를 들면 다음과 같다.[7)]

유동자산
  현금과 재고자산, 외상매출금 포함
공장과 설비
 	
성장기회
	유동부채
	  외상매입금과 단기부채 포함
	장기부채(*D*)
	우선주(*P*)
	자기자본(*E*)

총자산	총부채와 자기자본

곧바로 몇 가지 의문이 생긴다.

자본조달 원천이 두 가지 이상 있을 때 공식은 어떻게 변하는가? 이건 쉬운 문제다. 요소마다 하나의 비용이 있다. 각 요소에 대한 가중치는 그 요소의 시장가치에 비례한다. 예를 들어 자본구조가 우선주와 보통주를 모두 포함하고 있다면 WACC는 다음과 같이 쓸 수 있다.

$$\text{WACC} = r_D(1 - T_c)\frac{D}{V} + r_P\frac{P}{V} + r_E\frac{E}{V}$$

단, r_P는 우선주 투자자의 기대수익률, P는 우선주의 발행 금액, 그리고 $V = D + P + E$이다.

7) 이 재무상태표는 설명을 위한 것이며, 실제 기업의 재무상태표와 혼동해서는 안 된다. 이 재무상태표는 성장기회의 가치를 포함하고 있는데 투자자들은 이를 인정하지만, 회계사들은 인정하지 않는다. 이 재무상태표는 이연 법인세와 같은 몇몇 회계항목은 포함하지 않는다.

이연 법인세는 회사가 세금계산 목적으로 투자자에게 보고하는 것보다 더 빠른 가속상각을 사용할 때 발생한다. 이는 회사가 실제로 지급한 세금보다 대외적으로는 더 많은 세금을 보고한다는 의미이다. 이 차이는 이연 세금으로 누적되는데 시간이 지나면서 국세청이 이를 추적하여 추가로 세금을 부과하기 때문에 어떤 의미에서 이는 부채이다. 그러나 이연 법인세는 세후 현금흐름에 초점을 맞추어 가속상각을 사용하는 자본투자분석에서는 아무런 관련성이 없다.

이연 법인세를 자본조달 원천이나 가중평균 자본비용 공식의 구성요소로 간주해서는 안 된다. 이연 법인세 채무는 투자자가 보유한 증권이 아니라 회계상의 목적으로 만들어진 재무상태표 항목일 뿐이다.

이연 법인세는 규제를 받는 사업에서 중요할 수 있다. 규제기관은 이연 법인세를 고려하여 허용 수익률과 매출액 및 소비자 가격의 시간 패턴을 계산한다.

단기부채는 어떻게 할 것인가? 많은 기업은 WACC를 계산할 때 장기 자본조달만을 고려하고, 단기부채의 비용은 제외해 버린다. 원칙적으로 이것은 맞지 않다. 단기부채를 보유한 채권자는 영업이익에서 자기 몫을 주장할 수 있는 투자자들이다. 이 청구권을 무시하는 기업은 자본투자에 대한 요구수익률을 잘못 계산하는 것이다.

그러나 부채가 단지 일시적이거나, 계절적이거나, 일회성 조달인 경우, 또는 현금이나 시장성 유가증권의 보유로 상쇄된다면 단기부채를 '전부 제외하는 것'이 심각한 오류는 아니다. 예를 들어 회사의 해외 자회사가 재고자산과 외상매출금에 필요한 자금을 조달하기 위해 6개월 만기 대출을 받았다고 하자. 이 차입의 달러 환산액은 단기부채로 나타난다. 동시에 본사는 잉여 달러를 단기증권에 투자하여 돈을 빌려줄 수도 있다. 이처럼 차입과 대출이 서로 상쇄된다면 가중평균 자본비용에 단기부채의 비용을 포함할 아무런 이유가 없다. 회사는 단기 자금의 순(*net*) 차입자가 아니기 때문이다.

다른 유동부채는 어떻게 할 것인가? 보통 유동부채는 유동자산에서 빼는 방식으로 '차감'한다. 이 차이는 재무상태표의 좌변에 순운전자본으로 기록된다. 우변의 장기 자본조달의 합계를 총 시장가치(*total capitalization*)라고 한다.

순운전자본	장기부채(D)
= 유동자산	
− 유동부채	우선주(P)
공장과 설비	
성장기회	자기자본(E)
	총 시장가치(V)

순운전자본을 자산으로 취급하면 자본 투자안의 현금흐름 예측에서는 순운전자본의 증가는 현금유출로, 감소는 유입으로 취급해야 한다. 이는 6.2절에서 따랐던 표준 관행이다. 또한 리오의 운전자본에 대한 미래 투자를 추정할 때도 이 관행을 따랐다.

유동부채는 단기부채를 포함하기 때문에 유동자산에서 이를 차감하면 가중평균 자본비용에서 단기부채 비용은 제외된다. 어째서 이것이 받아들일 만한 근사치인가는 이미 설명하였다. 그러나 단기부채가 중요하고 영구적인 자본조달 원천일 때는(이는 소기업이나 미국 이외 지역의 기업들에는 통상적임) 이를 유동자산에서 차감하지 말고 재무상태표의 우변에 확실히 나타내야 한다.[8] 단기부채의 지급이자는 가중평균 자본비용의 한 구성요소가 된다.

자본조달 비용은 어떻게 계산하는가? 회사 주식에 투자한 투자자들이 요구하는 기대수익률 r_E의 추정치는 종종 주식시장 자료를 통해 얻는다. 이 추정치가 얻어지면 WACC의 계산은 그리 어렵지 않다. 왜냐하면 차입이자율 r_D와 부채비율 및 자기자본비율 D/V와 E/V는 직접 관찰할 수 있거나 아니면 별로 어렵지 않게 추정할 수 있기 때문이다.[9] 마찬가지로 우선주의 가치와

8) 재무 실무자는 단기부채를 WACC에 포함할 가치가 있는가를 결정하는 데 경험법칙을 갖고 있다. 한 가지 기준은 단기부채가 총 부채의 적어도 10% 이상이고 순운전자본이 음수인가를 확인한 다음 만약 그렇다면 이는 장기 자산의 자본조달에 단기부채가 사용되고 있는 것이 거의 확실하기 때문에 단기부채는 분명히 WACC에 포함되어야 한다.

9) 대부분의 기업 부채는 활발히 거래되지 않기 때문에 시장가치를 직접 관찰하기는 어렵다. 그러나 거래가 안 되는 부채 증권은 현재 거래되고 있는 증권 중에서 거의 같은 채무불이행 위험과 만기를 가진 증권과 비교하여 그 가치를 평가할 수 있다.

요구수익률을 추정하는 것도 보통 그다지 복잡하지 않다.

다른 형태의 증권에 대한 요구수익률을 추정하는 것은 까다로울 수 있다. 부채를 자기자본으로 전환할 수 있는 옵션에서 투자수익률 일부가 얻어지는 전환부채(convertible debt)가 한 예이다. 전환증권에 관한 논의는 제24장으로 미룬다.

채무불이행 위험이 큰 저등급[즉 **정크**(*junk*)] 채권도 마찬가지로 어렵다. 채무불이행 확률이 높아질수록 부채의 시장가치는 낮아지고 **약정**(*promised*) 이자율은 높아진다. 그러나 가중평균 자본비용은 약정 수익률이 아니라 **기대**(*expected*), 즉 평균 수익률이다. 예를 들어 2009년 7월에 2015년 만기의 MGM 미라지(MGM Mirage) 채권이 액면가의 66%에 거래되면서 15%의 약정 수익률을 제공했는데, 이는 같은 시기에 만기가 되는 최상등급 채권의 수익률보다 무려 13% 포인트나 높은 것이었다. MGM 채권의 가격과 수익률은 이 회사의 고질적인 재무 불건전성에 대한 투자자들의 우려를 반영하는 것이었다. 그러나 15% 수익률은 MGM의 채무불이행으로 입게 될 손실을 평균한 것이 아니므로 기대수익률이라고 할 수는 없다. WACC를 계산할 때 15%를 '부채비용(cost of debt)'으로 포함하면 MGM의 진짜 자본비용을 과대 계상하게 된다.

이는 좋지 않은 소식이다. 정크본드의 기대수익률을 계산하는 쉽고 다루기 편한 방법은 없다.[10] 그러나 다행스러운 일은 대부분 부채는 채무불이행 확률이 낮다는 것이다. 이는 약정 수익률과 기대수익률이 비슷하며, 따라서 가중평균 자본비용의 계산에 약정 수익률을 근사치로 사용할 수 있음을 의미하다.

회사 WACC와 산업 WACC 물론 누구나 개별 회사의 WACC가 얼마인지 알고 싶어 한다. 그러나 때로는 산업 전체의 WACC가 더 유용할 때도 있다. 예를 들어 보자. 캔자스시티 서던(Kansas City Southern)은 (1) 캔자스시티 서던 철도회사와 (2) 스틸웰 금융회사(Stillwell Financial)가 합쳐 만들어진 회사이다. 캔자스시티 서던 철도는 미국 중서부 지방에서 남부의 텍사스와 멕시코까지 철도를 운영하는 회사이고, 스틸웰 금융은 투자관리 사업을 하는 회사로서 야누스(Janus) 뮤추얼펀드를 포함하고 있다. 이보다 더 성격이 다른 두 사업을 생각하기는 어렵다. 두 사업부문 모두 캔자스시티 서던의 전체 WACC를 사용하는 것은 옳지 않다. 이 경우에는 철도 영업에 대해서는 철도 산업의 WACC를 사용하고 스틸웰 사업에는 투자관리 산업의 WACC를 사용하는 것이 좋을 것이다.

이 회사는 2000년에 스틸웰 사업부문을 분사하여 이제는 전업 철도회사가 되었다. 그래도 이 회사는 자사의 WACC를 철도 산업 전체의 WACC와 비교해 보는 것이 현명하다. 산업 WACC는 무작위적인 노이즈와 추정오차에 비교적 적게 노출된다. 캔자스시티 서던의 경우 다행하게도 미국에는 대형 전업 철도회사가 여럿 있어서 어렵지 않게 철도 산업 WACC를 추정할 수 있다.[11] 물론 산업 WACC를 특정 회사의 투자결정에 적용하는 것은 회사가 산업 전체와 비슷한 경영위험과

재정상태가 건전한 회사는 부채의 시장가치가 장부가치와 크게 차이가 나지 않는다. 따라서 많은 경영자나 애널리스트는 가중평균 자본비용 공식에 D 값으로 장부가치를 사용한다. 그러나 E 값으로는 장부가치가 아니라 시장가치를 사용해야 한다.

10) 정크본드 또는 비슷한 증권의 표본에서 베타를 추정할 수 있다면 그 기대수익률은 자본자산 가격결정모형으로 계산할 수 있다. 그렇지 않으면 수익률은 채무불이행 확률에 대해 조정되어야 한다.

11) 표 4.4와 9.1 참조.

재무구조를 가진다고 가정하는 것이다.

가중평균 공식을 사용할 때 범하는 실수

가중평균 공식은 매우 유용하지만 한편으로는 위험하다. 이 공식은 논리적인 오류를 범하기 쉽게 되어 있다. 예를 들어 애완동물 투자안을 추진하는 경영자 Q가 다음과 같은 공식을 검토하면서 이렇게 생각한다.

$$\text{WACC} = r_D(1 - T_c)\frac{D}{V} + r_E\frac{E}{V}$$

"그래! 우리 회사는 높은 신용등급을 갖고 있지. 우리가 마음만 먹으면 투자안 비용의 90%까지도 빌릴 수 있을 거야. 그건 $D/V = 0.9$, 그리고 $E/V = 0.1$이라는 뜻이야. 우리 회사의 차입이자율 r_D 는 8%이고 자기자본의 요구수익률 r_E는 15%이기 때문에 WACC는 다음과 같이 계산할 수 있어.

$$\text{WACC} = 0.08(1 - 0.35)(0.9) + 0.15(0.1) = 0.062$$

이 할인율을 적용하면 투자안은 아주 훌륭해 보여!"

여기서 경영자 Q는 여러 가지로 잘못을 저지르고 있다. 첫째, 가중평균 공식은 기업 전체와 완전히 같은 투자안에만 적용할 수 있다. 기업은 90% 부채로 자본조달을 하지 않았다.

둘째, 투자안을 위한 자본조달에 바로 사용할 수 있는 자금원이 반드시 투자안의 기준율(hurdle rate)과 직접 관련이 있는 것은 아니다. 중요한 것은 투자안이 기업의 차입 능력에 얼마만큼 이바지하느냐 하는 것이다. 경영자 Q의 애완동물 투자안에 투자된 $1가 기업의 부채조달 한도(capacity)를 $0.9만큼 증가시키지는 않는다. 회사가 투자안 비용의 90%를 차입한다면 실제로는 부채의 일부를 기존 자산을 바탕으로 빌리는 것이다. 신규 투자안에 필요한 자금을 정상보다 더 많은 부채로 조달하는 데서 얻는 이득은 새로운 투자안이 아니라 기존 투자안으로 그 공을 돌려야 한다.

셋째, 기업이 90% 부채로 자금을 조달할 의지와 능력이 있다 할지라도 자본비용은 (Q의 순진한 계산이 예측한 것처럼) 6.2%로 감소하지 않는다. 주주의 재무위험을 증가시키지 않고, 그래서 기업의 보통주로부터 요구하는 기대수익률 r_E를 증가시키지 않고, 부채비율을 높일 수는 없다. 부채비율을 90%로 높이는 것은 분명히 차입이자율도 증가시킨다.

부채비율과 경영위험이 다를 때 WACC 조정하기

WACC 공식은 평가대상 투자안이나 사업이 회사(또는 산업) 전체의 부채-자기자본 비율과 같은 비율로 조달된다고 가정한다. 그렇지 않으면 어떻게 되는가? 예를 들어 상그리아의 영구 분쇄기 투자안이 회사 전체의 부채비율 40%가 아니라 단지 20%의 부채만 수용한다면 어떻게 되는가?

부채비율이 40%에서 20%로 달라지면 WACC 공식의 입력 자료도 변한다.[12] 분명히 자본조

12) 세율까지도 달라질 수 있다. 예를 들어 상그리아가 20% 부채일 때는 세전 이익이 지급이자를 충당하기에 충분하지만 40% 부채에서는 그렇지 않을 수 있다. 이 경우 실효 한계세율은 부채비율이 40%일 때보다 20%일 때 더 높다.

APV 스프레드시트는 일정한 부채비율에 묶이거나, 모든 시나리오의 WACC를 다 계산하지 않고도 서로 다른 자본조달전략의 의미를 자세히 검토할 수 있게 해준다.

APV는 투자안 또는 사업의 부채가 장부가치에 연동하여 있거나 정해진 일정에 따라 상환해야 할 때 특히 유용하다. 예를 들면 카플란과 루백(Kaplan and Ruback)은 APV를 사용하여 차입매수(leveraged buyout, LBO) 표본에 대해 지급한 가격을 분석하였다. 차입매수는 거의 전액을 부채로 조달하여 일반적으로 성숙 단계에 접어든 기업을 인수하는 전략이다. 그렇지만 신규 부채를 영구적으로 보유하려는 의도는 아니다. LBO 사업계획은 자산매각, 비용절감, 그리고 수익성 개선 등으로 여분의 현금을 창출할 계획을 하고 있다. 여분의 현금은 LBO 부채를 상환하는 데 사용한다. 그러므로 LBO를 평가하는 데는 WACC를 할인율로 사용할 수 없다. 왜냐하면 부채비율이 일정하지 않기 때문이다.

APV는 LBO에 잘 맞는다. 회사는 마치 전액 자기자본으로 조달된 것처럼 평가한다. 이는 현금흐름을 LBO 부채에 따른 이자 절세효과를 제외하고 세후로 예측한다는 의미이다. 지급이자 절세효과는 별도로 평가하여 전액 자기자본 조달의 가치에 더해 준다. 자본조달의 다른 모든 부수효과도 같이 더해 준다. 그 결과로 얻어지는 것이 회사의 APV 평가이다.[25] 카플란과 루백은 APV가 경쟁이 치열한 기업인수전에서 지급 가격을 설명하는 데 꽤 잘 맞는다는 사실을 발견했다. 이는 특히 제안 기업에 제공되는 정보가 모두 공개적으로 일반 대중에게 흘러나오지 않는다는 점을 고려한다면 상당히 괜찮은 결과이다. 카플란과 루백은 공식적으로 이용 가능한 정보만 사용하였다.

국제 투자의 APV

APV는 자본조달의 부수효과가 여러 가지이고 중요할 때 가장 유용하다. 대형 국제 투자가 자주 여기에 해당한다. 이런 국제 투자는 맞춤 방식의 **프로젝트 금융**(*project financing*)과 공급자와 고객, 그리고 정부와의 특별 계약을 포함하기도 한다. 국제 금융에서 나타나는 자본조달 부수효과의 몇 가지 예를 보자.

프로젝트 금융은 제24장에서 설명한다. 프로젝트 금융은 일반적으로 매우 높은 부채비율로 시작하여 투자안의 초기 현금흐름의 대부분 또는 전부를 부채 상환에 사용하는 방식을 의미한다. 자기자본 투자자는 부채 상환 때까지 기다려야 한다. 이 경우는 부채비율이 일정하지 않으므로 APV를 사용해야 한다.

프로젝트 금융은 좋은 조건의 이자율로 조달할 수 있는 부채를 포함하기도 한다. 정부는 대부분 이런 특혜금융 방식을 통해 수출을 보조한다. 또한 산업설비 제조업자는 판매 계약을 체결하기 위해 돈을 빌려줄 준비가 되어 있다. 예를 들어 현장에 발전소를 건설하는 것이 포함된 투자안이 있다고 하자. 회사는 여러 나라에서 온 공급자로부터 입찰 제안을 받는다. 경쟁 공급자가 낮은 이자율의 프로젝트 대출을 제안하여 입찰 제안을 더 매력 있게 만들거나, 좋은 조건으로 발전소를

25) Kaplan과 Ruback은 실제로는 '압축된' APV를 사용하였다. 여기서는 이자 절세효과를 포함한 모든 현금흐름을 기회자본비용으로 할인한다. S. N. Kaplan and R. S. Ruback, "The Valuation of Cash Flow Forecasts: An Empirical Analysis," *Journal of Finance* 50(September 1995), pp. 1059~1093.

리스해 준다고 하더라도 놀라지 마라. 그보다는 이런 대출이나 리스의 NPV를 계산하고, 이를 투자안 분석에 포함하도록 해야 한다.

때로는 국제 투자안이 공급자나 고객과의 계약으로 뒷받침되기도 한다. 제조업자가 마그네슘 분말과 같은 중요 원자재의 안정적인 공급을 확보하기 원한다고 가정하자. 제조업자는 생산량의 75% 구매와 최소 구매가격을 보장함으로써 새 마그네슘 제련소를 보조해 줄 수 있다. 이러한 보증은 명백히 투자안의 APV에 소중한 가치를 부가하는 것이다. 마그네슘 분말의 국제 가격이 최소 가격보다 하락하더라도 투자안은 곤란을 당하지 않는다. 이 보증의 가치를 계산하여 APV에 더해 준다.

때로는 지방정부가 투자 또는 회수에 비용을 부과하거나 제한을 가하기도 한다. 예를 들면 칠레는 1990년대에 단기 자본유입 속도를 조절하기 위해 투자자에게 유입 자금의 일부를 2년 동안 무이자 계좌에 '예치(park)'할 것을 요구하였다. 이 기간 칠레에 투자한 투자자는 이 요구에 따른 비용을 계산하여 APV에서 차감하게 된다.

19.5 질의응답

질문: 여러 자본비용 공식 중에서 재무관리자는 실제로 어느 것을 사용하는가?

답변: 대부분은 세후 가중평균 자본비용을 사용한다. WACC는 기업, 또는 때때로 산업에 대해 추정한다. 자산 구성과 영업, 경영위험, 그리고 성장기회가 비슷한 회사들의 자료가 있을 때는 산업 WACC를 추천한다.

물론 둘 이상의 관련이 없는 산업에 속한 사업부문을 가진 복합기업은 한 회사 또는 한 산업 WACC를 사용해서는 안 된다. 이런 기업은 각 운영 부문마다 서로 다른 산업 WACC를 추정하도록 해야 한다.

질문: 그렇지만 WACC는 '평균적인' 투자안에 대해서만 올바른 할인율이다. 투자안의 자본조달이 그 회사나 산업의 자본조달 패턴과 다르면 어떻게 되나?

답변: 투자안은 보통 분리하여 따로 자본조달을 하지 않는다는 것을 기억하라. 설사 그렇다고 하더라도 그 투자안의 바로 당면한 자본조달이 아니라, 기업의 전반적인 부채조달 한도에 미치는 영향에 초점을 맞추어야 한다. (특정 투자안에 필요한 자금을 전부 은행대출로 조달하는 것이 편리하다고 가정하자. 그렇지만, 이것이 투자안 자체가 100% 부채를 수용한다는 뜻은 아니다. 이 회사는 투자안뿐만 아니라 기존 자산을 바탕으로 빌리는 것이다.)

그러나 투자안의 부채조달 능력이 회사의 기존 자산과 크게 다르거나 회사의 전반적인 부채정책이 변한다면, WACC는 조정되어야 한다. 조정은 19.3절에서 설명한 세 단계 과정으로 이루어진다.

질문: 수치를 사용한 예를 하나 더 들어볼 수 있는가?

답변: 물론이다. WACC가 30% 부채비율에서 다음과 같이 평가되었다고 하자.

$$\begin{aligned}\text{WACC} &= r_D(1 - T_c)\frac{D}{V} + r_E\frac{E}{V} \\ &= 0.09(1 - 0.35)(0.3) + 0.15(0.7) = 0.1226, \text{ 즉 } 12.26\%\end{aligned}$$

부채비율이 50%일 때 올바른 할인율은 얼마인가?

단계 1. 기회자본비용을 계산한다.

$$\begin{aligned}r &= r_D D/V + r_E E/V \\ &= 0.09(0.3) + 0.15(0.7) = 0.132, \text{ 즉 } 13.2\%\end{aligned}$$

단계 2. 새로운 부채비용과 자기자본비용을 계산한다. 부채비용은 부채비율이 30%일 때보다 50%일 때가 더 높을 것이다. 예컨대 $r_D = 0.095$라 하자. 새로운 자기자본비용은 다음과 같다.

$$\begin{aligned}r_E &= r + (r - r_D)D/E \\ &= 0.132 + (0.132 - 0.095)50/50 \\ &= 0.169, \text{ 즉 } 16.9\%\end{aligned}$$

단계 3. WACC를 다시 계산한다.

$$\begin{aligned}\text{WACC} &= r_D(1 - T_c)D/V + r_E E/V \\ &= 0.095(1 - 0.35)(0.5) + 0.169(0.5) \\ &= 0.1154, \text{ 즉 약 } 11.5\%\end{aligned}$$

질문: 세후 가중평균 자본비용을 계산하는 데 자본자산 가격결정모형을 어떻게 사용할 수 있는가?

답변: 먼저 자본자산 가격결정 공식에 자기자본 베타를 대입하여 자기자본의 기대수익률 r_E를 계산한다. 그러고 나서 이 수치를 세후 부채비용과 부채-기업가치 비율, 그리고 자기자본 대 기업가치 비율과 함께 WACC 공식에 대입하여 사용한다.

물론 CAPM이 자기자본비용을 추정하는 유일한 방법은 아니다. 예를 들어 배당할인 모형을 사용할 수도 있다(4.3절 참조).

질문: 그래도 CAPM을 사용한다고 가정하자. 부채비율이 달라질 때 자기자본 베타를 다시 계산해야 한다면 어떻게 되는가?

답변: 자기자본 베타의 공식은 다음과 같다.

$$\beta_E = \beta_A + (\beta_A - \beta_D)D/E$$

여기서 β_E는 자기자본 베타이고, β_A는 자산 베타, 그리고 β_D는 회사 부채의 베타이다. 자산 베타는 부채 베타와 자기자본 베타의 가중평균이다.

$$\beta_A = \beta_D(D/V) + \beta_E(E/V)$$

기회자본비용 r을 알 필요가 있다고 하자. 이때는 β_A를 계산하고 자본자산 가격결정모형으로부터 r을 계산할 수 있다.

질문: 나는 부채조달 한도 또는 부채정책의 차이를 어떻게 조정해야 하는지 잘 이해하고 있다고

생각한다. 그렇지만, 경영위험의 차이는 어떻게 조정하는가?

답변: 경영위험이 다르면 기회자본비용 r도 달라진다. 이례적으로 안전하거나 위험한 투자안에 대해 올바른 r을 구하기는 전혀 쉽지 않다. 때로는 투자안과 비슷한 회사들의 위험과 기대수익률 추정치를 사용할 수 있다. 예를 들어 한 전통적인 제약회사가 바이오텍(biotech) 연구에 상당한 규모의 투자를 검토하고 있다고 하자. 재무관리자는 바이오텍 기업들의 표본을 선택하여 그 회사들의 평균 베타와 자본비용을 추정하고, 이 추정치를 바이오텍 투자의 벤치마크로 사용할 수 있다.

그러나 많은 경우 이례적으로 안전하거나 위험한 투자안에 대응되는 회사들의 좋은 표본을 찾기는 어렵다. 그러면 재무관리자는 자신의 판단에 따라 기회자본비용을 조정해야 한다. 이런 때에는 9.3절이 도움될 것이다.

질문: 조정현가(APV)는 언제 필요한가?

답변: WACC 공식은 단지 한 가지의 자본조달 부수효과만 반영한다. 즉 투자안이 수용하는 부채의 이자 절세효과의 가치이다. 다른 부수효과, 예컨대 투자안에 관련된 자본조달 보조금이 있다면 APV를 사용해야 한다.

또한 이자 절세효과의 가치를 따로 분리하는 데 APV를 사용할 수 있다.

$$\text{APV} = \text{기본상태 NPV} + \text{PV}(\text{절세효과})$$

예를 들어 차입매수 직후의 한 회사를 분석하고 있다고 가정하자. 회사의 초기 부채 액수는 매우 많지만, 이 회사는 부채를 가능한 한 빨리 상환할 계획이다. APV를 사용하여 정확한 평가 결과를 얻을 수 있다.

질문: 분석과정에서 개인소득세는 언제 반영해야 하는가?

답변: 부채비용과 자기자본비용의 가중평균으로 WACC를 계산할 때는 항상 한계 법인세율 T_c를 사용하라. 할인율은 오로지 법인세에 대해서만 조정한다.

원칙적으로 APV는 한계 법인세율 T_c를 실효세율로 대체하여 개인소득세에 대해서도 조정할 수 있다. 실효세율이란 법인세와 개인소득세를 결합하여 회사가 지급하는 이자비용 한 단위당 순 절세효과를 반영하는 세율을 말한다. 이와 같은 이득에 관해서는 18.2절에서 대략적인 계산 방법을 제시한 바 있다. 실효세율은 거의 확실히 T_c보다 작지만, 그 차이를 수치로 정확히 나타내기는 매우 어렵다. 그러므로 실무에서는 대부분 T_c를 근사치로 사용한다.

질문: 세금이 정말 그렇게 중요한가? 재무관리자는 WACC를 최소화하기 위해 정말로 부채비율을 미세 조정하는가?

답변: 18장에서 살펴본 바와 같이 자본조달결정은 세금 이외에도 재무적 곤경의 비용, 정보의 차이, 그리고 경영자를 위한 인센티브 등을 포함한 여러 요인을 고려한다. 정확하게 정의된 최적 자본구조가 존재하지 않을 수도 있다. 그래서 대부분 재무관리자는 회사의 부채비율을 미세조정하거나 부채비율을 엄밀하게 일정한 비율로 유지하기 위해 자본조달을 조정하지 않는다. 실제로 재무관리자들은 레버리지가 그리 크지 않은 일정한 범위에서는 각기 다른 부채비율에 대해 그려진 WACC 선은 '평평'하다고 가정한다.

요약

이 장에서는 자본조달결정을 투자안과 기존 사업의 평가에 어떻게 반영시킬 수 있는지 알아보았다. 자본조달을 고려하는 데는 두 가지 방법이 있다. 첫 번째 방법은 조정된 할인율, 즉 통상적으로 세후 가중평균 자본비용(WACC)으로 할인하여 NPV를 계산하는 것이다. 두 번째 방법은 기회자본비용으로 할인하고, 자본조달 부수효과의 현재가치를 더하거나 빼는 방법이다. 두 번째 접근 방법을 조정현가 또는 APV라고 한다.

세후 가중평균 자본비용 WACC 공식은 다음과 같다.

$$\text{WACC} = r_D(1 - T_c)\frac{D}{V} + r_E\frac{E}{V}$$

여기서 r_D와 r_E는 각각 기업의 부채와 자기자본 증권에 투자한 투자자들이 요구하는 기대수익률이고, D와 E는 부채와 자기자본의 현재 시장가치, 그리고 V는 기업의 총 시장가치이다($V = D + E$). 물론 WACC 공식은 우선주 등 다른 자본조달 원천이 있을 때는 확장할 수 있다.

엄밀히 말해서 WACC로 할인하는 방법은 기존 회사와 완전히 똑같은 투자안, 즉 회사 전체와 같은 경영위험을 가지고 있고 시장가치 기준으로 기업의 현재 부채비율을 유지하도록 자본조달을 하는 투자안에 대해서만 적용된다. 그러나 기업은 WACC를 벤치마크 할인율로 사용하고 경영위험 또는 자본조달의 차이에 대해 따로 조정할 수 있다. 부채비율 차이에 대해 WACC를 조정하는 3단계 과정을 제시하였다.

현금흐름을 WACC로 할인하는 것은 부채-시장가치 비율을 일정하게 유지하기 위해 부채를 재조정한다고 가정하는 것이다. 투자안이 수용할 수 있는 부채의 액수는 투자안의 사후적인 성공이나 실패에 따라 증가하거나 감소한다. 또한 WACC 공식은 자본조달이 단지 이자 절세효과 때문에 중요하다고 가정한다. 이 가정 또는 다른 가정들이 성립하지 않으면 오직 APV만이 절대적으로 맞는 답을 제공한다.

APV는 적어도 개념적으로는 단순하다. 먼저 자본조달은 중요하지 않다고 가정하고 기본상태(base-case) NPV를 계산한다. (할인율은 WACC가 아니라 기회자본비용이다.) 그러고 나서 관련이 있는 모든 자본조달 부수효과의 현재가치를 계산하여 기본상태 가치에 더하거나 뺀다. 자본 투자안은 APV가 양수이면 채택할 가치가 있다.

$$\text{APV} = \text{기본상태 NPV} + \text{PV(자본조달 부수효과)}$$

일반적인 자본조달 부수효과는 이자 절세효과와 발행비용, 그리고 공급자나 정부가 제공하는 특혜금융 등을 포함한다.

기업 또는 영속적인 사업체는 그 가치가 잉여 현금흐름에 달렸다. 잉여 현금흐름이란 새로운 투자나 운전자본의 증가에 필요한 현금을 차감하고 난 후, 부채 및 자기자본 투자자에게 지급할 수 있는 현금을 말한다. 그러나 잉여 현금흐름은 이자 절세효과의 가치는 포함하지 않는다. WACC 공식은 세후 부채비용을 사용함으로써 지급이자 절세효과를 반영한다. APV는 기본상태 가치에 PV(이자 절세효과)를 더하여 계산한다.

사업은 보통 두 단계 과정으로 평가한다. 먼저 평가기간에 걸쳐 잉여 현금흐름을 예측하고 이를 할인하여 현재가치를 구한다. 그러고 나서 평가기간 말 가치를 계산하고 이를 할인하여 현재가치를 구한다. 평가기간 말 가치는 보통 영구 성장 DCF 공식을 사용하거나 예측된 EBIT 또는 EBITDA[26]를 유사한

26) EBIT = 이자와 법인세 차감 전 이익, EBITDA = EBIT + 감가상각(depreciation)과 상각(amortization)임을 기억하라.

Visit us at www.mhhe.com/bma

기업의 관찰된 배율로 곱하여 추정한다. 비현실적으로 높은 평가기간 말 가치에 특별히 유의하라. 평가기간 말이 도래할 때가 되면 경쟁자들은 이미 수년 동안 따라잡을 시간을 가졌을 것이다. 또한 사업 평가를 끝낼 때 부채를 차감하여 회사의 자기자본 가치를 계산하는 일을 잊지 마라.

이 장의 모든 예는 투자안 또는 회사가 수용할 수 있는 부채 액수에 관한 가정을 반영하고 있다. 투자안이 '수용할 수 있는' 것과 투자자금을 바로 조달할 수 있는 원천을 혼동하지 않아야 한다. 예를 들어 회사가 편의상 $1백만 연구 프로그램에 필요한 자금을 차입할 수도 있다. 그러나 이 연구가 부채조달 한도를 $1백만 늘려주는 것은 거의 불가능하다. 신규 차입금 $1백만 중 많은 부분은 회사의 다른 자산이 수용하는 것이다.

또한 부채조달 한도는 기업이 얼마나 빌릴 수 있는가에 대한 절대적인 한도를 의미하는 것은 아니라는 사실을 기억하라. 이 말은 단순히 기업이 투자안 또는 영속적인 사업을 바탕으로 얼마나 빌릴 것인가를 선택한다는 의미이다.

더 읽어야 할 문헌

Harvard Business Review에는 APV의 인기 있는 설명이 실려 있다.

T. A. Luehrman, "Using APV: A Better Tool for Valuing Operations," *Harvard Business Review* 75(May~June 1997), pp. 145~154.

이 장에서 논의된 가중평균 자본비용과 다른 주제들에 관해 많은 논문이 발간되었다. 여기서 세 편을 소개한다.

J. Miles and R. Ezzell: "The Weighted Average Cost of Capital, Perfect Capital Markets, and Project Life: A Clarification," *Journal of Financial and Quantitative Analysis*, 15(September 1980), pp. 719~730.

R. S. Ruback, "Capital Cash Flows: A Simple Approach to Valuing Risky Cash Flows," *Financial Management* 31(Summer 2002), pp. 85~103.

R. A. Taggart, Jr.: "Consistent Valuation and Cost of Capital Expressions with Corporate and Personal Taxes," *Financial Management*, 20(Autumn 1991), pp. 8~20.

아래의 두 책에서는 기업가치를 어떻게 평가하는지 자세하게 설명하고 있다.

T. Koller, M. Goedhart, and D. Wessels, *Valuation: Measuring and Managing the Value of Companies*, 4th ed(New York: Wiley, 2005).

S. P. Pratt and A. V. Niculita, *Valuing a Business: The Analysis and Appraisal of Closely Held Companies*, 5th ed(New York: McGraw-Hill, 2007).

안전한 명목 현금흐름에 대한 가치평가 규칙은 다음 논문에서 개발되었다.

R. S. Ruback: "Calculating the Market Value of Risk-Free Cash Flows," *Journal of Financial Economics*, 15(March 1986), pp. 323~339.

연습문제

기본문제

1. 다음 정보를 이용하여 Federated Junkyards of America의 가중평균 자본비용(WACC)을 계산하라.
   - 부채: 장부가치 발행 금액 $75,000,000 부채는 액면가의 90%에서 거래되고 있다. 만기수익률은 9%이다.
   - 자기자본: 주당 $42에 거래되는 2,500,000주. Federated 주식에 대한 기대수익률은 18%라고 가

Visit us at www.mhhe.com/bma

정한다.

- 세금: Federated의 한계 법인세율은 $T_c = 0.35$이다.

2. Federated Junkyards가 좀 더 보수적인 부채정책으로 변경하기로 하였다. 1년 후 부채비율은 15%($D/V = 0.15$)로 낮아졌다. 이자율은 8.6%로 낮아졌다. 이 새로운 가정에서 Federated의 WACC를 다시 계산하라. 회사의 경영위험과 기회자본비용, 그리고 세율은 변하지 않았다. 19.3절에서 설명한 세 단계 과정을 이용하라.
3. 맞는가, 틀리는가? WACC 공식을 사용하는 것은 다음을 가정한다.
   a. 투자안은 투자안의 경제적 수명 기간에 정해진 액수의 부채를 수용한다.
   b. 투자안의 가치와 투자안에 의해 수용되는 부채의 비율은 투자안의 경제적 수명 기간에 일정하다.
   c. 회사는 부채-기업가치 비율을 일정하게 유지하기 위하여 매 기간 부채를 재조정한다.
4. 지분 현금흐름법(flow-to-equity method)은 무엇을 의미하는가? 이 방법에서는 어떤 할인율이 사용되는가? 정확한 평가를 위하여 이 방법에 필요한 가정은 무엇인가?
5. 맞는가, 틀리는가? APV 방법은
   a. 기본상태(base-case) 가치로 시작한다.
   b. 전액 자기자본으로 조달되었다고 가정하고, 예측된 현금흐름을 투자안의 WACC로 할인하여 기본상태 가치를 계산한다.
   c. 정해진 일정에 따라 부채를 상환할 때 특히 유용하다.
6. 한 투자안이 $1백만의 투자금액이 필요하며 정확히 0의 기본상태 NPV(NPV = 0)를 갖는다. 다음 경우에 투자안의 APV는 얼마인가?
   a. 이 회사가 투자를 한다면 주식 발행으로 $500,000를 조달해야 한다. 발행비용은 순 조달금액의 15%이다.
   b. 이 회사가 투자를 한다면 부채조달 한도는 $500,000 증가한다. 이 부채에 대한 지급이자 절세효과의 현재가치는 $76,000이다.
7. Whispering Pines, Inc.는 전액 자기자본으로 조달되었다. 이 회사 주식의 기대수익률은 12%이다.
   a. 평균 위험을 갖는 Whispering Pines 투자의 기회자본비용은 얼마인가?
   b. 이 회사가 부채를 발행하고, 주식을 재매입하여 부채-기업가치 비율을 30%로($D/V = 0.30$) 바꾼다고 가정하자. 새로운 자본구조에서 이 회사의 가중평균 자본비용은 얼마인가? 차입이자율은 7.5%이고 세율은 35%이다.
8. 1년 동안만 지속하는 투자안을 생각해 보자. 초기 투자액이 $1,000이고 기대 현금유입은 $1,200이다. 기회자본비용은 $r = 0.20$이다. 차입이자율은 $r_D = 0.10$이고, 지급이자 $1당 순 절세효과는 $T_c = 0.35$이다.
   a. 투자안의 기본상태 NPV는 얼마인가?
   b. 이 회사가 투자안이 요구하는 투자금액의 30%를 빌린다면 APV는 얼마인가?
9. WACC 공식은 부채가 자기자본보다 '싸다,' 즉 더 많은 부채를 가진 기업이 더 낮은 할인율을 사용할 수 있다는 점을 암시하는 것으로 보인다. 이것이 맞는가? 간단히 설명하라.
10. KCS는 비공개기업인 Patagonia 트럭 운수회사를 $5천만에 사들였다. KCS는 현재 수중에 $5백만밖에 현금이 없어서 은행으로부터 $4,500만을 대출받았다. 트럭 운수회사의 정상적인 부채-기업가치 비율은 높아 봐야 50%이지만 은행은 KCS의 신용등급에 만족하고 있다.

    표 19.2의 양식으로 APV를 사용하여 Patagonia 트럭 운수회사를 평가한다고 가정하자. 부채는 얼마나 포함할 것인가? 간단히 설명하라.

Visit us at www.mhhe.com/bma

현금과 시장성 유가증권	100	은행 융자	280
외상매출금	200	외상매입금	120
재고자산	50	유동부채	400
유동자산	350		
부동산	2,100	장기부채	1,800
기타 자산	150	자기자본	400
계	2,600	계	2,600

표 19.3 Wishing Well사의 재무상태표(수치는 $백만 단위).

현금과 시장성 유가증권	1,500	단기부채	75,600
외상매출금권	120,000	외상매입금	62,000
재고자산	125,000	유동부채	137,600
유동자산	246,500	장기부채	208,600
자산, 공장, 장비	302,000	이연 법인세	45,000
기타 자산	89,000	자기자본	246,300
계	637,500	계	637,500

표 19.4 Rensselaer Felt사의 요약 장부가치 재무상태표(수치는 $천 단위).

중급문제

11. 표 19.3은 Wishing Well 모텔 체인의 장부가치 재무상태표를 보여준다. 이 회사의 장기 부채는 부동산으로 담보되어 있지만, 이 회사는 또한 단기 은행차입도 활용하고 있다. 은행 부채에 대해 10%를, 그리고 담보부 부채에 대해서는 9%의 이자를 지급한다. Wishing Well은 1천만 주의 발행주식을 갖고 있고, 주식은 $90에 거래되고 있다. Wishing Well 보통주의 기대수익률은 18%이다.

Wishing Well의 WACC를 계산하라. Wishing Well 부채의 장부가치와 시장가치가 같다고 가정하라. 한계세율은 35%이다.

12. Wishing Well이 위스콘신 매디슨 카운티의 낭만적인 장소에 있는 새로운 모텔과 리조트를 평가하고 있다고 가정하자. 이 투자안의 세후 현금흐름을 어떻게 예측할 것인가를 설명하라. (힌트: 세금을 어떻게 다룰 것인가? 이자비용은? 운전자본의 변동은?)

13. 매디슨 카운티 투자안의 소요자본을 조달하기 위하여 Wishing Well은 추가로 $8천만의 장기 부채와 $2천만의 자기자본 발행을 추진해야 한다. 자본조달 비용은 총 $4백만이 될 것이다. 제안된 투자안을 평가할 때 이를 어떻게 고려할 것인가?

14. 표 19.4는 Rensselaer Felt의 요약 재무상태표이다. 이 회사의 가중평균 자본비용을 계산하라. 부채는 6%(단기)와 8%(장기)의 이자율로 방금 재조달되었다. 이 회사 주식의 기대수익률은 15%이다. 발행주식 수는 7,460,000주이고, 주식은 주당 $46에 거래되고 있다. 법인세율은 35%이다.

15. Rensselaer Felt가 $50백만의 신주를 발행하고 그 돈으로 장기 부채를 상환하면 이 회사의 WACC와 자기자본비용은 어떻게 변하는가? 이 회사의 차입이자율은 변하지 않는다고 가정하라. 19.3절의 세 단계 과정을 이용하라.

16. Digital Organics(DO)는 지금($t=0$) $1백만의 투자기회를 갖고 있다. 이 투자안은 $t=1$에서 $600,000, 그리고 $t=2$에서 $700,000의 세후 수익을 기대한다. 이 투자안은 단지 2년만 지속한다. 적절한 자본비용은 전액 자기자본으로 조달하였을 때 12%이다. 차입이자율은 8%이다. DO는 이 투자안에 대해 $300,000을 빌린다. 이 부채는 두 번에 걸쳐 같은 금액으로 상환해야 한다. 부채 절세효과가 지급이자 $1당 $0.30의 순 가치를 갖는다고 가정하자. 표 19.2의 절차를 이용하여 이 투자안의 APV를 계산하라.

Visit us at www.mhhe.com/bma

17. 19.1절에서 설명한 분쇄기와 같은 다른 영구 투자안을 생각해 보자. 초기 투자액은 $1,000,000이고 기대 현금유입은 영구적으로 연간 $95,000이다. 전액 자기자본으로 자금을 조달할 때 기회자본비용은 10%이고, 투자안을 위해 회사가 7%에 차입할 수 있다. 법인세율은 35%이다.

APV를 사용하여 이 투자안의 가치를 계산하라.

a. 먼저 투자안에 소요되는 자금 일부는 $400,000의 부채로 조달하고, 이 부채는 고정적이고 영구적이라고 가정한다.

b. 초기 차입을 이 투자안의 미래 시장가치의 변화에 비례하여 증가시키거나 낮춘다고 가정하자. (a)와 (b)의 답이 차이가 나는 것을 설명하라.

18. 문제 17번에서 설명한 투자안을 어느 대학에서 채택했다고 가정하자. 투자안에 필요한 자금은 대학 기부금에서 인출된다. 기부금은 주식과 채권에 널리 분산투자된 포트폴리오에 투자되어 있다. 대학은 또한 7% 이자로 돈을 빌릴 수 있다. 대학은 세금을 내지 않는다.

대학 경리담당자는 이자율 7%의 영구채권 $400,000를 발행하고 기부금에서 $600,000어치의 보통주를 팔아서 투자자금을 조달할 것을 제안한다. 보통주의 기대수익률은 10%이다. 따라서 경리담당자는 아래와 같이 계산된 가중평균 자본비용으로 할인하여 투자안을 평가할 것을 제안한다.

$$
\begin{aligned}
r &= r_D\frac{D}{V} + r_E\frac{E}{V} \\
&= 0.07\left(\frac{400{,}000}{1{,}000{,}000}\right) + 0.10\left(\frac{600{,}000}{1{,}000{,}000}\right) \\
&= 0.088,\ \text{즉 } 8.8
\end{aligned}
$$

경리담당자의 접근방법 중 무엇이 옳고, 그른가? 이 대학은 투자해야 하는가? 이 대학은 차입해야 하는가? 경리담당자가 투자자금을 모두 기부금에 있는 보통주를 팔아서 조달한다면 투자안의 가치는 변하는가?

19. 태양열 온수기 투자안을 생각해 보자. 이 투자안은 $1천만을 필요로 하고 세후 현금흐름이 매년 $175만이다. 투자안의 경영위험이 반영된 기회자본비용은 12%이다.

a. 투자에 필요한 자금은 부채 $5백만와 자기자본 $5백만으로 조달하려 한다. 회사의 차입이자율은 8%이고 한계세율은 35%이다. 부채는 10년 동안 매년 같은 금액으로 상환한다. APV를 계산하라.

b. 만약 부채 $5백만을 조달하는 데 들어가는 발행비용이 $400,000라면 APV는 어떻게 달라지는가?

20. 표 19.1과 19.2에 있는 리오의 기업평가를 다시 보자. 이 책의 웹사이트(**www.mhhe.com/bma**)에 있는 스프레드시트를 사용하여 가치평가가 다음의 요소에 따라 어떻게 달라지는가를 보여라.

a. 예측된 장기 성장률

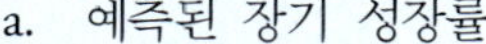

b. 고정자산과 운전자본 투자에 필요한 금액

c. 기회자본비용. 표 19.1에서도 역시 기회자본비용을 변경할 수 있다.

d. 수익성, 즉 매출액에 대한 매출원가의 비율

e. 부채로 조달된다고 가정하는 금액

21. Bunsen 화학회사는 현재 목표 부채비율 40%에 있다. 회사는 기존 사업을 $1백만 확장할 것을 고려 중이다. 이 확장은 영구적으로 매년 $130,000의 현금흐름을 창출할 것으로 예상한다.

확장할 것인가, 필요자금을 어떻게 조달할 것인가는 아직 정해지지 않았다. 두 가지 선택이 있다.

Visit us at www.mhhe.com/bma

하나는 보통주 \$1,000,000을, 하나는 20년 만기 부채 \$1,000,000을 발행하는 것이다. 주식 발행 비용은 조달 금액의 약 5%이고, 부채 발행비용은 약 1.5%이다.

Bunsen의 재무관리자 Polly Ethylene 씨는 이 회사의 자기자본에 대한 요구수익률을 14%로 추정한다. 그러나 발행비용 때문에 신주의 자본비용은 19%로 높아질 것이라고 주장한다. 이 자료에 의하면 투자안은 실행 가능하지 않아 보인다.

한편 이 회사는 7% 수익률의 신규 부채를 조달할 수 있다고 하는데, 그렇다면 신규 부채의 비용은 8.5%가 된다. 그러므로 재무관리자는 Bunsen이 투자안을 채택하고 장기 부채로 자본을 조달해야 한다고 권한다.

Ethylene 씨의 주장은 맞는가? 당신이 재무관리자라면 이 투자안을 어떻게 평가할 것인가?

22. Nevada Hydro는 40% 부채로 조달되었고, 가중평균 자본비용은 9.7%이다.

$$\text{WACC} = (1 - T_c)r_D\frac{D}{V} + r_E\frac{E}{V}$$
$$= (1 - 0.35)(0.085)(0.40) + 0.125(0.60) = 0.097$$

Goldensacks 사는 Nevada Hydro에 9%의 배당수익률로 \$75,000,000의 우선주 발행을 권고하고 있다. 그 돈은 보통주를 재매입하여 소각하는 데 사용될 것이다. 우선주 발행은 발행 전 회사 시장가치의 10%에 달한다.

Goldensacks는 이 발행이 Nevada Hydro의 WACC를 9.4%로 줄일 것이라고 주장한다.

$$\text{WACC} = (1 - 0.35)(0.085)(0.40) + 0.09(0.10) + 0.125(0.50)$$
$$= 0.094, \text{즉 } 9.4\%$$

이 계산에 동의하는가? 설명하라.

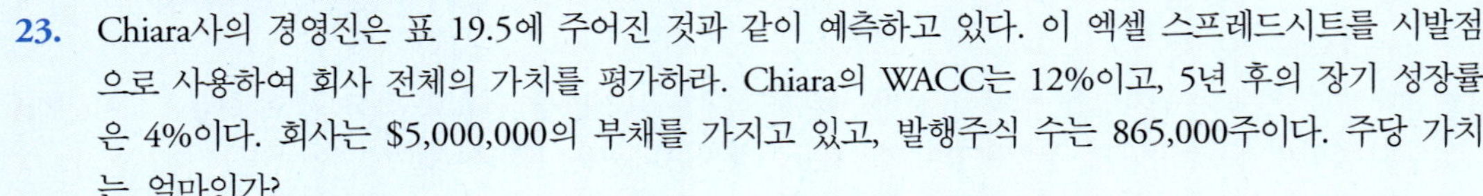

eXcel
Visit us at www.mhhe.com/bma

23. Chiara사의 경영진은 표 19.5에 주어진 것과 같이 예측하고 있다. 이 엑셀 스프레드시트를 시발점으로 사용하여 회사 전체의 가치를 평가하라. Chiara의 WACC는 12%이고, 5년 후의 장기 성장률은 4%이다. 회사는 \$5,000,000의 부채를 가지고 있고, 발행주식 수는 865,000주이다. 주당 가치는 얼마인가?

	역사적 수치			예측치				
연차:	−2	−1	0	1	2	3	4	5
1. 매출액	35,348	39,357	40,123	36,351	30,155	28,345	29,982	30,450
2. 매출원가	17,834	18,564	22,879	21,678	17,560	16,459	15,631	14,987
3. 기타 비용	6,968	7,645	8,025	6,797	5,078	4,678	4,987	5,134
4. EBITDA(1−2−3)	10,546	13,148	9,219	7,876	7,517	7,208	9,364	10,329
5. 감가상각	5,671	5,745	5,678	5,890	5,670	5,908	6,107	5,908
6. EBIT(세전 이익)(4−5)	4,875	7,403	3,541	1,986	1,847	1,300	3,257	4,421
7. 법인세(35%)	1,706	2,591	1,239	695	646	455	1,140	1,547
8. 세후 이익(6−7)	3,169	4,812	2,302	1,291	1,201	845	2,117	2,874
9. 운전자본의 변화	325	566	784	−54	−342	−245	127	235
10. 투자(총 고정자산의 변화)	5,235	6,467	6,547	7,345	5,398	5,470	6,420	6,598

표 19.5 Chiara사의 현금흐름 추정(\$천).

Visit us at www.mhhe.com/bma

도전문제

24. 각주 15에서 Miles-Ezzell 할인율 공식을 인용하였는데 이 공식은 부채를 계속 재조정하는 것이 아니라 1년에 한 번씩 재조정한다고 가정한다. 이 공식을 도출하라. 이 공식을 사용하여 상그리아의 WACC에서 부채를 없애고 기회자본비용을 계산하라. 이렇게 계산한 답은 19.3절에서 계산한 결과와 약간 다를 것이다. 그 이유를 설명할 수 있는가?
25. WACC 공식은 부채를 계속 재조정하여 부채비율 D/V를 일정하게 유지한다고 가정한다. 재조정은 미래 지급이자 절세효과의 크기를 미래 기업가치에 연동시킨다. 이는 절세효과를 위험하게 만든다. 이는 일정한 부채 수준(재조정하지 않음)이 주주들에게 유리하다는 뜻인가?
26. 경쟁 때문에 7년 후부터는 신규 투자에서 WACC 이상의 수익률을 얻을 기회가 없어진다는(PVGO = 0) 가정에서 표 19.1을 수정하라. 리오의 가치평가는 어떻게 달라지는가?

실시간 데이터분석

표 19.6은 Apache사의 2008년 말 요약 장부가치 재무상태표이다. 다른 정보는 다음과 같다.

발행주식 수(N)	3억 3,575만
주가(P)	$74.0
베타	1.21
재정증권 수익률	0.11%
만기 20년 국채 수익률	2.25%
부채비용(r_D)	7.50
한계 법인세율	35%

a. Apache의 WACC를 계산하라. 자본자산 가격결정모형과 위에 주어진 자료를 이용하라. 필요한 추가 가정을 하고 어림셈을 하라.
b. Apache의 기회자본비용은 얼마인가?
c. Standard & Poor's Market Insight 웹사이트(**www.mhhe.com/edumarketingsight**)를 방문하여 문제 (a)와 (b)의 답을 갱신하라.

STANDARD &POOR'S

표 19.6 2008년 말 Apache사의 요약 장부가치 재무상태표(수치는 $백만 단위).

유동자산	4,451	유동부채	2,615
유형자산	23,959	장기부채	4,816
투자와 기타 자산	7,776	기타 부채	5,246
		자기자본	16,509
총계	29,186	총계	29,186

부록

안전한 명목 현금흐름 할인하기

지금 회사가 $100,000짜리 기계 구매를 고려하고 있다. 한 제조업자가 5년 동안 연간 5%의 이자율로 기계 구매에 필요한 자금 $100,000를 빌려주겠다는 제안을 해 왔다. 구매자금을 은행에서 빌린다면 연 13% 이자를 지급해야 한다. 회사의 한계세율은 35%($T_c = 0.35$)이다.

제조업자가 제안하는 대출은 얼마만큼의 가치가 있는가? 이 대출 제안을 받아들인다면 현금

Visit us at www.mhhe.com/bma

흐름은 다음과 같다($1,000 단위).

	기간					
	0	1	2	3	4	5
현금흐름	+100	−5	−5	−5	−5	−105
절세효과		+1.75	+1.75	+1.75	+1.75	+1.75
세후 현금흐름	+100	−3.25	−3.25	−3.25	−3.25	−103.25

이때 적용할 올바른 할인율은 얼마인가?

이 경우 회사는 **안전한 명목**(*safe, nominal*) 현금흐름을 할인하는 셈이다. 이 현금흐름이 안전하다는 것은 회사가 대출을 받기로 하면 반드시 지급해야 하는 금액이기 때문이며,[27] 또한 미래 물가상승과는 상관없이 지급금액이 정해져 있기 때문에 명목 현금흐름이다. 안전한 명목 현금흐름에 대한 올바른 할인율은 회사의 **세후 무보조**(unsubsidized) 차입이자율[28]인데 이 경우에는 $r_D(1-T_c) = 0.13(1-0.35) = 0.0845$이다. 따라서 NPV는 다음과 같이 구해진다.

$$\text{NPV} = +100 - \frac{3.25}{1.0845} - \frac{3.25}{(1.0845)^2} - \frac{3.25}{(1.0845)^3} - \frac{3.25}{(1.0845)^4} - \frac{103.25}{(1.0845)^5}$$
$$= +20.52,\ \text{즉}\ \$20,520$$

제조업자는 실질적으로 기계 구매가격을 $100,000에서 $100,000 − $20,520 = $79,480로 낮추어 준 것과 같다. 이제 앞으로 돌아가서 이 파격 세일 가격을 사용하여 기계의 NPV를 다시 계산하거나, 보조받은(subsidized) 융자의 NPV를 조정현가의 한 요소로 사용할 수도 있다.

일반 규칙 이제는 왜 $r_D(1-T_c)$가 안전한 명목 현금흐름에 적용할 올바른 할인율인가를 설명해야 한다. 할인율이 무보조 차입이자율 r_D에 따라 달라진다는 것은 전혀 놀랍지 않다. 왜냐하면 r_D는 투자자의 기회자본비용, 즉 회사 부채에 대해 투자자가 요구하는 이자율이기 때문이다. 그렇지만 왜 r_D가 세후 값으로 바뀌어야 하는가?

문제를 단순화하여 이자율 5%인 1년 만기 $100,000의 보조받은 대출을 생각해 보자. 현금흐름은 다음과 같다(단위 $천).

	기간 0	기간 1
현금흐름	+100	−105
절세효과		+1.75
세후 현금흐름	+100	−103.25

27) 이론적으로 안전이란 문자 그대로 국채의 현금 수익과 같은 '무위험'을 뜻한다. 실무에서는 현금흐름을 지급하지 못하거나 받지 못할 위험이 작다는 것을 의미한다.

28) 13.1절에서 **세전** 차입이자율을 사용하여 보조받은 자본조달의 NPV를 계산하였다. 이제 그것이 잘못되었다는 것을 알 수 있다. 세전 이자율을 사용하는 것은 묵시적으로 세전 현금흐름을 기준으로 대출을 정의한다는 뜻인데, 이는 6.1절에서 만들었던 규칙을 어긴 것이다. 그 규칙은 **항상** 세후 기준으로 현금흐름을 추정하라는 것이다.

Visit us at www.mhhe.com/bma

만약 회사가 부채 상환용으로 $103,250를 따로 준비해 두었다면 정상 경로(즉 은행차입)를 통해 1년간 빌릴 수 있는 최대 금액은 얼마인가?

'정상 경로(regular channels)'란 세전 13% 또는 세후 8.45%로 빌리는 것을 의미한다. 그러므로 회사가 원금과 세후 이자를 모두 상환하려면 빌린 액수의 108.45%가 필요하다. 최대 대출금을 X라고 하면 $1.0845X = 103{,}250$, 즉 $X = 95{,}205$이다. 정상 경로를 통해서는 $95,205밖에 빌릴 수 없는데 보조받은 대출로는 $100,000를 빌릴 수 있다면 그 차이($4,795)는 은행에 넣어 둔 안전한 돈과 같은 것이다. 그러므로 이는 또한 1년 만기의 보조받은 대출의 NPV이기도 하다.

안전한 명목 현금흐름을 세후 차입이자율로 할인한다는 뜻은 암묵적으로 **등가 대출금**(*equivalent loan*), 즉 정상 경로를 통해 차입할 수 있는 금액을 부채상환의 현금흐름을 사용하여 계산한다는 것이다.

$$\text{등가 대출금} = \text{PV(부채상환에 쓸 수 있는 현금흐름)} = \frac{103{,}250}{1.0845} = 95{,}205$$

경우에 따라서는 차입자보다 대부자의 처지에서 등가 대출금을 생각하기가 더 쉬울 수도 있다. 예를 들면 회사가 내년에 보조받은 대출금 상환을 위해 지금 얼마를 투자해야 하는가를 생각해 볼 수 있다. 답은 $95,205이다. 이 금액을 13% 이자율로 빌려준다면 세후 수익으로는 8.45%를 벌게 되고, 따라서 95,205(1.0845)=$103,250를 확보할 수 있다. 이 거래로 미래의 채무를 취소 또는 "상쇄"할 수 있게 된다. 만약 $100,000를 빌려서 부채상환을 위해 $95,205만을 남겨 두어도 된다면 나머지 $4,795는 다른 용도로 마음대로 쓸 수 있다. 이 금액은 보조받은 대출의 순현가(NPV)이다.

따라서 차입과 대부 어느 쪽을 생각하느냐에 관계없이 안전한 명목 현금흐름에 적용하는 올바른 할인율은 세후 이자율이다.[29)]

생각해 보면 이것은 당연한 결과이다. 회사는 자유롭게 돈을 빌리거나 빌려준다. 회사가 돈을 **빌려줄** 때는 투자에 대해 세후 이자율을 받는다. 반대로 회사가 자본시장에서 돈을 **빌릴** 때는 세후 이자율을 지급한다. 따라서 회사가 부채 등가(debt-equivalent) 현금흐름에 투자할 때의 기회비용은 세후 이자율이다. 이는 곧 부채 등가 현금흐름에 대한 조정 자본비용(adjusted cost of capital)이다.[30)]

추가 예제 다음은 부채 등가 현금흐름의 다른 예이다.

---

29) 현금흐름이 정말 안전하다면, 즉 채무불이행 위험이 낮다면 현금 차입과 대출의 이자율이 많이 달라서는 안 된다. 일반적으로 경영자의 결정은 사용된 이자율에 크게 영향을 받지 않는다. 만약 그렇다면 차입이든 대출이든 어떤 반대거래가 지금의 문제에 가장 자연스럽고 타당한가 생각해 보라. 그리고 해당 이자율을 사용하라.

30) 이 절의 모든 예는 앞을 바라보는 것이다. 즉 현 시점에서 평가한 미래의 부채 등가 현금흐름의 가치가 있어야 한다. 그러나 법적 또는 계약상의 분쟁에서 **과거의** 현금흐름을 현 시점으로 끌어와야 할 때에도 비슷한 문제가 발생한다. 회사 A는 10년 전에 B에게 $1,000,000을 지급했어야 한다고 하자. B는 시간가치를 잃었기 때문에 명백히 오늘 $1백만 이상을 받아야 한다. 화폐의 시간가치는 세후 차입이나 대출 이자율로 나타내야 한다. 또는 위험이 없다면 세후 무위험 이자율로 나타내야 한다. 화폐의 시간가치는 B의 총 자본비용과 같지 **않다**. B에게 이 지급금에 대해 총 자본비용을 "벌도록" 해주는 것은 위험을 부담하지 않고 위험 프리미엄을 벌도록 해주는 것과 같다. 이 문제에 대한 좀 더 광범위한 논의는 F. Fisher and C. Romaine, "Janis Joplin's Yearbook and Theory of Damages," *Journal of Accounting, Auditing & Finance* 5(Winter/Spring 1990), pp. 145~157 참조.

Visit us at www.mhhe.com/bma

계약상 고정된 지급금 트럭 리스회사와 앞으로 2년 동안 매월 정해진 금액을 지급하는 대신 트럭을 말짱한 상태로 유지해 주기로 동의하는 계약을 맺었다고 하자. 이들 지급금은 부채 등가 현금흐름이다.

감가상각 절세효과 자본 투자안은 보통 미래에 발생할 것으로 기대되는 세후 총 현금흐름을 할인하여 평가한다. 감가상각 절세효과(depreciation tax shields)는 투자안의 현금흐름에 이바지하지만, 따로 분리하여 평가하지는 않는다. 감가상각 절세효과는 수십 또는 수백 개의 다른 현금 유입이나 유출과 섞여서 투자안의 현금흐름에 포함된다. 투자안의 기회자본비용은 이렇게 모인 총 현금흐름의 평균적인 위험을 반영하여 결정된다.

그러나 감가상각 절세효과가 **그 자체로서** 얼마나 가치가 있는지 알고 싶다고 하자. 세금을 낼 것이 확실한 회사에는 감가상각 절세효과는 안전한 명목 흐름이다. 그러므로 이런 현금흐름은 회사의 세후 차입이자율로 할인해야 한다.

감가상각 대상 금액이 $200,000인 자산을 산다고 가정하자. 이 자산은 5년간 납세목적 감가상각표(표 6.4 참조)에 따라 상각한다. 절세효과는 다음과 같다.

	기간					
	1	**2**	**3**	**4**	**5**	**6**
상각율	20	32	19.2	11.5	11.5	5.8
상각금액(단위: $천)	$40	$64	$38.4	$23	$23	$11.6
감가상각 절세효과 $T_c = 0.35$(단위: $천)	$14	$22.4	$13.4	$8.1	$8.1	$4.0

세후 할인율은 $r_D(1-T_c) = 0.13(1-0.35) = 0.0845$이다. (계속해서 13%의 세전 차입이자율과 35%의 한계세율을 가정한다.) 이 절세효과의 현재가치는 다음과 같다.

$$\text{PV} = \frac{14}{1.0845} + \frac{22.4}{(1.0845)^2} + \frac{13.4}{(1.0845)^3} + \frac{8.1}{(1.0845)^4} + \frac{8.1}{(1.0845)^5} + \frac{4.0}{(1.0845)^6}$$
$$= +56.2, \text{ 즉 } \$56{,}200$$

일관성 확인 부채 등가 현금흐름을 평가하는 과정이 앞에서 설명했던 WACC와 APV 접근방법과 일관성이 있는가 하는 의문이 든다. 이것은 아래에 예시하는 것과 같이 일관성을 가진다.

간단한 예를 들어 보자. 앞으로 1년 후 우량 기업으로부터 받기로 한 $1,000,000의 지급금을 평가하려고 한다. 세금 35%를 빼고 나면 현금흐름은 $650,000이다. 이 지급금은 계약상 정해진 금액이다.

계약에 따르면 부채 등가 현금흐름이 발생하기 때문에 기회자본비용은 투자자가 우량 기업이 발행한 1년 만기 채권에 대해 요구하는 수익률과 같다. 이 수익률은 현재 8%이다. 단순화를 위해 이 수익률은 또한 회사의 차입이자율이라고 가정한다. 따라서 부채 등가 현금흐름의 평가규칙에 따라서 아래와 같이 $r_D(1-T_c) = 0.08(1-0.35) = 0.052$를 할인율로 사용한다.

Visit us at www.mhhe.com/bma

$$PV = \frac{650{,}000}{1.052} = \$617{,}900$$

이 $650,000 지급금의 **부채조달한도**(*debt capacity*)는 얼마인가? 정확히 $617,900이다. 회사는 이 금액을 빌리고 나서 1년 후 $650,000의 현금흐름으로 부채를 완전히 (즉 원금과 세후 이자) 상환할 수 있다. 부채조달 한도는 부채 등가 현금흐름의 PV와 같은 금액(즉 100%)이다.

이런 식으로 생각한다면 할인율 $r_D(1-T_c)$는 단순히 부채비율 100%($D/V=1$)라는 특별한 경우의 WACC이다.

$$\begin{aligned} \text{WACC} &= r_D(1 - T_c)D/V + r_E E/V \\ &= r_D(1 - T_c),\ D/V = 1\text{이고 } E/V = 0\text{일 때} \end{aligned}$$

이제 APV를 계산해 보자. 이것은 2단계 가치평가이다. 먼저 $650,000 유입을 8%의 기회자본비용으로 할인한다. 다음으로, 투자안이 수용할 수 있는 부채의 이자 절세효과의 현재가치를 더한다. 회사는 현금흐름 가치의 100%를 차입할 수 있으므로 절세효과는 $r_D T_c$ APV이고, APV는 다음과 같이 계산된다.

$$APV = \frac{650{,}000}{1.08} + \frac{0.08(0.35)APV}{1.08}$$

위의 식을 APV에 대해 풀면 $617,900를 얻게 되는데 이는 세후 차입이자율로 할인하여 얻는 것과 같은 답이다. 따라서 부채 등가 현금흐름 평가기준은 APV의 특별한 경우이다.

문제

1. 미국 정부는 $16,000,000의 보상금을 지급하고 한 회사와 분쟁을 해결하였다. 정부는 이 금액을 정확히 12개월에 걸쳐 지급하기로 하였다. 그러나 회사는 이 보상금에 대해 35%의 한계세율로 세금을 내야 한다. 보상금의 가치는 얼마인가? 만기 1년짜리 재정증권의 이자율은 5.5%이다.
2. R&D 인력을 위한 사무실 공간을 5년간 리스하려고 한다. 일단 계약하면 리스는 취소할 수 없다. 이 계약으로 회사는 6번의 연간 리스료 $100,000을 지급해야 하며, 첫 번째 지급은 당장 해야 한다. 회사의 차입이자율이 9%이고 세율이 35%라면 리스의 현재가치는 얼마인가? (주: 리스료는 세금 공제를 받을 수 있다.)

Visit us at www.mhhe.com/bma

옵션의 이해

돌발 퀴즈:

다음 사건의 공통점은 무엇인가?

- 커피 제조업자 그린 마운틴(Green Mountain)은 미래 커피콩을 사는 데 지급할 가격의 상한을 두는 옵션을 산다.
- 플래티론(Flatiron)은 회사 주가가 $120을 넘어서면 사장에게 보너스를 제공한다.
- 블리첸 컴퓨터(Blitzen Computer)는 조심스럽게 상황을 살펴보면서 새로운 시장으로 진입한다.
- 몰티드 헤링(Malted Herring)사는 양(+)의 NPV 공장에 대한 투자를 연기한다.
- 휴렛-팩커드(Hewlett-Packard)는 완성품을 수출하는 것이 더 싸다 할지라도 반제품을 수출한다.
- 도미니언(Dominion)은 포섬 포인트(Possum Point) 발전소에 석유 연료나 천연가스 양쪽을 모두 사용할 수 있는 이 중 화로를 설치한다.
- 2004년 에어 프랑스(Air France)는 자사 주식과 신주인수권을 주고 네덜란드 항공사 KLM을 인수한다. 신주인수권은 KLM 주주에게 앞으로 3년 반 동안 주당 €20에 에어 프랑스 주식을 추가로 살 수 있는 권한을 준다.
- 2008년 2월 치키타 브랜드(Chiquita Brands)는 2016년 만기가 되는 이자율 4.25%의 전환사채 $2억어치를 발행한다. 각 채권은 만기 전 어느 때나 주식 44.55주와 교환할 수 있다.

답: (1) 각 사건은 모두 옵션을 포함한다. 그리고 (2) 이들은 비금융 회사의 재무관리자가 옵션을 이해해야 하는 이유를 보여준다.

기업은 일상적으로 상품옵션과 통화옵션, 그리고 이자율옵션 등을 이용하여 위험을 줄인다. 예를 들어 쇠고기 원가에 상한선을 두고자 하는 육가공회사는 살아 있는 소를 정해진 가격에 살 수 있는 옵션(option)을 확보하려 할 것이다. 미래 차입비용을 제한하고자 하는 기업은 정해진 가격에 장기 채권을 팔 수 있는 옵션을 확보하려 할 것이다. 이런 예는 그 외에도 많다. 제26장에서는 기업들이 옵션을 이용하여 어떻게 위험을 일정 범위에 한정시키는지를 설명한다.

많은 자본투자는 미래에 확장할 수 있는 내재된 옵션을 포함하고 있다. 예를 들어 회사가 신기술 개발에 활용할 수 있는 특허에 투자하거나, 인접한 토지를 미리 사들여 미래에 시설을 확장할 수 있는 옵션을 확보할 수도 있다. 각각의 사례에서 회사는 미래 투자기회를 확보하기 위하여 오늘 돈을 지출하고 있다. 달리 표현하면, 회사는 **성장기회**(*growth opportunity*)를 사고 있는 것이다.

위장된 또 다른 투자 옵션도 있다. 당신이 지금 금이 매장된 것으로 알려진 황무지 일부를 살 것을 고려하고 있다고 하자. 불행히도, 현재는 금 가격보다 채굴비용이 더 많이 든다. 이는 그 땅이 거의 가치가 없다는 의미인가? 지금 당장 금을 채굴할 의무는 없지만, 토지를 소유하면 채굴 옵션을 가지게 된다. 물론 금값이 계속해서 채굴비용을 밑돌 것이 확실하다면 이 옵션은 가치가 없다. 그렇지만 미래 금값에는 항상 불확실성이 있기 때문에 행운이 오면 대박을 터뜨릴 수도 있다.[1)]

확장할 수 있는 옵션이 가치가 있다면, 포기할 수 있는 옵션은 어떤가? 일반적으로 투자안은 설비가 해체될 때까지 계속되지는 않는다. 투자안 종료 결정은 자연의 섭리가 아니라 경영진이 내리는 것이다. 투자안이 이제는 수익성이 없다고 판단되면 투자안을 포기할 수 있는 옵션을 행사하여 손실을 축소할 것이다. 어떤 투자안은 다른 투자안에 비해 포기가치가 더 크다. 표준화된 설비를 사용하는 투자안은 가치 있는 포기옵션을 제공할 것이다. 실제로 어떤 투자안은 중단하는 데는 큰 비용이 따른다. 예를

1) 제11장에서 지하에 매장된 금의 가치를 계산하고 채광비용을 차감하여 Kingsley Solomon 금광의 가치를 평가한 일이 있다. 이것은 금이 채광될 것을 알고 있을 때만 옳은 방법이다. 그렇지 않은 경우 금 가격이 채광비용보다 낮을

들어 해저 석유 시추설비의 해체하는 데는 엄청난 비용이 든다.

제10장에서 투자 옵션을 잠깐 들여다 본 적이 있는데 거기서는 의사결정 나무를 이용하여 신약개발 시도를 중단하는 제약회사의 옵션을 어떻게 분석하는가를 보였다. 제22장에서 이러한 **실물옵션**을 좀 더 깊이 살펴본다.

재무관리자들이 옵션을 이해할 필요가 있는 다른 중요한 이유는 증권에 옵션이 부가되면 투자자나 회사에 발행 조건을 변경할 수 있는 융통성을 제공하기 때문이다.

제23장에서 보겠지만 회사가 차입을 하면 실제로는 옵션을 얻게 된다. 즉 회사는 채권자에게 자산을 내주고 부채에서 벗어날 수 있는 옵션을 가진다. 자산가치가 부채보다 작은 경우, 회사가 채무불이행을 선택하면 채권자는 회사의 자산을 인수하게 된다. 그러므로 기업이 차입을 하면 채권자는 사실상 회사를 인수하는 것이며, 주주는 부채를 상환하고 자산을 다시 사들일 수 있는 옵션을 갖게 된다. 이는 매우 중요한 통찰력이다. 시장에서 거래되는 옵션에 관해 배우게 되는 모든 것이 회사 채무에도 똑같이 적용됨을 의미하기 때문이다.

이 장에서는 실제로 거래되는 주식옵션을 이용하여 옵션이 어떻게 작동하는지 설명한다. 그러나 이런 간단한 개관으로 재무관리자들의 옵션에 대한 관심은 거래되는 주식옵션을 넘어 훨씬 멀리까지 미친다는 점을 확신했기 바란다. 그때문에 여기서는 나중에 사용할 수 있는 몇 가지 중요한 아이디어들을 얻으라고 권하고자 한다.

옵션의 멋진 세계에 대해 별로 아는 것이 없다면 첫 만남부터 당황하게 될 것이다. 그래서 이 장을 한입에 넣을 수 있는 크기의 세 조각으로 나누었다. 첫 번째 과제는 콜옵션과 풋옵션을 소개하고, 기초자산(underlying asset)의 가격에 따라 옵션의 수익(payoff)이 어떻게 달라지는지를 보여주는 것이다. 그러고 나서 금융 연금술사들이 옵션들을 결합하여 어떻게 다양하고 흥미진진한 전략을 만들어 내는지를 설명한다.

이 장 끝 부분에서는 옵션의 가치를 결정하는 변수들을 확인한다. 여기서 우리는 조금은 놀랍고 직관에 반하는 결과들과 마주치게 된다. 예를 들어 투자자들은 위험이 증가하면 현재가치가 감소하는 것에 익숙하다. 그러나 옵션에서는 정반대이다.

20.1 콜옵션과 풋옵션, 그리고 주식

투자자들은 일상적으로 보통주에 대한 옵션을 거래한다.[2] 예를 들어 표 20.1은 구글(Google) 주식 옵션의 호가를 인용한 것이다. 표에서 콜(call)과 풋(put) 두 종류의 옵션이 있음을 알 수 있다. 이를 차례로 설명한다.

콜옵션과 포지션 도표

콜옵션(call option)은 그 소유자에게 정해진 만기일(exercise date)이나 그 이전에, 정해진 행사가격(*exercise price, strike price*)으로 주식을 살 수 있는 권리를 부여한다. 만기일에만 행사할 수 있는 옵션을 **유럽식 콜옵션**(*European call*)이라고 한다. 만기일 당일과 그 이전에 언제든지 행사할 수 있는 (표 20.1에 나오는 구글 옵션 같은) 옵션을 **미국식 콜옵션**(*American call*)이라고 한다.

표 20.1의 세 번째 열은 행사가격과 만기일이 다른 구글 콜옵션의 가격들을 나열하고 있다.

때는 금을 지하에 매장된 채로 보존할 수 있는 옵션의 가치로 인해 금광의 가치는 더 증가한다.

2) 미국의 양대 옵션거래소는 국제증권거래소(International Securities Exchange, ISE)와 시카고옵션거래소(Chicago Board Options Exchange, CBOE)이다.

만기일	행사가격	콜옵션 가격	풋옵션 가격
2008년 12월	$370	$ 78.90	$16.45
	400	58.65	26.10
	430	41.75	38.90
	460	28.05	55.45
	490	17.85	75.45
2009년 3월	$370	$ 90.20	$25.05
	400	70.80	35.65
	430	**54.35**	**48.55**
	460	39.85	64.10
	490	28.75	83.20
2010년 1월*	$370	$116.90	$42.55
	400	100.00	54.75
	430	85.05	69.85
	460	71.60	86.00
	490	59.90	103.70

표 20.1 구글 주식의 콜옵션과 풋옵션 가격의 일부. 2008년 9월 기준이며, 이날 구글 주식의 종가는 $430였다.

*장기 옵션은 'LEAPS'라고 한다.

자료원: Yahoo! Finance, finance.yahoo.com. Yahoo! Inc. © 2008의 허락을 얻어 전재함. Yahoo!와 Yahoo! 로고는 Yahoo! Inc.의 등록상표임.

2008년 12월이 만기인 옵션의 호가를 살펴보자. 첫 줄을 보면 2008년 12월과 그 이전에 구글 주식 1주[3]를 주당 $370에 살 수 있는 옵션을 $78.90에 확보할 수 있다. 줄을 따라 내려가면, $30 더 높은 가격에 ($400 대 $370) 주식을 살 수 있는 옵션은 $20.25 싼 $58.65에 거래됨을 알 수 있다. 일반적으로 행사가격이 높아짐에 따라 콜옵션의 가치는 하락한다.

2009년 3월과 2010년 1월이 만기인 옵션의 호가를 살펴보자. 옵션 만기가 길어짐에 따라 옵션 가격이 상승하는 것에 주목하자. 예를 들어 2008년 12월 만기, 행사가격 $430인 콜옵션의 가격은 $41.75인 반면, 2009년 3월 만기 옵션은 $54.35, 2010년 1월 만기 옵션은 $85.05이다.

제13장에서 1900년에 주가는 랜덤워크(random walk)라고 처음 주장했던 루이 바쉘리에(Louis Bachelier)를 소개하였다. 바쉘리에는 다양한 옵션에 투자한 결과를 간편하게 보여주는 매우 편리한 방법도 고안하였다. 구글 주식의 콜옵션과 풋옵션을 비교하기 위해 이 방법을 사용한다.

그림 20.1(*a*)의 **포지션 도표**(*position diagram*)는 행사가격 $430(표 20.1의 굵은 글자), 2009년 3월 만기인 구글 콜옵션에 투자하는 경우 나타날 수 있는 결과들을 보여준다. 구글 콜옵션에 투자한 결과는 주가에 따라 결정된다. 앞으로 6개월 기간 말의 주가가 행사가격 $430보다 낮으면 아무도 콜옵션을 통해 주식을 사려고 $430을 내지 않을 것이다. 이 경우 콜옵션은 가치가 없으므로 버릴 것이다. 한편 주가가 $430보다 높으면 주식을 살 수 있는 옵션을 행사하면 이익이 생긴다. 예를 들어 구글 주가가 $500으로 오른다고 하자. 그러면 콜옵션의 가치는 $500 − $430 = $70이다. 이것이 콜옵션에서 얻는 수익(payoff)이지만, 이 모두가 이익(profit)이 되는 것은 아니다. 표 20.1은 콜옵션을 사려면 $54.35를 내야만 함을 보여준다.

3) 실제로는 1주에 대한 옵션 1개를 살 수는 없다. 거래는 100의 배수로 이루어진다. 즉 최소 주문은 구글 주식 100주에 대한 100개의 옵션이다.

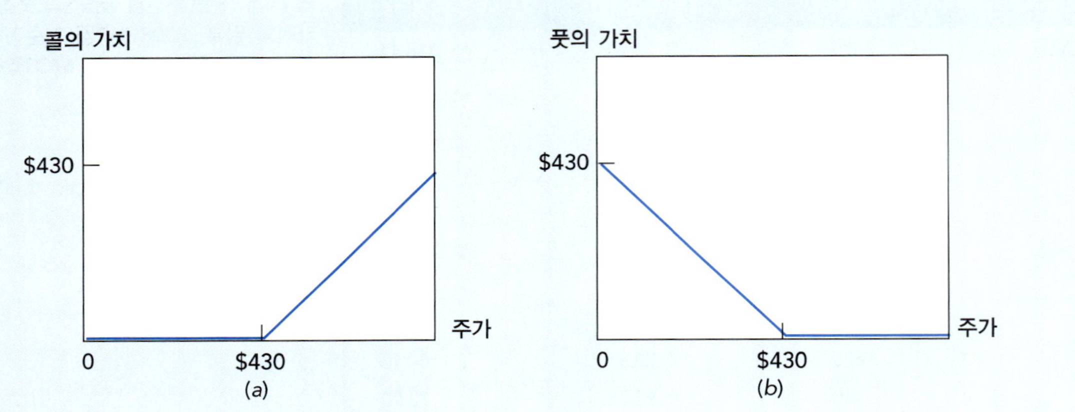

그림 20.1
포지션 도표는 주가에 따라 (청색 선이 보여주는) 구글 콜옵션과 풋옵션 소유자의 수익이 어떻게 달라지는지를 보여준다. (*a*) 행사가격이 $430인 구글 콜옵션 매입의 결과. (*b*) 행사가격이 $430인 구글 풋옵션 매입의 결과.

풋옵션

이제 표 20.1의 오른쪽 열에 있는 구글 **풋옵션(put option)**을 살펴보자. 콜옵션이 정해진 행사가격에 1주를 살 수 있는 권리를 부여하는 반면에, 풋옵션은 1주를 팔 수 있는 권리를 부여한다. 예를 들어 표 20.1의 오른쪽 열 굵은 수치 $48.55는 이 금액을 지급하면 2009년 3월 이전에 언제든지 구글 1주를 $430에 팔 수 있는 옵션을 갖게 됨을 의미한다. 풋옵션이 이익을 얻는 상황은 콜옵션이 이익을 내는 상황과 정반대이다. 그림 20.1(*b*)의 포지션 도표에서 이를 확인할 수 있다. 만기일 직전의 구글 주가가 $430보다 **높으면** 시장에서 주식을 파는 편이 유리하므로 이 가격에 주식을 팔지 않을 것이다. 반대로 주가가 $430보다 **낮으면**, 저가에 주식을 사서 $430에 파는 옵션을 활용하면 이익이 남는다. 이 경우, 행사일에 풋옵션의 가치는 매각 대금 $430와 주식의 시장가격 간의 차이이다. 예를 들어 주가가 $340이면 풋옵션의 가치는 $90이다.

$$\text{만기에서의 풋옵션의 가치} = \text{행사가격} - \text{주식의 시장가격}$$
$$= \$430 - \$340 = \$90$$

콜옵션과 풋옵션, 그리고 주식의 매도 포지션

이제 이들 세 투자 대상을 매도하는 투자자의 포지션을 살펴보자. 콜옵션을 매도, 즉 '발행하는' 것은 콜옵션 매입자가 요구하면 주식을 인도하기로 약속하는 것이다. 다시 말해서, 매입자의 자산은 매도자의 채무이다. 만기일의 주가가 행사가격보다 낮은 경우, 매입자는 콜옵션을 행사하지 않고, 매도자의 채무는 없다. 반대로 주가가 행사가격보다 높아지면, 매입자는 권리를 행사하고, 매도자는 주식을 넘겨준다. 매도자는 주가와 매입자에게서 받는 행사가격의 차액만큼 손해를 본다. 행사할 수 있는 선택권을 갖는 사람은 항상 매입자임에 주목하자. 옵션 매도자는 매입자의 요청대로 실행할 뿐이다.

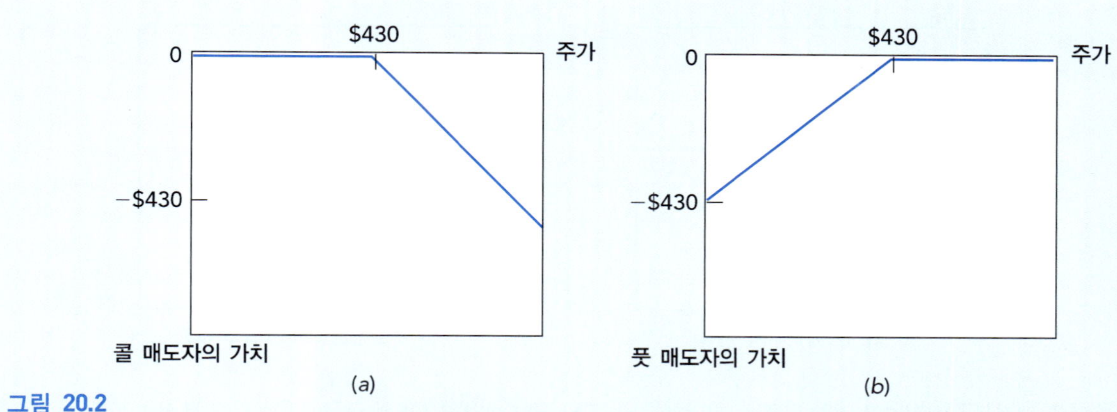

그림 20.2
주가에 따라 (청색 선이 보여주는) 구글 콜옵션과 풋옵션 매도자의 수익이 어떻게 달라지는지를 보여준다. (*a*) 행사가격이 $430인 구글 콜옵션 매도의 결과. (*b*) 행사가격이 $430인 구글 풋옵션 매도의 결과.

구글 주가가 행사가격 $430보다 높은 $500라고 하자. 이 경우 매입자는 콜옵션을 행사할 것이다. 매도자는 $500 가치의 주식을 $430에 팔게 되므로 수익은 −$70, 즉 $70 손해이다.[4] 물론 $70의 손실은 매입자의 이득이다. 그림 20.2(*a*)는 구글 주가의 움직임에 따라 콜옵션 매도자의 수익이 어떻게 변하는지를 보여준다. 매입자가 버는 $1당 매도자는 $1 손실을 본다. 그림 20.2(*a*)는 단순히 그림 20.1(*a*)를 거꾸로 뒤집은 것이다.

같은 방식으로 그림 20.1(*b*)의 그림을 뒤집어 보면 풋옵션을 매도, 즉 발행한 투자자의 포지션을 설명할 수 있다. 풋옵션 매도자는 매입자가 요청하면 주식을 $430에 산다고 약속한 것이다. 매도자는 주가가 $430보다 높은 상태에서는 분명히 안전하지만, 그 아래로 떨어지면 손실을 본다. 최악은 주식이 전혀 가치가 없어지는 것이다. 그러면 매도자는 가치가 $0인 주식에 $430를 지급해야 할 의무를 갖는다. 옵션 포지션의 수익(payoff)은 −$430이다.

포지션 도표는 이익 도표가 아니다

포지션 도표는 단지 옵션을 행사할 때의 수익만을 보여주며, 옵션을 살 때 들어간 초기 비용이나 팔 때 받은 초기 매각대금은 고려하지 않는다.

이는 사람들이 흔히 혼동하는 문제이다. 예를 들어 그림 20.1(*a*)의 포지션 도표에서는 콜옵션 매입이 아무런 위험도 없는 확실한 투자인 것처럼 보인다. 즉 최악의 수익은 0이고, 구글 주가가 2009년 3월까지 $430 이상이 되면 상승에 따른 많은 것을 얻는 투자인 것처럼 보인다. 이를 만기일 수익에서 2008년 9월에 지급한 콜옵션의 비용 $54.35를 차감한 그림 20.3(*a*)의 이익 도표(*profit diagram*)와 비교해 보자. 콜옵션 매입자는 주가가 $430 + $54.35 = $484.35보다 낮으면 항상 손실을 본다. 다른 예로, 그림 20.2(*b*)의 포지션 도표는 풋옵션 매도는 확실히 손실(최고 수익이 0)인 것처럼 보이게 한다. 그러나 매도자가 미리 받은 $48.55를 반영한 그림 20.3(*b*)의 이익 도

4) 매도자는 9월에 콜옵션을 팔아 $54.35를 받았다는 것을 위안으로 삼는다.

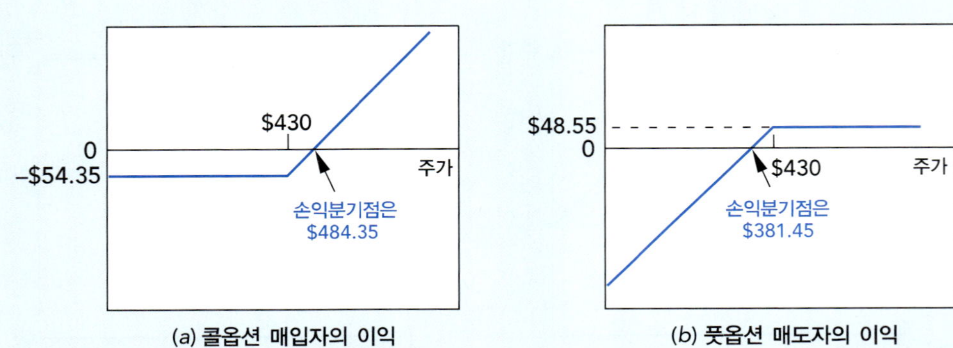

그림 20.3
옵션 매입비용 또는 매각대금을 반영한 이익 도표. 그림 (*a*)에서는 그림 20.1(*a*)의 수익에서 구글 콜옵션의 가격 $54.35를 차감한다. 그림 (*b*)에서는 그림 20.2(*b*)의 수익에 구글 풋옵션 매각대금 $48.55를 더한다.

표는 주가가 $430 − 48.55 = $381.45 이상이면 매도자는 항상 이득을 얻는다는 것을 보여준다.[5)]

그림 20.3과 같은 이익 도표는 옵션 초보자에게는 유용하지만, 옵션 전문가들은 이런 그림을 거의 그리지 않는다.[6)] 첫 번째 옵션 과정을 통과하였으므로 이제는 이익 도표를 그리지 않기로 한다. 옵션을 이해하고 가치를 적절히 평가하려면 옵션을 행사할 때의 수익에 초점을 맞추어야 하기 때문에 이익 도표 대신 포지션 도표를 사용하기로 한다.

20.2 옵션과 재무 연금술

이제 구글 주식을 $430에 사는 경우의 수익을 보여주는 그림 20.4(*a*)를 살펴보자. 주가가 $1 상승하면 $1 이익이 얻어지고, $1 하락하면 $1 손실이다. 뻔한 일이다. 천재가 아니어도 45도 선을 그리는 데는 아무런 문제가 없다.

이제 구글 주식의 상승 가능성을 그대로 유지하면서 주가 하락으로부터 완전하게 보호되는 투자전략의 수익을 보여주는 패널 (*b*)를 살펴보자. 이 경우 구글 주가가 $400 또는 $100, 심지어 $0로 떨어져도 수익은 $430에 머문다. 패널 (*b*)의 수익이 패널 (*a*)보다 분명히 더 높다. 재무 연금술사가 패널 (*a*)를 패널 (*b*)로 전환할 수 있다면, 이 서비스에 대해 기꺼이 비용을 지불할 것이다.

물론 연금술에도 어두운 측면이 있다. 패널 (*c*)는 자기학대증 환자(masochist)를 위한 투자전략을 보여준다. 주가가 내려가면 손실을 보면서, 올라갈 때 이익을 얻을 가능성은 포기한다. 손해 보는 것을 즐긴다거나, 누군가가 이 전략을 택하기에 충분한 자금을 대준다면 이런 투자안을 선택해도 좋다.

아마도 반신반의하겠지만, 이 모든 재무 연금술은 실제로 존재한다. 그리고 그림 20.4의 반대

---

5) 포지션에서 이익을 얻었다는 사실이 꼭 기뻐할 일만은 아니다. 이익은 화폐의 시간가치와 부담한 위험을 보상해야 한다.

6) 그림 20.3과 같은 이익 도표는 최종 수익에서 초기 비용을 차감한다. 그러므로 이 도표는 "오늘 $1은 미래 $1보다 가치가 있다"는 재무학의 첫 번째 가르침을 무시하고 있다.

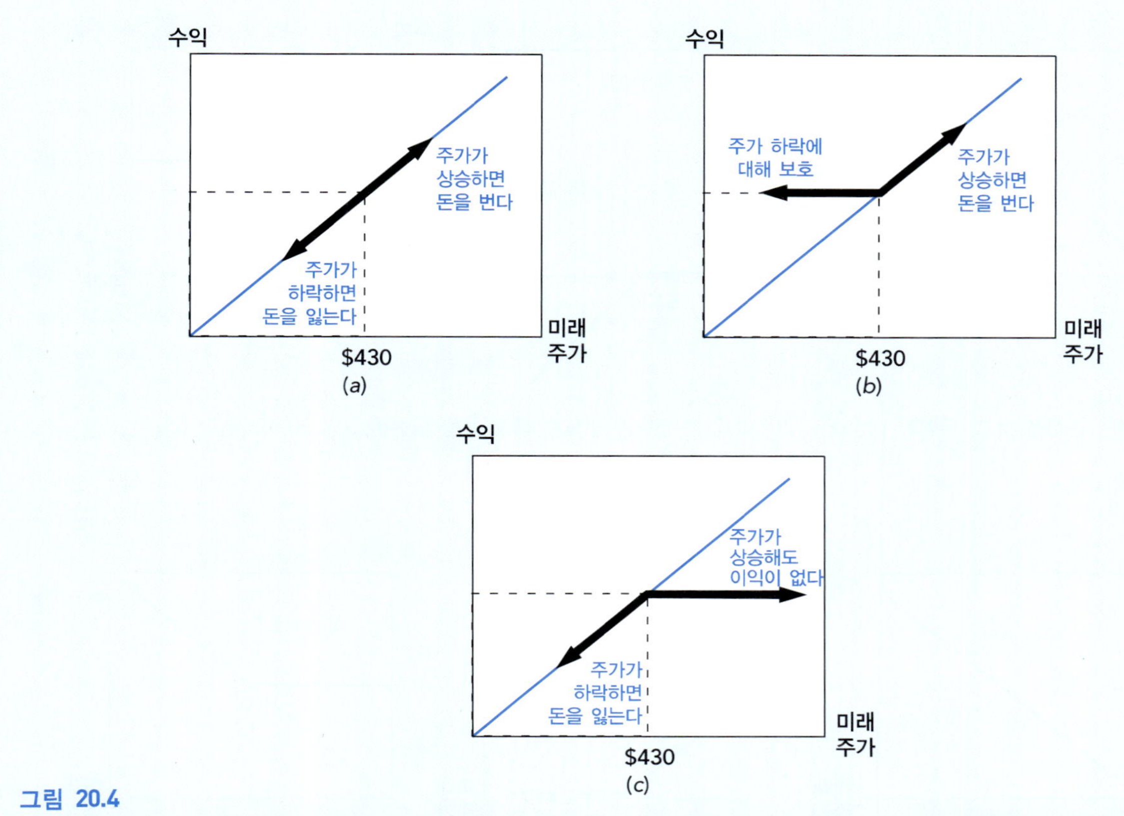

그림 20.4
구글에 대한 세 가지 투자전략의 6개월 말 수익. (*a*) $430에 1주 매입. (*b*) 하락 위험이 없다. 주가가 하락하면 투자자가 받는 수익은 $430에 머문다. (*c*) 자기학대증 환자의 전략? 주가가 하락하면 손해를 보고, 상승해도 이득이 없다.

로도 할 수 있다. 옵션을 이용하면 그렇게 할 수 있고, 이제 그 방법을 설명한다.

먼저 자기학대증 환자를 위한 전략을 살펴보자. 그림 20.5의 첫 번째 도표는 구글 주식 1주를 살 때의 수익을, 두 번째 도표는 행사가격이 $430인 구글 콜옵션을 팔 때의 수익을 보여준다. 세 번째 도표는 두 포지션을 결합시키면 어떻게 되는지를 보여준다. 그 결과는 그림 20.4의 패널 (*c*)와 같이 절대 이길 수 없는 전략이다. 주가가 $430 아래로 하락하면 손실을 보고, 주가가 $430 이상으로 상승하면 콜옵션 소유자가 행사가격 $430에 주식을 인도하라고 요구할 것이다. 그러므로 주가가 하락하면 손실을 보고, 모든 이익 가능성은 포기한다. 이는 나쁜 소식이다. 좋은 소식은 이 채무를 인수하는 대가로 돈을 받았다는 것이다. 2008년 9월에 6개월 만기 콜옵션 가격으로 $54.35를 받았을 것이다.

이제 그림 20.4(*b*)에서 보여준 것과 같이 주가 하락에 대해 보호되는 경우를 만들어 보자. 그림 20.6의 첫 번째 줄을 살펴보자. 첫 번째 도표가 구글 주식 1주를 산 경우의 수익이며, 두 번째 도표는 행사가격 $430인 구글 풋옵션을 살 때의 수익이다. 세 번째 도표는 두 포지션을 결합한 결과이다. 구글 주가가 $430 이상으로 상승하면 풋옵션은 가치가 없으므로 주식 투자에서만 이득을 얻는다. 한편 주가가 $430 아래로 하락하면 풋옵션을 행사하여 주식을 $430에 팔 수 있다. 따라서

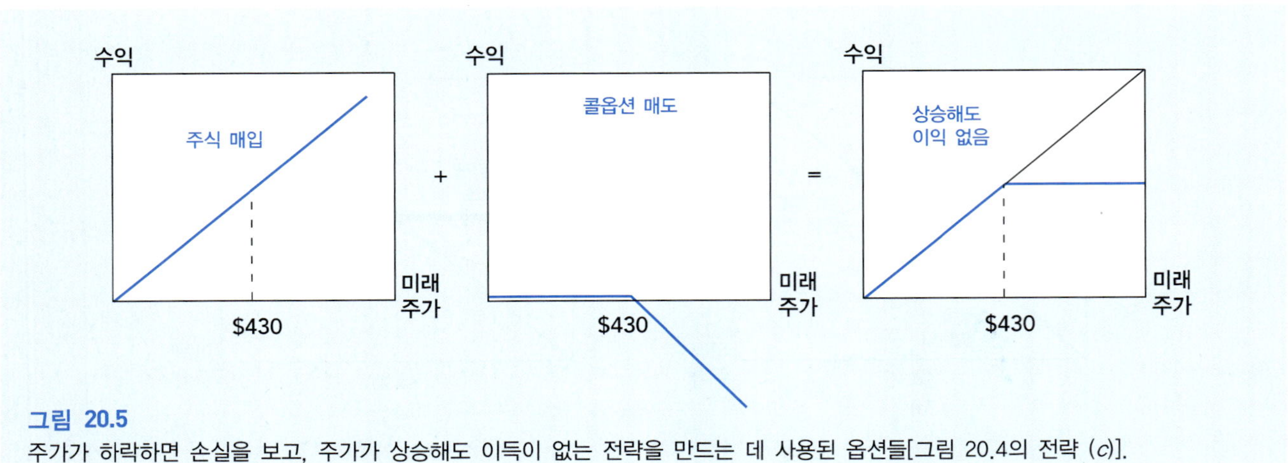

그림 20.5
주가가 하락하면 손실을 보고, 주가가 상승해도 이득이 없는 전략을 만드는 데 사용된 옵션들[그림 20.4의 전략 (*c*)].

수익 / 주식 매입 / $430 / 미래 주가 + 수익 / 풋옵션 매입 / $430 / 미래 주가 = 수익 / 하방 보호 / $430 / 미래 주가

수익 / 은행에 $430의 현재가치 예치 / $430 / $430 / 미래 주가 + 수익 / 콜옵션 매입 / $430 / 미래 주가 = 수익 / 하방 보호 / $430 / 미래 주가

그림 20.6
각각의 줄에 있는 그림은 주가가 상승하면 이득을 얻으면서 하락에 대해 보호해 주는 서로 다른 전략을 보여준다[그림 20.4의 전략 (*b*)].

주식 투자에 풋옵션을 추가하면 손실로부터 보호받을 수 있다.[7] 이는 그림 20.4 패널 (*b*)의 전략이다. 물론 고통 없이는 이득도 없다. 손실 보험 비용은 행사가격 $430인 구글 풋옵션에 지급한 금액이다. 2008년 9월에 풋옵션의 가격은 $48.55였다. 이는 재무 연금술사에게 부과된 요금이었다.

지금까지 풋옵션을 사용하여 주가 하락에 대해 보호하는 방법을 살펴보았다. 이제는 같은 결

7) 주식과 풋옵션의 이런 결합을 보호적 풋(*protective put*)이라고 한다.

과를 얻는 데 콜옵션을 이용하는 방법을 알아보자. 이는 그림 20.6의 두 번째 줄에 예시되어 있다. 첫 번째 도표는 $430의 현재가치를 은행예금으로 예치할 때의 결과이다. 은행은 구글 주가와 상관없이 $430를 지급할 것이다. 두 번째 줄의 두 번째 도표는 행사가격 $430인 구글 콜옵션의 수익을, 세 번째 도표는 이 두 포지션을 결합한 결과를 보여준다. 구글 주가가 하락하면 콜옵션은 가치가 없어지지만, 은행에는 여전히 $430가 예치되어 있다. 구글 주가가 $430에서 $1 상승할 때마다 콜옵션 투자에서 추가로 $1가 발생한다. 예를 들어 주가가 $500로 상승하면, 은행에 예치된 $430와 $70 가치의 콜옵션을 보유한다. 따라서 주가 상승의 이득은 완전하게 누리면서도, 주가 하락에 대해서도 완전하게 보호받는다. 즉 그림 20.4(*b*)에서 보여준 주가 하락에 대해 보호를 제공하는 또 다른 방법을 찾았다.

그림 20.6의 도표들은 콜옵션과 풋옵션의 관계를 말해준다. 미래 주가와 상관없이 두 전략 모두 같은 수익을 제공한다. 다시 말해서 주식과 이를 $430에 팔 수 있는 풋옵션을 사면, 콜옵션을 사고 행사가격 $430에 대비해 돈을 예치하는 전략과 같은 결과를 얻게 된다. 따라서 옵션 만기까지 이 두 묶음을 소유한다면 두 묶음은 오늘 동일한 가격에 거래되어야만 한다. 여기서 유럽식 옵션 사이의 기본적인 관계를 유도할 수 있게 된다.

콜의 가치 + 행사가격의 현재가치 = 풋의 가치 + 주가

반복하면, 이 관계식이 성립하는 이유는 다음의 두 전략들이 동일한 수익을 가져오기 때문이다.

콜옵션 매입, 행사가격의 현재가치와 같은 금액을 안전 자산에 투자[8)]
풋옵션 매입, 주식 매입

주가와, 콜옵션과 풋옵션의 가치, 그리고 행사가격의 현재가치 사이의 이러한 기본적인 관계를 **풋-콜 패리티(put-call parity)**라고 한다.[9)]

풋-콜 패리티는 여러 방법으로 표현할 수 있다. 각각의 표현은 같은 결과를 제공하는 두 가지 투자전략으로 이루어진다. 예를 들어 풋옵션의 가치에 대한 문제를 풀려고 하면 풋-콜 패리티를 다음과 같이 변형하면 된다.

풋의 가치 = 콜의 가치 + 행사가격의 현재가치 − 주가

이 식에서 다음의 두 전략이 동일함을 유추해 낼 수 있다.

풋 매입
콜 매입, 행사가격의 현재가치와 같은 금액을 안전 자산에 투자, 주식 매도

다시 말해서, 풋옵션을 구할 수 없으면, 콜옵션 매입과 은행에 현금 예치, 그리고 주식 매도로

8) 현재가치는 **무위험** 이자율로 할인하여 계산한다. 이는 옵션 만기일의 행사가격을 확보하기 위하여 은행예금이나 재정증권에 오늘 투자해야 하는 금액이다.

9) 풋-콜 패리티는 마지막 행사일까지 옵션을 보유하는 경우에만 성립한다. 따라서 만기일 **전**에 언제든지 행사할 수 있는 미국식 옵션에는 성립하지 않는다. 조기 행사가 있을 수 있는 이유에 대해서는 17장에서 설명한다. 또한 주식이 마지막 행사일 이전에 배당을 지급하면 콜옵션 매입자는 이 배당금을 받지 못한다는 사실을 알아야 한다. 이 경우에 풋-콜 등가 관계는 다음과 같다.

콜옵션의 가치 + 행사가격의 현재가치 = 풋옵션의 가치 + 주가 − 배당금의 현재가치

정확하게 같은 수익을 얻을 수 있다.

믿어지지 않는다면, 각 포지션에서 나올 수 있는 가능한 모든 결과를 보여주는 그림 20.7을 보자. 왼쪽의 도표는 행사가격이 $430인 구글 주식의 콜옵션에서 나오는 수익을 보여준다. 두 번째 도표는 $430의 현재가치를 은행에 예치한 데서 얻어지는 결과를 보여준다. 주가가 어떻게 되느냐와 관계없이 이 투자는 $430를 제공하게 된다. 세 번째 도표는 구글 주식 매도에서 나오는 수익을 보여준다. 소유하지 않은 주식을 팔면, 언젠가 주식을 사서 돌려주어야 할 채무를 지게 된다. 이를 월스트리트에서는 다음과 같이 말한다.

> 자기 것 아닌 것을 파는 사람은(He who sells what isn't his'n)
> 그것을 되사든지 아니면 교도소로 간다네(Buys it back or goes to pris'n)

그러므로 일어날 수 있는 최상의 결과는 주가가 0이 되는 것이다. 그러면 주식을 사서 돌려주는 데 전혀 돈이 들지 않는다. 그러나 미래 주가가 $1 상승할 때마다 주식 매입에 추가로 $1씩 지출해야 한다. 그림 20.7의 마지막 도표는 이들 세 포지션에서 나오는 총수익은 풋옵션을 사 둔 것과 같다. 예를 들어 옵션 만기일의 주가가 $400라고 하자. 콜옵션은 가치가 없지만, 은행예금의 가치는 $430이고, 주식 재매입에 $400가 든다. 총수익은 0 + 430 − 400 = $30로 풋옵션의 수익과 정확하게 일치한다.

두 가지 투자전략이 동일한 수익을 제공한다면, 둘은 오늘 같은 가격에 거래되어야 한다. 일물일가의 법칙에 어긋나면 잠재적인 차익거래 기회가 생겨난다. 그렇다면, 구글의 콜옵션과 풋옵션에서 차익거래 이익을 얻을 수 있는지 확인해 보자. 2008년 9월에 행사가격이 $430인 6개월 만기 콜옵션의 가격은 $54.35, 금리는 대략 3%이고 구글의 주가는 $430이었다. 그러므로 스스로 만들어 낸 풋옵션의 비용은 다음과 같다.

콜옵션 매입 +	행사가격의 현재가치	− 주가	= 스스로 만든 풋옵션 비용
54.35 +	$430/1.03^{.5}$	− 430	= 48.04

이는 직접 풋옵션을 매입할 때의 비용과 거의 정확히 일치한다.

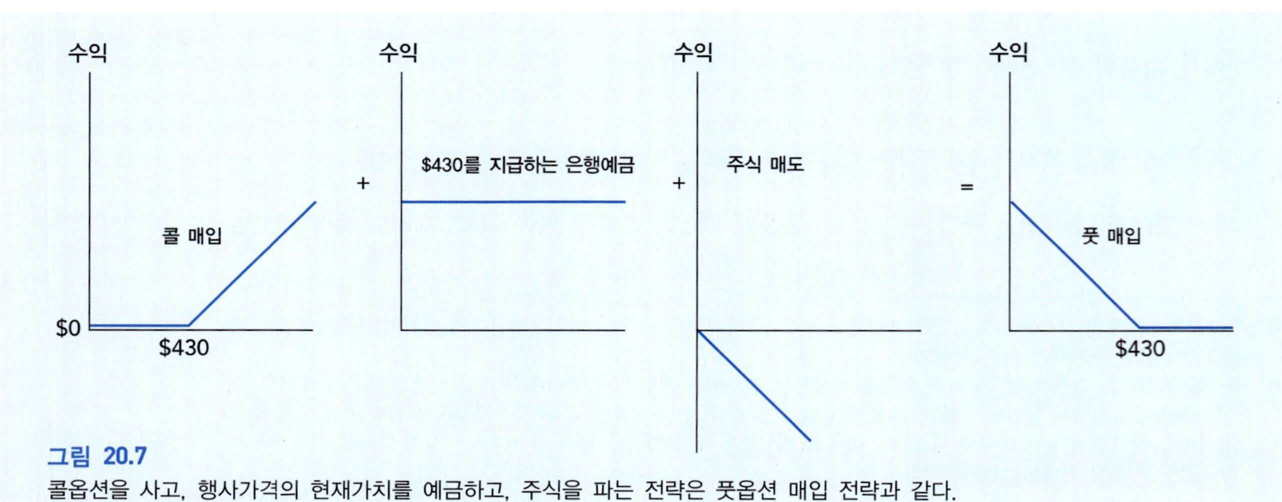

그림 20.7
콜옵션을 사고, 행사가격의 현재가치를 예금하고, 주식을 파는 전략은 풋옵션 매입 전략과 같다.

옵션 찾아내기

옵션에 커다란 이름표가 붙어 있는 경우는 거의 없다. 많은 경우 가장 어려운 문제는 옵션을 찾아내는 일이다. 우리가 다루는 것이 콜옵션인지 풋옵션인지, 아니면 둘을 복잡하게 섞은 것인지 확신하기 어렵다면 포지션 도표를 그리는 것이 좋은 사전 대책이 된다. 예를 들어보자.

플래티론-맹글사(Flatiron and Mangle Corporation)는 사장인 히그든 여사(Ms. Higden)에게 다음과 같은 보상안(incentive scheme)을 제안하였다. 연말 주가가 현재의 $120보다 $1 높아질 때마다 $50,000의 보너스를 받는다. 그러나 그녀가 받을 수 있는 최대 보너스는 $200만으로 제한된다.

히그든 여사는 주가가 $120를 넘기지 못하면 가치가 0인 티켓 50,000장을 소유한 것으로 생각할 수 있다. 주가가 $1 올라갈 때마다 티켓 한 장당 가치도 $1씩 올라가서 최대 $2,000,000/50,000 = $40까지 높아진다. 그림 20.8은 장당 수익 형태를 보여준다. 이 수익 형태는 그림 20.1에 그렸던 풋옵션과 콜옵션의 수익과는 같지 않지만, 그림 20.8을 정확히 복제하는 옵션의 조합을 찾아낼 수 있다. 답을 보기 전에 스스로 할 수 있는지 시도해 보자. (성냥개비 2개로 삼각형을 만드는 유형의 퍼즐을 즐긴다면 답을 쉽게 찾을 수 있을 것이다.)

답은 그림 20.9에 있다. 진한 실선은 행사가격이 $120인 콜옵션 매입을, 점선은 행사가격이 $160인 다른 콜옵션 매도를 의미한다. 연한 실선은 매입과 매도의 결합에서 오는 수익으로, 히그든 여사가 소유한 티켓의 수익 형태와 정확히 같다.

따라서 보상안에 돈이 얼마나 드는지 알려면, 행사가격이 $120인 콜옵션 50,000개의 가치와 행사가격이 $160인 콜옵션 50,000개 가치의 차이를 계산해야 한다.

보상안이 주가에 따라 보다 복잡하게 움직이게 할 수도 있었다. 예를 들어 보너스는 $200만을 최대로 주가가 $160를 넘어서면서 점차 0에 접근하도록 설정할 수도 있다.[10] 옵션의 조합으로 이러한 보상안을 만들 수도 있다. 사실 이 결과는 일반 정리(general theorem)로 다음과 같이 말할 수 있다.

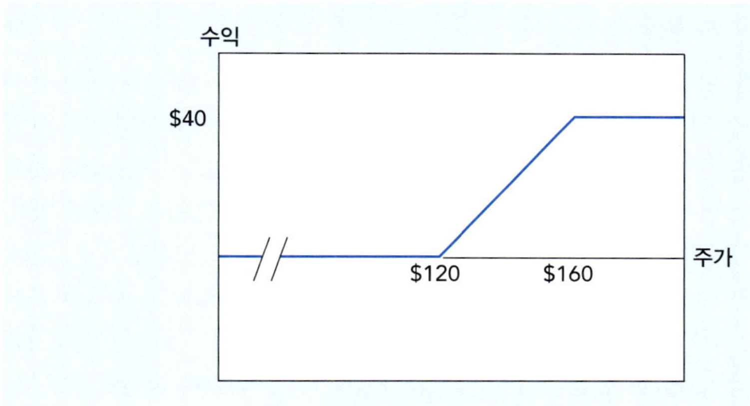

그림 20.8
히그든 여사 '티켓'의 장당 수익은 플래티론의 주가에 의해 결정된다.

10) 이것이 겉보기처럼 그렇게 바보 같은 보너스 계획은 아니다. 아마 히그든 여사가 열심히 일하면 주가를 어느 정도까지는 끌어올릴 수 있을 것이다. 주가를 더 올리려면 추가로 위험을 부담하는 길밖에 없다. 더 많은 위험을 부담하는 일을 막으려면 일정한 주가부터는 보너스가 작아지도록 해 두면 된다. 불행하게도 일부 투자은행의 CEO에 대한 보상안은 이러한 조항을 포함하지 않고 있다.

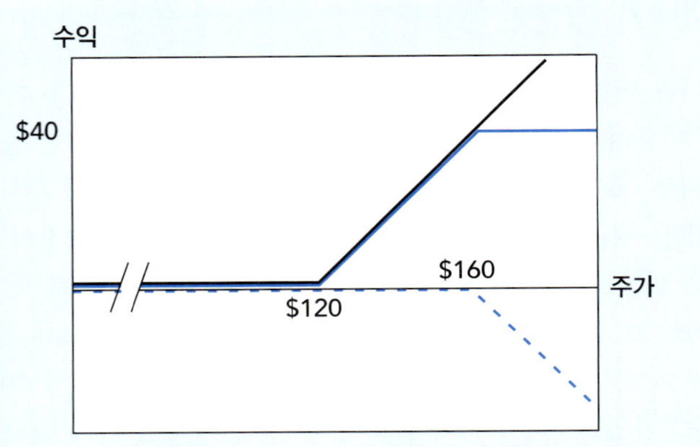

그림 20.9
진한 실선은 행사가격이 $120인 콜옵션 매입의 수익이다. 점선은 행사가격이 $160인 콜옵션 매도의 수익이다. 연한 실선은 매입과 매도의 결합을 보여주며, 히그든 여사 티켓의 장당 수익 형태와 같다.

모든 조건부 수익(contingent payoff), 즉 다른 자산의 가치에 따라 결정되는 수익은 그 자산에 대한 기본적인 옵션을 조합하여 만들 수 있다.

다시 말해서, 행사가격이 다른 콜옵션과 풋옵션을 올바르게 조합하여 팔고 사기만 하면 수많은 상승과 하락 또는 정점과 계곡 등, 상상력이 허용하는 그 어떤 포지션 도표도 만들 수 있다.[11)]

재무학의 프로들은 **금융공학(financial engineering)**이라는 말을 자주 하는데, 이는 여러 투자수단을 패키지로 묶어 새로운 맞춤형 투자상품으로 창조해 내는 것을 말한다. 어느 독일 회사는 앞으로 6개월 동안 대 달러 환율의 최저점과 최고점을 고정하기를 원할 수도 있다. 또 어떤 석유회사는 자사 부채의 금리를 유가 등락에 연동시키려 할 수도 있다. 금융공학자들은 옵션을 자신이 원하는 수익구조를 만드는 데 건축용 블록으로 사용한다.

20.3 옵션 가치 결정 요인

지금까지는 옵션의 시장가치가 어떻게 결정되는지는 전혀 언급하지 않았다. 그래도 만기에서 옵션 가치가 어떻게 결정되는지는 잘 알고 있다. 구글 주식을 $430에 사는 옵션의 예를 살펴보자. 옵션 행사일의 구글 주가가 $430 아래이면 콜옵션은 가치가 없다. 주가가 $430보다 높으면 콜옵션의 가치는 주가에서 $430를 차감한 금액이다. 이 관계는 그림 20.10의 아래쪽 굵은 선으로 그려져 있다.

만기일 이전이라도 옵션 가격은 그림 20.10의 아래쪽 굵은 선보다 결코 낮아질 수는 없다. 예를 들어 옵션은 $10, 주식은 $460에 거래된다면, 어느 투자자든지 주식을 팔고, 그 주식의 옵션을 사서 행사하여 $430에 이 주식을 되사면 이익을 얻을 수 있다. 이는 이익이 $20인 차익거래 기회이다. 이런 기회를 찾는 투자자들의 옵션에 대한 수요는 옵션 가치를 최소한 그림의 굵은 선까지 재빨리 끌어올릴 것이다. 아직 만기가 남아 있는 옵션은 굵은 선이 옵션 시장가격의 하한선이

11) 어떤 경우에는 희망하는 형태의 포지션 도표를 만들려면 차입 또는 대출도 해야 한다. 대출(lending)은 그림 20.6의 아래 줄에서처럼 포지션 도표의 수익선(payoff line)을 위로 이동시킨다. 반면에 차입(borrowing)은 이 선을 아래로 이동시킨다.

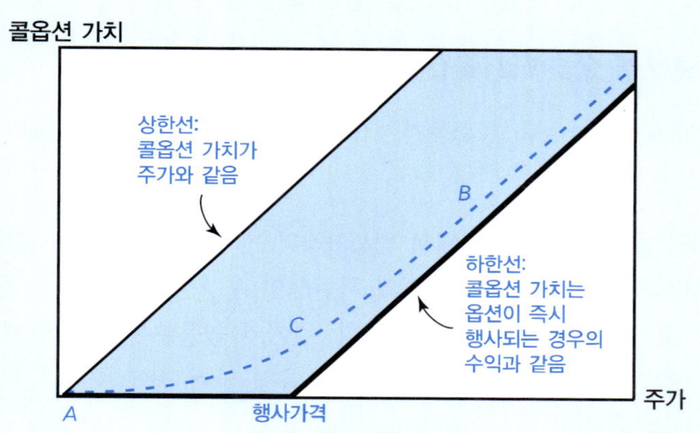

그림 20.10
만기일 이전의 콜옵션 가치(점선). 가치는 주가에 의해 결정된다. 이 가치는 옵션이 즉시 행사되는 경우의 가치(굵은 선)보다 항상 높다. 그러나 이 가치는 결코 주가보다 높을 수는 없다.

된다. 옵션 열광자들은 이를 옵션의 하한 = Max(주가 − 행사가격, 0)으로 간단히 나타낸다.

그림 20.10의 대각선이 옵션 가격의 상한선이다. 이유는? 옵션은 궁극적으로 주식보다 높은 수익을 가져다줄 수는 없기 때문이다. 옵션 만기 시점의 주가가 행사가격보다 높으면 옵션 가치는 주가에서 행사가격을 뺀 값이다. 주가가 행사가격보다 낮게 끝나면 옵션 가치는 0이지만, 주식 소유자는 여전히 가치 있는 주식을 소유한다. 예를 들어 옵션의 행사가격이 $430이면, 주식 소유자가 추가로 실현하는 금액은 다음 표와 같다.

	주식의 수익	옵션의 수익	옵션 대신 주식을 보유할 때의 추가 수익
옵션 행사 (주가 > $430)	주가	주가 − 430	$430
옵션 행사 없이 소멸 (주가 ≤ $430)	주가	0	주가

주식과 옵션의 가격이 같다면, 모두가 옵션을 팔고 주식을 사려고 달려들 것이다. 따라서 옵션 가격은 그림 20.10에서 음영 부분 어딘가에 있어야 한다. 사실, 옵션 가격은 그림의 점선처럼 상승하는 기울기의 곡선을 따라 움직인다. 이 선은 상·하한이 만나는 점인 0에서 시작한다. 그리고 하한선의 상승하는 부분과 평행이 될 때까지 점진적으로 상승한다.

이제 점선의 모양과 위치를 좀 더 주의 깊게 살펴보자. 점선에 3개의 점 *A*, *B*, *C*가 표시되어 있다. 한 점씩 설명하면 왜 옵션 가격이 점선처럼 움직여야 하는지를 이해하게 될 것이다.

점 *A* 주식 가치가 0이면 옵션 가치도 0이다. 주가가 0이면 그 주식이 미래에 가치가 있을 가능성이 전혀 없음을 의미한다.[12] 그렇다면, 옵션은 행사되지 않은 채 가치 없이 소멸할 것이 확실하고, 따라서 오늘에도 가치가 없다.

12) 주식이 미래에 조금이라도 가치를 가질 수 있다면, 투자자들도 오늘 무엇인가 대가를 지불하겠지만 그 금액은 아마도 아주 적을 것이다.

이는 옵션 가치에 관한 첫 번째 중요한 요점을 말해 준다.

행사가격이 일정할 때, 주가가 상승하면 옵션 가치도 상승한다.

이건 전혀 놀라운 일이 아니다. 콜옵션 소유자는 분명히 주가 상승이 소원이며, 그렇게 되면 행복해 한다.

점 *B* 주가가 아주 높아지면 옵션 가격은 주가에서 행사가격의 현재가치를 뺀 값에 접근한다. 그림 20.10에서 옵션 가격을 나타내는 점선은 옵션 가격의 하한선인 우상향(右上向)하는 굵은 선과 궁극적으로 평행해지는 것에 주목하자. 이유는 다음과 같다. 주가가 높을수록 옵션이 행사될 가능성도 크다. 주가가 충분히 높으면 사실상 행사가 확실해진다. 옵션 만기 전에 주가가 행사가격 밑으로 하락할 확률은 아주 낮아진다.

옵션을 소유하고 있고, 주식으로 교환될 것이 확실하다면 이는 사실상 지금 주식을 보유하고 있는 셈이다. 유일한 차이점은 실제로 행사할 때까지 (행사가격인) 주식 매입대금을 지급할 필요가 없다는 것이다. 이 상황에서 콜옵션 매입은 매입대금 일부를 차입하여 주식을 사는 것과 동등하다. 묵시적인 차입 금액은 행사가격의 현재가치이다. 그러므로 콜옵션의 가치는 주가에서 행사가격의 현재가치를 뺀 값과 같다.

이는 옵션에 관한 또 다른 요점을 말해 준다. 콜옵션으로 주식을 취득하는 투자자는 신용으로 주식을 사는 것이다. 옵션 매입비용은 오늘 내지만, 실제로 옵션을 행사할 때까지는 행사가격을 내지 않는다. 금리가 높거나 만기가 길면 이 지급을 연기하는 것은 특히 가치가 있다.

따라서 이자율이 높을수록 또는 만기까지 남은 기간이 길수록 옵션 가치는 증가한다.

점 *C* (주가가 0이 아니면) 옵션 가격은 항상 하한선보다 높다. 그림 20.10에서 점선과 굵은 선은 주가가 0인 점 *A*에서는 같지만 다른 곳에서는 갈라진다. 즉 옵션 가격은 굵은 선으로 주어진 최소 가치보다 커야만 한다. 그 이유는 점 *C*를 살펴보면 이해할 수 있다.

점 *C*에서 주가는 정확히 행사가격과 같아진다. 따라서 오늘 행사하면 옵션은 가치가 없다. 지금부터 3개월 후가 옵션 만기라고 하자. 물론 만기일의 주가는 알지 못한다. 대략 행사가격보다 높을 가능성과 낮을 가능성은 반반이다. 따라서 옵션의 가능한 수익은 다음과 같다.

결과	수익
주가 상승 (50% 확률)	주가–행사가격 (옵션이 행사됨)
주가 하락 (50% 확률)	0 (옵션이 가치 없이 소멸됨)

수익이 양(+)일 확률이 있고, 최악의 수익이 0이면, 옵션은 틀림없이 가치가 있다. 따라서 점 *C*에서 옵션 가격은 0인 하한선보다 높다는 것을 의미한다. 일반적으로 옵션의 만기가 남아있는 한 옵션 가격은 하한선을 초과할 것이다.

점선의 높이(즉 실제 가치와 하한선의 차이)를 결정하는 가장 중요한 결정요인 중 하나는 주가가 크게 움직일 가능성이다. 주가가 1%나 2% 이상 움직일 가능성이 거의 없는 주식의 옵션은 큰 가치를 가질 수 없다. 주가가 반 토막 나거나 2배가 될 수도 있는 주식의 옵션은 매우 가치가 있다.

수익은 대칭이 아니므로 옵션 소유자는 주가 변동성에서 이득을 얻는다. 주가가 행사가격 미만으로 하락하면, 하락폭이 몇 센트이든 큰 액수이든 관계없이 콜옵션은 가치가 없어질 것이다. 한편 행사가격 이상인 주가가 $1 상승하면 콜옵션은 $1만큼 더 가치가 있다. 그러므로 옵션 소유자는 상향의 변동성 증가에서는 이득을 얻지만, 하향의 변동성 증가에서는 손실을 보지 않는다.

간단한 예를 이용하여 요점을 예시해 보자. 두 주식 X와 Y 모두 $100에 거래된다. 유일한 차이는 Y의 전망 예측이 훨씬 어렵다는 점이다. Y의 주가가 $150로 상승할 가능성이 50%이고 $70로 떨어질 확률도 50% 정도이다. 반면 X의 주가는 $130로 상승, 또는 $90로 하락할 확률이 반반이다.

행사가격이 $100인 이들 주식의 콜옵션 매수를 제안받았다고 하자. 다음 표는 이들 옵션의 가능한 수익을 비교하고 있다.

	주가 하락	주가 상승
X에 대한 옵션의 수익	$0	$130 − $100 = $30
Y에 대한 옵션의 수익	$0	$150 − $100 = $50

두 경우 모두 주가 하락으로 옵션이 가치가 없어질 확률은 50%이지만, 주가가 상승한다면 Y의 옵션이 더 큰 수익을 제공한다. 수익이 0일 확률은 같아서, Y의 옵션이 X의 옵션보다 더 가치가 크다.

물론 실제로는 미래 주가가 서로 다른 범위의 값을 가질 것이다. 이 점을 반영한 그림 20.11에서는 Y 주가의 전망이 불확실하다는 사실이 더 넓은 미래 주가의 확률분포로 나타나 있다.[13] Y 주가의 변동폭이 더 클수록 상승 잠재력이 더 커지며, 따라서 옵션의 수익이 커질 가능성도 그만큼 증가한다.

그림 20.12는 주가 변동성이 옵션 가치에 어떻게 영향을 미치는지 보여준다. 위쪽 곡선은 구글 주가가 Y처럼 매우 변동적인 경우 구글의 콜옵션 가치를 나타낸다. 다음에 있는 곡선은 더 작은 (더 현실적인) 변동성을 가정한 것이다.[14]

옵션의 잔존기간에 주가가 크게 움직일 가능성은 다음 두 가지에 달렸다. (1) 기간별 주가의 분산(즉 변동성), 그리고 (2) 옵션의 만기까지 남은 기간의 수. 남은 기간의 수가 t개이고 기간별 분산이 σ^2이면, 옵션 가치는 누적변동성(cumulative variability) $\sigma^2 t$에 따라 달라질 것이다.[15] 다른 모든 것이 일정하다면, 투자자는 변동성이 큰 (즉 σ^2이 큰) 주식의 옵션을 소유하려 한다. 변동성이 같을 때는 만기가 긴 (즉 t가 큰) 옵션을 소유하려 할 것이다.

13) 그림 20.11에서도 계속해서 두 옵션 모두 행사가격은 현재 주가와 같다고 가정한다. 이는 꼭 필요한 가정이 아니다. 그림 20.11을 그릴 때 주가 분포는 대칭적이라고 가정한다. 이 역시 꼭 필요한 가정이 아니며, 다음 장에서 주가 분포에 대해 보다 자세하게 살펴본다.

14) 그림 20.12에 나오는 옵션가치는 블랙-숄즈(Black-Scholes)의 옵션 가격결정모형에 의해 계산되었다. 이 모형은 21장에서 설명하며, 이를 이용하여 구글 콜옵션의 가치를 평가한다.

15) 직관적인 설명은 다음과 같다. 주가가 랜덤워크를 따른다면(13.2절 참조), 연속되는 주가변화는 통계적으로 독립적이다. 만기 이전의 누적 가격변화는 t개의 확률변수의 합이다. 독립적인 확률변수 합의 분산은 이들 변수의 분산의 합이다. 따라서 σ^2이 일별 가격변화의 분산이고, 만기일까지 t일이 남아 있다면 누적 가격변화의 분산은 $\sigma^2 t$이다.

그림 20.11
(*a*) X 주식의 콜옵션과 (*b*) Y 주식의 콜옵션. 둘 다 행사가격이 주가와 같아서 각 옵션은 주가 하락으로 가치 없이 끝날 확률이 50%, 주가 상승으로 '내가격'으로 끝날 확률도 50%이다. 그러나 Y 주가의 변동성이 더 크고, 따라서 상승 잠재력도 크기 때문에 수익이 높을 확률은 Y 주식의 옵션이 더 높다.

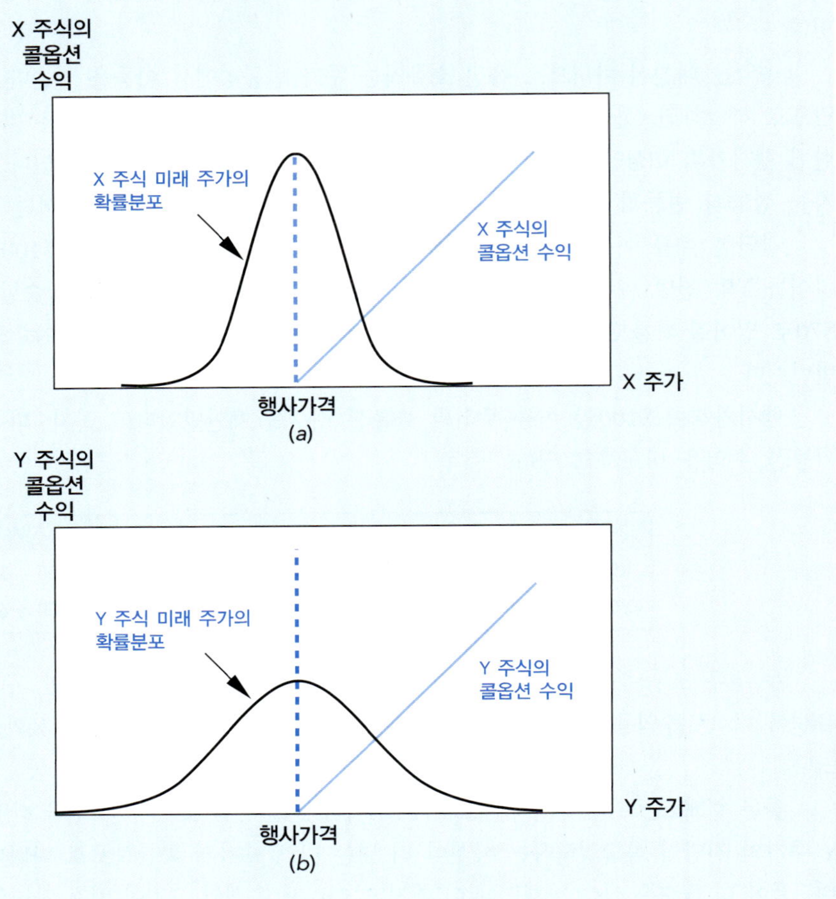

그림 20.12
구글 주가의 변동성이 커지면 콜옵션의 가치도 증가한다. 각각의 곡선은 주가에 대한 옵션의 가치를 보여준다. 유일한 차이는 위의 곡선은 미래 구글 주가의 불확실성이 훨씬 높다고 가정한다는 점이다.

Visit us at
www.mhhe.com/bma

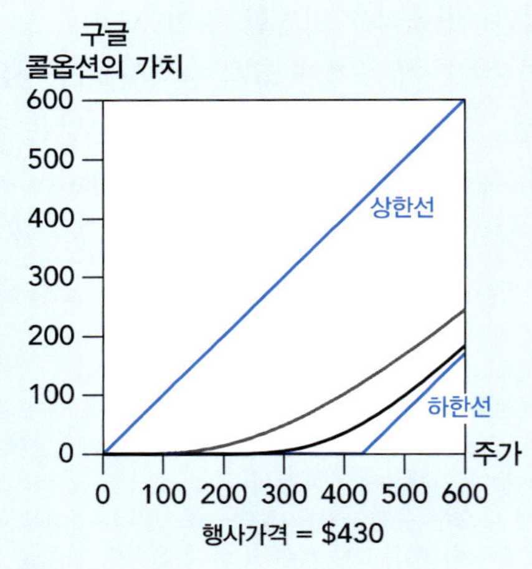

표 20.2 콜옵션의 가격 결정요인.

1. 다음 변수가 증가하면	콜옵션 가격의 변화는
주가(P)	양 (+)
행사가격(EX)	음 (−)
이자율(r_f)	양 (+)*
만기까지 시간(t)	양 (+)
주가의 변동성(σ)	양 (+)*

2. 콜옵션의 다른 속성들
   a. *상한선.* 옵션 가격은 항상 주가보다 낮다.
   b. *하한선.* 콜옵션 가격은 즉시 행사할 때의 수익($P-EX$, 0 중 큰 값)보다 낮을 수 없다.
   c. 주식이 가치가 없어지면, 콜옵션도 가치가 없어진다.
   d. 주가가 매우 높아지면, 콜옵션 가격은 주가에서 행사가격의 현재가치를 뺀 값에 접근한다.

* 주가가 일정할 때, r_f 또는 σ의 증가가 옵션 가격에 미치는 직접 효과. 또한 간접 효과도 있을 수 있다. 예를 들어 r_f의 증가는 주가 P를 감소시킬 수 있다. 이는 다시 옵션 가격에 영향을 줄 수 있다.

따라서 주가의 변동성이 증가하거나 만기가 길어지면 옵션 가치도 증가한다.

한 번 읽고 나서 옵션의 이런 속성들을 전부 제대로 이해하는 사람은 별로 없을 것이다. 그래서 옵션의 속성을 표 20.2에 요약하였다.

위험과 옵션의 가치

대부분의 재무 상황에서 위험은 나쁜 것이다. 위험을 감수할 때는 보상을 받아야 한다. 위험이 큰 (고베타) 주식 투자자는 높은 기대수익률을 요구한다. 고위험의 자본 투자안은 그에 상응하여 높은 자본비용을 부담하며, 양(+)의 NPV를 달성하려면 높은 기준율(hurdle rate)을 초과하는 수익률을 제공해야 한다.

옵션은 그 반대다. 지금 막 살펴본 것처럼, 변동성이 큰 자산에 대해 발행된 옵션은 안전한 자산에 대해 발행된 옵션보다 가치가 더 크다. 옵션에 대해 이런 사실을 이해하고 기억한다면 우리는 이미 많은 것을 알게 된 셈이다.

예제 20.1 • 변동성과 임원 스톡옵션

두 개의 직장 중 하나를 선택하려고 한다. 기성산업이나 한국전자에서 CFO로 일하는 것이다. 기성산업의 보상안은 표 20.3의 왼쪽에 설명되어 있는 스톡옵션(stock option) 부여가 포함되어 있다. 협상을 통해 한국전자에도 유사한 보상안을 받아냈다. 사실은, 이 보상안은 표 20.3의 오른쪽에 나와 있는 대로 모든 면에서 기성산업에 상당하게 한 것이다. (우연히도 두 회사의 현재 주가는 정확히 같다.) 유일한 차이점은 한국전자 주식이 기성산업보다 변동성이 50% 더 크다는 점이다(한국전자 주식의 연간 표준편차는 36%인 데 비해 기성산업 주식의 표준편차는 24%).

직장 선택이 임원 스톡옵션의 가치에 달렸다면 한국전자의 제안을 수락해야 한다. 한국전자 옵션이 변동성이 더 큰 주식에 대한 옵션이므로 더 큰 가치를 갖는다.

두 스톡옵션 패키지의 가치는 다음 장에서 평가하기로 한다.

표 20.3 어떤 임원 스톡옵션 패키지를 선택하겠는가? 한국전자 주식의 변동성이 커서 이 회사가 제안하는 패키지가 더 큰 가치를 갖는다.

	이수산업	한국전자
옵션의 수	100,000	100,000
행사가격	$25	$25
만기	5년	5년
현재 주가	$22	$22
주가 변동성 (수익률의 표준편차)	24%	36%

요약

어떻게 해서든 여기까지 왔다면 아마도 편한 휴식과 진한 진토닉 한 잔이 필요할지 모르겠다. 그래서 지금까지 배운 내용을 요약하고 다음 장에서 다시 옵션 주제를 다룬다.

두 종류의 옵션이 있다. 미국식 콜옵션은 정해진 행사일이나 그 이전에 정해진 행사가격으로 자산을 살 수 있는 옵션이다. 마찬가지로, 미국식 풋옵션은 정해진 행사일이나 그 이전에 정해진 행사가격에 자산을 팔 수 있는 옵션이다. 유럽식 콜옵션과 풋옵션은 정해진 행사일 이전에 행사할 수 없다는 점을 제외하고는 정확히 미국식 옵션과 같다. 콜옵션과 풋옵션을 기본적인 건축용 블록으로 사용하여 결합하면 어떠한 수익 패턴도 만들어 낼 수 있다.

콜옵션의 가치를 결정하는 요인은 무엇인가? 상식적으로 다음 세 가지에 달려있다.

1. 옵션을 행사하려면 행사가격을 지급해야 한다. 다른 조건이 같으면 적은 금액을 지급할수록 유리하다. 따라서 행사가격 대비 자산 가격의 비율이 높을수록 옵션 가치도 증가한다.
2. 옵션을 행사하기로 할 때까지는 행사가격을 지급할 필요가 없다. 따라서 옵션은 무이자 대출을 제공한다. 이자율이 높을수록 그리고 만기가 길수록 무이자 대출의 가치도 커진다. 따라서 이자율과 만기까지 남은 시간이 증가하면 옵션 가치도 증가한다.
3. 자산 가격이 행사가격에 못 미치면 콜옵션을 행사하지 않으려 할 것이다. 따라서 자산 가격이 행사가격보다 얼마나 낮은가와 무관하게 옵션 투자에서 100%의 손실을 본다. 반면에 주가가 행사가격 이상으로 많이 상승할수록 이익은 커진다. 그러므로 옵션 소유자는 변동성 증가로부터 일이 잘못되어도 손해를 입지 않지만, 일이 잘되면 이익을 얻는다. 주식 수익률의 기간별 분산 곱하기 만기까지 남은 기간 수를 곱한 값이 증가하면 옵션 가치도 증가한다.

(고 분산의) 위험한 자산에 대해 발행된 옵션은 안전한 자산에 대한 옵션보다 가치가 높다는 사실을 항상 기억해야 한다. 다른 대부분 상황에서 위험의 증가는 현재가치를 감소시키기 때문에 이 사실을 잊기 쉽다.

더 읽어야 할 문헌

제21장의 "더 읽어야 할 문헌"을 참조하라.

Visit us at www.mhhe.com/bma

연습문제

기본문제

1. 빈칸을 채우라.
   ______옵션은 일반적으로 ______라고 하는 정해진 가격에 주식을 살 기회를 소유자에게 제공한다. ______옵션은 소유자가 정해진 가격으로 주식을 팔 기회를 제공한다. 만기일에만 행사될 수 있는 옵션을 ______ 옵션이라고 한다.
2. 그림 20.13의 (a)와 (b)를 다음 포지션 중의 하나와 연결하라.
   - 콜옵션 매입자
   - 콜옵션 매도자
   - 풋옵션 매입자
   - 풋옵션 매도자
3. 보통주 1주와 그 주식의 풋옵션 1개를 소유한다고 가정하자. 옵션이 만기가 될 때 (a) 주가가 행사가격보다 낮으면, (b) 주가가 행사가격보다 높으면, 수익은 얼마인가?
4. 풋-콜 패리티는 무엇인가? 왜 성립하는가? 이 패리티를 행사가격이 다른 콜옵션과 풋옵션에 적용할 수 있는가?
5. 콜옵션과 차입 또는 대여를 포함하여 문제 3번에 묘사된 전략과 같은 수익을 제공하는 다른 전략이 있다. 대체 전략은 무엇인가?
6. Livingston I. Presume 박사는 £600,000 가치의 동아프리카 금광 주식을 가지고 있다. 금광에 대하여 낙관적인 박사는 탐험에 필요한 자금을 조달하기 위하여 6개월 후에 적어도 £500,000을 확실히 보장받고자 한다. 이 목적을 달성할 방법 두 가지를 설명하라. 동아프리카 금광 주식의 콜옵션과 풋옵션이 활발히 거래되며 연간 금리는 6%라고 가정한다.
7. 행사가격이 \$100인 Wombat 주식의 1년 만기 유럽식 콜옵션을 사고 같은 행사가격의 1년 만기 유럽식 풋옵션을 판다고 가정하자. 현재 주가는 \$100이고 금리는 10%이다.
   a. 투자 수익을 보여주는 포지션 도표를 그려라.
   b. 이 포지션 구성에 드는 비용은 얼마인가? 설명하라.
8. 그림 20.13을 다시 살펴보자. 패널 (b)의 투자자는 손해를 볼 수 없고, 패널 (a)의 투자자는 이익을 볼 수 없는 것처럼 보인다. 설명하라. (힌트: 각 패널에 대해 이익 도표를 그린다.)
9. (a) 주가가 0인 경우와 (b) 행사가격보다 주가가 매우 높은 경우 콜옵션의 가치는 얼마인가?

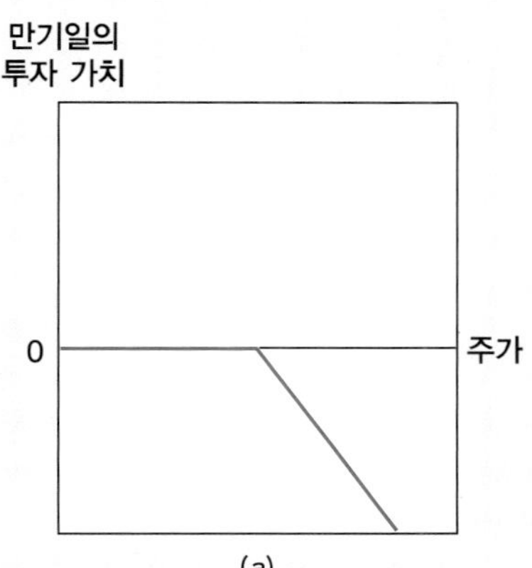

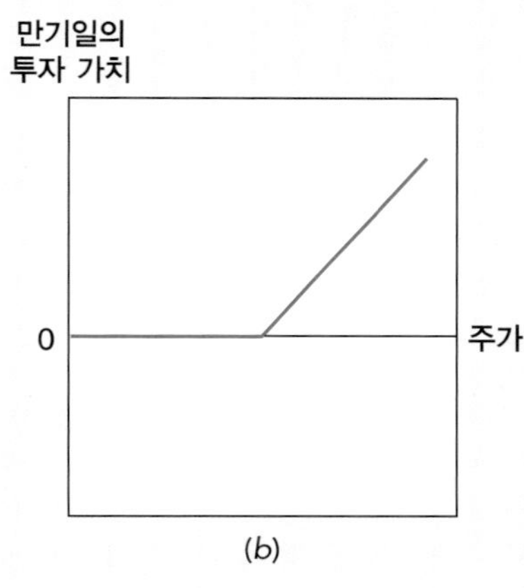

그림 20.13
문제 2번 참조.

Visit us at www.mhhe.com/bma

10. 다른 요인들이 일정하다고 가정할 때, 다음 변화에 대하여 콜옵션의 가격은 어떻게 반응하는가? 콜옵션 가격이 상승하는가 아니면 하락하는가?
   a. 주가 상승
   b. 행사가격이 높아짐
   c. 무위험 이자율 상승
   d. 옵션 만기의 연장
   e. 주가의 변동성 감소
   f. 시간이 지나면서 옵션 만기일이 가까워짐
11. 다음 문장에 대해 대응하라.
   a. "나는 보수적인 투자자이다. 나는 구글처럼 변동성이 큰 주식보다는 엑슨모빌 같은 안전한 주식의 콜옵션을 소유하고 싶다."
   b. "나는 행사가격이 $45이고 만기가 3개월 남은 Fava Farms 주식의 미국식 콜옵션을 샀다. Fava Farms의 주가는 $35에서 $55로 치솟았지만, 다시 $45 아래로 내려갈까 두렵다. 지금 콜옵션을 행사해서 내 이득을 확정시키려 한다."

중급문제

12. 다음 포지션의 위험과 수익을 간단히 설명하라.
   a. 주식과 그 주식의 풋옵션 매입
   b. 주식 매입
   c. 콜옵션 매입
   d. 주식을 매입하고 그 주식의 콜옵션 매도
   e. 채권 매입
   f. 주식 매입, 풋옵션 매입, 콜옵션 매도
   g. 풋옵션 매도
13. "콜옵션의 매입자와 풋옵션의 매도자 모두가 주가 상승을 바란다. 따라서 두 포지션은 같다." 이 말이 맞는가? 포지션 도표를 그려라.
14. Pintail의 현재 주가는 $200이다. 1년 만기 미국식 콜옵션의 행사가격은 $50, 옵션의 현재 가격은 $75이다. 이 기회를 어떻게 이용하겠는가? 이번에는 옵션이 유럽식 콜옵션이라고 하자. 어떻게 하겠는가?
15. 주식 Q의 3개월 만기 콜옵션과 3개월 만기 풋옵션을 살 수 있다. 두 옵션의 행사가격은 $60로 같고 모두 $10의 가치를 갖는다. 이자율이 연 5%이면, 주가는 얼마인가? (힌트: 풋-콜 패리티 이용.)
16. 2009년 1월에, Amazon.com 주식의 행사가격이 $45.00인 1년 만기 콜옵션이 $19.55에 거래되었다. 주가는 $55, 무위험 이자율은 2.5%였다. 만기와 행사가격이 같은 풋옵션에 얼마를 내겠는가? Amazon 옵션은 유럽식이라고 가정한다. (주: Amazon은 배당을 지급하지 않는다.)
17. FX Bank는 최고의 외환거래자인 Lucinda Cable을 고용하는 데 성공하였다. 그녀의 보상안은 그녀가 올린 이익 중 1억 달러 초과분의 20%를 연간 보너스로 지급받는 것이라고 보도되었다. 이것은 Cable 여사가 옵션을 소유하는 것인가? 이 옵션이 그녀에게 적절한 인센티브를 제공하는가?
18. Colleoni 씨는 $100의 현재가치를 차입하여 Y 주식의 행사가격이 $150인 6개월 만기 풋옵션을 사고 Y 주식의 행사가격이 $50인 6개월 만기 풋옵션을 판다고 하자.
   a. 옵션이 만기가 될 때의 수익을 보여주는 포지션 도표를 그려라.
   b. 대출과 옵션, 그리고 기초 주식을 이용하여 Colleoni 씨에게 같은 수익을 제공하는 두 가지 새

Visit us at www.mhhe.com/bma

로운 조합을 제시하라.

19. 다음 중 옳은 것 하나는?
   a. 풋옵션의 가치 + 행사가격의 현재가치 = 콜옵션의 가치 + 주가
   b. 풋옵션의 가치 + 주가 = 콜옵션의 가치 + 행사가격의 현재가치
   c. 풋옵션의 가치 − 주가 = 행사가격의 현재가치 − 콜옵션의 가치
   d. 풋옵션의 가치 + 콜옵션의 가치 = 주가 − 행사가격의 현재가치

   정답은 두 투자전략의 가치를 같게 만든다. 각 전략의 수익을 주가의 함수로 그리고, 두 전략이 같은 수익을 제공함을 보여라.
20. 실제로 거래되는 콜옵션과 풋옵션의 상대적 가격을 이용하여 콜옵션과 풋옵션의 가격을 연결하는 공식을 검증하라. (주: 이 공식은 유럽식 옵션일 때만 정확히 성립한다. 거래되는 대부분의 콜옵션과 풋옵션은 미국식이다.)
21. a. 주식을 공매할 수 없으면 옵션과 차입이나 대출을 조합하여 같은 최종 수익 패턴을 달성할 수 있다. 어떻게 조합해야 하는가?
   b. 무위험 대출과 같은 최종 수익을 제공하는 주식과 옵션의 조합을 만들어라.
22. Triangular File Company의 주식은 $90에 거래된다. 이 주식에 대해 발행된 26주 만기 콜옵션은 $8에 거래된다. 콜옵션의 행사가격은 $100, 무위험 이자율은 연 10%이다.
   a. 이 주식의 풋옵션이 거래되지 않지만, 1개를 사려 한다. 어떻게 하겠는가?
   b. 풋옵션이 거래된다고 하자. 행사가격이 $100인 26주 만기 풋옵션은 얼마에 거래되어야 하는가?
23. 히그든 여사는 또 다른 보상안을 제안 받았다(제20.2절 참조). 그녀는 연말 주가가 $120 이상이면 $50만의 보너스를 받고, 그렇지 않으면 아무것도 받지 못한다. (누가 왜 이런 제안을 해야만 하는지는 묻지 마시라. 어떤 세금상의 목적이 있을 것이다.)
   a. 이 안의 수익을 보여주는 포지션 도표를 그려라.
   b. 이러한 수익을 제공하는 옵션의 조합은 무엇인가? (힌트: 어떤 행사가격의 옵션을 많이 사야 하고 행사가격이 다른 비슷한 수량의 옵션을 팔아야 한다.)
24. 옵션 거래자들은 종종 '스트래들(straddle)'과 '버터플라이(butterfly)'라는 용어를 쓴다. 이들의 예는 다음과 같다.
   - **스트래들:** 행사가격이 $100인 콜옵션을 사는 동시에 행사가격이 $100인 풋옵션을 산다.
   - **버터플라이:** 행사가격이 $100인 콜옵션 1개를 사고, 행사가격이 $110인 콜옵션 2개를 팔고, 동시에 행사가격이 $120인 콜옵션 1개를 산다.

   투자자의 순 포지션(net position) 수익 패턴을 보여주는 스트래들과 버터플라이의 포지션 도표를 그려라. 각 전략은 변동성에 내기하는 것이다. 각 내기의 성격을 간단히 설명하라.
25. 주식에 대한 콜옵션의 가격이 이 장에 제시된 이론이 예측하는 대로 변하는지 확인하기 위하여 실제 거래가격을 살펴보라. 예를 들어
   a. 옵션 몇 개를 선택하여 만기일에 접근함에 따라 가격이 어떻게 변하는지 확인하라. 가격이 어떻게 변할 것으로 예측하는가? 실제로 그렇게 변하는가?
   b. 같은 주식에 대해 발행된 만기가 같지만, 행사가격이 다른 콜옵션을 비교하라.
   c. 같은 주식에 대해 발행된 행사가격이 같지만, 만기가 다른 콜옵션을 비교하라.
26. 주식 포트폴리오를 사는 옵션과 개별 주식을 각각 사는 옵션들의 포트폴리오 중 어느 것의 가치가 큰가? 이유를 간단히 설명하라.
27. 표 20.4는 보통주에 대한 옵션의 가격을 보여준다(가격은 가장 가까운 정수로 호가됨). 이자율은 연

Visit us at www.mhhe.com/bma

주식	만기(개월)	행사가격	주가	풋옵션 가격	콜옵션 가격
Drongo Corp.	6	$ 50	$80	$20	$52
Ragwort, Inc.	6	100	80	10	15
Wombat Corp.	3	40	50	7	18
	6	40	50	5	17
	6	50	50	8	10

표 20.4 보통주에 대한 옵션의 가격(달러). 문제 27번 참조.

10%이다. 가격이 잘못 호가된 옵션을 찾을 수 있는가? 있다면 이를 어떻게 이용할 수 있겠는가?

28. 에너지 시장에 대한 1개월에 걸친 연구 끝에 내년도 에너지 가격의 변동성이 역사적 평균보다 훨씬 클 것으로 결론지었다. 당신이 옳다는 가정에서 어떤 유형의 옵션 전략을 선택하겠는가? (주: 당신은 정유회사 주식에 대한 옵션이나 원유나 천연가스 등의 미래 인도가격에 대한 옵션을 사거나 팔 수 있다.)

도전문제

29. 그림 20.14는 복잡한 포지션 도표를 보여준다. 주식과 채권, 옵션을 결합하여 각각의 포지션을 만들어라.

30. 몇 년 전 호주 회사인 Bond Corporation은 로마 근처에 소유한 대지의 지분을 $1억 1,000만에 매각하여 당기 순이익을 $74,000,000만큼 증가시켰다. 그 뒤 방송된 TV 프로그램에 의하면, 대지 지분을 다시 Bond에 $1억 1,000만에 매각하는 풋옵션이 매입자에게 주어졌으며 Bond는 같은 가격에 대지 지분을 재매입할 수 있는 콜옵션에 $2천만을 지급하였다.

a. 옵션이 만기가 될 때 대지의 가치가 $1억 1,000만 이상이면 어떤 일이 발생하겠는가? $1억 1,000만보다 낮으면 어떻게 되겠는가?

b. 대지 매각과 옵션거래의 순 효과를 보여주는 포지션 도표를 그려라.

c. 옵션의 만기가 1년이라고 하자. 이자율을 추론할 수 있는가?

그림 20.14
복잡한 포지션 도표. 문제 29번 참조.

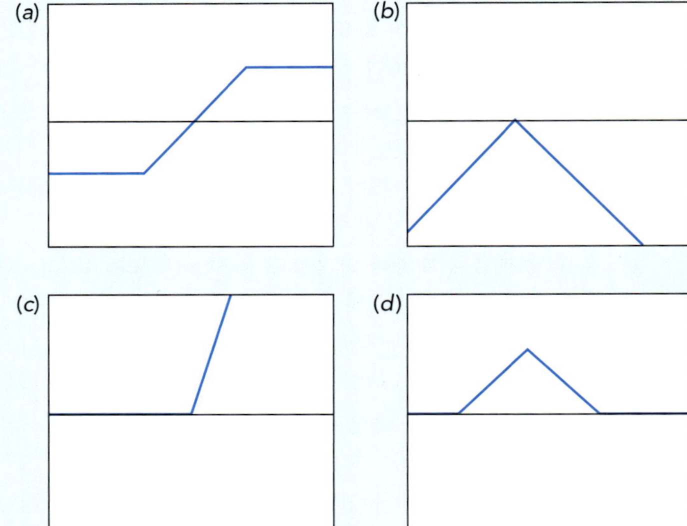

Visit us at www.mhhe.com/bma

d. TV 프로그램은 이 기업이 대지를 매각하여 회계적 이익을 실현하면 투자자를 오도하기 쉽다고 주장한다. 어떻게 생각하는가?

31. Hogswill 주식에 대해 거래되는 6개월 만기 콜옵션 세 개는 다음과 같다.

행사가격	콜옵션 가격
$ 90	$ 5
100	11
110	15

Hogswill 옵션의 거래를 통해 어떻게 돈을 벌 수 있겠는가? (힌트: 옵션 가격을 Y축, 주가 대 행사가격의 비율을 X축으로 하여 그래프를 그린다. 3개의 Hogswill 옵션을 그래프에 그린다. 이 그림은 옵션 가격이 행사가격 대 주가의 비율에 따라 어떻게 변해야 하는지에 대해 당신이 아는 것과 일관성이 있는가?) 이제 신문에서 만기는 같지만 행사가격이 다른 옵션을 찾아라. 돈을 벌 기회를 찾을 수 있는가?

32. Digital Organics의 발행주식 수는 1,000만 주이며, 주가는 $25이다. 이 기업이 가진 상당한 금액의 부채는 모두 1년 후에 만기가 된다. 부채의 금리는 8%이다. 부채의 액면가는 $3억 5천만이지만 시장가치는 $2억 8천만이다. 1년 만기 무위험 이자율은 6%이다.

a. Digital Organics의 주식과 부채, 자산에 대하여 풋-콜 패리티를 구하라.

b. Digital Organics가 이 부채에 대해 채무를 불이행할 옵션의 가치는 얼마인가?

실시간 데이터분석

웹사이트 **finance.yahoo.com**으로 가서 행사가격과 만기가 다른 여러 구글 옵션의 지연된(delayed) 호가를 확인하라.

a. 행사가격이 더 높으면 콜옵션 가격이 더 낮고 풋옵션 가격은 더 높은지를 확인하라.

b. 만기가 길어질수록 콜옵션과 풋옵션 모두의 가격이 더 높은가를 확인하라.

c. 행사가격과 만기가 같은 구글 콜옵션과 풋옵션을 선택하여 풋-콜 패리티가 (대략) 성립하는지 확인하라. (주: 가장 최근의 무위험 이자율을 사용해야 한다.)

Visit us at www.mhhe.com/bma

옵션의 가치평가

앞 장에서 콜옵션과 풋옵션을 소개하였다. 콜옵션은 정해진 행사가격에 자산을 살 수 있는 권리를 부여한다. 풋옵션은 팔 수 있는 권리이다. 옵션 가치를 어떻게 평가하는지도 첫걸음을 내디뎠다. 콜옵션의 가치는 5개의 변수에 의해 결정된다.

1. 자산 가격이 높을수록 그 자산을 살 수 있는 옵션의 가치는 커진다.
2. 콜옵션 행사를 위해 지급해야 하는 가격이 낮을수록 옵션의 가치는 커진다.
3. 옵션이 만료될 때까지는 행사가격을 지급할 필요가 없다. 이와 같이 지급을 연기하는 가치는 금리가 높을수록 더 크다.
4. 만기에 주가가 행사가격보다 낮으면 주가가 $1 낮든지 $100 낮든지에 관계없이 콜옵션은 가치가 없다. 그러나 옵션 소유자는 주가가 행사가격을 초과하는 $1당 $1의 수익을 얻는다. 그러므로 콜옵션의 가치는 주가의 변동성이 크면 증가한다.
5. 마지막으로, 장기 옵션은 단기 옵션보다 가치가 크다. 긴 만기는 소유자가 행사가격을 지급해야 할 시점을 연기시키며, 만기 전에 주가가 크게 상승할 가능성이 높아진다.

이 장에서는 이런 변수들을 결합하여 어떻게 정확한 옵션 가치평가모형, 즉 숫자를 대입하면 정확한 답이 구해지는 공식을 만들 수 있는지를 보인다. 먼저 옵션의 가치를 간단히 평가하는 방법인 이항모형을 설명한다. 그리고 옵션 가치를 평가하는 블랙-숄즈 공식을 소개한다. 마지막으로, 실제로 옵션을 평가할 때의 수많은 문제를 이들 두 방법을 사용하여 어떻게 해결하는가를 보여주는 체크리스트를 제공한다.

대다수 옵션을 평가하는 가장 효율적인 방법은 컴퓨터를 이용하는 것이다. 이 장에서는 간단한 예시를 통하여 수작업으로 옵션의 가치를 평가한다. 그 이유는 옵션 가치평가의 기본 원리를 이해하지 못하면 옵션을 평가하는 문제에 접근할 때 실수할 가능성이 클 뿐만 아니라 컴퓨터가 제공하는 답을 해석하고 다른 사람에게 설명할 수 없기 때문이다.

앞 장에서는 구글(Google) 주식의 콜옵션과 풋옵션을 소개하였다. 이 장에서는 같은 예제를 계속 사용하여 구글 옵션의 가치를 평가하는 방법을 설명한다. 그러나 우리가 왜 옵션 가치평가를 이해해야 하는지를 기억해야 한다. 옵션거래소에서 빠르게 돈을 벌자는 것이 아니다. 그 진짜 이유는 수많은 자본예산결정과 자본조달결정에 옵션이 내재하여 있기 때문이다.

21.1 간단한 옵션 가치평가모형

옵션에는 왜 할인 현금흐름 방법이 맞지 않는가?

피셔 블랙과 마이런 숄즈(Fisher Black and Myron Scholes)가 해법을 내놓을 때까지 경제학자들은 오랫동안 옵션의 가치를 평가하는 실용적인 공식을 찾아 헤매었다. 공식이 어떤 것인지는 나중에 살펴보겠지만 먼저 공식을 찾기가 왜 그렇게도 어려웠는지를 설명해야겠다.

자산의 가치를 평가하는 표준화된 과정은 (1) 기대 현금흐름을 추정하고, (2) 기회자본비용으로 현금흐름을 할인하는 것이다. 불행히도 이 방법이 옵션에는 적용되지 않는다. 첫 번째 과정은 번잡하지만 그래도 가능하기는 하다. 그러나 옵션의 위험은 주가가 움직일 때마다 변하기 때문에 단 하나의 기회자본비용을 찾기가 불가능하다.

콜옵션을 사면 주식에 대한 포지션을 취하게 되지만 직접 주식을 사는 것보다 적은 금액을 투자한다. 그러므로 옵션은 항상 기초자산인 주식보다 더 위험하다. 옵션은 더 높은 베타를 가지며, 수익률의 표준편차가 더 크다.

옵션이 얼마나 더 위험한가는 행사가격 대비 주가의 크기에 달렸다. 내가격(in the money, 주가> 행사가격)인 콜옵션은 외가격(out of the money, 주가 < 행사가격)인 콜옵션보다 안전하다. 그러므로 주가 상승은 옵션의 가격을 올리는 동시에 옵션의 위험을 감소시킨다. 주가 하락은 옵션의 가격을 낮추는 동시에 옵션의 위험을 증가시킨다. 투자자가 요구하는 기대수익률이 매일 또는 매시간, 주가가 변할 때마다 달라지는 이유는 바로 이 때문이다.

일반적인 규칙을 반복하면 다음과 같다. 옵션은 항상 주식보다는 더 위험하지만, 행사가격 대비 주가가 높으면 높을수록 콜옵션은 더 안전해진다. 옵션의 위험은 주가가 변할 때마다 변한다.

보통주와 차입으로 옵션 등가물 구성하기

지금까지 설명한 내용을 소화했다면, 옵션은 표준적인 할인 현금흐름 방법으로 가치를 평가하기가 어렵고, 경제학자들이 오랫동안 정밀한 옵션 가치평가 기법을 찾지 못했던 이유를 이해할 것이다. "유레카(Eureka)! 우리가 알아냈다.[1] 비결은 보통주와 차입을 조합하여 **옵션 등가물**(*option equivalent*)을 만드는 데 있었다. 옵션 등가물 매입의 순 비용(net cost)은 옵션의 가치와 같아야만 한다."라고 블랙과 숄즈가 소리쳤을 때 비로소 그 돌파구가 열렸다.

간단한 수치 예제를 통해 이것이 어떻게 작동하는지를 보자. 2008년 9월로 돌아가서, 행사가격이 $430인 구글 주식의 6개월 만기 콜옵션을 생각해 보자. 구글 주가 역시 $430인 날을 골라서 옵션이 **등가격**(*at the money*)이 되도록 한다. 단기 무위험 금리는 연 3%, 즉 6개월간 1.5%이다.

예를 가능한 한 간단하게 유지하기 위해 구글 주식은 옵션의 수명인 6개월간, 1/4 하락한 $322.5 또는 1/3 상승한 $573.33 중 하나의 값만을 가진다고 가정하자.

구글 주가가 $322.50로 하락하면 콜옵션은 가치가 없지만, 주가가 $573.33로 상승하면 573.33 − 430 = $143.33의 가치를 가지게 된다. 그러므로 옵션의 가능한 수익(payoff)은 다음과 같다.

	주가 = $322.50	주가 = $573.33
콜옵션 1개	$0	$143.33

이 수익을 구글 주식 4/7주를 사고 은행에서 $181.56를 차입할 때의 수익과 비교해 보자.[2]

1) 블랙과 숄즈가 그 당시 아르키메데스(Archimedes)처럼 욕조에 있었는지는 알 수 없다.

2) 은행에서 차입할 금액은 옵션에서 얻을 수익과 주식 4/7주에서 얻을 수익 간의 차이의 현재가치이다. 이 예제에서

	주가 = \$322.50	주가 = \$573.33
4/7주	\$184.29	\$327.62
원리금 상환	−184.29	−184.29
총수익	\$ 0	\$143.33

차입하여 주식에 투자할 때의 수익과 콜옵션의 수익이 같다는 데 주목하라. 그러므로 일물일가의 법칙에 따르면 두 투자는 모두 같은 가치를 가져야만 한다.

$$\text{콜의 가치} = \text{주식 } (4/7) \text{ 주의 가치} - \text{은행 대출 } \$181.56$$
$$= 430 \times (4/7) - 181.56 = 64.15$$

열려라 참깨! 요술같이 콜옵션 가치를 평가해 냈다.

구글 옵션 가치평가를 위해 콜옵션의 수익구조를 정확히 복제하도록 차입하여 주식을 샀다. 이를 **포트폴리오 복제(replicating portfolio)**라고 한다. 콜옵션 1개를 복제하는 데 필요한 주식의 수를 **헤지비율(hedge ratio)** 또는 **옵션 델타(option delta)**라고 한다. 구글 예제에서는 차입하여 매입한 주식 4/7주에 의해 콜옵션 1개가 복제된다. 그러므로 옵션 델타는 4/7, 약 0.571이다.

차입하여 주식 4/7주를 사는 것이 구글 콜옵션과 동등한지를 어떻게 알아냈을까? 다음의 간단한 공식을 이용하였다.

$$\text{옵션 델타} = \frac{\text{가능한 옵션 가격의 스프레드}}{\text{가능한 주가의 스프레드}} = \frac{143.33 - 0}{573.33 - 322.50} = \frac{143.33}{250.83} = \frac{4}{7}$$

우리는 간단한 옵션 가치평가 방법뿐만 아니라, 차입하여 기초자산에 투자하면 옵션을 복제할 수 있다는 것도 알게 되었다. 그러므로 어떤 자산의 옵션을 매매할 수 없는 경우에는 델타만큼 주식을 사거나 팔고 그 금액을 차입이나 대출하여 균형을 맞추는 복제 전략으로 스스로 만든 옵션(homemade option)을 얻을 수 있다.

위험중립 가치평가 왜 구글 콜옵션이 \$64.15에 거래되어야만 하는지에 주목하자. 옵션 가격이 \$64.15보다 높은 경우, 주식 4/7주를 사고, 콜옵션을 팔고 \$181.56를 차입하면 확실한 이익을 올릴 수 있다. 마찬가지로, 옵션 가격이 \$64.15보다 낮으면 4/7주를 팔고, 콜옵션을 산 다음, 남은 금액을 대출해 주면 확실한 이익을 올릴 수 있다. 어느 경우든 차익거래 기회이다.[3)]

차익거래 기회가 존재한다면 모든 사람이 그 기회를 이용하려 달려들 것이다. 그러므로 우리가 옵션 가격은 \$64.15여야만 하며 그렇지 않으면 차익거래 기회가 존재할 것이라고 말할 때, 투자자의 위험에 대한 태도는 전혀 알 필요가 없다. 옵션 가격은 투자자가 위험을 몹시 싫어하거나 별로 개의치 않거나 하는 등에는 전혀 영향을 받지 않는다.

이는 옵션 가치평가의 또 다른 방법을 제시해 준다. 모든 투자자가 위험에 대하여 무차별한(*indifferent*) 것으로 간주하고, 그런 세상에서 옵션의 기대 미래가치를 계산한 다음, 이를 무위험 이자율로 할인하여 현재가치를 구할 수 있다. 이 방법이 같은 답을 주는지 확인해 보자.

차입할 금액은 $((4/7) \times 322.50 - 0)/1.015 = ((4/7) \times 573.33 - 143.33)/1.015 = \$181.56$이다.

3) 물론 4/7주 거래로 큰 부자가 되지는 않는다. 그러나 거래규모를 백만 배로 늘리면 큰돈으로 보이기 시작할 것이다.

투자자들이 위험에 대해 무차별하다면, 주식의 기대수익률은 무위험 이자율과 같아야 한다.

$$\text{구글 주식의 기대수익률} = 1.5\%\ 6\text{개월}$$

구글 주식은 33.3% 상승하여 $573.33가 되거나, 25% 하락하여 $322.50가 된다는 것은 이미 알고 있다. 그러므로 가상의 위험중립적인 세상에서 주가 상승 확률을 다음과 같이 계산할 수 있다.

$$\begin{aligned}\text{기대수익률} &= [\text{상승할 확률} \times 33.3] \\ &\quad + [(1 - \text{상승할 확률}) \times (-25)] \\ &= 1.5\%\end{aligned}$$

그러므로,

$$\text{상승할 확률} = 0.4543, \text{즉 } 45.43\%$$

이는 구글 주식이 상승할 **진정한** 확률은 아님에 주의해야 한다. 투자자들은 위험을 싫어하기 때문에 분명히 구글 주식 투자에 대해 무위험 이자율보다 높은 수익률을 요구할 것이다. 그러므로 진정한 확률은 0.4543보다 크다.

위험 중립적인 가치 상승의 확률을 계산하는 일반 공식은 다음과 같다.

$$p = \frac{\text{이자율} - \text{하방 변화}}{\text{상방 변화} - \text{하방 변화}}$$

구글 주식의 경우는 다음과 같다.

$$p = \frac{0.015 - (-0.25)}{0.333 - (-0.25)} = 0.4543$$

주가가 상승하면 콜옵션의 가치는 $143.33이고, 주가가 하락하면 콜옵션의 가치는 없음을 알고 있다. 그러므로 투자자들이 위험 중립적이라면, 콜옵션의 기대 가치는 다음과 같다.

$$\begin{aligned}&[\text{상승할 확률} \times 143.33] + [(1 - \text{상승할 확률}) \times 0] \\ &= (0.4543 \times 143.33) + (0.5457 \times 0) \\ &= \$65.11\end{aligned}$$

그리고 **현재의** 콜옵션 가치는 다음과 같다.

$$\frac{\text{기대 미래가치}}{1 + \text{이자율}} = \frac{65.11}{1.015} = \$64.15$$

이는 앞에서 구한 값과 정확히 일치한다!

이제 우리는 옵션의 가치를 계산하는 두 가지 방법을 알게 되었다.

1. 옵션 투자를 복제하는 주식과 차입의 조합을 찾는다. 두 전략은 미래에 같은 수익을 제공하기 때문에 오늘 같은 가격에 거래되어야만 한다.
2. 투자자들이 위험에 신경 쓰지 않는다고 가정하면, 주식의 기대수익률은 무위험 이자율과 같다. 가상의 **위험 중립적인** 세상에서 미래 옵션의 기대 가치를 계산한 다음, 이를 무위험 이자율로 할인한다. 이 아이디어는 이미 익숙할 것이다. 제9장에서 어떤 투자를 평가할 때는 기대 현금

흐름을 위험조정 할인율로 할인하던지, 아니면 위험을 반영하여 기대 현금흐름을 조정한 다음, 이 확실성 등가(*certainty-equivalent*) 현금흐름을 무위험 이자율로 할인한다고 배웠다. 구글 옵션의 가치를 평가할 때 바로 이 두 번째 방법을 사용하였다. 주식과 옵션의 확실성 등가 현금흐름은 위험 중립적인 세상에서 기대되는 현금흐름이다.

구글 풋옵션의 가치평가

구글 콜옵션의 가치평가는 마치 모자에서 토끼를 꺼내는 마술처럼 보였을 것이다. 가치평가 방법을 한 번 더 볼 기회를 제공하기 위하여 같은 방법을 사용하여 다른 옵션, 즉 행사가격 $430, 만기 6개월인 구글 풋옵션의 가치를 평가하기로 한다.[4] 주가는 $573.33로 상승 또는 $322.50로 하락한다고 가정한다.

구글 주가가 $573.33로 상승하면 $430에 팔 수 있는 풋옵션은 가치가 없다. 주가가 $322.50로 하락하면 풋옵션의 가치는 $430 − 322.50 = $107.50이다. 그러므로 만기에서 풋옵션의 수익구조는 다음과 같다.

	주가 = $322.50	주가 = $573.33
풋옵션 1개	$107.50	$0

먼저 앞에서 제시한 공식을 이용하여 옵션 델타를 계산해 보자.[5]

$$\text{옵션 델타} = \frac{\text{가능한 옵션가격의 스프레드}}{\text{가능한 주가의 스프레드}} = \frac{0 - 107.50}{573.33 - 322.50}$$
$$= -\frac{3}{7} \text{ 또는 약 } -0.429$$

풋옵션 델타는 항상 음수임에 유의하자. 풋옵션을 복제하려면 주식을 델타 주만큼 팔아야 한다. 구글 풋옵션은 3/7주를 팔고 $242.09를 대출해 주면 옵션의 수익을 꼭 같이 복제할 수 있다. 주식을 공매도했기 때문에 6개월 후에 주식을 재매입할 자금을 마련해야 하지만, 대출에서 나온 돈이 있다. 이 경우 순수익은 풋옵션 매입의 수익과 정확히 같다.

	주가 = $322.50	주가 = $573.33
(3/7)주 매도	− $138.22	− $245.72
원리금 상환	+245.72	+245.72
총수익	$107.50	$ 0

두 가지 투자대안은 정확히 같은 수익을 제공하기 때문에 같은 가치를 가져야 한다.

---

4) 미국식 풋옵션의 가치를 평가할 때는 조기 권리행사가 유리할 가능성을 인식해야 한다. 뒤에서는 이를 고려하겠지만, 여기서는 구글 풋옵션의 가치평가와는 관련이 없으므로 무시한다.

5) 풋옵션 델타는 같은 행사가격을 갖는 콜옵션 델타에서 1을 뺀 값과 항상 같다. 예제에서 풋옵션의 델타 = (4/7) − 1 = −3/7이다.

$$\text{풋의 가치} = -(3/7)\ \text{주의 주식} + \text{은행 대출}\ \$242.09$$
$$= -(3/7) \times 430 + \$242.09 = \$57.82$$

위험중립 방법에 의한 풋옵션의 가치평가 위험중립 방법에 의한 구글 풋옵션 가치평가는 식은 죽 먹기이다. 주가 상승 확률이 0.4543임은 이미 알고 있다. 그러므로 위험중립적인 세상에서 풋옵션의 기대 가치는 다음과 같다.

$$[\text{상승할 확률} \times 0] + [(1 - \text{상승할 확률}) \times 107.50]$$
$$= (0.4543 \times 0) + (0.5457 \times 107.50)$$
$$= \$58.66$$

그러므로 현재의 풋옵션 가치는 다음과 같이 $57.80이다.

$$\frac{\text{기대 미래가치}}{1 + \text{이자율}} = \frac{58.66}{1.015} = \$57.80$$

콜옵션과 풋옵션 가격 간의 관계 유럽식 옵션은 콜옵션의 가치와 풋옵션의 가치 사이에는 다음과 같은 간단한 관계가 성립한다고 앞에서 설명하였다.[6]

$$\text{풋의 가치} = \text{콜의 가치} + \text{행사가격의 현재가치} - \text{주가}$$

구글 콜옵션의 가치는 이미 계산해 두었기 때문에 풋옵션의 가치를 찾는 데도 이 관계를 이용할 수 있다.

$$\text{풋의 가치} = 64.15 + \frac{430}{1.015} - 430 = \$57.80$$

이로써 모든 것이 확인되었다.

21.2 이항모형에 의한 옵션의 가치평가

어떤 옵션이든 옵션 가치평가의 근본적인 비결은 옵션의 수익구조를 정확히 복제하는 주식과 차입의 꾸러미를 구성하는 데 있다. 그리고 주식과 차입의 가치를 평가할 수 있으면 옵션 가치도 평가할 수 있다. 이와 동등하게 위험중립적인 투자자들을 가정하고 가상의 위험중립적인 세상에서 옵션의 기대 수익을 계산하고 이를 무위험 이자율로 할인하여 옵션의 현재가치를 산출한다.

이들 개념 자체는 완전히 일반적이지만, 투자의 복제 꾸러미를 구성하는 데는 여러 가지 방법이 있다. 앞 절의 예제는 바로 **이항 방법(binomial method)**을 단순화시킨 것이다. 이 방법은 다음 기에 나타날 수 있는 주가의 변화를 '상승'과 '하락' 두 가지로 단순화한다. 그러나 6개월 후에 구글 주식의 가능한 주가가 두 가지뿐이라는 가정은 지나치게 공상적이다.

그러나 우리가 매 3개월마다 두 가지 가능한 가격변동이 있다고 가정하면 구글의 문제를 약

6) 주의사항: 이 공식은 두 옵션의 행사가격과 만기일이 같은 경우에만 성립한다.

간 더 현실적인 것으로 만들 수 있다. 이는 6개월 후 가능한 주가의 범위를 넓힌다. 한 기간을 3개월로 줄이는 데 그치지 않고, 아주 짧게 하면 6개월 주가의 범위는 훨씬 넓어진다.

이는 그림 21.1에 제시되어 있다. 위쪽 도표에는 6개월 후 가능한 주가는 두 가지라는 첫 번째 가정을 적용하였다. 가운데 도표는 3개월마다 두 가지 가격변화가 가능한 경우이다. 그러므로

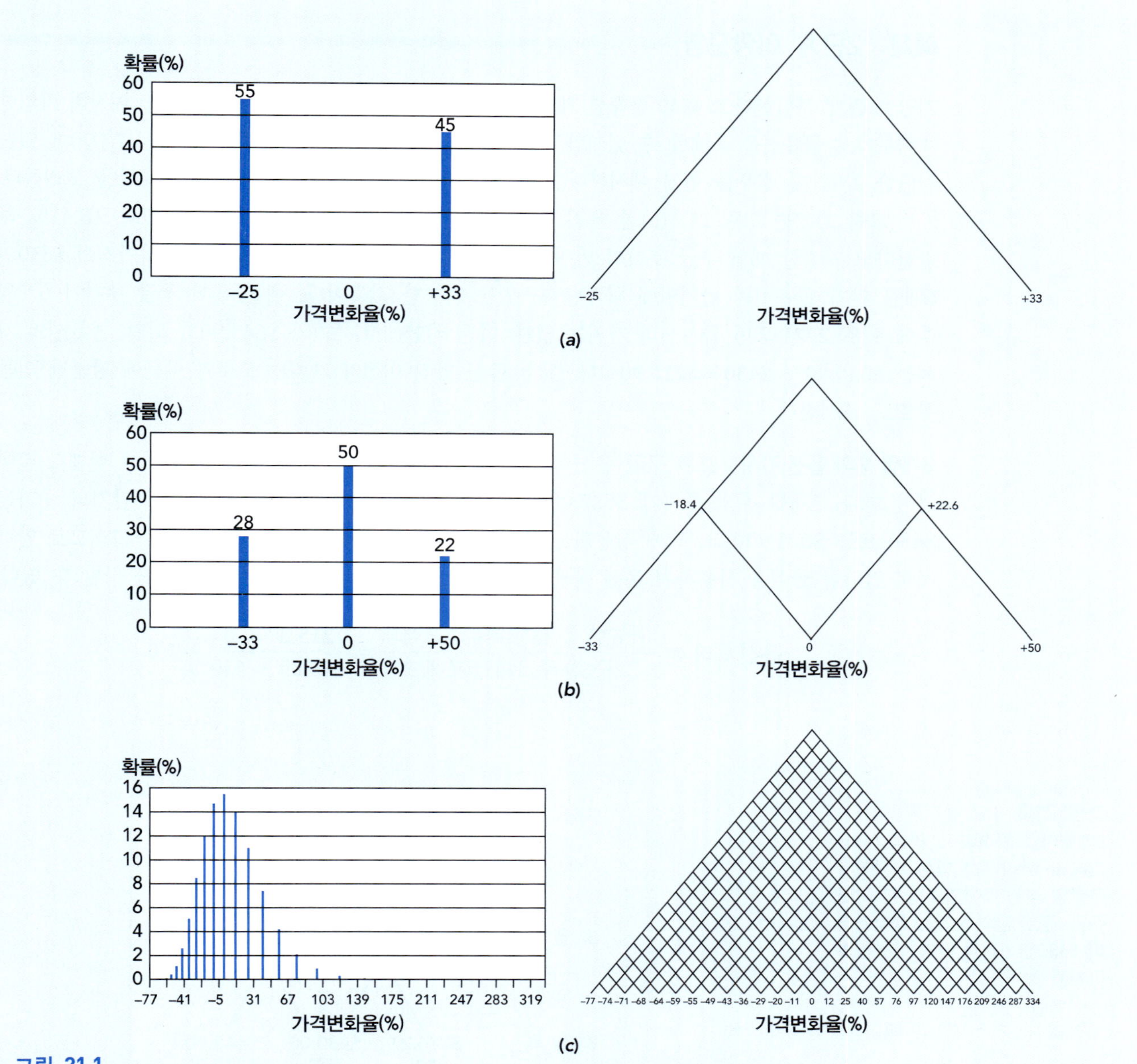

그림 21.1

이 그림은 주가가 6개월마다[그림 21.1의 (*a*)], 3개월마다[그림 21.1의 (*b*)], 그리고 1주일마다[그림 21.1의 (*c*)] 한 번 상승 또는 하락한다는 가정에서 구글 주가의 가능한 가격변화(6개월 기준)를 보여준다. 각 이항과정에는 투자자들이 위험중립이라는 가정에서 가능한 가격변화의 히스토그램을 보여준다.

옵션 만기에는 세 가지의 주가가 가능하다. 그림 21.1(c)에서는 6개월을 26주의 소기간(subperiod)으로 나누고, 기간마다 주가는 조금씩 오르고 내릴 수 있다고 가정한다. 옵션 만기인 6개월 말의 주가 분포는 이제 훨씬 더 현실적이다.

이 방식으로 남은 기간을 더욱더 짧은 기간으로 나누면, 결국 주가는 연속적으로 변하고 가능한 미래 주가가 연속체를 이루는 상황에 도달하게 된다.

예제: 2단계 이항모형

기간을 짧게 분할한다고 해서 콜옵션 가치평가의 기본적인 방법이 변하지는 않는다. 여전히 차입한 주식투자로 콜옵션을 복제할 수 있지만, 단계마다 차입비율을 조정해야 한다. 그림 21.1(b)에 있는 간단한 2기간의 경우를 먼저 예시한다. 그러고 나서 주가가 연속적으로 변하는 상황을 고려한다.

그림 21.2는 그림 21.1(b)를 옮긴 것이며, 주가가 3개월마다 22.56% 상승 또는 18.41% 하락한다고 가정할 때의 구글 주가의 범위를 보여준다.[7] 괄호 안에 있는 숫자는 행사가격이 $430인 6개월 만기 콜옵션의 만기일에 나타날 수 있는 가능한 값들이다. 예를 들어 구글 주가가 6개월 후에 $286.27가 되면 콜옵션의 가치는 없다. 다른 극단에서 주가가 $645.90가 되면, 콜옵션의 가치는 $645.90 − $430 = $215.90이다. 아직 옵션 만기 이전의 가치는 모르기 때문에 당분간 의문부호로 표시한다.

3개월 후의 옵션 가치 오늘 구글 옵션의 가치를 구하려면 3개월 후 가능한 값을 찾아 현재로 끌어와야 한다. 3개월 후의 주가가 $527.00라고 하자. 이 경우 투자자들은 6개월 후 만기의 주가는 $430 또는 $645.89이고, 그에 상응하는 옵션의 가치는 0 또는 $215.89임을 안다. 그러므로 앞에서의 간단한 공식을 사용하여 옵션 복제를 위해 3개월 후에 몇 주를 사야 하는지를 구할 수 있다.

$$\text{옵션 델타} = \frac{\text{가능한 옵션가격의 스프레드}}{\text{가능한 주가의 스프레드}} = \frac{215.89 - 0}{645.89 - 430} = 1.0$$

그림 21.2
3개월마다 가격이 22.6% 상승하거나 18.4% 하락한다는 가정에서 구글의 현재 주가와 가능한 미래 주가. 괄호 안의 숫자는 행사가격이 $430인 6개월 만기 콜옵션의 가치를 보여준다.

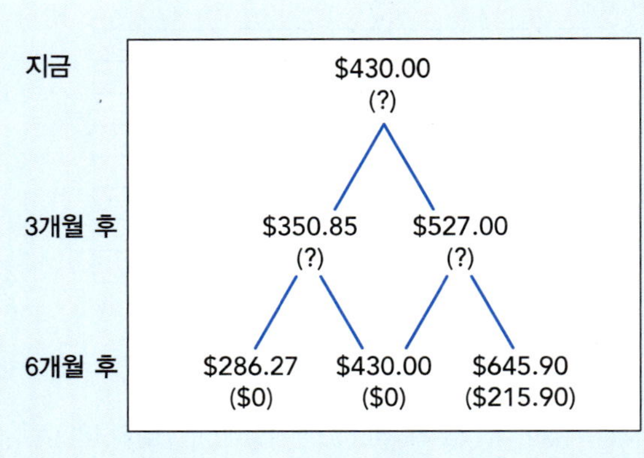

7) 왜 이 수치들을 선택했는지는 곧이어 설명한다.

이제 옵션과 수익구조가 같은 복제 포트폴리오는 차입하여 주식 수 델타만큼을 사는 포지션으로 다음과 같이 구성할 수 있다.

	6개월 후 주가 = **$430**	6개월 후 주가 = **$645.90**
1.0주 매입	$430	$645.90
PV(430) 차입	−430	−430
총수익	$ 0	$215.90

이 포트폴리오는 옵션과 같은 수익을 제공하므로 3개월 후 옵션의 가치는 주가에서 차입금 $430의 연 3%, 즉 3개월에 0.75%로 할인한 값을 뺀 것과 같아야 한다.

$$3\text{개월 후 콜옵션의 가치} = \$527.00 - \$430/1.0075 = \$100.20$$

그러므로 3개월 후에 주가가 상승하면 옵션의 가치는 $100.20이다. 그렇지만 주가가 $350.85로 하락하면 어떻게 될까? 이 경우에 최고의 희망은 주가가 $430로 회복하는 것이다. 이 옵션은 만기에 가치가 없으므로 3개월 후 시점에서도 가치가 없어야 한다.

오늘의 옵션 가치 이제 그림 21.2에서 의문부호 2개를 제거할 수 있다. 그림 21.3은 3개월 후의 주가가 $527.00이면 옵션의 가치는 $100.20, 주가가 $350.85이면 옵션은 가치가 없음을 보여준다. 옵션 가치를 현재 시점으로 돌리는 일만 남아 있다.

옵션 델타는 다음과 같다.

$$\text{옵션 델타} = \frac{\text{가능한 옵션 가격의 스프레드}}{\text{가능한 주가의 스프레드}} = \frac{100.20 - 0}{527.00 - 350.85} = 0.5688$$

이제 옵션과 수익구조가 같은 델타 주만큼의 차입 포지션은 다음과 같이 찾아낼 수 있다.

	3개월 후 주가 = **$350.85**	3개월 후 주가 = **$527.00**
0.5688주 매입	$199.56	$299.76
PV(199.56) 차입	−199.56	−199.56
총수익	$ 0	$100.20

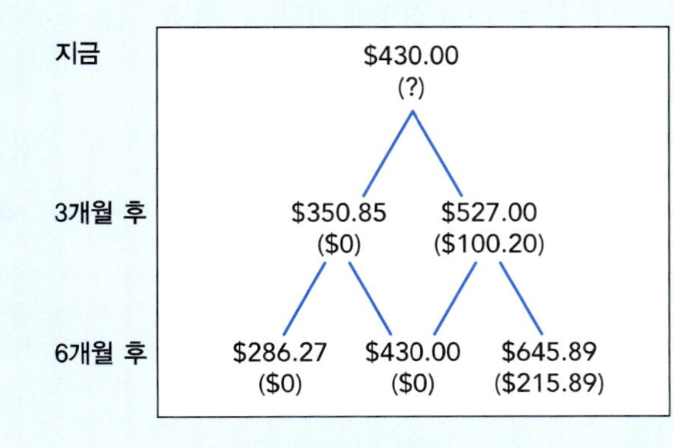

그림 21.3
구글 주식의 현재 가격과 가능한 미래 가격. 괄호 안의 숫자는 행사가격이 $430인 6개월 만기 콜옵션의 가치를 보여준다.

오늘 구글 옵션의 가치는 차입한 포지션의 가치와 같다.

$$\begin{aligned}\text{옵션의 현재가치} &= 0.5688 \times \text{주가} - \text{PV}(\$199.56)\\ &= 0.5688 \times \$430 - \$199.56/1.0075 = \$46.51\end{aligned}$$

일반 이항모형

구글 콜옵션을 평가할 때 단계를 2기간으로 늘리면 아마도 조금 더 현실성이 추가될 것이다. 그러나 여기서 멈출 이유는 없다. 그림 21.1에서처럼 기간을 더욱더 잘게 쪼갤 수 있다. 여전히 만기일에서 현재로 거꾸로 돌아오는 이항모형을 사용할 수 있다. 물론 수작업 계산은 지루한 일이지만 컴퓨터를 이용하면 간단하다.

주식이 취할 수 있는 미래 가치는 거의 무한하므로, 많은 수의 소기간들을 고려하면 이항모형은 훨씬 현실적이고 정확한 옵션 가치평가 도구가 된다. 그러나 이는 중요한 의문을 제기한다. 가치 등락의 폭을 어떻게 결정할 것인가? 예를 들어 구글 옵션을 2기간으로 평가할 때 사용한 +22.6%와 −18.4%는 어떻게 결정된 것인가? 다행히도 가치의 등락을 주식 수익률의 표준편차와 연결하는 깔끔한 공식이 있다.

$$1 + \text{상향 변화율} = u = e^{\sigma\sqrt{h}}$$
$$1 + \text{하향 변화율} = d = 1/u$$

여기에서,
e = 자연대수(natural logarithm)의 밑 = 2.718
σ = (연속복리) 주식 수익률의 표준편차
h = 연 단위로 표시한 1기간의 간격

구글 주식이 6개월($h = 0.5$) 동안 33.3% 상승 또는 25% 하락한다는 말은 연 수익률의 표준편차 40.68%와 같은 것이다.[8)]

$$1 + \text{상향 변화율}(\text{6개월 기준}) = u = e^{0.4068\sqrt{0.5}} = 1.333$$
$$1 + \text{하향 변화율} = d = 1/u = 1/1.333 = 0.75$$

이 기간을 두 3개월 기간으로 나누는 경우 ($h = 0.25$) 상향과 하향 움직임은 다음과 같이 계산된다.

$$1 + \text{상향 변화율}(\text{3개월 기준}) = u = e^{0.4068\sqrt{0.25}} = 1.226$$
$$1 + \text{하향 변화율} = d = 1/u = 1/1.226 = 0.816$$

표 21.1의 가운데 두 열은 만기를 6개의 월별 또는 26개의 주별 기간으로 나누었을 때 기업가치

8) u가 주어질 때, 표준편차를 계산하기 위해 공식을 다음과 같이 다시 정리한다.

$$\sigma = \log(u)/\sqrt{h}$$

여기에서 log = 자연로그이다. 예제에서는 다음과 같다.

$$\sigma = \log(1.333)/\sqrt{0.5} = 0.2877/\sqrt{0.5} = 0.4068$$

기간별 변화율(%)			
단계의 수	상향	하향	추정된 옵션 가치
1	+33.3	−25.0	$64.15
2	+22.6	−18.4	46.49
6	+12.5	−11.1	50.05
26	+5.8	−5.5	51.57
		블랙−숄즈의 가치 =	52.04

표 21.1 단계의 수가 증가함에 따라 표준편차를 같게 유지하려면 자산 가치의 가능한 범위를 조정해야 한다. 기간의 수가 증가하면 구글 콜옵션의 가치는 블랙−숄즈 공식으로 계산한 값에 점차 더 빠르게 접근한다.

주: 표준편차 $\sigma = 0.4068$

의 상향과 하향 움직임을, 마지막 열은 추정된 옵션 가치에 대한 영향을 보여준다. (블랙−숄즈 모형은 곧이어 설명한다.)

이항모형과 의사결정 나무

이항모형에 의한 옵션 가치 계산은 기본적으로 의사결정 나무의 해를 구하는 과정이다. 미래 시점에서 시작하여 나무를 타고 현재 시점으로 거꾸로 거슬러온다. 궁극적으로 미래 사건과 행동으로 만들어지는 모든 가능한 현금흐름은 현재가치로 다시 계산한다.

이항모형이 제10장에서 살펴본 분석기법인 의사결정 나무의 단지 또 하나의 다른 응용에 지나지 않는가? 답은 최소한 두 가지 이유로 “아니오”이다. 첫째, 의사결정 나무의 틀 안에서 할인하는 데는 옵션 가격결정이론이 절대적으로 필요하다. 기대 현금흐름을 할인하는 방식은 의사결정 나무에서는 통하지 않는데 이는 콜옵션과 풋옵션에서 이 방식이 통하지 않는 것과 같은 이유에서이다. 21.1절에서 지적했듯이, 옵션은 하나의 일정한 할인율이 존재하지 않는다. 시간의 경과와 기초자산의 가격변동에 따라 옵션의 위험도 변하기 때문이다. 마찬가지로 의사결정 나무에서도 단일 할인율이 존재하지 않는다. 왜냐하면 나무가 의미 있는 미래의 의사결정을 포함하고 있다면, 여기에는 옵션도 포함되어 있기 때문이다. 의사결정 나무로 표현되는 미래 현금흐름의 시장가치는 옵션 가격결정 방법에 의해 계산되어야 한다.

둘째, 옵션이론은 복잡한 의사결정 나무를 표현하는 간단하고 강력한 틀을 제공한다. 예를 들어 투자를 포기할 수 있는 옵션을 가지고 있다고 하자. 완전한 의사결정 나무는 아주 큰 칠판에도 넘쳐날 것이다. 그러나 이제 옵션을 알게 되었다면 포기할 기회를 ‘미국식 풋옵션’으로 요약할 수 있다. 물론, 모든 실물옵션(real option)의 문제들이 이렇게 간단하게 옵션으로 분석되지는 않지만, 복잡한 의사결정 나무를 자산과 옵션을 이용한 간단한 꾸러미로 거의 가깝게 나타낼 수 있다. 맞춤식 의사결정 나무가 현실을 더 잘 나타낼 수는 있겠지만, 거기에 들어가는 시간과 비용에 비해서는 그만한 가치가 없을 수도 있다. 아르마니(Armani) 맞춤 신사복이 더 잘 맞고 보기도 좋다는 것은 누구나 알지만, 대부분의 남성은 기성복을 사 입는다.

21.3 블랙-숄즈 공식

그림 21.1을 다시 돌아보자. 이 그림은 옵션의 만기를 점점 더 많은 수의 소기간으로 나누면 나타날 수 있는 구글 주가변화의 분포가 어떻게 되는지를 보여준다. 가격변동의 분포가 점점 더 매끈해짐을 알 수 있다.

옵션 만기를 이런 방식으로 계속하여 잘게 나누면, 결국 만기일에 가능한 모든 주가변화가 연속성을 가지는 그림 21.4의 상황에 도달하게 된다. 그림 21.4는 로그정규분포(lognormal distribution)의 한 예이다. 로그정규분포는 종종 주가변화의 확률을 나타내는 데 사용된다.[9] 이는 상식에 들어맞는 여러 가지 좋은 속성을 갖는다. 예를 들어 주가는 결코 100%보다 많이 하락할 수 없지만, 100% 이상 상승할 가능성은 아주 낮지만 있다고 인정된다.

옵션 만기를 무한히 작은 조각으로 나누는 것은 옵션 가치평가의 원칙에 영향을 미치지 않는다. 여전히 차입하여 주식에 투자하면 콜옵션을 복제할 수 있다. 다만, 시간의 경과에 따라 레버리지 정도를 조정해야 한다. 무한한 수의 소기간이 존재할 때의 옵션 가치 계산은 거의 불가능해 보인다. 다행히도 블랙과 숄즈는 기발한 방법을 써서 공식을 도출하였다.[10] 좀 복잡해 보이지만 충분히 이해하면 이 공식이 정말로 우아하고 유용함을 알게 된다. 공식은 다음과 같다.

$$\text{콜옵션의 가치} = [\text{델타} \times \text{주가}] - [\text{은행 차입}]$$
$$\uparrow \qquad \uparrow \qquad \uparrow$$
$$[N(d_1) \times P] - [N(d_2) \times \text{PV(EX)}]$$

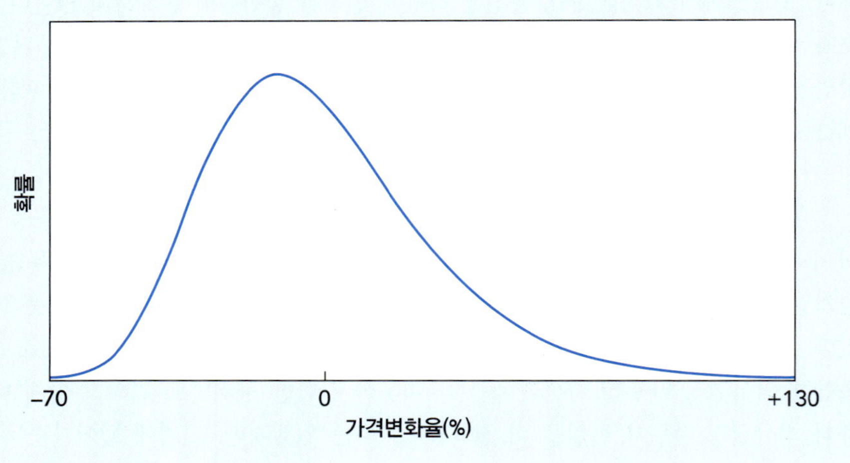

그림 21.4 옵션의 수명을 더욱더 많은 소기간으로 나누면, 가능한 주가변화의 분포는 로그정규분포에 접근한다.

9) 제8장에서 처음으로 주가변화의 분포를 살펴볼 때 이런 변화는 정규분포를 따른다는 것을 보였다. 그때는 이것을 매우 짧은 기간에는 수용할 수 있는 근사치라고 하였다. 그러나 긴 기간 변화의 분포는 로그정규분포에 의해 더 잘 설명된다.

10) 옵션에 대한 선도적인 연구로는 다음과 같은 논문들이 있다. F. Black and M. Scholes, "The Pricing of Options and Corporate Liabilities," *Journal of Political Economy* 81(May-June 1973), pp. 637~654와 R. C. Merton, "Theory of Rational Option Pricing," *Bell Journal of Economics and Management Science* 4(Spring 1973) pp. 141~183.

여기서,

$$d_1 = \frac{\log[P/\mathrm{PV(EX)}]}{\sigma\sqrt{t}} + \frac{\sigma\sqrt{t}}{2}$$
$$d_2 = d_1 - \sigma\sqrt{t}$$

$N(d)$ = 누적 정규확률밀도함수[11]
EX = 옵션의 행사가격, PV(EX)는 무위험 이자율 r_f로 할인하여 계산
t = 만기일까지의 기간 수
P = 현재 주가
σ = 주식의 기간당 (연속복리) 수익률의 표준편차

블랙-숄즈 공식에서 콜옵션의 가치는 앞에서 확인한 바와 같은 속성들을 갖는다는 점에 주목하라. 콜옵션의 가치는 주가 P와 함께 증가하고, 행사가격의 현재가치 PV(EX)와 함께 감소하는데 이 현재가치는 무위험 이자율과 만기에 의해 영향을 받는다. 또한 콜옵션의 가치는 만기 및 주가 변동성 ($\sigma\sqrt{t}$)과 함께 증가한다.

블랙과 숄즈는 이 공식을 도출하기 위해 주가는 연속적이며, 그래서 옵션을 복제하려면 투자자들은 보유주식을 계속해서 조정해야 한다고 가정하였다.[12] 물론 이는 문자 그대로는 불가능하지만, 이 공식은 거래가 불연속적으로 이루어지고 가격이 점프하는 실세계에서도 너무나 잘 맞는다. 또한 블랙-숄즈 모형은 대단히 융통성이 있다는 것이 증명되었다. 이는 외환, 채권, 상품 등과 같은 다양한 자산에 대한 옵션에도 수정하여 적용할 수 있다. 그러므로 이 공식은 당연히 대단한 영향력을 가지며, 옵션 가치평가의 표준 모형이다. 옵션거래소의 딜러들은 수많은 거래에 매일 이 공식을 이용한다. 딜러들 대부분은 이 공식의 수학적 도출 과정을 모른다. 옵션 가치를 구하려고 그저 컴퓨터 또는 특별히 프로그램된 계산기를 사용할 뿐이다.

블랙-숄즈 공식 사용하기

블랙-숄즈 공식은 어려워 보일지 모르지만 이를 적용하는 일은 간단하다. 구글 콜옵션의 가치평가에 이를 적용해 보자.

필요한 자료는 다음과 같다.

- 현재 주가 = P = 430
- 행사가격 = EX = 430
- 연속복리 연 수익률의 표준편차 = σ = 0.4068
- 만기까지의 연도 수 = t = 0.5

11) $N(d)$는 정규분포를 따르는 확률변수 $\tilde{x}$의 값이 d 이하일 확률이다. 블랙-숄즈의 공식에서 $N(d_1)$은 옵션 델타이다. 따라서 이 공식은 콜옵션의 가치는 보통주에 금액 $N(d_1)$을 투자한 것에서 차입금 $N(d_2) \times$ PV(EX)를 뺀 값임을 말해준다.
12) 블랙-숄즈 공식의 중요한 가정은 (a) 기초자산의 가격은 로그정규분포 랜덤워크를 따르며, (b) 투자자들은 연속적으로, 그리고 비용 없이 자신의 헤지를 조정할 수 있고, (c) 무위험 이자율은 알려졌고, (d) 기초자산은 배당을 지급하지 않는다는 것이다.

- 연간 금리 = r_f = 3%(6개월에 대략 1.5%)[13)]

콜옵션의 가치평가를 위한 블랙-숄즈 공식을 상기해 보자.

$$[N(d_1) \times P] - [N(d_2) \times \text{PV(EX)}]$$

여기서,

$d_1 = \log[P/\text{PV(EX)}]/\sigma\sqrt{t} + \sigma\sqrt{t}/2$

$d_2 = d_1 - \sigma\sqrt{t}$

$N(d)$ = 누적 정규확률함수

구글 콜옵션 가치를 평가하는 공식은 3단계로 이루어진다.

제1단계 d_1과 d_2 계산. 그냥 공식에 숫자들을 대입한다('log'는 자연로그임에 주의).

$$\begin{aligned} d_1 &= \log[P/\text{PV(EX)}]/\sigma\sqrt{t} + \sigma\sqrt{t}/2 \\ &= \log[430/(430/1.015)]/(0.4068 \times \sqrt{0.5}) + 0.4068 \times \sqrt{0.5}/2 \\ &= 0.1956 \\ d_2 &= d_1 - \sigma\sqrt{t} = 0.1956 - 0.4068 \times \sqrt{0.5} = -0.0921 \end{aligned}$$

제2단계 $N(d_1)$과 $N(d_2)$ 계산. $N(d_1)$은 정규분포를 이루는 변수가 평균 위쪽으로 d_1 표준편차(즉 $d_1 \times \sigma$)보다 작을 확률이다. d_1이 큰 수이면 $N(d_1)$은 1에 가깝다. (즉 그 변수가 평균 위쪽의 $d_1 \times \sigma$보다 작을 것이 거의 틀림없다.) d_1이 0이면 $N(d_1)$은 0.5이다. (즉 정규분포를 이루는 변수가 평균보다 아래에 있을 확률이 50%.)

$N(d_1)$을 찾는 가장 손쉬운 방법은 엑셀 함수 NORMSDIST를 이용하는 것이다. 예를 들어 엑셀 스프레드시트에 NORMSDIST(0.1956)을 입력하면 정규분포를 이루는 변수가 평균 위쪽으로 0.1956 표준편차보다 작을 확률이 0.5775임을 알 수 있다. 다른 방법으로 이 책의 웹사이트 **www. mhhe.com/bma**에 있는 현재가치표와 같은 정규분포표(부록 표 6)를 이용할 수 있다.

$N(d_2)$를 구할 때도 엑셀 함수를 쓴다. 엑셀 스프레드시트에 NORMSDIST(−0.0921)을 입력하면 0.4633이 나온다. 다시 말해서, 정규분포를 이루는 변수가 평균 아래쪽으로 (0.0921 × 표준편차)보다 작을 확률은 0.4633이다. 다른 방법으로는 부록 표 6에서(**www.mhhe.com/bma**에 있는 현재가치표에 위치) +0.0921의 값을 찾아 1.0에서 빼준다.

$$\begin{aligned} N(d_2) &= N(-0.0921) = 1 - N(+0.0921) \\ &= 1 - 0.5367 = 0.4633 \end{aligned}$$

13) 좀 더 정확하게는 연간 복리 이자율이 3%이면 이는 $1.03^{0.5} - 1 = 0.014889$, 즉 1.4889%와 같다. 그러므로 PV(EX) = 430/1.014889 = $423.69이다.

옵션 가치평가에서는 일반적으로 연속복리를 사용한다(2.4절 참조). 연간 복리가 3%라면, 이는 연속복리 2.956%에 해당한다. (1.03의 자연로그는 0.02956, 즉 $e^{0.02956} = 1.03$이다. 연속복리를 사용하면 행사가격의 현재가치는 PV(EX) = $430 \times e^{-0.5 \times 0.02956}$ = $423.69이다.)

두 방법이 같은 답을 준다면 여기서 이를 언급하는 이유는 무엇인가? 이것은 단순히 대부분 컴퓨터 프로그램이 옵션을 평가할 때 연속복리 이자율을 입력하라고 요구하기 때문이다. 실수로 연간 복리 이자율을 입력해도 오차는 보통 작지만, 오류를 추적하는 데 많은 시간을 낭비하게 될 수도 있다.

제3단계 숫자들을 블랙-숄즈 공식에 대입한다. 구글 콜옵션의 가치는 다음과 같이 계산된다.

$$
\begin{aligned}
&[\text{델타} \times \text{가격}] - [\text{은행 차입}] \\
&= [N(d_1) \times P] - [N(d_2) \times \text{PV(EX)}] \\
&= [0.5775 \times 430] - [0.4633 \times 430/1.015] = 248.32 - 196.29 = 52.04
\end{aligned}
$$

다시 말하면, 구글 주식에 $248.32를 투자하고 $196.29를 빌려서 이 회사 콜옵션을 복제할 수 있다. 나중에 시간이 흐르고 주가가 변동하면, 약간 더 빌려서 주식에 투자하거나 주식을 일부 팔아 차입을 줄여야 한다.

옵션의 위험

구글 콜옵션은 얼마나 위험한가? 무위험 차입과 주식에 투자하여 콜옵션을 정확히 복제할 수 있다는 것을 보았다. 따라서 옵션의 위험은 이 복제 포트폴리오의 위험과 같아야 한다. 모든 포트폴리오의 베타는 단순히 구성 종목의 베타를 가중평균한 것이다. 따라서 옵션의 위험은 차입과 주식 투자의 베타를 가중평균한 것이다.

과거 자료를 보면 구글 주식의 베타는 $\beta_{주식} = 1.27$이다. 무위험 차입의 베타는 $\beta_{차입} = 0$이다. 주식에 $248.32를, 그리고 차입에 −$196.29를 투자하였다. (차입은 음(−)의 투자라는 것을 기억하라. 즉 돈을 빌린 것이다.) 따라서 옵션의 베타는 $\beta_{옵션} = (-196.29 \times 0 + 248.32 \times 1.27)/(-196.29 + 248.32) = 6.07$이다. 콜옵션은 빌려서 주식에 투자한 것과 동등하기 때문에 주식 그 자체보다 항상 더 위험하다는 데 주목하라. 구글의 경우, 옵션은 주식보다 거의 5배 위험하다. 시간이 흐르고 구글 주가가 변함에 따라 옵션의 위험도 또한 변할 것이다.

조금 더 연습하기 넓은 범위의 주가에 대해 구글 콜옵션의 가격을 다시 계산한다고 하자. 그 결과는 그림 21.5에 나와 있다. 옵션 가격들이 원점 쪽에서 시작하여 상향하는 곡선을 따라 움직임을 알 수 있다. 주가 상승에 따라 옵션 가격은 높아지고 점차 옵션 가치의 하한선과 평행이 된다. 이

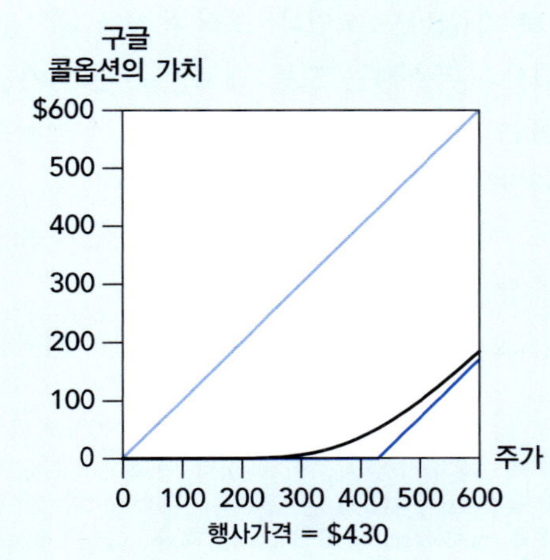

그림 21.5
곡선은 구글 주가 변동에 따라 구글 콜옵션의 가치가 어떻게 변하는지 보여준다.

Visit us at
www.mhhe.com/bma

는 제20장에서 유추한 것과 정확하게 같은 모양이다(그림 20.10 참조).

물론 곡선의 높이는 위험과 만기까지 남은 시간에 의해 결정된다. 예를 들어 구글 주식의 위험이 갑자기 감소하면 그림 21.5의 곡선은 모든 주가에서 아래로 내려갈 것이다.

블랙-숄즈 공식과 이항모형

구글 콜옵션의 가격 산출에 이항모형을 사용했던 표 21.1을 다시 보자. 구간 수가 증가함에 따라 이항모형에서 구한 값들이 블랙-숄즈의 값인 $52.04에 바짝 다가감에 주목하자.

블랙-숄즈 공식은 가능한 결과들의 연속성을 반영한다. 이는 이항모형에서 가정하는 한정된 수의 결과보다는 일반적으로 더 현실적이다. 블랙-숄즈 공식은 이항모형보다 더 정확하고 빠르게 답을 구하기도 한다. 그렇다면, 이항모형은 전혀 알 필요가 없을까? 그 답은 블랙-숄즈 공식을 적용할 수 없는 많은 상황에서도 이항모형은 여전히 옵션의 가치로 괜찮은 값을 구해준다는 것이다. 제21.5절에서 몇 가지 그런 사례를 살펴볼 것이다.

21.4 블랙-숄즈 공식의 실제 응용

옵션 가치평가의 원칙들을 예시하기 위해서 구글 옵션 예제에 초점을 맞춘다. 그렇지만 재무관리자들은 블랙-숄즈 모형을 이용하여 다양한 옵션의 가치를 추정한다. 네 가지 예를 보자.

임원 스톡옵션

2007년 포브스(*Forbes*)의 경영자 연봉 목록에서 최고 연봉은 오라클(Oracle Corporation)의 CEO인 래리 엘리슨(Larry Ellison)이었다. 그의 연봉은 단지 $1백만이었다. 그러나 그는 스톡옵션(stock option)을 행사하여 추가로 $1억 8천2백만을 챙겼다.

이 예는 스톡옵션이 종종 임원 보상에서 많은 부분을 차지한다는 것을 잘 보여준다. 오랫동안 회사들은 이와 관련된 비용을 재무제표에 보고하지 않아도 되었다. 그러나 이제 옵션을 급여와 임금과 같이 비용으로 취급해야 하기 때문에 회사가 부여하는 모든 새로운 옵션의 가치를 추정할 필요성이 생겼다. 예를 들어 오라클의 재무제표는 2008 회계연도에 이 회사가 5년의 평균 만기와 $20.49의 평균 행사가격을 갖는 옵션을 총 6천9백만 개 발행했다는 것을 보여준다. 오라클은 이들 옵션 가치의 평균은 $7.53라고 보고하였다. 이 수치는 어떻게 나온 것인가? 바로 블랙-숄즈 모형에 표준편차 29%와 이자율 4.6%라는 가정을 적용한 것이다.[14)]

일부 기업은 옵션 부여 날짜를 과거 시점으로 소급 적용하여 자사 경영진이 얼마를 받는지를

14) 이 옵션의 수령자 중 많은 사람이 오라클의 가치평가에 동의하지 않을 것이다. 첫째, 이 옵션이 분산 불가능한 위험을 상당히 만들었다면 소유자에게 덜 가치가 있었다. 둘째, 소유자가 몇 년 내에 회사를 떠날 때는 이 옵션은 몰수당하였다. 이 문제를 논의한 논문으로 다음을 보라. J. I. Bulow and J. B Shoven, "Accounting for Stock Options," *Journal of Economic Perspectives* 19(Fall 2005), pp. 115~134.

완벽한 봉급날*

1999년 10월 어느 날 대형 보험회사 유나이티드 헬스 그룹(United Health Group)의 주가는 연중 최저 수준으로 떨어졌다. 이것은 투자자에게는 나쁜 소식이겠지만 이 회사 최고경영자 윌리엄 맥과이어(William McGuire)에게는 좋은 소식이었다. 왜냐하면, 회사가 최고경영자에게 장래에 주식을 이 낮은 가격으로 살 수 있는 옵션을 부여했기 때문이다. 주가가 40% 높아진 한 달 뒤에 부여했다면 이 옵션은 가치가 훨씬 작았을 것이다. 재수 좋은 우연의 일치였는가? 그럴 수도 있다. 그러나 다음 해에도 또한 맥과이어는 주가가 연중 최저인 날 옵션을 부여받았다. 그리고 2001년에는 주가가 급격히 하락한 바닥 근처에서 옵션을 부여받았다.

다음 몇 년 동안 다른 회사에서도 역시 경영자가 비정상적으로 유리한 가격에 옵션을 부여받았다는 증거가 쌓이기 시작하였다. 이들 회사는 옵션을 부여한 날짜를 선택하는 데 선견지명이 있는 것 같았다. 그러한 소급 적용이 꼭 불법은 아니다. 그러나 대부분 옵션은 주주가 승인한 계획에 따라 부여되며, 이 계획은 행사가격이 부여시점의 주식의 공정한 시장가격과 같아야 한다고 요구한다. 소급 적용은 지급된 보상액을 저평가하고 따라서 이익을 잘못 나타내게 되어 세금을 적게 낸다.

증권거래위원회(SEC)의 조사와 기분이 상한 주주들의 고소가 있고 나서 옵션을 소급 적용하였다고 밝혀진 대기업의 많은 이사와 경영자가 사임하게 되었다. 윌리엄 맥과이어도 이들 중 한 사람이었다. 그는 그 뒤에 캘리포니아 공공 종업원 은퇴 시스템(California Public Employee Retirement System, Calpers)이 주도한 소송을 해결하기 위해 $3천9백만을 지급하고 보상으로 받은 스톡옵션 370만 개를 몰수하는 데 동의하였다.

* "완벽한 봉급날(The Perfect Payday)"은 소급 적용의 관행에 주의를 기울이게 한 월스트리트저널의 한 기사 제목이다. C. Forelle and J. Bandler, "The Perfect Payday; Some CEOs Reap Millions by Landing Stock Options When They Are Most Valuable; Luck–or Something Else?" *The Wall Street Journal*, March 18, 2006, p. A1. 소급 적용의 앞선 증거는 다음 논문에서 나타났다. D. Yermack, "Good Timing: CEO Stock Option Awards and Company News Announcements," *Journal of Finance* 52(1997), pp. 449~476과 E. Lie, "On the Timing of CEO Stock Option Awards," *Management Science* 51(2005), pp. 802~812.

속이기도 하였다. 예를 들어 한 기업의 주가가 $20에서 $40로 상승했다고 하자. 회사는 CEO에게 그 날짜로 $20에 행사 가능한 옵션을 부여한다. 이는 매우 푸짐한 것이지만 불법은 아니다. 아무튼 회사가 실제로 주가가 $20일 때 옵션을 부여하였다고 속이고, 이를 기준으로 가치를 매기면 이는 CEO의 보상을 아주 많이 저평가하게 된다.[15] 위의 글상자는 옵션 행사가격의 소급적용 스캔들을 다루고 있다.

임원 스톡옵션에 관한 일이라면 이제 블랙–숄즈 공식을 사용하여 20.3절에서 제안된 옵션 패키지의 가치를 평가할 수 있다(표 20.3 참조). 표 21.2에서는 안전하지만 답답한 기성산업의 옵션 가치는 $5.26로 계산하고, 위험하고 화려한 한국전자 옵션은 $7.40의 가치가 있다. 축하한다.

신주인수권

2006년 오웬스 코닝(Owens Corning)이 파산에서 회생했을 때 부채 소유자가 회사의 소유자가 되었다. 그러나 구 주주들은 완전히 빈손으로 떠나지는 않았다. 그들은 다음 7년 동안 아무 때나 새로운

15) 2005년까지만 해도 기업은 옵션이 부여된 시점의 주가와 행사가격 간의 모든 차액을 비용으로 기재하도록 의무화되어 있었다. 그래서 옵션이 등가격(행사가격과 주가가 같음)이기만 하면 기업은 이를 비용으로 처리할 의무가 없었다.

표 21.2 블랙–숄즈 공식을 사용하여 기성산업과 한국전자의 임원 스톡옵션 평가(표 20.3 참조).

Visit us at
www.mhhe.com/bma

	이수산업	한국전자
주가(P)	\$22	\$22
행사가격(EX)	\$25	\$25
이자율(r_f)	0.04	0.04
만기(년) (t)	5	5
표준편차(σ)	0.24	0.36
$d_1 = \log[P/PV(EX)]/\sigma\sqrt{t} + \sigma\sqrt{t}/2$	0.3955	0.4873
$d_2 = d_1 - \sigma\sqrt{t}$	−0.1411	−0.3177
콜옵션 가치 = $[N(d_1) \times P] - [N(d_2) \times PV(EX)]$	\$5.26	\$7.40

보통주를 주당 $45.25에 살 수 있는 신주인수권(warrant)을 받았다. 재건된 회사 주식은 약 $30 가치가 있었기 때문에 신주인수권이 가치를 가지려면 주가가 50% 상승해야 하였다. 그러나 오웬스 코닝 주식을 살 수 있는 옵션은 분명히 가치가 있었고 이 신주인수권이 거래되기 시작한 직후 개당 $6에 거래되었다. 주주가 이것을 받기 전에 모든 이해관계자가 주식 변동성에 대한 여러 가정에서 이 신주인수권의 가치를 계산하였다는 것을 확신할 수 있다. 블랙–숄즈 공식은 이러한 목적에 안성맞춤이다.

포트폴리오 보험

한 회사의 연금기금은 정밀하게 주가지수와 같이 움직이는 $8억어치의 분산투자된 보통주 포트폴리오를 소유하고 있다. 연금기금은 현재 지급에 필요한 자금을 완전히 확보하고(fully funded) 있지만, 가치가 20% 이상 하락하면 필요 자금 부족(underfunded)이 시작될까 걱정하고 있다. 거래 은행에서 이러한 가능성에 대해 1년 동안 보험을 제공하겠다는 제안을 했다고 하자. 이 보험에 대해 얼마를 지급할 수 있겠는가? 제20.2절(그림 20.6)을 다시 생각해 보자. 이 그림에서 보호적 풋옵션(protective put option)을 매입함으로써 자산 가격의 하락에 대해 방어할 수 있음을 보았다. 지금의 예제에서는 은행이 현재 수준보다 20% 낮은 행사가격으로 미국 주가에 대한 1년 만기의 풋옵션을 매도하려 할 것이다. 두 단계를 거치면 이 옵션의 가치를 알 수 있다. 먼저 블랙–숄즈 공식을 이용하여 같은 행사가격과 만기를 가진 콜옵션의 가치를 평가한다. 그리고 풋–콜 패리티(put-call parity)에서 풋옵션의 가치를 역산한다. (배당에 대한 조정이 필요하겠지만, 이는 다음 절에서 다룬다.)

내재변동성 계산하기

지금까지는 옵션 가격결정모형을 이용하여 자산 수익률의 표준편차가 알려진 옵션의 가치를 계산하였다. 때로는 문제를 우회하여 옵션 가격이 자산의 변동성에 대해 무엇을 말해 주는지 생각하는 것도 유용하다. 예를 들어 시카고옵션거래소(Chicago Board Options Exchange, CBOE)에서는 여러 가지 주가지수 옵션들이 거래된다. 이 책을 쓰고 있을 무렵 S&P 500 주가지수는 890이고, 이 지수의 9개월 만기 등가격 콜옵션의 가격은 120이다. 블랙–숄즈 공식이 옳다면, 투자자들이 지수 수익률의 표준편차는 연 40% 정도라고 믿는 경우에만 120이라는 옵션의 가치가 타당해진다.[16)]

16) 내재변동성을 계산하려면 주식에 지급되는 배당을 고려할 필요가 있다. 다음 절에서는 이를 반영하는 방법을 설명한다.

공포지수*

시장 변동성 지수, 즉 VIX는 가까운 장래의 S&P 500 지수 옵션의 내재변동성을 측정한다. 다시 말하면 다음 30일의 기대 미래 시장 변동성의 측정치이다. 시카고옵션거래소(CBOE)는 시장 내재변동성을 1986년 1월부터 계산하였고, 현재 형태의 VIX는 2003년부터 계산하였다.

투자자는 일상적으로 변동성을 거래한다. 그들은 VIX에 대한 선물이나 옵션 계약을 사거나 팔아서 거래한다. 시카고 옵션거래소가 이를 도입한 이래 두 상품의 총 거래량은 일일 10만 계약 이상으로 성장하였고 거래소가 도입한 것 중 가장 성공적인 혁신이 되었다.

VIX는 투자자의 불확실성을 측정하므로 '공포 지수(fear index)'라고 한다. 주식시장이 하락할 가능성에 관심이 있는 주식 투자자들이 지수 풋옵션을 사고, 이들이 지수 옵션 시장을 지배하는 경향이 있다. 나중에 포트폴리오 가치가 하락하면 풋옵션 가치의 상승으로 상쇄된다. 투자자가 그러한 보험을 원할수록 지수 풋옵션 가격은 높아진다. 따라서 VIX는 포트폴리오 보험 가격을 반영하는 지수이다.

1986년 1월과 2009년 4월 사이에 VIX는 평균 20.5%로 7장에서 인용한 장기 시장 변동성 수준과 거의 같았다. 지수의 최고점은 1987년 10월에 있었는데 VIX는 그달을 61%로 마감하였다.** 또한 이라크의 쿠웨이트 침공과 이에 따른 유엔군의 대응 같은 때에도 몇 번의 짧은 기간 상승이 있었다.

VIX가 가장 널리 인용되는 변동성 측정치이지만 몇몇 다른 미국과 (영국의 FTSE 100 지수와 프랑스의 CAC 40과 같은) 외국 주식시장 지수뿐만 아니라 금과 석유, 유로에 대한 변동성 측정치도 있다.

* VIX 지수를 개관한 연구로 다음을 보라. R. E. Whaley, "Understanding the VIX," *Journal of Portfolio Management* 35 (Spring 2009), pp. 98~105.

** 1987년 10월 19일(검은 월요일)에 VIX는 150으로 마감하였다. 다행히 시장 변동성은 매우 빠르게 덜 흥분된 상태로 돌아왔다.

CBOE는 VIX라고 부르는 S&P 지수의 내재변동성을 주기적으로 공표한다. VIX 시장은 매우 활성화되어 있다. 예를 들어 내재변동성이 이상하게 낮다고 생각한다고 하자. 그러면 현재의 낮은 가격에 VIX를 '매입'하고 내재변동성이 높아지면 '매도'하여 이익을 실현하기를 기대할 수도 있다.

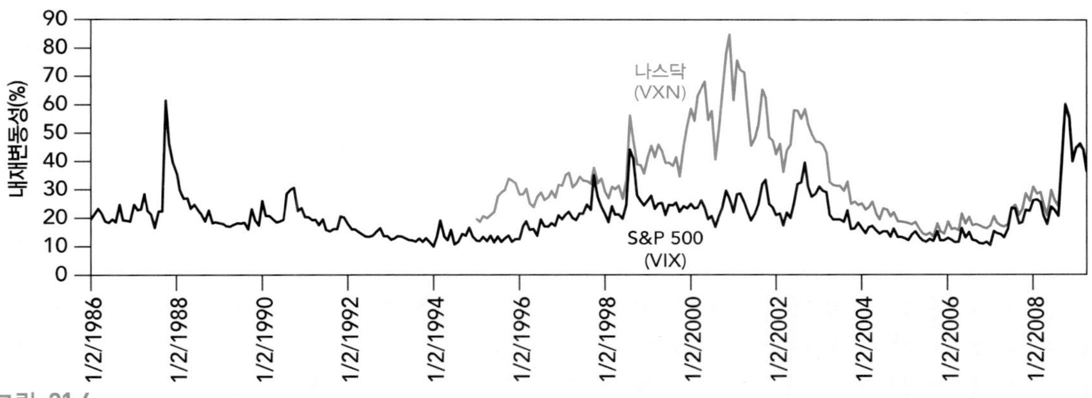

그림 21.6
주가지수 옵션의 가격에 내재한 시장수익률의 표준편차.

자료원: www.cboe.com, CBOE(*Chicago Board Options Exchange*) 자료.

이전에 계산해 둔 현재 내재변동성을 그림 21.6과 비교해 볼 수 있는데, 그림에서는 S&P 지수와 나스닥 지수(VXN)의 과거 내재변동성 수치를 보여준다. 2008년 신용위기의 정점에서 투자자의 불확실성이 급속히 증가한 것에 주목하자. 이러한 불확실성은 투자자들이 옵션에 지급하려고 했던 높은 가격으로 잘 나타나고 있다.

21.5 옵션 가치 한눈에 보기

옵션 가치에 대한 지금까지의 논의는 투자자들이 옵션을 만기까지 보유한다고 가정하였다. 이는 만기 이전에는 행사할 수 없는 유럽식 옵션에는 확실히 맞지만 언제든지 행사할 수 있는 미국식 옵션에는 잘 맞지 않을 것이다. 구글은 배당을 전혀 지급하지 않기 때문에 구글 콜옵션의 가치평가에서도 배당을 무시할 수 있었다. 같은 가치평가모형을 미국식 옵션과 배당을 지급하는 주식으로 확장할 수 있을까?

다른 문제는 희석(dilution)에 대한 것이다. 투자자가 거래되는 옵션을 사서 행사할 때 회사가 발행한 주식 수에는 영향이 없다. 그러나 때때로 회사가 중요한 종업원에게 옵션을 주어 이것을 투자자에게 팔도록 한다. 이러한 옵션이 행사되면 발행주식 수는 증가한다. 따라서 기존 주주의 몫은 희석된다. 표준 옵션 평가모형은 이 희석 효과를 반영할 수 있는가?

이 절에서는 조기 행사의 가능성과 배당이 옵션 가치에 미치는 영향을 본다. 희석 문제는 이 장의 부록으로 넘긴다.

미국식 콜옵션 — 무배당 유럽식 옵션과 달리 미국식 옵션은 언제든지 행사할 수 있다. 그런데 배당이 없으면 콜옵션의 가치는 만기와 함께 증가한다는 사실을 알고 있다. 그러므로 미국식 콜옵션을 조기 행사하면 불필요하게 가치를 감소시키는 결과가 된다. 미국식 콜옵션은 만기 전에 행사해서는 안 되기 때문에 그 가치는 유럽식 콜옵션의 가치와 같고 두 종류의 옵션 모두 블랙–숄즈 모형이 적용된다.

유럽식 풋옵션 — 무배당 유럽식 풋옵션의 가치평가를 원한다면 제20장에서 공부한 풋–콜 패리티를 이용하면 된다.

$$\text{풋의 가치} = \text{콜의 가치} - \text{주식의 가치} + \text{PV(행사가격)}$$

미국식 풋옵션 — 무배당 행사가격을 재투자하기 위해 만기 전에 미국식 풋옵션을 행사하면 이익이 되는 때도 있다. 예를 들어 미국식 풋옵션 매입 직후에 주가가 0으로 하락했다고 하자. 이 경우 풋옵션은 가치가 더 높아질 수 없어서, 옵션 보유에 따른 이점이 없다. 이때는 풋옵션을 행사하고, 그 돈을 투자하는 편이 낫다. 그래서 미국식 풋옵션은 항상 유럽식 풋옵션보다 가치가 크다. 이 극단적인 예에서, 미국식과 유럽식 풋옵션 간의 차이는 행사가격에서 벌 수 있는 이자의 현재가치와 같다. 다른 모든 경우에는 그 차이가 이보다는 작다.

블랙–숄즈 공식은 조기 행사를 허용하지 않기 때문에 미국식 풋옵션 가치를 정확하게 평가하는 데는 사용할 수 없다. 그렇지만 매 시점 옵션이 남아 있는 것보다 행사하는 것이 더 유리한지를 확인하고, 둘 중 더 큰 값을 사용하기만 한다면 단계별 이항모형을 사용할 수 있다.

배당 지급 주식에 대한 유럽식 콜옵션과 풋옵션 주식 가치의 일부는 배당의 현재가치이다. 옵션 소유자는 배당을 받을 자격이 없다. 그러므로 배당 지급 주식에 대한 유럽식 옵션을 블랙–숄즈 모형으로 평가할 때는 옵션 만기 이전에 지급되는 배당의 현재가치를 주가에서 차감해야 한다.

배당이 항상 큰 이름표를 달고 등장하지는 않기 때문에 자산 소유자는 혜택을 얻지만, 옵션 소유자는 그렇지 못할 경우를 잘 살펴야 한다. 예를 들어 외환을 사면 투자하여 이자를 얻을 수 있지만, 외환을 살 수 있는 옵션을 소유하는 경우에는 이런 소득을 포기해야 한다. 그러므로 외환을 살 수 있는 옵션을 평가할 때에는 외화의 현재가격에서 외화 이자의 현재가치를 차감해야 한다.17)

배당 지급 주식에 대한 미국식 콜옵션 배당을 지급하지 않는 주식에 대한 미국식 콜옵션은 행사할 때보다 살아있을 때 항상 더 가치가 있음을 알았다. 옵션을 보유함으로써 자신의 선택권을 열어둘 뿐만 아니라 행사할 때 쓸 돈에서 이자를 벌게 된다. 심지어 배당이 있을 때에도 배당이득이 조기에 행사가격을 지급해야만 하기 때문에 상실하게 되는 이자보다 작다면 조기 행사를 해서는 안 된다. 그렇지만 배당이 매우 크다면 배당락일 직전에 옵션을 행사하여 배당을 확보하려 할 수도 있다.

배당을 지급하는 주식에 대한 미국식 콜옵션을 평가하는 데 사용할 수 있는 유일한 일반적인 방법은 단계별 이항모형뿐이다. 이 경우에는 단계마다 배당락일 직전에 옵션을 행사하는 편이 최소한 한 기간 더 보유하는 경우보다 가치가 있는지를 확인해야 한다.

21.6 옵션 전시관

두 장에 걸쳐서 가장 기본적인 풋옵션과 콜옵션 또는 둘의 조합에 초점을 두었다. 이들 옵션을 이해하고 가치를 평가하는 방법을 알면 우리가 기업재무에서 마주칠 가능성이 있는 옵션형 문제의 대부분을 해결할 수 있을 것이다. 그렇지만 때로는 어쩌면 좀 더 평범하지 않은 옵션을 만날 수도 있다. 여기서 이런 옵션을 살펴보지는 않겠지만, 그냥 재미 삼아, 그리고 투자은행의 친구들과 개인적인 대화를 나눌 때 도움이 되도록, 몇몇 이색적인 옵션을 요약하여 제시한다.

아시아식(또는 평균) 옵션 [Asian (or average) option]	행사가격이 옵션의 수명 동안 자산 가격의 *평균*과 같다.
장벽 옵션(barrier option)	자산 가격이 특정한 수준에 도달하는지에 따라 수익이 결정된다. Knock-in 옵션은 기초자산이 일정한 기준(barrier)에 도달하면 새로 생겨난다. Knock-out 옵션은 자산 가격이 기준에 도달하면 없어진다.
버뮤다 옵션(Bermuda option)	만기 이전의 불연속적인 날짜에 옵션을 행사할 수 있다.
콜풋 옵션(caput)	풋옵션에 대한 콜옵션
양자택일(맘대로) 옵션 [Chooser (as-you-like-it) option]	소유자는 만기 이전에 그 옵션이 콜옵션인지 풋옵션인지 결정해야 한다.
복합 옵션(compound option)	옵션에 대한 옵션
디지털 옵션(digital (binary, or cash-or-nothing) option)	자산 가격이 행사가격과 다른 방향이면 옵션 지급액이 0이고, 그렇지 않으면 일정 금액이다.
되돌아가기 옵션(lookback option)	옵션 소유자가 최종일 이전의 모든 자산 가격 중 가장 유리한 하나를 행사가격으로 선택한다.
무지개 옵션(rainbow option)	자산 꾸러미의 최선(최악)에 대한 콜(풋)옵션

17) 예를 들어 현재 £1에 $2이고 파운드화는 5%의 이자로 투자할 수 있다고 하자. 옵션 소유자는 $0.05 \times \$2 = \$0.10$를 포기하게 된다. 그러므로 블랙-숄즈 공식으로 스털링화를 살 수 있는 옵션을 평가하기 이전에 스털링화의 현재 가격을 조정해야만 한다.

$$\text{스털링화의 조정가격} = \text{현재 가격} - PV(\text{이자}) = \$2 - 0.10/1.05 = \$1.905$$

요약

이 장에서는 옵션 만기에 두 값 중 하나를 가질 수 있는 주식의 콜옵션을 고려하여 옵션 가치평가의 기본원칙을 소개하였다. 주가의 상승이나 하락과 무관하게 옵션과 정확히 같은 수익을 제공하도록 주식과 차입의 꾸러미를 구성할 수 있음을 보았다. 그러므로 옵션의 가치는 이 복제 포트폴리오의 가치와 같아야만 한다.

투자자들이 위험중립이어서 모든 자산의 기대수익률은 무위험 이자율과 같다고 가정하여 같은 답에 도달하였다. 이 가상의 위험중립적인 세상에서 옵션의 미래 기대가치를 계산하고 나서 이를 무위험 이자율로 할인하여 옵션의 현재가치를 구하였다.

옵션의 수명기간을 기간마다 주가가 둘 중 하나의 값을 갖는 수많은 소기간으로 나누면 일반성이 있는 이항모형에 현실성이 더해진다. 옵션 만기를 이처럼 짧게 쪼개도 콜옵션 가치평가의 기본적인 방법은 변하지 않는다. 여전히 주식과 차입의 꾸러미로 콜옵션을 복제할 수 있다. 다만 단계마다 꾸러미 구성을 변경해야 한다.

마지막으로 블랙-숄즈 공식을 소개하였다. 이는 주가가 연속적으로 변하고 미래에 나타날 수 있는 값이 연속성을 가지는 경우의 옵션 가치를 계산한다.

옵션은 기초자산과 무위험 차입의 꾸러미로 복제할 수 있다. 따라서 옵션의 위험은 이 포트폴리오의 위험을 계산하여 측정할 수 있다. 옵션 그 자체는 종종 기초자산보다 훨씬 위험하다.

실제 상황에서 옵션 가치를 평가할 때 주의해야 할 몇 가지 특징이 있다. 예를 들어 옵션에는 배당을 받을 권리가 없어서 그만큼 옵션 가치가 감소함을 알아야 한다.

더 읽어야 할 문헌

다음은 블랙-숄즈 모형에 관해 읽어 볼 수 있는 논문들이다.

F. Black, "How We Came up with the Option Formula," *Journal of Portfolio Management* 15 (1989), pp. 4~8.

F. Black, "The Holes in Black-Scholes," *RISK Magazine* 1(1988), pp. 27~29.

F. Black, "How To use the Holes in Black–Scholes," *Journal of Applied Corporate Finance* 1 (Winter 1989), pp. 67~73.

옵션 가치평가 방법에 대한 좋은 책이 많이 있다.

J. Hull, *Options, Futures, and Other Derivatives,* 7h ed. (Englewood Cliffs, NJ: Prentice-Hall, Inc., 2008).

R. L. McDonald, *Derivatives Markets,* 2nd ed. (MA: Pearson Addison Wesley, 2005).

P. Wilmott, *Paul Wilmott on Quantitative Finance,* 2nd ed. (New York: John Wiley & Sons, 2006).

연습문제

기본문제

1. Heavy Metal(HM)의 주가는 1개월에 한 번씩만 변한다. 20% 상승 또는 16.7% 하락이다. 현재 주가는 $40이다. 금리는 연 12.7%, 즉 1개월에 약 1%이다.
   a. 행사가격이 $40인 1개월 만기 콜옵션의 가치는 얼마인가?
   b. 옵션 델타는 얼마인가?
   c. HM 주식의 매입과 차입으로 이 콜옵션의 수익을 어떻게 복제할 수 있는지 보여라.

Visit us at www.mhhe.com/bma

d. 행사가격이 $40인 2개월 만기 콜옵션의 가치는 얼마인가?
e. 처음 1개월 동안 2개월 만기 콜옵션 델타는 얼마인가?

2. a. 콜옵션 델타는 1.0보다 클 수 있는가? 설명하라.
b. 콜옵션 델타가 0보다 작을 수 있는가?
c. 주가가 상승하면 콜옵션 델타는 어떻게 되는가?
d. 주식의 위험이 증가하면 콜옵션 델타는 어떻게 되는가?

3. 예로 구글의 2단계 이항 나무를 그린 그림 21.2를 다시 보자. 복제 포트폴리오 또는 위험중립 방법을 이용하여 행사가격이 $400인 6개월 만기 콜옵션과 풋옵션의 가치를 평가하라. 구글의 주가는 $430로 가정한다.

4. 앞으로 6개월 동안 구글의 주가는 25% 상승 또는 20% 하락한다고 생각해 보자(21.1절 참조). (a) 복제 포트폴리오 방법과 (b) 위험중립 방법을 이용하여 행사가격이 $430인 콜옵션의 가치를 다시 계산하라. 여기서 계산한 옵션 가치가 21.1절에서 계산된 가치보다 왜 작아지는지를 직관적으로 설명하라.

5. 앞으로 1년 동안 Ragwort의 주가는 현재의 $100 수준에서 절반인 $50이 되거나 $200으로 상승할 것이다. 1년 이자율은 10%이다.
a. Ragwort 주식의 행사가격이 $100인 1년 만기 콜옵션의 델타는?
b. 이 콜옵션의 가치평가에 복제 포트폴리오 방법을 이용하라.
c. 위험중립적인 세상에서 Ragwort의 주가 상승 확률은 얼마인가?
d. 위험중립 방법을 이용하여 Ragwort 옵션 가치평가 결과를 점검하라.
e. 어떤 사람이 정말로 Ragwort 주가가 $200으로 상승할 확률은 60%라고 말한다면, 이 옵션의 가치에 대한 당신의 견해를 바꾸겠는가? 설명하라.

6. 블랙-숄즈 공식을 사용하여 다음 옵션의 가치를 평가하라.
a. 주당 $60에 거래되는 주식에 대해 발행된 행사가격 $60인 콜옵션. 주식의 표준편차는 월 6%. 옵션 만기는 3개월이고 무위험 이자율은 월 1%
b. 같은 행사가격과 같은 만기로 같은 시점에 같은 주식에 대해 발행된 풋옵션

이제 주식과 무위험 자산을 결합하여 앞의 각 옵션을 복제하는 조합을 찾아라.

7. "옵션은 그 옵션 발행의 기초가 되는 주식에 비해 항상 위험하다." 이는 맞는가, 틀리는가? 주가가 변하면 옵션의 위험은 어떻게 변하는가?

8. 다음 옵션은 만기 이전에 행사하는 것이 합리적일 수 있는가? 이유를 간단히 설명하라.
a. 배당 지급이 없는 주식의 미국식 풋옵션
b. 연간 $5의 배당을 지급하는 주식의 미국식 콜옵션. 행사가격은 $100이고 이자율은 10%
c. 미국식 콜옵션. 이자율은 10%이고 배당금은 미래 주가의 5%. (힌트: 배당금은 상승 또는 하락하는 주가에 의해 결정된다.)

중급문제

9. Johnny Jones의 고등학교 파생상품 과제는 Overland Railroad 보통주의 12개월 만기 콜옵션을 이항모형으로 평가하는 것이다. 현재 주가는 $45이고 연간 표준편차는 24%이다. Johnny는 먼저 주가가 6개월마다 상승 또는 하락하는 그림 21.2와 같은 이항과정을 작성한다. 그리고 주가가 3개월마다 즉, 연간 4번 상승 또는 하락한다고 가정하여 보다 현실적인 나무를 구성한다.
a. 이들 두 이항 나무를 구성하라.
b. Overland의 표준편차가 30%로 변한다면 이들 나무는 어떻게 변하는가? (힌트: 상향과 하향의

Visit us at www.mhhe.com/bma

올바른 변화율을 명시하라.)

10. 앞으로 1년 동안 주가가 15% 상승 또는 13% 하락한다고 하자. 이 주식의 1년 만기 풋옵션을 소유하고 있다. 이자율은 10%이고 현재 주가는 $60이다.
    a. 행사가격이 얼마이면 풋옵션 보유와 지금 행사가 무차별(indifferent)해지는가?
    b. 이자율이 상승하면 이 손익분기(break-even) 행사가격은 어떻게 변하는가?
11. Moria Mining 주가는 $100이다. 앞으로 두 번의 6개월 동안 주가는 각각 25% 상승 또는 20% 하락한다. (이는 연 표준편차 31.5%에 해당한다.) 6개월 말에 회사는 배당금 $20을 지급할 것이다. 이자율은 6개월에 10%이다. 행사가격이 $80인 1년 만기 미국식 콜옵션의 가치는 얼마인가? 배당금이 배당부 주가의 20%라는 가정에서 옵션의 가치를 다시 계산하라.
12. Buffelhead의 주가는 $220이고 6개월마다 2배로 상승 또는 절반으로 하락할 수 있다. (이는 연 표준편차 98%에 해당한다.) Buffelhead의 1년 만기 콜옵션의 행사가격은 $165이다. 이자율은 연 21%이다.
    a. Buffelhead 콜옵션의 가치는 얼마인가?
    b. (i) 주가가 $440으로 상승할 때와 (ii) 주가가 $110으로 하락할 때에 대하여 두 번째 6개월의 옵션 델타를 계산하라.
    c. 주가 수준에 따라 콜옵션 델타는 어떻게 변하는가? 이유를 직관적으로 설명하라.
    d. 6개월 후 Buffelhead의 주가는 $110이라고 하자. 이 시점에서 콜옵션과 무위험 차입의 조합으로 어떻게 주식 투자를 복제하겠는가? 이 전략이 주식 투자와 정말로 같은 수익을 제공함을 보여라.
13. Buffelhead 주식의 행사가격이 $220인 미국식 풋옵션을 소유한다고 하자(연습문제 12번 참조).
    a. 풋옵션의 조기 행사를 원하는 경우가 있겠는가?
    b. 풋옵션의 가치를 계산하라.
    c. 동등한 유럽식 풋옵션의 가치와 이 가치를 비교하라.
14. 연습문제 12번을 참조하여 옵션이 미국식이고 첫 6개월 말에 기업이 배당금 $25를 지급한다고 가정하고 Buffelhead 콜옵션의 가치를 다시 계산하라. (따라서 연말 주가는 6개월 후 배당락 주가의 2배 또는 절반이다.) 옵션이 유럽식이면 답이 어떻게 변하는가?
15. 연습문제 12번을 참조하여 Buffelhead 주식을 6개월 후 $165에 매도 또는 12개월 후 $165에 살 수 있는 옵션을 소유한다고 하자. 이 특이한 옵션의 가치는 얼마인가?
16. Mont Tremblant Air의 현재 주가는 C$100이다. 6개월마다 주가는 11.1% 상승 또는 10% 하락할 것이다(연 표준편차 14.9%에 해당). 6개월 이자율은 5%이다.
    a. Mont Tremblant 주식에 대한 행사가격 C$102인 1년 만기 유럽식 풋옵션의 가치를 계산하라.
    b. Mont Tremblant 풋옵션이 미국식이라고 가정하고 가치를 다시 계산하라.

17. United Carbon(UC) 주식의 현재 주가는 $200이다. 연 표준편차는 22.3%이고 이자율은 연 21%이다. UC의 1년 만기 콜옵션의 행사가격은 $180이다.
    a. 블랙-숄즈의 모형을 이용하여 UC 콜옵션의 가치를 평가하라. 이 책의 웹사이트 **www.mhhe.com/bma**에 있는 표 21.2의 '온라인' 스프레드시트를 이용하는 것이 도움이 될 것이다.
    b. 21.2절에 주어진 공식을 이용하여 UC 옵션 가치평가에 1기간 이항모형을 이용할 때 적용할 상향과 하향 움직임을 계산하라. 그 모형으로 옵션 가치를 평가하라.
    c. 상향과 하향 움직임을 다시 계산하고 2기간 이항모형으로 옵션 가치를 다시 평가하라.
    d. 문항 (c)의 답을 이용하여 주가가 상승한다면 (i) 현재 시점의, (ii) 주가가 상승할 때 다음 기간의, (iii) 주가가 하락할 때 다음 기간의 옵션 델타를 계산하라. 각 시점에서 차입과 주식 투자

Visit us at www.mhhe.com/bma

로 어떻게 콜옵션을 복제할지 보여라.

18. 차입하여 델타 주만큼 사고 콜옵션 1개를 팔아 옵션 헤지를 구성한다고 하자. 주가가 변하면 옵션 델타도 변하므로, 헤지도 조정해야 한다. 주가 변화가 옵션 델타에 아주 작은 영향만을 미치면 조정비용을 최소화할 수 있다. 내가격, 외가격, 또는 등가격 옵션으로 헤지하면, 언제 옵션 델타가 더 많이 변하는지를 보이는 예제를 만들어 보라.

19. a. 21.3절에서 행사가격이 $430인 구글 주식에 대한 6개월 만기 콜옵션의 위험(베타)을 계산하였다. 이제 행사가격이 $400인 비슷한 옵션에 대해 반복하라. 행사가격이 낮아지면 위험은 커지는가, 작아지는가?

    b. 이제 행사가격이 $430인 구글 주식에 대한 1년 만기 콜옵션의 위험을 계산하라. 옵션의 만기가 길어짐에 따라 위험은 커지는가, 작아지는가?

20. 다른 조건이 같다면, 어떤 미국식 옵션을 조기 행사할 가능성이 가장 큰가?
    a. 대규모 배당 지급이 있는 주식의 풋옵션 또는 같은 주식의 콜옵션
    b. 행사가격 이하로 거래되는 주식의 풋옵션 또는 같은 주식의 콜옵션
    c. 금리가 높을 때의 풋옵션 또는 금리가 낮을 때의 같은 풋옵션

    예를 들어 답을 설명하라.

21. 배당부일과 배당락일 중 언제 콜옵션을 행사하는 것이 유리한가? 풋옵션은 어떤가? 설명하라.

22. 이 책의 웹사이트 **www.mhhe.com/bma**에서 '온라인' 블랙-숄즈 프로그램을 이용하여 21.4절에 나온 Owens Corning 신주인수권의 가치를 평가하라. Owens Corning 주식의 연 표준편차는 41%이고 신주인수권 발행 당시의 이자율은 5%였다. Owens Corning은 배당을 지급하지 않는다. 희석 문제는 무시하라.

23. 내년을 위해 당신의 연금기금 포트폴리오의 가치를 보험 들기 위해 얼마를 준비해야 하는지 추정하는데 **www.mhhe.com/bma**의 '온라인' 블랙-숄즈 프로그램을 이용하라. 시장 변동성에 대해 타당한 가정을 하고 현재 이자율을 사용하라. 시장 지수의 현재 수준에서 있을 것 같은 배당 지급의 현재가치를 빼는 것을 기억하라.

도전문제

24. 제20.2절을 참조하여 콜옵션과 풋옵션의 가치를 연결하는 공식과 1기간 이항모형을 이용하여 풋옵션의 옵션 델타가 콜옵션의 옵션 델타 빼기 1과 같음을 보여라.

25. 행사가격 대비 주가가 상승함에 따라 옵션 델타가 어떻게 변하는지 보여라. 왜 이렇게 되는지 직관적으로 설명하라. (**힌트**: 옵션의 행사가격이 0이면 옵션 델타는 얼마인가? 행사가격이 무한대로 높아지면 옵션 델타는 어떻게 되는가?)

26. 기업이 후한 스톡옵션을 부여하였다. 당신은 이사회가 배당금을 증가시키거나 자사주 매입을 발표할 것으로 의심한다. 마음속으로 어떤 결정을 바라겠는가? 설명하라. (제16장을 다시 참조하면 도움이 될 것이다.)

27. 다음 투자의 위험(베타)을 계산하고 비교하라. (a) 구글 주식 한 주, (b) 구글의 1년 만기 콜옵션, (c) 1년 만기 풋옵션, (d) 구글 주식 한 주와 1년 만기 풋옵션으로 구성된 포트폴리오, (e) 구글 주식 한 주와 1년 만기 풋옵션, 1년 만기 콜옵션의 매도로 구성된 포트폴리오. 각 경우 옵션의 행사가격은 구글 주식의 현재 가격인 $430로 가정하라.

28. 어떤 기업은 **영구** 신주인수권을 발행한 바 있다. 신주인수권은 소유자에게 자사 주식을 살 수 있는 권리를 주는 기업이 발행한 콜옵션이다.

    a. 블랙-숄즈 공식은 무배당 주식의 영구 콜옵션의 가치를 어떻게 예측하는가? 답을 구하고 설명

Visit us at www.mhhe.com/bma

하라. (힌트: 장기 옵션의 행사가격의 현재가치는 어떻게 되는가?)

b. 이 예상이 현실적이라고 생각하는가? 아니라면 이유를 신중하게 설명하라. (힌트: 배당은 어떤가? 파산은 어떤가?)

실시간 데이터분석

표 7.3에 나열된 기업들을 다시 보자. 적어도 세 주식을 선택하여 각 주식의 콜옵션 가격을 finance.yahoo.com에서 찾아라. 이제 월별 조정 가격을 구하고 엑셀 함수 STDEV를 사용하여 월간 수익률의 표준편차를 계산하라. 12의 제곱근을 곱하여 월 표준편차를 연 표준편차로 변환하라.

a. 각 주식에 대해 만기가 약 6개월이고 행사가격이 현재 주가와 같은 거래되는 옵션을 선택하라. 블랙-숄즈 공식과 표준편차 추정치를 이용하여 각 옵션의 가치를 평가하라. 주식이 배당을 지급한다면 주가에서 옵션 보유자가 놓치게 되는 배당의 현재가치를 빼줘야 한다는 것을 기억하라. 계산한 가치는 거래되는 옵션 가격과 얼마나 가까운가?

b. 문항 (a)의 답은 거래 가격과 정확히 일치하지 않을 것이다. 계산한 가격이 거래 가격과 가능한 한 가까워질 때까지 다른 표준편차로 실험하라. 내재변동성은 얼마인가? 내재변동성은 투자자의 미래 변동성 추정치에 대하여 무엇을 말해 주는가?

미니 케이스

Bruce Honiball의 발명

Gibb River Bank 소매서비스 분야의 매니저인 Bruce Honiball에게 올해는 또다시 실망스러운 한 해였다. 분명히 Gibb River의 소매부분은 돈을 벌었지만, 2009년에는 전혀 성장이 없었다. Gibb River에는 단골 예금주가 매우 많지만, 새로운 고객은 거의 없었다. Bruce는 흥미와 관심을 끌 수 있는 어떤 것, 즉 새로운 상품이나 금융서비스를 생각해 내야만 했다.

Bruce는 오랫동안 하나의 아이디어에 골몰하였다. Gibb River 고객들의 주식시장 투자를 쉽고 안전하게 만들 수 있을까? 고객에게 주식투자의 상향 이익을 (적어도 **일부**만이라도) 제공하면서 고객들이 하향 손실을 전혀 부담하지 않도록 할 수 있을까?

Bruce는 다음과 같은 광고를 생각해 냈다.

> 위험을 전혀 부담하지 않고 호주 주식에 투자하고 싶습니까? Gibb River Bank의 새로운 **주식연계예금**(*Equity-Linked Deposit*)과 함께 하세요. 시장이 좋으면 함께 나누고, 나쁘면 저희가 해결합니다.
>
> 내용은 다음과 같습니다. 1년간 A$100을 예금하시면, 1년 후 그 A$100에 대해 Australian All Ordinaries 주가지수의 가치가 10% 상승할 때마다 A$5를 **추가로** 드립니다. 그러나 이 기간에 시장 지수가 하락해도 은행은 예금 A$100을 모두 돌려 드립니다.
>
> 손해 볼 위험은 없습니다. Gibb River Bank는 당신의 안전망입니다.

Bruce는 이 아이디어를 전에 생각해 냈지만 즉시 회의에 빠졌고 심지어는 조롱을 받았다. "동전이 앞면이면 고객이 이기고 뒷면이면 우리가 진다. 이게 당신의 제안인가요? Honiball 씨." Bruce는 즉시 답할 수가 없었다. 은행은 이런 매력적인 제안을 할 수 있는 여력이 정말 있는가? 고객이 예치한 돈을 어떻게 투자할 것인가? 은행은 큰 위험을 취할 생각이 없다.

Bruce는 지난 2주 동안 이런 질문에 고민했지만, 만족스러운 답을 구할 수 없었다. 그는 호주의

Visit us at www.mhhe.com/bma

연도	이자율	시장 수익률	연말 배당수익률	연도	이자율	시장 수익률	연말 배당수익률
1989	17.3%	17.4%	5.7%	1999	4.9%	16.1%	3.2%
1990	15.9	−17.5	6.8	2000	4.9	5.2	3.4
1991	11.1	34.2	3.8	2001	4.8	10.4	3.3
1992	6.8	−2.3	3.8	2002	4.8	−8.8	4.0
1993	5.3	45.4	3.0	2003	4.8	14.6	3.9
1994	5.4	−8.7	4.0	2004	5.4	28.0	3.5
1995	8.0	20.2	4.0	2005	5.6	22.8	3.7
1996	7.4	14.6	3.6	2006	5.9	24.2	3.7
1997	5.5	12.2	3.9	2007	6.4	11.8	3.7
1998	5.0	11.6	3.5	2008	7.16	−40.38	6.8

표 21.3 호주 이자율과 주식 수익률(1989~2008).

주식시장이 현재 과대평가되었다고 믿지만, 동료 중 일부의 생각은 자신보다 훨씬 더 낙관적임을 알게 되었다.

다행히도 은행은 총명한 MBA 졸업생 Sheila Liu를 고용하였다. Sheila는 Bruce Honiball의 질문에 대한 답을 찾을 수 있다고 확신하였다. 먼저, 주식연계예금이 가능한지에 대한 사전 아이디어를 얻으려고 호주시장에 대한 자료를 수집하였다. 자료는 표 21.3과 같다. 그녀가 Bruce로부터 다음과 같은 추가 메모를 받았을 때는 막 몇 가지 간단한 계산을 할 예정이었다.

> Sheila 양. 내게 다른 아이디어가 있습니다. 우리 고객의 상당수는 아마도 시장이 과대평가되었다는 나의 견해에 동의하겠죠. 그러므로 '약세시장 예금(bear market deposit)'을 제안하여 고객이 돈을 벌 기회를 제공하면 어떨까요? 시장이 상승하면 고객은 A$100의 예금을 돌려받고, 시장이 하락하면 A$100에 더해서 시장이 10% 하락할 때마다 A$5를 받게 됩니다. 우리가 이런 제안을 할 수 있을까요?−Bruce.

문제

1. Bruce는 어떤 종류의 옵션을 제안하고 있는가? 옵션의 가치는 얼마인가? 주식연계예금과 약세시장 예금은 Gibb River Bank에 양(+)의 NPV를 제공하는가?

부록

희석은 옵션 가치에 어떻게 영향을 미치는가?

옵션거래소에서 옵션을 사서 이를 행사하면 발행주식 수에 영향을 주지 않는다. 콜옵션을 파는 투자자는 단순히 그가 가진 주식을 넘겨줄 뿐이다. 그러나 때로는 회사가 직접 자사 주식을 살 수 있는 옵션을 발행하기도 한다. 예를 들어 2008년 오라클이 6천9백만 개의 임원 스톡옵션을 발행했다는 것을 21.4절에서 보았다.

Visit us at www.mhhe.com/bma

기업은 또한 전환사채를 발행한다. 이것은 투자자에게 장래에 그들 채권을 보통주로 교환할 수 있는 옵션을 주는 것이다. 따라서 전환채권은 일반 채권과, 주식을 살 수 있는 옵션의 묶음을 닮았다. 기업은 채권과 신주인수권 묶음을 팔 수도 있다. 이러한 신주인수권은 회사 주식을 살 수 있는 장기 옵션이다. 아마도 회사는 신주인수권이 '감미료'로 작용하여 묶음에 옵션을 포함하면, 투자자들이 더 높은 가격을 지급하려고 하리라고 바랄 것이다. 전환사채나 신주인수권의 소유자가 옵션을 행사하면 기업은 그들에게 주식을 추가로 발행해야 한다.

회사가 발행한 옵션은 거래소에서 거래되는 옵션보다 평가하기가 더 어렵다. 이 옵션이 행사될 때 기업의 자산과 이익은 더 많은 수의 주식으로 분산된다. 때때로 이 희석(dilution)은 무시할 만하고 안전하게 무시할 수 있다. 그러나 발행주식 수가 상당히 커지면 옵션을 평가할 때 이를 고려해야 한다. 이를 어떻게 할 수 있는가를 보도록 유나이티드 글루(United Glue)의 예를 보자.

예제: 유나이티드 글루의 신주인수권 평가 유나이티드 글루가 부채와 신주인수권 묶음 $2백만을 발행하였다. 여기 신주인수권을 평가하는 데 사용할 기본적인 자료가 있다.

발행주식 수(N)	1백만
현재 주가(P)	$12
주당 발행 신주인수권 수(q)	0.10
총 신주인수권 수(Nq)	100,000
신주인수권 행사가격(EX)	$10
신주인수권 만기까지 남은 시간(t)	4년
주가 변동의 연간 표준편차(σ)	0.40
이자율(r)	10%
유나이티드 글루 주식은 배당을 지급하지 않는다.	

신주인수권이 없는 부채는 $1,500,000 가치가 있다고 가정한다. 그러면 투자자는 신주인수권에 $500,000를 지급하는 것이다.

$$\text{신주인수권 비용} = \text{총 자금조달액} - \text{신주인수권이 없는 부채의 가치}$$
$$\$500{,}000 = \$2{,}000{,}000 - \$1{,}500{,}000$$

$$\text{신주인수권 한 개에 투자자는 } \frac{500{,}000}{100{,}000} = \$5\text{를 낸다.}$$

표 21A.1은 유나이티드의 자산과 부채의 시장가치를 발행 전과 후에 대해 보여준다.

이제 신주인수권이 투자자가 지급한 대로 $500,000의 가치가 있는지를 확인해 보자. 신주인수권은 유나이티드 주식을 살 수 있는 콜옵션이므로 신주인수권을 평가하기 위해 블랙-숄즈 공식을 사용할 수 있다. 유나이티드 주식을 $10에 살 수 있는 4년 만기 콜옵션은 $6.15 가치가 있다.[18] 따라서 신주인수권 발행은 투자자에게는 좋은 거래이고 유나이티드에는 나쁜 거래로 보인

---

18) 유나이티드 자료를 블랙-숄즈 공식에 대입하면 다음과 같다.

$d_1 = \log[12/(10/1.1^4)]/(0.40 \times \sqrt{4}) + (0.40 \times \sqrt{4})/2 = 1.104$와 $d_2 = 1.104 - 0.40 \times \sqrt{4} = 0.304$

엑셀 함수 NORMSDIST를 사용하면 $N(d_1) = 0.865$, $N(d_2) = 0.620$이다.

따라서 추정된 신주인수권의 가치는 $0.865 \times 12 - 0.620 \times (10/1.1^4) = \$6.15$이다.

Visit us at www.mhhe.com/bma

표 21A.1 유나이티드 글루의 시장가치 재무상태표(단위: $백만).

발행 전			
기존 자산	$16	$ 4	기존 부채
		12	자기자본 (주당 $12에 1백만 주)
총자산	$16	$16	총 가치

발행 후			
기존 자산	$16	$ 4	기존 부채
부채와 신주인수권으로 조달한 새 자산	2	1.5	신주인수권 없는 새 부채
		5.5	총 부채
		0.5	신주인수권
		12	자기자본
		12.5	총 자기자본
총자산	$18	$18.0	총 가치

다. 투자자는 개당 $6.15의 가치가 있는 신주인수권 하나에 $5를 지급하고 있다.

유나이티드의 신주인수권 가치는 희석에 의해 어떻게 영향을 받는가 불행히도 유나이티드 신주인수권에 대한 우리 계산이 이야기의 전부가 아니다. 투자자가 거래되는 콜옵션이나 풋옵션을 행사할 때는 기업의 자산이나 발행주식 수가 변하지 않는다는 것을 기억하라. 그러나 유나이티드 신주인수권이 행사되면 발행주식 수는 Nq = 100,000만큼 증가한다. 따라서 자산은 행사된 금액만큼 증가한다($Nq \times \text{EX}$ = 100,000 × $10 = $1백만). 다시 말하면 희석이 발생한다. 신주인수권을 평가할 때 이 희석을 고려해야 한다.

유나이티드 자기자본의 가치를 V라 하자.

$$\text{자기자본의 가치} = V = \text{유나이티드 총자산의 가치} - \text{부채의 가치}$$

신주인수권이 행사되면 자기자본의 가치는 행사 금액만큼 증가하여 $V + Nq\text{EX}$가 된다. 동시에 발행주식 수도 $N + Nq$로 증가한다. 따라서 신주인수권이 행사되고 나서 주가는 다음과 같다.

$$\text{행사 후 주가} = \frac{V + Nq\text{EX}}{N + Nq}$$

만기에 신주인수권 소유자는 신주인수권이 소멸하거나 이를 행사하여 주가 빼기 행사가격을 받는 것 중에서 선택할 수 있다. 따라서 신주인수권의 가치는 주가 빼기 행사가격 또는 0 중에서 높은 값이다. 다른 방법으로 이를 나타내면 다음과 같다.

$$\begin{aligned}\text{만기에 신주인수권 가치} &= \max(\text{주가} - \text{행사가격}, 0)\\ &= \max\left(\frac{V + Nq\text{EX}}{N + Nq} - \text{EX}, 0\right)\\ &= \max\left(\frac{V/N - \text{EX}}{1 + q}, 0\right)\\ &= \frac{1}{1+q}\max\left(\frac{V}{N} - \text{EX}, 0\right)\end{aligned}$$

Visit us at www.mhhe.com/bma

이는 유나이티드의 신주인수권 가치에 대한 희석의 효과를 말해준다. 신주인수권의 가치는, 총 자기자본 가치가 V로 같으나 **발행된 신주인수권이 없는** 대안 기업의 주식에 대해 발행된 콜옵션 가치의 $1/(1+q)$이다. 대안 기업의 주가는 V/N, 즉 유나이티드 자기자본의 총 가치(V)를 발행주식 수(N)로 나눈 것과 같을 것이다. 이 대안 기업의 주가는 유나이티드 주가보다 더 변동성이 크다. 따라서 대안 기업에 대해 발행된 콜옵션을 평가할 때 V/N 변화의 표준편차를 사용해야 함을 기억해야 한다.

이제 희석을 고려하여 유나이티드 신주인수권의 가치를 다시 계산할 수 있다. 먼저 대안 기업의 주가를 찾는다.

$$\text{대안 기업의 현재 자기자본 가치} = V = \text{유나이티드 총자산의 가치} - \text{부채의 가치}$$
$$= 18 - 5.5 = \$12.5\text{백만}$$
$$\text{대안 기업의 현재 주가} = \frac{V}{N} = \frac{1{,}250\text{만}}{100\text{만}} = \$12.50$$

또한 이 대안 기업의 주가 변동의 표준편차를 $\sigma^* = 0.41$로 가정하자.[19)]

블랙-숄즈 공식은 주가 \$12.50와 표준편차 0.41인 주식에 대한 콜옵션의 가치가 \$6.64라고 계산한다. 유나이티드 신주인수권의 가치는 이 대안 기업 주식에 대한 콜옵션 가치의 $1/(1+q)$와 같다. 따라서 신주인수권의 가치는 다음과 같다.

$$\frac{1}{1+q} \times \text{대안 기업의 콜옵션 가치} = \frac{1}{1.1} \times 6.64 = \$6.04$$

이는 희석을 무시하고 계산한 것보다 약간 낮은 값이지만 아직 유나이티드에는 나쁜 거래이다.

이상에서 유나이티드 신주인수권의 가치를 계산하려면 신주인수권의 가치를 알아야 하는 것처럼 들린다. 그렇지는 않다. 공식은 신주인수권의 가치를 요구하지 않으며 유나이티드 자기자본의 가치 V(즉, 주식 + 신주인수권)를 요구한다. 자기자본의 가치가 정해지면, 공식은 자기자본의

19) 실무에서 σ^*을 어떻게 계산할 수 있는가? 신주인수권이 어느 정도 거래되기까지 기다릴 수 있다면 쉽다. 이 경우 σ^*는 이 회사 주식과 신주인수권 **묶음**에 대한 수익률에서 계산할 수 있다. 지금은 이들이 거래되기 **이전에** 신주인수권을 평가해야 한다. 우리는 다음과 같이 주장한다. 발행되기 전에 **자산**의 표준편차는 보통주와 기존 부채 묶음의 표준편차와 같다. 예를 들어 회사의 부채가 무위험이고 채권-신주인수권이 발행되기 **전**에 주식 수익률의 표준편차가 38%라고 하자. 그러면 처음 자산의 표준편차는 다음과 같이 계산한다.

$$\text{처음 자산의 표준편차} = \text{보통주의 비율} \times \text{보통주의 표준편차}$$
$$= \frac{12}{16} \times 38 = 28.5\%$$

이제 발행 후 자산이 같은 정도로 위험하다고 하자. 그러면,

$$\text{발행 후 자산의 표준편차} = \text{발행 후 자기자본의 비율} \times \text{자기자본}(\sigma^*)\text{의 표준편차}$$
$$28.5 = \frac{12.5}{18} \times \text{자기자본의 표준편차}(\sigma^*)$$
$$\text{자기자본의 표준편차}(\sigma^*) = 41\%$$

우리 예에서 신주인수권 발행 **전** 주식 수익률의 표준편차는 주식과 신주인수권 묶음의 표준편차보다 약간 낮다는 데 주목하라. 그러나 신주인수권 소유자는 주주보다 이 위험의 더 많은 비율을 부담한다. 따라서 채권-신주인수권 묶음은 주식의 위험을 증가시키거나 감소시킬 수 있다.

Visit us at www.mhhe.com/bma

총 가치가 주식과 신주인수권에 어떻게 나누어지는가를 계산한다. 따라서 유나이티드의 인수기관이, 채권 하나만 발행하기보다는 채권과 신주인수권 묶음을 발행하여 $500,000를 추가로 조달할 수 있다고 조언한다고 가정하자. 이것이 공정한 가격인가? 희석에 대해 조정하여 블랙–숄즈 공식을 사용하여 확인할 수 있다.

마지막으로 신주인수권을 평가하기 위해 블랙–숄즈 공식을 적용할 때는 이러한 수정이 필요하다는 것을 주의하라. 만기에 행사 여부를 결정해야 하는 신주인수권 소유자에게는 이것이 필요 없다. 만기에 주가가 신주인수권의 행사가격보다 높으면 신주인수권 소유자는 당연히 행사할 것이다.

문제

1. 희석에 대한 문제이다. Electric Bassoon Company는 $20,000의 총 시장가치를 갖는 주식 2,000주에 더하여 $5,000의 총 시장가치를 갖는 신주인수권 1,000개도 갖고 있다. 신주인수권은 소유자에게 주식 한 주를 $20에 살 수 있는 옵션을 준다.
   a. 신주인수권을 평가하기 위해 먼저 대안 주식에 대한 콜옵션을 평가해야 한다. 표준편차를 어떻게 계산하는가?
   b. 이 대안 주식의 콜옵션 가치는 $6이었다고 하자. Electric Bassoon 신주인수권이 저평가되었는지 고평가되었는지 계산하라.

Visit us at www.mhhe.com/bma

실물옵션

투자안을 평가하기 위하여 현금흐름 할인법(DCF)을 사용하면 우리는 묵시적으로 기업이 투자안을 수동적으로 수행함을 가정한다. 다시 말해서, 투자안에 부가된 **실물옵션**(*real option*), 즉 세련된 경영자가 활용할 수 있는 옵션은 무시하는 것이다. DCF는 관리(management)의 가치를 반영하지 않는다고 말할 수 있다. 실물옵션을 소유하고 있는 경영자는 소극적일 필요가 없다. 경영자는 행운을 큰 이익으로 실현시키는, 또는 손실을 줄이기 위한 의사결정을 할 수 있다. 그런 의사결정을 할 수 있는 기회는 투자안의 결과가 불확실할 때는 분명히 가치를 증가시킨다.

제10장에서 실물옵션의 네 가지 주요 유형을 소개하였다.

- 지금 수행하는 투자안이 성공적이면 확장할 수 있는 옵션
- 투자하기 전에 기다리면서 상황을 관찰할 수 있는 옵션
- 투자안을 축소하거나 또는 포기할 수 있는 옵션
- 생산물의 믹스(mix) 또는 기업의 생산방식을 변경할 수 있는 옵션

제10장은 실물옵션의 몇 가지 간단한 예를 보여주었다. 또한 미래의 가능한 결과와 의사결정을 고려할 때 의사결정나무(decision tree)를 어떻게 활용할 수 있는가도 보여주었다. 그러나 실물옵션의 가치를 어떻게 평가할 수 있는가에 대해서는 설명하지 않았다. 이 장에서는 이를 설명하기로 한다. 제21장에서 배운 개념과 가치평가의 원칙을 적용하기로 한다.

대부분의 경우, 간단한 수치 예를 사용하여 설명하기로 한다. 실물옵션의 가치를 평가하는 기술과 과학은 복잡한 계산을 통해 잘 보여질 수 있지만 또한 간단한 계산을 통해서도 잘 설명된다. 여기서는 보다 복잡한 여러 예의 결과도 함께 보여줄 것이다. 복잡한 예는 다음과 같다.

- 컴퓨터 사업에서의 전략적인 투자
- 항공기 구매옵션의 가치평가
- 상업용 부동산의 개발옵션
- 유조선을 운행하는 또는 퇴역시키는 결정

이런 예들은 재무관리자가 실제에 있어서 어떻게 실물옵션의 가치를 평가할 수 있는지 보여준다. 또한 경영자가 회사의 투자와 운영에 유연성을 부가함으로써 어떻게 실물옵션을 만들어 낼 수 있는가도 보여준다.

시작하기 전에 한 가지 경고가 필요하다. 회사가 당면할 수 있는 미래의 선택은 통상 매우 어려운 판단을 필요로 한다. 그러므로 실물옵션을 평가할 때 정밀함을 기대하지는 말라. 때때로 경영자들은 심지어 옵션의 가치를 수치로 나타내려고 하지도 않고 단순히 자신의 경험에 비추어 추가적인 유연성을 위해 비용을 지급할 가치가 있는지 결정한다. 그래서 경영자들은 다음과 같이 말할 수도 있다. "우리는 가글블래스터가 성공적일지 알지 못한다. 그러나 미래에 추가 생산라인을 확보하기 위해 지금 추가로 $200,000를 지출하는 것은 일리가 있다."

22.1 후속 투자기회의 가치

지금은 1982년이다. 당신은 빠르게 성장하는 PC시장에서 이익에 목말라 하는 컴퓨터 제조회사인 블리첸컴퓨터(Blitzen Computers)의 CFO의 조수이다. 당신은 CFO를 도와 블리첸 마크 I 마이크

로(Blitzen Mark I Micro)를 도입하는 제안을 평가하려고 한다.

마크 I(Mark I)의 추정 현금흐름과 순현가(NPV) 계산이 표 22.1에 제시되어 있다. 불행히도 개인 PC시장에서 계속 살아남기 위해서는 이 상품을 반드시 도입해야 한다는 최고경영진의 확고한 생각에도 불구하고, 마크 I은 블리첸의 전통적인 20% 자본비용을 만족시킬 수 없으며, 순현가도 −$4,600만으로 계산되었다.

CFO는 이 투자안을 논의하기 위하여 당신을 불렀다.

"마크 I은 재무적으로 수지가 맞지 않아."라고 CFO가 말한다. "그러나 전략적인 이유로 우리는 이 제품을 생산해야 해. 나는 프로젝트를 추진해야 한다고 추천할 작정이야."

"이사님은 대단히 중요한 재무적 이점을 계산하지 못하고 있어요."라고 당신은 답변할 것이다.

"무슨 재무적 이점을 말하는가?"

"마크 I을 지금 추진하지 않으면 차후에 애플(Apple), IBM, 그리고 다른 기업들이 확고하게 자리를 잡게 될 경우 우리가 마이크로(micro) 시장에 진출하는 데 너무 많은 비용이 듭니다. 우리가 이 프로젝트를 추진하면 엄청난 이익을 가져다 줄 수도 있는 후속 투자기회(follow-on investments)를 갖게 됩니다. 마크 I은 자체적으로 현금흐름을 제공할 뿐만 아니라 마크 II(Mark II) 마이크로를 추진할 수 있는 콜옵션을 제공하는 셈입니다. 콜옵션은 전략적 가치의 실질적인 원천입니다."

"그러니까 전략적 가치를 다르게 이야기한 거란 말이지. 그렇지만 마크 II 투자가 얼마나 가치가 있는 것인지는 모르잖아. 마크 II가 대단한 투자일 수도 있지만 형편없는 투자가 될 수도 있지. 우리는 지금 아무런 단서도 갖고 있지 않아."

"바로 이때가 콜옵션이 가장 큰 가치를 가질 때입니다."라고 당신은 명민하게 지적한다. "콜옵션은 마크 II가 대단한 투자라면 우리에게 투자할 수 있는 기회를 주고, 반대로 형편없는 투자이면 포기할 수 있도록 합니다."

"그래, 그렇다면 그 가치는 얼마나 되지?"

"정확히 말하기는 어렵습니다. 그러나 대략 계산해보니 마크 II에 투자할 수 있는 옵션의 가치는 마크 I의 순현가 −$46백만을 상쇄하고도 남을 금액인 것으로 생각됩니다. (계산은 표 22.2에 있음.) 만일 마크 II에 투자할 수 있는 옵션이 $55백만의 가치를 가지면 마크 I의 총 가치는 −$46 + 55 = $9백만입니다."

	연도					
	1982	1983	1984	1985	1986	1987
세후 영업 현금흐름(1)		+110	+159	+295	+185	0
자본투자(2)	450	0	0	0	0	0
운전자본의 증가(3)	0	50	100	100	−125	−125
순 현금흐름 (1)−(2)−(3)	−450	+ 60	+ 59	+195	+310	+125
NPV(20%)= −$46.45 즉 약 − $46백만						

표 22.1 마크 I 마이크로컴퓨터의 현금흐름과 재무분석의 요약($백만).

가정

1. 마크 II에 투자하는 결정은 3년 후인 1985년 반드시 내려야 한다.
2. 마크 II 투자는 마크 I의 두 배 규모이다(산업의 빠른 성장이 기대됨). 요구되는 투자는 $900백만(기대 가격)이고, 고정된 것으로 간주한다.
3. 마크 II의 추정 현금흐름도 마크 I의 두 배이다. 1985년 기준으로 현재가치는 $807백만이며, 1982년 기준으로는 $807/(1.2)^3 = \$467$백만이다.
4. 마크 II 현금흐름의 미래가치는 매우 불확실하다. 이 가치는 연간 표준편차 35%인 주가처럼 움직인다. (수많은 첨단기술 주식은 35%보다 높은 표준편차를 가진다.)
5. 연 이자율은 10%이다.

해석

마크 II에 투자할 기회는 $467백만 자산에 대한 행사가격 $900백만의 3년 만기 콜옵션이다.

가치평가

$$\text{PV(행사가격)} = \frac{900}{(1.1)^3} = 676$$

$$\text{콜 가치} = [N(d_1) \times P] - [N(d_2) \times \text{PV(EX)}]$$

$$d_1 = \log[P/\text{PV(EX)}]/\sigma\sqrt{t} + \sigma\sqrt{t}/2$$

$$= \log[0.691]/0.606 + 0.606/2 = -0.3072$$

$$d_2 = d_1 - \sigma\sqrt{t} = -0.3072 - 0.606 = -0.9134$$

$$N(d_1) = 0.3793,\ N(d_2) = 0.1805$$

$$\text{콜 가치} = [0.3793 \times 467] - [0.1805 \times 676] = \$55.1\text{백만}$$

표 22.2 마크 II 마이크로컴퓨터에 투자하는 옵션의 가치평가.

"자네는 마크 II를 과대평가하고 있어."라고 CFO가 퉁명스럽게 말한다. "투자가 3년 후일 때는 낙관적이기 쉬운 거야."

"아닙니다. 그렇지 않습니다."라고 당신은 참을성 있게 대답한다. "마크 II가 마크 I보다 더 수익성 있을 것으로 기대되지는 않습니다. 즉 할인현금흐름 관점에서 마크 II가 2배로 좋을 수 있지만 반대로 2배나 나쁠 수도 있습니다. 저는 마크 II의 순현가를 −$100백만으로 추정합니다. 그러나 마크 II가 엄청난 가치를 가질 가능성이 있습니다. 콜옵션은 블리첸이 이 상방(upside) 잠재력으로부터 이익을 챙길 수 있게 해줍니다. 이익을 얻을 수 있는 기회의 가치는 $55백만이 될 수도 있습니다."

"물론, $55백만은 단지 한번 해 본 계산에 불과합니다만, 이 금액은 불확실성이 크고 제품시장이 엄청나게 성장할 때 후속 투자기회가 얼마나 가치가 있을 수 있는지를 보여줍니다. 더구나, 마크 II는 마크 III에 대한 콜옵션을 제공하고, 마크 III는 마크 IV에 대한 콜옵션 등등을 제공하게 될 것입니다. 제 계산은 이런 콜옵션을 모두 고려하지는 않았습니다."

"이제 기업전략(corporate strategy)에 대해 조금 알 것 같군."이라고 CFO는 중얼거린다.

블리첸의 마크 II에 대한 질문과 답

질문: 블랙-숄즈의 공식을 이용하여 시장에서 거래되는 콜옵션의 가치를 평가할 수 있다. 그렇지만 이 경우는 더 어려워 보인다. 주가 대신 어떤 값을 사용해야 하는가? 거래되는 주식이 없지 않는가?

답: 거래되는 콜옵션의 경우 콜옵션이 발행된 기초자산(*underlying asset*)의 가치를 알 수 있다.

여기서 옵션은 거래되지 않는 실물자산인 마크 II를 매입할 권리이다. 우리는 마크 II의 가치를 관찰할 수 없으므로 이를 계산해야 한다.

마크 II의 추정현금흐름이 표 22.3에 제시되어 있다. 이 프로젝트는 1985년에 초기 투자 $900백만을 필요로 한다. 현금흐름은 다음 연도부터 시작하며, 1985년 기준으로 $807백만의 현가를 갖는데 이는 표 22.3에서 보듯이 1982년 기준으로는 $467백만과 같은 가치이다. 마크 II에 투자할 수 있는 실물옵션은 기초자산의 가치가 $467백만이고 행사가격 $900백만의 3년 만기 콜옵션에 해당된다.

실물옵션의 분석이 DCF분석을 대체하지 못함에 주목하라. 기초자산의 가치를 평가하는 데는 일반적으로 DCF분석을 필요로 한다.

질문: 표 22.2는 연 35%의 표준편차를 사용한다. 이 숫자는 어떻게 구한 것인가?

답: 비교대상(*comparable*)을 조사해 볼 것을 권한다. 비교대상이란 거래되는 주식 중 이 투자기회와 유사한 영업위험(business risk)을 갖는 주식을 의미한다.[1] 마크 II의 경우, 이상적인 비교대상은 PC시장에서의 성장주(growth stock) 또는 하이테크(high-tech) 성장주 모두를 포함할 수 있다. 비교대상 수익률의 평균 표준편차를 투자기회의 위험을 측정하는 벤치마크로 사용한다.[2]

질문: 표 22.3은 마크 II의 현금흐름을 20%로 할인한다. 마크 II의 위험이 크기 때문에 높은 할인율은 이해가 된다. 그러나 $900백만의 투자금액은 무위험 이자율 10%로 할인하지 않는가? 표 22.3에 의하면 1982년 기준으로 투자금액의 현재가치는 $676백만이다.

답: 블랙-숄즈는 행사가격이 고정된 일정 금액이라고 가정하였다. 우리는 그들의 기본적인 공식을 고수하기로 했다. 만일 행사가격이 불확실하면 약간 더 복잡한 가치평가공식으로 바꿀 수도 있다.[3]

질문: 그럼에도 불구하고 내가 만약 마크 II에 투자할 것인가에 대하여 1982년에 최종적으로 의사결정을 해야 한다면 나는 투자하지 않을 것이다. 그렇지 않은가?

답: 그렇다. 마크 II에 투자하기로 확정하면 순현가는 0보다 작다.

$$\text{순현가}(1982) = \text{PV}(\text{현금유입}) - \text{PV}(\text{투자금액}) = \$467 - 676 = -\$209\text{백만}$$

마크 II에 투자할 수 있는 옵션은 마크 II의 가치가 필요한 투자금액보다 훨씬 작기 때문에 '외가격(out of the money)'상태이다. 그럼에도 불구하고 옵션의 가치는 $55백만이다. 마크 II는 위험하지만 엄청난 상방 잠재력(upside potential)을 가진 프로젝트이기 때문에 옵션이 특히 가치가 있

1) 제10장에서 설명한 시나리오분석을 활용할 수도 있다. 가능한 미래가치의 범위를 결정하기 위하여 '최상'의 시나리오와 '최악'의 시나리오를 만들어라. 그리고 옵션의 잔존기간 동안 이 범위를 만들어낼 수 있는 연간 표준편차를 찾아라. 마크 II의 경우, $300백만~$2,000백만까지의 범위는 가능한 결과의 약 90%를 포함한다. 그림 22.1에서 알 수 있듯이 이 범위는 연간 표준편차 35%와 일관성이 있다.

2) 표준편차에서 부채사용 효과를 제거하여(unlever) 부채 차입에 의해 야기된 변동성을 제거해야 한다. 제17장에서 베타의 부채사용 효과를 제거하는 방법을 설명하였다. 동일한 원칙이 표준편차에도 적용된다. 비교대상에 의해 발행된 모든 부채와 자기자본 증권들로 구성된 포트폴리오의 표준편차가 필요하다.

3) 만일 필요한 투자금액이 불확실하면 실질적으로는 하나의 위험자산(행사가격의 미래가치)을 다른 위험자산(마크 II 현금흐름의 미래가치)과 교환하는 옵션을 소유하는 셈이다. W. Margrabe, "The Value of an Option to Exchange One Asset for Another," *Journal of Finance* 33(March 1978), pp. 177~186.

	1982		1985	1986	1987	1988	1989	1990
				연도				
세후 영업 현금흐름				+220	+318	+590	+370	0
운전자본의 증가				100	200	200	−250	−250
순 현금흐름				+120	+118	+390	+620	+250
PV(@20%)	+467	←	+807					
투자, PV(@10%)	676	←	900					
	(1982년의 PV)							
1985년의 예상 NPV			− 93					

표 22.3 마크 II 마이크로컴퓨터의 현금흐름(1982년부터 추정됨, $백만).

다. 그림 22.1은 1985년에 마크 II의 가능한 현재가치의 확률분포를 보여준다. 기대(즉 평균) 결과는 우리가 추정한 $807백만이지만[4] 실제의 가치는 $2,000백만을 넘을 수도 있다.

질문: 현금유입의 현재가치가 $807백만보다 훨씬 적은 $500백만 또는 그 이하가 될 수도 있지 않은가?

답: 하방 손실은 상관이 없다. 마크 II의 실제 가치가 $900백만보다 더 가치가 있는 것으로 판단되지 않으면 블리첸은 투자하지 않을 것이기 때문이다. 가치가 $900백만보다 낮은 경우 옵션의 순 지급금은 0이다.

DCF분석에서는 기대 결과($807백만)를 할인한다. 여기서 기대 결과는 상방 이익과 하방 손

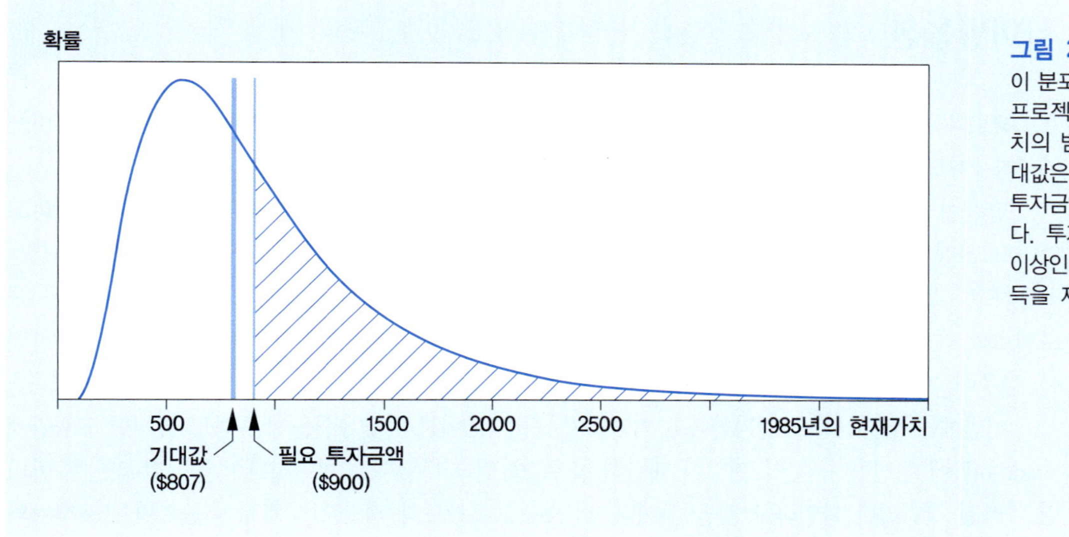

그림 22.1
이 분포는 1985년에 마크 II 프로젝트의 가능한 현재가치의 범위를 보여준다. 기대값은 약 $800백만으로 투자금액 $900백만보다 작다. 투자옵션은 $900백만 이상인 빗금친 부분에서 이득을 제공한다.

4) 마크 II 미래가치는 블랙-숄즈 공식의 가정과 일관성 있는 로그정규분포(lognormal distribution)로부터 만들어 냈다. 로그정규분포는 오른쪽으로 치우치므로(skewed to the right) 평균 결과가 가장 가능성이 있는 결과보다 크다(가장 가능성이 있는 결과는 확률분포에서 가장 높은 점에 해당된다).

실을 평균한 것이다. 그러나 콜옵션의 가치는 상방 이익에만 달려있다. 미래 투자기회의 옵션을 DCF로 평가하는 경우 수반되는 위험을 알 수 있을 것이다.

질문: 의사결정의 기준은 무엇인가?

답: 조정현가(APV)이다. 마크 I 프로젝트는 $46백만의 비용이 든다(NPV = −$46백만). 그러나 이를 추진하면 마크 II에 대한 확장옵션(expansion option)이 생긴다. 확장옵션은 $55백만의 가치가 있으므로 APV는 다음과 같다.

$$\text{APV} = -46 + 55 = +\$9\text{백만}$$

물론 다른 후속 투자기회를 고려하지 않았다. 마크 I과 마크 II가 성공적이면 마크 III, 마크 IV 등에 계속 투자할 수 있는 옵션이 생기게 된다.

다른 확장옵션

기업들이 오늘 투자하여 미래에 확장할 수 있는 기회를 만들어 내는 많은 경우들을 생각할 수 있다. 광산회사는 현재로서는 개발할 가치가 없지만 제품가격이 상승하면 대단히 큰 이익을 제공할 수 있는 광체(ore body)에 대한 권리를 취득할 수 있다. 부동산개발회사는 새로 고속도로가 건설되면 쇼핑몰로 개발할 수 있는 낡아빠진 농장에 투자할 수 있다. 제약회사는 새로운 약품을 판매할 수 있는 권리(의무는 아님)를 제공하는 특허권을 획득할 수 있다. 각각의 경우에 기업은 확장할 수 있는 실물옵션을 취득한 셈이다.

22.2 타이밍옵션

프로젝트가 양(+)의 순현가를 갖는다는 사실이 프로젝트를 오늘 반드시 시행해야 한다는 의미는 아니다. 시장이 어떻게 전개되는지 관찰하면서 기다리는 편이 더 나을 수도 있다.

당신이 지금 청어당화(malted herring) 공장을 건설하는 절호의 기회를 놓고 골똘히 생각하고 있다고 가정하자. 이 경우에는 공장의 미래 현금흐름의 현재가치에 대해 곧 만기가 되는 콜옵션을 소유하고 있는 셈이다. 만약 현재가치가 공장건설비용을 초과하면 콜옵션의 지급금(payoff)은 프로젝트의 순현가(NPV)이다. 그러나 순현가가 0보다 작으면 콜옵션의 지급금은 0이다. 왜냐하면 이 경우에 기업은 투자하지 않을 것이기 때문이다.

이번에는 공장건설을 연기한다고 가정하자. 당신은 여전히 콜옵션을 소유하고 있지만 교환관계(trade-off)에 직면한다. 만약 전망이 대단히 불투명하면 기다렸다가 청어시장이 좋아질 것인지 아니면 나빠질 것인지를 확인하고 싶을 것이다. 반면에 프로젝트가 정말로 수익성이 좋으면 프로젝트의 현금흐름을 빨리 획득할수록 좋다. 만약 현금흐름이 충분히 크면 즉시 옵션을 행사하려 할 것이다.

투자 프로젝트의 현금흐름은 주식에 대한 배당금과 같은 역할을 한다. 주식이 배당을 지급하지 않으면 미국식 콜옵션은 죽어 있는 것(옵션을 행사한 상태)보다 살아있는 것(행사하지 않은 상태)이 가치가 크기 때문에 절대로 조기에 권리를 행사하지 말아야 한다. 그러나 옵션 만기일 전에 배당을 지급하면 배당락으로 가격이 하락하기 때문에 만기일에서 콜옵션의 지급금을 감소시킬 수 있다. 극단적인 경우를 고려해 보자. 만일 기업이 모든 자산을 한 번의 특별배당으로 주주에게 모두 지급해 버리면 주가는 0이 되어야 하고 콜옵션은 가치가 없게 된다. 그러므로 모든 내가격(in-the-money) 옵션은 이와 같은 청산배당 직전에 행사될 것이다.

배당금이 항상 조기행사(early exercise)를 촉발하는 것은 아니다. 그러나 배당금이 충분히 크면 콜옵션 보유자는 배당락일 직전에 권리를 행사함으로써 배당금을 수령하려고 한다. 경영자도 동일한 방법으로 행동할 것이다. 프로젝트의 추정 현금흐름이 충분히 크면 경영자는 바로 투자하여 현금흐름을 획득한다. 그러나 추정 현금흐름이 작으면 프로젝트의 순현가가 양(+)일지라도 경영자는 당장 투자하기 보다는 콜옵션을 계속 보유하기 원할 것이다.[5] 이는 경영자들이 종종 양(+)의 순현가 프로젝트의 시행을 주저하는 이유를 설명해준다. 기다리는 옵션이 가능하고 또한 충분한 가치를 갖는 한 이처럼 주의를 기울이는 것은 합리적이다.

청어당화(糖化) 옵션의 가치평가

그림 22.2는 청어당화 프로젝트의 가능한 현금흐름과 연말의 가치를 보여준다. 오늘 $180백만을 투자하면 프로젝트의 가치는 $200백만이 된다. 만일 1차 연도에 수요가 낮으면 현금흐름은 $16백만 이고, 프로젝트의 가치는 $160백만으로 감소한다. 반면에 1차 연도에 수요가 높으면 현금흐름은 $250백만이고 프로젝트의 가치는 $250백만으로 증가한다. 프로젝트는 영속적으로 지속되지만 투자는 1차 연도 말 이상 연기될 수 없다고 가정한다. 따라서 1차 연도의 현금흐름과 1차 연도 말 기준의 가능한 가치만을 보이기로 한다. 만일 지금 투자를 시행하면 1차 연도의 현금흐름($16백만 혹은 $25백만)을 획득할 수 있다. 만일 연기하면 이 현금흐름을 놓치게 되지만 프로젝트가 어떻게 될 것인가에 대해서는 보다 많은 정보를 갖게 될 것이다.

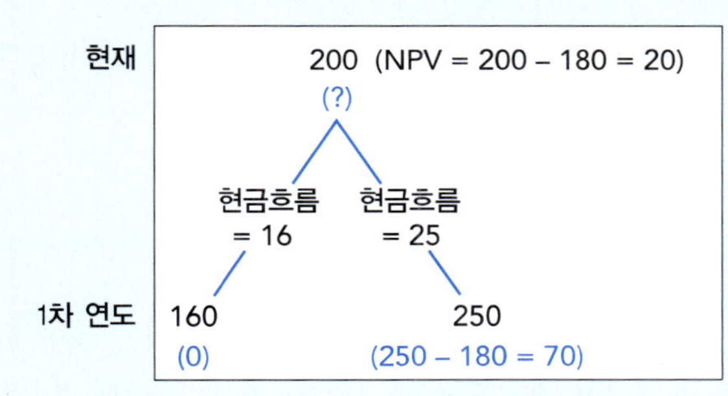

그림 22.2
청어당화 프로젝트의 가능한 현금흐름과 기간 말의 가치는 검은 색으로 표시되어 있다. 프로젝트의 비용은 $180백만이다(지금 하든 나중에 하든 동일함). 괄호 안의 연한 색으로 표시된 숫자는 프로젝트가 1차 연도에 양(+)의 순현가를 보이는 경우 기다렸다가 나중에 투자할 수 있는 옵션의 이득을 보여준다. 기다린다는 것은 첫 해의 현금흐름을 얻지 못한다는 것을 의미한다. 문제는 옵션의 현재가치를 파악하는 것이다.

5) 프로젝트의 추정현금흐름에 대해서는 약간 모호한 입장이었다. 만일 경쟁자들이 시장에 진입하여 당신이 얻을 수 있는 현금을 가져간다고 가정하면 의미는 확실하다. 그러나 유정(oil well)을 개발하려는 의사결정의 경우는 어떤가? 이 경우에 지연(delay)은 땅 속의 석유를 허비하지 않는다. 이는 단순히 생산과 이에 연관된 현금흐름을 연기할 뿐이다. 기다리는 비용은 생산으로부터 발생하는 매출의 현재가치가 하락하는 것이다. 미래 석유가격의 상승률이 충분히 높지 않으면, 즉 할인된 석유의 가격이 현재 가격보다 낮으면 현재가치는 감소한다.

이항 방법(binomial method)을 이용하여 이 옵션의 가치를 평가할 수 있다. 첫 번째 단계는 투자자들이 위험중립인 것으로 가정하고 위험중립 세상에서 수요가 큰 경우와 작은 경우의 확률을 계산한다. 만일 1차 연도에 수요가 높으면 청어당화공장은 $25백만의 현금흐름을 제공하고 연말 기준의 가치는 $250백만이 된다. 총 수익률은 (25 + 250)/200 − 1 = 0.375, 즉 37.5%이다. 반대로 수요가 낮으면 공장은 $16백만의 현금흐름을 제공하므로 연말 기준의 가치는 $160백만이다. 이 경우 총 수익률은 (16 + 160)/200 − 1 = −0.12, 즉 −12%이다. 위험중립(*risk-neutral*) 세상에서 기대수익률은 (5%로 가정한) 이자율과 동일하므로,

$$\text{기대수익률} = (\text{수요가 높을 확률}) \times 37.5 + (1 - \text{수요가 높을 확률}) \times (-12) = 5\%$$

따라서 수요가 높을 (가공의) 확률은 34.3%이다.

우리는 지금 행사가격이 $180백만인 청어당화 프로젝트에 대한 콜옵션의 가치를 평가하려고 한다. 항상 그렇듯이 끝에서 시작하여 거꾸로 진행한다. 그림 22.2의 마지막 줄은 연말 기준으로 옵션의 가능한 가치를 보여준다. 만일 프로젝트 가치가 $160백만이면 옵션은 가치가 없다. 반대로 프로젝트 가치가 $250백만이면 옵션의 가치는 250 − 180 = $70만이다.

현재 시점에서의 옵션의 가치를 계산하기 위하여 위험중립의 세계에서 기대 지급금을 계산하고 이를 5% 이자율로 할인한다. 따라서 청어공장에 투자할 수 있는 옵션의 가치는 아래와 같이 $22.9백만이다.

$$\frac{(0.343 \times 70) + (0.657 \times 0)}{1.05} = \$22.9\text{백만}$$

그러나 이 시점에서 옵션을 즉시 행사할 수 있는 기회를 인식할 필요가 있다. 옵션을 행사하지 않으면 옵션의 가치는 $22.9백만이다. 그러나 옵션을 즉시 행사하면 그 가치는 프로젝트의 지금 순현가(200 − 180 = $20백만)만큼의 가치가 있다. 따라서 기다렸다가 수요가 높은 것으로 밝혀지면 다음 해에 투자하기로 결정한다.

물론 청어당화 프로젝트의 계산은 단순화된 것이다. 한 단계 이항 나무 형태에 맞는 실제 투자 타이밍 문제는 그리 흔하지 않다. (다음 절에서 좀 더 현실적인 8단계 나무 형태의 문제를 다룬다.) 그러나 이 예는 우리에게 중요한 실제적 요점을 전해준다. 공장의 순현가가 0보다 크다고 해서 그것이 지금 투자할 충분한 이유가 되지는 못한다. 기다려 보는 것이 더 좋을 수도 있다.

부동산개발의 최적 시점

종종 프로젝트의 순현가가 큰 양(+)의 값을 갖는 프로젝트라고 하더라도 오래 기다리는 것이 유리할 수도 있다. 시내 외곽에 나대지를 소유하고 있다고 가정하자.[6] 이 땅은 호텔 또는 오피스빌딩을 짓는 데 사용될 수 있지만 둘 다 지을 수는 없다. 호텔은 차후에 오피스빌딩으로 전환할 수 있고, 오피스빌딩도 차후에 호텔로 전환될 수 있는데 여기에는 상당한 비용이 수반된다. 따라서

6) 이 예는 P. D. Childs, T. J. Riddiough, and A. J. Triantis, “Mixed Uses and the Redevelopment Option,” *Real Estate Economics* 24(Fall 1996), pp. 317~339에 기초함.

비록 두 투자의 순현가가 모두 양(+)일지라도 당신은 투자하기를 꺼리게 된다.

이 경우에 투자자는 2개의 투자옵션을 가지고 있지만 그 중 하나만 행사할 수 있다. 그러므로 옵션을 행사하지 않고 기다리면 두 가지 사실을 파악할 수 있다. 첫째, 소유한 땅 근처에 개발된 건물가치의 변화를 관찰함으로써 개발할 때 예상되는 현금흐름의 일반적인 수준에 대하여 알 수 있다. 둘째, 호텔 또는 오피스빌딩 미래 현금흐름의 상대적인 규모에 대한 추정치를 갱신(update)할 수 있다.

그림 22.3은 호텔 또는 오피스빌딩을 건설하기로 최종적으로 결정할 조건을 보여준다. 가로축은 호텔이 창출할 지금의 현금흐름을 보여준다. 세로 축은 오피스빌딩의 현금흐름을 보여준다. 단순화를 위해 지금의 현금흐름이 100이면 각 투자는 정확히 0의 순현가를 갖는다고 가정하자. 따라서 오늘 투자해야 한다면 현금흐름이 100보다 크다고 가정하고 더 큰 현금흐름을 제공하는 빌딩을 선택할 것이다. (만일 오늘 결정해야 하는데 각 빌딩이 모두 동일한 현금흐름, 예컨대 150을 제공하면 어떻게 하는가? 동전을 던져 결정한다.)

만약 두 빌딩의 현금흐름이 그림 22.3의 오른쪽 아래의 그늘진 영역에 속하면 호텔을 짓는다. 이 영역에 속하려면 호텔의 현금흐름은 두 가지 조건을 만족시켜야 한다. 첫째, 호텔 현금흐름은 최소수준인 240을 넘어야 한다. 둘째, 호텔 현금흐름은 오피스빌딩 현금흐름보다 충분히 큰 금액만큼 커야 한다. 만일 반대의 상황이 발생하면, 즉 오피스빌딩의 현금흐름이 최소수준인 240을 초과하고 호텔의 현금흐름을 충분히 초과하면 오피스빌딩을 지어야 한다. 이 경우에 현금흐름은 그림 왼쪽 상단의 그늘진 영역에 속하게 된다.

그림 22.3에서 "기다리면서 상황파악(wait and see)" 영역이 45도 선을 따라 어떻게 퍼져나가는지 주목하라. 호텔과 오피스빌딩의 현금흐름이 거의 동일하면 선택하는 데 매우 주의해야 한다.

그림 22.3에서 투자를 정당화하기 위하여 현금흐름이 얼마나 커야 하는지 놀랄 것이다. 거기에는 세 가지 이유가 있다. 첫째, 오피스빌딩을 건축하는 것은 호텔을 건축하지 않는다는 것이며, 반대의 경우도 마찬가지다. 둘째, 그림 22.3의 계산은 작지만 성장하는 현금흐름을 가정한다. 따라서 기다리는 비용은 작다. 셋째, 이 계산은 다른 사람이 바로 옆에 경쟁하는 호텔 또는 오피스빌딩을 짓는 경우의 위협을 고려하지 않았다. 이를 고려하면 그림 22.3에서 "천천히 기다리라고" 추천하는 영역은 급격하게 감소할 것이다.

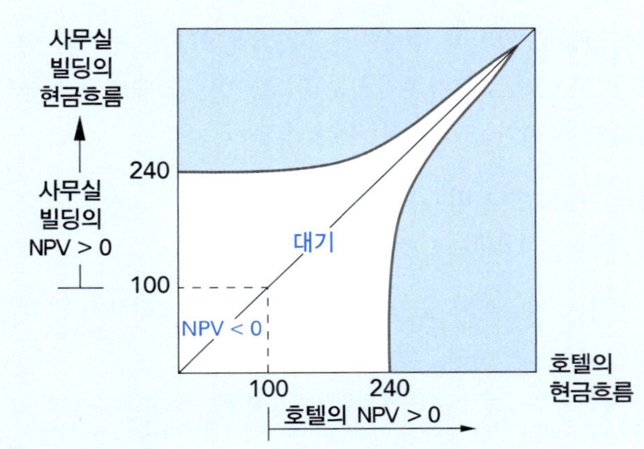

그림 22.3
나대지의 개발옵션(두 용도(호텔 또는 오피스빌딩)가 상호 배타적으로 가능함). 호텔과 오피스빌딩의 현금흐름이 음영 처리된 부분에 속하지 않는 한 개발업자는 "기다리면서 관찰해야(wait and see)" 한다.

자료원: 다음 논문의 그림 1을 고쳐서 게재. P. D. Childs, T. J. Riddiough, and A. J. Triantis, "Mixed Uses and the Redevel—opment Option." *Real Estate Economics* 24(Fall 1996), pp. 317~339.

22.3 포기옵션

확장의 가치는 중요하다. 투자가 잘 될 것으로 판단되면 사업은 쉽게, 그리고 빠르게 확장할수록 유리하다. 그러나 나쁜 소식이 와서 현금흐름이 기대치를 훨씬 밑돈다고 가정하자. 이 경우에 프로젝트를 구제(bail out)하여 프로젝트의 공장, 기계, 그리고 다른 자산들의 가치를 회복하는 옵션을 가지는 것이 유용하다. 포기할 수 있는 옵션(option to abandon)은 풋옵션과 동등하다. 만일 프로젝트의 자산으로부터 회수할 수 있는 가치가 프로젝트를 더 계속하는 경우의 현재가치보다 크면 포기옵션(abandonment option)을 행사한다.

이항 방법(binomial method)은 대다수 포기옵션의 경우 안성맞춤이다. 다음의 예를 보자.

지르콘 서브덕터 프로젝트

메인서브덕터회사(Maine Subductor Corp.)의 CFO인 돈 이스트(Dawn East) 여사는 서브덕터(suductor, 제거장치)의 생산을 시작할 것인가를 결정해야 한다. 이 프로젝트는 $12백만의 투자를 필요로 하는데 $2백만은 도로와 공장을 정비하는 데 사용되고 $10백만은 기계장비의 구입에 사용된다. 기계장비는 운영비(고정비용)로 연간 $700,000($0.7백만)이 든다. 단순화를 위해 다른 비용들과 세금은 무시한다.

오늘의 가격을 기준으로 프로젝트는 연간 $2.5백만의 매출액을 올릴 것이다. 연간 생산량은 일정하므로 매출은 가격에 비례한다. 만일 오늘 광산이 가동되고 있다면 현금흐름은 2.5 − 0.7 = $1.8백만이 될 것이다.

프로젝트의 현재가치 계산 실물옵션 분석의 첫 번째 단계는 기초자산, 즉 옵션이 붙어있지 않은 프로젝트의 가치를 평가하는 것이다. 이것은 대체로 할인 현금흐름(discounted cash flow, DCF)으로 계산된다. 이 경우에 불확실성의 주요 원천은 지르콘 서브덕터의 미래 판매가격이다. 따라서 이스트 여사는 미래 매출액의 현재가치를 계산하는 것으로부터 분석을 시작한다. 그녀는 서브덕터 가격이 상승하는 추세는 전혀 인식하고 있지 않으며, 향후 8년 동안 가격이 안정적일 것으로 예측한다. 고정비용은 $0.7백만으로 일정하다. 그림 22.4의 상단부는 이 현금흐름 예측치를 보여주고, 현재가치를 계산한 것이다. 위험조정 할인율 9%로 할인한 매출액은 $13.8백만이고, 무위험 이자율 6%로 할인한 고정비용은 $4.3백만이다.[7] 프로젝트의 잔존가치는 없고 10년의 수명기간 동안 포기가 불가능하다고 가정하면 이 프로젝트의 순현가는 다음과 같다.

$$\begin{aligned}\text{NPV} &= \text{PV(수입금)} - \text{PV(고정비용)} - \text{투자금액} \\ &= \$13.84 - 4.35 - 12.00 = -\$2.51\text{만}\end{aligned}$$

순현가는 0보다 약간 작다. 그러나 이스트 여사는 지금까지 포기에 대해서는 전혀 고려하지 않았다.

7) 매출과 고정비용의 현재가치를 따로 계산하는 이유는 무엇인가? 이유는 랜덤워크(표준편차는 일정하다고 가정함)를 따른다고 가정할 수 있는 매출의 경우 이항과정을 구성하는 것이 보다 쉽기 때문이다. 이항과정이 구성된 후에 고정비용을 차감하기로 한다.

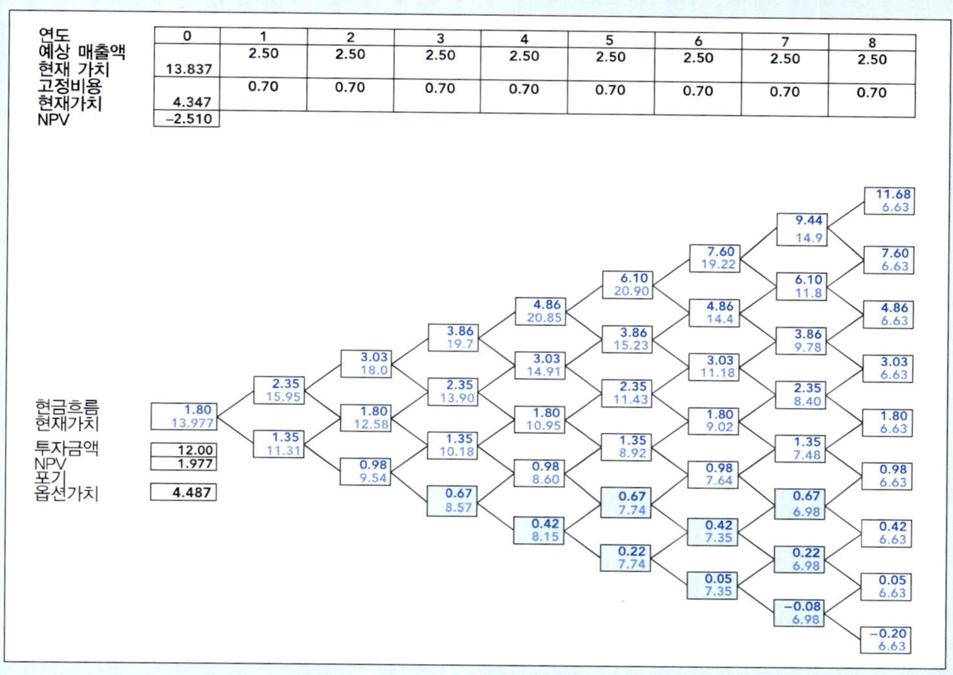

그림 22.4

서브덕터 프로젝트의 이항과정. 현금흐름(위의 숫자)과 기간 말 현재가치는 각 마디별로 나타냈다(단위: $백만). 현금흐름이 그늘진 상자 쪽으로 떨어지면 포기가 발생한다. 초기 현재가치는 약 $14백만이다.

이항 나무의 작성 이제 이스트는 매출과 매출액의 현가에 대하여 이항 나무를 작성한다. 그녀는 서브덕터 가격이 연간 표준편차 약 20%인 랜덤워크를 따른다고 생각한다. 그녀는 1년에 1단계 진행하는 이항 나무(binomial tree)를 작성한다. 수입금이 '상승'하는 경우는 전년도 매출의 122%가 되고, '하락'하는 경우는 전년도 매출의 82%가 된다.[8] 따라서 1년 후의 상향 수입금과 하향 수입금은 각각 $2.5 × 1.22 = $3.5백만과 $2.5 × 0.82 = $2.05백만이다. 고정비용을 차감한 후의 상향과 하향 현금흐름은 각각 $2.35백만과 $1.35백만이다. 이렇게 작성된 나무 그림의 처음 2년 동안의 수치가 아래에 제시되어 있다(단위는 $백만).

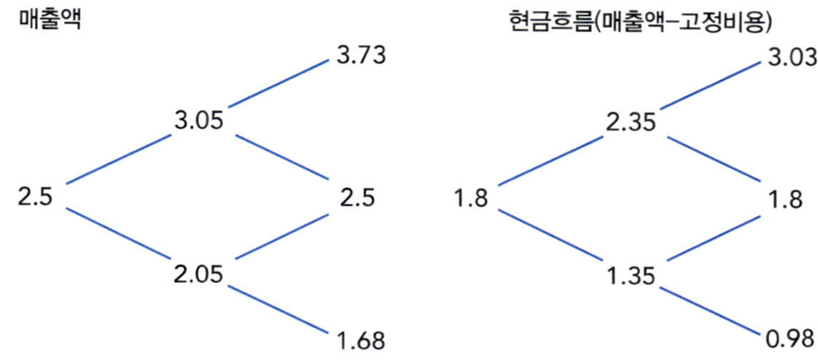

8) 상향 확률을 구하는 공식(제21.2절 참조)은 $u = e^{\sigma\sqrt{h}}$이다. 여기서 σ는 연간 표준편차이고 h는 1년의 비율로 표시된 기간 또는 간격(interval)이다. 이 경우에 $h = 1$과 $e^{\sigma} = e^{0.2} = 1.22$이다. 하향 확률은 $d = 1/u = 0.82$이다.

그림 22.4는 1차 연도의 현금흐름에서 시작하는 이항 나무 전체를 보여준다. (이 회사는 아직 생산을 시작하지 않았기 때문에 연도 0에서는 아무런 수입도 없다.) 각 마디(node)에서 위의 숫자는 현금흐름이다. 아래 숫자는 향후 모든 현금흐름의 연말 기준의 현재가치(이하 연말가치)이다. 현금흐름에는 프로젝트가 끝나거나 또는 포기하는 경우 기계장비의 가치도 포함된다. 현재가치가 어떻게 계산되었는지는 잠시 후 살펴본다.

마지막으로 이스트 여사는 매출액의 상향과 하향 변화의 위험중립 확률 p와 $1-p$을 계산한다. 여기서 잠깐 멈추어서 각 연도의 수입이 올바르게 계산되었는지 확인해야 한다. 수입을 위험조정 수익률 9%로 할인했음을 기억하자. 그러므로 1차 연도의 현재가치는 $2.5백만이 아니라 다음과 같이 $2.29백만밖에 안 된다.

$$\text{PV} = \frac{2.5}{1.09} = \$2.29\text{백만}$$

그러므로 여기서는 무위험 수익률 6%와 같은 기대수익률을 제공해 주는 위험중립 확률을 계산해야 한다.[9]

$$\text{기대수익률} = \frac{[3.05p + 2.05(1-p)]}{2.29} - 1 = 0.06$$
$$\text{상향 변화 확률} = 0.382$$
$$\text{하향 변화 확률} = 0.618$$

비례적인 상향 및 하향 움직임들이 각 마디에서 동일하기 때문에 이항 나무의 각 마디에서 이들 확률을 사용할 수 있다.

최적 포기가치와 프로젝트 가치 구하기 이스트 여사는 프로젝트의 수명을 8년으로 가정하였다. 정상적으로 연간 5%씩 감가상각하는 생산장비는 8년 후 $6.63백만의 가치를 가질 것이다. 이 잔존가치(salvage value)는 장비를 얼마에 팔 수 있는가를 의미하기도 하고, 또는 다른 용도로 전환되는 경우 메인서브덕터회사에 얼마의 가치를 갖는가를 의미할 수도 있다.

이항 나무(binomial tree)에서 프로젝트의 가치를 계산해 보자. 그림 22.4의 오른쪽 끝(8차 연도)에서 시작하여 현재 시점으로 거꾸로 진행한다. 이 회사는 광체가 완전히 고갈되는 8차 연도에는 확실히 프로젝트를 포기할 것이다. 따라서 마지막 잔존가치($6.63백만)를 제8연도의 연말 가치로 기록한다. 그리고 나서 7차 연도로 거꾸로 진행한다.

메인서브덕터회사(Maine Subductor)가 7차 연도에 가장 좋은 상태가 되어서 현금흐름이 $9.44백만이라고 하자. 회사가 프로젝트를 포기하지 않으면 상방 지급금(upside payoff)은 8차 연도의 '상향' 마디의 값으로 11.68 + 6.63 + $18.31백만이다. 하방 지급금은 7.6 + 6.63 = $14.23백만이다. 위험중립 확률을 사용하여 계산한 현재가치는 다음과 같다.

$$\text{PV} = \frac{(0.382 \times 18.31) + (0.618 \times 14.23)}{1.06} = \$14.90\text{백만}$$

---

9) '상향' 수입금은 현재 수입금 수준의 122%이지만 내년도 예측 수입금의 현재가치의 133%임에 유의하라. 그러므로 6%의 평균 수익률을 창출하는 데 필요한 '상향' 확률은 상대적으로 작다.

이 회사는 제7연도 말에 포기하고 $6.98백만의 잔존가치를 실현할 수도 있지만 계속하는 편이 더 낫다. 따라서 그림 22.4의 제7연도 위쪽 마디(node)의 기간 말 가치로 $14.90백만을 기록한다.

동일한 방식으로 7차 연도의 다른 마디의 기간 말 가치를 채워 넣는다. 그러나 어떤 점에서는 현금흐름이 점점 작아지는 단계로 내려가서 프로젝트를 계속하는 것보다 포기하는 것이 유리한 마디가 나타난다. 이 마디는 현금흐름이 $0.67백만인 경우이다. 계속하는 경우의 현재가치는 다음과 같다.

$$PV = \frac{0.382 \times (0.98 + 6.63) + 0.618 \times (0.42 + 6.63)}{1.06} = \$6.85\text{백만}$$

포기하는 경우의 지급금이 $6.98백만이므로 7차 연도의 마디에서 현금흐름이 $0.67백만보다 작거나 같은 모든 마디에는 이 $6.98백만을 가치로 기록한다.

제7차 연도의 현금흐름과 연말가치는 6차 연도에서 프로젝트를 계속하는 경우의 지급금이다. 제6차 연도의 각 마디에서 포기할 것인가를 확인하면서 가치를 계산한다. 제5차 연도에도 같은 방식을 반복하고, 다음으로 4차 연도 등등 계속하여 연도 0(현재 시점)까지 진행한다. 이 예에서 메인서브덕터회사는 어떤 연도이든 현금흐름이 $0.67백만으로 떨어지면 프로젝트를 포기해야 한다. 이는 그림 22.4에 진한 색으로 표시된 마디이다.

이항 나무를 통해 거꾸로 문제를 풀어감으로써 연도 0(현재 시점)의 현재가치 $13.977백만과 순현가 $13.977 − 12.00 = $1.977백만을 얻는다.[10] 포기할 수 있는 옵션이 없다면 DCF 평가가치는 −$2.51백만이었을 것이다. 그러므로 포기할 수 있는 옵션의 가치는 $1.977 + 2.510 = $4.487백만이다.[11] APV 형식으로 계산하면 다음과 같다.

$$\begin{aligned} APV &= NPV(\text{포기옵션 없음}) + \text{포기옵션의 가치} \\ &= -2.51 + 4.487 = +\$1.977\text{백만} \end{aligned}$$

타이밍 옵션도 확인해 봐야겠지만 프로젝트는 괜찮아 보인다. 이스트 여사는 기다리기로 결정할 수도 있다.

포기가치와 프로젝트의 수명

이스트 여사는 지르콘 서브덕터 프로젝트가 확정된 8년의 수명을 갖는다고 가정하였다. 그러나 대부분 프로젝트의 경제수명은 시작하는 시점에서는 정확히 알지 못한다. 신제품으로부터의 현금흐름은 제품이 시장에서 실패하면 1년 남짓한 정도밖에 지속될 수 없을지도 모른다. 그러나 만일 성공하면 그 제품 또는 그 제품을 향상시키거나 변형시킨 제품은 수십 년 동안 계속 생산될 수도 있다.

프로젝트의 경제수명은 프로젝트의 현금흐름만큼이나 추정하기가 어렵다. 그러나 표준적인

10) 직접 계산할 필요는 없지만 이를 확인할 수는 있다. 그림 22.4의 온라인 스프레드시트가 이 책의 웹사이트(**www.mhhe.com/bma**)에 올려져 있다.

11) 그러나 이 예에서 조기 포기(*early* abandonment)의 가치는 비교적 작다. 메인서브덕터가 그 이전이 아니라 8차 연도에 $6.63백만의 잔존가치를 회수할 수 있다고 가정하자. 이 회수금액의 0시점에서의 현재가치는 6%의 할인율을 적용하면 $4.16백만이다. 이 경우에 APV는 −2.51 + 4.16 = $1.65백만으로 조기 포기가 허용된 경우의 APV인 $1.977백만보다 약간 작다.

현금흐름 할인법을 이용한 자본예산 분석에서는 수명은 고정된 미래 시점에 끝나는 것으로 가정한다. 실물옵션 분석은 그 가정을 완화할 수 있도록 해준다. 그 절차는 다음과 같다.[12)]

1. 가장 잘 추정한 프로젝트의 경제수명 이후 상당 기간 동안의 가능한 현금흐름의 범위를 예측한다. 예를 들어 당신이 추측하는 수명이 8년이라고 가정하자. 그림 22.4과 같은 이항 나무를 20년간으로 늘여서 만들 수 있다.
2. 포기가치를 포함하여 프로젝트의 가치를 평가한다. 가장 낙관적인 상방(upside) 시나리오의 경우 프로젝트의 수명은 20년이다 — 제20연도 이전에 프로젝트를 포기하는 것은 말이 안 된다. 최악의 하방(downside) 시나리오의 경우 프로젝트의 수명은 이보다 훨씬 짧다. 왜냐하면 계속 수행하는 것보다 포기하는 것이 더 가치가 있기 때문이다. 프로젝트 수명에 대한 최초의 추측이 정확하다면, 실제의 현금흐름이 기대치와 동일한 중간 시나리오에서는 포기시점은 8년 근처가 될 것이다.

이 절차는 프로젝트 수명을 프로젝트의 성과와 연계시킨다. 이 절차는 먼 미래를 제외하고는 프로젝트의 종료일을 임의적으로 지정하지 않는다.

임시포기

기업은 종종 프로젝트를 임시로 포기하도록 허용하는, 즉 상황이 호전될 때까지 뒤로 미룰 수 있도록 하는 복잡한 옵션에 당면한다. 회사가 단기 현물시장에서 운행되는 유조선을 소유한다고 가정하자. (다시 말해서, 항해를 시작하는 시점에서 단기 전세요금이 얼마든 상관없이 항해별로 유조선을 전세로 임대한다.) 유조선은 연간 운영비용이 $5,000만이고, 현재의 요금으로는 연간 전세 수입금 $5,250만이 발생한다. 따라서 유조선은 이익을 낼 수는 있으나 축하할 정도는 아니다. 가령 유조선 전세요금이 10% 하락하여 매출액이 $4,700만으로 하락한다고 하자. 즉시 선원들을 해고하고 가격이 회복될 때까지 유조선을 잠정 퇴역(mothball)시킬 것인가? 이 질문에 대한 답은 유조선 영업이 수도꼭지처럼 쉽게 틀었다 잠글 수 있다면 분명히 "예"이다. 그러나 이는 비현실적이다. 유조선을 잠정 퇴역시키는 데는 고정비용이 발생한다. 회사는 이 고정비용을 부담했다가 요금이 이전 수준으로 회복되어 다음 달에 그 결정을 후회하는 일이 생기기 않기를 바란다. 퇴역비용이 클수록, 그리고 전세요금 수준의 변동성이 클수록, 사업을 중단하고 배를 부두에 세워 두기로 결정하기 전에 감수해야 하는 손실금액은 더 커진다.

궁극적으로 시장에서 유조선을 운행하지 않기로 결정하였다고 하자. 유조선을 임시로 부두에 세워둔다.[13)] 2년 후에 이 생각이 옳은 것으로 밝혀졌다. 즉 전세요금이 상승하여 유조선을 운영하는 경우의 수입금이 운영비 $5,000만보다 커진다. 즉시 유조선을 재가동하겠는가? 재가동 비용이 수반된다면 즉시 재가동해서는 안 된다. 프로젝트가 충분히 흑자로 돌아서고, 유조선을 다시 운행하는 데 들어가는 비용에 대해 후회하지 않을 상당한 자신이 설 때까지 기다리는 것이 합리적이다.

12) S. C. Myers and S. Majd, "Abandonment Value and Project Life," in *Advanced in Futures and Options Research*, ed. F. J. Fabozzi(Greenwich, CT: JAI Press, 1990ed.)

13) 유조선을 예비역으로 두는 것이 논리적이라고 가정한다. 만일 요금이 충분히 하락하면 유조선을 해체하는 것이 유리하다.

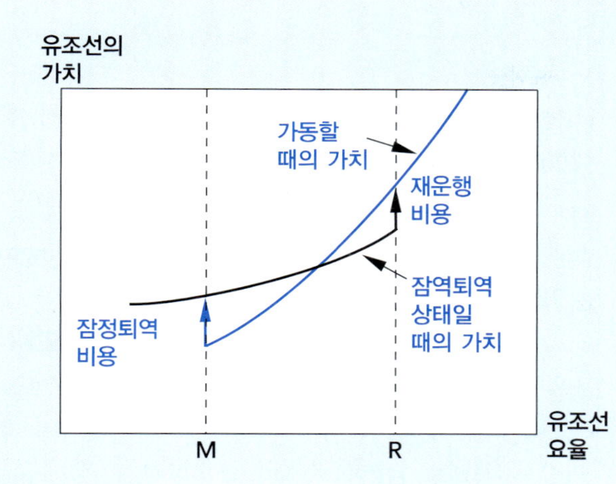

그림 22.5
유조선은 요금이 M으로 하락하면 예비역으로 돌려야 한다. 여기서 M은 예비역 유조선의 가치가 퇴역비용을 충당할 만큼 운행 중인 유조선의 가치보다 충분히 높은 가격이다. 유조선은 요금이 R로 회복되면 재운행된다.

이런 선택들이 그림 22.5에 예시되어 있다. 청색으로 표시된 선은 가동 중인 유조선의 가치가 전세요금의 수준에 따라 어떻게 변하는지 보여준다. 검은색 선은 예비역으로 대기 중인 유조선의 가치를 보여준다.[14] 유조선을 잠정 퇴역시키는 것이 유리한 전세요금의 수준이 M이고 재운행이 유리한 전세요금의 수준이 R이다. 잠정 퇴역시키고 재운행하는 데 수반되는 비용이 클수록, 그리고 유조선 전세요금의 변동성이 클수록, 두 점 간의 거리는 멀어진다. 퇴역된 유조선의 가치가 운행 중인 유조선의 가치에 퇴역비용을 더한 금액에 도달하면 유조선을 퇴역시키는 것이 유리하다. 반면에 현물시장에서 운행 중인 유조선의 가치가 퇴역된 유조선의 가치에 재운행 비용을 더한 금액에 도달하면 재운행시키는 것이 유리하다. 전세비용이 M보다 낮으면 유조선의 가치는 검은색 선에 의해 결정된다. 전세비용이 R보다 높으면 청색으로 표시된 선에 따라 유조선의 가치가 결정된다. 그리고 M과 R 사이에 있으면 유조선의 가치는 운행 중인가 아니면 퇴역 중인가에 의해 결정된다.

22.4 생산의 유연성

생산의 유연성이란 수요 또는 가격의 변동에 반응하여 입력요소(input)나 산출물(output)을 변경시킬 수 있는 능력을 의미한다. CT 생산공장(combustion-turbine generating plants)의 경우를 예로 들어보자. 이 공장은 순간적인 최대수요 전력을 공급하도록 설계되어 있다. CT는 석탄이나 핵발전소의 열효율을 따라갈 수 없지만 빠른 가동과 중단이 가능하다. 석탄발전소와 핵발전소는 장기간의 '기본 부하(base load)'의 경우에만 효율적이다.

14) Dixit와 Pindyck는 중간 규모의 유조선일 경우 이런 분계점(threshold)을 추정하고 이 분계점들이 어떻게 운송료의 비용과 변동성에 의해 영향을 받는지를 보였다. A.K. Dixit and R.S. Pindyck, *Investment under Uncertainty*, Princeton University Press, Princeton, NJ, 1994, 제7장 참조. 브래넌(Brennan)과 슈와르츠(Schwartz)는 임시 폐광 옵션이 포함된 광산 투자에 대한 분석을 제공한다. M. Brennan and E. Schwartz, "Evaluating Natural Resource Investments," *Journal of Business* 58(April 1985), pp. 135~157 참조.

유연성의 가치평가

스탠포드대학 교수진의 도움으로 휴렛팩커드(Hewlett-Packard)는 1990년대 초반부터 실물옵션에 관한 실험을 하고 있다. 예시: 80년대에 HP는 외국시장에 수출되는 잉크제트 프린터를 공장에서 주문 생산하고 완성된 형태로 외국의 창고로 수송하였다. 공장에서 주문 생산하는 것이 현장에서 하는 것보다 저렴하다. 그러나 HP는 수요를 계속 잘못 예측하였다. 예를 들어 프랑스 고객에게 맞춘 프린터는 너무 많이 생산하고 독일 고객용은 너무 적게 생산했다.

고위 경영진은 부분적으로 조립된 프린터를 선적하고, 실제로 주문이 들어오면 이를 외국의 창고에서 주문 생산하는 편이 더 현명할 것이라는 것을 깨달았다. 각 지역에서 주문 생산을 하면 비용이 많이 발생하는 것은 사실이다. 그러나 생산비용이 증가했음에도 불구하고 HP는 효과적으로 수요와 공급을 매칭시킴으로써 매달 $300만을 절약하였다고 HP의 전략기획과 모델링(Strategic Planning and Modeling) 그룹을 지도하고 있는 전 스탠포드 대학교수인 코리 빌링턴(Corey A. Billington)은 말한다.

상식적으로 맞는가? 그렇다. 그러나 이는 또한 실물옵션의 문제를 산뜻하게 해결한 것으로 볼 수도 있다. 생산비용의 증가(이는 평범한 엔지니어에게는 저주이다)는 실제로 HP가 컴퓨터 주문명세(configuration)의 결정을 최적 시점까지 연기할 수 있는 옵션에 대하여 지불한 가격이었다.

자료원: 특별 승인을 얻어 P. Coy, "Exploiting Uncertainty," *Business Week*, 1999. 6. 7호에서 전제. © 1999 by The McGraw-Hill Companies, Inc.

CT 운영에서 얻어지는 이익은 **스파크 스프레드**(*spark spread*), 즉 전기 가격과 연료로 사용되는 가스 비용 간의 차이에 달려있다. 평균적인 스파크 스프레드에서는 CT는 손해 보는 방식이다. 그러나 스프레드는 변동이 심하며, 전력 수요가 높고 발전 용량이 여유가 없을 때는 매우 높은 수준으로 치솟을 수 있다. 그러므로 CT는 스파크 스프레드가 충분히 높을 때 매일 매일 (심지어 시간대 별로) 행사할 수 있는 일련의 콜옵션을 제공한다. 콜옵션은 정상적으로는 외가격 상태이다. (CT는 전형적으로 전 기간 중 5%만 가동된다.) 최대 수요 때 부과하는 가격에서 벌어들이는 돈은 CT 투자를 할 만한 일로 만들어 준다.

스파크 스프레드의 변덕성은 전기 가격과 연료로 사용되는 천연가스 가격 간의 상관관계에 달려 있다. 만약 상관관계가 1.0이어서 전기 가격과 천연가스 가격이 달러 대 달러로 같이 움직인다면 스파크 스프레드는 그 평균치로부터 거의 움직이지 않을 것이며, 가스터빈을 운영할 수 있는 옵션은 아무런 가치도 없을 것이다. 그러나 사실상 상관관계는 1.0보다 적어서 옵션은 가치가 있다. 이에 더해 어떤 CT는 추가적인 옵션을 제공하도록 설정되어 있다. 천연가스뿐만 아니라 석유 발전소에서도 사용될 수 있기 때문이다.[15)]

이 예에서 산출물(즉 전기)은 동일하다. 옵션가치는 사용되는 원료(석유 또는 천연가스)와 생산량을 바꿀 수 있는 능력으로부터 발생한다. 다시 말하면 옵션가치는 동일한 생산설비를 이용하여 한 제품에서 다른 제품으로 전환할 수 있는 유연성(flexibility)에서 나온다. 예를 들어 섬유회사는

15) 산업용 증기와 난방 시스템 역시 상대적인 연료비용에 따라 연료 간 전환이 가능하도록 설계할 수 있다. N. Kulatilaka, "The Value of Flexibility: The Case of a Dual-Fuel Industrial Steam Boiler," *Financial Management* 22(Autumn 1993), pp. 271~280 참조.

컴퓨터로 통제되는 편물기에 엄청나게 투자하였는데, 이 편물기는 수요와 패션이 요구하는 대로 제품 간, 그리고 디자인 간의 전환이 이루어지도록 허용한다.

조달(*procurement*)의 유연성도 옵션가치를 갖는다. 예를 들어 내년의 생산을 계획하고 있는 컴퓨터 제조회사는 많은 양의 디스크 드라이브와 마이크로프로세서와 같은 부품을 구입할 계획을 해야 한다. 이 회사는 부품제조회사와 오늘 구매계약을 해야 하는가? 계약을 하면 수량, 가격, 그리고 인도일이 확정된다. 그러나 이는 내년에 부품공급업자를 바꿀 수 있는 능력 또는 내년에 가격이 하락하면 '현물(spot)' 가격으로 부품을 구입할 수 있는 능력과 같은 유연성을 포기하는 것이다. 실무에서 배우는 재무 글상자에서는 생산 또는 조달 과정에서 유연성이 갖는 가치에 대한 다른 예를 보여준다.

22.5 항공기 구매 옵션

마지막 예로, 미래에 사용하기 위해 새로운 항공기를 주문하는 문제에 직면한 항공사의 예를 다시 고려해 보자. 항공산업에서는 항공기의 주문과 인도 시점 간의 조달 기간(lead time)이 길게는 몇 년씩 걸릴 수 있다. 조달 기간이 길어지면 오늘 항공기를 주문한 항공사는 항공기가 필요하지 않는 상태가 되어버릴 수도 있다. 항공사들이 왜 항공기 **구매 옵션**(*purchase option*)을 협상해야 하는지 알 수 있다.

제10.3절에서 우리는 확장할 수 있는 옵션을 설명하기 위하여 항공기 구매옵션을 사용하였다. 거기서 설명한 내용은 맞지만 완전한 진실은 아니다. 다른 측면을 고려해 보자. 항공사가 4년 후에 새 에어버스(Airbus) A320이 필요할 것으로 예측한다고 하자.[16] 항공사는 적어도 세 개의 선택을 갖는다.

- **지금 집행:** 지금 비행기를 구매하기로 결정하면서 그 대신 에어버스로부터 가격과 인도일을 확정한다.
- **옵션 획득하기:** 에어버스로부터 구입 여부를 차후에 결정할 수 있는 구매옵션을 획득할 수 있다. 구입옵션을 행사하면 가격과 인도일이 확정된다.
- **기다렸다가 나중에 결정하기:** 에어버스는 항공사가 원하는 경우 미래에 어느 시점이든 기꺼이 또 다른 A320을 팔고자 할 것이다. 그러나 특히 항공산업이 호황이고 많은 비행기의 주문이 밀려 있으면 항공사는 높은 가격을 지불해야 하고 인도까지 오래 기다려야 할지도 모른다.

그림 22.6의 상단부는 에어버스 A320의 전형적인 구매옵션의 조건을 보여준다. 옵션은 비행기의 최종 조립이 시작되는 3차 연도에 행사해야 한다. 그러면 옵션은 구매가격과 4차 연도에서의 인도일을 확정시킨다. 그림의 하단부는 "기다렸다가 나중에 결정하는" 대안의 결과를 보여준다. 의사결정은 3차 연도에 이루어진다고 가정한다. 만일 의사결정이 "구매하는" 쪽이면 항공사는 3차 연도의 가격을 지불하고 5차 연도 또는 그 이후에 인도받기 위해 대기해야 한다.

16) 이 예는 J.E. Stonier, "What is an Aircraft Purchase Option Worth? Quantifying Asset Flexibility Created through Manufacturer Lead-Time Reductions and Product Commonality," in G.F. Butler and M.R. Keller (eds.), Handbook of Airline Finance, Aviation Week Books, 1999에 기초함.

	연도 0(현재)	제3차 연도	제4차 연도	제5차 연도 또는 그 이후
옵션 구매	항공사와 제조사는 가격과 인도일을 결정	행사 여부? (예 또는 아니오)	옵션을 행사하면 항공기 인도	
기다림	기다렸다가 나중에 결정	지금 구매? 지금 구매한다면 가격을 협상하고 인도를 기다림		제3연도에 구매했으면 항공기 인도

그림 22.6

항공기 구매옵션을 3차 연도에 행사하면 4차 연도에 고정된 가격으로 항공기 인도가 보장된다. 이 옵션이 없더라도 항공사는 여전히 3차 연도에 항공기를 주문할 수 있으나 가격이 불확실하고 오랜 기간 동안 인도를 기다려야 한다.

자료원: 다음 논문의 그림 17-17을 고쳐서 게재함. J. Stonier, "What Is an Aircraft Purchase Option Worth? Quantifying Asset Flexibility Created through Manufacturer Lead-Time Reductions and Product Commonality," *Handbook of Airline Finance*, ed. G.F. Butler and M.R. Keller. Copyright 1999 Aviation Week Books; Reprinted with permission from The McGraw-Hill Companies, Inc.

"기다렸다가 나중에 결정하는" 선택의 이득(payoff)은 항공기 구매옵션으로부터의 이득보다 결코 더 좋을 수 없다. 왜냐하면 항공사는 옵션을 포기하고, 원하는 경우 새롭게 에어버스와 협상할 수 있기 때문이다. 그러나 대부분의 경우, 항공사는 옵션이 없는 것보다 옵션을 가지는 것이 미래에 유리하다. 즉 항공사는 적어도 생산라인에서 한 자리가 확보되어 있고 그리고 유리한 가격으로 구매를 확정했을 것이다. 그렇다면 기다리면서 관찰해 보는(wait-and-see) 전략에 비하여 현재 시점에서 이 이점의 가치는 얼마인가?

그림 22.7은 이 문제에 대한 에어버스의 답을 보여준다. 행사가격이 A320의 현재 가격인 4,500만 달러와 일치하는 3년 만기 구매옵션을 가정한다. 구매옵션의 현재가치는 A320을 그 가격에 구입하는 경우의 NPV와 그리고 항공사가 구매옵션을 갖고 있지는 않지만 그럼에도 불구하고 3차 연도에 주문하기로 결정하는 경우 인도일까지의 추정 대기시간 등 두 가지에 따라 결정된다. 제3차 연도에서 오래 기다릴수록 현재 시점에서 구매옵션의 가치는 커진다(구매옵션은 A320 생산라인에서 자리를 확보하고 4차 연도에서의 인도를 보장한다는 것을 기억하자).

만약 A320을 오늘 구입하는 것의 순현가가 매우 크다면(그림 22.7의 오른쪽) 미래의 순현가도 클 것이고, 항공사는 구매옵션의 여부와 관계없이 항공기를 매입하기를 원할 것이다. 이 경우에 구매옵션의 가치는 대부분 4차 연도에 보장된 인도의 가치로부터 나올 것이다.[17] 순현가가 매우 낮으면 옵션의 가치는 대단히 작다. 왜냐하면 항공사는 옵션을 행사하지 않을 것이기 때문이다(현재의 낮은 순현가는 아마도 3차 연도에서도 낮은 순현가를 의미할 것이다). 구매옵션은 기다렸다가 나중에 결정하는 전략과 비교하여 순현가가 거의 0일 때 가장 큰 가치를 가질 것이다. 이 경우에 항공사는 미래의 순현가가 기대보다 높으면 옵션을 행사하여 유리한 가격과 조기 인도를 확보할 것이고, 반면에 미래 순현가가 실망스러우면 옵션을 행사하지 않을 것이다. 물론 옵션을 행사하

17) 에어버스 실물옵션 모형은 수요가 많으면 미래 A320의 가격이 상승(상한선까지만 상승할 수 있음)할 것으로 가정한다. 따라서 기다렸다가 나중에 결정하려는 항공사는 미래 수요가 높고 순현가가 크면 여전히 양(+)의 순현가 기회를 가질 수 있다. 그림 22.7은 구매옵션의 가치와 기다려 보는 기회(wait-and-see opportunity)간의 차이를 그래프에 그린 것이다. 이 차이는 순현가 높으면(특히 추정대기시간이 짧으면) 감소할 수 있다.

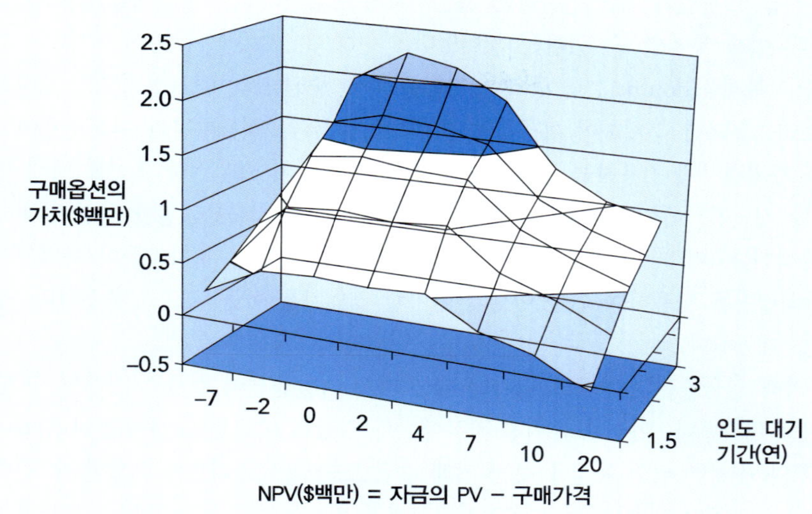

그림 22.7
항공기 구매옵션의 가치. 기다렸다가 나중에 구매를 협상하는 것과 비교하여 추가적으로 생긴 옵션가치(그림 22.6 참조). 구매옵션은 현재 구매의 순현가가 0이고 추정된 대기시간이 길면 가장 큰 가치를 갖는다.

자료원: 다음 논문의 그림 17-20을 고쳐서 게재. J. Stonier, "What Is an Aircraft Purchase Option Worth? Quantifying Asset Flexibility Created Through Manufacturer Lead-Time Reductions and Product Commonality," in Handbook of Aviation Finance., ed. G. F. Butler and M. R. Keller. © 1999 Aviation Week Books; Reprinted with permission from The McGraw-Hill Companies, Inc.

지 않은 경우에도 항공사는 옵션의 행사가격보다 낮은 가격으로 인도받기 위하여 에어버스와 협상을 원할 수 있을 것이다.

우리는 구매옵션을 평가하기 위하여 에어버스의 가치평가모형의 기술적인 세부사항을 살펴보았다. 이 예는 실물옵션모형이 어떻게 구성되고 또 사용될 수 있는가를 잘 보여준다. 한편, 에어버스는 단순한 기본형태(plain-vanilla)의 구매옵션 이상을 제공한다. 항공사는 가격은 확정하지만 생산라인에서 한 자리를 보장하지는 않는 '이연옵션(rolling option)'을 협상할 수 있다. (이연옵션을 행사하면 항공사는 줄의 맨 끝에 서게 된다.) 또한 에어버스는 A320의 인도를 약간 작은 항공기 A319의 인도로 전환할 수 있는 권리를 포함하는 구매옵션을 제공하기도 한다.

22.6 개념적인 문제인가?

이 장에서 우리는 옵션가격결정모형이 자본투자결정에 내재되어 있는 실물옵션의 가치를 평가할 수 있도록 도와준다는 점을 상기시켰다.

제21장에서 옵션가격결정모형을 소개했을 때 기본적인 요령은 옵션과 정확히 동일한 지급금을 제공할 수 있도록 기초자산과 대출로 구성된 꾸러미를 구성하는 것이라고 암시하였다. 만일 두 투자가 동일한 가격으로 거래되지 않으면 차익거래의 가능성이 존재한다. 그러나 많은 자산들은 자유스럽게 거래되지 않는다. 이는 더 이상 차익거래 논리로 옵션가격결정모형의 사용을 정당화할 수 없음을 의미한다.

그러나 위험중립 평가방법은 여전히 실무적으로 타당성이 있다. 이는 제9장에서 소개한 확실성등가(*certainty equivalent*) 방법을 응용한 것에 지나지 않는다.[18] 지금까지 묵시적으로 도입했던

18) 위험중립 확률의 사용은 미래 현금흐름을 확실성등가로 전환시킨다. 그런 다음 이 확실성등가를 무위험 이자율로 할인한다.

핵심 가정은 기업의 **주주**들이 기업이 지금 평가하는 자본투자와 동일한 위험 특성(예를 들어 동일한 베타)을 갖는 자산에 쉽게 투자할 수 있다는 것이었다.

각 실물투자 기회가 '복제품(double)', 즉 동일한 위험을 가진 증권 또는 포트폴리오를 가지고 있는 것으로 생각해 보라. 그러면 복제품이 제공하는 기대수익률은 곧 실물투자의 자본비용이고 투자 프로젝트의 DCF 가치평가에 적용하는 할인율이다. 프로젝트에 기초한 실물 **옵션**에 대해 투자자들은 얼마를 지불할 것인가? 이는 복제품을 기초자산으로 하여 거래되는 동일한 옵션에 대해 지불하는 것과 같은 금액이다. 이 거래 옵션은 반드시 존재할 필요는 없다. 투자자들이 차익거래 논리 또는 위험중립 가치평가를 이용하여 이를 어떻게 평가할 것인가를 아는 것으로 충분하다. 두 방법은 물론 같은 답을 제공한다.

위험중립 방법에 의해 실물옵션의 가치를 평가할 때는 마치 실물옵션이 실제로 거래될 수 있는 것처럼 옵션의 가치를 평가한다. 이는 표준적인 자본예산과 정확히 비교된다. 주주들이 기업이 평가하고 있는 프로젝트와 동일한 위험 특성을 갖는 거래 증권 또는 포트폴리오를 매입할 수 있다면, 주주들은 자본투자가 **거래된다고 가정**했을 때 그 시장가치가 비용을 초과하는 모든 자본투자에 대해 만장일치로 찬성할 것이다. 이 핵심 가정은 DCF 방법과 실물옵션 가치평가 방법의 사용을 모두 뒷받침해 준다.

실무적 도전

실물옵션 분석을 응용하는 데 따르는 도전은 개념적이 아니라 실무적인 것이다. 쉬운 일은 아니다. 왜 그런지 몇 가지 이유를 들어보자.

먼저, 실물옵션은 복잡해질 수 있고, 이를 평가하는 일은 분석적이며, 컴퓨터 계산을 필요로 하는 엄청난 동력을 빼앗아 간다. 그러한 동력에 투자해야 하는지 아닌지는 경영상의 판단 문제이다. 때때로 지금 대략적인 답을 얻는 것이 나중에 '완벽한' 답을 찾는 것보다 더 유용할 수 있다. 특히 그 완벽한 답이 다른 경영자들은 그저 블랙박스로 간주해 버리는 복잡한 모형으로부터 얻는 것이라면 더욱 그렇다. 실물옵션 분석의 한 가지 이점은 분석을 단순화시키면 상대적으로 설명하기 쉽다는 점이다. 복잡한 의사결정 나무(decision tree)는 하나 또는 두 개의 단순한 콜이나 풋옵션에 대한 지급금으로 설명할 수 있을 때가 많다.

두 번째 문제는 **구조화된 틀**(*structure*)이 부족하다는 것이다. 실물옵션을 계량화하려면 가능한 지급금(payoff)을 모두 명시해야 하는데 이는 기초자산 가치, 행사가격, 행사 시점 등의 가능한 범위에 따라 결정된다. 이 장에서는 가능한 결과의 로드맵을 쉽게 볼 수 있는 잘 구조화된(well-structured) 예를 가지고 설명하였다. 다른 경우에는 이런 로드맵이 없을 수도 있다. 예를 들어 이 책을 읽는 것은 재무관리 분야에서 일하려는 당신의 개인적 콜옵션을 강화시킬 수 있다. 그러나 그 옵션이 당신의 전체 미래 경력의 이항 나무를 어떻게 바꿀 것인지 써 내려가기는 어려울 것이 아닌가 생각된다.

세 번째 문제는 **경쟁자**들이 실물옵션을 가지고 있을 때 발생한다. 제품이 표준화되어 있고, 어느 한 경쟁자도 수요와 가격을 움직일 수 없는 산업에서는 이것이 문제가 되지 않는다. 그러나 단 몇몇 핵심 경쟁자들만 있고, 모두가 실물옵션을 가지고 있을 때 옵션들은 서로 상호작용을 할 수 있다. 그런 경우는 경쟁자의 움직임을 생각하지 않고서는 자신의 옵션을 평가할 수 없다. 경쟁자들도 꼭 같은 식으로 생각할 것이다.

경쟁적 상호작용의 분석은 게임이론을 포함하는 경제학의 다른 분야에서 다루는 문제이다. 그러나 수동적인 경쟁자를 가정하는 것은 위험하다는 사실을 알 수 있다. 타이밍옵션을 생각해 보라. 단순한 실물옵션 분석은 종종 새로운 시장에 투자하기 전에 기다리면서 더 알아보라고 말해준다. 기다리면서 알아보기만 하다가 경쟁자가 먼저 움직이게 하지 않도록 조심해야 한다.[19)]

이런 장애물로 인해 왜 체계적이고 계량적인 실물옵션의 가치평가가 대부분 이 장에서 다룬 예와 같은 잘 구조화된 문제에 한정될 수밖에 없는지 이해할 수 있을 것이다. 그러나 실물옵션의 계량적인 의미는 널리 그 진가가 인정되고 있다. 실물옵션은 재무관리자에게 전략적 기획과 자본투자에 대한 고려를 위한 개념적 틀을 제공한다. 실물옵션을 찾아내고 이해할 수 있다면 당신은 DCF 분석의 더욱 세련된 고객이 될 것이며, 회사 자금을 현명하게 투자할 수 있게 잘 준비가 되어 있을 것이다.

실물옵션을 이해하는 것은 실물옵션을 만들어 낼 수 있을 때 그 진가를 발휘하며, 회사의 투자와 운영에 가치를 부가하고 유연성을 높인다. 예를 들어 연간 생산 용량이 15만 톤인 대규모 공장을 건설하는 것보다 각 공장마다 마그네시엄 합금 5만 톤의 연간 생산 용량을 가진 일련의 모듈 생산공장을 설계하고 건설하는 것이 더 나을지 모른다. 규모의 경제 때문에 대규모 공장이 아마도 더 효율적일 것이다. 그러나 소규모 공장을 보유함으로써 수요와 발맞추어 확장하고, 수요의 성장이 실망스러울 때는 투자를 연기할 수 있는 유연성을 확보한다.

때때로 가치 있는 옵션은 투자 초기에 '초과 건설(overbuilding)'을 통해 만들어 낼 수 있다. 예를 들어 석유생산 플랫폼은 전형적으로 빈 데크공간이 남아있도록 건설하여 나중에 장비를 추가하는 데 들어가는 비용을 줄이려고 한다. 플랫폼에서 해안으로 이어지는 해저 석유 파이프라인은 종종 플랫폼에서 생산이 요구하는 것보다 더 큰 직경과 용량으로 건설된다. 이 추가 용량은 나중에 부근에서 추가로 석유가 발견되면 낮은 비용으로 영업에 동원된다. 직경이 큰 파이프라인 건설에 드는 추가 비용은 두 번째 파이프라인을 새로 건설하는 비용보다 훨씬 적다.

요약

제21장에서는 옵션가치평가의 기본에 대하여 공부하였다. 이 장에서 우리는 네 가지 중요한 실물옵션을 설명하였다.

1. **후속투자를 할 수 있는 옵션.** 기업은 종종 순현가가 0보다 작은 프로젝트를 수행할 때 '전략적' 가치를 상기시킨다. 프로젝트의 이득을 정확히 관찰하면 즉각적인 프로젝트의 현금흐름 이외에 후속 프로젝트에 대한 콜옵션을 발견할 수 있다. 오늘의 투자는 내일의 기회를 제공할 수 있다.

19) 물론 새로운 시장으로 제일 먼저 들어가는 것이 항상 최고의 전략인 것은 아니다. 때때로 뒤늦은 참여자가 승리자가 될 수도 있다. 실물옵션과 제품시장 경쟁에 관한 조사로는 다음 논문을 참조하라. H. Smit and L. Trigeorgis, *Strategic Investment, Real Options and Games* (Princeton, NJ: Princeton University Press, 2004).

Visit us at www.mhhe.com/bma

2. 투자하기 전에 기다릴 수(그리고 더 알아 볼 수) 있는 옵션. 이는 투자 프로젝트에 대한 콜옵션을 소유하는 것과 동등하다. 콜옵션은 기업이 프로젝트를 수행하기로 결정할 때 행사된다. 그러나 바로 콜옵션을 행사하기보다는 종종 콜옵션이 살아 있도록 하기 위해 순현가가 0보다 큰 프로젝트를 연기하는 것이 유리하기도 한다. 연기하는 것은 불확실성이 크고 프로젝트의 즉각적인 현금흐름(기다림으로 인해 상실하거나 연기되는 현금흐름)이 작을 때 가장 매력적이다.
3. 포기할 수 있는 옵션. 프로젝트를 포기할 수 있는 옵션은 실패에 대하여 부분적인 보험을 제공한다. 이는 풋옵션이다. 풋옵션의 행사가격은 매각되거나 또는 보다 가치 있는 용도로 사용되는 경우의 프로젝트 자산의 가치이다.
4. 기업의 산출물 또는 생산방식을 변경시킬 수 있는 옵션. 기업은 종종 생산시설에 유연성을 추가함으로써 가장 저렴한 원료를 활용하거나 또는 가장 가치 있는 산출물의 세트를 생산할 수 있다. 이 경우에 기업은 효과적으로 한 자산을 다른 자산과 교환할 수 있는 옵션을 획득한 셈이다.

여기서 한 가지 유익한 경고를 해야겠다. 종종 실무에서 만나게 되는 실물옵션은 복잡하다. 각 실물옵션은 자신만의 문제점과 교환관계(trade-off)를 가지고 있다. 그럼에도 불구하고 이 장에서, 그리고 앞의 장들에서 배운 도구들은 실무에서 사용될 수 있다. 블랙-숄즈의 공식은 종종 확장옵션의 가치를 평가하기에 충분하다. 투자 타이밍과 최적 포기의 문제는 이항 나무로 다루어질 수 있다.

이항 나무는 의사결정 나무의 사촌이다. 미래 이득으로부터 현재가치로 이항 나무를 거꾸로 거슬러 진행한다. 미래의 의사결정이 내려져야 할 때마다 옵션가치평가 이론의 원칙을 사용하고 이항 나무의 적절한 마디에서 그 가치를 기록함으로써 가치를 극대화하는 선택을 알아 낼 수 있다.

실물옵션의 가치평가방법이 현금흐름 할인법(DCF)을 대체할 수 있을 것이라는 성급한 결론은 내리지 말자. 첫째, DCF는 안전한 현금흐름에 잘 맞는다. 또한 이 방법은 '현금창출(cash cow)' 자산의 경우에도 잘 맞는다. 여기서 현금창출 자산은 그 가치가 실물옵션이 아니라 추정된 현금흐름에 주로 의존하는 자산 또는 사업을 말한다. 둘째, 대부분의 실물옵션 분석에서 시작점은 기초자산의 현재가치이다. 기초자산의 가치를 평가하기 위해 대체로 DCF를 사용해야 한다.

실물옵션은 거의 거래되는 자산이 아니다. 실물옵션의 가치를 평가하는 것은 이 자산이 거래되는 경우의 가치를 추정하는 것이다. 이는 기업재무의 표준 접근방법으로 DCF 가치평가에서 사용된 것과 동일한 방법이다. 핵심 가정은 모든 주주들이 기업이 평가하고 있는 실물투자와 동일한 위험특성을 갖는 거래 증권 또는 포트폴리오를 매입할 수 있다는 것이다. 만일 그렇다면, 주주들은 거래되는 경우의 시장가치가 필요한 투자금액을 초과하는 모든 실물투자를 만장일치로 찬성할 것이다. 이 핵심 가정은 DCF와 실물옵션 가치평가 방법을 모두를 뒷받침해 준다.

더 읽어야 할 문헌

제10장의 더 읽어야 할 문헌들에는 실물옵션에 대한 초보적인 논문이 나열되어 있다. Journal of Applied Corporate Finance 2005년과 2007년 봄호에는 추가적인 논문들이 실려 있다.

2006년 봄호에는 아래의 두 논문이 실려 있다.

R. L. McDonald, "The Role of Real Options in Capital Budgeting: Theory and Practice," *Journal of Applied Corporate Finance* 18(Spring 2006), pp. 28~39.

M. Amram, F. Li, and C. A. Perkins, "How Kimberly-Clark Uses Real Options," *Journal of Applied Corporate Finance* 18(Spring 2006), pp. 40~47.

Visit us at www.mhhe.com/bma

실물옵션에 대한 표준 교과서에는 아래의 책들이 포함된다.

M. Amran and N. Kulatilaka, *Real Options: Managing Strategic Investments in an Uncertain World*(Boston: Harvard Business School Press, 1999).

T. Copeland and V. Antikarov: *Real Options: A Practitioner's Guide*, Texere, New York, 2001.
A. K. Dixit and R.S. Pindyck: *Investment under Uncertainty*, Princeton University Press, Princeton, NJ, 1994.

H. Smit and L. Trigeorgis, *Strategic Investment, Real Options and Games*(Princeton, NJ: Princeton University Press, 2004).

L. Trigeorgis: *Real Options*, MIT Press, Cambridge, MA, 1996.

*Mason*과 *Merton*은 기업재무에 옵션을 응용할 수 있는 범위에 대하여 검토하고 있다.

S. P. Mason and R.C. Merton: "The Role of Contingent Claims Analysis in Corporate Finance," in E.I. Altman and M.G. Subrahmanyan(eds.), *Recent Advances in Corporate Finance*(Homewood, IL: Richard D. Irwin, Inc., 1985).

*Brennan*과 *Schwartz*는 천연자원투자에 옵션의 개념을 적용하였다.

M.J. Brennan and E.S. Schwartz: "Evaluating Natural Resource Investments," *Journal of Business* 58(April 1985), pp. 135~157.

연습문제

기본문제

1. 마크 II 프로젝트에 투자할 수 있는 옵션의 가치를 다시 고려해 보자(표 22.2 참조). 아래에 주어진 변수의 변화가 확장옵션의 가치를 증가시키는가? 아니면 감소시키는가?
   a. 불확실성의 증가(표준편차의 증가)
   b. 1985년에 마크 II에 대한 보다 낙관적인 전망
   c. 1985년에 요구되는 투자금액의 증가

2. 새로 시작하는 한 회사가 새 사무실로 이사를 가고 있는데 책상이며 의자 서류캐비넷과 기타 가구를 필요로 하고 있다. 가구는 $25,000에 구매할 수도 있고 월 $1,500의 비용으로 임차할 수도 있다. 설립자들은 물론 새 사업에 관해 확신을 가지고 있다. 그럼에도 그들은 불구하고 임차를 선택했다. 왜 그런가? 옵션은 무엇인가?

3. 표 6.2와 6.6으로 다시 돌아가 보자. 표에서는 IM&C 구아노 프로젝트의 경제적 수명을 7년으로 가정하였다. 이 가정은 무엇이 잘못되었는가? 어떻게 좀 더 완벽한 분석을 하겠는가?

4. 당신은 조그만 나대지를 소유하고 있다. 이 나대지를 지금 개발하거나 또는 기다릴 수 있다.
   a. 기다리는 것의 이점은 무엇인가?
   b. 아니면, 당신은 왜 즉각적으로 개발하려고 하는가?

5. 전기 생산에서 가스터빈은 가장 비효율적이다. 열효율성 면에서 석탄이나 핵발전소보다 월씬 효율이 낮다. 가스터빈 발전소가 존재하는 이유는 무엇인가? 옵션은 무엇인가?

6. 실물옵션의 계량적 가치평가는 왜 실무적으로 어려운가? 그 이유를 짧게 나열하라.

7. 맞는가, 틀리는가?
   a. 실물옵션 분석은 때때로 회사가 미래의 성장기회를 확보하기 위해 음(−)의 NPV 투자를 하도록 한다.
   b. 투자 프로젝트가 상당한 현금흐름을 즉시 창출하는 경우 투자할 수 있는 옵션을 평가하는 데

Visit us at www.mhhe.com/bma

블랙-숄즈 공식을 사용하는 것은 위험하다.

c. 어떤 자산을 획득하거나 포기할 수 있는 옵션을 평가하는 데 이항 나무를 사용할 수 있다. 자산 베타가 1.0이거나 더 높을 때에도 나무의 위험중립 확률을 사용해도 좋다.

d. 옵션이 실제로 거래되지 않는 경우에도 실물옵션을 평가하는 것에 블랙-숄즈 공식이나 이항 나무를 사용해도 좋다.

e. 실물옵션 가치평가는 때때로 일련의 소규모 공장보다는 대규모의 단일 공장에 투자하는 것이 낫다는 사실을 드러내 준다.

8. 깨어 있는 재무관리자는 실물옵션을 만들어 낼 수 있다. 서너 개의 가능한 예를 들어라.

중급문제

9. 옵션의 용어를 이용하여 다음 각각의 상황을 설명하라.

a. 북부 앨버타(Alberta)의 미개발된 원유의 채굴권이 있다. 원유의 개발과 생산은 순현가가 0보다 작다. (손익분기 석유가격은 배럴당 C$70인데 현재 현물가격은 C$60이다.) 그러나 개발에 대한 결정은 향후 5년까지 연기될 수 있다. 개발비용은 연 5%씩 증가할 예정이다.

b. 한 레스토랑이 모든 비용을 차감한 후에 연 $700,000의 현금흐름을 제공한다. 현금흐름의 상향 또는 하향추세는 존재하지 않지만 현금흐름은 변동하며, 연간 표준편차는 15%이다. 레스토랑이 위치하고 있는 부동산은 리스한 것이 아니라 실제로 소유하고 있으며 현재 $500만에 매각될 수 있다. 세금은 무시하라.

c. (b)의 변형: 레스토랑의 고정비가 연 $300,000이고 레스토랑이 영업을 계속하는 한 이 비용은 발생한다. 즉,

$$\begin{aligned} \text{순현금흐름} &= \text{변동비를 차감한 수입금} - \text{고정비용} \\ \$700{,}000 &= 1{,}000{,}000 - 300{,}000 \end{aligned}$$

매출에서 변동비를 차감한 값의 추정오차의 연간 표준편차는 10.5%이다. 이자율은 10%이다. 세금은 무시하라.

d. 제지공장은 수요가 작은 기간에는 문을 닫고 수요가 크게 증가하면 재가동될 수 있다. 문을 닫았다가 다시 가동시키는 비용은 고정되어 있다.

e. 호텔 또는 아파트를 건설하는 것이 양의 순현가를 갖는 프로젝트이지만 부동산개발업자는 1필지의 도심지 대지를 주차장으로 이용한다.

f. Air France는 Boeing에 의해 생산된 Boeimg 787 10대에 대한 구입옵션을 협의한다. Air France는 2010년에 주문을 확인해야 한다. 그렇지 않으면 Boeing은 비행기를 다른 항공사에 자유로이 매각할 수 있다.

10. 표 22.2를 다시 보자. 표 22.2를 다시 고려해 보자. 다음의 경우에, 마크 II에 투자할 수 있는 옵션의 1982년 기준의 가치가 어떻게 변하는가?

a. 마크 II에 대해 요구되는 투자금액이 $9억이 아니고 $8억임

b. 마크 II의 현가(1982년 기준)가 $4억 6,700만이 아니고 $5억임

c. 마크 II 현재가치의 표준편차가 35%가 아니고 단 20%에 지나지 않음

11. 당신은 Los Angeles 부동산 1에이커에 대한 1년 만기 콜옵션을 소유하고 있다. 행사가격은 $200만이고, 부동산의 현재 감정된 시가는 $170만이다. 부동산은 현재 주차장으로 사용되고 있으며, 부동산세를 낼 만큼 충분한 돈을 벌어들이고 있다. 연간 표준편차는 15%이고 이자율은 12%이다. 콜옵션의 가치는 얼마인가? 블랙-숄즈의 공식을 이용하라. 블랙-숄즈의 옵션가치를 계산해 주는 제21장의

Visit us at www.mhhe.com/bma

온라인 스프레드시트를 참조하면 도움이 될 것이다. (이 책의 웹사이트 **www.mhhe.com/bma**에 접속하라.)

12. 연습문제 4의 변형: 부동산으로 창고가 있으며 이로부터 부동산세와 각종 비용을 제한 후에 $150,000의 임대료를 받는다. 부동산과 창고의 가치는 $170만으로 가정한다. 다른 사실은 앞의 경우와 동일하다. 당신은 유럽식 콜옵션을 가지고 있다. 가치는 얼마인가?

13. 당신은 Overland Railroad의 모든 자산을 $25억에 매입할 수 있는 옵션을 가지고 있다. 옵션은 9개월 후에 종료된다. Overland의 현가(PV)는 $27억으로 추정된다. Overland는 매 분기말에 $5,000만의 세후 잉여 현금흐름(free cash flow, FCF)을 생성한다. 만일 당신이 분기말에 옵션을 행사한다면 그 분기의 현금흐름은 당신에게 지급된다. 만일 행사하지 않으면 현금흐름은 Overland의 현재 소유자에게 지급된다.

각 분기에 Overland의 PV는 10% 증가하거나 또는 9.09% 감소한다. 이 PV는 분기별 잉여 현금흐름 $5,000만을 포함한다. $5,000만이 지급된 후에 PV는 $5,000만 감소한다. 따라서 첫 번째 분기의 이항과정은 다음과 같다(단위는 $백만). 무위험 이자율은 분기당 2%이다.

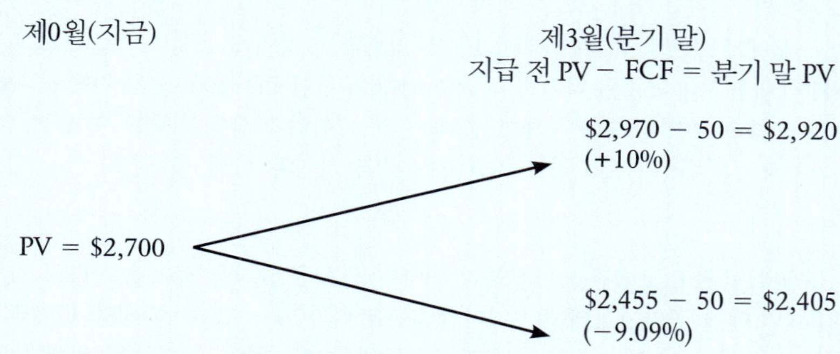

a. Overland의 이항과정을 구성하라(3개월마다 상승 또는 하락하므로 9개월 동안 3개의 기간이 있음).

b. 옵션을 지금 아니면 9개월 후에만 행사할 수 있다고 가정하자(3개월과 6개월 후에는 행사할 수 없음). 지금 행사하겠는가?

c. 옵션을 지금, 3개월 후, 6개월 후, 그리고 9개월 후에 행사할 수 있다고 가정하자. 옵션의 현재 가치는 얼마인가? 오늘 옵션을 행사하겠는가 아니면 기다리겠는가?

14. 제10.4절에서 우리는 새 Wankel 엔진을 사용하는 선외발동기의 두 가지 생산기술을 고려하였다. A기술은 가장 효율적이지만 매각되지 않으면 0의 잔존가치를 갖는다. 반면에 B기술은 덜 효율적이지만 $1,700만의 잔존가치를 갖는다.

그림 10.5에 의하면 A기술을 사용하는 경우 1년 후에 프로젝트의 현재가치는 $2,400만 또는 $1,600만이다. 이 수익의 현재가치는 현재 시점에서 $1,800만이라고 가정하자.

a. B기술을 사용하면 1년 후의 수익은 $2,250 또는 $1,500만이다. B기술이 사용되는 경우 연도 0에서 이들 수익의 현가는 얼마인가? (힌트: B기술을 사용할 때의 수익은 A기술에 비해 93.75%이다.)

b. B 기술은 제1차 연도에 포기를 허용하는데 이 경우의 잔존가치는 $1,700만이다. 이와 함께 $150만의 현금흐름도 얻어지기 때문에 총 수익은 $1,850만이다. 무위험 이자율을 7%로 가정하고 포기가치를 계산하라.

15. 다음 코멘트에 대하여 당신은 어떻게 생각하는가?

Visit us at www.mhhe.com/bma

a. "유연성의 가치를 평가하기 위하여 옵션가격결정이론을 필요로 하지는 않는다. 그 대신 의사결정 나무를 이용하여 평가하고, 이항과정에서의 현금흐름을 기업의 자본비용으로 할인하라."

b. "옵션가격결정방법은 말도 되지 않는다. 이 방법에 의하면 위험자산에 대한 실물옵션의 가치가 무위험자산에 대한 실물옵션의 가치보다 크다."

c. "실물옵션방법은 투자 프로젝트의 DCF 가치평가의 필요성을 제거하였다."

16. 연소터빈(CT) 발전기는 석유 또는 천연가스를 연료로 사용할 수 있도록 설치할 수 있다고 하였다. 이 옵션의 가치는 석유와 천연가스 가격 간의 상관관계에 따라 어떻게 영향을 받겠는가?

17. 오직 제10장의 일부분만 읽어 본 Josh Kidding은 다음과 같이 실물옵션의 가치를 평가하기로 하였다. (1) 각각의 미래 결과에 대해 현금흐름과 확률을 예측하여 의사결정 나무를 구성하고 (2) 의사결정 나무의 각 의사결정 지점에서 어떻게 할 것인가를 결정하고 (3) 기대현금흐름을 기업의 자본비용으로 할인한다. 이 절차가 옳은 답을 제공해 주는가? 그 이유는 무엇인가?

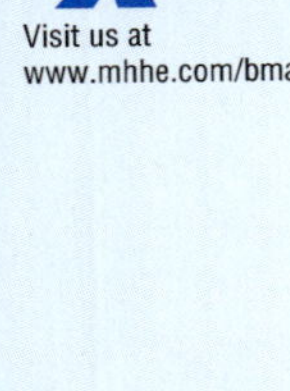

18. 이 책의 웹사이트 **www.mhhe.com/bma**에 접속하여 서브덕터 프로젝트의 온라인 스프레드시트를 찾아보라. 포기할 수 있는 옵션의 가치가 서로 다른 입력요소 변수를 변경시킴에 따라 어떻게 변하는지를 보이라. 이 결과를 풋옵션의 가치에 관해 당신이 알고 있는 사실과 어떻게 관련시킬 수 있는가? (힌트: 문제가 잘 안 풀리면 제20.3절을 참조하는 것이 유용할지도 모른다.)

19. 이항 나무에서 위험중립 확률은 나무의 각 가지마다 무위험 이자율과 같은 기대수익률을 발생시키도록 설정한다. 다음 주장에 대해 어떻게 생각하는가? "어떤 자산을 취득할 수 있는 옵션의 가치는 무위험 이자율과 그 자산의 가중평균 자본비용 간의 차이와 함께 증가한다."

도전문제

20. 지금부터 36개월 안에 터보엔진을 생산하기 위하여 새로운 공장을 필요로 한다고 가정하자. A 디자인이 선택되면 곧장 공장건설에 착수해야 한다. B 디자인은 보다 비싸지만 12개월 후에 착수해도 무방하다. 그림 22.8은 향후 36개월 동안의 두 디자인의 건설비용의 누적 현재가치를 보여준다. 일단 건설되면 두 디자인은 동일하게 효율적이고 동일한 생산능력을 갖는다고 가정한다.

표준 현금흐름할인 분석은 B 디자인보다 A 디자인을 선호한다. 그러나 터보엔진의 수요가 하락하여 새로운 공장이 필요하지 않다고 가정하자. 그러면 그림 22.8이 보여주듯이, 24개월째 되기 전에 프로젝트를 포기한다고 가정하면 B 디자인이 유리하다.

이 상황을 두 개의 (복잡한) 콜옵션 간의 선택으로 설명하라. 그리고 (복잡한) 포기옵션의 기준으로 동일한 상황을 설명하라. 최적의 행사전략 하에서 두 설명은 동일한 이득을 의미해야 한다.

그림 22.8
두 공장 디자인의 누적 건설비용. 디자인 A의 공장은 건설에 36개월이 소요되지만 디자인 B의 공장은 24개월만이 소요된다. 그러나 B 디자인 공장을 건설하는 데 비용이 많이 소요된다.

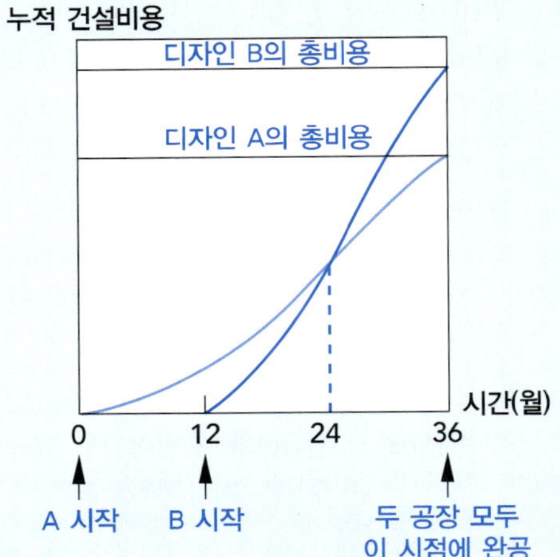

Visit us at www.mhhe.com/bma

21. 제4장에서 우리는 주식의 가치를 다음과 같이 표현하였다.

$$P_0 = \frac{\text{EPS}_1}{r} + \text{PVGO}$$

여기서 EPS_1은 현존 자산으로부터의 주당 순이익이고, r은 투자자들이 요구하는 수익률, PVGO는 성장기회의 현재가치이다. PVGO는 실제로 확장옵션 포트폴리오로 구성된다.[20)]

a. PVGO의 증가가 주식 수익률의 표준편차 또는 베타에 미치는 영향은 무엇인가?

b. CAPM이 성장기업(높은 PVGO를 갖는 기업)의 자본비용을 계산하는 데 이용된다고 가정하자. 자기자본만으로 자금을 조달한다고 가정하자. 자본비용이 기업의 공장과 기계를 확장하려는 또는 새로운 제품을 생산하려는 투자의 적정 할인율인가?

20) 이 도전문제가 독자의 흥미를 유발한다면 Eduardo Schwartz와 Mark Moon의 다음 두 논문을 검토해 보라. 저자들은 실물옵션 이론을 사용하여 인터넷회사들을 평가하려고 시도하였다. "Rational Valuation of Internet Companies," *Financial Analysts Journal* 56(May/June 2000), pp. 62~65, and "Rational Pricing of Internet Companies Revisited," *The Financial Review* 36(November 2001), pp. 7~25.

Visit us at www.mhhe.com/bma

23 Chapter

부채금융 PART 7

신용위험과 기업부채의 가치

채권을 어떻게 평가하는지는 일찌감치 제3장에서 살펴보았다. 채권딜러들이 현물 이자율이라든가 만기수익률이라고 말할 때 그것이 무슨 의미인지도 설명하였다. 장기 채권과 단기 채권의 이자율이 왜 서로 다를 수 있는지, 왜 장기 채권의 가격이 같은 이자율 변동에 더 많이 영향을 받는지에 대해서도 논의하였다. 또한 명목이자율과 실질이자율(인플레이션에 대해 조정)의 차이에 대해서도 살펴보았다. 이자율이 인플레이션 전망의 변화에 어떻게 반응하는지도 알아보았다.

제3장에서 배운 모든 내용은 정부 채권이나 회사채 모두에 똑같이 적용된다. 그러나 정부 채권과 회사채 간에도 기본적인 차이가 있다. 미국 재무성이 돈을 빌릴 때는 부채가 기한 내에 완전히 상환될 것으로 확신할 수 있다. 기업이 돈을 빌릴 때는 반드시 그렇지는 않다. 예를 들어 그림 23.1을 보라. 2008년 기업들은 $4,300억의 기록적인 부채에 대해 부도를 냈음을 알 수 있다. 채권 보유자들은 돈을 되돌려 받지 못할 위험을 알고 있기 때문에 그 대가로 더 높은 이자율을 요구한다.

회사채에 대한 추가적인 수익률은 부도 가능성을 받아들이는 대가로 투자자들이 요구하는 연간 지급금이다. 회사채에 관한 검토는 이런 수익률 스프레드가 부도 가능성에 따라 어떻게 변하는가를 살펴보면서 논의를 시작한다. 그러고 나서 23.2절에서는 부도를 내는 회사의 결정에 대해 더 자세히 살펴본다. 부도를 내는 것은 일종의 **옵션**(*option*)임을 밝힐 것이다. 만약 앞으로 다가올 일이 너무 힘들면 회사는 채권에 대한 지급을 중지하고 회사를 채권자에게 넘겨주는 옵션을 가지고 있다. 옵션의 가치를 결정하는 요인은 이미 알려져 있다. 그렇기 때문에 회사채의 기본적인 평가에 들어가는 변수들을 알 수 있다.

다음 단계로 은행이나 채권 투자자들이 채권 등급평가와 채무자가 부채를 상환하지 못할 확률을 추정하는 데 흔히 사용하는 몇몇 기법을 살펴본다. 회사의 전망이 나빠지면 채권 보유자들은 이런 위험에 대해 점점 더 걱정하게 된다. 이런 걱정이 반영되어 채권가격은 낮아진다. 그래서 마지막 절에서는 재무관리자가 회사채 투자의 손실을 측정하는 몇 가지 방법을 설명한다.

23.1 기업부채의 수익률

식스플래그(Six Flags)는 자사 놀이공원의 롤러코스터로 유명하지만 회사 자체로서도 불안과 긴장에 가득 찬 굴곡을 경험했다. 2009년 초 이 회사의 2014년 만기 9.625% 채권의 가격은 액면가의 19.5%로 떨어졌고 만기수익률은 무려 64%에 달했다. 이 채권의 수익률을 수익률 2%인 재무성 채권과 비교해 본 순진한 투자자는 식스플래그사의 부채는 기막히게 좋은 투자라고 생각했을지도 모른다. 하지만 이 채권의 소유자가 64%의 수익을 얻는 것은 회사가 부채를 전액 상환해야만 가능하다. 그러나 이런 가능성은 점점 더 의심스러운 일로 보였다. 지난 10년 동안 이 회사는 계속 적자를 기록했고, 2009년에는 $20억의 부채와 함께 자기자본의 장부가치는 잠식상태를 나타내고 있었다. 회사가 채권을 상환하지 못할 상당한 위험이 있었기 때문에 기대(*expected*) 수익은 64%보다 훨씬 낮았다.

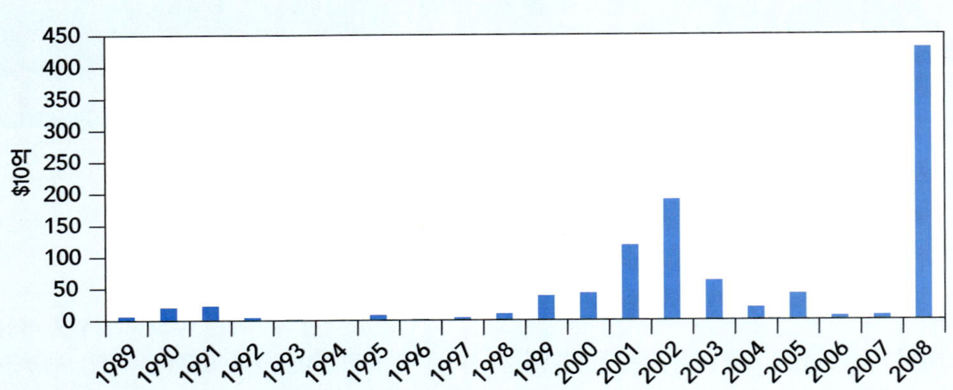

그림 23.1 전 세계 부도난 부채의 액면 가치(1989~2008; 단위: $10억).

자료원: Standard & Poor's, Default, *Transition and Recovery: 2008 Annual Global Corporate Default Study and Rating Transitions*, April 2, 2009.

식스플래그 채권과 같은 회사채(corporate bond)는 정부 채권보다 더 높은 약정(*promised*) 수익률을 제공한다. 그렇다고 회사채가 정부채권보다 기대(*expected*) 수익률도 더 높은가? 이런 의문에 대해 간단한 수치를 예로 들어 답할 수 있다. 무위험(*risk-free*) 채권의 이자율이 5%라고 하자. 백우드케미컬사(Backwoods Chemical Company)가 5%의 이자율로 액면가 $1,000의 1년 만기 채권을 발행했다. 백우드 채권은 얼마에 팔릴 수 있을까?

만약 이 채권이 무위험이라면 답은 간단하다. 단순히 원금($1,000)과 이자($50)를 5%로 할인하면 된다.

$$\text{채권의 현재가치} = \frac{\$1{,}000 + 50}{1.05} = \$1{,}000$$

그러나 백우드사가 부도를 낼 확률이 20%이고, 부도가 발생하면 채권 보유자는 원금의 절반, 즉 $500만 받게 된다고 하자. 이 경우 채권 보유자에게 돌아갈 수 있는 지급금은 다음과 같다.

	지급금	확률
부도가 나지 않는 경우	$1,050	0.8
부도가 나는 경우	500	0.2

기대 지급금은 0.8($1,050) + 0.2($500) = $940.

백우드 채권도 다른 어떤 위험자산과 마찬가지로 기대 지급금($940)을 적정 기회자본비용(opportunity cost of capital)으로 할인하여 그 가치를 평가할 수 있다. 만약 백우드사의 부도 가능성이 경제의 다른 사건들과 전혀 무관하다면 무위험 이자율(5%)로 할인할 수도 있다. 이 경우 부도위험은 완전히 분산 가능하며 채권의 베타는 0이다. 채권의 가격은 다음과 같이 $895가 된다.

$$\text{채권의 현재가치} = \frac{\$940}{1.05} = \$895$$

이 가격 $895에 채권을 매입한 투자자는 **약정** 수익률 17.3%를 얻을 것이다.

$$약정\ 수익률 = \frac{\$1050}{\$895} - 1 = 0.173$$

다시 말해 백우드사가 부도를 내지 않으면 $895에 이 채권을 매입한 투자자는 17.3%의 수익을 얻는다. 채권 거래자들은 백우드 채권이 "17.3%의 수익률을 제공한다"고 말한다. 그러나 현명한 투자자라면 채권의 기대수익률은 무위험 채권의 수익률과 같은 5%에 불과하다는 점을 알고 있다.

이는 물론 이들 채권의 부도위험이 완전하게 분산 가능하여 시장위험이 전혀 없다고 가정한 것이다. 일반적으로 사업이 잘 안 되는 경기침체기에 부도가 발생할 가능성이 더 크기 때문에 위험 채권은 시장위험이 있다[즉 베타가 양수(+)]. 가령 투자자들이 3%의 위험 프리미엄과 8%의 기대수익률을 요구한다고 하자. 그러면 백우드 채권은 940/1.08 = $870에 거래될 것이고, 약정 수익률은 (1,050/870) − 1 = 0.207, 즉 20.7%가 된다.

무엇이 수익률 스프레드를 결정하는가?

그림 23.2는 미국 회사채의 수익률 스프레드가 채권의 위험에 따라 어떻게 변하는가를 보여준다. 무디스(Moody's)의 등급이 Aaa인 채권은 최상위 등급의 채권으로서 최우량 기업들이 발행한 채권이다. 이들 채권의 약정 수익률은 재무성 채권의 수익률보다 평균적으로 1% 높다. Baa 등급 채권은 3단계 낮은 등급인데 이들 채권의 수익률 스프레드는 평균적으로 2% 이상이다. 최하위 등급 채권은 고수익(high yield) 채권 또는 '정크본드(junk bond)'라고 한다. 정크본드의 수익률 스프레드는 아주 다양하다. 전형적인 스프레드는 재무성 채권보다 약 5% 정도 높지만 식스플래그 채권의 경우에서 본 바와 같이 회사가 부도 위험에 직면할 때는 스프레드가 천정부지로 올라갈 수도 있다.

이 수익률은 약정 수익률이며, 회사가 항상 약속을 지키는 것은 아니라는 점을 기억하자. 수많은 고수익 채권이 부도를 냈고, 일부 성공적인 채권은 중도 상환함으로써 투자자가 계속해서 높은 액면이자를 받을 기회를 빼앗아 가버렸다. 그러므로 고수익 채권(정크본드)의 **약정 수익률**(*promised yield*)

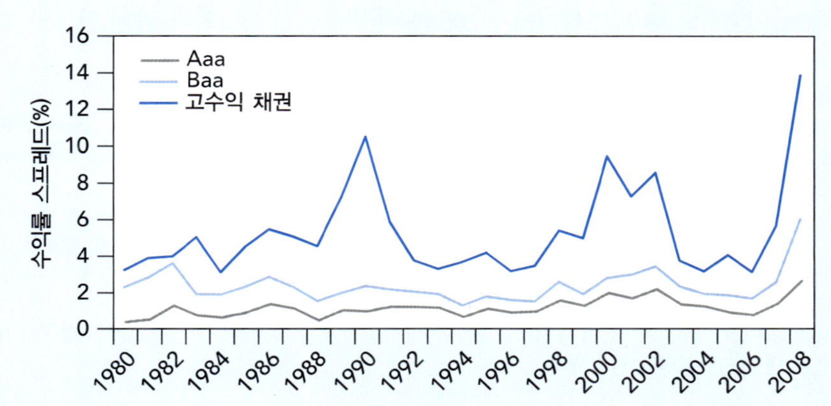

그림 23.2
회사채와 10년 만기 재무성 채권 간의 연말 수익률 스프레드 (1980~2008).

자료원: The Federal Reserve, **www.federalreserve.gov**, and Datastream.

이 재무성 채권보다 5% 높기는 하지만 1980년 이래 연간 **수익률**(*return*)은 2% 미만이었다.

그림 23.2는 또한 수익률 스프레드가 기간에 따라 아주 심하게 변동하기도 한다는 점을 보여주고 있다. 예를 들어 수익률 스프레드가 1990~1991년과 2000~2002년 기간, 그리고 2008년에 비정상적으로 높았다. 왜 이런 현상이 나타나는가? 주된 이유는 이 기간 동안 사업이 잘 안 되었고 부도의 가능성이 높아졌기 때문이다. (그림 23.1은 이 기간 동안 부도위험이 높았음을 보여준다.) 그러나 스프레드의 변동이 단순히 부도 가능성의 변화에 의한 것이라고 보기에는 그 변동 폭이 너무 크다. 아마도 어떤 시기에는 투자자들이 저등급 채권의 위험을 부담하기를 특히 꺼리고 정부채권이라는 안전지대로 급히 달려가려는 것으로 보인다.[1)]

수익률 스프레드의 의미를 좀 더 자세하게 이해하기 위해 다음과 같은 두 가지 전략을 비교해 보자.

전략 1: 부도 가능성이 없는 수익률 9%의 변동금리 채권에 $1,000 투자[2)]

전략 2: 수익률 10%인 유사한 채권에 $1,000 투자. 동시에 부도 위험에 대비한 보험에 가입. 연간 1%의 보험료를 지급하지만 부도가 나는 경우에는 채권 가치의 손실액 전액 보상

두 전략은 정확히 같은 지급금(payoff)을 제공한다. 전략 2의 경우 1% 높은 수익률을 얻지만 이는 연간 보험료 1%와 정확히 상쇄된다. 왜 보험료가 스프레드와 정확히 같아야 하는가? 만약 그렇지 않다면 어느 한 전략이 다른 전략보다 절대적으로 우수하게 되며, 이에 따라 차익거래 기회가 발생한다. 일물일가의 법칙에 따라 두 가지의 무위험 투자기회는 그 비용도 같아야 한다.

위의 예는 회사채 수익률 스프레드를 어떻게 해석해야 하는지 알려준다. 스프레드는 채권을 부도위험으로부터 보호하기 위해 필요한 연간 보험료와 같다.[3)]

회사채에 대한 보험을 드는 것은 가능하다. **신용부도스왑**(*credit default swap*, CDS)이라는 거래가 바로 그것이다. 부도스왑을 매입하면 매입자는 정규적인 프리미엄(즉 **스프레드**)을 지급하기로 약속한다.[4)] 그 대신 회사가 채무에 대해 부도를 내면 스왑의 매도자가 채무의 액면가(face value)와 시장가(market value)의 차이를 지급해야 한다. 예를 들어 2009년 제너럴모터스(GM)가 부도를 냈을 때 이 회사의 무보증 채권은 경매를 통해 액면가의 12.5%에 매각되었다. 신용스왑의 매도자는 자신이 보험을 들어 준 GM의 채무 $1당 ¢87.5씩을 지급했다.

CDS는 매우 인기가 높아졌는데, 특히 대출에 대한 위험을 낮추려는 은행들 사이에 인기가 높았다. 2000년에는 거의 없다시피 했던 스왑거래가 2008년에 와서는 부도스왑과 관련 상품의 명

1) 위험회피의 변화가 채권수익률 스프레드에 미치는 영향에 대한 증거는 다음 논문을 참조하라. A. Berndt, R. Douglas, D. Duffie, M. Ferguson, and D. Schranzk, "Measuring Default Risk Premia from Default Swap Rates and EDFs," unpublished paper, Graduate School of Business, Stanford University, Novemver 2005.

2) 변동금리 채권의 이자지급은 일반 금리 수준이 변동함에 따라 상승 또는 하락한다. 그러므로 변동금리의 부도 가능성 없는(default-free) 채권은 각 이자 지급일에는 액면가와 거의 비슷한 가격으로 거래된다. 많은 나라의 정부가 이와 같은 '변동금리 채권(floaters)'을 발행한다. 미국 정부는 이런 채권을 발행하지 않지만 일부 정부기관에서는 변동금리 채권을 발행한다.

3) 위의 예에서는 수익률 스프레드와 부도 보험료의 동일성을 보여주기 위해 변동금리 채권을 사용했으나 고정금리 채권의 경우도 실질적으로 변동금리 채권과 동일하다.

4) 저등급 채권의 경우 정규 스프레드가 조기 부도 가능성에 대해 매도자를 충분히 보호해 주지 못할 때 신용스왑 매입자가 수수료를 선납해야 할 경우도 있다.

목가치가 $55조로 급격히 불어났다.[5)]

그림 23.3은 몇몇 잘 알려진 회사들의 10년 만기 채권에 대한 연간 보험비용을 보여준다. 2008년 하반기 신용스왑 비용의 가파른 상승에 주목하라. 9월 말에는 $100의 제너럴일렉트릭(GE) 채권에 대한 보험비용이 $5.50에 달했다.

이들 신용스왑의 많은 부분이 자본시장에 이런 서비스를 제공하는 **전문채권보증회사**(*monoline insurer*)들에 의해 판매되었다. 전통적으로 모노라인보험사들은 상대적으로 안전한 지방채 보험에 집중했는데 점차 회사채뿐만 아니라 서브프라임 모기지 유동화 증권에 대해서도 보험을 제공하기 시작했다. 2008년에 들어서는 보험사들이 $2.4조의 채권에 대한 보험을 판매하였다. 이들 채권의 전망이 악화되면서 투자자들은 이들 보험사가 약속을 지키기에 충분한 자본을 보유하고 있는지 의심하기 시작했다.

신용 보험의 가장 큰 회사 중 하나는 거대 보험그룹 AIG의 자회사인 AIG 파이낸셜 프로덕트(AIG Financial Products)였는데 이 회사는 $4,400억 이상의 신용보증 포트폴리오를 보유하고 있었다. AIG의 고객들은 회사가 지급불능 상태가 될 것으로는 꿈에도 생각하지 않았다. AIG는 최상급(AAA)의 신용등급을 유지하고 있었을 뿐만 아니라 보험에 들어 준 증권의 가치가 하락하거나 회사의 신용등급이 떨어질 경우 충분한 담보를 제공할 것을 약속했다. AIG는 자사의 전략에 대해 너무나 확신에 차 있었기 때문에 금융상품그룹의 최고 책임자는 "논리적으로 생각할 수 있는 어떤 경우라도 이들 거래에서 단 $1이라도 손실을 입는 시나리오는 생각할 수 없다"고 주장하였다. 그러나 2008년 9월 신용평가기관들이 AIG사 채권의 신용등급을 낮추고 회사는 15일 이내에 $320억의 추가 담보를 제공해야 하는 상황이 되면서 생각조차 할 수 없었던 일이 실제로 일어나고 말았다. 만약 AIG가 부도를 냈다면 CDS계약을 매입했던 모든 사람들은 엄청난 손실을 입었을 것이다. AIG가 바로 붕괴되는 상황을 막기 위해 연방은행이 개입하여 $850억의 구제금융을 제공하였다.

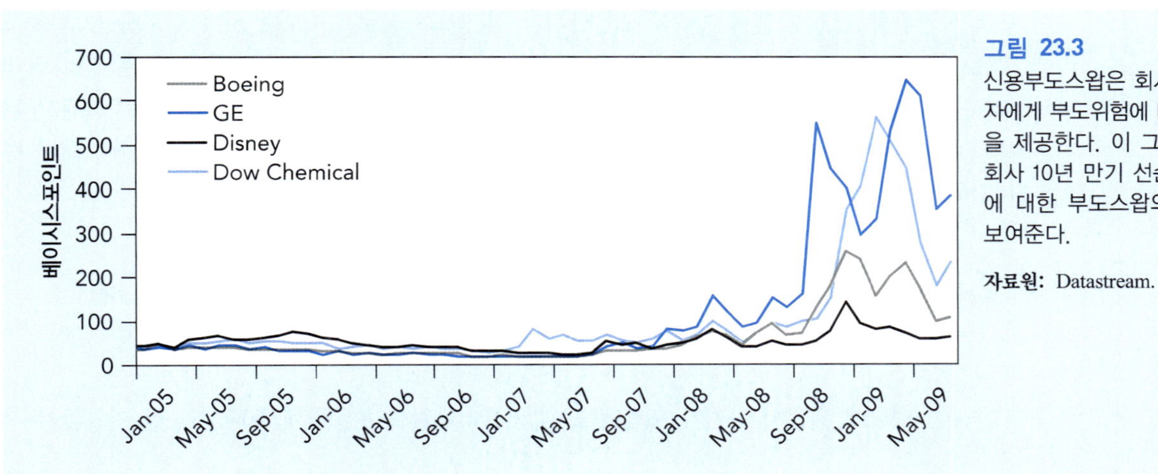

그림 23.3
신용부도스왑은 회사채 보유자에게 부도위험에 대한 보험을 제공한다. 이 그림은 4개 회사 10년 만기 선순위 부채에 대한 부도스왑의 비용을 보여준다.

자료원: Datastream.

5) 관련 신용 파생상품으로는 신용연계(credit-linked) 채권, 토털리턴스왑(total return swap), 신용옵션 등이 있다. 신용 파생상품시장에 대한 유용한 조사 문헌으로는 다음을 참조하라. J. P. Morgan, "The J. P. Morgan Guide to Credit Derivatives," at **www.investinginbonds.com/assets/files/ intro_to_derivatives.pdf.**

23.2 부도를 낼 수 있는 옵션

회사채와 이와 동등한 재무성 채권 간의 차이는 정부와는 달리 회사는 부도를 낼 수 있는 옵션을 가지고 있다는 점이다.[6] 이는 가치가 있는 옵션이다. 다른 조건이 같을 때 무한책임 회사와 유한책임 회사 중 어느 회사의 주주가 되기를 선호할 것인가를 생각해 보자. 물론 누구나 회사의 부채로부터 도망갈 수 있는 옵션을 갖기를 원할 것이다. 불행히도 모든 좋은 일은 어두운 면이 따르게 마련이다. 부도 옵션을 가지는 데 따르는 문제는 회사채 보유자가 이런 옵션을 제공하는 대가로 보상을 기대한다는 것이다. 이 때문에 회사채는 정부채권에 비해 낮은 가격과 높은 수익률을 제공해야 한다.

제18장에서 논의했던 서큘러파일회사(Circular File Company)의 곤경을 다시 살펴보면 부도 옵션의 본질을 설명할 수 있다. 서큘러파일사는 주당 $50을 차입했지만 그러고 나서 회사가 어려움에 처했고, 회사 자산의 시장가치는 $30으로 떨어졌다. 서큘러사의 채권과 주식의 가격은 각각 $25와 $5로 떨어졌다. 그러므로 서큘러사의 **시장가치** 기준 재무상태표(대차대조표)는 다음과 같다.

서큘러파일회사(시장가치)

자산 가치	$30	$25	채권
		5	주식
	$30	$30	기업 가치

만약 서큘러의 부채가 지금 바로 만기가 되어 상환해야 한다면 회사는 차입한 $50의 채무를 상환할 수 없다. 그러면 부도가 날 것이고, 채권자들은 $30의 가치를 가진 회사를 넘겨받고 주주들은 아무것도 가져가지 못한다. 서큘러사의 주식이 $5의 시장가치를 가지는 이유는 채무가 바로 지금이 아니라 1년 후에 상환된다는 점 때문이다. 한 번의 행운으로도 채권자들의 채무를 완전히 지급하고도 얼마간의 잔여 재산을 주주들에게 나누어 줄 수 있을 만큼 가치가 증가할 수도 있다.

서큘러파일사가 차입을 할 때는 부도를 낼 옵션을 취득하였다. 다시 말해 회사는 만기에 반드시 부채를 상환할 필요가 없다. 만약 자산 가치가 회사의 차입금 $50보다 낮다면 회사는 그 부채에 대해 부도를 내는 선택을 할 것이며, 채권자들은 회사 자산을 넘겨받게 된다. 다른 말로 하면 서큘러사가 차입을 했을 때 채권자들은 실질적으로 회사의 자산을 취득한 것이며, 주주들은 부채를 상환하고 그 자산을 되사들이는 옵션을 얻은 것이다. 실제로는 주주들이 회사 자산에 대한 콜옵션을 매입한 것이다. 그러므로 서큘러파일회사의 대차대조표는 다음과 같다.

서큘러파일회사(시장가치)

자산 가치	$30	$25	채권 가치 = 자산 가치 − 콜 가치
		5	주식 가치 = 콜 가치
	$30	$30	기업 가치 = 자산 가치

그림 23.4는 연말에 채권의 만기가 도래했을 때 서큘러파일사 주주들에 대해 가능한 지급금의 형

6) 그러나 정부는 다른 국가의 통화를 발행할 수는 없다. 그러므로 정부는 외환 부채에 대해서는 부도를 낼 수도 있다. 예를 들어 2008년 에콰도르 정부는 $39억의 외환 부채에 대해 부도를 냈다. 아주 드물게 정부는 자국 통화 채권에 대해서도 부도를 낸다. 예를 들어 1998년 러시아 정부는 $360억의 루블화 채권에 대해 부도를 선언했다.

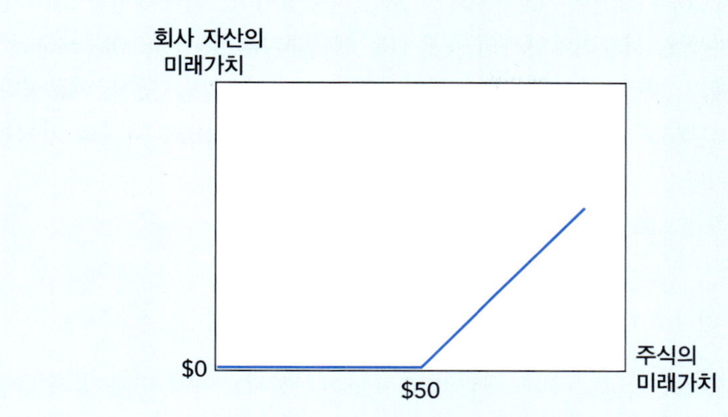

그림 23.4
서큘러사 보통주의 가치는 행사가격 $50인 회사 자산에 대한 콜옵션의 가치이다.

태를 보여준다. 만약 자산의 미래가치가 $50보다 적으면 서큘러사는 부도를 내고 주식은 전혀 가치가 없어질 것이다. 만약 회사의 자산 가치가 $50를 넘으면 주주들은 자산 가치에서 채권자들에게 지급하는 $50를 뺀 나머지를 받게 된다. 여러분은 그림 23.4가 눈에 익지 않은가? 여러분이 옵션에 관해 제20장을 공부했다면 당연히 그럴 것이다. 그림 23.4의 지급금 형태는 바로 행사가격 $50인 회사 자산에 대한 콜옵션의 그것과 동일하다.

제20장에서 콜옵션과 풋옵션 간의 기본적인 관계를 설정하였다.

$$\text{콜 가치} + \text{행사가격의 현재가치} = \text{풋 가치} + \text{주식 가치}$$

이 관계식을 서큘러사의 경우에 적용하려면 '주식 가치'는 '자산 가치'로 해석해야 한다. 왜냐하면 보통주는 회사 자산에 대한 콜옵션이기 때문이다. 또한 '행사가격의 현재가치'는 내년에 채권자에게 약속한 $50의 지급금을 확실히 받았을 때의 현재가치이다. 그러므로,

$$\text{콜 가치} + \text{채권자에게 약속한 지급금의 현재가치} = \text{풋 가치} + \text{자산 가치}$$

이제 서큘러사 채권에 대해 이 식을 풀 수 있다. 채권 가치는 회사의 자산 가치에서 이 자산에 대해 주주가 가진 콜옵션의 가치를 뺀 것과 같다.

$$\begin{aligned}\text{채권 가치} &= \text{자산 가치} - \text{콜 가치}\\ &= \text{채권자에게 약속한 지급금의 현재가치} - \text{풋 가치}\end{aligned}$$

서큘러사의 채권자들은 실질적으로 안전한 채권을 매입하고, 동시에 주주들에게 회사 자산을 부채와 동일한 금액으로 채권자에게 팔 수 있는 풋옵션을 준 것이다.

이제 채권 거래자, 투자자, 그리고 재무관리자들이 왜 **부도 풋**(*default puts*)이라고 하는지 알 수 있을 것이다. 회사가 부도를 낸다는 것은 실질적으로는 주주들이 부도 풋을 행사한 것이다. 풋의 가치는 유한 책임, 즉 회사 자산을 채권자들에게 넘겨주고 회사 부채로부터 도망갈 수 있는 주주의 권리 가치와 같다. 부도를 낼 수 있는 이 옵션은 서큘러파일사의 경우에는 부도가 날 가능성이 높기 때문에 매우 가치가 크다. 다른 극단적인 경우 IBM의 부도 옵션은 이 회사의 자산 가치

에 비해 무시할 정도의 가치이다. IBM 채권에 대한 부도는 물론 가능성이 있기는 하지만 그 가능성은 아주 희박하다. 옵션 거래자들은 서큘러파일사의 풋옵션은 '심 내가격(deep in the money)' 상태라고 말한다. 왜냐하면 현재의 자산 가치($30)는 행사가격($50)보다 훨씬 낮기 때문이다. IBM의 경우 풋옵션은 심한 '외가격(out of the money)' 상태이다. 왜냐하면 IBM 자산의 가치가 IBM 부채보다 훨씬 크기 때문이다.

회사채 평가는 두 단계의 과정으로 이루어진다.

$$\text{채권 가치} = \frac{\text{부도 가능성이}}{\text{없다고 가정한 채권 가치}} - \frac{\text{회사 자산에}}{\text{대한 풋옵션의 가치}}$$

첫 번째 단계는 쉽다. 부도가 나지 않는다고 가정한 채권의 가치를 계산한다. (약정 이자 및 원금을 재무성 채권이 제공하는 이자율로 할인한다.) 둘째, 회사 자산에 대해 발행된 풋의 가치를 계산한다. 이때 풋의 만기는 채권의 만기와 같으며 풋의 행사가격은 채권자들에게 약속한 지급금과 같다.

회사채를 보유하는 것은 회사 자산을 보유하고 주주들에게 이들 자산에 대한 콜옵션을 주는 것과 같다.

$$\text{채권 가치} = \text{자산 가치} - \text{자산에 대한 콜옵션의 가치}$$

그러므로 회사 자산의 가치가 주어지면 채권 가치는 이들 자산에 대한 콜옵션을 평가하고, 자산 가치에서 이 콜옵션의 가치를 차감하여 계산할 수 있다. (콜 가치는 단순히 회사 보통주의 가치임을 기억하자.) 그러므로 회사 자산에 대한 풋과 콜의 가치를 평가할 수 있으면 부채의 가치도 평가할 수 있다.[7)]

부도 옵션이 채권의 위험과 수익률에 어떻게 영향을 미치는가?

만약 회사의 부채가 무위험이라면 회사 기초자산(underlying assets)의 위험은 모두 주주가 부담한다. 그러나 회사가 유한책임을 가지는 경우 채권자들도 주주들과 함께 이 위험을 나누어 부담한다. 유한책임 회사의 주식은 회사 자산에 대한 콜옵션과 동등하다는 점을 우리는 이미 알고 있다. 그러므로 만약 이 콜옵션의 위험을 계산할 수 있다면 회사의 위험이 주주들과 채권자들 사이에 어떻게 나누어지는가를 알아낼 수 있다.[8)]

콜옵션의 위험을 어떻게 계산하는지를 공부한 제21장으로 다시 돌아가 보자. 위험의 계산은 두 단계를 거친다.

제1단계: 콜옵션과 동일한 지급금을 제공하는 기초자산과 무위험 차입의 조합을 만든다(위의 사례에서 콜옵션은 부채가 포함된 주식).

제2단계: 이 복제 포트폴리오의 베타를 계산한다.

---

7) 그러나 옵션평가 과정은 회사 자산을 평가할 수는 없다. 풋과 콜의 가치는 자산 가치에 대한 비율로 평가되어야 한다. 예를 들어 블랙-숄즈 공식(21.3절)은 콜옵션 가치를 계산하기 위해 주가를 필요로 한다는 점을 상기하자.

8) 부도 옵션의 평가에 관한 고전적인 논문으로는 R. Merton의 "On the Pricing of Corporate Debt: The Risk Structure of Interest Rates," *Journal of Finance* 29(May 1974) pp. 449~470가 있다.

그림 23.5는 기초자산의 베타가 1.0인 가상의 회사를 예로 들어 이들 자산의 베타가 주주와 채권자들 간에 어떻게 나누어지는지를 보여준다. 만약 회사가 무한책임을 갖는다면 주주들은 모든 위험을 부담하며, 부채는 무위험이다. 그러나 유한책임인 경우 채권자들도 위험의 일부를 부담하게 된다. 부채비율이 높을수록, 부채의 만기가 길수록 채권자들이 부담하는 위험의 비율이 높아진다. 예를 들어 가상 회사가 전체 자산의 60%를 25년 만기 채권으로 조달했다고 가정하자. 무한책임인 경우 부채의 베타는 0이고 주식은 2.5의 베타를 가지게 된다.[9] 그러나 자산의 위험을 나누어 부담하는 경우 부채는 0.7의 베타를 가지게 되고 주식의 베타는 1.4가 된다.

그림 23.6은 같은 가상 회사에 대해 부채의 약정 수익률(promised yield)이 부채비율과 채권 만기에 따라 어떻게 변하는지를 보여준다. 예를 들어 회사의 부채비율이 20%이고 모든 부채의 만기가 25년이라고 한다면 부도위험을 보상하기 위해서는 정부 채권 수익률보다 0.5% 높은 수익률을 제공해야 함을 보여준다. 만기가 길어지면 위험이 증가하는 것처럼 일반적으로 수익률도 마찬가지로 증가하는 데 주목하자. 이는 일리가 있다. 상환을 위해 더 오래 기다려야 할수록 일이 잘못될 확률이 더 커지기 때문이다.[10]

그림 23.6의 작성에는 몇 가지 가공적인 가정을 했음에 유의하라. 한 가지 가정은 회사가 배당을 지급하거나 주식 재매입(자사주 매입)을 하지 않는다는 것이다. 만약 회사가 정기적으로 주주

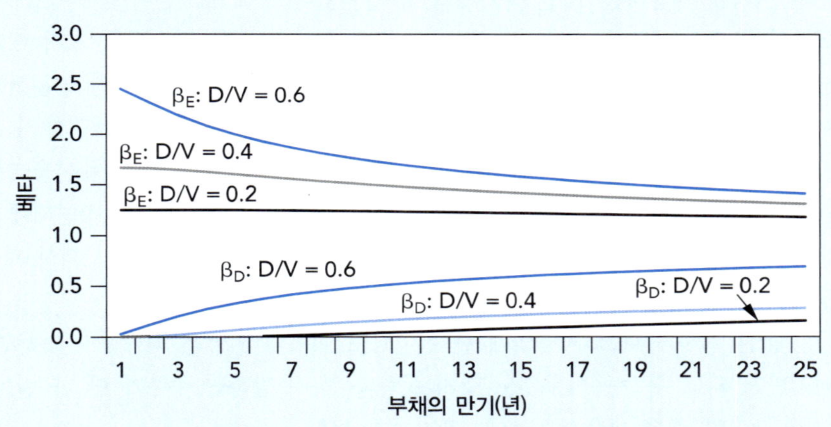

그림 23.5

부채와 주식의 베타는 부채비율과 부채의 만기에 따라 어떻게 변동하는가? 이 곡선들은 아래의 단순화 가정 아래 옵션가격결정이론을 사용하여 계산되었다. (1) 무위험 이자율은 모든 만기에 대해 일정하다. (2) 회사 자산에 대한 수익률의 표준편차는 연 25%이다. (3) 자산 베타는 1.0이다. (4) 부채는 무이표채 형태이다. (5) 부채비율은 *D*/*V*로 정의한다. 여기서 *D*는 부채의 액면가를 무위험 이자율로 할인한 값이며 *V*는 자산의 시장가치이다.

9) 자산의 베타는 부채 베타와 주식 베타의 가중평균임을 기억하자.

$$\beta_{자산} = (D/V)\beta_{부채} + (E/V)\beta_{주식}$$

$\beta_{자산} = 1.0$, $\beta_{부채} = 0$이라면 부채비율이 60%일 때

$$1.0 = (0.6 \times 0) + (0.4 \times \beta_{주식})$$

$$\beta_{주식} = 2.5$$

10) 채권의 가격은 항상 만기와 부채비율이 증가하면 하락한다. (풋옵션의 가치는 만기와 행사가격과 함께 증가한다는 것을 기억하자.) 그러나 아주 긴 만기와 높은 부채비율의 경우 채권의 연간 수익률(*yield per annum*)은 감소하기 시작한다.

그림 23.6
위험한 회사 부채의 이자율은 부채비율과 만기에 따라 어떻게 변하는가?

Visit us at www.mhhe.com/bma

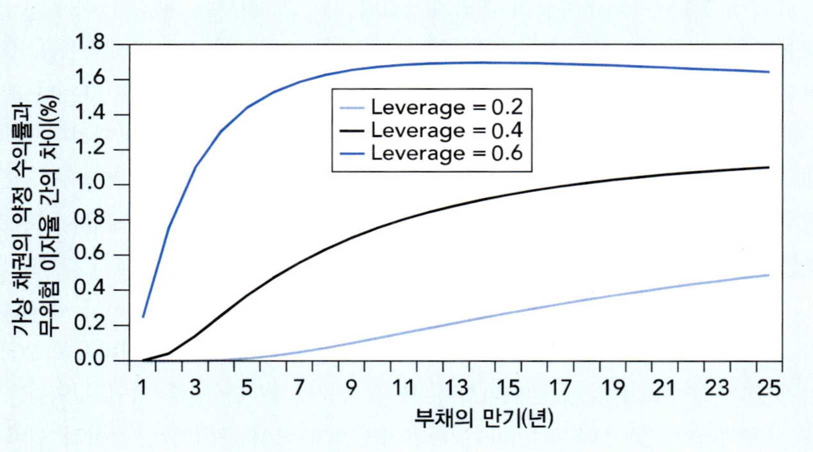

에게 자산의 일부를 지급한다면 회사가 어려움에 처했을 때 채권자들을 보호해 줄 자산이 적어진다. 이 경우 시장은 당연히 회사의 채권에 대해 더 높은 수익률을 요구할 것이다.

회사 채권의 평가를 보기보다 좀 더 어렵게 만드는 또 다른 문제들이 있다. 예를 들어 그림 23.6은 회사가 단 한 번 무이표채(zero-coupon debt)를 발행한다고 가정한다. 이런 무이표채 대신 연간 이자를 지급하는 10년 만기 채권을 발행했다고 해 보자. 이 경우에도 여전히 회사의 주식은 약속한 금액을 지급하고 행사할 수 있는 콜옵션으로 간주할 수 있다. 그러나 이 경우 한 번이 아니라 열 번의 지급이 일어난다. 주식을 평가하기 위해 10개의 연속적인 콜옵션을 평가해야 한다. 첫 번째 옵션은 첫 번째 이자 지급일이 도래했을 때 이자를 지급하고 행사할 수 있다. 옵션을 행사함으로써 주주는 두 번째 이자를 지급하고 행사할 수 있는 두 번째 콜옵션을 취득한다. 행사에 따르는 보상은 주주가 세 번째 콜옵션을 취득하는 것이다. 마지막으로 10년째에 주주는 10번째 옵션을 행사할 수 있다. 원금과 마지막 해의 이자를 지급함으로써 주주는 회사 자산에 대해 부채나 저당권이 없는 완전한 소유권을 되찾을 수 있다.

물론 회사가 어느 지급일에 한 번이라도 이자나 원금을 지급하지 못하면 채권자들이 회사를 넘겨받게 되고 주주는 아무것도 갖지 못한다. 다시 말하면 주주가 단 한 번이라도 콜옵션 행사를 하지 않으면 후속 콜옵션은 모두 포기하게 된다.

회사가 10년 만기 채권을 발행했을 때의 주식 평가는 10개의 콜옵션 중 첫 번째 콜옵션을 평가하는 것과 동일하다. 그러나 후속 9개의 콜옵션을 평가하지 않고서는 첫 번째 콜옵션을 평가할 수 없다.[11] 대기업들은 통상 각기 다른 이자율과 만기를 가진 수많은 종류의 부채를 가지고 있고, 현 부채의 만기가 도래하기 전에 또 다른 부채를 발행하기 때문에 위의 예는 실질적으로 당면하는 어려움을 과소평가하고 있다. 그래서 채권 거래자들이 회사채를 평가할 때 곧바로 옵션 가치를 계산하자는 것은 아니다. 이들 채권이 제공하는 수익률 스프레드를 기준으로 유사한 채무불이행 위험을 가진 다른 채권을 찾아서 평가를 시작하는 것이 일반적이다.

11) 회사 채권의 가치를 평가하는 또 다른 접근법(무위험 채권의 가치에서 풋옵션의 가치를 차감)도 쉬운 것은 아니다. 애널리스트는 하나의 단순한 풋옵션이 아니라 10개 풋옵션의 묶음에 직면하게 된다.

실제로 이자율 차이는 그림 23.6에서 보는 것보다는 훨씬 큰 경향이 있다. 최상급 회사채는 미국 재무성 채권보다 약 1% 포인트 높은 약정 수익률을 제공한다. 단순히 채무불이행 위험만으로 이런 정도의 큰 이자율 차이를 정당화하기는 어렵다.[12] 그렇다면 어째서 그런가? 기업들이 자사의 부채에 대해 지나치게 높은 비용을 지급하는 것일 수 있지만 반면에 회사채의 높은 수익률은 다른 문제로부터 오는 것일 수도 있다. 하나의 가능성은 회사채 시장의 유동성 부족에 대한 보상으로 투자자들이 추가적인 수익률을 요구하는 것일 수도 있다.[13] 투자자들이 쉽게 사고 팔 수 있는 채권을 선호한다는 데는 의심의 여지가 없다. 가장 최근에 발행된 채권('on-the-run' bonds)이 훨씬 더 활발하게 거래되며 전형적으로 기존에 거래되고 있는 채권보다 약간 낮은 수익률을 제공하는 재무성 채권 시장에서조차도 약간의 수익률 차이는 존재한다.

미국의 회사채 투자자들이 더 높은 수익률을 요구하는 또 다른 이유는 이자 수익에 대해서는 연방정부와 지방정부의 세금이 부과된다는 점이다. 재무성 채권의 이자는 지방세가 면제된다. 예를 들어 액면이자율 6%인 회사채를 보유하고 있고, 지방세가 5%라고 하자. 그러면 추가적인 세금을 보상하기 위해서는 $0.05 \times 6 = 0.3\%$의 추가적인 수익률이 필요하게 된다.[14]

쉬어가기: 정부 재정보증의 평가

2003년 베들레햄 철강이 부도를 선언했을 때 회사의 퇴직연금계정은 $70억의 부채를 가지고 있었으나 자산은 겨우 $30억밖에 되지 않았다. 그러나 9만 7천명의 직원과 퇴직자들은 빈곤한 노후를 보내지 않아도 되었다. 퇴직금계정은 대부분 퇴직연금수혜보증회사(Pension Benefit Guaranty Corporation, PBGC)으로부터 보증을 받고 있었다.[15]

퇴직연금 보장이 항상 회사 재무상태표에 기록되지는 않지만 채권자에 대한 약속과 마찬가지로 이는 장기 부채이다. PBGC에 의한 보증은 위험한 부채를 안전한 부채로 바꾸어준다. 만약 회사가 부도가 나서 퇴직연금을 지급하기에 충분한 자산이 없으면 PBGC가 그 차액을 지급한다.

정부는 PBGC가 제공하는 보증이 비용이 높은 것으로 인식하고 있다. 그래서 PBGC는 베들레햄 철강사 퇴직연금계정은 떠맡고 나서 부도난 퇴직연금계정과 부도가 임박한 계정들에 대한 지급금의 할인한 가치가 $230억에 이르는 것으로 추산하였다.

불행하게도 이런 계산은 또 다른 회사들이 미래에 부도가 나서 퇴직연금계정을 PBGC에 떠넘길 위험을 무시한 것이다. 보증의 비용을 계산하기 위해서는 보증이 없을 때 회사 퇴직연금계정의 가치가 얼마인지를 생각해 보아야 한다.

12) 예를 들어 다음 논문을 참조하라. J. Huang and M. Huang, "How Much of the Corporate-Treasury Yield Spread Is Due to Credit Risk? Results from a New Calibration Approach," working paper, Pennsylvania State University, May 2003.

13) 유동성이 풍부한 회사채가 유동성이 부족한 채권에 비해 낮은 수익률을 제공한다는 데 대한 증거는 다음 논문을 참조하라. E. J Elton, M. J. Gruber, D. Agrawal, and C. Mann, "Factors Affecting the Valuation of Corporate Bonds," *Journal of Banking and Finance* 28(November 2006), pp. 2747~2767.

14) E. J Elton, M. J. Gruber, D. Agrawal, and C. Mann, "Explaining the Rate Spread on Corporate Bonds," *Journal of Finance* 56, pp. 247~277. 연방세금을 계산할 때 지방세는 소득공제가 되기 때문에 위의 계산은 지방세 효과를 다소 과대평가하게 된다.

15) 더 많은 비용이 발생한 유나이티드항공의 파산 때는 PBGC의 채무가 $66억에 이르렀다.

보증의 가치 = 보증된 퇴직연금계정의 가치 − 무보증 퇴직연금계정의 가치

보증된 퇴직연금계정은 미국 정부의 약속처럼 안전하지만[16] **무보증** 퇴직연금계정은 회사의 일반 채무와 같다. 안전한 정부 채권과 위험한 회사채의 가치 간의 차이는 이미 우리가 알고 있는 바와 같다. 즉 회사가 채권자에게 회사 자산을 넘겨주고 채무로부터 벗어날 수 있는 권리의 가치이다. 그러므로 퇴직연금계정 보증의 가치는 이 풋옵션의 가치가 된다.

국회 예산실에서 발간한 보고서에서 웬디 키스카(Wendy Kiska)와 데보라 루카스(Deborah Lucas), 그리고 마빈 포프(Marvin Phaup) 등은 옵션가격결정 모형이 어떻게 퇴직연금계정 보증에 대한 PBGC의 비용을 좀 더 정확하게 측정할 수 있도록 해 주는가를 보여 주었다.[17] 저자들의 추정에 의하면 진정한 비용은 발표된 수치보다 $640억이나 많은 $870억 이상인 것으로 나타났다.

PBGC가 재정보증을 하는 유일한 정부기관인 것은 아니다. 예를 들어 연방예금보험공사(Federal Deposit Insurance Corporation, FDIC)는 은행 예금에 대한 보증을 하며, 연방 학자금대출(Federal Family Education Loan, FFEL) 프로그램은 학생들에게 학자금 융자에 대한 보증을 해 주며, 중소기업청(Small Business Administration)에서는 중소기업의 융자에 대해 부분적인 보증을 제공하는 등의 제도가 있다. 이들 프로그램에서 정부의 채무는 엄청나다. 다행히 옵션가격결정은 이들 비용을 계산하는 좀 더 나은 방법을 제시해 주고 있다.

23.3 채권등급평가와 부도 확률

은행이나 다른 금융기관들은 자신이 대출해준 대출금의 가치를 알고 싶어한다. 이 기관들은 또한 대출에 따르는 위험도 알아야 한다. 어떤 기관들은 전문화된 채권등급평가 서비스기관의 판단에 의존한다. 다른 기관들은 스스로 차입자가 부도를 낼 확률을 측정하는 모델을 개발하기도 한다. 먼저 채권등급평가를 설명하고 다음으로 두 가지의 부도 예측모델에 관해 논의한다.

거래되고 있는 대부분 채권의 상대적인 질은 채권등급으로 판정할 수 있다. 채권등급평가 서비스를 제공하는 기관으로는 무디스(Moody's), 스탠더드 앤드 푸어스(Standard & Poor's), 피치(Fitch) 등 세 기관이 있다.[18] 표 23.1에 이들 등급이 요약되어 있다. 예를 들어 가장 등급이 높은 채권은 무디스의 트리플 A(Aaa)이고 다음으로는 더블 A(Aa) 등이다. Baa 등급 이상의 채권은 **투자등급**(*investment-grade*) 채권이라고 한다.[19] 상업은행들과 많은 연기금, 그리고 기타 금융기관 등

16) 퇴직연금계정에 대한 보증이 절대 깨질 수 없는 약속은 아니다. 만약 PBGC가 채무를 이행하지 못하더라도 정부가 추가로 현금을 제공한다고 약속하지 않는다. 그러나 이런 경우는 상상하기 어렵다.

17) Congressional Budget Office, "The Risk Exposure of the Pension Benefit Guaranty Corporation," Washington DC, September 2005.

18) SEC는 세 개의 채권등급평가 기관이 휘두르는 막강한 힘에 대해 우려해 왔다. 이에 따라 다섯 개의 새로운 등급평가 기관을 승인하였다. 이들은 도미니온 채권(Dominion Bond, 2005), A.M. 베스트(A.M. Best, 2005) 이건 존스 등급평가(Egan-Jones Rating, 2007), 일본등급평가기관(Japan Credit Rating Agency, 2007), 그리고 등급 및 투자정보(Rating and Investment Information, 2007) 등이다.

19) 등급평가기관에서는 더 세밀한 등급을 제공한다. 이에 따라 채권등급은 A-1, A-2, A-3 등으로 구분될 수도 있다. 이에 더해 등급평가기관은 어떤 채권을 상향, 또는 하향 조정할 수 있다는 주의 목록에 올리기도 한다.

무디스	스탠다드 앤 푸어스
투자등급:	
Aaa	AAA
Aa	AA
A	A
Baa	BBB
정크본드:	
Ba	BB
B	B
Caa	CCC
Ca	CC
C	C

표 23.1 채권등급 기호표. 가장 등급이 높은 채권은 트리플 A이다. 투자등급 채권은 Baa와 동등하거나 그 이상의 등급이어야 한다. 이 기준을 충족하지 못하는 채권은 '고수익 채권' 또는 '정크본드'라고 한다.

은 투자등급이 아닌 채권에는 투자할 수 없다.[20]

Baa 등급 이하의 채권은 **고수익 채권(high-yield bond)**, 또는 **정크본드(junk bond)**라고 부른다. 대부분의 정크본드는 추락한 천사(*fallen angel*), 즉 곤경에 처해 어려움에 처한 회사의 채권이다. 그러나 1980년대에는 많은 회사들이 인수에 필요한 자금조달을 위해 대규모의 저등급 부채를 발행함에 따라 신규 발행 정크본드가 10배로 늘어났다. 그 결과 처음으로 작은 기업들이 초거대기업을 인수할 수 있게 되었다.

이들 정크본드 발행자들은 부채비율이 90~95%에 이르렀다. 많은 사람들이 이는 미국 기업계의 건전성을 위협하는 것이라고 걱정했다. 1990년 초에 들어 부도율이 증가함에 따라 정크본드 신규발행 시장은 말라버리고 말았다. 1990년대 후반 경제가 다시 번창하면서 연간 부도율이 2% 미만으로 떨어지고 정크본드 유행이 다시 살아났다. 그러나 이런 붐은 또다시 길게 지속되지 못했다. 2001년 미국 정크본드의 11%가 부도를 냈고, 회사들은 다시 정크본드 발행이 어렵게 되었다.

채권등급은 회사의 재무 및 사업 전망에 관한 판단이다. 등급을 계산하는 고정된 공식이 있는 것은 아니다. 그럼에도 불구하고 채권시장을 많이 이용하는 투자은행가나 채권포트폴리오 관리자들은 회사의 부채비율, 이자보상비율, 총자산 이익률 등과 같은 핵심적인 수치를 살펴보고 대략적인 채권등급을 알 수 있게 된다. 표 23.2는 이들 재무비율이 채권등급에 따라 어떻게 변하는지를 보여주고 있다.

비율	AAA	AA	A	BBB	BB	B	CCC
EBIT/이자*	23.8	19.5	8.0	4.7	2.5	1.2	0.4
자본에 대한 수익률(%)	27.6	27.0	17.5	13.4	11.3	8.7	3.2
총부채/(총부채 + 자기자본) (%)	12.4	28.3	37.5	42.5	53.7	75.9	113.5†

표 23.2 채권등급에 따른 재무비율. 제조업 회사들의 채권등급별 3년간(2002~2004)의 중위수 비율.

*EBIT = 이자, 세금 지급 전 이익(earning before interest and taxes).
†100%가 넘는 부채비율은 장부상의 자기자본이 음수임을 의미함.
자료원: Standard & Poor's, *Corporate Bond Rating Criteria*, 2006, www.standardandpoors.com.

20) 통상적으로 투자등급 채권은 은행이나 생명보험회사의 회계장부에 액면가로 기록할 수 있다.

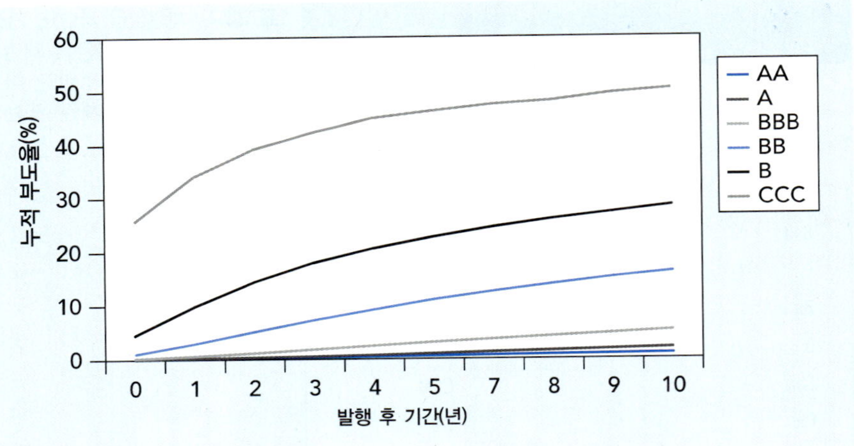

그림 23.7
S&P 등급별 회사채 부도율 (1981~2008).

자료원: Standard & Poor's, "*Default, Transition, and Recovery: 2008 Global Auunal Corporate Default Study and Rating Transitions*," February 2009. **www.standardandpoors.com.**

그림 23.7은 채권등급이 부도 확률을 반영하고 있음을 보여 준다. 1981년 이래 스탠더드 앤드 푸어스(S&P)가 당초에 AAA 등급을 매긴 채권 10,000개 중 발행 후 1년 안에 부도를 낸 채권은 단지 3개이며, 발행 후 10년 이내에 부도를 낸 채권도 55개에 불과했다. (그림 23.7에서 AAA 채권의 부도율은 나타내지 않았다. 보이지도 않을 것이기 때문이다.) 또 다른 극단에서는 CCC 등급 채권의 절반이 10년 안에 부도를 냈다. 물론 채권이 갑자기 부도가 나지는 않는다. 시간이 지나면서 회사가 점차 빠르게 나빠지게 되면 등급평가기관은 증가된 부도 확률을 반영하여 채권등급을 하향 조정한다.

등급평가기관이 부도 가능성을 항상 정확히 맞추는 것은 아니다. 2001년 엔론(Enron)이 파산했을 당시 투자자들은 2개월 전만 해도 회사의 부채는 투자등급이었다고 항의하였다. 평가기관이 회사 부채의 등급을 정말로 하향 조정하면 이는 종종 자본조달 비용을 증가시키는 갑작스러운 행동이라고 비난받는다.

23.4 부도 확률의 예측

신용점수

신용카드나 은행 대출을 신청하면 직업과 보유 주택, 그리고 재무 건전성 등에 관한 상세한 내용을 적은 설문지를 작성하도록 요구받는다. 이들 정보는 전반적인 신용점수를 계산하는 데 사용된다.[21] 충분한 점수를 얻지 못하면 신용 공여는 거부되고 더 상세한 분석이 필요하게 된다. 은행이 기업 대출의 위험을 평가할 때나 회사가 고객에게 신용을 제공할 때 사용하는 기계적인 신용점수 시스템도 이와 유사하다.

21) 가장 일반적으로 사용되는 신용점수는 Fair Issac & Co.가 Experian, TransUnion, 또는 Equifax 등 세 신용관리기관 중 하나가 제공하는 자료를 사용하여 개발한 FICO 점수이다.

가령 회사에 신용을 제공할 것인가를 결정하는 데 사용할 신용점수 시스템을 개발한다고 가정하자. 지난 40년 기간 동안 부도가 난 회사와 생존한 회사의 재무제표를 비교하는 것으로 작업을 시작한다. 그림 23.8은 이렇게 얻은 결과를 보여주고 있다. 패널 (*a*)는 파산한 회사는 파산하기 4년 전부터 벌써 생존 회사에 비해 훨씬 낮은 총자산 수익률(ROA)을 달성했음을 보여준다. 패널 (*b*)는 파산 회사가 평균적으로 총자산에 대한 부채비율이 높았음을 보여준다. 패널 (*c*)는 파산 회사가 총부채에 비해 EBITA(earnings before interest, taxes, and depreciation)가 상대적으로 낮았음을 보여준다. 그래서 파산한 회사들은 수익성이 낮았고(낮은 ROA), 부채비율이 높았으며(총자산 대비 높은 부채 비율), 현금 창출이 부진했다(부채 대비 낮은 EBITDA 비율). 각각의 경우 파산이 가까워 옴에 따라 회사의 재무건전성에 관한 이들 지표는 지속적으로 나빠졌다.

이들 회사에 관한 연구를 수행한 비버와 니콜라스, 그리고 리(William Beaver, Maureen Nicholas, and Jung-Wu Rhie)는 회사가 파산하지 않을 가능성 대비 다음 년도에 파산할 가능성은 다음의 식으로 가장 잘 추정할 수 있다고 결론지었다.[22)]

$$\begin{aligned}&\text{Log(상대적 파산 가능성)}\\&\quad= -6.445 - 1.192\text{ROA} + 2.307\,\text{부채/총자산} - 0.346\,\text{EBITDA/부채}\end{aligned}$$

2009년 초 이 책을 집필할 당시 이스트먼 코닥(Eastman Kodak)은 매출 감소와 막대한 부채에 시달리고 있었다. 이 회사의 채권은 B등급이었다. 그렇다면 코닥이 다음 년도에 파산할 가능성은 얼마인가? 위의 식을 이용해 계산해 보자. 최근 코닥의 연간 사업보고서에 따르면 총자산 수익률은 −4.5%, 부채는 총자산의 89.5%, 그리고 총자산 대비 EBITDA는 −2.5%였다. 이들 수치를 식에 대입하면 코닥이 파산할 상대적 가능성은 다음과 같다.

$$\begin{aligned}&\text{Log(상대적 파산 가능성)}\\&\quad= -6.445 - 1.192(-0.045) + 2.307(0.895) - 0.346(-0.025) = -4.32\\&\text{파산의 상대적 가능성} = e^{(-4.32)} = 0.013,\ \text{즉 } 1.3\%\end{aligned}$$

신용점수 평가시스템을 개발하는 데 여러 가지 기법이 사용되었다. 위에서 설명한 모형은 **위험성 분석**(*hazard analysis*) 기법을 사용하고 있다. 아직도 널리 사용되고 있는 알트만의 그 유명한 *Z*-점수 모형은 **다중 판별분석**(*multiple discriminant analysis*)을 사용하여 신용상태가 믿을 만한 회사와 그렇지 못한 회사를 구별한다.[23)]

신용점수 평가시스템은 경고를 줄 수 있어야 한다. 위험 지수를 개발할 때 사람들은 과거 자료를 가장 잘 설명하는 산식을 찾을 때까지 다양한 변수의 조합을 만들어 실험을 해 보려는 유혹에 빠진다. 그러나 이와 같이 과거 데이터 '뒤지기(mine)'로 만들어진 시스템은 과거 자료를 설명한 만큼 미래 현상을 잘 설명하지는 못한다. 과거의 성공에 도취되어 평가모형을 지나치게 신뢰하게

22) 다음 논문을 참조하라. W. H. Beaver, M. F. McNichols, and J-W. Rhie, "Have Financial Statements Become Less Informative? Evidence from the Ability of Financial Ratios to Predict Bankruptcy," *Review of Accounting Studies* 10 (2005), pp. 93~122.

23) *Z*-점수 모형에 관한 설명은 다음 논문을 참조하라. E. I. Altman, *Corporate Financial Distress and Bankruptcy*, 3rd ed. (New York: John Wiley, 2005).

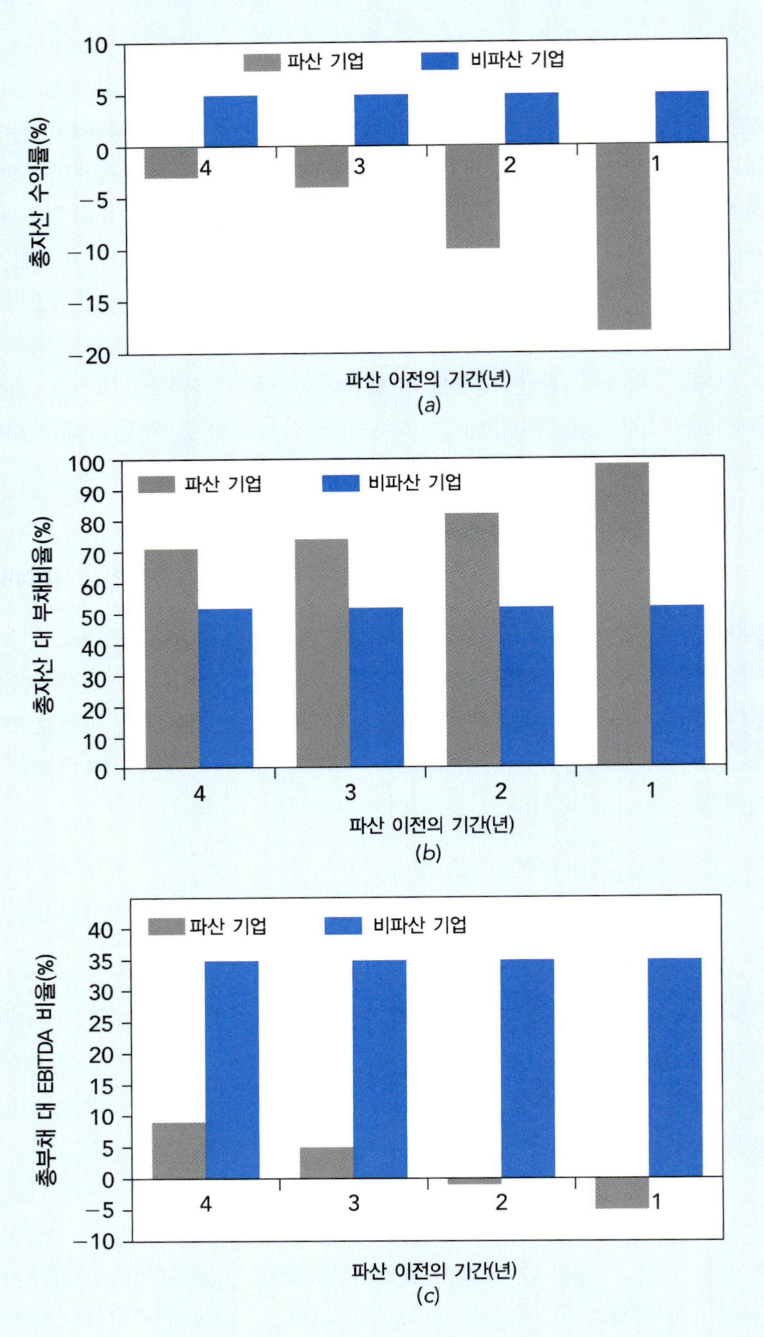

그림 23.8
544개 파산 및 비파산 기업의 재무비율.

자료원: W. H. Beaver, M. F. McNichols, and J-W. Rhie, "Have Financial Statements Become Less Informative? Evidence from the Ability of Financial Ratios to Predict Bankruptcy," *Review of Accounting Studies* 10 (2005), pp. 93~122. 2005 Springer Verlag.

되면 수많은 양질의 고객에게 신용을 제공하지 못하게 된다. 양질의 고객을 놓침으로써 입게 되는 손실이 몇몇 나쁜 고객을 피하여 얻는 이득보다 더 클 수 있다. 결과적으로 잠재적 고객의 신용상태를 구별하지 않고 모든 고객에게 신용을 제공한 경우보다 더 나쁜 결과를 가져올 수 있다.

그렇다면 기업은 신용점수 평가시스템을 사용할 필요가 없다는 뜻인가? 전혀 그렇지 않다. 단지 좋은 시스템을 개발하는 것만으로는 부족하다는 뜻이다. 평가시스템에 얼마나 많이 의존할 것인가를 아는 것이 필요하다는 말이다.

시장 기준 리스크 모형

신용점수 평가시스템은 주로 회사의 재무제표에 의존하여 어떤 회사가 파산하여 채무를 이행하지 못할 것인가를 추정한다. 작은 기업의 경우에는 회계자료를 사용하는 것 이외에는 별다른 대안이 없다. 그러나 상장된 대기업의 경우에는 주가에 포함된 정보를 활용할 수 있다. 이 기법은 회사 자산의 시장가치가 부채에 대한 지급금보다 낮아지면 주주들이 옵션을 행사할 것이라는 아이디어에 근거한 것이다.

가령 플로지스턴화학의 자산의 시장가치는 $100이고 5차 년도 말에 만기가 도래하여 갚아야 하는 부채의 액면가치가 $60(즉 60% 레버리지)라고 하자. 그림 23.9는 대출의 만기가 도래했을 때 플로지스턴 자산 가치가 얼마일지 그 가능한 범위를 보여준다. 자산 가치의 기댓값은 $120이지만 이 값은 확실하지 않다. 자산 가치가 $60 이하로 떨어질 확률이 20%인데 이 경우 회사는 부도가 나게 된다. 이 확률은 그림 23.9에서 빗금 친 부분으로 나타나 있다.

플로지스턴이 부도를 낼 확률을 계산하기 위해서는 회사 자산의 시장가치의 기대 성장, 부채의 액면가와 만기, 그리고 미래 자산 가치의 변동성 등을 알아야 한다. 현실 세계의 사례는 플로지스턴의 경우보다 더욱 복잡하다. 예를 들어 회사가 만기가 서로 다른 여러 종류의 부채를 가지고 있을 수도 있다. 이런 경우에는 주주들이 추가적으로 자금을 투입하여 단기 부채를 청산하고, 다른 부채의 만기가 도래하기 전에 회사 사정이 호전될 가능성을 살려 두는 편이 더 나을 수도 있다.

은행이나 컨설팅회사 등은 실제 대출의 위험을 측정하는 데 이런 아이디어를 사용할 수 있다는 사실을 알게 되었다. 예를 들어 23.1절에서 부실화된 테마파크회사인 식스플래그를 살펴보았다. 2009년 이 회사는 결국 위기를 극복하지 못하고 파산 신청을 했다.

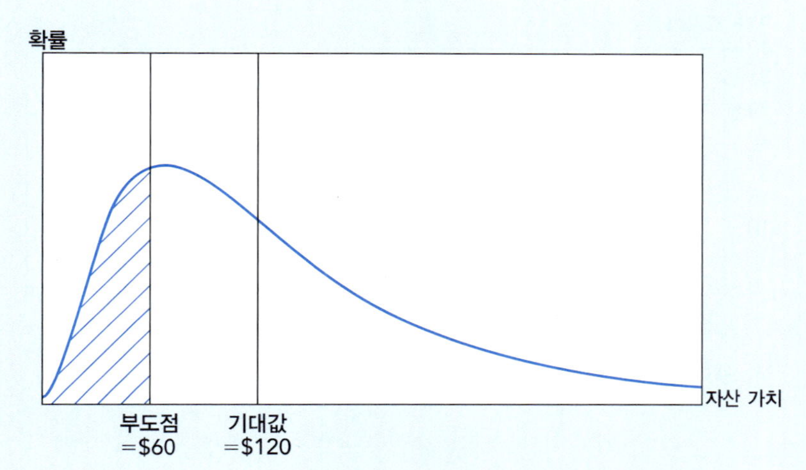

그림 23.9
플로지스턴화학은 5년 만기의 액면가 $60의 부채를 발행했다. 빗금 친 부분은 회사 자산의 가치가 5년 이내에 $60 이하로 내려갈 확률이 20%임을 보여준다. 이 경우 회사는 파산을 선택하게 된다.

그림 23.10에서 검은 선은 투자자들이 생각하는 식스플래그 자산의 가치를 보여주며, 청색 선은 회사가 부채에 대해 부도를 선택하게 되는 자산의 가치를 나타낸다. 이 그림에서 회사 자산의 가치가 부도점(default point)으로 점점 가까워져서 종국적으로는 서로 만나게 되는 것을 볼 수 있다. 물론 최후의 결과를 예언하는 수정 구슬을 가진 사람은 아무도 없었다. 그러나 신용 모형 전문기관인 무디스의 KMV는 다음 해에 회사가 부도를 낼 확률을 정기적으로 추정한다. 그림 23.11은 KMV가 식스플래그의 자산 가치가 부도점에 도달할 가능성의 추정치를 점진적으로 높여 왔음을 보여준다. 회사 자산의 가치가 무너지기 시작하면서 KMV의 부도 확률 평가도 점차 증가하였다. 2008년 7월에 와서는 확률 추정치가 최대값인 35%에 이르렀다.[24)]

그림 23.10
식스플래그의 자산 가치는 이 회사가 부도를 선택하게 되는 점을 향해 점점 더 가까이 다가갔다.

자료원: Moody's KMV.

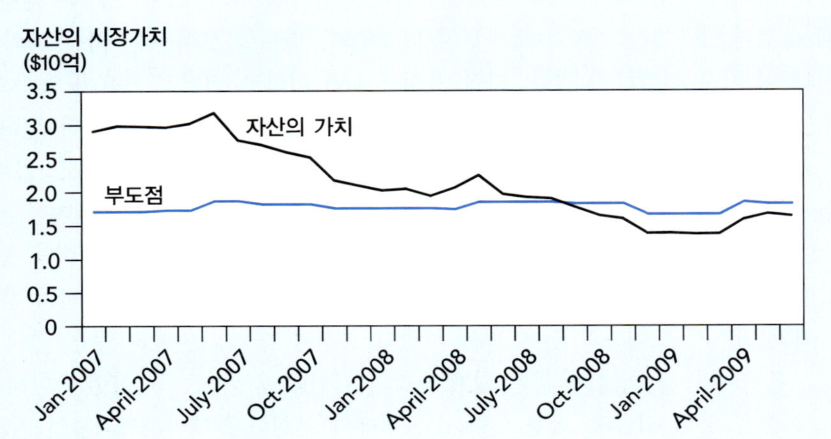

그림 23.11
식스플래그가 1년 이내에 부도를 낼 확률의 무디스 KMV 추정치.

주: 무디스의 KMV가 보고한 확률은 0.01~35%의 범위로 제한되었다.

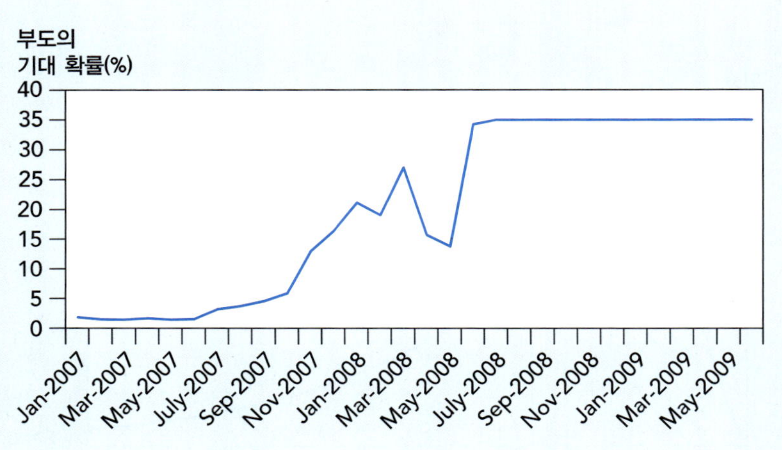

24) 무디스의 KMV가 제공하는 확률은 0.01%와 35%의 범위 이내로 한정되었다.

23.5 Value at Risk

지금은 2009년 3월이다. 2017년 만기의 이자율 6.25%인 스타벅스(Starbucks) 채권을 보유하고 있다고 하자. S&P가 부여한 이 채권의 등급은 BBB이고, 채권 가격은 액면가의 94.25%로서 약정만기수익률은 7.2%이다. 만약 이 채권을 앞으로 12개월간 보유할 계획이라면 투자자가 부담하는 위험은 어느 정도인가?

이때 투자자는 BBB 등급 채권의 과거 부도율을 살펴보고 BBB 채권이 1년 이내에 부도 날 가능성은 무시할 정도이며, 따라서 이런 투자는 미국 재무성 채권만큼이나 안전하다고 결론 내리기 쉽다. 그러나 이는 스타벅스가 단기간에 부도를 내지는 않는다고 하더라도 1년 후 이 회사의 영업전망이 지금보다 나빠질 가능성은 무시해 버린 것이다. 영업전망이 나빠지면 채권은 등급이 낮아지고 가치가 떨어질 수 있다.

은행이나 컨설팅회사들은 신용의 질이 나빠질 위험을 측정하는 다양한 방법을 개발하였다. 예를 들어 가장 잘 알려진 **크레디트메트릭스**(*CreditMetrics*) 시스템은 채권 등급 변화의 영향을 살펴본다.[25] 표 23.3은 1981~2008년 기간 동안 채권 등급이 얼마나 자주 바뀌었는지를 보여준다. 스타벅스 채권은 BBB 등급이므로 표의 네 번째 줄에 초점을 맞추어 살펴보자. 과거 BBB 등급 채권의 84.28%는 1년 후 여전히 같은 등급을 유지하고 있으며 몇몇 채권은 A 이상 등급으로 올라가기도 했다. 그러나 나쁜 소식은 1년 후 BBB 등급 채권의 5%는 정크본드 등급인 BB 또는 그 이하 등급으로 내려갔다.

스타벅스 채권이 BB 등급으로 내려갈 줄 알았다면 투자자들은 당연히 더 높은 수익률을 요구했을 것이다. 예를 들어 2009년 BB 등급 채권의 수익률은 BBB 등급 채권보다 1.1% 높았다. 스타벅스 채권의 수익률이 1.1% 올라가면 가격은 약 6% 떨어지게 된다. 다시 말하면 내년에 투

	연말의 등급								
연초의 등급	AAA	AA	A	BBB	BB	B	CCC ~ C	부도	무등급
AAA	88.39	7.63	0.53	0.06	0.08	0.03	0.06	0	3.23
AA	0.58	87.02	7.79	0.54	0.06	0.09	0.03	0.03	3.86
A	0.04	2.04	87.19	5.35	0.4	0.16	0.03	0.08	4.72
BBB	0.01	0.15	3.87	84.28	4	0.69	0.16	0.24	6.6
BB	0.02	0.05	0.19	5.3	75.74	7.22	0.8	0.99	9.68
B	0	0.05	0.15	0.26	5.68	73.02	4.34	4.51	12
CCC ~ C	0	0	0.23	0.34	0.97	11.84	46.96	25.67	14

표 23.3 1981~2008년 기간 동안의 연간 이전율의 세계 평균. 다른 등급으로 변동한 채권의 비율을 보여 준다.

자료원: Standard & Poor's, "Default, Transition, and Recovery: 2008 Annual Global Default Study and Rating Transitions," February 2009.

25) *CreditMetrics*는 원래 J.P. Morgan사가 개발한 것이다. *CreditMetrics*에 관한 설명은 **www.riskmetrics.com**에서 제공하는 설명서를 참조하라.

자가치가 6% 이상 떨어질 가능성이 5% 이상이라는 것이다. 이를 **value at risk(VaR)**라고 부른다.

이와 같이 대략 계산한 value at risk 추정치를 개선하는 방법은 여러 가지가 있다. 예를 들어 회사채의 수익률 스프레드는 일정하다고 가정했다. 그러나 투자자들이 신용위험을 부담하기를 더욱 꺼리게 되면 투자가치는 6%보다 더 많이 하락할 수도 있다. 스타벅스 채권 투자의 위험을 계산할 때는 채권 가격이 신용등급의 변화로 얼마나 영향을 받는지에 대해서만 살펴보았다. 좀 더 포괄적인 value at risk의 측정을 원한다면 무위험 이자율 역시 변동할 수 있다는 점을 인식해야 한다.

은행이나 채권 투자자들이 개별 채권의 위험에만 관심을 가지는 것은 아니다. 투자자들은 자신의 전체 포트폴리오의 위험을 알고 싶어 한다. 그러므로 신용 위험 전문가들은 여러 결과들 간의 상관관계에 관해서도 관심을 가져야 한다. 힉스빌(Hicksville) 교외의 할인 매장에 집중되어 있는 대출금 포트폴리오는 다양한 많은 차입자들로 구성된 대출 포트폴리오보다 위험이 높을 가능성이 크다.

요약

주식회사는 유한책임을 가진다. 회사가 부채를 갚을 수 없으면 파산을 신청할 수 있다. 대출자는 자신이 빌려 준 것보다 적게 되돌려 받을 수 있으며, 회사채의 기대(*expected*) 수익률은 약정(*promised*) 수익률보다 낮을 수 있다는 것을 잘 안다.

부도 가능성 때문에 회사채의 약정 수익률은 정부 채권보다 높다. 이와 같은 추가적인 수익률은 부도에 대비해 채권에 대한 보험을 드는 비용으로 생각할 수 있다. 부도에 대비하여 채권 보유자들을 보호해 주는 보험계약 시장은 활성화되어 있다. 이런 보험계약은 스왑이라고 부른다. 금융시장에 공짜 점심은 없다. 회사채 투자에서 얻는 추가적인 수익률은 부도에 대비해 보험을 드는 비용으로 사라져 버린다.

부도를 낼 수 있는 회사의 옵션은 풋옵션과 동일하다. 만약 회사 자산의 가치가 부채보다 작으면 회사는 부도를 내고 대출자에게 자산을 넘겨주고 부채를 청산하는 편이 더 낫다. 이런 직관은 회사 부채를 평가할 때 고려해야 할 사항들은 회사가 부도를 내게 되는 점에 대비한 현재 회사의 상대적인 가치, 자산의 변동성, 부채의 만기, 그리고 무위험 이자율 등임을 말해준다. 불행하게도 대부분의 회사들은 만기가 각기 다른 여러 종류의 대출금을 가지고 있다. 이 때문에 풋옵션을 평가하는 일이 더욱 복잡해진다.

이런 복잡성 때문에 채권투자자들은 회사채에 포함되어 있는 부도 옵션을 평가할 때 옵션 모형을 많이 사용하지는 않는다. 더 일반적으로는 회사채 수익률과 비교 대상인 정부 채권의 수익률 간의 스프레드가 부도 가능성을 적절하게 보상해 주는가를 판단하는 자신의 경험에 주로 의존한다. 스프레드는 투자자들이 부도 가능성을 재평가하거나 위험 회피의 정도가 심해지거나 덜해지는 데 따라 빠르게 변할 수 있다.

투자자는 회사 채권의 위험을 측정할 때 무디스나 스탠더드 앤드 푸어스, 또는 피치 등이 부여하는 채권 등급을 살펴본다. 트리플 A(AAA) 등급의 채권은 정크 등급 채권보다 부도를 낼 가능성이 훨씬 낮다.

은행이나 등급평가기관, 그리고 컨설팅회사 또한 부도 가능성을 추정하는 여러 가지 모형을 개발했다. 신용점수 평가시스템은 회계상의 재무비율이나 회사 재무 건전성을 나타내는 다른 지표를 사용하여

Visit us at www.mhhe.com/bma

이를 가중평균하여 하나의 부도 지표를 만든다. 무디스의 KMV는 다른 방침을 사용하여 회사 자산의 시장가치가 회사가 부채를 갚기보다는 부도를 선택하게 되는 점까지 떨어질 확률을 측정한다.

당장 눈앞에 닥친 부도 전망이 없다고 해서 위험이 없다고 가정해서는 안 된다. 채권의 질이 나빠지면 투자자들은 더 높은 수익률을 요구하며 채권 가격은 떨어진다. Value at risk를 계산하는 한 가지 방법은 가능한 등급변화의 확률을 살펴보고 이들 변화가 채권 가격에 미치는 영향을 추정하는 것이다.

더 읽어야 할 문헌

주요 신용등급 평가기관과 무디스 *KMV*의 웹사이트는 신용위험에 관한 유용한 보고서를 제공한다. (특히 **www.moodys.com, www.standardandpoors.com, www.fitch.com, www.moodyskmv.com** 등을 참조하라.)

신용점수 평가모형에 관한 평론은 알트만의 다음 논문을 참조할 것.

E. I. Altman, *Corporate Financial Distress and Bankruptcy*, 3rd ed. (New York: John Wiley, 2005).

회사채와 신용위험에 관해 논의한 책은 많다. 예를 들어 다음의 책들을 참조하라.

A. Saunders and L. Allen, *Credit Risk Measurement*, 2nd ed. (New York: John Wiley, 2002).

J. B. Caouette, E. I. Altman, P. Narayanan, and R. Nimmo, *Managing Credit Risk*(New York: John Wiley, 2008).

D. Duffie and K. J. Singleton, *Credit Risk: Pricing, Measurement and Management* (Princeton, NJ: Princeton University Press, 2003).

연습문제

기본문제

1. 당신은 지금 2년 만에 만기가 도래하는 5% 이자율의 채권을 소유하고 있는데 가격은 액면가의 87%이다. 가령 만기에 이 채권이 부도가 날 확률이 10%이며, 부도가 나면 약속된 금액의 40%밖에 받을 수 없다. 이 채권의 약정 수익률은 얼마인가? 기대 수익률은 얼마인가?
2. 다른 조건이 같다면 아래 요인의 변화에 따라 재무성 채권과 회사채 가격 간의 차이가 증가할 것인가 아니면 감소할 것으로 기대하는가?
   a. 회사의 영업위험
   b. 레버리지의 정도
3. 정부 채권과 단순한 회사채 가치 간의 차이는 옵션의 가치와 같다. 이 옵션은 어떤 옵션인가? 그리고 행사가격은 얼마인가?
4. 다음 표는 두 회사의 일부 재무 데이터를 보여준다.

	A	B
총자산	$1,552.1	$1,565.7
EBITDA	−60	70
순이익 + 이자	−80	24
총부채	814.0	1,537.1

   제23.4절에 제시된 공식을 사용하여 어느 회사의 부도 가능성이 더 높은가를 계산하라.
5. 시장기반 접근법을 사용하여 어느 회사가 부도가 날 확률을 계산하는 데는 어떤 변수들이 필요한가?

Visit us at www.mhhe.com/bma

6. 당신은 지금 B등급 채권을 소유하고 있다. 과거의 증거에 의하면 1년 후 이 채권이 계속해서 B등급으로 남아있을 확률은 얼마인가? 등급이 더 낮아질 확률은 얼마인가?
7. 현재 A등급 채권을 소유하고 있다. 등급이 올라갈 가능성이 떨어질 가능성보다 더 높은가? 채권이 B등급이라도 여전히 같은 답을 할 것인가?
8. 왜 단일 대출에 비해 대출 포트폴리오의 위험을 추정하기가 더 어려운가?

중급문제

9. A 회사는 만기 10년의 단일 무이표채(zero-coupon bond)를 발행하였다. B 회사는 만기가 10년인 이표채(coupon bond)를 발행하였다. B 회사의 부채를 평가하는 것이 A 회사 부채를 평가하기보다 더 복잡한 이유가 무엇인지 설명하라.
10. X 회사는 금년에 만기가 되는 $150와 10년 후에 만기가 도래하는 $50를 차입하였다. Y 회사는 5년 만기로 $200를 차입하였다. 두 회사 모두 자산은 $140이다. X 회사는 부도가 나지 않고 Y 회사는 부도가 나는 시나리오를 엮어 보라.
11. 개인 대출을 평가하기 위한 수치 사용 신용점수평가 시스템을 개발하는 데 따르는 문제점을 논의하라. 과거에 신용이 제공된 경력이 있는 고객의 데이터만 사용하여 시스템을 테스트할 수 있다. 이것이 잠재적인 문제가 되는가?
12. 회사가 부도날 확률을 추정하는 데 시장기반 접근법을 사용할 때 당면하기 쉬운 문제들은 어떤 것이 있는가?
13. 백우드케미컬(Backwoods Chemical)사 채권의 부도에 대비하여 보험을 드는 데는 얼마의 비용이 드는가(제23.1절 참조)?

도전문제

14. 제23.1절 앞머리에 있는 첫 번째 백우드케미컬 예를 다시 살펴보라. 회사의 대차대조표는 다음과 같다.

백우드케미컬사(장부가치)

순운전자본	$ 400	$1,000	부채
순고정자산	1,600	1,000	자기자본(순가치)
총자산	$2,000	$2,000	총가치

부채의 만기는 1년이며 약정 금리는 9%이다. 그러므로 백우드의 채권자들에게 약속된 지급금은 $1,090이다. 자산의 시장가치는 $1,200이고 자산 가치의 표준편차는 연 45%이다. 무위험 이자율은 9%이다. 백우드사의 부채와 자기자본의 가치를 계산하라.

Visit us at www.mhhe.com/bma

15. 회사 자산 수익률의 표준편차가 연 40%라고 가정하고 블랙-숄즈모형을 사용하여 그림 23.5와 23.6을 다시 그려라. 레버리지가 60%인 경우에 대해서만 계산하라. (힌트: 무위험 이자율이 0이라고 가정하는 것이 가장 간단하다.) 이는 변동하는 위험이 고등급 회사채와 저등급 회사채 간의 스프레드에 미치는 영향에 관해 무엇을 말해 주는가? (웹사이트 **www.mhhe.com/bma**에서 제21장의 온라인 스프레드시트의 블랙-숄즈 프로그램을 사용하는 것이 도움이 될 것이다.)

Visit us at www.mhhe.com/bma

실시간
데이터분석

STANDARD
&POOR'S

웹사이트 www.mhhe.com/edumarketinsight의 스탠더드 앤드 푸어스 마켓 인사이트 데이터베이스의 데이터를 사용하여 다음 물음에 답하라.

1. 곤경에 처한 경험이 있는 세 개의 제조업 회사를 선택하라.
   a. 각 회사에 대해 그림 23.8과 유사한 그림을 그려보라. 회사의 어려움이 재무비율에 반영되어 있는가?
   b. 제23.4절에 있는 공식을 사용하여 각 회사의 채무불이행(부도) 확률을 계산하라.
   c. 이제 회사 채권의 등급을 살펴보라. 두 가지 척도가 일관성 있는 메시지를 전달하는가?

2. 무디스 KMV 웹사이트 www.moodyskmv.com에 접속하라. 이 웹사이트는 부도가 임박함에 따라 부도 확률[기대 부도빈도(*expected default frequency, EDF*)라고 함]이 어떻게 달라지는가를 보여주는 수많은 사례분석을 포함하고 있다.

Visit us at www.mhhe.com/bma

여러 다른 유형의 부채

제17장과 18장에서는 기업이 얼마나 차입해야 하는지 설명하였다. 그러나 기업은 어떤 **유형**의 부채를 발행해야 하는지도 생각해야 한다. 기업은 단기로, 아니면 장기로 부채를 발행할 수도 있고, 보통사채 또는 전환사채를 발행할 수도 있다. 회사는 또한 미국 시장에서, 또는 국제 부채시장에서 발행할 수도 있고, 일반 투자대중에게 공모로 매각할 수도, 또는 소수의 투자자만을 대상으로 사모로 발행할 수도 있다.

재무관리자는 자사에 가장 적합한 유형의 부채를 선택해야 한다. 예를 들어 회사가 임시로 자금을 필요로 하는 경우에는 일반적으로 단기 부채를 발행해야 한다. 상당한 해외영업을 하는 회사에는 외국통화의 부채가 가장 적합하다. 때로는 대출자 간의 경쟁으로 부채시장의 특정 부문에서 기회를 찾을 수도 있다. 그 효과는 수익률이 단지 몇 베이시스 포인트 감소하는 정도에 지나지 않을 수도 있지만 발행금액이 크면 수백만 달러를 절약할 수 있게 된다. "여기서 백만 달러, 저기서 백만 달러 절약하면 금방 큰 금액이 된다."는 말을 기억하자.[1]

이 장에서는 장기 부채에 초점을 맞춘다.[2] 먼저 채권의 여러 유형들을 살펴보면서 설명을 시작한다. 선순위 채권과 후순위 채권 간의 차이와 담보채권과 무담보채권 간의 차이도 살펴본다. 또한 채권이 감채기금을 통해 어떻게 상환되며, 채권자나 채무자가 어떻게 조기상환에 대한 옵션을 가지게 되는지도 설명한다. 제24.6절에서는 전환사채와 이와 가장 비슷한 대체물인 채권과 워런트의 패키지에 대해 살펴본다.

채권은 일반 투자대중에게 매각할 수도 있고 대형 금융기관에 사적으로 매각될 수도 있다. 사모발행 채권은 공모발행 채권과 대체로 유사하므로 길게 설명하지 않기로 한다. 그러나 **프로젝트 금융**(*project finance*)이라고 하는 또 다른 유형의 사모발행 부채에 대해서는 논의하기로 한다. 프로젝트 금융은 채권시장에서 아주 매력적이고 화려한 분야이다. 프로젝트 금융이라는 용어는 세계의 여러 이색적인 곳에서 진행되는 대규모 사업의 자금조달을 위한 수백만 달러 규모의 대출이라는 이미지를 떠오르게 한다. 이런 널리 알려진 이미지에는 무언가 있는데 물론 이것이 이야기의 전부는 아니다.

마지막으로 몇 가지의 특이한 채권을 살펴보고, 부채시장에서 혁신이 일어나는 이유에 대해서도 생각해 본다.

기업 부채의 서로 다른 특징들을 살펴보면서 왜 감채기금, 상환 옵션, 전환증권 등이 존재하는지 설명한다. 이들은 단순히 관습이나 중립적인 돌연변이가 아니다. 이런 증권들이 사용되는 데는 보통 정당한 이유가 있다.

많은 종류의 부채가 회사의 대차대조표(재무상태표)에는 표시되지 않는다는 점을 지적할 필요가 있다. 예를 들어 기업은 **특수목적회사**(*special purpose entities, SPE*)를 통해 부채를 위장할 수 있다. 회사가 특수목적회사를 설립하고 SPE가 부채와 자기자본의 혼합으로 현금을 조달한 다음 그 현금으로 모회사에 자금을 공급한다. 엔론(Enron)은 SPE를 통해 대규모의 부채를 부외 부채로 감출 수 있었지만 그것으로 회사가 파산하는 것을 막지는 못했다. 엔론 스캔들 이후 회계사들은 SPE 부채의 공시에 더욱 엄격한 규칙을 적용하게 되었다.

기업은 또 다른 중요한 장기 채무를 가지고 있는데 이 장에서는 따로 논의하지 않기로 한다. 예를 들어 장기 리스는 부채와 매우 흡사하다. 설비의 사용자는 일련의 리스료를 지급하기로 동의하며, 만약 채무를 이행하지 못하면 파산할 수도 있다. 리스에 관해서는 제25장에서 논의한다.

퇴직 후의 의료보험 혜택과 연금 약속 또한 엄청난 채무일 수 있다. 예를 들어 2003년 제너럴모터스(GM)는 연금 결손액이 $190억에 달했는데 GM은 이 결손을 줄이기 위해 대규모 채권을 발행하고 그 자금의 대부분을 연금기금에 투자하였다. 그 영향은 회사 부채를 증가시킨 것이라고 할 수 있지만 경제적 실체는 하나의 장기 채무(연금 채무)를 다른 장기 채무(새로 발행한 부채)로 대체한 것에 불과하다. 연금계획의 관리는 이 책의 범위 밖의 주제이다. 그러나 재무관리자는 이러한 연금 '부채'를 걱정하는 데 꽤 많은 시간을 들여야 할 것이다.

---

1) 이는 고(故) 에버트 더크센(Everett Dirksen) 상원의원이 한 말이다. 다만 그는 수십억 달러 규모를 얘기했었다.

2) 단기부채는 제30장에서 설명하기로 한다.

24.1 국내채권과 외국채권, 그리고 유로채권

기업은 국내 또는 외국에서 채권을 발행할 수 있다. 다른 나라 채권시장의 현지 투자자들을 대상으로 발행되는 채권을 **외국채권**(*foreign bond*)이라고 한다. 외국채권 시장은 미국이 월등하게 크지만 일본과 스위스도 상당한 규모의 시장이다. 외국채권은 여러 가지 별명을 가지고 있다. 미국에서 외국 기업이 발행하는 채권은 **양키본드**(*yankee bond*)라고 하고, 일본에서 발행되는 외국채권은 **사무라이**(*samurai*)라고 부른다.

물론 외국에서 자금을 조달하는 기업은 자금이 조달되는 국가의 규정을 준수해야 한다. 예를 들어 미국에서 공개적으로 거래되는 채권을 발행하려면 SEC에 등록해야 한다. 그러나 외국 기업들은 SEC의 규정 144A(Rule 144A)을 이용하여 이런 등록을 회피하는 것이 보통이다. 규정 144A(투자적격 투자자 규정 144A)에 의해 발행된 채권은 대형 금융기관들만이 거래할 수 있다.[3)]

기업은 자국 또는 다른 나라에서 채권을 발행할 수 있다는 것을 알았다. 각각의 경우 발행은 현지의 법에 따라야 하며 그 나라 금융당국의 감독을 받아야 한다. 어느 한 특정 국가에서 채권을 발행하는 대신 채권을 국제적으로 유통시킬 수도 있다. 예를 들어 IBM은 달러 표시 채권을 미국 이외 지역의 투자자들에게 매각할 수 있다. 채권이 미국 투자자들에게 매각되는 것이 아니기 때문에 이런 채권은 SEC에 등록할 필요가 없다.

자국 관할 밖의 국가에서 국제적으로 발행되는 채권을 **유로본드**(*eurobond*)라고 하며, 이런 채권은 통상적으로 미국 달러나 유로, 또는 엔 등과 같은 주요 통화 표시로 발행된다. 유로본드는 미국, 유럽, 그리고 일본의 대형 은행이나 증권회사의 런던 지점 등과 같은 인수기관들의 국제 신디케이트에 의해 매각된다. 유로본드(자국 시장 관할 밖에서 아무 통화 표시로나 발행할 수 있는 채권)와 유로 표시로 유럽 국가에서 발행되는 채권을 혼동하지 않도록 유의하라.

유로본드 시장은 1960년대에 형성되었는데 이는 미국 정부가 외국 증권의 매입에 세금을 부과하고 미국 기업들이 자본을 해외로 유출시키는 것을 억제하였기 때문이다. 따라서 유럽과 미국의 다국적 기업들은 자본을 조달하기 위하여 국제시장의 문을 두드릴 수밖에 없었다.

이 세금은 1974년 폐지되었다. 이제 기업들은 뉴욕이나 런던 어느 곳에서 차입할 것인가 선택할 수 있기 때문에 두 시장의 이자율은 일반적으로 비슷하다. 그러나 유로본드 시장은 직접적으로 미국 금융당국의 규제를 받지 않는다. 따라서 재무관리자는 다른 시장에서 자금을 조달하는 경우 차입비용의 조그마한 차이에도 신경을 써야 한다.

오늘날 대규모 채권발행은 국제적으로(즉 유로본드 시장에서)뿐만 아니라 각 개별 국가의 국내시장에서 동시에 이루어진다. 예를 들어 IBM은 자사의 달러 표시 채권을 국제적으로 매각하는 동시에 미국에서 등록할 수도 있다. 이런 채권을 **글로벌본드**(*global bond*)라고 한다.

3) 규정 144A는 제15.5절에서 설명하였다.

24.2 채권계약

채권계약에 대한(그리고 계약이 작성된 언어에 대한) 기본적인 감을 잡을 수 있게 하기 위해 표 24.1에 J.C. 페니(J.C. Penney)가 발행한 30년 만기 채권의 발행조건을 요약하였다. 차례로 주요 항목들을 살펴보기로 한다.

채권약정서(신탁약관)

J.C. 페니의 채권은 공모로 발행되었고, SEC에 등록하였다. 공모 발행의 경우, 채권계약은 채권 보유자와 수탁회사(trust company) 간에 **채권약정서(indenture)** 또는 **신탁약관(trust deed)**의 형태로 이루어진다.[4] 채권의 수탁회사인 뱅크오브아메리카 내셔널트러스트 저축조합(Bank of America National Trust and Savings Association)은 채권 보유자들을 대표한다. 이 회사는 채권약정서의 조건들이 잘 지켜지고 있는지 감시해야 하며, 채무불이행이 발생할 때는 채권 보유자들을

수탁자	뱅크오브아메리카 내셔널트러스트 저축조합					
부도에 대한 권리	수탁자 또는 25%의 무담보사채 보유자는 원금의 즉시 상환을 선언할 수 있다.					
등록 여부	완전 등록					
발행 단위	$1,000					
발행 금액	$250백만					
발행일	1992년 8월 26일					
발행가격	액면가의 99.489%와 경과이자를 더한 가격(회사 수취금은 98.614%)으로 First Boston Corporation을 통해 발행					
이자	연간 8.25% 이자율로 2월 15일과 8월 15일에 지급					
우선순위	다른 무담보 비후순위 부채에 맞춘 순위					
담보	무담보. 부채증권에 동등하게 비율에 따라 담보를 제공하지 않고서는 회사는 재산 또는 자산에 담보 설정을 허용하지 않음					
만기	2022년 8월 15일					
감채기금	2003년 8월 15일 이후부터 매년 $12.5백만의 원금을 상환하기에 충분한 금액, 더하기 $25백만까지 재량에 따른 감채기금					
수의상환 조건	각 연도의 8월 14일까지 적어도 30일 전, 그러나 60일을 초과하지 않는 기간 전에 다음 조건에 따라 통지하고 전체 또는 부분적으로, 또는					
	2003	103.870%	2004	103.485	2005	103.000
	2006	102.709	2007	102.322	2008	101.955
	2009	101.548	2010	101.161	2011	100.774
	2012	100.387				
	그 이후는 100% 더하기 경과이자로 상환					
	또한 감채기금 2003년 8월 15일 및 그 이후에 강제적이며 회사 재량으로 수의상환 가능					
무디스의 등급	B					

표 24.1 J.C. 페니가 발행한 이자율 8.25%의 2012년 감채기금 무담보사채의 발행조건 요약.

4) 유로본드(국제채)의 경우에는 채권 수탁자와 일부 유사한 기능을 수행하는 재무대리인(*fiscal agent*)을 둔다.

돌보아 주어야 한다. 채권약정서는 부풀려진 법적 서류이다.[5] 채권약정서의 사본은 유가증권 신고서(registration statement)에 포함되어 있으며, 그 주요 조항은 채권발행의 사업설명서(prospectus)에 요약되어 있다.

표 24.1을 따라 아래로 내려가 보면 J.C. 페니 채권이 **등록되어**(*registered*) 있음을 알 수 있다. 이는 회사의 등기담당자(registrar)가 각 채권의 소유자를 기록해 두고 이자와 마지막에 지급되는 원금을 각 소유자에게 직접 상환함을 의미한다.[6]

미국에서 발행되는 대부분의 채권은 등록 형식(registered form)으로 발행되지만 많은 국가에서 채권은 **소지자 형식**(*bearer* form)으로 발행되기도 한다. 이 경우에는 증서 자체가 소유권의 직접적인 증거가 되므로 채권자는 마지막으로 지급되는 원금을 청구하려면 증서 자체를 송부해야 한다. 유로본드는 예외 없이 채권 소유자가 소지자 형식으로 채권을 보유할 수 있도록 허용한다. 그러나 이런 채권의 소유권은 추적이 잘 안 되기 때문에 미국 국세청(IRS)은 미국 거주자들이 이런 채권을 소유하기 어렵게 만들고 있다.

채권의 발행조건

달러 표시로 발행되는 대부분의 채권처럼 J.C. 페니 채권의 액면가는 $1,000이다. 그러나 채권가격은 액면가의 퍼센트로 표시하는 데 유의하라. 또한 가격은 **경과이자**(*accrued interest*)를 제외하고 표기된다. 이는 채권매입자가 공시가격(quoted price)뿐만 아니라 미래에 지급될 이자 중에서 이미 발생한 금액도 지불해야 함을 의미한다. 예를 들어 12월 15일에 인도받는 조건으로 채권을 매입한 투자자는 첫 번째 이자지급까지 단지 두 달만 기다리면 된다. 그러므로 4개월간의 경과이자는 120/360 × 8.25 = 2.75%이며, 투자자는 채권 매입가격에 2.75%를 더한 가격을 지불한다.[7]

J.C. 페니 채권은 99.489%의 가격으로 투자대중에게 발행되었지만 기업은 98.614%만을 수령하였다. 두 가격 간의 차이는 인수기관(underwriter)의 스프레드이다. 즉 조달된 $2억 4,870만 중에서 약 $2억 4,650만은 기업에 귀속되고 $220만(즉 0.9%)은 인수기관에 돌아간다.

각 채권의 연간 이자 또는 **쿠폰**(*coupon*) 지급금은 $1,000의 8.25%, 즉 $82.50이다. 이자는 반년 단위로 지급된다. 그러므로 매 6개월마다 투자자들은 $82.50/2 = $41.25의 이자를 받는다. 대부분의 미국 채권은 반년마다 이자를 지급한다. 그러나 다른 많은 나라에서는 연간 이자를 지급하는 것이 일반적이다.[8]

---

5) 예를 들어 이전의 J.C. 페니 채권약정서에는 다음과 같이 기록되어 있다. "여러 사항들이 어떤 특정인에 의해 확인되어야 하거나 또는 의견이 필요한 경우, 그런 사항들이 모두 그 특정인에 의해서만 확인되거나 또는 그 특정인만의 의견이 필요한 것은 아니다. 또한 그런 사항들이 오직 한 가지 서류에 의해서만 확인되거나 커버되어야 할 필요는 없다. 대신 그 특정인은 일부 사항들에 대해 확인하거나 또는 의견을 제공할 수 있으며, 1인 또는 그 이상의 다른 사람들이 다른 사항에 대해 의견을 제공할 수 있으며, 그리고 어떤 사람이든 하나 또는 여러 서류에 있는 사항들에 대하여 확인하거나 또는 의견을 제공할 수 있다." 이를 빠르게 세 번 말해보라.

6) 일반적으로 투자자들은 증권을 물리적으로 보유하지 않는다. 대신 소유권은 장부기입으로 표시된다. 여기서 '장부'란 실제로는 컴퓨터를 의미한다.

7) 미국의 회사채 시장에서는 1년이 12개의 30일 기준의 월로 구성되었다고 가정하고 경과이자를 계산한다. 다른 시장에서는(미국 재무성채권 시장 등) 월별로 실제의 일수를 반영하여 계산한다.

8) 만약 채권이 6개월마다 이자를 지급하면 투자자들은 6개월 복리 기준으로 채권의 만기수익률을 계산한다. 다시 말해

채권이 정기적으로 지급하는 이자는 기업이 현상유지를 위해 달성해야 하는 최소한의 기준(hurdle)이다. 만약 기업이 이자를 지급하지 못하면 채권자는 문제가 더 심각해질 때까지 기다리지 않고 즉시 자신의 돈을 상환해 달라고 요구할 수 있다.[9] 따라서 이자지급금은 채권자에게 추가적인 보호장치를 제공하는 셈이다.[10]

때로는 채권이 낮은 액면이자로 액면가에서 많이 할인된 가격으로 발행되기도 한다. 이 경우 투자자들은 수익의 상당 부분을 자본이득(capital appreciation)의 형식으로 얻는다.[11] 가장 극단적인 예가 전혀 이자를 지급하지 않는 무이표채(zero-coupon bond)이다. 이 경우 모든 수익은 자본이득으로 이루어진다.[12]

J.C. 페니가 지급하는 이자금액은 채권의 만기 동안 고정된다. 그러나 일부 채권의 경우 이자금액이 이자율의 일반적인 수준에 따라 변하기도 한다. 예를 들어 이자금액이 미국 T-bill의 수익률 또는 (보다 보편적으로) 국제은행들이 상호간 대출에 적용하는 이자율인 **LIBOR(London interbank offered rate)**에 연계되기도 한다. 종종 이런 **변동금리채권**(*floating rate note*)은 이자율의 하한선(floor) 또는 상한선(cap)을 명시하기도 한다.[13] 또는 이자율 상한선과 하한선을 동시에 명시하는 '칼라(collar)'도 있다.

24.3 담보와 우선순위

제조기업이나 금융기관이 발행하는 부채의 거의 대부분은 일반적인 무담보 채무(unsecured obligation)이다. 단기 무담보 채권은 흔히 **노트(note)**라고 부른다. J.C. 페니 채권과 같은 보다 장기의 채권은 **무담보사채(debenture)**라고 부른다. (영국과 호주 등 일부 국가에서는 'debenture'가 담보부(*secured*) 채권을 의미하기도 한다.)

공익기업(utility company)의 채권은 대체로 담보부(secured)이다. 이는 만일 기업이 부채에 대해 채무를 이행하지 않으면 수탁자(trustee) 또는 채권자는 관련 자산을 차지할 수 있음을 의미한다. 만일 이 자산이 채무를 상환하기에 충분하지 않으면 남은 부채는 다른 무담보 채권과 함께 기업의 다른 자산에 대해 일반적인 청구권(general claim)을 가지게 된다.

서, 수익률은 6개월 수익률의 2배로 공시된다. 채권이 연간 이자를 지급하는 경우 수익률은 연간 복리 기준으로 계산하는 것이 관행이다. 수익률을 비교할 때는 이를 기억해야 한다.

9) 당해 연도의 이익이 이자를 감당하기에 충분한 경우에만 차입자가 이자 지급의 의무를 지는 유형의 채권이 있다. 이런 소위 말하는 소득채권(income bond)은 매우 드물며, 주로 철도회사의 재조직 과정에서 발행되었다. 소득채권에 관한 논의는 다음 논문을 참조하라. J. J. McConnell and G.G. Schlarbaum, "Returns, Risks, and Pricing of Income Bonds, 1956~1976 (Does Money Have an Odor?)," *Journal of Business* 54 (January 1981), pp. 33~64.

10) 만일 기업이 부채 상환을 위해 자산을 매각할 수 있다면 이자지급금은 아주 사소한 장애물에 지나지 않는다. 그러므로 이런 자산 매각은 제한된다.

11) 할인되어 발행되는 채권은 할인발행채권(original issue discount bond)이라고 한다. 무이표채는 종종 순 할인채권(pure discount bond)으로도 불린다. 할인채권에 대한 자본이득은 연간 0.25% 이하인 경우에는 소득으로 과세되지 않는다.

12) 극단 중의 극단적인 예는 자선 목적으로 발행되는 무이표 영구채권(perpetual zero-coupon bond)이다.

13) 상한선이 설정된(capped) 변동금리채권을 발행하는 대신에 기업은 종종 상한선이 없는(uncapped) 채권을 발행함과 동시에 은행으로부터 캡(cap)을 매입한다. 명시된 수준을 초과하는 이자는 은행이 지급한다.

담보부 부채(secured debt)는 대부분 **주택저당채권(mortgage bond)**이다. 이들 채권은 가끔은 특정 빌딩에 대한 청구권을 제공하기도 하지만 대체로 기업의 모든 재산(property)을 담보로 하여 발행된다.[14] 물론, 저당권(mortgage)의 가치는 재산이 다른 용도로 사용될 수 있는 정도에 의해 결정된다. 가늘고 긴 자동차용 안테나(buggy whip)를 생산하기 위해 고객이 특별히 주문한 기계는 이 제품의 시장이 쇠퇴하면 그리 큰 가치를 갖지 못한다.

증권을 소유하고 있는 기업들은 이를 대출의 담보(collateral)로 활용할 수 있다. 예를 들어, 지주회사는 주요 자산이 여러 자회사의 보통주로 구성된 기업이다. 따라서 지주회사가 차입하려고 할 때는 일반적으로 자회사에 대한 이들 투자를 담보로 이용한다. 채권자들이 당면하는 문제는 주식은 자회사 자산에 대한 다른 모든 청구권에 비해 후순위라는 점이다. 따라서 이런 유가증권담보사채(*collateral trust bond*)는 자회사가 부채나 우선주를 발행하는 데 대한 자세한 제약조건을 포함하는 것이 보통이다.

담보부채의 세 번째 형태는 **설비신탁증서(equipment trust certificate)**이다. 이는 새로운 철도차량 도입에 필요한 자금조달에 사용되는 경우가 가장 흔하지만 트럭, 비행기, 선박 등의 자금조달에 적용되기도 한다. 이 협약에 의하면 수탁자가 설비의 공식적인 소유권을 갖는다. 기업은 설비 구입비용 할부금의 첫 번째 지급금을 납부하고 남은 금액은 통상 1년부터 15년에 이르는 다양한 만기의 설비신탁증서의 패키지로 제공된다. 남은 채무가 완전히 상환되어야만 회사가 설비의 공식적인 소유권자가 될 수 있다. 무디스(Moody's)나 스탠더드 앤드 푸어스(Standard and Poor's) 같은 신용평가기관은 대체로 설비신탁증서에 대해서는 회사의 일반 채무보다 한 단계 높은 등급을 부여한다.

채권에 따라서는 선순위 청구권(senior claim)일 수도 있고, 또는 선순위 채권 또는 다른 모든 채권자에 대해 후순위(subordinated)일 수도 있다.[15] 회사가 채무를 불이행하면 선순위 채권이 우선순위에서 가장 먼저이다. 후순위 채권자는 일반 채권자(general creditor) 뒤에 줄을 서게 되지만 우선주주와 보통주주보다는 앞에 선다.

그림 24.1에서 알 수 있듯이, 만일 채무불이행이 발생하면 선순위 담보채권을 소유하는 것이 유리하다. 평균적으로 선순위 담보채권의 투자자들은 대출금액의 2/3 이상을 회수한다고 기대할 수 있다. 반대편 끝의 후순위 무담보채권의 회수율은 부채 액면가의 15%에 지나지 않는다.

자산유동화증권

기업은 자금을 직접 차입하는 대신 때로는 여러 자산을 한데 묶어 이들 자산으로부터 발생하는 현금흐름을 매각하기도 한다. 이런 증권을 자산유동화증권(*asset-backed security*), 즉 *ABS*라고 한다.

어떤 회사가 주택 또는 상업용 부동산의 매입자에게 많은 저당대출(mortgage loan)을 했다고

---

14) 저당권이 마감되면(*closed*) 이 저당권에 대하여 더 이상은 채권이 발행되지 않는다. 그러나 보통은 담보가 설정될 수 있는 채권의 금액에는 한계가 없다[이 경우에 저당권이 개방(*open*)되었다고 함]. 많은 저당채권은 기존의 자산뿐만 아니라 '차후 매입(after-acquired)' 자산에 의해서도 보호된다. 그러나 만일 기업이 이미 담보가 설정된 자산을 매입하면 채권자는 새로운 자산에 대해서는 후순위 청구권만 갖게 된다. 따라서 차후 매입 자산 조항(after-acquired property clause)이 붙어있는 담보채권은 회사가 담보가 설정된 재산을 추가로 매입할 수 있는 범위를 제한한다.

15) 채권이 후순위라고 특별히 명시하지 않으면 선순위라고 가정할 수 있다.

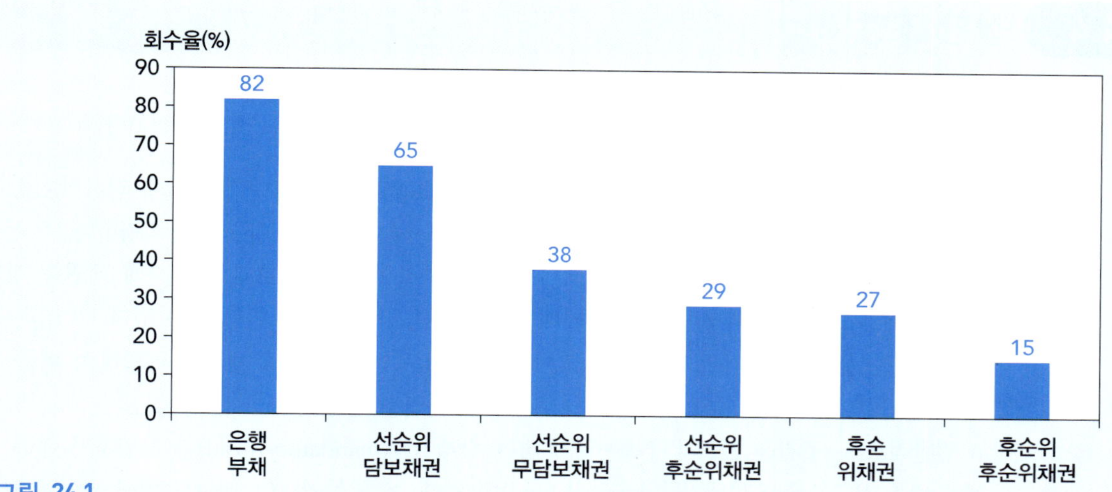

그림 24.1
채무불이행 부채의 상환우선순위별, 담보별 최종 회수율(1987~2006).

자료원: Moody's, "Moody's Ultimate Recovery Database."

하자. 그러나 회사는 대출이 모두 상환될 때까지 기다리기를 원치 않는다. 즉 지금 당장 돈을 쓰고 싶다. 이런 경우에는 다음과 같이 하면 된다. 저당대출의 패키지를 매입하는 독립 회사를 설립한다. 이 매입에 필요한 자금을 조달하기 위해 회사는 **자동이체 저당증권**(*mortgage pass-through certificate*)를 발행한다. 이 증서의 소유자는 단순히 저당대출로부터 상환되는 금액의 일부를 수령한다. 예를 들어 이자율이 하락하여 저당대출이 조기 상환되면 자동이체증권 또한 조기 상환된다. 이는 일반적으로 이들 소유자에게 인기가 없다. 왜냐하면 그들은 원하지 않은 시점에서, 즉 이자율이 낮을 때 돈을 돌려받기 때문이다.

때때로 한 종류의 자동이체증권만 발행하는 대신 회사는 **저당대출담보 채무증권**(*collateralized mortgage obligation*), 즉 *CMO*라고 하는 여러 가지 다른 종류의 증권을 발행한다. 예를 들어 저당대출 상환금은 먼저 한 종류의 증권 소유자에게 상환되고, 첫 번째 상환이 끝나고 난 후에 비로소 다른 종류의 증권이 상환되기 시작한다. 제30장에서 살펴보겠지만 이들 CMO는 2007~2009년 기간의 신용위기 동안 엄청난 폭풍을 맞았다.

미래에 받을 현금을 지금 먼저 현금으로 전환하기를 원하는 것은 부동산회사뿐만 아니다. 자동차대출, 학자금대출, 신용카드 미수금 등도 종종 함께 묶어(bundled) 자산유동화증권(asset-backed security)으로 재판매된다. 실제로 투자은행은 어떤 유형의 현금흐름이라도 대출로 재구성할 수 있는 것 같다. 1997년에 영국 출신 록스타인 데이비드 보위(David Bowie)는 회사를 설립하여 자신의 현재 음반으로부터 나오는 로열티를 매입하였다. 이 회사는 10년 만기 채권 $5,500만을 발행하여 필요한 자금을 조달하였다. 수령한 로열티는 이 채권의 이자와 원금을 상환하는 데 사용된다. 이 아이디어에 대한 보위의 반응이 어땠는지 묻자 그의 매니저는 "그는 나를 이상한 눈빛으로 쳐다보고 '뭐라고?' 했다."라고 대답했다.[16]

16) J. Mathews, "David Bowie Reinvents Self, This Time as a Bond Issue," *Washington Post*, February 7, 1997.

24.4 상환 조항

감채기금

J.C. 페니 채권으로 되돌아가 보자. 이 채권의 만기는 2022년이지만 만기 이전에 정기적으로 상환된다. 이를 위해 회사는 정기적으로 **감채기금**(*sinking fund*)에 일련의 상환금을 적립한다.[17] 상환금이 현금으로 지급되면 수탁자는 추첨으로 채권을 선택하여 그 현금으로 액면가에 채권을 상환한다.[18] 대안으로, 회사는 시장에서 채권을 매입하여 이를 감채기금에 편입할 수 있다.[19] 이는 회사에 가치 있는 옵션이다. 만일 채권의 가격이 낮으면 회사는 시장에서 채권을 매입하여 이를 감채기금에 편입한다. 가격이 높으면 회사는 추첨으로 채권을 상환한다.

일반적으로, 조건을 반드시 충족시켜야 하는 강제기금(mandatory fund)과 차입자가 원하는 경우에만 충족시켜도 되는 선택기금(optional fund)이 있다. 예를 들어 J.C. 페니는 매년 적어도 $1,250만을 반드시 감채기금에 출연해야 하고, 추가적으로 $2,500만을 출연할 수 있는 옵션을 갖는다.

J.C. 페니의 '감채채(sinker)'는 약 10년 후부터 작동하기 시작하며, 기금에 적립된 상환금은 채권 수명 전 기간에 걸쳐 전체 채권을 상환하기에 충분하다. 앞에서 이자 지급금은 회사의 지급능력(solvency)에 대한 정규적인 검증임을 보았다. 감채기금은 회사가 계속 뛰어넘어야 하는 추가적인 장애물이다. 만약 회사가 감채기금에 현금을 적립하지 못하면 대출자는 자신의 돈을 돌려달라고 요구할 수 있다. 바로 이 때문에 만기가 길고 등급이 낮은 채권에는 대규모 감채기금이 포함된다. 등급이 높은 채권의 경우에는 감채기금 조항이 있다고 하더라도 그 요구조건이 아주 가볍다.

기업이 시장에서 채권을 매입할 수 있도록 허용하면 감채기금은 불행하게도 지급능력에 대한 약한 검증에 지나지 않는다. 기업이 재무적 곤경에 들어가면서 부채의 시장가치는 하락하기 때문에 기업이 약해지면서 감채기금은 점진적으로 낮아지는 장애물로 변한다.

수의상환 조항

J.C. 페니 채권은 부채를 조기에 상환할 수 있는 콜옵션을 포함하고 있다. 우리는 때때로 투자자에게 상환 옵션(repayment option)을 제공하는 채권을 접하게 된다. 단축가능 채권[retractable bond, 즉 상환청구사채(puttable bond)]는 투자자에게 조기상환을 요구할 수 있는 옵션을 제공한다. 연장가능 채권(extendible bond)은 투자자에게 채권의 수명을 연장할 수 있는 옵션을 부여한다.

어떤 회사의 경우에는 수의상환사채(callable bond)는 자연스런 형태의 보험을 제공한다. 예를 들어 페니 메이(Fannie Mae)와 프레디맥(Freddie Mac)은 주택 매입자에게 고정금리 저당대출을

---

17) 많은 사모발행[특히 채굴산업(extractive industry)의 경우]에서는 순이익이 일정한 수준을 넘는 경우에만 상환금을 쌓도록 한다.

18) 모든 투자자들은 액면가보다 훨씬 낮은 가격으로 거래되는 감채기금채권을 전부 매입하고 회사가 이를 액면가에 매입하도록 강제하기를 바란다. 이런 방식으로 시장에서 매점매석하는 일는 상상하기는 즐겁지만 실제로 이행하기는 어렵다.

19) 만일 채권이 사모로 발행되면 기업은 시장에서 이를 재매입할 수 없다. 반드시 액면가로 사들여야 한다.

제공한다. 이자율이 하락하면 주택 소유자는 고정금리 담보대출을 상환하고 낮은 이자율로 새로 담보대출을 받으려 할 것이다. 이는 두 기관의 소득에 상당한 악영향을 미칠 것이다. 따라서 이자율의 하락으로부터 자신을 보호하기 위하여, 이들 기관은 대량의 장기 수의상환사채를 발행한다. 이자율이 하락하면 기관들은 채권을 중도상환하고 낮은 이자율로 새로운 채권을 발행함으로써 자금조달비용을 낮출 수 있다. 이상적으로는 채권 이자지급금의 하락이 저당대출 소득의 감소를 정확히 상쇄해야 한다.

J.C. 페니 채권은 투자자에게 10년간의 **수의상환 보호**(*call protection*)를 제공한다. 이 기간 동안 회사는 채권을 수의상환할 수 없다. 만약 회사가 수의상환 후 더 낮은 이자율의 채권으로 이를 대체하려 한다면 처음 몇 년 동안은 채권의 수의상환이 허용되지 않는다. 어떤 채권에는 수의상환 조항이 점차 증가하는 액면이자 지급과 결합되어 있다. 예를 들어 뱅크오브아메리카(Bank of America)는 10년 만기의 계단식 채권을 발행하였다. 채권의 액면이자율은 첫 해 4.5%에서 시작하여 점진적으로 6.5%까지 올라간다. 이렇게 높은 이자율은 투자자에게 아주 매력적이다. 함정은 액면이자율이 올라갈 시점에 회사가 중도에 채권을 수의상환할 수 있다는 것이다.

회사가 채권을 언제 중도상환(call)해야 하는지 어떻게 아는가? 답은 간단하다. 다른 조건이 같을 때, 회사가 주식의 가치를 극대화하고자 한다면 채권의 가치를 극소화해야 한다. 따라서 회사는 채권의 시장가치가 수의상환(call) 가격보다 낮으면 절대로 채권을 중도상환하지 말아야 한다. 왜냐하면 중도상환하는 것은 채권자에게 선물을 주는 것이나 마찬가지이기 때문이다. 이와 마찬가지로 회사는 채권의 시장가치가 수의상환 가격보다 높으면 반드시 채권을 중도상환해야 한다.

물론 투자자들은 채권을 매입 또는 매도할 때 수의상환 옵션을 감안한다. 투자자들은 채권의 가치가 수의상환 가격보다 높아지자마자 회사가 채권을 중도상환할 것을 알기 때문에 어떤 투자자도 이 채권에 대해 수의상환 가격 이상을 지불하려 하지 않을 것이다. 따라서 채권의 시장가격이 수의상환 가격까지 올라갈 수는 있으나 그 이상으로 상승하지는 못한다. 이는 채권의 중도상환에 관하여 다음 규칙을 제공한다. **시장가격이 수의상환 가격에 도달하는 경우에만 채권을 중도상환하라.**[20)]

시장가격이 수의상환 가격에 도달하자마자 회사는 채권을 중도상환할 것을 투자자들이 알고 있다는 **전제하에** 채권가격이 시간의 경과와 함께 어떻게 변하는지 알면 제21장의 기본적인 옵션가격결정모형을 수정하여 수의상환사채(callable bond)의 가치를 평가할 수 있다. 예를 들어 그림 24.2를 살펴보자. 이 그림은 액면 이자율 8%인 만기 5년의 보통사채(straight bond)의 가치와 조건이 같은 수의상환사채의 가치 간의 관계를 예시하고 있다. 보통사채의 가치가 아주 낮다고 하자. 이 경우에 회사가 채권을 중도상환할 가능성은 매우 낮다. (채권가격이 수의상환 가격과 동일해질 때에만 채권을 중도상환한다는 것을 기억하자.) 따라서 수의상환사채의 가치는 보통사채의 가치와 거의 똑같다. 보통사채의 가치가 정확히 100이라고 하자. 이 경우에 회사가 미래 언젠가 채

20) 물론 이는 채권 가격이 정확하게 매겨져 있고, 투자자들은 합리적으로 행동하며, 투자자들이 **회사도** 합리적으로 행동할 것으로 기대한다고 가정하는 것이다. 몇몇 복잡한 일들은 무시한다. 첫째, 차환불가조항(nonrefunding clause)에 의해 새로운 부채의 발행이 금지되어 있다면 채권을 중도상환하기 원치 않는다. 둘째, 중도상환 프리미엄은 회사에는 세금공제 비용(tax-deductible expense)이지만 채권자에게는 자본이득으로 과세된다. 셋째, 액면 이자율이 높은 채권을 액면 이자율이 낮은 채권으로 대체하는 경우, 회사와 투자자 모두 세금 측면에서 영향을 받는다. 넷째, 채권을 중도상환하고 다시 발행하는 데 비용이 든다.

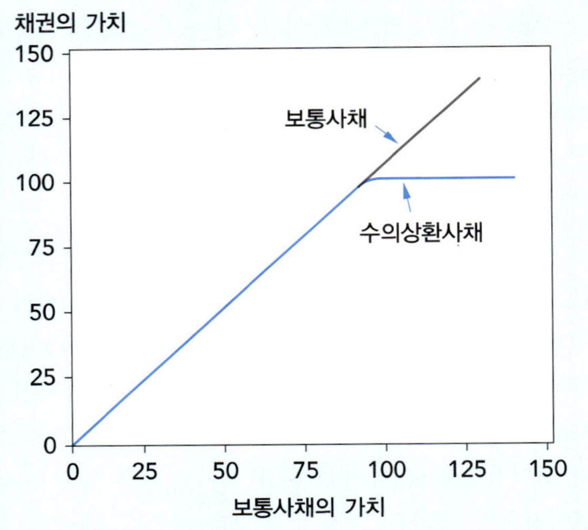

그림 24.2
수의상환사채의 가치와 보통사채(수의상환 불가)의 가치 간의 관계.
가정: (1) 두 채권의 액면 이자율은 8%이고 만기는 5년이다. (2) 수의상환사채는 만기 전 언제든지 액면가로 중도상환될 수 있다. (3) 단기 이자율은 랜덤워크를 따르며, 모든 만기의 채권에 대한 기대수익률은 동일하다.

자료원: M. J. Brennan and E. S. Schwartz, "Savings Bonds, Retractable Bonds, and Callable Bonds," *Journal of Financial Economics* 5(1977), pp. 67~88. © 1977 Elsevier Science, with permission.

권을 중도상환할 가능성은 상당히 높다. 따라서 수의상환사채의 가치는 보통사채의 가치보다 약간 낮을 것이다. 만약 이자율이 더 하락하여 보통사채의 가격이 계속 상승하더라도 어떤 투자자도 수의상환 가격 이상으로 수의상환사채를 매입하지 않을 것이다.

수의상환 조항은 공짜로 주어지는 것이 아니다. 이 조항은 발행자에게 가치 있는 옵션을 제공하지만 이는 낮은 발행가격에 반영된다. 그렇다면 회사는 왜 수의상환 조항에 관심을 가지는가? 한 가지 이유는 채권계약서가 종종 회사가 할 수 있는 일에 대해 여러 가지 제약을 가하기 때문이다. 회사는 제약이 지나치게 방해가 되는 것으로 드러날 경우 이로부터 탈출할 수 있다는 것을 알고 있다면 이런 제약조건에 기꺼이 동의할 것이다. 수의상환 조항은 이런 탈출구를 제공한다.

앞에서 일부 채권은 **투자자**에게 조기상환을 요구할 수 있는 옵션을 부여한다고 설명하였다. **상환청구**(*puttable*) 채권은 채권계약서가 채권자에게 해를 끼칠 수 있는 회사의 모든 행위를 예측할 수가 없기 때문에 존재한다. 만일 채권의 가치가 감소하면 풋옵션은 채권자에게 상환을 청구할 수 있도록 해준다.

상환청구 대출(puttable loan)은 때때로 그 발행자를 큰 곤경에 처하게 만든다. 1990년대에 아시아 기업들에 해준 많은 대출은 대출자(채권자)에게 상환옵션을 부여하였다. 결과적으로, 1997년에 아시아 위기가 발생했을 때 이들 기업은 자기 돈을 돌려달라고 요구하는 채권자들의 홍수에 직면하게 되었다.

24.5 부채 제한조항

투자자들이 회사채를 매입할 때는 채무불이행 위험이 있다는 것을 안다. 그러나 투자자들은 여전히 기업이 공정하게 행동할 것이라는 확신을 가지려고 한다. 그들은 자신의 돈으로 도박하는 것을 원치 않는다. 따라서 대출 약정서는 통상적으로 회사가 의도적으로 채무불이행 옵션의 가치를 증가시키는 행위를 하지 못하도록 막는 여러 가지 **부채 제한조항**(*debt covenant*)을 포함하게 된다.[21)]

대출자는 대출을 해준 후 회사가 더 많은 부채를 발행하여 채무불이행 가능성을 높이지 않을까 걱정한다. 대출자들은 회사의 자기자본에 대한 부채의 비율이 정해진 한도 아래에 있지 않으면 회사가 추가적으로 부채를 발행하는 것을 금지함으로써 이런 위험으로부터 자신을 보호한다.

모든 부채가 다 같은 것은 아니다. 회사가 채무를 불이행하면 선순위(senior) 채권이 우선순위에서 맨 앞에 서게 되고 후순위 채권자들에게 한 푼이라도 지급되기 전에 이들 채권이 먼저 전액 상환된다. 그러므로 회사가 선순위 채권을 발행하는 경우 대출자는 더 이상의 선순위 채권의 발행에 한도를 설정한다. 그러나 회사가 발행할 수 있는 **후순위**(*junior*) 채권의 금액은 제한하지 않는다. 선순위 대출자들은 대기선의 앞에 서기 때문에 후순위 부채는 주식과 동일하게 간주한다. 그들은 어느 쪽을 발행하든 좋아할 것이다. 물론 역은 성립하지 않는다. 후순위 부채 보유자들은 부채 총액과 함께 후순위 청구권에 대한 선순위 채권의 비율 모두에 신경을 쓴다. 그래서 후순위 부채의 발행은 총 부채와 선순위 부채 모두에 대한 제한을 포함하는 것이 일반적이다.

모든 채권자들은 회사가 더 많은 담보채권을 발행할지 모른다는 걱정을 한다. 저당채권(mortgage bond)은 종종 담보채권의 금액에 제한을 부과한다. 무담보사채를 발행할 때에는 이런 제한은 필요하지 않다. 무담보사채 소유자들은 동일한 보호를 받는 한 회사가 얼마나 많은 자산을 저당잡히든지 상관하지 않는다. 따라서 무담보사채는 통상적으로 소위 말하는 저당금지조항(negative pledge clause)을 포함한다. 이 조항이 있으면 무담보 채권보유자는 단순히 "나도(me too)"라고 말하면 된다.[22)]

자산을 매입하기 위해 돈을 차입하는 대신에 기업은 그 자산을 임차하거나 리스하는 장기협약을 체결할 수 있다. 채권자에게 이는 담보부 차입과 매우 유사하다. 따라서 부채 협약은 리스에 대한 제한도 포함한다.

부도덕한 차입자가 더 많은 부채를 발행하여 어떻게 채무불이행 옵션의 가치를 증가시키려고 하는지는 이미 설명하였다. 그러나 이것이 회사가 기존의 채권자들을 착취하는 유일한 방법은 아니다. 예를 들어 회사가 자산의 일부를 주주들에게 지급하는 경우 옵션의 가치는 감소한다. 극단적인 경우 회사는 자산을 모두 처분하고 그 대금을 주주들에게 특별배당으로 배분할 수 있다. 그렇게 되면 대출자들에게는 아무것도 남는 것이 없다. 이런 위험에 대비하기 위해 부채 발행은 회사가 배당금이나 자사주 매입의 형태로 지급할 수 있는 금액에 제약을 가하게 된다.[23)]

선순위 채권 발행의 표본에 포함된 주된 제한조항을 요약한 표 24.2를 살펴보자. 투자등급 채권이 고수익 채권에 비해 더 적은 제한을 가지는 경향이 있음에 주목하라. 예를 들어 배당이나 자사주 매입 금액에 대한 제한은 투자등급 채권의 경우에는 그리 흔하지 않다.

이들 부채 제한조항은 실제로 상관이 있다. 애스퀴스(Asquith)와 위즈만(Wizman)은 차입매

---

21) 제18.3절에서 경영자가 채권 보유자들을 희생하면서 할 수 있는 몇몇 게임에 대하여 설명하였다.

22) "나도(Me too)"는 용인될 수 있는 법률적 용어는 아니다. 대신에 채권약정서에는 회사가 "기존의 채권에 대해 동등하고 비례적으로(equally and ratably) 담보를 확보하지 않고는 자산에 대한 어떤 선취특권(lien)에도 동의하지 않는다"라고 명시할 수 있다.

23) 배당제약(dividend restriction)은 전형적으로 누적 배당금액이 (1) 누적 순이익, (2) 주식 매각과 부채 전환으로부터의 수취금(proceed), (3) 1년 배당금액의 합을 초과하면 회사가 배당을 지급하지 못하도록 금지한다.

표 24.2
제한조항을 가진 채권 표본의 비율. 표본은 1993~2007년 사이의 4,478개의 선순위 채권으로 구성되었다.

[a]예를 들어 다른 대출에 대한 채무불이행, 등급 변화, 또는 순가치의 감소.

자료원: S. Chava, P. Kumar, and A. Warga, "Managerial Agency and Bond Covenants," *Review of Financial Studies*, forthcoming.

	제한조항이 있는 채권의 비율	
제한조항 형태	투자등급 채권	기타 채권
합병 제한	92%	93%
배당 또는 기타 지급 제한	6	44
부채 제한조항	74	67
채무불이행 관련 사건[a]	52	71
경영통제의 변화	24	74

수(leveraged buyouts)가 회사 부채의 가치에 미치는 영향을 연구하였는데 그들은 추가적인 부채 발행에 제한이 없을 때는 차입매수로 기존 채권의 가치가 5.2% 하락함을 발견하였다.[24] 강한 제한조항으로 과도한 차입으로부터 보호된 채권은 가격이 2.6% 증가하였다.

불행하게도 매리어트(Marriott)사의 채권자들이 1992년 알게 된 것처럼 모든 허점을 다 메우는 일은 쉽지 않다. 채권자들은 이 회사가 영업을 두 개의 별도 사업으로 분리하려는 계획을 발표했을 때 격분하였다. 하나는 매리어트 인터내셔널로, 매리어트 호텔체인을 관리하고 수익의 대부분을 받는다. 반면 다른 사업인 호스트 매리어트(Host Marriott)는 회사의 모든 부동산을 소유하고 실질적으로 분리 이전 구 회사의 $30억 부채를 모두 책임진다. 그 결과 매리어트 채권의 가격은 30%나 폭락하였고, 투자자들은 이런 사건 위험(*event risk*)으로부터 어떻게 자신을 보호할 수 있는가를 생각하게 되었다. 표 24.2에서 알 수 있는 바와 같이 이제는 채권 보유자들이 **포이즌 풋**(*poison-put*) 조항을 삽입하는 것이 일반적이다. 이 조항은 만약 경영통제의 변화가 있고 채권 등급이 낮아지면 차입자에게 부채를 상환해야 하는 의무를 부과한다.

그러나 아주 고약한 예상치 못한 일은 항상 일어난다. 다음의 글상자는 U.S. 슈즈(U.S. Shoe) 채권 투자자들이 당한 한 가지 뜻밖의 일을 설명하고 있다.

24.6 전환사채와 워런트

보통주나 일반적인 채권과는 달리 전환증권(convertible security)은 그 지위를 바꿀 수 있다. 이 증권은 채권(또는 우선주)으로 시작하지만 그 후에 보통주로 바뀔 수 있다. 예를 들어 2008년 2월 치키타 브랜드(Chiquita Brands)는 2016년에 만기가 되는 $2억의 4.25% 무담보 선순위 전환사채를 발행하였다. 각 채권은 아무 때나 44.5524주의 보통주로 전환할 수 있다. 그러므로 이 채권의 소유자는 채권을 회사에 돌려주고 44.5524주의 보통주로 교환할 수 있는 8년짜리 옵션을 가지고 있는 것이다. 채권을 주식으로 교환할 때 받을 수 있는 주식 수를 채권의 **전환비율(conversion ratio)**이라고 한다. 치키타 채권의 전환비율은 44.5524이다.

24) P. Asquith and T. Wizman "Event Risk, Covenants, and Bondholder Returns in Leveraged Buyouts," *Journal of Financial Economics* 27 (September 1990), pp. 195~213. 차입매수(LBO)는 대규모의 부채 발행으로(통상적으로 무담보 채권) 자금을 조달하여 회사를 인수하는 것이다. LBO는 제32장에서 설명한다.

U.S. 슈즈(U.S. Shoe) 소유주가 부채정책의 변화로 채권 보유자들을 화나게 하다

단지 만기 이전에 상환을 하기 위해 채권을 기술적 채무불이행 상태로 몰고 가려는 회사를 상상해 보라. 일부 채권 분석가들은 이것이 바로 U.S. 슈즈회사의 새 주인인 이태리의 룩소티카 그룹(Luxottica Group)이 U.S. 슈즈의 8 5/8% 채권에 대해 내린 조치라고 주장한다.

룩소티카의 전략은 회사가 의도적으로 채권 보유자들에게 해를 끼치려고 한 것은 아니라고 주장하지만 고금리 채권을 만기 이전에 투자자들로부터 억지로 빼앗아 오려는 미국 주식회사들의 최신 묘안으로 떠오르고 있다고 일부 분석가들은 말한다. 이자율이 하락함에 따라 채권 발행회사 무리들은 고금리 채권을 저금리 채권으로 상환하려고 서둘렀다. 채권이 '수의상환 가능' 또는 상환 가능하기만 하면 문제는 없다. 그런데 점차 더 많은 회사채 발행회사들이 일반적이지 않은 전략을 사용하여 수의상환 불가능한 채권, 즉 만기 이전에 투자자들에게서 억지로 뺏을 수 없는 증권을 상환하려고 한다.

룩소티카는 올해 초 $14억의 담보부 부채를 쌓아 올림으로써 2002년에 만기가 되는 U.S. 슈즈의 8 5/8% 채권을 기술적 채무불이행 상태로 만들어 버렸다. 이는 U.S. 슈즈의 채권 약정서에 포함된 별로 잘 드러나지 않는 채권 제한조항 때문이다. 이 조항은 회사가 8 5/8% 증권에 대해 은행 부채와 동등한 수준이 되도록 동시에 추가 담보를 쌓지 않고 담보부 부채를 추가로 발행하면 채권이 기술적 채무불이행 상태가 된다고 규정하고 있다.

채권 보유자들을 화나게 한 것은 룩소티카가 올해 초 많은 양의 담보부 부채를 발행하면서도 8 5/8% 채권에 대해서는 담보를 쌓으려 하지 않았다는 것이다. 룩소티카는 이제 채권을 조기 상환하려고 한다. 채권이 기술적 채무불이행 상태에 있으면 채권 제한조항에 따라 회사가 조기상환을 할 수 있다고 말한다.

"이 행위는 매리어트가 가장 나빴던 시기에 비해 10배나 더 나쁜 것이다. 왜냐하면 매리어트는 명시적인 제한조항을 전혀 위반하지 않았기 때문이다"라고 증권 분석가인 맥스 홈스는 말한다.

자료원: "U.S. Shoe's Owner Riles Bondholders with Its Debt Moves," *The Wall Street Journal*, October 18, 1995, p. C1. Eastern Edition (Staff-produced copy only). Reprinted by permission of the *The Wall Street Journal*에서 축약. © 1995 Dow Jones & Company, Inc. All Rights Reserved Worldwide.

주식을 받기 위해 전환사채의 소유자는 액면가치가 $1,000인 채권을 포기해야 한다. 이는 주식 1주를 받기 위해 채권 소유자는 $1,000/44.5524 = $22.45의 액면가치를 포기해야 한다는 의미이다. 이것은 채권의 **전환가격(conversion price)**이다. 채권을 주식으로 전환하기 위해 $1,000에 매입한 사람은 주식 1주당 $22.45를 지급하는 셈이다. 이 가격은 전환채권 발행 당시의 주가보다 거의 33%가 높은 가격이다.

전환사채를 보통사채와 주식을 취득할 수 있는 옵션을 합한 것과 동등한 것으로 생각할 수 있다. 전환사채 보유자가 이 옵션을 행사할 때는 현금을 지급하지 않는다. 대신 주식과 교환하면서 자신이 보유한 채권을 포기하는 것이다. 만약 치키타의 채권이 전환사채가 아니었다면 이 채권은 발행 당시 약 $670의 가치가 있었을 것이다. 전환사채와 동등한 보통사채 가격 간의 차이는 전환옵션에 대해 투자자들이 부여하는 가치를 나타낸다. 예를 들어 2008년에 치키타 전환사채에 대해 $1,000을 지불한 투자자는 44.5524주를 취득하는 옵션에 $1,000 − $670 = $330을 지불한 것이다.

만기에서의 전환사채의 가치

치키타 전환사채의 만기가 될 때 투자자는 채권을 계속 보유할 것인지 아니면 주식으로 전환할지 선택을 해야 한다. 그림 24.3(*a*)는 만기에서의 가능한 채권 가치를 보여준다.[25] 치키타가 채무불이행을 하지 않는 이상 채권의 가치는 단순히 액면가임에 유의하라. 그러나 치키타 자산의 가치가 충분히 낮아지면 채권 보유자는 액면가보다 적게 받게 될 것이다. 자산이 전혀 가치가 없어지는 극단적인 경우 채권자들은 아무것도 받지 못한다. 채권 가치를 하한선, 또는 전환사채 가격의 '바닥(floor)'이라고 생각할 수 있다. 그러나 그 바닥은 아주 고약한 기울기를 가지고 있어서 회사가 곤경에 빠지면 채권의 가치는 얼마 되지 않을 수도 있다.

그림 24.3(*b*)는 전환하기로 했을 때 투자자가 받는 주식의 가치를 보여준다. 만약 그 시점에서 치키타의 자산이 가치가 없다면 전환사채와 교환할 수 있는 주식 또한 아무런 가치가 없다. 그

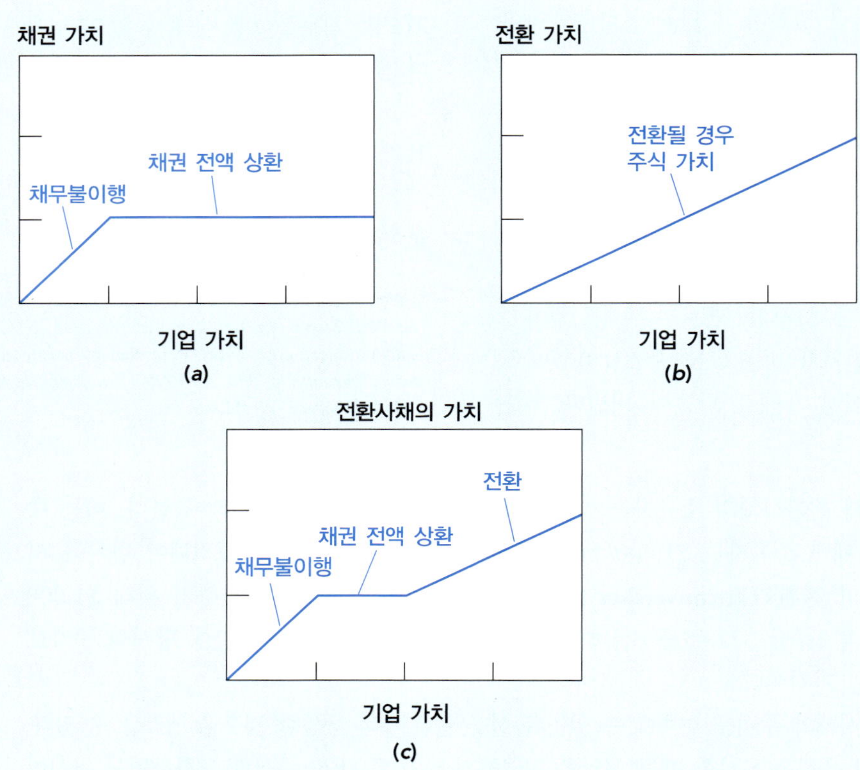

그림 24.3

(*a*) 치키타의 전환사채가 만기가 될 때의 채권 가치. 만약 회사 가치가 적어도 치키타 부채의 액면가와 같다면 채권은 액면가로 상환된다.

(*b*) 만기에서의 전환가치. 전환되면 전환사채의 가치는 기업 가치에 비례하여 증가한다.

(*c*) 만기에서 전환사채 보유자는 채권의 지급금을 받든가 보통주로 전환하든가 선택할 수 있다. 전환사채의 가치는 따라서 채권 가치와 전환 가치 중 높은 것과 같다.

25) 이 그림은 채무불이행 위험 없는 채권에서 채권 액면가와 같은 행사가격을 가진 자산 풋옵션을 뺀 포지션의 도표임을 알 수 있을 것이다.

러나 자산 가치가 올라감에 따라 전환사채의 가치 역시 올라간다.

치키타 전환사채는 전환가치 이하로 팔리지는 않는다. 만약 그렇다면 투자자들이 전환사채를 매입하여 재빨리 주식과 교환하고 주식을 시장에서 매도한다. 투자자가 얻는 이익은 전환가치와 전환사채 가격 간의 차이와 같다. 그러므로 전환사채 가격에는 채권가치와 전환가치라는 두 개의 하한선이 있다. 투자자들은 전환사채가 채권으로서 더 가치가 있으면 전환하지 않을 것이다. 만기에서 전환가치가 채권가치보다 높으면 투자자들은 전환을 할 것이다. 다시 말하면, 만기에서의 전환사채의 가격은 그림 24.3(*a*)와 24.3(*b*)의 두 선 중에서 높은 쪽으로 나타낼 수 있다. 이는 그림 24.3(*c*)에 주어져 있다.

강제 전환

2014년부터 시작해서 주가가 적어도 채권 전환가격보다 30% 이상 높으면 치키타는 전환사채를 액면가로 되살 수 있는[즉, **수의상환**(*call*)] 옵션을 가지게 된다. 만약 치키타가 수의상환으로 하겠다고 공표하면 투자자들은 즉시 전환하는 것이 좋다. 그래서 수의상환은 **전환을 강제**할 수 있다.

앞에서 본 바와 같이 채권을 수의상환하는 것은 회사의 전체 파이의 크기에는 영향을 미치지 않는다. 그러나 개별 조각의 크기에는 영향을 미친다. 치키타는 전환을 강제하여 채권자의 옵션을 종결함으로써 채권자의 조각(몫)을 최소화할 수 있다.[26]

회사는 왜 전환사채를 발행하는가?

지금 당신 회사에 한 투자은행이 찾아와 현재 주가보다 다소 높은 전환가격으로 전환사채를 발행하라고 설득하려고 한다. 투자은행은 투자자들이 전환사채에 대해서는 낮은 수익률을 받아들일 준비가 되어 있다고 지적하면서 전환사채가 보통사채보다 '싼' 부채라고 말한다.[27] 회사가 기대하는 것처럼 좋은 성과를 올리면 투자자들은 주식으로 전환할 것이다. "그런 경우에는 회사가 지금 매각할 수 있는 가격보다 훨씬 높은 가격에 주식을 매각한 셈이 됩니다. 그것은 윈-윈 기회가 되는 것입니다"라고 투자은행은 말한다.

투자은행의 말이 맞는가? 전환사채는 '값 싼 부채'인가? 물론 그렇지 않다. 전환사채는 보통사채와 옵션의 꾸러미이다. 투자자들이 기꺼이 지불하겠다는 높은 가격은 투자자들이 옵션에 부과하는 가치를 나타내는 것이다. 이 가격이 옵션을 과대평가하는 경우에만 전환사채가 '싸다.'

전환사채 발행은 매력적인 가격에 보통주 매각을 이연시키는 것이라는 다른 주장은 어떤가? 전환사채는 투자자에게 채권을 포기하고 주식을 매입할 권리를 준다.[28] 채권 보유자는 주식을 매

26) 재무관리자는 전환사채의 이자 지급금이 전환 후에 지급할 추가 배당금보다 적으면 수의상환을 연기할 수도 있다. 이런 연기는 채권자에 대한 현금 지급을 낮출 것이다. 재무관리자는 나중에 수의상환을 해도 아무것도 잃을 것이 없다. 투자자들은 소득을 증가시킬 수 있다면 자발적으로 전환할 것임에 유의하라.

27) 투자은행은 2002년에 상당수의 일본 회사들이 심지어 마이너스 이자율로 전환사채를 발행했다고 지적한다. 투자자들이 실제로 회사에 돈을 **지불하면서** 부채를 보유했다.

28) 이것은 전환사채의 채권 가치로 주식을 팔 수 있는 권리와 함께 이미 주식을 보유하고 있는 것과 같다. 다시 말하면 전환사채를 채권 더하기 콜옵션으로 생각하는 대신 주식 더하기 풋옵션으로 생각할 수 있다. 이제 왜 전환사채를

입하기로 결정할 수 있다. 그러나 그렇게 하지 않을 수도 있다. 그러므로 전환사채의 발행은 주식 발행을 이연시키는 것과 같을 수도 있다. 그러나 회사가 자기자본을 필요로 하면 전환사채 발행은 이를 달성하는 데 신뢰할 수 있는 방법이 아니다.

존 그레이엄과 캠벨 하비(John Graham and Campbell Harvey)는 전환사채 발행을 심각하게 고려했던 회사들을 조사하였다. 전체의 58%의 경우 경영진이 전환사채를 비용이 적게 드는 '이연' 주식발행으로 생각하고 있었다. 회사의 42%는 전환사채를 보통사채보다 비용이 덜 드는 것으로 인식하고 있었다.[29] 이를 액면 그대로 받아들이면 이들 주장은 말이 안 된다. 그러나 이 말은 일부 더 복잡하고 합리적인 동기를 간단히 요약하고 있는 것이 아닌가 생각된다.

전환사채는 규모가 작고 더 투기적인 기업들이 발행하는 경향이 있음에 주목하라. 이들 채권은 거의 예외 없이 무담보이고 일반적으로 후순위이다. 당신이 잠재적인 투자자라고 생각해 보자. 검증이 되지 않은 제품을 생산하는 회사가 접근하여 후순위 무담보 부채를 발행하려고 한다. 일이 잘 되면 돈을 돌려받을 것이다. 그러나 그렇지 않으면 쉽게 모든 것을 잃어버릴 수도 있다. 회사가 새로 사업을 시작했기 때문에 문제가 발생할 가능성이 얼마인지는 평가하기 어렵다. 그래서 공정한 이자율이 얼마인지를 모른다. 또한 일단 대출을 해주고 나면 경영진은 추가 위험을 부담하려는 유혹에 빠질 것이다. 이는 추가적인 후순위 채권 발행을 불러올지 모른다. 영업을 확장하기로 결정하고 투자자의 돈으로 벼랑 끝까지 밀어붙이게 될 것이다. 사실 매우 높은 이자율을 부과하면 이런 일이 일어나도록 조장하는 셈이 된다.

경영진이 투자자들을 잘못된 위험 추정으로부터 보호하고, 경영진의 의도가 정직한 것이라는 확신을 주기 위해 무엇을 할 수 있는가? 대략적으로 말하면 투자자에게 같이 참여하도록 유도하는 것이다. 손실뿐만 아니라 이득도 같이 나눈다면 회사가 예상하지 않았던 위험 부담을 하는 것도 개의치 않는다.[30] 부채의 위험을 평가하는 데 비정상적으로 많은 비용이 들거나, 투자자가 경영진이 채권 보유자의 이해를 위해 행동하지 않을 것으로 걱정한다면 전환증권은 타당한 것이다.[31]

전환사채의 상대적으로 낮은 액면이자율은 많은 자본 지출에 직면하고 있는 빠르게 성장하는 기업에는 편리할 수도 있다.[32] 이런 회사들은 부채를 갚기 위해 필요한 당면한 현금 요구를 줄이려고 기꺼이 전환옵션을 제공하려고 한다. 이런 옵션이 없으면 대출기관은 채무불이행 확률을 보

주식의 매도와 동등하게 생각하는 것이 틀렸는지 알 수 있다. 전환사채는 주식과 풋옵션의 매도와 동등하다. 투자자가 채권을 계속 보유하기 원할 가능성이 조금이라도 있으면 그 풋옵션은 가치가 있다.

29) J. R. Graham and C. R. Harvey, "The Theory and Practice of Finance: Evidence from the Field," *Journal of Financial Economics* 61(2001), pp. 187~243 참조.

30) 앞에서 참조했던 조사에서 44%의 응답자가 전환증권이 회사의 위험한 정도에 관해 확신을 가지고 있지 않은 투자자에게 매력적이라는 사실은 그들의 의사결정에서 중요한 요소라고 답하였다.

31) 위험의 변화는 회사 규모가 작거나 부채의 등급이 낮을 때 일어날 가능성이 크다. 그러므로 이런 회사의 전환사채는 채권 보유자에게 잠재적으로 높은 소유지분을 제공한다는 것을 알게 된다. 이것은 실제로 맞다. C. M. Lewis, R. J. Rogalski, and J. K. Seward, "Understanding the Design of Convertible Debt," *Journal of Applied Corporate Finance* 11(Spring 1998), pp. 45~53 참조.

32) 물론 기업은 보통사채나 전환사채 대신 주식발행을 할 수도 있다. 그러나 전환사채 발행은 주식 발행에 비해 투자자에게 더 나은 신호를 보낸다. 제15장에서 설명한 바와 같이 주식발행 공표는 과대평가에 대한 우려를 촉발하며, 일반적으로 주가를 떨어뜨린다. 전환사채는 부채와 자기자본의 혼합물이며, 덜 부정적인 신호를 보낸다. 만약 회사가 자기자본을 필요로 할 가능성이 높으면 경영진은 기꺼이 전환사채를 발행하고 주가가 충분히 올라서 전환이 일어날 가능성에 내기를 건다는 사실은 또한 경영진의 미래에 대한 확신을 신호하는 것이다. J. Stein, "Convertible Bonds as Backdoor Equity Financing," *Journal of Financial Economics* 32(1992), pp. 3~21 참조.

상받기 위해 엄청나게 높은 (약정) 이자율을 요구할 수도 있다. 이는 회사로 하여금 부채 서비스를 위해 더 많은 자본을 조달하도록 강제할 뿐만 아니라 재무적 곤경(financial distress)의 위험을 증가시킨다. 역설적으로 채무불이행에 대해 자신을 보호하기 위한 대출기관의 시도는 실제로는 회사의 부채 부담을 가중시킴으로써 재무적 곤경의 확률을 증가시킨다.

전환사채의 가치평가

전환사채는 채권과 주식을 살 수 있는 옵션의 꾸러미와 동등하다는 것을 알았다. 이는 전환옵션을 평가하는 데도 제21장에서 설명한 옵션평가모형이 사용될 수 있음을 의미한다. 여기서 평가모형을 반복할 필요는 없다. 그러나 전환증권을 평가할 때 조심해야 하는 세 가지 문제점에 대해서는 유의하여야 한다.

1. 배당금. 보통주를 보유하고 있으면 배당을 받을 수 있다. 보통주로 전환할 수 있는 옵션을 보유하고 있는 투자자는 배당을 받지 못한다. 실은 전환사채 보유자는 현금배당이 지급될 때마다 손해를 본다. 왜냐하면 배당은 주가를 떨어뜨리고 그래서 전환옵션의 가치를 낮추기 때문이다. 배당이 충분히 높으면 만기 이전에 전환하여 추가 소득을 확보하는 것이 나을 수도 있다. 배당 지급금이 어떻게 옵션 가치에 영향을 미치는지는 제21.5절에서 설명하였다.
2. 희석. 두 번째 어려운 문제는 전환으로 발행주식 수가 늘어나기 때문에 발생한다. 그러므로 전환권의 행사는 회사 자산과 이익에 대한 각 주주의 몫이 더 적어진다는 의미이다.[33] 이와 같은 희석(*dilution*)의 문제는 시장에서 거래되는 옵션의 경우에는 일어나지 않는다. 옵션거래소를 통해 옵션을 매입하여 나중에 이를 행사하면 발행주식 수에는 영향을 미치지 않는다. 제21장의 부록에서 희석이 어떻게 옵션 가치에 영향을 미치는가를 보였다.
3. 채권 가치의 변동. 투자자가 주식으로 전환하면 채권은 포기한다. 옵션의 행사가격은 따라서 투자자가 포기하는 채권의 가치이다. 그러나 채권 가치는 일정하지 않다. 문제의 채권 가치가 액면가보다 낮으면(보통은 낮다) 만기가 다가옴에 따라 채권 가치가 변동할 가능성이 높다. 또한 채권 가치는 이자율이 변함에 따라, 그리고 회사의 신용 상태가 변함에 따라 달라진다. 채무불이행의 가능성이 조금이라도 있다면 투자자는 만기에 채권 가치가 얼마나 될지 확신할 수 없다. 제21장에서 불확실한 행사가격에 관해서는 논의하지 않았다.

전환사채의 변형: 채권과 워런트 꾸러미

전환사채를 발행하는 대신 회사는 때때로 보통사채와 워런트의 꾸러미를 매각한다. 워런트란 단순히 투자자에게 회사의 보통주를 살 수 있는 권리를 부여하는 장기 콜옵션이다. 예를 들어 각 워런트는 보유자에게 앞으로 5년 동안 언제든지 주식 1주를 $50에 살 수 있도록 허용한다. 분명히 워런트 보유자는 회사 주식이 크게 뛰어올라서 이익을 남기고 워런트를 행사할 수 있기를 바란다.

33) 회사는 재무제표에서 추가적인 주식발행으로 이익이 어떻게 영향을 받을 것인가를 보여줌으로써 희석의 가능성을 인식한다.

그러나 회사 주식이 $50 이하에 머물면 보유자는 워런트를 행사하지 않는 선택을 하며, 워런트는 아무런 가치 없이 만료된다.

전환사채는 보통사채와 옵션의 꾸러미로 구성된다. 채권과 워런트의 발행 역시 보통사채와 옵션을 포함한다. 그러나 몇 가지 차이가 있다.

1. **워런트는 일반적으로 사적으로 발행된다.** 워런트를 포함하는 채권 꾸러미는 사모에서 더 일반적으로 발행되는 경향이 있다. 이에 비해 대부분의 전환사채는 공모방식으로 발행된다.
2. **워런트는 분리가 가능하다.** 전환증권을 매입할 때 채권과 옵션은 같이 묶여있다. 이를 따로 분리해서 매각할 수는 없다. 이는 불편할 수도 있다. 만약 세금 포지션 또는 위험에 대한 태도가 채권 쪽으로 기울게 만들면 옵션을 보유하기 원치 않을 수도 있다. 워런트도 때때로 '분리 불가능'인 경우도 있다. 그러나 통상적으로는 채권은 계속 보유하면서 워런트만 매각할 수 있다.
3. **워런트는 행사할 때는 현금을 납부한다.** 채권을 주식으로 전환할 때는 단순히 채권과 보통주를 서로 교환한다. 워런트를 행사할 때는 일반적으로 별도의 현금을 내놓아야 한다. 그렇지만 때로는 반드시 채권을 포기해야 하거나 또는 채권을 포기하는 선택을 할 수도 있다. 이는 채권-워런트 꾸러미와 전환사채는 회사의 현금흐름과 자본구조에 각기 다르게 영향을 미친다는 것을 의미한다.
4. **채권과 워런트 꾸러미는 다르게 과세될 수 있다.** 워런트와 전환사채 간에는 과세의 차이가 있다. 가령 회사가 지금 100에 전환사채를 발행하려고 한다. 이 전환사채를 예컨대 가치가 90인 보통사채와 10의 가치가 있는 옵션의 꾸러미로 생각할 수 있다. 만약 채권과 옵션을 분리해서 발행하면 세무당국은 채권이 할인되어 발행되었고 만기까지 10포인트가 상승할 것이라고 생각한다. 세무당국은 발행자에게 예상되는 가격 상승을 채권의 만기 동안 분산할 수 있게 허용하고 과세 이익에서 공제할 수 있게 허용한다. 세무당국은 이 예상되는 가격 상승을 채권 보유자의 과세 소득에 배분할 것이다. 그러므로 전환사채 대신 채권과 워런트 꾸러미를 발행함으로써 발행 회사는 세금을 절약하게 되고 투자자가 납부하는 세금은 증가한다.
5. **워런트는 그 자체로도 발행할 수 있다.** 워런트는 다른 증권과 함께 발행할 필요가 없다. 워런트는 종종 투자은행의 인수 서비스에 대한 보상을 위해 사용되기도 한다. 많은 회사들은 임원들에게 주식 매입을 위한 장기 옵션을 제공한다. 이들 임원 스톡옵션은 통상적으로 워런트라고 부르지는 않지만 바로 워런트와 정확히 같다. 회사는 또한 워런트를 그 자체로서 투자자에게 직접 매각할 수 있다. 그렇게 하는 경우는 매우 드물다.

24.7 사모발행과 프로젝트 금융

J.C. 페니 무담보사채는 SEC에 등록되었으며 일반 투자대중에게 매각되었다. 그러나 부채는 종종 소수의 금융기관에 사적으로 발행되기도 한다. 제15.5절에서 살펴보았듯이, 공모로 발행하는 것보다 사모(private placement)로 발행하는 것이 비용이 적게 든다. 그 외에도 사모발행이 공모발행과 다른 점은 세 가지가 있다.

첫째, 한두 개의 금융기관에 사모로 채권을 발행하면 한 장의 간단한 약속어음에 서명하기만 하면 된다. 이는 차입자가 반드시 준수해야 하는 특정 조건을 명시한 단순한 차용증서(IOU)이다. 그러나 공모로 채권을 발행하면 차후의 협상에서 누가 채권자를 대변할 것이며, 이자와 원금을 상환할 때 필요한 절차는 무엇인가 등에 대하여 걱정해야 한다. 그러므로 계약은 훨씬 복잡해진다.

공모로 발행된 채권의 두 번째 특성은 이들 채권은 상당히 표준화된 상품이라는 점이다. 이런 채권은 반드시 표준화되어야 한다. 그래야만 투자자들이 협약서의 세부적인 조건(fine print)을 일일이 확인하지 않고도 계속적으로 사거나 팔 수 있기 때문이다. 이는 사모의 경우 반드시 필요하지 않으므로 부채는 특별한 문제나 기회를 가지고 있는 기업에 맞춤형으로 만들어질 수 있다. 차입자와 채권자 간의 관계는 보다 밀접하다. 어떤 보험회사에 사모로 발행된 $2억의 부채와 200명의 익명의 투자자에게 공모로 발행된 동일한 공모 채권을 비교해 보라. 보험회사는 이 기업의 전망에 대하여 보다 철저하게 조사할 수 있기 때문에 통상적이지 않은 조건도 기꺼이 받아들일 수 있을 것이다.[34)]

앞에서 본 바와 같이 모든 채권약정은 차입자에게 여러 가지 조건을 부과하여 채권자를 보호하고자 한다. 이런 보호조항들은 사모로 발행되는 부채의 경우 더 쉽게 재협상할 수 있기 때문에 보다 엄격한 경향이 있다. 예를 들어 대출 약정서는 차입자가 이자 지급금이 이익의 몇 배를 초과하거나 회사가 최소 수준의 유동성 자산(liquid assets)을 유지하지 못하면 채무불이행이 되도록 규정한다. 많은 경우 대출은 회사의 자본지출에 대한 제한을 포함한다. 사모로 발행된 부채의 경우에는 차입자를 상당히 가까운 거리에서 감시할 수 있기 때문에 제한조항이 지켜지지 않는 경우가 흔히 있다.[35)] 이는 생각만큼 그렇게 재난을 초래하는 일은 아니다. 차입자가 건전한 재무상태를 유지하기만 하면 은행은 단순히 제한조항의 조건들을 재조정하기만 하면 된다. 제한조항을 계속해서 위반하는 경우에만 대출자가 더 극적인 조치를 취하게 된다.

이런 속성은 사모가 특히 기업 부채시장에서 특별한 틈새시장(niche), 즉 중소기업에 대한 대출을 제공한다. 이들 중소기업은 채권을 공모로 발행하는 경우 가장 높은 발행비용을 부담해야 하며, 가장 자세한 조사를 필요로 하고, 전문화된 그리고 유연한 대출약정을 필요로 하는 기업들이다. 그러나 많은 대기업들도 사모를 이용한다.

물론 사모발행의 이점은 공짜로 주어지지는 않는다. 대출자는 유동성이 낮은 자산을 보유하는 대가로 높은 수익률을 요구하기 때문이다. 사모발행과 공모발행 간의 이자율 차이를 일반화하기는 어려우나 그 차이는 전형적으로 50베이시스 포인트(basis point), 즉 0.50퍼센트 포인트 정도이다.

프로젝트 금융

사모발행 사채에 대해서는 더 이상 깊이 설명하지 않기로 한다. 공모발행에 대해 설명한 상당 부

34) 물론 동일한 조건을 가진 부채를 공모로 발행할 수 있다. 그러나 이 경우 200개의 독립적인 조사가 필요할 것이며, 여기에는 훨씬 많은 비용이 수반된다.

35) 대규모 사모를 연구한 논문에서 Dichev와 Skinner는 30%의 대출이 제한조항을 위반한 사실을 발견하였다. I. D. Dichev and D. J. Skinner, "Large-Sample Evidence on the Debt Covenant Hypothesis," *Journal of Accounting Research* 40 (2002), pp. 1091~1123 참조.

분이 사모발행의 경우에도 해당되기 때문이다. 그러나 다른 한 가지 형태의 사적 대출(private loan), 즉 특정 프로젝트의 성공 여부에 가능한 한 밀접하게 연관되어 있으며 모기업(parent), 즉 차입 기업의 노출을 최소화하는 대출 형태는 별도로 설명할 필요가 있다. 이런 대출은 통상적으로 **프로젝트 금융(project finance)**이라고 하며, 대형 국제은행의 전문분야에 속한다.

프로젝트 금융은 프로젝트를 추진하는 기업이 아니라 프로젝트 그 자체에 의해 지원되는 부채를 의미한다. 그럼에도 불구하고 대부분의 프로젝트 금융은 부채비율이 매우 높다. 프로젝트 금융의 부채는 프로젝트의 자산뿐만 아니라, 프로젝트의 소유자를 비롯하여 고객, 공급자, 지방정부가 제공하는 다양한 계약과 보증에 의해서도 지원되기 때문에 부채비율은 높을 수 있다.

예제 24.1 ● 발전소 건설을 위한 프로젝트 금융

파키스탄에서 $18억 규모의 석유 전용 발전소를 건설하는 데 프로젝트 금융이 어떻게 활용되었는지 살펴보자. 먼저, 별도의 회사인 허브전력회사(Hub Power Company, Hubco)를 설립하여 발전소를 소유하도록 하였다. 그리고 Hubco는 일본회사인 미쯔이(Mitsui & Co.)가 주도하는 컨소시엄과 발전소를 건설하는 계약을 체결하였다. 한편 영국 회사인 인터내셔널전력(International Power)은 초기 12년 동안 발전소를 관리하고 운영하는 책임을 진다. Hubco는 파키스탄 국영석유회사(Pakistan State Oil Company)에서 연료를 구입하고 발전소가 생산하는 전기를 또 다른 정부기구인 수력 및 전력 개발공사(Water and Power Development Authority, WAPDA)에 판매하기로 합의하였다.

Hubco의 변호사들은 각 당사자들이 자신의 의무를 잘 수행할 수 있도록 확인하기 위해 복잡한 일련의 계약서를 작성하였다. 예를 들어 시공자(contractor)는 공장을 기한 내에 인도하며 발전소가 시방서에 맞게 동작할 것을 보증하였다. 발전소를 관리하는 인터내셔널전력은 발전소를 유지관리하고 효율적으로 운영할 것에 합의하였다. 파키스탄 국영석유회사는 Hubco에 원유를 공급하는 장기 계약을 체결하였고, WAPDA는 향후 30년 동안 Hubco의 산출물을 매입하기로 약속하였다.[36] WAPDA는 루피화로 전기료를 지급할 것이기 때문에 Hubco는 루피화의 가치가 하락할 가능성을 염려하였다. 따라서 파키스탄은행(State Bank of Pakistan)은 Hubco에 보장된 환율로 부채상환에 필요한 외화를 공급하기로 약정하였다. 파키스탄 정부는 WAPDA, 파키스탄 국영석유, 파키스탄 은행 등이 협정을 지킬 것을 보증하였다.

이런 계약의 효과는 각각의 위험을 이를 가장 잘 측정하고 통제할 수 있는 당사자가 부담하도록 하는 것이다. 예를 들어 시공자는 발전소가 제때 완성될 것을 보장할 수 있는 가장 좋은 위치에 있으므로 시공자가 건설지연으로 인한 위험을 부담하도록 요구하는 것이 논리적이다. 마찬가지로, 발전소 운영자는 발전소를 효율적으로 운영하는 데 가장 적합한 위치에 있으며 이를 이행하지 못하면 벌칙을 받게 된다. 시공자와 발전소 운영자는 이런 위험을 부담할 준비가 되어 있었는데 이는 프로젝트가 확인

36) WAPDA는 Hubco와 **의무인수협약**(*take-or-pay agreement*)을 체결하였다. 즉 전기를 받아가지 않아도 요금은 지불해야 한다. 파이프라인 프로젝트의 경우, 고객과의 계약은 종종 **처리량협약**(*throughput* agreement)의 형태, 즉 고객이 파이프라인의 최소 사용에 동의하는 형태로 맺어진다. 매출위험(revenue risk)을 고객에게 전가시키는 다른 방법은 **위탁가공계약**(*tolling contract*), 즉 가공하여 고객에게 다시 돌려주어야 하는 물질을 고객이 프로젝트 회사에 인도하기로 하는 협약이다. 매출위험을 고객에게 전가시키는 목적은 그들에게 프로젝트 산출물에 대한 수요를 치밀하게 추정하도록 하기 위해서다.

된 기존의 기술을 사용하며 또한 반갑지 않은 뜻밖의 일이 발생할 가능성이 상대적으로 적기 때문이다.

이런 계약들이 각 당사자들의 책임에 대하여 가능한 한 세세하게 정의하려고 하지만 계약이 일어날 수 있는 모든 사태를 다 망라할 수는 없다. 불가피하게 계약은 불완전하다. 따라서 공식적인 법적 협약을 지탱하기 위하여 계약자와 발전소 운영자는 Hubco의 주요 주주가 되었다. 이는 만일 그들이 발전소를 건설하고 운영하는 데 있어 일이 잘못하면 그들도 손실을 나누어 부담한다는 것을 의미한다.

Hubco의 자기자본은 레버리지가 매우 높다(highly levered). 프로젝트 투자 $18억의 75% 이상이 부채로 조달되었다. 그 중 $6억에 약간 못 미치는 후순위 부채는 세계은행(World Bank)과 프랑스, 이태리, 일본 등의 수출신용기구가 설립한 펀드로부터 제공되었다. 그 나머지 선순위 부채는 7개의 다른 통화로 58개 현지 및 국제 은행에 의해 제공되었다.[37] 은행들은 프로젝트가 실패할 경우 세계은행과 여러 나라의 정부가 전방에서 손실을 부담할 것이기 때문에 주저없이 이 프로젝트에 투자하였다. 그러나 은행들은 파키스탄 정부가 Hubco의 외국 통화 지급을 못하도록 막거나, 특별한 세금을 부과하거나, 또는 필요로 하는 전문가 직원을 데려오지 못하도록 하지 않을까 여전히 우려한다. 그러므로 이런 정치적 위험으로부터 Hubco를 보호하기 위하여 정부는 만일 프로젝트의 운영을 그런 식으로 간섭하는 경우 이를 보상할 것을 약속하였다. 물론 정부가 이 약정을 파기하는 것을 막을 수는 없다. 그러나 약정을 파기하는 경우 Hubco는 세계은행과 일본국제협력은행(Japan Bank for International Cooperation)이 보증한 $3억 6,000만을 요청할 수 있다. 이는 일단 발전소가 완성되어 운영되면 파키스탄 정부가 약속을 지키도록 하기 위한 것이었다. 일반적으로 정부는 사기업의 분노에 대해서는 놀라운 정도로 여유를 부릴 수 있지만 세계은행에 엄청난 금액이 청구되도록 하는 약정파기에는 주저하게 된다.

Hubco 프로젝트의 협정은 복잡하고, 비용이 많이 들었으며, 시간이 많이 소요되었다. 프로젝트를 시작하는 데 200인년(人年; person-years) 이상이 소요되었다. 모든 것이 순조롭게 진행되지는 않았다. 프로젝트는 대출의 이자율이 이슬람의 법을 위반했다는 파키스탄 법정의 판결에 의해 1년 이상 지연되었다. 이 프로젝트를 논의하기 시작한 지 10년 후에 프로젝트의 자금조달에 대한 최종협약이 체결되었고, 짧은 기간 내에 Hubco는 파키스탄 전체 전기의 1/5을 공급하게 되었다.

그러나 이것이 Hubco 이야기의 끝은 아니다. WAPDA는 계약에 의해 전기를 받든 안 받든 상관없이 Hubco에 정기적으로 전기료를 지급할 의무가 있었다. 파키스탄에서 베나지르 부토(Benazir Bhutto) 정부가 몰락한 후 새 정부는 Hubco와의 계약을 파기하고 전기료의 30% 삭감을 공표하였다. 파키스탄과 세계은행 간의 관계를 위협하는 3년간의 힘든 다툼을 거쳐 Hubco는 새로운 전기료에 최종적으로 합의하였다. 정부와의 분쟁은 마침내 끝이 났고, Hubco는 2006년까지 선순위 부채를 모두 상환하였다.

프로젝트 금융: 공통점

프로젝트 금융이 모두 같지는 않지만 몇 가지 공통적인 속성을 가진다.

- 프로젝트는 별도의 회사로 설립된다.

37) Hubco 부채의 대부분은 만기가 약 12년이었지만 이 프로젝트는 공모발행 채권으로 조달되지 않았다는 점에 주목하라. 은행 부채의 집중된 소유권은 채권자에게 프로젝트를 조심스럽게 평가하고, 차후의 진도를 감시하도록 유도한다. 또한 이는 만일 프로젝트회사가 문제에 부딪치면 부채의 재협상을 쉽게 한다.

- 소유지분은 소규모의 투자자 그룹이 사적으로 보유한다. 여기에는 일반적으로 시공자와 시설 운영자가 포함되는데 따라서 이들은 프로젝트 실패의 위험을 분담한다.
- 프로젝트 회사는 일련의 복잡한 계약을 맺고 위험을 시공자, 시설 운영자, 공급자, 그리고 고객에게 배분한다.
- 정부는 필요한 허가를 내주고, 외환의 매입을 허용하는 등의 보증을 한다.
- 자세한 계약 약정과 정부 보증은 프로젝트에 필요한 자금의 약 70%를 은행 부채와 기타 사모 차입의 형식으로 제공받을 수 있게 해 준다. 이런 부채는 프로젝트 현금흐름으로 상환된다. 현금흐름이 충분하지 않으면 대출자들은 모회사에 대해 어떤 상환 청구권도 갖지 못한다.

프로젝트 금융의 역할

프로젝트 금융은 개발도상국가에서 발전소, 통신시설, 운송프로젝트에 필요한 자금을 조달하는 데 광범위하게 사용되지만 주요 선진 국가에서도 사용된다. 미국에서는 프로젝트 금융이 발전소의 자금을 조달하는 데 가장 보편적으로 사용된다. 예를 들어 전력회사가 일반 제조회사와 협력하여 폐열발전소를 건설하고 공익기업에 전기를, 그리고 근처의 산업공장에는 폐열을 공급할 수 있다. 공익기업은 폐열발전소 프로젝트를 지원하고 매출흐름을 보장한다. 은행은 프로젝트 비용의 많은 부분을 기꺼이 빌려준다. 은행은 일단 프로젝트가 완성되어 운영되기 시작하면 프로젝트의 현금흐름이 정상적인 사업이 직면하는 대부분의 위험으로부터 격리된다는 것을 알기 때문이다.[38)]

프로젝트 금융은 이를 시행하는 데 비용이 많이 들고[39)] 프로젝트 부채는 일반적으로 상대적으로 높은 이자율을 수반한다. 그렇다면 왜 회사는 단순히 기존 자산을 바탕으로 차입하여 프로젝트의 자금을 조달하지 않는가? 대부분의 프로젝트는 제한된 수명을 가지며 이미 확립된 기술을 사용한다는 점에 주목하라. 이들 프로젝트는 상당한 양의 잉여 현금흐름을 창출하며 수익성 있는 후속 투자를 할 수 있는 몇 가지 옵션이 있다. 만약 그런 투자가 프로젝트 금융으로 자금이 지원되면 경영진은 현금흐름이 어떻게 사용될 것인가에 대한 재량권을 거의 가지지 못한다. 그 대신 부채상환 조건은 현금이 수익성 없는 미래 사업에 찔끔찔끔 낭비되지 않고 투자자에게 되돌아가도록 보장해 준다.[40)]

Hubco 발전소의 예는 프로젝트 금융의 또 다른 중요한 동기를 설명해 준다. 프로젝트의 성공 여부는 서로 다른 많은 당사자들의 성과에 달려있다. 예를 들어 Hubco는 단 하나의 연료 공급원과 단 하나의 고객을 가지고 있다. 이들 중 누구라도 프로젝트가 시작된 이후 게임의 규칙을 바

38) 여기에는 아주 흥미로운 규제상의 의미가 있다. 공익기업이 발전소를 건설할 때는 투자에 대한 공정한 수익률을 얻을 권리가 있다. 규제기관은 공익기업이 자본비용을 벌어들일 수 있도록 고객에게 부과하는 요금을 정한다. 불행하게도 자본비용은 쉽게 측정할 수 있는 것이 아니며 규제 청문회에서 자연스럽게 논쟁의 초점이 된다. 그러나 공익기업이 전력을 매입할 때 자본비용은 계약 가격에 반영되며 운영비용으로 취급된다. 이 경우 고객에게 전가하는 것은 논쟁의 여지가 줄어든다.

39) 사회기반시설 프로젝트의 총 거래비용은 평균적으로 투자금액의 3~5%이다. M. Klein, J. So, and B. Shin, "Transaction Costs in Private Infrastructure Projects — Are They Too High?" The World Bank Group, October 1996 참조.

40) 프로젝트는 하나의 독립적인 회사이기 때문에 프로젝트가 잘못되어도 모회사를 끌어들일 수는 없다.

꾸지 못하게 해야 하는데 이를 위해서는 위험을 가장 잘 통제할 수 있는 당사자가 그 위험을 부담하도록 설계된 복잡한 계약에 모든 이해 당사자들을 참여시켜야 한다. 프로젝트의 생존 능력은 정부의 선의(goodwill)에 달려 있는 경우가 많기 때문에 정부가 이들 계약의 한 당사자가 되며, 자금조달은 징벌적인 정부 조치의 가능성을 낮출 수 있도록 짜여진다.

24.8 부채시장의 혁신

국내 채권과 유로본드, 고정금리채권과 변동금리채권, 이표채와 무이표채, 수의상환사채와 상환청구사채, 담보채권과 무담보채권, 선순위채권과 후순위채권, 사모발행 채권과 프로젝트 금융 등등, 이들이 투자자가 필요로 하는 모든 선택을 제공할 것이라고 생각할 수 있다. 그러나 거의 매일 새로운 유형의 채권이 발행되는 것 같다.

표 24.3은 최근에 고안된 좀 더 흥미로운 채권의 일부를 나열한 것이다.[41] 이 장의 앞에서 자산유동화증권의 한 예로서 '보위(Bowie) 채권'에 관해 언급한 적이 있다. 제26장에서는 지급금이 재난 발생에 연계되어 있는 재앙채권(catastrophe bond)에 대하여 논의하기로 한다.

몇몇 금융혁신은 경제적으로 거의 또는 전혀 쓸모가 없는 것 같다. 이들은 잠깐 피어오르다가 곧 시들어 버린다. 예를 들어 1990년대 말경 미국에서는 한동안 **변동가격 전환사채**(*floating-price convertibles*)라는 것이 새로 발행되었다. 이들은 일반적으로 죽음의 소용돌이(death-spiral) 전환사채, 또는 독성(toxic) 전환사채라고 불렸다. 죽음의 소용돌이 전환사채를 발행할 때는 전환가격이 현재의 주가보다 낮게 설정된다. 더구나 각 채권은 고정된 수(*number*)의 주식이 아니라 고정된 가치(*value*)의 주식으로 전환된다. 그러므로 주가가 더 떨어질수록 전환으로 인해 전환사채 보유자가

표 24.3
채권설계 혁신의 몇몇 예.

Liquid yield option notes (LYONs)	상환청구, 수의상환, 전환 가능, 무이표 부채
변동가격(죽음의 소용돌이) 전환사채	채권 보유자가 고정된 가치의 주식으로 전환할 수 있는 전환사채
자산유동화 증권	수많은 소규모 대출을 한데 묶어 하나의 채권으로 재매각
재앙채권(CAT bond)	특정한 자연 재앙이 발생하면 지급금이 감소함
역변동금리채권	이자율이 하락하면 높은 금리를 지급하고 아자율이 상승하면 낮은 금리를 지급하는 변동금리채권
주식연계채권	지급금이 주식시장 지수에 연계되어 있음
PIK 채권	발행자가 이자 지급을 현금 또는 동등한 액면가를 가진 같은 종류의 채권으로 지급하는 것을 선택할 수 있는 채권
금리민감채권	회사의 신용등급이 변함에 따라 액면이자율이 변함
사망채권	사망률이 급격히 변하면 지급금이 감소하거나 없어지는 채권

41) 부채시장 혁신의 보다 완벽한 목록은 K.A. Carrow and J.J. McConnell, "A Survey of U.S. Corporate Financing Innovations: 1970~1997," *Journal of Applied Corporate Finance* 12(Spring 1999), pp. 55~69를 참조할 것.

받는 주식의 수는 더 많아진다. 정상적인 전환사채의 경우에는 전환옵션의 가치가 회사 자산의 가치가 떨어지면 같이 떨어진다. 그래서 전환사채 보유자는 주주들과 고통을 일부 같이 나눈다. 죽음의 소용돌이 전환사채의 경우에는 전환사채 보유자는 고정된 가치의 주식을 받게 되어 있다. 그러므로 자산 가격 하락의 모든 영향은 보통 주주들에게 돌아간다. 죽음의 소용돌이 전환사채는 이미 절박한 궁지에 몰려있는 회사들이 주로 발행하였다. 발행 기업이 회복하는 데 실패하면 독 묻은 닭이 집으로 들어와서 울게 된다. 미국에서 초기의 발행 돌풍이 지나간 후 죽음의 소용돌이 전환사채는 실패한 혁신의 쓰레기더미로 내던져진 것으로 보인다.

다른 많은 혁신은 더 분명한 목적이 있는 것으로 보인다. 다음에서 새로운 증권을 만들어 내려는 몇몇 중요한 동기를 살펴본다.

1. **투자자의 선택 폭.** 때때로 새로운 금융수단은 투자자들의 선택 폭을 넓히기 위해 만들어진다. 경제학자들은 이런 증권을 '시장을 완성'하는 데 도움을 준다고 말한다. 이것이 바로 2006년 프랑스 보험회사 악사(Axa)가 발행한 거의 €3억 5천만에 이르는 **사망채권**(*mortality bond*)의 배경이 된 아이디어이다. 생명보험회사에 한 가지 큰 위험은 사망률의 가파른 증가로 이어지는 유행병 또는 다른 재난이다. 악사의 채권은 따라서 이런 위험의 일부를 부담하는 대가로 투자자에게 더 높은 금리를 제공한다. 만약 사망률이 2년 연속 예상보다 10% 이상 높아지면 이 채권의 보유자는 투자한 돈을 모두 잃게 된다.

   연금기금(pension fund)은 보험회사와는 정반대의 입장에 있다. 연금기금의 우려는 회원들이 고령까지 계속해서 연금을 받아가는 것이다. 그래서 투자은행들은 특정 연령까지 생존하는 인구 비율이 현저하게 높아지면 더 높은 이자를 지급하는 **장수채권**(*longevity bond*)을 설계하려고 노력해 왔다. 이런 채권을 보유하고 있는 연금기금은 예상하지 않았던 수명 증가로부터 보호받는다.[42)]

   사망채권과 장수채권 모두 투자자의 선택 폭을 넓힌다. 이들 채권은 보험회사와 연금기금이 사망률의 불리한 변화로부터 자신을 보호하고 위험을 시장에 널리 분산시킬 수 있게 해준다.

2. **정부 규제와 세금.** 머튼 밀러(Merton Miller)는 새로운 정부 규제와 세금은 마치 굴(oyster) 속의 모래와 같이 새로운 형태의 증권 설계를 촉진한다고 설명하였다. 예를 들어 앞에서 우리는 미국 정부가 외국 증권의 매입에 세금을 부과하는 데 대한 반응으로 유로본드 시장이 생겨났다는 것을 알았다.

   자산유동화 증권은 규제 때문에 생겨난 시장의 또 다른 예를 제공한다. 실패의 가능성을 줄이기 위해 은행들은 대출이나 신용카드 매출채권을 한데 묶어서 채권의 형태로 매각함으로써 보유해야 하는 자본을 줄이려고 노력했다. 은행 규제당국은 이를 우려한다. 규제당국은 은행이 가장 위험한 대출은 매각해버리고 가장 안전한 대출만 보유하려는 유혹에 빠질지 모른다고 생각한다. 그래서 규제당국은 자본 요건을 대출의 위험도와 연계시키는 새로운 규제를 도입하였다.

3. **대리인비용 낮추기.** 금세기 초 투자자들은 텔레콤회사들의 막대한 지출 계획에 대해 우려하였다. 따라서 영국의 텔레콤 거대기업인 BT가 2000년 $100억의 채권을 발행하기로 결정했을 때 투자

42) 프랑스 은행 BNP 파리바는 2004년에 $10억 규모의 장수채권 발행을 시도하였으나 매수자를 끌어들이는 데 어려움을 겪었다.

자들을 안심시키기 위해 **금리상향조정**(*step-up*) 조항을 제시하였다. 이 약정에 따르면 BT는 무디스나 스탠더드 앤드 푸어스가 평가한 자사의 채권 등급이 한 단계 낮아지면 채권의 액면 이자율을 25 베이시스 포인트 증가시켜야 한다. 이자율에 민감한 BT의 채권은 더 많은 부채를 발행하여 기존 채권 보유자들을 착취하려는 회사의 가능한 미래 시도로부터 투자자들을 보호한다.

새로운 금융수단을 꿈속에 그려보는 것은 절반의 성공에 지나지 않는다. 또 다른 문제는 이런 수단을 효율적으로 만들어내는 것이다. 예를 들어 수억 달러 가치의 신용카드 매출채권을 한데 묶고 그 현금흐름을 다양한 투자자 그룹에 배분하는 문제를 생각해 보라. 이 일은 고도의 컴퓨터 시스템을 필요로 한다. 또한 합의 내용은 발행회사가 부도가 나더라도 매출채권이 파산재단(bankruptcy estate)에 편입되지 않도록 구조가 짜여야 한다. 이는 분쟁이 발생했을 때도 유효한 법적 구조의 개발에 달려있다.

요약

이제 채권을 발행할 때는 무엇을 해야 하는지 꽤 많이 알게 되었다. 채권을 미국 국내시장에서 발행할 수도 있고, 외국의 채권시장에서, 아니면 유로본드시장에서 발행할 수도 있다. 유로본드는 여러 나라에서 국제적인 은행과 증권 딜러의 영국 지사에 의해 동시에 매각되는 것이 보통이다.

자세한 채권협약은 발행기업과 수탁자 간의 채권약정서(indenture)에 명시되지만, 중요한 조항은 발행을 위한 사업설명서(prospectus)에 요약된다. 채권약정서는 채권이 선순위인지 후순위인지, 담보부인지 무담보부인지 등을 명시한다. 대부분의 채권은 무담보 장기 또는 중기 채권이다. 이는 이들 채권이 기업에 대하여 일반적인 청구권을 갖는다는 것을 의미한다. 주요한 예외는 공익기업 저당담보사채(utility mortgage bond), 유가증권담보사채(collateral trust bond), 설비신탁증서(equipment trust certificate) 등이다. 채무불이행이 발생하면 이런 채권의 수탁자는 회사 자산을 회수하여 부채를 상환할 수 있다.

일부 장기 채권은 감채기금(sinking fund)을 갖는다. 이는 회사가 매년 충분한 자금을 적립하여 지정된 수의 채권을 매입해야 함을 의미한다. 감채기금은 채권의 평균수명을 단축시키며, 부채를 상환할 수 있는 기업의 능력을 매년 점검할 수 있는 수단을 제공한다. 따라서 이는 채무불이행의 위험으로부터 채권자를 보호한다.

장기 채권은 만기 전에 수의상환(call)할 수도 있다. 수의상환할 수 있는 옵션은 매우 가치가 있다. 만약 이자율이 하락하여 채권가격이 상승하면 수의상환 가격보다 훨씬 가치가 큰 채권을 일찍 수의상환할 수 있다. 물론 회사가 채권을 수의상환할 것을 투자자들이 안다면 수의상환 가격은 시장가격의 상한선으로 작용할 것이다. 따라서 회사 입장에서 최선의 전략은 시장가격이 수의상환 가격에 도달하자마자 채권을 수의상환하는 것이다. 회사가 이보다 더 좋은 결과를 얻을 가능성은 별로 없다.

대출자들은 일반적으로 차입자가 대출의 가치를 훼손하는 행동을 하지 못하도록 조치한다. 다음은 부채 제한조항의 몇몇 예이다.

1. 대출 약정은 회사의 추가적인 차입 금액을 제한할 수도 있다.
2. 무담보 채권은 저당금지 조항(negative pledge clause)을 포함하기도 하는데 이 조항은 회사가 기존의 무담보 채권을 동일하게 대우하지 않고서는 추가적인 부채를 발행하는 것을 금지하는 조항이다.

Visit us at www.mhhe.com/bma

3. 대출자들은 회사의 배당지급이나 자사주 매입에 제한을 둘 수 있다.

은행 대출과 기타 사적으로 발행된 부채는 더 제한적인 조건을 부과하는 경향이 있지만 이들 조건은 바꾸는 것이 타당할 때는 좀 더 쉽게 변경할 수 있다.

대부분의 채권은 채권으로 시작하여 채권으로 끝난다. 그러나 전환사채는 그 소유자에게 채권을 주식과 교환할 수 있는 옵션을 준다. **전환비율**(*conversion ratio*)은 각 채권과 교환할 수 있는 주식 수를 나타낸다. 전환사채는 보통사채 더하기 주식에 대한 콜옵션과 동등한 것으로 생각할 수 있다. 때때로 전환사채를 발행하는 대신 회사는 채권과 주식 매입 옵션(또는 워런트)의 꾸러미를 발행하기로 결정할 수 있다. 만약 주가가 행사가격 이상으로 올라가면 투자자는 채권을 계속 보유하면서 현금을 지급하고 워런트를 행사할 수도 있다.

사모발행은 공모발행보다 표준화가 덜 되어 있으나 그 이외에는 일반적으로 공모발행 채권과 유사하다. 때때로 사모 부채는 프로젝트 금융의 형태를 띠기도 한다. 이 경우에 대출은 특정 프로젝트의 성쇠에 연계된다.

수없이 많은 종류의 채권이 있으며 거의 매일 새로운 형태의 채권이 개발된다. 자연선택(natural selection)의 원칙에 따라 이런 새로운 채권들의 일부는 인기가 높아져서 심지어 기존의 종류를 대체하기도 한다. 다른 채권들은 단명으로 끝나기도 한다. 일부 혁신은 투자자의 선택의 폭을 넓혀주거나 대리인 비용을 줄여주기 때문에 성공한다. 다른 혁신들은 세금 규정과 정부 규제 때문에 생겨난다.

더 읽어야 할 문헌

아래 문헌은 부채증권에 관한 유용한 일반적인 내용이다:

F.J. Fabozzi(ed.): *The Handbook of Fixed Income Securities*, 6th ed. (New York: McGraw-Hill, 2005).

전환사채의 가격결정과 전환사채 사용의 이유에 관한 비기술적인 논의에 대해서는 다음 논문을 참조하라.

M. J. Brennan and E. S. Schwartz, "The Case for Convertibles," *Journal of Applied Corporate Finance* 1(Summer 1988), pp. 55~64.

C. M. Lewis, R. J. Rogalski, and J. K. Seward, "Understanding the Design of Convertible Debt," *Journal of Applied Corporate Finance* 11(Spring 1998), pp. 45~53.

프로젝트 금융에 관한 논의는 다음을 참조하라.

B. C. Esty, *Modern Project Finance: A Casebook*(NewYork: John Wiley, 2003).

B. C. Esty, "Returns on Project-Financed Investments: Evolution and Managerial Implications," *Journal of Applied Corporate Finance* 15(Spring 2002), pp. 71~86.

R .A. Brealey, I. A. Cooper, and M. Habib: "Using Project Finance to Fund Infrastructure Investments," *Journal of Applied Corporate Finance*, 9: 25~38(Fall 1996).

제17장 끝에 나열되어 있는 문헌들은 금융혁신에 관한 여러 논문들을 포함하고 있다.

연습문제

기본문제

1. 괄호 안에 있는 단어 중에서 가장 적절한 것을 선택하라.
   a. (높은 등급의 공익채권/낮은 등급의 산업채권)은 일반적으로 낮은 수준의 감채기금 요구조건을 갖는다.
   b. 담보신탁채권(collateral trust bond)은 종종 (공익기업/제조지주회사)에 의해 발행된다.

Visit us at www.mhhe.com/bma

c. (공익사채/산업채권)은 주로 무담보사채이다.

d. 설비신탁채권(equipment trust certificate)은 주로 (철도회사/금융회사)에 의해 발행된다.

e. 저당대출 자동이체증권은 (자산유동화증권/프로젝트 금융)의 예이다.

2. 다음 감채기금 각각의 경우, 채권을 발행할 때 감채기금이 채권의 가치를 증가시키는지 감소시키는지 (또는 결정하는 것이 불가능한지) 설명하라.

a. 선택감채기금(액면가에 콜함)

b. 의무감채기금(액면가에 콜하거나 또는 시장에서 매입함)

c. 의무감채기금(액면가에 콜함)

3. a. 선순위 채권자로서 회사가 투자 프로그램에 필요한 자금조달을 위해 보다 많은 후순위 부채를 발행하는 것을 선호하는가, 선호하지 않는가? 아니면 관심이 없는가?

b. 당신은 기업의 기존 자산에 대해 담보부로 발행된 채권을 가지고 있다. 당신은 기업이 보다 많은 담보채권을 발행하는 것을 선호하는가, 선호하지 않는가, 아니면 관심이 없는가?

4. 표 24.1(본문은 제외)을 이용하여 다음 물음에 답하라.

a. J.C. 페니 채권의 발행에서 주 인수기관은 누구인가?

b. 누가 수탁자(trustee)인가?

c. 회사는 인수기관의 스프레드를 차감한 후에 하나의 무담보사채 발행으로부터 얼마를 수령하게 되는가?

d. 무담보 채권은 소유자 형식인가, 등록 형식인가?

e. 이 채권은 2005년에 얼마의 가격으로 수의상환할 수 있는가?

5. 표 24.1을 보라.

a. 1992년 9월 1일에 무담보사채가 99.489%의 가격으로 발행되었다. 9월 15일에 인도되는 채권 1개를 사기 위하여 얼마를 지불해야 하는가? 경과이자(accrued interest)를 포함하는 것을 기억하라.

b. 이 채권의 첫 번째 액면이자는 언제 지급되며 금액은 얼마인가?

c. 채권은 언제 만기가 되는가? 그때 지급되어야 하는 원금은 얼마인가?

d. 채권의 시장가격이 102로 상승하였으며 그 이후로는 변하지 않는다고 가정하자. 회사는 언제 채권을 수의상환해야 하는가?

6. 사모발행 채권의 발행조건이 공모발행 채권의 조건과 보통 다르게 되는 세 가지 주된 사항을 설명하라.

7. 맞는가, 틀리는가? 각각의 경우 간단히 설명하라.

a. 프로젝트 금융에서 대출자는 프로젝트가 실패하는 경우 프로젝트의 소유자에게 청구권을 거의 행사하지 못한다.

b. 많은 새로운 이색적인 부채증권은 정부의 정책 또는 규제에 의해 유발되었다.

c. 수의상환조항은 채권자에게 가치있는 옵션을 제공한다.

d. 합병인수가 대규모의 부채로 조달되는 경우 제한조항(restrictive covenant)은 채권자를 보호하는 것으로 알려져 있다.

e. 사모로 발행된 채권은 종종 공모로 발행된 채권보다 엄격한 제한조항을 갖는다. 그러나 공모로 발행된 채권의 제한조항이 재협상하기가 더 어렵고 재협상에 많은 비용이 수반된다.

8. Maple Aircraft사는 2014년에 만기가 되는 4¾% 이자율의 후순위 전환사채를 발행했다. 전환가격은 $47.00이며, 이 무담보 채권은 액면가의 102.75%로 수의상환할 수 있다. 전환사채의 시장가격

Visit us at www.mhhe.com/bma

은 액면가의 91%이며, 이 회사 보통주의 가격은 $41.50이다. 전환 특성이 없는 채권의 가치는 액면가의 약 65%라고 가정하라.

a. 이 무담보 채권의 전환비율은 얼마인가?
b. 전환비율이 50이라면 전환가격은 얼마인가?
c. 전환가치는 얼마인가?
d. 주가가 얼마이면 전환가치가 채권가치와 같아지는가?
e. 시장가격이 전환가치보다 낮아질 수 있는가?
f. 전환사채 보유자가 보통주 1주를 매입할 수 있는 옵션에 대해 얼마를 지불하는가?
g. 전환이 정당화되려면 2014년까지 보통주의 주가가 얼마나 올라야 하는가?
h. Maple사는 언제 이 무담보 사채를 수의상환해야 하는가?

9. 맞는가, 틀리는가?

a. 기업이 파산하는 경우 재편(reorganization)하는 것보다 청산하고자 하는 것은 대체로 주주들의 이익을 위한 것이다.
b. 재편계획(reorganization plan)은 모든 유형의 채권자의 승인을 얻기 위하여 제시되어야 한다.
c. IRS는 파산시 기업자산에 대하여 첫 번째 청구권을 갖는다.
d. 재편시, 채권자의 채무는 현금과 증권으로 상환된다.
e. 기업이 청산되면 매각될 가장 중요한 자산 중 하나는 종종 세금손실이월(tax-loss carryforward)이다.

중급문제

10. 채권이 액면가에 발행되었고 투자자들이 계속해서 8.25%의 수익률을 요구한다고 가정하자. 첫 번째 이자지급일에 접근하고 또 지나감에 따라 채권가격이 어떻게 될 것이으로 생각하는가? 채권가격에 경과이자를 더한 금액에 관해서는 어떻게 생각하는가?

11. 최근에 발행된 채권의 발행조건을 확인하고 이를 J.C. 페니의 경우와 비교하라.

12. 채권가격은 이자율의 전반적인 수준이 변해서도 하락하지만 채무불이행의 위험이 증가하여 떨어지기도 한다. 변동금리 채권과 상환청구 사채가 각각의 위험에 대하여 어느 정도 투자자들을 보호할 수 있는가?

13. Proctor Power는 $2억의 고정자산과 $1억의 순운전자본을 가지고 있다. 이 중 일부는 자기자본으로 조달되었고 일부는 세 가지의 채권으로 조달되었다. 세 가지 채권은 회사의 고정자산만으로 담보가 설정된 $2억 5,000만의 First Mortgage 채권, $1억의 선순위 무담보사채, 그리고 $1억 2,000만의 후순위 무담보사채로 구성된다. 만일 채권이 오늘 상환된다면 각 채권자는 얼마를 받을 수 있는가?

14. Elixir Corporation은 방금 파산을 신청하였다. Elixir는 지주회사로, 자산은 $8,000만의 부동산과 두 자회사 자기자본의 100%로 구성되어 있다. 이 중 일부는 자기자본으로 그리고 일부는 곧 만기가 되는 $4억의 선순위 담보신탁채권(collateral trust bond)으로 조달되어 있다. 자회사 A는 직접적으로 $3억 2,000만의 무담보사채와 $1,500만의 우선주를 발행하였다. B 자회사는 $1억 8,000만의 선순위 무담보사채와 $6,000만의 후순위 무담보사채를 발행하였다. A 자회사 자산의 시장가치는 $5억이고, B 자회사 자산의 시장가치는 $2억 2,000만이다. 만약 자산이 매각되어 절차에 따라 엄격하게 배분된다면 각 증권 소유자는 얼마나 수령할 수 있는가?

15. a. 주택저당대출은 고정금리 또는 변동금리로 약정할 수 있다. 차입자로서 어떤 고려사항이 둘 중에서 하나를 다른 것보다 더 선호하게 하는가?

b. 담보대출 자동이체 증서의 소유자들은 왜 저당대출이 변동금리이기를 원하는가?

Visit us at www.mhhe.com/bma

16. 이자율이 급격하게 변한 후, 새로 발행된 채권은 일반적으로 동일한 등급의 이미 발행된 채권과 다른 수익률로 거래된다. 가능한 하나의 설명은 수의상환 조항의 가치에서 차이가 난다는 점이다. 이 문제가 어떻게 야기되는지 설명하라.

17. 한 회사가 만기가 동일한 무이표채와 이표채를 동시에 발행하였다고 하자. 두 채권은 액면가로 언제든지 수의상환될 수 있다. 다른 조건이 일정하면 어떤 채권이 높은 수익률을 제공할 가능성이 높은가? 이유는 무엇인가?

18. a. 이자율이 상승하면 수의상환사채의 가격이 더 많이 하락하는가, 수의상환 못하는 채권(non-callable bond)의 가격이 더 많이 하락하는가?
    b. 발행자 또는 채권자 어느 한쪽의 옵션으로 일정한 기간 후에 상환될 수 있는 채권이 있다고 가정하자. 만일 각 옵션의 행사가격이 동일하고 발행자와 채권자가 모두 합리적으로 행동한다면 언제 옵션이 행사될 것인가? (거래비용과 발행비용 등은 무시할 것.)

19. 상환청구 채권은 투자자의 옵션으로 만기 전에 상환될 수 있는 채권이다. 보통사채의 가치와 상환청구 채권 간의 관계를 보여주는 그림 24.2와 유사한 도표를 그려라.

20. Alpha Corp.은 순 유형자산이 선순위 부채의 200%를 넘지 않으면 추가로 선순위 부채를 발행할 수 없다. 현재 회사의 선순위 부채는 $1억이고, 순 유형자산은 $2억 5,000만이다. Alpha Corp.는 추가로 얼마의 선순위 부채를 발행할 수 있는가?

21. 채권약정서가 왜 다음 행위에 대하여 제약조건을 부과하는지 조심스럽게 설명하라.
    a. 회사 자산의 매각
    b. 주주에 대한 배당금의 지급
    c. 선순위 부채의 추가 발행

22. 모회사가 직접 발행하는 부채보다 프로젝트 금융을 이용하는 것이 보다 적절한 이유를 설명하라.

23. Surplus Value사는 2010년 $1,000만(액면가)의 전환사채를 발행하고(outstanding) 있다. 각각의 채권은 다음과 같은 속성을 가지고 있다.

액면가	$1,000
전환가격	$25
현재의 수의상환 가격	105(액면가에 대한 %)
현재의 거래 가격	130(액면가에 대한 %)
만기	2017
현재의 주가	$30(주당)
이자율	10%(액면이자의 액면가에 대한 %)

    a. 채권의 전환가치는 얼마인가?
    b. 채권은 왜 전환가치 이상으로 거래되는지 설명할 수 있는가?
    c. Surplus사는 채권을 수의상환 해야하는가? 채권을 수의상환하면 무슨 일이 일어나는가?

24. Piglet Pies사는 10년 만기의 무액면이자 채권을 발행했는데 이 채권은 10주의 Piglet 주식으로 전환할 수 있다. 같은 조건의 보통사채은 8%의 수익률을 제공한다. Piglet 주식은 주당 $50이다.
    a. 지금 전환할 것인가 아니면 채권을 그냥 보유할 것인가 하는 일생일대의 결정을 해야 한다고 하자. 어느 쪽을 선택할 것인가?
    b. 전환사채의 가격이 $550라고 하면 투자자는 Piglet 주식을 살 수 있는 옵션에 얼마를 지불하는 것인가?

Visit us at www.mhhe.com/bma

c. 만약 1년 후 전환옵션의 가치가 변하지 않는다면 전환사채의 가치는 얼마인가?

25. Iota Microsystems사의 10% 이자율의 전환사채가 곧 만기가 된다. 전환비율은 27이다.
    a. 전환가격은 얼마인가?
    b. 주가는 $47이다. 전환가치는 얼마인가?
    c. 전환을 해야 하는가?

26. 매리어트 인터내셔널은 1996년에 무이표 환매부 전환사채(Liquid Yield Option Note, LYON)라고 하는 흔하지 않은 채권을 발행했다. 채권은 2011년에 만기가 되며, 무이표(zero coupon)이고 $532.15에 발행되었다. 이 채권은 8.76주의 주식으로 전환할 수 있다. 매리어트는 1999년부터 채권을 수의상환할 수 있다. 수의상환 가격은 1999년에 $603.71이며 그 이후에는 매년 4.3%씩 증가한다. 채권 보유자는 매리어트에 채권에 대한 상환을 청구할 수 있는데 1999년에는 $603.71, 2006년에는 $810.35로 청구할 수 있다. 발행 당시 이 회사 보통주의 가격은 약 $50.50이었다.
    a. 채권의 만기수익률은 얼마인가?
    b. 조건이 같은 전환 불가능 채권이 10% 수익률을 제공한다고 가정할 때 투자자는 전환옵션에 얼마를 지불하고 있는 것인가?
    c. 발행 당시 채권의 전환가치는 얼마인가?
    d. 채권의 초기 전환가격은 얼마인가?
    e. 2005년의 전환가격은 얼마인가? 전환가격이 달라진 이유는 무엇인가?
    f. 2006년에 채권의 가격이 $810.36보다 낮다면 매리어트사에 대해 조기 상환청구를 할 것인가?
    g. 2006년에 매리어트는 얼마의 가격에 채권을 수의상환했는가? 2006년에 채권 가격이 이보다 높다면 매리어트는 채권을 수의상환해야 하는가?

도전문제

27. Dorlcote Milling은 10년 후에 만기가 되는 액면 이자율 3%의 $100만 저당채권을 발행하고 있다. 이 회사가 발행하는 새 부채의 액면 이자율은 모두 10%이다. 재무담당이사인 Tulliver씨는 기존의 채권을 시장에서 재매입하고 이를 새 채권으로 대체하면 세금 혜택이 있는지 결정하지 못하고 있다. 당신의 견해는 무엇인가? 채권 투자자가 세금을 내는지가 문제가 되는가?

28. 제24.7절의 Hub Power 프로젝트를 다시 생각해 보자. Hubco 프로젝트의 자금을 조달할 수 있는 방법은 여러 가지가 있다. 예를 들어 정부기관이 발전소에 투자하고 National Power가 이를 운영하도록 할 수도 있을 것이다. 대안으로, National Power는 발전소를 직접 소유하고 필요한 자본을 차입과 주식 발행을 병행하여 마련할 수도 있을 것이다. 프로젝트를 수행하기 위하여 별도로 자금이 조달된 회사를 설립하는 이점이 무엇이라고 생각하는가?

29. 이 문제는 기업이 위험을 변화시킬 수 있는 여지가 있을 때 대출자들이 전환사채의 발행을 통해 이에 끼어들 수 있다면 좀 더 쉽게 대출을 해 줄 준비가 되어 있음을 예시한다. Blavatsky양은 초기 자산 $1천만으로 신생 기업을 창업하려 하고 있다. 이 돈은 두 프로젝트 중 하나에 투자할 수 있다. 기대 지급금은 두 프로젝트 모두 동일하지만 한 프로젝트는 위험이 더 높다. 상대적으로 안전한 프로젝트는 40%의 확률로 지급금 $1,250만, 그리고 60%의 확률로 지급금 $1천만을 제공한다. 위험한 프로젝트의 지급금은 40%의 확률로 $2천만, 60%의 확률로 $5백만이다.

    Blavatsky는 당초 약정 지급금이 $7백만인 보통 사채를 발행하여 회사 자금을 조달하려고 한다. 나머지는 Blavatsky가 받기로 한다. (a) 안전한 프로젝트를 선택할 때와 (b) 위험한 프로젝트를 선택할 때 대출기관과 Blavatsky에게 각각 돌아가는 지급금을 보이라. Blavatsky는 어느 프로젝트를 선택할 것인가? 대출기관은 Blavatsky가 어느 프로젝트를 선택하기를 원하는가?

Visit us at www.mhhe.com/bma

이제 Blavatsky가 채권을 기업 가치의 50%로 전환할 수 있도록 하겠다고 제안한다. 이 경우 대출기관은 두 프로젝트에서 모두 동일한 기대 지급금을 받는다는 것을 증명하라.

30. 때때로 회사의 주식이 저평가되어 있을 때는 주식을 발행하는 것보다 전환사채를 발행하는 것이 더 좋다고 말한다. Butternut Furniture사의 재무관리자가 Butternut의 주가가 너무 낮다는 내부정보를 가지고 있다고 하자. Butternut의 미래 이익은 실제로 투자자들의 기대보다 높다. 또한 내부정보는 가치있는 경쟁상의 비밀을 유출하지 않고는 발표할 수 없다. 분명히 주식을 현재의 낮은 가격으로 매각하는 것은 Butternut의 기존 주주들에게 해를 끼치는 일이다. 전환사채를 발행하면 기존 주주들은 역시 손해를 볼 것인가? 이 경우 기존 주주들이 손해를 본다면 그 손실은 보통주를 발행할 때보다 더 클 것인가, 더 작을 것인가?

이제 투자자들이 이익을 정확하게 예측하고 있지만 Butternut의 위험을 고대평가하기 때문에 여전히 주식을 저평가하고 있다고 가정하자. 이 변화가 앞의 질문에 대한 답을 바꾸는가? 설명하라.

미니 케이스

손다이크 씨의 충격적인 죽음

그것은 모스(Morse)의 가장 수수께끼 같은 사건이었다. 그날 아침 손다이크 석유회사(Thorndike Oil)의 독재자 CEO인 루퍼트 손다이크(Rupert Thorndike)가 침실 바닥에서 피투성이로 죽은 채 발견되었다. 머리에 관통상을 입었다. 출입문과 창문은 안으로 단단하게 잠겨 있었고 어떤 살인 무기의 흔적도 없었다.

모스는 손다이크의 침실과 사무실에서 단서를 찾는 데 실패했다. 그는 다른 방도를 시도하였다. 모스는 손다이크의 죽음을 둘러싸고 있는 재무적 환경을 조사하기로 하였다. 회사의 자본구조는 다음과 같다.

- 5% 무담보사채: $2억 5천만 액면가. 채권의 만기는 10년이고 12%의 수익률을 제공함
- 주식: 3천만 주이며, 살인이 일어나가 전날의 종가는 $9였음
- 10% 후순위 전환 노트(중기 채권): 이 노트는 만기가 1년이며, 전환비율 110으로 아무 때나 전환이 가능함. 살인이 일어나기 전날 노트는 전환가치보다 5% 높게 가격이 형성되었음

어제 손다이크는 주당 $10의 가격으로 보통주 전부를 매입하겠다는 스푼 디킨스(T. Spoone Dickens)의 제안을 단호히 거절하였다. 손다이크가 없어진 지금 디킨스의 제안은 받아들여질 것 같으며, 이는 손다이크 석유회사의 다른 주주들에게는 이익이 될 것이다.[43)]

손다이크의 두 질녀인 도리스(Doris)와 팻시(Patsy), 그리고 조카 존(John)은 모두 손다이크 석유회사에 상당한 투자를 하고 있었으며, 손다이크가 디킨스의 제안을 거부한 것에 맹렬히 반대하였다. 그들의 투자지분은 다음 표와 같다.

43) 루퍼트 손다이크의 주식은 금융공학의 연구와 세계 평화와 전진에 있어 금융공학의 역할에 관한 연구를 증진시키기 위해 설립된 자선재단에 기부될 것이다. 재단 기금의 관리자는 인수에 반대하지 않을 것으로 예상되었다.

Visit us at www.mhhe.com/bma

	5%무담보사채 (액면가)	주식 수	10% 전환 노트 (액면가)
도리스	$4백만	1.2백만	$0백만
존	0	0.5	5
팻시	0	1.5	3

디킨스의 제안이 받아들여지면 손다이크 석유회사가 발행한 모든 부채는 액면가로 상환된다. 전환 노트 보유자는 전환을 선택하고 주식을 디킨스에게 양도할 수 있다.

모스는 계속해서 동기 문제로 돌아왔다. 손다이크를 없애고 디킨스의 제안이 받아들여지도록 함으로써 어느 질녀나 조카가 가장 이득을 보는지 모스는 궁금해 했다.

문제

1. 모스를 도와 이 사건을 해결하라. 손다이크의 죽음으로 그의 친척 중 누가 가장 이득을 보겠는가?

Visit us at www.mhhe.com/bma

리스

우리들 대부분은 가끔 자동차, 자전거, 또는 보트를 빌려서 쓴다. 대체로 이런 개인적인 임대(rental)는 짧은 기간 동안만 이루어진다. 즉 자동차를 하루 또는 1주일 렌트(rent)한다. 그러나 기업재무에서는 장기 임대가 보편적이다. 1년 또는 그 이상의 기간에 걸쳐 이루어지며, 일련의 고정된 금액의 지급을 수반하는 임대협약을 리스(lease)라고 부른다.

기업은 자본적 설비(capital equipment)를 매입하는 대안으로 리스를 한다. 미국에서는 자본적 설비의 약 30%가 리스이다. 트럭, 열차, 비행기, 선박 등도 종종 리스한다. 어떤 종류의 자산이라도 거의 전부 리스를 할 수 있다. 미국 동물원에 있는 많은 판다(panda)들도 리스로 들여 온 것이다. 이렇게 얻어지는 수익금은 판다의 보존에 쓰인다.

모든 리스에는 두 당사자가 있다. 자산의 **사용자**는 **임차인**(*lessee*)이라고 부른다. 임차인은 **임대인**(*lessor*)으로 불리는 자산의 소유자에게 정기적으로 일정한 금액을 지급한다. 예를 들어 당신이 1년 동안 아파트를 임대하기로 계약서에 서명하면 당신은 임차인이고 소유자는 임대인이다.

우리는 종종 **리스산업**(*lease industry*)이라고 이야기한다. 이는 임대인을 말하는 것이다. (거의 모든 기업이 적어도 어느 정도는 임차인이다.) 그렇다면 임대인은 누구인가?

가장 큰 임대인은 기계설비 제조회사들이다. 예를 들어 IBM은 가장 큰 컴퓨터 임대인이고, 디어(Deere)는 농업과 건설 기계설비의 가장 큰 임대인이다.

또 다른 두 그룹의 주요 임대인은 은행과 독립적인 리스회사(leasing company)이다. 리스회사는 항공산업에서 엄청난 역할을 담당한다. 예를 들어 2008년에 GE캐피탈(GE Capital)의 자회사인 GE캐피탈 에이비에이션 서비스(GE Capital Aviation Services)는 상용 항공기 약 1,500대를 소유하며 리스로 임대하고 있었다. 세계 항공사들의 상당수가 전적으로 리스에 의존하여 항공기를 조달한다.

리스회사는 다양한 서비스를 제공한다. 일부 회사는 임대인으로서뿐만 아니라 리스 브로커(리스거래를 주선함)로서도 일한다. 다른 리스회사는 자동차, 트럭, 표준화된 산업용 기계설비를 임대하는 데 특화하고 있다. 이런 회사들이 성공할 수 있는 것은 기계설비를 대량 구매하고 효율적으로 서비스하며, 필요하다면 좋은 가격으로 기계를 다시 매각할 수 있기 때문이다.

리스의 여러 유형을 소개하고 리스를 하는 여러 이유를 소개하는 것으로 이 장을 시작한다. 그러고 나서 단기 또는 취소 가능한 리스료가 어떻게 연간등가비용(equivalent annual cost)으로 해석될 수 있는지 살펴보기로 한다. 이 장의 나머지 부분에서는 부채금융(debt financing)의 대안으로 이용되는 장기 리스를 분석하기로 한다.

25.1 리스란 무엇인가?

리스는 여러 가지 형태가 있지만 모든 경우에 임차인(leasee), 즉 사용자는 임대인(lessor), 즉 소유자에게 일련의 금액을 지급하기로 약속한다. 리스계약은 월별 또는 반년별 리스료를 명시하고 보통은 계약이 체결되자마자 첫 번째 리스료를 지불한다. 리스료는 대체로 일정하지만 지급 시기는 사용자의 필요에 따라 조정할 수 있다. 예를 들어 한 제조업자가 복잡한 신제품을 생산하기 위하여 기계를 리스한다고 가정하자. 본격적으로 생산이 시작되기 전에 1년간의 '조정기간(shakedown period)'을 둔다. 이 경우에 처음 1년 동안에는 리스료를 낮게 조정하는 것도 가능하다.

리스가 종료되면 리스된 장비는 임대인에게 귀속된다. 그러나 리스계약은 종종 사용자에게 그 설비를 매입하거나 또는 새로운 리스를 시작할 수 있는 옵션을 제공한다.

일부 리스는 단기이거나 계약기간 동안 임차인의 권리로 취소가 가능하다. 이런 리스는 일반적으로 **운영리스**(*operating lease*)라고 한다. 그 외의 다른 리스는 자산의 추정 경제수명(economic life)의 대부분 기간에 걸쳐 계속되며, 취소가 불가능하거나 아니면 임대인에게 손실을 보상하는 경우에만 취소가 가능하다. 이런 리스는 **자본리스**(*capital lease*), **금융리스**(*financial lease*) 또는 **완불리스**(*full- payout lease*)라고 부른다.

금융리스는 하나의 **자본조달 원천**이다. 금융리스 계약을 맺는 것은 자금을 차입하는 것과 같다. 임차인은 자산의 매입 자금을 지급할 필요가 없으므로 즉각적인 현금유입이 발생한 것과 같다. 그러나 임차인은 리스계약에 명시된 금액인 리스료(lease payment)를 지급할 의무를 진다. 사용자는 대출자에게 원금과 이자를 상환할 의무를 수락함으로써 자산의 매입가격 전부를 차입할 수 있었을 것이다. 따라서 리스와 차입이 현금흐름에 미치는 영향은 유사하다. 어떤 경우든, 기업은 필요한 현금을 지금 조달하고 차후에 상환한다. 이 장의 뒷부분에서는 자금조달의 대안으로서 리스와 차입을 비교해본다.

또한 리스는 임대인이 제공하는 서비스에 따라 구별된다. **풀서비스리스**(*full-service lease*) 또는 **렌탈리스**(*rental lease*)의 경우, 임대인이 설비를 유지보수하고, 보험에 가입하며, 모든 재산세를 납부한다. **순리스**(*net lease*) 또는 임차인책임리스의 경우 임차인이 이 모든 것을 담당한다. 금융리스는 일반적으로 임차인책임리스이다.

대부분의 금융리스는 신품(brand-new) 자산에 대해 설정된다. 임차인은 필요한 설비를 선정하고 리스회사에 제조업자로부터 이 설비를 매입하도록 요청하고, 리스회사와 리스계약을 체결한다. 이는 **직접리스**(*direct* lease)라 불린다. 다른 경우에, 기업은 이미 소유하고 있는 자산을 매각하고 매입자로부터 이 자산을 다시 리스한다. 이런 **매각 후 재임차** 계약(*sale and lease-back* arrangement)은 부동산의 경우 흔하다. 예를 들어 X기업은 사무실이나 공장을 매각하여 현금을 조달하지만 빌딩의 사용에 대한 권리는 계속 보유하기를 원할 수 있다. 이는 빌딩을 리스회사에 현금으로 매각함과 동시에 빌딩에 대한 장기 리스계약을 체결함으로써 가능하다. 예를 들어 2007년 HSBC는 런던에 있는 본부 빌딩을 ￡10억 9천만(약 $20억)에 매각하고 그 사무실 빌딩을 연 리스료 ￡4,350만으로 다시 리스하였다. 그래서 빌딩의 법적 소유권은 새 주인에게로 넘어갔지만 그 빌딩을 사용할 권리는 여전히 HSBC에 남아 있었다.

차입리스(*leveraged* lease)도 있다. 차입리스는 임대인이 리스자산 매입가격의 일부를 차입하고, 리스계약을 대출에 대한 담보로 사용하는 금융리스이다. 이는 임차인의 채무에는 영향을 미치지 않지만 임대인의 분석을 상당히 복잡하게 만들 수 있다.

25.2 왜 리스를 하는가?

기업이 왜 설비를 직접 매입하는 대신 리스해야 하는지에 대한 여러 제언을 들어보았을 것이다. 먼저 몇 개의 그럴듯한 이유를 살펴본 후 네 가지의 의심스러운 이유를 살펴보자.

리스를 하는 합당한 이유

단기 리스는 편리하다 자동차를 1주일만 사용하기 원한다고 하자. 차를 구입하고 7일 후에 다시 팔 수는 있지만 이는 어리석은 행동이다. 자동차를 등록하는 일이 번거롭다는 것을 떠나서라도 차를 고르고 가격을 협상하고 보험에 가입하는 데 상당한 시간을 소비하게 된다. 그리고 1주일 후에는 판매가격을 협상하고 등록과 보험을 취소해야 할 것이다. 차가 짧은 시간 동안만 필요한 경우에는 분명히 렌트하는 것이 현명하다. 차를 등록하는 번거로움을 피할 수 있고 실질적인 비용이 얼마인지 안다. 같은 논리로 기업이 1년 또는 2년 동안만 필요한 설비라면 리스를 하는 것이 유리하다. 물론 이런 유형의 리스는 항상 운영리스이다.

때로는 단기 렌탈의 비용이 감당할 수 없을 정도로 너무 높거나 또는 어떤 가격에도 렌트하기 어려운 경우도 있다. 이는 부주의한 사용으로 설비가 쉽게 손상되는 경우에 해당된다. 소유자는 단기 사용자가 자신이 그 설비를 소유하는 경우만큼 주의를 기울이지 않을 것이라는 사실을 안다. 설비 남용의 위험이 대단히 크면 단기 렌탈시장은 존속할 수가 없다. 따라서 그래서 주머니 사정이 허락한다면 람보르기니(Lamborgini Gallardo) 자동차를 사기는 쉽지만 렌트하는 것은 거의 불가능하다.

취소옵션은 가치가 있다 일부 리스는 비싸 보이지만 취소가능 옵션을 고려하면 실제로는 공정하게 가격이 결정된 것이다. 다음 절에서 이 점을 다시 논의하기로 한다.

유지보수 서비스가 제공된다 풀서비스리스에서 사용자는 유지보수 및 기타 서비스를 제공받는다. 많은 임대인은 효율적으로 유지보수 서비스를 제공할 수 있을 만큼 충분한 시설을 갖추고 있다. 그러나 이런 혜택은 높은 리스료에 반영되어 있다는 것을 명심해야 한다.

표준화는 행정 및 계약 비용을 낮춘다 당신이 트럭의 금융리스를 전문적으로 취급하는 리스회사를 운영한다고 가정하자. 당신은 실질적으로 규모와 위험 수준이 상당히 다른 많은 기업들(즉 임차인)에 돈을 빌려주는 셈이다. 그러나 각각의 경우에 기초자산은 동일한 품목(즉 트럭)이므로 각 기업의 사업을 자세히 분석하지 않고서도 안전하게 돈을 '빌려줄'(즉 트럭을 임대해줄) 수 있다. 또한 단순한 표준 리스계약서를 사용할 수 있다. 이런 표준화는 많은 조사비용이나 행정비용 또는 법적 비용을 발생시키지 않고 소액의 돈을 '빌려주는' 것을 가능하게 한다.

이런 이유로 리스는 종종 소기업의 경우 비교적 저렴하게 현금을 조달하는 원천이다. 이는 채권과 주식을 발행하는 경우보다 적은 거래비용으로, 유연하고 개별 요구에 맞춰 자금을 조달하는 수단을 제공한다.

절세효과를 이용할 수 있다 임대인은 리스자산을 소유하고 감가상각비를 과세소득에서 공제한다.

만일 임대인이 자산의 사용자보다 감가상각 절세효과(depreciation tax shield)를 보다 잘 활용할 수 있으면 리스회사가 설비를 소유하고 세금혜택의 일부를 낮은 리스료의 형태로 임차인에게 전가시키는 것이 논리적이다.

리스와 재무적 곤경 금융리스에서 임대인은 여러 모로 담보부 대출자와 유사하지만 기업이 파산하는 경우에는 임대인이 더 유리할 수 있다. 임차인이 리스료를 채무불이행하면 임대인이 리스자산을 집으로 들고 올 수 있을 것으로 생각한다. 그러나 파산법정이 그 자산은 사업에 '필수적'이라고 결정하면 법정은 리스를 확정한다. 그러면 파산한 기업은 계속해서 그 자산을 사용할 수 있다. 그러나 리스료는 반드시 계속 지급해야 한다. 이는 임대인에게 좋은 소식이다. 다른 채권자들은 오래 기다려야 하지만 임차인은 리스료를 지급받게 된다. 심지어 선순위 채권자조차도 파산절차가 완료될 때까지 아무것도 지급받지 못한다.

리스가 확정되지 않고 기각되면 임차인은 리스자산을 다시 찾아올 수 있다. 만약 자산 가치가 나머지 리스료의 현재가치보다 낮으면 임대인은 이 손실을 만회하려고 노력한다. 그러나 이 경우 대출자는 다른 무담보 채권자들과 같이 줄을 서야 한다.

임대인에게는 불행하게도 제3의 가능성이 있다. 재무적 곤경에 처한 임차인은 리스 재협상을 통해 임대인에게 더 낮은 리스료를 받아들이도록 강제할 수 있다. 예를 들어 2001년 아메리칸항공사(American Airlines, AA)는 트랜스월드항공사(Trans World Airlines, TWA)의 대부분 자산을 인수하였다. TWA는 파산했고, AA의 매입계약은 AA가 TWA의 항공기 리스를 확정할 것인가, 아니면 기각할 것인가를 결정할 수 있도록 짜여져 있었다. AA는 임대인을 접촉하여 리스를 기각하겠다고 협박하였다. 리스가 기각되면 약 100대의 리스 항공기가 반납되고 임대인은 이를 헐값에 매각하거나 재리스해야 한다는 것을 임대인은 잘 알고 있었다. (그 당시 중고 항공기 시장은 활발하지 않았다.) 임대인은 그동안 TWA가 지불해 온 요율의 약 절반인 재협상된 리스요율을 받아들였다.[1)]

대체최저세(AMT)를 피할 수 있다 활기 왕성한 재무관리자는 주주를 위해 많은 돈을 벌려고 하면서도 세무 당국에는 이익을 적게 보고하려고 한다. 미국 세법은 이를 허용한다. 기업은 감가상각비를 계산하는 데 있어 연차보고서에서는 정액감가상각(straight line depreciation)을 사용하지만 세금을 계산할 때에는 가속감가상각(accelerated depreciation)을 (그리고 가능한 한 가장 짧은 자산수명을) 선택할 수 있다. 이 법규뿐만 아니라 다른 완벽하게 합법적이고 윤리적인 방법으로, 이익을 내는 기업들이 종종 완전하게 세금을 회피할 수 있다. 거의 모든 기업들이 공식적인 손익계산서에 나타난 것보다 적은 세금을 납부한다.[2)]

그러나 지나치게 많은 소득을 공제받는 기업에는 대체최소세(alternative minimum tax, *AMT*)라는 덫이 있다. AMT가 정규적인 방식으로 계산된 세금보다 많으면 기업은 AMT를 납부해야 한다.

---

1) 만약 리스가 기각되었다면 임대인은 TWA의 자산과 현금흐름에 대해서만 청구권을 가질 수 있었고 AA에 대해서는 청구권이 없다. TWA 리스의 재협상은 다음 논문에서 잘 설명하고 있다. E. Benmelech and N. K. Bergman, "Liquidation Values and the Credibility of Financial Contract Renegotiation: Evidence from U.S. Airlines," *Quarterly Journal of Economics* 123(2008), pp. 1635~1677.

2) 보고된 세금 비용과 실제로 납부된 세금 간의 연도별 차이는 재무제표의 각주에 보고되어 있다. 누적 차이는 대차대조표에서 이연세금채무(deferred tax liability) 항목으로 처리된다(가속상각은 세금을 연기시킨다는 점을 주의하라. 가속상각이 세금을 없애지는 못한다).

AMT가 어떻게 계산되는지 살펴보자. 과세소득을 다시 계산해야 하는데 이때 가속감가상각으로 얻은 혜택과 다른 세금감면항목[3] 등의 일부가 합산된다. AMT는 이렇게 계산된 금액의 20%이다.

유피테크 서비스(Yuppytech Services)는 과세소득이 $10백만이지만 AMT 계산을 위해 세금 혜택 $9백만이 합산된다고 가정하자.

	정규 세금	대체최소세
소득	$10	10 + 9 = 19
세율	0.35	0.20
세금	$ 3.5	$3.8

유피테크는 $3.5백만이 아니라 $3.8백만 달러의 세금을 납부해야 한다.[4]

그렇다면 이와 같이 고통스러운 세금을 피할 방법은 없는가? 리스는 어떤가? 리스료는 AMT를 계산할 때 더해지는 항목이 아니다. 매입하는 대신 리스를 하면 감가상각비는 감소하고 AMT도 감소한다. 만일 임대인이 AMT의 적용을 받지 않고 감가상각으로 인한 감세효과를 낮은 리스료의 형태로 임차인에게 넘겨줄 수 있으면 순이득이 발생한다.

리스의 의심스러운 이유

리스는 자본적 지출에 대한 통제를 피할 수 있다 많은 기업에서 리스 제안은 자본적 지출 제안만큼이나 주의 깊게 검토된다. 그러나 다른 기업의 경우, 리스는 운영관리자에게 자산을 매입하는 데 필요한 복잡한 승인절차를 피할 수 있도록 해주기도 한다. 비록 이것이 리스의 의심스러운 이유이지만 이는 의사결정에 영향을 미칠 수 있고, 특히 공공부분(public sector)의 경우 더 심하다. 예를 들어 시립병원은 시정부에 매입에 필요한 자금을 제공하도록 요구하는 것보다 의료설비를 리스하는 것이 정치적으로 보다 편리하다는 것을 안다.

리스는 자본을 보존한다 리스회사는 '100% 금융'을 제공한다. 즉 리스회사는 리스자산의 비용을 전부 선불한다. 따라서 리스회사는 기업이 현금을 다른 용도로 사용할 수 있도록 허용하므로 리스가 자본을 보존한다고 주장한다.

그러나 기업 또한 자금을 차입함으로써 '자본을 보존'할 수 있다. 만일 그레이메어버스회사(Greymare Bus Lines)가 $100,000의 버스를 매입하는 대신 이를 리스하면 $100,000의 현금을 보존하게 된다. 이 회사는 (1) 버스를 현금으로 매입하고 (2) 버스를 담보로 $100,000를 차입할 수 있다. 리스를 하든 아니면 매입하고 차입하든, 은행잔고는 동일하다. 어떤 경우든 버스를 가지게 되며, $100,000의 부채가 발생한다. 리스만 특별하다고 할 수 있는가?

3) 다른 항목은 면세 지방채로부터 수령하는 이자와 완전계약회계(completed contract accounting)의 사용에 의해 연기된(deferred) 세금을 포함한다. [완전계약방법(completed contract method)은 제조기업이 보고된 과세이익을 생산계약이 완성될 때까지 연기할 수 있도록 허용한다. 계약은 여러 해 동안 계속되므로 연기하는 것은 상당한 양(+)의 순현가를 제공할 수 있다.]

4) 그러나 유피테크는 $0.3백만 차이를 이월(carry forward)할 수 있다. 만일 지난해의 AMT가 정규적인 세금보다 적으면 차이는 세액공제(tax credit)로 사용될 수 있다. 내년의 AMT가 $4백만이고 정규적인 세금이 $5백만이라고 가정하자. 그러면 유피테크는 5 − 0.3 = $4.7백만만 납부한다.

리스는 부외금융이다 일부 국가에서 금융리스는 부외금융(off-balance-sheet financing)이다. 즉 기업은 자산을 매입하고 금융리스를 이용하여 필요한 자금을 조달하는데, 대차대조표(재무상태표)에는 자산과 리스계약이 아무것도 나타나지 않는다.

미국에서 FASB(Financial Accounting Standard Board)는 모든 자본리스(즉 금융리스)는 자본화되어야(capitalized) 한다고 규정한다. 이는 리스료의 현재가치를 계산하고 대차대조표 오른쪽에 부채항목과 함께 표시되어야 한다는 것을 의미한다. 물론 같은 금액이 대차대조표의 왼쪽에 자산으로 표시되어야 하고 리스의 수명기간에 걸쳐 상각해야 한다.

FASB는 다음 요구조건 중 어느 하나라도 만족시키는 리스를 자본리스로 정의한다.

1. 리스협약은 리스가 종료되기 전에 임차인에게 소유권을 이전한다.
2. 임차인은 리스가 종료되면 싼 가격으로 자산을 매입할 수 있다.
3. 리스는 자산의 추정 경제수명의 적어도 75%만큼 지속된다.
4. 리스료의 현재가치는 자산가치의 적어도 90%이다.

회계사의 입장에서 위의 조건을 만족시키지 않는 다른 모든 리스는 운영리스이다.[5)]

많은 재무관리자들은 운영리스와 자본리스 간의 이런 임의적인 구분을 유리하게 이용하려고 노력해왔다. 회사가 $1백만의 컴퓨터제어 기계장비의 조달비용을 마련하고자 한다고 가정하자. 기계장비의 수명은 12년으로 예상된다. 회사는 리스계약 기간을 8년 11개월로 하고(세 번째 조건을 피하기 위하여) 리스료의 현재가치를 $899,000가 되도록 한다(네 번째 조건을 피함). 또한 리스계약이 처음 2개의 조건을 피하도록 할 수 있다. 결과는? 회사는 부외금융을 한 것이다. 이 리스는 분명히 장기 고정채무임에도 불구하고 자본화할 필요가 없다.

여기 $64,000짜리 질문이 있다. 자금조달이 대차대조표에 나타나는지 아닌지에 왜 신경을 써야 하는가? 재무관리자는 겉모습보다는 실질적인 내용을 걱정해야 하지 않을까?

기업이 부외금융을 조달하면 부채 대 자기자본 비율과 같은 전통적인 재무레버리지의 측정치들은 진정한 재무레버리지의 정도를 과소평가하게 된다. 어떤 사람들은 재무분석가들이 부외 리스채무(여전히 재무제표 각주에 표시되어 있음) 또는 고정된 리스료로부터 야기되는 순이익의 높은 변동성을 항상 인식할 수 있는 것은 아니라고 믿고 있다. 만약 부외 리스채무가 크지 않고 회사의 다른 일 속에 묻혀서 '잡음 속으로 사라진다면' 이런 의견은 옳을지도 모른다. 그러나 투자자들과 증권 애널리스트들, 그리고 채권등급 평가기관들이 경영자가 체계적으로 이들을 현혹시키지 않는 이상 대규모의 숨겨진 채무를 간과할 것으로 기대해서는 안 된다.

리스는 장부상 이익에 영향을 미친다 리스는 장부상 이익을 증가시키거나 장부상의 자산 가치를 감소시킴으로써, 또는 두 가지 모두에 영향을 미침으로써, 기업의 대차대조표와 손익계산서를 좋게 보이도록 만들 수 있다.

부외금융의 조건을 갖춘 리스는 장부상 이익에 오직 한 가지 방법으로 영향을 미친다. 리스료

5) 2009년 3월 FASB와 국제회계기준위원회(International Accounting Standards Board, IASB)는 *Leases: Preliminary Views*라는 제목이 붙은 토의문서를 발간하였다. 이 문서는 대차대조표에 리스의 내용이 더 많이 나타나도록 권장하는 회계규칙의 일부 가능한 변경을 설명하고 있다.

는 비용이다. 만일 기업이 자산을 매입하고 자금조달을 위해 차입하면 감가상각비와 이자비용이 모두 소득공제된다. 일반적으로 리스료는 초기에는 매입-차입 대안(buy-and-borrow alternative)에서의 감가상각비와 이자의 합계보다 적도록 설정된다. 따라서 리스는 자산 수명의 초기에는 이익을 증가시킨다. 장부가격 기준의 수익률은 훨씬 극적으로 증가할 수 있다. 왜냐하면 리스한 자산이 회사의 대차대조표에 전혀 나타나지 않으면 자산의 장부가치(장부상 수익률 계산에서의 분모)가 과소평가되기 때문이다.

리스가 장부상의 이익에 미치는 영향은 그 자체로서 기업 가치에는 어떤 영향도 미치지는 않는다. 효율적인 자본시장에서 투자자들은 기업의 회계 결과를 분석하여 자금조달로 인해 발생한 자산과 부채의 진정한 가치를 파악할 수 있을 것이다.

25.3 운영리스

제6장에서 논의한 연간등가비용(*equivalent annual cost*)을 기억하는가? 어떤 기계의 연간등가비용은 기계를 소유하고 운영하는 데 드는 모든 비용의 현재가치를 충당하기에 충분한 연간 렌탈료(annual rental payment)로 정의하였다.

제6장의 예에서 렌탈료는 가상적인 것으로 단지 현재가치를 연간비용으로 전환하는 하나의 방법이었다. 그러나 리스사업에서 렌탈료는 실제의 금액이다. 기계를 1년 동안 리스하기로 결정한다고 하자. 경쟁적인 리스산업에서 렌탈료는 얼마인가? 이는 물론 임대인의 연간등가비용이다.

운영리스의 예

이스태블리시먼트 산업(Establishment Industries) CEO의 딸의 남자친구가 그녀를 진줏빛이 도는 흰색 리무진에 태워 졸업파티에 데리고 간다. CEO는 감격한다. 그는 회사가 VIP 수송을 위한 리무진을 사야겠다고 결심한다. 이스태블리시먼트의 CFO는 리무진을 사는 대신 1년짜리 운영리스를 신중하게 제안하고 애크미 리모리스(Acme Limolease)에 가격을 문의한다.

표 25.1은 애크미의 분석을 보여준다. 애크미가 $75,000에 새 리무진을 구입하고 이를 7년 동안(연도 0부터 연도 6까지) 임대한다고 가정하자. 이 표는 애크미의 운영, 유지보수 및 행정비용의 추정치를 보여준다. 행정비용은 리스의 협상, 리스료 관리, 서류작성에 따른 비용뿐만 아니라 이스태블리시먼트의 리스가 끝날 때 새로운 임차인을 찾는 비용을 모두 포함한다. 분석을 간단히 하기 위해 물가상승률은 0%이고 실질 자본비용은 7%로 가정하자. 또한 6차 연도 말에 리무진은 잔존가치가 없다고 가정한다. 모든 비용의 현재가치는 $98,150이며, 부분적으로는 감가상각 절세효과의 가치에 의해 상쇄되었다.[6] 그렇다면 애크미가 손익분기점에 도달하려면 얼마의 리스료를

6) 세율이 변하지 않고 애크미가 확실히 세금을 낸다고 가정하면 감가상각 절세효과는 안전한 현금흐름이다. 만일 7%가 표 25.1의 다른 현금흐름에도 적절한 할인율이라고 가정하면 감가상각 절세효과는 이보다 낮은 이자율로 할인되어야 한다. 보다 정밀한 분석은 안전한 감가상각 절세효과를 세후 차입 또는 대출 이자율로 할인하는 것이다. 제19.5절 또는 이 장의 다음 절을 참조하라.

	연도						
	0	1	2	3	4	5	6
초기 비용	−75						
유지보수비용 등	−12	−12	−12	−12	−12	−12	−12
비용의 절세금액	+4.2	+4.2	+4.2	+4.2	+4.2	+4.2	+4.2
감가상각의 절세금액[a]		+5.25	+8.40	+5.04	+3.02	+3.02	+1.51
합계	−82.80	−2.55	+0.60	−2.76	−4.78	−4.78	−6.29
PV at 7% = −98.15[b]							
손익분기 렌트(수준)	−26.19	−26.19	−26.19	−26.19	−26.19	−26.19	−26.19
세금	+9.17	+9.17	+9.17	+9.17	+9.17	+9.17	+9.17
세후 손익분기 렌트	−17.02	−17.02	−17.02	−17.02	−17.02	−17.02	−17.02
PV at 7% = −98.15[b]							

표 25.1 이스태블리시먼트 산업 리무진의 NPV 0인 렌탈료(즉 연간등가비용)의 계산(단위는 $천). 손익분기 렌트료는 세후 리스료의 현재가치가 98.15, 즉 리무진 구입과 운영의 세후 비용과 같도록 설정한다.

참고: 물가상승률은 0%이고 실질 자본비용은 7%임. 세율은 35%임.
[a]감가상각으로 인한 절세효과는 표 6.4로부터 5년 스케줄에 따라 계산.
[b]첫 번째 리스료는 즉시 지불됨에 주목하라. 따라서 표준연금계수에 $(1+r)$ = 1.07을 곱해야 한다.

부과해야 하는가?

애크미는 6년 동안의 추정 리스료가 적어도 $98,150의 현재가치를 갖는 경우에만 리무진을 구입하여 임대하는 것이 타당하다. 그렇다면 문제의 핵심은 현재가치가 $98,150가 되는 6년 만기 연금을 계산하는 것이다. 보편적인 리스 관행에 따라 리스료는 기간 초에 지불된다고 가정하자.[7)]

표 25.1에서 알 수 있는 바와 같이 요구되는 연금은 $26,180, 즉 대략 $26,000이다.[8)] 이 연금의 현재가치(세후)는 리무진을 소유하고 운영하는 데 소요되는 세후 총비용의 현재가치와 정확히 같다. 이 연금은 애크미에 경쟁력 있는 기대수익률(7%)을 제공한다. 애크미는 이스태블리시먼트 산업에 $26,000 이상을 요구할 수 있다. 그러나 CFO가 애크미의 경쟁자로부터 가격제안을 받을 만큼 똑똑하다고 가정하면 누구든 계약을 따내는 임대인은 결국 이 금액을 받게 될 것이다.

이스태블리시먼트 산업은 리무진을 1년 이상 계속해서 사용할 의무가 없다는 점을 기억하라. 애크미는 리무진의 경제적 수명기간 동안 여러 임차인을 찾아야 할지 모른다. 이스태블리시먼트가 계속 리스한다고 하더라도 이 회사는 미래에 시장에서 형성되는 요율로 새로운 리스를 재협상할 수 있다. 따라서 애크미는 1년 후, 그리고 그 이후에 얼마를 받을 수 있을지 알지 못한다. 만일 진줏빛이 도는 흰색이 10대와 CEO로부터 인기를 잃으면 애크미는 운이 다할지도 모른다.

실세계에서는 애크미가 걱정해야 할 사항이 몇 가지 더 있다. 예를 들어 1년 후에 리무진이 반납되면 얼마 동안 임대되지 않고 대기할 것인가? 만일 새로운 임차인을 찾을 때까지 대기시간이 있을 것 같으면 리스료는 이를 보상할 만큼 충분히 높아야 한다.[9)]

7) 제6.4절에서 가상적인 렌탈료는 기간 말에 지불되었다.
8) 여기서는 (1) 인플레이션이 없고 (2) 6년 된 낡은 리무진을 서비스하는 것이 새 리무진을 서비스하는 것과 전혀 다르지 않다고 가정하기 때문에 이는 일정금액 연금(level annuity)이다. 만일 사용자가 오래된 리무진이 낡았거나 구식이라고 생각한다면, 또는 새 리무진의 가격이 싸다면 오래된 리무진의 리스료는 낮아져야 할 것이다. 이는 감액연금(declining annuity)의 형태를 갖게 된다. 최초 사용자는 표 25.1에 제시된 금액보다 많은 금액을 지불할 것이고 나중의 사용자는 적게 지불할 것이다.
9) 전체 기간의 20%의 시간 동안은 리무진을 리스하지 못한다고 가정하면 리스요율은 표 25.1에 제시된 금액보다 25% 높아야 할 것이다.

운영리스에서는 임차인이 아니라 임대인이 이런 위험을 부담한다. 임대인이 사용하는 할인율은 주주들에게 리스자산을 매입하여 보유하는 데 따른 위험을 보상할 만큼 충분한 프리미엄을 포함해야 한다. 다시 말해서, 애크미의 7% 실질 할인율은 리무진 투자에 따른 위험을 보전해야 한다. (다음 절에서 볼 수 있듯이, **금융리스**에서 부담하는 위험은 근본적으로 다르다.)

리스할 것인가, 구입할 것인가?

만약 하루 또는 1주일만 자동차나 리무진이 필요하면 여러분은 분명히 렌트할 것이다. 만약 5년 동안 필요하면 아마도 구입할 것이다. 이들 중간에서 구입할 것인가 아니면 리스할 것인가가 분명하지 않은 경우가 있다. 그러나 개념적으로 의사결정의 기준은 분명해야 한다. 사업을 하는 데 그 자산이 필요하다면 **구입과 운영에 따른 연간등가비용이 가장 유리한 리스료보다 적으면 구입해야 한다.** 다시 말해서 다른 사람으로부터 렌트하는 것보다 '자신에게 렌트'하는 것이 저렴하면 구입해야 한다. (이 규칙은 **운영리스**에 적용됨을 다시 한 번 강조한다.)

상당히 긴 기간 동안 자산을 사용할 계획이라면 자산을 소유하는 데 따르는 연간등가비용은 대체로 운영리스료보다 적다. 임대인은 리스의 협상과 운영에 따르는 비용, 자산이 리스되지 않고 놀고 있을 경우의 매출 상실 등을 보전하기 위해 리스료를 올려야 한다. 기업이 스스로 구입하여 자신에게 렌트하면 이런 비용을 피할 수 있다.

기업이 자산을 장기간 사용하려고 할 때도 운영리스가 더 유리할 수 있는 경우는 두 가지가 있다. 첫째, 임대인이 임차인보다 적은 비용으로 자산을 구입하고 운영할 수 있다. 예를 들어 대규모 트럭 리스회사는 매년 수천 대의 트럭을 사들인다. 따라서 리스회사는 트럭 제조회사와 협상할 때 매우 유리한 위치를 차지한다. 또한 리스회사는 서비스운영을 매우 효율적으로 하며, 트럭이 낡아서 매각하게 될 때는 가장 높은 잔존가치를 실현하는 방법을 안다. 소기업 또는 대기업의 작은 부서는 이런 규모의 경제를 실현할 수 없기 때문에 구입하는 것보다 리스하는 것이 더 싸게 된다.

둘째, 운영리스는 종종 유용한 옵션들을 포함한다. 예를 들어 애크미가 이스태블리시먼트에 다음과 같은 두 가지 리스를 제안하였다고 하자.

1. 리스료 $26,000의 1년 리스
2. 리스료 $28,000의 6년 리스로서 1차 연도 이후부터는 언제든지 **리스를 해약할 수 있는 옵션**이 붙어 있음[10)]

두 번째 리스는 분명히 매력적이다. 이스태블리시먼트의 CEO가 리무진을 좋아하게 돼서 2차 연도에도 계속 사용하기를 원한다고 하자. 만약 리스료가 상승하면 두 번째 리스는 이스태블리시먼트가 기존의 낮은 요율로 계속 리스할 수 있도록 해준다. 반면에 리스료가 하락하면 이스태블리시먼트는 이 리스를 취소하고 애크미 또는 경쟁 리스회사와 낮은 리스료를 다시 협상할 수 있다.

물론, 두 번째 리스는 애크미에는 보다 많은 비용이 수반되는 계약이다. 실질적으로 이는 이스

10) 애크미는 임차인에게 1년 만기 리스를 $28,000에 제공하면서 같은 조건으로 추가로 5년 동안까지 리스를 연장할 수 있는 옵션을 줄 수도 있다. 물론 이는 두 번째 리스와 동일하다. 여기서 임차인이 취소할 수 있는 옵션(풋옵션)을 소유하는지 아니면 계속할 수 있는 옵션(콜옵션)을 소유하는지는 중요하지 않다.

태블리시먼트에 미래의 리스료 상승으로부터 보호받을 수 있는 보험을 제공하는 셈이다. 첫 번째 리스와 두 번째 리스 간의 차이는 연간 보험료(insurance premium)이다. 그러나 임차인은 미래의 자산 가치 또는 리스료에 대한 특별한 지식이 없다면 기꺼이 보험료를 지불하고자 할 것이다. 리스회사는 사업을 하면서 이런 지식을 획득하게 되고 일반적으로 보험을 판매하여 이익을 얻는다.

항공사는 변덕스러운 서비스 수요에 직면하고 있으며, 필요로 하는 항공기의 배합도 계속적으로 변한다. 따라서 대부분의 항공사들은 비행기의 일정 부분을 취소 가능한 단기 리스로 충당하며, 임대인에게 취소 위험을 부담하는 대가로 기꺼이 프리미엄을 지불한다. 비행기 전문 임대인은 이런 위험에 부담할 준비가 잘 되어있는데 이는 그들이 반환되어 돌아오는 비행기의 새로운 고객을 찾는 데 매우 유리한 위치에 있기 때문이다.[11)]

운영리스 계약을 체결(또는 기각)하기 전에 반드시 옵션을 확인해야 한다.[12)]

25.4 금융리스의 가치평가

운영리스의 경우 의사결정은 리스할 것인가 아니면 구입할 것인가의 문제였다. **금융리스**의 경우 의사결정은 '리스 대 차입(lease versus borrow)' 결정과 같은 것이다. 금융리스는 리스자산의 경제수명의 대부분 기간에 걸쳐 이루어진다. 금융리스는 취소가 가능하지 않다. 리스료는 부채와 동등한 고정채무이다.

기업이 리스자산을 소유하고 운영하는 데 따르는 사업위험(business risk)을 부담할 준비가 되어 있다면 **금융리스**를 하는 것이 타당하다. 만일 이스태블리시먼트산업이 리무진에 대한 금융리스 계약을 맺으면 회사는 그 자산에 매이게 된다. 금융리스는 리무진을 구입하기 위해 차입하는 또 다른 방법에 지나지 않는다.

금융리스는 일정한 환경에서 일부 기업에 특별한 이점을 제공한다. 그러나 금융리스계약의 가치를 평가할 수 있을 때까지 이런 이점을 설명하는 것은 별 의미가 없다.

금융리스의 예

당신이 그레이매어 버스회사(Gerymare Bus Lines)의 사장인 토마스 피어스 3세(Thomas Pierce III)라고 상상해 보자. 이 회사는 당신 할아버지가 설립하였는데, 할아버지는 위디컴(Widdicombe)과 근처 마을 간의 증가하는 운송 수요를 포착하고 이를 재빨리 사업화하였다. 회사는 설립된 이후부터 계속해서 자동차를 모두 직접 소유하였다. 당신은 이런 방침을 재고하려고 한다. 회사를 운영하는 매니저는 $100,000의 비용이 드는 새 버스를 구입하기 원한다. 이 버스는 폐차되기까지

11) A. Gavazza, "Leasing and Secondary Markets: Theory and Evidence from Commercial Aviation," Working paper, Yale School of Management, March 2007.

12) McConnell과 Schallheim은 자산위험, 감가상각율 등에 대한 여러 가정하에서 운영리스에서의 옵션의 가치를 계산하였다. J.J. McConnell and Schallheim, "Valuation of Asset Leasing Contracts," *Journal of Financial Economics* 12 (August 1983), pp. 237~261.

8년 동안만 운행될 것이다. 당신은 추가적으로 장비에 투자할 가치가 있다고 확신한다. 그러나 버스제조회사의 대리인은 $16,900의 연간 리스료로 8년 동안 버스를 리스할 용의가 있다고 제안하였다. 그레이매어가 여전히 유지보수, 보험, 운영에 따른 모든 비용에 대한 책임을 진다.

표 25.2는 리스계약을 체결하는 경우 직접적으로 현금흐름에 미치는 영향을 보여준다. (중요한 간접적인 효과는 나중에 고려하기로 한다.) 결과는 다음과 같다.

1. 그레이매어는 버스 구입대금을 지불할 필요가 없다. 이는 $100,000의 현금유입과 동등하다.
2. 그레이매어는 버스를 더 이상 소유하지 않는다. 따라서 버스를 감가상각할 수는 없다. 따라서 이 회사는 가치 있는 감가상각 절세효과를 포기한 셈이다. 표 25.2에서는 감가상각비가 5년간의 과세목적 감가상각 계획에 따라 계산된다고 가정하였다(표 6.4 참조).
3. 그레이매어는 임대인에게 8년 동안 매년 $16,900를 지불해야 한다. 첫 번째 지급금은 즉시 지불해야 한다.
4. 리스료는 전액 소득공제(tax-deductible) 된다. 한계세율이 35%이면 리스료는 연간 $5,920의 절세효과를 가져온다. 리스료의 세후 비용은 $16,900 − $5,920 = $10,980라고 할 수 있다.

표 25.2는 그레이매어가 35%의 한계세율로 세금을 낸다고 가정한 것이다. 만일 회사가 손실을 보는 것이 확실하여 세금을 내지 않는다면 두 번째와 네 번째 줄은 0으로 처리된다. 예컨대 세금을 내지 않는 기업에는 감가상각에 따른 절세효과는 아무런 가치가 없다.

또한 표 25.2는 버스가 7차 연도 말에 폐차되면 전혀 가치가 없다고 가정한다. 그렇지 않으면 상실되는 잔존가치도 고려해야 한다.

리스자산은 누가 실제로 소유하는가?

변호사와 회계사에게 이는 어리석은 질문일 것이다. 분명히 임대인이 리스자산의 법적 소유자이다. 이는 바로 임대인이 과세소득으로부터 감가상각비를 공제하도록 허용하는 이유이다.

경제적 관점에서 보면, **사용자**가 실질적인 소유자라고 말할 수 있다. 왜냐하면 **금융리스**에서는 사용자가 소유에 따르는 위험을 감당하고 또 그 보상을 받기 때문이다. 그레이매어는 금융리스를 취소할 수 없다. 만약 새 버스가 엄청나게 높은 비용이 발생하고 그레이매어의 노선에 적절하지 않은 것으로 밝혀지더라도 그것은 그레이매어의 문제이지 임대인은 상관이 없다. 이 버스가 아주 성공적이면 이익은 임대인이 아니라 그레이매어에 모두 귀속된다. 회사의 사업운영에서의 성공 또

	연도							
	0	1	2	3	4	5	6	7
새 버스의 비용	+100							
감가상각 절세효과의 상실		−7.00	−11.20	−6.72	−4.03	−4.03	−2.02	0
리스료	−16.9	−16.9	−16.9	−16.9	−16.9	−16.9	−16.9	−16.9
리스료의 절세효과	+5.92	+5.92	+5.92	+5.92	+5.92	+5.92	+5.92	+5.92
리스의 현금흐름	+89.02	−17.99	−22.19	−17.71	−15.02	−15.02	−13.00	−10.99

표 25.2 그레이매어 버스회사에 제안된 리스계약의 현금흐름(단위는 천 달러, 반올림 오차가 있음).

Visit us at www.mhhe.com/bma

는 실패는 버스가 리스로 조달되는지, 다른 금융수단으로 조달되는지에 의해 영향을 받지 않는다.

여러 관점에서 금융리스는 담보대출(secured loan)과 동등하다. 임차인은 일련의 고정금액을 지불해야 한다. 만일 임차인이 이를 지키지 못하면 임대인은 자산을 회수할 수 있다. 따라서 다음과 같은 대차대조표를 생각할 수 있다.

그레이매어 버스회사(단위: 천 달러)

버스	100	100	버스 담보대출
기타 자산	1,000	450	기타 대출
		550	자기자본
총자산	1,100	1,100	총부채

이는 다음과 같은 대차대조표와 경제적으로 동등하다.

그레이매어 버스회사(단위: 천 달러)

버스	100	100	금융리스
기타 자산	1,000	450	기타 대출
		550	자기자본
총자산	1,100	1,100	총부채

위의 설명에는 바로 제한을 붙여야 한다. 금융리스가 만료될 때는 임대인이 자산을 회수해 가기 때문에 법적 소유권은 큰 차이를 만들 수 있다. 담보대출은 일단 상환이 끝나면 사용자가 아무런 조건 없이 그 자산을 소유하게 된다.

리스와 국세청(IRS)

임차인은 리스자산의 감가상각 절세혜택(tax depreciation)을 잃게 되지만 대신 리스료를 전부 소득공제할 수 있다고 설명한 바 있다. 법적 소유자인 임대인은 감가상각 절세효과를 활용할 수 있지만 대신 리스료를 과세 렌탈소득(taxable rental income)으로 보고해야 한다.

그러나 국세청(Internal Revenue Service, IRS)은 본래 의심이 많으므로 계약이 진정한 리스이고 위장된 할부구매나 담보대출계약이 아닌지 확인되지 않으면 임차인이 리스료 전액을 소득공제하도록 허용하지 않는다.[13)]

일부 리스는 세금 목적상 진정한 리스의 자격을 갖추지 못하도록 설계된다. 어떤 제조회사가 새 컴퓨터를 리스하는 것이 편리하나 감가상각 절세혜택을 활용하고자 한다고 가정하자. 이는 제조회사에 리스가 끝날 때 $1에 컴퓨터를 매입할 수 있는 옵션을 주면 쉽게 달성된다. 그러면 IRS는 이 리스를 할부구매로 취급할 것이고, 제조회사는 세금 목적상 감가상각비와 리스료의 이자 부분을 소득공제할 수 있다. 그러나 이 리스는 모든 다른 용도로는 여전히 리스이다.

13) 예를 들어 IRS는 임차인이 아주 적은 금액으로 자산을 살 수 있는 옵션을 가지면 리스를 인정하지 않는다. 임차인은 거의 틀림없이 이런 옵션을 행사할 것이며, 임대인에게는 미래에 그 자산을 소유할 수 있는 기회가 주어지지 않는다. 임차인만이 사용하는 특수목적 자산은 리스 자격이 없다. 임차인이 결국 그 자산을 소유하게 되기 때문이다.

리스계약 가치평가의 첫 과정

앞에서 그레이매어 버스회사의 사장인 토마스 피어스 3세 이야기를 했을 때는 그가 표 25.2에 버스 제조회사가 제안한 금융리스의 현금흐름을 막 적어 넣은 때였다.

이런 현금흐름은 일반적으로 임차인에게 대출된 담보대출의 이자와 원금만큼 안전한 것으로 가정한다. 실질적으로는 임대인이 임차인에게 돈을 빌려주는 것이기 때문에 리스료의 경우 이 가정은 합리적이다. 그러나 다양한 절세효과는 또한 상당한 위험을 안고 있어서 더 높은 할인율을 적용하는 것이 마땅하다. 예를 들어 그레이매어는 리스료를 지불할 수 있을 것으로는 확신하고 있으나 절세효과를 활용할 수 있을 만큼 충분한 과세소득을 올릴 수 있을지는 확신하지 못한다. 그 경우 절세효과에 의해 창출되는 현금흐름에는 리스료에 적용된 차입이자율보다 더 높은 할인율을 적용해야 할 것이다.

임차인은 원칙적으로 표 25.2의 각 줄에 표시된 현금흐름에 각각 별도의 할인율을 적용해야 할지 모른다. 이때 할인율은 각 현금흐름의 위험을 반영하여 결정된다. 그러나 이미 기반이 잡혀 있고 수익성 있는 기업은 표 25.2의 현금흐름을 하나의 할인율, 즉 리스 대신 차입하는 경우 회사가 지급하는 이자율에 근거한 할인율로 할인하여 단순화하는 것이 합리적일 수 있다. 그레이매어의 차입이자율은 10%라고 가정한다.

이 시점에서 우리는 제19장의 부록에서 검토했던 부채 등가 흐름(debt-equivalent flow)으로 다시 돌아가 보아야 한다. 회사가 돈을 빌려주면서 수령하는 이자에 대해서는 세금을 내야 한다. 순 수익률은 세후 이자율이다. 회사가 돈을 차입하면 이자금액을 과세소득에서 공제할 수 있다. 순 차입비용은 세후 이자율이다. 그러므로 세후 이자율은 부채 등가 흐름을 한 시점에서 다른 시점으로 이전할 때 사용되는 실질적인 이자율이다. 따라서 리스로부터 발생하는 증분 현금흐름(incremental cash flow)의 가치를 평가하려면 현금흐름을 세후 이자율로 할인해야 한다.

그레이매어는 10% 이자율로 차입할 수 있으므로 리스의 현금흐름을 $rD(1 - Tc) = 0.10\ (1 - 0.35) = 0.065$, 즉 6.5%로 할인해야 한다. 따라서 순현가는 다음과 같이 −$700이다.

$$\begin{aligned}\text{NPV 리스} &= +89.02 - \frac{17.99}{1.065} - \frac{22.19}{(1.065)^2} - \frac{17.71}{(1.065)^3} - \frac{15.02}{(1.065)^4} \\ &\quad - \frac{15.02}{(1.065)^5} - \frac{13.00}{(1.065)^6} - \frac{10.99}{(1.065)^7} \\ &= -0.70,\ \text{즉} - \$700\end{aligned}$$

리스의 순현가가 0보다 작으므로 그레이매어는 버스를 구입하는 것이 유리하다.

순현가가 양(+) 또는 음(−)이라는 것은 추상적인 개념이 아니다. 여기서는 그레이매어가 버스를 리스하면 주주들은 실제로 $700만큼 손해를 입는다. 어떻게 이런 상황이 발생했는지 검토해 보자.

표 25.2를 다시 한 번 살펴보자. 리스 현금흐름은 다음과 같다.

	연도							
	0	**1**	**2**	**3**	**4**	**5**	**6**	**7**
리스 현금흐름(단위: 천)	+89.02	−17.99	−22.19	−17.71	−15.02	−15.02	−13.00	−10.99

리스료는 담보부 부채의 원금과 이자와 마찬가지로 계약상의 채무이다. 따라서 1차 연도부터 7차 연도까지의 증분 리스 현금흐름(incremental lease cash flows)을 리스의 '채무상환금액(debt service)'으로 간주할 수 있다. 표 25.3은 리스와 정확하게 동일한 채무상환금액을 가진 대출을 보여준다. 최초의 대출금액은 $89.72천이다. 그레이매어가 이 금액을 차입했다면 첫 해에 0.10 × 89.72 = 8.97의 이자를 지급하고, 지급이자에 대한 절세혜택 0.35 × 8.97 = 3.14를 받는다. 그레이매어가 대출금 12.15를 상환한다면 첫 해의 순 현금유출은 17.99가 되고(이 금액은 리스의 경우와 정확히 동일함) 2차 연도의 시작 시점에 남는 부채는 77.56이다.

표 25.3의 계산을 따라가 보면 즉시 89.72의 현금유입을 가져오는 대출을 상환하는 것과 단지 89.02의 현금유입을 수반하는 리스 채무를 상환하는 것은 정확하게 같은 비용이 든다는 것을 알게 된다. 이는 리스의 순현가가 왜 89.02 − 89.72 = −0.7, 즉 −$700인지를 설명해 준다. 그레이매어가 등가대출(equivalent loan)로 자금을 조달하는 대신 버스를 리스하면 그레이매어의 은행 잔고는 $700 줄어들 것이다.[14)]

위의 예는 리스와 등가대출에 관하여 다음 두 가지 일반적인 사항을 설명해 준다. 첫째, 미래 모든 기간에서 리스와 동일한 현금흐름을 제공하면서 즉시 더 많은 현금흐름을 제공하는 차입계획을 고안할 수 있으면 리스하지 말아야 한다. 그러나 등가대출이 리스와 동일한 미래 현금유출을 제공하지만 즉시 들어오는 현금유입이 적으면 리스가 더 나은 선택이다.

둘째, 위의 예는 리스의 가치를 평가하는 두 가지 방법을 제시한다.

1. 어려운 방법: 등가대출을 보여주는 표 25.3과 같은 표를 구성한다.
2. 쉬운 방법: 리스 현금흐름을 회사가 등가대출에서 지급하는 세후 이자율로 할인한다. 두 방법은 동일한 답을 제공한다. 즉 위의 예에서 순현가는 −$700이다.

지금까지의 줄거리

앞에서 그레이매어 버스회사가 제안받은 리스계약은 등가대출보다 $700 적게 자금을 제공하기 때문에 매력적이지 않다고 결론지었다. 기본적인 원리는 다음과 같다. 리스가 제공하는 자금조달이 등가대출에 의한 자금조달을 초과하면 차입하여 구입하는 것보다 금융리스가 우월하다.

	연도							
	0	1	2	3	4	5	6	7
연말의 차입금액	89.72	77.56	60.42	46.64	34.66	21.89	10.31	0
10% 이자율의 지급이자		−8.97	−7.76	−6.04	−4.66	−3.47	−2.19	−1.03
35% 세율의 이자 절세금액		+3.14	+2.71	+2.11	+1.63	+1.21	+0.77	+0.36
세후 지급이자		−5.83	−5.04	−3.93	−3.03	−2.25	−1.42	−0.67
원금 상환		−12.15	−17.14	−13.78	−11.99	−12.76	−11.58	−10.31
등가대출의 순 현금흐름	89.72	−17.99	−22.19	−17.71	−15.02	−15.02	−13.00	−10.99

표 25.3 레이매어 버스회사에 제안된 리스계약과 동등한 등가대출의 명세 (금액은 $1,000 단위, 음수는 현금유출).

Visit us at
www.mhhe.com/bma

14) 리스와 등가대출을 비교할 때 버스만으로 대출 전체를 지원할 수 있음을 의미하지는 않는다. 대출의 일부는 그레이매어의 다른 자산으로 지원해야 한다. 마찬가지로 리스 채무의 일부도 다른 자산에 의해 지원되어야 할 것이다.

이 원칙은 다음의 공식을 의미한다.

$$\text{리스의 순 가치} = \text{초기 자금조달금액} - \sum_{t=1}^{N} \frac{\text{리스 현금흐름}}{[1 + r_D(1 - T_c)]^t}$$

여기서 N = 기간이다. 초기 자금조달금액은 리스자산의 비용에서 즉시 발생하는 리스료와 리스로 인해 발생하는 다른 현금유출을 차감한 금액이다.[15)]

리스의 가치는 등가대출을 통한 차입에 대한 상대적인 증분가치(incremental value)임에 주목하라. 리스 가치가 양(+)이라는 것은 만약 자산을 취득해야 한다면 리스금융이 유리하다는 것을 의미한다. 이는 반드시 자산을 취득해야 한다는 것을 증명하지는 않는다.

그러나 때로는 유리한 리스조건이 자본투자 프로젝트를 구제하기도 한다. 그레이매어가 정상적인 자금조달을 가정했을 때 $100,000 투자에 대한 순현가가 −$5,000이어서 새 버스를 구입하지 않기로 결정하였다고 하자. 버스 제조회사는 예컨대 $8,000의 가치를 갖는 리스를 제안함으로써 이 계획을 구제할 수 있다. 이런 리스를 제안함으로써 제조업자는 버스의 가격을 실질적으로 $92,000로 할인한 셈이고, 이는 버스 리스패키지가 그레이매어에 양(+)의 가치를 갖도록 해준다. 리스의 순현가를 프로젝트의 조정현가(adjusted present value, APV)에 추가되는 자금조달의 부수효과로 취급하여 이를 보다 공식적으로 다음과 같이 표현할 수 있다.[16)]

$$\begin{aligned} \text{APV} &= \text{프로젝트의 순현가} + \text{리스의 순현가} \\ &= -5{,}000 + 8{,}000 = +\$3{,}000 \end{aligned}$$

이 공식은 임대인책임 금융리스(net financial lease)에 적용된다는 점에 주목하라. 임대인이 부담하는 보험료, 유지보수비용, 그리고 다른 운영비용 등은 모두 따로 평가하여 리스의 가치에 더해야 한다. 자산이 리스 만료 시점에 잔존가치를 가지고 있으면 그 가치도 고려되어야 한다.

예를 들어 버스 제조회사가 연간 $2,000의 세후 비용이 발생하는 정기적인 유지보수 서비스를 제공한다고 가정하자. 그러나 피어스 씨는 다시 심사숙고한 결과 8년 후에 버스가 $10,000의 가치를 갖는 것으로 판정하였다고 하자. (앞에서는 버스의 잔존가치가 없다고 가정하였다.) 그러면 리스의 가치는 절약한 유지보수비용의 현재가치만큼 증가하고 잃어버린 잔존가치의 현재가치만큼 감소한다.

유지보수비용과 잔존가치는 표 25.2에 제시된 현금흐름보다 추정하기가 더 어려우므로 대체로 높은 할인율을 적용해야 한다. 피어스 씨는 12%를 할인율로 사용한다고 하자. 그러면 절약한 유지비용의 가치는 다음과 같다.

$$\sum_{t=0}^{7} \frac{2000}{(1.12)^t} = \$11{,}100$$

상실되는 잔존가치는 $10,000/(1.12)^8 = $4,000이다.[17)] 앞에서는 리스의 가치를 −$700로 계산하였다. 따라서 다시 계산한 리스의 가치는 −700 + 11,100 − 4,000 = $6,400이다. 이제 리스는 괜찮은 거래로 보인다.

---

15) 리스평가의 원칙은 다음 논문에서 처음으로 제시되었다. S. C. Myers, D. A. Dill, and A. J. Bautista, "Valuation of Financial Lease Contracts," *Journal of Finance* 31(June 1976), pp. 799~819; J. R. Franks and S. D. Hodges, "Valuation of Financial Lease Contracts: A Note," *Journal of Finance* 33(May 1978), pp. 647~669.

16) APV의 일반적인 정의와 설명은 제19장을 참조하라.

17) 단순화를 위해 유지비용은 연초에 지불되며, 잔존가치는 8차 연도 말에 측정된다고 가정하였다.

25.5 금융리스는 언제 유리한가?

지금까지는 임차인의 관점에서 리스의 가치를 평가하였다. 임대인의 기준은 단순히 정반대이다. 임차인과 임대인이 동일한 세율의 적용을 받는 한, 임차인의 현금유출은 임대인의 현금유입이다. 그 역(逆)도 마찬가지이다. 위의 예에서 버스 제조회사는 표 25.2와 유사한 표를 사용하여 현금흐름을 추정(부호는 반대)할 것이다. 버스 제조회사에 있어 리스의 가치는 다음과 같다.

$$\text{리스의 가치(임대인 기준)} = -89.02 + \frac{17.99}{1.065} + \frac{22.19}{(1.065)^2} + \frac{17.71}{(1.065)^3} + \frac{15.02}{(1.065)^4} + \frac{15.02}{(1.065)^5} + \frac{13.00}{(1.065)^6} + \frac{10.98}{(1.065)^7}$$
$$= +0.70, \text{ 즉 } \$700$$

이 경우 임대인과 임차인 입장에서 계산한 리스의 가치는 정확히 서로 상쇄된다(−$700 + $700 = 0). 임대인은 오직 임차인의 희생을 통해서만 이익을 얻을 수 있다.

그러나 세율이 서로 다르면 임차인과 임대인 모두 이익을 얻을 수 있다. 그레이매어가 세금을 내지 않는다고 가정하자(즉 $T_c = 0$). 그러면 버스 리스의 유일한 현금흐름은 다음과 같다.

	연도							
	0	**1**	**2**	**3**	**4**	**5**	**6**	**7**
새 버스의 비용	+100							
리스료	−16.9	−16.9	−16.9	−16.9	−16.9	−16.9	−16.9	−16.9

이 현금흐름은 $T_c = 0$이면 $r_D(1-T_c) = r_D$므로 10%로 할인된다. 따라서 리스의 가치는 다음과 같다.

$$\text{리스의 가치} = +100 - \sum_{t=0}^{7} \frac{16.9}{(1.10)^t}$$
$$= +100 - 99.18 = +0.82, \text{ 즉 } \$820$$

이 경우에 임대인(세율 35%)에게 순이득은 $700, 그리고 임차인(세율 0%)에게는 $820의 순이익이 발생한다. 이런 상호이득은 정부의 비용으로 얻어진다. 한편 정부는 리스료에 대하여 세금을 부과하기 때문에 리스계약으로부터 이득을 얻는다. 다른 한편으로 계약은 임대인이 감가상각과 지급이자의 절세효과를 활용할 수 있도록 해 준다. 이런 절세효과는 임차인에게는 아무 소용이 없는 것이다. 그러나 감가상각은 가속 방식이고 이자율은 0보다 크기 때문에 리스의 결과로 정부는 세금 징수금액의 현재가치에서 순손실이 발생한다.

이제 정부가 리스에서 손해를 보고 임차인과 임대인이 모두 이익을 얻는 상황을 이해할 수 있을 것이다. 다른 조건이 일정하면 임차인과 임대인에게 발생하는 잠재적 이득은 다음 조건에서 가장 크다.

- 임대인의 세율이 임차인의 세율보다 훨씬 높다.
- 감가상각 절세효과가 리스 기간 초기에 발생한다.
- 리스 기간이 길고 리스료는 리스 기간 말에 집중되어 있다.

• 이자율(rD)이 높다 — 만약 이자율이 0이면 세금을 연기하는 것은 현재가치 관점에서 전혀 이점이 없다.

다른 국가에서의 리스

대부분의 선진 경제에서는 공장과 설비에 대한 투자의 자금조달에 리스가 널리 이용되고 있다.[18] 그러나 과세와 회계처리 목적에서 장기 금융리스를 취급하는 데는 중요한 차이가 있다. 예를 들어 프랑스, 이태리, 영국 등의 국가는 미국과 마찬가지로 임대인에게 감가상각 절세혜택을 허용한다. 그러나 독일, 네덜란드와 스웨덴에서는 반대이다. 임차인이 감가상각 소득공제를 청구한다. 회계처리는 이에 따른다. 그러므로 프랑스에서는 리스로 취득한 설비는 임대인의 회계장부에 기록되는 반면, 독일에서는 임차인의 장부로 넘어간다.

수많은 고가(*big-ticket*) 리스는 국가 간(cross-border) 거래이다. 국가 간 리스는 임대인이 감가상각 공제가 관대한 국가에 거주하는 경우 아주 매력적일 수 있다. 궁극적인 국가 간 거래는 임대인과 임차인 모두가 감가상각 소득공제를 청구할 수 있을 때 일어난다. 영리한 리스회사는 이런 이중혜택(*double-dip*)의 기회를 찾아다닌다. 세무당국은 이들을 막을 방법을 찾는다.[19]

25.6 차입 리스

고가(高價)의 리스는 일반적으로 차입 리스(*leveraged lease*)이다. 차입 리스의 구조는 그림 25.1에 요약되어 있다. 이 예에서는 리스회사(또는 여러 리스회사의 신디케이트)가 특수목적회사(special-

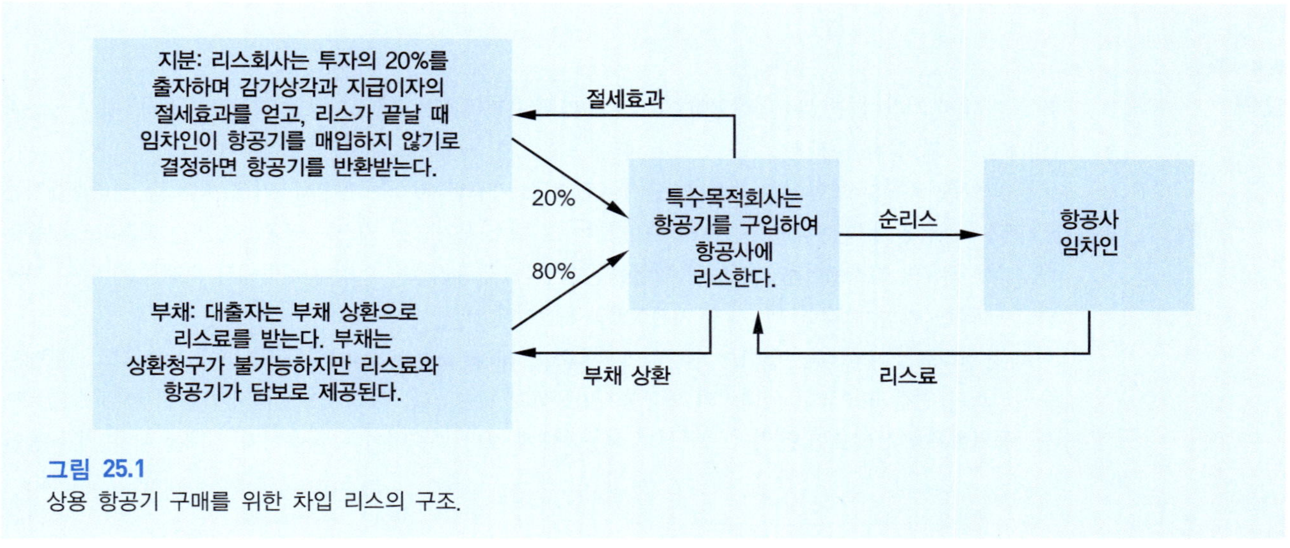

그림 25.1
상용 항공기 구매를 위한 차입 리스의 구조.

18) 예를 들어 리스는 2008년에 유럽의 전체 산업설비 투자의 22.8%를 차지했다(**www.leaseurope.org**).
19) 현재 미국에서는 세무당국이 승리하고 있는 것 같다. 2004년의 미국 일자리창출법(American Jobs Creation Act, JOBS)은 국가 간 리스에서 발생한 이익의 대부분을 제거해 버렸다.

purpose entity, SPE)를 설립하고 상용 항공기를 구입하여 리스한다. SPE는 통상적으로 보험회사나 다른 금융기관으로부터 항공기 비용의 80%까지를 차입으로 조달한다. 리스회사가 나머지 20%를 리스에 대한 지분투자로 충당한다.

일단 리스가 시작되어 운영되면 리스료가 지급되기 시작하고 감가상각과 지급이자 절세효과가 발생한다. 리스료의 전부(또는 거의 전부)가 부채 상환에 사용된다. 리스회사는 부채가 완전히 상환될 때까지는 아무런 현금흐름도 받지 못하지만 감가상각과 지급이자 절세혜택은 모두 활용할 수 있다. 이는 세금 손실을 발생시켜서 다른 소득을 공제하는 데 사용할 수 있다.

리스가 끝나면 부채는 상환되고 절세혜택도 소진된다. 이 시점에서 임차인은 항공기를 매입할 옵션을 가진다. 임차인이 매입옵션을 행사하면 리스회사는 매입 가격을 받는다. 그렇지 않으면 항공기를 반환받는다. (어떤 경우에는 리스 조건을 통해 임차인이 조기 매입옵션을 가진다.)

차입 리스의 부채는 **상환청구가 불가능하다**(*nonrecourse*). 대출자는 리스료에 대해 최우선 청구권을 가지며, 임차인이 약정한 리스료를 지급하지 못하면 항공기에 대해서도 최우선 청구권을 가진다. 그러나 리스회사 자체에 대해서는 청구권이 없다. 그러므로 대출자는 항공기 임차인의 신용과 담보물인 항공기에 전적으로 의존하지 않으면 안 된다.

그러므로 리스회사는 20%의 돈을 투자하고 100%의 절세혜택을 얻는다. 리스 거래가 깨지면 책임에서 벗어난다. 이것이 엄청나게 좋은 것으로 들리는가? 서둘러 결론을 내리지 마라. 대출자들은 상환청구권을 포기하는 대신 더 높은 이자율을 요구할 것이기 때문이다. 효율적인 부채시장에서는 상환청구를 피하기 위해 지불하는 추가 이자율은 0의 NPV 거래가 되어야 한다. 그렇지 않으면 거래의 한쪽이 다른 쪽의 희생으로 무임승차를 하게 된다. 그럼에도 불구하고 그림 25.1에 나타나 있는 전체 구조의 한 부분으로서 상환청구 불가능 부채는 관습적이고 편리한 금융 방법이다.[20]

요약

리스는 단지 기간이 연장된 임대협약이다. 설비의 소유자(임대인)는 정기적인 리스료를 받는 대신 사용자(임차인)가 그 설비를 사용할 수 있도록 한다.

다양한 종류의 협약이 가능하다. 단기이고 취소 가능한 리스는 **운영리스**라고 한다. 운영리스에서는 임대인이 소유권에 따른 위험을 부담한다. 장기이고 취소 불가능한 리스는 **금융리스** 또는 **자본리스**로 불린다. 이런 종류의 리스에서는 임차인이 위험을 부담한다. 금융리스는 기업이 취득해서 오랜 기간 동안 사용하고자 하는 자산에 대한 한 가지 **자본조달의 원천**이다.

운영리스를 이해하는 열쇠는 연간등가비용(equivalent annual cost)이다. 경쟁이 심한 리스시장에서 운영리스의 연간 리스료는 임대인의 연간등가비용까지 낮춰진다. 리스료가 **사용자의** 설비 매입에 따르는 연간등가비용보다 낮으으면 운영리스는 설비 사용자에게 보다 매력적이다. 사용자가 기계를 짧은 기간 동안

Visit us at www.mhhe.com/bma

20) 차입 리스에는 특별한 과세 및 회계 요구조건이 있지만 여기서는 더 이상 깊이 들어가지 않는다. 또한 차입 리스에 대한 지분투자는 평가하기 까다로울 수 있다. 세후 현금흐름이 한 번 이상 부호가 바뀌고, 두 개 또는 그 이상의 내부수익률(IRR)이 존재할 수 있기 때문이다. IRR의 사용을 고집한다면 이는 수정 내부수익률을 사용해야 한다. 복수의 IRR과 수정 IRR은 제5.3절에서 논의하였다. 또한 제5장 끝에 있는 연습문제 23을 살펴보라.

만 사용하고자 하는 경우, 또는 임대인이 진부화(obsolescence)의 위험을 보다 잘 감당할 수 있는 경우, 또는 임대인이 유지보수를 보다 효과적으로 제공할 수 있는 경우에는 운영리스가 타당하다. 운영리스는 또한 종종 가치 있는 옵션을 갖는다는 점을 기억하자.

금융리스는 리스자산의 경제적 수명의 대부분 기간에 걸쳐 이루어지며, 임차인이 이를 취소할 수 없다. 금융리스를 체결하는 것은 리스자산의 구입에 필요한 자금을 조달하기 위하여 담보대출을 받는 것과 유사하다. 금융리스의 경우 선택은 '리스 대 구입'이 아니라 '리스 대 차입'이다.

많은 기업은 리스를 통해 자금을 조달할 충분한 이유를 갖는다. 예를 들어 세금을 내지 않는 기업들은 세금을 내고 있는 임대인과 유리한 조건의 거래를 성사시킬 수 있다. 또한 장기 담보대출을 협상하는 것보다는 표준화된 리스계약을 체결하는 것이 비용이 적게 들고 시간을 절약할 수 있다.

기업이 차입하면 부채에 대하여 세후 이자를 부담한다. 그러므로 리스금융의 기회비용은 기업 채권에 대한 세후 이자율이다. 금융리스의 가치를 평가하려면 리스의 증분 현금흐름을 세후 이자율로 할인해야 한다.

등가대출은 금융리스와 정확히 동일한 미래 현금흐름을 제공하기로 약속하는 대출이다. 리스의 순현가를 계산하는 것은 리스가 제공하는 자금조달금액과 등가대출이 제공하는 금액간의 차이를 측정하는 것이다.

$$\text{리스의 가치} = \text{리스에 의한 자금조달} - \text{등가대출의 가치}$$

임차인의 경우와 동일한 접근방법을 사용하여 임대인의 관점에서도 리스를 분석할 수 있다. 만일 임차인과 임대인이 동일한 세율의 적용을 받으면 두 당사자는 동일한, 그러나 반대 부호의 현금흐름을 받는다. 따라서 임차인의 이득은 오직 임대인의 손실로만 가능하다. 그러나 임차인의 세율이 임대인의 세율보다 낮으면 두 당사자 모두 정부의 손실로부터 이익을 얻을 수 있다.

차입 리스는 임대인과 임차인뿐만 아니라 대출자까지 포함하는 삼각거래이다. 대출자가 리스 설비의 비용 80%까지를 지원하고 임대인이 나머지를 지분투자 형태로 지불한다. 대출자가 리스료와 자산에 대한 최우선 청구권을 가지지만 임차인이 리스료를 지불하지 못하는 경우 임대인에 대한 상환 청구권은 없다. 임대인의 수익률은 리스 초기에는 대부분 지급이자와 감가상각의 절세효과에서 얻어지며, 리스가 끝날 때는 리스자산의 가치로부터 온다. 차입 리스는 고가의 국가 간 리스금융 거래에서는 보편적이다.

더 읽어야 할 문헌

리스에 관한 두 가지 유용한 일반적인 참고 서적:

J. S. Schallheim: *Lease or Buy? Principles for Sound Decision Making*(Boston: Harvard Business School Press, 1994).

P. K. Nevitt and F. J. Fabozzi, *Equipment Leasing*, 4th ed. (New Hope, PA: Frank Fabozzi Associates, 2000).

Smith와 Wakeman은 리스의 경제적 동기에 관해 논의하고 있다.

C. W. Smith, Jr., and L. M. Wakeman, "Determinants of Corporate Leasing Policy," *Journal of Finance* 40(July 1985), pp. 895~908.

운영리스에 내재된 옵션에 관한 설명은 다음 논문을 참조하라.

J. J. McConnell and J.S. Schallheim: "Valuation of Asset Leasing Contracts," *Journal of Financial Economics*, 12:237~261(August 1983).

Visit us at www.mhhe.com/bma

S. R. Grenadier: "Valuing Lease Contracts: A Real Options Approach," *Journal of Financial Economics*, 38:297~331(July 1995).

연습문제

기본문제

1. 다음 용어는 리스를 설명할 때 자주 사용된다.

a. 직접(direct)
b. 풀서비스(full-service)
c. 운영(operating)
d. 금융(financial)
e. 렌탈(rental)
f. 순(net)
g. 레버리지(leverage)
h. 매각 후 재임차(sale and lease-back)
i. 완전지급(full-payout)

다음 제시된 설명을 위의 용어(1개 또는 그 이상)와 연결시켜라.

A. 최초리스기간은 자산의 경제수명보다 짧다.
B. 최초리스기간은 임대인이 자산의 구입비용을 회수할 만큼 충분히 길다.
C. 임대인이 정비와 보험을 제공한다.
D. 임차인이 정비와 보험을 책임진다.
E. 임대인은 제조회사로부터 기계를 구입한다.
F. 임대인은 장래의 임차인으로부터 기계를 구입한다.
G. 임대인은 부채와 자기자본 청구권을 발행함으로써 리스계약에 필요한 자금을 조달한다.

2. 다음 중 일부는 리스의 합리적인 이유이다. 그리고 일부는 불합리한 이유거나 또는 불완전하거나 비효율적인 자본시장을 가정한다. 다음 중 어떤 이유가 합리적인 이유인가?

a. 임차인은 리스자산을 잠시만 필요로 한다.
b. 특화된 임대인은 진부화의 위험을 보다 잘 부담할 수 있다.
c. 리스는 100% 금융을 제공하므로 자본을 보존한다.
d. 리스는 낮은 한계세율의 기업에 감가상각 감세효과를 매각할 수 있도록 허용한다.
e. 리스는 주당순이익을 증가시킨다.
f. 리스는 외부금융의 조달비용을 감소시킨다.
g. 리스는 자본적 지출비용에 대한 제약조건을 피할 수 있다.
h. 리스는 AMT를 감소시킬 수 있다.

3. 다음 설명이 왜 옳은가를 설명하라.

a. 경쟁이 심한 리스시장에서 운영리스의 연간 리스료는 임대인의 연간등가비용과 동일하다.
b. 리스료가 사용자의 연간등가비용보다 적으면 운영리스는 기계 사용자에게 매력적이다.

4. 맞는가, 틀리는가?

a. 리스료는 보통 각 기간의 초에 지불된다. 따라서 첫 번째 리스료는 보통 리스계약이 체결되자마자 지불된다.
b. 금융리스는 여전히 부외금융을 제공한다.
c. 금융리스의 자본비용은 기업이 은행대출에 대하여 지급해야 하는 이자율이다.

Visit us at www.mhhe.com/bma

d. 등가대출의 원금과 세후 이자금액은 리스의 세후 현금흐름과 정확히 일치한다.
e. 금융리스가 등가대출보다 많은 자금을 제공하지 않는 한 금융리스를 하지 않아야 한다.
f. 세금을 내지 않는 기업이 세금을 내는 기업으로부터 리스하는 것이 논리적이다.
g. 다른 조건이 동일하면, 명목이자율이 증가함에 따라 리스의 세금이점은 증가한다.

5. 파산한 임차인이 리스를 확정하면 어떻게 되는가? 리스가 기각되면 어떻게 되는가?
6. 차입 리스는 정상적인 장기 금융리스와 어떻게 다른가? 핵심적인 차이를 나열하라.
7. 차입 리스에서 대출자는 상환청구가 불가능한(nonrecourse) 부채를 보유한다. '상환청구 불가능'이란 무슨 뜻인가? 리스의 지분 투자자에게 있어서 상환청구 불가능 부채의 이점과 비용은 무엇인가?

중급문제

8. 애크미는 신생기업에 오피스가구를 임대하였다. 책상의 가격은 $3,000이다. 책상은 6년 동안 사용 가능하고 5년 MACRS 스케줄에 따라 감가상각된다(표 6.4 참조). 이 책상의 손익분기 운영리스료는 얼마인가? 새 책상과 헌 책상의 리스료는 동일하며 애크미의 세전 행정비용은 책상당 연간 $400이라고 가정한다. 자본비용은 9%이고 세율은 35%이다. 리스료는 기초(즉 연초)에 지불된다. 물가상승률은 0%이다.
9. 연습문제 8을 다시 고려해 보자. 대기업이 $3,000 책상에 대하여 6년 금융리스를 요청한다고 가정하자. 이 기업은 5년 만기 채권을 연 6%의 이자율로 발행하였다. 이 경우에 손익분기 리스료는 얼마인가? 행정비용이 연간 $200으로 하락한다고 가정하라. 연습문제 8과 9의 서로 다른 이유를 설명하라.
10. 연습문제 8에서는 새 책상과 헌 책상의 리스료가 동일하다고 가정하였다.
    a. 기대물가상승률이 연 5%이면 원래의 손익분기 리스료는 어떻게 변하는가? 실질 자본비용은 변하지 않는다고 가정한다. (힌트: 제6장의 연간등가비용의 설명을 참조하라.)
    b. 책상이 낡아감에 따라 매년 10%(실질조건 기준)씩 리스료를 삭감한다면 (a)의 답이 어떻게 변하겠는가?
11. 표 25.1을 다시 보자. 만일 리무진 제조분야에서의 급속한 기술의 변화가 새 리무진의 가격을 매년 5% 하락시킨다면 운영리스의 최초의 손익분기 리스료는 어떻게 변하겠는가? (힌트: 제6장에서 기술변화와 연간등가비용을 설명하였다.)
12. National Weferonics가 다음과 같은 4년 금융리스의 제안을 받았다고 가정하자. 기업은 표 25.2와 유사한 표를 구성하였다. 표의 마지막 줄은 다음과 같은 리스의 현금흐름을 제공한다.

°	연도 0	연도 1	연도 2	연도 3
리스 현금흐름	+62,000	−26,800	−22,200	−17,600

이 현금흐름은 기계의 비용, 감가상각 감세효과, 세후 리스료를 반영한 것이다. 잔존가치는 무시하라. 기업은 10%에 차입할 수 있으며 한계세율은 35%라고 가정한다.
    a. 등가대출의 가치는 얼마인가?
    b. 리스의 가치는 얼마인가?
    c. 정상적인 금융조건 하에서 기계의 순현가가 −$5,000라고 가정하자. National Waferonics는 투자해야 하는가? 아니면 리스를 해야 하는가?

다음 질문은 금융리스에 적용된다. 연습문제 13~17에 답하려면 웹사이트 **www.mhhe.com/bma**에 있는 온라인 엑셀 스프레드시트를 이용하는 것이 유용하다.

Visit us at www.mhhe.com/bma

13. 표 25.2에서 설명한 버스 리스의 예를 다시 고려해보자.
    a. 그레이매어의 한계세율이 20%이면 리스의 가치는 얼마인가?
    b. 그레이매어가 세금 목적상 정액법을 이용해야 한다면 리스의 가치는 얼마인가?

14. 제25.4절에서는 그레이매어 버스회사에 제안된 리스가 세금을 내지 않는 임차인에게 $820의 순현가를, 그리고 35%의 세금을 내는 임대인에게 $700의 순현가를 갖는다는 것을 보였다. 이런 가정하에서 임차인이 수긍할 수 있는 최소 리스료는 얼마인가? 그래이매어가 지불할 수 있는 최대 리스료는 얼마인가?

15. 제25.5절에서 우리는 리스로부터의 잠재적 이득이 발생할 수 있는 네 가지 상황을 설명하였다. 그레이매어가 세금을 내지 않는다는 가정하에서 그레이매어 버스회사에 대한 민감도분석을 실시함으로써 네 가지 상황을 점검하라. (a) 임대인의 세율이 35%가 아니고 50%인 경우, (b) 5년 MACRS가 적용되는 것이 아니라 현재 연도에서 100% 감가상각되는 경우, (c) 8년 리스가 아니고 3년 리스인 경우(리스료는 4회 지급됨), (d) 이자율이 10%가 아니고 20%인 경우를 각각 분석하라. 각 경우에 임대인을 만족시키는 최소 렌탈료를 확인하고 임차인 입장에서 순현가를 다시 계산하라.

16. 제25.5절에서 이자율이 0이면 세금을 연기하는 데 있어 이점이 없고 따라서 리스를 하는 데 있어 이점이 없다고 설명하였다. 이자율이 0이라고 가정하고 그레이매어 버스회사 리스의 가치를 평가하라. 그레이매어는 세금을 내지 않는다고 가정한다. 임차인과 임대인을 동시에 행복하게 만들 수 있는 리스의 조건은 무엇인가?

17. 렌탈스케줄이 변하는 리스를 **구조화된 리스**(*structured lease*)라고 한다. 임대인에게는 동일한 가치를 제공하면서 임차인에게 가치를 증가시킬 수 있도록 그레이매어 버스회사 리스를 구조화하라. 그레이매어는 세금을 내지 않는다고 가정한다. (주의: 실제로 세금당국은 렌탈료의 구조화를 허용하면서도 일부 구조에 대해서는 좋아하지 않을 것이다.)

18. Nodhead College는 새 컴퓨터를 필요로 한다. 이 기업은 컴퓨터를 $25,000에 구입하거나 또는 Compulease로부터 리스할 수 있다. 리스조건은 $62,000을 기초에 6회 지불하는 것이다. Nodhead는 세금을 내지 않는다. Compulease는 35%의 세금을 낸다. Compulease는 세금목적상 5년에 걸쳐 컴퓨터를 감가상각할 수 있다. 컴퓨터는 5년 후에 0의 잔존가치를 가질 것이다. 이자율은 8%이다.
    a. Nodhead College에 있어 리스의 순현가는 얼마인가?
    b. Compulease에 있어 리스의 순현가는 얼마인가?
    c. 리스로부터의 전체적인 이득은 얼마인가?

19. Safety Razor Company는 많은 세금손실이월(tax-loss carryforward)을 가지고 있으며 앞으로 10년 동안 세금을 내지 않을 것으로 기대된다. 따라서 기업은 $100,000 하는 새 기계를 리스할 계획을 가지고 있다. 리스조건은 동일금액의 리스료를 연초에 8회 지불하는 것이다. 임대인은 표 6.4에 주어진 감가상각스케줄에 따라 7년에 걸쳐 기계를 감가상각할 수 있다. 기계의 경제적 수명이 다되면 잔존가치는 없다. 세율은 35%이고 이자율은 10%이다. Safety Razor의 사장인 Wilbur Occam은 자기 기업이 기꺼이 지불할 수 있는 최대 리스료와 임대인이 기꺼이 승낙할 수 있는 최소 리스료를 알고자 한다. 당신은 그를 도와줄 수 있는가? 만일 임대인이 정액법을 이용해야 한다면 당신의 답은 어떻게 달라지는가?

20. 회사가 파산에 이를 때 설비 임대인의 포지션은 담보부 대출자의 포지션과 어떻게 다른가? 담보대출은 리스 설비를 담보로 확보한다고 가정하라. 리스와 담보대출 중 어느 쪽이 더 잘 보호받고 있는가? 리스 설비가 매각되거나 재리스된다면 앞의 답은 리스 설비의 가치에 영향을 받는가?

21. 그림 25.1의 임차인은 리승의 NPV를 어떻게 평가할 것인가? 올바른 평가 과정을 요약하라. 지분

Visit us at www.mhhe.com/bma

임대인이 리스를 평가하기 원한다고 하자. 다시 한 번 올바른 평가 과정을 요약하라. (힌트: APV. 임차인과 임대인에 대한 리스의 결합된 가치를 어떻게 계산할 것인가?)

도전문제

22. Magna Charter는 Fort Liard의 북쪽과 서쪽을 개발하는 탄광기업(mining company)을 위하여 Beaver 삼림정찰비행기를 운영하도록 요청받았다. Magna는 탄광기업과 1년 확정 계약을 체결할 것이며 개발프로그램의 5년 기간 동안 재계약될 것으로 기대한다. 만일 탄광기업이 1년 후에 계약을 연장하면 그 비행기를 4년 더 사용하기로 확정할 것이다.

Magna Charter는 다음과 같은 선택에 직면하였다.

- 비행기를 $500,000에 구입한다.
- 비행기를 1년 운영리스로 임대한다. 리스료는 $118,000이고 기간초에 지불된다.
- 5년 취소불가능 금융리스를 체결한다(연 리스료는 $75,000이고 기초에 지불됨).

모든 리스는 순리스이다. 모든 운영비용은 Magna Charter가 부담한다.

당신은 Magna Charter의 CEO인 Agnes Magna에게 무엇이라고 충고하겠는가? 분석을 간단하게 하기 위하여, 세금 목적으로 감가상각비를 5년 정액법으로 계산하라. 기업의 세율은 35%이다. 정찰사업의 가중평균자본비용은 14%이지만 Magna는 9%에서 차입할 수 있다. 기대물가상승률은 4%이다.

Magna는 비행기가 5년 후에 $300,000의 가치를 가질 것으로 생각한다. 그러나 탄광기업과의 계약이 연장되지 않으면(이 확률은 1년 후에 20%임), 비행기는 짧은 통지(notice)와 함께 $400,000에 매각될 것이다.

만일 Magna Charter가 5년 금융리스를 체결하고 탄광기업이 1년 후에 취소되면 Magna는 이 비행기를 재임대(sublet), 즉 다른 사용자에게 빌려줄 수 있다.

필요시 추가로 가정하라.

23. 표 25.2를 차입리스로 다시 작성하라. 임대인이 버스 구입비용의 80%인 $80,000를 11%의 이자율로 상환청구 불가능 조건으로 차입한다고 가정한다. 모든 리스료는 부채가 완전히 상환될 때까지 부채 상환(이자와 원금)에 사용된다. 버스는 리스가 종료될 때 $10,000의 가치를 가진다고 가정한다. 임대인의 지분투자 $20,000에 대한 세후 현금흐름을 계산하라. 지분 현금흐름의 IRR은 얼마인가? IRR이 하나 이상 존재하는가? 임대인의 지분투자를 어떻게 평가할 것인가?

Visit us at www.mhhe.com/bma

26 Chapter

위험관리

대부분의 경우 우리는 위험은 신이 내린 것으로 간주한다. 자산이나 사업에는 해당되는 베타가 있고, 그걸로 그만이다. 현금흐름은 수요, 원자재 가격, 기술, 그리고 다른 수없이 많은 변수들의 변화에 노출되어 있다. 경영자가 할 수 있는 일은 아무것도 없다.

그러나 반드시 그런 것은 아니다. 경영자는 위험을 어느 정도는 피할 수 있다. 경영자가 할 수 있는 한 가지 방법에 대해서는 이미 다룬 바 있다. 즉 **실물옵션**(*real option*)을 이용하여 유연성을 제공할 수 있다. 예를 들어 석유와 천연가스 모두를 공급 원료로 사용하도록 설계된 석유화학 설비는 원료 가격의 불리한 변동에서 오는 위험을 줄인다. 또 다른 예로, 맞춤 설비가 아닌 표준화된 기계장치를 사용하여 제품이 잘 팔리지 않을 때의 구제비용을 낮추는 기업을 생각해 보라. 다시 말하면 표준 기계설비는 기업에 가치 있는 포기옵션을 제공한다.

실물옵션은 제22장에서 다루었다. 이 장은 기업이 다양한 위기에 대비해서 자신을 보호해 주는 금융계약을 어떻게 활용하는지를 설명한다. 화재, 홍수, 또는 환경적 손해 등과 같은 구체적인 위험에 대해 보호해 주는 기업 보험계약의 장점과 단점을 논의한다. 석유, 구리, 또는 콩 등과 같은 상품의 미래의 가격을 확정하는 선도계약과 선물계약에 대해서도 설명한다. **금융** 선도계약과 선물계약은 기업에게 이자율이나 환율과 같은 금융자산의 가격을 확정지울 수 있게 해 준다. 또한 선도계약의 묶음인 스왑(swap)에 대해서도 설명한다.

이 장의 대부분은 금융계약이 어떻게 사업위험을 낮추는 데 이용될 수 있는가를 설명한다. 그런데 왜 이렇게 신경을 쓰는가? 왜 주주들은 회사의 미래 이익이 이자율과 환율, 또는 상품가격의 미래 변화에 연계되어 있는지 걱정을 해야 하는가? 이 장은 이런 의문으로부터 출발한다.

26.1 왜 위험관리인가?

완전시장에서는 단지 위험을 줄일 목적으로만 한 금융거래는 가치를 증가시키지 못한다. 왜 그런가? 두 가지 기본적인 이유가 있다.

- **이유 1: 헤지는 제로 섬 게임이다.** 보험을 들거나 위험을 헤지하는 기업은 위험을 없애지는 못한다. 이는 단순히 위험을 다른 사람에게 이전하는 것이다. 예를 들어 난방유 판매회사가 정유회사와 올 겨울에 판매할 난방유를 전부 고정된 가격에 구입하기로 계약한다고 하자. 이 계약은 **제로섬 게임**(*zero-sum game*)이다. 왜냐하면 정유회사는 판매회사가 이익을 본 만큼 손해를 보고, 반대로 손해를 본 만큼 이익을 보기 때문이다.[1] 올 겨울 난방유 가격이 이례적으로 높은 것으로 나타나면 판매회사는 시장가격보다 낮은 가격을 확보하여 득을 보지만 정유회사는 시장가격보다 낮은 가격에

1) 게임이론에서 '제로 섬'이란 모든 당사자들에게 돌아가는 지급금(payoffs)을 더하면 0이며, 따라서 누구든지 다른 사람의 희생을 통하지 않고는 이득을 얻을 수 없다는 뜻이다.

팔아야 한다. 반대로 난방유 가격이 이례적으로 낮다면 정유회사가 이득을 본다. 판매회사는 높은 고정가격에 사야 하기 때문이다. 물론 거래가 이루어질 때 양쪽 다 이번 겨울의 가격을 모른다. 그러나 효율적인 시장에서는 협상 당사자들은 가능한 가격의 범위를 고려하고 양쪽 모두에게 공정한 (0의 NPV) 조건을 협상한다.

- **이유 2: 투자자가 스스로 할 수 있는 대안.** 기업은 투자자들도 쉽게 스스로 할 수 있는 거래를 하여 주식 가치를 증가시킬 수 없다. 난방유 판매회사의 주주는 회사에 투자할 때 아마도 이 사업의 위험을 알고 있었을 것이다. 그들이 에너지 가격의 상승과 하락에 노출되기를 원하지 않는다면 몇 가지 방법으로 자신을 보호할 수 있다. 판매회사와 정유회사의 주식을 모두 보유하면 어느 한쪽이 다른 쪽의 손해로 이익을 보는가는 상관할 필요가 없다.

물론 주주는 기업이 주주에게 회사가 행한 거래를 완전하게 알릴 때에만 위험 노출을 조정할 수 있다. 예를 들어 1999년 유럽 중앙은행 그룹이 금 판매를 제한할 것이라고 발표했을 때, 금값은 즉시 치솟았다. 금광 주식에 투자한 사람들은 이익이 늘어나기를 초조하게 기다렸다. 그러나 일부 광업회사가 가격 변동에 대해 자신을 보호했고, 그래서 가격 상승으로 이익을 얻지 못한다는 것을 알았을 때 주주들의 초조한 기다림은 실망으로 변했다.[2)]

이들 금광회사의 일부 주주들은 금값이 오르는 쪽에 내기를 걸고 싶었다. 다른 사람들은 그렇지 않았다. 그러나 그들은 모두 경영자에게 같은 메시지를 준다. 첫 번째 그룹은 "헤지하지 마시오. 나는 금값이 상승할 것으로 생각하기 때문에 기꺼이 금값 변동의 위험을 부담할 테니까."라고 하였다. 둘째 그룹은 "헤지하지 마시오. 내가 스스로 알아서 할 테니까."라고 하였다. 이전에도 이런 스스로 하는 원칙을 본 적이 있다. 회사가 위험을 낮출 수 있는 다른 방법을 생각해 보라. 예를 들어 관련이 없는 산업에 속한 회사의 주식을 취득하여 다각화함으로써 위험을 낮출 수 있다. 그러나 투자자들이 이런 분산투자를 스스로 할 수 있음을 우리는 안다. 그래서 회사의 다각화는 불필요한 중복이다.[3)]

기업은 또한 적게 차입함으로써 위험을 줄일 수 있다. 그러나 제17장에서 본 바와 같이 단지 재무 레버리지를 낮추는 것은 주주들을 더 부유하게도 더 나쁘게도 하지 않는다. 왜냐하면 주주들은 개인적으로 차입을 줄여서 (또는 대출을 늘여서) 재무위험을 낮출 수 있기 때문이다. 모딜리아니와 밀러(Modigliani and Miller, MM)는 완전금융시장에서는 기업의 부채정책은 아무 관련이 없다(irrelevant)는 점을 증명하였다. MM의 증명을 더 확장하여 완전금융시장에서는 위험관리 또한 아무런 관련이 없다고 할 수 있다.

물론 제18장에서 우리는 부채정책이 상관이 있다고 하였는데 이는 MM이 틀려서가 아니라 세금, 대리인 문제, 그리고 재무곤경의 비용 등과 같은 다른 조건 때문이다. 같은 논리가 여기서도 적용된다. 만약 위험관리가 기업 가치에 영향을 미친다면 이는 그 '다른 조건' 때문이지 위험 이전이 본래부터 가치가 있기 때문은 아니다.

실제에 있어서 위험을 낮추는 거래가 일리가 있는 이유를 검토해 보자.[4)]

2) 이 소식은 가나의 대규모 광산회사인 Ashanti Goldfields의 주주들에게는 최악이었다. Ashanti는 정반대의 극단으로 치달아 금값이 떨어지는 편에 걸었다. 1999년의 가격 상승으로 Ashanti는 파산하고 말았다.

3) 제7.5절과 제31장의 다각화 합병에 관한 논의를 참조하라. 분산투자는 전체적인 위험을 낮추기는 하지만 꼭 시장위험을 낮추지는 못한다는 점에 유의하라.

4) 여기서 다루지 않은 다른 특별한 이유가 있을 수도 있다. 예를 들어 정부는 이익에 대해서는 재빨리 과세하지만 손

현금부족 또는 재무적 곤경의 위험 낮추기

위험을 낮추는 거래는 재무계획을 단순하게 만들고 당황스러운 현금부족의 가능성을 낮추어 준다. 이런 부족현상은 단순히 예기치 않게 은행 신세를 지는 것을 의미할 수도 있다. 그러나 재무관리자에게 최악의 악몽은 재무적 어려움(financial pickle)에 처하게 되어 현금부족 때문에 가치 있는 투자기회를 날려버리는 것이다. 극단적인 경우 헤지되지 않은 차질은 재무적 곤경 또는 심지어 파산까지 불러올 수도 있다.

은행이나 채권자들은 이러한 위험을 인식한다. 그들은 기업의 위험을 추적하려고 노력한다. 대출을 해주기 전에 기업이 보험을 들거나 아니면 헤지 프로그램을 실행하도록 요구할 수도 있다. 위험관리와 보수적인 자금조달은 따라서 보완재가 아니라 대체재이다. 그러므로 기업은 더 높은 부채비율을 가지고도 안전하게 운영할 목적으로 위험의 일부를 헤지할 수도 있다.

현명한 재무관리자는 투자기회가 늘어날 때 현금(또는 준비된 자금조달)이 바로 이용 가능하도록 확실히 준비한다. 그러나 이런 현금과 투자기회의 운 좋은 결합이 반드시 헤징을 필요로 하는 것은 아니다. 두 가지 예를 대비해 보자.

시러스 석유회사(*Cirrus Oil*)는 여러 유전에서 생산하며 새 유전을 탐사하고 개발하는 투자를 한다. 이 회사는 석유 가격을 헤지하여 기존 유전에서 나오는 미래 수입을 고정시켜야 하는가? 아마 아닐 것이다. 왜냐하면 석유 가격이 상승하면 이 회사의 투자기회는 확대되고 석유 가격이 하락할 때는 축소되기 때문이다. 석유 가격을 고정시키게 되면 석유 가격이 떨어질 때는 회사에 너무 많은 현금이 남아있게 되고, 석유 가격이 올라갈 때는, 투자기회에 비해 상대적으로, 너무 적은 현금을 남기게 된다.

큐뮬러스 제약회사(*Cumulus Pharmaceuticals*)는 전 세계에서 제품을 판매하고 있으며, 수입의 절반이 외국 통화로 들어온다. 이 회사의 R&D는 미국에서 이루어진다. 이 회사는 외환 노출의 일부만이라도 헤지해야 하는가? 아마도 그럴 것이다. 왜냐하면 제약 R&D 프로그램은 매우 비용이 많이 들고 장기 투자이기 때문이다. 큐뮬러스 특정한 연도의 이익에 따라 R&D 프로그램을 하다가 말다가 할 수는 없다. 그래서 환율 변동에 대비해 헤지를 함으로써 현금흐름을 안정시키기 원할 것이다.

위험관리로 대리인 비용을 경감시킬 수 있다.

어떤 경우에는 헤징은 감시를 쉽게 해주고 경영자들에게 동기부여를 할 수 있다. 가령 회사의 제과부문은 코코아 가격이 12% 하락하는 해에 이익 증가의 60%를 가져다준다고 하자. 사업부문 관리자는 심한 꾸지람을 들어야 하는가, 칭찬을 받아야 하는가? 이익 증가의 얼마가 훌륭한 경영에 기인한 것이고 얼마가 코코아 가격의 하락 때문인가? 만약 코코아 가격을 헤지했다면 이는 아마도 훌륭한 경영일 것이다. 헤지를 하지 않았다면 이렇게 자문하면서 뒤늦게 모든 일을 정리해야 할 것이다. 코코아 가격을 헤지 했더라면 이익이 얼마나 되었을까?

실이 발생했을 때 세금을 환급하는 것은 느리다. 미국에서 손실은 과거 2년간에 한해 세금공제를 할 수 있다. 이렇게 상쇄시키지 못한 손실은 이월하여 미래의 이익에 대한 소득공제로 활용할 수 있다. 그러므로 변동이 심한 소득과 잦은 손실을 경험하는 기업은 더 높은 실질 세율을 가진다. 기업은 헤징을 통해 이런 소득의 변동을 완화시킬 수 있다. 대부분의 기업에 있어 위험을 낮추려는 이러한 동기는 그렇게 대단한 것은 아니다. J. R. Graham and C. W. Smith, Jr., "Tax Incentives to Hedge," *Journal of Finance* 54 (December 1999), pp. 2241~2262 참조.

코코아 가격의 변동은 경영자의 통제 밖이다. 그러나 만약 경영자의 이익과 보너스가 코코아 가격에 따라 결정된다면 경영자는 틀림없이 코코아 가격에 관해 걱정할 것이다. 가격의 헤지는 경영자의 보너스를 자신이 통제할 수 있는 위험에 더 밀접하게 연계시켜 줄 것이며, 경영자가 이들 위험에 관해 걱정하는 시간을 쓸 수 있게 해줄 것이다.

개별 경영자에게 영향을 미치는 외부 위험을 헤지한다는 것은 기업이 반드시 헤지를 하게 된다는 뜻은 아니다. 일부 대규모 기업은 영업부문에 내부 '시장'에서 위험을 헤지하도록 허용한다. 내부 시장은 진짜 (외부) 시장가격으로 운영되는데, 위험을 사업부문으로부터 중앙 재무담당자에게로 이전시킨다. 그러고 나면 재무담당자는 회사의 총 노출을 헤지할 것인가를 결정한다.

이런 종류의 내부 시장은 두 가지 이유에서 타당성이 있다. 첫째, 사업부문의 위험은 서로 상쇄될 수도 있다. 예를 들어 정유 사업부가 난방유 가격의 상승으로부터 혜택을 입을 수도 있지만 동시에 유통 사업부는 고통을 당할 수 있다. 둘째, 영업 관리자는 실제의 금융계약을 거래하지 않기 때문에 관리자가 회사에 투기적 포지션을 취하도록 할 위험은 없다. 예를 들어 연말에 가서 이익이 줄어서 연말 보너스에 대한 희망이 사라져 간다고 가정하자. 코코아 선물시장에서 빨리 실적을 거두어서 이런 부족을 보충하려는 유혹에 빠질 수 있는가? 아마 여러분은 그렇지 않겠지만 잘 아는 사람들 중에는 그저 한 번의 투기적 시도를 해 보려는 사람들을 생각해 볼 수는 있을 것이다.

영업 관리자에게 실제의 투기적 거래를 하도록 허용하는 데 따르는 위험은 자명하다. 제과부문의 관리자는 코코아 선물시장에서는 아마추어이다. 만약 관리자가 능숙한 전문 거래자라면 아마 그는 초콜릿 공장을 운영하고 있지는 않을 것이다.[5]

위험관리는 어느 정도의 중앙집중화를 필요로 한다. 오늘날 많은 회사들이 최고 위험관리자를 임명하여 회사 전체를 위한 위험전략을 개발한다. 위험관리자는 다음의 질문에 답할 필요가 있다.

1. 회사가 당면하고 있는 주된 위험은 무엇이며, 그 중대성은 무엇인가? 어떤 위험은 거의 생각해 볼 가치도 없다. 그러나 다른 위험은 심각한 후퇴를 일으키며 심지어는 회사를 파산시킬 수도 있다.
2. 회사는 이들 위험을 부담하는 대가를 받고 있는가? 경영자는 모든 위험을 피하라고 봉급을 받는 것은 아니다. 그러나 상응하는 보상이 주어지지 않는 위험 노출을 줄일 수 있다면 경영자는 자신에게 승산이 있을 때 더 크게 내기를 걸 수 있다.
3. 위험은 어떻게 통제해야 하는가? 회사는 영업에 추가적인 유연성을 쌓음으로써 위험을 낮추어야 하는가? 회사는 영업 레버리지 또는 재무 레버리지를 변경해야 하는가? 아니면 특정한 위험에 대비해 보험을 들거나 헤지를 해야 하는가?

위험관리의 증거

어떤 회사들이 금융계약을 이용하여 위험을 관리하는가? 어느 정도까지는 거의 모든 회사들이 그렇게 한다. 예를 들어 회사는 원재료나 산출물의 가격을 고정하는 계약을 맺었을 수도 있다. 대다수 회사는 화재나 사고, 또는 도난에 대비해 보험계약을 맺는다. 이에 더해 뒤에서 알게 되겠지만 경영자는 위험을 헤지하기 위해 다양한 특화된 수단을 활용한다. 이런 수단은 한데 뭉뚱그려 파생

5) 관리자의 초기 거래가 실패로 돌아갔을 때 아마추어에 의한 투기는 두 배로 위험하다. 그 시점에서 관리자는 깊은 수렁에 빠져 있으며 끝장을 본다 해도 더 이상 잃을 것도 없다.

상품(*derivatives*)이라고 알려져 있다. 전 세계 500개 대기업을 대상으로 한 조사에서 거의 모든 기업이 파생상품을 이용하여 위험을 관리한 것으로 나타났다.6) 이들 기업 중 85%는 이자율 위험을 통제하기 위해 파생상품을 이용하였다. 78%는 통화 위험을 관리하는 데, 그리고 24%는 상품가격 변동 위험을 관리하는 데 파생상품을 사용하였다.

위험정책은 회사마다 다르다. 예를 들어 어떤 천연자원회사는 가격변동의 위험을 회피하려고 노력한다. 다른 회사들은 어깨를 으쓱거리며 가격이 변하는 대로 내버려 둔다. 왜 일부는 헤지를 하고 다른 기업은 안 하는가를 설명하기는 쉽지 않다. 금광산업에 관한 피터 투파노(Peter Tufano)의 한 연구는 경영자의 개인적 위험회피가 관련이 있을지도 모른다고 시사한다. 금 가격을 헤지하는 것은 고위 경영진이 개인적으로 회사 주식을 대량 보유하고 있을 때 더욱 일반적인 것으로 보인다. 고위 경영진이 많은 스톡옵션을 보유할 때는 헤지가 그렇게 일반적이지 않다. (기초 증권의 위험이 낮아지면 옵션의 가치는 떨어진다는 것을 기억하라.) 석유와 가스 생산회사에 대한 데이비드 호쉘터(David Haushalter)의 연구는 헤지를 가장 많이 한 회사들은 높은 부채비율을 가지고 있으며, 부채등급이 매겨져 있지 않고, 배당성향이 낮은 것을 발견하였다. 이들 회사의 헤지 프로그램은 부채금융에 대한 회사의 접근을 개선하고, 재무적 곤경의 가능성을 낮추도록 설계된 것으로 보인다.7)

26.2 보험

대부분의 기업은 다양한 위험에 대해 보험에 가입한다. 공장에 불이 날 위험, 선박이나 비행기, 자동차가 사고에 휘말릴 위험, 기업이 환경파괴에 대해 책임져야 하는 위험 등이 있다.

기업이 보험에 가입하는 것은 바로 위험을 보험회사에 이전시키는 것이다. 보험회사는 위험을 부담하는 데 어느 정도 우위를 가진다. 첫째, 보험회사는 유사한 위험들을 인수하는 데 상당한 경험이 있어서 손실의 확률을 추정하고 위험의 가격을 정확하게 산출하는 데 보다 우월한 지위에 있다. 둘째, 보험회사는 위험을 줄이는 방법에 대해 기업에 자문하는 데 능숙하고, 이러한 권고를 받아들이는 기업에는 낮은 보험료를 제시하기도 한다. 셋째, 대규모의 분산된 보험계약들의 포트폴리오를 보유하여 위험을 한데 묶을(*pool*) 수 있다. 개별 계약에 대한 보험금 청구액은 매우 불확실하지만 분산된 보험계약 포트폴리오에 대한 청구액은 매우 안정적일 수도 있다. 물론 보험회사도 시장위험, 즉 거시경제적 위험을 분산해서 없애지는 못한다. 기업들은 자사의 고유위험을 감소시키기 위해 보험계약을 이용하며, 거시적 위험을 회피하기 위해서는 다른 방법을 찾는다.

보험회사들 또한 위험 부담에 따른 불이익(*disadvantages*)에서 손해를 보며, 이는 보험료에 반영된다. 가령 회사가 $10억 가치가 있는 연안 유전 구조물(oil platform)을 소유하고 있다고 하자. 기상학자는 태풍으로 유전이 파괴될 확률은 연간 1/10,000이라고 추산하였다. 따라서 태풍 피해에 따른 기대손실은 $10억/10,000 = $100,000이다.

6) International Swap Dealers Association (ISDA), "2003 Derivatives Usage Survey," **www.isda.org**.

7) P. Tufano, "The Determinants of Stock Price Exposure: Financial Engineering and the Gold Mining Industry," *Journal of Finance* 53 (June 1998), pp. 1014-1052; and G. D. Haushalter, "Financing Policy, Basis Risk and Corporate Hedging," *Journal of Finance* 55 (February 2000), pp. 107~152 참조.

태풍 피해의 위험은 거시경제적 위험이 아닌 것은 거의 확실하며, 잠재적으로는 분산해서 없앨 수 있다. 따라서 보험회사는 보험료가 기대손실을 보전하는 데 충분하기만 하면 구조물을 보험에 들어줄 준비가 되어 있을 것이다. 다시 말하면 구조물을 보험에 드는 데 대한 공정한 보험료는 연간 $100,000가 되어야 한다.[8] 이 수준의 보험료는 회사에 NPV가 0인 거래가 된다. 불행히도 어떤 보험회사도 단 $100,000을 받고 보험계약을 제시하지 않을 것이다. 왜 그런가?

- 이유 1: **관리비용**(*administrative cost*). 다른 사업체와 마찬가지로 보험회사도 보험을 제공하고 보험청구를 처리하는 데 다양한 비용이 발생한다. 예를 들면 환경파괴 책임에 관한 논쟁에 수백만 달러의 법률 수수료가 들어가기도 한다. 보험회사는 보험료 책정에 이러한 비용을 인지할 필요가 있다.
- 이유 2: **역선택**(*adverse selection*). 보험회사가 "건강검진도 없고, 묻지도 않는" 생명보험을 제공한다고 하자. 이 보험계약에 가장 가입하고 싶어하는 사람이 누구일지는 쉽게 알 수 있다. 이 예는 **역선택** 문제에 관한 극단적인 사례이다. 보험회사가 나쁜 위험과 좋은 위험을 구별하지 못한다면 나쁜 위험에 속한 집단이 가장 먼저 보험을 차지하려 한다. 보험회사는 이를 보상받기 위해 보험료를 올리거나 아니면 주인이 손실을 분담하도록 요구한다.
- 이유 3: **도덕적 해이**(*moral hazard*): 시내로 가던 두 농부가 길에서 만났다. "조지, 자네 헛간이 타버렸다니 참 안됐네."라고 한 사람이 말하자, 다른 사람이 대답했다. "쉿, 그건 내일 밤이야." 이 이야기는 **도덕적 해이**라고 알려진 보험회사와 관련된 다른 문제의 예이다. 일단 보험에 들면 가입자는 손실에 대해 올바르게 대처하는 데 관심이 적어진다. 보험회사는 이런 현상을 인지하고 보험료에 반영한다.

역선택과 도덕적 해이의 극단적인 형태(농부의 헛간에 일어난 화재와 같은)는 전문적인 기업재무에서는 아주 드물게 마주친다. 그러나 이런 문제는 아주 미묘한 방식으로 일어난다. 석유 구조물은 '나쁜 위험'이 아닐지도 모른다. 그러나 석유회사는 구조물의 약점에 관해 보험회사보다 더 잘 알고 있다. 석유회사가 고의로 구조물을 침몰시키지는 않겠지만 일단 보험에 들고 나면 유지보수나 구조적 보강에 돈을 들이지 않으려는 유혹에 빠질 수 있다. 그러므로 보험회사가 결국 엔지니어링 연구나 유지관리를 감시하는 프로그램에 돈을 들여야 할지 모른다. 이 모든 비용은 보험료에 포함시키게 된다.

관리비용, 역선택과 도덕적 해이의 비용이 적으면 보험은 NPV가 0인 거래에 가깝다. 이들 비용이 큰 경우 보험은 위험으로부터 보호하는 데 비용이 많이 드는 방법이다.

많은 경우에 있어 보험의 위험은 **돌발위험**(*jump risk*)이다. 하루는 지평선까지 구름 한 점 없다가 다음 날 허리케인이 몰아닥친다. 위험이 엄청날 수도 있다. 예를 들어 플로리다를 강타한 허리케인 앤드류 때문에 보험회사는 $170억을 지불했고, 2001년 9월 11일의 세계무역센터(World Trade Center) 공격으로 약 $360억을 지불했으며, 허리케인 카트리나(Hurricane Katrina)는 보험회사에 기록적인 $660억의 부담을 안겼다.

이런 재앙으로 인한 손실을 더 넓게 분산시킬 수 있다면 보험의 비용은 낮아질 것이다. 그러므로 보험회사는 재앙적 위험을 투자자와 분담하는 방법을 모색해 왔다. 따라서 보험회사들은 이

8) 만약 보험료가 연초에 지급되고 보상청구는 연말까지 확정이 안 된다면 NPV 0의 보험료는 기대 보상청구액의 현재가치, 즉 $100,000/(1+r)$과 같다.

런 위험들을 투자자와 공동 부담하는 방법을 찾아오고 있었다. 한 가지 해결책은 보험회사가 재앙채권(*catastrophe bonds*, 즉 *Cat bonds*)을 발행하는 것이다. 재앙이 발생하면 재앙채권에 대한 지급금은 낮아지거나 아주 사라진다.[9] 예를 들어 2009년 처브 코퍼레이션(Chubb Corporation)은 $1억 5천만만 어치의 재앙채권을 발행했다. 채권은 처브사에 플로리다 허리케인으로부터 발생하는 $8억 5천만 이상의 손실을 보전해 준다. 이런 위험을 부담하는 대가로 투자자들은 LIBOR보다 10.25% 높은 유혹적인 이자를 받았다.

BP는 어떻게 자사의 보험전략을 바꾸었는가?[10]

주요 상장기업들은 전형적으로 잠재적인 대형손실에 대해서는 보험에 가입하고 일상적인 손실에 대해서는 자구책을 마련해 둔다. 이는 대형손실은 재무적 곤경을 촉발할 수도 있다는 생각 때문이다. 반면에 기업에 있어 일상적인 손실은 예측가능하며, 그래서 보험회사에 보험료를 지급하고 청구액으로 보험료의 적은 일정 비율을 되돌려 받을 이유는 별로 없는 것이다.

BP는 이런 일상적인 통념에 도전했다. 다른 모든 석유회사와 마찬가지로 BP는 다양한 잠재적 손실에 노출되어 있다. 어떤 것은 자동차 사고나 산업재해처럼 일상적인 사건에서 일어난다. 다른 극단에서는 대형 기름유출 사건이나 해저 유전굴착장치의 파손과 같은 재앙의 결과로 일어난다. 과거에 BP는 상당히 많은 외부 보험에 가입하였다.[11] 1980년대에 BP는 매년 $1억 1,500만을 보험료로 지급하고 보험청구로 $2,500만을 수령하였다.

BP는 자사의 보험전략을 전면 재검토하였다. BP는 일상적인 위험에 대해서는 현지 경영자들이 보험에 가입하도록 결정했다. 이런 일상적인 위험은 보험회사가 위험을 평가하고 가격을 매기는 데 우위가 있고 보험회사들 사이에 격심한 경쟁이 있는 분야이다. BP는 보험회사가 자사 경영자들보다 이런 일을 더 효율적으로 해낼 수 있다고 생각했다. 그러나 BP는 대부분의 $10백만 이상의 손실에 대해서는 보험에 들지 않기로 결정하였다. 이보다 크고 전문화된 위험에 대해서는 보험회사의 위험평가 능력이 떨어지며 안전 조치에 대한 권고도 잘 맞지 않는다고 판단했다. 그 결과 대형 위험에 대한 보험은 경쟁적으로 가격이 결정되지 않는다고 BP는 결론지은 것이다.

중대한 손실에 대해 보험에 가입하지 않는다는 결정으로 BP가 추가로 부담해야 하는 위험은 얼마나 될까? BP의 추정에 따르면 $5억 이상 규모의 손실은 30년에 한 번 발생한다. 그런데 BP는 시가총액이 $1,500억에 이르는 초대형 기업이다. 대부분의 기업을 파산으로 몰아넣을 $5억조차도 세후 금액으로 환산할 때 BP 시가총액의 1%에도 못 미치는 금액이다. BP는 이 정도는 부담할 만한 위험이라고 결론지었다. 즉 발생확률이 낮은 대형위험에 대해서는 보험산업보다도 주식시장이 위험을 흡수하는 데 더 효율적이라고 판단한 것이다.

---

9) 재앙채권에 대한 논의와 기타 보험위험을 공유하는 기법은 다음 문헌을 참조. N.A. Doherty, "Financial Innovation in the Management of Catastrophe Risk," *Journal of Applied Corporate Finance* 10 (Fall 1997), pp. 84~95; 다음으로 K. Froot, "The Market for Catastrophe Risk: A Clinical Examination," *Journal of Financial Economics* 60 (2001), pp. 529~571.

10) BP의 보험전략에 관한 논의는 다음 문헌에 크게 의존하였다. N. A. Doherty and C. W. Smith, Jr., "Corporate Insurance Strategy: The Case of British Petroleum," *Journal of Applied Corporate Finance* 6(Fall 1993), pp. 4~15.

11) 그러나, 한 두 건의 예외를 제외하고는 $5억 이상의 대형손실에 대한 보험은 이용할 수 없었다.

26.3 옵션으로 위험 낮추기

경영자들은 하방위험을 한정하기 위해 정기적으로 통화, 이자율, 그리고 상품 등에 대한 옵션을 매입한다. 예를 들어 멕시코 정부가 당면한 문제를 생각해 보자. 수입의 40%가 정부 소유의 석유회사인 페멕스(Pemex)에서 얻어진다. 그래서 석유가격이 떨어지면 정부는 계획된 지출을 줄일 수밖에 없다. 이는 언제라도 바람직하지 않은 일이었지만 나라가 경기침체를 겪던 2008년에는 특히 더 그랬다.

멕시코 정부의 해결책은 정부가 판매하는 3억 3천만 배럴의 원유에 대해 판매 가격의 하한선을 설정하는 것이었다. 이는 2009년 국가 전체의 원유 수출량과 맞먹는 양이다. 이를 위해 정부는 배럴 당 $70의 행사가격으로 원유를 팔 수 있는 권리를 부여하는 **풋 옵션**을 매입했다. 원유 가격이 이 수준보다 높아지면 멕시코는 이득을 얻을 것이다. 그러나 가격이 $70 이하로 떨어지면 풋 옵션으로부터의 지급금이 수입 부족을 정확히 상쇄할 것이다. 물론 이런 혜택을 공짜로 얻을 수는 없다. 석유 가격 하락에 대한 보험을 위해 멕시코 정부가 지불한 가격은 추정된 $15억의 풋 옵션 비용이었다.

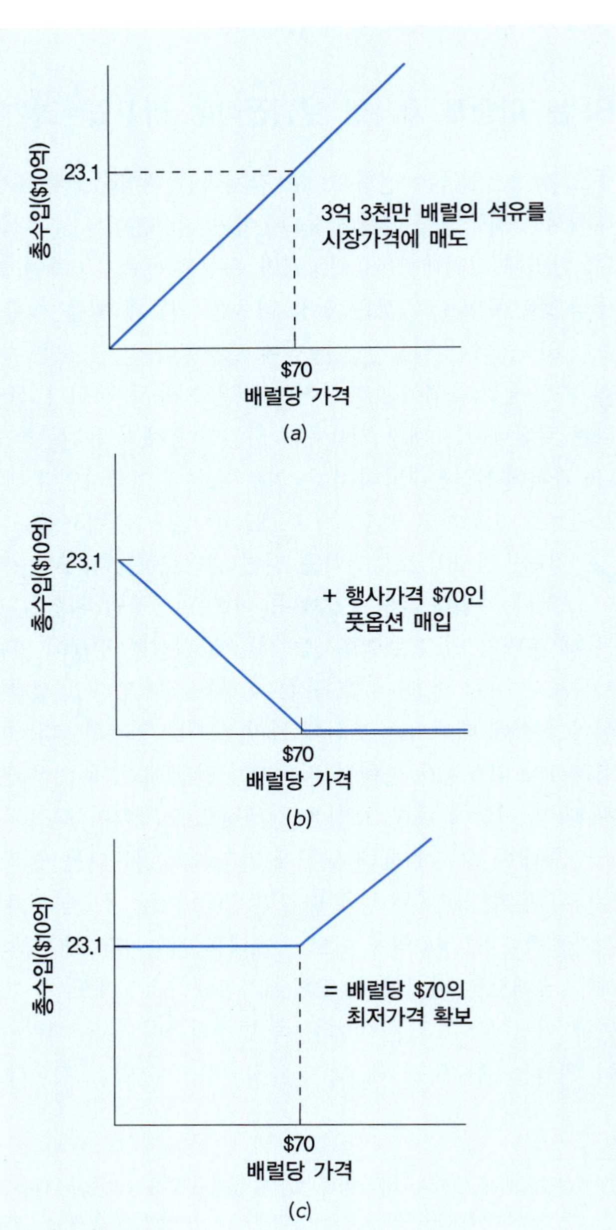

그림 26.1
풋옵션이 어떻게 석유 가격 하락으로부터 멕시코 정부를 보호해 주었는가?

그림 26.1은 멕시코 정부의 보험 전략의 본질을 예시한다. 패널 (*a*)는 3억 3천만 배럴의 석유를 팔아서 얻는 수입을 나타낸다. 만약 석유 가격이 하락하면 정부 수입도 감소한다. 그러나 패널 (*b*)가 예시해 주는 바와 같이 3억 3천만 배럴을 팔 수 있는 옵션으로부터의 지급금은

석유 가격이 $70 이하로 떨어지면서 증가한다. 이 지급금이 석유 수입을 정확히 상쇄시킨다. 패널 (*c*)는 풋옵션을 매입하고 난 후의 정부의 총 수입을 보여 준다. 가격이 $70 이하이면 수입은 70 × 3억 3천만 = $231억으로 고정된다. 그러나 석유 가격이 $70 이상으로 올라가면 $1당 수입은 $3억 3천만씩 증가한다. 패널 (*c*)의 그림은 제20.2절에서 보았던 보호적 풋 전략으로 우리에게 친숙하다.

26.4 선도계약과 선물계약

헤징은 한 가지 위험을 상계시키기 위하여 다른 위험을 떠안는 것이다. 이는 잠재적으로 즐거운 놀랄 일(surprise)이나 바람직하지 않은 놀랄 일을 모두 제거함으로써 모든 불확실성을 없앤다. 이제 곧 어떻게 헤지를 설정하는가를 설명한다. 그러나 먼저 몇몇 예를 들어보고 헤징을 위해 특별히 설계된 몇몇 수단을 설명한다. 이들은 선도계약, 선물, 그리고 스왑 등이다. 이들 수단은 옵션과 합쳐서 **파생상품** 또는 **파생증권**(*derivative instruments* 또는 *derivatives*)이라고 한다. 그 가치가 다른 자산의 가치에 따라 결정되기 때문이다.

단순한 선도계약

단순한 **선도계약(forward contract)**으로부터 시작한다. 난방유 판매업자인 아크틱 연료회사(Arctic Fuels)는 오는 1월에 소매 고객들에게 1백만 갤런의 난방유를 공급할 계획이다. 아크틱사는 다가오는 겨울에 난방유 가격이 올라갈 것이 걱정되어서 공급유를 매입하는 비용을 고정시키기를 원한다. 노던 정유회사(Northern Refineries)는 정반대 포지션에 있다. 내년 겨울 난방유를 생산할 것이지만 기름을 얼마에 팔 수 있을지 모른다. 그래서 두 회사는 거래에 합의한다. 아크틱사는 9월에 노던 정유사로부터 갤런당 $1.60에 1백만 갤런을 매입하기로 하고, 1월에 상품의 인도와 함께 돈을 지불하기로 합의한다. 노던은 1월에 갤런당 $1.60로 1백만 갤런을 아크틱에 판매하고 인도하기로 합의한다.

아크틱과 노던은 이제 선도계약의 두 당사자(*counterparties*)이다. **선도가격(forward price)**은 갤런당 $1.60이다. 이는 오늘, 이 예에서는 9월, 고정된 가격이지만 대금 지급과 상품 인도는 나중에 일어난다. [지금 바로 인도하는 가격은 **현물가격(spot price)**이라고 한다.] 1월에 매입하기로 합의한 아크틱사는 계약에서 매입(*long*) 포지션을 가진다. 1월에 매도하기로 합의한 노던 정유사는 매도(*short*) 포지션에 있다. 두 회사 모두 사업위험을 제거하였다. 아크틱은 비용을 고정시켰고, 노던은 1백만 배럴의 산출물에 대해 수입을 고정시켰다.

이 선도계약을 옵션과 혼동하지 말라. 아크틱은 매입할 수 있는 옵션을 가지고 있는 것이 아니다. 이 회사는 1월에 현물가격이 갤런당 $1.60보다 훨씬 낮아지더라도 매입하기로 약속한 것이다. 노던도 매도하는 옵션을 가지고 있는 것이 아니다. 이 회사는 1월에 인도를 위한 현물가격이 갤런당 $1.60보다 훨씬 높은 경우에도 거래에서 뒤로 빠질 수 없다. 그러나 판매업자와 정유사 모두 상대방 위험(*counterparty risk*), 즉 상대방 당사자가 약속을 이행하지 않은 위험에 관해 염려해야 한다는 점에 주목하라.

항공사 연료비용의 헤지에 대한 찬반 양론

항공유(jet fuel)는 항공사를 운영하는 데 주된 비용이다. 예를 들어 2008년에 등유(kerosene) 매입은 독일 항공사인 루프트한자(Lufthansa) 영업비용의 약 20%에 달했다. 항공유 비용은 악명 높게 변동이 심해서 2007년 1월부터 2008년 5월 사이에는 150% 이상 올랐다가 곧이어 12개월 동안 70% 이상 떨어졌다. 그러므로 루프트한자는 다른 항공사와 마찬가지로 선도계약과 옵션 등과 같은 다양한 시장 수단을 사용해 연료 가격의 예기치 않았던 변동을 헤지한다. 2009년 초 이 회사는 그 해 연료 필요량의 63%와 다음 해 필요량의 26%를 헤지하였다.

미국 항공사들의 헤징을 연구한 카터와 로저스, 그리고 심킨스(Carter, Rogers, and Simkins)는 투자자들은 연료비용을 헤지한 루프트한자 등과 같은 항공사에 프리미엄을 부여하였다고 결론지었다. 프리미엄을 주는 이유는 항공사들이 연료 가격이 높고 영업 현금흐름의 가치는 낮을 때 수익성 있는 투자를 줄여야 할지 모르기 때문이라고 했다. 상승하는 연료비용으로부터 보호된 항공사는 투자기회를 활용할 유리한 위치에 있다.

헤징은 항공사에 이점도 있지만 또한 위험도 따른다. 한 가지 문제는 연료 가격이 떨어지면 미래 연료 니즈를 확보하는 계약을 체결한 항공사는 이들 계약에서 손실을 입는다. 이들 항공사가 선물거래소에서 계약을 매입했다면 이런 손실을 보전하기 위해 현금을 내놓아야 한다. 이것이 바로 2008년 하반기 연료 가격이 폭락했을 때 많은 항공사들이 경험한 일이다. 〈주간 항공(*Aviation Week*)〉이라는 잡지에 기고한 에이드리언 쇼필드(Adrian Schofield)는 "2008년 말 델타(Delta)와 유나이티드 항공(United Airlines)은 약 $10억의 현금이 헤지에 대한 담보로 묶여 있었고, 아메리칸 항공은 $5억 7,500만을 내놓아야 했다."라고 썼다. 항공업계 상황이 미국 항공사들에게 우호적이지 않은 시기에 이는 엄청난 금액의 현금이었다.

쇼필드는 잠재적인 헤저(hedgers)들에게 주의를 환기시킨다. "낮은 항공유 가격을 지불하는 항공사 간의 경쟁은 낮은 항공요금으로 이어진다. 이런 현상이 일어나면 낮은 연료비용은 낮은 수입으로 상쇄되고 헤징계약에서 입는 손실은 바로 순이익으로 떨어진다. 고객에게 전가되는 비용은 자연적으로 헤지된다." 일반적으로 비용의 증가 중 극히 일부분만 전가되고, 자연적인 헤지는 부분적이다. 그러나 회사가 자연적인 헤지에 재무 헤지거래를 추가할 때는 조심해야 한다. 헤지가 지나쳐서 위험을 낮추는 것이 아니라 오히려 증가시킬 수 있다.

자료원: D. A. Carter, D. A. Rogers, and B. J. Simkins, "Hedging and Value in the U.S. Airline Industry," *Journal of Applied Corporate Finance* 18 (Fall 2006), pp. 21~33; and A. Schofield, "High Anxiety," *Aviation Week & Space Technology*, February 2, 2009, pp. 24~25.

이 난방유 예는 여러 가지 복잡한 문제들을 얼버무렸다. 예를 들어 두 회사의 위험은 난방유 가격을 고정시킴으로써 낮출 수 있다고 가정하였다. 그러나 가령 난방유의 소매가격이 도매가격과 함께 오르고 내린다고 하자. 이 경우에는 비용과 수입이 같이 움직이기 때문에 난방유 판매업자는 자연히 헤지가 되어 있다. 선물계약으로 비용을 고정시키는 것은 실제로 판매업자의 이익을 더 변동이 심하게 만든다. 위의 글상자는 헤징 결정이 항상 그렇게 간단한 일은 아니라는 점을 예시하고 있다.

선물거래소

앞의 예에서 본 난방유 판매업자와 정유회사는 단 한 번뿐인 양자 간 계약을 협상하는 것이 아니다. 각자는 표준화된 난방유 선도계약이 거래되고 있는 거래소로 간다. 판매업자는 계약을 매입하고 정유회사는 매도한다.

여기서 우리는 몇몇 까다로운 용어들을 만난다. 표준화된 선도계약이 거래소에서 거래되는 것을 **선물계약(futures contract)**이라고 부른다. 이것은 같은 계약이지만 그저 다른 딱지가 붙은 것이다. 거래소는 **선물거래소(futures exchange)**라고 부른다. '선물(futures)'과 '선도(forward)' 간의 구별은 계약에 적용되는 것이 아니고 계약이 어떻게 거래되느냐의 구별이다. 선물거래는 잠시 뒤에 설명하기로 한다.

표 26.1은 가장 중요한 상품 선물계약과 그것이 거래되는 거래서를 나열하고 있다.[12] 위의

선물	거래소	선물	거래소
보리	WCE	알루미늄	LME
옥수수	CBOT, MGEX	구리	COMEX, LME
귀리	CBOT	금	COMEX
밀	CBOT, KC, MGEX	납	LME
		니켈	LME
콩	CBOT, MGEX	은	COMEX
콩가루	CBOT	주석	LME
콩기름	CBOT	아연	LME
생우	CME	원유	ICE, NYMEX
돈육	CME	가스유	ICE
		난방유	NYMEX
코코아	ICE, LIFFE	천연가스	ICE, NYMEX
커피	ICE, LIFFE	무연 휘발유	NYMEX
목화	ICE		
원목	CME	전력	NYMEX
오렌지주스	ICE	말 가격	CME
설탕	ICE, LIFFE	날씨	CME

표 26.1 몇몇 상품선물과 이들이 거래되고 있는 일부 거래소.

약어 보기:

CBOT Chicago Board of Trade(시카고상품거래소)
CME Chicago Mercantile Exchange(시카고 상업거래소)
COMEX Commodity Exchange Division of NYMEX(NYMEX의 상품거래소 부문)
ICE Intercontinental Exchange(대륙 간 거래소)
KC Kansas City Board of Trade(캔자스시티 상품거래소)
LIFFE Euronext LIFFE(유로넥스트 LIFFE)
LME London Metal Exchange(런던 금속거래소)
MGEX Minneapolis Grain Exchange(미니아폴리스 곡물거래소)
NYMEX New York Mercantile Exchange(뉴욕 상업거래소)
WCE Winnipeg Commodity Exchange(위니펙 상품거래소)

12) 독자들이 이 책을 읽는 시점에는 선물계약의 목록은 거의 틀림없이 기간이 지나 쓸모가 없을 것이다. 거래가 활발하지 않은 계약은 종료되고 새로운 계약이 도입되기 때문이다. 선물거래소의 목록 또한 쓸모없는 것일 수 있다. 최근 많은 합병이 있었다. 2007년 7월 CME와 CBOT가 합병하여 CME그룹이 되었다. 또한 2007년 국제거래소(Intercontinental Exchange)는 뉴욕상품거래소(New York Board of Trade)를 인수하였다. 2008년 8월 CME그룹은 NYMEX와 COMEX 거래소를 운영하는 NYMEX 지주회사를 인수하였다.

선물	거래소	선물	거래소
미 재무성 채권	CBOT	유로엔 예금	CME, SGX, TFX
미 재무성 노트	CBOT		
독일 국채(분트)	Eurex	S&P 지수	CME
일본 채권(JGB)	CME, SGX, TSE	프랑스 주가지수(CAC)	LIFFE
영국 국채(길트)	LIFFE	독일 주가지수(DAX)	Eurex
미 재정증권	CME	일본 주가지수(니케이)	CME, OSE, SGX
스왑	CBOT	영국 주가지수(FTSE)	LIFFE
신용부도스왑	CBOT	중국 인민폐	CME
LIBOR	CME	유로	CME
EURIBOR	LIFFE	일본 엔	CME
유로달러예금	CME		

표 26.2 몇몇 금융선물과 이들이 거래되는 일부 거래소

약어 보기:
CBOT Chicago Board of Trade(시카고상품거래소)
CME Chicago Mercantile Exchange(시카고상업거래소)
LIFFE London International Financial Futures and Options Exchange(런던국제금융선물옵션거래소)
OSE Osaka Securities Exchange(오사카증권거래소)
SGX Singapore International Monetary Exchange(싱가포르국제통화거래소)
TFX Tokyo International Financial Futures Exchange(도쿄국제금융선물거래소)
TSE Tokyo Stock Exchange(도쿄증권거래소)

예에서 본 정유사와 판매회사는 뉴욕상업거래소(New York Mercantile Exchange, NYMEX)에서 난방유 선물을 거래할 수 있다. 임업 제품회사와 주택건설업자는 시카고상업거래소(Chicago Mercantile Exchange, CME)에서 원목선물(lumber futures)을 거래할 수 있다. 밀 농부와 제분업자는 시카고상품거래소(Chicago Board of Trade, CBOT)나 또는 소규모의 지역 거래소에서 소맥선물(wheat futures)을 거래할 수 있다.

많은 기업에 있어 이자율과 환율의 폭넓은 변동은 적어도 상품 가격만큼이나 중요한 위험의 원천이 되었다. 금융선물은 상품선물과 유사하다. 그러나 미래 특정 일자에 상품을 사거나 파는 주문을 내는 대신 금융자산을 사거나 파는 주문을 낸다. 표 26.2는 몇몇 중요한 금융선물을 나열하고 있다. 표 26.1과 마찬가지로 이는 완성된 목록은 아니다. 예를 들어 타이 주가지수(Thai stock market index), 헝가리 통화(Hungarian forint), 핀란드 정부채권, 그리고 많은 다른 금융자산에 대한 선물을 거래할 수 있다.

거의 매일 새로운 선물계약이 새로 만들어지는 것 같다. 처음에는 은행과 고객 사이에 사적 거래가 일어난다. 그러나 아이디어가 인기가 있는 것으로 밝혀지면 선물거래소 중 한 곳이 이 사업에 달려들 것이다. 예를 들어 지난 몇 년 동안 시카고상업거래소는 미국 18개 도시의 날씨와 10개 도시의 주택 가격에 대한 선물계약을 제공하였다.

선물거래의 역학구조

선물계약을 사거나 팔 때 가격은 오늘 확정되지만 현지급은 나중에 이루어진다. 그렇지만 거래자는 당사자로서 약속을 지킬 돈이 있는지를 보여주기 위해 현금이나 재무성 증권(T-bill)의 형태로 **증거금(margin)**을 예치하도록 요청받게 된다. 증거금 계좌에 예치한 증권에서 이자수입이 있다면 비용부담은 없다.

나아가 선물계약은 **일일정산(marked to market)**을 한다. 이는 계약에서 발생하는 이익이나 손실을 매일 계산한다는 뜻이다. 거래자는 모든 손실금액은 거래소에 납부하고 이익은 수령하게 된다. 예를 들어 아크틱 연료회사가 9월에 갤런당 $1.60의 선물가격으로 1월물 난방유 1백만 갤런의 선물계약을 매입한다고 하자. 다음 날 1월물 계약의 가격이 갤런당 $1.62로 상승한다. 아크틱은 이제 $0.02 × 1,000,000 = $20,000의 이익을 얻는다. 거래소의 청산소는 따라서 아크틱의 증거금 계좌에 $20,000을 지급한다. 만약 가격이 $1.61로 떨어지면 아크틱 증거금계좌에서 청산소로 $10,000가 지급된다.

물론 노던 정유사는 정반대 포지션에 있다. 가령 갤런당 $1.60의 선물가격으로 1월물 난방유 1백만 갤런의 선물계약을 매도한다고 하자. 만약 가격이 갤런당 $1.62로 상승하면 이 회사는 $0.02 × 1,000,000 = $20,000의 손실을 입고 이 금액을 청산소에 지급해야 한다. 판매업자나 정유사 모두 거래 상대방이 약속을 지키지 않을까 걱정할 필요가 없다는 점에 주목하라. 선물거래소는 계약을 보증하며 매일 이익과 손실을 정산함으로써 스스로를 보호한다. 선물거래는 상대방 위험을 제거해 준다.

이제 선물계약의 수명 동안 무슨 일이 일어나는지 생각해 보자. 아크틱과 노던은 1월물 계약에 대해 서로 상쇄되는(직접 상호간이 아니라 거래소와의 관계에서) 매입과 매도 포지션을 가진다고 가정하고 있다. 가령 지독한 한파가 내려와 1월에 난방유의 현물가격이 갤런당 $1.70으로 올라간다고 하자.[13] 따라서 아크틱은 (1.70 − 1.60) × 1,000,000 = $100,000의 누적 이익을 얻는다. 이 회사는 1백만 갤런을 인도받고 갤런당 $1.70, 즉 $1,700,000을 지급한다. 이 회사의 순 비용은 선물계약으로부터의 이익을 계산하여 $1,700,000 − 100,000 = $1,600,000, 즉 갤런당 $1.60이다. 따라서 이 회사는 9월에 공표된 갤런당 $1.60의 가격을 고정시킨 것이다. 아크틱의 순 비용은 현물가격이나 1월의 마지막 선물가격이 얼마든지 상관없이 항상 갤런당 $1.60로 귀착됨을 쉽게 확인할 수 있다.

노던 정유사는 1월의 가격이 $1.70이면 $100,000의 누적 손실을 입는다. 이는 나쁜 소식이다. 좋은 소식은 이 회사가 난방유를 갤런당 $1.70로 판매하고 인도할 수 있다는 것이다. 이 회사의 수입은 $1,700,000 − 100,000 = $1,600,000, 즉 갤런당 $1.60으로서 이는 9월의 현물가격과 같다. 다시 한 번, 노던의 순 매도가격은 항상 갤런당 $1.60로 귀착된다.

아크틱은 선물거래소로부터 직접 인도를 받을 필요가 없고 노던이 거래소에 인도하지도 않는다. 두 회사는 아마도 계약이 끝나기 바로 직전에 각자의 이익이나 손실을 정리하고 선물 포지션을 마감(close out)하며, 그러고 나서 현물시장에서 매입하거나 매도한다.[14]

---

13) 현물가격은 즉시 인도의 가격임을 상기하자. 선물계약은 또한 1월에 만기가 될 때 즉시 인도를 요구한다. 그러므로 선물계약과 선도계약의 마감하는 가격은 계약이 만기에 도달하면 현물가격으로 수렴해야 한다.

14) 일부 금융선물계약은 인도를 **금지한다**. 모든 포지션은 계약 만기일에 현물가격으로 마감된다.

거래소로부터 직접 인도받는 것은 비용이 많이 들고 불편할 수 있다. 예를 들어 NYMEX 난방유 선물계약은 뉴욕 항에서 인도할 것을 요구한다. 아크틱 연료회사는 아마도 노던 정유회사와 같은 지역 공급자로부터 인도받는 것이 훨씬 나을 것이다. 노던 정유사도 마찬가지로 난방유를 뉴욕으로 수송하는 것보다는 그 지역에서 인도하는 것이 더 나을 것이다. 두 회사 모두 그럼에도 불구하고 위험을 헤지하는 데 NYMEX 선물계약을 이용한다.

헤지의 실효성은 지역의 난방유 가격과 뉴욕 항의 가격의 변동 간의 상관관계에 달려있다. 두 지역의 가격은 세계 에너지 가격에 대한 의존성 때문에 양(+)의 상관관계를 가질 것이다. 그러나 상관관계는 완전하지는 않다. 만약 아크틱 연료회사의 고객들이 사는 지방은 많이 춥고 뉴욕은 그렇지 않으면 어떻게 될까? NYMEX 선물의 매입포지션은 추위 때문에 발생하는 그 지역의 현물가격 상승에 대해서는 아크틱 연료회사를 헤지해 주지 못한다. 이것이 **베이시스 위험(basis risk)**의 한 예이다. 이 장의 뒷부분에서 베이시스 위험으로 발생하는 문제를 다시 논의한다.

금융선물계약의 거래와 가격결정

금융선물은 상품선물과 같은 방법으로 거래된다. 당신 회사의 연금펀드 관리자가 독일 주식시장이 향후 6개월 동안 다른 유럽 시장들보다 좋은 성과를 올릴 것으로 생각하고 있다고 하자. 관리자는 6개월간 10%의 수익률을 예상하고 있다. 어떻게 내기를 걸 것인가? 물론 독일 주식을 사면 된다. 그러나 유렉스거래소(Eurex exchange)에서 거래되는 독일 주식의 DAX 지수에 대한 선물계약을 살 수도 있다. 가령 관리자가 10개의 6개월 선물계약을 4,000의 가격으로 매입한다고 하자. 각각의 계약은 지수 수준의 25배를 지급하기 때문에 관리자는 10 × 25 × 4,000 = €1,000,000의 매입포지션을 가진다. DAX가 상승하면 유렉스는 그 이익을 관리자의 계좌로 지급한다. DAX가 하락하면 증거금계좌도 같이 떨어진다. 독일시장에 대한 펀드 관리자의 예측이 맞아서 6개월 후 DAX가 4,400으로 마감되었다면 선물 포지션에서 얻는 펀드의 누적 이익은 10 × (4,400 − 4,000) × 25 = €100,000이다.

증권을 매입하려면 그 방법을 선택할 수 있다. 현물가격으로 즉시 인도받는 방법도 있고 아니면 미래의 가격으로 미래의 인수를 위한 '선도 매입(buy forward)'을 할 수도 있다. 어떤 방법이든지 동일한 주식을 가지게 되겠지만 두 가지의 차이가 있다. 첫째, 선도 매입을 하면 미리 대금을 지급하지 않는다. 매입 가격에 대해 이자를 벌 수 있다. 둘째, 중간에 지급되는 이자나 배당은 받을 수 없다. 이로부터 현물가격과 선물가격 간의 관계를 다음과 같이 설정할 수 있다.

$$F_t = S_0(1 + r_f - y)^t$$

여기서 F_t는 t기간 동안 존속하는 계약의 선물가격, S_0는 오늘의 현물가격, r_f는 무위험 이자율, 그리고 y는 배당 수익률 또는 이자율이다.[15] 다음 예제는 이 공식이 어떻게 잘 맞으며 그 이유는 무엇인가를 보여준다.

15) 이 공식은 일일정산을 하지 않는 선물계약의 경우에만 확실히 맞는다. 그렇지 않으면 선물의 가치는 계약의 수명기간 동안 이자율의 변동 경로에 따라 달라진다. 실제에 있어서는 이런 제약조건은 그렇게 중요하지 않으며, 이 공식은 선물뿐만 아니라 선도계약에도 잘 맞는다.

예제 26.1 ● 지수선물의 가치평가

가령 현재의(현물) DAX 지수가 3,980.10일 때 6개월 DAX 선물계약이 4,000에 거래되고 있다고 하자. 이자율은 연간 3%이고(6개월간은 약 1.5%) 지수의 배당수익률은 2%이다(6개월간은 약 1%). 이 수치들은 공식과 잘 부합한다.

$$F_t = 3{,}980.10 \times (1 + 0.015 - 0.01) = 4{,}000$$

그런데 이 수치들은 어째서 서로 일관성이 있는가?

오늘 막 3,980.10의 가격으로 DAX 지수를 매입했다고 하자. 그러면 6개월 후 지수를 보유하고 0.01 × 3,980.10 = 39.80의 배당도 받을 것이다. 그 대신 투자자가 4,000에 선물계약을 매입하기로 결정하고 €3,980.10를 은행에 예금한다. 6개월 후 은행계좌는 1.5%의 이자를 벌어서 3,980.10 × 1.015 = €4,039.80으로 불어나서 4,000으로 지수를 매입하고 €39.80의 현금을 남기기에 충분하다. 현물 대신 선물 매입 때문에 받지 못한 배당을 보전하기에 충분하다. 지불한 만큼 보상을 받는다.16)

현물가격과 선물가격—상품

오늘 **상품**(*commodity*)을 매입하는 것과 상품선물을 매입하는 것의 차이는 좀 더 복잡하다. 첫째, 지급이 연기되기 때문에 선물 매입자는 자신의 돈에서 이자수입을 얻는다. 둘째, 상품을 저장해둘 필요가 없기 때문에 창고비용이나 소모 등이 발생하지 않는다. 반면에 선물계약은 실물을 손에 가지고 있을 때의 가치인 **편의수익률**(*convenience yield*)을 제공하지 않는다. 갑자기 한파가 닥친 경우 슈퍼마켓 관리자는 난방유 선물을 연료로 쓸 수 없으며, 토요일 오후 1시에 오렌지주스 재고가 바닥나버리면 오렌지주스 선물을 진열대에 올려 놓을 수는 없다.

보관비용과 편의수익률을 현물가격에 대한 비율로 나타내 보자. 상품의 경우 t기간 앞의 선물가격은 다음과 같다.17)

$$F_t = S_0(1 + r_f + \text{보관비용} - \text{편의수익률})^t$$

이 공식을 금융선물 공식과 비교하는 것은 흥미롭다. 편의수익률은 증권에서 받지 못한 배당이나 이자수입(y)과 동일한 역할을 한다. 그러나 금융자산은 보관에 비용이 발생하지 않으며, 따라

16) 이 공식은 다음과 같이 유도할 수 있다. S_6를 6개월 후 지수의 가치라고 하자. 오늘 S_6의 값은 모른다. 오늘 S_0를 지수에 투자하고 6개월 후에 $S_6 + yS_0$를 얻는다. 또한 선물계약을 매입하고 S_0를 은행에 예치한 다음 이 은행 잔고를 이용하여 6개월 후 선물가격 F_6를 지급한다. 두 번째 전략에서는 6개월 후 $S_6 - F_6 + S_0(1+r_f)$를 받는다. 이 두 투자전략은 같고 어느 쪽이든지 S_6를 얻기 때문에 지급금 또한 같아야 한다.

$$S_6 + yS_0 = S_6 - F_6 + S_0(1 + r_f)$$
$$F_6 = S_0(1 + r_f - y)$$

여기서 r_f와 y는 모두 6개월간의 율(rate)이라고 가정한다. 만약 월별 율이라면 일반적인 공식은 $F_t = S_0(1 + r_f - y)^t$이다. 여기서 t는 개월 수이다. 만약 연간 율이라면 공식은 $F_t = S_0(1 + r_f - y)^{t/12}$이다.

17) 아무도 그 상품을 보유하기 원하지 않으면, 즉 재고가 0 또는 어떤 절대 최소치로 떨어지면, 이 공식은 선물가격을 과장할 수 있다.

서 보관비용은 금융선물 공식에는 나타나지 않는다.

통상적으로 보관비용이나 편의수익률은 관찰할 수 없다. 그러나 현물가격과 선물가격을 비교함으로써 둘 간의 차이를 추정할 수는 있다. 그 차이, 즉 편의 수익률 빼기 보관비용은 순 **편의수익률**(*net convenience yield*)이라고 한다(순 편의수익률 = 편의수익률 − 보관비용).

예제 26.2 ● 순 편의수익률의 계산

2009년 1월 원유(crude oil)의 현물가격은 배럴당 $41.68이었고, 1년 선물가격은 $58.73이었다. 이자율은 0.44%였다. 그러므로 다음과 같이 쓸 수 있다.

$$F_t = S_0(1 + r_f + \text{보관비용} - \text{편의수익률})$$
$$58.73 = 41.68(1.0044 - \text{순 편의수익률})$$

따라서 순 편의수익률은 음수였다. 즉 순 편의수익률 = 편의수익률 − 보관비용 = −0.405, 또는 −40.5%. 분명히 원유를 보관하는 비용은 원유 재고가 가져다 주는 편의수익률보다 높았다. 2009년 석유는 풍부한 공급이 있었고, 사용자들은 앞으로 수개월 동안 재고가 떨어질까 걱정하지 않았다.

그림 26.2는 1995년 이후 원유에 대한 연간 순 편의수익률을 나타낸 것이다. 현물가격과 선물가격 간의 스프레드가 얼마나 급격하게 변동하는지에 주목하라. 공급부족이나 공급 중단의 위협이 있을 때 거래자들은 미래 인도에 대한 약속보다는 원유 재고를 보유하는 데 따르는 편의에 대해 후한 프리미엄을 지불하려 할 수도 있다.

또 한 가지 주목해야 할 복잡한 문제가 있다. 전혀 보관할 수 없는 상품이 있다. 예를 들어 전기는 보관할 수 없다. 그 결과 6개월 후에 인도하기로 한 전기는 실질적으로 지금 사용할 수 있는 전기와는 다른 상품이다. 그래서 단순한 오늘의 가격과 6개월 후에 사거나 파는 선물계약 간에는 어떤 단순한 연계관계가 존재하지 않는다. 물론 전기 생산자나 사용자는 현물가격이 얼마나 될 것인가에 대한 나름대로의 견해를 가질 것이고 선물가격은 어느 정도까지는 이런 견해를 반영할 것이다.[18)]

선도계약 더 알아보기

매일 수십억 달러어치의 선물계약이 매매된다. 이러한 유동성은 선물계약이 표준화되어 있고, 매년 한정된 수의 정해진 날짜에 만기가 도래하기 때문에 가능하다.

---

18) 선물시장의 옹호자와 이에 비판적인 사람들은 시장이 '가격발견(price discovery)' 기능을 제공하는지에 관해 논쟁한다. 즉 선물계약이 만기가 될 때 선물가격이 현물가격에 대한 거래자의 예측을 나타내는지에 대해 논쟁한다. 만약 이런 까다로운 성품의 사람들을 만나면 다른 질문으로 대응하기를 제안한다. 선물가격은 오늘의 현물가격에 포함되어 있지 않은 현물가격에 관한 정보를 나타내는가? 이 공식은 이 질문에 대한 답을 준다. 선물가격에는 유용한 정보가 있다. 그러나 그것은 편의수익률과 보관비용, 또는 금융선물의 경우 배당과 이자 지급금에 관한 정보이다. 선물가격은 상품이 보관되지 않거나 또는 보관될 수 없을 때만 현물가격에 관한 정보를 나타내 준다. 그렇다면 현물가격과 선물가격 간의 연계는 끊어지고, 선물가격이 가격발견을 도와줄 수 있다.

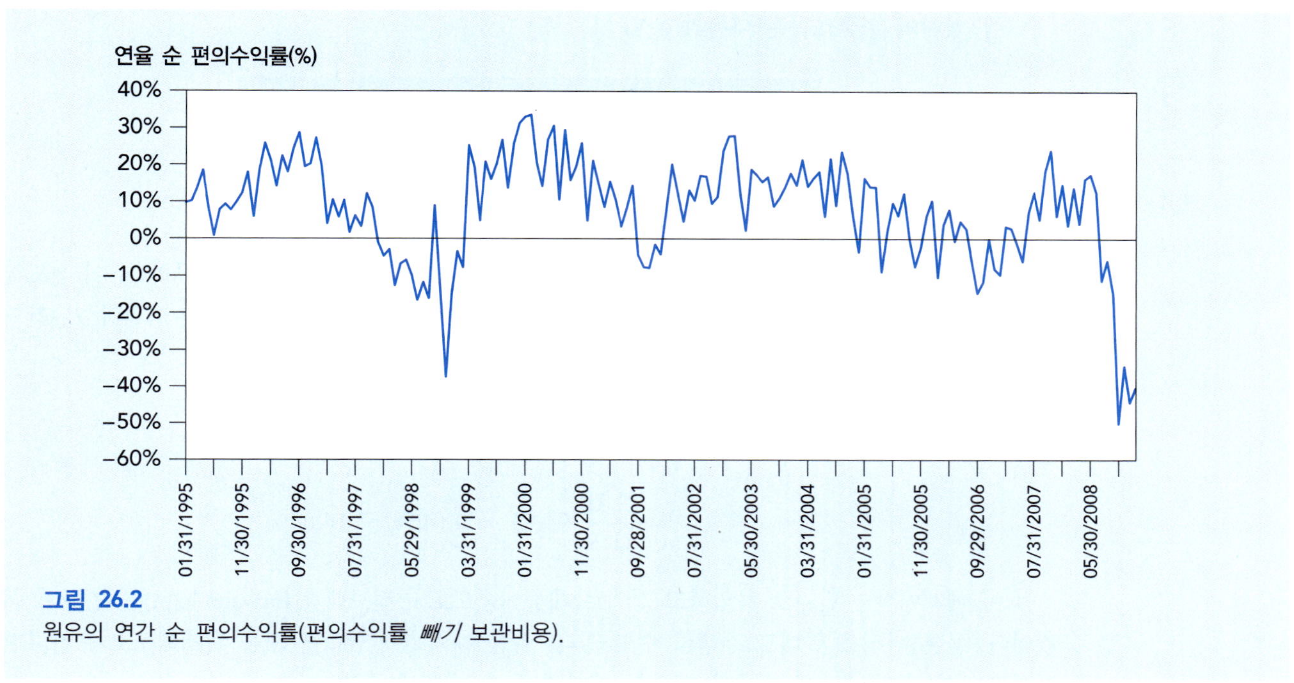

그림 26.2
원유의 연간 순 편의수익률(편의수익률 *빼기* 보관비용).

다행히도 재무적 문제를 해결하는 데는 여러 가지 방법이 있다. 선물계약의 거래조건이 특정한 욕구와 맞지 않는 경우에는 맞춤형(tailor-made)의 선도계약을 사거나 팔 수 있다. 주된 선도시장은 외환시장이다. 다음 장에서는 선도환율(forward exchange rates)에 대해 논의한다.

선도금리계약(forward interest rate contract)을 체결하는 것도 역시 가능하다. 예를 들어 3개월 후에 6개월 만기의 대출이 필요할 것을 알고 있다고 하자. 만약 앞으로 3개월 동안 이자율이 상승할 가능성을 염려하고 있다면 은행에서 **선도금리계약**(*forward rate agreement*, *FRA*)을 매입하여 대출금리를 고정시킬 수 있다.[19] 예를 들어 은행은 7% 이자율로 9개월 대 3개월 선도금리계약[3-against-9 month (또는 3 × 9) FRA]을 매도할 수도 있다. 만약 3개월 말에 6개월 금리가 7%보다 높으면 은행이 그 차액을 지불하고,[20] 3개월 금리가 7%보다 낮으면 차입자가 은행에 차액을 지불한다.[21]

스스로 만드는 선도계약

가령 $90.91을 1년간 10%의 이자율로 차입하고, $90.91을 2년간 연 12%의 이자율로 대출해 주었다고 하자. 이 두 이자율은 오늘 성립된 대출에 적용된다. 이를 현물 이자율(spot interest rate)이라고 한다.

19) 이자율 상승에서 이득을 보는 쪽이 '매입자'로 묘사된다는 데 유의하자. 이 예에서 '9개월에 대해 3개월을 매입(buy three against nine months)'하는 자금이라고 말하는데 그 의미는 선도금리계약이 3개월 후에 받을 6개월 대출에 대해 맺어진다는 뜻이다.

20) 금리는 통상적으로 LIBOR로 측정한다. LIBOR(London interbank offered rate)는 국제적으로 영업하는 런던 소재 주요 은행들이 상호간에 달러(또는 유로, 엔 등)화로 대출해 줄 때 적용하는 금리이다.

21) 이들 지급금은 지금부터 9개월 후에 대출이 만기가 될 때 지급된다.

이 거래의 현금흐름은 다음과 같다.

	연도 0	연도 1	연도 2
1년간 연 10% 이자율로 차입	+90.91	−100	
2년간 연 12% 이자율로 대출	−90.91		+114.04
순 현금흐름	0	−100	+114.04

오늘 순 현금지출은 없지만 1년 후에는 돈을 지급하기로 계약을 맺었다는 데 주목하라. 이 선도약정에 적용되는 이자율은 14.04%이다. 이 선도이자율을 계산하기 위해서는 1년이 아니라 2년간의 대출에 대한 추가 수익률을 계산하면 된다.

$$\text{선도이자율} = \frac{(1 + \text{2년 현물금리})^2}{1 + \text{1년 현물금리}} - 1$$

$$= \frac{(1.12)^2}{1.10} - 1 = 0.1404, \text{ 즉 } 14.04\%$$

이 예제에서는 단기로 차입하고 장기로 대출해줌으로써 선도대출(forward loan)을 만들어 낸 것이다. 물론 과정을 반대로 실행할 수도 있다. 다음 해의 차입금리를 오늘 확정해두고자 한다면 장기로 차입하고 내년에 자금이 필요할 때까지 돈을 대출해 주면 된다.

26.5 스왑

기업 현금흐름의 일부는 고정되어 있다. 다른 현금흐름은 금리, 환율, 상품가격 등의 수준에 따라 변동한다. 이러한 특성이 항상 바람직한 위험 프로파일을 만드는 것은 아니다. 예를 들어 자사의 부채에 고정금리를 지급하는 기업이 변동금리로 지급하는 것을 더 선호할 수도 있고, 유로화로 현금흐름을 받는 또 다른 기업은 엔화로 받기를 더 선호할 수도 있다. 스왑(swap)은 이런 방식으로 각자의 위험을 서로 교환할 수 있게 해준다.

스왑 시장은 규모가 엄청나다. 2008년 스왑의 명목원금 총액은 $370조 이상이었다. 이 수치의 대부분은 이자율 스왑(interest rate swap)이다.[22] 따라서 먼저 이자율 스왑이 어떻게 작동하는지를 살펴본 후 통화 스왑(currency swap)에 대해 설명한다. 그리고 총수익 스왑(total return swaps)을 간략하게 살펴보면서 결론을 맺는다.

이자율 스왑

프렌들리 뱅코프(Friendly Bancorp)는 대형 폐열 발전 프로젝트 건설비용의 일부를 조달하는 데

22) 스왑에 관한 자료는 국제스왑파생상품협회(International Swaps and Derivatives Association, **www.isda.org**)와 국제결제은행(Bank for International Settlements, **www.bis.org**)에서 제공한다.

5년간 $5천만을 대출해 주었다. 대출에는 연 8%의 확정금리가 적용된다. 따라서 연간 이자 지급액은 $4백만이다. 이자지급은 1년에 한 번씩 이루어지며, 원금은 모두 5차 연도에 상환될 것이다.

은행은 매년 $4백만의 고정된 이자지급금 대신에 변동금리 이자를 받는 것을 더 선호한다고 하자. 은행은 5년간의 $4백만 연금(고정된 이자지급금)을 5년간의 변동금리 연금과 교환하면(swapping) 원하는 대로 할 수 있다. 먼저 프렌들리 뱅코프가 어떻게 스스로 만드는 스왑(homemade swap)을 만들어 낼 수 있는지 살펴보자. 다음으로는 그보다 단순한 과정을 설명한다.

은행은 5년 동안 6%의 고정금리로 차입할 수 있다(그렇게 가정한다).[23] 그러므로, 은행이 받는 $4백만의 이자로 고정금리 대출금 4/0.06 = $66.67백만에 대한 이자를 감당할 수 있다. 은행은 이제 다음과 같이 스스로 만드는 스왑을 구성할 수 있다. 확정금리 6%로 5년간 $66.67백만을 차입하는 동시에 동일한 금액을 LIBOR에 대출해 준다. LIBOR는 초기에 5%라고 가정한다.[24] LIBOR는 단기금리이므로 은행이 이 금액을 재투자함에 따라 미래 이자수령액은 변동한다.

이 전략의 순 현금흐름은 표 26.3의 윗부분에 나와 있다. 연도 0에는 순 현금흐름이 없고, 5차 연도에는 단기 투자대금의 원금은 $66.67백만의 대출금 상환에 사용된다는 데 주목하자. 남은 것은? 수취이자(LIBOR × 66.67)와 고정금리 대출에 대한 지급금 $4백만 사이의 차액에 해당하는 현금흐름이다. 은행은 또한 프로젝트 금융에서 나오는 연 $4백만을 가지게 되므로 이 고정 지급금을 LIBOR와 연동된 변동 지급금으로 변환한 것이다.

물론, 표 26.3의 아래 부분에 나와 있는 것처럼 더 쉬운 방법이 있다. 은행은 단순히 5년 만기 스왑을 체결하는 것이다.[25] 당연히 프렌들리 뱅코프는 보다 손쉬운 이 방법을 택하게 된다. 이

	연도					
	0	1	2	3	4	5
스스로 만드는 스왑						
1. 6% 고정 이자율로 $66.67 차입	+66.67	−4	−4	−4	−4	−(4 + 66.67)
2. LIBOR 변동 이자율로 $66.67 대출	−66.67	+0.05 × 66.67	$+\text{LIBOR}_1$ ×66.67	$+\text{LIBOR}_2$ ×66.67	$+\text{LIBOR}_3$ ×66.67	$+\text{LIBOR}_4$ × 66.67 + 66.67
순 현금흐름	0	−4 +0.05 × 66.67	−4 $+\text{LIBOR}_1$ ×66.67	−4 $+\text{LIBOR}_2$ ×66.67	−4 $+\text{LIBOR}_3$ ×66.67	−4 $+\text{LIBOR}_4$ ×66.67
표준 고정-대-변동 스왑						
순 현금흐름	0	−4 +0.05 × 66.67	−4 $+\text{LIBOR}_1$ ×66.67	−4 $+\text{LIBOR}_2$ ×66.67	−4 $+\text{LIBOR}_3$ ×66.67	−4 $+\text{LIBOR}_4$ ×66.67

표 26.3 맨 위의 패널은 스스로 만든 고정-대-변동금리 스왑에 대한 현금흐름을 백만 달러 단위로 보여준다. 아래 패널은 표준 스왑거래의 현금흐름을 보여준다.

23) 은행의 차입금리 6%와 대출금리 8% 간의 스프레드는 프로젝트 금융(project financing)에 대한 은행의 이익이다.
24) 투자자들은 금리 상승을 예상하기 때문에 단기 금리는 5년간의 확정금리보다 낮을 것이다.
25) 두 전략 모두 LIBOR에 대한 일련의 선도계약과 동일하다. 선도가격은 $\text{LIBOR}_1 \times \$66.67$, $\text{LIBOR}_2 \times \$66.67$ 등에 대해 각각 $4백만이다. 별도로 협상한 선도가격은 어느 연도에도 $4백만이 아니지만, 선도가격의 '연금'의 현재가치는 동일할 것이다.

제 어떻게 되는지를 살펴보자.

프렌들리 뱅코프는 스왑 딜러, 즉 전형적으로 대형 상업은행이나 투자은행에 연락하여 $66.67백만에 대한 고정금리 대출에 대한 지급금과 동등한 금액의 변동금리 대출에 대한 지급금을 스왑하기로 약정을 맺는다. 이 스왑은 고정금리 대 변동금리 스왑(fixed-to-floating interest rate swap)이라고 알려져 있으며, $66.67백만은 스왑의 **명목원금**(*notional principal*)이라고 부른다. 프렌들리 뱅코프와 딜러는 스왑의 서로 거래상대방이 된다.

딜러는 5년간의 스왑에 대하여 LIBOR에 대비해 6%의 이자율을 고시한다.[26] 이 수치는 미국 재무성 채권 수익률과의 스프레드로 고시되기도 한다. 예를 들어 5년 만기 재무성 채권의 수익률이 5.25%인 경우 스왑 스프레드는 0.75%이다.

스왑에 대한 첫 번째 이자지급은 1차 연도 말에 일어나는데 여기에는 처음의 LIBOR 금리 5%가 적용된다.[27] 딜러(변동금리 지급)는 은행에 $66.67백만에 대해 5%의 이자를 지급해야 하는 반면에 은행(확정금리 지급)은 딜러에게 $4백만($66.67백만에 대한 6%의 이자)을 지급해야 한다. 그러므로 은행이 딜러에게 주는 순 지급액은 4 − (0.05 × 66.67) = $0.67백만이다.

은행	←———	0.05 × $66.67백만 = $3.33	←———	상대방
은행	———→	$4	———→	상대방
은행	———→	차이 = $0.67	———→	상대방

두 번째 지급금은 1차 연도의 LIBOR를 기준으로 결정된다. LIBOR가 6%로 상승했다고 가정하면 순 지급액은 0이다.

은행	←———	0.06 × $66.67백만 = $4	←———	상대방
은행	———→	$4	———→	상대방
은행	———→	차이 = $0	———→	상대방

세 번째 지급금은 2차 연도의 LIBOR에 달려있다.

두 거래 상대방이 스왑에 참여하는 경우 그 거래는 공정하게 평가된다는 데 주목하자. 다시 말해서 순 현금흐름의 현재가치는 0이다. 시간이 경과하면 스왑의 가치는 어떻게 되는가? 장기 이자율에 따라 결정된다. 예를 들어 2년 후에도 이자율이 변하지 않았다고 하면 은행이 발행한 6% 이자율의 채권은 계속해서 액면가에 거래될 것이다. 이 경우 스왑의 가치는 여전히 0이다(3년 만기의 스스로 만든 스왑의 현재가치는 0임을 체크해보면 이를 확인할 수 있다). 그러나 장기 이자율이 2년간 7%로 상승하였다면 3년 만기 채권의 가치는 다음과 같이 하락한다.

$$PV = \frac{4}{1.07} + \frac{4}{(1.07)^2} + \frac{4 + 66.67}{(1.07)^3} = \$64.92\text{백만}$$

26) 스왑 금리는 항상 스왑의 고정금리 쪽의 이자율을 말한다. 금리는 대개 LIBOR 대비로 제시되지만 딜러는 또한 다른 단기 부채에 적용되는 이자율에 대비해 고시할 수도 있다.

27) 더 일반적으로는 이자율 스왑은 3개월 만기 LIBOR를 기준으로 하며, 분기마다 현금으로 지급한다.

이제는 은행이 지급하기로 약속한 고정금리 지급액은 가치가 낮아지고 스왑의 가치는 66.67 − 64.92 = $1.75백만이 된다.

스왑의 가치가 $1.75백만이라는 것은 어떻게 알 수 있는가? 다음 전략을 고려해 보자.

1. 은행은 같은 금액의 명목원금 $66.67백만에 대해 LIBOR를 지급하는 새로운 3년 만기의 스왑 거래를 체결할 수 있다.
2. 그 대가로 은행은 새로운 확정금리 7%로 0.07 × 66.67 = $4.67백만을 받는다.

새로운 스왑은 기존 스왑의 현금흐름을 상쇄하지만 앞으로 3년 동안 추가로 $0.67백만을 발생시킨다. 이 추가 현금흐름의 현재가치는 다음과 같다.

$$PV = \sum_{t=1}^{3} \frac{0.67}{(1.07)^t} = \$1.75\text{백만}$$

정상적인 이자율 스왑은 초기비용이나 가치가 없지만(NPV = 0) 시간의 경과와 함께 장기 이자율이 변동하면 그 가치가 0에서 이탈하여 움직인다는 것을 기억하자. 한쪽 상대방은 다른 상대방의 손해만큼 이득을 얻는다.

이 예에서 스왑딜러는 이자율 상승으로 손해를 본다. 딜러는 일련의 선물계약이나 선도계약을 이용하거나 제3자와 상계(offsetting) 스왑에 참여하여 이자율 변동의 위험을 헤지하려 할 것이다. 프렌들리 뱅코프와 거래 상대방이 약속을 지키기만 하면 딜러는 위험으로부터 완전하게 보호된다. 스왑 관리자들이 반복적으로 느끼는 악몽은 스왑의 한쪽 당사자가 채무불이행이 되어 딜러가 대규모의 불일치 포지션(unmatched position)을 떠안게 되는 것이다. 이는 상대방 위험(counterparty risk)의 또 다른 예이다.

이자율 스왑 시장은 규모가 크고 유동성이 높다. 따라서 재무분석가들은 종종 이자율이 만기에 따라 어떻게 변하는지 알고 싶을 때 스왑률을 살펴본다. 그림 26.3은 2009년 3월 미국 달러, 유로, 그리고 엔에 대한 스왑 곡선을 보여준다. 스왑률 수준은 나라에 따라 다르기는 하지만 각 나라에서 장기 이자율이 단기 이자율보다 훨씬 높은 것을 알 수 있다.

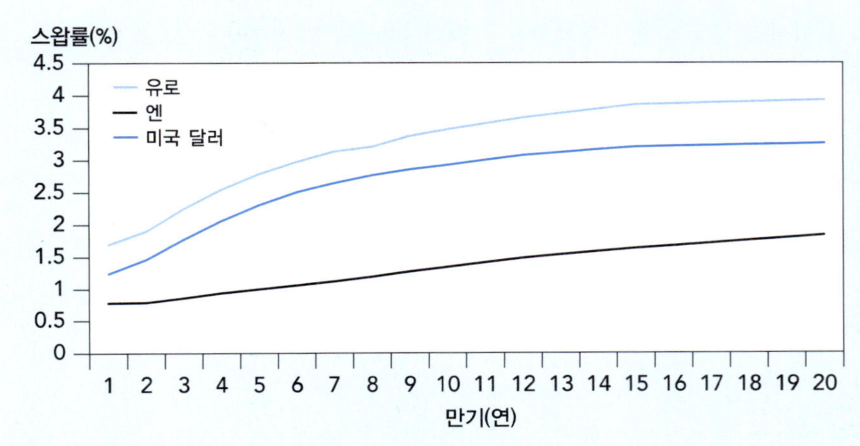

그림 26.3
세 종류 통화의 스왑 곡선 (2009년 3월).

통화스왑

이제 통화스왑(currency swap)의 예를 간략하게 살펴보자.

포섬(Possum)사가 유럽 지역 영업을 위해 €11백만을 조달하려 한다고 하자. 유로화 금리는 약 5%, 달러화 금리는 약 6%라고 가정한다. 포섬사는 미국에서 더 잘 알려져 있기 때문에 재무관리자는 유로화로 직접 차입하지는 않기로 결정하였다. 대신에 미국에서 $10백만의 5년 만기 채권을 6% 이자율로 발행하고, 이 달러화 부채를 유로화 부채와 스왑하는 약정을 맺었다. 이 약정에서 거래 상대방은 달러화 부채에 필요한 금액을 포섬에 지급하는 대신에 포섬은 상대방에게 유로화로 일련의 연도별 지급금을 송금하기로 약속하였다.

포섬사의 현금흐름은 다음과 같다(단위: $백만).

	연도 0		연도 1~4		연도 5	
	달러	유로	달러	유로	달러	유로
1. 달러로 대출	+10		−0.6		−10.6	
2. 달러와 유로 스왑	−10	+8	+0.6	−0.4	+10.6	−8.4
3. 순 현금흐름	0	+8	0	−0.4	0	−8.4

먼저 연도 0의 현금흐름을 살펴보자. 포섬사는 달러화 채권 $10백만 어치를 발행하여 상대방에게 넘겨준다. 대신에 상대방은 포섬사에 €8백만을 수표로 보낸다(현재 환율로 $10백만은 €8백만에 해당한다고 가정한다).

이제 연도 1에서부터 연도 4까지로 가보자. 포섬사는 발행된 채권에 대해서 6%의 이자를 지급해야 하는데 이는 $0.06 \times 10 = \$0.6$백만이다. 스왑 상대방은 이자지급에 필요한 현금을 매년 제공하고 대신에 포섬사는 상대방에게 €8백만에 대한 5% 이자, 즉 €0.4백만을 지급한다는 데 합의하였다. 끝으로, 연도 5에 가서 스왑 상대방은 포섬사에 달러화 채권에 대한 마지막 이자와 원금($10.6백만)을 지급하고 포섬사는 상대방에게 €8.4백만을 제공한다.

포섬사의 두 단계(3행)가 결합된 효과는 달러화 표시 6% 대출을 유로화 표시 5% 부채로 전환된 것이다. 스왑의 현금흐름(2행)은 연도 1부터 연도 5까지 유로화를 매입하는 일련의 계약이라고 생각해도 좋다. 포섬사는 연도 1에서 연도 4까지 매년 €0.4백만으로 $0.6백만을 매입하고, 연도 5에는 $10.6백만을 €8.4백만에 매입하기로 합의한 것이다.[28)]

총수익률 스왑

이자율 스왑과 통화 스왑이 가장 인기있는 계약이기는 하지만 폭넓은 다양한 다른 가능한 스왑과 또 관련된 계약들이 있다. 예를 들어 제23장에서는 투자자들이 회사채의 부도에 대비해 보험을 들도록 해 주는 신용부도 스왑(credit default swap)을 만나보았다.

28) 통화 스왑에서 대개 두 당사자는 서로에게 초기 지급금을 지불한다(즉 포섬은 은행에 $10백만을 지급하고 €8백만을 받는다. 그러나 이것은 필수적인 것은 아니며 포섬이 다른 은행에서 €8백만을 매입하는 것을 선호할 수도 있다.

투자자는 또한 **총수익률 스왑**(*total return swap*) 계약을 맺을 수 있다. 총수익 스왑에서는 한쪽 당사자(A)가 일련의 합의된 지급금을 지급하고 다른 당사자(B)는 특정 자산의 총 수익을 지급한다. 특정 자산은 주식일 수도 있고, 대출, 상품, 또는 시장지수일 수도 있다. 예를 들어 B가 $1천만의 IBM 주식을 소유하고 있다고 하자. 이제 B는 A에게 매 분기마다 이 주식의 총수익을 지급하기로 하는 2년짜리 스왑계약을 맺는다. 그 대신 A는 B에게 LIBOR + 1%의 이자를 지급하기로 합의한다. B는 **총수익 지급자**(*total return payer*)라고 하고 A는 **총수익 수령인**(*total return receiver*)이라고 한다. 가령 LIBOR가 5%라고 하자. 그러면 A는 B에게 $1천만에 대해 6%, 즉 분기별로 약 1.5%를 지급해야 한다. 만약 IBM 주식이 이보다 더 높은 수익을 실현하면 B로부터 A에게로 순 지급금이 발생한다. 수익이 1.5%보다 낮으면 A가 B에게 순 지급금을 지불해야 한다. IBM 주식의 소유권은 변동하지 않지만 이 총수익 스왑의 효과는 B가 자산을 A에게 매도하고 미래 약속한 날짜에 다시 사들인 것과 동일하다.

26.6 헤지를 구성하는 방법

기업은 헤지를 하기 위해 한 종류의 자산을 매입하고 동일한 수량의 다른 자산을 매도한다. 가령 밀 10만 부셸을 소유하고 있는 농부가 10만 부셸의 밀(소맥) 선물을 매도하였다고 하자. 농부가 소유하고 있는 밀이 농부가 인도하기로 약속한 밀과 동일하다면 이 전략은 모든 미래 소득의 불확실성을 모두 제거해 준다.

실제에 있어서는 농부 소유의 밀과 그가 선물시장에 매도한 밀이 동일할 가능성은 별로 없다. 예를 들어 농부가 캔자스시티 거래소에서 소맥 선물을 매도한다면, 이는 9월에 경질 붉은 겨울 소맥(hard, red winter wheat; 적맥)을 거래소에 인도하기로 합의하는 것이다. 그렇지만 농부는 캔자스시티에서 멀리 떨어진 곳에서 북부 봄 소맥(northern spring wheat; 특맥)을 재배하고 있을지도 모른다. 이 경우 두 가지 밀의 가격은 정확히 동일하게 움직이지는 않을 것이다.

그림 26.4는 두 종류의 밀 가격의 변동이 과거에 어떻게 서로 관련되어 있었는지를 보여준다. 이 그림에서 두 가지 사실에 주목하자. 첫째, 산점도의 점들은 가격변동이 불완전한 관계에 있음을 보여준다. 그렇다면, 모든 위험을 제거하도록 헤지를 구성하는 것은 불가능하다. 약간의 베이시스 위험이 남게 된다. 둘째, 회귀선의 기울기를 보면 캔자스 밀 가격이 1% 변동하면 농부의 밀 가격은 평균적으로 0.8% 변동하는 관계에 있다. 농부의 밀 가격은 캔자스에서의 가격변동에 비해 상대적으로 덜 민감하기 때문에 농부는 위험을 최소화시키기 위해서는 0.8 × 100,000 부셸에 해당하는 밀 선물을 매도할 필요가 있다.

이제 일반화시켜 보자. 투자자가 이미 자산 A(예컨대, 밀) 한 단위를 소유하고 있으며, 다른 자산 B(예컨대, 밀 선물)를 매도하여 자산 A의 가치 변동을 상계시키는 헤지를 하기 원한다고 하자. 또 자산 A의 가치 변화율은 다음과 같이 자산 B의 가치 변화율과 연관되어 있다고 하자.

$$\text{자산 A 가치의 기대 변화} = a + \delta\ (\text{자산 B 가치의 변화})$$

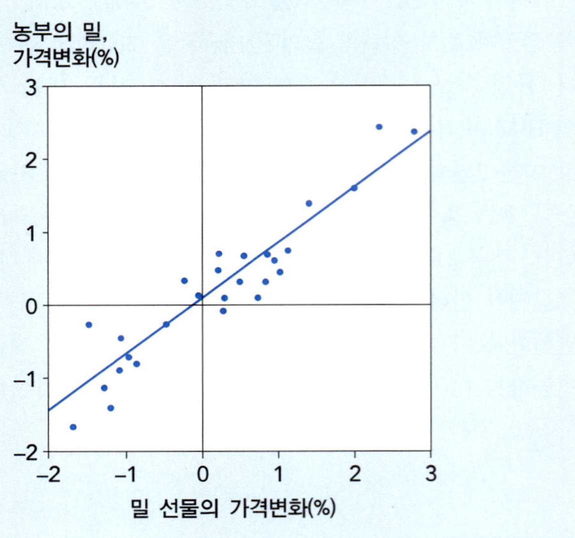

그림 26.4
캔자스시티 밀 선물가격의 변화 대비 농부의 밀 가격 변화를 나타내는 가상의 산점도. 선물가격 1% 변화는 평균적으로 농부의 밀 가격의 0.8% 변화를 의미한다.

델타(δ)는 자산 B 가치 변화에 대한 자산 A 가치의 민감도를 측정한다. 델타는 또한 **헤지비율**(*hedge ratio*)과 같다. 헤지비율이란 A의 매입을 헤지하기 위해 매도해야 하는 자산 B의 수량을 나타낸다. 자산 B를 델타 단위만큼 매도하여 자산 A의 포지션을 상쇄시키면 위험은 최소화된다.29)

헤지를 구성하는 비결은 델타, 즉 헤지비율을 설정하는 것이다. 여기에는 종종 강력한 판단력이 요구된다. 예를 들어 남극항공(Antarctic Air)은 유가 상승에 대비하여 자사를 보호하려 한다. 재무관리자로서 당신은 유가가 얼마나 상승하면 기업 가치에 영향을 미칠 것인가를 결정해야 한다. 작년에 회사는 연료비로 $2억을 지출했다고 하자. 다른 조건이 같다면 유가가 10% 상승하는 경우 회사는 추가로 0.1 × 200 = $20백만을 부담하게 된다. 그렇지만 항공요금을 올려서 비용 상승분을 부분적으로 상쇄시킬 수도 있으며, 이 경우 이익 감소는 $20백만보다는 적다. 또한 유가상승으로 영업활동이 둔화되어 승객이 감소할 가능성도 있다. 이 경우 이익은 $20백만보다 더 많이 감소한다. 가격상승이 기업 가치에 미치는 영향을 알아내는 것은 더욱 까다롭다. 왜냐하면 그 영향은 가격상승이 영구적일 가능성에 따라 달라지기 때문이다. 유가 상승이 산업 생산의 증가를 유발하거나 또는 소비자들이 에너지를 경제적으로 사용하도록 만들지도 모른다.

이런 경우 때로는 과거의 역사가 도움이 된다. 예를 들어 과거 유가 변동으로 기업가치가 얼마나 변했는지를 조사해 볼 수 있다. 다른 경우에는 헤지를 구성하는 데 적용되는 이론이 거의 없을 수도 있다.

예제 26.3 ● 이론으로 헤지 설정하기

포터톤 리스(Potterton Leasing)사는 지금 막 어떤 장비를 매입하여 이를 향후 20년 동안 연간 $2백만

29) 헤지하려고 하는 품목 A는 종속변수라는 것에 유의하라. 델타는 자산 B의 변동에 대한 A의 민감도를 측정한다.

을 받고 임대해 주기로 계약을 맺었다. 이자율 10%를 기준으로 포터톤의 임대수입의 현재가치는 $17.0백만이다.[30)]

$$PV = \frac{2}{1.1} + \frac{2}{(1.1)^2} + \cdots + \frac{2}{(1.1)^{20}} = 17.0\text{백만}$$

포터톤은 이자율 10%의 12년 만기 채권 $17백만을 발행하여 거래에 소요되는 자금을 조달하겠다고 제안하였다. 이 회사의 새로운 자산(일련의 임대수입)과 새로운 채무(부채발행)를 하나의 패키지로 생각하자. 이자율이 변동하면 포터톤은 손해를 보는가, 이득을 얻는가?

이 질문에 답하기 위해서는 듀레이션(duration)의 개념을 소개한 제3장으로 돌아가서 생각해 보자. 기억하는 바와 같이 듀레이션은 각 현금흐름까지의 가중평균 시간이다. 이는 변동성과 직접적으로 연관되어 있기 때문에 중요하다. 두 자산의 듀레이션이 동일하다면 이자율의 일반적인 변동이 가격에 미치는 영향은 동일하다. 포터톤의 임대수입 총액을 V라고 하면 이 임대수입의 듀레이션은 다음과 같이 계산된다.

$$\begin{aligned}\text{듀레이션} &= \frac{1}{V}\{[PV(C_1)\times 1] + [PV(C_2)\times 2] + [PV(C_3)\times 3] + \cdots\} \\ &= \frac{1}{17.0}\left\{\left[\frac{2}{1.10}\times 1\right] + \left[\frac{2}{1.10^2}\times 2\right] + \cdots + \left[\frac{2}{1.10^{20}}\times 20\right]\right\} \\ &= 7.51\text{년}\end{aligned}$$

포터톤 채권의 듀레이션도 같은 방법으로 계산할 수 있다. 포터톤 채권의 듀레이션은 7.50년인 것으로 밝혀졌는데 이는 임대수입의 듀레이션과 거의 같다. 그러므로 임대수입과 채권의 가치는 이자율 변동으로부터 거의 같은 정도로 영향을 받는다. 이자율이 상승하면 포터톤의 임대수입의 가치는 하락할 것이지만 부채 또한 같은 금액만큼 적어질 것이다. 자산과 부채의 듀레이션을 같게 함으로써 포터톤은 어떠한 이자율 변동으로부터도 스스로를 **면역시켰다**(*immunized*). 포터톤의 재무관리자는 헤징에 관해 뭐 좀 아는 것 같다.

만기 12년인 채권을 발행하는 것이 포터톤의 소득흐름을 헤지하는 유일한 방법은 아니다. 예를 들어 회사는 1년 만기 채권과 20년 만기 채권의 패키지를 발행하여 임대소득과 듀레이션을 같게 할 수도 있다. 다시 한 번, 자산과 채무의 가치는 이자율 변동에 의해 같은 정도로 영향을 받을 것이다.

듀레이션 헤지의 중요한 특징은 동태적이라는 것이다. 이자율이 변하고 시간이 경과하면서 포터톤 소유 자산의 듀레이션은 더 이상 채무의 듀레이션과 같지 않을 수 있다. 그러므로 이자율 변동에 대한 헤지 상태를 유지하려면 포터톤은 부채의 듀레이션을 계속하여 조정할 준비가 되어 있어야만 한다.

30) 이 예에서 세금은 무시한다.

26.7 '파생상품'은 심한 욕설인가?

밀 농부는 선물을 매도하여 사업위험을 줄일 수 있다. 그러나 자신의 상황을 복제해서 선물을 상계시킬 만한 밀 보유도 없이 선물을 매도하는 것은 위험을 낮추는 것이 아니라 증가시킨다. 이 경우 농부는 **투기를 하고 있는 것이다**(*speculating*).

큰 이익을 추구하는 (그리고 큰 손실을 감당할 준비가 되어 있는) 투기자들(speculators)은 파생상품이 제공하는 레버리지에 매력을 느낀다. 이는 처음부터 많은 돈을 투입할 필요가 없고 손실이나 이익은 초기 지출의 몇 배가 될 수도 있다는 뜻이다. '투기(speculation)'라는 말은 추악하게 들릴지 모르지만 파생상품 시장이 성공하려면 위험을 떠안을 준비가 되어 있고, 농부나 제분업자처럼 더욱 신중한 사람들에게 그들이 원하는 보호기능을 제공할 준비가 되어 있는 투기자들이 필요하다. 예를 들어 밀 선물을 매도하려는 농부들이 너무 많은 경우, 선물가격은 투기자들이 선물을 매입하여 이익을 얻을 희망이 있는 수준까지 충분히 떨어지지 않으면 안 된다. 밀 선물을 매입하려는 제분업자가 넘쳐 나면 반대 현상이 발생한다. 밀 선물 가격은 투기자들이 매도할 만한 수준까지 올라갈 것이다.

번창하는 파생상품 시장에는 투기가 필요하지만 투기는 기업을 심각한 곤경에 빠뜨릴 수 있다. 다음의 글상자 "실무에서 배우는 재무"에서는 금속 및 석유 거래업체인 독일 회사 메탈게젤샤프트(Metallgesellschaft)가 석유 선물 포지션에서 어떻게 $10억을 날리게 되었는지 설명하고 있다.[31] 비슷한 일을 당한 회사는 많이 있다. 일본 회사 쇼와셸(Showa Shell)은 외환선물 포지션에서 $15억의 손실을 보고하였다. 그리고 1995년에는 200년 역사를 가진 영국의 최우량 종합금융회사 베어링 브라더스(Baring Brothers)가 파산했다. 그 이유는 다음과 같다. 베어링의 싱가포르 사무소에서 일하는 닉 리슨(Nick Leeson)이라는 거래원이 일본 주가지수에 대규모의 내기를 걸었다가 결과적으로 $14억의 손실을 입었다.

이런 비통한 이야기들은 기업들에 조심하라는 메시지를 던진다. 1970년대와 1980년대에는 많은 기업들이 자사의 재무부서를 이익센터로 전환하고 금융상품 거래로 얻은 이익을 자랑스럽게 공표하곤 했다. 그러나 금융시장에서 큰 위험을 부담하지 않고 큰 이익을 올리는 것은 불가능하기 때문에 이러한 이익은 축하할 일이라기보다는 경고로 작용해야만 했다.

보잉 747은 무게가 400톤이고 시간당 거의 600마일을 날아가며, 본질적으로 매우 위험하다. 그렇지만 우리는 747을 공항에 세워두지 않는다. 우리는 단지 조심스러운 비행이 보장되도록 예방조치를 취한다. 마찬가지로, 기업의 파생상품 사용을 금지시켜야 한다고 주장하는 것은 어리석은 일이다. 그러나 남용에 대한 예방조치를 취하는 것이 분명히 일리가 있다. 다음 상식적인 두 가지 조치를 제시한다.

- **예방책 1: 뜻밖의 일에 당하지 말라.** 이는 고위 경영진은 회사의 파생상품 포지션의 가치를 주기적으로 감시하고 회사가 어떤 내기를 걸고 있는지를 알고 있어야 한다는 뜻이다. 가장 단순한 수준에서는 이자율이나 환율이 1% 변하면 어떻게 되는지 물어보는 것이 될 수도 있다. 그러나 대형 은행

---

31) 메탈게젤샤프트의 붕괴는 아주 매혹적인 읽을거리를 제공한다. 예를 들어 다음 논문을 참조하라. F. Edwards, "The Collapse of Metallgesellschaft: Unhedgeable Risks, Poor Hedging Strategy, or Just Bad Luck?" *Journal of Future Markets* 15(May 1995), pp. 211~264.

메탈게젤샤프트의 붕괴

1994년 1월, 독일의 거대 제조업체인 메탈게젤샤프트(Metallgesellschaft)는 미국 석유 자회사 MGRM에서 엄청난 손실이 발생했다는 뉴스로 투자자들을 깜짝 놀라게 했다. 나중에 $10억 이상으로 추정된 이 손실로 회사는 거의 파산지경에 이르렀으며, 120개 은행이 제공한 $19억의 구제금융으로 겨우 살아났다.

MGRM은 전년도에 돈을 버는 것이 확실해 보이는 일에 착수했다. 회사는 고객에게 휘발유와 난방유, 디젤연료를 최장 10년까지 배달해주는 선도계약을 제시하였다. 회사의 보장가격은 아주 일반적인 수준이었다. 1993년 9월까지 MGRM은 당시의 현물가격보다 배럴당 $3~5 높은 가격으로 1억 5천만 배럴의 선물 석유를 매도하였다.

유가가 상당한 정도로 상승하지만 않았다면 MGRM은 선도계약 매도로 훌륭한 이익을 올릴 수 있었다. 반면 유가가 전년 수준으로 내려오지 않는다면, 재난에 가까운 손실로 이어지게 되어 있었다. 그래서 MGRM은 에너지 선물을 매입하여 그런 결과를 막아보려 했다. 불행히도, MGRM의 보장가격을 상계시키는 데 필요한 장기 선물계약은 존재하지 않았다. MGRM의 해법은 "쌓았다가 회전시키기(stack-and-roll)" 헤지라고 알려진 계약을 맺는 것이었다. 다시 말해서, 회사는 단기 선물계약을 매입하여 쌓아두고 만기가 가까워지면 같은 조건으로 다른 단기 계약으로 갈아타는 것이다.

MGRM은 장기 만기인 자사의 가격 보장과 훨씬 만기가 짧은 선물계약 사이의 불일치에 대해서 방심하고 있었다. 회사는 과거 역사를 인용하면서 자신감을 정당화하였다. 대부분의 연도에서 에너지 거래자들은 미래의 인도 약속보다는 석유 소유에 더 높은 가치를 부여해왔다. 다시 말해서, 석유의 순 편의수익률은 일반적으로 양(+)의 값이었다. 이 상황이 지속되기만 하면 각 시점마다 자사의 선물계약에 연속 투자하여 새로운 계약을 매입하는 데 필요한 금액보다 더 높은 가격에 만기가 되는 계약을 매도할 수 있게 된다. 그렇지만 순 편의수익률이 음수가 된다면 만기가 되는 선물계약은 아직 만기가 남은 계약보다 낮은 가격에 매도해야 한다. 불행히도 1993년에는 이런 현상이 나타났다. 그 해에는 석유공급 과잉으로 저장탱크가 가득 차고 아무도 추가로 석유를 보유하려 하지 않았다. 그 결과 MGRM은 만기가 도래하는 각각의 계약 더미를 연속 투자하기 위해 프리미엄을 지불해야만 되었다.

유가 하락은 MGRM에는 또 다른 불행이었다. 선물계약은 일일정산을 한다. 이는 투자자가 각각의 계약에 대해 이익과 손실이 발생하는 대로 정산해야 한다는 뜻이다. 따라서 1993년에 유가가 계속 하락하자 석유 선물 매입분에서 손실이 발생하였다. 그 결과 엄청난 금액의 마진 콜(증거금 추가 납입 요청)을 받게 되었다.* 이를 상계시키는 좋은 뉴스는 유가하락으로 자사 보유의 장기 선도계약에서는 점점더 이익이 나고 있었다는 것이다. 그러나 이 이익은 은행에 예치된 것이 아니었다.

메탈게젤샤프트의 이사회는 이러한 문제들을 알게 되자 사장을 해고하고 모든 헤징 행위를 중단하고 장기 계약을 취소하기 위해 고객들과의 협상을 시작하도록 지시하였다. 바로 직후에 유가 하락이 상승으로 반전되었다. 8개월 만에 유가는 40%가량 상승하였다. MGRM이 헤지전략을 계속 유지할 수 있었다면 엄청난 현금유입이 있었을 것이다.

관측통들은 메탈게젤샤프트의 붕괴에 관해 논쟁을 계속하였다. 순 편의수익률이 양(+)을 유지할 것이라는 MGRM의 믿음은 합리적인 가정이었을까, 아니면 거대한 투기였을까? 이 회사는 얼마만큼의 현금이 필요하다고 예상했고 장기 선도계약의 가치상승을 기반으로 차입금 조달이 가능하다고 본 것일까? 고위관리자들은 마진 콜(증거금 추가 납입 요청)을 손실로 착각하고 겁먹은 상태에서 회사의 포지션 청산을 결정한 것은 아닐까?

* MGRM은 선물계약 매입 외에도 추가로 장외시장에서 단기 선도계약과 상품 스왑도 매입하였다. MGRM은 가격보장에서 이득을 얻지 못했지만 이들이 만기가 되자 손실을 메워야만 했다.

들과 컨설턴트들은 파생상품 포지션의 위험을 측정하는 세련된 모형을 개발해 놓았다.

- **예방책 2: 성공 가능성을 보장해 주는 비교우위가 있을 때만 내기를 걸어라.** 은행이 석유 시추를 할 예정이라거나 신개념 가루비누의 시판을 시작한다는 발표를 했다면 사람들은 당연히 그 은행이 성공할 수 있는 요건을 갖추었는지 의심스러워할 것이다.

신중치 못한 파생상품 투기는 그 회사 주주들이 관심을 가질 문제임은 의심의 여지가 없다. 그러나 그것이 더 일반적인 관심사일까? 워런 버핏(Warren Buffett) 같은 사람들은 파생상품이 '대량파괴 금융무기(financial weapons of mass destruction)'라고 믿는다. 그들은 파생상품의 엄청난 거래량을 지적하면서 투기 손실이 매우 중요한 지급불능 상태로 이어져서 전체 금융시스템을 위협할 수 있다고 주장한다. 이런 염려는 파생상품 시장에 대한 규제 강화 요구로 이어지고 있다.

여기는 규제에 관해 논의하는 곳이 아니기는 하지만 파생상품 시장의 규모와 가능한 손실 규모에 대한 부주의한 척도에 대해 주의를 환기시키고자 한다. 2008년 중반 발행된 파생상품 계약의 명목 가치는 약 $684조였다.[32] 이는 엄청나게 큰 금액이긴 하지만 위험을 안고 있는 금액에 대해서는 말해주는 것이 아무것도 없다. 예를 들어 한 은행이 $1천만 규모의 이자율 스왑을 체결했고, 다음날 상대방이 파산했다고 하자. 이 은행은 얼마의 손실을 입게 될까? 전혀 없다. 은행은 아무것도 선불로 지급하지 않았다. 쌍방은 미래에 서로에게 일정 금액을 지급하기로 약속했을 뿐이다. 이제 거래가 취소된 것이다.

은행이 스왑을 체결하고 1년이 지날 때까지 상대방이 파산하지 않았다고 하자. 그 중간에 이자율은 은행에 유리하게 움직였고, 따라서 스왑으로 지급하는 금액보다 받는 금액이 많을 것이다. 상대방이 지급불능에 빠지는 경우, 은행은 지급해야 할 이자와 받기로 한 이자 사이의 차액만큼 손해를 보게 된다. 그러나 $10백만을 날리지는 않는다.[33]

지급불능으로 인한 잠재적 손실에 대해 의미 있는 유일한 척도는 기업이 이익을 얻어서 자신의 스왑 포지션을 대체시키기 위해 부담해야 하는 비용의 금액이다. 이 금액은 발행된 스왑 원금의 약 1%에 지나지 않는다.

요약

관리자로서 당신은 위험을 받아들이는 대가로 급여를 받지만 아무 위험이나 받아들이라고 급여를 받는 것은 아니다. 어떤 위험은 단순히 잘못된 내기였지만 어떤 위험은 회사의 가치를 위태롭게 할 수 있었다. 위험의 헤지가, 그것이 실용적일 때, 현금부족이나 재무적 곤경의 가능성을 낮출 수 있다면 타당성이 있을 수 있다. 어떤 경우에는 헤징이 감시를 쉽게 해 주고 경영자에게 동기를 부여할 수 있다. 자신의 통제 밖에 있는 위험을 경감해 주는 것은 경영자로 하여금 통제 가능한 일에 집중할 수 있게 도와준다.

대부분의 기업들은 다양한 위험에 대비하여 보험에 든다. 보험회사는 위험을 평가하는 데 전문성을

Visit us at www.mhhe.com/bma

32) 국제결제은행, *Derivative Statistics*(**www.bis.org/statistics/derstats.htm**).

33) 이는 기업들이 지급불능 가능성에 신경 쓰지 않아도 된다는 의미가 아니라 자신을 보호하기 위해 취할 수 있는 다양한 방법이 존재한다는 뜻이다. 스왑의 경우, 가장 높은 신용등급을 가진 은행이 아니라면 기업들은 거래를 상당히 꺼린다.

가지며 분산된 포트폴리오를 보유하여 위험을 한데 묶어 관리(pool)할 수 있다. 가장 위험한 회사들만 보험에 들거나(역선택) 또는 보험에 든 기업이 유지관리와 안전절차를 생략하려는 유혹에 빠질 때(도덕적 해이) 보험은 잘 작동하지 않는다.

기업은 또한 옵션이나 선도계약과 선물계약을 이용하여 헤지할 수 있다. 선도계약은 자산을 사거나 팔려는 선행 주문이다. 선도가격은 오늘 고정되지만 계약의 끝에 가서 인도일까지는 지급이 이루어지지 않는다. 조직화된 거래소에서 거래되는 선도계약은 선물계약이라고 부른다. 선물계약은 표준화되어 있고 엄청난 양으로 거래된다. 선물시장은 수십 종의 서로 다른 상품과 증권 그리고 통화에 대해 선물가격을 고정시킬 수 있도록 해 준다.

표준화된 선물계약을 사고파는 대신 은행과 맞춤형의 선도계약을 맺을 수 있다. 기업은 환율변동에 대비해 통화 선도계약을 매입하거나 매도함으로써 스스로를 보호할 수 있다. 선도금리계약(FRA)은 이자율 변동에 대비해 보호를 제공한다. 또한 스스로 만드는(home-made) 선도계약을 구성할 수도 있다. 예를 들어 2년간 차입을 하고 동시에 1년간 대출해 주면 실질적으로는 선도 대출을 받은 것이다.

기업은 또한 스왑 계약을 이용하여 헤지할 수 있다. 예를 들어 기업은 거래를 할 수 있다. 장기 고정금리로 은행에 이자를 지불하고 은행으로부터 단기 변동금리로 이자를 받을 수 있다. 기업은 고정금리와 변동금리를 교환한 것이다. 기업 상대적으로 쉽게 단기 차입을 할 수 있지만 변동이 심한 단기 금리에 대한 노출을 싫어한다면 이런 스왑은 충분히 일리가 있다.

헤지 이론은 분명하고 간단하다. 서로 밀접하게 관련된 두 자산을 찾았다고 하자. 그러면 순 포지션의 위험을 최소화시키는 비율로 한 자산을 매입하고 다른 자산은 매도한다. 두 자산이 완전한 상관관계를 가지는 경우에는 순 포지션을 무위험으로 만들 수 있다. 만약 두 자산이 완전한 상관관계가 아니라면 얼마간의 베이시스 위험을 감수해야 한다.

비결은 헤지비율, 즉 델타를 찾는 데 있다. 델타는 다른 자산의 가치 변동을 상쇄시키는 데 필요한 어떤 자산의 단위 수이다. 때로는 과거에 두 자산의 가격이 어떻게 함께 움직였는지를 조사하는 것이 최상의 해결책이다. 예를 들어 자산 B의 가격이 1% 변할 때, 자산 A의 가격은 평균적으로 2% 변하는 관계에 있음을 알게 되었다고 하자. 그렇다면 델타는 2.0이다. 자산 A에 투자된 $1을 헤지하기 위해서는 $2어치만큼 자산 B를 매도해야 할 필요가 있다.

다른 경우에는 이론이 헤지를 설정하는 데 도움을 줄 수 있다. 예를 들어 이자율 변동이 자산 가치에 미치는 영향은 그 자산의 듀레이션에 따라 달라진다. 두 자산의 듀레이션이 동일하다면 두 자산에 대한 이자율 변동의 영향도 동일하다.

이 장에서 설명된 헤지들은 대부분 정태적(static)인 것이다. 일단 헤지를 설정했으면 기업이 위험에서 잘 보호된다고 확신하고 장기 휴가를 떠나도 좋다. 그렇지만 듀레이션을 일치시키는 것과 같은 종류의 헤지는 동태적이다. 시간이 경과하고 가격이 변동하게 되면 헤지를 유지하기 위해서는 포지션을 재설정할 필요가 있다.

헤징과 위험 낮추기는 어머니가 만들어 주는 파이만큼이나 건전한 것으로 들린다. 그러나 사업상의 다른 목적이 없이 그저 위험을 낮추기 위한 헤징은 가치를 부가할 수 없다는 점을 기억하라. 이는 제로섬(zero-sum) 게임이다. 위험이 제거된 것이 아니라 단지 어떤 상대방에게 이전된 것이다. 회사 주주들도 역시 자신들의 포트폴리오 구성을 조정함으로써, 또는 선물이나 기타 파생상품을 거래함으로써 헤지를 할 수 있다. 투자자들은 회사가 자신들이 스스로도 완벽하게 잘 할 수 있는 일을 해 준다고 보상을 해주지 않을 것이다.

Visit us at www.mhhe.com/bma

일부 기업은 투기가 헤징보다 훨씬 더 재미있다고 결정한 것 같다. 이런 견해는 심각한 곤경을 초래할 수 있다. 우리는 제조업체에 있어 투기가 타당성이 있다고 믿지는 않지만 그렇다고 파생상품이 금융시스템에 대한 위협이라는 견해에 대해서는 주의를 환기시키고자 한다.

더 읽어야 할 문헌

다음은 기업 위험관리에 관한 세 편의 논문이다.

K. A. Froot, D. Scharfstein, and J. C. Stein, "A Framework for Risk Management," *Harvard Business Review* 72 (November–December 1994), pp. 59~71.

B. W. Nocco and R. M. Stulz, "Enterprise Risk Management: Theory and Practice," *Journal of Applied Corporate Finance* 18 (Fall 2006), pp. 8~20.

C. H. Smithson and B. Simkins, "Does Risk Management Add Value? A Survey of the Evidence," *Journal of Applied Corporate Finance* 17 (Summer 2005), pp. 8~17.

Journal of Applied Corporate Finance 2005년 봄 호와 가을 호는 위험관리에 할애되었으며, 현재의 뉴스와 발전은 잡지 *Risk*에서 논의하고 있다. 또한 다음 책을 참조하는 것도 좋다.

J. C. Hull, *Options, Futures, and other Derivatives*, 7th ed. (Englewood Cliffs, NJ: Prentice Hall, 2008).

C. H. Smithson, *Managing Financial Risk*, 3rd ed. (New York: McGraw-Hill, 1998).

R. M. Stulz, *Risk Management and Derivatives* (Cincinnati, OH: Thomson-Southwestern Publishing, 2003).

*Schaefer*의 다음 논문은 듀레이션 척도가 고정 채무를 면역화하는 데 어떻게 사용되는지에 관한 유용한 개관이다.

S. M. Schaefer, "Immunisation and Duration: A Review of Theory, Performance and Applications," *Midland Corporate Finance Journal* 3 (Autumn 1984), pp. 41~58.

연습문제

기본문제

1. 용어 체크. 다음 용어들을 정의하라.
   a. 현물가격(spot price)
   b. 선도계약 대 선물계약(forward vs. futures contract)
   c. 매입 포지션 대 매도 포지션(long vs. short position)
   d. 베이시스 위험(basis risk)
   e. 일일정산(mark to market)
   f. 순 편의수익률(net convenience yield)
2. 다음은 맞는가 틀리는가?
   a. 활발하게 거래되는 선물시장에서 헤징 거래는 0 또는 작은 음(−)의 NPV를 가진다.
   b. 선물계약을 매입하면 미래 일자로 인도받기 위해서 지금 대금을 지불해야 한다.
   c. 금융선물계약 보유자는 기초증권에 지급되는 모든 배당금과 이자 지급금을 놓친다.
   d. 선물계약 보유자는 보관비용은 지불할 필요가 없지만 편의수익률을 포기해야 한다.
3. 한 투자자가 어제 독일 DAX 주가지수에 대한 6개월 만기 선물을 4,820에 매도하였다. 오늘 DAX의 종가지수는 4,800이고 DAX 선물의 종가는 4,840이다. 증권회사에서는 투자자의 선물 포지션에 대해 매일 일일정산이 이루어진다는 것을 다시 알려주었다. 증권회사에서는 투자자에게 돈을

Visit us at www.mhhe.com/bma

추가로 납입하라고 요청할 것인가 아니면 증권사에서 돈을 지급하겠다고 할 것인가?

4. T-bond에 대한 6개월 만기 선물의 가치를 계산하라. 정보는 다음과 같다.
   - 6개월 금리: 연 10%, 즉 6개월에 4.9%
   - 채권의 현물가격: 95
   - 채권은 액면이자 8%, 즉 6개월 이자 4%를 지급한다.
5. "노던 정유회사는 석유 선물을 매도하여 위험을 회피하지 않았다. 석유 가격이 갤런당 $1.60 이상으로 유지되면 이 회사는 선물 매도로 손해를 볼 것이다." 이는 올바른 설명인가?
6. 다음 정보를 이용하여 매그누시엄 찌꺼기의 편의수익률을 계산하라.
   - 현물가격: 톤당 $2,550
   - 선물가격: 1년 계약당 $2,408
   - 이자율: 12%
   - 보관비용: 연 $100
7. 2021년 11월과 12월 사이에 미국 북서부 거주자들은 기록적인 한파로 고생하였다. 난방유 현물가격이 25% 올라서 갤런당 $2를 넘어섰다.
   a. 이 사실이 순 편의수익률에 미친 영향과 선물과 현물가격 사이의 관계에 미친 영향은 무엇인가?
   b. 2022년 말에는 정유회사들과 유통회사들이 기록적으로 높은 기온에 당황하였다. 순 편의수익률에 미친 영향과 난방유 선물과 현물가격에 미친 영향은 무엇인가?
8. 기록적인 수확을 마친 후 곡물저장고가 넘칠 지경이 되었다. 보관비용이 높아질 것인가 아니면 낮아질 것인가? 순 보관비용에 대한 시사점은 무엇인가?
9. 1년 전에 한 은행이 $5천만 규모의 5년 금리스왑에 참여하였다. 은행은 매년 기업 A에 6% 고정금리를 지불하는 대신에 LIBOR 금리를 받기로 약정하였다. 은행이 이 스왑에 참여할 당시에는 LIBOR가 5%였는데 이제는 금리가 올라서 남은 4년 이자율스왑에 대하여 은행은 6.5%를 지급하고 LIBOR를 수취할 것으로 기대된다.
   a. 이 스왑은 은행에 이익인가 손해인가?
   b. 지금에 와서 기업 A는 스왑 종료를 은행에 요청하여 왔다. 여전히 4번의 연간 지급금이 남아있다면 은행은 스왑 종료를 위해 기업 A에 얼마를 부과해야 하는가?
10. 베이시스 위험이란 무엇인가? 다음 중에서 베이시스 위험이 가장 심각하다고 생각되는 경우는 어느 것인가?
    a. 월트 디즈니(Walt Disney) 보통주를 대량 보유하고 있는 증권회사가 주가지수 선물을 매도하여 헤지하였다.
    b. 아이오와의 농부가 시카고 옥수수 선물을 매도하여 자신의 곡물 매도 가격을 헤지하였다.
    c. 한 수입업자는 6개월 이내에 €9억을 지급해야만 한다. 그는 유로 선도를 매입하여 헤지하였다.
11. 당신은 항공우주산업 주식으로 이루어진 $1백만 규모의 베타가 1.2인 포트폴리오를 보유하고 있다. 당신은 항공우주산업에 대해 매우 열렬한 마음이지만 전반적인 주식 시장 전망은 불확실하고 생각한다. 시장 공매를 이용하여 당신의 시장에 대한 노출을 어떻게 헤지할 수 있는지 설명하라. 어떻게 하면 실제로 '시장을 매도'하게 되는가?
12. a. Marshall Arts는 이제 막 BTP(이탈리아 장기 정부채권)에 $1백만을 투자하였다. 그는 금리 변동성 증대에 대해 우려하고 있다. 그는 채권선물계약을 이용하여 헤지하기로 결심하였다. 그는 계약을 매입해야 하는가, 매도해야 하는가?
    b. 이탈리아 기업의 재무담당자는 3개월 이내에 채권을 발행할 계획이다. 그녀는 금리 변동성에

Visit us at www.mhhe.com/bma

대해 우려하고 있으며 회사가 5% 표면이자 채권을 매각할 수 있도록 가격을 묶어 두고 싶어 한다. 헤지를 위해서 그녀는 채권선물을 어떻게 이용해야 하는가?

중급문제

13. 대기업들은 보험에 매년 수백만 달러를 지출한다. 그 이유는 무엇인가? 대기업은 모든 위험에 대해 보험에 가입해야 하는가, 아니면 일부 위험에 대해서만 가입하는 것이 합리적인가?
14. 어떤 재앙채권에서는 발행자에 대한 청구액이 정해진 총액을 넘어서면 지급금이 줄어든다. 다른 경우에서는 산업 전체에 대한 청구액이 일정 규모를 넘어서는 경우에만 지급금이 줄어든다. 이 두 가지 구성의 장점과 단점은 무엇인가? 베이시스 위험이 더 큰 것은 어느 것인가? 도덕적 위험의 문제점을 유발하는 것은 어느 것인가?
15. 거래소에서 거래되는 상품선물계약의 일부를 나열하라. 누가 이들 각각의 계약을 매입하면 유용하게 위험을 감소시키게 되는가? 누가 각각의 계약을 매도하고자 하겠는가?
16. Phoenix Motors는 다음 해 촉매 컨버터(catalytic converter) 생산에 사용할 백금 10,000온스의 비용을 고정시키고 싶어 한다. 이 회사는 10,000온스에 대한 3개월 선물계약을 온스당 $1,250의 가격으로 매입한다.
    a. 백금의 현물가격이 3개월 안에 $1,100로 하락한다고 하자. Phoenix는 선물계약으로부터 손해를 보는가, 이익을 얻는가? 이 회사는 필요한 백금의 매입 가격을 고정시켰는가?
    b. 백금 가격이 3개월 안에 온스당 $1,400으로 증가하면 답이 달라질 것인가?
17. 2009년 3월에 브라질 Ibovespa 주가지수에 대한 9개월 만기 선물은 44,439에 거래되었다. 현물은 41,908이었다. 금리는 11.25%이고 배당수익률은 약 3%였다. 선물가격은 제대로 결정된 것인가?
18. 만약 당신이 9개월 만기 재무성 증권 선물을 매입하였다면, 당신은 9개월의 기간 동안 3개월 만기 재무성 증권(T-bill)을 매입하게 된다. T-bill과 T-bond의 수익률은 다음과 같다고 하자.

만기까지의 개월 수	연간 수익률
3	6%
6	6.5
9	7
12	8

    9개월 만기 재무성 증권 선물의 가격은 얼마인가?
19. 표 26.4는 여러 상품과 금융자산에 대한 6개월 만기 선물가격과 현물가격을 보여주고 있다. 여기에는 돈 벌 수 있는 몇 가지 기회가 숨어 있다. 기회를 찾아내고 이를 이용하기 위해 어떻게 거래할지 설명하라. 금리는 14.5%, 즉 계약의 존속기간인 6개월간 7%이다.
20. 다음 표는 계약 기간별 2009년 금 선물가격을 보여 준다. 금은 거의 대부분 산업용이 아닌 투자대상으로 거래된다. 투자자들은 포트폴리오 분산투자를 위해서, 그리고 금 가격 상승을 기대하기 때문에 금을 보유한다. 투자자들은 편의수익률 때문에 금을 보유하는 것이 아니다.
    표에 나타난 계약기간 각각에 대하여 금 선물 거래자들이 적용 받는 금리를 계산하라. 현물가격은 온스당 $915.50이다.

	계약 기간(월)		
	3	**6**	**9**
선물 가격	$917.90	$920.85	$923.30

Visit us at www.mhhe.com/bma

상품	현물가격	선물가격	비고
마그네슘	톤당 $2,550	톤당 $2,728.50	월간 보관비용 = 월간 편의수익률
냉동 파이	파운드당 $0.50	파운드당 $0.514	6개월 보관비용 = 파운드당 $0.10; 6개월 편의수익률 = 파운드당 $0.05
2002년 만기의 액면이자율 8%인 Nevada Hydro 채권	77	78.39	4%의 반년 액면이자 지급금은 선물계약이 만료되기 직전까지 납입해야 함
코스타구아나 풀가스(통화)	9,300풀가스 = $1	6,900풀가스 = $1	코스타구아나 이자율은 연 95%
Establishment Industries 보통주	$95	$97.54	매 분기마다 $2의 배당금을 지급. 다음 배당금은 2개월 후에 지급
저가 백포도주	10,000갤런 탱크당 $12,500	10,000갤런 탱크당 $14,200	6개월 편의수익률 = 탱크당 $250. 회사는 여분의 보관장소가 있어서 비용 없이 50,000갤런을 보관할 수 있음

표 26.4 일부 상품과 증권의 현물가격과 6개월 선물가격. 연습문제 19 참조.

21. 2014년 9월에 스왑 딜러들은 Euribor(유로 차입금에 적용되는 단기 금리)에 대하여 4.5%에 유로화 금리 스왑을 고시하였다. Euribor는 그 당시 4.1%였다. A는 딜러에게 1천만 유로의 확정금리 차입금을 넘기고 같은 금액의 변동금리 차입금을 받는 스왑을 체결하였다.
    a. 스왑을 맺을 당시 스왑의 가치는 얼마인가?
    b. A가 스왑에 참여한 직후에 장기 금리가 1% 포인트 상승하였다. 누구에게 이득이고 누구에게 손해인가?
    c. 이 경우 스왑의 가치는 얼마인가?

22. 증권 A, B, C의 현금흐름은 다음과 같다.

	기간 1	기간 2	기간 3
A	$ 40	$40	$ 40
B	$120	—	—
C	$ 10	$10	$110

    a. 금리가 8%인 경우 각각의 듀레이션을 계산하라.
    b. 증권 A에 $1천만을 투자하고 있다고 하자. 증권 B와 C의 조합을 어떻게 하면 이 투자대금을 금리변동에 대해서 면역화하게 되는가?
    c. 이번에는 증권 B에 $1천만을 투자해 두고 있다고 하자. 어떻게 면역화할 것인가?

23. 헤징과 관련하여 '델타(δ)'란 무엇을 의미하는가? 델타를 어떻게 추정하고 계산할 수 있는지 예를 들어 보라.

24. 어느 금 채굴 기업은 자사 매출액의 단기 변동성에 대해 염려하고 있다. 금은 현재 온스당 $650에 거래되지만 가격 변동성이 극도로 높아서 다음 달에는 최저 $630, 최고 $680에 거래될 수도 있다. 이 회사는 다음 달에 1,000온스의 금을 시장에 내놓을 예정이다.
    a. 헤지를 하지 않은 상태에서 온스당 금 가격이 $600, $630, $680인 경우 총매출액은 얼마인가?
    b. 다음 달에 인도되는 금의 선물가격은 $660이다. 기업이 금 1,000온스를 인도하는 1개월 만기 선물계약을 맺는 경우 각각의 금 가격에서 기업의 총매출액은 얼마인가?
    c. 기업이 온스당 $650에 금을 팔기 위해 1개월 만기 풋옵션을 매입하는 경우 총매출액은 얼마인

Visit us at www.mhhe.com/bma

가? 풋옵션 비용은 온스당 $45이다.

25. Legs Diamond는 7월 15일에 Vangard Index 500 뮤추얼 펀드에서 발행한 주식 $1백만 어치를 보유하고 있다(이는 S&P 500 지수를 추적하는 인덱스펀드이다). 그는 이제 현금화하기를 원하는데 그의 회계사는 거액의 자본소득세를 이연시키기 위해서 6개월을 기다리라고 권고하였다. 다음 6개월 동안 시장의 움직임에 대한 노출을 헤지시켜 없애기 위해서 주가지수 선물을 어떻게 이용할 수 있는지를 Legs에게 설명하라. Legs는 자신의 주식을 실제로 매도하지 않으면서 '현금화' 시킬 수 있을까?

26. 두 금 채굴 주식의 가격변동은 강한 양의 상관관계를 보여 왔다. 그 역사적 관계는 다음과 같다.

$$\text{A의 평균 변화율} = 0.001 + 0.75\ (\text{B의 변화율})$$

B의 변화는 A 변화분의 60%를 설명한다($R^2 = 0.6$).

a. 당신은 A 주식 $10만 어치를 가지고 있다고 하자. 순포지션의 위험을 최소화시키기 위해서는 B를 얼마만큼 매도해야 하는가?

b. 헤지비율은?

c. 주식 A와 금 가격 사이의 역사적 관계는 다음과 같다.

$$\text{A의 평균 변화율} = -0.002 + 1.2\ (\text{금 가격의 변화율})$$

R^2가 0.5인 경우, 주식 B가 아닌 금(또는 금 선물)을 이용하여 헤징하면 순포지션의 위험을 줄일 수 있는가? 설명하라.

27. 26.6절에서 포터톤의 리스의 듀레이션은 이 회사 부채의 듀레이션과 같다고 하였다.

a. 그렇다는 것을 보여라.

b. 이제 금리가 3%로 하락했다고 가정하자. 금리가 0.5% 상승하거나 하락할 때 리스와 부채 패키지의 가치는 어떻게 변하는가? 금리 헤지를 재구성하기 위해 포터톤은 어떻게 해야 하는가?

28. Petrochemical Parfum(PP)은 주요 원료 중 하나인 중유 가격 상승 가능성에 대해 우려하고 있다. PP는 원유가격 상승에서 자사를 보호하기 위해서 어떻게 옵션이나 선물계약을 이용할 수 있는지 설명하라. 유가가 배럴당 $70, $80, $90인 경우 각각에 대하여 지불액(payoff)이 어떻게 변하는지 설명하라. PP가 위험을 감소시키기 위해 옵션보다는 선물을 이용할 때의 장단점은 무엇인가?

29. 표 26.5에 나열된 상품들과 금융자산을 생각해 보자. 무위험 이자율은 연 6%이고 기간구조는 평평하다.

a. 각각의 경우에 대하여 6개월 만기 선물가격을 계산하라.

자산	현물가격	비고
마그네슘	톤당 $2,800	순 편의수익률 = 연 4%
연맥강	부셸당 $0.44	순 편의수익률 = 연 0.5%
바이오텍 주가지수	140.2	배당 = 0
Allen Wrench Co. 보통주	$58.00	현금배당 = 연간 $2.4
5년 만기 재무성 채권	108.93	8% 액면이자
웨스토니아 러플화	3.1 러플 = $1	러플화 금리는 12%

표 26.5 몇몇 상품과 금융자산의 현물가격. 연습문제 29 참조.

Visit us at www.mhhe.com/bma

b. 마그네슘 생산업자는 지금으로부터 6개월 뒤에 선적할 1,000톤의 매그누시엄의 판매가격을 묶어두기 위하여 어떻게 선물시장을 이용하게 되는지 설명하라.

c. 생산업자는 문항 (b)에 대한 당신의 답대로 조치를 취했지만, 매그누시엄 가격이 $2,200로 하락하였다고 하자. 어떻게 되겠는가? 생산업자는 헤지된 포지션을 복구시키기 위하여 추가로 선물시장 거래를 실시해야만 하는가?

d. 생명공학 주가지수 선물가격은 생명공학 주식들의 미래 기대성과에 대해 유용한 정보를 제공하는가?

e. 갑자기 Allen Wrench 주가가 $10 하락했다고 하자. 투자자들은 현금 배당이 줄지 않을 것으로 확신하고 있다. 선물가격은 어떻게 되겠는가?

f. 금리가 갑자기 하락했다고 하자. 기간구조는 평평한 채로 머물러 있다. 5년 만기 T-note에 대한 6개월 만기 선물가격은 어떻게 되겠는가? 문항 (a)에 계산된 선물가격에 T-note 100개를 매도한 거래자에게는 어떤 일이 발생하겠는가?

g. 한 수입업자는 지금으로부터 3개월 후에 100만 러플을 지급해야만 한다. 수입업자가 러플-달러 환율의 불리한 변동으로부터 헤지하는 데 이용될 수 있는 두 가지 전략에 대해 설명하라.

30. 채권에 대한 총수익률 스왑은 신용부도 스왑과 같은 것인가(제23.1절 참조)? 그 이유는 무엇인가?

31. "투기자들은 가격에 오류가 있는 선물계약을 원하다. 헤저들은 올바른 가격의 선물계약을 원한다." 이유는 무엇인가?

32. 당신이 근무하는 투자은행은 Swiss Roll Corporation 주식에 $1억을 투자하였으며 Frankfurter Sausage Company 주식을 공매하였다. 두 주식의 최근 주가는 다음과 같다.

가격변화율		
월	Frankfurter Sausage	Swiss Roll
1월	−10	−10
2월	−10	−5
3월	−10	0
4월	+10	0
5월	+10	+5
6월	+10	+10

이 6개월간의 자료에서 Swiss Roll의 주가변동에 대해서 최대한 헤지하려면 Frankfurter Sausage 주식에 대한 공매 포지션의 크기를 얼마로 해야 하는가?

도전문제

33. Phillip's Screwdriver Company는 3개월 만기 재무성 증권 금리에 2%를 더하는 변동금리로 은행에서 2천만 달러를 차입하였다. 현재 재무성 증권 수익률은 5%이다. 이자지급은 분기별로 이루어지며 원금은 5년 후에 전액 상환한다고 가정한다.

Phillip's는 이 은행 차입금을 확정금리 부채로 전환하고자 한다. 이 회사는 만기수익률 9%에 5년 만기 확정금리 채권을 발행할 수도 있었다. 그러한 채권은 현재 액면가에 거래되고 있다. 5년 만기 T-note의 만기수익률은 7%이다.

a. Phillip's가 금리 9%인 장기 부채를 원한다면 어리석은 것인가? 이 회사는 은행에서 7%에 차

Visit us at www.mhhe.com/bma

입한 바 있다.

b. 전환(conversion)은 금리스왑을 통해 어떻게 이루어질 수 있는지 설명하라. 스왑의 초기 조건은 무엇이 되겠는가(거래비용과 스왑 딜러의 이익은 무시함)?

지금으로부터 1년 후 중장기 재무성 채권의 수익률은 6%로 떨어져서 기간구조(term structure)가 평평해졌다(이런 변화는 5월에 현실화되었다). Phillip's의 신용등급은 불변이다. 동사는 여전히 재무성 채권 금리에 2%를 더하는 조건으로 차입 가능하다.

c. 스왑 순지급금으로 Phillip's는 얼마를 지급 또는 수취해야 하는가?

d. 현재 Phillip's는 스왑을 취소하고자 한다. 스왑 딜러에게 얼마를 지불해야 하는가? 아니면 딜러로부터 얼마를 받아야 하는가? 설명하라.

실시간 데이터분석

1. 주요 상품거래소의 웹사이트에서는 선물가격을 제공한다. 선택한 상품의 연율(*annualized*) 순 편의수익률을 계산하고 그림으로 그려보라. (주의: 거의 만기가 된 계약의 선물가격을 현재의 현물가격의 추정치로 사용해야 할지도 모른다.)
2. 웹사이트 **www.ft.com**에서 미국 달러와 유로의 스왑 금리를 구할 수 있다. 그림 26.3과 같은 현재의 스왑곡선을 그려라.
3. 웹사이트 **www.wsj.com**에서 다양한 주가지수의 현물가격과 선물가격을 구할 수 있다. 그 중 하나를 골라 가격이 공정하게 결정되어 있는지 확인하라. 지수의 배당수익률과 이자율을 알아내기 위해서는 탐정 작업을 좀 해야 할 것이다.

Visit us at www.mhhe.com/bma

국제위험관리

앞장에서는 변동하는 이자율과 변덕스러운 상품가격 변동에서 오는 위험에 대해 살펴보았다. 국제적으로 영업하는 기업들은 그 외에도 통화가치 변동과 정치적 위험(political risk)에서 오는 많은 위험에 직면하게 된다.

통화 위험을 이해하기 위해서는 먼저 외환시장은 어떻게 작동하며 환율은 어떻게 결정되는지를 이해해야 한다. 특히 환율과 금리, 그리고 인플레이션의 국가 간 차이를 강조하면서 이들 주제를 먼저 살펴본다. 그러고 나서 기업들이 외환에 대한 노출을 어떻게 평가하며 또 헤지하는지를 설명한다.

또한 국제 자본투자결정에 관해서도 검토한다. 예컨대 독일에서 이루어지는 투자 프로젝트의 현금흐름은 독일의 인플레이션율과 세금 문제에 관심을 기울이면서 유로(euro) 통화로 예측하여야 한다. 그러나 유로 현금흐름은 유로 할인율을 필요로 한다. 이 할인율은 어떻게 추정해야 하는가? 투자하는 회사가 미국, 독일 또는 다른 국가에 위치하고 있는지에 따라 달라져야 하는가? 유로가 다른 통화에 비해 상대적으로 하락할 위험에 대해 할인율을 조정해야 하는가? (마지막 질문에 대한 답은 아니오이다. 그 앞의 질문에 대한 답은 분명하지 않다.)

이 장은 정치적 위험에 관한 논의로 결론을 맺는다. 정치적 위험이란 적대적인 외국 정부가 불리한 조치, 예컨대 차별적인 과세나 이익을 자국 밖으로 가져가는 것을 제한하는 것 등을 의미한다. 때때로 외국 정부는 최소한의 보상으로 사업체를 몰수하기도 한다. 기업들이 정치적 위험을 줄이기 위해 어떻게 자사의 영업과 자금조달을 구축하는지 설명한다.

27.1 외환시장

프랑스에서 상품을 수입하는 미국 회사는 구매 대금을 지불하기 위해 유로화를 매입해야 할 수도 있다. 프랑스에 수출하는 기업은 유로를 받고 이를 달러로 교환한다. 두 기업 모두 외환시장(foreign exchange market)을 이용하는 것이다.

외환시장은 집중화된 장터를 가지고 있는 것은 아니다. 업무는 전자적으로 처리된다. 주요 딜러들은 대형 상업은행과 투자은행들이다. 통화를 매매하고자 하는 기업들은 대개 상업은행을 통해 거래한다. 외환시장의 거래 회전율은 엄청나다. 2007년 런던에서는 매일 $1조 3,590억의 통화가 거래되었다. 이는 연간 규모로는 $340조($340,000,000,000,000)에 해당한다. 뉴욕과 도쿄를 합치면 매일 또 다른 $9,020억가 거래된다.[1)]

표 27.1은 〈파이낸셜타임스(*Financial Times*)〉에 실린 환율표를 고쳐서 다시 만든 것이다. 환율은 보통 미국 달러 하나를 매입하는 데 필요한 외국 통화의 단위 수 형태로 표현한다. 이를 간접

1) 매 3년마다 실시되는 외환사업에 관한 조사 결과는 웹사이트 **www.bis.org/forum/research.htm**에 발표된다.

	현물환율*	선도환율		
		1개월	3개월	1년
유럽:				
유로	1.4201	1.4201	1.4200	1.4207
노르웨이(크로네)	6.2452	6.2502	6.2603	6.3007
스웨덴(크로나)	7.4533	7.4523	7.4502	7.4313
스위스(프랑)	1.0723	1.0719	1.0711	1.0643
영국(파운드)	1.6414	1.6413	1.6411	1.6396
북미:				
캐나다(달러)	1.0808	1.0807	1.0804	1.0801
멕시코(페소)	13.2155	13.2705	13.3805	13.8891
태평양/중동/아프리카				
홍콩(달러)	7.7501	7.7480	7.7437	7.7311
일본(엔)	94.7050	94.6780	94.6161	94.0870
남아프리카(랜드)	7.7840	7.8330	7.9263	8.3283
한국(원)	1249.55	1249.10	1247.65	1241.05

표 27.1 현물환율과 선도환율, 2009년 7월 24일.

*환율은 미 달러당 외환의 단위 수. 단 유로와 영국 파운드는 그 통화당 미 달러의 단위 수.
자료원: *Financial Times*, July 24, 2009, online edition © Financial Times 2009.

고시가격(*indirect quote*)이라고 한다. 표 27.1의 첫째 열에서 멕시코 페소에 대한 간접고시가격을 보면 $1에 13.2155페소(peso)를 살 수 있다. 이를 보통 peso 13.2155/$로 표시한다.

직접고시(*direct* quote) 환율은 외국 통화 1단위를 사는 데 몇 달러가 필요한가로 표현한다. 유로와 영국 파운드 스털링은 통상적으로 직접고시가격으로 표시한다.[2)] 예를 들어 표 27.1에서 £1는 $1.6414이고 보다 간결하게 표현하면 $1.6414/£이다. 만약 £1로 $1.6414를 매입한다면, $1로는 1/1.6414 = £0.6092를 매입할 수 있어야 한다. 따라서 파운드화에 대한 간접고시가격은 £0.6092/$이다.[3)]

표 27.1의 첫째 열에 있는 환율들은 즉시 인도되는 통화의 가격이다. 이를 **현물환율(spot rate of exchange)**이라고 부른다. 페소의 현물환율은 13.2155/$이고, 파운드의 현물환율은 $1.6414/£이다.

현물외환시장 이외에도 선도시장(*forward market*)이 있다. 선도시장에서는 미래에 인도할 통화를 사고판다. 미래 일정 시점에 외국 통화를 지급하거나 받을 예정이라면 선도계약을 매매하여 손실로부터 스스로를 보호할 수 있다. 만약 3개월 후에 1백만 페소를 필요로 한다면, 3개월 선도계약(*forward contract*)을 체결할 수 있다. 이 계약의 **선도환율(forward rate)**은 3개월 후 1백만 페소를 인도받을 때 지불하기로 합의한 가격이다. 표 27.1을 다시 살펴보면 페소에 대한 3개월 선도

2) 유로는 유럽통화연합(European Currency Union, EMU)의 공통 통화이다. 연합의 16개 회원국은 오스트리아, 벨기에, 사이프러스, 핀란드, 프랑스, 독일, 그리스, 아일랜드, 이탈리아, 룩셈부르크, 말타, 네덜란드, 포트투갈, 슬로베니아, 슬로바키아, 스페인 등이다.

3) 외환딜러들은 대개 파운드와 달러 간의 환율을 케이블(*cable*)이라고 부른다. 표 27.1에서 케이블은 1.6414이다.

환율은 peso 13.3805/$로 고시되어 있는 것을 알 수 있다. 3개월 후 인도를 조건으로 페소를 사면 같은 달러로 현물 페소를 사는 것보다 더 많은 페소를 살 수 있다. 이 경우 페소는 달러 대비 선도 디스카운트(*forward discount*)로 거래된다고 말한다. 왜냐하면 선도 페소가 현물보다 더 싸기 때문이다. 연율로 표현하면 선도 디스카운트는 다음과 같다.[4)]

$$4 \times \left(\frac{13.2155}{13.3805} - 1\right) = -0.049,\ 즉\ -4.9\%$$

이 경우 달러는 선도 프리미엄(*forward premium*)에 거래된다고도 말한다.

선도 매매는 거래자와 은행 간의 맞춤식 거래이다. 어떤 통화도, 어떤 금액도, 어떤 인도일도 좋다. 말하자면 거래의사가 있는 은행을 찾을 수만 있다면 99,999베트남 동(dong)이나 아이티 구어드(gourde)를 1년 또는 1일 선도로 매입할 수도 있다. 대부분의 선도거래는 만기가 6개월 이내이지만 제26장에서 설명한 장기 통화스왑은 여러 선도거래를 한 데 묶은 것과 동등하다. 기업이 장기 선도계약을 체결하고자 할 때는 이는 일반적으로 통화스왑을 통해 이루어진다.[5)]

미래 인도를 위한 조직화된 통화시장도 역시 존재하는데 이는 통화 선물시장(*futures* market)이라고 한다. 선물계약은 고도로 표준화되어 있다. 거래 단위가 일정하게 정해져 있고, 인도일의 선택에도 제한이 있다.[6)]

선도계약이나 선물계약을 매입하면 통화를 인도받기로 약속하는 것이다. 한 가지 대안으로, 오늘 결정된 가격으로 미래 시점에 통화를 사거나 팔 수 있는 옵션(*option*)을 이용할 수도 있다. 맞춤형 통화옵션은 주요 은행에서 매입할 수 있고, 표준화된 옵션은 옵션 거래소에서 거래된다.

27.2 기본적 관계들

환율과 이자율이 차이가 나는 이유를 이해하지 못하면 일관성 있는 국제 재무정책을 개발할 수 없다. 다음 네 가지 문제에 대해 생각해보자.

- 문제 1. 왜 달러 기준 이자율($r_\$$)은 페소 기준 이자율(r_{peso})과 다른가?
- 문제 2. 왜 선도환율($f_{peso/\$}$)은 현물환율($S_{peso/\$}$)과 다른가?
- 문제 3. 달러와 페소 간의 내년의 기대 현물환율 [$E(s_{peso/\$})$]을 결정하는 것은 무엇인가?
- 문제 4. 미국의 인플레이션율($i_\$$)과 멕시코의 인플레이션율(i_{peso}) 사이의 관계는 어떻게 되는가?

4) 여기서 가끔씩 혼동이 생긴다. 페소의 고시가격은 간접적이기 때문에 프리미엄은 현물환율 대 선도환율의 비율을 기준으로 계산하게 된다. 직접고시가격을 사용하는 경우에는 선도환율 대 현물환율의 비율을 계산해야 한다. 페소의 경우, 직접고시가격의 선도 프리미엄은 $4 \times [(1/13.3805)/(1/13.2155) - 1] = -0.049$, 즉 -4.9%이다.

5) 때때로 선도거래와 현물거래가 동시에 이루어진다. 예를 들어 어떤 기업이 1개월 동안 페소를 사용할 필요가 있다면, 이 경우 회사는 페소 현물을 매입하는 동시에 페소를 선도로 매도한다. 딜러들은 이를 스왑(*swap*) 거래라고 한다. 이를 제26장에서 설명한 장기 통화스왑과 혼동하지 말아야 한다.

6) 선도계약과 선물계약 간의 또 다른 차이점은 제26장에서 논의하였다.

개인들은 위험에 대해 신경 쓰지 않으며 자본흐름의 국제거래에는 아무런 장벽이나 비용도 없다고 하자. 이 경우 현물환율과 선도환율, 이자율, 인플레이션율은 서로 간에 다음과 같은 단순한 관계를 가진다.

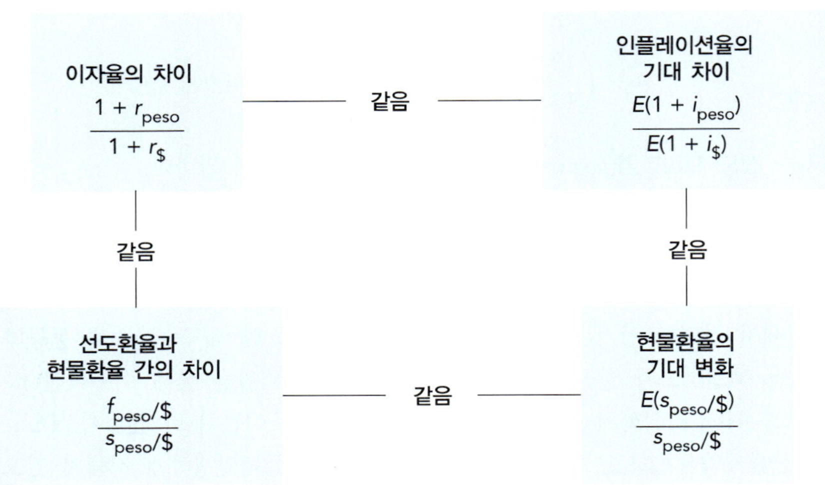

왜 그렇게 되어야 하는가?

이자율과 환율

지금은 2009년 7월이고 앞으로 1년간 투자할 자금 $1백만을 가지고 있다. 미국 달러 예금은 약 1.50%의 금리를 제공한다. 멕시코 페소 예금은 (매력적인?) 6.67%를 제공한다. 어디에 돈을 투자해야 하는가? 답이 뻔해 보이는가? 확인해 보자.

- **달러 대출.** 1년간의 달러 예금에 대한 이자율은 1.50%이다. 그러므로 1년 후에는 1,000,000 × 1.0150 = $1,015,000를 받는다.
- **페소 대출.** 현재 환율은 13.2155/$이다. $1백만으로 1,000,000 × 13.2155 = peso 13,215,500을 매입할 수 있다. 1년간의 페소 예금 금리는 6.67%이다. 그러므로 1년 후에는 13,215,500 × 1.0667 = peso 14,096,974를 받게 된다. 물론 1년 뒤 환율이 어떻게 될지는 모른다. 그러나 이는 문제가 되지 않는다. 자기 자신에게 매도할 페소의 가격을 지금 고정시킬 수 있다. 1년 선도환율은 peso 13.8891/$이다. 그러므로 선도계약을 매도하면 연말에 확실히 14,096,974/13.8891 = $1,014,967을 받게 된다.

그래서 두 투자안은 거의 동일한 수익률을 제공한다. 두 투자안 모두 무위험이므로 수익률도 같아야 한다. 만약 국내 금리가 **방비된**(*covered*) 외국 이자율과 다르다면 돈 찍는 기계(money machine)를 가진 것이나 마찬가지다.

페소로 대출해 주면 더 높은 이자를 받게 된다. 그러나 페소 선도계약을 오늘보다 낮은 가격에 매도하기 때문에 상쇄되는 손실이 발생한다. 이자율 차이는 다음과 같다.

$$\frac{1 + r_{peso}}{1 + r_{\$}}$$

선도환율과 현물환율 간의 차이는 다음과 같다.

$$\frac{f_{peso/\$}}{s_{peso/\$}}$$

이자율평가이론(*Interest rate parity theory*)에 따르면 이자율 차이는 선도환율과 현물환율 간의 차이와 같아야 한다.

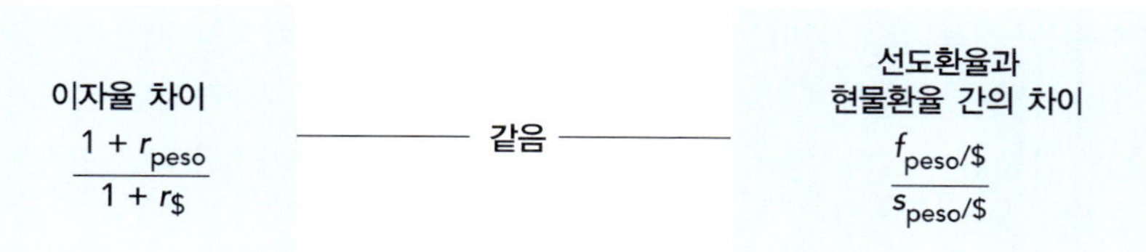

위의 예에서는 다음과 같이 쓸 수 있다.

$$\frac{1.0667}{1.0150} \approx \frac{13.8891}{13.2155}$$

선도 프리미엄과 현물환율의 변화

이제 선도 프리미엄이 어떻게 현물환율의 변화와 관련되는지를 생각해 보자. 만약 사람들이 위험에 대해 상관하지 않는다면, 선도환율은 전적으로 현물금리가 어떻게 될 것인가에 대한 사람들의 기대에 따라 결정될 것이다. 예를 들어 페소에 대한 1년 선도환율이 peso 13.8891/$라면, 그것은 오로지 거래자들이 1년 후의 현물환율이 peso 13.8891/$일 것으로 기대하기 때문이다. 만약 사람들이 미래 환율이 예컨대 peso 14.0/$일 것으로 기대한다면 아무도 페소 선도계약을 매입하려 하지 않을 것이다. 기다렸다가 현물로 매입하면 같은 달러로 더 많은 페소를 받을 수 있다.

그러므로 환율의 기대이론(*expectation theory*)은 선도환율과 오늘의 현물환율 간의 차이 비율은 현물환율의 기대 변화율과 같다고 예측한다.

선도환율과
현물환율 간의 차이
$\frac{f_{peso/\$}}{s_{peso/\$}}$
같음
현물환율의
기대 변화
$\frac{E(s_{peso/\$})}{s_{peso/\$}}$

물론, 이는 거래자들이 위험에 대해 상관하지 않는다고 가정한 것이다. 위험을 고려하게 되면 선도환율은 기대 현물환율보다 높을 수도 있고 낮을 수도 있다. 예를 들어 3개월 후에 1백만 페소를 받기로 계약을 맺었다고 하자. 거래자는 돈을 받을 때까지 기다렸다가 달러로 교환할 수도 있지만, 이는 향후

3개월 동안 페소 가격이 하락할 위험을 방치해 두는 것이다. 대안은 페소 선도계약을 매도하는 것이다. 이 경우 페소를 매도하는 가격을 오늘 고정시켜 두는 것이다. 선도계약을 매도하여 위험을 회피하는 것이기 때문에 페소의 선도가격이 기대 현물환율보다 조금 **낮더라도** 이를 기꺼이 받아들일 것이다.

다른 회사는 반대 포지션에 있을 수도 있다. 이 회사는 3개월 후에 페소로 지불하는 계약을 체결했을 수 있다. 이 회사는 3개월 동안 기다렸다가 페소를 매입할 수도 있지만 이는 페소 가격이 상승할지도 모르는 위험을 방치해 두는 것이다. 페소 선도계약의 **매입**으로 환율을 지금 고정시키는 편이 더 안전하다. 이런 회사들은 따라서 페소의 선도가격이 기대 현물가격보다 약간 **높은** 경우에도 기꺼이 선도계약을 매입하려 할 것이다.

그래서 어떤 회사는 페소 선도계약을 **매도**하는 것이, 다른 회사는 페소 선도계약을 **매입**하는 것이 더 안전하다는 것을 알게 된다. 첫 번째 그룹(매도 측)이 지배적일 때는 페소의 선도가격이 기대 현물가격보다 낮을 가능성이 크다. 두 번째 그룹(매수 측)이 지배적이면 선도가격은 기대 현물가격보다 높을 가능성이 크다. 평균적으로 선도가격이 기대 현물가격을 과소평가하는 경우와 과대평가하는 경우는 거의 비슷하다.

환율의 변동과 인플레이션율

이제 사변형의 세 번째 변인 현물환율의 변동과 인플레이션율 간의 관계에 대해 살펴볼 차례이다. 가령 멕시코에서는 은(銀) 1온스를 120페소에 살 수 있고 이를 미국에서 $15.00에 팔 수 있다는 사실을 알게 되었다고 하자. 뭔가 좋은 일이 생길 수도 있다는 생각이 든다. 이제 $9,080를 가지고 가서 $9,080 × peso 13.2155 = peso 120,000와 교환한다. 이는 1,000온스의 은을 사기에 충분한 돈이다. 이 은을 미국행 첫 비행기에 싣고 가서 $15,000에 매각한다. 그러면 거래자는 $6,000에 약간 못 미치는 총이익을 얻는다. 물론 운송비와 보험료를 내야 하지만 그래도 여전히 남는 게 있을 것이다.

돈 찍어내는 기계는 존재하지 않는다 — 어쨌든 오래 가지는 못한다. 다른 사람들도 멕시코와 미국의 은 가격에 불일치(disparity)가 있음을 알게 되면서 이익 기회가 사라지는 수준까지 멕시코에서는 은 가격이 상승하고 미국의 은 가격은 하락하게 될 것이다. 차익거래(arbitrage)로 인해 두 국가의 달러 기준 은(銀) 가격은 거의 같아진다. 물론 은은 표준화되어 있고 수송이 간편한 상품이지만, 다른 상품에 대해서도 똑같은 힘이 작용하여 미국과 외국에서의 가격이 같아지도록 해준다. 해외에서 더 싸게 매입할 수 있는 상품은 수입될 것이고, 그래서 수입국 제품의 가격을 끌어내리게 된다. 마찬가지로 국내에서 더 싸게 매입할 수 있는 상품은 수출되고, 외국 제품의 가격을 끌어내리게 된다.

이를 흔히 **구매력평가**(*purchasing power parity*)라고 부른다.[7] 세이프웨이(Safeway) 슈퍼마켓의 상품가격은 A&P의 상품가격과 대략 같아야만 하는 것처럼 멕시코의 상품가격을 달러로 환산하면 미국에서의 가격과 대략 같아야 한다.

$$\text{미국에서 상품의 달러 가격} = \frac{\text{멕시코에서 상품의 페소 가격}}{\text{달러당 페소의 수}}$$

7) 경제학자들이 **구매력평가**라는 용어를 사용할 때는 두 나라에서 일반 물가수준이 동일해야 한다는 개념을 말한다. 경제학자들이 단일 상품의 가격에 대해 이야기할 때는 **일물일가의 법칙**(*law of one price*)라는 용어를 쓰는 경향이 있다.

구매력평가이론에 따르면 인플레이션율의 차이는 환율의 변동에 의해 상쇄된다. 예를 들어, 미국의 물가가 1.0% 상승하고 멕시코에서는 6% 상승한다면, $1로 매입할 수 있는 페소의 수는 1.06/1.01 − 1, 즉 약 5% 올라가게 된다. 따라서 구매력평가이론은 현물환율의 변동을 추정하기 위해서는 인플레이션율의 차이를 추정할 필요가 있음을 말해준다.[8)]

인플레이션율의 기대 차이 $\frac{E(1+i_{peso})}{E(1+i_{\$})}$	같음	현물환율의 기대 차이 $\frac{E(s_{peso/\$})}{s_{peso/\$}}$

위의 예에서는 다음과 같다.

$$\text{현재의 현물환율} \times \text{인플레이션율의 기대 차이} = \text{기대 현물환율}$$

$$13.2155 \times \frac{1.060}{1.010} = 13.87$$

이자율과 인플레이션율

이제 사변형의 마지막 변을 살펴보자. 물이 항상 아래로 흐르는 것처럼, 자본은 수익률이 가장 높은 곳으로 흘러가는 경향이 있다. 그러나 투자자는 **명목**(*nominal*) 수익률에는 관심이 없다. 그 돈으로 무엇을 살 수 있느냐를 걱정한다. 그래서 만약 미국보다 멕시코에서 실질금리가 더 높다는 사실을 투자자들이 알게 되었다면, 두 나라의 기대 실질금리가 같아질 때까지 자신의 저축을 멕시코로 옮길 것이다. 기대 실질금리가 동일하다면 명목금리(money rate)의 차이는 기대 인플레이션율의 차이와 같아야만 한다.[9)]

이자율 차이 $\frac{1+r_{peso}}{1+r_{\$}}$	같음	인플레이션율의 기대 차이 $\frac{E(1+i_{peso})}{E(1+i_{\$})}$

멕시코에서는 연간 실질금리는 0.6%이다.

$$r_{peso}(\text{real}) = \frac{1 + r_{peso}}{E(1 + i_{peso})} - 1 = \frac{1.0667}{1.060} - 1 = 0.006$$

8) 다시 말해서, 인플레이션율의 기대 차이는 환율의 기대 변동과 같다. 엄밀하게 해석하면, 구매력평가이론은 인플레이션의 실제 차이가 항상 환율의 실제 변동과 같아야 함을 의미한다.

9) 제3.5절에서 장기적으로 명목금리(money interest rate)는 기대 인플레이션의 변동을 반영하여 변동한다는 Irving Fisher의 이론에 대해 논의하였다. 여기서는 명목금리의 국제적 차이 역시 기대 인플레이션의 차이를 반영하게 된다고 주장한다. 이 이론을 **국제 피셔효과**(*international Fisher effect*)라고 부르기도 한다.

미국에서도 거의 비슷하게 0.5%이다.

$$r_{\$}(\text{real}) = \frac{1 + r_{\$}}{E(1 + i_{\$})} - 1 = \frac{1.015}{1.010} - 1 = 0.005$$

현실도 그렇게 단순한가?

앞에서 우리는 금리와 선도환율, 현물환율, 인플레이션율을 연결시키는 네 가지 이론에 대해 살펴보았다. 물론 이렇게 단순한 이론으로 현실 세계를 정확하게 설명하지는 못한다. 우리는 이 이론들이 실제 행태를 얼마나 잘 예측하는지 알아둘 필요가 있다. 확인해 보자.

1. 이자율평가이론 이자율평가이론에 따르면 환위험에 대해 방비된(covered) 페소 이자율은 달러 이자율과 동일해야 한다. 돈이 서로 다른 나라의 예금 사이에 쉽게 옮겨 다닐 수 있는 이상 이자율 평가는 거의 항상 성립한다. 사실, 딜러들은 페소 예금과 달러 예금의 이자율 차이를 보고 페소의 선도가격을 결정한다.

2. 선도환율 기대이론 기대이론은 선도환율을 얼마나 잘 설명하는가? 환율을 연구하는 학자들은 선도환율이 일반적으로 현물환율의 변동 가능성을 과장하는 현상을 발견하였다. 선도환율이 현물환율의 수직상승을 예측하는 것처럼 보이는 경우(선도 프리미엄), 선도환율은 현물환율의 상승을 과대평가하는 경향이 있다. 반대로, 선도환율이 통화 가치 하락을 예측하는 것처럼 보이는 경우(선도 디스카운트)에는 선도환율이 이런 하락을 과대평가하는 경향이 있다.[10]

이러한 관찰결과는 기대이론(expectation theory)과 일관하지 않는다. 오히려 기업들은 때로는 선도 통화를 매입하기 위해 수익률을 포기하기도 하고, 또 어떤 때는 선도 통화를 매도하기 위해 수익률을 포기하기도 하는 것으로 보인다. 다시 말해서, 선도환율에는 위험 프리미엄이 포함되어 있는 것 같지만 이 프리미엄의 부호는 음(−)과 양(+) 사이를 왔다 갔다 한다.[11] 그림 27.1에서도 이를 확인할 수 있다. 거의 절반의 기간에는 스위스 프랑에 대한 선도환율이 미래 현물환율을 과대평가하고, 나머지 절반의 기간에는 과소평가하고 있다. 평균적으로 선도환율은 미래 현물환율과 거의 동일하다. 이는 재무관리자에게 중요한 뉴스가 된다. 환율변동에 대한 보호를 위해 항상 선도시장을 이용하는 기업은 그 보험 기능을 위해 추가로 비용을 지불하지 않는다는 의미가 된다.

3. 구매력평가이론 사변형의 세 번째 변인 구매력평가이론의 경우는 어떨까? 외국 상점에서 국내와 가격을 비교해 본 사람이라면 세계적으로 물가가 정말 동일하다고는 믿지 않을 것이다. 예를 들어 표 27.2에는 여러 나라의 빅맥(Big Mac) 가격이 나와 있다. 현재 환율을 기준으로 빅맥이 스위스에서는 $5.98인 데 비해 미국에서는 $3.57에 불과하다는 데 주목하자. 스위스와 미국에서의 가격을

10) 다수의 학자들은 심지어 선도환율이 상승을 예측하면 현물환율은 오히려 하락하고 하락을 예측하면 상승할 가능성이 높은 현상을 발견하였다. 이러한 수수께끼 같은 증거에 대한 읽을 만한 설명은 다음 논문을 참조하라. K. A. Froot and R. H. Thaler, "Anomalies: Foreign Exchange," *Journal of Political Economy* 4(1990), pp. 179~192.

11) 선도환율에 포함된 위험 프리미엄이 어떤 때는 양(+)이고 어떤 때는 음(−)이라는 실증적 증거는, 예를 들어, 다음 논문을 참조하라. E. F. Fama, "Forward and Spot Exchange Rates," *Journal of Monetary Economics* 14(1984), pp. 319~338.

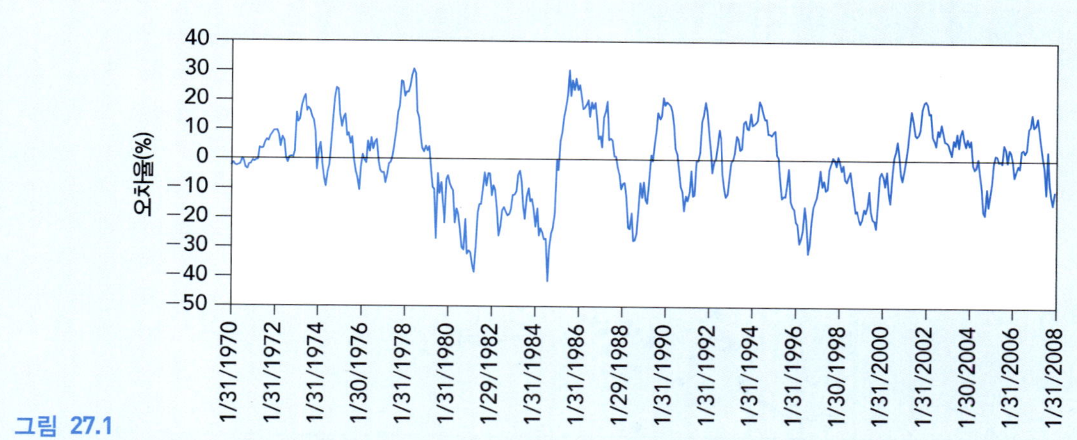

그림 27.1
스위스 프랑의 다음 해 현물환율 예측에 스위스 프랑에 대한 1년 선도환율을 사용할 때의 오차율. 선도환율이 현물환율을 과대평가 또는 과소평가할 가능성은 같다는 데 주목하라.

같게 하려면 $1로 매입할 수 있는 스위스 프랑은 5.98/3.57 − 1 = 0.68, 즉 68% 늘어나야 한다.

이는 쉽게 돈을 버는 길을 가르쳐 준다. 왜 중국에서 $1.83로 햄버거를 사서 스위스에서 $5.98에 되팔지 않는가? 답은 물론 이득으로 비용을 충당하지 못한다는 것이다. 수송에 드는 비용과 수송의 불편함 때문에 같은 물건이 다른 국가에서는 다른 가격에 판매될 수 있다.[12)]

국가	미국 달러로 환산한 현지 가격
캐나다	3.35
중국	1.83
덴마크	5.53
유로 지역	4.62
일본	3.46
멕시코	2.39
필리핀	2.05
러시아	2.04
남아프리카	2.17
스위스	5.98
영국	3.69
미국	3.57

표 27.2 각국의 빅맥 햄버거 가격.

자료원: "The Big Mac Index," The Economist, July 16, 2009, online edition, The Economist Newspaper Group, Inc. Reprinted with permission.
Further reproduction prohibited (www.economist.com).

한편, 인플레이션과 환율의 변동 사이에는 분명히 어떤 관계가 있다. 예를 들어 2000년 초에서 2007년 말 사이에 터키의 물가는 5.9배 상승하였다. 이를 달리 말하면 터키 화폐의 구매력이 약 83% 떨어졌다는 것이다. 환율이 조정되지 않았다면 터키의 수출업자들은 자국 상품을 판매하기가 불가능했을 것이다. 물론 환율은 조정되었다. 실제로 터키 통화의 가치는 미국 달러 대비 52% 하락하였다.

터키는 극단적인 예이지만, 그림 27.2는 일부 표본 국가의 상대적 구매력의 변화에 대한 환율변동을 산점도로 나타내고 있다. 터키는 왼쪽 하단에 있다. 미국은 오른쪽 상단 근처에 있다.[13)] 그림에서 둘 사이의 관계가 정확한 것은 아니지만 인플레

12) 물론 같은 통화권내에서도 상당한 가격 차이가 있을 수 있다. 예를 들어 빅맥 가격은 미국 내에서도 지역별로 상당한 차이를 보인다.

13) 터키가 가장 높은 인플레이션율 또는 가장 빠른 통화 가치의 하락을 보인 것은 아니다. 앙골라와 그 다음으로 벨라루스가 그 불명예를 안았다. 이는 그림 27.2의 좌측 최하단의 두 점으로 나타나 있다.

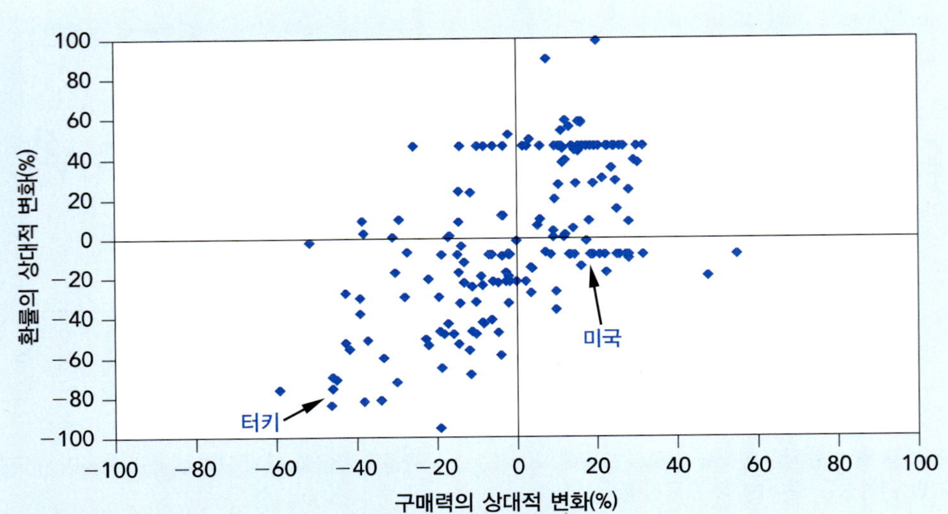

그림 27.2
환율하락과 그 통화의 구매력 하락은 보통 나란히 진행되는 경향이 있다. 이 그림에서 179개의 점은 각각 2007년까지 8년간의 여러 나라의 경험을 나타낸다. 세로축은 평균대비 외국 통화 가치의 변화를 나타낸다. 가로축은 평균 대비 구매력의 변화를 나타낸다. 좌측 하단의 점은 터키이다. 미국을 나타내는 점을 보면 달러는 상대적으로 낮은 미국의 인플레이션을 충분히 반영하지 못하고 있다.

이션율의 큰 차이는 일반적으로 이를 상쇄하는 환율변동으로 이어지는 것을 알 수 있다.[14)]

엄밀히 말해서, 구매력평가이론은 인플레이션율의 차이가 현물환율의 변동과 항상 같아야 함을 암시한다. 그렇지만 그렇게까지 나갈 필요는 없다. 인플레이션율의 기대(expected) 차이가 현물환율의 기대 변동률과 같으면 충분히 받아들일 수 있다. 이것이 사변형의 세 번째 변에 나타나 있는 결과이다. 예를 들어 그림 27.3을 보자. 첫 번째 도표의 진한 선을 보면 2008년에 ￡1로 살 수 있는 달러는 20세기 초에 비해 약 30%밖에 되지 않는다. 그러나 영국에서는 파운드 스털링(sterling)의 가치 하락에 대응하는 높은 인플레이션이 있었다. 연한 색 선을 보면 인플레이션 조정 환율, 즉 실질환율(*real* exchange rate)은 20세기 초와 말이 거의 같은 수준이다.[15)] 두 번째와 세번째 도표는 각각 프랑스와 이탈리아의 경우를 보여준다. 두 나라의 명목환율 하락은 훨씬 더 크다. 통화 단위의 변화를 조정하면 2008년에 프랑스 프랑으로 살 수 있는 달러는 1900년 초에 비해 약 1%에 지나지 않았다. 이탈리아 리라의 등가물로 살 수 있는 달러의 수는 1900년 초의 약 0.4%였다. 두 경우 모두 2008년의 실질환율은 20세기 초와 비교하여 크게 다르지 않았다. 물론 실질환율도 때로는 가파르게 변동한다. 예를 들어 2001년 말에서 2007년 말 사이에 파운드의 실질가치는 거의 40% 상승하였다. 그러나 재무관리자가 장기 환율 예측을 해야 한다면 통화 가치의 변화는 인플레이션율의 차이로 상쇄된다고 가정하는 것 이상으로 정확하게 맞추기는 어렵다.

---

14) 그림 27.2에 표시된 일부 국가는 고도의 통제경제(controlled economy) 국가임에 주목하라. 따라서 이들 국가의 환율은 제약이 없는 시장에서 형성되는 환율이 아니다. 그림 27.4에 나타나 있는 이자율 또한 비슷한 단서를 달아야 한다.

15) 실질환율은 명목환율에 인플레이션율의 차이를 곱한 것과 같다. 예를 들어, 스털링의 가치가 $1.65 = ￡1에서 $1.50 = ￡1로 하락하고, 동시에 영국의 물가가 미국보다 10% 더 빠르게 상승하였다고 하자. 인플레이션 조정 환율, 즉 실질환율은 변하지 않는다.

$$\text{명목환율} \times (1 + i_{£})/(1 + i_{\$}) = 1.5 \times 1.1 = \$1.65/£$$

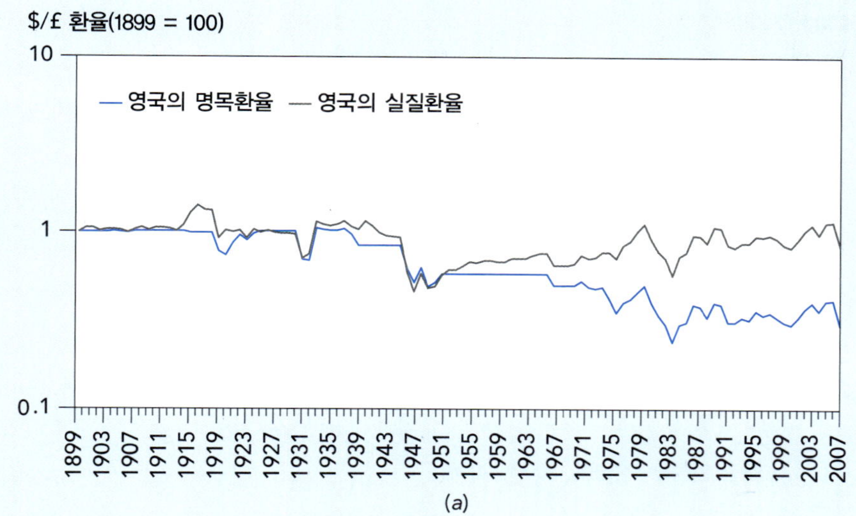

(*a*)

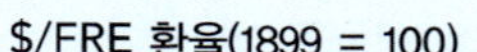

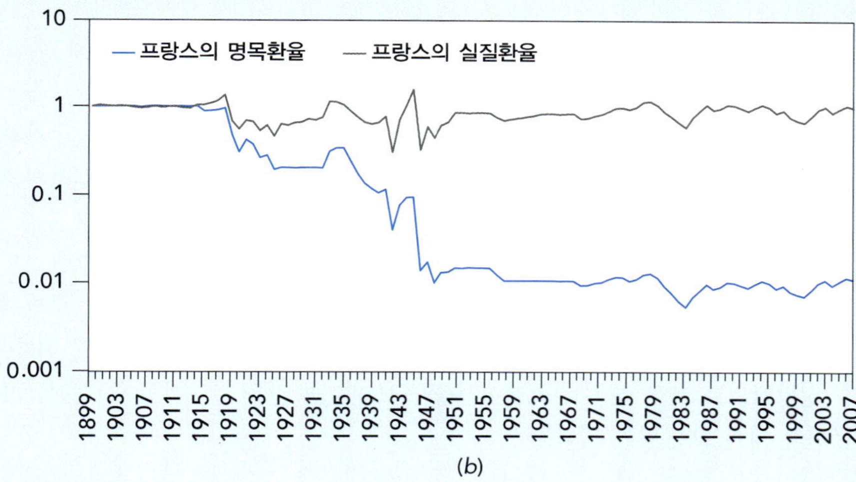

(*b*)

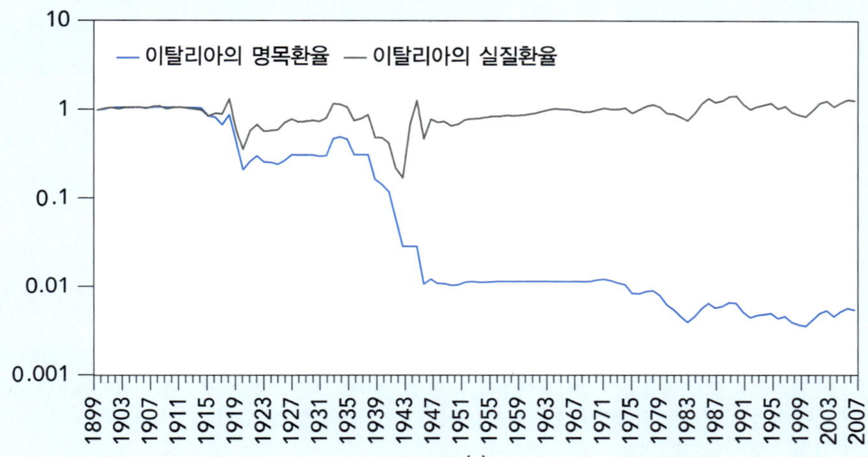

(*c*)

그림 27.3
영국, 프랑스, 이탈리아의 명목환율 대 실질환율. 1899년 12월 = 1(수치 값은 로그 스케일).

자료원: E. Dimson, P. R. Marsh, and M. Staunton, *Triumph of the Optimist: 101 Years of Global Investment Returns* (Princeton, NJ: Princeton University Press, 2002). Reprinted by permission of Princeton University Press, with updates provided by the authors.

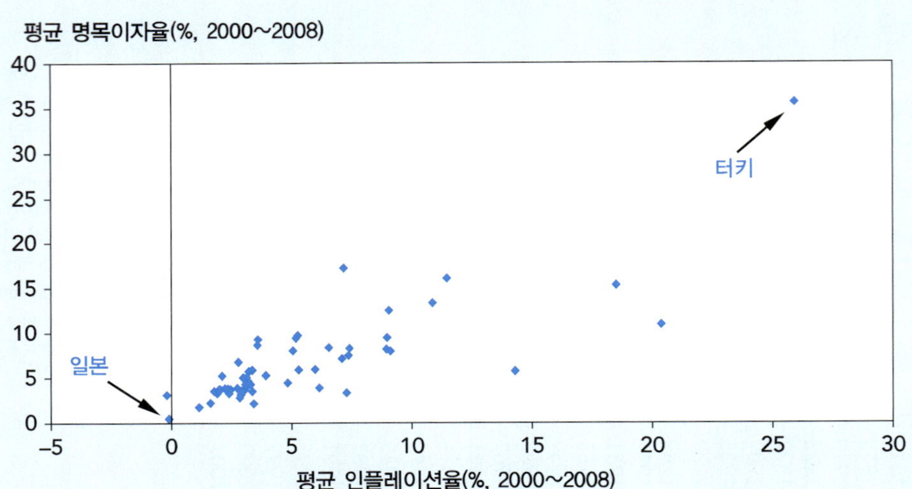

그림 27.4

이자율이 가장 높은 국가들은 일반적으로 인플레이션율도 가장 높다. 이 그림에서 55개의 점은 각국의 경험을 나타낸다.

자료원: Global Insight, WRDS (Wharton Research Data Services), **http://wrds.wharton.upenn.edu.**

4. 동일한 실질금리 마지막으로 서로 다른 국가의 이자율 간의 관계를 살펴본다. 모든 국가의 실질금리가 동일한 단일 세계 자본시장이 존재하는가? 명목금리의 차이는 기대 인플레이션율의 차이와 동일한가?

기대 인플레이션은 관측할 수 없기 때문에 이는 대답하기 쉽지 않은 질문이다. 그림 27.4는 55개국의 평균 이자율과 뒤이어 발생한 인플레이션을 대비시킨 산점도이다. 일본은 그림의 왼쪽 바닥에 위치하고 있고, 터키는 오른쪽 상단에 있는 점으로 표시되어 있다. 그림을 보면 이자율이 가장 높은 국가가 일반적으로 가장 높은 인플레이션율을 보인다는 것을 알 수 있다. 실질금리 간의 차이는 명목금리의 차이보다 훨씬 작다.[16)]

27.3 통화위험의 헤징

가파른 환율변동은 기업 이익에 커다란 손상을 입힐 수 있다. 기업들이 이 문제를 어떻게 극복하는지 예시하기 위해 전형적인 미국 기업인 아웃랜드 철강회사(Outland Steel)를 살펴보고 이 회사의 외환부서 운영을 훑어본다.

16) 제3장에서, 일부 국가에서는 정부가 확정 실질수익률을 약속하는 물가연동채권(indexed bond)을 발행해 왔다고 설명하였다. 연간 이자지급금과 만기 환급금은 인플레이션과 함께 증가한다. 그러므로 이 경우에는 실질금리를 관측하여 비교할 수 있다. 이 책을 집필하는 시점에서 호주와 캐나다, 프랑스, 스웨덴, 영국, 미국의 실질금리는 모두 0%에서 2.5%의 범위 안에 집중되어 있었다.

예제 27.1 ● 아웃랜드 철강

아웃랜드 철강은 소규모이지만 수익성이 있는 수출사업을 하고 있다. 계약 대금 결제에는 오랜 시간이 걸리지만 회사는 항상 달러로 청구서를 보내는 정책 때문에 환율 변동의 영향을 받지 않는다. 최근에 수출담당 부서는 이 관행에 불만을 제기했다. 수출부서는 이 관행 때문에 고객 국가의 자국 통화로 견적을 내는 회사에 값진 수출 주문을 빼앗기고 있다고 생각한다.

이들 주장에 수긍은 가지만 결제가 외국 통화로 이루어질 경우 장기 수출계약의 가격을 어떻게 설정해야 하는지가 우려된다. 대금 지급이 이루어지기 전에 그 통화의 가치가 하락하면 회사는 큰 손실을 입을 수도 있다. 통화위험을 고려하고 싶지만 또 한편으로는 판매부서에 가능한 한 많은 재량권을 주고 싶다.

아웃랜드는 외환 선도계약을 매도하여 통화위험에 대한 보험을 들 수 있음에 주목하자. 이는 판매계약을 협상하는 문제와 회사의 외환위험 관리라는 문제를 분리시키는 것을 의미한다. 판매부서는 통화위험은 그대로 두고 선도환율을 기준가격으로 가격을 정할 수 있다. 헤지를 해야 할지 결정하는 것은 재무관리자의 몫이다.

헤징의 비용은 얼마나 드는가? 헤징비용은 선도환율과 오늘의 현물환율 간의 차이와 같다는 관리자들의 말을 들은 적이 있을 것이다. 그건 잘못된 이야기이다. 아웃랜드가 헤지를 하지 않으면 고객이 철강 대금을 지불할 때의 현물환율로 받게 된다. 그러므로 보험 비용은 선도환율과 대금 수취 시점의 기대 현물환율 간의 차이이다.

보험에 들 것인가, 투기를 할 것인가? 일반적으로는 보험이 좋다. 첫째, 기업의 일상 업무가 편해지고 핵심 사업에 집중할 수 있게 된다. 둘째, 비용이 그렇게 많이 들지는 않는다. (선도환율에 관한 기대이론이 시사하는 바와 같이 선도환율이 기대 현물환율과 같다면 평균적으로 비용은 0이다.) 셋째, 외환시장은 적어도 주요 통화에 대해서는 상당히 효율적인 것으로 보인다. 재무관리자에게 시장을 조성하는 전문가들도 갖지 못한 정보가 있지 않은 이상 투기는 0의 NPV 게임이 되어야 한다.

아웃랜드가 환차손으로부터 자사를 보호하는 다른 방법은 없는가? 물론 있다. 외화 외상매출채권만큼의 외국 통화를 차입하여 현물환율로 매각한 다음 그 대금을 미국 내에서 투자하면 된다. 이자율평가이론(interest rate parity theory)에 따르면 자유시장에서 선도 매도와 현물 매도 간의 차이는 외국에서 지급하는 이자와 국내에서 받는 이자 간의 차이와 같아야 한다.

아웃랜드의 수출사업에 관한 논의는 선도환율에 관한 단순한 이론들의 네 가지 실용적 시사점을 예시해 준다. 첫째, 가격을 결정하는 계약에서 환위험을 조정하는 데 선도환율을 사용할 수 있다. 둘째, 기대이론에 따르면 환위험에 대한 보호조치는 통상 그만한 가치를 가진다. 셋째, 이자율평가이론에 의하면 헤지는 선도 매도 또는 외국 통화 차입 후 현물 매도로 달성할 수 있다. 넷째, 선도로 방비하는 데 드는 비용은 선도환율과 오늘의 현물환율 간의 차이가 아니다. 선도환율과 선도계약 만기 시점의 기대 현물환율 간의 차이이다.

아마도 다섯째 시사점을 추가해야 할 것 같다. 단순히 가치가 상승하는 통화를 매입하고 하락하는 통화를 매도하는 것으로는 돈을 벌지는 못한다. 예를 들어 나니아의 레오(Narnian leos)를 매입하고 1년 뒤에 산 값보다 2% 더 높은 가격에 매도했다고 하자. 스스로 만족할 수 있을까? 이는 레오로 번 이자에 달려있다. 만약 레오에 대한 이자가 달러 이자보다 2% 포인트 낮다면 통화에서 얻은 이익은 이자소득의 감소로 정확하게 상쇄된다. 그러므로 환율이 금리 차이보다 더 많이 또는 적게 변동할지 여부를 정확히 예측할 수 있는 경우에만 통화 투기로 돈을 벌 수 있다. 다시 말해서, 환율 변동이 선도 프리미엄 또는 선도 디스카운트보다 더 크게 또는 더 적게 변할지를 예측할 수 있어야 한다.

거래 노출과 경제적 노출

아웃랜드 철강의 수출사업에서 오는 환위험은 외국 통화 지불의 지연에 따른 것이며, 따라서 이를 거래 **노출**(*transaction exposure*)이라고 한다. 거래 노출은 쉽게 확인하여 헤지할 수 있다. 외국 통화 가치의 1% 하락은 아웃랜드의 달러 수취금액의 1% 감소로 이어지기 때문에 아웃랜드가 받을 모든 유로나 엔에 대하여 유로나 엔 선도계약을 매도하면 된다.[17)]

그러나 아웃랜드가 고객에게서 받을 돈이 전혀 없는 경우에도 여전히 통화가치 변동으로부터 영향을 받는다. 예를 들어 아웃랜드는 스웨덴의 철강회사와 경쟁관계에 있을 수 있다. 만약 스웨덴 크로나(krona)의 가치가 하락한다면, 아웃랜드는 경쟁을 위해 가격을 내려야 할 필요가 있다.[18)] 아웃랜드는 크로나 선도 매도로 그러한 우연성으로부터 자신을 보호할 수 있다. 이 경우 아웃랜드의 철강사업에서의 손실은 선도 매도에서 얻는 이익과 상쇄될 것이다.

크로나에 대한 아웃랜드의 노출은 이미 체결된 개별 거래에만 한정되는 것이 아니라는 데 주목하자. 재무관리자들은 이렇게 더 광범위한 유형의 위험을 때로는 **경제적 노출**(*economic exposure*)이라고 부른다.[19)] 경제적 노출은 거래 노출보다 더 측정이 어렵다. 예를 들어 아웃랜드 철강의 가치는 크로나의 가치와 양(+)의 관계를 가진다는 것은 명백한 사실이며, 그래서 아웃랜드가 자신의 포지션을 헤지하기 위해서는 크로나 선도를 매도해야 한다. 그렇지만 실무적으로 아웃랜드가 정확히 얼마의 크로나를 매도해야 하는지는 말하기 어렵다.

자동차 산업은 상당한 경제적 노출을 가진 산업의 좋은 예이다. 표 27.3은 2003년의 전 세계 자동차 매출과 생산을 보여주고 있다.[20)] 패널 A는 판매이고 패널 B는 생산을 나타낸다. 대부분의 제조사들은 하나 이상의 시장에서 상당한 매출을 올리고 있고, 따라서 잠재적으로 환율변동 위험에 노출되어 있음에 주목하라.

한 가지 해결책은 회사가 생산과 판매를 비슷하게 균형을 맞추어서 **운영헤징**(*operational hedging*)을 하는 것이다. 예를 들어 포드의 경우를 보자. 이 회사 매출의 38%는 북미 대륙 밖에서 일어나지만 생산의 44% 또한 마찬가지다. 각 통화로 발생하는 비용과 수입 모두 거의 균형을 이루고 있기 때문에 환율의 변화는 생산이 한 국가에 집중되어 있는 경우에 비해 회사 이익에 거의 영향을 미치지 않는다.

다른 제조사, 특히 일본 회사들은 운영헤징을 적게 한다. 예를 들어 도요타는 자사 제품의

---

17) 다른 식으로 표현하면 헤지비율이 1.0이다.

18) 물론, 구매력평가가 항상 성립한다면 크로나의 가치 하락은 스웨덴의 인플레이션 상승과 대응될 것이다. 아웃랜드에 있어 위험이란 크로나의 **실질**가치가 하락하여 달러로 환산하는 경우 스웨덴의 원가가 이전보다 낮아지는 것이다. 불행히도, **실질**환율의 변동에 대한 헤지보다는 **명목**환율의 변동에 대한 헤지가 훨씬 쉽다.

19) 재무관리자들은 환율변동이 회사의 재무제표에 미치는 영향을 측정하는 **환산 노출**(*translation exposure*)이란 용어를 사용하기도 한다.

20) S. M. Bartram, G. W. Brown, and B. A. Minton, "Resolving the Exposure Puzzle: The Many Facets of Exchange Rate Exposure," *Journal of Financial Economics*, forthcoming.

	자국	유럽	북미	일본	기타
패널 A: 판매(%)					
Ford	미국	30.3%	62.3%	0.0%	7.4%
General Motors	미국	20.2	67.6	0.0	12.2
Hyundai	한국	17.5	31.1	0.0	51.4
Honda	일본	7.5	54.8	25.6	12.1
Isuzu	일본	1.8	14.0	27.8	56.4
Mazda	일본	23.5	34.6	29.7	12.2
Mitsubishi	일본	14.5	22.8	37.1	25.7
Nissan	일본	18.8	40.2	31.5	9.5
Suzuki	일본	14.2	4.5	41.9	39.4
Toyota	일본	13.2	32.8	36.8	17.2
Fiat	이탈리아	80.1	0.0	0.0	19.8
BMW	독일	64.6	30.6	0.0	4.9
DaimlerChrysler	독일	28.4	68.4	0.0	3.2
Volkswagen	독일	62.9	13.4	0.0	23.7
Peugeot	프랑스	92.8	0.5	0.0	6.7
Renault	프랑스	90.6	0.8	0.0	8.6
패널 B: 생산(%)					
Ford	미국	35.2%	56.1%	0.0%	8.7%
General Motors	미국	24.2	64.5	0.0	11.3
Hyundai	한국	1.3	0.0	0.0	98.7
Honda	일본	6.7	43.2	40.2	9.9
Isuzu	일본	1.0	7.2	56.2	35.6
Mazda	일본	0.0	16.9	80.2	2.9
Mitsubishi	일본	6.0	10.7	64.6	18.6
Nissan	일본	15.3	27.8	51.5	5.4
Suzuki	일본	6.7	0.5	59.3	33.5
Toyota	일본	6.9	18.8	62.6	11.6
Fiat	이탈리아	79.4	0.0	0.0	20.6
BMW	독일	80.3	14.8	0.0	4.9
DaimlerChrysler	독일	34.6	63.0	0.0	2.4
Volkswagen	독일	68.1	5.8	0.0	26.1
Peugeot	프랑스	94.3	0.0	0.0	5.7
Renault	프랑스	95.7	0.8	0.0	3.6

표 27.3 2003년도 주요 자동차회사의 지역별 판매 및 생산 비율.

자료원: Table 1 in S. M. Bartram, G. W. Brown, and B. A. Minton, "Resolving the Exposure Puzzle: The Many Facets of Exchange Rate Exposure," Working paper, *Journal of Financial Economics*, forthcoming, with original data from WARD'S *World Motor Vehicle Data Book* (2003)에서 수정 게재.

63%를 일본 내에서 생산하지만 자국 내에서 단지 37%만 판매한다. 환율변동은 도요타의 경우 잠재적으로 더 심각한 위험이다. 한편 일본 회사들은 미국 회사들보다 훨씬 광범위한 시장을 운영

하고 있다. 그러므로 일본 회사들은 통화위험의 상당 부분을 분산시키고 있다.

운영헤징이 환위험을 전부 없애주는 경우는 거의 없다. 포드를 다시 보자. 포드는 북미 대륙으로 들어오는 자동차와 그 부품의 순 수입자(net importer)이며, 따라서 달러 가치의 하락 위험에 노출되어 있다. 물론 포드가 수입되는 자동차의 높은 달러 비용을 고객에게 일부 전가시키려 노력할 수 있다. 그러나 경쟁 때문에 그렇게 하는 데는 한계가 있다. 그래서 2006년의 포드 연차보고서에서는 달러 가치 하락의 영향에 관해 다음과 같이 언급하고 있다.

> 미국 달러는 2002년 이후 대부분의 주요 통화에 대해 가치가 하락하였다. 이는 미국 달러로 수입을 올리는 자동차 제조사들에 외국 통화비용이라는 하방 마진(판매 이익) 압력을 가하고 있다. 우리 회사는 유럽에서 자동차를 생산하고 미국에서 판매하며, 부품(예컨대 엔진)도 유럽에서 생산하여 이를 북미 대륙에서 사용하고 있기 때문에 이런 마진 압력을 받고 있다. 우리 회사는 미국에서 판매하는 다른 자동차 제조업자와 마찬가지로 미국 시장의 극도로 경쟁적인 가격결정 환경 때문에 항상 미국 달러의 가치 하락을 반영하여 가격을 정할 수 있는 것은 아니다.

운영헤징에 더해 포드와 다른 자동차 제조사들은 **재무헤지**(*financial hedge*)를 이용하여 환위험을 통제한다. 이는 외국 통화로 차입하고, 통화 선도계약을 매도하거나 외국 스왑이나 옵션 등과 같은 통화 파생상품을 활용함으로써 가능해진다. 포드의 연차보고서는 자사의 금융 자회사가 어떻게 통화위험을 최소화하는지를 다음과 같이 설명하고 있다.

> 자금조달 욕구를 충족하기 위해 포드신용회사(Ford Credit)가 부채를 발행하거나, 또는 해외 관계사들이 다양한 통화로 신용한도를 확보한다. 외상매출채권의 통화와 그 외상매출채권을 위한 부채 자금조달 통화 간에 불일치가 존재하면 포드신용회사는 통화 환율위험에 대한 노출에 당면한다. 가능한 경우 환율변동에 대한 노출을 최소화하기 위해 외상매출채권은 동일 통화의 부채로 자금을 조달한다. 서로 다른 통화가 사용될 때는 포드신용회사는 외국 통화 파생상품을 거래함으로써 통화 환율위험에 대한 노출을 최소화하려고 노력한다. 그 결과 포드신용회사의 통화 환율과 관련된 시장위험 노출은 미미한 수준이다.

바트람과 브라운, 민튼(Bartram, Brown, and Minton) 등은 재무헤지가 자동차산업의 환율위험을 45~50% 낮출 수 있게 해주는 것으로 추정한다. 운영헤지는 10~15%의 위험 감소를 가져오며, 위험의 다른 10~15%는 가격조정의 형태로 고객에게 전가된다. 총체적으로 제조사는 통화 노출의 약 3/4만큼을 낮출 수 있다.

27.4 환위험과 국제 투자결정

스위스 제약회사인 로슈(Roche)가 미국에 새 공장을 설립하는 안을 평가하고 있다고 하자. 프로젝트의 순 현재가치를 계산하기 위해 로슈는 프로젝트의 달러 순 현금흐름을 다음과 같이 예측한다.

현금흐름($백만)					
C_0	C_1	C_2	C_3	C_4	C_5
−1,300	400	450	510	575	650

이 현금흐름은 달러로 표시되어 있다. 그러므로 순 현재가치를 계산하기 위해 로슈는 달러 기준 자본비용으로 현금흐름을 할인하여야 한다. (달러는 스위스 프랑 금리가 아닌, 달러 금리로 할인되어야 함을 기억하자). 자본비용이 12%라고 하자. 계산은 다음과 같다.

$$\text{NPV} = -1{,}300 + \frac{400}{1.12} + \frac{450}{1.12^2} + \frac{510}{1.12^3} + \frac{575}{1.12^4} + \frac{650}{1.12^5} = \$513\text{백만}$$

이 순 현재가치를 스위스 프랑으로 전환하려면 단순히 달러 NPV에 현물환율을 곱해 주면 된다. 예를 들어 현물환율이 SFr1.2/$인 경우 스위스 프랑 NPV는 다음과 같다.

$$\text{프랑 NPV} = \text{달러 NPV} \times \text{SFr}/\$ = 513 \times 1.2 = 616\text{백만 프랑}$$

이 계산에서 매우 중요한 하나의 특성에 주목하자. 로슈는 달러가 스위스 프랑에 대해 약세일지 아니면 강세일지 예측할 필요가 없다. 기업은 외환위험을 헤지할 수 있기 때문에 통화 예측은 불필요하다. 이 경우 미국에서의 제약 프로젝트를 채택할지 기각할지에 대한 의사결정은 달러의 전망에 대한 판단과는 완전히 분리된 것이다. 예를 들어 달러에 대한 전망이 긍정적이라는 이유로 미국에서의 수익성 없는 프로젝트를 선택한다면 이는 매우 어리석은 결정이다. 로슈가 그런 식의 투기를 하려면 단순히 달러 선도계약을 매입하면 된다. 마찬가지로 달러의 전망이 비관적이라고 해서 수익성 있는 좋은 프로젝트를 기각하는 결정 역시 어리석다. 사업을 추진하고, 동시에 달러 선도계약을 매도하는 편이 훨씬 더 좋다. 그렇게 하는 것이 양쪽에서 최상의 결과를 얻는 일이다.[21)]

로슈가 통화위험을 무시하고 달러 현금흐름을 달러 자본비용으로 할인한다면, 이는 묵시적으로 통화위험이 헤지되었다고 가정하는 것이다. 이를 확인하기 위해 미래 달러 현금흐름에 해당하는 선도 매도로 통화위험을 헤지했을 경우 로슈가 받게 되는 스위스 프랑의 금액을 계산하여 보자.

먼저 달러와 프랑 간의 선도환율을 계산할 필요가 있다. 이는 미국과 스위스의 금리에 따라 결정된다. 예를 들어 달러 금리는 6%이고 스위스 프랑 금리는 4%라고 하자. 이자율평가이론에 따르면 1년 선도환율은 다음과 같다.

$$s_{\text{SFr}/\$} \times (1 + r_{\text{SFr}})/(1 + r_\$) = \frac{1.2 \times 1.04}{1.06} = 1.177$$

이와 마찬가지로 2년 선도환율은 다음과 같다.

$$s_{\text{SFr}/\$} \times (1 + r_{\text{SFr}})^2/(1 + r_\$)^2 = \frac{1.2 \times 1.04^2}{1.06^2} = 1.155$$

그러므로 로슈가 현금흐름을 환위험에 대해 헤지했다면 각 연도에 받게 될 스위스 프랑 금액은 달러 현금흐름에 선도환율을 곱한 것과 같다.

21) 여기에는 통화헤징에만 국한되지 않는 일반적인 논점이 있다. 양(+)의 NPV를 갖는 투자를 만날 때마다 무엇에 내기를 걸고 있는가를 결정하고 더 직접적인 방법은 없는지 생각해 보아야 한다. 예를 들어 구리 가격의 전망이 매우 낙관적이라는 이유 때문에 구리광산이 수익성 있는 사업으로 보인다면, 구리광산을 직접 개발하기보다는 구리 선물을 매입하거나 다른 구리 생산회사 주식에 투자하는 편이 좋다.

현금흐름(백만 스위스 프랑)					
C_0	C_1	C_2	C_3	C_4	C_5
−1,300 × 1.2 = −1,560	400 × 1.177 = 471	450 × 1.555 = 520	510 × 1.133 = 578	575 × 1.112 = 639	650 × 1.091 = 709

이들 현금흐름은 스위스 프랑으로 표시되어 있으므로 스위스 프랑 기준의 위험조정 할인율로 할인해야 한다. 스위스 금리는 달러 금리보다 낮기 때문에 이에 상응하여 위험조정 할인율 역시 낮을 것이다. 달러 요구수익률을 스위스 프랑 요구수익률로 바꾸는 공식은 다음과 같다.[22)]

$$(1 + \text{스위스 프랑 수익률}) = (1 + \text{달러 수익률}) \times \frac{(1 + \text{스위스 프랑 금리})}{(1 + \text{달러 금리})}$$

위의 예에 적용하면 다음과 같다.

$$(1 + \text{스위스 프랑수익률}) = 1.12 \times \frac{1.04}{1.06} = 1.099$$

그러므로 달러 위험조정 할인율은 12%이지만 스위스 프랑 할인율은 단지 9.9%이다.

이제 남은 일은 스위스 프랑 현금흐름을 9.9%의 위험조정 할인율로 할인하는 것이다.

$$\begin{aligned} \text{NPV} &= -1{,}560 + \frac{471}{1.099} + \frac{520}{1.099^2} + \frac{578}{1.099^3} + \frac{639}{1.099^4} + \frac{709}{1.099^5} \\ &= 616\text{백만 프랑} \end{aligned}$$

모든 것이 확인되었다. (a) 통화위험을 무시하고 로슈의 달러 현금흐름을 달러 자본비용으로 할인하였으며, (b) 로슈가 통화위험을 헤지한다는 가정으로 프랑 현금흐름을 계산하고 프랑 자본비용으로 할인하여 정확히 동일한 현금흐름을 얻었다.

한 번 더 반복한다. 해외 투자 여부를 결정할 때는 투자결정과 통화위험에 관한 결정을 분리하라. 투자결정에 미래 환율에 관한 견해를 개입시켜서는 안 된다. 해외 투자의 NPV를 계산하는 가장 쉬운 방법은 외국 통화 현금흐름을 예측하고 이를 외국 통화 자본비용으로 할인하는 것이다. 외국 통화 위험을 헤지한 경우에는 수취할 현금흐름을 계산하는 것도 대안이 된다. 이 경우 **선도환율을 사용하여** 외국 통화 현금흐름을 자국 통화로 환산하고 나서 이 자국 통화 현금흐름을 자국 자본비용으로 할인하여야 한다. 두 방법에서 다른 답이 나오면 계산에 실수가 있는 것이다.

로슈가 미국 공장 설립안을 분석할 때 달러에 관한 전망을 무시할 수 있는 것은 바로 **통화위험의 헤지가 자유롭기 때문이다**. 제약공장에 대한 투자와 달러에 대한 투자를 분리할 수 있기 때문에 헤지할 수 있는 기회는 기업에 더 좋은 투자결정을 내릴 수 있게 해 준다.

---

22) 다음 예는 이 공식의 바탕이 되는 아이디어에 대한 감을 잡을 수 있도록 해 줄 것이다. 스위스 프랑 현물환율은 SFr1.2 = $1라고 하자. 이자율평가이론에 따르면 선도환율은 1.2 × 1.04/1.06 = SFr1.177/$이다. 이제 가격이 $100이고 1년 후에 $112가 될 것으로 기대되는 주식이 있다고 하자. 스위스 투자자의 주식매입 대금은 100 × 1.2 = SFr120이다. 스위스 투자자들이 기대 지불액에 대한 선도를 매도하는 경우 112 × 1.117 = SFr131.9를 받을 것으로 기대된다. 스위스 프랑 기준 기대수익률은 131.9/120 − 1 = 0.099 즉 9.9%이다. 더 간단히 말하면 스위스 프랑 수익률은 1.12 × 1.04/1.06 − 1 = 0.099이다.

국제 투자의 자본비용

로슈는 달러 현금흐름을 달러 자본비용으로 할인해야 한다. 그렇지만 로슈와 같은 스위스 회사가 미국 투자에 대해 달러 기준으로 어떻게 자본비용을 계산해야 하는가? 이 문제에 답하는 단순하고 합의된 절차는 없지만 다음 절차를 출발점으로 제시한다.

먼저 스위스 투자자들에 대한 미국 제약 투자의 위험에 관해 판정해야 한다. 미국 제약회사 표본의 **스위스 시장지수에 대해 상대적인** 베타를 살펴볼 수 있다.

머크(Merck)와 같은 미국의 상대 회사는 미국 지수에 대한 상대적인 베타를 측정하는데, 로슈는 왜 스위스 지수에 대한 상대적인 베타를 측정해야 하는가? 그 답은 제7.4절에서 설명했는데 위험은 격리해서 생각할 수 없다는 것이다. 위험은 투자자 포트폴리오에 포함된 다른 증권에 달려 있다. 베타는 **투자자 포트폴리오에 대한 상대적인** 위험을 측정한다. 만약 미국 투자자들이 이미 미국 시장을 보유하고 있다면 국내에서 투자하는 추가 달러는 모두 같은 투자이다. 그러나 스위스 투자자들이 스위스 시장을 보유하고 있다면 미국에서의 투자는 이들에게 위험을 낮추어 줄 수 있다. 왜냐하면 스위스와 미국 시장은 완전한 상관관계를 갖지 않기 때문이다. 이는 왜 미국에서의 투자가 머크의 주주들에게보다는 로슈의 주주들에게 위험이 낮은가를 설명해 준다. 이는 또한 왜 로슈의 주주들이 미국 투자로부터는 상대적으로 낮은 기대수익률을 기꺼이 받아들일 수 있는가를 설명해 준다.[23]

스위스 시장에 대비한 투자의 상대적인 베타는 0.8이고 스위스의 시장 위험프리미엄은 7.4%라고 판단했다고 하자. 그러면 프로젝트에 대한 요구수익률은 다음과 같이 추정할 수 있다.

$$\begin{aligned}\text{요구수익률} &= \text{스위스 금리} + (\text{베타} \times \text{스위스의 시장 위험 프리미엄}) \\ &= 4 + (0.8 \times 7.4) = 9.9\end{aligned}$$

이는 스위스 프랑으로 측정한 프로젝트의 자본비용이다. 앞에서는 로슈가 프로젝트의 통화위험에 대해 헤지하였다는 가정에서 이 자본비용을 사용하여 **스위스 프랑** 기대 현금흐름을 할인하였다. 이 자본비용은 프로젝트의 **달러** 현금흐름을 할인하는 데는 사용할 수는 없다.

달러 기대 현금흐름을 할인하기 위해서는 스위스 프랑 자본비용을 달러 자본비용으로 변환시켜야 한다. 이는 앞의 계산을 거꾸로 한다는 의미이다.

$$(1 + \text{달러 수익률}) = (1 + \text{스위스 프랑 수익률}) \times \frac{(1 + \text{달러 금리})}{(1 + \text{스위스 프랑 금리})}$$

이 예에 적용하면 다음과 같다.

$$(1 + \text{달러 수익률}) = 1.099 \times \frac{1.06}{1.04} = 1.12$$

앞에서는 프로젝트의 추정된 달러 현금흐름을 할인하는 데 이 12%의 달러 자본비용을 사용한 바 있다.

앞의 예에서와 같이 회사가 국내 시장에 대한 상대적인 위험을 측정할 때 경영자는 묵시적으로 주주들이 단순히 국내 주식만 보유한다고 가정한다. 미국에서는 특히 이것이 그렇게 나쁜 근사

23) 투자자가 효율적인 포트폴리오를 보유하고 있다면 포트폴리오에 포함된 각 주식의 위험에 대한 기대 보상은 **포트폴리오에 대한 상대적** 베타에 비례한다. 그러므로 스위스 시장지수가 스위스 투자자들에게 효율적 포트폴리오라면, 이들 투자자는 기대수익률이 스위스 지수에 대한 상대적인 투자 베타를 보상하고도 남는다면 로슈가 미국에 투자하기를 원할 것이다.

치는 아니다. 미국의 투자자들은 국제적으로 분산된 주식 포트폴리오를 보유함으로써 위험을 낮출 수 있음에도 불구하고 일반적으로는 투자자금의 적은 비율만 해외에 투자한다. 미국 투자자들이 왜 그렇게 소극적인지는 여전히 수수께끼이다. 미국 투자자들은 해외에서 투자하는 데 드는 비용, 즉 어느 주식을 살지 확인하는 데 드는 비용이나 외국 회사나 정부로부터 불공정한 대우를 받을 가능성 등을 염려하는 것 같다.

세계는 점점 가까워지고 있고, 투자자들은 점차 외국 통화 보유를 늘이고 있다. 연금기금과 기타 기관투자자들은 국제적으로 분산투자를 한다. 해외에 투자하기 원하는 사람들을 위해 상당수의 뮤추얼 펀드가 설립되었다. 전 세계의 투자자들이 세계 포트폴리오를 보유한다면 자본비용은 서로 수렴할 것이다. 자본비용은 여전히 투자하는 회사의 거주지가 아니라 투자의 위험에 따라 결정될 것이다. 대규모 미국 회사의 경우 미국 베타나 글로벌 베타 중 어느 것을 사용하는가는 별로 상관이 없다는 증거가 있다. 작은 국가들에서는 증거가 분명하지 않다. 글로벌 베타가 더 적절할지 모른다.[24)]

일부 국가에서는 이자율이 낮은가?

일부 국가에서는 다른 나라보다 이자율이 훨씬 낮다. 예를 들어 2007년 초 최근의 금융위기가 발생하기 전 일본의 장기 이자율은 약 1.4%였고, 호주에서는 5.9%였다. 사람들은 이런 식의 비교로 일본의 자본비용이 낮다고 결론 내린다.

이런 견해는 일부 혼란스럽고 일부는 사실이다. 혼란은 일본의 이자율은 엔으로 측정되는 반면, 호주에서는 호주 달러로 측정되기 때문에 야기된다. 우리는 10인치짜리 토끼가 9피트의 코끼리보다 키가 크다고 하지는 않는다. 같은 논리로 서로 다른 통화의 이자율을 비교하는 것은 타당하지 않다.

그러나 이자율을 실질 기준으로 측정한다고 해 보자. 그러면 같은 종류를 서로 비교하는 것이며, 실질 자본비용이 일본에서 더 낮은가 묻는 것은 충분히 일리가 있다. 실질 이자율은 때때로 서로 멀어지는데 이런 일이 일어날 때는 투자자들은 이익 기회를 찾을 수도 있다. 예를 들어 2007년 초 금융기관들은 일본에서 $2,000억을 차입하여 호주 등의 국가에서 더 높은 이자율로 재투자하였다.[25)] 이런 거래를 **캐리트레이드**(*carry trade*)라고 한다. 엄청난 규모의 캐리트레이드는 투자자들이 일본에서는 실질 자본비용이 호주나 다른 나라보다 낮다고 믿는다는 점을 시사한다.

27.5 정치적 위험

지금까지 우리는 환율위험의 관리에 초점을 두어왔지만 경영자는 정치적 위험(political risk)에도

24) 다음 논문들을 참조하라. R. M. Stulz, "The Cost of Capital in Internationally Integrated Markets: The Case of Nestlé," *European Financial Management* 1, no. 1 (1995), pp. 11~22; R. S. Harris, F. C. Marston, D. R. Mishra, and T. J. O'Brien, "Ex Ante Cost of Capital Estimates of S&P 500 Firms: The Choice Between Global and Domestic CAPM," *Financial Management* (Autumn 2003), pp. 51~66; and Standard & Poor's, "Domestic vs Global CAPM," *Global Cost of Capital Report*, 4th Quarter 2003.

25) "Yen Low Sparks Carry Trade Alert," *Financial Times*, January 30, 2007 참조. 이런 캐리트레이드는 2008년까지는 수익성이 있는 거래였으나 그 후 3개월 만에 호주 달러가 엔 대비 40% 이상 떨어지는 바람에 일이 틀어지고 말았다.

역시 신경을 써야 한다. 이는 투자가 집행된 후에 정부가 게임의 규칙을 바꿔버릴, 즉 양해나 약속을 파기할 우려를 의미한다. 물론 정치적 위험이 해외투자에만 한정된 것은 아니다. 모든 국가에서의 사업은 정부나 법정의 예기치 못한 조치에서 오는 위험에 노출되어 있다. 그러나 일부 국가에서 외국 기업은 특히 이에 취약하다.

여러 컨설팅 기관에서 정치적, 경제적 위험을 분석하고 국가별 순위를 매겨 발표한다.[26] 예를 들어 표 27.4는 PRS그룹이 제공한 2008년도 정치적 위험 순위표에서 발췌한 것이다. 각각의 국가는 12개의 독립된 차원에서 점수가 매겨졌다. 핀란드가 전체적으로 최상위이고, 소말리아는 거의 바닥에 떨어져 있다.

일부 경영자들은 정치적 위험도 허리케인이나 지진과 같은 신의 행위로 간주하여 잊어버리려고 한다. 그러나 대부분의 성공적인 다국적 기업들은 정치적 위험을 감소시키도록 사업을 구축한다. 자국 내 사업이 모기업의 지원 없이는 운영되기 어렵다면 외국 정부는 현지 사업을 몰수하려

	A	B	C	D	E	F	G	H	I	J	K	L	총
최대 값	12	12	12	12	12	6	6	6	6	6	6	4	100
핀란드	9.5	9.5	12.0	11.0	11.5	6.0	6.0	6.0	6.0	6.0	6.0	4.0	93.5
스웨덴	7.5	9.0	12.0	11.5	11.0	5.0	5.5	6.0	6.0	5.0	6.0	4.0	88.5
스위스	9.0	10.5	12.0	12.0	11.0	4.5	6.0	4.5	5.0	4.0	6.0	4.0	88.5
호주	10.0	10.5	12.0	10.0	9.5	4.5	6.0	6.0	5.5	4.0	6.0	4.0	88.0
독일	10.0	8.0	12.0	11.0	10.5	5.0	6.0	5.0	5.0	4.0	6.0	4.0	86.5
싱가포르	11.0	9.5	12.0	10.5	10.5	4.5	5.0	4.5	5.0	6.0	2.0	4.0	84.5
영국	8.0	9.5	12.0	9.5	7.0	4.0	6.0	6.0	5.5	4.0	6.0	4.0	81.5
프랑스	9.5	8.0	12.0	10.0	10.0	5.0	5.5	4.0	5.0	2.5	6.0	3.0	80.5
일본	6.5	8.0	11.5	10.5	9.5	3.0	5.0	5.5	5.0	5.5	5.0	4.0	79.0
미국	6.0	8.0	12.0	10.0	7.0	4.0	4.0	5.5	5.0	5.0	6.0	4.0	76.5
중국	11.0	9.0	7.0	10.0	10.0	2.5	3.0	5.0	4.5	4.5	1.5	2.0	70.0
러시아	11.5	7.0	9.5	8.0	8.5	2.0	4.5	5.5	4.0	3.0	2.5	1.0	67.0
브라질	8.5	6.0	7.5	10.0	10.5	2.0	4.0	6.0	2.0	3.0	5.0	2.0	66.5
터키	9.0	6.5	8.0	8.0	7.5	2.5	2.0	4.5	4.5	2.5	5.0	2.0	62.0
인도	6.0	5.5	8.5	6.5	10.0	2.5	4.0	2.5	4.0	2.5	6.0	3.0	61.0
파키스탄	4.0	5.0	7.5	5.5	8.5	2.0	1.0	1.0	3.0	1.0	1.0	2.0	41.5
소말리아	5.5	0.0	2.0	4.0	4.0	1.0	1.0	3.0	0.5	2.0	1.0	0.0	24.0

표 27.4 일부 국가의 정치적 위험 점수, 2008년 1월.

기호표:

A 정부의 안정성 B 사회경제적 상황 C 투자환경 D 내적 갈등
E 외적 갈등 F 부패 G 군대의 정치개입 H 종교적 긴장
I 법과 질서 J 인종 간 긴장 K 민주적 책임감 L 관료의 수준

자료원: *International Country Risk Guide*, a publication of The PRS Group, Inc. (www.prsgroup.com), 2008.

26) 이런 컨설팅 기관 자료에 대한 논의는 다음 문헌을 참조하라. C. Erb, C. R. Harvey, and T. Viskanta, "Political Risk, Financial Risk, and Economic Risk," *Financial Analysts Journal* 52(1966), pp. 28~46. Campbell Harvey의 웹페이지(www.duke.edu/~chvarvey) 역시 정치적 위험에 관해 유용한 정보원이다.

하지 않을 것이다. 예를 들어, 미국 컴퓨터 제조회사나 제약회사의 해외 자회사는 모기업의 노하우가 없으면 상대적으로 가치가 별로 없다. 그러한 사업은 독자적 사업단위로 운영될 수 있는 광산업에 비하면 몰수될 가능성이 훨씬 낮다.

그렇다고 은(銀) 광산을 제약회사로 바꾸라고 권하는 것은 아니다. 다만 외국 정부에 대한 협상력을 높이는 방향으로 해외 제조업의 운영을 계획할 수는 있을 것이다. 예를 들어 포드는 해외 운영을 통합하여 부품, 중간 조립품, 완성차 등의 제조를 여러 나라의 공장으로 분산 배치하고 있다. 이들 공장 중 어느 곳도 그 자체만으로는 별 가치가 없으며, 한 국가에서 정치적 상황이 나빠지면 다른 공장으로 생산을 옮겨갈 수 있다.

다국적 기업들은 또한 외국 정부가 계속 정직하게 행동하도록 고안된 자본조달 협약을 가지고 있다. 예를 들어 한 회사가 코스타구아나(Costaguana)에 있는 산토메(San Tome) 은(銀) 광산의 재개발을 위해 최신식 기계와 제련장비, 선적시설에 $5억의 투자를 고려하고 있다고 하자.[27)] 코스타구아나 정부는 도로와 기타 기반시설에 투자하고 세금 대신 은 생산량의 20%를 받기로 합의하였다. 합의는 25년간 유효하다.

이러한 가정에서 프로젝트의 NPV는 꽤 매력적이다. 그러나 앞으로 5년 후에 신정부가 들어서서 "코스타구아나 공화국에서 수출되는 모든 귀금속에 대하여" 50%의 세금을 부과하면 어떻게 되겠는가? 아니면 정부의 몫을 20%에서 50%로 바꾸는 경우는? "코스타구아나 공화국 천연자원부 장관이 결정하는 공정한 가격에" 공장을 인수해 버린다면 어떤가?

어떤 계약도 절대적으로 국가 주권(sovereign power)을 제지할 수 없다. 그러나 프로젝트금융을 이용하여 외국 정부에 이러한 조치들이 가능한 한 고통스럽도록 만들 수는 있다. 예를 들어 광산을 자회사로 설립한 후 필요한 자본의 대부분을 주요 국제 은행들로 구성된 컨소시엄으로부터 차입한다. 모회사가 차입에 대해 보증하면서 코스타구아나 정부가 계약을 지키는 경우에만 보증이 효력을 발휘하도록 확실히 해 둔다. 만약 계약 파기가 차입금에 대한 지급불능의 원인이 되어 국제 금융시스템에서 자국의 신용상태를 악화시킨다면 정부는 계약 파기에 주저할 것이다.

가능하다면 세계은행(또는 그 관련기관)이 프로젝트 투자자금의 일부를 지원하거나 또는 대출을 정치적 위험에 대해 보증하도록 주선할 필요가 있다.[28)] 어떤 정부도 감히 세계은행(World Bank)과 맞설 용기를 갖지 못한다. 같은 주제에 관해 다른 변형도 있다. 코스타구아나 개발공사를 통하여 차입금 중, 예컨대 $4억 5천만을 차입한다. 다시 말해서, 개발공사가 국제 자본시장에서 차입하여 산토메 광산에 재대출해 준다. 모회사는 정부가 약속을 지키는 한 차입금을 보증한다는 데 합의한다. 정부가 약속을 지키면 차입금은 모회사의 채무이다. 그렇지 않으면 차입금은 정부의 채무가 된다.

정치적 위험은 몰수의 위험에만 국한된 것은 아니다. 다국적 기업들은 항상 사업을 영위하는 국가 밖으로 자금을 빼내 간다는 비난에 노출되어 있으며, 따라서 당사국 정부는 이익금을 본국으로 송환하는 자유를 제한하려는 유혹에 빠지게 된다. 이런 일은 환율에 대한 불확실성이 상당히 클 때 일어날 가능성이 가장 높다. 이때가 바로 회사들이 가장 자금을 밖으로 빼내고 싶어 하는

27) 산토메 광산의 초기 역사는 Joseph Conrad의 저서 *Nostromo*에 나와 있다.

28) 제24.7절에서는 World Bank가 Hubco 전력 프로젝트에 대해 어떻게 정치적 위험에 대한 보증을 제공하였는지 설명하였다.

시점이기 때문이다. 여기서 약간의 사전 대비가 도움이 된다. 예를 들어 부채에 대한 원리금 상환보다는 모기업에 대한 배당금 지급에 더 까다로운 제약이 붙는 경우가 많다. 로열티나 경영 수수료는 배당보다는 덜 민감하다. 이런 비용들이 모든 해외 영업에도 동일하게 부과되는 경우에는 특히 더 그렇다. 회사는 또한 한계가 있기는 하지만, 그룹 내에서 사고파는 상품의 가격을 조정하고 신속한 지불을 요구할 수도 있다.

정치적 위험이 상당히 클 때는 투자 프로젝트의 NPV를 계산하는 일은 이례적으로 어려워진다. 현금흐름과 프로젝트의 수명을 추정하는 데 특별히 조심해야 한다. 이 경우에는 회수가 빠른 프로젝트가 정치적 위험에 적게 노출된다는 이론에 따라 할인 회수기간(제5장 참조)을 고려해 볼 수도 있다. 그러나 정치적 위험을 보상하기 위해 할인율에 임의의 가공적인 요소를 더하려 해서는 안 된다. 제9장에서 설명한 바와 같이 가공적인 요소는 편의(bias)와 혼란을 야기한다.

요약

국제 재무관리자는 서로 다른 통화와 금리, 인플레이션율에 잘 대처할 수 있어야 한다. 혼란으로부터 질서를 찾아내기 위해서는 경영자는 이들이 어떻게 관련되는지에 관한 모형이 필요하다. 매우 단순하지만 유용한 이론 네 가지에 대해 살펴보았다.

이자율평가이론에 따르면 두 나라 사이의 금리차이는 선도환율과 현물환율 사이의 차이와 같아야 한다. 국제 시장에서는 차익거래로 인하여 평가이론의 성립이 거의 항상 보장된다. 환위험을 헤지하는 데는 두 가지 방법이 있다. 하나는 선도계약으로 반대 포지션을 취하는 것이고 다른 하나는 그 나라에서 차입한 후 대출해 주는 것이다. 이자율평가이론에 따르면 두 방법에 드는 비용은 같아야 한다.

환율의 기대이론에 따르면 선도환율은 기대 현물환율과 같다. 실제에 있어서는 선도환율은 위험 프리미엄을 반영하는 것으로 보이는데 이 프리미엄이 양(+)이나 음(−)의 값일 가능성은 거의 같다.

구매력평가이론을 엄밀하게 적용하면 $1는 모든 국가에서 동일한 구매력을 가져야만 한다. 이는 현실과 잘 맞지 않는데, 그 이유는 인플레이션율의 차이가 환율변동과 완전한 상관관계를 갖지 않기 때문이다. 이는 해외 사업 수행에는 진정한 환위험이 따를 수 있다는 의미이다. 한편 인플레이션율 간의 차이는 환율변동보다 크거나 작을 가능성이 동일하다.

마지막으로, 통합된 세계 자본시장에서 실질금리는 동일해야 한다는 것을 보았다. 실제로는 정부 규제와 세금이 실질금리 차이의 원인이 될 수 있다. 그러나 단순히 금리가 가장 낮은 국가에서 차입하지 않아야 한다. 그런 국가들은 또한 인플레이션이 가장 낮고 통화는 가장 강세일 가능성이 높다.

이러한 교훈들을 염두에 두고 선도시장이나 대출시장을 이용하여 어떻게 거래 노출(transaction exposure)을 헤지할 수 있는지를 보았다. 거래 노출은 외국 통화를 통한 지급이나 수령의 지연 때문에 발생한다. 그러나 기업의 자금조달 선택은 환율변동이 전체 사업의 가치에 미치는 영향을 반영할 필요가 있다. 이는 경제적 노출(economic exposure)이라고 한다. 기업은 금융시장에서 헤지를 하거나 또는 해외에 공장을 건설함으로써 경제적 노출로부터 자신을 보호한다.

기업은 자사의 통화위험을 헤지할 수 있기 때문에 해외 투자결정에는 통화예측을 생각할 필요가 없다. 해외 프로젝트의 NPV를 계산하는 데는 두 가지 방법이 있다. 먼저 외국 통화 현금흐름을 추정하고

Visit us at www.mhhe.com/bma

이를 외국 통화 자본비용으로 할인하는 것이다. 두 번째는 외국 통화 현금흐름을 환위험에 대해 헤지했다고 가정하고 이를 국내 통화로 환산하는 것이다. 이러한 국내 통화 현금흐름은 이제 국내 자본비용으로 할인할 수 있다. 그 답은 동일해야 한다.

통화위험 이외에도 해외 사업에는 추가적으로 정치적 위험이 따른다. 그러나 기업들은 정부가 게임의 규칙을 변경할 가능성을 줄이도록 자금조달 계획을 짤 수 있다.

더 읽어야 할 문헌

국제 재무관리 분야에는 좋은 교과서가 많이 있다. 다음은 그 일부이다.

P. Sercu, *International Finance: Theory into Practice* (Princeton: Princeton University Press, 2009).

D. K. Eiteman, A. I. Stonehill, and M. H. Moffett, *Multinational Business Finance*, 11th ed. (Reading, MA: Pearson Addison Wesley, 2007).

A. C. Shapiro, *Multinational Financial Management*, 8th ed. (New York: John Wiley & Sons, 2006).

다음 논문들은 국제 투자결정과 그와 관련된 환위험에 대한 일반적인 논의를 담고 있다.

G. Allayanis, J. Ihrig, and J. P. Weston, "Exchange-Rate Hedging: Financial versus Operational Strategies," *American Economic Review* 91(May 2001), pp. 391~395.

D. R. Lessard, "Global Competition and Corporate Finance in the 1990s," *Journal of Applied Corporate Finance* 3(Winter 1991), pp. 59~72.

M. D. Levi and P. Sercu, "Erroneous and Valid Reasons for Hedging Foreign Exchange Exposure," *Journal of Multinational Financial Management* 1(1991), pp. 25~37.

다음 나열된 논문들은 금리와 환율, 인플레이션 간의 관계에 관한 것이다.

선도환율과 현물환율

M. D. Evans and K. K. Lewis, "Do Long-Term Swings in the Dollar Affect Estimates of the Risk Premia?" *Review of Financial Studies* 8(1995), pp. 709~742.

이자율평가이론

K. Clinton, "Transaction Costs and Covered Interest Arbitrage: Theory and Evidence," *Journal of Political Economy* 96(April 1988), pp. 358~370.

구매력평가이론

K. Froot and K. Rogoff, "Perspectives on PPP and Long-run Real Exchange Rates," in G. Grossman and K. Rogoff(eds.), *Handbook of International Economics*(Amsterdam: North-Holland Publishing Company, 1995).

K. Rogoff, "The Purchasing Power Parity Puzzle," *Review of Economic Literature* 34(June 1996), pp. 667~668.

A. M. Taylor and M. P. Taylor, "The Purchasing Power Parity Debate," *Journal of Economic Perspectives* 18(Autumn 2004), pp. 135~158.

Visit us at www.mhhe.com/bma

연습문제

기본문제

1. 표 27.1을 참조하라.
   a. 달러로 얼마만큼의 일본 엔을 살 수 있는가?
   b. 엔의 1개월 선도환율은 얼마인가?
   c. 엔은 달러에 대해 선도 디스카운트 상태인가 선도 프리미엄 상태인가?
   d. 1년 선도환율을 사용하여 엔에 대한 연간 프리미엄 또는 디스카운트를 %로 계산하라.
   e. 연 단위로 복리계산할 때 달러에 대한 1년 금리가 1.5%라면, 엔에 대한 1년 금리는 얼마인가?
   f. 기대이론에 따르면 3개월 후 엔에 대한 기대 현물환율은 얼마인가?
   g. 구매력평가이론에 따르면 미국과 일본에서 3개월 인플레이션율의 기대 차이는 얼마인가?
2. 다음 각각의 이론을 문장이나 단순한 공식으로 정의하라.
   a. 이자율평가
   b. 기대 선도환율
   c. 구매력평가
   d. 국제 자본시장 균형(각기 다른 국가에서 명목금리와 실질금리의 관계)
3. 1997년 3월에 인도네시아 루피아화의 환율은 R 2,419 = $1이었다. 1998년 3월, 인도네시아의 인플레이션은 약 30%, 미국의 인플레이션은 2%였다.
   a. 구매력평가이론이 성립한다면 1998년 3월의 명목환율은 어떻게 되었어야 하는가?
   b. 1998년 3월(아시아 통화위기 와중)의 실제 환율은 R 8,325 = $1였다. 실질 환율은 얼마나 변화했는가?
4. 다음의 표는 2007년의 미국 달러와 필리핀 페소에 대한 환율과 금리를 보여 주고 있다. 현물환율은 47.46페소 = $1이다. 빈 칸을 채워라.

	1개월	3개월	1년
달러 금리(연간 복리계산)	5.3	5.3	?
페소 금리(연간 복리계산)	4.15	?	4.95
달러당 페소 선도	?	?	47.482
페소에 대한 선도 프리미엄(연간 %)	?	+0.19	?

5. 미국의 수입업자는 6개월 후에 멕시코에서 의류를 인도받을 예정이다. 가격은 멕시코 페소화로 정해져 있다. 다음 중 수입업자의 환위험을 제거할 수 있는 거래는 어느 것인가?
   a. 페소에 대한 6개월 만기 콜옵션 매도
   b. 페소 선도 매입
   c. 페소 선도 매도
   d. 통화 선물시장에서 페소 매도
   e. 페소 차입; 현물환율에 달러로 교환
   f. 현물환율에 페소 매도; 달러로 예금
6. 어느 미국 회사는 1년 후에 스웨덴 회사에 1천만 크로나를 지급할 의무가 있다. 크로나 선도 매입으로 이 채무를 헤지하는 데 드는 비용(현재가치 기준)은 얼마인가? 스웨덴 금리는 0.6%이고 환율은 표 27.1에 나와 있다. 간략하게 설명하라.

Visit us at www.mhhe.com/bma

7. 한 미국 기업은 8년 후 1백만 유로를 받기로 되어 있다. 유로의 가치하락에 대해 보호하고 싶지만 이렇게 긴 기간에 대해 선도로 커버하기는 어렵다는 것을 알았다. 자신을 보호할 수 있는 다른 방법이 있겠는가?

8. 미국의 2년짜리 이자율은 5.2%이고 일본의 이자율은 1.0%이다. 현물환율은 ¥120.22/$이다. 1년 후 금리는 두 나라 모두에서 3%가 되었고 엔은 ¥115.00/$로 평가절상되었다고 하자.
   a. 뉴욕에 사는 Benjamin Pinkerton은 미국의 2년 만기 무이표채(zero-coupon bond)에 투자하였다. 그의 수익률은 얼마인가?
   b. 오사카에 사는 나비부인은 달러를 조금 매입하였다. 나비부인 역시 미국의 2년 만기 무이표채(zero-coupon bond)에 투자했다가 1년 후 이를 매각하였다. 그녀의 엔화 수익률은 얼마인가?
   c. 나비부인은 그녀가 매도할 채권 가격을 정확하게 예측하였고 투자의 통화위험을 헤지하였다고 하자. 그녀는 어떻게 그렇게 할 수 있었을까? 그녀의 엔화 수익률은 얼마인가?

9. 지금은 2018년이고 Pork Barrel Inc.는 스페인에 새로운 포크배럴공장 설립을 고려하고 있다. 백만 유로 단위로 예측된 현금흐름은 다음과 같다.

C_0	C_1	C_2	C_3	C_4	C_5
−80	+10	+20	+23	+27	+25

현물환율은 $1.2 = €1이다. 미국 금리는 8%이고 유로 금리는 6%이다. 이 회사의 포크배럴 생산은 사실상 무위험이라고 가정한다.
   a. 프로젝트의 유로화 현금흐름의 NPV를 계산하라. 달러화 NPV는 얼마인가?
   b. 회사가 환율에 대해 헤지하는 경우 프로젝트의 달러 현금흐름은 얼마인가?
   c. 회사는 유로가 매년 5%씩 평가절하될 것으로 기대한다고 하자. 이는 프로젝트의 가치에 어떻게 영향을 미치는가?

중급문제

10. 표 27.1은 남아프리카 랜드(rand)의 90일 선도환율을 보여주고 있다.
   a. 달러는 랜드에 대해 선도 디스카운트인가 프리미엄인가?
   b. 연간 디스카운트 또는 프리미엄 율(*percentage*)은 얼마인가?
   c. 두 통화에 대해 다른 정보가 없는 경우 지금으로부터 3개월 후의 랜드에 대한 현물환율은 얼마로 추측되는가?
   d. 3개월 후 10만 랜드를 받을 예정이라고 하자. 이는 달러로는 얼마의 가치가 될 것인가?

11. 표 27.1을 참조하라. 달러에 대한 3개월 금리는 3.5%인 경우, 남아프리카 공화국 랜드화의 3개월 금리는 어떻게 되는가? 금리가 당신의 판단보다 크게 낮다면 어떤 일이 발생할지 설명하라.

12. International Reprints, Inc.의 재무담당자인 로제타 스톤(Rosetta Stone) 여사는 일본의 금리가 다른 대부분의 국가보다 낮음을 알고 있었다. 그래서 스톤 여사는 일본 엔화 표시 채권 발행을 제안하였다. 이는 합리적인 제안인가?

13. 당신이 독일의 국제 항공사인 Lufthansa의 재무담당자라고 하자. 환율변동은 기업가치에 어떤 영향을 미치겠는가? 환위험 감소를 위해 어떤 정책을 채택하겠는가?

14. 기업들은 명목환율이나 실질환율의 변화에서 영향을 받게 된다. 어떻게 되는지 설명하라. 가장 헤지하기 쉬운 위험은 어떤 것인가?

15. 미국에 있는 포드 자동차 딜러는 엔화 평가절하로 일제 자동차 가격 하락이 있게 될 위험에 노출

Visit us at www.mhhe.com/bma

	이자율(%)	현물환율*	1년 선도환율
United States (dollar)	3	—	—
Costaguana (pulga)	23	10,000	11,942
Westonia (ruple)	5	2.6	2.65
Gloccamorra (pint)	8	17.1	18.2
Anglosaxophonia (wasp)	4.1	2.3	2.28

표 27.5 금리와 환율.

*$1로 교환할 수 있는 외국 통화 단위 수.

되어 있다. 이 딜러는 엔의 가치가 1% 하락하면 자신의 이익은 5% 감소한다고 추정하였다고 하자. 어떻게 이 위험에 대해 헤지해야 하며 헤지 포지션의 크기는 어떻게 산출해야 하는가? (힌트: 제26.6절을 참조하는 것이 도움이 된다.)

16. 당신은 6개월 후에 100만 유로의 현금흐름이 들어오는 수출주문에 입찰하였다. 현물 환율은 $1.3549 = €1이다. 두 가지 불확실성의 원천이 있다. (1) 유로는 절상되거나 절하될 수 있고 (2) 수출주문을 확보하지 못할 수도 있다. (a) 당신이 100만 유로를 선도 매도하는 경우와 (2) 유로를 행사가격 $1.3620/€에 매도하는 6개월 만기 옵션을 매입하는 경우 각각에 대하여 손익을 설명하라.

17. 2009년 7월에 한 미국인 투자자는 멕시코 회사 주식 1,000주를 주당 500페소에 매입하였다. 이 주식은 배당을 지급하지 않는다. 1년 후 이 투자자는 주당 550페소를 받고 주식을 매도하였다. 주식 매입 당시의 환율은 표 27.1에 나와 있다. 매각 시점의 환율은 peso 16.0/$라고 하자.

a. 몇 달러를 투자하였는가?

b. 페소화 수익률은 얼마인가? 달러화 수익률은?

c. 환차익을 얻었는가 아니면 환차손인가? 설명하라.

18. 표 27.5는 각기 다른 통화에 대한 달러의 연간 이자율(연간 복리계산)과 환율을 보여주고 있다. 차익거래의 기회가 존재하는가? 만약 그렇다면 미래의 모든 현금흐름은 0으로 만들면서 어떻게 오늘 양(+)의 현금흐름을 확보할 수 있겠는가?

19. "작년에 우리는 파운드 선도 매도에 의한 헤지에서 상당한 파운드화 수입을 올렸다. 파운드화가 상승하는 경우, 선도 매도 결정에서 큰돈이 나온다. 앞으로 우리는 통화위험에 대한 헤징을 그만두거나 파운드화가 과대평가되었다고 생각될 때만 헤지해야 한다고 생각한다." 재무관리자인 당신은 사장님의 이 논평에 어떤 반응을 보이겠는가?

20. Carpet Baggers, Inc.는 유럽에 새 자루공장 설립안을 검토 중이다. 주요 후보지 두 곳은 독일과 스위스이다. 제안된 공장에서의 예측 현금흐름은 다음과 같다.

	C_0	C_1	C_2	C_3	C_4	C_5	C_6	IRR(%)
독일 (백만 유로)	−60	+10	+15	+15	+20	+20	+20	18.8
스위스 (백만 스위스 프랑)	−120	+20	+30	+30	+35	+35	+35	12.8

유로에 대한 현물환율은 $1.3/€이고 스위스 프랑에 대한 환율은 SFr1.5/$이다. 금리는 미국에서

Visit us at www.mhhe.com/bma

5%, 스위스에서 4%, 유로 국가에서는 6%이다. 재무관리자는 현금흐름을 달러로 표시하면 수익률이 10%를 넘어서기 때문에 채택하는 것이 좋다고 제안하였다.

회사는 프로젝트를 모두 채택해야 하는가? 한 곳을 골라야만 한다면 어디가 되겠는가?

도전문제

21. 인플레이션과 환율변동이 기업의 현금흐름에 미치는 영향에 대해 투자자들이 인식하고 있다면, 환율변동은 주가에 반영되어야 하는가? 스위스 프랑이 예상 밖으로 10% 평가절상되는 경우 다음의 스위스 회사 각각의 주가는 어떻게 되겠는가? 단 2%의 평가절상도 (스위스의 인플레이션 대비) 나머지 전 세계의 인플레이션 상승 때문이라고 가정한다.

a. 스위스 항공사: 종업원은 2/3 이상이 스위스인이다. 수익의 대부분은 달러화로 책정된 국제선 운임에서 나온다.

b. 네슬레(*Nestle*): 종업원의 5% 미만이 스위스인이다. 수익의 대부분은 아주 여러 나라에서 나오는데 각 지역의 생산자들과 치열하게 경쟁한다.

c. 스위스 유니온 은행(*Union Bank of Switzerland*): 대부분의 종업원이 스위스인이다. 스위스 프랑화가 아닌 모든 현금자산은 헤지된다.

22. 알파와 오메가는 미국 기업들이다. 알파는 함부르크에 공장을 가지고 있는데 미국에서 부품을 수입하여 거기서 이를 조립, 완성품을 독일에서 판매한다. 오메가는 반대로 사업한다. 오메가 역시 함부르크에 공장이 있지만 원재료를 독일에서 매입하고 산출물은 미국으로 가져간다. 각각의 기업은 유로화의 가치하락에서 어떤 영향을 받겠는가? 각각의 기업은 환위험을 어떻게 헤지할 수 있겠는가?

실시간 데이터분석

1. *Wall Street Journal* (**www.wsj.com**) 또는 *Financial Times* (**www.ft.com**) 온라인 판에서 외환 환율표를 찾아보라.

a. 오늘 현재 캐나다 달러에 대해 미국 달러는 얼마의 가치를 가지는가?

b. 오늘 현재 미국 달러에 대해 캐나다 달러는 얼마의 가치를 가지는가?

c. 캐나다 달러를 90일 후에 매입하기로 오늘 약정한다고 하자. 미국 달러 각각으로 얼마의 캐나다 달러를 살 수 있는가?

d. 선도환율은 단순히 시당의 기대를 반영한다면 90일 후 캐나다 달러에 대한 현물환율은 얼마인가?

e. 같은 신문에서 명목이자율표를 보라. 3개월 달러 이자율은 얼마인가?

f. 캐나다 달러의 3개월 이자율은 얼마가 될지 유추할 수 있겠는가?

g. 금융선물시장에서도 역시 미래에 인도받을 통화를 매입할 수 있다. 선물가격표를 보라. 약 6개월 후에 인도할 캐나다 달러의 환율은 얼마인가?

2. *Wall Street Journal* (**www.wsj.com**) 또는 *Financial Times* (**www.ft.com**) 온라인 판에서 외환 환율표를 찾아보라. 미화 $1로 얼마의 스위스 프랑을 살 수 있는가? 홍콩 달러는 얼마나 살 수 있는가? 스위스 은행은 홍콩 달러를 매도할 때 얼마의 환율을 제시할 것으로 생각하는가? 은행이 제시하는 환율이 당신이 생각한 것보다 훨씬 높다면 무슨 일이 일어나겠는가?

Visit us at www.mhhe.com/bma

미니 케이스

Exacta, s.a.

Exacta, s.a.는 리옹에 본사를 둔 프랑스의 정밀 기계공구 제조업체이다. 생산량의 2/3 정도가 수출된다. 수출의 대부분은 유럽연합(EU) 내에서 이루어진다. 그런데 이 회사의 미국내 사업은 몇몇 미국회사들과의 격심한 경쟁에도 불구하고 번창하고 있다. Exacta는 보통 수출 대금을 청구서 발행일로부터 2달 안에 수취하기 때문에 연간 대미 수출량의 1/6은 언제나 통화위험에 노출되어 있다.

회사에서는 북미 사업이 충분히 커지자 그 지역에 제조설비를 운영하고 있으며 최근에는 사우스캐롤라이나 주에 공장을 설립하기로 결정하였다. 이 공장 제품의 대부분은 미국에서 판매될 예정이지만 미래에는 캐나다와 멕시코에서도 판매기회가 있을 것으로 믿고 있다.

사우스캐롤라이나 공장에는 총 $3억 8천만이 투자될 것이며 2001년에는 가동될 것으로 기대된다. 이 공장의 연간 매출액은 약 $4억 2천만으로 기대되며 순이익은 연 $5,200만으로 추정된다. 일단 공장이 설립되면 수년간은 큰 추가 설비투자 없이 운영될 수 있어야 한다.

프로젝트에 대해 전반적으로 열성적이지만 경영진의 일부는 있을지 모를 통화위험에 대해 염려를 표시하였다. 재무담당 이사인 M. Pangloss는 회사가 통화위험에 익숙해져 있다고 설득하였다. 결국 이 회사는 이미 매년 $3억 2천만가량의 기계공구를 미국으로 수출하고 있으며 별다른 손실 없이 달러화 수익을 프랑스 프랑으로, 지금은 유로화로 환전해왔다. 그러나 모두가 이 주장에 동의하지는 않았다. 예를 들어 사장인 M. B. Bardot는 투자예정인 $3억 8천만은 유로화에 대해 달러가 하락하는 경우 위험에 노출된 금액을 상당히 증가시킬 것이라고 지적하였다. M. Bardot은 재무 문제에 대해 지나치게 위험회피적이며 만약 실행된다면 완전한 헤지를 요구하게 될 것이다.

M. Pangloss는 다시 사장을 설득하려고 시도하였다. 사실 자신도 환위험, 특히 유로화 도입 초기의 환위험에 대한 우려에는 공감하였다. 사우스캐롤라이나 공장에서 나오는 매출액의 거의 대부분은 미 달러화가 될 것이고 $3억 8천만이라는 거액의 투자 역시 미국에서 시행될 것이다. 운영비의 2/3 이상이 달러화로 발생되지만 나머지 1/3은 리옹에서 매입해 오는 부품 대금과 본사 경영진에 대한 임금, 특허 사용료가 될 것이다.

M. Pangloss는 회사의 통화위험 헤지에 낙관적이다. 그가 선호하는 해결책은 $3억 8천만 규모의 채권을 발행하는 것이다. 그렇게 하면 달러화 투자대금은 달러화 채무와 상계될 것이다. 다른 대안은 미국 공장에서 나올 매년의 기대매출액에 대하여 연초에 선도를 매도하는 것이다. 그러나 그의 경험에 비추어 볼 때 이 단순한 해법에는 숨겨진 위험이 있다. 그는 시간을 가지고 미국 사업 관련 환위험에 대해 보다 체계적으로 생각해 보기로 결심했다.

문제

1. 미국 신사업에 따른 Exacta의 진정한 위험은 무엇이며 현재의 통화위험은 어떻게 바뀌겠는가?
2. 주어진 통화위험에 대하여 가장 효과적이고 비용이 적게 드는 헤징 방법은 무엇이 되겠는가?

Visit us at www.mhhe.com/bma

재무분석

현명한 재무관리자는 미래를 계획한다. 세금을 내고 배당을 지급할 충분한 현금을 보유하고 있는가를 확인하고, 앞으로 몇 년 동안 기업이 얼마나 투자를 할 것인가와 또 그 돈을 어떻게 조달할 것인가를 생각한다. 그들은 예상치 못하게 수요가 하락하거나 원자재 가격이 상승할 것에 잘 대비하고 있는가에 대해서도 깊이 생각해 본다.

제29장에서는 재무관리자가 장단기 재무계획을 작성하는 방법을 설명할 것이다. 그러나 우리가 지금 어디 있는지 아는 것이 나중에 어디 있을지를 생각하는 데 필요한 출발점이 된다. 따라서 이 장에서는 재무제표를 이용하여 기업의 전반적인 성과를 파악하는 방법과 몇 가지 핵심 재무비율을 이용하여 잠재적으로 문제가 있는 부분을 알아내는 방법을 살펴본다. 예를 들어 은행융자가 필요한 경우, 재무관리자는 기업의 부채비율과 이익에서 이자가 차지하는 비중에 대해 몇 가지 탐색적인 질문을 받을 것을 예상해야 한다. 마찬가지로 한 사업부의 자본이익률이 낮아지거나 매출액이익률이 압박을 받으면 고위 경영진이 설명을 요구할 것이 틀림없다.

여러분은 아마도 순식간에 회사의 계정을 분해하고 몇몇 재무비율을 계산하여 회사의 미래를 예측하는 달인들에 대한 이야기를 들어 보았을 것이다. 그들은 자주 입에 오르내리지만, 실제 아무도 본 사람이 없는 설인(雪人)과 같다. 재무비율이 마법사의 수정 구슬(crystal ball)을 대신할 수는 없다. 이것은 단지 많은 양의 재무자료를 요약하고 기업의 성과를 비교하는 데 편리한 방법일 뿐이다. 재무비율은 올바른 의문을 제기하는 데 도움은 되지만 질문에 대해 명확한 해답을 주지는 않는다.

28.1 재무제표

상장기업에는 주주나 채권자, 은행, 납품업자, 종업원, 경영자와 같은 다양한 이해관계자가 있다. 이들 이해관계자는 모두 기업을 감시하여 자신의 이익이 보장되도록 하여야 한다. 이들은 기업의 재무제표(financial statements)를 통하여 필요한 정보를 얻는다. 공개기업은 분기별 및 연간으로 주주에게 보고한다. 연간 재무제표는 10-K 양식으로, 분기 재무제표는 10-Q 양식으로 증권거래위원회(SEC)에 보고된다. 따라서 종종 재무분석가들이 회사의 '10-K' 또는 '10-Q'라고 느슨하게 이야기하는 것을 듣게 된다.

회사의 재무제표를 검토할 때는 보고된 이익과 장부가치에 대하여 회계사들이 상당한 재량권을 갖는다는 사실을 염두에 두는 것이 중요하다. 예를 들어 회계사들은 자산의 감가상각 방법이나 상각속도를 선택하는 데 재량권을 갖는다.

전 세계의 회계사들이 공통된 회계처리 방법을 마련하려고 노력하고 있지만, 국가별로 회계규칙은 상당한 차이가 있다. 활발한 대형 증권거래소가 있는 미국이나 영국과 같은 영미계 국가에서는 회계기준이 주로 주주를 염두에 두고 만들어졌다. 대조적으로 독일에서 회계 기준은 채권자들이 적절히 보호되는가를 증명하는 데 초점이 맞춰져 있다.

또 다른 차이는 손익계산서에 세금을 나타내는 방식이다. 독일에서 세금은 발표된 이익에 대해 부과되므로 감가상각 방법은 세무당국의 승인을 받아야 한다. 그러나 영미계 국가들에서는 그렇지 않다. 공표된 회계계정의 수치가 법인세 납부액의 산정 기준이 되지 않는다. 예를 들어 공표이익 산정에 사용되는 감가상각 방법은 일반적으로 세무당국이 사용하는 감가상각 방법과 다르다.

다국적기업과 투자자에게는 이러한 회계기준의 차이가 짜증스럽게 느껴질 수도 있다. 그래서 회계협회들이 모여서 차이를 얼마만이라도 줄일 수 있는지 검토하고 있다. 다음 쪽의 글상자에 나와 있는 것처럼 이는 쉬운 과제가 아니다.

28.2 로우스의 재무제표

우리의 과제는 로우스(Lowe's)의 재무상태 평가이다. 당신은 지금 뮤추얼펀드의 매니저로서 로우스의 주식에 새로 $2천 5백만를 배정할 것인가를 결정하려고 한다. 어쩌면 대주주로서 주식을 팔 것을 심각하게 생각하고 있는지도 모른다. 또는 투자은행원으로서 이 회사와 영업을 하려고 할 수도 있다. 또는 신용등급에 관심이 있는 채권자일 수도 있다. 로우스나 경쟁회사의 재무관리자일 수도 있다.

각각의 경우 첫 단계는 회사의 **현재** 상태를 평가하는 것이다. 당신 앞에는 최신 재무상태표와 손익계산서가 놓여 있다.

재무상태표(대차대조표)

표 28.1은 2008년 회계연도의 로우스의 요약 재무상태표, 즉 대차대조표(balance sheet)를 보여준다. 이것은 연도 말 회사의 자산과 이들 자산 매입에 사용된 자금의 원천을 정지된 사진의 형태로 보여준다.

자산은 유동성이 높은 것부터 내림차순으로 나열된다. 예를 들어 맨 앞 계정에는 가까운 시간에 현금으로 변할 가능성이 가장 높은 자산이 나와 있다. 여기에는 현금 자체와 시장성 유가증권, 외상매출금(고객이 기업에 지급할 대금), 그리고 원재료와 재공품, 완성품의 재고 등이 있다. 이런 자산을 합쳐서 **유동자산**(*current asset*)이라고 한다.

재무상태표의 나머지 자산은 창고와 상점, 고정설비, 자동차 등과 같이 유동성이 낮은 장기 자산들로 구성된다. 재무상태표에는 이들 장기 자산을 최근 시장가치로 표시하지 않는다. 대신에 회계사는 각 자산의 원래 원가를 기록하고, 건물과 설비, 장비의 감가상각비로 매년 정해진 금액을 차감한다. 재무상태표는 회사의 모든 자산을 포함하지는 않는다. 가장 값진 자산의 일부는 평판이나 유능한 경영진, 잘 훈련된 노동력과 같은 무형자산이다. 회계사는 일반적으로 쉽게 확인하고 평가할 수 없는 무형자산을 재무상태표에 기록하는 것을 꺼린다.

외국어로 말하기

에스페란토는 잊어버려라. 너무 평이하다. 세계를 이어주는 공용어(lingua franca)는 발음하기 어려운(tongue-twisting) 회계 언어가 되어가고 있다. 이는 미국인들조차도 재무 주권이라는 소중한 개념을 다시 생각하게끔 만든다.

국제재무회계기준(International Financial Reporting Standards, IFRS)은 국가 간 거래와 투자의 세계에서 재무보고를 일치시키려는 목표로 제정되었는데 유럽연합(EU)에 상장된 7,000개 기업에 의해 채택된 이래 큰 진전을 이루고 있다. 지금까지 캐나다에서 중국에 이르는 100여 개 국가가 이 기준을 채택했거나 채택할 예정이라고 발표하였다. 런던 소재 국제회계기준위원회(International Accounting Standards Board, IASB)에서는 앞으로 4년간 이런 움직임이 150개 나라로 확대될 것으로 예상한다.

열렬한 국제화주의자가 아닌 미국조차도 자국 회계기준과 IFRS 사이의 차이를 줄이려고 노력하고 있어서, 미국에 상장된 외국 기업은 2009년 또는 그 이전에 이 기준을 선택할 수 있게 된다. 지금은 회사들이 회계 계정을 미국 기준에 맞춰 '일치'시켜야만 하는데, 이런 일은 비용이 많이 들기 때문에 외국 상장회사들을 미국에서 내쫓는다고 사람들은 믿는다.

2007년 미국 증권거래위원회(Securities and Exchange Commission, SEC)는 외국 기업뿐만 아니라 미국 기업도 IFRS를 선택할 수 있다는 아이디어를 불쑥 내놓았다. 이 생각에 대한 비판론자들은 이것은 기업에 자사의 사업에 잘 맞기만 하면 어떤 제도인가 관계없이 선택할 옵션을 주게 된다고 주장한다. 그렇지만 (조금이라도) 문을 열면 미국 자신의 회계제도는 불가피하게 위기에 처하게 될 것이다.

순수한 IFRS냐 아니냐의 여부를 떠나서 모든 나라는 기준을 자국의 과거 회계기준을 반영하는 방식으로 해석하려는 경향을 보이게 된다. 규제기관들은 증권규제 당국의 국제협의체인 IOSCO와 협력하여 이러한 차이를 조금씩 줄여나가려 한다. 국제회계기준응 확정된 조항이 없는 '원칙 기반(principles based)'인 경향이 있다는 사실 때문에 일은 더욱 복잡해진다. 이는 회계원리와 함께 수천 페이지에 달하는 규정 안내책자와, 일부는 SEC 성명에서 찾아낸, 회계 단체와 감사인의 해설집이 있는 미국과는 다르다. IFRS에는 그런 자료가 없어서 판단의 여지가 더 많다.

자료원: 다음에서 발췌 수정. "Speaking in Tongues," *The Economist*, 2007년 5월 19일, p. 83.

이제 자산 매입에 사용된 자금의 출처를 보여주는 로우스 재무상태표의 오른쪽으로 가보자.[1] 회계사는 회사가 빚진 돈인 부채로 시작한다. 맨 처음에는 회사가 가까운 미래에 지급해야 할 부채가 나온다. 이들 **유동부채**(*current liability*)에는 다음 연도까지 상환되어야 할 부채와 외상매입금(납품업자에게 지급할 금액)이 포함된다.

유동자산과 유동부채의 차액을 순 **유동자산**(*net current asset*) 또는 순 **운전자본**(*net working capital*)이라고 한다. 이것은 기업의 잠재적인 현금 축적을 나타낸다. 2008년 로우스의 경우는 다음과 같다.

$$\begin{aligned} \text{순운전자본} &= \text{유동자산} - \text{유동부채} \\ &= 9{,}251 - 8{,}022 = \$1{,}229\text{백만} \end{aligned}$$

1) 영국 사람들과 미국 사람들은 왼쪽으로 갈지 오른쪽으로 갈지 절대 합의하지 못한다. 영국 회계사들은 왼쪽에 채무를, 오른쪽에 자산을 나열한다.

표 28.1 로우스의 2007과 2008 회계연도 재무상태표(단위: $백만).

Visit us at www.mhhe.com/bma

	2008	2007
자산		
유동자산:		
현금과 유가증권	661	530
외상매출금	166	247
재고자산	8,209	7,611
기타 유동자산	215	298
유동자산 합계	9,251	8,686
고정자산:		
유형 고정자산		
재산과 공장, 설비	31,477	28,836
누적 감가상각비 차감	8,755	7,475
순 유형 고정자산	22,722	21,361
장기 투자자산	253	509
기타 장기 투자자산	460	313
총자산	32,686	30,869
부채와 자기자본		
유동부채:		
만기 1년 미만의 부채	1,021	1,104
외상매입금	4,543	4,137
기타 유동부채	2,458	2,510
유동부채 합계	8,022	7,751
장기부채	5,039	5,576
이연 법인세	660	670
기타 장기부채	910	774
총 부채	14,631	14,771
보통주와 기타 납입자본금	735	729
유보이익과 자본잉여금	17,320	15,369
자기자본	18,055	16,098
부채와 자기자본 합계	32,686	30,869

재무상태표의 아랫부분에는 순운전자본과 고정자산 취득에 사용된 현금의 원천이 나온다. 채권 발행과 리스에서 나온 일부 현금은 수년이 지난 후에야 상환된다. 이들 장기 부채가 모두 상환되고 남은 자산이 보통주 주주에게 귀속된다. 기업의 자기자본은 바로 순운전자본과 고정자산의 합계에서 장기 부채를 차감한 것이다. 이 자기자본의 일부는 투자자들에게 주식을 매각한 대금이고 나머지는 기업이 이익을 유보하여 주주를 대신하여 투자한 것이다.

손익계산서

로우스의 재무상태표가 특정 시점에서 기업의 정지사진처럼 생겼다면, 손익계산서(income statement)는 동영상과 같다. 이는 지난 1년 동안 기업의 수익성을 보여준다.

	$백만
매출액	48,230
매출원가	31,729
판매비와 일반관리비	11,158
감가상각비	1,539
EBIT	3,804
지급이자	298
과세 대상 이익	3,506
세금	1,311
당기순이익	2,195
배당금	491
유보이익에 추가	1,704

표 28.2 로우스의 2008년 손익계산서(단위: $백만).

표 28.2의 요약 손익계산서를 보자. 2008년에 로우스는 상품 $48,230백만 어치를 판매하였고, 제품 구매와 판매의 총 비용은 $31,729 + $11,158 = $42,887백만이었다.[2] 이들 현금 지출 이외에도 제품생산에 사용된 고정자산의 가치 $1,539백만을 차감하였다. 따라서 로우스의 이자 및 세금 전 이익(earnings before interest and taxes, EBIT)은 다음과 같다.

$$\begin{aligned} \text{EBIT} &= \text{총수입} - \text{비용} - \text{감가상각} \\ &= 48{,}230 - 42{,}887 - 1{,}539 \\ &= \$3{,}804 \text{ 백만} \end{aligned}$$

이 금액에서 $298백만은 장단기 부채에 지급되었고, (부채 이자는 세전 소득에서 지출됨에 유의하자.) 다시 $1,311백만은 세금의 형태로 정부에 돌아갔다. 남은 $2,195백만은 주주에게 귀속된다. 로우스는 $491백만을 배당으로 지급하고 나머지는 사업에 재투자하였다.

28.3 로우스의 성과 측정

로우스의 재무제표를 이용하여 재무 성과와 현재 상태를 평가하고 싶다. 어디에서 시작해야 하는가?

로우스의 보통주는 주당 $18.19로 2008 회계연도를 마감하였다.[3] 발행주식은 1,470백만 주가 있었다. 따라서 **총 시장가치(market capitalization)**는 1,470 × $18.19 = $26,739백만이었다. 이는 물론 큰 숫자이기는 하지만, 로우스는 규모가 있는 기업이다. 로우스 주주들은 수년에 걸쳐 회사에 수십억씩 투자하였다. 따라서 여러분은 로우스의 시장가치를 로우스 자기자본의 장부가치와 비교하기로 할 것이다. 장부가치는 주주들의 누적 투자액을 측정한다.

2008년 말에 로우스 자기자본의 장부가치는 $18,055백만이었다. 따라서 주식의 시장가치와 주주가 투자한 금액의 차이인 **시장 부가가치(market value added)**는 $26,739 − $18,055 = $8,684백만이었다. 다시 말해, 로우스 주주들은 약 $180억을 투자하여 약 $270억 가치의 주식을

2) 단순화를 위해 판매비와 일반관리비에서 수입이자 $18백만을 차감하였다.
3) 로위스의 2008 회계연도는 2009년 1월 30일에 끝났다.

	시장 부가가치	주가 대 장부가치 비율		시장 부가가치	주가 대 장부가치 비율
Exxon Mobil	$154,397	1.69	FedEx	−$1,538	0.96
Wal-Mart	128,159	2.02	J.C. Penney	−3,777	0.69
Coca-Cola	106,957	3.46	Xerox	−9,981	0.37
Google	96,880	6.82	Dow Chemical	−17,823	0.55
Johnson & Johnson	67,645	1.80	AT&T	−49,052	0.85

표 28.3 기업 성과에 대한 주식시장 지표, 2008(달러 수치는 $백만). 시장 부가가치 순으로 표시.

자료원: 이 통계를 제공해 준 데 대해 EVA Dimensions에 감사한다.

보유하게 된 것이다. 그들은 시장 부가가치로 약 $90억을 축적하였다.

컨설팅 회사 EVA 디멘션스(EVA Dimensions)는 미국 기업으로 구성된 대규모 표본에 대해 시장 부가가치를 계산하였다. 표 28.3은 EVA의 표본 목록에 있는 몇 개 기업을 보여준다. 엑슨모빌(Exxon Mobil)이 선두이다. 이 회사는 주주에게 $1,540억의 가치를 창출하였다. AT&T는 거의 꼴찌에 가깝다. AT&T 주식의 시장가치는 주주가 투자한 금액보다 $490억이 적다.

엑슨모빌은 대기업이다. 이들 경영자는 관리할 자산이 매우 많다. 소기업은 기업규모상 이들과 같이 그렇게 큰 시장 부가가치를 창출하기를 바랄 수도 없을 것이다. 이에, 재무관리자와 재무분석가는 **주주가 투자한 1달러당** 얼마의 가치가 부가되었는가를 계산하려고 한다. 이를 위해 주가 대 장부가치 비율을 계산한다. 예를 들어 로우스의 **시장가치 대 장부가치 비율(market-to-book ratio)**은 다음과 같다.[4)]

$$\text{시장가치 대 장부가치 비율} = \text{자기자본의 시장가치}/\text{자기자본의 장부가치}$$
$$= 26{,}739/18{,}055 = 1.5$$

즉 로우스는 주주의 투자액을 1.5배로 증가시켰다.

표 28.3은 표본 기업의 주가 대 장부가치 비율을 보여준다. 구글(Google)이 엑슨모빌보다 훨씬 큰 주가 대 장부가치 비율을 갖는다는 데 주목하라. 그러나 엑슨모빌은 규모가 더 크기 때문에 시장 부가가치가 더 크다.

표 28.3에 제시된 시장가치 기준의 성과 지표는 두 가지 단점이 있다. 첫째, 주식의 시장가치는 미래 성과에 대한 투자자의 기대를 반영한다. 물론 투자자는 당기(current) 이익과 투자에 주의를 기울인다. 그럼에도, 시장가치를 이용한 지표는 당기 성과에 대한 오차가 있는 측정치이다.

둘째, 주식이 거래되지 않는 사적 기업의 시장가치는 잘 알 수가 없다. 또한 대기업의 일부인 사업부문이나 공장의 시장가치도 관찰할 수 없다. 비록 여러분이 로우스가 전체로서 좋은 성과를 보였는가에 관해서는 시장가치 지표를 활용할 수 있다 하더라도, 음료 부문 또는 국외 점포나 특정 미국 점포의 성과를 파악하는 데 시장가치를 활용할 수는 없다. 이를 위해서는 수익성에 대한 회계적 측정치가 필요한데, 우선 경제적 부가가치(EVA)부터 시작해 보도록 하자.

4) 시장가치 대 장부가치 비율은 주가를 주당 장부가치로 나누어 계산할 수도 있다.

경제적 부가가치

손익계산서를 작성할 때 회계사는 매출액에서 시작하여 영업 및 기타 비용을 공제한다. 그러나 한 가지 중요한 비용, 즉 회사가 주주에게서 조달한 자본의 비용은 여기에 포함되지 않는다. 따라서 이 회사가 실제로 창출한 가치를 보려면 자기자본비용을 포함한 모든 비용을 차감하고 나서 이익이 발생했는지를 측정해야 한다.

자본비용은 자본투자에 대해 받아들일 수 있는 최소한의 수익률이다. 이것은 금융시장에서 주주에게 주어진 투자 기회의 기대수익률과 같으므로 기회 자본비용(*opportunity* cost of capital)이다. 기업은 자기자본비용, 즉 주주가 직접 투자하여 벌 수 있는 것 이상으로 이익을 낼 수 있을 때만 주주에게 가치를 창출하는 것이다.

자본비용을 포함하여 모든 비용을 차감하고 남는 이익을 기업의 **경제적 부가가치(economic value added)**, 즉 **EVA**라고 한다. 로우스의 EVA를 계산해 보자.

총 장기(long-term) 자본은 때때로 총 시장가치(*total capitalization*)라고 하는데 장기 부채와 자기자본을 합한 것이다. 2007년 말 로우스의 총 시장가치는 $21,674백만에 달했다. 이것은 $5,576백만의 장기 부채와 $16,098백만의 자기자본으로 구성되었다. 이것은 채권자와 주주가 과거에 투자한 누적액이었다. 로우스의 가중평균 자본비용은 약 7.4%였다. 따라서 $21,674백만을 제공한 투자자들은 2008년에 회사에 적어도 0.074 × 21,674 = $1,604백만을 벌어 달라고 요구한 셈이다.

2008년 로우스의 세후 이자와 순이익은 합하여 (1 − 0.35) × 298 + 2,195 = $2,389백만이었다(35% 세율을 가정한다). 이 액수에서 로우스의 총 자본비용을 차감하면 이 회사는 투자자가 요구한 것보다 2,389 − 1,604 = $785백만을 더 벌었다는 것을 알 수 있다. 이것이 로우스의 잔여이익(residual income), 즉 EVA이다.

$$\begin{aligned}\text{EVA} &= (\text{세후 이자} + \text{순이익}) - (\text{자본비용} \times \text{자본})\\ &= 2{,}389 - 1{,}604 = \$785 \text{ 백만}\end{aligned}$$

때때로 EVA를 다음과 같이 표현하는 것이 이해하기 쉽다.

$$\begin{aligned}\text{EVA} &= \left(\frac{\text{세후 이자} + \text{순이익}}{\text{총자본}} - \text{자본비용}\right) \times \text{총자본}\\ &= (\text{자본이익률} - \text{자본비용}) \times \text{총자본}\end{aligned}$$

자본이익률(return on capital, 즉 **ROC)**은 회사가 채권자와 주주를 위해 번 총 이익을 그들이 투자한 금액으로 나눈 것과 같다. 회사가 투자자들이 요구하는 것보다 더 높은 자본이익률을 달성하면 EVA는 양(+)이다.

로우스의 자본이익률은 다음과 같다.

$$\frac{\text{세후 이자} + \text{순이익}}{\text{총자본}} = \frac{(1 - 0.35) \times 298 + 2{,}195}{21{,}674} = 0.1102, \text{ 약 } 11\%$$

로우스의 자본비용은 약 7.4%였다. 따라서,

	1. 세후 이자 + 순이익	2. 자본비용 (WACC), %	3. 총 장기자본	4. EVA = 1−(2 × 3)	5. 자본이익률(ROC), % (1 ÷ 3)
Exxon Mobil	$46,378	6.0	$224,051	$33,006	20.7
Wal-Mart	14,169	5.7	125,059	7,286	11.3
Johnson & Johnson	11,964	7.5	84,848	5,529	14.1
Google	5,128	12.3	16,644	3,143	30.8
Coca-Cola	4,900	5.8	33,246	3,031	14.7
J.C. Penney	553	7.0	12,191	−302	4.5
FedEx	1,898	6.7	37,067	−583	5.1
Dow Chemical	1,420	6.1	39,458	−1,004	3.6
Xerox	583	9.9	15,876	−1,047	3.7
AT&T	15,745	8.6	321,320	−11,779	4.9

표 28.4 기업성과의 회계적 측정치, 2008년($백만). EVA순으로 나열함.

주: 제2열의 반올림 때문에 EVA는 정확히 계산되지 않았다.
자료원: 이 통계를 제공해준 데 대해 EVA Dimensions에 감사한다.

$$\begin{aligned}\text{EVA} &= (\text{자본이익률} - \text{자본비용}) \times \text{총자본} \\ &= (0.1102 - 0.074) \times 21{,}674 = \$785\text{백만}\end{aligned}$$

표 28.4의 처음 네 열은 앞서 사용한 대기업 표본에 대한 EVA 추정치를 보여준다. 엑슨모빌이 다시 선두이다. 2008년 이 회사는 투자자들을 만족케 하는 데 필요한 것보다 $330억을 더 벌었다. 대조적으로 AT&T는 낙오자였다. 이 회사는 회계적 이익으로 거의 $160억을 벌었지만, EVA는 사용된 자본의 비용을 차감하여 계산하였다. 자본비용을 차감하면 AT&T의 EVA는 $118억 손실이다.

회계적 이익률

EVA는 기업이 자본비용을 공제하고 나서 얼마를 벌었는가를 측정한다. 다른 조건이 같다면, 관리자는 운용할 자산이 많을수록 더 큰 EVA를 창출할 기회가 많아진다. 작은 부서의 관리자는 매우 유능하다 할지라도 부서의 자산이 거의 없다면 EVA 순위에서는 높이 올라가지 못할 것이다. 따라서 관리자를 비교할 때는 **투자금액 $1당** 이익을 측정하는 것이 도움이 될 수 있다.

세 가지 일반적인 수익성 지표로는 자본이익률(return on total capital, ROC)과 자기자본이익률(ROE), 총자산이익률(return on assets, ROA)이 있다. 이들은 회계 정보를 이용하므로 **장부가치 이익률**(*book rates of return*)이라고 한다.

자본이익률[5] 앞에서 로우스의 2008년 자본이익률을 계산하였다.

$$\text{ROC} = \frac{\text{세후 이자 + 순이익}}{\text{총자본}} = \frac{(1 - 0.35) \times 298 + 2{,}195}{21{,}674} = 0.11,\ \text{즉 } 11.0\%$$

5) **자본이익률**(*return on capital*)이란 표현은 보통 기업 전체의 수익성을 계산할 때 사용된다. 개별 공장의 수익성을 측정할 때는 같은 측정치를 일반적으로 **투자수익률**(*return on investment*, ROI)이라고 한다.

장부가치 이익률을 계산하는 데는 다양한 방법이 있다. 예를 들어 회사가 회계연도 중 새로운 자본을 조달하여 투자할 수도 있다. 이 경우 그해 초와 말의 평균 자본을 사용하는 것이 더 낫다.[6] 이렇게 하면 로우스의 ROC는 다음과 같이 변한다.

$$\text{ROC} = \frac{\text{세후 이자} + \text{순이익}}{\text{평균 총자본}} = \frac{(1-0.35)\times 298 + 2{,}195}{(21{,}674 + 23{,}094)/2} = 0.107,\ \text{즉 } 10.7\%$$

또 다른 기술적인 문제가 있다. 로우스의 자본이익률을 계산할 때 **세후** 이자와 순이익을 더했다.[7] 부채 이자에 대해 절세효과를 빼는 이유는 전액 자기자본으로 조달할 때 벌어들이는 이익을 계산하려고 하기 때문이다. 부채 조달의 세금 혜택은 자본이익률을 가중평균 자본비용(WACC)과 비교할 때 드러난다.[8] WACC는 이미 이자 절세효과를 조정한 것이다.[9] 종종 재무분석가는 ROC를 계산할 때 이 조정을 무시하고 총 지급이자를 사용한다. 이 측정치를 가중평균 자본비용과 비교하는 것은 대략적으로만 옳다.

표 28.4의 마지막 열은 잘 알려진 기업 표본의 자본이익률을 보여준다. 구글의 자본이익률이 30.8%로 자본비용보다 19% 포인트 이상 높다. 구글의 자본이익률은 엑슨모빌보다 높지만, EVA는 작다. 이것은 부분적으로 구글이 엑슨모빌보다 더 위험하여 자본비용이 높기 때문이다. 또 다른 이유는 엑슨모빌보다 투자액이 훨씬 적기 때문이다.

자기자본이익률 투자한 $1당 주주에게 돌아가는 이익은 **자기자본이익률(ROE)**로 측정한다. 로우스는 2008년 순이익이 $2,195백만이었고 연초 자기자본은 $16,098백만이었다. 따라서 로우스의 ROE는 다음과 같다.

$$\text{ROE} = \frac{\text{순이익}}{\text{자기자본}} = \frac{2{,}195}{16{,}098} = 0.136,\ \text{즉 } 13.6\%$$

평균 자기자본을 사용하여 ROE를 계산하면 다음과 같다.

$$\text{ROE} = \frac{\text{순이익}}{\text{평균 자기자본}} = \frac{2{,}195}{(16{,}098 + 18{,}055)/2} = 0.129,\ \text{즉 } 12.9\%$$

로우스는 주주에게 적절한 이익률을 제공했는가? 이 문제에 답하려면 이것을 로우스의 자기자본비용과 비교해 보아야 한다. 2008년 로우스의 자기자본비용은 약 8.7%였다. 따라서 자기자본이익률은 자기자본비용보다 약 4% 포인트 높다.

---

6) 회계연도 도중 값이 변하는 변수(flow, 여기서는 이익)를 자산이나 부채와 같이 값이 일정한 변수(stock, 여기서는 자본)와 비교할 때는 평균을 사용한다. 엄격히 말해 옳은 방법은 아니지만, 때로는 연도 말 값을 사용하는 것이 편리하다.

7) 이 값은 회사의 세후 순영업이익(Net Operating Profit After Tax, NOPAT)이라 한다.

$$\text{NOPAT} = \text{세후 이자} + \text{순이익}$$

로우스의 경우는 다음과 같다.

$$\text{NOPAT} = (1 - 0.35) \times 298 + 2{,}195 = \$2{,}389\text{백만}$$

8) 같은 이유로 로우스의 EVA를 계산할 때 세후 지급이자를 사용하였다.

9) WACC는 **세후** 이자율과 자기자본비용을 가중평균한 것이라는 점을 기억하라.

총자산이익률 **총자산이익률**은 총자산 $1당 부채와 자기자본 투자자에게 돌아가는 이익을 측정한다. 총자산(이것은 총 부채와 자기자본을 합한 것과 같다)은 총자본보다 크다. 왜냐하면, 총자본은 유동부채를 포함하지 않기 때문이다. 로우스의 총자산이익률(ROA)은 다음과 같다.

$$\text{ROA} = \frac{(\text{세후 이자} + \text{순이익})}{\text{총자산}} = \frac{(1 - 0.35) \times 298 + 2{,}195}{30{,}869} = 0.077, \text{ 즉 } 7.7\%$$

로우스의 지급이자에 대한 절세효과를 차감하는 것은 이 회사가 전액 자기자본으로 조달했다면 얼마를 벌 것인가를 묻는 것이다. 이러한 조정은 자본구조가 다른 기업의 수익성을 비교할 때 도움이 된다. 그렇지만, 이러한 조정은 대개 무시되고 총 지급이자를 사용하여 ROA를 계산한다.[10] 때때로 분석가는 지급이자를 고려하지 않고 주주에게 돌아가는 이익을 총자산으로 나누어 ROA를 계산한다. 이 측정치는 채권자에게 돌아가는 이익을 완전히 무시한다.

로우스의 총자산이익률이 이들 자산이 창출하는 매출액과 그 매출에서 벌어들이는 이익률에 의해 결정된다는 사실은 잠시 뒤 살펴본다.

EVA와 회계적 이익률의 문제점

이익률과 경제적 부가가치는 성과지표로서 분명히 매력적이다. 시장가치를 기준으로 하는 지표와는 달리, 이들 지표는 당기 성과를 보여주고, 현재의 주식 시장가격에 반영되는 미래 사건에 대한 기대에 의해 영향을 받지 않는다. 이들 지표는 전체 기업에 대해 또는 특정 공장이나 사업부문에 대해서도 계산할 수 있다. 그러나 EVA와 회계적 이익률은 둘 다 자산의 장부(재무상태표)가치에 기초하고 있다는 점을 기억하라. 부채와 자기자본도 장부가치이다. 회계사는 재무상태표에 모든 자산을 나타내지 않지만 그럼에도 불구하고 이 장의 계산은 회계자료를 액면 그대로 사용하고 있다. 예를 들어 이 장에서는 로우스가 상표 이미지를 공고히 하려고 마케팅에 많은 금액을 투자한 사실을 무시하였다. 이 같은 상표 이미지는 중요한 자산이기는 하지만 그 가치는 재무상태표에 나타나지 않는다. 이것이 재무상태표에 나타난다면 자산과 자본, 자기자본의 장부가치가 증가할 것이고 로우스는 앞에서 계산한 것만큼의 높은 이익률을 기록하지 못했을 것이다.

EVA 디멘션스(EVA Dimensions)가 표 28.3과 28.4의 자료를 계산할 때는 회계 자료를 많이 조정하였다. 그러나 모든 자산의 가치를 포함하거나 그들이 얼마나 빨리 상각될 것인가를 판단하는 것은 불가능하다. 예를 들어 구글이 정말로 자본이익률 30.8%를 벌고 $31억의 경제적 가치를 부가했다고 말하기는 어렵다. 왜냐하면 몇 년 동안 검색엔진과 다른 소프트웨어에 투자한 것이 재무상태표에 나타나지 않아 정확히 측정할 수 없기 때문이다.

또한 재무상태표는 자산의 현재 시장가치를 보여주지 못한다는 점을 기억하라. 회사 장부상의 자산은 본래의 비용에서 감가상각을 뺀 금액이다. 오래된 자산은 현재의 시장 조건과 가격 면에서 볼 때 크게 저평가되어 있을 것이다. 따라서 총자산이익률이 높다는 것은 기업이 과거에 수익성 있는 투자를 하여 그동안 성과가 좋았다는 것을 나타내는 것이지, 오늘 동일한 자산을 보고된 장부가치

10) 재무분석가가 ROA를 계산할 때 때때로 연도 초와 말의 자산 평균을 사용한다.

로 살 수 있다는 뜻은 아니다. 역으로 총자산이익률이 낮다는 것은 과거에 나쁜 투자결정을 하였다는 것을 의미하지만, 자산이 반드시 오늘 다른 투자에 더 잘 활용될 수 있다는 의미는 아니다.

28.4 효율성 측정

주주를 위해 가치를 얼마나 증가시켰는가와 사용한 자본의 비용을 차감하고 난 후 얼마를 벌었는가를 계산하는 것으로 로우스의 분석을 시작하였다. 로우스의 자본이익률과 자기자본이익률, 총자산이익률을 살펴보고 이 비율들이 자본비용보다 높다는 것을 알았다. 다음은 이 회사가 성공한 원인을 이해하기 위해 좀 더 깊이 조사해 보자. 어떤 요인이 기업의 전반적인 수익성에 공헌하는가? 분명한 한 가지 요인은 여러 형태의 자산을 사용하는 효율성이다.

총자산회전율 총자산회전율(asset turnover ratio) 또는 매출액 대 총자산 비율(sales-to-assets ratio)은 총자산 $1당 얼마의 매출이 발생하였는가를 보여준다. 따라서 이 지표는 기업이 자산을 얼마나 잘 활용하였는가를 측정한다. 로우스는 자산 $1당 매출액 $1.56를 창출하였다.

$$\text{총자산회전율} = \frac{\text{매출액}}{\text{연초 총자산}} = \frac{48{,}230}{30{,}869} = 1.56$$

일부 수익성 비율처럼 매출액 대 총자산 비율은 유량(流量, 1년 동안 매출액)을 저량(貯量, 특정일의 자산)과 비교한다는 문제가 있다. 따라서 재무관리자와 재무분석가는 종종 이 비율을 1년 동안 보유한 **평균** 자산에 같은 기간에 발생한 매출액의 비율로 계산한다. 이 경우, 총자산 회전율은 다음과 같다.

$$\text{총자산회전율} = \frac{\text{매출액}}{\text{총자산 평균}} = \frac{48{,}230}{(30{,}869 + 32{,}686)/2} = 1.52$$

총자산회전율은 기업이 전체 자산을 얼마나 효율적으로 활용하는가를 측정한다. 또한 **특정 형태**의 자산이 얼마나 효율적으로 활용되는가에 관심을 가질 수 있다. 다음은 두 가지 예이다.

재고자산회전율(inventory turnover ratio) 효율적인 기업은 원재료와 완성품에 필요 이상의 자본을 묶어 놓지 않는다. 그들은 상대적으로 적은 수준의 원재료와 완성품 재고를 보유하고 이 재고자산을 빠르게 회전시킨다. 재무상태표는 완성품이 최종적으로 판매된 금액 대신 재고자산의 원가를 보여준다. 따라서 평균 재고자산을 매출액보다 매출원가와 비교하는 것이 더 일반적이다. 로우스의 경우는 다음과 같다.

$$\text{재고자산회전율} = \frac{\text{매출원가}}{\text{연초 재고자산}} = \frac{31{,}729}{7{,}611} = 4.2$$

이 지표를 다른 방법으로 표현하면 재고자산이 며칠 동안의 판매량을 뒷받침할 수 있는가를 살펴보는 것이다. 이는 재고자산 금액을 일일 매출원가로 나눈 것과 같다.

$$\text{평균재고일수} = \frac{\text{연초 재고자산}}{\text{일일 매출원가}} = \frac{7{,}611}{31{,}729/365} = 88\text{일}$$

매출채권회전율 매출책권(외상매출금)은 아직 수금하지 못한 매출이다. 매출채권회전율(receivables turnover ratio)은 회사의 매출액을 외상매출금의 배수로 측정한다. 로우스의 경우는 다음과 같다.

$$\text{매출채권회전율} = \frac{\text{매출액}}{\text{연초 외상매출금}} = \frac{48{,}230}{247} = 195.3$$

고객이 외상대금을 빨리 갚으면 미수금은 상대적으로 매출액의 적은 부분을 차지하고 매출채권회전율은 높아질 것이다. 따라서 상대적으로 이 비율이 높다는 것은 회사의 신용부서가 외상대금을 늦게 지불하는 고객을 재빨리 추적하는 데 효율적임을 의미한다. 그러나 때때로 높은 매출채권회전율은 회사의 신용정책이 너무 엄격해서 외상대금을 빨리 갚을 것으로 믿어지는 고객에게만 신용을 준다는 것을 의미할 수도 있다.[11)]

신용관리의 효율성을 측정하는 다른 방법은 고객이 외상대금을 지불하는 평균 시간을 계산하는 것이다. 기업이 매출채권을 빠르게 회전하면 할수록 회수기간은 짧아진다. 로우스의 고객은 약 1.9일 만에 외상대금을 갚는다.

$$\text{평균수금기간} = \frac{\text{연초 외상매출금}}{\text{평균 일일 매출액}} = \frac{247}{48{,}230/365} = 1.9\text{일}$$

로우스 고객이 외상대금을 갚는 데 걸리는 시간으로는 1.9일이 너무 짧다고 생각했다면 그건 맞다. 비정상적으로 짧은 회수기간에는 두 가지 이유가 있다. 첫째, 로우스 매출의 극히 일부만이 외상으로 판매된다. 둘째, 로우스 재무제표의 주석이 보여주듯이 이 회사는 매출채권 대부분을 GE에 할인하여 팔아서 자금을 조달하고 있다. 이것은 수치가 비정상적으로 높거나 낮은 합당한 이유를 확인하지 않고 아무 생각 없이 재무비율을 계산해서는 안 된다는 것을 경고한다. 재무제표의 주석은 종종 그 이유를 알려준다.

매출채권회전율과 재고자산회전율은 특정 영역의 비효율성을 조명하는 데 도움이 된다. 그러나 이들 지표만이 유용한 측정치인 것은 아니다. 예를 들어 로우스는 매장 단위 면적당 매출을 경쟁사와 비교할 수 있다. 제강업체는 생산되는 철강 1톤당 비용을 계산할 수도 있다. 항공사는 탑승객 1마일당 매출액을, 로펌은 파트너 1인당 매출액을 비교해 볼 수도 있다. 조금만 생각하고 상식에 비춰보면 회사의 효율성에 대해 통찰력을 줄 것 같은 여러 지표를 생각해 낼 수 있다.

28.5 총자산이익률 분석: 듀퐁 시스템

11) 가능하면 신용 판매만을 보는 것이 타당하다. 그렇지 않으면 높은 매출채권회전율은 단순히 매출액의 적은 부분만이 신용으로 이루어진다는 것을 의미할 수도 있다.

앞에서 로우스 자산 $1가 $1.56의 매출을 창출하는 것을 보았다. 그러나 로우스의 성공 여부는 매출액뿐만 아니라 매출에 얼마나 수익성이 있는가에도 달렸는데, 이는 로우스의 이익률로 측정할 수 있다.

이익률 이익률(profit margin)은 매출액 중 이익에 기여하는 부분이 차지하는 비율로 측정하며, 다음과 같이 정의된다.

$$\text{이익률} = \frac{\text{순이익}}{\text{매출액}} = \frac{2{,}195}{48{,}230} = 0.0455, \text{ 즉 } 4.55\%$$

이 정의는 오해를 유발할 수 있다. 기업이 일부 자본을 부채로 조달했을 때 매출이 발생시킨 이익의 일부는 채권자에게 이자로 지급해야 한다. 회사가 부채를 사용하고 있고, 이익의 일부를 이자로 지급했다고 해서 수익성이 낮다고 할 수는 없다. 따라서 이익률을 계산할 때는 부채 이자를 순이익에 더해주는 것이 타당하다. 이를 위해서는 이익률 대신 다른 비율을 사용해야 한다. 이를 **영업이익률(operating profit margin)**이라고 한다.[12)]

$$\text{영업이익폭} = \frac{\text{세후 이자} + \text{순이익}}{\text{매출액}} = \frac{(1-0.35)\times 298 + 2{,}195}{48{,}230}$$
$$= 0.0495, \text{ 즉 } 4.95\%$$

듀퐁 시스템(Du Pont System)

앞에서 로우스가 자산에서 7.7%의 이익률을 얻은 것으로 계산하였다. 다음 식은 이익률이 로우스가 자산에서 창출한 매출액(총자산회전율)과 매출액 $1당 벌어들인 이익(영업이익률), 두 요인에 따라 결정된다는 것을 보여준다.

$$\text{총자산이익률} = \frac{\text{세후 이자} + \text{순이익}}{\text{총자산}} = \underbrace{\frac{\text{매출액}}{\text{총자산}}}_{\text{총자산회전율}} \times \underbrace{\frac{\text{세후 이자} + \text{순이익}}{\text{총자산}}}_{\text{영업이익폭}}$$

ROA를 총자산회전율과 영업이익률의 곱으로 분해하는 것을 **듀퐁 공식(Du Pont formula)**이라고 하는데, 이 절차를 대중화시킨 화학회사의 이름을 딴 것이다. 로우스의 경우, 이 식은 다음과 같다.

$$\text{총자산이익률} = \text{총자산회전율} \times \text{영업이익폭} = 1.56 \times 0.0495 = 0.077$$

모든 기업은 자산에서 더 큰 이익을 얻기를 원한다. 그러나 그렇게 할 수 있는 능력은 경쟁에 의해 제한된다. 듀퐁 공식은 기업이 직면한 제약을 확인하는 데 도움이 된다. 패스트푸드 체인은 높은 회전율을 갖지만 낮은 이익률로 운영된다. 고급 호텔은 상대적으로 낮은 회전율을 갖지만 높은 이익률로 이를 보상하는 경향이 있다.

12) 기업이 이익의 대부분을 이자로 지급하면 회사는 전액 자기자본으로 조달한 기업보다 세금을 적게 내고 더 큰 영업이익률을 실현하게 된다. 이익률의 측정치가 자본구조의 영향을 받지 않기 바란다면 지급이자 절세효과를 차감해야 한다.

표 28.5 납품업자나 고객과 합병하는 것은 보통 이익률을 증가시킨다. 그러나 이는 총자산회전율의 감소로 상쇄될 것이다.

	매출액	이익	자산	총자산 회전율	이익폭	ROA
애드미럴 모터스	$20	$4	$40	0.50	20%	10%
다이애나	8	2	20	0.40	25	10
다이애나 모터스(합병기업)	20	6	60	0.33	30	10

기업은 종종 납품업자를 합병하여 이익률을 개선하려고 한다. 이는 자사의 이익뿐만 아니라 납품업자의 이익도 함께 얻고자 하는 생각이다. 불행히도 기업이 새로 인수한 사업을 운영하는 데 어떤 특별한 기술을 갖고 있지 않다면 이익률에서 얻는 이득이 총자산회전율의 감소로 상쇄된다는 것을 곧 알게 될 것이다.

이를 설명하는 데 숫자를 사용한 예가 도움이 될 것이다. 표 28.5는 애드미럴 모터스(Admiral Motors)와 그 부품 납품업자인 다이애나(Diana Corporation)의 매출액과 이익, 그리고 자산을 보여준다. 애드미럴의 영업이익률이 낮기는 하지만(20% 대 다이애나의 25%) 두 회사 모두 자산에 대해 10%의 이익률을 얻는다. 다이애나의 산출물은 모두 애드미럴로 납품되기 때문에 애드미럴의 경영자는 두 회사를 합병하는 것이 더 나을 것으로 생각한다. 그렇게 하면 합병기업은 자동차 부품과 완성차 양쪽에서 이익률을 얻을 것이기 때문이다.

표 28.5의 맨 아래쪽 줄은 합병 후의 결과를 보여준다. 합병기업은 결합 이익을 얻는다. 다이애나가 생산한 모든 부품이 회사 내에서 사용되기 때문에 총 매출은 $20백만으로 유지된다. 더 높은 수익성과 변하지 않는 매출로 이익률은 높아진다. 불행히도 총자산회전율은 합병에 의해 감소한다. 합병기업은 더 많은 자산으로 운용되기 때문이다. 이것은 정확히 이익률이 높아진 이점을 상쇄한다. 왜냐하면 총자산이익률은 변하지 않기 때문이다.

28.6 레버리지의 측정

기업이 돈을 빌릴 때는 일련의 이자를 지급하고 만기에 빌린 금액을 상환할 것을 약속한다. 이익이 많아진다 하더라도 채권자는 단지 정해진 이자만을 계속해서 받는다. 따라서 모든 이익은 주주에게 돌아간다. 물론 이익이 적어지면 그 반대가 된다. 이 경우 주주는 고통의 더 많은 부분을 부담한다. 몹시 어려운 시기가 되면, 부채가 아주 많은 회사는 부채를 상환할 능력이 없을 수도 있다. 이런 회사는 파산하게 되고 주주는 투자액을 대부분 또는 전부 잃게 된다.

부채는 좋을 때는 주주에게 귀속되는 이익을 증가시키고 나쁜 시기에는 이익을 감소시키기 때문에 부채가 **재무 레버리지**(*financial leverage*)를 만들어 낸다고 말한다. 레버리지비율은 회사가 얼마만큼의 재무 레버리지를 떠맡고 있는가를 측정한다. CFO는 채권자들이 자사의 부채를 계속해서 보유하게 하려고 레버리지비율에 매우 주의를 기울인다.

부채비율(debt ratio) 재무 레버리지는 보통 총 장기 자본에 대한 장기 부채의 비율로 측정된다. (여기서 '장기 부채'는 채권 또는 다른 차입금뿐만 아니라 장기 리스도 포함해야 한다.)[13] 로우스의 경우는 다음과 같다.

$$\text{장기부채비율} = \frac{\text{장기부채}}{\text{장기부채} + \text{자기자본}} = \frac{5{,}039}{5{,}039 + 18{,}055} = 0.22, \text{ 즉 } 22\%$$

이것은 장기 자본 $1당 22센트가 부채라는 것을 의미한다.

레버리지는 부채 대 자기자본 비율로도 측정된다. 로우스의 경우는 다음과 같다.

$$\text{장기부채}-\text{자기자본 비율} = \frac{\text{장기부채}}{\text{자기자본}} = \frac{5{,}039}{18{,}055} = 0.28, \text{ 즉 } 28\%$$

로우스의 부채비율은 미국 비금융기업에서는 아주 전형적인 것이다. 그러나 일부 기업은 의도적으로 높은 부채 수준으로 영업을 수행한다. 예를 들어 차입매수(leveraged buyout, LBO)로 인수되는 기업은 보통 많은 액수의 부채를 조달한다. 1990년대 LBO가 처음으로 대중화되었을 때 이런 회사들의 평균 부채비율은 약 90%였다. 그 후 이들 중 많은 회사가 번창하여 채권자에게 빌린 자금 전액을 상환하였으나, 운이 좋지 않았던 회사들도 있었다.

부채비율에 시장가치보다 장부(즉 회계적)가치가 사용된다는 점에 주의하라.[14] 기업의 시장가치는 채권자가 자기 돈을 상환받을지 여부를 최종적으로 결정하기 때문에, 분석가들은 부채의 액면금액을 부채와 자기자본의 총 시장가치에 대한 비율로 평가할 것으로 예상할 수 있다. 한편, 시장가치는 연구개발과 광고, 직원 훈련 등에 의해 창출된 무형자산의 가치도 포함한다. 이러한 자산은 쉽게 팔 수 없고 회사가 어려움에 봉착하면 그 자산의 가치는 다함께 사라져 버릴 것이다. 목적에 따라서는 회계사들처럼 이들 무형자산을 무시하는 것도 괜찮을 것이다. 이는 대출자가 차입자의 장부가치 부채비율이 일정한 한도를 넘지 못하도록 제한할 때 사용하는 방식이다.

또한 이러한 레버리지 관련 지표는 단기부채를 무시한다는 데 주목하라. 단기부채가 일시적이거나 그와 비슷한 액수의 현금을 보유하고 있다면, 이는 타당하다. 그러나 기업이 정기적으로 단기 차입에 의존한다면 부채의 정의를 모든 부채를 포함하는 것으로 확대하는 것이 좋을 것이다. 이 경우는 총부채비율을 사용한다.

$$\text{총부채비율} = \frac{\text{총 부채}}{\text{총자산}} = \frac{14{,}631}{32{,}686} = 0.45, \text{ 즉 } 45\%$$

즉 로우스는 45%를 장·단기부채로, 55%를 자기자본으로 조달하였다.[15] 자기자본에 대한 총 부채의 비율은 14,631/18,055 = 0.81이다.

때때로 경영자는 회사의 부채비율을 느슨하게 이야기하지만 부채비율은 몇 가지 다른 방식으로 측정될 수 있음을 이미 보았다. 예를 들어 로우스의 부채비율은 0.28(장기 부채비율)이라고 할 수도 있고, 0.45(총부채비율)라고 할 수도 있다. 재무비율을 여러 가지 방식으로 정의할 수 있다는 것은 부채비율의 경우뿐만 아니다. 이들 방식이 어떻게 정의되어야 한다는 법칙은 없으므로 주의

13) 금융리스는 회사가 정기적으로 임대료를 지급할 것을 약속하는 장기 임대계약이다. 이 약속은 대출에 대해 상환할 의무가 있는 것과 같다(제25장 참조).

14) 리스 자산의 경우 회계사는 리스 계약의 현재가치를 추정한다. 장기 부채에 대해서는 단순히 액면가만을 표시하는데, 이는 시장가치와 매우 다를 수 있다. 예를 들어 액면이자율이 낮은 부채의 현재가치는 액면가의 일부일 수 있다. 자기자본의 장부가치와 시장가치의 차이는 훨씬 클 수 있다.

15) 이 경우 부채는 유동부채를 포함한 총 부채로 구성된다.

해야 한다. 어떻게 계산되었는지 모르면서 재무비율을 사용하지 마라.

이자보상배수비율 재무 레버리지의 또 다른 지표는 이자 부담을 이익으로 충당할 수 있는 정도이다. 은행은 이익이 이자 지급액을 여유 있게 초과하는 기업에 융자하는 것을 선호한다. **이자보상비율**(*interest coverage ratio*)은 이자 지급액에 대한 이자 및 세금 전 이익(EBIT)의 비율로 계산된다. 로우스의 경우는 다음과 같다.[16)]

$$\text{이자보상비율} = \frac{\text{EBIT}}{\text{지급이자}} = \frac{3{,}804}{298} = 12.8$$

로우스는 여유 있는 이자보상 또는 **이자보상배수비율**(*times interest earned* ratio)을 나타내고 있다. 때때로 채권자는 2에서 3 정도의 낮은 보상비율에도 만족한다.

정기적인 이자 지급은 회사가 채무불이행을 피하려면 반드시 넘어야 하는 장애물이다. 이자보상배수는 장애물과 장애물 경기자 사이에 얼마나 여유가 있는가를 측정한다. 그러나 비율은 이야기의 일부일 뿐이다. 예를 들어, 이자보상비율은 로우스가 만기에 가서 해당 부채를 상환하기에 충분한 현금을 창출하고 있는지 말해주지는 않는다.

현금보상비율 앞 장에서 이익을 계산할 때 감가상각비는 현금이 지출되지 않더라도 차감한다고 하였다. EBIT에 감가상각비를 다시 더해 영업 현금흐름을 계산한다고 하자. 그러면 **현금보상비율**(*cash* coverage ratio)을 계산할 수 있다. 로우스의 경우는 다음과 같다.

$$\text{현금보상비율} = \frac{\text{EBIT} + \text{감가상각비}}{\text{지급이자}} = \frac{3{,}804 + 1{,}539}{298} = 17.9$$

레버리지와 자기자본이익률

기업이 차입으로 자금을 조달하면 채권자에게 이자를 지급해야 한다. 이는 순이익을 감소시킨다. 한편 기업이 주식을 발행하는 대신 차입을 하게 되면 더 적은 수의 주주들이 나머지 이익을 나누어 지급받게 된다. 어느 효과가 더 지배적인가? 자기자본이익률(ROE)을 네 부분으로 분해한 듀퐁 공식의 확장형이 문제를 해결하는 데 도움이 된다. 확장형은 자기자본이익률을 네 부분으로 분해한 것이다.

$$\begin{aligned}\text{ROE} &= \frac{\text{순이익}}{\text{자기자본}} \\ &= \underset{\substack{\uparrow \\ \text{레버리지} \\ \text{비율}}}{\frac{\text{총자산}}{\text{자기자본}}} \times \underset{\substack{\uparrow \\ \text{총자산} \\ \text{회전율}}}{\frac{\text{매출액}}{\text{총자산}}} \times \underset{\substack{\uparrow \\ \text{영업이익폭}}}{\frac{\text{세후 이자} + \text{순이익}}{\text{매출액}}} \times \underset{\substack{\uparrow \\ \text{‘부채부담’}}}{\frac{\text{순이익}}{\text{세후 이자} + \text{순이익}}}\end{aligned}$$

16) 이자보상비율의 분자는 몇 가지 방법으로 정의될 수 있다. 때로는 감가상각비를 제외한다. 어떤 때는 이익 + 지급이자, 즉 세후 이익에 지급이자를 포함한 것을 사용한다. 이자보상배수의 핵심은 이자를 지급하기에 충분한 돈을 확보하지 못할 위험을 평가하는 것이기 때문에 마지막의 이 정의는 좋지 않다. EBIT가 이자 지급의무보다 적다면 기업은 세금에 대해 염려할 필요가 없다. 이자는 기업이 세금을 내기 전에 지급된다.

가운데 두 항의 곱은 총자산이익률이라는 점에 주목하라. 이 지표는 회사의 생산과 마케팅 기술에 따라 결정되며, 회사의 자본조달 방법에 영향을 받지 않는다. 그러나 첫째와 넷째 항은 부채-자기자본 조합에 달려있다. 첫째 항, 총자산/자기자본은 레버리지 비율이라고 하는데, (자기자본 + 부채)/자기자본으로 나타낼 수 있다. 이것은 (1 + 총부채 대 자기자본 비율)과 같다. 마지막 항은 '부채부담률(debt burden)'이라고 하는데 지급이자 비용이 이익을 감소시키는 비율을 측정한다.

회사가 완전히 자기자본으로 조달되었다고 가정하자. 이 경우 레버리지 비율과 부채부담률은 1이다. 자기자본이익률은 총자산이익률과 같다. 회사가 부채를 사용하면 레버리지 비율은 1보다 크다(자산이 자기자본보다 많다). 그리고 부채부담률은 1보다 작다(이익 일부가 이자로 지급된다). 따라서 레버리지는 자기자본이익률을 증가시킬 수도 있고 감소시킬 수도 있다.

28.7 유동성의 측정

여러분이 고객에게 신용을 확대하거나 단기 은행융자를 해주려 한다면 레버리지 이외에도 많은 것에 관심이 있을 것이다. 이 중에서도 해당 회사가 당신에게 상환할 현금을 확보할 능력이 있는가를 알고 싶을 것이다. 이것이 신용분석가와 은행이 **유동성(liquidity)** 관련 지표들을 보려 하는 이유이다. 유동성이 있는 자산은 빨리 그리고 적은 비용으로 현금으로 변환될 수 있다.

예를 들어 여러분이 예상치 못한 큰 액수의 청구서를 받았을 때 어떻게 할 것인가를 생각해보라. 은행계좌에 예금해 놓은 돈이 있거나, 쉽게 처분할 수 있는 어떤 투자안을 갖고 있을 수도 있다. 그러나 낡은 스웨터를 현금화하기는 쉽지 않을 것이다. 마찬가지로 회사도 유동성이 다른 여러 가지 자산을 갖고 있다. 예를 들어 외상매출금과 완성품 재고는 일반적으로 유동성이 매우 높다. 재고자산이 판매되고 고객이 외상을 갚으면서 회사에 돈이 유입된다. 그러나 부동산은 매우 유동성이 낮다. 따라서 원매자를 찾아 공정한 가격을 협상하고 단기에 거래를 마무리하기가 어려울 수 있다.

경영자가 유동성 자산(liquid asset)에 초점을 맞추는 또 다른 이유가 있다. 유동성 자산의 장부가치(재무상태표)는 일반적으로 신뢰할 수 있다는 것이 바로 그것이다. 촉매분해기(catalytic cracker)의 장부가치를 보고 진정한 가치를 잘 알 수는 없지만, 적어도 은행에 있는 현금이 얼마나 가치 있는가는 쉽게 알 수 있다. 유동성 비율 또한 일부 바람직하지 못한 특성이 있다. 단기 자산과 부채는 쉽게 변하기 때문에 유동성 관련 지표들은 쉽게 구닥다리가 될 수 있다. 여러분은 촉매분해기의 가치가 얼마인지 알기 어렵지만, 그것이 하룻밤 사이에 사라지지는 않을 것이라고 확신할 수 있다. 은행에 있는 현금은 단 몇 초 만에 사라질 수도 있다.

또한 유동적인 것처럼 보이는 자산은 때때로 비유동적이 되어버리는 나쁜 습성이 있다. 이런 일은 2007년 비우량 주택저당대출(서브프라임 모기지) 위기 동안 발생하였다. 일부 금융기관은 **구조화투자회사**(*structured investment vehicles, SIV*)라고 하는 펀드를 설립하였다. SIV는 주택저당권으로 뒷받침되는 단기 부채를 발행하였다. 주택저당대출의 부도율이 상승하기 시작하면서 이 채권시장의 유동성이 고갈되었고 딜러들은 가격을 고시하기를 매우 꺼리게 되었다. 어쩔 수 없이 팔아야 하는 투자자는 부채 추정가치의 절반에도 못 미치는 가격을 받았다.

은행가와 다른 단기 채권자들은 유동성 자산이 많은 기업을 좋아한다. 그들은 상환 만기가 되었을 때 이들 기업이 현금을 보유할 수 있다는 것을 안다. 그러나 유동성이 많다는 것이 항상 좋은 것만은 아니다. 예를 들어 효율적인 기업은 은행에 잉여 현금을 남기지 않는다. 그들은 고객이 외상대금 지급을 연기하는 것을 허용하지 않고 원재료와 완성품을 창고 바닥에 쌓아놓지도 않는다. 다시 말하면 높은 유동성은 자본을 느슨하게 비효율적으로 사용한다는 것을 의미할 수도 있다. 여기서 EVA가 유용하게 쓰인다. 왜냐하면 이것은 필요 이상으로 유동성 자산을 보유하고자 하는 경영자에게 불리하기 때문이다.

순운전자본 대 총자산 비율(net working capital to total assets ratio) 유동자산에는 현금과 시장성 유가증권, 재고자산, 외상매출금 등이 있다. 유동자산은 매우 유동적이다. 유동자산과 유동부채의 차이를 **순운전자본**(*net working capital*)이라고 한다. 유동자산은 보통 유동부채보다 많기 때문에 순운전자본은 대개 0보다 크다. 로우스의 경우는 다음과 같다.

$$\text{순운전자본} = 9{,}251 - 8{,}022 = \$1{,}229\text{백만}$$

또한 로우스의 순운전자본은 총자산의 3.8%였다.

$$\frac{\text{순운전자본}}{\text{총자산}} = \frac{1{,}229}{32{,}686} = 0.038,\ \text{즉 } 3.8\%$$

유동비율 유동비율(current ratio)은 유동부채에 대한 유동자산의 비율이다.

$$\text{유동비율} = \frac{\text{유동자산}}{\text{유동부채}} = \frac{9{,}251}{8{,}022} = 1.15$$

로우스는 유동부채 $1당 유동자산 $1.15를 가지고 있다.

유동비율의 변화는 오해를 일으킬 수 있다. 예를 들어 회사가 은행에서 돈을 많이 빌리고 이것을 시장성 유가증권에 투자한다고 가정하자. 유동부채와 유동자산이 모두 증가한다. 따라서 다른 변화가 없다면 순운전자본은 영향을 받지 않고 유동비율만 변한다. 이러한 이유로 유동비율을 계산할 때 단기 부채에서 단기 투자액을 차감하는 것이 좋을 때도 있다.

당좌비율 어떤 자산은 다른 자산보다 더 현금에 가깝다. 문제가 발생하면 재고자산은 점포정리 세일가격 이상으로 판매하지 못할 수 있다. (보통 완성품 재고를 생산원가 이상으로 판매할 수 없어서 문제가 발생한다.) 따라서 경영자는 종종 유동부채에 대해 재고자산과 기타 유동자산 중 유동성이 낮은 자산을 제외한 유동자산을 비교한다. 즉 현금과 시장성 유가증권, 고객이 아직 지급하지 않은 외상매출금에 초점을 맞춘다. 당좌비율[quick ratio, 또는 산성비율(acid test)]은 다음과 같다.

$$\text{당좌비율} = \frac{\text{현금} + \text{시장성 유가증권} + \text{외상매출금}}{\text{유동부채}} = \frac{661 + 166}{8{,}022} = 0.103$$

현금비율 회사의 가장 유동성이 높은 자산은 현금과 시장성 유가증권이다. 이 때문에 재무분석가는 현금비율(cash ratio)을 살펴본다.

$$\text{현금비율} = \frac{\text{현금} + \text{시장성 유가증권}}{\text{유동부채}} = \frac{661}{8{,}022} = 0.082$$

회사가 짧은 시간에 자금을 융통할 수 있다면 현금비율이 낮은 것은 문제가 되지 않을 수 있다. 은행에서 실제로 돈을 빌렸는지, 아니면 회사가 원할 때 언제든지 빌릴 수 있는 여신한도를 가졌는지는 아무도 상관하지 않는다. 표준적인 유동성 관련 지표는 회사의 '예비 차입능력'은 고려하지 않는다.

28.8 재무비율의 해석

로우스의 성과와 재무상태를 측정하는 데 널리 사용되는 요약 측정치(지표)들을 어떻게 계산하는지를 살펴보았다. 표 28.6은 이를 요약하고 있다.17) 이 지표들을 계산하였으면 이들이 높은지 아니면 낮은지를 판단하는 방법이 필요하다. 일부는 자연스러운 기준이 있다. 예를 들어 한 기업이 음(−)의 부가가치를 갖는다거나 자본비용보다 낮은 자본이익률을 갖는다면, 이 회사는 주주를 위해 부를 창출하지 못하는 것이다.

표 28.6 로우스의 재무비율 요약.

현재 가치		
시장 부가가치(백만 달러)	자기자본의 시장가치 − 자기자본의 장부가치	8,684
주가 대 장부가치 비율	자기자본의 시장가치/자기자본의 장부가치	1.5
EVA(백만 달러)	(세후 이자 + 순이익) − (자기자본비용 × 자기자본)	785
자본이익률(ROC)	(세후 이자 + 순이익)/총자본	11.0%
자기자본이익률(ROE)	순이익/자기자본	13.6%
총자산이익률(ROA)	(세후 이자 + 순이익)/총자산	7.7%
효율성 지표		
총자산회전율	매출액/연초 총자산	1.56
재고자산회전율	매출원가/연초 재고자산	4.17
평균재고일수	연초 재고자산/일일 매출원가	87.6
외상매출금회전율	매출액/연초 외상매출금	195.3
평균수금기간(일)	연초 외상매출금/일일 매출액	1.9
이익폭(%)	순이익/매출액	4.55
영업이익폭(%)	(세후 이자 + 순이익)/매출액	4.95
레버리지 지표		
장기부채비율	장기부채/(장기부채 + 자기자본)	0.22
장기부채-자기자본 비율	장기부채/자기자본	0.28
총부채비율	총 부채/총자산	0.45
이자보상률	EBIT/지급이자	12.8
현금보상률	(EBIT + 감가상각비)/지급이자	17.9
유동성 지표		
순운전자본 대 총자산 비율	순운전자본/총자산	0.038
유동비율	유동자산/유동부채	1.15
당좌비율	(현금 + 시장성 유가증권 + 외상매출금)/유동부채	0.103
현금비율	(현금 + 시장성 유가증권)/유동부채	0.082

Visit us at www.mhhe.com/bma

17) 이 비율을 어떻게 계산하였는지를 알고 싶거나 스스로 계산하려 한다면 웹사이트 **www.mhhe.com/bma**에서 온라인 엑셀 스프레드시트를 사용할 수 있다.

다른 지표들은 어떠한가? 총자산회전율 또는 이익폭에 대해서는 적절한 기준이 없다. 만약 있다면 분명히 산업마다 다를 것이다. 예를 들어 청량음료 회사가 보석상과 같은 이익폭을 갖거나 금융회사와 같은 레버리지를 가질 것이라고 기대하지 않을 것이다.

한 가지 대안은 같은 산업에 속한 기업으로 비교를 한정하는 것이다. 좋은 출발점은 이들 각 기업의 **백분비 재무제표**(*common-size financial statement*)를 작성하는 것이다. 이 경우 재무상태표의 모든 항목은 총자산에 대한 백분율로 나타나고 손익계산서의 모든 항목은 매출액에 대한 백분율로 나타낸다.

여기서는 로우스의 백분비 재무제표는 계산하지 않았다. 그러나 표 28.7과 28.8은 미국 산업 표본에 대해 백분비 요약 재무제표를 보여준다. 산업 간에 큰 차이가 있다는 것을 주목하라. 예를 들어 소매 기업은 재고자산에 많은 투자를 하지만 소프트웨어 기업은 거의 하지 않는다. 반도체와 같은 첨단기술 산업은 막대한 액수의 현금을 보유하지만, 공익설비기업은 거의 보유하지 않는다.[18] 석유 회사와 공익기업은 주로 고정자산에 투자하지만, 소프트웨어 기업과 컴퓨터 제조업체는 주로 유동자산에 투자한다.

표 28.9는 이들 기업의 일부 재무비율을 보여준다. 많은 비율들이 산업 간에 큰 차이를 보인다. 일부 산업이 다른 산업보다 예상 밖으로 경기가 좋았던 것처럼, 이 차이의 일부는 우연히 발생한 것일 수 있다. 그러나 이 차이는 또한 더욱 근본적인 산업 요인을 반영하기도 한다. 예를 들어 공익기업의 부채비율은 높지만, 컴퓨터 회사는 거의 자금을 빌리지 않는다. 앞에서 일부 기업은 상대적으로 적은 자산으로 높은 매출을 발생시킬 수 있다고 지적하였다. 예를 들어 소매 회사의

	제조업	종이	석유	화학	금속	기계	의약	컴퓨터	소프트웨어	반도체	통신	공익기업	음료	소매
자산														
현금과 유가증권	11	4	6	5	7	13	19	35	21	31	31	2	3	6
외상매출금	12	13	11	13	12	16	10	13	12	7	14	6	11	4
재고자산	9	11	5	11	15	15	9	4	1	6	7	3	12	26
기타 유동자산	4	3	2	2	3	5	5	7	12	5	3	4	4	3
유동자산 계	36	30	24	31	37	49	44	58	46	49	55	15	30	38
고정자산	57	77	104	111	61	38	35	18	20	60	21	94	61	81
감가상각비	26	42	42	69	31	21	16	10	12	31	13	32	33	30
순 고정자산	31	35	62	42	30	17	19	8	8	29	8	62	28	51
기타 장기자산	33	35	14	26	33	34	37	34	46	22	37	23	43	11
총자산	100	100	100	100	100	100	100	100	100	100	100	100	100	100
부채														
단기부채	4	4	1	5	3	5	5	0	1	2	2	5	8	3
외상매입금	8	7	13	7	7	6	4	10	3	4	5	4	9	14
기타 유동부채	12	10	8	10	10	13	12	20	29	10	12	7	11	12
유동부채 계	24	21	22	22	20	23	21	30	32	16	18	16	28	28
장기부채	23	31	12	25	22	15	18	9	20	27	19	33	34	22
기타 장기부채	15	16	20	23	18	10	10	10	12	8	8	27	15	9
총 부채	62	69	54	71	61	48	49	49	65	51	46	75	77	60
자기자본	37	30	45	28	38	52	51	51	34	49	54	24	23	40
총 부채와 자기자본	100	100	100	100	100	100	100	100	100	100	100	100	100	100

표 28.7 2008년도 S&P 종합지수에 포함된 미국 기업들의 백분비 대차대조표(재무상태표). 각 회사의 수치들은 총자산에 대한 비율로 표시하고 산업별로 평균을 냄.

주의: 반올림 오차로 인한 차이가 있음.
자료원: Wharton Research Data Services (WRDS), **http://wrds.wharton.upenn.edu**.

excel
Visit us at
www.mhhe.com/bma

18) 이 차이에 관해서는 제30장에서 다시 논의한다.

	제조업	종이	석유	화학	금속	기계	의약	컴퓨터	소프트웨어	반도체	통신	공익기업	음료	소매
매출액	100.0	100.0	100.0	100.0	100.0	100.0	100.0	100.0	100.0	100.0	100.0	100.0	100.0	100.0
매출원가	80.8	86.4	85.8	84.7	84.6	80.9	69.2	87.2	74.9	75.0	87.5	72.7	86.7	93.1
감가상각비	5.5	4.6	3.4	5.0	3.1	4.2	6.3	4.0	5.7	11.9	4.9	9.2	2.7	2.6
EBIT	13.6	9.1	10.8	10.3	12.3	14.9	24.5	8.8	19.4	13.1	7.6	18.1	10.6	4.3
지급이자	1.8	2.2	0.4	1.7	1.3	1.2	1.6	0.3	1.9	1.8	1.0	7.1	2.1	0.8
기타 항목	0.0	0.6	1.7	0.8	0.2	0.5	2.4	1.8	1.0	0.4	0.5	2.1	0.3	0.0
세전 이익	11.8	6.2	8.6	7.8	10.8	13.2	20.6	6.7	16.5	11.0	6.1	8.9	8.2	3.5
세금	7.0	1.7	5.3	1.8	3.2	3.9	5.7	3.9	4.7	2.2	2.0	3.7	2.2	1.1
당기순이익	4.8	4.5	3.4	6.0	7.6	9.4	14.9	2.7	11.8	8.8	4.0	5.2	6.1	2.3

표 28.8 2008년도 S&P 종합지수에 포함된 미국 기업들의 백분비 손익계산서. 각 회사의 수치들은 총수입에 대한 비율로 표시하고 산업별로 평균을 냄.

주의: 반올림 오차로 인한 차이가 있음.
자료원: Wharton Research Data Services (WRDS), http://wrds.wharton.upenn.edu.

eXcel
Visit us at
www.mhhe.com/bma

	제조업	종이	석유	화학	금속	기계	의약	컴퓨터	소프트웨어	반도체	통신	공익기업	음료	소매
자기자본이익률(%)*	12.8	15.2	7.4	21.6	20.5	17.9	29.2	5.4	34.4	18.9	7.4	21.3	26.9	5.8
총자산이익률(%)*	5.9	5.9	7.9	7.4	10.1	8.6	10.1	2.7	9.7	7.3	3.3	4.1	10.5	6.4
매출액 대 총자산 비율*	0.98	0.98	2.19	1.04	1.19	0.85	0.63	0.92	0.75	0.74	0.71	0.42	1.4	2.2
영업이익폭(%)	6.0	6.0	3.6	7.1	8.5	10.1	15.9	2.9	13.1	9.9	4.7	9.8	7.4	2.9
매출액 대 순운전자본*	8.0	11.2	137.7	11.6	7.2	3.2	2.7	3.3	5.4	2.3	1.9	**	104.4	23.3
외상매출금회전율*	8.5	7.7	20.3	8.1	10.0	5.1	6.2	7.1	6.4	10.5	5.2	7.4	12.9	63.2
재고자산회전율*	6.4	66.6	15.1	6.6	5.1	3.8	3.2	15.4	64.0	6.4	8.3	20.8	5.6	2.7
장기부채비율(%)	37.9	51.1	21.0	47.6	37.6	22.1	25.8	14.8	37.2	36.9	26.1	57.0	60.4	35.2
유동비율	1.5	1.4	1.1	1.4	1.8	2.1	2.1	1.9	1.4	3.0	3.0	0.9	1.0	1.3
당좌비율	1.0	0.8	0.7	0.8	0.9	1.3	1.4	1.6	1.0	2.3	2.5	0.5	0.5	0.3
현금비율	0.5	0.6	0.5	0.6	0.6	0.7	0.5	0.4	0.4	0.4	0.8	0.4	0.4	0.1

표 28.9 2008년도 S&P 종합지수에 포함된 미국 기업들의 재무비율.

* 연말의 대차대조표 데이터를 사용하여 계산(주석 6 참조).
* 음수의 운전자본.
자료원: Wharton Research Data Services (WRDS), http://wrds.wharton.upenn.edu.

총자산회전율이 제약회사보다 3배 높은 것을 볼 수 있다. 2008년의 불황으로 소매 회사는 제약회사보다 총자산이익률이 낮았다.

로우스의 재무상태를 비교할 때 이 회사의 주요 경쟁사로 비교를 한정하는 것이 타당하다. 표 28.10은 로우스와 홈디포(Home Depot)의 일부 주요 성과지표를 보여준다. 홈디포는 더 규모가 크기 때문에 경제적 부가가치가 더 크다. 그러나 다른 많은 점에서 두 회사는 비슷하다. 이들은 자산 $1당 비슷한 수준의 매출을 올리지만 로우스는 이익률이 더 높다. 결과적으로 로우스는 총자산이익률이 약간 더 높다. 또한 로우스는 홈디포보다 보수적으로 자본을 조달하였고 현금비율도 더 높다.

로우스의 2008년 재무비율을 이 회사 이전 연도 비율과 비교하는 것도 도움이 된다. 예를 들어 그림 28.1을 보면 2006년까지 로우스의 총자산이익률은 증가하였다. 왜 이렇게 증가하였는가? ROA = 총자산회전율 × 영업이익률이라는 것은 이미 알고 있다. 이 그림은 ROA가 개선된 것은 이익률이 증가했기 때문이라는 사실을 보여준다. 이 회사가 자산 $1당 발생시킨 매출액은 감소하였다. 이러한 점에서 재무비율의 변화를 보는 것이 유용하다.

표 28.10 로우스와 홈디포의 2008년 일부 재무비율.

* 두 회사는 외상매출금 대부분을 제삼자에게 팔았다.

	로우스	홈디포
성과 지표		
시장 부가가치(백만 달러)	8,684	17,856
주가 대 장부가치 비율	1.5	2.0
EVA(백만 달러)	785	1,882
자본이익률(ROC)(%)	11.0	9.3
자본자본이익률(ROE)(%)	13.6	13.1
총자산이익률(ROA)(%)	7.7	6.1
효율성 지표		
총자산회전율	1.56	1.61
재고자산회전율	4.2	4.0
평균재고일수	87.6	90.5
외상매출금회전율*	195.3	56.5
평균수금기간(일)*	1.9	6.5
이익폭(%)	4.55	3.2
영업이익폭(%)	4.95	3.82
레버리지 지표		
장기부채비율	0.22	0.35
총부채비율	0.45	0.57
이자보상률	12.8	6.8
현금보상률	17.9	9.6
유동성 지표		
순운전자본 대 총자산 비율	0.038	0.054
유동비율	1.15	1.20
당좌비율	0.103	0.134
현금비율	0.082	0.047

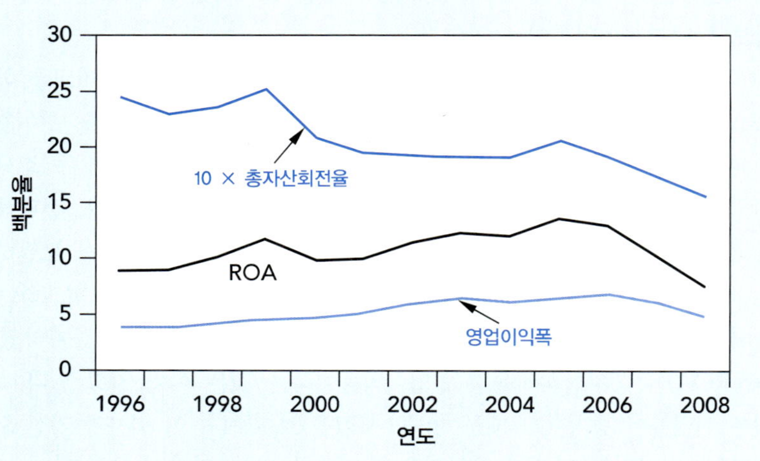

그림 28.1
로우스의 재무비율(1996~2008).

요약

재무관리자들은 자사의 성과를 점검하고, 경쟁사 전략을 이해하며, 고객사의 재무건전성을 확인하는 데 재무제표를 활용한다. 그러나 연차보고서에 있는 방대한 자료에 압도당할 위험성도 있다.[19] 이것이 경영자들이 몇몇 특징적인 비율을 사용하여 기업의 수익성과 효율성, 자본구조, 유동성, 시장의 가치평가를 요약하는 이유이다. 앞에서는 가장 보편적인 재무비율들을 살펴보았다.

이들 재무비율 사용자에게 다음과 같은 일반적인 권고를 한다.

1. 재무비율이 답을 주는 경우는 거의 없지만 올바른 질문을 하는 데 도움이 된다.
2. 재무비율에 국제적 기준은 없다. 약간의 생각과 상식이 공식의 맹목적인 적용보다 훨씬 값지다.
3. 한 기업의 재무상태를 평가하려면 비교 기준이 필요하다. 재무비율을 그 회사의 전년도 비율 및 동종 산업에 속한 다른 기업과 비교하는 것이 좋다.

더 읽어야 할 문헌

재무제표 분석에 관한 좋은 일반적인 교재가 많이 있다. 다음은 그 예이다.

K. G. Palepu, V. L. Bernard, and P. M. Healy, *Business Analysis and Valuation*, 4th ed. (Cincinnati, OH: South-Western College Publishing, 2008).

L. Revsine, D. Collins, B. Johnson, and F. Mittelstaedt, Financial Reporting and Analysis, 4th ed. (New York: McGraw-Hill/Irwin, 2008).

S. Penman, *Financial Statement Analysis and Security Valuation*, 4th ed. (New York: McGraw-Hill/Irwin, 2009).

연습문제

기본문제

1. 다음 자료를 이용하여 Galactic Enterprises의 재무상태표를 작성하라.

현금 잔고	$25,000
재고자산	$30,000
순 공장과 장비	$140,000
외상매출금	$35,000
외상매입금	$24,000
장기부채	$130,000

주주의 지분(자기자본)은 얼마인가?

2. 표 28.11에는 Estée Lauder Company의 요약 재무상태표와 손익계산서가 있다. 다음 비율들을 계산하라.
   a. 총자산이익률
   b. 영업이익폭
   c. 매출액 대 총자산 비율
   d. 재고자산회전율

19) HSBC의 2007년 연차보고서는 총 454쪽이었다. *Financial Times*는 영국 우체국이 집배원의 척추 손상을 막으려고 어쩔 수 없이 집배원이 배달하는 수를 제한하였다고 보고하였다.

Visit us at www.mhhe.com/bma

표 28.11 Estée Lauder Company의 손익계산서와 재무상태표, 2008(단위: $백만).

Visit us at www.mhhe.com/bma

	연말	연초
재무상태표		
자산		
유동자산:		
현금 및 시장성 증권	402	254
외상매출금	1,039	861
재고자산	987	856
기타 유동자산	360	269
유동자산 계	2,787	2,239
고정자산:		
유형 고정자산		
자산, 공장, 장비	2,394	2,113
누적 감가상각비 차감	1,351	1,232
순 유형 고정자산	1,043	881
장기 투자자산	24	22
기타 장기자산	1,157	984
총자산	5,011	4,126
부채와 자기자본		
유동부채:		
단기 부채	119	60
외상매입금	1,581	1,440
유동부채 계	1,699	1,501
장기부채	1,078	1,028
기타 장기부채	581	398
총부채	3,358	2,927
자기자본	1,653	1,199
총 부채와 자기자본	5,011	4,126
손익계산서		
매출액	7,911	
매출원가	1,997	
판매비와 일반관리비	4,852	
감가상각비	251	
이자 및 세금 전 이익(EBIT)	811	
지급이자	67	
과세 대상 이익	744	
세금	260	
소수주주 지분순손익(minority interest)	10	
순이익	474	
배당	107	
유보이익에 추가	367	

e. 부채-자기자본 비율

f. 유동비율

g. 당좌비율

3. 표 28.11을 다시 보라. Estée Lauder의 공통형 재무상태표와 손익계산서를 작성하라.

4. 표 28.11을 다시 보라. 2008 회계연도 말에 Estée Lauder의 발행주식은 1억 9천5백만 주이고,[20)]

20) 발행주식 수는 상대적으로 적은 수의 클래스 B 주식(역주: 클래스 A 주식보다 많거나 적은 의결권을 갖는 주식)도 포함한다.

Visit us at www.mhhe.com/bma

주가는 $45.50이었다. 이 회사의 가중평균 자본비용은 약 10%였다. 다음을 계산하라.

a. 시장 부가가치
b. 주가 대 장부가치 비율
c. 경제적 부가가치
d. 자본이익률

5. 공통으로 인정받는 재무비율의 정의는 없지만, 다음 중 5개 비율은 완전히 잘못되어 있다. 바르게 고쳐라.

a. 부채−자기자본 비율 = (장기 부채 + 리스의 가치)/(장기 부채 + 리스의 가치 + 자기자본)
b. ROE = (EBIT − 세금)/평균 자기자본
c. 이익폭 = 순이익/매출액
d. 평균재고일수 = 매출액/(재고자산/365)
e. 유동비율 = 유동부채/유동자산
f. 매출액 대 순운전자본 = 평균 매출액/평균 순운전자본
g. 당좌비율 = (유동자산 − 재고자산)/유동부채
h. 이자보상률 = 수입이자 × 장기 부채

6. 다음은 맞는가, 틀리는가?

a. 회사의 부채−자기자본 비율은 항상 1보다 낮다.
b. 당좌비율은 항상 유동비율보다 낮다.
c. ROE는 항상 ROA보다 낮다.

7. Keller 화장품은 영업이익폭 8%와 총자산회전율 3을 유지하고 있다. 이 회사의 자산은 $500,000이고 자기자본은 $300,000이다. 지급이자는 $30,000이고 세율은 35%이다.

a. ROA는 얼마인가?
b. ROE는 얼마인가?

8. 한 기업의 장기 부채−자기자본 비율은 0.4이다. 자기자본은 $100만이다. 유동자산은 $20만, 총자산은 $150만이다. 유동비율이 2.0이라면 부채−총 장기자본 비율(ratio of debt to total long-term capital)은 얼마인가?

9. Magic Flutes는 20일짜리 외상매출금 $3,000를 가지고 있다. 총자산 평균은 $75,000이다. 회사의 영업이익폭은 5%이다. 회사의 ROA와 총자산회전율을 구하라.

10. 다음은 Geomorph Trading의 요약 재무상태표이다.

유동자산	$100	$ 60	유동부채
장기자산	500	280	장기부채
		70	기타 부채
		190	자기자본
	$600	$600	

a. 부채−자기자본 비율을 구하라.
b. Geomorph의 순운전자본과 총 장기자본은 얼마인가? 부채−총 장기자본 비율(ratio of debt to total long-term capital)을 구하라.

11. 연습문제 10의 Geomorph의 재무상태표를 다시 보라. 연말에 Geomorph가 현금과 시장성 유가증권 $30를 갖고 있다고 하자. 연말 직후 이 회사는 1년 동안 $20를 차입할 수 있는 신용한도를

Visit us at www.mhhe.com/bma

사용하여 시장성 유가증권에 추가로 투자하였다. 이 회사는 (a) 유동성이 높아졌는가, 낮아졌는가, (b) 부채비율이 높아졌는가, 낮아졌는가? 필요하면 추가 가정을 하라.

12. Airlux Antarctica의 유동자산은 $3억, 유동부채는 $2억이고 현금비율은 0.05이다. 이 회사가 보유한 현금과 시장성 유가증권은 얼마인가?

13. Microlimp사 고객의 외상매출금 결제기간은 평균 60일이다. Microlimp의 연간 매출액이 5억 달러일 때 평균 미결제 외상매출금은 얼마이겠는가?

중급문제

14. 이 문제는 회계 수치를 해석할 때 만나게 되는 어려움을 묻는다.
   a. 중요한 자산이나 부채, 또는 거래가 회사 장부에는 나타나지 않을 수도 있는 예를 네 가지 들어라.
   b. 연구개발과 같은 무형자산 투자는 재무비율을 어떻게 왜곡시키는가? 두 가지 이상을 예로 제시하라.

15. 기업의 전체적인 성과를 측정하는 여러 측정치를 설명하라. 이들의 장단점은 무엇인가? 각 지표에 대해 성과가 만족스러운가를 판단할 때 기준이 무엇인가를 설명하라.

16. 재무 레버리지의 대안 척도에 대해 설명하라. 자기자본의 시장가치 또는 장부가치 중 어느 것이 사용되어야 하는가? 부채는 시장가치와 장부가치, 무위험 이자율로 할인한 장부가치 중 어느 것을 사용하는 것이 좋은가? 연금 채무(pension liabilities)와 같은 부외 채무는 어떻게 처리하겠는가? 우선주는 어떻게 처리하겠는가?

17. 한 기업이 고정금리와 변동금리 부채를 모두 가지고 있다고 하자. 이자율 하락이 이 회사의 이자보상률에 어떤 영향을 미치겠는가? 부채의 시장가치 대 자기자본의 시장가치 비율에는 어떤 영향을 미치겠는가? 레버리지는 증가하는가, 감소하는가?

18. 다음 활동은 기업의 유동비율에 어떠한 영향을 미치겠는가?
   a. 재고자산이 판매되었다.
   b. 은행에서 차입하여 납품업자에게 외상매입금을 갚아 주었다.
   c. 납품업자에게 지급하기 위해 은행에서 아무 때나 차입할 수 있는 신용한도를 설정하였다.
   d. 고객이 기간이 지난 외상매출금을 갚았다.
   e. 추가로 재고를 사려고 현금을 사용하였다.

19. Sara Togas는 완제품 모두를 Federal Stores에 판다. 다음 표는 두 기업의 재무정보 일부를 보여준다. 단위는 $백만이다.

	매출액	지급이자	이익	연초 자산
Federal Stores	$100	$4	$10	$50
Sara Togas	20	1	4	20

두 기업에 대하여 총자산회전율, 영업이익폭, ROA를 계산하라. 이제 두 회사가 합병하였다고 하자. Federal이 계속하여 $1억어치의 상품을 판매한다면 세 재무비율은 어떻게 변하는가?

Visit us at www.mhhe.com/bma

20. 보는 바와 같이 표 28.12에 나와 있는 Transylvania Railroad의 재무상태표와 손익계산서에 누가 잉크를 엎질렀다. 다음 정보를 이용하여 없어진 항목을 채워라.
   - 부채비율: 0.4

Visit us at www.mhhe.com/bma

표 28.12 Transylvania Railroad의 재무상태표와 손익계산서(단위: $백만).

	2009년 12월	2008년 12월
재무상태표		
현금	[illegible]	20
외상매출금	[illegible]	34
재고자산	[illegible]	26
유동자산 계	[illegible]	80
순 고정자산	[illegible]	110
합계	[illegible]	190
지급어음	30	20
외상매입금	25	15
유동부채 계	[illegible]	35
장기부채	[illegible]	55
자기자본	[illegible]	100
합계	235	190
손익계산서		
매출액	[illegible]	
매출원가	[illegible]	
판매 및 일반관리비	10	
감가상각비	20	
EBIT	[illegible]	
지급이자	[illegible]	
세전이익	[illegible]	
법인세	[illegible]	
보통주에 돌아가는 순이익	[illegible]	

- 이자보상률: 6.25
- 유동비율: 1.4
- 당좌비율: 1.0
- 현금비율: 0.2
- ROE: 24%
- 재고자산회전율: 5.0
- 외상매출금 수금기간: 71.2일

21. 다음은 같은 산업에 속한 5개 기업에 대한 정보이다.

	회사 코드				
	A	B	C	D	E
EBIT	10	30	100	−3	80
지급이자	5	15	50	2	1

Visit us at www.mhhe.com/bma

당신은 이 산업의 이자보상 척도를 계산하고자 한다. 그러한 척도를 산출하는 여러 가지 방법에 대하여 설명하라. 계산방법을 변경하면 최종 결과에 상당히 큰 차이가 발생하는가?

22. 급속한 물가상승은 제조기업의 재무상태표와 손익계산서의 정확성과 목적 적합성에 어떠한 영향을 미치는가? 답이 부채를 얼마나 조달했는가에 달렸는가?
23. 어느 기업 주식의 위험 추정에 재무비율을 이용하려 한다고 하자. 이 장에서 설명한 것 중 어느 비율들이 가장 유용할 것인가? 다른 회계학적 위험의 척도를 생각해 볼 수 있는가?
24. 곤경에 처한 몇몇 기업들을 찾아보자. 지난 기간의 주요 재무비율 변화를 그림으로 그려라. 여기에 어떤 패턴이 존재하는가?

도전문제

25. EVA를 계산할 때 이익을 세후 이자 지급액과 순이익의 합으로 계산해야 한다고 하였다. 왜 절세효과를 차감해야 하는가? 자본비용의 다른 측정치를 사용하는 것이 대안이 되는가? 또는 (종종 하는 것처럼) 단순히 순이익에서 자기자본비용을 차감하면 같은 결과를 얻는가?
26. 때때로 분석가는 자본이익률을 계산할 때 연초와 연말 자본의 평균을 사용한다. 이것이 타당하거나 타당하지 않은 경우를 보여주는 예를 들어라. (힌트: 유보이익 때문에만 자본이 증가한다고 가정하고 시작하라.)
27. 연습문제 10번에서 Geomorph Trading의 재무상태표를 다시 보고 다음 추가정보를 고려하자.

유동자산		유동부채		기타 부채	
현금	$ 15	외상매입금	$35	이연 세금	$32
재고자산	35	미납 세금	10	미납 연금	22
외상매출금	50	은행차입금	15	R&R 준비금	16
	$100		$60		$70

'R&R 준비금'은 석유 파이프라인 철거와 파이프라인 경로의 환경 복구에 들어갈 미래 비용에 충당하려는 것이다.

Geomorph의 부채비율을 계산하는 방법은 여러 가지가 있다. 당신은 Geomorph 부채의 안전성을 평가하고 있으며 부채비율을 동종 산업 다른 기업들과 비교하려 한다고 하자. 부채총계 또는 시가총액 중 어떤 것을 이용하여 비율을 계산하겠는가? 은행 차입금, 이연 세금, R&R 준비금, 미납 연금 중 어느 것을 부채에 포함하겠는가? 이러한 선택에 대해 찬성과 반대 이유를 설명하라.

실시간 데이터분석

STANDARD &POOR'S

STANDARD &POOR'S

STANDARD &POOR'S

Visit us at www.mhhe.com/bma

다음 문제에 필요한 자료를 Standard & Poor's Market Insight 웹사이트(www.mhhe.com/edumarketinsight)나 Yahoo!Finance(finance.yahoo.com)에서 내려받을 수 있다.

1. 5개 다른 산업의 재무비율을 찾아라. 산업 간의 차이를 설명할 수 있는가?
2. 비슷한 업종에 속한 두 회사를 선택하여 요약 재무상태표와 손익계산서를 찾아라. 그러고 나서 각 회사의 공통형 재무제표를 작성하고 주요 재무비율을 계산하라. 이 자료를 근거로 회사들을 비교하라.
3. 한 회사를 선택하여 최근 재무제표를 찾아라. 최근 연도의 다음 재무비율을 계산하라.
   a. 자본이익률

b. 자기자본이익률
c. 영업이익폭
d. 평균재고일수
e. 부채비율
f. 이자보상률
g. 유동비율
h. 당좌비율

4. 5개 회사를 선택한 다음, 재무제표를 이용하여 평균재고일수와 외상매출금 평균수금기간을 비교하라. 회사 간의 차이를 설명할 수 있는가?

STANDARD & POOR'S

Visit us at www.mhhe.com/bma

재무계획

이 장은 재무계획과 관련되어 있다. 먼저 회사가 현금이 고갈되지 않도록 확보하는 데 초점을 맞추는 단기 재무계획을 살펴본다. 그래서 단기 재무계획은 종종 **현금 예산**(*cash budgeting*)이라고도 한다. 이 장의 후반부는 기업이 일관성 있는 **장기** 전략을 수립하기 위해 재무계획 모형을 사용하는 방법을 살펴본다.

앞 장에서는 주요 단기 자산, 즉 재고자산과 매출채권(외상매출금), 현금, 그리고 시장성 유가증권 등을 소개하였다. 이들 자산에 대한 결정은 격리하여 내릴 수 없다. 예를 들어 마케팅 관리자는 고객들이 구매대금을 내는 데 더 많은 시간 여유를 주고 싶어 한다. 이것은 기업의 미래 현금잔고를 감소시킨다. 생산관리자는 공급선에 주문을 할 때 적시관리(just-in-time) 시스템을 채택할 수 있다. 이것은 기업을 더 적은 재고로 운영할 수 있도록 해주고 현금을 자유롭게 풀어준다.

단기 재무결정에 관심이 있는 경영자는 이 책의 다른 곳에서 만나는 많은 어려운 개념적인 문제를 피할 수 있다. 그러한 관점에서 단기 결정은 장기 결정보다 쉽지만 덜 중요한 것은 아니다. 매우 가치 있는 투자기회를 발견하고, 최적 부채비율을 찾아 정확하게 지키고, 완벽한 배당정책을 따르는 기업도 그 해 결제에 필요한 현금에 아무도 신경을 쓰지 않았기 때문에 침몰한다. 그래서 단기 계획이 필요하다.

단기 자금부족으로 필요한 돈을 빌려야 하는 기업은 은행에서 차입하거나 단기 부채로 차입한다. 단기 현금 잉여가 있는 기업은 단기금융시장에서 투자한다. 이 장의 부록에서 이러한 현금의 단기 원천과 투자 수단을 설명한다.

단기 재무계획은 앞으로 12개월 이상을 예측하지 않는다. 이것은 기업이 지급할 현금이 충분한가와 단기 차입과 대출 결정이 타당한가를 확실하게 하는 데 그 목적이 있다. 그러나 재무관리자는 **장기** 목표를 달성하는 데 필요한 투자와 이에 따른 자금조달도 생각해야 한다. 장기 재무계획은 재무전략 대안의 의미에 초점을 맞춘다. 이것은 재무관리자가 뜻밖의 상황을 피할 수 있도록 하고, 피할 수 없는 뜻밖의 상황에 대처하는 방법을 생각하도록 한다. 장기 재무계획은 기업의 목표를 설정하고 성과 측정의 기준을 제공하는 데 도움이 된다.

29.1 단기와 장기 자금조달결정 간의 연계성

단기 재무결정은 공장과 설비의 구매나 자본구조의 선택과 같은 장기 재무결정과 두 가지 점에서 차이가 있다. 첫째, 단기 재무결정은 일반적으로 수명이 짧은 자산과 부채를 다룬다. 둘째, 단기 재무결정은 보통 쉽게 바꿀 수 있다. 예를 들어 60일간의 은행 차입과 20년 만기 채권 발행을 비교해 보자. 은행 차입은 분명히 단기 결정이다. 회사는 두 달 후 이를 상환하고 처음 상태로 돌아갈 수 있다. 회사가 1월에 20년 만기 채권을 발행하고 3월에 이를 상환하는 것은 상상은 해볼 수 있지만, 매우 불편하고 비용이 많이 든다. 실제로 이와 같은 채권 발행은 채권의 만기가 20년이나 될 뿐만 아니라 촉박한 통보로 이를 취소할 수 없기 때문에 장기 결정이다.

그럼에도 단기 자금조달은 장기 결정과 연계되어 있다. 모든 기업은 자본, 즉 공장과 기계,

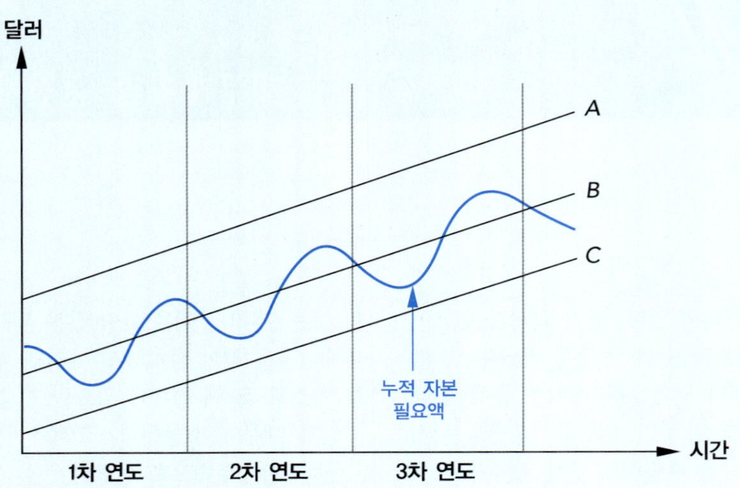

그림 29.1
기업의 누적 자본필요액(붉은색 선)은 사업에 필요한 모든 자산에 대한 누적 투자금액이다. 이 사례에서 필요액은 매년 증가하지만, 연내에는 계절적 변동이 있다. 단기 자금 수요는 장기 자본조달액(선 *A*, *B*, *C*) 빼기 누적 자본필요액이다. 장기 자본조달액이 선 *C*를 따르는 경우 기업은 항상 단기 자금조달이 필요하다. 선 *B*에서는 단기 자금조달 필요액이 계절적이다. 선 *A*에서는 단기 자금조달이 전혀 필요 없다. 이 경우에는 항상 투자할 수 있는 현금이 있다.

재고자산, 외상매출금과 기업을 운영하기 위해 사들이는 다른 모든 자산에 투자할 자금이 필요하다. 이런 자산에 필요한 돈은 장기 또는 단기 자금으로 조달할 수 있다.

이 총 투자를 그 기업의 **누적 자본필요액**(*cumulative capital requirement*)이라고 하자. 대다수 기업의 누적 자본필요액은 그림 29.1의 물결 선처럼 불규칙하게 증가한다. 이 선은 사업규모가 커짐에 따라 상향 추세를 보인다. 그러나 추세를 중심으로 계절적 변동이 있다. 그림에서 자본필요액은 매년 후반기에 정점에 이른다. 여기에 추가하여 예측 불가능한 주별 및 월별 변동이 있을 수 있지만 그림 29.1에는 이를 표시하지 않았다.

장기 자본조달로 누적 자본필요액을 충당하지 못하면, 그 차액을 메우기 위해 단기 자금을 조달해야 한다. 장기 자본조달액이 누적 자본필요액보다 많은 경우에는 잉여 현금을 갖게 된다. 그러므로 누적 자본필요액이 결정되면 장기 자본조달 규모에 따라 그 기업이 단기 차입자인지 대출자인지가 결정된다.

그림 29.1에서 선 *A*, *B*, *C*는 이 점을 보여 준다. 각각의 선은 서로 다른 장기 자본조달 전략을 나타낸다. 전략 *A*에서는 영구적인 현금 잉여가 있어서 이를 단기 증권에 투자할 수 있다. 전략 *C*에서는 영구적으로 단기 차입이 필요하다. 가장 흔한 전략인 *B*에서는 1년 중 현금이 남는 기간과 모자라는 기간이 있다.

누적 자본필요액 대비 **최상의** 장기 자금조달 수준은 얼마인가? 그것은 한마디로 말하기 어렵다. 이 문제에 대한 설득력 있는 이론적 분석은 없다. 그렇지만 실용적인 관찰은 가능하다. 첫째, 대다수 재무관리자들은 자산과 채무의 '만기를 일치(match maturities)'시키려 한다.[1] 즉 공장이나

1) Graham과 Harvey는 조사 논문에서 경영진은 부채의 만기를 자산의 만기와 일치시키려는 욕구가 장기와 단기 부채

기계와 같이 수명이 긴 자산은 장기 차입과 자기자본에 의존한다. 둘째, 대다수 기업은 운전자본(유동자산 빼기 유동부채)에 영구적으로 투자한다. 그 재원은 장기 자금원에서 조달한다.

유동자산은 장기 자산보다 쉽게 현금화될 수 있다. 그래서 유동자산을 대규모로 보유하는 기업은 더 큰 유동성을 가진다. 물론, 이 중 어떤 자산은 다른 자산보다 더 유동성이 높다. 재고자산은 제품이 생산되어 판매되고 대금을 받는 경우에만 현금화된다. 외상매출금은 유동성이 더 높아서 고객이 발행한 전표를 결제하면 바로 현금이 된다. 단기 증권은 기업이 현금을 필요로 할 때 바로 매각할 수 있기 때문에 역시 유동성이 높다.

어떤 기업은 다른 기업보다 유동성을 더 많이 보유하려 한다. 예를 들어 인텔(Intel)이나 시스코(Cisco) 같은 첨단기술 기업의 대다수는 엄청난 규모의 단기 증권을 보유한다. 반면에 화학이나 제지, 철강과 같은 전통적 제조기업들은 훨씬 적은 유동성으로 꾸려나간다. 왜 그럴까? 한 가지 이유는 이익이 급속히 증가하는 기업은 새로운 양(+)의 NPV 투자안에 현금을 재배치하는 속도보다 더 빨리 현금을 창출하기 때문이다. 이는 단기 증권에 투자할 잉여 현금을 낳는다. 물론, 현금이 산더미같이 증가하는 기업들은 결국 배당정책을 조정하여 대응하게 된다. 제16장에서 마이크로소프트(Microsoft)가 특별배당을 지급하고 자사주를 재매입하여 산더미 같은 현금을 어떻게 줄였는지 살펴보았다.

대규모 현금 보유에는 몇 가지 이점이 있다. 이는 짧은 시간에 자금을 조달하는 데 상대적으로 비용이 많이 드는 소기업에는 특히 그렇다. 예를 들어 생명공학 기업들은 신약 개발에 많은 현금이 필요하다. 따라서 이들 기업은 일반적으로 R&D 프로그램에 자금을 대려고 상당한 현금을 보유한다. 유동성 자산을 보유하는 데 이런 예비적 동기가 중요하다면, 상대적으로 고위험 산업에 속한 소기업들이 많은 잉여 현금을 보유하는 경향이 관찰되어야 한다. 팀 오플러(Tim Opler)와 다른 연구자들은 이것이 사실임을 확인하였다.[2)]

장기로 조달된 잉여 현금과 은행에 현금을 갖고 있는 기업의 재무관리자들은 다음 달 결제할 돈을 마련하기 위해 걱정할 필요가 없다. 이 현금은 어려운 시기에 기업을 보호해 주고 영업을 변화시킬 여유를 준다. 그러나 잉여 현금에는 단점도 있다. 세금 납부 기업이 시장성 있는 유가증권을 보유하는 것은 기껏해야 0의 NPV 투자이다.[3)] 또한 거액의 잉여 현금을 가진 기업의 경영자들은 배를 민첩하게 움직일 유인이 작아질 수 있으며, 계속되는 영업손실로 현금이 새어나가도록 할 수도 있다. 예를 들어 2007년 말 GM은 현금과 단기 투자에 $270억을 보유하였다. 그러나 주주들은 GM 주식을 $140억 미만으로 평가하였다. 주주는 이 현금이 계속되는 손실을 지탱하고 GM의 막대한 부채를 상환하는 데 사용될 것을 아는 것 같았다.

핑코위츠(Pinkowitz)와 윌리엄슨(Williamson)은 투자자가 기업의 현금에 부여하는 가치를 보

사이의 선택에서 유일하게 가장 중요한 요인임을 발견하였다. J. R. Graham and C. R. Harvey, "The Theory and Practice of Finance: Evidence from the Field," *Journal of Financial Economics* 61(May 2001), pp. 187~243 참조. Stohs and Mauer는 단기자산이 우위를 보이는 기업은 정말로 단기 부채를 발행하는 경향이 있음을 확인하였다. M. H. Stohs와 D. C. Mauer, "The Determinants of Corporate Debt Maturity Structure," *Journal of Business* 69(July 1996), pp. 279~312 참조.

2) T. Opler, L. Pinkowitz, R. Stulz, and R. Williamson, "The Determinants and Implications of Corporate Cash Holdings," *Journal of Financial Economics* 52(April 1999), pp. 3~46.

3) 대다수가 믿는 것처럼 차입에 세제상의 이점이 있다면, 대출에는 그에 상응하는 세제상의 불이익이 있어야만 한다. 왜냐하면, 그 회사는 재정증권에서 수취한 이자에 대해 법인세를 내야 하기 때문이다. 이 경우 재정증권 투자는 음(−)의 NPV를 갖는다. 제18.1절을 보라.

고 주주들이 평균적으로 현금 $1를 $1.20로 평가한다고 하였다.[4] 투자자들은 특히 성장기회가 풍부한 기업의 유동성을 높게 평가하였다. 다른 극단에서, 기업이 재무적 곤경에 부닥치는 것 같으면, 종종 주주는 기업이 보유한 현금 $1를 $1보다 가치가 작다고 평가하는 것을 발견하였다.[5]

29.2 현금의 변화 추적하기

표 29.1은 다이내믹 매트리스(Dynamic Mattress Company)의 2009년 손익계산서이고, 표 29.2는 2008년과 2009년 말 재무상태표를 비교하고 있다. 2009년에 다이내믹의 현금잔고가 2천만 달러에서 2천5백만 달러로 증가하였음을 볼 수 있다.

현금잔고는 무엇 때문에 증가했을까? 이 현금 증가는 다이내믹 매트리스의 장기 차입 때문일까, 이익 사내유보 때문일까, 재고자산 감소에서 나온 현금일까, 아니면 납품업자의 추가 신용 제공 때문일까? (외상매입금이 증가에 주목하라.) 그 답은 표 29.3의 현금흐름표에 나온다.

현금흐름표는 현금흐름을 영업활동으로 인한 현금흐름과 투자활동으로 인한 현금흐름, 재무(자본조달)활동으로 인한 현금흐름으로 나눈다. 현금의 원천은 양(+)의 숫자로 나타나고 현금의 사용은 음(−)의 숫자로 나타난다. 다이내믹의 현금흐름표는 다이내믹이 다음 원천에서 현금을 창출하였다는 것을 보여준다.

1. 이 회사는 $60백만의 순이익을 벌었다(영업활동).
2. 감가상각비로 $20백만을 따로 떼어 두었다. 감가상각비는 현금 지출이 아니라는 것을 기억하라. 따라서 다이내믹의 현금흐름을 구하려면 이를 더해야 한다(영업활동).
3. 재고자산 감소로 $5백만이 발생하였다(영업활동).
4. 외상매입금 증가로 사실상 $25백만을 납품업자에게서 차입하였다(영업활동).
5. 장기 부채를 $30백만 발행하였다(재무활동).

표 29.1 다이내믹 매트리스의 2009년 손익계산서 (단위: $백만).

1. 매출액	2,200
2. 매출원가	1,644
3. 기타 비용	411
4. 감가상각비	20
5. EBIT (1 − 2 − 3 − 4)	125
6. 지급이자	5
7. 세전 이익 (5 − 6)	120
8. 세금(50%)	60
9. 당기순이익(7 − 8)	60
배당	30
유보이익	30

4) L. Pinkowitz and R. Williamson, "The Market Value of Cash," *Journal of Applied Corporate Finance* 19(2007), pp. 74~81.

5) 분명한 시사점은 이 기업은 주주에게 현금을 배분해야 한다는 것이다. 그러나 채권자는 주주에게 배당을 지급하는 데 제약을 둘지도 모른다.

	2009	2008
유동자산:		
현금	25	20
시장성 유가증권	25	0
외상매출금	150	125
재고자산	125	130
유동자산 계	325	275
고정자산:		
총 투자	350	320
감가상각비 차감	100	80
순 고정자산	250	240
총자산	575	515
유동부채		
은행 차입금	0	25
외상매입금	135	110
유동부채 계	135	135
장기부채	90	60
자기자본(자본금과 유보이익)	350	320
부채와 자기자본 합계	575	515

표 29.2 다이내믹 매트리스의 2008년과 2009년 말 재무상태표(단위: $백만).

Visit us at www.mhhe.com/bma

영업활동으로 인한 현금흐름	
순이익	60
감가상각비	20
외상매출금의 감소(증가)	−25
재고자산의 감소(증가)	5
외상매입금의 증가(감소)	25
영업활동으로 인한 순현금흐름	85
투자활동으로 인한 현금흐름	
고정자산 투자	−30
재무활동으로 인한 현금흐름	
배당	−30
시장성 유가증권의 매도(매수)	−25
장기부채의 증가(감소)	30
단기부채의 증가(감소)	−25
재무활동으로 인한 순현금흐름	−50
현금잔고 증가	5

표 29.3 다이내믹 매트리스의 2009년 현금흐름표(단위: $백만).

다이내믹의 현금흐름표는 회사가 다음의 목적으로 현금을 사용하였음을 보여준다.

1. 외상매출금이 $25백만 확대되도록 허용하였다(영업활동). 이는 실질적으로 고객에게 이 돈을 추가로 빌려준 것이다.
2. 회사는 $30백만을 투자하였다(투자활동). 이는 표 29.2에서 총 고정자산의 증가로 나타난다.
3. 회사는 $3백만을 배당으로 지급하였다(재무활동). (주: 표 29.2에서 다이내믹의 자기자본은 유보이익 때문에 $3백만 증가함. 자기자본 이익 $60백만 빼기 배당금 $30백만)
4. 시장성 유가증권을 $25백만 샀다(재무활동).
5. 은행 단기 차입금 $25백만을 상환하였다(재무활동).[6]

---

6) 이는 이자가 아닌 원금상환이다. 지급이자는 종종 자금의 사용으로 명시적으로 인식된다. 이 경우 영업활동으로 인

표 29.3을 다시 보자. 영업활동으로 인한 현금흐름을 계산하려면 순이익에서 시작하여 두 가지 조정을 한다. 첫째, 감가상각비는 현금 지출이 아니므로 이를 순이익에 다시 더해줘야 한다.[7] 둘째, 손익계산서는 매출과 비용을 현금이 들어오거나 나갈 때가 아니라 발생할 때 보여준다는 점을 알아야 한다. 예를 들어 다이내믹이 상품을 외상으로 팔 때, 어떤 일이 발생하는지 생각해 보자. 회사는 판매시점에 이익을 기록하지만, 결제가 이루어질 때까지 현금유입이 없다. 외상매출금이 증가하고, 그 결과 운전자본이 증가하지만, 현금유입이 없으므로 회사의 현금잔고는 변하지 않는다. 현금 순증가가 없다는 사실은 표 29.3과 같이 현금흐름표에 표시된다. 영업활동으로 인한 현금의 증가는 외상매출금의 증가로 상쇄된다. 나중에 대금을 수금하면 현금잔고는 증가한다. 그러나 이 시점에는 추가 이익은 없고 운전자본은 증가하지 않는다. 현금잔고의 증가는 외상매출금의 감소로 정확히 상쇄된다.

표 29.3에서 다이내믹이 고객에게 확대한 추가 신용을 반영하여 영업활동으로 인한 현금흐름을 $25백만 하향 조정한다. 한편, 2009년에 다이내믹은 재고자산이 감소하고 납품업자에게 지급해야 할 액수가 증가하였다. 영업활동으로 인한 현금흐름은 이러한 변화를 반영하여 상향 조정된다.

이는 운전자본의 흥미로운 특성을 말해준다. 매우 단순한 사업을 수행하는 기업을 생각해 보자. 이 회사는 현금을 주고 원재료를 사서 제조과정을 거쳐 완성품을 만들고 그 상품을 외상으로 판매한다. 영업의 전체 사이클은 다음과 같다.

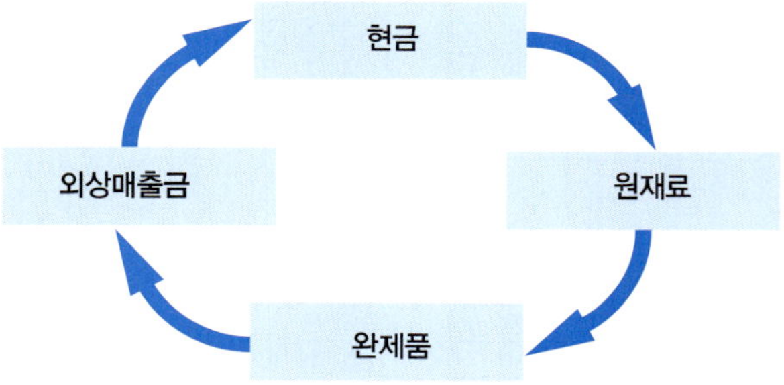

이 과정이 시작할 때 재무상태표를 작성하면 현금이 나타난다. 시간이 조금 지나면 현금이 원재료 재고로, 그 후에는 재고가 완성품으로 대체된다. 상품이 판매되면 재고는 외상매출금으로 바뀌며, 마지막으로 고객이 대금을 결제하면 회사는 이익을 얻고 현금잔고를 다시 채우게 된다.

이 과정에서 운전자본만은 일정한 값을 유지한다. 이것이 (순)운전자본이 유동자산과 유동부채에 대한 유용한 요약 척도인 한 가지 이유이다. 운전자본 척도의 강점은 서로 다른 유동자산과 유동부채 사이의 계절적 변동 또는 기타 일시적인 움직임에 영향을 받지 않는다는 데 있다. 그러나 운전자본 수치는 수많은 흥미로운 정보들을 숨기기 때문에 강점인 동시에 약점이기도 하다. 예에서 현금

한 현금흐름은 이자 지급 이전의 금액으로 정의되어 당기순이익에 이자와 감가상각비를 더한 값이 된다.

7) 주주용 보고서에 나오는 감가상각비는 세금을 계산하는 데 사용된 감가상각비와 다른 경우가 많기 때문에 복잡해질 수 있다. 기업은 과세대상 이익을 계산할 때 가속상각을 하여 당기 세금을 최소화할 수 있기 때문이다. 결과적으로 주주용 장부(이것은 보통 직선법을 사용한다)는 기업의 당기 세금을 과대계상한다. 가속상각법은 세금을 없애지 않고 단지 연기할 뿐이다. 결국 모든 세금이 인식되어야 하므로 내야 할 세금의 차액은 재무상태표에 이연 법인세로 나타난다. 현금흐름표에서는 모든 이연 세금의 증가를 자금의 원천으로 간주한다. 다이내믹 매트리스의 예에서는 이연 세금을 무시한다.

은 재고로 전환되고 다시 외상매출금이 되었다가 다시 현금이 된다. 그런데 이들 자산의 위험과 유동성은 서로 다르다. 대금을 결제할 때는 재고나 외상매출금이 아닌 현금을 이용해야 한다.

현금 사이클

제28장에서 원재료가 재고자산으로 있는 평균 시간과 고객이 대금을 결제하는 데 걸리는 평균 시간을 계산하는 방법을 보았다. 다이내믹의 경우는 다음과 같다.

$$\text{평균재고일수} = \frac{\text{연초 재고자산}}{\text{일일 매출원가}} = \frac{130}{1{,}644/365} = 29\text{일}$$

$$\text{평균수금기간} = \frac{\text{연초 외상매출금}}{\text{평균 일일 매출액}} = \frac{125}{2{,}200/365} = 21\text{일}$$

또한 다이내믹이 대금을 지급하는 데 걸리는 평균 시간을 계산할 수 있다.[8)]

$$\text{평균지급기간} = \frac{\text{연초 외상매입금}}{\text{일일 매출원가}} = \frac{110}{1{,}644/365} = 24\text{일}$$

이것이 정규 영업을 유지하는 데 필요한 자본조달에 대해 의미하는 것을 생각해 보라. 다이내믹이 시점 0에 원재료를 샀다고 하자. 이 회사는 24일째 원재료 대금을 지급한다(평균지급기간 = 24일). 29일까지 다이내믹은 원재료를 완성품 매트리스로 변환하고 그 뒤 판매한다(평균재고일수 = 29일). 21일 뒤인 50일째 다이내믹의 고객은 구매 대금을 지급한다(수금기간 = 21일). 따라서 현금은 24일에 나가고 50일째 다시 들어온다. 이 26일 기간을 **현금 사이클**(*cash cycle*) 또는 **현금 변환 사이클**(*cash conversion cycle*)이라 한다.[9)]

$$\begin{array}{ccccccc} \text{현금 사이클(일)} & = & \text{평균재고일수} & + & \text{평균수금기간} & - & \text{평균지급기간} \\ 26 & = & 29 & + & 21 & - & 24 \end{array}$$

현금 사이클은 기업이 필요한 운전자본 액수에 영향을 준다. 예를 들어 주요 기계류 제조업체는 전형적으로 많은 재고자산을 보유하고 장기 지급기간을 제공한다. 이들의 현금 사이클은 거의 6개월이고 순운전자본에 상당한 투자를 해야 한다. 대조적으로 재고자산에 적게 투자하는 공익기업의 현금 사이클은 겨우 한 달 반 정도이다. 공익기업은 종종 음(−)의 운전자본을 갖는다.

29.3 현금예산

과거는 거기서 무언가를 배울 수 있기에 흥미롭다. 재무관리자의 문제는 미래 현금의 원천과 사용을 예측하는 것이다. 이러한 예측에는 두 가지 목적이 있다. 첫째, 나중에 성과 판단의 기준, 즉

8) 재무상태표는 완성품이 최종적으로 판매될 금액보다는 원재료 원가를 보여주기 때문에 재고자산과 외상매출금의 액수를 매출액보다는 매출원가와 비교하는 것이 타당하다.

9) 원재료 구매에서 고객이 마지막 결제할 때까지 총 시간을 **영업 사이클**(*operating cycle*)이라 한다.

예산을 제공한다. 둘째, 경영진에게 미래 현금흐름 수요를 경고해 준다. 우리가 모두 아는 바와 같이 현금은 빠르게 사라지는 습성이 있다.

현금예산의 수립: 현금유입

계속해서 다이내믹 매트리스의 예를 통해 현금예산 수립을 예시한다.

다이내믹의 현금유입 대부분은 매트리스의 판매에서 나온다. 그러므로 2010년도 분기별 매출액 예측치에서 시작한다.[10)]

	1분기	2분기	3분기	4분기
매출액($백만)	560	502	742	836

그러나 매출액은 현금이 되기 전에 외상매출금이 된다. 현금흐름은 외상매출금 수금(*collections*)에서 나온다.

대다수 기업은 고객이 대금을 결제하기까지 걸리는 평균 시간을 추적한다. 이를 통해 분기 매출액의 몇 %가 현금화될 것이며 몇 %가 다음 기로 이월될지를 예측할 수 있다. 매출액의 70%는 이번 분기에 '현금화되고', 30%는 다음 분기에 현금화된다고 하자. 표 29.4는 이러한 가정에서 수금액 예측치를 보여 준다. 예를 들어 1분기 수금액은 당기 매출액 $560백만의 70%, 즉 $392백만이다. 그리고 회사는 전 분기 매출액의 30%, 즉 0.3($397) = $119백만도 수금하게 된다. 그러므로 총 수금액은 $392 + $119 = $511백만이다.

다이내믹의 1분기 초 외상매출금은 $150백만이었다. 1분기 매출액 $560백만이 외상매출금에 추가되지만, 수금액 $511백만이 차감된다. 그러므로 표 29.4에서 보는 바와 같이 다이내믹의 1분기 말 외상매출금은 $150 + 560 − 511 = $199백만이다. 일반 공식은 다음과 같다.

$$\text{기말 외상매출금} = \text{기초 외상매출금} + \text{매출액} - \text{수금액}$$

표 29.5의 맨 윗부분은 다이내믹 매트리스의 현금 원천 예측치를 보여준다. 외상매출금 수금이 원천의 주가 되지만 다른 것도 있다. 이 회사는 토지를 처분할 계획이거나 세금 환급이나 보험 보상금 수령을 예상할 수도 있다. 이러한 항목은 '기타' 원천에 포함되어 있다. 차입이나 주식 매각으로 자본을 추가로 조달할 수도 있지만, 여기에서는 다루지 않는다. 그러므로 당분간 다이내믹이 추가로 장기 자본조달을 하지 않는다고 가정한다.

현금예산의 수립: 현금유출

현금유입에 관해서는 여기까지 설명하고, 이제 유출되는 현금에 대해 다룬다. 현금의 원천보다는

10) 대부분 기업이 분기별 대신에 월별 예측치를 사용한다. 때로는 주별, 심지어는 일별 예측치를 이용한다. 그러나 월별 예측치를 쓰게 되면 표 29.4 및 다른 표의 항목이 3배 늘어나게 된다. 따라서 이 예제는 가능한 한 단순하게 만든 것이다.

	1분기	2분기	3분기	4분기
1. 기초 외상매출금	150	199	181.6	253.6
2. 매출액	560	502	742	836
수금액:				
당기 매출액(70%)	392	351.4	519.4	585.2
전기 매출액(30%)	119*	168	150.6	222.6
3. 수금 총액	511	519.4	670	807.8
4. 기말 외상매출금 1 + 2 − 3	199	181.6	253.6	281.8

표 29.4 다이내믹 매트리스의 외상매출금 수금액 추정을 위해서는 먼저 2010년도 매출액과 수금율을 추정해야 한다(단위: $백만).

* 전년도 4분기 매출액은 $397백만이었다고 가정한다.

Visit us at www.mhhe.com/bma

	1분기	2분기	3분기	4분기
현금의 원천:				
외상매출금 수금	511	519.4	670	807.8
기타	0	0	77	0
원천의 합계	511	519.4	747	807.8
현금의 사용:				
외상매입금 지급	250	250	267	261
재고자산 증가	150	150	170	180
노무비와 행정비, 기타 비용	136	136	136	136
자본 지출	70	10	8	14.5
세금, 이자 및 배당금	46	46	46	46
사용의 합계	652	592	627	637.5
원천 − 사용	−141	−72.6	120	170.3
단기 차입 필요액 산출:				
기초 현금	25	−116	−188.6	−68.6
현금잔고의 변화	−141	−72.6	120	170.3
기말 현금	−116	−188.6	−68.6	101.7
최소 영업 현금잔고	25	25	25	25
누적 단기 자금조달 필요액	141	213.6	93.6	−76.7

표 29.5 다이내믹 매트리스의 2010년 현금예산(단위: $백만).

Visit us at www.mhhe.com/bma

항상 현금이 사용되는 곳이 훨씬 더 많아 보인다. 단순화를 위해 현금의 사용을 표 29.5에 다섯 가지 범주로 요약하였다.

1. **외상매입금 지급.** 원재료와 부품, 전기요금 청구서에 대해 대금을 지급해야 한다. 현금흐름 예측은 이들 대금 모두가 제때 지급된다고 가정하지만, 다이내믹은 아마도 어느 정도 지급을 연기할 수 있을 것이다. 지급 연기를 **외상매입금 지급 연기**(*stretching payables*)라고도 한다. 지급 연기는 단기 자금조달원의 하나이긴 하지만, 일찍 지급할 때 주어지는 할인 혜택이 없어지기 때문에 대다수 기업에는 값비싼 수단이다.
2. **재고자산의 증가.** 2010년 예상 매출액 증가는 재고자산에 추가 투자가 필요하다.
3. **인건비, 행정비용, 기타 비용.** 이 범주에는 다른 모든 정상적인 영업비용이 포함된다.
4. **자본 지출.** 다이내믹 매트리스는 1분기에 대규모 자본 지출을 계획하고 있음에 유의하자.
5. **세금과 이자, 배당금.** 여기에는 기존에 발행된 장기 부채에 대한 이자가 포함되지만 2010년의

현금 수요를 맞추기 위한 추가 차입의 이자는 포함되지 않는다. 지금의 분석단계에서는 다이내믹이 차입해야 할 금액이 얼마인지 또는 차입 자체가 필요한지를 알 수 없다.

예측된 순현금유입(원천 − 사용)은 표 29.5에 나와 있다. 제1분기에는 거액의 음(−)의 수치, 즉 **현금유출** 예측치가 $141백만이라는 데 유의하자. 2분기의 현금유출 예측치는 더 적으며 3분기와 4분기에는 상당한 현금유입을 예상한다.

표 29.5의 아랫부분에는 다이내믹의 현금흐름 예측이 맞으면 얼마를 조달해야 하는가가 계산되어 있다. 연초에는 $25백만의 현금이 있다. 제1분기의 현금유출은 $141백만이므로 다이내믹은 최소한 $141 − 25 = $116백만을 추가로 조달하여야 한다. 이렇게 되면 2분기 초에는 예측된 현금잔고가 정확히 0이 될 것이다.

대다수 재무관리자는 계획상의 현금잔고가 0이면 절벽 끝에 너무 다가간 것으로 생각한다. 그래서 예기치 못한 현금 유입과 유출을 흡수하기 위해서 **최소 영업 현금잔고**(*minimum operating cash balance*)를 설정한다. 다이내믹의 최소 영업 현금잔고는 $25백만이라고 가정하자. 이는 1분기에 현금유출액 $141백만 전액과 2분기에 추가로 $72.6백만을 조달해야 함을 의미한다. 그러므로 2분기의 **누적 자금조달 필요액**(*cumulative* financing requirement)은 $213.6백만이다. 다행히 이것이 최대치이다. 제3분기의 누적 자금조달 필요액은 $120백만이 줄어든 $93.6백만이다. 마지막 분기에는 숲에서 빠져나왔다. 현금잔고는 $101.7백만으로 최소 영업 잔고보다 훨씬 많다.

다음 단계는 예측된 필요액을 가장 경제적인 방법으로 충당하는 **단기 자금조달 계획**(*short-term financing plan*)을 수립하는 것이다. 다음 두 가지 일반적 관찰 결과를 살펴보고 이 주제로 돌아가기로 하자.

1. 처음 두 분기의 거액 현금유출이 다이내믹 매트리스에 꼭 곤경을 의미하는 것은 아니다. 이 현금유출은 부분적으로 1분기의 자본투자 때문이다. 다이내믹은 $70백만을 지출하지만, 이 금액 이상 가치 있는 자산을 취득하게 된다. 부분적으로 현금유출은 1분기의 낮은 매출액 때문이기도 하다. 매출액은 하반기에 회복된다.[11] 이것이 예측 가능한 계절적 패턴이라면 회사는 매출이 적은 시기를 헤쳐가기 위해 차입하는 데 어려움을 겪지 않을 것이다.
2. 표 29.5는 미래 현금흐름에 관한 최상의 예상치일 뿐이다. 추정치의 **불확실성**을 고려하는 것이 좋다. 예를 들어 민감도 분석을 시행하여 다이내믹의 현금필요액이 매출 부진이나 외상매출금 수금 지연에 의하여 어떤 영향을 받는지를 조사할 수도 있다. 이러한 민감도 분석은 한 번에 한 항목씩만 변경시킬 수 있다는 문제점이 있지만 현실에서는, 예를 들어 경기 부진이 매출액과 수금률에 **모두** 영향을 주게 된다. 대안이 되는 더 복잡한 해결책은, 현금예산 모형을 개발하고 나타날 수 있는 여러 현금필요액을 시뮬레이션하는 것이다. 현금필요액 예측이 어려운 경우에는 예상 밖의 현금유출 가능성에 대비하여 추가로 현금이나 시장성 있는 유가증권을 보유할 수도 있다.

11) 아마도 사람들은 밤이 길어지는 후반기에 매트리스를 더 많이 사는 모양이다.

29.4 단기 자금조달 계획

다이내믹의 현금예산은 회사의 문제를 정의한다. 재무관리자는 예상한 현금필요액을 충당하기 위한 단기 자금원을 찾아야만 한다. 수십 가지의 단기 자금원이 존재하지만 단순화를 위해 다이내믹에는 단 두 가지 선택만이 존재한다고 가정한다.

단기 자금조달을 위한 대안

1. 은행 차입(*bank loan*): 다이내믹은 기존 은행 계좌에 추가로 $100백만을 연 10%, 즉 분기당 2.5%에 차입할 수 있도록 약정을 맺어 두었다. 신용한도 내에서는 언제든지 원할 때 차입과 상환을 할 수 있다.
2. 외상매입금 지급 연기(*stretching payables*): 다이내믹은 또한 외상매입금 지급을 연기하여 자본을 조달할 수 있다. 다이내믹의 재무관리자는 분기마다 $100백만까지 연기할 수 있다고 믿는다. 그러므로 1분기에는 대금을 지급하지 않음으로써 $100백만을 절약할 수 있다. (표 29.5의 현금흐름 예측치는 그 대금이 1분기에 결제된다고 가정한 것이다.) 연기된 금액은 2분기에는 지급해야 한다. 마찬가지로 2분기에도 $100백만의 대금 지급을 3분기로 연기할 수 있다.

외상매입금 지급 연기는 종종 값비싼 수단이 되기도 한다. 그 이유는 납품업자들이 현금결제에 대해 할인 혜택을 제공하기 때문이다. 지급이 늦어지면 이 할인을 잃게 된다. 이 예에서는 할인 혜택 상실분이 연기 금액의 5%라고 가정한다. 다시 말해서, 대금 $100 결제를 연기하면 회사는 다음 분기에 $105를 지급해야 한다.

다이내믹의 자금조달 계획

이들 두 선택에서 단기 자금조달 전략은 분명하다. 필요하면 먼저 한도인 $100백만까지 은행 차입을 활용한다. 그래도 현금이 부족하면 외상매입금 지급을 연기한다.

표 29.6에는 이 전략에 따른 계획이 나와 있다. 제1분기에는 은행에서 한도 전액($100백만)을 차입하고 $16백만만큼 외상매입금 지급을 연기한다(표의 행 1, 2 참조). 추가로 2009년 말에는 보유 중인 시장성 있는 유가증권 $25백만 어치를 판다(행 8). 그래서 이 회사는 1분기에 100 + 16 + 25 = $141백만 달러의 현금을 조달하게 된다(행 10).

2분기에는 은행 차입 $100백만을 계속 유지하고 $92.4백만만큼 외상매입금 지급을 연기한다. 이는 1분기에서 연기된 대금 $16백만을 지급하고 추가로 $76.4백만을 조달한 것이 된다.

다이내믹 운영에 필요한 추가 자금은 $72.6백만뿐인데 왜 $76.4백만을 조달하는가? 답은 1분기 차입금에 대해 이자를 지급해야 하고 매각한 시장성 유가증권에서는 이자를 받지 못하기 때문이다.[12)]

계획에 따르면 3분기와 4분기에는 부채를 상환하고 시장성 유가증권을 사들이게 된다.

---

12) 은행 차입금에 대한 분기 이자는 0.025 × 100 = $2.5백만이다. 외상매입금 지급 연기로 상실한 할인 혜택은 0.05 × 16 = $0.8백만이다. 시장성 유가증권에서 상실한 이자는 0.02 × 25 = $0.5백만이다.

표 29.6 다이내믹 매트리스의 자금조달 계획(단위: $백만).

Visit us at
www.mhhe.com/bma

		1분기	2분기	3분기	4분기
	신규 차입금:				
1.	은행 차입금	100.0	0.0	0.0	0.0
2.	외상매입금 지급 연기	16.0	92.4	0.0	0.0
3.	합계	116.0	92.4	0.0	0.0
	상환:				
4.	은행 차입금	0.0	0.0	20.0	80.0
5.	외상매입금 지급 연기	0.0	16.0	92.4	0.0
6.	합계	0.0	16.0	112.4	80.0
7.	순 신규 차입	116.0	76.4	−112.4	−80.0
8.	증권 판매 대금 가산	25.0	0.0	0.0	0.0
9.	증권 매입액 차감	0.0	0.0	0.0	87.8
10.	조달된 현금 합계	141.0	76.4	−112.4	−167.8
	주: 누적 차입과 증권 판매				
	은행 융자	*100.0*	*100.0*	*80.0*	*0.0*
	외상매입금 지급 연기	*16.0*	*92.4*	*0.0*	*0.0*
	순 증권 판매액	*25.0*	*25.0*	*25.0*	*−62.8*
	지급이자:				
11.	은행차입금	0.0	2.5	2.5	2.0
12.	외상매입금 지급 연기	0.0	0.8	4.6	0.0
13.	매각된 증권의 이자	0.0	0.5	0.5	0.5
14.	순 지급이자	0.0	3.8	7.6	2.5
15.	영업을 위한 현금필요액	141.0	72.6	−120.0	−170.3
16.	현금필요액 합계	141.0	76.4	−112.4	−167.8

계획의 평가

표 29.6에서 본 계획은 다이내믹의 단기 자금조달 관련 문제들을 해결해 주는가? 아니다. 이 계획도 실행 가능하지만, 아마 더 잘할 수도 있을 것이다. 가장 눈에 띄는 약점은 외상매입금 지급 연기라는 매우 값비싼 자금조달원에 의존한다는 것이다. 대금 결제 연기로 분기당 5%, 실효 이자율로 연 20%가 넘는 비용이 든다. 첫 번째 계획으로 재무관리자는 비용이 더 적게 드는 단기 차입 수단을 찾아야 함을 알게 되었을 뿐이다.

또한 재무관리자는 다음 예와 같은 몇 가지 다른 질문을 해야 한다.

1. 계획에서 유동비율과 당좌비율은 만족할 만한 수준인가?[13)] 이들 비율이 나빠지면 은행이 걱정하게 된다.[14)]

2. 외상매입금 지급 연기에 무형의 비용이 드는가? 납품업자들이 다이내믹의 신용상태에 의문을 품기 시작할 것인가?

3. 2010년의 계획으로 2011년의 재무상태가 좋아지는가? (다이내믹이 연말에 단기 차입금을 상환하기 때문에 여기서 답은 '예'이다.)

13) 이들 비율에 대해서는 제28장에서 설명하였다.
14) 이들 비율을 직접 계산하지는 않았지만, 다이내믹의 차입금이 많아지는 연도 중간에는 상대적으로 낮아지고 연말에는 좋아진다고 표 29.6에서 추론할 수 있다.

4. 다이내믹은 1분기 거액의 자본 지출에 대비하여 장기 자본조달 방안을 마련하여야 하는가? 장기자산에는 장기 자본조달이 맞는다는 경험법칙에 따르면 이는 합리적이다. 이는 또한 단기 차입의 필요성을 많이 감소시킨다. 반론은 다이내믹이 자본투자 자금을 일시적으로만 단기 차입을 통해 조달하고 있다는 것이다. 투자 자금은 연말까지 영업에서 현금으로 회수될 것이다. 그러므로 장기 자본조달을 즉시 모색하지 않는다는 애초 결정은 궁극적으로 회사의 유보이익을 이용한 투자를 선호하는 것을 반영한 것일 수도 있다.
5. 단기 자금조달 문제가 쉬워지도록 기업의 운영 및 투자 계획을 조정할 수도 있다. 1분기의 거액 현금유출을 연기하는 손쉬운 방법은 없을까? 예를 들어 1분기의 대규모 자본투자는 상반기에 배달되고 설치될 매트리스 속을 채우는 신형 기계를 위한 것이라고 하자. 신형 기계는 8월이 되어야 가동 준비가 완전히 된다. 기계 제조회사를 설득하여 기계가 배달될 때는 구매가격의 60%를 지급하고 설치와 가동이 만족스러우면 나머지 40%를 지급하도록 할 수도 있을 것이다.
6. 또한 다이내믹은 다른 유동자산의 규모를 줄여서 현금을 만들 수도 있다. 예를 들어 대금 결제를 지연시키는 고객들을 다그쳐서 외상매출금을 줄일 수도 있다. (이에 대한 비용은 고객들이 앞으로는 다른 거래처로 갈 가능성이다.) 또는 매트리스 재고를 줄여서 해결할 수도 있다. (그 비용은 주문이 쏟아질 때 물량을 맞추지 못하는 것이다.)

단기 자금조달 계획은 시행착오를 통해서 수립된다. 하나의 계획을 세우고, 이에 대해 생각해 보고 나서 자금조달과 투자의 대안에 대한 다른 가정을 넣어 손질하는 것이다. 더는 계획을 향상시킬 수 없을 때까지 이 과정을 반복한다.

시행착오 과정은 회사가 직면하게 될 문제점의 실체를 이해하는 데 도움이 되기 때문에 중요하다. 여기서 계획 과정과 10장 "투자안 분석" 사이의 유사성에 대해 생각해 보는 것도 좋다. 제10장에서는 무엇이 자본 투자안을 착착 진행되게 하고, 무엇이 투자안을 망치는가를 찾는 데 사용되는 민감도 분석과 다른 기법들에 대해 설명하였다. 다이내믹의 재무관리자도 같은 유형의 과업에 직면하게 된다. 그저 계획을 선택하는 데 그치는 것이 아니라 일을 망치는 것이 무엇이고, 상황이 예상 밖으로 변하는 경우 무엇을 해야 하는지를 이해하는 것이다.[15)]

단기 재무계획 모형에 대한 부연 설명

일관성 있는 단기 계획을 수립하는 데는 엄청난 계산이 필요하다.[16)] 다행히 대부분의 계산은 컴퓨터를 이용한다. 많은 대기업들은 이를 위해 **단기 재무계획 모형**(*short-term financial planning model*)을 구축해두고 있다. 다이내믹 매트리스 같은 중소기업의 계획은 그렇게 상세하고 복잡하지 않기 때문에 PC의 스프레드시트를 이용하는 편이 더 쉽다. 두 경우 모두 재무관리자는 예측된 현금필요액이나 잉여 현금, 금리, 신용한도 등을 구체화해야 하며 모형을 통해 갈고 다듬어서 표 29.6과

15) 장기 재무계획에서는 이 점이 훨씬 더 중요하다.
16) 이 점이 의심스럽다면 표 29.6을 다시 보자. 차입은 이자 지급 의무를 수반하기 때문에 각 분기의 현금필요액은 이전 분기의 차입에 따라 달라진다는 데 유의하자. 나아가 월별이 아닌 분기별로 예측한다는 단순화 가정이 없었다면 문제의 복잡성은 세 배가 되었을 것이다.

같은 계획을 만들어야 한다.

컴퓨터를 이용하여 재무상태표나 손익계산서, 그리고 재무관리자가 요구하는 모든 특별 보고서도 만들 수 있다. 고객 맞춤형 모형을 원치 않는 중소기업은 은행이나 회계법인, 경영 컨설턴트, 전문 컴퓨터 소프트웨어 회사에서 제공하는 범용 모형을 임차할 수도 있다.

이들 모형 대부분은 그저 재무관리자가 구체화한 정책이나 가정의 결과를 계산해 낼 뿐이다. 단기 재무계획을 위한 **최적화** 모형 역시 이용 가능하다. 이들은 대개 선형계획법 모형이다. 이 모형은 재무관리자가 찾아낸 일정 범위의 정책 대안 중에서 **최상**의 계획을 골라준다. 최적화 기법은 기업이 시행착오 방법으로 **최적** 조합을 결코 찾아낼 수 없는 복잡한 문제에 직면하였을 때 도움이 된다.

물론 일련의 가정에서 최상인 계획도 가정이 잘못되면 재앙이 된다. 그래서 재무관리자는 미래 현금흐름이나 이자율 등에 관한 여러 가정 변화의 시사점들을 조사해야만 한다.

29.5 재무계획

낙타는 위원회에서 디자인한 말처럼 보이는 이상한 모양의 동물이라고들 말한다. 기업의 재무적 의사결정을 조각조각 떼어내어 결정한다면 결국 재무 낙타가 될 것이다. 이것이 재무관리자가 장기 계획을 수립하고, 기업의 장기 성장을 뒷받침하는 데 필요한 재무 활동을 고려해야 하는 이유이다. 재무와 전략이 함께 가야 할 곳이 바로 여기이다. 일관성 있는 장기 재무계획을 수립하려면 어떤 산업을 선택하고, 그 산업 내에 어떻게 자리 잡아서, 장기적으로 우월한 수익률을 창출할 수 있을지에 대한 이해가 필요하다.

전략 계획은 대규모 자본예산을 포함한다. 이 과정에서 재무계획자는 투자를 사업부서별로 봐야 하며 세부적인 것 때문에 꼼짝 못하게 되는 상황을 피해야 한다. 물론 어떤 개별 투자안은 그 규모가 매우 커서, 개별적으로도 큰 영향력을 발휘할 수 있다. 예를 들어 최근 거대 통신기업 버라이즌(Verizon)은 단독주택 고객에게 광섬유 광대역 기술을 제공하기 위해 수십억 달러를 지출할 투자안을 시작하였다. 여러분은 이 경우 투자안이 장기 재무계획의 일부로 명시적으로 분석되었을 것이라고 확신할 수 있다. 그러나 정상적인 상황에서 재무계획자는 개별 투자안을 기준으로 일을 수행하지 않는다. 대신 그들은 연 매출액에 고정자산과 단기자산의 평균 액수를 연관시키는 어림셈에 만족하며, 이들 관계의 계절적 변동에는 너무 연연하지 않을 것이다. 예를 들어 크리스마스 시즌에 매출액이 증가하여 외상매출금이 많아지는 경향과 같은 것은 좀 더 중요한 전략적인 문제에서 벗어난 불필요한 상세(detail)들이다.

왜 재무계획을 세우는가?

기업은 장기 계획을 짜려고 상당한 에너지와 시간, 자원을 소비한다. 이러한 투자로부터 기업이 얻는 것은 무엇인가?

위기대응 계획(contingency planning) 계획은 단순히 예측만 하는 것이 아니다. 예측이란 발생 가능성이 가장 큰 결과에 집중하지만, 계획자는 이뿐만 아니라 발생할 가능성이 낮은 사건에 대해서도 염려해야 한다. 잘못될 수 있는 것에 대해 미리 생각해두면, 위험 징후를 간과하지 않고 문제에 더 빨리 대응할 수 있다.

기업은 개별 투자안과 기업 전체에 대해 "만약 ~이면 어떻게 될까(what-if)"라는 질문을 하는 다양한 방식을 개발해 왔다. 예를 들어 경영자는 자주 여러 시나리오를 설정하고 자신의 의사결정을 검토한다. 한 시나리오는 이자율이 높아서 세계 경제성장을 늦추고 상품가격을 하락시킨다고 가정할 수 있다. 다른 시나리오는 국내 경제가 호황으로 높은 물가상승과 통화 약세가 있다고 가정할 수 있다. 핵심 아이디어는 피할 수 없는 예상치 못한 일에 대한 대응을 공식화하는 것이다. 예를 들어 첫해에 매출이 예상보다 10% 적게 나타나면 어떻게 할 것인가? 좋은 재무계획이란 사건이 발생함에 따라 이에 적응하는 데 도움이 되어야 한다.

옵션을 고려하기 재무계획자는 회사가 완전히 새로운 분야에 진입해서 기존의 강점을 활용할 기회가 있는지를 생각해야 한다. 그들은 자주 '전략적인' 이유로 시장에 진입할 것을 권고하기도 한다. 즉 지금 투자하는 것이 양의 순현재가치를 갖기 때문이 아니라, 새로운 시장에서 가치 있는 후속 투자기회를 얻을 수 있는 옵션을 창출할 수 있기 때문이다.

예를 들어 버라이즌의 비용이 많이 드는 광섬유 투자안은 장래에 여러 가지 홈 엔터테인먼트 서비스를 더욱 빠르게 전달하는 것과 같은 매우 가치 있는 서비스를 제공할 수 있는 실물옵션(*real option*)을 제공한다. 대규모 투자에 대한 타당성은 이러한 잠재적 성장 옵션에 달렸다.

일관성 유지하기 재무계획은 회사의 성장 계획과 자본조달 필요액의 연관성을 도출해 낸다. 예를 들어5% 성장을 예측할 때는 회사는 단지 재투자된 이익만으로도 자본 지출을 할 수 있지만, 25% 성장을 예측할 때는 자본 지출에 필요한 돈을 조달하기 위해 증권을 발행해야 할지도 모른다.

재무계획은 회사의 목표가 상호 일관성을 갖도록 한다. 예를 들어 최고경영자는 10% 이익폭과 20% 매출액 증가를 추진하고 있다고 말할 수 있다. 그러나 재무계획자는 이같이 높은 매출액 증가를 위해서는 이익폭을 줄이는 가격 인하가 필요한가를 생각해야 한다.

게다가 회계 비율로 나열된 목표는 그것이 영업 의사결정에서 무엇을 의미하는가로 번역되지 않으면 작동하지 않는다. 예를 들어 더욱 큰 이익폭은 더 높은 가격이나 더 낮은 원가, 또는 이익폭이 큰 새로운 제품에서 발생할 수 있다. 그러면 관리자는 왜 목표를 이러한 방식으로 정의하는가? 부분적으로 그러한 목표는 실제 관심사에 대해 의견을 교환하는 하나의 용어일 수 있다. 예를 들어 목표 이익폭은 매출 증가를 추구할 때 원가는 상관없다는 것을 말하는 방식일 수 있다.

문제는 모든 사람이 이 의미를 잊어버리고, 회계적 목표 그 자체를 목표로 볼 수 있는 위험이 있다는 것이다. 하위 관리자가 보상과 관련된 목표에 초점을 맞춘다고 해도 아무도 놀라지 않을 것이다. 예를 들어 폭스바겐(Volkswagen)이 6.5% 이익폭 목표를 설정했을 때 어떤 폭스바겐 그룹은 비싸고 이익 폭이 큰 차를 개발하고 판매하여 대응하였다. 이익폭은 작지만, 판매량이 많은 값싼 모델을 마케팅하는 데는 거의 주의를 기울이지 않았다. 이것이 분명해지자 폭스바겐은 이익 폭 목표를 강조하지 않았고, 대신에 투자수익률(ROI)에 초점을 맞췄다. 폭스바겐은 이러한 전환으로 경영자가 투자된 자본 $1당 가장 많은 이익을 얻도록 힘쓰기를 바랐다.

다이내믹 매트리스의 장기 재무계획

재무계획자는 종종 재무계획 모형을 사용하여 여러 대안의 영향을 검토한다. 다시 다이내믹 매트리스의 재무관리자가 단순한 스프레드시트 프로그램을 사용하여 장기 계획을 수립하는 방법을 보자.

장기 계획은 큰 그림에 관심이 있다. 따라서 장기 계획 모형을 만들 때는 일반적으로 모든 유동자산과 유동부채를 순운전자본이라는 하나의 값으로 환산한다. 표 29.7은 개별 유동자산과 유동부채가 아니라 순운전자본만 보여주는 다이내믹의 최근 요약 재무상태표이다.

다이내믹 매트리스의 경영진이 산업 분석 결과 앞으로 5년 동안 매출액과 이익이 연 20%씩 성장한다는 결론에 도달했다고 하자. 이 회사는 현실적으로 유보이익과 차입으로 필요 자금을 충당한다고 예상해야 하는가, 아니면 주식 발행을 계획해야 하는가? 스프레드시트 프로그램은 맞춤형 해법을 제공한다. 내용을 살펴보자.

자금의 원천과 사용의 기본적 관계는 다음과 같다.

외부 자금 필요액 = 운전자본 투자 + 고정자산 투자 + 배당 − 영업현금흐름

다음 세 단계를 거쳐서 다이내믹 매트리스가 얼마나 돈이 필요한가를 알아내고 이것이 부채비율에 미치는 시사점을 파악하게 된다.

단계 1 계획된 매출액 20% 증가를 가정하고 내년도 영업 현금흐름(감가상각비 + 당기순이익)을 예측한다. 표 29.8의 첫 번째 열은 지난해(2009년) 다이내믹의 영업 현금흐름을 보여준다. 이 값은 표 29.1에서 가져왔다. 나머지 열은 앞으로 5년 동안 예측치를 보여준다.

표 29.7 다이내믹 매트리스의 2008년과 2009년 말 요약 재무상태표(단위: $백만).

* 재무상태표에 순운전자본만 표시될 때, 이 수치(장기 부채와 자기자본의 합계)는 종종 총 시장가치를 말한다.

	2009	2008
순운전자본	190	140
고정자산		
총 투자	350	320
감가상각비 차감	100	80
순 고정자산	250	240
순자산 합계	440	380
장기부채	90	60
자기자본(자본금과 유보이익)	350	320
장기부채와 자기자본 합계*	440	380

	2009	2010	2011	2012	2013	2014
1. 매출액	2,200.0	2,640.0	3,168.0	3,801.6	4,561.9	5,474.3
2. 원가(매출액의 92%)	2,055.0	2,428.8	2,914.6	3,497.5	4,197.0	5,036.4
3. 감가상각비(연초 순 고정자산의 9%)	20.0	22.5	29.7	35.6	42.8	51.3
4. EBIT(1 − 2 − 3)	125.0	188.7	223.7	268.5	322.2	386.6
5. 지급이자(연초 장기부채의 10%)	5.0	9.0	23.4	31.8	42.0	54.3
6. 세금(50%)	60.0	89.8	100.1	118.3	140.1	166.2
7. 당기순이익(4 − 5 − 6)	60.0	89.8	100.1	118.3	140.1	166.2
8. 영업 현금흐름(3 + 7)	80.0	112.4	129.8	154.0	182.9	217.5

표 29.8 다이내믹 매트리스의 실제(2009년)와 예상 영업 현금흐름(단위: $백만).

단계 2 이러한 활동 증가를 뒷받침하는 데 필요한 운전자본과 고정자산의 추가 투자금액은 얼마이며 당기순이익 중 얼마를 배당으로 지급할지를 예측한다. 이들 지출의 합계가 자금의 총 사용이 된다. 자금의 총 사용이 영업에서 발생한 현금흐름보다 많으면 다이내믹은 장기 자금을 추가로 조달해야 한다. 표 29.9의 첫 번째 열은 2009년 다이내믹이 자본 $30백만을 추가로 조달해야 한다는 것을 보여준다. 나머지 열은 앞으로 5년 동안 필요한 자금을 예측한다. 예를 들어 다이내믹이 계획한 성장률로 확장하고 주식을 추가로 발행하지 않으면 2010년에 $144.5백만의 부채를 조달해야 한다는 것을 볼 수 있다.

단계 3 마지막으로, 자산과 부채, 자기자본 증가액을 반영하는 추정 재무상태표를 작성한다. 예를 들어 표 29.10의 첫 번째 열은 다이내믹 매트리스의 최근 요약 재무상태표를 보여준다. 나머지 열은 유보이익(순이익 빼기 배당)의 증가로 자기자본이 증가하였고, 장기 부채는 꾸준히 증가하여 $691백만이 되었다.

다이내믹 매트리스는 5년 동안 추가로 $601백만을 차입할 것으로 예상하며, 2014년까지 부채비율은 20%에서 54%로 상승할 것이다. 지급이자는 아직 이익으로 충분히 충당할 수 있고 대부분 재무관리자는 이 정도의 부채는 잘 감당할 수 있다. 그러나 이 회사는 5년 후에는 이 비율로 계속 차입할 수 없다. 부채비율은 이 회사의 은행과 채권자가 설정한 한계에 가까워질 것이다.

명백한 해결책은 부채와 자기자본을 혼합하여 발행하는 것이지만, 재무관리자는 여러 가지

	2009	2010	2011	2012	2013	2014
자금의 원천:						
1. 순이익 + 감가상각비	80.0	112.4	129.8	154.0	182.9	217.5
자금의 사용						
2. 순운전자본(NWC)의 증가 NWC = 매출액의 11% 가정	50.0	100.4	58.1	69.7	83.6	100.4
3. 고정자산 투자 순 고정자산 = 매출액의 12.5% 가정	30.0	102.5	95.7	114.8	137.8	165.4
4. 배당(순이익의 60%)	30.0	53.9	60.1	71.0	84.1	99.7
5. 자금의 총 사용(2 + 3 + 4)	110.0	256.8	213.9	255.5	305.5	365.4
6. 외부 자금 필요액(1 – 5)	30.0	144.5	84.0	101.6	122.6	147.9

표 29.9 다이내믹 매트리스의 실제(2009년)와 외부 자금조달 필요액(단위: $백만).

	2009	2010	2011	2012	2013	2014
순운전자본	190	290.4	348.5	418.2	501.8	602.2
순 고정자산	250	330.0	396.0	475.2	570.2	684.3
순자산 합계	440	620.4	744.5	893.4	1072.1	1286.5
장기부채	90	234.5	318.5	420.0	542.7	690.6
자기자본	350	385.9	426.0	473.3	529.4	595.8
장기부채와 자기자본 합계	440	620.4	744.5	893.4	1072.1	1286.5

표 29.10 다이내믹 매트리스의 실제(2009년)와 예상 재무상태표(단위: $백만).

다른 가능성도 검토해야 한다. 한 가지 선택은 급속히 성장하는 이 기간에는 배당을 유보하는 것이다. 다른 대안은 순운전자본을 줄일 수 있는가 검토해보는 것이다. 예를 들어 재고자산을 줄이거나 외상매출금 수금을 빠르게 하는 것이다. 이 모형은 이러한 대안을 쉽게 검토할 수 있게 한다.

앞에서 재무계획이란 가장 가능성이 큰 상황에 대응하는 방법만을 조사하는 것이 아니라고 설명하였다. 가능성이 낮은 상황에도 대비해야 한다. 예를 들어 경영자는 다이내믹 매트리스가 매출액과 이익률의 경기순환적인 감소에 대응할 수 있는가를 확인해야 한다. 민감도 분석이나 시나리오 분석은 이에 도움이 된다.

모형 설계의 함정

우리가 개발한 다이내믹 매트리스 모형은 실제 응용하기에는 너무 단순하다. 이를 개선할 몇 가지 방법이 떠오를 것이다. 예로, 발행주식을 추적하고 주당 순이익이나 배당금을 계산한다. 또는 현재 운전자본 안에 묻혀 있는 단기 대여금과 차입금을 구별할 수도 있다.

우리가 다이내믹 매트리스를 위해 개발한 모형은 **매출액 백분율 모형**(*percentage of sales model*)이라고 한다. 회사에 대한 예측치 대부분은 매출액 추정치에 비례한다. 그러나 현실에서는 많은 변수가 매출액에 비례하지 않을 것이다. 예를 들어 운전자본의 주요 구성요소인 재고자산과 현금잔고는 대개 매출액보다 낮은 비율로 증가한다. 더구나 공장이나 기계장치와 같은 고정자산은 매출액 증가분처럼 조금씩 증가하지 않는다. 다이내믹 매트리스의 공장은 아마도 완전 조업도 미만으로 운영되었을 것이고 따라서 초기에는 설비 증가 없이도 생산량을 늘릴 수 있다. 그러나 매출액이 계속 증가하면 결국 회사는 공장과 설비에 대규모 신규 투자를 해야 한다.

그러나 너무 복잡해지지 않도록 조심하라. 항상 모형을 더 크고 상세하게 만들려는 유혹이 있다. 일상적으로 사용하기에는 벅찰 만큼 철저한 모형을 만들 수도 있다. 상세함의 환상에 빠지게 되면 주식 발행이나 배당정책과 같은 핵심적인 의사결정에 대한 주의가 산만해진다.

계획의 선택

재무계획 모형은 경영자가 핵심적인 재무 변수를 일관성 있게 예측하는 데 도움을 준다. 예를 들어, 다이내믹 매트리스의 가치를 평가하려면 미래 잉여 현금흐름 예측치를 알 필요가 있다. 우리의 재무계획 모형으로부터 계획기간 말까지 이러한 수치를 쉽게 도출한다.[17] 그러나 계획 모형은 이 계획이 최적인가를 알려주지 않는다. 모형은 어떤 대안이 검토할 가치가 있는가도 알려주지 않는다. 예를 들어 다이내믹 매트리스는 급속한 매출액과 주당순이익 증가를 계획하고 있음을 알고 있다. 그렇지만 이것이 주주에게 좋은 소식인가? 아마도 꼭 그렇지는 않을 것이다. 이는 다이내믹 매트리스가 투자할 때 필요한 자본의 기회비용에 달렸다. 신규 투자로 자본비용 이상을 번다면, NPV가 양(+)이어서 주주의 부를 증가시킬 것이다. 신규 투자로 자본비용보다 적게 번다면, 지속

17) Rio Corporation의 잉여 현금흐름을 잘 설명해 주는 표 19.1을 다시 보자. 재무계획 모형은 이러한 수치들을 구하는 자연스러운 도구이다.

적으로 이익이 증가하더라도 주주의 부를 감소시킨다.

다이내믹 매트리스가 조달해야 할 자본의 규모는 이익의 60%를 배당으로 지급한다는 의사결정에 따라 달라진다. 그러나 재무계획은 이 수준의 배당이 합리적인지 또는 부채와 자기자본을 어떤 비율로 조달해야 하는지를 우리에게 말해주지 않는다. 결국 경영자가 결정해야 한다. 정확히 어떻게 선택해야 하는지 설명하고 싶지만 그럴 수가 없다. 재무계획과 의사결정에서 만나는 모든 복잡함을 포괄하는 모형은 없다.

실제로 그런 것은 앞으로도 절대 나타나지 않을 것이다. 이 과감한 표현이 브릴리와 마이어스, 앨렌(Brealey, Myers, Allen)의 제3법칙(Third Law)이다.[18)]

공리: 미해결 문제의 수는 무한대이다.

공리: 인간이 염두에 둘 수 있는 미해결 문제의 수는 언제나 10개까지로 제한된다.

법칙: 그러므로 생각해 볼 수는 있지만 정해진 해법이 없는 10개 정도의 문제가 어느 분야든 항상 존재한다.

BMA의 제3법칙은 최상의 재무전략을 제시하는 모형이 없음을 의미한다.[19)]

29.6 성장과 외부 자금조달

이 장 서두에서 재무계획은 경영진이 성장과 투자, 자금조달 목표에 일관성을 가지게 한다고 설명하였다. 재무계획 관련 주제를 끝내기 전에 기업의 성장 목표와 자금조달 필요성 사이의 일반적인 관계에 대하여 살펴볼 필요가 있다.

2009년 말 다이내믹 매트리스의 고정자산과 운전자본은 \$440백만임을 기억하자. 2010년에는 \$35.9백만을 내부유보할 계획이므로 순자산은 35.9/440 = 8.16% 증가한다. 그러므로 다이내믹 매트리스는 추가 자본조달 없이 8.16% 성장할 수 있다. 한 기업이 외부자금 없이 달성할 수 있는 성장률을 **내부성장률(internal growth rate)**이라고 한다. 다이내믹 매트리스는 다음과 같다.

$$\text{내부성장률} = \frac{\text{유보이익}}{\text{순자산}} = 8.16\%$$

내부성장률을 표현하는 이 식의 분자와 분모에 당기순이익과 자기자본을 곱하면 내부성장률 결정요인에 대해 더 많은 통찰력을 얻게 된다.

$$\text{내부성장률} = \frac{\text{유보이익}}{\text{당기순이익}} \times \frac{\text{당기순이익}}{\text{자기자본}} \times \frac{\text{자기자본}}{\text{순자산}}$$

다이내믹 매트리스는 2010년에 당기순이익의 40%를 내부유보하고 연초의 자기자본에 대해

18) 제2법칙(Second Law)은 제10.1절에 나와 있다.

19) 일정한 가정과 제약조건에서 최상의 전략을 찾는 선형계획 모형을 구성하는 것이 가능하다. 대안이 되는 재무전략들을 걸러내는 데는 이런 모형이 더 효과적일 수 있다.

25.66%의 이익률을 올릴 것으로 기대된다. 연초 다이내믹 매트리스 순자산의 79.55%는 자기자본이었다. 그러므로 내부성장률은 다음과 같다.

$$\text{내부성장률} = 0.40 \times 0.2566 \times 0.7955 = 0.0816, \text{ 즉 } 8.16\%$$

다이내믹 매트리스가 자기자본 증가 없이 이보다 더 빠르게 성장하고자 한다면 (1) 이익에서 더 많은 비율을 내부유보하거나, (2) 더 높은 자기자본이익률(ROE)을 올리거나, (3) 더 낮은 부채-자기자본 비율을 가져야 한다는 데 유의하자.[20)]

회사가 외부 자금조달 없이 얼마나 빠르게 성장할 수 있는지에 초점을 맞추는 대신에 추가 자기자본 발행 없이 유지되는 성장률에 관심이 있을 수도 있다. 물론 기업은 충분한 부채를 조달하여 어떤 성장률에 필요한 자금도 충족할 수 있다. 기업은 자기자본이 유보이익에 의해 증가한 만큼 부채를 이용하여 최적자본구조를 유지한다고 가정하는 것이 더 합리적이다. 그러므로 이 기업은 부채-자기자본 비율을 일정하게 유지하는 데 충분한 만큼만 부채를 발행하게 된다. **유지가능 성장률(sustainable growth rate)**은 기업이 재무 레버리지를 증가시키지 않으면서 유지할 수 있는 최대 성장률이다. 유지 가능한 성장률은 오직 내부유보율과 자기자본이익률에 의해 결정된다.

$$\text{유지 가능한 성장률} = \text{내부유보율} \times \text{자기자본이익률}$$

다이내믹 매트리스는 다음과 같다.

$$\text{유지 가능한 성장률} = 0.40 \times 0.2566 = 0.1026, \text{ 즉 } 10.26\%$$

이 식은 제4장에서 보통주 가치를 평가할 때 처음 보았다.

이 단순한 공식들은 기업이 부채에 의존하여 단기간 급속히 성장할 수 있지만, 그러한 성장은 과도한 부채 없이는 유지될 수 없다는 점을 상기시킨다.

요약

단기 재무계획은 기업의 단기, 즉 유동자산과 유동부채 관리에 관한 것이다. 가장 중요한 유동자산은 현금과 시장성 있는 유가증권, 외상매출금, 재고자산이다. 가장 중요한 유동부채는 단기 차입금과 외상매입금이다. 유동자산 빼기 유동부채를 (순)운전자본이라고 한다.

기업의 단기 재무계획 문제의 성격은 장기 자본조달 규모에 의해 결정된다. 거액의 채권이나 주식을 발행한 기업이나 이익의 상당한 부분을 유보하는 기업은 영구적인 잉여 현금을 가지게 된다. 그러면 대금결제에 어떤 문제도 없으며 단기 재무계획은 시장성 있는 유가증권 포트폴리오 관리로 이루어진다. 많은 잉여 현금을 보유하는 기업은 단기적인 위기에 대응할 시간을 벌 수 있다. 단기간에 현금 조달이 어려운 성장기업에는 이것이 중요하다. 그러나 많은 현금을 보유하면 자기만족에 빠질 수 있다. 영구적인 잉여 현금이 있는 기업은 남는 현금을 주주들에게 돌려줄 것을 생각해봐야 한다.

20) 그렇지만 자산이 8.16%만 증가하는 경우 자기자본이익률(ROE)이 25.66%를 유지하려면, 총자산회전율 또는 매출액이익률 둘 중 하나는 높아져야만 한다.

Visit us at www.mhhe.com/bma

다른 기업들은 장기자본을 상대적으로 적게 조달하여 영구적인 단기 차입자가 된다. 대다수 기업은 고정자산 전부와 유동자산 일부를 자기자본 및 장기 부채로 조달하는 황금률을 실천하고자 한다. 그런 기업들은 1년 중 어떤 시기에는 현금 잉여가 있으며 다른 시기에는 차입을 하게 된다.

단기 재무계획의 출발점은 현금의 원천과 사용처를 찾아내는 것이다. 기업은 외상매출금 수금액 예측치에 다른 현금유입액을 더한 값에서 현금지출 총액을 차감하여 순 현금필요액을 예측한다. 예측된 현금잔고가 일상적인 운영 자금에 못 미치고 우발상황에 대한 완충 효과를 제공하지 못할 때에는 새로운 자금원을 찾아야 한다. 최상의 단기 재무계획은 불가피하게 시행착오 과정을 거쳐 찾아내게 된다. 재무관리자는 현금필요액이나 금리, 자금원 등등에 대한 가정이 달라질 때 결과가 어떻게 달라지는지를 조사해야만 한다. 기업은 전산화된 재무모형을 사용하여 이러한 과정에서 도움을 받는다. 모형의 종류는 단순히 계산에 도움이 되는 스프레드시트 프로그램부터 최상의 재무계획을 찾아내는 선형계획법 모형에 이르기까지 다양하다.

단기 재무계획은 다음 해 현금흐름에 초점을 맞춘다. 그러나 재무관리자는 또한 기업의 앞으로 5~10년 동안 성장 계획을 뒷받침하는 데 필요한 재무적 조치를 고려해야 한다. 따라서 대부분 기업은 전략을 기술하고 그 전략에 따른 재무적 결과를 예상하는 장기 재무계획을 준비한다. 이 계획은 재무 목표를 세우고 후속 성과를 평가하는 기준이 된다.

이 계획을 수립하는 과정 그 자체도 가치가 있다. 첫째, 계획으로 재무관리자들은 기업의 모든 투자결정과 자본조달결정의 결합 효과에 대해 생각하게 된다. 이들 의사결정은 상호작용을 하며, 독립적으로 이루어질 수 없으므로 중요하다. 둘째, 계획 과정에서 재무관리자는 기업의 진로를 방해할 수 있는 사건들을 고려하게 되고 예상 밖의 불행한 일이 있을 때 반격을 위한 여력을 갖도록 하는 전략을 개발하게 된다.

최적 재무전략으로 곧바로 안내해 주는 이론이나 모형은 없다. 단기 재무계획을 작성할 때, 미래에 대한 여러 가정에서 다양한 전략들을 검토할 수 있다. 시행착오 과정에서 이루어지는 수십 가지 예측은 엄청난 양의 계산이 필요하다. 우리는 다이내믹 매트리스의 장기 전략 분석에 단순한 스프레드시트 모형을 사용하는 방법을 보았다.

더 읽어야 할 문헌

다음은 유동성 관리와 단기 재무계획에 관한 교재이다.

J. G. Kallberg and K. Parkinson, *Corporate Liquidity Management and Measurement*, (Burr Ridge, IL: Irwin/McGraw-Hill, 1996).

다음 교재에서 장기 재무모형을 다루고 있다.

J. R. Morris and J. P. Daley, *Introduction to Financial Models for Management and Planning*, (Boca Raton, FL: Chapman & Hall/CRC Finance Series, 2009).

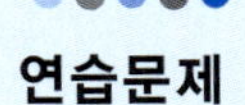

연습문제

기본문제

1. 다음에 나열된 여섯 가지는 다이내믹 매트리스가 취할 수 있는 거래이다. 각각의 거래가 (a) 현금과 (b) 운전자본에 어떻게 영향을 미치는지 설명하라.
   i. 추가로 $1천만의 현금배당 지급
   ii. 이전 판매 대금 $2,500 수금
   iii. 납품업자에게 미지급되었던 $50,000 지급

Visit us at www.mhhe.com/bma

iv. 장기로 $1천만을 차입하고 그 대금을 재고자산에 투자
v. 단기로 $1천만을 차입하고 그 대금을 재고자산에 투자
vi. 시장성 있는 유가증권을 매각하고 현금 $5백만을 받음

2. 다음 사건이 회사의 재무상태표에 어떤 영향을 미치는지 설명하라. 각각의 변화가 현금의 원천인지 사용인지 여부를 설명하라.

a. 어느 자동차 제조회사는 수요증대를 예상하고 생산을 증가시켰다. 불행히도 수요는 증가하지 않았다.
b. 경쟁 때문에 회사는 고객이 구매대금 결제를 늦출 수 있도록 하였다.
c. 상품 가격의 상승으로 원재료 재고의 가치가 20% 높아졌다.
d. 회사는 땅 일부를 $10만에 매각하였다. 이 땅은 5년 전에 $20만에 산 것이다.
e. 회사는 자사주를 재매입하였다.
f. 회사는 분기 배당금을 두 배로 늘렸다.
g. 회사는 장기 채권 $1백만어치를 발행하고 그 대금으로 단기 은행 차입금을 상환하였다.

3. 다음은 National Bromide의 2010년 첫 4개월 매출액 예측치이다(단위는 $천).

	1월	2월	3월	4월
현금 매출액	15	24	18	14
외상매출금	100	120	90	70

평균적으로 외상매출금의 50%는 당월에 결제되고 30%는 다음 달, 나머지는 그다음 달에 결제된다. 3월과 4월의 영업으로 인한 기대 현금흐름은 얼마인가?

4. Dynamic Futon은 납품업자에게서 다음과 같이 구매할 계획이다.

	1월	2월	3월	4월	5월	6월
상품 가치($백만)	32	28	25	22	20	20

a. 대금의 50%는 상품이 배달되면 지급한다. 나머지는 평균적으로 1개월 후에 지급한다. 연초 외상매입금이 $2천2백만이라면 달마다 외상매출금 예상액은 얼마인가?
b. 연초부터 회사는 외상매입금 지급을 연기하여 40%는 1개월 후에, 20%는 2개월 후에 결제하기로 하였다고 하자(나머지는 배달되면 지급). 결제 지연에 대한 현금 페널티는 없다고 가정하고 월별 외상매입금을 계산하라.

5. 다음 사건은 제29.2절과 29.3절에 있는 표에 영향을 준다. 괄호 안에 있는 표를 수정하여 각 사건이 미치는 영향을 설명하라.

a. 2009년 다이내믹은 단기부채 $1천만을 상환하였다(표 29.2와 29.3).
b. 2009년 다이내믹은 추가로 장기 부채 $4천만을 조달하고 $2천5백만을 들여 새로 창고를 지었다(표 29.1~29.3).
c. 2009년 다이내믹은 매트리스 내용물의 양을 줄였다. 고객들은 이를 모르지만, 영업비용은 10% 하락하였다(표 29.1~29.3).
d. 2010년 3분기 초부터 다이내믹은 새로 직원을 채용하였는데 이들은 고객이 더 빨리 결제하도록 설득하는 데 매우 효과적이었다. 그 결과 매출액의 90%가 즉시 결제되고 10%는 다음 분기에 결제된다(표 29.4와 29.5).
e. 2010년 1분기 초부터 다이내믹은 분기당 임금을 $2천만 삭감하였다(표 29.5).

Visit us at www.mhhe.com/bma

손익계산서			
매출액	$1,000	(평균 자산의 40%)*	
원가	750	(매출액의 75%)	
지급이자	25	(연초 부채의 5%)**	
세전 이익	225		
세금	90	(세전 이익의 40%)	
순이익	$135		
재무상태표			
자산	$2,600	부채	$500
		자기자본	2,100
합계	$2,600	합계	$2,600

표 29.11 Drake's Bowling Alleys의 재무제표, 2011(단위: $천). 연습문제 7 참조.

*2010년 말 자산은 $2,400,000
**2010년 말 부채는 $500,000

f. 2010년 2분기에 사용하지 않는 창고에 원인 모를 불이 났다. 다이내믹은 보험회사에서 수표로 $5천만을 받았다(표 29.5).

g. 다이내믹의 회계담당자는 영업 현금잔고를 $1천만으로 맞추기로 하였다(표 29.5).

6. 다음은 맞는가, 틀리는가?

a. 재무계획은 위험을 최소화하려고 해야 한다.

b. 재무계획의 주요 목표는 미래 현금흐름과 이익에 대한 더 나은 예측을 얻는 것이다.

c. 재무계획은 자본조달결정과 투자결정이 상호작용하여, 따로 이루어져서는 안 되므로 필요하다.

d. 기업의 계획기간은 거의 3년을 초과하지 않는다.

e. 재무계획에는 정확한 예측이 필요하다.

f. 재무계획 모형은 가능한 한 자세해야 한다.

7. 표 29.11은 Drake's Bowling Alleys의 2011년도 손익계산서와 연도 말 재무상태표이다. Drake의 재무관리자는 2012년에 매출액과 비용이 10% 증가할 것으로 예측하였다. 총자산회전율(ratio of sales to *average* assets)은 0.40을 유지할 것으로 기대된다. 부채에 대한 이자율은 연초에 5%로 예상된다.

a. 2012년 말 자산은 얼마라는 의미인가?

b. 당기순이익의 50%를 배당으로 지급한다면 Drake는 2012년에 자본시장에서 얼마의 현금을 조달해야 하는가?

c. 만약 Drake가 주식 발행을 원치 않는다면, 2012년 말의 부채비율은?

8. 표 29.12에는 Archimedes Levers의 요약 재무제표가 나와 있다. 2011년에 매출액은 10% 증가하고 부채를 포함한 다른 모든 항목도 이에 상응하여 증가하는 경우 잔여항목은 무엇이겠는가? 금액을 계산하라.

9. (연습문제 8번 참조) 배당성향이 50%라면, 다음 경우 Archimedes가 달성 가능한 최대 성장률은 얼마인가? (a) 외부 차입이나 주식 발행이 없음. (b) 주식 발행 없이 일정한 부채비율을 유지함.

중급문제

10. 표 29.13은 Ritewell Publishers의 예산 자료 일부이다. 매출액의 반은 즉시 현금으로 받고, 나머지 반은 1개월 후에 수금된다. 회사는 모든 신용구매에 대해서 1개월 후에 결제한다. 1월의 매출액은 $180, 신용구매는 $30이다. 표 29.14의 현금 예산을 완성하라.

Visit us at www.mhhe.com/bma

표 29.12 Archimedes Levers의 재무제표(2010). 연습문제 8과 9 참조.

손익계산서					
매출액	$4,000				
원가, 이자 포함	3,500				
순이익	$500				
재무상태표					
	2010	2009		2010	2009
자산	$3,200	$2,700	부채	$1,200	$1,033
			자기자본	2,000	1,667
합계	$3,200	$2,700	합계	$3,200	$2,700

표 29.13 Ritewell Publisher의 예산 자료의 일부. 연습문제 10 참조.

	2월	3월	4월
매출액	$200	$220	$180
원재료 매입			
현금결제	70	80	60
신용구매	40	30	40
기타 비용	30	30	30
세금, 이자, 배당	10	10	10
자본투자	100	0	0

표 29.14 Ritewell Publisher의 현금예산. 연습문제 10 참조.

	2월	3월	4월
현금의 원천:			
현금매출액			
외상매출금 수금액			
현금의 원천 합계			
현금의 사용			
외상매입금 결제			
원자재 현금구매			
기타 비용			
자본지출			
세금, 이자, 배당			
현금의 사용 합계			
순 현금유입액			
기초의 현금	100		
+ 순 현금유입액			
= 기말의 현금			
+ 최소 영업 현금잔고	100	100	100
= 누적 단기 자금조달 필요액			

11. 한 기업이 30일이 지나서 결제한다면 당 분기에는 구매금액의 몇 %를 결제하는가? 다음 분기에는? 60일이 지나서 결제한다면 어떻게 되는가?

Visit us at www.mhhe.com/bma

12. 다음 사건으로 표 29.6의 어느 항목이 영향을 받게 되는가?
   a. 이자율 상승
   b. 납품업자가 결제 지연에 대한 이자 요구
   c. 다이내믹은 국세청으로부터 전년도 미납 세금을 내라는 예상 밖의 고지서를 3분기에 받음
13. 표 29.15는 다이내믹 매트리스의 2007년 말 재무상태표를, 표 29.16은 2008년 손익계산서를 보여주고 있다. 2008년 현금흐름표를 작성하라. 항목들을 현금의 원천과 사용으로 묶어라.

14. 신용한도가 \$1억에서 \$1억 2천만으로 높아졌다고 가정하고 다이내믹 매트리스 회사의 단기 자금조달 계획을 수립하라. 그 외에는 표 29.6 작성에 사용된 가정을 계속 사용하라.
15. 다이내믹 매트리스는 매트리스 속을 채우는 신형 기계를 사지 않고 리스하기로 하였다. 그 결과 1분기의 자본 지출은 \$5천만 감소하였지만, 회사는 4분기 동안 분기마다 \$250만을 지급하여야 한다. 리스는 4번째 분기까지 세금에 영향을 주지 않는다고 가정하자. 표 29.5 및 29.6과 유사한 표를 만들어서 다이내믹의 누적 자금조달 필요액과 신규 자금조달 계획을 나타내라. 답을 이 책의 웹사이트 **www.mhhe.com/bma**에 있는 실제 스프레드시트를 이용하여 확인하라.
16. 다이내믹 매트리스의 장기 계획 모형은 하향식(top-down) 재무모형의 한 예이다. 일부 기업들은 개별 제품의 매출액과 비용 예측치, 그리고 광고계획, 투자계획 등등을 포함하는 상향식(bottom-up) 재무계획 모형을 이용한다. 어떤 종류의 기업들이 어떤 이유 때문에 각 유형의 모형을 사용하겠는가?

유동자산:		유동부채:	
현금	\$ 20	은행차입금	\$ 20
시장성 유가증권	10	외상매입금	75
외상매출금	110	유동부채 합계	95
재고자산	100		
유동자산 합계	240	장기부채	25
		순자산가치 (자기자본과 유보이익)	300
고정자산:			
총 투자액	250		
감가상각비 차감	70		
순 고정자산	180		
총자산	420	총 부채와 순자산가치	420

표 29.15 다이내믹 매트리스의 2007년 말 재무상태표(단위: \$백만). 연습문제 13 참조.

매출액	\$1,500
영업비용	1,405
	95
감가상각비	10
	85
지급이자	5
세전 이익	80
세금(50%)	40
당기순이익	40

표 29.16 다이내믹 매트리스의 2008년 손익계산서(단위: \$백만).

주: 배당=\$30. 유보이익=\$10.

Visit us at www.mhhe.com/bma

17. 기업의 재무계획은 종종 성과 판단의 기준으로 이용된다. 그러한 비교에서 무엇을 배울 수 있다고 생각하는가? 어떤 문제가 있을 수 있으며 어떻게 해결해 나가겠는가?

18. 다이내믹 매트리스 모형에서 잔여항목은 차입이다. 잔여항목(*balancing item*)은 무엇을 의미하는가? 대신에 배당이 잔여항목이면 모형은 어떻게 변할까? 이 경우 계획된 차입금은 어떻게 결정되어야 한다고 제안하겠는가?

19. 연습문제 18번에 대한 답을 근거로 다이내믹 매트리스를 위한 새 모형을 만들어라. 2010년에 실행 가능한 재무계획이 되었는가? (힌트: 실행이 어려운 경우 주식을 발행할 수 있다.)

eXcel
Visit us at
www.mhhe.com/bma

20. a. 교재 웹사이트 **www.mhhe.com/bma**의 '온라인' 스프레드시트에 있는 다이내믹 매트리스 모형(표 29.8~29.10)을 사용하여 2010년과 2011년에 대하여 추정 손익계산서와 재무상태표, 현금흐름표를 작성하라. 매출액과 비용, 그리고 고정자산과 운전자본은 연 30%씩 증가하고 다른 것은 보통 때와 같다고 가정한다. 이자율은 10%에 머물 것으로 예측되며 주식 발행은 고려하지 않는다. 다이내믹 매트리스는 60%의 배당성향을 고수한다.

b. 이 계획에서 부채비율과 이자보상률은 얼마인가?

c. 회사는 성장에 필요한 자금을 계속 차입으로 충당할 수 있는가?

21. 표 29.17에는 Eagle Sport Supply의 재무제표가 나와 있다. 단순함을 위해 '비용'에는 이자가 포함된다. Eagle의 자산은 매출액에 비례한다고 가정한다.

a. Eagle이 60%의 배당성향을 유지하고 2012년에 15% 성장한다는 계획에서 Eagle에 필요한 외부자금은?

b. 신주를 발행하지 않기로 하였다면 어떤 변수가 잔여항목이 되어야 하는가? 그 값은 얼마인가?

c. 이제는 장기 부채를 $1,100까지만 증가시킬 계획이며 신주 발행은 피하려 한다고 하자. 이제 배당이 잔여항목인 이유는 무엇인가? 그 값은 얼마인가?

22. a. 연습문제 21번을 참조하라. 배당성향이 60%로 정해졌고 자기자본 대 총자산 비율(equity-to-asset ratio)은 2/3로 정해졌을 때 Eagle Sports의 내부성장률은 얼마인가?

b. 유지 가능한 성장률은 얼마인가?

23. Bio-Plasma Corp.는 연 30%씩 성장하고 있다. 모든 자금은 자기자본으로 조달하며 총자산은 $1백만이다. ROE는 20%, 내부유보율은 40%이다.

a. 내부성장률은 얼마인가?

b. 올해 외부 자금조달 필요액은?

표 29.17 Eagle Spot Supply의 2011년 재무제표. 연습문제 21 참조.

손익계산서	
매출액	$950
비용	250
세전 이익	700
세금 (세율 = 28.6%)	200
당기순이익	$500

대차대조표(연말)	2011	2010		2011	2010
자산	$3,000	$2,700	부채	$1,000	$ 900
			자기자본	2,000	1,800
합계	$3,000	$2,700	합계	$3,000	$2,700

Visit us at www.mhhe.com/bma

c. 배당성향을 0으로 낮추면 내부성장률은 얼마까지 높일 수 있는가?

d. 그러한 정책으로 외부 자금조달 필요액을 얼마까지 줄일 수 있는가? 배당정책과 외부 자금조달 필요액 사이의 관계에 대해 어떤 결론을 내리겠는가?

도전문제

24. 표 29.18은 2010년도 Executive Cheese Company의 재무제표이다. 연간 감가상각은 연초 고정자산의 10%와 신규투자의 10%를 합한 금액이다. 이 회사는 앞으로 5년간 매년 고정자산에 $200,000를 투자할 예정이며 순운전자본은 고정자산의 일정한 비율로 유지될 것이다. 매년 초의 총자산회전율은 1.75를 유지할 것으로 예측하고 있다. 고정비는 $53,000, 변동비는 매출액의 80%에 머물 것으로 예측된다. 회사의 정책은 당기순이익의 2/3를 배당으로 지급하고 장부기준 부채비율은

표 29.18 Executive Cheese Company의 재무제표, 2010(단위: $천).

손익계산서		
매출액		$1,785
고정비		53
변동비(매출액의 80%)		1,428
감가상각비		80
지급이자(이자율 11.8%)		24
세금(세율 40%)		80
당기순이익		$ 120
재무상태표(연말)		
	2010	2009
자산:		
순운전자본	$ 400	$ 340
고정자산	800	680
총자산	$1,200	$1,020
부채:		
부채	$ 240	$ 204
자기자본	960	816
부채와 자기자본 합계	$1,200	$1,020
현금흐름표		
원천:		
순이익		$120
감가상각비		80
차입금		36
주식발행		104
원천 합계		$340
사용:		
순운전자본 증가		$ 60
투자		200
배당		80
사용 합계		$340

Visit us at www.mhhe.com/bma

20%를 유지하는 것이다.

a. 표 29.8~29.10에서처럼 Executive Cheese의 모형을 만들어라.

b. 당신의 모형을 이용하여 2011년도 재무제표를 작성하라.

실시간 데이터분석

STANDARD &POOR'S

http://finance.yahoo.com 또는 Market Insight 데이터베이스(**www.mhhe.com/edumarketinsight**)에서 한 기업의 재무제표를 찾아 미래 성장률과 그 성장을 뒷받침하는 데 필요한 자산을 예측하라. 그다음 스프레드시트 프로그램을 이용하여 5년 재무계획을 수립하라. 계획된 성장률을 달성하려면 어떤 자금조달이 필요한가? 이 회사가 예측오차에 영향을 받는 정도는?

Visit us at www.mhhe.com/bma

운전자본관리

이 책의 대부분은 자본예산과 자본구조 같은 장기 재무결정에 할애되었다. 이제 단기 자산과 부채의 관리를 살펴볼 시점이다. 이제 단기, 즉 **유동**, 자산과 부채는 한데 묶어서 **운전자본(working capital)**이라고 한다. 표 30.1은 2009년 미국 제조기업 전체의 운전자본을 종류별로 분류한 내용을 보여준다. 유동자산이 유동부채보다 크다는 데 주목하라. **순 운전자본**(유동자산 - 유동부채)은 양수이다.

또한 여러 산업에서 운전자본의 상대적 중요도를 보여주는 그림 30.1을 살펴보자. 예를 들어 텔레콤회사들은 총자산의 절반 이상이 유동자산으로 구성되어 있는 데 비해 철도회사들은 유동자산의 비율이 10% 미만이다. 어떤 회사들에서는 '유동자산'이 주로 재고자산이다. 다른 회사들에는 유동자산이 외상매출금이나 현금을 의미한다. 예를 들어 소매회사들에서는 재고자산이 유동자산의 대부분을 차지하지만, 석유회사에서는 외상매출금이 더 중요하고, 현금과 단기 증권은 소프트웨어회사 유동자산의 큰 부분을 점유하고 있다.

네 가지 주된 형태의 유동자산에 초점을 맞추면서 운전자본관리에 관한 논의를 시작한다. 먼저 재고자산의 관리부터 살펴본다. 영업을 하기 위해 기업은 원자재와 재공품(work in process), 그리고 완제품의 비축이 필요하다. 그러나 이런 재고자산은 보관하는 데 비용이 많이 들고, 자본을 묶어 놓는다. 그러므로 재고자산관리는 대규모 재고를 보유하는 데 따르는 이득과 그 비용 간의 교환관계(trade-off)와 관련되어 있다. 제조업체에서는 생산관리자가 이런 판단을 하기에 가장 좋은 위치에 있으며, 재무관리자는 보통 재고자산관리에는 직접 관련되지 않는다. 그래서 이 주제에 관해서는 다른 유동자산의 관리보다는 적게 시간을 할애한다.

두 번째 과제는 **외상매출금(accounts receivable)**을 살펴보는 것이다. 기업은 빈번히 상품을 외상으로 판매한다. 따라서 수금을 하는 데 몇 주 또는 몇 달이 걸릴 수 있다. 이런 미수금은 계정에 받을 어음(receivables)으로 나타난다. 회사의 신용관리자가 지불조건을 어떻게 설정하고, 어떤 고객에게 신용을 주며, 어떻게 그들이 빨리 지불하도록 하는지를 설명한다.

다음 과제는 회사의 현금잔고에 관해 논의하는 것이다. 현금관리자는 두 가지 주된 문제에 당면한다. 첫 번째 문제는 회사가 얼마나 많은 현금을 보유해야 하는지, 따라서 이자를 발생시키는 유가증권에 얼마를 투자해야 하는지를 결정하는 것이다. 두 번째는 현금 지불이 효율적으로 다루어지도록 확인하는 것이다. 누구든지 회사로 들어오는 수표를 은행에 예치할 때까지 서랍에 처박아 두기를 원치 않는다. 가능한 한 빨리 은행계좌로 돈이 들어오기를 원한다. 기업이 돈을 효율적으로 회전시키기 위해 사용하는 몇몇 기법을 설명한다.

금방 필요하지 않은 현금은 보통 다양한 단기 증권에 투자한다. 이들 중 어떤 것은 문자 그대로 다음날 상환한다. 다른 증권은 몇 달 후에 만기가 될 수도 있다. 제30.4절에서 이들 증권의 각기 다른 특징을 설명하고 이들 증권의 수익률을 어떻게 서로 비교하는지를 보여준다.

많은 기업에 있어서 문제는 잉여 현금을 어디에 투자할 것인가가 아니라 현금부족을 어떻게 보충할 것인가이다. 제24장에서 장기 부채의 일부 형태를 검토하였다. 이 장의 마지막 절에서는 단기 대출에 관해 검토한다. 이들 중 많은 부분은 은행이 공급하지만 대기업들은 자사의 단기 부채를 투자자에게 직접 매각할 수 있다.

표 30.1
미국 제조회사의 유동자산과 유동부채, 2009년 1사분기(단위:$10억).

자료원: U.S. Census Bureau, *Quarterly Financial Report for U.S. Manufacturing, Mining, and Trade Corporations*, www.census.gov/econ/qfr/index.html.

유동자산		유동부채	
현금	$ 273	$ 182	단기 대출
기타 단기 금융투자	147	408	외상매입금
외상매출금	601	27	미지급 소득세
재고자산	626	131	유동성 장기 부채
기타 유동자산	348	768	기타 유동부채
총계	$1,996	$1,517	총계

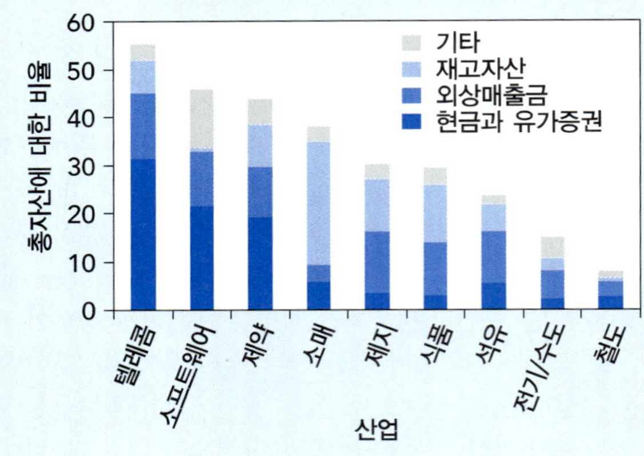

그림 30.1
여러 산업의 총자산에 대한 유동자산의 비율. 수치는 2008년 S&P 종합주가지수에 포함된 회사들의 평균 비율.

자료원: Wharton Research Data Services (WRDS), http://wrds.wharton.upenn.edu.

30.1 재고자산

대부분의 기업들은 원자재와 재공품, 또는 판매와 선적을 기다리는 완제품의 재고자산을 보유한다.

그러나 기업이 이러한 재고자산을 보유할 의무는 없다. 예를 들어 기업은 원자재를 필요한 만큼 날마다 구매할 수도 있다. 그러면 적은 양을 주문하므로 더 높은 가격을 지불해야 할 것이다. 또 원자재가 적기에 배달되지 않으면 생산이 지연될 위험이 있다. 기업은 당장 필요한 양보다 더 많이 주문하여 이러한 위험을 피할 수 있다. 마찬가지로, 내일 판매될 것이라고 예상되는 양만을 생산하여 완성품 재고를 보유하지 않을 수 있다. 그러나 이것도 위험한 전략일 수 있다. 적은 양의 완성품 재고로 인해 더 짧고 비용이 많이 드는 생산 조업을 해야할 수도 있고, 예상하지 않았던 수요의 증가를 충당하기에 충분하지 않을 수도 있다.

그러나 이러한 이익을 얻으려 재고를 보유하는 데는 비용이 발생한다. 재고자산에 묶인 돈은 이자를 벌지 못하며, 보관비와 보험료를 지불해야 하고, 파손되거나 진부화될 위험성도 있다. 따라서 생산관리자는 재고자산을 유지하는 편익과 비용 간에 적절한 균형을 취할 필요가 있다.

예제 30.1 ● 재고자산의 교환관계

애크론 와이어(Akron Wire Products)는 연간 255,000톤의 선재(wire rod)를 사용한다. 이 회사가 제조업자체로부터 한 번에 Q톤을 주문한다고 하자. 배달 직전에 애크론은 실질적으로 재고자산이 없다. 배달 직후에는 Q톤의 재고를 갖는다. 따라서 애크론의 선재 재고는 대략 그림 30.2의 톱니 모양을 따른다.

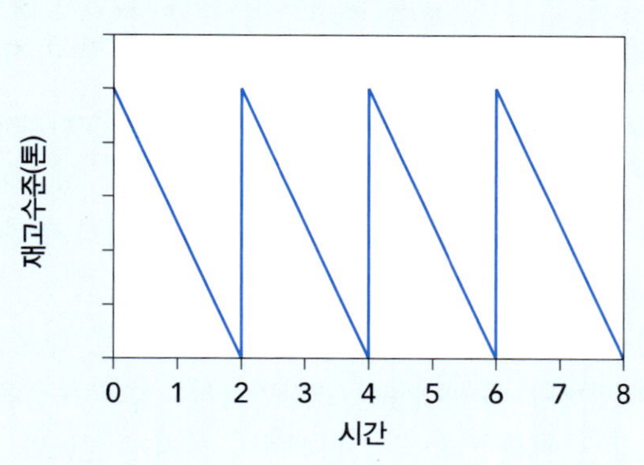

그림 30.2
간단한 재고 규칙. 회사는 자재의 재고가 거의 소진될 때까지 기다렸다가 일정한 수량을 다시 주문한다.

재고를 보유하는 데 두 가지 비용이 있다. 첫째, 애크론이 내는 각 주문은 취급비용과 운송비용을 수반한다. 둘째, 저장비용과 재고에 묶이는 자본의 기회비용과 같은 보유비용이 있다. 애크론이 주문의 크기는 키우고 주문 횟수를 줄이면 주문비용을 낮출 수 있다. 반면, 대규모의 주문은 재고로 보유하는 평균 수량을 증가시키기 때문에 보유비용이 올라간다. 좋은 재고관리는 이들 두 형태의 비용 간의 교환관계(trade-off)를 요구한다.

이는 그림 30.3에 예시되어 있다. 이 예에서 애크론이 내는 각 주문에는 고정된 주문비용 $450가 발생하며, 재고자산의 연간 보유비용은 톤당 약 $55에 이른다고 가정한다. 대규모 주문이 어떻게 낮은 주문비용과 높은 보관비용으로 이어지는지 알 수 있다. 두 비용의 합계는 각 주문의 크기가 Q = 2,043톤일 때 최소가 된다.

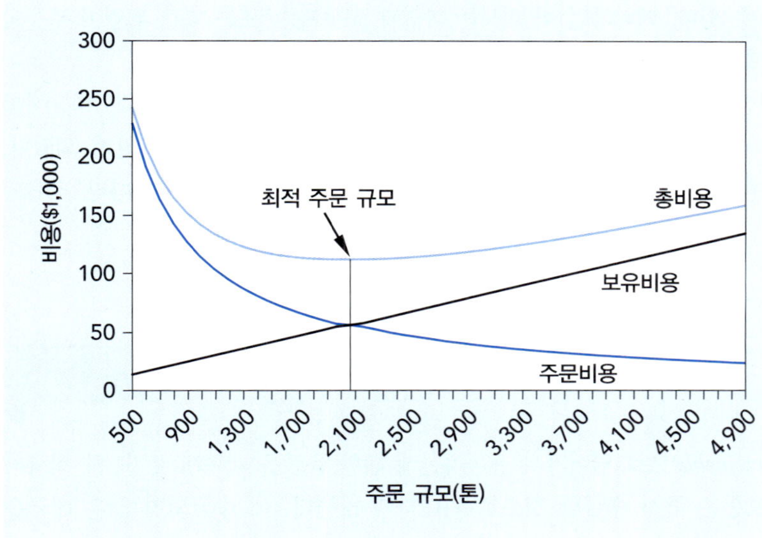

그림 30.3
재고자산의 주문 크기가 커짐에 따라 주문비용은 줄어들고 재고보유비용은 늘어난다. 주문비용의 절감액이 보유비용의 증가와 같아질 때 총비용은 최소가 된다.

최적 주문 규모(예제 30.1에서는 2,043톤)를 경제적 주문량(*economic order quantity*), 즉 *EOQ* 라고 한다.[1] 예제 30.1은 전적으로 현실적인 것은 아니다. 예를 들면 대부분의 기업은 일정한 율

1) 예제 30.1과 같이 기업이 원재료를 일정한 율로 사용할 때 경제적 주문량(EOQ)을 계산하는 간단한 공식이 있다. 최적 규모는 다음 식과 같다. $Q = \sqrt{(2 \times \text{판매량} \times \text{주문비용}/\text{보유비용})}$. 예제 30.1에서는 $Q = \sqrt{(2 \times 255{,}000 \times 450/55)} = 2{,}043$ 톤이다.

로 원재료 재고를 사용하지 않으며, 재고가 완전히 소진될 때까지 기다렸다가 재고를 보충하는 것도 아니다. 그러나 이 간단한 모형은 재고자산 관리의 몇 가지 중요한 특성을 파악하게 해준다.

- 최적 재고수준은 보유비용과 주문비용 간의 교환관계를 수반한다.
- 보유비용은 상품을 저장하는 비용뿐만 아니라 재고에 묶이는 자본비용도 포함한다.
- 기업은 재고가 어떤 최소 수준에 도달하면 미리 정해진 수량을 주문하여 보충하는 방식으로 재고자산을 관리할 수 있다.[2)]
- 보유비용이 크고 주문비용이 적으면 좀 더 자주 주문을 내고 낮은 수준의 재고를 유지하는 것이 타당하다. 주문비용이 크다면 많은 양의 주문을, 덜 빈번히 내려 할 것이다.
- 재고수준은 매출액과 직접 비례하여 커지지 않는다. 매출액이 증가하면 최적 재고수준은 증가하지만 비례적으로보다는 작게 증가한다.

오늘날의 기업은 이전보다 더 낮은 재고수준으로도 큰 무리 없이 잘 운영해 나가기 때문에 보유비용은 점차 낮아지고 있는 것 같다. 이십 년 전에는 미국 기업이 보유한 재고자산은 기업 자산의 12%에 해당하였다. 오늘날 이 수치는 약 9%이다. 회사가 재고를 줄이는 한 가지 방법은 **적시공급(just-in-time)** 방식으로 옮겨가는 것이다. 적시공급 시스템은 일본의 도요타(Toyota)에 의해 시작되었다. 도요타는 필요한 만큼만 납품업자에게 주문을 내 자동차 부품을 최소한도로 유지한다. 따라서 공장에 부품을 전달하는 것은 하루 중 한 시간 정도의 짧은 시간 간격으로 이루어진다. 도요타는 이렇게 적은 재고자산을 가지고도 성공적으로 운영될 수 있다. 왜냐하면 이 회사는 파업과 교통체증, 또는 다른 위험이 부품의 흐름을 정지시켜 생산이 멈추지 않도록 하는 일련의 계획을 잘 수립했기 때문이다.

기업들은 또한 주문 생산을 함으로써 완성품 재고를 줄일 수 있다는 것을 알게 되었다. 예를 들어 델 컴퓨터(Dell Computer)는 완성품 재고를 많이 유지할 필요가 없다는 것을 알게 되었다. 고객은 어떤 성능의 PC를 원하는지 인터넷으로 주문할 수 있으며, 컴퓨터는 주문에 따라 조립되어 고객에게 배송된다.[3)]

30.2 신용관리

회사의 **외상매출금**(*accounts receivable*)으로 넘어가서 유동자산에 대한 유람을 계속해 보자. 한 회사가 상품을 다른 회사에 팔 때 보통은 즉시 수금할 것으로 기대하지 않는다. 이 수금되지 않은 대금을 **기업간 신용(trade credit)**이라 하는데 외상매출금의 대부분을 구성한다. 나머지 외상매출금은 최종 소비자가 아직 지불하지 않은 대금인 **소비자신용(consumer credit)**이다.

---

2) 이는 발주점, 또는 **재고확인 시스템**[*reorder point* (또는 *two-bin*) *system*]이라고 한다. 어떤 기업은 이 시스템 대신 재고수준을 정기적으로 점검하고 바람직한 수준까지 재고를 쌓는 주기적 **재고확인 검토 시스템**(*periodic review system*)을 사용한다.

3) 이들 적기공급과 주문생산의 예는 다음 논문에서 인용하였다. T. Murphy, "JIT When ASAP Isn't Good Enough," *Ward's Auto World*(May 1999), pp. 67~73; R. Schreffler, "Alive and Well," *Ward's Auto World*(May 1999), pp. 73~77; "A Long March: Mass Customization," *The Economist*, July 14, 2001, pp. 63~65.

기업간 신용의 관리는 다음 다섯 가지 사항을 고려해야 한다.

1. 고객이 대금을 지급하는 데 얼마의 여유 기간을 줄 것인가? 현금으로 구매할 때는 할인을 해 줄 것인가?
2. 고객에게 공식적인 차용증서(IOU)를 요구할 것인가, 아니면 그저 영수증에 서명하는 것으로 충분한가?
3. 고객이 대금을 잘 지급할 가능성이 높은지 어떻게 결정하는가?
4. 각 고객에게 얼마만큼의 신용을 제공할 것인가? 의심스러운 잠재 고객은 신용을 거부하고 안전하게 운영할 것인가? 아니면 약간의 불량 채권도 큰 정규 고객층의 한 부분으로 받아들일 것인가?
5. 만기가 될 때 수금은 어떻게 할 것인가? 대금을 늦게 지불하거나 떼어먹는 경우는 어떻게 할 것인가?

이들 주제를 차례대로 검토해 본다.

판매조건

모든 다 신용으로 이루어지는 것은 아니다. 예를 들어 다양한 성향의 비정규 고객에게 상품을 판매하고 있다면, 상품인도결제(cash on delivery, COD)를 요구할 수 있다. 그리고 제품이 고객 맞춤형이라면 인도 전 현금결제(cash before delivery, CBD)를 요구하거나 제품 생산이 진행되는 동안 점진적인 지급을 요구하는 것이 일리가 있을지 모른다.

신용이 관련된 거래를 살펴보면 각각의 산업은 나름대로의 특별한 관행을 가지고 있음을 알 수 있다.[4] 이런 기준은 대략적인 논리를 가지고 있다. 예를 들어 내구재를 판매하는 기업은 고객에게 대금 지급까지 한 달을 허용할 수 있지만, 치즈나 싱싱한 과일과 같은 쉽게 상하는 상품을 판매하는 회사는 전형적으로 일주일 이내에 대금 지급을 요구한다. 이와 마찬가지로 고객이 위험이 낮은 사업을 하고 있거나, 거래 규모가 크거나, 상품의 질을 확인하는 데 시간이 걸리거나, 또는 상품의 재판매가 쉽지 않다면 지급 시한을 연장해 줄 수도 있다.

고객이 최종 납입일 이전에 기일 대금을 지불하도록 독려하기 위해, 흔히 조기 지불에 대해서는 현금할인을 제공한다. 예를 들어 제약회사는 보통 30일 이내에 지불대금 지급을 요구하지만, 고객에게 10일 이내에 지불하면 2% 할인을 제공할 수 있다. 이런 조건을 '2/10, net 30'이라고 한다.

반복적으로 구매하는 상품의 경우 매 인도분마다 분리하여 대금을 지급하는 것은 불편하다. 통상적인 해결책은 한 달 동안 모든 판매가 월말(end of month, EOM)에 발생하는 것으로 간주하는 것이다. 따라서 상품은 8/10, EOM, net 60의 조건으로 판매할 수 있다. 이는 고객에게 해당 월말에서 10일 이내에 대금을 지급한다면 8%의 현금할인을 해주고 그렇지 않으면 송장일의 60일 이내에 전액을 지불해야 한다는 것이다.

현금할인은 때때로 아주 크다. 예를 들어 2/10, net 30 조건으로 구매하는 고객이 현금할인을

4) 서로 다른 산업의 표준 신용조건은 다음 논문에 보고되어 있다. O. K. Ng, J. K. Smith, and R. L. Smith, "Evidence on the Determinants of Credit Terms Used in Interfirm Trade," *Journal of Finance* 54 (June 1999), pp. 1109~1129.

포기하고 30일째에 대금을 지급할 수 있다. 이는 고객이 추가로 20일간의 신용을 얻지만 상품에 대해 2%를 더 지불한다는 뜻이다. 이는 고객이 연 44.6%의 이자율로 돈을 차입하는 것과 같다.[5)]물론 기일을 넘겨서까지 지불을 연기하는 회사는 값싼 대출을 받는 셈이지만 평판에 손상을 입는다.

지불 약속

국내 고객을 상대로 하는 반복되는 판매는 거의 항상 청산계정(*open account*)으로 이루어진다. 고객의 부채에 관한 단 한 가지 증거는 판매자의 장부 기록과 구매자의 영수증 서명뿐이다.

상품을 인도하기 전에 구매자로부터 더 분명한 약속을 원한다면 **상업어음(commercial draft)**을 받을 수도 있다[6)]. 상업어음은 다음과 같은 절차로 결제된다. 판매자는 고객에게 지급을 요구하는 어음을 준비하여 고객의 은행에 송부한다. 즉시 지불이 요구되는 어음을 일람불 어음(*sight draft*)이라고 한다. 그렇지 않으면 시한부 어음(*time draft*)이라 한다. 일람불 어음인가 시한부 어음인가에 따라 고객은 바로 지불하거나 아니면 인수됨(*accepted*)이라고 서명하여 채무를 승인한다. 은행은 송장을 고객에게 보내고 대금, 즉 **인수어음(trade acceptance)**을 판매자에게 보낸다.

고객의 신용이 위태로우면 판매자는 고객의 은행이 기한부 어음을 인수(*accept*)하여 고객 채무를 보증하라고 고객에게 요구한다. 이와 같은 **은행인수 어음(bankers' acceptances)**은 해외 무역에서 자주 사용된다. 은행 보증은 부채의 시장성을 높인다. 대금 지급까지 기다리기 원치 않으면 인수어음을 은행이나 투자할 잉여 현금이 있는 다른 회사에 매도할 수 있다.

해외에 상품을 판매할 때 한 가지 대안은 고객에게 취소불능 신용장(*irrevocable letter of credit*)을 준비하라고 요구하는 것이다. 이 경우 고객의 은행은 판매자에게 고객이 국내 은행에 판매자 앞으로 신용을 설정했다는 편지를 보낸다. 그러면 판매자는 대금이 이미 국내에 들어와 바로 인출할 수 있다는 것을 알게 된다. 그러므로 판매자는 고객의 은행에 어음 지급을 요청하고 이를 신용장과 송장함께 거래 은행에 제시한다. 판매자의 거래 은행은 이 어음에 대해 인수 또는 지급을 주선하고 고객 은행에 이 서류를 보낸다.

지불이 불가능하다고 판명된 고객에게 상품을 판매하면 상품을 다시 회수할 수는 없다. 판매자는 운 나쁜 많은 다른 사람들과 마찬가지로 단순히 그 회사의 일반 채권자가 될 뿐이다. 판매자는 조건부 판매(*conditional sale*)로 이런 상황을 피할 수 있다. 이 경우 대금이 완전히 지불될 때까지 판매자가 상품의 소유권을 갖는다. 유럽에서는 조건부 판매는 매우 일반적 관행이다. 미국에서는 할부 상품에 대해서만 사용된다. 고객이 새 자동차를 구매하고 할부 대금을 납부하지 못하면 딜러가 자동차를 회수해 갈 수 있다.

---

5) 현금할인은 $100 대신 $98만 지급할 수 있게 해준다. 현금할인을 받지 않으면 추가로 20일의 신용을 얻지만 대신 상품 대금으로 2/98 = 2.04% 더 지불한다. 따라서 기업간신용을 연기하는 데 드는 암묵적 이자는 20일에 3.09%이다. 1년 동안 365/20 = 18.25의 20일 기간이 존재한다. 따라서 18.25 기간 동안 2.04%의 이자율로 투자된 $1은 $(1.0204)^{18.25}$ = $1.446로 증가하여 초기 투자에 비해 44.6%의 수익률이 된다. 만약 고객이 이런 이자율로 차입해도 좋다고 한다면 그것은 현금이 절실하게 필요한(또는 복리 이자계산을 할 줄 모르는) 경우라고 생각해도 좋다. 이 문제에 관한 논의는 다음 논문을 참조하라. J. K. Smith, "Trade Credit and Information Asymmetry," *Journal of Finance* 42 (September 1987), pp. 863~872.

6) 상업어음은 때때로 환어음(*bills of exchange*)이라고 하는 일반 용어로 알려져 있다.

신용분석

고객이 채무를 제대로 지킬 것인가를 아는 데는 많은 방법이 있다. 기존 고객에 대해서는 가장 명백한 지표는 그들이 과거에 대금을 제때 지불했는지 여부이다. 새로운 고객에 대해서는 회사의 재무제표를 이용하여 스스로 평가를 할 수도 있고 또는 투자자들이 그 회사를 얼마나 좋게 평가하는가를 살펴볼 수도 있다.[7] 그러나 고객의 신용 상태를 평가하는 가장 간단한 방법은 신용분석 전문가의 견해를 구해 보는 것이다. 예를 들어 제23장에서 무디스(Moody's)나 스탠더드 앤드 푸어스(Standard and Poor's) 같은 채권 등급평가기관이 어떻게 회사 채권의 위험도에 관한 유용한 지침을 제공하는지 설명하였다.

채권등급은 보통 상대적으로 큰 규모의 기업들에 대해서만 이용 가능하다. 그러나 수많은 소규모 기업에 관한 정보도 신용평가기관으로부터 구할 수 있다. 던 앤 브래드스트리트(Dun & Bradstreet)는 지금까지 신용평가기관 중 가장 큰 기관으로서 국내외 수많은 기업에 대한 신용등급을 제공하고 있다. 신용평가회사(credit bureau) 또한 고객의 신용상태에 관한 또 다른 정보 원천이다. 소규모 기업의 정보를 제공하는 데 더해 신용평가회사는 전반적인 개인의 신용점수도 제공한다.[8]

마지막으로 기업은 또한 거래 은행에 신용 확인을 해 주도록 요청할 수도 있다. 고객의 은행에 접촉하여 고객의 평균 은행잔고, 은행 신용에 대한 접근, 그리고 일반적인 명성 등에 관한 정보를 요청한다.

물론 판매자가 매 주문마다 동일한 신용분석을 하기 원하지는 않는다. 대규모의 의심스러운 주문에 주의를 집중하는 것이 좋겠다.

신용결정

효율적인 신용관리로 가는 처음 세 단계를 거쳤다고 가정하자. 다시 말해 먼저 판매조건을 정하고, 고객이 서명할 계약서를 결정했으며, 그리고 고객이 대금을 제대로 지불할 확률을 추정하는 절차를 설정했다. 다음 단계는 어느 고객에게 신용을 제공할 것인가를 결정하는 것이다.

반복 주문의 가능성이 없다면 결정은 상대적으로 단순하다. 그림 30.4는 선택할 수 있는 대안을 요약하고 있다. 한 가지 방법은 신용을 거절하는 것이다. 이 경우 이익이나 손실은 없다. 다른 대안은 신용을 제공하는 것이다. 고객이 판매대금을 지불할 확률을 p라고 하자. 고객이 대금을 지불한다면, 판매회사는 추가 매출액(REV)을 올리고, 생산하는 데 추가 비용이 든다. 이 경우 순 이득은 (매출액의 현재가치 − 원가)이다. 불행히도 고객이 판매대금을 지불할 것인지는 확신할 수 없다. 채무를 불이행할 확률 $(1-p)$가 있기 때문이다. 채무불이행은 아무것도 받지 못하면서 인도된 상품의 원가를 추가로 부담한다는 것을 의미한다. 두 경우의 기대 이익(*expected* profit)은 다음과 같다.

---

7) 이런 정보 원전을 어떻게 활용할 수 있는가는 제23.4절에서 논의하였다.

8) 신용점수 평가모형은 제23.4절에서 논의하였다. 신용평가회사의 점수는 종종 'FICO 점수'라고 한다. 왜냐하면 대부분의 신용평가회사는 Fair Isaac and Company가 개발한 신용점수 평가모형을 사용하기 때문이다. FICO 점수는 Equifax, Experian, 그리고 TransUnion 등 세 개의 주요 신용평가회사에 의해 제공된다.

그림 30.4
신용을 거절하면 이익이나 손실은 없다. 신용을 제공하면 고객이 대금을 지불하고 판매자는 이익(REV – 원가)의 이익을 얻을 확률은 p, 고객이 지불하지 않아 원가를 손해 볼 확률은 $(1 - p)$이다.

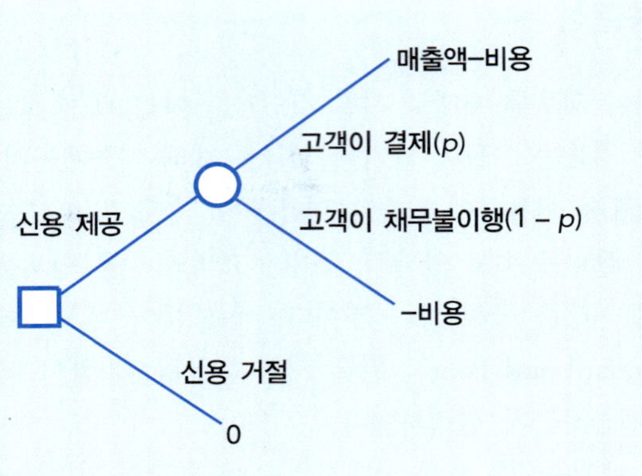

	기대이익
신용 거절	0
신용 제공	pPV(REV – **원가**) – (1 – p) PV(**원가**)

신용을 제공할 경우의 기대 이익이 0보다 크다면 신용을 제공해야 한다.

예를 들어 캐스트 아이언(Cast Iron)사의 경우를 생각해 보자. 캐스트 아이언은 연체되지 않은 각 신용판매에서 현재가치가 $1,200인 수입을 얻고 가치가 $1,000인 원가를 부담한다. 따라서 신용을 공여한다면 이 회사의 기대이익은 다음과 같다.

$$p\,\text{PV}(\text{REV} - \text{COST}) - (1 - p)\text{PV}(\text{COST}) = p \times 200 - (1 - p) \times 1{,}000$$

수금확률이 5/6라면 캐스트 아이언의 손익이 같아질(break even) 것이다.

$$\text{기대 이익} = \frac{5}{6} \times 200 - \left(1 - \frac{5}{6}\right) \times 1{,}000 = 0$$

따라서 캐스트 아이언의 정책은 수금확률이 5/6 이상이면 신용을 제공하는 것이어야 한다.

지금까지는 주문이 반복될 가능성을 무시하였다. 그러나 오늘 신용을 주는 이유 중 하나는 우량한 정규 고객을 얻고자 하는 것이다. 그림 30.5가 이 문제를 예시한다. 캐스트 아이언은 새로운 고객에게 신용을 확대해 달라고 요청을 받았다. 캐스트 아이언은 고객 회사에 관한 정보를 거의 얻을 수 없고, 수금확률이 0.8보다 크지 않다고 믿고 있다. 신용을 제공한다면 이 주문에 대한 기대이익은 다음과 같다.

$$\begin{aligned}\text{개시 주문의 기대이익} &= p_1\text{PV}(\text{REV} - \text{COST}) - (1 - p_1)\text{PV}(\text{COST}) \\ &= (0.8 \times 200) - (0.2 \times 1{,}000) = -\$40\end{aligned}$$

판매회사는 신용을 거절하기로 결정한다.

주문이 반복될 가능성이 없다면 이는 올바른 결정이다. 그러나 그림 30.5의 의사결정 나무를 다시 보라. 고객이 판매대금을 제대로 지불한다면 다음 해에 반복 주문이 들어 올 것이다. 고객이 일단 결제를 하고 나면 고객이 다시 결제할 확률은 95%라고 확신할 수 있다. 그렇기 때문에 반복 주문은 수익성이 매우 높다.

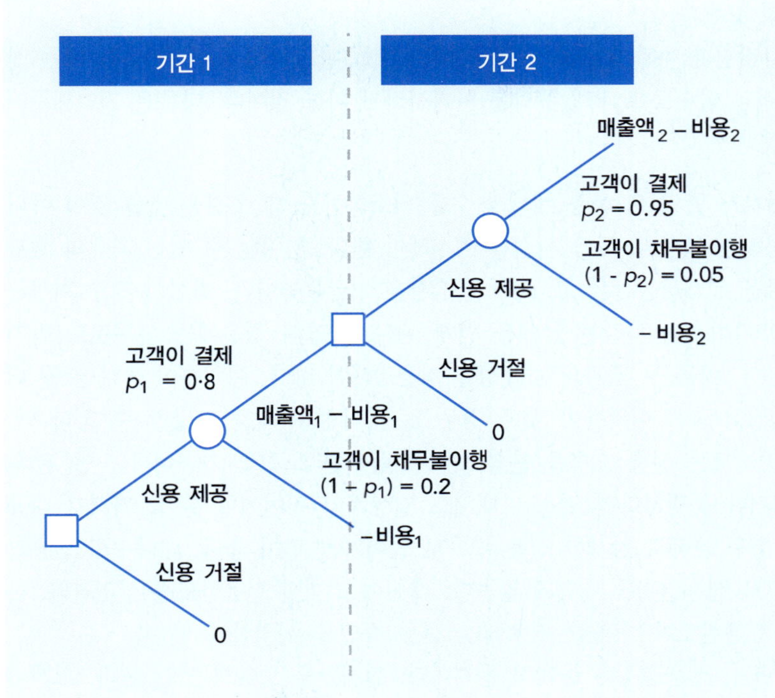

그림 30.5
이 예에서 고객이 1기에 대금을 결제할 확률은 단지 80%이지만 결제가 이루어지는 경우 2기에 다시 주문이 발생한다. 두 번째 주문이 결제될 확률은 95%이다. 이런 우량한 반복 주문의 가능성은 1기의 기대 손실을 보상하고도 남는다.

$$\begin{aligned}\text{내년도 반복 주문의 기대이익} &= p_2\text{PV(REV} - \text{COST)} \\ &\quad - (1 - p_1)\text{PV(COST)} \\ &= (0.95 \times 200) - (0.05 \times 1{,}000) = \$140\end{aligned}$$

이제 오늘의 신용결정을 다시 검토해 볼 수 있다. 오늘 신용을 제공하면 개시주문에 대한 기대이익에 더하여 내년도에 신용 제공의 기회를 가지게 된다.

$$\begin{aligned}\text{총 기대이익} &= \text{개시주문의 기대이익} \\ &\quad + \text{결제 및 반복 주문 확률} \\ &\quad \times \text{PV(내년도 반복 주문의 기대이익)} \\ &= -40 + 0.80 \times \text{PV}(140)\end{aligned}$$

합리적인 수준의 할인율에서는 신용을 제공하여야 한다. 이 예제에서 개시 주문에서 손실을 부담하더라도 신용을 제공하여야 한다는 점에 주목하라. 기대 손실보다는 믿음직한 단골고객을 확보할 가능성에 더 무게를 두는 것이다. 캐스트 아이언은 고객에게 추가 판매를 약속하지는 않지만 신용을 확대함으로써 그렇게 할 수 있는 가치 있는 옵션을 얻는다. 판매사는 고객이 신속하게 결제하여 자신이 믿을만 하다는 것을 증명했을 경우에만 이 옵션을 행사할 것이다.

물론 실제 상황은 캐스트 아이언의 예보다는 훨씬 더 복잡하다. 고객이 전부 우량하지도, 그렇다고 모두 불량하지도 않다. 많은 고객은 지속적으로 늦게 결제한다. 돈을 받기는 하지만 회수에 비용이 더 많이 들어가고 몇 개월분의 이자를 받지 못한다. 그렇다면 반복 주문에 관한 불확실성이 존재한다. 고객이 더 많은 거래를 할 가능성이 높아질 수 있지만 확신할 수는 없다. 고객이 얼마나 오래 거래를 계속할지 모른다.

거의 모든 재무적 의사결정과 마찬가지로 신용할당에는 강한 판단력이 요구된다. 이 예는 상세한 지침이라기보다는 관련된 이슈들에 대해 주의를 환기시키기 위한 것이다. 다음은 기억해두어야 할 기본적인 사항들이다.

1. **이익 극대화.** 신용관리자가 할 일은 불량 계좌의 수를 최소화하는 데 초점을 맞출 것이 아니라 기대 이익을 극대화하는 것이다. 다음 사실을 직시해야 한다. 일어날 수 있는 최선의 결과는 고객이 신속히 대금을 결제하는 것이고, 최악의 상황은 지급불능이다. 최선의 경우 회사는 추가 수익 전액에서 추가비용을 차감한 금액을 받게 된다. 최악의 경우에는 아무것도 받지 못하고 비용만 손해 본다. 이들 두 결과의 가능성을 저울질해야 한다. 이익률이 높다면 좀 더 관대한 신용정책이 정당화된다. 이익률이 낮은 경우 많은 악성 부채를 감당할 수 없다.[9)]
2. **위험한 계좌에 집중하라.** 모든 신용 요청을 분석하는 데 동일한 노력을 기울여서는 안 된다. 신용 요청이 소규모이거나 분명하다면 결정은 대체로 일상적인 것이어야 한다. 거래가 대규모이거나 의심스러운 경우 곧바로 상세한 신용 평가로 들어가는 편이 좋다. 대다수의 신용관리자는 매 주문마다 따로 신용결정을 내리지 않는다. 대신에 고객별 신용한도를 설정한다. 판매부서에서는 고객의 신용한도가 초과한 경우에만 신용 승인을 신청한다.
3. **해당 주문 이후를 고려하라.** 신용결정은 동태적 문제이다. 현재만을 보아서는 안 된다. 고객이 믿음직한 단골고객이 될 가능성이 있는 이상 때로는 상대적으로 질 낮은 위험을 받아들이는 것이 가치가 있을 수 있다. 그러므로 신규 거래선에 대해서는 기존고객보다 더 많은 악성채무를 부담할 준비가 되어 있어야 한다. 이는 우량고객 명단을 쌓아가는 데 들어가는 비용의 일부이다.

수금정책

신용관리의 마지막 단계는 수금이다. 고객이 결제를 지연시키고 있다면 통상적인 절차는 먼저 고객에게 청구서를 보내고 일정한 간격으로 점점 더 강한 독촉 편지를 보내거나 전화를 거는 것이다. 아무것도 소용이 없으면 대부분의 기업들은 수금전문기관이나 변호사에게 보낸다.

대기업은 기록을 유지하고 청구하는 등등에 있어 규모의 경제를 가질 수 있다. 그러나 소규모 기업은 제대로 갖추어진 신용부서를 지원하지 못할 수도 있다. 그러나 소규모 기업은 그 업무의 일부를 **팩터링회사(factor)**에 넘겨 다소나마 규모의 경제를 얻을 수 있다. 이와 같은 수금방식을 **팩터링(factoring)**이라고 한다.

팩터링은 전형적으로 다음과 같이 진행된다. 팩터링회사와 의뢰 기업은 각 고객의 신용한도에 합의하고, 의뢰 기업은 각 고객에게 팩터링회사가 해당 부채를 매입했다고 통지한다. 그 이후부터는 의뢰 기업이 승인된 고객에게 판매를 할 때는 청구서(invoice)를 팩터링회사에 보내고, 고객은 팩터

9) Cast Iron의 예를 다시 보라. 이 예에서 수금 확률이 5/6보다 높으면 회사가 신용을 부여하는 것이 정당화된다고 결론지었다. 고객이 대금 결제를 하면 Cast Iron은 200/1,200 = 1/6의 이익률을 달성할 것이다. 다시 말하면 결제 가능성이 1 − 이익률을 넘으면 회사가 신용을 공여하는 것이 정당화된다.

링회사에 직접 대금을 지불한다. 가장 흔하게는 고객이 결제를 못하는 경우에도 팩터링회사가 의뢰기업에는 어떠한 상환 청구권도 갖지 못한다. 하지만 때때로 의뢰 기업은 악성 부채의 위험을 부담한다. 팩터링에는 물론 비용이 발생한다. 팩터링회사는 전형적으로 1~2%의 관리 수수료와 함께 결제가 이루어지지 않을 위험을 부담하는 데 대략 같은 정도의 수수료를 부과한다. 대다수의 팩터링회사는 부채 수금 업무를 떠맡는 이외에도 추가로 외상매출금 금융을 제공한다. 이런 경우 팩터링회사는 의뢰 기업에 청구서 가치의 70~80%를 합의된 이자율로 미리 지급한다. 물론 팩터링이 외상매출금 금융의 유일한 방법은 아니다. 기업은 또한 외상매출금을 담보로 차입을 할 수 있다.

팩터링은 유럽에서는 상당히 널리 보급되어 있지만 미국에서는 부채 수금의 극히 일부분을 차지하고 있을 뿐이다. 팩터링은 의류나 장난감 등의 산업에서 가장 흔하다. 이들 산업의 특징은 서로 간에 장기적인 관계를 가지지 않은 수많은 소규모 생산업자와 소매상이 있다는 것이다. 팩터링회사는 많은 제조업체에 고용되어 있기 때문에 어떤 개별 회사보다 더 많은 거래를 접하게 되고 따라서 각 고객의 신용도를 더 잘 판단할 수 있는 위치에 있다.[10)]

회수에는 도움이 필요 없지만 불량 채권에 대한 보호가 필요하다면 신용보험(credit insurance)에 들 수도 있다. 예를 들어 대다수의 정부는 수출신용에 보험기능을 제공하는 기관을 설립해 두고 있다. 미국에서 이러한 보험기능은 **수출입은행**(*Export-Import Bank*)이 **외국신용보험협회**(*Foreign Credit Insurance Association, FCIA*)라고 하는 보험회사 그룹과 협력하여 제공한다. 은행은 보험에 들어있는 수출신용에 대한 대출을 훨씬 더 쉽게 대출을 해 준다.

수금부서와 판매부서 간에는 항상 잠재적인 이해상충이 존재한다. 일반적으로 판매책임자는 새로운 고객을 창출하자마자 수금부서가 위협적인 편지로 고객을 놀라게 한다고 불평한다. 한편, 수금관리자는 판매부서가 주문받는 것에만 관심이 있고 대금이 최종 수금되는지에 대해서는 관심이 없다는 사실을 한탄한다.

판매부서와 수금부서 간의 협조에 관한 예도 또한 수없이 많다. 예를 들어 주요 제약업체의 전문 화학부서는 갑자기 은행에서 거래가 끊긴 중요 고객에게 실제로 사업상 융자를 해주었다. 제약회사는 고객의 은행보다 고객을 더 잘 안다고 자신하였다. 결과적으로 제약회사가 옳았다. 고객은 다른 은행 융자를 얻게 되었고 제약회사에 상환하였으며, 더욱 충성스런 고객이 되었다. 그것은 재무관리가 판매를 뒷받침한 좋은 예였다.

이런 방식으로 판매자가 사업상 융자를 하는 일은 흔치 않다. 그러나 그들은 대금 지불을 늦추도록 허용할 때마다 간접적으로 돈을 빌려주는 것이다. 기업 간 신용은 은행 융자를 얻을 수 없는 가난한 고객에게 중요한 자금 원천이 될 수 있다. 그러나 이는 중요한 의문을 불러일으킨다. 즉 은행이 융자를 꺼린다면 판매업자가 기업 간 신용을 계속 연장하는 것이 타당한가? 이것이 타당할 수 있는 두 가지 이유가 있다. 첫째, 제약회사의 경우처럼 판매자가 고객의 영업에 대해 은행보다 더 많은 정보를 가질 수 있다. 둘째, 당장의 현재 거래 이후를 보고, 고객이 영업을 그만둔다면 수익성 있는 미래 판매를 잃을 수 있다는 것을 인식할 필요가 있다.[11)]

---

10) 이 점은 다음 논문에서 잘 지적되어 있다. S. L. Mian and C. W. Smith, Jr., "Accounts Receivable Management Policy: Theory and Evidence," *Journal of Finance* 47 (March 1992), pp. 169~200.

11) 물론 은행 또한 이 고객과 영업을 계속할 가능성을 인정해야 한다. 따라서 질문은 이 고객의 지속적인 번영이 판매업자에게 더 중요한가이다. 기업 간 신용의 수요와 공급의 결정요인에 관한 몇몇 증거는 M. A. Petersen and R. G.

30.3 현금

단기 증권은 이자를 지급하지만 현금은 그렇지 않다. 그런데 기업과 개인은 왜 현금과 요구불 예금으로 수십억 달러를 보유하는가? 예를 들어, 왜 모든 현금을 이자를 지급하는 증권에 투자하지 않는가? 물론 그 답은 현금이 증권보다 더 높은 **유동성**(*liquidity*)을 제공한다는 것이다. 현금을 사용하여 물건을 살 수 있다. 뉴욕의 택시 운전사에게 $20짜리 지폐의 거스름돈을 요구하는 것은 상당히 어렵다. 하물며 그들에게 재정증권을 거슬러 달라고 해보라.

균형상태에서는 같은 위험 클래스에 속한 모든 자산은 같은 기대 한계이득을 제공하도록 가격이 매겨진다. 재정증권을 보유하는 데 따르는 이득은 수령 이자이다. 현금을 보유하는 데서 오는 이득은 현금이 유동성의 편리한 보존 수단을 제공한다는 것이다. 균형상태에서 이런 유동성의 한계 가치는 재정증권 이자의 한계 가치와 같다. 이는 단지 재정증권은 0의 순현가를 가진다는 것을 다른 방법으로 말한 것이다. 재정증권은 현금에 대해 상대적으로 공정한 가치이다.

이것은 현금을 얼마나 많이 보유하든지 상관없다는 뜻인가? 물론 아니다. 점점 더 많은 양의 현금을 보유함에 따라 유동성의 한계 가치는 감소한다. 부(富)의 아주 작은 부분만을 현금으로 가지고 있을 때는 약간의 현금만 추가로 가져도 매우 유용하다. 그러나 상당히 많은 현금을 가지고 있을 때는 추가 유동성의 가치는 그리 크지 않다. 따라서 재무관리자는 유동성의 한계가치가 포기하는 이자의 가치와 같은 점까지 현금잔고를 보유하려고 한다.

현금과 단기 증권 간의 선택을 할 때 재무관리자는 생산관리자와 같은 문제에 부딪치게 된다. 결국 현금은 사업에 필요한 또 다른 원자재이며, 많은 현금 '재고'를 보유하는 데는 비용과 이득이 따른다. 현금을 증권에 투자하면 이자를 벌 것이다. 반면, 이런 증권을 청구서를 지불하는 데 사용할 수는 없다. 청구서 대금을 지불해야 할 때마다 증권을 팔아야 한다면 많은 거래비용이 발생할 수 있다. 재무관리자는 현금 재고를 유지하는 비용(이자 손실)과 이득(거래비용의 절약) 간의 교환관계를 생각해야 한다.

소규모 기업에 있어 이런 교환관계는 중요할 수 있다. 그러나 대규모 기업의 경우 증권을 사고 파는 거래비용은 유휴 현금잔고를 보유하는 기회비용과 비교하여 무시할 정도로 작다. 연간 이자율이 5%, 즉 대략 하루에 5/365 = 0.0137%이라고 가정하자. 그러면 $1백만에서 벌어들이는 하루 이자는 0.000137 × 1,000,000 = $137이다. 거래당 $50의 비용은 상당히 많은 돈이기는 하지만, $1백만을 하룻밤 놀려 두는 것보다는 오늘 재정증권을 사서 내일 파는 것이 이익이다. 연간 약 $4,000억의 매출이 있고, 일평균 현금흐름이 $400,000,000,000/365, 즉 $11억인 월마트(Wal-Mart)를 생각해 보자. 이런 규모의 기업은 일반적으로 매일 하루에 한 번 증권을 사고팔게 된다.

은행은 이러한 기업들이 여유 현금을 투자하도록 도와주는 여러 가지 방법을 개발해왔다. 예를 들어, 은행은 잉여 현금을 단기금융시장 뮤추얼펀드와 같은 이자가 발생하는 투자로 자동 '이체(sweep)'하는 **자동이체 프로그램(sweep program)**을 제공한다.

그렇다면 왜 기업들은 상당한 양의 현금을 보유하는가? 기본적으로 두 가지 이유가 있다. 첫째,

Rajan, "Trade Credit: Theories and Evidence," *Review of Financial Studies* 10 (Fall 1997), pp. 661~692를 참조하라.

은행이 제공하는 서비스에 대한 보상으로 이자를 주지 않는 계좌에 현금이 남아있을 수 있다. 둘째, 대기업은 수십 곳의 은행에 문자 그대로 수백 개의 계좌를 가지고 있을 수 있다. 모든 계좌를 매일 확인하여 날마다 계좌 간에 이체를 하는 것보다 종종 일부 계좌에 유휴 현금을 남겨두는 것이 더 낫다.

은행 계좌가 많아지는 한 가지 중요한 이유는 분산 경영이다. 자회사에 스스로 관리하는 운영의 자율권을 주려면 현금을 사용하고 수금할 권리를 주어야만 한다. 그럼에도 불구하고 좋은 현금관리는 어느 정도 중앙집중화되어야 한다. 그룹에 속한 모든 자회사가 각자 현금을 관리한다면 전체로서 바람직한 현금 재고를 유지할 수 없다. 관리자는 한 자회사가 여유자금을 5%에 투자하고 있는데 다른 회사는 8%로 빌리는 상황은 확실히 피하고자 한다. 따라서 고도로 분산 경영되는 기업에서조차 일반적으로 현금잔고와 은행 관계는 중앙관리하는 것은 놀라운 일이 아니다.

구매에 대한 지불은 어떻게 하는가?

대부분의 소액 대면(face-to-face) 구매는 현금으로 이루어진다. 그러나 새로운 차를 살 때는 현금 사용을 원치 않을 것이며, 인터넷으로 구매할 때는 현금을 사용할 수도 없다. 대규모 구매의 대금을 지불하거나 다른 장소로 돈을 보내는 데는 다양한 방법이 있다. 중요한 지불방법 중 일부가 표 30.2에 나와 있다.

이제 그림 30.6을 보자. 전 세계적으로 구매 대금을 지불하는 방식에 큰 차이가 있다는 것을 볼 수 있다. 예를 들어 독일과 네덜란드, 스웨덴에서는 수표가 거의 사용되지 않는다.[12] 이들 국가에서는 대부분 직불카드나 자동이체로 지불이 이루어진다. 이와는 대조적으로 미국인들은 수표를 발행하는 것을 좋아한다. 매년 미국에서 개인과 기업은 수표로 약 310억 건의 결제를 한다.

그러나 전 세계적으로 수표 사용은 줄어드는 추세이다. 단 한 번뿐인 구매에서는 수표 대신 신용카드나 직불카드로 대체되고 있다. 이에 더해 이동전화 기술과 인터넷은 새로운 초기 지불시스템의 개발을 촉진하고 있다. 예를 들어보자.

수표(check) 수표 발행은 거래은행에 수표에 적힌 이름의 특정 회사나 개인에게 정해진 금액을 요구에 따라 지불할 것을 지시하는 것이다.

신용카드(credit card) 비자 또는 마스터 카드와 같은 신용카드는 약정된 한도까지 구매할 수 있는 여신한도를 준다. 매월 말 신용카드 회사에 이 구매액을 지불하거나 사용한 잔액에 대해 이자를 내야 한다.

충전카드(charge card) 충전카드는 신용카드처럼 보인다. 신용카드처럼 이를 이용해 돈을 소비할 수 있다. 그러나 충전카드는 매월 말 모든 구매대금을 지불해야 하는 정산을 한다. 다른 말로 하면 매달 사용한 잔액 전부를 지불해야만 한다.

직불카드(debit card) 직불카드는 구매대금이 은행계좌로부터 직접 지불되도록 해준다. 보통 지불은 전자거래로 즉시 이루어진다. 또한 직불카드는 현금자동화기계(ATM)에서 현금을 찾을 수도 있다.

자동이체(credit transfer) 자동이체로 납품업자에게 정기적으로 지불하도록 은행에 지속적으로 유지되는 지시를 한다. 예를 들어 지속적으로 유지되는 지시는 정기적인 정액 담보대출금을 지급하는 데 자주 사용된다.

자동납부(direct debit) 자동납부는 당신이 수금액과 날짜를 미리 통지받기만 한다면, 회사가 당신의 계좌에서 다양한 액수를 찾아가도록 은행에 지시하는 것이다. 예를 들어, 전기회사는 당신의 은행계좌에서 전기요금을 자동으로 수금할 수 있도록 자동납부를 설정하라고 요구할 수 있다.

표 30.2
소액 대면 구매는 보통 현금으로 지불된다. 또한 여기 대금을 지급하는 몇 가지 다른 방법이 있다.

12) 지불방법의 이런 국제간 차이에 관한 논의는 다음 논문을 참조하라. "Retail Payments in Selected Countries: A Comparative Study," Committee on Payment and Settlement Systems, Bank for International Settlements, Basel, Switzerland, September 1999.

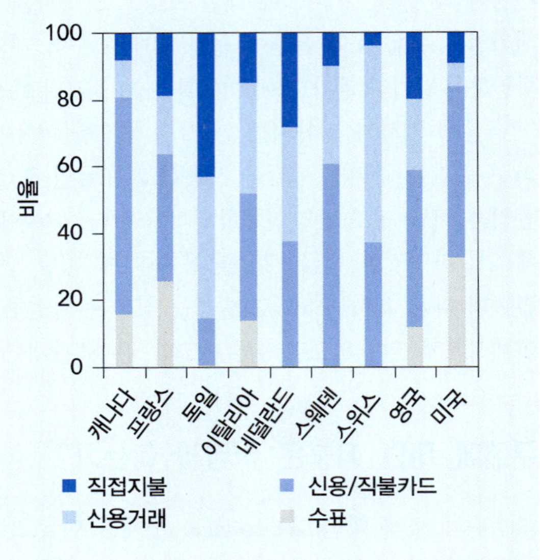

그림 30.6
구매 대금은 어떻게 지불되는가? 2007년 비현금 거래 총 금액의 비율(자료는 카드 기반 e-money의 소액 사용은 제외한다).

자료원: Bank for International Settlements, "Statistics on Payment and Settlement Systems in Selected Countries," March 2009, **www.bis.org/publ/cpss86.htm**.

- 전자고지결제(electronic bill presentment and payment, EBPP)는 기업들이 인터넷을 통해 고객에게 청구서를 보내고 대금을 받을 수 있도록 해 준다. EBPP는 빠르게 성장할 것으로 예상된다. 핀란드에서는 이미 세 사람 중 두 사람이 인터넷을 대금 지급의 가장 전형적인 수단으로 인식한다.
- 가치저장 카드(stored-value card), 즉 e-화폐(e-money)는 현금 가치를 다양한 상품을 구매하는 데 사용할 수 있는 다른 카드로 이체할 수 있게 한다. 예를 들어 원래 여행 경비를 결제하기 위해 개발된 홍콩의 옥토퍼스 카드시스템(Octopus card system)은 영토 전역에 광범위하게 사용되는 전자현금시스템이 되었다.

기업이 전자적으로 돈을 송금하고 수령하는 데는 세 가지 주된 방식이 있다. 이들은 직접지불, 계좌입금, 전신송금 등이다.

전기나 가스 요금과 보험료, 담보대출이나 융자 부금과 같이 반복되는 지출에는 **직접지불**(*direct payment*) 방식의 결제가 점차 증가하고 있다. [직접지불 방식은 **자동이체**(*automatic debit* or *direct debit*) 방식이라고도 한다.] 이 경우 고객은 단순히 자신의 은행계좌에서 필요한 금액만큼 인출하도록 승인한다. 회사는 자사의 은행에 각 고객에 관한 상세한 내용, 인출할 금액, 그리고 날짜 등을 담은 서류를 제공한다. 지급은 **자동교환결제(Automated Clearing House, ACH)** 시스템을 통해 전자적으로 이동한다. 기업은 언제 돈이 입금되는지 정확히 알게 되며, 수천 장의 수표를 취급하는 노동집약적인 과정을 피할 수 있다.

자동교환결제 시스템은 또한 돈이 역방향으로 흐르도록 허용한다. **직접지불** 거래는 자동 인출(automatic debit)을 제공하는 반면 **계좌입금**(*direct deposit*)은 자동 신용(automatic credit)을 구성한다. 계좌입금은 임금이나 배당과 같이 대규모 지급에 사용된다. 회사는 지침서를 은행에 보내고, 은행은 이 회사의 계좌로부터 돈을 찾아 ACH를 통해 종업원이나 주주의 은행 계좌에 돈을 이체한다.

	지불 건수(백만)	지불금액($1조)
수표(2007)	29,000	$ 42
ACH	15,000	30
연방전신이체	190	986
CHIPS	92	509

표 30.3
미국 내 지불제도의 이용(2008).

자료원: www.federalreserve.gov, www.nacha.org, and www.chips.org.

직접지불과 계좌입금 금액은 급속히 증가해왔다. 직접지불은 이제 50%가 넘는 미국 가계가 반복되는 지급에 직접지불 제도를 사용하고 있으며, 거의 3/4의 종업원들이 계좌입금을 통해 급여를 받는다. 표 30.3에서 ACH 거래 총액이 수표 총액에 접근한다는 것을 알 수 있다.13)

기업 간의 금액이 큰 지급은 연방전신이체(Fedwire)나 CHIPS를 통해서 전자방식으로 이루어진다. 연방전신이체는 연방은행이 운영하며, 거의 9,000개의 금융기관을 연방은행에 연결하고, 그래서 금융기관들을 서로 연결한다.14) CHIPS는 1,400개 이상의 미국 금융기관과 수백 개의 국제 참여기관에 서비스를 제공하는 은행 소유 시스템이다. 이 시스템은 주로 유로달러 지급과 외환거래를 취급하며, 95% 이상의 달러 표시 국가 간 지급에 이용된다.

표 30.3은 연방전신이체와 CHIPS를 통한 지급 건수는 상대적으로 적지만 거래 금액은 엄청나게 크다는 것을 보여준다. 두 시스템 모두 빠르고 위험이 낮지만 상대적으로 비용이 많이 든다. 예를 들어 연방전신이체 거래가 각 당사자에게 $20 비용이 든다면 ACH 지급은 10~20센트가 들 수도 있다. 그래서 시급하지 않은 거래에서는 기업들이 때때로 금액이 큰 지급에 ACH를 이용한다.

수금을 신속하게 하는 방법

수표는 큰 금액의 지급에는 드물게 사용되지만 아직도 소규모의 비반복적인 거래의 지급에는 가장 흔한 지불 수단이다. 미국에서 기업 간 거래(B2B)의 약 3/4은 아직도 수표로 결제된다.

수표를 다루는 것은 성가시고 노동 집약적인 업무이다. 그러나 최근 미국의 법 개정은 수금을 빠르게 하는 데 도움이 되었다. 보통 'Check 21'로 알려진 21세기를 위한 수표 청산법(Check Clearing for the 21st Century Act)은 은행 간에 서로 수표 자체를 보내기보다는 수표의 디지털 영상을 보내도록 허용하였다. 그 결과, 화물기와 트럭이 한 은행에서 다른 은행으로 수표 뭉치를 전달하려고 전국을 누빌 필요가 없어졌다. 수표 전환(check conversion)이라고 하는 기술 혁신으로 인해 수표 처리비용 또한 낮아지고 있다. 이 경우 수표를 발행할 때 은행계좌의 상세한 내용과 지급 금액이 매출 장소에서 자동적으로 포착되어서 수표는 발행자에게로 반환되고 은행계좌에서 바로 인출이 이루어진다.

수표를 많이 받는 기업은 가능한 한 빨리 현금을 이용할 수 있도록 하는 여러 방법을 고안해왔다. 예를 들어 소매점 체인은 각 지점이 지역 은행의 수금 계좌에 수금액을 예치하도록 할 수

13) 자동교환결제 시스템은 또한 점점 더 많은 수표변환 거래(다음 참조)와 전화나 인터넷을 통해 이루어지는 단발성의 반복되지 않는 거래를 취급한다.

14) 연방전신이체 **실시간 총액 결제시스템**(*real-time gross settlement system*)이다. 이것은 연방전신이체를 통한 모든 거래가 개별적으로 그리고 즉시 결제된다는 것을 의미한다. 청산 결제시스템(net settlement system)에서는 거래가 한군데 모여 있다가 주기적으로 차액만 결제된다. CHIPS는 자주 결제되는 청산 결제시스템의 한 예이다.

있다. 그 뒤 잉여 자금은 주기적으로 회사 주거래 은행의 **집중계좌(concentration account)**에 전자 방식으로 이체된다. 집중 은행제도가 회사에 자금을 더 빨리 이용할 수 있도록 해 주는 데는 두 가지 이유가 있다. 첫째, 점포가 은행에 더 가까이 있기 때문에 이체 시간이 줄어든다. 둘째, 고객의 수표가 지역 은행에서 인출될 가능성이 크므로 이 수표를 결제하는 데 걸리는 시간이 줄어든다.

집중 은행제도는 종종 **사서함제도(lockbox system)**와 병행해서 사용된다. 이 경우 기업은 고객에게 지급금을 지역 우편사서함에 보내도록 요청한다. 지역 은행은 사서함을 비우는 행정적인 일을 하고, 이들 수표를 회사의 지역 예금계좌에 예치한다.

국제 현금관리

국내 기업의 현금관리는 통화와 은행제도, 그리고 법률이 서로 다른 여러 나라에서 영업하는 대형 다국적 기업의 현금관리와 비교하면 어린애 장난에 불과하다.

이들 기업에 있어 하나의 집중화된 현금관리시스템이란 가까이 갈 수는 있지만 도달할 수는 없는 이상과 같다. 예를 들어 유럽 전역에서 운영되는 대형 다국적 기업의 경리담당자의 경우를 가정해 보자. 경리담당자는 분리된 사업단위가 각자 현금을 관리하도록 허용할 수 있다. 그러나 이 방법은 비용이 많이 들고 각 사업단위가 상당한 현금을 보유하는 결과로 귀결될 것이 거의 확실하다. 해결책은 지역시스템을 만드는 것이다. 이 경우, 회사는 나라마다 한 은행에 집중계좌를 개설한다. 모든 잉여 현금은 매일 런던이나 다른 유럽 금융센터에 있는 중앙 다통화 계좌(central multicurrency account)에 이체한다. 이들 잉여 현금은 시장성 있는 유가증권에 투자되거나 현금이 부족한 자회사에 자금을 전달하는 데 사용된다.

또한 지역 센터에서 지불이 이루어질 수도 있다. 예를 들어 회사는 유럽 여러 나라에서 임금을 지급하려면 주거래은행에 지불 명세를 담은 컴퓨터 파일을 보내기만 하면 된다. 은행은 비용이 가장 적게 드는 방법을 찾아서 회사의 중앙 계좌에서 각 나라에 있는 종업원들에게 현금이 올바른 날짜에 이체되도록 조정한다.

지역 은행계좌와 지역 집중계좌 간에 물리적으로 자금을 이동시키기는 대신 기업은 각국에 지점을 가진 다국적 은행을 통해 모든 현금 잉여와 부족은 한데 묶어 관리하도록 주선할 수 있다. 이 경우 계좌 간 자금이체는 없다. 대신에 은행이 출금과 입금을 한데 묶고 회사에 순 잉여금액에 대한 이자를 지급한다.

회사의 외국 지점들이 서로 간에 거래할 때 국가 간 거래 건수는 빠르게 증가할 수 있다. 모든 방향으로 지급이 일어나는 대신 회사는 차감(netting) 시스템을 설정할 수 있다. 각 지점은 자신의 순 포지션을 계산하여 차감 센터와 한 번의 거래만 하면 된다. 몇몇 업계에서는 회원들 간의 차감 시스템을 구축하였다. 예를 들어 200개 이상의 항공사들은 상호 간에 지급해야 하는 외환 지급을 위한 차감 시스템을 설립하였다.

은행서비스에 대한 지급

현금관리 과정의 대부분, 즉 수표 처리, 자금이체, 사서함 운영, 회사계좌의 기록유지 등은 은행이 수행한다. 그리고 은행들은 외국 통화의 수령과 지급의 처리 또는 증권보관 업무와 같이 현금관리와는 직접적으로 관련되지 않은 수많은 서비스를 제공한다.

이들 모든 서비스에는 대가를 지불해야 한다. 대가는 주로 월간 수수료 형태로 지급되지만 기업이 무이자 계좌에 최소의 평균 잔고를 유지하기만 하면 수수료를 면제해 주기도 한다. 은행은 그렇게 하려고 하는데 그 이유는 자금의 일정 부분을 연방은행(Fed) 준비금 계좌에 예치한 후에는 나머지 자금을 재대출하여 이자 소득을 올릴 수 있기 때문이다. 은행 서비스에 대한 대가로 책정된 요구불 예금을 **보상예금**(*compensating balance*)이라고 한다. 이는 은행 서비스에 대한 대가로 매우 일반적으로 사용되지만 은행이 요구불 예금에 대해서도 이자를 지급할 수 있도록 허용되면서 보상예금(양건예금) 대신 직접 수수료를 부과하는 추세가 꾸준히 이어지고 있다.

30.4 시장성 있는 유가증권

2008년 6월 마이크로소프트는 $243억의 현금 산더미를 보유하고 있었고, 고정금리 증권 투자금액이 회사 총자산의 1/3에 이르렀다.[15] 이 회사는 일상적인 영업을 지원하기 위해 $33억을 은행에 예치하고 나머지는 다음과 같이 투자하였다.

고정소득 투자	원가기준 가치 ($ 백만)
뮤추얼펀드	$ 1,044
기업어음	787
예금증서	1,580
미국 정부 및 산하기관 증권	4,200
외국 정부 채권	3,466
저당대출 유동화 증권	3,628
회사채	5,013
지방채	761
기타 투자	520
총계	$20,999

대다수 기업은 그렇게 엄청난 현금 잉여의 사치를 누리지 못하지만, 금방 필요하지 않은 현금을 단기 투자에 묻어 둘 수는 있다. 이러한 투자 시장을 **단기금융시장(money market)**이라고 한다. 단기금융시장에 물리적인 장터는 존재하지 않는다. 이는 전화나 웹(web)으로 서로 느슨하게 연결된 은행과 딜러의 집합체로 구성된다. 그러나 단기금융시장에서는 큰 액수의 거래가 정기적으로 이루어지며 경쟁이 매우 심하다.

대부분 대기업은 자사의 단기금융시장 상품을 직접 관리하지만, 소기업은 전문 투자회사를 이용하거나 자금을 단기금융시장펀드(money-market fund, MMF)에 투자하는 편이 더 편리할 때

15) 2004년 7월에 마이크로소프트가 어떻게 주주들에게 자사의 잉여 현금을 지급하기로 결정했는지는 제16장에서 설명하였다.

도 있다. 이것은 위험이 작고 만기가 짧은 증권에만 투자하는 뮤추얼펀드이다.[16] 엄청난 잉여 현금에도 불구하고 마이크로소프트는 적은 액수만을 단기금융시장펀드에 투자하였다.

단기금융시장펀드는 상대적으로 안전하기 때문에 금융위기 상황에서 특별히 인기가 있었다. 2008년 신용위기 동안 투자자들이 폭락하는 주식시장에서 뛰쳐나오면서 이 펀드 자산은 버섯처럼 빠르게 늘어났다. 그러다가 리저브 프라이머리 펀드(Reserve Primary Fund)가 리먼 브러더스 기업어음에 투자하여 큰 손실을 보았다는 것이 알려졌다. 이 펀드는 투자자들에게 $1당 97센트만 지급하여 '$1 이하로 떨어진(break the buck)' 역사상 두 번째 단기금융시장펀드가 되었다. 그 주에 투자자들이 단기금융시장펀드에서 거의 $2천억을 인출해 감에 따라 정부는 서둘러 투자자에게 긴급 보험을 제공하도록 하였다.

단기금융시장 투자의 수익률 계산

많은 단기금융시장 상품은 순 할인(무이표) 증권(pure discount security)이다. 이는 이자를 지급하지 않는다는 뜻이다. 수익은 매입 금액과 만기에 받는 금액의 차이이다. 불행히도 이 차액이 자본이득이라고 국세청(Internal Revenue Service)을 설득하려 해도 소용없다. 이 문제에 대해서 국세청은 아주 현명하게도 일반 소득처럼 세금을 부과한다.

단기금융시장 상품의 금리는 종종 할인 기준으로 고시된다. 예를 들어, 3개월 만기 재정증권이 5% 할인으로 발행되었다고 하자. 이는 3개월 만기 재정증권의 가격이 100 − (3/12) × 5 = 98.75라는 것을 좀 복잡하게 말한 것이다. 그러므로 오늘 채권에 $98.75를 투자하면 3개월 후에는 $100를 받는다. 따라서 3개월간의 수익률은 1.25/98.75 = 0.0127, 즉 1.27%이다. 이는 단순금리 기준 연간 수익률로 5.08%, 복리금리 기준으로는 5.18%이다. 수익률은 항상 할인율보다 높다는 데 유의하자. 한 상품이 5%의 할인율에 거래된다는 기사를 읽으면 이것이 수익률이라는 착각에 빠지기 쉽다.[17]

단기금융시장 투자의 수익률

장기 부채의 가치를 평가할 때는 지급불능 위험을 고려하는 것이 중요하다. 삼십 년 동안에는 어떤 일이 일어날지 모르고, 오늘 가장 평판이 좋은 기업조차도 나중에 곤경에 처하기도 한다. 그래서 회사채는 국채보다 높은 수익률을 제공한다.

단기 부채 역시 위험이 없는 것은 아니다. 캘리포니아 주가 2001년 에너지 위기로 수렁에 빠졌을 때, 퍼시픽 가스 전기(Pacific Gas and Electric), 그리고 서던 에디슨(Southern Edison)은 만기가 돌아오는 거의 $10억어치의 기업어음 상환을 연기할 수밖에 없었다.[18] 그러나 이러한 사례는 예외적이다. 일반적으로 기업들이 발행한 단기금융시장 증권은 회사채보다 지급불능 위험이 낮다. 두 가지 이유가 있다. 첫째, 단기 상품에는 발생 가능한 사건의 범위가 좁다. 먼 미래는 알기 어렵지

---

16) 단기금융시장펀드는 제17.3절에서 설명하였다.

17) 문제를 더욱 혼란스럽게 만드는 것은 단기금융시장 딜러들은 종종 1년이 360일인 것으로 고시한다는 것이다. 그래서 91일 만기인 재정증권의 할인율 5%는 가격이 100 − 5 × (91/360) = 98.74%로 환산된다.

18) 기업어음은 기업이 발행하는 단기 부채이다. 이에 관해서는 제30.5절에서 논의한다.

만, 보통 특정 기업이 최소한 다음 달까지는 문제가 없을 것이라고 확신할 수는 있다. 둘째, 무엇보다도 성공적으로 자리 잡은 기업들만이 단기금융시장에서 차입할 수 있다. 며칠 동안만 자금을 빌려주려 한다면 대출 평가에 많은 시간을 쓸 수 없다. 그래서 최우량 차입자만을 고려하게 된다.

단기금융시장 투자의 높은 신용도에도 불구하고 기업 증권과 미국 정부 증권 간의 수익률 차이는 상당히 크다. 왜 그럴까? 한 가지 이유는 지급불능 위험이다. 다른 한 가지는 유동성, 즉 '환금성(moneyness)'의 차이이다. 투자자들이 재정증권을 선호하는 이유는 즉시 현금화가 쉽기 때문이다. 신속하고 저렴한 비용으로 현금화할 수 없는 증권은 상대적으로 높은 수익률을 제공해야 한다. 시장 격동기에 투자자들은 현금으로 쉽게 전환할 수 있음에 높은 가치를 부여한다. 이때 유동성이 낮은 증권의 수익률은 극적으로 상승하기도 한다.

국제 단기금융시장

제24장에서 달러 표시 채권에 대해서는 두 개의 주된 시장이 있다고 지적하였다. 미국에는 국내 단기금융시장이 있고, 런던을 중심으로 유로채권시장이 있다. 이와 마찬가지로 국내 단기금융시장 이외에도 유로달러(*eurodollar*) 시장이라고 부르는 단기 달러 투자의 국제시장이 있다.

유로달러는 유럽통화동맹(European Monetary Union, EMU)의 공식통화인 유로(euro)와는 관련이 없다. 이는 단지 유럽 소재 은행에 예치된 달러일 뿐이다. 예를 들어, 한 미국 석유회사가 아랍의 족장에게서 원유를 사고 J.P. 모건 체이스(J.P. Morgan Chase) 은행에서 발행한 $1백만 수표로 대금을 결제했다고 하자. 그리고 족장은 수표를 런던에 있는 바클레이즈(Barclays) 은행에 예치하였다. 그 결과 바클레이즈는 J.P. 모건 체이스의 계좌에 $1백만의 자산을 보유하게 된다. 또 달러 예금의 형태로 상계되는 채무를 갖는다. 이 달러 예금은 유럽에 예치되었으므로 유로달러 예금이라고 한다.[19)]

미국 내 단기금융시장과 유로달러 시장이 둘 다 있는 것과 마찬가지로, 일본 내 단기금융시장과 유로엔(euroyen)을 위한 런던 소재 시장이 모두 존재한다. 그래서 미국 기업이 단기 엔 투자를 원한다면, 동경 소재 은행에 엔을 예치하거나 런던에 유로엔을 예치할 수 있다. 마찬가지로, 유로 지역 내 자국 단기금융시장뿐만 아니라 런던 소재 유로 단기금융시장이 모두 존재한다.[20)]

런던 소재 대형 국제은행들은 서로 런던 은행 간 대출금리(*London interbank offered rate,* LIBOR)에 달러를 빌려준다. 마찬가지로, 엔(yen)은 상호간에 엔 LIBOR로 대출해 주며, 유로는 **유로 은행 간 대출금리(euro interbank offered rate** or **Euribor)**에 빌려준다. 이들 금리는 미국과 다른 나라에서 수많은 유형의 단기 대출 가격을 결정할 때 기준금리로 사용된다. 예를 들어 미국 소재 기업은 달러 LIBOR에 연동하여 이자를 지급하는 변동금리채권(floating-rate note, FRN)을 발행하기도 한다.

우리가 규제와 세금이 없는 세상에 살고 있다면 유로달러 차입 금리는 미국 내 달러 차입 금

19) 족장이 미국 은행이나 일본 은행의 런던 지점에 수표를 예치해도 마찬가지이다. 여전히 그는 유로달러를 예금한 것이다.

20) 가끔은 (정말 아주 가끔) '유로유로(euroeuro)'라고도 한다.

리와 같을 것이다. 어떻든 각국 정부가 자국 내 은행대출을 규제하려 하기 때문에 국제 대출시장이 번창한다. 미국 정부가 자국 내 예금에 은행이 지급하는 금리의 상한을 설정하자 기업들은 자사 예금을 유럽에 예치하여 더 높은 금리를 받을 수 있었다. 이러한 제한이 없어지면서 금리 차이는 대부분 사라졌다.

1970년대 후반 들어 미국 정부는 규제 때문에 기업들이 외국 은행이나 미국 은행의 외국 지점과 영업을 하게 된다는 점을 우려하였다. 이런 영업의 일부를 다시 미국으로 유인해 오려고 1981년에 미국 정부는 미국과 외국 은행들에게 **미국 역외금융시장(international banking facilities, IBF)** 설립을 허가하였다. IBF는 자유무역지구(free-trade zone)와 같다. 이는 물리적으로는 미국에 소재하지만, 연방준비위원회의 지급준비금 유지 의무를 따를 필요가 없고, 예금자들은 미국 세법의 적용을 받지 않는다.[21] 그러나 IBF가 할 수 있는 업무에 대해서는 엄격한 규제가 가해진다. 특히 미국 기업의 국내 예금을 받거나 이들에게 대출해줄 수는 없다.

단기금융시장 상품

주요 단기금융시장 상품은 표 30.4에 요약되어 있다. 하나씩 살펴보자.

미국 재정증권 표 30.4의 첫 번째 항목은 미국 재정증권(U.S. Treasury bill)이다. 일반적으로 매주 발행되며 만기는 4주와 3개월, 6개월, 1년이다.[22] 매각은 단일가 경매로 이루어진다. 이는 입찰에 성공한 모든 응찰자에게 같은 가격으로 증권이 배정됨을 의미한다.[23] 입찰에 참여하지 않아도 재정증권에 투자할 수 있다. 매주 수십억 달러어치의 재정증권이 매매되는 뛰어난 유통시장이 존재한다.

연방정부 산하기관 증권 '연방정부 산하기관 증권(federal agency security)'은 정부 산하기관 또는 정부 후원 기업(government sponsored enterprise, GSE)들이 발행하는 증권을 설명하는 일반적인 용어이다. 이 부채 대부분은 미국 정부가 보증하지 않지만,[24] 투자자는 일반적으로 정부가 지급불능을 막으려고 어떤 조처를 할 것으로 생각해 왔다. 이러한 생각은 2008년 강화되었는데, 이때 두 거대 주택저당대출 회사 연방주택저당조합(Federal National Mortgage Association, 'Fannie Mae, 패니 메이')과 연방주택저당회사(Federal Home Loan Mortgage Corporation, 'Freddie Mac, 프레디 맥')는 어려움에 당면했고, 결국 정부 소유가 되었다.

정부 산하기관과 정부 후원 기업(GSE)은 장단기로 차입한다. 단기 부채는 재정증권과 유사한 할인채권이다. 이는 매우 활발하게 거래되며 주로 기업들이 보유한다. 수익률은 유사한 조건의 재정증권보다 약간 높다. 수익률이 약간 높은 이유 중 하나는 재정증권만큼 유동성이 높지 않기 때문이다.

---

21) 이런 이유로 IBF에 예치된 달러는 유로달러로 분류된다.

22) 3개월 재정증권의 실제 만기는 발행 후 91일, 6개월 재정증권의 만기는 182일, 1년 재정증권의 만기는 364일이다. 재정증권 경매 관련 정보는 다음을 참조하라. **www.publicdebt.treas.gov**.

23) 적은 양의 재정증권이 비경쟁(*noncompetitive*) 응찰자에게 판매된다. 비경쟁 응찰자에게는 성공한 경쟁입찰과 같은 가격이 적용된다.

24) 예외로는 Government National Mortgage Association(Ginnie Mae)과 Small Business Administration, General Services Administration(GSA), Financial Assistance Corporation, Agency for International Development, Private Export Funding Corporation이 있다. 이들 기관의 부채는 "완전한 신뢰와 신용(full faith and credit, 즉 세금을 징수할 권리)"으로 미국 정부가 보증한다.

상품	차입자	발생 시 만기	시장성	금리산정 기준	비고
재정증권	미국 정부	4주, 3월, 6월, 1년	매우 좋은 유통시장	선이자	매주 경매
정부 산하기관 벤치마크 단기 채권과 할인채	FHLB, Fannie Mae, Sallie Mae, Freddie Mac 등	1일에서 360일까지	상당히 좋은 유통시장	선이자	정기 경매를 통한 벤치마크 단기 채권. 딜러를 통한 할인채 매각
면세 지방정부 채권	지방정부, 주정부, 교육청 등	3개월~1년	좋은 유통시장	대개 만기에 이자	Tax-anticipation notes (TAN), revenue anticipation notes (RAN), bond anticipation notes (BAN)
면세 조기상환 변동금리 채권 (VRDN)	지방정부, 주정부, 주립대학 등	10~40년	좋은 유통시장	변동금리	조기상환을 요구할 수 있는 풋옵션이 있는 장기 채권
양도 불능 정기 예금과 양도성 예금증서(CD)	상업은행, 저축은행	대개 1~3개월. 더 긴 만기의 변동금리 CD	양도성 CD에는 괜찮은 유통시장	만기에 이자 지급	정기예금 영수증
기업어음(CP)	제조기업, 파이낸스 회사, 은행 지주회사. 지방자치단체	최대 270일. 대개 60일 이하	딜러 또는 발행자가 재매입	대개 선이자	무보증 약속어음. 딜러를 통하거나 직접 투자자에게 판매
중기 채권(MTN)	주로 파이낸스 회사와 은행. 제조기업도 있음	최소 270일. 대개 10년 이하	딜러가 재매입	이자 발생, 대개 고정금리	무보증 약속어음으로 딜러를 통해 사모
은행인수어음(BA)	대형 상업은행	1~6개월	괜찮은 유통시장	선이자	인수한 은행에 지급 요구
환매채(repo)	미국 국채 딜러	1일에서 3개월. 장기 환매채(계속 계약)	유통시장 없음	환매가격은 판매가보다 높음. 차이는 환매채 금리로 고시	딜러의 재매입 약속을 받고 국채 판매

표 30.4 미국의 단기금융시장 상품.

다른 이유는 이 부채는 외관상 미국 정부가 보증하는 것이 아니므로 투자자는 정부가 산하기관이 채무를 이행하지 않도록 내버려 둘 (작은?) 가능성에 대한 보상으로 추가 수익률을 요구한다.

단기 면세 증권(short-term tax-exempt) 지방자치단체와 주립대학 및 교육청을 포함한 산하기관 역시 단기 채권을 발행한다.[25] 이들 증권은 이자소득이 연방 소득세 대상이 아니라는 특별한 한 가지 매력을 가진다.[26] 물론 지방정부 채권의 세금 이점은 채권가격에 반영된다. 전형적으로 AAA 지방채는 동등한 연방정부 채권보다 수익률이 10~30% 낮다.

대부분 면세 부채는 상대적으로 위험이 작고 종종 보험으로 뒷받침된다. 이 보험은 지방정부

25) 이들 채권의 일부는 발행자의 일반 채무(*general obligation*)이다. 다른 채권인 수익채권(*revenue security*)은 임대료와 사용료를 이용하여 원리금을 상환한다.
26) 이러한 장점은 재정증권이 주세와 지방세 면제 대상이라는 사실로 어느 정도 상계된다.

가 지급불능이 되면 지급할 것을 약속한다.[27] 그러나 2008년의 혼란스러운 시장에서는 보험회사의 뒷받침도, 보험회사 자체가 곤경에 처할 수 있다는 점을 우려하는 투자자를 이해시키지 못하였다. 지방채의 세금 이점은 더는 그렇게 중요하게 보이지 않았고 수익률은 정부 채권보다 높아졌다.

조기상환 변동금리 채권(variable-rate demand note) 회사가 장기 증권에 단기 투자하는 것을 막는 법은 없다. 한 기업이 소득세 납부 대금으로 마련해 둔 $1백만으로 1월 1일에 장기 채권을 매입하고 납부일이 임박한 4월 15일에 매도할 수도 있다. 그렇지만 이 전략의 위험성은 명백하다. 1월에서 4월 사이에 채권가격이 10% 하락하면 어떻게 되는가? 국세청 세금은 $1백만인데 채권 가치는 $900,000로 난처해진다. 물론 채권가격이 상승할 수도 있지만 어떻게 그런 요행수를 바라겠는가? 단기로 투자할 잉여 자금을 수탁받은 기업의 회계담당자는 자연히 장기 채권의 가격 변동성을 회피하게 된다.

한 가지 해결책은 지방정부 조기상환 변동금리 채권(variable-rate demand note, VRDN)을 매입하는 것이다. 이는 지급이자를 단기 금리에 연동한 장기 증권이다. 금리가 조정될 때마다 투자자들은 발행자에게 채권을 액면가에 매각할 권리를 가진다.[28] 이 때문에 금리 조정일의 채권가격은 액면가 아래로 내려갈 수 없다. 따라서 VRDN은 장기 채권이긴 하지만 가격은 매우 안정적이다. 더욱이 지방정부 채권은 면세라는 세금 혜택을 가지므로 지방정부 조기상환 변동금리 채권은 $1백만의 현금을 위한 상대적으로 안전하고 면세인 단기 피난처가 된다.

은행 정기예금과 양도성 예금증서 은행에 정기예금(time deposit)을 하고 있다면 은행에 일정기간 동안 돈을 대출해준 것이다. 만기 이전에 돈이 필요하다면 은행은 대개 해약을 허용하지만, 적용금리를 낮추는 형태로 벌칙을 부과한다.

1960년대에 은행들은 $1백만 이상의 정기예금에 대하여 **양도성 예금증서(negotiable certificate of deposit, CD)**를 도입하였다. 이 경우 은행은 차입할 때 그 은행에 정기예금이 예치되어 있다는 증거인 예금증서를 발행한다. 대출자가 만기 이전에 돈이 필요하면 CD를 다른 투자자에게 매각할 수 있다. 대출 만기가 되면 그 CD의 새로운 소유자는 은행에 CD를 제출하고 대금을 받는다.[29]

기업어음(commercial paper)과 중기 회사채(medium-term note, MTN) 이는 기업들이 비교적 정기적으로 발행하는 단기와 중기 무담보 부채이다. 이 두 가지 채권에 관해서는 이 장의 뒷부분에서 논의한다.

은행 인수어음 은행 인수어음(bankers' acceptance)은 수출입 자금 조달수단으로 사용된다. 인수어음은 은행에 미래 날짜에 정해진 금액을 결제해 달라는 요청서류를 작성하면서 생명이 시작된다. 일단 은행이 요청을 받아들이면, 이 수표는 은행의 약식 차용증서가 되고 단기금융시장 딜러를

27) 면세채권의 지급불능은 드물며 대부분 비영리 병원과 관련되었다. 그러나 면세채권의 중요한 채무불이행이 두 번 있었다. 1983년에 지방정부의 공익사업체인 Washington Public Power Supply System(WPPSS)은 $22.5억의 채권에 지급불능을 선언하였다. 1994년에 캘리포니아의 Orange County는 투자 포트폴리오에서 $17억을 잃고 나서 역시 지급불능이 되었다.

28) 반납된 채권은 새로운 투자자에게 다시 판다.

29) 일부 CD는 양도할 수 없으며 그래서 정기예금과 같다. 예를 들어 은행은 투자자들에게 저가의 비양도성 CD를 매각하기도 한다.

통해 거래할 수 있는 양도성 증권이 된다. 미국 대형 은행의 인수어음은 보통 신용위험이 매우 낮으며 만기는 1개월에서 6개월까지이다.

환매채 **환매채(repurchase agreement)** 또는 리포(*repo, RP*)는 사실상 정부 증권 딜러를 대상으로 하는 담보대출이다. 작동원리는 다음과 같다. 투자자는 딜러가 보유하는 국채 일부를 사는 동시에 정해진 날짜에 약간 높은 정해진 가격에 딜러에게 다시 팔기로 약정한다.[30] 차입자(딜러)는 환매채 협정을 맺었다고 말한다. 대출자(증권 매입자)는 **역환매채**(*reverse repo*)를 가진다고 한다.

환매채의 만기는 몇 개월인 경우도 있기는 하지만 대개는 일일물(overnight, 24시간) 협정이다. 미국의 단기금융시장 상품 중에 가장 유동성이 높다. 기업들은 일일물 환매채를 이자 제공 요구불 예금과 거의 같은 것으로 생각한다.

당신이 현금을 며칠 또는 몇 주 동안 환매채에 투자하려 한다고 하자. 매일 약정을 재협상하는 것을 바라지 않을 것이다. 한 가지 해결책으로 딜러와 **청산환매채**(*open repo*) 약정을 맺는다. 이 경우 약정에 정해진 만기는 없다. 어느 쪽이든 하루 전에 통보하면 쉽게 청산된다. 대신에 모든 잉여 현금이 자동으로 환매채로 이체되도록 은행과 계약을 맺을 수도 있다.

변동금리 우선주(floating-rate preferred stock) 보통주와 우선주는 보유 기업이 수취 배당금의 30%에 대해서만 세금을 내는 흥미로운 세금 이점이 있다. 그러므로 수취 배당금 $1에 대해 기업은 1 − (0.30 × 0.35) = $0.895를 가져간다. 그러므로 실효세율은 10.5%이다. 이는 지방정부 부채에 대한 세율 0에 비해 높지만, 기업의 다른 부채 이자에 대한 세율보다는 훨씬 낮다. 회사의 여유 현금을 다른 기업의 우선주에 투자할 것을 생각 중이라고 하자. 세율 10.5%는 아주 매력적이다. 한편, 장기 이자율 변동에 따른 우선주의 가격 변동이 우려되면 배당금이 일반 이자율 수준에 연동된 우선주에 투자하여 걱정을 덜 수 있다.[31]

위험이 커지면 우선주 주가 하락으로 이어질 수 있으므로 우선주 배당금의 변동은 별로 매력적이지 않다. 그래서 기업은 변동금리 우선주에 다른 묘안을 추가하기도 한다. 금리에 엄밀하게 연동시키는 대신, 모든 투자자가 참여하는 경매를 통해 배당금을 주기적으로 재설정할 수 있다. 투자자들은 모두 자신이 주식을 사고자 하는 수익률을 밝힐 수 있다. 더 높은 수익률을 원하는 기존 주주들은 그저 자신의 주식을 액면가에 새로운 투자자에게 매각할 뿐이다. 그 결과는 조기상환 변동금리 채권과 비슷하다. 경매금리(auction-rate) 우선주를 액면가에 정기적으로 재매각할 수 있기 때문에 경매 중간 기간에도 주가가 크게 변하지 않는다.[32]

2007년 금리경매 우선주 시장에 재난이 닥쳤다. 이때 투자자는 자신이 보유한 주식을 경매할 때 아무도 참여하지 않은 것을 알았다. 보유자는 은행이 현금과 동등하다고 하면서 사기로 팔았다고 주장하였다. 이 우선주를 처음 취급한 많은 은행은 이를 되사는 데 동의하였다. 금리경매 우선주는 더는 현금의 안전한 도피처가 되지 못했다.

---

30) 환매채의 위험을 줄이려고 보통 증권 가치를 시가보다 낮게 매긴다. 그 차이를 헤어컷(*haircut*)이라고 한다.
31) 우선주 발행 회사는 세후 순이익에서 배당금을 지급해야만 한다. 어떻든 세금을 내지 못하여 이자 절세효과를 사용할 수 없는 기업이 많이 있다. 더욱이 이들 기업은 부채 이자율보다 낮은 이자율로 변동금리 우선주를 발행할 수 있었다. 우선주를 산 기업들은 수취 배당금의 70%가 면세이므로 만족해야 한다.
32) 대부분 경매금리 우선주는 폐쇄형 뮤추얼펀드가 발행하였다.

30.5 단기 차입의 원천

기업들이 어떻게 잉여 현금을 투자할 수 있는가를 살펴보았다. 그러나 만약 기업이 정반대 상황에 처해 있어서 단기적으로 현금이 부족하면 아마도 단기 차입을 해야 할 것이다. 은행이 이러한 대출의 주요 공급원이지만 파이낸스 회사(finance company) 역시 중요한 자금원이며 특히 외상매출금과 재고자산을 위한 자금조달에 중요하다.[33] 은행이나 파이낸스 회사와 같은 중개기관을 통한 차입 이외에도 회사가 단기 기업어음이나 중기 채권을 투자자들에게 직접 매각하기도 한다. 이들 단기 자금의 원천을 더 자세히 살펴볼 때가 되었다.

은행대출

은행대출(bank loan)은 다양한 형태로 이루어진다. 몇 가지 서로 다른 점들은 다음과 같다.

약정(commitment) 기업은 돈이 필요해질 때까지 은행융자 신청을 미루기도 하지만, 상업은행 대출의 80% 정도는 신용한도 계약을 통해 대출된다. 이 경우 기업은 확보된 한도까지 차입할 수 있는 신용한도를 확보하게 된다. 이 신용한도는 확정된 만기가 없는 **상록신용(evergreen credit)**일 수도 있지만 더 일반적으로는 확정된 만기가 있는 **회전신용(revolving credit,** 또는 *revolver*)이다. 예를 들어 가장 일반적인 협약은 앞으로 1년간 현금이 필요할 때 수시로 차입, 상환, 재차입할 수 있는 364일 약정이다.

신용한도가 상대적으로 비용이 많이 드는 수단인 이유는 차입금에 대한 이자 지급 외에도 미사용분에 대해 신용한도 계약 수수료로 0.25% 정도를 내야 하기 때문이다. 이 추가비용에 대한 보상으로 기업은 값진 선택권을 얻는다. 일반 금리 수준에 약간의 스프레드를 더한 금리를 내면 은행자금 이용이 보장된다.

신용한도 활용의 증가는 은행의 역할을 변화시켜 왔다. 은행은 이제 더 이상 단순한 대출자가 아니다. 은행은 기업에 유동성 보험(liquidity insurance)의 기능도 제공한다. 많은 기업이 이 보험 기능의 가치를 발견한 것은 1998년 러시아가 차입금 일부에 대해 지급불능을 선언하고 세계 부채 시장이 혼란에 빠지면서이다. 미국 기업들은 채권발행이 갑자기 크게 비싸졌다는 것을 알게 되었다. 은행과 신용한도 약정을 맺어 둔 기업들은 그 장점을 활용하려고 달려들었다. 그 결과 신규 채권발행은 급감하고 은행대출이 급증하였다.

만기(maturity) 은행대출의 만기는 대부분 몇 개월이다. 예를 들어 기업은 신형 장비 구매나 다른 기업 인수(acquisition)에 필요한 자금을 조달하기 위해 단기 **브릿지론(bridge loan)**을 원할 수도 있다. 이는 구매나 기업인수가 완료되고 장기 자금조달이 이루어질 때까지 임시 자금조달 역할을 하게 된다. 일시적인 재고자산 증가로 말미암아 단기 차입이 필요한 경우도 많다. 이러한 차입은 **자기청산(self-liquidating)** 된다고 한다. 다시 말해서 상품 판매 대금이 차입금 상환을 위한 현금을 제공한다.

은행은 **텀론(term loan)**이라고 알려진 장기 대출도 제공한다. 텀론(기간대출)의 전형적인 만기

33) 파이낸스 회사는 기업이나 개인 대출에 전문화된 회사이다. 여기에는 독립된 회사도 포함된다.

LIBOR

매일 오전 11시경 런던에서는 16개 안팎의 주요 은행들이 합리적인 시장 규모 이내에서 다른 은행으로부터 차입할 수 있는 이자율에 대한 견적서를 내놓는다. 은행들은 이런 견적서를 하루에서 1년까지 15개 서로 다른 만기에 대해 작성한다. 각각의 경우 상위와 하위 1/4의 견적은 폐기되고 나머지는 평균하여 런던 은행 간 대출금리(London Interbank Offered Rates), 즉 LIBOR가 정해진다.

가장 흔하게 인용되는 LIBOR 금리는 미국 달러를 차입할 때의 이자율이다. 그러나 유사한 LIBOR 금리도 9개의 다른 통화에 대해서도 제공된다. 이들 9개 통화는 유로, 일본 엔, 파운드 스털링, 스위스 프랑, 덴마크 크로너, 스웨덴 크로나, 그리고 캐나다, 호주, 뉴질랜드 달러 등이다. 이들 금리를 공시하는 영국은행협회는 $10조의 대출과 $300조의 스왑이 LIBOR에 연동되어 있는 것으로 추정한다.[34)]

그림 30.7은 3개월 달러 LIBOR 금리를 재정증권 금리와 대비해 그림으로 나타낸 것이다. 두 이자율 간의 스프레드는 TED 스프레드라고 한다. 여러 해 동안 TED 스프레드는 전형적으로 50 베이시스 포인트(0.5%) 미만이었지만 2008년에는 급격히 확대되어 한때는 460 베이시스 포인트(4.6%)에 이르렀다. 갑자기 은행 대출을 위한 벤치마크의 선택이 매우 중요해지기 시작했다.

그림 30.7
3개월 달러 LIBOR와 3개월 재정증권의 월말 수치(2004년 8월~2009년 7월).

자료원: British Bankers' Association and the Federal Reserve Board.

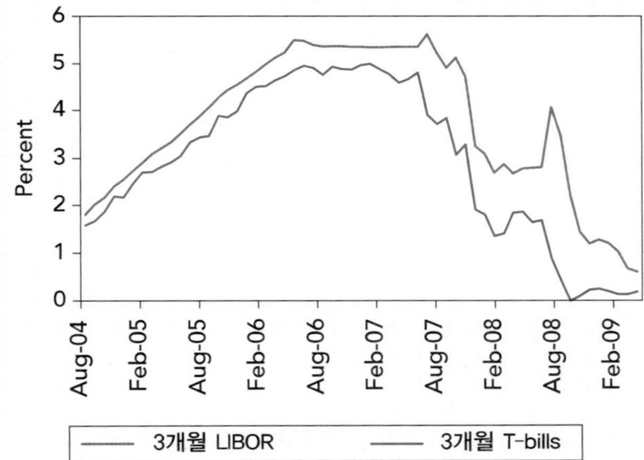

는 4년에서 5년이다. 원금은 대개 이 기간에 일정 금액씩 상환되지만 때로는 만기에 원금의 상당 부분에 해당하는 거액을 상환하거나 일시에 전액을 상환하기도 한다. 은행은 차입자가 예상되는 현금흐름의 패턴에 맞춰 제시하는 상환 일정을 수용하기도 한다. 예를 들어, 첫 번째 상환을 신설 공장이 완공되는 1년 후로 연기해 줄 수도 있다. 기간대출은 만기 이전에 재협상하는 경우도 자주 있다. 차입자가 단골이고 우량 신용상태를 유지하고 있으며 변경 사유가 타당하다면 은행은 기꺼이 기업의 제안에 응한다.[35)]

금리(rate of interest) 단기 은행대출에는 대개 고정금리가 적용되며 이는 할인 형식으로 고시된

34) 유로 예금의 경우 유럽은행연합(European Banking Federation)은 유리보(Euribor)라고 하는 대체 척도를 계산한다. 역사적 LIBOR 금리는 **www.bbalibor.com**에서, 그리고 Euribor 금리는 **www.euribor.org**에서 찾아볼 수 있다.

35) 사적 대출계약에 대한 한 연구는 90% 이상이 만기 전에 재협상된다는 사실을 발견하였다. 대부분은 재무적 곤경 때문이 아니다. M. R. Roberts and A. Sufi, "Renegotiation of Financial Contracts: Evidence from Private Credit Agreements," *Journal of Financial Economics*, forthcoming 참조.

다. 예를 들어 1년 만기 대출 금리가 5% 할인으로 고시되었다면 차입자는 $100 − $5 = $95를 받고 만기에는 $100를 상환한다. 이러한 대출의 이자율은 5%가 아니라 5/95 = 0.0526, 즉 5.26%이다.

장기 은행대출 금리는 대개 일반 금리 수준에 연계된다. 가장 일반적인 기준은 런던 은행 간 대출금리(LIBOR)와 연방자금금리(federal fund rate),[36] 은행 우대금리(bank's prime rate)이다. 그러므로 금리가 'LIBOR + 1%'로 정해지고 다음 첫 3개월의 LIBOR가 4%이면 5%, 5%이면 6%의 이자가 적용되는 식이다. 앞쪽의 글상자에서 LIBOR는 어떻게 결정되며, 재정증권 금리와의 관계는 어떤지 설명했다.

연합대출(syndicated loan) 일부 은행대출은 단일 은행이 감당하기에는 너무 큰 금액이다. 이 경우 차입자는 하나 이상의 주선은행(lead bank)에 대출 계약 수수료를 지급하고 이 은행은 대출 금액을 연합 참여 은행들에 배정한다.[37] 예로, 2008년 화학회사 애시랜드(Ashland)는 $16.5억을 빌려서 허큘리스(Hercules)를 사들였다. 이는 텀론 패키지와 회전신용 계약을 이용하여 이루어졌다. 이 대출은 뱅크아메리카(BankAmerica)와 노바 스코시아 은행(Bank of Nova Scotia), 그리고 다른 참여 은행들이 주선했는데, 이들에는 시티은행(Citibank)과 선트러스트 은행(SunTrust Bank), 웰스파고 은행(Wells Fargo Bank), US은행(US Bank), 53은행(Fifth Third Bank)이 포함되었다. 이 융자는 만기가 약 5년이었고 LIBOR 더하기 2.75%에서 4% 사이에 결정되었다. 이에 더해 애시랜드는 회전신용의 미사용 부분에 대해서는 0.5%의 계약 수수료를 지급해야 했다.

신디케이트 주선자는 대출의 인수회사 역할을 하여 대출의 가격을 정하고 다른 은행에 판매하며, 남은 물량에 대해 보증을 제공한다. 주선자의 첫 단계는 참여 가능한 대출자들에게 대출에 관한 정보를 제공하는 **정보메모**(*information memo*)를 마련하는 것이다. 그러고 나서 신디케이트 데스크에서는 대출 가격이 최종적으로 결정되기 전에 금리 수준을 점검하고 관심을 보인 매입자에게 매각한다. 차입자의 신용이 우량하거나 주선은행의 평판이 매우 높은 경우, 대출 대부분이 소화된다. 그렇지 않으면 주선은행이 대출의 상당 부분을 흡수하여 거래에 대한 자신의 신뢰를 과시한다.[38]

대출 매각(loan sale)와 대출 담보부 증권(collateralized debt obligations) 은행 대출은 대개 유동성이 낮았다. 일단 은행이 대출을 하고 나면 빠져나갈 길이 없었다. 이제는 더 이상 그렇지 않다. 즉 대출 초과수요가 있는 은행은 자사의 기존 대출 중 일부를 다른 기관에 매각하여 그러한 문제를 해결할 수 있다. 예를 들어 연합대출의 20% 정도는 나중에 재판매되며, 이러한 판매는 매주 〈월스트리트저널〉에 보도된다.

대출 매각은 일반적으로 **배정**(*assignments*) 또는 **참여**(*participations*)라는 두 가지 형태 중 하나가 된다. 배정에서는 차입자와의 협정에 의해 대출금 일부가 이전된다. 참여에서는 주선은행이 차

36) 연방자금금리는 은행이 잉여 자금을 다른 은행에 대출할 때 적용하는 금리이다.

37) 우량기업이 받는 표준적인 대출을 연합대출로 마련할 때의 수수료는 10 베이시스 포인트까지 낮아지기도 하지만, 부채가 많은 기업과의 복잡한 거래의 수수료는 2.5%까지 치솟을 수도 있다. 연합대출 시장에 대해 잘 정리한 문헌은 다음과 같다. S. C. Miller, "A Guide to the Syndicated Loan Markets," Standard and Poor's, September 2005 (**www.standardandpoors.com**); 그리고 B. Gadanecz, "The Syndicated Loan Market: Structure, Development and Implications," *BIS Quarterly Review*, December 2004, pp. 75~89(**www.bis.org**).

38) A. Sufi, "Information Asymmetry and Financing Arrangements: Evidence from Syndicated Loans," *Journal of Finance* 62(April 2007), pp. 629~668 참조.

입자와 관계를 유지하면서 대출을 사들인 은행에 수취한 현금흐름의 일정 부분을 건네주기로 약정을 맺는다.

대출 매각은 단일 대출과 관련되는 경우가 많지만 가끔은 수백 개의 대출이 포함되는 대형 거래가 되기도 한다. 그러면 매입자는 이 포트폴리오의 현금에 대한 몫을 권리로 받는다. 최근 들어 은행 다수가 대출 포트폴리오의 현금흐름을 다시 포장하여 별개의 조각(*tranche*)으로 매각하고 있는데, 이런 상품을 **부채 담보부 증권**(*collateralized debt obligations, CDO*)이라고 한다.[39] 선순위 트랑쉐는 현금흐름에 대해 최상위 청구권을 가지므로 보험회사나 연금기금처럼 보수적인 투자자들에게 매력적이다. 가장 위험한 (또는 **지분**) 트랑쉐는 은행이 보유하거나 낮은 등급 부채에 전문화된 헤지펀드나 뮤추얼펀드가 사들인다.[40]

2007년까지 CDO 신규 발행의 절반 이상이 비우량 주택저당대출에 노출되었다. 이 담보대출은 함께 포장되었기 때문에 이 CDO에 투자한 투자자들은 개별 주택저당대출의 채무불이행 위험에 대해 보호되었다. 그러나 선순위 트랑쉐조차도 주택시장의 경제 전체적인 불황 위험에 노출되었다. 이러한 이유로 이 부채를 '경제적 재앙 부채(economic catastrophe debt)'라고 불렀다.[41]

2007년 여름 투자은행 베어스턴스(Bear Stearns)가 자사의 두 헤지펀드가 거의 가치가 없는 CDO에 많은 액수를 투자하였다고 밝히면서 경제적 재앙이 발생하였다. 베어스턴스는 연방준비은행의 도움으로 구제되었다. 그러나 이것은 신용위기의 출발과 CDO 시장 붕괴의 신호였다. 2008년 CDO 발행은 거의 90% 감소하였다.[42]

담보(security) 기업의 신용위험(credit risk)에 대해 염려하는 은행이라면 기업에 대출 담보를 요구할 것이다. 이는 장기 은행대출에서 가장 흔해서 장기 대출의 반 이상이 담보 대출이다.[43] 담보는 대개 외상매출금이나 재고자산, 증권과 같은 유동성 있는 자산으로 구성된다. 때때로 은행은 이들 자산에 대한 **포괄 담보**(*floating charge*)를 설정한다. 이는 회사가 지급불능에 빠지는 경우 은행에 포괄적 청구권을 부여한다. 그러나 포괄 담보는 자산을 구체적으로 지정하지는 않으며, 기업의 자산을 활용하는 데 일부 제약을 가하기도 한다.

보다 일반적으로 은행은 구체적인 담보를 요구한다. 예를 들어 상품을 선적하는 시점과 고객이 대금을 결제하는 시점 사이에 상당한 차이가 있다고 하자. 당장 돈이 필요하다면 이 외상매출금을 담보로 활용하여 차입할 수 있다. 먼저, 송장 사본을 은행에 보내어 회사가 고객에게서 수취할 금액에 대한 청구권을 제공한다. 그러면 은행은 외상매출금 가치의 80%까지 대출해 준다.

---

39) 대출 담보부 증권(collateralized loan obligations, CLO)과 채권 담보부 증권(collateralized bond obligations, CBO), 주택저당대출 담보부 증권(collateralized mortgage obligations, CMO)을 통틀어서 부채 담보부 증권(collateralized debt obligations, CDO)이라고 한다.

40) 은행은 CLO를 위험 대출의 패키지로 뒷받침하기보다는 종종 합성 CLO를 만든다. 이 경우 은행은 장부상에 대출을 유지한다. 이 CLO의 현금흐름은 등급이 높은 채권을 구매하고 은행대출 꾸러미에 대해 디폴트 스왑을 파는 것에서 온다. 은행대출에서 채무불이행이 전혀 없으면 CLO는 일련의 정해진 현금흐름을 받는다. 채무불이행이 있으면 디폴트 스왑을 판 은행은 구매자에게 손실액을 보상해야 한다. 이 손실은 CLO의 무등급 트랑쉐가 먼저 부담한다.

41) J. D. Coval, J. Jurek and E. Stafford, "Economic Catastrophe Bonds," *American Economic Review* 3 (June 2009), pp. 628~666.

42) **www.sifma.org**.

43) 미국 은행들의 차입조건에 대한 기업체 조사 결과는 *Federal Reserve Bulletin*(**www.federalreserve. gov/releases/E2**)에 분기별로 발표된다.

매출액이 매일 증가한다면 담보의 가치도 상승하여 회사는 더 많은 금액을 차입할 수 있다. 그리고 매일 어떤 고객이 대금을 결제하게 된다. 이 대금은 은행이 관리하는 특별 담보계좌에 예치되며 주기적으로 대출금 규모를 줄이는 데 사용된다. 그러므로 기업의 사업이 성쇠를 보이면 담보의 크기와 대출 규모도 이에 따라 변한다.

재고자산을 대출에 대한 담보로 활용할 수도 있다. 예를 들어 독립된 창고회사가 상품이 은행을 위해 보관되고 있음을 증명하는 영수증을 은행에 제출하도록 할 수도 있다. 은행은 일반적으로 재고자산 가치의 50%까지 대출해 준다. 대출금이 상환되어 은행이 창고증권을 되돌려주면 상품을 마음대로 처분할 수 있다.[44)]

자연히 은행은 담보를 인정하는 데 까다롭다. 은행은 고객이 지급불능이면 확실하게 담보를 찾아 매각할 수 있기를 원한다. 부패하지 않는 표준화된 상품으로 가득 찬 창고에 대해서는 기꺼이 대출해 주지만 잘 숙성된 까망베르(Camemberts) 치즈 창고는 외면할 것이다.

은행들은 또한 담보의 안전을 확보하고 차입자가 그 자산 매각대금을 들고 도망가지 못하게 해야 한다. 대형 샐러드 기름 사기 사건에 그런 일이 있었다. 51개 은행과 기업 채권단은 알라이드 야채유 정제회사(Allied Crude Vegetable Oil Refining Corporation)에 약 $2억을 대출해 주었다. 대신에 이 회사는 값비싼 샐러드 기름으로 가득 찬 저장 탱크의 형태로 보증을 제공한다고 약속하였다. 불행히도 엉성한 조사로 탱크에는 그저 바닷물과 진흙이 차 있음을 알아차리지 못했다. 사기가 알려지고 알라이드의 사장이 교도소로 가자 51개사로 구성된 채권단은 절망 속에서 $2억을 찾아 헤매게 되었다.

기업어음

은행은 한편의 기업이나 개인에게서 빌린 돈을 다른 편에 다시 대출해 준다. 은행들은 예금금리보다 대출금리를 더 높게 부과하여 이익을 얻는다.

때로는 중간에 은행을 끼워 두면 편리하다. 그러면 대출자는 차입자를 찾아 신용상태를 평가하는 비용을 절약할 수 있고, 차입자는 대출자를 찾기 쉬워진다. 예금자들은 은행이 누구에게 대출하는지 신경 쓰지 않는다. 은행이 전체적으로 안전하면 스스로 만족한다.

중개기관의 기능에 대가를 지급할 가치가 없을 경우도 있다. 유명 대기업은 단기 무보증 채권을 발행하여 은행 시스템을 우회할 수 있다. 그러한 채권을 **기업어음(commercial paper, CP)**이라고 한다. 은행 지주회사나[45)] 파이낸스 회사와 같은 금융기관들 역시 때로는 매우 큰 규모로 기업어음을 발행한다. 예로, 한때 GE 캐피털(GE Capital Corporation)의 기업어음 발행규모는 $1천억이 넘었다.[46)] 주요 기업어음 발행자들은 회사 안에 설치한 마케팅 부서를 통해 투자자들에게 자사 어음을 직접 판매하며 종종 웹을 이용하기도 한다. 규모가 작은 기업들은 어음을 판매해 주고 수수료를 받는 딜러를 통해 매각한다.

44) 재고를 항상 창고에 둘 필요는 없다. 예로, 자동차 딜러는 차를 전시장에 전시해야 한다. 파이낸스 회사가 차를 사고 딜러는 신용으로 그 차를 보유하는 저당권 설정 계약(floor-planning arrangement) 체결이 한 가지 해결책이 된다. 차가 판매되면 그 대금은 파이낸스 회사에서 차를 되사는 데 사용된다. 이자 또는 '전시 수수료'는 차가 전시장에 얼마나 오래 있었는가에 따라 다르다.

45) 은행 지주회사(*bank holding company*)는 은행과 비은행 자회사를 함께 소유한다.

46) GE는 2008년에 기업어음에 대한 의존도를 낮췄다.

미국에서 기업어음의 최장 만기는 9개월이지만 대부분은 만기가 60일 이내이다. 기업어음 매입자들은 대개 만기까지 보유하지만, 어음을 매각한 회사나 딜러는 조기상환에 응하는 것이 일반적이다.

대부분 기업어음은 신용등급이 높은 유명 기업이 발행한다.[47] 일반적으로 기업은 현금 상환을 보장할 수 있도록 은행에 예비로 신용한도를 준비해 두어 발행하는 기업어음을 뒷받침한다.[48] 그러므로 지급불능 위험은 낮다.

투자자들은 최고 신용등급이 아닌 기업어음 매입을 꺼리기 때문에, 기업은 필요할 때 기업어음 시장에서 단기 자금을 조달받지 못할 수도 있다. 예를 들어 포드와 GM의 기업어음 신용등급이 하락하자 두 회사 모두 기업어음 판매가 급감하였다. 포드 신용(Ford Credit)의 2000년 말 무보증 기업어음 발행 잔고는 $450억이었지만 5년 후에는 $10억 규모로 줄어들었다.

최근 수년 동안 기업어음 시장에 한파가 닥쳤다. 포드와 GM 이외에도 다른 수많은 주요 회사들의 기업어음도 등급이 하향 조정되었다. 2007년 리먼 브러더스(Lehman Brothers)가 기업어음의 채무를 이행하지 못했을 때 더 큰 충격이 왔다. 연방준비은행이 등급이 높은 어음을 대량으로 사겠다는 계획을 발표할 때까지 어음 발행이 급감하였다.

무담보 기업어음 시장 외에도 **자산유동화 기업어음**(*asset-backed commercial paper*) 시장이 있다. 이 경우 회사는 자산을 특수목적법인에 매각하고 이 법인이 어음을 발행한다. 예를 들어 자동차 회사는 무담보 기업어음을 줄이면서 외상매출금을 담보로 한 자산유동화 기업어음에 점차 의존하였다. 고객이 외상을 갚으면 현금은 이 어음 소지자에게 이체된다.

많은 은행이 구조화투자회사(structured investment vehicle, SIV)를 설립했을 때 이 시장의 취약성이 표면에 나타났다. 이 구조화투자회사는 자산유동화 기업어음의 발행으로 단기 자금을 조달하여 주택저당대출 유동화 증권(mortgage-backed security)에 투자하였다. 기업어음의 구매자는 신용 위험을 부담하기 때문에 은행은 기초가 되는 주택저당대출의 질을 염려해야 할 유인이 작았다. 많은 SIV가 만기가 된 어음을 재조달하는 것이 불가능하다는 것을 알고 채무를 불이행하였다.

중기 채권(medium-term note)

만기가 270일 이내인 신규 발행 증권은 SEC에 등록할 필요가 없다. 그러므로 기업은 발행하는 기업어음의 만기를 제한하여 등록에 따르는 비용과 시간을 피할 수 있다. 그런데 대형 우량기업들은 무담보 **중기 채권(medium-term note, MTN)**도 주기적으로 발행한다.

MTN은 회사채와 기업어음의 혼합체(hybrid)로 보면 된다. 채권처럼 만기가 상대적으로 길어서 최소 270일 이상이지만 대개 10년을 넘지 않는다.[49] 한편, MTN은 기업어음처럼 인수회사

47) Moody's와 S&P, Fitch는 기업어음의 신용등급을 발표한다. 예를 들어 Moody's는 P-1(Prime 1, 최상위 등급 채권)에서 P-3까지 3개 등급을 적용한다. 투자자 대부분은 등급이 낮은 채권 매입을 피한다. 예를 들어 단기금융시장펀드(MMF)는 거의 P-1 등급 채권만을 보유하도록 제한한다.

48) 최상위층 발행자의 신용한도는 CP 금액의 75%, 낮은 등급 발행자는 100%가 일반적이다. 은행과 계약을 충족시키지 못하면 회사는 신용한도 사용이 어려워질 수도 있다. 그래서 신용등급이 낮은 기업은 철회 불가능한 신용한도를 설정하여 자사 채권을 보증하기도 한다.

49) 때로는 훨씬 긴 만기의 채권 발행에 MTN 등록을 이용하기도 한다. 예를 들어 디즈니는 심지어 100년 만기 채권 발행에 MTN 프로그램을 이용하였다.

없이 딜러를 통해, 때로는 투자자에게 직접 정기적으로 매각된다. 딜러들은 유통시장에서 이들 MTN을 거래하며 만기 이전에 환매해 줄 준비가 되어 있다.

항상 현금이 필요한 파이낸스 회사와 같은 차입자들은 MTN의 유연성을 반긴다. 예를 들어 한 회사가 딜러에게 이번 주에 조달할 금액과 만기의 범위, 그리고 지급 가능한 최대 금리를 말해 준다. 그러면 매입자를 찾아내는 것은 딜러의 능력에 달렸다. 투자자 역시 딜러에게 자신이 원하는 조건을 제시하고, 이 조건을 받아들이면 거래가 성사된다.

요약

기업은 재고자산, 외상매출금, 현금, 그리고 단기 증권 등 네 가지 주된 단기 자산에 투자한다. 이들 각각의 단기 자산은 관리할 필요가 있다.

재고자산은 원자재, 재공품, 완제품 등으로 구성된다. 재고자산은 이점을 가진다. 예를 들어 원자재의 비축은 회사가 예기치 못했던 재고부족 때문에 생산을 중단할 위험을 낮추어 준다. 그러나 재고는 또한 자본을 묶어두고 보관하는 데 비용이 많이 든다. 생산관리자의 과업은 이득과 비용 간의 합리적인 균형을 찾아내는 것이다. 최근 많은 기업들이 과거보다는 적은 양의 재고로도 헤쳐 나갈 수 있다고 결정하였다. 예를 들어 일부 기업들은 **적시공급**(*just-in-time*) 시스템을 채택했다. 이 시스템은 기업이 하루 종일부품과 원자재의 정기적인 흐름을 수령함으로써 최소한의 재고만 유지할 수 있게 해준다.

신용관리(외상매출금의 관리)는 다음의 5단계를 수반한다.

1. 지급기간의 길이와 일찍 지급하는 고객에 대한 현금할인의 크기를 정한다.
2. 고객과의 계약 형태를 결정한다. 예를 들어 고객의 신용상태가 위태위태한 경우, 고객에게 은행인수를 준비하라고 요청할 수 있다. 이 경우 고객의 은행이 지급을 보증한다.
3. 고객의 신용도를 평가한다. 신용평가는 스스로 할 수도 있고, 회사나 개인의 신용상태에 관한 정보 수집을 전문으로 하는 신용평가기관이나 신용정보회사에 의존할 수도 있다.
4. 타당성 있는 신용한도를 설정한다. 목표는 불량 채권의 수를 최소화하는 것이 아니라 이익을 극대화하는 것임을 기억하라. 또한 기대 이익을 낱낱이 세는 지나치게 단기적 시각을 가지지 않도록 유의하라. 고객이 믿을만한 정규 고객이 될 가능성이 있다면 한계 고객을 받아들이는 것도 할 만한 가치가 있을 수 있다.
5. 수금한다. 진정한 체불 고객에게는 단호하게 대처해야 하지만 수표가 우편에서 지체될 수도 있기 때문에 재촉하는 편지를 써서 우량 고객을 화나게 하고 싶지는 않을 것이다.

현금은 단순히 회사의 영업에 필요한 또 하나의 원자재로 생각할 수 있다. 대규모 현금 '재고'를 보유하는 데는 항상 이점이 따른다. 갑작스러운 현금 부족 때문에 짧은 통보로 많은 현금을 조달해야 할 위험을 낮춘다. 한편 현금을 시장성 유가증권에 투자하여 이자를 버는 대신 유휴 현금잔고를 보유하는 데는 비용이 발생한다. 이런 이득과 비용의 균형을 맞추는 데 있어 현금관리자는 생산관리자와 유사한 과업에 당면한다. 이런 교환관계는 소규모 기업에 더 중요하다. 증권 계속해서 사고파는 데 드는 비용은 유휴 현금잔고를 보유하는 기회비용과 비교하여 상대적으로 높기 때문이다.

좋은 현금관리란 현금을 효율적으로 이동시키는 것이다. 예를 들어 회사가 수많은 수표를 받는다면

Visit us at www.mhhe.com/bma

이들 수표가 그냥 잠자고 있지 않도록 확실히 해야 한다. 집중은행제도와 사서함 제도가 어떻게 수금을 빨리 하는 데 사용될 수 있는지 설명하였다. 대부분의 대규모 지급은 전신이체를 통해 전자적으로 이루어진다. 이는 기업이 자금을 지방은행 계좌로부터 회사의 주거래 **집중은행**(*concentration*)으로 빠르게 이체시킴으로써 현금 사용을 경제적으로 할 수 있게 해 준다. 전자 자금이체는 또한 지급의 속도를 높이며, 현금관리 절차의 더 많은 부분을 자동화할 수 있게 해 준다.

지금 필요한 것보다 많은 현금을 보유하고 있다면 단기금융시장에 투자할 수 있다. 단기금융시장 투자수단에는 유동성의 정도와 위험이 서로 다른 광범위한 선택이 있다. 이들 투자수단의 이자율은 종종 할인방식으로 고시된다는 것을 기억하자. 복리 수익률은 항상 할인율보다 높다. 미국의 주된 단기금융시장 투자수단은 다음과 같다.

- 미국 재정증권
- 연방정부 산하기관 채권
- 단기 면세증권
- 정기예금과 예금증서
- 환매체
- 기업어음
- 은행인수어음

장기 자금조달이 자본요구액을 충분히 확보하지 못했을 때 기업은 단기 또는 중기 자본을 조달해야 한다. 종종 회사는 은행에 **회전 신용한도**(*revolving line of credit*)를 마련한다. 이 신용한도는 자금이 필요할 때는 언제라도 합의한 금액까지 차입을 할 수 있게 허용해 준다. 이는 일시적인 부족을 해결하고 수개월 이내에 상환하도록 마련된 것이다. 그러나 은행은 또한 때때로 5년 또는 그 이상 연장되는 **텀론**(*term loan*)을 제공한다. 국내 은행에서 차입하는 것 이외에도 기업은 외국 은행이나 미국 은행의 해외 지점으로부터 달러를 차입하기도 한다. 아주 큰 규모의 대출은 일반적으로 주요 은행들 간의 **연합**(*syndicated*) 대출이다. 은행이 이들 대출을 만기까지 보유할 필요는 없고 나중에 보유지분을 다른 은행이나 금융기관에 매각하기로 결정할 수도 있다.

초단기 은행대출의 금리는 일반적으로 대출 만기까지 고정된다. 그러나 다른 경우에는 이자율이 단기 금리의 일반 수준에 연동되어 변한다. 예를 들어 이자율이 LIBOR(런던 은행 간 대출금리)보다 1% 높게 설정될 수 있다.

은행이 부과하는 금리는 대출의 기회자본비용뿐만 아니라 대출부서를 운영하는 데 드는 비용까지도 충분히 보전할 수 있는 수준이어야 한다. 대형 정규 차입기업은 은행 시스템을 우회하여 스스로 무담보 단기 부채를 발행하는 것이 비용이 적게 든다는 것을 알게 되었다. 이를 **기업어음**(*commercial paper*)이라 부른다. 정기적으로 매각되는 장기 대출은 **중기 채권**(*medium-term note*)이라고 한다.

일반적으로 단기 자본시장은 원만하게 작동하지만 2008년의 신용위기 동안 수많은 이들 자금 원천이 말라붙었다. 각각의 경우 이런 현상이 일시적인 딸꾹질인지, 아니면 그 해의 사건이 증권 설계에 있어 치명적인 약점을 드러낸 것인지는 두고 볼 일이다.

더 읽어야 할 문헌

다음은 운전자본관리에 관한 일반 교과서이다.

G. W. Gallinger and B. P. Healey, *Liquidity Analysis and Management*, 2nd ed. (Reading, MA:

Visit us at www.mhhe.com/bma

Addison-Wesley, 1991).

N. C. Hill and W. L. Sartoris, *Short-Term Financial Management: Text and Cases*, 3rd ed. (Englewood Cliffs, NJ: Prentice-Hall, Inc., 1994).

K. V. Smith and G. W. Gallinger, *Readings on Short-Term Financial Management*, 3rd. ed. (New York: West, 1988).

F. C. Scherr, *Modern Working Capital Management: Text and Cases*(Englewood Cliffs, NJ: Prentice-Hall, Inc., 1989).

다음은 신용관리의 관행과 제도적 배경에 관한 표준교과서이다.

R. H. Cole and L. Mishler, *Consumer and Business Credit Management*, 11th ed. (New York: McGraw-Hill, 1998).

신용정책에 관한 분석적 논의는 다음 문헌을 참조하라.

S. Mian and C. W. Smith, "Extending Trade Credit and Financing," *Journal of Applied Corporate Finance* 7(Spring 1994), pp. 75~84.

M. A. Petersen and R. G. Rajan, "Trade Credit: Theories and Evidence," *Review of Financial Studies* 10(Fall 1997), pp. 661~692.

현금관리에 관한 두 가지 유용한 서적은 다음과 같다.

M. Allman-Ward and J. Sagner, *Essentials of Managing Corporate Cash*(New York: Wiley, 2003).

R. Bort, *Corporate Cash Management Handbook*(New York: Warren Gorham and Lamont, 2004).

다음은 왜 어떤 회사는 다른 기업들보다 더 많은 유동성을 유지하는지에 관해 읽을 만한 논문이다.

A. Dittmar, "Corporate Cash Policy and How to Manage It with Stock Repurchases," *Journal of Applied Corporate Finance* 20(Summer 2008), pp. 22~34.

L. Pinkowitz and R. Williamson, "What Is the Market Value of a Dollar of Corporate Cash?" *Journal of Applied Corporate Finance* 19(Summer 2007), pp. 74~81.

단기금융시장과 단기 차입과 대출 기회에 관한 설명은 다음을 참조하라.

F. J. Fabozzi, *The Handbook of Fixed Income Securities*, 6th ed. (New York: McGraw-Hill, 2000).

F. J. Fabozzi, S. V. Mann, and M. Choudhry, *The Global Money Markets*(New York: John Wiley, 2002).

Chapter 4 of *U.S. Monetary Policy and Financial Markets*, available on the New York FederalReserve Web site, **www.ny.frb.org**.

연습문제

기본문제

1. 회사가 얼마나 많은 재고를 보유해야 하는가의 결정에 수반되는 교환관계(trade-off)는 어떤 것인가? 어떤 면에서 현금관리자도 비슷한 교환관계에 직면하는가?

2. 회사 X는 1/30, net 60 기준으로 판매한다. 고객 Y가 상품 $1,000 어치를 구매한다.

a. 회사 Y가 30일째에 지불한다면 대금의 얼마를 할인받을 수 있는가?

b. 회사 Y가 30일째 대신 마감일에 지불한다면 연간 실효이자율은 얼마인가?

c. 다음의 경우 지불조건이 어떻게 변할 것으로 기대하는가?

i. 상품을 신속하게 재판매할 수 없다.

Visit us at www.mhhe.com/bma

ii. 상품을 신속하게 재판매할 수 없다.
iii. 상품을 고위험 기업에 판매한다.

3. 구매일과 지불 만기일 간의 기간을 **조건 지연**(*terms lag*)이라 한다. 만기일과 구매자가 실제 지급하는 날의 기간을 **만기 지연**(*due lag*)이라 한다. 구매일과 실제 지불일의 기간을 **지불 지연**(*pay lag*)이라 한다. 따라서

$$\text{지불 지연} = \text{조건 지연} + \text{만기 지연}$$

다음 사건이 각 기간에 어떤 영향을 미칠 것인가?
a. 회사가 늦게 지불하는 고객에게 서비스 수수료를 부과한다.
b. 경기침체로 말미암아 고객의 현금이 부족하다.
c. 회사는 조건을 net 10에서 net 20으로 바꾼다.

4. Branding Iron Company는 단위당 $50의 도매가격으로 철을 판매한다. 생산원가는 한 단위당 $40이다. 고객이 앞으로 6개월 이내에 파산할 확률이 25%이다. 고객은 1,000단위 주문을 내고 6개월의 신용을 요청한다. 이 주문을 받아들여야 하는가? 연간 10%의 할인율과 반복 주문의 가능성이 없고 고객이 전액 지불하거나 전혀 지불하지 않는다고 가정한다.

5. 제30.2절을 다시 보라. 캐스트 아이언의 비용이 $1,000에서 $1,050로 증가하였다. 반복 주문의 가능성이 없다고 가정하고 다음에 답하라.
a. 캐스트 아이언은 언제 신용을 제공하거나 또는 거부해야 하는가?
b. 과거에 고객이 신속하게 대금을 지급했는지 아닌지를 알아보기 위해 $12가 소요된다면 캐스트 아이언은 언제 이런 확인 작업을 시행해야 하는가?

6. 반복 주문의 신용 결정을 논의한 제30.2절로 돌아가 보자. 만약 $p_1 = 0.8$이라면 캐스트 아이언이 신용을 연장하는 것이 정당화되기 위해서는 p_2의 최소값은 얼마인가?

7. 맞는가, 틀리는가?
a. 대금 지급의 높은 확실성을 요구하는 수출업자는 일람불 어음(sight draft) 대신 선하증권(bill of lading)에 서명하도록 주선한다.
b. 불량 채권의 비율을 살펴보는 것으로 신용관리자의 성과를 감시하는 것은 일리가 있다.
c. 고객이 반복되는 독촉에도 불구하고 대금을 지급하지 않으면 회사는 통상적으로 그 채권을 팩터링회사(factor)나 변호사에게 넘긴다.

8. (a) 매출액이익률, (b) 금리, (c) 반복주문 가능성 등의 차이는 신용공여 정책에 어떻게 영향을 미치는가? 각각의 경우 간단한 예를 들어 설명하라.

9. 다음의 변화에 대하여 기업의 현금잔고는 어떻게 변할 것으로 예상되는가?
a. 금리 상승
b. 일별 현금흐름의 변동성 감소
c. 시장성 유가증권 매매비용 상승

10. 다음 목록에서 적절한 용어를 선택하여 다음 문장을 완성하라. 사서함제도, *Fedwire, CHIPS*, 집중은행제도.
기업은 수금을 빨리하여 현금 자원을 증가시킬 수 있다. 이렇게 하는 한 가지 방법은 수표를 지역 사무실에 지불하고 지역 사무실은 이를 다시 지역 은행에 예치하도록 하는 것이다. 이것을 __________라 한다. 그러면 잉여 자금은 지역 은행에서 회사의 주거래 은행 중 하나로 이체된다. 이체는 __________ 시스템을 통해 전자방식으로 이루어질 수 있다. 다른 방법은 지역 은행이 우체국에서 직접 수표를 수집하도록 하는 것이다. 이것을 __________라 한다.

Visit us at www.mhhe.com/bma

11. 당신은 이자 없이 현금을 보유하거나 8%의 이자를 지급하는 증권에 투자할 수 있다고 하자. 증권은 원할 때 쉽게 팔리지는 않는다. 그러므로 현금 부족분은 10%의 이자를 부과하는 은행의 신용한도를 설정하여 메워야 한다. 상황이 다음과 같을 때 증권에 더 많이, 아니면 더 적게 투자해야 하는가?

a. 미래 현금흐름이 이례적으로 불확실하다.
b. 은행 대출 금리가 11%로 상승한다.
c. 증권의 이자와 은행 대출금리가 동일한 비율만큼 상승한다.
d. 미래 현금소요액 예측치를 하향 조정한다.

12. 2008년 10월 6개월(182일) 만기의 재정증권이 1.4% 할인으로 발행되었다. 연간 수익률은 얼마인가?

13. 다음의 각 항목별로 설명에 가장 잘 부합하는 상품을 선택하라.

a. 만기는 보통 하루이다(환매채/은행인수어음).
b. 만기가 270일 넘는 경우는 없다(면세증권/상업어음).
c. 투자자에게 직접적으로 배정되는 경우가 많다(파이낸스 회사 기업어음/일반 회사 기업어음).
d. 미국 재무성이 발행(면세증권/3개월 재무성 증권).
e. 할인 기준으로 고시(양도성 예금증서/재무성 증권).
f. 경매로 매각(면세증권/재무성 증권).

14. 다음 세 가지 증권에 대해 생각해보자.

a. 변동금리 채권
b. 확정 배당금을 지급하는 우선주
c. 변동금리 우선주

당신이 지금 잉여 현금의 단기 투자를 책임지고 있다면 어느 증권을 보유하는 것을 선호하겠는가? 왜 그런가? 간략히 설명하라.

15. 맞는가, 틀리는가?

a. 상업은행 대출의 대부분은 약정이 있어야 한다.
b. 신용한도는 대출자에게 풋옵션을 부여한다.
c. 은행 기간대출은 전형적으로 수년의 만기를 갖는다.
d. 1년 만기 은행 대출 금리가 10%의 할인율이라고 표시되어 있다면 대출에 대한 실제 수익률은 10%보다 낮다.
e. 기간 대출 금리는 대개 LIBOR나 연방자금 금리, 은행의 우대금리에 연동되어 있다.

16. 다음에 나열된 단어들에서 가장 적합한 용어들을 선택하여 아래에 있는 문장의 빈칸을 채워라. 포괄 담보(*floating charge*), 연합(*syndicated*), 기업어음(*commercial paper*), 창고증권(*warehouse receipt*), 주선자(*arranger*), 담보(*collateral*), 약정수수료(*commitment fee*), 신용한도(*line of credit*), 중기 채권(*medium-term notes*), 대출담보채권(*collateralized loan obligations, CLO*).

자본소요가 변동하는 기업은 종종 은행에 _______(를)을 설정한다. 이는 상대적으로 비용이 많이 드는데 그 이유는 기업이 미사용분에 대해서도 _______를(을) 지불해야 하기 때문이다.

보증 단기대출은 모든 외상매출금과 재고자산에 대한 _______(으)로 이루어지기도 한다. 그러나 일반적으로는 차입자가 특정한 자산을 _______로 지정한다. 예를 들어 상품이 창고에 저장된 경우, 독립된 창고회사가 대출자에게 _______를(을) 발행할 수 있다. 이후 그 상품은 대출자의 승인이 있는 경우에만 반출 가능하다.

Visit us at www.mhhe.com/bma

금액이 아주 큰 은행 대출은 종종 ________이다. 이 경우 선도 은행은 _______ 역할을 하며, 은행 그룹 사이에 대출을 나누어 배정한다.

은행은 또한 대출을 매각하기도 한다. 때때로 대출 포트폴리오를 구성하여 별도의 조각(즉 트랑쉐)을 매각한다. 이를 _______(이)라 한다.

단기 부채 제공자는 은행만이 아니다. 대기업 대다수는 자사의 무담보 채권을 직접 투자자들에게 발행한다. 만기가 9개월 이내인 경우에는 이를 _______(이)라고 부른다. 대기업들은 만기가 더 긴 채권 역시 투자자들에게 발행한다. 이들을 _______(이)라고 한다.

중급문제

17. 다음은 몇몇 일반적인 판매 조건이다. 무슨 의미인지 설명하라.

a. 2/30, net 60

b. 2/5, EOM, net 30

c. COD

18. 연습문제 17의 일부 항목은 현금할인을 수반한다. 각각에 대해 현금할인을 받는 대신 만기일에 가서 결제하는 고객이 지불하는 이자율을 계산하라.

19. Phoenix Lambert는 상품인도결제방식(cash-on-delivery)으로 상품을 판매한다. 그런데 재무관리자는 2/10 net 30의 신용조건을 적용하면 추가 비용 부담 없이 매출액이 4% 증가한다고 예상한다. 이자율 6%, 매출액이익률(profit margin)은 5%인 경우 신용 제공을 추천하겠는가? 먼저 모든 고객은 현금할인을 받는다고 가정하라. 다음으로 모든 고객이 30일에 결제한다고 가정하라.

20. Universal Bed Corporation의 회계담당자인 Aristotle Procrustes는 현재 6%까지 치솟은 불량 부채 비율을 걱정하고 있다. 그의 예상에 따르면 보다 엄격한 신용정책을 실시하면 매출액은 5% 감소하지만 불량 부채 비율은 4%로 줄어들 것으로 믿는다. 매출액의 80%가 매출원가인 경우 이 회사는 보다 엄격한 정책을 채택해야 하는가?

21. Velcro Saddles의 신용관리자인 Jim Khana는 회사의 신용정책을 재평가하고 있다. Velcro는 net 30의 조건으로 판매한다. 매출원가는 매출액의 85%이다. Velcro는 고객을 1~4등급으로 분류한다. 과거 5년 동안 수금 경험은 다음과 같다.

등급	매출액에 대한 채무불이행 비율	채무불이행하지 않는 계좌의 평균 수금기간(일)
1	0.0	45
2	2.0	42
3	10.0	40
4	20.0	80

평균 이자율은 15%였다.

Velcro의 신용정책에 대해 어떤 결론을 내릴 수 있는가? 회사가 어떤 고객에게도 신용을 제공하지 않아야 하는가? 이 정책을 바꾸기 전에 다른 어떤 요인을 고려해야 하는가?

22. 연습문제 21을 다시 보라. (a) 신규 신용 신청고객을 분류할 때마다 $95가 들고 (b) 신규 신청 고객이 각각의 유형으로 분류되는 비율은 거의 동일하다고 하자. 어떤 상황에서 Mr. Knana는 신용조사에 착수하는 데 망설임이 없게 되는가?

23. 최근까지 Augean Cleaning Products는 net 60의 조건에 제품을 판매하였으며 평균 회수기간은

Visit us at www.mhhe.com/bma

75일이다. 고객의 결제 시간을 앞당기기 위한 조치의 일환으로 판매조건을 2/10, EOM, net 60으로 변경하였다. 판매조건 변경에 따른 최초의 결과는 다음과 같다.

	평균 수금기간(일)	
현금할인 판매 비율	현금할인	총 기간
60	30*	80

* 일부 고객은 정해진 날짜 이후에 결제하는 경우에도 현금할인을 받는다.

다음을 가정하고 조건 변경의 효과를 계산하라.

- 판매량은 변하지 않음
- 금리는 12%
- 지급불능 사태는 없음
- 매출원가는 매출액의 80%

24. 연습문제 23을 다시 보라. 신용조건 변경의 결과로 매출액이 2% 증가하였다고 가정하자. 신용조건 변경의 효과를 다시 계산하라.

25. Knob, Inc.는 전국적인 가구용 철물 유통업자이다. 이 회사는 연 $1억 8천만의 신용판매에 대하여 현재 중앙청구 시스템(central billing system)을 사용하고 있다. Knob의 주거래 은행인 First National에서는 연간 이용료 $100,000에 새로운 집중은행 시스템을 이용할 것을 권유하였다. 은행에서는 우송과 회수 시간이 3일 단축될 것으로 추정하고 있다. 새로운 시스템으로 Knob의 현금잔고는 얼마나 증가할 것인가? 추가로 확보한 자금으로 First National과의 신용한도 협정에 따른 차입금을 줄이는 데 사용한다면 새로운 시스템으로 인하여 창출되는 추가 이자소득은 얼마인가? 차입 금리는 12%라고 가정한다. 마지막으로, 구 시스템에서의 회수비용은 연간 $40,000이라면 Knob은 First National의 권유를 받아들여야 하는가?

26. Anne Teak는 가구 제조업체의 재무관리자인데 사서함을 운영할 것을 고려하고 있다. 그녀는 평균 $1,500의 지불이 매일 300건씩 사서함을 통해 이루어질 것으로 예상한다. 사서함을 운영하는 은행 수수료는 수표당 $0.40 또는 $800,000의 보상예금이다.

a. 이자율이 9%라면 어느 지불 방법이 비용이 적게 드는가?

b. 사서함제도를 이용하는 것이 정당화되려면 각 수표를 수금하고 처리하는 시간이 최소 얼마나 감소해야 하는가?

27. 모회사는 일주일에 한 번씩 자회사의 수금계좌 잔고를 정산한다. (즉 회사는 매주 계좌에 남아 있는 잔고를 중앙계좌로 이체한다.) 전신 이체의 비용은 $10이다. 수표는 $0.80이 든다. 전신으로 이체되는 현금은 같은 날에 이용 가능하다. 그러나 모회사는 수표가 결제되기까지 3일을 기다려야 한다. 현금은 투자하여 12% 이자를 벌 수 있다. 전신 이체를 사용하려면 수금 계좌에 얼마의 자금이 있어야 하는가?

28. JAC Cosmetics의 재무관리자는 피츠버그에 사서함 개설을 고려하고 있다. 사서함을 통해 결제되는 수표는 매달 $300,000에 달할 것이다. 사서함은 회사가 현금을 3일 빠르게 이용할 수 있게 할 것이다.

a. 은행이 $20,000의 보상예금으로 사서함을 운영할 수 있도록 한다고 하자. 이 사서함은 가치가 있는가?

b. 은행이 보상예금 대신 결제되는 수표마다 $0.10의 수수료를 부과한다고 하자. 수수료 대안이

Visit us at www.mhhe.com/bma

더 싸려면 평균 수표 액수는 얼마여야 하는가? 이자율은 연간 6%를 가정한다.

c. (b)에 답하려면 왜 이자율을 알아야 하는가? 그러나 왜 (a)의 답에는 그렇지 않은가?

29. 만기 3개월의 재정증권과 6개월 재정증권은 모두 10% 할인으로 매각된다. 어느 증권이 더 높은 연간 수익률을 제공하는가?

30. 제30.4절에서 3개월 재정증권이 연간 복리 5.18% 수익률로 발행되었다고 설명했다. 가령 한 달이 지났고 투자는 여전히 동일한 연간 복리 수익률을 제공하고 있다고 하자. 할인은 몇 %인가? 두 달 동안의 실현 수익률은 얼마인가?

31. 연습문제 30을 다시 보자. 또 한 달이 지나서 재정증권은 이제 만기가 한 달밖에 남지 않았다고 하자. 이 증권은 이제 3% 할인으로 거래되고 있다. 수익률은 얼마인가? 두 달 동안의 실현 수익률은 얼마인가?

32. 단기 투자 상품들이 제공하는 현행 금리를 살펴보라. 회사는 지금 향후 2개월간 투자할 잉여 현금 $1백만을 보유하고 있다고 하자. 이 현금을 어떻게 투자하겠는가? 잉여 현금이 $5,000, $20,000, $100,000, $1억인 경우 답은 어떻게 달라지는가?

33. 2006년에 산하기관 회사채가 5.32%의 수익률에 거래되는 반면에 유사한 만기의 고등급 면세채권은 연 3.7%의 수익률을 제공하였다. 한 투자자가 회사채와 면세채권에 대하여 동일한 세후 수익률을 올리게 된다면 이 투자자의 한계세율은 얼마인가? 두 가지 종류의 증권에 대한 투자자의 선택에 영향을 미칠 수 있는 다른 요인은 무엇이 있는가?

34. 국세청은 기업의 면세채권 매입을 위한 차입을 금지하고 있으며 차입금에 대한 이자지급금은 과세소득에서 공제해주고 있다. 국세청의 이러한 조치는 정당한가? 그렇지 않다면 기업에 면세채권 매입을 위해 차입하라고 권고하겠는가?

35. 당신이 35%의 소득세를 내는 부자라고 하자. 다음 투자대상에 대한 기대 세후 수익률은 얼마인가?

a. 세전 수익률 7.0%인 지방정부 채권

b. 세전 수익률 10%인 재무성 증권

c. 세전 수익률 7.5%인 변동배당 우선주

투자자가 35%의 세율이 적용되는 기업이라면 답이 어떻게 변하겠는가? 기업의 현금 투자대상을 결정할 때 고려할 필요가 있는 다른 요인은 무엇인가?

36. 한 투자자가 90일 동안 $1천만을 차입하여야 한다. 다음과 같은 대안이 있다.

a. 상위 등급 기업어음을 발행하고 이에 대한 뒷받침으로 연 0.3%의 비용에 신용한도를 설정

b. 0.25 + LIBOR에 First Cookham Bank로부터 차입

c. 우대금리로 Test Bank로부터 차입

현행 시장금리가 주어질 때(시장금리는, 예를 들어 *Wall Street Journal*에서 참고하라) 어떤 대안을 택할 것인가?

37. 당신이 기업대출 승인을 담당하는 은행원이라고 하자. 9개 회사가 담보대출을 희망하고 있다. 이들 회사는 다음의 자산을 담보로 제시하였다.

a. 기업 A, 난방유 공급사, 중동에서 운송중인 유조선의 석유를 제공

b. 기업 B, 와인 도매상, 창고에 있는 보졸레 누보 1,000 상자를 제공

c. 기업 C, 문방구업체, 뉴욕시에 판매된 사무용품에 대한 외상매출금을 제공

d. 기업 D, 서점, 15,000점의 중고도서 재고 전체를 제공

e. 기업 E, 식료품 도매업, 바나나로 가득 찬 트럭을 제공

f. 기업 F, 부품 딜러, 전동 타자기 재고를 제공

Visit us at www.mhhe.com/bma

g. 기업 G, 보석상, 100온스의 금 제공
h. 기업 H, 정부증권 딜러, 자사의 재무성 증권 포트폴리오를 제공
i. 기업 I, 보트 조선사, 반 정도 완성된 호화 요트 제공, 요트 완성에는 4개월 소요

이들 자산 중 어느 것이 우량한 담보가 될 가능성이 가장 높은가? 불량한 담보일 가능성이 있는 자산은 어느 것인가? 설명하라.

도전문제

38. Reliant Umbrellas는 네바다주의 Plumpton Variety Stores와 접촉해왔다. Plumpton은 2/30, net 60이 표준 판매조건인 Reliant에서 처음으로 개당 $10에 5,000개의 우산을 구입하는 데 관심을 표명하였다. Plumpton은 우산이 고객들에게 인기를 끄는 경우 지역 내에서 연 30,000개의 우산을 판매할 수 있다고 추산하고 있다. 변동비를 공제하면 이 구좌에서 Reliant에 추가로 돌아가는 이익은 연 $47,000이다.

Reliant는 수익성 있는 네바다 시장에 진입하기를 열망한 적이 몇 번 있었지만 이 회사의 신용관리자는 Plumpton에 대해 약간의 의심을 품고 있다. Plumpton은 지난 5년간 점포를 새로 여는 공격적인 프로그램을 추진해 왔다. 그러나 2007년에는 반대의 상황이다. 경기침체에 격심한 가격경쟁이 겹쳐서 현금부족이 야기된 것이다. Plumpton은 종업원들을 일시해고하였으며 점포 하나를 닫았고 점포 개장을 연기하였다. 던 앤 브래드스트리트의 이 회사 신용등급은 '보통'에 머물고 있으며 Plumpton과 거래하는 납품업자들에게 조사해본 결과 Plumpton은 전통적으로 현금할인을 받아왔으나 최근에는 30일 늦게 결제하고 있다. Reliant의 거래은행을 통한 조사에 따르면 Plumpton은 $350,000의 미사용 신용한도가 있기는 하지만 이 회사는 연말이 만기인 $1,500,000의 장기대출을 갱신하기 위하여 은행과 협상하고 있다. 표 30.5는 Plumpton의 최근 재무제표를 요약하고 있다.

Reliant의 신용관리자로서 당신은 Plumpton에 대한 신용 공여에 어떻게 생각하는가?

39. Galenic, Inc.,는 다양한 의약품을 취급하는 도매업자이다. Galenic은 악성채무 차감 전에는 매출액 이익률이 5%이다. 이 회사는 오래 전부터 소수의 핵심 비율에 기초한 수치 신용점수화 시스템을

	2010	2009		2010	2009
현금	$ 1.0	$ 1.2	미지급금	$ 2.3	$ 2.5
외상매출금	1.5	1.6	단기 대출	3.9	1.9
재고자산	10.9	11.6	장기 부채	1.8	2.6
고정자산	5.1	4.3	자기자본	10.5	11.7
총자산	$18.5	$18.7	총 부채	$18.5	$18.7

	2010	2009
매출액	$55.0	$59.0
매출원가	32.6	35.9
판매 및 일반관리비	20.8	20.2
지급이자	0.5	0.3
세금	0.5	1.3
당기순이익	$ 0.6	$ 1.3

표 30.5 Plumpton Variety Stores: 요약 재무제표(단위: $백만).

Visit us at www.mhhe.com/bma

이용해오고 있다. 그 결과 악성부채 비율은 1%이다.

최근에 Galenic은 지난 8년간의 고객기록에 대해 세밀한 통계분석을 실시하고 상당한 실험을 거친 후에 새로운 신용점수 시스템의 기반이 될 것으로 보이는 5개 변수를 확인하였다. 과거 8년간의 기록에 따르면 Galenic은 10,000구좌당 다음과 같은 지급불능 비율을 경험하였다고 계산된다.

	계좌의 수		
제안된 시스템에서의 신용점수	지급불능 상태	결제	합계
80점 이상	60	9,100	9,160
80점 미만	40	800	840
합계	100	9,900	10,000

신용점수가 낮은(80점 미만) 기업에 대한 신용을 거절하면 Galenic의 악성부채 비율을 60/9,160, 즉 0.7% 미만으로 낮추게 된다. 이것이 별로 대단한 내용은 아닌 것처럼 보이지만 신용관리자는 악성부채 비율이 1/3이나 줄어들고 그 결과 매출액 이익률이 크게 향상될 것이라고 주장한다.

a. 악성부채를 허용하는 경우 Galenic의 현재 매출액 이익률은 얼마인가?

b. 회사의 지급불능 비율 추정치가 올바르다고 가정할 때 새로운 신용점수 시스템은 이익에 어떤 영향을 미치는가?

c. Galenic의 지급불능 비율 추정치가 실제로는 실현되지 못할 것이라고 의심한다면 그 이유는 무엇인가? 이렇게 신용점수 시스템의 정확성을 지나치게 높게 추정하는 것은 어떤 결과로 이어진다고 생각하는가?

d. 제안된 점수화 시스템을 구성하는 변수의 하나로 그 고객이 Galenic과 기존의 구좌를 가지고 있는지 여부라고 하자(신규 고객은 지급불능의 가능성이 더 높음). 이는 당신 제안에 대한 평가에 어떻게 영향을 미치겠는가?

40. Axle Chemical Corporation의 회계담당자는 다음 분기에 $1백만의 현금부족을 예상하고 있다. 그런데 현금부족이 실제로 발생할 확률은 50%밖에 안 된다. 회계담당자의 추정에 따르면 현금 부족이 없을 확률은 20%이고 실제로 $2백만의 단기 현금 조달이 필요할 확률은 30%이다. 회사는 90일 만기 무담보 대출 $2백만을 월 1%에 빌려오거나 신용한도 수수료 $20,000과 차입금에 월 1% 금리를 적용하는 신용한도를 설정할 수 있다. 잉여 현금은 9%에 재투자할 수 있다면 어느 자금조달원의 기대비용이 더 낮은가?

41. 기간대출은 기업에 변동금리를 요구하는 것이 일반적이다. 예를 들어 금리는 '1% + 우대금리'로 정해진다. 우대 금리는 같은 연도에도 몇 %씩 변동하기도 한다. 당신 회사는 5년간 $4천만을 차입하기로 하였다고 하자. 여기에는 세 가지 대안이 있다. (a) 현재 10%인 우대금리에 차입한다. 제안된 대출협정은 만기인 5년 후 원금 상환을 요구한다. (b) 현재 금리 9%에 26주 만기 기업어음을 발행한다. 5년간 자금이 필요하기 때문에 기업어음은 반년마다 재발행되어야 한다. 즉 5년간 $4천만을 조달하기 위해서는 10번 연속으로 기업어음을 발행해야 한다. 마지막으로 (c) 보험회사로부터 확정금리 11%에 차입한다. 은행대출에서처럼 5년 기간 말까지는 원금을 상환하지 않아도 된다. 당신은 이들 대안 분석에 어떤 요인들을 고려하겠는가? 어떤 상황에서 (a)를 선택하겠는가? 어떤 상황에서 (b)나 (c)를 선택하겠는가? (힌트: 제3장과 23장을 잊지 말자.)

Visit us at www.mhhe.com/bma

실시간 데이터분석

1. 던 앤 브래드스트리트의 웹사이트(**www.dnb.com**)는 소기업에 관한 종합보고서를 보유하고 있다. 기업에 신용을 제공하겠는가? 그 이유는 무엇인가?
2. 세 곳의 주요 신용정보회사들은 자사의 사업과 고객 보고서의 예를 보여주는 유용한 웹사이트를 유지한다. 웹사이트 **www.equifax.com**에 접속하여 소기업에 관한 표본 보고서를 살펴보라. 기업에 신용을 제공할 것을 고려하고 있다면 어떤 정보가 가장 유용하다고 생각하는가?
3. 연방은행 사이트 **www.federalreserve.gov**에 접속하여 현재의 단기금융시장 이자율을 살펴보라. 회사가 향후 3개월간의 지출을 위해 $7백만을 남겨 두었다고 하자. 그 동안 어떻게 투자할 것인가? 자금이 일찍 필요할 가능성이 있다면 결정이 달라질 것인가?
4. 연방준비제도 이사회 월보(Federal Reserve Bulletin)는 은행 대출에 관한 분기별 조사 결과를 발표한다(**www.federalreserve.gov/releases/E2** 참조). 최신 조사 결과를 사용하여 국내 은행들의 대출 패턴을 설명하라. 예를 들어 대다수의 대출이 담보부인지, 대출이 약정하에 이루어지는지 조사해 보라. 대규모 대출과 소규모 대출의 서로 다른 특징은 무엇인가? 이 조사결과를 이전의 결과와 비교하라. 중요한 변화가 있었는가?

Visit us at www.mhhe.com/bma

합병

미국에서 합병(merger) 활동의 규모와 속도는 괄목할 만한 것이었다. 합병이 기록적으로 많았던 2006년에 미국 기업들은 총 $1.5조 이상의 거래에 관련되었었다. 합병 활동이 집중된 이 기간 동안 경영진은 인수대상 기업을 탐색하거나, 다른 기업이 자사를 인수하려 하지 않을까 염려하는 데 상당한 시간을 할애하였다.

합병은 두 회사가 따로 있을 때보다 하나로 합칠 때 더 가치 있는 경우에만 부가가치를 만들어 낸다. 이 장에서는 두 기업이 하나로 합칠 때 더 가치 있게 되는 이유와 그런 경우 합병거래는 어떻게 이루어지는지에 대해 설명한다. 그 순서는 다음과 같다.

- **동기**. 부가가치의 원천
- **의심스러운 동기**. 현혹되지 말 것
- **혜택과 비용**. 일관성 있는 예측이 중요함
- **작동원리**. 법률, 세금, 그리고 회계학적 이슈들
- **인수 경쟁과 전술**. 몇몇 잘 알려진 기업인수 경쟁을 되돌아본다. 인수 경쟁의 이런 역사는 합병전술을 예시하고, 합병 활동을 이끄는 경제적 원동력을 보여준다.
- **합병과 경제**. 합병의 파도를 어떻게 설명할 수 있을까? 합병의 결과로 손실이나 이익을 얻는 사람은 누구인가?

이 장은 정상적인 합병, 즉 두 기존 기업의 결합에 초점을 맞춘다. 무엇 때문에 두 기업이 따로 있는 것보다 하나로 합칠 때 더 가치 있게 되는가? 합병은 또한 기업의 통제와 소유를 바꾼다. 합병사례들을 조사해 보면 거의 항상 한 기업은 주인공이고 다른 회사는 표적이라는 것을 알게 된다. 목표기업의 최고경영진은 보통 합병 후 회사를 떠난다.

오늘날 재무경제학자들은 합병을 보다 넓은 의미의 **기업 지배권 시장**의 일부로 생각한다. 이 시장에서 일어나는 활동은 정상적인 합병에 비해 매우 크다. 여기에는 차입매수(leveraged buyout, LBO), 분리설립(spin-off)과 분리매각(divestiture), 그리고 민영화도 포함된다. 민영화란 정부소유의 회사를 민간부문에 매각하는 것을 말한다.

31.1 합병의 합리적 동기

표 31.1은 최근에 일어난 몇몇 합병 사례들을 보여준다. 이들 합병의 대부분은 **수평합병(horizontal merger)**, 즉 같은 사업을 하는 두 기업의 결합임에 주목하라. 최근 신문 머리글을 장식한 두 사례는 화이저(Pfizer)의 와이어스(Wyeth) 인수와 뱅크 오브 아메리카의 메릴린치(Merrill Lynch) 인수이다.

수직합병(vertical merger)에는 서로 다른 생산단계에 있는 기업들이 관련된다. 인수기업은 원자재 공급처의 확보나 최종 소비자 기반의 확대를 위해 확장한다. 수직합병의 한 예는 2008년의 네덜란드 회사 톰톰(TomTom)의 텔레아틀라스(Tele Atlas) 인수이다. 세계 최대의 자동차 네비게이션 제조업체인 톰톰은 텔레아틀라스의 전자지도 데이터를 사용하여 자사의 네비게이션 시스템에 실시간 업데이트를 제공할 계획이다. 최근의 또 다른 수직합병은 구글(Google)과 더블클릭(Double-Click) 간의 합병과 라이브네이션(Live Nation)과 티켓마스터(Ticketmaster) 간의 합병 제안도 포함된다.

복합합병(conglomerate merger)은 서로 관련이 없는 사업을 하는 회사들이 관련된다. 1960

산업	인수회사	피인수회사	금액($10억)
제약	Pfizer	Wyeth	64.5
전력	Enel (Italy)	Endesa (Spain)	58.7
양조	InBev SA (Belgium)	Anheuser-Busch	50.6
은행	Bank of America	Merrill Lynch	46.4
제약	Roche (Switzerland)	Genentech	44.3
제약	Merck	Schering-Plough	38.4
광산	Rio Tinto (U.K.)	Alcan (Canada)	38.1
통신	Verizon Wireless	Alltel	28.1
식품	Mars Inc	William Wrigley	27.0
은행	Lloyds TSB (U.K.)	HBOS (U.K.)	18.0
은행	Wells Fargo	Wachovia	12.7

표 31.1 최근의 주요 합병.

자료원: *Mergers and Acquisition*, 각 호

년대와 70년대의 주요 합병은 대부분 복합합병이었다. 복합기업(conglomerate)은 이제, 적어도 미국이나 기타 선진국에서는 인기가 많이 떨어졌다. 1980년대와 90년대에 일어난 많은 활동들은 10~20년 전에 형성된 복합기업을 해체하는 일이었다.

이러한 구분을 염두에 두고 이제 합병의 동기, 즉 두 기업이 하나로 합칠 때 분리된 경우보다 가치가 높아지는 이유를 살펴보자. 이 대목에서는 약간의 전율을 느끼게 된다. 합병의 동기는 종종 실제로 혜택을 가져다주기도 하지만 때로는 경솔하고 과신에 찬 경영자들을 인수 재앙으로 유혹하는 단순한 결합인 경우도 있다. 이에 해당되는 경우로 타임워너(Time Warner) 인수를 위해 기록적인 액수의 $1,560억을 지출한 AOL을 들 수 있다. 인수의 목표는 고객에게 미디어와 정보서비스의 종합패키지를 제공하는 회사를 만드는 것이었다. 일이 그렇게 되지는 않았다. 그보다 더 황당한 경우는 (규모는 작지만) 컨버스(Converse)의 스포츠 의류회사 에이펙스 원(Apex One) 인수였다. 인수는 1995년 5월 18일에 완료되었다. 그런데 컨버스가 소매상들을 만족시킬 수 있는 새로운 디자인을 신속히 출시하지 못하자 그 해 8월 11일에 에이펙스 원은 문을 닫고 말았다. 컨버스는 85일 만에 $4천만이 넘는 투자자금을 날려버렸다.[1)]

경제학적으로 합리적이라고 생각되는 수많은 합병이 실패하는 이유는 경영자들이 생산과정이나 회계처리 방법, 기업문화가 다른 두 기업을 통합시키는 복잡한 과업을 제대로 이행할 수 없었기 때문이다. 다음 글상자에는 이와 비슷한 어려움이 세 일본 은행의 합병을 괴롭힌 사례를 설명하고 있다.

대다수 사업의 가치는 경영진이나 숙련된 노동자, 과학자, 기술자와 같은 **인적자산**(*human assets*)에 따라 결정된다. 이들이 인수에 성공한 회사에서 새로운 역할에 불만을 가진다면 회사를 떠날 것이다. BCP라는 포르투갈 은행은 한 투자운용회사를 그 회사 직원들의 반대를 무릅쓰고 매입하면서 혹독한 방법으로 이런 교훈을 배웠다. 근로자 전원이 즉시 사직하고 비슷한 이름을 가진 경쟁 투자운용회사를 차렸다. 일과가 끝나면 엘리베이터를 타고 내려가서 주차장으로 빠져나가는 자산에 너

1) Mark Maremount, "How Converse Got Its Laces All Tangled," *BusinessWeek*, September 4, 1995, p. 37.

손에 잘 안 잡히는 시너지효과

일본 최대 규모의 세 은행이 하나로 합쳐 미즈호은행(Mizuho Bank)이 되었을 때 그 자산규모는 $1.5조에 달했다. 이는 그 당시 세계 최대의 은행이었던 도이치은행(Deutsch Bank)의 두 배가 넘는 규모였다. '미즈호'라는 이름은 '풍성한 쌀 수확'이라는 뜻이며, 은행 경영진은 합병이 시너지의 풍성한 수확을 거둘 것이라고 예측했다. 주주들에게 보내는 메시지에서 은행장은 합병이 "21세기를 향해 용솟음치는 종합 금융서비스 그룹"을 만들어 낼 것이라고 주장하였다. 은행장은 은행이 "강력한 고객 기반과 최상의 금융 및 정보 기술을 바탕으로 종합 금융서비스를 통해 그룹의 엄청난 힘을 최대한 활용함으로써 새로운 시대를 이끌 것"이라고 예상하였다. 은행을 합병하는 데 드는 비용은 ￥1,300억으로 추산되었다. 경영진은 그러나 미래의 효익이 연간 ￥4,660억에 이를 것으로 예측하였다.

합병 발표 후 몇 달 안 가서 세 파트너 간에 다툼이 있다는 보도가 나오기 시작했다. 한 가지 문제는 IT였다. 합병하는 세 은행은 각기 다른 컴퓨터 공급선을 가지고 있었다. 처음에는 세 시스템 중 하나를 채택하기로 했지만 결국 세 은행은 각기 다른 시스템을 사용하고 '릴레이' 컴퓨터를 통해 서로를 연결하기로 결정하였다.

합병 발표 3년 후인 2002년 4월 1일 새로운 은행이 문을 열었다. 그러나 불과 5일 후 컴퓨터의 사소한 결함이 엄청난 혼란을 야기했다. 약 7,000개의 현금지급기가 작동하지 않았고, 60,000개의 계좌에서 같은 거래에 두 번이나 돈이 빠져 나갔으며, 수백만 장의 청구서에 지급이 이루어지지 않았다. 〈이코노미스트(*Economist*)〉지는 2주일이 지난 후에도 일본 최대의 가스회사인 도쿄가스(Tokyo Gas)는 여전히 ￥22억을 받지 못하고 있다고 보도했다. 최대 통신회사인 NTT는 ￥127억을 수금해야 하는데 고객들에게 숫자 대신 별표가 찍힌 영수증을 우송할 수밖에 없었다. 약 76만 장에 달하는 청구서 중 어느 것이 이미 납부되었는지 알 수 없었기 때문이다.

미즈호은행을 창립할 때의 한 가지 목표는 IT 시스템에서 경제성을 추구하는 것이었다. 시작의 대실패는 합병 시너지를 예측하는 일은 쉽지만 그것을 실현시키는 일은 여전히 어렵다는 사실을 극적으로 예시하고 있다.

자료원: 미즈호은행의 창립과 그 시작에 따른 문제는 다음 기사들에 잘 설명되어 있다. "A Fine Merger Yields One Fine Mess," The Economist, April 27, 2002, p. 72; "Big, Bold, but . . . ," Euromoney, December 2000, pp. 30~35; "Godzilla Bank," Forbes, March 20, 2000, pp. 132~133.

무 많은 비용을 들이지 않도록 유의하라. 그들은 석양 속으로 차를 몰고 나가서 다시는 돌아오지 않을 수도 있다.

다임러-벤츠(Daimler-Benz)와 크라이슬러(Chrysler) 간의 $380억 규모의 합병을 생각해보자. 이 합병은 자동차 산업에서 통합의 모범으로 칭찬받았지만, 통합 초기에는 두 개의 전혀 이질적인 기업문화 간의 갈등으로 상당히 많은 문제가 발생하였다.

> 독일 경영이사회의 이사들에게는 어떤 이슈에 관해서든지 상세한 지침서를 작성해 주는 비서가 있었다. 반면, 미국의 이사들에게는 그러한 비서가 없었으며 엔지니어나 전문가와 직접 대화하면서 의사결정을 해야 했다. 독일식 의사결정은 최고위층의 최종 승인을 얻기까지 번거로운 관료주의적 절차를 거쳐야 하지만, 일단 승인을 얻고 나면 확고부동하게 된다. 그러나 미국식 의사결정은 중간급 관리자들이 스스로 알아서 결정하도록 하는데, 때로 그 결정은 고위급 임원의 승인을 얻지 않고 진행되기도 한다.
>
> … 문화적 통합 역시 금방 손에 잡히지 않는 어려운 과업이었다. 두 기업 간 입이 딱 벌어질 정도의 임금 격차는 겉으로 드러나지 않는 긴장을 조장하였다. 미국 근로자들은 동급의 독일 사람들

> 보다 2배, 3배, 심지어 어떤 경우에는 4배나 많은 임금을 받았다. 반면, 미국 근로자들의 비용계정은 독일 근로자에 비해 매우 엄격하게 관리되었다. 다임러 측 종업원들은 반나절 회의를 위해 비행기로 파리나 뉴욕으로 날아가고, 환상적인 저녁식사와 값비싼 호텔에서 밤을 지내는 일들을 아무렇지 않게 생각하였다. 미국 종업원들은 그런 사치스러운 행동에 하얗게 질려버렸다.[2)]

크라이슬러를 인수한 지 9년 후 다임러-벤츠는 결국 손을 들고 말았다. 다임러-벤츠는 크라이슬러 지분의 80%를 서버러스 캐피탈 매니지먼트(Cerberus Capital Management)라는 한 차입매수 전문회사에 넘긴다고 발표하였다. 보다 구체적으로 살펴보면, 다임러-벤츠는 크라이슬러를 떠안는 조건으로 서버러스에 $6억 7,700만을 지불하였다. 대신, 서버러스는 약 $180억에 달하는 연금 및 의료 관련 부채를 떠안고, 크라이슬러와 크라이슬러의 금융 자회사에 $60억을 투자하기로 합의하였다.

합병으로 다소간의 이득을 얻기는 하지만 인수회사가 지나치게 높은 가격을 지불하여 손해를 보는 경우도 있다. 예를 들어 매입자는 한물 간 재고의 가치를 과대평가하거나 구형 공장이나 설비의 개선비용을 과소평가하거나, 결함 있는 상품에 대한 제품보증을 간과하기도 한다. 매도자의 사업체에서 공해나 유독성 폐기물이 나오면 매입자에게 정화비용이 부과될 것이다.

이제 잠재적인 합병 **시너지**(*synergy*), 즉 잠재적인 부가가치의 원천을 살펴본다.

규모의 경제

많은 합병은 비용을 줄이고 규모의 경제를 달성하기 위한 것이다. 예를 들면, 2007년 뉴욕은행(Bank of New York)과 멜론 금융회사(Mellon Financial Corporation)가 합병했을 때 경영진은 연간 $7억, 즉 현재 총비용의 8%가 넘는 비용절감을 예측했었다. 그들은 합병으로 두 회사가 서비스와 기술을 공유할 수 있고, 회사 직원을 40,000명에서 36,000명으로 줄일 수 있을 것으로 예상했다(이들 비용절감 중 일부는 고위 경영진 자신들이 관련된 일었다. 예를 들면, 합병 이전에는 두 사람의 CFO가 있었지만 합병 후에는 한 사람으로 줄었다).

규모의 경제(*economies of scale*)를 달성하는 일은 수평합병의 자연스러운 목표이다. 그러한 경제적 효과는 복합합병에도 역시 존재한다고 주장되어 왔다. 이런 합병의 구도는 사무관리나 회계, 재무, 통제, 경영진 경력관리, 최상위 경영진과 같은 중심적인 서비스를 공유하는 데서 오는 경제적 이득에 초점을 두고 있다.[3)]

수직통합의 경제적 효과

수직합병에서는 수직통합의 경제적 효과를 추구한다. 어떤 기업들은 원자재 공급원 쪽의 후방으로, 또는 최종소비자 쪽으로 전방으로 확장하여 생산과정에 대한 통제력을 확보하려고 노력한다.

---

2) Bill Vlasic and Bradley A. Stertz, "Taken for a Ride," *BusinessWeek*, June 5, 2000. McGraw-Hill사의 특별 승인으로 전재.

3) 규모의 경제는 생산량이 증가하면서 단위당 평균 생산원가가 줄어드는 경우 얻게 된다. 대량생산에 고정비를 분배하는 것도 규모의 경제를 달성하는 한 가지 방법이다.

납품업체나 고객사와 합병하는 것은 이를 달성하는 한 가지 방법이다.

수직통합으로 협동과 행정처리가 수월해진다. 극단적인 사례로 비행기를 한 대도 보유하지 않은 항공사를 생각해 보자. 보스톤에서 샌프란시스코로 가는 항공편을 개설하게 되면 이 회사는 표를 팔고 다른 회사에서 비행기를 임차한다. 이런 전략은 소규모로는 효과가 있지만 대형 항공사라면 매일 수백 건의 임차계약을 맺어야 하기 때문에 행정처리는 악몽과 같을 것이다. 이런 어려움을 감안한다면 모든 주요 항공사들이 비행기를 임차하는 회사로 운영하기보다는 항공기를 구입하여 운항함으로써 고객 쪽이 아니라 후방으로 통합하려는 것은 자연스러운 현상이다.

더 많은 수직통합이 반드시 더 좋다고는 생각하지 말자. 수직통합은 터무니없이 비효율적일 수도 있는데, 극단적인 예로 1980년대 말 폴란드 국영 항공사인 LOT는 종업원에게 신선한 육류를 공급하기 위해 돼지와 소를 직접 키웠다(물론 계획경제에서는 육류를 구입할 수 있다는 보장이 없기 때문에 스스로 돼지나 소를 키울 필요가 있을 수도 있다).

오늘날 수직통합의 물결은 가라앉은 것으로 보인다. 기업들은 수많은 서비스와 다양한 유형의 제품공급을 **아웃소싱**(*outsourcing*)하는 편이 더 효율적임을 배워가고 있다. 예를 들어 1950년대와 1960년대에는 제너럴 모터스(General Motors)가 주요 경쟁사인 포드(Ford)나 크라이슬러(Chrysler)보다 원가우위를 가진 것으로 여겨졌는데 그 이유는 GM 자동차는 자체 생산된 부품을 더 많이 사용했기 때문이다. 1990년대에는 포드와 크라이슬러가 우위에 있다. 이들은 외부 납품업자에게서 부품을 더 싸게 공급받을 수 있게 되었다. 그 부분적인 이유는 외부 납품업자들이 낮은 임금으로 비노조원 근로자를 고용하는 경향이 있었기 때문이다. 또한 제조업체는 기업집단에 속한 생산시설에 대해서보다는 독립된 납품업체에 대해 더 높은 협상력을 가지는 것으로 보인다. 1998년에 GM은 자사의 자동차부품 사업부인 델파이(Delphi)를 분리설립하기로 결정하였다. 분리설립 이후 GM은 계속하여 델파이로부터 많은 양의 부품을 매입하지만 구매에 관해서는 일정한 거리를 두고 협상하게 되었다.

보완적인 자원

많은 소기업들이 성공에 필요한 부족 요소를 제공해 줄 수 있는 대기업에 인수된다. 소기업은 고유한 제품을 보유하고 있지만 이를 대량으로 생산하고 판매하는 데 필요한 기술조직이나 판매조직은 부실한 경우가 많다. 회사가 바닥에서부터 혼자서 공학적 재능과 판매능력을 개발할 수도 있겠지만, 이미 상당한 능력을 갖춘 기업과 합병하는 편이 더 빠르고 경제적이다. 두 기업은 **보완적 자원**(*complementary resources*), 즉 각자 상대방이 필요로 하는 것을 가지고 있으며, 이 경우 두 기업의 합병은 일리가 있다. 또한 합병으로 인하여 혼자서는 추구하지 못할 새로운 기회가 열리기도 한다.

최근 많은 주요 제약회사들은 수익성 있는 주요 제품에 대한 특허 보호를 상실할 위험에 직면하였다. 반면 이를 상쇄시킬 만한 촉망되는 새로운 물질의 파이프라인을 확보하지 못하고 있었다. 이는 바이오텍 회사 인수의 증가를 촉발시켰다. 예를 들어 2008년 일라이 릴리(Eli Lilly)는 임클론 시스템(ImClone Systems)을 인수하였다. 릴리는 임클론의 인수에 $65억을 지불하였는데 이는 이 회사 시장가치에 비해 50%의 프리미엄을 지불한 것이다. 그러나 릴리의 CEO는 이 인수는 "릴리가 시판하고 있는 암 치료제의 포트폴리오를 넓히고, 2009년에 3단계에 들어갈 많게는 세 개까지의 촉망받는 목표 치료제를 가진 릴리의 종양학 파이프라인을 부양시킬 것이다"라고 주장하였다. 동시에 임클론은 자사 제품을 시장에 내보내는 데 필요한 자원을 확보하였다.

잉여자금

합병을 옹호하는 다른 주장도 있다. 성숙산업에 속한 회사를 생각해 보라. 회사는 상당한 규모의 현금을 창출하지만 수익성 있는 투자기회는 별로 없다. 이상적으로 말해서 그런 기업은 배당금을 증가시키거나 자사주 재매입으로 잉여현금을 주주에게 분배해야 한다. 불행히도 열정적인 경영자들은 이런 방식으로 회사를 위축시키는 정책을 채택하는 것을 매우 싫어한다. 회사가 자사주를 재매입할 뜻이 없다면 대신에 다른 기업 주식을 매입할 수도 있다. 잉여자금이 있지만 좋은 투자기회는 별로 없는 기업들은 자사의 자본을 재배치하는 방편으로 **현금에 의한**(*financed by cash*) **합병**을 택하는 경우가 많다.

일부 기업은 과도한 현금을 보유하고 있으면서도 이를 주주에게 나눠주거나 현명한 기업인수로 재배치하지도 않는다. 이런 기업은 현금 재배치를 제안하는 다른 기업에 의해 인수대상이 되는 경우가 많다. 1980년대 초 유가 하락기에 현금 보유가 많은 석유회사 대다수는 자신이 인수대상이 될 위협이 있음을 알게 되었다. 이는 현금이 고유한 자산이기 때문은 아니다. 인수 시도자들은 회사의 현금흐름이 음(−)의 NPV를 가진 석유탐사 프로젝트에 낭비되지 않도록 이를 선점해 버리려는 것이다. 이 장 뒷부분에서는 인수의 **잉여현금흐름**(*free-cash-flow*) 동기에 대해 살펴본다.

비효율성 제거

부실한 경영으로 낭비되는 자산은 현금만이 아니다. 원가를 절감하고 매출액과 이익을 증대시킬 수 있는 기회를 제대로 활용하지 못하는 기업이 항상 있다. 그런 기업들은 자연스럽게 더 나은 경영진을 가진 다른 기업의 인수대상이 된다. 어떤 경우에는 '더 나은 경영'이란 단순히 고통스러운 비용감축이나 회사운영의 재조정을 강행하는 결정을 의미하기도 한다. 이러한 인수 동기는 두 기업의 결합에 따른 이득과는 관련이 없음에 유의하자. 기업인수는 새로운 경영진이 기존의 경영진을 대체하는 수단일 뿐이다.

합병이 경영을 향상시키는 유일한 방법은 아니지만, 때로는 한 가지 단순하고 실용적인 방법이기도 하다. 경영자들은 당연히 해고되거나 강등되는 것을 꺼리며, 대규모 공개기업의 주주들은 일반적으로 기업이 어떻게 경영되고 누가 경영하는지에 대해 직접적인 영향력을 행사하지 못한다.[4]

이런 합병 동기가 중요한 경우 기업인수는 인수대상기업, 즉 목표기업 경영진의 교체를 가져올 것으로 예상할 수 있다. 예를 들어 마틴과 맥코넬(Martin and McConnell)은 기업인수가 일어난 해에는 최고경영자가 바뀔 가능성이 이전 해에 비해 4배 정도 높음을 발견하였다.[5] 이들이 연

---

4) 기존의 이사회와 경영진에 효과적으로 대항하는 데 충분할 만큼 주주들을 소집하기는 어렵다. 그렇지만 주주들은 엄청난 간접적 영향력을 가진다. 주주의 불만은 기업 주가에 반영된다. 낮은 주가는 다른 기업에 의한 인수시도를 불러일으킨다.

5) K. J. Martin and J. J. McConnell, "Corporate Performance, Corporate Takeovers, and Management Turnover," *Journal of Finance* 46(June 1991), pp. 671~687.

구한 기업들은 일반적으로 성과가 나쁜 기업이었으며, 기업인수가 있기 4년 전에 주가는 동종 산업의 다른 기업들에 비해 15% 정도 낮았다. 이들 기업 중 많은 수가 곤경에 빠졌다가 합병에 의해 구제되거나 개혁이 이루어졌다.

산업 통합

효율성을 개선할 가장 큰 기회는 지나치게 많은 회사와 과잉 생산능력을 가진 산업에서 나타난다. 이런 조건들이 합병과 인수의 물결을 촉발하는 것으로 보이는데 이는 회사들이 생산용량과 고용을 줄이고 다른 곳에 투자할 수 있도록 자본을 풀어준다. 예를 들어 냉전 이후 미국 국방예산이 감소했을 때 방위산업 분야에서는 일련의 통합을 위한 인수가 뒤따랐다. 통합은 불가피한 것이었지만 인수가 이를 가속화시켰다.

은행산업은 또 다른 예이다. 표 31.1의 은행 합병 대부분은 더 크고 건전한 경쟁자에 의한 부실 은행의 구제와 관련된 것이었다. 그러나 초기의 많은 은행 합병은 규모의 경제를 추구하는 성공적인 은행들에 의한 합병이었다. 미국에서는 1980년대 지나치게 많은 은행이 있었다. 주된 이유는 주(州) 간의 은행업에 관한 시대에 뒤떨어진 규제 때문이었다. 이런 규제들이 잠식되면서 통신과 기술이 발전하면서 수백 개의 소규모 은행들은 지역적 또는 '초 지역적(super-regional)' 은행으로 휩쓸려 들어갔다. 예를 들어, 그림 31.1을 보자. 이 그림은 뱅크 오브 아메리카(Bank of America)에 의한 십수 건의 인수를 보여주고 있다. 이들 합병의 주된 동기는 비용을 절감하는 것이었다.[6)]

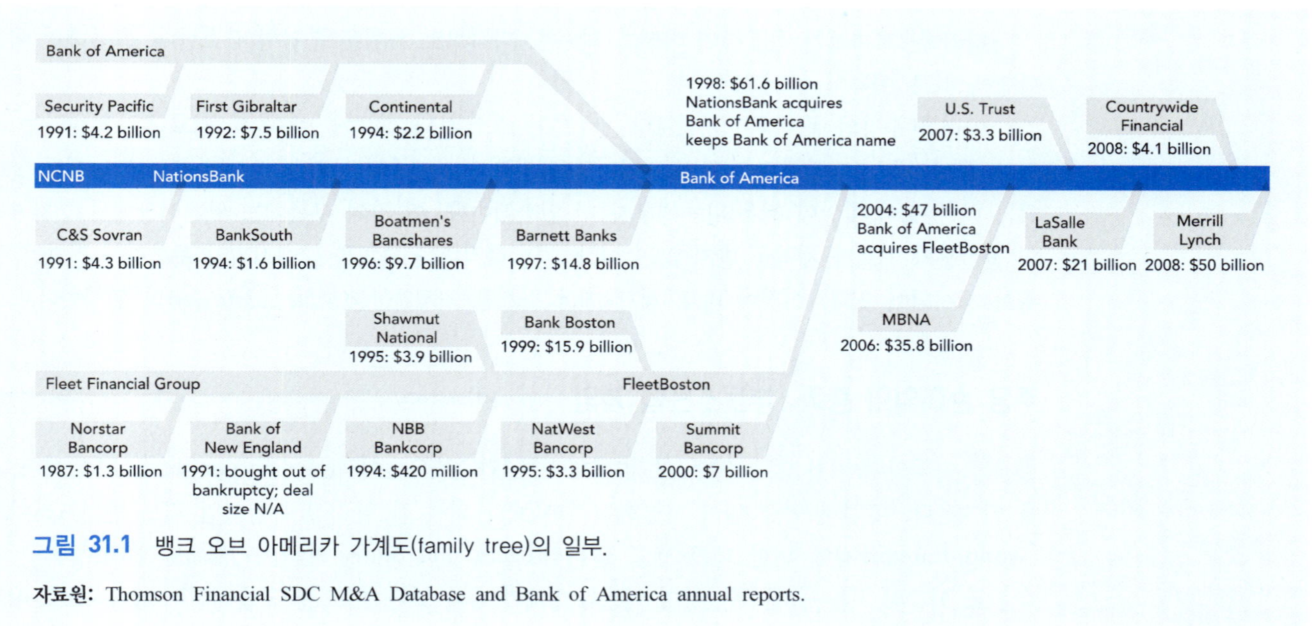

그림 31.1 뱅크 오브 아메리카 가계도(family tree)의 일부.

자료원: Thomson Financial SDC M&A Database and Bank of America annual reports.

6) 총 41건의 대형 은행 합병을 분석한 한 연구는 현재가치 기준으로 합병 은행들의 결합 시장가치의 평균 12%에 이르는 비용을 절감한 것으로 추정하였다. J. F. Houston, C. M. James, and M. D. Ryngaert, "Where Do Merger Gains Come From? Bank Mergers from the Perspective of Insiders and Outsiders," *Journal of Financial Economics* 60(May/June 2001), pp. 285~331 참조.

유럽에서도 또한 지난 20년 동안 은행 합병의 물결이 있었다. 회사들이 유럽 전역에 걸친 은행 시장에서 경쟁할 수 있는 재무적 완력을 얻으려고 하였다. 이들은 합병 등을 포함한다. UBS와 스위스은행(Swiss Bank Corp, 1997), BNP와 파리바은행(Banque Paribas, 1998), 하이포은행(Hypobank)과 바이에리쉬 베라인스반크(Bayerische Vereinsbank, 1998), 산탄데르 은행(Banco Santander)과 센트럴 히스패니코(Central Hispanico, 1999), 유니크레디크(Unicredit)와 캐피탈리아(Capitalia, 2007), 그리고 코메르츠방크(Commerzbank)와 도이치방크(Dresdner Bank, 2009) 간의 합병을 포함한다.

31.2 의심스러운 합병의 동기

지금까지 설명한 합병의 동기들은 모두 경제적 타당성을 가진다. 그러나 합병의 이유로 제시되는 다른 주장들은 그 논리가 의심스럽다. 다음은 의심스러운 주장의 일부이다.

다각화

앞에서 우리는 현금이 풍부한 기업의 경영자들은 이를 추가 배당으로 분배하기보다는 기업인수 자금으로 사용하기를 선호한다고 하였다. 이러한 이유로 정체산업에 속한 현금이 풍부한 기업들은 종종 합병을 통해 새로운 분야로 진출하려는 것을 보게 된다.

다각화 그 자체가 목표라면 어떻게 되는가? 다각화로 위험은 분명히 감소한다. 그렇다면 이는 합병에 따른 이득이 아닌가?

이러한 주장의 문제점은 기업보다는 주주가 스스로 다각화하는 편이 더 쉽고 경제적이라는 데 있다. 투자자들이 다각화된 기업에 프리미엄을 지불한다는 증거는 없다. 실제로는 제32장에서 설명하는 바와 같이 할인이 적용되는 경우가 더 일반적이다. 이 장의 부록에는 완전시장에서 투자자들의 분산투자 기회가 제약을 받지 않는 이상 기업 다각화는 가치를 증대시키지 못한다는 간단한 증명이 제시되어 있다. 이것이 바로 제7장에서 소개한 **가치가산성**(*value additivity*)의 원칙이다.

주당 순이익의 증가: 부트스트랩 게임

경제적 이득의 증거가 없는 일부 기업인수도 수년간 주당 순이익(earning per share, EPS)의 증가를 가져온다. 어떻게 이런 일이 가능한지 알아보기 위해 잘 알려진 복합기업 월드 엔터프라이즈(World Enterprise)에 의한 머크 앤드 슬러리(Muck and Slurry)의 인수 사례를 살펴보자.

표 31.2의 처음 두 줄에는 합병 이전의 상태가 나와 있다. 머크 앤드 슬러리는 상대적으로 성장 전망이 낮기 때문에 주가이익비율(PER)이 월드 엔터프라이즈의 경우에 비해 낮다(3행). 이 합병으로 경제적 이득은 발생하지 않으며, 그래서 두 회사가 따로인 경우나 합친 경우에도 가치는 동일하다고 가정한다. 합병 후 월드 엔터프라이즈의 가치는 분리된 두 기업의 가치 합계와 같아야 한다(6행).

	합병 전의 월드 엔터프라이즈	머크 앤드 슬러리	합병 후의 월드 엔터프라이즈
1. 주당 순이익(EPS)	$2.00	$2.00	$2.67
2. 주가	$40	$20	$40
3. 주가이익비율(PER)	20	10	15
4. 발행주식 수	100,000	100,000	150,000
5. 이익 합계	$200,000	$200,000	$400,000
6. 시장가치 합계	$4,000,000	$2,000,000	$6,000,000
7. 주식에 투자된 $1당 당기 순이익 (line 1 ÷ line 2)	$0.05	$0.10	$0.067

표 31.2 합병이 월드 엔터프라이즈의 시장가치와 주당 순이익에 미치는 영향.

주: 월드 엔터프라이즈가 머크 앤드 슬러리를 매입할 때 이득은 없다. 그러므로 이익 합계와 시장가치 합계는 합병의 영향을 받지 않는다. 그러나 주당 순이익은 상승한다. 월드 엔터프라이즈는 (주당 $20인) 머크 앤드 슬러리 주식 100,000주 인수를 위하여 단지 50,000주만 (주당 $40에) 발행하였다.

월드 엔터프라이즈의 주가는 머크 앤드 슬러리 주가의 2배에 거래되기 때문에(2행) 월드 엔터프라이즈는 자사주 50,000주를 매각하여 머크 앤드 슬러리의 100,000주를 인수할 수 있다. 그러므로 월드 엔터프라이즈의 합병 후 발행주식 수는 150,000주이다.

합병으로 이익은 2배가 되었지만(5행) 주식 수는 50%만 증가하였다. 주당 이익(EPS)은 $2.00에서 $2.47로 증가하게 된다. 합병으로 실제 이득이 창출되지 않았고, 두 기업의 결합으로 인한 가치증가도 없기 때문에 이를 **부트스트랩 효과**(bootstrap effect)라고 한다. 주가는 변하지 않았기 때문에 주가이익비율(PER)은 떨어진다(3행).

그림 31.2는 무슨 일이 일어나고 있는지를 보여준다. 합병 이전에 월드 엔터프라이즈에 투자된 $1는 빠른 성장 전망과 함께 현재 이익 5센트를 벌었다. 반면에 머크 앤드 슬러리에 투자된 $1는 느린 성장 전망과 현재 이익 10센트를 제공한다. 합병으로 총 시장가치가 변하지 않았다면 합병회사에 투자된 $1는 월드 엔터프라이즈 혼자일 때보다는 느리지만 머크 앤드 슬러리보다는 빠른 성장과 함께 6.7센트의 현재 이익을 제공한다. 머크 앤드 슬러리의 주주들에게는 현재 이익은 낮아지지만 성장이 더 빨라진다. 모든 사람이 이 관계를 이해한다면 어느 쪽에도 이익이나 손실은 없다.

금융시장의 시세조종자들은 종종 시장이 이런 관계를 이해하지 못하게 하려고 노력한다. 월드 엔터프라이즈 사장의 호언장담과 새로 출범하는 지구과학부문(구 머크 앤드 슬러리)에 현대식 경영기법을 도입한다는 계획에 속았다고 하자. 투자자들은 합병 후 EPS 증가분 33%를 실제 성장으로 쉽게 착각할 수도 있다. 그렇다면 월드 엔터프라이즈의 주가는 상승하고 두 회사의 주주들은 아무것도 없는 데서 무언가를 얻는 셈이 된다.

이것이 바로 '부트스트랩' 또는 '행운의 편지(chain letter)' 게임이다. 이 게임은 자본투자나 개선된 수익성이 아니라 단순히 느리게 성장하는 저(低) P/E 회사를 매입하는 것으로 이익 성장을 만들어 내는 것이다. 투자자들이 여기에 속는다면 재무관리자는 주가를 인위적으로 끌어 올릴 수 있다. 그러나 투자자들을 계속 속이려면 동일한 복리 이자율의 속도로 합병을 계속해 나가야 한다.

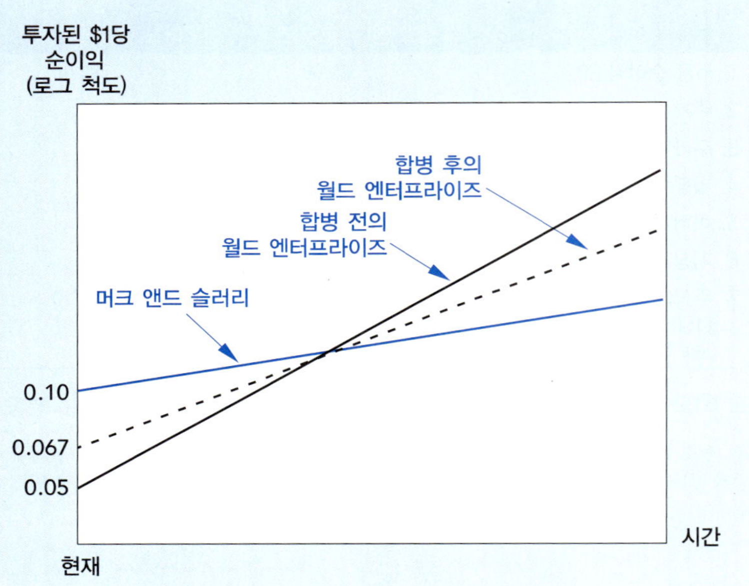

그림 31.2
합병이 이익 성장률에 미치는 영향. 머크 앤드 슬러리 합병으로 월드 엔터프라이즈는 당기 이익은 증가시킬 수 있었지만 낮아진 미래 성장률을 감수해야 한다. 투자자들이 부트스트랩 효과에 속지 않는다면 주주는 더 좋아지거나 나빠진 것도 없어야 한다.

자료원: S. C. Myers, "A Framework for Evaluating Mergers," in S. C. Myers (ed.), *Modern Developments in Financial Management*, (New York: Frederic A. Praeger, Inc., 1976), Figure 1, p. 639. 1976 Preager. Greenwood Publishing Group의 승인을 받아 전재.

영원히 그렇게 할 수 없음은 명백한 이치이다. 언젠가는 확장 속도가 느려지거나 아예 멈추게 된다. 그러면 이익 성장은 극적으로 낮아지고 종이 집은 허물어지고 만다.

이제 이런 게임은 그렇게 자주 실행되지 않는다. 그러나 아직도 저 P/E비율의 회사를 인수하려고 하는 경영자를 만날 수 있다. 합병이 주당 이익에 미치는 즉각적인 영향을 생각해보라고 제안하는 엉터리 예언자를 조심하라.

자금조달 비용의 절감

합병회사는 따로 분리된 단위의 경우보다 더 싸게 차입할 수 있다는 말을 자주 듣는다. 이는 부분적으로 사실이다. 새로 증권을 발행하는 데는 상당한 규모의 경제가 있다. 그러므로 기업이 합병을 통해 대규모로 증권을 발행할 수 있다면 진정한 비용절감 효과가 있다.

그러나 사람들이 합병회사의 차입비용이 낮다고 말할 때는 발행비용 절감 이상의 그 무엇이 있다는 의미이다. 두 기업이 합병하는 경우 결합된 회사는 따로 있을 때보다 낮은 이자율로 차입할 수 있다는 뜻이다. 물론, 이는 제대로 작동하는 채권시장에서는 쉽게 예상되는 일이다. 두 기업이 따로 분리되어 있으면 서로의 부채를 보증하지 않는다. 한쪽이 채무불이행(지급불능) 상태에 빠지더라도 채권 보유자들은 다른 쪽에 돈을 갚으라고 요구할 수 없다. 그러나 합병 후에는 각 기업이 사실상 서로의 부채에 대해 보증을 하게 된다. 한쪽 사업에 문제가 생겨도 채권 보유자는 다른 사업에서 돈을 받을 수 있다. 이러한 상호보증이 부채의 위험을 줄이기 때문에 대출자는 낮은 이자율을 받아들이는 것이다.

낮아진 금리가 합병에 따르는 순 이득이란 의미인가? 꼭 그렇지는 않다. 다음 두 가지 상황을 비교해 보자.

- **별도발행**: 기업 A와 기업 B는 각각 $5천만의 채권을 발행
- **단일발행**: 기업 A와 B가 합병하고, 합병기업 AB는 한 번에 $1억의 채권을 발행

물론, 다른 모든 조건이 동일하다면 AB는 더 낮은 이자를 지불한다. 그러나 단지 낮은 금리를 적용받기 위해 A와 B가 합병한다는 것은 이치에 맞지 않는다. 비록 AB의 주주는 낮아진 금리에서 이득을 얻기는 하지만 서로의 부채에 대해 보증해야 한다는 손실이 따른다. 다시 말해서, 주주들은 그저 채권 보유자들에 대한 보호를 강화해 주고 그 대가로 낮은 금리를 얻는 것이다. 이는 순 이득이 아니다.

일반적으로 채권의 가치는 다음과 같이 나타낼 수 있다.

$$\text{채권의 가치} = \begin{matrix}\text{부도 가능성이}\\ \text{없을 때의 가치}\end{matrix} - \begin{matrix}\text{주주의 부도}\\ \text{(풋)옵션의 가치}\end{matrix}$$

합병은 단지 주주의 채무불이행(지급불능)을 선택할 수 있는 옵션의 가치를 낮춤으로써 채권가치를 증대시킨다(즉 주어진 채권가치를 유지하는 데 필요한 이자지급액을 감소시킨다). 다시 말해서, AB가 발행한 $1억 채권에 대한 부도 옵션(default option)의 가치는 A와 B 각각의 채권 $5천만에 대한 채무불이행 옵션의 가치를 합친 것보다 작다.

이제 A와 B가 각각 $5천만씩 차입하고 나서 합병했다고 하자. 합병이 예상에 없던 일이라면 채권 보유자에게는 좋은 일이다. 둘 중 한 기업에서 보증하던 자신의 채권이 만기까지 두 기업 모두에게서 보증받게 되었다. 기존 채권자는 더 잘 보호받지만 주주들은 받는 게 없으므로 이 경우 주주들이 손해를 본다.

합병이 부채를 더 안전하게 만들어 가치를 창출하게 되는 상황도 있다. 이자비용의 절세효과는 탐이 나지만 재무적 곤경에 대한 우려 때문에 차입을 늘리기 주저하고 있는 회사를 생각해 보자(이는 18장에서 설명한 교환관계 이론이다). 다른 조건이 같다면 합병은 재무적 곤경의 가능성을 낮춘다. 합병으로 차입능력이 높아지고, 이자비용 절세효과의 가치가 증대되면 합병의 순 이득이 얻어지게 된다.[7)]

31.3 합병의 이득과 비용 추정

기업 A의 재무관리자가 기업 B 매입 가능성에 대해 분석하려 한다.[8)] 첫 번째로 생각해 볼 일은 합병으로 인한 경제적 이득이 있는지 여부이다. 두 기업이 따로 있는 것보다 하나일 때 더 가치가 있는 경우에만 경제적 이득이 있다. 예를 들어 결합기업의 가치는 PV_{AB}이고, 별개 기업의 가치는 각각 PV_A, PV_B라고 할 때, 이득은 다음과 같다.

7) 이러한 합병 논리는 다음 문헌에서 처음 제시되었다. W. G. Lewellen, "A Pure Financial Rationale for the Conglomerate Merger," *Journal of Finance* 26(May 1971), pp. 521~537. 이 아이디어에 대한 논란과 논의를 알려면 다음 문헌을 참조하라. R. C. Higgins and L. D. Schall, "Corporate Bankruptcy and Conglomerate Merge," *Journal of Finance* 30(March 1975), pp. 93~114. 그리고 D. Galai and R. W. Masulis, "The Option Pricing Model and the Risk Factor of Stock," *Journal of Financial Economics* 3(January-March 1976), pp. 66~69.

8) 합병의 이득과 비용에 관한 이 장의 정의와 해석은 다음 문헌을 따른다. S. C. Myers, "A Framework for Evaluating Mergers," in S. C. Myers (ed). *Modern Developments in Financial Management* (New York: Praeger, 1976).

$$이득 = PV_{AB} - (PV_A + PV_B) = \Delta PV_{AB}$$

이득이 양(+)인 경우 합병에는 경제적 정당성이 있다. 그렇지만 기업 B를 인수하는 비용을 생각해야 한다. 대금을 현금으로 지급하는 쉬운 경우를 생각해 보자. 이때 기업 B의 인수비용은 현금 지급액에서 별도의 개체인 B의 가치를 뺀 값과 같다.

$$비용 = 현금\ 지급액 - PV_B$$

A와 B 합병의 순현재가치는 이득과 비용의 차이로 측정된다. 그러므로 다음에 정의한 순현재가치가 양(+)인 경우 합병을 추진해야 한다.

$$\begin{aligned} NPV &= 이득 - 비용 \\ &= \Delta PV_{AB} - (현금 - PV_B) \end{aligned}$$

이 방법은 두 가지 구별되는 질문에 주의를 집중시키기 때문에 이 방식을 합병의 기준으로 정한다. 이득을 추정할 때는 합병으로 얻어지는 이득이 무엇인지에 집중해야 한다. 비용을 추정하는 경우에는 이 이득의 두 기업 간 배분에 관심을 두어야 한다.

예제를 보면 이를 확실히 알 수 있다. 기업 A의 가치는 $200백만, 기업 B의 가치는 $50백만이다. 합병에 따른 비용 절감분의 현재가치는 $25백만이다. 그러므로 합병의 이득은 다음과 같다.

$$\begin{aligned} PV_A &= \$200 \\ PV_B &= \$50 \\ 이득 &= \Delta PV_{AB} = +\$25 \\ PV_{AB} &= \$275백만 \end{aligned}$$

현금 $65백만을 지불하고 기업 B를 인수했다고 하자. 합병비용은 다음과 같다.

$$\begin{aligned} 비용 &= 현금\ 지급액 - PV_B \\ &= 65 - 50 = \$15백만 \end{aligned}$$

거래 상대방인 기업 B의 주주들에게는 이미 $15백만이 돌아갔다. 그들의 이득은 나의 비용이다. 상대방 주주들은 $25백만의 합병이득 중에서 이미 $15백만을 가져갔다. 그러므로 기업 A의 입장에서 합병의 현재가치를 계산할 때는 실제로 A의 주주들이 가지게 되는 이득을 계산하는 것이다. A의 주주에게 돌아가는 NPV는 합병에서 오는 전체 이득에서 B의 주주들이 차지한 이득 부분을 차감한 것과 같다.

$$NPV = 25 - 15 = +\$10백만$$

A의 주주들이 정말로 $10백만을 가져가는지 확인해 보자. A의 주주들은 PVA = $200백만의 가치에서 출발한다. 그들은 기업가치 $275백만을 얻게 되고, $65백만을 기업 B의 주주들에게 지불해야 한다.[9] 그러므로 A의 주주들의 순이득은 다음과 같다.

---

9) PVA에는 거래에 필요한 충분한 현금이 포함되어 있다고 가정하며, 그렇지 않은 경우 시장 이자율로 현금을 차입할 수 있다고 가정한다. 대금이 지급되고 거래가 종료된 후 A의 주주에 돌아가는 가치는 $275 − 65 = $210백만으로 $10백만의 이득이 있다는 데 유의하자.

$$\begin{aligned} \text{NPV} &= \text{합병 후의 부} - \text{합병 전의 부} \\ &= (\text{PV}_{\text{AB}} - \text{현금}) - \text{PV}_{\text{A}} \\ &= (\$275 - \$65) - \$200 = +\$10\text{백만} \end{aligned}$$

투자자들이 A와 B 사이의 합병을 예상하지 못하였다고 하자. 합병 발표로 B의 주가는 $50백만에서 $65백만으로 30% 상승할 것이다. 합병의 이득에 관해 주주들이 경영자의 추정치를 받아들인다면 A의 주가는 $10백만 상승하여 겨우 5%만 상승한다.

투자자들이 생각하는 합병의 이득에 주목하는 것은 일리가 있다. 합병 발표로 A의 주가가 하락하였다면 투자자들은 합병의 효익(benefit)이 의심스럽다거나, 아니면 A가 B에 너무 많이 지불한다는 메시지를 전달하는 것이다.

합병 이득을 추정하는 올바른 방법과 잘못된 방법

어떤 기업은 합병에 관해 분석할 때 먼저 목표기업, 즉 인수대상기업의 미래 현금흐름을 예측한다. 합병으로 얻어지는 매출액 증대와 비용절감분을 예측하고 이를 현재가치로 환산하여 매입가격과 비교한다.

$$\text{추정 순 이득} = \begin{array}{c}\text{합병의 효익을 포함한} \\ \text{인수대상기업의} \\ \text{DCF 평가}\end{array} - \begin{array}{c}\text{인수에} \\ \text{필요한 현금}\end{array}$$

이는 위험한 방법이다. 아무리 총명하고 최고의 훈련을 받은 분석가들조차도 사업의 평가에서 커다란 오류를 범할 수 있다. 합병이 합리적이기 때문이 아니라 분석가들이 현금흐름 예측에 지나치게 낙관적이어서 추정된 순 이득이 양(+)으로 나올 수도 있다. 반대로 좋은 합병안이지만 분석가가 별개의 사업체로서 인수대상기업의 잠재력을 확인하는 데 실패하는 경우 합병이 추진되지 않을 수도 있다.

우리는 첫 단계로 인수대상기업의 독립 사업체로서의 시장가치(PV_B)를 추정한 다음 합병의 결과로 얻어지는 현금흐름의 **변화**에 집중하는 절차를 거치기로 한다. **두 기업이 따로 있을 때보다 하나로 합칠 때 더 높은 가치를 가지는 이유는 무엇인가를 스스로 물어보라.**

사업의 일부를 매각할지를 결정할 때도 동일한 방법이 적용된다. 이 사업은 수익성이 없으므로 매각해야 한다고 스스로에게 말하는 것은 아무런 의미가 없다. 인수자가 그 사업을 당신보다 더 잘 경영할 수 없다면 당신이 받는 가격은 그런 나쁜 전망을 반영할 것이다.

때때로 우리는 좋은 인수대상기업을 확인하는 단순한 규칙이 있다고 믿는 경영자들을 만나게 된다. 예를 들어 자신은 항상 성장산업에 있는 기업을 인수하려 한다거나, 장부가치보다 낮은 가격에 거래되는 기업을 매수하는 정책을 가지고 있다고 말할지도 모른다. 그러나 좋은 투자결정의 특성은 기업 전체를 매수하는 경우에도 똑같이 성립한다. **추가적인 경제적 지대(*rent*)를 창출할 수 있는 경우에만 가치가 부가된다.** 이 경제적 지대는 다른 기업이 따라올 수 없는 경쟁 우위를 말하며, 인수대상기업의 경영자 스스로는 달성할 수 없는 것이다.

마지막으로 쉬운 상식 한 가지: 동일한 인수대상기업을 놓고 두 회사가 경쟁하는 경우가 있다. 사실상 인수대상기업은 경매 대상이 된 것이다. 그런 경우 인수대상기업이 경쟁자보다는 나에게 더 가치가 있는지 스스로 물어 보아야 한다. 답이 부정적이라면 경쟁 입찰에 참여하는 데 조심해야 한다. 그러한 경쟁은 포기하는 경우보다 비싼 대가를 치루는 경우가 많다. 입찰에서 졌다면 그저 시간을 낭비한 것이지만 이겼다면 아마도 너무 많은 금액을 지불했을지도 모른다.

인수대상기업 주가에 합병에 대한 기대가 반영된 경우

합병의 비용은 인수자가 매도자의 독립적 가치 이상으로 지불하는 프리미엄이다. 그러한 가치는 어떻게 결정되는가? 대상기업이 상장회사라면 그 회사의 시장가치에서 출발하면 된다. 즉 관찰된 주가에 발행주식 수를 곱한 값이다. 그러나 투자자들이 기업 A 또는 다른 어떤 사람이 기업 B를 인수할 것이라고 예상하는 경우 B의 시장가치는 B의 독립된 실체로서의 가치보다 높아진다는 점을 염두에 두어야 한다.

이것은 이 책에서 시장가치(MV)와 독립된 실체로서 기업의 진정한 가치, 즉 내재가치(PV)를 구별해서 다루는 몇 안 되는 경우이다. 여기서 문제는 기업 B의 시장가치가 잘못되었다는 것이 아니라 시장가치는 독립된 실체로서의 B의 가치가 아니라는 데 있다. B 주식에 투자하려는 잠재적 투자자는 두 가지 가능한 결과와 두 가지 가능한 가치를 생각하게 된다.

결과	B 주식의 시장가치
1. 합병 없음	PV_B: 독립된 별도의 회사로서 B의 가치
2. 합병이 일어남	PV_B + 합병 혜택의 일부분

두 번째 결과의 가능성이 높다면 우리가 관찰하는 B의 시장가치 MVB는 PVB를 과대평가할 것이다. 이는 경쟁적 자본시장에서 일어나야 하는 일과 정확히 같다. 불행히도 이는 합병을 평가하는 재무관리자의 일을 복잡하게 만든다.

예를 들어보자. A와 B의 합병발표 직전에 다음과 같은 사실을 관찰하였다고 하자.

	기업 A	기업 B
주당 시장가격	\$200	\$100
주식 수	1,000,000	500,000
기업의 시장가치	\$200백만	\$50백만

기업 A는 B에게 \$65백만을 지불할 용의가 있다. 만약 B의 주가가 독립 기업으로서의 가치만을 반영하고 있다면,

$$\text{비용} = (\text{현금 지불액} - PV_B) = (65 - 50) = \$15\text{백만}$$

그런데 B가 유리한 합병 제안을 받을 것이라는 소문으로 인해 B의 주가가 이미 \$12가 올라 있다고 하자. 이는 내재가치가 $12 \times 500{,}000 = \$6$백만 과대평가되었음을 의미한다. 그러므로 B의 진정한 가치 PV_B는 \$44백만에 불과하다. 그렇다면,

$$\text{비용} = (65 - 44) = \$21\text{백만}$$

합병이득은 $25백만이므로 이 거래로 기업 A 주주들의 부는 여전히 증가하지만 이제 B의 주주들이 이득의 대부분을 차지하게 된다.

시장에 오류가 있어서 B의 주가가 독립된 실체로서의 B의 진정한 가치보다 낮았다면 비용은 음수가 될 수 있다는 데 유의하자. 다시 말해서 이 경우에는 A의 주주의 입장에서는 합병된 가치가 두 기업이 따로 있을 때의 가치보다 높지 않더라도 합병이 바람직하며, 싸게 사는 좋은 거래가 될 수도 있다. 물론 B는 진정한 가치보다 낮은 가격에 매각되기 때문에 A 주주들의 이득은 B 주주의 손실이다.

기업들은 주식시장에서 내재가치가 제대로 반영되지 않은 기업을 찾아냈다는 경영자들의 믿음 때문에 기업인수를 해 왔다. 그러나 시장효율성에 관한 실증조사에서 '싼' 주식이 결과적으로 비싼 것으로 판명되는 경우가 자주 있다는 것을 우리는 잘 알고 있다. 투자자이든 경영자이든 외부인이 시장에서 정말로 과소평가되어 있는 기업을 발견하는 것은 쉬운 일이 아니다. 더욱이, 주가가 정말로 낮은 상태라면 A는 이 특별한 지식으로 이익을 얻으려고 합병을 할 필요가 없다. 공개시장에서 B를 매입한 다음 소극적으로 이를 보유하고, 다른 투자자들이 B의 진정한 가치를 알게 될 때까지 기다리면 된다.

기업 A가 현명하다면 비용이 이득보다 높은 경우에는 합병을 추진하지 않을 것이다. 반대로, A의 비용이 음(−)이라는 것은 B의 이득이 음(−)이라는 의미이기 때문에 기업 B는 A의 비용이 음(−)이라고 생각되는 경우 합병을 승낙하지 않을 것이다. 여기서 우리는 합병이 가능해지는 현금 지급액의 범위를 찾아낼 수 있다. 지급액이 이 범위의 상한이나 하한에서 결정되는지는 두 당사자의 상대적 협상력에 달려 있다.

주식으로 지불한 합병의 비용 추정

많은 합병이 대금의 전액 또는 일부를 인수기업의 주식으로 결제하고 있다. 합병 대금이 주식으로 결제되는 경우 비용은 매도기업 주주들이 받는 새로 탄생하는 합병회사 주식의 가치에 따라 결정된다. 매도자들은 가치가 P_{AB}인 주식 N주를 받는다면 비용은 다음과 같다.

$$\text{비용} = N \times P_{AB} - PV_B$$

여기서는 단지 합병이 발표되고 나서 투자자들이 그 효익을 충분히 인식하고 난 후의 주가를 사용한다는 데 유의하자.

기업 A가 현금 $65백만 대신에 합병회사 주식 325,000주를 제시하였다고 하자. 거래 발표 이전 A의 주가는 $200이다. 독립 기업으로서의 B의 가치가 $50백만인 경우[10] 합병 비용은 다음과 같아 보인다.

$$\text{겉으로 나타난 비용} = 0.325 \times 200 - 50 = \$15\text{백만}$$

그렇지만 겉으로 나타난 비용은 진정한 비용이 아닐 수도 있다. 합병 발표 전 A의 주가는 $200이다. 발표 시점에서 A의 주가는 상승하여야 한다.

10) 이 경우 B의 주가는 합병 소문 때문에 상승한 것은 아니며, B의 독립기업으로서의 가치를 정확히 반영한다고 가정한다.

이득과 거래 조건이 주어졌을 때 합병 이후의 주가와 시장가치를 계산할 수 있다. 합병회사의 발행주식 수는 1.325백만 주로 $275백만의 가치를 가지게 된다.[11] 새로운 주가는 275/1.325 = $207.55이다. 진정한 비용은 다음과 같다.

$$\text{비용} = 0.325 \times 207.55 - 50 = \$17.45\text{백만}$$

이 수치는 기업 B 주주의 이득을 알아내어 계산해도 마찬가지이다. 이들은 325,000주를 갖게 되어 합병회사 AB 주식의 24.5%를 보유한다. 이들의 이득은 다음과 같다.

$$0.245(275) - 50 = \$17.45\text{백만}$$

일반적으로, B의 주주들이 합병회사 주식의 x%를 소유하는 경우, 비용은 다음과 같다.

$$\text{비용} = x\text{PV}_{\text{AB}} - \text{PV}_{\text{B}}$$

이제 우리는 자금조달 수단으로서 현금과 주식 사이의 첫 번째 핵심적 차이를 이해할 수 있다. 현금을 지급하는 경우 합병 비용은 합병 이득에 영향을 받지 않는다. 그러나 주식으로 지급하는 경우 비용은 합병 후 주가로 나타나는 합병 이득에 따라 달라진다.

주식에 의한 결제는 양측 기업의 과대평가나 과소평가의 영향 역시 완화시킨다. 예를 들어 A는 B의 독립기업으로서의 가치를 과대평가하였는데, 이는 아마도 B의 숨겨진 어떤 채무를 간과하였기 때문이라고 하자. 그러므로 A는 너무 관대한 조건을 제시하였다. 다른 조건이 일정하다면 A의 주주들은 현금이 아닌 주식으로 주는 편이 더 좋다. 주식을 제공하면 B의 가치에 관한 불가피한 나쁜 소식이 B의 주주에게도 일부 영향을 미치게 된다.

비대칭 정보

현금을 지급하는 합병과 주식을 이용한 합병 사이에는 두 번째 핵심적 차이가 있다. 기업 A의 경영자는 외부인들이 알 수 없는 A의 전망에 관한 정보에 접근하게 된다. 경제학자들은 이를 **비대칭 정보**(*asymmetric information*)라고 한다.

기업 A의 경영자들은 외부 투자자들보다 더 낙관적이라고 하자. 그들은 합병 후 기업 A 주식의 진정한 가치는 $215가 되어 지금 막 계산한 시장가격 $207.55보다 $7.45 높을 것으로 생각한다고 하자. 그들이 옳다면 주식을 통한 합병의 진정한 비용은 다음과 같다.

$$\text{비용} = 0.325 \times 215 - 50 = \$19.88\text{백만}$$

기업 B의 주주들은 A로부터 주당 $7.45의 '공짜 선물'을 받게 되어 추가 이득의 합계는 $7.45 × 0.325 = 2.42, 즉 $2.42백만이 된다.

물론 기업 A의 경영자가 정말로 이렇게 낙관적이었다면 현금을 통한 합병을 강력하게 원했을

11) 이 경우 합병을 위한 자금으로 회사에서 유출되는 현금은 없다. 현금 제시 사례에서는 $65백만이 B의 주주에게 지급되어 기업의 최종가치는 275 − 65 = $210백만이 된다. 발행주식 수는 1백만 주이므로 주가는 $210이다. A의 주주에게는 현금거래가 더 유리하다.

것이다. 주식을 통한 합병은 자사 주식이 과대평가되었다고 생각하는 비관적 경영자들이 선호하는 방법이다.

주식이 과대평가되었으면 주식을 발행하고 아니면 현금을 이용하므로 이는 A에 무조건 유리하다(win-win)는 것으로 들리는가? 기업 B의 주주와 외부 투자자들도 일반적으로 어떻게 돌아가는지를 알고 있기 때문에 일이 그렇게 쉽지는 않다. 당신이 B를 대리하여 협상하고 있다고 하자. 당신은 A의 경영자들이 계속해서 현금이 아닌 주식을 통한 합병을 제안한다는 것을 알았다. 당신은 금방 기업 A 경영자의 비관적 생각을 추론해 내고 이를 주가에 반영하여 협상을 더 빡빡하게 끌어갈 것이다.

이 비대칭적 정보의 논리는 주식을 통한 합병이 발표되면 일반적으로 인수기업의 주가가 하락하는 이유를 설명해 준다.[12] 안드레이드와 미첼, 그리고 스태포드(Andrade, Mitchell, and Stafford)의 연구에서 1973년과 1998년 사이에 주식을 통한 합병 발표로 시장조정 수익률은 평균적으로 1.5% 하락한 사실을 발견하였다. 현금을 통한 합병 발표에서는 약간(0.4%)의 이득이 있었다.[13]

31.4 합병의 역학

기업을 사는 일은 기계 하나를 사는 것보다 훨씬 더 복잡한 일이다. 그래서 합병을 진행해나갈 때 만나게 되는 문제들을 살펴보아야 한다. 실무적으로 이들 문제는 극단적으로 복잡한 경우가 많아서 전문가들과 상의하여야만 한다. 여기서는 이러한 전문성을 배우려는 것이 아니라 전문가들이 다루는 법적, 회계적 그리고 조세상의 이슈를 개략적으로 살펴본다.

합병, 독점금지법과 흔한 반대논리

합병은 독점금지법(antitrust law) 때문에 어려움에 처할 수도 있다. 한국에서는 경쟁구도를 약화시키는 합병이나 기업인수는 공정거래법으로 제한하고 있다. 미국에서 가장 중요한 법은 1914년에 제정된 클레이튼법(Clayton Act)으로, 이 법은 "상업의 한 분야 또는 국내 어느 지역"이든 "경쟁을 현저하게 약화시키거나, 독점을 만들어내는 경향이 있을 수 있는" 경우 모든 기업인수를 금지하고 있다.

연방정부가 독점금지법을 집행하는 데는 법무성이 주도하는 민사소송(civil suit)과 연방통상위원회(Federal Trade Commission, FTC)가 개시하는 소송 절차 등 두 가지 방법이 있다.[14] 1976년의 하트-스코트-로디노 독점금지법(The Hart-Scott-Rodino Antitrust Act)에서는 $1,500만 또는 인수대상 기업 주식의 15% 중 적은 금액에 해당하는 모든 주식인수는 이들 기관에 통보해야 한다고

---

12) 주식 발행에도 동일한 논리가 적용된다.

13) G. Andrade, M. Mitchell, and E. Stafford, "New Evidence and Perspectives on Mergers," *Journal of Economic Perspectives* 15(Spring 2001), pp. 103~120. 이는 다음 문헌들의 결과를 재확인한 것이다. N. Travlos, "Corporate Takeover Bids, Methods of Payment, and Bidding Firms' Stock Returns," *Journal of Finance* 42(September 1987), pp. 943~963; 그리고 J. R. Franks, R. S. Harris, and S. Titman, "The Postmerger Share-Price Performance of Acquiring Firms," *Journal of Financial Economics* 29(March 1991), pp. 81~96.

14) 합병으로 손해를 입는다고 생각하는 경쟁자나 제3자도 또한 독점금지 소송을 제기할 수 있다.

규정하고 있다. 그러므로 거의 모든 대규모 합병은 초기 단계부터 검토를 거친다.[15] 법무성과 FTC는 모두 합병 연기를 명령할 권한이 있다. 이런 명령은 종종 기업의 계획을 무산시키기 충분하다.

최근 들어 FTC와 법무성 모두 막강한 권한을 행사해 왔다. 한 가지 예를 보자. 냉전이 끝나자 급격한 국방예산 축소로 미국 항공기제작 산업에 합병이 시작되었다. 1998년에는 3대 거대 기업 보잉(Boeing)과 록히드마틴(Lockheed Martin), 라테온(Raytheon), 그리고 노스럽(Northrup)을 포함한 여러 중소업체들이 있었다. 그런데 록히드마틴과 노스럽이 합병계획을 발표하자 법무성과 국방성은 이는 지나친 일이라고 판정하였다. 이러한 반대에 직면한 두 회사는 계획을 포기해야 했다.

독점금지를 이유로 대규모 합병이 좌절된 다른 산업에는 알루미늄산업(Reynolds와 Alcoa), 통신업(WorldCom과 Sprint), 슈퍼마켓 체인(Kroger와 WinnDixie), 비디오 대여 체인(Hollywood Entertainment와 Blockbuster), 사무용품업(Office Depot와 Staples) 등이 포함된다.

미국 밖에서 사업을 하는 회사들 또한 외국 독점금지법에 관해 관심을 가져야 한다. 예를 들어 유럽연합(European Commission, EC)은 $460억에 허니웰(Honeywell)을 인수하려는 GE의 시도에 대하여 결합회사가 항공기제작 산업에서 너무 큰 힘을 가지게 될 것이라고 주장하면서 기업인수를 금지하였다.

반독점 규제자들은 합병에는 반대하지만 기업이 어떤 자산이나 사업을 매각한다면 누그러진 태도를 보인다. 예를 들어 2007년 멕시코 시멘트회사인 시멕스(Cimex)가 호주 회사 링커(Rinker)에 적대적 인수를 제안했을 때 미 법무성은 두 회사가 미국 애리조나와 플로리다에 있는 수많은 공장들을 매각하는 경우에만 합병을 승인할 것이라고 했다.

합병은 공식적인 반독점문제가 없는 경우에도 정치적인 압력과 국민정서 때문에 방해받기도 한다. 예를 들어 2005년 미국 펩시코(PepsiCo)가 프랑스의 다농(Danone; 식품회사)을 인수한다는 뉴스는 프랑스 사람들의 반감을 불러 일으켰다. 프랑스 수상은 합병 반대파에 가세하면서 프랑스 정부는 외국인 소유로부터 보호해야 할 전략산업 목록을 작성하고 있다고 발표했다. 요구르트 생산이 이런 전략산업에 속하는지는 의심스러운 일이다.

경제적 국수주의는 비단 유럽에만 국한된 것은 아니다. 2005년 중국 국영 연안석유회사(China National Offshore Oil Corporation, CNOOC)는 '유례없는 정치적 저항'으로 유노캘(Union Oil Company of California, Unocal) 인수제안을 철회했다. [유노캘은 이 합병제안 후 얼마 안 가서 미국 석유회사 쉐브론(Chevron)과 합병했다.] 그 이듬해에 미 의회는 두바이의 DP World에 의한 영국 P&O(페리를 운행하는 선박회사) 인수를 반대하고 나섰다. 이 인수는 결국 P&O의 미국 내 부두들을 거래에서 제외시킨다는 조건으로 승인되었다.

기업인수의 형태

기업 B 인수가 반독점 때문에 문제가 되지는 않을 것으로 확신한다고 하자. 다음 단계로는 기업인수의 형태에 대하여 생각해 보아야 한다.

---

15) 대상기업과 투자자에게도 또한 알려야 한다. 그러므로 Hart-Scott-Rodino법은 인수기업이 인수내용을 사실상 공개하도록 강제한다.

한 가지 가능성은 문자 그대로 **합병**하여 한 회사가 다른 회사의 **모든** 자산과 채무를 자동적으로 인계받는 것이다. 이러한 합병을 위해서는 합병 전 두 회사 각각에서 최소한 주주 50% 이상의 승인이 있어야만 한다.[16)]

다른 대안은 현금이나 주식, 기타 증권을 주고 매도기업의 주식을 매입하는 것이다. 이 경우 인수자는 매도기업의 주주와 개별적으로 거래할 수도 있다. 매도기업의 경영자는 전혀 관련이 없다. 경영자의 승인과 협력을 구하는 것이 일반적이긴 하지만 이들이 저항한다면 인수자는 발행주식의 과반수 이상을 취득하려고 시도한다. 성공적이라면 인수자는 기업 통제권을 확보하여 합병을 완료하며, 필요한 경우 기존 경영자들을 몰아낸다.

세 번째 방법은 매각되는 기업 자산의 전부 또는 일부를 매입하는 것이다. 이 경우 자산의 소유권이 이양되어야 하며, 매도기업의 주주가 아닌 기업 자체에 매각대금이 지급된다.

합병회계

한 회사가 다른 기업을 매입하는 경우 경영진은 합병으로 재무제표가 어떻게 바뀔지에 관심을 갖게 된다. 2001년 이전에는 기업이 회계처리 방법을 선택할 수 있었지만 2001년에 재무회계기준위원회(Financial Accounting Standard Board, FASB)는 인수자가 합병회계로 **매수법**(*purchase method*)을 사용하도록 하는 새로운 규칙을 도입하였다. 표 31.3은 기업 A가 기업 B를 매수하여 새로운 기업 AB가 되는 경우 어떤 일이 일어나는지를 보여 준다. 두 기업의 원래 대차대조표(재무상태표)는 윗부분에 나와 있다. 그 아래에는 두 기업이 합병하면 대차대조표가 어떻게 바뀌는지가 표시되어 있다. 여기서 기업 B를 장부가치의 180%인 $18백만에 매입했다고 가정하였다.

기업 A는 왜 기업 B의 장부가치보다 많은 $8백만의 프리미엄을 지불했을까? 첫째, 기업 B의 **유형자산**(*tangible assets*)인 운전자본과 공장, 설비의 진정한 가치가 $1백만 이상일 수도 있다. 그러나 이것이 이유는 아니라고 가정한다. 즉 자산 가치는 대차대조표에 정확하게 표시되어 있다고 가정한다.[17)] 둘째, 기업 A는 기업 B의 대차대조표에 표시되지 않은 **무형자산**(*intangible assets*)에 대가를 지불했을 수도 있다. 예를 들어 그 무형자산은 유망한 제품이나 기술일 수도 있다. 또는 단순히 합병에 따른 경제적 기대 이득에 대한 기업 B의 몫일 수도 있다.

기업 A의 대차대조표

NWC	20	30	D
FA	80	70	E
	100	100	

기업 B의 대차대조표

NWC	1	0	D
FA	9	10	E
	10	10	

기업 AB의 대차대조표

NWC	21	30	D
FA	89	88	E
영업권	8		
	118	118	

표 31.3
기업 A가 기업 B 인수를 위해 $18백만을 지급한다고 가정하는 경우 기업 A와 기업 B의 합병 회계처리(수치는 $백만 단위).

약어: NWC = 순운전자본,
FA = 순고정자산의 장부가치,
D = 부채, E = 자기자본의 장부가치

16) 회사의 정관이나 주법이 더 높은 찬성률을 규정한 경우도 있다.
17) 만약 기업 B의 유형자산이 합병 전 장부가치보다 높다면 먼저 재평가를 실시하여 현행 가치가 기업 AB의 대차대조표에 표시되었을 것이다.

기업 A는 $18백만 가치의 자산을 매입한다. 문제는 그 자산을 기업 AB의 좌변에 표시하는데 있다. 기업 B의 유형자산 가치는 $10백만 달러에 지나지 않는다. 이로써 $8백만의 차이가 난다. 매수법에서는 회계사들이 영업권(goodwill)이라는 새로운 자산항목을 만들고 여기에 $8백만을 배정하여 문제를 해결한다.[18] 영업권이 지속적으로 $8백만 이상의 가치를 가지는 한 대차대조표에 계속 기록해두며, 기업의 이익은 영향을 받지 않는다.[19] 그러나 기업은 영업권의 공정한 가치를 매년 추정할 의무를 가진다. 추정치가 $8백만 밑으로 떨어지면 그 차액만큼 대차대조표에서 조정이 이루어지고 당년도 이익에서 차감한다. 일부 기업은 이로 인해 이익이 크게 달라짐을 발견하였다. 예를 들어 새로운 회계규칙이 도입되자 AOL은 자사의 자산에서 $54백만을 차감해야 했다.

세금문제

기업인수는 과세대상일 수도 있고 아닐 수도 있다. 현금으로 지급이 이루어지면 기업인수는 과세대상이 된다. 이 경우 매도측 주주들은 자신의 주식을 매도한 것으로 간주되어 자본이득세를 내야 한다. 지급이 거의 대부분 주식의 형태로 이루어지면 기업인수는 면세이고, 주주들은 소유하던 주식을 새로운 주식으로 교환한 것으로 간주된다. 그러므로 자본이득이나 자본손실이 인식되지 않는다.

기업인수에 대한 세금처리는 이후 합병된 기업이 내야 하는 세금에도 역시 영향을 미친다. 비과세 기업인수 이후에 합병기업은 두 기업이 전부터 하나였던 것으로 간주하여 세금을 부과한다. 과세대상 기업인수에서는 매도측 기업의 자산을 재평가하고 그 결과 상각되거나 평가절상된 부분을 과세대상 이득이나 손실로 취급하며, 세금 역시 재평가된 자산의 가치를 기준으로 다시 계산된다.

이러한 구분을 위해 아주 단순한 예제를 살펴보자. 1990년에 선장 B씨는 어선을 $300,000에 매입하여 남해수산을 설립하였다. 단순화를 위해 이 어선은 세금목적상 20년간 직선법으로 감가상각한다고 하자(잔존가치는 없음). 그러므로 연간 감가상각비는 $300,000/20 = $15,000이고, 2000년에 이 어선의 순 장부가치는 $150,000이다. 그러나 선장 B씨의 세심한 관리와 인플레이션, 그리고 지역 수산업의 호황으로 인하여 2000년 그 어선의 진정한 가치는 $280,000가 되었다. 또한 남해수산은 $50,000의 시장성 유가증권을 가지고 있다.

이제 선장 B씨는 $330,000를 받고 회사를 미래산업에 매각한다고 하자. 이 기업인수에 부과될 세금의 내용은 표 31.4에 나와 있다. 이 경우 선장 B씨는 자본이득을 이연시키기 위해 비과세 거래를 선호한다. 그러나 미래산업은 감가상각비 절세효과가 큰 과세대상 거래라면 더 높은 가격을 지불할 수도 있을 것이다.

31.5 위임장 경쟁과 공개매수, 기업통제권 시장

주주는 회사의 주인이다. 그러나 대부분의 주주들은 자신이 주인이라고 느끼지 못한다. 그럴 만한

18) 만약 $8백만의 일부가 특허권과 같이 확인 가능한 무형자산에 대한 대가로 이루어진 것이라면 별도의 자산항목에 이를 기재한다. 한정된 존속기간을 갖는 확인 가능한 무형자산은 존속기간에 걸쳐 상각한다.

19) 그러나 영업권은 세금목적으로는 감가상각을 한다.

	과세대상 합병	면세 합병
선장 B가 받는 영향	선장 B는 $30,000의 자본이득을 인식해야 함	선장 B가 미래산업 주식을 매도할 때까지 자본이득 연기 가능
미래산업이 받는 영향	배의 가치는 $280,000으로 재평가 감가상각비는 연간 $280,000/10 = $28,000임(잔존 기간 10년 가정)	배의 가치는 계속 $150,000이고, 감가상각비는 연간 $15,000임

표 31.4 미래산업이 $330,000에 남해수산을 인수하는 경우, 가능한 세금의 변화. 선장 B의 남해수산에 대한 당초 투자금액은 $300,000이다. 합병 직전에 남해수산의 자산은 $50,000의 시장성 유가증권과 장부가치 $150,000, 시장가치 $280,000인 배 한척으로 구성된다.

이유가 있다. 여러분이 IBM의 주식 몇 주를 들고 이사회 회의장으로 들어가려 하거나, 최고경영자를 만나겠다고 해 보라. 그러면 그 이유를 알 수 있을 것이다.

대규모 기업의 **소유와 경영**은 분리되어 있는 것이 일반적이다. 주주들은 이사를 선임하지만 회사 경영에는 직접 관여할 수 없다. 대리인 비용은 경영자나 이사들이 주주의 이익에 반하는 결정을 내릴 때 발생한다.

제1장에서 지적한 바와 같이 경영자가 주주들의 이익을 위해 일하도록 하는 힘과 제약들이 있기는 하다. 그러나 이사들이 가장 유능한 경영진을 선임한다고 어떻게 확신할 수 있는가? 경영진이 무능하면 어떻게 되는가? 이사회가 경영자의 성과를 감시하는 책임을 소홀히 하면 어떤가? 경영진 자체는 문제가 없지만 다른 기업과 합병하는 것이 자원을 더 효율적으로 활용할 수 있는 경우라면 어떤가? 자신을 실직으로 내몰 수 있는 이런 합병을 과연 경영자들이 추진하겠는가?

이런 문제들은 모두 주인과 경영진을 하나로 묶어주는 메커니즘인 **기업통제권시장**(*market for corporate control*)에 관련된 이슈들이다. 현재의 소유주와 경영진을 당연한 것으로 받아들여서는 안 된다. 경영진을 교체함으로써 기업 가치를 높일 수 있고, 새로운 소유주 아래 회사를 재조직할 수 있다면 누군가 이런 변화를 추구하려는 인센티브를 가질 것이다.

경영진을 교체하는 데는 세 가지 방법이 있다. 즉 (1) 일단의 주주들이 새로운 이사들을 선임하고 새로 구성된 이사회가 경영진을 선임하는 위임장 경쟁(proxy contest), (2) 다른 회사에 의한 공개매수(takeover), (3) 일단의 투자자 그룹에 의한 차입매수(leveraged buyout) 등이다.

위임장 경쟁

주주들은 경영자를 감시하고 교체하기 위해 이사진을 선임한다. 이사회가 제대로 역할을 하지 못하면 주주들은 이사회를 다시 구성한다.

일단의 투자자들이 경영자나 이사회를 교체해야겠다고 생각하면 다음 주주총회에서 위임장 경쟁을 시작할 수 있다. **위임장**(*proxy*)이란 다른 주주의 투표권을 대신 행사할 수 있는 권리를 말한다. 위임장 경쟁에서는 불만을 가진 주주들이 충분한 수의 위임장을 확보하여 자신이 지지하는 이사를 선출한다. 새로 이사회가 구성되면 경영진이 교체되고 회사 정책은 바뀌게 된다. 그러므로 위임장 경쟁은 회사의 통제권에 대한 직접적인 경쟁이 된다. 많은 위임장 경쟁은 회사 경영이 잘 안 되고 있다고 생각하는 주요 주주들이 시작한다. 또 다른 경우에는 위임장 경쟁이 두 회사 합병의 전주곡이기도 하다. 합병에 찬성하는 사람들은 새로운 이사회가 두 회사를 합치는 데 따르는 이점을 좀 더 잘 이해할 것으로 믿는다.

위임장 경쟁은 비용이 많이 들고 이기기도 어렵다. 위임장 경쟁을 시작하는 측은 자신의 돈을 들여야 하지만 경영진은 회사의 자금과 주주들과의 커뮤니케이션을 이용해 자신을 방어한다. 공정한 경쟁을 위해 SEC는 위임장 경쟁을 좀 더 쉽게 할 수 있도록 규칙을 변경할 것을 제안하였다. 한편, 주주들은 단순히 기존 이사들의 재선임에 반대하는 투표를 하는 것만으로도 강력한 신호를 보낼 수 있음을 알았다. 디즈니 주주의 43%가 최고경영자인 마이클 아이즈너(Michael Eisner)의 재선임에 반대하는 투표를 하자 다음 날 그는 사임했다.

위임장 경쟁의 위협은 또한 경영자가 회사 정책을 변경하도록 독려한다. 예를 들어, 2008년 칼 아이칸은 자신이 타임 워너(Time Warner)의 회장과 이사 후보를 내겠다고 선언하였다. 그는 새로 선출되는 회장과 이사가 회사를 분할하고 주주에게 현금을 되돌려 주기 바랐다. 그러나 아이칸과 그 지지자들은 회사 지분을 고작 5%밖에 소유하지 못했기 때문에 표결에서 이길 가능성은 거의 없어 보였다. 그래서 양측은 합의에 이르게 되었는데 칼 아이칸은 회사에 큰 부담을 주는 위임장 경쟁을 포기하는 대신 타임 워너 경영진은 자사주 매입을 늘리고, 추가로 $5억의 비용을 줄이며, 독립이사 두 사람을 지명하기로 약속했다.[20]

공개매수

위임장 경쟁의 대안으로는 잠재적인 인수자가 주주들에게 직접 **공개매수**(*tender offer*) 제안을 하는 것이다. 제안이 성공하면 새 주인은 마음대로 경영진을 교체할 수 있다. 인수대상기업의 경영진은 주주들에게 제안을 받아들이라고 자문할 수도 있고, 인수자가 가격을 올리든가 그렇지 않으면 인수를 포기하라고 희망하면서 인수제안에 맞서 싸우라고 자문할 수도 있다.

미국에서는 인수제안에 관한 규칙은 대부분 1968년의 윌리엄스법(Williams Act)에 따라 정해진다. 법원은 심판으로서 경쟁이 공정하게 진행되는지 감시한다. 이런 규칙을 설정하는 데 따르는 문제는 누가 보호받아야 하는지가 분명하지 않다는 것이다. 반갑지 않은 포식자로부터 자신을 보호하기 위해 인수대상기업의 경영진에게 더 많은 수단이 주어져야 하는가? 주주들을 위해 가장 높은 가격을 받을 수 있도록 경매에 붙여져야 하는가? 잠재적인 인수자에게는 어떻게 해야 하는가? 초기에 자신의 의도를 밝히도록 강제해야 하는가? 그렇게 하면 다른 회사들이 그 아이디어에 공짜로 편승하여 유리한 제안을 하게 되는 것은 아닌가?[21] 이러한 의문을 염두에 두고 최근의 인수제안 사례를 살펴보자.

오라클의 피플소프트 공개매수

치열한 공개매수 투쟁이 일어나면 목표기업의 가장 값진 인력이 회사를 떠나는 경향이 있는 하이테크 산업에서는 적대적 공개매수 제안은 드문 편이다. 그래서 투자자들은 2003년 소프트웨어 업

20) 제1장에서 칼 아이칸이 어떻게 위임장 경쟁 위협을 통해 야후!의 이사회에 이사 선임권을 획득했는지를 보았다.
21) 윌리엄스법에 따르면 다른 기업 주식의 5% 이상을 가진 기업은 자신의 지분율 Schedule 13(d) filing으로 SEC에 보고하여 자신의 의도를 알려야 한다.

계의 거인 오라클(Oracle)이 경쟁업체인 피플소프트(PeopleSoft) 인수에 현금 $51억의 공개매수 제안을 했을 때 놀라움을 금치 못했다. 주당 제안 가격 $16은 피플소프트의 최근 주가보다 고작 6% 높은 가격이었다. 피플소프트의 CEO는 화를 내며 이 제안을 거절하였다. 이 가격은 오라클이 피플소프트의 사업을 말도 안 되게 과소평가한 것이며, 피플소프트의 사업을 방해하고 또 다른 소규모 경쟁업체 에드워드사(J. D. Edward & Co)와의 합병 계획을 방해하려는 시도라고 비난하였다. 피플소프트는 오라클 경영진이 "불공정한 거래관행"을 범했으며, "피플소프트의 대고객 관계를 방해"했다고 주장하면서 즉각 소송을 제기했다. 에드워드사 역시 다른 소송에서 오라클이 부당하게 "피플소프트와의 합병을 방해"했다고 주장하면서 $17억의 손해배상을 요구했다.

오라클의 제안은 이후 18개월간 계속된 전쟁의 시작을 알리는 포성이었다. 피플소프트는 여러 가지 방어 수단을 가지고 있었다(표 31.5). 먼저, 포식자가 20%의 지분을 인수하면 추가적으로 자사 주식을 시장에 쏟아부을 수 있는 **포이즌필(poison pill)**이 들어 있었다. 둘째, 회사는 고객보증 프로그램을 실시하고 있었는데 이는 인수자가 고객지원을 줄이려고 하면 돈을 물어 주어야 하는 프로그램이다. 공개매수 경쟁이 한창 진행 중이던 한때 이 프로그램에 따른 채무가 약 $16억에 달하기도 했다. 셋째, 피플소프트는 시차임기제 이사회를 운영하고 있었기 때문에 이사들은 각기 다른 해에 재선임하도록 되어 있었다. 이는 피플소프트 이사회의 과반수를 확보하기 위해서는 적어도 2년이 걸린다는 뜻이다.

오라클은 피플소프트의 방어전략을 극복해야 할 뿐만 아니라 독점금지법도 피해나가야 했다. 코네티컷 주 법무장관은 부분적으로는 피플소프트에 투자된 주(州) 자산을 보호하기 위해 오라클의 인수시도를 막는 독점금지 조치를 내렸다. 더구나 미국 법무성의 조사에서 이 거래는 경쟁을 저해하는 것으로 판정이 났다. 정상적으로는 이 정도의 판결이라면 거래를 중단시키기에 충분한 것이었다. 그러나 오라클은 이에 굴하지 않고 연방법원에 제소하여 승소하였다.

이 전쟁이 진행되는 동안 오라클은 네 차례에 걸쳐 제안을 변경하였다. 처음에는 제안 가격을 $19.50로 올렸다가 다시 $26로 올렸다. 그러다가 피플소프트 주주들에게 압력을 가하기 위해 피플소프트 주가가 28%나 하락했다고 하면서 제안 가격을 $21로 낮추었다. 여섯 달 후 오라클은 제안 가격을 다시 $24로 올리면서 주주들에게 만약 피플소프트의 이사회나 주주의 과반수 이상이 이를 받아들이지 않으면 제안을 철회하겠다고 경고했다.

피플소프트 주주 60%가 이 마지막 제안을 받아들이겠다고 했지만 오라클이 피플소프트의 통

일자	사건
2003년 6월 6일	오라클이 피플소프트 주식에 대해 6% 프리미엄을 붙여 주당 $16를 제안
2003년 6월 18일	오라클이 주식공개매수 제안 가격을 $19.50로 높임
2004년 2월 4일	오라클이 제안 가격을 $26로 높임
2004년 2월 26일	법무성이 합병을 저지하기 위한 소송을 제기. 오라클의 항소 계획 발표
2004년 5월 16일	오라클이 제안가격을 $21로 낮춤
2004년 9월 9일	법무성의 합병 금지 조치에 대한 소송에서 오라클 승소
2004년 9월 27일	델라웨어 법정에서 법무성의 오라클 합병 금지 조치에 대해 청문회 시작
2004년 11월 1일	오라클은 제안 가격을 다시 $24로 높임. 피플소프트 주주 61%의 지지 획득
2004년 11월 23일	오라클은 피플소프트 이사회에 4명의 이사를 지명하는 위임장 경쟁을 시작한다고 발표
2004년 12월 13일	오라클이 주식공개매수 제안 가격을 $26.50로 인상. 피플소프트 이사회가 이를 수용

표 31.5 오라클/피플소프트 기업인수 경쟁의 주요 사건일

제권을 확보하려면 회사가 포이즌필과 고객 보증 프로그램까지 폐기해야만 했다. 그래서 그때까지 모든 제안을 거절해 온 피플소프트 경영진에게 압력을 가할 필요가 있었다. 오라클은 두 가지 전략을 시도했다. 첫째, 피플소프트의 이사회를 새로 구성하기 위한 위임장 경쟁을 시작했다. 둘째, 피플소프트 경영진이 오라클의 제안을 방해하고 '충분한 고려'를 하지 않음으로써 충실의무를 소홀히 하고 있다고 비난하면서 델라웨어 법원에 소송을 제기했다. 소송은 피플소프트가 포이즌필과 고객 보증 프로그램을 포함한 공개매수 방어전략을 포기하도록 요구하는 것이었다.

피플소프트의 CEO는 한 때 "어떠한 가격이나 다른 조건의 조합이라고 하더라도 그 제안을 받아들이라고 추천하는 일은 상상도 할 수 없다"고 말한 것으로 알려졌다. 그러나 피플소프트의 주주 60%가 오라클의 마지막 제안을 받아들이겠다고 하면서 회사로서는 더 이상 제안을 거부하기 어려워졌다. 또한 많은 다른 관찰자들은 피플소프트의 경영진이 과연 주주의 이익을 위해 최선을 다하고 있는지 의문을 제기하기 시작했다. 만약 경영진이 주주의 이익에 귀를 막고 있다면 법원은 오라클에 유리한 판결을 내리거나, 불만 있는 주주들에게 이사회 구성을 바꾸는 투표를 허용할 수도 있었다. 그래서 피플소프트의 이사들은 완고한 고집을 꺾고 델라웨어 법원에 출석하여 만약 오라클이 $26.50나 $27을 제시하면 협상에 나설 것이라고 증언하였다. 이는 바로 오라클이 기대했던 해결의 실마리였다. 오라클은 즉각 제시 가격을 $26.50로 올렸고, 피플소프트는 방어전략을 포기하였다. 한 달도 안 가서 피플소프트 주주 97%가 인수 제안을 받아들였다. 펀치와 카운터 펀치가 오갔던 피플소프트 전쟁은 이렇게 18개월 만에 막을 내렸다.

기업인수 방어법

피플소프트 전쟁에서 얻는 교훈은 무엇인가? 먼저, 이 예는 현대 합병 전쟁에 쓰이는 전략들을 예시한다. 피플소프트와 같이 인수대상이 될까 우려하는 회사는 보통 사전에 방어를 준비한다. 이런 회사들은 미리 주주들을 설득하여 회사 정관에 **상어퇴치조항(shark-repellent)**을 삽입하는 데 동의해 주도록 요청한다. 예를 들어 어떤 합병이라도 일상적인 기준인 주주의 50%가 아니라 80%의 초다수(*supermajority*) 찬성을 얻어야 하는 것으로 정관을 변경할 수 있다. 주주들은 경영진의 제안에 따르는 것이 일반적이지만 이런 상어퇴치조항이 과연 주주들의 이익에 부합하는지는 의문이다. 공개매수로부터 보호받는 경영자는 더 높은 보수를 받으면서도 별로 주주의 부를 창조하지는 못하는 것으로 보인다.[22]

많은 회사들이 피플소프트의 예를 따라 자사의 매력을 떨어뜨리는 포이즌필을 고안함으로써 잠재적인 인수제안 회사를 단념시키려고 노력한다. 예를 들어 어떤 포이즌필은 인수제안 회사가 지분의 15% 이상을 인수하면 즉시 기존 주주들에게 반값으로 회사 주식을 살 수 있는 권리를 부여한다. 인수제안 회사에는 이런 혜택이 주어지지 않는다. 따라서 인수제안 회사는 그리스 신화에 나오는 탄탈루스(Tantalus)나 비슷하다. 즉 지분 15%를 인수하는 순간 통제권은 수중에서 벗어나 버린다. 표 31.6에는 이런 방어법이 요약되어 있다.

22) A. Agarwal and C. R. Knoebr, "Managerial Compensation and the Threat of Takeover," *Journal of Financial Economics* 47(February 1998), pp. 219~239; and P. A. Gompers, J. L. Ishii, and A. Metrick, "Corporate Governance and Equity Prices," *Quarterly Journal of Economics* 118(2003), pp. 107~155.

방어법	설명
상어퇴치를 위한 정관 개정:	
시차임기제 이사회	세 그룹으로 구성되는 이사회를 설치. 매년 한 그룹씩만 선출함. 그러므로 인수시도자는 목표기업의 통제권을 즉시 확보하지 못함
초다수결제도	합병 승인을 위해서는 높은 지분율, 대개 80% 이상이 필요함
공정가격	공정가격(공식으로 계산된 또는 감정평가를 받은 가격)이 지불되지 않으면 합병이 제한됨
의결권 제한	목표기업 이사회의 승인 없이는 정해진 지분율 이상을 소유한 주주는 의결권이 없음
대기기간	환영받지 못하는 인수시도자는 합병 완료를 위해 정해진 기간 이후까지 기다려야 함
기타:	
포이즌필	인수시도자가 상당한 지분을 취득하는 경우 기존 주주들은 회사 주식을 싼 가격에 추가로 매입할 수 있는 권리를 행사
강제 채권회수	적대적 인수의 결과로 통제권에 변화가 있는 경우 기존 채권자들은 채권 상환을 요구할 수 있음
인수 제의 이후의 방법	
소송	반독점법이나 증권법 위반으로 인수시도자에 대한 소송제기
자산 구조조정	인수시도자가 원치 않는 자산을 매입하거나 반독점이 문제가 되도록 조치를 취함
채무 구조조정	우호적인 제3자에게 주식을 발행하거나 주주의 수를 증가시킴 프리미엄을 주고 기존 주주에게서 주식을 재매입함

표 31.6 기업인수 방어법 요약.

피플소프트의 경영자들은 왜 기업인수 시도에 대항하는가? 한 가지 이유는 인수제안 회사로부터 더 높은 가격을 받아내기 위해서이다. 오라클은 결국 최초 제시가격보다 66%나 높은 가격을 지불하였다. 그러나 어떤 가격이라도 합병을 환영하는 일은 상상도 할 수 없다고 한 피플소프트 최고경영자의 말은 방어전략이 인수시도 그 자체를 멈추려고 한 것이며, 경영자의 지위를 보호하려는 목적으로 실행됨을 시사한다.

회사는 때때로 이런 이해상충을 줄이기 위해 자사 경영진에게 기업인수 때문에 실직하는 경우 많은 보상을 지급하는 **황금낙하산(golden parachute)**을 제안한다. 인수 당했으니까 경영자에게 보상을 준다는 것이 이상해 보일 수도 있다. 그러나 기업인수 제안에 대한 경영자들의 저항을 극복하는 연착륙을 할 수만 있다면 수백만 달러는 그리 높은 대가가 아닐 수도 있다.

성능이 개선된 방어 무기를 개발하려는 경영팀은 누구든지 법정에 설 각오를 해야 한다. 1980년대 초 법원은 경영자들에게 무죄추정원칙의 혜택을 주었고, 기업인수에 저항할지 여부에 대해 경영자의 판단을 존중하는 경향이었다. 그러나 기업인수 경쟁에 대한 법원의 태도가 달라졌다. 예를 들어 1993년에 법원은 파라마운트(Paramount)의 이사들이 충분한 검토도 거치지 않고 QVC의 더 높은 가격제의를 거절하였다는 이유로 이미 합의된 비아콤(Viacom)의 파라마운트 인수를 중단시켰다. 파라마운트는 포이즌필 방어와 비아콤에 제공했던 주식매수청구권(stock option)을 강제로 포기해야 했다. 이러한 법원의 결정 때문에 경영자들은 인수 제의에 반대하는 데 훨씬 더 신중해졌으며, 아무 백기사의 품 안에나 맹목적으로 몸을 맡기지 않게 되었다.[23]

23) 1985년에 Trans Union Corporation의 이사들이 기업인수 제의를 너무 조급하게 수락한 데 대해 개인적 책임을 부과하자 많은 이사회 회의실에는 전율이 일었다.

동시에 주정부들은 몇 가지 새로운 방어 무기를 제공하였다. 1987년에 대법원은 투자자들의 지분이 회사에서 정한 일정 수준을 넘는 즉시 회사에서는 투표권을 박탈할 수 있도록 하는 주법을 지지하였다. 이후 주정부의 기업인수 반대 법률이 확산되었다. 많은 경우 이사회는 적대적 인수시도자에 의한 합병을 수년간 제지하면서 종업원과 고객, 납품업자 그리고 지역사회의 이익을 고려할 때 적대적 인수를 거절할지 여부를 결정할 수 있게 되었다.

과거에는 적대적 공개매수가 거의 전부 영미국가에서만 일어났다. 그러나 이제는 다르다. 유럽의 공개매수 활동은 이제 미국보다 많아졌고, 최근에는 일부 가장 치열했던 공개매수에 유럽 회사들이 관련되어 있었다. 예를 들어 미탈(Mittal; 인도 철강회사)이 $270억에 아르셀로(Arcelor; 프랑스 철강회사)를 공개매수 한 것은 매우 치열하고 극도로 정치쟁점화된 5개월간 전쟁의 결과였다. 아르셀로는 러시아 회사를 최대 주주로 초빙하는 제안을 포함하여 지금까지 알려진 모든 방어수단을 총동원했지만 합병을 막을 수는 없었다.

미탈은 현재 유럽에 본거지를 두고 있지만 인도네시아에서 영업활동을 시작하였다. 이는 합병시장의 또 다른 변화를 예시한다. 즉 인수기업은 이제 더 이상 주요 선진국에만 한정되지 않는다는 것이다. 인수회사들은 이제 브라질과 러시아 기업, 인도 회사, 그리고 중국의 회사들을 포함한다. 예를 들면 테틀리 티(Tetley Tea), 영국-네덜란드 합작 철강회사인 코러스(Corus), 재규어(Jaguar)와 랜드로버(Land Rover) 등은 인도의 복합기업 타타(Tata)에 인수되었다. IBM의 PC 사업은 중국 회사 레노버(Lenovo)가 인수했으며, 캐나다의 니켈생산업체인 인코(Inco)는 이제 브라질의 발레(Vale)가 소유하고 있다.

합병에서는 누가 가장 이득을 얻는가?

간략한 역사가 예시하는 바와 같이 합병에서는 매도자가 매수자보다 더 이익을 본다. 안드레이드와 미첼, 그리고 스태포드(Andrade, Mitchell, and Stafford)는 기업인수 시도 발표 이후 매도측 주주들은 평균 16%의 적잖은 이득을 얻었음을 발견하였다.[24] 매수자와 매도자를 합해 합병회사의 전반적인 가치는 평균적으로 약 2%가량 증가하였다. 그래서 합병하는 회사는 따로 있을 때보다 합칠 때 더 가치가 있다. 그러나 인수기업의 주가는 평균적으로 하락하는 것으로 보인다.[25]

왜 그렇게 많은 회사들이 가치를 파괴하는 것으로 보이는 기업인수를 하는가? 한 가지 설명은 행동학적 특성에서 그 해답을 찾는다. 인수기업의 경영자는 인수대상기업을 기존 경영진보다 더 잘 운영할 수 있다는 자신의 능력에 대한 오만과 과신 때문에 인수를 하게 된다. 이것은 아마 거의 맞는 말일지 모르지만 좀 더 관대한 설명들을 기각해서는 안 된다. 예를 들어 맥카들과 비스와나탄(McCardle and Viswanathan)은 기업은 새로운 공장을 짓거나, 기존 사업을 사들이는 두 가지 방법으로 시장에 진출할 수 있다고 지적한다. 시장이 성장하지 않는다면 인수를 통해 확장하는

24) G. Andrade, M. Mitchell, and E. Stafford, "New Evidence and Pespectives on Mergers," *Journal of Economics Perspectives* 15(Spring 2001), pp. 103~120.

25) 최근의 한 연구는 손해 보는 것은 주로 대규모 인수자임을 발견하였다. 다른 인수기업의 주주들은 이득을 얻는 것으로 보인다. S. B. Moeller, F. P. Schlingemann, and R. Stulz, "Firm Size and the Gains fron Acquisitions," *Journal of Financial Economics* 73(August 2004), pp. 201~228 참조.

것이 더 합리적이다. 그러므로 인수를 발표할 때 기업가치는 하락할 수도 있다. 이는 단순히 투자자들이 시장은 더 이상 성장하지 않는다고 결론을 내리기 때문이다. 이 경우 인수가 가치를 파괴하는 것은 아니다. 그것은 단지 시장의 침체상태를 신호해 줄 뿐이다.[26)]

매도자가 더 높은 수익률을 얻는 이유는 무엇인가? 그 이유는 두 가지이다. 첫째, 일반적으로 매수회사는 매도회사보다 규모가 크다. 많은 합병에서 매수자는 규모가 너무 커서 상당히 큰 순이득도 매수자의 주가에는 분명하게 나타나지 않는다. 예를 들어 기업 A가 1/10 규모의 기업 B를 매수한다고 하자. 합병에서 얻어지는 순이득을 같은 금액으로 A와 B가 나누었다고 하자.[27)] 각 회사의 주주들은 동일한 금액의 이익을 받지만 B의 수익률은 A의 10배이다.

둘째, 더 중요한 이유는 잠재적 인수자들 사이의 경쟁이다. 첫 번째 제안자가 목표회사를 대상으로 '일을 시작하면' 보통은 하나 이상의 경쟁자가 게임에 뛰어든다. 이 중에는 목표기업 경영진의 초청을 받은 백기사도 있다. 경쟁자가 새로운 제안을 내놓을 때마다 더 많은 합병이득이 목표기업 쪽으로 흘러간다. 동시에 목표기업 경영진은 다양한 법적, 재무적 반격을 시도할 수도 있는데, 이렇게 함으로써 조건부 항복을 해야 하는 경우에도 가장 높은 가격을 확보할 수 있다.

물론 제안자와 목표기업만이 유일한 승자는 아니다. 실패한 제안자 역시 보유하고 있던 목표기업 지분을 처분하여 상당한 이익을 남기고 승리자가 된다.

다른 승리자로는 투자은행과 법률가, 회계사 등이 있고, 어떤 경우에는 기업인수 제의의 성공가능성에 투기를 거는 차익거래자, 즉 'arbs'도 포함된다.[28)] '투기'는 부정적인 인상을 풍기지만 사회적으로 유용한 기능을 수행할 수도 있다. 주식공개매수는 주주에게는 어려운 결정이 될 수도 있다. 지금 제안을 받아들여야 하는가, 더 좋은 제안이 나올 때까지 기다려야 하는가, 아니면 주식을 시장에서 매각해야 하는가? 이러한 딜레마는 이런 문제에 전문화하고 있는 차익거래자들에게 기회를 제공한다. 다시 말해서, 이들은 거래가 성사되지 않을 경우의 위험을 부담하면서 목표기업 주주에게서 주식을 매입한다.

31.6 합병과 경제

합병의 파도

그림 31.3은 1962~2008년 기간 동안 미국시장의 합병건수를 보여준다. 합병은 파도처럼 몰려온다. 집중적인 합병활동에 관한 첫 번째 에피소드는 20세기에 들어오면서 일어났고, 1920년대에 두 번째 합병활동이 있었다. 1967~1969년 사이와 1980년대, 1990년대에 다시 붐이 일었다 2003년에는 또 다른 합병 붐이 일어났으나 금융위기가 시작되면서 점차 소멸하였다.

26) K. F. McCardle and S. Viswanathan, "The Direct Entry versus Takeover Decision and Stock Price Performance around Takeovers," *Journal of Business* 67(January 1994), pp. 1~43.

27) 다시 말해서, A의 합병 비용은 ΔPV_{AB}의 절반이다.

28) 엄격하게 말해서 차익거래자는 완전히 헤지된, 즉 무위험 포지션을 취하는 투자자이다. 그러나 합병경쟁에서 차익거래자는 매우 큰 위험을 부담하는 경우가 많다. 그들의 행동은 모순된 표현으로 '위험 차익거래'라고 알려져 있다.

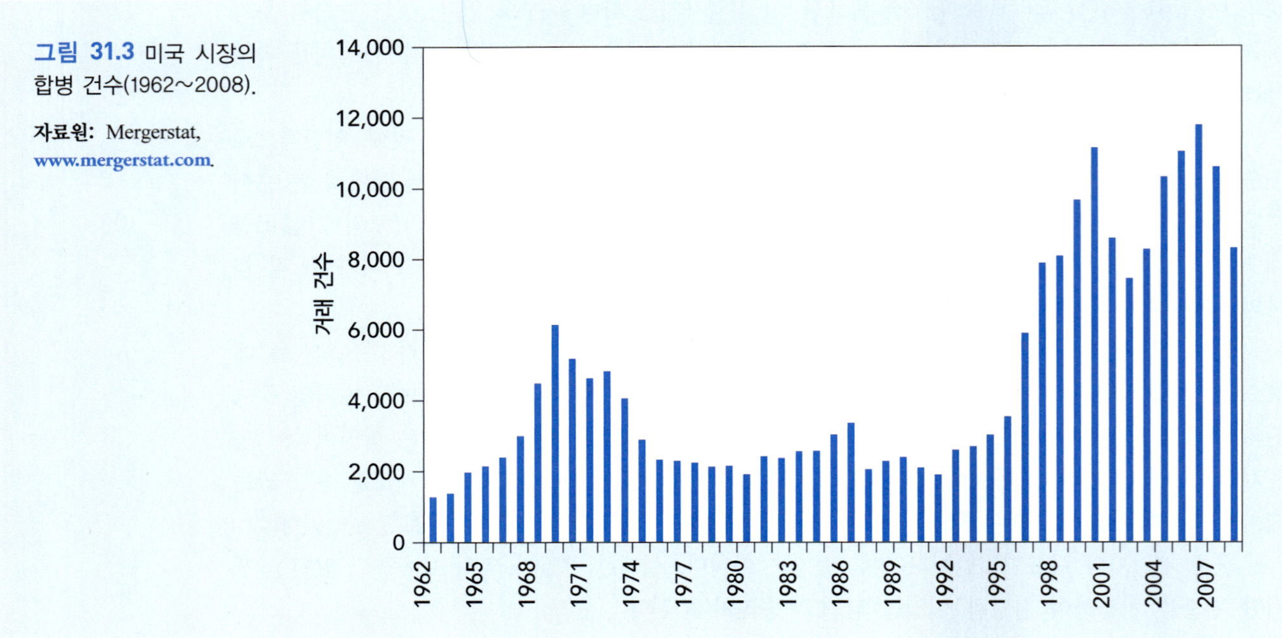

그림 31.3 미국 시장의 합병 건수(1962~2008).

자료원: Mergerstat, www.mergerstat.com.

합병활동이 왜 그렇게 변동성이 심한지는 알 수 없다. 만약 합병이 경제적 동기로 촉발되었다면 이들 동기 중 최소한 하나는 '오늘 왔다가 내일 사라지는' 그런 것이어야 하며, 어떻게든 높은 주가와도 관련이 있어야 한다. 그러나 이 장에서 살펴본 어떤 경제적 동기도 주식시장의 일반적 수준과는 아무런 관련이 없었다. 그 어느 것도 1967년에 터져 나오거나, 1970년에 사라지고, 그리고 1980년대와 1990년대 중반, 그리고 2000년대에 다시 나타나곤 하지는 않았다.

몇몇 합병은 주식시장 쪽의 가치평가 오류 때문에 일어났다. 다시 말해, 매수자는 투자자들이 매도자의 가치를 과소평가했다고 믿었거나, 결합기업의 가치를 과대평가할 것이라는 희망을 가졌을지 모른다. 그러나 (지나서 보니까) 그러한 실수는 호황기뿐만 아니라 불황기에도 있었다. 주식시장이 침체일 때 저가 기업인수 대상을 찾아나서는 회사가 그렇게 많지 않은 이유는 무엇인가? '잘 속는 사람'은 항상 있다. 그런데 강세장에서만 이들로부터 이득을 수확할 수 있다고 믿기는 어렵다.

합병행위는 상대적으로 소수의 산업에 집중되는 경향이 있으며, 규제완화나 기술변화 또는 수요 패턴의 변화에 의해 촉발되는 경우가 많다. 1990년대 합병의 물결을 예로 들어보자. 1990년대 초의 통신업과 금융업에 대한 규제완화는 두 산업 모두에서 합병의 홍수로 이어졌다. 안드레이드와 미첼 그리고 스태포드의 연구에 따르면 가치 기준으로 1988~1998년 사이에 일어난 미국의 모든 합병의 절반은 규제가 완화된 산업분야에서 일어났다.[29]

29) 각주 24 참조. 또한 J. Harford, "What Drives Merger Waves?" *Journal of Financial Economics* 77(September 2005), pp. 529~560 참조.

합병은 순이득을 창출하는가?

좋은 기업인수와 나쁜 기업인수는 분명히 있지만 경제학자들은 모든 것을 고려할 때(*on balance*) 기업인수가 과연 유익한 것인지에 관해서는 합의에 이르지 못하고 있다. 사실 합병에는 일시적인 유행 같은 것이 있어 보이기 때문에 학자들이 이를 간단하게 일반화한다면 오히려 놀라운 일일 것이다.

합병이 인수되는 기업의 주주들에게 상당한 이득을 주며, 합병하는 두 회사의 가치에 전체적으로는 이득이 된다는 것은 잘 안다. 그러나 모든 사람이 다 그렇게 생각하는 것은 아니다. 어떤 사람들은 합병을 분석하는 투자자들이 단기적인 열정으로 반응하며, 장기 전망에 관해서는 충분히 주의를 기울이지 않는다고 생각하고 있다.

합병을 안 했을 경우 기업들이 어떻게 되었을지는 관찰할 수 없기 때문에 수익성에 미치는 장기 효과는 측정하기 어렵다. 1960~1970년대 초까지의 합병에 관해 조사한 라벤스크로프트와 셰러(Ravenscroft와 Scherer)는 합병 이후 생산성이 하락한다고 주장하였다.[30] 그러나 합병활동에 관한 후속 연구에서는 실질 생산성 향상이 관측되었다. 예를 들어 힐리와 팔레푸 그리고 루백(Paul Healey, Krishna Palepu, and Richard Ruback)은 1979~1983년 사이에 일어난 50대 합병을 조사한 결과 기업의 세전 수익률이 평균 2.4% 증가함을 발견하였다.[31] 이들은 이러한 이득이 동일한 자산으로 더 높은 수준의 매출액을 발생시킨 데서 나온다고 주장하였다. 회사들이 장기투자를 축소하여 장기적인 미래를 저당 잡힌다는 증거는 없었다. 자본설비와 연구개발에 대한 지출은 산업평균을 유지하였다.[32]

아마도 기업인수의 가장 중요한 효과는 인수되지 않은 기업의 경영자들이 받은 느낌일 것이다. 기업인수 위협은 아마도 전체 미국 기업이 더 열심히 노력하도록 자극하였을 것이다. 불행히도 모든 것을 고려할 때 합병 위협이 활동적인 낮을 만들었는지 잠 못 이루는 밤을 만들었는지는 알 수 없다.

기업인수 위협이 비효율적인 경영진에게는 자극이 되었을 수도 있지만, 이는 또한 비용이 많이 든다. 이는 경영진의 노력과 시간에서 많은 부분을 빼앗아간다. 더욱이 회사는 투자은행과 법률가, 회계사의 서비스에 대해서도 보상해야 한다. 합병기업은 2006년에 전문가 자문비용으로 $40억 이상을 지불하였다.

---

30) 다음 문헌을 참조하라. D. J. Ravenscroft and F. M. Schere, "Mergers and Managerial Performance," in J. C. Coffee, Jr, L. Lowenstein, and S. Rose-Ackerman(eds.) *Knights, Raiders, and Targets: The Impact of the Hostile Takeover*, (New York: Oxford University Press, 1988).

31) P. Healey, K. Palepu, and R. Ruback, "Does Corporate Performance Improve after Mergers?" *Journal of Financial Economics* 31(April 1992), pp. 135~175. 이 연구에서는 합병된 기업의 세전 수익률을 산업평균과 비교하여 조사하였다. Lichtenberg and Siegel의 연구에서도 비슷한 결론을 얻었다. 인수된 기업은 합병 이전에는 산업평균보다 생산성의 수준이 낮았지만 통제권 변경이 있은 지 7년 후에는 생산성 차이의 2/3가 해소되었다. F. Lichtenberg and D. Siegel, "The Effect of Control Changes on the Productivity of U.S. Manufacturing Plants," *Journal of Applied Corporate Finance* 2(Summer 1989), pp. 60~67.

32) 앞의 Lichtenberg and Siegel의 연구와 다음 연구에서도 자본지출과 연구개발비 수준이 유지됨을 발견하였다. B. H. Hall, "The Effect of Takeover Activity on Corporate Research and Development," in A. J. Auerbach(ed.), *Corporate Takeover: Causes and Consequences*, (Chicago: University of Chicago Press, 1988).

요약

두 기업이 따로 있을 때보다 하나로 합칠 때 더 가치가 있다면 합병으로 경제적 이득이 창출된다. 기업 A와 B가 합병하여 신설기업 AB가 된다고 하자. 합병의 이득은 다음과 같다.

$$\text{이득} = PV_{AB} - (PV_A + PV_B) = \Delta PV_{AB}$$

합병의 이득은 규모의 경제 또는 수직적 통합의 경제, 효율성 향상, 보완적인 자원의 결합, 잉여자금의 재배치 등을 반영할 수도 있다. 다른 경우에서는 두 사업을 결합하는 데 따른 이점은 없지만 기업인수의 목적이 보다 효율적인 경영진을 임명하는 것이다. 합병의 이유로 의심스런 것도 있다. 위험을 분산하기 위한 합병이나 차입비용 감소를 위한 합병, 그리고 EPS 증대를 위한 합병에서는 부가되는 가치가 없다.

기업인수를 진행하려면 이득이 비용보다 많아야 한다. 비용은 매수자가 매도자에게 독립기업으로서의 가치를 초과하여 지불한 프리미엄이다. 현금을 이용한 합병에서는 비용 추정이 용이하다.

$$\text{비용} = \text{현금 지급액} - PV_B$$

대금이 주식의 형태를 취하는 경우 비용은 합병이 완료된 후 그 주식의 가치가 어떻게 되는지에 따라 결정된다. 합병이 성공하는 경우 B의 주주들은 합병 이득을 공유하게 된다.

기업매수의 역학은 기계를 매입할 때의 원리보다 훨씬 복잡하다. 첫째로 매수가 반독점법에 저촉되는지를 조사해야 한다. 둘째로 절차를 선택해야 한다. 매도자의 자산과 부채 모두를 인수회사의 자산과 부채에 결합시킬 수도 있고, 회사 자체가 아닌 매도자의 주식을 취득할 수도 있으며, 매도자의 개별 자산들을 매수할 수도 있다. 셋째, 합병에 따른 세금조항에 신경 써야 한다.

합병이 두 회사 경영진과 이사들 사이의 우호적 협상을 통해 이루어지는 경우도 많다. 그러나 매도자가 부정적인 경우 인수 후보자는 주식공개매수 또는 위임장 경쟁 참여를 결정하게 된다. 앞에서 기업인수 경쟁에 이용되는 공격전술과 방어법에 대해 살펴보았다. 그리고 목표기업이 게임에 지면 그 회사 주주들은 이익을 얻는 것이 일반적이라는 것도 살펴보았다. 매도측 주주들은 상당한 비정상수익률을 올리는 반면에 인수제의 회사 주주들은 대략 손익분기점에 머무른다. 전형적인 합병은 투자자들에게 양(+)의 순이득을 제공하는 것으로 보이기는 하지만, 인수 제의자들 사이의 경쟁과 목표기업 경영진의 적극적인 방어로 인하여 합병 이득의 대부분은 매도측 기업 주주들에게 돌아가게 된다.

합병은 파도처럼 몰려 왔다가 사라진다. 2000년에 절정을 이루었던 가장 최근의 파도는 대부분 수평합병이었다. 합병 활동은 경제 확장기와 주가가 부풀려진 시기에 나타난다. 합병은 기술 또는 규제의 변화를 겪고 있는 산업에서 가장 많이 일어난다. 예를 들어 1990년대 은행이나 통신회사의 합병 파도는 이들 산업의 규제완화에 기인하는 것이다.

더 읽어야 할 문헌

다음은 합병에 관한 일반적인 내용을 다룬 세 가지 교재이다.

R. Bruner, *Applied Mergers and Acquisitions*(Hoboken, NJ: John Wiley & sons, 2004).

J. F. Weston, M. L. Mitchell, and J. H. Mulherin, *Takeovers, Restructuring and Corporate Governance*, 4th ed. (Upper Saddle River, NJ: Prentice-Hall 2000).

S. Betton, B. E. Eckbo, and K. S. Thorburn, "Corporate Takeovers," in B. E. Eckbo (ed.), Handbook of Empirical Corporate Finance(Amsterdam: Elsevier/North-Holland, 2007), chapter 15.

최근의 합병의 물결은 다음에 정리되어 있다.

G. Andrade, M. Mitchell, and E. Stafford: "New Evidence and Perspectives on Mergers," *Journal*

Visit us at www.mhhe.com/bma

of Economic Perspectives, 15(Spring 2001), pp. 103~120.

S. J Everett, "The Cross-Border Mergers and Acquisitions Wave of the Late 1990s," in R. E. Baldwin and L. A. Winters(eds.), Challenges to Globalization(Chicago: University of Chicago Press, 2004).

J. Harford, "What Drives Merger Waves?" *Journal of Financial Economics* 77 (September 2005), pp. 529~560.

B. Holmstrom and S. N. Kaplan, "Corporate Governance and Merger Activity in the U. S.: Making Sense of the 1980s and 1990s," *Journal of Economic Perspectives* 15(Spring 2001), pp. 121~144.
다음은 유익한 사례연구이다.

S. N. Kaplan(ed), Mergers and Productivity(Chicago: University of Chicago Press, 2000). 이 책은 사례연구집이다.

R. Bruner: "An Analysis of Value Destruction and Recovery in the Alliance and Proposed Merger of Volvo and Renault," *Journal of Financial Economics*, 51(1999), pp. 125~166.

연습문제

기본문제

1. 다음의 가상의 합병은 수평합병인가, 수직합병인가, 아니면 복합합병인가?
   a. IBM이 Dell 컴퓨터 인수
   b. Dell 컴퓨터가 Wal-Mart 인수
   c. Wal-Mart가 H. J. Heinz 인수
   d. H. J. Heinz가 IBM 인수
2. 다음 중에서 경제적으로 합리성이 있는 합병의 동기는 어느 것인가?
   a. 규모의 경제 달성을 위한 합병
   b. 분산투자에 의해 위험을 감소시키기 위한 합병
   c. 풍부한 이익이 있지만 성장기회는 제한적인 기업에서 창출된 현금을 재배치하기 위한 합병
   d. 보완적 자원 결합을 위한 합병
   e. 단지 주당 순이익(EPS)을 높이기 위한 합병
3. Velcro Saddles는 Pogo Ski Sticks, Inc.를 인수하려 한다. 두 기업의 독립기업으로서의 가치는 각각 $2천만과 $1천만이다. Velcro Saddles의 추산에 따르면 두 기업을 결합하면 매년 $500,000의 행정비용과 마케팅 비용이 영구적으로 절감된다. Velcro Saddles 매입을 위해 $1,400만의 현금을 지급하거나 Pogo 지분의 50%를 제시할 수 있다. 기회자본비용은 10%이다.
   a. 합병의 이득은 얼마인가?
   b. 현금지급에 따른 비용은 얼마인가?
   c. 주식 제공의 비용은 얼마인가?
   d. 현금을 지급할 때 기업인수의 NPV는 얼마인가?
   e. 주식을 제공할 때 NPV는 얼마인가?
4. 다음 거래 중에서 면세로 분류될 가능성이 없는 것은 어느 것인가?
   a. 자산 취득
   b. 전액을 의결권이 있는 주식으로 지급하는 합병
5. 맞는가, 틀리는가?

Visit us at www.mhhe.com/bma

a. 합병에서 매도자는 거의 항상 이득을 얻는다.
b. 매수자는 대개 매도자보다 더 많은 이득을 올린다.
c. 이례적으로 잘 운영되는 기업은 기업인수의 대상이 되는 경향이 있다.
d. 미국에서의 합병활동은 매년 극적으로 변동한다.
e. 평균적으로 볼 때, 합병은 커다란 경제적 이득을 발생시킨다.
f. 기업공개매수에는 매도측 기업 경영진의 승인이 필요하다.
g. 매수자의 합병 비용은 매도자가 실현하는 이득과 같다.

6. 다음 용어를 간략히 정의하라.
a. 매수법(purchase accounting)
b. 주식공개매수(tender offer)
c. 포이즌필(poison pill)
d. 황금낙하산(golden parachute)
e. 시너지(synergy)

중급문제

7. 최근의 합병 사례 몇 개를 조사하고 사례별로 합병의 주된 동기를 설명하라.

8. 인수 대상기업이 될 가능성이 있는 기업의 주가는 종종 합병 제안을 예상하여 상승하기도 한다. 이것이 어떻게 합병 제안자의 대상기업 가치평가를 복잡하게 만드는지 설명하라.

9. 다음의 논평에 답하라.
a. "우리의 부채비용은 지나치게 높지만 거래은행은 우리가 변동성이 높은 도구매매 사업을 고수하는 한 금리를 내리려 하지 않아요. 우리는 순이익의 흐름이 안정적인 다른 회사를 인수해야 합니다."
b. "푸른솔 전자와 합병이라고? 어림없어요! 그 회사는 PER이 너무 높아요. 합병하면 우리의 EPS는 20% 하락하게 됩니다."
c. "우리 회사 주식은 항상 높은 수준을 유지하지요. 이제 디지털 농산에 인수제의를 할 시점이에요. 물론 우리는 디지털의 주주들에게 매우 높은 프리미엄을 지급해야 하지만 현금으로 지불해서는 안 되죠. 우리는 신주를 발행하여 교부할 거예요."

10. 인수대상으로 유망한 기업의 주가는 때때로 합병 시도에 대한 기대로 상승한다. 이런 현상이 어떻게 피인수기업에 대한 입찰자의 평가를 복잡하게 만드는가?

11. 투자자들에게는 알려지지 않은 특별한 정보를 얻었다고 하자. 이 정보에 따르면 Backwoods Chemical의 주가는 40% 저평가되어 있다고 한다. 이것이 Backwoods 인수 시도를 시작할 이유가 되는가?

12. Leisure Products, Inc.의 재무 담당자가 Plastitoys의 인수 가능성을 검토하고 있다. 두 회사의 기본적인 재무자료는 다음과 같다.

	Leisure Products	Plastitoys
주당 순이익	$ 5.00	$ 1.50
주당 배당금	$ 3.00	$0.80
발행주식 수	1,000,000	600,000
주가	$90	$20

투자자들은 Plastitoys의 이익과 배당이 6%의 성장률로 안정적으로 성장할 것으로 예상한다. 새로

Visit us at www.mhhe.com/bma

운 경영진이 들어서면 추가적인 자본투자를 필요로 하지 않고도 이 성장률은 8%로 증가할 것이다.

a. 기업인수의 이득은 얼마인가?

b. Leisure Products가 Plastitoys의 주식 1주당 $25를 지불한다면 기업인수 비용은 얼마인가?

c. Leisure Products가 Plastitoys의 주식 3주당 1주의 Leisure Products 주식을 제공하는 경우 기업인수 비용은 얼마인가?

d. 만약 합병으로 Plastitoys의 기대성장률이 변하지 않는다면 현금 인수의 비용과 주식 인수의 비용은 어떻게 달라질 것인가?

13. 머크 앤드 슬러리의 합병은 실패하였다(31.2절 참조). 그런데 월드 엔터프라이즈는 $2.67의 주당 순이익을 보고하기로 결정하였다. 그래서 Wheelrim and Axle Company를 인수하게 되었다. 다음의 자료가 주어져 있다.

	World Enterprises	Wheelrim and Axle	합병회사
주당 순이익	$2.00	$2.50	$2.67
주가	$40	$25	?
P/E 비율	20	10	?
발행주식 수	100,000	200,000	?
당기순이익	$200,000	$500,000	?
시가총액	$4,000,000	$5,000,000	?

이번에도 합병의 이득은 없다고 하자. Wheelrim and Axle의 주식을 받는 대신에 월드 엔터프라이즈는 주당순이익 $2.67를 정확히 맞출 만큼 주식을 발행하려 한다.

a. 합병된 기업에 대해 위 표를 완성하라.

b. Wheelrim and Axle의 주식 한 주당 월드 엔터프라이즈 주식 몇 주가 교환되는가?

c. 월드 엔터프라이즈에 있어 합병비용은 얼마인가?

d. 합병 이전에 발행된 월드 엔터프라이즈 주식의 총 시장가치는 어떻게 변하는가?

14. 비과세 합병과 과세 합병의 차이를 설명하라. 매도자와 매수자가 과세 합병에 합의할 것으로 예상되는 환경이 있는가?

15. 표 31.3을 다시 보라. B 회사의 고정자산을 재평가한 결과 $9백만이 아니라 $1,200만인 것으로 밝혀졌다. 이것이 매수법 회계에서 AB 회사의 재무상태표(balance sheet)에 어떤 영향을 미칠 것인가? AB 회사의 가치는 어떻게 달라지는가? 합병이 과세되는지의 여부에 따라 답이 달라질 것인가?

도전문제

16. 적대적 인수를 조사해 보고 약탈자와 피인수기업 양측에서 사용하고 있는 전략을 논의하라. 피인수기업의 경영진이 인수를 무산시키려고 노력하는가, 아니면 주주들을 위해 가장 높은 가격을 받으려고 노력한다고 생각하는가? 주인공들의 발표는 각각 주가에 어떤 영향을 끼쳤는가?

17. 합병은 어떻게 규제되어야만 한다고 생각하는가? 예를 들어 대상기업에 허용되어야만 하는 방어법은 무엇인가? 대상기업의 경영자들은 의무적으로 가능한 최대 금액을 받아야만 하는가? 대상기업 경영자들은 옆으로 물러서서 수동적으로 관망하기만 해야 하는가?

Visit us at www.mhhe.com/bma

부록

복합합병과 가치가산성

순수 복합합병은 양쪽 회사의 영업이나 수익성에 영향을 미치지 않는다. 만약 기업 다각화가 주주의 이익과 부합한다면 복합합병에서는 분명히 주주의 이득이 관찰될 것이다. 그러나 현재가치를 더해 보면 복합합병으로 주주의 부는 증가하지도 감소하지도 않을 것이다.

이 부록에서는 현재가치의 합산에 대한 우리의 주장을 보다 주의 깊게 조사하고자 한다. 자본시장이 완전하고 투자자들의 분산투자기회에 제약이 없기만 하면 가치는 서로 합할 수 있다.

합병하는 기업을 A와 B라고 하면 가치가산성은 다음을 의미한다.

$$PV_{AB} = PV_A + PV_B$$

단,

$$PV_{AB} = \text{합병 직후 결합 기업의 시장가치}$$
$$PV_A, PV_B = \text{합병 이전 기업 A와 B 각각의 시장가치}$$

예를 들어 다음 수치를 넣어보자.

$$PV_A = \$1\text{억}(\text{주당 } \$200 \times 500{,}000 \text{ 주})$$
$$PV_B = \$2\text{억}(\text{주당 } \$200 \times 1{,}000{,}000 \text{ 주})$$

A와 B가 합병하여 신설기업 AB가 되었고 A와 B의 주식 각각에 대하여 AB의 주식 1주를 교부하였다고 하자. 그러므로 AB의 발행주식 수는 1,500,000주이다. 만약 가치가산성이 성립한다면 PV_{AB}는 합병전 A와 B의 독립적 가치의 합인 $3억이 되어야 한다. 그렇다면 AB의 주가는 $200라는 의미가 된다.

그런데 주식 AB는 자산 A와 자산 B의 포트폴리오라는 데 유의하자. 합병 이전에 투자자들은 $600를 주고 A 1주와 B 2주를 살 수 있었다. 합병 후 투자자는 AB 3주를 매입하여 정확하게 동일한 실물자산에 대한 청구권을 확보할 수 있다.

합병 직후 AB 주식의 시초가는 $200이며, 따라서 $PV_{AB} = PV_A + PV_B$라고 하자. 여기서 문제는 이것이 균형가격인지, 즉 이 가격에서 초과수요나 초과공급의 가능성을 배제할 수 있는지 여부를 결정하는 것이다.

초과수요가 있으려면 합병의 결과로 A와 B에 대한 지분율을 증가시키고자 하는 투자자가 있어야만 한다. 누가 그럴 것인가? 합병으로 유일하게 달라진 것은 분산투자이지만 자산 A와 자산 B를 보유하고자 하는 투자자들은 합병 이전에 A와 B의 주식을 소유하였을 것이다. 분산투자는 중복일 뿐이고, 따라서 새로운 투자수요를 이끌어내지 못한다.

초과공급의 가능성은 있을까? 그렇다. 예를 들어 B에는 투자하지 않은 A의 주주가 있다고 하자. 합병 이후 이들은 A에만 투자할 수는 없고, 오직 A와 B를 고정된 결합비율로 투자해야 한다. 이들에게 AB의 주식은 순수한 A의 주식보다 덜 매력적이므로 이들은 AB 주식의 일부 또는 전부

Visit us at www.mhhe.com/bma

를 매각할 것이다. 사실, AB 주주 중에서 이를 매각하려 하지 않는 주주는 합병 이전에 포트폴리오로 A와 B를 정확히 1:2의 비율로 보유했던 사람들뿐이다. 초과수요의 가능성은 없지만 초과공급의 가능성은 분명하기 때문에 다음 관계를 관찰하게 된다.

$$PV_{AB} \le PV_A + PV_B$$

즉 기업의 분산투자(다각화)는 도움이 될 수 없으며, 투자자들이 보유할 수 있는 포트폴리오의 유형을 제한하기 때문에 오히려 해가 될 수도 있다. 이것이 이야기의 전부는 아니다. 만약 PV_{AB}가 $PV_A + PV_B$보다 낮아진다면 다른 원천에서 AB 주식에 대한 투자수요가 유발되기 때문이다. 예시를 위해 다른 두 기업 A*와 B*가 존재하며, 투자자들은 이들이 각각 A, B와 동일한 위험 특성을 가진다고 판단한다고 하자. 그렇다면 합병 이전에 투자자들이 기대하는 수익률 r은 다음과 같다.

$$r_A = r_{A*} \text{ 그리고 } r_B = r_{B*}$$

$r_A = r_{A*} = 0.08$이고 $r_B = r_{B*} = 0.20$이라고 가정하자.

총 투자금액의 1/3은 A*에, 2/3는 B*에 투자된 포트폴리오를 생각해 보자. 이 포트폴리오의 기대수익률은 16%이다.

$$\begin{aligned} r &= x_{A*}r_{A*} + x_{B*}r_{B*} \\ &= {}^1/_3(0.08) + {}^2/_3(0.20) = 0.16 \end{aligned}$$

합병 이전에 A와 B로 구성된 유사 포트폴리오 역시 16%의 수익률을 제공하였다.

앞서 지적한 바와 같이 신설기업 AB는 사실 기업 A와 B를 각각 가중치 ⅓과 ⅔로 보유한 포트폴리오이다. 그러므로 이 포트폴리오의 위험은 A*와 B*의 포트폴리오와 같다. 따라서 AB의 주가는 마찬가지로 16%의 수익률을 제공하도록 조정되어야 한다.

AB 주가가 $200 아래로 떨어져서 PV_{AB}가 $PV_A + PV_B$보다 낮아진다면 어떻게 되는가? 즉 r_{AB}는 $\frac{1}{3}r_A + \frac{2}{3}r_B$보다 높고, 그래서 r_{AB}는 또한 $\frac{1}{3}r_{A*} + \frac{2}{3}r_{B*}$보다 높아야만 한다. 그러나 이렇게는 될 수 없다. A*와 B*에 투자한 사람은 지분의 일부를 (1 : 2의 비율로) 매각하고 AB를 매입하면 위험의 증가 없이 더 높은 기대수익률을 달성한다.

반면에 PV_{AB}가 $PV_A + PV_B$ 보다 높게 상승하면 AB 주식은 A*B* 포트폴리오의 경우보다 낮은 기대수익률을 제공할 것이다. 투자자들은 AB 주식을 매도하여 가격이 떨어지게 된다.

AB의 주가가 $200에 고정되는 경우에만 안정된 결과가 나온다. 그러므로 자산 A와 B를 대체하는 자산이 많이 있다면 완전한 시장균형에서는 가치가산성이 정확히 성립한다. 그렇지만 A와 B가 고유위험 특성을 가진다면 PV_{AB}가 $PV_A + PV_B$보다 낮게 떨어질 수 있다. 그 이유는 합병으로 투자자들이 자신의 필요와 선호를 고려한 맞춤형 포트폴리오를 구성할 기회가 축소되기 때문이다. 이로 인해 AB 주식 보유의 매력이 감소하여 투자자들은 손해를 보게 된다.

일반적으로 가치가산성이 성립하려면 투자자들의 기회집합, 즉 투자자들이 포트폴리오 선택으로 달성 가능한 위험 특성의 범위가 기업이 보유하는 특정 실물자산의 포트폴리오와 독립적이어

Visit us at www.mhhe.com/bma

야 한다. 분산투자 자체는 주어진 완전 증권시장에서 기회집합을 전혀 확장시키지 못한다. 기업의 분산투자는 투자자들의 기회집합을 축소시키지만 기업 보유 실물자산이 거래되는 증권이나 포트폴리오와 대체성이 없을 때는 그렇지 않을 수도 있다.

어떤 경우에는 기업이 투자집합을 확장시킬 수도 있다. 실물자산의 위험 특성이 다른 금융자산과 공통점이 거의 없다면 고유한 투자기회를 만들어서 투자집합을 확장시킬 수도 있게 된다. 그렇지만 이러한 행운을 누리는 기업은 분산투자를 하지 말아야 한다. 이 경우 회사는 고유자산을 별도의 회사로 분리하여 투자자의 기회를 최대한 확장해야 한다. 만약 갤로(Galo)가 우연히 자사 소유 포도원의 작은 구역에서 샤토 마고(Chateau Margaux)에 견줄만한 고급 와인을 생산해 낼 수 있다는 사실을 발견했다면 그 고급 와인을 하티 버건디(Hearty Burgundy) 통에 부어넣지는 않을 것이다.

Visit us at www.mhhe.com/bma

기업구조조정

앞 장에서는 합병과 인수를 통해 어떻게 기업의 소유와 경영 팀이 바뀔 수 있으며, 또한 종종 기업전략의 대대적인 전환이 일어나는가를 설명하였다. 그러나 인수와 합병이 회사 구조를 바꾸는 유일한 방법은 아니다. 이 장에서는 소유구조와 기업통제를 바꾸는 다양한 다른 메커니즘, 즉 차입매수(leveraged buyout, LBO), 분리설립(spin-off), 분리상장(carve-out), 국유화와 민영화(privatization), 기업개선(workout), 그리고 파산(bankruptcy) 등을 살펴본다.

첫 번째 절은 유명한 기업인수 경쟁이었던 RJR 나비스코(RJR Nabisco)의 차입매수로부터 시작한다. 제32.1절과 32.2절의 나머지 부분에서는 LBO, 분리설립, 그리고 민영화의 일반적인 개관을 제시한다. 기존 경영진이 퇴출되는 경우가 많기는 하지만 이들 거래의 핵심은 단순히 기업통제권을 변화시키는 것만이 아니라 경영자를 위한 인센티브를 바꾸고 재무적 성과를 개선하려는 데 있다.

RJR 나비스코는 프라이빗에쿼티(private equity), 즉 사모 지분인수 협상의 한 예이다. 제32.2절은 프라이빗에쿼티 투자 펀드가 어떻게 구성되며 프라이빗에쿼티 사업이 1980년대 이후 어떻게 발전해 왔는지에 대해 더 자세히 살펴본다.

프라이빗에쿼티 펀드, 즉 사모펀드는 통상 각기 다른 산업에 속한 여러 회사들의 포트폴리오를 보유하게 된다. 이런 점에서 사모펀드는 1960년대와 70년대 기업인수 활동을 주도했던 복합기업(conglomerate)과 유사하다. 이들 복합기업은 이제 거의 없어졌다. 프라이빗에쿼티는 복합기업이 해 오던 일을 하는 더 우월한 재무 기법인 것으로 보인다. 복합기업의 약점을 검토해 보면 프라이빗에쿼티의 강점을 이해하는 데 도움이 될 것이다.

일부 회사는 구조조정을 스스로 선택하지만 어떤 회사들은 강제로 구조조정을 당한다. 어려움에 처해서 부채를 상환할 수 없는 기업의 경우 특히 더 그렇다. 그래서 이 장은 곤경에 처한 기업이 어떻게 채권자들과 기업개선 작업을 통해 해결책을 모색하거나, 아니면 공식적으로 파산절차에 들어가게 되는지를 살펴보면서 결론을 맺는다.

32.1 차입매수

차입매수(leveraged buyout, LBO)는 두 가지 측면에서 일반적인 기업인수와 다르다. 첫째, 매입대금의 대부분이 부채로 조달된다. 이러한 부채의 일부, 또는 전부가 투기등급인 정크본드, 즉 투자등급 이하이다. 둘째, LBO로 상장이 폐지되어 주식이 더 이상 공개시장에서 거래되지 않는다. LBO를 위한 자기자본은 사모주식(private equity) 투자조합으로부터 조달되는데 이에 관해서는 이 장의 뒷부분에서 설명한다. 차입매수를 회사의 현 경영진이 주도하는 경우는 이를 **경영자매수(management buyout, MBO)**라고 한다.

1970년대와 1980년대에 다각화된 대기업의 불필요한 사업부에 대해 많은 경영자매수가 추진되었다. 회사의 주력사업에서 벗어난 소규모 사업부는 최고 경영층의 관심이나 전념에서 소외되는 경우가 많으며, 한편 사업부의 경영진은 회사 관료주의를 몹시 못마땅해 하였다. 이런 사업부의

표 32.1
1980년대의 상위 10대 LBO와 최근 거래의 예(금액은 $10억 단위).

자료원: *Mergers and Acquisitions*, various issues.

산업	인수기업	피인수기업	연도	가치 ($10억)
식품, 담배	KKR	RJR Nabisco	1989	$24.7
식품	KKR	Beatrice	1986	6.3
유리	KKR	Owens-Illinois	1987	4.7
수퍼마켓	KKR	Safeway	1986	4.2
편의점	Thompson Co.	Southland (7-11)	1987	4.0
항공사	Wings Holdings	NWA, Inc.	1989	3.7
공익기업	TPG, KKR	TXU	2007	45.0
부동산	Blackstone Gp	Equity Office Properties	2007	38.9
연예	Apollo Management Texas Pacific Group	Harrah's Entertainment	2008	31.3
신용카드 처리	KKR	First Data	2007	29.0
호텔	Blackstone	Hilton	2007	26.9
송유관	Management, several private-equity groups.	Kinder Morgan	2007	21.6
라디오	Thomas Lee, Bain Capital	Clear Channel Communications	2007	19.4

대다수는 MBO로 분리설립되면서 꽃을 피웠다. 분리설립 이후 경영자들은 부채 상환에 필요한 현금을 창출해 내야 했고, 동시에 사업에 대한 막대한 개인지분이 유인으로 작용하여 보다 효과적으로 경쟁하고 원가를 절감하는 방법을 찾아내게 되었다.

1980년대에는 LBO 활동이 전체 사업의 매수로 옮겨갔는데 여기에는 성숙기에 도달한 대형 상장기업도 포함된다. 표 32.1은 1980년대에 일어났던 가장 규모가 큰 LBO들과 더 최근의 거래 표본을 나열하고 있다.

표 32.1은 1980년대의 사상 최대 규모이며, 가장 극적이고 문서로 잘 정리된 LBO인 콜버그, 크래비스, 로버츠(Kohlberg, Kravis, Roberts, KKR)의 $250억 RJR 나비스코(RJR Nabisco) 인수로 시작한다. 이 사례에는 LBO 참여자와 전술, 그리고 LBO에 관한 논란이 크게 부각되고 있다.

RJR 나비스코

1988년 10월 28일 RJR 나비스코 이사회는 이 회사의 CEO인 로스 존슨(Ross Johnson)이 투자자 그룹을 구성하여 RJR의 주식 전량을 주당 $75에 현금으로 매입하고 상장폐지시키는 제안을 했다고 발표하였다. RJR의 주가는 즉시 약 $75로 상승하여 주주들은 전날 종가 $56 대비 36%의 이득을 얻었다. 동시에 RJR의 채권가격은 하락하였는데, 이는 이제 곧 훨씬 더 많은 동지(채권자)들이 생길 것이 분명해졌기 때문이다.[1)]

존슨의 제안으로 RJR은 경매 물건으로 올라왔다. 회사가 매물로 나오자 이사회는 이제 곧 나타나게 될 다른 제안들도 검토할 의무를 가지게 되었다. 나흘 후 KKR이 주당 $90를 제안했는데,

1) N. Mohan and C. R. Chen은 다음 문헌에서 RJR 증권의 비정상 수익률을 추적하였다. "A Review of the RJR Nabisco Buyout," *Journal of Applied Corporate Finance* 3 (Summer 1990), pp. 102~108.

이는 현금 $79와 $11의 가치가 있는 PIK 우선주를 합친 것이었다(PIK는 "pay in kind"의 약자로 회사는 현금 대신 동일한 우선주로 우선주 배당을 지급할 수 있다).

결과적으로 인수경쟁은 디킨스(Dickens)의 소설만큼이나 많은 우여곡절과 놀라움으로 점철되었다. 막판에는 존슨 그룹과 KKR이 맞섰다. 마지막 순간에 KKR이 $1를 더 올려 주당 $109(약 $2억 3천만)를 제시하였다.[2] KKR의 제안은 현금 $81와 약 $10의 가치가 있는 후순위 전환사채, 그리고 대략 $18의 가치가 있는 PIK 우선주로 구성되어 있었다. 존슨 그룹은 $112의 현금과 증권을 제시하였다.

그러나 RJR 이사회는 KKR을 선택하였다. 존슨 그룹이 $3 더 높은 가격을 제시했지만 그들의 증권 평가는 좀 '느슨하여' 아마도 과대평가된 것으로 생각되었다. 존슨 그룹의 제안에는 경영진 보상 패키지도 포함되어 있었는데 이는 지나치게 후한 것으로 간주되어 언론의 질타를 받았다.

그렇다면 도대체 합병의 이득은 어디서 오는가? 불과 33일 전에 주당 $56에 거래되던 주식에 $109, 즉 총 가치 약 $250억를 제시하는 일이 어떻게 정당화될 수 있는가? KKR과 다른 제안자들은 두 가지에 내기를 걸고 있었다. 첫째, 이자비용의 절세효과와 자본지출 삭감, 그리고 RJR의 핵심사업과 관련이 적은 자산 매각에서 추가로 수십억 달러의 현금이 발생할 것으로 기대하였다. 자산 매각에서만 $50억가 나올 것으로 추산되었다. 둘째, 비용지출과 관료주의를 축소시키는 것만으로도 핵심사업의 수익성이 크게 개선될 것으로 기대하였다. 분명 절감 대상이 많았다. 대표적으로 RJR '공군'은 한때 10대의 회사 제트기를 보유한 적도 있었다.

KKR이 회사를 인수한 같은 해 새로운 경영진이 임명되어 자산을 매각하고 운영비용과 자본지출을 삭감하였다. 일시해고도 단행되었다. 예상대로 이자 지급금이 많아서 첫 해 거의 $10억의 순 손실이 발생했지만 대대적인 자산 매각에도 불구하고 세전 영업이익은 실제로 증가였다.

기업 내부에서는 모든 일이 잘 진행되었다. 그러나 외부에서는 혼란이 일어나서 정크본드 시장에서 채권가격이 급락하였는데 이는 RJR의 이자부담이 더 늘어나고 차환발행에는 더 엄격한 조건이 적용된다는 의미이다. 1990년 중반에 KKR은 추가로 자본투자를 단행하고 일부 정크본드를 상환하였다. RJR의 최고재무담당임원은 이러한 교환을 "회사의 탈부채화를 위한 진일보"라고 설명하였다.[3] 세계 최대의 LBO가 단행된 RJR에 있어 높은 부채는 영구적이 아니라 일시적인 것이었다.

LBO를 통해 상장이 폐지되었던 다른 많은 기업들처럼 RJR의 비상장 상태 역시 오래가지 않았다. RJR은 1991년에 다시 기업공개로 $11억의 주식을 매각하였다. KKR은 점진적으로 투자지분을 매도하였고, 1995년에는 원래의 매입가격 정도에 나머지 지분 전량을 매도하였다.

문 앞의 야만인?

RJR 나비스코 LBO 사례는 LBO와 정크본드 시장, 그리고 기업인수에 대한 관점을 명확하게 드러내 준다. 많은 사람들에게 나비스코 LBO는 1980년대의 잘못된 재무 사례, 특히 '침략자'들이

2) 전체적인 이야기는 B. Burrough와 J. Helyar의 다음 문헌에 정리되어 있다. *Barbarians at the Gate: The Fall of RJR Nabisco*, (New York: Harper & Row, 1990). 특히 18장을 참조할 것. 동명의 영화도 있다.

3) G. Andress, "RJR Swallows Hard, Offers $5-a-share Stock," *The Wall Street Journal*, December 18, 1990, pp. C1~C2.

빨리 부자가 되려고 회사에 엄청난 부채부담을 안기면서 서슴없이 회사의 한 부분을 잘라내 버린 사례를 보여주었다.[4)]

LBO에는 수많은 혼돈과 어리석음, 그리고 탐욕이 뒤섞여 있다. 관련된 모든 사람이 다 좋은 사람은 아니다. 한편 LBO는 엄청난 시장가치의 증대로 이어졌는데, 과실의 대부분은 침략자가 아닌 매도측 주주들에게 돌아갔다. 예를 들어 RJR 나비스코 LBO에서 최대의 승자는 이 회사 주주들이었다.

가장 중요한 부가가치의 원천은 RJR 나비스코를 더욱 날렵하게 만드는 것이었다. 회사의 새로운 경영진은 LBO에 따른 부채를 상환하기 위해 엄청난 금액의 현금을 지급할 의무가 있었다. 이들은 또한 회사 지분을 가지고 있기 때문에 꼭 필요하지 않은 자산은 매각하고, 원가를 절감하고, 영업이익을 증대시키려는 강한 인센티브가 있었다.

LBO는 정의에 따라 그 자체가 **몸집을 줄이는 거래**(*diet deals*)이다. 그러나 다른 동기도 있다. 다음에서 그 중 몇 가지를 살펴본다.

정크본드 시장 LBO와 부채로 자금을 조달하는 기업인수는 정크본드 시장에서 인위적으로 싸게 조달한 자금으로 이루어져 왔다. 경험에 비추어 볼 때 정크본드 투자자들은 정크본드의 지급불능 위험을 과소평가하였던 것으로 생각된다. 지급불능 비율은 1988년부터 1991년까지 고통스럽게 증가하여 1991년에는 10.3%까지 증가하였다.[5)] 정크본드 시장은 1990년 주요 시장조성자였던 드랙셀 번햄(Drexel Burnham)이 붕괴되자 일시적으로 유동성이 급격하게 줄어들었다.

레버리지와 세금 제18장에서 설명한 바와 같이 돈을 빌리면 세금이 절감된다. 그러나 세금은 LBO의 주된 원동력이 아니다. 지급이자 절세효과의 가치는 관측된 시장가치의 증가분을 설명할 만큼 충분히 크지 않다.[6)] 예를 들어 리처드 루백(Richard Ruback)은 RJR LBO에서 추가로 발생된 지급이자 절세효과의 현재가치를 $18억로 추산하였다.[7)] 그러나 RJR 주주에게 돌아간 시장가치 증가분은 약 $80억였다.

물론, 지급이자 절세효과가 LBO에 따르는 높은 부채의 주요 원인이었다면 LBO 경영자들은 부채 상환에 그렇게 관심이 많지 않았을 것이다. 앞에서 우리는 부채상환이 RJR 나비스코 새 경영진의 첫 번째 과업 중 하나라는 것을 알았다.

다른 이해관계자들 매도측 주주만이 아니라 LBO와 관련된 모든 투자자들이 얻는 이득의 합계에 대해서도 살펴보아야 한다. 한쪽의 이득은 바로 다른 쪽의 손실이며, 전반적으로는 전혀 창출된 가치가 없을 가능성도 있다.

채권자들은 분명히 손해를 보는 사람들이다. 차입자가 LBO를 해버리면 안전하다고 생각하던

---

4) 이런 견해는 일부에서 줄기차게 제기되었다. 2005년 4월 독일 사회민주당 의장인 Franz Mütefering은 프라이빗에퀴티 투자자들을 독일 산업을 게걸스럽게 먹어치우는 데 열중하고 있는 '메뚜기' 역병(疫病)이라고 이름 붙였다.

5) 다음 문헌 참조. E. I. Altman, and G. Fanjul, "Defaults and Returns on High Yield Bond Market: The Year 2003 in Review and Market Outlook," Monograph, Salomon Center, Leonard N. Stern School of Business, New York University, 2004.

6) LBO에는 세금 비용이 발생한다. 예를 들어 매도측 주주들은 자본이득이 실현되어 그렇지 않았으면 이연되었을 세금을 납부하게 된다. 다음 문헌 참조. L. Stiglin, S. N. Kaplan, and M. C. Jensen, "Effects of LBOs on Tax Revenues of the U.S. Treasury," *Tax Note* 42(February 6, 1989), pp. 727~733.

7) R. S. Ruback, "RJR Nabisco," case study, Harvard Business School, Cambridge, MA, 1989.

부채가 정크본드로 변한다. 로스 존슨이 첫 번째 LBO 제안을 발표하자 RJR 나비스코 부채의 시장가격이 어떻게 급락하였는지 살펴본 바 있다. 그러나 채권자들이 LBO로 입은 손실 역시 주주들의 이득을 설명할 만큼 크지는 않다. 예를 들어 모한과 첸(Mohan and Chen)의 추산에 따르면 RJR 채권자들의 손실 금액은 최대 $5억 7,500만 달러인데,[8] 채권자들에게는 고통이었지만 주주들의 이득보다는 훨씬 작았다.

레버리지와 인센티브 LBO에 관련된 경영자와 종업원들은 더 열심히 그리고 때로는 더 현명하게 일한다. 부채를 감당하기 위해 현금을 창출해야만 하기 때문이다. 더욱이 경영자들의 개인적 재산은 LBO의 성공여부에 달려 있다. 그들은 단순히 조직의 구성원이 아니라 소유자가 된다.

더 좋은 인센티브에 따른 보상은 측정하기 어렵지만 LBO가 운영효율성을 향상시킨다는 몇몇 증거가 있다. 카플란(Kaplan)은 1980년에서 1986년 사이의 48건의 MBO에 대해 조사한 결과 LBO 이후 3년이 지나면 영업이익이 평균 24% 증가함을 발견하였다. 영업이익 대비 총자산 비율과 순 현금흐름 대비 매출액 비율도 극적으로 증가하였다. 그는 또한 투자지출은 감소하지만 고용수준은 감소되지 않음을 발견하였다. 카플란은 이러한 "영업활동의 변화는 종업원 해고가 아니라 인센티브의 향상에 기인한다"고 결론지었다.[9]

지금까지 몇 가지 LBO의 동기에 대해 살펴보았다. 모든 LBO가 다 좋다고 말하려는 것은 아니다. 반대로 수많은 실수가 있었고, 부채의존도가 높은 수많은 거래가 파산으로 이어진 사실에서 보듯이 심지어는 매우 바람직한 동기를 가진 LBO조차도 매수자에게는 위험하다. 그러나 우리는 LBO가 미국 주식회사의 전통적인 강점을 파괴하려는 월스트리트의 야만인들이나 하는 짓이라고 말하는 사람들에게는 이의를 제기하고자 한다.

차입 구조조정

차입매수의 핵심은 물론 레버리지(leverage)이다. 그렇다면 왜 레버리지를 일으켜 매수(buyout)를 무력화시키지 않는가? 문서로 잘 정리된 차입 **구조조정**(*leveraged restructuring*)의 성공 스토리를 살펴보자.[10]

실드에어(Sealed Air)는 수익성이 높은 기업이었다. 문제는 주력 제품이 특허로 보호받기 때문에 너무 쉽게 이익을 올린다는 점이었다. 특허권이 소멸하면 격심한 경쟁이 불가피하지만 회사는 이에 대한 준비가 되어 있지 않았다. 상대적으로 손쉽게 이익을 얻던 기간 동안 회사에는 느슨함(slack)이 너무 많이 생겨났다.

8) Mohan and Chen, 1990. "A Review of the RJR Nabisco Buyout," *Journal of Applied Corporate Finance*, 3(2) pp. 102~108.

9) S. Kaplan, "The Effects of Management Buyouts on Operating Performance and Value," *Journal of Financial Economics* 24(October 1989), pp. 217~254. 고용의 변화에 관한 더 최근의 증거로는 다음을 참조하라. S. J. Davis, J. Haltiwanger, R. S. Jarmin, J. Lerner, and J. Miranda, "Private Equity and Employment," U.S. Census Bureau Center for Economic Studies Paper No. CES-WP-08-07, January 2009.

10) K. H. Wruck, "Financial Policy as a Catalyst for Organizational Change: Sealed Air's Leveraged Special Dividend," *Journal of Applied Corporate Finance* 7(Winter 1995), pp. 20~37.

> 우리는 효율적으로 제조할 필요가 없었다. 우리는 현금 때문에 걱정할 필요도 없었다. 실드에어에서 자본은 한정된 가치를 가지는 경향이 있었다. 현금은 공짜이고 풍부한 것으로 인식되었다.

이에 대한 회사의 해결책은 돈을 차입하여 $3억 2,800억만의 특별배당을 지급하는 것이었다. 회사의 부채는 단번에 10배로 증가했다. 장부상 자기자본의 장부가치는 $1억 6,200만에서 −$1억 6,100만으로 변했다. 부채는 장부상 총자산의 13%에서 136%로 증가했다. 회사는 이런 차입 구조조정이 "현 상태를 타파하고 내부변화를 촉진"하며 "회사의 보다 나은 경쟁적인 미래에 대한 압력"을 자극할 수 있을 것으로 기대하였다. 이러한 대개혁은 새로운 성과척도와 종업원의 주식 소유 증가를 포함한 각종 인센티브로 더욱 강화되었다.

이런 조치는 효력이 있었다. 주요 신규 자본투자 없이도 매출액과 영업이익이 꾸준하게 증가하였으며, 순 운전자본이 절반으로 줄어들고 이렇게 풀려난 현금은 부채를 상환하는 데 도움을 주었다. 구조조정이 있은 지 5년 만에 주가는 4배가 되었다.

실드에어의 구조조정이 전형적인 것은 아니다. 이는 뒤늦게 알고 선정한 본보기이다. 이는 또한 성공적인 기업이 아무런 외부압력 없이 시행한 것이었다. 그렇지만 이는 대다수의 차입 구조조정의 동기를 잘 보여준다. 이는 성숙기에 도달한 성공적인, 그렇지만 과체중인, 기업이 현금을 뱉어내고 영업비용을 줄여, 자산을 보다 효율적으로 사용하도록 강제하기 위해 고안된 것이다.

LBO와 차입 구조조정

LBO와 차입 구조조정의 재무적 특성은 유사하다. LBO의 세 가지 주요 특성은 다음과 같다.

1. **높은 부채.** 부채를 영구적으로 사용하려는 의도는 아니다. 부채는 상환하도록 설계되어 있다. 부채 상환에 소요되는 현금을 창출하도록 하는 요구하는 것은 낭비적인 투자를 억제하고 영업 효율성의 향상을 강제하도록 하는 데 목적이 있다. 물론 이런 해결방안은 많은 현금을 창출하고 있으면서 투자기회는 적은 회사의 경우에만 타당한 것이다.
2. **인센티브.** 경영자는 스톡옵션(stock option)이나 직접적인 주식 소유를 통해 사업에 더 많은 이해관계를 가진다.
3. **사적 소유권.** LBO로 회사는 비상장 기업이 된다. 회사는 사모 투자자조합이 소유하는데 이들은 회사의 성과를 감시하며 일이 잘못되는 경우 즉시 조치를 취할 수 있다. 그러나 비상장 상태를 영구적으로 유지하려는 의도는 아니다. 대부분의 성공적인 LBO는 부채를 충분히 상환하고 영업성과 향상이 뚜렷해지는 즉시 회사를 다시 상장한다.

차입 구조조정은 앞의 두 가지 특성은 공유하지만 공개기업으로 계속 남아있게 된다.

32.2 기업재무의 융합과 분열

그림 32.1은 AT&T의 일부 기업인수와 분리매각(divestiture)을 보여준다. AT&T는 1984년 이전

까지 미국의 지역 전화의 거의 대부분과 장거리 시외전화의 사실상 전부를 통제하였다. (고객들은 어디에나 있는 "엄마 전화(Ma Bell)"라고 했다.) 그러다가 1984년에 이 회사는 장거리전화 서비스 부문을 7개의 신생 독립기업으로 분리설립하라는 반독점 조정을 받아들였다. AT&T는 장거리 전화 사업 이외에 벨연구소(Bell Laboratories)와 웨스턴 일렉트릭(Western Electric, 통신기기 제조업체), 그리고 다양한 기타 자산 등을 보유하게 되었다. 통신산업의 경쟁이 점점 더 치열해지면서 AT&T는 여러 다른 사업, 특히 컴퓨터와 이동전화 서비스, 케이블 TV 등을 인수하였다. 이러한 기업인수의 일부는 그림 32.1에서 중심선을 향해 안으로 들어오는 화살표로 표시되어 있다.

AT&T는 기업인수에 유별나게 적극적이었다. 이 거대기업은 기업인수를 통해 급속하게 변하는 기술과 시장에 대응하려 하였다. 그러나 동시에 AT&T는 수십 가지의 다른 사업을 매각(divest)하였다. 예를 들어 신용카드 영업(AT&T Universal Card)은 시티코프(Citicorp)에 매각되었다. AT&T는 사업의 일부를 분리하여 여러 신설회사를 설립하였다. 예를 들어 1996년에는 루슨트(Lucent, 벨연구소와 웨스턴 일렉트릭을 합쳐서 설립)와 컴퓨터 사업(NCR)을 분리설립하였다. 불과 6년 전에 AT&T는 NCR을 인수하기 위해 $75억를 지불하였다. 이들을 포함한 중요 기업분할은 그림 32.1에서 중심선으로부터 밖으로 나가는 화살표로 표시되어 있다.

그림 32.1은 AT&T 이야기의 끝이 아니다. 2004년에 AT&T는 싱귤러무선통신(Cingular Wireless)에 인수되었으나 AT&T라는 이름은 그대로 유지되었다. 2005년에 이 회사는 다시 사우스웨스턴벨(Southwestern Bell)의 후예인 SBC통신(SBC Communications, Inc.)과 합병하였다. 2006년에는 이 회사가 다시 벨사우스(BellSouth)와 합병하였다. 원조 AT&T의 모습은 거의 남아 있지 않지만 그 이름만은 살아남았다.[11)]

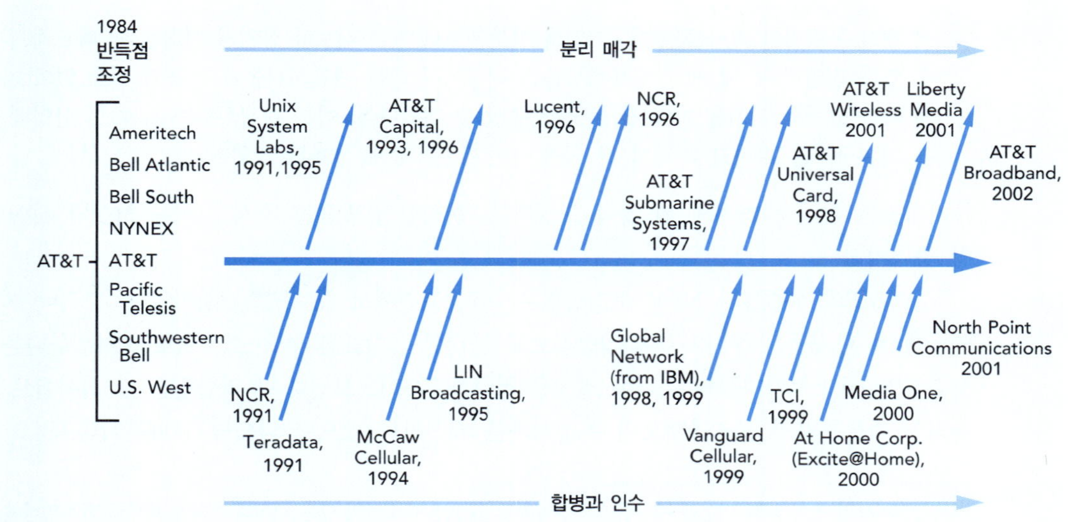

그림 32.1

1984년의 AT&T 반독점 결정의 영향 및 1991년부터 2003년 사이의 몇몇 AT&T의 기업인수와 분리매각. 분리매각은 밖으로 향하는 화살표로 표시되어 있다. 두 연도가 표시되어 있는 경우는 거래가 2단계로 완성되었다.

11) 벨사우스와의 합병도 기업인수의 끝을 신호하지는 못했다. 2007년 AT&T는 이동통신 서비스의 확장을 위해 일련의 기업인수를 단행하였다.

기업통제권 시장에서는 융합, 즉 합병과 기업인수가 가장 많은 관심을 끌고 널리 알려진다. 그러나 그림 32.1의 상단에서 예시하는 바와 같이 분열, 즉 자산이나 사업을 매각하고 분배하는 일 역시 똑같이 중요하다. 많은 경우 사업이 LBO나 MBO를 통해 매각된다. 그러나 분리설립, 분리상장, 분리매각, 자산매각, 그리고 민영화 등을 포함하는 그 밖의 다른 거래들도 흔히 있는 일이다. 먼저 분리설립부터 살펴보자.

분리설립

분리설립(spin-off 또는 *slpit-up*)은 모기업의 자산과 영업 일부를 떼 내어 신생 독립기업을 설립하는 것이다. 신생 기업의 주식은 모기업 주주들에게 배분된다.[12] 예를 들어 2009년 12월 타임워너(Time Warner)는 AOL에 대한 투자를 분리설립하였다. 타임워너의 주주들은 신생회사의 주식을 받았다. AOL 주식뿐만 아니라 더 날렵해진 타임워너의 주식도 거래할 수 있게 되었다.[13]

분리설립으로 투자자들은 사업의 일부분에만 투자할 수 있기 때문에 투자자의 선택범위가 넓어진다. 더욱 중요한 것은 분리설립으로 경영자의 인센티브가 높아질 수 있다는 점이다. 기업들은 종종 어떤 사업부나 사업분야가 회사와 잘 맞지 않는다고 말한다. 이런 사업들을 분리설립하면 모기업의 경영진은 주력 사업에만 집중할 수 있게 된다. 사업이 독립적이라면 각각의 가치와 성과를 측정하기가 용이하며, 따라서 경영자에게 회사 주식이나 스톡옵션을 부여하는 보상도 쉬워진다. 또한 분리설립은 한 사업으로부터 자금을 빨아내어 수익성이 없는 다른 사업의 자본투자로 흘러갈지 모른다는 투자자들의 염려를 완화시켜주기도 한다.

AT&T가 루슨트와 NCR의 분리설립 계획을 발표했을 때 이사회 의장은 이렇게 말했다.

> 세 개의 독립적인 회사들은 거대기업의 일부분으로 있을 때보다 산업의 기회를 더 빠르게 활용할 수 있을 것입니다. 세 개의 신생회사들은 시장에서 다른 관계회사들과 충돌할 필요 없이 자유롭게 자사 고객의 이익을 가장 잘 추구할 수 있을 것입니다. 이들 신생회사는 각 개별 산업에 알맞은 자본구조를 가지고 빠르게 한 곳에 집중할 수 있게 설계된 것입니다.

투자자들은 확신을 가지게 된 것이 분명하다. 분리설립 발표는 주식 가치를 하룻밤 사이에 $100억 증가시켰다.

AT&T의 루슨트와 NCR 분리설립은 여러 측면에서 좀 유별난 것이었다. 그러나 이 주제를 연구해 온 학자들은 투자자들이 일반적으로 분리설립 발표를 좋은 소식으로 반가워한다는 사실을 발견하였다.[14] 투자자들의 이러한 열정은 정당한 것으로 보인다. 분리설립은 각 회사별로 더욱 효율적인 자본투자결정을 가져오며 운영성과를 개선하는 것으로 나타났기 때문이다.[15]

---

12) 신생회사의 주식 80% 이상을 주주들에게 교부하지 않으면 주주들이 받는 주식의 가치는 배당금과 동일하게 과세된다.

13) 분리설립을 하는 대신 어떤 회사들은 자사 주주들에게 특정 부문의 성과와 연계된 **트래킹주식**(*tracking stock*)을 부여하였다. 예를 들어 2000년 AT&T는 자사 이동통신 사업의 성과와 연계된 특별한 유형의 주식을 배분하였다. 그러나 트래킹주식은 투자자들에게 별로 인기가 없는 것으로 밝혀졌다. 몇 년 후 AT&T는 자사의 이동통신 사업 전체를 별도의 회사로 분리설립하는 극단적인 선택을 하였다.

14) 예를 들어 다음 논문을 참조하라. P. J. Cusatis, J. A. Miles, and J. R. Woolridge, "Restructuring Through Spin-offs: The Stock-Market Evidence," *Journal of Financial Economics* 33(Summer 1994), pp. 293~311.

15) 다음 논문을 참조하라. R. Gertner, E. Powers, and D. Scharfstein, "Learning about Internal Capital Markets from

분리상장

분리상장(carve-out)은 분리설립과 유사하지만 신설 기업의 주식을 기존 주주들에게 나눠주는 것이 아니라 공모방식으로 매각한다는 점이 다르다. 최근의 분리상장의 한 예로는 2009년의 브리스톨 마이어스(Bristol Myers Squibb)가 미드존슨(Mead Johnson Nutrition)의 주식 17%를 매각한 것이다. 브리스톨 마이어스는 $7억 2천만를 조달했다.

대부분의 분리상장에서 모기업은 일반적으로 자회사 지분 약 80%를 소유함으로써 자회사에 대한 대다수 통제권을 유지한다.[16] 이것만으로는 집중의 결여나 부조화라는 투자자들의 염려를 불식시키지 못할 수도 있지만 모회사는 자회사 주가의 성과를 바탕으로 경영자에 대한 보상을 실시할 수 있게 된다. 어떤 회사에서는 자회사 주식에 대한 시장 형성을 위해 자회사 지분의 일부만을 분리상장 한 후에 나머지 지분을 매각하거나 분리설립하기도 한다. 다음 글상자는 컴퓨터회사인 팜(Palm)이 어떻게 분할하고 상장했는지를 설명한다.

1980년대와 1990년대에 아마도 가장 열성적으로 분리상장을 시행했던 회사는 서모일렉트론(Thermo Electron)이었다. 이 회사는 건강보조사업, 발전설비, 계측기, 환경감시 장비 및 청소장비 사업과 기타 다양한 분야의 사업을 영위하고 있었다. 1997년까지 이 회사는 상장기업인 7개의 자회사 지분을 분리상장했는데 자회사들은 다시 15개의 상장회사를 분리상장하였다. 이들 15개 손자회사들의 궁극적인 모회사는 서모일렉트론이었다. 회사 경영진은 분리상장이 각 회사의 경영진에게 자신의 결정에 대한 책임을 부여하고, 그들의 행동을 자본시장의 감시에 노출시킨다고 그 이유를 설명하였다. 한동안 이 전략은 적중한 것 같아서 서머일렉트론의 주식은 뛰어난 실적을 나타냈다. 그러나 복잡한 구조는 비효율을 낳기 시작했다. 2000년에 서모일렉트론은 정반대의 정책으로 전환하였다. 이 회사는 불과 몇 년 전에 분리상장했던 많은 자회사를 재인수하였고, 바이아시스 건강관리(Viasis Health Care)와 종이 생산과 재활용 설비 제조업체인 카단트사(Kadant Corp)를 포함하여 여러 후계자들을 분리설립하였다. 그리고 나서 2006년 11월에 서모일렉트론은 피셔과학(Fisher Scientific)과 합병하였다.

자산매각

자산을 처분하는 가장 쉬운 방법은 매각이다. 자산매각(*asset sale*) 또는 분리매각(*divestiture*)이란 한 회사의 일부분을 다른 기업에 매각하는 것이다. 이런 매각은 여분의 공장이나 창고로 구성된 것일

Corporate Spin-offs," *Journal of Finance* 57(December 2003), pp. 2479~2506; L. V. Daley, V. Mehrotra, and R. Sivakumar, "Corporate Focus and Value Creation: Evidence from Spin-offs," *Journal of Financial Economics* 45(August 1997), pp. 257~281; T. R. Burch and V. Nanda, "Divisional Diversity and the Conglomerate Discount: Evidence from Spin-offs," *Journal of Financial Economics* 70(October 2003), pp. 69~78; A. K. Dittmar and A. Shivdasani, "Divestitures and Divisional Investment Policies," *Journal of Finance* 58(December 2003), pp. 2711~2744. 그러나 G. Colak and T. M. Whited는 가치의 분명한 증가는 실제 투자 효율성의 증가 때문이 아니라 계량경제학적인 문제에 기인한 것이라고 주장한다. 다음 논문을 참조하라. "Spin-offs, Divestitures and Conglomerate Investment," *Review of Economic Studies* 20(May 2007), pp. 557~595.

16) 자회사를 세금회계에 연결시키려면 모회사는 자회사 지분의 80% 이상을 유지하여야 한다. 그렇지 않으면 자회사는 독립기업으로 간주되어 과세된다.

팜사는 어떻게 분리설립과 분리상장을 했는가?

1997년 쓰리콤(3Com)이 U.S. 로보틱스(U.S. Robotics)를 인수할 때 손에 들고 다니는 휴대용 컴퓨터를 개발하는 신생 사업체인 팜(Palm)도 동시에 인수하게 되었다. 이는 아주 운이 좋은 매수였다. 이후 3년에 걸쳐 팜 파일럿(Palm Pilot)은 휴대용 컴퓨터 시장을 지배하게 되었다. 그러나 팜이 점점 경영진의 시간을 많이 빼앗아가게 되면서 쓰리콤은 제자리로 돌아가서 본래의 사업인 컴퓨터 네트워크 시스템의 판매에 집중할 필요가 있다고 결론을 내렸다. 2000년에 쓰리콤은 자사가 보유하고 있는 팜의 지분 5%를 신규공모를 통해 분리상장하고, 나머지 95%의 팜 주식은 쓰리콤 주주들에게 쓰리콤 주식 1주당 약 1.5주의 팜 주식을 부여하여 분리설립한다고 발표하였다.

팜의 분리상장은 하이테크 붐이 거의 절정에 달했던 시기에 시행되었기 때문에 눈부시게 출발했다. IPO에서 팜 주식은 주당 $38로 발행되었다. 거래 첫 날 주가는 $165까지 치솟았다가 $95로 장을 마감했다. 그러므로 쓰리콤 주식을 보유한 사람이면 누구나 그 해 말에 1.5 × 95 = $142.50의 가치가 있는 팜 주식 1.5주를 받을 것으로 기대할 수 있었다. 그러나 쓰리콤의 주주들은 새로 형성된 자신들의 부가 진짜인지 완전히 확신하지 못했다. 왜냐하면 같은 날 쓰리콤 주가는 $82, 즉 자신들이 앞으로 받을 팜 주식의 시장가치에 비해 주당 $60 이상 낮은 가격으로 마감했기 때문이다.*

쓰리콤이 팜 지분을 분리상장한 지 3년 만에 팜은 자사 주주들에게 팜소스(PalmSource)의 주식을 부여하고 분리설립을 단행하였다. 팜소스는 팜 운영체제를 개발하고 라이선스를 확보하는 책임을 맡은 팜의 자회사이다. 나머지 사업은 팜원(palmOne)이라고 이름을 바꾸고 모바일 기기를 제조하는 사업에 집중하게 하였다. 팜은 회사를 둘로 나누는 세 가지 이유를 다음과 같이 설명하였다. 첫째, 쓰리콤의 경영진과 마찬가지로 팜의 경영진은 업무의 초점과 임무를 명확히 하는 것이 좋다고 생각했다. 둘째, "투자자들이 두 사업을 별도로 평가하고 선택하게 함으로써 다른 투자자들을 새로 끌어들인다면" 주주가치는 강화될 수 있다고 주장하였다. 마지막으로 팜의 경쟁자들은 휴대용 기기 제조분야에서 자신과 경쟁관계에 있는 회사로부터 소프트웨어를 구매하기를 주저하는 것 같았다.

* 이 차이는 차익거래 기회를 제공하는 것 같다. 쓰리콤 주식 1주를 매입하고 팜 주식 1.5주를 공매한 투자자는 $60의 이익을 얻고 쓰리콤의 다른 자산을 공짜로 보유하게 된다. 이 차익거래를 시행하는 데 따르는 어려움은 다음 논문에 조사되어 있다. O. A. Lamont and R. H. Thaler, "Can the Market Add and Subtract? Mispricing in Tech Stock Carve-Outs," *Journal of Political Economy* 111 (April 2003), pp. 227~268.

수도 있고, 때로는 전체 사업부문이 매각되기도 한다. 자산매각은 회사와 잘 맞지 않는 부문을 처분하는 또 다른 방법이다. 이런 매각은 자주 일어난다. 예를 들어, 한 연구는 적대적 인수 표본에서 인수한 자산의 30% 이상이 곧이어 다시 매각되었다 사실을 발견하였다.[17)]

막시모빅과 필립스(Maksimovic and Phillips)는 1974년에서 1992년의 기간 동안 매년 약 50,000개의 미국 제조공장 표본에 대해 조사하였다. 이 기간 동안 표본 중 약 35,000개 공장의 주인이 바뀌었다. 소유권 변경의 절반 정도는 기업 전체의 합병 또는 인수의 결과였지만 나머지 절반은 자산매각 즉, 사업 전체 또는 일부의 매각에 의해 이루어졌다.[18)] 자산매각은 때때로 엄청난 금액의 자금을 조달한다. 예를 들어 2009년 거대 광산기업인 리오 틴토(Rio Tinto)는 포타슘

17) 다음 논문 참조. S. Bhagat, A. Shleifer, and R. Vishny, "Hostile Takeovers in the 1980s: The Return to Corporate Specialization," *Brookings Papers on Economic Activity: Microeconomics*, 1990, pp. 1~12.

18) V. Maksimovic and G. Phillips, "The Market for Corporate Assets: Who Engages in Mergers and Asset Sales and Are There Efficiency Gains?" *Journal of Finance* 56 (December 2001), Table 1, p. 2030.

매장층(potash deposits)을 $8억 5천만에 브라질 회사 발레(Vale)에 매각했다고 발표하였다. 이 거래는 리오 틴토가 2년 동안 $45억를 조달한 자산매각 패키지의 일부였다.

자산매각 발표는 매도측 회사의 투자자들에게 좋은 소식이며, 평균적으로 매각 후 자산은 더욱 생산적으로 활용된다.[19] 자산매각은 사업단위를 가장 효과적으로 경영할 수 있는 회사로 이전한 것으로 보인다.

민영화와 국유화

민영화(privatization)는 정부소유 기업을 민간 투자자들에게 매각하는 것이다. 최근에는 세계의 거의 모든 정부가 민영화 프로그램을 가지고 있는 것 같다. 다음은 최근의 민영화 뉴스의 몇몇 예들이다.

- 파키스탄은 하비브은행(Habib Bank)의 다수 지분을 매각(2004년 2월)
- 일본은 서일본철도회사(West Japan Railway Company)를 매각(2004년 3월)
- 인도는 석유탐사와 생산 회사인 ONGN의 지분을 매각(2004년 3월)
- 우크라이나는 철강회사 크리보리즈스탈(Kryvorizhstal)을 매각(2004년 6월)
- 독일은 국내 최대 규모의 소매은행인 포스트방크(Postbank)를 매각(2004년 6월)
- 터키는 투르크텔레콤(Türk Telecom)의 지분 55%를 매각(2005년 11월)
- 프랑스는 EDF(Electricité de France)의 30% 매각(2005년 12월)
- 중국은 공상은행(Industrial and Commercial Bank of China)을 매각(2006년 10월)
- 폴란드는 타우론 폴스카 에너지(Tauron Polska Energia)의 매각 계획을 발표(2009년 7월)

대부분의 민영화는 분리설립보다는 분리상장과 더 가까운데, 이는 궁극적인 '주주', 즉 자국 국민들에게 배분되는 것이 아니라 현금을 받고 매각되기 때문이다. 그러나 러시아와 폴란드, 체코 공화국 등을 포함한 일부 구 공산권 국가들은 시민들에게 바우처(voucher)를 교부하는 방법으로 민영화를 단행하였다. 이 바우처는 새로 민영화되는 기업 주식에 입찰하는 데 사용할 수 있다. 그래서 회사들은 현금이 아니라 바우처 방식으로 매각되었다.[20]

민영화는 기업을 매각하는 정부에 엄청난 금액을 조달하게 해 준다. 중국은 공상은행의 민영화로부터 $220억를 조달했다. 일본 정부는 NTT(Nippon Telegraph and Telephone) 지분의 연속적인 매각으로 $1,000억를 벌어들였다.

민영화의 동기는 다음 세 가지로 요약된다.

1. 효율성 향상. 민영화를 통해 기업은 경쟁의 규율에 노출되며, 투자결정과 운영결정에 대한 정치적 영향으로부터 격리된다. 경영자들과 종업원들에게는 비용을 절감하고 가치를 부가하려는 더 강한 인센티브가 주어질 수 있다.

19) 전게서.
20) 바우처 민영화에 관해서는 폭넓은 연구가 실시되었다. 대표적인 문헌은 다음과 같다. M. Boycko, A. Shleifer, and R. Vishny, "Voucher Privatizations," *Journal of Financial Economics* 35(April 1994), pp. 249~266. 그리고 R. Aggarwal and J. T. Harper, "Equity Valuation in the Czech Voucher Privatization Auctions," *Financial Management* 29 (Winter 2000), pp. 77~100.

2. **주식 소유권.** 민영화는 주식 소유를 권장한다. 많은 민영화에서 종업원이나 소액 투자자들에게는 특별 조건이나 할당이 주어진다.
3. **정부 수입.** 마지막이지만 똑같이 중요하다.

민영화는 대량 해고와 실업으로 이어질 것이라는 공포가 있었지만 그렇지는 않은 것 같다. 민영화된 기업은 더욱 효율적으로 운영되어 고용이 줄어드는 것은 사실이지만, 또한 민영화된 기업으로서 더 빠르게 성장하여 고용의 증대로 이어진다. 많은 경우에 있어서 고용에 대한 순수 효과는 긍정적이다.

다른 차원에서도 민영화의 영향은 거의 항상 긍정적이다. 민영화에 관한 연구들을 살펴보면 민영화된 기업은 "거의 항상 더욱 효율적이고 수익성이 높아졌으며, … 재무적으로 건전해지고 자본투자 지출을 증가시켰다"고 결론내리고 있다.[21)]

민영화 과정은 일방통행이 아니다. 민영화는 때때로 거꾸로 진행되어 정부가 공개기업을 인수하기도 한다. 예를 들어 베네수엘라에서는 사회주의 공화국을 건설하려는 목표의 일환으로 휴고 차베즈(Hugo Chavez)가 은행, 석유, 전력, 통신, 철강, 그리고 시멘트 회사들을 국유화하였다.

일부 다른 국가에서는 임시 국유화가 장기 전략의 일부라기보다는 실용적인 최후의 보루가 되었다. 그러므로 2008년 거대 모기지회사인 페니메이(Fannie Mae)와 프래디맥(Freddie Mac)이 파산의 위협에 직면했을 때 정부가 개입하여 두 회사를 인수하였다. 그 이듬해에는 GM의 파산으로 미국 재무성이 재조직된 회사의 지분 60%를 인수하게 되었다.[22)]

32.3 프라이빗에퀴티

2006년과 2007년은 예외적으로 많은 프라이빗에퀴티(private-equity, 사모 주식) 거래가 있었던 해이다. 예를 들면 2007년 4월 최대 규모의 프라이빗에퀴티 회사 중 하나인 블랙스톤(Blackstone)은 미국에서 가장 큰 사무실 빌딩 소유업체인 에퀴티 오피스 부동산(Equity Office Properties)에 대한 $390억 규모의 입찰 경쟁에서 승자가 되었다. 그 해 7월에는 의료설비 제조업체인 바이오메트(Biomet)에 거의 $120억를 투자하였다. 세 달 후 블랙스톤은 $270억 짜리 호텔 운영업체인 힐튼(Hilton)의 매수를 공표하였다.

아마도 2007년에 가장 흥미를 끌었던 뉴스는 크라이슬러(Chrysler) 지분 80%를 서버러스 캐피털(Cerberus Capital Management)에 매각한다는 다임러 크라이슬러(DaimlerChrysler)의 발표였을 것이다. 디트로이트의 원조 3대 자동차제조업체의 하나인 크라이슬러는 1998년 다임러 크라이슬러에 합병되었다. 그러나 크라이슬러와 메르세데스-벤츠(Mercedes-Benz) 생산라인 간의 기대했던 시너지효과는 달성하기 어려웠다. 크라이슬러 부문은 몇 년 동안 이익이 남았으나 2006년에는 $15억 손실을 보았다. 전망은 어두웠다. 다임러 크라이슬러(현재는 다임러 A. G.)는 크라이슬

---

21) W. L. Megginson and J. M. Netter, "From State to Market: A Survey of Empirical Studies on Privatization," *Journal of Economic Literature* 39(June 2001), p. 381.

22) 신용위기는 전 세계적으로 영국의 Northern Rock, 독일의 Hypo Real Estate, 아이슬란드의 Landsbanki, 그리고 아일랜드의 Anglo-Irish Bank 등과 같은 많은 회사의 국유화를 촉발하였다.

러를 인수해 가는 대가로 서버러스에 $6억 7,700만를 지불하였다. 그 대신 서버러스는 연금과 종업원 건강보험 채무 약 $180억를 떠안았으며, 크라이슬러와 그 금융자회사에 $60억를 투자하기로 합의하였다.[23] 크라이슬러가 2년 뒤에 파산을 신청하면서 서버러스의 투자를 몽땅 쓸어가 버렸다.

2007년에 프라이빗에퀴티는 다른 나라에서도 '대유행(hot)'이었다. 예를 들어 호주의 가장 큰 소매상인 콜스 앤 마이어(Coles and Myer)가 상장폐지되어 비공개기업으로 돌아갔다. 호주의 맥쿼리은행(Macquarie Bank)과 텍사스 퍼시픽 그룹(Texas Pacific Group)이 포함된 투자 컨소시엄이 호주의 최대 항공사 콴타스(Qantas)의 인수에 거의 근접했다. (맥쿼리는 또한 전 세계적으로 예컨대 유료 고속도로나 항구 등에 프라이빗에퀴티 투자를 한다.)

신용위기가 시작되면서 2007년의 LBO 붐은 급격히 쇠퇴했다. 2008년까지만 해도 매수 기업들은 대규모 자기자본을 가지고 있었지만 차입매수를 위한 부채시장은 말라버렸고 거래되는 금액은 70% 이상 떨어졌다. (표 32.1에 나열된 매수 건 중에서 2008년이나 2009년에 일어난 것은 단지 한 건에 불과했다.)

프라이빗에퀴티 조합

그림 32.2는 프라이빗에퀴티 투자펀드가 어떻게 조직되어 있는지 보여준다. 펀드는 회사가 아니고 하나의 조합(partnership)이다. **무한책임사원**(*general partner*)은 조합을 설립하고 경영한다. **유한책임사원**(*limited partner*)은 자금의 거의 전부를 납입한다. 유한책임사원은 일반적으로 연기금(pension fund), 기부기금(endowment), 보험회사 등과 같은 기관투자자들이다. 부유한 개인들도 참여할 수 있다. 유한책임사원은 회사의 주주와 마찬가지로 유한책임을 지며, 경영에는 참여하지 않는다.

일단 조합이 결성되고 나면 무한책임사원은 투자할 회사를 찾아 나선다. 벤처캐피털 조합은 성장을 위한 자본이 필요한 하이테크 신생 기업이나 풋내기 기업들을 찾는다. LBO 펀드는 풍부한 여유현금을 가지고 있으나 구조조정이 필요한 성숙 기업을 찾는다. 어떤 펀드들은 특정 산업, 예컨대 바이오테크, 부동산, 또는 에너지 등의 산업에 특화하고 있다. 그러나 블랙스톤이나 서버러스 등과 같은 매수 펀드들은 거의 모든 분야에서 기회를 찾는다.

조합 약정은 기간이 한정되어 있는데 전형적으로 10년이다. 포트폴리오에 포함된 회사들은 반드시 매각해야 하고 그 수익금은 분배해야 한다. 그러므로 무한책임사원은 유한책임사원의 돈을 재투자할 수 없다. 물론, 펀드가 성공적인 것으로 밝혀지면 무한책임사원은 일반적으로 무한책임사원들이나 다른 기관투자자들과 접촉하여 또 다른 조합을 결성한다. (이 절의 앞에서는 블랙스톤의 2007년 거래 중 세 건에 관해 언급한 적이 있다. 이들 매수는 블랙스톤의 기존 투자조합으로부터 자금을 조달하였다. 동시에 블랙스톤은 $200억의 새로운 매수 펀드와 $100억의 새로운 부동산 펀드를 조성하고 있었다.)

무한책임사원은 통상 투자한 자본의 1% 또는 2%에 해당하는 관리 수수료를 받고[24] 여기에 더하여 조합이 벌어들인 이익의 20%를 성과 수수료(carried interest)로 받는다. 다시 말하면 유한

23) 서버러스는 이전에도 제너럴모터스의 금융 자회사인 GMAC의 통제 지분을 매수한 바 있다.
24) LBO나 매수 펀드 역시 인수 거래를 위한 자금조달을 주선하는 대가로 수수료를 차감한다.

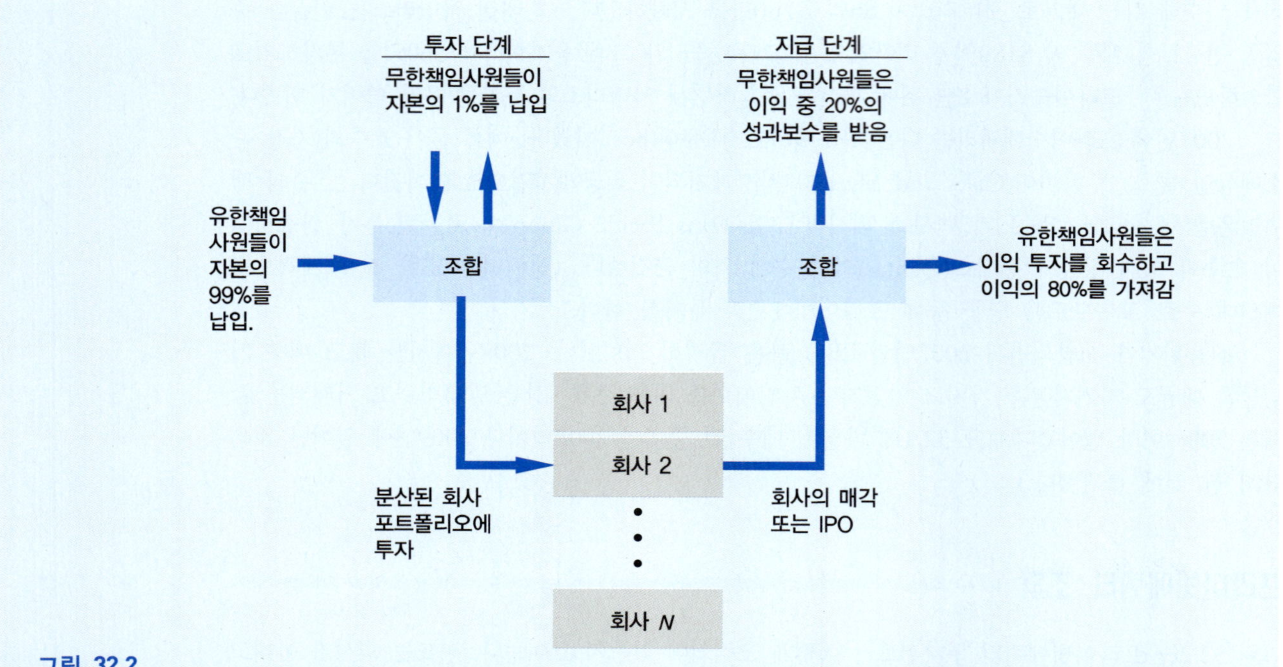

그림 32.2
전형적인 프라이빗에쿼티 조합의 조직. 자금의 거의 전부를 출자하는 유한책임사원은 회사 포트폴리오의 매각이나 IPO에서 얻는 수익금에 대해 최우선 청구권을 갖는다. 일단 이들의 투자가 모두 상환되고 나면 이익의 80%를 가져간다. 조합을 조직하고 경영하는 무한책임사원은 이익 중에서 20%의 성과보수(carried interest)를 받는다.

책임사원들이 먼저 투자자본을 회수하지만 그 이상의 수익에 대해서는 80%만 받는다. 무한책임사원은 따라서 조합의 총 미래 지급금의 20%에 대해 콜옵션을 가지고 있다. 이 때 행사가격은 유한책임사원들의 투자금액으로 설정된다.[25)]

프라이빗에쿼티 조합의 이점은 다음과 같다.

- 성과 수수료는 무한책임사원에게 풍부한 상방 잠재력을 제공한다. 무한책임사원들의 투자를 회수하고 이익을 얻어야겠다는 강한 동기를 가지게 된다.
- 성과 수수료는 콜옵션이기 때문에 무한책임사원에게 위험을 부담할 인센티브를 제공한다. 벤처캐피털 펀드는 신생 기업의 태생적인 위험을 감수한다. 매수 펀드는 재무레버리지로 사업위험을 확대시킨다.
- 소유와 통제의 분리는 성립하지 않는다. 무한책임사원은 성과가 부진하거나 전략을 변경할 필요가 있으면 아무 때나 펀드가 보유하는 회사 포트폴리오에 개입할 수 있다.
- 잉여현금흐름 문제는 발생하지 않는다. 유한책임사원들은 첫 단계 투자에서 얻은 현금이 그 다음 단계에서 이리저리 흩어질지도 모른다고 걱정할 필요가 없다. 청산 단계로부터 발생한 현금은 반드시 투자자들에게 배분해야 한다.

25) 프라이빗에쿼티 조합의 구조와 보상에 관해서는 다음 논문에 잘 설명되어 있다. A. Metrick and A. Yasuda, "The Economics of Private Equity Funds," *Review of Financial Studies*, forthcoming.

프라이빗에쿼티 거래는 또한 낮은 금리와 쉬운 자금조달로 인해 많은 도움을 받았다.

앞의 설명은 왜 프라이빗에쿼티가 성장하게 되었는가에 대한 좋은 이유이다. 그러나 몇몇 제약조건은 빠른 성장은 또한 비이성적 과열(irrational exuberance)과 투기적인 무절제(speculative excess)로부터 온 것일 수도 있다고 말해준다. 이들 투자자는 옆으로 비켜서서 큰 돈을 바라면서 조용히(그러나 희망을 가지고) 기다린다. 이들은 1990년대 프라이빗에쿼티 투자자들이 달성한 수익률로부터 유용한 교훈을 얻었을 것이다. 유한책임사원은 평균적으로 괜찮았다. 주식시장 전체의 수익률과 대등한 결과를 얻었다. 그러나 대학 기부기금을 포함한 일부 다른 유형의 유한책임사원들은 체계적으로 우월한 수익률을 얻었다. 다른 유형의 투자자들은 이보다 못했다. 뒤늦은 세련되지 못한 자금은 성과가 좋지 못한 펀드에 투자되었던 것으로 보인다.[26)]

프라이빗에쿼티의 인기는 또한 사베인스–옥슬리(Sarbanes-Oxley)법과 기타 법적, 규제적 요구조건에 맞추는 일을 포함한 비용과 혼란과도 연계되어 있다. (사베인스–옥슬리법에 관해서는 제1장에서 논의하였다.) 많은 CEO와 CFO들은 단기 이익 목표를 달성하도록 압력을 받는다. 아마도 이들은 목표와 매일 매일의 주가변동을 걱정하는 데 지나치게 많은 시간을 낭비하는 것 같다. 상장폐지는 일반 투자자들의 '단기주의(short-termism)'를 피할 수 있고, 장기적으로 투자하기가 더 쉬워진다. 그러나 프라이빗에쿼티에서는 장기란 조합의 수명, 즉 8년에서 길어봤자 10년 정도임을 기억하라. 유한책임사원은 조합 포트폴리오에 있는 회사들을 현금화하는 방법을 찾지 않으면 안 된다. 현금화에는 IPO와 다른 회사와의 업자 간 매매(*trade sale*) 등 두 가지 방법이 있다. 오늘날의 많은 프라이빗에쿼티 거래는 미래의 IPO이기 때문에 프라이빗에쿼티 투자자들은 공개시장을 필요로 한다. 일반 투자대중과 헤어지려고 하는 회사들은 후에 이들과 다시 결합해야 할지 모른다.

오늘날의 프라이빗에쿼티 펀드는 복합기업인가?

복합기업(*conglomerate*)이란 여러 관련이 없는 사업에 분산투자한 회사를 말한다. 그렇다면 블랙스톤은 복합기업인가? 블랙스톤 펀드가 보유하고 있는 기업 중 일부를 나열한 표 32.2를 보면 그런 것 같다. 블랙스톤 펀드는 수십 종의 산업에 투자하고 있다.

이 장 첫머리에 오늘날의 프라이빗에쿼티는 공개적인 복합기업이 하던 업무의 일부를 똑같이 하고 있다고 하였다. 미국 복합기업의 역사를 간략하게 살펴보자.

1960년대의 합병 붐은 십수 개 이상의 불규칙하게 퍼져나간 복합기업을 탄생시켰다. 표 32.3은 1970년대까지 일부 복합기업은 놀라울 정도의 행동 영역을 가지고 있었음을 보여준다. 최대 규모의 복합기업인 ITT는 38개의 서로 다른 산업에서 사업을 영위하고 있었고, 미국 기업 중 8번째 순위를 차지했다.

대부분의 복합기업은 1980년대와 1990년대에 와서 와해되었다. 이미 상당수의 사업을 매각하거나 분리설립한 ITT는 1995년에 세 개의 별도 회사로 쪼개졌다. 한 회사는 ITT의 호텔과 도

26) J. Lerner, A. Schoar, and W. Wongsunwai, "Smart Institutions, Foolish Choices: The Limited Partner Performance Puzzle," *Journal of Finance* 62(April 2007), pp. 731~764.

회사	사업	회사	사업
Alliant	보험	Nielsen	미디어, 출판
Biomet	의료장비	Orangina	청량음료
Catalent	제약 및 의료서비스	Pinnacle Foods	간편식품
Centerparcs	영국 휴가촌	SunGard	소프트웨어
Freescale	반도체 및 텔레콤	TDC	덴마크 텔레콤 회사
Health Markets	의료보험	Travelport	여행사
Hilton	호스피탈리티	United Biscuits	비스켓, 과자, 스낵
Michaels	공예품 소매	Weather Channel	미디어

표 32.2 블랙스톤 그룹은 수많은 서로 다른 산업에 투자한다. 이 표는 2009년 이 회사의 포트폴리오 보유 내역을 보여준다.

자료원: The Blackstone Group, **www.blackstone.com**.

표 32.3 1979년의 미국의 일반 제조기업과 비교한 매출 순위에 따른 상위 복합기업. 이들 복합기업 대부분은 해체되었다.

자료원: A. Chandler and R. S. Tetlow (eds.), *The Coming of Managerial Capitalism* (Homewood, IL: Richard D. Irwin, Inc., 1985), p. 772. ©1985 Richard D. Irwin. See also J. Baskin and P. J. Miranti, Jr., A History of Corporate Finance (Cambridge, U.K.: Cambridge University Press, 1997), ch. 7.

매출 순위	회사	산업의 수
8	International Telephone & Telegraph (ITT)	38
15	Tenneco	28
42	Gulf & Western Industries	4
51	Litton Industries	19
66	LTV	18

박 사업을 인수했고, 두 번째 회사는 ITT의 자동차 부품사업, 방위사업, 그리고 전자사업 등을 인수했으며, 세 번째 회사는 보험과 금융서비스에 특화하였다.

1960년대와 1970년대의 복합기업의 이점은 무엇인가? 먼저, 산업 간의 분산투자는 이익을 안정시키고 위험을 낮출 것으로 생각되었다. 그러나 이는 거의 설득력이 없다. 왜냐하면 주주들이 스스로 훨씬 더 효율적으로 분산투자를 할 수 있기 때문이다.

둘째로, 광범위하게 분산된 회사는 **내부 자본시장**(*internal capital market*)을 운영할 수 있다. 성숙산업에 속한 부문(캐시카우)에서 창출된 현금흐름은 회사 내부에서 풍부한 수익성이 있는 성장 기회를 가진 부문(스타)으로 흘러 갈 수 있다. 따라서 빠르게 성장하는 부문에서는 외부 투자자들로부터 자금을 조달할 필요가 없다.

내부 자본시장을 옹호하는 그럴듯한 주장이 있다. 회사 경영자는 아마도 외부 투자자들보다는 자사의 투자에 관해 더 많은 것을 알고 있으며, 증권발행에 드는 거래비용을 피할 수 있다. 그럼에도 불구하고 여러 관련되지 않은 산업에 자본투자를 배분하려는 복합기업의 시도는 가치를 증가시키는 것이 아니라 오히려 낮춘다. 문제는 내부 자본시장은 진정한 시장이 아니라 중앙 계획(복합기업의 최고위 경영진과 재무책임자에 의한)과 회사 간 협상의 결합이라는 점이다. 사업부의 자본예산은 순수한 경제적 고려뿐만이 아니라 정치적인 고려에 달려 있다. 풍부한 여유 현금흐름을 가진 대규모의 수익성 있는 사업부는 가장 강력한 협상력을 가진다. 이들 사업부는 후한 자본예산을 확보하는 반면 좋은 성장기회를 가진 작은 사업부는 고삐를 잡혀 억제당한다.

석유사업의 내부 자본시장 내부 자본시장의 잘못된 배분은 복합기업에만 한정된 것은 아니다. 예를 들어 라몬트(Lamont)는 1986년 석유가격이 절반으로 떨어졌을 때 잘 분산된 석유회사는 비석유(*non-oil*) 부문에 대한 자본투자를 줄인 사실을 발견하였다. 석유가격의 하락이 그들의 투자기회를 감소시키지 않았음에도 불구하고 비석유 부문은 '고통을 분담'하도록 강제되었다. 월스트리트저널은 한 가지 예를 보고하였다.[27)]

> 쉐브론(Chevron)사는 석유가격의 하락 때문에 1986년에 예정했던 자본 및 탐사 예산을 30%나 줄였다.… 쉐브론의 대변인은 경비 삭감은 전사적으로 실시되며 어느 한 특정부분이 혼자서 예봉을 감당하지 않을 것이라고 말했다.
>
> 예산 $35억의 약 65%는 석유와 가스의 탐사와 생산에 사용될 것이다. 이는 예산 변경 이전과 거의 같은 비율이다.
>
> 쉐브론은 또한 정유와 마케팅, 석유와 천연가스 송유관, 광물, 화학, 그리고 해운 운영 부문의 경비도 삭감할 것이다.

왜 광산 또는 화학 부문의 자본 지출을 삭감하는가? 낮은 석유 가격은 일반적으로 화학제품 제조업에는 나쁜 소식이 아니라 좋은 소식이다. 왜냐하면 석유 추출물은 화학제품의 중요한 원료이기 때문이다.

어쨌든, 라몬트의 표본에 포함된 석유회사 대부분은 대규모의 최우량회사들이었다. 이들 회사는 투자자들로부터 추가로 자본을 조달하여 비석유 부문의 지출을 유지할 수도 있었다. 그들은 그렇게 하지 않았다. 왜 그런지 이해가 되지 않는다.

대기업들은 모두 부문 간에 또는 사업 간에 자본을 배분해야 한다. 그러므로 이들은 모두 내부 자본시장을 가지고 있다. 실수와 잘못된 배분을 염려해야 한다. 그러나 회사가 하나 또는 몇몇 관련 산업에 대한 집중에서 관련이 없는 복합적 분산으로 이동하면서 위험은 더 증가한다. 표 32.3을 다시 보자. ITT의 최고위 경영진이 38개 서로 다른 산업의 투자기회를 어떻게 정확히 추적할 수 있었겠는가?

복합기업은 또 다른 문제에 봉착한다. 이들 회사의 각 부문의 시장가치는 독립적으로 관찰할 수 없으며, 부문 관리자들에 대한 인센티브를 설정하기가 어렵다. 이 문제는 경영자가 위험한 사업에 대한 투자를 요청받을 때 특히 심각하다. 예를 들어 전통적인 복합기업의 사업부로서 바이오테크 신생기업은 얼마나 잘되겠는가? 복합기업은 과연 주식시장에서 투자자들만큼 참아주고 위험을 감내할 수 있겠는가? 사업이 성공적이면 바이오테크 R&D와 관련된 과학자들과 임상의들은 어떻게 보상할 것인가? 공개적인 복합기업에서 하이테크 혁신과 위험 부담이 불가능하다고 말하려는 것은 아니다. 그러나 어려움은 분명히 있다.

전통적인 복합기업에 대한 세 번째 주장은 훌륭한 경영자는 대체가 가능하다는 것이다. 다시 말하면 현대 경영기법은 자동차 부품제조업에서나 호텔 체인을 운영하는 데나 똑같이 잘 적용될 수 있다는 것이다. 그러므로 복합기업은 구식 경영자를 내보내고 새로운 경영과학에서 훈련받은 경영자로 대체함으로써 가치를 부가할 수 있다고 생각되었다.

이 주장에는 일부 타당한 점도 있다. 최우량 복합기업은 개선이 필요한 회사들을 목표로 하여

---

27) O. Lamont, "Cash Flow and Investment: Evidence from Internal Capital Markets," *Journal of Finance* 52(March 1997), pp. 83~109. The Wall Street Journal quotation appears on pp. 89~90. ©1997 Dow Jones & Company, Inc.

가치를 부가하였다. 이들 회사는 느슨한 경영진과 잉여 자산, 그리고 양(+)의 NPV 프로젝트에 투자되지 않은 초과 현금 등을 가진 회사들이었다. 이들 복합기업은 나중에 LBO와 프라이빗에쿼티 펀드들이 목표로 삼았던 것과 같은 유형의 회사들을 목표로 하였다. 차이는 복합기업은 회사를 매입하여 이를 개선하고 장기적으로는 합병을 한다. 장기 경영이 게임의 가장 어려운 부분이었다. 복합기업은 매입하고, 개선하고, 보유한다. 프라이빗에쿼티는 매입하고, 개선하고, 그리고는 매각한다. 매각(현금화)을 통해 프라이빗에쿼티는 복합기업을 경영하고 내부 자본시장을 운영하는 문제를 피한다.[28] 프라이빗에쿼티 조합은 임시 복합기업(*temporary conglomerate*)이라고 할 수 있다.

표 32.4는 베이커와 몽고메리(Baker and Montgomery)가 프라이빗에쿼티 펀드와 전형적인 공개 복합기업의 재무구조를 비교한 내용을 요약하고 있다. 둘 다 잘 분산되어 있다. 그러나 펀드의 유한책임사원은 잉여 현금흐름이 수익성 없는 투자로 흘러들어갈 것을 염려하지 않아도 된다. 펀드에는 내부 자본시장이 없다. 경영진에 대한 감시와 보상 또한 다르다. 펀드에서는 각 회사가 별도로 운영된다. 경영자는 소유주, 즉 펀드의 사원(partner)에게 직접 보고한다. 펀드가 아니라 각 회사의 경영자가 회사 주식이나 스톡옵션을 소유하고 있다. 경영자의 보상은 업자 간 매매나 IPO에서 형성되는 회사의 시장가치에 따라 결정된다.

공개 복합기업에서는 이런 사업들은 사업부문의 일이지 독립 회사의 일이 아니다. 복합기업의 소유는 집중되어 있지 않고 분산되어 있다. 주식시장에서 투자자들은 사업부문들을 별도로 평가하는 것이 아니라 복합기업의 회사 임원, 즉 내부 자본시장을 운영하는 바로 그 사람들로 평가한다. 경영자의 보상은 사업부문의 시장가치에 따라 결정되지 않는다. 왜냐하면 사업부문의 주식은 시장에서 거래되지 않고, 복합기업은 사업부문을 매각하거나 분리설립한다고 약속하지 않을 것이기 때문이다.

프라이빗에쿼티 펀드	공개 복합기업
광범위한 분산투자, 관련이 없는 산업에 투자	광범위한 분산투자, 관련이 없는 산업에 투자
존속기간이 한정된 조합은 포트폴리오 기업의 매각을 강행	사업부문을 장기간 운영하도록 설계된 공개기업
포트폴리오 회사들 간에 재무적 연계나 이전이 없음.	내부 자본시장.
무한책임사원이 "거래에 합의"하고 나서 감시. 대출자들도 감시를 함.	회사의 고위 스탭진이 사업부문의 계획과 성과를 평가함.
경영자의 보상은 회사의 매각 가치에 따라 결정됨	사업부문 경영자의 보상은 대체로 이익에 따라 결정되지만 "상향 보상은 적고, 하향 보상은 관대함."

표 32.4 프라이빗에쿼티 펀드 대 공개 복합기업. 둘 다 분산투자하고, 관련되지 않은 사업의 포트폴리오에 투자한다. 그러나 그 이외에는 둘의 재무구조는 근본적으로 다르다.

자료원: 다음 논문에서 수정 게재. G. Baker and C. Montgomery, "Conglomerates and LBO Associations: A Comparison of Organizational Forms," working paper, Harvard Business School, Cambridge, MA, July 1996. 저자의 동의를 받아 사용함.

28) 경제학자들은 기업 분산이 가치를 부가하는지 감소시키는지 측정하려고 노력하였다. Berger와 Ofek는 평균 12~15%의 복합기업 디스카운트를 추정하였다. 그러므로 전체 기업의 추정 시장가치는 부분의 합보다 12~15% 낮다. 디스카운트의 주된 이유는 과잉투자와 투자의 잘못된 배분인 것으로 보인다. 다음 논문 참조. P. Berger and E. Ofek, "Diversification's Effect on Firm Value," *Journal of Financial Economics* 37(January 1995), pp. 39~65. 복합기업 디스카운트가 실제로 존재한다고 모두가 믿고 있지는 않다. 다른 연구자들은 더 작은 디스카운트를 발견하였거나 아니면 디스카운트의 추정을 어렵게 만드는 통계적 문제를 지적하였다. 예를 들어 다음 논문 참조. J. M. Campa and S. Kedia, "Explaining the Diversification Discount," *Journal of Finance* 57(August 2002), pp. 1731~1762; and B. Villalonga, "Diversification Discount or Premium? Evidence from the Business Information Tracking Service," *Journal of Finance* 59(April 2004), pp. 479~506.

기업 분산에 반대하고 집중에 찬성하는 데는 그 나름의 논리가 있다. 그러나 이런 논리를 지나치게 멀리 끌고 가지 않도록 유의해야 한다. 예를 들어 매우 성공적인 기업인 GE는 서로 관련이 없는 산업에서 광범위하게 영업하고 있다. 또한 다음 장에서 알 수 있겠지만 복합기업은 미국에서는 드물지만 세계 여러 곳에서 보편적이고 아주 성공적이다.

32.4 기업파산

어떤 회사들은 재무적 곤경의 초기에 강제로 재조직을 하게 된다. 이 시점에서는 채권자들과 재조직 계획에 합의하거나 아니면 파산을 신청해야 한다. 표 32.5에는 미국에서 가장 규모가 컸던 비금융회사의 파산이 나열되어 있다. 신용경색 역시 상당수의 대규모 금융 파산을 가져올 것이 확실했다. 리만 브라더스(Lehman Brothers)가 목록의 맨 위를 차지했다. 리만 브라더스는 2008년 9월 파산했는데 당시 이 회사의 자산규모는 $6,911억였다. 두 주 후 자산규모 $3,279억의 워싱턴 뮤추얼(Washington Mutual)도 같은 길을 걸었다.

미국에서 파산절차는 채권자들에 의해 시작되기도 하지만, 공개기업의 경우에는 기업 자신이 파산을 신청하는 것이 보통이다. 기업은 1978년 파산개혁법(Bankruptcy Reform Act)의 제7장과 제11장에 명시된 두 가지 절차 중 하나를 선택할 수 있다. **제7장(Chapter 7)**의 목적은 기업의 소멸과 해체를 관장하는 것인 데 비해 **제11장(Chapter 11)**의 목적은 기업을 다시 건강하게 되돌아가도록 돌보아 주는 것이다.

대부분의 소기업들은 제7장을 활용한다. 이 경우에 파산재판관(bankruptcy judge)은 파산관재인(trustee)을 임명하여 회사의 문을 닫고 자산을 경매로 처분한다. 경매로부터 얻는 수익금은 채권자들의 채무를 상환하는 데 사용된다. 담보부 채권자들은 담보가치를 되찾는다. 나머지는 얼마가 되든 무담보 채권자에게 돌아가는데 무담보 채권자들 간에게는 상환받는 순서가 있다. 법원과 관재인이 첫 번째 순서를 차지한다. 임금이 그 다음이고, 연방정부 세금과 지방정부 세금, 그리고

회사	파산일	파산적 총자산 ($10억)
WorldCom	2002년 7월	103.9
General Motors	2009년 7월	91.0
Enron	2001년 12월	65.5
Conseco	2002년 12월	61.4
Chrysler	2009년 4월	39.3
Pacific Gas and Electric	2001년 4월	36.2
Texaco	1987년 4월	34.9
Refco	2005년 10월	33.3
Global Crossing	2002년 1월	30.2
Calpine	2005년 12월	27.2
UAL	2002년 12월	25.2

표 32.5 가장 규모가 컸던 비금융 회사의 파산.

자료원: New Generation Research, Inc., **www.bankruptcydata.com**.

연금보험공사(Pension Benefit Guarantee Corporation) 등과 같은 정부기관이 다음 순서이다.[29] 종종 관재인은 일부 채권자들이 조급하게 자신들의 빚을 먼저 회수하려는 것을 방지해야 하며, 때로는 채권자들이 몰수해 간 재산을 회수하기도 한다.

곤경에 처한 소규모 기업의 경영자는 제7장 파산은 모든 것의 끝이라는 것을 알고 있기 때문에 가능한 한 파산신청을 연기하려고 한다. 이 때문에 제7장의 소송절차는 종종 회사가 아니라 채권자들에 의해 시작된다.

대규모 공개기업이 부채를 상환할 수 없을 때는 일반적으로 사업을 원래대로 회복시키고자 노력한다. 이는 주주의 이익과 부합한다. 주주는 상황이 더 악화되더라도 아무것도 손해 볼 것이 없지만 만일 회사가 정상을 되찾으면 모든 것이 이득이다. 재활(rehabilitation) 절차는 제11장에 명시되어 있다. 대부분의 회사들은 부채를 감당할 수 없어서 제11장으로 들어간다. 그러나 때때로 현금이 바닥나서가 아니라 부담스러운 노동계약이나 소송 때문에 제11장 파산을 신청하기도 한다. 예를 들어 자동차 부품 제조업체인 델파이(Delphi)는 2005년 파산을 신청했다. 델파이의 북미 영업은 손해를 보고 있었는데 이는 부분적으로 미국 자동차노조(United Auto Workers, UAW)와 맺은 고임금 노동계약 때문이며, 다른 일부분은 최대 고객인 GM과의 공급계약 때문이었다. 델파이는 영업을 구조조정하고 UAW와 GM과 더 나은 조건을 협상하기 위해 제11장의 보호를 구했다.

제11장의 목적은 재조직 계획이 진행되는 동안 기업을 살려서 운영될 수 있도록 하는 것이다.[30] 이 기간 동안 회사에 대한 다른 소송절차는 중지되며, 통상적으로 기존 경영진이 계속해서 회사를 경영한다.[31] 재조직 계획을 입안하는 책임은 채무기업에 있지만 만약 받아들일 만한 계획을 만들어 내지 못하면 법원은 다른 당사자, 예컨대 채권자 위원회 등이 이 일을 수행하도록 요청할 수도 있다.

재조직 계획은 채권자가 승인하고 법원에 의해 확인되면 효력이 발생한다. 각 **계층**(*class*)의 채권자들은 따로 재조직 계획에 투표한다. 계획이 승인되려면 각 계층 채권자 투표의 과반수 찬성을 필요로 한다. '찬성(aye)'이라고 투표한 채권자들이 기업에 대한 총 청구금액(aggregate claim)의 2/3를 대표해야 한다. 또한 계획은 주주의 2/3의 승인을 필요로 한다. 일단 채권자와 주주가 계획을 승인하면, 법원이 계획을 정상적으로 승인한다. 단 각 계층의 채권자가 찬성하고, 기업 자산을 청산하여 배분하는 경우보다 이 계획에서 채권자들이 더 손해보지 않는다는 조건이 충족되어야 한다. 일정 조건하에서 법원은 하나 또는 그 이상의 채권자 계층이 계획에 반대하더라도 계획을 확인해 줄 수 있다.[32] 그러나 이런 '강요(cram-down)' 규정은 복잡하므로 여기서 다루지 않기로 한다.

재조직 계획은 기본적으로 누가 무엇을 가져가느냐를 정한 내역서이다. 각 계층의 채권자는 자신의 청구권(claim)을 포기하는 대신 새로운 증권 또는 새로운 증권과 현금의 혼합물(mixture)을

---

29) 평균적으로 이 단계에서는 별로 남아있는 것이 없다. 다음 논문을 참조하라. M. J. White, "Survey Evidence on Business Bankruptcy," in *Corporate Bankruptcy*, ed. J. S. Bhandari and L. A. Weiss(Cambridge, U.K.: Cambridge University Press, 1996).

30) 기업을 살려놓기 위해서는 담보로 제공된 자산을 계속 사용해야 한다. 그러나 이는 담보부 채권자들에게 담보에 대한 권리를 부인하는 것이다. 이런 문제점을 해결하기 위하여, 파산개혁법은 제11장에 의해 운영되는 기업의 경우, 자산에 대하여 청구권을 갖는 채권자들이 가치의 감소에 대해 보상을 받는 한, 기업이 그런 자산들을 유지하는 것이 가능하도록 하였다. 따라서 기업은 자산의 경제적인 감가상각을 보상하기 위하여 담보부 채권자에게 현금을 지급할 수도 있다.

31) 때로는 법원이 기업을 관리하기 위한 관재인을 임명한다.

32) 그러나 채권자의 적어도 한 클래스는 계획에 찬성해야 한다. 그렇지 않으면 법원은 이를 승인할 수 없다.

받는다. 문제는 기업의 새로운 자본구조를 설계하는 것인데, 이때 새로운 자본구조는 (1) 채권자들을 만족시키고 (2) 애초에 기업을 곤경에 처하도록 만든 사업상의 문제점들을 해결할 수 있는 것이어야 한다.[33] 때로는, 이 두 조건을 만족시키는 것은 십수 종 또는 그 이상의 증권들을 만들어 내야 하는 복잡한 계획을 요구하기도 한다.

SEC(Securities and Exchange Commission)는 많은 재조직에서, 특히 대규모 상장기업의 경우 일정한 역할을 수행한다. SEC의 관심은 채권자들이 제안된 재조직 계획에 대하여 투표하기 전에 모든 적절하고 중요한 정보가 그들에게 공시되는 것을 확인하는 것이다.

제11장의 소송절차는 종종 성공적이고 기업은 건전하게 다시 태어난다. 그러나 다른 경우에는 재활이 거의 불가능한 것으로 판명되어 제7장의 절차에 따라 자산이 청산된다. 때때로는 기업이 잠시 제11장으로부터 벗어나기도 하지만 얼마 지나지 않아 재난에 의해 침몰하여 다시 파산법원으로 돌아가기도 한다. 예를 들어 TWA는 1993년 말에 제11장 파산으로부터 벗어났지만 2년도 되기 전에 다시 파산을 신청하였고, 그리고 1998년 세 번째로 파산을 신청하여 사람들은 이를 '제22장'과 '제33장'이라고 농담하기도 하였다.[34]

제11장은 효율적인가?

파산결정의 단순한 견해는 다음과 같다. 채권자에게 돈을 지급할 때가 다가오면 경영진은 자기자본의 가치를 확인한다. 만일 자기자본의 가치가 양(+)이면 기업은 채권자에게 돈을 지급한다(필요하다면 주식을 발행하여 현금을 조달함). 만일 자기자본이 가치가 없으면 기업은 부채에 대해 부도를 내고(채무불이행) 파산을 신청한다. 만일 파산기업의 자산이 다른 곳에서 보다 잘 사용될 수 있다면 기업은 청산되고 수익금은 채권자의 빚을 상환하는 데 사용된다. 그렇지 않으면 채권자들이 새 주인이 되고 기업은 계속 존속한다.[35]

실제로는 문제가 그렇게 간단하지 않다. 예를 들어 종종 자기자본의 가치가 양(+)일 경우에도 회사가 파산을 신청하기도 한다. 그리고 자산이 다른 용도로 더 효율적으로 사용될 수 있을지라도 기업은 계속 영업을 한다. 제11장의 문제는 대체로 채권자의 부채를 상환하려는 목표와 계속기업(going concern)으로서 사업을 유지하려는 목표 간의 이해상충 때문에 발생한다. 제18장에서 이스턴항공(Eastern Airlines)의 자산이 파산과정에서 어떻게 새나가 버렸는지 설명하였다. 회사가 제11장 파산을 신청했을 때 이 회사의 자산은 $137억의 부채를 완전히 상환하기에 충분하였다. 그러나 파산 재판관은 어떻게 하든 이스턴을 계속 운항시키려고 하였다. 이스턴이 최종적으로 청산될 수 밖에 없다는 것이 명백해졌을 때, 자산을 매각하였고 채권자들은 $9억도 채 못되는 금액을 받았다. 이스턴이 바로 청산되었다면 채권자들은 훨씬 더 유리했을 것이다. 이 성공하지 못한

33) 제11장은 기업이 사업을 계속하도록 설계되어 있지만, 재조직 계획은 종종 사업의 상당 부분을 매각하거나 또는 폐쇄할 것을 요구한다.

34) 한 연구에 의하면, 제11장에서 벗어난 후에 세 기업 중 하나는 다시 파산하거나 또는 사적으로 부채를 구조조정한다. E.S. Hotchkiss, "Postbankruptcy Reform and Management Turnover," *Journal of Finance* 50(March 1995), pp. 3~21.

35) 만일 여러 클래스의 채권자들이 존재하면 하위 채권자가 먼저 기업의 소유자가 되고 상위 부채를 상환할 의무를 갖는다. 그들은 원래의 소유자와 정확히 동일한 의사결정에 직면한다. 만일 그들의 자기자본이 가치가 없으면 그들 또한 채무불이행하고 기업의 소유권을 다음 클래스의 채권자에게 양도한다.

시도는 채권자에게 $28억의 손실을 끼쳤다.[36)]

제11장이 항상 효율적인 해법을 찾지 못하는 몇 가지 이유는 다음과 같다.

1. 재조직된 회사는 법적으로는 새로운 실체(entity)이지만 옛 기업에 속한 세금손실 이월(tax-loss carryforward)에 대한 권리를 갖는다. 만일 회사를 재조직하는 대신 청산하면 세금손실 이월은 사라진다. 따라서 자산이 매각되어 다른 용도로 더 잘 사용될 수 있을지라도 회사의 영업을 계속하려는 세금측면의 유인(tax incentive)이 존재한다.
2. 회사 자산이 매각되면 채권자에게 지급할 수 있는 금액이 얼마인지를 쉽게 파악할 수 있다. 그러나 회사가 재조직되면 현금을 보존해야 한다. 따라서 청구권자에게는 종종 현금과 증권을 섞어서 지급한다. 이는 채권자들이 공정한 몫을 받는지 판단하기 쉽지 않게 만든다.
3. 재조직에서 부당한 취급을 받을 가능성이 큰 선순위 채권자들은 청산을 강하게 압박할 것이다. 주주들과 후순위 채권자들은 재조직을 선호한다. 그들은 법원이 우선순위를 지나치게 엄격하게 해석하지 않고 자신들도 기업의 남은 자산을 나눌 때 얼마간이라도 받을 수 있기를 바란다.
4. 비록 주주와 후순위 채권자들이 우선순위에서 가장 아래에 있기는 하지만 그들은 시간을 버는 데 사용할 비밀 병기를 가지고 있다. 평균적으로, 계획이 법원에 제시되어 각 계층의 채권자들이 합의에 이르기까지 2년 내지 3년이 소요된다. 후순위 채권자들이 연기전술(delaying tactic)을 사용하는 경우 그들은 투자를 구제해 줄 행운에 자신을 맡기게 된다. 반면에 선순위 청구권자는 시간을 끌면 손해라는 것을 알기 때문에 계획을 받아들이는 데 드는 비용의 일부로 조금 낮은 지급금에 합의할 준비가 되어 있다. 또한 오래 끄는 파산의 경우는 제18장에서 지적한 바와 같이 많은 비용이 든다. 선순위 청구권자는 자신의 돈이 변호사의 주머니로 새어 나가는 것을 보면서 신속하게 문제를 해결하기로 결정한다.

그러나 파산 관행이 바뀌어서 최근에는 제11장 소송절차가 채권자들에게 유리해지고 있다.[37)] 예를 들어 지분 투자자와 후순위 채권자들은 경영자들이 문제 해결을 지연시키는 데 기꺼이 협조하는 우방이라고 생각했다. 그러나 요즈음은 파산하는 회사의 경영자들에게는 핵심 종업원 장기근속 계획(key employee retention)이 부여되는데 이 계획은 재조직이 신속하게 진행되면 많은 보너스를 제공하고 회사가 제11장에서 오래 머물면 보너스가 적어지게 되어 있다. 이 조치로 파산에 소요되는 시간이 1990년 이전에는 약 2년이던 것이 지금은 16개월로 짧아졌다.

재조직 계획을 준비하는 동안 회사는 추가적인 운전자본이 필요할 가능성이 크다. 따라서 회사가 신용으로 재화를 구입하고 차입(기존 관리인 유제제도(*debtor in possession*, 즉 *DIP*) 부채라고 함)하는 것을 허용하는 일이 보편화되었다. 회사의 기존 채권자들로 구성된 대출자들은 엄격한 조건을 요구하고, 따라서 파산 소송절차의 결과에 상당한 영향력을 가질 수 있도록 할 책임이 있다.

채권자들이 더 많은 영향력을 가지게 됨에 따라 파산한 회사의 주주들은 점점 더 작은 부스러기

36) 채권자 손실에 관한 추정은 L.A. Weiss and K.H. Wruck, "Information Problems, Conflicts of Interest, and Asset Stripping: Chapter 11's Failure in the Case of Eastern Airlines," *Journal of Financial Economics* 48(1998), pp. 55~97로부터 인용하였음.

37) 이런 변화에 관해서는 다음 논문을 참조하라. S. T. Bharath, V. Panchapegesan, and I. Werner, "The Changing Nature of Chapter 11," working paper, Ohio State University, October 2007.

만 받게 되었다. 최근에는 법원이 제11장 해결의 약 90% 이상에서 우선순위를 충실하게 지켜왔다.

2009년에 GM과 크라이슬러 두 회사 모두 파산을 신청하였다. 이들 파산은 역대 가장 큰 규모의 두 파산이었을 뿐만 아니라 엄청난 법적 사건이기도 했다. 미국 재무성으로부터 수십억 달러의 새로운 자금을 받으면서 이들 두 회사는 제11장 소송의 통상적인 평온한 속도에 비하면 눈이 어지러울 정도의 빠른 속도로 파산법정을 드나들었다. 미국 정부는 새로운 GM과 새로운 크라이슬러의 구제와 자금지원에 깊이 관여하였다. 다음 글상자에는 크라이슬러 파산에 제기한 재무적 이슈의 일부를 설명하고 있다.

워크아웃(기업개선)

제11장의 재조직이 효율적이지 않다면, 기업은 왜 파산법정을 우회하여 채권자들과 함께 해결책을 찾기 위해 협력하지 않는가? 곤경에 처한 많은 기업들은 실제로 먼저 협의된 해결책(negotiated settlement), 즉 **워크아웃(workout)**을 추구하려고 한다. 예를 들어 기업들은 부채의 상환을 연기하거나 또는 이자 지급 유예기간을 협상하고자 한다. 그러나 주주와 후순위 채권자들은 선순위 채권자들이 공식적인 파산 소송절차를 피하려고 안달한다는 것을 안다. 그래서 그들은 강경한 협상 자세를 가질 가능성이 크고, 선순위 채권자들은 일반적으로 합의에 도달하려면 양보를 해야 한다.[38] 기업 규모가 클수록 자본구조가 보다 복잡하고, 따라서 모든 이해당사자들이 한 제안에 모두 동의할 가능성은 낮아진다.

때때로 기업은 채권자와 비공식적인 워크아웃(기업개선작업)에 합의하고 그러고 나서 제11장 절차를 신청하여 파산법정의 승인을 얻으려고 한다. 이런 **사전조정 파산**(*prepackaged or prenegotiated bankruptcy*)은 차후에 발생할 수 있는 소송의 가능성을 감소시키고 기업이 제11장의 세제상 특별혜택을 얻을 수 있도록 해준다.[39] 예를 들어 2004년 트럼프 호텔 카지노 리조트(Trump Hotels & Casino Resorts)는 채권자들과 합의에 도달한 후 **사전조정안**(*prepack*)을 마련하였다. 1980년 이래 미국에서 파산의 약 25%가 사전조정되었다.[40]

파산절차의 대안

미국의 파산시스템은 종종 채무자 중심의 시스템이라고 일컬어진다. 가장 중요한 초점은 곤경에 처한 기업을 구제하는 것이다. 그러나 이는 비용을 수반한다. 왜냐하면 기업의 자산이 다른 용도에서 더 잘 이용될 수 있는 경우가 많이 발생하기 때문이다. 제11장에 비판적인 마이클 젠센(Michael Jensen)은 "미국의 파산법은 기본적으로 결함이 있다. 이는 너무 많은 비용을 수반하고, 여러 계층의 채권자들 간의 이해상충을 악화시키고, 개별 케이스를 해결하는 데 종종 수년이 걸린다"라고 주장한다.

38) Frank와 Torous는 채권자가 제11장의 재조직보다 비공식적인 워크아웃에서 후순위 청구권자에게 보다 많은 양보를 한다는 것을 발견하였다. J.R. Franks and W.N. Torous, "How Shareholders and Creditors Fare in Workouts and Chapter 11 Reorganizations," *Journal of Financial Economics* 35(May 1994), pp. 13~33.

39) 사전조정 파산에서는 채무자가 파산 신청을 하기 전에 재조직 계획에 합의한다. 사전조정 파산에서 채무자는 단지 주된 채권자들만을 상대로 계획의 조건을 협상한다.

40) Lynn LoPucki's Bankruptcy Research Database의 데이터(**http://lopucki.law.ucla.edu**).

말썽 많은 크라이슬러의 파산

크라이슬러(Chrysler)는 미국의 3대 자동차 제조업체 중 가장 약했다. 2007년에 이 회사는 프라이빗에쿼티 펀드인 서버러스에 인수되었다. 2009년에 와서는 금융위기와 경기침체의 와중에서 크라이슬러는 미국 정부가 구제해 주지 않으면 쓰레기통으로 들어갈 수밖에 없었다. 그러나 구제책은 크라이슬러가 파산한 이후에 마련되었다. 서버러스의 지분은 모두 날아가 버렸다.

크라이슬러는 2009년 4월 30일 파산을 신청했다. 이 회사는 담보대출 $69억, 거래 채무(예컨대, 부품 공급선) $53억, 그리고 VERA(Voluntary Employees' Beneficiary Association)에 대한 부채 $100억 등의 부채를 가지고 있었다. VERA는 퇴직 종업원들에게 약속한 의료 및 기타 혜택을 지원하기 위해 설립한 기금이다. 회사는 이 밖에도 연금 채무, 딜러에 대한 채무, 그리고 고객에 대한 워런티 채무도 가지고 있었다.

불과 6주 후인 6월 11일 크라이슬러의 모든 자산과 영업이 $20억에 새로운 회사에 매각되면서 파산 문제는 해결되었다. 이 $20억로 담보채권자들에게 $1 당 29센트를 지급할 수 있었다. 피아트(Fiat)가 뉴 크라이슬러(New Chrysler)의 경영권을 인수하기로 합의하고 35%의 지분을 받았다. 뉴 크라이슬러는 미국 재무성과 캐나다 정부로부터 미리 받은 $95억 대출에 추가로 $60억의 신규 대출을 받았다. 미국 재무성과 캐나다 정부는 각각 8%와 2%의 지분을 확보하였다.

담보채권자들은 물론 불만이었다. 법원과 정부는 크라이슬러가 정말로 고작 $20억 가치밖에 안 나가는가 제대로 검토해 보지 않았고, 회사를 분할하여 더 높은 가치를 달성할 수 있는지도 살펴보지 않았다. 그렇다면 무담보채권자들은 더 불만이 컸을 것이다. 그렇지 않은가? 회사를 $20억에 매각하면 그들에게는 아무것도 남지 않는다.

틀렸다! 거래 채권자들은 뉴 크라이슬러로부터 $53억의 부채 청구권을 받았는데 이것은 청구권의 100%를 확보한 것이다. 연금 채무와 딜러 및 워런티 채무도 똑같이 1:1로 뉴 크라이슬러가 승계하였다. VERA 신탁은 $46억 청구권과 지분 55%를 받았다.

후순위 채권자들과 주주들은 때로는 파산으로부터 재조직된 회사에서 작은 조각밖에 차지하지 못한다고 하였다. 이런 위로상은 **절대적 우선순위의 위반**(*violations of absolute priority*)이라고 말한다. 왜냐하면 절대적 우선순위는 선순위 채권자들이 완전히 상환받기 전에는 후순위 채권자와 주주들에게는 아무것도 지급하지 않는다. 그러나 크라이슬러 파산은 역 우선순위로 해결되었다. 후순위 청구권은 존중되었고, 선순위 청구권을 대부분 쓸려가 버렸다.

이것이 미국 파산법과 관행에 어떤 의미를 가지는지는 분명하지 않다. 크라이슬러의 42일간 파산은 GM을 제외하고는 아마도 다시는 반복되지 않을 한 번뿐인 일이었을 것이다. 그러나 담보부 투자자들은 이제 "일이 잘못되었을 때 후순위 채권자들이 자기들을 앞지르지 않을까" 걱정한다.*

* George J. Schultze, quoted in M. Roe and D. Skeel, "Assessing the Chrysler Bankruptcy," **http://ssrn.com/abstract 1426530**. 이 논문은 뉴 크라이슬러에 대한 매각에서 채권자들의 역 우선순위로 발생한 법적 문제를 검토하고 있다.

젠센이 제안한 해결책은 모든 파산기업을 즉시 경매에 붙여 그 수익금을 청구권 우선순위에 따라 청구권자에게 배분하도록 요구하는 것이다.[41]

41) M.C. Jensen, "Corporate Control and the Politics of Finance," *Journal of Applied Corporate Finance* 4(Summer 1991), pp. 13~33. 파산 절차의 독창적인 대안이 다음 논문들에서 제안되었다. L. Bebchuk "A New Approach to Corporate Reorganizations," *Harvard Law Review* 101(1988), pp. 775~804; and P. Aghion, O. Hart, and J. Moore, "The

일부 다른 국가에서는 파산시스템이 심지어 더 채무자 친화적(friendly to debtors)이다. 예를 들어 프랑스에서는 파산 법원의 주된 임무가 기업을 계속 살려서 고용을 보존하는 일이다. 이 임무가 달성되고 난 후라야 법원은 채권자들에 대한 책임을 진다. 채권자들은 파산 소송절차에서 최소한의 통제권밖에 갖지 못하며, 기업을 청산해야 할지 보존해야 할지는 법원이 결정한다. 법원이 청산을 선택하는 경우에는 가격은 낮더라도 더 나은 고용 전망을 제시하는 입찰자를 선택한다.

영국은 거의 정반대이다. 영국 기업이 부채상환을 하지 못하면 통제권은 채권자에게로 넘어간다. 가장 흔하게는 지명된 담보채권자가 **수령인**(*receiver*)을 지명한다. 수령인은 회사의 방향을 책임지고, 충분한 자산을 매각하여 담보채권자들에게 상환하고, 남는 자금은 청구권의 우선순위에 따라 다른 채권자들에게 상환하는 데 사용한다.

파산시스템의 여러 대안을 조사한 프랭크스와 다비덴코(Franks and Davydenko)는 은행들은 대출 관행을 조정하여 이런 파산법의 차이에 대응한다는 사실을 발견하였다. 그럼에도 불구하고, 예상하는 바와 같이, 채무자 친화적인 파산시스템을 가진 이런 국가에서는 대출자들이 대출금의 작은 부분밖에 회복하지 못한다. 예를 들어 프랑스에서는 은행들이 평균적으로 파산 기업의 채무 중 47%만 회수하는 데 비해 영국에서는 이 비율이 69%이다.[42]

물론, 담 넘어 잔디가 언제나 더 푸르러 보인다(남의 떡이 커 보인다). 미국과 프랑스에서 제11장에 비판적인 사람들은 경쟁력이 없는 기업을 구제하기 위해 노력하는 비용에 대해 불평한다. 반대로 영국과 같은 나라에서는 파산법이 건전한 기업을 소멸시키는 것으로 비난받고 있으며, 제11장은 효율적인 파산시스템의 모델로 여겨진다.

요약

기업의 구조는 절대 바꿀 수 없는 것은 아니다. 회사는 빈번하게 새로운 사업을 추가하거나 또는 기존 사업을 처분하여 재조직한다. 회사는 자본구조를 바꿀 수도 있고 소유와 통제를 변경할 수도 있다. 이 장에서는 회사가 자신을 변환시키는 기법들을 살펴보았다.

이 장은 LBO에서 시작하였다. LBO란 대부분 부채를 통하여 조달한 자금으로 기업을 인수(takeover) 또는 매수(buy-out)하는 것이다. LBO는 대개 투자조합이 소유하는 사적 회사이다. 대부분의 LBO에서 부채를 통한 자금조달은 목적이 아니라 목적을 달성하기 위한 수단이다. LBO는 대부분 규모를 줄이는 작업이다. 부채를 상환하는 데 현금이 필요하기 때문에 경영자는 불필요한 자산을 정리하고 영업 효율성을 높이고 낭비요인이 있는 자본투자를 단념할 수밖에 없다. 경영자와 종업원들은 사업에 상당한 지분이 주어지며 따라서 그들은 기업을 개선하려는 강한 인센티브를 갖게 된다.

Economics of Bankruptcy Reform," *Journal of Law, Economics and Organization* 8(1992), pp. 523~546.

42) S. A. Davydenko and J. R. Franks, "Do Bankruptcy Codes Matter? A Study of Defaults in France, Germany and the U.K.," *Journal of Finance* 63(2008), pp. 565~608. For descriptions of bankruptcy in Sweden and Finland, see P. Stromberg, "Conflicts of Interest and Market Illiquidity in Bankruptcy Auctions: Theory and Tests," *Journal of Finance* 55(December 2000), pp. 2641~2692; and S. A. Ravid and S. Sundgren, "The Comparative Efficiency of Small-Firm Bankruptcies: A Study of the U.S. and Finnish Bankruptcy Codes," *Financial Management* 27(Winter 1998), pp. 28~40.

Visit us at www.mhhe.com/bma

차입 구조조정(leveraged restructuring)은 많은 점에서 LBO와 유사하다. 이 경우에는 회사가 스스로 규모 줄이기에 나선다. 대규모로 부채를 발행하고 그 대금을 주주에게 지급한다. 회사는 부채상환을 위한 현금을 창출하도록 압력을 받게 되지만 기업 통제권은 변하지 않으며 상장된 상태를 유지한다.

LBO를 위한 투자자금은 대부분 프라이빗에퀴티 조합에 의해 이루어진다. 자금의 거의 대부분을 제공하는 유한책임사원(limited partner)은 대부분 연금기금이나 기부기금, 보험회사와 같은 기관투자자들이다. 펀드를 조직하고 운영하는 무한책임사원(general partner)은 운영 수수료를 받고 펀드 이익의 일정 부분을 차지한다. 이들을 '임시 복합기업(temporary conglomerate)'이라고 불렀다. 여러 비관련 산업에 속한 기업의 포트폴리오를 구성하기 때문에 이들은 복합기업에 해당한다. 조합은 유한한 기간 동안만, 즉 대개 10년 정도 존속하기 때문에 임시적이다. 조합의 해산이 임박하면 투자한 기업들을 매각하거나 IPO로 재상장시킨다. 프라이빗에퀴티 펀드는 매입하여 보유하는 것이 아니라 매입하여 고쳐서 매각한다. 그러므로 조합 투자자들은 잉여 현금흐름이 재투자로 낭비된다는 걱정을 하지 않아도 된다.

프라이빗에퀴티 시장은 꾸준히 성장하고 있다. 이러한 임시 복합기업과는 반대로 상장 복합기업은 미국에서는 쇠퇴하고 있다. 상장 복합기업의 경우 비관련 분산투자는 가치를 파괴하는 것으로 보이며, 전체의 가치는 부분의 합보다 작아진다. 여기에는 두 가지 이유가 있다. 첫째, 부분의 가치를 독립적으로 관찰할 수 없어서 사업부문 경영자를 위한 인센티브를 구성하기 어렵다. 둘째, 복합기업의 내부 자본시장은 비효율적이다. 경영진이 수많은 서로 다른 산업에 대하여 투자기회를 검토하기는 어려우며 내부 자본시장은 과잉투자나 상호보조(cross-subsidy)로 흐르는 경향이 있다.

물론 기업은 자산을 처분하기도 하지만 인수하기도 한다. 자산은 분리설립(spin-off), 분리상장(carve-out), 자산매각(asset sale) 등을 통하여 처분된다. 분리설립에서는 모기업이 사업 일부분을 분할하여 별도의 공개기업을 설립하고 주주들에게 새 회사의 주식을 부여한다. 분리상장의 경우에는 모기업이 사업의 일부분을 분할하고 이를 IPO를 통해 매각하여 현금을 조달한다. 이러한 몸집 줄이기(divestiture)는 투자자들에게는 대개 좋은 소식이 된다. 처분되는 사업부문은 더 잘 경영되고 더 수익성이 높은 터전으로 옮겨가는 경향이 있다. 동일한 효율성과 수익성 개선이 정부소유의 사업을 분리설립 또는 분리상장하는 민영화에서도 똑같이 나타난다.

곤경에 처한 기업은 채권자들과 상의하여 워크아웃 계획을 마련함으로써 재조직할 수 있다. 예를 들어 상환을 연기할 수 있다. 워크아웃이 불가능한 것으로 판명되면 회사는 파산을 신청해야 한다. 대부분의 공개기업이 활용하는 파산법의 제11장은 회사의 재조직을 추구하며, 다시 일어설 수 있도록 한다. 그러나 채권자들의 부채를 상환하는 목표는 종종 회사를 계속 살려 두려는 목표와 상충된다. 그 결과 자산이 다른 용도로 더 잘 활용될 수 있고, 수취금을 채권자들에게 상환하는 데 사용할 수 있을 때 제11장은 기업이 영업을 계속하도록 허용한다.

제11장은 채무자에게 유리한 경향이 있다. 그러나 일부 다른 국가에서는 파산시스템은 거의 전적으로 대출자들을 위해 가능한 한 많은 현금을 회수하도록 설계되어 있다. 미국에서 제11장에 비판적인 사람들은 구제할 가치가 없는 기업을 구제하는 비용에 관해 불평한다. 다른 나라의 논평자들은 파산법이 잠재적으로 건강한 기업을 와해시키는 원인이라는 사실에 한탄한다.

Visit us at www.mhhe.com/bma

더 읽어야 할 문헌

다음 논문은 기업 구조조정의 일반적인 개관을 제공한다.

B. E. Eckbo and K. S. Thorburn, "Corporate Restructurings: Breakups and LBOs," in B. E. Eckbo (ed.), *Handbook of Empirical Corporate Finance*(Amsterdam: Elsevier/North-Holland, 2007),

Chapter 16.

Kaplan과 Stein, 그리고 Kaplan과 Stromberg의 논문은 LBO의 발전과 성과에 관한 증거를 제공한다. 인수의 잉여현금흐름 이론의 최대 옹호자인 Jensen은 LBO에 대한 활발하고 논란 많은 변호를 제공한다.

S. N. Kaplan and J. C. Stein, "The Evolution of Buyout Pricing and Financial Structure(Or What Went Wrong) in the 1980s," *Journal of Applied Corporate Finance* 6(Spring 1993), pp. 72~88.

S. N. Kaplan and P. Stromberg, "Leveraged Buyouts and Private Equity," *Journal of Economic Perspectives* 23(2009), pp. 121~146.

M. C. Jensen, "The Eclipse of the Public Corporation," *Harvard Business Review* 67(September/October 1989), pp. 61~74.

Journal of Applied Corporate Finance의 2006년 여름 호에는 프라이빗에퀴티에 관한 패널 토의와 여러 논문을 제공하고 있다. 민영화는 다음 문헌에 조사되어 있다.

W. L. Megginson, *The Financial Economics of Privatization*(Oxford: Oxford University Press, 2005).

다음 책과 논문들은 파산 절차에 관해 조사하고 있다. Bris, Welch와 Zhu는 파산한 기업들의 제7장과 11장에 관련된 경험의 상세한 비교를 제공한다.

E. I. Altman, *Corporate Financial Distress and Bankruptcy: A Complete Guide to Predicting and Avoiding Distress and Profiting from Bankruptcy*, 3rd ed. (New York: John Wiley & Sons, 2005).

E. S. Hotchkiss, K. John, R. M. Mooradian, and K. S. Thorburn, "Bankruptcy and the Resolution of Financial Distress," in B. E. Eckbo(ed.), *Handbook of Empirical Corporate Finance* (Amsterdam: Elsevier/North-Holland, 2007), Chapter 14.

L. Senbet and J. Seward, "Financial Distress, Bankruptcy and Reorganization," in R. A. Jarrow, V. Maksimovic, and W. T. Ziemba(eds.), *North-Holland Handbooks of Operations Research and Management Science: Finance*, vol. 9(New York: Elsevier, 1995), pp. 921~961.

J. S. Bhandari, L. A. Weiss, and B. E. Adler(eds.), *Corporate Bankruptcy: Economic and Legal Perspectives*(Cambridge, U.K.: Cambridge University Press, 1996).

A. Bris, I. Welch, and N. Zhu, "The Costs of Bankruptcy: Chapter 7 Liquidation versus Chapter 11 Reorganization," *Journal of Finance* 61(June 2006), pp. 1253~1303.

다음은 이 장에서 공부한 주제에 관한 몇몇 좋은 사례연구이다.

B. Burrough and J. Helyar, *Barbarians at the Gate: The Fall of RJR Nabisco*(New York: Harper & Row, 1990).

G. P. Baker, "Beatrice: A Study in the Creation and Destruction of Value," *Journal of Finance* 47(July 1992), pp. 1081~1120.

K. H. Wruck, "Financial Policy as a Catalyst for Organizational Change: Sealed Air's Leveraged Special Dividend," *Journal of Applied Corporate Finance* 7(Winter 1995), pp. 20~37.

J. Allen, "Reinventing the Corporation: The Satellite Structure of Thermo Electron," *Journal of Applied Corporate Finance* 11(Summer 1998), pp. 38~47.

R. Parrino, "Spinoffs and Wealth Transfers: The Marriott Case," *Journal of Financial Economics* 43(February 1997), pp. 241~274.

Visit us at www.mhhe.com/bma

C. Eckel, D. Eckel, and V. Singal, "Privatization and Efficiency: Industry Effects of the Sale of British Airways," *Journal of Financial Economics* 43(February 1997), pp. 275~298.

L. A. Weiss and K. H. Wruck, "Information Problems, Conflicts of Interest, and Asset Stripping: Chapter 11's Failure in the Case of Eastern Airlines," *Journal of Financial Economics* 48(April 1998), pp. 55~97.

W. Megginson and D. Scannapieco, "The Financial and Economic Lessons of Italy's Privatization Program," *Journal of Applied Corporate Finance* 18(Summer 2006), pp. 56~65.

연습문제

기본문제

1. 다음 용어를 정의하라.
   a. LBO
   b. MBO
   c. 분리설립(spin-off)
   d. 분리상장(carve-out)
   e. 자산매각(asset sale)
   f. 민영화(privatization)
   g. 차입 구조조정

2. 다음은 맞는가, 틀리는가?
   a. LBO 재무관리자의 첫 번째 과업 중 하나는 부채를 줄이는 것이다.
   b. LBO나 MBO로 일단 비상장이 되면 거의 항상 비상장 상태를 유지한다.
   c. 1980년대에는 성숙산업에 속한 수익성이 높은 기업이 LBO의 대상기업이 되는 경향이 있었다.
   d. 성과 수수료(carried interest)란 LBO 부채에 대한 이자대금 연기를 말한다.
   e. 2008년까지 새로운 LBO나 프라이빗에퀴티 거래는 매우 드물었다.
   f. 분리설립의 공표는 일반적으로 주가의 가파른 하락을 가져온다.
   g. 민영화는 대개 대량 해고로 이어진다. 1990년대 말에는 새로운 LBO 거래는 매우 드물었다.
   h. 평균적으로 볼 때, 민영화는 효율성을 향상시키고 가치를 창출하는 것처럼 보인다.

3. 정부의 민영화 동기는 무엇인가?

4. 공개 복합기업(public conglomerate)의 이점은 무엇인가?

5. 전통적인 미국 복합기업의 불리한 점을 나열하라.

6. 프라이빗에퀴티 조합은 한정된 기간 동안 존속한다. 이의 이점은 무엇인가?

7. 파산법의 제7장과 11장의 차이는 무엇인가?

8. 맞는가, 틀리는가?
   a. 회사가 파산하게 될 때 통상적으로 재조직 대신 청산을 하는 것이 주주들의 이익과 부합한다.
   b. 제11장에서 재조직 계획은 각 계층 채권자들에게 승인을 받아야 한다.
   c. 재조직에서 채권자들에게 현금과 증권을 혼합하여 상환할 수 있다.
   d. 회사를 청산할 때 가장 가치 있는 매각 자산 중 하나는 세금 손실의 차기 이월이다.

9. 회사가 파산을 신청하는 경우라도 때로는 자기자본이 양(+)의 가치를 가지는 이유는 무엇인가?

중급문제

10. 맞는가, 틀리는가? 아니면 상황에 따라 달라지는가?

Visit us at www.mhhe.com/bma

a. 사업부문의 주식양도나 분리설립은 부문 경영자에 대한 인센티브를 증대시킨다.
b. 프라이빗에쿼티 조합의 존속기간은 유한하다. 주된 이유는 무한책임사원들이 보다 빨리 현금화할 수 있는 투자대상을 찾도록 압력을 가하기 위해서이다.
c. 프라이빗에쿼티 조합의 경영자들에게는 위험한 투자안을 선택할 인센티브가 있다.

11. 어떤 종류의 기업일 때 LBO나 MBO 거래가 생산적이지 않은가?

12. RJR 나비스코 LBO와 실드에어 차입 구조조정 사이의 차이점과 유사점을 개략적으로 설명하라. 경제적 동기는 동일하였는가? 결과는 동일하였는가? 실드에어가 상장기업으로 남아 있는 것이 유리하다고 생각하는가?

13. 최근의 기업분할(divestiture)의 사례를 조사해 보라. 근본적인 이유는 무엇이라고 생각되는가? 뉴스에 투자자들은 어떻게 반응하였는가?

14. (더 읽어야 할 문헌들에 있는) *Barbarians at the Gate*를 읽어 보라. 어떤 대리인 비용이 발생하였는가? 힌트: 제12장 참조. LBO는 이러한 비용을 감소시키는 데 적절하다고 생각하는가?

15. 프라이빗에쿼티 조합의 구조를 설명하라. 특히 인센티브와 보상에 주목하라. 그러한 조합은 어떤 종류의 투자를 하기 위해 설립되었는가?

16. 성과 수수료를 옵션이라고 설명하였다. 어떤 종류의 옵션인가? 프라이빗에쿼티 조합에서 이런 옵션이 어떻게 인센티브를 바꾸는가? 이런 인센티브 변화가 잘못되는, 즉 잠재적으로 가치 파괴적인 환경을 생각해 볼 수 있는가? 설명하라.

17. "민영화는 공개기업은 대리인 비용을 감소시킬 수 있기 때문에 효율성 이득을 가져오는 것으로 보인다." 이것이 왜 맞는 (아니면 틀린) 말이라고 생각하는가?

18. 파산법 제11장의 여러 가지 문제점을 설명하였다. 이들 문제 중 사전조정 파산을 협상함으로써 완화될 수 있는 것은 어느 것인가?

Visit us at www.mhhe.com/bma

33 Chapter

세계 각국의 지배구조와 기업통제

기업재무의 많은 부분(이 책의 대부분)에서는 특정한 재무구조를 가정한다. 즉 활발하게 거래되는 주식을 가지고 있으며, 금융시장에 상대적으로 쉽게 접근할 수 있는 공개기업을 가정한다. 그러나 사업체를 조직하고 자금을 조달하는 다른 방법도 있다. 소유와 통제, 그리고 자금조달 제도는 전 세계적으로 매우 다양하다. 이 장에서는 이런 차이들의 일부분을 생각해 본다.

기업은 금융시장과 금융기관으로부터 자금을 조달한다. 미국과 영국, 그리고 기타 '영미(Anglo-Saxon)' 경제에서는 시장이 상대적으로 더 중요하다. 독일과 일본을 포함한 많은 다른 국가에서는 금융기관, 특히 은행이 상대적으로 더 중요하다. 은행기반(bank-based) 시스템에서는 개인투자자가 기업 부채나 지분을 직접 소유할 가능성은 낮다. 그 대신 소유는 은행이나 보험회사, 또는 기타 금융기관으로 넘어가 있다.

이 장은 금융시장, 금융기관, 그리고 자금조달의 원천을 개관하면서 시작한다. 유럽, 일본, 그리고 나머지 아시아 국가들을 미국, 영국과 대비해 본다. 제33.2절에서 소유와 통제, 그리고 지배구조를 좀 더 자세히 살펴본다. 먼저 미국과 영국에서 시작하여 일본, 독일, 그리고 세계의 다른 나라들로 눈을 돌린다. 제33.3절은 이들 차이가 문제가 되는지를 살펴본다. 예를 들어 잘 기능하는 금융시장과 금융기관은 경제발전과 성장에 기여하는가? 시장기반(market-based) 대 은행기반 시스템의 이점과 단점은 무엇인가?

이런 세계 여행을 시작하기 전에 재무관리의 원칙은 여행의 전 과정을 통해 적용된다는 점을 기억하자. 개념과 기본 수단은 변하지 않는다. 예를 들면 모든 나라의 모든 기업들은 기회자본비용을 인식한다(시장이 작고 불규칙한 국가에서는 자본비용의 측정이 더 어렵기는 하지만). 할인현금흐름은 여전히 타당한 개념이다. 실물옵션은 어느 곳에서나 만나게 된다. 은행기반의 금융시스템에서조차 기업은 예컨대 외환거래나 선물시장에서의 위험 헤징을 통해 세계 금융시장에 참여한다.

33.1 금융시장과 금융기관

이 책의 대부분에서 부채금융의 많은 부분은 공개 채권시장에서 조달된다고 가정하였다. 기업이 은행으로부터 차입할 때도 원칙적으로는 아무것도 바뀌지 않는다. 그러나 일부 국가에서는 채권시장은 성장이 느리고 대신 은행을 통한 금융이 더 중요하다. 그림 33.1은 2007년 기준 세계 여러 나라의 은행 대출, 사모(비정부) 채권, 그리고 주식시장의 총 가치를 보여준다. 이런 금융 청구권을 비교 가능한 기준으로 측정하기 위해 금액은 국민총생산(GDP)에 대한 비율로 나타냈다.[1)]

1) 이 절의 자료에 대한 더 자세한 데이터와 논의는 다음 문헌을 참조하라. F. Allen, M. Chui, and A. Maddaloni, "Financial Structure and Corporate Governance in Europe, the USA, and Asia," in *Handbook of European Financial Markets and Institutions*, ed. X. Freixas, P. Hartmann, and C. Mayer (Oxford: Oxford University Press, 2008), pp. 31~67.

그림 33.1
2007년의 금융 청구권의 가치, GDP에 대한 비율.

자료원: Bloomberg, IMF, World Federation of Exchanges, and BIS. 이 그림을 제공해 준 Michael Chui에게 감사드린다.

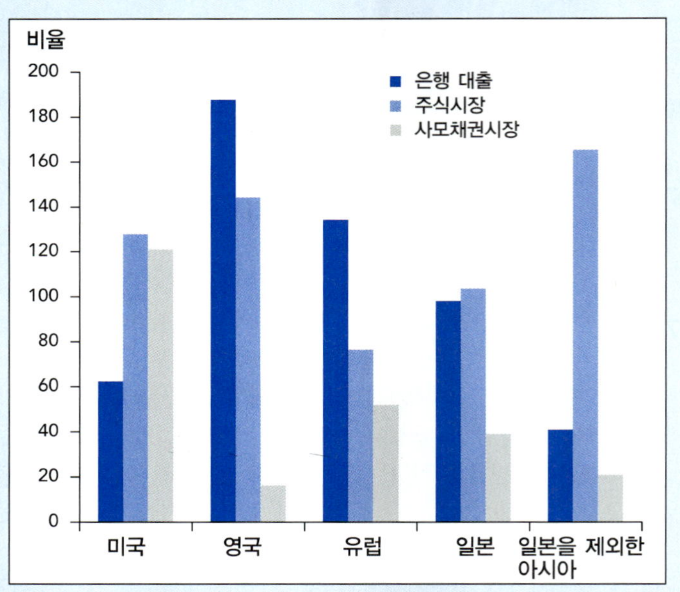

미국의 기업 자금조달은 대부분의 다른 국가와 다르다. 미국에는 많은 금액의 은행 대출이 나가 있지만 또한 대규모의 주식시장과 회사채 시장이 모두 존재한다. 그러므로 미국은 시장기반 금융 시스템을 가지고 있다고 말한다. 주식시장의 총 가치는 영국과 아시아[2]에서도 역시 높지만 이들 국가에서는 채권시장에 비해 은행 대출이 훨씬 더 중요하다. 유럽[3]과 일본에서는 은행 금융이 채권시장을 앞선다. 그러나 주식시장은 상대적으로 작다. 독일, 프랑스, 이탈리아 스페인 등을 포함한 유럽 대부분의 국가는 은행기반의 금융시스템을 가지고 있다. 일본도 마찬가지이다.

이들 지역을 다른 관점에서 살펴보자. 그림 33.2는 가계에 의한 금융투자를 GDP에 대한 비율로 나타내고 있다.[4] ['가계(households)'란 개인 투자자를 의미한다.] 가계 포트폴리오는 은행예금, 보험계약과 뮤추얼펀드 및 연금기금, 주식, 그리고 "기타" 등 네 가지 범주로 나누어진다. 그림 33.2에서 금융자산 총 금액의 차이에 주목하라. 각 국가와 지역의 열을 더해보면 금융자산 금액은 미국에서는 GDP의 275%, 영국은 288%, 일본은 286%, 그리고 유럽은 185%이다. 이것은 유럽의 투자자들이 더 가난하다는 의미는 아니다. 다만 그들은 부(富)를 금융자산의 형태로는 적게 보유한다는 뜻이다. 그림 33.2는 부동산 또는 사적 소유의 사업 등과 같은 다른 투자 범주는 제외한 것이다. 이 그림은 또한 정부가 제공하는 연금의 가치는 포함하지 않는다.

미국에서는 가계 포트폴리오의 많은 부분이 지분 증권, 대부분 보통주에 투자되어 있다. 그러므로 개인 투자자는 기업지배구조에 있어서 잠재적으로 중요한 역할을 한다. 영국에서는 직접 주식보유는 많지 않고, 유럽에서는 더 적으며, 일본에서 가장 적다. 일본의 가계는 그들이 원한다고

2) 여기서 아시아란 홍콩, 인도네시아, 한국, 말레이시아, 필리핀, 싱가포르, 대만, 그리고 태국 등을 포함한다.
3) 유럽에는 오스트리아, 벨기에, 핀란드, 프랑스, 독일, 그리스, 이태리, 네덜란드, 포르투갈, 슬로베니아, 스페인 등이 포함된다.
4) 금융투자 및 포트폴리오 배분을 요약한 수치에 관한 아시아 지역의 데이터는 구할 수 없었다.

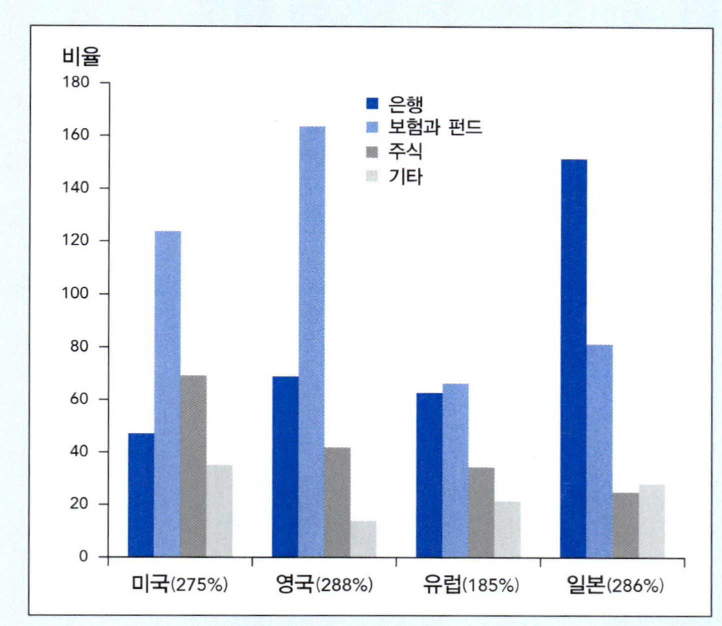

그림 33.2
가계의 포트폴리오 배분, 1995–2007, GDP에 대한 비율.

자료원: Bank of Japan, EUROSTAT, Federal Reserve Board, and the U.K. Office for National Statistics. 이 그림을 제공해 준 Michael Chui에게 감사드린다.

하더라도 기업지배구조에 있어서 의미있는 직접적인 역할을 할 수 없다. 자신이 소유하지 않은 주식으로는 투표를 할 수 없다.

직접 주식투자가 적은 경우에는 이에 부응하여 가계 투자는 은행예금, 보험계약, 뮤추얼펀드와 연금기금에 더 많이 들어가 있다. 영국에서는 보험과 펀드 범주가 지배적이고, 은행예금이 두 번째이다. 유럽에서는 은행예금과 보험, 그리고 펀드가 1위를 다툰다. 일본은 은행예금이 월등하게 많고, 보험과 펀드가 두 번째이며, 주식은 멀찌감치 떨어진 3위이다.

그림 33.2는 세계 여러 곳에서 개인 주주들이 상대적으로 소수라는 것을 말해준다. 대다수의 개인 투자자들은 직접 시장에 투자하지 않고 대신 보험회사나 뮤추얼펀드, 은행, 또는 기타 금융기관을 통해 간접적으로 투자한다. 물론 소유의 끈은 이들 금융기관을 통해 개인투자자들에게 돌아간다. 모든 자산은 궁극적으로 개인들이 소유한다. 우리가 알기로는 화성인 또는 외계인 투자자는 없다.[5)]

이제 금융기관을 살펴보자. 그림 33.3은 은행, 뮤추얼펀드, 보험회사, 연금기금, 그리고 중개기관을 포함하는 금융기관들이 보유한 금융자산을 보여준다. 미국에서는 이들 투자가 GDP에 대비하여 다른 나라보다 상대적으로 작다(미국의 시장기반 시스템에서 예상된 바와 같이). 영국, 유럽, 그리고 일본에서는 금융기관들이 대출과 예금, 통화 등에 많은 돈을 투자한다. 주식보유는 영국에서 가장 높다. 이들 보유주식은 주로 보험회사와 연금기금이 소유하고 있다.

가계와 금융기관을 살펴보았다. 기업금융의 또 다른 원천은 없는가? 있다. 다른 기업으로부터 자금조달을 할 수도 있다. 비금융회사가 보유하고 있는 금융자산을 나타낸 그림 33.4를 보자. 아마도 가장 놀라운 특징은 유럽 기업들의 대규모 주식 보유량일 것이다. 일본과 영국 기업의 주식

5) 아직 이 지구상에 존재하지 않은 소유자가 있을 수 있다. 예를 들어 교육단체, 자선기관, 또는 종교 단체 등의 기부기금(endowments)은 부분적으로 미래 세대를 위한 기금에 투자되어 있다.

그림 33.3
금융기관의 포트폴리오 배분, 1995–2007, GDP에 대한 비율.

자료원: Bank of Japan, EUROSTAT, Federal Reserve Board, and the U.K. Office for National Statistics. 이 그림을 제공해 준 Michael Chui에게 감사드린다.

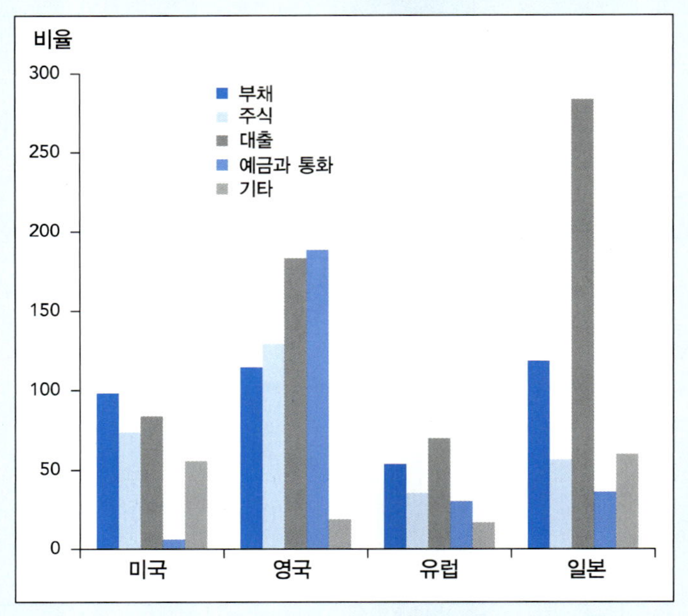

그림 33.4
비금융회사의 포트폴리오 배분, 1995–2007, GDP에 대한 비율.

자료원: Bank of Japan, EUROSTAT, Federal Reserve Board, and the U.K. Office for National Statistics. 이 그림을 제공해 준 Michael Chui에게 감사드린다.

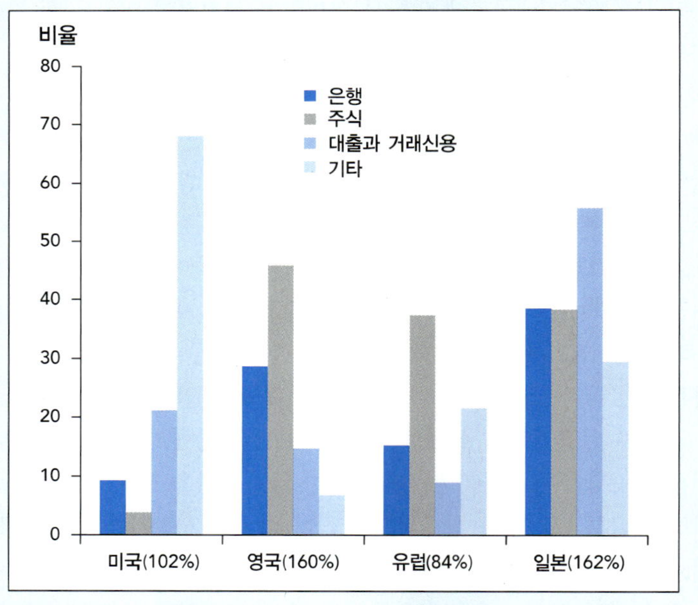

보유량 또한 크다. 미국에서는 이 금액이 상대적으로 적다. 뒤에서 알게 되겠지만 다른 비금융회사에 의한 이들 주식 보유는 기업 소유구조와 지배구조에 중요한 의미를 가진다.

그림 33.4의 또 다른 흥미로운 점은 일본에서는 많은 금액의 회사 간 대출과 거래신용(대부분은 거래신용)이 이용되고 있다는 것이다. 많은 일본 회사들은 거래신용 금융(trade-credit financing),

즉 다른 회사에 대한 외상매입금에 의존한다. 물론 다른 회사들은 거래신용의 반대편에 서있다. 이 회사들은 외상매출금의 형태로 금융을 제공한다.

그림 33.1부터 33.4까지 영미식 시장기반 금융시스템과 은행기반 금융시스템 간에 선을 긋는 것은 문제를 지나치게 단순화한 것이다. 금융시스템을 비교할 때는 좀 더 깊이 파고 들어가 볼 필요가 있다. 예를 들어 미국에서는 영국에 비해 가계가 더 많은 주식을 직접 보유하며, 가계, 비금융회사, 금융기관 등의 포트폴리오 배분 또한 상당히 다르다. 뿐만 아니라 유럽 기업들 간에는 주식의 상호보유(cross-holdings)도 많다. 마지막으로 일본의 가계는 저축의 상당히 많은 부분을 은행에 저축하며, 일본 기업들은 다른 선진경제에 비해 거래신용을 훨씬 더 많이 활용한다.

투자자 보호와 금융시장의 발전

어떤 국가는 시장 의존도가 낮고 은행이나 다른 금융기관에 더 많이 의존하고 있는 데 비해 다른 나라에서는 금융시장이 중요한 것은 무엇으로 설명할 수 있는가? 한 가지 답은 투자자 보호이다. 주식시장과 채권시장은 투자자들이 정당하게 보호받을 때 발전할 수 있다.

일부 국가에서는 다른 나라에서보다 투자자의 재산권이 훨씬 더 잘 보호되고 있다. 라 포타, 로페즈 디 실라니스, 슈라이퍼, 그리고 비쉬니(La Porta, Lopez-de-Silanes, Shleifer, and Vishny)는 주주와 채권자의 권리와 법 집행의 질을 바탕으로 투자자 보호의 계량적 척도를 개발하였다. 점수가 낮은 국가에서는 GDP에 대한 상대적인 시장가치의 총합으로 측정할 때 일반적으로 주식시장의 규모가 작다. 상장기업의 수와 신규공모도 인구에 비해 상대적으로 적다. 낮은 점수는 사적 기업들의 부채금융 또한 적다는 것을 의미한다.[6)]

열악한 외부 투자자 보호가 왜 금융시장의 성장을 저해하는지는 쉽게 이해할 수 있다. 이보다 더 어려운 질문은 왜 일부 국가에서는 투자자 보호가 잘 되어 있고, 다른 나라에서는 그렇지 못한가 하는 것이다. 라 포타, 로페즈 디 실라니스, 슈라이퍼, 그리고 비쉬니는 이를 법체계(legal system)의 기원에서 찾고 있다. 그들은 영국에서 시작된 보통법(common-law) 전통으로부터 유래한 법체계와 프랑스, 독일, 스칸디나비아 등에서 진화한 민법(civil law)에 기반을 둔 법체계를 구별한다.

그러나 라잔과 징갈레스(Rajan and Zingales)는 민법 국가인 프랑스, 벨기에, 그리고 독일은 20세기 초 이미 잘 발달된 금융시장을 가지고 있었다고 지적한다.[7)] GDP에 대한 상대적 규모로 보면 이들 국가의 금융시장은 영국과 거의 같은 규모이고 미국보다는 오히려 더 컸다. 2차 세계대전 후 20세기 후반에 와서 이런 순위는 반전되었지만 이들 국가에서는 지금 금융시장이 확대되고 있고 유럽 경제에서 더 큰 역할을 하고 있다. 라잔과 징갈레스는 이런 반전은 정치적 추세와 정부 정책의 전환에서 그 원인을 찾을 수 있다고 믿는다. 예를 들어 1929년의 주식시장 붕괴, 그리고 대공황과 2차세계대전 후의 정부 규제의 확대 이후 일어난 금융시장의 반격 등을 하나하나 열거하고 있다.

---

6) R. La Porta, F. Lopez-de-Silanes, A. Shleifer, and R. Vishny, "Legal Determinants of External Finance," *Journal of Finance* 52(July 1997) pp. 1131~1150, and "Law and Finance," *Journal of Political Economy* 106(December 1998), pp. 1113~1155.

7) R. Rajan and L. Zingales, *Saving Capitalism from the Capitalists*(New York: Crown Business, 2003).

33.2 소유, 통제와 지배구조

기업은 누가 소유하는가? 미국과 영국에서는 단순히 '주주'라고 말한다. 일반적으로 한 계층(class)의 보통주만 있고, 각 주식은 하나의 투표권을 가진다. 어떤 주주는 다른 주주보다 더 큰 영향력을 행사한다. 그러나 그것은 단지 더 많은 주식을 보유하기 때문이다. 다른 나라에서는 기업 소유가 그렇게 단순하지 않다. 이 절의 후반부에서 살펴본다.

기업의 재무적 목표는 무엇인가? 보통은 그저 '주주 가치의 극대화'라고 말한다. 미국과 영국의 회사법에 따르면 경영자는 주주에 대한 **충실의무**(*fiduciary duty*)를 가진다. 다시 말하면 경영자들은 법적으로 주주의 이익에 부합하도록 행동해야 한다. 포드자동차회사가 관련된 초기의 소송이 제공하는 고전적인 예를 보자. 헨리 포드(Henry Ford)는 특별배당을 공표하였다가 약속을 어기고 이를 취소하면서 배당에 책정해 놓았던 현금은 종업원들을 위해 쓰일 것이라고 말했다. 한 주주는 기업은 주주의 이익을 위해 존재하는 것이며, 경영진은 주주의 희생으로 근로자의 몫을 개선할 권리가 없다는 점을 근거로 소송을 제기했다. 포드가 패소했다.[8)]

기업은 주주의 이익을 위해 경영되어야 한다는 생각은 그래서 미국과 영국 법의 바탕을 이루고 있다. 이사회는 주주의 이익을 대표하여야 한다. 다른 국가에서는 법과 관습이 다르다. 이제 이런 차이를 살펴보자. 일본의 경우부터 보자.

일본에서의 소유와 통제

전통적으로 일본 기업 재무의 가장 두드러진 특징은 **케이레츠(keiretsu)**이다. 케이레츠는 기업들의 네트워크로 대개는 주요 은행을 중심으로 조직된다. 일본은 은행과 기업 간에 장기적으로 유지되는 관계를 형성하는 **주거래 은행 제도**(*main bank system*)를 가지고 있다. 케이레츠 회사들 사이에도 또한 장기적으로 유지되는 사업관계가 존재한다. 예를 들어 제조회사는 원재료의 상당부분을 그룹의 납품회사에서 매입하고, 산출품의 많은 부분을 다시 그룹 내의 다른 회사에 판매한다.

케이레츠의 중심인 은행이나 다른 금융기관들은 그룹 회사 주식의 대부분을 소유한다(일본의 상업은행은 회사별로 보유할 수 있는 지분율이 5%로 제한되어 있기는 하지만). 이들 회사는 다시 은행 주식을 보유하거나 그룹의 다른 회사와 상호 간에 주식을 보유할 수도 있다. 예를 들면 2009년 3월 스미토모 상사(Sumitomo Corporation)는 스미토모 금속산업(Sumitomo Metal Industries)의 지분 약 10%를 보유하였다. 스미토모 금속은 다시 스미토모 상사의 주식 2%를 보유하였다. 이런 상호보유(cross-holdings) 때문에 외부 투자자들이 매입할 수 있는 주식의 수는 총 발행주식수보다 훨씬 적다.

케이레츠는 다른 면에서도 서로 연결되어 있다. 대부분의 부채 금융은 케이레츠의 주거래 은행이나 제휴 금융기관으로부터 조달한다. 경영자들은 다른 그룹사의 이사회에 참석하기도 하고, 그룹 내에서 가장 중요한 회사 CEO의 모임인 '사장단 회의(council of president)'가 정기적으로 개최된다.

---

8) 뒤이어서 헨리 포드는 낮아진 주가로 대량의 주식을 매입하기 위해 배당을 취소한 것으로 드러났다!

케이레츠를 주거래 은행, 그룹 내의 가장 규모가 큰 회사, 그리고 그룹 전체 사이에 권력이 나누어져 있는 하나의 기업지배구조 시스템으로 생각해 보라. 이는 어느 정도의 재무적 이점을 부여한다. 먼저 기업은 추가적인 '내부,' 즉 그룹의 내부의 금융을 이용할 수 있다. 그러므로 영업현금흐름을 초과하는 자본예산을 편성한 회사들은 주거래 은행 또는 케이레츠 내의 다른 회사로부터 자금을 조달할 수 있다. 공개적인 증권 매각에서 있을 수 있는 악재신호(bad-news signal)와 발행비용을 피할 수 있다. 둘째, 케이레츠 내의 회사가 재무적 곤경에 빠져서 어음결제 대금이나 필요한 자본투자 자금이 모자라는 경우 대개는 기업개선작업(workout)을 주선할 수 있다. 그룹의 다른 회사에서 새로운 경영진을 초빙할 수 있고, 자금조달은 '내부적으로' 이루어질 수 있다.

호시와 카쉬얍, 그리고 샤프스타인(Hoshi, Kashyap, and Scharfstein)은 대규모 표본을 이용하여 케이레츠의 구성원인, 전부는 아니지만 대다수 일본 기업의 자본지출 프로그램을 추적하였다. 케이레츠 회사의 투자가 보다 더 안정적이며, 영업현금흐름의 증감이나 재무적 곤경 가능성의 영향을 적게 받았다.[9)] 케이레츠의 재정적 후원으로 구성원인 회사들은 일시적인 후퇴와 상관없이 장기적으로 투자할 수 있게 되는 것으로 보인다.

일본의 회사법은 미국과 비슷하지만 몇 가지 차이가 있다. 예를 들어 일본에서는 주주들이 이사를 지명하고 선출하기가 쉽다. 또한 경영진의 보상은 반드시 주주총회에서 승인을 받아야 한다.[10)] 그럼에도 불구하고 일반적인 주주들은 사실상 큰 영향력을 가지지 못한다. 일본 회사의 이사회는 전통적으로 40~50명의 이사를 가지며, 그 중 몇몇 사람만이 경영진으로부터 독립적이다.[11)] CEO가 실질적으로 이사회 이사의 지명을 통제한다. 일본 회사의 재무 포지션이 건전한 이상 CEO와 고위 경영진이 회사를 통제한다. 외부 주주들의 영향력은 매우 작다.

이런 통제 시스템과 산업그룹 내의 상호보유 때문에 일본에서 적대적 기업인수가 극히 드문 것은 전혀 놀라운 일이 아니다. 또한 일본 회사들은 배당지급에 매우 인색한데 이는 아마도 외부 주주들의 상대적인 영향력 결여를 반영하는 것일 수 있다. 반면에 일본의 CEO들은 자신의 권력을 이용하여 많은 개인적 치부를 하지 않는다. 일본의 CEO들은 대부분의 다른 선진국 CEO들에 비하면 잘 보상받지 못한다. (일본과 다른 나라의 평균 고위 경영진의 보상 수준에 관해서는 그림 12.1을 다시 보라.)

상호보유는 1990년경에 정점에 도달했었는데 이때는 약 50%의 회사 주식을 다른 일본 회사와 금융기관이 보유하고 있었다. 1990년대 중반부터 일본에서는 은행 위기가 시작되었다. 이 위기로 인해 회사들은 은행 주식을 매각하게 되었다. 은행 주식은 부실투자로 여겨졌기 때문이다. 닛산(Nissan)을 포함하여 재무적 곤경에 처한 은행과 회사들은 자금조달을 위해 다른 회사의 주식을 매각하였다. 2004년에 이르러서는 상호보유 수준은 20%로 낮아졌다. 그러나 그 후 몇 년 안에

9) T. Hosi, A. Kashyap, and D. Scharfstein, "Corporate Structure, Liquidity, and Investment: Evidence from Japanese Industrial Groups," *Quarterly Journal of Economics* 106(February 1991). pp. 33~60. 그리고 "The Role of Banking in Reducing the Cost of Financial Distress in Japan," *Journal of Financial Economics* 27(September 1990), pp. 67~88.

10) 이들 요구조건으로 인해 일본 회사에는 주주총회를 방해하지 않는다는 조건으로 돈을 받는 협박꾼인 소카이야(*sokaiya*, 총회꾼)라고 하는 일본 고유의 특징이 만들어졌다.

11) 최근 소니 등과 같은 일부 일본 회사는 적은 수의 이사와 더 많은 독립적인 이사로 구성되는 미국식 이사회로 변경하였다.

철강 및 기타 산업의 회사들이 적대적 기업인수를 염려하게 되면서 상호보유는 다시 증가하였다. 이는 1950년대와 1960년대의 상호보유를 불러일으킨 원래의 동기였다.[12)]

독일에서의 소유와 통제

전통적으로 독일의 은행들은 기업지배구조 면에서 상당한 역할을 했다. 이는 대출의 제공, 대규모 주식의 직접 보유, 그리고 고객을 대신해서 보유하고 있는 주식의 위임장 투표 등을 포함한다. 시간이 지나면서 이런 역할은 상당히 많이 변했다. 독일 최대 은행인 도이치방크(Deutsche Bank)와 독일 최대 기업 중 하나인 다임러 AG(Daimler AG) 간의 관계가 좋은 예를 제공한다.

그림 33.5의 패널 *a*는 1990년의 다임러, 즉 그 당시에는 다임러–벤츠(Daimler-Benz)로 알려져 있었던 회사의 소유구조를 보여준다. 직접적인 소유주는 28%의 지분을 가진 독일 최대 은행 도이치방크, 25%를 보유한 메르세데스 자동차 지주회사(Mercedes Automobil Holding), 그리고 14%의 쿠웨이트 정부 등이었다. 나머지 32%의 주식은 약 300,000명의 개인투자자와 기관투자자들이 보유하여 소유가 광범위하게 분산되어 있었다. 그러나 이는 맨 위층에 불과하다. 메르세데스 자동차의 절반은 지주회사인 약칭 '스텔라(Stella)'와 '스턴(Stern)'이 보유하고 있었다. 나머지 주식은 소유가 광범위하게 분산되어 있었다. 스텔라의 주식은 다시 넷으로 나뉘어서 두 개의 은행과 일반 제조회사인 로버트 보쉬(Robert Bosch), 그리고 또 다른 지주회사인 '코메트(Komet)'가 소유하였다. 스턴의 소유는 다섯으로 나누어져 있었지만 여기서는 지면 관계로 생략한다.[13)]

그림 33.5의 패널 *b*는 2009년의 소유구조이다. 상당히 달라졌다. 도이치방크는 더 이상 직접적인 이해관계를 갖지 않는다. 이 은행이 보유한 5% 지분은 이제 투자펀드를 통해 소유하고 있다. 쿠웨이트 정부는 여전히 약 8%의 상당한 지분을 보유하고 있지만 1990년에 보유했던 14%보다는 훨씬 적다. 유일한 다른 대주주는 아바투자(Aabar Investments)인데 9%를 소유하고 있다. 아바의 지배주주는 국제석유투자회사(International Petroleum Investment Company)인데 이 회사는 아부다비(Abu Dhabi) 정부가 지배주주이다. 지분의 32%만이 분산 소유되었던 1990년의 상황과는 현저히 대조적으로 2009년에는 82%가 널리 분산 소유되었다. 소유구조는 많은 대기업들이 완전히 분산 소유되고 있는 미국의 소유 패턴을 향해 먼 길을 달려왔다.

이 같은 소유구조의 극적인 변화의 중요한 원인은 2002년에 발효된 세제의 변화였다. 이 변화로 1년 이상 보유한 주식에서 얻은 자본이득은 법인세가 면제되었다. 그 이전에는 기업 자본이득 세율이 52%였다. 이 때문에 기업의 주식 매각은 매우 높은 비용이 발생했다.

은행의 소유 지분이 현저하게 줄어든 회사는 다임러뿐만이 아니었다. 디트만과 모그, 그리고 슈나이더(Dittman, Maug, and Schneider)는 은행의 평균 지분 소유가 1994년의 4.1%에서 2005년에

---

12) 다음 논문들을 참조하라. H. Miyajima and F. Kuroki, "The Unwinding of Cross-Shareholding in Japan: Causes, Effects and Implications," in *Corporate Governance in Japan: Institutional Change and Organizational Diversity*, ed. M. Aoki, G. Jackson, and H. Miyajima(Oxford and New York: Oxford University Press, 2007), pp. 79~124. Also see "Criss-Crossed Capitalism," The Economist print edition, November 6, 2008.

13) Daimler-Benz의 5층 소유 구성도는 다음 문헌을 참조하라. S. Prowse, "Corporate Governance in an International Perspective: A Survey of Corporate Control Mechanisms among Large Firms in the US., U.K., Japan, and Germany," *Financial Markets, Institutions, and Instruments* 4(February 1995), Table 16.

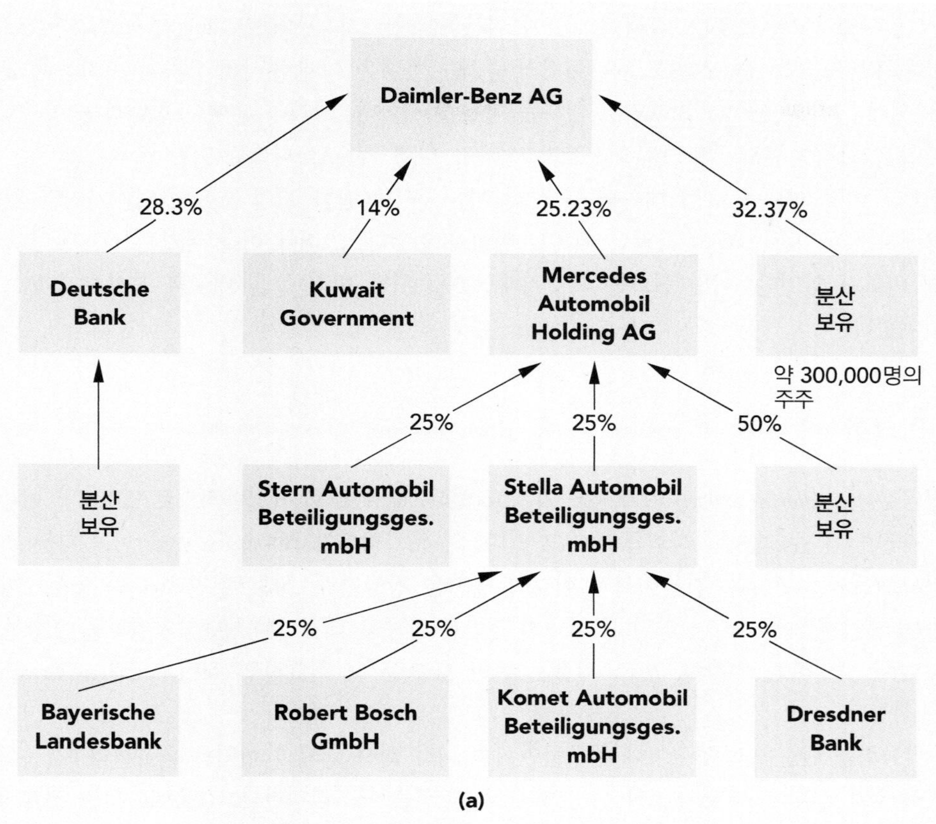

(a)

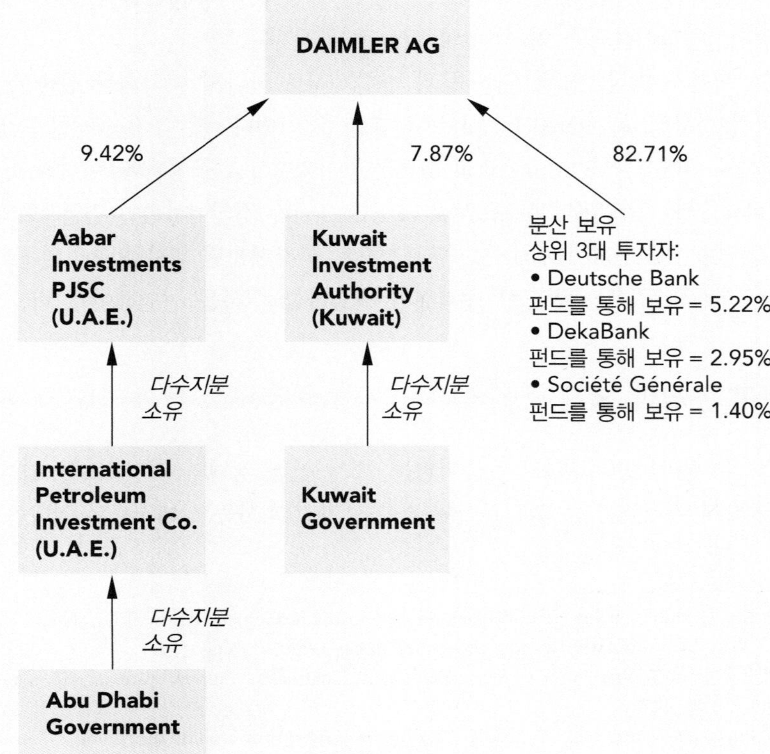

(b)

그림 33.5

패널 a: 1990년도 다임러–벤츠의 소유구조.

패널 b: 2009년도 다임러–벤츠의 소유구조.

자료원: Panel a: J. Franks and C. Mayer, "The Ownership and Control of German Corporations," Review of Financial Studies 14 (Winter 2001), Figure 1, p. 949. © 2001 Oxford University Press. 승인을 받아 사용함. Panel b: OSIRIS Database (Bureau van Dijk Electronic publishing). 이 그림을 제공해 준 Pedro Matos에게 감사드린다.

는 0.4%로 낮아졌다고 지적한다. 은행의 대표가 이사회에 참여하는 비율은 전체의 9.6%에서 5.6%로 떨어졌다. 디트만과 모그, 그리고 슈나이더의 증거는 은행은 이제 자사의 대출과 투자은행 활동의 촉진을 위해 이사회 참여를 활용하고 있다는 점을 시사한다. 그러나 은행이 참여하는 이사회를 가진 회사들은 그렇지 않은 비슷한 회사보다 성과가 나쁜 것으로 나타났다.[14)]

프랑스나 이탈리아 등 유럽 대륙의 다른 나라들 역시 복잡한 기업 소유구조를 가지고 있다. 이들 국가에서는 독일과는 달리 극적인 세제의 변화가 없었다. 그러나 이들 국가에서는 일련의 꾸준한 규제 변화가 있었다. 이런 변화는 기업지배구조를 위한 법적 틀을 미국과 유사하게 만드는 효과를 가져왔다.[15)]

유럽의 이사회

독일은 **공동결정**(*codetermination*) 시스템을 가지고 있다. 대규모 회사(일반적으로 2,000명 이상의 종업원을 가진)들은 두 개의 이사회를 가지고 있다. 하나는 **감독이사회**(*Aufsichtsrat*)이고 다른 하나는 **경영이사회**(*Vorstand*)이다. 감독이사회 이사의 절반은 경영진과 스태프뿐만 아니라 노동조합까지 포함하는 종업원들에 의해 선임된다. 나머지 절반은 주주를 대표하며, 은행 임원들을 포함한다. 또한 주주들이 임명하는 의장이 있고, 의장은 찬반 동수일 때 필요하면 결정투표권(tie-breaking vote)을 행사한다.

감독이사회는 단순히 종업원이나 주주들만이 아니라 회사 전체의 이익을 대표한다. 감독이사회는 전략을 감독하며, 회사를 운영하는 경영이사회를 선출하고 감시한다. 감독이사회는 전형적으로 약 20명의 이사로 구성되는데 이는 미국이나 영국의 전형적인 이사회보다 숫자가 많지만 일본보다는 규모가 작다. 경영이사회는 약 10명의 이사로 구성된다.

프랑스에서는 회사가 미국, 영국, 일본 등과 마찬가지로 하나의 이사회를 선출할 수도 있고, 독일과 같이 이원적 이사회(two-tiered board)를 선출할 수도 있다. 좀 더 일반적인 단일 이사회는 대부분 주주나 회사와 관계를 가진 금융기관의 대표들인 사외이사로 구성된다. 이원적 이사회제도는 독일의 감독이사회와 닮은 **감독위원회**(*conseil de surveillance*)와 경영이사회인 **경영자회의**(*directoire*)를 가지고 있다. 종업원 대표권과 관련해서는 부분적으로 상장폐지된 회사나 종업원들이 3% 이상의 주식을 소유한 회사의 경우는 반드시 종업원이 선출하는 이사를 선임해야 한다.

다른 국가에서의 소유와 통제

라 포타와 로페즈 디 실라니스, 그리고 슈라이퍼는 27개 선진 경제의 기업 소유구조를 조사하였다.[16)] 그들은 활발하게 거래되는 주식과 분산된 소유를 가진 회사는 상대적으로 적다는 것을 발견

14) I. Dittmann, E. Maug, and C. Schneider, "Bankers on the Boards of German Firms: What They Do, What They Are Worth, and Why They Are(Still) There," *Review of Finance*, forthcoming 참조.

15) L. Enriques and P. Volpin, "Corporate Governance Reforms in Continental Europe," *Journal of Economic Perspectives* 21(2007), pp. 117~140 참조.

16) R. La Porta, F. Lopez-de-Silanes, and A. Shleifer, "Corporate Ownership around the World," *Journal of Finance*

하였다. 은행과 기타 금융기관이 상당한 지분을 소유하는 독일식 패턴 역시 흔하지 않다. 그 대신 기업은 전형적으로 부유한 가문(family)이나 또는 국가에 의해 통제된다. 궁극적인 통제 주주는 이익이나 배당 또는 자산 가치에 대해 지배적인 지분을 가지지 않은 경우에도 전형적으로 확실히 보장된 투표 통제권을 보유한다.

가족 통제는 유럽이나 아시아에서는 일반적이다. 표 33.1은 클라센과 잔코프, 그리고 랭(Claessens, Djankov, and Lang)의 연구를 요약하고 있다. 이들은 1996년 약 3,000개의 아시아 기업 표본을 대상으로 소유구조를 추적하였다. 일본을 제외하면 공개기업의 높은 비율이 가족 통제 기업이었다. 그러므로 부유한 가문이 아시아 경제의 큰 부분을 통제한다. 예를 들어 홍콩에서는 10개의 가장 규모가 큰 가족 집단이 모든 상장기업 자산의 32%를 통제한다. 태국에서는 상위 10개의 가문이 자산의 46%를 통제한다. 인도네시아에서는 이 비율이 거의 58%에 이른다.

가족 통제가 보통은 공개기업에 대한 직접적인 과반수 지분을 의미하지는 않는다. 통제는 일반적으로 상호 주식보유, 피라미드, 그리고 차등의결권 주식 등을 통해 행사된다. 상호 주식보유의 예는 스미토모의 경우에 이미 살펴본 바 있다. 피라미드와 차등의결권 주식에 관해서는 설명이 필요하다.

피라미드 피라미드(pyramid)는 아시아와 여러 유럽 국가에서는 흔히 볼 수 있다.[17] 피라미드에서는 통제가 여러 층의 회사에 대한 일련의 통제 포지션을 통해 행사된다. 실제의 영업 회사(operating company)들은 피라미드의 맨 아래에 있다. 각 영업 회사의 위에는 첫 번째 지주회사가 있고, 그리

	통제[a]				
	표본의 기업 수	가문	국가	분산 보유	상위 10개 가문이[b] 통제하는 자산 비율
홍콩	330	66.7%	1.4%	7.0%	32.1%
인도네시아	178	71.5	8.2	5.1	57.7
일본	1,240	9.7	0.8	79.8	2.4
한국	345	48.4	1.6	43.2	36.8
말레이시아	238	67.2	13.4	10.3	24.8
필리핀	120	44.6	2.1	19.2	52.5
싱가포르	221	55.4	23.5	5.4	26.6
대만	141	48.2	2.8	26.2	18.4
태국	167	61.6	8.0	6.6	46.2

표 33.1 아시아에서의 가족 통제.

[a] '통제'는 적어도 투표권이 있는 주식 20%의 소유를 의미한다. 금융기관이나 기업이 통제하는 비율은 보고되어 있지 않다.
[b] 각국의 모든 표본 기업의 총 자산의 비율
자료원: S. Claessens, S. Djankov, and L. H. P. Lang, "The Separation of Ownership and Control in East Asian Corporations," *Journal of Financial Economics* 58(October/November 2000), Table 6, p. 103, and Table 9, p. 108. © 2000 Elsevier, used with permission.

54(1999), pp.471~517.

17) L. A. Bebchuk, R. Kraakman, and G. R. Triantis, "Stock Pyramids, Cross-Ownership, and Dual Class Equity," in *Concentrated Corporate Ownership*, ed. R. Morck(Chicago: University of Chicago Press, 2000), pp. 295~318.

고 두 번째 지주회사, 그리고 아마도 피라미드에서 더 위의 다른 지주회사가 있다.[18] 삼층 피라미드와 단일 영업 회사를 생각해 보자. 투표권의 51%는 각 계층의 통제권을 부여한다고 가정하자. 두 번째 지주회사—피라미드에서 가장 높은 지주회사—가 하위 지주회사에 대해 51%의 통제지분(controlling stake)을 보유하고 있다고 하자. 이 회사는 다시 영업 회사의 통제지분 51%를 보유한다. 최상위 지주회사의 통제지분 51%는 사실 영업 회사의 지분 26%에 불과하다(0.51 × 0.51 = 0.26, 즉 26%). 그래서 상위 지주회사의 투자자는 $1억만의 가치가 있는 영업 회사를 $2,600만의 투자로 통제할 수 있다. 층을 하나 더 만들면 필요한 투자는 0.51 × 26 = $1,300만으로 낮아진다.

실질적인 통제를 위해 통상적으로는 51%보다 적은 주식만 필요하다. 그러므로 최상위 지주회사의 주주들은 심지어 더 적은 투자로 통제권을 유지할 수 있다. 그림 33.6은 발렌베리(Wallenberg)가 어떻게 스웨덴 최대 규모의 회사 중의 하나인 ABB를 통제하는지를 보여준다. 영업 회사인 ABB는 도표의 오른쪽에 나타나 있다. ABB는 인센티브(Incentive)가 통제하고 있는데 이 회사는 ABB의 지분은 24%만 보유하지만 주주 투표권의 약 33%를 통제하고 있다. 인센티브는 다시 투자 지주회사인 인베스터(Investor)와 발렌베리 가문이 지배하고 있다. 이 가문은 또한 인베스터의 투표권 약 41%를 보유한다. 각 단계에서 가문의 투표 통제권은 적어도 33%이다. 이는 피라미드의 다음 층을 통제하기에 아주 충분한 것이다.[19]

차등의결권 주식 통제를 유지하는 또 다른 방법은 더 많은 투표권을 갖는 주식을 보유하는 것이다. (그림 33.6의 피라미드의 각 단계에서 추가적인 투표권에 주목하라.) 특별한 계층(class)의 주식에 추가적인 투표권이 주어질 수 있다. 예를 들어 회사의 클래스 A 주식은 10개의 투표권을 가지고 클래스 B 주식은 단 하나의 투표권을 가질 수 있다. 차등의결권 주식(dual-class equity)은 브라질, 캐나다, 덴마크, 핀란드, 독일, 이탈리아, 멕시코, 노르웨이, 스웨덴, 그리고 스위스 등을 포함한 많은 국가에서 자주 등장한다. 다른 투표권을 가진 주식은 (자주는 아니지만) 호주, 칠레, 프랑스, 홍콩, 남아프리카, 영국, 그리고 미국 등에서도 찾아볼 수 있다. 예를 들어 포드 자동차회사는

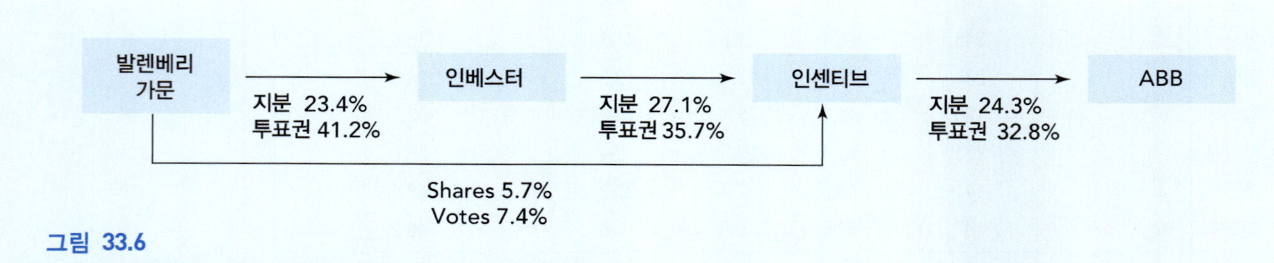

그림 33.6
스웨덴의 최대 기업 중 하나인 ABB를 통제하는 피라미드.

자료원: R. La Porta, F. Lopez-Silanes, and A. Shleifer, "Corporate Ownership Around the World," Journal of Finance 54(April 1999), Figure 8, p. 488. Blackwell 출판사의 승인을 받아 전제.

18) 지주회사의 유일한 자산은 다른 회사에 대한 통제권 있는 주식이다.
19) 그림 33.6은 발렌베리 보유지분의 일부분에 불과하다. 발렌베리 가문이 통제하는 회사들의 주식은 스톡홀름 증권거래소의 가치의 약 50%에 달한다. J. Agnblad, E. Berglof, P. Hogfeld, and H. Svancar, "Ownership and Control in Sweden: Strong Owners, Weak Minorities and Social Control," in *The Control of Corporate Europe* ed. F. Barca and M. Becht(Oxford: Oxford University Press, 2001) 참조.

호주	0.23	이탈리아	0.29
브라질	0.23	한국	0.48
캐나다	0.03	멕시코	0.36
칠레	0.23	노르웨이	0.06
덴마크	0.01	남아프리카	0.07
핀란드	0.00	스웨덴	0.01
프랑스	0.28	스위스	0.06
독일	0.09	영국	0.10
홍콩	−0.03	미국	0.02

표 33.2

회사 가치에 대한 비율로 표시한 통제 지분 투표권의 가치

자료원: T. Nenova, "The Value of Corporate Voting Rights and Control: A Cross-Country Analysis," Journal of Financial Economics 68 (June 2003), Table 4, p. 336. © 2003 Elsevier, 승인을 받아 사용함.

아직도 투표권의 40%를 가진 특별한 클래스의 주식을 보유한 포드 가문이 통제하고 있다. 차등의결권 주식은 벨기에, 중국, 일본, 싱가포르, 그리고 스페인 등의 국가에서는 금지되어 있다.

제14장에서 잠시 논의한 바와 같이 국가별로 투표의 가치에는 폭넓은 변형이 있다. 표 33.2는 각국에서 통제 지분(controlling blocks)의 가치를 회사 시장가치에 대한 비율로 계산한 타티아나 네노바(Tatiana Nenova)의 추정치를 보여준다. 이들 가치는 일반 주식과 추가적인 투표권을 가진 주식의 가격 차이로부터 계산하였다. 가치의 범위는 매우 크다. 예를 들어 스칸디나비아 국가들은 통제권에 대해 획일적으로 낮은 프리미엄을 가진다. 한국과 멕시코에서는 통제권의 프리미엄이 매우 높다.

주주 통제권은 왜 가치가 있는가? 두 가지 이유가 있다. 하나는 긍정적이고 다른 하나는 부정적이다. 통제 주주는 경영진을 감시하고 회사가 최선의 영업과 투자전략을 추구하도록 확인함으로써 가치를 극대화할 것이다. 다른 한편으로 통제 주주는 다른 주주들을 희생하여 사적인 이득을 끌어냄으로써 가치를 획득하려는(capture) 유혹에 빠질 수도 있다. 이 경우 통제권 프리미엄은 사실은 열등한 투표권을 가진 주식에 대한 디스카운트이다. 이 디스카운트는 열등한 주주들이 얻지 못할 것으로 예상하는 가치를 반영한다.

복합기업의 재등장

물론 미국 회사들 중에도 가문 또는 대량의 주식을 보유한 투자자가 통제하는 예가 있다. 그러나 이 경우에는 통제권은 한 그룹의 회사들이 아니라 단일 기업에 대해 행사된다. 다른 나라, 특히 완전히 발달된 금융시장이 없는 곳에서는 통제권이 서로 다른 여러 산업에 속한 회사들의 그룹에까지 확장된다. 이들 산업 그룹은 사실상 복합기업이다.

예를 들어 한국에서는 상위 10개의 복합기업이 기업 경제의 약 2/3를 통제한다. 이들 재벌(*chaebol*)은 또한 강력한 수출기업이다. 삼성이나 현대와 같은 이름은 전 세계적으로 널리 인식되고 있다. 복합기업은 라틴아메리카에서도 흔히 볼 수 있다. 가장 성공적인 기업 중 하나인 칠레의 지주회사 퀴녠코(Quiñenco)는 현기증이 날 정도로 다양한 사업체이다. 이 회사의 사업은 호텔업과 양조사업, 이동통신 서비스, 은행업, 그리고 동축선의 제조업 등을 포함한다. 널리 다각화된 그룹은 인도에서도 역시 일반적이다. 최대 규모의 타타그룹(Tata Group)은 철강, 전력, 부동산, 텔레콤과 금융서비스 등을 포함한 다양한 산업에 속한 80개의 회사에 걸쳐 있다. 이들 회사는 전부

공개기업이지만 통제권은 그룹에 속해 있고, 궁극적으로는 타타 가문이 가지고 있다.

미국에서는 1960년대와 70년대에 복합기업 합병의 물결이 있었으나 다각화가 장기적으로 가치를 창출해내지 못했고, 그 시대의 복합기업 대다수는 해체되었다. 그러나 복합기업은 개발도상국가에서 살아남아 성장하였다. 왜 그런가?

가족 소유가 부분적인 답이다. 부유한 가문은 통제권을 유지하고 가족 사업을 새로운 사업영역으로 확장하면서 위험을 낮출 수 있다. 물론 가문은 또한 다른 회사의 주식을 매입하여 다각화할 수 있었다. 그러나 금융시장이 제한되고 투자자 보호가 열악한 곳에서는 내부 다각화가 금융다각화를 앞설 수 있다. 내부 다각화는 내부 자본시장을 운영한다는 뜻이다. 그러나 국가의 금융시장과 금융기관이 수준 이하이면 내부 자본시장이 그렇게 나쁜 것만은 아닐 수 있다.

'수준 이하(substandard)'란 단지 규모나 거래활동의 결핍만을 의미하는 것만은 아니다. 이것은 은행 금융에 대한 접근을 제한하거나 채권이나 주식을 발행하기 전에 정부의 승인을 받도록 요구하는 정부 규제를 의미할 수도 있다.[20] 이는 또한 열악한 정보를 의미할 수도 있다. 만약 회계기준이 느슨하고 회사들이 숨기는 것이 많으면 외부 투자자에 의한 감시는 특히 비용이 많이 들고 어려워지며, 대리인 비용은 급격히 늘어난다.

내부 다각화는 또한 성장을 위한 유일한 실질적인 방법일 수 있다. 규모를 키우면서 동시에 집중한다는 것은 작은 규모의 닫힌 경제에서는 불가능하다. 왜냐하면 한 산업에만 종사하는 회사의 규모는 좁은 지역에 한정되는 국내 시장(local market)으로 제한되기 때문이다. 대규모 기업이 국제시장에 더 쉽게 접근할 수 있다면 규모는 이점이 될 수 있다. 이는 국내 시장이 비효율적인 경우 매우 중요하다.

규모는 또한 정치적 권력을 의미한다. 정치적 권력은 관리경제(managed economy) 또는 정부의 경제정책이 예측하기 어려운 국가에서는 특히 중요하다. 예를 들어 한국에서는 정부가 은행 대출에 대한 접근을 통제했다. 은행 대출은 정부가 승인하는 용도로 돌려졌다. 한국의 복합기업인 재벌은 통상적으로 대기선에서 첫 번째 순위였다.

폭넓게 다각화된 많은 사업그룹은 빠르게 성장한 한국과 같은 나라에서 특히 효율적이고 성공적이었다. 그러나 어두운 면도 있다. 때때로 복합기업 사업그룹은 외부 소수주주들을 희생하면서 자원을 그룹 회사 상호 간으로 이전(*tunnel*)하였다. 그룹회사 X는 낮은 이자로 대출해 주거나, Y의 산출물은 높은 가격으로 매입하거나 또는 X의 자산을 헐값으로 Y에 매각함으로써 가치를 Y에게로 이전할 수 있다. 버트랜드와 메타, 그리고 물라이나산(Bertrand, Mehta, and Mullainathan)은 인도에서 광범위하게 이루어지는 터널링(tunneling)의 증거를 발견하였다.[21] 존슨과 분, 브리치, 그리고 프리드먼(Johnson, Boone, Breach, and Friedman)은 이전하고자 하는 유혹은 경기침체나 금융위기 동안에 더 강해진다고 하면서 터널링(일반적으로 열악한 기업지배구조)은 1997~1998년의 아시아 위기의 원인이 되었다고 주장한다.[22]

---

20) 미국에서는 SEC가 주식 발행을 거부할 권한을 갖지 않는다. SEC의 요구는 단지 투자자들에게 충분한 정보가 주어지느냐를 확인하는 것이다.

21) M. Bertrand, P. Mehta, and S. Mullainathan, "Ferreting out Tunneling: An Application to Indian Business Groups," *Quarterly Journal of Economics* 117(February 2002), pp. 121~148.

22) S. Johnson, P. Boone, A. Breach, and E. Friedman, "Corporate Governance in the Asian Financial Crisis," *Journal of Financial Economics* 58(October/November 2000), pp. 141~186.

33.3 이런 차이가 문제가 되는가?

좋은 금융시스템은 경제성장을 촉진하는 것으로 보인다.[23] 사실, 조금이라도 성장을 하기 위해서는 적어도 기본적인 금융은 필요한 것 같다. 라구 라잔과 루이기 징갈레스(Raghu Rajan and Luigi Zingales)는 방글라데시의 대나무 의자 제조업체의 예를 들고 있다. 이 회사는 의자 하나당 22센트의 원재료를 사들여야 한다. 불행하게도 회사는 22센트가 없었고, 중간상인에게 빌려야 했다. 회사는 대출을 상환하기 위해 강제로 대출자에게 의자를 팔아야 했으며, 고작 2센트의 이익밖에 남기지 못했다. 금융의 결여 때문에 회사는 이런 빈곤의 사슬에서 벗어나지 못했다. 이와는 대조적으로 저자들은 두 사람의 스탠포드 MBA인 케빈 타윌과 짐 엘리스(Kevin Taweel and Jim Ellis)의 예를 들었다. 이들은 졸업 후 얼마 안 되어서 자신들의 사업체를 매입할 수 있었다. 그들은 스스로의 자본은 충분하지 않았지만 적당한 인수대상을 찾아 나서는 데 필요한 종자돈을 조달할 수 있었고, 그러고 나서는 이를 마무리하기 위한 추가적인 자금조달도 가능했다.[24] 타윌과 엘리스는 세련된 프라이빗에퀴티 시장을 포함한 현대 금융시스템의 수혜자였다.

아주 간단한 재무적 의사결정을 생각해 보면 금융발전과 경제발전 간의 관계는 쉽게 이해할 수 있다. 가령 한 작은 사업체에 신용을 공여할 것인가를 결정해야 한다고 하자. 만약 미국이라면 인터넷을 통해 거의 순간적으로 수백만 사업체 중 하나에 관한 던 앤 브래드스트리트(Dun and Bradstreet)의 보고서를 내려 받을 수 있다. 이 보고서는 회사의 재무제표, 은행 잔고의 평균 규모, 그리고 청구서를 기한 내에 지불하는지 등을 보여준다. 또한 회사의 전반적인 신용 점수도 받을 수 있다. 이런 광범위하게 이용할 수 있는 신용 정보는 대출에 드는 비용을 낮춰주고 신용의 이용 가능성을 높인다. 이는 또한 어느 한 대출자가 정보를 독점할 수 없음을 의미한다. 이는 신용의 공급자 간에 경쟁을 증가시켜 차입자에게 비용을 낮춰준다. 이와는 대조적으로 대부분의 개발도상국에서는 좋은 신용정보를 쉽게 이용할 수 없으며, 소규모 사업체에 대한 대출자들은 숫자가 적고 그 비용은 높다.

물론 금융은 문제가 된다. 그러나 국가의 금융시스템이 잘 발달된 경우라면 금융시스템의 본질이 문제가 되는가? 선진국이 시장기반 또는 은행기반 시스템을 가진다는 것이 상관있는가? 두 가지 형태 모두 효과적이지만 각각은 잠재적인 이점을 가지고 있다.

위험과 단기주의

그림 33.2를 다시 보면 각기 다른 나라에서 가계가 금융 포트폴리오에서 부담하는 위험의 양은 현저하게 차이가 난다는 것을 알 수 있다. 한쪽 극단은 일본이다. 일본에서는 가계가 금융자산의 절반 이상을 은행계좌로 보유한다. 나머지의 많은 부분은 보험과 연금기금인데, 일본에서는 보험과 연금기금이 대게 고정된 금액을 지급하며 주식시장과는 연계되어 있지 않다. 가계 포트폴리오의 작은

23) R. Levine, "Financial Development and Economic Growth: Views and Agenda," *Journal of Economic Literature* 35(1997), pp. 688~and R. Rajan and L. Zingales, "Financial Dependence and Growth," *American Economic Review* 88(1998), pp. 559~586.

24) R. Rajan and L. Zingales, *Saving Capitalism from the Capitalists*(New York: Crown Business, 2003), pp. 4~8.

부분만 주식시장이나 일본 기업의 사업위험과 연계되어 있다. 유럽 가계 또한 기업 부문의 위험에 대한 직접 노출은 상대적으로 적다. 다른 쪽 극단에 있는 미국 가계는 주식과 뮤추얼펀드에 많이 투자한다.

물론 누군가 사업위험을 부담해야 한다. 가계가 직접 부담하지 않는 위험은 은행과 다른 금융기관, 그리고 궁극적으로는 정부로 전가된다. 대다수의 국가에서 정부가 명시적으로나 또는 묵시적으로 은행예금을 보증한다. 은행이 어려워지면 정부가 개입해서 사회 전체가 짐을 부담한다. 이것이 바로 2007~2009년의 위기 기간에 일어난 일이다.[25]

어떤 사람들은 금융기관이 사업위험을 흡수하고, 주식시장에 투자하는 개인의 수가 매우 적은 은행기반 시스템에서는 기업이 마음 놓고 장기 투자를 할 수 있다고 주장한다. 일본이나 독일 기업들과 은행 간의 밀접한 연결 관계는 단기주의(*short-termism*)라는 무서운 병을 예방해 준다. 미국과 영국 기업들은 빠른 수익을 바라는 주주의 요구에 포로가 되어 있으며, 따라서 장기 경쟁우위를 희생하면서 빠른 이익 성장을 이룩해야 한다. 많은 사람들이 일본과 독일 경제가 특히 강건하던 1980년대 후반 이런 주장이 설득력이 있다고 생각했다.[26] 그러나 1990년대에는 시장기반 경제가 앞서가기 시작했고 이런 견해도 바뀌었다.

성장 산업과 쇠퇴 산업

시장기반 시스템은 발전하는 신생 산업에서 특히 성공적인 것으로 보인다. 예를 들어 철도는 19세기 주로 런던증권거래소를 통한 자금조달에 힘입어 영국에서 맨 먼저 개발되었다. 자동차는 독일에서 발명되었지만 20세기에 와서는 미국이 자동차 산업에서 대량생산 체제의 개발을 이끌었다. 상업용 항공기 또한 2차 대전 후 컴퓨터 산업이나 더 최근에는 바이오테크나 인터넷 산업과 마찬가지로 주로 미국에서 개발되었다.[27] 반면, 은행기반 금융시스템을 가진 두 국가인 독일과 일본은 자동차 등과 같은 이미 잘 정립된 산업에서 자국의 경쟁우위를 유지하였다.

왜 금융시장이 혁신적인 산업을 육성하는 데 더 유리한가?[28] 새로운 제품이나 공정이 발견되었을 때 새로운 산업의 전망이나 이를 발전시키는 최선의 방법에 관해 다양한 의견이 있다. 금융시장은 이런 다양성을 수용하며, 젊고 야심찬 회사들로 하여금 같은 생각을 가지고 미래 성장에 자금을 제공할 투자자들을 찾을 수 있도록 해 준다. 이런 일은 몇몇 주요 은행들로부터 금융이 이루어지는지 경우에는 가능성이 낮다.

시장기반 시스템은 또한 쇠퇴하는 산업의 회사들이 규모를 줄이고 자본을 풀어주도록 강제하

---

25) 다른 가능성은 장기 관점을 가지며 격렬한 경쟁에 노출되어 있지 않은 은행이 수익률이 높을 때 준비금을 쌓았다가 수익이 낮을 때 꺼내 씀으로써 위험을 서로 다른 세대 간에 고루 배분할 수 있다. 금융시장으로부터의 경쟁은 이런 형태의 세대 간 위험부담을 방해한다. 수익이 높은 세대는 자신의 수익 전부를 받기 원하며 준비금을 쌓으려 하지 않는다. F. Allen and D. Gale, "Financial Markets, Intermediaries, and Intertemporal Smoothing," *Journal of Political Economy* 105(June 1997), pp. 523~546 참조.

26) M. Porter, "Capital Disadvantage: America's Failing Capital Investment System," *Harvard Business Review*, September/October 1992, pp. 65~82 참조.

27) 19세기 독일에서 대규모로 발전한 화학 산업과 같은 정반대의 예도 있다.

28) F. Allen and D. Gale, "Diversity of Opinion and the Financing of New Technologies," *Journal of Financial Intermediation* 8(April 1999), pp. 68~89 참조.

는 데 좀 더 효과적인 것으로 보인다.[29] 기업이 자본비용을 벌 수 없어서 성장이 오히려 가치를 파괴하는 경우 주가는 하락하고 주가하락은 분명한 부정적인 신호를 보낸다. 그러나 은행기반 금융시스템에서는 비경제적인 기업들도 종종 구제된다. 1970년대 마쓰다(Mazda)가 비틀거릴 때 스미토모 은행은 마쓰다의 부채에 대한 보증을 하고, 부분적으로는 케이레츠 내의 종업원들에게 마쓰다 자동차를 사도록 압력을 가하는 방법으로 구제책을 만들어냈다. 스미토모 은행은 구제책을 시행할 인센티브를 가지고 있었다. 왜냐하면 마쓰다가 회복되면 그 회사의 사업을 자신이 가져 갈 수 있다는 것을 알았기 때문이다. 1990년대 일본 은행들은 회복 전망이 절망적이라는 것이 분명해 진 이후에도 이런 '좀비(zombie)' 회사에 계속해서 대출을 해 주었다. 예를 들어 은행 연합은 지급불능의 증거가 명백한데도 불구하고, 일본의 소매회사 소고(Sogo)를 수년 동안 살려 두었다. 소고가 결국 실패한 2000년 이 회사 부채는 ¥19조까지 쌓였다.[30]

투명성과 지배구조

시장기반 시스템의 모든 이점에도 불구하고 심각한 사고가 일어난다. 1990년대 후반의 텔레콤과 닷컴 붐 이후에 일어난 갑작스럽고 비용이 많이 드는 수많은 기업 용해(corporate meltdown)를 생각해 보라. 이전 장에서 월드컴(WorldCom, 지금은 MCI로 재조직됨)의 $1,000억 파산에 관해 알아보았다. 그러나 가장 악명이 높은 용해는 2001년에 파산한 엔론(Enron)이었다.

엔론은 가스 파이프라인회사로 출발하였으나 에너지와 상품의 거래로 빠르게 확장하였고, 발전 사업, 광역대 통신, 그리고 수자원회사 등에 대규모 투자를 했다. 2000년 말에 가서는 이 회사의 주식시장 가치가 약 $600억에 이르렀다. 이 회사는 1년 후 파산했다. 그러나 엔론이 파산했을 때 실제로 $600억이 상실된 것은 아니다. 왜냐하면 대부분의 가치가 애초부터 존재하지 않았기 때문이다. 2001년 후반에 가서 엔론은 여러 가지 면으로 빈 껍질이 되었다. 이 회사의 주가는 수익성 있는 사업에 의해서가 아니라 투자자들의 열정으로 지탱되었다. 회사는 또한 많은 숨겨진 부채를 쌓아 놓았다. 예를 들면 엔론은 **특수목적회사**(*special-purpose entities*, SPE)를 통해 공격적으로 차입하였다. 많은 SPE가 부외(off-balance-sheet) 회계의 요건을 갖추지 못했음에도 불구하고 SPE 부채는 회사의 재무상태표에 기록되지 않았다. (엔론의 몰락은 또한 회계법인 아더 엔더슨(Arthur Andersen)을 침몰시켰다.)

2001년 말에 나쁜 소식이 새 나오기 시작했다. 그 해 10월에 엔론은 $10억 규모의 수자원 및 광역대 사업의 상각을 발표했다. 같은 해 11월에는 회사 재무상태표에 부채를 $6억 5,800만 증가시키고, 이익을 $5억 9,100만이나 감소시켰던 자사의 SPE들을 소급해서 통합하였다.[31] 이 회

29) R. Rajan and L. Zingales, "Banks and Markets: The Changing Character of European Finance," in V. Gaspar, P. Hartmann, O. Sleijpen(eds.), *The Transformation of the European Financial System*, Second ECB Central Banking Conference, October 2002, Frankfurt, Germany, (Frankfurt: European Central Bank, 2003), pp. 123~167 참조.

30) T. Hoshi and A. Kashyap, "Japan's Financial Crisis and Economic Stagnation," *Journal of Economic Perspectives* 18(Winter 2004), pp. 3~26 참조.

31) 엔론은 더 많은 재무상의 문제들에 당면하였다. 예를 들어 이 회사는 투자자들에게 SPE 거래의 사업위험을 헤지했다고 말했으나 자사의 많은 SPE들이 엔론 주식 담보로 지원되고 있다는 사실은 말하지 않았다. 엔론 주가가 하락했을 때 헤지는 허물어졌다. P. Healy and K. Palepu, "The Fall of Enron," *Journal of Economic Perspectives* 17(Spring 2003), pp. 3~26 참조.

사의 부채는 11월 28일 정크 수준으로 등급이 하락했고, 12월 2일 이 회사는 파산을 신청했다.

엔론은 시장기반 금융시스템에서 **투명성**(*transparency*)의 중요성을 잘 논증하고 있다. 만약 기업이 외부 투자자에게 투명하면—투자자들이 회사의 진정한 수익성과 전망을 알 수 있으면—문제는 즉시 주가 하락으로 나타날 것이다. 이는 다시 증권 애널리스트와 채권 등급평가기관, 그리고 투자자들의 추가적인 감시를 불러온다. 이는 또한 기업인수로 이어질 수도 있다.

투명성이 있으면 기업의 어려움은 일반적으로 교정 활동(corrective action)으로 이어진다. 그러나 곤경에 처한 불투명한 회사의 고위 경영진은 주가를 유지하고 시장으로부터의 규율을 연기할 수 있다. 시장규율은 회사가 파산하기 겨우 한두 달 전에 엔론을 따라 잡았다.

불투명성이 은행기반 시스템에서는 그렇게 위험한 것은 아니다. 기업은 은행과 오래 지속되는 관계를 가지는데, 이런 관계는 기업을 면밀하게 감시할 수 있고, 손실을 멈추게 하거나 또는 지나치게 위험한 전략을 취소할 수 있게 해 준다. 그러나 어떤 금융시스템도 가끔 일어나는 기업 용해를 아주 피할 수는 없다.

이탈리아의 식품회사인 파르마라트(Parmalat)는 성장 전망이 밝고 수익성 있는 탄탄한 회사인 것으로 보였다. 이 회사는 전 세계적으로 확장하였으며, 2003년에 와서는 36,000명의 종업원을 거느리고 30개국에서 영업을 하고 있었다. 이 회사는 약 €20억의 부채를 보고했지만 동시에 현금과 대규모의 단기 유동성 증권 포트폴리오를 보유하고 있다고 주장하였다. 그러나 회사의 재무적 강점에 대한 의구심이 쌓이기 시작했다. 2003년 12월 19일 파르마라트가 보고한 €39억의 은행 예금은 애초부터 존재하지 않았음이 밝혀졌다. 파르마라트의 주가는 2주 안에 80% 하락하였고 12월 24일 이 회사는 관리에 들어갔다(이탈리아의 파산 절차). 투자자들은 나중에서야 파르마라트의 진짜 부채는 €140억이고, 추가적인 수십억 유로의 자산 가치가 블랙홀로 사라져 버렸으며, 매출과 이익은 과대평가되었음을 알게 되었다.

엔론이나 파르마라트와 같은 고약한 예상 밖의 일로부터 투자자를 완전하게 보호해 주는 금융시스템을 꿈꾸어 볼 수는 있다. 그러나 완전한 투자자보호는 불가능하다. 완벽한 투자자보호는 설사 그것이 가능하다고 할지라도 현명하지도 않고, 또 효율적이지도 않다. 왜 그런가? 외부 투자자는 경영자가 하는 일이나 그런 일을 하는 이유에 관해 모든 것을 알 수 없기 때문이다. 법과 규제는 경영자가 해서는 안 되는 일이 무엇인지 명시할 수는 있지만 그들이 무엇을 해야 하는지는 말해줄 수 없다. 그러므로 경영자에게는 예기치 않은 문제와 기회에 대응하여 행동할 수 있는 재량권이 주어져야 한다.

일단 경영자에게 재량권이 주어지면 그들은 투자자의 이익뿐만 아니라 자신의 이익도 생각하게 된다. 대리인 문제는 피할 수 없다. 금융시스템이 할 수 있는 최선의 길은 투자자를 적정하게 잘 보호하고 경영자와 투자자의 이익이 일치하도록 만들어 주는 것이다. 대리인 문제에 관해서는 이 책의 여러 곳에서 논의하였다. 그러나 이들 대리인 문제를 통제하는 메커니즘을 다시 한 번 되풀이 하는 것은 별로 손해보는 일이 아닐 것이다.

- 내부자들의 자기 거래(self-dealing)로부터 외부 투자자를 보호하는 법과 규제
- 공개기업이 적정하게 투명하도록 해 주는 공시 요건과 회계 기준
- 은행과 기타 금융기관에 의한 감시
- 이사회에 의한 감시

- 기업인수 위협(기업인수는 일부 국가에서는 매우 드물기는 하지만)
- 이익과 주가에 연계된 보상

이 장에서는 금융시장의 발전을 위한 투자자 보호의 중요성을 강조하였다. 그러나 더 많은 투자자 보호가 항상 좋은 일이라고 가정해서는 안 된다. 기업은 외부 투자자와 기업을 운영하는 경영자와 종업원 간의 일종의 협력체(partnership)이다. 경영자와 종업원들은 자신들도 또한 투자자이다. 그들은 금융자본 대신 인적자본을 회사에 내놓는다. 성공적인 기업은 인적자본과 금융자본의 공동투자를 요구한다. 금융자본에 지나치게 많은 권력을 주면 인적자본은 참여하지 않을 것이다. 아니면 참여한다고 하더라도 적절하게 동기부여가 되지 않을 것이다.[32)]

요약

시장기반 금융시스템과 은행기반 금융시스템을 구분하는 것은 하나의 관습이다. 미국은 대규모의 주식시장과 채권시장을 보유하고 있기 때문에 시장기반 시스템을 가지고 있다. 영국 또한 시장기반 시스템을 가지고 있다. 채권시장은 덜 중요하다. 그러나 영국의 주식시장은 여전히 기업재무와 지배구조에 있어서 결정적으로 중요한 역할을 한다. 독일과 일본은 은행기반 시스템을 가지고 있다. 부채금융 대부분은 은행으로부터 조달되며, 이들 국가에서는 주식시장은 덜 중요하다.

물론 이러한 은행과 시장의 단순한 구분은 이야기의 끝과는 매우 동떨어져 있다. 예를 들어보자.

- 영국 가계는 주식 연계 보험과 연금을 통해 간접적으로 주식을 보유하는 경향이 있다. 주식에 대한 직접 투자는 미국에 비해 별로 흔하지 않다.
- 일본 가계는 주식 위험을 상대적으로 적게 부담한다. 대부분의 저축은 은행계좌나 보험계약으로 간다.
- 유럽에서는 종종 기업의 대규모 주식 지분을 다른 회사가 보유한다.
- 일본에서는 기업들이 거래신용 금융, 즉 다른 회사에 대한 외상매입금(지급어음)에 크게 의존한다.

일본과 독일에서는 은행의 역할이 돈을 대출해 주는 것을 넘어선다. 규모가 가장 큰 일본 은행들은 대규모의 협력적인 회사들의 그룹인 **케이레츠(*keiretsu*)**의 중심축(hub)이다. 각각의 케이레츠는 주거래 은행(main bank)과의 오래 지속되는 연결관계와 그룹 회사들 간의 광범위한 상호 주식보유(cross- shareholding)에 의해 유지된다. 독일 은행들 역시 전통적으로 기업 고객과의 오래 지속되는 연결관계를 가진다(**하우스방크(*hausbank*)** 시스템). 은행은 투자자들을 대신해서 보유하고 있는 주식의 투표권을 행사한다.

미국과 영국에서 대규모 공개기업의 소유는 아주 단순하다. 주식이 활발하게 거래되고, 한 가지 계층

32) 노력과 인적 자본의 가치를 관찰하기는 어렵기 때문에 노력과 인적 자본을 적절하게 보상하는 보상계획을 설정하기도 어렵다. 그러므로 경영자에게 일정한 자유재량권을 주어서 동기유발을 위해 자신의 이익에 부합하는 행동할 수 있도록 허용하는 것이 더 낫다. 주주들은 자신들의 권리 일부를 풀어주고, 기업이 성공적일 때는 경영자와 종업원이 사적 이익을 획득하더라도 간섭하지 않는다고 약속함으로써 이런 재량권을 제공할 수 있다. 어떻게 약속하는가? 한 가지 방법은 기업을 공개하는 것이다. 기업의 운영에 대한 일반 주주의 직접적인 간섭은 쉽지 않고 따라서 매우 드물다. 다음 논문들을 참조하라. M. Burkart, D. Gromb, and F. Panunzi, "Large Shareholders, Monitoring and the Value of the Firm," *Quarterly Journal of Economics* 112(1997), pp. 693~728; S. C. Myers, "Outside Equity," *Journal of Finance* 55(June 2000), pp. 1005~1037; and S. C. Myers, "Financial Architecture," *European Financial Management* 5(July 1999), pp. 133~142.

Visit us at www.mhhe.com/bma

(클래스)의 주식만 있고, 소유는 광범위하게 분산되어 있다. 일본에서는 한 클래스의 주식이 있다. 그러나 이들 주식의 상당 부분은 케이레츠 내의 상호 주식보유로 묶여 있다. 1990년대 이후에는 이 비율이 줄어들고 있다. 일본의 주주들은 기업지배구조에 별로 영향력을 행사하지 못한다. 유럽의 주주들도 비슷하게 은행과 다른 기업에 의한 소유의 집중 때문에 발언권이 별로 없다.

미국과 영국에서는 법이 주주의 이익을 맨 먼저 앞세운다. 경영자와 이사회는 주주에 대한 충실의무를 가진다. 그러나 독일에서는 회사를 운영하는 경영이사회가 투자자뿐만 아니라 종업원도 대표하는 감독이사회에 보고한다. 전체로서의 회사가 맨 먼저이다.

대규모의 선진 경제 이외의 국가에서는 다른 형태의 소유가 나타났다. 회사들의 그룹은 가문이나 때때로는 국가에 의해 통제된다. 통제는 상호 주식보유, 피라미드, 통제 투자자에게 더 많은 투표권을 갖는 주식의 발행 등으로 유지된다.

수많은 개발도상 국가에서는 부유한 가문이 기업 부문의 커다란 부분을 통제한다. 이들 가족 그룹은 복합기업으로 운영된다. 미국에서는 복합기업이 쇠퇴하는 종(種)이지만 복합기업의 내부 자본시장은 금융시장과 금융기관이 아직 덜 발달된 나라에서는 타당성이 있다. 복합기업의 규모와 범위는 정치적 권력을 제공할 수도 있다. 이는 정부가 경제를 관리하려고 노력하는 국가나 법과 규제가 불규칙적으로 집행되는 국가에서는 가치를 부가할 수 있다.

집중된 가문의 통제는 좋은 것일 수도 있다. 그것이 경영자로 하여금 회사를 빡빡하게 운영하고 가치를 극대화하는 투자에 집중하도록 강제한다. 그러나 통제의 집중은 또한 소수 투자자들의 이익을 희생하면서 자원의 터널링(tunneling)을 초래할 수도 있다.

외부 투자자에 대한 보호는 전 세계적으로 매우 다양하다. 보호가 잘 되어 있는 나라에서는 시장기반 시스템이 번성한다. 이들 시스템은 어느 정도 이점이 있다. 이런 시스템은 혁신을 길러주고, 쇠퇴하는 산업으로부터 자본을 해방시키도록 권장하는 것 같다. 반면에, 시장기반 시스템은 닷컴 붐과 텔레콤 붐이 잘 예시하는 바와 같이 유행을 타는 혁신에 지나치게 많은 투자를 하게 될지 모른다. 은행기반 시스템은 이미 잘 정립된 산업에 더 잘 맞는지도 모른다. 이들 시스템은 또한 주식시장 위험에 대한 직접 노출로부터 투자자들을 보호해 준다.

시장기반 시스템은 공개기업이 투자자에게 상당한 수준으로 투명한 경우 잘 작동한다. 엔론의 경우와 같이 불투명하면 간헐적인 용해가 예상된다. 은행기반 금융시스템은 불투명한 기업의 감시와 통제에 이점이 있을 수 있다. 은행은 기업 고객과 오래 지속되는 관계를 가지며, 따라서 외부 투자자들보다 더 나은 정보를 가지게 된다.

더 읽어야 할 문헌

다음 연구들은 금융시스템을 조사 또는 비교하고 있다.

F. Allen and D. Gale, *Comparing Financial Systems*(Cambridge, MA: MIT Press, 2000).

T. Hoshi and A. Kashyap, *Corporate Financing and Governance in Japan: The Road to the Future* (Cambridge, MA: MIT Press, 2001).

J. P. Krahnen and R. H. Schmidt(eds.), *The German Financial System*(Oxford: Oxford University Press, 2004).

R. La Porta, F. Lopez-de-Silanes, and A. Shleifer, "Corporate Ownership around the World," *Journal of Finance* 54(April 1999), pp. 471~517.

기업지배구조에 관한 뛰어난 논의는 다음을 참조하라.

Visit us at www.mhhe.com/bma

M. Becht, P. Bolton, and A. Röell, "Corporate Governance and Control" in G. Constantinides, M. Harris, and R. Stulz(eds.), *Handbook of the Economics of Finance*(Amsterdam: North-Holland, 2003), pp. 1~109.

R. Morck and B. Yeung, "Never Waste a Good Crisis: An Historical Perspective on Comparative Corporate Governance," *Review of Financial Economics 1*(November 2009), forthcoming.

A. Shleifer and R. W. Vishny, "A Survey of Corporate Governance," *Journal of Finance* 52(June 1997), pp. 737~783.

법과 정치, 그리고 금융의 역할에 관한 논의는 다음을 참조하라.

R. LaPorta, F. Lopez-de-Silanes, and A. Shleifer, "The Economic Consequences of Legal Origins," *Journal of Economic Literature* 46(2008), pp. 285~332.

R. Rajan and L. Zingales, *Saving Capitalism from the Capitalists*(New York: Crown Business, 2003).

왜 금융이 성장에 문제가 되는가에 관한 증거로는 다음을 참조하라.

R. Levine, "Financial Development and Economic Growth: Views and Agenda," *Journal of Economic Literature* 35(1997), pp. 688~726.

R. Rajan and L. Zingales, "Financial Dependence and Growth," *American Economic Review* 88 (June 1998), pp. 559~586.

마지막으로 잘못된 기업지배구조에 관해 더 읽어 보려면 다음을 참조하라

P. Healy and K. Palepu, "The Fall of Enron," *Journal of Economic Perspectives* 17(Spring 2003), pp. 3~26.

S. Johnson, R. La Porta, F. Lopez-de-Silanes, and A. Shleifer, "Tunneling," *American Economic Review* 90(May 2000), pp. 22~27.

연습문제

기본문제

1. 다음에 해당하는 국가는 어디인가?
   a. 최대 규모의 주식시장
   b. 최대 규모의 채권시장
   c. 개인 투자자들의 직접 주식 보유가 가장 적음
   d. 개인 투자자들의 은행예금 보유가 가장 큼
   e. 다른 회사들의 주식 보유가 가장 큼
   f. 금융을 위해 거래신용의 사용이 가장 큼
   각각의 경우 '가장 큼'과 '가장 작음'을 GDP에 상대적인 총 가치로 정의하라.

2. 케이레츠란 무엇인가? 간단히 설명하라.

3. 일본 투자자들은 기업 재무정책과 지배구조에서 중요한 역할을 하는가? 만약 그렇지 않다면 일본 투자자들이 그렇게 할 수 있는가?

4. 독일 은행들은 종종 독일 사업체에 대한 주주 투표권의 많은 부분을 통제한다. 은행들은 어떻게 그런 권력을 얻게 되었는가?

5. 독일 시스템 공동결정(codetermination)은 무엇을 의미하는가?

6. 전 세계적으로 가장 일반적인 기업 소유 형태는 어떤 것인가?

Visit us at www.mhhe.com/bma

7. 주주가 회사 주식 30%로 실질적인 통제권을 획득할 수 있다고 하자. 이 주주가 지주회사 X^2를 설립하여 두 번째 지주회사 X의 주식을 보유하고, X가 다시 Z의 주식을 보유하게 함으로써 어떻게 회사 Z의 통제권을 획득할 수 있는지 설명하라.
8. 왜 시장기반 금융시스템이 혁신을 지원하고 쇠퇴 산업으로부터 자본을 해방시키는 데 더 좋은가?
9. 터널링(tunneling)이란 무엇인가? 왜 터널링 위협이 금융시장의 발전을 저해하는가?

중급문제

10. 대리인 문제는 불가피하다. 즉 경영자가 주주의 이익에 100%의 무게를 주고 자신에게는 아무것도 주지 않기를 절대로 기대할 수 없다.
    a. 왜 그런가?
    b. 전 세계적으로 대리인 문제를 통제하기 위해 사용되는 메커니즘을 열거하라.
11. 은행은 기업들이 자금을 조달할 수 있는 유일한 금융중개기관은 아니다. 다른 중개기관은 어떤 것이 있는가? 영국, 독일, 그리고 일본에서 그런 기관들은 은행에 비해 상대적으로 어느 정도의 금융을 제공하는가?
12. 시장기반 금융시스템에서는 왜 투명성이 중요한가? 은행기반 금융시스템에서 투명성이 덜 중요한 이유는 무엇인가?
13. 차등의결권 주식이란 무엇을 의미하는가? 이런 주식은 허용되어야 하는가 아니면 법으로 금지해야 하는가?
14. 시장기반 금융시스템에서는 어떤 종류의 산업이 번성해야 한다고 생각하는가? 은행기반 시스템에서는 어떤가?
15. 많은 국가에서 피라미드가 일반적이지만 미국이나 영국에서는 그렇지 않은 이유는 무엇인가?
16. 일본 케이레츠의 이점과 불리한 점은 무엇인가?

Visit us at www.mhhe.com/bma

결론: 재무학에서 우리가 알게 된 것과 아직 모르는 것

이제 끝낼 시간이다. 재무학에서 우리가 알게 된 것과 아직 모르는 것 중 몇 가지를 생각해 보면서 마치도록 하자.

34.1 우리가 알게 된 것: 재무학에서 가장 중요한 일곱 가지 개념

재무학(finance)에서 가장 중요한 일곱 가지 개념을 들어보라고 하면 뭐라고 말할 것인가? 다음은 저자들이 만든 목록이다.

1. 순 현재가치

중고차의 가치를 알고 싶을 때 우리는 중고차 시장의 시세를 조사해 본다. 이와 마찬가지로 미래 현금흐름의 가치를 알고 싶을 때는 미래 현금흐름에 대한 청구권이 거래되고 있는 자본시장에서 형성된 가격을 찾아본다(고액 연봉을 받는 투자은행가들은 단지 현금흐름 중고품 딜러에 불과함을 기억하자). 만약 우리가 주주들을 대신해 그들이 자본시장에서 지불하는 것보다 더 싼 값에 현금흐름을 살 수 있다면 우리는 주주들의 투자가치를 증가시킨 셈이다.

이것이 순 현재가치(*net present value*, NPV)에 담겨있는 단순한 개념이다. 어떤 프로젝트의 NPV를 계산할 때 우리는 그 프로젝트가 투자에 소요되는 비용보다 더 높은 가치가 있는지 묻고 있는 것이다. 우리는 그 프로젝트의 현금흐름에 대한 청구권이 별도로 투자자에게 제공되고, 또 자본시장에서 거래된다면, 그 현금흐름이 얼마나 가치가 있는지를 계산함으로써 프로젝트의 가치를 추정한다.

이것이 기회자본비용(opportunity cost of capital), 즉 투자 프로젝트와 같은 정도의 위험을 갖는 증권이 제공하는 기대수익률로 미래 현금흐름을 할인하여 순 현재가치를 계산하는 이유이다. 잘 기능하고 있는 자본시장에서는 모든 동일위험 자산은 같은 수익률을 제공하도록 가격이 매겨진다. 기회자본비용으로 할인함으로써 우리는 프로젝트의 투자자들이 그 수익률을 얻을 것으로 기대할 수 있는 가격을 계산한다.

대부분의 훌륭한 개념과 마찬가지로 순 현재가치 법칙은 '생각해 보면 자명한 개념'이다. 그러나 이것이 얼마나 중요한 아이디어인지 주목하라. NPV법칙은 각기 현저하게 다른 수준의 부와 위험에 대한 선호도를 갖는 수많은 주주들이 동일 기업에 참여하고, 또 전문 경영자에게 경영을 위임할 수 있도록 해 준다. 주주들은 경영자에게 하나의 단순한 지침만 주면 된다. "순 현재가치를 극대화하라."

2. 자본자산 가격결정모형

어떤 사람들은 현대 재무학은 모두 자본자산 가격결정모형에 관한 것이라고 말한다. 그건 터무니없는 소리다. 만약 자본자산 가격결정모형이 개발되지 않았다고 하더라도 재무관리자에게 주는 우리의 조언은 본질적으로 같았을 것이다. 이 모형의 매력은 위험투자의 요구수익률에 관해 쉽게 다룰 수 있는 사고방식을 제공한다는 것이다.

이 모형 역시 매력적으로 단순한 아이디어이다. 두 종류의 위험이 있다. 분산하여 없앨 수 있는 위험과 없앨 수 없는 위험이다. 어떤 투자의 **분산 불가능한**(*nondiversifiable*) 위험, 또는 **시장위험**은 투자의 가치가 경제 시스템 내의 모든 자산의 **총합**(*aggregate*) 가치의 변화에 의해 영향을 받는 정도로 측정할 수 있다. 이를 투자의 **베타**라고 한다. 사람들이 관심을 갖는 단 한 가지 위험은 피할 수 없는 위험, 즉 분산 불가능한 위험이다. 이것이 왜 어떤 자산에 대한 요구수익률이 베타와 비례하여 증가하는가 하는 이유이다.

많은 사람들이 자본자산 가격결정모형의 배경이 되는 강한 가정에 대해 염려하거나 또는 프로젝트 베타 추정의 어려움을 걱정한다. 이런 문제에 대해 염려하는 것은 옳은 일이다. 아마 10년이나 20년 후 우리는 지금보다 훨씬 더 나은 이론을 개발할 수 있을 것이다. 그러나 미래의 이론들 또한 분산 가능 위험과 분산 불가능 위험 간의 매우 중요한 구별을 강하게 주장하지 않을 수 없을 것이다. 이것이 바로 자본자산 가격결정모형의 기초를 이루는 주된 개념이다.

3. 효율적 자본시장

세 번째 기본적인 개념은 증권의 가격이 이용 가능한 모든 정보를 반영하고 있으며, 새로운 정보가 시장에 도달하는 즉시 가격이 이에 반응한다는 것이다. 이 **효율적 시장 이론**(*efficient-market theory*)은 '이용 가능한 정보'의 정의에 따라 세 가지 형태가 있다. 약형 이론(또는 랜덤워크 이론)은 현재의 가격이 과거의 가격자료에 포함된 모든 정보를 반영하고 있다는 것이다. 준강형은 증권가격이 공식적으로 이용 가능한 모든 정보를 반영한다는 것이며, 강형은 증권가격이 모든 정보를 반영하고 있다고 주장한다.

효율적 시장 아이디어를 오해하지 말라. 이 개념은 세금도 없고, 비용도 없다고 하지는 않는다. 어떤 사람은 현명하고 다른 사람은 바보 같다고 주장하지도 않는다. 이 개념은 단지 자본시장에서의 경쟁은 매우 치열하여 돈 찍는 기계(money machine)나 차익거래 기회는 존재하지 않으며, 증권가격은 자산의 기초를 이루는 진정한 가치를 반영하고 있다는 것이다.

효율적 시장 가설에 대한 다방면에 걸친 실증분석은 1970년경에 시작되었다. 2009년에 와서 40년간의 연구 끝에 실증분석은 통계적으로 유의한 수십 가지 이례현상을 발견하였다. 미안하지만 이런 이례현상이 쉽게 돈을 벌 수 있는 방법이 수십 가지 있다는 것을 의미하지는 않는다. 월등한 수익률은 얻기 어렵다. 예를 들어, 단지 소수의 뮤추얼펀드 펀드매니저들만이 몇 년 동안 계속적으로 월등한 수익률을 달성하고 있다. 그것도 아주 적은 금액이다.[1] 통계학자들은 시장을 능가할 수 있지만 실제 투자자들이 시장을 능가하는 것은 훨씬 더 어려운 일이다.

4. 가치 가산성과 가치보존의 법칙

가치 가산성(*value additivity*)의 원칙에 의하면 전체의 가치는 부분의 가치를 합친 것과 같다. 이 원칙은 때때로 가치보존의 법칙(*law of the conservation of value*)이라고도 불린다.

일련의 현금흐름을 제공하는 어떤 프로젝트를 평가할 때는 항상 가치는 서로 더할 수 있다고 가정한다. 다시 말하면, 다음과 같이 가정한다.

$$\begin{aligned} \text{PV}(\text{프로젝트}) &= \text{PV}(C_1) + \text{PV}(C_2) + \cdots + \text{PV}(C_t) \\ &= \frac{C_1}{1+r} + \frac{C_2}{(1+r)^2} + \cdots + \frac{C_t}{(1+r)^t} \end{aligned}$$

이와 마찬가지로 프로젝트 A와 프로젝트 B의 현재가치의 합은 복합 프로젝트 AB의 현재가치와 같다고 가정한다.[2] 그러나 가치 가산성은 또한 총 현금흐름의 증가 없이 단순히 두 회사를 합치는 것만으로는 가치를 증가시킬 수 없다는 것을 의미한다. 다시 말하면 단지 분산투자를 위한 합병은 이득이 없다.

5. 자본구조 이론

현금흐름을 더할 때 가치보존의 법칙이 맞는다면 현금흐름을 뺄 때에도 맞아야 한다.[3] 그러므로 단순히 영업 현금흐름을 여럿으로 나누는 재무의사결정은 기업의 전체적인 가치를 증가시키지 못한다. 이것이 그 유명한 모딜리아니와 밀러(Modigliani & Miller)의 명제 I의 바탕을 이루는 기본 개념이다. 완전시장에서는 자본구조의 변화가 가치에 영향을 주지 않는다. 기업의 자산에 의해 발생되는 총 현금흐름에 변동이 없는 이상 가치는 자본구조로부터 독립적이다. 전체 파이의 가치는 그 파이를 어떻게 자르느냐 하는 것과는 무관하다.

물론 MM의 명제가 절대적인 해답(The Answer)은 아니지만 왜 자본구조가 문제가 될지도 모르는가에 대한 해답을 어디서부터 찾아야 할지 그 단서를 제공한다. 세금문제는 하나의 가능성이다. 부채는 이자의 법인세 공제로 인한 절세효과를 제공한다. 이러한 절세효과는 이자소득에 대

1) 예를 들어, R. Kosowski, A. Timmerman, R. Werners, and H. White, "Can Mutual Fund 'Stars' Really Pick Stocks? New Evidence from a Bootstrap Analysis," *Journal of Finance* 61(December 2006), pp. 2551~2595.

2) 즉, 만약

$$\begin{aligned} \text{PV(A)} &= \text{PV}[C_1(\text{A})] + \text{PV}[C_2(\text{A})] + \cdots + \text{PV}[C_t(\text{A})] \\ \text{PV(B)} &= \text{PV}[C_1(\text{B})] + \text{PV}[C_2(\text{B})] + \cdots + \text{PV}[C_t(\text{B})] \end{aligned}$$

그리고, 각 기간 t에서 $C_t(\text{AB}) = C_t(\text{A}) + C_t(\text{B})$이면 PV(AB) = PV(A) + PV(B)

3) 만약 우리가 현금흐름 $C_t(\text{AB})$로 시작하여 이를 $C_t(\text{A})$와 $C_t(\text{B})$로 나눈다면 총 가치는 변하지 않는다. 즉 $\text{PV}[C_t(\text{A})] + \text{PV}[C_t(\text{B})] = \text{PV}[C_t(\text{AB})]$. 각주 2 참조.

해 투자자가 지급해야 하는 추가적인 개인 소득세를 충분히 보전하고도 남을 수 있다. 또한 높은 수준의 부채는 경영자를 더 열심히 일하고 더 긴축경영을 하게 만들 수도 있다. 그러나 부채는 기업을 재무적 곤경(financial distress)으로 끌고 갈 수 있다는 것이 단점이다.

6. 옵션 이론

일상의 대화에서 우리는 옵션(option)이라는 말을 선택(choice) 또는 대안(alternative)과 같은 의미로 자주 사용한다. 그래서 "여러 가지 옵션을 가지다"라고 말한다. 재무학에서 옵션이란 좀 더 구체적으로 지금 정해진 조건으로 미래의 일정 시점에서 거래할 수 있는 기회를 의미한다. 현명한 경영자는 미래에 어떤 자산을 지금 정해진 조건으로 사거나 팔 수 있는 옵션에 투자할 가치가 있다는 것을 잘 안다.

옵션은 너무나 중요하기 때문에 재무관리자는 이를 어떻게 평가하는가에 대한 이해가 필요하다. 재무분야의 전문가들은 옵션평가의 관련 변수가 무엇인지에 대해 알고 있었다. 행사가격과 옵션의 권리 만료일, 기초자산의 위험, 그리고 이자율이 그것이다. 그러나 이런 변수들을 조합하여 사용 가능한 공식을 만든 것은 블랙과 숄즈(Black and Scholes) 두 사람이었다.

블랙-숄즈 공식은 단순한 콜옵션을 기준으로 만들어진 것이어서 실제 시장에서 흔히 볼 수 있는 더욱 복잡한 형태의 옵션에 대해서는 직접 적용될 수 없다. 그러나 블랙과 숄즈의 가장 기본적인 개념 — 예를 들면, 공식에 내포된 위험중립 가치평가법 — 은 이 공식을 직접 적용할 수 없는 경우에도 사용할 수 있다. 제22장에서 설명한 실물옵션(real option)은 추가적인 계산이 필요할지는 몰라도 이를 이해하는 데 추가적인 개념이 필요하지는 않다.

7. 대리인 이론

현대 기업은 경영자, 종업원, 주주, 그리고 채권자 등 많은 참여자들이 포함된 하나의 팀에 의한 노력의 결과이다. 경제학자들은 오랫동안 의심없이 이 모든 참여자들이 하나의 공통적인 선(善)을 위해 행동한다고 가정했다. 그러나 지난 30년 동안 우리는 참여자들 간의 이해상충이라든가 또는 기업이 어떻게 이런 이해상충 문제를 해소하려고 노력하는가에 대해 많이 이해할 수 있게 되었다. 이 개념을 통틀어서 **대리인 이론**(*agency theory*)이라고 한다.

예를 들어 주주와 경영자 간의 관계를 생각해 보자. 주주(**주체**)는 경영자(**주주들의 대리인**)가 기업가치를 극대화해 주기 바란다. 미국의 경우 주요 기업의 소유는 넓게 분산되어 있어서 어느 한 주주가 경영자를 견제하거나 실적이 나쁜 경영자를 견책하기 어렵다. 그러므로 경영자를 열심히 일하도록 격려하기 위해 기업은 경영자의 보수를 그들이 부가하는 가치에 연동시키려고 노력한다. 계속해서 주주의 이익을 소홀히 하는 경영자는 기업이 인수당하고 자신은 회사에서 쫓겨날 것이라는 위협에 직면하게 된다.

일부 국가에서는 몇몇 주요 주주가 기업을 소유하고 있는 경우가 많은데 이런 경우에는 소유와 견제가 밀접하게 관련되어 있다. 예를 들어 많은 독일 기업의 주요 주주인 가족, 다른 회사, 또는 은행들은 내부자의 위치에서 최고경영진의 계획과 의사결정을 검토한다. 대부분의 경우 이들 주요 주주들은 필요한 계획의 변경을 요구할 수 있다. 그러나 독일에서는 적대적인 인수는 거의 일어나지 않는다.

경영자 유인책과 통제의 문제에 대해서는 제12, 14, 32, 그리고 33장에서 논의하였다. 그러나 그 외에도 이 책의 여러 부분에서 대리인 문제가 제기되었다. 예를 들면 제18장과 제24장에서는 주주와 채권자 사이에서 발생하는 대리인 문제를 다루었으며, 대출계약을 통해 어떻게 이런 갈등을 최소화할 수 있는지에 대해서도 논의하였다.

지금까지 이야기한 일곱 가지 개념은 호기심을 자극하는 흥미로운 이론인가 아니면 그저 상식에 불과한 것인가? 이들 개념을 무엇이라고 부르든 간에 이들은 재무관리자가 업무를 수행하는 데는 기본적인 것이다. 이 책을 공부함으로써 이들 개념을 잘 이해하고 또 어떻게 활용할 것인가를 알게 되었다면 우리는 많은 것을 배운 셈이다.

34.2 우리가 아직 모르는 것: 재무학에서 풀리지 않은 열 가지 문제

미지의 세계는 끝이 없다. 그래서 우리가 재무학에 대해 알지 못하는 것들을 나열한다면 아마 무한정 계속될 것이다. 그러나 여기서는 브릴리, 마이어스, 그리고 앨런(Brealey, Myers and Allen)의 제3법칙(29.5절 참조)에 따라 열 가지 풀리지 않은 문제들을 나열하고 이들에 대해 간단하게 논의하고자 한다.

1. 무엇이 프로젝트 위험과 현재가치를 결정하는가?

좋은 자본투자란 양(+)의 NPV를 가지는 투자이다. NPV를 어떻게 계산하는가에 대해서는 길게 설명하였다. 그러나 11.2절에서 기업이 경제적 지대(economic rent)를 벌 수 있을 때 그 프로젝트는 양(+)의 NPV를 갖는다고 설명한 것을 제외하고는 어떻게 양(+)의 NPV 프로젝트를 찾아낼 수 있는가에 대해서는 별로 지침을 주지 못했다. 왜 어떤 회사는 경제적 지대를 벌어들이는데 같은 산업에 속한 다른 회사들은 그렇지 못한가? 지대가 단순히 일종의 횡재인가? 아니면 지대를 예측하거나 계획할 수 있는가? 경제적 지대의 원천은 무엇이며, 경쟁으로 인해 경제적 지대가 사라질 때까지 얼마 동안이나 계속될 수 있는가? 이들 중요한 의문에 대해 알려진 것은 매우 적다.

이와 관련된 의문은 또 있다. 왜 어떤 실물자산은 위험하며 다른 자산은 상대적으로 안전한가? 제9.3절에서는 프로젝트 베타가 차이를 나타내는 몇 가지 이유 — 예를 들어 영업레버리지의 차이, 또는 프로젝트의 현금흐름이 국내 경제의 성과에 반응하는 정도 — 를 제시하고 있다. 이들은 분명 유용한 단서이기는 하지만 우리는 아직 프로젝트 베타를 측정하는 일반적인 과정에 대해서는 알지 못한다. 프로젝트 위험을 평가하는 일은 그래서 아직도 육감과 경험에 의존하는 문제(seat-of-the-pants matter)이다.

2. 위험과 수익 — 빠진 것은 없는가?

존 스튜어트 밀(John Stuart Mill)은 1848년에 다음과 같이 서술했다. "가치의 법칙에는 현재 또는 미래의 저술가들이 규명해야 할 아무것도 남아있지 않다. 이 이론은 완벽하다." 오늘날의 경제학자들은 이 주장에 대해 확신을 갖지 못하고 있다. 예를 들어 자본자산 가격결정모형은 자산가치에 대한 위험의 영향을 이해하는 데 있어 매우 중요한 전진이다. 그러나 여기에도 통계적으로나 혹은 이론적으로 아직도 많은 수수께끼가 남아있다.

통계적 문제는 자본자산 가격결정모형이 맞거나 틀리다고 결정적으로 증명하기가 어렵다는 데서 발생한다. 낮은 베타 주식의 평균 수익률은 지나치게 높고(즉 자본자산 가격결정모형이 예측하는 것보다 높다), 반면에 높은 베타 주식의 평균 수익률은 지나치게 낮은 것으로 나타난다. 그러나 이는 모형 자체의 문제가 아니라 실증검증을 하는 방법 때문에 생기는 문제일 수도 있다.[4] 파마와 프렌치(Fama and French)가 발견한 당황스러운 결과, 즉 기대수익률이 기업규모와 장부가치 대 시장가치 비율에 관련되어 있는 것으로 보인다는 사실에 대해서도 설명한 바 있다. 왜 그런지는 아무도 모른다. 아마도 이 변수들은 변수 x, 즉 투자자들이 주식 가격을 결정할 때 합리적으로 고려하는 수수께끼 같은 제2의 위험변수와 관련이 있는지도 모른다.[5]

그 사이에 학자들은 이론 분야에서 열심히 노력했다. 제8.4절에서 학자들의 이러한 노력에 대해 설명하였다. 재미삼아 다른 예를 생각해 보자. 어떤 투자자가 고급 포도주를 아주 좋아한다고 하자. 이 투자자가 고급 포도주 주식을 사는 것은 일리가 있는 일이다. 비록 이런 투자가 개인의 부(wealth)의 큰 부분을 차지하고 결과적으로는 상대적으로 덜 분산된 포트폴리오를 보유하게 되는 경우에도 그렇다. 그러나 이 투자자는 고급 포도주 가격의 상승에 대해 헤지가 되어 있다. 즉 투자자의 이런 취미는 포도주 가격이 오를 때는 높은 대가를 치르게 되지만 포도주 주식에 대한 투자로부터 그에 상응하는 이득을 얻는다. 그래서 상대적으로 덜 분산된 포트폴리오를 보유하는 데 대한 충분한 이유가 있다. 그래서 그런 포트폴리오의 분산 불가능 위험을 감수하는 데 대한 프리미엄을 요구하지는 않을 것이다.

일반적으로 두 투자자가 서로 다른 취향을 가지고 있다면 그들이 서로 다른 포트폴리오를 보유하는 것은 일리가 있을지 모른다. 포도주를 좋아하는 투자자는 포도주 제조에 투자함으로써 소비욕구를 헤지할 수 있다. 반면에 다른 투자자는 아이스크림 가게 체인에 투자하여 더 나은 결과를 얻을 수도 있다. 자본자산 가격결정모형은 이런 세계의 문제를 다루는 데는 충분히 비옥하지 않다. 이 모형은 모든 투자자들이 비슷한 취향을 가지고 있다고 가정한다. 헤징 동기는 고려되지 않으며, 따라서 모든 투자자들은 동일한 위험자산 포트폴리오를 보유하게 된다.

---

4) R. Roll, "A Critique of the Asset Pricing Theory's Tests: Part 1: On Past and Potential Testability of the Theory," *Journal of Financial Economics* 4(March 1977), pp. 129~176 참조: 이 비판에 대한 비판은 D. Mayers and E. M. Rice, "Measuring Portfolio Performance and the Empirical Content of Asset Pricing Models," *Journal of Financial Economics* 7(March 1979), pp. 3~28 참조.

5) Fama와 French가 지적한 바와 같이 소기업과 장부가치 대 시장가치 비율이 높은 기업들은 수익성 또한 낮다. 이런 기업들은 경제 침체기에 더 큰 타격을 받을 수 있다. 그러므로 기업규모와 장부가치 대 시장가치 척도는 경기변동 위험에 대한 노출의 정도를 나타내는 대용치일 수도 있다. E.F Fama and K.R. French, "Size and Book-to-Market Factors in Earnings and Returns," *Journal of Finance* 50(March 1995), pp. 131~155 참조.

머튼(Merton)은 헤징 동기를 고려할 수 있도록 자본자산 가격결정모형을 확장하였다.[6] 만약 충분히 많은 투자자들이 한 가지 동일한 요소에 대해 헤지하려고 한다면 이 모형은 더욱 복잡한 위험-기대수익률 관계를 암시한다. 그러나 누가 무엇에 대해 헤지하는가는 아직 분명하지 않으며, 따라서 모형은 실증적으로 검증하기 여전히 어렵다.

자본자산 가격결정모형은 경쟁하는 모형이 없어서가 아니라 오히려 경쟁이 너무 많았기 때문에 지금까지 견딜 수가 있었다. 위험의 척도에 대한 그럴듯한 대안이 너무 많이 있다. 만약 베타를 포기한다면 어느 방향으로 나아가는 것이 옳은지에 대한 합의는 아직 이루어지지 못했다.

그러는 동안 우리는 자본자산 가격결정모형을 그 자체로서, 즉 불완전하지만 위험과 수익을 연결하는 아주 유용한 방법으로서 인식해야 한다. 또한 분산 가능한 위험은 문제가 되지 않는다는 이 모형의 가장 기본적인 메시지는 거의 모든 사람들에 의해 받아들여지고 있다는 사실을 인식하자.

3. 효율적 시장 이론의 예외들은 얼마나 중요한가?

효율적 시장 이론은 확고하다. 그러나 어떤 이론도 완벽할 수는 없다. 항상 예외는 있다.

일부 분명한 예외는 단지 우연일 수도 있다. 연구자들이 주식의 성과에 대해 연구하면 할수록 이상한 우연을 발견할 가능성이 더욱 높아지기 때문이다. 예를 들어 초승달이 뜨는 시기 전후의 일간 수익률은 대략 보름달 근처의 수익률의 두 배가량 된다는 증거가 있다.[7] 이것은 우연한 관계 이외의 어떤 것이라고 믿기는 어렵다. 이런 것은 읽어보기에는 재미있지만 본격적인 투자자 또는 재무관리자에게 큰 관심사는 아니다. 그러나 모든 예외들이 쉽게 내버릴 수 있는 것은 아니다. 기대 이상으로 높은 수익을 발표하는 회사의 주식은 발표 이후 두 달 동안 계속해서 성과가 좋은 사실이 관찰된 바 있다. 일부 학자들은 이것이 주식시장은 비효율적이며 투자자들은 일관되게 이익발표에 천천히 반응함을 의미하는 것일 수도 있다고 믿는다. 물론 투자자들이 절대로 실수를 하지 않으리라고 기대할 수는 없다. 투자자들이 과거에는 천천히 반응했다면 그들이 과거의 실수로부터 배움으로써 미래에는 좀 더 효율적으로 주식 가격을 결정하는지 아닌지 관찰하는 것은 매우 흥미로운 일일 것이다.

일부 연구자들은 효율적 시장 가설이 인간 행동의 중요한 측면을 무시하고 있는 것으로 믿는다. 예컨대 심리학자들은 사람들이 미래에 대해 예측할 때 최근의 사건을 지나치게 강조하는 경향이 있음을 발견하였다. 그렇다면 투자자들이 새로운 정보에 대해 과민반응을 하기 쉬운 현상을 발견할 수도 있을 것이다. 이런 행동학적 관찰이 우리가 이런 분명한 이례현상들을 이해하는 데 얼마나 도움을 줄지는 매우 흥미로운 일이다.

1990년대의 닷컴 붐 기간 동안 주가는 천문학적 수준으로 올랐다. 나스닥 종합지수는 1995년 초부터 정점에 이른 2000년 3월까지 580%나 올랐다가 그 후 거의 80%가 떨어졌다. 이런 선회(旋回)는 비단 미국에만 한정된 일은 아니다. 예를 들어 독일의 신시장(Neuer Markt)은 1997년

6) R. Merton, "An Intertemporal Capital Asset Pricing Model," *Econometrica* 41(1973), pp. 867~887. 참조.

7) K. Yuan, L. Zheng, and Q. Zhu, "Are Investors Moonstruck? Lunar Phases and Stock Returns," *Journal of Empirical Finance* 13(January 2006), pp. 1~23.

설립 때부터 3년 동안 1,600%가 상승했으나, 2002년 10월에 와서는 95%가 떨어졌다.

이는 자산 가격이 지속 가능하지 않은 수준에 도달했던 유일한 경우는 아니다. 1980년대 일본의 주식과 부동산 가격이 급상승했다. 부동산 붐이 절정에 달했던 1989년 도쿄의 긴자 구역에 있는 괜찮은 재산은 평방 피트당 $1백만을 호가하였다. 그 후 17년 동안 일본의 부동산 가격은 70%가 하락했다.[8)]

아마도 이런 극단적인 가격변동은 표준적인 평가기법으로 설명할 수 있을 것이다. 그러나 다른 사람들은 주식가격은 투자자들이 비이성적 과열의 산만한 소용돌이 속에 빠져드는 투기적 버블에 영향받기 쉽다고 주장한다.[9)] 해리 아저씨나 헤티 아줌마라면 그럴 수 있다. 그렇지만 냉정하고 빈틈없는 전문 투자자들은 어째서 과대평가된 주식을 구해내지 못하는가? 아마도 자신의 돈이었다면 그렇게 했을지 모르지만 대세를 따라 가도록 부추기는 성과 측정과 보상 방식에서 오는 대리인 문제가 있다.[10)]

이들은 모두 중요한 의문이다. 우리가 왜 자산 가격이 때때로 할인 미래 지급금으로부터 그렇게 엄청나게 궤도를 벗어나는지 완전히 이해하기까지는 훨씬 더 많은 연구가 필요하다.

4. 경영자는 부외 부채인가?

폐쇄형 펀드는 주식의 포트폴리오를 유일한 자산으로 가지고 있는 회사이다. 일반적으로 생각하기에는 이들 주식의 가치가 곧 회사의 가치이다. 그러나 반드시 그렇지는 않다. 폐쇄형 펀드 회사의 주식은 보유자산의 가치보다 현저히 낮은 가격으로 거래되는 일을 자주 보게 된다.[11)]

이런 일들은 그것이 바로 빙산의 일각일 수도 있다는 점을 제외하고는 크게 상관이 없는 일이다. 예를 들어 부동산회사 주식은 그 회사의 보유 부동산의 가치보다 낮은 가격으로 거래되는 것 같다. 1970년대 후반과 1980년대 전반에 걸쳐 다수의 대형 석유회사의 시장가치는 이 회사들이 보유한 석유 매장량의 가치보다 낮았다. 애널리스트들은 석유는 서부 텍사스에서보다 월스트리트에서 더 싸게 살 수 있다고 농담했다.

이런 것들은 모두 회사 전체의 시장가치와 그 회사가 보유한 별개 자산의 가치를 비교하는 것이 가능한 특별한 경우이다. 그러나 우리가 다른 회사의 독립적인 부분의 가치를 관찰할 수 있다면 전체의 가치가 부분의 가치의 합계보다 낮은 사실을 자주 발견할 수 있을 것이다.

프로젝트의 순현가를 구할 때 기업은 전체 프로젝트의 가치는 단순히 모든 연도에 걸친 총 현금흐름의 현재가치의 합으로 계산한다. 우리는 이것을 가치보존의 법칙이라고 불렀다. 만약 우

8) W. Ziemba and S. Schwartz, *Invest Japan*(Chicago, IL: Probus, 1992), p. 109 참조.

9) C. Kindleberger, *Manias, Panics, and Crashes: A History of Financial Crises*, 4th ed. (New York: Wiley, 2000); and R. Shiller, *Irrational Exuberance*(Princeton, NJ: Princeton University Press, 2000) 참조.

10) 투자 관리자는 주식이 계속 좋은 성과를 올리면 미래의 영업이 증가하여 이득을 얻을 것이라고 이유를 말할 수 있다. 한편, 주식이 별로 좋은 결과를 얻지 못하면 고객들이 손해를 보며, 관리자가 당하는 최악의 상황은 새로운 직장을 찾아야 하는 것이다. 다음 논문을 참조하라. F. Allen, "Do Financial Institutions Matter?" *Journal of Finance* 56(August 2001), pp. 1165~1174.

11) 폐쇄형 펀드는 상대적으로 많지 않다. 대부분의 상호기금(mutual fund)은 **개방형**이다. 이것은 개방형 펀드는 언제든지 펀드의 주당 순 자산가치와 같은 가격으로 새로운 주식을 추가로 발행할 준비를 갖추고 있다는 것을 의미한다. 그러므로 개방형 펀드의 주가는 항상 순 자산가치와 같다.

리가 이 법칙을 믿을 수 없다면 빙산의 일각은 어쩌면 뜨거운 감자(hot potato, 중요한 사안이지만 난감한 문제)로 변할 수도 있다.

왜 폐쇄형 펀드회사 또는 그 밖의 어떤 회사라도 보유 자산의 시장가치보다 싼 값으로 증권을 발행하는지 이해하기 어렵다. 한 가지 설명은 기업의 경영진이 부가한 가치가 경영진으로 인한 비용보다 낮다는 것이다. 이것이 우리가 경영진이 부외 부채(off-balance-sheet liability)일 수도 있다고 생각하는 이유이다. 예를 들어, 만약 투자자들이 석유 생산으로부터의 이익이 음(−)의 NPV 투자와 지나친 관료주의로 찔끔찔끔 낭비될 것으로 예상한다면 석유회사 주식의 가치가 지하에 매장되어 있는 석유의 가치보다 낮은 사실을 설명할 수 있다. 성장기회의 현재가치(PVGO)는 음수(−)였다!

경영진을 투자자에게 돌아가야 할 현금흐름을 빨아먹는 거머리 같은 존재로 묘사하려는 의도는 아니다. 경영자들은 자신들의 인적자본을 기업에 맡기는 것이기 때문에 이런 개인적인 투자에 대해 정당한 대가를 기대하는 것은 당연하다. 만약 투자자들이 기업 현금흐름의 너무 많은 부분을 뽑아가려고 하면 경영자들의 이러한 개인적인 투자 의욕이 저하되고 결과적으로 기업의 장기적인 건전성과 성장을 해칠 수도 있다.

대부분의 기업에서는 경영자들과 종업원들은 주주 및 채권자들과 공동투자 — 즉 내부자들로부터의 인적자본과 외부자들로부터의 금융자본 — 를 하고 있다. 우리는 이런 공동투자가 어떻게 작동하는지에 대해서는 아직까지 별로 잘 알지 못하고 있다.

5. 새로운 증권과 새로운 시장의 성공을 어떻게 설명할 것인가?

지난 30년간 기업과 증권거래소는 엄청나게 많은 종류의 새로운 증권을 만들어 냈다. 옵션, 선물, 선물옵션; 무이표채(zero-coupon bond), 변동금리 채권; 금리상한과 하한선이 있는 채권, 자산유동화 채권; 재앙채권……. 끝이 없다. 어떤 경우에는 새로운 증권이나 시장의 성공을 설명하기가 그렇게 어렵지 않다. 투자자들로 하여금 새로운 위험으로부터 자신을 지킬 수 있도록 해 준다거나 또는 단순히 세제나 규제의 변화에 기인하는 결과일 수도 있다. 때로는 증권들의 발행비용이나 거래비용의 변화 때문에 시장이 형성되기도 한다. 그러나 쉽게 설명할 수 없는 성공적인 혁신이 많이 있다. 왜 투자은행가들은 끊임없이 평가하기도 힘든 복잡한 새로운 증권을 고안해 내고, 또 그런 증권을 성공적으로 발행하는가? 사실은 왜 어떤 시장 혁신들은 성공하는데 다른 혁신들은 아예 제대로 출발조차 못하는가에 대한 우리의 이해는 매우 부족하다.

그리고 잘 출범했지만 나중에 붕괴되는 혁신들도 있다. 여기에는 수많은 복잡하고 과대평가된(over-rated) 서브프라임 모기지를 유동화한 증권도 포함된다. 물론 서브프라임 모기지가 본질적으로 나쁜 것은 아니다. 이는 일부 자격 있는 사람들이 자신의 주택을 소유하는 유일한 길일지 모른다. 그러나 서브프라임 대출은 또한 주택 가격이 하락하고 직장을 잃게 되었을 때 수많은 주택소유자들을 고약한 함정으로 밀어 넣었다. 서브프라임 모기지 기반의 증권은 은행 업계에 엄청난 손실을 가져다주었다. 이 위기동안 많은 새로운 증권과 파생상품들이 소외당했다. 어느 것이 영구적으로 쓰레기통으로 던져지고 어느 것이 먼지를 털고 유용성을 회복할 것인지 살펴보는 것은 아주 흥미로운 일일 것이다.

6. 배당논쟁은 어떻게 해결할 것인가?

우리는 제16장 전체에 걸쳐 배당정책에 대해 논의하였지만 배당논쟁을 해결하지는 못하였다. 많은 사람들이 배당은 좋은 것이라고 믿고 있다. 또 어떤 사람들은 배당이 더 많은 세금을 끌어가기 때문에 기업이 주식 재매입을 하는 것이 더 낫다고 지적한다. 그리고 또 다른 사람들은 기업의 투자결정이 영향을 받지 않는 한 배당결정은 아무 상관이 없다고 생각한다.

아마도 우리가 잘못된 질문을 하고 있는지도 모르겠다. 배당이 좋은지 나쁜지를 물을 것이 아니라 어떤 때에 높은 배당 또는 낮은 배당을 지급하는 것이 타당한가를 질문해야 한다. 예를 들어 투자 기회가 별로 없는 성숙 기업에 투자하는 투자자는 높은 배당이 부과하는 재무적 규율을 환영할 것이다. 신흥 기업이나 일시적인 잉여 현금을 가진 기업에는 주식 재매입의 세금 혜택이 더 크게 영향을 미칠지 모른다. 그러나 배당정책이 업에 따라 어떻게 달라져야 하는지에 관해서는 아직 충분히 알지 못한다.

회사가 현금을 배분하는 방법은 변화해 왔다. 배당을 지급하지 않는 회사의 수는 증가하고 있는 반면 주식 재매입의 규모는 급격히 늘어났다. 이런 현상은 부분적으로 수많은 투자기회를 가진 소규모의 고성장 기업의 성장을 반영하고 있는 것일 수도 있다. 그러나 이것이 완전한 설명인 것 같지는 않다. 회사 배당정책의 변천을 이해하는 것은 그런 정책이 기업가치에 어떻게 영향을 미치는가에 대한 이해를 도와줄 수 있을지 모른다.

7. 기업은 어떤 위험을 받아들여나 하나?

재무관리자들은 결국 위험을 관리하게 된다. 예를 들면,

- 기업이 생산을 확장할 때 경영자들은 종종 제품 믹스를 바꾸거나 또는 프로젝트를 완전히 포기할 수 있는 옵션을 끼워 넣음으로써 실패로 인한 비용을 줄인다.
- 회사의 차입을 줄여서 경영자들은 더 넓은 자기자본 기반 위에 영업위험을 분산시킬 수 있다.
- 대부분의 기업들은 특정한 위험에 대해 보험을 든다.
- 경영자들은 상품가격, 이자율, 그리고 환율의 불리한 변동으로부터 보호받기 위해 종종 선물이나 다른 파생증권을 이용한다.

이 모든 행위들은 위험을 감소시킨다. 그러나 낮은 위험이 항상 좋을 수는 없다. 위험관리의 핵심은 위험을 줄이는 것이 아니라 가치를 부가하는 것이다. 기업이 어떤 사업에 미래를 걸며, 적정 수준의 위험이 얼마인지에 대한 일반적인 지침을 마련할 수 있었으면 좋겠다.

실제로 위험관리에 관한 의사결정은 복잡하게 상호작용을 한다. 예컨대 상품가격의 변동에 대해 헤지를 한 회사는 그렇지 않은 회사에 비해 더 많은 부채를 감당할 수 있다. 헤징비용이 충분히 낮다고 가정할 때 헤징을 통해 회사가 이자비용의 절세효과를 충분히 활용할 수 있는 경우에만 헤징을 하는 것이 이치에 맞다.

기업이 어떻게 위험관리전략을 수립하여 종국에는 쓸만한 완전한 전략으로 만들 수 있는가?

8. 유동성의 가치는 얼마나 되는가?

재정증권과는 달리 현금은 이자를 벌지 못한다. 반면에 현금은 재정증권보다 더 높은 유동성을 제공한다. 현금을 보유하는 사람은 이 추가적인 유동성이 이자소득 손실을 상쇄한다고 믿는 것이 분명하다. 시장 균형상태에서 추가적인 유동성의 한계가치는 재정증권의 이자수입과 같아야 한다.

기업의 현금보유에 대해서는 뭐라고 할 수 있는가? 유동성 이득을 무시하고 현금보유의 비용을 이자수입의 상실이라고 보는 것은 옳지 않다. 이는 현금이 항상 음(−)의 NPV를 갖는다는 것을 의미한다. 유동성의 한계가치는 이자비용의 상실과 같기 때문에 기업이 얼마의 현금을 보유하든지 상관없다고 하는 것은 똑같이 어리석은 일이다. 이는 현금의 NPV가 0임을 의미한다. 우리는 현금보유 규모가 커짐에 따라 현금보유자에 대한 현금의 한계가치는 감소한다는 사실은 잘 알고 있지만 현금이 제공하는 유동성 서비스의 가치에 대해 잘 이해하지 못한다. 그러므로 얼마의 현금이 충분한지 또는 기업이 현금을 조달할 준비가 얼마나 잘 되어 있어야 하는가에 대해 뭐라고 말할 수가 없다. 문제를 더욱 복잡하게 하는 것은 현금은 차입이나 다른 새로운 증권의 발행, 또는 자산의 처분 등을 통해 급히 조달할 수 있다는 점이다. 미사용 신용한도 $1억을 확보하고 있는 재무관리자는 회사가 $1억의 시장성 유가증권을 가지고 있는 경우와 꼭 같이 편하게 잠을 잘 수 있다. 운전자본에 대해 논의한 장들에서 우리는 지나치게 단순한 모형을 제시함으로써, 혹은 '적정' 유동성 준비금 확보의 필요성에 대해 모호하게 언급함으로써 이러한 의문들을 교묘하게 피해갔다.

유동성에 대한 더 진보된 지식은 또한 회사채 가격이 어떻게 매겨지는지에 대한 우리의 이해를 도울 것이다. 우리는 회사채가 국채보다 낮은 가격에 거래되는 이유의 일부를 이미 알고 있다 — 기업은 부채상환을 포기할 옵션을 갖기 때문이다. 그러나 회사채와 국채 가격은 기업의 채무불이행 옵션만으로 설명하기에는 그 차이가 너무 크다. 가격 차이는 부분적으로 회사채가 국채보다 유동성이 낮다는 사실에 기인할 가능성이 있다. 그러나 유동성의 차이를 어떻게 평가할 것인가를 알기 전에는 그 이상은 별로 할 말이 없다.

2007~2008년의 위기는 투자자들이 어떤 때는 다른 때보다 유동성을 훨씬 더 높게 평가한다는 사실을 다시 한 번 증명하였다. 중앙은행에 의한 대규모의 유동성 투입에도 불구하고 많은 금융시장이 실질적으로 말라버렸다. 예를 들어 은행들은 무담보 기준으로는 서로 간에 대출해 주는 것을 점차 꺼리게 되었으며, 설사 대출을 해 준다고 해도 높은 프리미엄을 요구한다. 2007년 봄 LIBOR와 재정증권 간의 금리 스프레드(TED 스프레드라고 함)는 0.4%였다. 2008년 10월에 와서 은행들 간의 무담보 대출 시장은 거의 사라졌고, LIBOR는 재정증권 금리보다 4.6% 높게 고시되고 있었다.[12)]

금융시장은 대부분의 경우 잘 작동한다. 그러나 금융시장이 왜 때로는 문을 닫거나 아니면 꽉 막혀버리는지 잘 이해하지 못하며, 경영자들이 이에 어떻게 반응해야 할지 충고해 줄 것이 별로 없다.

12) M. Brunnermeier, "Deciphering the Liquidity and Credit Crunch 2007–2008," *Journal of Economic Perspectives* 23 (Winter 2009), pp. 77~100 참조.

9. 합병의 물결은 어떻게 설명할 것인가?

물론 합병을 하는 데는 많은 그럴듯한 동기가 있다. 우리가 하나의 **특정한** 합병을 골라낸다면 그것은 일반적으로 왜 합병이 타당한가 하는 이유를 생각해 낼 수 있다. 그러면 각각의 합병에 대한 특별한 가설이 만들어진다. 우리에게 필요한 것은 합병의 물결을 설명하는 일반적인 가설이다. 예를 들어 1998~2000 기간과 2006~2007 기간에는 모두가 합병을 하는 것 같았지만 그 사이의 기간에는 합병은 한물 간 일이 되어버렸다.

분명한 재무적 유행의 다른 예도 있다. 예를 들어 때때로 투기적인 새로운 증권의 끊임없는 공급과 이들 증권에 대한 채워지지 않는 수요가 있을 때, 새로운 증권 발행이 늘어나는 시기가 있다. 빈틈없이 냉정한 경영자들이 어떻게 때로는 양의 무리와 같이 행동하는지 이해하기 어렵지만 다음 사례가 이를 설명하는 근원을 가지고 있을지 모른다.

이른 저녁시간, 조지(George)는 헝그리 호스(Hungry Horse)와 골든 트로프(Golden Trough) 두 식당을 놓고 어디로 갈까 생각하고 있다. 두 식당은 모두 비어 있고 꼭 어느 한 곳을 선호할 이유가 없기 때문에 조지는 동전을 던져 헝그리 호스를 선택했다. 잠시 후 조지나(Georgina)가 두 식당 앞에 멈추어 섰다. 그녀는 골든 트로프가 좀 더 나아 보였지만 이 식당은 텅 비어 있는 데 비해 조지가 헝그리 호스 식당 안에 앉아 있는 것을 보고는 아마도 그가 다른 사람이 모르는 정보를 가지고 있는 것으로 생각하게 된다. 그래서 조지나의 합리적인 결정은 조지를 따라가는 것이다. 프레드(Fred)는 세 번째 손님이다. 프레드가 보기에는 조지와 조지나가 모두 헝그리 호스를 선택했기 때문에 자신의 판단은 접어두고 흐름을 따라가게 된다. 그 후에 오는 식당 손님들도 마찬가지다. 그들은 단지 텅 비어 있는 식당과 손님으로 꽉 찬 식당을 보면서 자명한 결론에 도달하게 된다. 손님 각자는 물론 자신의 견해와 다른 손님들의 현시선호(顯示選好, revealed preference) 간에 적절히 균형을 유지하면서 극히 합리적으로 행동하는 셈이 된다. 그렇지만 헝그리 호스의 인기는 조지의 동전 던지기에서 비롯되었다는 점을 상기하자. 만약 조지나가 첫 번째 손님이었다면, 또 모든 손님들이 결정을 내리기 전에 자신들이 가진 모든 정보를 활용했다면, 헝그리 호스가 이렇게 대성공을 거두지 못했을지 모른다.

경제학자들은 이와 같은 모방적인 행동을 **계단식 의사결정**(*cascade*)이라고 부른다.[13] 계단식 의사결정 이론이나 또는 다른 어떤 대체이론이 재무적 유행을 얼마나 잘 설명할 수 있는지 지금으로선 알 수 없다.

10. 왜 금융시스템은 위기로 치닫는 경향이 있는가?

2007년에 시작된 위기는 금융시스템의 취약성을 일깨워 주는 반갑지 않은 손님이었다. 한 순간은 모든 것이 순조로운 것 같다가 다른 순간에는 시장이 붕괴되고, 은행이 문을 닫으며, 머지않아 경제가 침체상태로 들어간다. 카르멘 라인하트와 케네스 로고프(Carmen Reinhart and Kenneth

13) 계단식 의사결정이론의 기초 개념은 다음 논문을 참조하라. S. Bikhchandani, D. Hirschleifer, and I. Welch, "Learning from the Behavior of Others: Conformity, Fads, and Informational Cascades" *Journal of Economic Perspectives* 12 (Summer 1998), pp. 151~170.

Rogoff)는 많은 국가에서 은행 위기의 영향을 잘 정리하였다.[14] 저자들은 시스템 전반적인 은행 위기는 전형적으로 신용 붐(credit boom)과 자산가격 버블(asset price bubble)에 뒤이어 발생한다는 것을 발견하였다. 버블이 터질 때 주택 가격은 평균 35% 하락하였고 주식 가격은 55% 떨어졌다. 산출물은 지난 2년간에 9% 감소하였고, 실업률은 지난 4년간 7%로 올라갔다. 중앙정부의 부채는 위기 이전 수준에 비해 거의 두배가 되었다.

이들 금융위기에 대한 우리의 이해는 한계가 있다. 무엇이 이런 위기를 일으키며, 어떻게 막을 수 있는가, 그리고 실제로 위기가 닥쳤을 때 이를 어떻게 관리할 것인가에 관해 알아야 할 필요가 있다. 제14장에서는 최근 위기의 근원을 개관하였다. 그러나 위기 예방은 우리가 다른 장에서 논의한 좋은 지배구조, 잘 구축된 보상체계, 그리고 효율적인 위기관리 등과 같은 원칙과 실제를 모두 반영시켜야 한다. 금융위기를 이해하는 일은 앞으로도 오랫동안 경제학자와 금융 규제기관을 사로잡을 것이다.[15] 그들이 다음 위기가 문을 두드리기 전에 지난 위기를 이해할 수 있기를 바라자.

34.3 마지막 한 마디

이것으로 풀리지 않은 문제의 목록을 마감한다. 우리 생각으로 가장 중요한 열 가지 문제들을 제시하였다. 만약 더욱 흥미롭고 도전해볼 만한 다른 문제가 있다면 여러분들 스스로 그런 목록을 작성하고 그 문제에 대해 생각하기 시작하라.

앞에서 언급한 열 가지 문제를 해결하고 다른 새로운 목록으로 대체하는 데는 많은 시간이 걸릴 것이다. 그렇게 하는 동안 재무학에 관해 이미 알고 있는 문제들을 더 깊이 공부하기를 권한다. 또한 여러분들이 이 책을 공부하면서 배운 것들을 응용해 보기를 권한다.

이제 책을 마감하면서 허클베리 핀(Huckleberry Finn)이 한 말을 공감하게 된다. 그는 책 말미에 이렇게 말하고 있다.

> 이제는 더 이상 쓸 것이 없다. 그게 너무 기쁘다. 책 쓰는 일이 얼마나 괴로운 것인지 미리 알았더라면 애초에 시작하지 않았을 테니까. 이제 이런 일은 다시는 하지 않을 거야.

14) C. Reinhart and K. Rogoff, "The Aftermath of Financial Crises," *American Economic Review* 99(May 2009), pp. 466~472 참조.

15) 금융위기에 관한 연구 조사의 개관은 다음 논문을 참조하라. F. Allen, A. Babus, and E. Carletti, "Financial Crises: Theory and Evidence," *Annual Review of Financial Economics* 1, forthcoming.

Appendix 선별 기본문제 해답

제1장

1. (a) 실물 (b) 임원용 비행기 (c) 상표명 (d) 금융 (e) 채권 (f) 투자 (g) 자본예산 (h) 자본조달

3. a. 주식이나 은행융자와 같은 금융자산은 투자자가 보유한 청구권이다. 기업은 공장과 장비 같은 실물자산에 투자하기 위한 현금을 조달하기 위해 금융자산을 판다. 어떤 실물자산은 무형자산이다.

b. 자본예산은 실물자산에 투자를 의미한다. 자금조달은 이 투자에 필요한 현금을 조달하는 것을 의미한다.

c. 공개기업의 주식은 주식거래소에서 거래된다. 여러 투자자가 살 수 있다. 폐쇄적으로 소유된 기업의 주식은 거래되지 않고 일반적으로 투자자가 살 수 없다.

d. **무한책임:** 투자자는 이 회사의 모든 부채에 책임이 있다. 개인회사는 무한책임을 진다. 주식회사의 투자자는 유한책임을 진다. 그들은 투자한 것을 잃을 수 있지만 더는 잃지 않는다.

5. *b*, *c*.

제2장

1. $1.00

3. $374/(1.09)^9 = \$172$

5. $100 \times (1.15)^8 = \$305.90$

7. PV = 4/(0.14 − 0.04) = $40

9. a. $10{,}000/1.05^5 = \$7{,}840$

b. (12,000 × 6년 연금계수) = 12,000 × 4.623 = $55,476을 저축할 필요가 있다.

c. 6년 말에 $1.08^6 \times (60{,}476 - 55{,}476) = \$7{,}934$를 가질 것이다.

11. (a) $12.625백만 (b) $12.705백만 (c) $12.712백만

제3장

1. (a) 변하지 않는다. (b) 가격은 하락한다. (c) 수익률은 올라간다.

3. 6개월 수익률은 3.965/2 = 1.79825%. 따라서 $PV = 3/1.0179825 + 3/1.0179825^2 + \ldots + 103/1.0179825^{34} = 130.37$

5. a. 내려간다. (예: 1년 만기 10% 채권은 r = 10%이면 110/1.1 = 100의 가치가 있고 r = 15%이면 110/1.15 = 95.65의 가치가 있다.)

b. 작다(예: 5(a) 참조).

c. 작다. (예: r = 5%일 때 1년 만기 10% 채권은 110/ 1.05 = 104.76의 가치가 있다.)

d. 높은 가격. (예: r = 10%라면 1년 만기 10% 채권은 110/1.1 = 100의 가치가 있다. 반면에 1년 만기 8% 채권은 108/1.1 = 98.18의 가치가 있다.)

e. 아니다. 낮은 표면이자율 채권은 더 긴 듀레이션을 가지며 (만기까지 단지 한 기간만 남지 않았다면), 따라서 좀 더 변동적이다. (예: r이 10%에서 5%로 떨어지면 2년 만기 10% 채권의 가치는 100에서 109.3으로 상승한다(9.3% 상승). 2년 만기 5% 채권의 가치는 91.3에서 100으로 상승한다 (9.5% 상승).

7. (a) 4% (b) PV = $1,075.44

9. a. $r_1 = 100/99.423 - 1 = 0.58\%$

$r_2 = (100/97.546)^{0.5} - 1 = 1.25\%$

$r_3 = (100/94.510)^{0.33} - 1 = 1.90\%$

$r_4 = (100/90.524)^{0.25} - 1 = 2.52\%$

b. 우상향

c. 낮다. (채권의 수익률은 현물이자율의 복잡한 평균이다.)

11. a. 틀림. 듀레이션은 만기뿐만 아니라 표면이자율에도 달렸다.

b. 틀림. 만기수익률이 주어지면 변동성은 듀레이션에 비례한다.

c. 맞음. 표면이자율이 더 낮다는 것은 듀레이션이 더 길다는 것과 변동성이 더 크다는 것을 의미한다.

d. 틀림. 더 높은 이자율은 (먼) 원금 상환금의 상대적 현재가치를 감소시킨다.

13. 7.01% (1년이 아니라 2년 투자하여 얻는 추가 수익률은 $1.06^2/1.05 - 1 = 0.0701$이다.)

제4장

1. (a) 맞음 (b) 맞음

3. $P_0 = (5+110)/1.08 = \$106.48$

5. $P_0 = 10/(0.08-0.05) = \$333.33$

7. 15/0.08 + PVGO = 333.33, 그러므로 PVGO = $145.83

9. (a) 틀림 (b) 맞음

11. 잉여 현금흐름은 성장에 필요한 모든 투자를 하고서 이 회사가 처분할 수 있는 현금 액수이다. 우리의 간단한 예에서 잉여 현금흐름은 영업 현금흐름에서 자본적 지출을 뺀 것과 같다. 잉여 현금흐름은 투자가 대규모라면 음이 될 수도 있다.

13. 평가기간 말에 PVGO = 0이라면 평가기간 말 가치는 $H+1$일의 예상 이익을 r로 나누어 구할 수 있다.

제5장

1. (a) A = 3년, B = 2년, C = 3년 (b) B (c) A와 B, C (d) B와 C (NPV_B = $3,378, NPV_C = $2,405) (e) 맞음 (f) 기업은 음(−)의 NPV 투자안은 채택하지 않지만, 양의 NPV를 가진

일부 투자안을 기각할 수도 있을 것이다. 투자안은 만약 모든 미래 현금흐름을 고려한다면 양의 NPV를 가질 것이다. 그러나 여전히 명시된 채택 기간을 만족하게 하지는 못한다.

3. (a) \$15,750, \$4,250, \$0 (b) 100%

5. (a) 두 개, (b) −50%와 50% (c) 매력적이다. NPV = +14.6

7. 1과 2, 4, 6

제6장

1. *a, b, d, g, h*

3. (a) 틀림 (b) 틀림 (c) 틀림 (d) 틀림

5.

	2010	2011	2012	2013	2014
운전자본	50,000	230,000	305,000	250,000	0
현금흐름	+50,000	+180,000	+75,000	−55,000	−250,000

7. PV(비용) = 1.5 + 0.2 × 14.09 = \$4.319백만
등가 연간비용 = 4.319/14.09 = 0.306, 즉 \$306,000

9. 5년 말에 대체하라(\$80,000 > \$72,376).

제7장

1. 예상 수익은 \$100이고 기대수익률은 0이다.
분산은 20,000(% 제곱)이고 표준편차는 141%이다.

3. Sauros 여사가 평균 수익률이 약간 더 높다[(14.6% 대 14.4%(시장)]. 그러나 이 펀드는 표준편차도 약간 더 높았다[13.6% 대 9.4%(시장)]

5. *d*

7. (a) 26% (b) 0 (c) 0.75 (d) 1.0보다 작다. (포트폴리오의 위험은 시장과 같다. 그러나 이 위험 중 일부는 고유위험이다.)

9. A, 1.0; B, 2.0; C, 1.5; D, 0; E, −1.0

제8장

1. (a) 7% (b) 완전한 양(+)의 상관관계일 때 27%, 완전한 음(−)의 상관관계일 때 1%, 상관관계가 없을 때 19.1% (c) 그림 1을 보라. (d) 아니다. 표준편차가 아닌 베타로 위험을 측정한다.

3. 샤프 비율 = 7.1/20.2 = 0.351

5. (a) 그림 2 참조. (b) A, D, G (c) F (d) C에 15%
(e) 25/32의 돈을 F에 넣고 12%로 7/32만큼 저축한다. 기대수익률 = 7/32 × 12 + 25/32 × 18 = 16.7%, 표준편차 = 7/32 × 0 + (25/32) × 32 = 25%. 만일 제한 없이 빌릴 수 있다면, 원하는 만큼 높은 수익률을 얻을 수 있다. 물론 그에 상당하는 높은 위험에서 말이다.

7. (a) 맞음 (b) 틀림 (시장 위험프리미엄의 두 배를 준다.) (c) 틀림

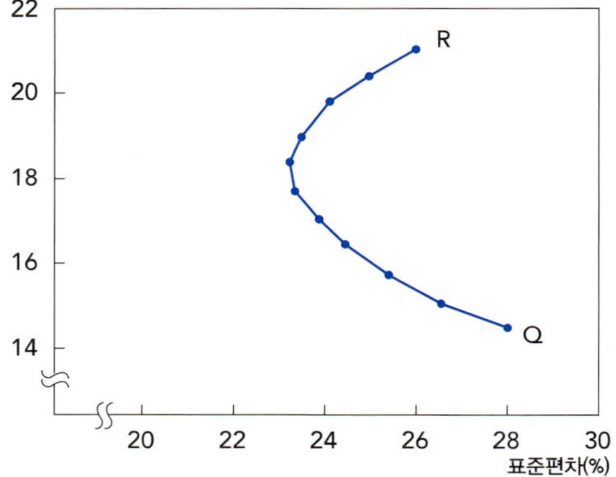

그림 1
8장 문제 1(c)

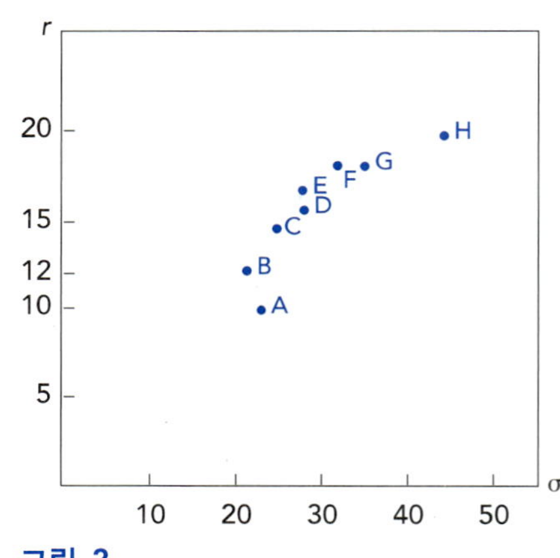

그림 2
8장 문제 5(a)

제9장

1. 고평가
3. 변동의 29.7%는 시장 움직임에 의해 설명되고, 70.3%는 분산 가능하다. 분산 가능한 위험은 맞춤선 주위에 흩어진 점들로 나타난다. 추정 베타의 표준오차는 0.436으로 이례적으로 크다. 진정한 베타가 추정치의 양쪽 2 × 0.436 = 0.872 범위에 있다고 하면 95%의 확률로 옳다.
5. $\beta_{\text{자산}} = 0.5 \times 0.15 + 0.5 \times 1.25 = 0.7$
7. 연도 1의 기대 현금흐름이 100이라고 하자. 투자안 제안자는 100 × 115/108 = 106.5를 추정치로 제시할 것이다. 이 숫자를 15%로 할인하면 진정한 기대 현금흐름을 8%로 할인한 것과 결과가 같다. 할인율을 조정하는 것은 첫 번째 현금흐름에는 적용할 수 있지만, 나중 현금흐름에는 적용되지 않는다. (예로 106.5의 2년째 현금흐름을 15%로 할인한 것은 2년째 현금흐름 100을 8%로 할인한 것과 같지 않다.)
9. (a) 틀림 (b) 틀림 (c) 맞음

제10장

1. (a) 틀림 (b) 맞음 (c) 맞음
3. a. 매출액과 비용 그리고 다른 중요 변수에 대해 다른 가정을 한다면, 투자안의 수익성과 NPV가 어떻게 변하는가를 분석하는 것
   b. 몇 개의 변수를 새로운, 그러나 일관성 있는 값으로 변경하여 투자안 NPV를 다시 계산한다.
   c. 투자안 수익성, 즉 NPV가 0인 미래 매출액 크기를 결정한다.
   d. 민감도 분석의 확장으로, 모든 가능한 결과를 살펴보고 각 결과에 확률 가중치를 부여한다.
   e. 발생 가능한 미래 사건과 이 사건에 따른 반응으로 취하는 결정을 그림으로 나타내는 방법
   f. 미래 시점에 투자안을 수정할 수 있는 옵션
   g. 투자안의 성과가 나쁘다면, 투자안을 중지하고 초기 투자의 일부를 회수할 수 있는 옵션에 의해 생기는 증분 현재가치
   h. 투자안의 성과가 좋다면, 추가로 투자하여 산출을 증가시킬 수 있는 옵션에 의해 생기는 증분 현재가치
5. a. 투자안의 현금흐름이 해당 변수에 어떻게 영향을 받는지 기술한다.
   b. 이러한 현금흐름의 예측오차에 대한 확률분포를 자세히 기술한다.
   c. 확률분포로부터 난수를 추출하여 현금흐름을 모의 실험한다.
7. 할인율에 가공요소를 추가하면 투자안 분석가는 좀더 낙관적인 예상을 제출하도록 압력을 받는다.

제11장

1. (a) 틀림 (b) 맞음 (c) 맞음 (d) 틀림
3. 먼저 빌딩을 임대하여 Taco Palace를 여는 것이 양(+) NPV인가를 생각해보라. 그런 다음 지역 부동산에 대한 낙관적인 견해에 근거하여 매입(임대하는 대신)하는 것을 고려하라.
5. 구형 항공기의 중고품 시장가치가 높은 연료 소비를 보충할 만큼 충분히 하락한다. 또한 구형 항공기는 연료 효율성이 상대적으로 덜 중요한 노선에 투입된다.

제12장

1. (a) 맞음 (b) 맞음 (c) 틀림 (d) 맞음
3. 감시는 비용이 많이 들고 수익률이 체감한다. 또한 완전히 효율적인 감시는 완전한 정보를 요구한다.
5. ROI = 1.6/20 = 0.08, 즉 8%. 순 수익률 = 8 − 11.5 = 3.5%. EVA = 1.6 − (0.115 × 20) = $0.7백만. EVA는 음수이다.
7. 일반적으로 재량권이 주어진 광고, 유지관리비용, R&D, 또는 기타 비용 등을 연기하거나 줄이는 분식회계로는 안 된다.

제13장

1. *c*
3. (a) 틀림 (b) 틀림 (c) 맞음 (d) 틀림 (e) 틀림 (f) 맞음
5. 6 − (−0.2 + 1.45 × 5) = −1.05%
7. 하락함. 주가는 이미 25% 증가에 대한 기대를 반영하고 있다. 20% 증가는 예상보다 나쁜 소식을 전달하고 있기 때문이다.
9. a. 같은 현금흐름을 갖는 두 증권(예: Royal Dutch Shell과 Shell Transport & Trading)이 다른 가격에 거래될 수 있다는 증거
   b. 소기업 주식과 높은 장부가치 대 시장가치 주식은 위험과 비교하면 평균보다 높은 수익률을 보인다.
   c. IPO는 처음 며칠의 거래가 지나고 나서 상대적으로 낮은 수익률을 준다.
   d. 예상 외로 좋은 이익을 발표한 기업의 주식은 다음 몇 달 동안 성과가 좋다.

   각 경우에 우월한 수익을 얻을 기회가 있는 것 같다.

제14장

1. (a) 틀림 (b) 맞음 (c) 맞음
3. (a) 80표 (b) 10 × 80 = 800표
5. a. 틀림 b. 맞음 c. 틀림

제15장

1. a. 이미 공개적으로 거래되고 있는 주식의 추가 매각
   b. 외국 기업이 발행하는 미국 채권
   c. 일반 제조기업이 발행하는 채권
   d. 대형 제조기업이 발행하는 채권
3. a. 신생 기업의 자금조달
   b. 인수기관이 새로 발행되는 증권의 수요에 대한 구속력 없는 의사표시를 수집한다.
   c. 인수기관이 회사로부터 매입하는 가격과 투자자에게 다시

매각하는 가격 간의 차이
d. SEC에 등록하는 증권 발행에 관한 설명
e. 입찰의 승자는 과도하게 높은 가격을 지불하는 경향이 있다.

5. (a) 틀림 (b) 틀림 (c) 맞음
7. a. 새로 발행하는 주식의 수, $500,000
   b. 신규 투자 금액, $500,000
   c. 증권 발행 후 회사의 총 가치, $4,500,000
   d. 증권 발행 후 총 주식의 수, 150,000
   e. 증권 발행 후 주가, $4,500,000/150,000 = $30
   f. 주식 한 주를 매입할 수 있는 기회는 $20의 가치가 있다.

제16장

1. (a) A1, B5; A2, B4; A3, B3; A4, B1; A5, B2
   (b) 8월 12일, 배당락일
   (c) $(0.35 \times 4)/52 = 0.027$, 즉 2.7%
   (d) $(0.35 \times 4)/4.56 = 0.31$, 즉 31%
   (e) 가격은 52/1.10 = $47.27로 하락할 것이다.
3. a. 이 주식에 1,000 × $0.50 = $500을 재투자한다. 배당락 가격이 $150 − $2.50이라면 이것은 500/147.50, 즉 약 3.4주의 재매입을 의미한다.
   b. 1,000 × $3 = $3,000어치의 주식을 판다. 배당락 주가가 $200 − $5라면, 이것은 3,000/195, 즉 약 15주의 매도를 의미한다.
5. a. 기업가치는 5,000 × 140 = $700,000으로 변하지 않는다. 주가는 $140으로 유지된다.
   b. 할인율 $r = (DIV_1/P_0) + g = (20/140) + 0.05 = 0.193$. 연도 1에 주식을 재매입하는 가격은 $140 \times (1 + r) = 140 \times 1.193$ = $167. 따라서 이 회사는 50,000/167 = 299주를 재매입한다. 연도 1에 총 배당 지급액은 5,000 × 10 = $50,000로 하락하고, 그것은 50,000/ (5,000−299) = 주당 $10.64와 동등하다. 마찬가지로 연도 2에 이 회사는 $186.52에 281주를 재매입한다. 주당 배당은 11.7% 증가하여 $11.88이다. 이어지는 매 연도에 총 배당은 5%씩 증가하고 주식 수는 6%씩 감소한다. 따라서 주당 배당은 11.7%씩 상승한다. 일정률성장 모형에 의하면 주식의 PV = 10.64/(0.193− 0.117) = $140이다.
7. **현행 세법(자본이득은 미뤄질 수 없다고 가정하여):**
   Hi를 선호하는 기업을 제외한 모든 투자자는 무관심할 것이다.
   자본이득에 비과세:
   이제 Lo를 선호하는 개인을 제외하면 현행 세법에서와 같다. (주: 기업과 증권 딜러는 자본이득을 이익으로 취급한다.)

제17장

1. Copperhead의 시장가치가 장부가치를 훨씬 초과한다는 것에 주의하라:
   Kraft 여사는 이 회사의 0.625%를 소유한다. 이 회사는 보통주를 $1천7백만으로 증가시키고 단기부채를 줄일 것을 제안한다. Kraft 여사는 이것을 (a) 0.00625 × 1,000,000 = $6,250을 차입

	시장가치
주식(주가 $2, 8백만 주)	$16,000,000
단기 차입	$ 2,000,000

하고 (b) 그만큼 더 Copperhead 주식을 사들여 상쇄할 수 있다.
3. 자산에 대한 기대수익률은
   $r_A = 0.08 \times 30/80 + 0.16 \times 50/80 = 0.13$
   주주지분에 대한 새로운 수익률은
   $r_E = 0.13 + (20/60) \times (0.13 - 0.08) = 0.147$
5. (a) 맞음
   (b) 맞음(기업이 버는 이익이 지급이자보다 많으면 주당 이익은 증가하지만, P/E는 더 커진 위험을 반영하여 하락한다).
   (c) 틀림(자기자본 비용은 D/E 비율과 함께 증가한다).
   (d) 틀림(식 $r_E = r_A + (D/E)(r_A - r_D)$는 r_D가 일정하라고 요구하지 않는다).
   (e) 틀림(부채는 주주지분 이익의 변동성을 확대한다).
   (f) 틀림(고객이 만족하지 않을 때만 가치는 증가한다).
7. 그림 13.3을 보라.

제18장

1. 이 계산은 세율이 정해져 있고 부채도 정해져 있으며 영원하고 투자자의 이자와 주식 소득에 대한 개인세율이 같다고 가정한다.
3. $$부채의 상대적 이익 = \frac{1 - T_p}{(1 - T_{pE})(1 - T_c)} = \frac{0.65}{(1)(0.65)} = 1.00$$
   $$상대적 이익 = \frac{0.65}{(0.85)(0.65)} = 1.18$$
5. a. 재무적 곤경의 직접 비용은 파산의 법적, 행정적 비용이다. 간접 비용은 청산이 지연될 수 있는 것(Eastern Airlines) 또는 파산 절차가 진행되는 동안 투자나 운영 결정이 제대로 되지 못하는 것을 포함한다. 또한, 파산의 **위협**도 비용이 들 수 있다.
   b. 재무적 곤경이 채무불이행의 확률을 증가시킨다면, 경영자와 주주의 유인이 변한다. 이는 좋지 않은 투자나 자본조달 결정으로 이끈다.
   c. 5(*b*)의 답을 보라. 예는 18.3절에서 설명한 '게임'들이다.
7. 좀 더 수익성 있는 기업들은 절약할 더 많은 과세 대상 소득을 갖고 재무적 곤경의 비용을 부담할 가능성이 더 작다. 따라서 교환관계 이론은 높은 (장부상) 부채비율을 예상한다. 실제로는 수익성 있는 기업이 더 적게 빌린다.
9. 기업이 증권을 발행할 때 외부 투자자들은 경영자가 비우호적인 정보를 갖고 있지 않을까 우려한다. 만약 그렇다면 증권은 고평가될 수 있다. 이러한 우려는 주식보다 부채가 훨씬 덜하다. 부채 증권은 주주지분보다 더 안전하고 그 가격도 나중에 비우호적인 소식이 나오더라도 영향을 덜 받는다.

(상당한 재무적 곤경 비용을 발생시키지 않고) 차입할 수 있는 기업은 보통 그렇게 한다. 투자자들은 주식 발행을 '나쁜 소식'으로 생각할 수 있다. 신주는 이전 시장가격보다 할인해야만 팔릴 수 있다.

11. 재무적 여유는 좋지만 불확실한 투자 기회가 있는 성장기업에 가장 가치가 있다. 재무적 여유는 양(+)의 NPV를 갖는 투자에 재빨리 자금이 조달될 수 있다는 것을 의미한다. 그러나 재무적 여유가 너무 많으면 성숙기업들은 과도하게 투자할 수 있다. 차입을 증가시키는 것은 그러한 기업들이 투자자에게 현금을 지급하도록 강제할 수 있다.

제19장

1. 부채와 자기자본의 시장가치는 $D = 0.9 \times 75 = \$67.5$백만이고 $E = 42 \times 2.5 = \$105$백만이다. $D/V = 0.39$
WACC = 0.09(1 − 0.35)0.39 + 0.18(0.61) = 0.1325, 즉 13.25%

3. (a) 틀림 (b) 맞음 (c) 맞음

5. (a) 맞음 (b) 이자 절세효과가 분리되어 평가된다면, 틀림 (c) 맞음

7. a. 당연히 12%
b. $r_E = 0.12 + (0.12 - 0.075)(30/70) = 0.139$,
WACC = 0.075(1 − 0.35)(0.30) + 0.139(0.70) = 0.112, 즉 11.2%

9. 아니다. 부채를 더 많이 사용할수록 자기자본 투자자는 더 높은 수익률을 요구한다. (채권자도 또한 더 많이 요구할 수 있다.) 따라서 '싼' 부채의 숨겨진 비용이 있다. 이것이 주주지분을 더욱 비싸게 만든다.

제20장

1. 콜, 행사, 풋, 유럽식

3. a. 풋옵션의 행사가격(즉 행사가격에 주식을 팔 것이다.)
b. 주식의 가치(즉 풋옵션은 버리고 주식을 계속 소유한다.)

5. 콜옵션을 사고 행사가격의 현재가치만큼을 빌려준다.

7. (a) 그림 3 참조 (b) 주가 − PV(EX) = 100 − 100/1.1 = $9.09

9. (a) 0 (b) 주가에서 행사가격의 현재가치를 차감한 금액

11. a. 위험회피형인 모든 투자자는 변동성이 큰 주식에 대한 콜옵션을 더 높게 평가한다. 엑슨모빌과 구글은 모두 최종 주가가 행사가격보다 낮으면 옵션은 가치가 없다. 그러나 구글 옵션이 더 큰 상향 잠재력을 갖는다.
b. 다른 조건이 같을 때 회사가 안전자산으로 옮겨가면 주주들은 손해를 보고, 채권자들이 이득을 얻는다. 위험자산의 경우 부도옵션은 더 가치가 있다. 자산가치가 하락하면 채권자들이 손실의 대부분을 부담하지만 자산가치가 증가할 때는 주주들이 이득을 가져간다.

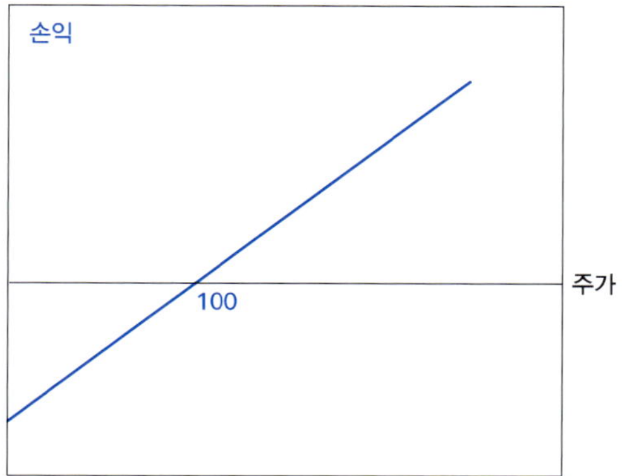

그림 3
20장 문제 7

제21장

1. a. 위험중립 방법을 이용하면,
$(p \times 20) + (1 - p)(-16.7) = 1,\ p = 0.48$

$$콜옵션의 가치 = \frac{(0.48 \times 8) + (0.52 \times 0)}{1.01} = 3.8$$

b. $$델타 = \frac{가능한 옵션 가격의 스프레드}{가능한 주가의 스프레드} = \frac{8}{14.7} = 0.544.$$

c.

	현재 현금흐름	미래 가능한 현금흐름	
콜옵션 매입	−3.8	0	+8.0
주식 0.544주 매입	−21.8	−18.2	+26.2
차입 18.0	+18.0	−18.2	−18.2
	−3.8	0	+8.0

d. 가능한 주가(괄호 안의 수치는 콜옵션 가격임)

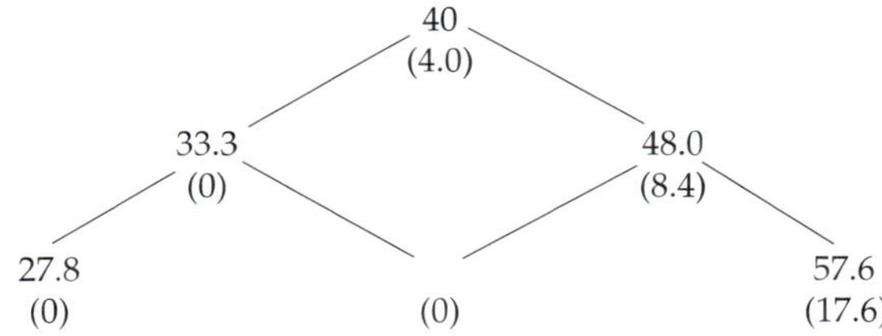

옵션가격은 다음과 같이 계산된다.

1개월 후: (i) $\dfrac{(0.48 \times 0) + (0.52 \times 0)}{1.01} = 0$

(ii) $\dfrac{(0.48 \times 17.6) + (0.52 \times 0)}{1.01} = 8.4$

현재 시점 : = $\dfrac{(0.48 \times 8.4) + (0.52 \times 0)}{1.01} = 4.0$

e. $델타 = \frac{가능한\ 옵션\ 가격의\ 스프레드}{가능한\ 주가의\ 스프레드}$

$= \frac{8.4}{14.7} = 0.57$

3. 복제 포트폴리오 방법을 사용할 때
   a. 3개월 후 주가 = 350.85라면, 델타 = (30 − 0)/(430 − 286.27) = 0.209이고 콜옵션을 복제하려면 0.209주를 사고 PV(59.752)를 차입한다. 옵션 가치 = 0.209 × 350.85 − 59.752/1.0075 = 13.93
   b. 3개월 후 주가 = 527이라면, 델타 = (245.90− 30)/ (645.90 − 430) = 1이고, 콜옵션을 복제하려면 1주를 사고 PV(527)를 차입한다. 옵션 가치 = 1 × 527 − 400/1.0075 = 129.98
   c. 현재 델타 = (129.98 − 13.93)/(527 − 350.85) = 0.659이고, 콜옵션을 복제하려면 0.659주를 사고 PV(217.29)를 차입한다. 옵션 가치 = 0.659 × 430 − 217.29/1.0075 = 67.7

   위험중립 방법을 사용할 때

   $p \times 0.2269 + (1 - p) \times 0.184 = 0.0075,\ p = 0.4671$
   a. 3개월 후 주가 = 350.85라면, 옵션 가치 = (0.4671 × 30 + 0.5329 × 0)/1.0075 = 13.93
   b. 3개월 후 주가 = 527이라면, 옵션 가치 = (0.4671 × 245.90 + 0.5329 × 30)/1.0075 = 129.99
   c. 현재 옵션 가치 = (0.4671 × 129.99 + 0.5329 × 13.93)/1.0075 = 67.7

   풋옵션은 풋-콜 패리티를 이용하여 평가할 수 있다.

   풋옵션의 가치 = 67.7 + 400/1.0075 − 430 = 34.72
5. a. 델타 = 100/(200−50) = 0.667
   b.

	현재 현금흐름	미래 가능한 현금흐름	
콜옵션 매입	−36.36	0	+100
주식 0.667주 매입	−66.67	+33.33	+133.33
차입 30.30	+30.30	−33.33	−33.33
	−36.36	0	+100

   c. $(p \times 100) + (1 - p)(-50) = 10,\ p = 0.4$
   d. 콜옵션의 가격 $= \frac{(0.4 \times 100) + (0.6 \times 0)}{1.10} = 36.36$
   e. 아니다. 가격이 상승할 참다운 확률은 거의 확실히 위험중립 확률보다 높다. 그러나 이는 옵션의 가치를 평가하는 데 도움이 되지 않는다.
7. 맞다. 주가가 상승함에 따라 옵션의 위험은 하락한다.

제22장

1. a. 가치를 증가시킴(Mark II의 현금흐름이 더 높은 할인율로 할인해야 하지 않는 이상)
   b. 가치를 증가시킴
   c. 가치를 감소시킴
3. 프로젝트의 수명은 미리 고정되지 않는다. IM&C는 2년 또는 3년 후 성과가 좋지 않으면 구아노 프로젝트를 포기할 옵션을 가진다. 성과가 아주 좋으면 포기 옵션의 행사는 추정된 7년 수명 훨씬 이후로 연기된다.
5. 가스터빈은 스파크 스프레드가 높을 때는 빠른 시간 안에 가동될 수 있다. 터빈의 가치는 생산의 유연성에서 나온다.
7. (a) 맞음 (b) 맞음 (c) 맞음 (d) 맞음 (e) 맞음 — 일련의 소규모 공장은 실물옵션을 만들어 내지만 그럼에도 불구하고 대규모 공장이 더 효율적일 수 있다.

제23장

1. 약정 수익률 = 12.72%; 기대 수익률 = 9.37%
3. 행사가격이 채권의 액면가와 동일한 회사 자산에 대한 풋옵션
5. 자산의 시장가치의 기대 성장률, 부채의 액면가와 만기, 그리고 미래 자산 가치의 변동성(실제에 있어서는, 예컨대 회사가 서로 다른 만기를 가진 채권을 발행했다면 타협이 이루어져야 한다.)
7. 두 채권 모두 낮게 등급이 매겨질 가능성이 높다.

제24장

1. (a) 높은 등급의 공익기업 채권 (b) 일반 제조기업 지주회사 (c) 제조기업 채권 (d) 철도 (e) 자산유동화증권
3. a. 후순위 채권을 발행하기 원한다.
   b. 그렇게 하지 않기를 선호한다(후순위 채권이 아닌 이상). 기존의 재산은 부채를 상환하기에 충분하지 않을지 모른다.
5. a. 대략 99.489 + 8.25/12 = 100.18%
   b. 1993년 2월 15일에 0.04125 × 250 = $10.3백만
   c. 이전의 감채기금 지급금을 납입하고 난 후에는 2002년 8월 15일에 납입해야 할 금액은 $12.5백만이 남는다.
   d. 2008년(몇몇 일어날 가능성이 있는 복잡한 문제에 관해서는 각주 20을 참조할 것)
7. a. 틀림. 대출자는 통상 일정한 상환 청구권을 가진다. 예컨대 대출자가 완공 보증을 요구할 수도 있다.
   b. 맞음. 일부 새로운 증권(예컨대 유로본드)은 본래의 동기가 사라진 이후에도 살아남는다.
   c. 틀림. 차입자가 옵션을 가진다.
   d. 맞음. 약한 조항을 가진 채권은 이런 인수에서 손해를 본다.
   e. 맞음. 재협상의 비용은 사모의 경우 더 낮다.
9. (a) 틀림 (b) 맞음 (c) 틀림 (d) 맞음

제25장

1. A, c; B, d 또는 i; C, b 또는 e; D, f; E, a; F, h; G, g
3. a. 임대인은 자산의 경제적 수명 기간 동안 그 자산을 소유하고 운영하는 비용의 현재가치를 보전하기에 충분한 금액을 부과해야 한다. 경쟁적인 리스시장에서는 임대료의 현재가치는 비용의 현재가치를 초과할 수 없다. 경쟁적 임대료는 임대인의 등가 연간비용과 같게 된다.
   b. 사용자의 등가 연간비용은 사용자가 그 자산을 소유하고 운

영하는 연간비용이다. 운영리스 요율이 이 비용보다 작으면 리스하는 것이 낫다.

5. 리스가 승인되면 임차인은 리스자산을 계속 사용할 수 있으며 리스 지급금 전액을 지불해야 한다. 만약 리스가 기각되면 리스자산은 임대인에게 반환된다. 반환된 자산의 가치가 잔여 리스 지급금을 보전하기에 충분하지 않으면 임대인의 손실은 파산한 회사에 대한 무담보 청구권이 된다.
7. 만약 임차인이 채무를 이행하지 않으면 대출자는 임대인에게 아무런 청구권도 갖지 못한다. 이 경우 임대인은 채무를 피한다. 그러나 대출자는 상환청구권이 없는 데 대한 보상으로 더 나은 조건, 예를 들어 더 높은 이자율 등을 요구할 것이다.

제26장

1. a. 즉시 인도에 대해 지불하는 가격
   b. 선도계약은 특정한 미래 날짜에 미리 정해진 가격으로 매입하거나 매도하는 계약이다. 선물은 두 가지 주된 측면에서 선도계약과 다르다. 선물은 거래소에서 거래되며, 일일정산을 한다.
   c. 매입포지션에 있는 투자자는 자산을 사겠다고 약속하였다. 매도포지션인 투자자는 팔겠다고 계약했다.
   d. 헤지에 사용된 자산의 가격이 헤지하는 자산의 가격과 완전한 상관관계를 갖지 않기 때문에 발생하는 위험
   e. 어떤 포지션의 이익과 손실이 정기적으로(예컨대 매일) 정산된다.
   f. 미래의 인도를 약속받는 대신 어떤 상품을 소유하는 데서 오는 이점에서 그 상품을 보관하는 비용을 뺀 것
3. 선물 매도가 손실을 보았기 때문에 브로커는 당신에게 지급을 요청한다.
5. 노던 정유회사는 석유를 받을 때의 가격을 고정시켰다(발생할 수 있는 베이시스 위험은 무시한다). 이제 확실한 소득을 확보했기 때문에 불리한 뜻밖의 일뿐만 아니라 유리한 뜻밖의 일의 가능성도 포기한다.
7. a. 난방유의 부족은 순 편의수익률을 증가시키며 현물가격에 대한 상대적인 선물가격을 낮춘다.
   b. 현물가격과 선물가격 모두 하락한다. 편의수익률이 하락하고 보관비용은 상승하기 때문에 선물가격은 현물가격에 비해 상대적으로 상승한다.
9. (a) 이익
   (b) 은행이 새로운 4년 스왑계약을 맺으면 추가로 연간 $0.25백만을 지불해야 한다. 새로운 이자율 6%에서 추가 지급금은 $856,000의 현재가치를 가진다. 이는 은행이 종료하는 데 부과해야 하는 금액이다.
11. $1.2백만의 시장포트폴리오를 공매한다. 실제로는 '시장을 매도'하는 대신 시장지수에 대한 선물 $1.2백만을 매도한다.

제27장

1. a. 94.7050
   b. 94.6780
   c. 엔은 프리미엄으로 거래된다(달러는 할인으로 거래된다).
   d. 프리미엄 = 94.750/94.087 − 1 = 0.0066, or 0.66%
   e. 이자율 평가이론으로부터 94.087/94.750 = (1 + $r_{엔}$)/1.015. $r_{엔}$ = 0.0084, 즉 0.84%
   f. 94.6161엔 = $1
   g. 실질 환율이 일정할 것으로 예상되면 인플레이션의 기대 차이는 94.6161/94.7050 − 1 = 0.0009, 즉 일본에서 3개월 간의 인플레이션은 미국에서 보다 0.09% 낮을 것으로 예상된다.
3. a. 2,419 × 1.3/1.02 = R3,083 = $1
   b. 루피아의 실질 가치는 3,083/8,325 − 1 = 0.63, 즉 63% 하락했다.
5. *b*.
7. 회사는 €1백만의 현재가치를 차입하여 유로를 현물시장에서 매도하고, 그 수익금으로 8년 만기 달러 대출을 해 줄 수 있다.
9. a. NPV = 6.61 × 1.2 = $7.94백만
   b.

연도	0	1	2	3	4	5
선도환율	1.2	1.223	1.246	1.269	1.293	1.318
$백만	−96	12.23	24.91	29.19	34.92	32.94

   c. 영향을 미치지 않는다. 회사는 항상 유로의 하락에 대해 헤지할 수 있다.

제28장

1.

천 달러			천 달러
현금	$25	$ 24	외상매입금
외상매출금	35	24	유동부채 계
재고자산	30	130	장기부채
유동자산 계	90	76	자기자본
순 유형 고정자산	140		
총자산	230	230	총 부채와 자기자본

3.

공통형 재무상태표(2008)

	%		%
현금 및 시장성 유가증권	8.0	단기부채	2.4
외상매출금	20.6	외상매입금	31.6
재고자산	19.7	유동부채 계	33.9
기타 유동자산	7.2	장기부채	21.5
유동자산 계	55.6	기타 장기부채	11.6
유형 고정자산	47.8	유형 고정자산	67.0
누적 감가상각비 차감	27.0	총 부채	33.0
순 유형 고정자산	20.8		
장기 투자자산	0.5		
기타 장기자산	23.1		
총자산	100	총 부채와 자기자본	100

공통형 손익계산서(2008)	
매출액	100%
매출원가	25.2
판매비와 일반관리비	61.3
감가상각비	3.2
EBIT	10.3
지급이자	0.9
과세 대상 이익	9.4
세금	3.3
순이익	6.0

5. 비논리적인 비율은 *a*, *b*, *c*, *f*, *i*이다. 올바른 정의는 다음과 같다.

$$\text{부채-자기자본 비율} = \frac{\text{장기부채 + 리스의 가치}}{\text{자기자본}}$$

$$\text{자기자본이익률} = \frac{\text{순이익}}{\text{연초 자기자본}}$$

$$\text{배당성향} = \frac{\text{주당 배당금}}{\text{주당 순이익}}$$

$$\text{유동비율} = \frac{\text{유동자산}}{\text{유동부채}}$$

$$\text{평균수금기간} = \frac{\text{연초 외상매출금}}{\text{일평균 매출액}}$$

7. a. 매출액 = 3 × 500,000 = 1,500,000
세후 이자 + 순이익 = 0.08 × 1,500,000 = 120,000
ROA = 120,000/500,000 = 24%

b. 순이익 = 0.08 × 3 × 500,000 − (1 − 0.35) × 30,000
= 100,500
ROE = 순이익/자기자본 = 100,500/300,000= 34%

9. 0.73, 3.65%

11. 새로운 부채가 유동부채라고 가정한다.

a. 유동비율은 100/60 = 1.67에서 120/80 = 1.50으로 변한다. 현금비율은 30/60 = 0.5에서 50/80 = 0.63으로 변한다.

b. 장기부채 비율은 변하지 않는다. 총 부채/총자산은 410/600 = 0.6833에서 430/620 = 0.6935로 변한다.

13. $82백만

제29장

1.

현금	운전자본
1. $2백만 감소	$2백만 감소
2. $2,500 증가	변동 없음
3. $5,000 감소	변동 없음
4. 변동 없음	$10백만 증가
5. 변동 없음	변동 없음
6. $5백만 증가	변동 없음

3. 3월: 18 + (0.5 × 90) + (0.3 × 120) + (0.2 × 100)
= $119,000
4월: 14 + (0.5 × 70) + (0.3 × 90) + (0.2 × 120)
= $100,000

5. a. 표 29.2: 현금 = 40, 총 유동자산 = 340, 은행차입금 = 15, 유동부채 = 150, 총자산 = 부채와 자기자본 합계 = 590

표 29.3: 단기부채의 증가(감소) = −10, 재무활동으로 인한 순현금흐름 = −35, 현금잔고의 증가 = 20

b. 표 29.2: 장기부채 = 130. 총투자 = 375, 순 고정자산 = 275, 현금 = 40, 유동자산 = 340, 총자산 = 부채와 자기자본 합계 = 615

표 29.3: 장기부채의 증가(감소) = 30 + 40 = 70, 재무활동으로 인한 순현금흐름 = −50 + 40 = −10, 고정자산 투자 = −(25 + 30) = −55, 현금잔고의 증가 = 20

c. 표 29.1: 영업비용(매출원가 + 기타 비용) = (1,644 + 411) × 0.9 = 1,850, 세전 이익 = 325 × 0.5 = 162.5, 배당이 변하지 않으면 유보이익 = 162.5 − 30 = 132.5

표 29.2: 재고자산이 변하지 않는다고 가정하면, 현금 = 25 + 132.5 − 30 = 127.5, 유동자산 = 427.5, 자기자본 = 452.5, 총자산 = 부채와 자기자본 합계 = 677.5
표 29.3: 순이익 = 162.5, 영업활동으로 인한 순현금흐름 = 85 + 102.5 = 187.5, 현금잔고의 증가(감소) = 107.5

d. 표 29.4는 다음과 같이 변한다.

	3분기	4분기
기초 외상매출금	181.6	105.2
매출액	742	836
수금액		
당기 매출액	667.8	752.4
전기 매출액	150.6	74.2
수금 총액	818.4	826.6
기말 외상매출금	105.2	114.6

표 29.5는 다음과 같이 변한다.

	3분기	4분기
외상매출금 수금	818.4	826.6
원천의 합계	895.4	826.6
원천 − 사용	268.4	189.1
기초 현금	−188.6	79.8
현금잔고의 변화	268.4	189.1
기말 현금	79.8	268.9
누적 단기 자금조달 필요액	−54.8	243.9

e. 표 29.5는 다음과 같이 변한다.

	1분기	2분기	3분기	4분기
노무비와 기타 비용	116	116	116	116
원천의 합계	531	539.4	767	827.8
원천 − 사용	121	−52.6	140	190.3
단기 차입 필요액 산출:				
기초 현금	25	−96	−148.6	−8.6
현금잔고의 변화	−121	−52.6	140	190.3
기말 현금	−96	−148.6	−8.6	181.7
누적 단기 자금조달 필요액	121	173.6	33.6	−156.7

f. 표 29.5는 다음과 같이 변한다.

	2분기	3분기	4분기
기타	50	77	
원천의 합계	569.4	747	807.8
원천 − 사용	−22.6	120	170.3
단기 차입 필요액 산출:			
기초 현금	−116	−138.6	−18.6
현금잔고의 변화	−22.6	120	170.3
기말 현금	−138.6	−18.6	151.7
누적 단기 자금조달 필요액	163.6	43.6	−126.7

g. 표 29.5는 다음과 같이 변한다.

	1분기	2분기	3분기	4분기
최소 영업 현금잔고	10	10	10	10
누적 단기 자금조달 필요액	126	198.6	78.6	−91.7

7. (a) $2,900,000 (b) $225,000 (c) 0.25
9. (a) 8.6% (b) 13.75%

제30장

1. 기업은 재고자산을 많이 보유함으로써 자재와 완성품이 고갈될 위험을 피한다. 재료를 한꺼번에 많이 주문하고 생산공정을 더 길게 할 수 있다. 한편 재고자산은 자본을 묶어 놓고, 보관하고 보험에도 들어야 하며, 손상을 입기도 한다.

   이와 마찬가지로 대규모 현금 보유는 현금이 고갈되거나 서둘러 증권을 매각해야 할 위험을 낮춘다. 기업은 증권 매각을 자주 하지 않아도 되며, 따라서 매각에 따르는 고정 비용을 최소화해준다. 한편, 현금 재고는 자본을 묶어둔다.
3. a. 마감 지연이 감소하며, 따라서 지급 지연도 감소
   b. 마감 지연이 증가하며, 따라서 지급 지연도 증가
   c. 기간 지연이 증가하며, 따라서 지급 지연도 증가
5. a. 기대 이익 $= p(1{,}200 - 1{,}050) - 1{,}050(1 - p) = 0$

   $p = 0.875$

   그러므로 지급 확률이 87.5% 이상이면 신용을 제공한다.

   b. 대금 지급이 늦은 고객에게 판매할 경우의 기대 이익은 다음과 같다. $0.8(150) - 0.2(1{,}050) = -90$. 신용조사의 손익분기점은 다음과 같다. $(0.05 \times 90 \times \text{단위}) - 12 = 0$. 단위 $= 2.67$
7. (a) 틀림 (b) 틀림 (c) 틀림 — 수금기관이나 변호사가 되어야 함
9. a. 수표당 $0.40의 수수료는 $300 \times 0.40 = \$120$. 보상(양건)예금 $800,000을 유지하는 비용은 연간 $0.09 \times 800{,}000 = \$72{,}000$, 즉 매일 $72{,}000/365 = \$197$이다.

   b. 사서함 시스템은 매일 $120, 즉 연간 $43,800의 비용이 든다. 이만큼의 이자를 발생시키기 위해서는 $486,700의 추가 현금이 필요하다. 그러므로 사서함 시스템은 적어도 이만큼의 현금을 창출하지 않으면 안 된다. 현금흐름은 매일 $300 \times 1{,}500 = \$450{,}000$이다. 그러므로 사서함은 평균 수금시간을 $486{,}700/450{,}000 = 1.08$일만큼 시간을 앞당길 수 있어야 한다.
11. (a) 적게 (b) 적게 (c) 같은 금액을 투자 (d) 더 많이
13. (a) 환매채 (b) 기업어음 (c) 금융회사 기업어음 (d) 3개월 재정증권 (f) 재정증권
15. (a) 맞음 (b) 틀림(차입자가 콜옵션을 가짐) (c) 맞음 (d) 틀림 ($100/90 - 1 = 0.111$, 즉 11.1%) (e) 맞음

제31장

1. (a) 수평 (b) 복합기업 (c) 수직 (d) 복합기업

3. (a) \$5백만(저축 \$500,000은 세후 값으로 가정한다.) (b) \$4백만 (c) \$7.5백만 (d) +\$1백만 (e) −\$2.5백만

5. (a) 맞음 (b) 틀림 (c) 맞음(e) 틀림(이익이 날지 모르지만 '크다(large)'는 말은 과장이다.) (f) 틀림 (g) 맞음

제32장

1. a. 대부분 부채금융을 사용하는 사업의 매입. 회사는 상장이 폐지된다. 경영진에게는 상당한 지분이 주어진다.

b. 경영진에 의한 LBO

c. 모회사가 자사의 자산과 영업의 일부로 신생회사를 설립한다. 새로운 사업에 대한 지분은 모회사 주주들에게 배분된다.

d. 분리설립과 비슷하지만 새로운 사업에 대한 지분은 주자자들에게 매각된다.

e. 회사 전체가 아닌 특정 자산의 매각

f. 정부 소유의 사업을 사적 투자자들에게 매각한다.

g. 회사는 훨씬 더 높은 부채비율을 가지게 된다. 추가 차입으로 들어온 돈은 주주들에게 지급된다.

3. 효율성의 증가와 더 넓은 주식 소유, 그리고 정부 수입

5. 내부 자본시장은 종종 자본을 잘못 배분한다. 복합기업 사업부의 시장가치는 따로 관찰할 수 없다. 따라서 인센티브를 설정하고 위험 부담에 대해 보상하기가 어렵다.

7. 파산법 제7장은 일반적으로 청산으로 이어진다. 제11장은 재조직 계획이 전개되고 있는 동안 채권자들로부터 기업을 보호해 준다.

9. 기업이 회생할 가능성은 항상 존재한다. 이는 채권자들에게 부채를 상환하고 주주들의 몫도 일부 남겨두도록 해 준다. 또한 법원은 절대 우선순위(*absolute priority*)를 준수하지 않는다. 따라서 주주들은 제11장에 따른 재조직에서 일부 작은 조각을 받을 수도 있다.

제33장

1. (a) 미국과 영국 (b) 미국 (c) 일본과 유럽 (d) 일본 (e) 영국 (f) 일본. (주의: 해답은 그림 33.1~33.4에서 따로 보여준 국가들은 제외한다.)

3. 아니다. 개인투자자들의 직접 주식보유는 상대적으로 적다. 또한 일본 회사들의 주식 상호보유는 개인들이 지배구조 문제에 중요한 역할을 할 기회를 제한한다.

5. 독일 회사들은 경영이사회와 이사의 절반을 종업원들이 선임하는 감독이사회 등 두 개의 이사회를 가지고 있다. 감독이사회는 단지 종업원이나 주주의 이익이 아니라 회사 전체의 이익을 대표한다.

7. 주주들은 x_2의 0.3을 보유하고 있다. x_2는 x의 0.3을 보유하고 있고, x는 다시 z의 0.3을 보유하고 있다. 주주들은 실제로는 $z(0.3)^3$, 즉 0.027만 보유하고 있다.

9. 만약 기업 y가 기업 x의 많은 지분을 보유하고 있다면 x로부터 낮은 이자율로 차입하거나, x에 과도한 가격으로 판매하거나, 또는 x의 산출물을 낮은 가격에 매입함으로써 x로부터 가치를 이전할 수 있다.

Present Value Tables 현재가치표

부록 표 1

할인계수 : t 년 후에 받을 \$1의 현재가치 = $1/(1+r)^t$.

연도 수	연 이자율														
	1%	2%	3%	4%	5%	6%	7%	8%	9%	10%	11%	12%	13%	14%	15%
1	0.990	0.980	0.971	0.962	0.952	0.943	0.935	0.926	0.917	0.909	0.901	0.893	0.885	0.877	0.870
2	0.980	0.961	0.943	0.925	0.907	0.890	0.873	0.857	0.842	0.826	0.812	0.797	0.783	0.769	0.756
3	0.971	0.942	0.915	0.889	0.864	0.840	0.816	0.794	0.772	0.751	0.731	0.712	0.693	0.675	0.658
4	0.961	0.924	0.888	0.855	0.823	0.792	0.763	0.735	0.708	0.683	0.659	0.636	0.613	0.592	0.572
5	0.951	0.906	0.863	0.822	0.784	0.747	0.713	0.681	0.650	0.621	0.593	0.567	0.543	0.519	0.497
6	0.942	0.888	0.837	0.790	0.746	0.705	0.666	0.630	0.596	0.564	0.535	0.507	0.480	0.456	0.432
7	0.933	0.871	0.813	0.760	0.711	0.665	0.623	0.583	0.547	0.513	0.482	0.452	0.425	0.400	0.376
8	0.923	0.853	0.789	0.731	0.677	0.627	0.582	0.540	0.502	0.467	0.434	0.404	0.376	0.351	0.327
9	0.914	0.837	0.766	0.703	0.645	0.592	0.544	0.500	0.460	0.424	0.391	0.361	0.333	0.308	0.284
10	0.905	0.820	0.744	0.676	0.614	0.558	0.508	0.463	0.422	0.386	0.352	0.322	0.295	0.270	0.247
11	0.896	0.804	0.722	0.650	0.585	0.527	0.475	0.429	0.388	0.350	0.317	0.287	0.261	0.237	0.215
12	0.887	0.788	0.701	0.625	0.557	0.497	0.444	0.397	0.356	0.319	0.286	0.257	0.231	0.208	0.187
13	0.879	0.773	0.681	0.601	0.530	0.469	0.415	0.368	0.326	0.290	0.258	0.229	0.204	0.182	0.163
14	0.870	0.758	0.661	0.577	0.505	0.442	0.388	0.340	0.299	0.263	0.232	0.205	0.181	0.160	0.141
15	0.861	0.743	0.642	0.555	0.481	0.417	0.362	0.315	0.275	0.239	0.209	0.183	0.160	0.140	0.123
16	0.853	0.728	0.623	0.534	0.458	0.394	0.339	0.292	0.252	0.218	0.188	0.163	0.141	0.123	0.107
17	0.844	0.714	0.605	0.513	0.436	0.371	0.317	0.270	0.231	0.198	0.170	0.146	0.125	0.108	0.093
18	0.836	0.700	0.587	0.494	0.416	0.350	0.296	0.250	0.212	0.180	0.153	0.130	0.111	0.095	0.081
19	0.828	0.686	0.570	0.475	0.396	0.331	0.277	0.232	0.194	0.164	0.138	0.116	0.098	0.083	0.070
20	0.820	0.673	0.554	0.456	0.377	0.312	0.258	0.215	0.178	0.149	0.124	0.104	0.087	0.073	0.061

연도 수	연 이자율														
	16%	17%	18%	19%	20%	21%	22%	23%	24%	25%	26%	27%	28%	29%	30%
1	0.862	0.855	0.847	0.840	0.833	0.826	0.820	0.813	0.806	0.800	0.794	0.787	0.781	0.775	0.769
2	0.743	0.731	0.718	0.706	0.694	0.683	0.672	0.661	0.650	0.640	0.630	0.620	0.610	0.601	0.592
3	0.641	0.624	0.609	0.593	0.579	0.564	0.551	0.537	0.524	0.512	0.500	0.488	0.477	0.466	0.455
4	0.552	0.534	0.516	0.499	0.482	0.467	0.451	0.437	0.423	0.410	0.397	0.384	0.373	0.361	0.350
5	0.476	0.456	0.437	0.419	0.402	0.386	0.370	0.355	0.341	0.328	0.315	0.303	0.291	0.280	0.269
6	0.410	0.390	0.370	0.352	0.335	0.319	0.303	0.289	0.275	0.262	0.250	0.238	0.227	0.217	0.207
7	0.354	0.333	0.314	0.296	0.279	0.263	0.249	0.235	0.222	0.210	0.198	0.188	0.178	0.168	0.159
8	0.305	0.285	0.266	0.249	0.233	0.218	0.204	0.191	0.179	0.168	0.157	0.148	0.139	0.130	0.123
9	0.263	0.243	0.225	0.209	0.194	0.180	0.167	0.155	0.144	0.134	0.125	0.116	0.108	0.101	0.094
10	0.227	0.208	0.191	0.176	0.162	0.149	0.137	0.126	0.116	0.107	0.099	0.092	0.085	0.078	0.073
11	0.195	0.178	0.162	0.148	0.135	0.123	0.112	0.103	0.094	0.086	0.079	0.072	0.066	0.061	0.056
12	0.168	0.152	0.137	0.124	0.112	0.102	0.092	0.083	0.076	0.069	0.062	0.057	0.052	0.047	0.043
13	0.145	0.130	0.116	0.104	0.093	0.084	0.075	0.068	0.061	0.055	0.050	0.045	0.040	0.037	0.033
14	0.125	0.111	0.099	0.088	0.078	0.069	0.062	0.055	0.049	0.044	0.039	0.035	0.032	0.028	0.025
15	0.108	0.095	0.084	0.074	0.065	0.057	0.051	0.045	0.040	0.035	0.031	0.028	0.025	0.022	0.020
16	0.093	0.081	0.071	0.062	0.054	0.047	0.042	0.036	0.032	0.028	0.025	0.022	0.019	0.017	0.015
17	0.080	0.069	0.060	0.052	0.045	0.039	0.034	0.030	0.026	0.023	0.020	0.017	0.015	0.013	0.012
18	0.069	0.059	0.051	0.044	0.038	0.032	0.028	0.024	0.021	0.018	0.016	0.014	0.012	0.010	0.009
19	0.060	0.051	0.043	0.037	0.031	0.027	0.023	0.020	0.017	0.014	0.012	0.011	0.009	0.008	0.007
20	0.051	0.043	0.037	0.031	0.026	0.022	0.019	0.016	0.014	0.012	0.010	0.008	0.007	0.006	0.005

주: 예를 들어 이자율이 연 10%이면, 5년도에 받은 \$1의 현재가치는 \$0.621이다.

부록 표 2

t 년 후 \$1의 미래가치 = $1/(1 + r)^t$.

연도 수	연 이자율														
	1%	2%	3%	4%	5%	6%	7%	8%	9%	10%	11%	12%	13%	14%	15%
1	1.010	1.020	1.030	1.040	1.050	1.060	1.070	1.080	1.090	1.100	1.110	1.120	1.130	1.140	1.150
2	1.020	1.040	1.061	1.082	1.102	1.124	1.145	1.166	1.188	1.210	1.232	1.254	1.277	1.300	1.323
3	1.030	1.061	1.093	1.125	1.158	1.191	1.225	1.260	1.295	1.331	1.368	1.405	1.443	1.482	1.521
4	1.041	1.082	1.126	1.170	1.216	1.262	1.311	1.360	1.412	1.464	1.518	1.574	1.630	1.689	1.749
5	1.051	1.104	1.159	1.217	1.276	1.338	1.403	1.469	1.539	1.611	1.685	1.762	1.842	1.925	2.011
6	1.062	1.126	1.194	1.265	1.340	1.419	1.501	1.587	1.677	1.772	1.870	1.974	2.082	2.195	2.313
7	1.072	1.149	1.230	1.316	1.407	1.504	1.606	1.714	1.828	1.949	2.076	2.211	2.353	2.502	2.660
8	1.083	1.172	1.267	1.369	1.477	1.594	1.718	1.851	1.993	2.144	2.305	2.476	2.658	2.853	3.059
9	1.094	1.195	1.305	1.423	1.551	1.689	1.838	1.999	2.172	2.358	2.558	2.773	3.004	3.252	3.518
10	1.105	1.219	1.344	1.480	1.629	1.791	1.967	2.159	2.367	2.594	2.839	3.106	3.395	3.707	4.046
11	1.116	1.243	1.384	1.539	1.710	1.898	2.105	2.332	2.580	2.853	3.152	3.479	3.836	4.226	4.652
12	1.127	1.268	1.426	1.601	1.796	2.012	2.252	2.518	2.813	3.138	3.498	3.896	4.335	4.818	5.350
13	1.138	1.294	1.469	1.665	1.886	2.133	2.410	2.720	3.066	3.452	3.883	4.363	4.898	5.492	6.153
14	1.149	1.319	1.513	1.732	1.980	2.261	2.579	2.937	3.342	3.797	4.310	4.887	5.535	6.261	7.076
15	1.161	1.346	1.558	1.801	2.079	2.397	2.759	3.172	3.642	4.177	4.785	5.474	6.254	7.138	8.137
16	1.173	1.373	1.605	1.873	2.183	2.540	2.952	3.426	3.970	4.595	5.311	6.130	7.067	8.137	9.358
17	1.184	1.400	1.653	1.948	2.292	2.693	3.159	3.700	4.328	5.054	5.895	6.866	7.986	9.276	10.76
18	1.196	1.428	1.702	2.026	2.407	2.854	3.380	3.996	4.717	5.560	6.544	7.690	9.024	10.58	12.38
19	1.208	1.457	1.754	2.107	2.527	3.026	3.617	4.316	5.142	6.116	7.263	8.613	10.20	12.06	14.23
20	1.220	1.486	1.806	2.191	2.653	3.207	3.870	4.661	5.604	6.727	8.062	9.646	11.52	13.74	16.37

연도 수	연 이자율														
	16%	17%	18%	19%	20%	21%	22%	23%	24%	25%	26%	27%	28%	29%	30%
1	1.160	1.170	1.180	1.190	1.200	1.210	1.220	1.230	1.240	1.250	1.260	1.270	1.280	1.290	1.300
2	1.346	1.369	1.392	1.416	1.440	1.464	1.488	1.513	1.538	1.563	1.588	1.613	1.638	1.664	1.690
3	1.561	1.602	1.643	1.685	1.728	1.772	1.816	1.861	1.907	1.953	2.000	2.048	2.097	2.147	2.197
4	1.811	1.874	1.939	2.005	2.074	2.144	2.215	2.289	2.364	2.441	2.520	2.601	2.684	2.769	2.856
5	2.100	2.192	2.288	2.386	2.488	2.594	2.703	2.815	2.932	3.052	3.176	3.304	3.436	3.572	3.713
6	2.436	2.565	2.700	2.840	2.986	3.138	3.297	3.463	3.635	3.815	4.002	4.196	4.398	4.608	4.827
7	2.826	3.001	3.185	3.379	3.583	3.797	4.023	4.259	4.508	4.768	5.042	5.329	5.629	5.945	6.275
8	3.278	3.511	3.759	4.021	4.300	4.595	4.908	5.239	5.590	5.960	6.353	6.768	7.206	7.669	8.157
9	3.803	4.108	4.435	4.785	5.160	5.560	5.987	6.444	6.931	7.451	8.005	8.595	9.223	9.893	10.60
10	4.411	4.807	5.234	5.695	6.192	6.728	7.305	7.926	8.594	9.313	10.09	10.92	11.81	12.76	13.79
11	5.117	5.624	6.176	6.777	7.430	8.140	8.912	9.749	10.66	11.64	12.71	13.86	15.11	16.46	17.92
12	5.936	6.580	7.288	8.064	8.916	9.850	10.87	11.99	13.21	14.55	16.01	17.61	19.34	21.24	23.30
13	6.886	7.699	8.599	9.596	10.70	11.92	13.26	14.75	16.39	18.19	20.18	22.36	24.76	27.39	30.29
14	7.988	9.007	10.15	11.42	12.84	14.42	16.18	18.14	20.32	22.74	25.42	28.40	31.69	35.34	39.37
15	9.266	10.54	11.97	13.59	15.41	17.45	19.74	22.31	25.20	28.42	32.03	36.06	40.56	45.59	51.19
16	10.75	12.33	14.13	16.17	18.49	21.11	24.09	27.45	31.24	35.53	40.36	45.80	51.92	58.81	66.54
17	12.47	14.43	16.67	19.24	22.19	25.55	29.38	33.76	38.74	44.41	50.85	58.17	66.46	75.86	86.50
18	14.46	16.88	19.67	22.90	26.62	30.91	35.85	41.52	48.04	55.51	64.07	73.87	85.07	97.86	112.5
19	16.78	19.75	23.21	27.25	31.95	37.40	43.74	51.07	59.57	69.39	80.73	93.81	108.9	126.2	146.2
20	19.46	23.11	27.39	32.43	38.34	45.26	53.36	62.82	73.86	86.74	101.7	119.1	139.4	162.9	190.0

주: 예를 들어 이자율이 연 10%이면, 오늘 투자하는 \$1은 5년 후 \$1.611의 가치를 가진다.

부록 표 3

연금표: t 년 매년 $1씩의 현재가치 = $1/r - 1/(1 + r)^t]$.

연도 수	연 이자율														
	1%	**2%**	**3%**	**4%**	**5%**	**6%**	**7%**	**8%**	**9%**	**10%**	**11%**	**12%**	**13%**	**14%**	**15%**
1	0.990	0.980	0.971	0.962	0.952	0.943	0.935	0.926	0.917	0.909	0.901	0.893	0.885	0.877	0.870
2	1.970	1.942	1.913	1.886	1.859	1.833	1.808	1.783	1.759	1.736	1.713	1.690	1.668	1.647	1.626
3	2.941	2.884	2.829	2.775	2.723	2.673	2.624	2.577	2.531	2.487	2.444	2.402	2.361	2.322	2.283
4	3.902	3.808	3.717	3.630	3.546	3.465	3.387	3.312	3.240	3.170	3.102	3.037	2.974	2.914	2.855
5	4.853	4.713	4.580	4.452	4.329	4.212	4.100	3.993	3.890	3.791	3.696	3.605	3.517	3.433	3.352
6	5.795	5.601	5.417	5.242	5.076	4.917	4.767	4.623	4.486	4.355	4.231	4.111	3.998	3.889	3.784
7	6.728	6.472	6.230	6.002	5.786	5.582	5.389	5.206	5.033	4.868	4.712	4.564	4.423	4.288	4.160
8	7.652	7.325	7.020	6.733	6.463	6.210	5.971	5.747	5.535	5.335	5.146	4.968	4.799	4.639	4.487
9	8.566	8.162	7.786	7.435	7.108	6.802	6.515	6.247	5.995	5.759	5.537	5.328	5.132	4.946	4.772
10	9.471	8.983	8.530	8.111	7.722	7.360	7.024	6.710	6.418	6.145	5.889	5.650	5.426	5.216	5.019
11	10.37	9.787	9.253	8.760	8.306	7.887	7.499	7.139	6.805	6.495	6.207	5.938	5.687	5.453	5.234
12	11.26	10.58	9.954	9.385	8.863	8.384	7.943	7.536	7.161	6.814	6.492	6.194	5.918	5.660	5.421
13	12.13	11.35	10.63	9.986	9.394	8.853	8.358	7.904	7.487	7.103	6.750	6.424	6.122	5.842	5.583
14	13.00	12.11	11.30	10.56	9.899	9.295	8.745	8.244	7.786	7.367	6.982	6.628	6.302	6.002	5.724
15	13.87	12.85	11.94	11.12	10.38	9.712	9.108	8.559	8.061	7.606	7.191	6.811	6.462	6.142	5.847
16	14.72	13.58	12.56	11.65	10.84	10.11	9.447	8.851	8.313	7.824	7.379	6.974	6.604	6.265	5.954
17	15.56	14.29	13.17	12.17	11.27	10.48	9.763	9.122	8.544	8.022	7.549	7.120	6.729	6.373	6.047
18	16.40	14.99	13.75	12.66	11.69	10.83	10.06	9.372	8.756	8.201	7.702	7.250	6.840	6.467	6.128
19	17.23	15.68	14.32	13.13	12.09	11.16	10.34	9.604	8.950	8.365	7.839	7.366	6.938	6.550	6.198
20	18.05	16.35	14.88	13.59	12.46	11.47	10.59	9.818	9.129	8.514	7.963	7.469	7.025	6.623	6.259

연도 수	연 이자율														
	16%	**17%**	**18%**	**19%**	**20%**	**21%**	**22%**	**23%**	**24%**	**25%**	**26%**	**27%**	**28%**	**29%**	**30%**
1	0.862	0.855	0.847	0.840	0.833	0.826	0.820	0.813	0.806	0.800	0.794	0.787	0.781	0.775	0.769
2	1.605	1.585	1.566	1.547	1.528	1.509	1.492	1.474	1.457	1.440	1.424	1.407	1.392	1.376	1.361
3	2.246	2.210	2.174	2.140	2.106	2.074	2.042	2.011	1.981	1.952	1.923	1.896	1.868	1.842	1.816
4	2.798	2.743	2.690	2.639	2.589	2.540	2.494	2.448	2.404	2.362	2.320	2.280	2.241	2.203	2.166
5	3.274	3.199	3.127	3.058	2.991	2.926	2.864	2.803	2.745	2.689	2.635	2.583	2.532	2.483	2.436
6	3.685	3.589	3.498	3.410	3.326	3.245	3.167	3.092	3.020	2.951	2.885	2.821	2.759	2.700	2.643
7	4.039	3.922	3.812	3.706	3.605	3.508	3.416	3.327	3.242	3.161	3.083	3.009	2.937	2.868	2.802
8	4.344	4.207	4.078	3.954	3.837	3.726	3.619	3.518	3.421	3.329	3.241	3.156	3.076	2.999	2.925
9	4.607	4.451	4.303	4.163	4.031	3.905	3.786	3.673	3.566	3.463	3.366	3.273	3.184	3.100	3.019
10	4.833	4.659	4.494	4.339	4.192	4.054	3.923	3.799	3.682	3.571	3.465	3.364	3.269	3.178	3.092
11	5.029	4.836	4.656	4.486	4.327	4.177	4.035	3.902	3.776	3.656	3.543	3.437	3.335	3.239	3.147
12	5.197	4.988	4.793	4.611	4.439	4.278	4.127	3.985	3.851	3.725	3.606	3.493	3.387	3.286	3.190
13	5.342	5.118	4.910	4.715	4.533	4.362	4.203	4.053	3.912	3.780	3.656	3.538	3.427	3.322	3.223
14	5.468	5.229	5.008	4.802	4.611	4.432	4.265	4.108	3.962	3.824	3.695	3.573	3.459	3.351	3.249
15	5.575	5.324	5.092	4.876	4.675	4.489	4.315	4.153	4.001	3.859	3.726	3.601	3.483	3.373	3.268
16	5.668	5.405	5.162	4.938	4.730	4.536	4.357	4.189	4.033	3.887	3.751	3.623	3.503	3.390	3.283
17	5.749	5.475	5.222	4.990	4.775	4.576	4.391	4.219	4.059	3.910	3.771	3.640	3.518	3.403	3.295
18	5.818	5.534	5.273	5.033	4.812	4.608	4.419	4.243	4.080	3.928	3.786	3.654	3.529	3.413	3.304
19	5.877	5.584	5.316	5.070	4.843	4.635	4.442	4.263	4.097	3.942	3.799	3.664	3.539	3.421	3.311
20	5.929	5.628	5.353	5.101	4.870	4.657	4.460	4.279	4.110	3.954	3.808	3.673	3.546	3.427	3.316

주: 예를 들어 이자율이 연 10%이면, 앞으로 5년간 매년 $1씩 받는 투자의 가치는 $3.791이다.

부록 표 4

e^{rt}의 가치. 연속복리 이자율 r로 t년간 투자한 $1의 미래가치.

rt	0.00	0.01	0.02	0.03	0.04	0.05	0.06	0.07	0.08	0.09
0.00	1.000	1.010	1.020	1.030	1.041	1.051	1.062	1.073	1.083	1.094
0.10	1.105	1.116	1.127	1.139	1.150	1.162	1.174	1.185	1.197	1.209
0.20	1.221	1.234	1.246	1.259	1.271	1.284	1.297	1.310	1.323	1.336
0.30	1.350	1.363	1.377	1.391	1.405	1.419	1.433	1.448	1.462	1.477
0.40	1.492	1.507	1.522	1.537	1.553	1.568	1.584	1.600	1.616	1.632
0.50	1.649	1.665	1.682	1.699	1.716	1.733	1.751	1.768	1.786	1.804
0.60	1.822	1.840	1.859	1.878	1.896	1.916	1.935	1.954	1.974	1.994
0.70	2.014	2.034	2.054	2.075	2.096	2.117	2.138	2.160	2.181	2.203
0.80	2.226	2.248	2.271	2.293	2.316	2.340	2.363	2.387	2.411	2.435
0.90	2.460	2.484	2.509	2.535	2.560	2.586	2.612	2.638	2.664	2.691
1.00	2.718	2.746	2.773	2.801	2.829	2.858	2.886	2.915	2.945	2.974
1.10	3.004	3.034	3.065	3.096	3.127	3.158	3.190	3.222	3.254	3.287
1.20	3.320	3.353	3.387	3.421	3.456	3.490	3.525	3.561	3.597	3.633
1.30	3.669	3.706	3.743	3.781	3.819	3.857	3.896	3.935	3.975	4.015
1.40	4.055	4.096	4.137	4.179	4.221	4.263	4.306	4.349	4.393	4.437
1.50	4.482	4.527	4.572	4.618	4.665	4.711	4.759	4.807	4.855	4.904
1.60	4.953	5.003	5.053	5.104	5.155	5.207	5.259	5.312	5.366	5.419
1.70	5.474	5.529	5.585	5.641	5.697	5.755	5.812	5.871	5.930	5.989
1.80	6.050	6.110	6.172	6.234	6.297	6.360	6.424	6.488	6.553	6.619
1.90	6.686	6.753	6.821	6.890	6.959	7.029	7.099	7.171	7.243	7.316
2.00	7.389	7.463	7.538	7.614	7.691	7.768	7.846	7.925	8.004	8.085
2.10	8.166	8.248	8.331	8.415	8.499	8.585	8.671	8.758	8.846	8.935
2.20	9.025	9.116	9.207	9.300	9.393	9.488	9.583	9.679	9.777	9.875
2.30	9.974	10.07	10.18	10.28	10.38	10.49	10.59	10.70	10.80	10.91
2.40	11.02	11.13	11.25	11.36	11.47	11.59	11.70	11.82	11.94	12.06
2.50	12.18	12.30	12.43	12.55	12.68	12.81	12.94	13.07	13.20	13.33
2.60	13.46	13.60	13.74	13.87	14.01	14.15	14.30	14.44	14.59	14.73
2.70	14.88	15.03	15.18	15.33	15.49	15.64	15.80	15.96	16.12	16.28
2.80	16.44	16.61	16.78	16.95	17.12	17.29	17.46	17.64	17.81	17.99
2.90	18.17	18.36	18.54	18.73	18.92	19.11	19.30	19.49	19.69	19.89
3.00	20.09	20.29	20.49	20.70	20.91	21.12	21.33	21.54	21.76	21.98
3.10	22.20	22.42	22.65	22.87	23.10	23.34	23.57	23.81	24.05	24.29
3.20	24.53	24.78	25.03	25.28	25.53	25.79	26.05	26.31	26.58	26.84
3.30	27.11	27.39	27.66	27.94	28.22	28.50	28.79	29.08	29.37	29.67
3.40	29.96	30.27	30.57	30.88	31.19	31.50	31.82	32.14	32.46	32.79
3.50	33.12	33.45	33.78	34.12	34.47	34.81	35.16	35.52	35.87	36.23
3.60	36.60	36.97	37.34	37.71	38.09	38.47	38.86	39.25	39.65	40.04
3.70	40.45	40.85	41.26	41.68	42.10	42.52	42.95	43.38	43.82	44.26
3.80	44.70	45.15	45.60	46.06	46.53	46.99	47.47	47.94	48.42	48.91
3.90	49.40	49.90	50.40	50.91	51.42	51.94	52.46	52.98	53.52	54.05

주: 예를 들어 연속복리 이자율이 연 10%이면, 오늘 투자하는 $1은 1년도에 $1.105, 2년도에 $1.221의 가치를 가진다.

부록 표 5

t 년간 매년 연속적인 흐름 $1을 받는 투자의 현재가치(연복리 이자율 r로 할인) = $\{1 - 1/(1 + r^t)\}/\{\ln(1 + r)\}$.

연도 수	연 이자율														
	1%	2%	3%	4%	5%	6%	7%	8%	9%	10%	11%	12%	13%	14%	15%
1	0.995	0.990	0.985	0.981	0.976	0.971	0.967	0.962	0.958	0.954	0.950	0.945	0.941	0.937	0.933
2	1.980	1.961	1.942	1.924	1.906	1.888	1.871	1.854	1.837	1.821	1.805	1.790	1.774	1.759	1.745
3	2.956	2.913	2.871	2.830	2.791	2.752	2.715	2.679	2.644	2.609	2.576	2.543	2.512	2.481	2.450
4	3.922	3.846	3.773	3.702	3.634	3.568	3.504	3.443	3.383	3.326	3.270	3.216	3.164	3.113	3.064
5	4.878	4.760	4.648	4.540	4.437	4.337	4.242	4.150	4.062	3.977	3.896	3.817	3.741	3.668	3.598
6	5.825	5.657	5.498	5.346	5.202	5.063	4.931	4.805	4.685	4.570	4.459	4.353	4.252	4.155	4.062
7	6.762	6.536	6.323	6.121	5.930	5.748	5.576	5.412	5.256	5.108	4.967	4.832	4.704	4.582	4.465
8	7.690	7.398	7.124	6.867	6.623	6.394	6.178	5.974	5.780	5.597	5.424	5.260	5.104	4.956	4.816
9	8.609	8.243	7.902	7.583	7.284	7.004	6.741	6.494	6.261	6.042	5.836	5.642	5.458	5.285	5.121
10	9.519	9.072	8.657	8.272	7.913	7.579	7.267	6.975	6.702	6.447	6.208	5.983	5.772	5.573	5.386
11	10.42	9.884	9.391	8.935	8.512	8.121	7.758	7.421	7.107	6.815	6.542	6.287	6.049	5.826	5.617
12	11.31	10.68	10.10	9.572	9.083	8.633	8.218	7.834	7.478	7.149	6.843	6.559	6.294	6.048	5.818
13	12.19	11.46	10.79	10.18	9.627	9.116	8.647	8.216	7.819	7.453	7.115	6.802	6.512	6.242	5.992
14	13.07	12.23	11.46	10.77	10.14	9.571	9.048	8.570	8.131	7.729	7.359	7.018	6.704	6.413	6.144
15	13.93	12.98	12.12	11.34	10.64	10.00	9.423	8.897	8.418	7.980	7.579	7.212	6.874	6.563	6.276
16	14.79	13.71	12.75	11.88	11.11	10.41	9.774	9.201	8.681	8.209	7.778	7.385	7.024	6.694	6.390
17	15.64	14.43	13.36	12.41	11.55	10.79	10.10	9.482	8.923	8.416	7.957	7.539	7.158	6.809	6.490
18	16.48	15.14	13.96	12.91	11.98	11.15	10.41	9.742	9.144	8.605	8.118	7.676	7.275	6.910	6.577
19	17.31	15.83	14.54	13.39	12.39	11.49	10.69	9.983	9.347	8.777	8.263	7.799	7.380	6.999	6.652
20	18.14	16.51	15.10	13.86	12.77	11.81	10.96	10.21	9.533	8.932	8.394	7.909	7.472	7.077	6.718

연도 수	연 이자율														
	16%	17%	18%	19%	20%	21%	22%	23%	24%	25%	26%	27%	28%	29%	30%
1	0.929	0.925	0.922	0.918	0.914	0.910	0.907	0.903	0.900	0.896	0.893	0.889	0.886	0.883	0.880
2	1.730	1.716	1.703	1.689	1.676	1.663	1.650	1.638	1.625	1.613	1.601	1.590	1.578	1.567	1.556
3	2.421	2.392	2.365	2.337	2.311	2.285	2.259	2.235	2.211	2.187	2.164	2.141	2.119	2.098	2.077
4	3.016	2.970	2.925	2.882	2.840	2.799	2.759	2.720	2.682	2.646	2.610	2.576	2.542	2.509	2.477
5	3.530	3.464	3.401	3.340	3.281	3.223	3.168	3.115	3.063	3.013	2.964	2.917	2.872	2.828	2.785
6	3.972	3.886	3.804	3.724	3.648	3.574	3.504	3.436	3.370	3.307	3.246	3.187	3.130	3.075	3.022
7	4.354	4.247	4.145	4.048	3.954	3.865	3.779	3.696	3.617	3.542	3.469	3.399	3.331	3.266	3.204
8	4.682	4.555	4.434	4.319	4.209	4.104	4.004	3.909	3.817	3.730	3.646	3.566	3.489	3.415	3.344
9	4.966	4.819	4.680	4.547	4.422	4.302	4.189	4.081	3.978	3.880	3.786	3.697	3.612	3.530	3.452
10	5.210	5.044	4.887	4.739	4.599	4.466	4.340	4.221	4.108	4.000	3.898	3.801	3.708	3.619	3.535
11	5.421	5.237	5.063	4.900	4.747	4.602	4.465	4.335	4.213	4.096	3.986	3.882	3.783	3.689	3.599
12	5.603	5.401	5.213	5.036	4.870	4.713	4.566	4.428	4.297	4.173	4.057	3.946	3.841	3.742	3.648
13	5.759	5.542	5.339	5.150	4.972	4.806	4.650	4.503	4.365	4.235	4.112	3.997	3.887	3.784	3.686
14	5.894	5.662	5.446	5.245	5.058	4.882	4.718	4.564	4.420	4.284	4.157	4.036	3.923	3.816	3.715
15	6.010	5.765	5.537	5.326	5.129	4.945	4.774	4.614	4.464	4.324	4.192	4.068	3.951	3.841	3.737
16	6.111	5.853	5.614	5.393	5.188	4.998	4.820	4.655	4.500	4.355	4.220	4.092	3.973	3.860	3.754
17	6.197	5.928	5.679	5.450	5.238	5.041	4.858	4.687	4.529	4.381	4.242	4.112	3.990	3.875	3.767
18	6.272	5.992	5.735	5.498	5.279	5.076	4.889	4.714	4.552	4.401	4.259	4.127	4.003	3.887	3.778
19	6.336	6.047	5.781	5.538	5.313	5.106	4.914	4.736	4.571	4.417	4.273	4.139	4.014	3.896	3.785
20	6.391	6.094	5.821	5.571	5.342	5.130	4.935	4.754	4.586	4.430	4.284	4.149	4.022	3.903	3.791

주 : 예를 들어 이자율이 연 10%이면, 5년간 매년 $1의 연속적인 현금흐름을 받는 투자의 현재가치는 $3.977이다. 5년도에 발생하는 $1의 연속적인 흐름의 가치는 $3.977 − $3.326 = $0.651에 불과하다.

부록 표 6

정규분포를 이루는 확률변수가 평균 위쪽으로 *d* 표준편차($d \times \sigma$)보다 작을 누적 확률 [$N(d)$].

d	0	0.01	0.02	0.03	0.04	0.05	0.06	0.07	0.08	0.09
0	0.5000	0.5040	0.5080	0.5120	0.5160	0.5199	0.5239	0.5279	0.5319	0.5359
0.1	0.5398	0.5438	0.5478	0.5517	0.5557	0.5596	0.5636	0.5675	0.5714	0.5753
0.2	0.5793	0.5832	0.5871	0.5910	0.5948	0.5987	0.6026	0.6064	0.6103	0.6141
0.3	0.6179	0.6217	0.6255	0.6293	0.6331	0.6368	0.6406	0.6443	0.6480	0.6517
0.4	0.6554	0.6591	0.6628	0.6664	0.6700	0.6736	0.6772	0.6808	0.6844	0.6879
0.5	0.6915	0.6950	0.6985	0.7019	0.7054	0.7088	0.7123	0.7157	0.7190	0.7224
0.6	0.7257	0.7291	0.7324	0.7357	0.7389	0.7422	0.7454	0.7486	0.7517	0.7549
0.7	0.7580	0.7611	0.7642	0.7673	0.7704	0.7734	0.7764	0.7794	0.7823	0.7852
0.8	0.7881	0.7910	0.7939	0.7967	0.7995	0.8023	0.8051	0.8078	0.8106	0.8133
0.9	0.8159	0.8186	0.8212	0.8238	0.8264	0.8289	0.8315	0.8340	0.8365	0.8389
1	0.8413	0.8438	0.8461	0.8485	0.8508	0.8531	0.8554	0.8577	0.8599	0.8621
1.1	0.8643	0.8665	0.8686	0.8708	0.8729	0.8749	0.8770	0.8790	0.8810	0.8830
1.2	0.8849	0.8869	0.8888	0.8907	0.8925	0.8944	0.8962	0.8980	0.8997	0.9015
1.3	0.9032	0.9049	0.9066	0.9082	0.9099	0.9115	0.9131	0.9147	0.9162	0.9177
1.4	0.9192	0.9207	0.9222	0.9236	0.9251	0.9265	0.9279	0.9292	0.9306	0.9319
1.5	0.9332	0.9345	0.9357	0.9370	0.9382	0.9394	0.9406	0.9418	0.9429	0.9441
1.6	0.9452	0.9463	0.9474	0.9484	0.9495	0.9505	0.9515	0.9525	0.9535	0.9545
1.7	0.9554	0.9564	0.9573	0.9582	0.9591	0.9599	0.9608	0.9616	0.9625	0.9633
1.8	0.9641	0.9649	0.9656	0.9664	0.9671	0.9678	0.9686	0.9693	0.9699	0.9706
1.9	0.9713	0.9719	0.9726	0.9732	0.9738	0.9744	0.9750	0.9756	0.9761	0.9767
2	0.9772	0.9778	0.9783	0.9788	0.9793	0.9798	0.9803	0.9808	0.9812	0.9817
2.1	0.9821	0.9826	0.9830	0.9834	0.9838	0.9842	0.9846	0.9850	0.9854	0.9857
2.2	0.9861	0.9864	0.9868	0.9871	0.9875	0.9878	0.9881	0.9884	0.9887	0.9890
2.3	0.9893	0.9896	0.9898	0.9901	0.9904	0.9906	0.9909	0.9911	0.9913	0.9916
2.4	0.9918	0.9920	0.9922	0.9925	0.9927	0.9929	0.9931	0.9932	0.9934	0.9936
2.5	0.9938	0.9940	0.9941	0.9943	0.9945	0.9946	0.9948	0.9949	0.9951	0.9952

주 : 예를 들어 $d = 0.22$이면 $N(d) = 0.5871$이다(즉 정규분포를 이루는 변수가 평균 위쪽으로 0.22 표준편차보다 작을 확률은 0.5871이다).

Glossary

용어 해설

여러 웹사이트에서 재무관련 용어들을 찾아볼 수 있다. 예를 들어 **www.finance-glossary.com**이나 **www.duke.edu/~charvey/Classes/wpg/glossary.htm** 참조.

영문

A

Abnormal return(비정상 수익률)
Absolute priority(절대 우선권)
Accelerated depreciation(가속상각)
Accounts payable(payables, trade debt)(외상매입금)
Accounts receivable(receivables, trade credit)(외상매출금)
ACH(자동교환청산소) *Automated Clearing House*
Acid-test ratio(당좌비율) *Quick ratio*
Adjusted Present value(APV)(수정현가)
ADR(미국 예탁증서): *American depository receipt*
Adverse selection(역선택, 회피적 선택)
Affirmative covenant(의무조항, 강제조항)
Agency costs(대리인 비용)
Agency theory(대리인 이론)
Aging schedule(매출채권 회수계획)
AIBD(국제채권딜러협회)
All-or-none underwriting(전액 또는 전무 인수방식)
Alpha(알파)
Alternative minimum tax(AMT)(대체최저한세)
American depository receipt(미국 예탁증서)
American option(미국식 옵션)
Amex(아메리칸증권거래소)
Amortization(상각)
Angel investor(엔젤투자자)
Annual percentage rate(APR)(연간 단순이자율)
Annuity(연금)
Annuity due(선급 연금, 기시급 연금)
Annuity factor(연금현가계수)
Anticipation(만기 전 상환)
Appraisal right(주식매수청구권, 공정가격 요구권)
Appropriation request(할당 요청, 지출 요구)
APT(차익거래 가격결정이론)
APV(수정현가)
Arbitrage(차익거래)
"Arbitrage" or "risk arbitrage"(위험차익거래)
Arbitrage pricing theory(APT)(차익거래 가격결정이론)
Arranger(선도 인수기관, 주선회사)
Articles of incorporation(정관)
Asian currency units(아시아통화단위)
Asian option(아시아식 옵션)
Asked(offer) price(팔자가격)
Asset-backed securities(자산유동화 증권)
Asset stripper(자산 수탈자)
Asymmetric information(비대칭 정보)
At-the-money option(등가격 옵션)
Auction market(경매시장)
Auction-rate preferred(경매 배당률 우선주)
Authorized share capital(수권자본금)
Automated clearing house(ACH)(자동교환청산소)
Automatic debit(자동인출, 직불)
Availability float(미결제 수표)
Aval(어음보증)

B

BA(은행인수어음): *Banker's acceptance*
Backdating(백데이팅, 소급 부여)
Backwardation(백워데이션)
Balloon payment(일괄 지불)
Bank discount(은행 할인)
Banker's acceptance(은행인수어음)
Barrier option(장벽 옵션, 장애물 옵션)
Basel Accord(바젤협약)
Basis point(베이시스 포인트)
Basis risk(베이시스 위험)
Bearer security(소지자 증권)
Bear market(약세시장)
Behavioral finance(행동재무학)
Benchmark maturity(기준 만기)
Benefit-cost ratio(효익-비용 비율)

Bermuda option(버뮤다옵션)
Best-effort underwriting(모집주선 인수)
Beta(베타)
Bid price(사자가격)
Big Board(빅보드)
Bill of exchange(환어음)
Bill of loading(선하증권)
Blue-chip company(우량회사)
Blue-sky laws[주(州) 증권법]
Boilerplate(표준 계약조건)
Bond(채권)
Bond rating(채권등급)
Bookbuilding(수요예측)
Book entry(장부 기재)
Book runner(주 인수기관)
Bought deal(일괄매수 인수)
BP(베이시스포인트)
Bracket(인수 참여 정도)
Break-even analysis(손익분기분석)
Bridge loan(브릿지 론, 임시차입)
Bull-bear bond(불-베어 채권)
Bulldog bond(불독 본드)
Bullet payment(만기 일시상환)
Bull market(강세시장)
Butterfly spread(나비형 스프레드)
Bund(분트)
Buy-back(환매계약)

C

Cable(달러-파운드 환율)
Call option(콜옵션)
Call premium(수의상환 프리미엄, 또는 콜옵션 가격)
Call provision(수의상환조항)
Cap(이자상한선)
CAPEX(자본지출)
Capital asset pricing model(CAPM)(자본자산 가격결정모형)
Capital budget(자본예산)
Capitalization(장기 자본)
Capital lease[자본리스(금융리스]
Capital market(자본시장)
Capital market line(자본시장선)
Capital rationing(자본할당)
Capital structure(자본구조)
CAPM(자본자산 가격결정모형)
Captive finance company(전속금융회사)
Caput option(풋콜옵션, 풋옵션에 대한 콜옵션)
CAR(누적비정상수익률)
CARDs(Certificates for Amortizing Revolving Debt)(신용카드 자동이체증권)
Carried interest(성과 수수료)
Carry trade(케리거래)
CARs(certificates of Automobil Receivables)(자동차 매출채권 자동이체증권)
Carve-out(분리상장)
Cascade(정보전파: 유추해석)
Cash and carry(현물매입 선물매도 전략)
Cash budget(현금예산)
Cash cow(캐시카우)
Cash cycle(현금 사이클)
Cash-deficiency arrangement(필요 순운전자본 지원계약)
Catastrophe bond(재앙채권)
CAT bond(재앙채권)
CBD(선적 전 현금불)
CD(예금증서)
CDS(신용부도 스왑)
CEO(최고경영자)
Certainty equivalent(확실성등가)
Certificate of deposit(예금증서)
CFTC(미국 선물거래위원회)
CFO(최고재무담당자)
Chaebol(재벌)
Chapter 7(제7장)
Chapter 11(제11장)
Check conversion(수표 전환)
Check 21(수표결제법)
CHIPS(은행 간 지급결제시스템)
Chooser option(선택자 옵션)
Clean price(flat price)(채권 고시가격)
Clearing House Interbank Payment System(은행 간 지급결제 시스템)
CLO(대출채권 담보부증권)
Closed-end fund(폐쇄형 펀드)
Closed-end mortgage(폐쇄형 주택저당대출)
CMOs(주택저당대출 담보부증권)
COD(상품인도결제)

Collar(이자율 상하한선)
Collateral(담보)
Collateralized loan obligation(CLO)(대출 담보부증권)
Collateralized mortgage obligations(CMOs)(주택저당대출 담보부증권)
Collateral trust bonds(증권담보 채권)
Collection float[미결제 부동(浮動) 회수금]
Commercial draft(bill of exchange)(상업어음)
Commitment fee(신용한도 약정수수료)
Common-size financial statements(백분비 재무제표)
Common stock(보통주)
Company cost of capital(회사 자본비용)
Compensating balance(보상예금, 양건예금)
Competitive bidding(경쟁입찰)
Completing bonding(완공보증보험)
Composition[화의(和議)]
Compound interest(복리이자)
Compound option(복합옵션)
Concentration banking(집중은행제도)
Conditional sales(조건부 매출)
Conglomerate merger(다각적 합병)
Consol(영구채권)
Contango(콘탱고)
Contingent claim(조건부 청구권)
Contingent project(조건부 프로젝트)
Continuous compounding(연속복리)
Controller(감사관)
Convenience yield(편의수익률)
Conversion price(전환가격)
Conversion ratio(전환비율)
Convertible bond(전환사채)
Convexity(볼록성)
Corporate venturing(신생기업 금융지원)
Corporation(주식회사)
Correlation coefficient(상관계수)
Cost company arrangement(프로젝트 재원 지원계약)
Cost of (equity) capital(자본비용)
Counterparty(거래 상대방)
Coupon(액면이자, 표면이자)
Covariance(공분산)
Covenant(대출 조항)
Covered option(방비옵션)
Cramdown(재조직 명령)
Credit default swap(CDS)(신용부도 스왑)
Credit derivative(신용 파생증권)
Credit rating(신용등급)
Credit scoring(신용 평점)
Cross-default clause(포괄 지급불능 조항)
Cum-dividend(배당부)
Cum-right(권리부)
Cumulative preferred stock(누적적 우선주)
Cumulative voting(집중투표제)
Current asset(유동자산)
Current liability(유동부채)
Current ratio(유동비율)
Current yield(직접수익률, 단순수익률)

D

Data mining(data snooping)(데이터 파내기, 데이터 기웃거리기)
DCF(할인현금흐름)
Dealer market(딜러시장)
Dealer paper(딜러 기업어음)
Death spiral convertible[죽음의 소용돌이(독성) 전환사채]
Debenture(무담보 사채)
Debtor-in-possession financing(DIP financing)(기존관리인 유지제도 금융)
Decision tree(의사결정 나무)
Default swap(지급불능 스왑)
Defeasance(무효화/파기)
Degree of operating leverage(DOL)(영업레버리지도)
Delta(델타)
Depository Transfer check(DTC)(은행발행 수표)
Depreciation(감가상각)
Designated market maker(지정 시장조성인)
Diff(이자율 차이 스왑)
Differential swap(diff, quanto swap)(이자율 차이 스왑)
Dilution(희석)
Digital option(디지털 옵션)
Dilution(희석)
DIP financing(기존관리인 유지제도 금융)
Direct deposit(계좌 입금)
Direct lease(직접리스)
Direct payment (automatic debit, direct debit)(직접 지불, 자동이체)
Direct quote[직접환율(달러-외환 환율)]
Dirty price(채권 매매가격)

Discount bond(할인채)
Discounted cash flow(DCF)(할인 현금흐름)
Discount factor(할인계수)
Discount rate(할인율)
Discounted payback rule(할인 회수기간 규칙)
Discriminatory price auction(차별가격(복수가격) 경매)
Disintermediation(직접투자)
Dividend(배당금)
Dividend discount model(배당할인모형)
Dividend reinvestment plan(DRIP)(배당 자동재투자 방식)
Dividend yield(배당수익률)
DOL(영업레버리지도)
Double-declining-balance depreciation(2배속 상각)
Double-tax agreement(이중과세협약)
Down-and-in option(하향진입옵션)
Down-and-out option(하향소멸옵션)
DRIP(배당 자동재투자 방식)
Drop lock(변동이자 하한계약)
DTC(은행발행 수표)
Dual-currency bond(2개국통화 채권)
DuPont formula(듀퐁 공식)
Duration(듀레이션/가중평균 만기)
Dutch auction(단일가격 경매)

E

Earnings per share(EPS)(주당순이익)
EBIT(이자 및 세전 이익)
EBITDA: *Earnings before interest, taxes, depreciation, and amortization*
EBPP: *Electronic bill presentment and payment*
Economic depreciation(경제적 감가상각)
Economic exposure(실질환율변동 위험)
Economic income(경제적 소득)
Economic rent(경제적 지대)
Economic Value Added(EVA)(경제적 부가가치)
Efficient market(효율적 시장)
Efficient portfolio(효율적 포트폴리오)
EFT: *Electronic funds transfer.*
Electronic bill presentment and payment(EBPP)(전자청구 지불시스템)
Electronic funds transfer(EFT)(전자자금이체)
Employee stock ownership plan(ESOP)(종업원지주제도)
Entrenching investment(참호구축 투자)
EPS: *Earnings per share*
Equipment trust certificate(설비담보채권)
Equity(자기자본, 지분)
Equity-linked bond(주식연계 채권)
Equivalent annual cash flow(순현가 등가 연금)
ESOP(종업원지주제도)
ETF(상장지수펀드): *Exchange-traded fund*
Euribor(유로 은행간 대출금리): *Euro Interbank Offer Rate*
Euro Interbank Offer Rate(Euribor)
Eurobond(유로 채권)
Eurocurrency(유로 통화)
Eurodollar deposit(유로달러 예금)
European option(유럽식 옵션)
EVA(경제적 부가가치): *Economic value added*
Event risk(사건 위험)
Evergreen credit(만기 없는 회전대출계약)
Exchange of asset(자산매입방식 인수)
Exchange of stock(주식매입방식 인수)
Exchange-traded fund(ETF)(상장지수펀드)
Ex dividend(배당락)
Exercise price(striking price)(행사가격)
Expectation theory(기대이론)
Expected return(기대수익률)
Ex right(권리락)
Extentable bond(만기연장 채권)
External finance(외부금융)
Extra dividend(추가배당/비정규 배당)

F

Face value(액면가)
Factoring(팩토링)
Fair price provision(공정가격 조항)
Fallen angel(추락한 천사)
FASB(재무회계기준위원회)
FCIA(외국신용보험협회)
FDIC(미국 연방예금보험공사)
Federal funds(연방자금)
Fedwire(연방은행 이체시스템)
Field warehouse(사설 임대창고)
Financial assets(금융자산)
Financial engineering(금융공학/재무공학)
Financial lease(capital lease, full-payout lease)(금융리스,

자본리스)
Financial leverage(gearing)(재무레버리지)
Firm commitment(전액인수)
Fiscal agency agreement(재무대행 약정)
Flat price(고시가격)
Flipping(플립핑, 떠넘기기)
Float(미결제 자금)
Floating lien(포괄 담보권)
Floating-price convertible(변동가격 전환사채)
Floating-rate note(FRN)(변동금리 채권)
Floating-rate preferred(변동배당율 우선주)
Floor planning(적정재고 약정)
Flow-to-equity method(지분현금흐름법)
Foreign bond(외국채권)
Forex(외환): *Foreign exchange*(외환)
Forfaiter(선하증권 매입자)
Forward cover(포워드 카버)
Forward exchange rate(선도환율)
Forward interest rate(선도이자율)
Forward rate agreement(FRA)(선도이자율 계약)
FRA(선도이자율 계약)
Free cash flow(여유 현금흐름)
Free-rider problem(무임승차문제)
FRN(변동금리 채권)
Full-payout lease(금융리스)
Full-service lease(rental lease)(임대인책임 리스)
Fundamental analysis(기본적 분석)
Funded debt(장기 채무)
Futures contract(선물계약)

G

GAAP(일반회계기준)
Gamma(감마)
Gearing(financial leverage)(재무레버리지)
General cash offer(일반 공모)
Gilt(길트)
Golden parachute(황금낙하산)
Goodwill(영업권)
Governance(지배구조)
Gray market[유로채 사전시장(예비시장)]
Greenmail(녹색편지/그린메일)
Greenshoe option(추가발행 조항)
Growth stock(성장주)

H

Haircut(추가 마진)
Hedge fund(헤지펀드)
Hedge ratio(delta, option delta)[헤지비율(델타, 옵션 델타)]
Hedging(헤징)
Hell-or-high-water claus(무조건 지급조항)
Highly leveraged transaction(HLT)(고 부채기업 신규대출)
HLT(고 부채기업 신규대출): *highly leveraged transaction*
Holding company(지주회사)
Horizontal merger(수평적 합병)
Horizontal spread(수평 스프레드)
Huddle rate(기준수익률)

I

IBF(국제 은행기구): *International Banking Facility*
IMM(국제 화폐시장): *International Monetary Market*
Immunization(면역화)
Imputation tax system(귀속 세제)
Income bond(소득채권)
Income stock(소득 주식)
Indenture(채권 약정서)
Indexed bond(지수채권/인덱스채권)
Index fund(지수 펀드)
Indirect quote[간접환율(외환–달러 환율)]
Industrial revenue bond(IRB)(산업수익채권)
Initial public offering(IPO)(신규공모주식/최초공모주식)
Inside director(내부이사)
In-substance defeasance(채무 배제, 채무 제거)
Intangible asset(무형자산)
Integer programming(정수계획법)
Interest cover(이자보상배율)
Interest equalization tax(이자평형세)
Interest-rate parity(이자율평가)
Intermediation(금융중개/간접투자)
Internal finance(내부금융)
Internal growth rate(내부성장률)
Internal rate of return(IRR)(내부수익률)
International Banking Facility(IBF)(국제은행기구)
International Monetary Market(IMM)(국제화폐시장)
Interval measure(독자생존기간)

In-the-money option(내가격 옵션)
Inverse FRN(역 금리변동 채권)
Investment-grade bond(투자등급 채권)
Investment tax credit(투자세액공제)
IOSCO(국제증권관리위원회기구): *International Organization of Securities Commissions*
IPO(initial public offering)(신규공모주식/최초공모주식)
IRB(산업수익채권): *Industrial revenue bond*
IRR(내부수익률): *Internal rate of return*
IRS(미국 국세청): *Internal revenue service*
ISDA(국제 스왑·파생상품 연합회): I*nternational Swap and Derivatives Association.*
ISMA(국제 증권시장연합회): *International Securities Market Association*
Issued share capital(납입자본금)

J

Junior debt(후순위 채권): *Subordinated debt*
Junk bond(정크본드/투기등급 채권)

K

Keiretsu(계열)

L

LBO(차입 매입): *Leveraged buyout*
Lease(리스)
Legal capital(법정 자본금)
Legal defeasance(법정 파기/법정 무효화)
Lessee(임차인)
Lessor(임대인)
Letter of credit(신용장)
Letter stock(사모주식)
Leverage(레버리지)
Leveraged buyout(LBO)(차입매입)
Leveraged lease(차입 리스)
Liabilities, total liabilities(부채/총 부채)
LIBOR(런던 은행간 대출금리): *London interbank offer rate*
Lien(담보권)
Limited liability(유한책임)
Limited partnership(유한회사)
Linear programming(LP)(선형계획법)
Line of credit(신용한도)
Liquid assets(유동화 자산)
Liquidating dividend(청산배당)
Liquidator(청산인)
Liquidity-preference theory(유동성선호이론)
Liquidity premium(유동성 프리미엄)
Liquid yield option note(LYON)(무액면이자 전환사채)
Load-to-load(선착순지급계약)
Lockbox system(집중수금방식)
London interbank offer rate(LIBOR)(런던은행간 대출금리)
Long hedge(매입 헤지)
Longevity bonds(장수 채권)
Lookback option(되돌리기 옵션)
LP(선형계획법): *Linear programming*
LYON(무액면이자 전환사채): *Liquid yield option note*

M

MACRS(수정 가속원가회복방식 감가상각): *Modified accelerated cost recovery system*
Maintenance margin(유지증거금)
Majority voting(다수결 투표방식)
Management buyout(MBO)(경영자 차입매입)
Margin(증거금, 마진)
Marked-to-market(일일정산)
Market capitalization rate(시장 자본환원율)
Market model(시장모형)
Market order(시장가 주문)
Market risk(systematic risk)[시장위험(체계적위험)]
Market-to-book ratio(시장가치 대 장부가치 비율)
Market value added(시장부가가치)
Maturity factoring(만기보증 팩토링)
MBO(경영자 차입매수): *Management buyou*
MDA(다중차별분석): *Multiple discriminatory analysis*
Medium-term note(MTN)(중기 채권)
Merger(합병)
MIP(monthly income preferred security)(자회사 우선주)
Mismatch bond(소기간 변동금리채권)
MACRS(수정 원가회복방식 가속상각)
Modified IRR(수정 내부수익률)
Momentum(모멘텀)
Money center bank(주요 은행)
Money market(화폐시장)
Money-market deposit account(MMDA)(화폐시장 예금계좌)

Money market fund(화폐시장펀드)
Monoline(전문채권보증회사)
Monte Carlo simulation(몬테칼로 시뮬레이션)
Moral hazard(도덕적 위험)
Mortality bonds(사망채권)
Mortgage bond(담보부 채권)
MTN(미국 중기 회사채): *Medium-term note*(중기 채권)
Multiple-discriminatory analysis(MDA)(다중차별분석)
Mutual fund(뮤추얼펀드/상호기금)
Mutually exclusive project(상호배타적 투자안)

N

Naked option(무방비 옵션/기본 옵션)
NASD(미국 전국 증권업협회): *National Association of Security Dealers*
Nasdaq(나스닥)
Negative pledge clause(선취특권 부인불가 조항)
Negotiated underwriting(협상인수방식)
Net lease(임차인 책임 리스)
Net present value(NPV)(순 현재가치/순현가)
Net working capital(순 운전자본)
Net worth(자기자본)
Nominal interest rate(명목이자율)
Nonrefundable debt(조기상환 불가능 채권)
Normal distribution(정규분포)
Note(채권, 중기 채권)
Novation(legal defeasance)[채무계약 갱개(更改)(계약해제, 계약파기)]
NYSE(뉴욕증권거래소)

O

OAT(Obligation assimilable du Trésor)
Odd lot(단주)
Off-balance-sheet financing(부외 자금조달)
Offer price(팔자가격): *Ask price*
Old-line factoring(매출채권 팩토링)
On the run(최신 채권)
Open account(개방 계좌)
Open-end mortgage(개방형 담보부채권)
Open interest(미청산 계약/미결제 약정)
Operating cycle(영업 사이클)
Operating lease(운용 리스)
Operating leverage(영업 레버리지)
Opportunity cost of capital(hurdle rate, cost of capital) [자본의 기회비용(기준율, 자본비용)]
Option(옵션)
Option delta(옵션 델타, 헤지비율)
Original issue discount debt(OID dedt)(할인발행 채권)
OTC(장외시장): *Over-the-counter*
Out-of-money option(외가격 옵션)
Outstanding share capital(발행 자본금 잉여금)
Oversubscription privilege(추가발행조항)
Over-the-counter(OTC)(장외시장)

P

Partnership(합자회사)
Par value(face value)(액면가)
Pass-through securities(자동이체 증권/패스쓰루 증권)
Pass-dependent option(경로의존 옵션)
Payables(지급어음): *Accounts payable*
Payback rule(회수기간)
Pay-in-kind bond(PIK)(동종채권지급방식 채권)
Payment float(미결제 지급금)
Payout ratio(배당성향)
PBGC(기업연금보증보험공사): *Pension Benefit Guarantee Corporation*
P/E ratio(주가수익배율)
PERC(preferred equity redemption cumulative stock)(누적적 전환우선주)
Perpetuity(영구채권)
PIK(PIK 채권): *Pay-in-kind bond*
PN(미국 주택공사채권): *Project note*
Poison pill(독소조항)
Poison put(독소조항)
Pooling of interest(결합방식 회계)
Position diagram(포지션 도표)
Postaudit(사후 감사)
Praecipium(프레시피움)
Preemptive right(선취권/선매권)
Preferred stock(우선주)
Prenegotiated bankruptcy(사전 협상 파산)
Prepack(사전 조정 파산): *Prepackaged bankruptcy*
Prepackaged bankruptcy(prepack)(사전 조정 파산)
Present value(현재가치)
Present value of growth opportunity(PVGO)

PRIDE(누적적 전환 우선주)
Primary issue(발행 신주)
Prime rate(우대금리)
Principal(원금)
Principal-agent problem(주체-대리인 문제)
Private equity(프라이빗에퀴티, 사모 주식)
Private placement(사모)
Privileged subscription issue(주주배정 유상증자)
Production payment(생산 선지급금)
Profitability index(수익성 지표)
Pro forma(추정): *Projected*
Project finance(프로젝트금융)
Project note(PN)(미국 주택공사 채권)
Promissory note(약속어음)
Prospect theory(전망이론)
Prospectus(사업설명서)
Protective put(보호적 풋)
Proxy vote(위임장 투표)
Public warehouse(terminal warehouse)(공설 창고)
Purchase accounting(자산인수방식 회계)
Purchase fund(채권가격 유지 기금)
Put-call parity(풋-콜 패리티)
Put option(풋옵션)
PVGO(성장기회의 현재가치): *Present value growth opportunities*
Pyramid(피라미드)

Q

q(q 비율)
QIBs(투자적격 기관투자자): *Qualified Institutional Buyers*
Quadratic programming(2차계획법)
Qualified Institutional Buyers(QIBs)(투자적격 기관투자자)
Quanto swap(이자율 차이 스왑): *Differential swap*
Quick ratio(acid-test ratio)[당좌비율(산성시험비율)]

R

Range forward(범위선도계약)
Ratchet bonds(금리하향조정채권)
Rate-sensitive bonds(신용등급연동채권)
Real assets(실물자산)
Real estate investment trust(REIT)(부동산신탁)
Real interest rate(실질이자율)
Real option(실물옵션)
Receivables(받을어음): *Accounts receivables*
Receiver(파산관리인)
Record date(장부폐쇄일)
Recourse(상환청구권)
Red herring(예비 사업계획서)
Refunding(재금융)
Registered security(등록증권)
Registrar(등록기관)
Registration(등록)
Regression analysis(회귀분석)
Regular dividend(정규배당)
Regulation A issue(간편 발행 소액증권)
REIT(부동산신탁): *Real estate investment trust*
Rental lease(임대리스): *Full-service lease*
Replicating portfolio(복제 포트폴리오)
Repo(환매채): *Repurchase agreement*
Repurchase agreement(RP, repo, buy-back)(환매채)
Residual income(잔여소득)
Residual risk(잔여위험): *Unique risk*
Retained earnings(유보이익)
Return on equity(자본수익률)
Return on investment(ROI)(투자수익률)
Revenue bond(수익채권)
Reverse convertible(역 전환사채)
Reverse FRN (yield curve note)(역 변동금리채권)
Reverse split(역 주식분할)
Revolving credit(회전신용)
Rights issue(privileged subscription issue)(주주배정 유상증자)
Rights on(권리부): *With rights.*
Risk premium(위험프리미엄)
Road show(로드쇼, 설명회)
ROI(투자수익률): *Return on investment*
Roll-over CD(회전 CD)
Round lot(최소거래단위)
RP(환매채): *Repurchase agreement*
R squared(R2)(결정계수)
Rule 144a(투자적격 투자자 규정 144a)

S

Sale and lease-back(매각 후 재임차)
Salvage value(잔존가치)
Samurai bond(사무라이본드)
SBIC(미국 중소기업 투자회사): *Small Business Investment*

Company
Scenario analysis(시나리오 분석)
Season datings(비성수기 신용확대)
Seasoned issue(유상 신주발행)
SEC(미국 증권거래위원회): *Securities and Exchange Commission*
Secondary issue(유상 신주발행)
Secondary market(유통시장)
Secured debt(담보부 채권)
Securitization(증권화)
Security market line(증권시장선)
Self-liquidating loan(유동자산 대출)
Self-selection(자가 선택)
Semistrong-fonn efficient market(준강형의 효율적 시장)
Senior debt(선순위 채권)
Sensitivity analysis(민감도분석)
Serial bonds(연속 채권)
Series bond(연속발행 채권)
Shark repellant(상어퇴치 조항)
Sharpe ratio(샤프비율)
Shelf registration(일괄등록제도)
Shogun bond(쇼군본드)
Short hedge(매도 헤지)
Short sale(공매)
Sight draft(요구불 어음)
Signal(시그널)
Simple interest(단순이자)
Simulation(시뮬레이션): *Monte Carlo simulation*
Sinker(감채기금): *Sinking fund*
Sinking fund(sinker)(감채기금)
Skewed distribution(치우친 분포)
SPE(특수목적회사): *Special-purpose entity.*
Special dividend(extra dividend)[특별배당(추가배당)]
Specialist(스페셜리스트)
Special-purpose entity(특수목적회사)
Specific risk(residual risk, unique risk, unsystematic risk)
[특정위험(잔여위험, 고유위험, 비체계적위험)]
Spinning(스피닝)
Spin-off(분리설립)
Spot exchange rate(현물 환율)
Spot price(현물 가격)
Spot interest rate(현물 이자율)
Spread(스프레드)
Staggered board(시차임기제 이사회)
Standard deviation(표준편차)
Standard error(표준오차)
Standby agreement(잔액인수)
Step-up bond(표면이자 점증 채권)
Stock dividend(주식배당)
Stock split(주식분할)
Straddle(스트래들)
Straight line depreciation[직선법(정액법) 감가상각]
Striking price(행사가격)
Stripped bond(이자분할채권)
Strong-form efficient market(강형의 효율적 시장)
Structured debt(맞춤형 부채)
Subordinated debt(junior debt)(후순위채권)
Subprime loans(서브프라임 대출)
Sum-of-the-years'-digits depreciation(연수합계법 감가상각)
Sunk costs(매몰원가)
Super majority(절대다수)
Sushi bond(스시 본드)
Sustainable growth rate(유지가능 성장률)
Swap(스왑)
Swaption(스왑션)
Sweep program
Swingline facility(임시대출편의)
Syndicated loan(신디케이트 론, 연합대출)
Systematic risk(체계적 위험): *Market risk*

T

Take-or-pay(무조건 지급 약정)
Take-up fee(인수수수료)
Tangent efficient portfolio(접점 효율적 포트폴리오)
Tangible asset(유형자산)
Tax-anticipation bill(납세전환가능 T-bill)
T-bill(재정증권): *Treasury bill*
Technical analysis(기술적 분석)
TED spread(TED 스프레드)
Tender offer(주식공개매수)
10-K(텐 케이)
10-Q(텐 큐)
Tenor(채권 만기)
Terminal warehouse(공설창고): *Public warehouse*
Term loan(기간대출)
Term structure of Interest rate(이자율의 기간구조)

Throughput arrangement(주주 우선사용 약정)
Tick(호가단위)
Time draft(기한부 어음)
Times interest earned (interest cover)(이자보상률)
TIPS(Treasury Inflation Protected Securities)
Toehold(발판투자)
Tolling contract(위탁가공계약)
Tombstone(묘비석 광고)
Trade acceptance(무역인수어음)
Trade credit(거래신용, 매입신용): *Account receivable*
Trade debt(거래부채, 매입부채): *Account payable*
Tranche(트랑쉐)
Transaction exposure(외환환산 위험)
Transfer agent(명의개서 대리인)
Translation exposure(환율변동 위험)
Treasurer(출납인/회계원)
Treasury bill(T-bill)(재정증권)
Treasury stock(금고주)
Trust deed(채권수탁 약정서)
Trust receipt(신탁영수증)
Tunneling(터널링)

U

Underpricing(저가발행)
Underwriter(인수자, 인수기관)
Unfunded debt(단기상환 채무)
Uniform price auction(단일가 경매)
Unique risk(고유위험)
Unique risk(residual risk, specific risk, unsystematic risk) [고유위험(잔여위험, 비체계적 위험)]
Unseasoned issue(최초발행 주식)
Unsystematic risk(비체계적 위험): *Unique risk*

V

Value additivity(가치 가산성)
Value-at-risk model(VAR model)(VAR 모형)
Value stock(가치주식)
Vanilla issue(기본형 증권)
VAR model: *Value-at-risk model*
Variable-rate demand bond(VRDB)(조기상환 변동금리채권)
Variance(분산)
Variation margin(변동증거금)
Vega(베가)
Venture capital(벤처캐피탈)
Vertical merger(수직적 합병)
Vertical spread(수직 스프레드)
VIX(변동성 지수)
VRDB(조기상환 변동금리 채권): *Variable rate demand bond*

W

WACC(가중평균 자본비용): *Weighted-average cost of capital*
Warehouse receipt(창고영수증)
Warrant(워런트)
Weak-form efficient market(약형의 효율적 시장)
Weighted-average cost of capital(WACC)(가중평균 자본비용)
White knight(백기사)
Wi.(발행 시): *When issued*
Winner's curse(승자의 저주)
With dividend(cum dividend)(배당부)
Withholding tax(원천징수 세금)
With rights(cum rights, rights on)(권리부)
Working capital(운전자본)
Workout(워크아웃, 기업개선작업, 채무조정)
Writer(옵션 발행자, 옵션 매도자): *Option seller*

X

xd(배당락): *Ex dividend*
xr(권리락): *Ex rights*

Y

Yankee bond(양키본드)
Yield curve(수익률 곡선)
Yield curve note(수익률곡선 채권)
Yield to maturity(만기수익률)

Z

Zero-coupon bond(무액면이자 채권)
Z score(Z 점수)

국문

설명문 중 **고딕체**로 표시된 용어는 다른 곳에서도 사용되었다.

ㄱ

가속상각(Accelerated depreciation): 프로젝트의 수명기간 중 초기에 많은 금액을 상각하는 모든 감가상각방법.

가중평균 자본비용(WACC): *Weighted-average cost of capital*(가중평균 자본비용).

가중평균 자본비용(Weighted-average cost of capital, WACC): 기업이 발행한 모든 증권으로 구성된 포트폴리오의 기대수익률. 자본투자의 기준율로 사용된다.

가치 가산성(Value additivity): 전체의 가치는 부분의 가치의 합계와 같다는 법칙.

가치주식(Value stock): 안정적인 소득을 제공하지만 상대적으로 낮은 성장률이 예상되는 주식(종종 시장가치 대 장부가치가 낮은 주식을 말함).

간접환율(외환-달러 환율; Indirect quote): 외환거래에서 미화 $1을 매입하는 데 필요한 외환의 단위[cf. *direct quote*(직접환율)].

간편 발행 소액증권(Regulation A issue): SEC 등록 요건이 면제되는 소규모의 증권 발행.

감가상각(Depreciation): (1) 자산의 장부가치 또는 시장가치의 감소; (2) 투자금액 중 과세소득에서 차감할 수 있는 부분.

감마(Gamma): 자산 가격이 변함에 따라 옵션 델타가 어떻게 변하는가 하는 척도.

감사관(Controller): 예산, 회계, 감사의 책임을 지고 있는 간부사원.

감채기금(Sinker): *Sinking fund.* 만기 이전에 부채를 상환하기 위해 회사가 설정하는 기금.

강세시장(Bull market): 증권가격의 전반적인 상승 장세.

강형의 효율적 시장(Strong-form efficient market): 투자자에게 알려진 모든 정보가 즉시 증권가격에 반영되는 시장[cf. *weak-form efficient market*(약형의 효율적 시장), *semi-strong form efficient market*(준강형의 효율적 시장)].

개방 계좌(Open account): 공식적인 부채계약 없이 이루어지는 매출 계약. 매입자는 영수증에 서명하며, 매도자는 그 매출을 매출원장에 기록한다.

개방형 담보부채권(Open-end mortgage): 동일한 담부자산에 대해 추가 발행이 가능한 담보부채권[cf: *closed-end mortgage*(폐쇄형 담보부채권)].

거래 상대방(Counterparty): 파생증권 계약에서의 거래 상대방.

거래부채(매입부채, Trade debt): *Account payable*(외상매입금).

거래신용(매입신용, Trade credit): *Account receivable*(매출채권).

결정계수(R squared, R2): 상관계수의 제곱 — 다른 하나 또는 여러 변수의 변동성으로부터 설명될 수 있는 한 변수의 변동성의 비율.

결합방식 회계(Pooling of interest): 합병의 한 가지 회계 방식(미국에서는 더 이상 사용하지 않음). 피합병 회사의 연결 대차대조표는 개별 기업의 대차대조표를 결합하여 작성된다.

경과이자(Accrued interest): 발생은 했으나 아직 지급되지 않은 이자.

경로의존 옵션(Pass-dependent option): 그 가치가 기초자산의 최종 가격이 아니라 일련의 연속적인 가격에 따라 가치가 정해지는 옵션.

경매 배당률 우선주(Auction-rate preferred): 배당금이 매 49일마다 경매방식으로 재조정되는 일종의 변형 변동 배당률 우선주.

경매시장(Auction market): 경매절차에 따라 가격이 결정되는 증권거래소, 예를 들어 *NYSE*[cf. 딜러시장(*dealer market*)].

경영자 차입매수(MBO): *Management buyout.*

경영자 차입매입(Management buyout, MBO): 경영진이 주도하는 차입매입(leveraged buyout).

경쟁입찰(Competitive bidding): 공익기업 지주회사가 인수기관을 선정할 때 사용해야 하는 한 가지 수단[cf. 협상 인수(*negotiated underwriting*)].

경제적 감가상각(Economic depreciation): 자산 현재가치의 하락.

경제적 부가가치(Economic Value Added, EVA): Stern Stewart 컨설팅회사가 도입한 잔여이익(residual income)의 척도.

경제적 부가가치(EVA): *Economic value added.*

경제적 소득(Economic income): 현금흐름과 현재가치 변화의 합계.

경제적 지대(Economic rent): 경쟁적인 수준(competitive level)을 초과하는 이익.

계열(Keiretsu): 일본에서 주거래은행을 중심으로 조직된 회사들의 네트워크를 일컫는 말.

계좌 입금(Direct deposit): 기업이 거래은행에 종업원이나 주주의 은행계좌에 돈을 입금하도록 승인함.

고 부채기업 신규대출(Highly leveraged transaction, HLT): 고 부채기업에 대한 은행 대출(종전에는 연방은행 이사회에 별도로 보고해야 했음).

고시가격(Flat price): Clean price(채권 고시가격).

고유위험(잔여위험; 비체계적 위험, unique risk; residual risk; specific risk; unsystematic risk): 분산투자로 제거할 수 있는 위험.

공매(Short sale): 투자자가 소유하지 않은 증권을 매도하는 것.

공분산(Covariance): 두 변수 간의 같이 움직이는 정도의 척도.

공설창고(Public warehouse; terminal warehouse): 독립적인 창고회사가 자사의 부지에 건설하여 운영하는 창고[cf. *field warehouse*(사설 임대창고)].

공정가격 조항(Fair price provision): Appraisal right(가격 사정권).

국제스왑 · 파생상품 연합회(ISDA): International Swap and Derivatives Association.

국제은행기구(IBF): International Banking Facility. 미국의 은행이 유로화 관련 업무를 수행하기 위해 미국 내에 설립하는 지점.

국제증권관리위원회기구(IOSCO): International Organization of Securities Commissions.

국제증권시장연합회(ISMA): International Securities Market Association.

국제채권딜러협회(AIBD): Association of International Bond Dealers.

국제화폐시장(International Monetary Market, IMM): 시카고상업거래소의 금융선물시장.

권리락(Ex right): 기업의 유상증자 때 신주를 청약할 수 있는 권리가 없는 주식[cf. *with right; cum right; right on*(권리부)].

권리부(Cum-right;l Rights on; With rights): 매입자가 회사의 주주배정 유상증자에서 신주를 매입할 권리를 가지는 주식 매입[cf. ex-right(권리락)].

귀속 세제(Imputation tax system): 배당을 받은 투자자에게 기업이 이미 지불한 세금(배당에 대한 세금)을 되돌려 주는 제도.

금고주(Treasury stock): 회사가 재매입하여 보유하고 있는 주식.

금리하향조정채권(Ratchet bonds): 액면이자율이 낮은 방향으로만 재조정될 수 있는 변동금리채권.

금융공학(재무공학, Financial engineering): 기존의 증권을 결합하거나 분리하여 새로운 금융상품을 만드는 것.

금융리스(자본리스, Financial lease; capital lease; full-payout lease): 해약이 불가능한 장기 리스[cf. *operating lease*(운용리스)].

금융자산(Financial assets): 실물자산에 대한 청구권.

금융중개(간접투자, Intermediation): 금융기관을 통한 간접 투자[cf. *disintermediation*(직접투자)].

기간대출(Term loan): 일반적으로 은행에 의해 제공되는 중기의 사적인 대출.

기대수익률(Expected return): 미래의 가능한 수익률을 가중 평균한 평균 수익률.

기대이론(Expectation theory): 선도이자율(선도환율)은 기대 현물이자율(현물환율)과 같다는 가설.

기본적 분석(Fundamental analysis): 기업의 장래 전망에 대한 분석을 근거로 가격이 잘못 매겨진 증권을 찾아내려는 증권분석[cf. technical analysis(기술적 분석)].

기본형 증권(Vanilla issue): 비정상적인 특별한 조건이 붙어있지 않은 증권.

기술적 분석(Technical analysis): 과거 주기의 움직임으로부터 어떤 패턴을 찾아 그 의미를 설명하려는 증권분석.

기업어음(Commercial paper): 기업이 발행한 단기(9개월 이내) 무담보 채권.

기업연금보증보험공사(PBGC): Pension Benefit Guarantee Corporation.

기존관리인 유지제도 금융(Debtor-in-possession financing, DIP financ- ing): 제11장 파산절차에 들어간 회사가 발행하는 부채.

기준 만기(Benchmark maturity): 새로 발행된 재무성 채권의 만기.

기준수익률(Huddle rate): 투자안에 대해 받아들일 수 있는 최소한의 수익률.

기한부 어음(Time draft): 미래의 정해진 날짜에 지불을 요구하는 어음[cf. *sight draft*(요구불 어음)].

길트(Gilt): 영국 정부 채권.

ㄴ

나비형 스프레드(Butterfly spread): 행사가격이 다른 두 개의 콜옵션을 매입하고 동시에 이들 두 행사가격의 평균가격으로 행사할 수 있는 콜옵션 두 개를 매도하는 전략. 주가가 좁은 범위 이내에 머물 것이라는 데 내기를 건다.

나스닥(Nasdaq): 전국증권딜러협회 자동호가시스템(National Association of Security Dealers Automated Quote System). 딜러들이 하이테크 주식에 전문화하는 경향이 있는 미국의 증권거래소.

납세전환가능 T-bill(Tax-anticipation bill): 납세 목적으로 액면가로 납입할 수 있는 미국 재무성 발행의 단기 채권.

납입자본금(Issued share capital): 발행된 주식의 총계[cf. *outstanding share capital*(총 발행 자본잉여금)].

내가격 옵션(In-the-money option): 즉시 만기가 되는 경우 행사하면 이득이 얻어지는 옵션.

내부금융(Internal finance): 유보이익과 감가상각을 통한 내부자금으로 자금을 조달하는 것[cf. *external financing*(외부금융)].

내부성장률(Internal growth rate): 외부금융 없이 기업이 달성할 수 있는 최대의 성장률[cf. *sustainable growth rate*(유지가능 성장률)].

내부수익률(Internal rate of return, IRR): 투자안이 0의 순현가를 가지게 되는 할인율.

내부이사(Inside director): 회사에 고용된 이사.

녹색편지(그린메일, Greenmail): 비우호적인 회사가 대량의 주식을 보유하고 있으면서 피합병회사에 이를 고액의 프리미엄을 지불하고 매입하도록 강요하는 상황.

누적비정상수익률(CAR): Cumulative abnormal return.

누적적 우선주(Cumulative preferred stock): 배당지급에 대해 보통주보다 우선권을 갖는 주식. 우선주에 대한 지난 기간 동안의 배당이 완전히 지급되기 전에는 보통주에 배당을 지급할 수 없다.

누적적 전환우선주(preferred equity redemption cumulative stock, PERC): 미리 정해진 시점에 자동적으로 주식으로 전환되는 우선주. 투자자가 수령하는 주식의 가치에는 한도가 설정된다.

누적적 전환 우선주(PRIDE): 주식 가격이 특정한 수준 이상으로 올라갈 수 있고, 투자자가 주가상승분을 나누어 가진다는 점 이외에는 PERC(누적적 전환우선주)와 유사한 우선주.

뉴욕증권거래소(NYSE): New York Stock Exchange.

ㄷ

다각적 합병(Conglomerate merger): 서로 관련이 없는 기업끼리의 합병[cf. *horizontal merger; vertical merger*(수평적 합병; 수직적 합병)].

다수결 투표방식(Majority voting): 각각의 이사를 별도로 선출하는 투표방식[cf. *cumulative voting*(집중투표제)].

다중차별분석(Multiple-discriminatory analysis, MDA): 관찰된 특징을 근거로 두 집단 간의 차이를 판별하는 통계적 기법.

단기상환 채무(Unfunded debt): 1년 이내에 만기가 되는 부채[cf. *funded debt*(장기 채무)].

단순이자(Simple interest): 초기의 투자원금에 대해서만 이자를 계산하는 방식[cf. *compound interest*(복리이자)].

단일가 경매(Uniform price auction): 모든 낙찰자가 동일한 가격을 지불하는 경매방식[cf. *discriminatory auction*(차별가격 경매)].

단일가격 경매(Dutch auction): 단일가격 경매에서는 투자자들이 증권을 매입(또는 매도)하려는 가격을 제출한다. 매입 가격은 기업이 정해진 수량의 증권을 매도(또는 매입)할 수 있게 해주는 최저 가격(단일가격)이다.

단주(Odd lot): 최소거래단위(미국에서는 100주) 이하의 주식거래[cf: *round lot*(최소거래단위)].

달러-파운드 환율(Cable): 미국 달러와 영국 파운드화 간의 환율.

담보(Collateral): 대출금에 대한 보증으로 제공된 자산.

담보권(Lien): 채권자의 특정 자산에 대한 청구권.

담보부 채권(Secured debt): 지급불능 상태에서 특정한 자산에 대해 우선적인 청구권을 가지는 채권.

당좌비율[산성시험비율(Quick ratio; acid-test ratio)]: 유동성의 한 척도: 재고자산을 제외한 유동자산을 유동부채로 나누어 구한다.

대리인 비용(Agency costs): 대리인(예컨대 경영자)이 주체(예컨대 주주)의 이익에 부합하게 행동하지 않을 때 발생하는 손실.

대리인 이론(Agency theory): 주체(예컨대 주주)와 주체의 대리인(예컨대 회사의 전문경영자) 간의 관계에 관한 이론.

대체최저한세(Alternative minimum tax, AMT): 별도로 계산한 기업이나 개인이 납부해야 하는 최저한도 금액의 세금.

대출 담보부증권(Collateralized loan obligation, CLO): 대출의 풀을 기반으로 하고 각기 다른 우선순위를 가진 트랑쉐(tranche)로 발행되는 증권.

대출 조항(Covenant): 대출계약상의 조항.

대출채권 담보부증권(CLO): *Collateralized loan obligation*. CDO(부채 담보부증권, collateralized debt obligation)와 CMO(주택저당대출 담보부증권, collateralized mortgage obligation)도 있음.

데이터 파내기(데이터 기웃거리기, Data mining; data snooping): 흥미로운 (그러나 아마도 우연의 일치인) 행태를 찾아내기 위한 과도한 데이터의 탐색.

델타(Delta): *Hedge ratio*(헤지비율).

도덕적 위험(Moral hazard): 계약의 존재가 그 계약에 관련된 한 쪽 또는 쌍방의 행위를 변화시킬 위험. 예를 들어 보험에 가입한 회사가 화재에 대해 조심을 덜 하게 되는 현상.

독소조항(Poison pill): 합병이 일어나면 인수하는 회사의 주식으로 전환 가능하거나 또는 인수기업이 재매입해야 하는 증권.

독소조항(Poison put): 적대적인 합병이 일어날 때 채권 보유자에게 상환을 요구할 수 있는 권리를 주는 조항.

독자생존기간(Interval measure): 추가적인 현금 수입 없이도 기업이 영업에 필요한 자금을 조달할 수 있는 기간.

동종채권지급방식 채권(Pay-in-kind bond, PIK): 지급이자 대신 동종의 채권을 추가로 발행하여 이자를 지급하는 채권.

되돌리기 옵션(Lookback option): 옵션의 존속기간 중 기초자산의 최고 가격을 기준으로 지급액(payoff)을 결정하는 옵션.

듀레이션(가중평균 만기, Duration): 자산의 할인현금흐름의 평균 만기.

듀퐁 공식(DuPont formula): 자산수익률, 자산회전율, 이익률, 그리고 레버리지 척도 간의 관계를 나타내는 공식.

등가격 옵션(At-the-money option): 행사가격이 현재의 자산 가격과 같은 옵션[cf. 내가격 옵션(*in-the-money option*), 외가격 옵션(*out- of-themoney option*)].

등록(Registration): 증권의 공모 발행을 위해 증권 감독기관(SEC)의 승인을 얻는 절차.

등록기관(Registrar): 회사의 발행 증권과 그 소유권을 기록하기 위해 지정된 금융기관.

등록증권(Registered security): 회사의 등록기관에 의해 소유권이 등록된 증권[cf. *bearer security*(소지자 증권)].

디지털 옵션(Digital option): 자산 가격이 내가격 상태가 되면(right side of *exercise price*) 고정 금액을 지급하고 그렇지 않으면 지급금이 0인 옵션.

딜러 기업어음(Dealer paper): 기업이 직접 매각하는 것이 아니라 딜러를 통해 매각되는 기업어음.

딜러시장(Dealer market): 예컨대 나스닥시장(Nasdaq)과 같이 딜러가 매도가격 또는 매수가격을 고시하는 증권거래소[cf. 경매시장(*auction market*)].

ㄹ

런던 은행 간 대출금리(LIBOR): *London interbank offer rate*. 런던에 소재한 주요 국제은행들이 은행 간 대출에서 부과하는 이자율[LIBID는 런던 은행 간 제시 이자율(bid rate)이고, LIMEAN은 제시 이자율과 요구 이자율(offer rate)의 평균치이다].

레버리지(Leverage): Financial leverage(재무레버리지)와 *operating leverage*(영업레버리지) 참조.

로드쇼(설명회, Road show): 새로 발행할 증권의 발행조건을 결정하기 전에 가지는 회사와 잠재적 투자자 간의 일련의 모임.

리스(Lease): 장기 임차계약.

ㅁ

만기보증 팩토링(Maturity factoring): 매출채권의 보험과 수금 서비스를 제공하는 팩토링 계약.

만기수익률(Yield to maturity): 채권의 내부수익률.

만기 없는 회전대출계약(Evergreen credit): 만기가 없는 회전 대출.

만기연장 채권(Extentable bond): 채권 발행자(차입자)가 만기를 연장할 수 있는 권리를 가지는 채권.

만기 일시상환(Bullet payment): 매 기간 일정금액을 상환하지 않고 만기에 한꺼번에 전액을 상환하는 것.

만기 전 상환(Anticipation): 만기 이전에 완납하는 고객에게 소정의 이자를 감액해 주는 제도.

맞춤형 부채(Structured debt): 종종 예외적인 옵션을 활용하여 매입자를 위해 맞춤형으로 구성된 부채.

매도 헤지(Short hedge): 기초자산의 포지션을 헤지하기 위한 어떤 헤지수단(예컨대 선물)의 매도[cf. *long hedge*(매입 헤지)].

매각 후 재임차(Sale and lease-back): 현재의 보유 자산을 금융기관에 매도하고 다시 임차하는 계약[cf. *direct lease*(직접 리스)].

매몰원가(Sunk costs): 이미 발생하여 회복할 수 없는 원가.

매입 헤지(Long hedge): 기초자산의 매도포지션을 헤지하기 위해 파생상품을 매입하는 것[cf. *short hedge*(매도 헤지)].

매출채권 팩토링(Old-line factoring): 매출채권의 회수, 보험, 그리고 자금조달까지 제공하는 팩토링.

매출채권 회수계획(Aging schedule): 매출채권이 회수되지 않고 남아 있은 기간에 대한 기록.

면역화(Immunization): 가치변화가 서로 상쇄되도록 해 놓은 자산과 부채의 구성.

명목이자율(Nominal interest rate): 물가상승률을 무시한 명목상의 이자율[cf. *real interest rate*(실질이자율)].

명의개서 대리인(Transfer agent): 증권의 명의개서 업무를 수행하기 위해 회사가 지명한 개인이나 기관.

모멘텀(Momentum): 지속적으로 높은 최근 수익률을 보이는 주식의 특징.

모집주선 인수(Best-effort underwriting): 인수기관이 새로 발행되는 증권의 매출을 약속하지 않고 다만 최선을 다하겠다고 약속하는 계약.

몬테칼로 시뮬레이션(Monte Carlo simulation): 예컨대 어떤 투자안으로부터의 가능한 결과의 확률분포를 계산하는 방식.

묘비석 광고(Tombstone): 증권발행에 참여하는 인수기관을 알리는 광고.

무담보 사채(Debenture): 담보로 보증되지 않은 일반 채권.

무방비 옵션(기본 옵션, Naked option): 그 자체만으로 보유하는 옵션, 즉 자산이나 다른 옵션의 헤징 목적으로 사용되지 않는 옵션.

무액면이자 전환사채(Liquid yield option note: LYON): 액면이자가 없는 전환사채로서 일반적으로 수의상환(call) 조항과 조기상환요구(put) 조항을 포함함.

무액면이자 전환사채(LYON): *Liquid yield option note.*

무액면이자 채권(Zero-coupon bond): 액면이자를 지급하지 않는 할인 채권.

무역인수어음(Trade acceptance): 미래의 일정한 시점에 주어진 금액을 지불하기로 산업체 회사가 인수한(accepted) 서면 지불요구[cf. *banker's acceptance*(은행인수어음)].

무임승차문제(Free-rider problem): 의사결정에 미치는 자신의 영향이 작을 때 의사결정 참여 비용을 부담하지 않으려는 유혹.

무조건 지급 약정(Take-or-pay): 프로젝트금융에서 모회사가 프로젝트의 산출물을 인도받지 않기로 한 경우에도 모회사는 산출물에 대해 대금을 지급하기로 약속하는 약정.

무조건 지급조항(Hell-or-high-water claus): 리스계약에서 임대인이나 설비에 어떤 일이 생기든지 상관없이 임차인은 무조건 임대료를 지불해야 하는 조항.

무형자산(Intangible asset): 기술이나 상표, 또는 특허와 같은 무형의 자산[cf. *tangible asset*(유형자산)].

무효화(파기, Defeasance): 채무자가 부채를 상환하기에 충분한 정도의 현금이나 채권을 준비하는 것. 채무자의 채무와 이를 상쇄하는 현금이나 채권 양쪽 다 대차대조표에서 제외된다.

뮤추얼펀드(상호기금, Mutual fund): 지분을 투자자에게 판매하고 관리되는 투자 펀드.

미결제 부동(浮動) 회수금(Collection float): 고객이 발행은 했으나 아직 회사에 입금되지 않은 부동 수표[cf. payment float(미결제 지급금)].

미결제 수표(Availability float): 회사가 예치한 수표 중 아직 결제가 이루어지지 않은 수표.

미결제 자금(Float): Available float(미결제 수표)와 payment float(미결제 지급금) 참조.

미결제 지급금(Payment float): 회사가 발행은 했으나 아직 결제가 끝나지 않은 수표.

미국 국세청(IRS): Internal revenue service.

미국 선물거래위원회(CFTC): Commodity Futures Trading Commission.

미국식 옵션(American option): 최종 행사일 이전 아무 때나 권리를 행사할 수 있는 옵션[cf. *European option*(유럽식 옵션)].

미국 연방예금보험공사(FDIC): Federal Deposit Insurance Corporation.

미국 예탁증서(American depository receipt, ADR): 외국 기업의 주식을 대리하여 미국에서 발행된 증권.

미국 전국 증권업협회(NASD): National Association of Security Dealers.

미국 주택공사 채권(Project note, PN): 주택공사나 재개발 기관이 발행하는 채권.

미국 주택공사채권(PN): *Project note.*

미국 중기 회사채(MTN): *Medium-term note*(중기 채권).

미국 중소기업 투자회사(SBIC): Small Business Investment Company.

미국 증권거래위원회(SEC): Securities and Exchange Commission.

미청산 계약(미결제 약정, Open interest): 아직 결제되지 않은 선물계약의 수.

민감도분석(Sensitivity analysis): 매출액, 원가 등등의 변화가 투자안의 수익성에 미치는 영향에 대한 분석.

ㅂ

바젤협약(Basel Accord): 대형 은행이 위험 대출을 지원하기 위해 유지해야 하는 자본금의 수준에 관한 국제협약.

받을어음(Receivables): *Accounts receivables.*

발판투자(Toehold): 잠재적인 인수대상회사의 주식에 대한 작은 금액의 투자.

발행 시(Wi.): When issued.

발행 신주(Primary issue): 기업이 새로 발행하는 증권[cf. *secondary issue*(2차 증권)].

발행 자본금 잉여금(Outstanding share capital): 총 발행 자본금에서 액면가를 차감한 금액[cf: *issued share capital*(총 발행 자본금)].

방비옵션(Covered option): 상쇄되는 기초자산 포지션을 가진 옵션.

배당금(Dividend): 회사가 주주들에게 지급하는 연간 배당금.

배당락(Ex dividend): 배당받을 권리가 없어진 주식을 매입하는 것[cf. *with right; cum right; right on*(배당부)].

배당부(With dividend; cum dividend): 매입자가 앞으로 지급되는 배당을 받을 권리를 가지는 주식 매입[cf. *ex-dividend*(배당락)].

배당성향(Payout ratio): 배당금의 주당이익에 대한 비율.

배당수익률(Dividend yield): 주가에 대한 배당금의 비율.

배당 자동재투자 방식(Dividend reinvestment plan, DRIP): 주주들이 배당금을 자동적으로 자사 주식에 재투자하는 제도.

배당할인모형(Dividend discount model): 주식의 가치는 미래 배당금의 현재가치와 같음을 보여주는 모형.

백기사(White knight): 달갑지 않은 상대방으로부터 위협을 당하고 있는 피합병회사가 도움을 요청하는 우호적인 잠재적 인수자.

백데이팅(소급부여, Backdating): 주가(따라서 행사가격)가 현저하게 낮았을 때로 소급해서 임원의 등가격 스톡옵션의 부여일을 선정하는 부당한 관행.

백분비 재무제표(Common-size financial statements): 각 계정을 총자산에 대한 비율로 표시한 재무상태표(대차대조표)와 각 계정을 총수입의 비율로 표시한 손익계산서.

백워데이션(Backwardation): 현물가격(spot price)이 선물가격(futures price)보다 높은 상태[cf. *contango*(콘탱고)].

버뮤다옵션(Bermuda option): 만기 이전의 정해진 날짜에 행사할 수 있는 옵션.

범위선도계약(Range forward): 외환의 코스트에 대한 상한선과 하한선을 설정하는 선도환율 계약.

법정 자본금(Legal capital): 기업의 회계장부에 기록된 회사 주식의 가치.

법정 파기(법정 무효화, Legal defeasance): *Novation*[채무계약 갱개(更改), 부채를 무효화하는 조항].

베가(Vega): 자산의 변동성이 변함에 따라 옵션 가격이 어떻게 변하는지를 나타내는 척도.

베이시스 위험(Basis risk): 선물을 이용한 헤지거래에 있어서 헤지의 양쪽이 똑같이 움직이지 않음으로써 발생하는 잔여위험.

베이시스포인트(BP): basis point(1/100 퍼센트).

베타(Beta): 시장위험의 척도.

벤처캐피탈(Venture capital): 새로 창업하는 회사에 공급되는 자본.

변동가격 전환사채(Floating-price convertible): *Death spiral convertible.*

변동금리 채권(Floating-rate note, FRN): 이자지급이 단기 이자율과 연동되어 있는 채권.

변동배당률 우선주(Floating-rate preferred): 배당지급이 단기 이자율과 연동되어 있는 우선주.

변동성 지수(VIX): S&P 500 주가지수에 포함된 주식의 내재변동성의 척도.

변동이자 하한계약(Drop lock): 이자율이 미리 정한 수준 이하로 떨어지면 변동금리 채권이나 우선주에 대한 이자율을 그 수준으로 고정시키는 계약.

변동증거금(Variation margin): 투자자의 신용계좌에 귀속되는 선물계약에 있어서의 일별 이득 혹은 손실.

보상예금(양건예금, Compensating balance): 은행의 대출 또는 서비스를 보상하기 위해 예금하는 무이자 요구불 예금(non-interest-bearing demand deposit).

보통주(Common stock): 기업의 소유권을 나타내는 증서.

보호적 풋(Protective put): 기초자산 보유와 결합된 풋옵션.

복리이자(Compound interest): 각각의 이자가 더 많은 이자를 벌 수 있도록 하는 재투자[cf. *simple interest* (단리이자)].

복제 포트폴리오(Replicating portfolio): 그 수익률이 옵션의 수익률을 정확하게 복제하는 자산 패키지.

복합옵션(Compound option): 옵션에 대한 옵션.

볼록성(Convexity): 이자율이 상승함에 따라 이자율 변동이 채권 가격에 미치는 영향이 감소하는 특성을 이르는 말.

부동산신탁(Real estate investment trust, REIT): 부동산에 투자하려는 목적으로 설립된 신탁회사.

부외 자금조달(Off-balance-sheet financing): 회사의 대차대조표상에 부채로 표시되지 않는 자금조달.

부채(총 부채, Liabilities; total liabilities): 기업의 자산에 대한 청구권의 총합. (1) 총자산이나 (2) 총자산에서 순 자기자본을 차감한 값과 같다.

분리상장(Carve-out): 자회사 주식의 공개 매출.

분리설립(Spin-off): 회사의 주주들에게 자회사의 주식을 배분함으로써 주주들이 두 회사 모두의 주식을 보유하게 하는 것.

분산(Variance): 기댓값으로부터의 편차의 제곱의 평균 — 변동성의 척도.

분트(Bund): 독일 정부가 발행하는 장기 채권.

불독 본드(Bulldog bond): 영국에서 발행되는 외국채권.

불-베어 채권(Bull-bear bond): 원금의 상환이 다른 증권의 가격과 연계된 채권. 채권은 두 개의 트랑쉐로 발행되는데, 첫 번째 트랑쉐는 다른 채권의 가격이 올라갈 때 상환금액이 함께 증가하며, 두 번째 트랑쉐는 반대로 상환금액이 다른 증권의 가격과 함께 감소한다.

브릿지 론(임시차입, Bridge loan): 영구적인 자금조달이 결정되기 이전까지의 일시적인 자금조달을 위한 단기 대출.

비대칭 정보(Asymmetric information): 두 당사자들, 예컨대 경영자와 투자자에게 주어지는 정보의 차이.

비성수기 신용확대(Season datings): 비성수기에 상품을 주문하는 고객들에 대한 신용의 확대.

비정상 수익률(Abnormal return): 수익률 중 시장전체의 가격움직임 등과 같은 체계적 영향에 기인하지 않는 부분.

비체계적 위험(Unsystematic risk): *Unique risk*(고유위험).

빅보드(Big Board): 뉴욕증권거래소(New York Stock Exchange)를 속칭하는 말.

ㅅ

사건 위험(Event risk): 예기치 않은 사건(예컨대 기업인수)으로 인해 부채의 지급불능이 발생할 위험.

사망채권(Mortality bonds): 사망률이 급격히 증가하면 더 높은 이자를 지급하는 채권.

사모(Private placement): 몇몇 투자자에게 주식이나 채권을 발행하고, 발행 후 거래소에서 거래되지 않음.

사모주식(Letter stock): 사적으로 모집하는 주식. SEC의 규정에 의해 매입자가 되팔 목적으로 주식을 매입하지 않는다는 것을 밝히는 의향서를 제출해야 한다.

사무라이본드(Samurai bond): 외국 기업이 일본 시장에서 발행하는 엔화 표시 채권[cf. *bulldog bond*(불독본드); *Yankee bond*(양키본드)].

사설 임대창고(Field warehouse): 창고업자가 타 회사로부터 임대한 창고[cf. *public warehouse*(공설 창고)].

사업설명서(Prospectus): 발행할 증권에 대한 정보를 제공하는 유가증권 신고서의 요약.

사자가격(Bid price): 딜러가 사겠다고 제시하는 가격[cf. ask price(팔자가격)].

사전 조정 파산(Prepackaged bankruptcy(prepack)): 이미 비공식적으로 합의된 재조직 계획을 승인할 목적으로 진행되는 파산 절차.

사전 협상 파산(Prenegotiated bankruptcy): 파산 신청 전에 주요 채권자들이 재조직계획에 동의하는 제11장 파산 절차[cf. 사전 조정 파산(*prepackaged bankruptcy*)].

사후 감사(Postaudit): 투자가 시작된 후의 투자 프로젝트의 평가.

산업수익채권(Industrial revenue bond(IRB)): 기업을 대신하여 지방정부기관이 발행하는 채권.

상각(Amortization): (1) 할부금에 의한 대출의 상환. (2) 감가상각 준비금.

상관계수(Correlation coefficient): 두 변수 간 관계의 밀접한 정도를 나타내는 척도.

상어퇴치 조항(Shark repellant): 인수 시도(takeover)로부터 회사를 보호하기 위한 정관의 변경.

상업어음(Commercial draft(bill of exchange)): 지급의 요청.

상장지수펀드(Exchange-traded fund, ETF): 주가지수를 추적하도록 설계된 주식.

상품인도결제(COD): Cash on delivery.

상호배타적 투자안(Mutually exclusive project): 동시에 수행할 수 없는 두 개의 투자안.

상환청구권(Recourse): 대출의 일종을 일컫는 용어. 상환청구권이 있으면 대출기관은 담보가 충분하지 않을 경우 모회사에 대해 일반적인 청구권을 가지게 된다.

생산 선지급금(Production payment): 미래의 상품 인도에 대한 선지급금 형태의 대출.

샤프비율(Sharpe ratio): 위험(표준편차)에 대한 포트폴리오 위험 프리미엄의 비율.

서브프라임 대출(Subprime loans): 가장 위험한 범주의 대출.

선급 연금(기시급 연금, Annuity due): 매 기간 초에 현금흐름이 발생하는 연금.

선도 인수기관(주선회사, Arranger): 연합대출(*syndicated loan*)에서의 선도 인수기관

선도이자율(Forward interest rate): 미래의 어떤 시점에서 적용될 이자율을 미리 정한 것[cf. *spot interest rate*(현물이자율)].

선도이자율 계약(Forward rate agreement, FRA): 현재의 이자율로 미래의 일정 시점에 차입하거나 대출하는 계약.

선도환율(Forward exchange rate): 미래의 어떤 시점에서 적용될 환율을 미리 정한 것[cf. *spot exchange rate*(현물환율)].

선물계약(Futures contract): 미래의 정해진 시점에 미리 정해진 가격으로 상품이나 증권을 매입하려는 계약. 선도계약과는 달리 선물은 조직화된 거래소에서 거래되며 일일정산이 이루어진다.

선순위 채권(Senior debt): 기업이 도산하는 경우 후순위 채권에 앞서 상환되는 채권.

선적 전 현금불(CBD): Cash before delivery.

선착순지급계약(Load-to-load): 새로운 주문이 도착하면 고객이

직전 주문에 대해 정산하는 방법.

선취권(선매권, Preemptive right): 회사의 가치 있는 모든 배분에 대해 보통 주주들이 가지는 권리.

선취특권 부인불가 조항(Negative pledge clause): 채무자가 자산에 대한 배타적인 담보권을 인정하지 않기로 약속하는 조항.

선택자 옵션(Chooser option): 옵션 보유자가 콜옵션이나 풋옵션 중 선택할 수 있는 옵션.

선하증권 매입자(Forfaiter): 수입업자가 발행한 어음(예: 선하증권 또는 약속어음)의 매입자.

선하증권(Bill of loading): 운송 중에 있는 상품의 소유권을 입증하는 증서.

선형계획법(Linear programming, LP): 주어진 선형 제약조건하에서 어떤 방정식의 최대값을 찾는 기법.

선형계획법(LP): *Linear programming.*

설비담보채권(Equipment trust certificate): 일반적으로 철도 설비를 조달하는 데 사용되는 일종의 보증사채. 채권이 상환되기까지는 신탁인이 설비의 소유권을 가진다.

성과 수수료(Carried interest): 이익금 중 프라이빗에쿼티 운영자에게 돌아가는 몫.

성장기회의 현재가치(PVGO): *Present value growth opportunities.*

성장주(Growth stock): 자본의 기회비용보다 더 높은 수익을 얻을 수 있는 투자기회를 가진 회사의 보통주.

소기간 변동금리채권(Mismatch bond): 회전기간보다 더 잦은 소기간마다 이자율이 재조정되는 변동금리 채권(예를 들면, 1년 이자를 기준으로 매 분기마다 이자가 지급되는 채권).

소득 주식(Income stock): 수익성 좋은 투자기회는 적고 배당수익률이 높은 주식[cf. *growth stock*(성장주)].

소득채권(Income bond): 소득이 있을 경우에만 이자를 지급하는 채권.

소지자 증권(Bearer security): 증서의 물리적인 보유가 소유권의 주된 증거로 인식되는 증권[cf. registered bond(등록 증권)].

손익분기분석(Break-even analysis): 투자안의 손익이 정확히 같아지는 매출액 수준에 대한 분석.

쇼군본드(Shogun bond): 비거주자가 일본에서 발행하는 달러표시 채권.

수권자본금(Authorized share capital): 정관에 규정되어 있는 회사가 발행할 수 있는 최대 주식의 수.

수요예측(Bookbuilding): 인수기관이 새로 발행될 증권에 대한 비공식적인 수요를 조사하는 과정.

수의상환 프리미엄, 또는 콜옵션 가격(Call premium): (1) 발행기업이 채권을 조기 상환할 때의 상환가격과 액면가 간의 차이. (2) 콜옵션의 가격.

수의상환조항(Call provision): 발행기업에 미리 정해진 가격으로 채권을 재매입할 수 있는 권리를 부여하는 조항.

수익률 곡선(Yield curve): *Term structure of interest rate*(이자율의 기간구조).

수익률 곡선 채권(Yield curve note): 역 변동금리채권.

수익성 지표(Profitability index): 투자안의 초기 투자에 대한 순현가(NPV)의 비율.

수익채권(Revenue bond): 특정 프로젝트에서 발생하는 현금흐름으로 상환하는 지방채.

수정 가속원가회복방식 감가상각(MACRS): *Modified accelerated cost recovery system.*

수정 내부수익률(Modified IRR): 나중의 현금흐름을 초기 기간으로 할인하여 현금흐름의 부호(sign)가 한 번만 변하도록 하여 계산한 내부수익률.

수정 원가회복방식 가속상각(Modified accelerated cost recovery system: MACRS): 과세 목적으로 허용되는 감가상각 차감액의 일람표.

수정현가(Adjusted Present value, APV): 투자금액을 전액 자기자본으로 조달했을 때의 순현가(NPV)와 자금조달로 인한 부수적인 효과의 현재가치를 합한 값.

수직 스프레드(Vertical spread): 다른 조건은 같고 행사가격만 서로 다른 두 옵션을 동시에 매입하고 매도하는 거래전략[cf. *horizontal spread*(수평 스프레드)].

수직적 합병(Vertical merger): 공급자와 고객 회사 간의 합병[cf. *horizontal merger*(수평적 합병), *conglomerate merger*(다각적 합병)].

수평 스프레드(Horizontal spread): 다른 조건은 같으나 만기 혹은 행사가격만 다른 두 옵션을 동시에 하나는 매도하고 다른 하나는 매입하는 거래.

수평적 합병(Horizontal merger): 유사한 제품을 생산하는 두 회사 간의 합병[cf. *vertical merger*(수직적 합병), *conglomerate merger* (다각적 합병)].

수표 전환(Check conversion): 고객이 수표를 발행하는 경우 정보가 자동적으로 전달되어 고객의 은행계좌에서 즉시 인출됨.

수표결제법(Check 21): 21세기 수표 결제법(Check Clearing for the 21st Century Act)은 은행이 수표를 전자적으로 처리하도록 허용한다.

순 운전자본(Net working capital): 유동자산에서 유동부채를 뺀 값.

순 현가 등가 연금(Equivalent annual cash flow): 회사의 투자안과 동일한 순 현재가치를 가지는 연금.

순 현재가치(순현가; Net present value, NPV): 투자안의 부에 대한 순 기여 금액—현재가치와 투자금액의 차이.

스시 본드(Sushi bond): 일본 기업이 발행하는 유로채권.

스왑(Swap): 예를 들면 다른 통화나 고정이자 또는 변동이자 등의 서로 다른 조건으로 맺어지는 두 회사 상호 간의 대출계약.

스왑션(Swaption): 스왑에 대한 옵션.

스트래들(Straddle): 동일한 행사가격을 가진 풋옵션과 콜옵션의 조합.

스페셜리스트(Specialist): 지정 시장조성인.

스프레드(Spread): 인수기관이 회사로부터 발행증권을 매입하는 가격과 이를 시장에서 매도하는 가격 간의 차이.

스피닝(Spinning): 인수기관이 고객 회사의 고위 경영진에게 공모 신주의 일부를 비윤리적으로 배정하는 관행.

승자의 저주(Winner's curse): 정보가 없는 입찰자들이 당면하는 문제. 예를 들면 최초공모 주식 발행에서 정보가 없는 참여자들은 정보를 가진 참여자들이 과대평가된 것으로 믿는 증권을 상대적으로 많이 배정받을 가능성이 크다.

시그널(Signal): 한 개인의 관찰할 수 없는 특성을 나타내는 행동(왜냐하면 그런 특성을 갖지 않은 개인이 같은 행동을 하는 것은 지나치게 값비싼 대가를 치러야 하기 때문이다).

시나리오 분석(Scenario analysis): 여러 가지 경제 시나리오하에서의 프로젝트 수익성 분석.

시뮬레이션(Simulation): *Monte Carlo simulation*(몬테칼로 시뮬레이션).

시장가 주문(Market order): 현재의 시장가격으로 증권을 사거나 팔겠다는 주문[cf. 지정가 주문(*limit order*)].

시장가치 대 장부가치 비율(Market-to-book ratio): 회사 자기자본의 시장가치와 장부가치의 비율.

시장모형(Market model): 주식의 실제 수익률과 시장 포트폴리오 수익률 간의 선형관계를 암시하는 모형.

시장부가가치(Market value added): 회사 자기자본의 시장가치와 장부가치 간의 차이.

시장위험(체계적 위험; Market risk; systematic risk): 분산투자로 제거할 수 없는 위험.

시장 자본환원율(Market capitalization rate): 어떤 증권에 대한 기대 수익률.

시차임기제 이사회(Staggered board): 이사들을 모두 한꺼번에 선출하지 않고 주기적으로 선출하는 이사회.

신규공모주식(최초공모주식; Initial public offering, IPO): 최초로 시장에 공개 매출되는 회사 주식.

신디케이트론(연합대출, Syndicated loan): 은행들의 그룹이 제공하는 대규모 대출.

신생기업 금융지원(Corporate venturing): 대규모 제조기업이 신생회사에 금융지원을 제공하는 일.

신용등급(Credit rating): 무디스(Moody's)나 스탠더드 앤드 푸어스(Standard & Poor's) 등과 같은 평가기관이 부여한 부채 등급.

신용등급연동채권(Rate-sensitive bonds): 발행회사의 신용등급이 변함에 따라 액면이자율이 변하는 채권.

신용부도 스왑(Credit default swap, CDS): 거래 일방은 고정금액(수수료)을 지급하고 다른 일방의 지급금은 대출금의 부도 발생에 따라 결정되는 신용 파생상품(대출금을 대신 지급함).

신용장(Letter of credit): 회사의 계정에 신용을 제공했다는 것을 증명하는 은행 발행 증서.

신용카드 자동이체증권(Certificates for Amortizing Revolving Debt, CARDs): 신용카드 받을어음을 기본자산으로 하는 자동이체증권(pass-through securities).

신용 파생증권(Credit derivative): 대출의 상환불능이나 신용위험의 변화에 대한 헤징을 위한 계약.

신용 평점(Credit scoring): 지급불능위험을 기준으로 채무자에게 점수를 부여하는 과정.

신용한도(Line of credit): 언제든지 설정된 한도까지 제한 없이 차입할 수 있는 은행과 기업 간의 계약.

신용한도 약정수수료(Commitment fee): 계약한 신용한도(line of credit) 중 사용하지 않은 금액에 대해 부과하는 수수료.

신탁영수증(Trust receipt): 대출기관을 위해 신탁한 상품의 영수증.

실물옵션(Real option): 프로젝트를 수정, 연기, 확장, 또는 포기할 수 있는 유연성.

실물자산(Real assets): 기업의 경영을 위해 사용되는 유무형의 자산[cf. financial assets(금융자산)].

실질이자율(Real interest rate): 실질 재화를 기준으로 나타내는 이자율, 즉 명목이자율을 인플레이션에 대한 조정한 이자율.

실질환율변동 위험(Economic exposure): 실질 환율의 변화에서 오는 위험[cf. *transaction exposure*(외환환산 위험), *translation exposure* (환율변동 위험)].

ㅇ

아메리칸증권거래소(Amex): American Stock Exchange.

아시아식 옵션(Asian option): 옵션의 유효기간 동안의 기초자산의 평균가격을 근거로 하는 옵션.

아시아통화단위(Asian currency units): 싱가포르나 기타 아시아 금융센터가 보유하고 있는 달러 예금.

알파(Alpha): 시장의 영향에 대해 조정한 포트폴리오 수익률의 척도.

액면가(Par value; face value): 증서에 표시된 증권의 가치.

액면이자(표면이자, Coupon): (1) 이자를 지급받기 위해 제출해야 하는 소지자증권에 부착되어 있는 증서. (2) 일반적으로는 부채에 대한 이자.

액면이자 점증 채권(Step-up bond): 시간의 경과와 함께 채권의 액면이자율이 점차 증가하는 채권(또한 step-down bond(액면이자 점감 채권)].

약세시장(Bear market): 증권 가격이 전반적으로 하락하는 장세.

약속어음(Promissory note): 지급에 대한 약속.

약형의 효율적 시장(Weak-form efficient market): 과거의 주가에 포함된 모든 정보가 즉시 주가에 반영되는 시장. 이러한 시장에서는 주가는 랜덤워크를 따른다[cf. *semi-strong form efficient market*(준강형의 효율적 시장), *strong-form efficient market*(강형의 효율적 시장)].

양키본드(Yankee bond): 외국(non-U.S.)의 기업이 미국 내에서 달러표시로 발행하는 채권.

어음보증(Aval): 환어음 매입자(forfaiter)가 매입한 채무에 대한 은행의 보증.

엔젤투자자(Angel investor): 소규모의 신생 기업에 자본을 제공하는 부유한 투자자.

여유 현금흐름(Free cash flow): 회사의 운영이나 재투자에 당장 필요하지 않은 현금.

역 금리변동 채권(Inverse FRN): 이자율이 하락(상승)할 때 채권의 금리는 올라가는(내려가는) 변동금리 채권.

역 변동금리채권(Reverse FRN; yield curve note): 일반 금리 수준이 하락하면 지급금이 상승하고, 반대로 금리수준이 상승하면 지급금이 하락하는 변동금리채권.

역선택(회피적 선택, Adverse selection): 잘못된 가격정책으로 인해 바람직하지 못한 고객들만을 상대로 영업을 하게 되는 경우. 예를 들어 보험료를 지나치게 올리면 저질의 보험자만이 보험에 가입하게 되는 것과 같은 경우.

역 전환사채(Reverse convertible): 발행자에게 주식으로 전환할 수 있는 권리를 주는 채권.

역 주식분할(Reverse split): 둘 또는 그 이상의 주식을 하나의 주식과 교환함으로써 발행주식 수를 줄이려는 회사의 조치.

연간 단순이자율(Annual percentage rate, APR): 단리계산법을 사용하여 계산한 연간 이자율.

연금(Annuity): 정해진 기간 동안 매 기간 일정한 현금흐름을 발생시키는 투자.

연금현가계수(Annuity factor): 일정 기간 동안 매 기간 $1씩 지급되는 연금의 현재가치.

연방은행 이체시스템(Fedwire): 연방 지준 시스템에 의해 운영되는 고액 결제용 전자이체시스템[cf. *CHIP*(국제 전산이체시스템)].

연방자금(Federal funds): 은행이 연방은행에 예치하는 무이자 예금. 잉여 지불준비금은 각 은행 상호 간에 대출해 준다.

연속발행 채권(Series bond): 동일한 약정서로 여러 번에 걸쳐 연속적으로 발행되는 채권.

연속복리(Continuous compounding): 고정된 기간을 기준으로 하지 않고 연속적으로 계산되는 이자.

연속 채권(Serial bonds): 연속적으로 만기가 도래하는 채권의 묶음.

연수합계법 감가상각(Sum-of-the-years'-digits depreciation): 가속상각의 한 방법.

영구채권(Consol): 영국정부가 발행한 영구채권의 이름. 일반적인 영구채권을 지칭하는 용어.

영구채권(Perpetuity): 매 기간 일정 금액을 영구히 지급받는 채권(투자).

영업권(Goodwill): 합병에서 피합병회사에 대한 실제 지급금과 장부가치의 차이.

영업레버리지(Operating leverage): 고정 영업비용. 이런 비용은 이익의 변동을 더욱 강조하기 때문에 이와 같이 부른다.

영업레버리지도(Degree of operating leverage, DOL): 매출액 1% 변화에 대한 이익의 변화율.

영업 사이클(Operating cycle): 회사의 원재료 매입에서부터 고객이 완성품에 대해 대금을 지급할 때까지 걸리는 시간.

예금증서(Certificate of deposit): 은행 정기예금의 증명을 제공하는 증서.

예비 사업계획서(Red herring): 본 사업계획서를 발행하기 전에 투자자에게 배부되는 예비 사업계획서.

옵션(Option): 콜옵션과 풋옵션 참조.

옵션 델타(헤지비율, Option delta): *Hedge ratio*.

옵션 발행자(옵션 매도자, Writer): 옵션의 매도자(*Option seller*).

완공보증보험(Completing bonding): 건설계약의 성공적인 완성을 보증하기 위한 보험.

외가격 옵션(Out-of-money option): 기초자산의 가격이 행사가격보다 낮아서 행사할 가치가 없는 옵션[cf: *in-the-money option* (내가격 옵션)].

외국신용보험협회(FCIA): Foreign Credit Insurance Association.

외국채권(Foreign bond): 다른 나라의 국내 자본시장에서 발행되는 채권.

외부금융(External finance): 기업이 외부에서 자금을 조달하는 것. 신규 차입 또는 신주 발행 등[cf: internal financing(내부금융)].

외상매입금(Accounts payable; payables; trade debt)): 회사가 물품 공급자에게 지불해야 하는 빚.

외상매출금(Accounts receivable; receivables; trade credit)): 고객이 우리 회사에 지고 있는 빚.

외환(Forex): *Foreign exchange*.

외환환산 위험(Transaction exposure): 알려진 외환 현금흐름을 보유한 기업에 있어서 환율의 변동으로부터 발생하는 위험[cf. *economic exposure*(실질환율변동 위험), *translation exposure*(환율변동 위험)].

요구불 어음(Sight draft): 즉시 지급을 요구하는 어음[cf. *time draft*(기한부 어음)].

우대금리(Prime rate): 미국 은행에 의해 설정되는 기준 금리.

우량회사(Blue-chip company): 신용이 확실한 대기업.

우선주(Preferred stock): 배당지급에 대해 보통주보다 우선권을 가진 주식. 모든 우선주에 배당이 지급되기 전에는 보통주에 배당을 지급할 수 없다[cf. cumulative preferred stock(누적적 우선주)]. 우선주의 배당률은 보통 발행 당시 고정된다.

운용 리스(Operating lease): 계약을 중단할 수 있는 단기 리스.

운전자본(Working capital): 유동자산과 유동부채. 이 용어는 보통 순 운전자본과 동의어로 사용된다.

워런트(Warrant): 회사가 발행한 장기 콜옵션.

워크아웃(기업개선작업; 채무조정, Workout): 채무자와 채권자 간의 비공식적인 협약.

원금(Principal): 상환해야 하는 채무액.

원천징수 세금(Withholding tax): 해외에서 지급된 배당에 대한 세금.

위임장 투표(Proxy vote): 다른 사람을 위해 행사되는 투표권.

위탁가공계약(Tolling contract): 프로젝트금융에서 모회사가 프로젝트에 원자재를 인도하고 처리 후에는 재매입을 약속하는 협정.

위험차익거래(“Arbitrage” 또는 “risk arbitrage”): 예컨대 인수시도 제안의 경우 서로 관련된 증권의 상반되는 포지션을 취하는 거래를 지칭할 때 종종 느슨하게 사용되는 용어.

위험프리미엄(Risk premium): 안전한 투자 대신 위험한 투자를 하는 보상에 대한 추가적인 기대 수익률.

유동부채(Current liability): 1년 이내에 만기가 도래하는 부채.

유동비율(Current ratio): 유동부채에 대한 유동자산의 비율 — 유동성의 척도.

유동성선호이론(Liquidity-preference theory): 장기 채권의 추가적인 위험에 대해 투자자들이 더 높은 수익률을 요구한다는 이론.

유동성 프리미엄(Liquidity premium): (1) 쉽게 현금화할 수 없는(유동성이 낮은) 증권에 대한 투자에서 추가적으로 요구되는 수익률; (2) 선도 이자율과 기대 현물 이자율 간의 차이.

유동자산 대출(Self-liquidating loan): 유동자산 취득에 필요한 자금 조달을 위한 대출. 유동자산의 매각은 대출을 상환하는 데 필요한 현금을 제공한다.

유동자산(Current asset): 일반적으로 1년 이내에 현금화할 수 있는 자산.

유동화 자산(Liquid assets): 비용이 적게 들고 쉽게 현금으로 바꿀 수 있는 자산. 특히 현금 그 자체와 단기 시장성 유가증권.

유럽식 옵션(European option): 만기일이 되어야 행사할 수 있는 옵션[cf. *American option*(미국식 옵션)].

유로달러 예금(Eurodollar deposit): 미국 이외의 지역에서 은행에 예치되는 달러화.

유로 은행 간 대출금리(Euro Interbank Offer Rate, Euribor): 유럽의 주요 은행들이 서로 간에 빌려 주는 유로에 대해 부과하는 금리.

유로 채권(Eurobond): 국제적으로 발행되는 채권.

유로채 사전시장(예비시장)(Gray market): 발행가가 정해지기 전에 유로채를 매입 또는 매도하는 시장.

유로 통화(Eurocurrency): 그 통화를 발행하는 국가 바깥에 예치된 예금[e.g., 유로엔, 유로달러 등(euroyen; *eurodollar deposit*)].

유보이익(Retained earnings): 배당으로 지급되지 않고 회사에 남아있는 이익.

유상 신주발행(Seasoned issue): 이미 시장에서 거래되고 있는 주식의 신주 발행[cf. *unseasoned issue*(최초발행 주식)].

유상 신주발행(Secondary issue): (1) 유상 신주의 대량 발행 절차; (2) 더 일반적으로는 이미 거래되고 있는 주식의 신주 발행.

유지가능 성장률(Sustainable growth rate): 재무레버리지를 수반하지 않고(즉 부채에 의존하지 않고) 달성할 수 있는 최대의 성장률[cf. *internal growth rate*(내부 성장률)].

유지증거금(Maintenance margin): 선물거래에서 최소한 유지해야 하는 증거금.

유통시장(Secondary market): 이미 발행된 주식의 거래가 이루어지는 시장.

유한책임(Limited liability): 주주는 투자한 지분만큼만 책임이 한정된다는 조항.

유한회사(Limited partnership): 일부 유한책임사원은 유한책임을 지며, 무한책임사원은 무한책임을 지는 합명회사.

유형자산(Tangible asset): 공장이나 기계 또는 사무실 등과 같이 물리적으로 형체가 있는 자산.

은행 간 지급결제시스템(Clearing House Interbank Payment System): 주요 은행들에 의해 운영되는 국제간 고액결제 전자이체 시스템.

은행 할인(Bank discount): 초기 대출금에서 차감하는 이자.

은행발행 수표(Depository Transfer check, DTC): 지역은행이 어느 특정 회사에 발행하는 수표.

은행인수어음(Banker's acceptance, BA): 미래의 일정한 시점에 주어진 금액을 지불하기로 은행이 인수한(accepted) 서면 지불요구[cf. *trade acceptance*(무역인수어음)].

의무조항(강제조항, Affirmative covenant): 차입자가 반드시 지켜야 하는 행위를 구체적으로 정하는 대출 계약조건.

의사결정 나무(Decision tree): 여러 대안에 대해 일련의 의사결정과 그 가능한 결과를 나타내는 방법.

이자 및 세전 이익(EBIT): *Earning before interest and taxes*(이자 및 세전 이익).

이자보상배율(Interest cover): *Times interest earned*(이자보상률).

이자보상률(Times interest earned; interest cover): 이자 및 세전 이익을 지급이자로 나눈 값.

이자분할채권(Stripped bond): 일련의 무액면이자 채권으로 분할되는 채권.

이자상한선(Cap): 변동금리 채권의 이자 상한선.

이자율 상하한선(Collar): 변동금리 채권 이자의 상한선과 하한선.

이자율의 기간구조(Term structure of Interest rate): 각기 다른 만기의 대출 이자간의 관계[cf. *yield curve*(수익률 곡선)].

이자율 차이 스왑(Differential swap; quanto swap): 두 개의 LIBOR 이자율, 예를 들어 엔 이자율과 달러 이자율 간의 스왑. 지급은 하나의 통화로 이루어진다.

이자율평가(Interest-rate parity): 선도환율과 현물환율 간의 차이는 양 국가의 이자율 차이와 같다는 이론.

이자평형세(Interest equalization tax): 미국 국민의 해외투자에 부과하는 세금.

이중과세협약(Double-tax agreement): 외국에서 납부한 세금을 국내에서 부과되는 해외 배당에 대한 세금과 상계시키는 국가 간의 협약.

인수수수료(Take-up fee): 주주배정 유상증자에서 인수기관이 매입의무가 있는 신주를 인수할 때 인수기관에 지급되는 수수료.

인수자(인수기관, Underwriter): 발행기업으로부터 신규발행 증권을 인수하여 시장에 매출하는 기관.

인수 참여 정도(Bracket): 새로 발행되는 증권에 대한 인수기관의 참여 정도, 예컨대 주요 참여 또는 소수 참여 등을 나타내는 용어.

일괄등록제도(Shelf registration): 한 번의 등록으로 여러 번에 걸쳐 동일한 증권을 발행할 수 있게 허용하는 절차.

일괄매수 인수(Bought deal): 하나 또는 두 개의 인수기관이 전체 발행증권을 인수하는 방식.

일괄 지불(Balloon payment): 큰 금액의 만기 상환액(예를 들면 대출금을 할부로 상환하는 경우).

일반 공모(General cash offer): 불특정 다수의 투자자를 대상으로 한 증권발행.

일반회계기준(GAAP): *Generally accepted accounting principle.*

일일정산(Marked-to-market): 선물계약에서 발생하는 이익이나 손실을 매일 매일 정산하는 제도.

임대리스(Rental lease): *Full-service lease*

임대인(Lessor): 임대한 자산의 소유권자[cf. lessee(임차인)].

임대인책임 리스(Full-service lease(rental lease)): 임차인이 설비를 유지 보수하고 보험에 들기로 약속하는 리스 계약.

임시대출편의(Swingline facility): 회사가 미국 기업어음을 유로 기업어음으로 대체하는 동안 필요한 자금을 제공하는 은행의 대출편의.

임차인(Lessee): 임차한 자산의 사용자[cf. *lessor*(임대인)].

임차인 책임 리스(Net lease): 임차인이 임대자산의 유지보수와 보험을 책임지는 리스[cf: *full-service lease*(임대인 책임 리스)].

ㅈ

자가 선택(Self-selection): 단지 한 부류의 투자자(예를 들면 저위험 투자자)들만 참여할 수 있도록 유도하는 일련의 계약.

자기자본(Net worth): 자본금, 자본준비금, 그리고 유보이익을 합한 값의 장부상 가치.

자기자본(지분, Equity): (1) 보통주와 우선주. 일반적으로는 보통주만 지칭한다; (2) 순 자기자본.

자동교환결제청산소(ACH): *Automated Clearing House.*

자동교환청산소(Automated clearing house: ACH): 소량, 소액 지급금의 결제를 위해 은행이 운영하는 사적 전자결제 시스템.

자동이체 증권(패스쓰루 증권, Pass-through securities): 자산의 꾸러미를 기본 자산으로 발행되는 중장기 채권[예를 들면, 주택저당채권 자동이체 증권(mortgage pass-throughs), CAT's CARDS 등].

자동인출(직불, Automatic debit): 직접 지불.

자동차 매출채권 자동이체증권(certificates of Automobil Receivables, CARs): 자동차 매출채권을 기반으로 하는 자동이체증권.

자본구조(Capital structure): 기업이 발행한 증권의 믹스(혼합).

자본리스(금융리스, Capital lease): 자본리스(금융리스).

자본비용(Cost of (equity) capital): *Opportunity cost of capital* (기회 자본비용).

자본수익률(Return on equity): 통상적으로, 자기자본에 대한 수익의 그 장부가치에 대한 비율.

자본시장(Capital market): 금융시장(특히 장기 증권의 시장).

자본시장선(Capital market line): 가장 높은 샤프비율을 가진 포트폴리오들의 집합을 그림으로 나타낸 것. 직선은 무위험 이자율과 위험자산의 접점 효율적 포트폴리오를 연결하는 선이다.

자본예산(Capital budget): 계획된 투자안의 목록(일반적으로 연간계획).

자본의 기회비용(기준율; 자본비용, Opportunity cost of capital; hurdle rate; cost of capital): 다른 비슷한 금융 증권에 투자하는 대신 어떤 프로젝트에 투자함으로써 얻지 못하게 되는 기대 수익률.

자본자산 가격결정모형(Capital asset pricing model, CAPM): 기대수익률은 자산의 베타와 비례하여 증가한다는 모형.

자본할당(Capital rationing): 기업으로 하여금 수익성이 있는 투자안 중에서 선택을 하도록 강요하는 자본 부족 현상.

자산매입방식 인수(Exchange of asset): 현금이나 자사의 주식을 지급하고 다른 회사의 자산을 매입하는 인수 방식.

자산 수탈자(Asset stripper): 대부분의 자산을 팔아치우려는 목적으로 회사를 인수하는 인수자.

자산유동화 증권(Asset-backed securities): 그 현금흐름이 채권을 상환하기에 충분한 정도의 저위험 자산 패키지를 보유한 특수목적회사가 발행하는 증권.

자산인수방식 회계(Purchase accounting): 합병의 한 가지 회계 방식. 피합병회사의 자산은 인수회사의 대차대조표에 시장가치로 표시된다[cf. *pooling of interest*(결합방식 회계)].

자회사 우선주(monthly income preferred security, MIP): 면세지역에 설립한 자회사에 의해 발행되는 우선주. 자회사는 이렇게 조달된 자금을 모기업에 대출한다.

잔액인수(Standby agreement): 주주배정 유상증자에서 투자자들이 매입하지 않은 부분을 인수기관이 매입하도록 약정하는 방식.

잔여소득(Residual income): 세후 이익에서 회사가 사용하는 자본의 기회비용을 차감한 소득[또한 경제적 부가가치(Economic Value Added)를 참조할 것].

잔여위험(Residual risk): *Unique risk*(고유위험).

잔존가치(Salvage value): 공장이나 설비의 처분 가치.

장기 자본(Capitalization): 장기 부채 + 우선주 + 자기자본.

장기 채무(Funded debt): 1년 이상의 만기를 가진 채무[cf: *unfunded debt*(단기 채무)].

장벽 옵션(장애물 옵션, Barrier option): 자산의 가격이 어떤 장벽(한계)에 도달하면 그 존재여부가 결정되는 옵션(cf: *down-and-out option; down-and-in option*).

장부 기재(Book entry): 주식 증서를 발행하지 않는 등록된 주식 소유권.

장부폐쇄일(Record date): 배당을 지급할 때 이사회에서 설정하는 날짜. 배당금은 이 날짜에 주주로 등록된 주주에게 지급된다.

장수 채권(Longevity bonds): 인구의 높은 비율이 특정 연령까지 생존하는 경우 더 높은 이자를 지급하는 채권.

장외시장(Over-the-counter, OTC): 증권거래소와 관련되지 않은 비공식 시장.

재금융(Refunding): 기존의 부채를 새로운 부채로 대체하는 것.

재무대행 약정(Fiscal agency agreement): 채권 신탁계약에 대한 대안. 신탁계약과는 달리 재무 대리인이 채무자의 대리인이 된다.

재무레버리지(Financial leverage; gearing): 자기자본 기대수익률을 높이기 위해 부채를 사용하는 것. 재무레버리지는 부채와 자기자본의 합계에 대한 부채의 비율로 측정한다[cf. *operating leverage*(영업레버리지)].

재무회계기준위원회(FASB): Financial Accounting Standard Board.

재벌(Chaebol): 한국의 기업집단.

재앙채권(Catastrophe bond: CAT bond): 지급액이 재앙으로 인한 손실의 척도(예를 들면 보험금)에 연계된 채권.

재정증권(Treasury bill, T-bill): 단기 재무성채권. 정부기관이 정기적으로 발행하는 1년 이내의 만기를 가진 단기 할인채권.

재조직 명령(Cramdown): 재조직 계획을 강제하기 위해 파산법정이 내리는 조치.

저가발행(Underpricing): 시장가치 이하의 가격에 의한 신규발행.

저당 채권(Mortgage bond): 공장이나 설비를 담보로 제공하는 채권.

적정재고 약정(Floor planning): 재고자산의 자금조달을 위한 계약. 금융회사가 재고자산을 매입하고 사용자가 이를 신탁에 맡긴다.

전망이론(Prospect theory): 투자자들은 아무리 작더라도 특히 손실은 회피하려는 성향이 있다고 하는 행동심리학자들의 관찰을 바탕으로 하는 자산가격결정 이론.

전문채권보증회사(Monoline): 부도위험에 대비하여 부채보유자에게 보험을 들어주는 보험회사.

전속금융회사(Captive finance company): 모회사로부터의 구매에 필요한 자금을 제공하는 기능을 하는 자회사.

전액 또는 전무 인수방식(All-or-none underwriting): 인수기관이 발행할 증권 전부를 매도하지 못하는 경우 증권발행 자체가 취소되는 계약.

전액인수(Firm commitment): 인수기관이 발행증권 전부를 매각해 준다는 약정.

전자자금이체(Electronic funds transfer, EFT): 전자적으로 자금을 이체함.

전자청구지불시스템(Electronic bill presentment and payment, EBPP): 기업이 인터넷을 통해 고객에게 청구하고 대금을 수령할 수 있게 허용함.

전환가격(Conversion price): 주식으로 전환할 때 적용하는 미리 정해진 가격(전환사채의 액면가를 전환가능한 주식수로 나눈 값).

전환비율(Conversion ratio): 전환사채를 주식으로 전환할 때의 주식 수.

전환사채(Convertible bond): 보유자의 선택에 따라 다른 증권(예: 주식)으로 전환할 수 있는 채권. 전환 우선주도 있음.

절대다수(Super majority): 예를 들면 합병과 같은 주요 사항의 변경을 위해서는 예컨대 80% 등과 같은 절대적인 다수의 주주가 승인을 해야 한다는 회사 정관의 조항.

절대 우선권(Absolute priority): 파산절차에 있어서 선순위 채권자에 대한 채무를 완전히 변제하기 전에 후순위 채권자에게는 일체 지급할 수 없는 규칙.

접점 효율적 포트폴리오(Tangent efficient portfolio): 위험(표준편차) 한 단위당 가장 높은 위험프리미엄을 제공하는 위험자산의 포트폴리오.

정관(Articles of incorporation): 회사의 설립과 그 구조 및 목적 등을 정한 법적 서류.

정규배당(Regular dividend): 미래에도 계속 유지될 것으로 기대되는 회사의 배당.

정규분포(Normal distribution): 종 모양을 가진 대칭형의 확률분포. 평균과 분산 두 요소만으로 그 모양이 완전히 결정되는 특징이 있음.

정보전파(유추해석, Cascade): 다른 사람이 내린 이전의 결정이 추가적인 정보에 바탕을 둔 것으로 유추하는 합리적인 집단화 현상.

정수계획법(Integer programming): 해(解)가 정수로만 표시되는 선형계획법의 한 변형.

정크본드(투기등급 채권, Junk bond): 투자등급 이하의 등급을 가진 채권.

조건부 매출(Conditional sales): 지급이 완료될 때까지 매입자에게 소유권이 이전되지 않는 매출.

조건부 청구권(Contingent claim): 다른 자산의 가치에 따라 가치가 정해지는 청구권.

조건부 프로젝트(Contingent project): 다른 프로젝트가 시행되지 않으면 시작할 수 없는 프로젝트.

조기상환 변동금리채권(Variable-rate demand bond, VRDB): 주기적으로 발행자에게 되팔 수 있는 변동금리 채권.

조기상환 불가능 채권(Nonrefundable debt): 낮은 이자율로 재발행하기 위해 조기상환을 할 수 없는 부채(채권). NOPAT(Net operating profit after tax).

종업원지주제도(Employee stock ownership plan, ESOP): 회사가 종업원들을 위해 주식을 매입하는 기금에 출연하는 제도.

주가수익배율(P/E ratio): 주가를 주당이익으로 나눈 값.

주당순이익(Earnings per share: EPS): *Earning per share.*

주식공개매수(Tender offer): 회사 주주들로부터 직접 주식을 매입하겠다는 제안.

주식매수청구권(공정가격 요구권, Appraisal right): 합병에 있어서 주주가 자신의 지분에 대해 독립적으로 결정된 공정한 가격을 지급해줄 것을 요구할 수 있는 권리.

주식매입방식 인수(Exchange of stock): 현금이나 주식을 지급하고 다른 회사의 주식을 매입하는 인수 방식.

주식배당(Stock dividend): 현금대신 자사의 주식으로 지급하는 배당.

주식분할(Stock split): 기존 주주에게 무상으로 주식을 배분하는 것.

주식연계 채권(Equity-linked bond): 지급금이 주가지수에 연계되어 있는 채권.

주식회사(Corporation): 소유주와는 법적으로 별개인 사업체.

주요 은행(Money center bank): 광범위한 은행업무를 수행하는 미국의 주요 은행.

주 인수기관(Book runner): 새로 발행되는 증권에 대한 주 인수기관. 주 인수기관은 매출된 증권의 기록을 보유한다.

주주배정 유상증자(Rights issue; privileged subscription issue): 현재의 주주들을 대상으로 신주를 발행하는 유상증자.

주주 우선사용 약정(Throughput arrangement): 송유관 회사가 부채를 상환할 수 있도록 송유관 회사 주주들이 송유관의 충분한 사용을 합의하는 계약.

주(州) 증권법(Blue-sky laws): 증권의 발행과 거래를 관장하는 주법(州法).

주체-대리인 문제(Principal-agent problem): 대리인(예컨대 전문경영인)이 주체를 위해 행동한다는 것을 확인함에 있어 주체(예컨대 주주)가 당면하는 문제.

주택저당대출 담보부증권(Collateralized mortgage obligations, CMOs): 주택저당 자동이체증권의 변형. 주택저당채권의 풀(pool)로부터 발생하는 현금흐름이 만기가 다른 여러 종류의 트랑쉐로 재구성된다.

죽음의 소용돌이(독성) 전환사채(Death spiral convertible): 정해진 시장가치의 주식과 교환할 수 있는 전환사채.

준강형의 효율적 시장(Semistrong-fonn efficient market): 모든 공식적인 정보가 가격에 완전하게 반영되는 시장[cf. *weak-form efficient market*(약형의 효율적 시장), *strong-form efficient market*(강형의 효율적 시장)].

중기 채권(Medium-term note, MTN): 전형적으로 1년에서 10년 사이의 만기를 가지는 채권으로 기업어음(commercial paper)과 같은 방식으로 회사가 정기적으로 발행하는 채권.

증거금(마진, Margin): 투자자가 자신의 약속을 지키겠다는 증명으로 예치하는 현금이나 증권.

증권담보 채권(Collateral trust bonds): 채무자가 보유하고 있는 주식이나 또는 다른 증권으로 지급이 보증된 채권.

증권시장선(Security market line): 기대 수익률과 시장위험 간의 관계를 나타내는 선.

증권화(Securitization): 거래 가능한 증권을 사적으로 합의된 수단(다른 형태의 증권)으로 대체하는 것.

지급불능 스왑(Default swap): 신용파생증권의 일종으로 계약당사자 중 한 사람은 고정금액을 지급하고, 그 상대방의 지급은 대출의 지급불능상태가 발생하는가에 따라 결정되는 형태의 스왑.

지급어음(Payables): *Accounts payable*(외상매입금).

지배구조(Governance): 기업 경영의 감독체계.

지분현금흐름법(Flow-to-equity method): 지분보유자(주주)에게 돌아가는 현금흐름의 할인 가치.

지수채권(인덱스채권, Indexed bond): 이자지급이, 예를 들어 소비자 물가지수 등과 같은 어떤 지수에 연계되어 있는 채권[TIP(인플레이션 연계 재무성 채권) 참조].

지수 펀드(Index fund): 주식시장 지수를 따라 가도록 구성된 투자 펀드.

지정 시장조성인(Designated market maker): 지정된 증권의 시장조성에 책임을 지는 NYSE의 회원[공식적으로는 '스페셜리스트(specialist)'라고 함].

지주회사(Holding company): 단지 다른 회사나 자회사의 주식을 보유하기 위해 설립된 회사.

직선법(정액법) 감가상각(Straight line depreciation): 매 기간 같은 금액을 감가상각하는 방식.

직접리스(Direct lease): 임대인이 새 장비를 구매하여 이를 임차인에게 빌려 주는 리스[cf. *Sale and lease-back*(매각 후 재임차)].

직접수익률(단순수익률, Current yield): 액면이자를 채권가격으로 나눈 값.

직접 지불(자동이체, Direct payment; automatic debit; direct debit): 회사 고객이 은행계좌에서 지급금액만큼 인출하도록 승인함[cf. 계좌 입금(*direct deposit*)].

직접투자(Disintermediation): 직접 투자를 하기 위해 금융기관으로부터 자금을 인출하는 것.

직접환율(달러-외환 환율, Direct quote): 외환 1단위를 사는 데 필요한 달러.

집중수금방식(Lockbox system): 집중은행제도의 일종. 고객은 우체국으로 송금하면 지역 은행이 이를 수금하여 결제하고 잉여금액을 회사의 주 은행으로 이체한다.

집중은행제도(Concentration banking): 고객들이 지역 수금센터로 송금하는 시스템. 수금센터는 지역은행으로 자금을 지급하며, 잉여금은 본사 계좌로 이체된다.

집중투표제(Cumulative voting): 이사 선임에 있어 투표권 전부를 한 후보에게 집중적으로 행사할 수 있는 시스템.

ㅊ

차별가격(복수가격) 경매(Discriminatory price auction): 낙찰받은 사람은 자신이 제시한 가격으로 거래하는 경매 방식[cf. *uniform price auction*(단일가격 경매)].

차익거래(Arbitrage): 한 증권을 매입하고 동시에 다른 증권을 매도함으로써 위험이 없는 이익을 얻으려는 거래.

차익거래 가격결정이론(Arbitrage pricing theory, APT): 기대수익률은 적은 수의 보편적인 요인에 대한 자산의 민감도에 비례하여 증가한다는 모형.

차입 리스(Leveraged lease): 임대인이 리스 자산과 리스금액을 담보로 제공하고 임대자산 취득 금액의 일부를 차입하는 리스.

차입매입(Leveraged buyout, LBO): 대부분의 자금을 차입하여 이루어지는 인수형태. 지분은 소수의 투자자들에 의해 소유된다.

참호구축 투자(Entrenching investment): 기존 경영진의 특정한 솜씨를 사용하기 위한 투자.

창고영수증(Warehouse receipt): 기업이 창고에 보관된 상품을 소유하고 있다는 증서.

채권(Bond): 장기 부채.

채권(중기 채권, Note): 만기 10년 미만의 무보증 채권.

채권가격 유지 기금(Purchase fund): 채권이 액면가 이하로 거래되는 경우에만 채권을 인수하는 데 자금을 사용할 수 있다는 점 이외에는 감채기금과 유사한 기금.

채권 고시가격(Clean price(flat price)): 경과이자를 포함하지 않은 채권가격[cf. 채권 매매가격(*dirty price*)].

채권등급(Bond rating): 채권의 지급불능(부도) 가능성의 등급.

채권 만기(Tenor): 부채의 만기.

채권 매매가격(Dirty price): 경과이자를 포함한 채권가격, 즉 채권 매입자가 지불하는 가격.

채권수탁 약정서(Trust deed): 채권발행에 있어서 신탁인과 채무자간의 약정서.

채권 약정서(Indenture): 채권 발행에 대한 조건을 정한 약정서.

채무 배제(채무 제거, In-substance defeasance): 부채가 소멸되지는 않지만 대차대조표에서 삭제하는 파기조항[cf: *novation*(채무 갱신)].

채무계약 갱개(更改)(계약해제; 계약파기, Novation; legal defeasance): 회사의 부채를 말소하는 계약 해제[cf. **채무배제**; in-substance defeasance].

청산배당(Liquidating dividend): 자본의 회수(기업의 청산)를 위한 배당.

청산인(Liquidator): 부도난 회사의 자산을 정리하고 부채를 상환하는 절차를 총괄하기 위해 무담보 채권자들이 고용하는 사람(영국에서 주로 쓰임).

체계적 위험(Systematic risk): *Market risk*(시장위험).

최고경영자(CEO): Chief executive officer.

최고재무담당자(CFO): Chief Financial Officer.

최소거래단위(Round lot): 100주 단위의 거래[cf. *odd lot*(단주)].

최초발행 주식(Unseasoned issue): 시장에서 거래되지 않고 있는 주식의 최초 발행.

추가 마진(Haircut): 대출 담보에 대한 추가 수익(마진).

추가발행 조항(Greenshoe option): 신규 발행 증권의 인수기관이 추가적으로 주식을 인수하여 매출할 수 있는 옵션.

추가발행조항(Oversubscription privilege): 주주배정 유상증자에서 소화되지 않은 물량에 대해 기존 주주가 청약할 수 있는 권리를 부여하는 조항.

추가배당(비정규 배당, Extra dividend): 다음 기간에는 반복되지 않는 비정규적인 배당[cf. regular dividend(정규배당)].

추락한 천사(Fallen angel): 이전에는 투자등급이었던 정크본드.

추정(Pro forma): Projected.

출납인(회계원, Treasurer): 선임 재무관리자[cf. *controller*(감사관)].

치우친 분포(Skewed distribution): 평균값의 위와 아래로 서로 같지 않은 개수의 관측치가 널려있는 분포.

ㅋ

캐시카우(Cash cow): 대량의 여유 현금흐름을 산출하는 성숙기업.

캐리거래(Carry trade): 이자율이 낮은 국가에서 차입하여 이자율이 높은 다른 나라에서 다시 대출해주는 거래.

콘탱고(Contango): 현물가격이 선물가격보다 낮은 상태[cf. *backwardation*(백워데이션)].

콜옵션(Call option): 정해진 시점 또는 그 이전에 어떤 자산을 미리 정해진 가격으로 살 수 있는 옵션[cf. put option(풋옵션)].

ㅌ

터널링(Tunneling): 통제 주주가 회사 밖으로 부를 이전하는(예컨대, 부풀린 가격으로 상품을 공급하는 등) 행위.

텐 케이(10-K): SEC에 제출하는 연간 재무제표.

텐 큐(10-Q): SEC에 제출하는 분기별 재무제표.

투자등급 채권(Investment-grade bond): BBB(S&P) 또는 Baa(Moody's) 등급 이상의 채권.

투자세액공제(Investment tax credit): 자본투자 금액 중 일부를 법인세에서 감면해 주는 제도(1986년 폐지).

투자수익률(Return on investment, ROI): 일반적으로, 장부상의 소득의 순 장부가치에 대한 비율.

투자적격 기관투자자(Qualified Institutional Buyers, QIBs): 미등록 주식을 상호간에 거래할 수 있도록 허용된 기관투자자.

투자적격 투자자 규정 144a(Rule 144a): 자격을 갖춘 기관투자자에게 미등록 증권을 매입하여 거래할 수 있게 허용하는 SEC 규정.

트랑쉐(Tranche): 한 시점에서 매출되는 신규발행 증권 중에서 나머지 증권들과는 다른 조건을 가지거나 구별되는 일부분.

특별배당(추가배당, Special dividend; extra dividend)): 반복될 가능성이 매우 낮은 배당 지급.

특수목적회사(Special-purpose entity, SPE): 특정 자산을 보유하고 자금지원을 받을 목적으로 설립된 합명회사. 모회사를 위해 부외 부채를 조달할 목적으로 사용될 수 있다.

특정위험(잔여위험; 고유위험; 비체계적위험, Specific risk; residual risk; unique risk; unsystematic risk): 분산투자로 제거할 수 있는 위험.

ㅍ

파산관리인(Receiver): 영국에서 부채의 상환을 감시하기 위해 채권자들이 지명한 파산관리인.

파생증권(Derivative): 다른 자산의 가치로부터 그 가치가 파생되는 자산(예를 들어 선물 또는 옵션).

팔자가격(Asked price; offer price): 딜러가 팔고자 하는 가격[cf. bid price(사자가격)].

팩토링(Factoring): 금융기관이 회사의 매출채권을 매입한 후 수금하는 방식.

편의수익률(Convenience yield): 선물 대신 현물을 보유함으로써 회사가 얻는 추가적인 혜택.

폐쇄형 주택저당대출(Closed-end mortgage): 추가로 채권을 발행할 수 없는 주택저당대출[cf. 개방형 주택저당대출(*open-end mortgage*)].

폐쇄형 펀드(Closed-end fund): 그 보유자산이 여러 제조기업과 상업기업에 대한 투자로 구성되는 회사.

포괄 담보권(Floating lien): 회사의 전체 자산 또는 일부 특정한 자산에 대한 일반 담보권.

포괄 지급불능 조항(Cross-default clause): 회사의 다른 어떤 채무에 대해서라도 지급불능 상태가 되면 회사 전체가 지급불능 상태를 선언하는 대출계약상의 조항.

포워드 커버(Forward cover): 미리 알려진 미래의 현금흐름을 상쇄하기 위해 외환을 매입하거나 매도하는 것.

포지션 도표(Position diagram): 파생증권 투자의 가능한 지급금을 나타내는 도표.

표준 계약조건(Boilerplate): 예컨대 채무계약 등에 있어서의 표준 계약조건.

표준오차(Standard error): 통계학에서 추정치에 존재할 가능성이 있는 오차의 척도.

표준편차(Standard deviation): 분산의 제곱근 — 변동성의 척도.

풋옵션(Put option): 정해진 시점 또는 그 이전에 어떤 자산을 미리 정해진 가격으로 팔 수 있는 권리.

풋콜옵션(풋옵션에 대한 콜옵션, Caput option): 기초자산의 가격이 하락할 때 특정한 풋옵션을 살 수 있는 콜옵션.

풋-콜 패리티(Put-call parity): 유럽식 풋옵션과 콜옵션 가격 간의 관계.

프라이빗에쿼티(사모 주식, Private equity): 공개적으로 거래되지 않는 주식으로서 차입매수 등의 새로운 사업에 자금조달에 이용된다.

프레시피엄(Praecipium): 연합대출(syndicated loan)에서 주간사 회사에 지급하는 주선수수료.

프로젝트금융(Project finance): 회사 전체가 아니라 대체로 특정한 프로젝트의 현금흐름에 대한 청구권으로 이루어지는 부채.

프로젝트 재원 지원계약(Cost company arrangement): 프로젝트의 주주들이 무료로 산출물을 받는 대신 프로젝트의 모든 운영비용과 재무비용을 지급하기로 약속하는 조항.

플립핑(떠넘기기, Flipping): IPO에서 새로 발행하는 주식을 매입했다가 금방 팔아버리는 것.

피라미드(Pyramid): 지주회사를 설립하여 2차 지주회사에 대한 통제권을 확보하고, 2차 지주회사가 다시 영업회사에 대한 통제권을 가지는 형태의 구조.

필요 순 운전자본 지원계약(Cash-deficiency arrangement): 프로젝트의 주주들이 운영기업에 충분한 금액의 순 운전자본을 제공하겠다고 약속하는 계약.

ㅎ

하향소멸옵션(Down-and-out option): 자산의 가격이 일정한 수준에 도달하면 소멸되는 장애물 옵션.

하향진입옵션(Down-and-in option): 자산의 가격이 일정한 수준에 도달하면 생성되는 장애물 옵션.

할인계수(Discount factor): 정해진 미래 시점에 받게 될 $1의 현재가치.

할인발행 채권(Original issue discount debt): 발행 당시 액면가 이하로 발행되는 채권.

할당 요청(지출 요구, Appropriation request): 자본투자 프로젝트에 대한 공식적인 자금배정 요구.

할인율(Discount rate): 현금흐름의 현재가치를 계산할 때 사용되는 이자율.

할인채(Discount bond): 액면가 이하로 거래되는 채권. 이자를 전혀 지급하지 않는 채권은 순할인채, 또는 무액면이자 채권이라 부른다.

할인 현금흐름(Discounted cash flow, DCF): 현재가치를 계산하기 위해 할인 계수를 적용한 미래 현금흐름.

할인 회수기간 규칙(Discounted payback rule): 할인 현금흐름이 정해진 기간 이내에 최초의 투자를 회수하기에 충분해야 한다는 요구조건.

합병(Merger): (1) 매입자가 모든 자산과 부채를 흡수하는 인수[cf. exchange of asset(자산매입방식 인수) 또는 exchange of stock (주식매입방식 인수)]; (2) 더 일반적으로는 모든 형태의 두 회사 간의 결합.

합자회사(Partnership): 무한책임 사원(general partner)은 무한책임을 지는 회사의 공동 소유권.

행동재무학(Behavioral finance): 투자자의 비합리성을 강조하는 재무학의 한 갈래.

행사가격(Exercise price; striking price): 콜옵션이나 풋옵션이 행사될 수 있는 가격.

행사가격(Striking price): 옵션의 행사가격.

헤지펀드(Hedge fund): 성과 수수료를 부과하고 제한된 범위의 투자자를 대상으로 하는 투자 펀드. 펀드는 공매(*short sale*)를 포함한 복잡한 전략을 따른다.

헤지비율(델타; 옵션 델타, Hedge ratio; delta; option delta): 안전한 포지션을 유지하기 위해 각각의 옵션에 대해 매입해야 하는 주식의 수. 더 일반적으로는 한 단위의 부채를 헤지하기 위해 매입해야 하는 자산의 단위.

헤징(Hedging): 한 증권을 매입하고 다른 증권을 매도함으로써 위험을 낮추는 것. 완전한 헤지는 무위험 포지션을 만들어 낸다.

현금 사이클(Cash cycle): 원자재에 대한 회사의 대금 지급에서부터 완제품에 대한 고객의 대금 지급까지 걸리는 시간.

현금예산(Cash budget): 현금의 원천과 사용에 대한 예측.

현물 가격(Spot price): 즉시 인도할 자산의 가격(선물가격이나 선도가격과 대비되는 개념).

현물매입 선물매도 전략(Cash and carry): 한 증권을 매입하고 동시에 선물을 매도하는 전략. 차액은 대출이나 repo로 충당함.

현물 이자율(Spot interest rate): 현시점에서 이루어지는 대출에 부과하는 이자율[cf. *forward interest rate*(선도 이자율)].

현물 환율(Spot exchange rate): 즉시 인도할 외환의 환율[cf. *forward exchange rate*(선도 환율)]

현재가치(Present value): 미래 현금흐름의 할인된 가치.

협상인수방식(Negotiated underwriting): 인수의 한 방식으로 발행기업과 인수기업 간의 협상에 의해 이루어지는 인수[cf: *competitive underwriting*(경쟁인수방식)].

호가단위(Tick): 증권 가격이 변할 수 있는 최소한의 단위.

화의(和議, Composition): 회사 부채에 대한 지급을 줄여주는 자발적 합의.

화폐시장(Money market): 단기의 안전한 투자 시장.

화폐시장 예금계좌(Money–market deposit account, MMDA): 화폐시장 이자율을 지급하는 은행 계좌.

화폐시장펀드(Money market fund): 단기의 안전한 증권에 투자하는 상호기금(mutual fund).

확실성등가(Certainty equivalent): 특정한 위험수준의 현금흐름과 동일한 현재가치를 가지는 확실한 현금흐름.

환매계약(Buy-back): *Repurchase agreement.*

환매채(Repurchase agreement, RP; repo; buy-back): 딜러가 해당 증권을 미리 정한 가격으로 재매입한다는 조건으로 딜러로부터 매입하는 재무성 증권.

환어음(Bill of exchange): 지급을 요청하는 서류를 총칭하는 용어.

환율변동 위험(Translation exposure): 환율변동이 기업의 재무제표에 나쁜 영향을 줄 위험[cf. *economic exposure*(실질환율변동 위험), *transaction exposure*(외환환산 위험)].

황금낙하산(Golden parachute): 합병의 결과로 경영진이 물러나야 할 때 거액의 보수를 지급하도록 한 조항.

회귀분석(Regression analysis): 통계학에서 가장 잘 맞는 회귀선을 찾아내는 기법.

회사 자본비용(Company cost of capital): 모든 회사 증권의 포트폴리오에 대한 기대수익률.

회수기간(period): 투자원금을 회수하는 데 걸리는 시간.

회전 CD(Roll-over CD): 연속적인 예금증서의 묶음.

회전신용(Revolving credit): 법적으로 보증된 은행으로부터의 신용한도.

효율적 시장(Efficient market): 가격이 모든 정보를 즉시 반영하는 시장.

효율적 포트폴리오(Efficient portfolio): 주어진 기대수익률에 대해 가장 낮은 위험을 제공하는 포트폴리오 또는 주어진 위험에 대해 가장 높은 기대수익률을 제공하는 포트폴리오.

효익–비용 비율(Benefit-cost ratio): 1 + 수익성비율

후순위채권(Subordinated debt; junior debt): 선순위 채권보다 우선순위가 낮은 채권. 회사가 도산하는 경우 후순위 채권 보유자들은 선순위 채권이 모두 상환된 후에 지급금을 받는다.

희석(Dilution): 각 주식에 주어지는 소득 부분의 감소.

기타

제11장(Chapter 11): 부도가 난 회사를 재조직하고 재활하도록 설계된 파산 절차.

제7장(Chapter 7): 채무자의 자산을 매각하여 그 대금으로 채권자에게 상환하는 파산 절차.

2개국통화 채권(Dual-currency bond): 이자와 원금이 서로 다른 통화로 지급되는 채권.

2배속 상각(Double-declining-balance depreciation): 가속상각의 한 종류. 직선법에 의한 감가상각율의 두 배를 상각하는 방법.

2차계획법(Quadratic programming): 방정식이 선형이 아니라 2차함수인 선형계획법의 한 변형.

q 비율(q): 자산 시장가치의 대체 원가(replacement cost)에 대한 비율.

TED 스프레드(TED spread): LIBOR와 미국 재정증권 수익률 간의 차이.

VAR 모형(Value-at-risk model; VAR model): 일정 수준 이상의 포트폴리오 손실이 일어날 가능성을 추정하는 방법.

Z 점수(Z score): 파산 가능성의 척도.

Index

찾아보기

영문

한글

ㄱ

유용한 공식

(괄호 안의 숫자는 공식이 주로 사용된 절을 표시함)

영구연금(2.2)

영구연금 \$1의 현재가치:

$$PV = \frac{1}{r}$$

연금(2.2)

t연간 매년 \$1씩 받는 연금의 현재가치 (t년 연금계수):

$$PV = \frac{1}{r} - \frac{1}{r(1+r)^t}$$

증액 영구연금(Gordon 모형)(2.3)

첫째 기간의 현금흐름이 \$1이고, 그 후 현금흐름이 매년 일정률 g로 성장할 때,

$$PV = \frac{1}{r-g}$$

증액 연금(2.3)

첫째 기간의 현금흐름이 \$1이고, 그 후 현금흐름이 t기간 매년 일정률 g로 성장할 때,

$$PV = \frac{1}{r-g} - \frac{1}{r-g} \times \frac{(1+g)^t}{(1+r)^t}$$

연속복리(2.4)

r을 연속복리 이자율이라고 하면 t 연도에 받는 \$1의 현재가치는 다음과 같다.

$$PV = \frac{1}{e^{rt}}$$

채권 듀레이션과 변동성(3.2)

$$\text{T-기간 채권의 듀레이션} = \frac{\sum_{t=1}^{T} t \times C_t/(1+y)^t}{\sum_{t=1}^{T} C_t/(1+y)^t}$$

변동성(수정 듀레이션) = 듀레이션/$(1+y)$

등가 연간 비용(6.4)

자산의 수명이 t년이라면 등가 연간 비용은 다음과 같다.

$$\frac{\text{PV(비용)}}{t\text{년 연금계수}}$$

위험의 척도(7.2~7.4)

수익률의 분산 $= \sigma^2 = (\tilde{r} - r)^2$의 기대값

수익률의 표준편차 $= \sqrt{\text{분산}} = \sigma$

주식 1과 2 수익률 간의 공분산 $= \sigma_{12}$
$= [(\tilde{r}_1 - r_1)(\tilde{r}_2 - r_2)]$의 기대값

주식 1과 2 수익률 간의 상관계수:

$$\rho_{12} = \frac{\sigma_{12}}{\sigma_1 \sigma_2}$$

주식 i의 베타 $= \beta_i = \frac{\sigma_{im}}{\sigma_m^2}$

주식 i에 대한 투자비율이 x_i인 포트폴리오 수익률의 분산:

$$\sum_{i=1}^{N} \sum_{j=1}^{N} x_i x_j \sigma_{ij}$$

자본자산 가격결정모형(8.2)

위험한 투자의 기대 위험프리미엄:

$$r - r_f = \beta(r_m - r_f)$$

MM의 명제 II(17.2, 19.3)

자기자본에 대한 요구수익률(r_E)은 시장가치 기준으로 계산한 부채-자기자본 비율(D/E)에 비례하여 증가한다.

$$r_E = r + (r - r_D)D/E$$

여기서 r은 기회비용이다.